ZHONGGUO SIXIANG LILUN NIANJIAN

中国思想理论年鉴

2011(总第五卷)

《中国思想理论年鉴》编辑部 编

主编：陈高桐

中共中央党校出版社

中国思想理论年鉴
2011（总第五卷）

主　　办：中共中央党校
编　　辑：《中国思想理论年鉴》编辑部
地　　址：北京市海淀区大有庄100号
邮　　编：100091
电　　话：（010）62805451
收款户名：《党政干部参考》杂志社
开户银行：建设银行北京中关村分行
帐　　号：2613000507

图书在版编目（CIP）数据

中国思想理论年鉴.2011／陈高桐主编.—北京：
中共中央党校出版社，2012.9
ISBN 978-7-5035-4791-1
Ⅰ.①中… Ⅱ.①陈… Ⅲ.①政治理论—中国—2011—年鉴
Ⅳ.①D60—53
中国版本图书馆CIP数据核字（2012）第213558号

中共中央党校出版社出版
社址：北京市海淀区大有庄100号
电话：（010）62806298（编辑室）
（010）62805451（发行部）
邮编：100091
网址：www.dxcbs.net

北京市凯鑫彩色印刷有限公司印刷装订
2012年9月第1版　2012年9月第1次印刷
889×1194毫米　16开　印张：75
字数：1790千字　定价：980元

思想理论建设是党的根本建设

胡锦涛

编辑委员会

出 版 说 明

建设中国特色社会主义波澜壮阔的历史进程靠科学理论指导，思想理论建设是中国共产党的根本建设。进入改革开放历史新时期，我们党领导全国人民开辟了中国特色社会主义道路，形成了中国特色社会主义理论体系。这是当代中国发展进步的根本保证。

马克思主义与当代中国实际相结合产生了一系列新成果。以胡锦涛同志为总书记的党中央创立了科学发展观等一系列重大战略思想，进一步丰富和发展了中国特色社会主义理论体系。这一理论体系正在指导中国取得新发展和新进步。

当今世界正在发生广泛而深刻的变化，当代中国也在发生广泛而深刻的变革，新的历史实践更加需要正确的思想理论领航。中共中央党校编辑《中国思想理论年鉴》，旨在记录全党全国思想理论发展的历史轨迹，展示其丰厚的内容和浓重的华彩，为党和中国社会的思想理论发展修志存史，为学习型政党和学习型社会建设提供学习和研究的集成性文献。

《中国思想理论年鉴（2011）》为继2007年出版创刊号后总第五卷。为方便阅读，特作如下说明。

1.《中国思想理论年鉴（2011）》的主要内容包括文献、理论和中国思想理论大事记。“文献”部分收录了2011年的二篇重要文献。“理论”部分按“总论”、“经济建设”、“政治建设”、“文化建设”、“社会建设”、“生态文明建设”、“党的建设”七大部分设立，各部分分设若干专题，专题之下收录相关文献，是我国部分著名专家学者2011年度围绕关于马克思主义中国化、时代化、大众化、党的重大战略思想、中国特色社会主义事业总体布局和党的建设等方面的问题所作的重要论述。“中国思想理论大事记”记述的起止时间是2011年1月1日至12月31日，以时间为序记述一年来中国思想理论界发生的具有较大影响的大事。编写大事记的目的主要是为了更加全面、系统地反映一年来中国思想理论领域的情况。

2．《中国思想理论年鉴（2011）》所选文章主要来源于2011年我国主要报纸、杂志公开发表的文章。在编辑过程中，对所收录文章基本保持原貌，但也根据需要对部分文章内容作了删节，对部分文章标题作了更改。文章结尾处的括号内标注的作者的职务、职称或单位，是作者发表文章时的职务、职称或单位，为了尊重历史，我们没有根据作者职务、职称或单位的变化作相应调整。同时，文章结尾处的括号内还标注了文章的出处。同类文章大体以发表时间的先后为序排列。

3.《中国思想理论年鉴（2011）》在部分专题以“延伸阅读”形式，收录了部分研究述评、综述和相关资料，以丰富年鉴内容，扩大读者阅读范围。

《中国思想理论年鉴》编辑部

2012年7月

目　录

第一部分　文献

第二部分　理论·总论

一、马克思主义中国化、时代化、大众化

四、中国共产党九十年的历史经验

第三部分　理论・经济建设

一、综论

延伸阅读

二、深化改革开放

第四部分　理论·政治建设

第五部分　理论·文化建设

第六部分　理论·社会建设

第九部分　中国思想理论大事记

第 一 部 分

文 献

中共中央关于深化文化体制改革推动社会主义文化大发展大繁荣若干重大问题的决定

（2011年10月18日中国共产党第十七届中央委员会第六次全体会议通过）

中国共产党第十七届中央委员会第六次全体会议全面分析形势和任务，认为总结我国文化改革发展的丰富实践和宝贵经验，研究部署深化文化体制改革、推动社会主义文化大发展大繁荣，进一步兴起社会主义文化建设新高潮，对夺取全面建设小康社会新胜利、开创中国特色社会主义事业新局面、实现中华民族伟大复兴具有重大而深远的意义。全会作出如下决定。

一、充分认识推进文化改革发展的重要性和紧迫性，更加自觉、更加主动地推动社会主义文化大发展大繁荣

文化是民族的血脉，是人民的精神家园。在我国五千多年文明发展历程中，各族人民紧密团结、自强不息，共同创造出源远流长、博大精深的中华文化，为中华民族发展壮大提供了强大精神力量，为人类文明进步作出了不可磨灭的重大贡献。

中国共产党从成立之日起，就既是中华优秀传统文化的忠实传承者和弘扬者，又是中国先进文化的积极倡导者和发展者。我们党历来高度重视运用文化引领前进方向、凝聚奋斗力量，团结带领全国各族人民不断以思想文化新觉醒、理论创造新成果、文化建设新成就推动党和人民事业向前发展，文化工作在革命、建设、改革各个历史时期都发挥了不可替代的重大作用。

改革开放特别是党的十六大以来，我们党始终把文化建设放在党和国家全局工作重要战略地位，坚持物质文明和精神文明两手抓，实行依法治国和以德治国相结合，促进文化事业和文化产业同发展，推动文化建设不断取得新成就，走出了中国特色社会主义文化发展道路。我们坚持解放思想、实事求是、与时俱进，不断推进马克思主义中国化时代化大众化，形成和发展了中国特色社会主义理论体系，为开辟和拓展中国特色社会主义道路、确立和完善中国特色社会主义制度提供了科学理论指导；坚持推进社会主义核心价值体系建设，用马克思主义中国化最新成果武装全党、教育人民，用中国特色社会主义共同理想凝聚力量，用以爱国主义为核心的民族精神和以改革创新为核心的时代精神鼓舞斗志，用社会主义荣辱观引领风尚，巩固了全党全国各族人民团结奋斗的共同思想道德基础；坚持为人民服务、为社会主义服务的方向和百花齐放、百家争鸣的方针，发扬广大人民群众和文化工作者的创造精神，推动优秀文化产品大量涌现，丰富了人民精神文化生活；坚持推进文化体制改革，创新文化发展理念，解放和发展文化生产力，推动文化事业全面繁荣、文化产业健康发展，大幅度提高了人民基本文化权益保障水平，大幅度提高了文化在经济社会发展中的地位和作用；坚持发展多层次、宽领域对外文化交流格局，借鉴吸收人类优秀文明成果，实施文化走出去战略，不断增强中华文化国际影响力，向世界展示了我国改革开放的崭新形象和我国人民昂扬向上的精神风貌。我国文化改革发展，显著提高了全民族思想道德素质和科学文化素质、促进了人的全面发展，显著增强了国家文化软实力，为坚持和发展中国特色社会主义提供了强大精神力量。

当今世界正处在大发展大变革大调整时期，世界多极化、经济全球化深入发展，科学技术日新月异，各种思想文化交流交融交锋更加频繁，文化在综合国力竞争中的地位和作用更加凸显，维护国家文化安全任务更加艰巨，增强国家文化软实力、中华文化国际影响力要求更加紧迫。当代中国进入了全面建设小康社会的关键时期和深化改革开放、加快转变经济发展方式的攻坚时期，文化越来越成为民族凝聚力和创造力的重要源泉、越来越成为综合国力竞争的重要因素、越来越成为经济社会发展的重要支撑，丰富精神文化生活越来越成为我国人民的热切愿望。我国仍处于并将长期处于社会主义初级阶段，人民日益增长的物质文化需要同落后的社会生产之间的矛盾仍然是社会主要矛盾。全面建成惠及十几亿人口的更高水平的小康社会，既要让人民过上殷实富足的物质生活，又要让人民享有健康丰富的文化生活。我们必须抓住和用好我国发展的重要战略机遇期，在坚持以经济建设为中心的同时，自觉把文化繁荣发展作为坚持发展是硬道理、发展是党执政兴国第一要务的重要内容，作为深入贯彻落实科学发展观的一个基本要求，进一步推动文化建设与经济建设、政治建设、社会建设以及生态文明建设协调发展，更好满足人民精神需求、丰富人民精神世界、增强人民精神力量，为继续解放思想、坚持改革开放、推动科学发展、促进社会和谐提供坚强思想保证、强大精神动力、有力舆论支持、良好文化条件。

我国文化领域正在发生广泛而深刻的变革，推动文化大发展大繁荣既具备许多有利条件，也面临一系列新情况新问题。我国文化发展同经济社会发展和人民日益增长的精神文化需求还不完全适应，突出矛盾和问题主要是：一些地方和单位对文化建设重要性、必要性、紧迫性认识不够，文化在推动全民族文明素质提高中的作用亟待加强；一些领域道德失范、诚信缺失，一些社会成员人生观、价值观扭曲，用社会主义核心价值体系引领社会思潮更为紧迫，巩固全党全国各族人民团结奋斗的共同思想道德基础任务繁重；舆论引导能力需要提高，网络建设和管理亟待加强和改进；有影响的精品力作还不够多，文化产品创作生产引导力度需要加大；公共文化服务体系不健全，城乡、区域文化发展不平衡；文化产业规模不大、结构不合理，束缚文化生产力发展的体制机制问题尚未根本解决；文化走出去较为薄弱，中华文化国际影响力需要进一步增强；文化人才队伍建设急需加强。推进文化改革发展，必须抓紧解决这些矛盾和问题。

全党必须深刻认识到，社会主义先进文化是马克思主义政党思想精神上的旗帜，文化建设是中国特色社会主义事业总体布局的重要组成部分。没有文化的积极引领，没有人民精神世界的极大丰富，没有全民族精神力量的充分发挥，一个国家、一个民族不可能屹立于世界民族之林。物质贫乏不是社会主义，精神空虚也不是社会主义。没有社会主义文化繁荣发展，就没有社会主义现代化。在新的历史起点上深化文化体制改革、推动社会主义文化大发展大繁荣，关系实现全面建设小康社会奋斗目标，关系坚持和发展中国特色社会主义，关系实现中华民族伟大复兴。我们要准确把握我国经济社会发展新要求，准确把握当今时代文化发展新趋势，准确把握各族人民精神文化生活新期待，增强责任感和紧迫感，解放思想，转变观念，抓住机遇，乘势而上，在全面建设小康社会进程中、在科学发展道路上奋力开创社会主义文化建设新局面。

二、坚持中国特色社会主义文化发展道路，努力建设社会主义文化强国

坚持中国特色社会主义文化发展道路，深化文化体制改革，推动社会主义文化大发展大繁荣，必须全面贯彻党的十七大精神，高举中国特色社会主义伟大旗帜，以马克思列宁主义、毛泽东思想、邓小平理论和“三个代表”重要思想为指导，深入贯彻落实科学发展观，坚持社会主义先进文化前进方向，以科学发展为主题，以建设社会主义核心价值体系为根本任务，以满足人民精神文化需求为出发点和落脚点，以改革创新为动力，发展面向现代化、面向世界、面向未来的，民族的科学的大众的社会主义文化，培养高度的文化自觉和文化自信，提高全民族文明素质，增强国家文化软实力，

弘扬中华文化，努力建设社会主义文化强国。

建设社会主义文化强国，就是要着力推动社会主义先进文化更加深入人心，推动社会主义精神文明和物质文明全面发展，不断开创全民族文化创造活力持续迸发、社会文化生活更加丰富多彩、人民基本文化权益得到更好保障、人民思想道德素质和科学文化素质全面提高的新局面，建设中华民族共有精神家园，为人类文明进步作出更大贡献。

按照实现全面建设小康社会奋斗目标新要求，到二〇二〇年，文化改革发展奋斗目标是：社会主义核心价值体系建设深入推进，良好思想道德风尚进一步弘扬，公民素质明显提高；适应人民需要的文化产品更加丰富，精品力作不断涌现；文化事业全面繁荣，覆盖全社会的公共文化服务体系基本建立，努力实现基本公共文化服务均等化；文化产业成为国民经济支柱性产业，整体实力和国际竞争力显著增强，公有制为主体、多种所有制共同发展的文化产业格局全面形成；文化管理体制和文化产品生产经营机制充满活力、富有效率，以民族文化为主体、吸收外来有益文化、推动中华文化走向世界的文化开放格局进一步完善；高素质文化人才队伍发展壮大，文化繁荣发展的人才保障更加有力。全党全国要为实现这些目标共同努力，不断提高文化建设科学化水平，为把我国建设成为社会主义文化强国打下坚实基础。

实现上述奋斗目标，必须遵循以下重要方针。

——坚持以马克思主义为指导，推进马克思主义中国化时代化大众化，用中国特色社会主义理论体系武装头脑、指导实践、推动工作，确保文化改革发展沿着正确道路前进。

——坚持社会主义先进文化前进方向，坚持为人民服务、为社会主义服务，坚持百花齐放、百家争鸣，坚持继承和创新相统一，弘扬主旋律、提倡多样化，以科学的理论武装人，以正确的舆论引导人，以高尚的精神塑造人，以优秀的作品鼓舞人，在全社会形成积极向上的精神追求和健康文明的生活方式。

——坚持以人为本，贴近实际、贴近生活、贴近群众，发挥人民在文化建设中的主体作用，坚持文化发展为了人民、文化发展依靠人民、文化发展成果由人民共享，促进人的全面发展，培育有理想、有道德、有文化、有纪律的社会主义公民。

——坚持把社会效益放在首位，坚持社会效益和经济效益有机统一，遵循文化发展规律，适应社会主义市场经济发展要求，加强文化法制建设，一手抓繁荣、一手抓管理，推动文化事业和文化产业全面协调可持续发展。

——坚持改革开放，着力推进文化体制机制创新，以改革促发展、促繁荣，不断解放和发展文化生产力，提高文化开放水平，推动中华文化走向世界，积极吸收各国优秀文明成果，切实维护国家文化安全。

三、推进社会主义核心价值体系建设，巩固全党全国各族人民团结奋斗的共同思想道德基础

社会主义核心价值体系是兴国之魂，是社会主义先进文化的精髓，决定着中国特色社会主义发展方向。必须强化教育引导，增进社会共识，创新方式方法，健全制度保障，把社会主义核心价值体系融入国民教育、精神文明建设和党的建设全过程，贯穿改革开放和社会主义现代化建设各领域，体现到精神文化产品创作生产传播各方面，坚持用社会主义核心价值体系引领社会思潮，在全党全社会形成统一指导思想、共同理想信念、强大精神力量、基本道德规范。

（一）坚持马克思主义指导地位。马克思主义深刻揭示了人类社会发展规律，坚定维护和发展最广大人民根本利益，是指引人民推动社会进步、创造美好生活的科学理论。要毫不动摇地坚持马克思主义基本原理，紧密结合中国实际、时代特征、人民愿望，用发展着的马克思主义指导新的实践。坚持不懈用中国特色社会主义理论体系武装全党、教育人民，推动学习实践科学发展观向深度和广度拓展，引导党员、干部深入学习贯彻党的基本理论、基本路线、基本纲领、基本经验，学习马克思主义经典著作，系统掌握马克思主义立场、观点、方法。科学分析世情、国情、党情新变化，深入研究解决改革开放和社会主义现代化建设新课题，不断深化对共产党执政规律、社会主义建设规律、人类社会发展规律的认识，不断把党带领人民创造的成功经验上升为理论，不断赋予当代中国马克思主义鲜明的实践特色、民族特色、时代特色。坚持以领导班子和领导干部为重点，以提高思想政治素养为根本，以建设学习型党组织为抓手，大力推进马克思主义学习型政党建设。深入推进马克思主义理论研究和建设工程，实施中国特色社会主义理论体系普及计划，加强重点学科体系和教材体系建设，推动中国特色社会主义理论体系进教材、进课堂、进头脑，加强和改进学校思想政治教育。

（二）坚定中国特色社会主义共同理想。中国特色社会主义是当代中国发展进步的根本方向，集中体现了最广大人民根本利益和共同愿望。要深入开展理想信念教育，引导干部群众深刻认识中国共产党领导和中国特色社会主义制度的历史必然性和优越性，深刻认识中国特色社会主义道路既是实现社会主义现代化和中华民族伟大复兴的必由之路，也是创造人民美好生活的必由之路，自觉把个人理想融入中国特色社会主义共同理想之中，最大限度把广大人民团结和凝聚在中国特色社会主义伟大旗帜之下。紧密结合中国特色社会主义成功实践，联系干部群众思想实际，针对社会热点难点问题，从理论和实践结合上作出有说服力的回答，引导干部群众在重大思想理论问题上划清是非界限、澄清模糊认识，有力抵制各种错误和腐朽思想影响。深入开展形势政策教育、国情教育、革命传统教育、改革开放教育、国防教育，组织学习中国近现代史特别是党领导人民进行革命、建设、改革的历史，坚定广大干部群众对中国特色社会主义的信心和信念。

（三）弘扬以爱国主义为核心的民族精神和以改革创新为核心的时代精神。爱国主义是中华民族最深厚的思想传统，最能感召中华儿女团结奋斗；改革创新是当代中国最鲜明的时代特征，最能激励中华儿女锐意进取。要广泛开展民族精神教育，大力弘扬爱国主义、集体主义、社会主义思想，增强民族自尊心、自信心、自豪感，激励人民把爱国热情化作振兴中华的实际行动，以热爱祖国和贡献自己全部力量建设祖国为最大光荣、以损害祖国利益和尊严为最大耻辱。广泛开展时代精神教育，引导干部群众始终保持与时俱进、开拓创新的精神状态，永不自满、永不僵化、永不停滞，以思想不断解放推动事业持续发展。大力弘扬一切有利于国家富强、民族振兴、人民幸福、社会和谐的思想和精神，大力发扬艰苦奋斗、劳动光荣、勤俭节约的优良传统。加强民族团结进步教育，增进对伟大祖国和中华民族的认同，促进各民族共同团结奋斗、共同繁荣发展。加强爱国主义教育基地建设，用好红色旅游资源，使之成为弘扬培育民族精神和时代精神的重要课堂。

（四）树立和践行社会主义荣辱观。社会主义荣辱观体现了社会主义道德的根本要求。要深入开展社会主义荣辱观宣传教育，弘扬中华传统美德，推进公民道德建设工程，加强社会公德、职业道德、家庭美德、个人品德教育，评选表彰道德模范，学习宣传先进典型，引导人民增强道德判断力和道德荣誉感，自觉履行法定义务、社会责任、家庭责任，在全社会形成知荣辱、讲正气、作奉献、促和谐的良好风尚。深化群众性精神文明创建活动，广泛开展志愿服务，拓展各类道德实践活动，倡导爱国、敬业、诚信、友善等道德规范，形成男女平等、尊老爱幼、扶贫济困、扶弱助残、礼让宽容的人际关系。全面加强学校德育体系建设，构建学校、家庭、社会紧密协作的教育网络，动员社会各方面共同做好青少年思想道德教育工作。深入开展学雷锋活动，采取措施推动学习活动常态化。深化政风、行风建设，开展道德领域突出问题专项教育和治理，坚决反对拜金主义、享乐主义、极端个人主义，坚决纠正以权谋私、造假欺诈、见利忘义、损人利己的歪风邪气。把诚信建设摆在突出位置，大力推进政务诚信、商务诚信、社会诚信和司法公信建设，抓紧建立健全覆盖全社会的征信系统，加大对失信行为惩戒力度，在全社会广泛形成守信光荣、失信可耻的氛围。加强法制宣传教育，弘扬社会主义法治精神，树立社会主义法治理念，提高全民法律素质，推动人人学法尊法守法用法，维护法律权威和社会公平正义。加强人文关怀和心理疏导，培育自尊自信、理性平和、积极向上的社会心态。弘扬科学精神，普及科学知识，倡导移风易俗、抵制封建迷信。深入开展反腐倡廉教育，推进廉政文化建设。

四、全面贯彻“二为”方向和“双百”方针，为人民提供更好更多的精神食粮

创作生产更多无愧于历史、无愧于时代、无愧于人民的优秀作品，是文化繁荣发展的重要标志。必须全面贯彻为人民服务、为社会主义服务的方向和百花齐放、百家争鸣的方针，立足发展先进文化、建设和谐文化，激发文化创作生产活力，提高文化产品质量，发挥文化引领风尚、教育人民、服务社会、推动发展的作用。

（一）坚持正确创作方向。正确创作方向是文化创作生产的根本性问题，一切进步的文化创作生产都源于人民、为了人民、属于人民。必须牢固树立人民是历史创造者的观点，坚持以人民为中心的创作导向，热情讴歌改革开放和社会主义现代化建设伟大实践，生动展示我国人民奋发有为的精神风貌和创造历史的辉煌业绩。要引导文化工作者牢记为人民服务、为社会主义服务的神圣职责，坚持正确文化立场，认真对待和积极追求文化产品社会效果，弘扬真善美，贬斥假恶丑，把学术探索和艺术创作融入实现中华民族伟大复兴的事业之中。坚持发扬学术民主、艺术民主，营造积极健康、宽松和谐的氛围，提倡不同观点和学派充分讨论，提倡体裁、题材、形式、手段充分发展，推动观念、内容、风格、流派积极创新。把创新精神贯穿文化创作生产全过程，弘扬民族优秀文化传统和五四运动以来形成的革命文化传统，学习借鉴国外文化创新有益成果，兼收并蓄、博采众长，增强文化产品时代感和吸引力。

（二）繁荣发展哲学社会科学。坚持和发展中国特色社会主义，必须大力发展哲学社会科学，使之更好发挥认识世界、传承文明、创新理论、咨政育人、服务社会的重要功能。要巩固发展马克思主义理论学科，坚持基础研究和应用研究并重，传统学科和新兴学科、交叉学科并重，结合我国实际和时代特点，建设具有中国特色、中国风格、中国气派的哲学社会科学。坚持以重大现实问题为主攻方向，加强对全局性、战略性、前瞻性问题研究，加快哲学社会科学成果转化，更好服务经济社会发展。实施哲学社会科学创新工程，发挥国家哲学社会科学基金示范引导作用，推进学科体系、学术观点、科研方法创新，重点扶持立足中国特色社会主义实践的研究项目，着力推出代表国家水准、具有世界影响、经得起实践和历史检验的优秀成果。整合哲学社会科学研究力量，建设一批社会科学研究基地和国家重点实验室，建设一批具有专业优势的思想库，加强哲学社会科学信息化建设。

（三）加强和改进新闻舆论工作。舆论导向正确是党和人民之福，舆论导向错误是党和人民之祸。要坚持马克思主义新闻观，牢牢把握正确导向，坚持团结稳定鼓劲、正面宣传为主，壮大主流舆论，提高舆论引导的及时性、权威性和公信力、影响力，发挥宣传党的主张、弘扬社会正气、通达社情民意、引导社会热点、疏导公众情绪、搞好舆论监督的重要作用，保障人民知情权、参与权、表达权、监督权。以党报党刊、通讯社、电台电视台为主，整合都市类媒体、网络媒体等宣传资源，构建统筹协调、责任明确、功能互补、覆盖广泛、富有效率的舆论引导格局。加强和改进正面宣传，加强社会主义核心价值体系宣传，加强舆情分析研判，加强社会热点难点问题引导，从群众关注点入手，科学解疑释惑，有效凝聚共识。做好重大突发事件新闻报道，完善新闻发布制度，健全应急报道和舆论引导机制，提高时效性，增加透明度。加强和改进舆论监督，推动解决党和政府高度重视、群众反映强烈的实际问题，维护人民利益，密切党群关系，促进社会和谐。新闻媒体和新闻工作者要秉持社会责任和职业道德，真实准确传播新闻信息，自觉抵制错误观点，坚决杜绝虚假新闻。

（四）推出更多优秀文艺作品。文学、戏剧、电影、电视、音乐、舞蹈、美术、摄影、书法、曲艺、杂技以及民间文艺、群众文艺等各领域文艺工作者都要积极投身到讴歌时代和人民的文艺创造活动之中，在社会生活中汲取素材、提炼主题，以充沛的激情、生动的笔触、优美的旋律、感人的形象，创作生产出思想性艺术性观赏性相统一、人民喜闻乐见的优秀文艺作品。实施精品战略，组织好“五个一工程”、重大革命和历史题材创作工程、重点文学艺术作品扶持工程、优秀少儿作品创作工程，鼓励原创和现实题材创作，不断推出文艺精品。扶持代表国家水准、具有民族特色和地方特色的优秀艺术品种，积极发展新的艺术样式。鼓励一切有利于陶冶情操、愉悦身心、寓教于乐的文艺创作，抵制低俗之风。

（五）发展健康向上的网络文化。加强网上思想文化阵地建设，是社会主义文化建设的迫切任务。要认真贯彻积极利用、科学发展、依法管理、确保安全的方针，加强和改进网络文化建设和管理，加强网上舆论引导，唱响网上思想文化主旋律。实施网络内容建设工程，推动优秀传统文化瑰宝和当代文化精品网络传播，制作适合互联网和手机等新兴媒体传播的精品佳作，鼓励网民创作格调健康的网络文化作品。支持重点新闻网站加快发展，打造一批在国内外有较强影响力的综合性网站和特色网站，发挥主要商业网站建设性作用，培育一批网络内容生产和服务骨干企业。发展网络新技术新业态，占领网络信息传播制高点。广泛开展文明网站创建，推动文明办网、文明上网，督促网络运营服务企业履行法律义务和社会责任，不为有害信息提供传播渠道。加强网络法制建设，加快形成法律规范、行政监管、行业自律、技术保障、公众监督、社会教育相结合的互联网管理体系。加强对社交网络和即时通信工具等的引导和管理，规范网上信息传播秩序，培育文明理性的网络环境。依法惩处传播有害信息行为，深入推进整治网络淫秽色情和低俗信息专项行动，严厉打击网络违法犯罪。加大网上个人信息保护力度，建立网络安全评估机制，维护公共利益和国家信息安全。

（六）完善文化产品评价体系和激励机制。坚持把遵循社会主义先进文化前进方向、人民群众满意作为评价作品最高标准，把群众评价、专家评价和市场检验统一起来，形成科学的评价标准。要建立公开、公平、公正评奖机制，精简评奖种类，改进评奖办法，提高权威性和公信度。加强文艺理论建设，培养高素质文艺评论队伍，开展积极健康的文艺批评，褒优贬劣，激浊扬清。加大优秀文化产品推广力度，运用主流媒体、公共文化场所等资源，在资金、频道、版面、场地等方面为展演展映展播展览弘扬主流价值的精品力作提供条件。设立专项艺术基金，支持收藏和推介优秀文化作品。加大知识产权保护力度，依法惩处侵权行为，维护著作权人合法权益。

五、大力发展公益性文化事业，保障人民基本文化权益

满足人民基本文化需求是社会主义文化建设的基本任务。必须坚持政府主导，按照公益性、基本性、均等性、便利性的要求，加强文化基础设施建设，完善公共文化服务网络，让群众广泛享有免费或优惠的基本公共文化服务。

（一）构建公共文化服务体系。加强公共文化服务是实现人民基本文化权益的主要途径。要以公共财政为支撑，以公益性文化单位为骨干，以全体人民为服务对象，以保障人民群众看电视、听广播、读书看报、进行公共文化鉴赏、参与公共文化活动等基本文化权益为主要内容，完善覆盖城乡、结构合理、功能健全、实用高效的公共文化服务体系。把主要公共文化产品和服务项目、公益性文化活动纳入公共财政经常性支出预算。采取政府采购、项目补贴、定向资助、贷款贴息、税收减免等政策措施鼓励各类文化企业参与公共文化服务。鼓励国家投资、资助或拥有版权的文化产品无偿用于公共文化服务。加强文化馆、博物馆、图书馆、美术馆、科技馆、纪念馆、工人文化宫、青少年宫等公共文化服务设施和爱国主义教育示范基地建设并完善向社会免费开放服务，鼓励其他国有文化单位、教育机构等开展公益性文化活动，各类公共场所要为群众性文化活动提供便利。统筹规划和建设基层公共文化服务设施，坚持项目建设和运行管理并重，实现资源整合、共建共享。加强社区公共文化设施建设，把社区文化中心建设纳入城乡规划和设计，拓展投资渠道。完善面向妇女、未成年人、老年人、残疾人的公共文化服务设施。引导和鼓励社会力量通过兴办实体、资助项目、

赞助活动、提供设施等形式参与公共文化服务。推进国家公共文化服务体系示范区创建。制定公共文化服务指标体系和绩效考核办法。

（二）发展现代传播体系。提高社会主义先进文化辐射力和影响力，必须加快构建技术先进、传输快捷、覆盖广泛的现代传播体系。要加强党报党刊、通讯社、电台电视台和重要出版社建设，进一步完善采编、发行、播发系统，加快数字化转型，扩大有效覆盖面。加强国际传播能力建设，打造国际一流媒体，提高新闻信息原创率、首发率、落地率。建立统一联动、安全可靠的国家应急广播体系。完善国家数字图书馆建设。整合有线电视网络，组建国家级广播电视网络公司。推进电信网、广电网、互联网三网融合，建设国家新媒体集成播控平台，创新业务形态，发挥各类信息网络设施的文化传播作用，实现互联互通、有序运行。

（三）建设优秀传统文化传承体系。优秀传统文化凝聚着中华民族自强不息的精神追求和历久弥新的精神财富，是发展社会主义先进文化的深厚基础，是建设中华民族共有精神家园的重要支撑。要全面认识祖国传统文化，取其精华、去其糟粕，古为今用、推陈出新，坚持保护利用、普及弘扬并重，加强对优秀传统文化思想价值的挖掘和阐发，维护民族文化基本元素，使优秀传统文化成为新时代鼓舞人民前进的精神力量。加强文化典籍整理和出版工作，推进文化典籍资源数字化。加强国家重大文化和自然遗产地、重点文物保护单位、历史文化名城名镇名村保护建设，抓好非物质文化遗产保护传承。深入挖掘民族传统节日文化内涵，广泛开展优秀传统文化教育普及活动。发挥国民教育在文化传承创新中的基础性作用，增加优秀传统文化课程内容，加强优秀传统文化教学研究基地建设。大力推广和规范使用国家通用语言文字，科学保护各民族语言文字。繁荣发展少数民族文化事业，开展少数民族特色文化保护工作，加强少数民族语言文字党报党刊、广播影视节目、出版物等译制播出出版。加强同香港、澳门的文化交流合作，加强同台湾的各种形式文化交流，共同弘扬中华优秀传统文化。

（四）加快城乡文化一体化发展。增加农村文化服务总量，缩小城乡文化发展差距，对推进社会主义新农村建设、形成城乡经济社会发展一体化新格局具有重大意义。要以农村和中西部地区为重点，加强县级文化馆和图书馆、乡镇综合文化站、村文化室建设，深入实施广播电视村村通、文化信息资源共享、农村电影放映、农家书屋等文化惠民工程，扩大覆盖、消除盲点、提高标准、完善服务、改进管理。加大对革命老区、民族地区、边疆地区、贫困地区文化服务网络建设支持和帮扶力度。深入开展全民阅读、全民健身活动，推动文化科技卫生“三下乡”、科教文体法律卫生“四进社区”、“送欢乐下基层”等活动经常化。引导企业、社区积极开展面向农民工的公益性文化活动，尽快把农民工纳入城市公共文化服务体系。建立以城带乡联动机制，合理配置城乡文化资源，鼓励城市对农村进行文化帮扶，把支持农村文化建设作为创建文明城市基本指标。鼓励文化单位面向农村提供流动服务、网点服务，推动媒体办好农村版和农村频率频道，做好主要党报党刊在农村基层发行和赠阅工作。扶持文化企业以连锁方式加强基层和农村文化网点建设，推动电影院线、演出院线向市县延伸，支持演艺团体深入基层和农村演出。中央、省、市三级设立农村文化建设专项资金，保证一定数量的中央转移支付资金用于乡镇和村文化建设。

六、加快发展文化产业，推动文化产业成为国民经济支柱性产业

发展文化产业是社会主义市场经济条件下满足人民多样化精神文化需求的重要途径。必须坚持社会主义先进文化前进方向，坚持把社会效益放在首位、社会效益和经济效益相统一，按照全面协调可持续的要求，推动文化产业跨越式发展，使之成为新的经济增长点、经济结构战略性调整的重要支点、转变经济发展方式的重要着力点，为推动科学发展提供重要支撑。

（一）构建现代文化产业体系。加快发展文化产业，必须构建结构合理、门类齐全、科技含量高、富有创意、竞争力强的现代文化产业体系。要在重点领域实施一批重大项目，推进文化产业结构调整，发展壮大出版发行、影视制作、印刷、广告、演艺、娱乐、会展等传统文化产业，加快发展文化创意、数字出版、移动多媒体、动漫游戏等新兴文化产业。鼓励有实力的文化企业跨地区、跨行业、跨所有制兼并重组，培育文化产业领域战略投资者。优化文化产业布局，发挥东中西部地区各自优势，加强文化产业基地规划和建设，发展文化产业集群，提高文化产业规模化、集约化、专业化水平。加大对拥有自主知识产权、弘扬民族优秀文化的产业支持力度，打造知名品牌。发掘城市文化资源，发展特色文化产业，建设特色文化城市。发挥首都全国文化中心示范作用。规划建设各具特色的文化创业创意园区，支持中小文化企业发展。推动文化产业与旅游、体育、信息、物流、建筑等产业融合发展，增加相关产业文化含量，延伸文化产业链，提高附加值。

（二）形成公有制为主体、多种所有制共同发展的文化产业格局。加快发展文化产业，必须毫不动摇地支持和壮大国有或国有控股文化企业，毫不动摇地鼓励和引导各种非公有制文化企业健康发展。要培育一批核心竞争力强的国有或国有控股大型文化企业或企业集团，在发展产业和繁荣市场方面发挥主导作用。在国家许可范围内，引导社会资本以多种形式投资文化产业，参与国有经营性文化单位转企改制，参与重大文化产业项目实施和文化产业园区建设，在投资核准、信用贷款、土地使用、税收优惠、

上市融资、发行债券、对外贸易和申请专项资金等方面给予支持，营造公平参与市场竞争、同等受到法律保护的体制和法制环境。加强和改进对非公有制文化企业的服务和管理，引导他们自觉履行社会责任。

（三）推进文化科技创新。科技创新是文化发展的重要引擎。要发挥文化和科技相互促进的作用，深入实施科技带动战略，增强自主创新能力。抓住一批全局性、战略性重大科技课题，加强核心技术、关键技术、共性技术攻关，以先进技术支撑文化装备、软件、系统研制和自主发展，重视相关技术标准制定，加快科技创新成果转化，提高我国出版、印刷、传媒、影视、演艺、网络、动漫等领域技术装备水平，增强文化产业核心竞争力。依托国家高新技术园区、国家可持续发展实验区等建立国家级文化和科技融合示范基地，把重大文化科技项目纳入国家相关科技发展规划和计划。健全以企业为主体、市场为导向、产学研相结合的文化技术创新体系，培育一批特色鲜明、创新能力强的文化科技企业，支持产学研战略联盟和公共服务平台建设。

（四）扩大文化消费。增加文化消费总量，提高文化消费水平，是文化产业发展的内生动力。要创新商业模式，拓展大众文化消费市场，开发特色文化消费，扩大文化服务消费，提供个性化、分众化的文化产品和服务，培育新的文化消费增长点。提高基层文化消费水平，引导文化企业投资兴建更多适合群众需求的文化消费场所，鼓励出版适应群众购买能力的图书报刊，鼓励在商业演出和电影放映中安排一定数量的低价场次或门票，鼓励网络文化运营商开发更多低收费业务，有条件的地方要为困难群众和农民工文化消费提供适当补贴。积极发展文化旅游，促进非物质文化遗产保护传承与旅游相结合，发挥旅游对文化消费的促进作用。

七、进一步深化改革开放，加快构建有利于文化繁荣发展的体制机制

文化引领时代风气之先，是最需要创新的领域。必须牢牢把握正确方向，加快推进文化体制改革，建立健全党委领导、政府管理、行业自律、社会监督、企事业单位依法运营的文化管理体制和富有活力的文化产品生产经营机制，发挥市场在文化资源配置中的积极作用，创新文化走出去模式，为文化繁荣发展提供强大动力。

（一）深化国有文化单位改革。以建立现代企业制度为重点，加快推进经营性文化单位改革，培育合格市场主体。科学界定文化单位性质和功能，区别对待、分类指导，循序渐进、逐步推开，推进一般国有文艺院团、非时政类报刊社、新闻网站转企改制，拓展出版、发行、影视企业改革成果，加快公司制股份制改造，完善法人治理结构，形成符合现代企业制度要求、体现文化企业特点的资产组织形式和经营管理模式。创

新投融资体制，支持国有文化企业面向资本市场融资，支持其吸引社会资本进行股份制改造。着眼于突出公益属性、强化服务功能、增强发展活力，全面推进文化事业单位人事、收入分配、社会保障制度改革，明确服务规范，加强绩效评估考核。创新公共文化服务设施运行机制，吸纳有代表性的社会人士、专业人士、基层群众参与管理。推动党报党刊、电台电视台进一步完善管理和运行机制。推动一般时政类报刊社、公益性出版社、代表民族特色和国家水准的文艺院团等事业单位实行企业化管理，增强面向市场、面向群众提供服务能力。

（二）健全现代文化市场体系。促进文化产品和要素在全国范围内合理流动，必须构建统一开放竞争有序的现代文化市场体系。要重点发展图书报刊、电子音像制品、演出娱乐、影视剧、动漫游戏等产品市场，进一步完善中国国际文化产业博览交易会等综合交易平台。发展连锁经营、物流配送、电子商务等现代流通组织和流通形式，加快建设大型文化流通企业和文化产品物流基地，构建以大城市为中心、中小城市相配套、贯通城乡的文化产品流通网络。加快培育产权、版权、技术、信息等要素市场，办好重点文化产权交易所，规范文化资产和艺术品交易。加强行业组织建设，健全中介机构。

（三）创新文化管理体制。深化文化行政管理体制改革，加快政府职能转变，强化政策调节、市场监管、社会管理、公共服务职能，推动政企分开、政事分开，理顺政府和文化企事业单位关系。完善管人管事管资产管导向相结合的国有文化资产管理体制。健全文化市场综合行政执法机构，推动副省级以下城市完善综合文化行政责任主体。加快文化立法，制定和完善公共文化服务保障、文化产业振兴、文化市场管理等方面法律法规，提高文化建设法制化水平。坚持主管主办制度，落实谁主管谁负责和属地管理原则，严格执行文化资本、文化企业、文化产品市场准入和退出政策，综合运用法律、行政、经济、科技等手段提高管理效能。深入开展“扫黄打非”，完善文化市场管理，坚决扫除毒害人们心灵的腐朽文化垃圾，切实营造确保国家文化安全的市场秩序。

（四）完善政策保障机制。保证公共财政对文化建设投入的增长幅度高于财政经常性收入增长幅度，提高文化支出占财政支出比例。扩大公共财政覆盖范围，完善投入方式，加强资金管理，提高资金使用效益，保障公共文化服务体系建设和运行。落实和完善文化经济政策，支持社会组织、机构、个人捐赠和兴办公益性文化事业，引导文化非营利机构提供公共文化产品和服务。加大财政、税收、金融、用地等方面对文化产业的政策扶持力度，鼓励文化企业和社会资本对接，对文化内容创意生产、非物质文化遗产项目经营实行税收优惠。设立国家文化发展基金，扩大有关文化基金和专项资金规模，提高各级彩票公益金用于文化事业比重。继续执行文化体制改革配套政策，对转企改制国有文化单位扶持政策执行期限再延长五年。

（五）推动中华文化走向世界。开展多渠道多形式多层次对外文化交流，广泛参与世界文明对话，促进文化相互借鉴，增强中华文化在世界上的感召力和影响力，共同维护文化多样性。创新对外宣传方式方法，增强国际话语权，妥善回应外部关切，增进国际社会对我国基本国情、价值观念、发展道路、内外政策的了解和认识，展现我国文明、民主、开放、进步的形象。实施文化走出去工程，完善支持文化产品和服务走出去政策措施，支持重点主流媒体在海外设立分支机构，培育一批具有国际竞争力的外向型文化企业和中介机构，完善译制、推介、咨询等方面扶持机制，开拓国际文化市场。加强海外中国文化中心和孔子学院建设，鼓励代表国家水平的各类学术团体、艺术机构在相应国际组织中发挥建设性作用，组织对外翻译优秀学术成果和文化精品。构建人文交流机制，把政府交流和民间交流结合起来，发挥非公有制文化企业、文化非营利机构在对外文化交流中的作用，支持海外侨胞积极开展中外人文交流。建立面向外国青年的文化交流机制，设立中华文化国际传播贡献奖和国际性文化奖项。

（六）积极吸收借鉴国外优秀文化成果。坚持以我为主、为我所用，学习借鉴一切有利于加强我国社会主义文化建设的有益经验、一切有利于丰富我国人民文化生活的积极成果、一切有利于发展我国文化事业和文化产业的经营管理理念和机制。加强文化领域智力、人才、技术引进工作。吸收外资进入法律法规许可的文化产业领域，保障投资者合法权益。鼓励文化单位同国外有实力的文化机构进行项目合作，学习先进制作技术和管理经验。鼓励外资企业在华进行文化科技研发，发展服务外包。开展知识产权保护国际合作。

八、建设宏大文化人才队伍，为社会主义文化大发展大繁荣提供有力人才支撑

推动社会主义文化大发展大繁荣，队伍是基础，人才是关键。要坚持尊重劳动、尊重知识、尊重人才、尊重创造，深入实施人才强国战略，牢固树立人才是第一资源思想，全面贯彻党管人才原则，加快培养造就德才兼备、锐意创新、结构合理、规模宏大的文化人才队伍。

（一）造就高层次领军人物和高素质文化人才队伍。高层次领军人物和专业文化工作者是社会主义文化建设的中坚力量。要继续实施“四个一批”人才培养工程和文化名家工程，建立重大文化项目首席专家制度，造就一批人民喜爱、有国际影响的名家大师和民族文化代表人物。加强专业文化工作队伍、文化企业家队伍建设，扶持资助优秀中青年文化人才主持重大课题、领衔重点项目，抓紧培养善于开拓文化新领域的

拔尖创新人才、掌握现代传媒技术的专门人才、懂经营善管理的复合型人才、适应文化走出去需要的国际化人才。创新人才培养模式，实施高端紧缺文化人才培养计划，搭建文化人才终身学习平台。鼓励和扶持高等学校和中等职业学校优化专业结构，与文化企事业单位共建培养基地。完善人才培养开发、评价发现、选拔任用、流动配置、激励保障机制，深化职称评审改革，为优秀人才脱颖而出、施展才干创造有利制度环境。重视发现和培养社会文化人才。对非公有制文化单位人员评定职称、参与培训、申报项目、表彰奖励同等对待。完善相关政策措施，多渠道吸引海外优秀文化人才。落实国家荣誉制度，抓紧设立国家级文化荣誉称号，表彰奖励成就卓著的文化工作者。

（二）加强基层文化人才队伍建设。基层文化人才队伍是文化改革发展的基础力量。要制定实施基层文化人才队伍建设规划，完善机构编制、学习培训、待遇保障等方面的政策措施，吸引优秀文化人才服务基层。配好配齐乡镇、街道党委宣传委员、宣传干事和乡镇综合文化站专职人员。设立城乡社区公共文化服务岗位，对服务期满高校毕业生报考文化部门公务员、相关专业研究生实行定向招录。重视发现和培养扎根基层的乡土文化能人、民族民间文化传承人特别是非物质文化遗产项目代表性传承人，鼓励和扶持群众中涌现出的各类文化人才和文化活动积极分子，促进他们健康成长、发挥作用。壮大文化志愿者队伍，鼓励专业文化工作者和社会各界人士参与基层文化建设和群众文化活动，形成专兼结合的基层文化工作队伍。

（三）加强职业道德建设和作风建设。文化工作者要成为优秀文化的生产者和传播者，必须加强自身修养，做道德品行和人格操守的示范者。要引导广大文化工作者特别是名家名人自觉践行社会主义核心价值体系，增强社会责任感，弘扬科学精神和职业道德，发扬严谨笃学、潜心钻研、淡泊名利、自尊自律的风尚，努力追求德艺双馨，坚决抵制学术不端、情趣低俗等不良风气。鼓励文化工作者特别是文化名家、中青年骨干深入实际、深入生活、深入群众，拜人民为师，增强国情了解，增加基层体验，增进群众感情。文化工作者要相互尊重、平等交流、取长补短，共同营造风清气正、和谐奋进的良好氛围。

九、加强和改进党对文化工作的领导，提高推进文化改革发展科学化水平

加强和改进党对文化工作的领导，是推进文化改革发展的根本保证，也是加强党的执政能力建设和先进性建设的内在要求。必须从战略和全局出发，把握文化发展规律，健全领导体制机制，改进工作方式方法，增强领导文化建设本领。

（一）切实担负起推进文化改革发展的政治责任。各级党委和政府要把文化建设摆

在全局工作重要位置，深入研究意识形态和宣传文化工作新情况新特点，及时研究文化改革发展重大问题，加强和改进思想政治工作，牢牢把握意识形态工作主导权，掌握文化改革发展领导权。把文化建设纳入经济社会发展总体规划，与经济社会发展一同研究部署、一同组织实施、一同督促检查。把文化改革发展成效纳入科学发展考核评价体系，作为衡量领导班子和领导干部工作业绩的重要依据。制定社会主义核心价值体系建设实施纲要。在全党深入开展社会主义核心价值体系学习教育，使广大党员、干部成为实践社会主义核心价值体系的模范，做共产主义远大理想和中国特色社会主义共同理想的坚定信仰者。深入做好文化领域知识分子工作，充分尊重知识分子创造性劳动，善于同知识分子特别是有影响的代表人士交朋友，把广大知识分子紧紧团结在党的周围。

（二）加强文化领域领导班子和党组织建设。坚持德才兼备、以德为先用人标准，选好配强文化领域各级领导班子，把政治立场坚定、思想理论水平高、熟悉文化工作、善于驾驭意识形态领域复杂局面的干部充实到领导岗位上来，把文化领域各级领导班子建设成为坚强领导集体。加强领导班子思想政治建设，增强政治敏锐性和政治鉴别力，筑牢思想防线，确保文化阵地导向正确。各级领导干部要高度重视并切实抓好文化工作，加强文化理论学习和文化问题研究，提高文化素养，努力成为领导文化建设的行家里手。把文化建设内容纳入干部培训计划和各级党校、行政学院、干部学院教学体系。结合文化单位特点加强和创新基层党的工作，发挥文化事业单位、国有和国有控股文化企业党组织的领导核心和政治核心作用，重视文化领域非公有制经济组织、新社会组织党的组织建设。注重在文化领域优秀人才、先进青年、业务骨干中发展党员。文化战线全体共产党员要牢固树立党的观念、党员意识，讲党性、重品行、作表率，在推进文化改革发展中创先争优、发挥先锋模范作用。

（三）健全共同推进文化建设工作机制。推动社会主义文化大发展大繁荣是全党全社会的共同责任。要建立健全党委统一领导、党政齐抓共管、宣传部门组织协调、有关部门分工负责、社会力量积极参与的工作体制和工作格局，形成文化建设强大合力。文化领域各部门各单位要自觉贯彻中央决策部署，落实文化改革发展目标任务，发挥文化建设主力军作用。支持人大、政协履行职能，调动各部门积极性，支持民主党派、无党派人士和人民团体发挥作用，共同推进文化改革发展。推动文联、作协、记协等文化领域人民团体创新管理体制、组织形式、活动方式，履行好联络协调服务职能，加强行业自律，依法维护文化工作者权益。全面贯彻党的宗教工作基本方针，发挥宗教界人士和信教群众在促进文化繁荣发展中的积极作用。

（四）发挥人民群众文化创造积极性。人民是推动社会主义文化大发展大繁荣最深厚的力量源泉。要牢固树立马克思主义群众观点，自觉贯彻党的群众路线，为广大群众成为社会主义文化建设者提供广阔舞台。广泛开展群众性文化活动，提高社区文化、村镇文化、企业文化、校园文化等建设水平，引导群众在文化建设中自我表现、自我教育、自我服务。积极搭建公益性文化活动平台，依托重大节庆和民族民间文化资源，组织开展群众乐于参与、便于参与的文化活动。支持群众依法兴办文化团体，精心培育植根群众、服务群众的文化载体和文化样式。及时总结来自群众、生动鲜活的文化创新经验，推广大众文化优秀成果，在全社会营造鼓励文化创造的良好氛围，让蕴藏于人民中的文化创造活力得到充分发挥。

中国人民解放军和中国人民武装警察部队文化建设工作，由中央军委根据本决定精神作出部署。

中华民族伟大复兴必然伴随着中华文化繁荣兴盛。全党要紧密团结在以胡锦涛同志为总书记的党中央周围，满怀信心带领全国各族人民在坚持和发展中国特色社会主义的伟大实践中进行文化创造，为把我国建设成为社会主义文化强国而努力奋斗！

在庆祝中国共产党成立90周年大会上的讲话

(2011年7月1日)

胡锦涛

同志们，朋友们：

今天，我们在这里隆重集会，同全党全国各族人民一道，庆祝中国共产党成立90周年，回顾中国发展进步的伟大历程，瞻望中国发展繁荣的光明前景。

90年前的今天，中国共产党成立了。这是中华民族发展史上开天辟地的大事变。从此，中国人民踏上了争取民族独立、人民解放的光明道路，开启了实现国家富强、人民富裕的壮丽征程。

90年来，中国共产党人和全国各族人民前赴后继、顽强奋斗，不断夺取革命、建设、改革的重大胜利。今天，一个生机盎然的社会主义中国已经巍然屹立在世界东方，13亿中国人民正在中国特色社会主义伟大旗帜指引下满怀信心走向中华民族伟大复兴。

同志们、朋友们!

1840年鸦片战争以来中国170多年的历史，概括地说就是，我们伟大的祖国经历了刻骨铭心的磨难，我们伟大的民族进行了感天动地的奋斗，我们伟大的人民创造了彪炳史册的伟业。

鸦片战争以后，中国逐步成为半殖民地半封建社会，列强对中国的侵略步步进逼，封建统治日益腐败，祖国山河破碎、战乱不已，人民饥寒交迫、备受奴役。救亡图存的民族使命迫在眉睫。争取民族独立、人民解放，实现国家富强、人民富裕，成为中国人民必须完成的历史任务。

在那个风雨如晦的年代，为改变中华民族的命运，中国人民和无数仁人志士进行了千辛万苦的探索和不屈不挠的斗争。太平天国运动，戊戌变法，义和团运动，不甘屈服的中国人民一次次抗争，但又一次次失败。孙中山先生领导的辛亥革命，结束了统治中国几千年的君主专制制度，对推动中国社会进步具有重大意义，但也未能改变中国半殖民地半封建的社会性质和中国人民的悲惨命运。

事实说明，不触动封建根基的自强运动和改良主义，旧式的农民战争，资产阶级革命派领导的革命，照搬西方资本主义的其他种种方案，都不能完成中华民族救亡图存的民族使命和反帝反封建的历史任务。要解决中国发展进步问题，必须找到能够指导中国人民进行反帝反封建革命的先进理论，必须找到能够领导中国社会变革的先进社会力量。

1921年，在马克思列宁主义同中国工人运动相结合的进程中，中国共产党应运而生。中国共产党的诞生，是近现代中国历史发展的必然产物，是中国人民在救亡图存斗争中顽强求索的必然产物。从此，中国革命有了正确前进方向，中国人民有了强大精神力量，中国命运有了光明发展前景。

90年来，我们党团结带领人民在中国这片古老的土地上，书写了人类发展史上惊天地、泣鬼神的壮丽史诗，集中体现为完成和推进了三件大事。

第一件大事，我们党紧紧依靠人民完成了新民主主义革命，实现了民族独立、人民解放。经过北伐战争、土地革命战争、抗日战争、解放战争，党和人民进行28年浴血奋战，打败日本帝国主义侵略，推翻国民党反动统治，建立了中华人民共和国。新中国的成立，使人民成为国家、社会和自己命运的主人，实现了中国从几千年封建专制制度向人民民主制度的伟大跨越，实现了中国高度统一和各民族空前团结，彻底结束了旧中国半殖民地半封建社会的历史，彻底结束了旧中国一盘散沙的局面，彻底废除了列强强加给中国的不平等条约和帝国主义在中国的一切特权。中国人从此站立起来了，中华民族发展进步从此开启了新的历史纪元。

第二件大事，我们党紧紧依靠人民完成了社会主义革命，确立了社会主义基本制度。我们创造性地实现由新民主主义到社会主义的转变，使占世界人口四分之一的东方大国进入社会主义社会，实现了中国历史上最广泛最深刻的社会变革。我们建立起独立的比较完整的工业体系和国民经济体系，积累了在中国这样一个社会生产力水平十分落后的东方大国进行社会主义建设的重要经验。

第三件大事，我们党紧紧依靠人民进行了改革开放新的伟大革命，开创、坚持、发展了中国特色社会主义。党的十一届三中全会以来，我们总结我国社会主义建设经验，同时借鉴国际经验，以巨大的政治勇气、理论勇气、实践勇气实行改革开放，经过艰辛探索，形成了党在社会主义初级阶段的基本理论、基本路线、基本纲领、基本经验，建立和完善社会主义市场经济体制，坚持全方位对外开放，推动社会主义现代化建设取得举世瞩目的伟大成就。

这三件大事，从根本上改变了中国人民和中华民族的前途命运，不可逆转地结束了近代以后中国内忧外患、积贫积弱的悲惨命运，不可逆转地开启了中华民族不断发展壮大、走向伟大复兴的历史进军，使具有5000多年文明历史的中国面貌焕然一新，中华民族伟大复兴展现出前所未有的光明前景。

90年来，中国社会发生的变革，中国人民命运发生的变化，其广度和深度，其政治影响和社会意义，在人类发展史上都是十分罕见的。

事实充分证明，在近代以来中国社会发展进步的壮阔进程中，历史和人民选择了中国共产党，选择了马克思主义，选择了社会主义道路，选择了改革开放。

事实充分证明，中国共产党不愧为伟大、光荣、正确的马克思主义政党，不愧为领导中国人民不断开创事业发展新局面的核心力量。

同志们、朋友们!

90年来，我们取得的一切成就，是一代一代中国共产党人同人民一道顽强拼搏、接续奋斗的结果。以毛泽东同志为核心的党的第一代中央领导集体团结带领全党全国各族人民，夺取了新民主主义革命的伟大胜利，确立了社会主义基本制度，为当代中国一切发展进步奠定了根本政治前提和制度基础。以邓小平同志为核心的党的第二代中央领导集体团结带领全党全国各族人民，开启了改革开放的伟大历程，吹响了建设中国特色社会主义的时代号角，开辟了社会主义事业发展新时期。以江泽民同志为核心的党的第三代中央领导集体团结带领全党全国各族人民，坚持改革开放、与时俱进，引领改革开放的航船沿着正确方向破浪前进，成功把中国特色社会主义伟大事业推向21世纪。党的十六大以来，党中央团结带领全党全国各族人民，以邓小平理论和“三个代表”重要思想为指导，深入贯彻落实科学发展观，着力推动科学发展、促进社会和谐，继续在全面建设小康社会实践中推进中国特色社会主义伟大事业。

在庆祝中国共产党成立90周年的时刻，我们深切怀念为中国革命、建设、改革，为中国共产党建立、巩固、发展作出重大贡献的毛泽东、周恩来、刘少奇、朱德、邓小平、陈云等老一辈无产阶级革命家，深切怀念为创立、捍卫、建设新中国而英勇牺牲的革命先烈，深切怀念近代以来为中华民族独立和解放而顽强奋斗的所有先驱。他们为祖国和民族建立的丰功伟绩永垂史册！

在这里，我代表中共中央，向全国广大工人、农民、知识分子，向各民主党派、各人民团体、各界爱国人士，向中国人民解放军、武警部队、公安民警，致以崇高的敬意！向香港特别行政区同胞、澳门特别行政区同胞和台湾同胞以及广大侨胞，致以诚挚的问候！向一切同中国人民友好相处，关心和支持中国革命、建设、改革事业的各国人民和朋友，表示衷心的谢意！

同志们、朋友们！

经过90年的奋斗、创造、积累，党和人民必须倍加珍惜、长期坚持、不断发展的成就是：开辟了中国特色社会主义道路，形成了中国特色社会主义理论体系，确立了中国特色社会主义制度。

中国特色社会主义道路，是实现社会主义现代化的必由之路，是创造人民美好生活的必由之路。中国特色社会主义道路，就是在中国共产党领导下，立足基本国情，以经济建设为中心，坚持四项基本原则，坚持改革开放，解放和发展社会生产力，巩固和完善社会主义制度，建设社会主义市场经济、社会主义民主政治、社会主义先进文化、社会主义和谐社会，建设富强民主文明和谐的社会主义现代化国家。

中国特色社会主义理论体系，是指导党和人民沿着中国特色社会主义道路实现中华民族伟大复兴的正确理论。我们党坚持把马克思主义基本原理同中国具体实际结合起来，在推进马克思主义中国化的历史进程中产生了两大理论成果。一大理论成果是毛泽东思想。毛泽东思想是马克思列宁主义在中国的运用和发展，系统回答了在一个半殖民地半封建的东方大国，如何实现新民主主义革命和社会主义革命的问题，并对建设什么样的社会主义、怎样建设社会主义进行了艰辛探索，以创造性的内容为马克思主义宝库增添了新的财富。另一大理论成果是中国特色社会主义理论体系。中国特色社会主义理论体系是包括邓小平理论、“三个代表”重要思想以及科学发展观等重大战略思想在内的科学理论体系，系统回答了在中国这样一个十几亿人口的发展中大国建设什么样的社会主义、怎样建设社会主义，建设什么样的党、怎样建设党，实现什么样的发展、怎样发展等一系列重大问题，是对毛泽东思想的继承和发展。

中国特色社会主义制度，是当代中国发展进步的根本制度保障，集中体现了中国特色社会主义的特点和优势。我们推进社会主义制度自我完善和发展，在经济、政治、文化、社会等各个领域形成一整套相互衔接、相互联系的制度体系。人民代表大会制度这一根本政治制度，中国共产党领导的多党合作和政治协商制度、民族区域自治制度以及基层群众自治制度等构成的基本政治制度，中国特色社会主义法律体系，公有制为主体、多种所有制经济共同发展的基本经济制度，以及建立在根本政治制度、基本政治制度、基本经济制度基础上的经济体制、政治体制、文化体制、社会体制等各项具体制度，符合我国国情，顺应时代潮流，有利于保持党和国家活力、调动广大人民群众和社会各方面的积极性、主动性、创造性，有利于解放和发展社会生产力、推动经济社会全面发展，有利于维护和促进社会公平正义、实现全体人民共同富裕，有利于集中力量办大事、有效应对前进道路上的各种风险挑战，有利于维护民族团结、社会稳定、国家统一。

面对风云变幻的国际形势，面对艰巨繁重的国内改革发展稳定任务，我们党要团结带领人民继续前进，开创工作新局面，赢得事业新胜利，最根本的就是要高举中国特色社会主义伟大旗帜，坚持和拓展中国特色社会主义道路，坚持和丰富中国特色社会主义理论体系，坚持和完善中国特色社会主义制度。

同志们、朋友们！

回顾90年中国的发展进步，可以得出一个基本结论：办好中国的事情，关键在党。

总结90年的发展历程，我们党保持和发展马克思主义政党先进性的根本点是：坚持解放思想、实事求是、与时俱进，以科学态度对待马克思主义，用发展着的马克思主义指导新的实践，坚持真理、修正错误，坚定不移走自己的路，始终保持党开拓前进的精神动力；坚持为了人民、依靠人民，诚心诚意为人民谋利益，从人民群众中汲取智慧和力量，始终保持党同人民群众的血肉联系；坚持任人唯贤、广纳人才，以事业感召、培养、造就人才，不断增加新鲜血液，始终保持党的蓬勃活力；坚持党要管党、从严治党，正视并及时解决党内存在的突出问题，始终保持党的肌体健康。

全党必须清醒地看到，在世情、国情、党情发生深刻变化的新形势下，提高党的领导水平和执政水平、提高拒腐防变和抵御风险能力，加强党的执政能力建设和先进性建设，面临许多前所未有的新情况新问题新挑战，执政考验、改革开放考验、市场经济考验、外部环境考验是长期的、复杂的、严峻的。精神懈怠的危险，能力不足的危险，脱离群众的危险，消极腐败的危险，更加尖锐地摆在全党面前，落实党要管党、从严治党的任务比以往任何时候都更为繁重、更为紧迫。

我们必须从新的实际出发，坚持以科学理论指导党的建设，以改革创新精神研究和解决党的建设面临的重大理论和实际问题，着眼于全面建设小康社会、加快推进社会主义现代化，全面认识和自觉运用马克思主义执政党建设规律，全面推进党的建设新的伟大工程，不断提高党的建设科学化水平。

在新的历史条件下提高党的建设科学化水平，必须坚持解放思想、实事求是、与时俱进，大力推进马克思主义中国化时代化大众化，提高全党思想政治水平。

90 年来党的发展历程告诉我们，理论上的成熟是政治上坚定的基础，理论上的与时俱进是行动上锐意进取的前提，思想上的统一是全党步调一致的重要保证。中国共产党人坚信马克思主义基本原理是颠扑不破的科学真理，坚信马克思主义必须随着实践发展而不断丰富和发展，从来不把马克思主义看成是空洞、僵硬、刻板的教条。马克思主义，理论源泉是实践，发展依据是实践，检验标准也是实践。任何固守本本、漠视实践、超越或落后于实际生活的做法都不会得到成功。在历史上的一些时期，我们曾经犯过错误甚至遇到严重挫折，根本原因就在于当时的指导思想脱离了中国实际。我们党能够依靠自己和人民的力量纠正错误，在挫折中奋起，继续胜利前进，根本原因就在于重新恢复和坚持贯彻了实事求是。这方面的经验教训，我们党在《关于若干历史问题的决议》和《关于建国以来党的若干历史问题的决议》中进行了系统总结，我们必须牢牢记取。

实践发展永无止境，认识真理永无止境，理论创新永无止境。党和人民的实践是不断前进的，指导这种实践的理论也要不断前进。中国特色社会主义道路必将在党和人民的创造性实践中不断拓展，中国特色社会主义制度必将在深化改革、扩大开放中不断完善。这一过程必将为理论创新开辟广阔前景。在新的历史条件下坚持马克思主义，关键是要及时回答实践提出的新课题，为实践提供科学指导。我们要准确把握世界发展大势，准确把握社会主义初级阶段基本国情，深入研究我国发展的阶段性特征，及时总结党领导人民创造的新鲜经验，重点抓住经济社会发展重大问题，作出新的理论概括，永葆科学理论的旺盛生命力。

理论创新每前进一步，理论武装就跟进一步，这是我们党加强自身建设的一条重要经验。我们必须按照建设马克思主义学习型政党的要求，抓紧学习人类社会创造的一切科学的新思想新知识。全体党员、干部都要把学习作为一种精神追求，深入学习和掌握马克思列宁主义、毛泽东思想，深入学习和掌握中国特色社会主义理论体系，牢固树立辩证唯物主义和历史唯物主义世界观和方法论，真正做到学以立德、学以增智、学以创业。全党同志特别是党的各级领导干部都要不断提高思想政治水平，坚定理想信念，增强为党和人民事业不懈奋斗的自觉性和坚定性，咬定青山不放松，真正做到坚定不移、矢志不渝。

在新的历史条件下提高党的建设科学化水平，必须坚持五湖四海、任人唯贤，坚持德才兼备、以德为先用人标准，把各方面优秀人才集聚到党和国家事业中来。

90 年来党的发展历程告诉我们，政治路线确定之后干部就是决定因素。坚持五湖四海、任人唯贤，是我们党性质和宗旨的必然要求。我们党除了人民利益，没有自己的特殊利益。我们党坚持这个崇高原则，为一切忠于人民、扎根人民、奉献人民的人们提供了施展才华的宽广舞台。中国特色社会主义道路能不能越走越宽广，中华民族能不能实现伟大复兴，要看能不能不断培养造就大批优秀人才，更要看能不能让各方面优秀人才脱颖而出、施展才华。

我们要以更宽的视野、更高的境界、更大的气魄，广开进贤之路，把各方面优秀干部及时发现出来、合理使用起来。要坚持把干部的德放在首要位置，选拔任用那些政治坚定、有真才实学、实绩突出、群众公认的干部，形成以德修身、以德服众、以德领才、以德润才、德才兼备的用人导向。要坚持凭实绩使用干部，让能干事者有机会、干成事者有舞台，不让老实人吃亏，不让投机钻营者得利，让所有优秀干部都能为党和人民贡献力量。

源源不断培养造就大批优秀年轻干部，是关系党和人民事业继往开来、薪火相传的根本大计。年轻干部要承担起事业重任，必须牢固树立正确的世界观、权力观、事业观，做到忠诚党的事业、心系人民群众、专心做好工作、不断完善自己。广大年轻干部要自觉到艰苦地区、复杂环境、关键岗位砥砺品质、锤炼作风、增长才干。经过艰苦复杂环境磨练、重大斗争考验、实践证明优秀、有培养前途的大批年轻干部能够不断涌现出来，党和人民事业就大有希望。

人才是第一资源，是国家发展的战略资源。全党同志和全社会都要坚持尊重劳动、尊重知识、尊重人才、尊重创造的重大方针，牢固树立人人皆可成才的观念，敢为事业用人才，让各类人才都拥有广阔的创业平台、发展空间，使每个人都成为对祖国、对人民、对民族的有用之才，特别是要抓紧培养造就青年英才，形成人才辈出、人尽其才、才尽其用的生动局面。

在新的历史条件下提高党的建设科学化水平，必须坚持以人为本、执政为民理念，牢固树立马克思主义群众观点、自觉贯彻党的群众路线，始终保持党同人民群众的血肉联系。

90年来党的发展历程告诉我们，来自人民、植根人民、服务人民，是我们党永远立于不败之地的根本。以人为本、执政为民是我们党的性质和全心全意为人民服务根本宗旨的集中体现，是指引、评价、检验我们党一切执政活动的最高标准。全党同志必须牢记，密切联系群众是我们党的最大政治优势，脱离群众是我们党执政后的最大危险。我们必须始终把人民利益放在第一位，把实现好、维护好、发展好最广大人民根本利益作为一切工作的出发点和落脚点，做到权为民所用、情为民所系、利为民所谋，使我们的工作获得最广泛最可靠最牢固的群众基础和力量源泉。

每一个共产党员都要把人民放在心中最高位置，尊重人民主体地位，尊重人民首创精神，拜人民为师，把政治智慧的增长、执政本领的增强深深扎根于人民的创造性实践之中。要高度重视并切实做好新形势下群众工作，坚持问政于民、问需于民、问计于民，真诚倾听群众呼声，真实反映群众愿望，真情关心群众疾苦，依法保障人民群众经济、政治、文化、社会等各项权益。只有我们把群众放在心上，群众才会把我们放在心上；只有我们把群众当亲人，群众才会把我们当亲人。各级党政机关和干部要坚持工作重心下移，经常深入实际、深入基层、深入群众，做到知民情、解民忧、暖民心。要把基层一线作为培养锻炼干部的基础阵地，引导干部在同群众朝夕相处中增进对群众的思想感情、增强服务群众本领。要把服务群众、做群众工作作为基层党组织的核心任务和基层干部的基本职责，使基层党组织成为推动发展、服务群众、凝聚人心、促进和谐的坚强战斗堡垒。

在新的历史条件下提高党的建设科学化水平，必须坚持标本兼治、综合治理、惩防并举、注重预防的方针，深入开展党风廉政建设和反腐败斗争，始终保持马克思主义政党的先进性和纯洁性。

90年来党的发展历程告诉我们，坚决惩治和有效预防腐败，关系人心向背和党的生死存亡，是党必须始终抓好的重大政治任务。我们党对长期执政条件下滋生腐败的严重性和危险性，对改革开放和社会主义现代化建设全过程都要反对腐败，认识是清醒的。我们党旗帜鲜明、一以贯之反对腐败，反腐倡廉建设不断取得新的明显进展，为推进改革开放和社会主义现代化建设提供了重要保障。同时，反腐败斗争形势依然严峻、任务依然艰巨。如果腐败得不到有效惩治，党就会丧失人民信任和支持。全党必须警钟长鸣，充分认识反腐败斗争的长期性、复杂性、艰巨性，把反腐倡廉建设摆在更加突出的位置，以更加坚定的信心、更加坚决的态度、更加有力的举措推进惩治和预防腐败体系建设，坚定不移把反腐败斗争进行到底。

各级领导干部都要牢记，我们手中的权力是人民赋予的，只能用来为人民谋利益。行使权力就必须为人民服务、对人民负责并自觉接受人民监督，决不能把权力变成牟取个人或少数人私利的工具。各级干部都要自重、自省、自警、自励，讲党性、重品行、作表率，做到立身不忘做人之本、为政不移公仆之心、用权不谋一己之私，永葆共产党人政治本色。

在新的历史条件下提高党的建设科学化水平，必须坚持用制度管权管事管人，健全民主集中制，不断推进党的建设制度化、规范化、程序化。

90年来党的发展历程告诉我们，建设好、管理好一个有几千万党员的大党，制度更带有根本性、全局性、稳定性、长期性。必须始终把制度建设贯穿党的思想建设、组织建设、作风建设和反腐倡廉建设之中，坚持突出重点、整体推进，继承传统、大胆创新，构建内容协调、程序严密、配套完备、有效管用的制度体系。

推进党的制度建设，要坚持以党章为根本、以民主集中制为核心，坚持和完善党的领导制度，改革和完善党的领导方式和执政方式，发展党内民主，积极稳妥推进党务公开，保障党员主体地位和民主权利，完善党代表大会制度和党内选举制度，完善党内民主决策机制，保障党的团结统一，增强党的创造活力，坚决克服违反民主集中制原则的个人独断专行和软弱涣散现象。全党同志都要牢固树立法律面前人人平等、制度面前没有特权、制度约束没有例外的观念，认真学习制度，严格执行制度，自觉维护制度。

总之，只要全党同志常怀忧党之心、恪尽兴党之责，以更加奋发有为的精神状态推进党的建设，我们党就一定能够更好把握历史大势、勇立时代潮头、引领社会进步。

同志们、朋友们！

中国共产党自诞生之日起就勇敢担当起团结带领人民实现中华民族伟大复兴的历史使命。继续推动中华民族伟大复兴进程，必须始终坚持党的基本路线不动摇，继续解放思想，坚持改革开放，推动科学发展，促进社会和谐，在新的历史起点上把中国特色社会主义伟大事业全面推向前进。

面向未来，全党同志必须牢记，我国过去30多年的快速发展靠的是改革开放，我国未来发展也必须坚定不移依靠改革开放。新时期最鲜明的特点是改革开放。改革开放是党在新的历史条件下领导人民进行的新的伟大革命，是决定当代中国命运的关键抉择，是坚持和发展中国特色社会主义、实现中华民族伟大复兴的必由之路。只有改革开放才能发展中国、发展社会主义、发展马克思主义。当前，世情、国情、党情继续发生深刻变化，我国发展中不平衡、不协调、不可持续问题突出，制约科学发展的体制机制障碍躲不开、绕不过，必须通过深化改革加以解决。我们一定要坚定不移坚持党的十一届三中全会以来的路线方针政策，坚定信心、砥砺勇气，坚持不懈把改革创新精神贯彻到治国理政各个环节，奋力把改革开放推向前进。要坚持社会主义市场经济的改革方向，提高改革决策的科学性，增强改革措施的协调性，找准深化改革开放的突破口，明确深化改革开放的重点，不失时机地推进重要领域和关键环节改革，继续推进经济体制、政治体制、文化体制、社会体制改革创新，继续解放和发展社会生产力，继续推动我国社会主义制度自我完善和发展，坚决破除一切妨碍科学发展的思想观念和体制机制弊端，为推进中国特色社会主义事业注入强大动力。

在前进道路上，我们要继续牢牢扭住经济建设这个中心不动摇，坚定不移走科学发展道路。

以经济建设为中心是兴国之要，是我们党、我们国家兴旺发达、长治久安的根本要求。只有推动经济又好又快发展，才能筑牢国家发展繁荣的强大物质基础，才能筑牢全国各族人民幸福安康的强大物质基础，才能筑牢中华民族伟大复兴的强大物质基础。改革开放 30 多年来，我们坚持以经济建设为中心，推动社会生产力以前所未有的速度发展起来，这是我国综合国力、人民生活水平、国际地位大幅度提升的根本原因。今后，我们必须继续牢牢坚持发展是硬道理的战略思想，牢牢扭住经济建设这个中心，决不能有丝毫动摇。

生产力是人类社会发展的根本动力。我们党是以中国先进生产力的代表登上历史舞台的。党的一切奋斗，归根到底都是为了解放和发展社会生产力，不断改善人民生活。我们已经取得了举世瞩目的伟大成就，但我国仍处于并将长期处于社会主义初级阶段的基本国情没有变，人民日益增长的物质文化需要同落后的社会生产之间的矛盾这一社会主要矛盾没有变，我国是世界上最大的发展中国家的国际地位没有变。发展仍然是解决我国所有问题的关键。牢牢抓住和用好我国发展的重要战略机遇期，是我们赢得主动、赢得优势、赢得未来的关键所在，是对我们党执政能力的重大考验，也是对我们民族自强能力的重大考验。我们必须继续聚精会神搞建设、一心一意谋发展，不断夯实坚持和发展中国特色社会主义的物质基础。

在当代中国，坚持发展是硬道理的本质要求就是坚持科学发展。我们要以科学发展为主题，以加快转变经济发展方式为主线，更加注重以人为本，更加注重全面协调可持续发展，更加注重统筹兼顾，更加注重改革开放，更加注重保障和改善民生，加快经济结构战略性调整，加快科技进步和创新，加快建设资源节约型、环境友好型社会，促进社会公平正义，促进经济长期平稳较快发展和社会和谐稳定，不断在生产发展、生活富裕、生态良好的文明发展道路上取得新的更大的成绩，不断为全面建成小康社会、实现中华民族伟大复兴打下更为坚实的基础。

在前进道路上，我们要继续大力推进社会主义民主政治建设，坚定不移走中国特色社会主义政治发展道路。

人民民主是中国共产党始终高扬的光辉旗帜。改革开放以来，我们党总结发展社会主义民主的正反两方面经验，明确提出没有民主就没有社会主义，就没有社会主义现代化，人民当家作主是社会主义民主政治的本质和核心。我们坚持推进政治体制改革，在发展社会主义民主政治方面取得了重大进展。我们废除了实际上存在的领导干部职务终身制，确保了国家政权机关和领导人员有序更替。我们不断扩大人民有序政治参与，人民实现了内容广泛的当家作主。我们坚持和完善中国共产党领导的多党合作，深入开展政治协商、民主监督、参政议政，发展最广泛的爱国统一战线。我们建立健全深入了解民情、充分反映民意、广泛集中民智、切实珍惜民力的决策机制，保证决策符合人民利益和愿望。我们建立健全广纳群贤、人尽其才、能上能下、充满活力的用人机制，为各方面优秀人才建功立业开辟了广阔渠道。我们形成了中国特色社会主义法律体系，我们党自觉在宪法和法律范围内活动，支持人大、政府、政协、司法机关等依照法律和各自章程独立负责、协调一致开展工作。我们建立健全权力运行制约和监督体系，保证党和国家机关按照法定权限和程序行使权力。事实充分证明，我国社会主义民主政治具有强大生命力，中国特色社会主义政治发展道路是保证人民当家作主的正确道路。

同时，我们也要看到，我国社会主义民主法制建设与扩大人民民主和促进经济社会发展的要求还不完全适应，社会主义民主政治的具体制度方面还存在不完善的地方，在保障人民民主权利、发挥人民创造精神方面还存在不足。随着中国特色社会主义事业持续推进，我国社会主义民主政治建设需要也必然会继续向前推进。

发展社会主义民主政治，必须坚持中国特色社会主义政治发展道路，关键是要坚持党的领导、人民当家作主、依法治国有机统一。我们要积极稳妥推进政治体制改革，以保证人民当家作主为根本，以增强党和国家活力、调动人民积极性为目标，扩大社会主义民主，建设社会主义法治国家，发展社会主义政治文明。要坚持发挥党总揽全局、协调各方的领导核心作用，提高党科学执政、民主执政、依法执政水平，保证党领导人民有效治理国家。要坚持国家一切权力属于人民，健全民主制度，丰富民主形式，拓宽民主渠道，保证人民依法实行民主选举、民主决策、民主管理、民主监督。要全面落实依法治国基本方略，在全社会大力弘扬社会主义法治精神，不断推进科学立法、严格执法、公正司法、全民守法进程，实现国家各项工作法治化。总之，我们要不断推进社会主义民主政治制度化、规范化、程序化，进一步把我国社会主义政治制度的优越性发挥出来，为党和国家兴旺发达、长治久安提供更加完善的制度保障。

在前进道路上，我们要继续大力推动社会主义文化大发展大繁荣，坚定不移发展社会主义先进文化。

社会主义先进文化是马克思主义政党思想精神上的旗帜。面对当今文化越来越成为综合国力竞争重要因素的新形势，我们必须以高度的文化自觉和文化自信，着眼于提高民族素质和塑造高尚人格，以更大力度推进文化改革发展，在中国特色社会主义伟大实践中进行文化创造，让人民共享文化发展成果。

要坚持发展面向现代化、面向世界、面向未来的，民族的科学的大众的社会主义文化，推动社会主义先进文化更加深入人心，推动社会主义精神文明和物质文明全面发展，不断开创全民族文化创造活力持续迸发、社会文化生活更加丰富多彩、人民基本文化权益得到更好保障、人民思想道德素质和科学文化素质全面提高的新局面，建设中华民族共有精神家园。

发展社会主义先进文化，必须把社会主义核心价值体系建设融入国民教育、精神文明建设和党的建设全过程。要坚持用马克思主义中国化最新成果武装全党、教育人民，引导广大干部群众深刻领会党的理论创新成果，坚定理想信念。要在全体人民中大力弘扬以爱国主义为核心的民族精神和以改革创新为核心的时代精神，增强民族自尊心、自信心、自豪感，激励全党全国各族人民为实现中华民族伟大复兴而团结奋斗。要坚持用社会主义荣辱观引领社会风尚，深入推进社会公德、职业道德、家庭美德、个人品德建设，加强对青少年的德育培养，在全社会形成积极向上的精神追求和健康文明的生活方式。要加快文化体制改革，加快构建公共文化服务体系，加快发展文化事业和文化产业。要着眼于推动中华文化走向世界，形成与我国国际地位相对称的文化软实力，提高中华文化国际影响力。中华民族创造了源远流长、博大精深的中华文化，中华民族也一定能够在弘扬中华优秀传统文化的基础上创造出中华文化新的辉煌。

在前进道路上，我们要继续大力保障和改善民生，坚定不移推进社会主义和谐社会建设。

保障和改善民生，促进社会和谐，是实现全面建设小康社会宏伟目标的必然要求。我们必须从维护最广大人民根本利益和实现国家长治久安的战略高度抓好社会建设，推动社会建设与经济建设、政治建设、文化建设协调发展。

推进社会建设，要以保障和改善民生为重点，着力解决好人民最关心最直接最现实的利益问题。要坚持发展为了人民、发展依靠人民、发展成果由人民共享，完善保障和改善民生的制度安排，把促进就业放在经济社会发展优先位置，加快发展教育、社会保障、医药卫生、保障性住房等各项社会事业，推进基本公共服务均等化，加大收入分配调节力度，坚定不移走共同富裕道路，努力使全体人民学有所教、劳有所得、病有所医、老有所养、住有所居。

正确处理改革发展稳定关系，实现改革发展稳定的统一，是关系我国社会主义现代化建设全局的重要指导方针。发展是硬道理，稳定是硬任务；没有稳定，什么事情也办不成，已经取得的成果也会失去。这个道理，不仅全党同志要牢记在心，还要引导全体人民牢记在心。

当代中国正经历着空前广泛的社会变革。这种变革在给我国发展进步带来巨大活力的同时，也必然带来这样那样的矛盾和问题。社会矛盾运动是推动社会发展的基本力量。我们要遵循社会发展规律，主动正视矛盾，妥善处理人民内部矛盾和其他社会矛盾，不断为减少和化解矛盾培植物质基础、增强精神力量、完善政策措施、强化制度保障，最大限度激发社会活力，最大限度增加和谐因素，最大限度减少不和谐因素。要加强和创新社会管理，完善党委领导、政府负责、社会协同、公众参与的社会管理格局，建设中国特色社会主义社会管理体系，全面提高社会管理科学化水平，确保人民安居乐业、社会和谐稳定。

巩固的国防和强大的军队，是国家主权、安全、领土完整的坚强后盾。我们必须统筹经济建设和国防建设，走中国特色军民融合式发展路子，在全面建设小康社会进程中实现富国和强军的统一。要着眼全面履行新世纪新阶段军队历史使命，以推动国防和军队科学发展为主题，以加快转变战斗力生成模式为主线，全面加强军队革命化、现代化、正规化建设，坚持党对军队绝对领导的根本原则和人民军队的根本宗旨，培育当代革命军人核心价值观，拓展和深化军事斗争准备，积极开展信息化条件下军事训练，提高国防科技和武器装备自主创新能力，加快全面建设现代后勤步伐，抓紧培养高素质新型军事人才，积极稳妥推进国防和军队改革，坚持依法治军、从严治军，全面提高以打赢信息化条件下局部战争能力为核心的完成多样化军事任务能力。要加快建设现代化武装警察力量。要深化全民国防教育，加强国防动员和后备力量建设，巩固和发展军政军民团结。

我们要一如既往坚持"一国两制"、"港人治港"、"澳人治澳"、高度自治的方针，全力支持香港特别行政区政府、澳门特别行政区政府依法施政、发展经济、改善民生，推进香港、澳门同内地的交流合作，团结一切爱国爱港、爱国爱澳力量，保持香港、澳门长期繁荣稳定。我们要牢牢把握两岸关系和平发展主题，全面深化两岸交流合作，扩大两岸各界往来，共同反对和遏制"台独"分裂活动，为两岸同胞谋幸福，为中华民族创未来。

同志们、朋友们！

环顾全球，和平、发展、合作的时代潮流没有变，但世界和平与发展面临诸多挑战。共同分享发展机遇，共同应对各种风险，推动建设持久和平、共同繁荣的和谐世界，是各国人民的共同愿望。

中国共产党和中国人民历来是促进世界和平与发展的积极力量。为人类作出应有贡献，是中国共产党和中国人民早就作出的庄严承诺。我们将坚持不懈为人类和平与发展的崇高事业作出自己的努力，争取对人类作出新的更大的贡献。

中国外交政策的宗旨是维护世界和平、促进共同发展。我们将继续坚持独立自主的和平外交政策，始终不渝走和平发展道路，始终不渝奉行互利共赢的开放战略，在和平共处五项原则的基础上同所有国家发展友好合作，维护发展中国家正当要求和共同利益，积极参与多边事务，推动国际政治经济秩序朝着更加公正合理的方向发展。我们将坚定不移实行对外开放的基本国策，完善开放型经济体系，全面提高开放型经济水平，加强同世界各国的互利合作，继续以自己的和平发展促进各国共同发展。

中国共产党将在独立自主、完全平等、相互尊重、互不干涉内部事务原则的基础上，同各国各地区政党和政治组织发展交流合作，相互学习借鉴治国理政经验，促进国家关系发展。

同志们、朋友们！

回顾我们党90年的发展历程，我们有一个共同的感觉，这就是，我们党从成立之日起，就始终代表广大青年、赢得广大青年、依靠广大青年。我们党的创始人之一李大钊说过，为世界进文明，为人类造幸福，以青春之我，创建青春之人类。我们党的创始人，一代又一代中国共产党人，大多数都是从青年时代就满腔热血参加了党，决心为党和人民奋斗终身。我们党的队伍里始终活跃着怀抱崇高理想、充满奋斗激情的青年人，这是我们党历经90年风雨而依然保持蓬勃生机的一个重要保证。青年是祖国的未来、民族的希望，也是我们党的未来和希望。全党都要关注青年、关心青年、关爱青年，倾听青年心声，鼓励青年成长，支持青年创业。党对青年寄予厚望，人民对青年寄予厚望。全国广大青年一定要深刻了解近代以来中国人民和中华民族不懈奋斗的光荣历史和伟大历程，永远热爱我们伟大的祖国，永远热爱我们伟大的人民，永远热爱我们伟大的中华民族，坚定理想信念，增长知识本领，锤炼品德意志，矢志奋斗拼搏，在人生的广阔舞台上充分发挥聪明才智、尽情展现人生价值，让青春在为党和人民建功立业中焕发出绚丽光彩。

同志们、朋友们！

90年前，中国共产党只有几十个成员，国家贫穷落后，人民苦不聊生。今天，中国共产党已经拥有8000多万党员，国家繁荣昌盛，人民幸福安康。90年来，我们党取得的所有成就都是依靠人民共同奋斗的结果，人民是真正的英雄，这一点我们永远不能忘记。

我们完全有理由为党和人民取得的一切成就而自豪，但我们没有丝毫理由因此而自满，我们决不能也决不会躺在过去的功劳簿上。

在本世纪上半叶，我们党要团结带领人民完成两个宏伟目标，这就是到中国共产党成立100年时建成惠及十几亿人口的更高水平的小康社会，到新中国成立100年时建成富强民主文明和谐的社会主义现代化国家。我们肩膀上的担子重、责任大。全党同志要牢记历史使命，永远保持谦虚、谨慎、不骄、不躁的作风，永远保持艰苦奋斗的作风，勇于变革、勇于创新，永不僵化、永不停滞，不动摇、不懈怠、不折腾，不为任何风险所惧，不被任何干扰所惑，坚定不移沿着中国特色社会主义道路奋勇前进，更加奋发有为地团结带领全国各族人民创造自己的幸福生活和中华民族的美好未来！

第 二 部 分

理论·总论

马克思主义的三维特性和马克思主义“三化”的整体性

陈锡喜　徐国民

对于马克思主义中国化、时代化、大众化之间关系,学者大都把“三化”看成是一个“相互联系的统一整体”，但是具体概括又表现出差异性，如有“核心—关键—基础”说、“关键—支撑—基础”说、“主题—关键—途径”说、“本体—总体—主体”说、“核心—动力—归宿”说、“核心—基础—落脚点”说、“基础—核心—根本”说、“前提—灵魂—目的”说，等等。这些表述简洁明了，有助于宣传马克思主义“三化”。然而，由于汉语词汇的丰富而不易精确定义，使对上述部分关键词的理解极易产生歧义，从而会影响对马克思主义“三化”精神实质的把握。例如，为什么成为“核心”的就不能是“关键”呢？“关键”的东西，既非“基础”、又不“支撑”，何以“关键”？非“主体”的“本体”是什么，既非“主体”、又非“本体”的“总体”又是什么呢？“中国化”和“时代化”，究竟谁才是真正的核心呢？作为比喻词的“灵魂”，怎能与“前提”和“目的”在逻辑上并列呢？为什么不能将“前提”或“目的”当作“灵魂”呢？可见，我们不必为刻意寻求精炼的概括而损害学理的严谨，讨论马克思主义“三化”的相互关系，更需要对“马克思主义”本身的理论特性及其所决定的“三化”的必要性和可能性进行阐述。本文试图在借鉴上述概括所包含的成果的基础上，在这方面做些许探索。

一、马克思主义理论的三维特性及其内在要求

马克思说：“任何思想都是时代的思想”，“每个原理都有其出现的世纪”。毛泽东也说过：“没有抽象的马克思主义，只有具体的马克思主义。”任何一个科学理论，它总是产生并存在于特定时间、空间并有着特定立场的“具体的”理论，即它总是要受到特定的时间、地点和立场所制约，并为了回答特定时代的具体问题而提出来的，具有时间、空间和立场上的特性，马克思主义理论也不例外。

19世纪上半叶，欧洲自由资本主义在进入鼎盛时期时，其内在矛盾也充分暴露了出来：一方面，经济危机周期性地频繁爆发；另一方面，资本主义社会日益分裂为两大对立的阶级——资产阶级和无产阶级，工人阶级因为遭受资本家的残酷剥削，而迫使其联合起来为争取生存权而斗争。于是，两大历史性课题便摆在了人们的面前：其一，被视为“人类理性体现”的资本主义，为何会爆发如此不理性的经济危机？资本主义该向何处去？其二，工人运动高举资产阶级“自由、平等、博爱”的旗帜来反对资

本主义的剥削和压迫，为何不断遭之失败？工人运动该向何处去？尽力鞭挞封建专制主义而体现人类文明进步的资产阶级理论，面对新的历史课题，均陷入“无知”之中，它们既不能提供资本主义经济危机根源的理论解释，也不能提供无产阶级得以解放的思想武器。

而马克思恩格斯在亲自参加工人运动实践基础上，运用“生产关系一定要适合生产力发展状况”和“上层建筑一定要适合经济基础变革要求”这一唯物史观的基本原理，深刻地揭示出资本主义经济危机和社会阶级两极分化的根源，即资本主义社会化大生产与生产资料私人占有之间的矛盾，从而论证了资本主义灭亡的历史根据、埋葬资本主义的社会力量和变革资本主义的现实道路，回答了两大历史性课题。而对这两大历史性课题的回答，所体现的时间特性，是19世纪上半叶；所体现的空间特性，是西欧资本主义；所体现的立场特性，是无产阶级根本利益。马克思主义理论的时间、空间和立场特性，说明了它的具体性。

马克思恩格斯反复强调自己理论产生的“具体性”。恩格斯指出：“每一时代的理论思维，从而我们时代的理论思维，都是一种历史的产物，它在不同的时代具有完全不同的形式，同时具有完全不同的内容。”他们的理论是“行动的指南”而不是教条，其应用要随时随地以当时历史的和空间的条件为转移。“社会主义现在已经不再被看作某个天才头脑的偶然发现，而被看作两个历史地产生的阶级即无产阶级和资产阶级之间斗争的必然产物。它的任务不再是构想出一个尽可能完善的社会体系，而是研究必然产生这两个阶级及其相互斗争的那种历史的经济的过程；并在由此造成的经济状况中找出解决冲突的手段。”恩格斯强调的“现存状况”、“现有的前提”、“历史地产生”、“历史的经济的过程”、“由此造成的经济状况”等等，都指的是欧洲资本主义的“具体性”。

马克思恩格斯之所以反复强调其理论产生的时间、空间和立场特性，是由他们确立的理论立场所决定的。其要旨是：其理论视角、内容展开，以及价值归宿，都是人的物质性的活动，即“实践”。马克思指出：“从前的一切唯物主义（包括费尔巴哈的唯物主义）的主要缺点是：对对象、现实、感性，只是从客体的或者直观的形式去理解，而不是把它们当作感性的人的活动，当作实践去理解，不是从主体方面去理解。因此，和唯物主义相反，能动的方面却被唯心主义抽象地发展了，当然，唯心主义是不知道现实的、感性的活动本身的。”马克思在批判旧唯物主义和唯心主义根本缺陷，即都不讲实践的基础上，明确地提出了自己的哲学特点是“实践的”唯物主义。从这一理论视角出发，得以将客观性和主观性、唯物论与辩证法有机结合起来，强调人类社会是由感性活动的人的实践而构成的。这一理论的价值归宿，是通过“改变世界”来实现人类解放；在这一理论视角和价值归宿所形成的思维框架下，马克思发现了生产力是人类社会形成和发展的最终决定性力量、社会基本矛盾是历史发展的根本动力、人民群众是历史的创造者的原理，以此为内容展开，揭示出资本主义生产方式的内在矛盾，以及产业工人即无产阶级的力量，把由于生产力发展所决定的人类前途同无产阶级的命运联系在一起，从而使这一理论自觉地表达了无产阶级的政治立场。

由此可见，马克思主义理论的实践性这一本质特征，决定了其时间、空间和立场这三维具体特性。这三个特性之所以具有不可分割性，是由于它们都是基于实践性这一根本特征的基础之上的。因此，马克思主义理论的特性，可以理解为以实践为基础，表现为时间、空间和立场三维特性的有机整体。

基于实践基础上的马克思主义理论的三维特性，内在地要求人们处理好马克思主义理论中“变”与“不变”之间的辩证关系。

“科学理论”发展和变化的直接动力源于“人的实践”的需要，而“人的实践”本身又是在特定时间、空间和立场中的实践。从纵向维度来看，时间是特定“人的实践”活动的持续历程，期间经历了不同的阶段，在不同历史时期，“人的实践”活动往往会出现较大的差异。从横向维度来看，空间是特定“人的实践”活动的展开场，期间也有着不同的“场域”，在不同空间“场域中”，“人的实践”活动也会表现不同的特征。从目标维度来看，立场是特定“人的实践”活动的指向和归属，不同的“人的实践”有着不同的立场，因而即使时间和空间相同的“人的实践”活动，其活动方式和活动内容也有着较大的不同。可见，作为人类社会的存在方式的“人的实践”活动，它总是具体的、历史的，即存在于特定的时间、空间和立场中。在人类社会中，不存在超越特定时间、空间和立场的“人的实践”活动，也不存在没有“人的实践”活动的时间、空间和立场。

由于不同历史时期、不同地域，有着不同的“人的实践”活动，因而，从不同人们的立场出发，必然会有不同的“人的需要”和不同的问题，人们在实践和解决那些从不同立场出发的具体问题过程中，形成了对客观世界的感性认识，并在此基础之上，充分地发挥自己的主观能动性，逐渐完成了从感性认识到理性认识的飞跃，形成了“科学理论”。而“科学理论”一旦产生又必须回到人们的实践活动中，指导人们的实践活动，并需要在实践过程中不断地检验、修正、发展和完善自己。这样一来，由于时间的不可逆性、空间的广延性以及不同人们立场的差异性，直接决定了“人的实践”活动的差异性、运动性及其不可重复性，因而也就决定了“科学理论”本身也是一个不断发展的过程。总而言之，建立在具体的、历史的“人的实践”活动基础之上的“科学理论”总有其特定的时间、空间和立场特性，并随着时间、空间和立场的发展变化而不断发展变化。

诚然，在看到“科学理论”产生的时间、空间和立场发展变化的同时，我们还要看到时间、空间和立场的相对静止性以及“科学理论”适用度问题。如前所述，“人的实践”活动总是随着时间、空间和立场的变化而变化，这是永恒的、绝对的。然而，一定历史时期、一定空间范围内和有着特定立场的“人的实践”活动，在其中心主题和核心问题没有发生根本性变化的情况下，具有相对静止性。这样一来，围绕着这种特定“人的实践”活动的中心主题和核心问题而展开的“科学理论”，尽管个别词句、个别结论需要不断地修改、完善和发展，但是其基本原理、基本观点和基本方法仍然完全可以适用，因而又是不变的。诚如恩格斯所指出的：“马克思的整个世界观不是教义，而是方法。它提供的不是现成教条，而是进一步研究的出发点和供这种研究使用的方法。”列宁也曾指出：“彻底的马克思主义者，根据改变了的条件和各国当地的特点来发展马克思主义的基本原理”。在这里，恩格斯所说的“出发点”、“方法”，以及列宁所说的“基本原理”都是马克思主义理论中“不变”的部分，它们仍具有现实指导意义。

如前所述，马克思主义理论是在19世纪上半叶、西欧资本主义社会具体历史与现实情况、无产阶级运动的现实需要这一历史背景下的产物，它围绕的中心主题和所要解决的核心问题是要实现无产阶级及全人类的解放，这一理论的出发点是“感性活动”的人，即在一定的物质生活条件下从事实践活动的人，根本方法是将客观性与主观性、唯物论与辩证法有机结合起来观察、认识世界，它内在地包含了“在批判旧世界中发现新世界”、实现人的自由全面发展、人民群众是历史的主体、无产阶级在社会化大生产中是先进生产力代表，以及诉诸于“武器的批判”来实现全人类解放的思想。马克思主义理论彻底地实现了社会基础论、社会结构论和社会发展论的有机统一，人类历史发展规律的客观性和人类主体的能动性的有机统一，人类社会实践进程中的唯物论和辩证法的有机统一。可见，这些“出发点”、“方法”和“基本原理”都是马克思主义理论中“不变”的部分。

综上所述，尽管马克思主义理论是在特定的时间、空间和立场背景下产生的，在一定程度上受到了当时“人的实践”活动条件的限制和制约，并需要随着其发展而发展。但是这一理论所关注的“无产阶级及全人类的解放”这一中心主题和核心问题没有改变，资本主义生产方式中的基本矛盾仍然没有克服，社会主义曲折发展的历史也表明，实现马克思的“无产阶级及全人类解放”的价值目标，依然还需要艰苦的努力探索。因此，马克思主义的基本立场、核心观点和根本方法，至今仍具有强大的生命力。

二、两层含义的“中国化”及马克思主义“三化”的整体性

要阐述马克思主义中国化、时代化、大众化的关系，先得简要回顾这一命题的概念演化过程。

毛泽东在党的六届六中全会所作的《论新阶段》的报告中提出：“离开中国特点来谈马克思主义，只是抽象的空洞的马克思主义。因此，马克思主义的中国化，使之在其每一表现中带着中国的特性，即是说，按照中国的特点去应用它，成为全党亟待了解并亟须解决的问题。”这就第一次提出了马克思主义中国化的命题。以后，由于各种主客观原因，在《毛泽东选集》正式出版时，将之文字修改为：“使马克思主义在中国具体化”，党在其正式文件也回避了“马克思主义中国化”这一命题。

改革开放后，中国共产党又逐渐重新使用了毛泽东当年的命题。党的十五大在评价邓小平所开创的“建设有中国特色的社会主义理论”的历史地位时，称其为“当代中国的马克思主义”。党的十七大在总结改革开放以来的基本经验时，其第一条是：“坚持马克思主义基本原理同推进马克思主义中国化结合起来”，在评价包括邓小平理论、“三个代表”重要思想以及科学发展观等重大战略思想在内的中国特色社会主义理论体系的历史地位时，称其为“马克思主义中国化”的最新成果。十七大报告还指出：“大力推进理论创新，不断赋予当代中国马克思主义鲜明的实践特色、民族特色、时代特色。开展中国特色社会主义理论体系宣传普及活动，推动当代中国马克思主义大众化。”这里，在阐述推进马克思主义中国化的同时，提出了“实践特色、民族特色、时代特色”以及“当代中国马克思主义大众化”的要求。

党的十七届四中全会明确提出“不断推进马克思主义中国化、时代化、大众化”即“三化”的要求。笔者认为，这是将党一直在推进的“马克思主义中国化”命题进一步作了深化和具体化，而不是在原有的“马克思主义中国化”之外又提出了“时代化”和“大众化”的命题。我们可以将马克思主义中国化命题中的“中国化”称之为“广义的中国化”，将“三化”中的“中国化”称之为“狭义的中国化”，这样来认识两个命题之间的关系，有助于把握“马克思主义中国化、时代化、大众化”的关系。

毛泽东当年提出以及改革开放以来中国共产党恢复使用的“马克思主义中国化”命题中的“中国化”，应该是“广义”的，因为它体现了马克思主义理论基于实践基础上的“空间、时间和立场”的三维特性，因而包含了“时代化”

和“大众化”的内在要求。

毛泽东强调，马克思主义中国化的实质，是将马克思主义基本原理与中国具体实际结合起来，在认识、理解和解决中国具体实际问题的过程中，不断总结其经验、教训，并将其上升为理论，以进一步丰富和发展马克思主义。因此，马克思主义中国化是一个理论与实践之间双向互动的过程。正是因为马克思主义本身的实践性特征，使其在中国化过程中，也需要体现基于实践基础的空间、时间和立场的“三维”特性。

马克思主义中国化，首先需要依据马克思主义理论的“空间”特性，赋予其民族特色。正如毛泽东在提出马克思主义中国化命题时所强调的：“马克思主义必须和我国的具体特点相结合并通过一定的民族形式才能实现。马克思列宁主义的伟大力量，就在于它是和各个国家具体的革命实践相联系的。对于中国共产党来说，就是要学会把马克思列宁主义的理论应用于中国的具体的环境。”

然而，一谈到“具体的革命实践”和“具体的环境”，就不是纯粹的“空间”问题了，它必然要体现时间特性和立场特性。

毛泽东在分析中国“具体的环境”时，正是将这一“具体性”放在帝国主义战争与无产阶级革命时代背景下加以考察的。他在分析中国社会的性质和由此决定的中国革命的性质时，指出:“只要研究一下中国的和世界的历史发展，就知道这个历史特点，并不是从鸦片战争以来就有了的，而是在后来，在第一次帝国主义世界大战和俄国十月革命之后，才形成的。……因为第一次帝国主义世界大战和第一次胜利的社会主义十月革命，改变了整个世界历史的方向，划分了整个世界历史的时代。”这一考察带来这样的结论，即中国的革命，应是资产阶级革命，但它不是旧式的资产阶级革命，而是新式的资产阶级革命，它的前途，不是资本主义，而是社会主义。

毛泽东在分析中国的“具体的革命实践”时，首先考察了中国革命的主体和对象这一“立场”问题。收录在《毛泽东选集》第1卷第1篇文章《中国社会各阶级的分析》开门见山的第一句话是：“谁是我们的敌人？谁是我们的朋友？这个问题是革命的首要问题。”在教条主义者那里，马克思主义的立场就是无产阶级反对资产阶级的阶级立场，但在毛泽东那里，却把能否分清“敌、我、友”，作为“革命的首要问题”而非“伪问题”。在分析这一问题时，毛泽东坚持了马克思的阶级分析立场和方法，根据“时间、空间”两大新的条件，形成了“人民大众”的立场和“为人民服务”的宗旨。毛泽东说：“我们要分辨真正的敌友，不可不将中国社会各阶级的经济地位及其对于革命的态度，作一个大概的分析。”其分析的结果是，在中国，工业无产阶级是革命的“领导”，农民等“半无产阶级”是革命的“主力”，小资产阶级是革命的“朋友”，中等资产阶级是“动摇不定”可能分化的力量，帝国主义、买办阶级和大地主阶级是革命的“对象”。这样的分析，使得“人民大众”这一概念成为一个较“无产阶级”更为广泛的具体的政治范畴。这一范畴的使用，使毛泽东一直强调的“从实践中来，到实践中去的”思想路线，同其“从群众中来，到群众中去”的群众路线，形成了高度的一致，并提出来。

可见，毛泽东所实现的马克思主义中国化，是把包含了“空间”、“时间”、“立场”的马克思主义理论的三维特性结合在一起的，这才有了马克思主义中国化的逻辑展开，具体实现了对马克思主义既坚持又发展的内容。

同样，邓小平、江泽民和胡锦涛在推进马克思主义中国化的进程中，也是把“国情”（“空间”）、“时情”（“时间”）和“民情”（“立场”）

统一在一起的，而不仅仅只考虑“空间”意义上的“民族形式”。

在时情方面，邓小平在改革开放之初提出要考察中国现实的基本国情时，十分强调“现在的世界是开放的世界，中国的发展离不开世界”。他认为，当代世界作为开放的世界，最迫切需要解决而又可能解决的、关系人类命运的两大问题是和平与发展问题，并且强调对这两大问题的把握，是我们党制定改革开放政策以及后来形成党在社会主义初级阶段基本路线的客观依据。据此，党中央把和平与发展确定为当代世界的主题，并称邓小平理论是在和平与发展成为时代主题的历史条件下形成的。在民情方面，在邓小平推动全党思想解放的进程中，强调要把人民群众的利益标准纳入实践标准之中，强调要以人民群众满意不满意、答应不答应、高兴不高兴，作为判断一切是非得失的标准。

江泽民对马克思主义中国化所作出的重大贡献，是在坚持邓小平理论的基础上，提出了“三个代表”重要思想。在时情方面，“三个代表”重要思想，“是在科学判断党的历史方位的基础上提出来的”，而对党的这一“历史方位”的科学判断，内在地包括“从中国和世界的历史、现状和未来着眼，准确把握时代特点和党的任务”。正如胡锦涛所阐述的那样：“三个代表”重要思想是在“准确把握时代特征，科学判断我们党所处历史方位”基础上形成的，因而它是“紧密结合新的时代条件，生动而具体地坚持和发展了马克思主义”，并赋予马克思主义以“鲜明的时代精神和实践要求”的“典范”。在民情方面，“三个代表”重要思想根据改革开放而导致的社会阶层分化和多样化的现实，提出“扩大党的群众基础”的要求，强调对“不同方面群众的利益”的“正确反映和兼顾”，以“实现好、维护好、发展好人民群众的利益”，从而以“始终代表中国最广大人民的根本利益”而赋予“为人民服务”以新的内涵。

胡锦涛对马克思主义中国化所作出的重要贡献，是在邓小平理论和“三个代表”重要思想的基础上，提出了科学发展观。科学发展观是“立足于社会主义初级阶段基本国情”而提出来的，但同时，在时情方面，它又是“借鉴国外发展经验”并且是“适应新的发展要求提出来的”，而这一“新的发展要求”，包括中国加入世界贸易组织后，“对外开放日益扩大，同时面临的国际竞争日趋激烈，发达国家在经济科技方面占优势的压力长期存在，可以遇见和难以遇见的风险增多，统筹国内发展和对外开放要求更高”的外部环境。在民情方面，科学发展观根据近年来“经济增长的资源环境代价过大；城乡、区域、经济社会发展仍然不平衡；农业稳定发展和农民持续增收难度加大；劳动就业、社会保障、收入分配、教育卫生、居民住房、安全生产、司法和社会治安等方面关系群众切身利益的问题仍然较多，部分低收入群众生活比较困难”等现状，突出了其核心是“以人为本”，强调要“尊重人民主体地位，发挥人民首创精神，保障人民各项权益，走共同富裕道路，促进人的全面发展，做到发展为了人民、发展依靠人民、发展成果由人民共享”。

总之，实现和推进马克思主义中国化，要旨是在坚持马克思主义的实践性本质的基础上，把马克思主义与中国具体实际问题结合起来。而“中国具体实际问题”总是存在于一定的时间、空间和立场之中。从这个角度上来说，马克思主义中国化，需要具体体现马克思主义理论的三维特性。这样，广义的马克思主义中国化，就不仅是体现“民族特色”的问题，而且必定与马克思主义时代化和大众化紧密相连，而使马克思主义中国化、时代化、大众化形成一个不可分割的有机整体。党的十七大报告在提出“大力推进理论创新”任务时，所阐述的是："不断赋予当代中国马克思主义鲜明的实践特色、民族特色、时代特色"；在提出"开展中国特色社会主义理论体系宣传普及活动"任务时，所期待的是："推动当代中国马克思主义大众化"。

党的十七届四中全会第一次在党的正式文件中将"推进马克思主义中国化、时代化、大众化"这"三化"并提，笔者认为，它是对原来我们党提出的"马克思主义中国化"命题的深化和具体化，即是将广义的马克思主义中国化命题中所体现的马克思主义理论的三维特性，作了具体明确的表达，而"三化"并提的马克思主义中国化，则成了"狭义"的马克思主义中国化。狭义的马克思主义中国化，是侧重于从"空间"维度强调赋予马克思主义以"民族特色"；马克思主义时代化，是侧重于从"时间"维度强调赋予马克思主义以"时代特色"；马克思主义大众化，是侧重于从"主体立场"维度强调赋予马克思主义以"大众特色"。

当然，我们在以三个维度来理解马克思主义"三化"的不同侧面，以深化对马克思主义中国化的认识时，不能机械地将这"三化"割裂开来。

因为我们在赋予马克思主义以时代特色时，目的是运用马克思主义理论揭示时代特征、认识时代问题对自己的挑战，以不断调整自己的政策和策略，并进一步丰富和发展马克思主义。正如列宁曾经指出的那样，只有"首先考虑到各个'时代'的不同的基本特征（而不是个别国家的个别历史事件），我们才能够正确地制定自己的策略；只有了解了某一时代的基本特征，才能在这一基础上去考虑这个国家或那个国家的更具体的特点"，提出符合实际的战略任务。从这个角度说，马克思主义时代化也必须与某一具体的空间和立场结合起来，才能实现。

因为我们在赋予马克思主义以大众特色时，目的是运用马克思主义来揭示、认识和解释"大众"的实际需要，指导大众如何解决实际问题，并不断地总结大众的实践经验将其上升为理论。而生活在特定"时间"和"空间"中的"大众"的实际需要和实际问题，本身是随时空的变化而不断发展的。从这个角度说，马克思主义大众化也必须与特定的"时代"和"空间"结合起来才能实现。

党的十七届四中全会决定提出马克思主义"三化"时，对此的阐述是："坚持运用马克思主义立场、观点、方法，准确把握当今世界发展大势，准确把握社会主义初级阶段基本国情，准确把握改革发展实际，及时总结党领导人民创造的新鲜经验，……不断作出新的理论概括，增强理论说服力和感召力，丰富发展中国特色社会主义理论体系，为进一步认识世界和改造世界、推动党和国家事业发展提供强有力的理论指导。"这一阐述把把握"当今世界发展大势"和"基本国情"，总结"人民创造的新鲜经验"统一于"提供强有力的理论指导"之中，即体现了马克思主义理论的"三维"特性。

于是，"马克思主义中国化、时代化、大众化"命题的实质，应该是坚持马克思主义理论的实践性本质，运用其立场观点方法，来揭示、分析和理解时代发展要求、中国具体国情以及"大众"实际需要，在解决中国具体问题和满足"大众"实际需要的过程中，不断总结大众的实践经验，并将其上升为理论，从而丰富发展马克思主义。这"三化"是不可分割的有机整体，是马克思主义三维特性在当代中国的具体体现。

（作者单位：华东师范大学当代中国马克思主义研究中心）

（选自《思想理论导刊》2011年第3期）

中国共产党对社会主义理论的创新

——社会主义理论前沿问题

《科学社会主义》评论员

中国共产党成立90周年了，这90年既是我们党探索中华民族复兴的90年，也是党领导人民进行社会主义实践和创新的90年。回顾党90年的艰辛探索，梳理和总结党对社会主义理论的创新成果，对于我们坚定社会主义的理想和信念，在新世纪把中国特色社会主义事业全面推向前进，具有重要意义。

一、探索与创新的三个“30年”

90年回望，中国共产党的历史呈现出比较明晰的三个大的转折：基本上30年是一个大的发展阶段：第一个30年(1921—1949)找到了中国民主革命之路，并取得了新民主主义革命的胜利；第二个30年(1949—1978)完成了社会主义改造并初步探索了中国的社会主义建设之路；第三个30年(1978—2011)找到了中国特色社会主义建设之路并取得了巨大的成绩。古人云“人生大限虽百岁，就中三十称一世”，但中国共产党却是风雨多经人不老，30年焕发一次青春。这其中的秘诀就是把马克思主义普遍原理与中国具体实际相结合，不断地进行理论创新。

1. 第一个“30年”——中国特色的民主革命道路的开拓

近代的中国经历了一段屈辱的历史：由于西方列强的入侵，沦为半殖民地半封建国家，中国人民受到帝国主义、封建主义的双重压迫。为了挽救国家和民族的危亡，中华民族的仁人志士奋起斗争。从太平天国农民起义到抗击列强的义和团运动，从资产阶级改良派领导的戊戌维新到孙中山领导的辛亥革命，救亡图存的斗争此起彼伏。但由于找不到正确的救国道路，这些斗争都失败了。“中国期待着新的社会力量寻找先进理论，以开创救国救民的道路”。上个世纪20年代，中国的先进分子在十月革命一声炮响后认识了马克思列宁主义，成立了中国共产党。自诞生之日起，中国共产党就把建设社会主义当作自己的奋斗目标，并着手在实践中运用马克思主义基本理论解决中国革命的具体问题。但由于当时党既对中国国情缺乏正确的认识，也对马克思主义了解不多，把马克思列宁主义教条化、把苏俄经验神圣化，犯了或“左”、或右的错误，使党经历了大革命和土地革命战争两次大的失败，几乎使中国革命陷于绝境。

与党内所谓的“真正布尔什维克”不同，1930年毛泽东在《反对本本主义》一文中提出，“没有调查，没有发言权”，“中国革命斗争的胜利要靠中国同志了解中国情况”。以毛泽东为代表的中国共产党人不迷信于苏联经验，从中国革命的具体实践出发，对马克思主义无产阶级革命理论进行了创新，形成了新民主主义革命理论，制定了新民主主义革命的总路线和基本纲领。通过武装斗争，走“农村包围城市”的道路，中国共产党领导人民经过近30年的艰苦奋斗，终于取得了新民主主义革命的伟大胜利，完成了民族独立的历史任务，为社会主义做了准备。

2. 第二个“30年”——中国特色的社会主义改造与建设道路的初步探索

新中国成立后，中国共产党根据马克思列宁主义关于从资本主义到社会主义的过渡时期的理论，进行了向社会主义社会过渡的实践。从1949年10月中华人民共和国成立到1956年，我们党领导全国各族人民有步骤地、和平地实现了从新民主主义到社会主义的转变，迅速恢复了国民经济并开展了有计划的经济建设，在全国绝大部分地区基本上完成了对生产资料私有制的社会主义改造。但进入全面的大规模社会主义建设时期后，由于缺少经验，我们从基本照搬苏联模式到探索自己的发展道路，过程很是艰辛。

1956年苏共二十大上，苏联社会主义建设的一些弊端被揭露出来，苏联的一些经验需要重新审视。毛泽东及时提出要以苏为鉴，1956年4月，他在中央政治局扩大会议上说，我认为最重要的教训是独立自主，调查研究，摸清本国国情，把马克思列宁主义的基本原理同我国革命和建设的具体实际结合起来，制定我们的路线、方针、政策。民主革命时期，我们走过一段弯路，吃了大亏之后才成功地实现了这种结合，取得了革命的胜利。现在是社会主义革命和建设时期，我们要进行第二次结合，找出在中国进行社会主义革命和建设的正确道路。1956年毛泽东发表《论十大关系》的重要讲话，同年党的八大制定了反映中国特点的社会主义建设路线，以及1957年毛泽东作的《关于正确处理人民内部矛盾的问题》报告等，提出了一系列符合中国国情的社会主义建设的思想。但长期以来，中国共产党人普遍对《共产党宣言》中阐述的“两个必然”,即以资本主义必然灭亡、社会主义必然胜利抱有简单乐观的心态，对社会主义建设的艰巨性估计不足，以至于毛泽东最终没有能够实现马克思主义与中国实践相结合的第二次飞跃。后来，还提出了所谓“无产阶级专政条件下继续革命”理论和“以阶级斗争为纲”的基本路线，并直接导致了“文化大革命”那样全局性的严重错误。在这曲折的30年中，“党的工作在指导方针上有过严重失误”，但也积累了领导社会主义建设的重要经验，且“我们现在赖以进行现代化建设的物质技术基础，很大一部分是这个期间建设起来的”。

3. 第三个“30年”——中国特色社会主义建设道路的开辟

1978年12月召开的十一届三中全会，是党历史上具有深远意义的伟大转折。此后，以邓小平为主要代表的中国共产党人，开始突破苏联模式、对第二次结合进行新的探索，对于在中国建设、巩固和发展社会主义的基本问题作出了自己的回答：首先，把市场经济概念引入社会主义，建设并发展社会主义市场经济，极大促进了国家的经济进步。改革开放以来，中国经济保持年均近10%的持续高速增长，与此同时，人民生活水平大幅提高；第二，提出“建设有中国特色社会主义民主政治”的概念，我国社会主义基本政治制度——人民代表大会制度、中国共产党领导的多党合作和政治协商制度、民族区域自治制度以及基层群众自治制度，都不断完善和发展；第三，提出要建设社会主义核心价值体系，坚持社会主义先进文化前进方向，提高了国家文化软实力；第四，在经济发展的基础上，努力使全体人民学有所教、劳有所得、病有所医、老有所养、住有所居，从而建设一个和谐社会；第五，提出和平发展思想，奉行独立自主的和平外交政策、坚持互利共赢的开放战略，既通过争取和平的国际环境来发展自己，又通过自己的发展来促进世界和平。与此同时，在领导建设中国特色社会主义的实践中，中国共产党也关注了自身发展的问题，提出要加强党的执政能力建设和先进性建设，要科学执政、民主执政、依法执政，从而得到了人民群众的拥护和支持。

二、三个“30年”探索的两大理论结晶之十大创新

正如恩格斯所说：“我们的理论是发展的理论，而不是必须背得烂熟并机械地加以重复的教条”。90年来，中国共产党人既坚持了马克思列宁主义关于科学社会主义的重要思想，遵循了科学社会主义基本原则，又不从书本、概念和抽象的原则出发，而是一切从实际出发，用一系列崭新的观点和论断初步揭示了中国这样的经济文化落后的国家如何进行社会主义革命和社会主义建设的特殊规律，形成了新民主主义和中国特色社会主义两大理论结晶，丰富和发展了马克思列宁主义。这两大理论对社会主义的创新是全方位、多层次的，其正确性已经被或正在被中国革命和建设的实践所证明。大致来说，包括以下十个方面：

1. 新民主主义是经济文化落后国家走向社会主义的“历史必由之路”。1940年1月9日，毛泽东在陕甘宁边区文化协会第一次代表大会上发表讲话，指出，在半殖民地半封建社会的中国，要实现社会主义，必须分两步走：第一步，通过新民主主义革命，农村包围城市的道路，改变中国半殖民地半封建社会的性质，建立民主共和国，赢得民族的独立；第二步，继续推进革命向前发展，建立社会主义社会，实现国家的富强——这就是著名的《新民主主义论》。虽然“两步走”的革命理论借鉴了俄国革命的经验，但中国共产党人结合中国的国情有自己的创新，“新民主主义”这一概念本身就是以毛泽东为首的中国共产党人的独创。它回答了在一个工人阶级人数较少、农民占绝大多数的半封建半殖民地国家如何实现社会主义的问题：由于其落后性，这样的国家不可能立即跨进社会主义，“因为既没有政治基础，也没有经济基础”，而必须经过新民主主义革命再走向社会主义。这个新民主主义革命既不同于马克思时代的欧洲资产阶级民主革命，也不同于列宁时代的俄国民主革命（陈独秀曾经提出中国革命先由资产阶级领导进行资产阶级革命，然后再进行社会主义革命；王明等人则认为，中国革命应该学习俄国的模式，从资产阶级民主革命直接过渡到社会主义革命。然而，他们的主张都遭到了失败），而是无产阶级领导的、人民大众的、反对帝国主义、反对封建主义和反对官僚资本主义的新式的民主革命——它是连接民主革命和社会主义革命、半封建半殖民地社会与社会主义社会之间的桥梁。

新民主主义论继承了马恩关于无产阶级必须参加民主革命，在革命中保持自己的独立性，争取民主革命的彻底胜利的基本思想，也体现了列宁关于无产阶级必须领导资产阶级民主革命，以工农民主专政代替资产阶级民主专政思想，但在中国的特殊条件下，它将工农民主专政发展扩大为无产阶级领导的以工农联盟为基础的包括民族资产阶级在内的各革命阶级、阶层、社会团体在内的联合战线的民主专政——即后来毛泽东在1946年6月发表的《论人民民主专政》一文中提出“人民民主专政”，同时，依靠本国无产阶级的自力更生，使马克思主义民族化（而不是列宁所设想的依靠先进国家无产阶级的帮助）——这是中国共产党人的独创，也体现了中国民主革命的特殊规律。

2. 在农民占多数的国家里要走农村包围城市的革命道路。中国共产党在领导中国新民主主义革命的具体实践中，突破“城市中心”论的传统革命模式，实行工农武装割据，将落后的农村打造成军事上、政治上、经济上、文化上的革命阵地，以农村包围城市，最终夺取了全国政权。实际上，中国革命应该走什么样的道路，中国共产党对这一问题的认识经历了艰辛的探索过程。在党诞生初期，一直是把发展城市的工人运动作为工作重点的。这其中有俄国革命成功的示范效应、共产国际的指导以及党不了解国情、教条地应用马克思主义等原因。最终选择农村包围城市的武装斗争的革命道路，这是由中国的国情所决定的，也是以毛泽东为代表的中国共产党人深入开展调查研究得出的结论。毛泽东在《中国的红色政权为什么能够存在？》、《星星之火，可以燎原》、《战争和战略问题》等著作里，科学地回答了中国革命走以农村包围城市、武装夺取政权道路的可能性和必要性。当时的中国有百分之八十的人口是农民，自给自足的自然经济形式是占主体地位的经济形式，因此农民问题，就成了中国革命的基本问题，农民成为中国革命的主要力量。加之军阀割据和混战的局面等，为农村包围城市、武装夺取政权的革命道路提供了可能。在正确认识革命的先决条件的基础上，中国共产党提出了无产阶级领导的土地革命、武装斗争和根据地建设紧密结合的农民斗争的崭新形式——“工农武装割据”的思想，并创造性地解决了在农村建设无产阶级政党的问题，以农民为主要成分的革命军队如何建设成为一支无产阶级性质的新型人民军队的问题以及正确处理了农村斗争和城市斗争的关系问题，等等。这些内容构成了中国共产党人独创的中国式武装夺取政权道路理论。

3．社会主义改造可以是和平的，且可以把改造私有制度和改造旧的人结合起来。在俄国，对私人资本主义和小农经济都采用了直接、强制的方式。虽然列宁原来设想通过赎买的政策对私人资本主义进行社会主义改造，但后来由于资产阶级的抵抗而不得不采用暴力剥夺的方式强行没收其资本。而在中国，三大改造都是按照自愿互利的原则、通过和平以及逐步过渡的方式实现的。如对个体农业的社会主义改造，是从互助组发展到半社会主义性质的初级农业生产合作社，再发展到社会主义性质的高级农业生产合作社；对手工业的社会主义改造，是由手工业生产小组、手工业供销生产社再进到手工业生产合作社；对资本主义工商业，是从加工订货、委托加工、统购统销、委托代销等低级国家资本主义形式到高级即个别行业的公私合营和全行业的公私合营的形式，实现了经典作家对民族资本“和平赎买”的设想。毛泽东后来总结说，对资本主义工商业的改造“这件事所以做得这样迅速和顺利，是跟我们把工人阶级同民族资产阶级之间的矛盾当作人民内部矛盾来处理，密切相关的”。事实上，在社会主义改造过程中，对私有制度的改造也结合了对人的改造。毛泽东指出，消灭资产阶级是把这个阶级灭掉，不是把人灭掉，人要改造。因而，党对资产阶级采取了团结、教育、改造的方针，给予资本家以一定的经济利益和政治待遇。这是我国社会主义改造的一大特色。

4．“在社会主义下，对抗将会消失，矛盾仍将存在”。在苏联，生产资料所有制社会主义改造完成以后，斯大林就宣布，“这里生产关系同生产力状况完全适合”，“因为适合于生产力的生产关系使生产力有这样发展的充分广阔的天地。”理所当然地，既然在社会主义社会矛盾消失了，那么推动社会主义社会向前发展的，就是政治上、道义上的一致。虽然后来斯大林又辩解说，“完全适合”这种说法是不能在绝对的意义上来理解的，他遮遮掩掩地承认了社会主义社会的生产力同生产关系仍然有矛盾，认为可以“改造”生产关系去适应生产力性质。毛泽东批评了斯大林在理论上的混乱，运用马克思主义的唯物史观，结合我国1957年生产资料的社会主义改造基本完成时的实际，在《关于正确处理人民内部矛盾的问题》一文中提出，社会主义社会仍然存在着社会基本矛盾，且“在社会主义社会中，基本的矛盾仍然是生产关系和生产力之间的矛盾，上层建筑和经济基础之间的矛盾”，但社会主义社会的基本矛盾“具有不同的性质和情况”，它是非对抗性的。社会主义生产关系同生产力的发展是相适应的，但是它又还很不完善，这些不完善的方面和生产力的发展又是相矛盾的：除了生产关系和生产力发展的这种又相适应又相矛盾的情况以外，还有上层建筑和经济基础的又相适应又相矛盾的情况。“正是这些矛盾推动着我们的社会向前发展”，而且，这些矛盾“可以经过社会主义制度本身,不断地得到解决”。毛泽东的这一理论，揭示了基本矛盾在社会主义社会中运动的特点、解决方式，是对马克思主义理论的一个独特贡献。虽然后来在相当长的时期内，毛泽东关于社会主义社会基本矛盾的理论同实践脱节，不断进行无产阶级专政条件下的继续革命，导致阶级斗争扩大化，犯了一系列“左”的错误，但毛泽东的理论为中国的社会主义改革奠定了哲学基础。

5. 现实社会主义还只是且只能是初级阶段的社会主义。社会主义理论经历了从空想到科学的发展，同样，中国的社会主义实践也经历了一个从空想到科学的发展过程。现实中的社会主义都是在经济、文化落后的国家建立起来的，这同马恩所设想的经典社会主义就历史起点和逻辑起点而言都是不一致的，它不但不是资本主义充分发展的产物，反而是生产力不发达的特殊历史环境的产物。正如邓小平所说：“现在虽说我们也在搞社会主义，但事实上不够格”。这种社会主义就不可能表现出马克思在《哥达纲领批判》中所设想的那种社会主义的样貌。但我们长期把这种不够格的社会主义等同于经典作家所描述的理想社会主义，甚至试图跑步进入共产主义。于是“大跃进”、“文化大革命”……挫折使中国共产党人最终意识到落后的生产力对社会主义生产关系、上层建筑以及科学文化发展的制约性，做出了我们正处于并将长期处于初级阶段的结论。这里最重要的就是要把社会主义置于现实的基础之上，从而使中国的社会主义终于摆脱了空想，而这正是中国特色社会主义形成和发展的前提。

6. 改革是社会主义制度的自我完善、自我发展，是社会主义社会发展的直接动力。毛泽东虽然提出了依靠社会主义制度本身去解决社会基本矛盾，但究竟怎样去解决的问题是邓小平回答的：既然社会主义的生产关系和上层建筑同生产力还有不适应的一面，那就需要对这种不适应“作深入的具体的研究”，并通过改革来完善——通过改革摒弃不适应生产力发展的生产关系的某些方面和环节，创建有利于生产力发展的新的生产关系；通过改革摒弃不适应经济基础的上层建筑的某些方面和环节，创建适应经济基础状况的新的上层建筑，从而推动社会主义社会不断向前发展，使社会主义制度逐步走向完善——这种改革不是进行细枝末节的修补，而是“带有革命性的改革。”由此，可以得出的结论是，改革是社会主义社会发展的直接动力。以邓小平为首的中国共产党人找到了“相矛盾”的环节——体制问题，并从十一届三中全会以后，对包括经济、政治、文化、社会等若干体制进行了大规模的改革，且取得了显著成效——社会主义改革理论的正确性已经被实践所证实。

与改革相联系的是对外开放，开放实际上就是对中国与资本主义关系的一种改革。既然“无论哪一个社会形态，在它们所能容纳的全部生产力发挥出来以前，是决不会灭亡的；而新的更高的生产关系，在它存在的物质条件在旧社会的胎胞里成熟以前，是决不会出现的”，中国共产党人逐渐接受了现实社会主义要与资本主义长期并存的事实。且初级阶段的社会主义也并不能从农业社会直接跨入工业文明之后的社会，在社会主义生产力没有获得充分发展这一现实基础上，与资本主义对立斗争就不如与其竞争合作，并吸收、利用资本主义文明的一切积极成果。毛泽东就曾提出“可以消灭了资本主义，又搞资本主义”的观点。而且，在全球化的大视野下，在初级的社会主义阶段，所谓姓“社”姓“资”，都不会以纯粹社会主义或资本主义的形式表现出来。在和平发展的时代，中国共产党也以世界的眼光来看待自己与资本主义的关系，提倡互相借鉴而达到双赢：大家虽然“道不同”，但从人类社会发展的角度看，也有着若干“共同利益”，合作是完全可能的。由此，中国共产党提出了“努力建设持久和平、共同繁荣的和谐世界”的思想，高举起了和平、发展、合作的旗帜。

7. 社会主义是解放和发展生产力并以人为本的社会。既然现实中的社会主义并不是马克思所设想的那种社会主义，而仅仅是它发展过程中的初级阶段，那么，这个社会主义的本质是什么呢？如果不了解这个本质，我们就不知道如何去建设它。在相当长的时间里，我们简单地认定一条：凡是资本主义的就不是社会主义的，甚至社会主义的草都好过资本主义的苗，最后社会主义不但越搞越穷，还掺杂了很多封建糟粕。也由此，整个改革开放的进程一直伴随着人们对姓“资”姓“社”的纠结。“社会主义要表现出它的优越性，哪能像现在这样，搞了20多年还这么穷，那要社会主义干什么？”邓小平总结说，社会主义的本质就是解放生产力，发展生产力，消灭剥削，消除两极分化，最终达到共同富裕。党的十六大进一步把社会主义本质同社会历史进步和人的全面发展联系在一起。江泽民说：“我们建设有中国特色的社会主义的各项事业，我们进行的一切工作，既要着眼于人们现实的物质文化生活需要，同时又要着眼于促进人民素质的提高，也就是要努力促进人的全面发展，这是马克思主义对于建设社会主义新社会的本质要求”。厘清了社会主义本质，社会主义建设的根本任务、战略目标、战略步骤、战略布局、战略重点等才渐渐明晰，中国特色社会主义从而发展和强大。

8. “资本主义与社会主义的区分不在于是计划还是市场这样的问题”，计划和市场都是经济手段，社会主义也可以搞市场经济。长期以来，商品经济是和私有制联系在一起的，在未来实行公有制的社会里商品和货币将消失——这是几乎所有马克思主义者的共识。但现实中，按照这一共识在社会主义各国普遍实行的计划经济体制却搞得很失败。中国共产党人在反思中受列宁“新经济政策”的启发，找到了市场经济这一连接小农经济与社会主义经济的桥梁，初级阶段的社会主义与社会主义之间所不能跨越的部分得以连接。从计划经济到“有计划的商品经济”再到市场经济，中国经济的潜力真正被发挥出来，从而造就了奇迹般的高速经济增长。在中国的市场经济下，公有经济仍然控制着国家的经济命脉，实行的是以公有经济为主导的混合所有制——中国共产党所创造的这种独特的社会主义与市场经济结合的体制，既发挥了社会主义制度的优越性，又充分体现了市场经济的活力；既带来了经济发展，同时，也保持了社会的相对稳定。

9. 马克思列宁主义的执政党要始终保持和发展自身的先进性。90年间，党已经从一个只有50多名党员的小党变成一个拥有7600多万党员的大党，从一个长期为夺取政权而斗争的党变成一个长期执政的党，从过去封闭半封闭环境下领导建设的党变成在全方位开放条件下领导改革和建设的党——党的这种重大变化，一个根本的原因就在于党高度重视自身的建设，始终代表中国先进生产力的发展要求、代表中国先进文化的前进方向、代表中国最广大人民的根本利益。在新民主主义革命和社会主义建设初期，毛泽东提出了一些有中国特色的政党建设思想，如把思想建设放在首位、为人民服务、三大作风、党的团结和统一、整党整风等。这些基本思想，经过实践证明是正确的，为后来党加强和改进自身的建设提供了理论指南。改革开放以来，中国共产党对自身建设的探索主要围绕“执政党应该是一个什么样的党，执政党的党员应该怎样才合格，党怎样才叫善于领导”这些问题而展开，提出“党的先进性建设是马克思主义政党自身建设的根本任务”,以及加强制度建设,党要管党和从严治党，提高党的执政能力和拒腐防变、抵御风险能力等一系列新思想。

10. 社会主义是科学发展的社会。明确了社会主义的起点和目标，中国共产党人面临的就是一个发展的问题：初级阶段的历史定位决定了中国的社会主义建设要有一个跨越式的发展，而社会主义本质的揭示也规定了发展的目标：“社会主义的优越性归根到底要体现在它的生产力比资本主义发展得更快一些，更高一些，并且在发展生产力的基础上不断改善人民的物质文化生活”。在改革开放初期，由于当时我们所要解决的是确立以经济建设为中心，让一部分地区和一部分人先富起来等问题，因此这时的发展还是侧重于经济增长，对发展本身的内部协调问题还没有给予更多的关注。但随着经济的发展，问题也越来越多：经济发展的各方面不平衡、经济和社会发展不平衡、经济社会发展与人口、资源、环境不协调，等等。中国共产党以马克思主义发展理论为基础，总结了国际、国内在发展问题上的经验教训，提出了符合人类社会发展趋势和中国发展实际的“科学发展观”——以人的全面发展为目标，统筹协调城乡发展、区域发展、经济社会发展、人与自然发展、国内发展与对外开放，并使经济发展和人口、资源、环境相协调，以实现经济发展与社会全面进步，即“坚持走生产发展、生活富裕、生态良好的文明发展道路，保证一代接一代地永续发展。”从“发展才是硬道理”到发展也要有道理，中国共产党人认识到，社会主义的发展必须是以人为本，政治、经济、社会全面协调且可持续的发展——因为社会主义社会是物质文明、政治文明、精神文明、生态文明发达且同步发展的社会。

三、三个“30年”探索与创新的六点启示

从中国共产党对社会主义理论的创新历程中，可以得到以下六点启示：

1. 理论创新是中国共产党永葆生机的源泉，也是中国特色社会主义事业前进的重要保证。纵观党90年的发展，每次重大的理论创新都使我们党带领中国人民走向胜利、创造辉煌，迎来中华民族伟大复兴的光明前景：民主革命时期如此，社会主义建设时期亦如此：不突破对马克思主义机械理解“条条”、“框框”的束缚，就没有农村包围城市、武装夺取政权革命道路的开辟，就没有新民主主义革命和社会主义革命的胜利；没有思想解放，不摆脱“两个凡是”的羁绊，就没有党的十一届三中全会以来的一系列路线、方针、政策，就没有中国特色社会主义事业的辉煌成就。理论创新与党的事业同在，与党的命运相连——党结合实际不断进行理论创新，才使自己始终站在时代的前列，不断提高自身的创造力、凝聚力和战斗力，不断把建设中国特色的社会主义伟大事业推向前进，不断焕发出蓬勃生机和旺盛活力。

2. 中国共产党所有的理论创新都是基于实践的需要，基于社会现实的要求和推动，是为回答和解决现实问题而进行的创新，而不是仅仅出于自身的主观愿望为创新而创新。早在延

安整风时毛泽东就强调，学习与运用马克思主义的根本原则是“应确立以研究中国革命实际问题为中心”，这就是马克思主义一贯强调的一切从实际出发。任何理论至多只能指出基本的和一般的东西，真正的马克思主义者必须考虑生动的实际生活，必须考虑现实的确切事实，而由实践来修正理论。实际上，党的每次理论创新，都是马克思主义基本原理与中国具体实践相结合的结果，且都因为解决了问题而开创了事业的新局面。

3. 中国共产党进行理论创新的基本出发点和目的，是为了广大人民群众的利益。“共产党是为民族、为人民谋利益的政党”，正如邓小平所说的，“中国共产党员的含意或任务，如果用概括的语言来说，只有两句话：全心全意为人民服务，一切以人民利益作为每一个党员的最高准绳。”90 年来，中国共产党创新社会主义理论，究其根本就是要实现人民当家作主的权利，提高人民生活水平——也正是这种“以人为本”，才使党无论在革命战争时期还是在和平建设年代都能得到广大人民群众的拥护和支持。

4. 中国共产党所有的理论创新，从某种意义上说，都可以叫做“固本创新”。这个“本”，包括马克思主义、科学理性、人类发展的大潮流、中华民族千年的历史传统和文化积淀，等等，这些都是党创新实践中所坚持的理论的根本。其中最大的“本”，是马克思主义。中国共产党是在马克思主义的指导下建立起来的，后者的指导地位，是从党的诞生之日起就明确且写进《中国共产党党章》和《中华人民共和国宪法》的。因而，这个关系党和国家的生死存亡以及社会主义事业的兴衰成败的“本”，任何时候、任何情况下都不能丢。但对这个“本”的坚持不能搞成“本本主义”，也不能因为这个“本”而排斥其他的“本”。实际上，马克思主义本身就是吸收了很多优秀思想成果的产物。

5. 中国共产党的每一个理论创新都是对历史经验教训总结基础上的创新。没有经过风浪，没有经历失败，就没有经验的积累——可以说，每个创新背后大都有深刻的实践挫折。正所谓“见兔而顾犬，未为晚也；亡羊而补牢，未为迟也”，新民主主义论、中国特色社会主义理论的形成都有失败实践的铺垫，而《关于若干历史问题的决议》和《关于建国以来党的若干历史问题的决议》的诞生也说明，只有善于总结历史经验、善于批评和自我批评的党才能不断进步和创新。

6. 中国共产党理论创新的最重要方法是及时总结人民群众的实践经验，并通过调查研究上升到理论的高度。邓小平曾说，“改革开放中许许多多的东西，都是由群众在实践中提出来的……绝不是一个人的脑筋就可以钻出什么东西来，是群众的智慧。我们的功劳是把这些新事物概括起来，加以提倡。”说到底，人民群众是历史的创造者，生机勃勃的中国特色社会主义事业也是千百万人民群众创造的，而中国共产党能充分尊重和肯定人民群众的首创精神，并鼓励广大人民群众参与到理论创新的过程中来——这正是它能够不断进行创新从而保持生命力的根本。

当然，一切理论创新都要经受实践的检验。中国共产党在领导中国人民 90 年的社会主义革命和建设的实践中，取得了很大的成绩，但也存在很多问题。理论上说，社会主义的实践还没有完全展开，在社会主义的初级阶段对社会主义的认识不可能是完全的，甚至也可能是初级的。先前的理论创新有可能被以后的实践证明是错误的，而解决的方法就是不断地创新。关山初度路犹长，在建党 90 周年之际，诚如列宁所说，对一个节日最好的纪念，就是完成我们未竟的事业。

（执笔人：朱可辛）

（选自《科学社会主义》2011 年第 3 期）

马克思主义中国化的四大根基

——关于马克思主义中国化基本经验的理论总结

刘先春　杨志超

自从马克思主义传入中国，马克思主义中国化的过程不断进行着。中国共产党人无论是在革命时期、建设时期，还是在改革时期，都坚持把马克思主义的基本原理与中国的具体实际和时代特征相结合，把马克思主义理论与中华民族的优秀文化相结合，把中国共产党领导革命、建设和改革的实践经验加以总结和提炼并上升为理论。马克思主义中国化是一个永无止境、不断创新的过程，有四大根基支撑着马克思主义中国化的理论和实践体系，马克思主义中国化正是在这坚实的四大根基的支撑下，不断向前发展。

一、理论根基：用坚定的信念坚持马克思主义，用发展的眼光看待马克思主义

马克思主义中国化的第一要义，是信仰马克思主义、坚持马克思主义、用马克思主义指导行动。如果根本就不相信马克思主义，不坚持马克思主义，那么就不存在马克思主义中国化这个概念。马克思主义中国化的第二要义，是把马克思主义基本原理同中国具体实际相结合，实现马克思主义的中国化。如果把马克思主义"神圣"化，静止地去对待马克思主义，把它看作千古不变的教条，生搬硬套地运用于具体的实践中，那只是马克思主义教条化，也谈不上马克思主义中国化。因此，在坚持马克思主义的基础上实现马克思主义中国化，在把马克思主义中国化的过程中，发展马克思主义，这一双向互动的过程，是马克思主义中国化得以实现的理论基础。

（一）中国共产党人始终坚持马克思主义理论为指导

中国共产党从一诞生就是以马克思主义为指南、以共产主义为奋斗目标的无产阶级政党。中国共产党始终坚持马克思主义理论在领导中国革命和社会主义建设事业中的指导地位。1941 年毛泽东在延安干部会上所作的报告中指出："灾难深重的中华民族，一百年来，其优秀人物奋斗牺牲，前仆后继，摸索救国救民的真理，是可歌可泣的。但是直到第一次世界大战和俄国十月革命之后，才找到马克思列宁主义这个最好的真理，作为解放我们民族的最好的武器，而中国共产党则是拿起这个武器的倡导者、宣传者和组织者。"正是中国共产党拿起了马克思主义这个认识世界和改造世界的锐利武器，才使得中国人民在其指导下，取得了民主革命的伟大胜利。建国以来所取得的成就，

特别是改革开放30多年来所取得的伟大成就，离开了马克思列宁主义、毛泽东思想，特别是当代中国马克思主义——中国特色社会主义理论的指导，是不可能取得的。历史证明，只有把马克思主义作为指导思想，才能救中国；也只有把马克思主义作为指导思想，才能使中国走向繁荣富强的道路。

（二）中国共产党人始终坚持用发展的眼光看待马克思主义，坚持用马克思主义中国化的方式发展马克思主义，旗帜鲜明地反对教条主义

在中国革命和建设的历史中，我们党曾经多次和教条主义倾向作斗争，坚持在实践中发展马克思主义，不仅保证了马克思主义理论的科学性和指导地位，而且不断丰富和充实马克思主义理论，不断推动马克思主义中国化。

在20世纪20年代末30年代初，我们党内盛行着把马克思主义教条化和把苏联经验神圣化的错误倾向，不仅没有领导中国革命走向胜利，反而使中国革命经历了失败，遭受了严重的损失。在挫折面前，以毛泽东为代表的党内一些领导同志，在正确分析当时革命环境和条件的基础上，把马克思主义的基本原理与中国的具体实际相结合，建立了农村革命根据地，开创了“农村包围城市，武装夺取政权”的革命道路，最终带领全国人民取得了新民主主义革命的胜利，创立了毛泽东思想，实现了马克思主义中国化的第一次历史性飞跃。

20世纪六、七十年代，我们党在领导社会主义现代化建设的过程中，又出现了“左”倾错误思想和教条地对待毛泽东思想的错误倾向，发动了“大跃进”、人民公社化运动和“文化大革命”，提出了“两个凡是”的错误思想，导致党内思想的混乱。这些“左”倾思想的蔓延和错误指导，使我国的社会主义现代化建设遭受了巨大挫折。20世纪70年代末，以邓小平为主要代表的中国共产党人，坚持与党内的教条主义作斗争，果断地停止了不符合马克思主义的方针政策，进行了拨乱反正，把党的工作重心转移到经济建设上来，拨正了马克思主义中国化的方向，围绕“什么是社会主义，怎样建设社会主义”这一根本问题，创立了邓小平理论，又一次推进了马克思主义中国化。

以江泽民为核心的党的第三代中央领导集体，面对20世纪90年代国际国内形势的严重动荡，沉着应对，继续坚持和发展马克思主义和中国化的马克思主义，围绕“建设什么样的党，怎样建设党”的问题，创立了“三个代表”重要思想，发展了马克思主义关于党的建设与社会主义关系的理论，全面体现了社会主义的本质和党的先进性的辩证统一，体现了时代发展和社会主义进程对保持党的先进性的深刻要求。

十六大以来，以胡锦涛为核心的党的新一代中央领导集体，坚持用马克思主义的世界观和方法论去认识当今国际国内形势发生的巨大变化，去分析这些变化给我国的社会主义现代化建设带来的机遇和挑战，坚持用马克思主义基本原理和中国化的马克思主义指导我国的社会主义现代化建设，形成了科学发展观、构建社会主义和谐社会、建设社会主义新农村、建设创新型国家等一系列重大的战略思想，进一步推进了马克思主义中国化。

二、实践根基：客观地认识中国国情，科学地把握中国实际

马克思主义理论指导意义的发挥，是以各个国家民族革命和建设的实践为依据的，马克思主义基本原理只有与各国的具体国情相结合，在理论与实践相联系的基础上进行运用和创新，才能保持它的科学性，才能对实践产生巨大的

指导和推动力量。马克思主义之所以能够实现中国化，就是因为中国共产党人在不同的历史时期，都始终坚持客观地认识中国国情，科学地把握中国实际，将马克思主义基本理论与中国的具体实际相结合，不断推动理论创新，从而推动了马克思主义中国化的进行。因此，客观地认识中国国情，科学地把握中国实际，是马克思主义中国化的实践依据。

（一）立足本国国情，一切从实际出发，是坚持和运用马克思主义理论的基本要求

马克思主义理论体系是从人类社会历史发展的客观实际中抽象出来的最基本的原理和最一般的规律，在本质上具有普遍性，反映了各国革命和建设的共性问题，为无产阶级及其政党领导革命和建设提供了科学的理论指导。但是，各民族、各个国家的情况是有差别的，具有普遍指导意义的马克思主义基本理论，只有同各国革命和建设的具体实际相结合，只有符合各国的国情，才能充分发挥其科学的指导意义。如果将马克思主义基本理论与自身国情和实际割裂开来，生搬硬套地把马克思主义基本理论“强行”地作用于一国的革命和建设的实践中，那么不仅无法推动革命和建设事业取得成功，反而会使理论失去科学的指导作用，会阻碍实践的顺利进行，使革命和实践遭受挫折。因此，立足本国国情，一切从实际出发，是坚持马克思主义基本理论的科学指导，实现马克思主义具体化和本土化的前提条件。

（二）客观地认识和把握中国国情，一切从实际出发，是实现马克思主义中国化的重要前提

马克思主义自从传入中国以来，就存在一个如何与中国的国情相结合，如何指导中国的革命，如何实现“中国化”的问题。在中国革命和建设的历史进程中，我们党在各个不同历史时期，始终坚持客观认识和把握我国的基本国情，以此作为制定路线、方针、政策的依据，使马克思主义被赋予了中国革命和建设实践的特点，实现了马克思主义中国化。

正确认识和把握中国近代半殖民地半封建社会性质的国情，是我国取得民主革命胜利和毛泽东思想形成的重要基础。1840年鸦片战争以后，中国半殖民地半封建的社会性质逐渐形成，这也成为了当时中国最基本的国情。中国共产党从成立之日起，就着眼于对中国近代国情的认识和把握。但是，早期的中国共产党人对于近代中国基本国情的认识并不是全面和深刻的，相继在指导思想上犯了右倾错误和“左”倾错误，致使中国革命遭受了严重挫折。以毛泽东为代表的中国共产党人从中国近代半殖民地半封建社会的基本国情出发，概括出了中国近代社会的特点，并以此为依据，提出了中国走农村包围城市，武装夺取政权道路的必要性和可能性，实现了马克思主义基本原理与中国革命实践相结合。这些指导思想的提出，也是和我们党对于中国近代国情的正确分析分不开的，这一系列科学的概括，也构成了毛泽东思想的主要内容。

正确认识和把握我国进入社会主义建设阶段所面临的基本国情，总结社会主义建设的经验教训，是我国社会主义建设事业顺利进行和邓小平理论形成的重要基础。“文化大革命”结束后，以邓小平为核心的党中央深刻总结了我们党在过去社会主义建设过程中，由于对国情把握的不深刻、不全面，致使理论与实践在一定程度上相脱节而造成的失误，客观地分析了“文化大革命”后，在国际形势发生重大变化背景下我国的基本国情，恢复了实事求是的思想路线，逐步形成了社会主义初级阶段理论。社会主义初级阶段理论的提出，为深入了解和研

究我国现阶段经济、政治、文化等具体领域的客观规律提供了科学的理论前提和认识方法，是对我国国情的最基本和最本质的认识，标志着我们党对我国国情认识的深入和升华，实现了马克思主义中国化在理论和实践方面的又一次创新。

正确认识和把握20世纪90年代以来我国社会发展所出现的新形势，是我国社会主义现代化建设顺利进行和“三个代表”重要思想形成的重要基础。20世纪90年代后，国际国内局势发生了深刻变化，新科技革命的到来使得科技进步日新月异，经济全球化趋势使得世界各国在经济、文化等各个方面的交流和融合日益紧密，综合国力的竞争日趋激烈。对于我国来说，改革开放以后，我国的社会主义现代化建设取得了巨大的成就，综合国力显著增强，政治稳定，文化繁荣，社会发展。但另一方面，我国的改革进入了攻坚阶段，提高党的领导水平和执政能力，也呈现出巨大的紧迫性和困难性，我国社会主义事业的发展面临新的巨大困难和压力。以江泽民为核心的党的第三代中央领导集体站在世纪之交的历史制高点上，在总结世界社会主义运动经验教训和科学分析中国国情的基础上，提出了“三个代表”重要思想，并发展了社会主义初级阶段理论。

正确认识和把握新的历史时期国际国内形势的新变化，是我国现阶段经济社会飞速发展和科学发展观等一系列重大战略思想形成的重要基础。党的十六大以来，我国的社会主义现代化建设进入了一个新的历史时期。我国的社会主义现代化建设取得了巨大的成就，但随着改革的不断深入和开放的不断扩大，我国在发展的过程中开始出现了许多必须深切关注的新问题。以胡锦涛为总书记的新一代中央领导集体，在清醒地认识新时期我国发展面临的新的国情的基础上，结合人类社会发展的经验和教训，对我国现实和未来的发展进行了深入的思考，提出了科学发展观、构建社会主义和谐社会、进行社会主义新农村建设、建设创新型国家等一系列重大的战略方针，这些发展战略的提出，与我国的基本国情相适应，成为马克思主义中国化新的理论成果，成为了中国特色社会主义理论体系的重要组成部分。

三、群众根基：从群众中来，到群众中去，坚持群众观点和群众路线

人民群众是历史的创造者，是推动社会向前发展的实践主体。一切无产阶级政党工作的出发点和落脚点，都是实现人民群众的解放，代表人民群众的根本利益。因此，是否得到最广大人民群众的拥护和支持，是无产阶级政党执政地位的保证，是无产阶级政党先进性的体现。

中国共产党人推动马克思主义中国化的最终目标，就是要通过实现马克思主义基本原理与中国的具体实际相结合的方式，更好地推动中国特色社会主义事业的发展，从而代表和实现最广大人民群众的根本利益，最终实现中华民族的伟大复兴。因此，马克思主义中国化的理论过程，归根到底要以人民群众的社会实践为源泉，马克思主义中国化的实践过程，归根到底要与人民群众的社会实践相结合。

（一）群众观点和群众路线是我们党执政兴国的根本观点和工作路线

人民群众是我们党的力量源泉，群众观点是我们党的基本政治观点，群众路线是我们党的根本工作路线。我们党之所以能够领导人民取得革命、建设和改革的伟大成就，一个根本原因，就在于我们党始终深深地扎根于人民群众之中，人民群众为我们党提供了不竭的智慧和力量。

新时期坚持党的群众路线是建设中国特色社会主义的根本保证。建设中国特色社会主义的伟大事业是中国人民自己的事业。人民群众是承担和推进中国特色社会主义事业的主力军，建设中国特色社会主义，不能只靠少数共产党人，而是要通过共产党人紧密团结和领导广大人民群众一起奋斗，只有亿万群众共同积极投身这一事业，才能推进它的发展，确保它的成功。因此，在新的历史时期，要求共产党人继续保持和发扬党的密切联系群众的优良作风，必须紧紧依靠千百万劳动群众，充分调动广大人民群众建设社会主义的积极性和创造性，只有这样，才能把中国特色社会主义事业不断推向前进。

（二）我们党在实现马克思主义中国化的过程中始终坚持和发展群众路线和群众观点

坚持马克思主义的群众观点和群众路线，是中国共产党人在长期革命和建设的实践中坚持和发展马克思主义的根本出发点，是不断推进马克思主义中国化的根本保证。党的历届中央领导集体都始终自觉地把群众观点和群众路线看作是治党治国的优良传统和政治优势，并结合不同时期不同的历史条件和历史任务，在坚持群众路线和群众观点的同时，不断完善和发展群众路线和群众观点。

在民主革命时期，以毛泽东为主要代表的中国共产党人，把马克思列宁主义关于人民群众是历史创造者的原理系统地运用于党的全部理论和全部活动，形成了“一切为了群众，一切依靠群众，从群众中来，到群众中去”的群众路线和群众观点。群众路线是毛泽东思想活的灵魂的重要组成部分，毛泽东把对于群众路线和群众观点的坚持，运用于我们党的实践发展和理论创新的各个方面。

党的十一届三中全会以后，以邓小平同志为核心的党的第二代中央领导集体继承和发展了毛泽东思想的群众路线和群众观点，指出要尊重群众、热爱人民，时刻关注最广大人民的利益和愿望，把“人民拥护不拥护”、“人民赞成不赞成”、“人民高兴不高兴”、“人民答应不答应”作为制定各项政策的出发点和落脚点。

十三届四中全会以后，以江泽民为核心的党的第三代中央领导集体继续坚持和发展群众路线和群众观点，在总结我国社会历史的发展和世界社会主义运动发展历史的基础上，提出了“党同人民群众的关系如何，是关系到党的事业兴衰成败和党的生死存亡的一个根本政治问题”的重要观点。1998年在纪念改革开放20周年大会上，江泽民指出：“建设有中国特色社会主义事业，是亿万人民群众广泛参与的创造性事业。必须始终坚持党的一切相信群众、一切依靠群众，从群众中来、到群众中去的群众路线，尊重人民群众的创造，倾听人民群众的呼声，反映人民群众的意愿，集中人民群众的智慧和力量去发展我们的各项事业。”进入新世纪，江泽民提出了“三个代表”重要思想，把“代表最广大人民的根本利益”作为我们党各项工作的出发点和归宿，把它看作是我们党的立党之本和执政之本。

党的十六大结束不久，胡锦涛总书记在西柏坡学习考察时重新强调了“两个务必”的重要性，要求各级领导干部做到“权为民所用，情为民所系，利为民所谋”，充分体现我们党立党为公、执政为民的根本宗旨和时代特征。在党的第十七次全国代表大会上，胡锦涛同志指出：“必须坚持以人为本。全心全意为人民服务是党的根本宗旨，党的一切奋斗和工作都是为了造福人民。要始终把实现好、维护好、发展好最广大人民的根本利益作为党和国家一切工作的出发点和落脚点，尊重人民主体地位，发挥人民首创精神，保障人民各项权益，走共同富裕道路，促进人的全面发展，做到发展为了人民、发展依靠人民、发展成果由人民共享”。这些重要思想的提出，是对我们党的群众路线和群众观点的继承和发展。

四、文化根基：实现马克思主义与中国传统文化的有机结合，批判地吸收和借鉴传统文化的精华

马克思主义中国化的过程，包含着一个重要的内容，即马克思主义与中国传统文化的有机结合。马克思主义能够实现中国化，能够在中国为广大群众所接受，能够在中国发挥巨大的指导作用，一个重要原因，就是中国共产党人始终坚持把马克思主义先进文化与中国的传统文化有机地结合起来。在批判地继承中华民族传统文化中的优秀成分，不断完善和发展马克思主义的同时，坚持用马克思主义改造中国的传统文化，形成马克思主义与中国传统文化的双向互动，不断推动中国化的马克思主义文化创新，建立民族的、大众的、科学的中国特色社会主义文化，这是中国化马克思主义的独特之处，是马克思主义中国化的基本经验之一。

（一）实现马克思主义与中国传统文化的有机结合，主要是吸收中国文化中的优秀传统

中华文化源远流长，在五千多年的历史长河中，中华民族创造出了具有深厚积淀和丰富内涵的优秀传统文化，它是中华民族的生长根基。中国共产党很早就对中国传统文化的价值以及在马克思主义中国化过程中的地位作出了充分肯定。毛泽东指出：“在中华民族的开化史上，有素称发达的农业和手工业，有许多伟大的思想家、科学家、发明家、政治家、军事家、文学家和艺术家，有丰富的文化典籍。……所以，中华民族又是一个有光荣的革命传统和优秀的历史遗产的民族”。中华民族发展的历史证明，中国传统文化中具有丰富的优秀思想精华，为实现马克思主义中国化提供了宝贵的思想资源。马克思主义与中国传统文化的有机结合，就是要与传统文化中的优秀成分相结合，就是要吸收传统文化中的精华，继承和发扬中华民族的优秀传统文化，使马克思主义同中国传统文化相结合，具有中国形式、中国风格，只有这样，才能使马克思主义为中国人民所接受，才能创造出中国化的马克思主义理论，才能不断推进马克思主义中国化的历史进程。江泽民《在庆祝中国共产党成立八十周年大会上的讲话》中指出：“发展社会主义文化，必须继承和发扬一切优秀的文化……中华民族的优秀文化传统，党和人民从五四运动以来的革命文化传统，人类社会创造的一切先进文明成果，我们都要积极继承和发扬……做到古为今用”。

（二）实现马克思主义与中国传统文化的有机结合，必须对中国传统文化坚持“批判地继承”

任何民族的传统文化，都具有两重性和历史的局限性。中国传统文化也不例外。在中国的传统文化中，既包含着勤劳勇敢、艰苦奋斗、尊师重道、崇尚和谐等有益成分，也包含着因循守旧、小农思想、封建迷信等消极思想。传统文化中的优秀部分可以激励我们的国家和民族去生存去奋斗去发展，而其糟粕部分则是历史的惰性，是消极的思想，会阻碍历史的进程，对历史进程起负面作用。因此，要实现马克思主义与中国传统文化的耦合，要坚持“批判地继承”的指导思想，不仅要吸收中国传统文化中的优秀成分，更要不断剔除其中阻碍社会历史发展的陈旧落后成分。

毛泽东在《应当充分地批判地利用文化遗产》中指出：“对中国的文化遗产，应当充分地利用，批判地利用。中国几千年的文化，主

要是封建时代的文化，但并不全是封建的东西，有人民的东西，有反封建的东西。要把封建主义的东西和非封建主义的东西区别开来。封建主义的东西也不全是坏的。我们要注意区别封建主义发生、发展和灭亡不同时期的东西。当封建主义还处在发生和发展的时候，它有很多东西还是不错的。反封建主义的文化也不是全部可以无批判地利用的”。可见，对待中国传统文化要坚持“批判性”，坚持批判地继承，将批判和继承统一起来。要认真研究中国传统文化，找到传统文化中能促进社会发展的有益成分，在批判过程中加以继承和发扬，使马克思主义与中国传统文化实现有机结合。

坚持把马克思主义与中华民族优秀文化有机地结合起来，使马克思主义与中国传统文化实现双向互动、共同发展，使中国化马克思主义具有中国作风和中国气派，符合中华民族的文化传统和民族心理，是马克思主义中国化得以实现和不断推进的文化基础。在中国特色社会主义发展的新的历史时期，要继续推进马克思主义中国化的进程，就必须不断坚持马克思主义与中国传统文化的有机结合，在认真研究传统文化的基础上，继续挖掘中华文化中的精华，建构中国特色社会主义文化的科学体系，坚持文化创新，通过马克思主义与中华民族优秀文化的有机结合，吸收、借鉴人类文明的共同成果，实现中国文化的历史性超越。

（作者：兰州大学马克思主义中国化研究所所长，马克思主义学院教授、博士生导师）

（选自《理论学刊》2011年第2期）

马克思主义中国化的丰富内涵

汪信砚

众所周知，作为一个概念或命题，“马克思主义中国化”是由毛泽东在1938年10月召开的中共六届六中全会上所作的报告《论新阶段》中正式提出的。而在对这一概念或命题的理解上，学界内外也早已基本上有了这样一种共识，即认为马克思主义中国化就是把马克思主义与中国的具体实际相结合。然而，对于把马克思主义与中国的具体实际相结合到底关涉着哪些方面、它本身又包含着一些什么确定的内容等问题，不同的研究者往往有不同的看法，也由此导致人们对马克思主义中国化具体理解的不同。这是因为把马克思主义与中国的具体实际相结合本身是一个极其复杂的历史过程，着眼于这一历史过程的不同方面，人们就会对马克思主义中国化作出不同的规定。本文拟系统地考察把马克思主义与中国的具体实际相结合所必然包含和涉及的各个不同的方面，力图揭示出马克思主义中国化的丰富内涵。

一

就其实际历史而言，马克思主义中国化即把马克思主义与中国的具体实际相结合是在一定的理论指导下不断向前推进的过程，是一种理论与实践相统一的波澜壮阔的运动。也就是说，作为一种历史过程，马克思主义中国化可以相对地区分为马克思主义中国化理论与马克思主义中国化实践。要揭示马克思主义中国化的丰富内涵，首先就必须把握马克思主义中国化作为一种历史过程所包含的理论与实践两个方面。

所谓马克思主义中国化理论，是指中国的马克思主义者基于对马克思主义的理论本性和中国具体实际的理解而提出的、关于马克思主义与中国具体实际相结合的必要性、可能性及其实现途径的思想、观点的总体。这种马克思主义中国化理论，直接导源于马克思、恩格斯、列宁等马克思主义经典作家的马克思主义民族化思想。在马克思主义发展史上，特别是在用马克思主义指导各国的无产阶级革命和与对马克思主义的各种教条式理解作斗争的过程中，马克思主义经典作家们阐发了极其丰富的马克思主义民族化思想。例如，作为马克思主义的创始人，马克思、恩格斯一贯都反对把他们的理论当成教义、教条或现成的公式并“按照它来剪裁各种历史事实”，要求人们把他们的理论与各国的具体实际结合起来，强调“这些原理的实际运用”“随时随地都要以当时的历史条件为转移”。马克思在1842年8月下旬致达哥贝尔特·奥本海姆的信中说：“正确的理论必须结合具体情况并根据现存条件加以阐明和发挥。”恩格斯在指导欧美各国无产阶级政党领导的工人运动的过程中指出：“马克思的历史理论是任何坚定不移和始终一贯的革命策略的基本条件；为了找到这种策略，需要的只是把这一理论应用于本国的经济条件和政治条件。”列宁更是具体地分析和阐明了马克思主义民族化的必要性。他说：“我们决不把马克思的理论看作某种一成不变的和神圣不可侵犯的东西；恰恰相反，我们深信：它只是给一种科学奠定了基础，社会党人如果不愿落后于实际生活，就应当在各方面把这门科学推向前进。我们认为，对于俄国社会党人来说，尤其需要独立地探讨马克思的理论，因为它所提供的只是总的指导原理，而这些原理的应用具体地说，在英国不同于法国，在法国不同于德国，在德国又不同于俄国。”中国马克思主义者的马克思主义中国化理论，就是对上述马克思主义民族化思想的创造性运用和发展。

所谓马克思主义中国化实践，即对马克思主义中国化理论的实践，是指中国的马克思主义者在马克思主义中国化理论指导下把马克思主义与中国具体实际相结合的活动，它是整个马克思主义世界化与民族化进程的一个内在组成部分。正如上述，马克思主义中国化理论直接导源于马克思主义民族化思想。一个半世纪以来，特别是20世纪以来，在马克思主义民族化思想的指导下，各国的马克思主义者和共产党人纷纷把马克思主义与本国、本民族的具体实际相结合，开创了并不断推进着马克思主义的世界化与民族化相统一的历史进程，不仅创造了苏俄的马克思主义、中国的马克思主义、越南的马克思主义、朝鲜的马克思主义、古巴的马克思主义、现代西方的马克思主义、当代英美的马克思主义等不同的马克思主义民族化形式，使马克思主义真正变成了“一种世界的文学”，而且这样或那样地改变了许多国家和民族的具体实际，并由此深刻地影响了这些国家和民族乃至整个世界的历史进程。在马克思主义中国化理论指导下的马克思主义中国化实践，就是马克思主义发展的这一世界化与民族化相统一的历史进程的一个重要环节、方面和表现。在马克思主义中国化实践中，中国的马克思主义者和共产党人创造了一系列中国化的马克思主义理论的标志性成果，并在这些理论的指导下使中国的具体实际发生了翻天覆地的根本变化，不仅赢得了国家独立和民族解放，而且使中华民族走上了现代化复兴的正确道路。

在马克思主义中国化的历史进程中，马克思主义中国化理论的形成和发展与马克思主义中国化实践的推进向来都是内在地交织在一起的，而马克思主义中国化实践始终是在马克思主义中国化理论的指导下进行的。可以说，十月革命后马克思主义在中国的广泛传播开创了马克思主义中国化的实践，并开始了马克思主义中国化理论的孕育。毛泽东指出：“十月革命一声炮响，给我们送来了马克思列宁主义。十月革命帮助了全世界的也帮助了中国的先进分子，用无产阶级的宇宙观作为观察国家命运的工具，重新考虑自己的问题。”十月革命后马克思主义在中国的广泛传播与此前中国人对马克思主义的零星介绍和其他近现代西方思潮在中国传播的根本不同之处，就在于中国的马克思主义者已开始用马克思主义“作为观察国家命运的工具”，即认识到应把马克思主义与中国的具体实际相结合。例如，早期的中国马克思主义者李大钊、陈独秀等人都不仅倾力于传播马克思主义，而且都强调以马克思主义的观点研究中国社会的政治及经济状况，倡导用马克思主义解决中国社会的实际问题，立志用马克思主义改造中国社会。不过，早期中国马克思主义者对于把马克思主义与中国具体实际相结合的理解还是相当粗浅的。一方面，早期中国马克思主义者眼中的中国具体实际主要是当时中国现实社会的政治经济状况，并不包括中国的历史文化传统。李大钊、陈独秀等人甚至把马克思主义与中国传统文化完全对立起来，对中国传统文化进行了激烈批判和根本否定。另一方面，早期中国马克思主义者对马克思主义的理解还不深刻，并没有找到把马克思主义与中国具体实际相结合的正确途径。他们并没有倾力于运用马克思主义的理论和方法分析中国社会现实的特殊性，而是试图从中国社会现实中寻找符合马克思主义理论的因素。1921 年中国共产党成立后，马克思主义中国化的理论在艰难的探索中逐渐形成，马克思主义中国化的实践也步步推进。特别是经过土地革命时期，至 1938 年毛泽东正式提出马克思主义中国化概念或命题时，以毛泽东为代表的中国共产党人已克服了早期中国马克思主义者的上述缺陷，对马克思主义、中国的具体实际和把马克思主义与中国具体实际相结合的必要性、可能性及其实现途径等问题都有了较全面、深刻的理解，从而初步形成了较系统的马克思主义中国化理论，并在马克思主义中国化实践上取得了重大成果，不仅形成了毛泽东思想，而且探索出了一条农村包围城市、武装夺取政权的中国特色民主革命道路。此后，特别是经过党的七大、八大、十二大、十三大、十四大、十五大、十六大和十七大，马克思主义中国化理论不断丰富和发展，马克思主义中国化实践也不断取得新的巨大成就，其突出表现就是中国共产党人不仅在丰富和发展毛泽东思想的过程中取得了中国革命的伟大胜利，而且创造了中国特色社会主义理论体系和开辟了一条中国特色社会主义建设道路。

二

上述相对于马克思主义中国化理论的马克思主义中国化实践即把马克思主义与中国的具体实际相结合的活动本身是在理论和实践两个维度上进行的，与之相应，作为对马克思主义中国化理论的实践，马克思主义中国化又可以区分为理论与实践两个层面。要揭示马克思主义中国化的丰富内涵，也必须把握这两个不同的层面，正确地理解“中国的具体实际”这一概念。

“中国的具体实际”是一个有着多方面规定的概念，它是包含在特定时代中的中国的历史、现实和未来发展趋势的总和，是对特定时代中国社会的政治、经济、文化等的发展状况及其影响因素的总概括。从总体上看，中国的具体实际主要有两个方面的内容：一是中国的历史实际，亦即中国的历史文化传统。在任何时代，中国的历史文化传统都是中国的具体实际的一个有机组成部分，因为传统“是现存的过去，但它又与任何新事物一样，是现在的一部分”。也正因如此，毛泽东在谈到中国的具体实际时曾说：“我们这个民族有数千年的历史，有它的特点，有它的许多珍贵品。……今天的中国是历史的中国的一个发展；我们是马克思主义的历史主义者，我们不应当割断历史。从孔夫子到孙中山，我们应当给以总结，承继这一份珍贵的遗产。”二是中国的现实实际，亦即中国社会的当前现实。无论是在哪个时代，中国的当前现实都是中国的具体实际的更为重要的方面，它有着时间和空间两方面的规定性。作为一种时间性的存在，中国的当前现实不仅延传和积淀着中国的历史文化传统，而且也包孕着中国社会未来发展的种种可能和趋势；而作为一种空间性的存在，中国的当前现实与当前世界处于一种复杂的关系之中，它既以当前世界作为自己存在和发展的外部环境，又是当前世界的一个不可分割的组成部分，因此，它既包括从当前中国来看的和当前中国必然受其影响的当前世界，也包括从当前世界来看的并必然与当前世界互动的当前中国。

所谓理论层面上的马克思主义中国化，是指在理论研究上把马克思主义与中国的具体实际相结合，创造并不断发展中国的马克思主义或中国化的马克思主义。与上述“中国的具体实际”的两个方面的内容相适应，理论层面上的马克思主义中国化也包括两个方面的任务：一是运用马克思主义审视和反思中国的历史文化传统，汲取中国传统文化的精粹，用以丰富马克思主义的内容和强化中国马克思主义的民族特色，使马克思主义具有“为中国老百姓所喜闻乐见的中国作风和中国气派”；二是运用马克思主义研究中国的当前现实，从中提升出对中国社会的发展具有根本性的问题，并通过对这些问题的创造性的回答，不断推进中国马克思主义的发展。

所谓实践层面上的马克思主义中国化，则是指在现实实践中把马克思主义与中国的具体实际相结合，用马克思主义改造中国社会，不断推进中国社会的发展。与上述“中国的具体实际”的两个方面的内容相适应，实践层面上的马克思主义中国化也包括两个方面的任务：一是用马克思主义重铸中国的历史文化传统，推动中国传统文化的创造性转换，为中国特色社会主义现代化提供思想资源和智力支持；二是用马克思主义改造中国的当前现实，即在马克思主义的指导下探索和开辟中国社会发展的道路和途径，用马克思主义的立场、观点和方法分析和解决实际工作中的各种问题，使中国社会生活的各个方面不断完善和发展。

毛泽东首次正式提出马克思主义中国化概念或命题时，就赋予了它上述两个层面的涵义。毛泽东说：“共产党员是国际主义的马克思主义者，但是马克思主义必须和我国的具体特点相结合并通过一定的民族形式才能实现。马克思列宁主义的伟大力量，就在于它是和各个国家具体的革命实践相联系的。对于中国共产党说来，就是要学会把马克思列宁主义的理论应用于中国的具体的环境。成为伟大中华民族的一部分而和这个民族血肉相连的共产党员，离开中国特点来谈马克思主义，只是抽象的空洞的马克思主义。因此，马克思主义的中国化，使之在其每一表现中带着必须有的中国的特性，即是说，按照中国的特点去应用它，成为全党亟待了解并亟待解决的问题。”在这里，虽然毛泽东尚未提出“中国的具体实际”的概念，其所使用的是“中国的具体的环境”和“中国的特点”等概念，但很明显，他所说的“中国的具体的环境”和他所强调的“中国的特点”既包括中国的历史文化传统也包括中国的当前现实；同时，虽然毛泽东尚未把马克思主义中国化明确地规定为把马克思主义与中国的具体实际相结合，而是将其诠释为把马克思主义应用于中国的具体的环境或按照中国的特点去应用马克思主义，但他所说的这种“应用”是明确包含着理论和实践两个层面的，他所谓的“使之在其每一表现中带着必须有的中国的特性”就是指要使马克思主义在理论上和实践上的表现都体现出中国的特性。关于这一点，艾思齐在毛泽东作出这一论述的几年之后曾作过更加明确的阐释。他说：“在中国应用马克思主义，或使马克思主义中国化，就是要坚定地站在马克思主义的观点上，在马克思主义基本原则和基本精神上，用马克思、恩格斯所奠定了的、辩证唯物论的和政治经济学的科学方法，来具体地客观地研究中国社会经济关系，来决定中国无产阶级在中国民族革命斗争中的具体任务及战略策略。”显然，在艾思齐的这一阐释中，所谓用马克思主义“来具体地客观地研究中国社会经济关系”就是理论层面上的马克思主义中国化，而所谓用马克思主义“来决定中国无产阶级在中国民族革命斗争中的具体任务及战略策略”则属于实践层面上的马克思主义中国化。

当然，理论层面上的马克思主义中国化与实践层面上的马克思主义中国化的区分是相对的，它们实际上是整个马克思主义中国化运动不可分割的两个重要侧面。其中，理论层面上的马克思主义中国化，无论是对中国传统文化精粹的汲取，还是对中国现实社会问题的创造性回答，都离不开实践层面上的马克思主义中国化这个基础，并且都是为实践层面上的马克思主义中国化服务的。也正因如此，马克思主义中国化历程中的几次理论飞跃都是通过对中国社会发展中的重大现实问题的创造性回答来实现的，而那些重大现实问题都是人们在以马克思主义为指导探索中国革命和社会主义建设的伟大实践中提出来的，它们本质上属于实践层面上的马克思主义中国化凸显出来的问题。另一方面，实践层面上的马克思主义中国化又是以理论层面上的马克思主义中国化为前提的，是在马克思主义中国化的理论成果的指导下实现的。正是因为有了毛泽东思想和中国特色社会主义理论体系这两大理论层面上的马克思主义中国化的标志性成果，所以中国共产党才成功地找到了一条中国特色民主革命道路和中国特色社会主义建设道路，取得了两大实践层面上的马克思主义中国化的标志性成果。

完整地把握马克思主义中国化的理论层面和实践层面是十分重要的。长期以来，学界的马克思主义中国化研究往往只注意到马克思主义中国化的理论层面；一些从事实际工作的人也往往倾向于认为，马克思主义中国化只是理论家们的事情，而他们自己最多也只是马克思主义中国化理论成果的实践者。这类看法是对马克思主义中国化的严重误解，也极不利于马克思主义中国化的发展。其实，对于在政治、经济、文化等各个领域从事实际工作的人们来说，他们绝不应仅仅是马克思主义中国化理论成果的实践者，而应该同时也是马克思主义中国化的主体，即他们承担着实践层面上的马克思主义中国化的重任。

从前述包括毛泽东在内的中国共产党人的马克思主义中国化理论的形成和发展过程看，同时强调理论和实践两个层面上的马克思主义中国化，既是对待马克思主义应有的科学态度，也是反对两种不同形式的主观主义即教条主义和经验主义的需要。这里所说的对待马克思主义应有的科学态度，毛泽东称之为“马克思列宁主义的态度”，即“使马克思列宁主义的理论和中国革命的实际运动结合起来”的态度，也就是坚持马克思主义中国化的态度。他说：“这种态度，就是有的放矢的态度。‘的’就是中国革命，‘矢’就是马克思列宁主义。我们中国共产党人所以要找这根‘矢’，就是为了要射中国革命和东方革命这个‘的’的。这种态度，就是实事求是的态度。”按照毛泽东的这一论述，坚持马克思主义中国化也就是坚持实事求是。众所周知，实事求是既是中国共产党的根本的思想路线，也是中国共产党一贯倡导的根本的思想方法和工作方法。因此，毛泽东在这里对于对待马克思主义的“马克思列宁主义的态度”或实事求是的态度的强调，就是对于理论层面上和实践层面上的马克思主义中国化的强调。而与这种态度相反的各种形式的主观主义是无视马克思主义中国化的要求的，其中，教条主义“离开中国特点来谈马克思主义”，即从马克思主义的本本出发、把马克思主义当作僵死不变的教条，而经验主义则迷信直接经验、无视马克思主义理论的指导作用，它们都曾给中国革命和建设事业造成严重的损失。因此，如果说强调理论层面上的马克思主义中国化是为了反对教条主义的话，那么，强调实践层面上的马克思主义中国化则是为了反对经验主义。不重视理论层面上的马克思主义中国化或实践层面上的马克思主义中国化，就会要么犯教条主义的错误，要么陷入经验主义的泥沼。

三

仅就理论层面上的马克思主义中国化而言，它又有狭义与广义之分。要揭示马克思主义中国化的丰富内涵，还必须明确狭义的马克思主义中国化与广义的马克思主义中国化的区别和联系。

所谓狭义的马克思主义中国化，是指把马克思主义与中国的具体实际相结合的阶段性目标或成果，也就是创造出像毛泽东思想和中国特色社会主义理论体系那样的中国化的马克思主义理论。毛泽东在谈到马克思主义中国化问题时曾说："'化'者，彻头彻尾彻里彻外之谓也。"也就是说，马克思主义中国化的目标，就是要把马克思主义从形式到内容都变成中国的东西，从而使马克思主义具有"中国作风和中国气派"。作为把马克思主义与中国的具体实际相结合的成果，毛泽东思想和中国特色社会主义理论体系就是这种把马克思主义从形式到内容都变成了中国的东西的、具有"中国作风和中国气派"的中国化的马克思主义理论，它们都标示着在不同的历史时期把马克思主义与中国的具体实际相结合的目标的实现。但是，即使在毛泽东思想这样的中国化的马克思主义理论既已形成的情况下，毛泽东也清醒地认识到，"马克思主义中国化问题，不能说马克思主义早已中国化了。马克思主义是普遍的东西，中国有特殊情况，不能一下子就完成中国化"。这意味着，无论是毛泽东思想的形成还是中国特色社会主义理论体系的创立，都只是马克思主义中国化的阶段性目标的实现，它们都只是把马克思主义与中国的具体实际相结合的阶段性成果。

所谓广义的马克思主义中国化，则是指把马克思主义与中国的具体实际相结合的全部活动过程，它既包括创造出中国化的马克思主义理论的目标，也包括人们为实现这一目标所作出的各种努力；既包括把马克思主义与中国的具体实际相结合过程的各阶段性成果，也包括人们在这一过程中所进行的各种理论探索。在我看来，这样一种广义的马克思主义中国化也就是一种理论研究范式；遵循这样一种研究范式，就是要以把马克思主义与中国的具体实际相结合、创造并不断发展中国化的马克思主义理论作为理论研究、特别是中国马克思主义理论研究的中心任务、理论目标和评价标准。同时，全部当代中国人文社会科学研究都应恪守这一范式，都应该自觉把马克思主义与中国的具体实际相结合，坚持用马克思主义的立场、观点和方法研究中国的具体实际，以各种不同的方式服务于中国化的马克思主义理论的创造。

显然，广义的马克思主义中国化内在地包含着狭义的马克思主义中国化，狭义的马克思主义中国化只是广义的马克思主义中国化的目标或结果；没有广义的马克思主义中国化，就不可能有狭义的马克思主义中国化这种结果，就不可能有中国化的马克思主义理论。

正确理解和把握狭义的马克思主义中国化与广义的马克思主义中国化的区别和联系，有着多方面的重要意义。

首先，它有利于我们完整地把握马克思主义中国化的历史和正确地理解马克思主义中国化历史进程中的一系列问题。在以往的学术研究和理论宣传中，有些人谈到马克思主义中国化时，眼中往往只有毛泽东思想以及包括邓小平理论、“三个代表”重要思想和科学发展观在内的中国特色社会主义理论体系。这种对马克思主义中国化的理解是非常狭隘的，它实质上把马克思主义中国化人为地限定为狭义的马克思主义中国化，而完全无视广义的马克思主义中国化中广大理论工作者的重要作用。这种对马克思主义中国化的狭隘理解，首先经常表现在对早期中国马克思主义者的理论贡献的评价上。例如，一些人认为，李大钊、陈独秀、李达等早期中国马克思主义者的理论贡献主要是在中国传播了马克思主义，他们并没有创造出像毛泽东思想那样的中国化的马克思主义理论，因而甚至都不能被称为马克思主义中国化的重要代表人物。其次也突出地体现在对当代中国马克思主义理论研究的评价上。例如，从来都很少有人谈及当代中国马克思主义理论研究对于马克思主义中国化的贡献。显然这些对于马克思主义中国化的狭隘理解是对马克思主义中国化历史的阉割。实际上，如果没有李大钊、陈独秀、李达等一大批早期中国马克思主义者对于马克思主义的传播和研究，没有这些广义的马克思主义中国化的代表人物的理论探索，就不可能有毛泽东思想那样的中国化的马克思主义理论的创造；同样，如果没有当代中国马克思主义理论研究对于把马克思主义与当代中国的具体实际相结合的深入探索，也不会有中国特色社会主义理论体系的形成和发展。只有相对区分狭义的马克思主义中国化与广义的马克思主义中国化，如实地承认和肯定众多中国马克思主义者对广义的马克思主义中国化的理论贡献，才能完整地把握马克思中国化的历史，也才能正确理解毛泽东和当代中国共产党人何以能够创造出像毛泽东思想和中国特色社会主义理论这样的中国化的马克思主义理论。

其次，它有利于我们促进当代中国人文社会科学的繁荣和当代中国马克思主义的理论创新。长期以来，学界内外许多人常常不自觉地将马克思主义中国化仅仅视为中国马克思主义理论研究的任务，而认为众多人文社会科学学科的学术研究与马克思主义中国化无涉。这种对马克思主义中国化的理解仍然是褊狭的，并且也是非常有害的。马克思主义中国化不仅是中国马克思主义理论研究的责任，也是当代中国人文社会科学各学科学术研究的任务；创造出具有“中国作风和中国气派”的中国化的马克思主义理论即狭义的马克思主义中国化，当是全部当代中国人文社会科学研究的共同理论目标。马克思主义中国化本身是一项极其复杂的系统工程，它不仅要求我们全面、准确地把握马克思主义理论，而且要求我们深刻地理解中国的具体实际，还要求我们勇于和善于运用马克思主义理论研究中国的具体实际及其发展中的各种问题，而中国的具体实际又包含着历史、现实和未来以及政治、经济和文化等各种不同的维度。没有人文社会科学各学科对于当代中国的具体实际所包含的各种不同维度的深入探讨，就不可能深刻地理解当代中国的具体实际，从而也就不可能真正把马克思主义与当代中国的具体实际相结合、不断推进当代中国马克思主义理论的创新。另一方面，当代中国人文社会科学研究是整个当代中国社会主义文化建设的一个重要组成部分，它只有坚持马克思主义的观点并注重探讨当代中国的具体实际，自觉遵循广义的马克思主义中国化的研究范式，为当代中国马克思主义理论创新作出自己应有的贡献，才会有真正的繁荣和发展。

再次，它也有利于我们推进马克思主义时代化和大众化。马克思主义中国化、时代化和大众化是一个有机的统一体，在这个有机统一体中，中国化始终是一个核心。一方面，马克思主义中国化内在地包含着马克思主义的时代化，因为马克思主义中国化就是把马克思主义与中国的具体实际相结合，而中国的具体实际是不断变化发展着的，它在不同的时代有着不同的内容和特点。不断推进马克思主义中国化，要求我们把马克思主义与各个时代变化了的中国具体实际相结合，从而促进马克思主义的时代性发展，不断创造出具有鲜明时代特点的中国化的马克思主义，而这正是马克思主义时代化的本质内涵。另一方面，马克思主义中国化是马克思主义大众化的根本基础，就是说，在中国，要实现马克思主义大众化，首先必须使马克思主义中国化。马克思主义中国化的理论目标，就是要创造并不断发展像毛泽东思想和中国特色社会主义理论体系那样的具有“中国作风和中国气派”的中国化的马克思主义理论，而这种理论必定是“新鲜活泼的、为中国老百姓所喜闻乐见的”，因而是完全能够大众化的。可见，要推进马克思主义时代化和大众化，首先必须努力实现马克思主义中国化。只有使包括中国马克思主义理论研究在内的整个中国人文社会科学研究自觉地遵循广义的马克思主义中国化的研究范式，运用马克思主义深入探讨不同时代中国具体实际的各个方面，才能创造出具有鲜明时代特点的、具有“中国作风和中国气派”的中国化的马克思主义理论，也才能真正推进马克思主义的时代化和大众化。

（作者：武汉大学哲学学院教授、博士生导师）

（选自《江汉论坛》2011年第4期）

马克思主义中国化与世界眼光

石仲泉

中国是世界的中国，先进的中国人历来都有世界眼光。近代以来，先进的中国人为了改变国家命运，不断地向西方国家寻找真理，后来“以俄为师”，这也是一种世界眼光。中国共产党以马克思主义作为指导思想，正是坚持世界眼光的体现。正确地坚持马克思主义中国化，必然要求中国共产党人具有世界眼光。党的90年的历史经验证明，正确地坚持马克思主义中国化时，是党坚持世界眼光，能充分吸收人类文明一切优秀成果的时候；没有科学的世界眼光，不能吸收人类文明一切优秀成果，也是马克思主义中国化不能正确坚持的时候。因此，中国共产党运用马克思主义来研究中国问题，绝不能没有科学的世界眼光，绝不能离开世界发展的大背景。马克思主义中国化，一定要与时俱进、与世俱进，吸纳当今世界文明的一切优秀成果。

一、世界眼光是马克思主义中国化的基本要求

坚持世界眼光，是马克思主义的特质。马克思主义作为“世界历史”的产物和“人类知识的总和”的结晶，始终坚持着世界眼光。马克思主义理论的这种特质，也要求应用它的中国共产党人具有世界眼光。马克思主义中国化，绝不是与世隔绝，脱离世界文明轨道，自我封闭，搞狭隘的民族主义或“地域性的共产主义”之类。所谓“地域性的共产主义”，是19世纪初的空想主义者企图说服富人搞共产主义移民区，建立示范榜样的一种观点。马克思主义中国化，显然不是宣扬“地域性的共产主义”观点。

马克思主义中国化与狭隘的民族主义也是两码事。狭隘的民族主义是资产阶级的民族观。这种民族观，表面上是在争取民族的独立与平等，实际上是以另类形式推行民族间的隔阂、仇恨和压迫，拒绝民族间的团结、友爱和互助。它同“全世界无产者联合起来”与“全世界无产者和被压迫民族联合起来”的马克思主义民族观格格不入。它既可以表现为一种大民族主义，也可以表现为一种地区民族主义。马克思主义中国化与这种狭隘的民族主义没有任何关系。毛泽东批评对民族化的狭隘理解时，以对民族音乐的理解来阐述：作为中国人，不提倡中国的民族音乐是不行的。但是军乐队总不能用唢呐、胡琴，这等于我们穿军装，还是穿现在这种样式的，总不能把那种胸前背后写着“勇”字的褂子穿起。民族化也不能那样化。

当然，在中国共产党提出“马克思主义中国化”概念之后，共产国际和苏联共产党对这

个提法产生过疑问。从字面上讲，如果没有准确的翻译，外国人可能会产生与狭隘的民族主义难以区分的误解。特别是在1948年6月，共产党情报局曾通过决议，谴责南斯拉夫共产党有所谓民族主义、反苏和亲西方资本主义倾向。当时中国共产党没有参加情报局，可以不理会此事。但由于党在抗日战争和解放战争中对于苏联共产党的一些意见和建议没有完全听从，南斯拉夫问题发生后，苏联曾怀疑毛泽东是“半个铁托”。为了消除苏联共产党对中国共产党的疑虑，中共中央在共产党情报局作出《关于南斯拉夫共产党情况的决议》后也作出决议，声明完全赞同情报局反对南共的“民族主义”。因此，1956年9月，毛泽东在同参加中共八大的南共联盟代表团谈话时表示：我们有对不起你们的地方。过去听了情报局的意见，我们虽然没有参加情报局，但对它也很难不支持。因为当时有人说，世界上有两个铁托，一个在南斯拉夫，一个在中国。正是因为有这个背景，20世纪50年代初正式出版《毛泽东选集》时，毛泽东将1938年提出的“马克思主义中国化”改为“马克思主义在中国的具体化”。这个表述一般说来不会引起歧义和误解。与此相联系，还有“毛泽东思想”的提法问题。第一个“历史决议”正式提出的“毛泽东思想”，在苏联共产党看来，似乎也有民族主义倾向。胡乔木在解释党的八大不提毛泽东思想时说过，为什么八大没有提毛泽东思想？也是因为苏联的关系。苏联始终拒绝承认毛泽东思想，在苏联报刊上绝口不提毛泽东思想。凡是中共文件中提了的，他们刊用的时候都给删掉。这成了一个禁区。正因为如此，1953年出版的《毛泽东选集》第3卷也将作为附录的第一个“历史决议”中凡是提“毛泽东思想”的地方都作了删改。此前，毛泽东在一些文件中已删去了“毛泽东思想”的提法。他在党的七届二中全会上讲过，不要把他与马、恩、列、斯并列。如果平列起来一提，似乎我们自己有了一套，只是请马、恩、列、斯来做陪客，这样不好，我们请他们是做先生的，我们做学生。他的这个想法也不能不成为将“马克思主义中国化”改为“马克思主义在中国的具体化”的一个重要考虑。党的十一届三中全会以后，这个顾虑不存在了，而且马克思主义在中国确实有了新的更大发展，完全可以说“我们自己有了一套”。因此，“马克思主义中国化”的概念广泛使用开来。

目前，学界对马克思主义中国化的内涵逐渐形成共识。它既是指马克思主义的民族化，同时包括马克思主义的当代化或时代化。而无论马克思主义的民族化还是时代化，都需要具备世界眼光。马克思主义民族化的世界眼光，就是马克思主义理论的包容性。没有世界眼光，就不可能吸收世界各民族的优秀文明成果。马克思主义时代化的世界眼光，就是马克思主义理论的发展性。没有世界眼光，马克思主义就很难与时俱进、与世俱进。就理论分析言，这像是两个问题。其实，它们是从不同的维度运用马克思主义的同一个过程。或者说，是同一过程的两个不同的向度。民族化主要是说明马克思主义的横向发展，即空间的普适性。时代化主要是说明马克思主义的纵向发展，即时间的普适性。当然，就运用马克思主义的向度的着力点言，有时会强调民族化，有时会强调时代化，但这并不意味着讲民族化时没有时代化，或者讲时代化时没有民族化。它们统一于马克思主义中国化的实践过程中。

二、党的世界眼光成就中国化马克思主义理论

中国共产党自创立伊始，就具有世界眼光。从党的历史发展来看，一个又一个中国化马克思主义理论的诞生都与其理论的创立者们的世界眼光密切相关，也可以说，党的世界眼光是

成就中国化马克思主义理论的一个基本要素。

（一）毛泽东的世界眼光与毛泽东思想的创立

毛泽东虽然没有出国留洋，但从小就关注世界大事，心忧天下。在长沙求学时，阅读大量十八九世纪资产阶级民主主义的著作，比较系统地接受了西方近代思想文化的启蒙教育。在革命战争年代，还通过广泛收集报刊来了解世界发展态势。到延安后，他身居窑洞，眼观世界，深入研究中国革命和世界革命的关系。他的马克思主义中国化的代表作，无不坚持世界眼光来分析中国革命的特点和规律。《新民主主义论》是明确地将中国革命作为世界革命的一部分来论述的经典。尽管在大革命时期已提出这一命题，但是对其理论意义没有展开论述。到了抗日战争时期，世界形势发生了巨大变化。随着第二次世界大战的爆发，中国战场成为世界反法西斯战争的东方主战场，中国革命的世界意义与十多年前大不相同了。由于党领导的革命力量已形成伟大的、独立的政治力量，中国革命成了世界革命的伟大同盟军。毛泽东指出："这是一个绝大的变化，这是自有世界历史和中国历史以来无可比拟的大变化"。正由于有了这样的世界眼光，并以这样的眼光来审视中国革命的经验，毛泽东才提出完整的新民主主义革命理论，从而也形成了作为中国化的马克思主义理论伟大成果——毛泽东思想。

毛泽东在坚持世界眼光时，还提出了正确对待包括外国进步文化在内的人类文明优秀成果的基本原则：一是应当尽量吸收进步的外国文化，作为自己文化食粮的原料，以之为发展中国新文化的借鉴；即使各资本主义国家启蒙时代的文化，都应该吸收。二是中国的和外国的东西要有机地结合好，要用外国有用的东西来改进中国的东西，用中西结合来使中国的东西向前发展。只要有人欢迎，"不中不西的东西也可以搞一点"，"非驴非马也可以。骡子就是非驴非马。驴马结合是会改变形象的，不会完全不变。中国的面貌，无论是政治、经济、文化，都不应该是旧的，都应该改变"。三是"洋为中用"，学习外国的东西是为了创造中国独特的新东西，"把学的东西中国化"，"创造出中国自己的、有独特的民族风格的东西"，"使我们自己的东西有一个跃进"。因此，他强调学习外国应当以中国人民的实际需要为基础，是批判地吸收外国优秀文化，而不是简单搬用和"全盘西化"。在新中国头几年，特别是在党的八大前后，他在探索社会主义建设道路时，进一步阐发正确对待人类文明优秀成果的科学态度，充分地显示了他那思想开放、有容乃大的世界眼光。

（二）改革开放以来党的领导人的世界眼光与中国特色社会主义理论的提出和发展

这三十多年，是我们国家对外最为开放的三十多年。这得益于邓小平、江泽民、胡锦涛等领导人有开阔的世界眼光。

邓小平所以能成为改革开放和社会主义现代化建设的总设计师，创建邓小平理论，开辟出中国特色社会主义道路，与他那深邃的世界眼光，善于吸收人类文明一切优秀成果，有着极其密切的关系。他提出的建设中国特色社会主义理论和政策的一切出发点，无不从对中国和世界进行比较这个角度来考虑。他坚持马克思主义中国化思想的世界眼光，特别表现在：通过对国际形势的深刻观察，及时地改变过去对于世界发展走向的判断，提出和平与发展是当今时代两大主题的著名论断，为确立党在新时期的中心任务和制定党在社会主义初级阶段的基本路线提供了重要的外部环境根据；通过总结中国长期停滞落后的历史教训和当代各国经济发展的状况，深刻地认识到中国的发展离不开世界，为坚持改革开放政策长期不能改变提供了重要的历史依据和现实根据；通过对社会主义经济和资本主义经济的比较研究，认为计划和市场都是发展经济的手段和方法，而不是社会主义与资本主义的本质区别，为建立社会主义市场经济体制奠定了理论基础；通过对世界各国经济和科学技术发展的长期关注和观察，认为世界新科技革命蓬勃发展，我们国家要赶上世界先进水平必须从科学和教育着手，提出科学技术是第一生产力，为党和国家确立科教兴国的发展战略奠定了理论基础；通过对世界上一些国家的社会文明考察，明确提出社会主义要赢得与资本主义相比较的优势，就必须大胆吸收和借鉴人类社会的一切文明成果，包括当今世界资本主义发达国家能用来为社会主义服务的积极成果，使我们国家的物质文明建设和精神文明建设都超过他们，从而为中国特色社会主义的发展指明了方向。完全可以说，没有世界眼光，不善于吸收人类文明的优秀成果，就不可能开辟中国特色社会主义道路，也不可能有被誉为马克思主义在中国发展到一个新阶段的邓小平理论。

以江泽民和胡锦涛为代表的中国新一代领导人，具有丰富的现代科学文化知识，在走上领导岗位后，他们经常出访外国，亲身感受了世界各国的文明发展状况，因而不仅继承了毛泽东、邓小平等老一辈革命家将马克思主义与中国实际相结合的思想，并且根据时代的进步和世界各国多样化文明的发展，拓宽了马克思主义中国化的世界眼光，使在马克思主义中国化思想指导下的中国特色社会主义事业有了新的巨大发展。这主要表现为：一是丰富了马克思主义中国化理念的内涵。从十三大始，党中央就强调：讲“马克思主义基本原理与中国具体实际相结合”,要“研究国际经验和世界形势”;从十四大起，就将“马克思主义基本原理与中国具体实际相结合”的表述扩展为“马克思列宁主义的基本原理与当代中国实际和时代特征相结合”，从而在马克思主义中国化理念中明确地注入了“时代化”元素。二是在概括邓小平理论的特点时，明确提出坚持用马克思主义的宽广眼界观察世界，强化了“世界眼光”意识，不但为正确分析不断急剧变化和扑朔迷离的世界形势提供了指南，而且为放眼世界来研究中国特色社会主义的问题提供了更多的参照。“三个代表”重要思想以及科学发展观和构建社会主义和谐社会等重要理论观点的提出，都反映了当代世界和中国的发展变化对党和国家工作的新要求。从某种意义上说，这也是坚持用马克思主义的宽广眼界观察世界的产物。这些思想理论的提出，都吸收和借鉴了当今世界各国包括资本主义发达国家的一切反映现代化生产规律的先进经营方式和管理方法等属于人类文明的优秀成果。三是面向世界政治、经济、科技、文化、军事等领域的挑战，党中央提出的一系列应对战略，诸如加强制度建设，实现社会主义民主政治的制度化、规范化和程序化；明确以信息化带动工业化的新型工业化道路；推进国有企业建立和完善现代企业制度，发展股份制和混合制经济，建立社会保障体系和社会信用体系;加入世贸组织参与国际竞争，实施“引进来”和“走出去”相结合的对外开放布局；发展面向现代化、面向世界、面向未来的先进文化；实行科技强军，积极推进中国特色的军事变革；积极开展多边外交，积极推动建立国际政治经济新秩序，提倡国际关系民主化和发展模式多样化，构建和谐世界等等，都渗透了对于当代世界基本动向的科学分析和对诸多领域现代化发展的最新动态的及时掌握。这些年来，中国特色社会主义事业的蓬勃发展，充分说明马克思主义中国化是个开放的理念。它蕴涵的世界眼光，是一个又一个中国化马克思主义理论形成的重要条件。

三、世界眼光的核心是正确认识社会主义与资本主义的关系，辨析人类文明成果

党的90年历史经验不仅说明，马克思主义中国化绝不能离开世界发展的大背景，而且说明中国共产党人坚持世界眼光，辨析人类文明成果，最核心的是如何认识和处理社会主义与资本主义的关系问题。自马克思主义传入中国以后，它就困扰着一代又一代中国人，特别是其中的先进分子。马克思主义中国化的曲折和挫折与此密切相关，马克思主义中国化的胜利和成就也与此密切相关。实际上，它始终伴随着党的成长和发展。

从党艰辛探索马克思主义中国化的历史看，不能正确地认识和处理社会主义与资本主义的关系，主要表现为两种倾向。一种为"全盘西化"论，要中国照搬西方资本主义的政治经济模式，走欧美资本主义道路。自从近代西方文化进入中国后，这种主张从未间断过。另一种为全盘否定资本主义论，认为有社会主义就不能有资本主义，要让它在中国"绝种"。在党内，"全盘西化"论者有一定市场，但从未占主导地位。而在新中国成立以后的相当长时间内，后一种看法则极大地影响了党的路线和政策。所谓"二十年"的"左",在"文化大革命"中"左"的错误发展到极端，说到底就是要对资产阶级实行"全面专政",彻底消灭资本主义。直到十一届三中全会以后，随着历史的发展和国际关系的变化，和平与发展成为了时代的主题，中国共产党对社会主义与资本主义关系的认识才翻开了新的一页，正确地和比较正确地解决了这个问题。

这里，最为重要的是把握好三个问题：

一是继承和借鉴。社会主义与资本主义的关系有两个方面，从政治层面说为对抗和继承，从哲学上讲为对立和统一。两者的对立和对抗关系不言而喻，但这只是其一，还有继承关系。对于继承关系，在"左"的思想占主导时讲得很少。其实，我们的老祖宗在论证社会主义要代替资本主义的同时，就指出了两者的继承关系。在中国共产党内，毛泽东是第一个说中国资本主义不是多了而是少了，还要资本主义有"广大发展"的领导人。在资本主义改造基本完成后，他甚至还讲过"可以消灭了资本主义，又搞资本主义"。这都是光辉的思想，遗憾的是后来的认识发生了大逆转。十一届三中全会后，党矫正对社会主义与资本主义关系的认识，在哲学理论上既充分认识两者的对抗性、斗争性、排斥性，又强调两者的统一性、共存性、渗透性、可转化性和互补性。邓小平在反思党的历史经验后，把对两者哲学关系的正确认识应用到政治层面，强调：资本主义已经有了几百年历史，各国人民在资本主义制度下所发展的科学和技术，所积累的各种有益的知识和经验，都是必须继承和学习的。胡锦涛在十七大讲科学发展观时说：科学发展观，是立足于社会主义初级阶段基本国情，总结我国发展实践，借鉴国外发展经验，适应新的发展要求提出来的。改革开放三十多年来，关于社会主义对资本主义要继承和借鉴的认识有了巨大进步。

二是共存和补充。关于社会主义与资本主义的共存和补充关系，尽管党的第一代领导人曾有阐述，但未能完全作为政策实施。邓小平在改革开放后极大地丰富和发展了这方面的思想。他明确地提出在中国允许社会主义与资本主义长期共存，使"一国两制"构想成为活生生的现实。还说：两者将长期并存，在小范围内容许资本主义存在，更有利于发展社会主义。在经济制度方面，他也说：我国是以社会主义经济为主体的，社会主义的经济基础很大。吸收外国资金肯定可以作为我国社会主义建设的不可缺少的补充。"三资"企业受到我国整个政治、经济条件的制约，是社会主义经济的有益

补充，归根到底有利于社会主义。我们采用资本主义的一些方法，目的就是要加速发展生产力。中国不走这条道路，就没有别的路可走。“只有这条路才是通往富裕和繁荣之路。”“这条道路叫做建设有中国特色的社会主义道路。我们相信，这条道路是可行的，是走对了。”三十多年来取得的伟大成就，充分证明邓小平的论断是正确的。

三是辨析和吸纳。对资本主义的东西要加以辨析、剥离、吸纳、结合和利用，尽管党在20世纪50年代也有这样的思想，但只是在总体上和原则上讲，而没有具体展开。将这个思想讲得最为明确、发挥得最为充分，并在改革开放和社会主义现代化建设实践中广泛运用的，还是以邓小平为代表的当代中国共产党人。邓小平认为，社会主义与资本主义，就社会制度而言，两者是根本对立的。但是不能简单地将资本主义社会的一切都说成是资本主义的，要作具体分析。有的属于人类社会创造的文明成果都可以用，一些反映现代社会化生产规律的先进管理方法，不存在姓“资”姓“社”问题，在任何社会、对任何国家都是有用的。他辨析、剥离、吸纳、结合和利用资本主义制度内属于反映现代社会化生产规律的最大成果，就是将市场经济从资本主义制度中剥离出来，让市场经济为社会主义服务，从而为发展社会主义市场经济奠定了理论基础，并成为马克思主义在中国发展到一个新阶段的重要标志。

正确地认识和处理社会主义与资本主义的关系，邓小平是伟大的典范。这个典范也是两方面的：一方面，充分认识这是两种不同的社会制度和意识形态，它们之间的斗争是长期的，有时甚至会激化。在世界范围内要以两手对两手，纵横捭阖，绵里藏针。在国内，这种斗争在一定范围内会继续存在，要保持清醒的头脑和正确的斗争方法，任何时候都不能掉以轻心，努力克服资本主义的负面影响。邓小平同国际上的反华思潮和国内资产阶级自由化作斗争所表现出的坚定立场和坚强意志，为世人所有目共睹。另一方面，他又绝不因为资本主义是社会主义的对立物，对社会主义有负面影响而惧怕它和不敢利用它。他既反对“崇资病”，也反对“恐资病”，对资本主义文明加以辨析、剥离，充分地吸纳、结合和利用其积极的东西为社会主义服务，甚至使之成为社会主义的要素。对资本主义文明的辨析、剥离和吸纳的工作，党还要继续下去。社会主义既然是以资本主义作为母体而诞生的，那么它就必须充分汲取母体的营养才能茁壮成长。也只有这样，才能“青出于蓝而胜于蓝”，即充分利用资本主义，最终战胜资本主义。这是中国特色社会主义的发展之道，也是马克思主义中国化的成功之道。

（作者：中共中央党史研究室原副主任、研究员）

（选自《中共中央党校学报》2011年第2期）

实现马克思主义时代化的关键在于使马克思主义面对现实

陈学明　陈祥勤

马克思主义时代化不是为时代化而时代化，而是为了面对现实，更好地为回答现实问题提供答案，而且也只有在解决现实问题过程中才能实现时代化。因此，实现马克思主义时代化的关键在于使马克思主义面对现实。如果说能否实现马克思主义的中国化、大众化，取决于能否切实把马克思主义付诸于实践，那么提出马克思主义时代化的要求更是要求马克思主义直接面对现实。贯穿于马克思主义中国化、大众化、时代化的一根主线就是使马克思主义的理论与现实生活紧密地结合在一起。没有这根主线，就不可能将马克思主义中国化、大众化，更谈不上实现马克思主义的时代化。

回顾马克思主义的全部发展史，不难看出这是马克思主义不断时代化的历史，即马克思主义随着时代的发展而不断修正、更新的历史。可以说，不断把马克思主义推向前进、实现马克思主义的时代化是马克思主义的生命力的展现。回顾马克思主义的全部发展史，我们更看出，推动马克思主义时代化的主要驱力就是使马克思主义面对现实的诉求以及马克思主义在现实生活中发挥巨大作用的历史过程。

事实上，我国的马克思主义研究游离于现实的社会生活之外太久了，"自我放逐"太久了，现在确实已到了回归社会现实的时候了。我们再也不能满足于像马克思所说的那样只是"解释世界"，而应当致力于"改造世界"。在我们马克思主义哲学界，多年来为了马克思主义哲学是不是一种实践哲学争论不休，但可惜就是那些把马克思主义哲学称之为"实践唯物主义"的人，也很少把注意力放在如何把认定其主要特征在于"实践性"的马克思主义哲学付之于实践。正如一个青年学者尖锐地指出的，如果说以前我们曾经把西方哲学"做成""马哲"，又把"马哲""做成"政治的话，那么在今天则恰恰相反，我们正把"马哲""做成"西方哲学，又把西方哲学"做成""纯学术"。这样在我们的马克思主义哲学界出现了这样的情景：一方面我们热热闹闹地倾注全力在理论上论证马克思主义哲学是实践哲学，另一方面又把自己已认定是实践哲学的马克思主义哲学束之高阁。大家津津乐道于以"经院"的方式展示马克思主义哲学的实践性。我们相信，当以后有人考察这一段马克思主义哲学发展史时，一定会贻笑大方。

我们认为，要使马克思主义时代化必须改变目前这种马克思主义研究游离于现实生活的局面。当中央领导在原先一再强调的把马克思主义中国化、大众化的基础上，又提出必须实现马克思主义的时代化之时，我国的马克思主义的研究者应当意识到这是对马克思主义如何在现实生活中发挥影响力提出了新要求。

不能否认，从整个世界范围来看，马克思主义仍然没有摆脱被歧视、被冷落的处境，马克思主义在许多人的心目中依然是“他者”。而在我们中国的范围来看，尽管我们把马克思主义奉为不可动摇的指导思想，但实际上只是在口头上接受而内心深处并不认可的大有人在。非常有意思的是，那些即使不认可马克思主义的人往往对发展马克思主义、实现马克思主义时代化这些提法并不反感，甚至也在那里起劲地宣传。实际上，他们是要借实现马克思主义的时代化根本上推翻马克思主义。须知当下在我们的国家，像西方一些政要和右翼思想家那样公开、直接地宣布马克思主义已死亡，将马克思主义送到“历史的博物馆”去是行不通的，他们否定马克思主义的唯一可行的途径是把坚持马克思主义与发展马克思主义割裂开来，只要“发展”不要“坚持”，以“发展”为名，行“否定”之实。在这种情况下，检验一个人是不是真的投身于把马克思主义时代化的伟大事业，不是看他是不是在口头上接受这个提法，而主要视其能否致力于将马克思主义付诸实践。

一个马克思主义的研究者，必须在以下三个问题上有着正确的认识，才有可能或者说才有资格参与把马克思主义时代化的历史进程：第一，马克思主义在总体上是不是还是指引人类前进的旗帜？马克思主义即使用今天的眼光看在总体上还是正确的吗？倘若对于马克思主义的真理性已基本否定，认为马克思主义已对当今世界没有现实意义，那么也无须再将其时代化了。加以时代化的理论必须是基本正确的理论。一个理论明明已被淘汰再怎么把它向前推进也挽救不了它。我们所要使之时代化的理论肯定是一种富有生命力的理论。如果你从根本上不认可马克思主义，认为它已完全“过时”，那么你何必还跟着嚷嚷“马克思主义时代化”呢？第二，马克思主义是不是一种需要不断修正与发展的学说？马克思主义是不是需要不断开辟真理的道路？一个马克思主义的研究者，如果死抱住马克思主义的一些观点不放，用完全僵化、凝固的眼光来看待马克思主义，那么在他那里，马克思主义的时代化就完全没有合理性。对马克思主义必须既要用价值的眼光又要用历史的眼光进行审视，只有这样，马克思主义才能作为一个活生生的东西呈现于前。与一个教条主义的马克思主义者是不屑于谈论马克思主义的时代化的。第三，修正与发展马克思主义、实现马克思主义的时代化仅仅依靠关在书斋里，钻研马克思主义的一些概念、词句就能完成得了吗？实现马克思主义时代化的关键是“啃书本”还是“面对现实”？现实告诉我们，一些人即使是基本认可马克思主义，并且有着推进马克思主义向前发展的真诚愿望，也就是说，即使他在上面所说的前两个问题上有着正确的认识，但如果他只愿当个“学院派的马克思主义研究者”，即只是在书斋里“摆弄”马克思主义的词句，那么他在实现马克思主义时代化上必定无所作为。

在明确了“面对现实”对于实现马克思主义的时代化的重要性以后，还有一个如何“面对现实”的问题。“面对现实”是要有理论勇气的，并不是只要在思想上有了“面对现实”的意愿，就一定能让自己对马克思主义的研究与现实结合在一起了。按照“西方马克思主义”理论家卢卡奇的解释，“现实”(reality)与“事实”(fact)是两个完全不同的概念，“面对现实”不等于“面对事实”。“现实”具有历史性和总体性的特征，它反映了事物的相互联系和相互冲突。“现实”的世界总是一个矛盾的世界。在一定意义上说，“面对现实”就是“面对矛盾”。一些人即使是跨出了联系实际的一步，但如果他们总是只停留在“事实”的层面上，只想就事物的现象作些表面文章，只是满足于论证、粉饰“既定的事实”，而不想深入到“现实”的层面，不想揭示事物的真实的本质，不想接触现实的矛盾，那么他们的所谓联系实际只能是事倍功半。这种联系实际既不能使马克思主义对现实生活产生作用，也不能在这过程中对马克思主义做出检验从而推进马克思主义。所以，凡是不勇于正视矛盾，即不愿意使自己的马克思主义研究面对充满矛盾的现实，而回避矛盾，即只愿意使自己的马克思主义研究为现实唱赞歌的人，是永远不可能履行实现马克思主义时代化的历史使命的。

今天，我们所说的马克思主义研究“面对现实”就是面对改革开放的现实。在一定意义上我们当今处于改革开放的新起点上，一方面我们的改革开放取得了举世瞩目的成就，另一方面我们的改革开放又面临着一系列的矛盾。如果这些矛盾与问题得不到化解，那么改革开放的事业就不能推向前进，甚至还有可能将已取得的成就丧失掉。在一定意义上，新起点就是新矛盾。马克思主义研究的“面对现实”实际上就是面对这些日益激化的矛盾。如果我们的马克思主义研究不直面这些矛盾，一心想躲进一个“安全的地带”舒舒服服地过自己的日子，没有一种责无旁贷的“担当”意识，我们怎么能使马克思主义真正发挥指导功能，又怎么能实现马克思主义的时代化。可以说，当前中国的发展是处于一个关键时刻，矛盾丛生、问题成堆。这正是马克思主义大有用武之时，也是推进马克思主义时代化的最好时机。

让我们具体分析一下当前中国究竟面临着什么样的矛盾。

其一，两极分化越来越严重。当今中国财源滚滚却只流到了一小部分人的口袋里。20%的人占有了80%以上的财富，余下的80%的人所拥有的财富则连20%还不到。当一部分人依靠当今的发展模式“暴富”的同时，另一部分人被迅速地推向社会的底层。城市与农村、沿海地区与内陆地区的差距日益拉大。当你走在繁华的城市的马路上，进入你视野的不仅是醉生梦死的富人，更有衣衫褴褛的穷人。这说明当今中国人与人之间的矛盾在加剧。

其二，对生态、自然环境的破坏日益扩大。伴随GDP增长的是生态危机的加剧。中国的工业化推进到哪里，自然环境的破坏就扩展到哪里。粗放型、高消耗的生产方式肆无忌禅地发展着，对自然环境的破坏也肆无忌禅地发展着。高污染的工业生产不断在从世界各地转移到中国，中国人感觉到自己的生态容量已快接近底线。人与自然之间的矛盾在不断扩大这是每个中国人都会切身感受到的。

其三，人越来越成为“单向度”的消费机器。本来中国是比较重视精神因素的民族，中国人讲究“正己”、“内秀”。中国人追求“和谐”与“平衡”。但现在这一切都改变了。不少中国人都已把“消费主义”作为自己的生活准则，一心追求物质利益的最大化。资本逻辑无情地把中国人驱赶到“你争我夺”的竞技场上。价值、道德已严重失范。人自身内部的各种需求、各种功能之间的矛盾正痛苦地折磨着当今的中国人。

面对着第一方面的矛盾，即面对着人与人之间矛盾的加剧，即面对着与日俱增的两极分化，我们看到一些自由主义思想家和文化保守主义者都在“安抚”那些处于两极分化一极的广大“穷人”。在自由主义思想家的言词中，富人与穷人的区别即是成功人士与失败者之间的区别，他们把富人称为“成功人士”，而把“穷人”称为“失败者”。在他们看来，穷人之所以“穷”，主要由于他们在激烈竞争中败了下来，他们没有把握住机会所以失败了。尽管他们没有说出来，但显然他们要对这些穷人说的话是：你们活该。而文化保守主义者则将传统儒学与佛学的一些理论经过他们“折射”后变成了纯粹的“天命论”，他们正用这种“天命论”向我们广大的穷人说教：一切都是命里注定的，你们认命吧！

马克思主义哲学的研究者能容忍这些自由主义思想家和文化保守主义者这样去欺骗和愚弄我们的广大劳动人民吗？当然不能。我们必须用马克思为我们奠定的理论观点来说明这种两极分化为什么严重存在，以及为解决这种两极分化寻找出路。两极分化的严重存在说明当今中国在公平方面出了问题。我们认为马克思的公平观，即马克思关于“形式上的公平”与“事实上的公平”的论述，正是我们认识和解决当今中国严重的两极分化的思想武器。

面对着第二方面的矛盾，即面对着如此沉重的生态危机，有的人企图通过将资本主义经济“非物质化”来解决所有环境问题。所谓“非物质化”（dem aterialization）就是提高能源的使用效率，减少向环境倾倒废料的数量。将经济“非物质化”的途径就是通常所说的实施“低碳经济”，也就是说，使经济成为“低碳经济”；还有人企图通过发展科学技术来解决所有环境问题。他们向人们灌输这样一种观点：只要技术改进能够提高效率，特别是能源利用效率，并且采用更良性的生产工艺，清除最严重的污染物，那么所有的环境问题都可以迎刃而解；又有人企图通过把自然市场化、资本化来解决所有环境问题。持有这种观点的人坚持认为，“生态退化是市场化不彻底所带来的”，必须“在市场中内化外部成本”，因此他们主张通过赋予自然以经济价值并更加充分地把环境纳入市场体系之中，来解决所有的环境问题；更有人企图通过道德改革、建立生态伦理来解决所有环境问题。一些人正在呼吁展开一场“将生态价值与文化融为一体的道德革命”，把拯救地球、消除生态危机寄托于人的思想观念的变革。

我们不否认上述所有这些企图消除生态危机的设想有其合理性，但无论是哥本哈根世界峰会所发生的一切，还是日益严重的环境恶化的事实都无情地告诉我们，仅仅指望通过上述这些途径来解决环境问题是徒劳的。当代西方最著名的“生态马克思主义者”J.B.福斯特把上述所有这些途径和方法都称为在解决环境问题上的“幻想”，是有道理的。可以说，至今人类面对日益严重的生态危机，还没有找到真正能使自己从这种危机中走出来的思想武器。

那么，人类究竟到哪里去寻找这种思想武器呢？这种思想武器现成的就有，这就是马克思主义，就是马克思主义的唯物史观，就是从马克思的唯物史观所引出的马克思的生态世界观。马克思主义的生态世界观是当今世界唯一能指引人们消除生态危机，建设生态文明的思想武器。一部分人已经认识到，其他的人也终将会认识到，唯有马克思主义才能承担起指引人们消除生态危机的重任。

面对第三方面的矛盾，即面对正折磨人的人自身内部的各种需求、功能之间的矛盾，面对当今人们正日益成为“单面人”，即只是从满足自己的物质方面的贪欲这一维度来发展自己这一点，一些学者，特别是一些自由主义经济学家非但不加以指正，而且还想方设法推波助澜。由此造成人的生存的意义是不是仅在物质领域就能全部实现，还是必须从各个方面满足自己，在追求全面满足中来实现自己的意义，这一问题越来越尖锐地摆在人们面前。

沧海横流，方显英雄本色。马克思的关于人的全面发展理论在这一事关人类究竟应当如何活下去的关键时刻，显得具有特别重大的意义。马克思通过对人的本质的各种精辟的阐述，引出人的生存的意义就在于全面发展的结论。从马克思关于人的本质的各种论断以及由此引发的他对人的发展的思考中我们可以领悟到，马克思所说的人的发展的基本内涵就在“全面”两字上。不管你从什么样的角度去规定人的本质，所看到的人都是具有无限丰富性的总体的人。从而不管你从什么样的角度去探讨人的发展，所得出的结论只能是：人的发展的第一个要求就是它的全面性，即使人的各个方面、各个层次兼容并包地、铢两悉称地、相互协调地得以发展。马克思的关于人的全面发展理论难道还不足于用来指导我们走出这种人越来越成为“单面人”的困境吗？

只要我们不但确立了马克思主义研究必须“面对改革开放的现实”的理念，而且在此基础上进一步知道了当今我们所要面对的“改革开放的现实”究竟是一种什么样的现实，以及马克思主义为认识和解决当今“改革开放的现实”所蕴含的矛盾究竟能提供什么样的思想武器，就真正踏上了实现马克思主义时代化的征程。

（作者：复旦大学哲学学院教授、博士生导师）

（选自《晋阳学刊》2011年第3期）

马克思主义时代化的三大基本命题

辛向阳

2009 年 9 月召开的党的十七届四中全会通过了《中共中央关于加强和改进新形势下党的建设若干重大问题的决定》，《决定》在我们党的历史上第一次鲜明地提出了推进马克思主义时代化的重大命题。马克思主义时代化是指马克思主义在把握时代本质、主题和特征的过程中，以反映时代的理论思维、适应时代变化的潮流、紧贴时代变迁的脉搏，科学地解答时代提出的重大课题。马克思主义时代化这一命题包含着三个基本的方面：马克思主义为什么要时代化？马克思主义何以能时代化？马克思主义如何时代化？

马克思主义为什么要时代化？

法国学者雅克·阿塔利在 2005 年出版过一本《卡尔·马克思》的著作。阿塔利本人不是马克思主义者，但他认为，“重新回顾马克思的一生，我们还会意识到这位在无数悖论之中被审视的卓绝灵魂充满了极度的现代性。”这就表明马克思主义从来就没有过时，而是永远充满着时代的活力，不管时代在西方学者那里是用现代性还是后现代性或是后现代主义来表征。

马克思主义具有与时俱进的创新品质，推进时代化是其理论自身的内在要求。马克思主义的本质就是始终站在时代的前列。一方面，马克思主义理论“按其本质来说，它是批判的和革命的”，尤其是“后一性质的确完全地和无条件地使马克思主义所固有的”，革命性使其勇立时代和历史的潮头；另一方面，马克思主义具有的创新精神使其能够根据客观情况的变化，及时察觉和研究前进中的新情况新问题，提出引导社会发展的新理论。马克思主义经典作家从不认为他们的理论是一成不变的。马克思曾说：“正确的理论必须结合具体情况并根据现存条件加以阐明和发挥。”恩格斯说：“我们的理论是发展着的理论，而不是必须背得烂熟并机械地加以重复的教条。”他们总是根据实践的发展和时代的变化推动理论创新，坚持在实践中丰富和发展自己的学说。即便对《共产党宣言》这样一部划时代的伟大文献，他们也强调应该根据实践的发展，对其中某些观点进行修改、补充和完善。1872 年在《宣言》发表 24 周年时，他们一方面肯定《宣言》中“所阐述的一般原理整个说来直到现在还是完全正确的”，同时又指出，这些原理的实际运用，“随时随地都要以当时的历史条件为转移”。对于马克思主义具有的站在时代前列的创新品质，江泽民多次进行过论述。2000 年 6 月 5 日在全国两院院士大会上的讲话中，他指出："马克思、恩格斯、列宁和毛泽东同志、邓小平同志，他们都善于根据实际情况的发展变化提出新的思想和理论，为我们树立了坚持科学精神、创新精神的光辉典范。马克思主义是最讲科学精神、创新精神的。"2000 年 10 月 11 日在《关于改进党的作风》的讲话中，江泽民又说："马克思、恩格斯、列宁和毛泽东同志、邓小平同志都是理论创新的典范。"2001 年 7 月 1 日，在庆祝中国共产党成立 80 周年大会上的讲话中，江泽民又一次指出："马克思、恩格斯、列宁和毛泽东同志、邓小平同志，都为我们作出了理论联系实际和理论创新的光辉典范。"这种理论联系实际的品质使马克思主义能够不断回答时代的挑战，推进自身的发展。

中国的社会主义现代化建设要想在 21 世纪取得新的辉煌，就应当推进马克思主义时代化。进入新世纪，中国的发展在面临重要战略机遇的同时，伴随着越来越巨大的风险。2000 年 6 月 9 日，在全国党校工作会议上的讲话中，江泽民说："我们在前进道路上不可能一帆风顺，必然会遇到来自国内外的各种困难和风险。远的不说，只要看一看党的十五大以来这两年多时间，我们就遇到了亚洲金融危机和严重洪涝灾害的考验，发生了美国悍然轰炸我国驻南联盟大使馆、'法轮功'邪教组织聚众闹事、李登辉抛出分裂祖国的所谓'两国论'以及主张'台独'的陈水扁在台湾地区选举中当选等重大事件。可以说，形势常常是变幻莫测、不以我们的意志为转移的。"新世纪新阶段面临的风险，胡锦涛在 2007 年 12 月 17 日在新进中央委员会的委员、候补委员学习十七大精神研讨班上的讲话中有十分明确的论述，他指出："我之所以要突出地讲忧患意识，是因为在世界多极化和经济全球化深入发展、各种不稳定不确定因素明显增加的国际环境中，在国际国内各方面矛盾和问题相互交织、相互作用的现实状况下，可以预见和难以预见的风险增多，发生这样那样的问题甚至较大风险的可能性不仅是存在的，而且是很现实的。我们必须有足够估计，做好最充分的准备。比如说，发生非典疫情那样严重的传染性疾病，发生影响全局的严重自然灾害，发生较大规模的群体性事件，发生亚洲金融危机那样的严重金融风波，发生世界性能源危机，发生影响我国的局部军事冲突，发生国际反华势力纠集起来对我国施压的情况，发生'台独'事变，发生'藏独'、'东突独'等分裂势力、恐怖势力的严重破坏活动等等。"胡锦涛一连用了"九个发生"，实际上，这种估计非常准确：严重的传染性疾病发生了，就是甲流；严重的自然灾害发生了，就是 2008 年 1 月的南方冰雪灾害和 5 月的汶川大地震，2010 年的青海玉树地震和甘肃舟曲特大泥石流；严重的金融危机发生了，就是 2008 年发生的世界金融危机；国际反华势力纠集起来对我国施压的情况发生了，就是 2008 年 3 月北京奥运火炬全球传递过程中出现的反华势力纠集；"藏独"发生了，就是 2008 年拉萨的"3·14 事件"；"东突独"也发生了，就是 2009 年的乌鲁木齐的"7·5 事件"。要想在可以预见和难以预见的风险和矛盾增多、爬坡过坎儿的新世纪新阶段比较顺利地推进社会主义现代化建设，就需要推进马克思主义时代化，用时代化的马克思主义观察世界风云变幻，在这种变幻中最大限度地避免因误判形势而带来的损失。

马克思主义何以能时代化？

马克思主义之所以能够时代化，是因为马克思主义是工人阶级的世界观。马克思主义的底蕴就是工人阶级的世界观，马克思主义产生于工人运动中，是指导无产阶级及其政党实现自己历史使命的根本指导思想和强大理论武器。历史上，从来没有一种理论像马克思主义那样，与工人阶级和劳动人民的命运如此紧密地联系在一起。在马克思主义产生之前，曾有种种同情人民群众的思潮或学说，但只有马克思主义才真正为工人阶级和劳动人民说话，反映和代表他们的根本利益和要求，并把工人阶级作为新世界的缔造者，因而马克思主义与广大人民群众有着内在心灵的共鸣。美国著名的国际关系理论家汉斯·摩根索讲过一个关于《共产党宣言》的有趣故事。摩根索的童年曾经在德国巴伐利亚度过，当时处于第一次世界大战之前。摩根索的父亲是科堡工人生活区的一名医生，经常在去探望病人的时候带着儿子；他的很多病人都死于肺结核。作为一名医生他对于挽救他们的生命做的很少，但是他可以提供帮助使他们更有尊严地死去。当摩根索的父亲问病人有什么最后要求时，许多工人都说他们希望去世时有一本《共产党宣言》陪着他们。他们请求医生，不要让牧师溜进来把《圣经》放在他们身上以代替《共产党宣言》。马克思主义之所以能够改变世界和创造历史，就在于它始终和一个伟大的阶级——工人阶级及其解放运动血脉相连，其历史必定与工人阶级之解放历程同在，必定与工人阶级同呼吸、共命运，必定与劳动大众的利益、要求、情感融为一体。马克思曾说：《资本论》是写给德国工人阶级的通俗读物。由此可以看出，德国19世纪60年代工人阶级的理论素养是非常高的。这一素养与德国民族的文化素养紧密联系在一起，他们长期受康德、黑格尔等思想家的熏陶，因而有较高的理论素养。恩格斯曾经说过一句话，如果工人没有理论感，那么科学社会主义就决不可能深入他们的血肉。什么是理论感？就是基层党员理论兴趣、理论素养、理论信仰、理论思维、理论积累的整体反映。恩格斯在1886年初指出，随着1848年革命而来的是，“有教养的”德国抛弃了理论，“德国人的理论兴趣，只是在工人阶级中还没有衰退，继续存在着。在这里，它是根除不了的。在这里，对职位、牟利，对上司的恩典，没有任何考虑。相反，科学越是毫无顾忌和大公无私，它就越符合工人阶级的利益和愿望。……德国工人运动是德国古典哲学的继承者。”马克思主义最重视工人阶级的历史主动性，最重视工人阶级英勇地奋不顾身地创造世界历史；马克思主义坚持从正在创造历史的人民群众的观点出发来观察世界历史，这使马克思主义时代化有了深厚的阶级基础和主体基础。

*马克思主义之所以能够时代化，是因为马克思主义具有实践的品质。*彻底的实践精神是马克思主义的基本品格，在马克思主义创始人那里，这种彻底的实践精神表现为相互关联的四个方面：第一，社会生活在本质上是实践的；第二，一切历史冲突都根源于生产力和生产关系、经济基础与上层建筑之间的矛盾运动，这是社会实践活动的最深层的动因；第三，历史活动是群众的事业，随着历史活动的深入，必将是群众队伍的扩大；第四，哲学家们只是用不同的方式解释世界，而问题在于改变世界。这四个方面构成马克思主义时代化最重要的动力源。处在不断变化中的生产力和生产关系、经济基础与上层建筑间的矛盾运动给马克思主义带来一系列需要回答的问题：一个社会中生产力和生产关系是否适应？经济基础与上层建筑是否背离？两者适应或者背离的情形怎样等等。在科学回答这些实践本质问题的过程中，马克思主义就实现了自身的时代化。彻底的实践精神使马克思主义不仅成为认识世界的强大武器，更成为改造世界的强大杠杆。一位名叫罗伯特·佩恩的资产阶级学者在1964年出版的一本书中“心惊肉跳”地说了这样一番话，这番话从另外一个角度反映了马克思主义的实践功能，他说：“我们今天称之为共产主义的东西

是列宁的发明，是他那丰富的大脑在长期的流亡生活中的产物。他那狂热的意志像杠杆一样企图把整个地球撬入他指定的轨道之中，由于他撬得如此有力，以至于我们这个世界至今仍然颤抖不止！”正是改造世界的实践活动使马克思主义的时代化生机勃勃。

马克思主义如何时代化？

实现马克思主义时代化，必须完整准确地掌握马克思主义的基本原理，形成科学的马克思主义观，既要防止对马克思主义进行片面肢解和教条理解，也要防止对马克思主义进行附加。

首先，我们要看到马克思主义基本原理在现时代具有强大生命力。马克思准确预见了当代经济全球化的矛盾及趋势，为我们在经济全球化的今天应对种种挑战提供了锐利的武器。克里斯托弗·希钦斯在美国《大西洋月刊》2009年4月号发表题为“卡尔·马克思的复仇”的文章。文章讲：“1999年出版《马克思传》的英国作家弗朗西斯·惠恩，最近出版了一本《〈资本论〉解析》，他的结论是，马克思有可能成为21世纪最有影响力的思想家。”弗朗西斯·惠恩指出：在马克思著作里会读到，他预言美国的资本主义制度将陷入停顿并开始腐朽，由于疯狂投机，底特律汽车城有可能停止生产汽车；还会读到金融资本和工业资本之间的激烈争斗，资本主义危机爆发时，失业和饥饿开始蔓延，某个偏僻角落的动荡会导致整个体系的中心发生动荡和恐慌等；还会看到，马克思是全球化的先知，他关于“各民族普遍相互依赖”现在仍然惊人地适用，他对全球化的形容在今天仍像150年前一样犀利——“利润率下降，趋于垄断……”我们要深入总结马克思主义关于经济全球化的思想体系和科学方法，更加准确地把握经济全球化发展的趋势及轨迹，更好地推进我们自身的发展。

其次，马克思主义创始人的很多著作都具有分析社会变化的方法论意义。例如马克思写于1851—1852年3月的《路易·波拿巴的雾月十八日》深刻剖析了当时法国社会政治的变动及其趋势。这是一部天才的著作，恩格斯在1885年写的第三版序言中讲：他在事变刚刚发生时就对事变有这样透彻的洞察，的确是无与伦比。2007年，马克思的《路易·波拿巴的雾月十八日》重新在德国出版，由弗伦斯堡大学社会学教授毫克·布鲁恩霍斯特作序。他强调了这篇文章具有多方面的现实意义，“《雾月十八日》不仅对于历史编纂学、社会学和政治理论，而且对宪法理论和议会民主理论来说是经典的，永远具有现实意义的文献。”可以讲，马克思主义理论蕴含着揭示社会发展规律、引领人们认识和改造世界的科学真理，蕴含着代表人民利益和愿望、体现人类发展正确方向的理想信念，蕴含着统一马克思主义政党思想和意志的精神力量，蕴含着无穷的力量。

实现马克思主义时代化，必须充分运用马克思主义的革命与建设精神，敢于直面现实的挑战，包括现实发展带来的挑战和理论领域的重大争论，清晰而明确地回答时代的话题。

首先，马克思主义具有敢于迎接时代挑战的品质。“让暴风雨来得更猛烈些吧”正是这种品格的表现。马克思恩格斯在一生中迎接了一个又一个挑战，撰写出了人类历史上最广为流传的政治文本——《共产党宣言》和“工人阶级的圣经”——《资本论》，把社会主义从空想变成了科学，从理论变成了运动；列宁在一生中以马克思主义者大无畏的革命精神，在20世纪初期提出了帝国主义理论和时代主题是“革命与战争”的理论，创建了世界上第一个社会主义国家；毛泽东在旧中国这样一个工人阶级人数很少、农民占人口的绝大多数的半殖民地半封建的东方大国中，深刻分析中国社会形态和各阶级的经济地位及其政治态度，明确了中国革命的性质、对象、任务、动力，提出了通过新民主主义革命走向社会主义的两步走战略，制定了新民主主义革命的总路线，开辟了建立农村根据地、农村包围城市、武装夺取政权的革命道路；中国特色社会主义理论体系是在和平与发展成为时代主题，世界多极化和经济全球化深入发展的现实条件下，顺应世界发展潮流，迎接时代挑战，吸收借鉴人类文明一切优秀成果的基础上形成和发展的。

其次，要把马克思主义与时代的发展紧密结合起来，用马克思主义的思维来观察世界的变化，在推动世界发展的过程中推动马克思主义时代化。当前世界有三大变化：深入发展世界多极化、经济全球化和日新月异的科技进步。用马克思主义来认识这三大变化，就会得出三点认识：其一，世界多极化深入发展，世界多极化有利于体现各国的意愿和利益，削弱和抑制霸权主义和强权政治。进入21世纪，世界多级化进程加速推进，联合国等国际组织的作用日益凸显，多边外交空前活跃，新兴经济体国家迅速崛起，国际力量对比朝着有利于维护世界和平的方向发展。世界多极化的发展带来了国际体系转型和大国关系新的调整。面对传统和非传统安全威胁，以及日益复杂的全球性问题，任何一个国家，既使是超级大国也无力单独应对，这就要求通过世界各国的参与和合作来解决。其二，经济全球化迅猛发展，有利于社会主义国家取得新的竞争优势。冷战结束后，世界贸易额迅速增加，资本、技术、生产要素在全球范围内自由流动，跨国公司不断扩展，出现新的经济全球化浪潮。经济全球化浪潮推动了商品、资本、技术、生产、服务、人员在世界范围内的广泛流动，使世界各国形成密切联系、相互依存的整体。各种跨国公司在世界范围内进行投资和生产布局，实现资本、技术和人员在全球的优化组合，这为社会主义经济发展赢得了新的空间。其三，科技革命孕育新突破，也为新的未来社会的到来奠定了基础。马克思说过，“蒸汽、电力和自动纺机甚至是比巴尔贝斯、拉斯拜尔和布朗基诸位公民更危险万分的革命家”。进入21世纪，世界新科技革命发展的势头更加迅猛，正孕育着新的重大突破。信息科技将进一步成为推动经济增长和知识传播应用进程的重要引擎，生命科学和生物技术将进一步对改善和提高人类生活质量发挥关键作用，能源科技将进一步为化解世界性能源和环境问题开辟途径，纳米科技将进一步带来深刻的技术变革，空间科技将进一步促进人类对太空资源的开发和利用，基础研究的重大突破将进一步为人类认知客观规律、推动技术和经济发展展现新的前景。我们要紧紧抓住这些新的变化，从理论上加以系统总结，从而不断丰富马克思主义的思想宝库，马克思主义就会实现时代化的要求。

（作者：中国社会科学院马克思主义研究院研究员、博士生导师）

（选自《人民论坛》2011年5月中）

马克思主义大众化的历史启迪

中央党校中国特色社会主义理论体系研究中心

党的十七届四中全会提出，要大力推进马克思主义中国化、时代化、大众化。当前，马克思主义大众化工作，正在全党全社会蓬勃展开。鉴往而知来，回顾我们党推进马克思主义大众化的历程，对于我们总结历史经验，获得历史启迪，更好地引导全党全国人民建设中国特色社会主义，具有十分重要的意义。

马克思主义诞生于欧洲，传入中国后，要使其为广大的中国人民所掌握，不是一件轻而易举的事情。因此，以李大钊、毛泽东等为代表的先进知识分子，在选择马克思主义之初就开始了大众化的努力。他们办刊物，写文章，办夜校，开讲座，用通俗易懂的方式，向群众宣传马克思主义，培养出最早的一批信仰马克思主义的劳动者。中国共产党成立后，马克思主义大众化有了自觉的推动主体。在大革命时期，党采取农民喜闻乐见的民歌、戏剧、标语、图画和讲演等形式来宣传革命道理。毛泽东曾在《湖南农民运动考察报告》中指出，这“使得农民如同每个都进过一下子政治学校一样，收效非常之广而速”，就是“开一万个法政学校”也不能“在这样短时间内普及政治教育于穷乡僻壤的男女老少”。（《毛泽东选集》第2版第1卷第35、34页）在土地革命战争时期，1929年的古田会议决议，指出了实施正确思想引导的极端重要性，要求从事马克思列宁主义的研究，编制各种教育同志的小册子，对不认字的党员读书报，上政治课实行十大“教授法”等。然而，20世纪30年代一度在党内占支配地位的教条主义，妨碍了马克思主义同中国实际的结合，在形式上也出现了“使革命精神窒息”的“党八股”。对此，1938年10月，毛泽东向全党提出马克思主义在中国具体化、大众化的历史任务，他指出：“洋八股必须废止，空洞抽象的调头必须少唱，教条主义必须休息，而代之以新鲜活泼的、为中国老百姓所喜闻乐见的中国作风和中国气派。”（《毛泽东选集》第2版第2卷第534页）他自己也身体力行，大力弘扬生动活泼、新鲜有力的马克思主义文风，并且用通俗易懂的语言写出了《实践论》、《矛盾论》。这一时期，马克思主义大众化的另一个重要代表作，就是艾思奇的《大众哲学》，它以平凡的真理和朴实无华的文字赢得无数读者。20世纪40年代开展的整风运动，反对主观主义以整顿学风、反对宗派主义以整顿党风、反对党八股以整顿文风，纠正了党内把马克思主义教条化、把共产国际决议和苏联经验神圣化的错误倾向，成为一次自上而下的马克思主义教育运动。

取得全国政权后，党努力推进马克思主义大众化，确立马克思列宁主义和毛泽东思想在国家意识形态中的指导地位。相继编辑出版了《毛泽东选集》等著作，翻译出版了马克思、恩格斯、列宁、斯大林的著作。在各级各类学校，普遍开设马克思主义理论课程。对党员领导干部和其他各方面群众的马克思主义理论教育，也取得明显成效。特别是工农兵学哲学用哲学等活动，使亿万文化水平不高的普通群众，掌握了贯穿于马克思列宁主义和毛泽东思想之中的世界观方法论，在经济建设和其他各方面的建设中发挥了巨大作用。但是，随着党对中国社会主义建设道路探索出现失误，马克思主义大众化也遭受挫折，出现了教条化、绝对化和庸俗化倾向。“文化大革命”结束后，又一度推行过“两个凡是”的错误方针。1978年开展的关于真理标准问题的大讨论，冲破了束缚人们思想的一些清规戒律，掀起了思想解放的热潮。这次大讨论，既是思想理论上的拨乱反正，也是真正意义上的马克思主义大众化运动。在此基础上，1978年底召开的党的十一届三中全会，实现了具有深远意义的伟大转折，奠定了马克思主义大众化新的里程碑。

在总结建国以来社会主义建设正反两方面经验的基础上，邓小平在党的十二大上明确提出，把马克思主义的基本原理同中国的具体实际相结合，走自己的路，建设有中国特色的社会主义。他强调马克思主义必须跟上时代和实践的发展，顺应人民的愿望和要求，他始终把“人民拥护不拥护”、“人民赞成不赞成”、“人民高兴不高兴”、“人民答应不答应”作为考虑一切问题的出发点和归宿。邓小平反对形式主义，倡导简明朴实。他批评“会议多，文章太长，讲话也太长，而且内容重复，新的语言并不很多”等现象，认为“马克思主义是很朴实的东西，很朴实的道理”，提出“学马列要精，要管用的”。（《邓小平文选》第3卷第381、382页）他的一系列重要论断，如“贫穷不是社会主义”，“革命是解放生产力，改革也是解放生产力”，“发展才是硬道理”等等，既包含深刻的思想，又容易为广大人民群众所理解和接受。

进入20世纪90年代后，为应对国内外形势新变化带来的新挑战，以江泽民同志为核心的党的第三代中央领导集体，坚定不移地高举邓小平理论伟大旗帜，保持与时俱进的精神状态，继续推进马克思主义中国化、时代化、大众化，在系统总结治党治国治军新经验的基础上，创立了“三个代表”重要思想，开拓了马克思主义发展的新境界。为了推进马克思主义的发展和普及，党中央先后提出和实行了一系列增强时代性、针对性、实效性、主动性的原则和举措，开展“三个代表”重要思想学习教育活动，编辑出版《“三个代表”重要思想学习纲要》等一系列通俗理论读物，努力探索行之有效的方式、方法、手段，不断提高科学理论的感召力和影响力。

新世纪新阶段，中国的改革和发展面临着新的机遇和挑战，全球思想文化交流交融交锋呈现新特点，意识形态领域斗争形势更加严峻复杂，一些党员领导干部特别是在一些高、中级干部中出现了政治信仰淡化的现象，这就要求马克思主义理论创新和宣传普及工作具有更强的说服力和感染力。党的十六大以来，以胡锦涛同志为总书记的党中央大力弘扬求真务实之风，反映时代和实践的新要求，总结人民群众创造的新经验，创造性地提出科学发展观这一重大战略思想，进一步发展了当代中国的马克思主义。2007年，党的十七大用中国特色社会主义理论体系来概括邓小平理论、“三个代表”重要思想以及科学发展观等重大战略思想，对改革开放30年来的理论创新成果进行了系统、科学的总结，明确提出“开展中国特色社会主义理论体系宣传普及活动，推动当代中国马克思主义大众化”。为有效地推动马克思主义大众化，全党上下深入开展科学发展观学习教育活动，积极探索运用研讨式、互动式、模拟式、答疑式、菜单式等新的方式方法，广泛利用报刊、电视、网络媒体等传播手段，寓“教”于乐、寓“教”于干、寓“教”于日常生活中，不断开辟党员群众表达诉求和感受的渠道，使他们在平等交流中产生思想共鸣，达到真学真懂真信真用的作用。中央宣传部组织编写的《理论热点面对面》系列通俗读物，越来越受到广大读者的欢迎和喜爱，在宣传中央精神、普及科学理论、回答热点问题、提高思想认识方面发挥了很好的作用。2009年，党的十七届四中全会进一步强调了马克思主义大众化的要求，这对于引导全党全国人民坚持中国特色社会主义理论体系，凝聚不同社会阶层、不同利益群体的智慧和力量，起到了十分重要的作用。

回顾近百年马克思主义大众化历史进程，我们可以得到以下几点启示：

第一，要不断回答实践提出的理论问题。理论只有与人民利益有关，人民才可能对理论感兴趣。马克思列宁主义、毛泽东思想和中国特色社会主义理论体系之所以为全党和全国人民所接受，首先是因为它们能够解决中国革命、建设和改革的问题，能够适应党和人民的需要，能够给人民群众带来利益。因此，我们必须坚持用马克思主义的基本立场、观点和方法，不断研究发展变化着的时代和实践，反映广大人民群众的利益愿望和要求，正确地捕捉、及时地回答现实提出的理论问题，推进马克思主义的理论创新和大众化。

第二，要有中国风格和中国气派。马克思主义大众化的基本要求，就是把马克思主义科学理论同人民群众的实践活动结合起来，通过多种形式进行宣传、普及和推广，用简单质朴的语言，把深邃的理论讲清楚，用群众喜闻乐见的方式，把深刻的道理说明白，让科学理论从书斋走向生动的社会实践，成为广大党员的普遍信仰、人民大众的普遍认同。深刻的理论并不必然要求艰深晦涩的语言，而朴素和简明的表达才能适合大众需求。在这方面，毛泽东和邓小平无疑是值得我们学习的榜样。毛泽东的著作，包括哲学著作，仅有中小学的文化程度就可轻松读懂，所以，他的重要思想、观点、方法才可能被人民大众所掌握。邓小平很少长篇大论，他的许多重要论断非常质朴，甚至就是老百姓的语言，所以才能为干部群众耳熟能详。因此，我们不仅要研究真问题，创新真理论，还得努力用普通人读得懂、听得进的语言表达深奥的科学道理。

第三，理论教育和宣传要有针对性。对党员领导干部和人民群众，我们都要进行马克思主义的教育和宣传。但毫无疑问，不同的对象要有不同的方法。对于党员领导干部，特别是县处级以上领导干部，需要进行系统专门的马克思主义理论教育，使他们既熟悉中国特色社会主义理论体系，又了解马克思列宁主义和毛泽东思想，使他们真正掌握马克思主义的世界观方法论，用以研究和解决工作中的各种问题。而对于普通群众，显然不可能有如此高的要求。主要应是让他们了解认同马克思主义的基本原理，了解认同中国特色社会主义理论体系中最基本的内容，了解认同党的路线方针政策，增强贯彻执行的自觉性与坚定性。

第四，要不断创新教育和宣传的方法与手段。同样的科学理论，用不同的教育和宣传方法，会得到截然不同的效果。党在不同的历史时期，都曾经创造过马克思主义大众化的成功做法，有些至今依然发挥着重要作用。但是，面对新的环境、新的受众、新的传媒，教育和宣传方法也需要创新。要平等对待受众，不能居高临下，更不能以势压人；要针对人们思想上的“扣子”，讲出理论的科学性，真正为他们解疑释惑；互联网、短信、动漫等新的传媒也要关心关注干部群众的焦点热点问题，帮助他们解读党的理论和路线方针政策。各级党员领导干部要带头学习和践行党的创新理论，发挥对普通党员和群众的引领作用。我们坚信，只要认真总结马克思主义大众化的历史经验，发扬光大党的传统优势和成功做法，不断用新的观念和思路研究解决新的问题，就一定能够更好地把马克思主义大众化推向前进。

（执笔：谢春涛　范晓春）

（选自《求是》2011 年第 8 期）

深化马克思主义研究必须强调问题意识

李德顺

关于深化中国马克思主义的研究，对于理论界来说，应该有“研究”的深度和力度。这就需要注意以下三点：

一、要有鲜明的问题意识，没有问题就没有研究

马克思说“问题是时代的声音”。毛泽东、邓小平也讲理论研究要说明现实问题，解决现实问题，才能管用。一般说来，“研究”就是要提出和回答问题，没有问题就没有研究。这样的研究才好加以理论辨析和实践检验，才能出新成果。如果事先都已经有了结论、意图和口径，一切只是按照口径去发表议论，那是宣传而不是研究。而我们现在的一个毛病，就是对问题本身不注意，研究与宣传不分。例如，放着“马克思主义中国化”这个好题目在这里，什么是“实然”的考察？什么是“应然”的论证？事实上没有弄清楚。中国共产党成立90年以来，“化”的水平、成就、经验和教训如何？今天重新强调它的根据和目标是什么？到底意味着什么？有什么困难和障碍？等等，尽管说法很多，文章很多，会议和活动也很多，却大都是对某些概念和结论本身加以强调和重复，提不出有现实感的新问题，就不容易有所深入和突破。

搞研究就要有问题意识。而面对问题，唯一需要的态度是科学的实事求是。要敢于发现和面对来自实践和理论发展中的真问题，习惯于说真话，不应该有太多的成见和顾忌。当然，说真话并不能保证一定正确，但大家都有共同的针对性，经过认真研究思考、说出自己相信并能够负责的真话，那么正确与错误就能交锋，交锋之后会形成一种平衡，就可以寻找基本可信的共识，这样才有助于解决真问题。如果彼此都不说真话，而是只说现成的套话，那就不需要讨论，也没法讨论，没法深入了。

那么我们现在有没有问题呢？不但有，而且很多。这里只讲一个我个人困惑的问题：目前应该到哪儿去找马克思主义，谁是马克思主义？我算是一辈子都在研究马克思主义哲学的。过去我一直觉得，马克思主义不是个单一的小学科，而是一个宏大的学说体系。从学科角度看，它几乎可以渗透和覆盖所有的学科领域。像中国社科院、中央党校这样的单位，本来就是中国的马克思主义研究机构，它们的各学科都有研究和应用、建设和发展马克思主义的义务。以往形成的这种学科格局，总体思想导向是明确一致的，区别只在于内容宽窄和水平高低，没有“我是，你不是”的差别。现在切分出马克思主义一级学科，单立了一个学科点，我就比较糊涂了。如果马克思主义只归那里，那么其他学科就与马克思主义无关？它们建设马克思主义的权力和责任就解除了？现在哲学学科就面临马克思主义被分成了两块的问题：一块是“马克思主义哲学原理”，还有一块是“马克思主义原理”中的哲学。在很多高校，凡是沾“马”字的课程都归马克思主义学院讲，而属于哲学的马哲只给本专业讲。那么两者是一回事还是两回事？如果是两回事，两边讲的不完全一样，学生就会问究竟哪个是马克思主义哲学？如果是一回事，为什么还要另外再编？两个体系同时出于同一个系统，就会使人无所适从，或者觉得马克思主义越来越被窄化和特定化了。这是不是一个问题呢？

二、面对问题需要吃透“两头”：马克思主义经典和当代实践

首先，“吃透”马克思主义经典是一个问题。我们以前主要是接受“二手”的马克思主义，现在进入了“一手”的研究。要真正吃透，把马克思主义创始人的思想和方法整理清楚很不容易。马恩著作里有不少提法，我们一直理解不透，有争议。例如，在马克思那里，阶级斗争似乎并不是思想理论最精华的核心，而是一个外围概念。但是从列宁开始，就把阶级斗争变成了一个核心的、主线的思想，并沿着这个主线形成了配套的观念和方法。如果回到马恩那里，那么原文的本意是什么，理论体系究竟如何，就需要吃透、澄清。

其次，更重要的是“吃透”实践，包括中国革命和建设的实践，也包括当代世界的实践。从1949年到现在，我们的实践到底检验了什么？证实了什么？否定了什么？增加了什么？这方面还不能说已经吃透了。例如在价值领域，连价值和价值观都不会区分，我们需要提炼历史实践和思想文化的精髓，提炼社会主义的核心价值观。我认为，讲社会主义价值体系，就要吃透历史，一看社会主义从一开始跟资本主义区别在哪里；二看这么多年的实践当中证明了什么。离开了社会主义理论和实践的发展过程，也就是不重视我们自己这么多年的亲身经历，就不可能正确总结出理论。但在“提炼”的取向和路径上似乎也有问题。为什么要提炼？上哪儿去提炼？如果不是从社会主义几百年的历史，不是从科学社会主义理论和实践的发展史，甚至也不是从中国改革开放前后的60年中去提炼，不是从理论和实践的正反面经验教训中去提炼，而是拍脑袋，从某种想当然的原则和意愿出发，热衷于拼凑“好词”，一味在概念的自我平衡、口号的自我发酵上做文章，这种“提炼”必然会陷入困境。

我们不要忘记恩格斯当年的忧虑。他说，历史唯物主义有很多朋友，但这些朋友是拿历史唯物主义当做不研究历史的借口的，这是一些“讨厌的”、“危险的朋友”。我们切不可再有那种不重视实践、不研究历史的学风。如果从头开始，研究改革开放、中国特色社会主义，踏踏实实地分析总结，我认为是很有些内容的。例如邓小平讲了很多实际判断，如果用哲学去解读的话，可以得出很多东西，但并非那么简单容易。例如，“一国两制”，就这么四个字，但它是前无古人的提法。敢做这么大的一个决策，背后的思想背景、思想方法是什么？在思想文化、价值观念、思维方式上的意义是什么？我们都还没有说得很清楚。

可见政治宣传需要不断出新，而基础理论还是要注重历史的积累。得到一个成果就是一个成果，不要轻易放过。恩格斯说过，哪怕是一条基本原理的发展，都要付出几代人的努力。我们的理论也不可能三天两头地刷新。所以“吃透”两头很重要，追求急功近利的泡沫化不是好事。

三、回答问题，要有一种自觉的主体意识

中国特色社会主义需要我们有一种以中华民族为主体的自觉意识。我理解的中国特色，是中国人按照自己的实际情况干出来的。中国人实事求是干出来的事，就一定是中国特色的。中国特色社会主义是中国人从实际出发、实事求是地创造出来的一种在实践中富有成效的社会主义。它是什么样子，不是什么样子，要由我们自己来定义，不要仰仗别人，包括洋人和古人。例如，新自由主义和新左派之争，其实是西方语境下的争论，背景是资本主义当代的问题。对于中国的事业来讲，这是一种“场外”之争，可以由专家学者去研究，分析双方的观点得失，但不要把中国的问题简单纳入那个框子。我们自己不要去充当新自由主义，也不要去追随新左派。有些人非要拿某种现成的模式来套我们，一会儿说是自由主义，一会儿说是保守主义，一会儿说是民族主义，一会儿又说是儒家主义……这样的干扰太多了。它们的潜台词，都是说中国人现在干的事没有自己的道理，道理都在洋人那儿，或者都在古人那儿。这种意识很落后。我们需要自己来说明什么是中国特色社会主义，什么是当代的马克思主义。当然，对马克思主义可以有不同的理解，但最终是要解决好中国特色社会主义理论和实践的问题。我们可以把“马克思主义中国化”理解成这样一个东西：就是未来中国社会、执政党、国家政府、社会指导思想的理论体系、价值观念的核心内容。它是以马克思主义学说武装形成的。

总之，中国特色社会主义就是我们现在的中国人实事求是地去做、去提出问题和解决问题。怎么好就怎么做，怎么对就怎么做，做出什么样就是什么样，不要怕像了谁，也不要怕不像谁，不要用其他的框框去套。太习惯钻到别人的旗帜之下、框子之内，不能用当代中国人自己的话语来面向世界、理直气壮地说自己的问题、讲自己的道理，其实是一种自我丧失。而如何保持中国化马克思主义应有的个性，才是我们需要重视的。

（作者：中国政法大学终身教授）

（选自《北京日报》2011 年 4 月 18 日）

关于国外马克思主义研究现状的审思

衣俊卿

国外马克思主义研究毫无疑问已经成为目前中国哲学社会科学中最热门的研究领域之一。西方马克思主义研究在20世纪80年代开始起步并迅速引起学术界的高度关注，于90年代初期陷入低迷之后又在90年代后期逐步复苏，到21世纪头10年进入急剧膨胀期。从研究范围看，国外马克思主义研究已经从经典西方马克思主义研究扩展到东欧新马克思主义、当代新马克思主义流派、后马克思主义以及马克思学等领域；从学术门类的归属与定位看，国外马克思主义研究已经从原来的一个理论热点发展成为一个单独的学科领域；从学术影响与辐射力看，国外马克思主义流派、人物和理论目前不仅是国外马克思主义研究学科的主攻方向，而且已经成为马克思主义理论、哲学、政治学、经济学、社会学、文学等众多学科领域的重要选题之一，特别是成为博士和硕士研究生的重要选题来源之一。

作为一名已经在国外马克思主义研究领域从事20多年理论探索的研究者，看到该领域学术研究的日益繁荣与快速发展，我的确感到由衷的高兴。然而，在兴奋与欣慰之余，我也有一种很深的忧虑。虽然在过去的20多年间，我曾先后对西方马克思主义文化批判理论和东欧新马克思主义进行了较为深入的探讨，但是，面对今天国外马克思主义研究领域"井喷式"的理论成果、"走马灯式"地纷纷登场的国外学术流派和人物、令人眼花缭乱的新概念、新理论，我也有一些茫然，有时甚至隐约感到一种"学术眩晕"。毕竟，推动一个学科从初创到成熟需要遵循学科发展规律，需要展开扎实而细致的工作。一个学科过分快速地"跃进"和无限制地膨胀，其前景必然有一定的隐忧。

因此，我认为，我们在从事国外马克思主义研究时，除了埋头于自己所专注的人物或问题，也需要时常抬头环视一下这一学科的总体研究情况，并思考一些前提性问题，并就不同流派和不同方面研究的"合法性"或"合理性"进行必要的探讨与沟通。检审国外马克思主义研究的现状，在充分肯定近年来所取得的突出成绩的同时，必须看到还存在许多需要我们反思的问题，例如，研究的理论深度问题、思想资源和理论依据问题、不同流派之间的有机联系问题、理论的现实穿透力问题，以及主题散乱、缺乏沟通对话、译介多而理论分析少等问题。我在这里无法逐一探讨这些问题，只想通过关于一种合理的"划界意识"的探讨，来思考如何深化国外马克思主义的研究。

一、“划界意识”的提出

在过去相当长的时期，国外马克思主义研究的领域和对象是比较清晰的，主要是对卢卡奇、柯尔施、葛兰西、布洛赫、法兰克福学派、萨特、阿尔都塞等经典西方马克思主义的研究，后来逐步扩展到关于东欧新马克思主义、分析的马克思主义以及生态学马克思主义、女权主义马克思主义等比较典型的新马克思主义流派的研究。近几年，有两个方面的研究迅速突破了国外马克思主义研究的原有阈限：一是西方马克思学研究的迅速走热，二是带有“后学”特征的后现代马克思主义、各种后马克思主义流派以及各种左翼激进思想被广泛地纳入国外马克思主义研究的范围。这两个研究领域在不同方向上的推拉与扩张，使国外马克思主义研究领域的边界呈现出不断向外“漂移”的开放姿态，迅速把当代各种不同类型的思想家和理论家裹入国外马克思主义研究的格局之中。

这种研究态势无疑是一种积极的现象，它从一个层面彰显了马克思思想在当今时代的巨大影响力和价值。但是，如果不加分析和限制地任由国外马克思主义研究领域的边界继续向外“漂移”，这种无界域的无限僭越势必在一定程度上导致模糊马克思主义核心价值和基本思想的消极后果。实际上，目前国外马克思主义研究的对象或研究主题，既包括马克思恩格斯身后的各种有影响的新马克思主义流派，也包括站在马克思主义之外对马克思和恩格斯进行文献分析和文本研究的学者，还包括那些在不同程度上接受马克思影响，开展对资本主义和发达工业社会批判的理论家。应当看到，这几种类型的理论，既相互交织，又有重大的区别，因此，在开展研究中，还是要在一定意义上区分关于国外马克思主义流派的研究和关于马克思思想在当今知识界和哲学社会科学理论界的影响的研究。这就是我所寻求的在国外马克思主义研究领域中培养的一种“划界意识”。

谈到国外马克思主义研究中的“划界”问题，必须指出的是，我的这种划界诉求强调的不是一种“硬划界”，而是一种“软划界”；不是一种“刚性划界”，而是一种“弹性划界”；也就是说，这种划界意识的重点不在于“约束”和“规定”，而在于“提醒”和“启示”。具体言之，我在这里绝不是要做一种区分“谁是马克思主义者”和“谁不是马克思主义者”，或者区分我们“可以研究什么”和“不可以研究什么”的具体“划界工作”。实际上，无论是各种明确的当代马克思主义流派，还是批判资本主义的左翼理论家，以及各种不同程度受到马克思思想影响的理论家，都应该纳入国外马克思主义的研究范围。只不过，在对不同的理论观点和流派的研究中，我们应引入一种“区别意识”，一种“划界意识”，不能不加区分、不分轻重、不分远近地把我们所研究的对象笼统地都称为“当代马克思主义”，或者不加分析地给各种与马克思思想有某种关联的观点都贴上“马克思主义”或“新马克思主义”的标签。特别重要的是，一种合理的“划界意识”可以防止我们把关于马克思主义的当代理解变成各种不同观点的拼接组合。

近年来，学术界对西方马克思主义研究的领域和对象，已经做了各种各样的具体划界工作。我在这里不想继续在这个层面上一般地辨析“国外马克思主义研究”、“世界马克思主义研究”、“西方马克思主义”、“新马克思主义”、“东欧新马克思主义”、“后马克思主义”等各种范畴的指谓及其内涵，而是从几个方面来阐述我关于国外马克思主义研究所应具有的合理的“划界意识”的想法。

二、基础性的“划界意识”

我们所倡导的国外马克思主义研究的“划界意识”，在基础的层面上可以表述为：应当对国外马克思主义研究所涉及的各种流派、人物和观点的客观的学术影响力和现实影响力做出切实而恰当的评估，从而在国外马克思主义研究领域突出重点和核心层。

我认为，提出这种含义的“划界意识”是非常必要的。“国外马克思主义研究”是一个很大的范畴，它可以涵盖世界各国与马克思主义和社会主义有关的理论探讨和实践经验。按照国务院学位办关于在马克思主义理论一级学科下设置国外马克思主义研究二级学科的规范要求来看，也是如此。这一学科主要研究当代国外马克思主义相关的理论、思潮、流派的发生、演进及基本思想，包括国外共产党的理论家对马克思主义的研究与创新，西方马克思主义、新马克思主义、左翼学者对马克思主义的研究与阐释，以及马克思主义的文本文献等。面对如此宽泛的思想理论资源，我们显然不能平均地投放研究力量，而应当集中研究其中最有影响力的内容。我想，这种影响力的确定不能仅仅以我们对其理论解释力和创造力的主观评价为尺度，还应当考虑客观的评价标准：这一理论阐述是否真正进入到当代人类思想和理论对话与交流之中并具有影响力，或者是否真正对社会实践、社会运动或社会进程产生实质性的影响？

按照这样的标准来看，目前国外马克思主义研究中的确存在着一些值得反思的现象：人们在引入和研究某一人物或某一理论时主要凭借自己的主观评价，而没有充分将之纳入到国外马克思主义的整体格局中加以比较研究，没有在自觉的“划界意识”的引领下充分提供关于这一对象的客观影响力的分析。并且人们有时还出于自己的熟知度和理论偏爱而突出强调自己选择的研究对象的价值，否定或者低估其他人所选研究对象的价值和地位。这里存在着两种可能的情形：一种是有些可能在国际上并没有特别明显的客观影响力的学者和理论观点在我国学术界被迅速“包装”和“炒热”起来，从而使其在我国学术界获得了甚至在其本土理论界也不具有的学术地位和知名度；另一种情形是所选择的研究对象的确具有客观的理论影响力和现实影响力，但是，我们并没有按照“划界意识”进行某种自觉的前提性论证。我认为，无论是哪一种情形，都具有局限性，需要自觉地加以完善。

为了说明这一层面“划界意识”的重要性，我们可以在目前的国外马克思主义研究领域选出几种典型的例子来加以展示。一种情形是所研究对象的学术影响力或现实影响力已经清晰地显现出来。例如，卢卡奇、葛兰西、法兰克福学派等经典西方马克思主义过去30年在我国学术界一直是人们研究的重要对象，其原因就在于他们不可取代的巨大的学术影响力，以及对20世纪发达工业社会条件下的文化反抗运动等方面的现实影响力。再如，生态学马克思主义、女权主义马克思主义、后马克思主义等新马克思主义流派，其在国际学术界的话语影响力和在当代社会运动中的现实影响力，也已经清楚地得到了证明。另一种情形是所研究对象的学术影响力或现实影响力得到自觉的论证。例如，东欧新马克思主义虽然产生于东欧一些较小的国度，但是其学术影响力和现实影响力并不限于其本土，我们曾论证过东欧新马克思主义理论的独特性及其对社会主义改革的深刻阐述，特别分析说明了卢卡奇、布洛赫、马尔库塞和弗洛姆等人从20世纪60年代起就高度评价并向国际学术界推介其理论观点、70年代后期其主要代表人物直接进入国际学术交流，以及哈贝马斯等当代著名思想家对其主要代表人物理论的重视，从而论证了东欧新马克思主义的国际学术影响力和现实影响力。还有一种情形是所研究对象的学术影响力或现实影响力尚未得到自觉的论证。这种状况比较多地体现在近年来人们对国外某些大学教授观点的直接引进和评介方面，甚至包括近年来国内学术界对日本一些进行马克思文本研究的学者的介绍和研究。一些研究者对日本学者的研究给予很高的期待："'日本马克思主义'在中国学术研究领域理应成为一个与'西方马克思主义'、'苏联东欧马克思主义'同等级别的研究范畴。"这一学术定位看起来可能令人鼓舞，但是，要真正做到这一点，除了对其理论的更深入细致的探索，除了说明这些学者在日本本土的学术影响力和中国学者对他们的特殊关注，还应当进一步论证他们在国际学术交流和理论发展中的直接地位和实际影响，以及其他理论比较发达的国度对其理论成果的接受、承认与研究状况。迄今为止，关于这些问题，以及关于这些日本学者的观点是属于"马克思主义"，还是"新马克思主义"，或者是"马克思学"等问题，都缺少系统的令人信服的论证。

三、深层面的"划界意识"

我们所倡导的国外马克思主义研究的"划界意识"，在深层次上可以表述为：在对国外马克思主义研究对象的学术影响力和现实影响力做出评估的基础上，还要进一步对每一具体研究对象的价值取向、基本观点，特别是其同马克思思想的真实关系做出具体的区分性评价，至少要明确一点：关于国外马克思主义流派的研究同关于马克思思想在当代思想界和社会实践中的影响的研究是有区别的。

这一层面的"划界意识"可以看作是第一层面"划界意识"的进一步细分，也就是在我们所确定的国外马克思主义研究的重点对象之中再做具体的细分，以便突出国外马克思主义研究学科对"马克思主义"的突出强调。这方面我们面临的情形更为复杂，例如，对于已经被纳入国外马克思主义研究视域中的各种流派和人物，按其理论立场、价值取向及其同马克思思想的实际关联，可以做出多种不同的甄别与辨析：坚持马克思思想的基本立场和价值取向，并在新的历史条件下加以发展和创新的当代马克思主义流派；在精神气质上体现马克思的激进批判意识，对发达资本主义进行激进批判的左翼理论家；站在马克思主义之外对马克思恩格斯的文本进行解读的理论家；某些以解构和超越马克思主义为宗旨的"马克思学家"，等等。毫无疑问，这些研究对象无论性质如何，都可以也应当作为我们在新形势下深刻理解和进一步发展马克思主义的可资借鉴的重要思想资源。但是，我们在价值取舍上，还是要始终保持一种比较清晰的"划界意识"，虽然我们明确反对那种"唯我独马"的独断态度，但是，我们也不能把理论的开放性发展成为丝毫没有限度与规范的"弹性"。假如我们通过国外马克思主义研究所得到的收获是价值各异、立场各异的众多当代理论观点"并存"或者"拼接"的当代马克思主义理论视野，那么，这种"弹性"将危及到国外马克思主义研究学科本身的合法性。我们可以在这里以"后马克思主义"和"马克思学"为典型例子，来说明这种"划界意识"的重要性和实际确立这种"划界意识"的复杂性与艰巨性。

毋庸置疑，近年来，后马克思主义研究的展开已经成为国外马克思主义研究快速发展的重要推手。在不太长的时间内，各种后马克思主义流派及其代表人物，以及其他众多在20世纪70年代影响不断增大的新马克思主义流派，纷纷亮相于国外马克思主义研究的平台上，特别是各种左翼理论家也一同被裹入这一研究中，这些理论研究推动着国外马克思主义研究的边界急剧向外拓展。我们丝毫不会怀疑这些研究的重要性，也不会怀疑这些新马克思主义流派在理论上的独特阐释力，以及在西方发达社会中通过各种激进的、微观的左翼反抗运动而具有的现实影响力。问题在于，这个以“后学”来命名的阵营太庞大、太嘈杂了，粗略地说，其中可以包括：公认的后马克思主义代表人物，如拉克劳、墨菲、雅索普、齐泽克、卡斯托里亚迪斯等；典型的后现代理论家，如德里达、福柯、利奥塔、德勒兹、瓜塔利、鲍德里亚等；东欧新马克思主义代表人物赫勒、科拉科夫斯基等；以及众多的各式各样的左翼理论家，如贝尔、詹姆逊、吉登斯、斯图亚特·霍尔、保罗·赫斯特、巴里·辛德斯、佩里·安德森、伊格尔顿、大卫·哈维、卡利尼科斯、埃尔斯特、奥菲、马舍雷、朗西埃、巴迪欧等，这个队伍的阵容还在不断扩大，我们时常发现又有新的陌生者被卷入这一研究领域。这个阵营的确是太复杂了，以至于同样是“后马克思主义”，术语的拼写都不相同，更不要说定位和取向上的差异了。因此，要对这个复杂的阵营中的每一个流派、每一个思想家都清晰地定位或者归类，几乎是不可能的；要清晰地辨别其中哪个属于马克思主义，以及在什么意义上属于马克思主义，更是异常艰巨的任务。所以，我们在这里，看到不同研究者在做着各种极其不同的努力，例如，当巴迪欧明确宣布“马克思主义并不存在”时，人们要去论证他在何种意义上是一个“后马克思主义者”；当有的研究者把伊格尔顿当作后马克思主义者加以研究时，他本人却斩钉截铁地说，“我不是后马克思主义者，我是马克思主义者”；有的研究者倾向于从西方马克思主义传统来评价后马克思主义，或者“在马克思主义与后现代之间”来定位后马克思主义（后现代马克思主义）；当一些人认真地论证后马克思主义是一种马克思主义时，另一些研究者却明确指出，“后马克思思潮不是马克思主义”；还有的学者干脆断言，“后马克思主义并不像人们通常所说的那样是西方马克思主义发展的新形态，相反，它从根本上来讲是一种反马克思主义的思潮，它试图解构马克思主义的所有概念和范畴”。正由于这种复杂性，许多研究者干脆不进行这种定性的和区分的争论，而是直接对不同的人物和理论进行具体的个案性的或局域性的研究。

显而易见，面对各种后马克思主义及其左翼理论所构成的特殊阵营，我们无法进行“硬划界”意义上的具体划界工作，但是，培养一种“软划界”意义上的“划界意识”则肯定是必要的。对这一问题的深入分析，需要专门的工作，我在这里只能简要地说明自己的大致倾向。我认为，对于后马克思主义，必须从三个维度上着力加以探讨，即后马克思主义与马克思主义的关系、后马克思主义与经典西方马克思主义的关系、后马克思主义与后现代主义的关系，这三方面的关系不搞清楚，我们就无法对后马克思主义进行清楚的定性与定位。英国学者斯图亚特·西姆（Stuart Sim）在《后马克思主义思想史》中特别强调了后马克思主义与传统意义上的西方马克思主义的内在关联，在我看来，这种内在关联是存在的，并且，承认这种内在关联是极为重要的。在这里，我想着重谈一谈研究对象与后现代主义关系的性质以及与马克思主义关系的性质问题。具体说来，一方面，应当对庞大的左翼理论阵营中的不同代表人物同马克思思想的关系进行审视。有的研究者区分了六种西方左翼，并且发现，绝大多数左翼“均与马克思主义发生或多或少的关系”，但是，他们“对待马克思主义的态度是各不相同的”。因此，我们在具体研究中既要充分借鉴和吸收他们对资本主义激进批判的理论成果，又要依据他们同马克思思想关系的性质，以及他们同某种新马克思主义流派关系的性质，来具体判定他们是属于当代马克思主义还是属于受马克思思想影响的一般理论家。另一方面，在涉及同后现代主义的关系时，我们应当把那些只是在方法论的意义上吸纳了后现代主义的微观政治批判思想，而在理论定位上与马克思思想或西方马克思主义具有传承关系的后马克思主义理论家纳入后马克思主义阵营，而把德里达、福柯等典型的后现代思想家定位于受马克思思想影响的、外在于马克思主义的独立理论家。

在本文中，我想重点探讨"划界意识"对于健康地开展马克思学研究的重要性。对西方马克思学的研究是近年来国外马克思主义研究领域向外拓展的重要体现。对于西方马克思学的关注，与国内学术界重视对马克思主义经典作家的文本研究，特别是所开展的关于《马克思恩格斯全集》历史考证版第二版（即 $MEGA^2$）的编译工作和研究工作密切相关。毫无疑问，重视马克思主义的文本研究，借鉴西方马克思学的研究成果，对于改变传统哲学教科书忽视文本研究的问题，对于我们更加准确、全面、深入理解马克思主义的基本观点和精神实质，具有十分积极的意义。然而，目前一些西方马克思学研究者已经不满足于文本研究的定位，而是通过模糊或淡化我们所说的"划界意识"，把马克思学膨胀、拔升到最本真的马克思主义研究的地位。应当说，"马克思学"的原本定位和划界是比较清楚的，在其狭窄的意义上，它通常是指对于马克思、恩格斯以及其他马克思主义经典作家的文本与思想进行跨学科、超党派、非意识形态的、纯粹客观的学术研究。从性质上，它常常的确不是或至少不完全是"一种马克思主义研究"，而是一种"有关马克思主义的研究"，正如有的学者所说的那样，"值得注意的是西方马克思学与西方马克思主义是内涵不同的两个概念。前者的研究者一般并不信仰马克思主义，而只是研究马克思；而后者的研究者则均为具备坚定马克思主义信仰的学者，但他们并不信仰教条化的马克思主义，而是信仰具有批判性、革命性的马克思主义"。目前一些马克思学研究者对"马克思学"这一范畴做了两个步骤的转换：一是把所有关于马克思主义经典著作的文本研究都冠之以"马克思学"，从而把"马克思学"从吕贝尔所确立的那种具有特定含义的非马克思主义的学说膨胀为可以包括正统马克思主义的、非正统马克思主义的、非马克思主义的、反马克思主义的等在内的庞大的理论阵营，于是我们所熟知的许多西方马克思主义代表人物也都被划归了马克思学的阵营；二是以争夺话语权的理由，提出"重建马克思学"，特别是创立"中国的马克思学"的主张。

最近几年，关于创建"中国的马克思学"的主张在国外马克思主义研究领域获得了比较大的反响，甚至我国学术界一些比较有影响的学者也对此明确表达赞许。我丝毫不否认主张创建"中国的马克思学"的学者在马克思主义立场上的坚定性和对推动马克思主义创新的热切渴望，但是，对于这种把某一具有明确的特定的内涵和价值规定性的范畴膨胀和扩大的做法，我还是有很多忧虑。我注意到不少学者通过从梁赞诺夫那里开始另辟"马克思学"的起源，以及通过关于"西方马克思学"和"国外马克思学"的术语辨析，来为自己所使用的"马克思学"范畴进行了"大同小异"的论证，但是，我感到自己迄今还是无法完全被这些论证所征服，实际上，学术界也有不少学者像我一样抱有类似的疑虑。我在这里并不想介入围绕着"马克思学"范畴的发明权的争论，在我看来，目前的一些争论还没有切中问题的要害。我在这里只提出两个相互关联并一直困扰着我的问题。其一，是不是文本研究属于"马克思学"的专利，只要开展关于马克思主义经典著作的文本研究就一定要冠之以"马克思学"？换言之，是不是我们中国的马克思主义学者从来没有进行过文本研究？是不是如果不创立一种“马克思学”就无法开展文本研究？我注意到，实际上也有学者对马克思主义文本研究做了很深入的探讨，但并不把自己的研究命名为“马克思学”，而且也有研究者明确提醒不能把文本研究视作“马克思学”的专利。其二，我们可以进一步追问所谓“中国的马克思学”与中国的马克思主义研究的关系问题。如果因为我们通常所说的马克思主义研究缺乏文本研究，而强调要建立“中国的马克思学”，那么所谓“中国的马克思学”同我们的马克思主义研究是相互并列的关系？还是说中国的马克思主义研究内在地包含着“中国的马克思学”，或者说是要以“中国的马克思学”取代中国的马克思主义？假如“中国的马克思学”是为中国的马克思主义研究提供文本研究基础，那么这就说明中国的马克思主义研究内在地就要求包含着文本研究，那为什么又不把这种研究直接称为马克思主义的文本研究？是不是只有称之为“马克思学”才能获得理论的科学性？这些问题使我非常纠结，遗憾的是，目前的争论很少直接探讨“中国的马克思学”和中国的马克思主义的关系。我好不容易找到一篇直接讨论二者关系的论文，但是，我得到的答案是：“中国马克思学与中国化马克思主义的发展具有内在统一性，中国马克思学将为中国特色社会主义理论体系的发展奠定坚实的理论基础”，具体体现在诸如“坚持马克思主义实践观”、“坚持以科学发展观为指导”、“坚持和发展中国特色社会主义”、“进一步推动思想解放”等。这样的论述使我更加困惑，这些不是中国马克思主义理论的题中应有之义吗？把这些内容再贴上“中国马克思学”的标签用意何在呢？我在这里并非急于对上述问题提出定论性的判断，但是，必须指出，这些问题不是枝节性问题，而是健康地开展国外马克思主义研究不可回避的根本性问题。

四、国外马克思主义研究的“现实诉求”

在从上述两个层面具体阐述了我们所倡导的国外马克思主义研究的“划界意识”后，我还想转换一个角度做一种补充性论述。如果说，上述讨论是对这种“划界意识”所进行的“是什么”的分析，那么现在我们转向“为什么”的问题。我想从国外马克思主义研究的“现实诉求”的辨析来说明确立“划界意识”的重要性。

所谓国外马克思主义研究的“现实诉求”，实际上就是提出为什么要研究国外马克思主义的问题，即要明确我们研究国外马克思主义所要达到的目标和所期待的理论成果。初看起来，这不应当成为问题，但是，这绝非一个明知故问的简单问题。马克思主义研究显然不同于关于某一实证知识、某一工具性理论、某一物质文化遗产或者非物质文化遗产的研究，关于这些具体知识形态的研究虽然也不可避免地包含着某些价值诉求和价值评判，但是我们可以把它们作为相对给定的东西加以实证性研究。而马克思主义作为一种时刻关心人类社会发展和人类命运的批判性理论，其生命力和创新力不仅体现在其创始人的原初语境和具体结论，更体现在它与人类历史进程在每一个时代的重新对话之中，因此，马克思主义研究必然具有十分强烈的现实诉求。这种现实诉求并非只是今人的功利性要求，它同时也是马克思学说的本质规定性使然。因为，如果不把马克思的学说置于每一时代的现实历史进程中去加以阐发，那么，即使我们真的能够把马克思恩格斯的思想和每一种观点完全“客观地”、“无争议地”、“实证地”分析出来和描述出来，那么它的价值也会十分有限，只能是专属于那一时代的知识形态。

我想，可以这样逐层深入地展开和表述国外马克思主义研究的“现实诉求”：其一，更加全面地理解马克思恩格斯的思想。进入 20 世纪后，西方马克思主义、东欧新马克思主义、各种新马克思主义流派、各种马克思学流派，从不同侧面对马克思恩格斯思想进行了研究和阐发，对于这些观点的借鉴无疑有助于我们更加全面地理解马克思主义创始人的观点。其二，深刻透视20世纪人类历史进程和实践发展的变化和特征。众多国外马克思主义流派的各种理论探索，不仅让我们多视角地了解了马克思思想对当代人类实践和问题的解释力，更为重要的是我们通过这些当代马克思主义流派对现实的批判视野，可以对当代人类社会历史现实的真实图景形成更完备的把握。其三，在全球化视野中透视中国的实践发展和理论创新。对于当代国外马克思主义流派的研究和借鉴，最终要落脚于提高我们的国际视野和世界眼光，使我们善于把中国的实践发展和理论创新置于世界的背景中和全球化进程中加以定位和把握。

这样一来，我们应当用国外马克思主义研究的“现实诉求”来补充和完善国外马克思主义研究的“划界意识”。具体说来，我们在选取、划分、研究、评价当代国外各种马克思主义流派及其相关理论时，应当坚持“双重解读逻辑”：一是“理论逻辑”，即要揭示不同理论流派和理论观点的内在的理论逻辑，揭示其同马克思思想的内在逻辑关系；二是“现实逻辑”，即要揭示这些理论观点，包括它们对马克思恩格斯原初观点的创新或修正同特定时代的人类实践的逻辑关系。只有将这两种解读逻辑相互交织，我们才能把坚持马克思主义立场和发展马克思主义结合起来。而具体到国外马克思主义研究领域，坚持这种“双重解读逻辑”，至少有助于我们解决国外马克思主义研究中的这样两个重要问题。

一是有助于把握马克思经典思想的阐释和马克思思想当代价值的阐发二者之间的内在统一。在马克思主义研究中，要防止两种极端的倾向。一种极端的倾向是：缺乏对马克思经典文本的系统研究和全面把握，主要根据今天的需要来取舍经典作家的论述和观点，这种做法被学界批评为“六经注我”式的解读。的确如此，这种做法虽然强调要突出马克思主义的现实性和当代价值，但是，由于缺乏足够的文本依据，存在着曲解、误读、歪曲或者实用主义地任意剪裁马克思主义创始人思想的危险。另一种极端的倾向是：机械地固守对于马克思主义创始人经典文本的解读，相信可以达到对具体的文本及其观点无争议的、无分歧的、完全客观的、全面的解读的可能性，并追求把这种文本解读变成“我注六经”式的“实证科学”。我十分尊重和敬佩马克思学在文本解读中的规范的方法和科学的程序，完全承认这种科学的解读对于我们更准确地理解经典作家理论观点的重要意义。但是，需要指出的是，马克思主义研究不能止于此，不能把马克思主义解读为具体的实证知识的集合。在这里，我们且不争论按照解释学理论，对于一种批判的革命的社会历史理论的每一种观点、每一个文本都进行“价值中立的”、无分歧的、完全客观的解读是否可能的问题，我们需要指出的是，假如我们把文本解读至上化、绝对化，真的把马克思针对当时各种具体历史条件，在特定语境中的论述都变成了实证科学式的确切知识，而不是放到历史进程中和当今的语境中加以价值判断和取舍，那么我们即便不会完全把马克思思想变成僵死的教条，至少也会把它定格为过去时态的历史知识。因此，我们不能因为反对一种极端而走向另一种极端，我们只有把“我注六经”和“六经注我”有机地结合起来，把理论解读逻辑和现实解读逻辑有机地结合起来，才能把关于马克思经典思想的阐释和关于马克思思想当代价值的阐发有机地统一起来，从而在今天的历史条件下推动马克思主义的创新。

二是有助于把握马克思主义发展的连续性和超越性的统一。引入国外马克思主义研究的“现实诉求”和“现实逻辑”来补充和完善“理论逻辑”，可以使我们更为全面地把握马克思主义在20世纪历史进程中的发展和创新的复杂性和丰富性。通常人们更多地习惯于按照“理论逻辑”来描述和解释马克思主义的历程，也就是拿不同时期不同形态的新的马克思主义理解和阐释同马克思的理论观点以及之前时期的其他形态的马克思主义理解加以“比对”。这种研究很容易突出马克思主义理论研究过程中的“超越性”、“间断性”、“转向性”或“跳跃性”，因此人们常常会根据某一时期的新的马克思主义流派研究主题和强调重点的变化，而断言前一时期的马克思主义形态的“逻辑终结”，或断言新马克思主义出现“理论转向”。这种单纯的“理论逻辑”的解读容易导致对马克思主义发展的片面化的理解，似乎20世纪马克思主义的发展表现为某种经常性的“断裂”状态：一种新形态否定了前一种形态，然后再“回到马克思”以便构造另一种新形态。如果我们在这些理论分析中引入“现实逻辑”加以补充，把关于马克思主义的演进和发展从一种单线的描述变为多线索的交织路径的分析，那么，呈现出的就不全是“间断性”，而是也会有间断和差异中的连续性。例如，我们可以选取马克思主义发展中的几个重要节点：马克思恩格斯对经济和基础因素的强调、列宁对宏观政治的突出、西方马克思主义对文化批判的强调、后马克思主义对微观政治的关注等。从“理论逻辑”上看，这其中已经发生了多次“间断”或逻辑转变，但是，如果我们把这100多年间社会历史现实的深层变化、资本主义的结构变化、人类实践方式和人类社会运行方式的变化以及随着这种变化而必然出现的人本身的变化等等要素和参量相应地引入，从“现实逻辑”来看，我们又可以看到在这些超越、间断、跳跃的背后，存在着马克思主义对“资本逻辑”的执著的批判，对人类解放的可能性的不断探求。当然，我们不能把这些分析简单化，但是，无论如何，用“双重解读逻辑”来丰富和完善国外马克思主义研究的“划界意识”，会有助于这一学科的健康发展，有助于马克思主义的理论创新和价值彰显。

（作者：中共中央编译局局长）

（选自《马克思主义与现实》2011年第5期）

中国特色社会主义的旗帜上鲜明地写着发展与公正

李景田

90年来，党领导全国各族人民，经过反对帝国主义、封建主义、官僚资本主义的革命斗争，取得了新民主主义革命的胜利，建立了人民民主专政的中华人民共和国；经过社会主义改造，完成了从新民主主义到社会主义的过渡，确立了社会主义基本制度；经过艰辛的探索，在曲折中推进社会主义建设事业。在此基础上，又经过30多年的改革开放，成功开辟了中国特色社会主义道路，形成了中国特色社会主义理论体系。中国共产党在探索社会主义道路的过程中始终把发展和公正作为两大追求。

一、发展与公正是中国特色社会主义的两大根本问题

实现真正意义上的社会公平和正义，是科学社会主义最基本的价值追求。自柏拉图和亚里士多德以来，思想家们就从未停止过对公正理论的探讨。与原始社会、奴隶社会、封建社会相比，资本主义社会的生产力发展水平达到了前所未有的高度。但是，受资本主义私有制的制约，资本主义生产方式必然导致社会的两极分化和分配不公。《共产党宣言》讲，从特定意义上说，“共产党人可以把自己的理论概括为一句话:消灭私有制”，就是因为“私有制”是一切不公平不正义的制度根源。

当然，不管我们是否愿意看到，作为一个庞大的世界体系，资本主义制度仍然会在不短的时间内，继续保持其生命力。这是因为，“无论哪一个社会形态，在它所能容纳的全部生产力发挥出来以前，是决不会灭亡的……”（马克思语）。但马克思同时认为，社会主义代替资本主义的趋势是不会变的。

科学社会主义认为，社会主义应该而且能够比资本主义更好更快地发展生产力，创造出比资本主义更高的劳动生产率。历史无可辩驳地告诉我们：社会主义事业蒸蒸日上、顺利前进的时期，都是生产力发展相对于资本主义更快的时期；而社会主义事业受挫的时期，都是生产力发展相对于资本主义缓慢的时期。如果我们不搞改革开放，不坚持以经济建设为中心，不坚持发展这个党执政兴国的第一要务，社会主义就不可能焕发生机活力，党的执政地位就不可能巩固和发展。所以，发展是硬道理，这是社会主义必须坚持的核心一条。

中国共产党从诞生之日起，就以追求和实现发展与公正为己任。社会主义制度的建立，为解决发展与公正问题奠定了制度基础。之后的社会主义建设，在发展和公正两个方面都取得了巨大成就，但由于种种原因，也出现过严重的偏差，这为以后的探索积累了宝贵的经验教训。

在建设中国特色社会主义的历史进程中，我们党坚持把发展与公正作为社会主义最基本的追求。邓小平同志关于社会主义本质的经典概括是“解放生产力，发展生产力，消灭剥削，消除两极分化，最终达到共同富裕”。其中前两句的中心思想就是发展；后三句的中心思想就是公正。因此，作为邓小平理论重要组成部分的“社会主义本质论”，就包含了发展与公正两大根本问题。邓小平同志晚年特别关心公正问题，他告诫说：“十二亿人口怎样实现富裕，富裕起来以后财富怎样分配，这都是大问题。题目已经出来了，解决这个问题比解决发展起来的问题还困难。分配的问题大得很。……要利用各种手段、各种方法、各种方案来解决这些问题。……少部分人获得那么多财富，大多数人没有，这样发展下去总有一天要出问题。”

江泽民同志在中国特色社会主义事业取得重大成就又面临重大挑战的历史条件下，将发展同党的性质、使命、执政理念联系起来，强调指出“必须把发展作为党执政兴国的第一要务”，“离开发展，坚持党的先进性、发挥社会主义制度的优越性和实现民富国强都无从谈起”。他提出“三个代表”重要思想，其中前两个“代表”就是强调发展。如同邓小平同志一样，江泽民同志也不是孤立地强调发展。他还强调必须“要始终代表中国最广大人民的根本利益”，其本质要求就是坚持执政为民，实现社会公正。

进入新世纪，以胡锦涛同志为总书记的党中央从新的实际出发，着眼于创新发展理念、把握发展规律、丰富发展内涵、开拓发展思路、破解发展难题，提出科学发展观等重大战略思想。科学发展观的核心是以人为本，实际上指的是社会主义的发展目的。要实现这个目的，第一要义就是发展，但发展必须是全面协调可持续的发展，要统筹兼顾，既重视发展，又重视公正。正是在科学发展观指导下，我们党提出了构建社会主义和谐社会的重大战略思想，明确把实现社会公平正义作为社会主义和谐社会的基本特征和重要目标，着力探索中国特色社会主义公平正义的基本理念和体制机制。

二、在新的历史阶段必须进一步解决好发展与公正问题

改革开放30多年来，特别是发展社会主义市场经济以后，我国的经济发展和社会进步取得了举世瞩目的成就。同时，我国发展与公正问题依然存在，有些甚至还很严重。

就发展而言，我国是拥有十三亿七千多万人口的发展中大国，仍处于并将长期处于社会主义初级阶段，发展仍是解决所有问题的关键。尽管目前我国在世界上已成为第二大经济体，但按人均算，仅排在百名左右。因此，我们既不能妄自菲薄，失去信心；又不能妄自尊大，头脑发热。必须清醒地看到，我国发展的空间还很大，发展的任务还很重，还存在很多不确定因素、不平衡因素、不协调因素、不可持续因素。这些因素都对中国发展形成挑战，应对不好就难以进一步发展。所以，在新的历史阶段我们必须科学判断和准确把握发展趋势，坚持以科学发展观为指导，全力破解各种影响发展的制约因素，切实实现全面协调可持续的发展。

与促进发展相比，推进社会公正的任务更加艰巨。改革开放之初，公正问题还没有成为人们特别关注的问题，当时摆在全党全国人民面前的首要任务是推动发展。在推进经济社会跨越式发展的同时，我们党并没有忘记兼顾社会公正。改革开放30多年来，人民的生活水平有了明显提高，尤其是近年来随着社会领域改革的推进，民生建设也取得了新的成就。但是，随着改革开放和现代化建设的不断深入，社会公正问题逐渐凸显出来，主要是贫富差距拉大，城乡之间、不同行业、不同地域间收入差别比较突出；某些公职人员和国企管理人员的严重腐败现象引起人民群众极端不满；社会问题和社会纠纷诸如因土地征用、房屋强行拆迁、执法不公、环境污染而引发的群体性突发事件时有发生；上学难、就业难、就医难、房价高企、食品药品缺乏安全等问题日益引起社会的关注，这些问题已经成为当今中国社会各种社会矛盾的结点和广大人民群众的强烈诉求。

公正问题伴随着发展而生，却不是发展的"罪过"。从改革开放前主要体现为"大锅饭"的平均主义到现在的公正问题，从哲学意义上讲，并不意味着倒退，而是螺旋式上升。当然，要继续推进社会发展，就必须下大气力解决不公正问题，实现向高层次公正的转变。这对于我们党来说是一种新的重大考验。

一是公正问题正在成为全局性问题。随着我国经济社会发展，人口流动规模越来越大，全社会信息化水平快速提高，人与人之间的利益相关性超出以往任何社会历史时期，人们对于公正的判断标准也发生了很大变化。如果我们不能加快解决社会生活中的不公正现象，人民群众的不公平感就会增强，社会矛盾就容易激化，久而久之，就容易使苗头性问题演变成趋势性问题，局部性问题演变为全局性问题。二是公正问题严重影响发展。当前公正问题突出反映在收入分配领域，收入分配差距过大，会导致多数社会成员的收入水平无法与经济发展同步提高，从而导致社会消费能力无法同步提高，严重影响内需的扩大，阻碍经济发展方式的转变。三是公正问题影响改革进程与党的形象。在我国改革之初，各阶层人民普遍受改革之惠，普遍积极支持改革。由于体制转轨尚未完成，不公正现象在一些领域出现，使得一些人对改革产生了怀疑和动摇。长此以往，改革就可能失去一部分群众基础，改革的进程就会受到影响，甚至影响到党的形象和执政地位。

需要说明的是，公正问题既是历史的，也是具体的，在不同的历史阶段具有不同的表现形式和标准。在生产力最不发达的原始社会所体现的公正，是人类社会最低层次的公正。最高层次的公正当然是在共产主义时期。我们不能用共产主义时期的标准来衡量社会主义阶段的公正，也不能因为现在处于社会主义阶段特别是初级阶段，就忽视公正。必须从不同阶段的历史实际出发，研究社会公正面临的新问题，找到解决问题的有效办法。

三、坚定不移地通过深化改革扩大开放推进发展与公正

在新的形势下推进发展与公正，最根本的途径仍然是深化改革、扩大开放。

（一）必须继续深化经济体制改革，进一步完善社会主义市场经济体制，充分发挥市场配置资源的基础性作用，为经济发展注入活力，为实现社会公正奠定坚实的物质基础。其中一项重要内容是进一步完善公有制为主体、多种所有制经济共同发展的基本经济制度，营造各种所有制经济依法平等使用生产要素、公平参与市场竞争、同等受到法律保护的体制环境。

一方面，要毫不动摇地巩固和发展公有制经济，积极推进国有经济战略性调整，加快国有大型企业改革，深化垄断行业改革，完善各类国有资产管理体制，健全国有资本经营预算和收益分配制度。国有大型企业在我国经济社会发展中发挥了重要作用，应当在承担社会责任方面进一步发挥应有的公正效应。要推动具备条件的国有大型企业实现整体上市，不具备整体上市条件的国有大型企业要加快股权多元化改革。有必要保持国有独资的国有大型企业要加快公司制改革，完善企业法人治理结构。另一方面，要毫不动摇地鼓励、支持、引导非公有制经济发展，努力消除制约非公有制经济发展的制度性障碍，全面落实促进非公有制经济发展的政策措施，鼓励非公有制企业提升发展质量和效益。

（二）必须积极稳妥地推进政治体制改革，为发展和公正提供更加坚实的政治保障。改革开放30多年来，我国的政治体制改革有了长足的发展和进步，基本适应了经济体制改革的需要，显示出社会主义的政治优势。但是与发展社会主义市场经济、构建社会主义和谐社会的客观要求相比，还存在一些不适应的地方。必须看到，人民群众追求社会公正的呼声越来越高，维权意识和政治诉求不断提升，如果不能积极稳妥地深化政治体制改革，发展就缺乏动力，公正就难以实现。因此，在我国经济社会处于大变革和快速发展变化时期，政治体制改革不仅不能停步，还必须积极稳妥推进。必须在党的领导下，坚持政治体制改革的正确方向，实现党的领导、人民当家作主和依法治国的有机统一，以保证人民当家作主为根本，以增强党和国家活力、调动人民积极性为目标，扩大社会主义民主，建设社会主义法治国家，发展社会主义政治文明。

（三）必须深化改革，大力推进以改善民生为重点的社会建设。在经济发展的基础上，更加注重社会建设，推进社会体制改革，扩大公共服务，完善社会管理，促进社会公平正义，推进基本公共服务均等化，努力使发展成果惠及全体人民。

教育是民族振兴的基石，教育公平是社会公平的重要基础。要按照优先发展、育人为本、改革创新、促进公平、提高质量的要求，推动教育事业科学发展，提高教育现代化水平，合理配置公共教育资源，加快缩小教育差距，包括促进义务教育均衡发展，扩大中西部地区高等教育招生规模，改善特殊教育学校办学条件，等等。

就业是民生之本。最近西亚北非不少国家出现社会动荡，一个重要原因是长期以来忽视国民就业，尤其是忽视受过高等教育的青年人的就业问题。我们一定要坚持把促进就业放在经济社会发展的优先位置，健全劳动者自主择业、市场调节就业、政府促进就业相结合的机制，创造平等就业机会，提高就业质量，努力实现充分就业。

公平合理的收入分配制度是社会公平正义的重要保证和重要体现。要进一步完善按劳分配为主体、多种分配方式并存的分配制度。通过深化改革，进一步健全劳动、资本、技术和管理等生产要素按贡献参与分配的制度，初次分配和再分配都要处理好效率和公平的关系，再分配要更加注重公平。要采取切实措施，提高居民收入在国民收入分配中的比重，提高劳动报酬在初次分配中的比重，坚决整顿和规范收入分配秩序，逐步扭转收入分配差距扩大的趋势。

丰富精神文化生活越来越成为我国人民的热切期望。要坚持一手抓公益性文化事业、一手抓经营性文化产业，始终把社会效益放在首位，实现经济效益和社会效益有机统一。包括：增强公共文化产品和服务供给，促进公共文化设施免费向社会开放；建立健全公共文化服务体系，等等。

健康是人的全面发展的基础。要坚持公共医疗卫生的公益性质，建设覆盖城乡居民的公共卫生服务体系等，为群众提供安全、有效、方便、价廉的医疗卫生服务。

（四）必须进一步扩大开放。开放是中国特色社会主义的重要特征和必由之路。在当代中国，只有立足全球的发展，才可能是真正意义上的科学发展；只有主动参与经济全球化进程，才能使中国经济发展发挥出高效率。当前，我国国际地位进一步提高和内外联系更为密切，这对我国与国际社会实现良性互动和互利共赢提出了更高要求。要适应新变化、新要求，进一步提高对外开放水平，创造我国参与国际合作与竞争的新优势，扩大和深化同各方的共同利益。同时，要善于走出去，积极参与经济全球化和世界经济结构深度调整，使我国的企业、资金、技术在全球范围内合理流动，创造有利于我国发展的国际环境。另一方面，通过扩大对外开放，积极学习借鉴国外对公正问题的最新研究成果和解决公正问题的成功经验，包括资本主义国家缓解社会矛盾、加强公共管理等方面的有益做法，推进我国的社会公正。

社会主义追求发展与公正，社会主义也一定能不断推进发展与公正，这是历史赋予当代中国共产党人的庄严使命。

（作者：中共中央党校常务副校长）

（选自《求是》2011 年第 13 期）

中国特色社会主义是当代中国发展进步的伟大旗帜

——以党的十二大至十七大报告为研究维度

林庭芳

在90年的历史长河中，我们党召开了十七次全国代表大会，其中六次是改革开放以来召开的。改革开放30多年来，我们党召开的六次全国代表大会所作的政治报告的主题思想始终锁定中国特色社会主义这条主线，坚定不移高举中国特色社会主义伟大旗帜、走中国特色社会主义发展道路。正是党的这六次全国代表大会政治报告这一政治标杆决策科学，才使中国特色社会主义道路越走越宽广。

一、中国特色社会主义的科学定位

在错综复杂的国际国内形势下，中国改革开放新时期面临举什么旗、走什么路这一关系党和国家前途命运的重大问题，中国共产党力挽狂澜，科学定位中国特色社会主义，强调"走自己的道路"，建设中国特色社会主义。

中国共产党在1982年9月召开的十二大，是改革开放以来我党召开的第一次全国代表大会。会上，邓小平代表党中央第一次提出"走自己的道路，建设有中国特色的社会主义"，他在开幕词中指出，七大以前，民主革命20多年的曲折发展，教育全党掌握了我国民主革命规律，八大以后社会主义革命和建设20多年的曲折发展也深刻地教育了全党。从十一届三中全会以来，我们党在经济、政治、文化等各方面的工作中恢复了正确的政策，并且研究新情况、总结新经验，"把马克思主义的普遍真理同我国的具体实际结合起来，走自己的道路，建设有中国特色的社会主义，这就是我们总结长期历史经验得出的基本结论。"十二大以后，围绕如何建设有中国特色的社会主义，他又提出了一系列建设有中国特色社会主义的新思想，精辟阐述了中国特色社会主义建设的一个基本思想，即"中国的事情要按照中国的情况来办，要依靠中国人自己的力量来办。独立自主，自力更生，无论过去、现在和将来，都是我们的立足点。"从此，中国社会主义建设，始终围绕"中国特色"在践行。

党在1987年10月召开的十三大，高度评价十一届三中全会以来开辟"建设有中国特色社会主义道路"的战略意义，明确提出有中国特色的社会主义是扎根于当代中国的科学社会主义，是指引我们事业前进的伟大旗帜，对十一届三中全会以来开辟新道路的历史经验作了初步概括，系统阐明关于社会主义初级阶段的理论，明确提出党在社会主义初级阶段"一个中心、两个基本点"的基本路线。大会根据邓小平提出的设想，确定了国民经济发展“三步走”的战略部署。

随着苏联、东欧在20世纪90年代初相继解体和剧变，世界格局出现大变动、大改组，长期以来的东西方两极冷战结束，国际社会主义运动出现低潮，对中国社会产生了巨大影响。在此关键时刻，邓小平视察南方，发表了重要谈话。1992年10月党召开的十四大，依据邓小平南方谈话精神作出了三大战略决策：第一，提出“邓小平同志建设有中国特色社会主义理论”的概念，并同马列主义、毛泽东思想一道确定为全党的指导思想；第二，明确我国经济体制改革的目标是建立社会主义市场经济体制；第三，要求全党抓住机遇，集中精力把经济建设搞上去，加快发展中国特色社会主义。

1997年9月，党的十五大把“邓小平同志建设有中国特色社会主义理论”精辟概括为“邓小平理论”，并确立为党的指导思想，会议通过的《中国共产党章程（修正案）》明确规定：中国共产党以马克思列宁主义、毛泽东思想、邓小平理论作为自己的行动指南。十五大还第一次系统地、完整地论述了党在社会主义初级阶段的基本纲领，对跨世纪的伟大事业作出了战略部署，决心把建设有中国特色社会主义事业全面推向新的21世纪。到2001年，人均国内生产总值超过800美元，人民生活总体上实现了由温饱到小康的历史性跨越，进入全面建设小康社会的新阶段。

2002年11月，党的十六大把“三个代表”重要思想和马克思列宁主义、毛泽东思想、邓小平理论一并确立为党的指导思想，开拓了马克思主义中国化新境界。十六大还顺利实现了中央领导的新老交替，充分说明我们党在团结和带领全国各族人民全面建设小康社会、开创中国特色社会主义事业过程中更加成熟。

2007年10月，党的十七大将“四个坚定不移”作为大会的主题思想：坚定不移地继续解放思想，坚定不移地推进改革开放，坚定不移地推动科学发展、促进社会和谐，坚定不移地全面建设小康社会；要求全党更高地举起中国特色社会主义伟大旗帜，坚定地走中国特色社会主义道路，把邓小平理论、“三个代表”重要思想以及科学发展观等重大战略思想科学整合为中国特色社会主义理论体系。这样，中国特色社会主义的一面旗帜、一条道路、一个理论体系，成为完整的统一体，作为全党在新的历史起点上统一认识、统一行动、夺取全面建设小康社会新胜利、开创中国特色社会主义新局面的根本指导思想。

从党的十二大第一次明确提出“走自己的道路，建设有中国特色的社会主义”到党的十七大重申“高举中国特色社会主义伟大旗帜”的过程，我们可以清楚地看出，虽然相隔五年一次的党代会各有特定阶段所规定的具体任务和目标，主题思想的侧重点也有所不同，但“中国特色社会主义”这一主题词一直没有改变，贯彻始终。

正是中国共产党每次党代会的主题思想始终锁定“中国特色社会主义”这条红线，所以“尽管30年中经历了两个历史关头，一个是在‘文化大革命’结束以后，中国面临向何处去的重大历史关头；再一个是20世纪80年代末90年代初，国际国内政治风波严峻考验的重大历史关头。面对这两个关头，我们党拒绝了离开社会主义的邪路，也不回头走‘左’的错误的老路，而是选择了开辟建设有中国特色社会主义的新路”。

从与时俱进、理论创新的视角看，“中国特色社会主义”经历了六次全国党代会20多年的艰辛探索。邓小平在党的十二大上最先提出“走自己的道路，建设有中国特色的社会主义”，他是把它作为一种新道路来认识的。党的十三大的主题是“沿着有中国特色的社会主义道路前进”，报告指出，在中国这样落后的东方大国中建设社会主义，照搬书本不行，照搬外国也不行，必须从国情出发，把马克思主义基本原理同中国实际结合起来，在实践中开辟有中国特色的社会主义道路。党的十四大的主题是“加快改革开放和现代化建设步伐，夺取有中国特色社会主义事业的更大胜利”，从事业的角度阐述了中国特色社会主义，报告指出，十四年来，我们从事的事业，就是坚持党的基本路线，通过改革开放，解放和发展生产力，建设有中国特色的社会主义。党的十五大的主题是“高举邓小平理论伟大旗帜，把建设有中国特色社会主义事业全面推向二十一世纪”，报告指出，我们这次大会的任务，就是动员全党和全国各族人民团结奋斗，全面推进建设有中国特色社会主义的伟大事业。党的十六大的主题是“全面建设小康社会，开创中国特色社会主义事业新局面。”会议对新世纪开创中国特色社会主义事业新局面作出了全面部署，报告提出在中国特色社会主义道路上实现中华民族的伟大复兴的庄严使命。党的十七大的主题是“高举中国特色社会主义的伟大旗帜，以邓小平理论和‘三个代表’重要思想为指导，深入贯彻落实科学发展观，继续解放思想，坚持改革开放，推动科学发展，促进社会和谐，为夺取全面建设小康社会新胜利而奋斗。”

由上可见，“中国特色社会主义”从最初的道路认识，到理论定位，再到旗帜高举，既彰显了党对中国特色社会主义认识的逐渐丰满，也深化了中国特色社会主义的思想内涵。作为实践的模式，中国特色社会主义就是一条道路；作为思想的概括，中国特色社会主义就是一种理论；作为引领的航标，中国特色社会主义就是一面旗帜。中国特色社会主义的重要历史地位，不仅深刻反映了中国社会发展的历史规律，也深刻反映了中国建设社会主义的经济规律。

二、中国特色社会主义建设的根本路径

怎样建设中国特色社会主义？中国共产党在和平与发展为主题的当今时代，努力探究中国特色社会主义建设的根本路径，果断决策改革开放、解放和发展生产力的总方针，使中国特色社会主义建设具有强大的思想动力。

邓小平早在20世纪80年代接见外宾时，谈话的主题就是改革开放。他深刻指出：“我们把改革当作一种革命”、“改革是中国的第二次革命”、“政治上发展民主，经济上实行改革”、“改革开放是很大的试验”、“抓住时机，推进改革”、“改革是中国发展生产力的必由之路”等。这些精辟论断，充分说明邓小平无愧于我国改革开放的总设计师，他倡导的“建设有中国特色的社会主义”，就是“改革开放的社会主义”。十一届三中全会以来，我党制定的一系列新的方针政策，概括起来，就是改革开放。从党的十二大到十七届五中全会的重大决策，都离不开改革开放这条红线。这是解放和发展社会生产力、不断创新充满活力的体制机制的必然要求，也是发展中国特色社会主义的根本路径和强大的思想动力。

《光明日报》1978年5月11日以特约评论员名义发表《实践是检验真理的唯一标准》一文，引发一场全国性的“关于真理标准问题”的大讨论，打破了长期以来个人崇拜、教条主义的枷锁对全党的束缚。这场争论，为开启改革开放奠定了重要的思想理论基础。经过中央工作会议的充分准备，一次全局性的拨乱反正和开创新局面的十一届三中全会及时召开，会议实现了三大历史转变：第一，重新确定了实事求是、一切从实际出发、理论联系实际的马克思主义思想路线，实现从“两个凡是”向实事求是的转变；第二，果断停止使用“以阶级斗争为纲”的口号，实现全党工作的着重点转移到以经济

建设为中心的轨道上来；第三，在建设社会主义的发展途径上，实现从封闭和墨守成规向改革开放的转变，全会明确提出了改革开放的措施。从此，改革开放正式成为党进行中国特色社会主义建设的总方针。

我国的改革首先从农村开始，逐步向城市推进。我们党实行以家庭为单位的联产承包经营责任制，在土地公有制的基础上，统分结合，双层经营，解决了我国社会主义农村经济体制的重大问题，农民生活显著改善。农村改革及其巨大成果，更加坚定了全党和全国人民对改革开放的信心，从而推进了城市的改革。为加快以城市为重点的整个经济体制改革，党中央在1984年10月20日召开十二届三中全会，讨论通过了《中共中央关于经济体制全面改革的决定》,《决定》指出城市改革的重要性、必要性，规定了城市改革的方向、性质、任务和各项基本方针政策，对加快以城市为重点的整个经济体制改革具有重要的指导作用。邓小平在会上对《决定》给予高度评价，认为它是"马克思主义的新政治经济学"；在10月22日的中顾委会议上，他又说："我的印象是写出了一个政治经济学的初稿，是马克思主义基本原理和中国社会主义实践相结合的政治经济学。"

1992年10月，党的十四大召开，大会政治报告指出，改革开放就其引起社会变革的广度和深度来说，是开始了一场新的革命。大会第一次在改革目标模式上取得了共识，向全世界宣布，中国要建立社会主义市场经济体制，加快改革开放和现代化建设。1993年11月，十四届三中全会通过了《关于建立社会主义市场经济体制若干问题的决定》,《决定》设计了一幅继续深化改革的总体蓝图——社会主义市场经济体制的基本框架。

对外开放，是建设中国特色社会主义的一项基本国策。邓小平通过对中国长期停滞落后的历史教训的深刻总结以及对当代世界经济、科技发展和国际形势发展的敏锐观察，多次指出，现在的世界是开放的世界，关起门来搞建设是不行的，发展不起来。在党对外开放国策的指导下,1978年以来,我国对外开放基本形成了"经济特区→沿海开放城市→沿海经济开放区→沿江、沿边和内陆中心城市→内地"等一个全国范围对外开放的格局。30多年改革开放的实践表明，对外开放是对中国长期停滞落后历史教训的深刻总结，也是国际分工和经济全球化的必然要求。我们必须科学地认识社会主义与资本主义的关系，正确对待资本主义社会创造的现代文明成果。实行对外开放政策，必须以自力更生为主，并在对外开放中保持清醒的头脑，决不可放任各种腐朽的东西泛滥和侵袭。

在改革开放总方针指引下，我国取得举世公认的发展进步。党的十七大报告总结的"十个结合"的宝贵经验，是新时期党的历次全国代表大会对改革开放经验总结中具有重大政治分量和丰富理论含量的总概括。这"十个结合"集中阐明了我们党在改革开放30多年中，把坚持马克思主义基本原理同推进马克思主义中国化结合起来，把坚持四项基本原则同坚持改革开放结合起来，把尊重人民首创精神同加强和改善党的领导结合起来，把坚持社会主义基本制度同发展市场经济结合起来，把推动经济基础变革同推动上层建筑改革结合起来，把发展社会生产力同提高全民族文明素质结合起来，把提高效率同促进社会公平结合起来，把坚持独立自主同参与经济全球化结合起来，把促进改革发展同保持社会稳定结合起来，把推进中国特色社会主义伟大事业同推进党的建设新的伟大工程结合起来。正是有这十个层面的有机结合，才使中国特色社会主义伟业充满勃勃生机。

党在2010年10月召开的十七届五中全会

再次强调“坚持把改革开放作为加快转变经济发展方式的强大动力。坚定推进经济、政治、文化、社会等领域的改革，加快构建有利于科学发展的体制机制。”这一重要决策，是党对30多年来探索中国特色社会主义建设成功经验的总结：改革开放是决定当代中国命运的关键抉择，是中国特色社会主义发展进步的根本路径，也是当前贯彻落实十七届五中全会精神，圆满完成“十二五”规划的根本路径和思想动力。

三、中国特色社会主义建设事业的领导核心

没有共产党，就没有新中国；没有共产党，就没有改革开放的伟大胜利。党的十七大总结多年来推进党的建设新的伟大工程的经验，强调中国特色社会主义是改革创新的事业，党要站在时代前列带领人民，以改革创新的精神加强自身建设，立党为公，执政为民，使党始终成为中国特色社会主义事业的坚强领导核心。

1．坚持与时俱进，结合当代中国发展的实际，努力推进马克思主义中国化，作为党领导中国特色社会主义、加强思想建设的首要任务

马克思主义中国化的科学命题，从1938年毛泽东在党的六届六中全会上提出，到党的十七大，一直是中国共产党关注的重要问题。新中国建立后，毛泽东曾用“马克思主义基本原理同中国具体实际相结合”代替“中国化”的提法。改革开放新时期，党在十三大第一次提出马克思主义与我国实际的结合，有两次历史性的飞跃，找到了两条道路：第一次飞跃，发生在新民主主义革命时期，中国共产党找到了农村包围城市的正确革命道路，把新民主主义革命引向胜利；第二次飞跃，发生在十一届三中全会以后，中国共产党人开始找到一条建设有中国特色的社会主义的道路，开创了中国特色社会主义建设新阶段。党的十五大第一次提出马克思主义同中国实际相结合有两次历史性飞跃，产生了两大理论成果：第一次飞跃的理论成果是毛泽东思想，创立者是毛泽东；第二次飞跃的理论成果是建设有中国特色的社会主义理论，创立者是邓小平。党的十七大第一次提出“把马克思主义基本原理同推进马克思主义中国化结合起来”。从以上强调马克思主义基本原理“同中国具体实际”相结合，到强调“同推进马克思主义中国化”相结合，使原来命题中所包含的“马克思主义中国化”的内涵扩大、丰富了，它不仅仅停留在中国如何具体应用马克思主义基本原理这一实践层面，还升华到中国实践经验的马克思主义化，即用马克思主义的立场观点方法去总结实践经验，使之上升为理论，成为中国化的、发展了的马克思主义：十四大确立“邓小平建设有中国特色社会主义理论”→十五大确立“邓小平理论”→十六大确立“三个代表”重要思想→十七大确立“科学发展观”。马克思主义中国化的不断创新发展，使我党在领导中国特色社会主义建设中，既没丢掉老祖宗，又发展了老祖宗。

以胡锦涛为总书记的党中央，根据当今世情，国情，党情，提出要增强党学习的紧迫感。2009年9月党的十七届四中全会通过的《中共中央关于加强和改进新形势下党的建设若干重大问题的决定》，要求全党要把建设马克思主义学习型政党作为重大而紧迫的战略任务抓紧抓好。从“学习型组织”到“学习型党组织”，再到“马克思主义学习型政党”，根据特点开展工作，躬行实践，创新方法，党一定会在历史继承中不断提高马克思主义中国化的质量和效果，使马克思主义更好发挥对中国特色社会主义建设的指导作用。

2．将党内民主视为党的生命，以扩大党内民主带动人民民主，以增进党内和谐促进社会和谐，作为党领导中国特色社会主义、搞好民主政治建设的有效途径

党内民主是党的生命。什么时候党内民主

得到较好发扬，党的事业就兴旺发达；什么时候党内民主遭到削弱和破坏，党的事业就会受到挫折。中国特色社会主义是前无古人的伟业，没有可照搬的成功经验，只有靠我们党自己去探索。为拓展党内民主渠道，创新党内民主形式，丰富党内民主内容，我党十分重视党内民主建设。十二大报告从我国人民民主专政的国家制度出发，提出要努力建设高度的社会主义民主，是我们的根本目标和任务之一。党的十三大报告确定了“富强、民主、文明”三位一体的社会主义现代化建设目标，提出社会主义民主和社会主义精神文明是社会主义重要特征的观点。党的十四大在修改的党章总纲中补充：积极支持人民当家作主，广开言路，不断建立民主决策、民主监督制度和程序。党的十五大报告指出，没有民主就没有社会主义，就没有社会主义现代化。社会主义民主的本质，是人民当家作主。党的十六大通过的修改党章，增写了依法治国的基本方略和实行依法治国与以德治国相结合，建设社会主义法治国家。

十六大以来，在以胡锦涛为总书记的党中央高度重视下，党内民主建设得到创造性发展。一是提出“党务公开”作为党内民主建设的重要举措；二是提出实行党的代表大会代表任期制；三是完善党的地方各级全委会、常委会工作机制，充分发挥全委会对重大问题的决策作用；四是探索扩大党的基层民主实现形式，以逐步扩大基层党组织领导班子直接选举的范围，开辟了基层党内民主建设的广阔空间；五是提出“党内民主是增强党的创新活力、巩固党的团结统一的重要保证。要以扩大党内民主带动人民民主，以增进党内和谐促进社会和谐。”这些重要思想，是我党在领导中国特色社会主义建设中搞好民主政治建设的有效途径，它必将调动各阶层人民群众以极大的热情投入到完成“十二五”规划的宏伟蓝图的伟大事业中。

3. 坚持党要管党，从严治党，执政为民，增强党的执政能力和先进性，作为党领导中国特色社会主义、加强自身建设的主线

早在新中国成立前夕在我们党召开的七届二中全会上，毛泽东就告诫全党，夺取全国胜利，这只是万里长征走完了第一步，革命以后的路程更长，工作更伟大、更艰苦。改革开放之初，邓小平要求全党重视、研究党的执政能力问题，他指出，如果不好好研究这个问题，不解决这个问题，就坚持不了党的领导，提高不了党的威信。江泽民针对改革开放深入发展党所面临的新问题，多次指出：我们的事业最终能否成功，很大程度上取决于我们党的领导水平和执政能力，并在十六大政治报告中对加强党的执政能力建设提出“五个能力”的基本要求：不断提高科学判断形势的能力，不断提高驾驭市场经济的能力，不断提高应对复杂局面的能力，不断提高总揽全局的能力。

依据世情、国情、党情的发展新形势，以胡锦涛为总书记的党中央决定以改革创新精神，加强党的执政能力和先进性建设，他在十七大政治报告中强调：“必须把党的执政能力建设和先进性建设作为主线，坚持党要管党、从严治党，要站在完成党执政兴国使命的高度，把提高党的执政能力、保持和发展党的先进性，体现到领导科学发展、促进社会和谐上来，落实到引领中国发展进步、更好代表和实现最广大人民的根本利益上来，使党的工作和党的建设更加符合科学发展观的要求，为科学发展提供可靠的政治和组织保障。”这一重要决策，将使执政的中国共产党在领导中国特色社会主义建设中，始终成为立党为公、执政为民、求真务实、改革创新、清正廉洁、符合人民期待的马克思主义执政党。

4. 加强党的作风建设,扎实开展反腐倡廉、保持党同人民群众的血肉联系

党的作风问题是关系着党的生死存亡的问题。与人民群众紧密地联系在一起的作风，是我们党克敌制胜的重要保证。对此，毛泽东曾强调："以马克思列宁主义的理论思想武装起来的中国共产党，在中国人民中产生了新的工作作风，这主要的就是理论和实践相结合的作风，和人民群众紧密地联系在一起的作风以及自我批评的作风。"面对错综复杂的新世纪，胡锦涛在十七大报告中指出："优良的党风是凝聚党心民心的巨大力量。坚持全心全意为人民服务，坚持群众路线，真诚倾听群众呼声，真实反映群众愿望,真情关心群众疾苦,多为群众办好事、办实事，做到权为民所用、情为民所系、利为民所谋。"无论是毛泽东的论述，还是胡锦涛的报告，都集中反映了党风建设的重要性和我党对党风建设的重视。

加强党的作风建设，保持党同人民群众的血肉联系，当前一个很重要的现实问题就是扎实开展反腐败斗争。据2010年12月31日《人民日报》报道，全国共查处违反规定为配偶、子女等在就业、投资、经商办企业诸方面谋取不正当利益的领导干部191名；查处违纪人员2377人，涉及违纪资金2.42亿元；查处住房方面违纪的领导干部141名，清理违规住房3181套，收回现金1.16亿元；清理纠正超编制配备使用小汽车2483辆，超标准使用小汽车8722辆，查处违纪领导干部210名；查出违反廉洁从业规定的国有企业领导人员1272名。

党内存在的腐败现象，严重地侵蚀了党的肌体，损害了党群关系，危害着党的生命。为此，邓小平早就强调："我们要反对腐败，搞廉洁政治。不是搞一天两天、一月两月，整个改革开放过程中都要反对腐败。我们前进的步伐会更稳健，更扎实，更快。"

党的十七届五中全会重申："新形势下发扬我们党善于做群众工作的最大政治优势，加强反腐倡廉建设，以优良党风凝聚党心民心，调动一切积极因素，全面建设小康社会，加快实现社会主义现代化的宏伟目标。"回顾中国共产党90年健康发展壮大的历史，我们有理由坚信：中国共产党在领导中国特色社会主义建设事业中，一定能够不断加强和改进自身建设，克服前进中的问题，永葆与人民群众的血肉联系，发挥先锋模范作用。

（作者：西南大学马克思主义研究中心教授、硕士生导师）

（选自《马克思主义研究》2011年第3期）

中国特色社会主义道路是唯一正确的道路

中共中央党校中国特色社会主义理论体系研究中心

今年是辛亥革命100周年，也是中国共产党成立90周年。回顾辛亥革命100年来我们伟大祖国的沧桑巨变和我们党90年的光辉历程，我们深切地感受到：中国特色社会主义道路是唯一正确的道路。中国特色社会主义道路，是中国共产党人的伟大创造，体现了历史的选择，反映着人民的意愿，是实现社会主义现代化的必由之路，是实现强国富民、民族复兴的必由之路。坚定不移走中国特色社会主义道路，是对历史的尊重、对人民的尊重，也是推进党和国家事业发展的必然要求。

社会主义是历史的选择

中华民族曾经有过辉煌的历史。到了近代，清王朝的无能和西方列强的入侵，导致了中国的积贫积弱。鸦片战争的炮火，彻底击碎了中国人“天朝上国”的旧梦。落后就要挨打，贫弱就要受欺。面对支离破碎的国家，面对灾难深重的民众，无数仁人志士开始了寻找中国出路的艰难历程。由于没有先进的思想理论，没有先进的社会力量，没有民众的积极参与，无论农民起义、自强运动还是维新改良，都遭到了失败。

孙中山先生领导的辛亥革命，旨在开创一条振兴中华的新道路。孙中山所倡导的三民主义，表达了人民大众争取独立、民主和富强的愿望。但是，在帝国主义和封建势力夹缝中生长的民族资产阶级异常软弱，不能充分发动和依靠人民群众，无法形成强大的革命力量，因而在反帝反封建方面没有足够的底气和能力。所以，辛亥革命虽然结束了统治中国几千年的君主专制制度，但未能改变中国半殖民地半封建的社会性质，未能改变人民的悲惨命运。孙中山逝世以后，国民党虽然依旧打着三民主义的旗号，但把中国变成了一个官僚资本主义与封建主义的混合体，结果不仅阻碍了中国社会的进步，而且衍生出新的社会矛盾。

在中国别无出路、别无选择的时候，马克思主义传到了中国，并孕育产生了中国共产党。从此，中国有了开创新的道路的先进理论，有了引领社会进步的先进力量，救国救民的重任也就历史地落到了中国共产党人的肩上。中国共产党人用马克思主义考察中国的前途命运，清醒地认识到中国的出路只能是社会主义。以毛泽东同志为代表的中国共产党人，创造性地把马克思主义运用到中国问题的解决中，深入研究中国国情和中国革命的特点，开创了一条由新民主主义通向社会主义的革命道路。在整个革命过程中，中国共产党人以争取民族独立、人民解放为己任，以实现国家富强、人民富裕为目标，一心一意维护民族利益和民众利益，得到了全社会的广泛认同和支持，成功地把一个半殖民地半封建的中国引向了社会主义。社会主义是中国唯一的出路，这是历史的选择。社会主义制度在中国的建立，实现了中国历史上最广泛最深刻的社会变革。

社会主义制度建立后，我们党开始领导全国各族人民在中国这样一个社会生产力水平十分落后的东方大国进行社会主义建设。以毛泽东同志为代表的中国共产党人，在中国革命进程中已经获得了一种经验性的认识，这就是解决中国的一切问题，都要从中国的实际出发。外国经验再好，也不能照抄照搬，必须走自己的路。搞革命是这样，搞建设也必然是如此。所以，面对新中国成立初期由于没有任何建设经验而不得不仿照苏联一些做法的情况，毛泽东同志总觉得不满意。当我们自己的现代化建设积累了一些经验，尤其是看到照搬苏联模式带来许多问题以后，毛泽东同志就明确提出了“以苏为鉴”，要探索适合中国国情的社会主义建设道路。毛泽东同志的《论十大关系》、《关于正确处理人民内部矛盾的问题》等，以及党的八大文献，集中反映了我们党对中国社会主义建设的初步认识和思考，对后来中国特色社会主义道路的开创产生了深远的影响。但由于受计划经济思维和计划经济体制的制约，更由于在阶级斗争问题上出现了偏差，当时并没有开创出一条适合中国国情的社会主义建设道路。

中国特色社会主义道路推动社会主义现代化建设取得举世瞩目的伟大成就

进入改革开放新时期，以邓小平同志为代表的中国共产党人继续探索新的道路。在重新确立马克思主义思想路线的基础上，我们党总结历史经验，作出两个重要判断，这就是：我国正处于并将长期处于社会主义初级阶段；和平与发展是当今时代的主题。这两个判断，明确了当代中国的历史方位，明确了当今时代的基本特征，解决了马克思主义同中国实际和时代特征相结合的关键性问题，为我们党纠正对社会主义的一些错误认识、解决社会主义现代化建设中脱离实际的一些错误倾向提供了基本准则，也为开创中国特色社会主义道路提供了基本依据。

依据对国情、世情的正确判断，我们党逐步实现了从“以阶级斗争为纲”到“以经济建设为中心”的转变，从封闭半封闭到改革开放的转变，从计划经济体制到社会主义市场经济体制的转变。随着这些转变的推进，我们党形成了“一个中心、两个基本点”的基本路线，形成了社会主义现代化建设的总体布局，确立了全面建设小康社会、实现社会主义现代化的战略目标，中国特色社会主义道路不断明确。在此期间，我们党先后形成了邓小平理论、“三个代表”重要思想以及科学发展观等重大战略思想。邓小平理论的形成，是中国特色社会主义道路成功开创的重要标志，同时为中国特色社会主义道路奠定了坚实的理论基础。“三个代表”重要思想和科学发展观等重大战略思想的相继形成，进一步拓展了中国特色社会主义道路。党的十七大和胡锦涛同志“七一”重要讲话对中国特色社会主义道路作出了明确的概括：就是在中国共产党领导下，立足基本国情，以经济建设为中心，坚持四项基本原则，坚持改革开放，解放和发展社会生产力，巩固和完善社会主义制度，建设社会主义市场经济、社会主义民主政治、社会主义先进文化、社会主义和谐社会，建设富强民主文明和谐的社会主义现代化国家。中国特色社会主义道路的开创，使社会主义发展与现代化建设、民族复兴有了更加紧密的联系，使国家富强与人民富裕以及个人幸福也有了更加紧密的联系。

中国特色社会主义道路的鲜明特点，就是以改革开放为动力。改革开放催生了中国特色社会主义道路，同时为中国特色社会主义道路的拓展提供着鲜活的经验。正是依靠改革开放，我们才能在继承前人的同时又能突破陈规，在排除错误干扰的同时又能吸取经验教训，不断开创中国特色社会主义道路的新境界，使社会主义在当代中国获得前所未有的生机和活力。改革开放的每一步深入，都推动着我们对中国特色社会主义认识的深化，都推动着中国特色社会主义道路的拓展。坚定不移走中国特色社会主义道路，必须坚持改革开放不动摇。

中国特色社会主义道路的显著成就，就是加快了社会主义现代化建设的步伐。中国特色社会主义道路是围绕中国发展问题、社会主义现代化建设问题展开的。在开创和拓展中国特色社会主义道路过程中，我们党一再强调发展才是硬道理、发展是党执政兴国的第一要务、坚定不移走科学发展道路。伴随着中国特色社会主义道路的开创和拓展，我国经济社会发展取得了举世瞩目的巨大成就，社会面貌发生深刻变化，综合国力极大增强，人民生活从贫穷走向富足，国际地位显著提升。今天，一个日益繁荣富强的中国正在崛起，中国人民正在以新的形象走向世界。

努力使中国特色社会主义道路越走越宽广

中国特色社会主义道路之所以完全正确、之所以能够引领中国发展进步，关键在于我们既坚持了科学社会主义的基本原则，又根据我国实际和时代特征赋予其鲜明的中国特色。这条道路包含着对历史经验的总结、对前人探索的继承、对时代特征的观察以及对现实问题的思考和回应，是唯一正确的道路。在新的历史条件下，我们要坚定不移沿着中国特色社会主义道路奋勇前进，努力使中国特色社会主义道路越走越宽广。

实现科学发展，使中国特色社会主义道路越走越宽广。工业化、现代化能使社会财富较快积累、人民生活水平不断提高，同时也会使各种社会矛盾和问题不断凸显。上个世纪，世界上已经有许多国家相继实现了工业化、走向了现代化。这些国家虽然在经济发展方面取得了很大成就，但也留下了一些深刻教训。由于单纯追求经济增长，忽视社会发展和社会公平，忽视能源资源节约和生态环境保护，不少国家都出现了"有增长无发展"的情况。有的国家出现了贫富悬殊、失业增加、腐败严重、政治动荡等问题；有的国家经济结构失衡、社会发展滞后，导致发展后劲不足、难以持续。这些教训启示我们：单纯的经济增长不能带来社会的全面发展和进步；中国不能重复其他国家走过的老路，必须努力实现以人为本、全面协调可持续的科学发展。中国特色社会主义道路坚持科学发展，强调转变发展方式、提高发展质量，包含着对世界各国发展经验的借鉴，也包含着对世界各国发展教训的汲取。在当代中国，坚持发展是硬道理的本质要求就是坚持科学发展。

实现和谐发展，使中国特色社会主义道路越走越宽广。社会和谐是中国特色社会主义的本质属性，是强国富民、民族复兴的重要保证。实现各方面事业有机统一、社会成员团结和睦的和谐发展，是贯穿中国特色社会主义事业发展全过程的历史任务。新世纪新阶段，我国经济社会发展取得了新的巨大成就，但也遇到了一些新的社会矛盾和问题。新矛盾和新问题的产生，对我国经济社会发展提出了新要求、新挑战。实现和谐发展，要求用新的理念、新的方式化解各种矛盾、解决各种问题，推动经济社会全面进步。这既是全面建设小康社会的重要内容，也是实现社会主义现代化宏伟目标的重要前提。当前，实现和谐发展，应以解决人民群众最关心、最直接、最现实的利益问题为重点，着力发展社会事业，加强和创新社会管理，促进社会公平正义，努力形成全体人民各尽所能、各得其所而又和谐相处的发展局面。

实现和平发展，使中国特色社会主义道路越走越宽广。实现既通过维护世界和平发展自己、又通过自身发展维护世界和平的和平发展，是中国特色社会主义道路的基本要求。实现和平发展，既是尊重人类历史发展的客观规律，也是尊重社会制度和发展道路上的自主选择；既要通过争取和平的国际环境来发展自己，又以自身的发展来促进世界和平；既要依靠自身力量和改革创新实现发展，又在平等互利的基础上同世界各国开展交流与合作。坚持走和平发展道路，实现和平发展，是我们根据时代发展潮流和自身根本利益作出的战略抉择，体现了中国共产党人的包容和自信。我们充分尊重其他国家选择的发展道路，绝不会把自己的意志强加于人，也绝不允许任何人把他们的意志强加于中国人民，而是要始终坚持和拓展中国特色社会主义道路。

（执笔：秦刚）

（选自《人民日报》2011年10月10日）

历史规律与中国特色社会主义

余金成

一、马克思主义原创理论关于历史规律的观点

从总体上说，马克思、恩格斯关于历史规律的思想经历了两个发展时期。前一时期以马克思为主恩格斯为辅，形成了历史唯物主义，后一时期以恩格斯为主马克思为辅，形成了辩证唯物主义。

历史唯物主义形成于 19 世纪 40—50 年代。马克思、恩格斯从关注现实问题开始研究社会主义理论。当时，推广工业革命成果引发了雇佣工人反对资本家的斗争，经济危机使这种斗争激化，社会处在激烈冲突与动荡不安中。面对危局，马克思、恩格斯研究了社会主义思想家的成果，但后者没有找到实现理想社会的实践力量，止步于空想。因此，当务之急是找到破局思路。

马克思、恩格斯发现了社会矛盾背后的经济原因：人们首先必须吃、喝、住、穿，然后才能从事政治、科学、艺术、宗教等等；所以，直接的物质的生活资料的生产便构成基础，国家设施、法的观点、艺术以至宗教观念，就是从这个基础上发展起来的。通过剖析经济关系，马克思发现了其后的生产力；通过分析生产力，马克思肯定了生产资料的作用。这样，生产关系形成就具有客观性，“人们在自己的生活的社会生产中发生一定的、必然的、不以他们的意志为转移的关系，即同他们的物质生产力的一定发展阶段相适合的生产关系。”而社会发展的一般规律是：“社会的物质生产力发展到一定阶段，便同它们一直在其中运动的现存生产关系或财产关系（这只是生产关系的法律用语）发生矛盾。于是这些关系便由生产力的发展形式变成生产力的桎梏。那时社会革命的时代就到来了。随着经济基础的变更，全部庞大的上层建筑也或慢或快地发生变革。”

在此基础上，马克思、恩格斯论证了社会主义取代资本主义的必然性，后者具有如下内容：（1）社会形态包括生产力、生产关系、经济基础、上层建筑诸要素，其发展存在着客观规律。（2）社会规律基本内容是物质生活决定着精神生活和社会生活。（3）大机器生产方式要求社会主义取代资本主义。第一个判断是总判断，构成其基本前提。第二个判断是具体判断，构成其基本内容。第三个判断是个别判断，构成其现实应用。这一历史规律思想，前两条属于原理，后一条属于原理运用。马克思说：“阶级的存在仅仅同生产发展的一定历史阶段相联系”，准确地反映了上述原理：首先，阶级的

产生、存在与消灭都具有历史必然性；其次，主导这一必然性的基本要素是生产水平。

马克思、恩格斯关于历史规律的原理是正确的，但在原理运用方面出现了误判，他们认为蒸汽机生产方式就足以使社会主义取代资本主义。这源于对当时无产阶级必将战胜资产阶级的判断。19 世纪 30—40 年代，欧洲三大工人运动展示了以下事实：它是占人口大多数的社会成员所为且到了拿起武器的程度；周期性经济危机使阶级斗争持续激化；无产阶级直接使用大机器生产资料。这意味着无产阶级不仅需要并能够推翻资产阶级，还可以建立一个运用先进生产力的新社会。马恩把自己的理论称为关于无产阶级解放条件的学说，即针对于此。

无产阶级斗争既然是推翻资本主义最后一战，此役取胜的必然性应同时体现社会主义取代资本主义的必然性，因而历史须具备如下相关条件：存在着独立于社会关系之外又在历史中延续的客观要素；该要素在历史上一直决定着生产关系的性质；该要素的现代形态既能消除经济危机又能实现社会平等。马克思、恩格斯认为，以蒸汽机为代表的生产资料就是这一条件。当生产资料被看作是生产力的标志时，由于生产力决定生产关系，生产资料也就成为社会关系的标志，从而它也就成为社会历史的标志——社会发展体现为生产资料所标志的物质运动，历史规律归结为生产资料演进的规律。

由于对阶级斗争过度解读引发的对生产资料的过度倚重，导致了历史唯物主义的逻辑缺陷。在马克思、恩格斯的认识中，一些似乎可以忽略的要素——例如资本主义世界范围扩张对阶级斗争的影响——是不应被忽略的，一些似乎可以断言的现象——例如生产无政府状态所导致的经济危机的不可避免——是不应做绝对判断的。这类误判虽只涉及历史规律基本原理的应用，仍然与原理本身有关。从总体上看，马克思、恩格斯关于历史规律的思想，强调了与物质运动规律的趋同性，即承认社会发展与物质运动一样存在着客观规律，却没有深入考察前者与物质运动规律的趋异性，即双方在规律内容和形式方面的区别；与之相联系，他们关于物质生活决定精神生活和社会生活的正确判断，由于失去了上述考察，就可能导致僵化理解。需要指出，上述缺陷通过辩证唯物主义的形成得到一定补偿。

辩证唯物主义初成于 1870 年代后期，此后（直至 1895 年恩格斯逝世）不断被补充完善。在 19 世纪 60—70 年代，马克思主义已具有广泛影响。它经历了第一国际和巴黎公社的实践斗争，先后与蒲鲁东主义、工联主义、巴枯宁主义以及拉萨尔主义、杜林主义等进行论战。这些理论交锋从阶级斗争策略问题出发之后渐行渐远，逐步涉及到科学社会主义基础理论，迫使马克思、恩格斯在更深学理层次上应对。但此时，马克思亟待整理庞大的经济学手稿。而在 50—60 年代，恩格斯为了资助马克思的研究，把主要时间用于经营企业，1870 年起才从繁重商务中解放出来。他得以承担唯物史观向一般哲学方向发展的主要责任，不能不说与这种局面有关。

恩格斯关注自然科学进展，一开始就注意把研究心得与马克思分享，他在《反杜林论》序言中写到："在各种专业上互相帮助，这早就成了我们的习惯。"马克思逝世后，恩格斯又发表了《家庭、私有制和国家的起源》、《路德维希·费尔巴哈和德国古典哲学的终结》、《自然辩证法》，以及晚年关于唯物史观问题的相关信件，继续了这个方向的研究。在这些著述中，恩格斯指出："世界的真正的统一性在于它的物质性，而这种物质性……是由哲学和自然科学的长期的和持续的发展所证明的。""整个自然界是受规律支配的"，而人类社会属于自然界的一部分，当然也要受规律的支配。人类社会的规律同样具有不以人们意志为转移的性质。“现代唯物主义把历史看作人类的发展过程，而它的任务就在于发现这个过程的运动规律。”与此同时，恩格斯强调了运用辩证法理解唯物主义，认为人类发展与物质运动都体现辩证法，人们把握历史规律的能力同样具有辩证法性质。在此基础上，他进一步概括历史规律：(1) 世界是物质的；物质是运动的；运动是有规律的。人类社会是物质世界一部分，属于物质运动，同样存在着客观规律。(2) 包括社会在内的物质运动规律体现为辩证法。(3) 人类对物质运动规律的认识能力是辩证的。

学界有人认为，恩格斯把辩证法做扩展运用，使他成为马克思主义的第一个“修正主义者”。这些人没有注意到唯物史观对“物”的依赖。他们对唯物史观只解读到“社会关系——经济关系或生产关系——生产力”，而没有进一步解读为“社会关系——经济关系或生产关系——生产力——生产资料”，所以不能领会马克思与恩格斯的一致。马克思把社会发展史看作是物质（生产资料）发展史，恩格斯把社会发展看作是物质运动，双方并无本质区别。恩格斯面对思想界攻讦，强调了唯物史观植根于更为普遍的认识论原则，这才把辩证法的逻辑推演至整个自然界。

有学者指责恩格斯的自然辩证法思想，其主要批评：一是自然辩证法讲主客体之间关系，自然界中无主体，至少在相当长时期无主体，指认它是辩证发展，没有道理。二是确认自然界按照辩证法发展，是先验论断，会给人们认识自然界造成误导。但上述指责缺乏充分根据。首先，自然界中不管有无人类，其运动规律是客观的，并不会因主体参与而发生改变。其次，自然辩证法是主体认识自然界的理性形式，无论说自然界“是辩证法”式发展，还是说“用辩证法”考察自然界发展，都不能封闭或停止人们对自然规律的进一步认识。

值得关注的是恩格斯关于认识能力的论断。一方面，恩格斯比马克思晚12年辞世，看到了资本主义的新变化，也目睹了德国社会民主党人选举运动对社会主义革命暴力模式的突破；另一方面，当他把历史规律纳入自然界物质运动规律的同时，后者在自然科学领域不断被完善和修正的事实，不能不导致他对唯物史观在解释社会规律方面具有同样命运的判断。他谈到一般认识过程，认为：对无限的东西的认识受到双重困难的困扰，并且按其本性来说，只能通过一个无限的渐进的前进过程而实现。这已经使我们有足够的理由说：无限的东西既是可以认识的，又是不可以认识的，而这就是我们所需要的一切。这段论述阐明了主观认识与客观规律之间的辩证联系，即人们只能运用相对性去接近绝对性。不仅如此，恩格斯还具体谈到了如何认识社会发展的必然性问题：人们自己创造自己的历史，但他们的意向是相互交错的，都是那种以偶然性为其补充和表现形式的必然性占统治地位；而通过各种偶然性而得到实现的必然性，归根到底仍然是经济的必然性。因此，历史最终的结果总是从许多单个的意志的相互冲突中产生出来的。所以到目前为止的历史总是像一种自然过程一样地进行，而且实质上也是服从于同一运动规律的。

马克思、恩格斯的规律理论表明：物质形态的构成及其属性是确定的，其发生、发展、消失或转化的运动同样是确定的。这种物质及其运动的确定性就是客观规律性，它不以人们意志为转移。物质运动是物质之间的关系状态，它的基本存在形式就是时间和空间。其中，时间形式要求对物质存在做静态与动态关系的考察；空间形式要求对物质存在做局部与整体关系的考察。所谓物质运动规律，无非是这种考察的结果。由于人类永远只能以具体主体形式出现，而任何具体主体都无法把握物质对象的全部时间和空间条件，所以，人们对客观规律判读的一切具体内容，都属于相对真理。

可以肯定，把唯物史观引向辩证法，意味着关于人类发展规律的认识被置放在更为广大的背景之中，使其科学性获得升华：一方面，它承认规律存在的客观确定性，并让在实践检验中被证明正确的理论成为对规律的认识形式，从而推动人类社会发展；另一方面，它承认规律认识的主观不确定性，并通过实践去修正和调整关于规律认识的既定形式，从而避免了思想僵化。辩证唯物主义蕴涵着对历史规律既定体系可能发生的扬弃。就此而言，它既是对唯物史观的超越，又是对唯物史观的回归。唯物史观这株智慧之树因辩证法而获得了丰厚的土壤。

客观地说，辩证唯物主义为人们依据时代条件变化修正唯物史观的具体结论提供了方法论前提。恩格斯晚年已关注到人类发展规律与物质运动规律的趋异性，并在一定程度上开展了相关研究工作。但在当时，周期性经济危机仍然展现着资本主义的岌岌可危，社会主义取而代之的现实可能性仍然存在，以此为根据的马克思主义原创历史规律结论就不可能被改变。恩格斯这种远见卓识就只能停留在方法论环节，而不能直接转变为实践过程。

二、当代事实关于历史规律层次性的理论启示

马克思主义预言的历史进程在20世纪取得了成果——一批社会主义国家建立。但是，它预言的社会主义将由先进民族运用计划经济方式来建设，却没有实现：以苏联、中国为代表的社会主义国家，生产力水平比较落后；而在建设实践中，由于被资本主义国家拉大了发展差距，苏联、东欧国家在80年代末90年代初转向资本主义，仅存的中国、越南等国不得不转而选择市场经济体制。这证实了恩格斯关于人们对历史规律认识具有相对性的判断。

社会主义运动之所以发生上述变化，主要是因为资本主义国家挺过了阶级斗争、经济危机的打击，陆续掀起了两次新的科技革命，稳定了社会关系并显著超越了社会主义国家发展水平。这表明，马克思主义原创历史规律理论强调社会发展与物质运动的趋同性，仅仅揭示了社会主义取代资本主义的合规律性，还不足以完整反映这种“取代”过程的具体方式，后者还必须通过探索社会发展与物质运动的趋异性来认识。

人类历史规律与物质运动规律的趋异性与下述前提联系：(1) 人是以精神活动为主导的生命现象，与物质运动的自在性质相比，人的精神活动具有自为特点；自在性质运动没有出现主客体关系，无须与价值、时间、空间相联系，体现出原生性、单一性；而自为性质活动生成了明确的主客体关系，主体的存在，使客体成为被认识、判断、评价的对象，后者因此具有时间、空间和价值的区别，体现出派生性、复杂性。(2) 人虽然以精神活动为主导，却寓于物质载体之上；人的肉体存在既决定精神活动性质和方式，又成为其反映对象。这导致两个结论：一是人的肉体存在从根本上受物质运动规律支配，精神活动只能反映其出生、成长、衰老、死亡过程；二是人的肉体存在具有个体差别，导致精神活动在内容、能力或特点上不同。这意味着，社会也是自然界，人们同为主体，又互为客体。(3) 人的精神活动虽受制于肉体存在，但也受既存精神形态的影响。精神活动能力依靠学习。与肉体存在的先天差异相比，人们精神存在的先天条件差异更大，两种条件对主体而言都具有偶然性。

这样一来，精神和意识就是特定物质所表

现出来的精神和特定存在所表现出来的意识，属于明确了规定性的物质和存在，或者说，具备了主体属性的物质和存在。凡精神就是物质，而且是取得了规定性的物质，即特定的物质。因此，当我们说精神决定物质的时候，不过是说物质决定物质，是肯定一种物质之间的关系。精神能力越强支配的物质就越多，人类生命存在方式就越优越。精神能力不断增强是人类历史发展趋势。

新自由主义的代表人物哈耶克认为，“从规律支配着进化产物必然经历的各个阶段，因而能够据以预测未来的发展这个意义上说，无论是生物进化还是文化进化，都不承认有什么‘进化规律’或‘不可避免的历史发展规律’”。导致后者失误的原因是混淆了个体发生过程和种系发生过程：“个体发生肯定只同事先决定的个体发展有关，它是由胚胎细胞中染色体固有的机制决定的。相反，与进化有关的种系发生，却是同种群或类型的进化史有关。”在这个领域，人们所能做的只能限于“模式预测或原理预测”。哈耶克批判社会主义的计划性及其背后的规律性。他认为，人类不可能运用理性方式掌握不同个体生命活动的信息，这种生命活动的走势具有随机特点，因而无规律可言；人类只能遵循一条自然渐进的发展道路，以财产分立为基础，形成所谓“扩展秩序”。

哈耶克提出，文化进化机制不是达尔文主义的机制，他引用朱利安·赫胥黎的话：文化进化是“一个和生物进化极为不同的过程，它有自己的规律、机制和模式，不能单纯从生物学基础上加以解释”。双方的主要区别是：一是生物进化论现在已排除了后天获得特征的遗传，但文化进化却建立在这种遗传上；二是文化进化不仅通过生理上的“双亲”，而且通过无数个“祖先”，从而加快了传播速度；三是文化进化主要是通过集体选择发挥作用，而生物进化于此则不明显。哈耶克强调社会科学比自然科学复杂，指出这一点一百多年前就已经被人们看到了，断言人类所特有的文化进化不同于生物进化，并肯定不能依据人类个体生物规定性去推演人类群体发展的规律性。这些观点都有一定道理，但又都没有构成排除人类发展存在客观规律的理由。现在看来，一方面，是马克思主义原创形态对时代条件的依赖及后人误读引发了哈耶克的批判；另一方面，哈耶克的批判走向了极端，导致了自身的片面性。我们承认马克思主义原创形态没有完结对社会发展规律的认识，但不能同意根本不存在或永远无法认识这一规律。

人的自然性表现在生命活动上，就是人所必然具有的物质性个体化需要。人的文化性表现在生命活动上，是指所具有的精神性社会化需要。精神社会化是人们需要的前提，是物质需要个性化过程。所以，自然性发展体现在物质消费方面是个体化，体现在精神消费方面是社会化；而文化性发展体现在精神需要方面是社会化，体现在物质需要方面是个体化。文化性中的社会化恰恰是自然性中的个体化的表现形式。自然性和文化性的对立统一，构成了考察人类发展规律的基本线索。其中，文化性成为认识人类发展水平的条件，而社会性成为判断人类发展状况的依据。人类发展客观走势是：一方面，人们需要的内容越来越从物质形态向精神形态转移；另一方面，人们需要的形式越来越从个体领域向社会领域转移。从宏观上判断人类社会发展的客观规律问题，可以区别为以下四个层次：

（一）从根本上看——即从人类与自然界特定演化阶段相联系，属于被“许可”的生命现象而言，历史规律论具有相对意义，即“相对”于自然界这个特定阶段才存在。就此而言，它不过是人类运用理性方式把握有限生命的工具。

个人之于社会和人类之于自然界，有着相似命运：二者都知道了自身是一种有限存在，都试图在有限中发现构成极限的边界。

（二）从总体上看——即从人类属于自然界，其发展始终是与自然界关系的发展而言，历史规律论具有必然性意义。人类生命活动本质上是生命延长和种群延续的人口生产过程，通过物质生产来完成。马克思曾说过，物质生产领域始终是必然性王国。历史规律实际上是对人与自然界关系的客观性探索，具有必然性意义。

（三）从具体上看——即从人类依靠理性从事生命活动，理性体现出自由自觉特点而言，历史规律论具有趋势性意义。在现实中，人及其时空环境各不相同；这种差别势必对人们生命活动产生重要影响。但是，在历史趋势中人们却可以发现规律——即在发展与自然界关系中取得更多生命自由——存在，它超越不同民族、不同文化，也超越意识形态的自以为是，不动声色地展现着自己。

（四）从个体上看——即从人类以个体方式存在，个体本质体现出社会关系的总和而言，历史规律论具有选择性意义。社会关系作为利益共同体是通过价值目标形成的。而价值目标是由社会基本需要决定的。人们拥有社会关系不同，对社会价值目标的认知就不同。这里充满了偶然性。

历史规律论的相对性、必然性、趋势性、选择性，前一是相对性；后三是绝对性。绝对性以相对性存在为前提，是相对性意义的绝对性，即相对性是绝对的，而绝对性是相对的。绝对性判断把自然界提供的宜人环境设定为静止状态，在此前提下思考人类历史发展及其客观规律性问题。

学界曾有系统论、概率论、因果论解释人类历史规律的提法，并认为都属于决定论的形式。这一观点很有见地，但没有解决三者统一问题；同时，也没有从根本上判断人类与自然界关系的相对性，在一定程度上减弱了解释力。有学者主张把决定论推给理性领域，把非决定论推给实践领域，虽有新意，但没有明确建立两个领域之间的联系，并不能服众：如果理性不能准确表达实践的要求，理性又有何用？另有学者主张清算历史决定论的“失误”。这一观点应该说有一定道理，只是这个话题可以在更大语义范围内展开，并因这种展开而超越仅仅认为历史决定论“失误”的判断。

历史规律可以一般解释为因果必然性。人类追求历史规律就是试图把握生命活动的客观性，即在原因和结果之间建立一致联系，这样才能对生命活动的内容、方式做出最有利于自身的选择。但是，无论原因还是结果，都包含不同层次。前述从主体角度所做的总体——具体——个体区分，是对一般因果必然性的展开。其中，对单一要素间因果关系的考察，是从个体或个别方面认识规律性，可称为单一要素间静态关系所体现的因果必然性，简称因果必然性；对多元要素间因果关系的考察，是从具体或群体方面认识规律性，可称为多元要素间动态关系所体现的趋势必然性，简称趋势必然性；对复杂要素间因果关系的综合考察，是从总体或整体方面认识规律性，可称之为复杂要素间互动关系所体现的系统必然性，简称系统必然性。

就因果必然性而言，需要首先假设相关要素结构是稳定的，然后假设其中所有要素均呈静态存在。这个意义的必然性，往往被应用于特定时期或具体事物发展状况的判断。就趋势必然性而言，需要首先假定系统之间基本关系没有出现变化，然后要把握众多要素互动中共性内容。这种必然性考察了众多因果必然性内容，对人们发展战略选择具有重要价值。就系统必然性而言，需要立足于人类与整个物质世界相互作用、相互影响的关系，对人类历史地位乃至个体生命意义形成基本价值判断。这种必然性运用根本价值衡量现实，有助于实现理想与现实的统一。

不难看出，因果必然性——趋势必然性——系统必然性因所涉及要素范围不同，所能解释的对象也会不同。人类命运归根结底取决于系统必然性。系统必然性表现在：人类生命系统是自然界长期演化的结果，这种演化仍在继续；在自然界许可人类存在时期，人类由于天赋的大脑组织和社会性，将不断通过智力发展增强整体能力，运用所把握的客观规律对自然界施加越来越大的影响，从而使生命存在得到持续优化——个体生命时间延长，存在方式趋于自由。马克思的三种社会形态理论就是对此的判断。该理论认为：随着能力增强，人类关系将呈现人的依赖性、人的独立性、人的自由个性等不同形态。但是，这种进程不能完全排除偶然性的发生：人类智力尚不能发觉的自然界条件的突变；人类自身理性失误所导致的巨大灾变。

三种必然性都是人们对包括自身在内的自然界考察的结果，归根结底是为了自身生存和发展的目标服务；它们各有解释空间，不能彼此替代，成为人们解决不同方面实践难题的依据；所呈现的递进关系彼此互补，从总体上构成关于社会发展规律的描述。从抽象意义上说，能够形成独立价值的社会主体只有个体、群体、整体三种层次。其中，群体是弹性概念，家庭—家族—集团—阶级—民族—联盟都可以视为群体。这种划分所形成的价值层次肯定是复杂的，它们之间的互相作用也充满随机性。

社会主义瞄准的是人类整体趋势，致力的是个人自由，但却只能以群体发展为存在形式。换句话说，理论家往往从两端去描绘关于理想社会状态：一是个人方向，二是人类趋势；但实际上人们生存状态更多地受到各种群体的影响，而关于群体的判断都是对整体或个体状态的某种近似表达。

三、中国特色社会主义承载的历史使命

关于社会运动规律与物质运动规律趋异性的研究，证明了历史发展动力体现在人类劳动能力的不断发展上，并且，劳动能力经历着从体力为主向脑力为主的转变过程。从宏观上判断：落后国家之所以率先进入社会主义建设，是因为相关民族处在各种社会矛盾的焦点，更为迫切地需要劳动力的解放；选择社会主义道路客观上成为他们解决这一难题的最优选择。而这些民族最终采用市场体制来建设社会主义，主要是因为现代市场远非马克思时代可比，已经成为人类发展个体劳动能力的基本途径。

中国特色社会主义对市场的选择说明了市场方式的合规律性；后者体现在向马克思所描述的“每个人自由发展”目标的趋近。在人类发展现阶段，人的自由发展经由市场正在变成目标，虽然它不能彻底实现，却并不影响它成为一种客观趋势。

中国改革所呈现的市场经济方式，需要面对两个基本问题：首先是每个人的自由问题，其次是生态危机问题。前者证明市场方式的规律价值，是中国特色社会主义需要长期坚持的发展体制；后者证明资本主义对其运用的局限性，是中国特色社会主义需要予以克服的弊端。

人的自由实际上具有两层含义：一是把自由作为个体能力最大化的表现形式。马克思对此有过表述，即把以能力本身为目的的发展看作是自由王国的实现。这体现为人类在自然界许可前提下发展的规律性。二是把自由状态作为平等彻底化的表现形式。人类永远不能完全实现个体的无差别，因为这种差别在许多方面取决于先天的因素，是很难完全掌控的，也是不应该掌控的。那么，以此为前提的社会关系，其平等原则显然不应仅仅是相关规则的设立，而是尽可能扩大的个人自由，彻底的平等就是充分的自由。

相比之下，生态问题在西方马克思主义和生态社会主义那里已有比较充分的议论，主要是从市场经济的资本主义运用方面寻找危机根源，即从人类能够获取自然资源总量的有限性与人们资源分配不均所导致的攫取自然界资源动力的无限性之间矛盾上去解读。而且，这种竞争模式已经激起越来越激烈的民族矛盾。事实上，先进国家迫使全人类为其发展付出环境代价。这个问题的难点是如何准确地表达生态危机与民族斗争之间的关系。因为，后者的发生显然有着更为复杂的原因，例如亨廷顿所谓的“文明冲突”。

实际上，文明冲突不单纯体现在价值观层面，也有利益问题，甚至更为重要的是利益。落后民族不放弃自己的文化模式，是因为它承载着许多既得利益，例如特定价值观所形成的社会凝聚力，特定管理方式所形成的社会稳定成本，社会结构方式所形成的利益层级原则。一旦这些发生根本改变，就将引起社会秩序的紊乱。所以，人们常常看到的是，被外人说成不堪忍受的某种社会制度文化，在其国内往往能够被大多数人所接受。从另一方面说，强势民族推行自己的文化，是因为这种文化骨子里主张竞争；而弱势民族一旦卷入这种力量悬殊的竞争，一开始就将处在不利地位。虽然，从历史的长远来看，弱势民族将因此被推动发展并提高实力，但这往往需要几代人甚至十几代人付出巨大代价。这应该是许多民族“拒绝”先进文化“帮助”的根本原因。渐进方式是更为合理的选择。

在先进榜样的诱惑下，落后民族如何把握自己成为一道难题。凡是不能很好解答者均付出惨重代价。中国改革已经走上的这条道路，要害是选择了市场方式。中国人要继续取得快速发展，必须知道市场方式的历史地位是什么。简言之，一方面，现在乃至今后相当长历史时期，它仍能够发挥推动人类进步的作用，中国改革即便再过 30 年，也不宜轻言放弃市场发展方式；另一方面，由于人类在解决生存问题的长足进步，特别是生态危机的警示，市场方式正在也必然会出现新的变化。这种变化取决于其内在矛盾的推动，与新的时代条件联系在一起。

中国改革追求社会主义共同富裕目标，所启动的传统文化资源，将在一定程度上改造市场体制的资本主义模式。新的模式将保留市场的基本运作机制，但将在一定程度上予以改造，使其最终将形成与资本主义市场不同的社会结果。社会主义将由此出发逐步实现理想社会目标。而人类将看到一种与资本主义不同的发展模式，它更有效率、更公平，也更优越、更具吸引力。

这种逻辑分析虽然离眼前的现实还有一段距离，但它所展示的可能性是可以信任的。现实市场经济是在资本主义制度模式下实现的，社会主义市场经济肯定以此作为起点，其确立需要经历两个发展阶段：第一，实现社会主义与市场经济的对接。第二，实现社会主义对市场经济的改造。科学发展观是使市场经济逐步体现出社会主义的目的。从逻辑上说，首先，需要确立市场经济条件下体现社会主义价值的目标；其次，应该是逐步建构体现该目标的一系列完整的制度模式。这个阶段的完成意味着中国改革的成功。

科学发展观的提出针对了市场机制所衍生的贫富分化、人与自然界关系紧张等一系列矛盾，表达了对现有发展方式的调整。科学发展观第一要义仍然是发展。这意味着，科学发展观只能在坚持市场原则的前提下去解决发展问题，否则，社会主义将因长期落后于资本主义而失去存在的合理性。贫穷不是社会主义，落后同样不是社会主义。作为优越于资本主义生产方式的社会主义，只能比资本主义更富裕、更先进，否则就没有理由出现，也没有理由替代资本主义。所谓坚持改革，就是坚持以市场方式为中心的经济体制改革。那种认为既可以放弃市场经济又可以坚持改革的观点，是站不住的，客观上只能导致改革的倒退。

但与此同时，也不能认为市场经济就只有资本主义一种方式，社会主义只能短期借用它达到阶段性发展的目的然后一弃了之。这种观点实际上否定“社会主义市场经济”的命题，不认为它能真正出现。资本主义市场经济是法制前提下的自由竞争，市场对资源配置发挥作用，形成优胜劣汰结果。社会主义选择市场经济同样是从“让一部分人先富起来”开始，而目前的科学发展观则进一步解决从侧重“一部分人”利益到实现“全体人”利益的问题。其中，“以人为本”原则显然是针对全体人的，而“全面协调”原则强调的是全体人利益的横向展开，“可持续”原则强调的是全体人利益的纵向展开。

科学发展观改造原生态市场经济具有成功的逻辑可能性，首先，市场经济是人类形成的发展与自然界关系的方式属于最先进的生产方式，但肯定不是最后的生产方式。其次，市场经济在自身发展过程中，逐渐展现了其二重性特征：其一，它的运行前提需要法制和道德二元要素；其二，它的运行机制需要市场自发调控和国家自觉调控双重作用；其三，它的运行结果呈现优胜劣汰和促劣变优两种趋势。事实上，资本主义对市场经济的运用侧重于它们的前者，而社会主义市场经济应该能够实现对它们双方的兼顾。社会主义在让市场发挥资源配置基础作用的同时，将自觉运用国家宏观调控推动市场体现自身发展目标；社会主义追求共同富裕，将促劣变优视为重要的途径，因此，将在时机成熟的时候，自觉控制贫富差距，加大促劣变优的力度。

科学发展观对原生态市场机制的修正，所表现的具体环节是“全面协调可持续发展”。从主体方面判断，可以指全体社会成员利益得到完整的、分层次的、分阶段的体现，其中包括不同能力、不同区域、不同时期的劳动者利益被兼顾。从客体方面判断，可以指城乡之间、东中西部之间、行业之间的利益关系得到完整体现，其中包括工资待遇、交通通讯、环境条件等得到渐次发展并归于同等的发展。双方的共同进展，将营造出共享改革成果的局面，使全面小康社会成为现实，而其战略目标将是向共同富裕发展。这意味着，推行科学发展观的中国改革，将全面展现市场经济的社会主义性质。

一个不能回避的难题是：上述路线图的关键是加大了计划安排的分量，强化了政治权力的责任。而随着权力掌握了更多的资源，其自身净化问题将会越来越突出。化解这道难题，须直面诸多复杂要素，中国共产党人不仅需要学习西方文化中的法治精神，还要学会发掘中华文化中的德治传统，二者的有机结合所构成的运行系统，将为人类奉献一种创新的政治文化。

（作者：天津师范大学社会主义研究所所长、教授、博士生导师）

（选自《理论学刊》2011年第4期）

中国特色社会主义事业总体布局研究论纲

张荣华　原丽红

中国特色社会主义事业总体布局（以下简称“总体布局”）是一个尚未深入研究的重要课题。之所以有这样的结论，主要出于两个方面的原因：从研究总量上看，目前能够检索到的明确研究“总体布局”的文章及论著不超过40篇部；同时，从研究的深度上看，也远不能与这个课题的重要性相匹配，突出的表现就是“总体布局”的概念阐释、研究的对象、研究的内容、研究方法以及研究的意义和价值还都比较模糊。本文就以上“总体布局”研究的几个方面作一粗浅梳理，抛砖引玉，希望将“总体布局”研究进一步推向深入。

一、关于“总体布局”的概念

对研究对象作相对准确的界定，显然是研究深入的前提性要求。目前还没有学者对中国特色社会主义事业总体布局进行明确的概念界定，但是，有两种阐述大致可以看作是对它的定义。第一种，是从内容构成来定义，指出“总体布局”是指由社会主义经济建设、政治建设、文化建设、社会建设组成的“四位一体”，是把我国建设成为富强民主文明和谐的社会主义现代化国家的必然要求；它是一个相互联系、相互制约、相辅相成的有机整体，是我国社会主义现代化建设，尤其是改革开放实践经验的科学总结，更是科学发展观的本质要求。第二种，是从性质和功能上来把握，指出它是一种理论上的宏观把握和工作安排上的战略部署。严格来说，这些都不能算完整意义上的定义，它们没有揭示出被定义项的特有的属性及其特征。第二种定义虽然已经说到了根本特征，但是定义的区分度仍然不大，尤其是对中国特色社会主义事业总体布局的动态性揭示明显不足。

笔者根据学者和自身的研究，试着为“中国特色社会主义事业总体布局”的概念作如下定义：中国特色社会主义事业总体布局，是中国共产党从中国特色社会主义建设事业全局出发，依据时代变化和国情发展的要求对推动社会全面进步的主要的、基本的内部组成方面及相互关系的总体性认识和由此作出的宏观的、多位一体的、战略性工作部署。目前，中国特色社会主义事业的总体布局已经发展到“五位一体”，即经济建设、政治建设、文化建设、社会建设、生态建设共同构成的阶段。

首先，这个定义指出，中国特色社会主义事业总体布局从属于中国特色社会主义的建设事业，具有高度的实践性，是战略层面的宏观考察与安排。其次，这个定义突出了“总体布局”是一个随着时代和国情发展而不断发展的动态构成。第三，这个定义强调了“总体布局”不仅是对社会发展主要推动力量的组成部分的认识，同时也是对组成部分之间关系的认识。第四，这个定义既指出目前“总体布局”的构成，又隐含着它可能随着客观形势及我们认识的发展而进一步变化的意味。但是，这个定义仍然有值得进一步推敲的地方，即如何更好地体现“总体布局”中“布局”的特殊性。与中国特色社会主义理论体系中其他理论问题不同，“总体布局”研究的一个重要落脚点在于“布局”，即如何通过对中国特色社会主义事业内部的结构优化实现整个复杂开放巨系统的最优化。

需要特别说明的是，目前学术界大多数所理解的“总体布局”的内部组成是“四位一体”的，即不包括“生态建设”，但是考虑到时代要求、国情变化和民意诉求，生态建设已经成为国家战略规划不可或缺的组成部分，而且，在党的十七大后，我们党的重要文件及领导人重要讲话中都将生态建设与其他四大建设并列使用，因此，即使从学理表达，以及宣传需要上也应当把生态建设纳入“总体布局”中。对此，笔者在《“五位一体”：中国特色社会主义事业总体布局探析》作了详细的阐述。

二、关于“总体布局”的研究对象

“总体布局”的研究对象包括具体对象和一般对象。具体对象就是影响“总体布局”发展和实现的重大事件、重要会议及相关的历史记录、文献资料等；一般对象则是“总体布局”发展和实现中的规律。具体对象的研究为一般对象的研究提供丰富的感性材料，是一般对象研究的基础和起点；一般对象的研究则为进一步深入理解具体研究对象提供了理论指导，是具体对象研究的最终目的。

“五位一体”的“总体布局”的形成，经历了一个长期的嬗变过程。在嬗变的过程中有两条线索、两个过程。一个是“总体布局”本身组成部分构成的变化；另一个是“总体布局”发展的不同阶段中，“总体布局”各个组成部分之间的逐步协调并使整个中国特色社会主义事业建设呈现新面貌的过程。这个过程中有大量具体的感性材料需要了解和分析。对“总体布局”的研究而言，首先就要对这些材料进行搜集和整理，然后研究发现“总体布局”各个组成部分及“总体布局”自身嬗变的规律，使“总体布局”各个组成部分更好地“一体”、协同有机发展的规律。反过来，对于“总体布局”相关规律的把握，有助于社会各个子系统的良性协调发展。总之，对于“总体布局”中一般规律的发现和把握是我们研究大量具体感性材料的最终目标。

三、关于“总体布局”的研究内容

在对“总体布局”的发展规律和实现规律进行研究的过程中会涉及到一系列重要的问题，这些问题及其子课题构成“总体布局”研究的基本内容。

（一）关于“布局”的一些基本理论

尽管具体解释上有所不同，但是可以肯定的是，“布局”的说法源自棋类。棋类属于博弈游戏，“布局”就是在博弈开始基于规则、基于条件对已拥有领域的切割方式。由于棋局的胜败取决于谁能在最后决胜，因而“布局”谋求的不是胜利，而是为中盘乃至更后阶段谋划的展开奠定基础。不同的“布局”产生不同的后续步骤，对局势的优劣常常起着决定性的作用。“布局”形成格局，格局是势能形成的基础。无论是从生活经验还是生产实践，我们都能感受到“布局”对全局的影响。“布局”合理的房屋，居住更为适宜；“布局”更合理的商场，购买过程更流畅；“布局”更为合理的生产线，效率更高；“布局”更为合理的文章，更有吸引力。总体布局，顾名思义就是全面的“布局”，是针对全体对象进行的整体性布局。

总体布局中的“总体”，不仅仅是一个定量性的规定，更重要的是一个定性规定。定量性规定是说总体布局在布局的过程中必须关照到系统中的各个组成部分。定性规定是指总体布局必须是全面的、宏观的、整体的。同时，总体布局中的“总体”还是一个相对的概念，因为相对于更大的外围而言，布局总是局部布局、部分布局。总体布局是嵌套式布局中最外围的部分，一般而言，越外围的布局越简单、越粗放，但是囊括性或者说包容性、机动性也因此更大。同时，与棋局布局、建筑物布局不同的是：建设事业的布局是立体空间中的动态布局。随着人类社会生产生活时空的变化，各种要素不断分化、组合、积聚、扩散，布局方式及关联形态也势必发生不同变化。同时，角度不同、目标不同，布局也会有所不同。

总体布局中的“总体”所指向的对象不同，其布局方式也随之不同。一般来说，总体布局所针对的系统的规模不同、性质不同，布局的方式、原则的区分度就较大。对于简单的闭合系统而言，总体布局的目标、原则、手段都相对单纯和单一，因为系统的线性特征更明显，变量较少。也是因此，布局的线条、组成部分的划分、空间的分配都可能细密一下。反之，对于开放的复杂系统，总体布局的目标、原则、手段可能会复杂一些，但布局的结果、结构反倒会开阔一些。这是因为，变量增多、动态性增加，系统的非线性特征增强的时候，必须使布局结构更具弹性和兼容性。一般来说，系统越复杂，布局的必要性越是凸显，对布局主体的统筹能力的要求越高，对布局理念的层次要求也越高。

中国特色社会主义事业总体布局，是中国社会发展最大的布局，也是中国共产党作为执政者，作为全国各族人民的先锋队，在马克思主义理论的指导下，基于自身对中国社会发展的外部环境、内部条件、未来追求等各种因素判断基础上，对推动社会全面进步的主要的、基本的内部组成方面及相互关系的总体性认识和由此作出的全面的、宏观的、战略性工作部署。中国特色社会主义事业总体布局是中国现代化建设战略规划的起点，关系着中国特色社会主义事业的发展方向和前途命运。因此，“总体布局”既要有全面性还要有宏观性；在思维方式方面，“总体布局”也需要用整体思维来取代片断思维，以非线性思维取代线性思维，以开放思维取代封闭思维。在这些方面显然还有许多课题需要深入探讨。

（二）“总体布局”的发展过程与阶段

目前对于总体布局问题的研究还主要是以党的最高领导人的讲话和党的重要会议决策为划分标志的，这种划分当然有其合理性。毕竟“总体布局”是我们党的战略目标实施的第一步规划，但是，其局限性和肤浅性也是明显的。它忽视了或者直接回避了“总体布局”本身不仅仅是一个静态的决策，同时还是一个动态的推进过程，其发展程度、实现程度与决策者、实施者的主观愿望之间并不一定完全契合。这种简单的划分有意无意地放弃了对“总体布局”发展中的规律性的探索。如果不把“总体布局”仅仅看作文件语言而是一个实践性课题，对它的发展阶段与过程的解读梳理立刻就会呈现出新的学术样貌，尤其是对中国特色社会主义事业建设的历程的分析，就主要不是单纯的经济或政治维度，而应该有更新的坐标体系，这是一种全新的尝试。

（三）“总体布局”的发展动力

“总体布局”的发展动力就是推动“总体布局”自身组成部分及其构成方式变化的力量。如果把中国特色社会主义事业视为一个特殊的巨复杂开放系统，那么推动这个系统发生结构性变化的主要力量，也就应当是“总体布局”

发展变化的动力。对于一个开放系统而言，促使其发生变化的内在外在动力有可能多不胜数，各种偶然性事件常常构成系统重大更新的最初动力，但是，在一连串的偶然性事件的背后，必然性往往是真正的幕后推手，对于系统中的决策者、执行者而言，如何从偶然性中把握必然性，如何从不胜枚举的各种动力因素中找到主要的动力，如何考察和判断系统与外在环境、内在子系统之间的作用关系、运动方式是艰苦而意义重大的工作。对于"总体布局"演变的时代的、社会的乃至人们社会心理的背景研究，实际上就是要找到促动我们党进行战略调整的各种动力，这是寻找规律的过程，也是最有价值的研究。例如，不了解"四个现代化"提出时我们的国情国力，就不能理解今天看起来带有强烈物质中心主义色彩的这个战略布局的必然性和必要性；不了解改革开放初期我们在思想文化领域面临的诸多问题和挑战，也很难理解"两手抓、两手都要硬"是一个重大的、意义深远的战略调整；同样，如果我们不从党的"八大"后不久，"以阶级斗争为纲"的政治布局取代或者说打乱"四个现代化"的经济布局的背景去思考问题，也很难理解政治文明建设的相对独立对我们党的执政能力建设的重要意义。我们对引致"总体布局"变化的各种原因把握得越准确、越丰富，对未来"总体布局"的发展走向就会越清晰和明确。

（四）"总体布局"的发展趋势与实现途径

"总体布局"作为战略起点性规划尤其需要有前瞻性和全局性，因此，了解"总体布局"应当的发展趋势，对于实现最终的战略目标意义重大。我们党对现代化建设事业结构体系认识的不断深化，是"总体布局"从"四个现代化"到"二位一体"、"三位一体"、"四位一体"的嬗变的直接原因。这些调整都适应了不断发展的社会主义事业对社会有机体内部各个子系统整合模式、整合能力提出的更高要求。尽管我们党"四位一体"的"总体布局"的形成看似有阶段性的分界，但实际上其中每一个部分都孕育并贯穿于中国特色社会主义事业发展的全过程中。"总体布局"的具体结构及结构方式总是在不断发生变化，它们之间的嫁接、生长方式都会随之变化。

任何对"总体布局"的固化都是对它赖以建立的有机社会基础的否定。如何通过使"总体布局"的各个组成部分之间相互有机协调、一体发展就是"总体布局"的实现问题。从理论上讲它们之间是可以也应当相互协调的，但是在现实中，这个协调需要条件、需要过程、还需要高超的智慧。总结经验、把握规律的目的就是要利用规律来加强我们实践的预见性和实效性。随着中国特色社会主义事业的进一步发展，"总体布局"的内容与结构必然继续丰富和发展。因此，未来"总体布局"的实践发展与理论研究将有两个方向：一是随着社会历史发展，"总体布局"内部还要增加哪些新的要素；二是构成"总体布局"的各个系统要素之间如何形成互相支撑、互相提升的良性作用机制，改变目前一定程度上存在的几个领域间协调性差、互利程度较低的状态。

（五）"总体布局"实践过程中的经验教训

一个民族从自己的失误中学习到的常常比从成功中学到的更多。"总体布局"常常以某种思维偏好形式存在于决策主体的头脑中，不自觉地影响着我们整体的工作部署，因此，研究"总体布局"发展过程中出现的挫折，对于深刻揭示建设中失误的深层原因也有重要作用。以"四个现代化"的布局为例。"四个现代化"是一个担负着"总体布局"职能的经济建设的总体布局。建国之初，国家百废待兴，党的首要任务就是发展经济，为国家现代化奠定基础，因此，经济建设的总体布局成为"总体布局"既是必然也是必须。尽管当时整个社会民生凋敝、形势险恶，党的执政经验还很不足，社会调节手段也很有限，但是中国共产党在新民主主义革命中形成的强大的社会动员机制仍然有相当高效的社会整合能力；高度集中的计划经济体制既有利于集中全社会的人力物力办大事，也使政府对经济具有绝对的控制能力；以集体主义为核心的社会价值体系也被社会普遍接受，整个社会达到了相当高的一体化和整合化水平。在这种情况下，党和国家领导人可以集中主要精力进行经济建设。但是，对于任何一个国家，要进行现代化建设不能不进行相应的制度培育、文化发展、社会建设，更何况中国的社会主义建设是在落后的小农经济占相当大比重、小生产基础上形成的习惯势力相当强势的社会环境中进行的。没有良好的制度建设，就不可能在小生产的汪洋大海中建立起真正的社会主义现代化强国。所以，尽管毛泽东早在革命战争年代就已经开始用共产主义思想来武装以农民为主的革命队伍，但是，由于没有及时转变革命战争年代的革命党思维，加上国际国内形势的复杂变幻，终于使经济建设为核心的"总体布局"被"以阶级斗争为纲"的政治布局打乱，使社会主义建设事业一度走向歧途。因此，改革开放后，从"两手抓、两手都要硬"开始，我们的"总体布局"的内在构成不断扩大，对社会建设基本组成部分的涵盖程度不断提高，某种程度上正是基于对以往单纯经济或政治主导的布局方式导致问题的深刻反思。

四、关于"总体布局"的研究方法

"总体布局"的研究作为学术研究课题的特殊性之一就在于，它采用的研究方法在相当程度上决定了这个课题研究的成败与深浅，因此，"总体布局"的研究方法本身也成为"总体布局"研究的重要组成部分。"总体布局"的研究方法之所以重要，从根本上说是由这个课题的研究对象的特殊性决定的。对"总体布局"这个巨大的复杂有机体进行研究，既不能简单地用机械分析的方法，也不能仅仅依靠整体综合的方法，而是多种手段的综合应用。从我们目前的研究来说，系统科学的方法论体系是研究"总体布局"最适宜或者是最重要的方法之一。"总体布局"的布局对象——中国特色社会主义事业是一个复杂开放的巨系统，包含无数异质的子系统。"总体布局"是要对这些异质的系统进行结构性调整与统筹，它需要撇开这些子系统的特殊性，而发现其一般性规律。系统科学是一种横断科学，它以系统视角来对待各种特殊性，它的基本的思维模式是整体的和系统的，这与"总体布局"要求相契合。

五、关于"总体布局"的研究意义与价值

关于中国特色社会主义事业总体布局的研究，无论在当前还是今后一个较长的历史时期，无论是在理论上还是在实践上，都具有非常重大的意义和价值。

（一）"总体布局"的研究是对马克思社会有机体理论的丰富和发展

马克思认为，社会是社会体系的各个环节、要素构成并同时存在而又互相依存的连续发展过程的有机整体。"谁用政治经济学的范畴构筑某种思想体系的大厦，谁就是把社会体系的各个环节割裂开来，就是把社会的各个环节变成同等数量的依次出现的单个社会。其实，单凭运动、顺序和时间的唯一逻辑公式怎能向我们说明一切关系在其中同时存在而又互相依存的社会机体呢？"在《资本论》第一版序言中，马克思更明确地指出："现在的社会不是坚实的结晶体，而是一个能够变化并且经常处于变化过程中的有机体。"虽然马克思、恩格斯对于未来社会主义社会的布局、结构有过大量天才的预测，但是，囿于历史条件，他们对于社会主义建设事业总体布局的思想还孕育于社会有

机体理论中。列宁领导苏联人民建立了第一个社会主义国家，但他对社会主义建设总体布局的探索也尚未来得及展开。在传统社会主义国家的早期探索中更多地关注经济现代化层面与资本主义国家的竞争，而忽视了整个社会系统与经济建设的同步发展，往往导致社会的不平衡甚至畸形发展。“总体布局”是从结构——功能的角度来考察和部署复杂的社会系统。结构优化是系统优化的基本途径之一。系统的性质和功能不但决定于构成系统的要素，而且决定于要素之间相互联系所形成的结构，合理的结构促进系统功能的优化，不合理的结构往往造成系统的效率低下，甚至内耗。“总体布局”是对社会有机体作结构性解剖和分析，是对社会有机体各部分相互作用机制的不断地再认识。“总体布局”的不断调整，实际上是我们党对社会有机体构成部分、构成方式的认识的不断深化，也进一步丰富了马克思社会有机体理论。

（二）“总体布局”研究是中国特色社会主义理论体系研究的重要组成部分

改革开放后，中国从计划经济体制向市场经济体制转轨，从农业社会向工业社会、信息化社会转型的过程中，同时还要迎接难以抗拒的全球化浪潮。经济体制深刻变革、社会结构深刻变动、利益格局深刻调整、思想观念深刻变化，这种空前的社会变革把前所未有的挑战摆在共产党人面前。整个社会结构的整合度逐渐下降，群体社会结构由简单到复杂的变迁，使社会整合所面临的群体基础发生了重大变化。即社会成员的利益阶层分化及相互间的矛盾较以往剧烈得多。社会的组织结构也由一元向多元发展，国家的组织动员能力明显下降。社会成员的思想观念结构也由单一向多元取向分化，传统的政治思想工作的社会控制力下降，意识形态的社会凝聚力、动员力减弱。在这种形势下，任何单一社会系统的作用都是有限的，只有形成多元整合系统，并有效构建系统内部的相互关系，使各子系统之间形成相互推动、相互促进、互为生长点的良性发展局面，才有可能使近代以来发展时空被极大压缩的中华民族能够牢牢抓住战略机遇期，稳步、快速地发展。因此，对“总体布局”的研究越来越应当成为中国特色社会主义理论体系研究的重要组成部分。

（三）“总体布局”思想不断发展成熟将对中国特色社会主义建设事业产生深远的影响

“总体布局”是从结构——功能的角度来考察和部署复杂的社会系统，结构优化是系统优化的基本途径之一。系统的性质和功能不但决定于构成系统的要素，而且决定于要素之间相互联系所形成的结构。合理的结构促进系统功能的优化，不合理的结构往往造成系统的效率低下，甚至内耗。我们“必须积极推进四位一体总体布局的发展战略，坚持‘四轮驱动’，使‘四位’成为一个系统，一个整体。”“总体布局”不仅仅是战略部署还是一种整体性视角、结构性原则和系统的方法论，它把整体的功能和效益作为认识和解决问题的出发点和归宿点，在处理问题时，立足整体、总揽全局，努力寻求实现整体利益最大化的决策；同时，在整体视角下坚持用结构性原则和系统的方法对整体中的要素进行分析、综合，避免流于笼统和浮泛的直观认识。对于国情空前复杂、需要不断权衡利害缓急的当下中国，这种视角是格外必要的，尤其是对执政党更为重要。

（作者：中国石油大学·华东·人文社会科学学院副院长、教授、博士生导师）

（选自《理论学刊》2011 年第 2 期）

论中国特色社会主义的开放性特征

高继文

我国现代化建设新时期的显著特点是改革开放，既改革又开放。改革与开放相辅相成，使我国实现了从计划经济体制向社会主义市场经济体制、从封闭半封闭向全方位开放的伟大历史转折。中国特色社会主义道路和理论体系是在改革开放中发展起来的，既有鲜明的中国特色，又有明显的开放性特征。加强对“开放性特征”的研究，能够加深对中国特色社会主义的内涵、创新经验和重大意义的认识，更好地理解“中国特色”。

一、对外开放是开辟中国特色社会主义道路的重要条件

中国特色社会主义道路是依靠改革开放开辟的，是在改革开放进程中形成的。改革主要是进行体制创新，破除国内僵化的计划经济体制和其他方面的体制，建立以社会主义市场经济体制为核心的新体制；开放主要是加强对外合作，学习外国先进经验和文明成果，发展外向型经济。改革与开放互为前提、互相促进、缺一不可。如果思想保守，不敢改革，就不会有开放的需要和勇气。但如果不了解外部世界，不开放，就难有改革的紧迫感、正确的办法和目标。对外开放为对内改革提供重要借鉴和外在条件，推动和加速改革；对内改革为对外开放创造体制、观念等方面的条件，不断提高开放水平。所以，邓小平多次说，改革是对内搞活，也是开放；我们搞了两个开放，一个对内开放，一个对外开放。他指出：“一个对外经济开放，一个对内经济搞活。改革就是搞活，对内搞活也就是对内开放，实际上都叫开放政策。”对外开放是建设中国特色社会主义的重要条件。30多年来，开放和改革相伴而行、相互推进，共同构成中国特色社会主义的强大动力。

1978年，党的十一届三中全会将党和国家的工作中心转向经济建设，同时作出了实行改革开放的重大决策。邓小平和党中央认识到，搞经济建设就要从中国实际出发，改革旧体制，解放和发展生产力；还要对外开放，利用国际条件加快发展。1980年前后，一方面在农村试行家庭联产承包责任制，进行管理体制改革；另一方面在深圳、珠海、汕头、厦门设立经济特区，试行灵活特殊的经济管理政策，吸引外资，运用市场机制。这是最早的改革开放创举，是探索中国式现代化道路的两个起点。这时的开放主要是“引进”，引进外国资本、先进的技术、人才和管理经验。邓小平指出，现代科学技术正在经历伟大的革命，科学技术是生产力，我国的科学技术同世界先进水平的差距很大，不能适应现代化建设的需要，因此“要引进国际上的先进技术、先进设备，作为我们发展的起点”。他多次指出这是很大的政策，一定要坚持。他还说：“特区是个窗口，是技术的窗口，管理的窗口，知识的窗口，也是对外政策的窗口。从特区可以引进技术，获得知识，学到管理，管理也是知识。”农村改革和对外开放的巨大成就证明，商品市场关系是发展生产力的有效手段，于是，1984年党的十二届三中全会确定发展有计划的商品经济，指导城市经济改革全面推开。改革开放解放了思想，开阔了眼界，建立了国际国内市场的联系，加速了发展。邓小平深刻认识到，社会主义要大力发展生产力，就必须对外开放，改变社会主义不能发展市场经济的观念。1984年前后，他敏锐地看到世界上有两大问题，一个是和平问题，一个是发展问题，指出要从这样的高度认识我们的路线和政策。他特别强调：“现在的世界是开放的世界。”“经验证明，关起门来搞建设是不能成功的，中国的发展离不开世界。”他还说，不开放，就不知道怎么发展。这就从全球发展与中国发展的联系中指明了中国开放的重要性，推动对外开放向纵深发展。1984年开放从大连到北海的14个沿海城市，1985年批准将珠江三角洲、长江三角洲、闽南三角洲开辟为沿海经济开放区，1990年开发和开放上海浦东新区，后来又开放沿边地区和内地，形成了全方位、宽领域、多层次的开放格局。在这个过程中，邓小平把对外开放确定为基本国策，论证扩大开放的必要性，坚持开放的正确方向。他逐步突破了将市场经济与社会主义对立起来的传统观点，提出社会主义要发展市场经济。1992年，党的十四大将我国经济体制改革目标确定为建立社会主义市场经济体制。这既是改革开放的结果，又是深化改革开放的重要依据，是中国特色社会主义的最大创新。

1992年党的十四大以后，我国进入建立和完善市场经济体制、深化改革、扩大开放、加快发展的阶段，中国特色社会主义道路在参与全球化进程中开拓前进。这一阶段世界各领域的全球化发展趋势日益增强，和平、发展、合作、开放的潮流愈益明显，国际环境与各国的相互影响加深。中国的改革开放既面临大好机遇，又存在严峻挑战。1999年前后，江泽民和党中央深入分析冷战后经济全球化、政治多极化、科技革命加速发展带来的利弊，特别是经济全球化的原因、性质和影响，总结国内外发展经验，决定我国既要积极加入全球化，又要趋利避害。江泽民指出：经济全球化是世界经济发展的客观趋势，任何国家也回避不了，都不可能孤立于世界之外发展自己；我们要坚定不移地实行对外开放政策，积极参与国际经济合作和竞争，充分利用经济全球化带来的各种有利条件和机遇，又要清醒认识经济全球化的风险，加强防范，增强抵御能力，确保国家经济安全。党的十五大坚定长期开放的国策，提出了努力提高对外开放水平的指导思想和战略部署。2001年，我国成功加入世界贸易组织，融入了全球经济体。这是对外开放的重大成果，也对进一步开放提出了更高要求。党中央适时提出实施“引进来”和“走出去”相结合的开放战略，全面提高对外开放水平。为适应经济全球化和加入世界贸易组织的新形势，党的十六大对全面提高对外开放水平提出了新要求。在扩大开放的同时，这一阶段我国改革发展也有新突破。比如，大力推进科教兴国战略和可持续发展战略，转变经济增长方式，走新型工业化道路；提出社会主义初级阶段基本经济制度的新观念，加快所有制和分配制度的改革，特别是国有企业改革；坚持党的基本路线和纲领，推进中国特色社会主义经济、政治和文化的全面发展，提出全面建设小康社会的目标；推进党的先进性建设的伟大工程，提出和践行“三个代表”重要思想；提出了建设和谐世界的理念，强调中国要维护世界和平，促进各国共同发展。深化改革和扩大开放，使中国和世界的联系越来越密切，使中国特色社会主义道路越走越宽广。

2002 年党的十六大以来，我国开始全面建设小康社会。党中央以科学发展观为指导，坚持科学发展、和谐发展与和平发展的理念，提升和拓展了中国特色社会主义道路的内涵。科学发展观是统领经济社会发展的总的指导思想，是我国内政外交的根本指针。就内政来说，它强调发展要以人为本、全面协调可持续、统筹兼顾，建设社会主义和谐社会，这是为了解决当前我国社会发展不平衡的问题。就对外来说，科学发展观强调统筹国内发展和对外开放两个大局，走和平发展道路，使中国的发展与世界的发展相互促进。和平发展道路，就是中国奉行合作、和平、共赢的发展方针，以和平的方式发展自己，又以自己的发展推动世界的和平与发展。它强调世界各国共同分享发展机遇，共同应对各种挑战，建设公正合理的国际新秩序与和谐发展的世界，实现人类的持久和平与繁荣。这是根据现阶段经济全球化、科技革命、国际经济合作的新趋势提出来的，是中国和平外交战略和对外开放政策的新发展，进一步树立了中国平等互利、包容和谐的开放观。按照科学发展与和平发展的要求，我国完善对外开放体制，转变发展方式，抓紧民生建设，促进社会和谐，加强党的执政能力建设，使中国特色社会主义道路又有了新内涵。

从以上回顾可以看出，中国特色社会主义道路是一条在与全球化紧密联系中独立建设社会主义的道路，是立足中国，面向时代、面向世界、面向未来的开放性道路。没有对外开放，就不会有中国特色社会主义道路。

二、对外开放是中国特色社会主义理论体系的鲜明特性

对外开放不仅是政策、体制的创新，更重要的是观念和理论的开放。开放使我们对当今时代、世界和中国的发展变化有了清醒认识，对马克思主义、社会主义和资本主义等基本理论问题的理解符合了时代和实践的要求。说到底，就是初步搞清楚了什么是社会主义、怎样建设中国特色社会主义，实现了思想理论上的开放性发展。

改革开放以来，我们党先后形成了邓小平理论、“三个代表”重要思想和科学发展观三大理论创新成果，党的十七大报告将它们统称为中国特色社会主义理论体系。这个理论体系是马克思主义与当今时代特征和中国实际相结合的产物，既有鲜明的中国特色，又有显著的时代特点和开放性特征。

中国特色社会主义理论体系的开放性，主要是指体现时代特征，具有宽广眼界，借鉴别国经验教训和人类文明成果，不断与时俱进。这是马克思主义在开放中创新、发展的集中表现。开放是理论创新和发展的重要途径，是为了解放思想，解放生产力，增强马克思主义理论和社会主义制度的生命力。

第一，中国特色社会主义理论体系的鲜明时代特征，是指它对当今时代和国际形势的新变化和新要求作出了正确判断，使中国特色社会主义的主题、目标和任务、路线和方针、战略部署等适应当今时代潮流，符合世界发展的大趋势。邓小平指出：“我们要赶上时代，这是改革要达到的目的。”邓小平在论述以经济建设为中心、增强综合国力、“三步走”发展战略、实行对外开放、奉行独立自主的和平外交政策、坚持“一国两制”构想等思想时，都是联系世界和平与发展的大局来分析问题的。

邓小平理论开拓了马克思主义在当代发展的新境界、新领域。江泽民强调，中国共产党要坚定地站在时代前列，确保先进性，使党的基本理论体现时代性，富有创造性，以发展着的马克思主义指导实践。“三个代表”重要思想就是冷战后时代和国际形势出现新变化条件下党的理论创新的成果，发展先进生产力、先进文化等战略思想反映了当今世界和中国的发展变化对党和国家工作的新要求。科学发展观在发展的理念、原则、方式、目标等方面有强烈的时代气息，和平发展、和谐发展、合作发展、共赢发展都是顺应时代潮流提出的。这就是说，正确把握时代和国际大势是搞好改革开放的重要条件；中国特色社会主义理论体系不仅是根据我国国情形成的，而且体现了时代的先进性要求。

第二，中国特色社会主义理论体系的宽广眼界，主要是指它借鉴了世界其他国家改革和发展的经验。邓小平强调要吸收国际的经验。他指出，中国要谋求发展，光凭自己的经验教训还不够，还必须开放，“开放不仅是发展国际间的交往，而且要吸收国际的经验”。党的十五大报告指出：“邓小平理论坚持用马克思主义的宽广眼界观察世界，对当今时代特征和总体国际形势，对世界上其他社会主义国家的成败，发展中国家谋求发展的得失，发达国家发展的态势和矛盾，进行正确分析，作出了新的科学判断。”邓小平在指导我国改革开放过程中，很重视研究和借鉴苏联、非洲一些国家搞社会主义的经验教训，注重发达国家搞现代化的经验。江泽民、胡锦涛等党和国家领导人反复要求，全党同志一定要有宽广眼界，加强研究世界的发展变化，借鉴别国别党成败的经验教训，搞好我国的事业。江泽民在党的十五届五中全会上指出：“世界发展很快，我们要密切注视世界政治、经济、科技、文化、军事等方面的变化。否则，就难以制定正确的方针政策，也很难做好工作。全党同志一定要用马克思主义的宽广眼界观察世界。所谓宽广的眼界，一是要有历史的深远眼光，一是要有世界的全局眼光。这样来观察问题，我们就能更深刻、更全面地认识当代中国和当今世界，更加清醒、主动地掌握我们自己发展的命运。”江泽民提出“三个代表”重要思想，很重要的原因就是汲取了苏联共产党、印度国大党等世界上一些大党老党垮台的教训。科学发展观借鉴了国外可持续发展的理念和经验。总的来看，中国特色社会主义主要汲取了苏东剧变的教训、借鉴了发达国家发展的经验、接受了世界上一些发展中国家盲目推行自由化的教训，并创造性地运用于我国社会主义实践。

第三，中国特色社会主义理论体系的与时俱进和吸收人类文明成果，主要是指它深入研究当今国内外的新问题，提出新思想，使马克思主义吸纳了新内容，获得了新发展。从历史上看，马克思主义是在继承人类有益思想文化成果的基础上产生和发展的，思想封闭、教条就会妨碍马克思主义的发展。改革开放、参与全球化发展使中国社会发生了广泛深刻的变化，使中国与世界各国面临的共同问题增多，各种思想理论的交流增多，共识增多。这样，当代中国马克思主义就有了更多的发展途径，可以在开放中总结国内外的智慧和经验。在思想解放、开放的推动下，中国特色社会主义理论体系使马克思主义在当代有了飞跃性发展，能够解答现实提出的新课题。比如，今天我们对资本主义的长期性、生命力的认识，对社会主义与资本主义的关系的认识，对社会主义与市场经济的关系的认识，对社会主义的本质、根本任务、基本经济制度的认识，对社会主义的政治文明、精神文明和生态文明的认识，对国家利益和国家关系的认识，对国际秩序与和谐世界的认识等，都有很大的理论创新，吸收了当今人类思想的精华，使马克思主义理论反映了当代世界的新变化，具有了更大的包容性和生命活力。集中说，就是它改变了在封闭状态下脱离人类文明大道，僵化地坚守马克思主义阵地的局面。

三、对外开放是发展中国特色社会主义的必由之路

对外开放是中国共产党总结了社会主义国家长期闭关自守的教训后提出的重要国策，是在全球化条件下建设中国特色社会主义的必由之路。其实质是利用人类文明成果甚至资本主义的先进成果，加快实现中国现代化和中华民族伟大复兴的步伐。

对外开放是社会主义发展的必要条件。资本主义开创了全球化的历史，是开放性的社会。社会主义应自觉地在资本主义文明基础上继续推动历史进步。马克思和恩格斯强调，社会主义是世界历史性的事业，东方国家建设社会主义必须利用西方的先进成果。十月革命后落后国家率先建设社会主义，国内缺少资本主义文明成果，封建包袱沉重，尤其需要正确对待资本主义，但社会主义国家多年没有深刻认识到这一点。列宁在新经济政策实践中初步形成了在开放中建设社会主义的新思路。他对内以发展生产力为中心，实行灵活政策，搞活经济；对外大胆向西方国家开放，发展对外贸易，实行租让制，引进技术和资金，打破封锁和孤立。他提出的著名公式——“乐于吸取外国的好东西：苏维埃政权＋普鲁士的铁路秩序＋美国的技术和托拉斯组织＋美国的国民教育等等等等＋＋=总和＝社会主义”，集中体现了社会主义要利用资本主义文明成果的思想。他还说：“社会主义共和国不同世界发生联系是不能生存下去的，在目前情况下应当把自己的生存同资本主义的关系联系起来。”斯大林在搞社会主义建设的初期还利用西方经济危机的机会，引进大量西方国家的技术和人才，但他没有自觉认识到应利用资本主义建设社会主义。后来，苏联社会主义模式僵化了，对内实行纯而又纯的公有制和计划经济体制，在思想观念上消灭一切资本主义文化成果；对外搞世界革命和军备竞赛，将一切西方的东西都当作资本主义来排斥，长期不与资本主义国家开展经济技术交流。不开放造成思想理论僵化，体制封闭，改革不力，经济缺乏活力，在与西方国家的竞争中吃了败仗。这是苏联剧变的一个重要原因。

新中国成立时，比苏联还落后很多，更应利用国际条件加快发展。建国前后，毛泽东认识到要与世界上一切国家特别是西方发达国家开展经济贸易交流，平等互利，互通有无，尽快改变我国落后面貌。由于西方一些大国尤其是美国对我国孤立封锁，我国实行“一边倒”的对外政策，主要向苏联和东欧一些社会主义国家开放。1956年，毛泽东曾指出要学习一些国家和民族的科学、技术和文化，发展与它们的关系，汲取其长处。后来党的指导思想犯了严重的“左”的错误，对社会主义、资本主义的认识不清醒，过分强调独立自主，不实行开放，甚至将对外开放与独立自主对立起来。那时实行苏联模式的计划经济体制，也不利于开放。20世纪六七十年代，西方国家抓紧搞科技革命，经济快速发展；我国却关门搞建设，搞阶级斗争，错过了开放、发展的大好时机，拉大了与发达国家的距离。

实行对外开放是我们党深刻总结关门搞建设的严重教训，深入研究我国基本国情、当今时代和世界的新变化作出的重大而长远的决策。我国处在并将长期处在社会主义初级阶段，根本任务是在发展生产力的基础上实现社会全面进步。我们要花几十年甚至上百年时间，去实现发达国家在资本主义条件下已经实现的工业化、市场化、社会化和现代化。这是很艰巨的任务，既需要利用好我国的条件，也需要积极大胆地利用外部条件。从当今时代和世界形势看，全球化的加速发展使各国面临的共同难题、共同利益和相互依存度增加，需要各国实行开放式发展战略，共同应对挑战，在合作共赢中发展。当代资本主义还有很强的生命力，发达国家掌握着世界上经济、科技、技术、管理和人才的优势，积累了一些搞现代化的成功经验，对发展中国家的现代化建设有一定借鉴意义。在相当长时间内，社会主义和资本主义国家将在世界上并存共处、相互借鉴。国内外因素决定了我国必须在对外开放中建设中国特色社会主义。对外开放后不久，邓小平就认识到要学习和利用资本主义的方法更好地发展我国生产力，指出资本主义国家的技术、科学、市场经济不等于资本主义，社会主义可以用，这实际上是学习和借鉴全人类创造的文明成果和先进经验。他明确指出："社会主义要赢得与资本主义相比较的优势，就必须大胆吸收和借鉴人类社会创造的一切文明成果，吸收和借鉴当今世界各国包括资本主义发达国家的一切反映现代社会化生产规律的先进经营方式、管理方法。"江泽民也多次强调这个道理。他指出："历史的事实已充分说明，中国的发展离不开世界，关起门来搞建设是不能成功的。实行对外开放，是符合当今时代特征和世界经济技术发展规律要求的、加快我国现代化建设的必然选择，是我们必须长期坚持的一项基本国策。在我们这样一个人口众多的发展中的社会主义大国，任何时候都不能依靠别人搞建设，必须始终把独立自主、自力更生作为自己发展的根本基点，必须把立足国内、扩大国内需求作为经济发展的长期战略方针，同时又必须打开大门搞建设，必须大胆吸收和利用国外的资金、先进技术和一切进步的东西，大胆吸收和借鉴当今世界各国包括资本主义发达国家一切反映现代化社会化生产规律的先进经营方式、管理方法，把坚持弘扬我们民族的优秀传统文化同积极学习人类社会创造的一切文明成果结合起来，把开拓国内市场、利用国内资源同开拓国际市场、利用国外资源结合起来，把对内搞活同对外开放结合起来，这样就能不断为我国社会主义现代化建设提供强大动力。"

对外开放，学习和利用人类文明成果，实质上是在与人类文明的交汇中加快中国的社会主义现代化进程，早日实现中华文明的伟大复兴。搞中国特色的社会主义，不是突出中国特有，更不是与世隔绝，它是立足中国，面向时代、面向世界的开放性事业。中国特色是与时代特征、世界眼光紧密联系在一起的。从人类社会发展史，尤其是世界现代化的历史来看，人类文明的发展有共性，有些文明成果属于全人类的智慧结晶和共同财富，不是为某一个国家、某一种制度所专有。各国在发展过程中都需要学习和借鉴先进国家的文明成果，这实际上是利用人类共有的智慧和财富。古代中国是世界文明国家，其他国家向中国学习。自近代以来，中国落后了，西方发达国家走在了世界现代化的前列。当代人类的许多文明成果被西方发达国家所掌握。我国学习和利用人类文明成果，主要表现为将发达国家的文明成果从资本主义制度下剥离出来，为建设中国特色社会主义服务。首先，利用当代世界科技革命的成果，实施科教兴国战略。改革开放刚开始，邓小平就指出："科学技术是人类共同创造的财富。""科学技术本身是没有阶级性的，资本家拿来为资本主义服务，社会主义国家拿来为社会主义服务。"他还说："资本主义已经有了几百年历史，各国人民在资本主义制度下所发展的科学和技术，所积累的各种有益的知识和经验，都是我们必须学习和继承的。"江泽民和胡锦涛深刻分析世界科技革命迅猛发展的形势，强调我国实行科技创新、建设创新型国家的重要性。江泽民指出，世界生产力快速发展的一个根本原因，在于科学技术日新月异的发展；我们必须抓住机遇，大力推进科技进步和创新，推进产业的优化升级。这是站在人类文明前沿，发展先进生产力的根本途径。其次，突破将市场经济等同于资本主义的传统观念，发展社会主义市场经济。改革开放之初，邓小平把利用市场机制看作是利用资本主义的方法发展生产力。党的十二届三中全会关于经济体制改革的决定指出，商品经济的发展是人类社会不可逾越的历史阶段，实际上就是认可了市场经济是人类文明的共同成果。后来邓小平明确指出，计划和市场都是发展生产力的方法，不是社会主义和资本主义的本质区别，社会主义可以也应该发展市场经济。发展社会主义市场经济，实际上就是把社会主义的制度优势和市场经济快速发展生产力的机制有机结合起来，加快我国的发展。再次，利用人类政治文明的成果，建设社会主义政治文明。人类在长期的发展中，在政治领域也积累了丰富的文明成果。民主、法治、人权、自由、平等、正义等政治理念和实践，不是资本主义的专利，而是人类探索政治发展的硕果，包含着人类政治活动的智慧。改革开放以来，我们逐渐认识到，不能照搬西方的民主形式，但可以借鉴其有益经验。建设中国特色的民主政治，就是在当今中国历史条件下，走符合中国国情的民主政治道路，实现人类民主政治的理想。

总起来说，对外开放使我国的社会主义发展与当代人类社会的进步结合了起来，使中华文明在现代化进程中不断吸收人类文明成果，走向伟大复兴。在对外开放、合作交流中，世界各种文明和社会制度取长补短、求同存异、共同发展。这集中体现了社会主义建设规律与人类社会发展规律的统一，各国文明的多样性与世界文明的共性的统一，是中国也是世界发展的不竭动力。

（作者单位：山东师范大学政治法律学院）

（选自《当代世界与社会主义》2011 年第 4 期）

胡锦涛与十七大以来科学发展观的新进展

张　宁

在党的十七大报告中，胡锦涛全面阐述了科学发展观的重大意义、科学内涵、精神实质和根本要求。大会通过的《中国共产党章程（修正案）》，郑重决定把科学发展观作为我们党重大理论创新成果写入党章。这标志着，经过十六大以来全面建设小康社会的长期探索和实践检验，科学发展观在理论形态上走向成熟。十七大至十七届五中全会的三年间，科学发展观的理论创新进程并没有停顿，而是在理论和实践两方面不断取得新的进展。这三年，在党和国家事业发展中是一个特殊的重要时期。接踵而至的难事、大事，考验着我们党在困难环境下领导科学发展的能力，也推动着科学发展观的不断丰富和深化。

一、在全面学习贯彻十七大精神过程中，科学发展观的科学内涵不断深化

党的十七大后，学习宣传贯彻十七大精神成为全党首要政治任务。学习领会十七大精神，深刻理解科学发展观的科学内涵是重要内容之一。在这方面，胡锦涛等中央领导同志进一步阐述的丰富思想内容，主要有以下三点。

*其一，解放思想是实现科学发展的先导。*解放思想是我们党在改革开放新的历史时期坚持实事求是思想路线最鲜明的特征之一。党的十七大突出强调继续解放思想的极端重要性，有着深刻的含义和很强的现实针对性。多年来，在实现从贫困到温饱再到总体小康的历史跨越中，我们形成了许多推动经济快速增长行之有效的办法。这其中有许多东西对推动科学发展具有重要借鉴价值，但也有些具体思路和做法随着我国内外环境的深刻变化而不再适用。如果不能与时俱进，一味墨守成规，发展中存在的突出矛盾和问题就无法解决，甚至会愈演愈烈。因此，推动科学发展必然首先要求继续解放思想，打破新的思想束缚。

胡锦涛明确指出了继续解放思想的任务和重点，要求紧紧围绕贯彻落实党的十七大作出的各项战略部署，更加自觉地把继续解放思想落实到坚持改革开放、推动科学发展、促进社会和谐上来。他指出："实现科学发展，必然要求我们以解放思想为先导"，"在发展理念、发展思路、发展方式、发展体制上都来一个深刻转变，特别是要努力转变影响和制约科学发展的思想观念、方式方法、体制机制，确立起符合科学发展观要求的思想观念、方式方法、体制机制"。继续解放思想，就是要求"我们既不能把书本上的个别论断当作束缚自己思想和手脚的教条，也不能把实践中已见成效的东西

看成完美无缺的模式”，要“坚决破除一切妨碍科学发展的思想观念和体制机制弊端”。只有继续解放思想，才能真正做到实事求是、与时俱进。

实事求是、解放思想、与时俱进，是科学发展观的内在要求和基本前提，是这一理论充满生机和活力的关键所在。在十七大报告深刻阐述科学发展观并载入党章后，揭示科学发展观中继续解放思想这一活的灵魂，对于全党深刻理解科学发展观的科学内涵，增强贯彻落实的自觉性和坚定性，尤为重要。

其二，坚持以人为本的必然性。以人为本，体现了我们党全心全意为人民服务的根本宗旨和相信人民依靠人民的群众路线。有了根本宗旨和群众路线，为什么还要突出强调以人为本？

十七大闭幕后不久，胡锦涛在中央经济工作会议上谈到以人为本时讲了这样一段话：“现代化客观上是一个资本积累、技术进步的历史过程，也容易出现机器排挤劳动、资本所得挤占劳动所得的现象。一些国家进入工业化中期阶段和中等收入国家行列后，没有处理好经济增长和收入分配关系，结果社会矛盾激化、现代化进程受阻，这方面的深刻教训值得汲取。”胡锦涛这个论述，从国内到国际，由历史到现实，深刻揭示了现代化进程中机器与人、资本与劳动所得的矛盾运动，为我们深刻理解以人为本提出的必然性展开了全新的思路和宽广的视野。

从客观上看，中国正在走的是一条通过现代化实现民族复兴的路。我们的现代化代表全体人民的根本利益，归根到底是为人民服务，这毋庸置疑。但现代化进程有其自身规律。机器与人，资本所得与劳动所得发生此消彼长的相互依存替代关系，是现代化进程中不可避免的规律性问题。现代化必然导致资本有机构成提高。资本有机构成的这种变化，在一定意义上就会导致“机器排挤劳动、资本所得挤占劳动所得的现象”。作为以为人民服务为根本宗旨的政党，在领导推进现代化时不可回避地面临着人或劳动者及其利益在现代化进程中的地位和作用的问题。这个问题处理不好，就可能出现“为了发展丢了人民”的悖论。中国进入工业化中期阶段，这个问题已经变得日益突出。

从主观上说，推进现代化，必然更加注重资本、技术等物的要素的积累和投入。各级领导者为此而努力，无可厚非。但如果对上述矛盾没有或缺乏足够清醒的认识和准备，有意无意间就会形成见物不见人的倾向。在实际生活中，所谓“以物为本”，“以 GDP 为本”的倾向已经客观存在并在许多具体工作中表现出来。长此以往，不仅党的根本宗旨得不到真正体现，还会重蹈一些国家的覆辙，这是必须高度警惕的。以人为本，实际上强调的是我们党在现代化进程中处理诸如机器与人、资本与劳动关系之类矛盾和问题的基本价值取向。

因此，以人为本不是一个抽象的学术命题，它是针对我国发展中存在的深层次矛盾和现实紧迫问题，为在现代化进程中更好地贯彻党的根本宗旨而提出来的，是全心全意为人民服务精神在当今时代的具体体现。做不到以人为本，中国的现代化进程就可能偏离社会主义的正确方向，党的根本宗旨就会落空。在当今时代，坚持以人为本，才能真正做到全心全意为人民服务。

具体说来，在发展中坚持以人为本，就是胡锦涛所强调的，“在生产和分配两个环节都要正确把握资本、技术、劳动之间相互替代和依存的特点，妥善处理发展资本密集型产业和劳动密集型产业的关系，实现技术进步和扩大就业的有机统一，提高劳动参与分配能力，促进创造财富和公平分配的协调，更加注重发展成果的普惠性，更加注重改善民生”。

其三，马克思主义关于发展的世界观和方法论。科学发展观“是马克思主义关于发展的世界观和方法论的集中体现”，这是十七大报告的一个重要论断。什么是“马克思主义关于发展的世界观和方法论”？说到底就是辩证唯物论和历史唯物论，但这需要深化、具体化。

2007年底，胡锦涛在与新进中央委员会的委员、候补委员交流学习十七大精神的体会时，专门引用马克思在《资本论》中描绘未来社会的一段话来阐发这个思想。马克思是这样说的：“社会化的人，联合起来的生产者，将合理地调节他们和自然之间的物质变换，把它置于他们的共同控制之下，而不让它作为一种盲目的力量来统治自己；靠消耗最小的力量，在最无愧于和最适合于他们的人类本性的条件下来进行这种物质变换。”胡锦涛说，这“深刻体现了马克思主义关于发展的世界观和方法论”。

理解作为马克思主义关于发展的世界观和方法论深刻体现的这段经典论述，至少有这样几层意思：第一，人类一切发展的基础是以生产活动为主要内容的经济活动，这种活动的本质特征是人与自然之间的物质变换；第二，人类是经济活动及其一切发展的主体，不能让自己所从事的发展活动成为异己的盲目力量统治自己；第三，发展的形态无论简单还是复杂，人类作为主体，都应对其进行共同控制、合理调节；第四，通过这种控制和调节，以作为主体的人和作为客体的自然界的最小消耗，最终达到全面充分地实现人的发展潜能的目的。这种世界观和方法论从人与人之间的社会关系和人与自然之间的物质关系两个方面精辟揭示了发展的基本规律。

实现这种发展，基础是按规律从事一切生产和经济活动，关键是发挥人类在这种活动中的主体地位和主导作用。在人类发展进入资本主义阶段后，资本的自我增值冲动成为整个过程的主宰和终极目标，包括资本家和工人在内的所有人都变成资本的附属物，人类丧失了主导发展的能力，也就不可能使自己从事的发展自觉按规律进行。社会主义把发展的参与者变成社会化的人和联合起来的生产者，为人类共同控制这一过程创造了基本社会条件，但真正做到合理调节和共同控制仍需做出不懈努力。

我们今天发展面临的许多突出矛盾和问题，说到底都是由于主客观条件所限而偏离或违背发展规律的结果。一些片面追求物质财富和GDP的做法客观上使经济活动在一定程度上变成了一种盲目力量。这就迫切需要通过不断改革创新，把社会主义的优越性和市场机制的有效性结合起来，完善实施“共同控制”的体制机制，从而尽可能“合理调节”发展中诸如投资与消费、城市与农村、区域与区域、经济与社会、发展与资源环境等等方面的关系。科学发展观要求实现以人为本、全面协调可持续的发展，集中体现了马克思主义关于发展的世界观和方法论，是推动中国又好又快发展的必然选择。胡锦涛对经典作家思想的深入分析和透彻阐发，是结合我国发展实际对人类社会发展规律的进一步认识，丰富并深化了科学发展观的理论内涵。

二、在深入学习实践科学发展观活动中，进一步明确了贯彻科学发展观的基本思路及党的建设与科学发展观的关系

我们党是推动科学发展的领导核心。科学发展观要成为改造主客观世界的现实力量，首先要使它体现在各级党组织和广大党员干部的思想行动中，使之成为全党的自觉行动。按照十七大作出的战略部署，全党开展了历时一年半的深入学习实践科学发展观活动。这一活动把推动科学发展与加强和改进党的建设有机统一起来，给党的建设注入了新的内涵，有力地推动了科学发展的理论和实践。主要表现在以下三个方面。

其一，以更宽广的视野理解贯彻落实科学发展观的必要性和紧迫性。在对这次活动进行动员和部署时，胡锦涛从世情、国情、党情三个方面系统阐述了科学发展观的时代背景和实践要求。总的说，在这个发展阶段，世情、国情、党情都发生了深刻变化，科学发展观是我国发展的内外环境、主客观条件变化的必然产物和迫切需要。理解贯彻落实科学发展观的必要性和紧迫性，首先要抓住实现全面建设小康社会奋斗目标的新要求，认清我国发展面临的突出矛盾和问题；同时，必须全面分析和准确把握世界发展大势，把握世界经济增长方式和增长格局在世界多极化、经济全球化深入发展中出现的新趋势以及我国同世界关系发生的深刻历史性变化；还必须清醒地看到党的队伍与推动科学发展、促进社会和谐的新形势新任务等还不完全符合、不完全适应的新情况。这样不仅从国内而且从国际，不仅从经济社会发展而且从党的建设的宽广视野认识问题，有力地推动着全党深入理解科学发展观的时代背景和重大意义，增强了推动科学发展的自觉性和坚定性。

其二，进一步明确了推动各级党组织和党员干部深入贯彻落实科学发展观的基本思路。科学发展观，归根到底要靠各级党组织和广大党员干部来推动落实。科学发展观理论体系基本形成之后，如何在思想认识、工作作风、能力素质、体制机制等方面提高党员干部队伍推动科学发展、促进社会和谐的实际能力，对党的建设提出了新的更高要求。在这次学习实践活动中，党中央围绕这个课题形成了完整的思路。胡锦涛在对学习实践活动做总结时从五个方面概括了在这方面获得的重要启示。他强调，深入贯彻落实科学发展观，“基础在于用马克思主义中国化最新成果武装广大党员、干部头脑”，“目的在于推动经济社会又好又快发展”，“关键在于提高各级领导班子和领导干部领导科学发展能力”，“根本在于发挥人民主体作用”，“动力在于创新体制机制”。这五条相互联系、重点突出、层层递进，把推动科学发展与加强和改进党的建设结合起来，以科学发展促进党的建设，以党的建设保证科学发展，为把党的政治优势和组织优势切实转化为推动科学发展的强大动力和坚强保证，指出了正确途径。

其三，积累了党的建设服务于党的中心工作的新鲜经验。十七大明确指出，深入贯彻落实科学发展观，必须加强和改进党的建设，“使党的工作和党的建设更加符合科学发展观的要求”。长达一年半的学习实践活动，为我们党进一步积累了党的建设服务于党的中心工作的新鲜经验。胡锦涛在总结学习实践活动时，对党的建设各方面工作服务于推动科学发展、促进社会和谐提出了明确要求：在思想理论建设方面，要“不断提高全党学习和运用科学发展观水平”，“把学习成果转化为推动科学发展的实际能力”；在领导班子和干部队伍建设方面，“要坚持德才兼备、以德为先用人标准”，“形成有利于科学发展的用人导向”；在基层组织建设方面，要“形成分布广泛、完善严密、坚强有力的基层党组织网络体系”，“努力把基层党组织建设成为贯彻落实科学发展观的坚强战斗堡垒”；在作风建设方面，要求“大兴密切联系群众之风、求真务实之风、艰苦奋斗之风、批评和自我批评之风”，“努力营造深入贯彻落实科学发展观的风清气正环境”。

这次学习实践活动，把推进中国特色社会主义伟大事业同推进党的建设新的伟大工程有机结合起来，以科学发展观为重要指针加强和改进党的建设，在用马克思主义的最新理论成果武装全党的过程中，既深化了我们党对执政党建设规律的认识，也使科学发展观的理论本身经受了实践的检验并在指导实践中进一步得到丰富和深化。

三、在应对各种危机和考验中，加快经济发展方式转变的战略思想不断深化和发展

十七大以来科学发展观理论最显著的新进展，是加快经济发展方式转变的战略思想不断丰富和深化。十七大报告第一次正式使用转变经济发展方式这一概念，并将其内涵明确表述为“三个转变”。在十七大之后不久召开的中央经济工作会议上，胡锦涛对这一战略思想作了进一步阐述，揭示了我们党提出加快经济发展方式转变的出发点和目的，这一战略思想的理论基础和重大意义以及实现这种转变的基本原则、重点工作和主要途径。在2007年年底举办的新进中央委员会的委员、候补委员学习贯彻党的十七大精神研讨班上，胡锦涛还专门阐述了转变经济增长方式与转变经济发展方式这两个概念的联系与区别：“由转变经济增长方式到转变经济发展方式，虽然只是两个字的改动，但却有着十分深刻的内涵。转变经济发展方式，除了涵盖转变经济增长方式的全部内容外，还对经济发展的理念、目的、战略、途径等提出了新的更高的要求。”这样一些重要论断和观点的提出，意味着转变经济发展方式战略思想开始逐步形成比较完备的理论形态。

转变经济发展方式战略思想的丰富与深化主要是在2008年以来应对国际金融危机的过程中实现的。这场国际金融危机实质上冲击的是我国经济发展方式，使我国长期发展中存在的深层次矛盾和问题更加明显地暴露出来。应对危机保增长的实践也促使党中央深入思考加快转变经济发展方式的问题。

在采用超常规手段保增长时，怎样才能避免走低水平重复建设、盲目扩张规模的老路，有利于解决而不是加剧我国经济原有的突出矛盾和问题？胡锦涛明确要求：“虽然我们面临着保增长的繁重任务，但加快发展方式转变、推进经济结构战略性调整的大方向不能动摇。必须坚持把保增长、扩内需、调结构有机结合起来。”具体说来就是，“把扩大内需作为保增长的根本途径，把加快发展方式转变和结构调整作为保增长的主攻方向，把深化重点领域和关键环节改革、提高对外开放水平作为保增长的强大动力，把改善民生作为保增长的出发点和落脚点”。他进一步针对我国经济发展中存在的突出问题，要求以提高居民收入水平和扩大最终消费需求为重点，调整国民收入分配格局；以提高自主创新能力和增强三次产业协调性为重点，优化产业结构；以推进城镇化和促进城乡经济社会发展一体化为重点，改善城乡结构；以缩小区域发展差距和优化生产力布局为重点，调整地区结构。这实际上使我国应对国际金融危机冲击的过程也成为加快推进经济发展方式转变、创造发展新优势的过程。这一富有创见性的战略思路，不仅给保增长工作指出了正确方向，而且积累了在复杂经济环境下推动经济发展方式转变的宝贵新鲜经验。

由于思路明确，措施有力，加上改革开放30多年积累的雄厚物质基础，经过全国各族人民的共同努力，到2009年下半年，中国有效遏制了经济增长明显下滑趋势，在全球率先实现经济形势总体回升向好。随着我国经济工作逐步从应对国际金融危机冲击的非常状态转向常规状态，党中央对转变经济发展方式问题的思考和探索也开始更多地着眼于“后国际金融危机时期”的长远发展。胡锦涛明确要求在认真总结经验、全面分析国内外经济形势的基础上，完善推动科学发展、加快经济发展方式转变的思路和举措。把发展和转变有机统一起来，在发展中促转变，在转变中谋发展。这一时期，转变经济发展方式战略思想日益成熟，集中表现为以下几个方面。

其一，深刻总结了在复杂经济环境中推动经济社会又好又快发展的重要经验。胡锦涛把这些经验概括为，坚持市场机制和宏观调控有机结合、坚持长期发展目标和短期增长目标有机结合、坚持扩大内需和稳定外需协调发展、坚持改善民生和扩大内需内在统一。这些重要经验反映了在社会主义市场经济和国内外发展环境急剧深刻变化条件下经济发展的客观规律，不仅有很强的针对性，而且具有长远指导意义，是各种情况下坚定不移推动经济发展方式转变都应遵循的基本原则。

其二，结合形势新变化全面阐述了加快经济发展方式转变的重要性和紧迫性。这一时期围绕这一问题，胡锦涛提出了许多重要的新观点。比如，他指出，随着经济发展和对外开放水平不断提高，我国经济发展呈现出新的阶段性特征，主要是经济增长高度依赖国际市场、主要依靠物质投入、经济发展技术含量不高、居民收入在国民收入分配中的比重偏低和不同社会群体收入差距过大、人民群众对生活水平和质量的要求不断提高等，这些新情况新问题凸显出我国原有经济发展方式的不适应性，加快转变日益成为保证我国经济发展和社会和谐的内在要求。又比如，他指出，世界经济在上一轮发展周期中形成了以新兴市场国家作为全球主要制造基地、以美国等发达国家作为全球主要消费市场、以资源富集国家作为全球初级产品主要提供者、国际资本市场形成对应环流关系的经济增长格局；在这种增长格局下，世界经济孕育着一系列潜在风险。这种世界经济增长格局是导致国际金融危机的深层次原因，也将在危机强烈冲击下发生重大变化。这些变化，特别是其中全球需求结构的重大调整，对我国高度依赖外需的增长格局带来严峻挑战。再比如，他指出："未来几十年，世界上包括我国十三亿人口在内的二十亿至三十亿人将逐步进入现代化行列，能源资源需求和生态环境压力将大幅上升，经济社会快速发展与地球有限承载能力的矛盾将日益尖锐。"因此，目前过分依赖资源消耗的世界经济增长模式确实不可持续，势必作出调整。根据这些分析，胡锦涛作出了转变经济发展方式已刻不容缓的重要论断，并特别强调，实现这种转变，关键是要加快。胡锦涛在 2010 年 2 月举办的省部级干部专题研讨班上全面阐述了加快转变经济发展方式的客观必然性。这表明在理论和实践两个方面，我们党对这一问题的认识都达到了新的高度。

其三，围绕八项重点工作对加快经济发展方式转变作出全面部署。转变经济发展方式既是战略思想又是战略任务。推动其贯彻落实，迫切需要及时把理论认识成果转化为明确的工作思路和切实可行的工作部署。胡锦涛在 2010 年 2 月举办的专题研讨班上把这种整体思路概括为八个方面的重点工作。转变经济发展方式涉及经济工作的方方面面，是一项需要统筹兼顾、整体推进的系统工程，只有在加快推进经济结构调整、产业结构调整、自主创新、农业发展方式转变、生态文明建设、经济社会协调发展、文化产业发展、对外经济发展方式转变这八个方面都取得实实在在的进展，才能真正落到实处。胡锦涛深刻揭示了上述每一方面工作与实现经济发展方式转变的内在联系，并按照加快转变经济发展方式的基本精神对推进各方面工作提出了新的要求，使实现这种转变的工作思路进一步完善。

其四，进一步明确了加快转变经济发展方式在国民经济发展全局中的重要地位。2010 年下半年，十七届五中全会审议通过的制定"十二五"规划的建议明确指出，做好"十二五"时期经济社会发展工作，必须以科学发展为主题，以加快转变经济发展方式为主线。这就是说，在整个"十二五"期间，经济工作的着力点不在于追求更高的速度、更大的规模，而在于下功夫推动经济发展方式转变取得更大的进展；加快转变经济发展方式是贯彻落实科学发展观的战略任务和重大举措。在党中央的正式文件中作出这种概括，凸显出转变经济发展方式在全面建设小康社会关键时期的特殊重要作用，它关系到推动科学发展的全局和长远，是提纲挈领带动各项工作的总抓手，必须贯穿于经济社会发展的全过程和各领域。同时，在这个建议中，党中央还对加快转变经济发展方式的基本要求作出了新的概括，明确要求把经济结构战略性调整作为主攻方向，把科技进步和创新作为重要支撑，把保障和改善民生作为根本出发点和落脚点，把建设资源节约型、环境友好型社会作为根本着力点，以改革开放为强大动力，加快推动经济发展方式转变。

这样一些重要论述表明，转变经济发展方式战略思想已经形成了比较完备的科学体系。这一战略思想，适应世界经济发展新趋势，符合中国经济发展新要求，进一步揭示了社会主义现代化建设规律，是我们党深入贯彻落实科学发展观推动理论创新取得的重大理论成果。

简要回顾十七大以来科学发展观的新进展，可以看出，这一科学理论充满着创造生机和发展活力，不断在新的深度和广度上开拓着我们党对人类社会发展规律、社会主义建设规律和共产党执政规律的认识，指导和引领着全面建设小康社会的伟大历史进程不断向前推进。

（作者：中共中央文献研究室研究员）

（选自《党的文献》2011年第4期）

科学发展观的科学性

刘同舫

党的十七大报告明确提出，科学发展观是同马克思列宁主义、毛泽东思想、邓小平理论和“三个代表”重要思想既一脉相承又与时俱进的“科学理论”。科学发展观作为一种新的发展理论，其科学性究竟何在？

目前学术界对什么是科学的理论还没有一个权威的定义，但对于科学理论应具备的基本特征，学者们还是能够基本达成共识的。有学者认为，科学理论具有客观性、实践性、逻辑体系性、发展性等一般特征；有学者认为，科学理论有严密的结构体系、能够经受实践的检验和求真性、客观性等特征；还有学者认为，科学性主要表现为系统性、完整性、客观性、规律性和可验证性等特征。笔者综合学者的观点认为，一种理论如果同时具备客观性、规律性、体系性、创新性、可验证性和发展性的基本特征，那么，这种理论就是科学理论。因为客观性奠定科学理论产生的坚实基础；体系性为科学理论的逻辑结构提供严密的逻辑论证；规律性揭示科学理论的本质属性；创新性展现科学理论的独特魅力与生命力；可验证性和发展性为科学理论提供有效性证明。科学发展观作为一种新的发展理论，内含着客观性、规律性、体系性、创新性、可验证性和发展性的基本特征，具有科学性。

一、科学发展观有丰厚的理论资源，是对中国现实问题的正确判断，具有客观性

美国科学史学科的奠基者——萨顿曾指出“科学的目的在于客观性”，法国学者莫诺把客观性看作是科学和伦理学的根本区别，英国科学哲学家波普尔也认为科学知识是客观的，具有客观性特征。可以说，客观性是科学的根本特性之一，离开了客观性的知识或理论就不能称之为科学。

科学理论的客观性集中体现在：科学理论前提的客观性即客观的思想来源；科学理论研究对象的客观性即客观的实在。科学发展观建立在坚实的思想基础之上，它以马克思列宁主义、毛泽东思想、邓小平理论和“三个代表”重要思想为理论前提；科学发展观是在对世界历史背景和发展趋势下的中国现阶段发展的现实问题的判断中提出来的，中国现阶段的现实发展问题是其理论关注的客观对象。因而科学发展观具有客观性。

从客观的思想源泉看，科学发展观以马克思列宁主义、毛泽东思想、邓小平理论和“三个代表”重要思想为直接理论前提和思想来源。一种理论要想经受住时代和历史的考验，能够

起到推动社会历史发展的作用，就必须有其正确的理论来源。科学发展观不是凭空产生的，它以马克思列宁主义、毛泽东思想、邓小平理论和“三个代表”重要思想为其理论来源，是同马克思列宁主义、毛泽东思想、邓小平理论和“三个代表”重要思想一脉相承的理论。而马克思列宁主义、毛泽东思想、邓小平理论和“三个代表”重要思想的客观性和真理性，已在中国的革命和建设、改革和开放的伟大实践中得到了历史的验证。科学发展观坚持了具有客观性和真理性的马克思列宁主义关于发展的世界观和方法论，坚持了辩证唯物主义和历史唯物主义的基本原理，传承了毛泽东、邓小平和江泽民关于发展的重要思想，具有客观的深度理论背景和丰厚的理论资源。

从客观的研究对象看，科学发展观是在对世界历史背景和发展趋势下的中国现阶段发展的现实问题的判断中提出来的，中国现阶段的现实发展问题是其理论关注的客观对象。在新世纪，和平与发展仍然是时代的主题，促进合作、追求和平、谋求发展已经成为势不可挡的时代要求。但是，世界范围内的和平与发展面临着各种挑战和各种问题，霸权主义和强权政治是和平与发展的两大障碍，局部冲突在很长时间内不可能消除。在这样的世界背景和发展趋势下，党的新一代领导集体以中国现阶段发展的现实问题为关注的对象和聚焦点，面对中国现阶段发展的现实问题，立足社会主义初级阶段的基本国情，通过总结我国发展的阶段性特征提出了科学发展观。党的十七大报告总结了我国诸多方面的现实问题与发展的阶段性特征：在生产力水平上，经济实力虽显著增强，但生产力水平总体上还不高；在协调发展方面，三农问题及其局面尚未得到根本性改变，区域差异、城乡差异以及由此造成的经济社会协调发展问题仍然突出，等等。针对我国生产力的实际水平，科学发展观坚持以发展为第一要义，聚精会神搞建设、一心一意谋发展，提高发展质量和效益，实现又好又快发展。着眼于我国经济发展不全面、不协调的现实，科学发展观坚持统筹兼顾的根本方法和全面协调可持续发展的根本要求，以促进现代化建设各个环节与各个方面的协调全面发展。总之，科学发展观研究和解决的是客观历史背景下的我国现阶段发展的现实问题，其对象不是主观的或臆想的，而是客观的实际存在。

二、科学发展观回答了关于社会发展的一系列基本问题，具有体系性

康德在《自然科学的形而上学基础》一书中，给科学下了一个经典定义：“任何一种学说，如果它可以成为一个系统，即成为一个按照原则而整理好的知识整体的话，就叫做科学。”德国学者汉斯·波塞尔把科学定义为“真实陈述句构成之系统”。中国近代思想家梁启超 1922 年在题为“科学精神与东西方文化”的讲演中指出：“有系统之真知识，叫做科学。”可见，科学是一种系统化、体系化的知识。

而判断一种理论是否形成了科学的理论体系的基本标准主要有三个方面：是否有科学的、统一的世界观和方法论贯穿其中；是否着力回答和研究解决时代所面临的中心问题或重大课题；是否围绕中心问题展开并创造性地提出了一系列相互联系和有机统一的基本理论和观点。依照这三个基本标准来衡量与判断，我们可以说，科学发展观已经形成了一个完整的科学理论体系，彰显了其科学性。

第一，科学发展观贯穿着马克思主义科学的世界观和方法论。科学发展观是在充分理解什么是马克思主义、什么是马克思主义的基本立场、观点和方法的基础上，全面贯彻其立场、观点与方法的。它将马克思主义科学的世界观与方法论灵活地应用在中国特色社会主义建设实践中，实现了理论的正确指导及理论与实践的结合，是对马克思主义的唯物论、辩证法、认识论与历史唯物主义的统一性与整体性作了历史性的理解，是对世界的普遍联系、变化发展和对立统一等基本原理与一系列辩证唯物主义的规律以及生产力是社会发展的最终决定力量等历史唯物主义的规律实现了历史性的运用。正是在马克思主义科学的世界观和方法论的正确指导下，科学发展观才得以创立。

第二，科学发展观科学地回答了新阶段中国发展面临的基本问题和重大问题。科学发展观以中国特色社会主义发展为中心和主题，深入研究和创造性地回答了“什么是发展，为什么发展以及如何发展”这一当代中国面临的发展问题。科学发展观明确提出：发展是以经济建设为中心、以以人为本为核心的全面协调和可持续的发展，这是对“什么是发展”这一基本问题的科学回答；科学发展观中以人为本的核心发展理念，明确阐明了发展的根本原因和根本目的，创造性地回答了“为什么发展”的问题；全面协调、可持续发展的根本要求和统筹兼顾的根本方法，则科学地解答了“如何发展”的问题。

第三，科学发展观围绕中国新阶段社会主义发展面临的各种问题，创造性地提出了一系列相互联系和有机统一的基本理论和观点。这些基本理论和观点主要关涉中国特色社会主义的主题、中国特色社会主义的发展道路、中国特色社会主义的战略布局、中国特色社会主义的价值取向、中国特色社会主义的领导力量、中国特色社会主义的依靠力量、中国特色社会主义的发展动力、中国特色社会主义的国际战略和中国特色社会主义理论的重要范畴等。科学发展观所涵盖的基本理论和观点不仅内容全面，而且逻辑严密。其中，“发展是主题，是联接整个理论的一根红线；以人为本是核心，渗透、浸润于全部理论观点之中；全面协调可持续发展是基本要求，也是理论的主体内容；统筹兼顾是根本方法，是基本理论在方法论中的体现。”

三、科学发展观揭示了社会发展诸因素内在的本质联系，具有规律性

爱因斯坦指出，科学的目标在于揭示“那些能决定物体和事件在时间和空间上相互关系的普遍规律”，即要“发现规律，使人们能用以把各种事实联系起来，并且能预测这些事实”。20世纪英国哲学家罗素也曾清楚地表达了类似观点：“科学是依靠观测和基于观测推理，试图首先发现关于世界的各种特殊事实，然后发现把各种事实相互联系起来的规律。”科学的本质在于从“实事”中“求是”，挖掘事物中内在的、本质的、必然的联系，也就是探求规律。

科学发展观是党的领导集体从实事求是出发，以科学的精神和态度，积极探求人与自然、人与社会以及人类自身存在的客观规律的结晶，它在新的时代条件下进一步深化了对人类社会发展规律、社会主义建设规律和共产党执政规律的认识。

第一，科学发展观进一步揭示了社会发展动力系统同人类社会发展之间的本质联系，深化了对人类社会发展规律的认识。历史唯物主义强调生产力是社会发展的最终决定力量与人民群众是历史的创造者等的社会发展动力系统与人类社会发展之间的联系。科学发展观所提出的一系列新的发展理念和观点，是对揭示动力系统与人类社会发展本质联系的历史唯物主义理论认识的深化。例如，科学发展观以发展为第一要义，深化了对“生产力是社会发展的最终决定力量”的认识。科学发展观的第一要义是发展，它要求我们要牢牢扭住经济建设这个中心，坚持聚精会神搞建设，一心一意谋发展，着力把握发展规律、创新发展理念、转变发展方式、破解发展难题、提高发展质量和效益，不断解放和发展最终决定社会发展的生产力。再如，科学发展观以以人为本为核心，深化了对“人民群众是历史的创造者”的认识。科学发展观的核心是以人为本，它要求始终把实现好、维护好、发展好广大人民的根本利益作为党和国家一切工作的出发点和落脚点，尊重人民主体地位，发挥人民首创精神，保障人民各项权益，走共同富裕道路，促进人的全面发展，做到发展为了人民、发展依靠人民、发展成果由人民共享。从深化对历史唯物主义理论的认识上说，科学发展观是对社会发展动力系统同人类社会发展之间的本质联系的进一步揭示。

第二，科学发展观进一步揭示了建设的原则、方法论以及目标同我国社会主义建设之间的本质联系，深化了对社会主义建设规律的认识。科学发展观坚持全面协调、可持续发展的基本要求，是对中国社会主义建设和探索过程中出现的问题的深刻反思以及对经验进行全面总结的结果，它揭示了社会主义建设和改革发展过程中必须坚持的基本原则和根本方法。坚持全面协调、可持续，从时间和空间、横向和纵向、历史和现实的角度保证了社会主义建设的全面性；科学发展观坚持统筹兼顾的根本方法，深化了对社会主义建设方法论的认识，科学地揭示了社会主义现代化建设的方法论原则，从内容、地域和方式的角度突出了社会主义建设的均衡性；科学发展观与和谐社会的战略任务具有一致性，对这种一致性的认识是对社会主义社会建设目标的深化理解。科学发展观和社会主义和谐社会共同揭示的阶段性目标与共产主义实现的最终目标是有机结合的。因为共产主义的实现必然逻辑地和现实地被分为若干阶段或若干过程，每一阶段都必须有本阶段的具体目标，而科学发展观和社会主义和谐社会所体现的阶段性目标正是共产主义总体目标实施过程中重要的阶段性目标。它不仅充实了共产主义的思想内涵，而且彰显了中国特色社会主义的阶段性特点。科学发展观对建设的原则、方法论以及目标都不是孤立的强调，而是与我国社会主义建设紧密关联的。

第三，科学发展观进一步揭示了党的历史使命、根本宗旨以及自身建设同共产党执政规律之间的本质联系，深化了对共产党执政规律的认识。科学发展观强调了“发展是党执政兴国的第一要务”的战略地位，深化了对党执政的历史使命的认识。党执政兴国的第一要务是发展，中国解决一切问题的关键在于发展，离开发展一切都无从谈起。科学发展观明确了“科学发展”在党执政使命中的首要地位，并把“发展是党执政兴国的第一要务”上升到新的理论高度，深化了对党执政的历史使命的认识。科学发展观确立了以人为本的执政理念，它是马克思主义群众路线和群众观点的现实展开和理论延伸，是时代精神的中国表达，深化了对党执政的根本宗旨的认识。科学发展观提出了加强党的执政能力建设和先进性建设的时代要求，深化了对党的建设新的伟大工程的认识。“加强党的先进性建设，始终是我们党生存、发展、壮大的根本性建设”，我们要“把党的执政能力建设和先进性建设作为主线”，这是立足于世情、国情与党情的新变化，对党的历史使命和历史方位作出的科学判断。它体现了对党所面临的新形势、新任务和新要求的准确把握，开辟了对共产党执政规律和自身发展规律认识的新境界。

四、科学发展观是对传统发展观的拓展和超越，具有创新性

“创新是一个民族进步的灵魂，是一个国家兴旺发达的不竭动力”，党的十六大把“创新”提高到了一个前所未有的高度。创新是科学发展的根本动力，是科学的灵魂和生命，是科学的本质。

科学发展观是同马克思列宁主义、毛泽东思想、邓小平理论和“三个代表”重要思想一脉相承的理论，但又是与时俱进的理论，是对世界各国发展理念、马克思主义和党的三代中央领导集体关于发展的重要思想的拓展和创新。

第一，科学发展观是对20世纪50年代以来世界各国各种发展理念、发展模式的吸收和创新，代表了当今世界关于发展问题认识的新水平。20世纪50年代后，无论是发展中国家还是发达国家都面临着发展的重大课题，发展成为最核心的问题，世界各国也都在探索新的发展理念和发展模式。纵观当代国际社会关于发展问题的观点和主张，主要有这样四种：一维性的片面的经济增长观；二维性的经济、社会共同发展的社会发展观；三维性的经济、社会、自然共同发展的可持续发展观；四维性的经济、社会、自然、人共同发展的综合发展观。科学发展观坚持发展的第一要义，坚持以人为本的核心理念、全面协调可持续的基本要求和统筹兼顾的根本方法，克服了以往发展理论的缺陷，是对以往世界各国发展理念的吸收和创新，代表了当今世界关于发展问题认识的新水平。

第二，科学发展观是对马克思主义社会发展理论的发展和创新。科学发展观是在马克思主义社会发展理论的指导下，结合中国社会发展的实际情况提出来的。它创造性地回答了当今中国发展的内涵、实质、主体、动力、目标和途径等重大问题，确立了马克思主义社会发展观的当代形态，是马克思主义社会发展理论在当代中国的全新诠释。它扩展了马克思主义的新境界，赋予了马克思主义发展理论以全新的内容和现实活力，是对马克思主义社会发展理论的发展和创新。就具体内容而言，科学发展观主要在社会发展的根本动力理论、整体理论、可持续理论、价值目标理论和人的全面发展理论等方面拓展和创新了马克思主义的社会发展观。

第三，科学发展观是对党的三代中央领导集体关于发展的重要思想的拓展和升华。社会主义建设和改革时期，我们党对发展理念和发展模式进行了不懈的探索，历经了从不够系统、完整，到日益成熟、完善的过程：以毛泽东为核心的党的第一代中央领导集体在领导中国革命取得胜利后，开始了探索经济文化落后的中国发展的实践，提出了“多快好省”地建设社会主义的方针；十一届三中全会以后，以邓小平为核心的第二代中央领导集体提出“发展才是硬道理”；十三届四中全会后，以江泽民为核心的第三代中央领导集体提出“发展是党执政兴国的第一要务”和“三个代表”重要思想；新世纪初，以胡锦涛为总书记的新一代中央领导集体提出第一要义是发展，核心是以人为本，基本要求是全面协调、可持续，根本方法是统筹兼顾的科学发展观。科学发展观较之党的前三代领导集体提出的发展观更为成熟和完善，它体现了党的发展理念视野的扩展和突破，其实质是对党的三代中央领导集体关于发展的重要思想的发展和创新：构建社会主义和谐社会的主张超越和发展了毛泽东侧重强调的辩证法的革命性和矛盾斗争性在事物发展变化中的决定作用的理论倾向；科学发展观关注社会发展的全面性、协调性和可持续性，完成了新时期发展问题的理论视角和关注点的历史性转变，即由发展是硬道理向实现全面、协调和可持续发展的转变，由要不要发展、为什么发展向如何发展的转变，同时科学发展观首次明确提出了以人为本的概念等，这些都是对邓小平发展理论的拓展和突破；科学发展观提出建设“生态文明”的概念和战略思想，形成了物质文明、精神文明、政治文明以及生态文明整体协调发展的“整体文明”思想，是对江泽民文明建设思想的重大发展。

五、科学发展观已被检验并将继续接受实践的检验，具有可验证性和发展性

“真正的理论在世界上只有一种，就是从客观实际抽出来又在客观实际中得到了证明的理论，没有任何别的东西可以称得起我们所讲的理论。”科学理论不但是在实践中形成的，而且能够与实践相结合，指导实践，经得起实践的检验和证实，并在实践中不断丰富和发展。

科学发展观自十六届三中全会提出后，在实践中得到了广泛的运用。实践已经证明，科学发展观对中国特色社会主义建设起到了有力的促进作用，产生了深远影响，得到了广大人民的响应。它还将继续在广度、深度和高度上运用于客观现实中，接受实践的持续检验，并在实践的进一步检验中不断丰富和完善自身理论体系，凸显其可验证性和发展性。

第一，科学发展观是被实践初步证明为正确的理论。十七大报告明确指出：十六大以来的五年是不平凡的五年，在这五年里，党带领全国各族人民战胜各种困难和风险，开创了中国特色社会主义事业新局面，推动中国特色社会主义事业取得了新的重大成就。这些成就主要包括：经济实力大幅提升；改革开放取得重大突破；人民生活显著改善；民主法制建设取得新进步；文化建设开创新局面；社会建设全面展开；国防和军队建设取得历史性成就；港澳工作和对台工作进一步加强；全方位外交取得重大进展；党的建设新的伟大工程扎实推进。而十六大以来的这五年恰好是科学发展观初步付诸实践的五年，所以，从一定意义上说，上述成就的取得正是在实际工作中贯彻落实科学发展观的结果。它也是对科学发展观正确与否的初步检验，表明科学发展观理论能够与实践相结合，指导中国特色社会主义建设取得巨大成就，所以说，它经受住了实践的检验，具备可验证性。

第二，科学发展观将在持续的实践中不断丰富和完善自身理论体系，显现其发展性。科学发展观是与时俱进的理论，它将随着实践的发展与时俱进，在实践中不断丰富和完善其理论体系。中国特色社会主义道路的进一步开拓将使得科学发展观具有越来越丰富的实践内涵，并在这些实践的基础上进一步发展；在不断拓展的对外开放的实践中，科学发展观也将进一步总结吸收国外发展的经验，吸收各国优秀文明成果而不断得到丰富和发展。与此同时，任何理论的检验都不是一次完成的，而是需要不断接受实践的持续检验。在实践中不断丰富和完善的科学发展观也必将继续接受实践的检验，在检验中进一步呈现更加灿烂的光芒和科学性力量，继续显示其发展性和可验证性。

对科学发展观何以科学的追问与回答，有助于推进科学发展观的学理化，为科学发展观提供强有力的学理支撑，提升科学发展观的学科地位。同时，可以避免对科学发展观的科学性的一些错误的认识和解析:科学发展观的“科学”根本不同于科技理性或科学主义所信奉的“科学”，前者在社会发展理念、社会发展思路上坚持和贯彻了科学精神，而后者消解了科学的内在精神特质；科学发展观的“科学”不同于具体科学意义上的“科学”，前者超出了后者的内涵和外延，更具复杂性和多层次性；科学发展观的“科学”也不是所谓的“中立的”、“纯粹科学”意义上的“科学”，是科学性与价值性的统一，它坚持以人为本的根本价值取向。对科学发展观科学性的探讨以及对相关错误认识的规避有益于我们在实践中进一步增强学习与实践科学发展观的自觉性和坚定性。

（作者：华南师范大学政治与行政学院教授）

（选自《毛泽东邓小平理论研究》2011 年第 6 期）

科学发展是当代中国的主题

北京市中国特色社会主义理论体系研究中心

《国民经济和社会发展第十二个五年规划纲要》强调，“十二五”期间要以科学发展为主题，以加快转变经济发展方式为主线，深化改革开放，保障和改善民生，巩固和扩大应对国际金融危机冲击成果，促进经济长期平稳较快发展和社会和谐稳定，为全面建设小康社会打下具有决定性意义的基础。这一重要论述，体现了我们党在新形势下对发展规律的深刻把握，对于我们继续深入贯彻落实科学发展观，加快经济发展方式转变，开创科学发展新局面，推进中国特色社会主义伟大事业，具有十分重要的意义。

科学发展观是指导发展的世界观和方法论

发展是和现代化紧密联系的。现代化本质上是关于现代社会发展的总体性的历史进程，它需要一种总体性的发展理论。学术界关于发展理论的定义主要有广义与狭义两种。广义的发展理论泛指研究全球范围内经济与社会发展一般规律的理论，狭义的发展理论则指主要研究发展中国家如何走向现代化的理论。中国这样一个经济文化比较落后的国家如何发展、如何实现现代化，以及当代中国社会发展的道路、目标、方向、任务、动力、步骤和条件等一系列重大问题，都是社会发展理论和发展哲学研究的内容。科学发展观的提出，是发展理论创新的重大成果，对于我国现阶段的发展具有重大指导意义。科学发展观，第一要义是发展，核心是以人为本，基本要求是全面协调可持续，根本方法是统筹兼顾。它是马克思主义关于发展的世界观和方法论的集中体现。

科学发展观体现了关于发展的哲学思维。马克思主义哲学是时代精神的精华，是科学的世界观和方法论。科学发展观是关于发展的总的看法、哲学思考和根本观点，揭示了发展的内涵、实质、基础、途径、目标、方法、规律和图景，本质上是一种发展哲学，是关于发展的战略思考和哲学思维。科学发展观强调坚持以人为本的发展，强调全面协调可持续的发展，这就把关于发展的认识提升到哲学的重要地位，从哲学思维的角度对发展问题给予了解答。

科学发展观体现了发展的实践本性。这大体包含两层意思：一方面，科学发展观是在实践中形成的。比如，从单纯注重GDP的增长到强调经济社会全面协调可持续发展和人的全面发展，从沿海开放到西部大开发、东北振兴、中部崛起，从效率优先、兼顾公平到初次分配和再分配都要处理好效率和公平的关系、再分配更加注重公平，表明我们党对发展的认识不是一成不变的，而是与时俱进的。实践没有止境，发展永不停步，关于发展的认识也没有止境，不会停步。另一方面，科学发展不仅是一个理论问题，更是一个实践问题。科学发展观是我国经济社会发展的重要指导方针，是发展中国特色社会主义必须坚持和贯彻的重大战略思想。这就需要广大党员干部在实践中不断增强贯彻落实科学发展观的自觉性和坚定性，着力转变不适应不符合科学发展观的思想观念，着力解决影响和制约科学发展的突出问题，把全社会的发展积极性引导到科学发展上来，把科学发展观贯彻落实到经济社会发展各个方面。

科学发展观体现了发展的整体联系。联系的观点、整体的观点、全面的观点，是马克思主义哲学的基本观点，也是科学发展观指导发展的基本观点和基本方法。科学发展观的基本要求是全面协调可持续，根本方法是统筹兼顾。坚持全面协调可持续发展，就是按照中国特色社会主义事业总体布局，全面推进经济建设、政治建设、文化建设、社会建设以及生态文明建设，促进现代化建设各个环节、各个方面相协调，促进生产关系与生产力、上层建筑与经济基础相协调，实现速度和结构质量效益相统一、经济发展与人口资源环境相协调，使广大人民群众在良好的生态环境中生产生活，实现经济社会永续发展。坚持统筹兼顾，就是正确认识和处理中国特色社会主义事业中的重大关系，统筹城乡发展、区域发展、经济社会发展、人与自然和谐发展、国内发展和对外开放，统筹中央和地方关系，统筹个人利益和集体利益、局部利益和整体利益、当前利益和长远利益，统筹国内国际两个大局。

科学发展观体现了发展的全局视野。发展观是对发展的总的看法和根本观点，这就决定了它对发展目标、发展思路所具有的全局视野和统领作用。以科学发展观统领经济社会发展全局，对于我们把握重要战略机遇期、顺利渡过矛盾凸显期具有至关重要的意义。用科学发展观统领经济社会发展全局，就是要把我国的经济社会发展切实转移到全面协调可持续发展的轨道上来。为此，应进一步深化对科学发展观重大意义和精神实质的认识，明确发展思路，转变发展观念，创新发展模式，提高发展质量，从思想上、组织上、作风上和制度上形成更为有力的保障，特别是建立符合科学发展观要求的经济社会发展综合评价体系，全面推进我国社会主义现代化建设事业。

发展是硬道理的本质要求是科学发展

科学发展观，第一要义是发展。在当代中国，坚持发展是硬道理的本质要求，就是坚持科学发展。这表明，发展不是单打一，而是集经济建设、政治建设、文化建设、社会建设以及生态文明建设于一体的综合的系统工程，是社会主义物质文明、政治文明、精神文明、社会文明以及生态文明的全面协调可持续发展。我们要在本世纪头20年，集中力量，全面建设惠及十几亿人口的更高水平的小康社会，努力实现经济、政治、文化、社会、生态等各方面的全面进步和协调发展，建设富强、民主、文明、和谐的社会主义现代化国家。

发展是硬道理，是解决中国所有问题的关键。古往今来，贫困是社会不和谐的主要根源。正如马克思所说，如果没有生产力的充分发展，就只会有极端贫困的普遍化。而在极端贫困的情况下，必然重新开展争夺必需品的斗争，全部陈腐的东西又要死灰复燃。全面建设小康社会，离不开雄厚经济基础的支撑。只有充分发展经济，才能为全面建设小康社会提供雄厚的物质基础，不断满足人民群众日益增长的物质文化需要，把人民群众的利益实现好、维护好、发展好。当前，我国仍处于社会主义初级阶段，我国社会的主要矛盾仍是人民日益增长的物质文化需要同落后的社会生产之间的矛盾。因此，在全面建设小康社会的进程中必须把发展放在首位，牢牢扭住经济建设这个中心，坚持聚精会神搞建设、一心一意谋发展，不断解放和发展社会生产力。如果离开发展，全面建设小康社会就失去了物质基础和物质保障，就会成为一句空话。

发展是硬道理的本质要求是科学发展。经过新中国成立后特别是改革开放以来30多年的发展，我国取得了举世瞩目的伟大成就，从生产力到生产关系、从经济基础到上层建筑都发生了意义深远的重大变化。进入新世纪新阶段，我国发展呈现新的阶段性特征。我们在享受发展成果的同时，也开始受到诸如失业、贫富差距拉大、城乡和区域发展不平衡、经济社会发展不协调以及环境污染、能源紧张等问题的困扰。这不能不引起我们的高度警觉。如何跨越“中等收入陷阱”，防止“拉美现象”在我国重演，是摆在我们面前的一个严肃课题。因此，我们必须立足社会主义初级阶段这个最大的实际，科学分析我国全面参与经济全球化的新机遇新挑战，全面认识工业化、信息化、城镇化、市场化、国际化深入发展的新形势新任务，深刻把握我国发展面临的新课题新矛盾，深入贯彻落实科学发展观，加快经济结构调整和经济发展方式转变，更加注重全面协调可持续发展，更加注重统筹协调好改革发展中的各种关系，促进经济社会又好又快发展和人的全面发展。

让改革发展成果惠及全体人民

一切为了人民，一切依靠人民，是马克思主义政党最鲜明的政治立场。科学发展观，核心是以人为本。这体现了马克思主义历史唯物论的基本原理，体现了我们党全心全意为人民服务的根本宗旨，也体现了我们推动经济社会发展的根本目的。

人是生产力中最活跃的因素。人民群众是历史的创造者，是推动社会发展的根本力量。改革开放的30多年，是我国人民群众积极性、主动性、创造性充分迸发的30多年，是我国发展最快的30多年，也是人民群众得到实惠最多的30多年。同时，我们必须清醒地看到，我国正处在经济社会转型期、改革攻坚期、矛盾凸显期，面临的问题错综复杂，面对的挑战十分严峻：我国发展中不平衡、不协调、不可持续问题依然十分突出；人民群众生活虽然总体上达到了小康水平，但不同地区和部门、不同群体和个人在享受经济社会发展成果方面的差距偏大，部分群众由于各种原因生活上还有一些困难；劳动就业、收入分配、社会保障、医疗卫生、住房、教育等方面还存在不少问题。这就需要我们科学判断和准确把握发展趋势，充分利用各种有利条件，加快解决突出矛盾和问题，把保障和改善民生放在更加重要的位置，下大气力解决好人民群众反映强烈的突出问题，努力实现以人为本、全面协调可持续的科学发展。

坚持以人为本，就是要始终把实现好、维护好、发展好最广大人民的根本利益作为党和国家一切工作的出发点和落脚点，尊重人民主体地位，发挥人民首创精神，保障人民各项权益，走共同富裕道路，促进人的全面发展，做到发展为了人民、发展依靠人民、发展成果由人民共享。这就要求把以人为本这一理念贯彻落实到党和政府的决策过程，提高改革决策的科学性、改革措施的协调性和改革效果的普惠性，不断满足人民群众日益增长的物质文化需要，切实保障人民群众的经济、政治、文化和社会权益；从人民群众最关心、最直接、最现实的利益问题入手，解决好就业、住房、教育、医疗、环保、食品安全等民生问题，使天更蓝、水更清、山更绿，空气更清新，城市更宜居，人民生活更舒适；注意妥善协调各方面利益关系，形成能够全面表达社会利益、有效平衡社会利益、科学调整社会利益的利益协调机制；逐步实现权利公平、机会公平、规则公平、分配公平，加快推进覆盖城乡居民的社会保障体系建设，着力提高低收入者收入水平，扩大中等收入者比重，有效调节过高收入，取缔非法收入，努力缓解收入差距扩大趋势。总之，要把以人为本的要求贯穿于经济社会发展各个方面，作为考核、评价各级领导干部政绩的重要依据和标准，使贯彻落实科学发展观的过程成为不断提高人民生活水平的过程，成为不断提高人民思想道德素质、科学文化素质的过程，成为不断保障人民经济、政治、文化、社会权益的过程，在推动经济不断发展的基础上促进社会全面进步和人的全面发展。

以科学发展为主题是时代的要求，关系改革开放和社会主义现代化建设全局。“十二五”时期是全面建设小康社会的关键时期，是深化改革开放、加快转变经济发展方式的攻坚时期。我们必须深入贯彻落实科学发展观，毫不动摇地坚持科学发展，更加注重以人为本，更加注重全面协调可持续发展，更加注重统筹兼顾，更加注重保障和改善民生、促进社会公平正义，更加奋发有为地推进我国改革开放和社会主义现代化建设。

（执笔：郭建宁）

（选自《人民日报》2011 年 4 月 12 日）

共同体建设与科学发展观的价值指认

叶昌友

建构一个什么样的共同体、怎样建设共同体、以什么作为共同体的认同关系和联系纽带，关涉当代科学发展观的一种价值指认。当代中国构建社会主义和谐社会，迫切需要人们增强共同体意识，营造共同体发展的条件，使每个人认识和热爱属于自己的共同体，参与共同体的发展，追求共同体的创新性和卓越性。

一、共同体理论的历史维度

"共同体一词的原文是'community'，指社会中存在的、基于主观上或者客观上的共同特征或相似性而组成的各种层次的团体、组织，既包括小规模的社区自发组织，也可指更高层次上的政治组织，而且还可指国家和民族这一最高层次的总体，即民族共同体或国家共同体。既可指有形的共同体，也可指无形的共同体。"因此，所谓共同体就是指在社会生活中具有某种利害关系的相互联系、相互制约的各种有机体，它不仅指阶级和国家，还指其他集体，如政党、民族、宗教组织、社会团体等，甚至还包括有关国际性机构和组织。对于当代中国要建构的社会共同体需要做出特别的界定，其基本前提是要建构符合广大人民利益、符合社会发展进步要求或趋势的新的共同体，而不是为了少数人的利益、危害社会公共利益或者损害他人利益的共同体。在现代社会生活中，共同体不是单一的，也不是一成不变的，它是在社会发展中不断生成和协调发展的。

人类社会的发展与共同体的形成有着密切的关系。德国著名学者、现代社会学大师斐迪南·滕尼斯认为，"共同体"是自然形成的、整体本位的，而"社会"则是非自然的即有目的人的联合，是个人本位的。"共同体"是小范围的，而"社会"的整合范围要大得多。"共同体"是古老的、传统的，而"社会"则是新兴的、现代的。滕尼斯把共同体分为三种类型：一是血缘共同体（建立在血缘基础上的共同的关系和参与），比如家庭、部落、部族等；二是地缘共同体（建立在土地为基础上的共同的关系和参与），比如农业地区、行政区或村庄、城镇，由地理位置或行政区划决定；三是精神共同体（建立在以被视为神圣的或被崇拜的神为基础上的共同的关系和参与），由劳动工作关系或精神信仰关系构成，是更高级的共同体存在形式。马克思也认定人类最初是以共同体的形式存在的。马克思指出，我们越往前追溯历史，个人就越显得不独立、从属于一个较大的整体。在这种关系基础上形成的人类最初的、最原始的共同体是部落体，这是自然形成的共同体。在原始的共同体中，"共同体都是扼杀个性的"，个人那时只是"狭隘人群的附属物"，个人本身就是“共同体的财产”。至于个人的自由个性、独立人格与个人权利，那都是近代化以后公民社会发展的产物。

古代家庭、氏族和更大的人群包括所谓“亚细亚国家”都可看作是自然形成的或政治性的“共同体”。马克思在谈到亚细亚生产方式时指出，第一个前提首先是自然形成的共同体：家庭和扩大成为部落的家庭，或通过家庭之间互相通婚而组成的部落，或部落的联合。所以部落共同体，即天然的共同体，并不是共同占有和利用土地的结果，而是其前提。当人们告别神圣时代，进入祛魅的时代，他们才需要有一个新的共同体想象。滕尼斯认为，共同体最大的特点就是共有，“共同体的生活是相互的占有和享受，是占有和享受共同的财产”。古希腊时期，哲学家亚里士多德称家庭为“第一共同体”，但他更关注的是城邦这种“政治共同体”。他说：“我们看到，所有城邦都是某种共同体，所有共同体都是为着某种善而建立的（因为人的一切行为都是为着他们所认为的善），很显然，由于所有的共同体旨在追求某种善，因而，所有共同体中最崇高、最有权威、并且包含了一切其他共同体的共同体，所追求的一定是至善。这种共同体就是所谓的城邦或政治共同体。”亚里士多德所说的“善”是共同体中的共性的东西，实际上是其成员的某种共同利益或是需要。也就是说，在古希腊，有一个共同体（城邦）在先的理念，认为城邦是通神性的，“一切社会团体的建立，其目的总是为了完成某种善业”。在公民共同体中得到大多数成员认可的价值取向引导了公民个人行为规范的塑造。公民只有在共同体中才能满足需要达到至善的目的，公民自足的生活需要在他人自足的生活中得以完备。

在西方社会学与人类学研究中，人们把滕尼斯的观点概括为“小共同体”理论，把共同体翻译为Commune（公社、村社）或是Community（社区），而波兰社会学界则用okolica（周围环境）来称之。他们都以传统乡村为例，认为这种群体秩序很大程度上是靠“闲言碎语”来维持的，社区主要通过议论成员来调节其成员的行为。不少学者认为，传统乡村是“这样一些共同体：它们通过口头传播来传递其文化内容”。由于这种传播不依赖于文字、书籍等中介，因而“这种传播模式总要涉及直接的人际接触”。这样，农村社区便应当是一个大家能互相见面并且互相认识的群体。而传统时代对个人的压抑，则主要发生在这一层次上。全球共同体是在全球化发展过程中形成的各国、各民族的共同利益和要求，是全球共同体得以形成的客观基础，也是共同体凝聚力量的重要保障。“我们已进入了人类进化的全球性阶段，每个人显然有两个国家，一个是自己的祖国，另一个是地球这颗行星。”当今世界并不太平，国际范围内的地区热点和冲突接连不断，全球面临共同的发展问题，譬如生态环境危机、全球气候变暖、生物多样性减少、核武器试验与核扩散、恐怖主义等。为了推进全球和谐发展，为了世界各国的共同繁荣和发展，需要在构建和谐世界的环境内打造新的全球共同体。

二、共同体视域中的科学发展观

马克思、恩格斯也比较早地提出了“共同体”的思想。“共同体”不仅指“国家”，还指其他集体，如政党、民族、宗教组织、社团等。任何个人都不可能离开共同体（集体）而独立存在，共同体（集体）是个人生存和发展的前提条件，同时也是个人自由实现的基础和前提。马克思认为，个人无法离开共同体（集体），离开共同体（集体）个人就无法实现自由：“没有共同体，这是不可能实现的。只有在共同体中，个人才能获得全面发展其才能的手段，也就是说，只有在共同体中才可能有个人的自由。”有剥削制度存在的阶级社会中的共同体都是虚假的共同体，只有在社会主义条件下，才能出现真正的共同体，也只有在真正的共同体条件下才能有个人自由，这也正是科学发展观"以人为本"的精髓所在。马克思、恩格斯指出："从前各个人联合而成的虚假共同体，总是相对于各个人而独立的……在真正的共同体的条件下，各个人在自己的联合中并通过这种联合获得自己的自由。"所以，努力创造条件，切实促进个人自由的发展，既是马克思恩格斯的最高价值追求，也是中国特色社会主义的实践要求，更是当代科学发展观的价值指认。

中国特色社会主义社会作为真正的共同体，首先在制度上确立了个人的独立的自由主体地位，并通过法律的形式规定和保护个人的自由权利，但是这仅仅为个人自由的实现创造了必要的条件。而科学发展观作为意识层面的指向标，会对中国特色社会主义现代化建设、对社会生产力发展起到巨大的指导作用。马克思恩格斯认为，个人自由的全面实现必须建立在生产力高度发展的水平之上。中国特色社会主义实践的历史进程表明，我们不遗余力地发展社会生产力，推动经济、政治、文化和社会的全面进步，为个人自由的实现创造充分的条件。因此，在共同体的视域下来探讨科学发展观，能更系统、更具体地看到当今社会中存在的问题。当代中国正处在现代化发展的关键时期。现代化不仅是社会生产和社会生活的现代化，而且是人本身的现代化，它只能通过社会结构的变革来推进，因而需要构建新的发展共同体。新的发展共同体不仅仅体现在物质层面，而且体现在制度层面和精神层面。当代中国发展共同体的形成和维护需要有共同的目标认同，需要确认共同的主流价值，形成对共同体存在与发展的归属感。"任何社会都会感到，它有必要按时定期地强化和确认集体情感和集体意识，只有这种情感和意识才能使社会获得其统一性和人格性。"没有共同的认同，没有共同体的保障，个人就会失去稳定感、安全感和幸福感，社会就会失去向心力、凝聚力和创造力，整个人类科学发展、和谐发展、全面发展就会失去根基。

三、构建中国特色的发展共同体

现代社会共同体的最大特点和特色在于它是全方位、多层次的，建立和发展并完善共同体，意味着需要整合世界性的思想资源，创设世界经济政治新秩序，探寻全球合作发展模式，打造新的全球合作伙伴关系，着力探索一条全球新的现代化发展道路，为未来文明发展做出新的贡献。科学发展观是指导我国现代化建设的崭新的思维理念，"五个统筹"（统筹区域发展；统筹城乡发展；统筹经济社会发展；统筹人和自然的和谐发展；统筹国内发展与对外开放）则深刻地体现了科学发展观内在的根本要求，是贯彻落实科学发展观、推进我国全面、协调、可持续发展的现实途径。根据科学发展观的现实要求，笔者认为，当代中国社会迫切需要构建五大发展共同体：

（一）统筹城乡经济社会发展，建立城乡发展共同体。这是科学发展观五个统筹中的一项重要内容，是相对于城乡分割的"二元经济社会结构"而言的。它要求把农村经济与社会发展纳入整个国民经济与社会发展全局之中进行通盘筹划，综合考虑，以城乡经济社会一体化发展为最终目标，统筹城乡物质文明、政治文明、精神文明和生态环境建设，统筹解决城市和农村经济社会发展中出现的各种问题，打破城乡界限，优化资源配置，把解决好"三农"问题放在优先位置，更多地关注农村，关心农民，支持农业，实现城乡共同繁荣。就是要坚决贯彻工业反哺农业、城市支持农村的方针，逐步改变城乡二元经济结构，逐步缩小城乡发展差距，实现农村经济社会全面发展，实行以城带乡、以工促农、城乡互动、协调发展，实现农业和农村经济的可持续发展。统筹城乡经济社会发展的实质是给城乡居民平等的发展机会，通过城乡布局规划、政策调整、国民收入分配等手段，促进城乡各种资源要素的合理流动和优化配置，不断增强城市对农村的带动作用和农村对城市的促进作用，缩小城乡差距、工农差距和地区差距，使城乡经济社会实现均衡、持续、协调发展，促进城乡分割的传统“二元经济社会结构”向城乡一体化的现代“一元经济社会结构”转变。

（二）统筹区域发展，形成区域发展共同体。地区间的经济发展不平衡是当今世界各个大国经济发展进程中的普遍现象。由于自然条件、地理环境、历史文化和现实基础等诸多的原因，我国区域经济发展不平衡的现象更为突出，而且不可忽视的是这种经济发展不平衡还在呈继续扩大之势。因此，逐步扭转地区差距扩大的趋势，促进地区协调发展，不仅是重大的经济问题，也是重大的政治问题，不仅关系现代化建设的全局，也关系社会稳定和国家的长治久安。我们要按照邓小平提出的“梯次推进”战略，根据我国区域经济发展的实际情况，统筹区域发展，实现共同发展。由于我国存在着东、西、中部的地区差异，东部地区掌握着较先进的技术，有着较强的经济实力，西部地区技术力量薄弱、经济发展相对滞后，但资源比较丰富，中部地区落后于东部地区但比西部地区先进，所以，国家要从宏观政策上支持欠发达地区加快发展，根据我国当前区域发展的实际情况和全面推进现代化建设的要求，使我国东、中、西部地区之间和地区内部的不同区域之间相互适应、相互促进、良性互动，经济、政治、文化之间相互衔接、相互推动，经济社会发展与人口、资源、环境之间相互配合。以东部地区经济发展带动中西部地区的加快发展作为重要内容，既不“抑西扬东”，也不“抑东扬西”，而是把东部沿海地区的发展和中西部地区的开发很好地结合起来，以东部沿海地区的经济发展为“龙头”，带动中西部地区的经济增长，实现沿海与内地、东部地区与中西部地区的协调发展，实现东中西部地区的相互促进、共同发展。

（三）统筹经济社会发展，创设经济与社会发展共同体。建设中国特色社会主义是经济、政治、文化、社会的全面发展，是物质文明、政治文明、精神文明和生态文明的全面进步。可见，不论是建设中国特色社会主义，抑或是构建社会主义和谐社会，都要求发展。当然，这里的发展首先是指经济的增长，因为经济的增长是发展的重要基础。但发展决不等同于经济增长，经济增长也并不等同于社会全面进步。发展是要坚持以经济建设为中心，在经济发展的基础上实现社会的全面进步，推动社会主义物质文明、政治文明、精神文明和生态文明的全面发展。社会主义现代化建设决不能搞单打一，决不能搞片面发展，决不能搞单项突进。否则，社会将陷入重重矛盾之中而不能自拔，发展也将遭到严重挫折。现在的问题是，随着改革开放的不断深入，旧的矛盾解决了，新的矛盾又在产生，经济发展中的社会问题日益凸现出来。因此，只有统筹经济社会发展，切实地关注和解决失业、贫困、教育、医疗、公共卫生以及社会公正和反腐败等社会问题，才能保证经济持续、协调、健康的发展，在经济发展的基础上实现社会全面进步，达到全面建设小康社会和社会主义现代化的目标。

（四）统筹人和自然的和谐发展，打造人与自然的和谐共同体。随着人类工业文明发展到新的历史阶段，人类社会与自然环境的矛盾不断积累，来自人口、环境、资源、生态等方面的压力越来越大，如何实现人与自然的和谐相处逐渐成为各国共同面对的重大问题。就生态环境来看，全球生态环境问题日益突出，特别是全球气候变暖、臭氧层耗竭、酸雨、水资源状况恶化、土壤资源退化、全球森林危机、生物多样性减少、毒害物质污染与越境转移等八大问题，正威胁着人类的生存。资料表明："近半个世纪以来，自然灾害的发生频率明显提高，强度明显增强。20世纪60年代，全球每年发生自然灾害100次左右，现在则达到每年500次以上，提高了4倍，仅1974—2005年间全球就发生6437次重大自然灾害，平均每年200多起以上，人与自然的失谐，已经威胁到人类主体的安全。"当前我国也面临着生态环境、自然资源和经济社会发展的矛盾日益突出的状况。所以，我们要把握人与自然之间的平衡关系，自觉调整人与自然的紧张关系，寻求人的发展与自然发展的辩证统一，建立新的人与自然的和谐关系，把人的发展同资源的消耗、环境的退化、生态的胁迫等联系在一起考虑，寻求人与自然共生同荣的路径。坚持经济社会发展与环境保护、生态建设相统一，使可持续发展的能力不断增强，生态环境得到改善，资源利用效率显著提高，促进人与自然的和谐，推动整个社会走上生产发展、生活富裕、生态良好的文明发展道路。加快经济增长方式的转变，坚决摒弃以牺牲环境、破坏资源为代价的粗放型经济增长方式，加强生态环境建设。大力发展生态效益型经济，大力发展循环经济和清洁生产，在生产和消费过程中追求资源、能源利用效率最大化和废弃物最小化，努力使人口发展与生产力发展相适应，经济社会发展与资源、环境承载能力相适应。

（五）统筹国内发展与对外开放，构建和谐发展和平发展的共同体。纵观人类发展史，"世界各个国家、各个民族都为人类的进步和文明的发展做出了自己的贡献，当今世界各国人民的前途和命运从未像今天这样紧密相连、休戚与共。中国是国际大家庭中的一员，是一个后发展的发展中国家，中国的发展离不开世界。中国将始终不渝地把自身的发展与人类共同进步联系在一起。"中国坚持以科学发展观统筹国内发展和对外开放，把发展的基点放在立足本国实际上，同时坚持全方位、宽领域、多层次的对外开放，促进国内国际协调共进，努力实现更均衡的发展。中国不把问题和矛盾转嫁给别国，更不通过掠夺别国来发展自己。中国始终坚持和平发展，通过积极的对外交往，与世界各国共享人类文明成果。中国将坚定不移地高举和平、发展、合作的旗帜，走和平发展道路，尊重各国自主选择社会制度和发展道路的权利，相互借鉴而不是相互排斥，取长补短而不是定于一尊，推动各国根据本国国情实现振兴和发展。中国强调应该加强不同文明的对话和交流，在竞争中取长补短，在求同存异中共同发展，努力消除相互的疑虑和隔阂，使人类更加和睦，让世界更加丰富多彩。中国积极倡导平等开放的精神，维护世界文明的多样性，促进国际关系民主化，协力构建各种文明兼容并蓄的和谐世界。中国将在更大范围、更广领域、更高层次上参与国际经济技术合作和竞争，在使对外开放更好地促进国内发展的同时，把自己的发展变成更大的合作空间，向世界提供更多的资本、更大的市场和更好的公共产品，即充分利用世界和平发展带来的机遇发展自己，又以自身的发展更好地维护世界和平、促进世界各国的共同发展，共同"推动建设一个持久和平、共同繁荣的和谐世界"。

（作者：南京财经大学马克思主义学院教授、硕士生导师）

（选自《东南大学学报·哲学社会科学版》2011年第1期）

论科学发展中的人的全面发展思想

叶山土　杜天笋

党的新一代领导集体提出的科学发展观，不仅指明了中国经济社会又好又快发展的路径，而且揭示了经济社会发展与人的发展的辩证关系，提出了实现人的全面发展的思想，实现了人的全面发展从理论形态向具体的实践形态的转换。依据马克思恩格斯有关人的全面发展的论述，科学发展观主要揭示了人的全面发展的历史进程，阐发了人的全面发展的基本内涵，提出了人的全面发展的实现条件和途径。

一、人的全面发展是由现实趋向理想、由阶段性目标趋向理想性目标的过程

马克思曾经把人的全面发展的历史进程分为三个阶段：一是"人的依赖关系"阶段，即自然经济状态下的前资本主义社会；二是"物的依赖性"阶段，即商品交换普遍发展的资本主义社会；三是"建立在个人全面发展和他们共同的社会生产能力成为他们的社会财富这一基础上的自由个性"阶段，即共产主义社会。马克思认为，只有到了第三阶段，"个人的全面性不是想象的或设想的全面性，而是他的现实关系和观念关系的全面性"。

由于对上述马克思的思想的理解存在一些误区。长期以来，人们普遍认为人的全面发展是共产主义阶段的事情，在社会主义阶段，特别是社会主义初级阶段，谈不上人的全面发展，因而忽视了对人的全面发展这一理想目标的实践要求。

党的十六大以来，党的新一代领导集体结合中国实际不断探索和遵循共产党执政规律、社会主义建设规律、人类社会发展规律，以科学的思想、科学的制度、科学的方法领导中国特色社会主义事业，提出了科学发展观。党的十六届三中全会报告指出："坚持以人为本，全面协调可持续的发展观，促进经济社会和人的全面发展。"这就不仅把人的全面发展提到发展的实践日程，而且提到发展之本的地位。随后，胡锦涛在《在中央人口资源环境工作座谈会上的讲话》中又指出："坚持以人为本，就是要以实现人的全面发展为目标，从人民群众的根本利益出发谋发展，促发展，不断满足人民群众日益增长的物质文化需要，切实保障人民群众的经济、政治和文化权益，让发展的成果惠及全体人民。"党的十七大报告进一步阐明了这一思想，指出："尊重人民主体地位，发挥人民首创精神，保障人民各项权益，走共同富裕道路，促进人的全面发展。"科学发展观的提出，揭示了人的全面发展历史进程的新内涵。

一是人的全面发展是由现实逐渐趋向理想

的过程。马克思曾针对19世纪30年代的德国只诉诸理论而缺乏革命实践的情况指出："光是思想竭力体现为现实是不够的，现实本身应当力求趋向思想。"这里所说的现实趋向思想，就是要用改变世界的实际行动实现我们的理想和目标。科学发展观蕴含了这一思想。它指出，要以实现人的全面发展为目标，从人民群众的根本利益出发谋发展，促发展，不断满足人民群众日益增长的物质文化需要，用促进人的全面发展的行动、实践实现人的全面发展的理想和目标，人的全面发展是一个由促进人的全面发展的实践逐渐趋向人的全面发展这一未来社会理想的过程。这不仅表明我们党坚定的政治信念和对人的全面发展这一远大目标的执着追求，而且表明从现阶段开始我们就要朝着这一方向奋斗。在科学发展观看来，人的全面发展既是一种理想境界，又是一种发展实践，前者存在于后者之中，并通过后者来实现，而不是外在于发展实践的另一个过程。人的全面发展是一个历史累积的过程，是伴随着经济社会发展实践逐渐由现实趋向理想的过程。

二是人的全面发展是由阶段性目标趋向理想性目标的过程。马克思人的全面发展的理想目标是，人作为一个完整的人，占有自己的全面的本质，社会的每一个成员"完全自由地发展和发挥他的全部才能和力量"。科学发展观以共产主义人的全面发展为理想目标，结合社会主义初级阶段的实际，提出了现阶段人的全面发展的现实目标，即物质生活发展的目标，就是经过努力奋斗，尽快地使全国人民都过上更加宽裕的小康生活，并不断向更高水平推进；政治生活发展的目标，就是要充分发挥人民群众的首创精神，保障人民各项权益，构建更加和谐的社会关系；思想文化生活发展的目标，就是要提高全民族的思想道德素质和科学文化素质；人与自然和谐发展的目标，就是要促进人与自然的和谐，使人们在优美的生态环境中工作和生活。这就把人的全面发展看成是由现阶段目标逐渐趋向理想目标的过程。在党的新一代领导集体看来，人的全面发展要达到马克思恩格斯所设想的理想状态是一个漫长的历史过程。因为，从全社会范围看，要比较充分地满足人们多方面需求和实现人的全面发展，必须有相应的物质基础和社会条件，这只能是一个不断发展和进步的过程，因此需要长期坚持不懈的努力奋斗，但现阶段我们应该根据现有条件制定现阶段能够做到的目标。中国特色社会主义的经济、政治、文化、社会和生态的发展水平是逐步提高的，人的全面发展程度也是逐步提高的过程。我们要利用现有的条件促进人的发展，同时通过促进人的发展来调动人们建设社会主义的积极性，从而推动社会主义的不断发展，只有社会主义不断发展，才能最终实现人的全面发展。因此，我们既不能在社会主义初级阶段就提出共产主义高级阶段才能实现的每个人自由全面发展的过高目标，也不能借口我国还处在社会主义初级阶段，忽视对人的全面发展这一理想目标和根本原则的实践要求。人的全面发展就是由阶段性目标趋向理想性目标的过程。

二、人的全面发展是个体人的全面发展与全体人的全面发展、个体人的协调发展与全体人的协调发展、个体人的可持续发展与全体人的可持续发展的统一

在马克思看来，人的全面发展就是"人以一种全面的方式,也就是说,作为一个完整的人,占有自己的全面的本质"。对于人的本质，马克思的基本观点是：作为类存在物，人的本质是自由自觉的实践活动；作为社会存在物，人的本质在其现实性上是一切社会关系的总和；作为完整的个体的人，人的本质是自然因素、社会因素和精神因素的统一体。与此相联系，在马克思那里，人的全面发展的内涵主要包括三方面，即人的劳动活动和能力的全面发展，人的社会关系的丰富和发展，人的需要和人的个性的全面发展。科学发展观结合我国当前的发展实际和特点，阐发了人的全面发展的新内涵。

其一，就人的全面发展内涵的静态考察而言，人的全面发展是个体人的全面发展与全体人的全面发展的统一。科学发展观的核心“以人为本”的人，既是指个体的人，又是指全体的人即“每一个人”。因而，人的全面发展：一是指个体人的全面发展，即人的全面发展应体现并落实于个体人，个体人的素质、能力、需要和社会关系等的全面发展，个体人的物质生活、政治生活、精神文化生活的全面丰富和发展。如果个体人的一部分的素质、能力、需要、社会关系和社会生活得到丰富和发展，另一部分的素质、能力、需要、社会关系和社会生活得不到丰富和发展，那就不是全面发展。二是指全体人的全面发展，即让所有的社会成员的物质生活、政治生活、精神文化生活等都得到丰富和发展，所有的社会成员的素质、能力、需要和社会关系都得到发展。如果一部分人得到丰富和发展，另一部分人得不到丰富和发展，那也不是全面发展。科学发展观强调，在推进经济社会发展中，要切实关注个人需要和利益，保障个人的合法权益，促进个人的全面发展；同时又要关注全体人的共同发展、平等发展、和谐发展，要让发展的成果惠及全体人民。也就是说，人的全面发展是个体人的全面发展与全体人的全面发展的统一，促进人的全面发展，就是要促进个体人的全面素质的发展，而不是某一方面素质的发展，促进所有人的发展，而不是一部分人的发展。

其二，就人的全面发展内涵的横向动态考察而言，人的全面发展是个体人的协调发展与全体人的协调发展的统一。科学发展观内蕴的人的全面发展包含了人的协调发展。胡锦涛同志指出：“协调发展，就是要统筹城乡发展、统筹区域发展、统筹经济社会发展、统筹人与自然和谐发展、统筹国内发展和对外开放，推进生产力和生产关系、经济基础和上层建筑相协调，推进经济、政治、文化建设的各个环节、各个方面相协调。”胡锦涛的这一论述，从表层上看，说的是经济社会、城乡、区域等的协调发展；从深层次看，说的就是人的协调发展。因为推进经济社会、城乡、区域等的协调发展的目的，就是为了促进人的协调发展，只有促进人的协调发展，才能实现人的全面发展，只有实现人的全面发展，才能推进经济社会、城乡、区域等的协调发展，两者之间是互动的。如果城乡、区域、经济社会发展失衡，必然导致人的发展失衡。人的协调发展，就个体的人而言，就是要克服只追求经济、忽视道德，热衷科学、忽视人文，追求物欲、缺乏精神的单向度发展倾向，使个体人能够自觉能动地对自身的发展进行自我约束和控制，从而使自己的各方面素质、能力、社会关系、需要等同步协调发展。就全体的人而言，就是要协调城乡、区域、工农业之间的发展，协调社会成员之间的分配关系和发展差距，促进全体人民协调发展、平等发展、和谐发展。

其三，就人的全面发展内涵的纵向动态考察而言，人的全面发展是个体人的可持续发展与全体人的可持续发展的统一。在科学发展观中，人的全面发展还包含着人的可持续发展的内涵。这不仅因为当代人的全面发展有赖于人的可持续发展，而且更在于人的全面发展不是当代人所能完成的，也不是一代人的目标，它是世世代代人所追求的过程。人的可持续发展，从个体人的视角看，就是个体人自身的体力、素质、能力、社会关系、需要以及各种潜能得到持续的充分的发展。人的可持续发展的各要素之间是相互联系、相互制约、相互促进的，其中任何一要素出现不可持续性，就会影响个体人其他方面可持续发展的实现。人的可持续发展,从全体人的视角看,就是其实践活动、社会关系、人的需要等的可持续发展。表现在共时态上，就是同代人之间平等、可持续发展，即有同样的可持续发展的机会和条件。一部分人的发展不能剥夺另一部分人发展的权利；表现在历时态上，就是代际之间的平等可持续发展，即当代人的发展不能牺牲下代人发展的权利，任何时代的个体和全体均拥有相应的生存权、发展权和享受权。总之，无论是个体人还是全体人，无论是代内之间还是代际之间，都应该是人与自然相和谐,经济发展与人口、资源、环境相协调，以及生产发展、生活富裕、生态良好。唯此,人才能谈得上实现自己的全面发展。

三、实现人的全面发展的基本条件是经济社会全面协调可持续发展，根本方法是统筹兼顾，重要保证是制度和体制创新，国际条件是和谐世界的构建

马克思恩格斯关于实现人的全面发展的条件和途径，有以下基本观点：一是生产力的高度发达；二是分工和私有制的消灭以及自由联合体的建立；三是教育与生产劳动相结合。科学发展观则从一个崭新的视角，即从新的时代、新的实践的视角，阐述了现阶段实现人的全面发展的条件和途径。

首先，实现人的全面发展的基本条件——经济社会全面协调可持续发展。第一，要大力发展社会生产力，为人的全面发展打造坚实的物质基础。生产力的高度发展是实现人的全面发展的前提条件。正如马克思所说，生产力的发展不仅可能保证一切社会成员有富足的和一天比一天充裕的物质生活，而且还可能保证他们的体力和智力获得充分的自由发展和运用。没有生产力的高度发展，没有高度丰富的物质产品，就没有人本身的发展。“只有不断解放和发展生产力，才能为社会全面进步和人的全面发展提供物质基础。”第二，全面推进经济、政治、文化和社会建设，为人的全面发展创造良好的政治、文化、社会条件。人的全面发展不仅要以经济发展为基础，而且还有赖于社会有机体的全面、协调发展。只有推进经济、政治、文化的全面发展，物质文明、政治文明和精神文明全面进步，才能实现人的素质和能力的全面发展，才能满足人的物质和文化的需要，才能丰富和发展人的社会关系。第三，坚持可持续发展，促进人与自然的协调与和谐，为人的全面发展创造良好的自然条件。良好的生态环境是实现人的全面发展的自然基础，没有良好的自然基础，人的生存都困难，就谈不上发展，更谈不上全面发展。只有尊重自然界本身的客观规律，处理好人口、资源、环境的关系，与自然和谐相处，共生共存，与自然保持良性的动态的有机统一，才能使人们获得实现全面可持续发展的自然资源和优美的工作生活环境。

其次，实现人的全面发展的根本方法——统筹兼顾。我国现阶段实现人的全面发展，与马克思主义创始人所说的人的全面发展相比，在层次和境界上是不同的，是属于低水平的、低层次的。那么，如何实现这种低水平的、低层次的人的全面发展呢？科学发展观明确指出，根本方法是统筹兼顾。这是因为，一是创造实现人的素质、能力、社会关系和需要等方面全面发展的条件需要统筹兼顾，只有通过统筹兼顾，推进经济、政治、文化、社会、自然的全面协调可持续发展，才能实现人的素质、能力、社会关系和需要等方面的全面发展。二是创造“所有”人的平等发展、和谐发展、整体发展的条件需要统筹兼顾。在我国现阶段，由于基本国情以及种种客观和主观等方面的原因，城乡之间、区域之间、不同社会群体之间、不同阶层之间的发展很不平衡。在这种发展极不平衡的状况下，要实现全体社会成员的平等发展、整体发展、和谐发展，根本方法是统筹兼顾。通过统筹兼顾，让物质文明、政治文明、精神文明、生态文明建设的成果惠及每个人，保证社会的每一个人都能获得同样的发展机会和发展环境，只有这样才能真正促进人的全面发展。三是创造充分调动一切积极因素、促进人的全面发展的主体条件需要统筹兼顾。人的自由全面发展归根到底要通过人的积极因素的发挥来实现，而在社会主义初级阶段，人的积极因素的调动和发挥则要依靠统筹兼顾的方法。对此毛泽东说过，统筹兼顾是调动一切积极因素的根本方针。党和政府只有运用法律的、行政的、经济的、教育的等手段，从宏观上进行调控，妥善处理好中国特色社会主义事业中的各种关系，才能充分调动一切积极因素，实现经济社会良性互动和共同发展，从而促进人的全面发展。

再次，实现人的全面发展的重要保证——制度和体制的创新。统筹兼顾是实现人的全面发展的根本方法，而不是具体措施，是从宏观上筹划人的全面发展的大政方针。如何实现统筹兼顾？这就要靠制度和体制创新，只有实现制度和体制创新，才能发挥统筹兼顾在促进人的全面发展方面的作用。十七大报告指出，深入贯彻落实科学发展观，就要推进各方面的体制改革创新，构建有利于科学发展的制度和机制。为此，一是要建立和完善以人为本的经济制度。在我国影响人的全面发展的原因固然很多，但最根本的是经济制度不完善的问题，不完善的经济制度导致了发展的不平衡，因此，要解决上述发展的不平衡问题，首先必须从经济制度的改革创新入手，建立和完善以人为本的经济制度。所谓以人为本的经济制度，最根本的就是不仅要使城乡、区域、不同利益主体之间的人们，在公共基础设施及各种自然资源和社会资源的占有和使用上公平，而且要通过统筹效率与公平的关系，实现收入分配上的公平。二是建立和完善以人为本的民主政治制度。健全的民主政治制度既是促进人的全面发展的保证，也是促进人的全面发展的源泉和动力。只有把人民当家作主的社会主义民主制度化、法律化，在社会制度和政治体制上真正体现广大人民的根本利益，确保人民的价值尊严和在国家中的主体地位，才能激发人民的积极性、主动性和创造性，促进人的全面发展。三是建立和完善以人为本的文化教育制度。人的发展是以文化的方式来进行的。文化作为共同体的主观精神和创造力的历史凝聚与积淀，对个体人以及群体人的性格、情操、心理等内在素质的形成起着极为重要的作用。教育对促进人的自由全面发展具有基础性作用。马克思认为，在一定的社会制度下，人的发展直接取决于教育。他还认为，由分工而造成的人民群众的畸形发展，可以通过国民教育来消除。在我国城乡之间、区域之间、不同群体之间发展之所以存在较大的差距，其中与接受文化教育机会的不公平有着直接联系，正如温家宝总理所说，教育公平是最大的公平。因此，只有建立和完善以人为本的文化教育体制，使每个人都有享受文化成果的充分权利和接受良好教育的机会，同时推进文化建设，加大教育投入的力度，才能真正实现人的全面发展。

最后，实现人的全面发展的国际条件——和谐世界的构建。实现人的全面发展不仅有赖于国内条件的创造，还有赖于国际条件的创造。马克思恩格斯指出，每一个单个人的解放的程度是与历史完全转变为世界历史的程度一致的。个人只有同整个世界进行物质生产和精神生产的普遍交换，摆脱地域的民族的狭隘性，才能成为全面发展的人。如今，历史转变为世界历史已成为现实，经济全球化不仅促进了经济发展、科技进步和文化交流，推进了社会的转型与变动，而且也为人的活动提供了更为广泛的空间、更大的平台和更多的机遇。历史和实践表明，和谐的世界更有利于世界各国各民族的经济、政治、文化的稳定持续发展，更有利于世界各国各民族之间在经济、技术、文化方面的交流合作、互动共赢，更有利于世界各国各民族在普遍交往中接受人类文明成果，促进人的全面发展。因而，科学发展观倡导："各国人民携手努力，推动建设持久和平，共同繁荣的和谐世界。"对于如何利用现有的国际有利条件，推进和谐世界建设，为促进人的全面发展创造和谐的国际条件，科学发展观着重强调了两方面：一是通过统筹国内发展和对外开放，统筹国内国际两个大局，推进和谐世界建设。世界的和谐是发展中的和谐，不是静态的和谐，而世界的发展是在与各国发展的互动中实现的。因此，我们必须把中国的发展与世界的发展联系起来，主动地参与到经济全球化进程中去，扩大对外开放，积极发展对外经济技术合作，充分吸收其他国家和民族发展的文明成果，充分利用国际国内两个市场、两种资源，统筹运用国外的有利条件和我们自身的有利条件，寻求优势互补的结合点，推进中国与世界的共同发展，推进和谐世界建设，从而为促进人的全面发展创造国际条件。二是在国际关系中，积极"弘扬民主、和睦、协作、共赢精神"，推进和谐世界建设。科学发展观认为，遵循联合国宪章的宗旨和原则，恪守国际法和公认的国际关系准则，在国际关系中弘扬民主、和睦、协作共赢精神是推进和谐世界建设的保证。

（作者：浙江师范大学法政学院教授）

（选自《马克思主义与现实》2011 年第 2 期）

社会建设与我国新发展阶段的战略选择

李培林

中国的改革发展进入了一个新的成长阶段。加快社会建设步伐，为国民经济持续健康发展开掘新的动力源泉，为社会和谐稳定和国家长治久安建立广泛的社会基础，是中国在这个新成长阶段所面临的重大任务。

一、社会建设战略思想的提出

“社会建设”并不是一个新概念，在20世纪30—40年代，“社会建设”曾经是一个热门话题。老一辈社会学家曾经对“社会建设”概念进行了较为系统的论述，许多社会理论家和活动家也对社会建设问题进行了理论和实践的探索。不过，当时所探讨的社会建设，主要是指社会事业的建设，尤其是教育、卫生、体育等事业的建设，因为当时的社会学家认为，当时中国的主要问题是贫穷，而贫穷的主要根源是民众智愚体弱。但今天我们所说的“社会建设”，并不是过去的话语延续，而是从当前的现代化建设实践中提出的重大战略思想。

应该说，社会建设概念在改革开放新时期的提出，有一个逐步发展的过程。1978年改革开放以后，全党全国的工作重点从“阶级斗争”转移到经济建设，“经济建设”成为全国人民家喻户晓、耳熟能详的概念，经济建设工作本身取得了举世瞩目的伟大成就。然而，在经济建设不断取得进展和成就的同时，经济社会协调发展的现实要求也越来越突出。对此，早在1982年，党的十二大报告就已经有所认识，一是强调改善人民生活，指出“一要吃饭，二要建设”；二是强调科学技术的作用，指出“四个现代化的关键是科学技术的现代化”；三是强调精神文明建设的作用，指出“我们在建设高度物质文明的同时，一定要努力建设高度的社会主义精神文明。这是建设社会主义的一个战略方针问题。”显然，这些关于发展的主要战略任务的认识，并非“经济建设”概念所能完全概括的。1982年12月，全国人大五届五次会议决定，把实施了5个五年的《国民经济五年计划》改名为《国民经济和社会发展五年计划》，增加了“社会发展”内容，在对经济建设做出部署的同时，也对社会发展做出了相应部署。此后，从“六五计划”到“十一五规划”，中国社会发展的内容逐步充实，人口、就业、社会保障、收入分配、卫生健康、科技教育、生态环境、民主法治、社会管理、精神文明，都成了相对于“经济建设”的社会发展内容，并由此引申出经济社会协调发展的思想。在这个过程中，国家还针对一些重大社会发展难题，制定了各种专项的战略计划，如《国家“八七”扶贫攻坚计划》、《中国教育改革和发展纲要》、西部大开发战略、城乡一体化战略、东北地区振兴规划等等，逐步深化了对经济社会协调发展、城乡区域统筹发展的思想认识。当然，对于调整社会结构、推动其现代转型从而使其与经济结构的现代化进程相适应的问题在社会发展中的重要性，还没有被明确地认识到，尽管涉及社会发展的这些重要内容客观上也会起到推动社会结构调整的作用。

进入新世纪以后，中国提出全面建设小康社会的目标，指出要达到“经济更加发展、民主更加健全、科教更加进步、文化更加繁荣、社会更加和谐、人民生活更加殷实”，在社会领域的目标就是“社会更加和谐”。2004年党的十六届四中全会的决定正式明确提出了“社会建设”思想，这个决定有两个重大的理论贡献：一是从执政能力的角度提出了“构建社会主义和谐社会”的重大战略思想，在全国上下引起强烈反响，获得社会各界广泛认同；二是适应社会结构的巨大变迁和经济社会发展的新阶段，提出了“社会建设”这个极为重要的新概念，用以概括调整社会结构、发展社会事业、保障社会秩序等方面的建设工作。2005年2月19日，胡锦涛总书记在中共中央党校省部级主要领导“提高构建社会主义和谐社会能力”专题研讨班上，发表了关于构建社会主义和谐社会的重要讲话，全面阐述了构建社会主义和谐社会的思想来源、现实针对性、基本要求和战略部署，提出中国特色社会主义建设的总体布局，由原来的经济建设、政治建设、文化建设的三位一体，变为包括社会建设在内的四位一体新格局。党的十七大报告，首次以“加快推进以改善民生为重点的社会建设”为题，为“社会建设”单辟一节进行系统论述，“社会建设”成为中国特色社会主义建设总体布局的一个重要方面。

综上所述，可以说，“社会建设”概念的提出以及社会建设体系的初步形成，标志着中国对社会发展规律认识的深化，反映了当代社会发展从自发走向自觉的历史趋势，丰富了马克思主义社会发展理论。

二、加强社会建设是改革和发展的新要求

“社会建设”重大战略的提出，并非只是为了理论体系的创新和完善，经过三十多年的改革、开放和发展，中国社会发生了巨大变化，突出表现为经济体制深刻变革，社会结构深刻变动，利益格局深刻调整，思想观念深刻变化。由于这样一些重大变化，中国经济社会发展进入了一个新的阶段。加强社会建设，是适应这个新阶段经济社会发展要求的必然选择。

（一）经济体制变革深刻改变了社会生活的组织方式

中国社会的巨大变化，最基础的是经济体制变革和社会结构变动。经济体制的深刻变革有两个最重要的特征，一是经济运行机制的市场化，二是经济所有制成分的多样化，这两个特征的形成具有极为深远的社会影响。关于经济市场化已经达到的水平，学术界有不同的估计，低的估计是认为中国经济市场化程度达到50%—60%，高的估计认为已经达到70%—80%。无论怎样估计总体的市场化程度，目前中国劳动力就业市场化程度估计超过80%应当是符合实际的。在经济所有制构成变化方面，非国有经济的规模已经超过国有经济。根据国家统计局发布的2008年第二次全国经济普查数据，在全国企业实收资本中，国家资本占33.4%，集体资本占3.0%，法人资本占25.5%，个人资本占22.9%，港澳台资本占6.1%，外商资本占9.1%。同时，在国内生产总值的所有制构成中，非公有制经济（含个体经济）所占比重也已经超过60%。这些变化从根本上瓦解了计划经济时代形成的“单位制”，绝大多数社会成员从“单位人”转变为市场化

时代的“社会人”，粗略估计目前大约有70%以上的从业人员，是在“单位制”组织之外就业，这就意味着，在计划经济时代由国家通过单位承担的社会职能，现在必须由国家与社会共同承担。

（二）社会结构和利益格局的变化对社会体制产生深刻影响

一是城乡结构的变化。改革开放以来，2亿多世世代代的农民离开了耕作的土地，甚至离开了生活的村庄，转变为从事二、三产业的工人，农业劳动者在总就业人口中所占比重，从1978年的70.5%下降到2010年的38%左右，这是世界上最大规模的城市化过程，如何使转变了职业的农民，能够在社会体制上融入城市生活，成为今后社会发展的重大挑战。

二是收入分配结构的变化。改革开放三十多年来，我国从一个收入分配均等化程度很高的国家转变成一个在国际比较中收入差距很大的国家。收入差距的扩大、分配不公以及与此相联系的腐败问题，成为引发很多社会问题的深层原因。如何调整收入分配结构、建立公平合理的收入分配秩序，成为建立有效的竞争机制、发挥国内消费对经济的拉动作用、维护社会和谐稳定的一项重要任务。

三是人口结构和家庭结构的变化。我国采取的严格控制人口增长的政策，使我国人口的再生产模式从高出生率、低死亡率、高增长率转型为低出生率、低死亡率和低增长率。人口净增长量的大规模减少，为经济的发展和生活水平的普遍提高提供了有利条件，但也加速了老龄化过程，一些大城市的老龄化水平已经超过20%。与此同时，城市和农村的家庭结构都在发生根本性的变化，我国几千年来家庭代际的金字塔结构，在城市里已经开始转变为4—2—1的倒金字塔结构，长期以来传统的代际养老模式已经难以为继，迅速建立覆盖城乡的基本养老保险体制成为当务之急。

（三）经济增长支持因素的变化迫使我国转变发展方式

一是改革动力发生的变化。经济体制改革使社会活力得到前所未有的释放，这是过去三十多年中国经济得以持续快速增长的重要动力源泉。不过，随着社会主义市场经济体制的建立，经济领域的改革主要是进一步深化以及完善市场经济体制，在一些触动既有利益格局的改革方面，较难形成建立在普惠原则上的改革共识。所以，改革的深化，要从经济领域向社会领域扩展和延伸，要通过共享发展成果和提供新的发展机会的社会改革，进一步为我国的发展提供新的动力。

二是劳动力供求关系发生的变化。人口结构变化产生的所谓“人口红利”，为经济发展创造了有利人口条件。据测算，过去三十多年中，“人口红利”对中国经济增长的贡献达到27%左右。随着人口结构的变化，劳动年龄人口比例不断下降，劳动年龄人口的增长率在逐步减低，预计在2015—2020年期间将会转变为负增长。中国未来可能会在失业率仍然较高的情况下，更加频繁地出现“民工荒”。随着劳动力供求关系的变化和新生代农民工成为产业大军的主体，农民工对工资水平和劳动权益保护的要求和预期会快速提升，如何提高产品的技术含量以消化增加的劳动成本，如何建立和谐的劳资关系，将成为社会发展的重要议题。

三是经济增长主要拉动因素的变化。在投资、出口和国内消费这三驾拉动经济增长的马车中，投资和出口的作用在过去的三十多年中不断增强，而国内消费的拉动作用却在不断降低。这次国际金融危机的冲击以及危机后国际贸易保护主义的普遍强化，非常明确地表明，高投资、高出口、高增长的发展模式，从长远来看是难以为继的，我们必须采取措施扩大国内消费，使未来拉动经济增长的主要因素，建立在国内消费的基础上。

四是资源、能源和环境条件的变化。资源、能源和环境方面的高消耗，是过去三十多年中国经济增长的重要方式。土地、矿产、能源和水等资源的快速开发利用，一方面推动了经济的增长，另一方面也使今后的可持续增长面临着日益巨大的约束，并且还引发和累积起种种社会矛盾——近两年不断爆发的与土地和环境问题相关的大规模群体性事件都是严峻的警示。国际社会对碳排放量越来越严格的限制，以及我国越来越紧张的资源紧缺局面（如水资源），都逼迫我们必须转变发展方式。

所有这些情况都表明，未来中国经济的持续发展，需要转变发展方式，形成新的经济增长动力，开辟新的发展前景。

（四）中国经济社会发展进入新成长阶段，为经济社会协调发展提供了新的机遇

从 2008 年下半年爆发国际金融危机到现在为时已三年多了，根据经济复苏、就业恢复、消费增长、物价基本稳定等经济社会发展的关键指标，中国已走出国际金融危机的阴影，进入“新成长阶段”。“新成长阶段”最突出的含义是，新一轮增长周期的推动力，与过去相比将发生明显变化，将更加依赖于转变发展方式、加快城市化进程、扩大国内消费和实行全面的社会改革。

在现阶段，全面推进社会改革，全面开展社会建设，释放深层次的社会力量，是充分利用新成长阶段提供的机遇，为经济社会持续协调发展创造和培育新的动力源泉的必由之路。当前社会发展的核心是人民福利的共同增长和社会结构的现代转型，这既是一个自然的历史过程，同时也越来越需要有自觉的社会行动来推动，并减少自发过程难以避免的负面社会后果。这种自觉的社会行动，用我们的话来说，就是社会建设。

三、当前社会建设的主要任务

社会建设与经济建设、政治建设和文化建设密切相关，同时又有其独特的运行体制和机制。从理论的高度认识和把握好这几个层面的社会建设内涵，是有效开展社会建设的基本前提。社会建设在不同的发展阶段，主要任务也有所不同，当前社会建设的主要任务，集中在以下三个方面。

（一）基本民生建设是社会建设的核心内容

其中最重要的领域是劳动就业、收入分配、社会保障和住房。劳动就业问题包括城镇新增劳动力就业、农村剩余劳动力转移和失业劳动力再就业、劳动力素质提升、就业结构调整升级以及建立全国统一劳动力市场等问题。解决好劳动就业问题，既体现着公民劳动就业权利的实现，也是国民经济实现健康持续发展的重要保证。从社会建设角度看，提高劳动力素质和建立全国统一劳动力市场，应当是劳动就业相关政策的焦点。收入分配问题的焦点是不平等程度过大，其经济社会后果是，广大中下层民众的消费能力受到限制，储蓄率长期居高不下，从而制约着居民消费需求的增长。解决好收入不平等过大的问题，不仅仅有助于推动人民福利共同增长，还有助于培育和提升居民的有效消费需求从而推动经济持续健康增长。中国的社会保障建设从种类上看已经相对齐全，下一步的发展方向主要是扩大覆盖面、提高保障水平以及逐步建构相对统一的保障体系。住房问题从表面来看，是房价过高导致需要购房者买不起，国家政策则经常在控制房价与发展房地产这两端之间摇摆；实质问题则是缺少对保障性住房与市场化房产供给的合理规划和管理，因此房产政策改革的方向应当是以此为突破口，促使房地产业健康发展。

（二）一般性社会事业的发展是社会建设的质量保障

所谓一般性社会事业，主要包括教育、科技、卫生和文化事业。在现代社会，这些社会事业的发展，具有很强的外部效益，是提高国民素质、增强国家创新能力、提升国家软实力的公共品或准公共品，是经济社会现代化的根基性事业。在不同社会事业领域，社会建设的模式应当有所不同。教育和卫生事业的发展关系到一个社会的机会结构，需要更多地重视公平。科技和文化事业大体可以分为基础部门与应用部门，基础部门需要国家更多的投入，应用部门则可以更多地通过市场开发来发展。

（三）社会安全建设是社会建设的环境条件

良好的社会秩序是经济社会发展的基本社会条件。中国现阶段处于经济快速发展时期，社会规范和价值观念发生了深刻变化，对各种各样的社会行动产生深刻的影响，从一个方面对社会风险起着加剧的作用。当前，在生产安全、生活安全和环境安全领域，问题多发，引起公众广泛关注，相应的社会风险日益累积。在这些问题背后，既有相关制度安排缺失和执行力不足的问题，也渗透着行为规范和价值取向的混乱。由于这些安全问题频发，加上社会不平等、腐败等因素的影响，社会治安形势仍然比较严峻。尤其值得关注的是，各种群体性事件和社会报复性案件呈现增长趋势，不仅恶化社会治安形势，而且对民众的社会心态造成了非常不利的影响。因此社会安全建设是社会建设十分重要的组成部分。

应当指出，社会建设的成功推进，并不是单方面取决于社会建设自身，还需要经济建设的基础、政治建设的保证和文化建设的支撑。

五、社会建设的社会政策体系

政府的社会宏观调控和社会建设工作主要是通过社会政策来体现的。应当说，在社会建设的实践中，中国已经形成了比较系统的社会政策。从近中期社会建设要求来说，中国的社会建设在逐步构建相关立法体系、制度框架的同时，需要在以下几个方面创新和完善相关政策，并且通过这些方面的政策实践，为社会立法体系和制度框架的建构和完善提供经验和方向。

一是人口政策。坚持稳定低生育水平，提高人口素质，改善人口结构，对实行计划生育的群众采取优惠奖励扶助政策，积极应对人口老龄化，促进人口合理流动，保障流动人口合法权益，统筹解决人口问题，促进人的全面发展。

二是就业和劳动关系政策。坚持扩大就业的积极就业政策，充分发挥市场的作用，建立统一开放、竞争有序、统筹城乡的劳动力市场，强化政府促进就业的服务职能，健全就业和劳动力培训服务体系，积极发展就业容量大的劳动密集型产业、服务业和中小企业，鼓励劳动者自主创业、自谋职业，促进多种形式就业，统筹做好城镇新增劳动力就业、农村富余劳动力转移就业、下岗失业人员再就业和大学生就业等工作。在劳动关系方面，建立政府、工会、企业三方协调劳动关系的机制，完善劳动争议纠纷的法律法规和调解仲裁办法，依法维护劳动者的合法权益，形成劳资两利、合作共赢的社会主义和谐劳动关系，促进社会团结。

三是收入分配政策。实行按劳分配为主体、多种分配方式并存的分配制度，坚持各种生产要素按贡献参与分配。着力提高低收入者的收入水平、逐步扩大中等收入者比重、有效调节过高收入、坚决取缔非法收入，促进共同富裕。要理顺收入分配秩序，加强税收对收入分配的调节，加大政府的转移支付，努力缓解地区之间和部分成员之间收入分配差距扩大的趋势。在这里，尤其重要的是，要创新和制定社会力量参与收入分配调节的政策，包括有力地支撑工作条件、劳动报酬以及相关社会保险进行集体协商的政策，平衡劳动与资本的力量，解决初次分配过于不平等的问题。

四是社会保障政策。完善社会保险、社会救助、社会福利和慈善事业相衔接的社会保障体系，逐步使这一体系覆盖城乡全体居民。完善城镇职工基本养老、基本医疗、失业、工伤、生育保险制度，推进机关事业单位养老保险制度改革，发展企业补充保险和商业保险，认真解决进城务工人员社会保障问题；加强社会福利事业建设，完善优抚保障机制和社会救助体系，重视保护妇女儿童权益，重视保护残疾人权益，支持社会慈善、社会捐赠、群众互助等社会扶助活动。在这里，需要高度重视的是，要对已经建立的社会保障制度进行整合，逐步解决目前广泛存在的同一种社会保障对不同社会群体有不同（不平等）制度规定的问题。

五是城乡管理政策。统筹城乡发展，贯彻工业反哺农业，城市支持农村的方针，逐步改变城乡二元结构，推进户籍、就业、社会保障、住房等领域有利于缩小城乡差距的改革，逐步消除农民进城务工的体制性障碍，在教育、医疗等社会发展领域加大对农村的倾斜，完善土地征用的补偿制度，搞好城乡规划，完善低租金住房和廉租房政策。

六是科技和教育政策。贯彻科教兴国战略，坚持自主创新、重点跨越、支撑发展、引领未来的科技方针，不断增强企业创新能力，把能源、资源、环境、农业、信息等关键领域的重大技术开发放在优先位置，加快建设国家创新体系，推进科学普及。在教育领域，坚持教育优先发展，全面实施素质教育，强化政府对义务教育的保障责任，普及和巩固九年义务教育，大力发展职业教育，提高高等教育质量，高度重视教育体制中的机会公平，建设学习型社会。

七是公共安全政策。建立包括社会治安、食品药品安全、生产安全、交通安全、防灾减灾等在内的公共安全体系，坚持依法治国，推进社会治安综合治理，实行宽严相济的刑事司法政策，依法打击各种犯罪活动，积极推进公共安全建设的公民参与，保障人权和人民生命财产，维护正常的社会秩序。

八是环境保护政策。坚持保护优先、开发有序、控制不合理开发的环境政策，坚持预防为主、综合治理，强化从源头防治污染和保护生态，改变先污染后治理、边治理边污染的状况。发展循环经济，建设资源节约型、环境友好型社会，按照谁开发谁保护、谁受益谁补偿的原则，加快建立生态补偿机制。

（作者：中国社会科学院学部委员、社会学研究所所长、研究员、博士生导师）

（选自《中共中央党校学报》2011年第6期）

牢牢把握中国共产党历史的主线

邢贲思

今年是中国共产党成立90周年。90年来我们党经历了种种曲折，克服了重重困难，领导全国各族人民取得了新民主主义革命、社会主义革命和社会主义建设的伟大胜利，现在又带领人民在建设中国特色社会主义道路上阔步前进。我们重温党史，进一步学习党史，必须把握党的历史发展主线。只有这样，才能理清党史的基本脉络，使我们对党史的认识上升到规律性的高度。一部党史纷繁复杂，但如果我们把握了其中若干重大历史节点，也就基本上把握了它的发展主线。在这些历史节点中，具有标志性意义的可以概括为：实现三大革命转变，形成两大理论成果。90年来我们党就是在革命实践和科学理论的交互作用下，谱写着自己的历史，改变着国家的面貌，推动历史车轮滚滚向前。

从半殖民地半封建社会向新民主主义时期转变，新民主主义理论的形成和毛泽东思想的确立

中国共产党是在世界无产阶级革命高涨和俄国十月革命的影响下，在马克思主义和工人运动结合的基础上成立的。它的成立，使中国的命运发生了根本改变。旧中国是半殖民地半封建的国家，在帝国主义、封建主义、官僚资本主义统治下，国家积弱积贫，人民生活困窘。近代以来，一些有识之士谋求救国救民的真理终无结果，因为走的是一条改良主义道路。改良主义的思想在当时虽有一定进步性，但改良主义的道路在中国却走不通。戊戌变法的失败，宣告了改良主义的破产。孙中山领导的旧民主革命虽然推翻了腐败的清朝政府，结束了几千年的君主专制制度，但革命成果却为一群封建余孽和反动军阀政客所篡夺。中国到底向何处去，成了不少人思考的一个焦点。十月革命一声炮响，使中国先进知识分子走出迷惘，作出了走俄国人的路的历史性抉择。他们是中国第一批马克思主义者，是中国共产党的创立者。

由于近代中国是半殖民地半封建社会，摆在中国马克思主义者面前的问题是，中国革命究竟应当是什么样的革命，是否就是俄国式的社会主义革命，如果不是，它和社会主义革命的关系究竟怎样。在这个问题上有两种不正确的观点：一种认为，中国革命应当是俄国式的社会主义革命，反帝反封建的民主革命任务可以附带在社会主义革命中解决，这就是所谓“民主革命和社会主义革命毕其功于一役”的观点；另一种认为，民主革命和社会主义革命之间有一道不可逾越的鸿沟，民主革命胜利后，无产阶级需要重新积蓄革命力量，等到时机成熟，才能进行社会主义革命，这就是所谓“二次革命论”的观点。能不能正确解决这个问题，关系到中国革命的前途，也关系到国家未来的命运。以毛泽东同志为代表的中国马克思主义者对此作出了正确回答。

毛泽东是党的创始人之一，是党的第一代中央领导集体的核心。他在民主革命时期的主要贡献就是，把马克思主义普遍原理和中国具体实际相结合，提出了新民主主义理论，解决了如何走俄国人的路的问题，为中国民主革命提供了科学的理论依据。新民主主义理论，是民主革命时期毛泽东思想的主要内容，是整个毛泽东思想科学体系中的重要组成部分，新民主主义理论的系统阐发，标志着毛泽东思想的形成。毛泽东指出：由于中国社会是半殖民地半封建社会，革命的任务是推翻帝国主义、封建主义和官僚资本主义，因此，革命的性质是民主革命，而不是社会主义革命；由于中国民族资产阶级的软弱性，这个革命只能由无产阶级领导，而不能由资产阶级领导；这个革命不同于资产阶级领导的旧式民主革命，而是新式民主革命，即新民主革命；这个革命不能走通过中心城市起义引发革命高涨的欧洲式革命老路，而是要紧紧依靠农民，建立农村革命根据地，走以农村包围城市最后夺取城市这样一条独特的革命道路；这个革命由于是无产阶级领导的，它和社会主义革命之间是互相衔接的，并不存在一条鸿沟。依靠新民主主义理论和以这一理论为依据确立的党在民主革命时期的路线、方针、政策，我们党战胜了强大的反动势力，率领全国各族人民彻底推翻了压在中国人民头上的三座大山，建立了中华人民共和国，实现了近代以来几代中国人梦寐以求的民族独立和人民解放。中国民主革命的胜利，从一定意义上可以说是新民主主义理论的胜利，也就是毛泽东思想的胜利。

从新民主主义时期向社会主义革命和建设时期转变，社会主义改造理论的形成和毛泽东思想的进一步发展

从中华人民共和国成立起，我国历史进入了一个新的阶段。这时的中国虽已不再是半殖民地、半封建国家，但也决不可能是社会主义国家，那么，它究竟是什么性质的国家？大约在新中国成立前十年，毛泽东就在《新民主主义论》中作了回答。一方面，针对“二次革命论”的错误观点，他指出民主革命和社会主义革命犹如一篇文章的上下篇，是互相衔接的；另一方面，他也并不认为民主革命胜利之日，就是社会主义革命开始之时。他指出，民主革命胜利后建立起来的国家，既非欧美式的资产阶级共和国，也非苏联式的社会主义共和国，而是“新民主主义共和国”，这是一定历史时期的形式，因而是过渡的形式，但是不可移易的必要形式。新中国成立后，毛泽东在理论上的一个重大贡献就是，提出了从新民主主义向社会主义过渡的理论，这是对《新民主主义论》思想的继承和发展。

从新民主主义向社会主义过渡理论的要点是：这个过渡的起点是中华人民共和国的成立，它的终点是社会主义基本制度的确立，它既非从半殖民地半封建社会向社会主义的过渡，也非列宁所说的从资本主义向社会主义的过渡；这不是一个社会形态，而只是一个过渡时期，按照《新民主主义论》的思想，这个时期也可叫作新民主主义时期；这个时期既是完成民主革命遗留任务的时期，也是为进入社会主义社会做准备的时期，它需要多长时间，取决于这两方面的任务完成情况；过渡时期的主要任务是“一化三改”，即实现国家工业化，完成对农业、手工业和资本主义工商业的社会主义改造。

毛泽东在批判各种错误观点中坚持了他的过渡时期理论，并且率领全党和全国人民，在不长时间内初步实现了国家工业化，完成了对农业、手工业和资本主义工商业的社会主义改造，在中国这个世界上人口最多的国家建立起了社会主义基本制度。

完成过渡时期的任务，实现向社会主义转变，关键是要搞好社会主义改造。创造性地解决我国社会主义改造，是毛泽东在新中国的突出贡献。毛泽东关于我国社会主义改造的基本思路是:通过组织起来，把小生产者（手工业者，特别是农民）引上一条“由具有社会主义萌芽、到具有更多社会主义因素、到完全的社会主义合作化的发展道路”；通过赎买的方式，把资本主义工商业逐步改造成为社会主义企业。毛泽东关于社会主义改造的理论，是毛泽东思想的新发展，是马克思主义中国化又一重大成果。

我国社会主义基本制度确立后，在党的领导下开展了大规模社会主义建设，在经济、政治、文化、社会各个领域取得了一系列重大成就，使我国的面貌发生了深刻变化。针对当时国际上出现的波匈事件和我国国内出现的情况，毛泽东发表了《关于正确处理人民内部矛盾的问题》。这一论著从理论上分析了社会主义社会的基本矛盾，以及我国大规模群众阶级斗争基本结束后社会矛盾的主要表现形式和处理方法，不仅在当时具有重大的理论和实践意义，而且对于我们今天化解社会矛盾、加强社会管理，同样具有重要指导作用。这一时期我们党也犯过错误，包括像发动“文化大革命”这样严重的错误，但这只是历史曲折发展中的支流。通过社会主义革命，确立社会主义基本制度，开展大规模社会主义建设，把一个原来贫穷落后的半殖民地半封建旧中国，改变成为初步繁荣富强的社会主义新中国，这才是这一历史时期的主流。

从社会主义革命和建设时期向改革开放新时期转变，中国特色社会主义理论体系的形成和发展

在经历了“文化大革命”这场灾难之后，人民群众急切盼望我们党能够彻底扭转十年动乱造成的严重局势，使我国社会主义事业出现重大转机。但这一愿望遇到了严重阻碍，“文化大革命”的错误没有及时得到纠正，党和国家工作出现徘徊局面。与此同时，我国在经济、科技、综合国力等方面与发达国家的差距越来越大，承受了前所未有的巨大压力。国内外形势要求我们党对关系国家前途命运的大政方针迅速作出政治决断和战略选择。正是在这样的历史背景下，邓小平带领全党拨乱反正，开拓进取，努力探索一条符合我国国情的社会主义建设道路，并取得突破性成就。以党的十一届三中全会为起点，我国社会主义建设进入了一个新时期，新时期最鲜明的特点是改革开放。通过改革开放，我国成功实现了从高度集中的计划经济体制向社会主义市场经济体制、从封闭半封闭向全方位对外开放的历史性转折。改革开放不仅为我国社会主义建设开辟了广阔的道路，而且推动了中国特色社会主义理论体系的形成和发展。中国特色社会主义理论体系由邓小平理论、“三个代表”重要思想以及科学发展观等重大战略思想所组成，它是马克思主义普遍原理和我国改革开放的具体实际相结合的产物，是马克思主义中国化的最新理论成果，是新时期引领我国经济社会发展的光辉旗帜。中国特色社会主义理论体系各组成部分虽面临的历史课题不同，理论内容也各有所侧重，但有一条红线贯穿其中，这就是始终强调发展和改革开放。发展和改革开放是邓小平理论、“三个代表”重要思想和科学发展观一以贯之的共同主题。

中国特色社会主义理论体系之所以把发展

放在一个突出位置，是由中国现阶段的历史方位决定的。邓小平指出，我国目前还处在并将长期处在社会主义初级阶段，考虑一切问题都要以此为出发点。社会主义初级阶段的主要矛盾是人民群众日益增长的物质文化需要和社会生产不能满足这种需要的矛盾，解决的方法就是大力发展生产力，所以邓小平提出，发展生产力是社会主义的根本任务，经济建设是国家各项工作的中心。邓小平不仅强调了发展的重要意义，而且还拟定了分几步走的发展战略，提出了宏伟的发展目标。加快发展，实现四个现代化，达到小康水平，这是邓小平发展观中几个相互连结的重要内容。在1992年的南方谈话中，邓小平总结了他多年来关于发展问题的论述，提出了“发展是硬道理”的论断，并把发展确定为社会主义的本质特征之一。

发展也是“三个代表”重要思想的核心内容之一。江泽民同志在阐述“三个代表”重要思想时，把代表先进生产力的发展要求作为其中的一个代表而且是第一个代表提了出来，充分说明他对发展问题的重视。“三个代表”重要思想，把发展问题同党的执政地位和执政使命联系了起来，强调“发展是党执政兴国的第一要务”，这不仅发展了邓小平理论，也发展了马克思主义的党建理论。和邓小平一样，江泽民同志也十分强调要全面理解发展，把握好发展中的速度和效益、数量和质量的关系。他认为处理好这种关系，关键在更新发展思路，转变经济增长方式。这不仅在理论上丰富了邓小平的发展观，而且对今后我国发展的思路作出战略调整，对中国特色社会主义建设具有深远意义。

党的十六大以来，以胡锦涛同志为总书记的党中央，从分析新世纪新阶段我国处在难得的战略机遇期这一情况入手，针对我国发展虽速度较快，但尚存在不平衡、不协调、不可持续的问题，提出科学发展观，形成“科学发展，社会和谐”的执政理念。在党的十七大报告中，胡锦涛同志对科学发展观作了重要概括，他说：“科学发展观，第一要义是发展，核心是以人为本，基本要求是全面协调可持续发展，根本方法是统筹兼顾。”发展是第一要义，因为发展对于全面建设小康社会、加快推进社会主义现代化，具有决定性意义。以人为本是核心，因为我们党的根本宗旨是全心全意为人民服务，党的一切奋斗和工作都是为了造福人民，实现好、维护好、发展好最广大人民的根本利益，始终是党和国家一切工作的出发点和落脚点。基本要求是全面协调可持续发展，因为只有这样的发展才是健康的发展、和谐的发展、给国家和人民带来福祉的发展。根本方法是五个统筹，因为只有做到统筹城乡发展、区域发展、经济社会发展、人与自然和谐发展以及统筹国内发展和对外开放，才能保证全面协调可持续发展的实现。几部分内容互相衔接，密不可分，形成了一个科学的整体。科学发展观是当代中国发展所必须遵循的基本原则，是统领我国经济、政治、文化、社会、生态文明建设的根本指针。

改革开放是中国特色社会主义理论体系的另一个重要内容，可以说是它的精髓。社会主义社会需要改革，是邓小平首先提出的，这在马克思主义发展史上是一个创举。邓小平指出，在我国虽已建立起了社会主义基本制度，但还存在束缚生产力发展的经济体制，只有通过改革破除这种旧体制，才能解放生产力，使之有一个大的发展。所以他说，革命是解放生产力，改革也是解放生产力。改革虽不改变社会主义基本制度，而是社会主义的自我完善，但就其对旧体制破除的深度和广度而言，是一次革命。在1992年的南方谈话中，邓小平提出了以市场经济为取向的经济体制改革的思路。这在理论上是一大突破，使我们从市场经济就等于资本主义的传统思维模式中解放了出来，在实践上则为我国的经济体制改革开拓了广阔的前景。在提出改革的同时，针对我国长期存在的封闭半封闭状态，邓小平还提出对外开放，并把它确定为必须长期坚持的基本国策。邓小平是我国改革开放的总设计师，他的改革开放思想为后来的党中央领导集体所继承和发展。

以江泽民同志为核心的党的第三代中央领导集体，明确提出我国经济体制的改革目标是，在坚持公有制和按劳分配为主体、其他经济成分和分配方式为补充的基础上，建立和完善社会主义市场经济体制，这是把邓小平以市场取向为目标的改革思路进一步具体化了。党的十四届三中全会通过了《关于建立社会主义市场经济体制若干问题的决定》，强调社会主义市场经济是同社会主义基本经济制度结合在一起的，建立这种经济体制，就是要使市场在国家宏观调控下对资源配置起基础性作用。为实现这个目标，必须坚持以公有制为主体、多种经济成分共同发展的方针，进一步转换国有企业经营机制，建立现代企业制度。在党中央的统一部署下，通过连续多年工作，我国不仅在经济体制改革方面取得重大进展，在其他体制改革方面也迈出了坚实步伐。江泽民同志还带领全党采取一系列重要措施，扩大我国对外开放的格局，并领导我们国家加入了世界贸易组织，取得了对外开放的新胜利。

在新世纪新阶段，以胡锦涛同志为总书记的党中央在改革问题上的创新，突出表现在把体制改革同落实科学发展观紧密结合起来。胡锦涛同志指出，推进体制创新是解决经济社会诸多矛盾和问题的必由之路，也是贯彻落实科学发展观的必然要求。他强调，必须深化改革，努力形成一套有利于实现科学发展的体制和机制，为我国生产力的发展开拓广阔的空间。在这一方针指引下，我国近年来在农村综合改革、行政管理体制改革、国有资产管理体制改革、国有企业改革、文化体制改革、教育体制改革和医疗卫生体制改革等方面都取得了重要成就，为深入贯彻落实科学发展观提供了体制和机制保证。由于长期存在的粗放型经济增长方式已成为我国经济进一步发展的严重障碍，以胡锦涛同志为总书记的党中央对转变我国经济发展方式十分重视，并作出了一系列重要部署。转变经济发展方式既是发展问题，也是改革问题。转变经济发展方式是一项综合改革，会牵涉利益格局的重大调整。党的十七届五中全会决定，以科学发展为主题，以转变经济发展方式为主线，作为整个“十二五”规划的总纲，这也是我国今后一个时期经济社会发展必须遵循的指导方针。在对外开放方面，“十二五”规划也提出了一系列重要原则，包括：完善区域开放格局、优化对外贸易结构、统筹“引进来”和“走出去”、积极参与全球经济治理和区域合作等，对于进一步完善我国全方位对外开放格局，具有重要意义。

90年来，党的几代中央领导集体带领全党和全国各族人民，承前启后，继往开来，接力推进党在各个历史时期的伟大事业，谱写了中华民族自强不息、顽强拼搏的壮丽史诗。90年的岁月在人类历史长河中只是短暂的瞬间，却在当代中国留下了改天换地的深刻烙印。我们一定要认真总结党的历史经验，把它作为宝贵精神财富继承下来，并加以发扬光大。我们党的历史经验十分丰富，但其中最重要的就是，把马克思主义普遍原理同中国的具体实际相结合，走自己的路，领导人民进行革命、建设和改革，为实现民族独立、人民解放和国家繁荣富强、人民共同富裕而努力奋斗。这也是中国共产党历史发展的基本线索。

（作者：《求是》杂志原总编辑）

（选自《求是》2011年第13期）

关于中国共产党的基本历史经验

逄先知

中国共产党已经走过了90年的历程，称得上一个老党，但依然充满青春活力、朝气蓬勃，强有力地领导着一个13亿多人口的社会主义大国，满怀信心地阔步前进。在当今世界社会主义处于低潮、许多社会主义国家的共产党失去执政地位的情况下，这是一个备受关注的历史现象。

要深刻理解这一历史现象，最好是研究一下中国共产党的历史经验。中国共产党在90年的征程中，不知道遇到过多少艰难困苦和挑战考验，遭受过多少失败和挫折。但是，这一切都被一个一个地克服了、战胜了。历经磨难和曲折，中国共产党从失败走向胜利、又从胜利走向新的胜利。中国共产党的历史极为丰富，有非常珍贵的成功经验，又有十分惨痛的失败教训。中国共产党善于运用马克思主义的科学思想总结正反两方面的经验，肯定成绩，纠正错误，记取教训，并把它们提升到思想理论高度，教育全党，取得共识，形成合力，步调一致地沿着正确的方向继续前进；绝不因为犯过严重错误而全盘自我否定，也绝不因为取得伟大胜利而固步自封。

中国共产党90年间积累的丰富经验是一笔巨大财富，把它们总结起来会给党以巨大的推动力。对于党的丰富经验，人们可以从不同角度、不同层次列出若干条，但最重要、最根本的有以下三条，其中每一条都关系党的兴衰成败和生死存亡。

必须有一个正确的理论指导

理论是一面旗帜。掌握了正确的理论，是一个工人阶级政党成熟的主要标志。中国共产党之所以能够取得革命胜利并在革命胜利后长期执政，关键就在于有一个正确的理论指导。这个理论，不是什么别的理论、什么别的主义如民主社会主义等，而是马克思主义基本原理同中国具体实际相结合的理论，即中国化马克思主义。这个理论的精髓就是实事求是。在中国共产党内，第一个提出这一思想原则并付诸实践的是毛泽东同志。

在马克思主义中国化过程中产生的两大理论成果——毛泽东思想和中国特色社会主义理论体系，一脉相承而又不断发展，是推动中国历史车轮不断向前的思想力量。有了毛泽东思想，才有中国革命的胜利。与中国共产党差不多同时成立的许多国家的共产党，其中不少至今还没有取得革命的胜利，就主观条件来说，主要就是没有形成符合本国实际情况、有着明确奋斗目标、能够凝聚全党力量的正确理论指导。这是一个鲜明的历史对照。到了上世纪70年代末80年代初，中国刚从“文化大革命”的内乱中走出来，“中国向何处去”又到了一个历史的关节点。邓小平同志总结历史经验，纠正毛泽东同志晚年的错误，坚持和发展毛泽东思想，开创了改革开放和社会主义现代化建设的新时期，逐步形成了邓小平理论。邓小平理论经过丰富和发展，“三个代表”重要思想和科学发展观等重大战略思想相继提出，形成了中国特色社会主义理论体系。在这个理论体系指导下，中国在坚持社会主义基本制度的条件下实现了令世人惊奇的大发展大繁荣，一跃而成为世界第二大经济体。与此同时，苏联和东欧一些国家的共产党背弃马克思主义，采取错误的理论为指导，结果纷纷失去执政地位，有的连国家都解体了。这又是一个鲜明的历史对照。

正确的理论来之不易。毛泽东思想和中国特色社会主义理论体系的形成和发展，都不是一帆风顺的，而是在同各种错误倾向的斗争中，在总结正反两方面的经验中，集中全党的智慧形成和发展起来的。一方面，反对各种反马克思主义的倾向；另一方面，反对对待马克思主义的教条主义倾向。对于正确理论的形成来说，正面的经验是重要的，反面的经验同样是重要的；从某种意义上说，后者的重要性并不亚于前者。毛泽东同志说过：在民主革命时期，“没有两次胜利和两次失败的比较，还没有充分的经验，还不能充分认识中国革命的规律。”邓小平同志在回顾中国共产党的历史后也曾说过：“我们现在的路线、方针、政策是在总结了成功时期的经验、失败时期的经验和遭受挫折时期的经验制定的。历史上成功的经验是宝贵财富，错误的经验、失败的经验也是宝贵财富。”他甚至说：“文化大革命”也有一“功”，它提供了反面教训。没有“文化大革命”的教训，就不可能制定十一届三中全会以来的思想、政治、组织路线和一系列政策。

理论来源于实践，又必须随着实践的发展和时代的前进而发展。这就是与时俱进。马克思主义的生命力就在这里。用毛泽东同志的话来说，“马克思主义是空前而不绝后”。在发展理论的过程中，需要借鉴外国的实践经验，学习和吸收人类创造的、包括在资本主义条件下创造的一切文明成果。但是，借鉴和学习一定要适合中国的国情。不研究中国的特点，不从中国的实际出发，硬搬外国的东西，不但不能解决中国的问题，反而有害。在这件事情上，我们党在历史上曾经吃过大亏，有过沉痛教训。

理论要发展，就一定要创新。所谓理论创新，就是在马克思主义指导下，对实践创新作出理论概括。这不是从理论到理论，不是只在词句上变花样，而是把实践经验提升到理论。同时，理论正确与否，最终要由实践来检验。中国特色社会主义理论体系已经被证明是符合中国实际的，是强国富民、振兴中华的正确理论。

马克思主义是先进的科学理论，虽然它的某些具体结论随着时间的推移会过时，但它的基本原理、世界观和方法论是不会过时的。在我国，作为指导思想的理论只能是马克思主义。文化可以有多样性，指导思想不能多元化。如果用其他的什么思想、学说去代替马克思主义的指导地位，那就是历史的倒退。

一切为了人民，一切依靠人民

中国共产党自成立之日起，就肩负起民族独立、人民解放和国家富强、人民幸福两大历史任务。中国共产党作为一个工人阶级政党，代表的是中国人民和整个中华民族的利益。早在抗日战争时期，毛泽东同志就明确指出：“共产党人决不将自己观点束缚于一阶级与一时的利益上面，而是十分热忱地关心全国全民族的利害，并且关心其永久的利害。”“共产党是为民族、为人民谋利益的政党，它本身决无私利可图。”

一切为了人民，一切依靠人民，是由马克思主义的唯物史观和价值观所决定的，是中国共产党的力量源泉。中国共产党为什么能够从只有几十个人的小政党发展成为拥有7700多万党员、领导着13多亿人民的执政大党？靠的是人民。中国共产党领导的军队为什么能够凭着小米加步枪打败由美国武装起来的800万国民党军队？靠的是人民。曾经十分落后的古老中国为什么能够在中国共产党领导下用60多年时间发展成为经济总量仅次于美国的世界第二大经济体？靠的是人民。离开人民的支持，就一事无成。在长期的革命斗争中，中国共产党已经深深地扎根在中国人民之中，同中国人民同甘苦共命运，建立了不可分离的血肉联系。我们决不应当忘记，中国人民特别是广大劳动人民在各个历史时期对党的支持，甚至用自己的生命来捍卫党的事业。90年的历史清楚地告诉我们，什么时候密切联系群众，为人民服务做得好，党的事业就发展，就胜利前进；什么时候脱离群众，办了不利于人民的事情，党的事业就遭受挫折甚至失败。英国元帅蒙哥马利1960年访问中国后发表的一篇文章《我同毛的会谈》中这样说：“毛泽东的哲学非常简单，就是人民起决定作用。”他说得对，这就是中国共产党奉行的哲学。

中国共产党全心全意为人民服务的根本宗旨，集中体现在党的政策上。邓小平同志多次强调，党的政策好不好，对不对，要看群众拥护不拥护、赞成不赞成、高兴不高兴、答应不答应。这就是说，党的政策必须符合群众的愿望、需求、意见和现实的情况。要了解群众的真实情况，就必须深入群众、深入基层，放下架子，同群众打成一片，做系统细致而不是浮光掠影、走马观花的调查研究；把从调查中得到的大量材料加以分析研究，集中起来，形成政策，再把政策贯彻到群众中，在实践中检验政策是否符合实际，是否符合群众的意愿。如此往复循环，政策便逐步完善起来。这就是我们党历来倡导的从群众中来、到群众中去的群众路线。现在大家不是在谈论民主吗？民主应该是绝大多数人的民主，而党的群众路线就是最可靠、最实在、最能反映民意的民主。

中国共产党全心全意为人民服务的根本宗旨，要落实到每个党员特别是领导干部的实际行动中，真正为老百姓办实事，解决老百姓的实际问题，让老百姓得到实惠。胡锦涛同志强调：“时刻把群众的安危冷暖放在心上，真诚倾听群众呼声，真实反映群众愿望，真情关心群众疾苦，着力保障和改善民生，着力解决人民最关心、最直接、最现实的利益问题”。

中国共产党是人民利益的代表者，又是人民群众的领导者。领导者有一个教育群众的责任，即用先进的思想、先进的文化、正确的舆论去引导、影响、启发群众，提高他们的思想觉悟和境界。这是关乎提高整个民族素质的大问题，具有长远的意义，切不可等闲视之。在我们的工作中，自以为是，对群众采取命令主义的态度是错误的，必须反对；对群众采取尾巴主义的态度，甚至迎合群众中低俗的、愚昧落后的东西也是错误的，也必须反对。

中国共产党成为执政党以后，特别是在改革开放和发展社会主义市场经济的条件下，面临着新的严峻考验。在一些党员干部中，全心全意为人民服务的意识淡忘了，脱离群众的现象增多了，甚至出现了以权谋私、贪赃枉法、违法乱纪、生活腐化等腐败现象，引起群众的强烈不满。这虽是局部的现象，但决不能有丝毫忽视。针对这种情况，江泽民同志尖锐指出：“历史和现实都表明，一个政权也好，一个政党也好，其前途与命运最终取决于人心向背，不能赢得最广大群众的支持，就必然垮台。”正所谓人心向背决定一切。在这个问题上，党中央始终保持高度警惕，再三提醒全党要居安思危，要有忧患意识，并采取各种办法教育党员干部，用严格的纪律与制度规范和管理党员干部的行为，不断加强反腐倡廉的力度。以胡锦涛同志为总书记的党中央提出“以人为本、执政为民”的执政理念，就是要在新的历史条件下继承和实践全心全意为人民服务的根本宗旨。

坚持不懈地抓好党的自身建设

中国共产党要完成国家和民族赋予的伟大历史任务，得到人民的拥护和信任，首先要把自身建设好，成为思想上、政治上、组织上巩固的党。党的建设包括思想、组织、作风、制度、反腐倡廉等多个方面。这里着重就思想建设和组织建设谈一些看法。

把思想建设放在第一位，是党的建设的一条重要经验。这是毛泽东同志对马克思列宁主义建党学说的创造性发展。加强党的思想建设，古田会议开了先河，延安整风是一次重大实践。通过延安整风，全党掌握了马克思列宁主义基本原理和中国革命具体实践的统一这个基本方向，确立了实事求是的思想路线。延安整风为夺取抗日战争胜利和全国革命胜利，从思想上奠定了基础。它对中国人民革命事业作出的历史性贡献、对党的建设所起的积极作用，是不可磨灭的。

党的十一届三中全会以后，进行拨乱反正，首先就是从思想上进行拨乱反正，恢复党的实事求是的思想路线。接着，在全党兴起学习邓小平著作高潮，把全党思想统一到十一届三中全会的路线、方针、政策上，开创了改革开放和社会主义现代化建设新局面，开辟了中国特色社会主义道路。随着形势的发展，我们党又先后开展了一系列学习活动，用马克思主义中国化的最新成果武装全党。回顾从古田会议提出纠正党内的错误思想到党的十七届四中全会提出建设马克思主义学习型政党，这80多年间我们党始终把思想建设放到头等重要的地位。

在改革开放和发展社会主义市场经济条件下，坚定共产党人的理想信念，保持共产党员的先进性，是一个非常突出、非常现实的问题。早在1942年，毛泽东同志就提出不仅组织上入党而且要思想上入党的问题。改革开放以后，邓小平同志又多次提出做合格的共产党员的问题。到2001年，江泽民同志再次提出不仅要组织上入党而且要思想上入党的问题。这应当引起全党特别是各级党组织的高度重视。

党的正确思想总是在同各种错误思想和倾向的斗争中发展起来的。我们党强调以正面教育为主，同时也不放松对错误思想倾向的批评。这一点十分重要。有一些社会主义国家的共产党，长期忽视党内的思想教育，听任各种错误思潮自由泛滥，搞乱了思想，涣散了组织，最终垮台，教训是十分深刻的。

党在思想上的统一需要有组织上、制度上的保证，这个制度就是民主集中制。在纪念建党70周年的时候，江泽民同志曾这样说过：“我们这样一个有五千万党员的大党，靠什么组织起来并具有强大力量呢？很重要的是靠坚持和完善民主集中制。民主集中制是党的根本组织原则。削弱和否定它，就会损害党的战斗力，以至瓦解党的组织。”

实行民主集中制，最重要的是处理好民主和集中的关系。民主和集中是统一的，就是在充分发扬民主的基础上实行正确的集中，使全党在思想上、政治上保持一致。只有集中没有民主，就是个人或少数人说了算，独断专行；只有民主没有集中，就是议而不决、决而不行、各行其是，就会造成无政府主义泛滥。民主是基础、是前提，把民主集中制说成是“集中制”而加以否定，显然是不对的。实行民主集中制也是实现决策科学化、民主化的制度保证。

在实行民主集中制这个问题上，我们党是有过教训的。哪个时期民主集中制贯彻执行得好，党的事业就兴旺发达，就前进得比较顺利，遇到了困难也比较容易克服，党内生活就生动活泼；哪个时期违反甚至破坏了民主集中制，党内生活就很不正常，不能形成真正的全党一致，党的事业就遭受挫折甚至发生倒退。不能因为党在民主集中制问题上犯过错误，给党的事业造成过损失，就否定民主集中制。正反两方面的经验恰恰证明了民主集中制的正确性和必要性。

抓好党的基层组织建设，是党的建设中又一个重要问题。从毛泽东同志提出支部建在连上，这个制度就一直延续下来了。这是我们党所特有的一个组织优势。基层组织是党的基础，是党联系广大人民群众的关键环节，党的政策都要通过基层组织贯彻到实际工作中。一个基层组织就是一个战斗堡垒，就是团结和凝聚一个地方、一个单位广大群众的核心力量。人们还记得，2008年四川汶川特大地震，映秀镇顷刻间变为一片废墟。就在这片废墟上，映秀镇党委的牌子挂出来了，让受灾群众立刻感到有了依靠、有了希望、有了信心。镇党委及其成员成了群众的主心骨、贴心人，他们带领群众坚持战斗在救灾的第一线。类似这样的事例是很多的，说明了党的基层组织在群众心目中占有多么重的分量。基层组织的状况，直接关系党的执政基础牢靠不牢靠。当前正在进行的创先争优活动，就是为加强基层党组织建设而采取的一个重要举措。

中国共产党执政60多年，使中国发生了翻天覆地的变化。现在，我国国民经济大发展，人民生活水平不断提高，政治社会稳定，民族团结，人民是满意的。但是，新的问题、新的矛盾不断凸显，而且我们所面临的是一个复杂多变、并不太平的国际环境。客观形势向我们党提出新的更高的要求。提高党的领导水平和执政水平，提高拒腐防变和抵御风险能力，始终保持和不断发展党的先进性，就成为党的建设中一个根本性问题。

只要坚持马克思主义基本原理同中国具体实际相结合的理论即中国化马克思主义，全心全意为人民服务，一刻也不脱离群众，坚持不懈、持之以恒地抓好党的自身建设，那么，中国共产党必将长期执政，带领全国人民把中国建成富强、民主、文明、和谐的社会主义现代化国家，为振兴中华作出更大的贡献。

（作者：中央文献研究室原主任）

（选自《人民日报》2011年5月4日）

中国共产党90年的辉煌业绩和基本经验

刘昀献

中国共产党走上政治舞台揭开了中国历史的新篇章。90年来，党领导人民为求得民族独立和人民解放，实现国家繁荣富强和人民富裕幸福进行了前赴后继、不屈不挠的英勇斗争；从而使中华民族实现了从分裂走向统一，从贫穷走向富裕，从屈辱走向尊严，从孱弱走向强盛，从根本上改变了中国人民的前途命运。在纪念建党90周年之际，全面认识党领导人民浴血奋斗的光辉历程，科学总结和正确运用取得辉煌业绩的宝贵经验，可以启迪和激励我们更加自觉地坚持和改善党的领导，推动科学发展，促进社会和谐，继续推进中国特色社会主义伟大事业，为实现中华民族的伟大复兴不懈奋斗。

一、世人瞩目的辉煌业绩

在90年的光辉历程中，党领导全国各族人民经过北伐战争、土地革命、抗日战争和解放战争，打败日本帝国主义的侵略，推翻国民党反动统治，赢得了反帝反封建革命的胜利，建立了中华人民共和国，实现了民族独立和人民解放；经过社会主义改造和全面社会主义建设，在一个贫穷落后的国家逐步建立了独立的、门类齐全的、比较完整的工业体系和国民经济体系，使古老的中国以崭新的姿态屹立在世界的东方；经过改革开放的伟大进程，开启了中华民族发展新的历史纪元，开创了中国特色社会主义道路，初步建立起社会主义市场经济体制，为全面建设小康社会、基本实现现代化开辟了广阔前景。中国共产党90年的不懈奋斗，领导人民取得了革命、建设和改革开放的举世瞩目的辉煌成就，使中国在政治、经济、文化、社会诸方面发生了天翻地覆的变化，在世界上产生了深刻而广泛的影响。

（一）领导建立了人民当家作主的社会主义制度，捍卫了国家主权和民族尊严

从秦汉至清初，中国一直是世界上的强国。鸦片战争以后，中国逐步沦为半殖民地半封建社会，中国历史跌入了积贫积弱、饱受欺凌的低谷。西方列强从此开始了瓜分中国的狂潮，山河破碎，人民遭殃。从第一次鸦片战争到新中国成立的100年里，外国侵略者强迫中国签订了一千多个不平等条约、协定，这是中华民族痛苦和屈辱的记载。中国人民受着帝国主义、官僚资本主义和封建主义的三座大山的压迫，从此开始了内争民主、外争国权的艰苦卓绝的斗争。

中国革命的胜利、新中国的成立，真正实现了民族独立和人民解放，使占世界人口1/4的中国人民从此站立起来，在中国的广大土地

上结束了极少数剥削者统治广大劳动人民的历史，结束了帝国主义、殖民主义奴役中国各族人民的历史，改变了旧中国四分五裂、一盘散沙的状况，广大人民群众成为新社会的主人。新中国建立后，为了巩固人民当家作主的地位，必须有经济制度和政治制度作保障。因此，我们党适时提出了过渡时期的总路线，经过社会主义改造，确立了以公有制为基础的社会主义经济制度，使人民成为生产资料的所有者。建立了人民掌管国家、当家作主的人民民主专政的国家政权，确立了与国体相适应的人民代表大会制度、中国共产党领导的多党合作和政治协商制度、民族区域自治制度以及基层群众自治制度。这些制度安排，集中体现了中国特色社会主义民主政治的特点和优势。

新中国成立后在党的领导下，我们建立了强大的人民军队和坚强的国防力量，勇敢地捍卫了国家主权和民族独立。1950 年朝鲜战争爆发，当美国把战火烧到鸭绿江边时，为了保家卫国，我们义无反顾地抗美援朝，战胜了不可一世的美帝国主义。

20 世纪 50 年代末、60 年代初，当苏联企图对我国实行军事控制时，我们又坚决开展了反对苏联霸权主义的斗争。1958 年，苏联领导人提出在中国的领土和领海上建立中苏共有共管的长波电台和联合舰队两项建议，显露出在军事上控制中国的意图。中共中央觉察到这是涉及国家主权的政治问题，决定严词予以拒绝。毛泽东昭告苏方，在军事上搞“合作社”是不适当的。如果你们因此说我是民族主义，“我就可以说，你们把俄国的民族主义扩大到了中国的海岸”。60 年代初，当苏方将两党的分歧扩大到国家关系上并做出撤走在华专家等决定时，邓小平代表中共中央坚定地对他们说，“中国共产党永远不接受父子党父子国关系”；“中国人民准备吞下这个损失，决心用自己双手的劳动来弥补这个损失，建设自己的国家”。

香港、澳门问题是中国为了维护主权必须解决的两个历史遗留问题。邓小平在同撒切尔夫人谈话时明确指出：“主权问题不是一个可以讨论的问题”，中国政府必须在 1997 年收回香港，需要商讨的只是解决香港问题的方式和办法。在中共中央的正确领导下，中国政府按照“一国两制”的构想，先后顺利地对香港、澳门恢复行使主权，中国的统一大业取得了历史性的进展。

冷战结束以来，随着东欧剧变、苏联解体，国际共产主义运动暂时处于低潮。西方敌对势力加紧对我国进行西化分化，由于中国共产党对此始终保持着高度的警惕，使西方敌对势力的图谋难以得逞。社会主义中国仍然像巨人一样屹立在世界的东方。

（二）推动了改革开放和社会主义现代化事业，使中国发展为世界经济大国

新中国成立之初，中国共产党执政所面对的是一穷二白、经济濒于崩溃的困难局面。1949 年全国只有 124 亿元工业固定资产，工农业总产值中，现代工业产值仅占 17%。那时候的中国别说和西方发达国家比，就是和印度比也有很大差距。1949 年中国人均 GDP 仅有 27 美元，不足整个亚洲平均 44 美元的 2/3，不足印度 57 美元的一半。印度的棉纱产量是中国的 1.88 倍，布是 1.83 倍，发电量为 14 倍，原油是 2.08 倍，水泥是 2.32 倍，糖是 5.9 倍，铁是 6.56 倍，钢则是 8.67 倍。仅就钢铁一项而言，中国人均占有量为 0.29 斤，美国为中国的 1628.7 倍，英国为 1082.7 倍，苏联为 53.6 倍。

在党的领导下，各族人民艰苦奋斗、自力更生，使中国由农业国迅速向工业国迈进，并逐步成为发展中的经济大国。从 1949 年到 1978 年，中国建立起了独立的比较完整的工业体系和国民经济体系，逐步改变了历史遗留下

来的技术落后、畸形发展的工业状况，建立起门类比较齐全、布局走向合理的格局，主要工业产品产量大大增加，为我国社会主义现代化奠定了较好的物质技术基础。改革开放以来，我国经济社会发生了巨大变化，取得了举世瞩目的成就；工农业生产快速发展，综合国力大大提升，实现了人民生活由温饱不足向总体小康的历史性跨越。

解放初期，我国没有一种农产品产量达到世界第一，工业中钢产量仅居第26位，原油仅居第27位，发电量仅居第25位。经过60年的发展，2007年主要农产品中，谷物、肉类、棉花、花生、油菜籽、茶叶、水果等产品产量已稳居世界第一位。甘蔗、大豆分别居第三、第四位。主要工业产品中，钢、煤、水泥、化肥、棉布居第一位，发电量居第二位，原油产量居第五位。电视机、电冰箱、照相机、洗衣机、计算机、空调器等一大批新兴电子产品产量也从无到有、迅猛扩张，我国由一个只能制造初级工业产品的国家发展成为世界制造业大国。高速公路从无到有，迅速发展，2008年总长度已达到6.03万公里，位居世界第二。移动电话用户由1988年的0.3万户增加到2010年末的85900万户。移动电话交换机容量达到15亿户。电话网络规模居全球第一。长途光缆线路长度达到79.8万公里，互联网宽带接入端口10890万个。我国互联网上网人数达到4.57亿人，居世界第一位。

与此同时，对外贸易快速发展，我国进出口贸易总额由1950年的11.3亿美元增加到2010年的29728亿美元，增长2630倍；进出口贸易总额居世界位次由1978年的第29位跃升到第2位。我国已由长期以来的外汇短缺国一跃而为世界第一外汇储备大国。1952年，我国外汇储备只有1.39亿美元，2010年我国外汇储备扩大到28473亿美元，稳居世界第一。

解放初期党的第一代领导集体曾提出了“超英赶美”的雄心壮志，今天这个“中国梦”已经接近实现了。2005年我国国民生产总值超过意大利，2006年超过英国，2007年超过德国，2010年我国国民生产总值达到5.88万亿美元（39.8万亿人民币），超过日本（5.47万亿美元）成为世界第二经济大国。人均国内生产总值4300美元，已达到中等发达国家水平。当年经济发展水平稍高于中国的印度，今天则远远地落在了后面；2010年印度国民生产总值为1.43万亿美元，仅相当于我国的1/4，排在世界第11位。现在我国一天创造的财富量就超过了1952年一年的总量。日本从1968年以来保持了42年的世界第二大经济体的地位不得不让给中国，就连《华尔街日报》也惊呼，“此次新排名标志着作为全球增长引擎的中国和日本分别开始崛起和衰落”。

（三）推动了科学文化事业发展，我国已初步从人口大国转变为人力资源大国

建国初期，我国适龄儿童小学入学率不到20%，初中入学率仅为6%，80%以上的人口是文盲；专业人才十分缺乏，高等教育很不发达，当年的高校毕业生仅有2.1万人。从八成以上人口是文盲，到九年义务教育入学率接近100%；从因科技落后而受制于人到中国宇航员在太空向地球问候，在党的领导下我国教育科技事业取得了巨大的历史成就。

新中国的科技事业几乎是在一片废墟上开始重建。历史不会忘记：旧中国曾经因科技落后、国力贫弱而被动挨打，旧中国的人民曾经生活在“洋火、洋油、洋布”的落后社会。中国科技的发展不仅是新中国的壮举，更是近代中国科技发展史上的崭新一页。

1956年初，党中央发出了“向科学进军”的伟大号召，科技事业进入了一个有计划的蓬勃发展新阶段。“两弹一星”、“哥德巴赫猜想”、“超级杂交水稻”以及“汉字激光照排技术”等

巨大成就的取得，曾极大地振奋了民心，激励了几代人。随着“星火计划”、“火炬计划”、“攀登计划”等陆续出台，中国科技事业开始高歌猛进，涌现出一系列重大科技成果。载人航天和探月工程取得重大进展，神舟系列飞船捷报频传，千万亿次高性能计算机开发成功，载人潜水器海上试验顺利完成，高速铁路技术实现跨越式发展，集成电路装备、第三代移动通信、转基因抗虫棉等一批重大技术取得突破。同时，我国科学家在诱导多功能干细胞、量子通信等基础研究领域也取得了一批重大创新成果。特别是在载人航天领域的重大突破，极大地增强了中华儿女的民族自尊心和民族自豪感。在神舟七号载人航天飞行任务中，我国3名航天员首次成功实施空间出舱活动和空间科学实验，实现了我国空间技术发展的重大跨越。这一巨大成就向世界宣告，中国已成为世界上第三个独立掌握空间出舱关键技术的国家。这是我国载人航天事业发展史上的重要里程碑，是我们建设创新型国家取得的标志性成果，是中国人民攀登世界科技高峰的伟大壮举，是中华民族为人类探索利用外层空间做出的卓越贡献。

我国科技领域的一系列重大成就，显著增强了科技对经济社会发展的支撑能力，在应对当下国际金融危机的冲击、促进经济平稳较快发展中发挥了至关重要的作用。

从教育发展来说，归结起来可以概括为：“两个跨越”，即全面普及九年义务教育和实现高等教育大众化，这是中国教育发展史上的两次历史性跨越；“一个确立”，即初步确立了中国特色社会主义教育体制的基本框架，走出了一条有中国特色的社会主义教育发展道路。

2000年，我国已基本普及九年义务教育。2009年底，实现“两基”验收的县（市、区）累计达到3052个（含其他县级行政区划单位207个），占全国总县数的99.5%，“两基”人口覆盖率达到99.7%。全国各级各类学校在校学生达2.65亿人，其中全国各类高等教育总规模达到3400万人，高等教育毛入学率达到24.2%，已实现高等教育大众化。中国15岁以上人口和新增劳动力平均受教育年限分别超过8.5年和11年，有高等教育学历的从业人数达到8200万人，均处于发展中国家前列。中国已初步实现了从人口大国转变为人力资源大国的目标。

我国科技教育事业的发展为祖国实现历史性跨越提供了人才和技术保障，积累了丰厚的精神财富。在新的起点上，教育科技事业作为经济社会发展的发动机和加速器，将为祖国从世界经济大国走向世界经济强国提供不竭的人力资源。

（四）提高了人民的物质文化生活水平，极大地改变了中国人民的精神面貌

在近现代史上，西方人曾蔑称中华儿女为“东亚病夫”；人民生活水平极为低下，十分贫困自不待言。新中国成立后，在党的领导下，中国人民在吃、穿、住、行、用，教育、医疗、文化、体育诸方面都发生了史无前例的变化。随着城乡居民收入的成倍增长，居民消费水平大大提高，消费结构明显优化，人们生活质量显著提高。

1949年我国城镇居民人均可支配收入不足100元，2010年提高到19109元。2010年底城乡居民人民币储蓄存款余额达30.3万亿元，比1952年底的8.6亿元增加3.5万倍，人均由1.6元增加到23300元。居民收入的快速增长带来了居民消费水平的大幅度提高。居民人均消费1952年为80元，2008年达到8181元，按可比价格计算，比1952年提高了15倍。居民消费结构也明显改善。城镇居民家庭恩格尔系数由1957年的58.4%下降到2010年的35.7%，农村居民家庭由1954年的68.6%下

降到41.1%。从耐用消费品看，彩电、洗衣机、电冰箱、空调、电话等在城镇地区逐步普及，汽车、家用电脑等高档耐用消费品拥有量大幅提高。2008年，城镇每百户彩色电视机拥有量达到132.9台，家用电脑拥有量59.3台。农村居民中彩色电视机、电风扇、洗衣机、摩托车等普及率也不断提高；2008年，农村每百户彩色电视机拥有量达到99.2台。全国电话普及率由1990年末的1.1部／百人提高到2010年末的86.5部／百人。

文化、卫生、体育等社会事业发生了根本性变化，人民健康水平不断提高，人民精神文化生活更加丰富。建国初期，我国卫生医疗水平低下，广大农村地区缺医少药。经过艰苦努力，目前我国公共卫生体系初步建立，卫生服务能力明显增强。2010年年末全国共有卫生机构93.9万个，卫生技术人员584万人。医院和卫生院床位437万张，比1949年增加53.5倍。居民平均预期寿命由1949年的35岁提高到2005年的73.0岁，在世界同等经济发展水平的国家中居于领先地位。

建国以后的相当长时间里，我国公共文化服务十分薄弱。改革开放后，随着经济发展和人们需求的提高使公共文化服务体系建设进展迅速，一个覆盖全国多数城镇和农村的公共文化服务体系初步形成。2010年末，全国共有公共图书馆2860个，博物馆2141个，广播电台227座；电视台从无到有，达到247座。有线广播电视用户18730万户。年末广播综合人口覆盖率为96.8%，电视综合人口覆盖率为97.6%。全国图书、杂志、报纸出版几倍、几十倍增长。2010年出版各类报纸448亿份，各类期刊32亿册，图书74亿册。

旧中国的竞技体育水平低下，三次参加奥运会没有任何项目进入决赛。建国以后尤其是改革开放后，我国竞技体育取得历史性突破和连续跨越。1959年，乒乓球运动员容国团为新中国取得第一个世界冠军。1984年，新中国首次参加在洛杉矶举办的夏季奥运会，实现了中国奥运史上金牌“零”的突破；2000年悉尼夏季奥运会，中国首次进入奥运会金牌榜前三名，取得了历史性突破；2008年，北京成功举办了第29届夏季奥运会，实现了中华民族的百年梦想，中国代表团取得了51枚金牌、100枚奖牌的优异成绩，第一次名列奥运会金牌榜首。我国竞技体育取得历史性跨越。

在党的领导下，随着经济社会建设的发展，中国人民的物质生活水平不断提高，精神生活更为丰富、更为活跃。特别是在改革开放和现代化建设的伟大实践中，逐步形成了内涵丰富又颇具震撼力、凝聚力的时代精神，成为推动中华民族伟大复兴的不竭动力。在改造社会以及同自然灾害作斗争的伟大实践中，全国涌现出无数英雄模范，形成具有鲜明时代特色的1998年抗洪精神，2008年抗震救灾精神，2008年奥运精神，2010年世博精神，以及载人航天精神，经济特区、浦东新区、渤海新区的敢为人先的精神，等等。在这些振奋人心的精神鼓舞下，中国人民正意气风发地沿着中国特色社会主义道路前进。

（五）中国的国际地位不断提高，国际影响日益扩大

新中国的成立，标志着中华民族备受列强侵略欺凌、任人宰割的历史一去不复返了。建国后我们坚持独立自主的和平外交政策，倡导和实行了和平共处五项原则。1955年周恩来总理率领中国代表团冲破重重阻碍，出席了有29个国家的代表团参加，代表着超过当时世界一半以上人口的亚非会议。在会上，周恩来提出中国“准备在坚守五项原则的基础上与亚非各国，乃至世界各国，首先是我们的邻邦，建立正常关系”。会议公报吸收了中国代表团的建议，

形成了和平共处、友好合作的十项原则。亚非会议的成功，是中国走上国际舞台的一个重要里程碑。

在提升国际地位的过程中，中国以世界大国的气魄，与美苏两个超级大国展开了持续的战略较量。1950年开始的朝鲜半岛战争，是当代中国第一次在国际舞台上，扮演独立而又独特的角色。中国在建国初年便敢于与美国及其领导的多国部队对抗，这一事实本身就改写了近代以来的中国历史。朝鲜战争使中国用能力、决心和意志，毫不示弱地向美国宣告了一个强劲对手的存在；在更广泛的层面，中国使全世界刮目相看，甚至赢得了国际社会的尊重；在军事战略上，美国对中国产生敬畏，从此不敢与中国发生地面军事对抗。以此为标志，鸦片战争以来世界强国藐视中国自卫能力、无视中国民族意志的历史，终于走向结束。

1969年的中苏珍宝岛之战，是中国进一步改变国际环境和世界格局的里程碑。这原本只是小规模和短暂的军事冲突，但由于冲突双方是两个世界大国，因此产生的国际政治影响不可估量。珍宝岛之战以中国的胜利而告终，再次证明了中国遇强不弱的民族特质。更为重要的是，这场小冲突改变了世界大格局。中国利用美苏之间的战略对峙，使自己摆脱了被两强夹击的艰难处境，进而与美苏两国形成战略鼎立之势，在大三角关系中游刃有余。

在此背景下，20世纪60年代末到70年代末，美国和其他西方国家从其自身利益出发，纷纷调整对华政策。著名的“乒乓外交”打开了中美封闭了20多年的交往大门。1971年，基辛格秘密访华，接着尼克松访华并发表中美联合公报，两国关系取得突破。1979年1月，中美两国正式建交。与此同时，中国与西方的关系开始解冻。

改革开放后，中国根据时代的发展变化，及时调整了国际战略，作为联合国安理会常任理事国，作为维护世界和平、促进共同发展的积极力量，开始发挥着日益重要的建设性作用。国际社会也越来越清楚地看到，世界热点问题的解决离不开中国。在朝鲜半岛核问题、伊核等地区热点问题上；在联合国、八国集团同发展中国家领导人对话会、亚欧会议、亚非峰会、亚太经合组织会议、上海合作组织、东盟—中国（10+1）、东盟—中日韩（10+3）等东盟系列会议上，在推动国际和地区反恐与防扩散合作、实现千年发展目标、支持非洲实现复兴和发展、气候变化、能源与粮食安全、全球公共卫生等方面，中国都做出了实实在在的努力，发挥了重大作用，赢得了国际社会的普遍赞誉。

特别是2008年国际金融危机爆发后，中国应对金融危机采取的措施，不仅对本国经济，而且对区域经济乃至世界经济都产生了积极影响。百年不遇的国际金融危机造成全球经济衰退，为应对危机冲击、保持经济平稳较快发展，中国及时调整宏观经济政策，果断实施积极的财政政策和适度宽松的货币政策，形成了进一步扩大内需、促进经济增长的一揽子计划。同时，中国积极同国际社会加强宏观经济政策协调，推动国际金融体系改革，维护多边贸易体制稳定。这些措施对缓解经济运行中的突出矛盾、增强信心、稳定预期，发挥了重要作用，为推动恢复世界经济增长做出了应有贡献。

受金融危机影响，西方国家深陷衰退泥潭，以中国为代表的新兴国家开始发出自己的声音，从金砖国家的迅速崛起，到发展中国家有一席之地的20国集团（G20），一个明显的趋势是：作为金砖国家中最大的经济体，中国正从世界舞台不太中心甚至一度边缘的位置向中心位置靠近。作为世界第一大外汇储备国、第二大进出口国、第二大经济体，同时也是对世界经济增长贡献率最大的国家，中国在国际金融体系改革及国际秩序变革中的作用和影响备受瞩目。美欧等西方国家主动深化与中国的合作，新兴大国希望加强与中国的协调，发展中国家希望中国维护其利益，各国对中国的借重明显增强。

建国初期与我国建交的只有18个国家，现在已增加到171个。同时，我们还与世界上123个国家结成1586对省、市友好关系。1971年，第26届联大通过决议恢复中国在联合国的合法席位；1980年，我国在世界银行、国际货币基金组织的合法席位得到恢复；2001年，我国加入世界贸易组织。迄今为止，我国共参加了130多个政府间国际组织，缔结了300多项多边条约。这意味着我国已实现了从现行体系外走入现行体系内、从体系的边缘逐渐走向体系中心的飞跃，日益成为现行国际体系的参与者、建设者和改革者。

中国已奠定了世界大国的地位。一些舆论甚至认为，在20世纪90年代“苏联模式”、“拉美模式”、“东亚模式”相继失败之后，“中国模式”为发展中国家在全球化背景下实现现代化提供了一种真正可行的“替代方案”。日本野村市场研究所高级教授关志雄认为：“美国爆发的金融危机将成为中国从地区大国向全球性大国崛起的标志性事件”。新美国基金会的资深研究员迈尔·林德认为，华盛顿倡导的自由市场和不受限制的资本主义模式的终结，“明显地损害了我们一直倡导的英美模式的声誉，中国模式现在可能更多地会被认为是未来的潮流”。

二、90年奋斗成功的基本经验

我们党之所以能够在不同的时代条件下，在风云变幻的国际环境中，经受住各种风浪的考验，保持生机和活力，始终成为中华民族的主心骨和中国社会主义事业的领导核心，并领导亿万人民战胜各种艰难险阻，取得革命和建设的辉煌成就，基本经验就在于，党始终坚持将马克思主义基本原理同本国国情和时代特征紧密结合起来，不断推进马克思主义中国化、时代化、大众化，探索和开辟了中国特色社会主义革命和建设道路；在实践中不断推进党的自我革新自我发展，始终密切联系人民群众，保持党的先进性和战斗力；把党的最高纲领与现阶段的任务结合起来，把“伟大工程”和“伟大事业”结合起来，调动一切积极因素，团结一切可以团结的力量，组成浩浩荡荡的革命和建设大军，推动党的事业顺利发展。

（一）推进马克思主义中国化、时代化、大众化，用理论创新指导党的实践创新

任何理论都是时代的产物，都是人类一定历史阶段的认识成果，都要受到当时经济、政治、社会、科技、文化等方面发展水平的制约。再伟大的思想和理论，都不可能是超时空、超历史而一成不变的。正如恩格斯所指出的：“每一个时代的理论思维，从而我们时代的理论思维，都是一种历史的产物，它在不同的时代具有完全不同的形式，同时具有完全不同的内容。”马克思主义只有与各国国情和时代特征相结合，随着实践的发展不断创新理论的内容和形式，并被亿万群众所掌握而化为改造世界的物质力量，才能指导革命和建设事业取得胜利。

90年来我们党坚持把马克思主义基本原理同中国国情和时代特征相结合，不断推进马克思主义中国化、时代化、大众化，实现了马克思主义在中国的两次飞跃。在新民主主义革命时期，党把马克思主义基本原理同中国革命实际相结合，实现了马克思主义在中国的第一次飞跃，创立了毛泽东思想，找到了农村包围城市的革命道路，领导取得了民主革命的胜利，建立了社会主义经济政治制度。在社会主义现代化的新时期，党把马克思主义基本原理同中国建设实际和时代特征相结合，实现了马克思主义在中国的第二次飞跃，创立了包括邓小平理论、“三个代表”重要思想以及科学发展观

等重大战略思想在内的中国特色社会主义理论体系，开辟了马克思主义的新境界，找到了一条中国特色社会主义建设道路，领导全国人民取得了改革开放和社会主义现代化事业的巨大胜利。

马克思主义中国化、时代化、大众化是一个包括过去、现在和将来长期的历史过程，这不仅是因为我们由必然王国向自由王国的飞跃是艰难曲折的，而且我们党对人类社会发展规律、社会主义建设规律和共产党执政规律的认识，都是由知之不多、知之不深逐步扩展和深化的。因此，我们必须认识到，推进马克思主义中国化、时代化、大众化是一个长过程，要坚忍不拔、高度自觉、始终如一。对这个根本原则的坚持和实现的程度，直接关系到中国革命、建设和改革发展的成败兴衰。

坚持这个根本原则，说到底就是坚持党的一切从实际出发，理论联系实际，实事求是，在实践中检验真理和发展真理的思想路线。而要坚持党的思想路线，前提是要以科学态度学习和运用马克思主义，并善于把坚持马克思主义基本原理同推进马克思主义中国化、时代化、大众化这两个重要过程有机地结合起来。中国共产党人坚持这个根本原则，一方面反映了我们党坚持以马克思主义基本原理推动中国特色社会主义伟大事业，既要遵循马克思主义的立场、观点和方法，还要在思想认识上从对马克思主义的教条式理解中解放出来，从主观主义和形而上学的桎梏中解放出来。另一方面体现了我们党善于在马克思主义基本原理指导下，以实践为基础创造性地回答一系列重大理论问题和实际问题，在实践过程中推进马克思主义中国化、时代化、大众化，形成指导当今中国实践的新的理论成果。这两个过程的有机结合，既表明中国共产党人对马克思主义的科学态度，又展示了中国共产党人坚持和发展马克思主义的巨大勇气和创新精神。只有坚持这种态度和精神，用发展着的马克思主义指导党的实践，中国革命、建设和改革发展才能从胜利走向新的胜利。

（二）坚持自我革新，使党充满生机活力

党的建设发展离不开一定的时代条件和国际环境，世情、国情、党情的变化，必然给党的生存和发展提出新的要求，自我革新是党的建设顺应时代发展的必然选择。自我革新，就是依靠自身的力量，遵循社会发展规律，以改革创新的精神改革党、建设党；吸纳、补充新的进步因素，摒弃僵化、过时、落后的东西，使党保持先进性，增强生机和活力。90年来，我们党之所以能始终保持马克思主义政党本色，充满蓬勃朝气和昂扬锐气，最根本的就在于勇于变革、坚持创新，永不停滞、与时俱进，与时代发展同步伐。

我们党的几代领导集体都十分重视党的自我革新和发展，先后采取了一系列重大举措，以保持党的先进性。以毛泽东同志为核心的党的第一代领导集体，提出了党的建设“伟大工程”和“两个务必”的重要思想。党的十一届三中全会后，邓小平同志强调，中国的事情能不能办好，社会主义和改革开放能不能坚持，经济能不能快一点发展，国家能不能长治久安，从一定意义上说，关键在人。说到底，还是我们共产党内部要搞好。党的十三届四中全会后，以江泽民同志为核心的党的第三代领导集体，提出了“三个代表”重要思想，全面推进了党的建设新的伟大工程。党的十六大以后，以胡锦涛同志为总书记的党中央，号召全党在全面建设小康社会的进程中，进一步加强党的先进性建设和执政能力建设。

回顾我们党的发展历程，党的自我革新一刻也没有停止过，其中影响较大、比较明确地称为整党和整风的运动或活动就有10次。

1941—1945年的延安整风运动，1947-1949年结合土地改革进行的整党，1950年的整风和1951—1954年的整党，1957年的整风运动，社会主义教育运动中的整党，1968—1971年的整党建党，1983—1987年的整党，1998—2000年的“三讲”教育，2005—2006年的以实践“三个代表”重要思想为主要内容的保持共产党员先进性教育活动，以及当前正在开展的“创先争优”活动。在这些运动和活动中，规模较大、影响深远的有三次，一是以反对主观主义、宗派主义和党八股为主要任务和以“惩前毖后、治病救人”为方针的延安整风运动，它是我们党在新民主主义革命时期进行党的建设伟大工程和先进性建设的卓有成效的实践。通过这次整风我们党达到了思想上组织上的统一，使党空前团结和强大。二是1951年到1954年的整党运动。针对建国初期党面临的形势任务，这次运动在进行教育的基础上，对每个党员进行认真审查、鉴定和登记，对犯错误的党员分别进行处理，经过整党，在650多万名党员中有41万人被开除或劝告退党，同时按照新党员的标准发展了107万名党员，在全党建立健全了党内教育和组织生活制度，党的战斗力大大增强。三是1983年至1987年对党的思想、组织、作风、纪律的全面整顿。针对“文化大革命”后党自身的状况，在这次整顿活动后期进行了党员登记和组织处理，开除党籍的有3.3万人，不予登记为9万多人，缓期登记为14.5万人，受到撤销党内职务、党内严重警告、警告等党纪处分的18.4万人，从而使全党在新的基础上实现了新的统一，为改革开放和社会主义现代化建设提供了坚强的组织保证。正是通过长期不懈的自我革新、自我整顿、批评与自我批评，不断纠正错误、革故鼎新，才使我们党始终保持青春活力，保持和发展了党的先进性。

（三）把最高纲领与现阶段的任务相结合，推动社会主义事业稳步前进

社会主义的发展是一个长期的过程，是一个从低级向高级不断发展的过程。这个过程本身包含着发展的阶段性和奋斗目标的现实性。共产党的最终目标是实现共产主义，但在社会发展过程中，必须把远大目标现实化，与现阶段的任务结合在一起，才能推动革命和建设事业不断走向胜利。

我们党在革命和建设的艰辛探索和伟大实践中，创造性地而又极其智慧地提出了不同历史阶段党的最低纲领，从理论和实践上向全党明确了最高纲领与最低纲领的辩证关系。引导广大党员既要树立共产主义的远大理想，坚定信念，以高尚的思想道德要求和鞭策自己，更要从革命和建设不同阶段的实际出发，把奋斗目标置于不同社会阶段的现实基础之上，分阶段有步骤地推进党的事业，脚踏实地地为实现党在现阶段的基本纲领而不懈努力，扎扎实实地做好现阶段的每一项工作。1921年党的第一次全国代表大会所制定的党的纲领是“以无产阶级革命军队推翻资产阶级”，“采取无产阶级专政，以达到阶级斗争的目的——消灭阶级”，“废除资本私有制”。这就向世人昭示了中国共产党旗帜鲜明地把社会主义和共产主义写在自己的旗帜上。中共二大进一步明确党的最终目标是实现共产主义，同时，制定了现阶段的最低纲领是：打倒军阀；推翻国际帝国主义的压迫；统一中国为真正的民主共和国。中国共产党经过28年的艰苦努力，实现了党的最低纲领，完成了民主革命的任务，建立了中华人民共和国。

在改革开放的新时期，我们党正确分析国情，做出了我国正处于并将长期处于社会主义初级阶段的科学论断。指出现阶段党的基本纲领是建设中国特色社会主义，阶段性目标是全

面建设小康社会。在基本实现现代化以后，我们仍将继续建设和巩固中国特色社会主义，中国特色社会主义的进一步发展则是与共产主义远大理想衔接的。因而我们要实现自己的崇高使命，就必须立足现实，高举中国特色社会主义伟大旗帜，为全面建设小康社会努力奋斗，从而把社会主义初级阶段党的基本纲领与党的最高纲领进一步统一起来，通过制定各项方针政策，实现人民群众现实利益与长远利益的统一。这样就极大地调动了人民群众投身改革开放和社会主义现代化建设的积极性和主动性，从而凝聚起全民族的力量，推动了中国特色社会主义事业的稳步健康发展。

（四）坚持党的宗旨，始终保持与人民群众的血肉联系

我们党的性质和任务决定了党必须植根于人民，密切联系人民群众。党从诞生之日起，就与群众骨肉相连、生死相依。党一成立就宣布，党的任务是为中国广大人民的利益而奋斗。土地革命战争时期，毛泽东同志明确指出：革命战争是群众的战争，只有动员群众才能进行战争，只有依靠群众才能进行战争。抗日战争时期毛泽东同志多次提出，要一切向人民负责，要使广大群众认识到我们是代表他们的利益的，是和他们息息相通的，从而拥护革命，为革命的胜利斗争到底。毛泽东同志历来重视防止党员干部脱离群众的问题。早在延安时期，他在同黄炎培先生的谈话中就提出，要把接受群众监督作为共产党跳出历代革命者由兴到衰乃至灭亡的“周期率”的一个重要措施。在党即将执掌全国政权前夕，他再一次谈到，我们不能像李自成进北京，一进城就变了，要预防重蹈因胜利而脱离群众导致腐败的覆辙。

以毛泽东同志为核心的党的第一代领导集体，在中国革命和建设的实践中形成了党的群众路线，培育了党群之间鱼水相依的亲密关系。在改革开放的新时期，党的第二代领导集体的核心邓小平同志反复强调，要把“人民拥护不拥护”，“人民赞成不赞成”，“人民高兴不高兴”，“人民答应不答应”作为制定各项方针政策的出发点和归宿。以江泽民同志为核心的第三代中央领导集体指出，必须始终把体现人民群众的意志和利益作为我们一切工作的出发点和归宿，始终把依靠人民群众的智慧和力量作为我们推进事业的根本工作路线。以胡锦涛为总书记的党中央进一步指出，必须坚持立党为公、执政为民，保持党同人民群众的血肉联系；实现好、维护好、发展好最广大人民根本利益，做到权为民所用、情为民所系、利为民所谋。

我们党无论在革命战争年代，还是在改革开放的新时期，始终牢记和坚持党的群众路线和全心全意为人民服务的宗旨。在民主革命时期，党为了民族独立和人民解放，抛头颅洒热血，在28年的浴血奋战中，牺牲了成千上万的先烈。据不完全统计，仅从1927年3月到1928年上半年，被反动派杀害的共产党员和革命群众就达31万多人。由于党和人民建立了鱼水深情，在淮海战役等三大战役中，成千上万的群众支援前线；在整个战略决战中人民群众发挥了巨大的作用，支前民工达886万人，出动担架36万余副，大小车100万余辆。正是在革命过程中党和群众建立了血肉联系，人民群众最终抛弃了蒋介石集团，选择了我们党。

在社会主义建设和改革开放新时期，党制定的路线、方针和各项政策，适应我国生产力发展的要求，反映了人民的意愿，促进了经济和社会的发展，人民生活水平得到了普遍的提高。许多党员干部积极实践党的宗旨，坚持走群众路线，努力保持同群众的密切联系，廉洁奉公，勤政为民，在各条战线发挥模范带头作用。特别是在涉及国家安危的关键时刻，在人民生命财产受到严重危胁的时候，党员干部挺

身而出，站在前列，像焦裕禄、孔繁森、李国安、王瑛、杨善洲等同志，就是其中的突出代表。在他们身上，集中体现了党密切联系群众、依靠群众，关心群众疾苦、维护群众利益的优良作风。

正是因为我们党90年来深深扎根于人民的沃土之中，保持了良好的党群关系，人民群众拥护党的领导，始终对党怀着深厚的感情，党才能历经磨难而不衰，始终站在时代前列，党的事业才能不断从胜利走向新的胜利。

（五）围绕党的中心任务，建立广泛的统一战线

统一战线是中国共产党夺取革命、建设和改革事业胜利的重要法宝之一。在中国共产党90年的光辉历程中，始终重视建立和发展最广泛的统一战线，最大限度地争取人心、凝聚力量，使统一战线在实现民族独立解放、创建新中国、建立社会主义制度、推进社会主义现代化建设和祖国和平统一大业中，发挥了巨大作用。

在新民主主义革命时期，我国统一战线是工人阶级、农民阶级、小资产阶级和民族资产阶级，在一段时期内甚至也包括大地主、大资产阶级在内的阶级联盟。打倒帝国主义、封建主义和官僚资本主义，建立新中国，是党在新民主主义革命时期的任务。毛泽东正确把握了半殖民地、半封建旧中国的国情，特别是科学分析了民族资产阶级的两面性，并根据社会主要矛盾的变化，确定了不同阶段统一战线的性质、任务和范围。“九·一八”事变后，中华民族危机加深，中华民族同日本帝国主义的民族矛盾加重，党领导的抗日民族统一战线紧紧围绕抗日救亡这个中心，制定、采取了正确的战略策略，推动全国人民经过八年的浴血奋战，取得了抗日战争的伟大胜利。抗战胜利后，蒋介石在美帝国主义的支持下发动全面内战，党领导的人民民主统一战线围绕打败国民党反动派这个中心任务开辟了反对蒋介石集团的第二条战线，有力地配合了解放战争，为中国革命的胜利做出了应有的贡献。

新中国成立后，我们党正确处理了中国共产党同民族资产阶级、民主党派、少数民族、知识分子等统一战线成员的关系，提出了严格区分和正确处理两类不同性质的矛盾，并制定了尽可能地将消极因素转变为积极因素等一系列重要方针政策，积极推动民族资产阶级接受社会主义改造，使统一战线为巩固人民政权，建立社会主义制度和全面建设社会主义发挥了重要作用。

党的十一届三中全会以后，我们党及时实现了工作重心的转移，与新的历史条件下社会变革和党的中心任务相适应，统一战线进一步发展为全体社会主义劳动者、社会主义事业的建设者、拥护社会主义的爱国者和拥护祖国统一的爱国者的最广泛的联盟。我们党通过正确认识和处理政党关系、民族关系、宗教关系、阶层关系和海内外同胞关系，使党同各民主党派、无党派人士的团结更加巩固，各民族的关系更加和谐，社会各阶层的关系更加协调，宗教与社会主义社会更加适应，大陆同胞和港澳同胞、台湾同胞、海外侨胞的联系更加密切，使统一战线具有了空前的广泛性、巨大的包容性、鲜明的多样性和显著的社会性。中国共产党领导的多党合作和政治协商制度在创新中得到全面发展，民族宗教工作取得长足进步，新的社会阶层人士、党外知识分子工作和港澳台海外统战工作水平得到新提高，充分调动和发挥了各方面建设中国特色社会主义的积极性，有力推动了改革开放和社会主义现代化事业的发展。

（六）把“伟大工程”和“伟大事业”紧密结合，以党的建设推进社会主义事业

衡量一个马克思主义政党是否先进，必须

放到具体的历史实践中去考察，归根到底要看其在推动历史前进中的实际作用。因而党的建设必须围绕党的中心任务来进行，把“两个伟大”紧密结合，以党的建设伟大工程推进社会主义伟大事业。我们只有不断加强党的建设，保持和发展马克思主义政党的先进性，才能领导全国人民顺利进行革命和建设事业；同时党的建设的成果、党的先进性也只有通过社会主义革命和建设事业的发展和胜利才能体现出来。

在民主革命时期，我们党围绕争取民族独立和人民解放的中心任务，实施了党的建设伟大工程，明确提出要把党建设成为一个全国范围的、广大群众性的，思想上政治上组织上完全巩固的马克思主义政党。坚持全心全意为人民服务的宗旨，保持和发展了三大优良作风，把支部建在连上，发挥党支部的战斗堡垒作用和党员干部的模范带头作用，带领人民军队和人民群众冲锋陷阵，发挥了党对革命事业的坚强领导和核心作用，领导取得了人民革命的伟大胜利。建国后，我们党不断加强先进性建设，又领导取得了社会主义建设的巨大成就。

改革开放以来，面对日益复杂的国际形势和不断发展变化的国内环境，我们党围绕经济建设这个中心任务，又实施了党的建设新的伟大工程，明确提出把党建设成为全心全意为人民服务、思想上政治上组织上完全巩固、能够经受住各种风险、始终走在时代前列、带领人民建设中国特色社会主义的马克思主义政党。大力加强党的基层组织建设，大力加强党的执政能力建设和先进性建设，努力解决提高党的领导水平和执政水平、提高拒腐防变和抵御风险能力这两大历史课题，各级党组织和广大党员解放思想、求真务实、与时俱进、开拓创新，带领人民群众积极投身改革开放和社会主义现代化建设，领导取得了建设中国特色社会主义事业的新胜利。

在90年的奋斗历程中，每逢历史重要关头，我们党总是围绕实现党的中心任务，紧紧抓住党的建设这个关键，加强党的思想、组织、作风和制度建设，动员和组织好自身的力量，进而团结和带领人民群众去克服困难、夺取胜利。今天，我国的改革开放和现代化建设事业正处于新的起点上，呈现出如同胡锦涛同志所说的三个“世所罕见”的特点。“我们在推进改革开放和社会主义现代化建设中所肩负任务的艰巨性和繁重性世所罕见，我们在改革发展稳定中所面临矛盾和问题的规模和复杂性世所罕见，我们在前进中所面对的困难和风险也世所罕见”。我们只要坚持以改革创新的精神继续推进党的建设新的伟大工程，并把这个伟大工程同中国特色社会主义伟大事业一起放在新的历史起点上来加以推进，始终不渝地保持和发展党的先进性，就一定能够找到实现中国人民和中华民族根本利益的正确道路和科学方法，克服前进道路上的各种艰难险阻，推动党和人民的事业不断从胜利走向新的胜利。

（作者：中国浦东干部学院中国特色社会主义研究院副院长、教授、博士生导师）

（选自《中国浦东干部学院学报》2011年第5期）

中国共产党与中华民族的伟大复兴

朱佳木

今年是中国共产党成立90周年，也是辛亥革命爆发100周年。这两件关系中国命运的开天辟地的大事变刚好相隔10年，看似巧合，其实有着必然的内在的联系。它们的目的都是为了要救中国于危亡之中，进而使中国独立富强，使中华民族实现复兴。但辛亥革命要走的资本主义道路在中国走不通，这就决定了选择社会主义道路的中国共产党必然要登上历史舞台，而且果然登上了历史舞台，担负起了领导中华民族复兴的大任。近一个世纪的历史证明，由于中国共产党善于把马克思主义普遍真理同中国具体实际相结合，正确回答和解决了中华民族在复兴道路上面对的一系列重大问题，因而继承并发扬光大了辛亥革命的未竟事业，使中华民族的伟大复兴一步步变成为现实。

一、中国共产党为中华民族复兴提供了根本的政治前提

中国具有古老而灿烂的文明，历史上一直是一个人口众多、地域辽阔、物产丰富、经济发达的大国强国。但自欧洲工业革命兴起，中国逐渐落后，1840年鸦片战争爆发以来，更不断遭受西方列强的侵略，沦入半殖民地半封建的悲惨境地。面对民族的衰落、国家的危亡，无数爱国的仁人志士提出了各种解救的方案。维新派、君主立宪派、旧民主主义革命派等提出的方案尽管各不相同，但共同之处都是主张向西方国家寻求真理。中国共产党提出了与它们不同的方案，虽然也主张向西方学习工业化，把中国由农业国变成工业国，但在社会制度上却反对学习西方，而主张向俄国学习，把马克思主义这个放之四海而皆准的真理作为解救中华民族的最好的武器，用社会主义的道路振兴中华民族。

毛泽东在中共七大报告上说：“没有一个独立、自由、民主和统一的中国，不可能发展工业……没有工业，便没有巩固的国防，便没有人民的福利，便没有国家的富强。一八四〇年鸦片战争以来的一百零五年的历史，特别是国民党当政以来的十八年的历史，清楚地把这个要点告诉了中国人民。”对于这个认识过程，他在中国共产党成立28周年时所写的《论人民民主专政》一文中，曾有过十分精彩的描述。他说：“自从一八四〇年鸦片战争失败那时起，先进的中国人，经过千辛万苦，向西方国家寻找真理。”“帝国主义的侵略打破了中国人学西方的迷梦。很奇怪，为什么先生老是侵略学生呢？中国人向西方学得很不少，但是行不通，理想总是不能实现。多次奋斗，包括辛亥革命那样全国规模的运动，都失败了。国家的情况一天一天坏，环境迫使人们活不下去。怀疑产生了，增长了，发展了。第一次世界大战震动了全世界。俄国人举行了十月革命，创立了世界上第一个社会主义国家。”“这时，也只是在这时，中国人从思想到生活，才出现了一个崭新的时期。中国人找到了马克思列宁主义这个放之四海而皆准的普遍真理，中国的面目就起了变化了。”“就是这样，西方资产阶级的文明，资产阶级的民主主义，资产阶级共和国的方案，在中国人民的心目中，一齐破了产。资产阶级的民主主义让位给工人阶级领导的人民民主主义，资产阶级共和国让位给人民共和国。这样就造成了一种可能性：经过人民共和国到达社会主义和共产主义，到达阶级的消灭和世界的大同。”

因为中国共产党的主张最合乎中国的实际，最能代表绝大多数中国人的根本利益，最能把中国从灾难深重中解救出来，所以吸引和凝聚了中华民族最优秀的儿女。他们舍身忘己，前赴后继，付出最大牺牲，忠实地实践党的纲领，领导工人阶级，团结和带领广大农民、城市小资产阶级和民族资产阶级，经过 28 年艰苦奋斗，终于赶走了帝国主义，推翻了国民党反动派的独裁统治，扫清了挡在中国发展道路上的一个又一个政治障碍，建立了人民当家作主的中华人民共和国，为中华民族伟大复兴提供了政治上的现实可能性。

二、中国共产党为中华民族复兴抓住了难得的发展机遇

中华民族自近代以来，曾遇到过多次发展机遇，都由于反动势力的阻挠而错过了。新中国成立后，中国共产党坚持用马克思列宁主义观察分析国际国内形势，高瞻远瞩，审时度势，在中华民族的发展机遇面前，作出了正确的选择。

新中国成立初期，国内实现了和平、独立、统一（除台湾外），迅速恢复了被战争破坏的国民经济；在国际上，两大阵营对峙，美国企图孤立、封锁、包围中国，但苏联答应全面援助我国以重工业为重点的第一个五年计划建设。以毛泽东为核心的党的第一代中央领导集体，抓住这个机遇，改变了原来打算先搞十来年新民主主义的设想，决定提前向社会主义过渡，制定了党在过渡时期的总路线，进行了对农业、手工业和资本主义工商业的社会主义改造，并实行了计划经济体制，将有限的资金、物资、人才等各种资源集中用于大规模工业化建设。以后，党中央又提出了四个现代化的战略目标。所有这些，促使中国用较短时间建成了独立的比较完整的工业体系和国民经济体系，为中华民族的复兴打下了坚实的物质基础。

上世纪 70 年代，中苏关系恶化，美国为从东南亚败局中脱身、集中力量对付苏联的挑战，急于改善同中国的关系；与此同时，西方国家由于美元与黄金脱钩，资金流动性增强，需要为投资寻找更有利的出路，另外开始调整产业结构，需要把一些制造业向发展中国家转移。以毛泽东为核心的党的第一代中央领导集体抓住这个机遇，果断打开了中美关系的大门，推动了与西方国家的建交高潮，为后来实行开放政策作了铺垫，并在一定程度上开展了与它们的经济贸易往来，引进了一批在国民经济中起重要作用的先进设备。随后不久，“四人帮”被粉碎，党内外越来越强烈地要求纠正长期居于指导地位的“左”的错误；国际形势也进一步出现了缓和局面，和平与发展逐渐成为时代的主题，经济全球化的趋势越来越明显，以信息化为先导的科学技术更是飞速发展、日新月异。以邓小平为核心的党的第二代中央领导集体抓住这个机遇，毅然决然地恢复了党的马克思主义的思想路线，实现了党的工作重点的转移，实行了改革开放的总方针，充分发挥市场调节的作用，积极吸引外资。从此，我国经济持续高速增长，综合国力大幅提升，人民生活水平不断提高，使中华民族大踏步地赶上了时代前进的潮流，迎来了伟大复兴的光明前景。

上世纪末和本世纪初，中国经过改革开放，经济实力、综合国力进一步增强，国际地位和影响力显著提升；与此同时，国际上冷战结束，两极格局解体，世界进入大发展、大变革、大调整的时期，和平、发展、合作的时代潮流更加强劲，多极化和经济全球化深入发展，世界经济对新兴经济体依赖度越来越大，科技创新开始孕育新的突破，围绕生态保护、资源节约的新技术和新产业加速发展。面对这一大有作为的战略机遇期，以江泽民为核心的党的第三代中央领导集体和以胡锦涛为总书记的党中央，成功实现了由计划经济体制向社会主义市场经济体制的转变，积极加入了世界贸易组织，及时提出并贯彻了科学发展观，着力转变经济发展方式，推动信息化与工业化的融合，开展自主创新体系的建设，使我国经济在总量连上几个台阶、跃升世界第二位的同时，推动了产业结构的优化升级，促进了经济增长由主要依靠投资出口拉动向依靠消费投资出口协调拉动的转变，拓展了对外开放的广度和深度，加强了节能环保的力度，并在清洁能源的投入与生产方面走在了世界前列，让中华民族再次跟上了时代前进的步伐，适应了世界发展的大势。

邓小平说过："现在中国遇到一个难得的发展机遇，不要丧失这个机遇。许多人不懂得这是中华民族的机遇，是炎黄子孙几百年难得遇到的机遇。""我们要利用机遇，把中国发展起来"。事实充分说明，中国共产党执政后尽管也存在因指导思想犯错误和经验不足而耽误时机的情况，但从根本上把握了世界的潮流，从总体上抓住了发展的机遇。否则，中国怎么可能仅用半个多世纪的时间，就走完发达国家一二百年甚至三四百年所走过的路呢？现在，中华民族伟大复兴的曙光在世人面前，已经变得越来越清晰可见了。

三、中国共产党为中华民族复兴创造了良好的内外条件

一个民族要振兴，内部一定要有安定团结的氛围和昂扬向上的精神，外部一定要有相对安全的环境和与多数国家友好的关系。否则，内部争斗不止、四分五裂，人民精神萎靡不振、安于现状，外部强敌骚扰不断，与多数国家结怨不和，任何民族都是难以振兴的。新中国成立后，中国共产党通过不懈探索发展道路、构建基本制度、营造内外环境以及加强自身建设，使中华民族拥有了一个有利于伟大复兴的内部和外部条件。

第一，开辟了有利于中华民族复兴的发展道路——中国特色社会主义道路

中国共产党的最高理想和最终奋斗目标是实现共产主义。在取得新民主主义革命胜利以后，我们党经过艰辛探索，逐渐弄清楚了什么是社会主义和怎样建设社会主义的问题，明白了实现共产主义理想不仅要经过漫长的社会主义阶段，而且在社会主义阶段里又分为不发达、比较发达和发达等不同阶段。中国是由半殖民地半封建社会进入社会主义社会的国家，基础差，起点低，要建设社会主义，必须经过社会主义初级阶段，把坚持社会主义基本制度同发展市场经济结合起来，走中国特色社会主义的道路。

党的十七大报告指出："中国特色社会主义道路，就是在中国共产党领导下，立足基本国情，以经济建设为中心，坚持四项基本原则，坚持改革开放，解放和发展社会生产力，巩固和完善社会主义制度，建设社会主义市场经济、社会主义民主政治、社会主义先进文化、社会

主义和谐社会，建设富强民主文明和谐的社会主义现代化国家。中国特色社会主义道路之所以完全正确、之所以能够引领中国发展进步，关键在于我们既坚持了科学社会主义的基本原则，又根据我国实际和时代特征赋予其鲜明的中国特色。在当代中国，坚持中国特色社会主义道路，就是真正坚持社会主义。”这条道路实行30年的历史告诉我们，它完全符合中国的实际，是中华民族复兴最可靠的途径。

第二，建立了有利于中华民族复兴的社会主义民主制度和法律体系

新中国成立初期，中国共产党从中国的实际情况出发，建立了人民代表大会制度、共产党领导的多党合作和政治协商制度、民族区域自治制度等基本政治制度。这些民主制度既不同于西方的多党轮流执政制、三权鼎立和两院制，也有别于苏联的一党制和联邦制。与此同时，还制定了第一部宪法，为社会主义民主法制建设和中国特色社会主义法律体系的形成奠定了坚实基础。在改革开放新时期，党中央通过总结“文化大革命”的教训，把加强社会主义民主法制建设作为坚定不移的方针确定下来，强调必须使社会主义民主制度化、法律化；把依法治国确定为党领导的人民治理国家的基本方略，强调发展社会主义民主政治最根本的是坚持党的领导、人民当家作主、依法治国的有机统一，并提出构建社会主义和谐社会的重大战略任务。现在，一个立足中国国情和实际、适应改革开放和社会主义现代化建设需要、集中体现党和人民意志的中国特色社会主义法律体系已经形成。它既保证了人民各项民主权利的落实，又保证了社会主义集中力量办大事、决策效率高等优越性的发挥；既妥善处理了法律前瞻性与可行性的关系，又解决了国家发展中带根本性、全局性、稳定性、长期性的问题，从而为建设富强民主文明和谐的社会主义现代化国家、实现中华民族的伟大复兴提供了强大的法制保障。

第三，开展了有利于中华民族复兴的一系列社会稳定工作

没有社会的稳定就没有政权的巩固，没有政权的巩固就没有民族的复兴。新中国自成立之始，针对国民党撤离大陆时留下的大批特务、正规军分散为匪，捣乱破坏、组织暴动的猖獗活动，进行了大规模剿匪斗争，开展了镇压反革命运动，保证了人民政权的长治久安。随后，又针对极少数民族分裂分子在外国势力支持下发动的武装叛乱，进行了平叛斗争，维护了国家统一和社会稳定。粉碎“四人帮”后，我国结束了十年内乱，恢复并连续30多年保持了社会的安定团结。在此期间，由于国内外敌对势力的渗透、颠覆、分裂活动，也发生过局部动乱乃至反革命暴乱和打砸抢烧事件。对此，党和政府依靠人民群众，坚决予以平息，维护了正常的社会秩序，使改革开放和现代化建设事业得以顺利进行。在长期实践中，中国共产党总结出了一系列指导和引导社会和谐稳定的理论、方针、政策，如正确区分与处理两类不同性质的矛盾，正确处理改革、发展、稳定三者的关系，构建社会主义和谐社会，健全党和政府主导的维护群众权益机制等等，为维护社会稳定发挥了重要作用。正如邓小平所说：“中国的问题，压倒一切的是需要稳定。没有稳定的环境，什么都搞不成，已经取得的成果也会丢掉。”“中国不能把自己搞乱，这当然是对中国自己负责，同时也是对全世界全人类负责。”

第四，培育了有利于中华民族复兴的民族精神和社会风气

在中国长期的封建社会里，普通群众无权参与社会事务，缺乏组织性和纪律性，对社会变革也往往表现淡漠，被人讥为一盘散沙、麻木不仁。但中国共产党在革命战争和抗日战争

时期的根据地里，通过自己以身作则的示范作用和发动群众、组织群众、教育群众，改变了这种精神面貌，焕发了热爱国家、艰苦奋斗的民族精神，形成了关心集体、团结互助、遵守纪律、争当先进的社会风气。取得全国胜利后，中国共产党将这种在根据地培育的精神和风气传播到各地，又通过恢复国民经济、抗美援朝运动、“一五”时期建设，以及学大庆、学大寨、学雷锋、学王进喜、学焦裕禄等先进典型和模范人物的活动，使之进一步融入了自力更生、奋发图强和人人为我、我为人人等新风尚。改革开放后，中国共产党又通过开展两个文明建设、五讲四美三热爱活动和社会主义核心价值体系建设，在全社会进一步培育了以爱国主义为核心的民族精神和以改革创新为核心的时代精神，使无私奉献、助人为乐、廉洁奉公、爱岗敬业、勇于创新、敢为人先的风气成为社会风气的主流。在新中国建设的各个历史时期和各个领域各条战线，广大共产党员总是以自己的实际行动，为人民群众做出表率。所有这一切，促使中华民族始终保持了一种昂然向上的精神状态。

第五，坚持了有利于中华民族复兴的不间断的执政党自身建设

中国共产党成为新中国的执政党和社会主义建设事业的领导核心，是历史的选择、人民的选择，也是工人阶级政党性质所决定的。工人阶级与资产阶级不同，内部没有不同的利益集团，因此，也就不会有代表不同利益集团的政治派别，不需要照搬资产阶级政党轮流执政的政治体制。但这同时带来一个问题，就是由谁监督共产党。针对这种问题，中国共产党早在根据地建政时期就提出，“苏维埃必须吸引广大民众对于自己工作的监督与批评”；“只有让人民来监督政府，政府才不敢松懈。”新中国成立后，毛泽东又特别指出，在对党的各种监督中，“首先是阶级的监督，群众的监督，人民团体的监督。”为了加强对共产党的监督，他在第一届全国政协结束后，决定保留八个民主党派，并实行与民主党派长期共存、互相监督的方针。他说：“主要监督共产党的是劳动人民和党员群众。但是有了民主党派，对我们更为有益。”党从执政的第一天开始，为了防止改变颜色，产生主观主义、官僚主义和贪污腐败的问题，还不断开展党内整风，力图通过思想建设、组织建设、作风建设，吸收新鲜的血液，排除肌体的毒素，保持自身的纯洁性和先进性以及与人民群众的血肉联系。改革开放后，党中央一方面总结历史经验，纠正过去整风中实行的“左”的指导思想和采取的政治运动的方式；另一方面，继续强调要防止党和国家“改变面貌”，告诫全党要警惕帝国主义搞“和平演变”、打“没有硝烟的战争”，要牢记“两个务必”，要坚持立党为公、执政为民，要坚决惩治和预防腐败，并接二连三地开展组织整顿和思想教育活动。这些加强自身建设的措施，在其他执政或执过政的共产党中是很少见的，但对我们党经受长期执政、市场经济、对外开放考验，确实起到了重要作用。事实说明，中华民族要复兴就必须坚持共产党的领导，而要坚持共产党的领导就必须坚持党的自身建设，确保党永远不脱离人民群众，不腐化变质。

第六，构筑了有利于中华民族复兴的国际环境

新中国一成立便奉行独立自主的和平外交政策，倡导不同社会制度国家和平共处的五项原则，坚定站在亚非拉发展中国家一边，积极发展同尚未建交的西方国家之间的民间外交，赢得了国际社会的普遍尊重和广泛赞誉。与此同时，中国共产党在事关国家安全、主权和领土完整等核心利益问题上从不妥协，在极其困难的条件下出兵抗美援朝，下决心研究制造

了“两弹一星”，为和平建设提供了必要的安全环境。上世纪70年代，中国调整了外交工作的战略，恢复了在联合国的合法席位，打开了外交工作的新局面。改革开放后，随着国际形势的发展变化，我们党在战争与和平的问题上作出了新的判断，并改变了一度实行的“一条线”战略，推动建设持久和平、共同繁荣的和谐世界，奉行互利共赢的开放战略，强调走和平发展的道路，坚持同发达国家加强战略对话，贯彻同周边国家睦邻友好、务实合作的方针，深化同广大发展中国家的传统友谊，积极参与多边事务，承担相应国际义务，推动国际秩序朝着公正合理的方向发展。所有这一切，为中国的发展营造了相对安全和宽松的外部条件，使中华民族的复兴大业始终处于有利的国际环境中。

自从孙中山提出“振兴中华”的口号后，对于中华民族复兴的目标有各种各样的表述。毛泽东在上世纪50年代说：“一九一一年的革命，即辛亥革命，到今年，不过四十五年，中国的面目完全变了。再过四十五年，就是二千零一年，也就是进到二十一世纪的时候，中国的面目更要大变。中国将变为一个强大的社会主义工业国。中国应当这样。因为中国是一个具有九百六十万平方公里土地和六万万人口的国家，中国应当对于人类有较大的贡献。”他还说过：“中国的人口多、底子薄，经济落后，要使生产力很大地发展起来，要赶上和超过世界上最先进的资本主义国家，没有一百多年的时间，我看是不行的。”后来，他又提出要实现工业、农业、科学文化和国防现代化。可见，在他看来，所谓中华民族复兴，就是要把中国建成强大的社会主义工业国，实现四个现代化，赶上和超过世界上最先进的资本主义国家，对人类作出较大贡献。

按照毛泽东的设想，邓小平在上世纪80年代提出了“三步走”战略。他说：“本世纪走两步，达到温饱和小康，下个世纪用三十年到五十年时间再走一步，达到中等发达国家的水平。”“如果达到这一步，第一，是完成了一项非常艰巨的、很不容易的任务；第二，是真正对人类作出了贡献；第三，就更加能够体现社会主义制度的优越性。”根据邓小平提出的战略，党的十五大又把21世纪的头50年分为三个阶段，即头10年实现GDP比2000年翻一番，再用10年使国民经济更加发展、各项制度更加完善，到世纪中叶基本实现现代化；并且明确提出，社会主义初级阶段“是逐步缩小同世界先进水平的差距，在社会主义基础上实现中华民族伟大复兴的历史阶段。这样的历史进程，至少需要一百年时间”。党的十六大、十七大进一步把本世纪头50年分为两个阶段，即头20年基本实现工业化，到世纪中叶基本实现现代化。这就意味着，当中国2050年左右达到中等发达国家水平的时候，就可以说中华民族实现伟大复兴了。

历史告诉我们，在中华民族复兴的道路上，过去有过今后仍然会有各种艰难险阻。但历史同时告诉我们并将继续告诉我们，中国共产党是中华民族复兴大业的推动者、领导者和组织者，也是引路人、主心骨和守护神。只要我们始终坚持中国共产党的领导，坚定不移地沿着中国特色社会主义道路前进，同心同德，奋力拼搏，就一定能战胜前进道路上的各种困难，在本世纪中叶实现中华民族的伟大复兴。

（作者：中国社会科学院副院长兼当代中国研究所所长、研究员）

（选自《当代中国史研究》2011年第3期）

中国共产党领导社会建设的实践和基本经验（节选）

刘景泉　张　健　伍绍勤

将社会建设纳入我国社会主义现代化建设总体布局，虽然在2004年中共十六届四中全会上才正式明确，但中国共产党领导人民进行社会建设的伟大实践，则可追溯到全国范围执政以前，贯穿于党创建以来90年的辉煌历史，并为当前构建社会主义和谐社会提供了宝贵的经验启示。

一、中国共产党领导社会建设的实践与成就（略）

二、中国共产党领导社会建设的基本经验

中国共产党作为领导中国革命、建设和改革事业的坚强核心，成立90年来，特别是在全国范围执政62年来，在社会建设中领导作用的发挥，主要体现为确定目标、把握方向、制定政策、整合资源、营造环境，从中可以总结出宝贵的基本经验。

（一）树立以人为本理念　明确社会建设的根本目标

以人为本，实质是以人民群众为本。如胡锦涛所指出："坚持以人为本，就是要以实现人的全面发展为目标，从人民群众的根本利益出发谋发展、促发展，不断满足人民群众日益增长的物质文化需要，切实保障人民群众的经济、政治和文化权益，让发展的成果惠及全体人民。"党在领导社会建设过程中始终强调：群众观点是马克思主义的基本观点，人民群众作为实践和认识的主体，是创造历史、推动社会进步的根本力量，必须全心全意地服务和依靠人民群众；群众路线是党的根本工作路线，任何情况下都必须坚持群众路线，妥善处理和协调社会各阶层利益关系，把实现好、维护好、发展好最广大人民的根本利益作为一切工作的出发点和归宿，做到发展为了人民、发展依靠人民、发展成果由人民共享。因而，党能够最广泛地调动一切积极因素，最大限度地激发人民群众的积极性、主动性、创造性，从中获得社会建设的不竭动力。

树立以人为本的发展理念，把实现人的全面发展确立为社会建设的根本目标，是在新的时代条件下对党的群众路线的继承发扬，也是在顺应世界现代化发展潮流、总结我国现代化建设经验基础上提出来的。20世纪50—60年代，许多发展中国家普遍把经济增长看作社会发展的首要甚至唯一目标，认为人均国民生产总值增加得越快，人民的物质生活水平也就提高得越快，相应带来国家经济实力的快速增加，社会发展目标也就不难实现。但30多年的现代化发展实践证明，这种发展战略虽然使经济有了较快增长，但片面的经济增长往往偏离了人民生活的基本需求，也不能自然促成其他社会目标的实现。在我国以经济建设为中心的社会主义现代化建设进程中，一些地方和部门也出现过片面追求经济增长特别是GDP增长的倾向，对社会的全面发展特别是人的发展重视不够。对此，党中央从20世纪90年代开始，转变发展理念，调整发展目标，相应制定实施了可持续发展战略，解决经济社会发展与资源、环境和人口的协调问题。

2000年召开的中共十五届五中全会，是党在世纪之交召开的一次十分重要的会议。全会审议通过的“十五”计划建议，强调人是生产力中最活跃、最积极的因素，能够对经济社会发展起到持续的贡献作用，从而加大了对人力资源的投入，特别是在教育、科技和智力开发等方面的投入。一种以人的发展为核心的新的现代化发展理念初见端倪。

2001年7月，江泽民在庆祝中国共产党成立八十周年大会上强调：“我们建设有中国特色社会主义的各项事业，我们进行的一切工作，既要着眼于人民现实的物质文化生活需要，同时又要着眼于促进人民素质的提高，也就是要努力促进人的全面发展。这是马克思主义关于建设社会主义新社会的本质要求。我们要在发展社会主义社会物质文明和精神文明的基础上，不断推进人的全面发展。”2002年11月，江泽民又在十六大上要求全党：“必须始终紧紧抓住发展这个执政兴国的第一要务，把坚持党的先进性和发挥社会主义制度的优越性，落实到发展先进生产力、发展先进文化、实现最广大人民的根本利益上来，推动社会全面进步，促进人的全面发展”，强调“紧紧把握住这一点，就从根本上把握了人民的愿望，把握了社会主义现代化建设的本质”。这些深刻论断，使以人的全面发展为核心的现代化发展目标更加清晰。

2003年7月，胡锦涛在全国防治非典工作会议上阐明了科学发展观。他说：“我们讲发展是党执政兴国的第一要务，这里的发展绝不只是指经济增长，而是要坚持以经济建设为中心，在经济发展的基础上实现社会全面发展。我们要更好地坚持全面发展、协调发展、可持续发展的发展观，更加自觉地坚持推动社会主义物质文明、政治文明和精神文明协调发展，坚持在经济社会发展的基础上促进人的全面发展，坚持促进人与自然的和谐。”同年10月，党的十六届三中全会通过的《中共中央关于完善社会主义市场经济体制若干问题的决定》明确要求：“坚持以人为本，树立全面、协调、可持续的发展观，促进经济社会和人的全面发展。”这是党的文件中第一次出现“以人为本”的提法。从提出发展是硬道理，到强调发展是党执政兴国的第一要务，再到树立以人为本、全面协调可持续的科学发展观，党的现代化发展理念不断成熟，社会建设的目标也更加明确。

坚持以人为本，推动社会全面进步，促进人的全面发展，是包括社会建设在内的社会主义现代化建设的本质要求和根本目标。只有把以人为本的理念贯穿于现代化发展的各个方面和各个环节，强调人的发展与经济社会发展相互结合、相互促进，才能推动社会的全面进步，实现更高程度的现代化。党的十六届六中全会强调“以解决人民群众最关心、最直接、最现实的利益问题为重点，着力发展社会事业、促进社会公平正义、建设和谐文化、完善社会管理、增强社会创造活力，走共同富裕道路，推动社会建设与经济建设、政治建设、文化建设协调发展”，正是基于这一发展理念提出的注重社会全面进步与人的全面发展相结合的社会建设目标。

（二）坚持社会主义原则　把握社会建设的道路方向

中国共产党成立后，为实现社会根本变革

进行了艰苦卓绝的斗争。建立新中国后，党领导人民开始致力于旧社会的改造和新社会的建设。然而，中国这样一个贫穷落后的东方大国，能否“不通过资本主义制度的卡夫丁峡谷”而开辟自己的发展道路？事实雄辩地回答了这个问题——“只有社会主义能够救中国。社会主义制度促进了我国生产力的突飞猛进的发展，这一点，甚至连国外的敌人也不能不承认了”。正是在1956年全面确立社会主义基本制度后，党领导人民沿着社会主义的发展道路，取得了社会建设的辉煌成就。

新世纪新阶段，各种矛盾和问题凸现，机遇与挑战并存，社会建设的任务尤为艰巨。党审时度势，根据社会发展的现实，提出了构建社会主义和谐社会的重大战略任务，同时明确了目标方向：“我们要构建的社会主义和谐社会，是在中国特色社会主义道路上，中国共产党领导全体人民共同建设、共同享有的和谐社会。”当前，我国正处于并将长期处于社会主义初级阶段，党长期执政的历史使命，是建设富强、民主、文明、和谐的社会主义现代化国家。因此，在社会建设乃至各项建设中始终坚持中国特色社会主义道路，是一个根本的方向问题。为保证社会建设的社会主义发展方向，党先后提出并坚决实施了共同富裕和社会公正两大基本原则。

坚持社会主义的发展方向，是我国社会建设的根本原则和必要前提。在什么是社会主义这一重大问题上，我们党在认识上曾产生过误区。邓小平在对历史教训进行深刻思考的基础上，创造性地对社会主义本质进行了新的概括：“社会主义的本质，是解放生产力，发展生产力，消灭剥削，消除两极分化，最终达到共同富裕。”把实现共同富裕作为社会主义的根本目标，同时也是中国社会建设的根本目标，体现了共产主义最高理想与当代中国基本国情的结合——实现共同富裕，是走向人的自由而全面发展的必经阶段；要实现共同富裕，除必须解放和发展生产力、不断增加社会物质财富外，在生产关系方面还必须消灭剥削，消除两极分化，使生产力发展的成果为全体人民所共享；而这只有在坚持社会主义公有制和按劳分配为主体的条件下才能实现。因此，邓小平一再强调：“一个公有制占主体，一个共同富裕，这是我们所必须坚持的社会主义的根本原则。”他还多次指出：我们发展生产力，创造的财富归人民所有，不允许出现两极分化。

消灭剥削，消除两极分化，最终达到共同富裕，是一个较长的随生产力发展而逐步实现的动态过程。在我国正处于并将长期处于社会主义初级阶段的国情条件下，社会生产力还没有充分发展以前，仍然会在一定范围和一定程度上存在剥削现象，甚至出现两极分化，这事关社会建设成果的分享，所以是党在领导社会建设中始终高度重视的原则问题。为此，党进一步提出了“促进社会公平正义”的社会公正原则，指出：“维护和实现社会公平，涉及最广大人民的根本利益，是我们党坚持立党为公、执政为民的必然要求，也是我国社会主义制度的本质要求。”社会公正的实质是要求经济、政治、文化等各种权利在社会成员之间合理分配，各种义务也由社会成员合理承担。坚持社会公正原则，就是在经济和社会资源的分配中，首先考虑并满足最大多数人的利益要求，兼顾不同阶层、不同方面的利益，既要反对平均主义，又要防止贫富悬殊；既要考虑贡献，又要考虑需求；既要鼓励竞争，保证效率，又要注重公平，维护平等；既要充分发挥人们的积极性、创造性，又要充分关照和保护社会弱势群体。因此，党坚持和完善按劳分配为主体、多种分配方式并存的分配制度，强调初次分配和再分配都要处理好效率与公平的关系，再分配要更加注重公平，努力使广大工农及其他阶层群众中的多数都能逐步达到中等收入水平，防止形成少数人暴富、多数人贫穷的“金字塔形”社会阶层结构。在这一重大原则问题上，容不得丝毫的含糊和动摇。

（三）围绕优化社会结构制定社会建设的相关政策

优化社会结构是社会建设的核心内容，而深入调查研究和正确分析判断经济体制深刻变革引起的社会结构及相关利益格局的变化，则是党制定和完善社会建设各项政策的基本依据。胡锦涛在十六届中央政治局第二十次集体学习时，要求各级党委、政府和领导干部切实加强对社会结构发展变化的调查研究，深入认识和分析阶层结构、城乡结构、区域结构、人口结构、就业结构、社会组织结构等方面情况的发展变化和发展趋势，以利于深入认识在发展社会主义市场经济和对外开放条件下我国社会发展的特点与规律，更好地推进社会建设和管理；加强对社会利益关系发展变化的调查研究，深入认识和分析我国社会利益结构、利益关系等方面情况的发展变化和发展趋势，以利于完善政策措施，更好地统筹各方面的利益关系和利益要求。在此方面，中央领导人身体力行，深入全国各地各行各业进行调研，为全党做出了表率。

阶层结构是社会结构的核心，直接或间接体现社会结构各方面的状况，因此，正确认识阶层结构及利益关系的变化，是调整优化社会结构的最重要基础。改革开放之初，我国社会阶层结构比较单一，主要是工人、农民和知识分子三大阶级阶层。随着改革开放的逐步深入，经济体制的深刻变革引起社会阶层结构不断分化，利益主体日趋多元，利益矛盾日益复杂。对此，党坚持以最大多数人民群众的利益高于一切作为协调处理社会阶层关系、制定相关社会政策的出发点和归宿。江泽民指出：“最大多数人的利益是最紧要和最具有决定性的因素。”“我们所有的政策措施和工作，都应该正确反映并有利于妥善处理各种利益关系，都应认真考虑和兼顾不同阶层、不同方面群众的利益。但是，最重要的是必须首先考虑并满足最大多数人的利益要求，这始终关系党的执政的全局，关系国家经济政治文化发展的全局，关系全国各族人民的团结和社会安定的全局。”据此，党在认真考虑和兼顾不同阶层、不同方面利益的同时，始终强调要保证最广大人民群众尤其是工农基本群众的利益，体现了立党为公、执政为民的政治本色。

与社会阶层结构及利益关系变化密切相关的是分配结构的变化。收入分配问题事关民生，事关社会公平公正，事关国家的长治久安。改革开放以来，我国收入分配制度改革不断深化，极大激发了社会成员的积极性，有力促进了经济社会的发展。但在分配结构上也出现了城乡、区域、阶层之间收入差距过大的问题，对社会和谐稳定产生了不利影响。“十一五”期间，党和政府在分配政策上进行了多项调整：党的十六届六中全会在收入分配方面提出，“更加注重社会公平，着力提高低收入者收入水平，逐步扩大中等收入者比重，有效调节过高收入，坚决取缔非法收入，促进共同富裕”；党的十七大进一步要求，“初次分配和再分配都要处理好效率和公平的关系，再分配更加注重公平”。2010年，党的十七届五中全会通过的《中共中央关于制定国民经济和社会发展第十二个五年规划的建议》，继续把合理调整收入分配关系作为未来五年加强社会建设、实现社会公平正义、促进社会和谐稳定的一项十分重要的工作，体现了以人为本、保障民生的政策取向。

就业是民生之本，是保障和改善民生的头等大事。党把促进就业放在经济社会发展优先位置，制定实施了更加积极的就业政策：一方面充分发挥劳动力资源丰富的优势，努力提高劳动者素质，把人口大国转变为人力资源强国；另一方面，加快推动经济结构调整，努力为每一个有劳动能力的人创造就业机会，使每个人都各尽所能、各得其所，让所有劳动者的活力和创造力都得到充分发挥。在就业总量持续稳定增加的同时，就业结构也得到进一步优化：我国第一、第二、第三产业就业人口的比重由2002年的50.0：21.4：28.6转变为2006年的42.6：25.2：32.2，先后有2亿多农民离开耕作的土地和生活的村庄，转变为从事第二、第三产业的工人，就业人口正从第一产业向第二产业、再从第二产业向服务业转移，与世界各国就业结构演变的基本趋势相吻合。

随着产业结构的调整和农业人口的转移，解决事关现代化建设全局的城乡关系和“三农”问题被提到议事日程。党中央从统筹城乡经济社会发展、逐步改变城乡二元结构的高度，积极推进涉及“三农”问题的各项改革，制定和实行了工业反哺农业、城市支持农村和“多予少取放活”的方针，采取了一系列支农惠农的重大政策，拓宽了农民增收的渠道和途径，改善了广大农民群众的生活，为从根本上解决“三农”问题、促进经济社会全面发展、保持社会稳定创造了条件。

（四）创新社会管理体制整合社会建设的各方资源

社会管理作为社会建设的重要手段，通常是指社会管理主体在法律、法规、政策的框架内，通过各种方式对社会领域的各个环节进行组织、协调、服务、监督和控制的过程。随着社会主义市场经济条件下社会经济成分、组织形式、就业方式、利益关系和分配方式多样化趋势的进一步发展，原有的权力高度集中、政府统管一切的社会管理方式已经越来越不适应社会建设的需要。于是，如何创新社会管理体制，就成为党领导社会建设的一项新的重要课题。

旧中国是一个松散的农业社会，社会组织很不发达，整个社会被形容为“一盘散沙”。新中国成立后，在民主革命时期就已经存在的工会、青年团、妇联等党的外围组织，成为党联系各界群众的全国性组织，并与建国前后组建的青联、工商联、科协、侨联、台联等新型人民团体以及文联、作协等行业组织一起，在贯彻落实党的各项方针政策、参政议政反映各界群众诉求、团结和动员各界群众参与经济建设和社会发展等方面，发挥了重要作用。在计划经济体制框架内，党政机关和群众组织、城市企事业单位实行高度行政化的单位制度，农村实行政社合一的人民公社制度，这种社会组织结构能够把全国人民有效组织管理起来，但模式比较单一，缺乏一定的活力。

改革开放以来，随着社会主义市场经济体制的建立，我国社会组织结构出现了重大变化，主要表现为旧组织结构的分化和新社会组织的成长。特别是20世纪90年代中期以后，随着社会主义市场经济体制的逐步完善、规范党政关系和转变政府职能的不断深化，党对各类社会团体和社会中介组织在社会建设方面的重要作用有了新的认识和新的举措。由于发展环境日益宽松，1999—2008年间，全国社会组织总数直线上升，由142665家增长到413660家，年均增长率达21.11%。截至2008年底，全国注册的社会组织41.4万个，业务范围涉及科技、教育、文化、卫生、劳动、民政、体育、环境保护、法律服务、社会中介服务、工商服务、农村专业经济等社会生活的各个领域，吸纳社会各类人员就业475.8万人。这些社会组织作为我国社会建设的重要力量，在经济社会发展中发挥着不可或缺的积极作用。

在深入分析社会组织发展现状和研究社会

管理规律的基础上，党的十六届四中全会提出要“建立健全党委领导、政府负责、社会协同、公众参与的社会管理格局”，从而明确了社会管理的领导体制。党作为中国特色社会主义事业的领导核心和在全国范围长期执政的党，有着强大的政治影响力和社会动员能力，能够有效凝聚和动员社会阶层和社会组织积极参与社会管理。因此，党要求在社会管理的各个方面和各类社会组织中，都要充分发挥党组织的政治优势，最大限度地整合社会管理资源。2009 年《中共中央关于加强和改进新形势下党的建设若干重大问题的决定》提出了“全面推进各领域党的基层组织建设，实现党组织和党的工作全社会覆盖”的任务，要求街道社区党组织在建设文明和谐社区中发挥领导核心作用，把服务群众、凝聚人心、优化管理、维护稳定贯穿街道社区党组织活动的始终；同时，抓紧在非公有制经济组织建立党组织，加大在中介机构、协会、学会以及各类新社会组织中建立党组织的力度；还要求非公有制经济组织、新社会组织中的党组织，紧密围绕贯彻党的方针政策、引导和监督遵守国家法律法规、团结凝聚职工群众、维护各方合法权益、促进健康发展等职能，探索发挥作用的途径和方法。上述政策措施的着眼点，都是要有效整合社会建设的资源，加快形成社会管理和社会服务的合力。

2011 年新春伊始，党中央举办省部级主要领导干部社会管理及其创新专题研讨班，胡锦涛在开班式上提出了新形势下加强和创新社会管理、做好群众工作的总体思路和“建设中国特色社会主义社会管理体系，确保社会既充满活力又和谐稳定”的重要任务。根据讲话精神，会议要求：各级党委要提高引领社会、组织社会、管理社会、服务社会的能力，把基层党组织建设成为群众谋利益的战斗堡垒，让广大党员在服务群众中体现先进性；各级政府要强化社会管理职能，努力建设服务型政府，提供更多更好的公共服务；工青妇等群众组织、基层群众性自治组织、社会组织、企事业单位要积极参与社会管理，形成与党委、政府互联互补互动的社会管理网络；同时要动员组织群众依法有序参与社会管理，努力形成社会管理人人参与、和谐社会人人共享的良好局面。这次会议，对进一步统一全党思想，深入贯彻落实科学发展观，构建社会主义和谐社会，不断完善中国特色社会主义社会管理体系、实现“十二五”时期经济社会发展目标任务，具有重要指导作用。

（五）按照统筹兼顾方针营造社会建设的良好环境

社会稳定和有序运行是社会建设的根本保证。社会稳定既是重大的社会问题，也是重大的政治问题，不仅关系到人民群众的安居乐业，而且关系到国家和社会的安定团结。为此，党在领导社会建设过程中，按照统筹兼顾的方针，积极为社会建设营造公平正义的制度环境、安定团结的社会环境与和谐发展的国际环境。

统筹规划经济社会发展全局，兼顾协调各方面利益关系，从而调动一切积极因素，营造事业发展的有利环境，是党在历史上形成并长期坚持的战略方针。早在 1942 年，毛泽东就为根据地的经济建设和财政工作确立了“公私兼顾”、“军民兼顾”的原则，后又将其运用到边区的文化和卫生合作运动中。建国前夕，为防止出现党的工作重心转移到城市后有可能忽视农村的倾向，毛泽东进一步提出了“城乡必须兼顾，必须使城市工作和乡村工作，使工人和农民，使工业和农业，紧密地联系起来”的思想。建国初期，毛泽东又将其运用到私营工商业政策和国民经济恢复中，要求“在统筹兼顾的方针下，逐步地消灭经济中的盲目性和无政府状态”，从而为迅速实现国家财政经济状况的好转指明了方向。

社会主义改造基本完成后，为调动一切积极因素建设社会主义，毛泽东多次在讲话中系统阐述了统筹兼顾思想，并将其扩大为“对于六亿人口的统筹兼顾”，指出：“无论粮食问题，灾荒问题，就业问题，教育问题，知识分子问题，各种爱国力量的统一战线问题，少数民族问题，以及其他各项问题，都要从对全体人民的统筹兼顾这个观点出发，就当时当地的实际可能条件，同各方面的人协商，作出各种适当的安排。”从此，统筹兼顾成为指导我国经济社会发展全局的战略指导方针。

改革开放之初，针对各方面利益的调整，邓小平重申“按照统筹兼顾的原则来调节各种利益的相互关系”。改革深化阶段，江泽民继续强调“要通过改革正确处理各种利益关系”，“基本的原则应该是，从全国人民的共同利益出发，统筹兼顾，适当安排”。新旧世纪之交，江泽民深刻指出：“我们面临的国际环境是错综复杂的，我们承担的改革和建设任务是繁重艰巨的。中国这么大，发展又不平衡，各地情况千差万别。因此，我们做工作和决策，必须充分考虑各个方面的因素和条件，统筹兼顾，全面把握，因地制宜，努力找出最佳、最切实可行的方案。”

进入新世纪新阶段，党的新一届中央领导集体从国内外形势变化中把握发展机遇，应对风险挑战，立足时代条件，运用战略思维，提出并确立了科学发展观，强调实现科学发展的“根本方法是统筹兼顾”，“既要总揽全局、统筹规划，又要抓住牵动全局的主要工作、事关群众利益的突出问题，着力推进、重点突破”。将统筹兼顾作为总揽科学发展全局的根本方法，目的在于着力解决发展中全局意识不强，战略思维缺乏，不能妥善处理中央和地方、局部利益和整体利益、个人利益和集体利益、当前利益和长远利益的关系，有令不行、有禁不止，以及政令不畅通等问题，尤其要解决不能正确认识和妥善处理城乡发展、区域发展、经济社会发展、人与自然和谐发展的关系，不能正确统筹国内国际两个大局等问题，积极为社会建设营造良好的国际国内环境。为此，党的十六届三中全会通过的《中共中央关于完善社会主义市场经济体制若干问题的决定》针对我国现代化发展需要解决的重大问题，提出了“统筹城乡发展、统筹区域发展、统筹经济社会发展、统筹人与自然和谐发展、统筹国内发展和对外开放”的新要求。“五个统筹”反映了党对领导经济社会发展全局规律性认识的深化，为新世纪新阶段转变经济社会发展方式、营造社会建设良好环境奠定了基础。

三、中国共产党领导社会建设的思考

推进中国特色社会主义事业的发展，关键在于坚持党的领导。这是由中国共产党的先锋队性质和历史使命决定的，也是从中国革命、建设和改革的长期实践中得出的基本结论。作为中国特色社会主义事业重要组成部分的社会建设，不单纯是科学、教育、文化、体育、卫生等各项社会事业的建设，而是一项复杂的系统工程，必须按照中国特色社会主义事业总体布局，与经济建设、政治建设、文化建设以及生态文明建设协调发展。这一目标的实现，不仅需要政府部门的管理服务、社会组织的健康发展和人民群众的广泛参与，更需要中国共产党充分发挥“总揽全局、协调各方”的领导核心作用。

“总揽全局、协调各方”是党领导包括社会建设在内的中国特色社会主义现代化建设事业的根本政治原则。所谓总揽全局，就是坚持党对事关国家和社会发展大政方针及全局工作的政治领导，解决好带根本性、方向性、全局性、长远性的问题；所谓协调各方，就是注重

统筹兼顾，正确认识和妥善处理中国特色社会主义事业中的重大关系，认真考虑和对待各方面发展需要，正确反映和兼顾各方面利益要求，充分调动全社会的发展积极性，使之通力合作、协调一致地保证党的路线、方针、政策得到贯彻落实。继党的十六届四中全会把“最广泛最充分地调动一切积极因素，不断提高构建社会主义和谐社会的能力”确定为加强党的执政能力建设的重要内容后，党的十六届六中全会明确指出：“构建社会主义和谐社会，关键在党。”“各级党委要把和谐社会建设放在全局工作的突出位置，把握方向，制定政策，整合力量，营造环境。”这是党在领导人民进行社会建设的实践中总结出的宝贵经验，集中体现了党“总揽全局、协调各方”的领导原则。

根据这一原则，要充分发挥党在领导人民进行社会建设、构建社会主义和谐社会中的核心作用，必须更加注重以人为本，加快推进以改善民生为重点的社会建设，不断满足人民日益增长的物质文化需要，走共同富裕道路，促进人的全面发展，做到发展为了人民、发展依靠人民、发展成果由人民共享；必须把握社会主义方向，不仅要在根本指导思想上坚持作为立国之本的四项基本原则，而且要在具体方面坚决贯彻人民共同富裕和社会公平正义两大原则，确保社会建设不偏离中国特色社会主义道路；必须围绕优化社会结构，妥善协调各方面的利益关系，坚持把最广大人民根本利益作为制定社会政策的出发点和落脚点，正确反映和兼顾不同方面群众的利益，不断激发和增强全社会的创造活力；必须创新社会管理体制，健全社会管理格局，完善社会管理体系和政策法规，引导社会组织健康发展，特别是培育和支持各类民间组织、社会团体，从而有效整合社会管理的各方资源；必须坚持稳定压倒一切，维护稳定有序的发展局面，预防和解决社会矛盾，努力创造全体人民同舟共济、齐心协力、共同奋斗的发展环境，同时推动建设一个持久和平、共同繁荣的和谐世界，为社会建设营造有利的国际环境。

当中国共产党迎来九十诞辰之际，我国也进入了实施“十二五”规划的开局之年，社会建设也随之进入一个新的发展阶段。“十二五”规划强调以科学发展为主题，更加注重以人为本，更加注重全面协调可持续发展，更加注重统筹兼顾，更加注重保障和改善民生，使发展成果惠及全体人民，让全体人民生活得更加富足，更有尊严。这既为新形势下的社会建设指明了方向，同时也是对作为执政党的中国共产党的重大考验。回首过去，党领导人民致力社会革命，为中国的发展进步奠定了根本前提，在此基础上领导人民进行社会建设，使国家面貌和人民生活都发生了举世瞩目的根本性变化。展望未来，尽管前进道路还存在各种矛盾和问题，但当前我国发展仍处于可以大有作为的重要战略机遇期。我们坚信，在党的领导下，充分发挥中国共产党的政治优势和中国特色社会主义的制度优势，有效应对来自各方面的风险挑战，坚定不移地推动科学发展，毫不动摇地推进社会建设，保障社会公平正义，走共同富裕之路，就一定能够全面实现社会和谐与发展进步。

（作者：南开大学马克思主义教育学院教授、博士生导师）

（选自《南开学报·哲学社会科学版》2011年第2期）

总结好、坚持好、发展好
我们党民族工作90年的成功经验

国家民族事务委员会

我国是统一的多民族国家，民族问题始终是关系国家长治久安和人民幸福安康的重大问题。我们党成立90年来，在革命、建设和改革的各个历史时期，坚持把马克思主义基本原理与中国国情相结合，深刻把握民族问题发展的基本规律和特征，对解决民族问题的政治保证、目标任务、政策策略、制度保障等一系列重大理论与实践问题进行了积极探索，成功走出了一条中国特色解决民族问题的正确道路，积累了丰富的实践经验。总结好、坚持好、发展好这些宝贵经验，对于我们深化民族问题认识、推动民族工作实践，具有重大而深远的意义。

一、必须坚持中国共产党的领导，形成一个带领全国各族人民团结奋斗的坚强核心，这是我们做好民族工作、解决民族问题的根本保证

党在民族工作中的领导核心地位，是历史和人民的选择。90年来，我们党团结带领各族人民，建立最广泛的抗日民族统一战线，赢得了近代以来反侵略战争的第一次完全胜利；建立中华人民共和国，实现了国家的高度统一和各民族的空前团结；走上社会主义道路，实现了中华民族发展史上最广泛最深刻的社会变革。新中国成立60多年来，在党的团结带领下，少数民族的面貌、民族地区的面貌、民族关系的面貌发生了翻天覆地的变化。历史证明，只有中国共产党才能领导各民族求解放谋幸福，担当起领导实现中华民族伟大复兴的历史重任。

党在民族工作中通过政治、思想和组织领导发挥领导核心作用。90年来，我们党主要通过三个途径，统揽民族工作全局。一是政治领导。通过制定正确的大政方针，指导各级人大、政府以及政协组织落实民族政策、开展民族工作。二是思想领导。坚持用科学理论武装全党、教育人民，将社会主义核心价值体系与各民族传统文化相结合，树立中国特色社会主义共同理想，建设中华民族共有的精神家园。三是组织领导。充分发挥各级党组织的领导核心、先锋模范和战斗堡垒作用，培养和依靠大批民族干部，影响和带动各族群众积极投身于革命、建设和改革开放事业，从组织上保证党的路线、方针、政策的贯彻落实。

党的领导是做好民族工作的根本保证，加强党的领导是民族工作的内在要求。90年来特别是新中国成立后，通过在全国范围内建立健全民族工作领导体制和工作机制，形成了党委统一领导，有关部门各司其职、密切配合、通力协作的工作格局和强大合力。在新的历史条件下，面对国内外形势的发展变化和民族工作的繁重任务，必须进一步加强和改善党的领导。要增强政治意识、大局意识、责任意识，不断提高领导民族工作的能力，提高科学执政、民主执政、依法执政的水平。要加强民族地区基层组织建设，不断增强创造力、凝聚力、战斗力，确保党的大政方针落到实处。要坚持党的群众路线，加强与各族群众的血肉联系，始终把各族干部群众紧紧团结在党的周围。

二、必须坚持走中国特色解决民族问题的正确道路，立足国情、高举旗帜、开拓进取，这是我们做好民族工作、解决民族问题的根本方向

我们党结合我国民族工作的实际，历经90年的艰辛探索，走出了一条中国特色解决民族问题的正确道路。这就是：在中国共产党的领导下，高举中国特色社会主义伟大旗帜，始终把发展作为解决民族问题的关键，始终坚持平等团结互助和谐的原则，推动各民族共同团结奋斗、共同繁荣发展。这条道路集中体现了我国各族人民追求平等、谋求发展的根本要求，体现了社会主义制度的巨大优越性，吸引和激励各族儿女积极投身改革开放和现代化建设热潮，是一条实现国家富强、民族振兴、人民幸福的康庄大道。

坚持走中国特色解决民族问题的正确道路，我国民族团结进步事业取得了举世瞩目的巨大成就。新中国成立后，通过民主改革和社会主义改造，各民族共同走上了社会主义道路；经过多年民族识别工作，55个少数民族和汉族一样以平等身份登上了政治舞台；赋予各民族在政治、经济和文化等一切领域平等的权利，各族人民实现了当家作主的宿愿；实行民族区域自治，实现了国家统一领导下各民族自主管理本民族内部事务。特别是改革开放以来，民族地区谱写了大发展大变化的辉煌篇章“十一五”期间，民族地区生产总值、财政收入每年以两位数速度增长，高于全国平均增速，经济实力大幅提升；文化教育卫生等社会事业长足发展，“两基”人口覆盖率达到98.5%，新型农村合作医疗制度和农村最低保障制度实现全覆盖，各民族群众思想道德素质、科学文化素质和健康素质明显增强；各民族交往交流程度进一步加深，平等团结互助和谐的社会主义民族关系进一步巩固和发展。

把中国特色解决民族问题道路不断推向前进，是时代赋予我们的崇高使命。要深刻把握我国民族问题的阶段性特征，从实际出发研判形势、制定政策、部署工作。要用中国特色社会主义共同理想凝聚各族人民意志，坚定各族人民走中国特色解决民族问题道路的信心和决心。要继续深化对中国特色解决民族问题道路的探索，努力使这条道路越走越宽广。

三、必须坚持推动党的民族理论政策创新发展，解放思想、实事求是、与时俱进，这是我们做好民族工作、解决民族问题的行动指南

党的民族理论政策是马克思主义基本原理同中国民族问题实际相结合的产物。以毛泽东同志为核心的党的第一代中央领导集体，确立了以民族平等、民族团结、民族区域自治、各民族共同繁荣为核心的民族理论和民族政策。以邓小平同志为核心的党的第二代中央领导集体，强调发展是解决民族问题的核心，及时把民族工作重心转到为经济建设服务上来。以江泽民同志为核心的党的第三代中央领导集体，作出实施西部大开发战略、全国支援西藏等重大决策。十六大以来，以胡锦涛同志为总书记的党中央，着眼全面建设小康社会的历史任务，明确提出各民族共同团结奋斗、共同繁荣发展是民族工作的主题，促进民族团结、实现共同进步是民族工作的根本任务，深化了对社会主义初级阶段民族问题的规律性认识，丰富和完善了中国特色社会主义民族理论政策体系，进一步明确了新形势下民族工作的努力方向。

党的民族理论是民族工作的行动指南，民族政策是民族工作的生命线。90年来，特别是新中国成立60多年来，在党的民族理论政策的指引下，我国各族人民同呼吸、共命运、心连心，共同谱写了人民共和国繁荣富强的壮丽史诗，共同奏响了中华民族伟大复兴的时代强音。历史证明，我国解决民族问题的实践是成功的，党的民族理论政策是完全正确的。搞好民族工作，必须始终坚持党的民族理论的指导地位，必须始终坚持把党的民族政策落到实处。这两点结论，无论在什么情况下，都要坚定不移、毫不动摇。

不断推进党的民族理论政策的发展创新，是民族团结进步事业阔步前进的必然要求。要深化对民族工作实践的研究，不断推动中国特色社会主义民族理论政策体系的发展和完善。要继续解放思想，在实践中探索新办法、形成新认识、总结新经验，始终保持理论创新的旺盛生命力。要坚持实事求是，根据时代发展的新需要和各族群众的新期待，不断研究制定符合实际的民族政策。

四、必须坚持和完善民族区域自治制度，着眼根本、夯实基础，这是我们做好民族工作、解决民族问题的制度保障

民族区域自治制度的确立是我们党长期探索、反复比较的结果。1947年，在内蒙古建立了第一个省级民族自治区。新中国成立前夕，中国人民政治协商会议通过的《共同纲领》，正式确定我国实行民族区域自治制度。此后的各个历史时期，我们党又进一步从理论、政策、制度、法律上，不断健全和完善民族区域自治。

民族区域自治制度是尊重历史、合乎国情的正确选择。目前，我国民族自治地方共计155个，其中包括5个自治区、30个自治州、120个自治县（旗）。这种民族区域自治，是民族因素与区域因素、经济因素与政治因素、历史因素与现实因素、制度因素与法律因素的正确结合，确保了各民族充分享受自治权利。实践证明，民族区域自治符合我国国情，体现各民族的根本利益，得到各族人民的衷心拥护，是史无前例的伟大创举。民族区域自治，作为我们党解决我国民族问题的一条基本经验不容置疑，作为我国的一项基本政治制度不容动摇，作为我国社会主义的一大政治优势不容削弱。

坚持好、完善好、落实好民族区域自治制度，是推进民族团结进步事业的根本要求。在新的历史条件下，必须全面贯彻民族区域自治法，充分保证民族自治地方依法行使自治权，切实尊重和保障少数民族合法权益。必须完善与民族区域自治相适应的财政税收、政策性转移支付等各项制度，逐步加大对民族地区经济社会发展支持的力度。必须把民族区域自治的优越性，体现到发展先进生产力、发展先进文化、实现各族人民的根本利益上来。必须以实施民族区域自治为重点，推动我国民族工作走上法制化、规范化、科学化轨道，为各民族共同团结奋斗、共同繁荣发展提供坚实的制度和法律保障。

五、必须坚持妥善处理民族工作领域的重大关系，统筹兼顾、突出重点，这是我们做好民族工作、解决民族问题的基本方法

统筹兼顾是科学发展观的根本方法，也是党在民族工作方面的重要领导艺术。90年来，特别是新中国成立60多年来，我们党既统筹兼顾，又突出重点，妥善处理民族工作重大关系，推动民族团结进步事业顺利发展。

我们党按照统筹兼顾的原则，始终注意妥善处理民族工作领域的重大关系。一是统筹处理好全局工作与民族工作的关系。始终把民族工作作为关系党和人民事业发展全局的一项重大工作，同时又把围绕中心、服务大局作为民族工作始终遵循的重要原则。二是统筹处理好普遍性与特殊性的关系。既制定一系列全局性政策，又坚持因地制宜、分类指导，制定并实施扶持人口较少民族发展、兴边富民和少数民族事业等专项规划，实施民族贸易和民族特需用品生产发展优惠政策，满足少数民族生产生活特殊需要。三是统筹处理好经济发展与团结稳定的关系。把发展作为解决民族问题的关键，把团结稳定作为加快发展的保障，坚持两手抓、两手硬、两促进，既考虑民族地区经济发展和民生改善，还注意增进民族团结和维护稳定，兼顾经济、政治两方面效果的统一。四是统筹处理好各族人民切身利益与国家统一最高利益的关系。既确保各族人民政治地位平等、切实改善民生、繁荣民族文化，认真解决好各族群众的切身利益问题，又引导各族人民把认识和行动统一到维护祖国统一和民族团结这个中华民族最高利益上来。

当前和今后一个时期，处理好民族工作领域的重大关系，必须在重点工作和关键环节上取得突破。既要谋划涵盖所有民族地区的重大政策举措，又要根据实际重点推进西藏、新疆跨越式发展和长治久安。既要大力扶持人口较少民族发展、深入推进兴边富民，又要有针对性地在一些特殊困难民族地区实施扶贫开发攻坚工程。既要加快民族地区经济发展、改善民生，又要加快教育文化卫生等社会事业发展。既要做好民族地区的社会管理工作，也要加强散居地区特别是城市民族工作，完善少数民族流动人口的服务与管理。要大力开展民族团结宣传教育和民族团结进步创建活动，增进各族人民对伟大祖国、对中华民族、对中华文化、对中国特色社会主义道路的认同。要及时化解倾向性、苗头性问题，切实维护社会稳定、维护社会主义法制、维护人民群众根本利益、维护祖国统一、维护民族团结。

六、必须坚持做好少数民族干部和群众工作，充分尊重、高度信任少数民族干部和群众，这是我们做好民族工作、解决民族问题的力量源泉

民族工作说到底是做人的工作，做少数民族干部群众的工作。90年来，我们党在革命、建设和改革的各个历史时期，始终把相信、团结和依靠各族广大干部群众作为实现党的纲领、目标和任务的强大武器。各民族共同走上社会主义道路，依靠的是各族干部群众的力量；民族地区改革开放和现代化建设，依靠的是各族干部群众的力量；民族地区全面建设小康社会、实现跨越式发展和长治久安，仍然要依靠各族干部群众的力量。要坚持和发挥做好少数民族干部群众工作这一政治优势，这是民族工作取得成功的一条基本经验。

各族群众是民族工作的智慧之源和力量之本，民族工作必须把各族群众时刻放在心上。推动民族团结进步事业发展，关键在于始终保持同各族群众的血肉联系，充分发挥各族群众的积极性、主动性、创造性。改革开放以来，国务院先后举办了五次全国民族团结进步表彰大会，各族群众参与、支持民族团结进步事业的积极性不断增强。十六大以来，我们党坚持以人为本，注重解决各族群众最关心最直接最现实的利益问题，带领各族人民在全面建设小康社会的道路上大步前进，开创了各民族共同团结奋斗、共同繁荣发展的新局面。我们要始终牢记各族群众是民族团结进步事业的主体，把实现好维护好发展好各族群众根本利益作为民族工作的出发点和落脚点，在共同推进民族团结进步事业中不断创造美好生活。

少数民族干部是党和政府联系少数民族群众的桥梁和纽带，是民族地区改革开放和现代化建设的主力军，培养选拔少数民族干部是做好民族工作的关键。我们党始终把少数民族干部队伍建设作为管根本、管长远的大事来抓，坚持大力培养、大胆选拔、充分信任、放手使用，少数民族干部队伍从新中国成立初期的4万余人增长到近300万人。面对新形势新任务，我们必须立足全局和长远，继续建设一支政治上跟党走、群众中有威望、工作上有实绩的高素质少数民族干部队伍，继续发挥好少数民族干部在民族地区改革发展稳定中的关键作用，为民族团结进步事业打下坚实的基础。

90年民族工作的历程波澜壮阔，90年民族工作的经验弥足珍贵。90年的经验归结到一点，就是必须在党的领导下，坚持一切从我国民族问题实际出发，坚定不移走中国特色解决民族问题的正确道路。

（选自《求是》2011年第12期）

90年来中国共产党推进马克思主义中国化的基本经验

张远新

2011年是中国共产党成立90周年。90年来，中国共产党在马克思主义中国化史上写下了不朽的篇章，取得了辉煌的理论成果，同时，也积累了丰富的经验。这些都已成为学界研究的热点，并涌现出一批比较有分量的研究成果。应该说，这些成果具有较高的价值，为总结和研究建党以来马克思主义中国化的基本经验奠定了良好的基础。但我个人认为，对这一重大问题的研究尚存在两点不足：其一，未能完全抓住问题的核心。马克思主义中国化的核心要义主要有四个方面内容：一是解放思想，实事求是，把马克思主义与中国实际结合起来，坚决反对教条主义；二是以解决中国实际问题为中心；三是维护和实现最广大人民群众的根本利益；四是把中国丰富的实践经验上升为理论，创造出中国化的马克思主义。那么，经验总结也应该紧紧围绕这些方面来进行，但许多文章却没有凸显这些。其二，比较抽象、空洞。许多文章要么是从理论到理论，要么是把进程和经验完全分开谈，而没能从实践与理论的有机结合上去总结和研究，显得比较抽象，甚至有些空洞。因此，非常有必要深化对这一问题的研究。

一、解放思想、实事求是是推进马克思主义中国化的基本法宝

所谓“法宝”，是指能够从根本上解决问题、克敌制胜的武器。在民主革命时期，被毛泽东正式称为“法宝”的有三个：党的建设、武装斗争和统一战线。在社会主义建设的今天，胡锦涛同志与时俱进，又提出“解放思想是发展中国特色社会主义的一大法宝”。建党90年来，马克思主义中国化取得了辉煌的成果，那么，我们党不断推进马克思主义中国化的基本法宝是什么呢？我认为，就是解放思想、实事求是。正因为我们党坚持了解放思想、实事求是这一法宝，才能不拘泥于马克思主义的个别结论和词句，打破各种教条的束缚，把马克思主义基本原理同我国革命、建设和改革的具体实际结合起来，成功地开辟了具有中国特色的革命和建设道路，取得举世瞩目的成就；同时也推动了马克思主义在中国的发展。

中国共产党坚持解放思想、实事求是这一法宝，首先推动了马克思主义基本原理与我国具体实际的第一次结合，并产生了第一个中国化的马克思主义理论成果——毛泽东思想。新民主主义革命时期，以毛泽东为代表的中国共

产党人在领导中国革命的实践中，在同党内教条主义的斗争中，明确提出了实事求是的思想路线，并认为它是实现马克思主义中国化的思想基础。毛泽东指出："'实事'就是客观存在着的一切事物，'是'就是客观事物的内部联系，即规律性，'求'就是我们去研究。我们要从国内外、省内外、县内外、区内外的实际情况出发，从其中引出其固有的而不是臆造的规律性，即找出周围事变的内部联系，作为我们行动的向导。"他批评主观主义"是共产党的大敌，是工人阶级的大敌，是人民的大敌，是民族的大敌，是党性不纯的一种表现。"他要求，"共产党员应是实事求是的模范"，"因为只有实事求是，才能完成确定的任务"，"能够引导我们民族到解放之路"。正是在解放思想、实事求是思想路线的指引下，我们党才学会把马克思主义的理论应用于中国的具体环境，创立了中国式的革命道路，取得了新民主主义革命的伟大胜利，实现了中华民族的独立和人民的解放。

新中国成立后，如何建立社会主义制度？进而如何进行社会主义建设？这对中国共产党来说也是一个严峻的考验。毛泽东基于中国国情及苏联社会主义建设的经验教训，提出要"以苏为鉴"和把马克思主义基本原理与中国建设实际进行"第二次结合"的思想。他指出，在社会主义革命和建设时期，也要坚持实事求是，反对主观主义，否则，革命和建设就不会成功。为探索中国社会主义建设道路，毛泽东在进行大量调查研究的基础上，发表了著名的《论十大关系》和《关于正确处理人民内部矛盾的问题》等文章。这些文章是把马克思主义基本原理与中国建设实际相结合的光辉典范，也是他坚持解放思想、实事求是原则的经典之作。正因为以毛泽东为代表的中国共产党人立足于中国国情，既坚持马克思主义，又坚持解放思想、实事求是，才创造性地提出了社会主义改造理论，完成了三大改造，建立了社会主义制度，并初步探索了社会主义建设道路，有力地推动了马克思主义中国化的历史进程。但在社会主义建设时期，我们党也出现了"大跃进"、"人民公社化"，特别是"文化大革命"等"左"的错误，使我国社会主义建设事业遭受严重挫折，使马克思主义中国化进程几乎陷于停滞。出现这种错误的根本原因就在于，这一时期我们党丢弃了解放思想、实事求是这个法宝。

新时期，中国共产党坚持解放思想、实事求是这一法宝，又继续推动了马克思主义基本原理与我国具体实际的第二次结合，并在结合中催生了第二个中国化的马克思主义理论成果——中国特色社会主义理论体系。党的十一届三中全会以来，以邓小平、江泽民、胡锦涛为代表的中国共产党人，始终高举解放思想、实事求是的大旗，依据国情和时代的变化，不断推进马克思主义中国化向前发展。邓小平明确指出："实事求是是马克思主义的精髓。要提倡这个，不要提倡本本。我们改革开放的成功，不是靠本本，而是靠实践，靠实事求是。"他还说："一个党，一个国家，一个民族，如果一切从本本出发，思想僵化，迷信盛行，那它就不能前进，它的生机就停止了，就要亡党亡国。"江泽民同志认为："我国改革开放的历史进程，就是一个不断解放思想、实事求是的过程。要说改革开放二十多年的成功经验，这是很基本的一条。在新的世纪里，我们要继续前进，不断有新的作为，仍然要坚持这一条。"胡锦涛同志指出："解放思想、实事求是、与时俱进，是马克思主义活的灵魂，是我们适应新形势、认识新事物、完成新任务的根本思想武器。"正是在解放思想、实事求是的思想路线指引下，我们党和国家才冲破了"两个凡是"的束缚，实现了从"以阶级斗争为纲"到"以经济建设为中心"的转变，从计划经济体制到市场经济体制的转变，从封闭半封闭到对外开放的转变，在建设中国特色社会主义的伟大实践中，创造性地提出了社会主义初级阶段论、改革开放论、市场经济论、科学发展观等一系列重大战略思想。党的十七大第一次把邓小平理论、“三个代表”重要思想和科学发展观等重大战略思想统称为中国特色社会主义理论体系，并强调指出：“在当代中国，坚持中国特色社会主义理论体系，就是真正坚持马克思主义。”中国特色社会主义理论体系是马克思主义中国化第二次历史性飞跃的伟大成果，也是马克思主义中国化的最新成果。

二、以解决中国实际问题为中心是马克思主义中国化的基本目的

马克思主义中国化是马克思主义实践性的现实化、具体化和基本旨趣。马克思主义中国化的根本目的就是以马克思主义为指导去分析、解决中国的实际问题。新民主主义革命时期，毛泽东就特别强调：“应确立以研究中国革命实际问题为中心，以马克思列宁主义基本原则为指导的方针，废除静止地孤立地研究马克思列宁主义的方法。”他还说，理论必须解决实际问题，否则，再好的理论，哪怕是马克思主义，也是没有意义的。正是基于这种深刻认识，以毛泽东为代表的中国共产党人运用马克思主义去分析、解决中国实际问题，开辟了“农村包围城市，武装夺取政权”的革命道路，取得了革命的胜利，建立了新中国。

新中国成立初期，在中国这样一个人口众多、经济文化落后的国家，怎样进行社会主义改造？怎样建设社会主义？这也是中国共产党迫切需要回答的问题。以毛泽东为核心的党中央以解决中国实际问题为中心，创造性地提出了具有中国特色的社会主义改造理论。在此理论指导下，我国顺利地完成了对农业、手工业和资本主义工商业的社会主义改造，确立了社会主义制度，为当代中国一切发展进步奠定了根本政治前提和制度基础。

“文化大革命”结束后，面对我国社会主义建设中出现的挫折和失误，究竟“什么是社会主义、怎样建设社会主义”等基本问题，又严峻地摆在中国共产党面前。以邓小平为核心的第二代中央领导集体坚持以解决中国实际问题为中心，破解了社会主义的首要的基本问题。邓小平首先指出：“什么叫社会主义，什么叫马克思主义？我们过去对这个问题的认识不是完全清醒的。”这是党无法正确领导社会主义建设，出现曲折、失误的重要原因。经过大胆而科学地探索，关于“什么是社会主义”，邓小平认为，贫穷不是社会主义，发展太慢也不是社会主义，社会主义的根本任务是发展生产力；平均主义不是社会主义，两极分化也不是社会主义，社会主义的最终目标是共同富裕；计划经济不等于社会主义，市场经济不等于资本主义，社会主义可以搞市场经济；封闭僵化不是社会主义，照搬外国模式也不是社会主义，改革开放是社会主义发展的动力；没有民主就没有社会主义，没有法制也没有社会主义，只有把物质文明、政治文明和精神文明建设都搞好，才是有中国特色的社会主义。“社会主义的本质，是解放生产力，发展生产力，消灭剥削，消除两极分化，最终达到共同富裕。”关于“怎样建设社会主义”，邓小平率先创立了中国特色社会主义理论，第一次比较系统地回答了在中国这样一个经济文化比较落后的大国如何建设、巩固和发展社会主义的一系列基本问题，为当代中国的发展指明了方向和道路。

面对苏联解体、东欧剧变，面对我国发展遇到的新的困难和挑战，面对党执政地位和历史方位的变化，“建设一个什么样的党、怎样建设党”这一重大问题又摆在中国共产党面前。针对有人从本本出发和脱离实际的作法，江泽民同志指出：“确立以实际问题为中心研究马克思主义的方法，是我们党一贯倡导的科学方法论。看我们是否真正坚持了马克思主义，关键看是否能运用它来解决中国面临的实际问题，推进党的事业发展。解决的问题越多，就运用得越好。”正是基于这样的认识，以江泽民同志为核心的党的第三代中央领导集体，创立了“三个代表”重要思想。“三个代表”重要思想紧密结合新的实践，把治党和治国、执政和为民结合起来，在改革发展稳定、内政外交国防、治党治国治军各个方面，提出了一系列新思想、新论断，进一步回答了什么是社会主义、怎样建设社会主义的问题，创造性地回答了建设什么样的党、怎样建设党的问题，推进了中国特色社会主义事业向纵深发展。

经过半个多世纪的社会主义建设，特别是改革开放以来30多年的发展，我国的经济实力和综合国力显著增强，人民生活水平显著改善，国际地位、影响和形象日益提升。但也遇到了一系列新情况、新问题和新矛盾。如：地区差距继续拉大，贫富悬殊比较突出；进一步发展与日益突出的资源约束和市场需求约束，生态环境、自然资源和社会经济发展的矛盾日益突出；经济体制和其他方面的管理体制还不完善，民主法制和思想道德等方面存在着一些不容忽视的问题，严重干扰了经济社会的正常发展。因此，回答“实现什么样的发展和怎样发展”的问题，又成为当务之急的重大战略问题。以胡锦涛同志为总书记的党中央从破解这一难题出发，提出了科学发展观的重大战略思想。科学发展观的基本内涵是：“第一要义是发展，核心是以人为本，基本要求是全面协调可持续，根本方法是统筹兼顾。”从而科学地回答了“为什么要发展”、“为谁发展”、“靠谁发展”、“我们需要什么样的发展”和“怎样发展”等一系列发展的问题，成为当前我国经济社会发展的重要指导方针。

三、维护和实现最广大人民群众的根本利益是马克思主义中国化的价值取向

新民主主义革命时期，中国共产党就十分重视民生问题。早在1934年，毛泽东就明确指出：“一切群众的实际生活问题，都是我们应当注意的问题。假如我们对这些问题注意了，解决了，满足了群众的需要，我们就真正成了群众生活的组织者，群众就会真正围绕在我们的周围，热烈地拥护我们。”1945年，他又指出：“我们共产党人区别于其他任何政党的又一个显著的标志，就是和最广大的人民群众取得最密切的联系。全心全意地为人民服务，一刻也不脱离群众；一切从人民的利益出发，而不是从个人或小集团的利益出发；向人民负责和向党的领导机关负责的一致性；这些就是我们的出发点。”经过28年的浴血奋战，中国共产党领导人民推翻了压在中国人民头上的三座大山，建立了新中国，从此，人民翻身做了主人，开始了崭新的生活。

新中国成立后，以毛泽东为代表的中国共产党人，不仅把维护人民群众的利益作为执政党建设的根本准则和宗旨，而且把它同社会主义制度的建立、巩固紧密联系起来，并作为进行社会主义建设的一个目标。毛泽东指出：“要把衣、食、住、用、行五个字安排好，这是六亿五千万人民安定不安定的问题。”他认为，在分配上，要坚持统筹兼顾、适当安排的方针，兼顾各方利益，尤其要“兼顾国家和农民的利益”。新中国成立初期和“一五”期间，党领导人民消灭了人剥削人的私有制，建立起社会主义制度，为保障人民的根本利益奠定了良好的制度基础；采取了一系列解放和发展生产力的重大举措，为改善民生打下了一定的物质基础；同时，党和政府还先后制定和实施了《关于救济失业工人的指示》（1950年）、《中国人民救济总会章程》（1952年）、《职工生活困难补助办法》(1956年)、《关于职工生活方面若干问题的指示》(1957年)等措施，大力开展社会救助，建立福利设施，健全福利政策和制度，极大地保障和维护了人民群众的根本利益。

进入20世纪80年代，以邓小平为代表的中国共产党人，时刻关注最广大人民的利益和愿望，无论是对社会主义的基本任务、最终目的的阐述，还是对我国新时期的主要矛盾的判断以及衡量各项工作是非得失的根本标准的确立，都贯穿着全心全意为人民谋利益的宗旨。邓小平明确指出，社会主义的本质就是最终达到共同富裕；人民"答应不答应"、"拥护不拥护"、"赞成不赞成"、"高兴不高兴"是新时期党制定基本路线和各项方针政策的出发点和归宿，是衡量党的路线、方针、政策是否正确的根本标准。在实践中，邓小平强调，一要坚持社会主义方向，这是真正保障人民群众根本利益的政治保障。二要把经济建设作为党和国家的工作中心，把解决人民群众的温饱问题和2亿多人的贫困问题作为当时最大的民生问题。三要实行改革开放，这是实现人民利益的重要举措和动力。总之，人民利益高于一切，这是邓小平理论的根本点。

进入20世纪90年代，以江泽民同志为代表的中国共产党人，逐步形成和提出了"三个代表"重要思想。它的提出既是加强执政党建设的需要，更是实现人民根本利益的需要。"三个代表"重要思想是一个有机的整体，它以生产力为逻辑起点，以文化为重要纽带，以人民利益为最终归宿。发展生产力也好，发展先进文化也好，归根到底都是为了满足广大人民群众的利益需求。以"三个代表"重要思想为指导，在实践中，党提出了一系列保护和实现人民利益的新观点和新举措：其一，提出了"全面建设小康社会"的战略目标。其二，阐明了新的民生发展途径——物质文明、政治文明和精神文明协调发展，促进社会全面进步和人的全面发展。其三，对民生发展动力进行了提升——提出了全面创新动力论。其四，积极探索推动民生建设的突破口，全面提升民生质量。代表最广大人民群众的根本利益，是"三个代表"重要思想的核心价值。

进入新世纪以来，以胡锦涛同志为代表的中国共产党人，更加重视人民群众的根本利益问题。胡锦涛同志多次指出，全心全意为人民服务是我党的根本宗旨，党的一切奋斗和工作都是为了造福人民，要始终把实现好、维护好、发展好最广大人民的根本利益作为党和国家一切工作的出发点和落脚点，做到权为民所用，情为民所系，利为民所谋。正是基于这一执政理念，他提出了指导当今我国经济社会发展的重要纲领——科学发展观。这一理论具有显著的人民性：其一，它的核心是以人为本，强调发展为了人民、发展依靠人民、发展成果由人民共享。其二，它将民生建设与社会主义和谐社会的构建有机地统一起来，突出强调"加快推进以改善民生为重点的社会建设"。其三，将科学发展观付诸实践，使一些重大的民生问题得到了有效解决。如：不仅取消了"农业税"，免除义务教育阶段的学杂费，而且加大对"三农"的支持力度，促进农业、农村发展，增加农民收入；着力解决困难群体和弱势群体的民生问题，积极建立和完善新型农村合作医疗制度、城镇基本医疗保险制度及农村养老制度等等，保障人民的基本生活，解除群众的后顾之忧。

总之，我们党成立90年来，在马列主义和中国化马克思主义的指导下，我们党领导中国人民通过革命、建设和改革，在维护和实现人民利益方面取得了巨大成就，主要表现在：我国人民成了新中国的主人，并走上了社会主义道路，而且用有限的耕地解决了十几亿人的吃饭问题，农村贫困人口减少了2亿多人，贫困人口占总人口的比重下降到1.6%，中国人民彻底摆脱了贫困状态，到现在为止，中国成为全球唯一提前实现联合国千年发展目标中贫困人口减半目标的国家；我们跨越了从贫困到温饱再到小康的两大转变，四分之三以上的居民过上了初步小康生活，现在又处在全面建设小康社会的发展阶段；城乡居民收入较大增加，家庭财产普遍增多，城乡居民最低生活保障制度初步建立，贫困人口基本生活得到保障，居民消费结构优化，衣食住行用水平不断提高，享有的公共服务明显增强。

四、把中国丰富的实践经验上升为理论是马克思主义中国化的理论旨趣

“马克思主义中国化”是一个关于马克思主义与中国实际之间关系的总体性概念，包含了二者之间双向互动的内容，即：一方面，要运用马克思主义去解决中国革命、建设和改革的实际问题；另一方面，又要将中国革命、建设和改革的丰富经验上升为理论，创造出中国化的马克思主义理论，丰富和发展马克思主义。这两个过程既互相区别又紧密联系、相辅相成、相互促进，目的是为了更好地实现马克思主义同中国实际的有机结合，解决中国的实际问题。

毛泽东指出：“要分清创造性的马克思主义和教条式的马克思主义。”“宣传创造性的马克思主义。”“我们要使中国革命丰富的实际马克思主义化。”以毛泽东为核心的党的第一代领导集体正是凭借其对中国实际的深刻把握和对马克思主义的创造性运用，才探索出了一条全新的革命和改造道路。毛泽东思想的整个理论体系——从新民主主义革命理论到社会主义改造和建设理论——都是对中国革命和建设实践经验的理论总结，极大地丰富和发展了马克思主义。

邓小平认为，一方面，马克思主义不能丢，丢了就丧失了根本；另一方面，我们必须在不断总结新的实践经验的基础上，创造出新的理论，推进马克思主义的发展。在谈到改革开放以来的重大决策和理论的提出与形成时，邓小平十分强调实践经验总结这一点。关于农村改革，他说：农村搞家庭联产承包，这个发明权是农民的。农村改革中的好多东西，都是基层创造出来，我们把它拿来加工提高作为全国的指导。关于对外开放，他认为：“我们在制定对内经济搞活这个方针的同时，还提出对外经济开放。总结历史经验，中国长期处于停滞和落后状态的一个重要原因是闭关自守。经验证明，关起门来搞建设是不能成功的，中国的发展离不开世界。”特别是关于选择走中国特色社会主义道路，他指出：“把马克思主义的普遍原理同我国的具体实际结合起来，走自己的路，建设有中国特色的社会主义，这就是我们总结长期历史经验得出的基本结论。”以邓小平为核心的党的第二代中央领导集体，正是以敢于创新的精神，在坚持马克思主义的基础上，不断总结中国社会主义改革的丰富实践经验，才初步创立了中国特色社会主义理论，开辟了中国特色社会主义道路，把马克思主义中国化推向了一个新的阶段。

江泽民同志在论及如何科学对待马克思主义的时候，旗帜鲜明地提出了两个“坚定不移，不能含糊”：一是必须坚持马克思主义的立场、观点、方法，坚持马克思主义的基本原理。这一点，要坚定不移，不能含糊。二是一定要贯彻解放思想、实事求是的思想路线，坚持勇于追求真理和探索真理的革命精神。这一点，也要坚定不移，不能含糊。他指出，马克思主义具有与时俱进的理论品格，坚持以马克思主义为指导，最重要的是要善于把马克思主义基本原理同中国具体实际相结合，不断推进马克思主义的中国化，同时把中国丰富的实际马克思主义化，在实践中丰富和发展马克思主义。以江泽民同志为代表的党的第三代中央领导集体，既继承了邓小平理论，又紧密结合“治党治国新的宝贵经验，形成了‘三个代表’重要思想”。它的形成，表明党对共产党的执政规律、社会主义建设规律和人类社会发展规律的认识，达到了新的理论高度。

胡锦涛同志在论及科学发展观时也指出：“科学发展观，是立足社会主义初级阶段基本国情，总结我国发展实践，借鉴国外发展经验，适应新的发展要求提出来的。”党的十六大以来，以胡锦涛同志为总书记的党中央，高举邓小平理论和“三个代表”重要思想的伟大旗帜，紧密结合新时期国内外形势的发展变化，在深入总结当代中国社会发展丰富实践的基础上，提出了科学发展观、构建社会主义和谐社会等重大战略思想和任务，在新的历史条件下，把马克思主义中国化的历史进程又向前推进了一大步，再一次彰显了马克思主义的强大生命力。

当然，创新马克思主义，不是一件容易的事情。这就要求中国共产党人必须认真学习和研究马克思主义，把握马克思主义的立场、观点、方法和精神实质；必须深入调查研究，了解中国革命、建设和改革的实际，并把理论与实践有机地结合起来；必须要有理论创新的使命感和责任感，不断总结中国实践的新鲜经验，并将其上升到理论；必须反对教条主义和经验主义。惟其如此，马克思主义理论之树才富有生机，中国化的马克思主义理论之树才会常青。

（作者：上海政法学院社科系教授）

（选自《马克思主义研究》2011 年第 3 期）

90年辉煌是党的先进性和领导作用的历史见证

郑科扬

从20世纪初到现在近百年间，世界发生了极为广泛而深刻的变化。在喜迎中国共产党成立90周年前夕，用唯物史观回眸这一时期人类社会的发展变化，人们看到，上世纪初那个贫穷落后、任人宰割的中国，自1921年有了中国共产党后，人民群众的奋斗有了主心骨，虽然历经艰险，但能排除万难，逐步实现了改天换地的梦想，掌握了自己的命运。当今中国充满生机活力，不断创造发展奇迹，人民生活水平普遍明显提高，综合国力进入世界前列，国际影响越来越大。发生在世界东方人口大国的这一翻天覆地的变化，堪称史无前例，当代罕见，举世瞩目。这一历史现象，包含和印证了一个基本事实，就是中国共产党诞生90年来，始终把自己的命运同中国人民、中华民族的命运紧紧联系在一起，始终高举马克思主义及其中国化理论成果的伟大旗帜，始终保持和发展着推动社会历史进步的先进性，发挥着凝聚各族人民共同创造幸福生活的领导核心作用。“党离不开人民，人民也离不开党”，就是近一个世纪中国社会发展进步反复证明的历史结论。

中国共产党是顺应时代呼唤和人民意愿诞生的，是马克思列宁主义与中国工人运动相结合的产物。她以代表先进生产力的工人阶级作为自己的阶级基础，以深刻揭示社会发展规律的先进理论——马克思主义作为指导思想和行动指南，以民主集中制这一先进的政党组织制度凝聚全党的智慧与力量，从而成为中国历史上从未有过的先进政党，成为最有资格担当历史重任的领导力量。

任何一个自称先进的政党都不能不接受人民的选择和历史的检验。只有始终代表最广大人民群众的利益，得到最大多数人民群众拥护，能够清醒把握时代特征、所处社会性质和面临的主要矛盾，坚定站在进步潮流前列，自觉按照人民的意愿和社会基本矛盾运动的规律推动社会不断向前发展，在不同历史阶段最大限度造福于人民的政党，才算得上是先进的政党。中国共产党就是这样一个党。中国共产党的历史，是一部为民族独立、人民解放、国家富强、民族振兴不懈奋斗的历史，也是在推动中国社会进步中始终保持和发展自己先进性的历史。90年来，我们党从领导人民进行新民主主义革命，到掌握全国政权后领导人民进行社会主义革命、建设和改革开放，都经历过由幼年到成年、由不成熟到成熟的发展过程，经受住了历史的考验。环顾中外历史，有几个政党像中国共产党这样，经历过那么残酷的腥风血雨，遇到过那么多难以想象的艰难险阻，面临过那么多严峻的内外挑战，为国家、为人民、为民族做出过那么大的贡献和付出过那么大的牺牲？中国共产党为履行对国家、人民和中华民族以至对整个人类进步事业承担的历史使命，屡经磨难而不衰，愈战艰险愈坚强。中国人民认可她是一个伟大、光荣、正确的党，是中国特色社会主义事业无可取代的领导核心力量。

中国共产党之所以能够90年始终保持和发展自己的先进性，一个关键的因素，是在不同历史时期形成了以毛泽东、邓小平、江泽民同志为核心的党的三代中央领导集体和以胡锦涛同志为总书记的党中央。他们领导我们党，成功解决了中国共产党举什么旗帜，引导人民和国家走什么道路，以及建设什么样的党等一系列根本问题。在党中央的坚强领导下，我们党教育培养了一代又一代自愿为党和人民奉献一切的共产党员，锻炼出了大批德才兼备的优秀领导骨干，凝聚了许许多多忠于祖国和人民的各类优秀人才。当然，我们党在前进中不是没有挫折和危难，而是善于驾驭全局，因势利导，依靠自己的力量和人民的支持，化险为夷、转危为安；党的工作不是没有缺点和错误，而是光明磊落，善于从总结经验教训中学习，依靠自己的力量和人民的支持加以纠正；党的队伍里不是没有背离党的性质宗旨的人和事，而是勇于依靠自己的力量和人民的支持，不断解决自身存在的思想上作风上的消极因素和组织上的不纯问题。在新的历史条件下，党更加自觉地加强和改进自身建设，认真解决不适应形势、任务发展变化和人民群众要求的问题，不断增强自身的凝聚力、在群众中的吸引力和推动伟大事业的创造力。

中国共产党领导人民推动中国社会进步的历史，同党坚持不懈加强自身建设、保持先进性和领导核心地位的历史，是紧密联系、相互促进的。我们党在领导伟大事业的历程中，是怎样推进党的建设，保持先进性和发挥领导核心作用的呢？历史的经验十分丰富、极为宝贵。

一、始终坚持全心全意为人民服务的根本宗旨，把一切为了人民，尊重和依靠人民，兑现向人民的承诺，贯穿于党领导人民夺取政权、巩固政权和用好政权建设国家的各方面与全过程

中国共产党是中国工人阶级的先锋队，同时是中国人民和中华民族的先锋队，所以她是以为全国人民和整个中华民族谋利益为己任的。这是我们党始终坚定地站在时代前列，发挥先锋队作用的根本原因，也是得到各族人民真心拥护的根本原因。党把社会主义、共产主义作为奋斗目标和最高理想，是因为社会主义、共产主义是对人类社会发展规律的科学揭示，符合人民群众的根本利益。要实现社会主义并向共产主义前进，就必须彻底摧毁建立在旧经济基础之上的政治上层建筑，确立人民自己的政权，并运用这个政权建设国家，造福于人民。

革命的根本问题，是政权问题；按照人民愿望进行社会主义现代化建设的根本问题，也是政权问题。没有掌握政权的人民，不可能得到解放，不可能获得幸福。中国共产党为在中国建立新型的人民民主专政国家，实现一切权力归人民，浴血奋战了28年；为巩固和用好人民政权，建立、完善新型生产关系和解放生产力，使上层建筑与经济基础相适应，充分发挥社会主义制度的优势，又顽强拼搏了60余年。人所共知，中国的发展从落后于资本主义国家一百多年的废墟上起步，在不长的时间里建立起门类齐全的现代工业体系，取得了经济社会快速发展、人民生活总体上达到小康水平、综合国力大幅提升的伟大成就。这是我国政治上层建筑总体适应经济基础要求的最好证明，也是党领导人民坚持走中国特色社会主义政治发展道路取得成功的最好证明。在我国，工人阶级领导的、以工农联盟为基础的人民民主专政的国体，以人民代表大会为根本政治制度的政体，共产党领导并执政、多党派合作并参政的政党制度，各民族政治上完全平等、依法实行民族区域自治制度，以及基层群众自治制度，在保证国家统一、人民当家作主，经济社会各项事业协调、高效运转，应对重大突发事件和各种危机冲击等诸方面，都显示了人民政权的本质和社会主义制度的巨大优越性。“没有共产党就没有新中国”，“社会主义好，社会主义国家人民地位高”的歌声，在神州大地传唱至今几十年；“现在的生活比过去好，今后一定会更好”等来自普通群众的话语，到处可以听到。这是中国人民对共产党和党领导的政府实践为人民服务根本宗旨的基本评判，也是我国人民和民族自信心、自豪感的朴实反映。

二、始终坚持把实现国强民富、民族振兴作为党的神圣使命，正确判断不同历史时期的社会性质和主要矛盾，自觉运用社会发展基本矛盾运动的规律开辟前进道路，不断推动生产力解放发展和社会全面进步

发展是硬道理。任何一个国家的政党，特别是执政党，只有致力于发展，造福于人民，得到人民认可，才能够得到人民真正的拥护。事情的关键在于，这个党特别是执政后，引导人民沿着什么方向和道路前进，才能做到发展符合人民的利益和愿望。

20世纪初以来，中国社会历史发展的复杂性和国际环境的多变性，决定了中国共产党引导中国人民探索并坚持正确前进方向和道路的艰巨性、特殊性。中国共产党之所以先进，从根本上看，就是在于她坚持运用马克思主义的立场、观点和方法，科学地判断不同时代、不同历史阶段的世情、国情、党情，善于围绕解决社会主要矛盾改革创新，找到了实现人民解放、国强民富、民族振兴宏伟目标的正确道路。党在探索前进的历程中，引导人民逐步认识到，中国停止在旧民主主义的轨道上不可能，走资本主义国家的发展道路行不通，退到半殖民地半封建社会是大灾难，只能勇往直前闯出一条符合国情和人民愿望的新路，就是经过新民主主义革命，不失时机地过渡到社会主义，再经过探索走上建设中国特色社会主义的道路。新民主主义革命的成功，推翻了压在人民头上的“三座大山”，创建了人民当家作主的新中国，揭开了中华民族“自立于世界民族之林”的序幕；对农业、手工业和资本主义工商业进行社会主义改造的成功，社会主义基本制度的确立，为中国在社会主义道路上前进并取得胜利奠定了根本政治前提和制度基础；在新的历史时期继续探索前进，终于在以改革开放为特征的这场自我革命中成功开辟出中国特色社会主义道路。一个经济社会发展不断创造奇迹，人民群众对过上富裕安康生活更有信心的中国，正在以前所未有的雄姿屹立于世界。贯穿于这些伟大成功之中的决定性因素，是党始终坚持马克思主义基本原理与中国具体实际相结合，在各个历史时期提出并坚决执行了代表人民根本利益并得到人民拥护的政治路线，党的正确的政治路线保证了党和国家沿着正确的方向、道路前进。

历史经验证明，一个马克思主义政党，能否制定正确的政治路线，有效排除执行中遇到的干扰和阻力，对于党、国家和人民实在太重要了。政治路线正确，排除阻力和干扰得力，在前进中即使局部出了问题，工作有了偏差，都不难解决。胡锦涛同志指出：党在社会主义初级阶段的基本路线“是兴国、立国、强国的重大法宝，是实现科学发展的政治保证，是党和国家的生命线、人民群众的幸福线”。这是党领导人民开辟中国特色社会主义道路取得成功的一条根本经验，实际上也是深刻思考、科学总结我们党和世界社会主义运动发展变化90年历史经验和教训得出的一个基本结论。只要我们坚持以中国特色社会主义理论体系为指导，把坚定不移地全面贯彻“一个中心、两个基本点”的基本路线并不断丰富其内涵，同坚定不移地走中国特色社会主义道路更自觉地统一起来，不停步、不倒退、不折腾，不为困难所惧、不为干扰所惑，我们国家就能发展得更好更快。

三、始终坚持马克思主义在党和国家政治生活及意识形态领域的指导地位，紧紧围绕党和国家发展面临的时代主题进行实践创新与理论创新，推动马克思主义中国化，不断提高全党学习、运用科学理论的能力

先进的政党，必须有先进理论的武装。我们党是靠什么思想武器化解矛盾，战胜困难，赢得胜利的呢？最根本的就是靠结合中国实际学习和运用马克思主义，在实践基础上丰富和发展马克思主义。探索并赢得新民主主义革命、社会主义革命和建设的胜利是这样，探索和开辟出中国特色社会主义道路并取得辉煌业绩也是这样。

马克思主义是被实践反复验证了的科学真理，它的基本原则和立场、观点、方法，一旦同人民群众改造旧世界、建设新世界的实践相结合，就会转化为巨大物质力量。在中国，这个科学理论由精神武器转化为物质力量的过程，是在党坚持解放思想、实事求是、与时俱进，运用科学理论不断寻找破解时代主题的答案，创新思路和办法克服前进道路上的各种困难和风险，正确应对反马克思主义思潮的挑战中实现的。马克思主义中国化的伟大成果，毛泽东思想、邓小平理论、“三个代表”重要思想以及科学发展观，就是在这样的历程中既一脉相承、又不断创新形成的。因为有了中国化的马克思主义，并坚持用于武装全党、教育人民，指导新的实践，我们才能正确判断国情和社会矛盾，科学回答和解决什么是马克思主义、怎样对待马克思主义，什么是社会主义、怎样建设社会主义，建设一个什么样的党、怎样建设党，实现什么样的发展、怎样发展等一系列重大问题。

在马克思主义中国化进程中，中国共产党坚持以科学的态度学习马克思主义，以科学的态度运用马克思主义，克服以不同形式出现的对待马克思主义的错误倾向，大力弘扬理论联系实际的马克思主义学风，从而始终保持理论上的清醒、政治上的坚定和发展创新上的活力，使马克思主义在推进中国革命、建设和改革开放的伟大事业中始终展现出勃勃生机。实践充分证明，只有坚持马克思主义及其中国化创新成果的指导地位，坚持科学理论继承与发展的统一，我们党才能保持先进，引领时代，振兴国家，造福人民。

四、始终坚持发扬党内民主，全面贯彻民主集中制，积极维护和增强党组织的内在凝聚力、战斗力和创新力，保证全党在党章基础上的团结统一

马克思主义政党思想政治上的力量要靠组织的力量来保证，组织的力量又靠民主集中制来实现全党思想、行动上的一致。中国共产党从建党时只有50多名党员，发展到今天已经成为拥有380万个基层党组织、7800多万名党员的大党。在不同历史时期，广大党员来自不同阶级、阶层和民族，但他们不是各自所在阶级、阶层或某个民族利益的代表，更不是由各种代表少数人利益的集团结成的“自由俱乐部”，而是为实现社会主义、共产主义，为整个国家和中华民族谋利益的工人阶级先锋队。中国共产党是按照民主集中制原则建立起来的，在一定意义上讲，党的本质是民主的，如果没有民主，党就不可能生存、发展。党之所以能把中国各个历史时期的这么多先进分子凝聚在一起，从组织上看，最根本的就是靠发扬党内民主、坚持和健全民主基础上的集中和集中指导下的民主相结合的制度。民主集中制绝不容许个人或少数人在党内独断专行，搞“家长制”压制民主；也绝不容许任何人在党内为所欲为，搞极端民主和派别活动。

民主集中制是迄今最先进、最科学、最管用的政党组织制度。长期以来，我们党正是靠这个根本制度，才能正确处理党员个人与组织、上级组织与下级组织、党员与党员之间的权利与义务关系，形成健康、稳定的党内生活，凝聚全党的智慧和力量，发挥好、引导好、保护好全党的积极性；才能构建起党内权力配置科学和运行有效的机制，以利于科学执政、民主执政、依法执政，避免决策和决策实施中造成重大失误，有了失误也易于纠正；才能通过宽严结合、既有自由又有纪律的党内生活，解决内部矛盾和问题，促进党员的党性锻炼，造就优秀人才。可以说，民主集中制是我们党组织优势的制度根基。十一届三中全会以来，我们党更加重视以保障党员权利为基础、以民主集中制为重点的制度建设全面有序地推进，基本形成了党内权力配置、运行和监督较为科学、有效的制度体系。在工作中，愈来愈注意把制度建设与思想建设结合起来，使党内民主建设和民主集中制的有效执行，建立在广大党员、干部的马克思主义觉悟基础上。

过去90年里，党坚持民主集中制大多数时期是好的，也有发生问题甚至遭到严重破坏的情况，但党还是依靠这个制度解决问题，纠正了错误，并使之日趋健全。随着形势的变化、党内民主的扩大，对于民主集中制的内容和运行机制正在以改革创新精神继续完善和发展，但是坚持这个根本组织制度绝不能动摇，对违背民主集中制的人和事必须坚决纠正。

五、始终坚持党的先进性和群众性的统一，既要善于宣传、组织和引导广大群众前进，又要把党组织和党员、干部严格置于群众之中，确保在服务人民的实践中接受人民的监督

共产党生存、发展的根基在人民，血脉在人民，力量在人民。我们党从领导人民进行新民主主义革命，完成社会主义改造，到社会主义基本制度建立后进行社会主义建设的探索，再到实行改革开放、开辟中国特色社会主义道路，每前进一步，都是因为高度重视集中人民群众的意志，不断从人民群众中吸取智慧和力量，并使党提出的符合人民利益的纲领、路线和政策转化为人民群众共同奋斗的实践，才取得成功的。

这里十分重要的是，党把对全党同志特别是各级领导干部进行历史唯物主义教育，作为加强思想建设和培养优良作风的重要任务，帮助他们掌握马克思主义的立场观点方法；学会从群众中来到群众中去的工作路线和工作方法，防止和克服主观主义、官僚主义、形式主义；养成在任何情况下都同人民群众血肉相连、甘苦与共的作风和习惯，反对破坏党群关系、损害群众权益的思想和行为，尤其是坚持反腐败斗争不松懈，严惩腐败分子不手软。正因为如此，党越是面临困难和挑战，人民群众就越紧密地团结在党的周围，筑成坚不可摧的铜墙铁壁。

我们党总结历史和现实的经验教训，鲜明地提出党必须解决好提高执政能力和领导水平、增强拒腐防变和抵御风险能力这两大历史性课题，以保持自己的先进性，发挥好领导作用。为此，我们要比以往任何时候都更加重视密切党和群众的血肉联系，时刻倾听群众的呼声，尊重群众的创造，坚持一切为了群众、一切相信群众、一切依靠群众，真心接受群众的监督。切实做到权为民所用，情为民所系，利为民所谋，把人民拥护不拥护、赞成不赞成、高兴不高兴、答应不答应，作为判断一切工作的根本标准。这就是建党90年来，特别是执政60多年来，我们党密切党群关系，保持先进性和发挥好领导作用全部经验最核心最本质的总结。

当前，中国人民在中国共产党领导下，正从新的历史起点上向全面建设惠及全体人民的更高水平的小康社会、基本实现社会主义现代化阔步前进。在中国建设富强、民主、文明、和谐和可持续发展的社会主义，决定着国家、人民和民族的前途命运。自己的前途和命运要靠自己来掌握，宏图伟业要靠自己来建造。只要中国共产党紧紧抓住执政能力建设和先进性建设这条主线，全面加强自身建设不停步，团结带领全国各族人民，高举中国特色社会主义伟大旗帜，坚持和发展中国特色社会主义道路和中国特色社会主义理论体系，按照“十二五”规划纲要的蓝图拼搏奋进，推动科学发展，促进社会和谐，把精力集中到解决面临的突出问题上，我们就一定会克服任何困难，战胜任何艰难险阻，迈向更加美好的明天。

（作者：中共中央政策研究室原副主任）

（选自《求是》2011年第10期）

第三部分

理论·经济建设

中国宏观经济 2011 年形势走向分析

曹远征

目前，中国宏观经济形势比较复杂，中国经济陷入一个调整时期。

回顾“十一五”期间中国经济发展，会发现中国经济结构有两个最显著的特点：一是以第二产业为主的结构。在“十一五”规划里的22项指标中，有8个约束性和14个预期性指标，其中8个约束性指标都完成，14个预期性指标中有3个没有完成，即服务业占就业的比重、服务业增加值和研发经费占GDP的比重。没完成的指标都在服务业，凸显了中国经济结构是以第二产业为主。二是以出口导向型第二产业为主的结构。中国经济是高度的出口导向型。本轮金融危机爆发以后，并不是中国的金融机构有什么问题，而是中国的净出口占GDP的比重如此之高，出口受到影响，然后经济下滑。对此，中国政府应对出口下滑的做法，主要是靠投资拉动。

现在遇到的问题，包括地方融资平台问题、中小企业融资问题、1000万套保障房建设问题，实际上都跟投资是否可持续相关。如果说过去结构调整是口号的话，那么现在的结构调整正在现实发生。跟过去30年相比，最重要的是有四个因素发生重大变化：

第一个因素变化在于，世界经济似乎不那么乐观，还在低迷之中，而且前景也并不十分光明，这意味着中国出口导向型经济不仅不可持续，而且会遇到困难。

第二个因素变化在于，中国跟亚洲国家一样都是劳动力无限供给条件下的经济增长，主要是农村剩余劳动力的转移。农村剩余劳动力转移，形成了以劳动力低成本的低成本制造业优势，并纳入全球。现在看来，农村劳动力人口的转移已经在变化。尽管以农村65岁以下人口来说，农村还有很多剩余劳动力，但实际情况在于，45岁以上农民已经基本不出来打工了。中国的青壮劳动力50%已经离开了农村，这意味着工资将会有持续的上升，低成本的制造优势将不再持续。

第三个因素变化在于，中国经济是投资推动型经济，得益于中国的高储蓄率，而高储蓄率和中国人口结构高度相关。中国是一对夫妇一个孩子，生活成本在下降，所以储蓄率比较高，投资率比较高。可是第六次人口普查的数据显示未来的问题很严重。一个妇女一辈子生孩子的人数，如果理论数值是2.1胎，总人口是平的，也就是代际分配不出现问题。现在统计结果大概在1.4—1.5胎，人口老龄化的情况比想像中的要严重。这意味着两件事情：一是新增劳动力市场的人口不像我们估计的那么多，应该在2015年左右与社会需求劳动力基本持平，当然那时候依然有失业出现，更多表现为结构性失业，也就是说低端劳动力工资在上升，高端大学生找不到工作。二是如果老龄人口上升，则意味着储蓄下降，投资驱动的经济增长模式将难以为继。

第四个因素变化在于，过去中国经济是资源耗费型、环境不友好型，现在这个条件在发生着变化。举一个简单的例子，1993—2010年不过十六七年的时间，中国石油消费量的53%依赖进口，资源的可持续性就成为问题，节能减排和技术进步就变成大势所趋。

由于以上四个因素跟过去30年相比发生了重大变化，导致中国经济结构必须调整。调整的方向是，我们寄希望于中国通过扩大人均收入，提高消费能力，使中国市场逐步走向世界前列。

然而，以消费带动的火车头还没有出来，出口导向又遇到严重困难，就是内需外需两不靠。2011年经济能依然维持比较好的状态，主要靠投资推动。从国家统计数据公布来看，2011年上半年市场有两个超预期：一是经济硬着陆的风险似乎不存在。过去一直认为经济会下滑，而且下滑速度比较快，有硬着陆的风险，但上半年数据证明似乎不存在硬着陆风险，而且经济还在上升。二是通货膨胀水平超预期。这两个超预期说明，投资依然是拉动GDP的重要因素。其中一个事实是2011年房地产投资依然维持在30%以上的高速。尽管房地产住宅业处于宏观调控当中，但商业地产依然在增长，加上5、6月份后对保障房的投资加大，于是房地产整个投资在加大。市场反映就是水泥很好卖，水泥的股价一度也在飙升之中。

现在的问题是投资是否可持续？如果投资出现不正常的下滑，那么经济就有下滑很大的风险。所以政策解读可能是这样的：投资可持续性从2011年来看高度依赖于房地产，也即高度依靠于政府的1千万套保障房建设。按住建部统计，保障房建设要求在11月全部开工，这就意味着在2011年下半年还需要投入8000亿，资金能否足额到位是关键点。如果资金足额到位，经济还会维持一个较高的速度，如果资金不能足额到位，问题可能就会出现。房地产市场目前的状况正是房地产商和政府的博弈。政府若投资不到位，调控一定得松闸，因为房地产行业关系到50多个行业，从上游的钢材、水泥，到下游的装修、家电乃至床上用品都与房地产有密切关系。政府挺不住一松闸，房子就好卖，房价就又上去了。因此，下半年经济状况好坏取决于投资。

如此推理，在新的消费热点还没有起来之前，在可预见的未来，投资的可持续性一直是一个核心问题。中国政府也注意到这个事实，开始考虑可持续投资的问题，保障房3600万套，投资1000万套需要1.3亿—1.4亿元，3600万套大概需要5万亿元的投资。与之相关的投资是每年4000亿元，10年下来是4万亿元的投资。这个投资的可持续性和这些项目的产生关乎未来中国经济增长的一个趋向。

另外，目前货币政策非常之紧，但物价还没有往下降，通货膨胀还在高位。看来这一次通货膨胀不完全是货币因素推动。2009年M2的供应量超过30%，2010年下半年开始十几次的提高准备金率、五六次的加息，使得M2的增长已经回落到10%左右。这就意味着有其他因素在推动物价上扬。其中有以下两个因素必须注意：

第一个因素是短期外部冲击，主要表现在农产品，以及包括石油为代表的大宗产品上面。从农产品来看，2011年6月物价上涨6.4%，其中农产品上涨14%多，猪肉上涨57%，也就是说农产品对 CPI 的贡献将近 4 个点。用西方的统计，剔除能源和农产品这种所谓核心通胀率，中国通胀率是在缓慢下行的。

与此同时，以石油为代表的大宗原材料价格波动非常剧烈。这是由于世界经济没有方向，稍微风吹草动就会成为炒作的题材。2011 年石油产地国的中东和北非地区社会不稳定，中东、北非占全球石油供应量的 40%，这些地区的不稳定就造成了油价大幅波动。这对中国经济影响非常之大。观察中国的贸易顺逆差数字，会发现两者有关联。全年第一季度中国贸易出现逆差，逆差并不是由于中国出口减速明显，而是进口增速非常之快。但进口商品并没有增多，主要是价格增长，这就自然推高了国内的价格。

第二个因素是劳动力成本上升。拿蔬菜举例，蔬菜很大程度上是劳动密集型产品，其劳动力成本大概占整个成本的 40% 以上。蔬菜在全世界都是劳动密集型产品，在国外鸡比蔬菜便宜是有道理的。鸡可以机械化生产，4—6 个星期可以出栏，而蔬菜得 2—3 个月，而且是劳动密集型产品。劳动力成本上升意味着劳动密集型产品价格都有上涨趋势，这不是一个所谓货币政策，而是一个比价关系的调整。换言之，在中国的物价中，蔬菜没有涨到比鸡肉还贵之前，物价上涨还可能是持续的、长期的。中国正在进入这样一个时期。

总之，中国经济目前下行风险并不是很大，尽管在缓慢回落。2011 年中国经济增长肯定维持在 9% 以上，这是有希望的，甚至能到 9.5% 左右。中国经济目前最大的问题还是物价，尽管物价上涨不完全由通货因素引起。物价上涨在四季度有望回落在 4% 左右，全年物价增长应该在 5% 左右。但问题的关键在于这个上涨是短期宏观政策难以对付的。由此，财政政策因为关乎保障房的建设，需要继续维持积极的方向；而货币政策由于要控制通货膨胀，应是偏紧的方向，但要适度。在全球范围内，货币政策对对抗经济危机有作用，但对提升经济增长基本无意义；对控制通胀有用，但对压低物价作用不大。中国货币政策在 2011 年下半年不大会有重大的举动，但为了控制通货膨胀预期，加息还是需要的。因为通胀预期带来了负利率，因此还有加息的空间。从这个意义上来讲，中国 2011 年宏观经济问题不大，应高度关注明后两年投资的可持续性，如果新的消费不能接替，出口又不能成为重要支撑，那么投资的可持续性就成为中国经济未来发展的关键。

（作者：中国宏观经济学会副会长）

（选自《科学发展》2011 年第 10 期）

中国模式：问题与反思

卢现祥　李小平

中国模式实际上是对中国发展方式和制度变迁的一种概括。对中国模式分析的文献很多，但基本上都是总结性的，本文主要是从问题角度分析中国模式，并从深层次角度探讨中国模式的未来趋势。

中国模式的内涵是什么？这是一个颇有争议问题。其基本内涵主要有：(1) 中国保持了较高的经济增长速度，是一种高速的增长模式。(2) 中国是在转型时期（或者说是体制改革还没有完成）保持了较高的增长速度。这也是一些外国学者所说的“中国奇迹”。(3) 中国模式在制度性质、转轨方式上与其他转型国家（如东欧等）有较大的区别。即“北京共识”不同于所谓“华盛顿共识”。(4)“中国模式”最大的特点就是强有力的政府，能够驾驭整个社会、驾驭市场。但吴敬琏认为这个可能是我们的一个问题，而不是我们的一个优势，不是优势，更不值得骄傲了（吴敬琏，2010）。

这些年来我国现有市场经济体制格局的形成与政府推动（或者主导）经济发展有关。在很大程度上讲，我国形成了政府主导的市场经济体制。这表现为政府控制的资源多、政府的管制多、政府干预经济多。这种政府主导的市场经济不利于我国转变经济发展方式。30 多年的改革开放我国初步建立了社会主义市场经济体制框架得益于政府的推动。但同时也使我国产生了“诺思悖论”，即我国市场经济体制的建立主要是政府推动的，我国市场经济体制又在很大程度上打上了政府的烙印。我国社会经济中的一些问题又主要与强有力的政府有关。

一、国家主导的市场经济体制的寻租性

中国模式的一个突出特点是国家主导的市场经济。国家的主导与调控在一定程度上弥补了体制或制度不到位的缺失。目前从理论上解释中国模式的主要有比较优势战略论和地区竞争论（黄志启，赵景峰，2010），实质上都是国家主导型的。

国家主导型的市场经济的局限性：认为国家导向将永远管用；过度投资；由于利益集团的影响挑选了错误的发展部门和行业；腐败；由于路径依赖难以停止向失败的部门或行业输送资源。在中国，国家主导的市场经济最大问题是其寻租性。腐败是一种寻租现象，寻租的基础就是政府掌握了太多的资源。如果政府又扩大权力，腐败的基础就会更加庞大（吴敬琏）。根据不同学者不同阶段的估计，中国租金总量占 GDP 的比重始终保持在 20%—30%，巨额租金的存在诱导着人们把大

量宝贵的企业家才能用于寻租活动（吴敬琏，2008）。总的来说，在我国新旧体制转型时期，由于政府干预经济太多，我国的企业家要把许多精力用于寻租及相关的信息和知识积累，在生产经营活动中，又要把许多时间和精力用于寻租方面。政府干预太多，寻租现象比较普遍，非正式经济（如非正式金融）比重较大，行政仲裁比较普遍，市场准入中配额及数量限制较多，行政性收费等。胡鞍钢从腐败的角度研究了我国非正式经济问题，根据腐败的定义，即滥用公共权力以谋取私人利益，他将现阶段中国腐败类型分为四种：寻租性腐败；地下经济腐败；税收流失性腐败；公共投资与公共支出性腐败。并初步估计，在20世纪90年代后半期，仅以上四种腐败所造成的各类经济损失平均每年占GDP比重的13.2%—16.8%之间，其中各类税收流失额最大，依次是国有经济投资和财政支出流失，垄断行业租金，非法经济“黑色收入”。

以上我们是从寻租或腐败的数量方面来判断的，其实我们判断一个国家或地区寻租是否严重，可以从两个方面来进行。

一是高考后高中生填报大学专业的选择。若很多人选择工科、理科等专业，那么这个社会是偏向于寻利的；若很多人选择经济学、管理学和法学等学科，那么这个社会是偏向于寻租的。安德烈·施莱弗和罗伯特·维什尼以1960年的GDP作为基数，在对全体国家的回归中，发现工程师对增长有显著的正效应，而律师对增长有不太显著的负效应。即寻租降低经济增长，而企业家活动和创新则提高了增长。如果新入学的学生中选择工程专业的人多10%，将使工程专业的入学人数提高大约一倍，那么会导致每年的经济增长率提高0.5%。如果选择法律专业的人多10%，也将使法律专业的入学人数提高大约一倍，那么每年的经济增长将会下降0.3%。有人根据91个国家的统计资料，发现经济增长速度与大学生工程专业人数的比例有正相关的关系，而与大学生法律专业人数的比例有反相关的关系。改革开放后的一段时间内，我国高中生高考后以选择工科和理科的多。但20世纪90年代后我国大学经、管、法专业呈高速增长时期，在我国历年高考“状元”的专业选择中，经济管理选择的人是最多的。现在在我国高等教育中几乎每所大学都在开办经、管、法专业。

二是大学生毕业后的择业选择。公务员热在一定程度上表明寻租现象较严重。自从1994年国家公务员录用考试制度正式实行以来，全国报考公务员的人数逐年激增。进入21世纪以来，我国的公务员报考人数呈逐年递增趋势，呈现出报考人数多、录取比例低、受社会关注程度高等特点，已逐渐成为我国的“第一大考”。虽然竞争激烈，但公务员报考人数依然呈现逐年递增趋势。如2006年国家和中央机关公务员的招考，全国总报考人数接近100万，除海关职位之外，通过审核的考生近40万，平均录取率接近1 ∶ 50，一些热门职位的录取率甚至超过了1 ∶ 1000。2007年国家公务员报考参考人数达53万多人，报考与录取的比例达到了近50 ∶ 1。2009年中央国家机关公务员考试报名，报考审查通过人数达97万余人，大幅超过2008年的报考人数，各职位平均竞争比例为73 ∶ 1，最热门职位的竞争率首次超过4000 ∶ 1。公务员热背后的根源在于公务员的真实收入（正式收入加上非正式收入）远远超过了正式收入（卢现祥等，2009）。中国模式中的寻租性是我们不能回避的一个问题。

第一，把社会精英集中到非生产性活动中来，会大大地降低竞争实力。有才能的人选择什么样的职业会对资源配置产生较大的影响。当有才能的人成为企业家时，他们会改进自己所从事的行业的技术，带来生产效率和收入的提高。相反，当有才能的人成为寻租者时，他们个人报酬大部分来源于对他人财富的再分配，或者说是一种掠夺，而不是来源于财富的创造。这会大大地降低一国的竞争实力。

第二，把企业家引导到寻租竞争，从而大大地降低了科技创新能力。布鲁克斯、黑吉德拉 1988 年设计了寻租竞争与科技竞争的动态比较模型，分析了寻租对社会进步的阻碍作用；并揭示了在中国古代的制度背景下出现的寻租竞争取代科技竞争的恶果。他们认为，社会生产水平随着时间不断发展，当发展到一定阶段，就会产生一种竞争，这种竞争耗费了一定量的社会资源。如果发生的是科技竞争，那么虽然是从较低的生产水平出发，但是由于科学技术的进步，生产可能性曲线可以大大地向外扩展；然而如果发生的是寻租竞争，由于寻租只是把社会资源白白消耗于非生产性领域，对生产力发展不能起到推动作用，整个社会的进步都将停滞。人的精力和时间总是有限的，过多的时间和精力用于寻租方面，那么用于寻利和科技创新的时间和精力就大大地减少。

第三，从历史上来看，寻租是导致一国落后的重要原因之一。兰德斯认为，人才的不同配置是 18 世纪的工业革命为什么发生在英格兰，而不是法国的原因之一。在近现代，人才向寻租部门的配置也许正是大部分非洲和拉丁美洲国家发展停滞，欧洲经济增长缓慢的原因，而寻租部分较小的新兴工业化国家却可获得成功。从历史上看，许多东方问题专家认为，尽管中国和印度都是非常发达的文明古国，但是造成中国和印度非常贫困的根本原因是寻租的支配地位，他们人口中比较有进取心的人士和精英都把寻租作为经济活动的主要形式。中国模式中的寻租性是政府控制资源过多、管制过多及干预过多的必然结果。

二、中国的政治体制能否支撑高速经济增长

中国模式是在政治体制改革没有到位的条件下保持了高速增长。从短期来看，保持高速增长是没有问题的，但是从长期来看，中国现有的政治体制还能支撑高速增长吗？我们现在不讨论我国政治体制能否支撑高速增长的问题，而是讨论经过三十多年的增长后，政治体制与经济体制的不相适用性问题。这种不适用性应该是我们下一步改革应该重点关注的问题。温家宝总理在深圳特区建立 30 年时候称：没有政治体制改革的保障，经济体制改革的成果就会得而复失。

从经济市场与政治市场的关系来看，诺思认为，有效的市场经济模型不仅在短期内提高经济运行的效率，而且从长期来看，可以随着市场经济模式的演化，不断促进技术的创新和新的生产方式的应用，从而提高社会生产力的动态模型。这个模型的建立，首先需要一个交易成本较低的有效的经济市场；其次需要一个有效的政治市场来界定和执行市场经济的产权安排；第三需要经济市场与政治市场之间的协调（诺思，1998）。当前我国经济市场与政治市场之间由于政治体制改革的相对滞后，我国政治市场与经济市场之间还缺乏一种有效的互动机制。我国政治体制与经济体制的不相适用性主要表现在以下几个方面，或者说政治体制改革滞后带来的问题：

1. 政府有钱以后的民生问题

我国在 20 世纪 90 年代中后期财政收入有了较大的增长，但是政府有钱以后更多的是用于经济建设方面的支出，而没有一种民主机制让财政从建设（或生产）财政转变为公共财政、民生财政。在我国，各级政府官员的考核基本上是由上级来进行的，上级对下级的考核主要是依据看得见、摸得着的指标（如 GDP、招商

引资等），上级的偏好会决定下级的偏好。下级要对上级负责，保增长，保一个地方的社会稳定，但不一定把重点放在民生和公共财政上，因为老百姓不能决定官员的升迁。如何让官员把民生作为决策函数的一个变量是需要从政治体制上去解决的一个问题。我国财政一个突出特点是财政支出往往受政府的目标、官员的偏好所支配。这些年我国财政收入有了较大的增长，但是这些钱如何花的民主决策机制还没有建立起来。在目前中国，税收法定的宪政民主政制还未建立，所以政府如何花钱，还不能有效地为纳税人所直接选出来的代表来决定，政府官员可以依靠手中的行政自由裁量权，把钱用到自己想用的地方去。如用大量的钱去搞看得见摸得着的形象工程（如修高架、建机场等）。

当然，这些年来，政府在民生方面也增加了一些支出，并全部减免了农业税。但是，相对于31.4%的财政收入年增速和政府财政支出中花在其他方面的钱来说，政府花在上述这些方面的钱，并没有增加多少，有的在政府财政支出中的比例，甚至还在减少（韦森，2005）。根据亚行的统计数据，目前，我国教育、卫生、社会保障等公共方面的开支仅相当于GDP的6%，而发达国家该比重高达28%。

市场经济是建立在民主与法治基础上的。缺乏民主与法治，市场经济就有可能是一种坏的市场经济（钱颖一，2003）。在一定意义上讲，民主与法治决定了市场经济的性质。民主与法治的价值是多方面的，我们这里主要探讨民主与法治的经济价值。从理论上讲，与独裁制度不同，民主政治中没有任何人有权废除产权、取缔契约和攫取资产。正是基于这种性质，民主政体中的政治领袖无权镇压反对者，也无权废除财产和契约权利。其结果是，财产和契约权利依赖于民主政体本身是否能够得到延续，而与特定领袖的任期无关。从实证分析来看，从产权保护的角度对体制进行排序，持续的民主是最好的。最差的是持续期很短的民主体制，在这种情况下，独裁比民主的表现要好。长期持续的独裁处于中间位置，其表现好于持续较短的体制，但比持续的民主要差。理论分析和历史证据都证明了一个假设，即永续的民主有利于保护产权。民主制度的形成不仅可以有利于私人财产的保护，有利于限制政府的权力，还有利于民生解决机制的建立。

中国市场化改革的一个深层次问题是，是藏富于民还是藏富于国？是民进国退还是国进民退？为什么我国保持了三十多年的高增长而劳动报酬占GDP比重却呈下降趋势？为什么国民收入和财政收入增加了而民生没有同步有效解决？这其中的原因国内外学者做出了多方面的探讨。我们认为，最主要的原因还在于，在我国市场化改革的过程中，公权（包括政府和企业）没有受到制约，政府的边界与市场的边界没有划分清楚，政府权力过大并没有受到有效制约，从而导致国民收入分配结构扭曲和民生问题的存在。

2. 收入分配差距过大的问题

由于缺乏民主制约，收入差距可能会扩大，政府有钱后关注民生不够。缺乏法治，社会的交易成本和维稳成本会上升。更重要的是，在我国市场化改革过程中，许多制度是在政治领域确定的，滞后的政治体制将不利于经济体制改革的深入。从在当今世界一些国家的情况来看，那些实行宪政民主政治的国家里的居民的财富和社会收入分配，一般比一些独裁专制国家要平均得多。譬如，在20世纪90年代中期，英国的基尼系数大致在36%，法国32.7%，德国30%，澳大利亚35.2%，日本24.9%，意大利27.3%。印度这个发展中的低收入民主国家，基尼系数这些年一直维持在37%—38%之间，就连美国这些年的基尼系数也一直保持在

41%以下。相比较而言，那些低收入的政治专制独裁国家，以及一些从中央计划经济向市场经济体制“转型”的国家，收入分配状况就非常不均，且有继续恶化趋势。譬如，低收入国家中的赞比亚、尼日利亚、马里、冈比亚、中非共和国，以及下中等收入国家中的危地马拉、洪都拉斯、萨尔瓦多、巴拉圭、秘鲁等国，其贫困人口比率比其他经济发展水平低于它们的下中等收入国家高得多。在上中等收入国家中，巴西、墨西哥、南非、巴拿马、智利、委内瑞拉等国的贫困人口比率，也比其他经济发展水平低于它们的上中等收入国家高得多。

在过去一个世纪里，民主国家的各地区间收入差距基本在逐年缩小，其中，国有经济成分越低的民主国家，其地区间收入差距减少的速度则越快。相比之下，在缺乏民主机制又以国有制为基础的中国，过去五十多年里，地区间的收入差距不仅没有缩小，反而在加大。为什么会导致这种现象呢？第一，中国没有实质性监督制约机制保证行政资源配置的公正、公平。第二，现代交通运输技术、现代银行体系所提供的超强资源调配能力，结果是把人为配置资源的偏差、扭曲效果放到最大，结果跟搞国有经济的初衷正好相反。政府介入经济的程度越高，地区间越不容易平衡发展，这个结论与以往固有的看法相反（陈志武，2008）。从上面的分析可以看出，收入差距问题也是一个体制问题，中国模式中固有的体制缺陷是这些年我国收入差距（尤其是城乡收入差距）扩大的重要原因。

3. 我国法治化程度还比较低

在中国模式中，一些学者认为中国法治化程度比较低，但还保持较高的增长速度，这是一些外国学者难以理解的地方。考夫曼(Kaufmann，2006) 等从 37 个不同来源的数据库中，选取了几百个指标进行综合分析，从而给出对各国治理状况，包括对法治水平的评分。这个法治评分度量了一国司法体系的效率、法庭的公平程度、法庭的判决以及契约的执行程度、产权的被保护程度等方面。其原始评分范围为 -2.5—2.5。从 1996—2005 年我国法治水平评分在 0.4 左右。其中，我国 2005 年的法治水平评分在 208 个国家和地区排名为 124 位，居于下游水平。只有 80 多个国家和地区的法治水平比中国差，这些国家主要集中在撒哈拉以南的非洲、拉丁美洲和南亚，而同为发展中国家的印度的评分为 0.09，排名 93 位。

民主、法治与经济增长的关系是一个较复杂的问题。巴罗考察了 1960—1990 年间约 100 个国家的经验数据发现，在给定的真实人均 GDP 的初始水平下，那些教育水平较高、出生率与政府支出水平较低以及法治较好的国家，经济增长率更高。很多人认为政治民主与经济自由是高度关联的，认为民主是市场经济的基础和经济增长的希望。但巴罗研究发现，作为竞选权利和公民自由量度的民主，与经济增长并无多大关联。他用法治测量产权保护程度，用自由选举测量民主，然后考察这两个指标与经济增长的联系，他发现“法治对于增长的效果相当大，而民主与经济增长的关系则相当弱”，即是说，“民主既不是经济增长的充分条件也不是必要条件”。因此，巴罗主张发展中国家要实现经济增长必须加强法治；没有法治，民主不可能带来经济繁荣。巴罗这个分析是有值得进一步推敲的地方，民主与经济增长的直接关系并不强，但是民主，尤其是永续性民主是一国经济社会持续发展的基本条件。把民主与经济增长进行简单的相关分析是没有说服力的。民主更有利于解决了一些国家有了财富和收入以后如何更有效的分配问题。有效的民主体制可以限制政府的权力和利益集团对多数人利益的侵蚀，从而使经济增长的好处受惠于更多的人。

在我国市场化改革过程中，产权明晰是市场经济有效运行的前提，而法治化则是市场有效运行的制度保障。我国在通过法律保护产权，实施合同，维护市场秩序等方面已经取得了较大进展，但在法律约束政府方面尚还存在以下问题，第一，我国的官本位现象还比较严重，法律对政府的约束是软的。第二，民主与法治化往往是互动的，我国民主的相对滞后也制约了我国法治化的进程。深化我国市场化改革必须要加快社会主义民主与法治的进程。第三，人们还没有充分认识到民主与法治在社会主义市场经济体制构建中的地位和作用，这是我国市场化改革中亟待解决的观念问题。我们现在不缺乏民主与法治化的物质条件，而是人们的观念还停留在人治的基础上。

我国法治化程度低不仅不利于政治体制有效运行，而且大大地提高了社会经济活动中的交易成本。目前我国社会经济发展中的一些深层次问题都需要法治化程度水平的提高。如第三产业的发展、反腐败、制约政府官员的行为等都需要法治作为支撑。

4. 国有企业的问题

国有企业作为社会主义国家的政治体制的基础也在发生变化。这些年我们片面地强调国有资产的保值增值，但是忽视了国有资产保值增值的目的是什么？国有企业的社会责任、调控职能越来越淡化，改革中国有企业带来的下岗以及投入产出的不对等，这些负面因素大大地降低了国有企业的声誉。尤其是国有企业的行政垄断行为带来的高额利润大多数转化为这些企业职工的高收入、高福利。国有企业不仅没有缩小收入分配差距，反而成为扩大收入差距的一个因素。公有制经济的主导作用并不仅仅是控制国计民生的重要部门，更重要的是它还要为解决民生问题服务、为建立共享式增长模式服务。目前我国国有企业的收益大多数受益于本部门职工，其行政垄断行为产生了较大的负外部性。垄断性行业的企业可以凭借其垄断地位，通过实施限制竞争、分割市场、制定垄断价格、乱收费等各种垄断行为来获取高额利润，然后再通过分配手段将其转化为职工个人收入，导致垄断行业的高收入现象。2007 年我国国有重点企业及四大国有银行的总资产已达 38.57 亿元，为同期 GDP 的 1.56 倍，占企业注册资本的 48.1%。

现在国有企业的问题不是效率的问题，而是公平的问题。国有企业亏损了让全国纳税人来买单，盈利了成为企业集团的利益。市场经济条件下国有企业行为的变异是值得我们探讨的新问题。社会主义市场经济需要国有企业，但需要什么样的国有企业是需要我们从制度（包括法律上）去界定，国有企业的利益集团趋势值得我们关注。

上述四个问题是有着内在联系的。它们从不同层面反映了我国政治体制的问题。社会主义市场经济体制的完善必须建立在政治体制改革的基础上。民生及收入差距问题的解决需要我们不断地扩大民众的参与和加强社会主义民主建设。对政府官员权力的制约需要我们加大社会主义法治建设的力度。我们需要一个强化市场型的政府，而不是一个强化自己权力的政府。中国模式不一定照搬西方的所谓民主模式，但我们必须要建立一个有效约束政府权力的体制。

三、中国的环境资源能否支撑高速经济增长

从人与自然的关系来看，中国模式的高速增长是建立在粗放的增长方式上的，存在着资源过度使用、环境污染比较严重的问题。2006 年在世界经济论坛达沃斯年会上，美国耶鲁大学和哥伦比亚大学的科学家们发布了 2006 年世界环境绩效排名 EPI(Environmental

Performance Index)。EPI 通过设立一系列理想目标（100%达到可饮用水标准、二氧化碳排放为 0 等），继而评测了 133 个国家和地区与该系列标准的接近程度。EPI 得分较高的地区几乎都来自经济高度发达国家。最高分 88 分（满分是 100 分）由新西兰获得，接下来是瑞典 (87.8) 和芬兰 (87)。发展中国家和不发达国家几乎都处于最低分的第四级和第五级。中国在 133 个国家和地区中排名第 94 位。非洲大陆一片红 (EPI 得分较低的地区，用深红色显示)，尼日尔得分是 25.7，排名最后。《中国环境经济核算报告 2004》显示，2004 年全国因环境污染造成的经济损失为 5118 亿元，占当年 GDP 的 3.5%，而当年全国环境污染治理成本为 2874 亿元，占当年 GDP 的 1.8%。中国发展低碳经济的任务非常艰巨。作为出口大国，我国能源和资源的消耗快速增长，高碳经济的特征十分显著。同时，我国又是一个煤炭消费大国，国内一次性能源中，煤炭占 70%，高碳化的能源结构使中国的二氧化碳排放已占全球的 18%，受到世界的注目。2006 年中国政府首次在国家“十一五”发展规划中提出了“节能减排”的约束性指标，即到 2010 年单位国内生产总值能耗降低 20%左右，主要污染物排放总量减少 10%。中国在许多自然资源方面达不到世界的人均占有量，我们是一个资源相当匮乏的国家。

从制度层面讲，保护环境有两种方式可以选择。一是传统的“命令—控制”型的管制，主要是从行政、命令及相关的政策入手，政府是主体。二是基于市场的政策工具，主体是企业，它是相对传统的“命令—控制”而言的，其最为显著的特征是具有低成本高效率的特点和技术革新及扩散的持续激励。国外基于市场的政策工具已被用来处理许多环境问题：濒危物种的保护，区域性烟尘问题，以及温室效应和全球气候变化等。

为什么我国环境保护问题显得如此突出？我们认为，这与中国模式有关。在中国模式中，政府在经济发展中起着主导作用。这种政府主导的市场经济既导致了政府失灵，也导致了市场失灵。中国在环境资源问题上面临着双重失灵，即政府失灵和市场失灵。

政府失灵表现为，在我国这样一个大国，存在中央政府与地方政府的目标是否一致的问题。中国模式的一个突出特点是，在我国经济体制和政治体制改革没有到位的情况下，地方政府对政绩的追求及地方之间的相互竞争成为中国持续高速增长的内在动力。中央政府注重经济发展与环境保护协调发展的统一，而地方政府则偏重于经济发展，对环境保护远没有中央政府那么重视，一些地方政府为了发展经济，对环境问题睁只眼闭只眼。为了把 GDP 搞上去，环境保护问题并没有引起地方政府的高度重视。他们甚至以牺牲环境为代价来招商引资，承接一些污染严重的产业。在环境保护方面这些年我们出台了不少法规及条例，但在实施过程中却大打折扣。我国人与自然的关系已经相当“紧张”，粗放式增长已经走到尽头，不转变经济发展方式我们的生存都存在问题，更谈不上发展了。

市场失灵表现为，中国环境资源的最大制约是由于缺乏有效的产权制度从而导致基于市场的政策工具在中国难以推行。据经济合作与发展组织 (OECD)1998 年对 24 个国家的一项调查发现，OECD 支持污染者付费原则，这些国家中所使用的经济手段约有 270 种，平均每个国家采取了 11 种基于市场机制的经济手段。在我国，由于市场经济体制的不完善，许多基于市场的政策工具还不能有效使用，或者要等条件具备了才能采用，如排（污）放权的交易在我国还不能有效使用。另外，由于资源的国有制及对资源使用上过多的政府管制（如定价等），市场机制不能有效发挥作用。我国自然资源的国有制由于制度及管理方面的原因，许多演化成“公共地的悲剧”。

从市场入手保护环境更有利于节能减排目标的实现。与传统的“命令—控制”型的管制相比，基于市场的政策工具是指这样一些管制条例，即它们鼓励通过市场信号来作出行为决策，而不是制定明确的污染控制水平来规范企业的行为。这些政策工具包括可交易的许可证制度和排污收费制度等，也就是我们通常说的“借助市场的力量”，因为如果它们被很好地设计并加以实施的话，将促成厂商和个人在追求自身利益的同时客观上导致污染控制目标的实现。这也就是把亚当•斯密所说的“看不见的手”引入到环境保护中来，把节能减排变成企业的自觉行为。而传统的“命令—控制”型管制实现目标的手段不灵活。一般地，“命令—控制”型的管制倾向于迫使每个厂商承担同样的份额的污染控制负担，而不考虑它们的成本差异问题。这种“一刀切”式的管制提高了污染控制的成本。据对八项关于大气污染控制的实证研究发现，对于杜邦公司的国内所有工厂的碳氢化合物排放来说，两种方法所费成本会有22.0倍的差距。也就是讲，“命令—控制”的方式比市场调节的方式成本要高得多。

从一些环境保护的指标及国际一些机构的评价来看，我国的资源的使用到了极限、环境污染也相当严重。但是只要我们转变经济发展方式，尤其是从政府失灵与市场失灵入手，我国发展的空间还是很大的。只要我们转变了经济发展方式，中国的环境资源是可以支撑高速增长的。

四、中国模式中的市场经济体制离成熟的市场经济体制还有差距

从制度层面看，中国模式的一个特点是在市场经济体制尚未到位的情况下能保持高速增长。或者说，中国模式中的市场经济体制是一个不成熟的市场经济体制。但是这种高速增长在体制改革没有到位的情况下，我们也付出了很大的代价，如环境污染、收入差距过大、腐败严重、维稳成本很高等。

成熟的市场经济特征主要表现为四个方面：(1)建立了完善的市场体系；(2)有效的产权保护和契约实施；(3)发达的资本市场；(4)民主与法治。这四者是相互联系、相互制约的。从分析可以看出，我国在三十年的改革开放过程中，从不同程度也涉及这四个方面的改革，但是在国家主导的情况下，这四方面的制度变迁一般是自上而下，并且进展也不平衡。民主与法治的问题我们在前面已分析了，我们重点探讨前三个问题。

在我国市场化改革的过程中，市场的发育还很不平衡，其中要素市场的成长远远滞后于产品市场的成长，并且我国要素市场发展滞后于产品市场发展的程度还比较大。为什么我国要素市场化程度比较低？这固然有要素市场发育的难度比产品市场发育的难度要大，前者比后者需要的制度环境更严格等方面的原因，但更主要的原因是我国要素市场的产权及其相关制度安排不利于要素市场的发展，并且政府还主导着要素市场，从而导致要素市场发展的滞后。从产品市场与要素市场的政府管制来看，除了少数产品以外，大多数产品已经放开。但是在要素市场上政府的管制还比较多、政府控制的资源多。在要素市场上，政府的管制是多方面的，有的表现为国家的垄断经营，有的表现为规章制度方面的限制；有的表现为要素定价的限制；有的表现为地方政府“土政策”的限制等等。总之，我国要素市场的发展远远地滞后于产品市场的发展，其深层次原因是要素市场的产权及其制度安排不利于要素市场的发展，加上政府过多的干预。三十多年的改革开放，我国在产品市场上与欧美国家没有什么差距了，

但在要素市场上还存在比较大的差距。

从产权保护方面看，我国与成熟的欧美国家市场经济体制相比还有较大的差距。据一项对民营企业主的调查显示，他们最关注的首选问题是私有产权的保护问题。我国产权保护不力表现为，一是资本外逃。由于担心私人合法资本被侵占，一些私营企业主采取抽逃资本或购买“绿卡”到国外的办法，将资本转向所谓“避风港”国家。如有学者估计中国1997—1999年三年资本外逃规模约为530亿美元。我国资本外逃的原因可能是多方面的，但产权保护不力是其中的一个重要原因。二是民间资本投资不足，尤其是实体投资不足。有效而稳定的产权制度环境是民营企业发展的基础。现在我国不少领域是不允许或限制民间资本进入的。全社会有80多个行业，允许外资进入的有62个，但民间资本进入的只有41个。我国民间资本的实际投资远远低于其潜在投资。《亚太区财富报告》称，2009年中国富裕人士财富飙升40.4%，人数和财富位于亚太区第二，仅次于日本。此外，2009年中国富人的不动产投资由上一年的18%上升至2009年的27%，增幅居亚太之首。中国富人们为什么越来越热衷于投资不动产？最主要的原因就是缺乏其他投资渠道、货币贬值速度过快，再加上投资不动产自我保护的成本要低得多。资源类产业中有投资价值的矿产、石油、通信等行业属于国有垄断行业，囿于政策壁垒，这些民间资本根本无法介入。而一些传统行业很多已经产能过剩，投资价值寥寥。三是企业家的政治化倾向。所谓企业家的政治化倾向是指企业家们通过当“人大代表”、“政协委员”等来获取更多的资源或寻求保护的现象。这也是通过政治来保证自己经济利益的表现。在产权保护不力的国家就会容易出现这种现象。四是我国法治化程度还比较低。我们可以用法治化程度的高低来量化产权保护的程度。法治化程度高，产权保护就好；反之，产权就保护不力。

现代市场经济体制中资本市场越来越重要。现代资本市场包括两个方面，一是作为融资手段的资本市场，二是作为分配手段的资本市场。现代经济财富增长和分配机制是双重的，一是劳动收入的增长，二是资产性收入增长。传统社会这两方面是分离的，即劳动收入是劳动收入，资产收入是资产收入。现代经济通过资本市场、现代公司制度等把这两者有机地结合起来。这种分配机制不仅大大缩小了收入分配差距，而且大大地提高了居民应对经济危机的能力。更重要的是这种机制能让更多的人分享到经济增长所带来的资产升值的好处。我们要建立发达的资本市场必须要藏富于民，必须要有产权明晰、契约有效实施及民主和法治的制度保障。在现代市场经济体制中，资本市场成为社会成员共享经济增长好处的一个平台。劳动者仅有工资性收入是不够的，还必须增加财产性收入。在欧美国家，财产性收入占总家庭财富的比重越来越大。到2007年，美国家庭的总体财富为73万亿美元，其中一半左右是靠过去10年资产升值累积来的。在财富结构上，房地产占家庭总财富的11%左右，剩下的主要在股权类财产上。美国家庭的净资产大约为58万亿美元，相当于全美家庭可支配收入的6.9倍。这种财富格局提高了美国社会对冲经济危机的能力。

改革开放以来我国要素收入分配结构发生了很大变化，资本要素收入比重从1978年的37.34%上升到2006年的45.23%，税收占总产出的比重由1978年12.85%上升到14.16%，劳动要素收入比重由1978年49.8%下降为2006年40.61%。但在我国现在的产权制度下，资产性收入主要是由国家或企业持有，资产性财富升值的收入老百姓得到很少，而在美国，一般资产增长的速度都是按照GDP两倍左右的速度上涨。这些年我国理论界在讨论为什么劳动收入占国民收入的比例在不断下降。其实，这种下降是正常的，这是金融深化和资本市场发展的结果。美国人的收入里面，40%多是财产性收入，而我国老百姓的财产性收入所占比只有1.8%左右，相去甚远。我国现在不仅仅是如何提高劳动收入占国民收入的比例，而且还涉及如何通过产权制度的改革，让老百姓也能得到资产性财富升值的好处。

从财富的分布来看，我国政府控制的资源过多，差不多有76%的资产性财富还是掌握在国家的手里，从这个意义上来说只有大概四分之一的资产性财富掌握在民间。我们是藏富于国。到2006年年底，国有土地的总价值差不多是50万亿，全国有11.9万家国有企业，所有国有企业资产加一起是29万亿元，把国有土地的财富和国有企业资产的财富加起来，国有资产的价值差不多是79万亿人民币。而民间的，到2005年年底，全国城镇居民的总资产价值是21万亿左右。相比较而言，美国政府是藏富于民。美国那些企业、资产等等基本都是私人的，到2007年底美国私人家庭资产的总额是73万亿美元（陈志武，2008)。所以在调整我国国民收入分配格局上，仅仅增加劳动报酬是不够的，我们需要从改革产权制度入手，让群众拥有更多财产收入，藏富于民，民富国强。藏富于民才是市场经济的财富观。过多地藏富于国不仅不利于财富的利用和最大化，而且还会带来风险。政府控制的资源多使资本市场带来的好处还不能惠及到更多的人，这是我国资本市场与欧美国家资本市场的差距所在。

五、结论与思考

从体制和制度层面讲，中国模式是一个不完全的体制，它主要以政府为主导，在短期内，政府主导的市场经济可以克服体制的不足或制度的缺陷，但是从长期来看，政府主导的市场经济体制的问题会逐步显现出来。如过大的收入差距、贫富分化、维稳成本上升、寻租与腐败严重、政府投资过度等。更严重的是，这种格局一旦形成并产生路径依赖，将会大大地制约中国的改革与发展。我们需要反思中国模式，改革中国模式，完善中国模式。

中国模式在一定程度上验证了“诺思悖论”，即一国经济发展和繁荣离不开国家，但是衰退或落后也与国家有关。这些年来在我国体制改革没有到位的情况下，能够保持高速增长，主要得益于政府的推动（或者主导）。在保持经济高速增长的同时我们也付出了较大的代价。政府主导市场经济的体制弊端也开始显现出来。这种增长不能再持续下去了，再这样发展下去，经济社会可能进入衰退，因此我们要转变经济发展方式。

走出“诺思悖论”就要建立“强化市场型政府”。所谓“强化市场型政府”是指一个政府如果有足够的权力去创造和保护个人的财产权利并且能够强制执行各种契约，与此同时，它还受到约束而无法剥夺或侵犯私人权利，那么这个政府便是一个“强化市场型政府”。在我国，现在最关键的是要从制度和体制层面对政府形成制约。既要创造和保护私人财产权又要使私人权利不受到侵犯是强化市场型政府的基本内涵。从强有力的政府转化为强化市场型政府是我国转变经济发展方式的关键。

（作者：中南财经政法大学经济学院院长、教授、博士生导师）

（选自《福建论坛·人文社会科学版》2011年第1期）

我国经济社会发展呈现新的阶段性特征

宋林飞

中共中央十七届五次会议通过的《关于制定国民经济和社会发展第十二个五年规划的建议》指出："'十二五'时期是全面建设小康社会的关键时期，是深化改革开放、加快转变经济发展方式的攻坚时期。当前和今后一个时期，世情、国情继续发生深刻变化，我国经济社会发展呈现新的阶段性特征。"只有正确把握新的阶段性特征，才能科学决策、善于领导科学发展，采取各种有效措施，抓住难得的历史机遇，防范与化解诸多可以预见和难以预见的风险，推进经济社会又好又快地发展。

一、工业化处于中期后阶段

2002年前后，我国工业化总体进入中期阶段。之前，我国重工业增速持续高于轻工业增速；之后，我国工业化进程中的重型化特征更加明显。从产业集中度来看，我国重化工业集中度不断提高，2008年已经达到44%。重化工业对资源的过高消耗，很大程度是由于生产技术水平低和增长方式粗放造成的。但重化工业具有提高技术含量和技术创新的空间，也可能保持较持久的增长状态。重化工业单位产出的资源消耗水平并不一定就比轻工业和其他产业高，因此要促进重化工业加快从"高投入、高消耗、高污染"向"高投入、中消耗、低污染"转变。提升重化工业的产业层次、产品档次和附加值，进而带动整个传统产业的升级。在重化工项目的选择上，必须坚持先进性原则，不能搞低水平的重复建设。

从产业贡献率来看，目前我国工业对GDP的贡献率占据主导地位，不过工业对GDP的贡献率不断下降，从1990年代中期的近60%下降到目前的不足50%。根据国际流行标准，当第一产业比重下降到10%以下，第二产业比重上升到最高水平后开始下降，工业化进入中期向后期过渡的阶段。"十二五"期间，我国工业化从中期向后期过渡的特征将更加明显。

新中国成立60年来，我国三次产业结构不断调整与优化，由51：21：28调整为10：48：42。但是，长期以来产业结构失衡的问题仍然存在。第一、二产业所占比重过大，即不仅严重依赖第二产业，而且对第一产业依赖程度也过高；第三产业所占比重偏小、发展滞后，远低于世界三次产业比例的平均水平（3：28：69)。我国产业结构仍以工业为主导，资源环境压力加重等问题突出，产业结构急需调整。通过国际比较可以发现，我国"十一五"初期第二产业占GDP比重指标对应于美国工业化后期阶段，但第二产业就业人数比例对应于美国工业化初期阶段，第三产业就业人数比例对应于美国工业化初期水平，第三产业产值占GDP比重也没有超过美国工业化初期的水平。这种失调现象主要是由我国城乡二元结构导致的，因此必须加快城市户籍制度的改革与创新。

我国产业结构低度化不仅仅表现为三大产业之间的比例构成处于较低水平，同时也存在于三大产业的内部。农业中高科技农业所占比重较小，工业中战略性新兴工业所占比重较小，第三产业中金融等生产性服务业所占比重较小。同时，工业中处于产业链末端的深加工制成品产业所占比重较小，“产业先进、环节低端”的现象还没有根本转变，工业在相当程度上处于产业价值链的低端；服务业特别是知识密集型服务业比重过低。产业结构低度化是抑制产业转型升级与快速发展的主要因素，是“十二五”期间推进工业化进程中的一项重要任务。

“十二五”时期，将是我国由工业化中期向工业化后期加快转变的时期。2020年，我国第三产业比重可能提高10个百分点，第三产业将成为拉动GDP增长的主要力量。大力发展服务业，用现代服务业拉动先进制造业是我国提高产业国际竞争力的重要途径，必须抓早、抓紧、抓实。

二、向集约型增长阶段转变的关键时期

改革开放以来，我国经济增长主要是靠大量资源的高消耗，靠大批廉价劳动力的使用，靠大量的物质资本投入与积累来实现的。近几年来，这种粗放型的经济增长方式开始加快转变，但是还没有得到根本转变。按照国际流行的标准，科技进步贡献率30%以下，为粗放型增长方式阶段；科技进步贡献率30%—50%，为半粗放半集约型（准集约型）增长方式阶段；科技进步贡献率50%—70%，为集约型增长方式阶段；科技进步贡献率70%以上，为高度集约型增长方式阶段。目前，我国科技进步贡献率已经达到42%左右，为半粗放半集约型（准集约型）增长方式阶段，处于向集约型增长阶段转变的重要阶段。科技对农业增长的贡献率从“一五”时期的19.9%提高到目前的51%以上，科技进步已经成为推动农村经济发展的决定性力量。我国东部一些先发展地区的科技进步贡献率已经超过50%，例如江苏2010年科技进步贡献率达到了54%，开始进入集约型经济增长阶段。

近年来，为应对美国次贷危机与欧洲主权债务危机的影响而保持我国经济稳定增长，国家采取积极的财政政策与适度宽松的货币政策，增加投资保增长无疑是十分必要的决策。但是，主要依靠物质资本的扩张刺激经济增长的经济效益不高，而且会带来生态环境的破坏。转变经济发展方式是事关经济发展质量和效益、事关我国经济的国际竞争力和抵御风险能力、事关经济可持续发展和经济社会协调发展的战略问题。因此，要从主要依靠投资基础设施支撑的增长模式转移到依靠科技进步、提高质量和效益的增长模式上来。

“十二五”时期，我国经济增长方式将加快转变，通过增加资源投入和消耗来实现经济增长的粗放型增长方式，将逐步转变为通过提高资源利用效率来实现经济增长的集约型增长方式。经济发展方式转变的关键，是依靠科技进步、依靠提高劳动者的素质与管理创新促进经济发展。特别是需要发展以国内市场为主、本土企业为主的科技服务业，但当前科技服务业基数低，需要加快发展。信息技术服务、生物技术服务、数字内容服务、研发设计服务、知识产权服务和科技成果转化服务等知识和人才密集、附加值高的科技服务业，应进一步渗透到技术、资本、人才、经营、销售等要素中，为企业开拓国内外市场牵线搭桥，为企业增强科技实力服务。为高新技术产业提供专业化的服务和必要的配套，营造良好的产业生态环境，推动本地高新技术产业的发展。

三、从投资导向转为创新导向的过渡阶段

近几年来，我国科研经费投入有了较大幅度的增长，有力地推动了自主创新。我国的全社会研究开发经费支出占国内生产总值的比重已经达到1.7%左右，正在接近创新型国家的一般标准2%。在发展中国家行列，我国创新基础设施与创新投入指标方面有较为明显的优势，但是在教育投资方面，投入产出效率比较低。据研究测算，“十一五”初期我国的自主创新能力得分为41.18分，与日本（57.12分）相比相差15.94分。

美国、日本、芬兰等国家被公认为是世界上的创新型国家，这些国家的科技进步贡献率一般在70%以上。与发达国家相比，我国自主创新上存在明显的差距。主要是自主创新不足，科技成果向现实生产力有效转化的创新驱动还没有成为我国经济社会发展的主要动力。最近，美国商务部负责知识产权的官员戴维·卡波斯指出，美国一直将科学及技术创新视为国家经济未来发展的关键。美国产业新技术和产品服务的诞生都离不开科研创新。第二次世界大战以来，美国经济增长有75%来自产业创新和技术革新。从1990年到2007年，创新产业的工资是全国平均水平的2.5倍。迈克尔·波特指出，一个国家的竞争优势经历四个阶段：一是生产要素导向，二是投资导向，三是创新导向，四是富裕导向。按照这种分类，我国的自主创新能力在世界处于中游水平，即将进入创新导向阶段。到2010年，我国将基本建成创新型国家。增强创新驱动，是调整经济结构、转变经济增长方式，建设资源节约型、环境友好型社会，提高国际竞争力和抗风险能力的根本途径。

政府应通过制度创新与制度安排，促进企业提高自主创新能力，促进政府、大学、科研院所、内资企业与中间组织等创新参与者的协同，充分发挥国家创新体系在知识创造、扩散、使用与科技转化过程中的作用。加快建设一批技术中心、产业共性技术平台、科技孵化器、科技创业社区、科技创新联盟等创新平台。大力发展科技中介机构，努力培养若干科技服务骨干行业和骨干企业。搭建技术转移与产业化合作的跨区域合作平台，推动技术转移合作渠道的拓展、传统行业升级改造、区域创新能力提升。引导高科技企业由生产制造环节向服务创造环节攀升，提高产品的服务功能，增加产品的附加值。

四、消费对于经济增长的贡献处于上升阶段

投资、消费和净出口是拉动经济增长的三大需求。目前，消费对我国经济增长的贡献处于上升阶段。“十二五”期间，我国消费对经济增长的贡献率将进一步提高。新增消费需求具有巨大的发展空间，经济持续快速发展带来的消费增长惯性比较强劲。人口增长与城镇化进程加快，为社会消费品零售总额增长带来刚性需求。据测算，我国每年因人口规模的扩大及结构的变化，刚性拉动社会消费品零售总额增长大约在1个百分点以上。目前1个城镇居民的消费水平大体相当于3个农民的消费。如果城市化率提高1个百分点，就会有100—120万人口从农村到城市，由于城市人口的消费是农村的2.7—3倍，约拉动最终消费增长1.6个百分点。

消费对经济增长的贡献率呈提升之势，这是我国“十二五”时期经济发展的一个重要特征。我国消费对经济增长的贡献率，2008年达到45.7%，2009年上升为51%，“十二五”期末将升至55%以上。我国城乡居民消费将进入一个新的阶段，以解决居住为核心的城乡居民消费升级进入加速期。同时，城乡居民消费增

长将趋于协调。在国家公共财政加强对农村支持与持续实施扩大内需政策的背景下，我国农村居民消费将获得较快增长的空间，城乡居民消费失衡的现象将逐步改变。城乡居民消费的个性化特征也将进一步显现，由文化产业发展带来的文化消费、老年社会来临引发的银发消费、由教育投资热带来的学习消费，以及由医疗健康需求增加带来的保健消费，将推动城乡居民消费兴起新的浪潮。

先发展地区的经济增长方式正在加快从投资推动为主阶段向消费推动为主阶段转变。2008年，江苏经济增长12.5%的速度中，投资贡献率为40%，消费贡献率为45%，净出口贡献率为14%。虽然在经济总量中投资的贡献仍然比较大，但在经济增量中消费的贡献已经超过投资。因此，应积极引导城乡居民消费合理增长，促进我国经济持续平稳较快发展。

五、开放型经济处于向资本输出阶段的过渡时期

开放型经济大体可以划分为四个阶段：产品输出阶段、劳动力输出阶段、资本输出阶段、技术输出阶段。在经济全球化条件下，各国以优势生产要素参与国际分工，并在国际分工中积极培育高级要素、提升要素禀赋结构，是开放型经济的发展规律。当前，我国开放型经济处于劳动力输出阶段，同时正在加快向资本输出阶段过渡。

2000年以来，我国经济发展中的资本密集程度显著提高。资本与劳动力之比（K/L），从2000年的0.35提高到2008年的2.38，但与美国（19.15）、德国（17.26）、日本（18.45）、英国（16.87）等发达国家相比，劳动密集型特征显著。与俄罗斯（5.73）、巴西（3.26）、墨西哥（5.4），与印度（1.29）、泰国（1.92）、越南（0.84）等发展中国家相比，我国资本比较密集。我国目前吸收的大陆外投资主要来源仍然相当集中，2010年1—10月，对华投资前10位国家／地区（以实际投入外资金额计）依次为：香港（510.08亿美元）、台湾省（56.85亿美元）、新加坡（44.36亿美元）、日本（34.59亿美元）、美国（31.36亿美元）、韩国（20.69亿美元）、英国（13.53亿美元）、法国（9.33亿美元）、荷兰（8.7亿美元）和德国（7.78亿美元）。前10位国家／地区实际投入外资金额占全国实际使用外资金额的89.91%。今后，应积极抓住全球区域经济一体化的发展趋势，加快参与各种区域经济一体化组织内的投资协作，拓宽利用外资的新渠道。

国际上通常用每万就业者科技人员数来衡量一个国家或地区科技要素的丰裕程度。在我国经济持续较快发展的基础上，我国科技要素拥有量增长比较快，每万就业者科技人员数从2000年的9.6增加到2008年的18.2，但与发达国家、新型工业化国家相比，技术紧缺特征仍然显著。每万就业者科技人员数，日本达到110.3，美国为96.4，德国为71.4，俄罗斯为64.5。与发展中国家相比，我国资本、技术密集度较高，劳动力低成本优势下降。发达国家对发展中国家的技术输出有限制，对出口控制严厉。因此人才要自己培养，自主创新关乎中华民族的振兴与繁荣。“十二五”期间，应深化实施科教兴国战略，培养更多的人才。

从开放型经济的发展规律来看，以技术要素为主导、以创新优势为动力的技术输出阶段是我国未来的发展方向。由低成本优势的商品与劳动力输出向创新优势的技术输出的升级任重道远。“十二五”期间，是我国的开放型经济由劳动力输出阶段向资本输出阶段过渡的关键阶段。

我国要素禀赋结构升级面临新的挑战。随着经济持续发展，我国城乡居民收入、工资标准及劳动保障水平逐步提高，劳动力价格不断提升，与发展中国家相比，我国劳动力成本优势下降。我国资本要素密集程度也并不高，城乡居民的储蓄较高，但缺乏有效的投资渠道，大量民间资本未能转化为投资，大量中小企业资本紧缺。

六、城市化处于加速阶段

根据发达国家走过的城市化道路来分析，城市化的发展从起步开始大体上可以划分为早期、中期和成熟期三个阶段。城市化水平在10%至30%以下为早期阶段，城市化水平在30%至70%之间为中期阶段，城市化水平在70%以上为成熟期阶段。城市化中期阶段所经历的时间一般比早期阶段的时间少，是加速发展的时期。1978年到2008年，我国城镇化率由17.9%提高到45.7%，年均提高近0.93个百分点，城镇人口由1.72亿增加到6.07亿。期间，1996年我国城市化水平超过30%之后，城市化进程明显加快。2009年，我国城市人口占总人口的比重达到46.6%，低于世界平均水平3至4个百分点。与世界上同等收入国家相比，中国的城市化落后2个百分点左右。

“十二五”期间，我国城市化仍然处于加速阶段，预计这种快速增长将会一直持续到2030年左右。发达国家在城市化加速时期，城市化与工业化、经济发展水平呈显著的正相关关系。发达国家在整个工业化中期，工业化与城市化的相关系数极高。1841—1931年间英国为0.985，1866—1946年间法国为0.970，1870—1940年间瑞典为0.967，整个发达国家为0.997。在我国城市化加速时期，城市化水平滞后于工业化、经济发展水平的现象仍然存在。城市化水平与工业化水平不协调，与城市化进程中城市化率高于工业化率的一般规律不同；城市化水平与产业结构和就业结构不协调，城市化水平滞后于劳动力非农化就业水平。

今后影响我国城市化进程的主要因素，首先是宏观经济平稳持续发展，城镇创造更多的就业机会；其次是户籍制度和城乡二元结构的改革，城市创造更宽松的人口迁移环境。同时，城市化也受资源、生态环境承载能力的影响与制约。因此，要想城市化进程“好”字当头，就必须提高政府与社会治理城市的能力，有效推动城乡一体化的进程。环境污染、堵车严重、治安恶化等“大城市病”已经在大中城市出现。大中城市应带头实施“净畅宁工程”，提升城市发展质量。

七、信息化进入中等发达阶段

目前，人类社会已经步入了信息化时代，信息化发展水平已经成为衡量国家综合国力和国际竞争力的重要标志。我国在信息化发展方面已经取得了重大成绩，本世纪初期，主要是机关、企事业单位和家庭中普及应用信息技术和信息化管理手段，处于信息化的初级阶段。2000年，我国信息化发展总指数比世界平均水平低17.3%，2007年差距缩小，比世界平均水平低4.1%。2001—2007年，我国信息化发展总指数年均增长速度为15.5%，居世界第14位，是世界平均增长水平的2倍。从分类指数排位看，我国还处于提升信息消费的阶段，信息消费指数排名相对靠前，在所比较国家（地区）中排名第32位；相对排名靠后的分别是，环境与效果指数（第41位）、知识指数（第43位）、基础设施指数（第44位）。

2006年，我国从信息化发展中低水平国家首次跨入信息化发展中等水平国家行列。我国信息和通讯技术支出占国内生产总值比重已经达到高收入国家水平，但信息和通讯技术的人均支出方面还与发达国家有一定差距。据国内首份关于信息社会发展水平的报告，2010年，上海、北京已率先进入信息社会，天津、广州、浙江、江苏等地区已经完成“十二五”期间全面进入信息社会的准备。我国信息化指数为

0.3929，表明我国正处于工业社会向信息社会过渡的加速转型期。

“十二五”期间，我国信息化处于进一步与工业化融合的阶段。随着专业化分工不断加深、生产链不断加强，信息化与工业化融合的趋势不可避免。目前，各级政府的任务是加快推进以信息化带动工业化，走出一条高科技、高效益、低消耗、低污染的新型工业化道路。重点是提升信息产业的生产能力，提高自主创新能力，加快发展软件开发企业，大力培育新型信息业态。目前，我国信息产业硬件产品的产量在国际上排名靠前，“十一五”期间电子信息产业出口占对外贸易比重逐年增长，但主要是组装产品，核心技术的自主创新不足。国内90%以上的计算机核心处理器和操作软件依赖进口，装备制造业的专业装备和智能控制软件主要依赖进口。2008年，我国在国际信息产业贸易中，自主开发软件的出口比重已经增长到39%，而软件产业比重只有12%。这表明，我国信息化与工业化的融合、互动发展水平还比较低。迫切需要进一步提高信息技术在生产领域应用的水平，提高劳动者的信息素养，加快生产控制方式智能化和信息化进程，加快信息化和工业化深度融合，大力提升电子通信设备制造业与软件业的国际竞争力。

为适应信息时代的社会特征，政府管理模式改革与发展的方向是从办公自动化、建立公共管理信息系统，走向电子政务。互联网最显著的特征是系统共享，因此发展电子政务是政府职能从审批型向服务型转变的基础。今后，应进一步促进信息交流和知识的共享技术发展，提升市场与政府配置资源和利用生产要素的效率，发展智能化工具为代表的新的生产力与管理服务能力，利用信息资源提升经济增长质量和社会发展水平。提高信息技术在经济社会领域的应用能力，降低经济社会发展的交易成本，推动经济社会协调发展。

八、生态现代化处于初期后阶段

我国生态现代化起步以后取得了显著成绩，但与国际差距比较大。气候变暖是当今全球关注的热点问题，人类面临着前所未有的节能减排压力。我国人均二氧化碳排放量，与世界平均水平大体相当，远低于欧美发达国家；但我国二氧化碳排放总量仅次于美国，万美元国内生产总值能耗远高于世界平均水平。我国能源消耗绝对量大、能源利用效率不高，这是制约我国“十二五”期间节能减排的重要因素。自然资源消耗比例、工业废物密度、城市空气污染程度，赶上发达国家的水平还需要几十年的时间。

党的十七大报告指出：“经济增长的环境资源代价过大。”这是一个突出的问题，解决这一问题现在尤为紧迫。有些重化行业的生产制造环节对土地、能源等资源消耗巨大，经济增长的环境资源压力加剧。以劳动力、资金的大量投入为特征，以资源的占用、环境的破坏为代价，换来GDP增长的发展方式，到了非扭转不可的时候。必须痛下决心，推动“高耗能、高污染、资源性”产业的结构调整，实行经济发展方式“脱胎换骨”的改造。

“十一五”以来，我国东部沿海地区全面建设小康社会取得了显著的成绩与进步，先发展地区正在加快推进基本实现现代化的进程。以发挥生态优势推进现代化进程，实现经济发展和环境保护的双赢，体现了一种新的发展理念。生态现代化追求经济有效、社会公正和环境友好的发展。这是经济和环境的双赢模式；经济增长与环境保护相互协调，经济增长与环境压力脱钩。

近年来，我国与贸易伙伴国的贸易摩擦加剧，环境问题已经成为贸易出口严重的制约因素。据WTO统计，2008年10月—2009年10

月期间，受新出台贸易限制措施影响最大的是农产品，因环保问题影响进口的农产品，约占全球受影响进口额的35.5%。应化消极因素为积极因素，加快实现传统工业向以生态保护为准则的绿色工业转变。同时，发展绿色消费，保证食品安全，是满足人们日益增长的健康需要的重要途径。从工业文明主导的环境治理转向生态文明主导的生态系统全面治理建设，基本形成与生态文明主导发展阶段相适应的生态系统全面发展格局。

当今世界，生态现代化正在成为一种新的发展潮流。生态现代化理论主要以欧洲经验为基础，倡导一种经济和环境的双赢模式，要求经济增长与环境保护相互协调，经济增长与环境压力脱钩。建设生态现代化，积极推进绿色增长，把经济增长与环境保护综合起来考虑。不管发展水平高低，各地政府都必须加快推进发展模式由先污染后治理型向生态亲和型转变，决不能以牺牲环境为代价来换取一时的发展；必须转变传统观念，树立生态意识，重视生态环境脆弱性对现代化进程的瓶颈制约和影响；必须大力发展生态科技，保护生态环境；必须通过制度创新不断完善制度设计，建立生态利益补偿机制。

九、社会发展进入利益调整期与矛盾凸现期

当前，我国社会是和谐稳定的，总的形势是好的。但是，由于经济基础和社会结构剧烈变动，利益关系和利益格局深刻调整，社会群体之间存在一定利益冲突，一些社会群体利益矛盾可能激化。改革已经从释放被束缚的生产力进入利益调整时期。改革开放至今，我国已经分化出若干个不同的阶层与利益群体。改革的受益者越来越凸现出资本化、权力化的色彩，资本所有者、具有审批权力的官员、企业经营管理者、专业技术人员，越来越成为受益者；而改革初期得到一些利益的群体承担的改革代价增多，一个由农民、农民工和城市下岗失业者、收入较低者所构成的底层社会正在形成。

我国收入分配领域的问题已比较严重，收入分配差距扩大化的趋势还没有根本转变，造成的不和谐因素增加。根据世界银行公布的数据显示，我国居民收入的基尼系数已由改革开放前的0.16上升到目前的0.47，超过了国际上0.4的警戒线，超过了发达国家与一些发展中国家的水平。由于部分群体隐性福利的存在，有专家认为我国实际收入差距还要更高。根据世界银行《世界发展报告2006》提供的127个国家近年来收入分配不平等状况的指标表明，基尼系数低于中国的国家有94个，高于中国的国家只有29个，其中27个是拉丁美洲和非洲国家，亚洲只有马来西亚和菲律宾两个国家高于中国。目前，我国城乡居民人均收入差别已经扩大到3.5 ∶ 1左右，如再加上城镇居民的各种福利、农村生产成本的支出、农产品的价格剪刀差等因素，城乡居民收入的实际差别已达到5倍左右；城镇居民中20%最高收入组是20%最低收入组的6倍左右；农村居民中20%最高收入组是20%最低收入组的7倍左右。

我们必须看到，我国群体利益分化不断扩大，已经成为严重影响社会稳定的最为突出的问题。由劳动工资、征地补偿、拆迁安置、企业改制、生态环境、司法不公等引发的社会矛盾和利益冲突加剧，群体性事件和矛盾上升。有些企业把员工收入与最低工资标准“对标”，缺乏社会责任感。劳资纠纷、工人罢工现象增加，影响社会稳定的不确定因素明显增多。前不久，胡锦涛总书记提出：“实现包容性增长，切实解决经济发展中出现的社会问题。”在经济快速增长的同时，社会必须公平合理地分享经济增长带来的成果，消除贫困者所面临的社会排斥，实现机会平等和公平参与。

加快转变经济发展方式是要付出一定代价的。这个代价，除了经济成本之外还有社会成本。转变经济发展方式与改善民生是紧密结合在一起的，转变经济发展方式激发了人们提高收入的期望值。实行低工资的企业面临工人提高工资的压力，甚至罢工的威胁。建立社会矛盾的多元化解决机制，其中重要的一条是根据城乡居民收入增加、物价上涨因素，及时提高各地工人的最低工资标准。通过劳资集体谈判，促使工人工资待遇合理化，促使劳资关系正常化。从而，走出一条转变经济发展方式的低成本之路。

（作者：江苏省社会科学院教授、江苏省人民政府参事室主任）

（选自《南京社会科学》2011 年第 1 期）

马克思政治经济学对中国经济实践的指导

王国刚

长期以来，相当多从事马克思政治经济学教学和研究的人，主要将这一理论体系看作是革命的理论，即马克思揭示了资本主义社会必然灭亡的内在规律，是指导无产阶级革命的基本理论，很少将这一理论体系看作是经济建设的理论。由此，从逻辑关系出发，给不少人造成了一个误解：既然中国已实现了社会主义，推翻资本主义的历史任务已经完成，那么，马克思政治经济学在中国经济建设中也就失去了指导意义和应用价值。一些推崇西方经济学的人也从这个角度轻视乃至贬低马克思政治经济学的地位。事实上，马克思政治经济学同时包含了经济建设的指导理论。

马克思政治经济学的理论体系至少具有两个特点：一是全面地总结和吸收了前人的研究成果，又系统地阐释了马克思自己的创见；二是揭示了人类社会一般的经济发展规律，既透彻分析了资本主义的经济运行规律及其发展趋势，又揭示了市场经济的一般运行规则和内在机理，并提出了一些对未来社会经济状况的设想。马克思政治经济学的大多内容没有被西方经济学所吸纳，可能的原因大致有三：第一，马克思政治经济学是以关于人类经济社会发展基本规律的理论为基础的，根据这一理论，资本主义社会只是人类历史发展长河中的一个阶段，它必然被比它更高的社会形态所代替；而西方经济学是以资本主义的经济社会制度为基本前提的，其中，相当多内容虽属市场经济的共性内容，但在不少西方经济学家眼中却是资本主义的产物。因此，由于历史观不同，后者不愿意吸纳前者。第二，马克思政治经济学以劳动价值论为基础，它深刻解释了剩余价值的来源和资本主义的剥削实质；而西方经济学以商品的效用理论和供求理论为基础，否定剥削的存在。因此，由于立场的不同，后者无法吸纳前者。第三，马克思在其《资本论》和众多论著中更多运用的是辩证逻辑方法，通过演绎推理和实证来阐述或论证每个原理；而西方经济学主要运用的是数理逻辑方法，通过数理模型的推演和数据支持来阐述或论证每个原理。因此，由于方法论不同，后者难以吸纳前者。西方经济学未能吸纳马克思政治经济学的内容，这更加说明了马克思政治经济学的立场、观点和方法的特有价值。

就中国经济建设实践而言，如果缺乏马克思政治经济学的指导，不仅经济改革难以展开和深化，就是经济运行和经济发展也将因理论缺失而举步维艰。30多年来，中国经济实践中所获得的一系列重大成就，既是中国人民发挥聪明才智，根据中国国情，艰苦奋斗，大胆创新的结果，同时也是坚持马克思主义指导地位、将马克思理论中国化的产物。

1．经济体制改革。中国的经济体制改革是对生产关系和上层建筑领域进行的深刻变革。党的十一届三中全会《决定》指出："实现四个现代化，要求大幅度地提高生产力，也就必然要求多方面地改变同生产力发展不适应的生产关系和上层建筑，改变一切不适应的管理方式、活动方式和思想方式，因而是一场广泛、深刻的革命。"这样一场伟大而深刻的变革，只能以马克思主义关于生产力决定生产关系、经济基础决定上层建筑的理论为指导，在西方经济学中是找不到基本理论根据的。30多年来，中国的经济改革在马克思主义理论指导下展开，经全国人民的艰苦努力和卓绝奋斗取得了辉煌的成就。但改革进程远未完结，在经济建设的不同时期和不同领域，我们还会遇到如何处理好改革、发展、稳定的关系问题。为此，切实贯彻科学发展观，聚精会神搞建设、一心一意谋发展，坚持以发展生产力为主线、改革和稳定为发展服务的基本取向，不仅是必须的，而且是不可偏离的。

2．自由时间与GDP增长率。财富通过生产劳动而创造，劳动是按时间计量的，由此，在其他条件不变的场合，劳动时间越多，也就意味着所创造的财富越多。从上世纪80年代起，随着对外开放进程的展开，人们看到了发达国家每周五天工作制的现实，也期望着中国能够改变每周6天工作制状况，但鉴于经济发展水平太低，主张实行6天工作制的意见一直占上风。如何权衡缩短劳动时间和保障GDP增长的关系，西方经济学并无可借鉴的理论，但马克思关于必要劳动时间与剩余劳动时间、财富与自由时间的理论则给我们以重要指导。1994年，我们先是试行隔周一次的5天工作制，1995年实行了每周5天工作制。迄今，10多年过去了，GDP增长不仅没有受到严重的影响，而且保持了持续快速增长的良好势头。

凡学习过西方微观经济学的人都知道帕累托最优理论。该理论认为，"如果没有一个人可以在不使任何他人境况变坏的条件下使得自身状况变得更好"，（斯蒂格利茨:《经济学》（上），第318页，中国人民大学出版社1997年版）资源的配置效率就达到最理想的状态了。这实际上意味着两个问题的发生：一是如果真的达到了帕累托最优，按照西方经济学的理论，市场机制的功能也就发挥到了极限，它不可能再有任何新的更好的发展了，因此，经济发展也就停止了（否则，就应倒退了）；二是如果财富的计算不再是以实物和劳动来计算，那么，帕累托最优就失去了实践意义。与此不同，马克思关于自由时间的理论，不仅具有资源配置效率的内涵，而且对人类经济社会发展具有长久的指导意义。

3．股份公司与国有企业改革。改革国有大中型企业是中国城市经济体制改革的中心环节。在上世纪80年代，我们采取了一系列措施，从利润分成、利改税到经营承包责任制，但国有企业的运行机制基本没有改变；90年代初期提出了建立现代企业制度后，股份公司成为深化国有企业改革的重要方式。然而，如何认识股份公司制度，却是一个值得进一步探讨的理论问题。西方经济学理论将股份公司看作是一种私有化的企业制度，我国也有一些人持这种看法，因此，反对实行股份公司制度。但马克思并不这样认为，他指出：在股份公司中，"那种本身建立在社会生产方式的基础上并以生产资料和劳动力的社会集中为前提的资本，在这里直接取得了社会资本（即那些直接联合起来的个人的资本）的形式，而与私人资本相对立，并且它的企业也表现为社会企业，而与私人企业相对立。这是作为私人财产的资本在资本主义生产方式本身范围内的扬弃。”“在股份公司内，职能已经同资本所有权相分离，因而劳动也已经完全同生产资料的所有权和剩余劳动的所有权相分离。资本主义生产极度发展的这个结果，是资本再转化为生产者的财产所必需的过渡点，不过这种财产不再是各个相互分离的生产者的私有财产，而是联合起来的生产者的财产，即直接的社会财产。”（《资本论》第3卷第494、495页）那种认为实行股份公司就是私有化的认识存在着一个严重的逻辑矛盾，即在资本主义生产方式中股份公司具有“扬弃”私有制的功能，怎么到社会主义生产方式中却成了发展私有制的机制？事实证明，股份公司制度是一种实现资本集中、推进社会化生产进步的企业制度，在中国经济中又是公有制的一种有效实现方式。

4．公房改革。公房改革曾经是中国改革中的一个难点。自上世纪80年代中期开始，在探讨公房改革过程中，就有人提出要按照商品经济的要求，以商品住宅的销售价格为公房改革的定价基础；90年代又有人提出，应按照商品住宅的市场价为基础来研究公房改革和对应的房租，并认为如果低于市场价这一基础，就有造成国有资产流失的危险。但中国的实践并没有囿于此论，而是根据马克思的劳动价值理论和中国实际情况，选择了适合自己的方式来推进这一改革。马克思在《资本论》中明确指出：“劳动力的价值，就是维持劳动力占有者所必要的生活资料的价值”，其中包括“食物、衣服、取暖、居住等等”。（《资本论》第1卷第199页）中国在自己的实践中，从20世纪50年代起，曾实行变个人消费为集体消费，将职工工资中本应包含的住房、教育、医疗等费用以集体消费的方式集中使用，由此，使得住房在形式上成了由政府财政投资形成的资产。显然，住房实质上是由职工工资收入所形成的，因此，以公平为基础、按照带有归还含义的标准价将公房销售给职工，并不是国有资产的流失。1999—2001年的3年间，在没有引起大的动荡的条件下，全国各地普遍完成了公房改革。回顾这一进程，可以看到，公房改革的指导理论在西方宏微观经济学中是找不到的。

5．物价上涨和通货膨胀。2003年8月以后，在中国经济运行中发生了多次物价上涨现象，对此，如何认识？一些人简单地以西方宏观经济学理论为依据，先是强调“要防止通货膨胀”，随后，在2004年6月份以后、2007年3月份以后和2010年6月份以后，在物价上涨率超过3%时，又疾呼要运用紧缩货币政策的机制来“治理通货膨胀”，由此，提出了如何认识物价上涨与通货膨胀的关系问题？

根据马克思的理论，物价上涨至少有三种情况：一是价格向价值的回归。从商品价格与价值的关系看，由于价格围绕价值上下波动，因此，当价格低于价值时，物价上涨不过是价格向价值的回归。二是商品供不应求。在需求不变而供给减少的情况下，可能发生由商品供不应求所导致的物价上涨；在供给不变而需求增加或供给增长慢于需求增长的条件下，同样可能发生供不应求所导致的物价上涨。三是货币发行过多。马克思从货币流通规律出发，认为纸币发行量一旦超过商品流通所需要的货币量就可能导致物价普遍上涨，这种物价普遍上涨称为通货膨胀。中国在2004年、2007年和2010年的CPI上涨主要由农产品（包括粮食、猪肉和肉制品、食用油、蔬菜、水果等）的供不应求所引致，不是物价的普遍上涨（在这期间，相当多消费类工业制成品处于价格下行走势）。但在西方宏观经济学中，除通货膨胀外，就没有其他类型的物价上涨，由此使得一些信奉西方宏观经济学的人，简单地将一切物价变动都以“通货膨胀”（或“通货紧缩”）冠之，并寻求货币政策予以化解。但中国政府并没有如此，主要选择了财政政策，给农民和低收入群体以财政支持。与此相比，马克思的理论更加丰富和符合经济实践。

6．价值创造与股市的财富效应。有股份公司自然就要有股票市场。在促进资本集中从而促进股份公司发展方面，股票市场具有积极重要的作用。但股票交易市场是否具有财富效应却值得商讨。上世纪80年代以后（尤其是90年代），西方一些学者提出并反复论证股票交易市场的财富效应（简称“股市财富效应”），认为在股市走高时期，一些获利的投资者会扩大他们的消费，由此，将拉动需求，促进GDP增长；反之，在股市走低时期，投资者将削减消费，抑制需求，由此，抑制GDP的增长。这一认识被一些中国学者所接受。他们根据中国股市的数据和其他资料，从各个角度论证中国股市的财富效应，甚至以股价上涨增值为由提出了股市创造价值的说法，并将这些认识运用于高校教学。由此，出现了两个值得商讨的问题。

第一，商品交易活动是否创造价值？根据马克思的理论，商品交易活动本身属于非生产劳动，虽然对生产劳动来说，这些活动是不可或缺的，但非生产劳动不创造价值，与此对应，股票交易市场的活动也不创造价值。毫无疑问，从事股票交易市场活动的各种中介机构可以获得收入，也需要缴纳税负，但这并不证明股票交易市场具有创造价值的功能。这些收入和税负，或者是从创造价值的领域中转移过来的，或者是股市参与者的收入再分配的结果，但不是股市交易活动创造的。

第二，股市走势是否影响投资者的消费？就个案而言，的确存在着股市投资获利者扩大其个人消费的现象，但重要的不是这些投资者是否扩大其个人消费，而是他们扩大消费的资金从何而来？例如，某一投资者先前以10元／股的价格买入某种股票1万股，在股价上升到15元／股时卖出，由此，获利5万元（舍去佣金等费用），并将这5万元全部用于个人消费，由此，在直接关系上，似乎消费扩大了5万元。但只要细究就不难发现，实际上，从全社会来看，消费并没有扩大。因为这一投资者所获得的5万元获利资金来源于按15元／股买入股票的另一投资者，对后者而言，他的消费减少了。马克思明确指出：“只要这种证券的贬值或增值同它们所代表的现实资本的价值变动无关，一国的财富在这种贬值或增值以后，和在此以前是一样的。”（《资本论》第3卷第531页）

7．土地价格与地租。2004年以后，商品住宅价格大幅上升的问题引起了社会各界的广泛关注。商品住宅价格上扬的原因相当复杂，其中既包括由土地供给价格上升和建筑成本上升等引致的成本推进型价格上扬，商品住宅供不应求引致的需求拉上型价格上扬，高、中、低各类商品住宅的供给结构不合理引致的结构性价格上扬，也包括一些开发商和投资者利用商品住宅市场的供给短缺、制度不完善和监管不到位等，采取囤积、抬价、投机等方式推波助澜地使商品住宅价格走高。但所有此类分析都停留于一般商品市场理论范畴，并未真正体现出与土地价格特点直接相关的商品住宅价格特点。

马克思认为，土地价格是地租资本化的产物，即“资本化的地租表现为土地价格或土地价值”。（同上，第704页）地租可分为绝对地租、级差地租Ⅰ和级差地租Ⅱ。绝对地租是使用任何等级的土地都必须支付的地租；级差地租Ⅰ是由土地的地理位置、肥沃程度等自然因素决定所应支付的地租；级差地租Ⅱ则是由土地上的基础设施、固定资产等因素所形成的地租。在土地租用期内，租地者因进行基础设施建设、固定资产投资、改良土壤等可能引致的农产品产量增加、单位农产品成本降低从而收益增加，在这个过程中，他可能依然支付绝对地租和级差地租Ⅰ，并不支付级差地租Ⅱ；但在土地租用期满后，由于土地上的基础设施、固定资产和已改良过的土壤不能移动，因此，土地所有者可利用这些因素要求续租者支付级差地租Ⅱ。

近年来，中国各城市在批租商品住宅建设用地中，根据土地在批租时的现实状况分别考虑到了由绝对地租、级差地租Ⅰ和级差地租Ⅱ所决定的土地价格，但受具体条件和城镇化进程制约，并不可能充分估算级差地租Ⅱ的数量，也不可能充分估算哪些土地在什么时候、多大程度上将产生级差地租Ⅱ。一个简单的事实是，原先较为偏远的城市郊区，在批租土地时考虑到地理位置因素计算了由级差地租Ⅰ所决定的土地价格，但随着城市化进程的快速推进，这些城郊地区划入了城市，并且基础设施、商业设施、文教卫生设施和绿地等条件大为改善，由此决定级差地租Ⅱ形成了；但因已批租的土地使用期限为70年，在70年未满的条件下，这些级差地租Ⅱ归租地者所有，这样，已购买这些地区商品住宅的居民就感到有一个房价上涨的收益。在这些地区，那些尚未批租的土地，在批租中的价格将明显高于基础设施、商业设施、文教卫生设施和绿地等条件未改善时的价格。另一方面，就是原先已支付过级差地租Ⅱ的土地也将因市政设施的进一步改善而获得增值，由此，城市中心的土地价格将随着城市的功能发展而提高，与此对应，在城市中心购买商品住宅的居民也会感到房价上涨的收益。显然，研究中国的商品住宅价格并制定有关政策，不能离开马克思的地租理论。

马克思的理论在中国经济实践中的指导意义和应用价值还可以举出更多实例，但由上已可看出，在中国经济实践中，马克思的政治经济学理论是不可替代的。西方经济学理论引入中国，这对丰富经济学的理论研究具有积极重要的意义。但是，如果仅仅停留于照搬照套西方经济学理论，既不利于中国经济学理论的创造发展，也不利于中国经济改革和经济发展的实践。中国的经济学者应是中国经济学理论的创造者，因此，需要坚持马克思政治经济学，走马克思主义中国化的道路，紧密结合中国实践，充分吸收和借鉴西方理论的“合理内核”，认真总结各国经济活动的经验和教训，创造出既符合中国实际又具有普遍意义的中国经济学理论。

（作者：中国社会科学院金融研究所所长）

（选自《红旗文稿》2011年第5期）

对近年来三个重要经济理论新观点的评述

卫兴华　杨伟鲁

随着我国改革开放的不断深入和经济实力的快速提高，经济理论界所关注的热点也在悄然发生变化，出现了一些具有较大社会影响的新观点。本文从近几年来经济学界所关注和讨论的问题中选择了三个进行评析：一是关于“中国模式”概念的科学界定；二是关于马克思主义学者对国际经济危机的创新性研究对马克思主义理论的发展；三是关于深化对社会主义初级阶段主要矛盾的认识。

一、“中国模式”的明确肯定和科学界定

中国实行改革开放已经30多年，取得了举世瞩目的重大成就。我国经济与社会发展的空前成就，引起国内外人们的普遍关注与研究，形成了“中国经验”、“中国道路”、“中国模式”等概念。其中对“中国模式”的探讨非常引人关注。但究竟什么是“中国模式”？它的内涵是什么？它与“中国经验”、“中国道路”是内涵相同的概念吗？

笔者认为，这三个概念的内涵有联系有交叉，但又有所区别。如果讲“中国经验”，胡锦涛同志在党的十七大报告中所概括的十条“宝贵经验”就很全面。在纪念党的十一届三中全会召开30周年大会上的讲话中，胡锦涛同志将十条经验进一步展开论述。他说：“在30年的创造性实践中，我们经过艰辛探索，积累了宝贵经验，概括起来说，就是党的十七大阐明的‘十个结合’”。如果讲“中国道路”，就是中国特色社会主义道路。在党的十七大报告中，对中国特色社会主义道路也作了概括的说明，就是在中国共产党的领导下，立足基本国情，以经济建设为中心，坚持四项基本原则，坚持改革开放，解放和发展生产力，巩固和完善社会主义制度，建设社会主义市场经济、社会主义民主政治、社会主义先进文化、社会主义和谐社会，建设富强、民主、文明、和谐的社会主义国家。讲中国模式，应是另有内涵的独立概念。但怎样科学地界定和表述？它具有什么意义和价值？对此还存在不同的认识。

近年来，主流观点在肯定中国模式的共识下进行了研究与论述，其中中国人民大学的张宇教授是有代表性的。张宇教授2009年发表了《中国模式的含义与意义：政治经济学的视角》一文，系统地分析了中国模式的形成。论文摆脱了西方主流经济学的话语系统，提出只有把握中国模式的主题和目标，才能真正理解和把握中国模式的本质特征。中国模式的主题是：(1)从传统计划经济体制向社会主义市场经济体制转型；(2)从传统农业社会向现代工业社会转

型；(3) 从封闭半封闭向全面开放和融入经济全球化转型；(4)社会主义制度自我完善的转型，即把工业化、市场化、经济全球化和社会主义制度的自我完善与发展统一为一体。张宇教授认为，中国模式的内涵与特征是：(1) 公有制为主体与多种所有制经济共同发展的基本经济制度；(2) 与社会主义基本经济制度相结合的新型的市场经济体制；(3) 社会主义市场经济体制改革的渐进式道路；(4) 坚持独立自主与参与经济全球化相结合的对外开放模式；(5) 以实现自我发展和构建和谐社会为目标的经济发展模式；(6) 开辟中国特色社会主义道路和形成中国特色社会主义理论体系。中国模式从根本上说就是中国特色社会主义的发展与改革模式。具体而言，中国模式包括改革模式、发展模式、开放模式和中国特色社会主义模式四个方面的内容。张宇教授认为，应从两方面的统一中看待中国模式的意义。一方面，对中国成功的模式和经验并不一定适用于任何其他国家；另一方面，中国的模式和经验并非只是一种特例而没有任何普遍意义，它的形成既体现了经济现代化和市场经济发展的一般规律，又反映了中国特殊的制度和国情及历史需求。中国的经济模式为发展中国家走向工业化、市场化，实现经济发展和制度创新开辟了一条新的可供借鉴的道路，展现了一种新的可能。

中国社科院的程恩富教授发表了几篇分析中国模式的论文，从他的《坚持完善“中国模式”是一个重大课题》一文可以看出，他不赞同有些学者否定中国模式的存在。他系统论证了中国模式的存在事实，提出，“中国模式”由中国特色社会主义的经济发展模式、政治发展模式、文化发展模式和社会发展模式组成。他认为，中国经济模式有两种含义：一是从经济或产业发展的道路和特征来界定，如工业化、城镇化、经济外向度等；二是从经济制度和经济体制发展的特征或内涵来界定。中国经济模式有四个方面的显著特征：(1) 公有制为主体的多种产权制度；(2) 劳动主体型的多要素分配制度；(3) 国家主体型的多结构市场制度；(4) 自力主导型的多方位开放制度。经济发展中的中国模式是一种社会主义的发展模式，是一种发展中国家的发展模式，是一种经济转轨的发展模式。

笔者认为，在国外政要和学者纷纷议论和评述“中国模式”的环境下，我国明确肯定并科学界定中国模式的内容和意义是一种必要的理论创新工作。南非前总统塔博·姆贝基曾在一篇文章中说，中国模式适用于非洲。世界银行也认为，中国模式对其他发展中国家有示范效应。马来西亚前总理马哈蒂尔说：民主是一种“失败”的意识形态；“北京共识”说明“非民主”国家也可以让人民过上好日子。韩国经济学家全成兴教授认为，中国模式对于韩国的借鉴意义是多元化的。比如，强调“政治安定对经济发展的重要性”，渐进式的改革，摆脱一味“追逐发达国家”的发展模式，等等。

国外人士从不同角度对中国模式进行不同的解读。有的解读虽未从整体着眼，但也有一定道理。例如，韩国的全成兴教授认为，中国模式的重要特征包括：通过强有力的领导实现政治稳定，渐进式改革，在创新中考虑国家的实际情况及历史沿革等。高盛公司的顾问拉马认为，中国式的发展试图完美地实现“效率”与“公平”这两种截然相反的价值，中国通过中国模式走出了一条中国特色的发展道路。

国外媒体也在评论中国模式的世界意义。澳大利亚《悉尼先驱晨报》2010 年 11 月 16 日的文章评论中国模式时说，中国崛起取得了如此辉煌的胜利，以至于现在受到考验的不是北京的体制，而是我们的体制；中国模式成为强有力的替代模式和一种挑战，甚至让西方国家以及我们有关民主自由怡然自得的想法相形见绌。中国模式的影响力与日俱增，原因何在？主要因为西方主要经济体美国、日本和欧洲仍然不景气，而中国却很兴隆。文章还说，美国领导层明显觉察到“美国模式”受到了挑战。

当然，也有人不愿看到中国模式在国际范围内的吸引力，习惯于拿“自由”、“人权”说事。美国国务卿希拉里特别提醒受到中国模式吸引的国家：“如果你真的关心国家的发展，如果你希望你的人民获得长远的福祉，那么就必须让政治自由和尊重人权与经济发展相匹配”。显然，这些西方人士不愿意承认，中国模式成功的背后存在着中国的政治优势。其实，中国共产党在经济发展与改革中的强有力的政治领导，正是中国模式成功的保证。因此，我们讲中国模式应当加上这一条。

总之，我国学者从正面系统而科学地论证和界定中国模式的内容及意义，澄清国内外对此认识上的某些模糊与偏误，是一件具有开创性意义的理论工作。

二、国际金融危机：马克思主义经济理论的彰显与创新

这次国际金融危机引起了国内外学者的反思。多年来，国内外高调传播，马克思主义过时了，它的危机理论不灵了。这次危机的突然爆发，以及快速蔓延到全球，促使人们对马克思主义及其危机理论再学习、再研究。一些国家出现《资本论》热销，并议论马克思的回归。中国的马克思主义理论工作者，在研究与应对这次全球性经济危机中，既着眼于新旧危机的一般规律性，又着眼于这次危机的特殊规律性，运用马克思主义进行分析，并在新的时代背景下发展和创新马克思主义经济理论。

由于当代经济社会的新发展，出现了与马克思、恩格斯所看到的资本主义经济不完全相同的情况，如经济全球化的新发展，社会主义制度的存在与发展，虚拟经济的膨胀及与实体经济新的关系，金融衍生品的创新与发展，经济危机的新特点，等等。

我国学者和决策部门研究和应对这次国际金融危机的理论与实践的贡献，有以下几个方面：

第一，彰显了马克思主义理论在研究资本主义经济及其危机中的科学性，并对马克思主义有所创新和发展。这次由美国“次贷”危机引发的全球金融与经济危机，不是直接表现为生产过剩、有效需求不足的危机，而是表现为消费需求过度、贷款消费，导致信用链条断裂，金融机构破产或遭遇危机。危机不是像过去那样从实体经济开始，然后波及金融系统，而是相反，危机从虚拟经济开始，传导至实体经济。然而，这种危机的新特点，是实体经济危机扭曲的表现。发达资本主义国家的过度消费和大规模举债消费，表明原来没有消费能力的人们也靠举债进入消费领域。而大规模举债消费的实质，是由于有支付能力的需求不足，只有靠贷款去购买房产和其他重要消费品。因而，大规模贷款消费，掩盖了生产过剩和有效需求不足的事实，表现为虚假消费需求的旺盛。学者们运用马克思主义的经济理论和危机理论，阐明了这次危机的根源依然是资本主义制度性原因，即生产社会化与生产资料私人占有的资本主义基本矛盾。需要分清危机的表层原因与深层原因，技术性原因和制度性原因，诱发性原因和规律性原因。对危机的发展趋势和社会影响，我国应对危机的理论与政策措施，在经济全球化大背景下怎样与发达国家和发展中国家共同应对危机等问题，都有系统的研究与评析。这些都是对马克思主义经济危机理论的发展与创新。

第二，国际金融与经济危机，进一步宣告了新自由主义的破产，证明我国学者批判新自由主义是正确的和必要的。新自由主义鼓吹私有化、自由化、市场化（市场万能），反对在微观领域和宏观层次政府对经济的调控。新自由主义的集中表现是“华盛顿共识”。它的核心思想，是由曾任美国总统经济顾问委员会主席和世界银行副行长的斯蒂格利茨所概括的三句话：“政府的角色最小化”、“快速的私有化”和“快速的自由化”。我国马克思主义学者鉴于新自由主义在导致苏联瓦解、东欧剧变中的推波助澜作用，鉴于拉丁美洲国家推行新自由主义酿造的苦果，也鉴于国外许多有识之士对新自由主义的反思，多年来在报刊上进行了对新自由主义的批判，明确了我国的改革与发展不能以新自由主义作为指导思想。这次国际金融危机的爆发，再次用事实证明了新自由主义在全球的失败；证明市场经济不是万能的，需要政府的有效调控；证明中国特色社会主义制度在应对危机中的有效性和优越性。反对和批判新自由主义对我国改革与发展的影响，坚持按照“中国模式”走自己的路，是中国马克思主义学者和决策层的理论贡献与创新。

第三，证明了“中国模式”在经济发展和应对国际经济危机中有明显的优势。我国学者以坚持和创新马克思主义的精神，在研究和应对国际经济危机中，提出了一系列理论与实践相结合的科学分析，决策层也出手快、力度大、及时采取了一整套应对危机的有效措施，获得了成功，为发展马克思主义经济理论做出了贡献。在研究国际金融与经济危机中，我国学者发表了一些有理论价值和创新思想的论著，如李慎明、王伟光、张全景、汝信、刘国光等的论文。另外，吴易风教授的著作《当前金融危机和经济危机下西方经济思潮的新动向》，系统研究了当前金融危机和经济危机的起因、发展轨迹和根源，以及金融危机背景下西方经济思潮的新动向。另外，赵剑英等主编的《中国马克思主义研究前沿》2009 卷收录了何秉孟、卫兴华与孙咏梅等研究当前国际金融与经济危机的论文，都是力求将坚持与发展马克思主义经济理论统一起来的论著。

三、深化对社会主义初级阶段主要矛盾的认识

改革开放以来，将我国社会主义初级阶段的主要矛盾确定为：人民日益增长的物质文化需要同落后的社会生产的矛盾。改革开放前，固然取得了社会主义建设的巨大成就，但由于“左”的干扰，特别是“文化大革命”十年，搞阶级斗争为纲，批判“唯生产力论”，忽视了大力发展生产力的任务。产品严重供不应求，“短缺经济”成为当时社会主义经济的特点。什么都得凭票证和凭副食本供应，买什么都得排队，人民的最基本生活消费需求都得不到满足。实行改革开放后，为扭转这一状况，强调解放和发展生产力，当时还需要理论界展开讨论“社会主义生产的目的”，明确生产的目的是满足人们的需要，而不是为生产而生产。由此提出社会主义初级阶段的主要矛盾，是符合实际情况的，也很容易为人们所理解。

经过 30 多年的改革开放和新的发展，目前出现了新的情况。我国的生产力快速发展，财富大量增加，但出现了收入差距拉大和贫富分化。既出现了一批大富豪，又出现了低收入乃至温饱问题还未解决的群体。富人不需要买一般商品，穷人需要买但又没有钱买，于是出现了国内消费需求不足的状况。一方面，生产力快速发展；另一方面，所生产的产品国内消费需求消化不了，还需要依靠国外市场消化，造成出口依存度过高。这容易给人们造成这样一种错觉：我国的社会生产已经能够满足人们不断增长的物质文化需求；原来提出的社会主要矛盾已与目前的实际情况不相符合了。

刘国光同志敏锐地观察到了这一问题。他说：“当前有一个理论上的问题——就是内需不足，产能过剩，国内生产能力大于国内的需求。这好像与初级阶段的主要矛盾有点脱节，现实跟我们的理论相脱节。所以这样的事情很需要政治经济学从理论上来解释，来证明。”为什么会出现当前关于主要矛盾的表述与实际似乎存在脱节的问题？刘国光同志认为，社会主义社会一般不会发生有效需求不足和生产过剩；这个现象的产生，是由于我们处于社会主义初级阶段，除了公有制的经济成分外，还允许一些资本主义的经济形式存在和发展。因此，资本主义经济规律的作用就渗透到我们现阶段的经济中，就产生了局部的生产过剩。

笔者认为，刘国光同志提出的这一问题是非常重要的，很值得我们研究。解决这一问题，关键在于巩固公有制为主体、多种所有制经济共同发展的基本经济制度和以按劳分配为主体、多种分配方式并存的制度。当今中国在发展中呈现出了新的阶段性特征，面临着一系列新情况和新问题，如何根据新阶段的新特点，进一步深化对这一主要矛盾的认识，使得理论能很好地解释现实和服务现实，这是摆在理论界面前的一个不可回避的问题。

（作者：中国人民大学教授）

（选自《红旗文稿》2011 年第 1 期 ）

中国：如何迈向“幸福国家”

常修泽

在人类刚刚进入21世纪第二个十年的开局之际，讨论并确定国家“十二五”经济社会发展规划，已成为当前中国经济社会生活的大事。一个被称为“世界第二大经济体”实则仍是发展中的国家，正在面对新的形势，采用新的思维，谋划新的未来。“使人民幸福”成为时代的呼唤。在未来五年，中国将处在什么时代方位？应当具有什么样的“发展”思维？需要实施什么样的新方略？如何寻求改革的新突破，从而为“幸福国家”提供体制支撑？这都是需要深入研究讨论的问题。纵横分析：时代新方位要确定国家“十二五”期间经济社会发展规划，必须认清中国所处的时代方位。如同在大海航行需要把握经度、纬度一样，认清时代方位也需要从“横坐标”（全球视野）和“纵坐标”（历史眼光）两个方面进行审视。

1.横向分析:认清“变”与“不变”

纵观当今世界，情况错综复杂。但在错综复杂的局势中，依然可以梳理出若干“变”与“不变”。总体判断，尽管有局部冲突，有霸权主义存在，也出现各种新的贸易保护主义倾向，但基本潮流、基本格局、基本趋势未变。当然，在“不变”的同时，世界经济政治格局也出现一些新变化，有的变化还在演变过程当中，尚需观察。从影响中国“十二五”期间经济社会发展规划的角度看，有三点值得研究。

其一，全球金融危机的后续影响。当前，世界经济并未完全走出金融危机的阴影，经济复苏充满曲折和艰难，全球需求结构出现明显变化，围绕市场、资源、人才、技术、标准等的竞争更加激烈，加之外部依赖的脆弱性和不可持续性，都使得中国不能再过度依赖外需来推动经济增长，需要经济转型。

其二，全球气候危机。从人类的生存大视野角度审视，全球气候变暖对中国经济影响深远，它直接逼迫产业结构的调整升级和清洁能源的开发利用。中国确定了到2020年单位国内生产总值二氧化碳排放量比2005年下降40%至45%的目标。作为当今世界温室气体排放大国之一，这既是挑战，也是为人类应对全球气候危机作出的贡献。

其三，能源资源安全和粮食安全等潜在全球性问题。最近，一个石油产量仅占世界2%的北非国家发生局部动荡，就使国际油价迅速上升。对石油等能源资源外部依存度较高的中国，需要对此问题加以重视。

总之，横向分析表明，“十二五”期间还存在若干不确定性，一些新的变化因素甚至会使这种不确定性进一步放大。需要以更广阔的视野，冷静观察，沉着应对，统筹国内国际两个大局，把握好在全球经济分工中的新定位，积极创造参与国际经济合作和竞争的新优势。

2.纵向分析：推进发展方式转变

改革开放以来，中国由传统计划经济体制，转变为社会主义市场经济体制，目前这一转变还远没有完成，还在逐步完善。“十二五”规划建议提出，转变经济发展方式必须贯穿经济社会发展全过程和各个领域。因此，从谋划未来的角度研究，还需要进一步思考整体或全方位发展方式的转变。之所以是“整体”“全方位”，就是说未来中国不仅仅是经济发展方式转变，它应该是包括经济、政治、社会、文化以及生态环境五个方面整体的发展方式的转变或提升。未来五年是全面建设小康社会的关键期。但对“小康社会”这一概念，尚存在某些认识误区，以为只是“生活小康”。其实“小康社会”是一个完整的“现代化”概念，蕴涵着诸多“幸福指标”，大体上有六方面：经济发展、民主健全、科教进步、文化繁荣、社会和谐、生活殷实。21世纪初提出这一概念，2020年要完成这个目标，下一个五年正处于全面建设小康社会的关键时期，需要全力推进。

3.主题分析：“发展”新思维

中国是一个拥有13亿人口的发展中大国，现在处于并将长期处于社会主义初级阶段，人民日益增长的物质文化需要同落后的社会生产之间的矛盾仍是现阶段的主要矛盾。从这个意义上说，发展仍是解决所有问题的关键。十六大以来，党中央提出“科学发展观”，核心内容是以人为本、全面协调可持续的发展。当前，我们正处在新的发展理念与传统发展理念博弈的时刻，到了从“量”的过度扩张到“质”的战略提升的新阶段。“十二五”规划应成为国家经济发展模式转型的分水岭。最近看了一些省、市（包括个别县）的“十二五”规划，一喜一忧。喜的是有些地区确实按照科学发展观的思路来制订规划，强调提升“幸福指数”。但也有一些地方的“十二五”规划还是传统的GDP至上。如果说，在“生存型”阶段，讲究GDP指标还有一定合理性的话，那么，在以追求人自身发展为主要诉求的“发展型”新阶段，讲究与人的多方面发展相关的“幸福指标体系”，则具有创新意义。这是对发展的核心价值的新判断和新追求。注重以人为本，必须准确把握“人的三层含义”：横向上“全体人”（而不是“部分人”或“多数人”），应是“惠及全体公民”；纵向上“多代人”（而不仅局限于“当代人”），应实现“本代公平”和“代际公平”并重；内核上“多需人”（而不是“单需之人”），应包括人的尊严在内的物质精神等各种需要。同时，还要区分两种不同性质的“以人为本”：抛弃侧重于从执政者政绩角度出发的“人本工具论”；树立以人的自身解放和每个人自由全面发展为诉求的“人本实质论”。树立“人本实质论”，特别需要把握市场化和社会公平之间的“双线均衡”，把“民生为本”作为出发点和落脚点。一是切实把促进就业放在经济社会发展优先位置；二是实现居民收入和劳动报酬两个“同步”增长，同时加大收入分配调节力度，努力扭转收入差距扩大趋势；三是推进基本公共服务均等化，使发展成果惠及全体人民。

4.路径分析：转型新方略

主题确定之后，需要实施新方略。就发展转型而言，应实行三大方略。

——协调发展方略。一是内外协调，由“出口导向型”向依靠消费、投资、出口协调拉动转变。应逐步解决居民“能消费”（提高收入）、“敢消费”（健全保障）和“放心消费”（确保质量与安全）的问题，力争使居民消费率上升到合理水平。二是产业协调，由“制造业拉动”向一、

二、三产业协同发展转变。中国处于工业化中期向后期纵深推进阶段，一方面，应继续加强农业基础地位，发展并提升第二产业（特别是发展战略性新兴产业）；另一方面，从全局上把推动服务业大发展作为产业结构升级的战略重点，特大城市应逐步形成“以服务经济为主”的产业结构。三是区域协调，由区域不平衡向区域协调发展转变。核心是避免“板块碰撞”，要特别关注生产力差异、地缘和民族宗教等因素。四是城乡协调，由城乡二元结构向城乡经济一体化转变。需要在继续建设新农村的同时，推进中国城镇化进程。要寻求“人口的城镇化”，而不是“土地的城镇化”。特别注意防止“城市病”，逐步实现农民工的市民化。

——创新发展方略。未来五年，应促进从“中国制造”向“中国创造”转型，由“加工基地”向“创新高地”转型。这就需要增强科技创新能力，在重要领域抢占未来科技竞争制高点。要做到这一点，就必须深化科技体制改革。

——绿色发展方略。“十二五”规划建议第一次采用了“低碳发展”的提法，是一个新突破。本着“低碳发展”思路，一向技术创新要绿色，二向结构调整要绿色，三向政策设计要绿色，四向市场机制要绿色，包括从“环境产权”出发，逐步建立碳排放交易市场，用市场力量“倒逼”减排。

5.体制分析：改革新举措

中国未来五年发展转型要想取得成功，根本问题是改革体制。经过30年的探索，应该说，传统体制的弊端及其改革路径，已经大体“摸”清。现在的关键是要拿出决心和勇气来全面推进各领域改革，做好改革顶层设计和总体规划，即由“摸”到“决”（“下决心”）再到“设”（“顶层设计”）。经济体制改革仍面临攻坚的任务，对此不能松懈；但从“顶层设计”的角度来看，未来五年也需要超越单一的经济体制改革思维，拓展为“四位一体”的改革：大力推进经济体制改革，积极稳妥推进政治体制改革，加快推进文化体制改革和社会体制改革。

未来五年改革的重点，有六点值得关注：一是国有经济战略性调整（所有制领域的改革）；二是行政体制改革；三是财税体制改革；四是金融体制改革；五是资源性产品价格和要素市场改革；六是社会事业体制改革。只要我们在党中央的坚强领导下，牢牢把握改革开放的正确方向，就一定能完成好“十二五”规划，大大提升全体国民的幸福感。

（作者：国家发展和改革委员会宏观经济研究院研究员）

（选自《光明日报》2011年3月23日）

对中国深层次改革的思考：不完全契约的视角

聂辉华

一、深层次改革需要新的分析框架

中国的三十年改革取得了举世瞩目的成就，这一点已经毋庸置疑。1978—2008年，中国的国内生产总值（GDP）已经跃居世界第三位，人均收入超过了2000美元，贫困人口减少了2亿人。然而，总体上中国的改革并未完成，而是进入了深层次阶段。经济改革初见成效，但现代市场经济体系尚未完善，政治改革蹒跚起步，社会改革任重道远。事实上，中国社会仍面临着许多重大问题的考验：住房问题、"三农"问题、城乡分割、收入差距、教育问题、社会保障、腐败问题和行业垄断。粗略地说，过去三十年的改革基本上解决了中国人的生存问题，而下一步的改革则需要解决中国人的发展问题。相对于在"一穷二白"的基础上实现快速的经济增长，在增长的基础上实现经济、政治和社会的系统性改革则牵涉到方方面面的利益分配，可以说改革进入了边际成本递增的阶段。如果说基本路线提出的"富强、民主和文明"是经济、政治和社会改革的目标，那么如何在战略上实施这些目标呢？特别是，作为改革实施主体的中央政府和地方政府如何在改革中发挥恰当的作用？如何看待国企改革、医疗改革以及未来的政治改革和社会改革？本文试图在一个统一的框架内讨论这些问题，从而为下一步的深层次改革提供理论启示。

新时期的改革需要新的分析框架，这一分析框架不仅要解释过去三十年改革的成败，而且要为下一步的深层次改革提供洞见。在现有文献中，国内外学者对中国改革的模式提出了若干种解释。有人认为，中国是"先增量改革，后存量改革"；也有人认为，中国改革的推动力来自财政分权下的地方政府竞争；还有人认为，中国改革的特点是政府主导型或者利益集团推动型。虽然这些观点能够在不同程度上解释过去的成功改革，但是却难以为未来的深层次改革提供前瞻性建议。就第一种观点而言，当改革深入进行时，存量改革不可避免，因此必然触动一些既得利益者的利益，从而纯粹帕累托式的"增量模式"将难以持续。第二种和第三种观点虽然强调了地方政府在改革中的角色，但是没有清楚地界定政府的行为范围，特别是没有考虑地方政府与中央政府的利益分歧以及由此带来的代理成本。一个有解释力的改革理论必须回答这些问题：过去的改革为什么能够成功？当前和未来的改革为什么是边际成本递增的？中央和地方如何在深层次改革中扮演恰当的角色？为此，我们必须寻找一种新的分析框架，在识别改革的性质的前提下，站在历史的基础上探求未来的改革战略，厘清作为改革主体的中央政府和地方政府的分工，并且针对当前改革的几个热点和难点问题提出建设性的政策建议。这正是本文的任务。

中国的改革是在社会主义宪法框架下将西方市场经济的成功经验和中国独特的政治经济环境相结合的过程，因而在这个意义上是一个不断试错的过程，甚至是前无古人的探索。"摸着石头过河"这句话形象地概括了中国改革的总体实施战略。如果把改革理解为一种契约，那么它显然是一种不完全契约（incomplete contract），即各个利益主体无法预料到未来的各种情况，并且在或然事件发生前以可证实的方式写出一个完美的改革实施计划。各个利益主体只能走一步看一步，等情况明晰之后再进行谈判和利益分配。这是我对中国改革性质的一种理论"识别"（identification）。不完全契约理论（incomplete contracting theory）主要来源于哈佛大学奥利弗·哈特关于企业最优产权安排的开创性论著，因此又称企业的产权理论。不完全契约理论的逻辑是，由于当事人的有限理性或者缔结契约的高昂交易费用，当事人不能预见到未来所有可能的情况并且以没有争议的语言写入契约，或者缺乏一个公正的第三方来执行契约的关键条款，因此双方达成的契约是不完全的。在这种情况下，当事人先进行专用性投资，待未来的自然状况清楚之后进行再谈判。由于当事人的机会主义行为，这会导致事后对关系内准租金的敲竹杠现象，从而导致当事人事前的关系专用性投资的激励扭曲。因此，应该通过最优的产权安排或者契约形式的设计来最小化交易费用。在本文中，我将尝试从不完全契约理论的角度，基于历史的经验，分析中国的深层次改革困境，对改革的总体实施战略进行评价，并将这一理论框架用于分析若干改革难题，包括当下的国企改革、医疗改革以及尚未完全启动的政治改革和社会改革。

二、"摸着石头过河"的战略是不可持续的

（一）"摸着石头过河"的成功

中国改革开放的总设计师邓小平确定了改革和开放的基本国策，但是并没有为改革的具体过程设计详细的路线图。相反，他认为改革是"伟大的试验"，鼓励地方政府"看准了的，就大胆地试，大胆地闯"。这是一种典型的"摸着石头过河"的战略。我们可以这样认为，在这场伟大的改革试验中，中央政府和地方政府达成了一个不完全契约：地方在事前投入专用性人力或物力资产进行改革试验，如果成功则在事后得到中央肯定，并且其经验作为正式的政策或制度推广到全国，然后中央和地方分享改革成功的收益，如果失败则地方自己承担风险。这一不完全契约被进一步细分出更多子契约，它们界定了地方政府及其下属部门以及进行改革试验的个人之间的关系。

以农村家庭联产承包责任制为例。在"文革"结束之后，面对农村经济一片凋零，中央尚无明确的政策来改变现状，并且中央和地方对于什么是符合当时意识形态的改革措施并无明确的规定。在这一背景下，1978年安徽省凤阳县小岗村的18位农民秘密签署了一个承包村内田地的协议，开创了家庭联产承包责任制的先河。当年小岗村就获得了粮食大丰收，推动了这一做法在安徽省内大规模实施。小岗村民的做法在当时需要冒着生命风险。事实上，当年《人民日报》发表了一封来信，批评安徽的做法动摇了"三级所有，队为基础"的体制。幸运的是，当时的安徽领导人万里顶住了压力，并获得了邓小平的支持，这使得联产承包责任制很快成为惠及全国的国策。乡镇企业、经济

特区、经济开发区和股份制银行等改革措施也都是通过类似的渠道由地方试点变成中央决策。然而不幸的案例同样很多，只不过在改革总体上成功之后，失败者的悲剧很容易被胜利者的光辉所掩盖。在发展非公有制企业的过程中，一些地方官员和民营企业家因为触及了当时的意识形态底线而丢掉官帽或深陷牢狱。由于中央对于改革的具体步骤并无明确的法律规定，因此一旦政治风云变动，地方政府以及当事人就很可能为改革付出代价。

1978 年之前的若干年是一个经济增长几乎停滞的时期，只要松动僵化体制的任何一个方面，都会释放生产者的动力，从而带来快速的经济增长。因此，在中央政府和地方政府关于改革的不完全契约中，尽管改革的目标尚不明确，改革的路径尚不清晰，地方政府进行改革试验的努力在总体上风险并不大，实际上乃是卓有成效的。在策略上，“双轨制”在保护既得利益者的前提下，为增量改革领域的参与者提供了足够的物质激励。在要素禀赋上，中国庞大的廉价劳动力市场是其成为“世界工厂”的最有力武器。这是“摸着石头过河”这一战略能够成功的基本原因。公平地说，从世界范围来看，中国的改革并非孤军奋战。且不说英美发达国家已经确立了成熟的市场经济体制，从而为广大发展中国家的经济增长提供了现实的学习模板。何况近在咫尺的韩国、新加坡、中国台湾和中国香港等“亚洲四小龙”更是通过利用外资和发展劳动密集型产业取得了对中国大陆来说可望而又可及的成功。当然，中国的政治体制和社会环境与欧美国家甚至其他亚洲国家相比差别明显，因此经济改革容易成功而政治和社会改革至今迟缓。但是，当经济改革逐步深入，成为一项带动经济体系的各个方面并且受制于政治和社会环境的庞大工程时，当原有的改革动力已经充分释放时，“摸着石头过河”这一战略的弊端开始显现出来，并且其带来的改革成本开始超过改革收益。

（二）“摸着石头过河”的弊端

“摸着石头过河”的改革实施战略会导致中央（或上级政府）的承诺问题和地方（或下级政府）及底层改革试验者的风险分担问题。因为改革契约是不完全的，事前无法清晰地界定中央和地方的权利和义务，也无法定义改革试验的性质，因而实际上拥有决定性谈判力的中央总是处于强势地位。事前的不确定性一方面来源于当时领导人的认知局限，因为中国的改革是非常特殊的，没有先验的模式可以完全借鉴，当时国内的信息和知识也相对封闭；另一方面来源于当时意识形态方面的冲击，因为在改革过程中中国高层一直面对“左”和“右”两股力量的平衡问题。如果改革试验是成功的，那么中央可以在事后对地方的行为表示认可，同时分享改革的成果，并将改革模式由局部向全局推广。正如杨其静和聂辉华所指出的，这是一些地方政府竞争或“财政联邦主义”文献所看到的地方政府（或地方官员）与中央政府在经济增长方面激励相容的一面，然而也仅仅是一面。一旦地方的改革试验是失败的，或者说虽然取得了经济成就但是不被当时的主流意识形态所接受，中央可以在事后将责任完全推卸给地方，地方也可能将责任转而推卸给个别官员或者具体实施的个人（官员或企业家），总之处于弱势地位的地方政府或改革的具体实施者将承担主要风险。例如，在姓“公”还是姓“私”、姓“资”还是姓“社”的思潮论争中，很多改革派官员被调离关键岗位，很多企业家关闭企业。由于改革前景的不确定性和改革契约的不完全性，中央对地方进行改革试验的显性或隐性承诺难以完全兑现，这也就是所谓的“时间不一致”问题。

如果地方改革成功的收益将被中央分享，

但是改革的成本却要自己完全承担，就会造成地方对改革试验的事前专用性资产投入不足和努力的激励扭曲，这是被成功改革所掩盖的激励不相容的一面。为了进行改革试验，地方必须在宣传、人事、机构、资金和基础设施等各个方面进行筹备，一旦改革试验失败或者中途夭折，这些人力和物力方面的专用性投资都变成了沉淀成本，并且常常会给以后的工作带来负面影响。在充满派系色彩的官场，这一点尤其值得重视。尤其是当改革进入深层次时，任何一个环节的改革都会“牵一发而动全身”，因此改革失败的成本更高、风险更大、影响更持久。理性的地方政府预期到这种情况，相对于社会最优的标准，就会减少事前的改革试验的投入，使其在边际上与预期收益平衡。地方政府的激励扭曲不仅表现为事前专用性投资不足，还表现为利用信息不对称在改革成功时夸大自己的努力成果，而在改革失败时尽量掩盖事实或者推卸责任。

相对于前期的改革，深层次的改革所要解决的问题更加复杂。在“增量改革”的思路下，容易改的肯定都先改了，而那些一时改不动的难题(例如城乡分割问题、收入差距和腐败问题)已经积怨颇深，因此深层次改革所能释放的改革动力更少。另一个减少了改革动力的原因是在改革过程中形成了既得利益者。这些群体从前期的改革中尝到了甜头，但是进一步的改革会削弱他们的利益，因此这些群体从过去的改革动力变成了改革阻力。典型的既得利益群体是垄断行业的国企领导和员工，他们受益于国家对国企的“抓大放小”。但是，如果继续打破国企的行政垄断，就将使他们损失垄断租金，从而导致他们抵制进一步的改革。总之，深层次改革使得地方政府进行改革试验的收益更少或者成本更高，因此中央政府的承诺问题将会导致地方政府更严重的激励扭曲，从而延缓改革的进程。这是我们当前的深层次改革举步维艰的主要原因，而此前的改革理论则无法解释这一点。

(三)从“摸着石头过河”到“架起桥梁过河”

那么，在改革实施战略中，究竟中央和地方应该各自扮演什么缔约角色呢？在回答这个问题之前，首先要明确的问题是改革的目标。明确了改革目标，就相当于规定了改革契约的方向，即改革契约的不完备性得以降低，这会减少改革主体在投资激励上的扭曲程度。深层次改革涉及经济、政治和社会三个领域的改革，但是这场史无前例、错综复杂的改革似乎还没有一个统一的目标。我认为，中国改革的目标应该是党的基本路线所规定的“把我国建设成为富强、民主、文明的社会主义现代化国家”。其中，“富强”对应于经济改革，“民主”对应于政治改革，“文明”对应于社会改革。以这三个关键词为统领，深层次改革就具有了明确的目标。有了明确的目标，就相当于把过河的对岸方位确定了，接下来的问题是如何组织过河。

由于中国改革的方式和结果充满了不确定性，因此无论是中央还是地方都不可能单方面完成改革，并且仍然必须不断地进行改革试验。根据不完全契约理论，当出现不确定性时，为了减少由于契约不完全导致的敲竹杠或承诺等交易费用，应该将契约的剩余控制权赋予对关系专用性投资更重要的一方。对于改革而言，剩余控制权是一种对改革试验的成败承担责任并享有相应收益的权力，准确地说是一种在不违背先行约定和法律的情况下处置不确定性的权力。地方政府的优势在于，由于中国各个地方的情况千差万别，地方政府对改革试验所依赖的“分立的知识”较之中央政府拥有更多信息。例如发展非公有制经济、对中小国有企业的处置、开放民间投融资渠道等等，各地都可以根据本地实际情况大胆探索，总结经验，逐步推进。

由于多个地区之间存在竞争，这会产生地区间的外部性，这是地方主导改革试验的劣势。过去频繁出现的重复建设、产业结构趋同、市场分割和分离倾向正是这些负外部性的真实写照。中国实行渐进式改革的好处是，改革试验是在政治集权下进行财政分权，这保证了中央政府在改革实施过程中的协调优势。从欧美发达国家的历史来看，中央政府的协调优势不仅可以来自政治集权，也可以来自法律授权，还可以来自对地方的信息加总后的纯粹信息优势。

从理论上讲，最优的改革实施战略应该是这样的：如果信息优势相对更重要，那么就应该将改革试验的剩余控制权赋予地方政府；反之，如果协调优势相对更重要，那么就应该将改革试验的剩余控制权赋予中央政府。如果将改革试验的剩余控制权交给地方政府，这意味着中央要充分放权，一旦改革试验失败了，地方只需承担失败的后果，不应该受到中央的额外责罚，而一旦成功则应该得到高强度的激励(high-powered incentive)，一种类似于财政包干制下的奖励。一般地，对地方性的改革而言，信息优势更明显，因此应该由地方政府为主导，例如安徽的联产承包责任制；对区域性的改革而言，协调优势更明显，因此应该由中央政府为主导，例如西部大开发和振兴东北老工业基地；然后再将成熟的地方性改革和区域性改革推广到全国，此时“试验”的性质不复存在了，中央政府的协调优势更加明显了，因此应该由中央政府来推行，确保“全国一盘棋”。上述分析表明，在深层次改革中对地方放权并不必然削弱中央的权威。当我们根据中央和地方的相对优势分配最优剩余控制权时，不仅确定了改革实施的整体战略，而且实际上厘清了改革的次序问题。而过去对局部性改革的分析则忽视了中央和地方之间权力的分配问题，从而只看到了激励相容的一面，而遗漏了激励扭曲的一面。如果说早期的改革是“摸着石头过河”，那么最优的改革实施战略就是“架起桥梁过河”，不仅明确了过河的目标，而且明确了地方“打桩”、中央“架桥”的职能分工。

但这里还隐含着两个问题。一个问题是深层次改革的目标问题。深层次改革是一项系统工程，需要在全社会进行关于改革目标的大讨论，然后形成改革目标的共识，并进而根据未来的目标和当前的发展阶段来确定改革的总体实施战略。我们已经有相当多文献总结了改革三十年的经验，有少数文献总结了改革的教训，但很少有文献讨论改革的根本目标和具体目标。另一个问题是，如何在中央集权的体制下构建中央和地方的分工格局，这涉及到如何实现中央的承诺问题。只有分权才有承诺。因此，未来的深层次改革必然伴随一个中央向地方逐步分权的过程。在分权之后，中央和地方的角色应该根据改革的类型进行法律上的界定，以确保中央的权威和地方的自主。因此,“依法治国”的理念和方针在深层次改革进程中将发挥极为重要的作用。

三、国企应成为特殊企业

我从不完全契约理论的角度提出了一个关于中国改革的总体实施战略，从而确定了中央和地方在改革试验中的分工格局。接下来，我将继续应用不完全契约理论来分析改革的几个难点问题。首先考虑国有企业改革，这被一些学者认为是一个行将结束的话题。他们认为国企改革的方向已经十分明确，就是民营化，剩下的只是如何实施的问题。但问题绝非这么简单。第一,三十年的国有企业改革并没有提供充分的证据表明国有企业的效率比非国有企业更高；第二，中国的金融类、非金融类国有企业和事业单位仍然控制了全社会最重要的金融、能源、工业品和社会服务，并且这些国有单位直接和间接拥有的经济总量仍然占据了主要份额；第三，伴随国资委系统的建立和中央企业的强大，可能产生了一种以新加坡式的国家资本主义取代计划经济来实现社会主义的倾向。以上第一点说明了国企的改革并未结束，第二点和第三点则表明国企问题仍然是深层次改革中不可回避的重要问题。重要的是，我们对于国有企业并没有一个准确的定位，而是根据意识形态和政府财力的波动反复地进行调整，并且对国企的改革也没有放在未来深层次改革的框架中考量。在深层次改革中，国企下一步究竟应该如何改？

回顾起来，国企改革的成败从一个独特的角度验证了不完全契约理论。从1979年开始，国企先后经历了"放权让利"、"两步利改税"、"承包制"、"股份制"和"抓大放小"等五个主要阶段的改革。单纯从一个企业的角度讲，由于作为所有者的委托人和作为经营者的经理人面对未来的不确定性，他们之间的契约注定是不完全的，因此必须通过所有权的转移将剩余控制权配置给对生产更重要的一方或者拥有重要专用性资产的一方。对于国企而言，不考虑风险偏好问题，如果经理人的努力相对于国家的投资更重要，那么国企的所有权就应该转移给经理人，即实行股份制或民营化；反之，如果国家的投资或者赋予的垄断地位相对于经理人的努力更重要，那么国企的所有者仍然应该是国家。请注意，不完全契约理论并没有天然地认定国企应该私有化。对于一般竞争性行业的国企而言，通常经理人的努力相对更重要，因此应该通过所有权的转移赋予经理人剩余控制权，股份制其实就是做对了这件事。在没有改变所有权成分的前提下，仅仅是放权让利和利改税的确不能充分地调动国企经理人的激励，因此这些改革失效是很自然的。至于承包制，很明显它会导致发包人（委托人）的承诺问题以及棘轮效应，并且代理人的机会主义行为会导致短视问题，根本不应该成为国企改革的选择方案。

先看国企的定位。作为一个赶超型发展中国家，中国要在短期内完善基础设施，进行技术创新，发展战略性产业，仍然需要国有企业。因为民营企业不会进入投资大、周期长、盈利慢的领域。中国资本市场和风险投资机制并不完善，民营企业难以在短期内在不具备比较优势的行业发挥攻坚作用，而在政府协调下的国企则能利用"集中力量办大事"的优点有所作为。但国企不应该与民争利，因此国企应该逐步从竞争性领域完全退出。

再看国企的治理结构。对于非竞争性行业的国企——特别是资源型国企，比如电力和石油国企——而言，由于国家赋予的垄断地位是这类企业最主要的盈利来源，经理人的努力相对不重要，因此保持国有制符合不完全契约理论的预期。问题是，在国家（所有者或大股东）和垄断型国企（经理人）所缔结的不完全契约中，由于国企承担了政治、经济和社会等多重性质的任务，导致国企利润的来源和成本分摊具有不可证实的特点。举例来说，如果中国铁路局某年亏损了，究竟多大程度上是因为修建关系国家稳定的非营利性铁路（或承担普遍服务）？多大程度上是因为经营不善？多大程度上是因为解决再就业人员的工作？根据多任务代理理论，如果国企承担的政治、经济和社会目标之间存在冲突，应该对国企实行低能激励（low-powered incentive），以防止国企利用不同任务进行套利。最简单的低能激励机制是将国企看作一种特殊企业，类似于事业单位或者政府的分支机构，将国企领导人看作公务员，但同时保留国企经理人的市场待遇，即将企业行政领导和职业经理人区分对待。国有企业利用垄断地位赚取的利润，包含了国家行政许可的价值，因此毫无疑问应该给国家分红。问题是，现在的国企一方面占有行政垄断的权利，另一方面又占有市场化的超额利润，这不可避免地导致了低效率、腐败和收入分配不公平等诸多问题，而这些问题又成为深层次改革的羁绊。

四、政府与市场的边界尚待厘清

一年多前，一场围绕医院究竟应该是公立还是私立的争论成为医疗体制改革的核心话题之一。这个话题实际上触及了政府的最优边界问题，即政府哪些事该管，哪些事不该管。具体地说，假如政府（或社会）需要一项服务，究竟应该让公立机构来提供还是让私立机构来提供呢？在关于医疗体制改革的争论中，讨论的焦点变成了究竟应该让政府替代市场还是让市场替代市场这样一个简单的非此即彼的问题。实际上，现代经济学既不否认市场失灵，也不否认政府失灵。问题的关键在于，在什么样的条件下政府或者市场更能发挥作用？遗憾的是，虽然国务院通过的《关于深化医药卫生体制改革的意见》明确了“公立医疗机构为主导、非公立医疗机构共同发展的办医原则”，但是有关部门和学术界并未提供“公私分明”的基本原则，这与国有企业的边界不清是同一类性质的问题。

不完全契约理论已经被成功地应用于分析政府的最优边界问题以及公私合营问题。假设服务商在提供公共服务时，降低成本和提高质量的努力和收益对委托人和代理人双方是可观察但是不可证实的。由于一个公立服务商的经理人是官员，因此难以从降低质量或减少成本中直接获益，而私立服务商则拥有减少成本的剩余控制权。此时就存在一个权衡取舍：公立服务商提供服务的好处是更能保证质量，坏处是更难降低成本，而私立服务商则相反。因此，对一项公共服务来说，如果保证质量比降低成本更重要，那么最好实行公立；反之，如果质量变动不大，而降低成本更重要，那么最好实行私立。根据这个原则，对于那些常见的、成熟的、标准化的病症诊断服务，完全可以由私立医院来提供。公立医院的存在是基于政府的规制能够保证其相对于私立医院没有太多的激励通过减少成本来降低质量，因此如果不能对公立医院进行恰当的规制，那么“公立”医院并不天然等于“公益”医院。对于高度信息不对称的医疗服务而言，问题的关键不在于私立医院是否应该谋取私利，而在于公立医院能否像一个NPO（非营利组织）那样运营。因为NPO不允许将利润用于股东分红，而只能投入经营，这恰恰使得它在产品质量不可证实的情况下相对缺乏激励去提供伪劣产品。

运用不完全契约理论的逻辑，我们还可以类似地继续分析医药卫生体制中的其他环节。给定其他情况不变，OCT药品（非处方药，例如饮食补充剂、皮肤用药、感冒药等）应该放开竞争，允许民营药店经营，因为这类药品在使用时信息不对称的程度相对于处方药很低，其质量也容易得到保证。进一步，如果医生的诊断并不特别依赖于某些特殊的药品，那么不管是公立医院还是私立医院，都应该将医疗服务和药品出售两种业务分离。一旦医疗服务能够由市场定价，药价自然也就降低了，纠结已久的“以药养医”问题也就不存在了。

在深层次改革中，经济越是发展，交易就越是复杂，因此需要政府或市场提供的公共服务将越来越多。除了医院，包括各级学校、新闻媒体在内的事业单位和中介服务机构都使政府面临着最优边界问题的考量。不完全契约理论为厘清政府和市场的最优边界提供了一个有力的分析框架。

五、系统性改革不可回避

人们常说，改革是一项系统工程。当经济改革日渐深入时，由于政治改革和社会改革没有及时跟进，一些经济领域的深层次改革备受掣肘。当经济领域发生了翻天覆地的变化时，政治领域还是一片微澜，而社会领域则晦明晦暗。政治和社会改革已经成为中国改革进程的“短板”。例如城乡二元体制问题，这不仅仅是一个城市化的问题，还涉及到国家行政管理体制的变动和市民社会的构建，而这些有赖于政治改革和社会改革的推进。时不我待，系统性改革已经不可回避。

政治改革的主要任务之一是解决腐败问题，而解决腐败问题的关键是对政府的权力实行有效的监督与约束。不完全契约理论为政治改革也提供了一些思路。政府的权力来源于由全国人民代表大会所代表的全体人民，即作为委托人的全国人大与作为代理人的政府之间存在一种政治契约。但政治契约是高度不完全的，它无法详细地规定政府的所有行政活动。从理论上讲，政府只能在法律的授权范围内行使权力，一旦超出法律范围，其行为的决定权乃在全国人大。即作为最高权力机关的全国人大应该拥有对政府行为的剩余控制权，而政府拥有的只是法律范围内如何行事的“自由裁量权”。当前，政治体制还不完善，突出表现在政府作为行政机关实际上通过扩大自由裁量权的方式侵占了本属于全国人大的“法外”权力，并且实际上通过主导立法的形式赋予了偏向自己的“法内”权力。当然，有效发挥人民代表大会的作用只是政治改革的必要内容之一。

经济改革和政治改革都是正式的制度变迁，而社会改革则属于非正式的制度变迁。我所说的社会改革包括重塑与市场经济体系相配套的社会规范、传统文化和价值体系。相对于正式制度的改革，非正式制度的改革难度更大，时间更长，效果更迟缓。如果整个社会契约是完全的，那么正式制度和非正式制度之间存在完全的替代关系，非正式制度的匹配不是问题。但现实是，整个中国社会处于不完全契约之中，两者之间不是简单的替代关系。建立在小范围重复博弈基础之上的非正式制度可以作为解决契约不完全的一种机制，但不能扩展到大范围的、匿名的市场经济体系。我们固然可以在短期内借鉴西方市场经济的各种正式制度，但是如果没有配套的非正式制度作为支撑，则会导致社会评价体系混乱，最终破坏正式制度。一个突出表现是，中国自古以来并没有契约精神，强调的是实名的小范围交易，而现代市场经济则建立在匿名的大范围交易基础之上。写了合同不能执行，有了法律难以实施，不尊重游戏规则，都是正式制度和非正式制度不协调的表现。如何在市场经济条件下重建中华文明，可能需要几代人的努力。

本文强调了改革的整体实施战略的重要性，并利用不完全契约理论作为分析框架提供了一个关于中央和地方在改革试验中如何分工的观点，然后重点讨论了国企改革、医疗体制改革，展望了政治改革和社会改革。改革是一场关乎中国国运的宏大事业，在改革进入深层次之际，我们必须利用大智慧、大框架和新视野，提纲挈领，高瞻远瞩，才能完成这一事业。

（作者：中国人民大学经济学院副教授）

（选自《国际经济评论》2011 年第 1 期）

新时期推进农村改革的战略思考

马晓河　涂圣伟

进入新世纪后，以农村税费改革为中心及其相关配套改革的推进和完善，使国家与农民之间的利益分配关系发生了由“取”向“予”的历史性转折，农村经济、政治与社会的转型由此加速。税费改革取得成功以后，我国农业和农村发展面临的形势更趋复杂，原有诸多体制安排已经逐渐逼近发生变迁的重要关口，必须进一步推进农村综合改革，促进形成城乡经济社会发展一体化的新格局。

一、农村税费改革的历史发端与变化历程

农村税费改革是新中国成立以来继农村家庭联产承包责任制后的又一次重大制度变迁，是我国彻底走出“黄宗羲定律”的历史性举措。事实上，农民负担自古以来就有，但建国以来我国的农民负担问题，则是伴随家庭联产承包责任制的推行而逐步显现的。改革开放前，国家与农民的利益分配关系以“取”为核心特征。虽然这种过度吸取农业剩余的方式造成了农业的衰败和停滞，但在人民公社体制下，农民并不直接负担相应的开支，因此，农民负担只是一种隐性负担。实行家庭联产承包责任制特别是人民公社制度解体后，农民成为独立经营、自负盈亏的利益主体，在享有自己经营成果的同时，对国家的税收、村集体的提留和乡统筹，都需要农民自己支付，农民负担由此开始显性化。然而，由于这一时期我国农业生产力实现了跨越式发展，农民收入相应出现了历史上少见的快速增长，各种税费负担的增加被快速的收入增长消化了相当一部分。

我国农民负担问题的真正形成始于乡镇财政的建立。在1982年废除人民公社体制后，全国范围内普遍建立了乡镇财政。然而，由于当时实行了财政包干体制，随着乡镇政府职能的增加和机构的膨胀，乡镇政府本级税收很难维持日常运转，通过上级转移支付来填补收支缺口也十分困难。为此，乡镇政府通过“三提五统”、“两工”等方式将收支缺口转嫁给农民，依靠预算外收入来维系本级政权运转，农民负担问题由此逐步形成并日益加重。20世纪90年代，我国农民负担问题日益突出，对整个经济和社会的稳定构成了严峻的挑战。

为了减轻农民负担，缓和社会矛盾，2000年中央通过了《中共中央、国务院关于进行农村税费改革试点工作的通知》，并于同年开始在安徽省试点，改革的主要内容可以概括为“三个取消、两个调整、一个逐步取消和一项改革”。2001年，农村税费改革的试点扩展到除上海、西藏以外的其他地区。经过2001年的试点经验总结和政策完善，2002年3月国务院下发了《关于做好2002年扩大农村税费改革试点工作的通知》，将农村税费改革试点省份扩大到16个省（自治区、直辖市）。到2003年，农村税费改革试点基本上全面展开。

2004年2月，中共中央、国务院下发了《关于促进农民增加收入若干政策的意见》，提出在2004年农业税税率总体降低1个百分点，同时取消除烟叶外的农业特产税。2004年底，又发布了《关于进一步加强农村工作提高农业综合生产能力若干政策的意见》，进一步扩大农业税免征范围，加大减征力度。到2005年，全国28个省、自治区、直辖市已经免征农业税，共免征200多亿元，覆盖农民达到8亿人。2005年12月29日，第十届全国人大常委会第十九次会议做出自2006年1月1日起废止《中华人民共和国农业税条例》的决定，这标志着在我国延续了2600多年的农业税从此退出了历史的舞台。

二、农村税费改革以来农村经济社会变迁

推进农村税费改革是我国总体进入“以城带乡、以工补农”历史发展阶段后的必然要求，是一次具有划时代意义的变革。农村税费改革既涉及农村生产关系的调整，也触发了农村上层建筑的变革，对农村经济社会发展产生了全面而深刻的影响。

（一）城乡资源要素流向发生变化

在建国以来的相当长时期内，受城乡二元分割体制和传统国民收入分配格局的影响，我国农村各种资源要素长期处于“净流出”状态，包括劳动力、土地、资本等，通过不同方式从农村流向城市、从农业领域流向非农领域，农业农村一直以来处于事实上的被剥削地位，由此导致城乡社会矛盾不断加剧。推行税费改革及相关配套改革后，虽然农村资源要素“净流出”的状况没有发生根本性改变，但在国家的引导和扶持下，各种先进要素向农业和农村流动的数量不断增多，流速也越来越快，生产力要素开始由以往单向流动向双向流动转变。纵观世界经济发展规律，要避免“李嘉图陷阱”，必须从根本上改变农村资源要素“净流出”状态，推动弱质农业向现代农业转变。当前各种资源要素“回流”农村，无疑为我国农业的现代化转型创造了积极的条件。

（二）农村社会利益格局发生变革

农村税费改革引致的社会关系变迁是多维的。取消农业税后，国家与农民、中央政府与县乡政府、村民自治组织与农民等之间的利益关系，都发生了一定的变化。其中，国家与农民之间的利益分配关系发生了由“取”向“予”的重大转折，实行了2600年的“皇粮国税”被取消，代之的是对农业的各种补贴，开创了直接补贴农民的历史先河。县乡政府职能也发生了变化，逐步由管理型政府向服务型政府转变，与农民的关系从“三要”（要粮〈农业税〉、要钱〈三提五统〉、要命〈计划生育〉）转变为“三送”（送钱、送物、送政策），农村基层干群关系得到根本缓和。村民自治组织长期被赋予的协助乡镇政府办理“政务”的准政权角色被弱化，其主要职责向办理村庄公共事务、调节民间纠纷等复归，成为农民利益的代理人。

（三）公共物品供给机制发生转变

在人民公社时期，人民公社依靠从集体经济提取公积金和公益金，并采用劳动替代资本的方法，开展了灌溉、水土改良等农村公益事业的建设。实行家庭承包责任制后，随着农作制度的非集体化变革，我国农村集体经济大多难以维系，原有依附于集体经济的公共物品供给体制也逐渐瓦解。乡镇财政作为人民公社的替代组织形式，依靠“三提五统”、“两工”等方式来维持农村公共物品的供给。取消农业税后，地方基层政府财政收支矛盾加剧，不少地

区陷入吃饭财政困境。受资金紧约束，基层政府作为农村社区公共物品供给主体的功能弱化，公权开始逐步退出农村，公共物品供给的主要责任由基层政府向村庄社区转移，农民成为分担公共物品供给成本的主体。但是，由于大部分村集体经济实力薄弱，村庄聚集性因素日渐弱化，农村“一事一议”制度存在一定缺陷，在现有供给体制下，农村公共物品供给状况有恶化的趋势。

（四）农村基层管理体制改革加快

20世纪80年代中期以来，我国农村基层政权改革几经曲折，进展较为缓慢。其中一个重要原因在于，在农业税时代，农村基层政权逐渐偏离其服务功能，演化为追逐自身利益最大化的主体，导致基层政府机构不断膨胀，人浮于事，陷入“生之者寡、食之者众”困境。推行农村税费改革后，“以农养政”时代终结，基层政权通过收取税费获得利益的渠道不存在了，由此对农村基层管理体制改革形成了“倒逼压力”。同时，由于中央和省级政府加大了转移支付力度，财权与事权不统一的财政体制得到改变，这也为农村基层政府精简机构、转变职能创造了条件。从实际效果看，农村税费改革及相关配套改革对推动农村基层政权组织改革的深化起到了较为明显的作用。据统计，2007年与2004年相比，全国乡镇行政编制精简4.3%，实有人员精简10.3%，事业编制精简20.4%，实有人员精简28.5%。但值得注意的是，取消农业税后，部分地区特别是中西部地区基层财政压力过大，治理危机凸显，亟需继续推进相关配套改革。

三、进一步推进农村改革面临的挑战

当前，中国经济社会发展处于一个大转型、大调整的时期，农业农村发展面临的国际国内环境正发生深刻变化，各种短期问题和长期矛盾相互交织，进一步推进农村改革发展面临诸多困难和挑战，需要着力加以破解。

（一）我国社会人口结构正发生历史性变动，农村“三化”趋势不断加深

20世纪80年代末的体制放活释放了大量被束缚在土地上的农民，我国农村劳动力的转移进程由此开始提速。随着大量农村劳动力的跨部门和跨地区转移，城乡人口比例不断发生变化，我国逐步由一个以农村人口为主的国家向一个以城镇人口为主的国家转变。劳动力向城镇转移，缓解了农村人口和资源之间的紧张关系，但人口的大量外流使农村出现了“三化”现象，即农民兼业化、村庄空心化、农村老龄化，农村土地撂荒、粗放经营的现象并不少见。随着候鸟式劳动力转移的逐渐消失和农民工市民化进程的加快，农村人口减少的趋势将进一步加剧，要保持农业农村发展的好势头，必须加快完善现有农作制度。

（二）农民工市民化成为不可逆转的大趋势，城乡矛盾由远距离冲突向“面对面”的矛盾转变

改革开放以来，我国依靠较低的劳动力成本和环境代价实现了经济的跨越式发展。然而，在有限劳动力供给的条件下，我国农村劳动力转移已经逐渐迫近刘易斯“拐点”。随着农民工的代际转换，农民工市民化的诉求越来越强烈，有越来越多的80后、90后农民工要求进城落户，但在户籍以及社会保障制度“二元分割”体制下，数以亿计农民与城镇居民虽在同一空间上工作生活，但却分别享受不同的政治和社会福利待遇，这使得城乡矛盾开始由远距离的冲突转向面对面的矛盾，矛盾更加显性和激烈。要缓解这种矛盾，不仅要完善城市的户籍及相关福利制度，为进城农民工安居就业创造良好的环境，而且还要加强农村户籍制度、土地制度等相关制度改革，为农民工进城扫除制度障碍。目前，我国农村集体土地所有权残缺，产权主体不明

晰而长期虚置，农民在征地价格形成中缺少话语权，无法合理分享土地所产生的级差地租或超额利润。同时，农民家庭承包地、宅基地的使用权不能抵押，宅基地不能流转，无法作为资产进入市场，导致土地的保障功能难以向资本功能转换，无法为农民进城安居就业提供初始资本。要进一步缓和社会矛盾，有序推进农民工市民化，需要加快城乡户籍制度、社会保障制度、土地制度改革，建立城乡一体化的体制机制。

（三）农村内部聚集性因素弱化，乡村秩序与社会稳定充满变数

随着农村人口的流动和经济体制改革的推进，我国传统的乡土社会发生了巨大变化。在农民物质水平不断丰富的同时，农村社会关系网络日渐松散，关系信任机制日益弱化，村规民约、舆论压力和宗族惩罚等传统社会资本治理机制日渐式微，农民越来越成为精于理性计算,村庄聚集性因素弱化,社会关联度大大降低，乡村秩序和社会稳定充满变数。推进农村税费改革，顺应了我国农村政治关系的变化，为农村政治发展创造了条件。但取消农业税后，由于村委会的强制权力随着国家与农民关系的契约化而逐渐弱化，同时村级的各项集资被禁止，债务被锁定，村级组织的物质基础被削弱，村委会办理农村公共事务和公益事业变得越来越困难，导致村庄日益松散化。

四、新形势下推进农村改革的思路及对策措施

过去30年来，我国农村改革具有鲜明的阶段性特征：上世纪70年代末和80年代初以家庭联产承包责任制为核心的农村制度改革，重新赋予了农民对于土地的使用权和收益权，其实质是对农民“放权”；80年代中期到90年代进行的以市场化为取向的农村改革，将市场机制引入了农业农村，其实质是对农民“开放”；进入21世纪以来实施的农村税费改革及相关配套改革，扭转了农民长期以来负担过重的局面，其实质是对农民“让利”。经过30多年的改革发展，我国农村改革已经从相对容易的经济领域进入比较困难的社会政治领域，改革攻坚的难度更大、涉及面更广。当前和今后一段时期，城乡经济社会发展的关联度将进一步增强，农村改革的独立性降低，农村改革与城市改革、整体改革交织，单独在农村地域空间内寻求突破的改革路径将很难走得通。为此，进一步推进农村改革必须按照统筹城乡发展的要求，坚持“自上而下、上下结合、以难带易”的路径，着力打破城乡二元分割体制，加快建立城乡平等的制度体系，赋予农村居民与城市居民平等的发展权利，使农民能真正分享到改革发展的成果。在加快农村户籍制度改革、完善农民工进城落户政策的基础上，建议还应该采取以下改革措施：

（一）完善农村基本经营制度

在稳定家庭承包经营制度的基础上，加快推进农业经营体制机制创新，大力发展农户联合和合作的统一经营。积极鼓励有条件的地方开展农村集体经济组织产权制度改革，条件不成熟的地方尽快完善相关优惠政策，鼓励和支持集体经济组织以入股、租赁、专业承包等形式，加强与龙头企业、技术服务机构、种养大户等的合作，大力发展集体经济，增强集体组织服务功能。加大财政扶持力度，落实各项税收优惠政策，积极培育农民新型合作组织，引导合作组织建立合理的组织结构，加强组织内部治理机制的建设。着力培育壮大一批起点高、规模大、带动力强的骨干龙头企业，鼓励和引导龙头企业与农民通过合同联结、服务联结和资产联结等方式，建立紧密的利益共同体，不断提高生产的组织化程度。继续加大政府投入力度，积极引导国有企业、龙头企业、农民合作

经济组织等参与农业社会化服务，构建多元化、多层次的农业社会化服务体系。

（二）健全农村土地制度

在现有土地承包关系保持长久不变的基础上，加快推进农村集体土地所有权、宅基地使用权等确权登记颁证工作，加大对已完成登记发证宗地的核查力度，避免地方为盲目追求登记发证率而损害农民利益，消除土地纠纷隐患。加快建立农村土地流转市场交易平台，积极探索建立闲置、超占宅基地市场退出机制，加大宅基地复垦和集体建设用地整理力度，探索以新增集体建设用地指标为交易对象的土地间接交易模式，最大限度盘活农村土地资产。继续完善征地补偿安置措施，建立健全征地补偿资金监管机制，保证将资金主要用于农业、农村、农民方面。大力培育农村土地承包经营权流转中介服务组织，扶持土地股份合作组织的发展。

（三）加强农村金融体系建设

以提高农村金融服务质量和水平为目标，探索建立资金回流农村的硬性约束机制，逐步构建以合作金融为重点、商业性金融为基础、政策性金融为支撑的新型农村金融体系。首先，要继续放宽农村金融市场准入，扩大农村金融改革试点范围，加快落实各项优惠政策，积极引导社会资金在农村设立适应“三农”需要的各类新型金融组织，提高农村金融网点覆盖率。其次，要继续深化农村信用社改革，提高农信社的贷款能力，支持有条件的农民合作组织开展信用合作，规范和引导民间借贷健康发展。再者，综合应用贴息、差别准备金率、所得税减免等手段，积极鼓励金融机构进行农村金融产品和金融工具创新，不断加大涉农贷款投入。最后，加强农业保险服务网络建设，鼓励保险公司与农村银行类金融机构建立政策互补、风险共担的互动机制，不断扩大农业保险覆盖面，促进农业保险加快发展。

（四）改革农村公共物品供给制度

依据农村公共物品的属性，明确划分各级政府的事权，建立与财力挂钩的农村公共物品投入增长长效机制，继续大幅度增加政府财政投入力度。探索整合涉农专项资金，提高资金使用效率。在继续增加农业补贴规模和提高补贴标准的情况下，财政要增加农村公共事业的资金投入，加强农业、农村基础设施建设。通过财政补助、税收优惠等措施，积极鼓励农民合作经济组织、龙头企业等参与农村公共物品供给，逐步探索建立政府与市场、第三部门有效结合的供给机制。完善“一事一议”财政奖补制度，扩大试点范围。不断拓宽农民利益表达渠道，完善农民依法进行利益表达的途径，建立健全农民需求偏好表达机制。

（五）加快推进农村行政管理体制改革

按照建设服务型政府的要求，加快推进县乡行政管理体制改革。应加快省直管县的体制改革步伐，弱化地市一级的行政职能，强化县级行政职能，将乡镇一级变成县政府派出机构，实行“县政、乡派”。同时，中央和省级政府要建立对县级政府一般财政转移支付的规范制度，加大财政转移支付力度，支持县乡政权精简机构、转变职能，提高行政管理和公共服务能力。此外，要加强村民自治组织建设和制度创新，进一步明确村民自治权的范围，强化村级正式组织的合法权威。不断创新村民行使自治权的程序，适当扩大村政决策的范围，完善民主决策、民主管理和民主监督等各项制度规则，增加农民参与的主体性。

（作者：马晓河，国家发展改革委宏观经济研究院副院长）

（选自《中国经贸导刊》2011年第1期）

以扩大中等收入群体为目标设计二次改革

方栓喜

迟福林(2009)首次提出的“二次改革”概念，受到了多方面的关注。以经济发展方式转变为主线，我国确实处于二次改革的历史性选择的关键时期。笔者认为，借鉴西方发达国家在工业化中期之后三次经济转型的经验，可以考虑将扩大中等收入群体规模作为二次改革的基本目标。

一、二次改革的历史任务是转变经济发展方式，而能够扩大中等收入群体规模的经济发展方式才值得追求

1. 收入分配差距的急剧扩大拷问经济发展方式的分配正义

改革也好，经济发展方式也好，都涉及分配正义，都不能回避分配正义。我国于1978年启动的一次改革中提出“贫穷和落后不是社会主义”，这是凝聚改革共识最基本的价值判断。在这样一个分配正义的口号下，才取得了广泛的社会共识和社会动力。市场化改革的正义性、合法性在于使我国从一个低收入国家走向中等收入国家，绝大多数人解决了温饱问题。由此，我国也由生存型阶段迈向发展型阶段。

以经济发展方式为主线启动二次改革，同样面临一个基本问题：什么样的经济发展方式才值得追求？谁来支持这样的改革？改革如何能够说明自己的合法性和正义性？自20世纪80年代以来，我国基尼系数无论是绝对增长幅度还是相对增长幅度都明显，全国平均基尼系数在2000年超过了0.4的警戒线，到2007年达到0.454。按照《中国居民收入分配年度报告(2004)》，最高收入10%的富裕家庭其财产总额占全部居民财产的45%，而最低收入10%的家庭相应比例仅为1.4%。财富差距达到32倍，如果考虑到差距随着房地产价格的飙升，目前的财富差距至少超过40倍，而2009年对应的居民收入差距大约是23倍。

实际上，在我国改革开放总设计师邓小平当初考虑改革的时候，就已经看到，发展到一定阶段后就需要解决共同富裕的问题。1986年，邓小平就指出：“我们是社会主义国家，国民收入分配要使所有的人都得益，没有太富的人，也没有太穷的人，所以日子普遍好过”。反之，“如果搞资本主义，可能有少数人富裕起来，但大量的人会长期处于贫困状态，中国就会发生闹革命的问题”。1990年12月，邓小平又指出：“共同致富，我们从改革一开始就讲，将来总有一天要成为中心课题。社会主义不是少数人富起来、大多数人穷，不是那个样子。社会主义最大的优越性就是共同富裕，这是体现社会主义

本质的一个东西。如果搞两极分化，情况就不同了，民族矛盾、区域间矛盾、阶级矛盾都会发展，相应地中央和地方的矛盾也会发展，就可能出乱子”。1993年9月，邓小平强调：“怎样实现富裕，富裕起来以后财富怎样分配，这都是大问题。题目已经出来了，解决这个问题比解决发展起来的问题还困难。分配的问题大得很”。

2. 主流的经济结构转型论回避了分配正义问题

目前，我国主流的经济发展方式表述是将经济发展方式转变看成了一个经济结构变化的过程，在对问题的描述中回避了分配正义的问题。在对经济发展方式转变的认识上，最全面和权威性的表述是：促进经济增长由主要依靠投资、出口拉动向依靠消费、投资、出口协调拉动转变；由主要依靠第二产业带动向依靠第一、第二、第三产业协同带动转变；由主要依靠增加物质资源消耗向主要依靠科技进步、劳动者素质提高、管理创新转变。

这样一个表述方式尽管刻画出了我国由工业化中后期转向后工业时代经济结构变化的客观趋势和规律，但因为回避了分配正义的问题，难以回答二次改革的方向性问题。如果简单地将二次改革说成是促进经济结构转型，无法说明谁来支持二次改革，如何能够凝聚社会动力，争取二次改革最广泛的社会支持。

3. 能够扩大中等收入群体规模的经济发展方式才值得追求

我国二次改革可以从福利经济学中汲取思想资源。欧美西方国家在工业化中后期向后工业社会过渡的过程中，由于长期推行古典自由主义的经济发展模式，出现了严峻的两极分化现象和生产过剩，由此导致1929—1933年的经济大萧条。其后发达国家出现了由古典自由主义向福利国家模式的转型。在这次转型中产生了经济学思想变革的两大成果：一个是凯恩斯(John Maynard Keynes，1936)撰写的《就业、利息和货币通论》，提出了政府运用财政货币政策干预宏观经济运行的主张；一个是英国经济学家庇古(A．C．Pigou，1920)撰写的《福利经济学》，提出国家运用再分配手段增进全社会福利的原理和正当性。这两大思想从不同的侧面对古典自由主义思想进行了批判性的反思和超越，也都成为欧美发达国家经济转型最主要的思想资源和政策资源。

相比而言，凯恩斯的宏观经济理论主要是对短期经济波动进行调控和干预，并不涉及经济发展方式的根本转型，也不涉及价值判断。而庇古的福利经济学则属于典型的规范经济学，有着鲜明的价值判断，成为发达国家向福利国家转型重要的思想资源。在庇古看来，经济增长不是为了经济增长本身，而是为了增加社会的总福利。而且庇古还提出调节收入分配同样能够增加社会总福利的命题。在他看来，社会总福利既取决于国民收入总量，也取决于分配平等。他的社会福利函数有两层含义：一是国民收入总量愈大，社会总福利就愈大；二是国民收入分配愈是均等化，社会总福利就愈大。

庇古的福利经济学实际上回答了欧美西方国家在工业化中后期向后工业社会过渡的过程中，什么样的经济发展方式最值得追求。也就是说，能够扩大中等收入群体的经济发展方式最值得追求。我国的二次改革，从福利经济学中汲取思想智慧，就是要把改革的目标鲜明地放在扩大中等收入群体上。

二、二次改革的特定背景是由工业化中期走向后工业社会，这一历史阶段经济转型最重要的成果表现为形成中等收入群体占优的社会结构

二次改革也可以从西方发达国家所发生的经济转型中获得实践经验。西方英美主要发达

国家在20世纪20年代末、30年代初处于工业化中后期，从这个时期开始迈向后工业社会至今，主要发生了三次大的经济转型，其中最主要的社会成就就是形成了中等收入群体占优的社会结构。

1. 从古典自由主义到福利国家模式的转型与中等收入群体的发育

这次转型是20世纪30年代到70年代初，这一时期是西方国家从工业化中后期迈向后工业社会的历史转折期，主要发达国家均放弃了古典自由主义发展模式，确立了福利国家模式，造成了以白领为主的中等收入群体急剧攀升的良好局面，为西方主要发达国家步入后工业社会创造了强大的社会动力。这一时期与我国当前经济发展方式转变的发展阶段和发展起点基本相同，因而最值得我国二次改革借鉴。

在工业化中后期之后，一个基本的规律是重化工业的快速扩张，这必然带来生产能力的大幅度提高，但收入分配上的两极分化却造成消费严重不足。由于西方主要发达国家普遍采取古典自由主义的经济发展模式，使得在社会财富空前增加的同时，收入分配差距也急剧拉大。在这个大背景下，爆发了1929—1933年席卷西方世界的大萧条。经济危机中，倾向于维护中低收入者利益的美国民主党、英国工党、德国社会民主党等获得了较长时间的执政地位。例如，美国大萧条之后民主党获得了20年的连续执政机会。这些党派将古典自由主义时期对穷人补救式的社会保障，转变为大规模、全民共享式的国家福利。以起源于英国的《贝弗里奇报告》为标志，欧洲各国普遍推行福利国家政策，逐步将享受国家福利作为理所应当的公民权利。北欧诸国还建立起“从摇篮到坟墓”无所不包的福利国家制度。即使是最盛行自由主义的美国，从20世纪30年代罗斯福“新政”时期也开始了广泛的国家福利制度建构，于20世纪60年代约翰逊“伟大社会”时期扩张达到顶峰。此后，西方发达国家经济危机主要形式已不再表现为马克思所描述的经典生产过剩危机。福利国家为中低收入者向上流动创造了极为有利的社会条件，一个最突出的社会成果是以白领为主的中产阶层的快速崛起。在这个前提下，西方发达国家逐步形成了消费主导、服务业主导、人力资本主导的经济结构。

2. 从福利国家到新自由主义模式的转型与中等收入群体占优结构的形成

这次转型发生在20世纪70—90年代中期。这次转型主要在于矫正个人福利主要依赖于国家所引发的经济竞争力下降问题，旨在使发达国家经济重获生机，手段是削减福利，推行市场化，其结果是形成了中等收入群体占优的社会结构。

传统的福利国家模式，公民获得福利对国家的依赖太大，最终使得社会福利成为政府难以承受的负担。以英国为例，1970—1974年希思政府时期，社会福利支出增长率超过经济增长率，占国民生产总值的40%以上。经过40年左右福利国家的建设，许多人养成了不愿意工作的习惯。个人对国家的过度依赖，导致财政入不敷出。经济越是停滞，失业越多，失业越多，按照福利制度化的原则，需要政府的福利支出越多，又反过来加剧了财政危机。在这种情况下出现了“滞胀”的新危机。

“滞胀”危机导致主张自由市场、代表中上阶层的美国共和党、英国保守党赢得较长时间的执政地位。从美国的总统里根开始，共和党连续执政12年。从英国的撒切尔夫人开始，英国保守党连续执政18年。这些党派在获取执政地位之后，无一例外地采取了削减社会福利的政策，倡导扩展市场秩序和提高经济效率，做大经济“蛋糕”。以撒切尔夫人所领导的英国政府为例，主要是在社会福利领域推行市场化，增加个人责任，减轻国家责任。

这次经济大转型使得各发达国家重新恢复了经济活力，包括私有化、减税等市场化改革政策的推行，提供了更多的就业机会，提高了企业的竞争力。其主要成果是发达国家都形成了中产阶层为主的社会结构，在经济结构上，消费主导、服务业主导、人力资本主导的趋势得到加强，西方社会顺利步入后工业社会。

3．从新自由主义到“第三条道路”的转型与中等收入群体规模的维持

这次转型是20世纪90年代中期至今，是一场探索中的、没有完成的转型。经过两次经济大转型，西方发达国家已经步入了后工业社会。但这个后工业社会在全球化时代遇到挑战。西方发达国家在新时期面临的问题是：如何能够在全球化时代保持较高的经济竞争力，维持和扩大中等收入群体规模？

传统的福利国家模式难以为继。20世纪90年代以来，是全球化空前加速的20年。由于福利国家的高福利，发达国家劳动力成本远高于发展中国家。全球化使资本流向低劳动力成本的新兴经济体，使得发达国家传统产业“空心化”。这必然造成发达国家中等收入群体规模的减少。

新自由主义模式同样受到挑战。新自由主义模式削减了社会福利，又造成收入分配差距扩大，还出现了失业率居高不下的状况。例如英国在1995年的基尼系数达到0.368。1996年8月，失业率仍达到7.5%。2007年的美国“次贷危机”引发的全球性金融危机，在很大程度上反映了新自由主义模式的失灵。与福利国家时代不同的是，新自由主义模式在提高社会福利的时候，不是增加政府的福利支出，而是主要寄希望于通过市场这个途径发挥作用。美国改善居民住房条件是通过放松对金融市场的监管，放任金融衍生品市场自由发展实现的，最终导致了新的危机。

20世纪90年代兴起的“第三条道路”，在欧美国家开始盛行。英国的布莱尔政府和美国的克林顿政府都宣称实行“第三条道路”，布莱尔连续赢得三届执政，克林顿也赢得了两届执政。作为一种新的政治主张，“第三条道路”在普遍增进社会福利的手段上，既与传统福利国家不同，又与新自由主义不同，既希望能够充分利用市场提高经济活力，实现产业升级，又希望能够通过政府作用的发挥，实现社会公平。主要政策思路可以归纳为如下三点：

第一，以机会的均等来定义社会公平。主张以“物质的再分配”转向“可能性的再分配”。吸纳了新自由主义关于强化个人责任的精神，也包容了福利国家对平等的追求，让穷人变成主动追求改善而不是等待国家救济。

第二，无责任即无权利。传统的福利国家强调一种国家和集体的责任，很少提及公民责任。提倡积极的公民权利和义务，克服福利国家造成的社会依赖、道德风险、官僚主义等问题。主张个人、社会集体和国家一起做贡献，抛弃了单边依靠国家解决问题的理念。要求公民积极面对新的风险，去自我实现。

第三，建设积极的社会投资型国家。主要强调提供在可能的情况下尽量在人力资本上投资，更多地提供培训和教育性投资，为公民自我实现创造条件。以事前的社会政策取代福利国家的事后再分配政策，提高劳动力市场弹性，提高经济效率和国家竞争力。

三、如果说一次改革以经济建设为中心，二次改革则是以人为本，主要在于通过制度创新，为扩大中等收入群体创造机会

适应由工业化中后期向后工业社会转型的客观规律，实现改革由以经济建设为中心向多数人福利为中心的转变，应把扩大中等收入群体作为改革的基本目标。

1. 推进以创造中等收入就业岗位为重点的市场化改革

改革的基本路径是打破国有企业和事业单位的行政垄断，释放中等收入就业岗位。从西方发达国家经济转型历史中可以看到，中等就业岗位增加主要在服务业。而我国服务业的潜力主要在放开公共服务业，从而释放出大量的服务业就业机会。

一是在石油、电网、民航、电信、邮政、铁路等领域进一步推进市场化改革，让民营经济畅通无阻地进入这些领域，释放中等收入就业岗位。我国行业间工资差距中，约1/3是垄断因素造成的。如果能够有效缩小行业差距，以2007年行业平均工资为基数，节省下来的工资基金可以多容纳700万人就业。把行业差距缩小到多数市场经济国家合理的差距，达到最低与最高比为1 ∶ 2左右，节省下来的工资基金可以多容纳900万人就业。

二是在科教文卫等公共产品领域打破行政垄断，推行供给的市场化和社会化。美国1990—2000年服务业就业人数增加到1000万人，其中600万是公共服务部门的增加数例。截至2009年年底，我国就业人员7.79亿人，但科教文卫领域安排的就业大致为3000万人，占就业总量的3.85%，多年来基本没有变化。在我国公共需求全面快速增长的当前，打破这一领域的行政垄断，有利于缓解我国公共服务严重短缺的局面。即使达到发达国家一般的水平，就能够创造出5000—8000万的中等收入就业岗位。

2. 以培育中等收入能力为重点构建积极的国家福利制度

我国作为一个后起的发展中国家，在看到西方三次经济转型的成败得失之后，有条件一步到位地建立一个积极的社会福利制度。从而避免福利国家模式、新自由主义模式的弊端，直接借鉴“第三条道路”模式取得的新成果。欧美发达国家进入后福利国家时代的两次转型，主要是变革福利制度模式，提高经济效率和国际竞争力。从其基本趋势看，发达国家并不是不要福利制度了，而是要建设更为积极的社会福利制度。

第一，社会福利制度不是削弱市场，而是增强市场在扩展多数人福利中的作用。新时期社会福利制度必须充分考虑全球化的特定背景。全球化将所有国家联系在一起，在资本和人才等资源跨国流动的特定背景下，任何一个国家想人为地保持一个超出经济效率的高福利制度都是不可能的。拿欧洲福利国家与美国相比，欧洲福利国家更倾向于国家保证高福利，在全球化中经济竞争力落后于美国，主要原因是国家无法控制高福利造成的高税收，所导致的资本流出和人才流出。我国未来的社会福利制度，需要以增强市场作用和市场活力为前提。否则，即使是人力资本投入上去了，人才还会流向美国等市场活力更强的国家。我国在建立城乡统一的福利制度的同时，需要同步推进科教文卫等领域中高级人才要素的市场化。我国的社会福利制度建设要与打破服务业的行政垄断同步推进，为多数社会成员流向服务业创造更多的就业机会。

第二，在整个政策设计上，需要以增加国家福利为主基调。从经济发展阶段来说，我国当前处于发达经济体建设福利国家前夕的工业化中期，同时也是公共产品系统性短缺的阶段。尽管要规避西方福利国家时期国家福利过高的弊病，但政策与改革的主基调仍应当是增加国家福利，而不是削减国家福利。建立城乡统一的福利制度，主动地缩小日益扩大的城乡差距、地区差距、贫富差距，积极培育中等收入群体，在建设消费大国、服务业大国、人力资本大国上主动进取，是中国经济发展方式转变的根本出路。

第三，建立以提高人力资本为中心的社会福利制度。从发达国家福利国家时期、新自由主义时期的经验教训看，积极的社会福利制度是“授人以渔”，而非“授人以鱼”。我国要避免西方福利国家模式、新自由主义模式的弯路，建设一个积极的社会福利制度，最重要的是考虑到新时期全球化的因素和知识经济发展的因素，直接以提高中低收入者人力资本为主来设计整个社会福利制度。为此，要把2亿多农民工的职业教育作为社会福利制度建设的重中之重。

3. *以放权与增责为重点双向推进政府转型*

我国30多年的渐进式改革走到今天，私人资源配置的问题通过市场化改革比较好地解决了，但公共资源的配置并未有效解决。在市场化改革时代，我们提出把国有企业作为改革的中心环节；那么在今天，包括政府、事业单位、国有垄断行业在内的公共部门将成为改革的中心环节。

一是要推进以放权为重点的政府转型。例如，这些年政府将农村土地征地权牢牢控制在自己手中，土地成为地方政府的“第二财政”，推高了房价，使得农民工在城市化进程中难以成为中等收入群体，也使城市许多人买不起房。2001—2003年，全国土地出让金达9100多亿元，约相当于同期全国地方财政收入的35%；2004年，收入近6000亿元；2009年达到1.5万亿元，相当于同期全国地方财政总收入的46%左右。2010年，全国土地出让金有望突破2万亿元。事业单位、国有垄断行业改革滞后，主要表现在这些领域至今仍保持着行政化的倾向。西方经济转型中，有一个很大的变化就是古典自由主义时期的官僚制、科层制僵化的行政管理手段，被新公共管理所取代。我国迫切需要借鉴新公共管理运动的经验，废除国有企业和事业单位的行政等级观念，引入公共服务外包，让包括企业、社会组织都能够进入公共服务业，释放大量的中等就业岗位。

二是要推进以增加公共责任为重点的政府转型。近年来我国财政收入增长快于公共责任增长，国民收入明显向政府集中。2002—2007年，我国GDP年均增长10.6%，而财政收入年均增长21.09%，增速是GDP的两倍以上。按照周天勇（2010）的估计，2009年我国预算内财政收入68476.9亿元，加上预算外表内收费和表外收费、社会保险金、土地出让金等，共计114885.04亿元，占当年GDP337313.4亿元的34.06%，远超出发展中国家18%—25%的范围，接近发达国家35%—45%的比例，但发达国家比我国的福利水平要高得多。在二次改革中，可以考虑将国家福利制度建设的重点放在城乡基本公共服务均等化上，尤其是大幅度增加公共支出，使城乡居民都能够享受到大致相同的社会福利。将农民工纳入到城市公用住房保障体系内，通过增加政府责任的办法，实现农民工市民化，利用城市化创造中等收入群体。

（作者单位：东北大学工商管理学院）

（选自《经济体制改革》2011年第3期）

论垄断行业改革的理论基础

张昕竹

一、引言

中国的垄断行业改革始于20世纪80年代，当时的改革主要是为了解决这些行业普遍面临的窘迫的财务问题，但是并没有触动最根本的管理体制问题。电信、电力、民航、铁路等几大垄断行业的大规模、根本性改革始于20世纪90年代中期，并在本世纪初达到高潮。密集的改革部署意味着，在此期间这些行业的基本发展战略是以改革带动发展，改革是这些行业发展的主旋律。

在此之后，垄断行业的改革趋于平稳，基本上没有再出现重大的革命性的改革。这当然不是因为改革的任务已经完成或者接近完成，或者改革的边际递减规律已经发挥作用，而是基本发展战略已经在悄然发生变化，更确切地讲，以改革带动发展的发展思路，逐步被以发展带动改革的基本指导思想所取代，发展正成为垄断行业的主旋律。

在垄断行业改革仍然任重道远的情况下，为什么改革的艰巨任务让位于发展的硬道理？这当然与中国经济这些年来的发展形势有关。随着中国经济的悄然崛起，一些人开始沾沾自喜于现有的发展成就，由此引发一种思维，认为关乎中国经济所有的存在似乎都是合理的，甚至将改革尚未完成的体制和机制安排误读为发展的始因，而完全忽略了已经完成的改革对于垄断行业发展的巨大促进作用，这显然是一个荒唐的逻辑。

本文想要强调的是，一个更深刻的原因还在于，改革背后的学术思辨也在一定程度上影响着改革实践。从根本上讲，市场化改革的基本指南是现有的市场经济理论，但非常遗憾的是，这些理论结构只是关于市场经济体制的问题，但并没有解决以中国为代表的一些转型国家所面临的转型问题。垄断行业改革就是一个很好的例证。众所周知，纵观世界垄断行业改革实践的经验，垄断行业主要经历了三大根本性改革，即产权改革、经济自由化、规制改革，这些重大改革依据的主要是现有的市场经济理论，但无论是基本的市场经济理论，还是由拉丰和蒂罗尔等经济学家开创和发展的现代规制理论（Laffont & Tirole，1993），都没有从本质上直面转型环境下的垄断行业改革问题。

二、尚未破题的产权改革

中国的垄断行业改革走了一条比较独特的路径，首先表现在垄断行业国有企业的产权改革上。与其他国家不同的是，中国并没有对这些领域的国有企业进行大规模的产权私有化，虽然在有些领域，比如对电信企业，为了改善治理结构，通过将电信企业在国内外资本市场上市，在极小范围内引入了资本多元化，但是国有控股的基本格局没有变。实际上，政府已经非常明确，将对这些垄断行业保持国家控制力，而且保持控制力的主要方式是国有控制，这意味着在未来相当长时间内，垄断行业的产权改革不会有重大突破。

非常有意思的是，近年来，伴随着垄断行业国有企业的总体经营绩效的改善，有关国有企业的争议也在悄然发生变化。曾几何时，国有企业糟糕的经营绩效是国企产权改革的主要动因，由此决定了国有企业的命运充其量是被抓大放小。但目前国有企业的强劲表现，又为垄断行业产权制度改革的争议注入了新的谈资，一些垄断企业的过高收益甚至已经成为社会关注的一个焦点。

对于目前国有企业的强劲表现，有两种截然不同的解释思路：一种思路是所谓的新国有企业理论，这种理论认为在一定条件下，尤其是在转型条件下，国有企业是有效率的；而另一种思路主要基于自由主义理论，它认为，国有产权是无效的，国有企业的经营环境实际上掩盖了其不良表现。应该说，无论是基于理论还是基于实证的思辨，关于垄断行业产权改革的争议基本处于对峙的状态，还没有在本质上决出胜负，这主要是因为，现有的产权理论并没有也无法回答国有产权的问题，更不用说可靠的实证研究所面临的巨大困难。

理解有关国有企业的争议，有必要简要回顾一下产权理论的发展，因为尽管很多人认为，主流的私有产权理论近乎完美，很多结论已经成为常识，但必须强调的是，主流产权理论并没有从根本上解决国有产权的性质问题，也没有回答什么情况下会出现国有产权的问题。实际上，正如哈特（Hart，1995）所指出的那样，现有的产权理论虽然可以完美地解释私有产权制度安排，但不能解释国有产权这种特殊的产权制度。

有关私有产权和国有产权的争议，会让人联想到有关市场经济与计划经济的论战。阿罗（Arrow，1963）、德布鲁等人的福利经济学基本定理告诉我们，在非常一般的条件下，市场经济可以达到有效的资源配置结果，或者说有效的资源配置结果可以通过市场配置资源的方式获得。这是一个伟大的结果，这个结果彻底地解决了市场经济与效率目标的关系问题。但在争论的另一边，计划经济的代表朗格（Breit & Lange，1934）同样证明了，计划经济也可以达到有效的配置结果。从这个意义上讲，市场经济和计划经济的争议似乎没有定论。但根据世界经济发展的实践，以及这些年经济理论的发展，特别是机制设计理论的发展，我们知道了虽然计划经济可以达到最优配置，但是经济决策所需要的信息是分散的，在经济决策的制定和执行过程中，无法以激励相容的方式得到这些信息，因此也就谈不上资源配置结果的最优。正是由于计划经济所面临的难以逾越的信息障碍，人们一般认为计划经济并不可行。由此，在这场论战中，市场经济最终取得全面胜利，市场经济理论成为改革的圣经。

虽然可以认为市场经济与计划经济的论战已经结束，但同样的结论并不适用于私有产权和国有产权的论战，这主要是因为，人们还没有像在市场经济与计划经济论战中那样，从根本上解释国有产权的性质，或者说揭示国有产权的致命弊端。

无论是私有产权还是国有产权，产权制度安排的核心是控制权的问题，在信息分散的情况下，行使控制权面临的主要障碍是信息不对称带来的激励问题。在市场经济环境下，可以在两个不同层面，通过不同方式解决控制权或者激励问题：一是在机制的层面，通过合同的方式，比如通过合同规定达到的经营目标，或者资源配置效率结果，来实现有效的控制权。在这种情况下，除了明确的合同或机制以外，还需要有一个保证执行合同的司法系统。也就是说，在很多情形下，国有企业的机制安排可以复制私有企业，这也正说明，现有的国有企业与私有企业在很多方面是相似的；二是在制度的层面，通过制度安排的方式，比如通过明晰的私有产权制度，解决控制权或激励问题。

容易理解，如果所有的控制权或者激励问题都可以通过合同的方式详细予以规定，那么一个完备的合同再加上保证合同执行的司法系统，就可以解决控制权问题或激励问题，因而根本不需要制度层面的安排，制度安排完全等价于机制设计，换句话说，无论是私有产权安排，还是国有产权制度，如果不考虑意识形态方面的争议，在完全合同的框架内，产权制度的讨论是没有意义的。但是在现实生活中，不可能存在完备合同或者说存在不完全合同的问题，因此存在剩余控制权的问题，在这种情况下，就需要合适的产权制度安排，这是不同产权制度安排之争的基本出发点。

对于在什么情况下需要有明晰的产权制度安排这样一个重要问题，答案首先是由科斯给出的（Coase，1937；1960），他创造性地使用了交易费用这一概念来解释产权制度，认为是交易费用在本质上决定了产权制度的选择，这是现代产权制度的起点，也可以称为是第一代产权理论。此时的产权理论的主要特征是以交易费用为核心，以此来解释产权的基本属性。经过众多产权理论经济学家的发展，第一代产权理论已经成为主流的产权理论，但毋庸置疑的是，这种产权理论并没有从根本上回答国有产权问题，比如并没有解释在什么情况下会出现国有产权，而只是通过间接的方式，回答为什么会出现私有产权，以此来排除国有产权制度。

到了20世纪70年代后期，随着威廉姆森对交易费用概念的发展（Williamson，1975；1985），以及现代激励理论的发展，人们开始更多地在不完全合同的框架下研究产权理论，这也可以称为第二代产权理论。此时产权理论发生的一个重要变化是，开始试图解释国有产权问题，人们甚至认为，不完全合同框架是解决私有产权和国有产权之争的最终出路。但不幸的是，马斯金和蒂罗尔的工作几乎彻底摧毁了这条路（Maskin & Tirole，1999），因为他们证明，不完全合同问题几乎可以在完全合同的框架下来解决，这里的“几乎”主要是指相对于考虑的问题而言，看起来不是特别重要的有限责任约束。他们工作的基本含义是，至少在理论意义上，在相当一般的条件下，完备的合同机制再加上执行合同的法庭，可以完全取代产权制度安排。

在后不完全合同产权理论时代，虽然产权理论仍然在发展，但是尚未出现具有划时代意义的重大突破。实际上，不管私有产权与国有产权之争多么激烈，现有的产权理论看起来有多完美，但是对于国有企业的产权改革问题，至少在理论上仍留有重要缺憾，甚至可以说还没有破题，虽然这听起来令人难以理解和接受，但这却是一个事实。

三、有限竞争和有效竞争的混淆

垄断行业的第二个重大改革是经济自由化改革。实际上，经济自由化有很丰富的内涵，包括开放准入、引入和促进竞争、放松规制等很多方面，而中国的经济自由化改革同样走了一条独特的道路。首先，虽然打破垄断引入竞争是垄断行业改革的重要指导思想，甚至可以说是中国垄断行业改革的最主要内容，但引入竞争是在基本上没有实行产权制度改革，或者更确切地讲，是在没有大规模私有化的前提下进行的，这和很多国家的垄断行业改革思路有非常大的差异。

对于这样的一个改革思路，理论界曾引起很大争议。以斯蒂格利茨为代表的强调转型的经济学家认为（Stiglitz，1996），在转型的环境下，市场竞争机制比产权制度更重要，决定经济绩效的因素更主要地在于市场竞争机制，而不是产权或私有化，这个结论为中国的经济自由化方式提供了强有力的支持。而对于强调市场经济制度改革的经济学家，他们认为改革的路径应该是首先进行产权改革，这也是竞争制度发挥作用的前提。

很显然，这场争议的核心是转型问题，但无论是强调转型的经济学家，还是强调市场制度建设的经济学家，都没有在理论层面上直面转型问题。正如前文所提到的，引入市场竞争机制的理论依据是，福利经济学的基本定理保证了在相当一般的条件下，特别是在明晰的产权制度安排下(当然这里主要指私有产权制度)，市场竞争机制能够解决效率问题，但并没有回答在国有产权制度安排下，竞争机制会达到什么样的配置结果。实际上，国有经济下的一般均衡理论曾经取得重要研究进展，连作为福利经济学奠基人的阿罗都对此非常期待，但很显然的是，沿此方向并没有取得突破性的进展。

在我国垄断行业改革中，经济自由化的另一个特征是，只是引入有限竞争，强调有效竞争的概念，而不是强调充分竞争，这个思路无疑对于垄断行业打破垄断，引入竞争产生了重要影响。比如基于存量资产的产业重组成为电信、电力、民航等行业引入和促进竞争的重要手段，而开放市场准入并没有成为促进竞争的主要方式。这意味着竞争的收益主要来源于存量生产能力之间的替代，而不是来源于动态的、新生产能力对旧生产能力的替代。

由于垄断行业具有不完全竞争的特征，那么引入多大程度的竞争显然与马歇尔的有效竞争概念有关。任何熟悉规制经济理论和完全竞争理论的人都知道，对于自然垄断情形，经济学家可以非常确定，在什么情形下垄断是最好的产业组织安排，在什么条件下完全竞争或充分竞争是实现效率目标的最佳途径，但对于处于两者之间的情形，不管现代产业组织理论已经多么完善，人们对于引入多大程度的竞争并没有共识。不幸的是，在现实生活中，既没有出现教科书式的充分竞争条件，也不存在纯粹的自然垄断情形，特别是垄断行业基本上都满足寡头竞争的条件，这意味着有关竞争程度的争论是没有解的。

中国竞争机制的另一个不容忽视的特征是，中国反垄断制度的建立姗姗来迟，这意味着中国的竞争政策对于垄断行业打破垄断引入竞争并没有发挥应有的作用，按照现有的反垄断制度框架和法律规则，在可见的将来似乎也难以发挥这样的作用。一个有意思的实证经验是，中国经济发展所取得的巨大成就是在没有反垄断制度的情况下取得的，很多人据此得出中国并不需要反垄断制度的结论，这似乎给中国未来反垄断制度的走向投下一道阴影。实际上，无论是在理论还是在实证上，反垄断制度对于经济发展的影响到底如何，都没有一个明确的结论。

四、本土化的规制改革

垄断行业的三大改革中最后一项改革是规制改革。规制改革的第一个层面是法律框架的建立，毋庸讳言，规制改革中的立法也许是最容易的部分，因此也是改革走得最快的部分，尽管执法效果仍有疑问，但是垄断行业适用的法律框架也许是和典型市场经济体制下的法律体系最接近的部分。

规制改革的第二个层面是管理体制问题，或者说规制治理结构问题。世界规制改革实践似乎表明，建立专业的具有合理监管范围的独立监管机构是建立规制治理结构的关键。但是中国又一次偏离了这样的改革轨迹，建立了有中国特色的规制治理结构。具体而言，在规制机构改革中，并没有采取建立独立监管机构的方式，而是在现有的行政体制下，建立垄断行业的规制治理结构。当然，这并不是说，中国垄断行业规制治理结构仍然完全延续了旧的体制。实际上，政府在现有行政体制下，一直在进行多种治理结构改革的实验。比如既有像国家改革和发展委员会以及信息产业部这样的内阁部门作为监管机构，也有像电力监管委员会这样的国务院直属事业单位作为监管机构。根据我的理解，尽管这些部门都隶属于国务院，但是他们的独立性存在细微的差别。正是通过这种方式，中国政府在试图探索，在现有的政治制度和行政体制下，如何构建合理的规制治理结构，解决监管独立性问题。

本质上讲，规制治理结构主要解决的是利益冲突的控制问题，包括不同规制机构之间、规制机构与规制企业之间、规制机构和规制企业与消费者或公众之间的利益冲突。在规制理论中，规制治理结构的研究框架主要是由蒂罗尔建立起来的（Tirole，1990），在合谋的语境下，他证明了防止合谋原理，其基本含义是，可以在完全合同的框架内解决治理结构问题，但代价是需要满足防止合谋约束。需要强调的是，这个研究框架不仅适用于纵向的组织冲突，也适用于横向的分散化问题，即如何配置规制权力的问题。

此后，经过拉丰和马蒂莫等人的进一步发展（Laffont & Martimort，1997），他们建立的研究框架已经成为研究规制治理结构问题的基本框架，而防止合谋原理则成为规制治理结构设计需要考虑的基本出发点。但他们的工作都没有系统考虑发展中国家的制度安排，更没有研究转型经济需要面临的治理结构问题，比如在多大的程度上，由于转型国家普遍面临着艰难的政府职能转变问题，规制治理还需要借助传统的行政手段。虽然拉丰很早就提出（Laffont，2005），需要打开治理结构黑箱，才能建立系统的规制治理结构理论，但令人惋惜的是，他本人英年早逝没有完成这个工作，为此，后人还在沿此方向不断地探索（Estache & Wren-Lewis，2009）。

规制改革的第三个层面是规制政策改革。在众多的规制政策中，最为核心的问题是价格规制。在零售价格层面，不同的垄断行业处在迥然不同的两个极端。比如在基础电信领域，价格规制已经接近完全取消，复杂的非线性定价竞争使得价格水平低于现存的价格上限，使上限价格规制基本处于名存实亡的状态。这实际上是一个非常不可思议的管制政策安排，因为在准入没有放开、竞争程度仍有限的情况下，取消价格规制是令人难以理解的。在这种情况下，很难理解现有的资费竞争结果是因为市场竞争程度足够高，还是价格上限管制不合理，这也在一定程度上说明，为什么电信资费一直是社会关注的一个焦点问题。而在电力行业，政府对用电价格本质上实行的是收益率管制或服务成本管制，其主要标志是政府按照收益率核算电价，并根据成本变动情况调整电价。但需要强调的是，现有的管制方式不同于典型的收益率管制，因为企业的收益率并不固定，所以并不存在收益率过高时对用户获利返还的机制。但随着成本的不断攀升和用户对于电价上涨的反对，这种价格规制机制面临着巨大挑战，迫切需要电价规制机制的转型。

对于价格规制，现代规制理论主要从规范角度，考虑如何在高激励强度的上限管制，与低激励强度的服务成本管制之间进行权衡，以解决效率和信息租金的让渡问题，但并没有考虑政府规制面临的制度约束问题，更没有考虑可能面对的一些重要的转型问题。比如在限制准入、引入有限竞争的情况下，应该采用什么样的价格规制方式；在价格调整面临日益严峻的公众压力下，如何改变价格规制方式。一个典型的案例是阶梯电价的引入。为了应对日益严峻的资源环境约束，同时也是为了解决价格调整面临的压力，和世界上很多国家一样，中国政府也宣布对供电、供气和供水实施阶梯定价。尽管阶梯定价得到广泛应用，但这种非线性定价方式极为复杂，一些理论和实证问题至今仍是世界难题。比如如何利用阶梯定价所赋予的众多政策调整工具，设计实现效率、节能、公平等政策目标的最优定价，或者说最优定价与阶梯定价的关系是什么？现有文献并没有解决最优定价与执行问题。又比如阶梯定价产生分段线性约束，需求和供给同时决定，使得需求设定和识别变得十分复杂，现有文献用双误差离散／连续模型解决这些问题，但估计结果和解释都存在很大争议。可以说，从线性定价到非线性定价，价格规制面临的理论和实证的挑战将是空前的。

在批发定价层面，由于竞争的引入，接入定价成为最为核心的政府规制问题，同时也是争议的焦点问题。在电信行业，自引入电信竞争之日起，网间结算就成为影响有效电信竞争形成的一个关键问题，政府规制部门也将网间结算价格作为实现有效竞争的重要规制手段，为此投入了大量的人力和物力，笔者也有幸参与到这项重要工作中。但不幸的是，尽管基于最主流的网间结算成本理论，通过各种手段测算了网间结算成本，但是最终结果并没有按照既定的目标得到实施。在电力行业，自从厂网分开以后，如何确定合理的输配价格，以实现电力市场竞争，一直是一个尚未完成的艰巨任务。在银行卡行业，商家拒绝刷卡将银行卡产业竞争的最核心问题即转接费问题暴露出来，但是转接费的改革一直没有进行，由此造成信用卡产业严重的价格扭曲，比如信用卡和借记卡的商家扣率仍实行统一定价，并对发卡市场和收单市场竞争产生不利影响。

在现代规制理论中，除了需要考虑信息不对称对规制机制带来的影响以外，还要研究引入竞争对规制政策带来的影响，这也是垄断行业引入竞争带来的最重要变化。实际上，接入定价是现代规制理论的一个热点问题，大量文献探讨了在不同环境下的最优接入定价问题，但这些研究存在一些内在缺陷，限制了这些结果的广泛应用：首先，最优定价理论与实际竞争有一定差异，并且其结论不能简单地移植到实际环境。比如大部分电信网间结算定价理论考虑的是，在两个网络竞争的环境下的最优定价，但是实际的竞争环境可能包括多个竞争对手，而这种竞争环境下企业的竞争策略显然更为复杂。其次，这些理论模型没有考虑最优定价的执行问题。比如由于缺乏信息，可能无法按照最优定价模型制定最优接入定价。最后，现有接入定价理论没有考虑实际操作性问题。比如由于公众的反对，可能无法实施最优定价。一个有意思的案例是，几年前对 ATM 业务计划实施的跨行查询收费，这本来属于转接费的调整，但由于很多银行向消费者转嫁价格调整负担，导致公众的一致反对，最后致使转接费的调整难以进行，从而使政府规制部门丧失了调整 ATM 产业竞争态势的一个重要政策工具。

五、结语

上面的讨论并不是为了对规制改革理论进行全面综述，也不是为了对中国垄断行业改革情况进行系统回顾，而只是想说明，中国规制改革由疾风暴雨转为和风细雨，其背后有着深刻的理论背景。可以说，在转型经济背景下，中国垄断行业改革所面临的很多问题，是现代规制理论所没有解决的。当然，这并不意味着，在一些重大改革的基础理论仍没有解决之前，甚至还处于争议之中的时候，就不能进行相应的改革。实际上，纵观经济思想史和人类进步的历史，理论落后于实践是一个常态，理论与实践的鸿沟从来没有影响人类的社会实践。我在这里想要强调的是，在垄断行业改革的重大基础理论难以取得突破的时刻，我们在坚持摸着石头过河的同时，还需要不断总结实证经验，以便为未来的理论突破提供实证证据。

（作者：中国社会科学院规制与竞争研究中心研究员、江西财经大学特聘教授）

（选自《经济社会体制比较》2011 年第 3 期）

加快推进我国
对外经济发展方式转变的战略选择

李　翀

一、转变我国对外经济发展方式的迫切性

改革开放以来，我国国内生产总值以平均高于9%的速度持续增长了32年，连续超越了意、法、英、德、日等多个发达国家，仅次于美国而位居世界第二位。我国经济高速增长创造了人类经济史上经济增长的奇迹，使我国的生产能力空前提高，社会财富迅速积累，人民群众生活状况显著改善。

与此同时，我国对外经济也取得了巨大成就。首先，我国进出口贸易总额已经取代传统的贸易大国德国和日本而仅次于美国居世界第二位，出口商品结构在不断改善。其次，我国长期以来一直是吸引外国直接投资最多的发展中国家，近年来我国对外直接投资也出现了迅速增加的趋势。再次，我国外汇储备居世界第一位，人民币地位在不断提高。在我国整体经济的发展中，对外经济的发展功不可没。

但是，在我国经济持续发展了32年以后，一个严峻的问题已经显现出来：我国按照现行的经济发展方式还能持续增长多少年？特别是2008年9月美国金融危机激化以后，我国出口大幅度下降，我国经济面临衰退的危险，给我国对内和对外经济发展方式敲响了警钟。

我国对内经济发展方式主要存在两个问题：第一，我国对内经济发展方式基本上是粗放型的增长方式，即依靠大规模地投入劳动、资本和自然资源来实现产值增长。第二，我国产值的增长在需求结构上过于依赖投资需求和出口需求的增长，而在产业结构上又过于依赖第二产业的增长。相应的，我国包括对外贸易、直接投资、对外金融在内的对外经济发展方式也存在不少问题。

1. 在对外贸易方面。首先，虽然我国出口商品结构在名义上已经完成了从劳动密集型为主向资本密集型和技术密集型为主的转变，但在实质上我国还处于国际分工和国际产业价值链的低端。我国出口的主要方式还是加工贸易，具有自主品牌产品的出口不多。由于外商控制了收益最高的设计、研发、品牌等生产环节，我国企业得到的只是少量的加工费。这样，我国成为典型的“制造大国、品牌小国”，陷入了以外商为主导、加工贸易占支配地位的具有很大风险的对外贸易格局。

其次，尽管我国实际上得到的国际贸易利益不多，但我国却成为贸易保护主义的最大受害国。1979—2007年，共有38个国家对我国发起各种贸易救济调查897起，涉案金额188亿美元。其中反倾销案件780起，涉案金额

162亿美元。到2008年，我国已经连续14年成为遭遇反倾销调查最多的国家，连续3年成为遭遇反补贴调查最多的国家。据世界贸易组织统计，2008年外国对我国发起反倾销调查73起，反补贴调查10起，分别占全世界总数的35%和71%。

再次，在传统非低碳经济条件下，依靠传统的“低成本、高能耗、高排放”和“碳成本”外部化的发展战略，我国充分发挥劳动力资源的优势，大力发展加工贸易，积极吸引外资，大量承接国际低端产业，生产出口劳动密集型产品，不仅使我国融入了国际分工，还带动了进出口贸易和国民经济的迅速发展。但是，碳关税的兴起和发展，将使世界经济进入低碳经济时代。这意味着我国传统的粗放式参与国际分工的战略已经不可持续，对外货物贸易发展方式必须进行调整。

最后，我国对外服务贸易的发展长期依赖旅游服务、运输服务和商业服务等传统劳动密集型服务行业，金融服务、信息服务等资本和技术密集型的生产性服务业在我国的对外服务贸易中所占的比重还很小。我国对外服务贸易不仅在贸易竞争力指数方面与美国、英国、法国、德国、意大利等发达国家相比存在很大的差距，而且从1999年已经开始落后于发展中国家印度。

2. 在外国直接投资方面。首先，我国曾设想通过引进外国直接投资的方式，“以市场换技术”。主要途径是通过技术转让等形式，直接掌握外国企业的先进技术；通过学习、模仿等非市场转移方式，获取外国企业先进技术；通过给国内企业造成竞争压力的方法，促使国内企业提高技术水平。改革开放以来，我国企业从外国直接投资中得到了一般的生产技术和管理技术，但没有得到核心技术。

其次，我国吸引外国直接投资的优势在于廉价的土地和劳动力。不少地方政府为了吸引外国直接投资，在土地使用上给予过多的优惠，造成了土地资源的大量流失。另外，为了利用我国廉价的劳动力，外商直接投资主要集中在制造业。直到2009年，外商对我国制造业的投资占外商总投资的比例仍然达到52%。我国从外商直接投资得到的相对利益本来就不大，而外商对制造业的直接投资导致出口的增加又产生了更多的贸易摩擦和人民币汇率升值压力。

再次，在我国采取各种优惠措施吸引外国直接投资的情况下，不少外商将高能源消耗、高原料消耗、高污染产品的生产转移到我国，不仅耗费了我国大量的自然资源，而且对我国的环境造成了严重污染。由于我国的碳排放量迅速增加，又使我国在倡导低碳经济的国际环境中处于不利地位。

3. 在对外金融方面。首先，与对外贸易和直接投资相比，我国对外金融的发展还处于滞后状态。尽管中国人民银行已经批准国际金融公司和亚洲开发银行在国内发行人民币债券，但在国际金融市场上流通的以人民币计价的债券为零。尽管我国已经成为第二大经济大国和贸易大国，但是人民币还不是一种可以自由兑换的货币，世界各国中央银行和各国金融机构持有的人民币资产还为零。

其次，由于人民币地位不高，我国企业在对外贸易中不得不以美元计价和结算，从而经受着汇率变化的风险，并经常为此遭受损失。我国对外贸易的利益本来就不大，但是当我国政府将对外贸易积累起来的美元作为国际储备时，又会遭受美元贬值趋势的损失。我国作为一个发展中大国，不得不大量储备外汇，这实际上是在向发达国家交纳着“铸币税”。

党和政府敏锐地发现了我国经济发展方式存在的问题。2007年，党的十七大根据我国改革发展进入新阶段所面临的新情况和新问题，明确提出了加快我国经济发展方式转变的发展方针。2010年，胡锦涛总书记在省部级主要领导干部深入贯彻落实科学发展观加快经济发展方式转变专题研讨班上，专门发表了关于加快经济发展方式转变的讲话。2010年，党的十七届五中全会再次强调，加快转变经济发展方式是我国经济社会领域的一场深刻变革。显然，这场变革成功与否关系到我国经济能否实现均衡和可持续的发展，关系到我国能否从经济大国转变为经济强国，关系到中华民族能否真正走向繁荣昌盛。

我国对外经济发展方式主要包括三个层次：第一个层次是按照对外经济来划分的发展方式，如对外贸易发展方式、直接投资发展方式、对外金融发展方式。第二个层次是在第一个层次上的再划分，如对外货物贸易发展方式、对外服务贸易发展方式、对外直接投资发展方式、引进外国直接投资发展方式、货币国际化发展方式、金融国际化发展方式。第三个层次是在第二个层次上的再划分，如对外货物贸易发展方式再划分为货物出口发展方式、货物进口发展方式等。要加快推进我国对外经济发展方式的转变，可以考虑在第二个层次中构建和实施国家发展战略。

二、我国对外贸易发展战略的选择

在对外贸易方面构建和实施的国家发展战略，主要包括以超比较优势为核心的梯形对外货物贸易发展战略和以比较优势变迁为背景的雁型对外服务贸易发展战略。

比较优势有静态比较优势和动态比较优势之分。静态比较优势是目前现实世界中存在的比较优势，这种比较优势在短期内是不可更改的，各个国家只能按照这种比较优势格局参与国际分工和从事国际贸易。显然，就目前中美两个国家的经济发展水平而言，不可能出现中国向美国出口大型客机而从美国进口纺织品的贸易情况。

但是，除了静态比较优势以外，还有动态比较优势。也就是说，从目前来看某个国家在某个产业不存在比较优势，但是经过一段时间的培育和发展，这个产业就可能具有比较优势。如果发展中国家不去创造这种动态比较优势，它们只能永远落后于发达国家。

除了静态比较优势和动态比较优势以外，还存在超比较优势。所谓超比较优势是指在两个国家的贸易中，一个国家能够生产的某种商品可能是另一个国家所不能生产的。从比较成本的角度分析，这意味着如果一个国家生产某种产品的成本为一定，另一个国家生产这种产品的成本为无穷。在多国贸易中，超比较优势则意味着某种产品只有少数几个国家可以生产的情形。超比较优势产生的主要源泉是社会资源的特点和科学技术水平。

因此，要加快我国对外货物贸易发展方式转变，应当对我国各个产业的现状以及未来世界产业发展前景进行深入分析，实行以超比较优势为核心的梯形对外贸易发展战略。首先，从短期和静态来看，我国应该按照比较优势的原则参与国际分工。其次，从长期和动态来看，我国政府应该培育某些目前没有比较优势但未来对我国经济具有主导意义的产业，以使这些产业在未来形成比较优势。再次，我国政府应该积极支持某些可以与发达国家同时起步的产业，推动科技的自主创新，发展某些具有超比较优势的产业。

之所以以超比较优势为核心，是因为它最能促进我国科学技术水平的提高，最能提高我国经济的核心竞争力。之所以是梯形，是因为对不同产业，要实施不同的对外贸易发展战略：传统优势产业按照比较优势原则参与国际分工，对经济具有重要影响的产业培育其动态比较优势以参与国际分工，对于与发达国家同时起步的新兴产业则应该创建超比较优势以参与国际分工。这种阶梯形的对外货物贸易发展战略将有力推进我国现行的对外货物贸易发展方式的转变，它既可以充分发挥我国已有的优势，又可以培育潜在的优势和超级的优势，以保证我国对外货物贸易的可持续发展。

在充分考虑低碳经济要求的前提下，需要区分我国可能采取不同形式参与国际分工的产业。根据我国的实际经济情况，将形成下面四种类型的产业。

第一种类型的产业是高能耗、高污染的产业。即使这些产业具有比较优势，我国政府也要根据国内实际情况，对这类产业的出口实行不同程度的限制。我们需要认真研究的是如何进行这样的限制，以及可以采取什么措施来缓和这样的限制所造成的不利影响，如寻找对外直接投资替代方法等。

第二种类型的产业是我国具有传统比较优势的产业，这部分产业主要按照比较优势原则参与国际分工。我们需要认真总结这部分产业以往发展的经验和教训，通过结构性的政策调整，来寻求效益更高的发展方式和发展策略。

第三种类型的产业是对国民经济具有长远和重要影响的产业。虽然它们目前没有比较优势，但是从我国经济发展的态势来看，是有可能成为具有比较优势产业的，这部分产业要通过建立动态的比较优势以参与国际分工。对这些产业，我们需要探讨的是我国政府应该采取什么样的政策和措施，来扶持这些产业。

第四种类型的产业是与发达国家同时起步的新兴产业，我国不可能在这些产业中与发达国家全面竞争，但是应该争取在个别产业建立超比较优势以参与国际分工。对这些产业，我们同样需要探讨我国政府应该采取什么样的政策和措施，来培育这些产业。

由于扶持和培育第三类和第四类产业需要政府一定的财政和信贷支持，因而需要耗费大量的社会资源，而政府掌握的社会资源又是有限的，因而需要从中选择最值得扶持或培育的产业。

实施以超比较优势为核心的梯形对外货物贸易发展战略，本身可以转变我国对外货物贸易发展方式，提高我国对外货物贸易的层次和效益。同时，还可以通过培育自主技术和新兴技术的方式，推动对外经济发展方式转变，促进我国经济健康、稳定、持续地发展。

我国对外服务贸易的战略选择与对外货物贸易战略选择相似。在科学判断当今世界经济格局的前提下，从提升本国分工地位和实现贸易利益最大化的目标出发，在我国服务贸易部门构建以改善传统比较优势、建立动态比较优势和培育超比较优势为框架的雁型对外服务贸易发展战略，即以比较优势变迁为背景的雁型对外服务贸易发展战略。

所谓“雁型”是对该战略的一种形象表述。目前，在对外服务贸易中，我国低端传统服务业如旅游业、运输业一枝独秀，但它只是一只孤雁。该战略提出要扶持具有动态比较优势生产性服务业和培育具有超比较优势的新兴服务业，以在我国对外服务贸易中形成雁群。开始的时候领头雁可能还是传统服务业，但随着其他服务业的发展，生产性服务业和新兴服务业在未来对外服务贸易中将逐渐成为领头雁。

以比较优势变迁为背景的雁型对外服务贸易发展战略的实施方法如下：

第一，传统服务业按照比较优势原则参与国际分工。利用贸易竞争力指数（TC 指数）、显性比较优势指数（RCA）等对我国各服务业部门进行时间序列数据分析可以发现，我国在旅游、运输和其他商业服务方面具有一定的比较优势，其中旅游服务已发展成为当前我国对外服务贸易的主要组成部分，劳动密集型的运输、建筑服务等行业则表现出资本、技术密集型的发展趋势，这表明我国部分传统服务业的劳动力比较优势正面临着同行业内部转型和要素重新分配的严峻考验。我们需要以此为背景，面对世界服务贸易发展的新要求，提出我国传统服务业积极进行战略转型升级的可行路径，寻求我国传统服务业在新一轮全球分工中稳定贸易收益的最佳发展方式和发展策略。

第二，生产性服务业建立动态比较优势参与国际分工。依靠政府的支持和承接发达国家服务外包，我国在通信、计算机和信息服务领域开始显现比较优势的迹象，但在金融、保险以及专利权使用费等标志一个国家软实力的更多生产性服务业上尚不具备参与国际竞争的资格和能力，而这些行业对国民经济发展及其转型的重大影响却正在显现。为此，我们需要考察国内目前不具有比较优势或者具有弱比较优势的部分服务业发展现状，研究通过机制创新、市场开放和政策引导等策略，有针对性地建立其动态比较优势，以使这些行业在国际分工和竞争中获取较高的收益。

第三，战略性新兴服务业培育超比较优势参与国际分工。发达国家在服务经济的绝大部分领域已占得先机，但在当前低碳经济和应对气候变化的全球合作中又衍生出环境服务业、碳排放权交易等诸多新兴服务业，目前还只初现于少数发达国家和地区。这些行业的发展规律和特点还不完全清晰，国际分工及其利益分配机制还有待完善。虽然我国不受《京都议定书》的减排约束，但我国一直是共同应对全球气候变化的积极参与者。我国已明确承诺2020年单位GDP二氧化碳排放量比2005年下降40%—45%，并作为约束性指标纳入国民经济和社会发展的中长期规划。因此，我们需要探讨以气候变化和环境有关的现代新兴服务业作为我国重点培育的可能建立超比较优势的战略性产业，在即将形成的该行业全球分工格局中争取占据有利地位，以带动我国服务业及服务贸易新一轮的增长。

三、我国直接投资发展战略的选择

在直接投资方面构建和实施的国家发展战略，主要包括以超所有权优势为重点的多方位对外直接投资发展战略和以调整结构为主线的质量型引进外国直接投资发展战略。

在经济全球化背景下，探索我国对外直接投资(ODI)整体性战略布局问题，是一项紧迫而又重要的研究课题。以构建超所有权优势下的ODI战略为研究方向，以我国ODI战略布局为主要研究对象，以我国企业ODI战略运营模式为切入点，注重从世界经济格局演变、我国大国国情与特色文化影响这个综合视野，深入研究并总结我国ODI战略布局的一般规律与内在逻辑，并据此总结提出了符合我国跨国公司理论的“超所有权优势”理论。

超所有权优势理论，是在继承不完全市场中分析跨国公司行为的所有权优势这个基本假设与条件的基础上，引进国际贸易的核心理论——比较优势思想（国与国之间自然性要素比较），以及小岛清(Kojima Kiyoshi)的核心思想——宏微观一体化理论，加以动态组合而形成。所谓所有权优势的内涵发展，涵盖了从海默(Hymer)的市场结构下的所有权优势，到内部化理论中的交易性所有权优势，直至邓宁(Dunning)理论中的“综合所有权优势”：即资产所有权优势(Oa)+交易所有权优势(Ot)+区位制度所有权优势(Oi)。

超所有权优势理论的核心观点是：国家之间存在着自然性要素的禀赋差异（宏观因素），而企业之间存在着创造性要素的禀赋差异（微观因素），企业不但可以将本国自然性要素禀赋与自身创造性要素禀赋相结合，提升所有权优势（静态所有权优势），而且可以将不同国家的自然性要素禀赋通过内部化融合在一起，提升所有权优势（动态所有权优势）。所谓超所有权优势就是通过将国内宏观因素和微观因素、国内宏观因素和国外微观因素、国内微观因素和国外宏观因素、国外宏观因素和微观因素进行最优组合，创造出超越静态所有权优势和动态所有权优势的超级所有权优势。

显然，在超所有权优势理论下，我们不仅可以获得邓宁的“综合所有权优势”，而且将企业作为一种内部化的有效制度载体，获得降低交易费用、融合外部资源扩张与聚焦核心资源收缩的功用。

基于超所有权优势理论的范式，可以分解得出不同的所有权优势战略组合。在此基础上，不仅从产业层面详尽探讨了我国目前具备不同所有权优势的产业 ODI 战略，及其与国内经济发展方式转变之间的有机联系，而且进一步从企业层面深入探讨了目前我国企业普遍开展的几种重要 ODI 战略模式，如自然资源导向型、研发资源导向型与市场规模促进型的运营特征、适用条件及其战略手段，并集中对我国多元化产权 ODI 的风险与公司治理问题之间的联系进行分析。这样，就可以对完善我国 ODI 整体性战略布局的配套政策等方面提出相关研究建议。

如果说对外直接投资在我国还处于实验阶段，那么我国引进外国直接投资则经历了 30 多年的实践。根据我国引进外国直接投资的经验教训，结合现实经济情况的变化，我国引进外国直接投资的战略必须转变为以调整结构为主线的质量型引进外国直接投资发展战略。

以调整结构为主线的质量型引进外国直接投资发展战略的主要内容是：以调整引进外国直接投资的结构来提高我国引进外国直接投资的质量和水平。调整引进外国直接投资的结构将是全方位的：在产业结构中，适当限制对制造业的投资，鼓励对农业和生产性服务业的投资；在地区结构中，适当限制对东部的投资，鼓励对中西部的投资；在技术结构中，适当限制对低技术部门的投资，鼓励对高技术部门的投资；在能源消耗结构中，适当限制对高能源消耗的部门的投资，鼓励低能源消耗的部门的投资。

以调整结构为主线的质量型引进外国直接投资发展战略的实施方法如下：

第一，要转变引进外国直接投资的观念。我国以前往往以引进外国资金为目标，但是经过改革开放 30 多年的发展，我国的资金已不缺乏。因此，我国要转向以引进高新技术、高端人才和先进管理技术为主要目标的外国直接投资。为了最大限度地吸收外资企业的技术，我国还需要加强在教育、管理方面的建设，培养更多的高质量人才。

第二，酌情减少或逐渐取消对外商直接投资的税收优惠。对于劳动密集型和高污染的中小投资企业，应制定严格的准入制度，进行严格监管。从长远看，培养在技术和管理上都具有国际竞争力的本国企业才是可持续的发展模式，而我国企业只有在政策上获得与外国企业相同的待遇，才能正常地发展。

第三，严格限制外商对高污染行业的投资，同时采取政策鼓励外商对投资周期长的行业的投资，如农业和基础设施建设；鼓励外商对低能耗、低污染、高附加值的行业的投资，如生产性服务业；鼓励外商对技术和管理型行业的投资，如科技、卫生、环境等行业；鼓励外商对中西部投资。

第四，加大对知识产权的保护力度，这是鼓励技术密集型企业来我国投资的前提。我国目前知识产权保护的相关法律法规不健全，执行不到位，是跨国企业不愿意把最新科研成果引入我国的重要原因之一。政府应该创造一个良好的知识产权保护环境，这是我国提高技术水平和加快产业结构升级的一条捷径。

四、我国对外金融发展战略的选择

在对外金融方面构建和实施的国家发展战略，主要包括以渐进的人民币国际化为中心的对外金融发展战略和以防范风险为目标的宏观审慎金融监管体系的构建。

关于人民币国际化问题研究存在缺憾的一个重要方面就是切入点的选择，即选择一个什么样的切入点来构筑人民币国际化的动力机制，进而建立人民币国际化研究的理论体系。要有效地推进对外经济发展方式的转变，需要综合考虑国际金融和国际贸易的双重因素，从对外贸易发展的角度展开对人民币国际化的研究。

第一，这是人民币资本项目现状的要求。在当前人民币资本项目没有开放的情况下，人民币在金融资产方面发挥国际货币的功能和作用是不现实的。现实的选择是发挥人民币的贸易货币的功能，以贸易发展推进人民币国际化进程。人民币只有逐渐成为贸易货币、借贷货币、投资货币，才能最终成为储备货币。

第二，这是货币国际化内源动力的要求。市场选择是货币国际化的内源动力，而贸易发展则是市场选择的内在基础。人民币国际化市场选择的发展动力，也主要来自于贸易中货币的使用。因此，以贸易网络带动货币网络的发展与扩张是提高市场选择能力、推动人民币国际化的现实选择。只有以此作为基础，通过金融发展建立起来的人民币国际化制度安排的推动效应才更加显著。

第三，这是人民币国际化发展模式选择的要求。人民币国际化应该在人民币区域化的基础上不断推进。从当前的现实来看，人民币的周边区域化发展还是要以我国的边境贸易发展为基础，以边境贸易发展，配合货币结算使用方面的制度安排，共同推进人民币区域化进程。

从对外贸易发展来分析人民币国际化，可以比较清晰地发现我国在贸易发展与金融发展的关系上存在着现实矛盾和问题：即我国逐步成为贸易大国，但并非是金融大国，金融发展滞后于并制约着贸易的深入发展，贸易发展对金融发展存在强烈诉求。

基于上述分析，需要构建以渐进的人民币国际化为中心的对外金融发展战略：第一，在我国的普通贸易中推进以人民币计价和结算，先从周边地区开始，然后逐渐向其他地区扩展，这样一方面可以减少我国企业的汇率风险，另一方面可以推进人民币的国际化进程。第二，以可控的方式如合格的外国机构投资者(QFII)和合格的国内机构投资者(QDII)推进人民币在资本与金融项目可自由兑换，以实现人民币在国际收支的多数项目下的自由兑换。第三，推动在中国香港建立人民币离岸金融市场，在与人民币在岸金融市场相隔离的情况下探索人民币资金融通的国际化道路。第四，推动以建立超主权国际货币体系为核心的国际货币制度改革，并在超主权国际货币体系的构建中体现人民币因素。这个战略之所以说是“渐进”的，是因为这是一个缓慢的过程；之所以说是“中心”，是因为它可以推动我国对外金融体系的建立和对外金融的发展。

要实现人民币国际化的战略构想，从货币职能的角度来看，是“三步走”，即结算货币、投资货币和储备货币；与此同时，从地域的角度来看，也是“三步走”，即周边化、区域化、国际化。

第一，人民币成为周边国家和地区贸易结算货币。成为周边国家和地区的贸易结算货币是当前人民币国际化的主要形式，虽然这意味着人民币还停留在国际化的早期阶段，但是这也是人民币国际化的重要步骤和必经阶段。当前需要进一步扩大人民币在周边国家和地区中的使用范围，为之提供必要的金融支持，我国政府制定的《跨境贸易人民币结算业务试点办法》是一个好的开端。随着《细则》的进一步完善，各部门协调配合的加强，以及对以人民币作为结算货币的逐渐适应，人民币作为周边国家和地区贸易结算货币的功能，将得到进一步的巩固。

第二，人民币成为区域性的投资货币。结算货币职能的实现，只是人民币国际化的第一步。人民币要成为真正的国际货币，除了充当结算货币之外，还要成为投资货币。因此，应当加快推进人民币资本项目可兑换的进程，为人民币自由兑换奠定基础，使人民币成为区域性的投资货币。当然，人民币成为投资货币是一个过程，不可能一蹴而就。根据国际经验，我国应该先放开与贸易有关的资本流动限制，其次放开对外国直接投资和证券投资的限制，再次放开对短期资本流动的限制，最后放开境内居民、机构对海外投资的限制。总之，加快推进人民币资本项目可兑换，可以进一步促使人民币成为投资货币，这是人民币国际化的重要环节。

第三，人民币成为国际储备货币。从历史来看，在美国经济超越英国经济半个世纪之后，美元都还没有取代英镑的世界储备货币地位。尽管在美国发生金融危机的背景下，很多国家和地区都对美元不再表示乐观，我国也在多种场合表达了设立“超主权储备货币”的设想，但在短期内要产生一种取代美元的国际货币的可能性微乎其微。人民币成为国际储备货币更多的是一项长期目标。就目前来说，我国更需要把当前的事情做好，扎实推进人民币国际化的各项基础性工作。

在人民币国际化的进程中，我国的金融体系将更加开放，金融创新将更加活跃，金融机构和金融市场也将面临更多的风险冲击。因此，如何完善金融监管，构建防范系统性风险的宏观金融监管体系，以适应未来金融业的发展，成为关系到我国对外经济发展方式转变和保持我国经济持续健康发展的关键问题。如果说推进人民币国际化是要获得更多的利益，那么构建防范系统性风险的宏观金融监管体系就是要防范由此带来的风险。

此外，2008 年 9 月美国金融危机的激化不仅波及发达国家，同时也通过国际资金融通的途径传染到我国金融系统。这表明，在经济全球化的条件下，各国金融业的联系越来越密切，一个国家爆发金融危机将会对别国的金融机构造成严重影响。因此，加强金融监管，增强我国金融业抵御国际金融风潮冲击的能力，本身也是转变对外经济发展方式的一个组成部分。

面对当前国际金融监管改革浪潮，立足于我国现有金融监管体系的现状，需要构建宏观审慎的金融监管体系，并重点关注以下问题：

第一，防范金融业系统性风险。我国金融业以国有金融机构为主体，对经济安全和健康发展发挥了不可替代的作用。如何建立宏观审慎的监管框架，解决系统重要性金融机构“大而不倒”的问题以防范系统性风险，将成为审慎监管框架的重要组成内容。

第二，研究逆周期监管措施。金融机构和金融市场具有内在的顺周期性，风险计量模型的发展、资本监管和会计准则等外部规则，更进一步强化了这种顺周期性。如何采取适当的逆周期政策，建立适当的逆周期机制，将成为宏观审慎监管框架的一个重要组成部分。

第三，推进全方位监管和高效监管。我国金融市场的深入发展，对金融创新产品和创新机构的监管提出了新的要求。如何借鉴国际经验，尽快完善监管体系，扩大监管范围，消除对衍生品和私募基金等的监管真空，实现对金融市场的全方位监管；同时，如何加快建立和完善适合我国国情的金融监管协调机制，提高混业经营趋势下的监管效率，解决监管规则不统一、监管套利等问题，将成为宏观审慎监管框架需要解决的重要问题。

第四，防范国际资本的投机性冲击。要转变我国对外金融乃至对外经济的发展方式，就要推进人民币的国际化；而要推进人民币的国际化，就要实现人民币在资本项目下的自由兑换。但是，一旦实现人民币在资本项目下的自由兑换，我国的金融体系将面临国际资本投机性冲击的风险。因此，我国不仅要通过建立宏观审慎的金融监管体系和防范国内金融体系的系统性风险，而且还要通过建立国际资本投机性冲击的预警系统和抵消国际资本投机性冲击的货币机制，来防范国际资本投机性冲击的风险。

五、简短的结论

一个国家的对外经济发展方式是由这个国家的经济发展水平决定的，而不是由人们的主观意志决定的。这意味着我国现行的对外经济发展方式还在相当长的时期里不同程度地存在。但是，这并不意味着我们只能被动地接受这种对外经济发展方式而无所作为，这也并不意味着我们不能根据市场经济的运行规律加快推动我国对外经济发展方式的转变。我们应该从现实的经济发展水平出发，去研究在短期里可以做什么，在中期里可以做什么，在长期又可以做什么。一切从实际出发，这是研究如何加快推进我国对外经济发展方式转变的前提。

一个国家的对外经济发展方式和对内经济发展方式是相互依存和相互作用的。另外，一个国家的对外贸易发展方式、直接投资发展方式和对外金融发展方式是相互联系、相互制约的。因此，必须在对外和对内经济发展方式的相互作用中，在对外贸易、直接投资和对外金融发展方式的相互联系中，来考虑如何通过对外经济发展战略的总体布局，加快推进我国对外经济发展方式的转变。

（作者：北京师范大学经济与工商管理学院教授、博士生导师）

（选自《经济理论与经济管理》2011 年第 3 期）

增长速度下台阶与发展方式转变

刘世锦

改革开放以来，中国经济持续高速增长30多年。如果再考虑到1950—1978年期间从全球比较角度看并不低的增长率，中国经济较快增长已经保持了60年左右。未来中国经济高速增长的态势还能延续多长时间，增长速度放缓将可能在何种背景和时点出现，如何正确认识和应对增长速度放缓带来的挑战？这些问题不仅为国内外所关注，更是中国中长期发展必须关注和深入研究的重大战略问题。

我们研究的初步结论是：2015年左右，也就是“十二五”末、“十三五”初，中国将进入增长速度回落的时间窗口期，经济的潜在增长率将可能下一个较大台阶，由近些年的10%以上的增长率下调至7%左右。增长速度平台下移将伴随着增长动力和经济结构的实质性改变，并可能带来某些难以预料的挑战，从而对发展方式转变提出了包括时间约束的紧迫要求。

一、成功追赶型国家在高速增长期后增长率下台阶是一个规律性现象

在经济增长的国际比较研究中，按何种价格计量是一个重要而学术性较强的问题。可用于国际比较的数据来源较多，其中著名经济史学家麦迪森的世界经济史数据，较好满足了长时间跨度不同国家、不同时期比较的需要，具有较高的权威性和公认度。麦迪森数据采用购买力平价和国际多边比较方法，以1990年为基准水平，其计量单位简称1990年国际元。我们的研究也表明，该计量单位与实际状况吻合度较好。在本文分析中，我们将使用这一计量单位。

根据麦迪森的各国长期经济增长数据，20世纪以来，除美国、英国等处于全球技术和增长前沿的国家外，其他成功跨入高收入行列的国家，大都经历了一个为时20年或更长的高速增长期。高速增长期结束后，增长率明显下降，并转入一个速度较低的增长平台。这种增长率下台阶的现象在战后高速增长的日本、韩国和德国等国家表现得较为典型，并呈现出一系列重要特性。

第一，经济增长率通常在人均GDP达到11000国际元左右下台阶，从高速增长阶段过渡到中速增长阶段，增长率下降幅度约30%—40%。日本在1946—1973年期间GDP年均增长率为9.4%，战后高速增长保持了27年。到1973年，人均GDP达到11434国际元，之后增长率下台阶，1974—1992年期间GDP年均增长率降至3.7%，中速增长维持了18年。1993—2008年期间年均增长率进一步降至1.1%。韩国1946—1995年期间GDP年均增长

率为8%，到1995年人均GDP达到11850国际元，此后增长率下台阶，1996—2008年期间GDP年均增长率降为4.6%。德国（当时为联邦德国）1947—1969年期间GDP年均增长率为7.9%。在1969年人均GDP达到10440国际元之后开始下台阶，1970—1979年GDP年均增长速度降至3.1%，进入中低速增长阶段。

第二，在经济增长率下台阶前后，产业结构发生重大变化。下台阶以前的高速增长期，工业产出比重持续上升并保持在较高水平；而下台阶后往往伴随着工业产出比重下降，服务业比重则相应上升。日本工业增加值占GDP的比重在二战刚结束时一度降至20%，而后迅速上升，至1970年达到46%的峰值；之后逐步下降，到2007年降至不足30%。韩国二战结束时工业增加值占GDP比重不足15%，之后持续上升，到1991年时达到峰值，为42.6%，之后开始回落，2007年降低到37%。德国工业增加值占GDP的比重在1965年左右达到峰值，为53%，之后逐步下降，到2008年回落至30.2%。

第三，在经济增长率下台阶前后，总需求中投资与消费结构也发生显著变动。下台阶之前的高速增长期，投资比重持续上升；下台阶后投资比重随之下降，消费比重相应上升。日本固定资本形成占GDP的比重在二战后到20世纪70年代初呈上升趋势，到1973年时达到峰值37.1%，与经济增长率下台阶的时间点大体重合。之后，投资比重逐渐下降，到2007年降至23.4%。韩国的投资比重在经济高速增长期内呈现明显上升势头，从1960年的11.4%升至1991年的38.9%，亚洲金融危机爆发时投资比重也都保持在37%左右，之后显著下降，到2008年降至29.3%。德国的投资比重转折和GDP增长率下台阶的时间点也基本重合。在上个世纪50年代中期投资比重保持在25%左右，到1965年达到二战后的峰值28.3%，之后逐步回落，到2008年降至19.2%。

第四，经济增长率下台阶前后，城市化推进速度也会相应变化。经济高速增长伴随着城市化的快速推进，而经济增长率下台阶后城市化进程也逐渐放缓。二战后日本的城市化率快速上升，1945—1973年城市化率从27.8%上升到55.4%，年均增长0.98个百分点。1973年之后，城市化进程逐步放缓，2008年达到66.5%，1973—2008年期间城市化率年均增长0.32个百分点。韩国1950—1995年城市化率由20.9%提高到78.2%，年均增长1.30个百分点。1995年之后，城市化进程放缓，2008年城市化率达到81.5%，1995—2008年期间年均增长0.25个百分点。德国城市化水平起点相对较高，在“二战”前就超过了50%。1950—1969年期间德国城市化率从52.9%上升到72.2%，年均增长1.02个百分点，之后城市化水平基本稳定，2008年为73.6%。

成功追赶型经济体在较长的一段时期内持续高速增长，并在人均收入达到1万国际元左右出现增长率明显下台阶、经济结构显著变化的现象，反映了这些国家能够凭借适宜的制度安排和合理的发展战略，充分发挥技术上的后发优势，在短短几十年的追赶期内，“挤压式”地完成先行国家在一两百年内实现的工业化、城市化任务。当然，这个时候的增长速度下台阶，并不意味着已经全面实现现代化，主要表明以大宗工业产品生产和消耗为主要特征的工业化和城市化阶段的基本结束，随后是一个更“精细”增长阶段的到来。

在快速追赶阶段，后发国家可以通过引进与模仿，从先行国家那里获得大量成熟技术；与此同时，后发国家的劳动力、资本和土地等要素成本普遍较低，与已有技术和产出能力相对应的需求处在迅速成长和释放期。只要依托有效的体制和战略形成较强的资源动员和配置能力，就可以出现一个较长的持续高速增长期。而且历史经验显示，似乎时间愈靠后的后发国家，“挤压式”发展的特点愈加明显，完成同样工业化任务的时间愈短一些。当人均GDP达到1万国际元左右的发展阶段后，后发国家的技术水平逐步接近世界技术前沿，引进和模仿空间缩小，要素成本加快上升。另一方面，需求扩张速度减缓，能够引致大量投资的基础设施、住宅和相关产业扩张速度放慢。需求和供给两方面的变化，使支撑经济高速增长的一组条件难以为继，从而导致后发国家在“挤压式”追赶期的高速增长结束之后，转入中速增长阶段。从现象上看，有的成功追赶型国家经济增速下台阶时，恰好叠加了国际经济环境的重大变化，如日本遇到了石油危机和布雷顿森林体系的瓦解，韩国遇到了亚洲金融危机。国际环境的重大变化可以触发和加剧增长速度的滑落，但不构成增长速度下台阶的根本原因。人们同样可以观察到，尽管资源匮乏程度与日本相近，但上世纪70、80年代的石油危机并未打断韩国的追赶进程；而韩国之所以在1997年的亚洲金融危机中增长速度下降，主因还是人均GDP超过1万国际元，进入了增长速度下台阶的时间窗口。

成功实现追赶的工业化国家的经验表明，转入中速增长阶段并不仅仅是增长速度的改变，更重要的是反映了经济结构的大幅度变动，即工业主导逐步转为服务业主导；相应地，投资比重下降，消费在需求增长中的份额上升；经济增长逐步进入创新和服务经济为主驱动的轨道。在这个调整过程中，人均GDP仍然保持了较为稳定的增长态势。

二、2015年左右中国将进入增长速度下台阶的时间窗口

借鉴不同类型工业化国家经济增长的历史经验和呈现出的规律，我们采用三种不尽相同但可相互印证的方法，对我国经济增长的历史进程和前景进行了分析，预计我国经济潜在增长率有很大可能在2015年前后下一个台阶，时间窗口的分布是2013—2017年。

第一种方法是直接用我国国民经济的总体数据，参照日本、韩国和德国等成功追赶型经济体的经验进行分析。按照1990年国际元计算，2010年我国人均GDP达到7864国际元。假定今后几年我国GDP还能延续过去30年高速增长的态势，并结合联合国对我国人口增长的预测，那么到2016年我国人均GDP将达到11608国际元，与国际上成功追赶型经济体增长速度普遍下台阶时的发展水平大体相当。2016年之后，比照成功追赶型经济体经验，如果我国经济潜在增长率与过去高速增长期相比降低30%左右，则GDP增长率降低约3个百分点。这样，预计GDP增速“十二五”期间为年均9.7%，“十三五”期间降至6.5%（我国官方统计口径）。

第二种方法是，考虑到我国大部分省级行政区从人口规模上看与国际上一个大国或中等规模国家相近，把我国每个省级行政区作为一个单独经济体，根据不同的省情选定国际上不同经济体的历史经验和规律相比照，预测各省级行政区潜在经济增长速度的变化，之后再进行加总，推算出全国经济增长速度。京津沪三个直辖市比照香港和新加坡两个城市经济体的经验；另外22个省份比照日本、韩国、德国等成功追赶型经济体的经验，并根据人均生产总值、产业结构、城市化、分工专业程度、资源禀赋和外向型程度等因素作适当调整；其余六个自然地理条件不适宜大规模工业化和城市化的省份，则比照国际上若干曾经有过较高速度增长、但未跻身高收入行列的经济体的历史经验。

以各省份目前人均生产总值水平为基数，假定各省生产总值保持其过去30年的平均增长率，并结合各自的人口预测，估算出各省人均生产总值达到所比照经济体增长率下台阶水平时的时间；之后，假定各省生产总值增长率降低30%左右；最后加总测算全国的经济增长速度。结果表明，我国GDP潜在增长率大约在2014年后降低到8%以下；"十二五"期间GDP潜在增长率为年均8.2%，"十三五"期间为年均7.3%（我国官方统计口径）。

第三种方法是通过大宗商品的消费量（或产量）和人均GDP水平之间的关系，预测我国经济增长率下台阶的时间点，以便与前两种方法的结果相互印证。具体方法是：(1) 以2009年我国人均电力消费量（2742度／人）、千人汽车保有量（48.7辆／千人）、人均累计钢铁产量（3.9吨／人）、人均汽车年产量（10.3辆／千人）、人均钢铁年产量（0.5吨／人）等五个实物量指标为基数。(2) 假定今后这些指标仍能按其过去十年的年均增速继续增长，测算出我国这些指标达到日本、韩国、德国等经济体GDP增长率下台阶时对应水平的时间点，以此作为我国GDP潜在增长率下台阶的时间点。(3) 进一步假定我国增长率下台阶之后，也如日本、韩国和德国那样降低30%左右，即降低3个百分点左右。估计结果如表1所示。

上述三种方法的分析结果表明，如果我国的经济增长路径与成功追赶型经济体历史经验接近的话，那么，我国潜在经济增长率有很大可能性将在"十二五"末期放缓，"十三五"时期将明显下一个台阶（见表1）。

表1 我国经济潜在增长率展望：三种方法的测算结果

测算方法		GDP年均增速（%）				GDP增速趋势性下降的拐点	
		2001—2005	2006—2010	2011—2015	2016—2020	对应年份	对应的人均GDP（1990年国际元）
基于全国数据测算		9.8	11.2	9.7	6.5	2016	11608
基于省际数据测算		9.8	11.2	8.2	7.3	2014	10680
用实物量测算	基于用电量	9.8	11.2	9.0	7.2	2013	9853
	基于汽车保有量	9.8	11.2	9.4	7.0	2017	12967
	基于钢铁累计产量	9.8	11.2	8.2	7.3	2017	12514
	基于汽车产量	9.8	11.2	9.4	7.2	2017	12320
	基于钢铁产量	9.8	11.2	9.7	6.7	2013	10145
均值		9.8	11.2	9.1	7.1		11441

三、增长速度下台阶将使中国经济面临两方面的重要挑战

随着中国人均GDP超过4000美元，近期有关中国是否会落入"中等收入陷阱"的讨论增多。我们的研究表明，从工业化的历史进程观察，应当区分两种不同类型的增长回落。一种是落入"中等收入陷阱"的回落，典型的是拉美国家，前苏联和东欧国家也有相似的经历；另一种则是较完整地经过工业化高速增长期后的回落，典型的是上述日本、韩国、德国等二战后的增长经历。形态上看，二者有相似之处，比如都曾经历过时期长短不等的"挤压式"高速增长，继而发生了经济增速的回落。但深入分析就不难发现，这两种类型增长回落的性质、原因与含义大不相同。首先，前者的增长回落大体出现在人均 GDP 达到 4000—7000 国际元的发展阶段，而后者则出现在人均 GDP 达到 11000 国际元左右的发展阶段。其次，前者的增速下滑是在工业化中期后发优势尚未完全释放的前提下发生的，是“非正常回落”，其根本原因是相关国家的工业化基本架构存在重大缺陷，以致工业化进程无法持续，特别是高速增长过程无法顺利完成。而后者的增速下降发生在后发优势基本释放、工业化高速发展阶段基本结束之时，是一种“自然回落”。

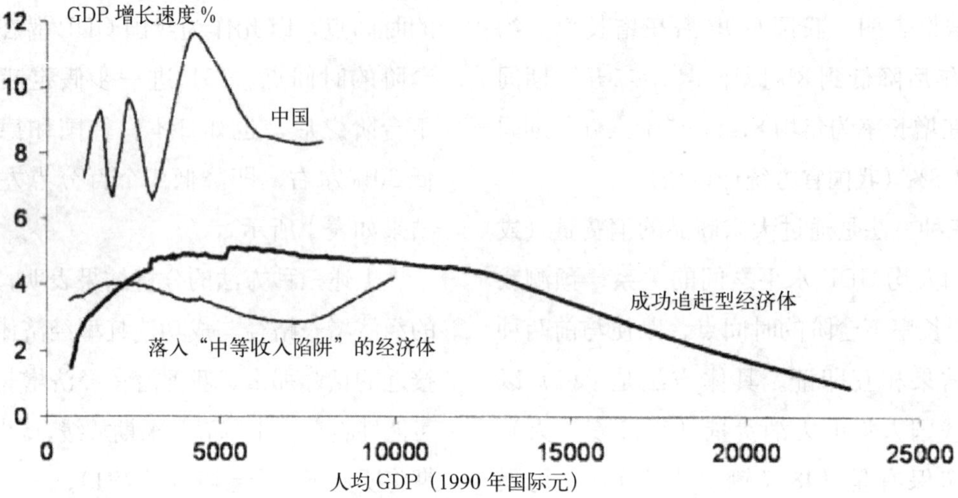

图 1　中国落入“中等收入陷阱”之中的可能性较小

注：(1) 图中曲线为拟合曲线；(2) 中国的 GDP 增长速度根据 Maddison1990 年购买力平价美元数据计算。

根据前面的分析，按照 1990 年国际元计算，2010 年中国人均 GDP 已经达到 7864 国际元，超过了落入“中等收入陷阱”时拉美国家人均 GDP4000 国际元和苏东国家人均 GDP6000 国际元的水平。按照目前的增长态势，再过 3—5 年，中国将有很大可能达到成功追赶型国家经济增长“自然回落”时所达到的 11000 国际元的水平。除非出现重大挫折或反复，中国落入拉美和前苏东国家曾经经历的那种含义的“中等收入”陷阱的可能性已经很小。中国的增长形态，看起来与成功追赶型经济体更为接近或相似。不同的是，在中国经济增长速度回落以及回落后转入新的增长阶段过程中，将会面临特殊的矛盾和问题。

当中国经济触到高增长的边界，增长速度下台阶并伴随着大幅度结构变动，30 多年来经济高速增长所依托的基本面因素将发生重要调整和重新组合。如果继续维持既有的增长模式或发展方式，在经济增速下台阶时，中国经济将面临两方面的严峻挑战：一是与高速增长相伴随的高流动性和规模经济收益，掩盖了为数不少的低效率问题。然而，一旦速度降低，与低效率相关的各种问题将会暴露，如企业盈利和财政收入下降、资产估值收缩、长期信贷回收困难等，甚至出现某种形式的财政金融等危机。二是在低成本要素优势逐步减弱后，由于在市场开放和竞争、民营大企业发展、大学教育和科研体系、金融支持等方面的缺陷和问题，能否形成创新驱动为基础的新竞争优势，将会面临较大困难和不确定性。

应对上述挑战的关键是发展方式转变能否取得实质性进展。发展方式（也称增长方式、增长模式等）转变在中国已经提出 20 年左右的时间了。人们经常提出的问题是，为什么经历如此长的时间还没有转过来？除了体制惯性、“认识”问题外，一个基础性的原因是既有的增长模式与经济增长还有一定的适应性。否则，我们将无法解释为什么在一个“不好”的增长模式下出现了举世瞩目的发展成就。在年均增长10%的背景下，要求大幅度地改变增长模式，事实上是很困难的。然而，一旦增长速度常态性而非短期性地回落，以往维持高速增长的基本面因素发生重要变化需要重新组合，增长模式或发展方式的转变将势在必行。由此可引出的一个重要结论是，一定的发展方式与特定的发展阶段相匹配，或者说，某种发展方式都具有阶段性。我们需要历史地看待某一特定的发展方式。由此可以引出的另一个结论是，增长速度自然回落“时间窗口”的临近，是既有发展方式转变的必要条件。

这个条件的出现，对“转方式”形成了直接压力，提出了具体的时间要求，即在经济潜在增速回落之前，发展方式转变应有实质性进展。但要成功实现转型，更重要的是形成“迎接挑战”的机制，明确需要解决的主要问题，提出并实施“转方式”的路线图乃至时间表。尽管中国增长仍然具有不少有利条件，但在增长速度下台阶后能否成功转入以创新启动为特征的新的中速增长阶段，仍然面临着两种可能性。

一种可能性是预见到增速回落的“时间窗口”，在此前有限的时间内采取切实有效的措施去解决转型中的重大问题，在防控风险的同时形成新的增长动力，将来速度回落，但降幅不大，比如由10%左右降到7%左右，尤其是避免大的起伏，在新的增长平台上，争取一个较长时间，如10年或更长一个时期的稳定而质量较高的发展。根据成功追赶型国家的历史经验，这种前景是有可能争取到的。

另一种可能性是对高增长仍有过于乐观的估计，比如以为“中国的高增长仍会持续30年”，不重视未来可能出现的增速回落；或者认可增长将会回落，以为回落中问题不大，将会平稳转入中速增长；或者虽认为回落中会有大的问题，但“走一步、看一步”，“到时候再说”。事实上，我们现有经济发展方式对增速下滑冲击的抵御能力是相当脆弱的。以2008年二季度到2009年一季度为例，当GDP同比增速受国际金融危机影响从10.7%降至6.5%时，财政收入和企业利润的同比增速就从2008年二季度的31.4%和22.4%，分别骤降至−8.3%和−37.1%，非农就业也减少了2000万左右。在上述几种情况下，一旦经济增长速度不是一两个季度而是常态性地回落，由于准备不足很可能陷入严重困境，而且速度回落幅度可能较大，比如降幅达一半以上，并引发某种形式的财政金融危机乃至社会动荡，在较长时间内难以回到稳定增长的轨道。

第一种可能性可称之为“主动转型”，第二种可能性则可称之为“被动转型”。“被动转型”的代价很大，失败的概率较高。显然，我们应当争取主动转型，避免被动转型。为此，应着力解决好防控风险和形成新的增长动力两方面的问题，具体而言，包括如下一些重要问题。

（1）能否在增速下台阶时有效防范和化解高速增长期所积累的财政、金融风险？长期以来，诸如产能过剩、政策性不良贷款等风险，依赖高速增长创造的高流动性与规模经济得以化解，但地方政府融资平台债务、银行信贷扩张、资产价格泡沫等方面的隐患犹存。从拉美、东南亚乃至韩国的经验看，财政金融风险既是经济停滞的直接原因，也是经济发展方式内在矛盾的集中体现。

（2）企业能否适应较低的增长速度环境，逐步改变“速度效益型”的盈利模式？中国经济的高速增长掩盖了企业在效率与效益方面存在的问题：大企业在流动性过剩形成的金融支持中以规模扩张实现盈利，中小企业在高速流转的商品贸易中依赖快进快出的现金流谋求利润。高速增长带动的需求扩张以及由此引发的乐观预期，在企业盈利中起着重要作用。一旦经济增速常态性地回落，整个社会的预期和投资意愿将发生逆转，企业的生产经营将面临严峻考验。特别是在增速回落的初期，社会预期往往会"过度逆转"，局面可能更为棘手。

（3）能否随着增速回落而相应调整宏观经济调控目标？预见到潜在增长速度将常态性回落，宏观调控目标的设定应顺势而为，而不可强制性地试图继续保持高速增长期的增长目标，否则，增长目标超出潜力，将产生投资过度、产能过剩、资产泡沫、通货膨胀等问题。在这方面，需要研究和汲取日本上世纪 80 年代以后推行扩张性宏观政策，力图恢复以往的高增长速度，结果催生资产泡沫，并使经济陷入长期萧条的历史教训。

（4）能否形成充分有效的市场环境，在竞争基础上产生一批创新型大企业和大量的创新型中小企业，培育出具有长期国际竞争力的技术、知识密集型制造业与服务业？在高速增长和不充分竞争"呵护"下形成的产业，缺乏创新动力。能否形成竞争充分、激励有效、创新导向的市场环境，能否促使企业由依靠要素投入转向依靠创新实现发展，能否培育出一批创新型大企业和大量的创新型中小企业，进而形成技术和知识密集型高端制造业和服务业的国际竞争优势，是经济转型所面临的根本性挑战。

（5）能否进一步开放市场，放宽垄断行业特别是服务业准入限制，为服务业的大发展提供空间和动力？目前电信、铁路、电力、石化、金融、教育、医疗以及文化等行业的市场准入管制依然较多，垄断程度依然较高，投资主体依然较少。从产业角度说，服务业与制造业的一种重要区别，是大部分服务业有较高程度的个性化，需要人对人、面对面的服务，从而对调动人的积极性、能动性比制造业有更高的要求。服务业市场开放不足，将会严重制约未来中国服务业发展的空间和动力。

（6）能否在城乡统筹的基础上，加快进城农民成为完整意义上的"市民"，促进农民承包土地在保障权益的前提下优化配置？"三农"问题是中国工业化和现代化过程中的核心问题，而解决这一问题的根本途径在于大多数农民进入非农产业和城镇，留在农村的农民生产方式和生活方式的现代化。解决好当前城乡统筹发展中的突出问题，如消除事实上存在的对进城农民的身份歧视，使之与城市居民享有相同的公共服务；在保障农民合法权益的前提下，促进农民承包土地等生产要素的合理流动和优化配置，使农民更多地分享资产收入等，不仅有利于缩小收入分配差距，对促进人力资本积累、改善土地等要素使用效率也至为重要。

（7）能否通过改革开放形成适应创新型社会建设需要的大学和科研体系？富有活力和创造力的大学和科研体系是高收入现代化国家的重要标志，是创新型经济和社会的基础所在。目前我们的大学和科研体系仍有相当突出的行政化、官僚化倾向，不能适应创新型社会的需要，必须通过大力度的改革和开放，在这个领域取得突破。

（8）能否通过促进就业、创业与收入分配制度改革，使中等收入群体快速成长？中等收入群体通常具有专业知识和技术特长，具有稳定收入和较强消费能力，注重人力资本建设，注重道德修养和社会责任。因此，加快中等收入群体成长，使之逐步覆盖到大多数人口，对促进创新、内需增长、缩小收入差距、社会长治久安，都具有根本性意义。但就业机会不足、创业机会受限、收入分配制度不合理等，不利于中等收入群体扩大，不利于形成稳定的“橄榄型社会”。

（9）能否建成适应新阶段发展和创新需要、有效分散和防范风险的现代金融体系？资源优化配置和风险分散，是现代金融体系的两大功能。在现有金融体系下，我国金融资源较多流向基础设施和基础产业、房地产开发、大型企业以及地方融资平台等，而对创业和创新活动，特别是中小企业的创新支持不足。从长期看，如果我国的金融体系发展不能与实体经济的迅速增长相适应，我们将长期面临资源配置低效率与高风险的问题。

（10）政府能否由增长主导型向公共服务主导型转变？增长主导型政府是中国经济30多年高速增长的一个重要体制因素。但在转入创新驱动的新发展阶段后，增长主导型政府行为中不利于提高效率、促进创新的弊端逐步突出。另一方面，新发展阶段要求政府在改善民生、提供基本公共服务上发挥主导作用。由增长主导型转向公共服务主导型，合乎逻辑地成为政府职能转变的重要标志。

四、以“参与促进型”改革推动发展方式转变取得实质性进展

解决上述经济转型中的诸多问题，根本上说，有赖于相关领域的改革取得实质性突破。而改革重点的选择，取决于我们对上述问题及其相互联系的理解。如果撇开表象，在深层次上看，可以观察到一条主要线索，即提高社会成员参与工业化、现代化进程的广度和深度。有两个目前社会上关注程度很高、同时与以上转型中诸多问题直接或间接相关度较高的问题，一是缩小收入分配差距，二是实现创新驱动。这两个问题看起来似乎相对独立，关系并不很紧密，但深入分析不难发现，二者一定意义上可以说是同一个问题。现阶段严峻的收入分配差距问题虽然可以通过再分配政策得到一定程度的缓解，但釜底抽薪之策仍然是改善一次分配。就先天能力而言，不论是城里人，还是农村人，人们之间的差距并不会像收入差距显示的那么大。收入差距拉大的主要原因，在于后天的环境、条件、制度和政策等因素。解决收入分配差距问题的根本之道，是为社会成员，特别是原来差距较大的不同阶层的成员，创造大体相同的生存和发展环境，提供大体相同的受教育机会，就业、创业和创新的机会，或者说，要给社会成员创造尽可能多的参与工业化、现代化的机会。而创新驱动问题，说到底也是要使全体社会成员的积极性特别是创造性充分发挥出来。一个社会全体成员积极性、创造性得到充分发挥的社会，也将会是一个收入增长较快、而分配差距较小的社会。日本、韩国等成功追赶型国家的历史经验也证明，收入分配缩小与创新能力增强之间具有内在的一致性。

因此，围绕解决经济转型中的重要问题，应当着力推动“参与促进型改革”，其要点可概括为：扩大参与机会，提升参与能力，完善鼓励创业、创新的制度和政策，创造稳定参与预期的法治环境。

（1）为社会成员提供尽可能多的公平就业机会。一要消除对农民工的就业歧视。同时创造条件，让尽可能多的进城务工人员成为完整意义上的“市民”。要允许那些已经在城市长期就业和居住的外来务工人员及其家庭成员，在自愿基础上获得所在城市的市民身份，享受与城市其他居民同样的教育、医疗、住房与社会保障服务。二要更加重视就业机会均等，打破在一定程度上存在的“没有关系，就没有机会”的格局。建立公开透明的招聘录用机制，尤其要打破某些公有部门中关系决定机会的格局。三要进一步开放市场，降低准入门槛，鼓励自主创业，健全对中小企业的支持体系。进一步落实“非公36条”，激发民间投资热情，健全支持民营企业和中小企业发展的政策和服务体系；完善个人创业扶持政策，充分发挥创业促进就业的倍增效应、创业促进创新的带动效应。

(2) 完善公共服务体系，使社会成员有更多人力资本积累的机会。一要完善医疗卫生体系,提升国民健康素质。改革医疗卫生服务体制，促进医疗资源合理配置；加强公共卫生服务体系建设，落实预防为主的卫生工作方针；加强医疗卫生知识普及，倡导健康的生活方式，改善全民体质。二要赋予人人公平受教育的机会。促进基础教育资源等均衡配置，采取多种措施，不让一个孩子因贫困而失学，防止素质和能力差异在代际之间传递。三要加强职业教育，特别是对农民工的培训。加强实习、培训基地建设及职业教育专职教师的培养，鼓励采取校企联办、订单式培养等方式，为不断升级的产业培养高水平的专业化人才。完善职业教育的政府补贴机制，重点提高职业教育对农民工培训的实际效果，提高农民工的就业和创业能力。四要对贫困阶层实施有针对性的扶贫政策。把贫困阶层纳入普惠的养老、医疗、住房等社会保障制度之中，帮助贫困家庭通过自身努力提高受教育水平和职业技能，防止贫困的循环锁定。

(3) 建立健全鼓励创业和创新的制度，为社会成员提供尽可能多的创业和创新机会。一要打破垄断，鼓励竞争。对垄断行业和领域，一方面要放宽准入限制，支持和促进各种所有制企业公平竞争；另一方面，要打破行政性垄断，促使企业在竞争中通过创新提升活力和生产效率。二要推动大学教育和科研机构改革。扭转科研教育机构的行政化、官僚化倾向，创造科研教育领域民主、平等、开放的氛围，创造条件让专业人士主导科研教育活动，改变由行政机制主导科研资金分配、科研人才聘任和升迁的格局。三要建立支持创新的现代金融体系。鼓励和引导金融机构加快建立支持创新活动的专业信贷管理制度、专业金融机构、专项激励考核机制和差别化的监管政策，积极推进知识产权质押融资等金融创新，多方面拓宽创新活动的市场化融资渠道，积极发挥多层次资本市场的融资功能。四要深化政府职能改革，改善政府服务。对于创业和创新活动，要减少准入管制,缩减审批环节,优化受理流程。同时，要保障共性关键技术的有效供给，搭建创新和创业的信息交换平台，为创业者和创新者优化组合资金、技术、人才等生产要素提供支撑。

(4) 完善法治环境，加强产权特别是知识产权的保护。产权保护制度能为创业者和创新者提供稳定的发展预期，激发其投资热情，增强其创新动力。进一步完善我国民商法律体系和产权保护制度，尤其要建立完善的知识产权法律体系，加强执法监督，改善执法效果。

(作者：国务院发展研究中心副主任)

(选自《经济学动态》2011 年第 5 期)

转变经济发展方式的制度约束与改革指向

陈孝兵

改革开放30多年以来，我国经济整体上呈阶梯式快速增长，综合国力大幅提升，在世界经济舞台上的话语权显著增强。但是，随着经济全球化发展所面临的资源环境约束日趋强化，特别是新一轮世界经济秩序的深刻调整，我国经济发展中长期存在的两个弊端日益显现，即物质资源消耗过多与强力依赖投资和出口，这早已成为整体提升我国经济发展水平与质量的严重桎梏。因此，无论是政府、企业决策层，还是学界都把加快转变经济发展方式喻为“中国经济体制调整与改革的第三次革命”。实际上，转变经济发展方式，不是对传统经济发展模式与经济发展战略的简单调整，也不是对过去维系我国经济长期高速增长的积极的市场动力的全盘否定，而是新时期我们党在总结我国经济建设实践经验和借鉴国际经验教训的基础上对“什么是发展、发展为了谁、如何发展”等认识的提高和理论的升华。很明显，加快转变经济发展方式，改变依靠低成本劳动力和物质资源投入的粗放式增长，将有效缓解我国经济发展所面临的资源、环境压力，走出一条资源节约、环境友好、效益更高的经济发展道路。

一、“十二五”是推进我国经济第二轮转型与改革的历史起点

发展本身意味着变化，它廓清了一个国家内部经济和社会变迁的过程，在任何一个国家，这一过程无一例外地都稳定地经历了一定的阶段和顺序，并体现出共同的特征。在中国经历从高度集中的计划体制向社会主义市场体制的第一轮经济转型的改革开放阶段，我们过分强调经济发展的速度与规模，走的是一条不计资源要素成本的粗放式发展道路，很少考虑哪些人因增长而受益以及产出是如何构成的，更没有注意到发展的动力是什么。因而，在确定何谓发展以及哪些是获得发展的理想手段时，我们不同程度地偏离了“以人为本”的发展轨道。新中国成立到改革开放初期，我国经济总量较小，资本、技术、制度等非自然资源比较稀缺，土地、矿产、水、环境等自然资源的稀缺问题还不突出。在当时的历史条件下，经济发展主要是以尽可能少的资本和技术与尽可能多的自然资源相组合，表现为主要依靠增加自然资源投入实现经济快速增长。但是，随着经济总量扩大，生产要素的稀缺格局发生重大变化，土地、

矿产、水和环境等自然资源越来越短缺。如今，资源环境对经济发展的制约作用越来越突出，我们虽然早已告别了“物质短缺”的时代，却又面临着“资源短缺”的空前压力，考虑到生产要素供求关系的新变化，要求我们从发展的动力、结构、质量、效率、就业、分配、消费、生态和环境等方面对发展方式和方法进行系统调整。在这个意义上，可以说转变经济发展方式是实现我国经济又好又快发展，尤其是解决我国资源环境问题的根本要求和根本途径。中国（海南）改革发展研究院院长迟福林的观点很有代表性，他在接受《南风窗》记者的专访时指出，从中国改革开放的进程与趋势看，至少应当包括两次大的转型与改革：第一次转型与改革是1978年中共十一届三中全会开启的经济体制改革，其主线是经济体制转轨，目标是建立市场经济体制和做大经济总量；第二次转型的主线是发展方式转变，目标是形成公平与可持续发展的体制机制，走向富民强国，这关系到未来几十年中国改革开放和社会主义现代化建设全局，又将是一次深刻的变革，将为我国今后30年经济的持续快速增长构筑坚定的体制制度基础。

其实，由于人均自然资本拥有量远低于世界平均水平，我国经济社会发展一开始就受到自身自然资源的约束，延续以往的较少的资本、技术和较多的自然资源相组合的发展方式，必然伴随资源枯竭和环境污染越来越严峻等问题，只不过这种约束在经济总量较低的发展阶段不明显。如果说矿产资源可以从国外进口，那么像土地、水、环境容量这样的自然资源则必须依靠国内供给。由于自然资源成为我国经济社会发展越来越严峻的制约因素，我国只能通过转变经济发展方式，走出一条与以往不同的发展道路。为提高经济增长的质量和效益，降低增长成本，提高和保持经济增长方式的可持续性，早在1987年政府即提出要将粗放经营逐步转变为集约经营。1995年在提出实现经济体制从传统的计划经济体制向社会主义市场经济体制转变的同时，党进一步明确提出要实现国民经济增长方式从粗放型到集约型的转变。然而，直到今天，我国经济迄今为止的快速增长过程中固有的以高投入、高能耗、高物耗、高污染、多占地为特征的“四高一多”式的粗放型增长方式不仅没有得到根本的改变，而且又积累了许多值得高度重视的矛盾和问题。主要体现在这样几个方面：一是传统经济发展方式仍有一定生存空间。我国人口众多，就业机会少，导致低廉的劳动力价格形态将保持较长时间。加上我国经济发展水平不平衡，中西部经济结构与东部沿海地区完全不一样，经济发达地区内部各地发展差距也比较大，因而不同地区对转变经济发展方式的认识与要求也不同。这种状况为传统经济发展方式预留了发展空间。二是传统能源消费结构难以短时间内改变。当前我国环境污染相当严重，造成这一局面的主要原因就是我国以煤为主的能源消耗结构。在1990年至2009年期间，在能源生产总量中，煤炭所占的比重从1990年的74.2%上升到2009年的77.2%，要想短时期内降低煤炭消耗、提高清洁能源比例并非易事。三是核心技术与关键技术攻关难度大。我国目前仍然处在模仿创新、集成创新阶段，原始创新、核心技术创新还是相当少，因而与发达国家比较，我们还是一个科技落后的国家，特别缺乏自主的核心技术，也缺乏打进国际市场的创新产品。如果没有一批核心技术或者创新产品，我们就会长期停留在世界产业链的低端。

从体制的层面来看，我国经济持续增长是一个有意的模仿和自发的制度演进相结合的过程，无论是自发的制度演进还是有意的制度模仿，创新在这一过程中的作用是不言而喻的。

我们知道，制度，特别是经济制度是一种有效的资源，它可以为人们提供有价值的服务，一方面，制度使人类的经济交换行为在一系列共享的社会规范制约下成为稳定的和可预期的，从而减少了非规范经济行为中的不确定性风险；另一方面，制度作为一种交易各方共享的社会规范，促进了人们之间的相互信任与合作，它使经济行为变成一种超越个体的集体行动，由此形成的规模经济和外部效果将大大降低交易成本。由于社会经济发展的实质是技术或基要生产函数的不断创新，制度促进经济发展或阻碍经济发展的实质，也就是制度能否使社会的创造力充分释放出来，从而不断推动技术及基要生产函数的创新。今年是“十二五”的开局之年，去年末召开的中央经济工作会议强调中国将以加快转变经济发展方式为主线，实施积极的财政政策和稳健的货币政策，增强宏观调控的针对性、灵活性、有效性，加快推进经济结构调整，大力加强自主创新，切实抓好节能减排，不断深化改革开放，着力保障和改善民生，巩固和扩大应对国际金融危机冲击成果，保持经济平稳较快发展，促进社会和谐稳定。这些都是我们在“十二五”时期推进第二轮经济转型的合理的制度安排，是我们调整改革思路、转变发展方式的出发点。作为一个发展中的大国，我们要全面建设小康社会，不断改善民生，促进社会进步，经济就需要保持一定的发展速度，就必须始终坚持发展是第一要务，这是硬道理，是兴邦惠民的基础，绝不能畏葸不前。但我们还必须看到，我国的人均资源不足，环境容量有限，人口红利开始减少，与其他国家的贸易摩擦加剧，因此那种传统的高消耗、高投入的快速增长缺乏后劲。要解决经济发展这一主要矛盾，就必须转变传统的经济发展方式，主要体现在这样几个方面：一是改革资源价格机制与税收制度。只有提高资源价格，改革税收制度，才能推动社会节能减排、节约资源。要对资源（石油、煤炭、矿产等）开发企业提高资源税，并且从价征税，取消高能耗、高污染和资源性产品的出口退税优惠政策；对资源性产品征收消费税，探索对能源消费用户征收环境保护税；在提高资源价格与改革资源税收制度的同时，应当适当降低营业税等税收，应当建立生态补偿基金以对环境保护得好的地区进行环境补贴，建立节能减排发展基金，对新能源产业与新能源技术进行资助。二是改革出口退税制度。为了促进加工贸易转型升级，2007 年 6 月国家一次性取消了 533 种“两高一资”商品的出口退税，降低了 2268 项“容易引起贸易摩擦”产品的出口退税率。但是，为了应对突如其来的金融危机的冲击，我国 2008 年底三次提高出口退税率，调整加工贸易限制类政策，由此可见我国加工贸易政策基本上又回到了原点。要加快加工贸易企业转型升级，必须改革出口退税制度。三是改革与创新城镇化体制与机制。中国农村核心问题是减少农民，提高土地集约度，要创造条件让农民进城，转化为居民。可以探索以农民宅基地换城镇经济适用房，以农民耕地换社会保障的制度改革方向。要实现这一改革方向，需要改革财税体制，进一步理顺各级政府间财政分配关系，增加一般性转移支付规模与比例。

二、后危机时代转变经济发展方式的制度瓶颈与约束

在中国的经济发展进程中，我们一向重视政府制度安排的作用，这无疑是中国客观现实的要求。与此同时，我们又必须对政府的制度安排在经济的不同领域和层次内容上的差异有一个清晰的认识。改革开放 30 年的今天，在科学发展观的指导下，中央反复强调新的“十二五”规划将以加快转变经济发展方式为主线，这是我国经济转型进入第二轮的一项制度安排，意义重大。

从某种程度上说，转变经济发展方式是一项复杂的制度安排，就中国经济的第二轮转型而言，转变经济发展方式是一场新的革命，这是因为：(1) 我国幅员辽阔，人口众多，人均生产要素禀赋水平较低，生产生活资源供需矛盾突出。2007 年中国人均原油的储量 1.87 吨，占世界第 59 位；人均耕地 0.11 公顷，居世界第 145 位，在世界的排位都比较靠后。伴随我国工业化、城镇化的快速发展，土地保有量严重短缺，而人均矿产资源的储量极低，像石油、煤炭、天然气人均储量还不足世界人均值的 1/10，主要金属人均储量不足世界人均值的 1/4。目前，石油、铁矿石等矿产资源对外依存度均在 50%以上，相关企业的正常生产严重依赖进口，在成品油、铁矿石等大宗进口商品价格谈判中没有话语权，处处受制于人。(2) 粗放式的经济快速发展模式严重突破了自然环境的承载力，高排放、高污染与环境容量有限的矛盾日渐突出，生态环境保护压力日益加大。目前，我国地表水污染严重，七大水系水质总体为中度污染，湖泊富营养化问题突出，近岸海域水质总体为轻度污染，部分城市空气污染较重。环境状况恶化导致污染治理投入快速增加，由 2004 年投入 1910 亿元猛增到 2008 年投入 4490 亿元。据世界银行统计，2005 年我国二氧化碳排放量为 55.5 亿吨，约占全球二氧化碳排放量的 18%，仅次于美国，居世界第二位。当前，随着我国工业化、城镇化进程的不断加速，产业结构调整和产业转移不断升级，全国各地减排难度和代价巨大，而面临减排的国际压力也将与日俱增。(3) 劳动力供需结构严重失衡，隐性失业人口居高不下，用工成本逐年增加。我国已于 1999 年步入人口老龄化国家行列，人口自然增长率近年来快速下降，老龄人口比重持续上升，适龄劳动力供给增长放缓，人口红利将逐渐减弱。我国人口自然增长率由 1995 年的 10.6‰下降为 2008 年的 5.1‰，65 岁老龄人口比重由 1995 年的 6.2%上升为 2008 年的 8.3%，经济活动人口增长率由 1991 年的 1.2%逐步下降为 2008 年的 0.8%。与此同时，劳动力供求结构也在发生深刻变化，一方面，我国就业人员中年轻劳动力供不应求，2008 年我国就业人员中 20—34 岁年轻人员的比重仅为 29.0%；另一方面，劳动力技能素质水平还不能满足企业需求，导致企业用工成本逐步上升，不少地方出现了技工荒、用工荒。所以，虽然我国劳动力资源丰富，但在部分时段、地区和工种也会出现劳动力供应不足的现象。

在一般情况下，合理的政府安排可能会产生极高的收益，因为，政府可以利用其强制力实现一个由任何自愿谈判都不可能实现的方案，但由于每个参加者都受制于政府的强制性权力，而不管其对政府的强制性方案有多大的不满意，都不可能退出。因此，政府安排内含一些可能追加的成本，并不能保证改革总能成功。例如，地方政府或企业主管部门以国有股持有者身份直接安排其一效益好的企业与另一效益差的企业的合并，往往以好企业效益下降甚至被拖垮为代价。改革开放 30 多年来，我国经济生活中的市场化程度已经越来越高，但地方政府和国有企业的软预算约束以及在此基础上产生的各种行为方式远没有改变，在人力资源与物质资源的矛盾十分尖锐的背景下，市场机制难以自发地消除二元结构特征。30 多年的改革历程渗透着每一层次的制度变迁或调整，尽管都是政府与制度两个主体角色的适应性组合，但政府主体始终掌握着制度变迁的主导权与控制权。制度创新之所以可能，在于我们可以发挥政府主导的比较优势，克服一系列的条件约束。在迟福林看来，政府转型将撬动一场深刻的利益关系调整。“这种利益是直接由现存的生产关系和人们在其中所处的地位而引起的，是作为经济活动发展最强大的推动力发生作用的。在不同的生产方式中，经济利益以不同的历史形式表现出来，只是在一定的生产方式和一定的阶级中，经济利益才采取了这样的形式……正是一定经济利益不仅表现出一定生产方式的存在，而且这种利益也总是表现出对一定经济活动的发展的反作用”。这是一个很大的难题，需要一场深刻的变革。从制度体制来看，我国政府坚持社会主义制度从不动摇，任何企图置换既定制度环境的制度变迁，都是政府绝对否定的，我们只有深刻理解制度环境这一最重要国情，才能更深刻理解为什么由政府扮演最重要角色。从意识形态来看，讲政治、讲信念、讲理想、讲意识形态将主导着我国市场化制度变迁的全过程，作为全过程意识形态的主导者当属政府。从改革的初始条件来看，我国改革是在城乡二元经济结构对峙，自然经济、产品经济、计划经济共存的初始条件下起步的。在这个市场制度资源极其稀缺的条件下启动市场化，不仅制度创新成本高，而且成本相对集中，惟有政府主体才支付得起。“市场状况是衡量为肃清突进而作出努力的良好尺度，它与所作出的努力程度是一致的。但是，只要在主要领域中存在着投资紧张、吸纳以及非均衡，我们就仍然只是处于强制增长速度与和谐增长的中间状态，而没有坚定地走上和谐增长的道路。”制度创新作为一个公共选择的社会博弈过程，它毕竟要取决于参与博弈的双方力量的对比，政府主体可以凭借其诸多优势而居首要角色，民间主体则因其受宪法秩序、集体行动同意度低、谈判力量小、进入创新体系成本高等因素约束而难以充当首要角色。因此，更为迫切和重要的是通过政府主导作用，打破传统经济体制这样或那样的束缚与制约，为转变经济发展方式营造出适宜的制度环境。

当前，桎梏我国国民经济未来发展的因素已不再局限于单纯的经济增长模式，而是已扩大和涉及整个国民经济结构的各个方面，只有在充分发挥政府这只灵巧的手在制度安排上的主动性和创造性的基础上，切实加强对国民经济运行质量和效率的干预，才能从制度上避免“穿新鞋走老路”，才能实现和确保我国经济社会又好又快的可持续发展。因此，及时地转变经济发展方式在当前我国经济生活中具有第一位的必要性和紧迫性。

三、转变经济发展方式的改革指向

加快转变经济发展方式，是我国经济社会领域的一场深刻变革。党的十七届五中全会公报指出，加快转变经济发展方式必须贯穿经济社会发展的全过程和各领域，坚持把经济结构战略性调整作为转变经济发展方式的主攻方向，坚持把科技进步和创新作为加快转变经济发展的重要支撑，坚持把保障和改善民生作为加快转变经济发展方式的根本出发点和落脚点，坚持把建设资源节约型、环境友好型社会作为加快转变经济发展方式的重要着力点，坚持把改革开放作为加快转变经济发展方式的强大动力，提高发展的全面性、协调性、可持续性，实现经济社会又好又快发展。这是我们党在我国经济社会转型进入第二轮的关键节点上作出的制度安排，全面反映了经济转型与体制改革的新指向，高屋建瓴，意义深远。

首先，经济发展方式的根本转变不能一蹴而就，在关于经济发展方式的认识上需要破除一些误区。如一些地方在对发展的认识上，并没有真正转到科学发展的轨道上来，甚至片面地把“发展就是硬道理”理解成为“速度就是硬道理”，一味追求增长速度，“以 GDP 论政绩，以速度论高低”。在所有制结构的变化与消长中，坚持公有制为主体，就是坚持社会主义经济为主体，失去公有制为主体，就从根本上动摇了社会主义经济制度的基础。因此，应重视和把握多种经济成分发展过程中公有制和私有制消长变化所占比例的“度”的界限。在我们克难奋进、胜利走出经济危机阴霾的当下，“国退民进”的主张在学界还是有很大市场的，更有甚者，把“国退民进”说成是改革的主要方向，用以高调批判“国进民退”。其实，“国退民进”也好，“国进民退”也罢，都是战略性和总体性的提法或口号，既不真实，也不科学。早在2001年5月8日《人民日报》就发表评论员文章明确指出“在国有企业，领导班子及成员理想信念方面存在的问题，集中反映在对搞好国有企业的信心上。……有的片面理解调整国有经济布局等重大决策，将国有企业改革简单地归结为‘国退民进’，笼统地说，‘国有企业要从一切竞争领域退出’，因而对搞好国有企业信心不足。”2004年9月29日，《人民日报》又发表评论员文章再次指出：“在改制过程中也出现了一些问题，有的把国有经济布局和结构的战略性调整演绎为‘国退民进’，主张‘国有经济从一切竞争性领域退出’，……有的把国有企业当作包袱甩掉，一卖了之”。由此可以看出，把“国退民进”、“国有企业从竞争领域退出”宣扬为我国改革的方向，是多么不正确。

其次，要在转变经济发展方式上取得突破，就必须加快经济发展模式的全面转型，把科技进步和创新作为转变经济发展方式的重要支撑。调整经济结构，转变经济发展方式，有必要厘清经济增长与经济发展方式转变的关系，以便在工作中把握重点，明确目标和方向。一般来说，经济增长持续一定时期，原有的经济结构必然出现新的矛盾，需要进行调整。这就是说，经济的持续增长必然要求伴之以经济结构的适时调整，而经济结构调整又是经济稳定增长和科学发展得以实现的保证。经济结构调整和经济发展方式转变，归根到底是为了实现经济长期、稳定和健康发展。当前，我国的居民消费正在提升，但由于收入分配格局短期内难有根本性改观，社会保障体系完善也需要一个长期过程，在居民可支配收入增速缓慢、居民储蓄率居高不下的情况下，消费需求不可能出现“井喷”。在现有条件下，居民消费需求难以支撑经济过高增长。针对这种情况，必须深刻认识经济增长速度目标与经济发展方式转变目标之间的关系，把二者有机结合起来，并在特定时期使经济增长速度适应经济发展方式转变的节奏与步伐。我们发展经济是为了改善人民群众的生活水平，物是为了人而存在的，而不是让人成为物的奴隶。如果经济发展成果没有被广大人民群众分享，没有惠及人民生活的方方面面，这种经济发展方式就是失败的，就有许多需要完善的地方。转变经济发展方式，由主要依靠增加物质资源消耗转变为主要依靠科技进步、依靠提高劳动者的素质与管理创新，这是发展方式的一种巨大转变与提高。因为进入经济社会发展新阶段，土地、淡水、能源、矿产资源和环境状况对经济发展已构成严重制约，我们过去那种粗放型的经济增长已经难以为继，不论是从国际科技竞争加剧的趋势看，还是从国内低成本竞争优势减弱的现实看，都到了必须更多地依靠科技进步、劳动者素质提高和管理创新带动经济发展的历史阶段。“在一个社会由一种生活方式向另一种生活方式的转变时，痛苦的过渡是不可避免的。除非不进行改革，否则就不可能完全避免过渡。谁也做不到这一点。倾向改革是人的天性。因为人从本质上说是好奇的，因此不断积累知识，这就改变了他的生活方式。”为此，必须处理好经济增长与节能、减排、降耗和环保的关系，积极推广和倡导节约、环保、文明的生产方式与消费方式，建立资源节约型、环境友好型社会，实现人与自然的和谐发展。"因为在很大程度上正是这些关系造成了我们今天的许多矛盾和困境，它们正对人类未来的世界不可避免地施加着巨大影响。如果对其不闻不问，它们几乎肯定会使我们的文明遭到毁灭。"

第三，转变经济发展方式需要改革经济体制。在经济发展过程中，制度创新的形式可能纯粹是参与市场交易的各方自愿选择的，也可能是完全由政府安排的，或者是上述两种方式的结合。美国经济学家诺思等继承了熊彼特的观点和方法，运用"制度创新"来解释美国等国的经济增长。在他们眼里，所谓"制度创新"是指经济的组织形式或经营管理方式的革新，例如股份公司、工会制度、社会保险制度、国营企业的建立等都属于"制度创新"。这种组织和管理上的革新是历史上制度变革的原因，也是现代经济增长的原因。"在任何时代，增长不仅仅是整体上的变动，还应包含结构的转变。即使这种增长的冲动是由重大技术创新带来的，每个社会在采用这种技术时必须调整现有的制度结构。"我们从这里可以得到如下启示：制度不仅是激励机制，它还是一种约束机制，它决定了行为人的行为规范，其中最基本的是不能通过损害他人的利益来实现自己的利益，如果必须损害，那么必须通过谈判相应地付费；制度要能鼓励创新、促进发展，使人们自觉地遵守它，它就必须能够使人们形成一种稳定的、长期的预期。人类社会的制度不是一成不变的，而是处于不断发展演变之中，理想的制度形态是纳什均衡，是各经济主体及整个经济体系的创新潜能被充分释放的制度。因此，制度变迁就是制度为了更好地促进创新而不断调整的过程，是一个不断逼近纳什均衡的过程，无论以效益更高的制度代替原有制度，还是降低交易成本，抑或提高经济效率，都是通过创新来实现的。也就是说，高效制度对低效制度的替代、交易成本的下降、经济效率的提高等，都是制度变迁的目的和结果，而制度变迁过程的实质则是创新。"十二五"时期是我国全面建设小康社会的关键时期，是深化改革开放、加快转变经济发展方式的攻坚时期。我们相信，未来五年，除了进一步完善基本经济制度、推进行政体制改革、社会事业体制改革外，在包括资源价格机制与税收制度、出口退税制度、收入分配制度、改革与创新城镇化体制与机制等方面的改革也会取得丰硕的成果。

（作者：湖北省社会科学院研究员）

（选自《综合竞争力》2011 年第 2 期）

展望“十二五”：我国经济发展方式的转型

吴敬琏

一、对世界经济体系问题的看法

“十二五”主线，也就是转变经济发展方式，是中国应对当前变化世界的一个最重要措施。要认清当前变化的世界，必须从现在世界经济金融体系出现的问题说起。

20世纪以来，也许更早一些时间，世界上形成了一个格局，这个格局就是两个内部失衡的经济体系之间维持一个微妙的平衡。从美国来说，因为战后时期，整个西方发达国家实行消费主义、高福利社会，形成了一个内部的严重失衡，就是所谓低储蓄率、高消费率这么一种失衡。到了金融危机爆发以前，美国居民的储蓄率到了零，甚至是负数，这样经济就很难长期维持。另一方面，在中国，是一种相反的状况，也就是高储蓄率和低消费率。

这种状况，到了20世纪70、80年代逐渐形成了两种失衡的经济体系之间互补的关系。应该说东亚国家和地区是利用了西方国家这种内部的失衡，因为它们的储蓄不足，所以就能够容许东亚国家和地区用大量的出超，把西方发达国家作为自己出口的市场，来弥补国内需求的不足。东亚国家和地区从日本开始，后来到韩国、中国台湾、马来西亚等都是利用这种缺陷，采取出口导向政策，使得在国内需求不足的时候，用净出口的需求拉动支撑经济高速增长。

这种互补的关系我们叫做镜像互补，像镜子一样，两个人正好是相反的，两方面各自都很难维持持续的增长，但是这种互补关系使得西方国家在很低储蓄率的情况之下能够维持高消费。而东亚国家，用这样一套出口导向的政策，促使有足够的需求支撑它的高速度增长。

斯蒂芬·罗奇是耶鲁大学教授和前摩根士丹利大中国区的CEO，他曾经说过一句话我觉得很对，他说“美国的这种状况，变成了东亚国家和地区高速增长的一个高能燃料”。可是采用这种政策的国家，从日本开始，到东亚其他国家和地区，从长期来看先后都出现了问题。因为这种出口导向政策很成功地弥补了国内需求不足，但是在成功实施这种政策以后，就出现外汇存底大量增加，使得整个宏观经济政策，被动地采取扩张性的货币政策。而这种被动的扩张性货币政策会造成货币超发和流动性泛滥，进而造成资产泡沫，同时出现通货膨胀。

在西方国家，这样一种微妙的平衡也逐渐发生了问题，特别是美国，他们长期地用借债来维持高消费，就是利用美元作为一个主权货币、一种世界货币，它可以用发行钞票、发行证券等办法来维持经济的增长。

全球金融危机倒是把中国本来要爆发的通胀抑制住了。因为全球金融危机一发生，出现了资产负债表危机，本来资产负债表里面杠杆率非常高，泡沫很多，但是一旦出现了危机，流动性泛滥突然就变成流动性不足。所以全球金融危机使得我们2008年将要爆发的、由于货币超发和流动性泛滥所造成的问题延迟了。但同时也引发了一个误判，许多人认为我们根本性的问题不是货币超发，而是流动性不足，于是2009年采取超强的扩张性的货币政策和财政政策，但是问题并没有解决。

二、靠投资拉动的粗放型增长模式：历史沿革和反思

那么为什么出口导向政策不能调整呢？我想根本的问题就在于我们的增长模式，主要是依靠投资来拉动经济增长。这种增长模式应该说就是19世纪时西方发达国家的增长模式，这种增长模式必然会发生问题。马克思的分析是完全对的，因为靠投资拉动增长，资本对劳动的比重就越来越高，就会出现两个问题：一个问题是最终需求不足，需求不足就导致危机；另一个问题就是因为资本对劳动的比例越来越高，所以在收入分配上资本所有者的收入对劳动者的收入之比也会越来越高，劳动者收入占的比重是相对下降的，这样就会造成劳动人民的收入水平提高得太慢，甚至是负增长，就造成了所谓无产阶级贫困化和阶级关系的紧张。

我们在第一个五年计划以后一直采用靠投资拉动经济增长的方式。斯大林在《苏联社会主义经济问题》里说过，马克思主义讲了五条生产原理，其中有一条叫做积累是增长的唯一来源，也就是说增长就是靠投资。在我们改革开放以前，这样一种增长方式引起了非常严重的问题，出现了很大的危机。改革开放以后，我们为什么能够保持这么多年的高速度增长而没有发生很严重的问题呢？有一条就是我们学习日本和其他东亚国家、地区的办法，用出口导向政策，利用外部需求，也就是靠净出口需求来弥补国内需求不足。出口导向政策起了很好的作用，可是经过了很长一段时间，我们似乎又出现日本等一些东亚国家和地区曾经出现过的状况：

一方面就是外汇存底大量增加，特别是1994年外汇改革之后，我们出口是大幅度地增长。到21世纪之初的时候，我们还想维持这种出口导向的政策。出口导向政策一个很重要的措施就是保持一个低估的本国货币，在这种情况下就使得我们宏观经济政策发生了很大的问题。

另一方面这种出口导向政策使得普通劳动者很难来分享我们改革促进经济增长的成果，所以它引起许多政治上的问题。但是因为要维持这样的一种增长模式，没有更多的出口这种模式很难维持下去。所以调整这种政策、体制很难。

经过2009年的超扩张性的货币政策和财政政策，确实增长率回升了，可是这个根本问题没有解决。所以说，很多人都觉得我们率先走出了危机，这个看你怎么说，从短期的增长来说，不但是我们，西方发达国家也已经稳定下来，恢复了增长。但从长远来说，前面讲到的最基本的格局并没有变化，只要这个格局不变化，恐怕危机就没有完全过去，它随时会出现新的问题。对我们国家来说尤其是这样。

美国经过调整，家庭储蓄率回升，但是能不能持续，能不能改变消费主义的这种高福利和寅吃卯粮、借钱消费的趋势，看起来很难做到。对中国来说，也很难继续依赖出口来弥补国内需求的不足。人民币在2011年第一季度出现了贸易逆差。这是一种趋势还是一种波动呢？要认识到有可能有趋势性因素，至少提醒我们不能再像过去那样依靠出超了。因为这取决于美国的储蓄和投资之间的差额，如果没有缺口，中国就没有多大的出超可能性。当然，只要美国有这个缺口，就需要借别的国家的储蓄来弥补。如果这个缺口很大，中国出口产品的竞争力又足够强，我们就可以利用这个机会实现一些需求。但如果这个缺口在缩小（从危机爆发到现在确实是在缩小），我们竞争力再高，也很难实现高增长。

所以，中国不能寄希望于还是用旧的模式来维持今后的增长。不仅如此，用这个模式来维持增长，还会使得我们国内的一些经济和社会问题解决不了。比如说劳动者，包括白领、有专业技术的劳动者和普通劳动者，他们收入得不到提高。现在有一种倾向好像是靠二次分配、三次分配来解决收入分配问题，我认为这不是一个根本的解决办法。二次分配、三次分配是需要的，政府应该做，但是初次分配的问题如果不解决，光靠二次分配、三次分配是解决不了的。特别是政府花钱并不创造财富，于是就出现了税收大跃进，其结果是打击了生产者、经营者的积极性，“蛋糕”会缩小，所以这不是一个根本性的出路。

三、展望“十二五”：以改革开放为动力，加快转变经济发展方式

总而言之，根本性的出路还是在于“转变”。十七大以前，我们的提法是叫转变经济增长方式，十七大以后叫做转变经济发展方式。我认为“十二五”最重要的规定是两项：一是“十二五”要“以加快转变经济发展方式为主线，贯穿经济社会发展全过程和各个领域，确保转变经济发展方式取得实质性的进展”；二是要“坚持把改革开放作为加快转变经济发展方式的强大动力，坚定推进经济、政治、文化、社会等领域的改革，加快构建有利于科学发展的体制机制”。

（一）以加快转变经济发展方式为主线

1. 提出转变经济发展方式的历史。中国经济在过去 30 年里取得了高速增长的巨大成就，但是增长的质量很差，这是我们一个主要的问题。妨碍我们今后持续稳定发展和社会和谐的一个重要问题就是增长的质量。为什么增长质量差呢？原因就在于从“一五”开始，我们从苏联引进靠投资驱动的粗放增长方式。事实上，苏联经济学家和苏联党政领导在 20 世纪 60 年代已经认识到这种增长方式的弊端，并达成共识，必须从粗放发展转变为集约发展。他们也想改，但一直没有改掉。我们一直受这种粗放增长模式之苦，直到 20 世纪 90 年代也没有根本性的改变。

到了 90 年代以后，“九五”至“十一五”期间，国内对这个问题有很多的讨论。特别是在“十一五”规划制定前，大概在 2003—2005 年之间，有一场全国性的关于增长方式的大讨论。当时有两种不同的倾向，一种是认为中国进入了所谓经济发展的新阶段，这个新阶段的特点就是重化工业化，要用大量的投资去建设资本密集型的重化工业项目。于是大概从 2003 年开始，各地都制定了这样的规划，上了大量项目；另外一种意见是把西方国家的增长模式演变作为参照系，全面回顾中国增长方式的演变，指出资源浪费、环境破坏、内部和外部失衡以及货币超发、资产泡沫形成和通货膨胀压力加大等宏观经济问题都是由于这种增长模式造成的。大致在 2005 年，中共中央通过了关于制定“十一五”规划的建议，大致上形成了共识：要以转变经济增长方式作为“十一五”的主线，就是要实现从靠投资驱动的增长模式转变到靠技术进步和效率提高驱动的集约的增长方式。可见，“十一五”这些问题就做了讨论，“十二五”其实是延续了“十一五”的思路。

2. 转变经济发展方式的主要内容和主要途

径。转变经济增长方式，或者叫转变经济发展方式，其主要内容就是从投资驱动型增长转向基于生产率提高的增长。产业结构方面来说，就是要从制造业为主转向以服务业为主。需求结构方面，就是要从靠外需弥补内需不足转向以内需、特别是居民消费需求为主。核心是转变经济增长方式。从“十一五”到“十二五”，转变增长模式的主要途径基本是一样的。

第一是要加快城市化，实现农村剩余劳动力向城市非农产业转移，实现农民到市民的转化。

第二是制造业的服务化，制造业的服务化在我们这里通常就用一个形象化的表述，在1980年代末期，新台币放开了，放开以后台湾加工制造业碰到了危机，宏基的施振荣就提出一个口号叫作“要向微笑曲线的两端延伸”。他说，制造业产业链是不断向两端延伸的微笑曲线，这个微笑曲线的前端就是研发、设计这样一些环节，后端就是品牌销售、售后服务、金融服务等等。这个前端和后端都是高附加值、高盈利率的，这些原来在传统意义上叫做服务业，可是现代制造业的特点是这两端延伸得越来越长，所以也可以叫作制造业的服务化。也有人把这叫作制造业和服务业的一体化。

第三是要发展服务业，特别是生产性服务业。

第四是要发展战略性新兴产业。“十一五”主要讲的是信息产业，叫做两化融合，信息化和工业化的融合。在“十二五”我们把要发展的新兴产业范围进一步扩大，国务院提出了七个新兴产业领域。

三、四两项其实是有联系的。目前中国是一个加工制造业的大国，但是主要是低端的，我们加工业要向服务业两端延伸。随着分工的深化，有一些具有服务业性质的行业就会独立出来，变成独立的服务业。比如说信息产业本身主要就是一个服务业。

虽然“十一五”规划、“十二五”规划都要发展服务业，可是我们统计的是独立的服务业，我们为了统计的口径往往要求制造业中的服务业独立起来，这样统计数字比较好看，其实意义不大。因为服务业的附加价值高，服务业就业量也多。所以发展服务业能够提高我们的增长质量。我们一定要在“十二五”期间，千方百计地解决这个问题。

（二）坚持把改革开放作为加快转变经济发展方式的强大动力

1. 经济发展方式难以转变，关键问题在于体制障碍。对照“十二五”规划文本和“十一五”规划文本，“十二五”有改进，但其基本内容在“十一五”都有。于是就产生一个问题，为什么“十一五”有一个很好的规划，但实现的程度不高，甚至有的外国经济学家认为基本上没有实现？

转变经济发展方式其实在“九五”规划中就提出来了，然后经历了“九五”、“十五”、“十一五”。保育钧先生甚至认为这个问题的提出更早，在1980年代初期就提了。1981年全国人民代表大会批准国务院提出的《经济建设十大方针》里，贯穿的一条就是“要从数量型的增长转到提高效率为基础的增长”。所以小平同志提出到20世纪末翻两番，那句话完整的说法是“在经济效益不断提高的基础上，到20世纪末国民生产总值翻两番”。我们到20世纪末的时候，翻两番是超额完成了，但效益提高这个前提并没有接受检验。所以这个问题提出已经30多年了。即使说是从“九五”开始算也已经15年了。

实现结果不如人意，或者不尽如人意。关键在哪里？关键在体制。对这个问题我们的认识是逐步深化的。我们在2004年、2005年讨论“十一五”的时候就归纳过，为什么我们

1980年代就提出这个问题，“九五”又提出来，但是都没有能够解决？原因在于体制性障碍。

一是政府有足够的资源支配能力，归根到底是政府手里有太大的配置资源的权力。这个问题在1990年代初和21世纪初又两度加深、激化。1990年代初期，曾经有以海南房地产泡沫为代表的经济热，政府手里增加了一项很重要的资源(即土地资源)的配置权力。之后在21世纪初的一轮城市化过程中，政府又利用了可以很廉价地把农民集体土地拿到自己手中来处置的特权。除了土地资源外还有一些传统的资源，比如说信贷资源，虽然我们银行已经改制了，但是政府的行政影响还是非常强的。

二是政府有公认的政绩标志,即GDP增长。

三是事权和财权不匹配的财税体制。这是一个客观的驱动因素，GDP崇拜有体制上面的原因，这不是哪一个地方政府能改变的，而是全国性的问题。事权在财政学里叫做支出责任，支出责任过度地下移，而转移支付还没有制度化，于是就迫使各级政府都拼命搞GDP，不然日子过不下去。

四是市场的力量很微弱。资源价格市场化程度很低，行政力量造成一种浪费资源的刺激。

“十一五”期间，我们在消除这些制度性障碍方面做得很不够。我们非常希望能够有更多的自主创新。如果说过去我们自主创新能力确实很差，但是经过20来年改革以后，应该说中国的技术创新能力并不是像开始的时候那么落后，在世界范围来说也不是那么落后。在很多技术领域，中国自主发明已经接近前沿水平，甚至有个别的超过了现有的世界先进水平。但问题在哪呢？问题在产品化、产业化非常的困难。这种故事可以讲几十个、几百个。一些很好的技术，它就是产业化不了，或者就死在摇篮里面了。现在技术发展得非常快，一个技术变成了一种产品，可是这个产业发展不起来，几个月、一年、两年以后，人家就赶超了。这是“十一五”期间我们觉得非常苦恼的事情，也就是有利于创新、有利于创业的这个制度环境没有建立起来。

发展服务业。本来中国人应该是很长于服务业的发展，可是我们制度环境确实比较差。引用陈志武教授的话说，大家都知道服务业附加价值高、就业多，但为什么发展不起来？他认为最重要的问题是，服务业相对于制造业来说，是看不见、摸不着的东西，所以对制度环境的要求更高，可是我们在制度环境方面就是改善得不够。比如涉及税收体制的问题，好像在“十一五”前就已经讨论了，结论就是现行营业税抑制了我们服务业的发展。其实我知道财政系统很多人认为应该改，应该把它纳入增值税改革一起改。

2. 以旧体制来推进经济发展方式转变，只会适得其反。2010年以来，中共中央非常强调要加快经济发展方式的转变，但一个使我很忧虑的状况，就是用旧体制、旧机制来推进经济发展方式的转变，来推进战略性新兴产业的建设。

比如，根据台湾产业界人士透露，台积电的战略转型就是赌LED，赌半导体发光产业。但是大陆很多城市都把LED作为当地的支柱产业，如果都建成了，市场在哪里？其实别的事情也是这样，如风电、电动汽车等。中央早就明确过，技术创新的主体是企业，但是很多地方都不是采取以企业为主体的市场导向的方式。好像很多地方都是由党政联席会议，甚至由一把手来确定搞什么产业，然后大量地组织资源，给土地、组织贷款、给投资，造成巨大的浪费。说得极端一点，弄不好这个规模会不亚于大跃进，造成的浪费还会比那时候更加严重。

3. 坚持改革，消除体制性障碍；推进改革，建立利于发挥创新精神的经济、社会和政治体制。体制问题是根本，是关键，如果不能用改革推进我们体制环境建设的话，这个转型就很难。中央的“十二五”建议和“十二五”规划中，关于经济发展方式转型动力的说明是非常对的：只有坚持改革才能消除转变经济发展方式的体制性障碍；只有推进改革，才能建立有利于发挥创新精神的经济、社会和政治体制。正如“十二五”规划所指出的，改革是加快转变经济发展方式的强大动力，必须以更大的决心和勇气，全面推进各领域的改革，使上层建筑更加适应经济基础发展变化，为科学发展提供有力的保障。所以能不能够把改革向前推进是发展转型成败的关键。

“十二五”建议和“十二五”规划都提出“要有顶层设计”，其实每一层都有一个顶层设计，最顶层当然就是我们到底要建一个什么样的体制。比如说关于什么是“中国模式”等等的讨论，其实是一个最顶层的讨论。所以中央要责成有关部门，听取各方面的意见，从最顶层一层一层设计下来。但是因为改革的核心还牵涉到政府自身的权力和利益，政府工作人员的权力和利益，所以就一定会有障碍和阻力。这就需要有勇气和决心来推进改革。

当然，改革不是一蹴而就的，而且现在政府换届工作正在进行，不可能要求开局之年一下就把改革推进到什么程度。要特别注意的是，领导经济转型的党政部门，要非常注意自己采取什么样的方式来推进。总的来说，当然是要以改革的态度来推进，具体地说，不要用旧的方法、旧的体制，不要去指定技术路线，不要政府直接投资、组织资源，还是要发挥市场的力量、发挥企业的力量。我们所有的政府部门，扶持新兴产业也好，帮助企业的自主创新也好，都要非常仔细地研究，用什么样的方式不至于抑制了竞争，这样才能够收到更好的效果。

（作者：国务院发展研究中心研究员）

（选自《科学发展》2011 年第 7 期）

经济结构调整的双重路径：市场化与政府转型

方福前

自 2009 年 12 月中央经济工作会议强调要“加大经济结构调整力度，提高经济发展质量和效益”以来，“经济结构调整”就成为广为谈论的话题，成为学术界关注的一个热点。我国学术界目前对经济结构调整的讨论似乎有两个特点：一是谈“为何”要进行经济结构调整的较多，谈“如何”进行经济结构调整的较少；二是从政策层面和操作层面谈经济结构调整的较多，从理论层面和体制层面谈这个问题的较少。这些从政策层面和操作层面来谈“如何”进行经济结构调整的文章，大多是主张通过政府实施有保有压的政策，实行差别化的产业政策，调整政府投资重点和方向等措施来调整经济结构，总之是要求政府这样做那样做，似乎调整经济结构就是政府的事情。本文认为，调整经济结构不能光依靠政府唱独角戏，仅仅依靠政府实施有保有压等措施也许不能完全解决经济结构问题；政府实施有保有压能够在短期解决一些经济结构不合理问题，但是经济结构调整和可持续发展是一个长期问题。“如何”解决经济结构问题的关键是我们如何才能建立一种经济结构调整和优化的长效机制。本文的基本观点是，我国的经济结构调整和优化应当选择双重路径：一方面继续推进市场化；另一方面加快政府转型。

一、为什么我国经济结构调整和优化要选择双重路径

我国经济结构调整和优化为什么要选择市场化和政府转型这样的双重路径？这至少有以下三个方面的理由，第一个理由可以从我国经济结构不合理的历史成因来寻找，第二个理由可以从 1998 年和 2008 年这两轮扩大内需对经济结构的影响来分析，第三个理由可以从市场机制的功能来认识。

先看我国经济结构不合理的历史成因。

解放初期，新中国是一个农业国，经济结构以牛耕手种的传统农业为主体，没有独立完整的工业体系，服务业也相当落后。1952 年我国 GDP 结构中的第一、二、三次产业的比重是 50.5 ∶ 20.9 ∶ 28.6，农业在国民经济中差不多占了半壁江山，经济结构非常不合理。可见，我国的经济结构问题是与新中国相伴而生的，是一个历史问题。所以新中国建立不久，“一化三改造”初步完成以后，经济结构改革和调整就提上了我们党和政府的重要议事日程。1956 年 4 月毛泽东同志发表《论十大关系》。从这篇文章可以看出，那个时候虽然离中华人民共和国建立不过几年时间，但是已经出现了

经济结构严重失衡的问题。毛主席在文章中所说的十大关系：一是重工业和轻工业、农业的关系；二是沿海工业和内地工业的关系；三是经济建设和国防建设的关系；四是国家、生产单位和生产者个人的关系；五是中央和地方的关系；六是汉族和少数民族的关系；七是党和非党的关系；八是革命和反革命的关系；九是是非关系；十是中国和外国的关系。其中，除了七、八、九这三个方面的关系不是直接涉及经济结构问题以外，其余的七个方面的关系都是我们今天所说的经济结构问题。所以早在1956年，党中央和毛泽东同志就已经十分重视经济结构问题并着手进行调整了。这也可以看出，50多年过去了，我们还没有很好地解决毛泽东同志在1956年提出的许许多多的经济结构问题。如果说在1956年我们面临的经济结构问题还是旧中国遗留给我们的，那个时候的经济结构不合理是由历史原因造成的；当时新中国建立的时间还比较短，经济结构问题还来不及解决。那么，这么多年过去了，为什么我国的经济结构还有这么多的问题呢？当然，我们今天的经济结构问题与20世纪50年代的经济结构问题在内容和性质上有很大的不同，例如，50年代我国的经济结构是农（业）重工（业）轻，第二、三产业弱小落后；而到2009年，我国的国民经济中的三次产业结构已经发展为10.3：46.3：39.7，我国已经由一个农业国发展成一个工业化国家。但是，毋庸置疑，我们今天所面临的经济结构问题大多还是《论十大关系》所谈的那些问题。这就需要我们进行认真的反思。

中华人民共和国成立以后的第二次经济结构调整是三年自然灾害以后的1961—1965年，这是一次大的经济结构调整时期。天灾加上人祸，不但使经济发展遭受严重挫折，而且导致经济结构严重失衡，1961年和1962年我国GDP和人均GDP均比上年绝对减少，1964年的GDP和人均GDP水平尚没有恢复到1960年的水平（见表1）。这一轮经济结构失衡的主要特征是工业“大跃进”产生的工业高产量低质量低效益（例如全民大炼的钢铁许多是不能用的铁疙瘩），大面积的自然灾害导致农业凋敝，粮食产量锐减。在这种严峻的经济形势下，我们不得不进行经济调整和恢复。这一轮经济结构调整以恢复生产、复苏经济为主要目标。

表1　中国国内生产总值（1960—1964年）

单位：亿元

年份	国民总收入	国内生产总值	人均GDP（元/人）
1960	1457.0	1457.0	218
1961	1220.0	1220.0	185
1962	1149.3	1149.3	173
1963	1233.3	1233.3	181
1964	1454.0	1454.0	208

注：表中数据按当年价格计算。

资料来源：《新中国55年统计资料汇编》，9页。

改革开放之初，也就是1979年4月，党中央提出了调整、改革、整顿、提高的方针，开始了改革开放后的第一轮大规模的经济结构调整。这一次主要是针对十年“文化大革命”造成的经济发展停滞和经济结构失衡而进行的经济结构调整和改革。

到了改革开放的第10个年头，也就是1988年9月，党中央和国务院又提出了治理整顿和全面深入改革的方针，开始了改革开放后的第二次大规模的经济结构调整。这次调整的时期大体上是从1988年到1991年。

改革开放后的第三次经济结构调整始于1998年。这一轮经济结构调整是从纺织业的“限产压锭”开始，目的是消除一些传统产业的产能过剩。

从2009年开始，我们又进入了改革开放后的第四次经济结构调整。

改革开放以来，我国进行了四次大的经济结构调整；如果加上改革开放前的两次大的经济结构调整，新中国建立以来我国共计进行了六轮大的经济结构调整。不难发现，我国的经济结构调整具有一定的规律性，大体上是十年来一次大规模的结构调整。当然，这10年之间还有一些小的、局部的结构调整。为什么我国的经济结构反反复复地出问题？为什么有些经济结构问题几十年都解决不了？这里面有许多东西是需要研究的，有些则是需要我们深思的。在笔者看来，我国的经济结构之所以长期不合理，之所以需要10年左右调整一次，固然有其历史的原因，有其外在的原因（如三年自然灾害，中国与苏联关系恶化），但是主要的原因还是起源于我们的经济体制。体制方面的第一个原因是计划经济体制的影响和遗留。过去我们一直实行的是高度集中的计划经济体制，由政府来配置资源，由政府来决定经济规模、经济结构和发展速度；市场机制在资源配置和经济结构调整上不起什么作用。虽然经济理论告诉我们，计划经济可以实现国民经济的“有计划按比例”发展，事实上，计划经济可以实现“有计划”，但是难以实现“按比例”，因为经济中的各种比例关系是由生产需求和消费需求决定的，是由技术关系决定的，并且这些比例关系是动态的、不断变化的；归根到底，这些比例关系是由无数个消费者和生产者的行为决定的，是这些消费者和生产者自愿选择的结果。因此，计划者要做到经济发展“按比例”，必须知道消费者和生产者的需求，包括需求数量和需求结构，有效需求和潜在需要。但是，在计划经济体制下，没有这些需求显示机制，没有这方面的信号或信息提供给计划者。因此，计划者要做到“按比例”无异于盲人摸象。由于计划经济不能够做到“按比例”，所以不得不每隔几年就来一次政府主导的经济结构调整，也就是等到经济中的各种比例关系失调积累到一定程度，经济不能正常运行时，不得不对经济结构动一次大的人为手术。我们今天的经济结构不合理，仍然与计划经济体制的影响和残留还有某种程度的关系。虽然我们从20世纪90年代中期开始向社会主义市场经济体制转轨，但是这个转轨还远没有完成，计划经济体制的影响还是存在的，只是影响程度在不断减弱。

体制方面的第二个原因是地方政府的利益追求。改革开放以来，经济发展是硬道理，也是硬目标、硬任务，这是指导思想上的一种拨乱反正。但是，由于把经济发展成效与地方政府考核，与地方政府官员政绩、荣誉和晋升挂钩，经济发展演变成地方政府的GDP锦标赛，加快经济增长成了地方政府的首要目标甚至是唯一目标，成了地方官员晋升的跳板。这种经济增长目标制，加上我们的赶超战略，久而久之就造成了我们经济生活中的“十重十轻”:“重生产，轻生活”；“重积累，轻消费”；“重产品，轻服务”;“重短期，轻长期”;“重建设，轻利用”；“重投资，轻效益”;“重数量，轻质量”;“重速度，轻效益”;“重总量，轻结构”;“重经济，轻民生”。正是这些“轻”“重”失衡造成了我们经济结构的不合理。

当然，还有体制上的其他一些原因。总的来说，传统的体制导致了上述的十重十轻，经济结构方面出了许许多多的问题。不但有产业结构的问题，地区结构的问题，城乡结构的问题，还有总供给结构和总需求结构的问题。

我们再来看1998年和2008年这两轮扩大内需对经济结构的影响。

1998年为了应对亚洲金融危机对我国经济的负向冲击，我们出台了积极的财政政策，扩大内需。这个政策对稳定经济增长、增加就业、避免经济进一步下滑起到了非常积极的作用，也有非常明显的成效。但是我们也应该看到，这一轮实施积极的财政政策来扩大内需，也产生了不少的经济结构问题。概括起来，至少产生了四个方面的结构问题：第一，重工业再度高增长，并且在工业结构中的比重大幅回升。1990年我国轻重工业的比重大体相当，各占50%。从1999年开始，重工业呈现快速增长势头，工业增长再次形成以重工业为主导的格局。2002年以后，重工业在工业增加值中的比重迅速上升，由2002年的62.6%上升为2005年的69.0%，轻工业则从2002年的37.4%回落到2005年的31.0%。轻重工业的比例差距明显拉大，重工业化趋势日益显著。第二，重复建设，结构同化。为了扩大内需，全国大多数省（直辖市和自治区）都把汽车、电子、机械、化工和建筑等行业作为支柱产业来重点投资、重点发展，其中把汽车产业列为支柱产业的省（直辖市和自治区）就有22个，而且绝大多数省份都是生产整车。第三，结构失衡，比例失调。这里有两个方面的数据可以说明问题。一个方面的数据是，据商务部对600种主要消费品的供求状况调查，这些商品供大于求的比例1998年上半年和下半年分别为25.8%和33.8%，而到2003年这一比例分别上升到85.5%和84.8%。也就是说，扩大内需的结果是我们的国内市场供求失衡没有得到缓解，反而更加严重了。另一个方面的数据是，1998—2004年，我国的投资率从36.2%上升到43.2%，而消费率从59.6%下降到54.3%。居民消费占最终消费的比重，由1998年的76.0%下降到2004年的73.4%；同期政府消费的比重则由24.0%上升到26.6%。这说明在我国的总需求结构中，消费与投资的比例，居民消费与政府消费的比例，更趋不合理。第四，经济过热。由于持续扩大投资，由此拉动的总需求没有全部被就业增加和GDP增长所吸收，经济出现过热，通货紧缩转变为通货膨胀，从2003年9月开始，中央政府开始对过热的经济进行降温，进行结构调整。

再看2008年的扩大内需对经济结构的影响。这一轮的扩大内需，主要内容是4万亿的经济刺激计划，它对于“保增长、稳就业”确实起到了很好的作用，我国经济在经历短暂的下滑后很快恢复高增长。但是这一次扩大内需对经济结构也带来了一些负面影响。这些负面影响主要有：一是加剧了投资与消费的失衡。2009年全社会固定资产投资比上年增长30.1%，社会消费品零售总额只比上年增长15.5%，投资、消费对经济增长的贡献分别为8个和4.6个百分点。可见，这一轮国际金融危机爆发以来我国的经济复苏和经济增长主要是靠投资来拉动的。二是产能出现新的过剩。2009年开始显现的产能过剩不仅存在于钢铁、水泥等传统产业领域，在一些新兴产业领域也大量存在，如风电设备、多晶硅等。2009年上半年，我国风电设备产量同比增长545.5%。国内目前在建或拟建的多晶硅项目产能高达14万吨，而预计2010年全球多晶硅需求仅为8万吨左右，生产能力大大超过了需求量。三是虚拟经济泡沫扩大。积极的财政政策扩大的4万亿投资，由于体制原因和监管不到位，许多资金并未真正进入实体经济，而是流入虚拟经济领域，从而造成了证券市场与房地产市场价格虚高，特别是房价，在2008年经历短暂的下跌以后，以更快的速度节节攀升。1998年和2008年这两轮扩大内需都是政府唱主角，政府对经济进行大力度的干预。其结果是把经济增长拉上去了，把就业保住了，但是也带来了许多后续性的问题，特别是经济结构上的问题。

再从市场机制的功能来看，为什么经济结构调整和优化要走市场化的路径。

关于市场的功能，货币主义领袖米尔顿·弗里德曼（M. Friedman）做过一个比较好的概括。他在《市场机制与中央经济计划》这篇文章中把市场价格机制的功能概括为三种：(1) 传递信息——价格传递有关偏好、资源可获得性以及生产可能性的信息。(2) 提供激励——使人们采用成本最低的生产方法，并将可用的资源用于价值最高的用途。(3) 分配收入——决定何人得到何物以及得到多少。价格之所以向人们提供激励，只是因为它被用来分配收入；人们的收入与其贡献挂钩，自然激励人们去关注价格所传递的信息，激励人们努力降低成本。弗里德曼所概括的这些市场价格机制的功能现在已经获得了比较普遍的认可，这种微观经济学知识现在已经很普及了。为什么我们要从高度集中的计划经济体制转向社会主义市场经济体制，其中的原因之一就是价格机制有这些功能，有这些优越性。

市场价格机制除了上述三个功能以外，还有一个重要的功能弗里德曼没有提到，这就是它具有自动清除、自我修复的功能。所谓自动清除，就是清除过剩的产能，清除落后的产品、落后的技术和落后的企业。所谓自我修复，就是经济中的各种比例关系失衡了，经过一段时间的自我调整，这些比例关系能够逐渐趋于合理；经济增长下滑了或经济衰退了，经过一段时间的自我修复，经济会自动地回升和恢复过来。这种自动清除、自动修复的功能主要是通过优胜劣汰的竞争机制和经济当事人追求自身利益最大化的利益机制来实现的。市场机制的这种功能是一种经济结构自发调整、自动优化的功能，也是经济波动自我稳定的功能。对这种功能应该两面看，一方面，每一次经济危机或经济衰退会带来生产力的破坏，就是毁坏生产能力，毁灭财富；但是同时它也有好的一面：它清除了过剩的生产能力，淘汰了低质量的产品和落后的企业。所以，如果说经济危机是破坏生产力的话，那么它主要是破坏落后的生产力；如果说它毁灭了产能的话，它主要毁灭的是落后的产能。当然我们不希望出现 20 世纪 30 年代那种大危机，那种大危机确实是把落后的产能和当时先进的产能一起破坏了，我们要努力避免出现大的经济危机。但是一般的经济波动我们很难避免，实际上也没有必要避免，因为经济波动本身具有这种自动清除、自发调整的功能。同时，经济波动过程也是一个挤出经济泡沫的过程。通过市场机制的这种自动清除、自发调整和挤出泡沫，经济结构才能得到不断调整、优化和升级。

通过以上分析，我们可以做出这样的小结：就总量调整来说，市场调节的力度、起效速度不如政府调节；就结构调整来说，政府干预是滞后的、被动的、判断不准的、难以到位的，从我国经验来看，政府调整过头的时候较多；市场调节是同步的、主动的、自动识别的、比较到位的。政府调节与市场调节究竟谁优谁劣？要分总量和结构来讨论，要区别去看待，政府调节有它的优势，市场调节也有它的优势。从经济结构调整来看，市场调节可能比政府调节更有优势。

二、如何推进市场化和政府转型

从 1993 年 11 月党的十四届三中全会通过《中共中央关于建立社会主义市场经济体制若干问题的决定》算起，我国的社会主义市场经济的历史还不到 20 年。我国经济市场化的进程还远没有到位，所以我们还需要进一步进行经济体制改革，进一步推进市场化。进一步市场化的目的是要充分发挥市场机制配置资源、调整结构的功能。就经济结构调整的需要来说，进一步市场化的主要内容至少包括：(1) 价格充分市场化——价格真实地反映资源稀缺程度，价格由供求关系决定而不是由机构决定，价格通过竞争力量决定而不是由垄断势力决定，价格是有弹性的而不是刚性的。(2) 资源流动自由化——资源（包括劳动力）能够在不同行业、不同市场、不同地区之间自由流动。(3) 市场进出自由化——除了一些特殊市场（行业）以外，其他市场的进出应当是无障碍的、自由的。目前，我国经济中的价格的市场化还不够，例如我们有些资源类产品的价格、有些农副产品的价格、有些劳动力的价格（工资），并没有完全反映出供求关系，并没有完全反映出稀缺程度。我国的利率还不是市场化的，因此我国目前的资本市场还不是市场经济本意上的资本市场，这种资本市场还不能完善地发挥其资源配置功能。就资源流动的自由化来看，我国目前还存在许多限制，还有许多障碍，资源在地区之间、产业之间流动的自由度还是不高的，特别是城乡之间的劳动力流动还受到户籍制度和福利制度的限制。虽然我们现在的资源流动比在计划经济下自由多了，但是和市场经济发展的要求相比，可能还有一些差距。市场进出的自由化是和资源流动的自由化联系在一起的。要建立一个真正的社会主义市场经济制度，以上所说的"三化"是必须要实现的，是不能打折扣的。

在市场经济中，政府和市场的作用虽然有互补的关系，但是更多的是此消彼长的竞争关系。因此，在市场经济运行中"是市场多一些还是政府多一些"就成为经济学中一个古老但经常被翻新的争论。如果要把资源配置和经济结构调整的主要职责交给市场，我们的政府必须转型。也就是说，要建立一种经济结构调整和优化的长效机制，一方面我们要进一步推进市场化；另一方面我们的政府在经济运行中的地位、职能和作用也要做出相应的改革和调整，如果没有政府职能的改革和调整，市场化就不可能到位，市场机制也就无法充分发挥其经济结构调整的作用。

在我国，政府转型的目标是要把我们的政府转变成与社会主义市场经济制度相适应的政府。为此，我国的政府职能要完成以下三个方面的转变：(1) 由生产型政府转变为服务型政府；(2) 由无所不包的政府转变为有限政府；(3) 由权力大无边的政府转变为宪制政府。

目前，我国的政府还承担着太多的生产任务和经济活动的命令、指挥职能。简单地说，政府职能由生产型的转变为服务型的，就是要把政府从大量的生产性任务和指挥中解放出来，转而为个人和企业生产服务。更规范地说，服务型政府可以界定为政府的一切组织和个人（各级官员）都在法律和其他制度规则之下从事行政，为公民的合理合法的活动提供服务。这种服务型政府是一种规治政府（rule-based government）而不是人治政府（person-based government）。服务型政府至少应当包含这样一些要件：(1) 各级政府以及各级官员的权责有明确的划分。(2) 有一套规范的行政规则和程序。(3) 政府部门及其官员提供的是公共服务而不是盈利性服务。(4) 如果把市场比作运动场的话，政府部门及其官员只是裁判员和服务员，而不应充当运动员。(5) 文件、档案和其他记录（如统计数据）是系统的、真实的和保存完好的，除了保密需要以外，这些文件、资料和数据应当是公开的、可利用的。

市场经济中的政府与计划经济中的政府不同，前者是服务型的，后者则是指挥型的——政府直接给企业下达计划指标，命令个人做什么不做什么，决定生产什么、如何生产和为谁生产。服务型的政府是市场规则的裁判者和保护神，它只规定企业和个人不能做什么，而不命令他们做什么，生产什么、如何生产和为谁生产的问题主要由市场解决。

所谓有限政府 (limited government)，也称作最小规模的政府，是指政府的行动范围限制在保护法制、维护公平、颁布规则和服务公民这些方面。有限政府的行动领域和活动范围是有限的，不是无所不包的、不分巨细的，因而政府预算和开支的规模也是有限的；除了特殊情况以外，政府收支应当平衡。

有限政府不同于极端自由主义者所主张的最低限度的政府或最弱的政府，这种政府只承担“守夜人”的职能。我们认为，即便在最发达的现代市场经济国家，市场也没有办法自动解决收入和财富分配不平等的问题，也没有办法解决公共物品的供给问题，最弱的政府的主张是不现实的。如果考虑到在全球化的时代，政府的国际协调职能需要加强而不是削弱或取消的话，最弱的政府的主张事实上是一种空想，不可能成为现实。所谓宪制政府(constitutional government)，是指在市场经济中政府的权力和行动限制在宪法规则约束的范围内。“私人和公共代理人的行动受法律和受起作用的宪法限制的约束。”

市场经济的正常运转是建立在市场秩序基础上的。从市场秩序的视角来看，一个国家的宪法确立的是公民个人、市场和政府行为的基本规则，宪法界定了个人之间、市场与政府之间的交易结构。宪法制度可以确立一种把个人的自利行为引向共同利益的政治秩序。个人的经济活动和政府对经济活动的干预都必须在宪法的框架内进行。个人不能“违宪”，政府也同样不能“违宪”。如果一个国家的政府权力可以不受宪法约束，或者政府权力凌驾于宪法之上，这个政府就不是宪制政府。宪法制度确定了政府的权力边界和权力范围，规定了政府制定决策和行使权力的程序。只有个人和政府都能遵守和维护宪法秩序，市场秩序才能形成和得到保护。如果政府可以任意扩大其权力范围和政府规模，市场机制就无法充分发挥其配置资源和调整经济结构的功能。

三、我国社会主义市场经济的未来模式

这里所说的“模式”是指经济结构调整和优化的模式，不是指市场经济模式或经济发展模式。当然，这些模式之间是有联系的。

就经济结构调整来说，我国市场经济的未来模式应当由政府主导型让位给市场主导型。目前我国的市场经济模式还是政府主导型的，无论是资源配置还是经济结构调整，现在还是政府唱主角。这里有两个数据可以说明问题。第一个数据是我国全社会固定资产投资中的政府直接投资所占的比重，也就是国家预算内资金在全社会固定资产投资的资金来源中所占的比重。

由表 2 我们可以看到，1991—1997 年，国家直接投资在全部固定资产投资中所占的比重是不断下降的，从 1991 年的 6.8%下降到 1996 年的 2.6%和 1997 年的 2.7%，而 1998 年扩大内需以后，政府直接投资在全部固定资产投资中所占的比重不断提高，1999 年达到 6.2%，2002 年达到 7.0 %，2003—2009 年维持在 3.9%—5.1%之间。

表 2　政府直接投资在全社会固定资产投资中占比 (%)

年份	国家预算内资金	年份	国家预算内资金
1991	6.8	2001	6.7
1992	4.3	2002	7.0
1993	3.7	2003	4.6
1994	3.0	2004	4.4
1995	3.0	2005	4.4
1996	2.7	2006	3.9
1997	2.8	2007	3.9
1998	4.2	2008	4.3
1999	6.2	2009	5.1
2000	6.4		

资料来源：《2010 年中国统计年鉴》，157 页。

第二个数据是国民收入分配的数据。自1995年分税制改革实施以后，无论是在国民收入初次分配还是在再分配过程中，政府收入在国民收入中所占的比重一路攀升，而居民收入占比不断下降。1996—2008年，政府收入在再分配中所占的比重由17.15%提高到21.28%，而同期居民收入在再分配中所占的比重由69.29%下降到57.11%，居民收入和政府收入在国民收入中呈现出此消彼长的趋势（见表3）。

表3 我国国民收入初次分配和再分配格局(%)

年份	居民部门		政府部门		企业部门	
	初次分配	再分配	初次分配	再分配	初次分配	再分配
1995	68.75	67.94	15.35	17.42	15.91	14.65
1996	67.23	69.29	15.53	17.15	17.24	13.57
1997	65.71	68.13	16.17	17.51	18.12	14.37
1998	65.61	68.14	16.87	17.53	17.53	14.33
1999	64.98	67.11	16.95	18.58	18.07	14.31
2000	64.36	64.81	16.69	19.54	18.94	15.65
2001	63.53	63.78	18.36	21.08	18.11	15.14
2002	65.28	65.18	17.48	20.49	17.25	14.32
2003	63.20	62.68	17.98	21.85	18.82	15.47
2004	57.68	57.83	17.84	20.38	24.48	21.79
2005	59.59	59.41	17.48	20.55	22.93	20.04
2006	59.40	57.56	17.43	20.46	23.17	21.98
2007	60.00	57.71	17.05	21.64	22.95	20.75
2008	57.23	57.11	17.52	21.28	25.25	21.61

资料来源：根据有关各年《中国统计年鉴》中的《资金流量表（实物交易）》计算得出。

我国决定建立社会主义市场经济体制以来，资源的占有和配置不是越来越多地交给市场，而是越来越多地掌握和控制在政府手里。这和市场化进程的要求是不相吻合的。我们未来的资源配置和经济结构调整应该主要由市场机制来承担，政府在资源配置和经济结构调整方面的作用应该是补充性的、辅助性的。在我国未来的社会主义市场经济体制中，还需要政府对经济活动进行干预和调节，我们不能完全照搬新古典宏观经济学的“政策无效性”命题和（新）自由主义政策主张。市场机制的自发、自动调节虽然有其优越性，但是它不能经常保证实现充分就业，不能保证收入和财富的公正分配；市场机制虽然有自动清除、自我修复的功能，但是它清除和修复的过程有时候可能过长，可能做不到位。

总之，从长远来看，我国的经济结构要能够适应科学技术的发展和需求的变化不断得到调整、不断得到优化，真正实现经济稳定、健康和可持续发展，我们就需要选择进一步的市场化和政府转型这样的双重路径。

（作者：中国人民大学经济学院教授、博士生导师）

（选自《学习与探索》2011年第1期）

对当前我国经济结构调整的一些思考

魏 杰

特定的社会环境、要素条件或特定的政策及其惯性使某个部门或产业超前发展，引发了整个经济系统的不平衡。在一定的社会条件下这种不平衡会自我加强，加剧了经济系统的不稳定，也会由此引发更多的不平衡。消除不平衡，使经济中发展迟滞的部门或产业得以发展，在新的比较均衡的条件下，一些部门又率先崛起，开始了下一轮的不平衡增长。因此，经济结构的失衡是经济发展过程的一种常态，消除不平衡的过程也是发展的重要组成部分，但如果不能够及时抑制和消除不平衡也将会造成进一步发展的障碍。当前，我国的经济结构就呈现出高度不平衡的特征，主要表现为制造业的结构升级缓慢、出口部门过度增长、内需乏力等，这些问题进一步引发了技术进步、外汇贬值、收入分配等一系列的社会深层问题，需要理论界和管理部门对其加以关注。

一、经济结构调整的范围界定

经济结构调整是当前的一个热点问题，但在经济结构调整的理解上存在两个大的分歧和争议。

第一个争议的问题是，当前所讲的经济结构调整到底指什么经济结构？学术界对这次经济结构调整的内涵认识差异比较大。有的同志把经济结构概括到社会经济生活的各个方面，甚至把地区结构、所有制结构都包括在这次结构调整里面，我感觉这种概括有点泛化。当然有人就更窄一点，把经济结构只界定为产业结构。

我认为这次调整的结构应该是经济增长的结构。反映一个国家经济增长主要范畴的是国民生产总值，因而讨论的经济结构是基于国民生产总值的经济结构，从国民生产总值的不同结构、不同方向上来讨论结构问题。按照经济学的分析，可以从三个方面分析国民生产总值。第一个是所谓的支出法。国民生产总值应该包括投资、消费和出口。我们讨论结构调整的第一个层面，应该是投资、消费和出口之间的结构。第二个是从生产法来讨论，就是讨论国民生产总值的生产主体的产业结构，实际讨论的是各个产业之间的结构。第三个是从国民生产总值收入的角度来看，国家财政收入、企业利润和居民收入之间的结构。显然需要讨论的是国家财政收入、企业利润和居民收入之间的关系。如果我们是基于国民生产总值来讨论增长结构，我自己倾向于应该包括这三个层面的结构，因为经济增长反映的范畴就是国民生产总值，所以我们从不同的角度来分析国民生产总值，就得出了我们增长的结构应该包括这三个方面的结构，这和别的同志所理解的经济结构有所差异。这是一个争议。

第二个争议的问题是调整经济结构的主要机制是什么？这一点争议比较大。大致上是两个倾向，一个倾向就是强调调整经济结构最主要机制还是市场机制，要相信市场的自我修复能力，认为市场机制是调整结构的基础性力量。

另外一个倾向是认为结构调整应该更加倾向于行政力量，要更多地发挥行政调整的机制，主要是宏观经济政策的力量。比如说，讨论产业结构，解决产能过剩的问题，要靠工信部下文件关闭哪些产业，总之，是重点强调国家行政力量。

我偏向于第一种倾向。调整结构的机制，最终仍然是市场机制。市场机制应该是调整结构的最主要机制。我们要承认市场有自我修复能力，过度的行政调整会使结构进入一个混乱状态。比如最近讨论较多的房地产问题，我们发现恰恰是过度的行政力量导致了目前的混乱局面。2008年年底的时候，房地产开始通过市场机制的自我修复，已经处于一个正常的调整状态，但是2009年初，我们猛然出台了一系列刺激房地产的行政办法，比如减免税收政策、贷款利率折扣政策，一下子把正在修复的市场推向了一个高峰。这背后的推动力量主要是行政力量。所以，我们认为经济结构调整应该在市场机制作为基本调节力量的基础上，发挥行政力量的导向作用，根据国民生产总值的三种计算方法，研究我国经济结构调整问题。

二、经济结构调整第一个层面：投资、消费和出口之间的结构

分析2000—2009年国家在投资、消费、出口这三个方面的结构，发现从2000年起，我们国家在投资、消费、出口结构方面基本上处于两种失衡状态。一是从2001—2007年，我们消费、投资和出口对增长贡献最大的是出口，失衡主要表现为后来称之为出口导向型的增长方式。比如说2001—2007年，我们的增长速度比2000年以前，每年增长多了3.6个百分点，年平均增长量是10.5%。所增加的3.6个百分点里面，出口贡献的比例达到63.9%，投资的贡献是26.1%，消费贡献不到10个百分点。增长主要靠出口来拉动，经济模式是典型的出口导向型，投资、消费、出口这三者之间的关系是完全失衡的。二是到2009年马上又转向投资拉动型，2009年33.5万亿的GDP里面，投资贡献22.4万亿，消费贡献12.5万亿，结果投资对增长的贡献上升到67%，而出口下降了10个百分点左右。

尽管这种转变是为了应对金融危机的需要，但像我们这种巨大的结构调整，在世界经济史上很少见。我们研究了两个国家和我们同类时期的情况，一个是美国1940—1960年，一个是日本1950—1975年，发现都没有像中国短期内在投资、消费、出口结构上出现如此惊人的波动。所以我们研究，为什么在中国从2000年到现在十余年一下子从出口导向型转向投资拉动型？分析的结果发现，出现这么大的波动主要是三个原因：

第一个原因概括为发展战略的偏差。我们认为发展战略“偏差”是导致投资、消费、出口结构失衡主要的原因。1998年那一次，我们增长速度掉到了8%以下，当时为了保证经济增长速度复归到8%以上，虽然在投资、消费上做了文章，实际上后来拉动增长速度恢复到8%以上的是出口。尤其从2000年开始，出口发挥了拉动增长的重要作用，这是应该的。因为那个时候，这三个比例里面出口还偏低。到了2004年，我们的出口比例已经开始过高，已经逐渐转向出口导向型经济。出口导向型经济最终会使我们遇到两种危机：一种危机是当国际市场能够继续支持中国出口的情况下，大量的外汇流入中国。按照当前的外汇管理体制，中国央行根据汇价同比例发行人民币收购这些外汇，造成人民币超发，出现通货膨胀，结果就可能把经济“胀死”。另一种危机是当国际市场突然不能支撑中国大量出口了，国内相应生产能力过剩问题就会暴露出来，并在实体经济内形成叠加效应，这种危机势必要把经济“憋死”，这两种危机在2004年以后曾交替发作。2004年年初，我们提出要注意投资、消费、出口的失衡问题，不能再推动出口导向型，实际上并没有引起人们更多的关注。

那个时候政府和企业界人士并没有重视这个观点，因此继续实施了出口导向型的增长方式。而且2004年就发现这种出口导向型必然伴随着投资拉动型，因为，当时我们的出口主要是中下游产品出口，中下游产品出口必然导致上游生产能力的扩张，一定会带动整个投资的扩张。上游产业又是消耗能源和原材料较高的产业，到了一定程度，能源、原材料，如煤、电、油供应就会非常紧张。2004年因为出口导向型带动了投资拉动型，导致严重的经济过热，当时用行政手段强制压下去了，告诉地方不能再加投资了，实际是利用行政手段把这个压下去，但是内在冲动一直存在。到了2007年出口导向型的危机暴露出来，资产价格、消费品价格、投资品价格全面暴涨。年初是资产价格涨，年中是投资品价格涨，年终是消费品价格涨，要“胀死”的弊端暴露出来。2008年还没有来得及调整就碰到了世界金融危机，我们的增长速度再一次掉到8%以下，无奈之下就要启动内需，内需就是投资和消费，首先见效的就是投资，又加速了投资，2009年我们很快转向投资拉动型，当年30多万亿元GDP里面，投资占了22.4万亿，投资对增长的贡献猛然上升了67%。一下子从出口导向又转到投资拉动，这个反映了中国整体政策的偏差。在投资、消费、出口三者关系上，我们没有一个清晰的战略，导致开始所谓出口导向，又猛然转向所谓投资拉动。这种战略偏差从2000年到现在反映得非常清晰，导致我们经济结构方面出了问题，这是一个原因。

第二个原因是过度使用行政资源。当时，我们为了推动出口，大规模使用行政资源。除了货币政策和财政政策还有更大空间之外，我们还是国有资产比较庞大的国家，这种行政资源的使用有非常广泛的领域。比如说出口退税，最后涉及3000多类工业产品，有的退税率竟然达到13%。我想出口企业有13%的退税利润就够了，谁还有兴趣去开拓国内的市场？大规模使用行政资源，导致已经偏差的战略向着恶化方向发展，这是第二个原因。

第三个原因是人民币价格扭曲。价格是调整结构的最重要机制。我这里讲的价格不是指一般的价格，是指人民币的价格。人民币实际有三个价格，第一个是用人民币能买多少东西，我们叫物价。物价既包括消费品价格，也包括投资品价格。第二个是人民币和其他币种交换的价格，称为汇价。第三个是人民币的借贷价格，就是利率。物价、汇价、利率都是人民币的价格，这三者之间应该是联动的，但是我们却是扭曲的，扭曲的结果就导致战略上朝着扭曲的方向走。比如说我们应该加息就是不加息，人民币应该升值就是没有升值，结果把我们逼向了非常扭曲的依靠行政力量调整人民币的三种价格，大家争议较多的房地产问题和外汇问题只是一个表现形式。

比如外汇问题，2004、2005年讨论汇价的时候，我们总担心人民币汇价改革会导致人民币升值。第一个担心的理由是，一旦人民币升值的话，我们的出口将受到重大打击，但后来发现这个理由站不住脚。我们研究发现，

2005—2007年，人民币升值约20%，但出口增长非常快。2008年以后，人民币实际上没有升值，但是出口急遽下滑。这说明我们的出口状况和汇价没有必然联系，而是和整个世界经济状况联系在一起。当世界经济状况向好的时候，我们的出口就会增加，即使人民币升值也照样出口。当整个国际形势不好的时候，人民币就是不升值，出口也照样出不去。我们分析发现，担心人民币升值会影响出口其实是一个误区。我们过去就是因为这个误区不敢放开汇价。

第二个担心的理由是，害怕升值会导致像日本那样长达十几年的萧条。后来我看到日本的前央行副行长，日元升值的时候，他担任日本央行主管外事的副行长。他在2007年有一个讲话，认为日本经济出问题，不是因为日元升值，是因为升值之前长时间迟迟不升值的问题。他认为德国当时也是本币升值，没有出问题。而日本经济在日元升值之前就出了问题，日本政府迟迟没有调整汇价，结果是由汇率变动引爆了日本经济的问题，他认为如果我们升值不会出现日本的问题。对于我们国家来说，汇率升值多大幅度对经济的影响为正，超过某个临界点以后，会对经济的发展发生负向的作用应该深入研究，但强调人民币升值就会导致日本的问题这个观点肯定是不对的。

第三个担心的理由是，我们手里面有大量的外汇储备，如果人民币升值，外汇会贬值，我们的利益会受损失。最近我们发现，我们的外汇保不保值不是我们决定的。我们分析了2005年到现在的外汇对外投资，主要是对美国国债和美国企业债券的投资，发现我们没有办法做到自己财富的增值、保值，你不想受损失也一样受损失，与其这样，还不如主动调整。

因为我们担心变动人民币的价格会导致汇价升值、出口下降等问题，致使人民币物价、汇价、利率三种价格严重扭曲，继而导致投资、消费、出口这三者之间是一种失衡状态。失衡存在的主要原因：一是总体战略上的偏差，二是过度使用了行政资源，三是价格机制的扭曲。通过这十年的经验和教训，我们应该在投资、消费、出口这三大结构上形成一个比较科学的判断，主要依靠市场力量使投资、消费、出口三者比例必须平衡。在这个基础上，再考虑行政资源的使用和价格的平衡问题。

当然在投资、消费、出口三者之间应该保持什么样比例关系，有人提出消费应该占到多大的比例，才能是一个正常的结构？我们认为单纯用消费比例继续上升，尤其是要达到有些同志主张的消费对经济增长贡献比例占65%以上，我觉得恐怕还有难度，未来重点还是消费、投资并重的问题。从国际经验来看，当前我们这个阶段类似于日本1950—1975年代，当时日本的经验实际上也是投资、消费并重。这是我们讨论所谓经济结构第一个层面：消费、投资、出口之间的结构。

三、经济结构的第二个层面：产业之间的结构

从2005年到现在，我们各个产业之间的结构失衡状态也比较严重。比如制造业中传统加工业比重偏大，而现代高端制造业比例偏低；我们的服务业尤其是生产服务业占整个产业结构的比例偏低；农业等基础产业的抗风险能力很低。生产服务业和农业系目前经济结构中的短板，前者使制造业在接受市场信息、分割市场价值方面能力弱化，使中国制造的产品中普通商品比例偏大，而技术含量高、盈利能力强的产品存在不足；后者使优质农产品的供给不足，影响了人民生活的质量，并且容易因农产品价格的大幅上涨引发通货膨胀。

为什么我们的产业结构出现这种失衡状态？

第一个原因就是垄断，现在产业之间的壁

垒很高，资本不可能在产业之间顺畅流动。除了技术壁垒之外，垄断是一个很重要的原因。合理的产业结构，应该是资本能在各个产业之间顺畅的流动，而我们流动不了。我们的垄断还不是一般意义上的垄断，其表现为行政性的垄断，根源则是来自于意识形态，意识形态的原因导致各种资本在产业之间的流动受阻。例如我国实行的经济制度是公有经济为主，多种经济成分并存。那是有主有次的，因此民营资本实际上在主次有分的条件下，不可能获得平等的法律地位和竞争上的平等地位。

我们最近想解决这个问题，比如说推出新的36条，允许社会资本进入到像能源、电信、电力这些垄断行业，36条公布之后，大家感到产业调整很快要见效，但是我感觉解决不了深层问题。回顾2005年推出的老36条，当时我认为对中国的产业调整有积极意义，可是5年过去之后不仅没有起到作用，而且壁垒更加严重，所以才出现了去年理论界所讨论的国进民退的问题。新的36条，我估计照样很难解决问题。原因是产业之间存在的行政壁垒阻碍了各种资本在产业之间顺畅流动，国资和民资缺乏法律上的平等和竞争上的平等，而这种不平等还有着很深的思想基础。

最近我和一个民营企业家讨论这个问题，他说每次调整产能过剩问题，受损害的一定是民营经济。两个原因：一个是当我们生产能力过剩要储备某些要素的时候，收购的基本都是国有经济的产品，而不可能是民营经济的产品。二是我们要消除过剩生产能力，往往搬出来规模效益问题，而国有经济可以马上通过重组、并购来扩大规模。比如说最近鞍钢就重组了攀钢，鞍钢在东北、攀钢在四川，这么大的空间怎么实现要素的互补？一点意义都没有。但是重组之后规模问题就解决了，最终受到淘汰的仍然是国内民营经济。而且他告诉我，现在是有主有次，才有亲儿子、亲兄弟这种讲法，不可能有完整的法律地位和平等的竞争。

这样一来，虽然垄断行业在放开股权投资，但是国有经济只要仍处于绝对控股地位，民营经济进来以后很难触动它的各项制度，实现优势互补。一个民营企业家做了一个形象的比喻：国有经济吸收民间股份就相当于农村招上门女婿。上门女婿进来之后要承担儿子的责任，但是没有儿子的地位，民间股份进来以后没法改变国有经济的经营理念，更没法改变企业的体制，股权投资还不像股票投资，股票投资随时可以抛，股权投资抛都抛不了。民营企业家的这种顾虑不无道理。

如果我们仍然以什么为主、以什么为辅，就不可能达到不同经济成分之间的法律平等和竞争平等，民营经济在总量上成为主体以后就会因与这一政策相悖而顾虑重重。我想要从根本上解决问题就要在思想上放弃各种经济的主次之分，通过完善法律体系，赋予民营经济平等地位，否则这种垄断是没法解决的。垄断没法解决，资本不能在产业之间顺畅流动，就不可能实现产业结构的调整和平衡，这是我们分析产业结构失衡的第一个原因。

第二个原因是我们在结构调整中缺乏核心技术。最近我们跑了100多家民营企业，发现一些企业家看到某些产业存在着短缺，他们有钱，也愿意投资，但是没有核心技术，其结果就没法进入某些产业，实现结构调整就面临着缺乏核心技术的问题。

最近我们研究发现，我们这个体制里找不到谁是核心技术推动的主体。比如国有企业依靠垄断就能赚钱，在机制上缺乏搞技术创新的动力。最近，国有企业不断爆出令人惊叹的“地王”，但是却没有在核心技术上爆出让我们振奋的东西出来，因为他没有这个意愿。而民营企业又很难担当此任，虽然我们出现了一些比较好的民营企业，在一些应用型技术创新方面有一些进步，但是民营企业的成长才30年左右，它在体制、资金积累上难以支撑关乎中长期利益的核心技术创新。

高等院校科研人员众多，一些高校实验室的硬件设备也有了一定的基础，但目前高校在管理体制上问题还比较多，尤其是在激励机制方面存在着扭曲，致使研究人员在团结、协作、潜心研究核心技术方面动力不足，结果是大量的物质资源闲置和人才的浪费。此外，我们国家办的研究所，大部分存在经费短缺的问题，只能做一点一般性技术研究，很难做核心技术的研究。从外部来看，美国等发达国家对我们技术封锁又非常严格，根本就不可能买到，甚至想接触都很难。

我们找不到支撑中国核心技术的主体，没有这种支持主体怎么出现核心技术？没有核心技术怎么调整结构？难以调整的结果便导致历年经济增长所积累的财富要么冲向房地产市场，要么冲向股市，冲哪哪涨，结果加剧了财富分配差距，也影响了整个经济稳定，而不是冲向关乎中长期发展的核心技术。因此，缺乏核心技术是造成经济结构难以调整的第二个原因。

第三个原因，就是结构调整中的利益机制失灵。所谓利益机制失灵就是我们讲的成本与收益的约束机制失灵。利益机制调整着企业的投资方向，正常情况下，当一个企业觉得生产成本远远大于收益便不可能再投资。但在中国这种利益机制失灵了，国有企业投资中的预算软约束和投资饥渴问题仍广泛存在。

财政部公布的2010年第一季度地方国有企业状况，1—3月份地方国有企业的净利润率是1.8%，而3月份CPI是2.2%，当年银行年存款利率是2.25%，实际企业是亏了0.4个百分点，搞生产还不如把钱存在银行。企业明知亏损，为什么还在干呢？原因就是不受利益机制约束，投资了就是赔也会继续干下去。当利益机制一旦失调，就没法校正结果，明明知道亏了还要继续投，最后的结果是，第二季度仍然在大规模增加投资。在没有利益机制约束的条件下，结构就根本不可能调整。

我们研究产业结构为什么失调，基本是以上这三条原因，这也是我们下一步要调整的重点。如果这三个问题得不到调整的话，我们的产业结构失衡状态还会继续加剧。只有这三个原因得到校正和调整，我们的产业结构才能够得以调整。这是我们关于经济结构所讨论的第二个层面。

四、经济结构调整的第三个层面：国家财政收入、企业利润和居民收入之间的分配结构

从国民生产总值的收入角度讨论这个问题，我们发现国家财政收入、企业利润、居民收入结构严重失衡，失衡的主要标志是相对于国家财政收入和企业利润而言，居民收入增长太慢。比如我国职工工资总额和财政收入之比在1978年仅为50.24%，1997年该指数达到最大，为129.76%。自1997年以后，该指数逐年下降，2008年仅为54.97%。这一指标说明财政所能动员的经济资源是全部职工工资总额的将近两倍。如果再加上地方政府出售土地所获得的收入，财政收入实际增长速度更快。改革30年以后，政府的收入和全部职工工资收入之比和计划经济后期的年份相当。

这种收入结构也必然导致投资、消费、出口的结构失衡。居民收入太低，内需就起不来，结果当然是消费、投资、出口结构也会失调。因此我们调整经济结构，当然要调整国家财政收入、企业利润和居民收入之间的关系。

怎么调整？总体大家认为，应该提高居民收入在国民收入分配中的比例，那就是适当降低国家财政收入和企业利润的比例。因此，这种调整最近的讨论主要集中在三个问题上。

第一要调整国家财政收入和居民收入之间的关系。调整的方向就是，相应的减少国家财政收入、提高居民收入。只有相应的降低国家财政收入，在国民收入总量一定的条件下，当然居民收入才能够提高。我想，调整国家财政收入和居民收入的关系无非是四条办法：一是减税，二是退税，三是提高个税起征点，四是国家在社会保障资金上承担更多的责任。

2009年我国财政上直接对居民减税2200亿。虽然是减了，但我觉得数量太小。提高个税起征点也是一种减税的办法。个税起征点提高了，当然老百姓收入就会增加。我们现在执行的2000元钱起征过低。

退税是把税收部分退还大家，主要是出口退税、家电下乡和以旧换新。以我们正在执行的家电下乡和以旧换新的退税为例，2009年全国的退税指标是300—500亿，实际退了400多亿，没有退到500亿。如果农民不买家电、城市居民不购买新的电器这个税还退不了，所以去年的退税指标实际没有完成。为了更好地增加居民的消费，我们在退税的方式上是否需要进行一些改革，比如根据赡养人口的多少及是否租房等情况进行退税，采用这种方式税就比较容易退得出，也有助于变对生产能力的刺激为对消费的刺激，有利于启动内需和改善内需的层次。

在社会保障资金的募集上国家应该承担更多的责任。我们在社会保障方面的基金制改革的目标实际上是强调个人和企业的责任，如果从启动居民消费这个层面来看，社会保障制度越完善消费越低，因为把老百姓的钱拿去搞了社会保障，没有钱再搞消费。最近我调研了四个企业，得知它们给职工交纳的各种保障资金的数量已经占到工资的70%。相反，在北欧国家社会保障资金募集里边，国家缴纳的比例占到总资金的55%。当前我们强调社会保障资金缴纳方面的个人责任，显然在国家财政收入增长如此快的情况下，国家应该在社会保障资金募集上承担更多的责任。

我们最近做了一个模型，提出今年如果减税6000亿、退税3000亿，个税起征点提到3000元起征，在社会保障资金募集上国家占到55%的话，今年居民年收入增长可以增加5—8个百分点，居民消费一下子就起来了。我们这个模型的计算是有道理的，因为过去10年里，我们居民收入增长速度一直低于GDP。如果不调整的话，我想恐怕这个结构很难调整过来。

当然这样的改革也有争议。有学者认为中国要成为第二大经济主体，在增长中间会产生巨大的国际摩擦，要保证中国的利益，无论是国防还是外交开支都会增长。如果加入这个因素，当然就不能依靠减少财政收入来增加居民收入。是不是调整还要考虑这个因素，我们就没有再计算，这个计算应该采用什么方式目前还不太清楚。但是我觉得，如果不考虑这个因素，我们最起码在这个关系上应该做上述的调整。

第二要调整企业利润和劳动收入的关系。现在居民收入低的原因，是因为企业利润增长太快，所以劳动收入增长比较慢。要增加劳动收入就必须减少企业利润。结果这个结论提出来之后引发了三个争议。

第一个争议，中小企业反应极其强烈，民众对垄断企业继续提高收入也不能接受。中小企业不认可这个判断是因为其利润已经很薄了，要再提高劳动收入，企业就没法运作了。最近我们搞了十个企业详细的成本分析，发现它们的利润差不多是0.1%左右，基本接近亏损，大量的一般制造业的劳动密集型企业基本是这个状态。为什么还要干下去呢？因为设备折旧还没有完，这么多人还要吃饭，所以微利的条件下还要运作。你要提高劳动力收入，这个企业马上就运作不下去了。此外，部分国有企业确实利润增长很快，尤其垄断性企业劳动者收入增长很快，似乎它们应该调整一下劳动收入和利润关系。但是八大家垄断性企业就业人员是我们总体就业人员的8%，收入却占到我们总体收入的60%，这便很难调整。所以我们主张要区别对待，要调整劳动收入主要还是这两种类型企业之外的其他企业。

第二个争议，劳动收入和利润的关系靠什么机制来调整？西方国家是依靠工会、雇主协会、法院之间进行博弈。工会一旦发现利润增长很快，而劳动收入没有增长，就要找雇主协会谈判，不加薪就组织罢工。但是罢工需要法院批准，三大力量博弈的结果实现了劳动收入和利润之间的平衡。

我们还没有形成各个力量均衡的阶层主动博弈机制，主要靠劳动力市场的供求来调节，表现出调节缓慢和缺乏灵活性等特点，效果不理想。我们正在起草一个法律文件，叫“工资条例”，工资条例如果起草完成之后，就作为调整利润和劳动收入之间的法律文件。我不知道这个工资条例最终能不能形成共识，能不能有效调整劳动收入和利润关系，恐怕还要等把它搞出来并执行一段时间以后才能进行总结。第三个争议，大家都认为财政收入高、企业利润高、劳动收入低，这没问题，要进行调整，那么要谁带头调整？先减少财政收入呢，还是企业先降低自己利润？2010年“两会”期间我们开了一个内部座谈会，有企业家、有政府人士，这个说要政府减少税收，那个说要企业减少利润，究竟谁能够承担率先调整和居民收入之间的关系目前还没有共识。

第三必须提高居民的财产性收益。居民收入由两部分构成，一是劳动性收入，一是财产性收入。当一个国家居民收入里劳动性收入占的比重太高，财产性收入占比太少的时候，那是不可能富起来的。美国人的收入里边，劳动性收入占50%左右，财产性收入占40%左右，所以它比较富有。而我们的人均收入里边，财产性收入占的比例仅有1.8%，所以富不起来。要想富起来，就得想办法提高人们的财产性收益。提出来这条调整的思路，又引发了两个非常尖锐的争议。

一个争议就是要提高老百姓财产性收益，必须先让其有财产。这就提出怎么样让老百姓有财产的问题，就争议到要不要把国有资产分给大家？但这个问题争议非常大，既有来自于意识形态方面的，也有来自于既得利益阶层的。既然把国有资产分给居民存在争议，就需要在不分的条件下找到替代性的解决办法，如能不能让居民先享受国有资产收益。按这个思路，我觉得去年政府做了两件有意义的事：一是把央企利润的10%划归社会保障账户，社会保障账户是居民都能享受收益的账户，就等于居民能享受到财产性收益了；二是把上市公司国有股权的10%划归社会保障账户。同样也等于大家有财产性收益了。我们把这两个做法叫“双十原则”。我觉得现在比例还偏低，去年央企7000多亿的利润，10%太少了一点，能不能再提高一点？同时上市公司国有股权划入社会保障账户的比例能否再提高一点？未来如果能够再进一步提高比例的话，人们的财产性收益应该就会增加了。

另一个争议是提高人们财产性收益与稳定房地产市场的争议。居民财产性收益无非是两种收益，一是动产收益，一是不动产收益。动产收益有赖于资本市场，不动产收益有赖于房地产市场。要提高人们财产性收益，我们必须活跃中国的资本市场和房地产市场才行，如果二者都不活跃，财产性收益就不可能提高。活跃资本市场和房地产市场方面的争议主要集中在房地产市场。考察政府在房地产市场所面临的问题，一是房地产和经济规律的关系，二是房地产和民生的关系，这两个方面都要兼顾。讨论房地产和经济规律的关系，主要是市场经济条件下供求关系问题，很明显，我们城市化在加速，对房子的需求是持续上升的，但土地有限而且供给渠道不畅，房子存在短缺，价格要上涨。对于房地产市场和民生的关系，我们一直主张加大保障性住房建设。但是从当前的房地产政策看，我们有点不理性，表现为依靠对市场的行政管制来解决民生问题，实际上是把民生的问题推到市场上来解决。既然要提高人们的财产性收益，就不能不面对这个问题。

这样一来，就给我们出了一个很重要的难题，就是如何在防止出现资产泡沫的基础上还能够活跃资本市场和房地产市场，增加人们的财产性收益。动产收益有赖于资本市场，不动产收益有赖于房地产市场，这两大市场必须活跃，活跃过程中会出现资产价格上涨，我们有泡沫的压力，这是另外一个事。我们活跃它和防止它价格上涨过快出现泡沫压力，这两者要平衡协调好才行。

在国家财政收入、企业利润、居民收入的关系上，总体判断是居民收入偏低，所以要适当调整这个结构，减少财政收入和企业利润的比例，增加居民的劳动收入和财产收益。

总之，这就是我们所提出的基于国民生产总值的经济结构调整，这三个层面，一个是投资、消费和出口的结构；一个是各个产业之间的结构；一个是国家财政收入、企业利润和居民收入之间的结构。三者之间内部紧密相连，而三者之间也存在因果链条，其中一个环节发生变化就能对整个增长的结构发生全局性的影响。例如居民收入和内需之间、国家财政收入和投资结构之间，居民的需求及其层次对产业结构层次的影响等都会发生变化，因此，应该从全局的角度思考调整的顺序和比例。只有这三个方面的结构比较合理，我们的经济增长才可能走向科学发展的道路，增长方式的转变才可能实现。

（作者：清华大学经济管理学院教授、博士生导师）

（选自《郑州大学学报·哲学社会科学版》2011 年第 1 期）

正确理解宏观调控和政府作用

高尚全

如何正确理解宏观调控

第一，如何理解宏观调控。有三点值得研究：一种说法，“目前进行的宏观调控，是我国改革开放以来第X次调控”，把宏观调控作为一种运动，好像除了这几次以外其他时间就没有什么宏观调控了；另一种看法，认为宏观调控就是砍项目，就是刹车；还有一种，把宏观调控跟改革对立起来的，好像要宏观调控就不要搞改革。我觉得以上三种都是对宏观调控的一种误解。首先，宏观调控是市场经济的一个重要的内容，要完善社会主义市场经济体制，必须要完善宏观调控体系，经济运行中出现的深层次矛盾必须通过改革来解决。因此，不应该把它和改革对立起来。应该通过宏观调控来深化改革，来完善社会主义市场经济体制，不是一调控就不要改革了。其次，宏观调控是一项经常性的任务，要不断进行的，不能把它作为一种突击运动，靠行政手段为主的运动是不能解决经济运行中的矛盾的。最后，宏观调控不能搞“一刀切”，要根据不同的情况，该抑制的就抑制，该发展的就发展，该紧的地方紧，该松的地方松，不搞急刹车，宏观调控的目的是促进经济持续、平稳、协调发展。

第二，要从源头上来改善政府宏观调控的水平。源头上就是我们原来讲的对市场经济的含义，应当与时俱进。

第三，宏观调控要更多地运用间接调控，尽可能少用行政手段。一是随着改革的深化，我国经济的市场化程度已经较高，传统的行政方式进行调控所起的作用不会很大。二是长期以来由于计划经济体制所产生的主要是总需求膨胀的倾向，现在已经让位给由于市场经济体制所产生的供给过剩倾向。这就是说宏观调控的背景和基础发生了变化。因此，调控方式必应发生变化。三是依靠行政审批制度和管制来加强宏观调控，容易造成权钱交易，容易抬高企业的准入门槛，造成某些行业的人为垄断，提高某些行业的利润。管制越严，利润越高，地方的积极性就越高。四是行政手段容易加大改革和发展成本。因此,要尽量少用行政手段。

如何正确发挥政府的作用

第一，政府在市场经济条件下要坚持科学发展观。加快政府职能转变，才能真正贯彻科学的发展观，促进经济、社会和人的全面发展。坚持科学发展观，还要求正确处理好集中与分散决策的关系。市场经济客观上要求分散决策，政府存在很强的“集中偏好”，就难于根据走向市场经济的实际进程切实转变职能，反而会把不适当的决策“强加”给市场，甚至代替市场选择。这显然不利于社会主义市场经济的发展。

第二，要充分认识转轨时期政府主导型经济的特殊性。转轨国家的政府与市场关系，远不像成熟市场经济国家那样基本“定型”，而是一个市场关系逐步发展与政府职能转变的互动过程。但只要走向市场经济，就必须确立市场机制在资源配置方面的基础地位，这是市场经济的基本特征。在从高度集中的计划经济体制向市场经济体制转轨的这个历史背景下，市场经济发育不成熟是必然的。现实中的诸多矛盾更主要的是由于市场经济不成熟、市场机制作用不充分所致，并非所谓的市场机制“缺陷”。历史和现实已经证明，“好的市场经济”，一定是与有限政府和责任政府相联系；经济体制改革要顺利推进，必须加快政府改革。目前，在中国，政府改革尤其具有特殊意义——它既联接经济体制改革，又联接社会体制改革和政治体制改革，处于改革的中心环节。以政府改革为突破口，可以带动全面改革，包括经济体制改革、社会体制改革、文化体制改革、教育体制改革乃至政治体制改革。

（作者：中国经济体制改革研究会名誉会长）

（选自《宏观经济管理》2011年第9期）

加强和改善宏观调控
重在统筹速度、结构、物价三者关系

王一鸣

今年以来，面对复杂多变的国际形势和国内经济运行的新情况新变化，我国加强和改善宏观调控，国民经济继续朝着宏观调控的预期方向发展，经济增长在有序回落中保持较快增速，物价涨幅在综合施策中趋稳回落，结构调整在有扶有控中继续推进，实现了“十二五”时期良好开局。中央经济工作会议提出的明年经济工作总体要求，明确了稳中求进的工作总基调，为继续加强和改善宏观调控指明了方向。

统筹处理速度、结构、物价三者关系

当前，我国经济态势总体良好，但在发展中也同时面临经济下行、物价上涨和结构调整的压力。宏观调控的关键就是要统筹处理稳增长、调结构、控物价的关系。要把经济增速稳定在合理区间，既不能在内外条件发生变化的情况下盲目把速度拉起来，又要避免经济增速出现持续回落，同时努力化解国内外各种不稳定不确定因素影响，保持经济平稳较快发展，这是增加就业、提高城乡居民收入和改善政府公共服务的重要基础。物价涨幅已有回落，但推动价格上涨的压力仍然存在，要继续采取综合措施，防止价格走势出现反弹，保持物价总水平基本稳定，这是维护人民群众切身利益和营造良好宏观环境的重要前提。经济增速放缓和产能过剩矛盾凸显，增大了结构调整压力，也为结构调整提供了时间窗口，要紧紧抓住当前有利时机，下大决心推进结构调整，力求取得实质性进展，增强发展的协调性和可持续性，这是提高经济增长质量和效益、加快转变经济发展方式的根本途径。只有统筹处理好速度、结构、物价三者关系，才能在避免经济增长出现大的波动的同时，增强自主增长内生动力，为长期平稳较快发展创造条件。

积极财政政策重在结构性减税和保持公共投资适度增长

继续实施积极的财政政策，是在外部需求收缩、我国经济增速放缓情况下保持经济平稳较快发展的重要条件。应该看到，虽然世界经济复苏的不稳定性不确定性上升，但对我国的影响不会像2008年末和2009年初那么严重。与此同时，我国物价上涨压力仍然较大，加上基础设施在建规模和制造业产能过剩压力较大，不宜再推出类似于2008年末那样的大规模刺激计划。积极的财政政策要在稳增长和调结构之间取得平衡，在调结构中发挥更大作用。明年实施积极的财政政策，完善结构性减税是重要内容。要继续推进营业税改征增值税和房产税试点，合理调整消费税范围和税率结构，改革资源税制度，推进环境税改革。要进一步优化财政支出结构，加大民生领域投入，支持欠发达地区、科技创新、节能环保、战略性新兴产业发展。在当前形势下，保持公共投资的适度增长仍十分必要，要优先支持国家重大基础设施建设和收尾项目，尽早发挥其效益，避免半拉子工程；支持企业技术改造项目，并适时开工一批“十二五”规划纲要确定的重大项目。

稳健的货币政策重在适时适度预调微调

在经济增速放缓、物价上涨压力仍然较大的条件下，继续实施稳健的货币政策，需要根据经济运行情况适时适度进行预调微调。要综合考虑经济增长和物价走势，运用多种货币政策工具，前瞻灵活地调节货币信贷供给，保持货币信贷总量合理增长，满足经济平稳较快发展的需要。考虑到今年以来M2增速大幅回落，企业特别是中小企业融资困难，保持经济平稳较快发展需要加强金融支持，适度增加货币信贷投放既有必要也具备条件。预调微调并不意味着简单放松银根，而是要在总量调控的基础上进一步优化信贷结构，综合运用财税政策、差别化监管等方面的措施，引导金融机构加大对中小企业、水利、战略性新兴产业、保障性住房、节能环保等领域的信贷支持力度，满足结构性融资需求。与此同时，要发挥好资本市场的积极作用，促进证券市场稳定发展并积极发展债券市场。

把有效防范经济运行中的潜在风险放在重要位置

在充分认识我国经济发展战略机遇的同时，还要高度关注和有效防范经济运行中的各种潜在风险。世界经济增长放缓、国际贸易增速回落和外部市场需求收缩，我国保持外贸出口稳定增长可能面临更加严峻的形势；国内经济增长放缓和产能过剩压力增大，企业亏损面和亏损额可能进一步扩大；商品住房价格回落和市场交易量萎缩，房地产企业和地方政府土地收益下降，银行和部分地方可能面临较大的资金压力；地方政府性融资平台公司进入还贷高峰，部分债务负担较重的地区可能面临较大的偿债压力；不规范的民间借贷和资金过度向泡沫经济领域集中。对此，我们要保持清醒头脑，加强预研预判和风险评估，及早准备预案预策，及时采取有效措施，以防范和化解经济运行中的各种潜在风险。

坚持宏观调控与市场机制的有机统一

加强和改善宏观调控，对有效应对国际金融危机冲击，避免经济出现大的起落，保持经济平稳较快发展、保持物价总水平基本稳定，发挥了十分重要的作用。在继续加强和改善宏观调控的同时，我们还要高度重视培育和发挥市场机制的作用。应该看到，目前存在的一些深层次矛盾和问题，根源还在于市场机制不健全、不完善。要坚持深化改革，继续推进资源性产品价格形成机制改革，积极培育面向小型微型企业的金融机构，深化利率市场化和汇率形成机制改革，增强市场机制在资源配置中的基础性作用，不断提高资源配置效率。

明年加强和改善宏观调控的任务十分艰巨，要加强战略谋划，坚持统筹兼顾，深入分析经济发展和运行趋势变化，准确把握宏观调控的力度、节奏、重点，增强调控的针对性、灵活性、前瞻性，为经济平稳较快发展创造更加有利的条件。

（作者：国家发展和改革委员会宏观经济研究院副院长）

（选自《经济日报》2011年12月26日）

中国财政体制改革研究

财政部财政科学研究所、吉林省财政厅联合课题组

一、深化财政体制改革的必要性和紧迫性

（一）当前我国财政体制存在的主要问题

1. 事权和财权不匹配，地方政府行为失范。

一是事权划分不清晰，上下同构现象严重。我国的宪法和有关法律法规对各级政府的事权划分只作了原则性规定，具体划分不够明晰也不尽合理，地方政府拥有的事权几乎全是中央政府事权的翻版，呈现出“上下对口、职责同构”的特征，主要体现在政府间支出范围的交叉、重叠、错位、层层下放等方面。(1) 目前财政体制下明确应由中央政府承担的国防、国税、海关等属于中央政府的事务，地方财政也负担了部分支出责任。(2) 属于地方的支出责任，中央也给予了补助。如一些地方文化、城市基础设施建设等项目，中央通过大量专项转移支付进行了补助。(3) 上级政府干涉下级政府的事务，存在着“中央点菜、地方买单”的现象。近几年，部分中央部门出台了涉及卫生、社保、公安等领域的一些支出达标政策，导致地方政府事权被扩充。

二是事权下放的情况比较突出，但却没有赋予地方政府相应的财力。在目前垂直集权的行政体制下，上级政府可以随意调整下级政府的支出责任。近几年，中央不断地对地方下放事权，但在事权下放的同时却没有赋予地方政府必要的财力，导致地方政府事权与财权不匹配现象严重。2003 年以来，中央陆续将一些企业、学校、研究机构、地质勘探等企事业单位下划地方，并按照下划时确定的基数给予补助。随着经济的发展和物价水平的上升，补助基数与实际支出水平之间的缺口越来越大，增加了地方财政的支出压力。

三是财权划分不合理，不正当竞争现象严重。在财权划分上，增值税与所得税的归属与地方政府关系密切。从我国税收结构看，2009 年，全国增值税收入 19326 亿元，所得税收入（含企业与个人）15827 亿元，合计占税收总量 58673 亿元的 59.9%。按现有的财权划分，地方分享增值税 4763 亿元、所得税 5832 亿元，加上中央返还地方 4386 亿元，地方共得 14981 亿元，占地方本级收入的 45.9%。这种利益导向，必然对地方政府行为产生影响，一些地方政府出现全局利益和环境资源，利用土地、税收优惠等政策招商引资，一味追求经济增长，从而对形成公平竞争的市场经济环境带来消极影响。

以吉林省为例，最近几年来，省级收入占全省财政收入的比重呈逐年下降的趋势。由于落实对县（市）下放省共享收入政策，以及

对中心城市省级以上开发区给予税收返还政策等，使省级财政的集中度逐年降低，省级财政收入占全省财政收入的比重，已由2004年的30.8%，下降到2009年的26.3%。这一比例逐渐降低，不利于省级政府对全省经济的调控和全省财力的配置，也不利于省级促进全省基本公共服务均等化的实现。此外，现行省直管县财政体制与行政管理体制不相匹配，加剧了市县政府财权与事权不统一的矛盾。

2. 预算制度完整性不够，财力比较分散。预算的完整统一，是构建现代公共财政制度的客观要求，也是政府正确履行政治、经济、社会等各项职能的基本财力保障。从预算编制的范围看，中国的全口径预算制度应建立一个包括政府公共预算、基金预算、国有资本经营预算、社会保障预算等在内的"复式预算体系"。而且，在各项预算之间，应建立规范、明确、透明的资金往来渠道。然而，我国目前预算制度的完整性不够，公共预算收入以外的政府各类收入规模仍然较大，社会保障预算尚未建立，政府性基金收支单列，但管理还有待加强，国有资本经营预算刚刚开始试点，还不够完善，游离于预算之外的收支占政府全部收支的30%以上。预算口径的不完整人为缩小了预算收入规模，不能真实反映企业和社会的负担水平，且一些未纳入预算的政府性收支存在着很大的随意性。预算的不完整还导致了财力分散现象严重。

3. 转移支付制度不够完善，影响地方财力和基本公共服务的均等化。

一是转移支付结构不合理，地方可调控财力减弱。现行体制下，中央从地方集中了大量财力，再以转移支付形式补助地方，特别是中央大量的专项拨款要求地方财政配套，导致地方可调控财力较少。2009年，中央转移支付总额为23679亿元，其中具有真正意义上的均衡性转移支付仅为3918亿元，而专项转移支付达12359亿元。这种分配方法由于在政策设计时没有充分考虑到地区财政财力差异而区别对待，对中西部地区和贫困地区不利。有配套要求的专项转移支付越多，地方财政支出压力越大，有些地方政府为得到专款，不惜负债配套、虚假配套。这既不利于中央政策调控目标的实现，也加重了地方财政负担。

二是地区间财力差异仍然较大，不利于公共服务均等化。地区基本公共服务均等化，对促进社会公正，维护社会稳定和国家长治久安，具有重要意义。但目前我国地区间经济发展很不平衡，转移支付制度不尽完善，客观上增加了地方财力和基本公共服务均等化的难度。由于在现行转移支付的框架下，地方总体财力和人均财力存在较大的差距，目前基本公共服务均等化在地区之间不均等化的情况比较严重。

从吉林省的情况看，在财政转移支付规模不断扩大、管理不断规范的情况下，由于受政府职能转变不到位、政府间支出责任不清晰、转移支付规模有限等体制和财力规模因素的制约，省对下转移支付尤其是专项转移支付还存在一些问题。如省对下财政转移支付规模较小，省级平衡地区财力差距的能力不足，激励性分配机制作用不够充分，导致县级财力差距仍然很大。专项转移支付分配存在项目较多；部分项目计划与市县实际需要脱节，市县政府无法做必要的调整和统筹安排；专项转移支付配套给市县财政造成较大压力，市县政府为了争取到转移支付资金只有通过借债配套，使得转移支付资金发挥效率下降，存在一定风险。

4. 中央财政集中度未达到改革设定的目标，不利于增强中央调控能力。1994年分税制改革后，中央财政收入占全国财政收入的比重从1993年的22%上升到1994年的55.7%，中央财政的宏观调控能力空前增强。但从1994年至今，这个比重一直在50%上下徘徊，如

1996年为49.4%，1998年为48.9%，2000年为52.2%，2002年为55%，2004年为54.9%，2006年为52.8%，2008年为53.3%，距离分税制改革时设定的占比60%的目标还有较大差距。此外，中央财政收入比重虽然可达50%左右，如2008年为53.3%，但如果扣除税收返还因素，中央收入比重为46.3%。如果再将预算外、政府性基金、社保基金、土地出让收入等政府性资源计算在内，中央收入比重仅为31%，明显低于其他国家水平。从世界主要市场经济国家中央政府收入占全国财政收入比重来看，大部分国家都保持在60%以上。

5. 省以下财政体制不尽完善，不利于基层政府有效行使职能。现行省以下财政体制虽然基本符合各地的实际情况和分税制改革的一般要求，但在运行中也存在一些需要完善的方面。在此以吉林省为例。吉林省在2005年7月1日起在全省范围内推开“省直管县”的财政体制，在全国走在前列。6年来，吉林“省直管县”财政体制运行取得了较好的成效，但也出现了一些新的问题：一是财政部门与其他部门改革步伐不一致。财政部门在体制、资金往来、预决算等方面都与市县全面对接，放权最为彻底。而其他部门仍实行省管市、市管县的体制，造成财权与事权配置不相匹配，支出责任划分上也不统一。二是增加了省级财政管理工作的难度。“省直管县”改革后省级财政的管理单元迅速增加、管理半径急剧扩大，但省级部门启动相应的机构、人员调整和管理方式改革没有完全跟上。三是在一定程度上增加了市和县之间的摩擦，削弱了市对县的支持力度。改革后，县级财权扩大，市级失去了对县级财政管理权，但市级党政领导机构及部门单位仍在履行全市性事权，市级事权与财权不对称问题突出，与县级产生误会和摩擦增多，另一方面也在一定程度上削弱了市级财政对县级财政的支持。

（二）进一步创新财政体制的必要性

1. 深化财政体制改革是适应和促进经济发展方式转变的客观需要。早在1995年，党中央就针对我国传统经济发展方式存在的高消耗、高污染、高投入、低效益、发展不平衡等一系列问题，明确提出实现经济增长方式转变的要求。但是，由于一些深层次的原因，时至今日，我们在经济发展方式转变方面所取得的成效并不尽如人意。这既与经济总量为主导的考核评价机制有关，也与现行财政体制在财力与事权方面严重不匹配有关，主要体现在两个方面：一是均等化程度不高，落后地区为满足公共服务需求，不顾资源、环境、生态等客观因素制约，积极致力于发展经济；二是主要税种的划分与经济发展水平关系密切，强化了地方政府追求粗放型经济发展方式的冲动。财政体制改革的不到位及其所存在的一些导致政府直接干预经济的体制诱因，不利于政府职能和经济发展方式的转变。国际金融危机的爆发，使我们经济发展中的不合理因素充分暴露，转变经济发展方式已经刻不容缓。促进经济发展方式转变，是当前和今后一个时期经济转型的主攻方向和首要任务，对贯彻落实科学发展观，构建社会主义和谐社会，保障经济可持续发展具有重要的意义。党的十七届五中全会通过的《中共中央关于制定国民经济和社会发展第十二个五年规划的建议》（以下简称《建议》）中也提出：“以加快转变经济发展方式为主线，是推动科学发展的必由之路，符合我国基本国情和发展阶段性新特征。加快转变经济发展方式是我国经济社会领域的一场深刻变革，必须贯穿经济社会发展全过程和各领域，提高发展的全面性、协调性、可持续性，坚持在发展中促转变、在转变中谋发展，实现经济社会又好又快发展”。

2. 深化财政体制改革是健全和完善公共财政体系的必然要求。公共财政是适应市场经济的一种财政制度，是为纳税人和所有公民服务的财政，是民主和法治化的财政，是强调社会公正的财政。而公共财政体制是市场经济条件下政府为解决公共问题、提供公共产品、满足社会公共需要、服务社会公众利益而建立的财政管理运行模式财政运行体制，是在市场经济条件下政府提供公共物品满足社会公共需要的经济活动或分配活动的一种财政管理模式，是贯彻落实科学发展观的重要制度保证。公共财政在国民经济中占有重要地位，对于依法促进公平分配、调控宏观经济、合理配置市场资源，起着不可替代的作用。我国政府自1998年明确提出建立适应社会主义市场经济要求的公共财政以来，十余年间取得了很大的进展，财政职能和支出保障范围相应进行了调整，逐步减少和退出一般性及经营性领域的财政直接投资与补贴，强化政府经济调节、市场监管、社会管理和公共服务四大职能。党的十七大报告指出，要围绕推进基本公共服务均等化和主体功能区建设，完善公共财政体系。这客观上要求财政收支必须具备完整、统一、公开等特性，必须通过改革现行财政体制，借鉴国际先进经验和做法，健全预算管理制度，合理界定政府与市场的职能，优化财政支出结构，加大财政对民生领域的保障力度，改革财权、事权划分办法，使财力与事权相匹配，增强中央政府的调控能力，积极发挥财政职能作用。因此，完善公共财政体系的核心就是要建立起一个完善的公共财政体制，深化财政体制改革是健全公共财政体系的必然要求。

3．深化财政体制改革是实现基本公共服务均等化的重要手段。一般地说，基本公共服务均等化是指政府要为社会成员提供基本的、与经济社会发展水平相适应的、能够体现公平正义原则的大致均等的公共产品和服务，是人们生存和发展最基本的条件的均等。社会发展的基本宗旨是人人共享、普遍受益。而推进基本公共服务均等化，是实现人人共享社会发展成果的必然选择。换句话说，基本公共服务均等化是过程，共享社会发展成果是结果，它们在本质上是一致的，都是要维护社会公平。在当前，通过实现基本公共服务均等化，让人民共享改革发展成果，是解决民生问题、化解社会矛盾、促进社会和谐、体现社会公平的迫切需要。党的十六届六中全会通过的《中共中央关于构建社会主义和谐社会若干重大问题的决定》，明确提出要“完善公共财政制度，逐步实现基本公共服务均等化”。从理论上看，基本公共服务均等化是弥补市场在公共产品供给方面失灵的重要制度基础，是公共财政得以实现的最有效手段，是构建和谐社会的内在要求，也是政府强化公共服务和社会管理职能的必然要求。从现实情况看，我国区域间基本公共服务不均等的问题较为突出，城乡差距、地区差距、社会成员之间的收入差距还在扩大，重点的改革还不到位，经济增长方式总体仍然落后。随着市场在资源配置中作用的发挥，地区间在财力分配方面普遍存在穷者愈穷、富者愈富的“马太效应”，区域间基本公共服务水平差距呈扩大趋势。通过完善财政体制、优化财政支出结构，不断缩小城乡之间、区域之间和社会阶层之间的公共服务水平差距，调节利益关系，有利于不同地区的居民享受大致均等的基本公共服务，有利于实现各地居民和谐共处，维护社会稳定。

（三）进一步创新财政体制的可行性

综合分析我国当前经济体制改革的内外部环境和战略模式，深化财政体制改革具有较强的可行性，能够取得预期效果。

1．中央高度重视。国务院总理温家宝2008年3月18日在十一届全国人大一次会议举行的记者见面会上，就财政体制改革的迫切性和目标指向作了专门论述：“一个国家的财政史是惊心动魄的，如果你读它，会从中看到不仅是经济的发展，而且是社会的结构和公平正义的程度。在今后5年，我们要下决心推进财政体制改革，让人民的钱更好地为人民谋利益”。党的十七大报告也明确提出，要“健全中央和地方财力与事权相匹配的体制”。2010年1月8日，胡锦涛总书记在政治局第十八次集体学习时就深化财税体制改革、做好新时期财政工作发表重要讲话。胡锦涛总书记科学界定了新形势下财政工作的职能作用和重要地位，深刻阐述了进一步深化财税体制改革的重大意义，明确提出了当前及今后一个时期完善有利于科学发展的财税体制机制的总体要求和主要任务。这一重要讲话成为指导做好新时期财政工作的指导方针。2010年10月18日召开的中共十七届五中全会通过的《建议》再次提出加快财税体制改革，积极构建有利于转变经济发展方式的财税体制。在合理界定事权基础上，按照财力与事权相匹配的要求，进一步理顺各级政府间财政分配关系。增加一般性转移支付规模和比例，加强县级政府提供基本公共服务财力保障。完善预算编制和执行管理制度，提高预算完整性和透明度。改革和完善税收制度。逐步健全地方税体系，赋予省级政府适当税政管理权限。《建议》为进一步深化财税体制改革指明了方向。

2. 经济实力和财政实力显著提高。改革开放以来，中国经济得到迅猛发展，2009年GDP已达335353亿元，人均GDP在2010年底将接近4000美元，进入中等偏下收入国家的行列。财政实力也逐年增强。通过持续推进财政改革，建立和完善了财政收入稳定增长机制，财政收入不断迈上新台阶。我国财政收入从1978年的1132亿元，增加到2009年的68477亿元，31年间增长了60倍。全国财政收入从1950年的62亿元开始，到突破1000亿元大关，用了28年时间（1978年为1132亿元）。从1000亿元到1万亿元，用了21年时间（1999年为11444亿元）。从1万亿元到6万亿元只用了9年的时间。2009年一周的财政收入超过千亿元，相当于改革开放初期1978年全年的财政收入；一个月的收入5000亿元，接近于1994年全年的收入。这为进一步深化财政体制改革提供了强大的财力基础。

3. 制度保障环境日趋成熟。在政府与市场关系中，如果说在西方国家，政府是一个不断“进入”的过程，那么，在我国，政府则是一个不断“退出”的过程。30余年的改革实质上就是政府让出空间，让市场来发挥作用。随着政府职能的逐步转变和市场在资源配置中基础性作用的增强，市场在我国经济生活中的作用确实是大大增强。市场经济体制打破了传统的管理模式，资源配置由政府主导型转向市场主导型，政府职能重点已由大量的微观经济管理转向宏观调控。此外，在市场化改革的进程中，中国的法制化也取得了重大进展，客观上要求依法理财、科学理财、民主理财。所有这些，都为进一步深化财政体制改革提供了制度保障条件。

4. 地方政府也有开展财政体制创新的积极性。1994年分税制建立以来，包括税种设立和征管等各方面税权都牢固地被集中在中央。鉴于日益突出的中央和地方政府财力关系的不平衡，下放地方政府一定自主权的必要性已经逐步凸显。党的十七届五中全会通过的《建议》也明确提出，“逐步健全地方税体系，赋予省级政府适当税政管理权限”。从提供公共服务的效率而言，地方政府明显优于中央政府。地方政府在向当地居民提供公共服务的过程中，扮演着中央政府无法取代的重要角色，客观上要求赋予其自行组织收入的灵活性。随着地方经济的快速发展和经济实力的增强，很多地方希望通过财政体制创新，争取更多独立的财政决策权，以对本地经济发展进行调控、引导和扶持。

二、“十二五”期间深化我国财政体制改革的思路和建议

（一）改革的基本思路和原则

针对当前我国财政体制存在的主要问题，借鉴国外财政体制变革的重要经验，进一步深化我国财政体制改革的基本思路应该是：在保持分税制财政体制基本稳定的前提下，围绕推进基本公共服务均等化和主体功能区建设，按照调动中央和地方两个积极性，统筹规划，分步推进的原则，通过深化改革和制度创新，均衡地区间和各级政府间的财力差异，适度向上集中和适度向基层倾斜相结合，进一步规范政府间财政关系，健全中央和地方财力与事权相匹配的财政体制。根据以上基本思路，进一步深化我国财政体制改革应遵循以下基本原则：

1. 坚持分税制的基本方向不变。1994 年分税制财政体制改革的成果应当在坚持的基础上去完善，而不是推倒重来。总体来看，现行财政体制仍有许多合理的内核，应进一步发扬光大。这突出表现在：一是抛弃按照企业的隶属关系来划分中央与地方的收入，以税种为基础来界定中央与地方之间的收入，有利于全国统一市场的形成；二是形成了强大的动力机制。作为一个激励相容的机制，分税制形成了地方政府自主收入，提高了地方政府在开发财源、增加收入等方面的努力程度，调动了中央与地方的“两个积极性”；三是分税制财政体制一举扭转了中央财政积弱的局面，增强了中央政府的政治控制力和宏观调控制能力。分税制的基本框架奠定了中央的主动地位，有利于强化中央政府对地方政府行为的调节与控制，使中央政府在宏观调控中处于主动地位。在政治意义上讲，这有利于从体制与制度上保证国家的政令统一，维护国家的稳定与安全。因此，财政体制改革应坚持分税制的基本方向不变。

2. 财力分配适度向上集中、向财力薄弱地区倾斜。一方面在财权划分上要继续坚持适度向上集中的原则。不谋全局者，不足以谋一域。我国是一个发展中大国，人口多，底子薄，地区发展不平衡，而且正面临着经济转轨阶段。从政治上看，在促进民生，构建和谐社会，保证国家安全等方面均需要维护中央政府的权威。从经济方面说，在目前转变经济发展方式、调整经济结构，进而建设规范的社会主义市场经济体制，确保改革开放大局，需要维护中央宏观调控的权威性和宏观调控能力。反映在财政体制方面，就应该切实体现中央政府对公共资源必要的掌控力度，以实现其政治、经济目标。鉴此，构建科学的财政体制需要通过合理的途径继续适当提高中央财政的收入比例。

另一方面在财力配置方面要坚持向薄弱地区倾斜的原则。与财权的划分不同，财力的配置目标就是要实现各地政府财力与事权的基本匹配。如果出现财力缺口，就意味着那个地区的政府难以履行其职责，难以正常运转。目前，我国地方政府承担了大量的基本公共服务和其他事务，但这些基本公共服务和事务并不能得到有效的财力保障。现行的财力下移包括一般性转移支付、专项转移支付、税收返还、与行为挂钩的奖励等方式，但总体来看，财力下移的机制仍不完善，最大的问题东部地区与中西部地区的财力差距没有得到有效地缩小。在事权、财权和财力三者之间的关系上，财力的调整是可以相对灵活的，可以有效解决那些“有财权无财力”的现象，中央政府以“最后拨款人”的身份，适度向中西部地区倾斜财力，平衡各地区的财力状况，在提高保障能力的同时，可以有效实现公共服务的均等化目标，也有助于提高中央政府的调控和管理力度。

3. 省级财政保持一定的调节能力。省级政府是中央为管理地方政府事务而设置的中央政府下属权力机关。它是地方最高权力的执行机

构，省级政府拥有对省域内行政事务、经济运行以及公共产品和服务提供的管理和调节职责。作为地方最高的行政机关，省级政府往往要把较多的资源投入到促进省域经济增长和促进省内基本公共服务均等化。我国幅员辽阔，人口众多，各地的资源禀赋、技术水平和经济实力差异较大，这一点也决定了省级政府在其所管辖的行政区域内行使其经济和财政调控职能的特殊重要性。由于幅员辽阔和人口众多，我国经济运行和发展的区域性也就特别明显，特别具有多样性和不平衡性，因而就特别需要省级政府根据各自的特殊情况对所辖区域内的经济进行必要调节。另外，省级财政保持必要的调节能力，才能实现省对市县转移支付补助，调节市县间财力差异，实现公共产品和公共服务的逐步均等化。

此外，从财政管理方面来看，实行省直管县财政体制后，管理范围和幅度的扩大，对省级财政的调节能力提出了严峻挑战。省级财政要不断增强综合调节能力，减少管理和调控盲区，因此加强省级财政部门的人员和设备力量，以适应省直管县后业务量增加的需要，提高对市县财政的管理与监督能力。

4．构建地方政府推进科学发展的正向激励机制。正向激励是一种通过强化积极意义的动机而形成的激励。保持财政体制的正向激励效应，就是要调动从中央到地方落实科学发展观的积极性。其中，地方政府是关键。地方政府有发展的积极性，但在着重于区域发展的过程中，很容易偏离正确的方向。从区域范围和区域利益来看属于合理的抉择，可能不利于全国的整体利益。这就需要通过财政体制的完善来矫正、引导或减少不利于整体利益的地方积极性。地方积极性（动力）的发挥可能会产生不同的效果。有时候，地方这种积极性既符合区域利益，也符合全局利益；有时候，可能符合地方区域的利益，但有可能对全局的发展造成不利影响。在落实科学发展观方面，就目前的情况来看，地方政府有发展的积极性，而如何实现科学发展却是有待于解决的一个问题。如果不是科学发展，那么，发展的积极性越大，其破坏性也越大。显然，发展不等于是科学发展，而发展的积极性也不等于是科学发展的积极性。

在科学发展观下，资源的有效节约、生态环境的恢复和保护既是实现可持续发展的重要条件，也是衡量发展质量的重要结果指标。因此，在财政体制的设置方面，要充分体现可持续发展的内涵。财政激励不能单纯考虑GDP和财政收入指标，应充分考虑各区域的资源环境能力、经济增长质量，最终能够有助于实现整个国民经济的持续、均衡和健康地发展。在这样的目标下，财政体制的设置，既要激励地方政府根据自身条件努力发展的积极性，也要鼓励那些不具备发展条件的地方进行生态保护和环境修复的积极性；既要鼓励合理使用资源，也要鼓励有效节约资源。有鉴于此，在财政体制的财权设置方面，应尽可能把从资源节约、发展循环经济方面的公共收入配置给地方政府。同时，通过财政转移支付手段使那些不具备发展条件的地方得到较好公共服务能力，使其能够从“保护性开发”和“限制性开发”中得到相应的利益补偿，从而能够使其更加注重环境的保护和生态的修复。

5．坚持渐进性改革原则。我国财政体制的变革与整个经济体制改革一样，在世界上没有先例可循，需要根据我国的实际情况，在逐步取得改革共识的基础上不断探索、不断完善，不可能一蹴而就，一步到位。任何一项改革都只能是一个渐进的过程。而且，改革总是会涉及各方面的利益关系调整。为了涵养改革的支持力量和保证改革的顺利进行，我国改革的主体脉络是采取“增量式改革”的渐进性改革。这种改革的渐进性带来的基本经济制度的连续性和稳定性，避免了新旧体制更替过程中可能发生的政治和经济的失序、失范和失控问题，保证了我国经济的持续和快速发展。在这样的背景下，我国财政体制的改革作为整个经济体制改革的重要环节，需要和其他方面的改革相配合、相协调，难以单兵突进，只能采取渐进性改革路径。而且，财政体制改革直接涉及各方面的复杂的利益关系，关系到改革的成败，必须谨慎从事。而且利益关系的调整从来都只能是增量式调整，这也就决定了改革只能是渐进的。

就目前情况来看，制约财政体制进一步完善的因素既有财税领域之内的，也有其他领域的。例如，我国公共收入体系尤其是税制建设还未到位，制约着以此为基础的财政体制优化调整。改革开放30多年以来，虽然我国基本建立起适应社会主义市场经济的、以税收收入为主的公共收入体系，但是目前无论是税收体系还是非税收入体系均有很大的改进空间。公共收入改革的渐进性也决定了以税种划分为基础的财政体制完善的渐进性。而且，我国转移支付体系改革的渐进性直接决定了财政体制完善的渐进性。我国增量改革的优势在于：在不触动各方面既得利益的同时，通过增量改革在减缓各方面的矛盾，保持改革的动力，以持久的增量调整来逐步冲淡存量利益。这反映在目前财政转移支付中财力性转移支付总量不足，专项转移支付占比依然很大。这方面的调整本身就是利益调整的一个渐进性过程。此外，行政体制改革滞后于经济体制改革。由于行政体制改革主要涉及政府职能转换，涉及政府与市场的关系调整和各级政府事权的较为清晰的匡定及其法律层次设定，因此，财政体制的完善与行政体制改革的进程相适应。

（二）深化我国财政体制改革的建议

1. 明确划分中央与地方的事权。事权和支出责任的划分是完善分税制体制的关键，必须上升到法律层面予以解决。只有按照法律规定、受益范围、成本效率、基层优先的原则，在合理划分事权和支出责任的基础上，才能构建符合我国实际的财权与事权相匹配的政府间分配关系。我国财政体制改革的发展远景，是逐渐形成减少层级后的中央、省、市县三级架构，合理明确设定与各级事权相对应的财权、税基，并建立自上而下的财力差异调控机制，形成合理的横向、纵向财力分布格局，促进财力与事权相匹配和基本公共服务均等化。当然，在现阶段，受我国现行行政体制等诸因素以及对政府和市场关系处理等问题的影响，财政体制的改革措施难以一步到位，因此，必须按照先易后难、循序渐进的原则，逐步推进。具体来讲，要在转变政府职能、理顺政府与市场关系、实行“省直管县”和“乡财县管”的基础上，按照中央、省、县三级财政的架构来优化政府间的事权划分，并以法律形式加以规范。属于全国性或跨省（自治区、直辖市）的事务，应由中央政府决策、承担和管理；属于地方性的事务，应由地方政府在中央政府统一政令许可范围内决策和承担，划归地方政府管理；其自有收入不能满足支出需求的，中央财政原则上通过一般性转移支付给予补助；属于中央委托事务，中央财政通过专项转移支付足额安排资金。属于中央地方共同事务，应区别情况，明确各自职权范围和负担比例。

从事权划分的纵向配置上看，中央财政负责国家安全、国防、内政、外交、宏观调控、地区财力平衡、全国性及跨地区的基础设施建设与环境保护重点项目、协调地区间经济和社会事业发展及其中央政府机关职能运转、中央直接管理的事业发展等支出项目，以保证国家法制、政令和市场的统一。省级财政主要负责辖区内行政机关职能运转、公共安全、区域性的经济结构调整、区域性道路规划、河流治理、国土整治和环境改善、中观目标的调控、省直管事业的发展等地方性支出项目，以完善中观调控，增强行政活力。县级财政主要负责辖区范围内的经济、行政管理和公用事业发展等具体支出事宜，具体包括：本级政府行政事业费、公检法经费、地方统筹安排的基建投资、企业技改和科研投入、城市维护建设经费、支农经费和社保经费等事业支出。中央、省、县三级财政共有的职责范围包括义务教育、公共卫生、环境保护等涉及全体国民素质、国计民生、资源保护和环境治理方面的支出，中央需在全国范围内统一规划、统一调控、协调发展。市级的事权，由省统筹考虑，主要负责本级政府的行政运转支出以及区域间协调。

在现阶段，应重点着眼于加快城乡和地区间的协调发展，适当统一省以下主要事权和支出责任划分，将部分适合更高一级政府承担的事权和支出责任上移，力争在义务教育、公共卫生、社会保障、自然资源与环境保护等基本公共服务领域，明确界定各级政府的管理权限和支出责任。其中，义务教育由中央、省、县分级分项分担。中央负责制定全国范围内统一的最低教育经费保障标准，通过一般性转移支付加大对义务教育公用经费的保障程度；义务教育教师工资改变现行主要由县负担的做法，改为由中央负担；省级财政承担校舍建设与改造支出；县级财政承担校舍维护和学校日常管理支出。公共卫生由中央、省、县分项目分担。中央政府负责制定全国公共卫生服务最低标准，承担全国性的重大疫病和传染病防治工作。省级政府承担辖区内公共卫生服务资源布局和地方性疾病防治。县级政府承担公共卫生机构和医疗机构建设与运转的基本支出。社会保障，中央承担养老保险、重特大灾害和事故救助，实现全国统筹；均衡各地企业负担水平，促进劳动力的跨地区流动，适时将多套保障体系加以归并。省级承担辖区内居民福利保健政策制定、农村低保、地方性灾害与事故救助；县级承担居民福利保健政策实施与日常管理。自然资源和环境保护，按照受益范围和外部性原则，结合国家主体功能区规划，中央承担国家级禁止与限制开发区域的自然资源保护和环保支出、大江大河治理与全流域国土整治和全国性环保；省级负责辖区内禁止和限制开发区域的环保、区域性河流治理与国土整治和环境改善；县级承担日常环境监测和报告。

2. 逐步建立统一完善的国家财政。建立法治、完整、透明的预算体系，实行全口径预算管理，既是统筹安排财力的客观需要，也是保障公民知情权、参与权、监督权的重要途径。政府各类收支都应纳入预算管理，形成由公共财政预算、国有资本经营预算、政府性基金预算和社会保障预算组成的有机衔接、完整的预算体系。一是进一步完善公共财政预算、国有资本经营预算、政府性基金预算的编制。二是规范非税收入管理。在清理整顿非税收入的基础上，将保留的收费、基金分别纳入公共预算和基金预算实行规范管理，对未纳入的收费基金，全部取消有关部门的收费资格。三是各级政府的全部收入和支出，都要按照上述国家财政预算体系框架列入本级政府预算。建立一个完整的预算体系，涉及部门利益，难度很大，但应逐步推进。同时，在预算编制和分配过程中，要保持财权的相对统一，便于有机衔接、统筹安排。

3. 中央财政适度集中财力。财力的集中与分散是经济社会发展的永恒矛盾，任何国家概莫能外。处理好这一矛盾，关键是把握好“度”。按照现行中央与地方的收入划分范围，在全面实行全口径预算管理的基础上，从进一步提高中央财政宏观调控能力角度考虑，我国增加中央财政收入还有一定的空间。这既是中央实现宏观调控的战略需要，也是国外市场经济国家的普遍经验和做法。具体提出以下几点措施：

一是改革所得税分享机制。基本思路是进一步提高中央分享比例。因企业所得税税源具有较强的流动性特点，提高中央分享比例，有利于维护市场经济秩序和企业之间的公平竞争，有利于减少税源转移对地方财政收入的影响。从个人所得税看，国外一般将此项收入完全划归中央收入。考虑到这样的调整与目前中央与地方共享企业所得税体制的变化较大，可分步实施。建议在“十二五”期间，可先将总分机构企业所得税全部划为中央，将其他所得税比例调整为8：2,之后可考虑将其完全划归中央。中央财政因此增加的收入全部用于对地方的均衡性转移支付。

二是中央参与土地出让金收入的分成。地方政府参与房地产市场利益链条的制度基础中，有两项关键性的制度安排，“城市土地使用权批租制度”与土地出让“招、拍、挂”制度。前者将地方政府利益与土地价格捆绑在一起，为政府干预房地产市场提供了原动力，后者则通过将土地价格与房地产价格捆绑在一起，为地方政府打造了“高房价—高地价—高土地出让金收入”这一利益链条。增加中央财力的一条措施就是改革现有的土地批租制度中的收入分配方式，由中央财政先收缴地方的部分土地出让金收入，然后再由中央财政根据各地发展情况在全国范围内调配这笔资金，以预算内的形式全数拨给地方，用于各地的经济建设和公共服务事业。这一做法既可增加中央财力，又可弱化各地方政府高价卖地冲动，在一定程度上起到平抑地价的作用。

三是理顺中央与地方上解下划等方面的关系。对中央与地方收入划分进行改革。(1)将证券交易印花税全部作为中央收入，解决税基分布全国而只在上海和深圳分享所引发的不公平。(2)取消1：0.3增值税和消费税增量返还，弱化地方因追求税收增长而投资上项目的冲动，推动经济发展方式转变。(3)对于拟开征的新税种，合理确定中央与地方的分享比例。如环境保护税(含碳税)、社会保障税，在收入划分上以中央为主，可占到70%；而资源税和物业税等税种，则以地方为主，增加地方的财政收入。

4．着力完善转移支付制度。在中央适当集中财力的基础上，进一步扩大转移支付规模，优化转移支付结构，将均衡地区间财力差异、实现基本公共服务均等化作为财政转移支付制度设计的目标，更好地发挥转移支付对调节地区间财力差异、促进公共服务均等化的作用。

一是提高均衡性转移支付规模和比例。均衡性转移支付是均等化效果最好的转移支付形式，但从现在情况看，如2009年，均衡性转移支付为3918亿元，占转移支付总额的比重仅为16.5%，如果再加上税收返还的4942亿元，所占比重更低，为13.6%。因此，应该逐步提高其数额和所占比重，建议在“十二五”期间，提高10个—15个百分点。在资金分配上，要继续向中西部倾斜；要鼓励禁止和限制开发地区加强生态建设和环境保护；要加大对资源枯竭型城市的支持力度；要增加民族地区转移支付，帮助少数民族地区加快发展。

二是以推进基本公共服务均等化为目标，改进均衡性转移支付测算办法。为有效推进基本公共服务均等化，国家应研究制定各类基本公共服务的标准，并将其逐步纳入均衡性转移支付的范围。同时，改进均衡性转移支付测算办法，要考虑人口规模、人口密度、人均GDP、环境、生态、海拔、温度、少数民族等因素及行政与公共服务成本差异，结合各地实际情况，采用规范的公式化方法进行分配。

三是规范现有专项转移支付。要清理整合现有专项转移支付项目，严格控制新的专项转移支付项目的设立。对已经不符合当前实际需要、不宜通过专项转移支付方式支持的项目，限期予以取消；对方向和用途类似、可以归并的项目，予以整合；对需要较长时期安排补助经费、且数额相对固定的项目，划转列入一般性转移支付。此外，要减少专项转移支付的地方政府配套。对属于中央事权范围内的支出，如军队、武警等经费支出，由中央财政负担，不再要求地方配套；属于中央与地方共同负担的事权，在要求地方配套时，由于各省对下财政体制不同，中央不宜统一规定省、市、县的具体分担比例；对于涉及地方事权的专款逐步取消，纳入一般性转移支付。

四是探索建立中国特色的“对口支援”形式的横向转移支付机制。横向转移支付是在既定的财政体制下，同级的各地方政府之间财政资金的相互转移，以达到地区之间相互支援、缩小地区差距、均衡财力的目的。世界各国大都实行单一的纵向转移模式，即中央政府对地方政府、上级政府对下级政府的财政转移支付模式，只有德国、瑞典和比利时等少数国家实行纵向与横向混合的转移模式。就历史的路径依赖而言，我国地方政府之间虽然没有一个规范化、公式化、法制化的横向转移支付制度，但具有这种性质的“对口支援”早已存在。东部发达地区支援中西部不发达地区，有利于加快地区间的协调发展，提高国家整体经济发展水平，从而最终有利于东部地区经济的发展。因此，可以在目前以纵向转移模式为主的同时，试行横向转移支付。

五是完善转移支付管理制度，提高转移支付的公正性和公开性。积极运用公式法、因素法科学合理分配资金，减少资金分配的随意性，并加强使用监管和绩效评价。在公开一般性转移支付分配办法的同时，逐步将涉及民生的专项转移支付项目资金管理办法向社会公开，使之更加规范、透明，强化社会监督，提高资金使用效益。

5. 加快建立县级基本财力保障机制。县级基本财力保障制度是实现县级财政从过去的“两保”（保工资、保运转）向今后的“三保”（保工资、保运转、保民生）迈进，这是我国下一步省以下财政体制改革的重要内容，也是从根本上解决县乡基层财政困难、促进省域范围公共产品均等化的制度创新。近年来，中央财政已采取了不少缓解县乡财政困难的措施，并取得了初步成效。下一步要加快建立县级基本财力保障机制，具体建议：

一是明晰改革精神和政策取向。构建县级基本财力保障制度应该是“明确目标，地方为主，中央奖补，分步实施”。所谓“明确目标”，就是确保县级财政的基本财力能够“三保”，促进县级财力的均等化和县域社会经济的协调发展；所谓“地方为主”，就是适应县级基本财力保障机制，以地方财政为责任主体；所谓“中央奖补”，就是中央财政对欠发达地区给予重点补助，对县级基本财力保障好的地区给予适当奖励；所谓“分步实施”就是经过试点，取得经验，逐步在全国推开。

二是通过体制创新实现县级基本财力保障机制的目标。改“上不封顶、下不保底”为“上不封顶、下要保底”，进一步从机制上巩固和扩大缓解县乡财政困难的成果。目前的省管县改革更多的是实现了省对县资金的下拨上划方式变化，而并没有在事权、收支范围及转移支付方面有根本的突破。为此，下一步要构建县级基本财力保障制度，则应在扩大奖补资金规模，增强省级调控能力，完善保障措施上进一步改革。根据规划的目标，合理确定资金负担办法。新机制引入民生保障后，政策涵盖面和外延性较大，尽管中央财政在不断增加奖补规模，但引导作用仍显不足，应有大的扩充，在此基础上，根据中西部财力及民生工作面临的形势，确定更加有利于目标的实现，总体推进并付之于显著区别的资金负担办法。要科学确定县级财政“三保”的范围、标准和财力需求，在范围和标准制定上，既要兼顾面上的推进，又应注重提高保障水平。在保障措施上，对财力较好的上级政策资金引导其发挥内生动力，对财力较差的，应尽量通过上级加大调节力度予以带动。

6. 推进体制的相关立法。目前，我国财政法律体系框架已基本建立，但尚不完善。要在积极推进财政立法进程，不断健全财政法律体系的同时，坚持科学立法、民主立法、公开立法，提高立法质量。

一是做好《预算法》的修订工作。将所有的财政支出纳入预算统一管理，强化预算的完整性、公开性、真实性和有效性。将财政体制方面的重大原则和基本规定写入《预算法》，提高财政体制的立法层次，保障各级政府的财权。

二是出台《财政转移支付条例》。建立健全转移支付规范化、法制化框架。同时，加快《企业国有资本经营预算管理条例》、《政府非税收入管理条例》等的立法进程。

三是将债务问题纳入立法。现行预算法规定地方政府不得举债，地方预算不列赤字。如果按照现行《预算法》规定的债务口径，我国政府总体上处于国际公认的警戒线以下，但从实际情况来看，地方各级政府以各种名义举借了大量的债务。因此应考虑从立法层面允许地方政府在一定范围内举债，在充分调研各地区实际情况的基础上，明确政府债务的范围和地方政府举债的约束性规定，从制度上防范可能引致的财政风险。当然，考虑到此改革不可能一步到位，可先在省级政府和副省级城市试点，逐步推开。

（选自《经济研究参考》2011年第50期，有删节）

论“十二五”时期的税制改革

——兼谈对结构性减税与结构性增税的认识

贾康　程瑜

2008年下半年席卷全球的金融危机给我国经济造成了严重冲击，作为应对，我国实施了旨在“扩内需、保增长”的积极财政政策和适度宽松的货币政策。积极财政政策的内容之一是结构性减税，具体包括在企业所得税“两法合一”后，又实行了增值税的转型、降低证券交易印花税率、暂停征收居民储蓄存款利息所得的个人所得税等等，广义上也包括清理取消不合理的收费。不断出台的结构性减税措施，成为拉动经济复苏的重要力量。

一、结构性减税以来的经济运行和税收简况

（一）结构性减税的内涵

所谓结构性减税，是指在“有增有减，结构性调整”下侧重于减税的一种税制改革方案，旨在根据经济发展形势的需要，通过一系列“减法”措施，对税制结构做进一步优化，从而使税收更好地发挥其宏观调控作用。它既区别于全面的、大规模的减税，又不同于一般的有增有减的税负调整，更注重和强调有选择地减税，是为达到特定目标而针对特定群体、特定税种来削减税负水平，把优化税制结构、服务于经济增长和经济发展方式转变，落脚于有针对性地减轻企业和个人的税收负担之上。

归结起来，结构性减税政策的内涵有两方面：一是强调“减税”，降低税负水平。其有别于税负水平维持不变的有增有减的结构性调整，着眼于纳税人实际税负水平的下降。二是强调“结构性”，即不是全面的减税，而是有选择、带有强烈优化结构意图的减税安排。从逻辑上说，既然有一定环境、条件下的结构性减税，便可能有一定环境、条件下的“结构性增税”。

（二）结构性减税背景下的国民经济和税收收入运行简况

事实上，我国自2004年以来一直在实行种种减税政策措施，如全面取消农业税、多次提高个人所得税起征标准、合并内外资企业所得税等。2008年金融危机爆发以来，又相继采取了一系列的减税措施，例如全面推行增值税转型改革（允许企业将其购进设备所含税金作进项抵扣，降低其投资成本，提高其投资固定资产的积极性），将增值税小规模纳税人的征收率统一降至3%，减少1.6升及以下排量乘用车的购置税，给予中小企业相关税收优惠及调整出口退税政策等，加上取消和停征100项行政事业性收费，统算起来，2009年共减轻企业和居

民负担约5000亿元。2010年的《政府工作报告》则提出："要继续实施结构性减税政策，促进扩大内需和经济结构调整。"

一系列减税政策相继出台，配合了"一揽子刺激方案"，对我国国民经济抵御外部金融危机冲击、维护经济较好较快增长局面，发挥了积极作用。2009年的年度GDP增幅达到了出乎一般意料的9.1%，2010年1—9月的GDP增幅又达到10.6%的高位，全年有望实现10%左右的增长。可以肯定地说，如果没有实行积极的财政政策，这样的结果是难以取得的，虽然我们还未能精确地测算出减税在其中所作贡献的量化份额，但减税的重要贡献是毋庸置疑的。

2010年前三季度，全国税收总收入完成55957.37亿元，同比增长24.2%。从1—9月税收收入增长呈现以下两个特点：

1. 税收总收入增长较快，但仍属于恢复性增长。其主要原因：一是受结构性减税的影响，2009年同期基数较低。2010年前三季度税收收入的较快增长是建立在2009年收入基数较低基础上的，属恢复性增长。若将其与2008年同期的税收总收入进行比较，则两年间年均增长率仅为12.6%，远低于金融危机前的税收增速（见图1）。二是经济回升，特别是与税收关联度高的一些经济指标增长较快。2010年1—9月，规模以上工业增加值增长16.3%、城镇固定资产投资增长24%、社会消费品零售总额增长18.3%、规模以上工业企业实现利润增长53.5%、一般贸易进口额增长45.4%、汽车销售量增长35.97%，带动国内增值税、国内消费税、营业税、进口货物增值税消费税、企业所得税、车辆购置税等较快增长。三是价格水平上涨使得以现价计算的税收收入相应增加。2010年1—9月，居民消费价格指数和工业品出厂价格指数分别上涨2.9%和5.5%，相应增加了税收收入。四是政策性调整翘尾增收。2009年实施成品油税费改革及调高烟产品消费税，头几个月政策性增收入库较少，2010年同期国内消费税翘尾增收。

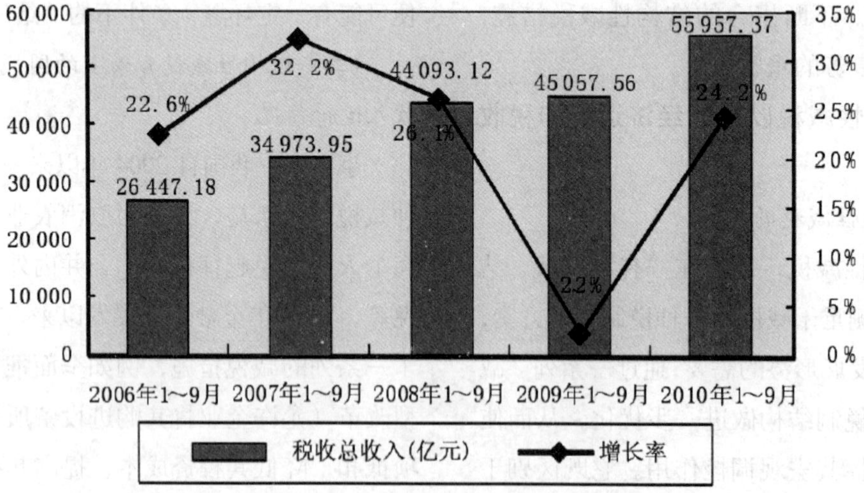

图1 2006年1—9月到2010年1—9月税收总收入和增速对比情况

注：2006年是执行新预算收支科目的第一年，与2005年相比，税收收入的口径缩小。本图中2006年的增速没有考虑口径变动因素，因此，本图中2006年的增速要小于实际值。数据来源：《2010年1—9月税收收入情况分析》，财政部网站，http://www.mof.gov.cn.

2. 税收收入增幅呈前高后低走势。2010年1—9月，税收总收入增幅分别为40.5%、26.4%、38.1%、37.4%、23%、20%、16.8%、7.8%、9.5%，增速总体呈现回落态势（见图2）。主要原因：一是2009年同期税收增幅前低后高，收入基数逐步抬高。二是房地产交易量和房地产价格增速回落造成了部分税种收入增速逐渐回落。三是一般贸易进口增速逐步回落，使得进口税收增速回落。四是节能减排和淘汰落后产能对相关行业的税收收入造成一定影响。

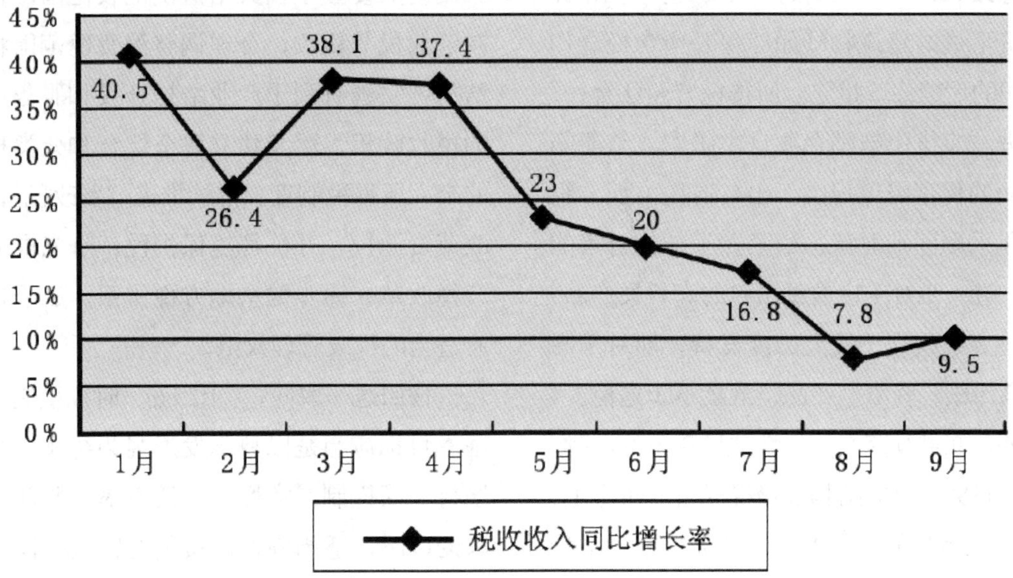

图2　2010年1—9月税收总收入增长率变化情况

数据来源：《2010年1—9月税收收入情况分析》，财政部网站，http://www.mof.gov.cn.

二、对继续落实结构性减税政策的基本认识

减税是以拉弗为代表的供给学派学者的主要主张，认为税收可以成为激励个人和企业进行经济活动的有效手段，减税能够刺激供给，促进经济增长。关于减税效应，可归纳为几个方面：一是能够增加城乡居民的可支配收入，刺激消费并扩大内需；二是能够降低企业成本，增加利润，从而刺激其投资，扩大生产；三是通过实行出口退税，有利于提高出口产品的国际市场竞争力，扩大出口；四是有利于提高劳动者的劳动热情，调动人们的生产积极性，有利于社会稳定。虽然在短期内减税会在一定程度上引起国家财政收入的减少，但从长远来说，一旦减税效应发挥出来，带动了居民消费的扩大和企业的发展，未来的税收总量必然会持续增长，从而形成一个积极的、良性的循环过程。减税意在涵养税源、休养生息。因此，减税政策历来被各国作为拯救经济、促进经济增长的良药。

应该说，在我国遭受国际金融危机冲击的背景下，采取结构性减税政策既符合充分利用税收政策调整我国经济结构的目的，又符合凯恩斯需求理论的逆经济周期规则。可以说，结构性减税政策的提出是我国经济转型期、尤其是遭遇全球经济危机后经济复苏时期财政政策的一大亮点，特别是在鼓励投资、扩大消费、促进就业、调整经济结构等方面发挥了十分重要作用。但是，结构性减税在逻辑上并不排斥结构性增税，我国目前应立足于服务经济增长

和经济发展方式转变，通过增税，缓解由于减税带来的财政收支平衡压力，推进税制结构的调整和完善。

我国已采取的减税措施，应得到进一步的贯彻落实和细化优化。增值税转型后，仍有必要研讨完善资源综合利用、废旧物资回收等增值税优惠政策，并考虑何时可采取进一步允许企业投资形成的建筑物（如厂房）所含税金作进项抵扣的后续改革措施。所得税“两法合一”后，应进一步优化鼓励企业自主研发、节能降耗等方面的优惠减免规定。出口退税方面，也可在近年采取区别对待、松紧并举结构对策的基础上，进一步对于应鼓励出口的高科技产品、成套装备等继续给予较大力度支持，而对于高耗能、高污染、资源型产品，继续不予退税。

另外，在继续落实结构性减税政策的同时，还有必要研究必要的结构性增税举措。事实上，近几年的税制改革中，也实施了部分推动结构优化的“加法”措施，如实施燃油税费改革，提高成品油消费税单位税额；适时提高金属矿、非金属矿采选产品的增值税税率；较大幅度提高大排量汽车的消费税税率；提高卷烟生产环节的消费税税率，同时在卷烟批发环节加征一道消费税等。在今后的税制改革中，结构性增税的重点可考虑以下几点：一是完善我国的绿色税收制度体系。当前仍是提高我国税制绿色化程度的好时机。同国外相对完善的环境税收制度相比，我国现有税制绿色化程度不高，资源税等与环境密切相关的税种存在着征收标准过低等问题，缺少针对污染环境行为或产品课征的专门性税种。完善资源税、研究开征环境税，对建设生态文明、完善税制、深化税制改革具有重要意义。二是加快房地产税改革。房地产税既可以给地方政府提供稳定的财源支柱，还可以促进房地产业健康发展，优化我国的收入再分配制度。

三、深化税制改革的前瞻性建议

2010 年 10 月召开的十七届五中全会通过的《中共中央关于制定国民经济和社会发展第十二个五年规划的建议》（以下简称《建议》）已勾画了加快财税体制改革、积极构建有利于转变经济发展方式的财税体制和改革、完善税收制度的要领：扩大增值税征收范围，相应调减营业税等税收，合理调整消费税范围和税率结构，完善有利于产业结构升级和服务业发展的税收政策。逐步建立健全综合和分类相结合的个人所得税制度。继续推进“费改税”，全面改革资源税，开征环境保护税，研究推进房地产税改革。逐步健全地方税体系，赋予省级政府适当的税政管理权限。

按照这一取向，“十二五”时期税制改革的基本目标应当是以科学发展观为统领，在继续坚持“简税制、宽税基、低税率、严征管”原则的同时，适当降低间接税的比重，提升直接税的比重，实现结构性减税与结构性增税的优化平衡，建立一个能对经济波动进行有效调节，体现国家产业政策并适合中国国情、促进国民经济可持续发展和满足国家财政正常性需求的税收制度体系。

（一）继续优化结构性减税

从当前我国经济发展的实际情况来看，降低间接税比重已经具有迫切的社会需要，并具备了一定可能性，更多强调“能力原则”的税制调整的基础条件在逐渐成熟。

1. 推动增值税“扩围”改革，降低间接税比重。降低间接税比重的一大重点是在构建和完善地方税体系、形成地方支柱财源以落实省以下分税制的进程中，酌情实施增值税“扩围”改革。改革的多赢目的是十分明显的：一是减少增值税、营业税并行对于市场要素流动的现实阻滞，为我国服务业发展创造更有利的税收环境，促进产业结构优化升级，以税制改革推动经济质量跃上新台阶；二是通过税率设计，降低间接税比重，削减政府生产税收入，优化国民收入分配格局，减少对居民消费的抑制作用。增值税“扩围”改革是解决增值税、营业税并行引发一系列矛盾的有效方式，有利于降低货物与劳务税制对服务业发展的制约。现代服务业是产业分工细化和升级的产物，增值税自身具有公平、中性优势，可以最大限度避免重复征税，有利于生产要素顺畅流动，为产业分工细化创造公平、中性的税收环境，符合产业结构调整优化的基本要求。因此，以增值税扩大其范围来替代营业税，有利于促进服务产业的进一步细化、扩大和升级换代。当然，增值税“扩围”改革并不必然降低间接税比重，但在设计上可以有意为之。“扩围”面临很多的利益调整，涉及重新确定服务业“扩围”后的增值税税率、“扩围”后原实行增值税行业的税率、“扩围”后中央与地方的收入分配比例等。总体上来说，推行此项改革，现行的增值税、营业税的税收总量是否改变，对于改革的制度设计和实施方案的影响会有很大不同。如果能够把降低间接税比重作为改革的配套诉求，在减少增值税、营业税总体税负的前提下推进“扩围”改革，对经济主体层面无疑是一个长期利好政策，也有助于降低终端消费者的负担。这项改革对推动现代服务业发展、促进产业优化升级的综合效果，十分值得期待。当然，增值税“扩围”改革势必对中央、地方财力分配关系的现状产生重大影响，因此在地方税体系中有支撑力的地方收入支柱税种尚未成型之前，增值税“扩围”改革只能徐缓进行，不可操之过急。

2. 实行分类和综合相结合的个人所得税制。个人所得税改革的目标应包括降低低端税负，同时强化对高端的征收调节，但为达此目的，亟须通盘配套设计而绝不应仅限于提高个税减除费用标准。要坚持建立分类与综合相结合的个人所得税制的改革方向，设计科学合理的税收减免与扣除项目，以及更简化、得当的累进税率，真正减轻中低收入阶层的税收负担而适当增加高收入者的税负。将目前的分类税制过渡到综合与分类相结合的税制，在把除资本利得单独处理之外的其他各类收入综合计税、并兼顾不同纳税人家庭负担的情况下，可考虑在税率设计上做如下安排：(1) 在不提高“个税费用扣除额”的情况下，可将第一档税率设计为1%，使工资收入超过个税费用扣除额不多的这部分低收入人群的税负明显降低。(2) 在中等收入阶层这个档次上，可实行5%—10%的税率。(3) 对中等收入阶层之上的高收入者，可以按照收入状况划分为15%、25%、最高不超过35%的另外三档累进税率。

3. 健全支持中小企业、研发创新和战略性新兴产业发展的税收政策。税收应注重发挥在支持中小企业发展、加强企业研发创新、调节收入分配和引导产业结构升级和结构调整等方面的积极作用。从中小企业看，减轻中小企业税负的政策已经实施：《关于小型微利企业有关企业所得税政策的通知》(财税[2009]133号)明确规定，从2010年1月1日起，小型微利企业将获得一年期所得税优惠，其所得减按50%计入应纳税所得额，按20%的税率缴纳企业所得税。未来应进一步实施培育企业自主创新能力的税收政策，调整完善鼓励企业研发投入的税收优惠措施（如所得税抵扣），并制定支持新能源、节能环保、电动汽车、新材料、医药、生物育种和信息通信等七大战略性新兴产业的税收减免优惠措施，对政策重点支持的行业或领域实施优惠税率、扩大税前扣除范围。

（二）合理实施结构性增税

所谓税制优化，就是既要发挥税收的反周

期宏观调控功能，也要发挥其政府收入筹措功能和居民收入再分配功能；既要注重其短期内对经济增长的促进作用，更要注重对长期经济、社会和谐与可持续发展的促进作用。因此，除了以结构性减税减掉一些不合理税负，还要另外考虑“加税”，即结构性增税。

1. 推进资源税改革。2010年6月，在新疆率先进行的资源税费改革，将原油、天然气资源税由从量计征改为从价计征，税率为5%，为今后在全国实施资源税改革启动了第一步。今后的改革方向，应该充分发挥资源税与初级产品价格联动的杠杆调节功能，使价格水平及其形成机制更好地反映资源的稀缺性，更好地反映市场上资源产品供求关系和应有的完全成本，促进企业节能降耗和社会公众低碳生活。一是应尽快将新疆试行的改革推广到整个西部地区乃至中部地区和全国。二是适时扩大征税范围，将煤炭等纳入资源税的征税范围，以进一步发挥促进资源合理利用的作用。三是酌情进一步提高资源税税率。目前新疆实行的5%的资源税从价税率虽然较之以前税负有了较大提高，但离英国的12.5%、俄罗斯的16.5%、美国的境内外平均值14.6%的水平，还是差得很远，可以再作筹谋，动态优化。

2. 合理调整消费税范围和税率结构。一是扩大消费税征税范围。我国现行消费税征收范围仍存在“缺位”现象，对一些高档消费品例如保龄球、高档时装、高端保健品、高档家用电器和环境污染大的物品如一次性包装物、含氯汞电池等没有征税，不能很好地起到调节产品结构、引导消费及调节收入分配的作用。因此应考虑将上述产品逐步纳入征税范围。二是完善计征方法，增强税收调控的有效性。具体可考虑将部分应税消费品由生产环节纳税改为零售环节纳税，将不可再生的能源资源产品由从量定额征收改为从价定率征收。三是调整消费税税率。如提高不可再生资源——汽油、柴油等的消费税负，以及卷烟、鞭炮等危害身体健康和环境的消费品的消费税率。

3. 积极推进房地产税改革，逐步强化直接税再分配作用。房地产税改革在我国研究论证已久，并已进行了多年的物业税模拟评税空转试验，目前结合新一轮房地产调控新政，推出其改革试点，时机已经成熟。从降低间接税比重、提升直接税比重的需求来看，房地产税改革的必要性也就更加突出。房地产税改革在优化国民收入分配格局中的意义在于：政府在降低间接税比重的同时，强化主要针对富裕阶层的直接税，增加地方政府收入并打造与地方政府职能合理化内在契合的支柱财源；逐步将纳税重心从生产环节更多地转移、后置到财产环节。具体到和增值税“扩围”改革的配合呼应，就是要使房地产税成为地方主体税种，使地方税体系建设得到重大推进，并为其他改革和全局配套改革的顺利推进提供支持。该税还是房地产调控中至关重要的制度建设内容，有利于促进房地产业长期的健康发展。

4. 研究开征环境税。当前和今后我国面临的节能减排目标日益艰巨，单靠法律和行政干预已不能解决环境污染问题，因此，为充分发挥税收对环境保护的促进作用，应研究构建一种使外部成本内部化的税种及其有效制约机制，实现现行财政收入格局的结构调整，并顺应国际社会税收“绿化”的趋势。我国“十二五”期间应借鉴国际先进经验，开征环境税并加快现有税种可能的“绿化”，逐步构建适合我国国情、符合促进经济增长和环境保护及可持续发展要求的税制与税收政策体系。

（三）逐步健全地方税体系，赋予省级政府适当的税政管理权限

目前我国地方税体系建设滞后，税源相对集中稳定、征管相对便利、收入充足、增收潜

力较大的税种，大多列为中央税或中央与地方共享税；而留给地方的大多是税源分散、征管难度大、征收成本高和收入不稳定的小税种，使得地方政府很难通过地方税有效组织财政收入和调节经济，客观上刺激或迫使地方政府及其所属部门通过各种非税方式——包括土地批租方式筹集预算外资金，以满足财政支出需要。中央和地方的税政管理权限划分不规范，税权过于集中于中央，不利于地方政府利用税收杠杆调控区域经济。

为此，笔者建议：一是科学配置税种，依据民生需要的程度和社会公共管理的实际归属来优化税收分享，与地方民生相关度大、更富地方特性的税种，应当增大地方的权限。二是在“十二五”期间，应通过改革使房地产税和资源税成为地方政府主要的收入来源，这将有利于从总体上解决地方财政收入问题和地方税体系的构建问题。房地产税可望为东中部省份提供税收支柱，而资源税则应成为经济欠发达但资源富集的西部省份与自治区的税收支柱。三是赋予省级政府对地方税种适当的管理权限，包括税种选择权、税率调整权，以及在保证国家宏观经济政策政令畅通，不挤占中央税、共享税税源，不影响周边地区经济利益的前提下，允许省级政府通过立法程序，经中央政府批准，对具有区域性特征的税源开征新的税种。

（作者单位：贾康，财政部财政科学研究所）

（选自《税务研究》2011年第1期）

回收流动性和发展实体经济：治理当前通货膨胀的对策选择

胡乃武　陈彦斌　姚一旻

自2010年下半年以来，我国通货膨胀压力开始突显。CPI同比增幅在2010年7月之后全部超过3%，2011年前5个月的CPI同比增幅都在5%左右，6月份则高达6.4%。与以往通胀类似，本轮通胀具有明显的结构性特征，突出表现为食品和居住价格涨幅远高于其他商品。但值得注意的是，今年前6个月的非食品消费价格涨幅也达到了自可得数据（2002年）以来的历史最高位，当前的物价水平是在2007年和2008年物价上涨至高位之后的继续上涨。严峻的通货膨胀形势进一步加剧了本已严重的贫富差距，目前，脆弱的社会结构面临严峻的考验。

与此同时，通胀高企下的经济增长形势也不容乐观。2011年上半年的GDP增速（9.6%）明显低于2000年以来的同期平均值（10.4%），工业增加值增速和制造业采购经理指数也都显示出生产扩张趋缓、经济景气程度走弱的趋势。因此，在通胀形势严峻、通胀预期强烈和经济增长不容乐观的复杂宏观经济形势下，深入分析当前通胀的成因与走势，并在此基础上提出应对的治理策略具有重要意义。

一、流动性过剩和成本上涨是本轮通货膨胀的两大推手

当前通胀的成因是复杂的、多方面的，既有货币驱动的因素，也有国内与国际成本推动的因素。

第一，流动性过剩引起了大量投机行为和高通胀预期。

过多的流动性主要来自于2009年过度宽松的货币政策、2010年超计划的货币投放和不断攀升的外汇占款三方面因素。经过2009年的9.6万亿元和2010年的7.9万亿元大规模信贷投放，中国M2占GDP比重上升至历史最高点，流动性泛滥形势十分严峻。进入2011年以来，流动性回收取得了一定成效，但仍然没有改变过剩的总体局面。

我国实体经济发展不足，吸纳闲置资金的能力较弱，作为两大传统投资渠道的股市和房地产市场对资金的吸引力也比较疲软。在价格上涨预期和流动性过剩的双重作用下，大量实体经济资金开始进入存在供求缺口的“紧平衡”产品对象，资金炒作作用于现货和期货价格，最终导致部分农产品和一些投资品的价格偏离正常水平。

过剩的流动性引起了强烈的通胀预期，货币流通速度加快，从而又进一步加剧了流动性过剩，造成显著的通胀压力。低收入群体承受通胀的能力急剧下降，“去香港打酱油”等个别事件以及个别人群的价格反映在网络传播的作用下产生了强烈的“新闻效应”和“传染效应”，部分人群特别是贫困人群的价格感受在媒体的宣传下不断被放大，并成为大众的价格感受。小事件也可能引起市场恐慌。这种现象集中体现在：蔬菜等食品价格对气候因素高度敏感，局部地区某个产品的供求问题迅速引起全国相关产品价格的大幅波动；民众对个别生活品价格上涨特别敏感，而无视其他商品价格下降；民众对官方公布的价格数据产生严重的不信任。

第二，低端劳动力工资水平和国际大宗商品价格的持续上涨对物价产生了明显的成本推动压力。

“刘易斯拐点”的到来以及城市生活成本的上涨带动了低端劳动力工资的持续上涨，从而导致农业机会成本大幅度上涨和农产品价格上涨。本轮价格上涨除了货币驱动的特点，还有成本推动的因素。成本发生变异有两个直接诱因：一是“刘易斯拐点”的到来，直接导致低端劳动力市场供求关系出现逆转，低端劳动力市场的工资大幅度上涨。2010 年城市劳动力需求供给比是 1.01，劳动力需求量首次超过求职人数，局部地区“民工荒”现象再次出现，且呈现出从东部沿海地区向中部和西部地区扩散的趋势。同时，多省的最低工资标准平均上涨幅度超过 20%。二是在房地产价格、房租等城市生活成本上涨的作用下，各类用工成本都明显上涨，形成了“低端劳动力工资上涨→农业机会成本上涨→农产品价格上涨→城市生活成本上涨→低端劳动力工资上涨”的恶性循环。

受全球频发的极端天气、国际流动性宽裕、美元贬值等因素的影响，国际原材料价格大幅上涨，并在我国主要资源品的高进口依存度和低进口需求价格弹性的作用下，有效传导到国内相关资源品，显著提高了生产成本。以农产品价格输入为例，其渠道主要有两个方面：一是国际农产品价格通过期货市场以及个别贸易依存度较高的农产品传递到国内。例如，2010 年 7 月以后，芝加哥商品交易所主力粮食期货价格一路攀升，受此影响，国内大连、郑州商品交易所的粮食期货价格指数也全面上扬，并带动了国内相关商品现货价格的上涨。又如，大豆国际价格上涨直接导致国内油料价格上涨，进而诱发其他农产品价格上涨。二是国际原材料价格的迅猛上涨对国内农产品市场产生了较强的成本推动压力，表现为化肥、柴油、种子等生产投入品价格的上涨，其主要影响途径为：国际原材料价格上涨→国内资源品价格上涨→国内农业生产资料价格上涨→农产品价格上涨。

二、2011年通货膨胀形势将呈现“前高后稳”的态势

虽然国内持续紧缩的货币政策和全球流动性趋紧都对未来通胀有一定的缓解作用，但我国仍会面临较大的通胀压力，预计 2011 年通胀形势将呈现“前高后稳”的态势，全年通胀率将突破原定的目标 4%，甚至可能达到 5%左右。

第一，物价上涨仍有较为充足的流动性基础。2010 年我国 M2 与 GDP 之比达到历史最高位，即使 2011 年保持 M2 与 GDP 之比不变，也要求 M2 增速降到大约 14%，而如此低的 M2 增速肯定难以实现。同时，目前金融机构中长期贷款占比较高，导致今年的信贷惯性较大。今年前 6 个月的金融机构中长期贷款余额占比均超过了 60%，大量周期长、规模大的中长期项目对后续资金的需求必然会对信贷投放规模的压缩形成较大阻力；各地方投融资平台的项目大多是大型基础设施建设等长期性、资金需求密集的项目，资金投入不足将带来较为严重的后续问题，这进一步加大了信贷惯性。此外，目前外汇占款已经占据了我国约 1/3 的货币发行，由于热钱流动和国际贸易状况很难在短期内发生大幅逆转，因此，我国货币大量被动发行的状况也难以得到根本改变。

第二，农产品价格可能会进一步上涨。一方面，种植成本的持续上升使农产品价格仍将在较长期处于上升通道。由于我国人口结构变化以及较高速度的城镇化进程等原因，低端劳动力工资上涨的趋势在未来较长时期内仍将持续，农民工工资的提高增加了务农的机会成本，将引起农产品价格上涨；化肥、农药、种子等农业生产投入品也难以改变其价格继续上涨的态势。另一方面，农业生产面临旱涝急转等多重自然灾害的影响，湖北、湖南、江西等产粮大省的早稻生产遭受损失，部分省市水产养殖受灾严重，农产品价格持续上涨的实际供求压力以及预期压力都较大。

第三，成本上涨、缺电形势严峻等不利因素导致企业经营艰难，商品生产和供给难以显著增加。由人口结构变化等多重因素导致的劳动力工资上涨仍然是推高企业生产经营成本的重要因素。另外，我国2011年缺电形势严峻，具有发生早、范围广、缺口大等特征，促使国家调高了工商业和农业用电价格，在一定程度上增加了企业生产成本；一些缺电严重地区的工业企业被限产限电，商品供给的增加因此受到直接影响，而这种情况在夏季用电高峰期将进一步恶化。

三、治理当前通货膨胀要兼顾回收流动性和发展实体经济

（一）单纯使用紧缩性货币政策无法有效治理当前通货膨胀

第一，我国当前通胀的成本推动特征明显，单靠紧缩性的货币政策难以缓解企业成本上涨的压力。目前我国通胀的成本推动因素来自国内和国际两个方面：一是国内的，包括人工成本、地价、原材料价格等持续上涨；二是国际的，部分国家仍然维持宽松的货币政策，导致大宗商品价格大幅上涨。

第二，当前我国经济呈现出增速平稳、产出缺口较小甚至为负的特征，没有出现因需求过旺而导致的经济过热，在这种宏观经济环境下，仅仅通过紧缩性货币政策管理总需求，容易抑制正常的企业投资和居民消费行为，损伤实体经济发展，提高经济减速风险。2010年的产出缺口（－0.56%）处于常态区间，远小于经济过热时较大的正向产出缺口（如1984年的5.09%、1992年的4%和2007年的3.47%）。2010年实际GDP增速（10.3%）较为平稳，与2000年至2009年的平均经济增长速度相当，远低于2007年经济过热时的增速（14.2%）；2011年上半年GDP增速（9.6%）明显低于2000年以来的同期平均值（10.4%）。同时，我国中小企业面临着生产成本增加、融资困难、劳动用工短缺、出口形势严峻等多重困难。在这样的条件下，单靠实施紧缩性的货币政策，有可能使经济减速，而经济增速过低将使我国面临失业率升高、居民收入增长放缓和财政收入缩减等严峻挑战，与高通货膨胀一样，这也是我国当前经济和社会难以承受的。

第三，单纯使用紧缩性货币政策很难在短期内控制住过剩的流动性。一方面，流动性存量较大，目前每次0.5个百分点的数量型紧缩政策，也就是紧缩3000亿元左右的货币，数量上的控制效果并不明显。另一方面，信贷惯性较大、外汇占款比重较高以及地方政府投资膨胀倒逼央行的货币发行等因素都推动了货币发行和信贷投放的增加，流动性回收能否到位面临着不确定性。

（二）实体经济发展乏力的原因

我国当前实体经济发展乏力的原因，在总体层面上，主要是低成本优势开始逐渐削弱和国际贸易与科技创新环境恶化，而在结构层面上，则主要是在国民经济中发挥基础性作用且

最具活力的民营经济遇到严重困难。

第一，人口结构变化和人民币汇率形成机制改革明显削弱了我国经济增长所长期依赖的低成本优势。我国近十年的人口总体情况已经显示出明显的增长率降低、生育率降低和老龄化加快的趋势，这种变化在当前突出反映在低端劳动力市场的供求开始逆转，以往劳动力成本低廉的状况逐渐改变。地方政府提高了最低工资标准，带动大量企业为解决招工难问题普遍给农民工加薪。此外，我国出口商品的低价格优势也被人民币汇率形成机制的改革所削弱。自 2010 年 6 月人民币汇率改革重启以来，截至 2011 年 4 月底，人民币对美元名义汇率累计升值 5.1%，相当于年升值约 6%。提高低端劳动力的工资和增加汇率机制的弹性，其积极意义值得肯定，但也要看到我国出口商品的价格优势在逐渐丧失，出口企业在国际贸易中的竞争力日益下降，生存环境逐渐恶化。

第二，后金融危机时代外部需求的减少和技术创新的缺乏使得我国实体经济发展面临不利的国际环境。金融危机造成主要发达国家的企业与家庭资产负债表严重恶化，进而通过财富效应减少了总需求，也直接降低了对我国商品的进口需求。同时，危机后发达国家国内需求不振和失业率高企等困境促使其调整贸易政策，倾向于采用各种贸易保护措施，以改善外部不平衡来加速经济复苏进程，而我国正是受贸易保护调查冲击最多的国家。外部需求的萎缩以及贸易壁垒的增加，在我国经济仍然具有突出的出口导向型特征的条件下，对我国实体经济造成显著的负面影响。此外，我国经济增长缺乏有利的技术进步国际大背景。目前世界正处于技术创新周期的低谷，以 IT 技术和互联网技术为代表的老的技术创新浪潮已经结束，而新的技术创新浪潮还没有涌起。即使是未来最有可能成为新经济增长点的低碳经济，在未来较长时期内也难以成为世界经济的主导产业，因为低碳技术的研发、成熟、推广和大规模投资建设并推向市场需要一个较长的周期。

第三，民营经济受到行政垄断、信贷歧视和税负过重等因素的长期抑制，并在当前的负面冲击下陷入困境。2011 年前两个月，规模以上中小企业亏损面（15.8%）同比增长 0.3%，亏损额度增长率高达 22.3%；如果将规模以下的小企业考虑进来，其亏损情况则会更加严重。造成民营经济当前困境的原因主要有：

一是行政垄断对民营企业进入一些高利润行业施加了严格的准入限制。虽然近年来我国的总体政策导向是逐渐降低民间资本准入门槛，但现实中民间资本进入垄断行业的进展甚微。行政垄断人为地将民营企业排除在许多高利润行业以外，直接降低了民营企业的效益。有关研究文献表明，通过政治关系进入高壁垒行业的民营企业明显获得了更多的利润，进入程度越大，获利就越多。此外，行政垄断还促使民营企业为了进入高壁垒行业而进行“寻租”活动，“寻租”活动是非生产性的，有损于企业的长期发展。

二是信贷歧视为民营企业施加了严格的信贷约束，大幅提高了资金的使用成本。我国民营企业大部分为中小企业，在信贷市场上不但面临着各国都普遍存在的中小企业被大型商业银行“信贷配给”的规模歧视，而且在我国还受到所有制歧视的困扰，即民营企业难以获得国有银行的贷款，即使获得贷款，其利率也往往高于国有企业。 造成所有制歧视的主要原因包括：国有银行将贷款发放给国有企业比发放给民营企业会承担更小的风险；国有银行更容易获得国有企业的相关信息，因而信息成本较低；国有企业更容易在困难时期得到大量国家援助。在由国有大型银行主导的金融体系下，信贷规模歧视和所有制歧视的存在为我国民营企业施加了过紧的信贷约束，一方面，严重限制了其使用资金进行日常经营、研发和扩大投资的自由度，另一方面，显著提高了资金使用成本，降低了利润率。

三是高税负减少了民营企业所应得的正常利润，降低了企业扩大投资和进行技术改造等经营活动的能力。据中国社会科学院财贸所计算，2007—2009 年我国大口径宏观税负水平分别达到 31.5%、30.9%和 32.2%，在世界范围内明显处于过高水平。同时，由于实际操作中的差异，大中型企业往往享有各种政策优惠，中小企业的税负一般比大企业要高。此外，考虑到现实中存在大量无法完全纳入统计的、名目繁多的收费（这些收费一般成为收费部门的收益或者地方政府的非财政收入），而国有企业比民营企业具有更强的能力减少或免除这些收费，因此，民营企业所承担的税负水平将可能会更高。

四是原本长期受到抑制而不景气的民营企业在当前遇到低端劳动力工资和原材料成本上涨、紧缩性货币政策、用电困难等因素的负面冲击下，陷入更加困难的境地。民营企业大量使用低端劳动力，且一般处于竞争比较充分的行业，难以将成本的提高予以转嫁，因此其利润被明显压缩。此外，由于我国持续实施了紧缩性货币政策，且偏重于使用数量型工具，因此，在银行可贷资金规模缩小和信贷歧视的共同作用下，流动性表现出总量仍然充裕而结构严重失衡的特征，即国有企业受到的流动性约束较小，而民营企业则面临严重的融资困境。2011 年 4 月，中国企联课题组的调研发现，许多民营企业的融资成本上升了 10%左右，局部地区的民间借贷利率已经上升至年利率 100%的历史高位，大批民营企业在超高融资成本面前只能选择停产或倒闭。同时，煤炭价格高涨和高耗能产业抬头等原因导致我国出现了严重的电力供应紧张，电荒对国民经济造成的负面影响是整体性的，对民营企业的影响更大。因为电力供应一般优先保证国有企业的生产需要，而民营企业则被严格限电，即使一些民营企业被迫转向以柴油机发电，也难以避开柴油供应紧张和成本大幅上涨的问题。

（三）发展实体经济对于治理通胀的作用机制

一方面要抗通胀，另一方面又要保增长；一方面，需要实行货币紧缩政策以尽量消除通胀的流动性基础，另一方面，择紧缩的货币政策却可能伤害实体经济，尤其是民营企业。这是目前我国宏观经济环境面临的两难抉择。解决这些两难问题的关键在于采取更加有力的措施发展实体经济。发展实体经济可以从几个方面减轻通胀压力：

第一，发展实体经济可以将更多的社会闲置资金吸纳进实体经济生产部门，减少在实体经济中寻求投资与投机机会的货币资金，减轻过剩的流动性所产生的通胀压力。一般而言，货币会在经过央行票据、商业银行存贷差、房地产市场和股票市场等环节的吸收之后，最终进入实体经济，如果这部分货币资金主要进入实体经济的生产部门尤其是亟待发展的民营企业，那么，其将在经济主体自主性市场决策的引导下进入具有获利机会的产业，在繁荣市场供给的同时也不易引起经济过热风险。如果这部分货币资金主要进入实体经济的产品市场，则将积极寻找并伺机进入具有较高投资价值的、易于炒作的产品，从而大幅推高相关产品价格，并带动整体物价水平的上涨。在我国，农产品（如在本轮通胀中价格轮番上涨的大蒜、棉花、苹果、中药材等）和一些资源品（如煤炭、贵金属等）处于供求紧平衡状态，容易成为闲置资金的投资投机对象，而这些产品一般属于基础性的上游产品，其价格的不稳定会对整体物价水平产生巨大影响。可见，通过以发展实体经济为核心的供给管理，改善民间投资环境，拓宽民间资金的投资渠道，可以将更多的社会闲置资金吸纳到实体经济生产部门，从而有效减轻通胀压力。

第二，发展实体经济可以增强企业消化成本的能力，有利于缓解劳动力成本、资源环境成本和进口原材料成本上升所带来的通胀压力。在其他条件不变的情况下，发展实体经济的政策措施必然会提高企业（尤其是民营企业）的利润，更大的利润空间将直接提高企业通过压缩利润以消化成本的能力。同时，民营企业一般处于竞争比较充分的行业，具有通过压缩利润以维持价格竞争力的动机。此外，在企业具有更高的利润率时，更容易通过员工培训、设备更新和扩大投资以发挥规模效应等途径提高生产率，增强消化成本的能力。

第三，发展实体经济可以通过促进生产、增加供给以治理通胀。生产能力的增强将推动总供给曲线外移，降低价格总水平。此外，实体经济由不景气转为活跃的过程也同时提高了企业的生产能力和居民的总收入，从而提高总产出水平。根据货币数量理论，价格总水平取决于货币流通速度和“单位 GDP 货币量”；实证研究的结果也显示，我国“单位 GDP 货币量”对物价的变化趋势具有明显的解释能力。因此，总产出的提高将减少单位 GDP 货币量，从而减轻物价上涨的压力。

第四，发展实体经济可以繁荣股市，增强股市对货币的吸引力。发展实体经济可以从两方面促进股市繁荣：一方面，提高企业的经营绩效，为股市的繁荣提供有利的基本面支持；另一方面，我国股市对经济政策高度敏感，如果政府积极出台以促进实体经济发展为导向的各种政策，必然会大大改善投资者的市场预期；对股市产生显著的正向推动作用。股市是吸纳国际热钱和国内过剩货币的主要“资产池”之一，股市的繁荣会吸引更多的货币资金，从而减轻过剩流动性对实体经济的冲击。

第五，发展实体经济可以通过增加就业有效缓解通胀对居民（尤其是原本处于失业状态的弱势群体）生活的负面影响。我国民营企业主要集中在服务业等劳动密集型产业，为社会创造了大量的就业岗位。2009 年，民营经济吸纳了 90%以上的城镇新增就业人员，成为我国解决就业问题的主力军。因此，发展实体经济可以有效地扩大就业，并通过三个途径缓解通胀对居民生活的负面影响：一是提高从失业转为就业状态的居民的收入，而这部分居民一般属于社会中的弱势群体，应对通胀能力弱，提高他们的收入水平对于缓解通胀的负面社会影响具有非常重要的意义；二是提高居民工资收入水平，降低通胀对以工资为主要收入来源的中低收入家庭所造成的损害；三是发展实体经济以增强企业的营利能力，扩展企业的利润空间，为提高员工报酬提供必要的前提条件。

（四）政策建议

根据以上分析，我们认为，治理我国当前通胀需要兼顾回收流动性和发展实体经济。

第一，继续实施紧缩性货币政策以回收流动性。由于通胀是当前的主要矛盾，并且当前经济增长虽然趋缓，但仍处于正常区间，因此，短期内要继续实施稳健偏紧的货币政策，回收过于宽裕的流动性。当然，也要注意企业融资困难和国际热钱流入等变化因素。

具体措施如下：一是可以适当加息。上调存款准备金率虽然可以减少银行的可贷资金规模，直接紧缩货币投放，但是副作用较大，特别是迫使银行减少对中小企业的贷款，加剧“国进民退”和进一步恶化实体经济的发展。而加息不但可以改善民生，还可以倒逼低效率国企将贷款额度让给效益较好的民企。二是适度加快人民币升值进程，全年升值幅度可达到5—6个百分点。三是加强宏观审慎监管，应对热钱流入和未来可能的全球资本流动逆转。四是加强通货膨胀预期的微观管理。包括：加强对价格感受敏感的人群的利益补偿，建立特殊人群价格补贴机制；加强市场秩序的治理，防止各种游资利用居民的恐慌心理进行投机活动。

第二，加大供给管理力度，着力发展实体经济。供给管理不仅能够通过提高技术水平和优化资源配置方式来影响长期总供给，也能通过较快改善企业经营环境和及时缓解成本上涨压力影响短期总供给。因此，大力发展实体经济，无论是在长期还是短期，对于治理我国当前通胀都具有重要意义。

具体措施如下：一是加快转变经济发展方式，从主要依赖劳动力和资本高投入的粗放型增长方式，转变为主要依赖人力资本和技术进步的集约型增长方式。财政需要加大对科研的投入，同时政府也应出台更多相关政策，鼓励企业的自主研发。而通过提高教育水平、加强劳动力培训从而提升人力资本水平，我国有可能在“人口红利”结束之后，仍然保持经济的较快增长。二是促进民营企业的发展。加快放开民营企业的行业准入限制，拓宽民间投资渠道；加大金融创新力度，缓解民营企业所受到的信贷规模歧视和所有制歧视；深化财税体制改革，积极减税，降低企业的税收负担。三是加大支农力度。目前我国农业农村经济发展较为滞后，政策应向农业农村倾斜，这不仅可以发展农业生产，保证农产品价格稳定，而且农业农村作为资金的洼地，可以吸收大量的流动性。要大力增强农业综合生产能力，加大农业生产基础设施投入，提高农业生产补贴的力度和扩大补贴的范围，推进农业科技创新和农业生产机械化进程，加强农业流通体制改革和健全农业服务体系，推动农村金融体系改革。

（作者：胡乃武，中国人民大学经济学院教授、博士生导师）

（选自《中国人民大学学报》2011年第5期）

当前我国农业农村发展的几个重要问题

陈锡文

一、粮食问题

民以食为天，中国是一个有着13.3亿人口的大国。粮食问题不仅关系到人民群众的幸福安康，也关系到整个社会的和谐稳定，甚至关系到国家政权的稳固。2004年以来，我国粮食连续七年增产，粮食总产量达到了10928亿斤，占全球粮食总产量的四分之一左右。这就是说，我们利用不到全球10%的耕地生产了全球四分之一的粮食，这确实是非常大的成就。但不容忽视的是，我国粮食无论从总量，还是结构上看，都还存在很多问题。

首先，对粮食需求不断增加

根据有关部门的测算，2010年国内粮食的总需求大约在10600亿斤左右，从总量上看是自给且略有结余。但是从品种上看，问题就很严重。我国粮食品种结构一个突出的问题就是各种大宗农产品之间不均衡。从目前的情况来看，稻谷的总产量是基本平衡的，但随着人民生活水平的提高，粳稻消费量越来越大，结构性短缺问题也日益凸显；玉米不仅是粮食，而且是饲料的主要来源，近年来随着工业技术的发展和国际能源结构的不断变化，玉米又变成一种能源，所以玉米的需求是一个非常不确定的因素，如果把玉米的多样化需求开发出来，玉米的需求量就会增加；小麦大部分年份都能够做到稳产，自给有足。因此，从这三大谷物品种来看，目前我们能够做到基本平衡。但是，我国的粮食统计和国际上有所不同，我国统计粮食作物是五大谷种，包括稻谷、玉米、小麦、薯类和大豆。2010年的10928亿斤粮食，既包括稻谷、玉米、小麦三大谷物，还包括红薯、白薯、土豆等等五斤折一斤折算过来的粮食，还有其他谷类。

从目前情况来看，大豆的供求缺口在迅速地扩大。我国是大豆的故乡，在很长一段时期里都是大豆的第一生产国，也是第一出口国。但现在我国变为世界第一大豆进口国。2009年，我国大豆产量为1450万吨，进口大豆4255万吨。这就是说，我国大豆的需求量四分之三是依靠国际市场来满足的，进口的大豆占全球大豆贸易量的一半以上。大豆有两大用途：一是榨油，大豆尽管不是油料作物，但总体来讲，含脂量比较高，大约18%—20%，所以进口4000万吨大豆，可以榨出700万吨—800万吨油；剩下的就是豆饼，豆饼是饲料工业中最重要的植物蛋白添加剂，用来发展饲料工业。

除了大豆之外，还有植物油。现在我国人民生活水平不断提高，2009年人均消费植物油

37斤，总需求达到2500万吨左右，而我国自己的产能接近1000万吨，缺口为1500万吨—1600万吨。进口的大豆可以提供800万吨左右植物油，还差800万吨只能通过进口来解决。由此可见，我国大豆的自给率不到25%，植物油的自给率不到40%。而2010年，我国大豆的进口量5480万吨。进口的大豆越多，与大豆相关的国内各类产品的市场价格就越难控制。这几年植物油、畜产品的价格波动频繁，与我国的大豆自给率下降直接相关。大豆涨价，植物油和豆饼一定涨价；豆饼涨价，饲料就一定涨价；饲料涨价，肉、禽、蛋就一定涨价。目前全球大豆的产量大概是2.5亿吨左右，能用于贸易出口的大豆只有8000万吨多一点。大豆的进口来源地比较集中，我国进口的大豆大约有一半来自美国；另一半来自巴西、阿根廷，都是远隔重洋，如果出口国气候变化导致收成不好或者运输价格急剧上涨，那么国内的豆价就会暴涨，和大豆相关的产品都会急剧地涨价。如果政治、经济、军事格局发生变化，这种影响很容易显现。

能不能通过引导农民调整生产结构，增加大豆和植物油的生产，来弥补国内市场的缺口呢？这种想法是无可非议的，但问题是土地是有限的。2009年我国耕地面积是18.26亿亩，播种面积23.5亿亩，其中，粮食播种面积不低于16亿亩。现在采取的各种各样措施，就是围绕着用经济杠杆引导农民能种上16亿亩的粮食，否则就打不出1万亿斤粮食，就满足不了需求。从2003年粮食播种面积的最低水平14.91亿亩恢复到16亿亩，用了六年时间。除了16亿亩粮食播种面积，还剩下7.5亿亩播种面积，蔬菜、油料、棉花、糖料大约分别占用了2.7亿亩、2亿亩、8000万亩、4000万亩。在这样的生产格局下，增加大豆和植物油的种植面积，就得减少其他作物的种植面积。所以调整生产结构是个好主意，但问题是国内哪些品种是可以调整的？减不下去，反而要增加供应量，所以现在可以说土地应用结构的调整余地很小。而真要想自己解决这么多大豆和油料，按照现在的生产水平，大豆产量每亩不足250斤，生产5000万吨大豆，就需要4亿亩土地；菜籽油每亩产出85斤，增加800多万吨的植物油，就需要2亿亩土地，两者合起来就是6亿亩。照此推算，我国实际上需要30亿亩播种面积，才能做到大豆、植物油的自给自足。从这个意义上说，从农业的综合产能来讲，农产品自给率只有80%还不到。这就是我们的现状，农业必须进一步发展，才能满足经济建设和人民生活水平不断提高的要求，不能完全依靠国际市场。

其次，粮食生产区域性特征日益显现

2009年我国粮食产量为10616亿斤，13个粮食主产省生产8000亿斤粮食；11个粮食自求平衡省生产2000亿斤；7个粮食主销区（即需要调入的省市）才生产了600亿斤粮食。所以目前粮食总产量越来越依赖于主产区。我国的水资源四分之三分布在长江以南，明清以来的粮食主产区也在长江以南。但历史上的“南粮北运”发展为现在的“北粮南运”的格局，过去可以调出粮食的南方省份现在必须调入粮食。粮食是一个高耗水的产业，没有水就不能生产粮食。在华北平原的粮食主产区，生产1公斤小麦需要500公斤的水（当然有部分水蒸发或渗入地下）。相对于小麦，玉米和水稻耗水更高。这样高耗水的产业重心北移，不符合北方地区的水资源分布格局，这对我们是一个非常严峻的挑战。

总之，无论对国内还是对国外来说，粮食问题不仅是经济问题和社会问题，而且是政治问题，我们必须下定决心，依靠自己的力量来基本解决吃饭问题。所以，一定要按照中央的要求，把“三农”工作放在重中之重的位置，把发展粮食生产、解决好粮食供应问题作为建设中国特色现代化首要解决的问题，要确保我国粮食安全和主要农产品的供给。必须切实增加投入，全面加强农田水利建设，提高农业防灾抗灾和高产稳产的水平。必须加快农业科技进步，增强科技成果转化、技术推广和农民培训的能力，使农业增长转到依靠科技进步和劳动者素质提高的轨道上来。必须完善现代农业的产业体系，大力发展农业的社会化服务和农产品加工、流通业，提高农业标准化和农产品质量安全水平。必须完善农产品的市场体系和价格形成机制，进一步加大对农业的支持保护力度，加快健全对粮食主产区的利益补偿机制，充分调动地方政府抓粮和农民生产粮食的积极性。

二、土地制度问题

土地制度是一个国家的基本财产制度。对农业来说，土地制度既涉及到经营制度，又涉及到农村的社会组织制度。在我国，讨论农村土地制度问题，不能脱离具体国情，不能脱离发展阶段。2008 年 10 月 8 日，中共十七届三中全会制定了《中共中央关于推进农村改革发展若干重大问题的决定》，对农村土地制度改革提出了六大任务，仍然是当前农村土地制度改革应该遵循的。

第一，现有土地承包关系保持稳定并长久不变

加快推进土地承包经营权的确权、登记、颁证工作；尽快明确农村土地承包关系长久不变的政策含义和实施办法，进一步巩固和完善以家庭承包经营为基础、统分结合的双层经营体制；修改相应法律法规和政策，应当把所有的法律从现在 30 年不变在条件具备的时候改成长久不变，落实现有土地承包关系保持稳定并长久不变的要求，这是长治久安的一件大事。

第二，加快建立对土地流转的管理和服务体系

农村土地规模太分散，确实效率不高。在农民自愿的基础上通过土地经营权流转，扩大和提高土地使用效率，对农民来说是一件好事。目前各地土地流转积极性较高，创造了土地流转中心、土地银行、储田所等形式。无论采取何种形式，都必须坚持这样一些原则，既能让土地在农民自愿的基础上流转，又能消除当前各种各样的制度障碍，还要为未来的农村经济社会的长治久安奠定基础。

在土地流转过程中，要避免大规模的土地兼并。通过强制性手段让农民离开土地，就是土地兼并。农民离开土地，必须是充分自愿的。所谓农民自愿离开土地，必要的条件是城镇化的发展能够给农民更好的就业和收入机会；充分的条件是农民有更高的生活追求，更愿意过城里人的生活。

在实行土地流转时，要注意这样几个问题：一是要考虑土地流转到什么程度，才不至于引起社会不均，不至于为未来的改革发展带来障碍；二是要考虑到土地和农村的社会结构之间的关系，不能因土地流转而造成农民与土地经营者之间的依附关系，也不能因土地流转而造成乡村原来的管理秩序的变化，导致土地经营者成为乡村社会的精英，控制乡村社会的资源和话语权；三是要慎重对待工商资本进入农村的问题。从世界范围来看，很多国家鼓励工商资本进入农业农村，但并不是鼓励工商大资本进入农业农村，直接和农民争土地的经营权；而是鼓励工商资本到农村去从事产前、产中、产后的社会化服务，从事农产品的加工、营销或者农民没有能力开发的大规模的资源。如果工商资本进入农村，把农民从土地上挤出去，那出现的就不是经济问题了。

第三，改革征地制度

2003年十六届三中全会通过的《关于完善社会主义市场经济体制若干问题的决定》明确提出了征地制度改革的基本方向，即缩小征地范围，提高补偿标准，规范征地程序，落实安置政策。十七届三中全会通过的《关于推进农村改革发展若干重大问题的决定》(以下简称《决定》)中又明确提出：要严格区分公益性用地和经营性用地，逐步缩小征地范围，完善征地补偿机制。依法征收农村集体土地，按照同地同价原则给农村集体组织和农民合理补偿。不仅如此，十七届三中全会还提出了一个非常大的改革突破口，即提出在城市建设规划区范围以外，如果符合土地利用总体规划，经主管部门批准，占用农民集体土地的经营性项目，仍然保留集体土地所有制的性质，让农民以多种方式参与土地的开发和经营，利益归农民。这也就意味着越来越多的经营性土地将退出政府的征地范围，经依法批准符合规划，开发商和农民自己商谈，政府依法收税。如此一来，农民就能够得到更多的利益。若为农民利益着想，这事应该大胆推进。

第四，完善农村宅基地制度

农村宅基地问题是一个非常棘手的问题。十七届三中全会的《决定》中，首先明确宅基地是用益物权；其次强调依法管理宅基地。从理论上讲，宅基地是一户一宅，应该严格管理。对目前农村一户多宅、建新不拆旧、超标准建设、占用基本农田建设等问题，应当进行清理。

按照现有的法律，宅基地只有本集体经济组织成员才可以申请，只有在本集体经济成员范围之内才可以流转。同时根据《担保法》的规定，宅基地不允许作担保物抵押。开展宅基地使用权流转，要考虑一系列复杂的因素。如宅基地具有用益物权，农村人口流动后，集体是否拥有处理和流转宅基地的权利？农民是凭借集体的成员权获得宅基地使用权的，成员权可以交换、抵押吗？如果农民把宅基地抵押或卖给别人了，他还是这个组织的成员吗？原来不是这个组织的成员，现在买了农民的房子，是不是可以成为当地集体经济组织的成员？正是因为存在这些复杂的问题，现在的法律才规定宅基地不能在本集体之外流转，也不能用于抵押。

第五，城乡建设用地增减挂钩

2004年国务院28号文件最早提出这个问题，文件要求必须严格按照规划利用土地，制定乡村的土地利用规划和村庄集镇的土地建设规划，实行增减挂钩。之所以提出这个问题，是要通过村庄规划、集镇规划来逐步实现村庄布局的调整。这是一个制定农村乡镇以下的土地利用总体规划的指导思想，是一个战略问题，不是一个拿过来就可以用的政策。该政策制定后，国土部门开展试验，总结出四大原则：一是必须经过批准，原来由国土部批准，现在由省政府批准；二是整理出的土地，首先复垦为耕地，其次要保证集体建设用地，如果还有结余，要纳入年度建设用地指标，且只能在县域内周转；三是如果指标转移到县城，县级市区使用的增值收益，必须全部返还农村；四是作为城镇建设用地指标，必须符合土地利用规划，并纳入当年的土地建设规划。

第六，逐步建立城乡统一的建设用地市场

《决定》要求，“逐步建立城乡统一的建设用地市场，对依法取得的农村集体经营性建设用地，必须通过统一有形的土地市场、以公开规范的方式转让土地使用权，在符合规划的前提下与国有土地享有平等权益”。要注意，这里所讲的是农村集体经营性建设用地，而不是农村集体建设用地。农村集体建设用地包括宅基地、乡镇企业用地、公益性用地三类，其中乡镇企业用地是属于经营性建设用地。如果乡镇企业不复存在，土地处于闲置状态，这个指标可以进入城乡建设用地市场交换，享有和国有土地同等的权利。但很多地方在转发这份《决定》文件时，擅自省去了“经营性”三个字，就是想在转让乡镇企业用地之外，再转让宅基地。这个做法必须予以纠正。

三、城镇化与新农村建设问题

城镇化是大势所趋。应该说城镇化也是解决“三农”问题的一个重要途径，但是不能脱离中国的国情，不能脱离现在的发展阶段。2000年，党的十五届五中全会通过的《中共中央关于制定国民经济和社会发展第十个五年计划的建议》明确提出要积极稳妥推进城镇化。城镇化不是简单地放开户籍，而是要解决包括住房、就业、社会保障等方面一系列的问题，是农业人员稳定地进入到城镇生产生活。目前，有的地方为了增加城镇建设用地，要求农民以放弃土地承包经营权和宅基地使用权为条件获得城镇社会保障和住房。产生什么样的后果，现在确实难以估量。农民进入城镇后，如果不能稳定地就业，就可能成为城市贫民。但在农村的生产生活根基被抽掉以后，又回不了农村。为扩大建设规模和追求短期的经济增长速度而剥夺农民的土地承包经营权和宅基地使用权，可能会带来严重的社会问题。为转入城市的农民提供社会保障等方面的基本公共服务，是政府的应有责任，是农民的应有权利，不应该作为交换的条件。目前实行土地承包经营权换社保、宅基地换住房的地方，往往是在城乡接合部。在这些地方，通过正常的征地完全可以有条不紊地解决这些问题。城镇化是一个过程，也要有个过渡，我们必须做系统的设计。

从目前的情况来看，推进城镇化最为迫切的任务，就是要解决好农民工问题，推动符合条件的农业转移人口在城镇落户并享有与当地城镇居民同等的权益。各地要切实落实中央的要求，加强对农民工的权益保护和公共服务，切实解决好农民工的劳动合同、工资支付、社会保障、子女上学、文化生活等问题。尽快将有稳定职业并在城镇居住一定年限的农民工纳入当地城镇居民的社会保障体系，有条件的地区可纳入当地城镇住房保障范围。积极创造条件，引导农民工就地就近转移。

通过提高城镇化水平，可以缓解农村人地关系紧张的局面，有利于推进农业的建代化建设，确实可以为解决“三农”问题提供更好的外部环境。到我国达到人口高峰的2030年前后，总人口将达到15亿左右，届时即便城镇化率达到了70%，生活在农村的人口仍将达4.5亿。从国际经验来看，城镇化水平也并不是越高越好。众所周知，在美国，农业劳动力只占2%，但居住在乡村的人口占20%—25%；日本农民占5%，居住在乡村的人口占25%。巴西、阿根廷、墨西哥其城镇化率都在80%以上，但社会问题、城市问题很多，成为经济社会发展的重大制约。

不管怎样，即使我国进入现代化国家行列，仍将有大量人口在农村进行生产生活。保障这部分人共享全面建设小康社会和现代化的成果，是构建和谐社会的重要任务，是我们这个有着十几亿人口的国家的必然选择。

（作者：中央农村工作领导小组副组长、办公室主任、南京农业大学兼职教授）

（选自《南京农业大学学报·社会科学版》2011年第1期，有删节）

农村专业经济协会发展困境及政策建议

刘锋　鲁可荣

一、我国农民专业合作经济组织发展现状

目前，我国农民专业合作经济组织主要包括农村专业经济协会和农民专业合作社两种形式。2004年全国人大农业与农村委员会课题组在《农民合作经济组织立法专题研究报告》中指出：较为松散的专业协会仍然是目前农民合作经济组织的主要形式。18个省的平均比例为59.74%。内蒙古、贵州、四川、云南、甘肃、宁夏等6个西部省份的比例分别是81.98%、77.57%、79.13%、89.07%、89.49%和70.05%，而位于东部的山东省的比例只有39.70%。结合较为紧密的专业合作社不到总数的1/3，18个省专业合作社的平均比例为30.21%。专业合作社比例最高的5个省份依次为山东47.50%、北京42.08%、浙江39.82%、江苏35.15%和广东30.65%，最低的5个省份依次为甘肃3.57%、云南8.35%、贵州11.05%、吉林12.55%和内蒙13.59%。

自2007年7月1日《农民专业合作社法》颁布以来，农民专业合作社发展迅猛。截至2008年底，全国实有农民专业合作社11.09万个，比2007年底增长了316%；实有成员总数141.71万个，成员出资总额800.16亿元，比2007年底增长了近400%。从地域分布来看，现有的农民专业合作社主要集中在经济发达地区和农业大省。登记农民专业合作社数量最多的10个省份分别是山西、江苏、山东、浙江、河南、辽宁、四川、河北、江西、安徽。其中，山西省实有农民专业合作社户数最多，达1.28万户；江苏是成员出资总额和成员总数最多的省份，分别达93.57亿元和19.62万个。根据国家工商总局2009年5月中旬发布的《2009年一季度全国市场主体发展报告》，截至3月底，全国实有农民专业合作社13.91万户（含分支机构），比上年底增长25.4%，出资总额1158.27亿元，增长31.6%，成员总数170.21万个，增长20.11%。全国新登记农民专业合作社2.79万户，出资总额271.12亿元，成员总数32.33万个。

然而，近两年来农村专业经济协会的发展却萎缩不前。根据国家民间组织管理局的有关数据统计，2007年全国共有农业农村发展类社会团体36142个，2008年发展到42064个，比上年增长了16.3%，无论是总体数量还是发展速度均远远低于农民专业合作社的发展。在许多地方，甚至出现农村专业经济协会不断减少发展趋势，如：浙江省2007年村级农村专业经济协会比2004年减少60个，乡镇农村专业

经济协会减少了40个。2007年安徽省登记的农村专业经济协会2365个，备案1859个，比2006年增长18.6%，而2008年登记的只有2320个，备案的有1812个，分别减少了45个和27个。自合作社法颁布实施后，有很多农村专业经济协会纷纷提出转向合作社登记，开始大量出现由原来的专业协会转为专业合作社的现象，有的农村专业经济协会为了获取政府相关部门的优惠政策或资金支持，出现“一套人马两块牌子”，同时挂农村专业经济协会和农民专业合作社两块牌子，从而导致专业协会发展混乱的状况。

那么，为何随着农民专业合作社的不断壮大，农村专业经济协会的发展却萎缩不前？现阶段农村专业经济协会的发展究竟面临哪些困境？新形势下农村专业经济协会发展的出路何在？

二、新形势下农村专业经济协会的发展困境

（一）认识模糊，理解偏误，导致农村专业经济协会发展萎缩不前

无论是农村专业经济协会还是农民专业合作社都是为了适应农业生产社会化发展需要，由农民自愿参加的，以增加成员收入为目的而组成的专业合作经济组织。在《农民专业合作社法》未颁布前，党和国家有关政策文件都是强调要发展“农民专业合作经济组织”，明确指出应该培育发展农村专业经济协会和农民专业合作社。而《农民专业合作社法》正式颁布实施后，许多基层政府部门领导、普通农户以及社会舆论片面地认为既然国家为农民专业合作社专门制定了法律，今后应该是大力鼓励农民合作社的发展而并非是农村专业经济协会。原来比较重视农村专业经济协会发展的民政部门、科协、水利、畜牧等部门的积极性也不同程度地受到影响，各相关部门对农村专业经济协会的重视程度明显下降，对农村专业经济协会扶持力度明显减弱，有的甚至提出要以农民专业合作社来取代农村专业经济协会。各地农村专业经济协会的负责人和广大会员也深感失落和无助，有部分农村专业经济协会自动解散或是名存实亡，更多的发展比较好的协会则是通过当地政府相关部门的明确支持或自行到工商管理部门注册登记为农民专业合作社，有的干脆是一套人马两块牌子，从而造成近两年来农村专业经济协会在民政部门注册登记或备案的不断减少，纷纷开始转向农民专业合作社。但从实际情况来看，这些匆忙更名的“农民专业合作社”并非完全符合合作社法的相关规定，造成了农民专业合作经济组织发展的混乱现象，一定程度上制约了农村专业经济协会的有序发展。

必须指出，农村专业经济协会与农民专业合作社并非互相对立、排斥发展。从二者的组织性质与功能来看，农村专业经济协会是不以营利为目的，通过为会员从事种植、养殖、加工、销售、运输、储藏等农业生产经营活动提供科技推广、技术服务、信息服务、农产品产供销服务等一体化服务，将分散的小规模农户组织起来发展生产、提高市场竞争能力，解决的是分散的小农与农业生产的社会化市场化的矛盾。而农民专业合作社则是农民自愿出资入股共同从事农业生产经营活动，通过参与市场竞争谋取共同利润的经济组织。因此，农村专业经济协会不是农民专业合作经济组织的初级形态，农民专业合作社也不是高级发展阶段，二者各具不同功能和特色，不能相互取代。相反，农村专业经济协会的服务范围更广，随着现代农业的不断发展，为了适应农业社会化服务体系的建设，农村专业经济协会应该吸收农民专业合作社的加入，从而更好地为广大农民发展现代农业提供更好、更广泛的服务。

（二）没有专门的法律保护，难以取得合法地位和相关部门的政策及资金扶持

目前，农村专业经济协会尚无专门的法律法规来明确其法律地位，其登记管理只能依据《社团登记管理条例》进行管理，将农村专业经济协会与其他各类社会团体一并同视。然而由于大多数农村专业经济协会规模较小，缺少充足的资金，没有专职人员，大多数无法达到《社团登记管理条例》规定的法定登记条件，因而大量的农村专业经济协会不能成为独立法人，这就使得农村专业经济协会难以获得充分的合法性。尽管2003年民政部发布《关于加强农村专业经济协会培育发展和登记管理工作的指导意见》中指出，针对各地农村专业经济协会还处于探索发展阶段，尚不够成熟，大部分协会人员少、规模小、注册资金不足的实际情况，在不违背《社会团体登记管理条例》基本精神的基础上，可以适当放宽登记条件，简化登记程序。各地民政部门也出台了一些相应的政策制度，但大多数规定比较笼统、缺少可操作性。由于法律地位不明确，农村专业经济协会在发展中普遍缺乏来自于国家的资金支撑，各级政府财政也未设立用以培育和发展农村专业经济协会的专项奖金或基金。绝大多数农村经济协会甚至都没有固定的运转经费，更谈不上有充足的经费为广大会员提供各项农业生产服务。

由于《农民专业合作社法》及其配套政策的实施，特别是财政部门、农业部门加大对农民专业合作社的示范和扶持，一些已经成立的农村专业经济协会，为了获得扶持资金，纷纷重新到工商管理部门登记为农民专业合作社，或者在登记为专业协会的同时又申请登记为专业合作社，但实际的组织性质仍然是非营利性的社会团体或既是非营利的社会团体又从事营利性的农业生产经营活动，从而极大地影响了农村专业经济协会的健康发展。在一些地方甚至出现了为了套取政府对农民专业合作社的资金补贴而成立虚假农民专业合作社的违法现象，从而浪费了政府的专项资金，也影响了政府在农民心目中的形象。

同时，农村专业经济协会的活动范围涉及到与民政、科协、农业、水利、供销、林业、水产、畜牧等多个部门，由于没有专门的法律法规和中央政策文件的明确规定，再加上部门利益和各自政绩之争，从而导致对农村专业经济协会的资金和政策扶持难以真正落实到位，而且各部门少量的资金或政策往往是各自为政、条块分割，难以形成合力，从而对促进农村专业经济协会发展的作用不明显。

（三）内部组织松散，缺乏运转经费，结构不合理，自我发展能力薄弱

目前，一些农村专业经济协会组织规模小，大多是由村落内部或邻近村庄从事同一农业生产项目的十几户或几十户农民组成，组织结构比较松散，覆盖面窄，服务功能较弱。协会所开展的活动往往根据会员所从事的农业生产经营活动的季节性和市场特点而决定，缺少经常性和正规性。同时，农村专业经济协会内部管理机制不够完善、组织机构不够健全。

由于农村专业经济协会作为非营利性组织，无法通过开展市场经营获取利润来增加协会运转经费，因此，许多协会的正常活动难以有效开展。同时，由于协会大都是由分散的小农户组成，难以向会员收取会费，协会运转经费通常都是由牵头的龙头企业或专业大户、经济能人等垫付。协会的生产和营销等经济活动也主要由龙头企业负责人、专业大户或能人说了算，因此协会的公信力不高，普通农户认为协会相当于负责人自己的企业或产业，缺乏主动参与的积极性，有好处时大家都跟着协会干，没好处时则不受协会约束。

由于社会团体的登记“门槛”较高，相当

一部分农村专业经济协会尚不符合社团登记条件，没有进行社团法人登记，不具备法人地位。有的虽然登记，但协会活动也不规范，没有建立会员大会或会员代表大会及理事会制度。同时，许多农村专业经济协会缺乏专门的人才，协会的带头人或负责人普遍文化程度不高，技术服务能力不够，市场开拓经验不足，缺乏协会的经营管理知识。由于农村专业经济协会的内部自我发展能力薄弱，从而影响了协会功能的正常发挥，目前许多协会只能为会员提供一些农业生产的技术、信息服务，从而影响了农村专业经济协会的可持续发展。

三、促进农村专业经济协会健康发展的政策建议

（一）制定专门法律法规，明确法律地位，强化培育发展

从组织性质来看，农村专业经济协会属于社会团体，而目前我国尚无专门社会团体方面的法律，只是在一些部门和地方法律规章条例中对农村专业经济协会有一些规定。从短期看，国家立法机关也难以再单独为农村专业经济协会制定出台类似《农民专业合作社法》的专门法律。随着我国社会建设步伐的不断加快，各种类型的社会组织也迅速发展。因此，为了促进和规范社会组织的发展，国家立法部门应该酝酿出台一部专门的社会组织法。在这部社会组织法中，应该明确规定作为农村基层社会组织的主要形式——农村专业经济协会的法律地位，确立农村专业经济协会的组织性质、法人地位、职能责任、作用、服务对象、权益，以培育、支持、引导农村专业经济协会的发展，规范其组织行为，保护农村专业经济协会及其会员的合法权益，促进农业与农村经济的发展。

与此同时，各地方政府也应该根据当地农村专业经济协会发展的具体情况和问题，在立法权限内积极探索制定地方性的农村专业经济协会的专门立法，明确农村专业经济协会的法律地位、管理制度以及促进政策等。如湖南省政府为了促进农村专业经济协会健康发展，规范农村专业经济协会的组织和行为，促进农业和农村经济发展，于2007年3月专门出台《湖南省农村专业经济协会促进办法》，赋予了农村专业经济协会的法律地位，明确规定了协会的组织性质、登记管理制度、政府各部门的相关扶持政策等，从而促进了农村专业经济协会的培育和发展。

（二）加强协会的农业社会化服务功能宣传，取得政府、社会的广泛认可和支持

发展现代农业是新农村建设的基础，现代农业的发展需要完善的农业社会化服务体系。目前，我国农业社会化服务体系不健全，缺少规范化的服务组织，不能提供完善的农业社会化服务。因此，培育发展农村专业经济协会是发展现代农业、促进农业和农村经济发展的迫切需要。农村专业经济协会作为市场中介服务组织以及自律性的行业社团组织，可以为会员的农业生产经营提供技术服务、信息咨询、沟通市场，可以为某一农产品的生产和销售制定行业规范，协调生产经营者之间的关系，加强行业自律，促进行业规范有序发展等。

农村专业经济协会的服务功能是其他任何政府部门和经济组织不可替代的，它有效地将农户、市场和政府等方面有机地联系起来，真正地发挥了桥梁与纽带作用。对此，各级政府部门应该明确认识，充分重视农村专业经济协会的地位和作用，要广泛利用各种媒体，通过各种方式，加大宣传农村专业经济协会的地位、作用，增强其整个社会的认知度，提高其社会地位。今后在中央的政策文件中应该强调农村专业经济协会的地位，要明确落实农村专业经济协会与农民合作社应享有公平的政策待遇。全国及地方民间组织管理部门可以通过召开工

作经验交流会或现场会等方式，通过选拔、推广、示范典型农村专业经济协会的成功经验，举办农村专业经济协会的成果展，加强对农村专业经济协会的性质、地位、作用，对运作规范、机构健全、作用明显的宣传，扩大社会影响，争取广泛的社会认可。

（三）转变政府职能，协调部门关系和利益，加大对协会培育发展的政策扶持

从农村专业经济协会的性质和功能来看，协会所提供的大多是公共服务，发展的是社会公益事业，部分地履行了政府的公共事务职能，因此，各级政府相关部门应该在制订和落实《农民专业合作社法》配套扶持政策过程中，在财政支持、税收优惠、信贷支持和行政规费减免等方面赋予农村专业经济协会同等的优惠政策。政府应该在年度财政预算中列支促进农村专业经济协会发展的专项基金，用以支持农村专业经济协会开展科研、创新、生产、培训、营销、基础建设等项目。相关政府部门还可以设立专项扶持奖励基金，通过“以奖代补”的方式给予农村专业经济协会一定的资金扶持。对于农村专业经济协会围绕农业产业化建设开展的产前、产中、产后服务所取得的技术服务和劳务收入应该免征所得税，对协会所开展的技术转让、技术咨询、技术培训应该免征营业税，享受与国家农业技术推广机构在税收、贷款方面的同等优惠待遇。同时，结合政府职能转变，有关政府部门可以将农民培训、技术推广、良种试验等服务项目通过公开招标的方式委托给符合条件的农村专业经济协会，政府采取“购买服务”的方式向协会投入扶持资金及相关优惠政策，例如2006年中国科协在“科技惠农”资金中拿出5000万用于向农村专业技术协会购买服务。民政管理部门应该加强对协会的监督评估和科学管理，增强协会的社会公信力，不断培育发展农村专业经济协会。

（四）明确组织性质与功能定位，积极发展“协会＋合作社”模式以及专业合作社的联合会，促进农村专业经济协会与农民专业合作社相互融合协调发展

农村专业经济协会与农民专业合作社的发展在促进现代农业发展、增强农业生产的市场竞争力、提高农业社会化服务以及有效增加农民收入等方面均发挥了重大作用。针对《农民专业合作社法》实施后合作社发展迅速而农村专业经济协会停滞不前的状况，从促进农民专业合作经济组织健康有序发展的角度，当务之急要明确农村专业经济协会和农民专业合作社的性质与功能，二者不矛盾、不冲突，合作社并不能替代协会，合作社的发展也不会挤压协会发展的空间。地方政府相关业务主管部门与登记管理部门要不搞“对立”求“统一”，应当将二者有机整合、优势互助、功能互补、分工合作，共同发展壮大。

农民专业合作社作为营利性的经济组织，通过组织会员开展市场生产与经营活动，可以增加会员收入，增强合作社积累与发展能力，因此，在农业规模化生产、市场化经营等方面充分发挥合作社的长处与作用。但是，合作社的成员大多是发展较好的规模较大的农户组成，实力较弱的小农则往往难以加入。同时，在同一地域从事相同农业生产经营的合作社，由于市场竞争的激烈往往在产品质量、行业标准、市场流通、行业自律等方面各自为战、互相对立甚至是恶性竞争，从而影响了合作社彼此之间的健康有序发展，甚至制约了当地农村经济的有序发展。而且，作为营利性的经济组织，合作社难以有充足的动力为会员以外的普通农户提供诸如技术推广、技能培训、市场信息等农业社会化服务。

农村专业经济协会作为一个为会员从事农业生产经营活动提供科技推广、技术服务、信

息服务、农产品产供销服务等一体化服务的社会组织，在流通领域、技术推广、技能培训、品牌战略、联系会员、行业管理方面具有有利的地位与作用。因此，在发展现代农业的过程中，要积极引导农村专业经济协会广泛吸纳普通农户、农村经纪人、涉农企业、农业服务单位、农民专业合作社为会员，建立“协会+企业+合作社+科研机构”、“协会+合作社”等模式，增强其社会化服务功能，扩大社会影响力。这样，既可以有效地解决专业经济协会的运转经费、人才缺乏等问题，还可以更好地扩大和发挥协会的服务功能，从而为普通农户会员、合作社会员发展规模化生产和市场化经营提供更好的条件。对一些组织规模较小、运作困难的农村专业经济协会，可鼓励其在自愿的基础上改建为农民专业合作社，通过开展市场经营和有偿服务等活动，促使其不断发展壮大。

因此，从促进地方农业产业结构调整和发展特色产业的总体目标出发，各级业务主管部门和登记管理部门要充分解放思想，重新调整农民专业经济协会与农民专业合作社的发展思路，大胆创新，摒弃部门政绩和利益得失，相互沟通，密切合作，可以考虑在国务院相关部委层面建立统一的协调工作机制，将与促进农村专业经济协会健康发展的有关部门，如民政、发改委、财政、农业、林业、水利、科协、供销等部门紧密联系起来，加强沟通，改变政出多门、工作推诿、力量分散等状况，整合资源，共同制定和实施促进农村专业经济协会的相关政策。积极引导和推动那些发展较好、规模较大的农村专业经济协会实行跨所有制、跨地区、跨行业的联合，要适时地将其提升到基于专业合作社之上的农业领域的行业协会，加强行业协作、有序发展，构建完善的农业社会化服务体系，从而更好地增加农民收入，促进现代农业发展。

（五）规范组织运行机制，完善协会登记管理政策，增强自我发展能力

从目前各地农村专业经济协会发展的实际情况来看，培育发展农村专业经济协会首先要规范协会的组织管理制度和运行机制，增强协会的自我发展能力。业务主管部门和登记管理机关要相互协调共同制定切实可行的政策措施，利用政府有关部门所开展的各种新型农民培训工程和项目，从思想、素质、技能、管理等多方面全方位地加强对农村专业经济协会带头人的培训。为了解决协会活动经费问题，应该积极鼓励和倡导具备条件的协会，按照国家有关政策兴办经济实体，这样一方面可以促进农村农业产业化发展，另一方面也可以增强协会的实力和功能，加强协会的凝聚力、影响力，达到经济效益与社会效益的统一。同时，还要不断完善协会的决策机制、财务管理等制度，多方筹措改善协会基本的办公场所和设备，为协会的发展打下基本的物质基础和条件。

为促进协会的培育与发展，各级民间组织管理部门应该在已有的降低门槛、减免费用、试行备案等政策基础上，进一步明确全面免除农村专业经济协会的登记、备案费用。对个别尚未达到法人登记条件但已登记的农村专业经济协会，应视情况纳入依法管理的轨道，促使其尽快达到组织健全、运作规范的要求。对已经登记的农村专业经济协会，要加强分类指导，鼓励和引导协会合理确定业务范围，优化协会结构，积极开展适应农民需求的服务活动。为解决协会专业人才缺乏问题，结合各级政府开展的“大学生村官”计划，可以为一些发展较好的农村专业经济协会配备专门的管理人员或专业技术人才，加强协会的管理能力和技术力量，提高组织自身发展能力。

（作者单位：刘锋，民政部民间组织管理局）

（选自《学会》2011年第1期）

中国农村土地制度及改革研究

——制度博弈的核心问题解读

柳建平

一、公平与效率

改革开放以来，中国的农地制度演变似乎总是围绕着“公平”这一主线，而“效率”仅作为公平的依附物，时不时地想摆脱公平的束缚，但当它远离主线一定位置时，便失去继续前进的能量，甚至又会被吸附回来。在土地权力由国家转移到集体的承包责任制初期，土地依村庄人口均分实现了中国历史上绝无仅有的农地占有及使用公平，但因村庄人口的变化，这一公平仅仅只是某一时点上的公平，而常态总是偏离公平点，于是乎便有了“大稳定、小调整”制度。产生这一制度的动因，姚洋认为土地制度的选择是一个风险分摊、收益与谈判成本和效率损失之间的权衡过程，因此，以均地为特征的土地制度有其合理性，是一个理性的集体行动。但依村庄人口均分的土地分配原则却带来了农业效率的损失，如1980年代后期农业产出的下降或长期徘徊不前。此外，如滥挖、乱占导致的生态危机，特别是村集体组织在土地调整中的随意性及“寻租”行为，也在一定程度上积累了大量农村社会矛盾。针对这一状况，2003年出台的《农村土地承包法》试图通过在集体内部平均分配土地承包经营权维持“公平”，同时以土地流转权的实现而摆脱“效率”困境，特别是2004年国家又出台了截断“小调整”的文件，试图在某一时点相对公平基础上以促进土地流转、进而提高效率。能否实现“公平”与“效率”的兼得问题，也就成为学术界争论的一个焦点。对这一问题有代表性倾向的观点主要有：一是以秦晖为代表的对土地分配公正原则的质疑；二是以姚洋为代表的“公平”对“效率”抵消的观点；三是以黄少安为代表的“效率”与“公平”二者皆难得的观点。

秦晖认为，当今中国不存在如发达国家所面临的那种“效率与公平(结果平等)的两难选择”，在当今中国，公正至上，效率即在其中。农村改革中产生的种种影响资源配置优化与效率的问题，不少与土地问题上的公正原则受破坏有关，与“是否分家”不讲民主、“怎样分家”不讲自由有关，将本来很容易达到公平的土地权利分配人为复杂化，使得“现状”离“起点”(公平)趋远。如他引用的资料表明，1990年代初中国农户实际使用土地分配的基尼系数达到了0.41，1995年的基尼系数在土地重分过的地区达到了0.47，没有重分过的地区最高达到0.58。姚洋通过对江西和浙江调查资料所进行的实证研究表明，地权稳定性对土地投入和土地产出确实存在着显著的正向效应，而且更自由的转让权更能增加产出水平。同时，他也认为，更加个人化的土地制度会降低农业生产效率，但这种效率损失可能被农地制度的社会保障和失业保险功能所抵消（具体的影响又难以估计），而且这后两种功能对整个社会的稳定具有重要作用。至于土地的公平分配问题，他认为，公平是土地集体所有制所赋予农户不可剥夺的权利，即使社会保障不再是一个问题，单是对公平的追求也会导致土地的调整。既然成员权保证每个人对集体土地享有同等的权利，我们就没有理由指责农民对公平的要求。黄少安认为，农地均分承包的制度安排只追求起点的相对平等（在集体经济组织内部），而希望通过稳定承包经营权获得过程的效率（承包期内）。但土地的均分承包是以产权不清晰为前提，以破坏产权排他性为代价的。"效率"则需要通过清晰界定产权、增强排他性来实现。因而"公平与效率"的目标在实现手段上是冲突的。通过农地的均分承包，与其说是保障了公平，不如说是保障了农民的普遍就业，特别在国家经济已处于托达罗"起飞"阶段，以牺牲农地"效率"换取"稳定"，不仅效率的损失不可避免，而且对农民而言也是非常不公平的。

对农地"公平"与"效率"的讨论，往往又与农地的生产功能和保障功能联系到一起，形成两个命题：一是土地的公平分配是为了保证农地保障功能的发挥；二是土地的保障功能阻碍了农地生产功能的发挥，即效率的提高。

温铁军认为，自包产到户后，由于国家事实上不再承担农业投入和农村公共品开支，造成农民的社会保障转由村社承担。村社则以向成员分配集体所有的土地来体现对成员的保障，这样就形成了土地的双重功能，即农业生产和农民的社会保障。而且，随着农村实际人口的增长，加之城市化过程中征地及产生的失地农民人数的增加，使得土地的功能越来越多地转变为以承担农民的生存保障功能为主。这一观点虽然得到学术界的普遍认可，但对这一现象表面"公平"之下所隐含的极大不公平也招致一些学者的批评。如姚洋认为，以"土地保障"替代农民的社会保障，这本身就是政府推卸责任的失职，而不应成为"地权归农"的借口。同时，一些学者认为，在现行土地制度下，农民经营土地规模狭小，土地细碎化程度高，农业经营的收入功能弱化，而且土地流转难以大规模推进，农业科技、农机装备无法全面推广应用，难以达到规模经济状态，土地和劳动力的配置效率低下，农业经营的收入功能弱化。另一方面，由于农村尚未建立完备的社会保障体系，就是大量转移到城市的农村劳动力也因就业不稳定，不能享受城市的社会保障，农村土地的社会保障功能凸现，且在短时期内这一功能还无法被完全替代。这样，就在农地的"公平"与"效率"之间形成冲突。

二、权利与利益

在农民之间、农村不同经济组织之间以及国家、农村集体和农民之间，围绕土地形成了错综复杂的利益关系，构成了农村最基本的社会经济关系，而这一关系被聚焦在"征地"、"小产权房"及农民宅基地等问题上。

首先，就农地征收中的问题来看，主要有：一是改革开放以来的三次（1980年代、1992年前后和2000年至2003年上半年）大规模征地，造成耕地锐减，且闲置浪费严重。仅以开发区建设征地为例，据2003年初国土资源部的统计，在全国省级以上900余个开发区中，国家批准规划的近3000万亩开发区，当时开发面积仅占规划总面积的13.5%。二是失地农民大量失业，引发了大量社会矛盾。据估计，目前我国完全失去土地或部分失去土地的农民可能高达4000

万人—5000万人。国家农调队对云南省的调查表明，高达24.6%的失地农村劳动力处于“赋闲在家”的状况，并且失地农民就业质量不高，相当比例已经接受就业安置的失地农民隐性失业严重。与此同时，征地引发了大量社会矛盾。在一些地方，政府强制性征地、克扣法定补偿、推诿就业安置等引发的上访和群体性事件逐渐增多，给农村稳定造成隐患。“失地农民群体”正在形成，而且有不断扩大的趋势。一些失地农民沦为种田无地、就业无岗、低保无份的“三无游民”，生活在城市的边缘，在就业、子女就学、社会保障等方面受到歧视。有些地方甚至在征地过程中非法动用警力，与农民发生暴力冲突。近年来，农村的群体性抗争中，60%与土地有关。因而，有学者指出，土地征用问题已经成为农民维权抗争的焦点。三是农民在征地中利益损失严重。被征用土地的收益分配格局是，地方政府占20%—30%，企业占40%—50%，村级组织占25%—30%，农民占5%—10%。在征地补偿中，农民获得土地交易收入的5%—10%，集体获得约25%—30%，各级政府和土地管理部门获得60%—70%。名义上属于农民的土地，几乎被无偿剥夺。据党国英的研究，从1952年至2002年，农民向社会无偿贡献的土地收益为51535亿元；仅以2002年为例，农民无偿贡献的土地收益为7858亿元，相当于无偿放弃了价值26万亿元的土地财产权（按照当时银行利率3%计算）。而从有关数字看，自从国家实行土地征用补偿政策以来，我国累计支付的土地征用费不超过1000亿元。据陈锡文等人的研究，1987年至2002年全国非农占用耕地直接获取农民土地净收益高达30000亿元。新中国成立以来，全国非农建设用地按保守估计在5亿亩左右。四是土地市场无序混乱。由于农地的农转非只有在国家征收后进入市场才算合法，而这一过程中的“暴利”被政府和开发商所获，失地农民所获甚少。国务院发展研究中心一项研究表明，农民和村委会只能得到土地出售价格的10%—15%。正是由于这种强制交易利益分配的过于悬殊，一方面引发农民与基层政权的冲突，另一方面又激励出一个“灰色市场”，非法交易集体土地、直接出卖土地、变相买卖土地等违法违规现象普遍存在。

造成这一现状的原因，众多研究认为，除农地产权不清外，行政权力的过度使用，严重侵犯了农民的土地权益，是现行征地制度的最大问题。政府滥用征地权的根本原因就在于，政府具有既是管理者又是用地者的双重身份。归根结底，在于政府（或部门）利益、甚或官员的个人私利。政府进行土地征收往往是在“公共利益”的背后隐藏着一个巨大的诱因，即土地出让收益的70%归地方政府（《土地管理法》规定）。在出让价格一定的情况下，政府对土地征收补偿得越少，其获得的利益越多。再者，征收土地搞建设往往是政府或官员大搞“形象工程”、“政绩工程”的最佳方式之一，也是一些官员借机“寻租”的“肥差”，“寻租”、腐败、权力滥用往往与政府行为共生。土地问题显示了中国转轨过程中一个尴尬的局面：法律既不能约束政府的行为，也不能约束基层社会的行为。在土地问题上，农民、村庄、基层政府实际上处于一种无规则的博弈状态之中。“公共利益”模糊——博弈目的不明确，各利益主体力量不均衡——博弈主体不平等，法律规定不当与法外行为并存——博弈过程不合理，农民权益受损、社会问题严重——博弈结果不和谐。权力租金替代了权利租金。

其次，“小产权房”问题突出，农村宅基地使用制度矛盾重重。按照《土地管理法》规定：“农民集体所有的土地的使用权不得出让、转让或者出租用于非农建设用地”、“任何单位和个人进行建设需要使用土地的，都必须依法申请使用国有土地”。但在农地征收中，农民收益过低，这就促使村庄和乡镇联合起来，违反现行法律规定，在集体土地上自行建房销售，并向购房者发放由乡镇政府制作的“房产证”。近年来，由于房地产价格暴涨导致这种“小产权房”发展迅速。据调查，涉及城市居民和公司拥有的“小产权房”已达到现存全国村镇房屋建筑面积的20%以上，在一些城市“小产权房”占城市住房总面积的比重不断提高，如北京的占比达20%，深圳的占比高达40%—50%。“小产权房”违法，但却涉及众多人的直接利益，对此如何处置，已成为一个难题。

第三，从现行的农村宅基地使用制度来看，由于农地集体所有的法律规定，耕地和宅基地的紧密关系，宅基地必然离不开集体所有制的产权框架，导致农民使用的宅基地和附着其上的房产在权属上归不同主体。同时，掌握土地所有权的集体组织又必须给自己成员以基本住房保障，从而需将宅基地使用权交给农民。这样，宅基地作为一种集体公共产品和保障性产品，就不具有商品属性，也不具有完全财产权利的资本属性。在现实中，这一制度也面临着一系列的问题和矛盾。一是强调“一户一宅、面积限额”的政策并未达到保护耕地的目标，而且出现与城市化发展相悖的结果。1996—2006年，我国城市化率每年增长1.34%，农村人口减少了1.23亿人，人均宅基地面积却从0.29亩上升到0.34亩，新增加的100万亩村庄用地中80%为新增宅基地用地。宅基地超标和“一户多宅”的情况普遍存在。二是宅基地不能充分流转和正常交易，造成宅基地大量闲置，同时隐形流转和交易大量存在。由于大量农村劳动力外出务工，农村“空心户”和“空心村”现象普遍。据估计，全国2亿亩农村宅基地中有近2000万亩处于闲置状态。同时，现行制度虽然强调“农民住宅不能向城市居民出售”、“不得向外村人流转”，但现实中这些“灰色交易”又大量存在。对宅基地限制交易的制度也是招致学界批评的另一焦点，认为这一制度既不符合法律的公平正义，不能以法律限制来实现对弱势群体——农民的“特殊保护”，也不符合社会的公平正义，不应以出生身份成为分配社会资源的依据。三是宅基地的非商品化、非资本化和非市场化，是造成农民财产利益损失的一个重要因素。这一制度与促进农民财产性收入增长的意愿相冲突，与完善社会主义市场经济制度的取向相冲突，与集约节约利用土地资源相冲突。

三、农地制度改革，何为良策？

学术界对我国农村土地制度及改革以及相关问题进行了大量的研究，众多的研究可汇集成一句话：问题是严重的，原因是清楚的。但就现行农村土地制度如何进行改革，学术界有不同的观点，一些人主张私有，一些人主张国有，一些人主张完善，可谓“极端”与“改良”并存。

第一种观点主张农村土地私有制。主张土地私有制以杨小凯、张五常、文贯中、黄少安等为主要代表。如杨小凯(2002)认为，中国目前存在的“三农”问题，根本症结就在于农村土地不属于农民所有，从心理上，农民不认为自己种的地是自己的，所以没有长远投资于土地的打算。中国共产党夺取政权前后进行的土地改革，开创了政府侵犯财产的惯例，对中国经济的发展有极深远的负面影响。土地私有化有两个最主要的标志：一是无限期可继承的所有权；二是可以自由交易租赁。土地私有化后，政府可以收到可观的交易税和财产税。同时，对土地的管理也容易纳入到法治化轨道。文贯中(2005)认为，现行的农村土地承包责任制本来只是一种临时性的、与市场经济内在要求冲突的、世界上独一无二的制度安排，因而希望将这一制度安排永久化，是有悖于人类历史发展经验教训和智慧结晶的，是一种不彻底的改革，是平均主义与效率之间妥协的产物。土地私有是市场经济的必要条件，当然私有制并非十全十美、无懈可击，因而对土地私有也不能求全责备。张五常（2004）也认为实行土地私有以后可以解决许多问题，如解决目前各级政府的财政困难、减低和简化复杂的税收制度、增加制度改进等。黄少安（2008）认为，试图在维持农地产权不清晰的状态下实现公平与效率，实际上是不可能的，因而政府首先应承担起农村社会保障的责任，解卸土地的保障职能，还农民以土地所有权。而曾经当过十年乡党委书记的张新光认为，现行的农村土地制度安排，实际上是城乡两大利益集团直接博弈的结果。中国的农地集体所有权模式至今还没有与世界接轨，根本症结就在于我们对历史问题错误的解读和受僵化的政治意识形态影响。农地私有制有利于农民加强对其土地权益的自我保护。

同时，一些学者也明确提出反对农地私有化。其理由也多种多样，主要有：现行制度能够做到公平与效率的兼顾，特别是能够保证农地农转非后的增值为全民所有；从历史的角度看，土地私有会导致土地兼并并引发严重的社会冲突和动乱，中国近代的衰落就是实行了土地私有制；从人多地少的国情出发，认为土地私有化所导致的无地农民难以处置；土地私有化会导致大面积的贫民窟；土地私有会导致城市化过程中的土地浪费；等等。温铁军认为，在中国大多数农村，土地已转化为农民社会保障的情况下，靠私有化促进土地集中、实现规模经营的逻辑是似是而非的，解决中国的“三农”问题不能简单地套用这一西方的理论逻辑，因为这一逻辑还缺乏发展中国家和东南亚国家成功的经验依据，倒是教训不少。……如果任由土地私有化和自由买卖，那么，其结果非但不是快速、低成本地实现工业化和农业现代化，反而是一方面农村凋敝，小农破产，无地则反；另一方面，失地农民大批涌进城市而难以就业——实现的不是城市化而是城市贫民窟化。……我们之所以至今还没有出现循环往复的以土地为中心的农民革命，也主要在于中央反复强调并且落实了基本制度30年不变以至长期不变的政治承诺。而另一位曾是乡党委书记的李昌平也明确反对土地私有化，他认为：中国农民中的绝大多数没有私有化的要求；现有农村土地制度并不影响土地使用权的流转；当今在权力集团化、个人化、私有化的农村社会里不可能公正地推行土地私有化。

第二种观点是主张土地国有化。主张土地国有化的代表人物主要有陆学艺、党国英、袁天勇、张德元等。他们认为，应废除土地集体所有制，实行一切土地国有制，赋予农民“永佃权”，农民可以自由地经营、出租、转让、入股甚至在国家政策允许的范围内出售土地。实行土地国有化，首先符合社会主义公有制的传统理论，避免了土地私有化可能带来的意识形态方面的争论，相对降低了改革的政治成本。其次，实行土地国有化，强化了国家对土地的宏观调控权，可更加有效地遏止土地产权市场化改革后出现的土地兼并等社会问题。第三，实行土地国有化，有利于土地产权流动、重组。第四，实行农村土地国有、农民“永佃”，可使乡村等各级组织失去以土地为依据乱收费的基础，可有效制衡低价征用土地、随意调整承包地、以地乱收费等地方政府和村组织的不合理权利和行为。

农地国有化观点也与一些学者的思想相背离。姚洋（2000）认为，中国农村改革的一大特点就是国家从农村基层制度建设领域的逐步退出，从而有了农地制度的自发性创新，其演变的基本方向应当是高个人化程度。

第三种观点是主张在现行的土地承包法基础上完善土地承包经营责任制。一些学者或认为实行农地私有的条件并不成熟、或认为土地私有不符合中国人多地少的国情、或以调查资料为据认为当代农民没有对土地私有的要求、或认为土地私有政治风险及社会风险太高、或认为实行农地私有或国有的制度转换和运行的费用巨大、或认为土地私有不能解决所有问题。如陈锡文认为，相对于土地的使用效率而言，确保土地对于农民生存的基本保障作用，是农民更为基本的权益，也是现阶段整个社会对于农村土地更为基本的要求。秦晖(2007)认为，关于土地私有制的争论意义不大，原因是目前我国农民的地权现状还达不到起码的要求，不仅谈不上“所有权”，而且“使用权”往往也有名无实。因此,保护农民地权必须从最基本的“底线”做起。

四、结语

虽然公平与效率的协调或均衡问题，确实是影响当代中国农地改革的重大问题，但核心的问题不在此，而在于土地当前或潜在利益的分配。改革开放三十余年来，虽然国家经济已有了很大发展，但与此形成的既得利益集团，特别是地方政府，凭借其强势地位、甚或说权力，对这块国家现存最大的蛋糕(“国企”已降为其次)必然有着非常强烈的分割欲望和能力，由此也构成了农地制度有进一步实质性改革的强大阻力。因此,无论是“私有”,还是“国有”的改革方案都难以成为农地制度博弈的均衡点，“改良”仍将是农地制度变革的基本方式。而当前亟待解决的重点问题,当属土地“政治”和“吏治”，应限制公权力对农民土地权利的肆意侵夺。核心是土地增值利益的分配，应更倾向于“三农”。长远来看，农地制度的变革最终受制于整个社会在市场化进程中的民主化、法治化水平。

(作者单位：西北师范大学经济管理学院)

(选自《农村经济》2011 年第 8 期)

中国农村金融体系的制度变迁

王 彬　　刘天然

农村金融体系是农村经济的“造血体”。一方面，农村金融的产生和发展依赖于农村经济，农村经济的运行特征和运行轨迹决定了农村金融的特征和历史沿革；另一方面，农村金融的发展程度和资源配置能力又制约着农村经济的发展。农村金融和农村经济之间相互依存、相互影响的关系在我国的农村制度变迁过程中表现得尤为突出。随着我国农村改革的不断探索和深化，我国农村金融体系经历了多场变迁，在起伏震荡之后，形成了当前我国农村金融体系以正规金融组织和非正规金融组织相结合的局面（参见图1）。其中，正规金融组织呈现出农村政策性金融、商业性金融、合作性金融“三驾马车”的格局，而非正规金融组织主要以民间自由借贷、合作基金会等形式存在。本文着重对正规金融的制度变迁展开分析。

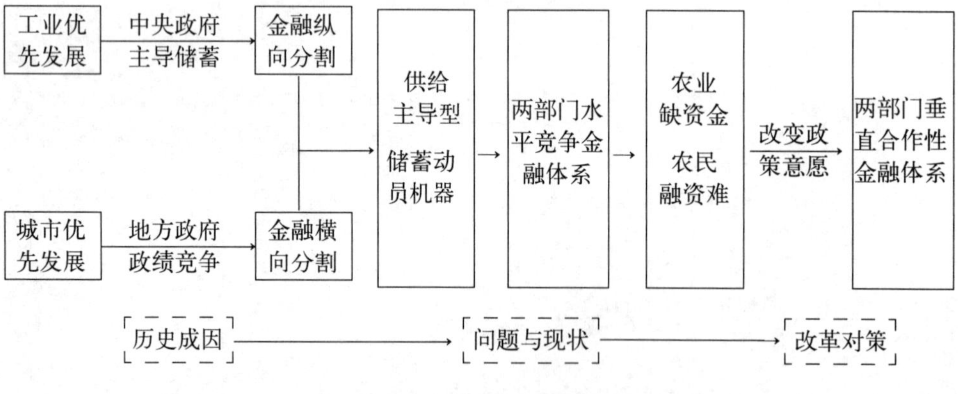

图1　中国农村金融体系的历史沿革逻辑和改革对策

一、中国农村政策性金融的制度变迁

政策性金融，也被称为国家金融、政府金融等，是指在一国政府支持与鼓励下，以国家信用为基础，运用种种特殊的融资手段，严格按照国家法规所制定的业务范围、经营对象，以优惠的存贷款利率或条件，直接或间接地为贯彻和配合国家经济和社会发展政策而进行的一种特殊的资金融通行为或活动。由政府主导的政策性金融往往具有政策性、服务性和公共性等特征，成为了各国政府支持本国农村金融发展的重要措施。

农村政策性金融仍属于政策性金融的范

畴，但农村一词界定了其所服务的范围和对象主要是“三农”。具体而言，农村政策性金融是指由政府发起、组织为前提，以国家信用为基础，以配合、执行国家农业和农村产业政策、区域发展政策以及农业科技进步政策为主要目的，在农业及相关领域从事资金融通，旨在改善农业基础设施条件，支持、保护农业生产，促进农业、农村经济发展和农民增收的一种特殊的金融活动。

农业作为弱势产业，其高风险、高投入、低收益的特征，使得以市场为导向的商业性金融机构和处于改革过程中的合作性金融机构难以成为当前农村金融市场主要供给者，政策性金融机构（政策性金融业务）在其中发挥着不可替代的作用。

我国农村政策性金融的发展从无到有，伴随着我国经济体制改革的进程其发展逐步深化。以改革开放作为分水岭，建国后到1978年这段时期是高度集中的计划经济体制时期，与之相适应，金融管理体制也必然是集中统一的计划经济管理模式。这一时期，我国的金融体制高度集中统一，农村金融活动实际上是在人民银行的统一指令下进行，并无政策性金融和非政策性金融之分。在这种“大一统”的金融体制下，人民银行实际上是以中央银行、商业性银行和政策性银行结合体的形式存在的，经营包括农业政策性金融业务在内的所有金融业务，其中农业政策性金融业务主要就是支持农业生产。（刘梅生，2007）这种计划经济管理体制的农业政策性金融（业务）的主要特征体现在以下几个方面：

1. 高度集中统一的管理体系。与计划经济体制相适应，这一时期的所有金融活动都可以理解为政府调控下的金融行为。此时的人民银行独揽了所有一般金融和金融管理职能，既行使中央银行的职能，又办理各项具体业务。农业政策性金融业务和其他一切金融业务一样，都由国家进行信贷决策，由中国人民银行统一经营和管理。

2. 计划性的金融运作模式。在计划金融运作模式下，所有的农村金融活动都是在人民银行的统一指令下进行的，并没有政策性业务和商业性业务之分。贷款的方式是由银行和信用社根据国家的生产计划，将生产所需资金按计划直接拨发给公社和大队，计划到期后，再从社队收回。

3. 金融机构职能的机关化。计划性的金融运作模式，银行没有任何运营资金的自主权，完全按照政府的计划指令发放贷款，基本上如同政府机构中的一个行政部门。存贷款利率形同虚设，既不反映供求关系，也不反映行业利润水平，只算政治账，不算经济账，基本上实行固定利率，往往若干年才变动一次。在存贷款上实行收支两条线，存款不考核，贷款给指标，按指标放款。

4. 农业银行的“三立、三撤”。为了打破高度集权的计划管理模式，加大对农村的投资力度，促进农业发展，农业银行经历了“三立、三撤”的曲折发展历程。1951年8月，成立了农业合作银行，其任务是专门办理国家各项农业财政拨款和一年期以上的长期贷款。农业合作银行只设总管理处，未设立分支机构，总管理处又归中国人民银行主管，因此，实质上还是由中国人民银行办理业务，于是在1952年开展的“三反”运动、精简机构过程中被撤销；1955年3月，经国务院批准成立农业银行，负责吸收农村各项存款，办理农村的长短期贷款和农业的基本建设投资拨款与监督等业务。但由于当时财政拨款仍由中国建设银行负责，农业长期贷款由于国家没有拨给资金无法展开，相当一部分金融业务还是由中国人民银行办理，所以农业银行实际上是个“农贷银行”。由于管理体制和业务职能均未理顺，造成了许多人为的矛盾，于1957年4月再次被撤销；1963年10月，经国务院批准再次恢复中国农业银行。其任务是统一管理财政部门直接拨付的各项支农资金和中国人民银行办理的各项农业贷款，统一领导农村信用社。其机构一直设到基层营业所。这次设立没有解决好营业所“代理”和“双轨”问题，部分业务划转纠纷依然存在，给干部管理、业务分工、账务处理带来很多困难，终于在1965年11月再次并入中国人民银行。农业银行的发展经历表明：第一，包括政策性金融在内的农村金融都是农业发展的客观需要；第二，农业经济作为国民经济的基础产业，始终需要一个独立的、专门的农业金融体系为其服务；第三，无论是农业政策性金融，还是农业商业性金融，在产品经济条件下，都难以发挥其应有的职能作用；第四，在高度集中的计划经济体制下所形成的部门权力是不容分散的，不允许有更多的灵活性和选择。

由此可以看出，改革开放之前，我国并没有真正意义上的农村政策性金融机构，尽管存在着相关的农村政策性金融业务，但在计划经济的运作模式下，难以达到政策性金融配合政府农业政策目标和意图，起到支持、保护农业发展,促进农民收入提高,改善农村生活的作用。因此，改革开放之后，农村政策性金融成为金融改革的一个重点。大致来讲，以1994年农业发展银行的成立为标志，改革开放后，我国农村政策性金融的发展可以分为国有专业银行分散管理和以农业政策性银行为主的多元化发展两个阶段（刘梅生，2007)。

第一阶段：国有专业银行分散管理阶段(1979—1994年)。

伴随我国社会主义市场经济体制改革的不断深入，我国金融体制的改革也逐渐拉开了序幕，改革首先从商业银行和人民银行的分离开始。1979年1月，为适应农村改革需要，中国农业银行恢复设立;同年3月,为适应对外开放,中国银行从人民银行中分离，成为外汇专业银行；同年8月，隶属财政部、主要从事国家大型基础设施建设的建设银行从财政部部分分离，并于1983年5月正式成为专业银行；1984年1月，中国工商银行设立，人民银行中的工商业、居民储蓄等由工商银行经营。随着四大国有专业银行的成立，人民银行转变为真正的中央银行，政策性金融的任务转移到了专业银行。其中，在农村政策性金融领域，农业银行当时承担大部分粮棉油的贷款、扶持贷款、种子工程等；建设银行当时承担了农业基本建设和基础领域的贷款；工商银行承担了部分粮油收购贷款和国家的主要农产品筹备贷款；中国银行承担了农产品的进出口贷款。1982年还恢复了农业保险，先后主要由中国人民保险公司对农业保险实行低保额、低收费的政策性保险。这段时间各专业金融机构分别承担了部分的政策性金融业务。

四大国有专业银行的成立，打破了中国金融领域“大一统”的格局，促进了金融领域的竞争和发展。其中，四大国有专业银行根据各自不同的领域，承担了相应的农村建设资金和农产品收购资金的供给，为农村经济体制改革的顺利进行提供了有力的资金保障。但这种国有专业银行分散管理的模式也存在很多弊端，由于农村经济体制改革带来农村劳动生产力的提高，农产品供应的大幅增加，需要与之相应的一定规模的农副产品收购资金，而收购资金又由多家专业银行分别供给，管理混乱，挤占挪用现象层出不穷，使农副产品收购资金短缺问题更加突出，迫使中央银行不断增加基础货币的发放；政策性业务与商业性业务的同时经营，削弱了银行经营的自主性，影响了经营效益，制约了其商业化进程。因此，只有尽快进行金融组织体系的改革，实现农村政策性金融与商业性金融的分离，成立专门的农村政策性银行，使农村金融服务规范化，才能更好地发挥金融在国民经济中的宏观调控和优化资源配置的作用。

第二阶段：以农业政策性银行为主的多元化发展阶段（1994 年至今）。

随着经济体制改革的逐步深入，国有专业银行身兼二任的模式已经不适应我国金融发展的需要，实现政策性金融与商业性金融的分离、完善金融组织体系的改革迫在眉睫。1993 年 12 月，国务院颁布了《关于金融体制改革的决定》，决定组建中国农业发展银行（以下简称“农发行”），以承担国家粮棉油储备和农副产品合同收购、农业开发等业务中的政策性贷款，代理财政支农资金的拨付及监督使用，接管现中国农业银行和中国工商银行的农业政策性贷款（债权），并接受相应的人民银行贷款（债务）。中国农业发展银行成立后，中国农业银行转变为国有商业银行。1994 年 4 月，国务院发出《关于组建中国农业发展银行的通知》，批准了中国农业发展银行章程和组建方案。同年 6 月，工、农、中、建四大专业银行都将其所承担的有关农业政策性金融业务划给了农发行，农发行的成立标志着中国的农村政策性金融进入新的发展阶段。与此同时，农村金融其他相关业务也在快速成长。1999 年，成立信达、长城、东方、华融四家金融资产管理公司，对部分农业政策性不良贷款进行了剥离；2004 年，保监会启动了农业保险，先后有了安信、安华和阳光三家不同经营模式的专业性农业保险公司，开展保险公司与政府联办、为政府代办，以及直营等多种形式。2005 年以来探索建立由地方政府主导的农业政策性担保公司，为当地的农业产业化龙头企业、农户贷款提供担保。初步形成了以农业发展银行为主导，包括保险、担保资产等业务类型的农业政策性金融组织体系。

作为农业政策性银行，农发行的主要任务是按照国家的法律、法规和方针、政策，以国家信用为基础，筹集农业政策性信贷资金，承担国家规定的农业政策性和经批准开办的涉农商业性金融业务，代理财政性支农资金的拨付，为农业和农村经济发展服务。农发行自成立以来，也大致经历了三个发展阶段：1994 年成立到 1998 年 3 月，为农发行发展的初级阶段。逐步完善农发行组织机构体系，实现业务基本自营，充分保障粮棉油信贷资金的供应，同时也开展了农村扶贫、农业开发以及农业基本建设的技术改造方面的工作；1998 年 3 月到 2004 年 7 月为专门从事粮棉油收购信贷资金封闭管理的阶段；第三个阶段，2004 年 7 月到现在为农发行转型阶段，着力按照现代政策性银行的要求进行发展，更好地履行政策性银行的支农，支农取得明显成效。初步形成了以粮棉油收购贷款业务为主体，以农业产业化信贷为一翼，以农业和农村中长期信贷为另一翼的“一体两翼”业务发展格局。

二、中国农村商业性金融的制度变迁

商业性金融是各国金融体系中最重要的组成部分。商业性金融机构是指以获得利润为经营目标、以多种金融资产和负债业务为经营对象的综合性、多功能的金融企业。我国农村商业性金融机构——中国农业银行，作为最后一家完成股份制改革但仍未上市的国有商业银行，若算上其前身（1951 年成立的农业合作银行），已有 50 多年的发展历程，在这期间，从无到有、从政府直属机构到真正的国有商业银行，中国农业银行经历了一个曲折的发展过程。

改革开放之前，我国在计划经济体制下形成了由中国人民银行“大一统”的银行体系，即银行不划分专业系统，各个银行都作为中国人民银行内部的一个组成部分，从而使中国人民银行成为既办理存款、贷款和汇兑业务的商业银行，又担负着国家宏观调控职能的中央银行。在此期间，中国农业银行经历了“三立、三撤”的曲折发展历程。

1978年12月召开中国共产党十一届三中全会以来，我国进入了改革开放的新时期，农村金融的改革获得了前所未有的发展，逐步形成了以农村政策性金融、农村合作金融和农村商业性金融为主体的农村金融体系格局。其中，中国农业银行自1978年至今，也经历了专业银行时期和商业银行时期两个发展阶段。

第一阶段，1979年2月国务院发布了《关于恢复农业银行的通知》，决定正式恢复中国农业银行，使其成为四大国有专业银行之一。《通知》规定中国农业银行作为国务院的一个直属机构，由中国人民银行代管，作为直属机构，其业务范围主要涉及财政部的农业贷款等，盈余按一定比例上缴财政部门，政策亏损由财政部门补贴。《通知》进一步具体规定农业银行的主要任务是：统一管理支农资金，集中办理农村信贷，领导农村信用合作社，发展农村金融事业。此后，农业银行的改革步伐逐渐加速，1980年恢复后的农业银行提出要大力支持农村商品生产的指导方针，贷款对象也由原来的集体为主转变为以农户为主；1981年，国家提出农业银行“企业化”的口号；1985年初，提出要把农业银行转变为真正的经济实体的改革方案；1988年，为了加快总、分行职能转换步伐，农业银行对县支行进行综合配套的改革，要求总、分行扩大县支行管理权限，建立完善的管理体制，以货币经营为中心，逐步扩大自身业务，提高农业银行企业化水平。但总体而言，作为四大国有专业银行之一的农业银行，此时仍要承担大部分粮棉油的贷款、扶持贷款、种子工程等政策性融资业务，这种“身兼二任”的经营模式，严重削弱了农业银行经营的自主性和积极性。随着我国农村经济体制改革的深入，完善农村金融体系、实现政策性金融与商业性金融分离的改革迫在眉睫。

第二阶段，1993年，党的十四届三中全会通过了《中共中央关于建立社会主义市场经济体制若干问题的决定》。《决定》提出建立政策性银行，实行政策性业务与商业性业务分离。包括农业银行在内的专业银行要逐步转变为商业银行。首次在法规性文件中明确了农业银行的商业银行地位，拉开了农业银行商业化改革的序幕。这一时期改革的主要措施有：1993年12月，国务院颁布了《关于金融体制改革的决定》，决定组建中国农业发展银行，以承担国家粮棉油储备和农副产品合同收购、农业开发等业务中的政策性贷款，代理财政支农资金的拨付及监督使用，接管现中国农业银行和中国工商银行的农业政策性贷款（债权），并接受相应的人民银行贷款（债务）。1994年4月，国务院发出《关于组建中国农业发展银行的通知》，批准了中国农业发展银行章程和组建方案。同年6月，工、农、中、建四大专业银行都将其所承担的有关农业政策性金融业务划给了农业发展银行，农业发展银行的成立标志着农村金融领域政策性业务和商业性业务的分离，其目标是逐步实现农业银行的商业化。1996年8月，国务院又作出《关于农村金融体制改革的决定》，明确要求农业银行要适应新的变化，努力办成真正的国有商业银行，进一步发挥在农村金融中的主导作用，并强调要建立和完善以合作经营为基础，商业性金融、政策性金融分工协作的农村金融体系。1997年，随着农村信用社和农业银行业务的脱钩和分工，标志着中国农业银行真正进入了由专业银行向国有商业银行转变的历史时期。

三、中国农村合作性金融的制度变迁

自1849年德国人雷发巽创办第一家合作金

融机构以来，合作金融已经有近160年的发展历史。作为一种特殊的金融组织形式，合作金融是指由个人集资联合组成、以互助融资方式为基础的金融机构，其参加者往往是社会中的弱势群体，它已成为各国农村金融体系中的一个重要组成部分。

在实际运作中，各国合作金融机构以1995年国际合作社联盟100周年代表大会上产生并通过的“合作制原则”为指导实践的依据和章法。该原则是在1844年“罗虚戴尔原则”和1966年“合作社原则”的基础上而制定的，主要内容包括：1. 自愿和开放原则；2. 民主管理原则；3. 社员经济参与原则；4. 自主和独立原则；5. 教育、培训和信息原则；6. 合作社间合作原则；7. 关心社区原则。

从其含义和指导原则上可以看出，合作金融机构应具备以下特征：第一，合作金融是经济上的弱势群体按照合作原则，即自愿、互利原则所组成的金融互助组织；第二，合作金融是互助金融，具有不同于商业金融的公共产品特征，其服务对象限于本社成员，信贷活动不具有竞争性，不以营利为唯一和主要目的，带有扶弱功能；第三，合作金融实行“一人一票制”，参加合作金融机构的往往是经济上的弱势群体，实行一人一票制，而不是商业性机构实行的一股一票制，更加体现了内部的民主管理原则。这三大特征已成为辨别合作金融真伪的主要标志。

一般认为，我国农村合作金融体系包括农村信用合作社、农村合作基金会、合会，以及农村资金互助社。其中，农村合作基金会已于1999年被取缔，已有的合作基金会或被并入农村信用社，或清盘关闭；合会作为民间自发的“草根金融”，往往具有分散、隐蔽、容易诱发风险和其他犯罪活动、扰乱金融秩序等弊病，其发展备受争议，当前难以成为农村合作金融的主体；而农村资金互助社在2006年刚刚批准组建，其运行状况、功效以及发展前景还有待进一步考察。因此，农村信用合作社仍被认为是当前我国农村合作金融的主要实现形式。

我国的农村信用合作社创办于上世纪50年代初期，虽然发展的历史不算长，但过程却曲折起伏，改革开放以来主要经历了三次大的变革：

第一次改革的标志是1983年由中国农业银行总行发布，并于1984年由国务院批转的《关于改革信用合作社管理体制的报告》。该报告提出恢复农村信用社合作金融的性质，恢复和加强信用社组织上的群众性、管理上的民主性、经营上的灵活性，变“官办”为“民办”；要积极吸收农民入股，增强群众基础，壮大资金力量，将信用社和农民的经济利益紧密联系起来；农村个人和集体经济单位均可入股，但要贯彻自愿原则，有入股和退股自由；加强农信社的民主管理；强调信用社组织的资金要优先用于农村，存款除按规定比例向农业银行交提存准备金外，其余资金信用社有权按照国家信贷政策充分运用，多存可以多贷，以加强其经营上的灵活性；逐步取消农业银行对信用社的亏损补贴办法，实行独立经营、独立核算、自负盈亏；在此基础上，由各个基层信用社组织建立信用合作社的县联社。这次改革促进了农村信用合作社的发展，到1995年底，全国已有独立核算的农信社20219个，总资产达9587亿元，所有者权益达632亿元，其中实收资本378亿元，各项存款余额达7173亿元，各项贷款余额5176亿元。但此次恢复合作金融的改革没有突破行政管理的框架，管理体制并没有发生实质性的变革，因而并未取得突破性的进展。

第二次改革的标志是1996年国务院发布《关于农村金融体制改革的决定》。《决定》提出，此次改革的核心是把农村信用社逐步改为由农民自愿入股、由社员民主管理、主要为入股社员服务的合作性金融组织。其改革的主要步骤是，使农村信用社与中国农业银行脱离行政隶属关系，而由农村信用社县联社和中国人民银行承担其业务管理和金融监管工作，然后再按合作制原则加以规范。这些措施使农村信用社在股权设置和民主管理等方面逐步向“合作金融”方向回归，农村信用社与社员关系明显加强，基本上突破了农村信用社“既是集体合作金融组织,又是国家银行基层机构”的管理体制。此次改革虽然农村信用社在体制上与农业银行脱离了行政隶属关系，却承接了大量累积的不良资产。2002 年末，全国农村信用社资不抵债额达 3300 多亿元，资本充足率为 -8.45%，不良贷款 5147 亿元，连金融机构存在的基本条件都不具备。

第三次改革的标志是 2004 年国务院印发的《国务院办公厅关于进一步深化农村信用社改革试点的意见》。《意见》认真总结了吉林、山东、江西、浙江、江苏、陕西、贵州、重庆等 8 省（市）农村信用社试点改革的经验：一是新的监督管理体制框架基本形成，有关方面对农村信用社的监督管理责任进一步明确；二是农村信用社经营状况开始好转；三是农村信用社实力明显增强，金融支农力度加大，支农服务进一步改善；四是农村信用社产权制度改革已经起步，经营机制开始转换，内控制度得到加强；五是农村信用社的社会信誉进一步提高，员工精神面貌有了很大改观，为下一步工作打下了良好基础。在此基础上，进一步扩大农村信用社改革试点范围，确定北京、天津、河北、山西、内蒙古、辽宁、上海、河南等 21 个省（区、市），作为进一步深化农村信用社改革试点地区。这一轮农村信用社改革的重点有三个方面：一是以法人为单位，改革农村信用社产权制度，明晰产权关系，完善法人治理结构，区别各类情况，确定不同的产权形式。在制度选择上，既可以实行股份制、股份合作制，也可以继续完善合作制。在组织形式上，有条件地区的农村信用社可以改制组建农村商业银行、农村合作银行等银行类机构或实行以县（市）为单位统一法人，其他地区也可以继续实行乡镇信用社、县（市）联社各为法人的体制。对少数严重资不抵债、机构设置在城区或城郊、支农服务需求较少的信用社，可以考虑按《金融机构撤销条例》予以撤销；二是改革农村信用社管理体制，将农村信用社的管理交由省级人民政府负责。目标模式是“使农村信用社真正成为自主经营、自我约束、自我发展和自担风险的市场主体，真正成为服务于农民、农业和农村经济的社区性地方金融企业”；三是以加强支农服务、改善支农效果为目标，转换农村信用社经营机制，加强内控制度建设，逐步推进经营机制转换。此次改革使农村信用社实现了十年以来的首次盈余，盈余额达 104.62 亿元。但这次改革只强调了支农目标，模糊了合作性质，特别是如此迅速的扭亏为盈，引发了关于农村信用合作社性质的争论，使得信用合作社未来的发展方向变得扑朔迷离。

（作者：王彬，北京大学光华管理学院博士后）

（选自《中国市场》2011 年第 3 期）

中国农村土地流转制度的变迁及制度创新

王家庭　张换兆

中国进入城市化快速发展时期，农地流转问题日益突出。学界对此做了大量的研究。张业相等（2002）归纳了农用地流转的五种基本形式和四种运行模式。楼惠新、张建新（2002）认为发达地区农地流转有四种基本类型和四大问题。刘红梅和王克强（2001）、李燕琼和范高林（2002）、刘友凡（2001）、浙江大学农业现代化与农村发展研究中心和浙江省农业厅联合调查组（2001）还对上海、四川、湖北、浙江等省区的农用地流转特点与问题进行了实证研究。现有的研究对中国农地流转制度的变迁起到一定的指导作用，但是主要从流转制度本身出发，对农地流转的管理制度及其主体行为研究不足。本文将对此问题作进一步研究。

一、中国农村土地流转制度的现状考察

中国农地流转制度的变迁及其探索在中央和地方两个层面进行展开，为促进农地资源的流转，提高土地的利用效率，提高农民的收入等方面起到积极的作用。

1. 中国农地流转制度国家层面

我国的农地流转制度的变迁，与征用制度不同，基本上经历了四个时期：建国初期、人民公社到“文革”结束、改革开放到2005年、2005年以来。

（1）建国初期。1950年6月30日，颁布实施了《中华人民共和国土地改革法》，力图通过土地改革，废除民国时期的封建地主土地私有制，建立农民土地私有制。农民不仅获得了土地，而且对所拥有的土地“有权自由经营、买卖和出租”，真正赋予了农民对于土地流转的权利。

（2）人民公社到“文革”结束。1955年，为了避免小农经济方式的局限和生产技术落后，通过农业生产资料的社会主义改造和人民公社运动，逐步将个体农民私有的土地改造为人民公社集体所有，弱化了农民对于土地的产权，个体农民与土地不再存在法律上的产权关系，“有权自由经营、买卖和出租”的流转方式已经不可能实施，农村土地也就没有实现流转的可能。

（3）改革开放到2005年左右。1978年，凤阳小岗18户农民搞起了“大包干”，正式揭开了中国农村土地改革的新时期，中国农村土地制度从单纯的集体所有向集体所有、家庭经营的两权分离模式转变，农村土地的流转已经开始萌芽。1983年中共中央颁发了《关于印发农村经济政策的基本问题的通知》，全国农村开始普遍推行包干到户，实现了土地所有权与使

用权的分离。这种模式在保证农地集体所有权的基础上保证了农户的独立经营权。1987年国务院批复了沿海发达省市就土地适度规模经营进行试验，使得土地经营权的流转突破了家庭承包经营的限制，中国土地流转制度开始进入新的试验期。自1988年从法律上开始承认了农民的土地使用权，允许土地流转开始，国家不断推出一系列法律法规，促进土地流转的规范发展。2003年3月1日正式实施《中华人民共和国农村土地承包法》，确定了农村家庭承包基本经营制度，赋予了农民长期而有保障的土地使用权，并对土地流转的形式、基本原则作了明确的规定，为规范土地流程提供了法律准则，成为中国土地制度的重要创新。

(4) 2005年以来。为规范农村土地承包经营权流转行为，2005年3月1日正式实施的《农村土地承包经营权流转管理办法》也明确规定："农村土地承包经营权流转不得改变承包土地的农业用途，流转期限不得超过承包期的剩余期限，不得损害关系人和农村集体经济组织的合法权益"，同时对流转当事人、流转方式、流转合同和流转管理等方面做出了较为详细相应的规定。与此同时，地方政府的土地流转制度变迁进程加快，农村土地使用权流转进入了市场化的阶段。

2. 中国土地流转制度创新模式探索

在国家基本政策法律的指导下，不同地区对土地流转制度进行了试验和进一步创新，主要有江苏模式、安徽模式、广东模式等。

模式一：江苏模式。该模式以苏州市为代表。苏州市集体建设用地流转始于20世纪90年代初，与苏州市乡镇企业的发展、企业经营机制的转换密切相关，属于乡镇企业改制型。1996年9月，为了规范农村集体存量建设用地使用权流转行为，苏州市政府印发了《苏州市农村集体存量建设用地使用权流转管理暂行办法》，明确规定：集体建设用地使用权流转，是指集体建设用地使用权通过有偿、有限期转让、出租等方式造成土地使用权属转移或实际使用人发生变更的行为。对集体建设用地实行使用权有偿和有限期流转制度。1997年4月，针对集体土地市场管理中出现的若干问题，苏州市政府发出补充通知，对集体建设用地流转政策进行了调整，规定集体存量建设用地转让价不得低于每平方米100元人民币，出租价不得低于每年每平方米8元人民币，各县级市可根据不同地区的经济发展状况和投资环境，在此基础上分别确定适当的最低保护价，但不得低于此价。2002年6月，苏州人民政府又转发了市国土资源局《关于开展城镇规划区内集体建设用地使用权流转试点的实施意见》，进一步拓展了流转的范围，由存量集体建设用地扩大到增量集体建设用地；同时，将集体经济组织和农民在土地上应得的收益具体化，保护和体现了土地所有者及使用者的合法权益。《意见》在城市规划区内试行"两种产权，同一市场，统一管理"的模式，完全适应社会主义市场经济条件下深化土地使用制度改革的客观要求。在此基础上，江苏省于2004年2月出台并实施了《江苏省农村土地承包经营权流转办法》，在全省范围内推行农村土地承包经营权流转。

模式二：安徽模式。1999年底开始，安徽省在芜湖市开展了集体建设用地流转的试点工作。以此为基础，2001年7月，安徽出台《安徽省集体建设用地有偿使用和使用权流转试行办法》，开始在全省试行集体建设用地流转，并成为集体建设用地流转"立法试验省"，为国家修订相关法律提供经验。同年11月，安徽省政府出台《安徽省集体建设用地有偿使用和使用权流转试行办法》，这是全国第一部由省级人民政府发布的关于集体建设用地流转的规范性文件。同时，安徽省决定在51个乡镇进行集体建设用地流转试点工作。安徽省国土资源厅于2003年4月下发《关于建立集体建设用地使用权流转试点工作制度有关问题的通知》，建立了集体建设用地使用权流转联席会议制度、集体建设用地使用权流转试点定期统计分析报告制度、集体建设用地使用权流转试点情况定期通报制度、集体建设用地使用权流转试点动态管理制度。通过集体建设用地流转，进一步促进了农村经济发展和产业结构调整，增加了农民收入，提高了农民生活质量；进一步盘活了存量土地，实现了土地的集约利用，试点乡（镇）集镇建设和城镇化进程明显加快。但也暴露出了一些问题，主要是一些地方流转行为不规范，不尊重农民意愿，擅自占用农用地、侵害农民利益等现象还时有发生。

模式三：广东模式。广东省由于经济发展水平较高，对农村土地流转制度改革的需求也较为强烈。在总结该省顺德市农村集体建设用地使用权流转试点经验和南海、东莞、中山等地农地多种形式流转实践的基础上，于2005年6月23日，以省政府令形式发布《广东省集体建设用地使用权流转管理办法》，并于2005年10月1日起正式实施，正式允许省内集体建设用地直接进入市场交易。打破了集体土地非经政府征用不得进入市场的旧体制，开创了征地制与集体建设用地直接入市制并存的新时期，媒体将其称为“新土地变革”。

3. 农地流转制度变迁的实践意义

在经济转型过程中，由于家庭联产承包责任制对经济发展的动力基本消失，使得进一步的制度变迁成为现实需求。在这种形势下，中央和地方都对农地流转制度进行变迁，此举具有重要的实践意义。

（1）在模糊产权界定下，进一步市场化有利于明晰产权。由于我国现行农地产权主体虚化，进一步清晰产权可能导致巨大的制度变迁成本，由此使得产权的清晰面临难以估计的社会风险。而农地流转制度的建立并逐步完善有利于规避产权清晰的难题和风险，借鉴城市土地流转和市场化模式，通过不断的市场化来促进产权的清晰，并使得政府和农民在土地流转中获利。

（2）在模糊产权界定下，进一步市场化有利于主体规范化。基于模糊产权的限制，通过规范的制度设计实现农地流转制度的变迁，使得农村非农建设用地直接入市，有利于打破政府土地市场的完全垄断地位，规避政府在征地市场的寻租动机，规范政府行为，保证农民的利益，并促进城市土地的集约利用，提高土地的利用效率，实现城市和农村、农民的可持续发展。

（3）在模糊产权界定下，有利于制度变迁的综合性和配套性。基于模糊产权的限制，耕地保护制度和土地征用制度给予政府极大的寻租空间，并使耕地保护制度和土地征用制度的设计及其变迁存在极大的漏洞及其无效性，农地流转制度的变迁及其完善有利于促进耕地保护制度和土地征用制度的完善，并在一定程度上消散制度租金，实现农地管理制度的整体性变迁，促进制度变迁的综合性和配套性。

（4）在模糊产权的界定下，有利于促进城市化的多元化。社会经济发展的现阶段，城市经济发展速度过快及房地产过热的现象，其根源之一就是低土地成本的城市扩张。随着经济的发展和市场化进程的进一步加快，低土地成本的城市化不仅面临难以估计而无法低估的社会风险，并使得城市化难以为继。农村非农建设用地的流转和直接入市，不仅有利于改变现有粗放式的城市化发展内涵，提高城市土地的集约利用，促进城市产业结构的升级，更有利于提高农村土地的利用效率，实现农地的价值增值，促进农村产业结构的调整，推动农村的城市化进程，确实有效地提高农民的收入和社会地位。

二、中国农村土地流转制度存在的主要问题

1. 管理制度供给不足

一是宏观层面缺乏全面的农地流转管理制度。法制建设落后于现实经济发展需求，特别是关于农村建设用地的流转与现行的《土地管理法》、《农村土地承包经营权流转管理办法》、《中华人民共和国农村土地承包法》等法律相悖。

二是缺乏农村土地流转市场与城市土地交易市场的对接机制。实施农村集体建设用地使用权流转改革的重要目的之一即要将农村集体非农建设用地纳入城乡统一的土地市场，通过适度增加建设用地的供应量，强化国家对土地市场的调控。而调整存量建设用地，关键是在于加强城乡土地规划的统一协调与严格土地用途管制。由于国有土地、集体土地流转收益的分配关系不同，开发利用存量国有土地往往是城市政府增加财政收入的重要来源；而农村集体是集体建设用地初次流转最大收益主体，允许集体建设用地入市无疑造成由既往地方政府作为唯一的建设用地供给主体转变为存量建设用地“多头”供应的局面，从而导致地方政府与村级集体之间存在利益需求的矛盾冲突。一旦城市政府意识到农村集体建设用地流转过旺而形成对国有土地交易市场的较大冲击，就有可能采取某些影响公平竞争的不当措施。这些都会影响集体建设用地流转，阻碍城乡统一、开放、有序的土地市场的建立。

三是微观层制度的缺失。一方面是对农地流转的管理部门归属缺乏相应的管理制度，致使政府及其所属的机构在农地流转中承担的责任和义务无法确定，并对政府行为缺乏相应的规制。这就造成地方政府的管理不统一，权责不明确，另一方面使得地方政府在土地流转过程中大量寻租，甚至过度寻租，导致农民的利益因为缺乏管制政府行为和保护农民利益的法律而受到严重的侵害。另一方面是缺乏对流转行为主体——集体或农民的行为进行规范的法律制度。集体和农民都具有追求自身利益最大化的动机，在缺乏相应规制的情况下，集体很可能与地方政府合作不断推动土地流转，而不考虑农地保护及其他可持续发展问题。

四是流转收益分配及监管机制不健全。土地收益分配及管理是集体建设用地使用权流转中的关键问题。只有建立合理的收益分配及管理机制，最终才能达到保护农民利益、规范土地流转的目的。原则上，在集体建设用地流转收益分配中，国家（政府）作为管理者、服务者及基础设施投资者，可以税收方式对流转收益进行调整，以及取得一定服务费用与建设用地增值收益分割额；农民集体作为土地所有者，其收益就是建设用地地租加上建设用地发展权所致价值增值收益；农民个人从集体收益中分配，但集体收益分配由村民大会表决。然而，现行的农地流转制度变迁既没有明确基层政府或县市政府与农民集体之间的收益分配关系，也没有明确村级集体和农民个人之间的分配比例，故实际运作中会遇到难以克服的障碍。另外，由于乡镇政府与乡镇集体资产管理代表混为一体，极易导致集体建设用地流转收益成为乡镇财政收入的补充来源，其使用管理更缺乏相应的制约监督，无法提取相当部分用于农民的社会保障。同时，在集体建设用地流转收益分配管理中，欠缺一套公开透明且行之有效的监督机制，极易产生部分村干部侵吞或挪用集体资产的行为。

2. 管理主体不明确

按照2005年3月1日实施的《农村土地承包经营权流转管理办法》的规定：“县级以上

人民政府农业行政主管（或农村经营管理）部门依照同级人民政府规定的职责负责本行政区域内的农村土地承包经营权流转及合同管理的指导”，应该是农业行政管理部门，譬如农业部管理农村土地流转的问题，而地方对应的是农业部门。但现实情况是，推动并管理农地流转部门不仅仅是农业部门，还包括土地和规划部门及其他部门。可以看出，由于农地流转过程中存在极大的寻租空间，导致相关的各部门甚至地方企业凭借其与地方政府的关系都插手农地流转以获得制度租金，使得农地流转的管理极不规范，并且农民的利益，甚至中央政府的利益无法得到有效的保护。此外，根据《农村土地承包经营权流转管理办法》，农地流转的主体应该是农村集体土地的承包者，但实际上往往是县政府、乡政府收益所经过的部门都要截取一部分，最终农民获得的收益极少，乡政府、甚至村委会代替农民进行农地流转（主要是非农建设用地），并且参与的部门都要截取一部分土地流转收益，最终使农民的利益受到严重的侵害。

3. 地方寻租空间过大，监管太少

越来越严格的土地征用制度改革，不断消散土地征用制度带来的制度租金，而对应的将进一步刺激农地流转市场的发展。农地流转不仅能避免政府的监管，而且同样能获得制度租，其数量不仅可能不小于土地征用带来的制度租，甚至可能更大，更重要的是缺乏相应地监管机制，风险相对较小。按照《农村土地承包经营权流转管理办法》规定，“县级以上人民政府农业行政主管（或农村经营管理）部门依照同级人民政府规定的职责负责本行政区域内的农村土地承包经营权流转及合同管理的指导”。可以看出，不仅主体的规定及其现实操作产生很多的空间，且对政府行为的规制则更是缺乏，上级部门对下级部门仅仅是指导作用，同时对同一级政府内部的行为，则缺乏相应的规定，导致实际的土地流转中，整个政府班子可能统一行动——寻租。在土地流转中，缺乏对政府行为的规制和监管，造成地方政府大量甚至过度寻租，不仅导致土地流转制度的变迁缺乏动力，并且也阻碍了耕地保护制度、土地征用制度以及农村土地管理制度的变迁。

三、中国农村土地流转制度的创新探索

1. 加强制度变迁的综合性和配套性

改革和发展到现阶段，我国经济体制改革在理论和实践上取得重大进展，社会主义市场经济体制初步建立，各方面的运行机制和管理体制有了一个基本框架，但制约经济社会发展的一些深层次矛盾和体制障碍仍然存在，改革仍处于攻坚阶段。我们面临的主要是一些触及面宽、涉及利益层次深、配套性强的改革。改革的复杂性、艰巨性、风险性大大增强。农地流转制度的改革必然会涉及土地征用制度、耕地保护制度等农村土地其他管理制度的改革。同时，农地流转制度及其他改革，关系到“三农”问题的解决，关系到农民的生计，农村的发展等问题。因此，在进行农地流转制度变迁的同时，要充分重视制度变迁的关联效应，加强与其他制度变迁的配套性，以促进农村土地管理制度整体性变迁的综合性，提高制度变迁效应。

2. 完善管理制度，明确管理主体及其规制

从上述分析可以看出，农地流转过程中形成的制度租及已产生的和潜在的社会风险主要是因为从宏观到微观管理制度的供给不足造成的。在宏观方面，缺乏统一的土地流转法律法规及其对应的规制，使得各地在土地流转制度的变迁上各行其是，寻租冲动得不到限制。在微观上，对微观管理主体县政府、乡政府等，缺乏相应的监管，同时对集体、农民的行为也

缺乏相应的规范，无法保证农民的利益。为此，需要自下而上建立自上而下的农地流转制度，进一步完善国家层面关于土地流转的法律法规，明确管理主体及其权责，建立对微观管理主体的规制，保证农民的利益不受侵犯。

3. 以土地权能一致性为基础，推进城乡统一土地市场的建立与完善

从一些地方农地流转制度的“试点”、“试验”等可以看出，农地流转制度的进一步完善和发展对促进产权的清晰，提高土地资源的利用效率，促进经济的发展及产业结构的调整具有很大作用。这种自发的制度变迁是有效的。而且农村土地流转是以土地使用权为基础，没有改变土地的所有权性质，在此基础上进行土地使用权的流转。而城市土地市场，也是不改变土地所有权的性质，实现使用权和所有权的分离，以土地使用权为核心进行交易。因此，土地流转制度改进，对进一步完善农村土地市场，并以土地使用权能一致性为基础，实现与城市土地市场的对接，逐步推进城乡统一土地市场的建立与完善具有十分重要的意义。

4. 规范微观管理主体行为，保护农民利益，消散制度租

除了宏观上缺乏管理主体的界定及其制度供给不足外，在微观上管理主体也存在同样的问题。土地流转过程中，地方政府大量甚至过度寻租的原因，在于对其制度寻租缺乏相应的监管与惩罚机制，这就导致地方政府的寻租行为不仅合理而且不违法，同时与基层或集体的村委会等联合与中央政府博弈，而对应的农民的利益却由于缺乏对微观主体行为的规制而无法得到保护。为此，除了宏观管理制度的供给外，对微观管理主体包括县级以下的行政管理机构和基层管理机构以及村集体等都应该有相应的法律、法规，一方面规范微观管理主体和集体以及农民土地流转行为，实现与其他制度变革的对接，确实有效地提高土地流转效率和保护耕地，另一方面保证土地流转中形成的收益真正为农民所得，保护农民的利益。

（作者：王家庭，南开大学中国城市与区域经济研究中心副教授）

（选自《农村经济》2011 年第 3 期）

第四部分

理论·政治建设

中国道路的政治优势与思想价值

张树华

中国模式的政治内涵

近年来，国内外关于中国模式的话题越来越热。但细心观察，在热议“中国奇迹”的背后，一些西方研究者喜欢多讲“中国模式的经济成就”，不谈或者有意回避“经济成就”背后的政治因素或政治优势。国际上一些汉学家，不遗余力地试图从中国文化传统等领域寻找中国成功的历史密码，视而不见中国特色社会主义的政治因素。习惯了以西方政治标准评价中国问题，就不可避免地会出现“误读”或“误判”。以西方政治模式和政治价值框架观察和解释当代中国问题，不仅很难全面理解中国模式的“政治内涵”，同时也不可能找到中国成功的“政治密码”。更有甚者，部分西方主流媒体囿于意识形态偏见或固有的冷战思维，不愿看到中国的发展和进步，经常借“中国政治话题”否认中国模式的前景，断言“中国发展”不外乎是“市场列宁主义”、“权威专制政治”、“独裁重商主义”，未来没有前途。他们认定，不民主、不自由的中国社会必然崩溃，不民主的中国发展模式是对西方世界的挑战和威胁。

实际上，30多年以来中国的顺利发展是世界历史进程中的重要现象。在当今复杂多变的国际背景下，“中国奇迹”愈发彰显出其深远的国际影响和思想价值。20年前，东西方阵营之间的冷战结束后，有着13亿人口的中国在中国共产党的正确领导下，没有重蹈苏共败亡的覆辙，避免了苏联式崩溃和俄罗斯衰退的悲惨命运，不仅实现了经济发展和社会进步，而且始终保持着改革、发展、稳定协调统一的良好势头。特别是在国际金融危机爆发后，西方经济社会制度和社会治理模式或碰壁或搁浅，不少国家面临着不稳定和不确定的未来。与此相反，中国成功应对了这次危机并实现率先复苏，展现了中国模式的魅力。30多年来，中国经济为世界经济发展提供了强大的动力，中国稳定的政局和政治治理形式影响着世界格局，丰富着世界政治面貌，中国发展的价值取向和经验原则丰富了人类发展的内涵和理念，为世界文明图画留下了浓墨重彩的一笔。

与西方国家一些学者局限于“民主—专制”、“西方—非西方”的两极对立思维模式不同，中国发展采取科学的发展方式，沿着协调的发展轨道，秉承着包容的价值理念，为当今国际社会提供了人类文明发展的另一种图景。中国发展改变着世界，中国发展丰富着世界。中国政治发展显示出强劲的政治竞争力和政治发展潜力，显示出良好的发展前景。

中国成功的政治密码

当今国际视域里的纷杂无序，无疑也进一步加剧了东西方思想家的争论与分野，例如对全球化及其未来途径的认识与判断，对“普世价值及普世之路”的异见，对美国经济、政治和社会治理模式的评价，对资本主义及其生产和消费模式的认识，对社会主义前景以及对中国角色的定位与期冀等，东西方学者们观点交锋尖锐激烈。在政治学领域，政治发展和民主化问题重新成为学术界关注的热点，而对中国政治发展道路的观察与争论更是东西方理论界关注的焦点。

中华人民共和国成立后，特别是上世纪70年代末实行改革开放政策以来，中国社会稳定、经济增长，政治发展取得了长足的进步。近年来，国际上对中国经验冠以“中国道路”、“北京共识”、“中国治理模式”等，不仅是对中国经济改革和发展模式的总结，也是对中国政治发展道路和治理模式的认可。从很大程度上说，国际金融危机考验了中国发展模式，而中国在应对这次危机中的表现又提升了中国模式的影响力。

及时总结新中国特别是改革开放30多年来政治发展的经验，汲取国际上一些国家民主化进程中的经验和教训，认真分析民主成长的国际环境以及中国政治发展模式的内在含义等内容，有助于深入反思政治发展和民主化的真正含义，不断明确改革和发展的方向，从而进一步增强改革和发展的目的性和针对性。

中国在处理改革、发展、稳定的关系上取得了成功的经验。中国注重立足本国国情，以人为本，注重民生，较好地处理了社会民主、个人自由、国家稳定和政治效率的关系，为经济快速发展提供了良好的政治保障，探索出一条符合大多数人利益的政治发展模式。中国的发展很好地体现了发展目的的人民性、发展价值的包容性和发展方式的兼容性。在当今错综复杂的国际形势下，中国的政治发展模式日益彰显出独特的理论价值和实践优势。

国外一些研究者认为，中国正在开辟出一条通往发展的新道路，这条道路是建立在创新、积聚非对抗性力量、实现以人为本的发展和注重个人权利和责任平衡基础之上的。中国特色社会主义理论体系是中国化的马克思主义，是中国特色社会主义建设实践的理论结晶。邓小平晚年说了一句很深刻、很有分量的话，社会主义市场经济的优越性在哪里？就在四个坚持。邓小平这里所说的，也就是中国特有的政治优势，是中国成功的“政治密码”。

其实，对于中国模式的成功及其彰显的思想价值，西方大可不必惊慌失措。正如国外研究中国问题的学者所言，中国模式是一种内生型的发展，秉承了亚洲“和”与“共生”的价值理念。中国并无意挑战西方发展模式，只不过是在探寻一条符合本国特点的发展道路。中国政治发展的实践在很大程度上丰富了人类社会的民主道路和民主形式。对此，西方社会应平心静气地看待。国际政治发展和民主化的历史表明，民主有其发展的逻辑，民主不能脱离经济社会发展而孤立地进行。发动“颜色革命”、强力输出民主并不能使民主起死回生。每个国家的民主进程有其特殊的顺序和环境，简单的照搬及强力移植只能适得其反。当前国际上某些国家热衷搞“民主同盟”或以“西式民主”划线，不仅会分裂国际社会，危害世界和平与稳定，导致“新冷战”和带来过多的人道主义灾难，而且会延缓甚至阻碍世界政治发展和国际民主化进程。

中国政治发展：全面性、协调性、包容性

政治发展是一个社会在一定历史文化条件下政治制度与经济体制等相互作用而产生的社会政治结果。政治发展进程包含着两方面的涵义：即政治发展、进步或政治倒退、衰败。在不同的社会和不同的历史阶段，政治发展有着不同的含义和要求。政治民主和政治秩序等是政治发展的动因，也是政治发展的重要内容。民主、效率、秩序、稳定等之间的关系应是均衡的、协调的。这些价值共同构成政治发展的主体内容，成为政治发展的价值追求。

中国的政治发展冲破了西方固有的“民主—专制”单一化思维定式和双重标准，破除了“民主激进主义”和“民主原教旨主义”的干扰。科学政治发展观拒绝对“民主、自由、人权”等进行抽象化、简单化的议论，有效驾驭了民主化进程，超越了西式狭隘的“民主、自由”说教，其发展的实践使得政治发展的概念更加丰富、更加广泛。

从外部关系上看，科学政治发展观要求政治发展的进程及其表现应当有利于经济发展、文化进步与社会和谐。适合中国国情的政治发展模式应当是以全面政治发展的理念带动民主的进步，通过政治发展解决社会问题，为经济发展提供政治保障。科学政治发展观强调政治发展与经济发展、文化发展、社会发展及人的发展的平衡，强调政治发展应当有利于经济发展，有利于社会公平和正义，有利于人与自然的和谐，有利于世界和平、和谐与进步。

改革开放以来，中国在推进经济改革和社会转型的同时，始终进行着政治发展和民主政治建设的理论和实践探索。发展是第一要务，政治发展同样是政治建设的主题。中国的政治发展要符合政治、经济与社会的发展要求，追求稳定、民主、效率的协调和均衡进步。30多年来，中国政治发展和民主建设的各项政策和制度安排，有利于维护国家主权统一和民族团结，有利于维护政体的稳定和效率，有利于维护人民的经济社会权利，有利于维护社会的团结、活力与和谐。

中国经济发展所取得的巨大成就，极大地增强了中国人民对中国政治发展道路的信心，同时也提高了中国道路对世界特别是发展中国家的吸引力，大大丰富了国际上一些有识之士提出的“中国模式”、“北京共识”等概念的内涵。

中国政治发展的思想价值与国际意义

30多年来，中国人民在发展和改革的进程中，形成了一整套改革和发展的理论与法则，如“一个中心、两个基本点”；“四项基本原则”；“党的领导、人民当家作主和依法治国的有机统一”；“政治体制改革的四个有利于”；“改革、发展、稳定相协调的政治理念”，等等。中国特色社会主义的成功实践，充分显示了中国政治发展道路和政治原则的正确性和合理性。中国正确的政治发展道路超越了西方单一的“西化—民主化—私有化—自由化”的政治框架，有效地吸纳了经济转型和社会调整的张力，有效地防范了一些国家出现的民族分裂和地区分离势力，实现了香港、澳门的顺利回归，维护了国家的统一和领土完整。中国的政治发展理念更加成熟，发展步伐更加稳健，发展视野更加宽广，发展前景更加美好。

民主是政治发展进程的组成部分，有其自身的逻辑和成长条件。民主发展是复杂而艰辛的过程。国际上，错误的民主观不仅没能给一些国家带来真正的民主，反而被某些政治势力用来实现自私的目的。他们打着“推行民主、民主改造”的旗号，掩盖着谋求地缘优势和霸权的战略私利，导致军事冲突不断、热点地区持续动荡。邓小平曾殷切告诫“一定要向人民和青年着重讲清楚民主问题”。在当今复杂的国际政治环境下，中国学术界从思想和认识上有必要澄清笼罩在民主问题上的迷雾，破除不切实际的“自由、民主”神话，树立正确的民主价值观和科学的民主发展观，积极探索符合自身发展特点的政治发展和民主道路。

（一）强调民主的民族性和主权性。民主是内生的，具有很强的民族性和主权性。世界各国情况和文化的多样性，决定了民主发展道路的多元性和形式的多样性。因地制宜的民主形式才富有生命力，外部强加的民主模式往往只能是华而不实的“自由外衣”。民主不能强力输出，完全照搬他国的民主模式是绝对行不通的。民主建设必须立足本国的历史，必须与国情和本国文化相结合。各国的政治发展道路只能根据本国的经济、文化、民族、宗教、风俗等来确定，而不应将一国的模式强行推销给他国。

（二）强调民主的历史性和具体性。人类政治发展史表明，民主化是一个长期、复杂的发展过程，民主必须是因地制宜的，要符合社会政治进程和经济社会发展水平。民主应是具体的，西式民主化并不是一剂包治百病的救世良方。民主的发展，不能只凭人们的良好愿望，脱离国情盲目发展，更不能脱离民主赖以存在的实践基础，照搬别国模式。民主政治建设，最根本的是要正确处理好民主与生产力发展之间的相互关系，做到与经济文化的发展水平相适应，有步骤、有秩序地进行。

（三）强调民主的成长性和阶段性。民主有其成长的现实阶段性，民主发展既要有长远的发展战略，又要有近期阶段性目标。民主政治建设是一个不断完善和发展的长期过程，不能急于求成，也不可能一蹴而就。民主有一个从不完善到逐步完善的发展过程。列宁说过，民主的发展要有一定的“度”，要掌握好一定的“火候”，一定要为生产建设服务，民主的发展超过了限度，则会走向反面。实践表明，忽视民主成长性和阶段性的政治激进主义不仅不会带来民主，反而造成政局动荡不宁。

（四）强调民主的差异性和关联性。几百年来，人类社会的民主进程充满了艰辛和曲折。包括英、美、法等国在内的发达资本主义国家民主制度虽相对完善，也存在着难以克服的矛盾，打上了深深的“资本自由和金钱民主”的阶级烙印。民主是有阶级性和有差异性的。另一方面，政治发展是有序的，是一个统筹发展的系统工程，应当正确处理政治民主、政治稳定和政治效率三者之间的关系。加强秩序、国家权威与维护民主、保障自由并行不悖。法治、稳定、经济发展与发展民主同等重要，不可偏废。

（五）强调国际关系民主化。国际政治中恃强凌弱，肆意干涉他国内政或垄断国际事务是当代霸权主义和强权政治的表现，已经成为实现国际关系民主化的主要障碍。宣扬“文明冲突论”、“新干涉主义”、“人权高于主权”、“新有限主权论”、“民主使命论”、“新民主殖民主义”、“新民主和平论”等，都是对国际关系民主化的挑战，不仅无益于世界民主进程，反而会给世界和谐带来严重威胁。动辄以“民主、自由”划线，甚至打造“民主同盟”，是在唤起新冷战。而打着民主旗号，不惜诉诸武力，对他国进行“民主改造”，是在破坏国际关系民主化，其目的只能是妄图缔造新的“超级强权帝国”。

（作者：中国社会科学院文献中心研究员）

（摘自《红旗文稿》2011年第1期）

以科学发展观为引领
积极稳妥推进政治体制改革

陈红太

以科学发展观的精髓把握政治体制改革的概念理解

科学发展观的精髓，是我们党以马克思主义历史观，坚持人民群众创造历史的观点，坚持认为党领导广大人民群众进行的伟大的现代化建设，是一个有着内在规律并可以认识和驾驭的历史进程。对于现代化建设规律的认识，最基本的要求就是把经济、政治、社会、文化乃至生态作为具有内在逻辑关联性的一体化建设来对待；最根本的动力就是解放思想、实事求是、改革开放，相信人民群众的创造力和无穷智慧，发展依靠人民、发展的成果由人民共享。规律性、一体化、群众路线，是科学发展观的基本立场和方法。

理解政治体制改革的含义，不能把它放在抽象的概念范畴中，而应放在中国现代化“五位一体”建设的视域内，基于30多年改革开放的伟大历史进程的实践经验来把握。政治体制改革是我国改革开放伟大事业的重要组成部分。政治体制改革是与经济体制改革、社会体制改革、文化体制改革等相对应和相互联系的一个概念。体制就是制度体系。政治体制就是政治制度体系，不仅包括政治原则，也包括政治制度及其具体实现形式，以及这些制度和实现形式的运作。政治体制改革就是政治制度体系及其实现形式和运作的改革。之所以叫改革，就是因为这个改革是在不动摇基本政治原则和基本政治制度的前提下进行的。同时，因为我国社会主义初级阶段的社会主要矛盾仍然是人民日益增长的物质文化需要同落后的社会生产之间的矛盾，因此，以经济建设为中心，要求政治体制改革必须以满足经济社会发展的需要为第一要务。政治体制改革不能妨害和阻挠经济建设这个中心。党的十四大提出建立和完善社会主义市场经济体制以来，我国的政治体制改革主要围绕社会主义市场经济建设并随着经济社会发展不断深化，与人民政治参与积极性不断提高相适应。政治制度的自我完善和发展，政治体制改革服务于市场经济建设，这是在科学发展观引领下，理解我国政治体制改革含义必须关照的两个最重要维度。

以科学发展观的视角认识政治体制改革的历史内涵

到目前为止，政治体制改革的历史内涵可以划分为三个时段：

1979年到1989年。这一时期主要是基于新中国成立以来在计划经济体制下，尤其是“十年动乱”在政治建设方面的历史经验和教训。

要解决的问题如邓小平所说：官僚主义、权力过分集中、家长制、干部领导职务终身制。纵向的是地方和基层缺乏自主权和积极性，横向的是以党代政、党政不分，干部老化缺乏活力。党的十三大报告政治体制改革部分，是这一时期认识和政策的集中体现。所以这一时段邓小平倡导的政治体制改革，主题是“党和国家领导制度的改革”，目的是建立能够克服权力过分集中、充满活力、调动各方面积极性的领导体制。从实践成果来概括总结这一时段的政治体制改革，在重新调整阶级关系纠正阶级斗争扩大化错误、恢复“文化大革命”以来遭到破坏的国家基本政治制度、改革党和国家的领导制度、废除干部领导职务终身制、权力下放等方面取得了显著的成效。

1989 年到 2003 年。党的十四大提出建立和完善社会主义市场经济体制，是我国现代化建设目标调整的重大事件。这一目标的提出，对我国的政治体制改革产生了根本性影响。建立和完善与社会主义市场经济体制相适应的政治体制问题被现实地提了出来。建立市场经济，我国急需解决法制规范的缺位问题，程序正义总是要有的，不然一种新经济秩序的建立靠什么作保障。所以，这一时段，有几大政治建设问题被凸显：一是适应市场经济体制的法制建设问题，不仅规范市场经济秩序的经济法和商法需要建立，投资主体和市场经济参与者的私权保障方面的法律也需要建立；二是政府职能的转变问题，从计划到市场，政府的职能和机构都需要重新定位和调整；三是基层民主和村社自治将进一步获得巨大发展空间；四是保持宏观政治稳定的问题，即保持基本政治制度的框架不变，政治体制在这个基本框架内调整和完善。所以，这一时段的发展、稳定、改革三者的排序，“稳定”升到了第二位，改革不仅要以“发展”作为目标，还要以“稳定”作为前提条件。改革要以经济建设为中心，要在保持社会宏观政治稳定的前提下进行。有碍于发展和不利于稳定的改革，是不能作为国家政治发展策略出台的。

2003 年至今。这个时段由于非典事件的影响以及发展的可持续、不平衡问题，社会分配不公问题，腐败问题日益突出，人的生命权和社会民生权问题日益引起中央的重视。2003 年胡锦涛总书记提出科学发展观，2007 年党的十七大把科学发展观确立为党的指导思想。统筹发展和“五位一体”发展对政治体制改革提出了新要求。在 2004 年“尊重和保障人权”入宪前后，行政问责制度与“强化社会管理和公共服务”的服务型政府建设的目标，被地方和中央先后提了出来。问责制度到 2009 年发展为普遍适用于县处级以上党政领导干部的体制内问责；而服务型政府建设既包括政府服务于发展经济的审批制度改革和改善基础设施建设等方面，也包括财政向民生、农村及困难群体倾斜。目前这种问责制度和政府公共服务的改革正日益强化。这一时段，中央还提出了建设社会主义和谐社会的目标，基层民主和群众自治向建设和谐社区、构建新型基层治理机制拓展。为了服务于科学发展，干部队伍的建设更加偏重于选任和监督的科学制度建构和扩大民主参与，公推直选和公推公选普遍实行。党的建设更强调与形成中的公民社会融合，“两新”组织党建和社区党建扩大了党组织的覆盖面和先进引领作用。2011 年年初，中央基于国际局势的变化和适应我国经济社会发展新形势的需要，把创新和加强社会管理提高到巩固党的执政地位、维护人民根本利益、保证国家长治久安的高度，并作了相应的部署。

总而言之，30 多年的政治体制改革，基本内涵是鉴于我国现代化建设不断推进和快速发展面对的新问题，创新地采取新举措并不断发展和变化改革的重点构成的；基本领域集中在政府改革、民权保障、基层自治和法制建设。这四个领域与市场经济建设最切近也最急迫，基本构成了我国政治体制改革和建设的主要经验内涵。

以科学发展观的实践确定政治体制改革的现实需要

我国的政治体制改革要从现代化建设的实践出发，确切地说就是从科学发展的现实需要出发，确定改革的目标、对象和实施策略，而不能从本本出发，从概念和别人以及过时的经验出发，或者抛开科学发展和“五位一体”建设孤立地从纯粹的、狭义的政治学视域来思考和确定其必要性和选项。从科学发展的实践需要确定政治体制改革的推进内容，目前主要有四个方面的建设比较急迫：科学发展型执政和政府、民权保障法律体系、新型基层自治体制和关键岗位领导干部建设。

党的十七届五中全会把转变经济发展方式确定为“十二五”期间及今后一段时期我国经济社会领域的一场深刻变革。能不能真正实现经济结构的战略性调整，加快科技进步和创新，促进国内消费较快增长，把保障和改善民生落到实处，坚持建设资源节约、环境友好型社会，加快农村城镇化和农业产业化进程，创新和加强社会管理体制，继续推进改革开放，说到底要依靠党和政府是否能够把工作重心真正转到科学发展的轨道上来。转变发展观念、做好统筹和规划、抓好组织和制度建设，真正把转变经济发展方式作为党和政府工作的中心任务来抓。因此，这一时期我国的政治体制改革要鲜明地提出建设“科学发展型执政”和“科学发展型政府”的口号和任务。衡量和考核一个地方和基层党委、政府工作的优劣，不能仅仅看单一领域或方面的成就，而要看在转变经济发展方式、创新和完善社会管理和公共服务体制，也就是在组织领导实施科学发展方面的综合绩效。你的执政和施政是否有效，主要的标准是看你是否实现了经济发展方式的转变，是否创新和完善了社会管理和公共服务体制，是否实现了科学发展。

区域发展不平衡和社会贫富分化，尤其是社会资源分配不公和民生保障不到位，致使社会矛盾不断加剧，已成为目前威胁我国安定团结的主要问题。历史上的社会动荡和混乱往往都与社会的公正性严重缺失有关。中央提出科学发展观的目的之一就是“发展依靠人民，发展的成果要由人民共享”。因此，科学发展型执政和政府就是要把改善民生和民主落到实处。价值既立，法制先行。目前我国围绕满足市场经济建设需要的法制体系已基本建成，下一阶段法制建设的重点在民生和民主两大领域。当下最急迫的是民生保障的法制建设。要把老百姓的一般公共需求用法律的形式确定下来，成为对执政党和政府落实科学发展观的刚性约束。保证中央提出的“学有所教、劳有所得、病有所医、老有所养、住有所居”的和谐社会目标的落实。其中尤为突出的是住房、医疗、养老、职业教育和培训、生产安全、生态安全等民生方面的法制建设亟待加强。法治政府的建设不应该首先强调行政程序方面的规范，而应该首先把保障民生的职责用法制的形式确定下来，强化和明确法治政府建设必须承担的这些最重要责任。

统筹城乡和经济社会发展、解决“三农”问题，目前最好的办法就是实行区域性城乡一体化建设。区域性城乡一体化建设不仅需要政府的统一规划，更需要各级党委和政府相关部门的相互协调、配合，更需要建立新的基层治理体制和机制为城乡一体化建设提供政治和组织保障。农村的城镇化和社区化，农业的产业化和市场化，农民的市民化和组织化，都需要扩大基层群众自治，让广大群众真正参与到这场伟大变革的实践中来，真正实现自己的事情自己做主，与党委、政府一道把转变经济发展方式、加强公共服务建设和创新社会管理、改善民生需求等落到实处，并在这些新的社会社区组织中加强党的先进引领和组织领导核心作用。一些地方的实践证明，仅仅依靠过去的村两委自治体制不足以应对快速城镇化带来的决策、管理和监督等基层公共事务治理的需要，必须构建新的基层治理机制才能与之相适应。基层治理的民主和自治是大势所趋。在社区和社会组织中，加强党的先进性建设和执政能力建设，不仅要实现社会基层党组织全覆盖，而且要实现党组织和党员先进引领作用的全覆盖，政治体制改革要在这些相关领域加大推进力度。

办好中国的事情，关键在人，尤其是关键岗位的主要领导干部。各地发展经验反复证明，一个地方和基层有一位好的带头人，往往可以改变一个地方和基层的面貌。可以设想的是，如果我们党在下一个五年或更长一点的时段内，能够比较好地解决地方和基层带头人的问题，那些先进的地方会继续发展，那些落后的地方可能把潜在的优势发挥出来，实现更大的发展。我国的经济增长和各项事业也会更上一层楼，不仅“十二五”目标，我国第三步发展战略也一定能够实现。但怎样解决好“带头人”问题，却是个难题。这不仅包括干部的选任环节，也包括激励、监督、问责等环节。在市场经济条件下，要求领导干部做人为先、选干部好人优先，是正确的，但需要制度保障。“三举制”可以作为选任领导干部的制度选项。县委书记以上特殊岗位主要领导干部，可以考虑由中组部设立专门机构实行统一管理、统一考选、统一考核，实行相对高薪和低职高聘等待遇。改革特殊岗位主要领导干部的培训制度，改革党校和行政学院目前重理论轻实践的教员个性偏好和实际领导经验的欠缺，要充分利用那些有理论修养又有卓越政绩的优秀退休高级领导干部资源，选这些人作为领导干部的培训教师。对重要岗位领导干部的监督仅仅依靠体制内的监督和问责是不够的，还要扩大问责的提出主体，优化其程序，用千万双眼睛而不是几只眼睛监督这些领导干部。把领导干部的监督权交给人民群众，效果就会完全不一样。总之，我们一定要想出办法、形成制度，把重要岗位的领导干部的问题解决好，政治体制改革也应在这个方面大力推进。

以科学发展观的经验选择政治体制改革的推进路径

如何积极稳妥地推进政治体制改革，基于改革开放 30 多年的经验，尤其是贯彻和落实科学发展观的经验，大致有四种路径和一个突破口：制度创新优先、党的领导和人民当家做主有机统一、“有效执政”与“有序参与”相结合、“星火燎原之路”和以乡镇街道一级的政治体制改革全面推进作为突破口。

党的十四大确立建立和完善社会主义市场经济体制以来，我国事实上就踏上了一条历史上任何国家从未尝试过的制度创新之路，把社会主义政治制度优势与资本主义的市场经济制度优势有机结合。邓小平讲的“摸着石头过河”，实际上就是对我国这样一个超大型国家探索快速实现现代化的整个历史进程的生动表述。因为如此伟大的实验在资本主义国家和社会主义国家都未曾有过。从实践创新到制度创新，进而成就文化创新，这是我国现代化必然要经历的历史进程。这种发展逻辑昭示我们，在整个社会主义初级阶段的现代化建设中，制度创新优先于法制建设。法制建设是制度创新的结果而不是前置约束。实践创新先行，制度创新紧随其后，法制建设在制度创新取得成效和共识的基础上形成制度规范和制度文化。政治体制改革也要遵循这样一个制度创新优先的规律。

因此，在整个社会主义初级阶段，对于一切根据经济社会发展、人的权利保障和参与需要的实践创新和制度创新，党和政府都应该持一种积极支持和大力扶植的态度。要旗帜鲜明地鼓励地方和基层进行各种满足现代化建设需要的实践创新和制度创新，要让地方和基层放开胆子，大胆地试、大胆地闯。并且，大力奖励那些敢于实验和创新并取得好的成效、被群众认可的干部。要给改革者以保护，给改革者以奖励，给改革者以包容。只要全党和全国上下都形成人人想创新、处处有创新的氛围和政治生态，我国现代化发展的空间就会被大大地放大和拓展，凭国人的智慧，就一定能够探索出最适合我国现代化发展需要的完善的政治体制及其实现形式。

制度创新和完善基本政治制度的实现形式，就是要努力发现和创造党的领导和人民当家做主有机统一的制度形式。党的领导和人民当家做主有机统一是我国政治体制的本质和灵魂。两者缺一不可，并要把两者有机统一的经验成果用法律和制度确定下来，实现规范化和程序化以至养成制度习惯。怎样实现两者的有机统一，既防止党组织对权力的垄断和人民民主“被代表”，又防止极端民主化和无政府的民粹主义倾向，目前的经验证明只有民主方式和法治方式两种实践形式。民主的方式就是党组织借助社区组织和社会组织，通过组织和支持基层村民、社区居民自治，围绕基层党组织领导核心优化配置社会组织资源和权威资源，让基层群众和公民社会真正实现自己的事情自己当家做主。在基层自治的选任、决策、管理和监督等环节，党组织主要起组织引导、把握方向、维护法制、掌握政策的掌舵人和带头人的角色。法治的方式就是要充分利用现有的政治制度资源，把人民代表大会、政治协商、民族区域自治和基层群众自治等制度充分地运作起来，发挥制度效用。既把党组织的意志通过这些制度运作变为国家和地方认可的法制和政策，又通过这些制度的运作，使人民群众真正实现对国家和地方事务的当家做主。为了实现政治制度效用最大化，各级党组织要鼓励各种制度主体进行大胆的制度创新实验，努力克服现有制度弊端，完善现有基本制度的实现形式。通过民主和法治的方式实现党的领导，就能够既充分发挥党组织、政权组织、自治组织、社会组织以及经济组织在国家政治生活中的法定职能，又实现党的领导和人民当家做主的有机统一。这是我国推进政治体制改革和制度创新已被实践经验证明的一条成功路径。

以“民主和法治”的方式实现“党的领导和人民当家做主的有机统一”，在政治体制改革的目标取向上，主要体现为“有效执政”和“有序参与”的有机结合。“有效执政”是对党的领导比较理想的实现状态的描述。对于改革开放的中国，政府的有效性主要体现为“执政的有效性”，目前最基本的是满足发展、稳定、民生、民主需要的能力。实现经济发展方式的转变和可持续发展，创新和加强社会管理、保持社会政治稳定，满足民生的一般公共需求、实现社会公平正义，落实知情、表达、参与、监督、选任、结社等项民主权利，遏制权力腐败乱用、肃清官治，能否满足这五个方面的需要是检验我们党的执政是否有效的主要标准，也是社会主义初级阶段我们党执政所面临的主要任务。政治体制改革就是根据这些主要任务的需要开展工作。“有序参与”是对“人民当家做主”比较理想的实现状态的描述。“有序参与”主要体现为四种参与：多数参与、全程参与、嵌入参与和法制参与。人民大众的普遍参与而不仅限于少数精英参与，选举、决策、管理、监督各个环节的全程参与而不仅限于授权性参与，在代议制的大框架内嵌入协商、恳谈等民主形式，通过基本政治制度满足人民管理国家和地方事务的需要，这四种参与构成了我国社会主义民主优越于西方自由民主的主要制度特征。“有效执政”和“有序参与”的结合，体现了作为发展中国家面对现代化和民主参与压力所能作出的最佳回应。

“星火燎原之路”是推进政治体制改革的一般性实践路径。从党的十四大开始，我国政治体制改革就走上了一条经验性的探索之路。一般的规律是：任何政治体制改革和政治建设政策的出台，基本上都是基层和地方根据当地出现的问题和面临的发展压力，进行实践创新和制度创新探索，形成创新经验，这些经验被上级政府和中央重视，然后在其他地方试行，再根据试行的结果，决定这些制度创新经验是否可以在更大范围或全国推广。这种以实践探索和制度创新为依据的政治体制改革之路，可以称之为“星火燎原”之路。各地创新实践如闪烁在广袤大地的星星之火，借助于中央或地方党委、政府的推动，或快或慢地在各地燎原，有的从基层或地方的经验上升为国家制度。这种以基层和地方创新为先导的“星火燎原”之路，它的最大好处是实践出真知、新制度效用经受实践和经验的检验。这种推进路径的最大问题是，星火能否燎原往往取决于上级领导者的态度、认知水平和觉悟程度。因此，党组织的“用人正确”和中央或上级对地方、基层创新经验的推广力度，是这种推进路径的两个最重要环节，必须下大力气解决好。

乡镇街道一级是我国政权体系的基层和末梢。一些现代化发展较快的示范地区的经验证明，市场化、工业化和城镇化必然带来政府社会管理和公共服务的下沉。党的执政机制和政府机构职能的建设必然要适应这种现代化发展的必然趋势。经过政治体制改革30多年的探索和经验积累，目前在乡镇街道一级全面推进政治体制改革的条件已经成熟，可以立即着手实施以下“七化”改革：一是公推直选制度化。乡镇党委书记和村社党组织书记一律通过公推和党员直选产生，落实“权为民所赋”的民主原则。二是领导问责民主化。在乡镇街道一级普遍推行民主问责制度。变具有行政性的上级对下级的党政领导干部问责为与基层社会对领导干部监督相结合的制度；普遍推行对领导干部的民主评议制度，实现对领导干部社会监督的制度化。三是结社自由公益化。对公益性社会组织和经济类社会组织逐步实行备案制，以满足城镇化和市场化进程中不断增长的对基层公益性和经济类社会组织的现实需要。四是基层党建社会化。实行党的基层组织单位制和社区制相结合，通过社区或区域性党建，形成以党组织为核心、多元社会组织有机发挥各自功能作用、使基层社会组织和各类政治资源有机整合的基层党建新格局。五是政府转型科学化。强化和创新政府服务经济发展、市场监管、社会管理和公共服务职能，按科学发展以及市场化和城镇化的必然要求，实现基层政府组织机构、权力关系和财政资源配置的最优化。六是领导选拔多元化。30多年的改革开放，造就了一大批热心于公益事业和群众工作、甘于奉献和勇于担当、具有密切联系群众、强大社会影响力及组织力的领导干部型党员人才。要自觉把这些党员人才纳入社区或区域性党组织的领导选拔和培养范围。七是科学发展民意化。要使体现科学发展的民意主导工作规划；要形成常态化的民意收集和排序制度；根据民意的事项排序确定党委政府工作轻重缓急的次序，并按工程化的程序和时段承包到领导责任人；实行按绩效评估的奖惩制度。

（作者：中国社会科学院政治学研究所教授、博士生导师）

（选自《前线》2011年第3期）

转型期社会问题与国家治理创新

——兼论中国政治体制改革的核心内涵与路径选择

谢志岿

一、当前中国的主要问题是不是根本政治制度的问题

在关于中国问题及其对策的讨论中，有一种观点值得引起特别注意，就是将中国目前的问题归结为根本政治制度的问题。认为，中国当前政治、经济、社会领域出现的主要矛盾和问题，根本原因是没有实行西方资本主义民主，如果实行西方资本主义民主，这一切问题都可迎刃而解。这一主张在理论上是不成立的，在实践上也蕴含着巨大风险。

将解决中国目前经济社会发展遇到的问题寄望于西方资本主义民主，有三个主要的理论预设，即：(1) 西方式民主可以有效地解决我国目前存在的比较严重的腐败问题；(2) 通过西方式的民主化，可以解决目前中国政治体制与经济体制不相适应的问题；(3) 西方竞争性民主的核心制度具有普适性。

西方民主路径的这些理论预设均存在问题，西方资本主义民主并不一定能解决中国的问题，反而，可能存在巨大的风险。

第一，西方资产阶级民主制可能异化为分赃式资本主义政体，导致民主机制失效。西方民主制度本质上是不同利益集团通过选举政治竞争国家控制权的一项制度安排，是一种以利益分野为基础、以政权为目标的竞争性的民主。西方民主遏制腐败的机制是权力制衡，即通过竞争性民主防止当权者腐败，如果当权者腐败无能，即剥夺其权力。这一观念具有悠久的传统并且深入人心，似乎是一条颠扑不破的公理。但是，事实并非如此。因为，这一观念存在着一个前提上的错误，即假定接替腐败政权的权力集团就一定是正义的。但现实并非如此。如果接替现政权的另一权力集团也并不正义，而是分赃式、掠夺式的，民主反对腐败的机制就会失效。发生在菲律宾、海地、印度尼西亚等多数发展中国家的民主化，就是如此。在这些国家，利益集团为了集团利益，利用民主机制谋求推翻现政权，在取得政权后，这些集团又利用夺得的政权为自己谋取利益，然后可能再被别的利益集团推翻。每一次民主竞争的结果，改变的都只是"城头大王旗"，不变的是掠夺型政府。如果民主制陷入分赃式利益团体执政的循环，就不能有效的遏制腐败，也不能有效地解决治理的问题。也就是说，如果竞争性民主异化为互相对立的利益集团争权夺利的工具，形成所谓的分赃式资本主义 (Booty

Capitalism）政体，竞争性民主的作用机制就会失效。

第二，西方式民主也不是经济发展的必要条件。西方民主路径认为，通过实行竞争性民主化有利于实现中国经济的持续发展和繁荣。这也是一个似是而非的观念。世界各国的经验事实表明，民主与经济发展没有必然联系。民主化带给拉美、非洲和东亚很多国家的结果不是经济发展，而是经济停滞；而新加坡没有实行西方民主，也实现了经济的快速发展。事实上，经济发展与“政治—市场关系”、产权制度、市场制度、法治等因素有着更密切、直接的关系。因此，与上述因素相联系的政治体制改革而非西方式民主化才是实现中国经济持续快速发展的制度基础。

第三，西方式民主在某种社会条件下蕴含着巨大的社会风险。西方民主路径认为，资本主义发达国家通过西方民主制度解决了本国的社会问题，我国同样也可以通过西方民主制度解决我国的政治经济社会问题。这一预设忽视了民主的条件和风险（负效应）。竞争性民主要发挥作用必须具备许多辅助条件，如经济发展水平、社会结构（核心是中产阶级规模）、公民文化、法治水平、国家效能等等。缺乏这些条件，竞争性民主不但难以遏制腐败，反而可能导致政治分裂和社会动荡。发生在资本主义发展中国家内部频繁的政治纷争和政权更迭就表明了这一点。我国资产阶级民主革命的历史也表明，民主化过程并不一定能成功地建立民主政权，相反，伴随这一过程的可能是社会动荡。我国辛亥革命后出现的军阀混战和割据，即对国家统一和人民生活造成了严重后果。更为严重的是，如果民主革命后一直不能建立秩序，国家可能会陷于长期的分裂和失控，就像目前发生在一些第三世界国家的情形那样。

因此，中国当前的主要问题，不是实行西方民主的问题，也不是根本政治制度的问题。虽然，随着改革的深入，我国经济社会发展面临的很多问题确实都与政治体制有关，需要进行政治体制改革，但政治体制改革并不等同于实行西方资本主义民主化。当前，我们需要大力推进民主，但目标模式不是也不能是存在巨大社会风险的以三权分立和多党制为特征的西方资本主义民主。

二、治理创新：解决中国问题的钥匙

（一）治理与当前社会问题

当前，我国经济社会发展中出现了诸多矛盾和问题，主要表现在腐败、贫富分化严重、食品药品安全、安全生产、环境污染、群体性事件、决策失误等等方面。这些问题，损害了民众的利益，影响了政府形象，导致了人们不满，危害到治理的合法性。

这些矛盾和问题，从客观社会条件来讲，与我国所处的社会转型期和现代化发展阶段这一社会环境有关。正如亨廷顿所指出的，现代性孕育着稳定，而现代化过程却滋生着动乱。我国现代化目前所处的这个阶段，正是容易出现社会不稳定的阶段。

从治理而言，则与权力缺乏制约有关；与政府官员不负责任有关；与监督问责机制不健全有关；与行政过程不民主、不透明有关；与决策失误有关；与制度安排不配套、不合理有关；与公众参与程度低有关。但这些因素与根本政治制度并没有必然关系，因为在社会转型和现代化发展所处的特定阶段，不同社会制度下都存在这类矛盾和问题。因此，这些问题并不必然是政治制度的问题，而是治理的问题。它们与治理有关，与具体的政治体制有关。这些问题的产生与治理有关；其解决也需要通过治理的途径。因此，下一步，我们有必要进行深刻的治理创新或者说治理的革命。通过治理创新，全面提升政治体系的产出和功能，提升政治体系的回应性和政治过程的民主性，全面解决改革和发展中出现的矛盾和问题。

（二）治理创新如何可能

（1）执政合法性与治理创新的动力来源。治理创新作为自身的自觉行动，其动力来源最受人们质疑。因为一般认为，执政党改善治理最大的动力来自于反对党对选民的竞争。在我国，共产党是唯一的执政党，没有这类竞争，因而可能创新的动力不足。虽然党派的竞争是对执政党最大的政治压力，但是，这一压力并不一定总是有效，而且具有巨大的社会风险，因此，我们不能借助这一路径。但这并不意味着没有党派竞争的压力就不可能有治理创新的动力，排除共产党本身的性质和宗旨不谈，民心向背和执政合法性作为外部压力一直是促使执政党改进治理的动力，也是权力制衡的一种表现形式。胡锦涛在党的十七大报告中即明确指出，“坚决惩治和有效预防腐败，关系人心向背和党的生死存亡。”中国改革开放政策实践及其所取得的发展成就，也表明中国共产党有动力和能力改善自身的治理。

（2）结构功能主义的理据。与冲突理论将社会冲突视为社会进步的动力不同，结构功能主义认为，系统具有自我修复和维持的功能，能够通过改善自身的功能，维持政治体系的稳定。结构功能主义认为，结构和功能之间并不是严格对应的，同一种功能可以由不同的结构来满足。所以，在进行功能分析时，不仅要考虑已有的单位，还要考虑同样能够满足功能要求的其他单位。也就是说，用来履行同一功能的多种结构或单位是可以替代的。同时，功能具有“正功能”、“反功能”和“显功能”、“潜功能”之分，它们对结构起着不同的作用。结构功能主义理论揭示，某些治理的功能并非只有某种结构可以提供，选择某种结构，应视乎这种结构的效应。在社会冲突处于一定的范围之内的时候，政治系统是可以通过功能调试适应经济社会变化、维持系统的延续的，适度的社会冲突可以促使政治体系作出政治输出方面的改善，从而有意识地消除社会冲突及其根源。而如果社会冲突过于激烈并且难以调和，则可能导致结构和功能的双重紊乱，无法正常地形成政治输入和输出，导致政治体系的崩解和治理失败。这也是可能引发激烈冲突的结构不可以轻易选择的原因。

（3）新加坡和中国已有的成功经验。新加坡长期以来由人民行动党一党执政而非多党轮流执政，但是，新加坡实现了经济发展，政治廉洁、民生幸福及社会和谐。其执政经验包括理性执政、托管执政、依法执政、为民执政、贤能执政、强人执政，同时，用道德、高薪、法制、竞争等手段来保证执政党的廉洁。这是新加坡保持活力和廉洁的原因。在构建和谐社会方面，人民行动党注重坚持观念转型、强调经济优先、以文“化”人、以家庭为根和依法严管，保持了新加坡社会的和谐。新加坡的治理经验表明，一党长期执政同样可以保持发展、廉洁与活力，这为通过治理创新解决发展中存在的问题提供了经验支持。而中国改革开放以来经济社会发展的成就，也是在现有体制下通过治理创新取得的。德国学者韩博天认为，过去三十年里，面对大规模经济转型带来的巨大挑战，中国显示出了极高的制度创新能力，同时避免了转型过程中体制瓦解。中国是所有新兴工业国家中走得最快的，特别是在经济领域。谁都没有预料到这样的现象会出现在中国，因为在整个经济改革的过程中，一党执政的政治体制始终没有改变，而这种体制在几乎所有其他采用同样政体的国家都被证明是呆板的，缺乏灵活性的。这说明，经济社会发展的成就可以在不改变现有体制下实现。

三、治理创新的重点领域与政治体制改革中国道路的核心内涵

本文所谓的治理创新，是指在维持现有政治体系，不改变根本政治制度的前提下，所进行的各种治理方式的创新，包括政治体制、行政体制、经济体制和社会体制各个领域的改革等。当前应重点推进如下领域的治理创新。伴随这些领域的治理创新和政治体系功能的增强，我国目前面临的诸多经济社会问题一定能够得到有效解决。

（一）财政民主

财政是公共服务提供和公共部门自身运行的基础。确保公共财政用于公共的目的，是提高政府效能，也是防止官员腐败的基础环节。甚至可以说，管好了财政经费的使用，使之合理地用于公共的目的，就基本上管好了整个政府，并且不会对政治体系构成大的影响。因此，实行透明的、民主的公共财政，应该是治理创新的重要突破口和基础环节。

首先，要推进预算民主，确保公共开支用于公共目的。政府的每一笔经费的具体数量及详细用途，都要由人大预算委员会和相关专业机构进行详细的审议，并向全社会公开。未经人大充分审议和讨论的开支事项，不得列入预算，不得开支。其次，要加强经费使用监督和审计，政府部门应公开经费使用情况，接受专业机构和社会的监督。第三，要健全民主财政的制度和程序。包括设立人大拨款委员会，加强人大计划和预算委员会的力量，将政府审计部门划入人大，作为财政监督机构等。同时，要完善预算审议和财政审计监督的程序，防止预算和经费使用过程中存在的问题。

（二）人事民主

将党管干部原则与民主选举、公推公选的原则相结合。人事决定权过于集中在有决定权的主要领导，造成了四个方面的主要问题。一是对上负责，人身依附；二是无视公众的利益和意见；三是缺乏公平，难以人尽其所；四是用人腐败。选人用人方面的问题，是影响公共部门及其工作人员价值观（包括工作态度和责任感）和工作效能的重要因素。因此，必须在坚持党管干部的基础上，推进选人用人方面的民主。(1) 对于地方主要领导人，可由上级在考察民意的基础上进行差额选拔，提出3—5名候选人，然后由这些候选人发布自己的施政纲领，进行必要的竞选宣传，再由地方民众进行普选。通过上级的选拔提名与民众的选举的结合，促使地方官员既保持对上级的负责，也注重对地方和民众利益的负责和回应性。(2) 对于政府主要组成人员，可由党委和政府领导提名，由人大投票表决。(3) 对于政府部门的负责人，可以采取公推公选的方式，在一定范围内进行公开推举，然后进行考核，再由党委委员进行表决，提出拟任人选。(4) 对于公共部门中层负责人，可以通过竞争上岗的方式产生（鉴于公推公选和竞争上岗等方式本身也存在着一定的局限性，采取这种方式产生的官员数量应控制在一个合理的比例，以使工作实绩、能力和资历等共同发挥作用）。

（三）决策民主

决策失误是造成治理问题的重要原因。对于关系经济社会发展的重大决策、重大立法、重大工程项目、重大财政支出，在决策前都要进行科学论证，广泛征求意见。对于争议较大的问题，要引入政策听证、政策辩论环节，反复论证。政策听证和辩论视决策权限可以由政府自行组织，公开举行，也可通过人大进行。改变过去政策制定采用内部听证和论证，不同意见难以得到集中、充分、系统的表达的做法，要广泛吸引专业人士和公众参与政策听证和辩论，在时间安排、议程安排上保证参加政策听证和辩论的人员能充分表达各种不同意见，使

政策的优缺点得到充分深入地讨论。对于没有进行充分论证的事项，不得决策。要制定完善各类决策的具体程序，使科学决策、民主决策更加制度化，以减少决策失误造成的损失。

（四）阳光政府

推进政府行政行为、行政过程的公开化、透明化，政府的行政审批、行政决策、行政处罚和其他行政行为都应该按照政务公开的规定，予以公开，接受社会和公众的监督。政府政务公开的状况，要纳入公众对政府的评价体系并作为政府绩效考核的依据。

（五）监督问责

加强对公共权力的监督，包括对治理公正性的监督，对行政效能和回应性的监督，对廉政状况的监督。为此，除了要健全包括人大、政协、纪检、司法、行政监督在内的监督体系外，尤其要加强公众对公共权力行使的评价监督和新闻媒体的舆论监督，同时，完善问责机制和程序。公共部门要及时回应公众的需求和各项意见、建议，及时检讨公共政策，并对渎职和偏私行为给予恰如其分的处理。

（六）公共治理

按照全球治理委员会的定义，“治理是各种公共的或私人的机构管理其共同事务的诸多方式的总和。”格里·斯托克（Gerry Stoker）认为，“（公共）治理意味着一系列来自政府但又不限于政府的社会公共机构和行为者，……它表明，在现代社会，国家正在把原先由它独自承担的责任转移给公民社会，即各种私人部门和公民自愿性团体，后者正在承担越来越多的原先由国家承担的责任。”公共治理既能减轻政府负担，提高公共服务效率和质量，也能提高公民的参与，培养公民的公共精神。因此，政府、企业、社会组织和公民共同参与的治理成为现代公民社会的重要特点。治理创新应该合理界定政府的职能边界，理顺政府与市场、社会的关系，大力培育公民社会组织，致力于形成多元参与的治理主体结构和治理形态。使政府和公民社会组织良性互动，提升治理的开放性和水平。

（七）社会资本

罗伯特·帕特南对意大利南北发展差异原因的分析，深刻揭示了社会资本在治理中的作用。所谓社会资本，是指诸如信任、道德规范和社会网络等能够方便合作行为从而提高社会效率的社会组织特征。罗伯特·帕特南指出，“社会资本，如信任、规范和网络，一般说来都是公共物品，而常规资本一般则是私人物品，这是社会资本的一个特性。社会资本并非是任何从中获益者的私人财产，这是个人寄身期间的社会结构的一个特性。”作为公共资源的社会资本的公共物品特征往往使得投资者与获利者并不一定一致，从而会造成搭便车和投资不足的问题。因此，社会资本的投资和创造就成为政府的重要职能。治理创新应该致力于创造和培养社会资本，为提高制度绩效提供社会道德基础。

（八）制度建设

在社会转型期，旧的制度已经失去效用，新的制度尚未健全，同时转型期出现的新的利益结构和社会矛盾也需要新的制度规范。很多治理问题是由制度本身的不配套、不衔接、不合理造成的。因此，加强制度建设，为转型期出现的利益格局的变化提供确当的规范，是解决中国改革开放以来出现的各种社会问题的最重要、最现实的途径，是实现中国社会新的转型的基石，也是改善国家治理的重要基础。行政组织体制方面，要改革行政层级体制和行政部门体制，合理划分不同层级之间的事权、财权和行政关系，理顺不同部门之间的权责关系，建立分工合理、权责匹配，既相互制约又相互协调的行政架构体系。

以上几大领域是应该重点突破也是对改善

治理具有重大意义的领域。当然，对于具体的领域，不同的学者可以有不同的理解和概括。但是，如果能够实现上述领域的创新，一定可以在不根本改变现有制度架构的前提下，解决目前经济社会发展遇到的诸多问题，使国家治理水平得到一个质的提升，这也说明，治理创新具有巨大的潜力和作为。

在经济社会矛盾日益凸显并且尖锐的条件下，国家必须致力于治理方面的创新，以全面提升政治体系的功能和适应能力。因而，上述重点领域的治理创新，也构成了政治体制改革中国道路的核心内涵和重要路径。同时，以财政民主、人事民主、决策民主和公共治理等为核心内容的政治体制改革，也将极大地推进中国民主政治建设进程，成为中国式民主发展的重要内容和基础环节。

四、赋予经济特区治理创新的先行先试权

（一）经济特区与中国改革的“分级制试验”

中国的改革是一个反复试验，逐步推广的渐进过程。韩博天将中国一党执政的政治体制拥有强大适应能力的原因归结为中国拥有一种独特的政策制定循环过程（policy cycle），即“分级制试验”（experimentation under hierarchy）。尽管在中国政治议程中从不缺少宏伟的中央规划和技术官僚们制定的现代化方案，但在制定国家政策之前，分级进行政策试验在很多方面起到了有力的纠错功效。这种“分级制试验”不仅仅是渐进的制度变迁，而且可能带来全新的制度转型。学者王绍光则认为，中国的政治体制是一个有学习和适应能力的政治体制，正是这种学习和适应能力，是理论界所谓的“中国发展模式”的关键环节。

经济特区是中国改革的试验场和开放的窗口，是分级式政策试验的一个重要制度设计。以深圳为代表的经济特区，进行了多项在全国具有重要影响的改革试验，开改革开放风气之先，在中国的治理试验中曾经发挥了重要作用。如率先打破“铁饭碗”；率先进行价格改革；发行新中国第一张股票；率先在中国内地探索合同制职工社会劳动保险制度改革；率先实行土地拍卖；率先出台制度鼓励技术入股；成立中国内地第一家物业管理公司和业主委员会；探索实行“三轮两票制”的镇长选举制度改革；率先探索行政管理体制改革，等等。这些创新实践，为推进中国的改革政策探索了新路，提供了宝贵经验。

（二）继续赋予经济特区在治理创新方面的先行先试权

治理创新也是一个需要反复试验的过程。对于一些需要先行试验的创新，可以在一些地区，特别是经济特区先行先试。因为经济特区发展先行、问题先遇、经验先出，可以较好地发挥为治理创新探路的作用，同时，经济特区有改革开放的气氛和实践经验。并且，由于经济特区面积较小，成功的经验可以推广，不良的影响则可以控制在有限的范围。因此，在操作上，可以赋予经济特区在治理创新中的先行先试权，让经济特区继续在中国未来的改革开放中发挥重要作用。

在过去的30年间，经济特区为国家的治理创新进行了大量的探索，取得了巨大成绩。经济特区需要在现有的制度架构和社会条件下，大力推进包括政治体制改革在内的治理创新，推进财政、人事和决策民主，建设阳光政府，加强监督问责，实行公共治理，培育社会资本，完善各项制度建设。通过上述各个领域的治理创新，切实解决改革发展中出现的各种矛盾和问题，实现经济繁荣、政治民主、民生幸福与社会和谐，为进一步深化中国的改革探索新路。

（作者：深圳市社会科学院研究员）

（选自《理论与改革》2011年第4期）

中国网络政治研究

陈 潭　罗晓俊

网络政治是互联网上客观存在的、与社会政治生活密切相关的关于政治权力、政治意识、政治体系、政治行为、政治管理、政治参与、政治发展等内容的政治现象。显然，网络政治学是关于网络政治现象及其规律的科学，是网络政治研究的理性演绎和科学归纳。

网络政治研究的主要论域

网络政治研究的主要论题和内容表现在网络政治主体、网络政治权力、网络政治行为、网络政治文化及网络政治民主等五个方面：

（一）网络政治主体

网络政治主体主要包括网民、网络社群和网络政府（电子政府）三者，根据互联网史研究专家迈克尔·豪本(Michael Hauben)最早提出的概念，“网民”是指非以地理区域为依据所形成的，具有社区意识的、相互发生行为联系并愿意为网络建设付出时间和精力的一群网络使用者。国内目前对网民的研究主要集中在总体特征（包括总体数量、性别构成、文化程度、分布区域等）及心理肖像两个层次上。网络政治主体中研究较多的是电子政府和网络社群，前者往往以管理者身份出现，后者则主要处于参与和从属的地位。

电子政府是互联网上最主要的行为主体和管理主体，也是网络政治最热门的研究对象。它的概念于1993年由前美国总统克林顿(Bill Clinton)率先提出，根据世界经合组织(OECD)的定义，它是指“政府将新的信息和通信技术运用到政府的全部职能中，特别是利用因特网及相关技术的网络化潜能来改革政府的结构和运作”。中国电子政府建设始于1999年的“政府上网”工程。此后，根据其建设目标的不同可以被划分为两个阶段：第一阶段始于2000年，以“十五规划”为标志。以网站建设与信息建设为中心任务，文件明确提到要整合网络资源，建设统一的电子政务网络，构建政务信息网络平台、数据交换中心、数字认证中心，推动部门间信息共享和业务协同。第二阶段起步于2004年，温家宝在国家信息化领导小组第三次和第四次会议上反复强调“要把推进信息化与改进政府管理结合起来，着眼于转变政府职能”，标志着电子政府的建设目标转移到推进政府转型和公共服务上来。这引发了学术界对电子政府研究兴趣的集体转型。如果说2004年以前的研究主要集中在电子政府内部建设（包括政府信息共享管理、信息安全保障等问题），那么2004年以后，伴随着建设服务型政府理念的发展，学界对电子政府的外部功能（包括在线服务、互动交流等）的关注明显增多。例如，有学者从需求面、供给面、结构面考察了电子服务的流程特性，并从低到高依次确定三个级别的电子服务：即“低复杂—服务度”的基本信息服务（如信息公开等）、“中复杂—服务度”的信息交流以及“复杂—服务度”的事务处理，为电子政府公共服务职能的实现步骤提供了重要的参考意见。还有学者对此三个层次进行了更深入的探讨，通过网站测评与综合调查，指出中国电子政府发展出现低水平“拥塞”现象，即在电子政府测评成绩年年进步的背后隐藏着严重的缺陷——中国电子政府职能重“信息公开”，轻“互动交流”和“在线办理”；公共服务功能的进展始终处于“量变范畴”，没有实现突破。学者们对电子政府研究重点的转变恰恰反映了在新信息技术认识上的学术分野。对于新信息技术及互联网的兴起，学术界一直保持着两种不尽相同的态度。一部分学者站在“工具论”的立场上看待信息技术，认为信息技术“对于政府的效率、服务及民主标准这三方面的产出所产生的作用可能也只是功能性的、间接的。因为相对于信息技术的影响而言，政府管理自身的发展逻辑和制度变迁，对于政府管理活动的三个产出的影响更为直接和必然”。而另一部分学者将信息技术视为“革命性”的力量，认为对于传统的官僚体制而言，电子政府不仅是一种管理工具，而且将是一种全新的治理模式。在他们看来，“电子化政府的本质，并不是单纯地把信息科技应用于政府和公共事务的处理问题，也不是如何应用信息技术来提供信息和电子服务，增进行政的效率问题，而是政府面对信息技术所带来的新的社会规范的挑战，如何进行政府的再造，促进政府的转型，建立适应信息社会需要的新的政府治理典范，促进善治，实现善政的问题。”中国学术界之所以对以互联网为代表的新技术寄予如此厚望，原因在于电子政府这一极具草根性质的治理形态的诞生，不但为中国的民主进程撞开了一条通道，更可贵的是它体现了中国政府改革治道的强大决心、勇气和智慧。

当网络上的BBS、聊天室为网民提供了“群居”的条件时，网络空间开始出现了虚拟社群(Virtual Community)。它们是“围绕着共享利益或目的而组织起来的，自我界定的互动式沟通之电子网络”，是互联网上的另一支行为主体。如果电子政府代表的是官方的力量，网络社群则主要是来自民间的声音。对网络社群的早期研究总是与网络空间（虚拟社区）的特性紧密相连。研究者们认为，由于网络聊天室、BBS等网络空间具有高度开放性、自治性和流动性的特点，网络社群便无可避免的具备了成员身份的非现实性、人际关系的“似真性”(verisimilitude)、交流互动的平等性等特殊形态。研究者对网络社群最初的兴趣集中在共自助和共享功能上，例如对英国的网络学习共同体(NLCS)系统的研究，学者们认为，要实现此类学习型共同体持续发展的良性循环需要一些基本的技巧，包括“协调人”的存在、成员“个性信息”的展现、充分的信息交流、成员的价值感、成员的责任意识、匿名的消除、宽容的态度和公私信息的结合等。这些技巧其实适用于所有类型的网络社群。

随着相关研究的深入，有人开始关注网络社群在公共领域的作用与价值，建构了“网络共同体”的概念。网络共同体是指“网络”与网民“共同体”合成的产物，是网民在网络上基于主观或客观上的共同特征所结成的一种“团体”或“组织”，它具有民间性、松散性、一定程度上的政治性。网络共同体在网络社会无处不在，在人们耳熟能详的“孙志刚案”、“反击CNN”、为农民工“讨工钱”、反腐倡廉等事件中，它们都展现出了强大的舆论力量。鉴于“网络共同体”在公共事件中的舆论角色地位日益凸现，学者们对其重视程度，尤其对共同体中意见领袖的重视程度越来越高。一般认为：意见领袖的存在对共同体内部关系的协调、情感的维系和共同体品牌形象的塑造能起到积极的作用。但也有学者指出，正因为意见领袖的存在，共同体内的信息传播不再是完全平等的，陷入了拉扎菲尔德(Paul F. Lazarafeld)所谓的从媒体到意见领袖再到不活跃人群的“两级流动传播”状态。网络共同体中的意见领袖的政治参与，既可能出于社会责任感，出于自身利益，也可能出于非法企图；既可以推动共同体发展为理性而活跃的政治助力，也可能将共同体塑造成冲动而具有破坏性的反动力量。因此，有学者提出必须对意见领袖进行相应的引导，或从三类人（行业领导者、专家学者和事件积极参与者）中扶植符合要求的意见领袖，以把握网络共同体的意见走向。那么，网络共同体究竟以什么方式获取网络权力？它们能否超越网络对现实政治格局起到更深远的影响？这些问题在网络政治权力、政治参与和政治民主方面都有涉及。

自2008年至今，随着微博的发展，“微生物”成为新媒体时代最活跃的网络群体。“微生物”是微博用户通过微博这一共识的行为方式和采用独特的微博语言为自己建构的身份。基于web3.0技术的微博在进行信息传播时，因自身跨媒介传播的特点而导致传播阶段和模式呈现出多级化状态，从而使微博的传播形态从最初的分众传播逐渐升级为大众传播。新的传播形态使“微生物”表现出新的群体特征。有学者研究微博时代的粉丝传播，将微博粉丝群体的新形态总结为三点——“微信息”、“微距离”和“微革命”。有学者认为不同于前微博时代的“两级流动传播”，微博时代的来临使“从粉丝团首领到普通成员，从粉丝贴吧的管理员到一般的注册会员……找到了近似于乌托邦的全新社会关系”。还有学者以“嵌套性”理论解释微博的传播机制及由此引起的网络社会关系变化，乐观地认为通过微博的“加关注”功能实现微博用户圈子的嵌套，地球上的任何两个人之间都有可能直接对话……麦克卢汉(Marshall McLuhan)在半个世纪前所预言的“地球村”将会被实质性推进，“所有的地球人重新部落化为村落里的一员，彼此成为消弭了地理障碍的邻居”。但对于微博的发展将推进网络社群的团结化、平等化和民主化的观点，也有学者持不同意见。有学者认为微博通过自身文字规则形成的独特的碎片化语言和信息快速传递导致的快捷生活方式共同构建了微博的社会文化现实，这种现实最终导致了微博群体的分割。还有人指出，微博时代的来临并不意味着网络意见领袖功能的终结，恰恰相反，微博传播“强辐射化”、“高到达率”以及“个性化”、“私人化”、“碎片化”等特点将有助于“意见领袖”影响面、影响度及亲和力的提升。还有学者直接指出微博传播的负面影响，认为“微博看似无限自由、无穷边界，可以接受无数信息，但实际上却有意无意地屏蔽了许多真实的信息，加之带有激烈的言辞和过分情绪化的渲染，往往容易形成‘圈子化’的、‘群起而攻之’的、‘多数人暴政’的现象……在人们普遍缺乏自我审思习惯和整个体制缺乏同步协调的情况下，微博等新媒体所建构的民主努力还只是一个虚幻的乌托邦神话。微博的出现仅仅为我们提供了一个更加多元化和碎片化的意见论坛，而不是民主政治的裁判所”。微博技术发展至今不过短短几年，对微博时代网络社群的新变化以及如何对其进行有益引导都是值得持续深入探讨和关注的话题。

（二）网络政治权力

权力的存在及其运行方式是政治现象中最核心的问题，因此网络权力是研究网络政治的人绕不开的话题。网络政治权力结构是由网民的政治权力、网络共同体的政治权力和网络政府的政治权力所构成的有机统一体。在目前的研究中，网络政治权力也常作为“网络政治权利”，学者们大多将此两个概念混用。有学者认为网络政治权力和权利的区别仅在于：前者在后者的基础上更多地表现出对他人的影响力。以资源掌握数量及行为的公共影响程度为标准进行分类，网民的政治权力主要表现为政治权利，包括自主权、自决权、知情权、参与权、监督权和技术权力等等。网络政府与现实政府类似，拥有网络立法权、信息监督权、资格审查权等等。是具有强制性和广泛性的影响力。而网络共同体的权力既包括普通网民的基本政治权利，又通过公共契约和集体表达而对其他网络共同体、网络政府甚至对现实生活产生一定影响，因此我们将网络共同体的权力视为个人权利与公共权力的融合。另一种更为普遍的研究思路是以网上和网下两个维度进行划分，一是研究网络中的权力，二是研究网络与现实权力的关系。前者主要讨论的是：互联网中是否能生产出新的权力？而后者主要关注的是：互联网如何改变传统权力的分布格局及运行状况？

沿着第一种路向，20世纪90年代以来，一些西方学者就以演讲或撰文的形式预言：随着网络时代的来临，信息技术将在经济、政治和其他领域实现全面渗透，并在不久的将来形成一支影响主权国家及世界政治格局的重要力量，这种力量以一种“言说”的方式表现出来，网络政治权力首先表现为网络话语权。由于网络具备开放性、广容性、互动性、匿名性等特点，一般认为，相较于传统媒体，网络话语权具有更明显的社会性——其权力形态更具分散性、参与性、平等化与循环性，这表现在三个方面：首先，网络言论更自由化，互联网的匿名性和广容性削弱了政府对舆论的控制能力，使公众在网上可以真正做到畅所欲言，唇枪舌剑；其次，网络言论更多元化，网络对参与群体无差别的接纳，解构了社会传统媒体对“新闻”和“重大事件”解释的权威地位，从而打破传统媒体时代的一言堂格局；最后，网络言论更平民化，网络打破了现实中以财富、职业等为标尺的社会等级，使网民更轻松地与其他主体进行信息沟通，网民更看重话语中的观点、态度，而不再像现实生活中那么依赖权威，这使网络话语权的平民化特征表现得极其鲜明。然而也有人认为，网络话语权同样具有严格的等级特征：从宏观层次上看，“数字鸿沟”的存在使网络话语权力的核心依然牢牢把握在掌控着优势信息及技术的国家或集团手中；从微观层次上看，即使是在某一网络社区的内部，依然存在话语权力的分层。有人以BBS为例探讨了网络话语权的等级特征：网管作为网站从业人员掌握最终的生杀大权；斑竹（版主）通过删贴、改贴、置顶等权限引导BBS的趣味和方向，是BBS上的显性掌权者；资深网民是BBS上说话影响力较大的一群人；而普通网民构成了BBS上数量最多却最没有影响力的“沉默者”。

无论平等与否，互联网已在一定程度上以它独立的意志建构了一个权力系统并与现实权力系统并行或交叉运动着，最终改变了现实政治的权力格局和运行状态。网络对现实权力的影响，这是研究网络权力的第二种路向。一种比较普遍的观点认为：互联网的发展削弱了现实世界中的权力。首先，网络传播促进了现实社会的分权化进程。在信息化的知识经济中，社会信息资源不再仅仅来自于官方，BBS、博客、即时通信已经成为了公众间最常用的信息发布及获取渠道，掌握了社会问题关键信息的公众随时具有参政议政的资格和条件，进而在政务信息公开、政治参与扩大等方面加速了政治权力的社会化进程。伴随着分权的现实，“分权心态正逐渐弥漫于整个社会之中，这是由于数字化世界的年轻公民的影响所致。传统的中央集权的生活观念将成为明日黄花。”公民权利，特别是以对抗公权力为主要功能的宪法权利的发展进入了一个新时代。其次，网络还引发了权力中心的转移。有学者通过对 2008 年中国具有国际影响力的重大新闻事件进行统计与分类整理，指出媒介权力正逐渐从大众媒介向公用媒介转移，而公用媒介的广泛使用“建立起了一个以网络化数字媒介为载体，有机混合了社会精英与普通大众的中间化信息使用及传播群体。这个迅速壮大中的媒介新社群主张不再以物质财富、地位、权力等传统标准来划分自己的阶层归属，而是将信息传播力与影响力作为更重要的价值尺度，其中主要包括信息沟通、意见表达及舆论整合的能力”，这一过程催化着社会结构沿着“金字塔型—离尖型—离端型—多元混合型—多元融合型”演变，而“揭露政治”是对公权力发起的最猛烈挑战。网络传播的草根特性不仅增大了个人权力的表达空间，也为网络群体提供了更宽广的活动平台。有学者认为：我们进入了网络结社时代，网络结社的出现适时地改变了结社问题上权利和权力的分布状态和力量对比，原有以严格登记为特征的立法模式不仅不能控制结社，反而会使网络结社游离于法律监管之外，主观目的和客观效果严重背离。而预防网络结社负面影响的理性选择却要从现实层面上着手，包括正视公民结社权、制定法律层面的结社法、降低成立社团的门槛、加强对社团的事后监督等。

（三）网络政治行为

由于网络上存在着两种主要的政治主体——电子政府和网络社群，网络政治行为也同样被主要划分为两类——网络管制和网络参与。根据互联网发展史及网络政治研究的总趋势判断，中国网络政治行为是先有管制后有参与，或者说公民的网络政治参与是在政府划定的框架下展开的。

互联网的匿名性、便捷性、全球互联性决定了它生而具备成为最自由、最草根的传播媒介的潜力。因此，对于“互联网是否应该管制”是学术界早期争论的焦点。近年来，学术界逐渐形成了一种共识：针对互联网管制，要回答的已不再是要不要管制？管制多少？而是对互联网的什么进行管制、怎样进行管制。人类社会从未存在无限的自由，自由的保障从来都存在于其对规则的让步之中。网络管制的研究始终以保护国家及个人信息安全，维护网络秩序为目的。从 2001 年到 2004 年间，国家社会科学基金项目课题指南中每年都将“互联网信息安全”和“互联网条件下的国家安全”单独开列，可见国家对网络安全立足于宏观层面。例如有学者围绕“信息安全、网络监管与中国的信息立法研究”课题撰写了一系列论文，重点讨论了信息时代宏观战略环境的变化并提出了信息立法的原则和内容框架。同时，学者们对个人隐私权问题也给予了一定关注，相关文献认为：网络时代的来临将使人置身于“玻璃社会”中，个人的隐私空间越来越小，隐私权常遭受他人的非法侵害，因此强调法律与道德双管齐下，网络立法和使用者的教育并重是有效保护网络隐私的有效途径；但文献同时指出：在现代社会中，随着公共空间的私人化与私人空间公共化的同步进行导致网络环境中的公与私之分成为一个动态的、辩证的妥协过程。在这里，“隐私权”成为一个暧昧不明的词汇，或许一位外国学者能帮助我们找到更好的处理方式：“将隐私权作为一种权利来对待，并以对待共同善的方式来加以平衡——或者将之作为共同善中的一种，而不要对之给予优先的关注。”

近年来，随着网络舆论力量兴起与网络群

体性事件的增多，“舆情防范”与“网络维稳”的话题越来越引发了各界的关注。有一批学者就网络舆情的预防预警机制、应急反应机制、分析甄别机制和跟踪反馈机制及各项具体分析技术都做出了有益探讨。为了更好地规范网络信息传播，防止网络舆情危机和网络群体性事件的爆发，学者们设计了不同的网络监控模型。根据主要控制阶段的不同，可以粗略划分为“预先控制模式”、“主体控制模式”和“后果控制模式”。第一种模式认为要在信息来源处设立关卡，这种模型的提出是基于对网络诈骗、网络色情、网络暴力等信息污染和违法行为普遍存在的认知，相关研究者主张建立系统的网络法律规范体系（包括网络信息传播基本法和各项专门法），推动网络立法的国际合作等；第二种模式提出要对事件爆发后的传播行为进行监控，持该意见的学者将网络“意见领袖”作为左右网络群体性事件的事态发展的关键因素，秉持“擒贼先擒王”的理念，主张第一时间找到意见领袖的位置并对其进行规劝或压制；第三种模式主张根据信息传播的效果制定管理方案，认为由于信息发布者与接受者之间存在经验差异，传播信息会呈现不同程度的“游离”与“契合”状态，换言之，网络群体性事件不一定会酿成网络危机，因此对其管制行为的政治与社会学判断，应该基于对具体传播效用水平的度量。

毋庸置疑，对网络信息的管制比对传统传媒的监管难度大得多，这主要出于三方面的原因：一是网络匿名性使网络责任主体难以明确；二是各国文化差异导致全球性互联网法规难以建立；三是互联网与生俱来的“特定性公共领域”属性排斥公权力的过多干涉，因此对网络信息的管制既不可能局限于一个环节一种方式，也不可能事无巨细层层监控。从1996到2005年，涉及互联网管理的法律法规近50部，但目前为止尚未有完整的网络综合管理条例；在互联网监管上，涉及到包括中宣部、国新办、安全部、文化部、新闻出版总署等在内的14个政府部门，但没有专门的网络管理部门对互联网实行监督，各部门也没有实际的执法权力对网络群体性冲突甚至网络犯罪进行调查和干预。网络监管主体的广泛性及程序的模糊化造成资源的浪费和规范的混乱。合理的互联网管制方案应该既能防范网络失序和网络犯罪的出现，又能促进网络公共空间和民主力量的生长。桑斯坦（Cass Sunstein）对此提出了很有益的建议：(1)保持网络规范在内容和观点上的立场中立；(2)拓宽网上民主商议的空间；(3)进行网络揭露；(4)鼓励信息提供者自律；(5)将网络管理权移交非赢利组织；(6)实行“必须刊载”规定以避免群体极化。

显然，网络管制并不排斥网络参与。网络政治参与是政治参与主体由于“利益”追求的驱动，以网络为载体，通过“互动”式的信息交流，进行利益表达，形成舆论共鸣，引起政府关注，促使参政目标实现的过程。目前的网络政治参与的研究主要集中在网络政治参与主体和网络政治参与影响两个方面。对网络政治参与主体的研究主要涉及三个方面：首先是对网络政治参与主体的特征研究。一种传统的观点认为：网络中的人大多是具备“双重人格的”，因为对网络的热衷和沉溺会孤立个人与家人的关系，减少社会交往，削弱个人的现实归属感。而近年来几位国外学者的实验成果对这种观点构成了挑战，他们运用最先进的网络技术，通过对联网居民与未联网居民长达3年的比较研究得出结论：经常运用互联网的人不仅在网上会表现得很活跃，在现实社区中同样表现出较高参与热情。在中国由于种种原因，民意通过自下而上的渠道进入决策层不够顺畅，而互联网以一种相对便利而有效的方式在政府高层与基层群众之间架起了一座桥梁，也同时为公民政治意识的成长提供了空间，使公民的政治效能感、政治信赖感和政治责任感都得到了提升。其次是对网络主体参与方式的研究。网络政治参与的主要形式包括网络利益表达、网络情绪宣泄(例如“网络民族主义”)、网络公共事件讨论和网络权力监督等。而事实上，以上4种网络参与形式之间并不是截然分离的，它们常常同时出现于同一个网络事件或活动中。中国网民在持续增加，但其政治参与水平良莠不齐，表现在论坛中的“潜水者”数量远远大于活跃者，网络议政水平不够，以“人肉搜索”为代表的网络暴力现象亦时有发生等。因此，如何培养成熟、理智的网络政治参与主体理所当然地成为了该领域的第三项研究重点，有学者认为，要使得网络公共讨论真正成为推进商议民主的空间，必须从民主观念、民主品质及参与方法上加强对网民的培养。

网络政治参与的影响渗透于公共决策、网络民主、伦理道德、文化安全、公共事件等公共生活的方方面面。中国网民现阶段的网络参与行为大多停留在话语层面，其作用主要表现在“网络舆情”的影响上。网络舆情对公共生活的影响一直是一个充满了争议性的话题，目前的学术界唯一能达成共识的是：网络舆情是一把双刃剑。比如对于公共决策，它既能提供“原生态”舆情基础，增加决策科学性，也可能由于舆论群体的极化效应而给公共决策造成错误诱导；对于网络民主，它既可以对公共权力进行有力监督，防止权力的腐败，又可能陷入“众声喧哗”的状态，使真正有价值的声音被埋没于无意义的口水之争中；对于公共事件，它既可能呼唤起网民的理性和热情，在汶川地震中表现出强大的支援力，也可能引发网民的集体无理性，陷入网络无政府主义境地……总之，要发挥网络舆情的积极作用，必须对其进行有效的引导和治理。目前对网络舆情治理手段的研究主要以监管为主,这从国内最早发表的“网络舆情”相关论文的标题可窥见一斑。实际上，从互联网迅速普及之初，国内对网络舆情的态度便是防御性的，直至现在，政府在鼓励公民网络参政的同时依然保持着小心谨慎的态度。

(四)网络政治文化

网络政治文化分为网络制度文化和网络精神文化两个层面，前者包括针对网络政治现象中的各种规则、政策、法规和道德规范等，后者主要包括网络政治信息、网络政治知识、网络政治心理、网络政治理念等内容，是网络政治文化的核心和精髓部分，在CNKI上输入关键词“网络政治文化”，检索到的论文绝大部分涉及网络思想政治教育，可见，网络文化的精神力量一直受到学界的特别关注。互联网文化具有民粹性和多样性，在解构权威的同时将人们推入了碎片化的文化语境，“商品权力话语消解了高雅文化的壁垒……将日常生活作为市场需求和世俗文化模式设定为当下社会文化的普遍原则，并力图将消费主义作为当代人生活的合法性底线”。互联网解放了思想的同时埋下了失序和混乱的隐患，于是，网络思想政治教育被置于网络文化管理的核心战略位置。

在网络影响方面，类似“互联网对高校思想政治工作的影响”、“互联网对大学生价值观的冲击”、“互联网对青年世界观的影响”等题目在CNKI上比比皆是。一方面反映出了网络思想政治教育研究热度之高，另一方面也反映出该主题研究成果在内容与结论上具有强相似性。对既有研究进行归纳，网络对青少年价值观的影响主要是负面的：(1)西方网络强势力量易诱发青年意识形态方向转向；(2)网络文化的全球性极易淡薄青年的民族国家意识；(3)网络文化的自主选择性易滋生青年极端自由主义；(4)网络文化的混杂性容易模糊青年政治价值评价标准；(5)网络社区的虚拟性容易削弱青年的道德人格；(6)对网络的沉溺易造成青年对现实人际交往的冷漠。

针对已产生的问题，学者们提出要从网上与网下两条路径出发，加强对青年人的思想政治教育。一种意见称对网络的挑战要从网上开始应对。他们中有的认为要从网络规范建设入手，加快网络立法，加强网络伦理、网络道德等各项规范；有的认为要走技术改造路线，提出要研发“德育课件”，用互联网技术和软件技术改造传统教育模式，使思想政治教育工作更加系统、生动和活泼；还有的认为要从更超越的视野上重构青年的“网络世界观”，引导他们对网络世界的本质及其与现实社会的关系进行正确评估。而另一种意见认为，网络思想政治是现实思想政治的一部分，对青年网络价值观的引导必须回归于现实。他们主张要在日常生活中用“三个代表”和科学发展观等重要思想构筑青年价值观基础，加强对青年国家意识、政治理想的培养，加强对民族精神的弘扬。

（五）网络政治民主

政治民主是政治发展的一种形式，也是建设有中国特色社会主义国家努力的方向。网络政治民主又称“电子民主”，是完全网络时代的民主新形式，它以发达的信息、通讯技术、网络及其相关技术为运作平台，以直接民主为发展趋向，以公民的全体、主动、切实参与民主决策、民主选举等民主运作程序为典型特征。网络民主主要关注三个方面的话题：

第一，网络民主的基本要素。为更清晰地界定网络民主的概念，学者们对网络民主的基本特征、发展动力、发展条件和主要内容都进行了详细介绍。从电子信息本身的特性来考虑，网络民主主要具备自发性、独立性、平等性、直接性和便捷性等特点。网络民主的发展动力主要可归结为现实社会的政治民主化、信息技术的高度发展以及经济社会的发展等。其发展还需要具备一系列基本条件，例如公民投票创制权（Ballot Initiative）的实行、电子民主相关技术的发展、电子民主下的制衡机制的完善等。有的学者把网络民主的主要内容概括为开放式的政府、广泛的公民参与和行之有效的社会监督。网络民主是信息技术与民主相结合的一种新形式，但绝不是两种新事物的简单嫁接，我们应该把网络民主置于信息技术对整个社会造成的结构性调整的大背景下理解。现代社会是“大民主”消解的社会，诚如托夫勒（Alvin Toffler）所说：大民主意味着各种“大众”的存在。大民主是以群众运动、大众政党和大众媒介为基础的……如果技术发展允许人们定制产品，如果市场可随意分割，如果传播媒介变得多样化并只为少数人服务，甚至如果家庭结构和文化变得越来越异质化，那么，我们为何要在政治上假定具有相同特性的“大众”的存在呢？随着“微型市场”的形成与政治群体的分化，“大民主”将逐渐被“镶嵌体民主”所取代。

第二，网络民主的作用。对于网络能不能促进民主的问题，学术界正反态度，各据一方。赞成方认为：互联网能提高参与式民主的质量。首先，互联网改善了民主的技术手段，开辟“电子民主”的新渠道；其次，互联网变革了民主的原则与机制，它是“多数派的统治加上少数派权力的融合”的全新的民主机制，“微型多数派”民主政治模式诞生；最后，网络政治参与的主体普遍具有较高政治素质。而反对方却认为无论是从技术手段、实现机制还是参与主体上，互联网都不会对参与式民主产生积极影响。首先，伴随着技术的进步，“信息鸿沟”将无可避免地出现，传统权力精英将让位于技术精英，有缺陷的技术官僚统治将被强化；其次，网络的蓬勃发展伴随着信息的膨胀和失真，“信息爆炸”的趋势容易招致两种危害——“无政府主义”的出现或政府对信息的过度监管；最后，网络政治参与的主体尚未成熟，“群体极化”以及情绪性民主将对参与式民主造成破坏。对于网络能否促进代议制民主的问题同样是双方各据一词，赞成方主要认为：网络能鼓励公民进行投票，推动权威整体民主转型；而反对方却针锋相对地指出：互联网并未改变投票衰减的事实，并且由于网络自身的缺陷和现实政治的阻力，不能高估互联网对民主转型的影响。我们认为，对于网络民主的问题，讨论的焦点不应该仅仅局限于网络有没有促进民主或者更多地促进了哪一种民主，或许应该为网络时代的民主进行重新定位，在消费主义、地方主义、个人主义盛行的大趋势下，如何避免“群体极化”现象的出现、如何有效发挥“镶嵌体民主”的作用、如何在更高层次上形成整合性的政治动议才是政治学者应该思考的问题。

第三，中国的网络民主问题。随着外国相关理论的大量引入和本土意识的觉醒，国内学者不再满足对他国经验的转述和一种宏观性的概说，他们开始将目光收回国内，寻找中国的样本。比如，以“孙志刚事件”、“强国社区”和“业主论坛”为案例，发掘网络媒体、国家政经论坛和基层民主自治中网络的民主力量；以两会为样本分析了中国政治参与的现状和新特点，指出网络博客将成为人大代表与民众沟通的新渠道。然而，网络民主始终要以现实制度为依托，以现实生活为基点，不能脱离中国历史、文化和国情，尽管当代社会累积性的不均衡性、不平等性、排斥性是网民热衷于网络表达的主要原因。同时，网络民主发展才刚刚起步，在政府治理、道德规范、法制建设和技术保障等方面还存在着不少问题，如何实现中国网民由娱乐型向公众型转变，还需要学界理性分析和形成共识。

网络政治研究的主要特点

纵观中国网络政治的研究历程和研究内容，可以看到如下几个方面的学术特点：

首先，研究主题由“一枝独秀”到“百花齐放”。可以看到，从1994年互联网首次登陆中国至今，网络政治研究一直集中在网络政治主体，确切地说集中于“电子政府与政务”方面，即使在被称为“互联网严冬”的2000—2002年，在其他领域论文几乎都小幅度下降的情况下，电子政府领域的论文数量仍保持持续向上的走势，并最终决定了网络政治研究总体趋势的上升，这暗示着中国的互联网研究肇始的工具主义趋向，网络仅作为技术手段被寄予了推动政府流程再造的美好期望，但这种趋势止于2010年。截至2010年9月的统计数据，网络政治主体相关的论文数量与2009年基本持平，但网络政治权力、网络政治行为、网络政治文化和网络政治民主方面的研究都出现了小幅度上扬，共同决定了网络政治研究的升温。其中，对网络政治行为的研究（主要包括政治参与和政治管制）首次超过了对主体的研究，预示着对互联网的关注从单纯的工具价值向文化内涵与现实影响转移。更难能可贵的是，网络政治的研究重点并不是在各次级研究主题之间进行线性转移，而是形成多维度、多领域同时推进的情况。各次级主题之间有较强的相关关系，例如对网络舆情、网络监管和网络群体性事件的研究往往被组织于同一个课题下，或在关键字检索时共同出现在某篇文章之中。次级主题间的交叉为学术交流提供了更多的联结点，并使网络政治的总体研究更加立体。此外，需要注意的是新技术很可能带来新的议题。以博客为例，21世纪初，博客技术的发展和博客理念的推广引发了国内各学界对博客现象的广泛关注，而微博发展势如破竹更是引起了研究者们的高度重视。有学者认为微博使信息发布门槛降低，极大扩张了信息传播者的数量；多元化的传播渠道在微博出现之后实现高度融合；信息内容关联性大、连续性强、形式多样化；传播速度更迅速；反馈信息时间更短；传播者和接受者的界限逐渐被模糊。这些特点使得微博在传播突发新闻方面具有其他媒体无法比拟的先天优势。随着近两年来微博的普及，网络治理研究也出现了新景观：自2008年第一篇直接以微博命名的论文发表至今，中国学术期刊网上可检索到与微博相关的论文已超过3000篇，有学者从传统媒体对微博的应对与借鉴、微博的新媒体价值及传播特性、对微博的发展前景预测、微博的"两会"与世博作为、微博的品牌竞争与赢利比较、微博介入教育及对话语权的影响、微博的社会学研究等七方面对相关研究成果进行了分类评述。那么如何在"众声喧哗"的时代加强政府的话语权，如何寻找微博中的意见领袖并与之达成有效合作，如何借助新媒体力量对传统媒体形成良性"倒逼"，这些都是网络政治亟待挖掘的主题。

其次，学术讨论由简单走向深入。互联网创造了一个与一言堂的环境截然不同的辩论空间，不同于传统媒体"先过滤后发布"的信息运作模式，网络以"先发布后过滤"的方式将信息遴选权利交给受众。研究对象相对包容和开放的特质提示着研究者同样需要保持广阔的研究视野和宽容的学术态度。自1994年至今，学者们就围绕网络政治进行过数次激烈的交锋：第一次交锋发生在2001年，焦点会聚于网络政治文化，就网络对思想道德教育的影响问题，学者们曾分化为"负面效用论"和"正面效用论"两派别。第二次交锋开始于2003年，集中于对网络监管的力度和方式问题。持"自由至上"观点的学者认为，中国的互联网处处充满了内容管制，中国政府惯用的"信息屏蔽技术"破坏了网络社会自由表达的氛围，部分管制行为超越了公共领域的边界，对个人隐私权构成了侵害；而赞成"严格规制"的学者认为，自由表达的权力并不具备绝对超越性，他们从国家安全、公共利益、社会稳定和人类繁荣等方面论证了网络内容规制的道德合理性。近年来，随着网络群体性事件爆发频率的提升，对网络管制的讨论又掀起新浪潮；最近一次交锋主要针对的是网络民主的问题，学者们就网络上是否存在真正的民主以及网络对现实世界的民主是否起到推动作用都进行过热烈的论争，并引发了对"如何进行公域与私域界限的划分"、"如何实现从娱乐大众到理性公民的身份转化"等话题的持续讨论。

最后，研究方法从引进走向创新。目前的网络政治研究成果重观点引进而轻理论创新、重宏观描述而轻深度调研、重理论探讨而轻实证分析、重质性分析而轻量化研究。此外，由于意识形态的不同，引进的著作与方法亦无法完全应用于中国网络政治研究，致使网络政治研究被填塞于狭窄的工具主义与形式主义视角中而远远落后于对网络经济、法律与伦理研究。然而，新媒体力量的壮大、网民规模的扩大、公共参与需求的增多与网络政策环境的相对放松将为网络政治研究松绑。众多相对敏感的学术领域，如网络群体性事件、网络参与和网络权力等在逐渐回归中国本位视角，并在方法上进入多元繁荣共存阶段。近两年，中国网络政治研究涌现了更多优秀的作品，如《众声喧哗》，作者就综合运用了案例分析法、内容分析法对互联网上的公私之分进行了探讨，并利用其自创网站进行观察和实验，积累研究的第一手素材。也有学者借助结构功能分析方法、规范分析方法和实证分析方法对中国政治博客及其公共治理进行了深度研究。还有学者借用生态学理论和方法，将互联网政治生态系统共分为五大子系统：网络政治舆情系统、网民系统、手机用户系统、传统媒体系统和电子政务系统，并以南京"天价烟"事件为例，对该生态系统模型的互动机制进行了细致解析。此外，还有学者在讨论自发性网络政治动员的治理问题时，在西方国家“法治中心模式”和“技术中心模式”的基础上创立了颇具中国特色的“人民战争式”的政治中心治理模式，实现了从“大海捞针”、“围追堵截”到“张网以待”、“顺藤摸瓜”的战术转变。以上种种努力共同说明，未来中国的网络政治研究不仅仅停留于对互联网政治的“泛世界性”概述，而且更关注作为网络政治载体的中国政治生态，其研究与实践的深入也将反过来推动互联网的“复魅”趋势，这是“结构性反身性”在信息时代的具体表达。

网络政治研究的学术展望

如果说以往的研究为中国网络政治研究打下了一定基础的话，那么网络政治下一步的研究将会更加科学化、精细化和深度化，表现为如下几个方面：

在研究形式方面，将会更注重三方面的结合，一是理论研究和经验研究的结合，比如有人从理论到现实，通过分析“网络政治”的特点及对地方人大工作的影响，提出“网络政治”背景下地方人大制度创新的具体方案，也有人通过对网络现况的剖析发展理论，微博的聚合效应就是“长尾理论”的最佳脚注；二是宏观研究和微观研究的结合，网络政治将不再以一个集合名词的身份出现，它往往被解构为网络舆论、网络危机、网络群体事件等主题，甚至被“互联网‘人肉搜索’中的侵权行为及其规范”、“网络政治话语‘被XX’的多元解析”等更为细小的话题所代替，研究者常通过这些具体的事件和细小的领域来透视网络政治的宏观环境；三是质性研究和量化研究的结合，如果说过去的网络政治研究更侧重于回答“网络政治应该是什么”、“实际是什么”、“正在发生怎样的变化”诸如此类的问题，那么现在以及未来的网络政治研究将能以更加精确的数据，更专业的测量解读互联网所发生变化，包括变化的向度、深度、广度等等。此外，深度研究将比过去更为需要，研究者不再满足于对现象的“白描”，他们会用思维的锐利刀锋进行手术式“深描”，寻根问底是学者们更感兴趣的事，解释性研究的比重在逐步上升。

在研究内容方面，将会注重于网络舆情管理、网络民主参与、网络阶层分化（意见领袖与被动公众）、网络议程设置、网络风险管理方面的研究。在网络舆情管理方面，对谣言的管制一直是研究的重点，这主要与网络舆情诱发群体性事件的可能性密不可分，未来对网络舆情管理的研究热度也会持续下去，随着信息技术的不断进步，对舆情的跟踪、监控和筛选等环节的研究将会细致化；网络民主同样会是热门的话题，但议论焦点将跳出是非之争，向实质性的方向发展。比如网络时代微博问政的具体方式，网络民意调查的实现可能，网络选举的机制构想等都将列入讨论范围；对网络意见领袖的关注并不会因为微博的出现而被削弱，恰恰相反，由新技术革命而引发的新的结构性不平等将导致“网络政治分层”的话题重新进入研究者的视野；而重大事件上网所产生的现实影响的逐渐增大，如网络反腐、网络伦理事件的频繁爆发，将会推动研究者将很大一部分注意力投入到网络议程设置、危机管理及网络伦理教育等方面，加强网络舆情引导能力和网络危机公关能力是网络工作者不可松懈的任务，这不仅关系到网络秩序的稳定还同时影响着现实中公权力的形象及社会的整体性和谐。

在研究方法方面，将会注重微观研究和实证研究，重视采用SPSS软件等研究工具，强化案例研究、定量研究、比较研究以及话语研究等方法。过去对网络舆情的研究中，“词频检索”、“内容分析”便是最常用的分析技术，有人就通过关键词搜索和排序，建立了互联网内容与舆情的热点、重点、焦点、敏点、频点、拐点、难点、疑点、粘点和散点等十个分析模式和判据，借以观测互联网内容与舆情内在的深层结构和关系及其各自的演化规律和条件。类似的定量研究和案例研究方法将逐渐扩散到网络政治研究的其他领域，比如通过对“蔡铭超拍购兽首”事件在强国论坛的讨论帖检索来分析网络讨论的理性程度。通过微博在两会中的具体应用分析网络参与的具体水平等等，网络政治将走出长篇累牍的形式主义描述，逐渐走向入木三分的“厚描”时代。我们将乐观地看到，社会科学研究多学科融合的趋势将为网络政治研究提供更多的研究视角，互联网在中国的普及和大力发展将掀起网络政治本土化研究的热潮，这种跨时空、多角度的透视将使网络政治研究成果变得更加立体、丰满、深刻。

我们相信，网络研究学术领域的进展与信息技术的进步、网络市场的繁荣成正相关关系，新媒体技术的飞速发展和消费需求的持续增大将创造出新的研究热点，并刺激着网络政治在研究层次和研究方法上的持续改进。网络政治研究将以其蓬勃的生命力成为未来政治学研究最富活力的学术领域。

（作者单位：广州大学公共管理学院）

（节选自《政治学研究》2011年第4期，标题有变动）

当代中国政治的科学发展：寻求民主实现形式的最优次序与发展重心

程竹汝

在政治领域，中共中央“十二五”规划建议重申了“十五大”以来的一系列方针、政策和发展战略。政治发展的核心命题仍定位于加强社会主义政治文明建设。具体而言，即坚持党的领导、人民当家作主、依法治国有机统一，发展社会主义民主政治，保障人民知情权、参与权、表达权、监督权；坚持我国业已形成的“四项”基本政治制度；全面落实依法治国方略，加快建设社会主义法治国家。在“十二五”的指导思想上，我们应当坚定推进政治领域的改革，加快构建有利于科学发展的政治体制机制，以此作为推动发展的强大动力；在发展目标定位上，将“社会主义民主法制更加健全，人民权益得到切实保障”作为主要目标。

在当代中国政治发展的民主方向上，科学发展同样也是重要的。就此而言，寻求社会主义民主实现形式的最优次序和发展重心当是我国政治实现科学发展的一个重要环节。

今天的中国社会，人们关于民主重要性的认识已经达到了相当的高度。党的十七大报告提出的命题——“民主是社会主义的生命”就代表了这一认识的高度。其意指明社会主义事业的发展是不是可持续的，是不是有生命力的，取决于社会主义民主的实现程度。

在理论上，长期以来我们习惯于强调民主的本质或性质，有意无意地忽视民主的实现形式；我们在批判资本主义民主由于经济社会的不平等而成为徒具形式的“抽象”民主的同时，理论上又走向了另一种“抽象”，即离开民主形式而空谈民主本质的“抽象”。马克思主义关于民主政治的基本思想不仅包括民主是一种国家形式，具有阶级性的观点；而且包括民主的国家制度是“人民的自我规定”和“人民自己的作品”的观点；还包括民主需要特定的形式，如代表制、普选制、社会自治、大众政治参与监督制等。综观数百年来人类社会的民主史，我们可以从中分辨出以下数种能够有效表达民主的形式：选举民主、议会民主、参与民主、宪政民主等。在民主政治的实际运行过程中，上述民主实现形式各有其自身独特的意义。选举民主的意义主要在于为政权提供合法性；议会民主的主要意义在于权威决策；参与民主包括协商民主的意义在于影响公共政策；宪政民主的意义则在于规范权力和保障公民权利。事实上，这些民主实现形式在我国的现实中都是存在的，并且在党的代表大会报告中也进行过直接或间接的概括（人民民主通常包含着议会民主和参与民主两种形式；宪政民主则包含在法治国家的理念中)。因为各种民主实现形式的意义具有独特性，所以它们都是不可或缺的。然而，由于各种民主实现形式的历史前提存在着差异以及其与社会秩序的关联程度不同，各种形式的现实发展也表现出了不同的情形。从一定意义上讲，现代社会的所谓政治发展特色也就是上述数种民主实现形式表现出的不同的结合方式。在科学发展的意义上，当前中国的政治发展，重在寻求民主实现形式的最优次序，对各种民主实现形式的建设必须有战略、有重点地进行。

一、选举民主的发展应特别讲究战略和策略

选举是民主的首要实现形式，是政权合法性的基础。选举民主程度低是西方舆论把我国排除在民主国家之外的主要理由，其实也是国内许多人对我们眼下的民主缺乏自信的原因之一。民主的首要实现形式不仅意味着选举绝不是可有可无的，而且特别意味着它是其他民主实现形式的重要基础，对其他民主实现形式存在着一定的影响。同时，在各种民主的实现形式中，选举民主又是与社会秩序关联程度最高的，加之我国超大的选民规模、现代选举文化的缺失等，这些现实性因素又使得选举民主不可能在短时间内得到充分发展。

就上述实际而言，选举民主所涉及的以下三个问题将会长期困扰我们，对此我们应有清醒的认识。一是直接选举的范围问题，即狭小的直接选举范围与民主政治发展的矛盾问题。在选举制度的选择上，直接选举受制于一系列客观条件的影响，当然也受制于我们对这些客观条件的判断。二是选举的竞争机制问题，即选举的动力机制与政治秩序的矛盾问题。就选举的本意来说，选举就是择优，这要求对候选人进行较全面的比较，而要做到这一点，除了在选举中安排竞争机制外，不可能再有其他的办法。但是，引入竞争就会产生矛盾，矛盾就会影响秩序；矛盾失去控制还会导致政治危机。三是选举的实际政治效应问题，即选举的实际意义与选举的规范意义之间的矛盾。从理论上来说，选举制度所要达到的实际政治效应是多重的：其一是为政府权力提供合法性；其二是为公民参与公共政策选择提供机会；其三是为公民监督代表和政府提供动力。在我国选择的实际过程中，由于缺乏相应的机制，选举充其量只为政府权力提供了有限的合法性；而公共政策的选举效应没有充分显现出来，也正是因为这一点，既影响了公民参与选举的热情，也影响了他们监督代表的动力。

客观而论，我国选举民主的低程度发展是有历史和现实原因的。归纳起来，这些原因有“国情”因素以及选举与社会秩序的紧密关联程度等两个方面。

首先，关于国情因素，邓小平说：“像我们这样一个大国，人口这么多，地区之间也不平衡，还有这么多民族，高层搞直接选举现在条件还不成熟，首先是文化素质不行。”孙中山也有类似的思想，所以他提出的国民政府有军政、训政、宪政三阶段说。今天，有人不同意这种观点，认为上述历史和国情的理由其实都是不能成立的。第一，人口众多、幅员辽阔这一自然条件是永远不会改变的，如果这一理由成立的话，就等于宣告中国将永远不可能实现普遍的直接选举了。而同样人口众多、幅员辽阔的其他国家如美国、加拿大等，早在多年前就实行了直接选举。第二，经济文化落后的理由更是不能成立。因为在当今180多个国家的议会中，一院制议会和两院制议会中的下院，除了大约六个国家的议会外，其余国家的议会都是经过直接选举产生的。难道说我国是世界上经济、文化最落后的国家吗？资本主义国家在一、二百年前就实行了国会议员的直接选举。难道说今天的中华人民共和国公民还不如一、二百年前资本主义国家公民的素质高吗？其实，这样的观点只从静态比较的角度看到了问题的一个方面，如果我们从历史发展的动态角度看，这些诘问背后的观点就很难成为一个结论。第一，人口众多、幅员辽阔肯定是选举民主发展的不利因素。仅就组织选举而言，选民规模和区域大小不同，组织选举的难易程度就会有很大不同。第二，资本主义国家选举民主的发展是渐进的，他们的选举民主发展中所遇到的问题可以有长时间缓冲的条件。比如，它们的选民资格是逐渐开放的：财产的、性别的、种族的限制是在漫长的时间里逐渐取消的。在那里，直到上个世纪中叶公民身份才算真正普及了。这样的条件即以限制选民资格来缓解选举与秩序矛盾的方式，今天的中国不可能再有了。也就是说，资本主义国家在一、二百年前选举民主的发展是在“早发内生”的历史条件下进行的，不存在像我国这样的“后发外生”的历史条件和“赶超战略”的历史任务。因此，不能脱离现实的历史条件和发展环境来看待我国选举民主的发展。

其次，关于选举与社会秩序的关联。从历史上看，发达国家的选举民主多是建立在社会竞争和冲突这种相对较大的社会代价基础上的，常常表现为在发展进程中社会冲突加剧，政局不稳，以及竞选时社会资源的大量耗费。在引入竞争性选举制度的发展中国家，那里长期的社会不稳定给人印象深刻。在中国这样一个超大规模的社会中引入这样的制度是相对困难的一件事情。单就经验认识而言，可以说以社会竞争和冲突为基础的选举体制，其社会代价与社会规模是成正比例的。社会规模越大，这种体制的社会运作的代价就越高；体制运作所需的制度性的、技术性环节就越多，而每一环节都会客观地影响这一体制的实际社会效果。这两方面的因素相叠加，可能使这种体制在相当长的时间内很难达到它的目标。李泽厚先生断言：“目前在中国搞一人一票的总统普选、多党、议会制，就会天下大乱。”

如何看待和对待选举中的竞争机制，是我国政治发展中的一个战略问题。第一，选举中没有竞争行不行？选举是公民授权的一种形式，公民授权的真实意思表示只能建立在候选人比较优势的基础上，而选举中的竞争机制则是这种比较优势格局得以形成和公民有条件做出选择的前提。因此，没有竞争的选举从来就不是完全意义上的选举。这样的选举充其量只能使权力获得十分有限的合法性，而基本上无法达成更好的效果，即公共政策的形成和监督机制都有先天缺陷。因此，就选举所要追求的政治效应而言，选举中没有竞争机制是不行的。第二，竞争是人类社会普遍存在的一个规律，是社会发展的基本动力。人们只能通过一定的制度控制竞争，而不可能消灭竞争。恰当地利用竞争规律，促进政治和社会的发展，是人类文明史中的一个重要经验或普遍现象。选举必须与一定程度的竞争机制相结合是选举民主的规律所在。第三，竞争必须适度，必须与国情和政治现状相适应。这涉及在什么层面上引入竞争机制的问题。在政治领域中，由于国情和政治现状等因素的影响，竞争机制可以在不同的层面运行。就此而言，竞争机制绝不应适用于政党政治领域。在这一领域里，我们已经建立了具有中国特色的多党合作和政治协商制度。而与人民代表大会有关的选举领域，都应该逐步引入适度的竞争机制，这一层次的竞争不可能对宏观政治秩序产生太大的影响。

选举中的秩序状态取决于多种因素，其首先是与选举相关的各项规则安排的是否科学和符合实际；其后是这些规则的社会化程度或人们习惯上遵从这些规则的程度。一般而言，由于相关规则的科学安排和人们养成遵从规则的习惯都存在着一个历史过程，因此，最初实行竞选的地方,或多或少都会出现一些看上去“混乱”的现象，但随着制度的多次运行，相关规则和行为文化的逐渐一致，必然使得人们担心的那些“混乱”现象逐渐消失。这也正是那些最初在选举中引入竞争机制的国家和地区表现出来的普遍规律。

发展选举民主，一方面，我们必须从战略上重视选举民主的相关条件建设。选举民主是我们政治发展的目标之一，但必须渐进有序地推进。这包括:继续推进基层自治意义上的选举，培育民众直接选举的意识和能力；在目前直接选举范围内，有限(有序)、渐进地引入竞争机制。另一方面，我们必须优先发展成本较为低廉的其他民主形式，比如宪政民主、参与民主、协商民主等方式。

二、议会民主的发展重在充实与开发现有制度资源

在各种民主实现形式中，人民代表大会所展现的代议民主是我国最正式的、最具核心地位的民主形式。所谓最正式，是指它是由宪法确定的人民主权形式；所谓最核心，是指与其他民主形式相比较，它处于核心的地位，它的发展对我国民主政治具有极其重要的意义。概括起来讲，人民代表大会的民主功能有三：一授权，即将人民授予的由人大集中行使的抽象政府权力转换为具体的政府权力，如立法、行政、司法、军事等；二代议，即代表、平衡社会的各种需求并将其转换为权威决策；三监督，即保障上述具体政府权力的行使及权威决策的推行符合授权的目的和原则。这些功能的充分发挥是以人大的各种民主机制为前提的，就此而言，我们可以看到我国代议民主存在着巨大的发展空间。比如，在人大与社会的关系上，各级人大及人大代表与社会的联系尚不够紧密，社会中的各种利益表达进入人大的机会甚至远不如其他的制度通道（如信访）；在人大集体行使权力的场合，积极活泼的讨论、辩论、批评氛围仍较为缺乏，或者说，作为代议机关所必然要求的民主工作作风明显不足；在人大与“一府两院”的关系上，监督弱化又是一个长期存在的问题。审议报告和质询是人大监督的基本制度，而在改革开放以来人大制度正常运转的六届全国各级人大会议中（约9万余次会议），工作报告未获通过的仅两起，并且针对的都是法院的工作报告；这期间，质询案虽然从无到有，影响越来越大，但在数量上仍然偏少。

人大职责履行得如何，尽管有多种判断标准和不同看法，但一般而论，授权与监督是否处于平衡状态则是一个最基本的判断标准。因为授权是有前提和目的的，只授权而没有相应的控制和监督，就无法保障权力的行使符合授权的前提和目的，这个授权就有可能是低效的、无效的甚至是有害的。因此，授权与监督的平衡是人大职责履行中必须重视的一个大问题；或者形象地说，监督权占人大权力总量的百分之五十是一个应该强调的合适比例。对人大来讲，监督权来自于它作为权力机关的责任，来自于它要间接地向人民负行政与司法方面的责任。在人大职责的履行中，监督权绝不是可以不作为的。本质上，人大监督权可以被看作是公民监督的一种形式。各级人大，特别是各级人大常委会能否对“一府两院”进行有效的监督，在根本上关系到人民授予人大及其常委会的监督权能否实现。人大监督权，从根本上说是人民当家作主、管理国家事务的政治权力。在现实性上，监督权更有其独特的意义。

人大授权与监督失衡的根源无疑是体制性

的。在人民代表大会制度中，包含着下列一组关系：选民与代表的关系、作为个体的代表与作为整体的代表大会的关系、代表大会与“一府两院”的关系、“一府两院”与公民的关系等。在这样一个连续性政治权力的形成和行使过程中，政治权力是否能够被规范到服从选民的要求或为人民服务的轨道上，在很大程度上依赖于相关的制度、规范、机构的科学设计和安排，依赖于这样的安排对政治权力的导向。在上述几组政治关系的体制运行中，存在着一种普遍的“体制性倾斜”或权力失衡现象。这种现象指的是上述每一组关系的体制运行实际上都存在着向后一方：公民——代表——代表大会——“一府两院”的倾斜。理论上，这种倾斜是一种可以称得上抽象权力向具体权力的倾斜。它反映了我国政治体制对政治权力的规范处于某种失衡状态，比较注重权力的形成即授权，而对权力的行使监督不够。人大授权与监督的失衡就是这种“体制性倾斜”的集中表现。

改变授权与监督的失衡状态，强化人大监督职责，基础性的工作之一是重视培育我国公民依法行使监督权的兴趣和能力。所谓公民监督权是指公民依法享有的对国家机关和国家公职人员行使权力、履行职责等行为进行监察督促的权利。在性质上，它是人民主权的基本表现之一。公民监督氛围的形成既是强化人大监督的动力和压力，也常常是启动人大监督程序的直接材料和原因。没有公民监督作为人大监督的社会环境，人大监督权的发展就会受到根本的影响。另一个应该重视的基础性工作是营造人大会议中的批评氛围。人大主要是以会议的方式开展工作的，会议中进行适度的批评是人大作为权力机关的当然要求，也是人大履行监督职责的现实前提。缺少公共生活中的批评氛围，设计再好的民主制度也很难发挥它的作用。人大民主空间的开发将使我国民主政治的面貌出现重大改变甚至是焕然一新。

三、参与民主的发展重在保障利益表达的有序与畅通

所谓参与民主就是人民群众通过各种方式对公共事务表达自己的意见和主张，目的在于影响公共政策。在广义上，它与利益表达是大致相同的一个概念。根据表达的内容，政治参与可分为两类：一类发自于自身直接的利益需求，叫利益参与；另一类发自于对公共利益的需求，叫公共参与。党的十七大报告要求：“从各个层次、各个领域扩大公民有序政治参与，最广泛地动员和组织人民依法管理国家事务和社会事务、管理经济和文化事业。”与其他民主实现形式相比，参与民主的独特性至少有两个方面：一来它是最接近民主本源即直接民主的一种民主实现形式；二来它是日常生活意义上的、随时可以表现的民主形式，而不是像选举民主那样要受任期的限制或像议会民主那样要受集体行动的限制。

从理论上来说，政治参与的方式有多种：制度内的、制度外的，个人性的、组织性的，制度化的、非制度化的等。在既定的时期相对这些方式，人民对政治的影响可以被看作是一个常量。也就是说，当人民有较充分的机会通过制度内的方式进行利益表达时，他们就不会倾向于选择制度外的方式；当通过个人的利益表达方式可以产生效果时，他就缺少进入组织的动力；同样，当制度化的利益表达方式处于主流状态时，人们就不必要诉诸于非制度化的方式。一般来说，由于制度内的、组织性的和制度化的政治参与方式在很大程度上解决了参与的有序性和有效性问题，所以它应该成为参与民主的发展方向。一个社会越是为人民影响政治提供了较多的制度内通道，允许、至少容忍较高程度的组织性参与，并设定了较周延的制度化参与的程序条件，它的民主政治程度也就越得以发展。

一段时期以来，我国的政治参与形势出现了较为复杂的局面：伴随着暴力性的群体性事件时有发生，信访中的缠访、闹访不断增多，有序政治参与面临考验。政治参与的“有序”成为政治生活中的一个焦点问题。那么，什么是政治参与的“有序”呢？一般而言，所谓有序政治参与就是不会对既有的生产、生活秩序产生负面影响的参与。具体来说，其界限大体有三：一是有序的上限，即符合政治参与的管理秩序，比如集会游行要经过批准，信访要遵守程序等；二是中限，即符合社会一般的法律和道德秩序，比如即使未批准的集会也不能堵塞交通，即使未遵守程序的信访也不能够以自虐的方式进行要挟；三是底限，即任何政治参与的方式都不得使用暴力。理想中的有序是上述三个界限的统一。另外，政治参与还有一个适度（妥协）的问题，它与我们常说的社会承受力相关，无度的政治参与就是民粹主义。

培育有序政治参与的政治条件和社会氛围，首先，应加大公共政策和政府行为的透明度，实行政务公开。特别对于涉及公民切身利益的政策，要加大宣传的力度，尽量做到相关信息的及时和准确的传播；落实重大事项公示制度、听证制度、专家咨询制度。要善于利用互联网这个非常有效的传播工具。只有真正的政务公开和保障公民享有知情权，才能为有序、有效的政治参与提供基本前提条件；其次，应培育公民有序政治参与的意识和能力。从历史或者以往多次公共参与的重大事件来看（如瓮安事件、通钢事件等），说我国公民在一定程度上缺乏有序政治参与的意识和能力是不过分的。培育公民有序政治参与的意识和能力（理性能力、妥协能力），一靠教育，二靠规范。从战略上讲，要将这样的教育和对行为的规范纳入到学校教育、家庭教育、社会实践和管理等政治社会化的全过程中来，使公民具有在法律秩序的前提下进行政治参与的明确意识，形成对自己政治行为负责的素质，具备控制自己政治参与行为的能力；再次，应扩大政治参与的制度通道，保证政治参与的制度化和有效回应。就制度安排而言，应该说我国政治参与的基本制度框架是有的，但是这个框架的配套性差，制度化程度低，落实到具体操作环节上时，往往停留在空泛的原则上，最终形成了利益参与的主渠道是信访、公共参与的主渠道是网络的局面。十七大报告强调要从各个层次、各个领域扩大公民有序政治参与，其实也是有针对性的。扩大政治参与的制度通道，一是要强化人民代表大会，特别是基层人大反映选民利益和意见的功能。应该说人大是公民政治参与最重要的制度通道。要使这条通道能够真正发挥作用，就必须使人大有能力解决问题，特别是政策层面的问题。二是要支持工会、共青团、妇联、各种非政府组织依法开展组织化参与。组织化的参与是实现有序的有效形式。扩大公民有序的政治参与还必须加大制度建设力度，因为公民有序政治参与的前提是“合法”，因此建立和健全相关的法律法规就显得尤为紧迫。改革开放以来，我国在立法方面取得相当大的成就，但是，重经济轻政治、重实体轻程序等现象尚未根本解决，尤其是涉及政治生活方面的立法还远远不能满足现实社会发展的需要。我们应抓紧落实有关公民政治权利的立法和其他有利于扩大公民政治参与的立法，诸如新闻出版法、社团法、舆论监督法、公民参政法、公民举报法等。

四、宪政民主重在优先发展

尽管人们在多个意义上使用宪政一词，但宪政最一般的意义则是指以规范政府权力为手段、以保障公民权利为目的的一整套制度。在我国，宪政民主的概念通常包含在依法治国的概念和逻辑中，即依法治国不仅应该在经济社会领域实行，由于政治领域对整个社会的统领地位及作用，它更应在政治领域推行。政治领域的法治就是宪政。故从法治发展的意义上讲，宪政还是法治的政治基础，它的形式表现为在国家基本政治制度领域将政治问题转化为法律问题，使法律对“政治权力”形成规范状态。有人不同意在中国讲宪政民主，认为宪政就是西方国家的政治模式，其实这实在是一种常识性的误解。作为规范政府权力和保障公民权利的制度体系，宪政在不同国家当然会有不同的表现形式。中国与西方国家的表现形式不同，即使在西方国家，那里也存在着不同的宪政形式。我们决不能否认中国存在一个规范政府权力和保障公民权利的制度体系，即宪政民主的形式。这些形式如依法执政原则、法治政府制度、行政诉讼制度、公益诉讼制度等。

与其他民主实现形式相比较，宪政民主的特点有二：一是它是制度化的、程序化的；二是它与公民权利存在着直接的关联性。这两个特点要求我们必须重视宪政民主在中国政治发展中的优先性。有序性是民主政治进程的一大难题，但在民主的各种实现形式中，宪政民主是最服从秩序的，它可以为其他民主实现形式提供有序的保障，因此，民主政治的科学发展应确定宪政民主的优先地位。同时，各种宪政制度与公民权利存在着一定的直接关联性，基于公民权利的动力机制，宪政制度运行的保障是日常的、较充分的，从而也是有效的。

就大国治理而言，宪政民主发展的优先性是相对的，特别是相对于其他民主形式而言的。改革开放以来，我们对民主和法治及其关系的认识不断深化。最初，有关民主和法治（制）的提法是：发展社会主义民主、健全社会主义法制；民主是法制的基础，法制是民主的保障。党的十五大又提出了依法治国，建设社会主义法治国家，逐步实现社会主义民主的制度化、法律化。后来，有关政治文明的论述强调的是党的领导、人民当家作主与依法治国的统一。而在今天有关和谐社会的阐释中，民主法治也被看作是和谐社会的第一位要素。上述认识和提法的一个显著特点就是始终将民主与法治结合在一起。从宪政的角度讲，这些认识和提法之所以是正确的，就是因为政治领域的规范性要素始终被看作是民主发展不可缺少的。但是，在发展的策略上，宪政民主发展的优先性应该得到确立。首先，社会进步和发展的历史前提是秩序的稳定，而只有宪政发展才能提供这一历史前提。与中小国家相比，由于影响大国社会稳定的因素更加复杂和多样，这一历史前提对大国来说也就更加迫切和重要。这一逻辑也是近代以来世界各国政治发展的历史提供给我们的一般经验。正是基于这样一种经验性的认识，有学者提出了中国政治发展的理想模式：经济发展——法制和司法改革——法治建设——自由权利与公民社会——民主选举——行政与政治革新——经济发展。在这个发展的“圆圈”中，宪政涉及第二和第三环节，它无疑处于基础和前提的地位。其次，其他民主形式都是以选举和一定程度上的社会动员为基础的，它是社会成员利益和观念分化状态的表现形式。因此，像现实中许多国家表现出的情况一样，其他民主形式总是与社会分化、动员、冲突等相关联的。而为了使民主成为有效的政治形式，也为了将分化、动员、冲突控制在秩序的范围内，宪政发展必须先行。对中国这样一个处于民主时代的大国来说，上述发展逻辑是必须引起注意的大事情。

（作者：中共上海市委党校教授、博士生导师）

（选自《政治与法律》2011年第2期）

中国式民主的
主体复合结构与综合推进战略

佟德志

与改革开放的“中国模式”相对应，“中国式民主”越来越成为中国政治体制改革的关键词，这反映了中国政治体制改革的最新进展。同时，随着对上述主题研究的不断深入，中国式民主也代表了一种全新的努力，即以一种更高、更宽、更全的视野来看待中国的民主政治建设。基于这样一种理论与实践上的考虑，中国式民主的结构问题就变得格外突出了。

一、中国式民主的主体复合结构模式

在中共十七大报告中，中央总书记胡锦涛在总结改革开放的经验时指出了中国改革开放取得成功的十大结合，这是迄今为止中国共产党对改革开放经验最明确、最完整的总结。如果把这十条总结体现出来的精神实质作一个通盘的审视，我们会发现，无论是总体方针的确定，还是体系结构的搭建、目标价值的定位，中国的改革开放都表现出复合结构。中国改革开放的这种复合结构直接决定了中国政治体制改革的复合特征。“把尊重人民首创精神同加强和改善党的领导结合起来”，“把坚持独立自主同参与经济全球化结合起来”，“把推进中国特色社会主义伟大事业同推进党的建设新的伟大工程结合起来”等论述直接突出了中国式民主政治的主体复合。

从总体上看，我们可以把一个社会的政治主体区别为个体、社会和国家三大方面，三大主体既彼此独立，又互相影响。从现代政治主体的基本特性来看，个体强调自由，社会强调自治，国家则强调权力，这构成了各自的本质规定性，即轴心原则；同时，这三大主体之间又存在着互相影响的一面，个体通过权利进入社会和国家，国家则通过权力返回到社会和个人的领域，形成轴心原则的辐射效应。社会主体的这种状况对民主政治有着重要的影响，从而使民主政治表现出主体轴心结构：一方面，由于不同主体均遵循自身的轴心原则，其与民主原则发生作用的形态使得民主呈现出多元特征；另一方面，民主也会对三大主体形成不同的影响，从而使主体调解自身，提高自身的民主性。由于主体之间的差异，不同主体在民主政治建设过程中所起的作用是不一样的，民主政治的健康发展离不开不同主体的综合作用。这就是民主政治主体轴心的复合效应。

民主政治的主体轴心复合效应在中国民主政治建设的过程中得到了明确的体现，同时也成为中国民主政治发展的基本经验。从政治主体的角度来看，中国民主政治建设是多元力量参与的复杂进程，仅仅从某一主体出发对其作出解释是不可能的，也是片面的。就中国民主政治已经取得的成功经验来看，坚持中国共产党的领导，从国家层面推动政治民主是主要的；同时，发挥其他政治主体的能动性，培养公民文化、培育公民社会对中国民主政治发展的意义也越来越突出。

1．国家权力与公民社会

一般来讲，国家权力的民主建设是最重要的政治民主，国家权力的民主化会从总体上为个体自由和社会自治释放更为广阔的空间；然而，对于现代民主政治来讲，仅有国家层面对民主政治的建构是不够的，还需要有个人层面的自由追求和社会层面的自治组织。在三个主体间关系的问题上，现代民主政治更强调了国家与公民社会的分离与互动。一个强大的公民社会不仅是个人自由上升到国家民主的过滤器和放大器，还是国家权力与个人权利纠集与转换的稳定器和缓冲器。

就民主政治的基本主体动力来看，国家与公民社会显然代表了两种不同的力量，表现为两种不同的道路：一是从国家的角度推进民主，由于国家主体本身的内在规定性，结果会表现为国家层次的民主；同样，如果从公民社会的角度推进民主，其结果会表现为社会层次的民主，这也是由公民社会的内在规定性决定的。对于健康的民主来讲，这两种民主显然都是不可或缺的。但是，在民主政治建设的不同时期，不同的主体会表现出一定的优先性。一般来讲，在一个民主制度建设的初期，国家层次的民主会在制度建设、宪法架构等方面表现出优先性。但是，如果一味地强调国家在民主政治建设过程中的作用，不仅会增加国家的负累，出现政府职能的错位、越位等现象，同时还会挤压公共生活的空间，甚至侵入个人领域，以民主开始，以专制告终。

新中国成立以来，中国的民主政治建设一直以国家为主导。但是，随着中国民主政治建设的不断深入，公民社会开始登上民主政治建设的舞台，并发挥越来越重要的作用。越来越多的非政府组织（NGO）、非营利组织（NPO）以及其他多种多样的社团在中国民主政治的舞台上发挥着越来越重要的作用。尽管国家本位的民主主体特征没有从根本上得到改变，但国家—社会复合格局已经开始形成，并且越来越重要。

公民社会的成长使得中国在国家形态的民主之外出现了一种特殊形态的民主：“非国家形态民主”，即发生在市民社会和自治活动领域而不是在国家生活之中、不体现国家权力关系的民主形式。这一民主形式广泛地包含了村民自治、居民自治、公有制企事业单位民主管理，以及军队中的“三大民主、社团的民主管理等民主形式”。把这种“非国家形态民主”作为当代中国民主建设的突破口的认识实际上是强调了公民社会在民主化进程中的力量，认可了国家与公民社会在民主化过程中的复合作用。事实可能是，现代民主的产生是以国家与社会二元分化为前提的，但其成长却有赖于两者之间的协调、平衡或合作，有机的公共生活是社会与国家有机互动、共同创造的，而国家与社会恪守各自权利所形成的责任要求，是这种公共生活的基础。

公民社会需要在民主化的过程中找到准确的位置，这并不等于说，公民社会成了民主化进程中唯一重要的一极。公民社会，尤其是中国的公民社会在民主政治发展过程中的作用是有限的，过高估计公民社会的作用对中国的民主化并无益处。部分学者认为，在中国，真正有力量的社团往往不是按照民主的原则架构起来的，而真正有利于民主的社团却处于非常无力的地位。

客观地讲，在中国民主政治建设进程中，国家与公民社会的作用都是不可或缺的。但在当前中国民主政治建设的实践中，国家与公民社会复合结构的形成更多地有赖于公民社会的成长。由于种种原因，中国公民社会的成长仍然存在着规模偏小、质量较差、自主性不强、民主性较低等多种弱点，这直接影响到公民社会的进一步发展。国家与公民社会发展的不均衡是中国式民主政治主体结构不合理的主要原因之一。在当前中国国家建设的特殊阶段，依靠国家力量适度推进公民社会的成长，积极发展和完善公民社会，并确立国家与公民社会的良性互动和动态平衡，是中国民主政治建设的重要内容，决定了中国式民主政治主体作用的合理发挥。

2．党内民主与人民民主

“党的领导”、“人民当家做主”与“依法治国”构成了中国政治体制改革的基本内涵。在改革开放的新时期，正确处理三者之间的关系，优化结构，使其成为有机的组成部分，越来越成为中国民主政治建设的关键问题之一。就“人民当家做主”和“依法治国”的关系来看，从邓小平同志在改革开放之初提出的“民主的制度化、法律化”的命题到“依法治国”理论的形成，形成了法治民主的复合结构。然而，如何处理“人民当家做主”和“党的领导”的关系，实现党内民主和人民民主的协调，仍然是中国式民主进一步发展必须要面对的重大问题。

从本质上讲，党内民主与人民民主是一致的。中国共产党既是中国工人阶级的先锋队，同时也是中国人民和中华民族的先锋队。中国共产党的这种性质决定了它能够成为中国特色社会主义事业的领导核心，代表中国先进生产力的发展要求，代表中国先进文化的前进方向，代表中国最广大人民的根本利益。因此，中国共产党与中国人民之间是代表与被代表的关系，具有本质的一致性。就其形式来看，党内民主与基层民主的内涵要素也具有一定的重合性。比如，两者都以辩证唯物主义和历史唯物主义基础上的民主观作为指导思想，都坚持相同的民主原则，都坚持民主集中制，而且在总体目标上具有一致性。而且，无论是党内民主还是基层民主，都离不开民主选举、民主决策、民主管理与民主监督等基本方面。在民主制度的建设、民主文化的培养等多个方面，党内民主与人民民主的内涵是相通的。

然而，党内民主与人民民主在总体上的一致性并不排除两者在局部上存在差异，甚至是冲突。以两者关系在基层的体现而言，党内民主与村民自治两者在政治功能、具体目标、组织形式、实施原则等方面还是存在着一些不同，会在特定时间和地点出现紧张关系，甚至会演化为矛盾，从而形成的就不是民主模式之间的对接，而是错位，使民主政治的建设不是因为民主模式之间的互相影响而相得益彰，而是因为冲突而减弱。

党内民主与人民民主之间的这种关系基调构成了中国民主政治建设过程中的第一重复合，它居于其他中国民主政治结构复合的核心。在中央层面，这种复合在全国人民代表大会中体现出来，表现为中国共产党与全国人民代表大会之间的关系；在地方层面，这种复合表现为党的各级代表大会与地方各级人民代表大会之间的关系；在基层，这种复合体现在村委会与党支部、村主任与村支书之间的复杂关系中。在这些关系中，总体是协调的，但是，我们也不能否认局部的不和谐，甚至冲突也是大量存在的。

如果说中国共产党的领导和全国人民代表大会的最高权力构成了党内民主与人民民主关系在中央层面的一种体现的话，那么，两者关系在地方，甚至是基层则呈现出更为多样的情况。农村出现的“两委矛盾”就是两者关系错位的一个表现。20世纪末，随着村民自治的不断深入，两委矛盾逐渐表面化。“由一元结构分解为二元结构，以及二元结构之间的失衡，使农村基层的公共权威产生了新的危机。如果说村民自治推行之前，农村基层政权的危机主要来自外部因素的挑战，那么，两委关系的矛盾则直接体现为权力结构内部的冲突。”如果无法处理党内民主和村民自治的有机统一，那么，中国基层民主政治建设的整体效应就会受到影响，甚至会在冲突中抵消各种民主模式已经取得的成就。在这种情况下，村民自治不仅无法向上发展，而且还会影响到党内民主的向外发展。

在基层，支书与村长、党支部与村委会、党员选举和村民选举等一系列问题成为检验党内民主与村民自治之间的健康关系是否形成的风向标，直接关系到能否将党的领导和人民的首创精神结合起来。对中国的民主政治建设来讲，两者关系将会产生不可估量的影响，对21世纪的中国政治起到举足轻重的作用。学者林尚立乐观地认为，基层群众自治与基层党建的相互促进、共同发展，应是21世纪中国民主政治建设的一个基本景观。在基层群众自治的发展过程中，一个重要的问题就是必须处理好政府、政党与自治组织的关系。

作为解决农村人民当家做主与党的建设关系的新实践，"两票制"在一定范围内得到推行。这种做法就是在农村党支部的换届选举中，先由村民对党支部委员候选人投"信任票"，再由全体党员投"选举票"。在连续两届荣获"全国村民自治模范县"殊荣的山西省临猗县，在全县农村支部、村委会同时换届中，率先在支部中推行"两票制"。后来，这一模式又在江苏省姜堰市王石乡、湖北广水等地实施。这种党内民主与人民民主的复合结构模式还进一步推广。在随州，出现了从"两票制"的民主选举到"两会制"的民主决策的过渡，在乡镇长的选举中，"两票制"亦在深圳市龙岗区大鹏镇首次施行。

这种"人民当家做主"和"党的领导"在基层的对接是否具有示范意义呢？换句话说，这种地方经验能不能用于指导进一步的政治体制改革？这一问题的意义已经超出了党内民主和村民自治本身，成为"人民当家做主"和"党的领导"能否实现有机结合的重大理论问题，而且，这一问题的解决将会对世界范围内的政党与民主关系做出重大的理论贡献。

二、中国式民主的主体综合推进战略

在描述历史发展的一般规律时，恩格斯提出了著名的"合力论"，即：

"历史是这样创造的：最终的结果总是从许多单个的意志的相互冲突中产生出来的，而其中每一个意志，又是由于许多特殊的生活条件，才成为它所成为的那样。这样就有无数互相交错的力量，有无数个力的平行四边形，由此就产生出一个合力，即历史结果，而这个结果又可以看做一个作为整体的、不自觉地和不自主地起着作用的力量的产物。"

以恩格斯的"合力论"来考察中国的民主政治建设，我们发现，恩格斯的描述重现了历史，我们过去三十年民主政治建设的历程正是这一"合力论"的图景：适应各种特殊的环境，种种民主模式就如同"无数互相交错的力量"，形成"无数个力的平行四边形"，最终产生一个合力，即中国政治体制改革的历史后果。我们看到，在中国民主政治的实践中，形成了党内民主、村民自治、法治民主、协商民主、电子民主等丰富多彩的民主模式，在不同的时间、地点，解决不同的现实政治问题，反映了中国民主政治建设的多样性和生动性。作为民主主体的国家、公民社会与个人，以及作为民主客体的政治、经济与文化以不同的方式复合在一起，搭建了中国式民主的基本框架，成为中国式民主的经验基础。那么，作为一种经验描述的中国式民主能否成为应然逻辑，用于指导中国式民主的进一步发展呢？实际上，这一问题的核心就在于，在中国民主化的过程中，这些民主模式能否殊途同归，使民主化的"合力"不是相互抵消，而是相得益彰。对于中国的民主政治建设来说，这是一个直接关系到全局成败的重大问题。

由此来看，中国民主政治的战略就在于使得各种民主模式之间形成有效整合，从而使各种力量之间因为合力而得到增强，发挥出正向的合力效应。充分发挥多种主体的能动性，处理好各民主主体之间的关系，是发挥民主合力效应的主体维度。总的来看，考虑到主体多元的政治现实，中国民主政治建设更适合采用综合推进的战略。

民主政治的发展需要相应的主体条件。就普

通公民来讲，更适合民主的公民文化、理性参与是民主政治能够健康运行的重要条件；就公民社会来讲，一个健康、有效的公民社会对民主政治来讲是重要的，作为公民与国家之间的桥梁，它为公民自由和国家权力提供了一个释放紧张的缓冲区；就国家来讲，权利保障的宪政安排也好，权力分配的制度设计也好，实际上都是为民主政治的施行提供整体框架。正是因为不同的主体对民主政治的影响，在世界范围内出现了个人主义的自由民主、国家主义的威权民主以及综合多种主体的多元主义民主等等不同的民主模式。

通过公民的民主教育与实践来提高公民对民主政治的认同以及参与民主的能力，是主体建构的第一个重要层面；从这一层面进一步扩展，公民基于自治原则构成公民社会，为民主政治提供更完善的组织保障和支持，这是民主主体培养的第二个层面；从这一层面进一步扩展，国家通过宪政法治体系为民主权力的健康运行、公民权利的有效行使提供制度约束与规制。这就构成了民主主体自下而上的发展过程。在有些国家，可能由于国家在政治生活中居于更为重要的地位，从而出现国家推进的民主化局面，使公民社会和公民逐渐接受民主，形成民主的制度安排，从而出现自上而下的过程。实际上，无论是自下而上，还是自上而下，都不能描述民主化进程的一般次序和全部模式，民主政治的建设会因为各种要素的差异而表现出多种样式。

从中国民主政治发展的历史来看，以国家为主体，综合发展公民社会、公民个体等多种主体的力量显然是中国式民主得以形成的重要经验。对于一个后发民主国家来讲，民主主体建设不仅需要公民素质的提升，公民社会的形成，同时，它更需要国家作用的发挥。结合中国的国情，在中国民主政治主体的选择上，继续采取国家建设优先、逐步扩大基层自治、培育公民社会等多种主体显然也是中国民主政治建设的基本战略。这是由中国政治体制改革主体结构复合的基本经验决定的，同时也会进一步加强主体结构间的复合。

中国民主政治是在中国共产党的领导下展开的，国家层面的民主在中国民主政治发展的过程中发挥了基础和核心的作用。中国共产党领导中国人民建立了新中国，这是中国人民当家做主的历史前提。中国共产党是中国工人阶级的先锋队，是全国各族人民利益的忠实代表，这决定了她在中国民主政治建设中的地位和作用。在新的形势下，中国共产党还应该继续带领人民实现民主。同时，这也要求中国共产党的党内民主建设不断提高，从而带动更为广泛的人民民主。我们也应该看到，中国民主政治的进一步发展亦需要多种主体力量的综合作用。进一步推动中国民主政治的发展还需要积极调动更多主体的参与，并建立起主体合理互动的局面，这对中国的民主化进程是不可或缺的。因此，进一步发挥其他政治主体的能动性，培养公民文化、培育公民社会、扩大基层自治等等，对中国民主政治的发展亦具有极为重要的意义。

现代民主的产生就是以国家与社会的二元结构为基础的，国家与公民社会之间的合理互动对于民主政治的建设有着重要的意义。在当代中国，不仅中国共产党的领导、国家能力的建设对民主有着重要的作用，同时，包括政治社团、第三部门等在内的公民社会亦需要发挥其应有的影响。从中国国情出发，建立起合理的国家与公民社会的互动局面，将会对中国民主政治建设产生积极的影响。同时从国家与社会两个层面培养民主主体，并使这两种主体的发展能够相辅相成，相得益彰，这可能是一种更为理性、也更符合中国国情的思考和选择。民主政治发展应当采取重点提高国家能力、同时兼顾公民社会的策略。

总之，中国民主政治建设的主体是多样性的，不同的主体在民主政治的建设过程中发挥着不同的作用，而且，在民主政治建设的不同时期，不同主体的作用也是处于不断地变化之中的。培育多种主体，使其在中国民主政治建设的过程中发挥应有的作用，不仅会推动不同主体之间的良性互动，同时也是中国民主政治健康发展的要求。从战略角度出发，处理好民主主体之间的关系，从多个角度发挥民主主体的能动性，是中国民主政治建设成败的关键之一。

然而，我们也应看到，就中国民主政治建设的主体战略来讲，仍然存在着很多问题。比如，国家起着主要的作用，但与国家相配合的公民社会组织却存在着主体资格不足、数量较少等种种缺陷；基层民主虽然有了一定程度的发展，但地方政府"缺位"、"越位"和"错位"干预基层民主的情况仍然存在；更为核心的是，中国共产党的领导和人民当家做主之间的关系仍然需要进一步理顺。这些都是中国民主政治建设过程中不可回避的挑战。

对于中国的民主政治建设，不同的学者会从不同的角度作不同的战略选择。然而，更为稳健、成熟的政治思考离不开中国的政治现实。多元的主体结构、复杂的客体环境使得综合推进战略成为必然之选。事实上，对民主化模式的确认和划分只不过是一种学理上的思考。在实践中，很难找到一种纯粹的民主模式，各种模式之间也常常是彼此借鉴。更为重要的是，各种民主模式之间存在着互相促进、彼此依赖的关系。应该说，尽管不同的民主模式都会在主体、客体或是程序等不同层面上表现出一定程度的合理性，但是，如果从中国民主政治建设的全局来考虑，综合推进的战略显然更为合理。这一战略包括两个方面的内涵：一方面，就某种形态的民主模式来看，其推进策略是不一样的，需要根据其内涵要素的特征，以不同的方式推进，从而更充分地发挥该种民主模式的长处；另一方面，就中国民主政治建设的全局来看，对各种民主模式需要有一个全局的考虑，综合发挥个人、公民社会和国家等多种主体的作用，综合推进民主政治。

特定民主模式侧重于民主政治战略思考的特定方面。就基层民主来看，其重心在广大农村和城市社区，其基本原则在于自治。基层民主政治的实践表明，基层民主的成本较低，收益较高，尤其重要的是，基层民主有利于发挥广大人民群众的主动性和积极性，培养普通大众的公民意识，是广大人民群众学习民主的最生动课堂。就法治民主来看，其推进显然是针对处于较高层次的司法机关和立法机关，其基本原则是权力的健康运行，应该更多地依靠中国共产党，全国和地方各级人大、法院、检察院等机关部门来完成。这样，就能够在保证民主的同时促进稳定，更有利于社会主义市场经济秩序的建立。

当然，这种分析只是强调了矛盾的主要方面。实际上，任何一种民主模式都不是只在一个层面推进的。比如，尽管基层民主强调了自治，为民主实践的多样性留出了空间，但是，它并不是独立展开的，而是处于错综复杂的政治关系当中。如何更好地调动各方面的力量，整合村级治理权威的多元结构，理顺基层自治组织和地方政府的关系，不仅直接关系到基层民主的成功，同时还影响到基层民主全部价值的实现。村委会与乡镇政府的关系、村委会与党支部的关系等问题成为中国农村基层民主进一步发展的重要问题。

这样，就出现了一个民主模式之间互相支援，共同进步的问题，这涉及如何对民主政治发展的全局作出合理的安排。如果没有这样一个全局的安排，基层民主与地方政府、党内民主等多种民主形式发生关联时，就缺少一个协调的机制。没有一个综合推进的战略，不仅会影响各种民主模式之间的有效推进，还会使各种民主模式之间发生冲突，甚至使民主化的成就互相抵消。

（作者：天津师范大学政治与行政学院教授、博士生导师）

（选自《学习与探索》2011年第2期）

人民、政党与国家：人民民主发展的政治学分析

林尚立

在当今世界，民主化与现代化一样，是人类历史运动的基本潮流，顺潮流而动成为许多国家向现代转型的必然选择。然而，并非顺潮流而动的国家的发展都是一帆风顺的。曾几何时，一些国家在几番沉浮之后，分崩离析；一些国家在几番沉浮之后，退回岸边或歇在某处，不再前行。民主化潮流浩浩荡荡，在一些国家出现挫折，并非民主化的错，问题出在行动者本身，即具体的国家与社会。这些国家的民主化之所以会出现挫折甚至危机，主要原因不外乎三个方面：一是不解潮情，即不了解民主化潮流的本质与规律；二是不识水性，即行动者本身缺乏应有的民主化基础与条件；三是不辨潮势，即行动者无法将自身的发展与民主化的潮流有机结合，相互借力，顺势而为。可见，对任何国家来说，选择民主化是一回事，实践民主化则是另一回事；前者固然是根本性的，但一个国家能否达成民主，后者则是决定性的。

民主化的实践，固然与人们的信念和理想有关，但它不取决于人们的热情与决心，而是取决于民主化的战略。有没有民主化的条件和基础，不是问题的关键，因为事物都是发展的，可以从无到有，因而其关键在于有没有创造从无到有、从少到多、从近到远的能力。这种能力既来自对自身的把握，也来自对世界潮流的把握。合理而有效的民主化战略就是在这种把握中萌芽和形成的。

近代以来的中国，民主化也经历了一个选择、探索、实践和发展的曲折过程，长时段的历史，可以追溯到鸦片战争；中时段的历史，可以追溯到中华人民共和国的确立；短时段的历史，可以追溯到改革开放。它们之间既有内在的历史延续性，也有时代的递进性。正是基于长时段和中时段的历史积累，改革开放以来的中国民主化发展才走出了一条既符合民主化的基本规律，又符合中国国家建设和社会发展内在要求的民主化道路；形成了既能有效推动中国发展，又能促进中国的民主化进程的民主化战略，其实践形态就是复合民主。本文将从人民民主出发，考察中国发展的民主基础与民主化战略。

一、现代民主发展的双重逻辑

不管人们如何定义民主，但其最基本的立足点是共同的，即人民统治，其形式就是人民在国家生活中掌握国家权力，决定自己的事务。如果不是在国家这个范畴里谈，人民统治是没有实质性意义的，因为自我决定是人的生存和发展的自然法则。人民统治之所以有意义，是

因为至今为止，人们都生活在国家这样的政治共同体之中，人民统治就是要实现人民在国家中的统治地位。

国家是人类为解决自身困境而创造的伟大政治作品。人类自身的现实困境就在于：人尽管都想成为自己的主人，从而成为自由人，但资源的有限性与人的欲求无限性之间的紧张，决定了人要达到最大限度的自由，必须借助一个外在的中介力量，以创造使自由在社会生活中得以最大限度地实现的秩序结构与安全条件。于是，人民创造了国家。这是源于社会、高于社会同时又作用于社会的力量。人正是为了在资源有限的条件下达到最大程度的自由，才创造了国家这个中介体。所以，马克思说：国家制度是“人的自由产物”。国家是通过限制冲突来保障人的自由的力量，因而，对于每个人来说，国家首先是一种外在的力量，其次是一种限制的力量。相对于社会来说，国家尽管是一个“虚幻的共同体”，但社会的秩序与稳定离不开国家的有效作用。这决定了不论个体的自由与发展，还是社会的秩序与稳定，都离不开国家；反过来，国家的作为将决定着个人与社会的发展。

人类创造国家的目的，不是为了囚禁自己，相反，而是为了发展自己；而国家对个人的限制，不是为了限制人们的自由存在和发展，而是为了使每个人都能在社会生活中获得最大限度的自由和发展。人们认为，国家要成为实现这样的目的的力量，那么国家在超越社会的同时，又必须被这个社会所掌握，即被人民所掌握，从而使其既获得创造社会秩序、促进社会发展的力量，同时又能够按照人民的根本意志发挥其应有的作用。为此，人们在创造国家、赋予国家治理社会力量的同时，还努力将国家控制在自己的手中。人类的政治制度就是基于这样的逻辑而产生和发展起来的，它是人们控制国家权力的制度安排与国家保障人民权利的制度安排的有机统一。正是在这个意义上，马克思认为，民主制“是一切国家制度的实质”。基于这样的逻辑，君主专制不是民主制的对应物，而是民主制缺失的国家制度。

由此可见，人民统治所体现的民主，不仅表现为人民掌握国家权力，而且要表现为被人民掌握的国家权力能够创造人与社会的发展。虽然前者对民主的发展具有决定性意义，但是民主要取得最终的落实和巩固，还取决于后者。正因为前者具有决定性的意义，所以，人们往往习惯性地认为，只要有了民主，人与社会的发展也就有了保障，就一定能够顺理成章地成为事实。其实不然。人民掌握国家权力是一回事；人民掌握的国家权力创造人与社会的发展又是另一回事。因为，人民掌握的国家权力要能够创造人与社会的发展，不仅取决于国家权力归属所决定的国家权力的性质，而且取决于国家权力发挥作用的基础条件、结构形态、组织水平以及功能效度。

至此，我们可以在逻辑上得出这样的初步结论：人民统治所体现的民主，只有在国家范畴里才有价值和意义；而在国家范畴里实践的民主，既取决于人民掌握国家权力的程度与方式，也取决于人民掌握的国家权力是否有条件、有能力去实践和履行民主的根本使命：创造人的自由发展与社会的全面进步。

因而，任何社会的民主建设和民主发展，都一定是基于人民及其所组成的社会与国家之间的互动而展开的，其最基本的逻辑是：民主是出于人民对国家的控制；而这种控制要能够真正达成民主的根本使命，则离不开国家对这种控制的积极反应和有效配合。简而言之，民主的发展，不仅需要人民对民主的追求和实践，而且需要国家在回应民主过程中所形成的发展与完善。不论是具体的民主实践，还是长远的民主化过程，都离不开这种双向运动，或多或少都是这种双向运动复合形成的。美国著名学者查尔斯·蒂利基于对全世界过去几百年在国家层面上引发的民主化和去民主化进程的考察、分析和研究，提炼出了用于评析政治民主的基本视角："当一个国家和它的公民之间的关系呈现出广泛的、平等的、有保护的和相互制约的协商这些特点，我们就说其政权在这个程度上是民主的。"基于这样的视角，蒂利从国家行为和公民所表达的要求的一致程度来测量和评价民主。他进一步解释道："判断国家行为和公民所表达的要求的一致，必然包含四个进一步的判断：公民表达的要求得到满足的范围有多广？不同的公民群体感受到的其要求转化为国家行为是否平等？那些要求表达本身在什么程度上受到国家的政治保护？这个转化过程在多大程度上有双方（公民与国家）的参与？"在这里，蒂利实际上认为，不管民主最终以什么样的形式表达出来，但其最根本的基础是公民的民主需求与国家的民主回应之间具有内在的一致性。这种一致性的出发点，自然是公民或者说社会，而其决定权很大程度上掌握在国家：国家不仅要积极回应公民与社会的民主需求意愿，而且必须拥有最大限度地满足公民与社会提出的民主要求的基础与能力。虽然蒂利不考虑这种基础与能力如何形成，但他认为，一旦国家无力维持和促进这种一致性，那么，国家与社会的发展就不是往民主化方向走，相反，是走向去民主化。

对于民主化来说，去民主化就是民主化的衰退和衰败，在本文的逻辑中，就是现存的民主大大削弱了国家创造的人与社会发展的基础与能力。在这样的情景下，这种现存的民主，也许在形式上是民主的，但其本质上已失去了履行民主根本使命的能力。所以，要真正开启民主化进程，要有效推进民主化发展，要在民主化过程中避免出现去民主化的危险，仅仅培育和形成社会的自由主体、民众的民主意愿以及民主化的历史运动是不够的，还需要国家在民主化过程中实现有效的进步与发展，从而在创造社会进步的过程中，全面提升国家建设水平，使国家真正拥有实践民主、发展民主和创新民主的基础与能力。

既然如此，一个国家的民主实践和民主成长，除了要与个体自由和社会自主发展的内在逻辑结合之外，还要与国家建设和国家发展的内在逻辑结合。任何具有现实基础和发展前景的民主实践和民主化进程，都是在考虑这两个逻辑的基础上形成的，其背后是人民意志与国家意志、社会力量与国家力量的碰撞与聚合。由此可见，任何民主都具有内在的复合性，是追求个体自由发展与国家建设的复合，是追求社会自主与国家发展的复合。

从个体自由与社会自主出发，民主的价值取向是自由；从国家建设与国家发展出发，民主的价值取向是发展。国家对秩序的积极建构一定蕴含于对发展的追求之中，并服务于发展。因而，健康而有效的民主发展，一定是以实现自由与发展的共生统一为前提的。自由虽然是发展的动力与前提，但自由不能直接等同于发展；同样，发展虽然是自由的基础，但发展并不一定带来自由。打通这两者之间关系的唯一办法，就是实现自由与发展的共生与统一，其关键在国家。具体来说，就是国家如何透过民主的复合性，创造一套有效的民主化战略，从而使民主的具体实践，既能给社会以充分的自主与自由空间；又能够保障国家建设和国家发展的绩效。

二、人民民主的实践形态是复合民主

中国的民主化是围绕着推进人民民主的发展展开的。现代民主是伴随现代民族国家的建设而形成的，是现代民族国家"一种不可避免的必然性"。但是，不同社会迈向现代国家的历史起点和发展路径的差异，将直接影响其现代民主建设的逻辑和议程。中国民主化选择人民民主，不单单是一种理论或观念的产物，而是历史合力的结果。这种历史合力至少包括三个方面：一是中国从帝国时代迈向现代国家的历史，它要求民主发展能够纳入现代国家建设，并服务于现代国家建设；二是中国摆脱半殖民地，实现国家独立的历史，它要求民主发展能够带来民族的独立和人民的解放；三是中国人民追求自由和平等的历史，它要求民主发展能够带来自由的个体、平等的社会和法治的国家。这些历史合力促成了人民民主在中国的出现，同时也赋予了人民民主独特的历史使命和实践形态。

关于人民民主的历史基础与政治特性，毛泽东在建国前夕的《论人民民主专政》一文中表述得十分清楚，他说："一九二四年，孙中山亲自领导的有共产党人参加的国民党第一次全国代表大会，通过了一个著名的宣言。这个宣言上说：'近世各国所谓民权制度，往往为资产阶级所专有，适成为压迫平民之工具。若国民党之民权主义，则为一般平民所共有，非少数人所得而私也。'除了谁领导谁这一个问题以外，当作一般的政治纲领来说，这里所说的民权主义，是和我们所说的人民民主主义或新民主主义相符合的。只许为一般平民所共有、不许为资产阶级所私有的国家制度，如果加上工人阶级的领导，就是人民民主专政的国家制度了。"在这里，毛泽东将人民民主建筑在两大历史基础之上：一是近代以来世界的现代化与民主化潮流；二是孙中山先生开辟的中国民主革命的历史实践。因而，中国共产党最终确立的人民民主，不仅符合世界民主化的潮流，而且符合中国现代化和民主化的历史逻辑。与此同时，毛泽东也阐明了中国人民民主的两大政治特性：其一，它不是资产阶级民主的翻版，而是趋向社会主义民主，因而，不是属于少数人所有的民主，相反，而是属于一般平民所共有的民主；其二，它是以中国共产党为领导的民主。

人民民主在中国确立和发展的历史基础为其政治特性提供了合理性的依据。细究决定人民民主在中国发展的历史合力和历史基础，不难发现人民民主的政治特性源于人民民主的内在本质属性，即不仅要实现个体的自由，更要实现人民的统治。在这里，人民统治不仅要在价值上体现，更为重要的是要在制度上体现，而且被视为个体自由的前提与基础。

人民民主的这种本质属性，既根植于民主本身的规定性，同时也是根植于中国现代化发展的历史规定性。中国的现代化不是内生的。世界性的现代化潮流冲毁中华传统帝国体系之后，中华民族为了救亡图存而走上现代化发展道路。因而，中国的现代化发展从一开始就有三个很强的期待：一是实现文明转型，从传统迈向现代；二是推进国家建设，建构新制度，创造新发展；三是超越资本主义，创造人民幸福的社会。中国传统的社会结构以及帝国解体之后的社会现实，决定了中国社会没有任何一个阶级力量可以单独主导中国现代化发展。这就意味着中国现代化发展的首要任务就是如何使广大民众联合起来，真正成为社会发展的根本力量。民主自然是最好的选择，但在这个使命下，其意义不仅在于解放个体，更重要的在于凝聚整体。因为，在帝国体系解体之后，中国几乎处于无政府状态，国家面临分崩离析的危险。这种现实场景决定了民主共和得以实践的切入口，不是个体自由的建构，而是国家秩序的重建；而这种重建要避免落入专制的危险，唯一的途径就是让最广大的人民真正成为国家建设的动力与目的。不仅中国共产党做出了这样的选择，实际上孙中山领导的中国国民党也做出了这样的选择。毛泽东在1945年发表的《论联合政府》中明确表示，中国共产党为中国而奋斗的最低纲领就是对孙中山新三民主义的继承。毛泽东说："对于中国共产党人，为本党的最低纲领而奋斗和为孙先生的革命三民主义即新三民主义而奋斗，在基本上（不是在一切方面）是一件事情，并不是两件事情。因此，不但在过去和现在已经证明，而且在将来还要证明：中国共产党人是革命三民主义的最忠诚最彻底的实现者。"毛泽东在这里所强调的继承性和一致性，不是斗争策略的需要，而是事实本身，因为，在经历革命挫折之后的孙中山也充分意识到，中国革命和建设要获得成功，非动员和凝聚四万万同胞不可。

可见，不论是孙中山领导的国民党，还是中国共产党，都在重建社会和国家的过程中，形成了最基本的战略模式：政党凝聚人民，用人民的力量建设现代国家。为此，民主共和的首要使命是给人民以地位，使人民成为国家的主人。然而，"人民"是什么呢？从理论上讲，它是一个抽象的概念，可以泛指一般意义上的人、社会的个体或大众的群体。正因为如此，不少的思想家和理论家认为，"人民民主"是一个虚幻的概念，因为，其主体不明，而且虚幻。在美国政治学家达尔那里，将与人民民主相关的"人民统治"的思想视为一种晦暗不明的阴影理论(shadow theory)。然而，中国的历史与现实条件决定了，中国的革命和建设必须建筑在看似虚幻却直接关系中国革命建设逻辑和合法性基础的"人民民主"或"人民统治"之上。为此，不论是孙中山领导的国民党，还是中国共产党，都力图将其实在化。

比较研究国共两党的相关理论和阐述可以发现，在现代中国的民主共和建设和现代国家建构中，"人民"具有三个基本属性：其一，它是一个集合体，可以视为全民的集合体，也可以视为阶级的集合体；其二，它是以平民或者劳动者为主体的社会大多数。在这个意义上，它与压迫平民或对抗社会发展潮流的力量为敌，后者就成为人民的敌人；其三，它是有机体，政党是创造其有机性的核心力量，因而，它是基于政党领导而凝聚起来的团结而统一的政治力量。基于此，"人民民主"所形成的统治，自然是作为整体力量而存在的人民掌握政权的统治；而这种统治的历史使命和现实目的是要创造平民或劳动者的当家作主，在实现每个人政治平等的基础上，最大限度地实现每个人的经济与社会平等。概括地讲，就是人民整体掌握政权，人民统治创造人与社会的全面发展。

因而，使人民成为国家发展动力和国家主人的人民民主，是人民作为整体掌握国家权力，实现人民统治的民主。这里对"整体"的强调，不是对部分的否定和对个体的忽视，而是强调人民民主不是建立在人民分裂为对抗阶级和阶级统治的基础之上，不是少数人对多数人的统治，而是人民凝聚成为一个有机整体而实现的以全体人民的根本利益为取向的人民统治。这种凝聚是通过能够联合各方力量并凝聚全体人民的领导性政党来实现的，显然，这种领导性一定是建筑在其对社会和人民所具有的联合性基础之上的。这种领导性政党一旦作为执政党，那么它通过自身的力量创造的联合和凝聚，最终不是联合和凝聚于政党，而是通过政党联合和凝聚于国家，即作为支撑国家和运行国家的一体力量而存在，因而，这种有机整体，是人民自身的有机整体。

由此可见，人民民主一旦付诸具体的实践，它必然要从三个维度同时展开，缺一不可。其一，人民作为整体的力量掌握国家政权，履行当家作主的权利。其二，作为凝聚人民力量的政党，通过民主实践联合和凝聚人民；同时，动员和组织全体人民，实行人民当家作主。其三，作为人民组成单位的个体与团体力量，为了实践民主权利而运行民主。这三个维度实际包含的实践主体是复合主体：一是人民，既包括作为整体存在的人民，也包括人民所包含的个体与团体；二是政党，使人民能够凝聚为有机整体而存在的力量。通过人民直接展开的民主，是人民整体掌握国家权力，实现人民统治的民主；通过政党展开的民主，是人民的共同意志和根本利益主导国家发展，实现人民当家作主的民主。实践中的人民民主，是分别从人民和政党出发展开的民主实践的有机复合，其背后是实践主体的复合，即人民与政党的复合；他们的最终取向是相同的：权力整体掌握在人民手中，人民当家作主，服务于人民的根本利益，创造人与社会的全面发展。

三、“国家供给民主之善能力”及其对党领导的要求

在任何社会，民主的发展都不是自行向前的，都需要其基础的推动作用和其主体的提升作用。研究表明，虽然经济增长本身并不能决定政治民主的命运，但在许多情况下，它与民主发展之间的关系具有正相关关系。与此同时，作为民主主体的公民的生活水平和教育程度，对于民主的完善和巩固也将起到积极的推动作用。从理论上讲，这些基础与条件，一定是国家与个人以及政府与社会共同作用的结果，因而，民主发展所需要的基础和条件既离不开个人与社会的努力，也离不开国家的作用，在一定条件下，国家的作用更具有决定性。然而，在现实中，国家促进经济与社会发展，改善公民生活水平和教育程度，并不都是从发展民主的角度来努力，它完全可能从巩固其专制政权的角度来进行，如战前的日本以及一些盛产石油的国家。这就意味着，虽然从一般意义上讲，经济与社会发展、公民的素质和能力是有意义和有价值的，是善的东西，但它不一定滋养民主，相反，在极端情况下，它甚至可能阻碍民主的生成和发展，因而，它不一定能够直接构成民主之善。由这个逻辑推演开来，我们能够初步得出这样一个结论：国家在作用于民主发展的过程中，关键不在于它创造了多少有助于民主发展的基础和条件，而在于它是否有能力将其所创造的一切都转化为民主发展的真正的动力与资源，从而切实有效地推进民主的建设和发展。这就是本文所说的“国家供给民主之善能力”。它由三方面构成：一是国家建构民主议程的能力；二是国家自我理性化的能力；三是国家促进发展的能力。对国家来说，这其中的任何一项能力都是综合性的，都需要通过政治、经济与社会的现代化发展推动；这三个能力要转化为推动民主的动力，必须同时起作用，没有其他两个力量的支持，任何一个力量都不可能构成民主之善。

由此可见，在民主化浪潮中，国家想不想发展民主是一回事，国家有没有发展民主的能力又是另一回事。上文所强调的民主的复合性，对国家有效作用于民主发展具有内在要求，这种要求落实到国家身上，就是对“国家供给民主之善能力”的要求。从民主的复合性来看，民主的成长是追求个体自由发展与国家建设的复合，是追求社会自主与国家发展的复合。因而，“国家供给民主之善能力”，从根本上讲，是指国家将民主发展与国家建设有机结合起来而形成的。如果这种结合是好的，那么民主因国家建设而得到发展，同时，国家建设因民主化而得到深化。这种结合的关键在于国家有一套切合本国实际的民主建构的战略议程，具体包括：民主的价值目标选取、民主建设的路径选择、民主建设的行动原则、民主发展的议程安排。民主的价值目标选取，不是对民主本身价值的选取，而是对以什么样的目标和状态来体现民主本身价值的选取。显然，这里的价值目标不是抽象的，而是直接呼应了具体国情和民情、呼应了国家发展的战略和目标。民主建设的路径选择，关键的不是选择民主建设的入口，而是选择民主建设的依赖路径，因为从根本上讲，民主建设不能单独进行，它必须有依赖的基础和动力。制度设计得再好，没有必要的经济与社会基础，没有应有的社会结构和文化精神，民主只不过是空中楼阁。民主发展的行动原则，实际上是对民主弹性空间的约定以及累积民主成果的行动原则的设定。民主发展是具有很大弹性空间的，如果不能定位或把握这个弹性空间，民主的发展就往往可能因不发展或大发展而陷入危机。这种弹性空间的大小，取决于民主的实际程度及其发展的现实社会和政治条件。此外，还应该考虑到，民主的成长是一个不断累积的过程，因而，在考虑如何保持民主发展的稳定性的同时，还应该考虑民主发展的累积性。累积民主成长的关键，在于国家能够时刻将民主的发展转化为社会进步与国家发展的资源，即追求民主的有效性。至于民主发展的议程安排，就是对民主发展的进程规划、阶段安排和阶段性目标分布的总体设计。民主发展的战略议程，虽然安排的是民主发展本身，但实际上是对民主发展与国家建设如何实现相互促进、共同发展的整体规划和安排。这种战略议程，往往既是民主发展的战略议程，同时也是国家建设的战略议程，因而，它自然是“国家供给民主之善能力”的重要组成部分。

人民民主的实践形态是复合民主，中国共产党既是人民民主的推动者，也是人民民主的具体实践者。中国共产党既是领导力量，又是执政力量，因而，它不仅是国家建设的领导者，同时也是国家建设的行动者。这就意味着中国“国家供给民主之善能力”在根本上取决于中国共产党。关键的是，在党和国家体制共存的条件下，中国共产党提升“国家供给民主之善能力”，不仅要从国家建设层面考虑，而且要从中国共产党建设层面考虑，从一定意义上讲，党的建设更具有决定性意义。这也是为什么中国共产党提出要以党内民主带动人民民主的战略的重要原因。这样一来，在中国的政治逻辑中，“国家供给民主之善能力”最终就转化为以政党为主体的“国家供给民主之善能力”。以政党为主体所形成的“国家供给民主之善能力”，除了上述分析的三大能力之外，还必须加上一个政党自我建设和发展的能力。显然，政党的这种能力，不论是从构建“国家供给民主之善能力”来讲，还是从政党亲自实践人民民主的角度来讲，都是极为关键和重要的。

由此，我们可以得出一个基本结论：在中国的民主实践和发展中，政党的发展及其应有的能力，对中国人民民主发展的进程、成效以及最终的成败，具有决定性的影响。这与一般国家的民主发展是完全不同的。从人民民主对政党的要求以及“国家供给民主之善能力”对政党的要求来看，政党发展的关键在于实现政党的领导运行的制度化。党的领导，既是人民民主的前提；同时，也是党执政的前提。因而，党的领导的制度化程度，既关系到人民民主，也关系到党的执政与国家运行，从而整体影响国家的民主化进程。

党的领导制度化包括三个方面：其一，党的领导权力配置的制度化。党的领导权力配置制度化的原则是民主集中制，其纵向权力配置要解决党自身领导体系的集中统一，其横向权力配置要解决党的集体领导与民主决策体系的形成和完善。其二，党的领导权力运行的制度化。具体涉及三个层面：一是在国家层面，要实现党的权力运行的制度安排与国家制度安排的有机衔接，使党的权力运行既受到党内纪律的约束，也受到国家制度和法律规范的约束。二是在政党制度层面，要通过制度建构和规范化运作实现党的领导、多党合作和多方参与政治协商的有机统一。三是在党内政治生活层面，要坚持党内民主，严格执行党的纪律与制度规定，尊重党员的基本权利，使党内权力依党章运行，规范操作。其三，党的领导权力监督的制度化。这种监督包含三个维度：一是人民的维度。在这个维度上，最重要的是要将党的群众工作制度化，从而经常性地、制度性地接受人民群众的监督。二是国家的维度。在这个维度上，最重要的是要全面深入地建设法治国家，使宪法和法律能够在党执政的平台上和执政的过程中规范党领导权力的运行。三是党自身的维度。在这个维度上，最重要的是尊重党员权利，运行党内民主，从而使党员、党代表和党代表大会及其产生的全委会成为制约党的领导行为的核心力量。

很显然，党的领导制度化的根本使命，不是简单地固守党的领导地位和领导资源，而是最大限度地促进党的领导与执政的有机结合，从而使党的领导成为国家制度有效运作的重要政治基础。与此同时，也借助国家制度的运作和优化，反过来促进党的领导的制度化发展。因而，党的领导制度化所带来的效应是双重的，既能提高党的领导能力与执政水平，也能够促进国家制度化的发展，提高国家自我理性化的能力与水平。

四、基于复合民主实践的人民民主发展

在中国，人民民主的发展，不仅关系到中国的民主化本身，而且关系到中国特色社会主义实践的全局，因为，正如中共中央的报告所说：人民民主是社会主义的生命。人民民主源于现代民主的发展，又力图超越现代民主；人民民主既根植于社会主义的追求，又力图支撑起中国的现代国家建设。因而，人民民主在中国的建设和发展，既要充分尊重民主发展的一般规律，同时也要充分重视人民民主建设和发展的内在规定性。相对而言，人们对人民民主的理论和实践的关注更多地是从民主发展的一般规律出发的，忽视了人民民主建设和发展的内在规定性对人民民主理论和实践的深刻影响。

人民民主在中国实践的出发点就是人民，即人民当家作主，具体包括两个方面：一是作为整体存在的人民掌握国家权力，人民决定国家事务；二是作为人民一员的个体拥有自由权利，在国家领域中实现全面发展。前者解决国家权力的归属；后者解决公民权利的实现。一般民主理论或多或少地蕴含着某些模糊的逻辑，认为解决了公民权利的实现问题，也就解决了国家权力的归属问题了，即权力归属于人民。至于究竟归属到人民中的哪些人手中，就不追问了。其实，权力归于人民手中，不外乎两种情况：一是归全体人民所有；二是归少部分人所有。社会主义的原则以及中国国家建设的内在逻辑，决定了国家权力的归属，不能是源于人民而归于部分人之手，而应是源于人民同时也归于人民。为了保证国家权力能够归于人民，人民民主的实践必须双向展开：既要从解决公民权利的实现出发整体推进人民民主；同时也要从解决国家权力归属于全体人民出发保障人民民主。这就要求人民民主的实践和发展，在最大限度地创造个体的独立、自主和全面发展的同时，也要最大限度地维系人民的整体性存在，即人民的团结与统一，从而保障国家权力能够掌握在全体人民手中，而不会被部分人掌握。可见，巩固和发展人民的整体性存在，是人民民主发展的前提与使命。这是一般民主不需要考虑、也不会去考虑的问题。

现代民主一定与现代化相伴而生。现代化发展的重要制度基础是市场经济。市场经济的发育和成长必然深刻影响个人、社会与国家三者之间的关系，并使现代化的发展必然趋向于个体的自主发展、社会的多元分化和国家的一体化建构的三维联动。这三维联动既是现代民主发展的动力资源，也是现代民主发展的规范力量。人民民主是在中国现代化成长的过程中确立和发展起来的，它无论如何也离不开现代民主的范畴。中国改革开放以来的转型和发展已充分表明：在社会主义市场经济的基础上，中国的民主化已步入符合民主化发展规律的轨道，并得到充分发展。这决定了在推进人民民主发展的过程中，巩固和发展人民的整体性存在也必然是一个民主的过程和民主的结果。只不过这个过程和结果，不是社会个体民主实践及其所形成的整体效应，而是社会个体、社会各方力量、中国共产党与国家相互作用的过程，是作为核心力量的中国共产党领导的结果。

中国共产党要在自身与社会个体、社会各方力量以及国家的相互作用过程中，巩固和发展人民的整体性存在，实践人民当家作主，就必须从人民民主的基本精神和原则出发，处理好人民民主与社会个体、人民民主与社会各方力量、人民民主与国家以及人民民主与政党的关系，从而形成人民民主发展的基本战略和行动原则。关于人民民主与政党的关系，上节已经作过分析，这里主要分析其他三方面的关系。

第一，人民民主与社会个体的关系。作为整体存在的人民是由个体构成的。在法律和经济上具有独立与自主地位的个体要能够聚合为一个有机整体，关键是能够在这个有机整体中获得自由、平等与发展。这三者是社会个体渴望的永恒的、无止境的资源，同时，也是政党和国家要不断供给和平衡的公共产品。显然，这种供求关系只能平衡于相对的满足，不可能创造绝对的满足。相对满足既体现为最大限度的供给，同时也体现为最大限度地平衡自由、平等与发展之间的关系。不论是供给还是平衡，其基点显然都建立在保障人的自由发展之上，而人的自由发展之本在于生命无忧、发展无限。生命无忧，关系到生存与生活；发展无限，关系到选择与创造。显然，从这个基点出发的自由，不是为抽象的自由而自由，而是为了实现人与社会的全面发展而自由，因而，必然要将个体自由与社会平等和人的全面发展有机结合起来考虑和把握。中国共产党以人为本的执政理念和建设和谐社会的执政实践为供给和平衡自由、平等和发展提供了必要的基础，但在当今中国发展的条件下，为了巩固和发展人民的整体性存在，中国共产党还必须在已有的基础上，紧紧地抓住自由、平等与发展三者关系中的关键点，这就是平等，具体来说，就是公平与正义。人的存在是社会存在，其自由发展是在社会中实现的，所以，公平与正义是自由的前提和保障。发展是人们实现其权利的基础，但发展的背后一旦失去了对公平与自由的追求，就完全可能成为公平与正义的破坏力量，进而威胁人的自由发展。在这个意义上，中国共产党提出的发展依靠人民、发展为了人民、发展成果人民共享的发展原则，对人民民主的建设和发展具有重要的战略意义，必须坚持，并在实践中转化为政策、制度与信念。

第二，人民民主与社会各方面力量的关系。中国是一个多民族的国家，中华人民共和国是在以工人阶级为领导的多阶级联合基础上确立起来的；另外，在社会主义市场经济的作用下，中国社会结构、社会组织形式以及社会利益结构也发生了深刻变化，出现了多样化和多元化的发展趋势。这样的社会现实决定了中国共产党要巩固和发展人民的整体性存在，就必须团结社会的各方面力量。这种团结是有机的团结，既存在于社会生活层面，也存在于政治生活层面。在社会生活层面，它体现为社会个体与社会组织之间的和睦与和谐。在政治生活层面，它体现为各权力主体的共存与合作。这两个层面不是截然分开的，而是相互交叉的，能相互影响和相互促进。中国的革命和建设实践证明，中国共产党有能力、有条件去创造这种团结，中国共产党也正是凭借这种团结创造了革命和建设的奇迹。今天，在推进人民民主建设和发展的过程中，中国共产党更应该巩固和发展这种团结。为此，中国共产党应该在三个方面做出努力：首先，通过党的群众工作路线，进一步全面地密切党和人民群众的关系。任何政党都不可能在脱离人民的状况下创造人民的团结。在新的形势下，中国共产党应该发扬传统，并创造性地活用党的群众工作路线，从而在更加自主、更加多样、更加开放的社会中，创造更加紧密与融洽的党群关系、干群关系，增强人民对党的信任与认同，提高党团结和凝聚人民的能力与水平。其次，通过党的统一战线及其所决定的中国共产党领导的多党合作和政治协商制度以及人民政治协商会议的组织，建立以工农联盟为基础的政治大联合和大团结。这其中涉及到党派之间、民族之间、人民团体之间、社会各界之间以及社会各阶层之间的联合与团结。这种团结的政治基础是统一战线，制度基础是中国共产党领导的多党合作和政治协商制度，因而它的内在机制是民主，它的使命就是保障和实现人民当家作主。最后，通过协商创造人民内部的民主与团结，这主要体现在两个方面：其一，通过协商来广泛吸收人民群众参与国家事务的决定与管理，使党和政府的公共政策及其执行能够充分尊重和满足人民的意愿；其二，通过协商来协调和化解人民内部矛盾，促进人民的团结和全社会的稳定。

第三，人民民主与国家的关系。在现实生活中，国家是人们生存、生活和生产所依赖的最基本共同体，同时，也是人民实践民主的最基本舞台。因而，国家建设的好坏，直接关系到每个人的发展，也关系到民主的实践和发展。前面的分析表明，在现代化过程中，国家建设离不开民主的发展，与此同时，民主的成长也离不开国家的作用。因而，“国家供给民主之善的能力”，不论对民主发展来说，还是对国家建设来说，都是至关重要的。从巩固和发展人民的整体性存在角度讲，这种能力的出发点在于国家能否将民主建设与经济和社会发展有机地结合起来，并创造相互促进和相互转化的积极互动关系。中国的发展实践表明，中国共产党以十分积极而现实的态度来推进中国的民主化进程：既强调民主的历史必然性和现实重要性，也强调民主发展的渐进性和民主实践的有效性。由此形成的人民民主发展战略是：努力从人民民主发展中寻求国家建设的政治资源，同时努力从现代化建设和国家发展中创造民主成长的现实基础。在这种战略中，民主与发展既互为目的，又互为手段。国家一旦有了比较强的供给民主之善能力，也就比较好地具备了在民主化过程中协调和平衡社会多元化分化与国家一体化建构之间关系的能力。在容纳分化、协调多元的前提下，国家一体化建构的途径就是制度化建设以及由此形成的整合。在这种一体化建构下，作为公民存在于国家之中的每个个人，就能有效地被国家制度所整合并形成相应的国家认同。这种具有民主化、制度化基础的整合和认同，正是中国共产党得以借助国家建设和发展来巩固和发展人民整体性存在的重要基础与保障。

概括上述四个方面的分析，基于复合民主实践的人民民主发展必须遵循四个基本战略和行动原则：一是给每个人以公平与正义；二是给社会以和谐与团结；三是给国家以民主与发展；四是给政党以亲民和制度化。

五、结论

民主的发展，不仅需要人民对民主的追求和实践，而且需要国家在回应民主过程中所形成的发展与完善。所以，人们固然可以在普遍意义上形成民主追求，但在民主发展的战略建构和行动安排上，则要充分考虑民主建设在具体国家的内涵及其发展的内在逻辑。中国从传统迈向现代有自己的国情和发展逻辑，所以，中国民主的建设与发展战略，不完全是基于民主发展的一般模式来设计的，而是充分结合了中国发展的社会性质、发展逻辑和目标取向，从而在人民、政党与国家的有机互动基础上形成了以人民民主建设与发展为主体的民主化发展战略。

理论与实践表明，民主的建设和发展，离不开国家对民主发展的积极响应和有效推动。因而，积极的民主建设与发展战略，往往将民主发展与国家建设有机结合起来，形成相互促进、共同发展的格局。在中国人民民主的实践与发展中，这种结合离不开中国共产党在其中的领导作用。党的领导，一方面保证了国家权力掌握在作为整体而存在的人民手中，保障了人民当家作主得以实践的复合主体的形成，即人民与作为其核心力量的政党的有机统一；另一方面通过执政实践，使国家建设既能有效回应和吸纳民主发展，又能为民主发展提供必要的资源与保障。因而，中国的人民民主建设与发展，不仅需要社会的进步与国家的发展，而且需要政党的建设和发展。社会主义市场经济的建设和发展，使中国全面迈上现代化发展道路，并积极参与全球化进程。基于这样的发展格局与时代条件，在中国人民民主建设和发展所形成的人民、政党与国家三者互动的政治逻辑中，中国共产党的建设对中国人民民主发展就更加具有全局性价值和决定性意义。党的建设促进人民民主发展，人民民主发展全面带动国家建设，这是中国民主发展与国家建设有机统一的逻辑所在。

（作者：复旦大学国际关系与公共事务学院教授、博士生导师）

（选自《复旦学报·社会科学版》2011 年第 5 期）

村民自治的宪政之维

杜承铭

一、村民自治的社会自治宪政特性

从宪政的社会基础来说，我国村民自治制度的确立和发展体现了中国乡土社会中国家与社会的逐步分离，乡土社会的独立性、自主性又为宪政建设提供了现实的社会基础。上世纪改革开放以来，农村社会结构的转型表现为乡土社会逐渐成了一个“相对于国家政权之外的社会空间”。国家在一定程度上减弱了对农村社会的控制，国家力量从乡村的收缩与基层政府职能的转变释放了乡村社会的自治力量。乡土社会自治的集中表现为村民自治，它为基层民主、村民的权利保障、公权力的制约以及“公权”与“私权”的界分奠定了真实的社会基础，也使国家权力的管理与乡村社会的自治成为乡土社会宪政秩序得以建立的二个必不可少的方面。进入新世纪的第一个十年，不断加剧变化的农村社会结构，使社会的自治与独立、农民权利的意识得到加强，国家力量对农村社会影响方式也在不断地改进，客观上，农村社会越来越成熟与独立，这为中国宪政的发展提供了深厚的社会土壤。

由于学界甚少从宪法与宪政理论的角度解读村民自治，故使我们对村民自治制度、村民自治组织、村民自治权等一系列问题的认识与理解大相径庭。村民自治既然是我国宪法制度中确立的一种自治制度形式，因此，回到宪法学角度来研究这一问题才是回到了问题的实质与核心。

从宪法学基本理论的角度来思考村民自治的问题，首先要求我们认识它的“自治”宪政特性。所谓“自治”(self-government)是指“某个人或集体管理其自身事务，并且单独对其行为和命运负责的一种状态”。从宪政制度上说通常表现为不受外来力量干涉和强迫的自决、自我统治、自主与自我决定。自治本身依不同的分类标准可区分为若干种不同的类型。作为制度形式的自治至少有三个具有不同的宪政特质层次与类型，正确认识这些特质有助于把握不同类型自治的本质。一是主权自治即国家主权的独立自主。现代宪政国家表现为人民主权的自治，离开主权在民谈主权自治便不具有任何宪政的特质。正如日本宪法学家美浓部达吉所说：“现代立宪制度的根底不是国民主权说，而是国民的自治精神。统治权用君主之名行使也好，或用国民之名行使也好，无论如何总得要求他顺从国民一般的意见而决定，这是立宪制度的本质。”二是地方自治即在国家主权的统一前提下，由地方自主地处理与本地方有关的事务。无论是强调中央政府对地方政府以立法监督为主地方自治还是强调中央政府对地方以行政监督为主的地方自治，都体现的是国家权力的纵向配置问题。总之，主权自治和地方自治都属于政治性的，都涉及到政治国家的权力（横向或纵向）配置问题，它们构成了现代宪政自治制度中最主要、最基本的内容。

基于对自治理论的以上宪政分析，来看村民自治本身。严格地说，村民自治不是我国宪法和法律制度所采用的法律术语，我国的宪法和法律也没有关于“村民自治”的专门定义。因此，官方和学界对村民自治的表述各不相同。但根据我国现行宪法和法律规定，村民自治的性质都属于基层群众性自治，其自治机关即村民委员会被宪法明确界定为“基层群众性自治组织”。按照宪政的自治理论，村民自治是一种有别于主权自治和地方自治的乡村基层社会性自治，是一种基层社会的社区自治，具有社会自治的宪政特性。

首先，从村民自治的组织来看，村民自治组织即村民会议以及由它所形成的自治组织——村民委员会不是我国的基层政权组织，而是独立于政治国家权力组织的基层群众自治性组织。宪法明确了我国最基层的国家权力组织单位是乡（镇），乡（镇）政府与村委会的关系是指导、支持、帮助与协助的关系。这就表明村民自治组织是自主的、非官方的社会组织，从而使村民自治的性质不同于主权自治和地方自治。因此，根据我国的《宪法》和《村民委员会组织法》，村民自治组织不是我国的国家权力体系的组成部分，它是“村民自我管理、自我教育、自我服务的基层群众自治组织”。

其次，从村民自治的范围来看，自治组织的管理是一种相对于国家管理的非行政化的自治性管理，其管理的事务范围也是非政治的、非国家管理的本村内部之公共事务和公益事业，因此，其他组织和政府均无权干涉。这里存在一个国家权力的管理领域和村民自治领域的界分，本质上体现的是国家与社会之间的二元界分。我国的《村民委员会组织法》第19条具体列举了属于村民自治事务的七大类事项，包括乡村统筹提留的收缴（2005年取消农业税提留后自治组织的此项使命已经完成），村民误工补贴人数与标准，集体经济收益的使用，村办村建学校、道路等村公益事业经费的集资，集体经济的立项、承包方案及其施行和宅基地的使用等。这些事项都不涉及国家权力的配置问题。实际上，在我国村民自治的实践中，正确把握国家权力和村民自治事务之间的界限是十分重要的，按照村民自治的社会自治性质，只要与村民利益相关，而且不是国家法律禁止的事项都应该可以由村民自治组织来自我决定，都应该是自治范围内事务。

第三，从村民自治的方式来看，村民自治是村民通过“实行民主选举、民主决定、民主管理、民主监督”的自我管理，体现的是自治体全体社会成员对自治体公共事务实行自我管理的形态，自治组织是在自由、平等、民主基础上形成的，不具有强制性，发挥的是自治功能，而不是国家权力性质所具有的强制、统治和管理功能。在村民自治组织中实现四个民主（即民主选举、民主决定、民主管理、民主监督）是关键，它们构成了村民自治的基本内容。我国十分重视基层民主的实践，这种民主本质上说是社会民主，还不是真正的国家民主。因为这种民主决定的是农村社会的基层群众自治组织，而这种自治组织不是国家权力的组成部分。但是，社会民主是国家民主的基础和前提，没有社会民主，社会不能自治与独立，就不可能有真正的国家意义上、主权意义上的民主即人民主权。在这种意义上说，农村基层民主的确是国家政治民主的先导，社会民主是真正实行人民主权自治和地方自治的前提。

第四，从村民自治的规章来看，村民自治按照《村民委员会组织法》自主地制定自治章程和村规民约来进行自我管理、自我教育和自我服务。自治章程和村规民约虽然不是国家法律的组成部分，但是维系乡土社会民间秩序的“民间法”，体现的是自治体成员的意志，不是国家意志，与体现国家意志的法律有着根本的区别。这些自治章程和村规民约是村民在长期的生产生活中形成的社会生活习惯、共同协商制定的自我约束、自我管理的规范，充分体现了社会自治的特性。

二、村民自治权的宪法权利属性

不同的自治类型所拥有的宪政理念各不相同，正确比较分析各种自治类型所赖以建立的宪政理论依据将会使我们认识到村民自治权所具有的宪法权利之属性。

主权自治的宪政法理基础是人民主权理论，人民主权理念下的主权自治是宪政国家必具的基本内涵。地方自治的宪政法理依据依其模式的不同而有不同的宪政理念，相应地关于地方自治权的宪政理论也有两种，即“固有权说”和“授予权说”。固有权说认为地方自治权本身是政治性的，是地方自治组织所固有的，地方自治权不仅不是中央政府授予的，相反中央政府或联邦政府的权力是地方自治组织自下而上让渡的结果，因此，地方自治组织未通过宪法授予中央政府或联邦政府的权力即所谓剩余权力应归地方自治组织所拥有，这一理论显然是建立在所谓的“自然权利说”的基础上的。“固有权说”多为英美法国家地方自治理论所主张。美国宪法修正案第10条所确立的“保留权力”原则即是最直接的宪法上的表述。与“固有权说”不同，“授予权说”认为地方自治权力不是地方自治组织本身所固有的，而是中央政府授予的，中央通过法律将一部分国家权力授予地方自治组织，由实行自治的地方机关自主地处理。这一理论的宪政基础是主权不可分割，因此不能同时分属于中央(联邦)和地方(联邦成员)，但权力可以授予。此说多为大陆法系国家地方自治理论所主张，也多为大陆法系国家的宪法所支持。我国宪法上自治制度中的特别行政区自治和民族区域自治应该说都是属于建立在这种“授予权说”理论之上的地方自治。在我国，无论是民族区域自治还是特别行政区的自治，其权力来源都属于在中央的授予权力，不是它们自身所固有的，这一点在我国的宪法、民族区域组织法和特别行政区的基本法中都坚持了这一原则和精神，这是我们理解我国的地方自治制度关键与实质。正因为如此，我国的民族自治机关和特别行政区的政府都是我国的国家机关的组成部分，民族区域自治和特别行政区的自治是我国国家权力纵向配置的重要内容，当然是我国国家结构形式的重要内容。

主权自治和无论何种类型的地方自治都属于国家权力层次，本质上都体现人民主权的宪政理念，体现的是国家权力分配的层次，属于政治国家权力系统之内。属于社会自治的村民自治与前两种类型的自治有着质的区别，它不属于国家权力系统之内，它直接反映着这样的宪政权利理念：村民自治的“自治”是以“权利”形态出现的，这种“自治”不是由外界(包括国家)授予的，也就是说“自治”应当是一种村民所“固有的权利”，而不是国家“授予的权力”，当然这种“自治”权利也是法治之下的权利，但正如基本权利被写入宪法、法律一样，不能因此而说是法律授予了权利，人们才拥有权利。从这种意义上说，社会自治才真正体现了自治的最原始的含义：“自由”与“自我决定”。这种自我决定的自由被日本学者称之为自己决定权即“就与他人无关的事情，自己有决定权，仅仅对自己有害的行为，由自己承担责任”的权利；或者是“就一定个人的事情，公权力不得干涉而由自己决定”的权利。而以自我决定权为内容的个人自治权是社会自治的基础和前提，个人的自我决定权一般是被作为基本人权来看待的，与包括民族自决在内的主权自治、地方自治相比，个人自我决定权基础上建立起来的社会自治不涉及国家的基本制度与国家权力的配置，而仅仅是强调自治体成员相对于国家权力有主张、决定自己事务并有拒绝国家权力干涉自治事务的权利。

村民自治是乡土社会自治的主要形式，构成我国自治制度的重要内容。村民自治权是建立村民自治的前提，村民自治权的实现也是村民自治的目的。从村民自治的宪政性质分析可以清楚地看到村民自治不同于包括民族区域自治与特别行政区自治在内的地方自治，村民自治中的自治权不具有国家权力的性质，而是一种公民权利性质的基本权利。村民自治权是相对于政府管理而存在的，二者不存在权力大小和划分关系，更不存在授权关系。从本质上说，二者体现的是公民权利和国家权力之间的关系。因此，村民自治权不是国家权力，也不是来自于国家的授权，而是基于我国现行宪法所确立的公民基本权利原则以及国家一切权力属于人民的人民主权原则而产生的，它是一种具有基本权利性质的自治权利。

1. 村民自治权利的内容与范围体现为《村民委员会组织法》中所规定的，村民通过直接选举与民主选举、民主决策、民主管理、民主监督，实现自我管理、自我教育和自我服务。包括通过选举产生自己的代表来管理自己的权利；决定公共事务与公益事业的权利；制定自治章程与村规民约实行自我管理的权利；对其选出的代表进行监督、罢免的权利等等。个人的自我决定是一项基本权利，村民直接选举的过程就是自我决定的过程，也是自我管理，自我教育和自我服务的过程。因此自治权利的内容本质上体现的是公民的基本权利。

2. 村民自治权是一种复合性的基本权利。村民自治的权利主体当然是作为村民自治共同体成员的村民。这种权利对于自治体之外的国家权力来说，具有消极的权利(negative right)性质，即排除国家权力的干涉，强调自我决定；而对自治体自身来说，这种权利又具有主动的权利(abtiver right)性质，即村民以多种方式参与自治体；这种权利还具有集体权利的性质，事实上，对自治体自身而言，村民享有的自治权往往须通过集体的方式来行使，即符合一定数量要求的村民可以行使法律所赋予的权利，其主要方式包括参加村民会议和选举村民委员会等。实际上，村民自治权利的行使对村民个体而言有两种情况：一种是村民个人可以直接参与行使的自治权利，如参加村民会议、选举村委会时的选举与被选举权等。二是村民个人无法直接行使，而必须通过村委会或村民会议（代表会议）来行使的自治权利。因此，村民自治权既具有个体权利的特点，又具有集体权利的特点，是一种复合的基本权利。在这里个人的自我决定和社会自治共同体的自我决定得到了统一，自我决定是个人自治的基础，而个人自治又构成社会自治的基础。

3. 村民的自治权利相对于自治体之外的国家权力系统而言，是一种个人自我决定的权利；而相对于自治体内部而言，又是一种集体权利。这种权利的双重性质使村民自治权相对于国家权力而言，是一种法律上所规定的村民享有的自我决定的自治权利，但相对于自治体自身而言，村民依法享有的自治权，又具有一定的公共权力的性质。换句话说，村民自治体以集体方式（通过村委会或村民代表会议等）作出某项重要决定，对每个村民来说必须服从。但是，这里有两个界限：一是村务（即村民自治事务）

与政务的界线，即宪法、法律授权给各级国家机关尤其是基层国家机关的国家管理事务，村民自治时即不得逾越，法律禁止的事情或者属于国家权力范围的事项村民不能自治；二是村务与纯个人事务的界线，即对于非自治体公共事务和不具有自治体公共事务性质的私人事务，他人包括自治组织均无权干涉，自治的公共权力也不能侵犯属于个人自治的私人权利，二者的界线以自治章程的方式来约定，此种约定必须符合国家法律对公民个人权利保障的要求，不仅如此约定的目的恰恰是为了个人权利有效的实现。

三、村民自治的宪法制度完善

笔者认为，从村民自治的宪政分析出发，从宪法制度上完善村民自治制度要注意以下几点。

首先，在深刻分析村民自治的宪政理论基础的前提下，应明确村民自治的宪法地位。与民族区域自治和特别行政区自治相比，严格地来讲，还不能说村民自治也是我国自治制度中的一种重要自治形式，因为宪法中并没有明确提出村民自治的概念，甚至村民自治仅仅只是从宪法性法律即《村民委员会组织法》中推论出来的一个命题即《村民委员会组织法》第 1 条所言的“为了保障农村村民实行自治”。从村民自治的宪政功能与特性来看，宪法应当确立有中国特色的基层群众自治制度。就宪法的结构安排来说，《宪法》第 111 条应在明确村委会是基层群众的自治组织之前，首先明确基层实行群众自治制度，从而真正使村民自治成为我国自治制度的重要组成部分，提升村民自治的宪法地位。

其次，应从村民自治的社会自治之宪政分析中清楚地认识到村民自治的“自治”性质，从而使村民自治在组织、内容与性质上与国家权力（组织、内容、性质）相区别。“从法理上看，将有关村民自治与地方人民代表大会和地方各级人民政府放在同一节中加以规定，很容易使人混淆村民自治的性质”，前面已经证明基层群众自治和自治组织不属于国家权力的层次与结构，我国《宪法》和《村民委员会组织法》也是这样确认的。因此，应当考虑将《宪法》第 111 条的内容（在增加农村实行村民自治的原则性规定后）放入第一章总纲部分，具体可以考虑将第 111 条在增加农村实行村民自治的原则性规定的内容安排在第 31 条规定的特别行政区自治之后列专条，这样既突出了以村民自治为内容的社会自治性质的宪政价值，提升了社会自治的宪法地位，使村民自治制度真正成为我国自治制度的重要组成部分，又有利于宪法明确肯定村民自治权，并与我国自治制度中的其他自治形式（民族区域自治、特别行政区自治）的法律特征区分开来。

再次，关于村民自治权之宪法权利属性的分析已经表明村民自治权应是我国宪法明确确认的一项基本权利，因此，宪法不仅应明确村民自治权的基本权利性质，而且还要明确村民自治权的行使主体。由于对我国自治制度中的自治权尚缺乏宪法学层面的研究，故而使我国宪法关于自治权利的表述存在一定的缺陷和不足。如《宪法》第 89 条第 11 款在表述民族区域自治地方的自治权的性质时使用的是“自治权利”。这种表述明显与我国民族区域自治制度所确定的自治权性质是不相符的，在前面的分析中已经揭示出民族区域自治的自治权是作为处理中央与民族区域自治地方关系而产生的宪法概念，是民族区域自治地方政府所享有的一项“宪法权力”，这是由不同于社会自治的地方自治性质所决定的，在我国民族自治地方的自治权本质上是中央政府授予的权力。村民自治属于社会自治，村民自治权是宪法权利，宪法应在适当的地方表述实行村民自治是为了保障村民对属于村民自治范围内的事务行使自治权利的思想，具体而言，可以考虑在《宪法》第111条增加实行村民自治内容的同时，增加“保障村民自治权利”的提法，并将此条列入宪法总纲部分，作为我国自治制度的重要内容。

最后，宪法在明确确认村民自治和村民的自治权利的同时，还应制定出关于村民自治的宪法性法律《村民自治法》或者《基层自治法》。目前关于村民自治的专门法律只有《村民委员会组织法》，缺乏专门规定村民自治的基本法。这使我国的村民自治制度作为一项法律制度很不成熟，导致在实践中未产生规范化、制度化的运作模式。比较而言，我国自治制度中的其他两种形式即民族区域自治和特别行政区的自治已经形成为较为完善的自治形式，其制度化程度很高。从宪政制度上看，民族区域自治与特别行政区自治均可以说是自治制度，二者均可在宪法总纲部分找到明确根据，而包括村民自治在内的基层群众自治则并未在总纲中加以规定，因此严格地来讲还不能说是宪法制度，至多只能说是自治制度的一种具体形式而已，这显然与基层自治（包括村民自治）所担负的宪政功能与价值是不相称的。不仅如此，自治制度的其他两种形式均在明示确立宪法制度的基础上，另有专门的、基本性的宪法性法律，即通过《民族区域自治法》和两个特别行政区基本法，对这两种自治形式的性质、地位、自治范围、自治体成员的基本权利与义务、自治组织形式等作了系统的规定。而村民自治只有《村民委员会组织法》，该法是以规定村民委员会的职能为核心的，而对村民自治的性质、村民自治权利的范围、村民自治的方式、自治规章与村规民约的法律地位及其与国家法的关系等这些涉及基层群众自治带有根本性的问题，均缺乏基本法律层面上的规定，导致在村民自治的实践中经常产生村民自治组织利用自治形式侵犯村民依宪法和法律所享有的合法权益或随意违反国家法律规定、违反国家整体利益，从事自治活动的问题，这已成为目前我国村民自治建设中非常突出的问题。明确国家行政管理与村民自治的关系和界限、明确村民自治与自治体成员个人权利保障之间的关系与界限，乃是村民自治法应当特别关注的问题。

（作者：广东商学院教授）

（选自《武汉大学学报·哲学社会科学版》2011年第4期）

参与式民主和中国社会主义民主政治的发展

万　斌　董石桃

公民参与是现代民主政治的核心和灵魂，只有通过公民的积极参与，民主政治才能真正运转起来。二战以来，当代民主理论发展的一项重要成果就是参与式民主理论的兴起。参与式民主理论不仅以其独具特色的思想理念对当代西方主流意识形态造成了极大的冲击，而且实践地推动着西方民主政治发展的进程。到了20世纪80年代末90年代初，协商民主作为参与式民主理论的新发展，更是将参与式民主理论提升到了一个新高度，引起了前所未有的关注。参与式理论用发展的眼光来看待公民参与的价值，认为公民参与不仅是一种治理的方法，而且要服务于更广泛的目的——将公民社会凝聚在一起、教育公民并使之掌握治理的艺术。作为一种新型的民主理论形态，参与式民主理论在一定程度上客观地揭示了自由主义民主的缺陷和实质，复兴了公民积极参与的理念，对自由主义民主存在的种种弊端和危机提供了解决方案，体现了民主理论发展的新趋向。在西方，参与式民主以选举代议制民主为基础和条件，它是代议制民主的有效补充。对中国来说，参与式民主则是推动中国民主发展的一种重要路径：中国一方面面临发展和完善代议制民主的重任，另一方面，中国的民主建设也同样面临扩大公民有序参与，真正实现人民当家作主的重任。参与式民主的推行对上述二者都有重要的意义。进入21世纪以来，参与式民主的发展在我国民主发展的理论和实践中都得到了重视。反思参与式民主的发展对中国民主发展的重要启示及意义在当前无疑具有重要的价值。

一、参与式民主的理念蕴含着社会主义民主的核心价值追求

参与式民主理论对民主含义的理解，突出了公民在民主政治中的主体地位和作用，强调公民参与不仅限于选举参与，还要重视决策参与；坚持民主是个人全面发展的基本条件，民主的最终根本性的原则或目标就是“为社会所有成员平等而自由地发展人性潜能提供条件”，民主理论中的基本原则是平等而自由地实现自我完善是每个人的权利；坚持民主的人民主权原则，反对精英民主理论对“人民意志”的否定等等，参与式民主的理念都蕴含着社会主义民主的核心价值追求。社会主义民主价值观和当代西方精英式的自由主义民主价值追求有着本质的区别。社会主义民主价值观秉承马克思主义经典作家的民主价值观，既重视民主的实际运行，又不放弃民主的理想追求，始终没有放弃“主权在民”这一核心价值追求。社会主

义民主观强调民主的实质是“人民当家作主”。民主的最根本的价值前提是人民主权，马克思对此曾经有过系统的论述，他认为，“民主制独有的特点，就是国家制度无论如何只是人民存在的环节”，“不是国家制度创造人民，而是人民创造国家制度。”马克思曾经十分明确地提出：“人民是否有权来为自己建立新的国家制度呢？”他回答说：“对这个问题的回答应该是绝对肯定的，因为国家制度如果不再真正表现人民的意志，那它就变成有名无实的东西了。”马克思还曾经提出了要建立一种真正表现人民意志的新的国家制度。在马克思看来，社会主义民主的核心主体是非常清楚的，那就是人民，而不是少数的精英阶层。真正的民主应是人民主权、人民意志的实现。人民行使主权，表达意志的途径就是通过各种形式和渠道“真正平等地、真正普遍地参与一切国家事务”。正是从这个意义上说，社会成员的广泛参与不仅是民主的天然基础，而且也是社会自足和强大的基础，更是民主发展的最根本保障。

参与式民主理论对公民主体性的强调在我国民主发展的价值追求中得到了很好的体现。十五大以来，我国社会主义的主流意识形态都曾经反复强调民主建设要“充分发挥人民群众的主观能动性和伟大创造精神，保证人民群众依法管理好自己的事情，实现自己的愿望和利益”。十六大报告突出强调了民主建设中公民参与的重要性，提出要“扩大公民有序的政治参与，保证人民依法实行民主选举、民主决策、民主管理和民主监督，享有广泛的权利和自由，尊重和保障人权。”认为民主的实质就是普通公民通过广泛参与公共事务管理来实现和保障人权。这种民主价值的追求和参与式民主的价值理念是完全一致的。十七大报告则将社会主义民主政治的核心和本质清晰地定位为“人民当家作主”，强调要通过努力实现人民依法直接行使民主权利，重申了公民参与对维护和保障自身政治权益的重要意义，这些理念始终坚守民主发展中公民主体性的重要地位，这和参与式民主强调的民主理论的基本原则是平等而自由地实现自我完善是每个人的权利的观点不谋而合。参与式民主理论曾经强调，任何一种理论如果要为我们时代辩护、解释或描述，都必须采纳这样一条标准：“即每个人平等拥有充分依据其意愿生活的有效权利。”而不是“一个人，一张选票”。民主和个人自由全面发展密不可分。

参与式民主理论区分了作为政体的民主和作为生活方式的民主。作为一种政体，民主是理性的公民履行政治责任、处理政治生活中遇到的恒长问题的政治机制。作为一种生活方式，民主的核心价值和最终保障就是，“邻居们能在街头巷尾自由讨论在当天小报上发表的小道消息，就是朋友们能在自己的起居室里聚会，自由交换意见”。民主是一种理想，但是只有把这种理想变成人们生活常识的情况下，民主才是一种实在，这只有通过公民参与各个领域的公共事务管理中才能实现。现代国家在经济、科技、教育、出版及社会福利方面作用的大大增强，使得民间的社会体制大大政治化了。这些社会体制必须以民主而不是其他协调方式（传统观念、市场或政治强权）去获得权威性。同时，民间社会体制的民主化又可以改变或阻止国家权力进一步膨胀和集中，推动国家和社会两个层面的民主化。为此，参与式民主理论把民主的原则和方法不局限于政治领域而广泛运用于企业、社会等非政治领域，这与马克思主义在社会不同层面上和不同领域中使用民主概念具有共通性。马克思主义认为，民主的发展过程本质上就是人的解放过程，是使个人摆脱外在的束缚关系，成为自由而全面发展的人，最终实现人的政治解放、经济解放、文化解放和社会解放。这种解放的过程，反映在民主领域，可以表现为政治民主、经济民主、文化民主和社会民主；反映在法律领域，可以表现为政治权利、经济权利、文化权利和社会权利。马克思主义主张把民主扩大到社会生活各个层面、各个领域。其中，国家形态上的民主政治制度是最根本的，因为它是统治阶级组织国家政权、实现自己意志的根本形式。但是，国家层面的民主建设并不是民主建设的唯一内容，民主权利、民主管理原则、民主观念、民主作风和民主方法等，对于民主制度的运行和实现也发挥着不可忽视的重要作用。参与式民主理论的这些理念和社会主义民主发展的基本理念也有着较强的契合性。改革开放以来，我们党也一直秉持这种民主价值观，强调社会主义民主要扩展到政治生活、经济生活、文化生活和社会生活的各个方面，发展各个企业事业单位的民主管理，发展基层社会生活的群众自治。

二、参与式民主是中国民主转型的一种基本路径

民主转型也即“民主化”，它是指民主政治从其肇始初创到发展变化，再到巩固完善的过程中具有一定普遍性和代表性的道路演进。有学者认为，世界民主转型模式概括起来主要有两种：一是先发民主发展模式。社会内部自身的自然发展逐渐引起人们在观念上随之而自然地发生“民主性”变化，尔后通过一定的途径把这种新形成的民主观念逐渐转化为现实的民主制度并与时俱进地不断巩固和完善这种制度。二是后发民主发展模式。它是由外来的而非本社会或政治体系本身自发生成的因素促使政治体系发生转变，即首先架构起基本的民主制度，尔后通过各种途径和方式使置身此制下的人们的观念逐渐“民主化”以使其最终适合并支撑改变后的民主政治体系，进而在此基础上使这种新的民主政治体系得到进一步的巩固和完善。许多亚非拉国家在现代化的初始阶段都把自己的民主发展模式定位为“后发模式”，把仿效西方民主政治制度作为本国政治现代化的圣经。它们认为，只要努力效仿西方的政治体制，就能维护国家的独立和推动民主建设。但是，民主的发展究竟真的有一种后发的“赶超”模式吗？发展中国家能够通过国家自上而下的权威快速地“建立”民主吗？历史发展证明，后发国家对西方先发国家政治制度的这种“快速移植”并非坦途，反而使一些国家陷入了长期的政治动荡，甚至出现了政治独裁的局面，宪法成了陪衬独裁政治的花瓶，制度也成了掩盖独裁政治的饰衣。对发展中国家来说，一种可以实现“赶超”的后发民主模式并不是民主发展的最佳道路。究其根本，就在于后发国家没有看到，民主政治的建立必须以相应的政治文化为前提，必须以广大民众的民主意识培育为基础。

参与式民主理论认为发展中国家的民主转型其实并不能选择所谓的后发“赶超”民主化模式，而是要老老实实遵循民主发展本身固有的规律，重视民主的社会基础建设，走民主发展的“渐进”道路。参与式民主理论强调，公民参与能促进人类发展，强化政治效率感，弱化人们对于权力中心的疏离感，培养对集体问题的关注，并有助于形成一种积极的、具有知识并能够对政府事务有更敏锐的兴趣的公民。佩特曼指出：“参与民主理论中参与的主要功能是教育功能，最广义上的教育功能，包括心理方面和民主技能、程序的获得。”巴伯进一步指出，公民经常参与地方层次或工作场所的决策，便可增强本身的政治功效感、政治兴趣及政治知识等民主能力。参与式民主理论的根本目的是通过公民的积极参与形成一种良性的民主文化，建立民主发展所需的民情基础。通过基层的民主建设，夯实民主的社会基础，最终推动国家高层民主的发展。这些观点都比较契合中国民主转型的路径选择。中国当代的民主化模式显然走的是一种渐进的民主化模式，即既强调民主建设的核心地位，又注意到民主意识与民主文化的重要作用；既注重民主制度化的硬环境，将民主参与保持在一定的秩序范围内，同时又注重公民文化的培养，为民主制度的健康运行提供软环境。这构成了中国民主化的两个重要维度，塑造了中国民主化的基本样式，同时亦是中国政治体制改革取得的成功经验。

当前学术界对于中国民主转型模式的选择还存在许多的争议，但不管怎样，中国民主发展模式选择必须汲取那种片面强调移植复制西方民主制度框架而忽视民主文化、公民社会建设的教训。毕竟无论如何，西方文明并不能代替发展中国家民主文化的培养。连亨廷顿都不得不承认，“西方文明的本质是大宪章（Magna Carta）而不是‘大麦克’（Magna Mac）（‘巨无霸 Magna Mac’）。非西方人可能接受后者，但这对于他们接受前者来说没有任何意义。”在以民主制度为终极取向目标的政治发展进程中，无论是先发民主化模式还是后发民主化模式，民主思想观念是政治民主化过程或民主制度的最终建立必不可缺的决定性环节。这就是为何托克维尔对美国民主的考察中，认为民主发展的基础首推民情。世界各国民主发展的历史也一再证明，民主发展的根基是在社会而不是国家，“民主化必须以努力创造一种民主文化为开端”。中国民主发展模式应该汲取参与式民主的基本理念，重视夯实民主发展的社会基础。任何国家的民主政治的最终确立都离不开其社会成员的民主思想观念的最后支撑。事实上，中国清末以来的民主建设命运多舛，很多程度上就是因为民主文化和公民社会建设的薄弱。新中国成立以来，中国的民主发展模式已经积累了许多重要的经验，其中重视民主文化的培养构成了中国民主化道路的成功经验之一。

三、参与式民主是中国民主政治体制改革的重要突破口

中国的民主政治体制改革是一项艰巨的系统工程，牵涉面广，稍有不慎就可能导致不良的后果。如前所述，就当前中国民主政治体制改革的现实来说，着眼宏观民主，而从微观民主开始努力，走一条渐进的“增量改革”之路可能是一种成本较小、风险也较小的选择。而参与式民主就可以很好地充当这个突破口的角色。参与式民主理论认为民主建设的重点首先是基层和地方民主建设，要求将“政治”的范围延伸至政府以外的领域，强调自下而上的参与，从基层、社区开始逐渐上升到政治、国家层次上的参与民主。参与式民主认为，在现代条件下，只有个人有机会直接参与地方层次的决策才能实现对日常生活过程的控制；更重要的是，通过基层、社区、工作场所的参与，使得公民个人获得更多的机会实践民主，在民主实践中进一步培养政治能力，在适当的时候可以参与国家范围的决策。其次，参与式民主理论重视政党民主化在民主建设中的重要作用。在民主与政党的关系上，参与式民主理论在强调公民直接参与的同时，并不否定政党在民主政治中的重要作用。麦克弗森主张把竞争性政党和直接民主的组织联合起来。主张按照直接民主制的原则和程序使政党民主化，如果这些“真正的参与性政党”是在一个宪政体制内运作，而这个体制又由工区和地方社区的完全自治的组织予以补充和限制，那么参与式民主就有了坚实的基础。参与式民主的这些主张和当前中国民主建设的两个重点内容——基层民主和党内民主，有着较强的契合性。基层民主与党内民主，是现阶段推进中国民主政治的两大重点和突破口。基层民主直接关系到广大人民群众的切身政治权利，是全部民主政治的基础。党内民主是权力核心层的民主。通过发展基层民主，使民主逐渐向上推进；通过发展党内民主，使民主从权力核心向全社会推进。这是当前中国民主建设的两个核心内容。有学者提出，“在可见的将来，中国民主政治将沿着三条路线稳步向前推进：第一，以党内民主带动社会民主。中国共产党是中国唯一的执政党，通过扩大党内民主，推动全社会民主，是推进中国民主的现实道路。第二，逐渐由基层民主向高层民主推进。一些重大的改革将通过基层试验，逐步向上推进。第三，由较少的竞争到更多的竞争。”这种民主改革的思路应该是很有道理的。

当前中国民主建设的第一个重点内容就是基层民主建设。我们知道，一个国家的民主发展道路选择是由这个国家的历史文化背景和社会政治经济发展状况决定的。作为后发现代化国家，当代中国的民主发展历史并不长，从1954年确立人民代表大会制度至今才半个多世纪，期间由于“左倾”错误，社会主义民主体制一度遭到严重破坏。鉴于中国长期以来一直缺乏民主的传统和观念，民众对民主制度的认识欠缺，当前中国的民主建设必需建立在广泛的民众基础上，大幅度提高基层社会成员的民主意识，培养他们的民主实践能力，形成民主观念和民主价值。为此，中国共产党的十七大报告中明确指出，人民依法直接行使民主权利，管理基层公共事务和公益事业，实行自我管理、自我服务、自我教育、自我监督，对官员实行民主监督，是人民当家作主最有效、最广泛的途径，必须作为发展社会主义民主政治的基础性工程重点推进。这些提法将人民对政治生活的直接参与逻辑地规定为社会主义民主制度的重要组成部分，表明了基层民主参与是我国民主政治发展的重要目标之一。近年来我国在农村和城市分别推动村委会自治和居委会自治建设，实际上就是通过在基层社会的自治发展，培养具有民主意识和民主能力的公民，并通过社会层面的自治，在适当的时候上升到政府体系中的民主参与。这一举措为当前中国的精英主义政治转变为参与式民主政治提供了一条切实可行的、渐进发展的路径。

党内民主是当前中国民主建设的另一个重点内容。中共十六大就确立了发展党内民主，以党内民主带动社会民主的中国民主政治发展路线。中共十七大再次确认了这一民主发展战略。如果说基层民主是由下至上推进民主政治的话，那么，党内民主则是由权力核心向外围推进民主。没有党内的民主，就意味着没有核心权力层的民主。中国共产党拥有7000多万党员，聚集了广大的社会精英。没有党内的民主，中国民主政治建设是一句空话。党内民主建设的核心是切实确立党员的主体地位，拓宽党员参与渠道，将我党建设成一个“参与性的政党”。围绕这一核心内容，改革开放以来，我党进行了许多的有益探索。2004年10月中央颁布的《中国共产党党员权利保障条例》，充实了党员享有的各项权利，完善了保障党员权利的具体措施，明确了各级党组织和党员领导干部在保障党员权利方面应尽的职责，是一个十分重要的基本制度规范，从而使党员参与党内事务的渠道进一步拓宽。另外，一些基层党组织探索建立党员议事会、民主恳谈会、党员旁听县乡常委会（党委会）等制度，培养党员的民主意识，提高党员的民主素养，调动了广大党员参与讨论党内事务的积极性。这些都为将中国共产党建设成一个“参与性的执政党”打下了良好的基础。

四、参与式民主是当前中国社会民主治理改革的现实选择

参与式民主的本质是从“社会”的视角看待民主的发展。如前所述，参与式民主理论的深刻之处就在于它没有停留在国家政治制度层面考察民主，而是深入到社会关系、公民的参与技能和政治效能感和民情里考察民主。从社会的视角来看，民主不仅是一种国家体制，也是一种社会管理体制。正是立基于从“社会”视角中看待民主的发展，主张公民能够切实参与到公共管理和公共决策过程中来，这使得参与式民主对推动社会管理体制的创新也具有十分重要的意义。当代西方“第三条道路”主张培育公民社会，政府与公民社会应建立良好的合作伙伴关系，从关注公平和价值角度出发，倡导让更多的公民参与公共管理过程，这就一定程度上打上了参与式民主理论的烙印。20世纪80年代，西方国家开展的“政府再造”运动，更是把促进公民参与作为其中的一项十分重要的内容，强调授权给社区和公民，鼓励公民参与社区事务管理，增强公民参与意识，倡导培育和提升公民自主组织能力等。这些举措都有力地推动了社会民主治理制度的创新。

中国传统的社会治理模式是一种突出“管理”的模式，这种模式很多时候将公共生活的治理简化为决策者对人和事的单向管理，决策者对自下而上的需求缺乏回应的动力。在日常的议程设置上，党政机关及其智囊机构主导了议程设置，公众的利益诉求只被要求通过指定的渠道得到代表和表达，而这些渠道又经常因为官僚化而遭堵塞，民众自发的组织和表达形式难以得到法律的保护。改革开放以后，管理式的治理模式有促进经济效率增长的一面，在地方官员政绩竞争的背景下，曾推动了中国经济迅猛增长。但是，这种社会治理模式也使中国付出了社会公平的代价：各级政府片面注重GDP增长而忽视了公共服务的提供、贫富差距的不断拉大、环境污染严重、官员腐败加剧等等。“管理”式的社会治理模式总体特征就是政府决策的开放性不足，民众缺乏参与和影响政府决策的现实渠道。这导致在实际当中，政府的决策容易被少数特殊利益集团所俘获，滋生腐败，进一步引发公众不满，瓦解政府决策的正当性基础。长此以往，社会矛盾越积越多，从而引发公共危机。新世纪以来，中国上访案件急剧增加、群体性事件数量不断上升就是这种情况的一种体现。

要克服传统社会治理模式的弊端，就需要改革现有的行政决策机制，为长期以来被漠视的社会群体提供参与行政决策的通畅渠道，让他们通过提升与自身切身利益相关的政策来改变自身的不良处境。面对有限的政府能力，社会问题的解决必须依赖公民的参与，通过公民参与来一起界定问题、思考方案并分担责任。在这个意义上，见多识广、充满活力的公民是有效的政府管理的基础所在。参与式民主的治理模式无疑为当前中国社会治理改革提供了一个切实可行的方案。参与式民主的治理模式并不仅仅是抽象的理念，而是面向社会公共生活中个体所关注的真实问题，解决公众关注的具体民生问题，以民主推动民生问题的切实解决。参与式民主的治理模式使普通公民被视为具体的利益相关者，视为需要在社会治理中紧密团结、分享政策影响力的伙伴，使政府的决策成为最大限度的吸纳民意的开放式的决策。值得注意的是，参与式民主的社会治理模式在当前的中国并不是停留在理念层面，而是已经走向切实的实践并产生了良好的效应，已经成为当前中国社会治理模式的现实选择。首先，从公民的角度来看，公民的主动参与意识不断增强。2007年，厦门的“PX化工事件”中，公民通过理性的而非暴烈的“集体散步”迫使政府让步可以说是中国公民集体自发维护自己权益的成功事例。此后，相似的案例不断涌现，上海的磁悬浮列车事件、广东番禺的建造垃圾场事件、全国的反对乙肝歧视案件等等，都反映了公民通过理性有序参与维护自己权利的良好意识，它不是求助于中央政府的干预，而是通过自己的参与行动来维护自己的合法权利。其次，从国家角度来看，党和政府对于社会治理模式改革的紧迫性已经有了清醒的认识，改革的主导方向就是扩大公民的有序参与，疏导社会矛盾、尊重民意，确认并落实普通公民的知情权、表达权、参与权和监督权。在地方政府政策目标和干部考核指标中已经加入了公共服务、环境保护、社会稳定的内容。一些地方干部考核的程序中也增加了民意测评、民意调查等。一些地方（如浙江省的杭州、温岭）在党政决策中开始重视如何实施开放式决策，对公民的要求做出积极的回应。座谈会、协商会、听证会等临时利益代表和表达渠道得到了重视和广泛应用。地方政府通过推动广泛深入的公民参与，不仅深化了民主，而且在政府与公民之间搭建起了桥梁，在政府、公民个人和志愿团体之间建立起伙伴关系，使各种利益相关者能够参与决策、共同治理。政府与社会之间的分权和关系调适也催生了公民参与的制度空间，为扩大公民有序政治参与提供新的渠道和途径。总之，参与式民主的治理模式已经成为当前中国社会治理的现实选择，在未来，它必将使中国的社会治理走向一个良性的轨道，也为中国的民主建设奠定扎实的社会基础。

（作者：浙江大学思想政治理论和教学科研部教授、博士生导师）

（选自《浙江社会科学》2011年第11期）

整体历史观下的社会主义法治理念的解读

夏立安

社会主义法治理念的提出，至少可能有三个方面的重要意义：一是它必定会引发法律或司法的形式性与实质性关系之思，二是它可能会引发人们对法治发展的历史性与现实性之思，三是它可能会引起学界对法学学科的属性和法学教育之思。

一

首先，社会主义法治理念的提出必定会引起人们对于法律的形式性与实质性关系的思考。在这方面，中共中央政法委员会发布的《社会主义法治理念学习纲要征求意见稿》(下文简称《纲要》)既表达了法治的实质性倾向，也警示要照顾到法律的形式性，防止走过头。一方面，在党和国家的政策与法律、法规的关系上，《纲要》明确指出："要把党和国家的政策作为法律适用中的重要参考依据，在适用法律、法规规定的同时，也应参照党和国家的相关政策，综合考量法律和政策的要求，特别是在法律、法规的规定不完备、不明确或者不够具体的情况下，更应充分发挥政策对于法律的补充作用；要结合党和国家的大政方针，理解法律条文的现实含义，对法律条文作出符合社会发展现实的合理解释，增强法律条文的实用性和适应性，使党和国家的大政方针与社会主义法治在实践层面上更加密切地融合。"具体说来，要将党的路线、方针和政策纳入法律范围，将其"作为法律实施和适用的灵魂"；要将政治力量纳入法律人队伍中来，将政治立场坚定、思想作风正派、掌握法律专业知识，富有领导工作经验的干部，选派到各级法律机构之中，充任各级法律机构的领导。另一方面，《纲要》又强调："坚持依法领导，要求各级党组织在面对涉及法律的各种事务时，必须做到以法律为基本依据，遵循宪法和法律的相关规定，能动地运用法律原则和原理，坚持法律框架下处理和解决各种复杂的社会问题，不能以牺牲基本的法律原则或损伤法律的应有权威为代价而求得问题的表面、暂时的解决"。要而言之，社会主义法治的目标就是实现政治效果、社会效果和法律效果的统一。众所周知，法律尤其是司法的形式性与实质性之间存在着内在的张力，因为司法适用中忽视形式性，必然会降低法律的稳定性和可预期性，导致司法的恣意；而忽视法律的实质性，则会导致法律的社会适应性降低，导致法律的僵化和教条化。从较为成熟的法治国家的法律发展看，法律的形式性发展到极端状态后，势必走向反动。但是反观我国的法律发展，我们的法治建设既面临着构建形式性的艰巨任务，也面临走向实质性的强烈要求。因此，如何在法律的形式性与实质性之间保持某种平衡是司法实践所面临的新课题。

不可否认，改革开放三十多年来我国法治有了迅速成长，“有法可依，有法必依，执法必严，违法必究”的形式法治理念已渐入人心。可以说，形式法治愈是发展，对实质法治的需要就愈加迫切。因为形式法治维护形式平等，偏重效率与自由，在一定程度上放纵了实际的不平等，并必然导致了人们对实质法治的关切，并表现为：通过对绝对财产权的限制和对弱势群体的特殊关照，抑制功利主义效率所导致的实际的不公平后果；通过对绝对的契约自由原则加以限制和干预，防止强者利用形式自由的契约压迫甚至变相奴役弱者；通过对特殊情况给予特殊关照，避免一般原则的适用中可能造成的具体不公正结果；通过对市场以及市民社会的私域进行适度的干预，维护公平的竞争秩序和遏制消极自由所产生的种种弊端；通过对影响法律存在与发展的政治、经济、道德等要素的重新考量，纠正恪守法条的法律实证主义过分封闭的倾向；通过对非正式解决纠纷机制的再度重视，纠正过分拘泥于形式与程序所带来的实质不合理性。尽管如此，“形式法治仍然是现代法治的主导型式，实质法治是一种辅助型式，是对前者的矫正与补充，远未达到取代前者的程度”。事实上，无论后者如何发展，也不可能取代前者。

但是在实践中，实质法治常常会超越法律形式性的“档位”。在民事判决与调解的关系中，一味追求“调解优先”，从而造成了所谓“开庭形同开会”，“审判形同谈判”的现象，使程序与实体双重弱化，使法院大有走向“调解院”之势。在刑事司法领域中，存在着一种“合作性司法”理念取代了传统的“对抗制司法”理念，存在着公法向度的国家——犯罪人关系与私法向度的犯罪人——受害人关系混同乃至后者取代前者的走势。为此，有学者这样警示：“为了使致害人走向悔改，使受害人走向宽恕，与修复性司法相关的非正式的程序是必要的。但是这些非正式程序不能完全脱离法院和公共权威的正式程序。也就是说，法律必须成为修复性司法周围的‘书挡’。在一端，定罪的程序应该与全部形式规则、程序和确保该一犯罪找到通往修复性司法裁判实践路径的政策相吻合。在另一端，适用的法律必须确保致害人的悔过条件是公平的，无论对致害人还是对受害人来说都是如此。”因此，在我国各种各样的司法改革的试验和实践中，无论民事调解和刑事和解如何被强调，它们的共同“书挡”除了法律还是法律。

二

但为什么司法实践中法律的“书挡”常常被突破？为什么人们对实质法治情有独钟？这既与我国多年来对法治发展的历史复杂性认识不足有关，也与我们对法治的现状与国情的把握不够有关。因为认识我国法治发展既需要一种历史之维，也需要一种社会之维，需要一种整体性的历史社会视角，只有这样，才能全面客观地认识我国法治的政治、经济、文化和历史的基础，舍此，法律发展就会要么走向法律的形式性，要么走向实质性的非此即彼的极端状态。

因此，社会主义法治理念的另一层意义正在于它既有历时性关照，也有共时性关照，它一方面扎根于我国历史之中，另一方面又立基于当下的国情，将法治投放到了更为宏阔的背景中。就历史性的向度看，社会主义法治理念将其历史之根基最早追溯到了新民主主义时期，追溯到了革命根据地时期的法制活动，再接下来是共和国宪法诞生，再就是邓小平时代的法制“十六字方针”，最后是江泽民时代的“依法治国，建设社会主义法治国家”的治国方略的提出。可见，在我国法治发展的道路上，几代领导人前赴后继、一以贯之的法治历史的连续性是清晰的。这种历史的连续性还因为吻合了过去近百年历史中共产党诞生、发展和壮大的这一不容置辩的历史进程，使共产党历史统领国家乃至法治的连续性和正当性得以强化。从现实性的向度看，我们的国情是人口多底子薄、资源稀缺、教育和经济发展水平不高、社会发展不平衡等等，这些国情因素决定了中国的法治发展道路不可能简单地照搬照抄西方的模式，它注定要走一条借鉴外来经验，而同时又是共产党领导的中国特色的社会主义的自主的法治发展道路。

上述这种法治发展的历史政治学的论证让我们清醒地意识到社会主义法治理念正当化的理由有一半答案在历史中，有一半答案在现实中。尽管如此，上述论证尚有可值得补强的地方，这既要求历史之维的补强，也需要社会之维的补强，因此可以说是一种整体性的历史社会学的补强。

何谓历史之维？如何对待历史？这是见仁见智的事情。历史既有完全独立于人们的意识之外的人类过往社会的客观存在及其发展过程，也有史家的主观的分析、认识和创见。也就是说历史学既有其科学面相，也有其人文面相，所谓历史是“一半是科学，一半是艺术”的说法也就是这个意思。客观与主观、科学与人文二者相辅相成，构成一完整体系。仅就历史的认识论而言，它包含了认识主体和认识对象两个方面。认识主体可谓林林总总，既有大人物也有小人物，既有为官者也有为民者；认识对象就更为复杂，既有物质层面也有精神层面。因此对于历史的任何思考都必须是整体性的所谓“厚的”历史，而不是断章取义的少数人和局部现象的所谓“薄的”历史。除此之外，历史其实还有一个很重要的面相就是其时间长度，有百年历史，当然也有千年历史。同一事物放到不同的时间限度中检测，成像不同，结论有异。因此，美国学者汉斯·凯尔纳教授这样写道：“当前对于历史的任何理论思考，都必须高度关注历史真理在不同时代、不同国家、不同群体和不同人之间是如何得以确证的这一问题。”同理，对于法治的认识当然离不开这样的历史之维，法治的发展史中不仅有政治元素，还有经济元素，更有文化元素等。在法治历史的创造者中，既有大人物也有小人物。因此，如果我们视野下的历史是“薄的”话，法治可能就会常常要么走向实质性要么走向形式性的非此即彼，如果我们视野下的历史是“厚的”话，法治的发展很可能是形式性与实质性的渐行渐近。对此，伯尔曼先生有这样精辟的阐述：“自然法学者与法律实证主义者之间论争中所缺少的恰恰是法律的历史层面。法律不仅包含了道德或政治，也不仅包含了道德与政治之和，而且包含了历史。在一种历史环境下站住脚的道德换另一个环境可能就站不住脚，同样在一种历史环境下政治上需要的换到另一个环境政治上则是反对的。更为重要的是，法律中的道德与政治两个进路的明显冲突可以在具体的历史环境下得以解决。历史——这种共同体所经历的生活可以将道德和政治融为一体。”

除了上述法治的历史之维度外，法治还有其现实与国情之维。改革开放三十多年以来，我国经济迅速发展，市场化进程加快，社会结构分化，市民社会渐趋形成。这些经济和社会成就无不与国家主导下的法律发展联系在一起，无不与形式法治的演进联系在一起。但同时，市民社会的成长意味着来自民间的或者说民众的变革力量日渐强大，正是这些力量在悄悄地改变着国家主导下的法律发展。因此，无论从哪个角度看，我国法治发展的力量除了有赖于中国共产党领导这个重要因素外，民众、市场、企业、法律人以及各种社会自治组织均是法治发展不可或缺的力量。萨维尼甚至指出，法律像民族的其他一般习性一样，受着同样的运动和发展规律的支配。法律具有双重的生命力，首先，法律是社会整体的一部分，它与社会共存，不会突然消失。其次，法律是法学家所掌握的一门特殊知识。在不同时期，同一民族的法律可能不同，它或者表现为原始习惯法，或者表现为经过人为设计过的实在法。但是，不论表现为哪种法律，要在二者之间划出一条截然的分界线，也显然是不可能的，因为两者往往相互交织在一起。他认为，法律的发展“首先来自习惯和人民的信仰，其次才是法律家的活动。因此在任何地方，法律的发展都来自内在的静悄悄的力量，而不是立法者武断的意志”。萨维尼的观点虽然更多的是德国语境下的认识，但在某种程度上说，它也部分揭示了长期以来法治发展中被忽视的那些“小人物”和“小角色”。离开了这样的现实与国情之维，法治发展要么走向国家宰制一切的实质法治道路，要么走向法律人封闭的“自言自语”和“自娱自乐”的形式法治道路，要么走向对西方法治的照搬照抄之路。

因此，在透析我国的法治现象时，既要将之投放于历史的长焦距之下，也要将其拉近到当下的视镜下。换句话说，可能应当将我国法治现象投放到自己的历史社会学的更为宏阔的视镜之下。芝加哥大学诺瓦克教授在总结威斯康辛学派的巨擘赫斯特教授的学术思想时，曾对历史社会学的宏大视野有这样的描述：“历史社会学既有时间的维度，又有社会的复杂性，把两者作为整体来研究，却没有‘臃肿’的感觉。”另一位美国政治学者斯考切波则将历史社会学的宏大目标界定为一种对个人、社会和历史之间关系的整体性理解。这种整体性的视角换成英国社会学家丹尼斯·史密斯的话就是：“它力图使用一种将概念演变、比较归纳和深度经验探讨结合起来的方法，将过去与现在、事件与过程、行为与结构、个人与群体涵括进来。”在某种程度上说，我们政治发展中的“近视眼”需要这种跨越时空的大视野的纠偏，我们社会发展中的功利主义趋向也需要这样大视野的涤荡，法律形式性与实质性之间的张力也需要这种大视野来化解。

三

最后，社会主义法治理念的意义还在于它引起人们对法学学科的属性、法学教育以及该学科与其他学科之间关系的思考。就法学的属性而言，究竟该将法学作为一门法律概念分析的学问，还是一门实证分析的学问，抑或是作为一种规范分析的学问，一直是个争论不休的问题。更有甚者，有人将法学看作是涵括历史、经济、社会、伦理的综合性学问。英国学者拉德克利夫勋爵在其著作《法律及其指南》中曾这样写道：“如果说法学研究不只是一门技艺的话，那么它已远远超出了法律本身，它是历史学的一部分，是经济学和社会学的一部分，也是伦理学和人生哲学的一部分。”虽然从社会主义法治理念的五句话概括看，还不能完全推演出法学是一门十分综合的学问，但将它看作一门与政治学密切关联的学问是显而易见的。从《纲要》看，社会主义法治理念力图建立一种新型的政法学。这可以通过三个方面体现出来。首先，从社会主义法治理念的理论渊源看，它是以马克思主义法治思想为理论渊源的，这主要包括了马克思、恩格斯、列宁、斯大林等革命导师关于法的本质、法是阶级斗争的工具、经济基础决定上层建筑的思想。其次，从社会主义的法律内容看，《纲要》明确指出："要把党和国家的政策作为法律适用中的重要参考依据，在适用法律、法规规定的同时，也应参照党和国家的相关政策，综合考量法律和政策的要求，特别是在法律、法规的规定不完备、不明确或者不够具体的情况下，更应充分发挥政策对于法律的补充作用。"最后，从社会主义法治的领导主体看，《纲要》特别突出了党对于法治领导的绝对权威性。这既表现为将党的决策转化为法治活动的具体实施意见，把党的要求细化为法治活动所必须依循的具体规则，也表现为"法律机构应当尊重地方党组织的领导"，更表现为"法律机构应当无条件地服从党中央的要求"。由此可以看出，社会主义法治不仅仅是一种法律之治，也不仅仅是法律人之治，更是一种政法之治。按此逻辑，社会主义法治赋予了政党以极其艰巨的重任，即在保持党对法治绝对领导的前提下，如何保证各级党组织在具体实施领导的过程中不得超越宪法和法律规定的权限，不得违反法律的规定而插手法律机构正常的法治活动。而那些既能把握政治大船又能不跨越宪法与法律雷池的舵手，估计是目前我国法学院校的学科建制所无法提供的。因此，改组现有的法学院建制，增加党史课程，充实马克思主义学者，统一法学培养方案，将法学院改组为政法学院等一系列措施也似乎是必然的逻辑，这可能是变革现有法治的最便捷的道路。但是与整体历史观相比，这种便捷路径可能太过简单与粗暴，而将法治发展投放于一种合乎经济的、社会的、伦理的、文化的、哲学的和历史的语境中，让其处于一种自生自发状态，何尝不是一种更好的选择呢？

（作者：浙江大学光华法学院教授、博士生导师）

（选自《山东社会科学》2011年第3期）

充分认识宪法在中国特色社会主义法律体系中的统帅作用

许崇德

吴邦国委员长在十一届全国人大四次会议上郑重宣告：一个立足中国国情和实际、适应改革开放和社会主义现代化建设需要、集中体现党和人民意志的，以宪法为统帅，以宪法相关法、民法商法等多个法律部门的法律为主干，由法律、行政法规、地方性法规等多个层次的法律规范构成的中国特色社会主义法律体系已经形成。中国特色社会主义法律体系的形成，是我国社会主义民主法制建设史上的重要里程碑，标志着依法治国、建设社会主义法治国家的战略目标推进到了新的发展阶段。中国特色社会主义法律体系是以宪法为统帅，由多部门多层次法律规范组成的结构严谨的有机整体。充分认识宪法在中国特色社会主义法律体系形成和完善中发挥的统帅作用，对于维护宪法作为国家根本法的权威地位、坚持社会主义法制的统一和尊严，具有重要意义。

一、以宪法为统帅主要表现在法律以宪法为依据而制定

中国特色社会主义法律体系以中华人民共和国宪法为统帅，主要表现在我国政治、经济、文化、社会等各个方面的法律都是以宪法为依据而制定的。

全国人大和全国人大常委会所制定的法律，通常都在第一条中明确规定“本法是根据宪法制定的”。譬如，《中华人民共和国刑事诉讼法》第一条就规定：“为了保证刑法的正确实施，惩罚犯罪，保护人民，保障国家安全和社会公共安全，维护社会主义社会秩序，根据宪法，制定本法。”还有一些法律是根据宪法的某个专门条款而制定的。如《中华人民共和国兵役法》第一条就这样规定：“根据中华人民共和国宪法第五十五条‘保卫祖国、抵抗侵略是中华人民共和国每一个公民的神圣职责。依照法律服兵役和参加民兵组织是中华人民共和国公民的光荣义务’和其他有关条款的规定，制定本法。”这些都是以宪法为依据制定法律的明显例证。

我国的立法以宪法为依据，过去如此，将来仍将如此。在中国特色社会主义法律体系形成之后，还要继续使这个法律体系日臻完善，有些新的法律需要制定，有的现行法律必须适应客观实际的变化而修正。不论是制定新法，还是修改已有法律，都要坚持以宪法为立法依据。总之，中国特色社会主义法律体系的形成和未来的发展，都离不开宪法发挥其统帅作用。

二、以宪法为统帅是由宪法的性质、地位和内容决定的

中国特色社会主义法律体系以宪法为统帅，这是由宪法的性质和地位决定的。我国宪法和法律是党的主张和人民意志的统一，是在党的领导下充分发扬民主制定的，体现了党的主张，体现了全国各族人民的意志和利益。在经过法定程序进行法律化的时候，党的最根本、最重要的主张和人民最根本、最重要的意志，就制定为宪法。宪法是根本法，具有最高的法律效力。而党的最根本、最重要的主张和人民最根本、最重要的意志之外的其他主张和意志，则转化为具体门类的法律以及其他形式的法规。这些法律法规虽然也有国家赋予的强制力和约束力，但是，不同层次法律规范的效力并不相同。宪法是上位法，法律法规是下位法，下位法不得抵触上位法，一切法律法规都不能同宪法相抵触。

另一方面，中国特色社会主义法律体系以宪法为统帅，也是由宪法规定的内容决定的。宪法是国家根本法，其重要性不言而喻。但宪法不是法律大全，不能把全部法律规范都包揽无遗，更不能代替一般的法律。宪法的主要内容仅仅在于规定社会经济制度和国家政治制度等的根本原则。这些根本原则需要其他一般的法律加以具体化，有的甚至是宪法本身明文规定要求制定相应的法律。例如，现行宪法第八条规定："参加农村集体经济组织的劳动者，有权在法律规定的范围内经营自留地"，至于在什么范围内可以经营自留地，宪法并不作具体规定，而是由通常的立法去加以解决。又如，宪法第十三条也有类似规定："国家依照法律规定保护公民的私有财产权和继承权"，国家"可以依照法律规定对公民的私有财产实行征收或者征用并给予补偿"。正是诸如此类的一系列规定，要求有大量相应的立法，才能使宪法的原则落到实处。这表明，宪法在我国法律体系中的统帅地位与统帅作用是不可替代的。

为了保证宪法的统帅地位，国家赋予宪法与一般法律以不同的修改程序。从提案权来看，全国人大主席团、全国人大常委会、全国人大各专门委员会、国务院、中央军委、最高人民法院、最高人民检察院，全国人大的一个代表团或者 30 名以上的代表联名，可以向全国人大提出修改法律的议案；但宪法的修改则只能由全国人大常委会或者 1/5 以上的全国人大代表联名提议。从议案的表决来看，宪法修正案须由全国人大以全体代表的 2/3 以上的多数通过；而法律案则需全体代表的过半数通过即可。修改程序的差别体现了宪法的稳定和尊严高于一般的法律。

三、保障社会主义法制的统一和尊严应以宪法为基础

中国特色社会主义法律体系内容极其丰富，涉及面非常广泛，作为一个法律体系，它是一个层次分明、结构清晰的整体。按照现行的中华人民共和国宪法第五条的规定："国家维护社会主义法制的统一和尊严。"这里强调的也就是保障中国特色社会主义法律体系的统一和尊严。必须指出，统一和尊严应该有公认的共同基础。这个基础就是宪法。党的十六届三中全会曾对宪法作出明确定义："中华人民共和国宪法是国家的根本法，是治国安邦的总章程，是保持国家统一、民族团结、经济发展、社会进步和长治久安的法制基础。"由此可见，法制的统一和尊严最基本的要义是统一于宪法，服从于宪法的尊严，只有在宪法的基础上，才能保障我国法律体系的统一和尊严。

我国法治建设的基本方针是实现"有法可依，有法必依，执法必严，违法必究"。有法可依是不可缺少的前提。假如无法，那就什么都谈不上。中国特色社会主义法律体系既已形成，有法可依这个前提就已经完全具备。但徒法不足以自行。假如不抓实施，即便有再多再好的法律，也属枉然。吴邦国委员长 1 月 24 日在形成中国特色社会主义法律体系座谈会上曾强调指出，"法律的生命力在于实施"，"我们要在继续加强立法工作的同时，采取积极有效措施，切实保障宪法和法律的有效实施”。实践证明，制定法律与实施法律必须并重。在建设社会主义法治国家的历史进程中，我们应当更好地坚持和做到有法必依，执法必严，违法必究。

在法律法规的实施中，应当进行日常的监督审查，审视其是否与宪法相抵触。这是维护和保证社会主义法律体系的统一和尊严所必需的。在我国社会生活中，不乏这方面的实例。1982 年颁布的行政法规《城市流浪乞讨人员收容遣送办法》，在实施中因不符合宪法关于以人为本，保障公民基本权利的原则而于 2003 年 8 月 1 日被宣布废除，同时，国务院另行制定并公布了新的行政法规《城市生活无着的流浪乞讨人员救助管理办法》，就是一例。

按照我国的现行制度，全国人大常委会有权审查行政法规、地方性法规、自治条例、单行条例等是否抵触宪法，并作出处理。不仅行政法规需要接受监督审查，即使是法律，甚至是基本法律，也要接受监督审查。1990 年 4 月，第七届全国人大第三次会议通过关于香港基本法的决定，指出“香港特别行政区基本法是根据《中华人民共和国宪法》、按照香港的具体情况制定的，是符合宪法的”。这是全国人大对基本法律作出合宪性审查的范例。

四、宪法的发展推动了整个法律体系的完善

宪法在中国特色社会主义法律体系形成和发展的过程中，不仅发挥了统帅作用，而且宪法本身也在不断地发展和完善之中。1982 年制定的现行宪法，要比过去的几部宪法更为完善。而从 1988 年到 2004 年期间，宪法本身又经历了 4 次部分内容的修正，通过了 31 条修正案。宪法本身的不断发展和完善，使宪法在社会主义法律体系中的统帅作用得到加强。

适应经济社会的发展和社会主义法治建设的需要，对宪法适时进行修正、补充，是十分必要的。譬如，改革开放前，我国一直实行公有制的所有制形式和计划经济体制，否定物权概念的存在。在这种社会背景下，私人所有和商品流通被完全否定，更谈不上物权立法了。自 1993 年第七条宪法修正案规定“国家实行社会主义市场经济”和 1999 年第十四条宪法修正案规定“国家在社会主义初级阶段，坚持公有制为主体、多种所有制经济共同发展的基本经济制度，坚持按劳分配为主体、多种分配方式并存的分配制度”之后，物权的概念逐渐得到社会认可，物权立法也随之加快步伐。2007 年通过的《物权法》第一条开宗明义规定：“为了维护国家基本经济制度，维护社会主义市场经济秩序，明确物的归属，发挥物的效用，保护权利人的物权，根据宪法，制定本法。”可见，宪法自身的发展与完善，是中国特色社会主义法律体系发展与完善的一个重要条件。

同时，宪法的与时俱进，也必然带动中国特色社会主义法律体系其他组成部分的发展。举例来说，1999 年，第九届全国人大第二次会议通过第二十八条宪法修正案，把“其他反革命的活动”修改为“其他危害国家安全的犯罪活动”，因而使得刑法及其他有关的法律随之作了相应的改变。废弃“反革命”，虽然只是某个辞汇的消失，但人们却从中感受到一个特定时代的远去，国内外反响颇大。

建设中国特色社会主义是一项长期的历史任务，完善中国特色社会主义法律体系也是一项长期的历史任务，必须随着中国特色社会主义实践的发展而发展。在中国特色社会主义法律体系的形成和完善、社会主义民主制度的建设和发展中，宪法始终起着统帅作用。我们每一个公民和国家工作人员都应认真学习宪法，更好地掌握宪法的基本精神，沿着宪法指明的方向和道路前进。

（作者：中国人民大学法学院教授）

（选自《求是》2011 年第 7 期）

中国特色社会主义法律体系形成的法治意义

李　林

2010年底，我国社会主义民主法治建设取得了里程碑式的重要成就——中国特色社会主义法律体系正式形成。中央领导同志指出，一个立足中国国情和实际、适应改革开放和社会主义现代化建设需要、集中体现党和人民意志的，以宪法为统帅，以宪法相关法、民法商法等多个法律部门的法律为主干，由法律、行政法规、地方性法规等多个层次的法律规范构成的中国特色社会主义法律体系已经形成。这一法律体系的形成，是我国改革开放和社会主义现代化建设的重要成果，是坚持社会主义民主法治建设基本方针、大力加强立法工作取得的重大成就，是全面落实依法治国基本方略的重要标志，是我国社会主义民主法治建设史上的一个里程碑，对于在新的起点上加强和改进立法工作、切实保障宪法法律实施、全面落实依法治国基本方略、加快建设社会主义法治国家具有重要的现实意义和深远的历史意义。

我国改革开放和社会主义现代化建设的重要成果

形成法律体系是人类法治文明和立法进步的重要标志。我国是一个成文法国家。中国特色社会主义法律体系是国家各方面、各层次、各领域全部现行立法的集大成，涵盖了国家经济、政治、文化和社会生活的各个方面。

我国法律体系的主要功能，是以法律规范的形式实现对社会价值的法律指引、对社会关系的法律调整、对社会利益的法律分配、对社会秩序的法律规制和对社会文明进步成果的法律确认。其中最根本的，是以国家意志的形式，确认和保护社会主义革命、建设和改革的成果。宪法是中国特色社会主义法律体系的核心和基础。1954年新中国制定的第一部社会主义宪法，“巩固了我国人民革命的成果和中华人民共和国建立以来政治上、经济上的新胜利，并且反映了国家在过渡时期的根本要求和广大人民建设社会主义社会的共同愿望”，确认了千百年来受压迫的人民群众为国家主人翁。1982年宪法则“以法律的形式确认了中国各族人民奋斗的成果，规定了国家的根本制度和根本任务”。除宪法外，其他各类部门法也都从不同方面、不同领域对我国的社会关系作出规定和调整。

中国特色社会主义法律体系不仅是人民意志的集中体现，而且是党的路线方针政策的条文化和法律化，是中国共产党的主张与全国各族人民意志相统一的法律表现形式。1997年，中国共产党将“依法治国”确立为治国基本方略，将“建设社会主义法治国家”确定为社会主义现代化的重要目标，并提出了到2010年形成中国特色社会主义法律体系的重大任务。在新时期的立法实践中，每一次宪法的修改、每一个五年立法规划的制定、每一部重要法律的出台、每一个推动中国特色社会主义法律体系形成的重大举措，都坚持并体现了党对立法工作的领导，体现了通过科学立法、民主立法使党的路线方针政策法律化的过程。

中国特色社会主义法律体系以国家意志和法律规范的形式，集中反映了建设中国特色社会主义的内在要求，充分体现了党的主张、人民意志与社会发展规律的有机统一，是对社会主义现代化建设所取得成果的法律肯定，是对中国特色社会主义及其道路、理论与实践的法律化系统化概括，是国家经济建设、政治建设、文化建设、社会建设以及生态文明建设的法律基础。

我们应站在国家、民族和历史的高度，深刻认识中国特色社会主义法律体系形成的重大意义。中国特色社会主义法律体系的形成，意味着中国坚持走具有自己特色社会主义道路的选择不可逆转，意味着中国坚持改革开放的方向不可改变，意味着中国发展社会主义民主政治、实行依法治国、建设社会主义法治国家的决心不可动摇，意味着中华民族伟大复兴的目标必将实现。

坚持社会主义民主法治建设基本方针、大力加强立法工作取得的重大成就

发展社会主义民主，健全社会主义法治，是建设中国特色社会主义的一项重要战略任务。邓小平同志曾经指出："没有民主就没有社会主义，就没有社会主义的现代化。"因此，为了保障人民民主、实现人民当家作主，必须加强社会主义法治，使民主制度化、法律化，使这种制度和法律具有稳定性、连续性和极大的权威，不因领导人的改变而改变，不因领导人的看法和注意力的改变而改变。而要加强社会主义法治，就必须做到有法可依、有法必依、执法必严、违法必究。这是中国特色社会主义民主法治建设的基本理论逻辑，也是深刻理解形成中国特色社会主义法律体系重大意义的重要理论基础。

立法是人民意志的汇集和表达，是人民当家作主的重要形式和途径。加强立法，着力解决有法可依的问题，在新时期民主法治建设中具有紧迫性和优先地位。邓小平同志在改革开放初期就说过："现在的问题是法律很不完备，很多法律还没有制定出来"；"应该集中力量制定刑法、民法、诉讼法和其他各种必要的法律"。因此，高度重视和切实加强立法，制定一系列法律法规，尽快实现有法可依，既是社会主义民主制度化、法律化的必然要求，是实行社会主义法治的基本前提，也是新时期民主法治建设的一项重要任务。

中国特色社会主义法律体系的提出和实现，经历了一个探索、实践和不断发展的过程。1982年，五届全国人大常委会第五次会议首次提出，"立法要从我国的实际情况出发，按照社会主义法制原则，逐步建立有中国特色的独立的法律体系。"1987年，党的十三大报告第一次向全世界宣布，"社会主义民主和法制的建设逐步发展。以宪法为基础的社会主义法律体系初步形成。"1993年，《中共中央关于建立社会主义市场经济体制若干问题的决定》提出，我国"法制建设的目标是：遵循宪法规定的原则，加快经济立法，进一步完善民商法律、刑事法律、有关国家机构和行政管理方面的法律，本世纪末初步建立适应社会主义市场经济的法律体系"。

1997年，党的十五大报告在确立依法治国基本方略的同时，第一次把"到2010年形成有中国特色的社会主义法律体系"确定为推进依法治国、建设社会主义法治国家的立法目标。

从1997年提出到2010年形成中国特色社会主义法律体系，大致可分为三个阶段：九届全国人大期间，“初步形成中国特色社会主义法律体系”；十届全国人大期间，“基本形成中国特色社会主义法律体系”；十一届全国人大到2010年，“形成中国特色社会主义法律体系”。

经过几代人和各方面的共同努力，我国已制定现行有效法律236件、行政法规690多件、地方性法规8600多件，涵盖社会关系各个方面的法律部门已经齐全，各法律部门中基本的、主要的法律已经制定，中国特色社会主义法律体系已经形成。

中国特色社会主义法律体系的形成，是中国共产党政治领导、人民代表大会民主主导、各国家机关全面配合、亿万人民积极参与的结果，是坚持中国特色社会主义立法体制和科学立法、民主立法模式的结果。这种立法模式，符合我国基本国情和经济社会发展实际，体现了党的领导、人民当家作主与民主立法的统一，是社会主义制度集中力量办大事的优越性的又一充分体现。

全面落实依法治国基本方略的重要标志

党的十五大报告指出，依法治国是党领导人民根据宪法和法律管理国家和社会事务、管理经济和文化事业的基本治国方略。依法治国，前提是建立科学完备的法律体系，实现有法可依；核心是坚持以人为本，尊重和保障人权，切实保障人民当家作主；关键是坚持依宪治国、依法行政，监督制约公权力，切实保证公权力依法行使；重点是依法治权、依法治官，切实保证国家各项工作都依法进行，逐步实现社会主义民主的制度化、法律化。中国特色社会主义法律体系的形成，对于全面落实依法治国基本方略、加快建设社会主义法治国家具有十分重要的作用和意义。

——全面确立了社会主义法治精神和法治理念，肯定了民主、自由、人权、公平、正义、依法治国、依法执政、依法行政、公正司法以及法律面前人人平等、法律的公开性稳定性权威性和法不溯及既往、法无明文不为罪等社会主义法治原则，为培育社会主义法治文化、提高全民的法律意识，提供了重要的法律平台和法治保障。

——全面规定了中国特色社会主义的人权法律制度，为尊重和保障人权、服务民生、维护公民合法权益提供了全面系统的法治保障。我国宪法不仅明确规定了“国家尊重和保障人权”的基本原则，而且列举规定了公民多项基本权利和自由；我国的宪法性法律、民法商法、行政法、经济法、社会法等法律门类，则从不同角度、不同层面对公民的政治权利、经济权利、社会权利、文化权利等人权作了具体规定，从法律和制度上切实保证公民享有广泛真实普遍的人权和基本自由。

——全面规定了坚持党的领导、人民当家作主和依法治国有机统一的法律制度，从法律和制度上充分肯定了中国共产党的领导地位，保证了党的路线方针政策的贯彻实施，保证了党始终发挥总揽全局、协调各方的领导核心作用，保证了党坚持科学执政、民主执政和依法执政以及领导立法、保证执法、切实在宪法和法律范围内活动。

——全面规定了中国特色社会主义的立法制度，不断推进立法工作，从实际和国情出发制定大量法律法规，为国家生活的各个方面提供法律依据和法治保障；同时不断完善立法体制，健全立法程序，规范立法活动，推进科学立法和民主立法，努力提高立法质量，建立法律体系，保证立法工作顺利进行。

——全面规定了中国特色社会主义的行政法律制度，为政府依法行政提供了系统化的法律指导，有利于规范和调整政府与市场、政府与企业、政府与社会的关系，确保政府依法履行职能；有利于监督和保证政府依法行使权力，防止权力的滥用、误用和错用，从源头上预防和治理腐败；有利于深化行政体制改革，推动政府职能转变，全面加强法治政府建设。

——全面规定了中国特色社会主义的司法制度，保障人民法院依法独立行使审判权、人民检察院依法独立行使检察权，积极推进司法体制机制改革，充分发挥司法制度和司法机关在保障人权、维护稳定、惩治腐败、建设法治、保障安全、实现社会公平正义等方面的作用，努力实现司法公正。

总之，中国特色社会主义法律体系的形成，从整体上实现了有法可依，标志着我国社会主义法治建设和依法治国事业进入了一个新的历史发展阶段，具有里程碑式的重大意义。

（作者：中国社会科学院法学研究所所长）

（选自《人民日报》2011年2月21日）

延伸阅读

立法后评估：法律体系形成后的一项重要工作

俞荣根

到2010年形成中国特色社会主义法律体系，是1997年党的十五大提出的新时期立法工作总体目标。2010年3月召开的十一届全国人大三次会议上，吴邦国委员长代表全国人大常委会作工作报告时指出，这个目标可以"如期"实现。

据悉，截至2009年9月，我国生效的法律已达229部，现存有效的行政法规682件，地方性法规7000多件。如此众多的法律构成了法律体系的基本骨架，中国特色社会主义法律体系的"如期形成"是确定无疑的。

中国特色社会主义法律体系的形成，标志着中国的立法进入到一个新高度、新阶段。如何进一步提高立法质量，使这个法律体系更加完善？参考国内外的立法经验，其中有一种方法，叫做"立法质量评估"(Legislation Impact Analysis)，亦称"立法效果评估"。在立法前进行评价或评估的，名之为"立法前评估"。与之相应，在立法完成实施一个时期后进行的评估，通常被称为"立法后评估"。在我国，"立法后评估"始于本世纪初。最初用于评估行政机关立法行为，主要用于对国务院及地方政府制定的行政法规、政府规章所进行的经济、社会评估。后来逐渐扩展至地方立法机关。一些省级地方人大常委会在立法工作完成后，也开展对地方性法规的立法质量评估工作。近年来，各级立法机关和学界对立法质量评估工作达成一种共识，更有大力推行之势。2009年和2010年，全国人大常委会法工委两次召开"规范性文件备案审查、立法后评估工作研讨会"，并已悄然启动对有关法律的立法后评估活动。

一、"立法后评估"：提高立法质量的有效手段

为了提高法律、规章的严格性和质量，美国、澳大利亚、爱尔兰、新西兰、欧盟都广泛开展法律效果评估。上世纪70年代，德国尝试立法后评估的制度化和程序化，2001年，联邦内政部门正式编写《立法效果评估手册》和相关的专业手册，推广立法效果的评估方法。欧盟从上世纪80年代中期开始探索这一制度，到90年代启动一系列的改善立法质量的计划，立法质量评估制度得到了长足的发展。在美国，因立法质量评估工作的开展，越来越倾向于颁布"短期性"的法律。而在"短期性"法律到期之后，通过再次审议，决定该法律是续是修还是废，以此方式来提高立法质量，使法律能够发挥积极的作用。1980年，被称为美国联邦政府最广泛成就的《灵活规制法》(Regulatory

Flexibility Act)获得通过。该法要求联邦各部门要“对大量小企业产生重大的经济影响的”规章进行定期的评估。1992年老布什总统下令联邦部门评估其现存的所有规章，并规定新规章发布前90天的延缓期。1993年，克林顿总统发布第12866号令，规定联邦政府制定“重要”的行政法规，必须进行立法成本效益评估，要求通过对现存规章进行评估以保证规章的及时性、兼容性、有效性，以减少不必要的规制负担。

在国际上，立法质量评估算不上什么新鲜事，它是提高立法质量的通行做法。不过，美、欧各国的立法质量评估，有在立法后进行的，也有在立法前做的。立法前的评估主要是对立法的成本与效益作出评估，如同一个商业项目，事前对投入与产出的比例进行评估。这种立法前评估与我们在制定立法计划时对立法项目进行可行性研究的做法有点相似，只是我们的立法可行性研究大多缺乏量化指标，也不够规范。

我国改革开放后，法制建设重点在实施“有法可依，有法必依，执法必严，违法必究”的“十六字方针”。立法机关的工作重心是解决无法可依的问题。中国特色社会主义法律体系形成后，立法工作到了一个拐点：从数量型立法转向质量型立法；从粗放型立法转向精细化立法；从“有法比没法好”、强调立法速度转向攻克立法难题、深度构建现代法制。简言之，是进到更加注重科学立法、精细立法、质量立法、民主立法、民生立法的阶段。中国社会正处在转型阶段，法律和法律制度必须适应这一转型而与时更新，立法任务轻松不了。例如，随着社会转型和经济社会快速发展，有些法律规定的滞后性问题日益凸显，已明显不适应社会发展的需要。又如，由于过去的立法存在一些技术性因素，有些法律规定存在前法与后法、上位法与下位法之间相互不尽一致、不够衔接的问题。再如，一些法律受制定时客观条件限制，规定过于原则，操作性不强，难以用国家强制力保证实施。还有曾广为社会诟病的“部门立法”问题，使某些法律的公正性、公平性受到一定影响，这种现象在地方立法中并不少见。因此，已出台的法律需要不断完善，需要适时加以修改和废除。2009年6—8月，全国人大常委会先后表决通过关于废止部分法律的决定和关于修改部分法律的决定，废止了8件法律，对59件法律的141个条文作出修改。与此同时，各省级人大常委会也通过清理，废止和修改了一些地方性法规。这样的清理、废止和修改、修正将是常态性的，以保证我国法律体系内部不同的法律门类之间、不同法律规范之间、不同层次法律规范之间，逻辑严谨、结构合理、和谐统一。

一部法律的质量究竟如何，最终要看法律的实施效果，看它满足所调整的社会关系的程度和深度，以及守法、执法和司法适用的成本和效率。正如美国社会法学家庞德所说：“法律的生命在于它的适用和生效”。立法质量好不好，归根到底还要看其适用情况，看其是否经受得住实践的考验，达到预期的目的。这些就是“立法后”的验证，换言之，“立法后”的评估更能检验立法的质量。

长期以来，我国立法机关重视法律的制定，但对法规出台后的实效关注得不够，除了作为各级人大常委会监督工作内容的执法检查以外，对法律法规是否达到立法的预期，缺乏其他更多的渠道，从而也难以做到足够的了解。

在中国，地方立法的主体不下上百个，地方性法规和规章的数量繁多，占法律总数的90%左右。地方性法规、地方政府规章之间的“打架”现象比较突出。我国是一个单一制国家，保障国家法制的统一十分重要。对地方性法规和地方政府规章进行“立法后评估”，不仅是地方质量立法的有效途径，也是维护国家法制统一的有效措施。

中国传统文化重实践理性精神，强调践行。马克思主义哲学、邓小平理论、“三个代表”、“科学发展观”为指导的社会主义立法工作，提倡和践行“实践是检验真理的标准”。这必然会通向以法律法规的实施效果来反观立法质量的思路和方法上。立法后的立法质量检验，或曰立法后的立法质量评估的哲学基础正是这个“实践标准”，且与传统文化的实践理性精神相契合。这都为“立法后评估”提供了现实的基础和理念的源泉。从这个意义上说，立法后评估也不见得如一些人说的是要刻意与国际去接轨，是向西方和尚去取回的经，应该说，它更属于我们自己的传统。只是因为过去我们法制建设重点与现在有所不同，在当下，在今后，这种必要性已愈来愈明显。

二、“立法后评估”的几个理论问题

立法后评估尚处于试水阶段，关于评估的理论研究也还处于起步阶段，从评估概念、内容、程序、方式，到评估主体、对象、方法，多是各有理解，迄无定评。主要的困难和障碍集中在两个层面，一是理论研究不足，二是制度供给缺失。这里选取几个有关立法后评估的理论性问题加以讨论。

（一）关于立法后评估的特点

各地立法后评估工作中总结出来的关于立法后评估的特点很多，大致包括：客观性、公开性、民主性、评估主体的多元性、评估内容的多样性、评估标准的复合性、评估方法的科学性、评估程序的规范性、评估效力的确定性等。

立法后评估既然是一种评估工作，那么，必然有着与其他评估工作一样的共同性。也就是说，与时下进行的工程质量评估、教学质量评估、扶贫工作评估、科研质量评估等有着相通、相似的程序、方法。上述特点归纳尽管比较准确，亦较全面，但其所关注的角度，似乎正是立法后评估作为评估工作的共性的一面，而忽视了其评估对象是法律这一最为重要的特殊性一面。

问题在于，其一，立法是国家权力机关的活动，这种权力是至高的，不允许任何个人、团体和组织挑战；其二，立法后评估的评估对象是现行有效的法律法规，它们正在以国家强制的背景和手段实施着。这两点足以说明，立法后评估不同于其他任何评估。因此，我们还应当着力关注立法后评估与其他评估的相异性特点。

首先，从一切评估工作的共同性上讲，它的第一原则应当是客观真实。离开客观真实的评估只是作秀，只会劳民伤财，甚至严重伤害社会的法律信仰，有害无益。为了保证评估客观真实性，就紧接着派生出下列原则：评估主体应当中立公正、评估过程必须公开透明、评估方法应该民主参与，评估标准应当科学合理并规范统一等等。

其次，从立法后评估的特殊性上讲，立法后评估其所进行的评估，客观上会涉及到对立法主体，即某国家权力机关立法工作的评价，并形成事实上的监督，而其评估的法律法规又是正在实施的。这些都会在一定程度上关涉到立法机关和法律法规的权威及其社会公信度。立法后评估虽不是立法，但却是为立法服务的，是立法活动的某种延续。其行为主要的目的是为修改、修正乃至重新制定或废除提供切实的参考意见。正是从这样一个角度上说，甚至可视之为立法的一部分，立法的自然延伸。因而，立法后评估同其他评估又有所不同。立法后评估的主体既要中立，又应有相当的社会信誉和权威，并拥有一定的社会资源。质言之，有个“评估权”的问题，即评估主体对某国家权力机关制定的现行有效的法律法规进行评估的权力是从哪里获得的？谁授予的？与此相应，立法后评估的方法上也会有所不同。例如，其评估的标准、主体、对象、程序等应当公开透明，便于社会监督，但评估结果的细节不见得要立即公开。这是因为立法后评估的对象都是现行法律、法规和规章，在它们修废之前仍应保证其效力。

据上分析，我们把立法后评估的原则概括为以下几个：

(1) 客观性。客观真实是立法后评估的首要原则、上帝原则。该原则要求在评估过程中应当实事求是，以真实的信息作为评估依据，克服主观臆断，克服部门利益、地方利益倾向。

(2) 中立性。主要是对评估主体的要求。评估主体易受自身利益的左右，而具有一定局限性和主观性。因此，后评估主体制度的设计，必须贯彻中立性原则，努力消除各种先入为主或者主观偏见。后评估主体构成必须体现出全面性和代表性，既有立法机关、执法机关，也有社会公众；既有行业组织和社会团体，也有专家学者等民间力量来主导评估工作。必要时甚至可以与专业调查机构合作；而且选择机构时应当尽量选择权威、中立的机构作为后评估组织机关，防止后评估流于形式。

(3) 公开性。指要及时公开评估信息，包括评估主体是谁、评估对象有哪些、评估标准是什么、评估程序怎么样、采取哪些评估方法，以及联系的信箱、邮箱、电话等等。诚然，鉴于现行法律法规稳定性、效力性保障，某些评价细节的公布可以有延时性和范围上的考量。

(4) 民主性。立法强调民主立法、开门立法，对立法后的评估天然亦应民主、开门，尤其应邀请人大代表、政协委员参与评估，广泛听取公民、法人和其他组织的意见和建议。

(5) 科学性。指评估内容、标准的设计要科学合理、实事求是，避免顾此失彼，不搞繁琐哲学。在立法后评估中，评价标准起到风向标的作用。标准科学合理，可以正确反映立法的效果和效益，引导立法工作的良性发展；标准设计不尽合理，则有可能误导对制度与规范的选择。

(6) 规范性。规范性调整是人类文明进步的结果。立法后评估的规范性是指评估内容、标准的制定和表述要规范化，统一、准确、简明；评估程序规范，不能随意更改。

(7) 权威性。指评估主体和评估结果应有适当的权威性。评估主体无论多元还是一元，主体的确定方式无论是委托还是招标，均应得到立法机关，或其他国家机关，或有权机关的明确授权。评估结果应经授权机关通过一定民主决策方式形成意见或建议。地方性法规的立法后评估报告应提出法规或存或废或修改或重新制定的意见和建议，并提请人大常委会会议书面审议。立法评估的结果，应有一定的约束力。这是立法后评估与其他评估不同的一点。

（二）关于立法后评估主体

立法后评估主体，是指在立法后评估的决定者、主持者，负责制定和落实评估方案、组织和开展各项评估工作。从现有的信息可知，已经或正在进行的立法后评估基本上是以各种立法机关为主体的。如，国务院的行政法规后评估是由国务院出文件，国务院法制办组织实施的；各地的地方性法规后评估是由这些地方的人大常委会或人大法制委牵头进行的。严格说来，这是立法机关为提高立法质量、改进立法工作、切实遵循“立法为民”宗旨的一种主动、自觉的“自我评估”，所以不少地方也称之为“立法回头看”。对立法作自我评估完全是必要的、应当的，也是值得提倡的。立法后的自我评估与立法后评估最根本的区别是评估主体不同。立法后的自我评估的评估主体是该立法项目的立法机关，属于一种自律自为的自评自查和自我监督；立法后评估的评估主体应当是中立的第三者，带有一种制度性的测评测查和外在监督的性质。

立法后的自我评估和立法后评估两者可能各有优长，完全可以并存共荣、相互促进，还可以相互交叉、结合。但有一条底线，立法后的自我评估不同等于立法后评估，也不能代替立法后评估。

立法后评估是一项专业性和技术性都很强的工作，无论由谁作评估主体，包括立法机关的自我评估在内，实际上不大可能靠评估主体自身的力量来独立完成，委托专家学者和具有专业技术优势的社会中介机构参与评估、分担评估任务是不错的选择。

（三）关于立法后评估内容和标准

评估内容的确定是否准确，评估标准的制定是否科学系统，方法和路径的选择是否得当，关系到评估结果是否客观真实，关系到评估的优劣成败。评估内容、标准、方法三者都重要，不过三者之中，重中之重还是评估标准。

首先，关于评估内容。评估内容指所确定的评估对象进入评估系统的诸因素。一些西方国家将立法后评估的内容主要限于立法的成本、效益或者效果。我国的情况有很大的特殊性，不宜完全搬用外国立法后评估的概念，而应当对立法后评估的内容作较为宽泛的理解。具体地说，应当包括法律法规的立法成本、法规存在的问题及缺陷，责任主体的责任落实情况、立法时争议的焦点问题及其解决方案的公正性与可行性、法律法规的实施效果、重要制度落实情况、实施绩效等。进一步细分，一种是整体评估，包括对法律法规文本质量评估、法律法规所有条款的设置和实施评估。另一种是部分评估，或重点评估，即对法律法规中的某种制度、某些条款的实施效果作评估。还有一种是法律法规的司法适用评估。大的分类，也属于部分评估的范畴。2006年国务院法制办对《艾滋病防治条例》的立法后评估，主要针对该《条例》所设置的五项具体的防治措施在执行中的实际效果进行评估，属于部分评估。2007年水利部对《防洪法》的评估，是为全面修订《防洪法》对其涉及的所有内容进行评估，包括制定的评估和实施的评估，属于整体评估。

整体评估和部分评估各有所长，如何选择，取决评估的目标，以及对评估的人力、物力、时间、经验等诸因素的综合考量。一般而言，尚未进行过立法后评估者，调整对象和执法主体比较单一的法律法规，法律法规实施后反馈的问题比较集中者，需要修改的内容比较明确者，时间比较紧迫而人力、物力相对有限者，宜取部分评估。

其次，关于评估标准。立法后评估本质上是立法质量评估，因此，立法后评估的标准实质上就是立法质量的标准。提供科学、客观的尺度和标准，不但是评估取得实效的有力保证，还可以对日常立法工作起到引导作用。前面说过，立法后评估的标准在决定评估的优劣成败中起着关键作用，其制定难度也最大。目前，我国尚未形成比较被认可的统一评估标准，正处于积极的探索和研究阶段。

评估标准的制定应考虑两方面的因素，一是要能客观反映法律法规实施效果和成本的基本评价；二是要能客观反映法律法规中设定的各项制度的合法性、合理性、可操作性、协调性，以及立法技术等方面基本评价。

综合各方面情况，制定立法后评估标准主要有以下5个基本方面：

(1) 合法性标准。合法性评价是指在后评估过程中，评估主体对立法的原则、精神和规范所做的合乎法律性的衡量和判断，从而发现立法的整体或部分规范可能存在的违法性因素。如法规的各项规定是否与上位法一致，没有上位法的，是否符合立法精神和原则，从而保障国家法制的统一性。

(2) 合理性标准。“立法内容的合理性主要表现为合规律性和合利益性。”如法律法规是否适应经济社会发展需要，在相关社会关系调整中是否必需；各项规定是否符合公平、公正原则，是否符合立法目的，所规定的措施和手段是否适当、必要；可以采用多种方式实现立法目的的，是否采用对当事人权益损害最小的方式；有关法律责任设定是否适当。

(3) 协调性标准。本法与同阶位的立法是否存在冲突，本法规定的制度之间是否衔接，配套规定是否完备。如上海市人大常委会在对《上海市历史文化风貌区和优秀历史建筑保护条例》(2003 年 1 月 1 日实施）的评估中就特别注意其中有关条款的协调性问题。“在 2005 年的上海市人代会上，一些市人大代表陆续就修改完善《条例》提出了议案和书面意见。一些职能部门和市民群众也通过各种方式反映法规在实施过程中遇到的问题，提出修改完善的意见和建议。”“由于在 3 年多前立法欠考虑，导致当前在操作过程中，规划局、房地局、文管委三家职能部门管理职能交叉，互相衔接性不够，对登记不可移动文物和优秀历史建筑的认定程序和法律责任不能协调统一，执法中出现了诸多矛盾。”

(4) 实效性标准。法规规定的执法体制、机制、措施是否明确、具体、高效、便捷，是否具有可操作性；法规是否得到普遍遵守和执行，是否实现立法预期的效果；法规的实施成本大小，以及是否达到预期的立法效益和社会效益。

(5) 技术性标准。主要从狭义的立法技术角度考察法规的协调性、完备性和可操作性。如立法技术是否规范，逻辑结构是否严密，文字表述是否准确。

上述五个方面仅仅是制定评估标准的目标定位，尚未具体化，更未作量化。评估主体完全可以根据评估内容，选择其中几项或者全部并制定更具体的可操作的评估标准，还可以根据实际情况确定其他标准。经验证明，评估标准的制定要力求简明扼要、可操作、可量化，切忌繁多、含糊、重定性不重定量。

三、立法后评估的制度困境及对策建议

（一）关于立法后评估的制度定位

若从立法后评估具有立法活动的延伸价值的角度看，一定意义上相当于“二次立法”。传统的立法观念认为，法律、法规一经公布实施，该项立法工作即告结束。这种观念，导致立法机关不重视对已实施的法律法规质量的跟踪监督，即便有的法律法规经过实践检验不符合实际情况，或不适应形势发展的需要，也不能及时发现和修改或废止。立法后评估是整个法治建设过程中的一个极其重要的环节，建立立法后评估制度，通过对已有法律法规的效力作出客观评价，有利于及时、准确地修改或废止，从而提高立法质量，减少制定成本高、实施成本高、监督成本高和社会效益差的“劣法”，减少形象工程式的“宣示性立法”、“观赏性立法”。

鉴于立法后评估制度的牵涉面广，难以短期内构建完成，建议各级各类立法机关先行建立立法后的自我评估制度，立法机关在制定立法规划和年度立法计划时，将“立法后评估／自我评估项目”纳入规划和计划范畴。

（二）立法后评估与法律法规的清理与改废

无论是立法后评估还是立法后的自我评估，都有一个实效问题。如果评估的结果不与启动法律法规和规章的清理程序挂钩，如果评估的结果不能通过法律法规的修改修正和废止的立法活动体现出来，那么，高成本的立法后评估活动就难以促进立法质量的提高，同样会走入与“观赏性立法”一样“为评估而评估”的“观赏性评估”的形象工程歧途，那将是法治建设事业的又一个悲哀。因此，立法后评估／自我评估要么不搞，要搞就一定要与法律法规或规

章的清理、改废结合起来，使之成为立法活动的延伸，成为同一法律/法规/规章两次立法——即制定与修改之间的桥梁和纽带。

（三）关于立法后评估与执法检查

执法检查是有关国家机关对法律法规的实施情况进行检查监督的制度。执法检查与立法后评估有一定的联系，全面、系统的执法检查也会涉及到该法律法规的实施效果、实施成本，以及所规定的制度、程序的合理性、正当性等方面。但两者的区别还是十分明显的。

首先是主体不同。立法后评估的主体中或多或少有中立的第三者存在，执法检查的主体只能是各级国家权力机关。其次是目的有区别。立法后评估的目的是改进立法工作，提高立法质量；执法检查的目的是监督执行，提高执法水平，加大执法力度，完善执法条件等。第三是任务和工作着力点不大一样。立法后评估关注的是法律法规的制度设计是否合理、立法内容是否恰当、条款的针对性强不强、可操作性怎样、实施效果好不好，实施成本大不大等。通过对这些问题的评估，能够比较全面、准确地把握法律法规的实际运行状况，为法律法规进行必要的修改、补充或废止，提供客观依据。执法检查主要是检查监督法律法规实施主管机关的执法工作，着重于法律法规执行情况，对法律法规本身评价、原因分析以及对法规需要修改、补充、解释的建议等则不是其法定的任务。最后是工作方式方法不同。执法检查是各级人大及其常委会对执法机关的工作监督，一般采取听取和审议专题报告、实地视察、专题调研等方式。立法后评估既要做好实效调查和分析，还要做好法律法规立法质量上全面系统的比较研究和分析。

明确立法后评估与执法检查的不同，在实践中要避免以执法检查取代立法后评估，或把立法后评估做成执法检查。但两者又是同向的、有密切联系的，也是相互促进的。在立法后评估时把执法检查结合进去做，可以通过执法检查有力地推进立法后评估，同时，执法检查也会做得更深更扎实，可收相得益彰之效。

（作者：西南政法大学教授、博士生导师）

（选自《西南政法大学学报》2011年第1期）

建设服务型政府必须深化行政体制改革

薄贵利

一、服务型政府建设在行政体制改革中的地位和作用

在深化行政体制改革中，我国提出了建设服务政府、责任政府、法治政府和廉洁政府的要求。在这四项要求中，服务型政府建设处于核心地位。

第一，建设服务型政府，是我国行政体制改革的本质要求，体现了深化行政体制改革的出发点和落脚点。通过深化行政体制改革，建设服务型政府，能够更好地体现政府的人民性质，体现行政体制改革的价值目标和价值准则。按照这一目标，遵循这一准则，责任政府、法治政府建设才不会偏离正确轨道，也才能真正建立起廉洁的政府。

第二，建设服务型政府，体现了新时期我国各族人民对行政体制改革的新期待。在全面建设小康社会的新时期，随着我国工业化、信息化、城镇化、市场化的稳步推进和人民群众生活水平的提高，人民群众改善生活质量的愿望明显增强，对就业、教育、住房、医疗卫生、环境保护、社会保障、公共安全等关系到人民群众切身利益的基本公共服务提出了新的更高要求。深化行政体制改革，大力加强服务型政府建设，优质高效地生产公共产品、提供公共服务，就能够满足新时期我国各族人民对行政体制改革的新期待。

第三，建设服务型政府，是建设责任政府、法治政府和廉洁政府的前提和基础。建设责任政府，首先必须使各级政府履行好基本公共服务的责任，尽到这方面的义务。建设法治政府，就是要依法明确政府的公共服务职责，保障公民权利，规范政府行为。建设廉洁政府，就是确保各级政府以权谋公，清正廉洁，有效防止和坚决克服消极腐败现象。可见，在行政体制改革的四型基本要求中，服务型政府建设是基础、核心和根本，没有服务型政府，责任政府、法治政府和廉洁政府就成了无源之水、无本之木。

第四，建设服务型政府，是贯彻落实科学发展观、构建社会主义和谐社会的重大举措，是不断改善民生、确保“十二五”规划目标实现的重要保障。

在“十二五”期间，我国经济建设任务十分繁重，社会建设和公共服务任务同样十分繁重。例如，城乡社会保障发展不平衡，一些基本保障制度覆盖面比较窄，基本统筹层次低，保障水平不高；医疗卫生服务供给总量相对不足，医疗卫生资源配置不均衡，城乡医疗保障水平差距较大，“看病难”、“看病贵”的问题仍然比较突出；社会矛盾尖锐复杂，群众诉求表达渠道不畅，利益协调和权益保障机制不健全；生产安全、事故灾难、公共卫生事件、食品安全事件、社会安全事件频发，公共安全形势不容乐观，等等。这些问题的存在，不仅严重影响了民生的改善和社会公平正义，而且严重制约了科学发展和经济发展方式的转变。因此，只有深化行政体制改革，大力加强服务型政府建设，切实提高政府基本公共服务能力，才能够维护社会公平正义，保障和改善民生，化解社会矛盾，为实现“十二五”规划目标提供体制机制保障。

二、加强服务型政府建设，必须实现政府职能的根本转变

转变政府职能，加强政府公共服务职能，是建设服务型政府的核心问题，也是促进科学发展、实现经济发展方式转变所必须解决的重点问题之一。为实现政府职能的这一根本转变，必须采取以下对策。

1. 依法加快推进政企分开、政资分开、政事分开、政府与市场中介组织分开，把政府不该管的事项转移出去。多年来，由于政企不分、政资不分、政事不分、政府与市场中介组织不分，各级政府投入了许多时间、精力和财力，管了许多不该管的事情，应该由政府管的社会公共事务和提供的公共服务却不到位。如何解决这一老大难问题？除了转变观念、提高认识以外，根本的途径是加强法制建设，依法划清政企之间、政资之间、政事之间和政府与市场中介组织之间的权力界限，割断政府与企事业单位和市场中介组织的利益脐带，实现政府责权的法定化，用法律的刚性手段规范和约束政府行为。政企、政资、政事和政府与市场中介组织之间的权力界限划清了，利益脐带割断了，政府职责明确了，各级政府才能自觉地把不该管的事项转移出去，也才能把更多的时间、精力和财力转移到公共服务上来。

2. 坚持以人为本，依法明确公共服务在政府职能中的主导地位和核心地位。

在全面建设小康社会的历史进程中，坚持以人为本，除了坚持发展依靠人民以外，还必须坚持发展为了人民、发展成果由人民共享。所谓发展为了人民，就是顺应各族人民过上更好生活的新期待，着力解决人民群众最关心、最直接、最现实的利益问题，把发展的目的真正落实到满足人民群众需要、提高人民群众生活水平上。所谓发展成果由人民共享，就是把改革发展取得的各方面成果，体现在不断提高人民的生活质量和健康水平上，体现在不断提高人民的思想道德素质和科学文化素质上，体现在充分保障人民享有的经济、政治、文化、社会权益上。

贯彻落实科学发展观，坚持以人为本，就必须依法确立公共服务在政府职能中的主导地位和核心地位，大力推进服务型政府建设。因为，只有将公共服务作为政府的主要职能或核心职能，才能切实克服公共服务职能薄弱的现象，促使各级政府优质高效地生产公共物品，提供公共服务，不断满足人民群众日益增长的公共需求，也才能使科学发展观的核心——以人为本真正落到实处。

依据国际经验，人均国内生产总值处于1000—8000美元的发展时期，是全面、系统地完善公共服务的重要阶段。2009年我国人均国内生产总值已经达到3700美元，2010年有望超过4000美元，今后将向更高水平迈进。随着经济社会发展水平和人民群众生活水平的不断提高，全社会对基本公共服务的要求和期待也会越来越高。正因为深刻认识到这一点，所以中央《关于深化行政管理体制改革的意见》明确要求各级政府“更加注重公共服务，着力促进教育、卫生、文化等社会事业健康发展，建立健全公平公正、惠及全民、水平适度、可持续发展的公共服务体系，推进基本公共服务均等化。”

调整政府职能结构，依法确立公共服务在政府职能中的主导地位或核心地位，是贯彻落实党的十七大、十七届二中、五中全会精神的迫切需要，是适应我国经济社会发展的新形势、满足各族人民日益增长的基本公共服务需求的必然选择，也是建设服务型政府、实现“十二五”规划目标的重要举措。

3. 健全政府职责体系，依法明确各级政府公共服务的职责权限。在建设服务型政府的进程中，加强法治建设，最重要、最根本、最核心的内容，就是依法明确各级政府公共服务的职责权限。

目前，我国《宪法》和《中华人民共和国地方各级人民代表大会和地方各级人民政府组织法》对各级政府公共服务职权的规定不仅过于笼统，而且上下级之间公共服务职权重叠严重。政府间公共服务法定职责不清，宪法和法律对各级政府的刚性约束就会降低，政府间在公共服务领域的推诿扯皮就难以避免，公共服务的效能也难以提高。因此，修改宪法和有关法律，依法明确各级政府公共服务的职责权限，健全政府公共服务职责体系，是加强政府公共服务职能、建设服务型政府的当务之急。各级政府公共服务职权明确了，公共服务职责体系健全了，才能够尽快完善符合国情、比较完整、覆盖城乡、可持续的基本公共服务体系，实现基本公共服务均等化的战略目标。

4. 调整财政支出结构，加大政府基本公共服务投入力度。党的十六大以来，我国不断加大了基本公共服务的投入。例如，2003—2007年全国财政用于教育支出累计2.43万亿元，比前五年增长1.26倍。全国财政用于医疗卫生支出五年累计6294亿元，比前五年增加3589亿元，增长1.27倍。尽管如此，我国财政用于公共服务的支出仍然偏低。例如，2007年，我国教育、医疗和社会保障三项支出占政府总支出的比重总和为29.2%，与人均GDP3000美元以下国家和人均GDP3000—6000美元国家相比，分别低13.5和24.8个百分点。其中，医疗支出比重分别低4.7和8.2个百分点，社会保障支出比重分别低9.9和18.3个百分点。政府公共服务投入不足，既抑制了居民消费，影响了内需的扩大，又严重制约了政府职能转变，降低了政府基本公共服务效能。为使政府积极有效地履行基本公共服务职能，必须改革财政体制，调整财政支出结构。

（1）按照中央关于“更加注重公共服务”和“建立健全公平公正、惠及全民、水平适度、可持续发展的公共服务体系”的要求，加大政府基本公共服务的投入力度，增加政府支出用于改善民生和社会事业的比重，使我国基本公共服务水平与经济社会发展水平相适应，达到人均GDP同等水平国家的基本公共服务水平。

（2）按照推进基本公共服务均等化的要求，加大对农村和落后地区基本公共服务的投入，提高农村和落后地区基本公共服务水平，逐步缩小城乡之间、发达地区与不发达地区之间基本公共服务的差距。

（3）按照财力与事权相匹配的原则，科学配置各级政府的财力，增加一般性转移支付的规模和比例，加强县级政府提供基本公共服务的财力保障。

5. 加强行政监督，确保公共权力运行的规范化和有效性。为确保各级政府有效履行公共服务职能，防止行政权力越位、腐败和低效运行，就必须加强对行政权力的监督和制约。为此，必须改革行政监督体制，提高监督主体地位，依法明确各监督主体的职责分工，形成强有力的监督合力。一旦发现权力越位、腐败或低效运行，立即启动处罚程序，绝不姑息。同时，还必须积极培育公民社会，加强社会监督和舆论监督，将监督者也置于被监督之中，以防止和克服怠监、弱监、漏监、失监等现象，切实提高监督效能。

三、加强服务型政府建设，必须优化政府组织结构

为了加强服务型政府建设，切实提高各级政府公共服务效能，必须进一步优化政府的组织结构。

1. 按照精简、统一、效能的原则，继续推进和完善大部制改革。精简、统一、效能原则是对我国政府机构改革重要经验的总结，是解决机构庞大、职责分散、效能低下的重要途径，是优化政府组织结构必须遵循的基本原则。按照这一原则，党的十七大以来，我国开始探索实行职能有机统一的大部门体制。但这一改革尚未到位，存在的主要问题是：(1) 已经实行大部门体制的部门，内部职能、机构和人员整合不到位，有的只是换了牌子，改了名字，其他变动不大；(2) 有的一开始就存在整合不到位现象，如交通运输部整合了原交通部和国家民航总局，铁道部至今未整合在内，使交通运输领域的大部制改革带有明显的先天不足。类似的情况也不同程度地存在于社会保障等领域。(3) 在农业、文化、民族宗教等领域，应该实行大部门体制的，至今尚未实行。(4) 实行大部制改革的一项重要内容，是减少领导职数，提高行政效能。但在大部门体制实施过程中，领导职数不仅没有减少，反而还有较大幅度的增加。(5)党的十七大报告要求“统筹党委、政府和人大、政协机构设置”。除极少数地方在大部门体制改革中体现了这一精神之外，十七大的这一精神和要求尚未得到贯彻落实。(6) 在推行大部门体制改革中，有的上边未改，下边已动，导致上下不对接，运行机制不顺畅。

以上情况表明，要建设服务型政府，实现转变政府职能、提高政府效能的目标，必须进一步优化政府组织结构，坚定不移地推进和完善大部门体制。第一，对已经实行大部门体制的，要继续整合职能和内设机构，真正做到职能有机统一。第二，在已经推行大部制但尚未整合到位的，如交通运输部，要继续推进并整合到位，真正建立起大交通的管理体制。第三，在应该实行而尚未实行大部门制的领域，应在总结经验的基础上，适时推出大部门体制改革。第四，按照建设服务型政府的精神和要求，积极探索和推进公共服务领域的大部门体制改革，明确公共服务的职责分工，减少职责交叉。第五，认真贯彻落实党的十七大关于“统筹党委、政府和人大、政协机构设置”的要求，积极探索统筹设置“四大班子”的职能部门，切实解决机构重叠、职责交叉、政出多门的问题。第六，在推进大部制改革中，坚决贯彻中央精神，严格执行政府组织法，严格控制编制和领导职数，不能以“过渡期”为由，突破编制和领导职数限额。第七，既要给予地方政府改革的自主权，尊重地方改革的创造精神，又要注意改革的上下衔接，避免管理链条的断裂。

2. 减少行政层级，积极探索省直接管理县（市）的体制。1982 年推行市管县体制以来，我国政府层级已经由四级制为主转变成五级制为主。政府层级过多，存在诸多弊端：(1) 上情难以及时准确地下达，下情也难以及时准确地上达。(2) 中央下放的权力，很容易被中间环节截留，县（市）和基层政府的自主权难以得到落实。(3) 不符合当今世界组织结构扁平化的趋势，不利于调动县（市）和基层政府的主动性、积极性和创造性，不利于提高政府管理效能。解决政府层级过多的问题，唯一出路就是严格按照《宪法》规定，实行省直接管理县（市）的体制。

实行省直接管理县（市）的体制，迫切需要探索和解决以下几个问题：

(1) 省级政府的管理幅度。一般认为，省直接管理的县市数量以40个左右为宜。如果这一结论基本正确的话，那么，我国有25个省区超过了这一控制幅度。其中，省区内市县数超过100个的有8个省区，市县数在90—99之间的有3个省区，市县数在80—89之间的有4个省区，市县数在70—79之间的有4个省区，市县数在60—69之间的有3个省，市县数在50—59之间的有2个省，市县数在40—49之间的有1个省。河北省的市县数多达183个。在这种情况下，减少行政层级，实行省直管县（市）体制，有三个办法解决省级政府管理幅度过大的问题：一是改革省级行政区划体制，增加省级政府的数量，缩小省、自治区政府的管辖面积和人口。改革省级行政区划体制，虽是必须，但涉及政治、经济、文化、民族、历史、地理等诸多问题，既复杂又敏感，暂时难以启动。二是在省级行政区划暂时不变的情况下，调整县（市）区划，将一些较小的县（市）加以合并，以便减少省直管县（市）的数量。当然，合并一些县市以后，也涉及到县（市）的管理幅度，如果县（市）管理幅度过大，还需要调整乡镇区划，合并一些较小的乡镇。三是对省级行政区划进行微调的同时，主要调整县（市）和乡镇的行政区划。究竟采取哪种办法？尚需结合实际进一步加以研究和探索。

(2) 改革市管县体制，实行市（地级）、县分治。按照国际通例，市是城市型的行政建制，县是广域型的行政建制。市作为城市型的行政建制，主要管理市区和郊区，不管理农村区域；县作为广域型的行政建制，直接管理县属的乡镇。实行省直管县（市）体制，就必须借鉴国际惯例，改革市管县体制，解除市（地级）与县之间的行政隶属关系，实行市（地级）、县分治。这样，既有利于充分发挥城市型政区的作用，提高城市管理水平，克服虚假城市化现象，又有利于县域经济的发展，提高县级政府公共服务能力。

(3) 依法明确省、市（地）、县的职责权限。实行省直接管理县（市）体制，必须依法重新界定省、市（地）、县的职责权限，构建新的管理体制和行政运行机制，以便协调好市县之间的关系，防止市、县分割，在促进城乡一体化建设的同时，积极推进基本公共服务的均等化。

3. 加强政府机构的法制建设，实现政府组织机构及人员编制向科学化、规范化、法制化的根本转变。依法行政，实现服务型政府的法治化，不仅需要依法明确各级政府的公共服务职责，同时还需要实现政府组织机构及人员编制的法定化。为此，需要不断总结经验，借鉴发达国家的有益做法，在实现政府组织机构及人员编制科学化、规范化的基础上，修改和完善政府组织法，依法明确各级政府的组成部门、直属机构和办事机构，使政府机构设置和人员编制不因领导人的变化而变化，不因领导人注意力的变化而变化，以保持政府机构和人员编制的相对稳定性。

四、加强服务型政府建设，必须改革行政运行机制和政府管理方式

转变政府职能，优化政府组织结构，加强行政法制建设，是建设服务型政府的治本之策。与此同时，还必须改革行政运行机制和政府管理方式，降低基本公共服务成本，提高基本公共服务效能。

1. 建立健全与经济社会发展水平相适应的基本公共服务标准体系。基本公共服务包括公民的基本生存、基本发展、基本环境和公共安全等对公民生存、发展具有重要影响的公共服务。在当前和今后一段时期，我国政府提供基本公共服务要实现三个目标：一是广覆盖，使基本公共服务覆盖城乡全体公民；二是促均等，即逐步实现基本公共服务的均等化，消除基本公共服务领域的城乡差别、地区差别和不同阶层、不同人群之间的差别；三是上水平，基本公共服务水平不是一成不变的，而是随着经济社会发展水平的提高而不断提高。政府提供基本公共服务的三项目标或任务，都直接涉及到基本公共服务的标准问题。基本公共服务标准是评估政府履行基本公共服务职责和实行行政问责的主要依据，是社会组织等参与提供基本公共服务的最低门槛，因此，研究制定基本公共服务标准体系迫在眉睫。

2. 大力推行以基本公共服务为主要内容的政府绩效评估制度，强化基本公共服务的行政问责。政府绩效评估是实现政府管理目标的重要手段和工具，也是政府的重要指挥棒，对政府工作具有实际的导向作用。过去很长一段时间，将GDP的增长作为一项重要的评估内容，以GDP论英雄、定升降，导致各地想方设法追求GDP，造成了严重的环境污染和资源浪费，我国发展中不平衡、不协调、不可持续的问题，与这种错误的政绩观不无关系。

党的十六大以来，中央提出科学发展观和正确政绩观，要求深化行政体制改革，建设服务型政府。必须根据中央的精神和要求，构建科学合理的政府绩效评估指标体系。其中之一，就是将基本公共服务作为政府绩效评估的重要内容，纳入政府绩效评估指标体系之中，并加大其权重。对于没有很好履行这一职责的政府，要进行行政问责，追究有关领导的行政责任。

大力推行以基本公共服务为主要内容的政府绩效评估和行政问责制度，不仅能够推动政府职能转变，促使各级政府高度重视和认真履行基本公共服务职能，同时能够促使各级政府不断改进工作，提高基本公共服务的质量和水平。

3. 积极探索政社合作机制，充分发挥公民和社会组织的作用。提供基本公共服务虽然是政府责任，但政府在基本公共服务供给上也不必统包统揽。实践证明，政府垄断式的供给，不仅难以提高基本公共服务效率，难以满足公民社会对基本公共服务的多样化需求，而且容易滋生消极腐败现象。党的十七届二中全会通过的《关于深化行政管理体制改革的意见》明确要求"从制度上更好地发挥市场在资源配置中的基础性作用，更好地发挥公民和社会组织在社会公共事务管理中的作用，更加有效地提供公共产品。"为提高基本公共服务的质量和效率，在充分发挥政府主导作用的同时，扩大公民和社会组织的有序参与，探索政府与社会的合作机制和伙伴关系，有效整合市场和社会力量，通过合同外包、购买服务等方式，实现基本公共服务供给方式的多样化和高效率。

（作者：国家行政学院公共管理教研部主任、教授）

（选自《国家行政学院学报》2011年第1期）

我国行政管理体制改革中的“部门利益”问题

石亚军　施正文

当我们走入行政管理体制改革的深处时，发现跟政府权力相连的所有变与不变，最终都与部门利益有关。政府部门追求自身利益的过程，是偏离公共性的宗旨，损害社会公共利益，影响改革的全局性、方向性和战略性，增加改革的难度和风险的过程。科学界定部门利益，探讨其表现形式、社会危害、形成机理，并从理论反思和制度建设的层面，提出治理对策，是深化行政管理体制改革，推进从“部门行政”向“公共行政”转型的需要。

一、部门利益的界定和分析

（一）部门利益的性质界定

1. 部门利益是偏离了公共利益的不正当的小团体和个人利益。界定部门利益，可以运用两个概念，一是广大民众的公共利益，二是小团体和个人利益。虽然政府部门的职责是创造公共价值，但是部门利益肯定不是公共利益；虽然政府部门是由公务员个体所组成，但是部门利益一定不是赤裸裸的私人利益。部门利益是在小团体和个人利益与政府代表的公共利益发生关系的过程中产生的，归根结底是打着公共利益招牌，实则损害公共利益的小团体和个人利益。因此，部门利益是指掌握公共权力、承担公共管理职责的政府部门，利用自身行政权力和资源控制优势，通过或者合法和合政策的，或者钻法律和政策空子的，或者非法和非政策的手段，为本部门及其组成人员谋取的、非公共利益的小团体和个人的私利。

2. 部门利益是通过行使公共权力获取的。通过行使公共权力获取部门利益是部门利益与私人利益最大的不同，也是部门利益值得警惕的主要理由。在法治社会，私人利益能够通过正当的途径获得满足，并不容易异化和滥用，即使有异化，因此而侵犯他人合法利益或者损害社会利益时，受害方可以通过法律途径使受损的私人利益得到救济。而政府部门拥有广泛的行政权力和公共资源，具有分割社会财富的特权和便利，一旦缺少相应的监督或者制衡，极易背离公共利益，异化为谋取个人利益的工具。例如，审批权、许可权、处罚权、收费权等系直接干预经营活动和分割社会财富的权力，极易创造权力寻租的机会，一些行政部门竞相争设这些职权，执法时予以滥用，以谋取不正当利益。

（二）部门利益的表现形式

1. 政府权力部门化。政府和组成部门，是一个整体，但不是同一个个体。视其为整体，政府与组成部门各司其责；视其为个体，两者就会相互越权。现实中，由于我国政府组织体系不健全，政府组织立法严重滞后，很多政府部门从“部门本位”出发，将应当由政府行使的职权划归自身行使，决策和执行集于一体，自成体系，使政府成为程序标签，实行“部门行政”。长期以来，我国政府权力配置部门化的问题十分严重，现在只有土地出让审批、设立外商投资企业、城乡规划等少数事项必须由政府审批，其他事项几乎都是由各个部门管理，造成政府不直接行使权力。这种现象的后果不仅使政府被部门边缘化，而且造成“政出多门”，强化了部门观念，以至于将部门利益置于公共利益之上。

2. 部门权力利益化。一些部门不是从社会公共利益最大化和经济社会发展全局出发，而是利用部门权力谋取小团体利益。表现在职权的行使取决于利益的有无和大小，有利可图的，乱作为或者违法作为；无利可图的，不作为或者消极作为。例如，利用收费权和罚款权搞创收，利用审批权举办各种培训班等，将获取的收入作为部门小金库，盖楼堂馆所，进行“三公消费”，甚至集体腐败。有学者认为，我们现在的一些政府，实际里面是一个一个的“土豆”。每一个“土豆”都是一个利益板块，而每个利益板块都跟社会的各种利益交织在一起，以至于“民生被部门利益裹胁”。例如，文化部和国家版权局就曾为卡拉OK收费权的归属发生部门之争；而湖南省在设立高新技术产业引导资金时，省乡镇企业局也参与了项目审批并分割了部分资金分配权，最终导致资金份额过度分散，难以起到扶持促进效果。

3. 部门利益法律化。在依法行政的治理目标和制度环境下，为了使部门利益合法化，部门便广泛借法律法规来谋取和巩固部门利益。目前，我国行政法律法规基本上是由部门来起草的，部门往往利用自己在参与立法和政策制定中的特权和便利，在部门利益的驱动下，通过在法律法规中为本部门设定各种权力，特别是行政许可、行政处罚、行政收费、监督检查、行政强制等权力，将部门意志上升为国家意志，以部门利益取代国家利益，借强化管理之由，行谋取部门利益之实。我国《反垄断法》、《企业国有资产法》、《邮政法》、《企业所得税法》等法律出台过程均有部门利益的影子。一旦部门权力在法律上获得了认可，就在执法和管理中与部门利益挂钩，出现执法就是处罚、管理就是收费的现象，严重背离了公共权力的宗旨和法治的精神。并且，披上了法律外衣的部门利益，还具有较强的隐蔽性和迷惑性，以至于难以纠正。

（三）部门利益的社会危害

1. 不利于推进政府职能转变，妨碍行政体制改革。由于部门利益的存在，一些部门不愿意调整和放弃自己的职权，而是极力扩充和强化本部门的管理权力，特别是经济管理职能，不仅造成政出多门、法出多门，损害整体利益，而且干预和限制了市场主体的公平竞争和经济自由，人为制造了市场壁垒，不利于实现政府职能向公共服务和社会管理的转变。为了维护本部门的利益，一些政府部门消极对待机构改革，对有利可图的职能不愿移交，隐形超编（从外部借调）和机构回潮现象严重，造成行政管理体制改革进展缓慢。有学者认为，多年来被强化了的部门利益是推进大部制改革的最大阻力。

2. 降低行政效率，增加经济运行成本。部门利益的存在及相互间的冲突，消耗了大量的政治经济资源，使得能够增进社会公共利益的重大公共政策不能及时出台，如两税合并、反垄断法立法、燃油税改革等都曾遭遇部门设置的障碍。一些急需发展的弱势部门事业不能得到应有的重视，而对国家利益有消极影响的政策却迟迟难以取消。部门间对需要承担责任的事项相互推诿，部门信息不能共享，造成行政效率低下，极大地影响了政府职能的实现。如在信息共享试点中经常碰到工商局不肯将企业登记的数据提供给税务部门使用，原因是工商部门要利用这些数据来收取企业名称查询费以及其他咨询费用。为了谋取部门利益，把执法和管理作为创收的手段，致使企业除了正常纳税之外，还要承担大量的收费、罚款和摊派，高额的公共负担增加了经济运行成本，损害了经济效率。

3. 破坏法制统一，背离法治精神。行政部门利用自己掌握的国家立法资源，在起草法规草案和制定政策文件时，不适当地强调本部门的权力和利益，力图通过立法来维护、巩固和扩大本部门的各种职权，尽可能地减轻和弱化本部门应当承担的责任与义务。例如，在立法项目的选择上，考虑得比较多的是如何强化本部门的管理权限，比较感兴趣的是确定审批权、发证权、收费权、处罚权，而对于那些涉及保护人民群众合法权益、加大对本部门权力制约的立法项目，则积极性不那么高，千呼万唤出不来。在管理方式的选择上，只要管理，不要服务。在部门协调上，片面强调本部门的执法主体地位，忽略相关部门的职权，导致重复管理、多头执法、重复处罚，甚至出现与法律、行政法规相抵触的现象。这些问题不仅破坏了社会主义法制的协调统一，而且伤害社会公众对建设法治的信念，最终将会演变为立法权的异化——从维护人民意志与公共利益的神圣权力，变为侵犯人民利益和谋取部门利益的手段。

4. 滋生寻租和腐败，败坏社会风气。在部门利益驱使下，公共权力不是代表人民利益，而是堕落为部门谋取私利的工具，因为诸如特许、配额、许可证、批准等，每一个都代表着资源的稀缺，行政部门利用这些来设租，诱发了大量的寻租行为，造成部门和行业垄断。部门权力利益化，为权钱交易提供了温床，成为腐败的重要根源，极大地损害了政府的公信力，败坏社会风气，最终背离了为人民服务的宗旨，给党的执政地位和经济社会发展埋下了巨大政治风险和隐患。

二、部门利益的形成机理

（一）部门职责划分不清晰

我国现行政府部门设置脱胎于计划经济体制下“条块分割”的行政管理体制，并且长期以来，条条管理一直受到强化，以至形成了部门分立、各个部门从中央到地方自成体系的条条格局，块上的整体观念受到忽视，部门中心主义被强化，并产生了行业垄断，这是部门利益产生的体制根源。条条管理体制形成的同时，我国部门设置和职责划分一直没有科学化和法制化，突出问题是部门众多，机构重叠，职责交叉，权责划分不清晰，随意性强。从改革开放之初的放权让利到市场化改革的深入发展，我国利益主体日益多元化，有些部门趁机不断强化、扩充职权，并将公共权力市场化，谋取和争抢能够带来部门利益的管理事权，演变成为自利性组织。根据我国行政法理论，行政部门是一个具有法人地位的独立行政主体，可以自己的名义行使权力承担义务，一些行政部门便错误地认为其执法只是代表本部门，而忘记了在本质上是以政府名义实施执法和管理。

（二）政府职能转变不到位

改革开放以来，随着经济体制改革的不断深入，我国行政管理体制也进行了几轮大的改革，取得了不同程度的进展。例如，撤销了诸多的行业主管部门；设立国资委，基本理清了所有权和经营权的关系；向社会放权，培育中介组织，增强了服务意识；政府管理的范围从微观领域逐步回收而转向公共治理。但是计划经济时代全能型政府仍然没有完全打破，政府介入微观经济事务的身影随处可见。例如，国资委建立以来，政资分开并没有完全改观，国有企业的日常管理中，政府在重大事项的立项、审批、企业领导人人事安排上仍有决定权。尽管《企业国有资产法》界定和缩减了应审批的重大事项范围，但是因为部门利益的存在，原来的法规并没有及时清理，仍在执行。事业单位改革严重滞后，所有的事业单位都有主管部门，经费由主管部门供给，人员也由主管部门任命。由于政企、政事没有真正分开，形成了事实上的政企（事）同盟，为部门利益的实现提供了载体和工具。而根据部门利益理论，政府监管并非代表社会公共利益，而是特殊利益集团寻租的结果，是两者结成利益联盟的过程。

（三）财政体制不健全

我国在改革开放初期，因为实行过度的放权让利改革，政府财政曾经一度出现困难。为解决各部门经费拮据，甚至默许部门通过收费、罚款搞创收，突出表现就是“给政策不给钱”，对创收按比例返还，这种市场化的筹款机制成为部门利益滋长的重要原因。公共财政建设滞后，分税制财政体制不完善，各级政府之间的事权、财权划分不清晰，财力与事权不匹配，特别是地方政府部门的经费保障不足。在这种情况下，部门利益进一步恶性膨胀，很多部门通过收费、罚款来获取经费，进入自己的小金库，游离于预算监督之外，使公共服务变成了有偿活动。目前虽然进行了收支两条线管理，非税收入也在逐步纳入预算管理，但政府预算还很不健全，特别是全口径预算有待加强，这给部门利益的产生留下了制度空间。我国预算信息不透明的问题一直比较严重，纳税人不了解财政收支情况，难以对财政支出行使监督权，遏制部门利益缺乏社会力量。

（四）立法体制不完善

我国立法体制的一个重要问题是由行政部门起草法律法规的草案，起草部门往往从本部门管理需要出发，片面强化部门职权，规避责任和义务，为本部门争取不正当的利益。由于人大代表和常委会委员的法律素质不高，专家和社会公众的参与程度不够，对法律的审议往往流于形式，致使体现部门利益的法律很容易通过。我国现行立法的另一个重要问题是法律法规原则性强，缺乏明确性和可操作性，需要通过部门制定的规章来具体化。这样，部门规章的立法空间就很大，这些规章和红头文件在实质上规定了本来应当在上位法中规定的制度和政策，从而为部门利益的法律化提供了立法上的渠道。

（五）权力分工制约不够

长期以来，我国行政权力的运行机制不合理，各个职能部门对管理事项实行决策、执行、监督一条龙管理，高度封闭。这种状况容易强化部门利益，因为在某种程度上，决策是利益的划分，执行是利益的实现。自己制定政策，容易自我确定利益；自己执行政策，就是亲自去实现利益；自己行使监督，就是去降低部门利益被查处的风险，从而为部门利益实现提供了完整链条。权力缺乏合理分工和相互制约，表现在法律上就是《行政程序法》迟迟不能出台，行政权力运行的程序不公开、不规范、不民主，法制手段对部门利益的遏制无法发挥作用。权力制约缺失还表现在行政部门实行“一把手”负责制，使得领导个人意志成为部门意志，而所谓的部门利益也往往就是部门领导的个人利益。

（六）公务员制度存在缺陷

我国官员政绩考核长期以来强调经济发展因素，GDP 成为主要指标，公共性被忽视，致使部门领导积极干预经济活动。考核偏重结果忽视过程，在“有为才有位”的政绩需求驱使下，官员为了政绩不惜付出高昂的行政成本，牺牲广大群众的根本利益，热衷于建设“形象工程”、“政绩工程”，演变为追求各自部门集体财富的“政治企业家”角色。我国现行公务员待遇还不高，工资与工作业绩也不挂钩，利用职权谋取私利的冲动和压力比较大。而对官员政绩考核往往由部门的下级来测评，作为公共管理和服务对象的民众对于考核的发言权有限，致使领导被下属利益诉求“绑架”，不得不考虑如何为本单位多谋取福利，为下属多争取提拔机会等。我国干部提拔实行的是任免制而非选举制，由此形成了下级向上级负责的唯上取向，上级关照下级、下级回报上级，成了官场潜规则。官员财产申报制度缺失，使得各类灰色收入失去了最后一道阳光屏障。

三、深化行政管理体制改革，从体制和制度上治理部门利益

（一）治理部门利益，实现从“部门行政”向“公共行政”的转型

从根本上说，现行行政管理体制的弊端是产生部门利益的体制性根源。从政府职能定位来看，我国尚没有走出计划经济体制下政府过多干预微观经济的现实，政企、政事不分的问题依然严重。从机构设置上看，目前实行的依然是“窄职能、多机构”的小部门体制，部门管辖范围小、机构数量大、专业分工细、职能交叉多，不仅削弱了政府的决策职能和统筹管理，还损害了国家整体利益，弱化了部门责任意识，导致部门利益的滋生和强化。从政府权力运行机制上看，决策、执行、监督没有分离，导致部门利益凌驾于公共利益之上，且缺乏监督和纠偏。从财政体制上看，公共财政没有真正建立，对政府收支活动的管理和监督不规范，为部门利益的形成提供了压力和动力。虽然组织的自利性和经济人的本质是部门利益产生的内生因素，但现行体制的缺陷则是其产生的制度性因素，而部门利益的存在也成为妨碍行政体制改革的最大阻力。如果对大部制改革进行成本收益分析，大部门体制的成本是一系列特权及寻租行为的消失，一些部门将面临撤销的命运，一部分公务人员将要下岗；而收益只有两种，一是改革有功者获得奖励（提升或加薪），但这只是少数部门或地方领导者，二是从社会发展的总体收益中获得作为社会成员相应的一部分。成本与收益相比，明显得不偿失，所以政府内部不但缺乏动力而且有相当的阻力。所以，只有同时启动行政管理体制改革和治理部门利益，加强制度建设，才能真正实现从“部门行政”向“公共行政”的根本转型。

（二）转变政府职能

转变政府职能，割断政府部门对微观经济的直接联系和不当干预，使其无利可寻，是防治部门利益的基本途径。转变政府职能，就是要正确界定政府和市场的关系，变全能政府为有限政府，减少审批、管理和干预，实现政府职能向创造良好发展环境、提供优质公共服务、维护社会公平正义的根本转变。要努力建设服务型政府，加快推进政企分开、政资分开、政事分开、政府与市场中介组织分开。凡是公民、法人和其他组织能够自主解决的，市场竞争机制能够调节的，行业组织或者中介机构通过自律能够解决的事项，除法律另有规定的外，行政机关不要通过行政管理去解决。要改善经济调节，对经济运行实行跨部门、跨地区、覆盖全社会的管理和调控，增强宏观调控的科学性、预见性和有效性，冲击部门利益产生的体制基础。

（三）推行大部制改革

我国行政部门设置过多、职能交叉、职责不清、多头执法，是部门利益产生和冲突的重要原因。应当稳步推行大部制改革，按照宽职能、少机构、综合管理的要求，对政府职能和机构设置进行重组，逐步建立大交通、大文化、

大农业、大环保等部门体制。坚持一件事情原则上由一个部门负责，健全部门间协调配合机制。大部门体制能够减少部门职责交叉，强化政府权威，落实责任追究，从而有效防止和解决部门利益。要健全政府组织法律法规，提升现行“三定”方案的法律层次，明确界定各部门的职责权限，实现职责法定，防止部门通过职责自定来谋取利益。要根据不同层级政府职能的实际情况合理设置部门机构，不应过多强调上下对口，而应因地制宜，以减少条条管理的弊端。鉴于我国处于转型期，矛盾和问题复杂多变，需要一个强有力的政府来统筹全局、协调关系。所以，应当适当削弱部门权力，更多地由政府统一行使重大事项的决策权，防止权力部门化和权力利益化。

（四）优化权力运行机制

现行政府权力结构和运行机制的一个重要问题是以事权为中心来设置职能部门，同一部门集决策权、执行权和监督权于一身，并且强调层级节制，上下对口。这种模式便于政府对社会的控制，但容易导致决策不发达、执行不到位、监督流于形式，使决策部门受到执行利益的干扰，问责更加困难，国家利益部门化。因此，应当按照决策权、执行权、监督权既相互制约又相互协调的要求，对权力结构进行重组和再造，切断部门利益实现链条，以实现决策科学、执行顺畅、监督有力。优化权力运行机制的思路，可考虑以功能为核心设置机构，将决策权、执行权分开，将公共服务和行政执法等方面的执行职能分离出来，设立专门的执行机构，探索综合执法改革。弱化上下对口和层级节制，中央部门以制定政策法规为主，地方部门以执行法律和政令为主，专门监督部门一般实行垂直管理体制。

（五）建设公共财政体制

财政制度不健全是部门利益产生的重要原因和实现的重要途径。改革财政体制的目标就是要建设公共财政体制，即着眼于建设规范政府收支行为的“法治财政”，建设满足公共需求的“服务财政”。要按照财力与事权相匹配的原则，科学配置各级政府的权力，特别是要适当扩大地方财力，解决基层财政困难，增强基层政府提供公共服务的能力。要按照全口径预算的要求，健全公共预算、政府基金预算、社会保障预算、国有资本经营预算，深化部门预算改革。全面清理收费，规范非税收入，实行收支两条线管理，打破部门收费与支出挂钩的格局，割断部门经济利益与收费及管理对象的联系，遏制部门权力利益化。改革预算的编制、审查和监督，增强预算的科学性、民主性和公开性。扩大国库集中支付制度改革，规范财政资金的拨付行为。完善政府采购制度，加强对政府投资的监督。建设透明财政，推行预算公开，实行“阳光工资”，增强社会公众对财政收支的监督。

（六）完善立法体制

为防止部门利益法律化，改革和完善立法体制尤为重要。要按照科学立法、民主立法的要求，明确立法权限，完善立法程序，强化立法监督，防止法律成为实现部门利益的工具。要维护法律的权威，防止下位法违反上位法，保持法律体系的统一性。实行“立法回避”制度，改变谁主管谁起草的做法，凡是与所制定的法律法规有利益关系的行政部门，不得参与该行政立法的起草工作，而由人大专门委员会、政府法制工作机构或委托专家起草。实行开门立法，起草法律、法规、规章的草案，要采取听证会、论证会、座谈会、向社会公布草案等方式向社会听取意见，建立对听取和采纳意见情况的说明制度。健全法规备案审查制度，及时纠正带有部门利益的行政立法。定期对法规规章的实施情况进行立法后评估。改革行政复议和行政诉讼制度，开放对抽象行政行为的司法审查。

（七）改革干部人事制度

推进干部人事制度改革，从组织人事制度上隔离个人和组织自利性对公共利益的侵蚀。干部制度改革的首要任务是完善领导干部的政绩考核制度，将干部行为引导到正确履行法定职责、维护公共利益的方向上，使干部摆脱部门利益的狭隘视角。在考核的内容上，要按照科学发展观和正确政绩观的要求，建立科学合理的政府绩效评估指标体系和评估机制，改变单纯考评经济指标的做法，综合考评经济发展指标、生态环境指标、社会人文指标、勤政廉政指标以及其他指标。为了保证评估更具专业性和可信度，应当实行内部评估与外部评估相结合，考核主体除了组织人事部门和上下级同事之外，可以聘请具有独立性的专业机构进行调查和测评，邀请受其管辖的行政相对人和依法应享受其公共服务的公民参加评估。改革公务员管理制度，建立公务员的退出机制、权利保障机制、激励机制和工资保障机制。

（作者：中国政法大学教授、博士生导师）

（选自《中国行政管理》2011年第5期）

论"十二五"期间的行政体制改革

许耀桐

《中共中央关于制定国民经济和社会发展第十二个五年规划的建议》(以下简称《建议》)就未来五年中国的行政体制改革做出了明确的部署。《建议》的第41条，集中归纳了行政体制改革的主要任务，体现了行政体制改革是政治体制改革的重中之重的鲜明特点。按照《建议》的基本精神，未来的行政体制改革必须从三个方面着手进行13项改革。

进一步转变政府职能

要转变政府管理观念。树立"以人为本"的管理理念，实现从"管制型政府"向"服务型政府"理念的转变，实现管理与服务的有机结合，寓管理于服务之中，在服务中实施管理，在管理中体现服务，建设人民满意的服务型政府。

要转变管理重点。目前，政府职能还存在越位、错位、缺位的问题。要解决政府职能的"越位"问题，要把不该由政府管理的事项坚决移交出去，实现"退位"；解决政府职能的"错位"问题，按照一件事情原则上由一个部门管理和权责一致的原则，实现"正位"；解决政府职能的"缺位"问题，属于社会公共领域的事务，公民、社会组织和市场不能解决的，政府必须努力解决，而且要坚决管住管好，实现"补位"。

要转变管理方式。要加快转变政府的市场监管方式、社会管理方式和公共服务方式。改进市场监管方式，依法对市场主体及其行为进行监督和管理，完善市场运行规则，维护公平竞争的市场秩序；改进社会管理方式，规范引导社会组织有序发展，发挥社会组织提供服务、反映诉求、规范行为的作用；改进公共服务方式，鼓励和引导社会力量以多种方式参与和出资兴办各种公共服务项目。

深化行政审批制度改革。从1998年开始，全国许多地方相继开展了行政审批制度改革，取得了初步成效。2001年9月，国务院对全面推进这项改革做出部署，成立了行政审批制度改革工作领导小组，并在监察部设立办公室，承担领导小组的日常工作，先后四次组织国务院各部门对审批项目进行清理，共取消和调整了行政审批项目1806项，占总数的50.1%。2010年7月，国务院决定第五批取消和下放管理层级行政审批项目184项。五次总计取消和调整了1990项。现在还剩下1600多项，但行政许可和审批事项仍然过多，需要进一步清理、改革。

加快建设法治政府和服务型政府。法治政府要求，必须依法行政，严格按照法定权限和程序行使职权、履行职责。十七大报告指出：完善制约和监督机制，保证人民赋予的权力始终用来为人民谋利益。健全组织法制和程序规则，保证国家机关按照法定权限和程序行使权力、履行职责。2010 年 11 月 8 日发布的《国务院关于加强法治政府建设的意见》要求所有重大决策事项必须事先进行合法性审查。服务型政府是指政府以为人民服务为指导思想，以公民利益为本位，以公共需求为尺度，把公共服务职能作为主要或核心职能，尽最大可能地、公正、有效地为公民提供满意的、高质量的公共产品和公共服务。

继续优化政府结构

优化政府结构、行政层级、职能责任。我国已进行了六次政府行政机构改革。1982 年以来，平均每 5 年进行一次行政机构改革，可谓频繁；但主要以“精简机构、减少人员”为主。这说明，我国的行政机构改革和优化政府机构仍然没有到位。当前，我们应根据精简、统一、效能的原则和决策、执行、监督相协调的要求，把行政管理分为三个环节，必须按照三个环节规范部门职能。要“建立健全决策权、执行权、监督权既相互制约又相互协调的权力结构和运行机制”。要按照一件事情原则上由一个部门管理和权责一致的原则，解决上级政府“权大责小”、下级政府“权小责大”以及财权事权不对称等问题。

降低政府行政成本改革。党的十六大报告首次提出“降低行政成本”，十七大报告强调“节约型社会”。众所周知，从 1978 年至 2003 年的 25 年间，中国行政管理费用增长了 87 倍。近年来行政管理费用增长还在大跨度上升，平均每年增长 23%，高出世界平均水平的 1/4。要坚决遏制我国行政管理费用增长过快，除了正常的人力资本支出之外，必须认真解决政府运行成本盲目膨胀、管理成本过高，职务消费失控，政府奢侈之风日盛，行政浪费严重的问题。一是解决公务用车、公款吃喝和公费出国的“三公”浪费问题。二是解决政府会议浪费问题。三是解决“政绩工程”和办公楼建设浪费问题。四是解决能源和资源浪费的问题。

坚定推进大部门制改革。大部门制即大部门体制，简称“大部制”，是指各级政府部门在机构设置上，加大横向覆盖的范围，将类似职能尽量集中在一个大的部门之中，以实现精简、统一、效能的原则和决策权、执行权、监督权既相互制约又相互协调的要求，达到政府管理转变职能、理顺关系、优化结构、提高效能之目的。实行大部制改革，首先必须转变政府职能，进而把相似的职能集中起来，达到减少机构的目的。

探索省直接管理县（市）的体制。地方政府层级设置过多，容易造成机构臃肿、人浮于事。“十二五”期间的行政体制改革，有必要适当减少地方政府层级设置，将地方行政层级从四级制缩减为三级制，促进地方治理结构扁平化。实行省直接管理县（市）的体制是历史的必然。自秦实行郡县制以来的 2000 多年中，县级政府始终是我国历朝历代最稳定、最有效的基层政权组织。然而，我国自 1983 年以来实行了“市管县”体制，即要求“积极实行地、市合并”，撤销地区行政公署，组建地级市，由地级市管辖周边的县。虽然当初关于“市管县”体制的设想是好的，是要发挥地级市作为中心城市对县域的带动和辐射作用，但是现实说明这增加了行政层级和行政成本，反生出不少的弊端来。例如，形成了地级市中的“弱市强县”或“弱市强区”现象，被形象地称之为“小马拉大车”，而被管辖的县（市、区）则被称之为“大人穿小孩裳”。现在要改革，要三级制，还涉及增加省级的数量。

提升政府的能力和效能

健全科学决策、民主决策、依法决策机制。据披露，新中国建立以来到1977年，在大约2万多亿元的总投资中，因决策失误造成的浪费至少有1万亿元。20世纪80年代中期以来，在“八五”期间投资的400多个全国重点项目，2/3没有效益。“十五”期间，我国公共决策的失误每年估计都达1000亿元人民币左右。权力过分集中于一把手的问题仍然没有得到根本解决。对此，要积极推进“三化”。科学化：建立决策的中枢系统、参谋咨询系统、信息情报系统、监督反馈系统。民主化：要求开拓多种渠道，倾听民众呼声，从民众中吸取智慧，使政府决策具有广泛的民主性，建立在深厚扎实的群众基础之上，真正做到顺民心，合民意，建立和完善决策的公开听证制度和社会公示制度。法治化：政府决策必须纳入法制的轨道。建立政府决策的制度，目的就是要为决策制度立法，以便依法约束政府决策主体的行为，实现政府决策机制和决策全过程的法治化。

推进政务公开，增强公共政策制定透明度和公众参与度。政务公开，就是要打造“阳光政府”、“透明政府”。“透明化政府”(Transparence Government)，就是政府制定的公共政策和实施的管理措施须及时公开，不公布的政策不得实施。为了推进政务公开，必须增强决策透明度，凡是制定与群众利益密切相关的法律法规和公共政策原则上要公开听取意见。要确保权力正确行使，必须让权力在阳光下运行。

加强行政问责制。所谓有权必有责，政府的权力和责任始终是一对“孪生”兄弟，每一份权力都连带着一份沉甸甸的责任。以前人们往往认为，“当多大官就有多大权”，现在更应该认识到“当多大官就有多大责任”。问责制度是建设法治政府和服务型政府一项必不可少的制度。十七大报告指出：“加强对领导干部特别是主要领导干部、人财物管理使用、关键岗位的监督，健全质询、问责、经济责任审计、引咎辞职、罢免等制度。”

完善政府绩效评估制度。绩效评估是改进政府治理的重要环节，它有利于降低行政成本，提高行政效能，改进政府管理流程，提升公共服务质量。建构绩效型政府，需要改变“重决策、轻执行、轻评估”的现状，拓展公民参与途径，规范绩效评价指标和程序，引入第三方参与绩效评价机制，完善绩效评价体系。

对于一些重大和突发的公共管理事件，可引入外部评价机制，提高绩效评估的科学性和独立性。还要纠正“重经济指标，轻公共服务”的倾向，强化对基本公共服务项目的考评。绩效评估体系应包括义务教育、基本医疗和公共卫生、失业保险、养老保险、最低生活保障、社会救助、公共就业服务等基本公共服务方面的内容。不难看出，上述13项行政体制的改革和发展，事实上本身就是重大的政治体制改革，把行政体制改革的事情做好了，就必然推进政治体制改革的发展，也可为政治体制改革的更大发展奠定基础。

（作者：国家行政学院科研部教授、博士生导师）

（选自《人民论坛》2011年第5期）

中国责任政府建设：基本评估与发展趋势

李军鹏

一、中国责任政府建设的基本评估

建设责任政府，完善政府问责制度，是我国行政管理体制改革的重要内容。改革开放以来，特别是党的十六大以来，我国责任政府建设取得了长足进展，但也存在许多亟待解决的突出问题。

（一）我国政府问责的制度体系不断完善，但政府问责的法律制度仍不健全。我国以党纪党规、公务员法为主体的政府问责制度不断健全。我国的政府问责制度正在逐步走向制度化与法治化。但是，从总体上看，我国政府问责的法律制度仍不完善。第一，我国行政法律责任制度散见在一些单行的法律中，还缺乏完整的确保行政责任的法律体系，还没有制定专门的行政问责制方面的法律法规。第二，一些现行的法律法规中对政府责任的规定或者处于空白状态，或者力度过软不具威慑力，或者过于原则无法追究。如我国宪法规定的政治问责制度，由于缺乏明确细致的程序性规定而难以发挥效力。我国宪法明确规定，行政机关由人大产生，对人大负责；但由于缺乏细致化的制度、程序与承担责任的形式，宪法和法律规定的各级人大及其常委会的质询权、特定问题调查权、罢免权等很少启动。

（二）我国地方政府行政问责制度不断完善，但行政问责的制度建设依然具有一定的局限性。我国各级地方政府对建立责任政府也进行了积极有效的探索。从总体上看，我国地方各级政府行政问责制度建设的主要特点是：建立了较为完善的行政系统内部问责的制度体系，特别是完善了行政首长问责的制度体系。但是，应该看到，我国地方政府的行政问责制度建设具有一定的局限性。主要体现在：第一，行政问责的对象的局限性。目前行政问责的对象主要限于政府部门的主要负责人，而对于承担公共管理责任的其他官员尚未引入问责制。第二，行政问责的主体的局限性。行政问责的主体还限于政府部门内部上级对下级的问责，这是一种行政内部问责，是由政府行政首长或上级政府对部门首长、下级政府、政府工作人员的问责制度。这种上级对下级问责的制度，在上级与下级需要承担连带责任的情况下，很难保证问责结果的公正性。启动问责的权力掌握在行政机关领导人手里，问责往往取决于行政首长的意愿和意志，由行政首长来决定是否要问责、什么事情要问责、问责到什么程度，这就很难避免主观随意性。在这一制度下，还存在上级追究下级责任，而上级责任无人追究的问题。第三，行政问责范围的局限性。目前，行政问责仅局限于那些已经造成不良影响特别是重大损失的失职事件，而对于那些尚未产生不良影响但可能存在失职情形的行为还没有纳入问责范围。第四，行政问责程序的局限性。行政问责启动程序上，目前还局限于由党政机关来启动，很少有人大、法院或公众等其他主体来启动。

（三）我国政府问责制度对促进政府自身建设起到了良好促进作用，但政府权责脱节、有错不纠的现象仍然存在。尽管我国推行行政问责制的时间不长，推行行政问责制的地方和部门还不多，但从实践的效果来看，建立行政问责制对加强政府自身建设、提高政府执行力与公信力都起到了良好的作用。但是，由于我国行政问责制尚处于起步阶段，经验不足，还存在一些问题。主要是：有的部门和少数工作人员行政不作为、乱作为以及办事拖拉、效率低下等现象仍比较严重；一些改革和制度建设不到位，部门间推诿扯皮的现象还不少；政令不畅通的问题依然存在，有令不行、有禁不止的现象仍比较突出。产生这些问题的重要原因之一是，政府责任体系不健全，责任追究力度不够，存在着职责不清、权责脱节以及有错不纠、纠错不力等现象。

二、中国责任政府建设的基本思路

根据我国政治制度的特点与我国的基本国情，推进我国责任政府建设，要坚持如下基本思路：

（一）建设中国责任政府，必须坚持中国责任政府的基本特点与基本原则。在不同的政体下，责任政府的建设都具有自己的特征，这种特征是适应不同国家国情而发展起来的。这就要求我们在责任政府的建设中，要坚持中国国情与中国特色，建设社会主义民主政治制度条件下的责任政府。我国责任政府建设，最根本的特征是“真正的负责制”与“人民管理制”。确保人民民主责任是我国责任政府建设的核心。对人民负责是民主政治的本质要求。政府权力来自人民，必须对人民负责。责任是社会主义民主政治的重要内容，也是我国宪法的重要原则。我国现行宪法体现了责任政治原则。宪法总纲中明确规定：“中华人民共和国的一切权力属于人民。”全国人大和地方各级人大都要“对人民负责”。

（二）建设中国责任政府，必须坚持和完善人民代表大会制度。民主政体的基本原则之一就是受控制的责任政府这一理念。政府责任的目标就是要保证政府机关向代表机关和民选官员负责，并最终向人民负责，从而确保人民、代表机关和民选官员对政府的控制。行政机关及行政官员应该忠实地执行代表机关与民选官员制订的公共政策，政府不应背离代表机关与民选官员的政策宗旨，如果政府在执行政策的过程中产生失误，失去了人民与代表的信任，就要承担政治责任。在立法机关对行政机关的控制中，形成了一整套立法机关对政府问责的机制，政府承担政治责任的方式主要包括被质询、道歉、辞职、接受不信任投票、解散等，并形成了完善的行政首长责任制度与公务员责任制度。现代民主国家责任政府建设的经验表明，责任政府的建设必须在基本政体的框架下进行和完善。我国的根本政治制度是人民代表大会制度，我国的一切权力属于人民，落实人民当家做主权利的根本保证是责任政府体制，即人民代表大会向人民负责的体制和其他国家机关向人民代表大会负责的体制。在我国，人民代表大会不仅是立法机关，而且是权力机关，行政机关是权力机关的执行机关。我国的责任政府制度，必须在人民代表大会制度的框架内完善与发展。

（三）中国责任政府建设的核心是加强政府的民主责任机制建设。加强对政府的民主责任控制是责任政府建设的核心与重点。必须紧紧围绕确保政府的民主责任这一主题，完善政府责任体制建设。其基本的目标，就是要在行政权力不断扩张的情况下，确保人民主权与立法权对行政权的有效控制，从而约束“行政国家”的行政权力，确保政府的民主责任。

我国的政府民主责任机制有两个重要内容：一是国家行政机关向国家权力机关承担政治责任；二是行政首长对本级人民政府的工作向本级人大及其常委会全面负责。在我国，国家行政机关要对国家权力机关负责，国家行政机关首长要对自己机关的全面工作向国家权力机关负政治责任。如果国家权力机关对行政机关的政策、工作不满意，可以采取质询、罢免等各种责任方式追究行政机关首长的责任。同时，宪法规定我国各级国家行政机关实行首长负责制。在行政首长负责制下，行政首长对本级人民政府的工作具有全面的领导权，行政首长对本级人民政府的工作全面负责，以本级人民政府的名义向本级人大及其常委会负责。各级政府行政首长对本级政府的整个工作负全面责任，如果出现重大失误，应该受到质询乃至罢免。各部门首长对本部门的工作也承担全面责任，如果主管部门的工作出现严重的问题，也应受到相应的责任追究。行政首长与部门首长对其主管的事务负有政治责任，不仅要对自己的行为负责，还要对其主管部门下属机关与公务员的行为负责。

（四）全面完善行政问责制、政治问责制与人民问责制。当代各国的责任政府建设经验表明，要形成集行政问责、政治问责、法律问责、道德问责于一体的完善的政府问责制度。在我国的政府问责制度建设中，近期要重点完善行政问责制，强化责任追究制度，健全行政问责的制度体系，建立科学规范的行政问责程序；要完善行政问责的法律制度；还要逐步完善政治问责制度，完善人民问责制度或选民问责制度。

三、中国责任政府建设的战略与对策

我国责任政府体制由人民问责制、政治问责制和行政问责制三个部分组成。第一，人民问责制。对人民负责是责任政府体制的首要原则。第二，政治问责制。政治问责制是国家权力机关追究行政机关政治责任的制度。第三，行政问责制。我国宪法规定，我国一切国家机关都实行工作责任制，国家行政机关实行行政首长负责制。这就决定了行政首长要对整个行政机关的工作负全面责任，因而，行政首长具有对政府组成部门及其首长、下级行政机关及其首长、公务员的行政问责权力。

综合考虑我国的基本国情、经济社会发展的状况和改革开放的总体要求，建立国家责任体制可以采取“三步走”的战略。在第一阶段，从现在起用五六年的时间，重点完善行政问责制。在第二阶段，在改革与完善人民代表大会制度的基础上，争取在2020年左右完善政治问责制度。在第三阶段，与我国选举制度改革与完善相配套，在基本实现普选的基础上，到21世纪中叶，全面完善人民问责制。

（一）牢固树立责任政府理念与公共责任理念，确保政府全面履行责任。要加强政府的责任伦理培养，形成政府部门负责任的行政文化。政府在立法和执法工作中，应当体现国家意志与人民意志的一致性，体现对上级机关负责与对人民群众负责的一致性。要切实转变政府职能，全面履行政府的基本责任。政府的基本责任就是运用公共权力管理各种公共事务，以保证社会经济生活的有序运行。

（二）明确界定行政责任，全面推行行政问责制。全面推行行政问责制，首先要明确界定行政责任。划分行政责任主要包括如下内容：第一，合理划分中央政府和地方政府的职责权限。按照中央统一领导、充分发挥地方积极性的原则，明确中央和地方对经济调节、市场监管、社会管理、公共服务方面的管理责权。属于全国性和跨省的事务，由中央管理；属于面向本行政区域的地方性事务，由地方管理；属于中央和地方共同管理的事务，要区别不同情况，明确各自的管理范围，分清主次责任。第二，合理划分党政之间、行政机关之间、正副职之间的职责权限，明确机构的职能及其工作人员的职责。其中，应根据各自明确的分工范围来划分正副职之间的责任，行政正职负领导责任，副职就分工范围内的具体事项负直接责任。要明确和细化各层次、职级的责任，行政首长负总责，副职对正职负责，下级对上级负责，子系统对总系统负责，一级对一级负责。第三，合理划分部门之间的职责权限，有针对性地调整职责分工，减少职能交叉、责任不清、事权分离等现象。按照精简、统一、效能的原则和决策、执行适度分离的要求，积极推进政府部门间职能调整和运行机制改革，科学设置政府组织机构，减少机构重叠与职能交叉的问题。明确区分决策部门、执行部门、监管部门的责任，明确区分辖区领导与部门领导的责任，明确区分政府市场监管责任与社会监管责任。第四，将政府各部门的职责和工作任务、工作目标分解落实到内设机构、各个岗位及承办人员，建立主体明确、层级清晰、具体量化的岗位责任制，建立岗位之间、部门之间的无缝责任链条，形成责任闭合环路。第五，落实行政机关工作人员个人职责，明确划分行政首长与其他人员的职责权限，准确界定有关人员的政治责任、行政责任和法律责任。

强化行政首长问责制。行政首长问责制，是为加强对行政首长行使公共权力行为的控制和监督，而使行政首长依照有关法律、法规规定的职责、权限和程序，在自己的职责范围内负责，对自己的行为及其后果负责，向任命他们的上级和社会公众负责的责任追究制度。与一般公务员相比，行政首长应当承担更多的责任，特别是对人民负责的政治责任。要建立和完善行政首长的政治责任制度，在其重大失职、失误或违法造成重大损失、恶劣社会影响时，以及对重大事故负有领导责任时，应被罢免、责令辞职或自己引咎辞职。推行行政首长问责制，要集中解决一些影响行政首长问责的难题。为防止行政首长借“集体决策”推卸责任，对集体讨论、集体决策的问责，要创新问责方式。一是要明确决策责任由主持会议的行政首长或党委书记负责。二是要实行重大决策失误的集体辞职制度，使“集体决策”承担“集体责任”。三是要建立决策讨论、辩论、投票记录与备案制度，对于决策会议上持赞成态度的要严厉追究责任，对于不表明态度者也要进行追究，对于反对者可以免予追究。

强化行政责任追究，对发现的问题予以严肃处理，追究有关部门或个人的责任，坚决改变那种有错不追究、追究不处分、处分不改进的情况，使行政机关及其工作人员及时得到警示，减少违法或不当行政行为的发生。

（三）完善权力机关的责任追究制度，完善政治问责制。我国政治责任的主体主要是人民代表大会代表及其常务委员会。要进一步强化人大及其常委会对政府及其组成人员的监督，完善权力机关的责任追究机制。第一，要完善人大的罢免权。各级人民代表大会的一项重要职权就是罢免由它选举产生的行政机关的主要官员，这是我国宪法责任制度的重要内容。第二，要完善引咎辞职制度。在完善引咎辞职制度的过程中，要以权责对等原则和过错责任原则来确定行政法律责任大小和轻重；要建立一整套促使严重失职公务员引咎辞职的内外压力机制，从而切实落实引咎辞职机制。对引咎辞职的责任主体、过错的性质和大小、过错的具体情形、引咎辞职的具体程序以及引咎辞职的监督等都用法律法规的形式予以明确。第三，要完善人大质询制度。在每次人民代表大会会议以及常委会会议期间，划出一定的时间专门进行质询和答复。代表对答复不满意的，可以要求主席团或常务委员会将被质询的问题提交大会或全体会议讨论，由其决定满意与否，如果不满意，受质询机关的负责人应该辞职或被罢免，承担由此产生的政治责任。同时，应当用更详尽的法律程序规定质询案的相关规则，包括质询案的提交期限、质询人的提问、被质询人的答复和辩解权利，质询情况的通告和报告，等等。第四，借鉴国外议会监察专员制度的经验，建立人大监察专员制度，由人大监察专员监督检查从中央到地方的各级行政机关及其官员，根据投诉展开调查，当发现官员有失职行为或违法犯罪时，可以对其进行法律起诉。

（四）完善行政问责的法律制度、机制和程序。为了使行政问责制走上经常化、规范化和法制化的轨道，要进一步健全行政问责的法律法规体系。第一，制定统一的《政府问责法》，明确政府的政治责任、行政责任、法律责任、道德责任与结果责任，将政府及其公务员的责任以法律的方式予以确立，明确政府问责的主体、范围、客体、责任方式、期限、程序、赔偿等事项，做出明确的、可操作性的法律规定。有立法权的地方人民政府，可以按照规定程序适时制定有关地方政府规章；没有立法权的可以根据需要制定有关规范性文件。要通过各层次的配套制度建设，逐步形成比较完善的行政问责制制度体系，推动行政问责依法有序进行。第二，要完善行政问责制度的配套措施，如《行政过错责任追究条例》等。《行政过错责任追究条例》的主要内容是关于国家行政机关及其工作人员、其他行政主体及其工作人员在履行职责过程中违法失职的具体行为构成、行政处分的幅度和档次、行政处理的方式以及行政处分和行政处理的程序，等等。

行政问责的机制和程序包括问责的主体、客体、方式、内容、过程等方面的内容。第一，要扩大行政问责的主体，扩大启动问责的范围。要使问责的启动主体多元化，不仅由上级行政机关提出问责要求，而且应当允许一定数量的人大代表、政协委员甚至公民个人联名提出；要扩大启动问责的范围，要通过立法方式规定发生以下情况时应当启动问责程序：当人大代表提出了质询或问责建议案时，当政协委员提出了问责建议时，当政府法制工作机构、政务督察机构、行政监察机关、审计机关提出了问责建议时，新闻媒介公开曝光了真实材料时，公民、法人和其他组织提出了附有真实证据材料的举报与控告时，等等，就应该启动问责程序。第二，要扩大行政问责客体的范围，将所有公职人员都纳入行政问责的客体范围，特别是应对参与行政活动的政党机关领导人的问责和处理作出具体规定。根据我国《公务员法》，公务员指依法履行公职、纳入国家行政编制、由国家财政负担工资福利的工作人员，因而，中国共产党机关的工作人员都是公务员。《公务员法》和有关法律对公务员法律责任的规定，也同样适用于各级党的机关领导与工作人员。从国际上公共部门问责制的经验来看，凡是使用公共资金的组织机构的各级官员或者承担公共职责的所有官员都属于问责对象。第三，要完善行政问责的方式。行政问责的方式包括诫勉谈话、通报批评、责令公开检讨、责令公开道歉、责令辞职、建议免职、降级降职、纪律处分等。政治责任方式有：被弹劾、被质询、被罢免、不信任投票等；道德责任方式有公开道歉、引咎辞职等；行政责任方式有纠正不当的行政行为、通报批评、履行职责等；法律责任方式有行政赔偿、返还财产、恢复原状、恢复名誉、赔礼道歉、消除影响、撤职、开除、撤销违法行政行为等。第四，要规范行政问责的事由和情形。采取定性和定量相结合的办法，对什么事该问责、什么事可以免责做出明确规定，尽可能做到既涵盖全面，使之具有普遍的适用性，又体现一定的量化依据，使之具有较强的操作性。第五，要完善行政问责程序。应逐步建立一套科学规范的行政问责程序，如提案、立案、调查、申辩、审议、决定、复议、通知、申诉、执行、结果等，以规范化的程序保证行政问责的有序进行，实现行政问责的制度化、规范化。问责处理结果应向社会公开，增加问责的透明度。第六，要完善被问责官员的复出程序。被问责而辞职或免职的官员复出，其程序应当公开化。被问责官员重新担任领导职务，应由复出官员提出申请，根据复出官员考核评价标准进行考核，通过考核者列为候补官员，正式复出官员在媒体上公布并进入试用期，试用期合格后方可正式担任领导职务。

（五）进一步强化对行政权的全方位监督机制，形成问责合力。要加强配套制度建设。问责制的真正实行，需要健全相关配套制度予以支持。要建立科学的领导干部考核评价制度。运用多层次、多角度、多渠道的评价方法，对领导干部做出正确客观的评价，为问责制的实施提供科学依据。要完善人民代表大会制度和党代表大会制度，扩大领导干部选举的范围，将更多的领导干部纳入民主选举和民主监督范围，为问责制提供制度根基。要完善对公务员的分类管理制度，选举或任命产生的官员要实行严格的任期制，其任期一满就是普通公民，这样有利于其对公众负责。要加大非执政党即政协和各民主党派的监督问责作用，逐渐扩大民主党派干部在各级政府中的比例。

要健全司法机关监督问责。要进一步加强法院对行政行为进行司法审查的力度，扩大司法机关的受案范围；完善行政侵权赔偿制度，加大法院对政府的侵权赔偿责任的惩处。特别是要将行政问责与司法追究结合起来，司法介入追究法律责任是推进行政问责的有效措施，有助于解决我国问责过程中司法介入落后于行政处理以及用行政处理代替司法处罚的现象。在实行行政问责制的过程中，要防止以行政责任追究替代法律责任追究，即不仅要追究政府官员的行政责任，还要追究其法律责任，从而使行政问责、纪律追究、法律追究三者构成一个完整的责任追究体系。

加强和改进行政监察工作。各级监察机关要积极开展廉政监察、执法监察、效能监察和责任监察，强化事前和事中监督，做到行政权力延伸到哪里，监督问责就落实到哪里。修订《行政监察法》，明确绩效监察、效能监察和责任监察是监察机关的主要职责，并对开展绩效管理、效能监察和责任监察的程序、依据的标准等做出相应规定，推动绩效管理、行政效能监察和责任监察工作的有序开展。

（六）完善行政道德责任机制。制定《公务员道德法》，界定行政职业道德规范。明确公务员要追求公共利益、忠实遵守法律规定、公正执行公务、恪尽职守、不谋私利。包括如实申报财产、不得直接或间接利用职务和地位谋取私利或不正当利益、禁止不正当使用国家财产和政府未公开的信息、约束业外活动、任职回避和公务回避、严禁在公务活动中接受款待与财务等利益、离职后限制，等等。加强公务员个人伦理建设，培育和完善公务员行政伦理人格的自觉性，坚定其道德信念，激励其道德情感，强化其道德意志。要对政府公务人员的道德责任提出明确要求，如忠诚于国家和社会、服务于人民的价值观、权责并重的理念，等等。

（作者：国家行政学院公共管理教研部教授）

（选自《天津行政学院学报》2011 年第 4 期）

政府体制改革研究

王澜明

2011年年初，温家宝总理为中国行政管理学会题词：“加强行政管理研究，推动政府体制改革。”总理提出的“政府体制改革”，是行政管理体制改革的核心内容，也是政治体制改革的重要组成部分。政府体制包括政府职能、政府组织结构、上下级政府之间的关系、政府的管理和运作方式等。目前我国的政府体制总体上是适合我国国情和社会主义市场经济发展客观需要的。

一、政府体制改革的本质是政府适应经济社会发展和履行职能需要进行的政府组织结构的自我调整和完善，它贯穿于我国改革开放和社会主义现代化建设的全过程

政府体制改革包括职能转变、机构调整、法制建设、政务运作、绩效评估和行政问责等，它是政府不断适应新形势新任务要求进行的自我完善。改革开放以来，我国在不断深化政治体制、经济体制、文化体制、社会体制及其他各方面体制改革的同时，协调一致地深化政府体制改革，使政府体制及时适应经济社会发展的客观需要，逐步形成和发展了符合当代中国国情、充满生机活力的政府管理体制。改革开放之所以能够取得举世瞩目的成绩，根本原因就是把政府体制改革纳入整个改革开放的总体布局中统一谋划、统一组织、统一实施，并始终作为改革的先行和关键，从而使上层建筑不断适应经济基础的需要，使政府体制有力地保障了改革开放和社会主义现代化建设事业的发展。

政府体制改革和经济社会发展紧密相联，发展是一个持续不断的长期过程，改革伴随着发展也是一个持续不断的长期过程，发展没有止境，改革没有尽头。作为政治体制改革的重要组成部分，政府体制改革一直受到党和国家的高度重视，改革开放以来，随着经济社会的发展，我国政府的体制改革一次接一次、一环扣一环地持续进行。政府体制改革一般由党中央和全国人大作出决定，先从国务院开始，自上而下逐级政府展开。1978年党的十一届三中全会把全党工作重点转移到以经济建设为中心后，1982年进行了改革开放以来第一次集中的政府体制改革，以后又陆续于1988、1993、1998、2003、2008年进行了政府体制改革。这6次集中改革，都把转变政府职能作为核心，在职能配置、机构设置和人员编制方面按照“精简、统一、效能”的原则进行了符合实际、卓有成效的改革；每一次集中改革既是上一次改革的延续和发展，又都紧紧抓住影响当时经济社会发展的主要矛盾和问题，在体制机制方面进行重点突破。与6次集中的政府体制改革相衔接，还适时对影响经济社会发展的新矛盾、新问题背后的体制机制进行随机调整，把集中改革和经常性调整相结合，推动经济社会不断取得新的成就。

党和国家在领导和组织改革中，既抓总体改革，又抓某一行业或某一系统改革，并且把这些改革有机地衔接在一起，使之成为一个集中改革与专项改革、整体改革与局部改革、综合改革与行业改革有机衔接的链条。在这些改革中，始终配套进行政府体制改革，把政府体制改革既作为各项改革的重要内容，又使它为各项改革提供有力的组织保障。不论是农村改革、投融资体制改革、金融体制改革、财政体制改革、国有企业改革，还是文化、教育、卫生、科技、司法等领域的改革，都包含职能划转、机构调整、编制核定等方面的内容。这些内容是改革的组成部分，同时又属于政府体制改革的范畴。每一项改革都有政府体制改革相伴随，并贯穿于整个改革和各方面改革的全过程，这就是我国改革的一个重要特征。

经济社会发展中出现的矛盾和问题，背后都有深层次的体制机制原因。解决这些问题，除了采取法律的、经济的、行政的手段外，还必须及时通过政府体制改革予以消除。紧紧抓住经济社会发展中出现的问题，适时启动和实施一些专项改革，及时消除体制性障碍，从而为经济社会发展打通道路，这是我国政府体制改革在集中改革的同时采取的经常性改革的基本方式。通过政府体制改革消除体制机制障碍，有的要靠集中的改革进行，而大量的问题要靠及时发现、及时予以解决的随机方式进行。这种行业的、专项的或单项的改革作为集中的政府体制改革的延续和补充，一直没有停止，不仅从体制机制上有效推动了现实问题的解决，而且一定程度上为推进整个体制机制改革起到了“破冰”作用。

通过不断深化政府体制改革，有效地改善了政府管理，推动了政治建设、经济建设、文化建设、社会建设和生态文明建设的科学协调发展。政府职能不断转变，机构设置日趋合理，工作责任更加明确，工作作风日益改进，工作效率不断提高，政府的各项工作更加适应经济社会发展需要和人民群众的要求。由于改革中调整和明确了各层级政府之间的职责关系、运转形式，使各级政府的事权在实践中愈加清晰，从而充分调动了主动性和创造性。不断深化政府体制改革实现了政企、政资、政事、政府与市场中介组织的分开，使政府、企业、事业和社会组织按照其各自功能和内在规律运作有了切实的制度保证。“十二五”期间，我国改革发展的任务很重，必须把政府体制改革持续不断地进行下去。

二、政府体制改革的根本原则是坚持以人为本、执政为民，把保障和改善民生作为改革的出发点和落脚点，建设人民满意的政府

以人为本是科学发展观的核心，体现了马克思主义历史唯物论的基本原理，体现了我们党全心全意为人民服务的根本宗旨，体现了社会主义的本质要求，也体现了建设中国特色社会主义的根本目的。政府体制改革坚持以人为本，就是切实把实现好、维护好、发展好最广大人民群众的根本利益作为改革的出发点和落脚点，实现政府职能向创造良好发展环境、提供优质公共服务、维护社会公平正义的方向转变，使政府的各项行为体现人民意志，符合人民要求，维护人民利益，让广大人民群众都能在改革中享受发展成果。

政府体制改革，在价值取向上要把实现人民群众的根本利益作为出发点和目标定位。

相信谁、依靠谁、为了谁，是否始终站在

最广大人民群众的立场上，是区别唯物史观和唯心史观的分水岭，也是判断马克思主义政党的试金石。我们党作为马克思主义政党，根基在人民，血脉在人民，力量在人民。党从诞生的那一天起，就把自己的基础深深地扎根于群众之中，就把自己的宗旨牢牢地定位于为人民服务之中，就把自己的任务坚定地锁定在为群众谋福祉之中。党的一切奋斗和工作只有一个目的，就是为广大人民群众谋利益，除此没有自己的特殊利益。在新的历史时期，党进一步强调，党和政府的全部责任和任务归根到底就是实现好、维护好、发展好人民群众的根本利益，权为民所用、情为民所系、利为民所谋。政府体制改革，需要紧紧围绕实现人民群众的根本利益去考虑改革方向、改革目标、改革内容、改革方式和改革具体步骤以及与其配套的各项措施，确保政府体制改革始终按照人民的意愿进行。

政府体制改革，在方案设计上要把实现人民群众的根本利益作为基本内容和工作重点。

政府体制改革涉及方方面面，必须统筹考虑，总体设计。设计要尊重人民群众的主体地位和首创精神，做到改革思路向群众问计，改革内容听群众意见，改革措施向群众请教，改革难题由群众破解，改革任务靠群众落实，最大限度地集中群众智慧，群策群力，上下一致，共同推动从而实现改革的目标。坚持改革为了人民，改革依靠人民，改革成果由人民共享，这不仅是我们党立党为公、执政为民的体现，也是政府体制改革符不符合客观需要、能不能达到预期目标的直接要求。改革设计必须把群众的呼声作为第一信号，把群众的需求作为第一选择，把群众的希望作为第一参照，真正使改革实现群众的愿望，从而通过改革不断提高人民群众对政府工作的满意度和公信力，提高群众的生活水平。

政府管理体制改革，在节奏的掌握上要把发展速度、改革力度和人民群众的承受程度统一起来。

改革不仅要考虑到发展，还要考虑节奏和力度。群众能够承受的，要积极推动；部分能够承受的，要部分推动；一时承受不了的，要等待时机。改革中，群众所有承受中最大的承受，是分流人员的去向问题。6次集中的行政管理体制改革，每次都与人员的优化和调整紧紧联系在一起。特别是1998年开始的机构改革，政府机构人员精简50%，党的机关精简20%，群众团体精简25%，市县乡精简20%。当时中央在确定这些精简比例时，对分流下来的人员安置都制定了具体政策。2003年的改革，中央财政拿出100个亿，用于妥善安排乡镇机构改革中的分流人员。改革中妥善进行人员安置实际上就是适应群众的承受程度，以便把发展速度、改革力度和人民群众的承受程度统一起来，使群众积极拥护和参与改革。

政府体制改革，在改革成果的评判上要把人民群众满意不满意、高兴不高兴作为衡量的唯一标准。

政府体制改革成功了还是不成功，谁是评判员，就是人民。评判改革效果的重要标准，就是看改革是不是推动了经济的发展，是不是实现了群众的根本利益，是不是为广大群众谋了福利。这个标准由谁掌握，仍然是人民群众。群众掌握这个标准，第一是客观的，第二是实际的，第三是公正的。所谓客观，广大群众的眼睛是雪亮的，他们的智慧集中起来是最伟大的。所谓实际，他们是从自己的切身感受上得出的结论。所谓公正，他们的评判不偏不倚，不带任何随意性。群众评判的结果，对于已经完成的改革是一个结论，对于准备延伸和深化的改革是一个要求。因为每一项改革总是在以前改革基础上进行的，每一项改革所解决的问题和重点虽然不同，但都是对前一次改革的深化、补充和在此基础上的发展。经过群众评判，政府才能知道下一步的改革有哪些问题要解决，重点往哪里放。另外，群众对改革的满意和高兴，还使我们对深化改革增添了信心、受到了鼓舞。有这么坚强的后盾，进一步推动改革、深化改革就更加理直气壮、胸有成竹。也使我们得到了启示，下一次改革方案设计的思路更宽了、重点更突出了。

三、政府体制改革的基本方式是紧紧抓住当时影响经济社会发展的突出矛盾和问题，集中改革和日常调整相结合，在重点领域和关键环节取得突破

政府体制改革与其他各项改革关系密切，既涉及经济基础也涉及上层建筑，既涉及经济体制也涉及政治体制、文化体制、社会体制及其他方面体制，并与党的建设密切相关，需要统筹兼顾，协调推进。我国的政府体制改革大体有两种形式：一是相对集中的从上到下层层进行的大范围、全方位的改革；一种是根据形势和任务需要以及改革条件成熟程度进行的某一系统、某一领域的改革。这种整体推进与重点突破相结合，既强调整体推进形成整体效应，又集中力量攻坚克难寻求重点突破，解决重点领域和关键环节的体制机制障碍，是政府体制改革中经常采用的方法，也是改革最鲜明的特点。

集中改革一般在政府换届时进行。换届时，政府要对运行5年来工作中存在的问题进行深入分析，找出体制方面的原因；要对未来5年面临的新形势、新任务对政府体制提出的新要求进行研究，提出阶段性的目标和要求，从而形成符合当时情况又有创新精神的政府体制改革的正确方案。改革开放以来的6次政府体制改革，始终有一个核心，就是转变政府职能。1982年改革，中央提出减少政府的经济管理职能。1993年改革，要求把属于企业的权力下放给企业，把应该由企业解决的问题交由企业自己去解决，减少具体审批事务和对企业的直接管理。1998年改革，国务院各部门划转出职能280多项，将属于企业和社会中介组织的职能，交给企业和社会中介组织，将该由地方办的事情交给地方。2003年改革，政府部门不再承担直接管理国有企业的职能，行政审批事项大幅度减少。2008年改革中，共取消、下放、转移出政府部门微观管理、行政审批和评比表彰等政府不该管、管不好的事项70多项，大量技术性和具体事务交给事业单位或中介组织。

在两次全面的相对集中的改革之间，为适应经济社会发展中随时出现的新情况，对体制机制进行适时的调整和优化。这种经常性的改革，在系统、领域一直交错进行。调整和优化尽管是个别的或局部的，但却同全面的相对集中的改革相辅相成、相得益彰。毫无疑问，每一次相对集中的改革后要稳定一段时间，不能频繁变动，因为改革方案是在反复调查研究基础上慎重做出的决策，它实施后与实践的结合和磨合还有一个过程。但两次相对集中的改革之间，经济社会的变化不会停止。这种变化既是对集中改革成果的检验，也对改革后续工作提出新的要求。经过一段时间的运行，针对方案在与实践的碰撞中逐渐暴露出来的新矛盾、新问题，对政府体制进行适时调整是必要的。每次全面的相对集中的改革之后，都要不断追踪新机构的运行情况，推动新机构尽快与实际接轨和衔接，缩短磨合期；同时针对运行中出现的新问题进行深入思考研究，提出有针对性的改进方案。

经济社会发展中的突出矛盾和热点、难点问题，有些要靠经济的、行政的、法律的手段解决，但当这些矛盾和热点、难点问题阻碍经济社会发展而上述手段又解决不了的时候，则需要从体制上找原因，通过政府体制改革对推进发展和整个改革发挥牵一发而动全身的作用。要从经济社会发展的纷繁现象中，敏锐地发现热点、难点问题背后的体制原因，不失时机地研究提出破解之策。近年来针对不同时期的重点和难点、热点问题所进行的一些单项和应急改革，不仅从体制机制上有效地推动了现实问题的解决，而且一定程度上对推进整个政府体制机制改革起到了促进作用。当前，我国经济发展面临的一些困难，既有国际大环境影响的外因，也有自身改革需要深入的内因。对这些问题，要抓住时机，有一个解决一个，积小胜为大胜，使政府体制对经济社会发展始终发挥保驾护航的支撑作用。

四、政府体制改革下一步的重点是推动政府机构的优化组合，以建立适应经济社会发展和市场经济体制要求的职能有机统一的大部门体制

经过多次集中和经常性的政府体制改革，我国政府体制已基本适应社会主义市场经济发展的需要。下一步政府体制改革往哪里深化，重点是什么？党的十七大提出："加大机构整合力度，探索实行职能有机统一的大部门体制，健全部门间协调配合机制"。十七届二中全会进一步明确："按照精简统一效能的原则和决策权、执行权、监督权既相互制约又相互协调的要求，紧紧围绕职能转变和理顺职责关系，进一步优化政府组织结构，规范机构设置，探索实行职能有机统一的大部门体制，完善行政运行机制"。十七大特别是十七届二中全会后，我国政府体制在大部门制体制改革方面又迈出了更加可喜的步伐。2008 年国务院机构改革，实行了"大工业"，撤销了国防科工委、信息产业部，组建了工业和信息化部；实行了"大交通"，成立交通运输部，民航局、邮政局为交通运输部管理的国家局；实行了"大人保"，撤销了人事部、劳动保障部，成立了人力资源和社会保障部；接着还将国家食品药品监管局由国务院直属机构改为卫生部管理的国家局。大部门体制改革的这些重大举措，为进一步深化大部门体制改革奠定了基础，开辟了道路。

大部门体制又称大部制，是指按照社会主义市场经济条件下政府管理经济社会事务的要素设置部门，把政府相同或相近的职能整合归入一个部门为主管理，其他部门协调配合，或把职能相同或相近的机构合并为一个较大的部门，以加强协调配合，提高工作效率。大部门体制的主要内涵和特征是：(1) 职能有机统一。按照政府"经济调节、市场监管、社会管理、公共服务"的基本职能设置机构，坚持一件事情由一个部门承担，一项职能集中到一个部门，不搞职责交叉，不搞同一事项由几个部门都管。(2) 机构综合设立。将职能相同或相近的部门整合后组建若干精干的大部门，承担政府某一方面的职能。这些大部门履职范围宽，涉及领域广，组织形式优，协调问题顺，部门内部工作联系衔接融洽。(3) 运行机制高效。大部门把外部协调变成了内部协调，避免了推诿扯皮；工作流程由原来多个系统，多个渠道变成了一个系统、一个渠道，加之层次减少、环节压缩，办事效率明显提高。(4) 机构序列合理。政府主要由大部组成，取消了大量的议事协调机构，减少了办事机构，使得政府机构序列精干优化。

进行大部门体制改革，重点可把握这样几个问题：(1) 政府机构与党委职责相近和相同的部门联合设置。由于我们党是执政党，党委的工作和政府的工作密不可分，因而在机构设置上有些完全可以合并或合署。党委的纪检部门和政府的监察部门综合设置、合署办公，多年来的实践证明是非常有效的。除此，其他一些部门也可考虑综合设置，或"一个机构两个牌子"，或"合署办公"。目前我国乡镇党政机构的综合设置，就符合我国国情并且有效。(2)最大限度地减少议事协调机构，不设实体性的办事机构。2008年政府体制改革中，已经取消了大量的议事协调机构，但保留下来的仍然偏多。大部门体制实行后，议事协调机构原则上不应存在，确实需要在政府层面上设立的议事协调机构，一般也不要设立实体性的办事机构。(3)优化部门的内设机构。大部门体制不仅指部门的设立要综合，而且指部门的内设机构也要尽量的综合和精干。在中央政府部门内部，司局的设置要少而精。为了有效地开展某一方面工作，可考虑在大部门下设立国家局。(4)鼓励各地从本地实际出发进行“大部制”（厅、局）设置。地方和中央情况不同，各地情况也千差万别。在强调建立大部制的总的要求下，允许各地从实际出发大胆进行尝试，不搞一刀切，不搞上下对口。这样，一些地方的机构数量还会更少一些。

进行大部制改革，既是一个迫切的任务，又是一个渐进过程。到2020年建立起比较完善的社会主义行政管理体制，其主要内容就包括大部制改革基本完成。为此，需要对未来几年大部制改革的总体规划进行研究，其中要重点考虑2013年和2018年两次政府换届时大部制改革的方案和步骤。在大部门体制改革的实施上，要总体设计，精心组织，逐步进行，积极稳妥，妥善处理好机构撤并、人员分流等问题，以确保改革顺利进行。

五、政府体制改革在机构改革的同时推动机制优化，创新政府管理方式，通过优化机制巩固改革成果，促进新体制优势的最大发挥

机制保障体制，好的体制必须有好的机制做保证。不断优化政府的运行机制，是政府正确履行职能、提高工作效率的内在要求。机制包括政府的运行机制、协调机制、动力机制、考评机制、约束机制、监督机制等。在改革开放和社会主义现代化建设的进程中，老的机制需要不断赋予新的内涵和形式，新的机制需要伴随着政府体制改革的深化不断建立和完善，并且在发展中继续探索创新适应新形势、新任务要求的最佳机制。党的十七届二中全会提出，要实现行政运行机制和政府管理方式向规范有序、公开透明、便民高效的根本转变。这就要求对政府运行机制继续进行优化和完善，不断巩固政府体制改革成果。

健全完善责任机制，明确和细化部门所承担的责任，加快建立以行政首长为重点的行政问责制，是机制优化的重要内容。坚持决策权、执行权、监督权既相互制约又相互协调，明确政府之间及政府部门之间的职责权限，权责统一，责随权走，从根本上克服多头管理、政出多门的弊端，促进政府机构高效、协调、规范运转。按照权责统一、依法有序、民主公开、客观公正的原则，规定行政问责的主体、客体、方式和内容，规范行政问责程序。

合理界定政府及其部门的决策权限，完善科学民主决策机制，健全重大事项调查研究与集体决策、专家咨询、社会公示与听证、决策评估等制度，不断提高政府决策水平。涉及经济社会发展中的重大决策，坚持调查研究与集体决策制度，充分听取社会各界的意见。属于专业性、技术性较强的重大事项，实行专家论证、技术咨询、决策评估制度。属于与人民群众利益密切相关的重大事项，实行社会公示、听证等制度。建立健全决策反馈纠偏机制和决策责任追究制度，确保行政决策的科学性和严肃性。

完善行政监督和政务公开制度，确保权力在阳光下运行，切实增强政府执行力和公信力。健全社会信息反馈机制，切实保障公民的参与权和知情权，实现政府管理的公开、公正和透明。规范政府工作程序，科学的程序设置加上层次少、环节少、手续少和衔接紧密、快速高效的流程，使政府始终保持快节奏、高效率。降低政府行政成本，用较少的人力成本、较低的财政成本和高效的工作节奏，实现政府确定的工作目标。科学合理地确定绩效管理的内容和评估的指标体系，完善绩效管理的机制和方法，重视绩效评估结果的运用，建立健全政府绩效管理的配套制度。推进直接面向企业、基层和社会公众的“窗口机构”的改革，规范“窗口”机构的办事制度，公开有关政策、办事内容、依据、程序及办事人员的责任，规定办事时限，优化工作和业务流程，创新管理方式。

全面推进依法行政，加快建设法治政府。进一步规范政府立法行为，坚持科学立法、民主立法，提高立法质量。规范行政执法，严格按照法定权限和程序履行职责，建立健全权责明确、行为规范、监督有效、保障有力的执法体制，规范行政自由裁量权，全面落实行政执法责任制。进一步完善健全行政复议制度，加强行政应诉，完善行政补偿和行政赔偿机制。以强化责任为核心，建立健全政府运行和管理的各项制度，坚持用制度管权、管事、管人。

加强公务员队伍建设，强化对公务员的教育、管理和监督。严格执行党风廉政建设责任制，扎实推进惩治和预防腐败体系建设。完善公务员管理配套制度和措施，建立“能进能出、能上能下”的用人机制。引导和教育政府工作人员牢固树立群众观点，贯彻群众路线，深入群众、深入基层，倾听群众呼声，反映群众意愿，集中群众智慧，办好群众事情，实现群众利益。防止和克服形式主义、官僚主义和办事拖拉的不良习气。加强思想教育和制度建设，思想教育要晓之以理，动之以情，制度建设要约之以典，束之以纪。建立支撑政府创新和提高政府效能的组织机构和人才建设体系。提高群众在领导干部选拔和使用中的发言权，完善对干部特别是主要领导干部的监督机制。改进公务员激励、保障和培训机制，努力建设一支善于治国理政的高素质公务员队伍。

六、政府体制改革的总体目标是在坚持连续性与阶段性相统一的基础上，通过不断深化改革逐步建立起比较完善的中国特色社会主义行政管理体制

党的十七届二中全会《关于深化行政管理体制改革的意见》明确提出，要到2020年建立起比较完善的中国特色社会主义行政管理体制。这一体制与建立完善的社会主义市场经济体制、实现现代化第三步战略目标、全面建成小康社会、构建社会主义和谐社会等目标，设定在同一时间节点上，鲜明地体现了它与经济社会发展在目标上的内在统一性。

中国特色社会主义行政管理体制作为一个体系，它是整个改革特别是政治体制改革的重要组成部分；作为体制保障，它又贯穿到政治建设、经济建设、文化建设、社会建设和生态文明建设各个方面，需要和其他各项改革和建设结合起来进行。政府体制改革在行政管理体制改革中起着引领和保障的作用，内容是多方面的，是和各项建设紧密相联的。要实现改革的总体目标，就要坚持长远谋划与阶段安排相结合，分步实施，梯次推进。没有计划性，改革就可能成为只顾一时的短期行为，缺乏纵向的有机联系和横向的良性衔接；忽视阶段性，改革又会脱离此时此刻的客观实际，滞后或者超越现实。因此，改革要有长远目标下的近期目标、总体规划下的阶段安排，并且做到长远目标与近期目标相结合，阶段安排与总体规划相衔接，以确保一个个阶段性改革错落进行，形成衔接紧密的改革链条，从而达到2020年的总体目标。

阶段性是指从行政管理体制改革的总体目标出发，分阶段、分步骤地梯次推进。改革越深入，涉及体制机制等深层次问题就越多，不可能毕其功于一役。从传统计划经济下高度集中的行政管理体制到建立基本适应社会主义市场经济的行政管理体制，用了三十年时间。从现在起，还要用十年时间，通过一个比一个更深入的若干阶段性改革，实现十七届二中全会提出的到2020年建立起比较完善的中国特色社会主义行政管理体制的目标。这中间的一个个阶段性改革，都需要瞄准2020年的改革目标统筹谋划、周密安排，"结果导向"、"逆向思维"，排出"时间表"，绘出"路线图"，细化"施工图"，一个一个地推进。这期间，2013年和2018年有两次政府换届，政府换届时应集中解决的体制机制问题以及届中需要解决的体制机制问题，都需要在长远规划下通过划分出若干阶段，并明确每个阶段的具体任务及其相互之间的次第关系，一个阶段一个阶段深入地加以解决，最终趋向改革的总体目标。

阶段是一个历史范畴，下一个阶段是上一个阶段的继续和升华，在更深层面上巩固、发展和创新上一阶段的改革成果，同时又为下一个新阶段的开始奠定基础，开辟通道。要深入分析不同阶段的实际，把握不同阶段的特征，抓住不同阶段的需要，突出不同阶段的重点。改革开放以来进行的6次相对集中的政府机构改革，实际上就是6个阶段。每一阶段的改革都是根据当时经济社会的发展要求，针对体制机制不适应的问题，抓住当时的主要矛盾和问题集中进行的。每一阶段的改革，都在原有的基础上进一步完善了上层建筑，使上层建筑更加适应了当时经济基础的需要，给经济社会发展注入了新的活力；每一阶段的改革，又都不是对上一阶段改革的重复和复制，而是在更高层次上的创新和飞跃，朝着建立适应社会主义市场经济的行政管理体制的目标迈进了一步。相对集中的阶段性改革的这种特殊功能，使得改革成为始终伴随经济社会发展的一项长期工作，成为党和国家改善上层建筑使其更好地适应经济基础的重要手段。

今后五年是全面建设小康社会的关键时期，是深化改革开放、加快转变经济发展方式的攻坚时期，同样是实现2020年行政管理体制改革总体目标至关重要的五年。十七届五中全会从进一步转变政府职能、继续优化政府组织结构、改善行政运行机制等方面，对改革提出了新的要求，需要我们在以往历次改革的基础上继续推进，在新的历史起点上不断把政府体制改革引向深入。我们要继续根据"十二五"时期经济社会发展对政府体制改革的需要，按照建设服务政府、责任政府、法治政府和廉洁高效政府的要求，着力研究解决制约经济社会发展的突出矛盾和问题，着力解决广大人民群众最关心、最直接、最现实的利益问题，在现有改革的基础上迈出较大步伐，初步形成中国特色社会主义行政管理体制的基本框架，做到权责一致、结构合理、精干高效、运行规范，做到决策科学、执行顺畅、监督有力。通过持续不断地推进政府体制改革，为实现科学发展和促进社会和谐提供有力的保障和强大的动力。

（作者：中国行政管理学会会长）

（选自《中国行政管理》2011年第12期）

当前深化干部人事制度改革的实践路径探析

罗中枢　刘吕红

一、营造干部队伍建设的良好政治生态环境

政治生态环境是领导干部的从政“软环境”，它是党风、政风、社会风气的综合体现，主要由政策、舆论、用人、廉政等因素构成，直接体现在干部的精神状态和工作作风上，对领导干部的从政观念和从政行为具有重要影响。净化政治生态环境，改进党风、政风和社会风气，提高领导干部的党性、觉悟和勤政、廉政、善政的能力，营造求真务实、风清气正、吏治清明、公平正义的政治环境，是积极推进干部人事制度改革的必然要求。

营造良好的政治生态，首先是要积极稳妥地推进政治体制改革及政治观念、政治思维、政治文化、政治组织等方面的改革。邓小平同志早在上世纪80年代就曾指出：“我们所有的改革最终能不能成功，还是决定于政治体制的改革。”“进行政治体制改革的目的，总的来讲是要消除官僚主义，发展社会主义民主，调动人民和基层单位的积极性。”改革的主要目标是发展民主和实行法治，逐步实现社会主义民主的制度化、法律化，使这种制度和法律不因领导人的改变而改变，不因领导人看法和注意力的改变而改变。从当前实际情况看，推进政治体制改革的核心内容，一是合理划分党政职能，正确处理好党与法、党与政府、党与人民群众的关系，增强党与行政机构以及整个国家领导机关的活力，在政治上创造出比资本主义国家的民主更高更切实的民主。二是健全正确的选人用人导向和机制，着力于解决领导班子和干部队伍建设的关键问题、干部人事工作中的重点难点问题、干部群众反映强烈的突出问题，以重点突破带动干部人事制度改革的整体推进。三是积极推进党内民主，真正建立起以民主原则为基础并以选举、监督、党员参与为主要内容的权力运行机制，建立起包括授权、行权、用权、制权在内的党内权力公开化运行机制。

营造良好的政治生态还要打破潜规则，改变妖魔化干部的局面。现在，在一些地方的“官场”奉“潜规则”为圭臬。沿着血缘、地缘、业缘、学缘、姻缘、官缘等多重关系网从低到高结成的“蜂窝状关系网”，使得官场潜规则大行其道。一些干部“入乡随俗”，不敢坚持原则，追求政绩功利化、短期化、显性化，以至于在工作中形成了很多人不情愿但又不得不迎合的尴尬局面。同时还存在妖魔化干部的现象，不少媒体把个别现象普遍化、局部问题扩大化，致使一些干部，特别是敏感地方、关键岗位和

基层一线的干部变得谨小慎微、失意失语。

营造良好的政治生态还必须改造人情关系胜过法规制度的格局。中国是一个熟人社会，在民主推荐、民主测评中往往遵循的是私人关系的规则，形成了“团团”、“伙伙”、“圈圈”，“人缘”成为一种无形的竞争资本，致使民主的真实性大打折扣，一些不符合要求的人进入了视野，吃苦受累的不受重用，一些老实人伤了感情伤了心。一些人因为怕得罪人、怕丢票而不敢讲真话、实话、心里话，台面上和台面下说的不一样，饭桌上说的和工作上说的也不一样，连组织部门考察干部常常也听不到真话。从制度、环境、文化上改造这样一种格局，是营造干部队伍建设的良好政治生态的重要内容。

二、突破体制性障碍，五湖四海选人

在当前干部人事工作中，体制性弊端明显。比如，在一些地方、部门和单位，干部选拔任用讲身份、资格，重学历轻能力、重文凭轻人品、重年龄轻经验、重资历轻水平；表面上看走了民主程序，实行了竞争上岗，但一切都还在“圈内”进行；干部交流渠道不畅，条块交流不畅，企业事业单位优秀人才到机关十分困难。体制弊端严重制约了高素质干部队伍的建设，突破体制性障碍选人，已经成为深化干部人事制度的重点难点问题。

突破体制性障碍选人的关键是要“五湖四海”选人，即立足五湖四海，着眼四面八方，以事业为重，不论地域，不论感情，任人唯贤，唯才是举。毛泽东曾说：“我们都是来自五湖四海，为了一个共同的革命目标，走到一起来了。我们还要和全国大多数人民走这一条路。”胡锦涛郑重提出：“坚持五湖四海，拓宽视野选拔干部，广辟途径培养干部……把各方面优秀人才集聚到党和国家事业中来。”习近平强调指出：“要拓宽选人用人视野，坚持五湖四海、任人唯贤。”无论是在革命时期、在建设时期，还是在改革开放时期，“五湖四海”都是中国共产党选用干部的一个重要原则。事实证明，唯有树立“五湖四海”的思想，才能海纳百川、广纳人才，做到“拓宽选人用人视野”。

五湖四海选人的重点是打破现有选人用人机制的弊端，并建立干部脱颖而出机制。要把“党管干部”与“党管人才”有机联系起来，求贤若渴，在人才中选领导人才，在普遍进行公推直选的基础上，打破地域限制，面向全国公选，甚至面向海外选人。不仅要重视选拔和培养年轻干部、后备干部，还要从更宽广的视野来思考干部队伍建设和可持续发展问题，突破如“唯资历论”、“唯文凭论”、“35 岁以下为限论”、“不要女性论”等观念，把社会各方面的优秀人才凝聚到改革和发展的事业中来。

在人才中选领导人才的关键是要坚持和完善从基层一线选拔干部制度，注重从有基层领导经历的人中选拔党政领导机关干部，注重选拔具有基层工作经历的优秀干部充实各级党政领导机关，坚持和完善从基层尤其是从农村、社区优秀基层干部中考录公务员制度，探索从优秀工人、农民等生产第一线人员中考录公务员的办法。这是改变当前领导机关党政干部队伍来源结构性缺陷的迫切需要，也是保证党政领导机关与人民群众血肉联系的战略举措。

三、进一步扩大干部工作民主，不断提高民主质量

民主推荐、民主测评作为扩大干部工作民主的重要手段和落实群众对干部选拔任用的知情权、参与权、选择权、监督权的重要途径，既是选拔任用干部的基础，也是选拔任用干部的必经程序。但是，正是在这种基础环节和必经程序上存在着一些不容忽视的问题，致使民意难以得到真正体现，不仅在一定程度上降低了选人用人质量，影响了干部选拔任用的公信力，而且污染了民主空气，误导了一批干部，败坏了党风和社会风气。如何在进一步扩大干部工作民主的同时不断增强民主推荐、民主测评的科学性和真实性，已成为新时期干部工作面临的重大理论与实践问题。

近年来，干部工作重在推动民主化进程，因而主要强调的是推荐、测评、考察等环节的民主的普遍性和数量问题，有意无意地忽略了民主的质量问题，对扩大干部工作民主中出现的偏差，也未能及时研究和纠正，客观上降低了民主的质量。干部工作的民主质量是指在干部工作中民主发展的程度和效度。它涉及政治上的宽容、平等和宽松的环境，涉及规则、程序、办法是否科学、完备和切合实际，涉及健全的法治和有效的信息沟通，涉及一个地方、单位的风气，涉及领导班子、特别是一把手的导向，涉及参与民主活动的人员范围、素质和责任感，涉及权力的监督约束和有序的、实质的竞争，还涉及健康的民主文化和氛围，等等。干部工作民主质量的高低，最终体现在通过民主方式所产生的干部能够有效推动科学发展、促进社会和谐。我国是人民当家做主的国家，但是长期以来对民主的内涵、条件、意义、有效实现方式和具体办法却探讨不够、研究不深。在扩大干部工作民主过程中，应该补上“民主”这一课，把提高干部群众的民主素养，作为提高干部工作民主的科学性、真实性的基础性和战略性工程来抓，坚持不懈地加强教育培训和宣传引导，通过多种方式和渠道向干部群众宣传党的干部政策、法规、制度和程序，努力营造干部群众有序参与、有效参与干部工作的良好民主环境。

四、探索干部人事规律，分类选拔任用管理干部

有区别地选用干部，在中国自古有之。中国古代衙门里做事的人横向分为官、僚、吏三类，纵向分为九品。官是正职，僚是副职，吏是办事员。西方国家吸取中国政治文化精华，采用了“政事分类”、“两官分途”的办法选用干部。

探索构建党政干部分类选拔的宏观格局，可以借鉴中国古代和西方国家选官用官的有效做法，对哪些岗位和干部进行选任、哪些岗位和干部实行委任，进行严格的科学的分类。比如，合理区分“委任制和选任制”干部的选用，试行“党管政务官，政府和人大管事务官”。再比如，按照“精心优选正职干部，组阁搭配副职干部，考试录用业务干部”，即“选官、配僚、考吏”，或“选主官、配副官、考事官”的思路，构建起选任制、委任制和考任制干部分类，选举制与选拔制分别的党政干部选用的宏观格局。“一把手”应选，直接体现共产党的执政宗旨；“副职”要配，其重点是领导班子的结构优化；“业务干部”要考，其核心是人岗相适。无论是选任制干部还是委任制干部，都应该实行谁授权向谁述职并接受其考核监督的原则。

目前在干部分类中，存在干部缺乏科学分类、管理权限过分集中、管理方式陈旧单一、管理制度不健全等问题，以致年轻优秀的人才难以脱颖而出，用人问题上的不正之风难以避免。这方面改革的要点是：深化分级分类管理制度，包括建立健全统一领导、科学分类、分级管理、调控有效的宏观管理体制，完善符合党政机关、国有企业、事业单位各自特点的分类管理制度，形成内容完备、结构合理、功能健全、科学管用的干部人事制度体系等。

五、完善以岗择人、竞争择优的竞争性选拔机制

在干部选拔、考核、管理中应高度重视人岗相适、人职匹配。通过规范干部岗位职责，努力实现从身份管理转向职责管理，建立健全决策权、执行权、监督权既互相制约又互相协调的权力结构和运行机制。

当务之急是建立和完善公开、透明、有序

的差额竞争机制，使优秀人才在实践中、在竞争中脱颖而出——不是选完人、选全才、选全能冠军，而是选最适合岗位的干部、选单项冠军或亚军、季军。竞争性选拔干部制度是在改革开放大环境、发展社会主义民主政治与市场经济大背景下孕育发展起来的，也是在克服传统干部选任制度的弊端、丰富干部人事制度改革路径的前提下建立的。当前在一些地方和部门，存在着用人上的不正之风，跑官、要官、买官、卖官之风屡禁不止。改变用人陋习的成功经验就是坚持公开、民主、择优、竞争的原则。

近年来各地不断推进公开选拔、竞争上岗的制度化建设，纷纷出台各种实施办法、方案，并不断进行公开选拔人才的具体路径探索，为党政机关人事制度改革注入了活力。当前，迫切需要完善公开选拔、竞争上岗制度，积极探索多种形式竞争性选拔干部办法。按照《规划纲要》规定，到 2015 年，每年新提拔厅局级以下委任制党政领导干部中，通过竞争性选拔方式产生的应不少于三分之一。

完善公开、民主、择优的竞争性选拔制度，重点在于把握好“面向社会公开选拔”、“党内差额选举和常规选拔”及其之间的关系。要积极探索公开选拔（定向或非定向）干部的岗位、比例、条件、方式和程序及多种形式竞争性选拔干部的具体办法。有差额才会有竞争，有竞争才会形成民众参与的局面。要探讨差额选拔干部的适用范围、差额比例、程序、考试测评、票决方式及地方党委全委会、常委会决定任用重要干部票决制的具体办法。从实践经验看，一要科学设计竞争规则和民主程序，包括推行差额选拔干部制度、合理确定差额比例、准确界定民主参与范围和权重、规范具体操作办法等；二要构建资格确定与审查制度、考试制度、考核制度和任用制度等四位一体的制度结构体系；三要建立有效的信息互通和科学的民意集纳机制，正确分析和运用民主推荐、民主测评结果；四要努力提高干部工作的民主质量，认真解决民主参与的广度、深度和准确度不够的问题。

六、加大改革力度，努力解决干部队伍结构性缺陷问题

经过长期干部人事制度的改革推进，干部队伍结构日趋合理，但在年龄结构上，年轻人所占比重较大，一些地方有误读干部队伍年轻化的倾向；在学历结构上，既有重学历轻能力的问题，也有忽视领导工作科学化的倾向，研究生文化程度的干部明显偏低；在专业结构上，理工科比重较大，熟悉宏观经济管理、法律、金融、外经外贸的干部偏少。另外，还有来自一线基层的干部不多、女干部和党外干部比例偏低等问题。

为改变干部队伍结构性缺陷的状况，干部管理工作要从机械的“管”到主动地进行开发，最大程度地开发不同年龄、性别、学历、职业背景下的干部资源。要特别注意将新出现的社团组织、中介组织、非公企业、慈善机构以及农村社区基层组织各类高级管理人员中的优秀人才，纳入我们执政党干部的选拔培养视野，作为选拔任用干部的一个重要来源，彻底打破那种封闭的内部循环、活力不足以及近亲繁殖的被动局面。还应在继续增加干部队伍中金融、外贸、财税、会计、审计、法律、城市规划等方面专业人才的同时，加大环境保护、社会学、社区工作等专业背景人才的比重，更加重视女干部、少数民族干部和党外干部资源的开发和利用，充分激发“人尽其才、才尽其用”的内生动力。

七、优化班子结构，增强领导班子整体功能

干部个体的选用非常重要，领导班子建设更为重要，因为只有整个班子形成合力（可以称之为“执政合力”），才可能在整体上形成一支高素质、高水平的干部队伍。

在干部人事制度改革中，应高度重视班子的科学搭配，优化班子结构，提高整体素质，增强整体功能。要因事定编、以编定岗、按岗定人、竞争上岗，根据年龄结构、知识结构、工作经历及工作能力搭配交流干部，这既可以弥补领导班子专业、年龄、能力等结构的不足，也可以给领导干部带来新思路、新方法，防止思想僵化，从总体上提高班子的执政能力和领导水平。

既重视个体培养又重视集体建设，关键是坚持民主集中制原则。一方面，干部个体要有全局观念，在行动中要自觉坚持个人利益服从组织利益，局部利益服从整体利益，眼前利益服从长远利益。另一方面，班子集体要尊重干部个体，充分发挥干部个体的主观能动性，健全干部培养机制和激励机制。只有团结和谐的领导班子，才能带出能打硬仗的队伍，才能增强号召力、凝聚力、战斗力，才能担当起推动科学发展、促进社会和谐的重任。为此，还必须健全领导班子的常态运行机制，包括会议制度、请示制度、监督制度、民主生活制度、学习制度等，用制度来规范人、约束人、引导人。

八、切实解决干部“能上不能下”的问题

一般来说，“下”包括干部离退休、根据年龄而调整下来、经过考核被认定为不称职或降职或免职、相形见绌下来、干部落选落聘、干部换岗分流、干部任期届满等形式。从实际情况来看，除了第一条外，其他六条执行情况不容乐观。为什么下？凭什么下？怎么下？下来以后怎么对待？这些问题包含着观念、制度、文化、机制等，所以，切实解决好干部“能上不能下”的问题，成为长期制约干部人事工作发展的重点难点问题。

切实解决干部“能上不能下”问题，一方面要坚决践行“不让事业迁就人”的准则，大胆实行干部“下”的举措，合理界定不适宜担任现职的情形，规范调整的原则、程序，及时调整不适宜担任现职的干部。另一方面要改变犯了错误才下台的传统观念，优化能“下”的环境，把能上能下作为职务的正常调整和变动。改革要点：一是建立正常更替机制，在任期制、任期目标责任制等方面进行大胆探索和实践。二是逐步做到调整不适宜担任现职干部工作常态化、制度化，通过民主评议、民意测验、政绩考核等方法，疏通能“下”的渠道，促进干部“下”的机制的形成。三是推行辞职制、问责制、罢免制、弹劾制。对辞职过程作出系统规定，对“因公辞职”、“自愿辞职”、“引咎辞职”和“责令辞职”分别作出相应的制度安排。随着干部选拔任用工作民主化的推进，迫切需要对作为选民权利重要组成部分的罢免权及其相关程序和办法加以规范和完善，也很有必要对弹劾（包括集体弹劾）制度的操作方式和具体细节进行探讨，使之成为中国特色干部人事制度的有机组成部分。

九、健全科学的干部测评、考核、考察机制

考核是选拔任用干部的重要基础和管理监督干部的必要手段。从制度层面看，目前的考核评价机制包括对干部实行的德、能、勤、绩、廉的考核，就其考核内容来说，应该说是相当全面的；而就其考核方法来说，还有许多不科学和不合理的地方，需要进一步探索和完善。

考核干部要与从严教育、从严要求、从严管理、从严监督相结合，以改变干部管理中存在的失之于宽、失之于软的现象，这是当前干部人事工作的重点之一。要按照知情度、关联度和广泛性、代表性原则科学界定参加推荐人员范围，探索建立权重分析制度，对不同类型、不同层次参加人员在不同层面的推荐和测评，

设计不同的权重比例，其考核结果应该是不让优秀的老实人落选，也不让坚持原则、敢负责敢管理的干部吃亏。因此，从严管理干部的关键是完善干部考核评价体系，健全“公平竞争，淘汰庸劣”机制。一方面，要完善考核内容，改进考核方式，扩大考核民主；另一方面，要强化考核结果运用，把考核评价与干部选拔任用、培养教育、管理监督、激励约束结合起来。

十、加大决策主体改革力度，强化集体决策和科学决策

在深化干部人事制度改革过程中，如何强化集体决策和科学决策，这既是扩大民主的工作，又是提高民主质量的重要路径，且已成为新时期干部选拔任用工作面临的一个重要课题。

不断扩大干部工作中的民主，在实践中出现了二难悖论。一方面，如果党内民主权利在一些地方长期停留在形式上，或者党组织负责人采取欺瞒手段，利用民主程序实现个人意图，就可能造成党组织的信任危机。另一方面，如果对民主建设的方向、目标、任务认识不清，或者对发展阶段、发展策略、推进步骤把握不当，就可能造成党内政治生活出现混乱局面的风险。解决这一悖论的重要路径之一是强化集体决策和科学决策。

集体决策和科学决策的重点和难点是进一步发挥党代会、全委会的作用，完善地方党委全委会、常委会决定任用重要干部票决制度。现行常委会集决策权、执行权、监督权于一身，把重要干部的决策权由常委会交与全委会票决制，意味着重大事务的决策权将逐步由常委会向全委会转移，这也是由少数人决策向多数人决策的逐渐转移。随着决策主体改革的推进，凡重大问题必须由集体讨论，实行票决制。目前各地正处于探索地方党委差额票决干部办法的阶段，可在一些地方进行试点，认真总结经验后普遍实行。

（作者：四川大学公共管理学院教授）

（选自《青海社会科学》2011 年第 2 期）

领导干部公开选拔：价值理性与工具理性的双重考量

郭庆松

无论是康德的道德哲学关于“假言命令”与“定言命令”两种形式的划分，还是马克思·韦伯基于社会学的“工具理性”与“价值理性”的区分，都是强调人的行为以及行为者的理性选择问题，也都是以目的、手段、信仰等相关概念来解释人的行为。只不过，工具理性与价值理性的划分在解释现代人类社会发展方面具有更好的穿透力而赢得了更多的话语权而已。特别是随着新公共管理运动的兴起与公共行政现代化的推进，公共管理实践中的工具理性与价值理性的博弈更多的是工具理性排斥价值理性的现象，日益引起人们的不安和警觉。作为公共管理的核心内容之一，官员选拔任用的变革及其制度创新也出现了类似的现象。在我国，领导干部公开选拔是当代中国政治发展中的一项富有积极意义的制度创新形式，但在实施过程中所暴露出来的民主与科学的对话、价值理性与工具理性的博弈，提示我们需要做深入的理论研究和精当的理性思考，以回应现实给我们提出的种种疑问。

一、领导干部公开选拔的价值理性考量

根据韦伯的界定，价值理性追求的是对行为固有价值观的纯粹信仰，而不在乎行为本身所采取的手段和所达到的目的。一般来说，持价值理性的人更加看重行为本身的价值，并不计较相应的手段和后果。现代政治文明所秉承的价值理性“关注政治制度、政策与政治思想、文化、价值观基础的相应性，即政治制度的假设与改革必须与相应的政治思想、价值观的培育相结合。”现代政治文明的核心价值追求是民主，作为政治文明基本内涵之一的掌握公权力的官员的选拔任用也应该体现民主的价值追求。在领导干部公开选拔的制度创新中，民主理所当然应该成为在我国现行宪政构架下必须坚持和弘扬的基本价值理念。但从各地已经实施的领导干部公开选拔的实践来看，民主的价值追求与现行的人民民主和党内民主制度的契合问题还存在比较大的发挥和发展空间。

1. 公开选拔与人民民主

根据宪法，中国的国体是人民民主专政。中国共产党领导的人民民主政权在人民内部实行民主，逐步扩大社会主义民主，发展社会主义民主政治。人民民主专政的本质是人民当家作主；人民民主的实质是社会上绝大多数人享有管理国家和社会的一切权力，这其中当然也是关键应该包括掌握公权力的领导干部选拔任用的权力。领导干部公开选拔在体现人民当家作主和贯彻人民民主权力方面还有值得进一步

探索和完善的必要。按照现行的《公开选拔党政领导干部工作暂行规定》，领导干部公开选拔工作主要包含6个基本程序：(1)发布公告；(2)报名与资格审查；(3)统一考试，包括笔试和面试；(4)组织考察，研究提出人选方案；(5)党委（党组）讨论决定；(6)办理任职手续。其中，实质性发挥作用的主要是考试、考察和党委讨论决定几个关键程序，体现人民参与的民主权力也应该在这样几个阶段得到很好体现。从理论上讲，考察是集中民意、反映民意、体现民意的最好手段，党委讨论决定也是党的一级组织代表人民选拔人民公仆的有效形式，但实际操作中的一系列做法使得考察结果甚至党委讨论决定并不能达到理想化的效果，如小范围或有选择性的考察难以反映真正的民意、民主测评中的帮派体系或拉票现象、组织部门任用建议不能很好代表民意、主要领导导向党委讨论结果等。当然，这些情况在其他形式的干部选拔任用中也不同程度地存在。但作为被人们寄予厚望的领导干部公开选拔，民意的体现、民主的贯彻自然会受到更多的关注。人民论坛杂志《千人问卷》调查组联合新浪网、人民论坛网进行了问卷调查，包括网友有效答卷2295份、不同职业人士的受访答卷239份总计2534份，结果显示，51.3%的受调查者认可公开选拔干部过程中的公正程度；92.6%的受调查者认为应“提高民众在干部任用中的话语权”；42.6%的受调查者认为，最应当破除封闭式、神秘化的选拔。这就是说，人们对于公开选拔是认可的，但干部选拔中的体现民意、反映民主是普遍的呼声。

相对于其他形式的干部选拔任用，公开选拔可以在面试阶段更好地体现民意、更好地发扬民主，这其中包括采用人大代表、政协委员担任考官，群众评委参与打分，面试过程的媒体现场直播等形式。比如，2008年南京公开选拔4个局长职位，对于16名候选人的演讲答辩情况采用现场电视直播的方式；当然，真正能够行使投票权的，是当天坐在会场里的240名观众：南京市各级干部代表、十七大代表、全国人大代表、企事业单位代表以及外国友人，但这种电视直播的方式，显然在一定程度上满足了人们对民主的渴望和想象。还比如，湖北省在2009年的公开选拔领导干部中首次尝试“大评委制”，即面试时除邀请领导和专家担任评委外，还邀请部分“两代表（党代会代表、人大代表）一委员（政协委员）”和干部代表、服务对象参与，专家评委和群众评委分别占70%和30%的权重。在公开选拔湖北省妇联副主席职位的面试中，共有39位评委坐在评委席中：他们中有9位是由领导干部或专家学者组成的专家评委；另外30人中，有10位是省党代会代表、省人大代表和省政协委员，还有10位是公选职务所在单位即湖北省妇联的处、科级干部，另有10位是报考单位所服务对象的代表。

显然，对于面试中的这些体现民意、彰显民主的做法，值得在总结的基础上加以推广和完善。比如，面试现场电视直播的方式，场外观众有没有一定的发言权，否则容易给人一种民主“作秀”的印象。可以设想：在电视直播后可以就职位候选人的表现在观众中做一些民主测评、问卷调查，作为面试成绩评定或干部讨论决定的重要参考。再比如，面试中的群众评委的构成问题，要真正保证来自基层一线的群众评委比例；而且，群众评委的概念应该有严格意义的划分，人大代表、政协委员是不是严格意义上的群众评委，值得商榷；群众评委评分的权重也要形成统一标准，进行较为严谨的论证，确保规范化、科学化。

2．公开选拔与党内民主

依据党章，党按照德才兼备的原则选拔干

部，还要发现和推荐有真才实学的党外干部担任领导工作。作为执政党，党也要履行向政权机关推荐干部的重要职能。无论是选拔任用党的干部还是向政权机关推荐干部，党内民主都是确保完成这一神圣使命的重要制度基础。根据相关制度规定，公开选拔的决定性环节是党委（党组）讨论决定，也就是按照干部管理权限，由党委（党组）集体讨论作出任用决定，或者决定提出推荐、提名的意见。很显然，党内民主在这一环节发挥作用，是确保领导干部公开选拔这一干部选拔任用的制度创新形式与党内民主制度很好结合的关键所在。既然领导干部公开选拔在实践中受到了广大群众和干部的普遍赞同和热烈响应而显示出旺盛的生命力，那么党内民主理应在这一制度化平台上发挥更加积极的作用；依靠这一制度化平台，全面发挥广大党员、党的各级代表大会的代表以及党的各级委员会在决定党的干部或推荐政府官员中发挥更大的作用。从目前各地公开选拔的实践来看，比较可行的做法是公开选拔与全委会或常委会票决相结合，达到公开选拔与民主选拔有机结合的效果。比如，2008 年安徽省公开选拔 20 名副厅级领导干部，主要做法是：在公开推荐基础上进行公开选拔，首次在公选中实行省委常委会差额票决制，每个职位提出 2 名建议人选，由省委常委会进行差额票决，扩大干部选拔任用决策环节的民主，收到了公开与民主的双重效果。

现实中的干部选拔任用主要存在三方面的问题：一是初始提名权过于集中，主要是提名权过于集中于“一把手”手中；二是监督机制不够健全，尤其是对主要领导干部选人用人权力的监督比较困难；三是选举结果存在失真现象，导致推荐结果与被推荐对象的真实情况不符。另外，根据福建省委组织部 2008 年问卷调查，当前党员最希望得到保障的民主权利是：(1) 批评权、揭发检举权和罢免权，占 68.9%；(2) 建议和倡议权，占 60.2%；(3) 申辩权、申诉权等，占 55.3%。问卷调查还显示，31.4% 的人认为当前基层党内选举制度执行得比较好，而有 41.5% 的人认为当前基层党内选举制度执行得一般。综合分析这些情况，当前干部选拔任用公信度缺失的深层次根源在于党内民主不健全。而领导干部公开选拔特别是在公开选拔中发挥党内民主的积极作用，是根治干部选拔任用公信度缺失的最为有效的手段；公开选拔中的“公开、平等、竞争、择优”原则与民主原则相结合，可以达到切实提高领导干部选拔公信度的目的。

二、领导干部公开选拔的工具理性考量

相对于价值理性来说，工具理性并不关注行为本身固有的价值，而是重视为达到精心选择的目的而采取的各种可能的手段及其附带的后果，选择最有效的手段行动。工具理性的基本特征就是要求人的行为必须是选择最有效的手段以实现既定目的的行为，或者说以手段的最优化作为理性追求的最高要求。一般来说，持工具理性的人不看重所选行为本身的价值，而看重所选行为能否作为达到目的之有效手段，以及这种手段是否更有效率、成本更小而收益更大。很显然，干部选拔任用最基本的工具理性追求就是，如何运用更有效率而且成本更低的手段和工具达到选拔岗位更为适合的领导干部的目的。在领导干部公开选拔中，一方面，我们看重选拔本身的体现民意、反映民主的价值理性追求，这是人民当家作主和党的宗旨的基本要求，另一方面，我们也重视所运用手段和工具的科学性以及选拔结果的有效性问题，工具理性追求的倾向也十分明显，因为干部人事工作的核心问题是要解决人岗匹配的问题。岗位需要什么素质和能力的领导干部以及领导干部是否具备岗位需要的素质和能力，这

是确保人岗匹配的两大基本要点，这就涉及到工具层面的岗位分析和人才测评问题。

1．公开选拔与岗位分析

岗位分析（Job Analysis）是现代人力资源管理的基础手段。岗位分析的目的是要形成规范的岗位说明书，为人力资源管理后续的一系列活动和功能的履行奠定必要的基础。在当代，战略人力资源管理的基本理念已经确立：战略人力资源管理强调的是人力资源管理活动和手段要从组织战略目标出发，极力改进人力资源部门的工作方式、发展组织文化，以提高组织总体和长期绩效。基于战略人力资源管理的战略岗位分析也是建立在战略理念基础之上，组织要根据自身战略需要，选择合适的组织模式，进行部门设置与流程梳理，并进行各职能部门的性质定位，明确各职能部门的职责权限，将部门职责权限分解到各个岗位，明确各岗位的工作职责、内容，并分析各岗位合格任职者应具备的关键素质，形成规范的岗位说明书，以服务于战略人力管理的需要。

在领导干部公开选拔中，作为工具层面的岗位分析十分重要。现在的公开选拔，很多是在没有客观、深入、准确的岗位说明书的基础上进行的，这样，个别领导和工作人员的主观判断可能会左右选拔的标准和结果，由此，选拔工作存在一定的风险。科学、规范的岗位分析就是要将拟公开选拔的领导岗位胜任者应该具备的基本素质和能力清晰、直观地表达出来，这无论是对于后面的笔试、面试命题的针对性、适配性和组织考察判断的准确性、科学性，还是对于考生、候选人的自我判断、自我评价，都是至关重要的。比如，面试是在人事选拔中最为广泛使用的技术方法，在我国目前的国家公务员选拔中，面试的使用率是100%，领导干部公开选拔也几乎100%使用面试方法，但岗位分析所提炼出来的岗位胜任力是面试能否取得相应效果的生命线。岗位分析尤其是对领导岗位一些关键事件的分析，可以帮助我们比较准确地了解岗位胜任者应该具备的诸如综合分析能力、沟通能力、创新能力等，明确面试测评重点，确定面试测评要素，有效设计面试题目，达到准确反映考生实际能力的面试效果。

领导干部公开选拔中的岗位分析，需要借鉴战略人力资源管理理念下的战略岗位分析的基本思想。这就是说，在领导干部的岗位分析中，需要结合岗位所在组织的战略目标和战略愿景编制相应的岗位说明书，既要反映领导干部胜任现有岗位所应具备的素质和能力的基本要求，又要反映组织发展所需要的、能够促进组织总体和长期绩效的潜在素质和能力的更高要求，甚至还要体现便于岗位能够纵向、横向方便快捷的流动而使得整个组织充满活力与生机的干部未来发展和变化的柔性岗位设计的需要。这样做的目的是要确保公开选拔的领导干部，既能满足目前岗位的需要，又能满足未来组织发展的需要，同时还能造就可以内外流动、上下流动的复合型干部。这是对领导干部公开选拔更高层次的要求。

2．公开选拔与人才测评

现代人才测评技术在人才选拔中得到了广泛的应用，经过专家的不断努力和实践的不断磨合，一些人才测评技术在测量性、区分性、诊断性、预测性等诸多类型的人才测评中具有较高的信度和效度，科学化程度有了很大的提高，这就为领导干部公开选拔综合运用这些技术和手段积累了丰富的经验，奠定了很好的基础。根据2009年9月中组部修订后的《党政领导干部公开选拔和竞争上岗考试大纲》的规定，在公开选拔的面试环节，一般采用结构化面试方法；根据需要也可选用或综合使用无领导小组讨论、角色扮演、公文筐测验等其他测评方法。我们知道，人才测评中的每一种方法或技术都有其一定的适用范围，都有其特有的优势和难以避免的局限性，这就催生了综合运用各种人才测评技术进行人才综合测评的应用，也就是实践的评价中心方法。评价中心是一种方法、一种技术，确切地讲是一种方法或技术的组合，而不是一个地点或机构。评价中心是近几十年来西方企业中流行的一种选拔和评估管理人员尤其是中高层管理人员的一种人才测评方法。西方管理学家在对评价中心的效果分析中发现：由企业领导随意选拔的管理人员，按照使用的结果，其正确性只有15%；经过各级经理层层提名推荐的，其正确性达到35%；而通过评价中心测试选拔的，其正确性在70%以上。理论和实践启示我们，领导干部公开选拔不仅要采用结构化面试等各种人才测评的现代方法，而且要在可能和允许的情况下综合运用各种方法，形成方法的组合，以发挥各种方法的优势，达到准确反映考生实际情况的效果。

在近年来各地进行的公开选拔的实践中，人们综合使用笔试、面试、民意测验、绩效评价、履历分析、考核考察等多种手段和工具，取得了很好的效果。这就是说，面试环节各种方法的有效性、科学性固然很重要，但面试以外的各种手段和工具对于全面反映领导干部的岗位胜任力也是十分必要的，因为像绩效评价、履历分析、考核考察等这些手段和方法能够更加方便地将领导干部过去的工作表现反映出来，这是再有效的面试方法都难以奏效的。作为干部选拔任用的制度创新形式，公开选拔的实施者应该有更加开放的胸怀、更加广阔的视野，在工具和手段的创新方面努力探索、积极实践。比如，上海市在过去几年的公开选拔中，在笔试与面试之间采用人机对话的测评方式，主要测查考生的人格倾向及其与岗位的匹配性，尽管不作为淘汰的依据，但在选拔岗位合适人选中作为参考，就是一种值得鼓励的积极的探索形式。人们有理由相信，随着干部人事制度改革的深化和公开选拔实践的发展，各种行之有效的方法和工具必将会不断涌现。

三、结论

传统的观点认为，价值理性与工具理性是一对相互博弈的矛盾体，人类现代性发展的结果往往是工具理性过分膨胀、价值理性相对萎缩，价值和工具之间失去了平衡的砝码，从而引发了人们对于社会发展过度工具化和形式化的担忧。实际情况是，现代性的结果并不必然倾向于工具理性而完全排斥价值理性，双方博弈的形式也并不总是零和博弈（即博弈当中的双方的利益严格对立，一方所得永远等于另一方所失），价值理性与工具理性之间也可以找到相互平衡的结合点，彼此之间也可以在和平对话中达到相互促进、共赢发展的局面：工具在相应的价值理念指导下达到更优的效果，价值在相应的工具支持下获得完美的收获。领导干部公开选拔价值理性的追求在于民主的实现，包括充分发挥人民民主和党内民主的作用；人民民主主要体现在面试阶段的体现民意、发扬民主，党内民主主要关注讨论决定环节中党内民主的分量、集体的作用甚至全委会或常委会的票决制度。公开选拔工具理性的追求在于选拔手段和工具的科学性以及选拔结果的有效性问题，包括是否进行科学、规范的岗位分析和能否形成客观、深入、准确的岗位说明书，以及能否运用具有较高信度和效度的人才测评工具对考生的胜任力进行科学的测查和评价。很显然，领导干部公开选拔民主的价值追求与科学的工具选择也并不是一个此消彼长、零和博弈的矛盾体，也是可以在相互对话、相互促进中共谋发展、谋求均衡。

民主与科学的对话在中国有特殊的历史意义。90多年前的“五四运动”，中国迎来了两位陌生人："德先生"（民主,Democracy）与"赛先生"（科学，Science）；他们一方面为国人点亮了耀眼的灯塔，照亮人们前行的目标和方向，另一方面彼此之间的对话和争论也从来没有彻底中断过。"德先生"与"赛先生"尽管有不同的看法、不同的诉求，但彼此之间并不必然就是相互排斥的。在领导干部公开选拔中，"德先生"关注的重点是制度实施的民主问题，以确保干部选拔任用的公平性和公正性；"赛先生"关注的主要是制度实施的科学问题，以确保干部选拔任用的效率性和效益性。在主权在民的宪法原则下，"德先生"的观点无疑是正确的，加大公开选拔的民主化程度，不仅符合社会主义民主政治的基本要求，而且是确保干部选拔任用这项实质性制度政治合理性和政治合法性的基本前提；在科学管理的时代潮流下，"赛先生"的观点也是值得肯定的，加大公开选拔的科学化程度，不仅符合现代官员选拔任用的世界趋势，也是我国干部人事制度改革的必然要求。"德先生"和"赛先生"关于民主政治与科学管理的不同看法和各自诉求，考验着政治家们特别是制度设计者与制度实施者们的政治智慧、理性思考与统筹兼顾的能力，也检验着这项干部人事制度改革的生命力。"德先生"和"赛先生"的考问与鞭策，价值理性与工具理性的对话与博弈，必将推动领导干部公开选拔这项干部选拔任用制度创新形式进一步走向民主化和科学化的道路。

（作者：上海行政学院教授）

（选自《国家行政学院学报》2011年第4期）

关于当前我国领导干部公选制问题的探讨

萧鸣政

政治路线确定之后，干部就是决定的因素。对于各级领导干部的选拔任用权是国家政治中最核心的政治权力，是政府治理中最难以解决的焦点。领导干部选拔任用方式的改革，不仅是政治体制与管理机制改革的核心内容，更是发展社会主义民主政治的迫切需要。努力建立科学高效的领导干部选拔任用方式，是提升政府执行力的关键，是巩固执政党执政力的基础。《国家中长期人才发展规划纲要(2010—2020年)》提出了尽快创新领导干部选拔任用机制的新要求，2010年9月我国政府又专门颁布了《2010—2020年深化干部人事制度改革规划纲要》。2011年7月1日，胡锦涛总书记在庆祝中国共产党成立90周年大会上特别指出，领导干部的选拔任用，"关系党和人民事业继往开来、薪火相传的根本大计"。所以，领导干部选拔任用问题研究十分关键而重要。

一、领导干部公选制及其实践形式的分析

所谓领导干部，在本文是指在一个团队或者群体中担任领导职务的人，是一种广泛意义上的基于职位职务的人员解释。领导干部选拔任用方式，就是关于领导干部选拔与任用活动中所制定的一系列标准与方法。纵览中国古今几千年来的领导干部选拔任用方式，分析在各种文献研究中出现的相关名称，大概有原始竞选、贵族世袭、察举、贡举、保举、九品中正、科举、首长任命、组织推举、民主推选、公推公选、提名酝酿、票决制、聘任制、任期制、公开招聘、合同协议制、任期制、竞争上岗、委任、聘任、选任等。这些干部选拔任用方式大体可以归纳为选举、荐举、科举、选任、竞任、委任与聘任。其中选举为广大民众的推选或者投票选举；荐举为少数专家与权威的推选，或者组织与团队的推荐。例如古代的察举与九品中正、现代的民主推选与领导推选，都是荐举；科举为通过学科知识技能考试的竞选（竞争选拔）。公选是基于选举、荐举与科举基础之上的一种综合选拔方式。

（一）领导干部公选方式的制度化分析

公选是公开选拔领导干部方式的一种简称，据有关权威部门的统计，自2007年10月以来，全国通过公选方式选拔的厅局级以下的干部23.4万人。有关民意调查表明，实行公选方式已经连续3年被干部群众评为最有成效的领导干部人事制度改革举措。公选只是众多领导干部选拔任用方式中的一种，它何以会成为我国当前领导干部选拔任用的主流方式，它是如何从一种选拔任用方式成为一种选拔任用制

度的呢，换句话说，它是如何制度化的呢？我们将从实践基础、政治思想、组织人事与制度保证等不同方面，进行一些相关的分析与探讨。

关于什么是公选制，人们已经有许多研究。有的学者认为，公开选拔领导干部制度（以下简称为公选制）是根据领导职位的条件要求，面向社会通过公开考试与考核相结合的检测手段，筛选出领导干部人选的制度。其特点在于面向社会公开招聘职位，采取不同于传统的干部考察方式，把笔试与面试的考核形式引进干部选拔过程并且作为必要程序。

笔者同意上述观点，但认为公选制，就是选拔任用者向一定范围内公开领导干部职位与要求，公开选拔的程序、选拔的标准与时间，申请者根据自身条件进行自由选择报名，组织人事部门进行资格审查，合格者参与一定的笔试与面试等方式，评价者根据申请者的表现与成绩进行评价，任用者依据评价结果与规定选择任用领导者的一种制度化方式。它是一种广泛吸取我国传统的选举、荐举与科举各种优点基础之上更为综合与创新的一种干部选拔任用制度。其特点在于"公"字。即选拔任用职位的"公开"，评价者与工作人员的"公心"，选拔任用结果的"公示"，申请者被选拔任用机会的"公平"，选拔任用程序的"公正"。公选制体现了"平等"下的"民主"、"竞争"与"择优"下的"公正"，体现了一定范围内群众的知情权、参与权、选择权与监督权。

公选制是我国干部人事制度改革开放的重要成果，催化其从一种选拔任用方式向制度化转变的机制，主要在于以下四个方面的生成基础。

1. 实践基础。实践基础是任何一种政治制度产生与发展的动力源泉。尽管在一些地方与单位，人们对于干部选拔任用方式，有过许多重要的探索与实践，但是，形成当前我国公选制的实践基础是起源于1980年重庆市公用局干部的招聘工作。当时，在重庆市委组织部与人事局的支持与帮助下，重庆市公用局面向社会公开招聘3名副经理、1名工程师与2名会计师。公选制的大规模实践发展于1988—1992年时期。

2. 政治思想基础。政治思想是任何一种政治制度产生与发展的精神力量。尽管以前或多或少地涉及与提出过公开选拔干部的相关思想与文件，但是对于当前公选制直接产生影响的政治思想基础，主要来源于邓小平当时关于干部选拔任用制度改革的相关论述。1980年，邓小平在《党和国家领导制度的改革》一文中明确指出，"领导制度、组织制度问题更带有根本性、全局性、稳定性和长期性。这种制度问题，关系到党和国家是否改变颜色"。领导制度与组织制度的关键与核心，是领导干部的选拔与任用问题。"有些单位，群众自己选出的干部，一些毛遂自荐、自告奋勇担任负责工作的干部，很快就作出了成绩，比单是从上面指定的干部合适得多。"

3. 组织人事基础。组织人事是维系一项政治制度运行与发展的人才基础。没有相应的人员与组织机构作保证，政治制度即使颁发了也难以付诸管理实践与产生社会效果。公选制的组织人事基础，主要在于我国从中央到各省市县成立的"领导干部公开选拔工作办公室"与"领导干部考试与测评中心"。这些专门的管理机构的成立，大大推动了党政领导干部公选制在我国各级党政机关实行的速度与力度。

4. 制度保障基础。制度保障是一项政治制度发展与成熟的关键标志。任何一项政治制度的广泛实践与深化，必须有相应配套的一系列政策文件与条例出台。公选制的制度保障基础，主要是1995年以后中央颁布的一系列文件与条例。1995年中央颁布了《党政领导干部选拔任用工作暂行条例》，1999 年中央组织部颁发了《关于进一步做好公开选拔领导干部工作的通知》，2000 年先后颁布了《全国公开选拔党政领导干部考试大纲（试行）》与《深化干部人事制度改革纲要 2001—2010》，2010 年中共中央颁布了《深化干部人事制度改革规划纲要（2010—2020 年）》，在这些文件与条例中明确提出，要推行公开选拔领导干部制度。规范程序，改进方法，降低成本。实现公开选拔党政领导干部工作的规范化、制度化。特别指出，到 2015 年通过竞争性方式选拔的厅局级及以下的党政领导干部不少于三分之一。

自从 1980 年以来，公选制起始于实践探索，颁布于中央文件。经过 20 年的试验、试行、推行与实行，到 2000 年，终于以中央下发的《深化干部人事制度改革纲要 2001—2010》为标志，形成了我国党政领导干部的公选制度，并且为后来公选制在我国的全面实行奠定了政治基础与社会基础。

（二）领导干部公选制的实践过程与形式类型

公选制，自从 1980 年实践探索以来，其发展经历了多个发展阶段。基于对公选制实践层面、政治层面与制度层面的综合分析，认为我国的公选制大体经历了四个阶段。即 1980—1987 年的试验阶段、1988—1992 年的试行阶段、1993—1999 年的推行阶段与 2000—现在的实行阶段。这种阶段的划分，也主要是基于公选制的生成、成熟与践行的发展过程。

公选制经过三十多年的实践，目前形成了包括公开考试制度、公推公选制度与竞争上岗制度等不同形式。具体来说，它们在实践中大体体现为“一推双考”、“公推公选”、“双推双考”、“两推一考”、“三推三考”、“公推直选”、“两推一选”、“三推一选”、“三推两选”、“三推三考两票决”和“三推两考一选”等。对于这些形式的类别划分，人们存在不同的观点，作出了多种不同的划分，目前还处于探讨之中。我们认为，目前我国领导干部公选的基本手段，主要体现为“考”、“选”、“推”与“议”。因此，本文主张把目前领导干部公选制的实践形式划分为以考试、考评与考察为主的考任制，以推荐、自荐与选举为主的选任制，以竞岗、竞聘与竞争为主的竞任制，以领导集体民主投票为主的票决制。还有以上述一种或者多种结合的综合选任制。

1. 考任制。其特点是在领导人选产生的初始环节与决定环节上，都是以考为主，以推为辅。其选拔任用环节主要包括职位及其资格条件面向社会公布、申请报名、资格审查与公布，统一笔试与面试。在这里，领导干部的初始人选主要是由笔试产生，最终人选完全由面试当场产生。例如有些地方的“一推双考制”与“双推双考”。

2. 选任制。其特点是在领导人选产生的初始环节与决定环节上，都是以选为主，辅以推与考。其选拔任用环节主要包括职位及其资格条件面向社会公开、社会各方推荐报名与自我推荐报名、资格审查与公布、统一笔试或者投票初选，候选人演讲再次投票选举直接产生最终人选。例如有些地方的“两推一选”与“三推两选”。

3. 竞任制。其特点是在领导人选产生的初始环节与决定环节上，都是以竞争性的笔试、面试或者选举为主，辅以推与议。其选拔任用环节主要包括职位及其资格条件面向社会公开、社会各方推荐报名与自我推荐报名、资格审查与公布、统一竞争性的笔试或竞争性演说，评委评分或者投票选举直接产生最终人选。例如有些地方实行的“公推公选”与组织内部的“竞争上岗”。其实，在公选制的其他形式中也包括了竞任，因为职位公开后，选拔过程中的任何一个环节，都会有多个申请者报名参加，但是职位是有限的。因此，每个环节都或多或少地存在竞争情况，需要根据竞争结果与顺序来确定合适的任用者。

4. 票决制。其特点是在领导人产生的初始人选与最终人选的环节上，都是以投票决定的方式为主。其选拔任用环节主要包括职位及其资格条件面向社会公开、社会各方推荐报名与自我推荐报名、资格审查与公布、统一竞争性的笔试或评委独立投票选举，当场公布结果或者再次投票选举产生最终人选。例如，“三推三选两票决”。

二、领导干部公选制的学理分析

以上四种类型与综合选任制，展现了当前我国领导干部公开选拔任用实践中的基本方式。这些“公选制”类型，在一定意义上，是对于古今中外各种领导干部选拔任用制度的一种综合，突现了公开、民主与竞争的原则。其基础特征是公开性，核心特征是民主性，关键特征是竞争性。公正性与公平性等其他特点是衍生特征。

在以前的各种“官吏”或者干部选拔任用制度中，贵族世袭制、察举制、委任制与聘任制，都多少带有一定的秘密与神秘色彩。为了保证有关领导干部选拔任用的效率与效果，相关信息完全被个别决策者与组织部门的少数人掌握。科举制与选任制虽然带有一定的公开性，但是公开程度远不如今天的公选制。所以，公开性是公选制的首要特征，也是原生特征与基础特征。

在公选制中，领导干部候选人的产生，可以自己举荐、他人举荐、领导举荐与群众举荐。对于候选人的评价，一般包括群众评议、民主测评与公开面试中的众多评委评分。评委一般在5—9人，甚至更多。评委中包括用人部门领导、相关部门领导与外聘专家。面试中还有观众提问与评分。在面试后的实际考察中，还要进一步听取方方面面的意见。这些做法充分体现了民众参与性与民主决策性等特点，贵族世袭制、察举制、聘任制与委任制中民主性比较缺乏，科举制与选任制中民主性也不如公选制的系统与有代表性。因为科举是以考定人，选举制中是以数定人。谁多一票谁就胜出。实际上选举制在所有参与投票的人中，每个投票人对于被选举人的了解、理解与评价并非同样清楚，同样深刻，同样客观公正与准确。这种差异性，从人才评价的专业视角来看，应该通过一定的加权技术体现与解决。换句话说，这种全民投票等量齐观的选举制中，尤其在参与投票的人不是全体公民只是部分的情况下，存在较大的系统误差。所以我们应该采取一定的方法，实行更为科学的民主选举制。一方面扩大广大公民的对于被选举人的知情权，另一方面，分层分类进行民主选举，给予不同层级的人以不同的权重。从这点上来说，公选制向前走了一步。

大家知道，公开领导干部选拔任用过程中的相关信息本身不是目的，目的是要让所有合格的人才都有资格来参加公选活动；让所有有意愿参与竞争的人才都有机会来参与竞争活动。竞争有公平竞争与不公平竞争。公平竞争与公正评价是民主的重要形式。没有竞争的选拔是一种低效的选拔，缺乏竞争性的选拔是一种没有真正民主意义的选拔。因此，竞争性应该成为公选制的关键特征。公开既是民主的基础，也是公平竞争的基础。在贵族世袭制、察举制、科举制、委任制、选任制与聘任制等各种领导干部选拔任用制度中，虽然存在一定的竞争性，但是由于这些制度的公开性与民主性都没有公选制的程度高，所以制约了竞争性在这些选拔任用制度中的充分发挥，其竞争性难以超过公选制中的竞争性。

从政治上看，公选制具有民主政治建设的战略意义；从开发上看，公选制具有提升领导干部竞争能力与品质的价值，能够促进党政领导人才素质的自我提升；从管理上看，公选制具有化解党政领导干部选拔任用中人情矛盾与规制规范虚弱的问题。

民主性是公选制的核心特征。适合目前中国国情的民主政治方式应该是一种循序渐进式的民主政治，是一种内部式的民主政治。公选制把民主性带入干部制度的改革中，带入政治制度的核心中，带入各级组织的管理实践中。领导干部岗位一旦有空缺，面向社会公开招聘，让组织内部与外部符合条件的公民自由申请，平等竞争，公正排序，优化配置。在一定意义上实现了民主参与、民主监督与民主决策，大大改进了传统的领导组阁与组织委任的单一形式，使国家政权机关管理和领导干部管理工作在民主氛围中进行有序、科学与和谐的更替。

竞争性是公选制的关键特征，通过公开选拔机制，一方面可以引导领导干部自觉自主自动进行职业生涯规划设计，依据自己选择的目标岗位，积极准备，进行自我开发，认真学习，提升素质；另一方面，公选制可以激励广大领导人才从基层管理岗位开始，尽早树立竞争意识，培养竞争素质，增强竞争能力，提升执政能力。变“组织要我干”为“我要为组织干”，变“走上层路线”为“从基层建功立业”，变“建立社会关系”为“培养自身素质”，变“靠领导提携”为“靠自己竞争”。充分体现与展现了公民的自主自强与自我个性，这些因素都是民主政治与精神建立的基础。

由于中国人一直安分守己，服从组织，目前我们的党政领导干部竞争意识与竞争能力都还不够，与西方发达国家的领导人才相比，在竞争技能方面差距较大。只要我们坚持公选制并且不断改进，就可以大大提高我国党政领导干部的竞争能力，参与外部竞争，参与国际竞争。

目前，我国公选制中的竞争性还不够，基本属于非博弈性竞争。这种竞争比较表面，缺乏深入性。如果参与竞聘的人表现含蓄，时间短，那么，观众评委就难以充分了解竞争各方的内在素质与相关能力。因此，为了进一步提升领导干部的竞争力，我们可以在某些岗位引入博弈性的竞争演说、答辩与辩论。

公选制，由于它的公开性、民主性与竞争性，还可以在一定程度上解决领导干部选拔任用实践中人情制约与法制不足问题。

中国历来是个重视人际关系的国家，这种人情文化导致人才评价时，人们对于自己同事的缺点评价不敢坚持原则，难以反映真实情况，从而影响评价的公正性和真实性。在调查研究关于我国人才评价的缺陷这一问题时，约 77% 的被访者认为人才评价中的主观性太强，55% 的被访者认为人情关系对评价的公正性影响严重。

每次干部晋升提拔，领导时常左右为难。都是与自己共事多年的同志，表现都很积极，工作上没有什么大问题，没有功劳有苦劳，都应该得到晋升与提拔。但是数额有限，只有一部分人能够得到提拔。领导从感情上难以做到让谁上让谁不上。采取公选制，则能够在一定程度上为领导摆脱这种人情纠纷找到有效依据，而且大家都乐于接受。

因此，公选制具有多方面的意义。开发学上有助于领导干部的能力培养与提升；政治学上有助于社会主义民主政治的建设与发展；管理学上有助于化解领导干部选拔中的人情问题与管理矛盾。

三、当前领导干部公选制实践困境与改进建议

以上主要从理论上分析了公选制的相关价值与意义，然而，公选制在实践过程中，也存

在一些矛盾问题。就目前情况来看，主要存在以下几个方面的矛盾。

（一）竞聘者理论上的广泛性与实际中的有限性问题

从理论性上来看，任何一个职位的公开选拔，其所有的职位要求、选拔程序、标准方法等信息要以公告的方式，面向全社会公开，这样大大拓展了选人用人的范围，体现了面向社会不拘一格选拔任用人才的政治理念，改变了由少数人选人和在少数人中选人的保守做法。但是，我们发现，并非能够保证前来参加竞聘的人都优秀。实际上，一些坐在公选面试竞聘席上的人，并非我们事先想象的那么多、那么好。例如，2008 年湖南省湘潭市公开选拔范围都是面向全市，但 8 个公选职位中却有 4 个职位因报考人数达不到开考要求而被迫停考，出现了“报名荒”。2006 年笔者也参加过国家某金融机构人力资源部副处长职位的公开选拔面试，发现前来应聘的人素质并不理想。许多合格的人并没有得到相关的信息。因此，参与竞争的人并非都优秀，这种情况下，我们选拔任用出来的领导干部也就并非是最优秀的。

可以采取的改进策略之一，是让公示时间足够长，一般公示时间应该在 3 个月以上。我们有些单位的公开选拔信息面向社会公开的时间太短，许多人来不及发现就没有了；策略之二，是适当延长招募时间与进行组织动员。一旦发现报名竞聘的人过少，我们应该及时延长时间，进行组织动员；策略之三是，分析媒体信息对于招募者的有效性，提高针对性，确保我们想招募的领导人才能够了解到我们的公开选拔信息；策略之四是，适当放宽非核心性的应聘条件。

有些职位出现“报名荒”的现象，主要是资格条件限定绝对化、片面化与缺乏合理性。公开选拔的目的就是让天下人才为我用，以最大限度的资格准入实现最小的人才浪费，保证机会平等。但是目前有些地方对报考者的年龄、学历、资历等自然条件比较严格，甚至采取“一刀切”。这将会使一些实践经验丰富、适合从事领导工作而因为学历低一点与年龄高一点的真实人才被埋没，客观上容易造成新的“机会不平等”。

（二）评价主体的多元性与价值观的不一致性问题

公开选拔任用领导干部的基本宗旨之一是保证“公正”性与“民主”性，参与评价的主体必须具有多元性，只有评价主体的多元性，才能保证评价结果的“公正”性与“民主”性。因此在公开选拔任用过程中，我们需要进行民意测验，需要主管领导、直接领导、同级与下级代表、外部专家以及其他职位工作相关者参加评价。但是，由于参与评价工作的每个人员价值观不一样，视角与评价中的关注点不一样，所以评价的结果与任用单位或者领导所认同的结果并非一致。出现评价主体中的主导者“失控”现象。

可以采取的改进策略之一，是对于参加公开选拔任用活动的所有评价人员进行评价标准与方法的培训，把握正确的评价方法与评价标准的衡量标志；策略之二，是采用职位说明书方法，让每个评价者明确选拔任用职位的核心素质与其他重要条件，引导各个评价者的视角聚焦于职位所需要的核心素质；策略之三，是对于第一个竞聘人评价后进行分析、讨论与点评，大家统一把握该职位的评价尺度与标准，确定标杆，以标杆为基础进行比较评价。还要反思我们公选主导者的标准与方法是否存在问题。

（三）标准的科学性与可操作性问题

为了保证领导干部公开选拔任用的“公平”与“公正”，评价标准往往要求知识、经验、能力与素质等各方面的评价内容应有尽有，每个方面又分成许多评价项目，每个项目还划分为优、良、中、差不同的标准等级，每个标准等级再进行具体的内涵定义、外延描述与分数规定,结果是评价标准显得十分科学、具体与全面。但是,一到评价者的手中,评价者认为过于复杂,难以记忆，不好操作，最后只好把这些系统全面的标准搁置一边，还是按照自己习惯的与记忆的标准评价。

可以采取的改进策略之一，是对评价指标进行量化、概化与简化，通过量化进行聚类分析与主成分分析，达到评价指标的简化与概化目的；策略之二，是对评价指标进行分解，进行相关性分析，寻找衡量每个评价指标的操作标志；策略之三，是标准体系建构实行点面结合、三点一面的几何结构方式。对于每个方面的素质设置三个项目，每个项目设置三个评价标志；策略之四，是横析纵比相结合，横析标志纵比标杆，评价自己能够把握的素质标志。

（四）方法的多样性与评价成本的控制性问题

为了保证领导干部公开选拔任用中的“竞争”与“择优”性,采取的评价方法往往多种多样。包括调档进行资格审查、笔试筛选、面试挑选、组织考察、会议票决、任前公示等多个环节。资格审查在于基本经验把关，笔试筛选在于知识、思维特点与基本素质的测试，面试挑选在于综合素质的比较，组织考察在于业绩与品德素质鉴别，会议票决在于体现民主选择，任前公示在于隐蔽问题的检验。应该说，分别测评，层层把关,有助于全面评价与竞争择优。但是一方面,并非方法越多越好，方法越多，系统误差也会随着增大；另一方面，方法越多，时间成本与经济成本随之增加，往往让许多人望而却步。

公开选拔程序复杂，环节较多，工作量大，从公布宣传公开选拔信息直至考察任用，快两个多月，慢则近半年，这种长周期的选人用人，影响了被选拔任用岗位的工作进展与效率。同时，发布公告，安排场地，外出命题，聘请面试考官、阅卷人员等，要花费大量的人力、物力和财力，直接导致经费投入居高不下。

可以采取的改进策略之一，是在保证公平有效的前提下尽量减少不必要的评价程序与方法，如果竞聘人资历与学历相当，报考人数不多的情况下，可以直接进入面试；策略之二，可以把上一轮的评价结果告诉下一轮的评价者，把前面的评价结果告诉后面的评价者，提高评价的综合性、准确性与效率性；策略之三，是在一定的候选人范围内按照不同方法实行分项计分、综合加权的方法进行总分排序，不是逐轮逐项淘汰。目前的逐轮逐项淘汰做法，虽然减少了后面的人数，但是同时也减少了后面方法的筛选作用的范围，影响了整个选拔任用体系的有效性；策略之四，是按照公开选拔任用职位的特点与性质，把适合于关键素质评价的方法提前进行，按照各种方法的筛选的功能与作用依次排用。

（五）结果的合适性与满意度的不一致性问题

任何一次领导干部的公开选拔与任用，评价者都是在极力寻找到自己认为优秀的人选，挑选该职位的合适人选（因为优秀不一定合适）。但是，任何一次公开选拔任用，都不同程度地存在不满意现象。让所有评价主体满意与社会满意的情况极少。让考官满意的合适人选不一定是组织满意的合适人选，让组织满意的合适人选不一定是领导满意的合适人选，让领导满意的合适人选不一定是让群众满意的合适人选。让直接领导满意的合适人选不一定是让主管领导满意的人选。因为同样一个职位，与不同职位之间、与不同人员之间所存在的工作关系是不一样的，所期望的工作行为与素质要求也就不太一样。主管领导希望听话，直接领导希望能干，下级群众希望亲和，社会公民希望公正。

可以采取的改进策略之一，是通过工作分析方法，让不同的评价主体共同了解所选拔任用岗位的职责与任职条件，聚焦在岗位关键素质要求的满足上；策略之二，依据该职位与各评价主体的工作关系，依次综合提升不同方面的满意度；策略之三，按照关键职责要求及其重要性排序，依次满足核心评价主体的满意度。

（六）提高公信度与政治安全性的问题

《国家中长期人才发展规划纲要（2010—2020 年）》明确提出，要深化领导干部选拔任用制度改革，提高选人用人公信度。领导干部公开选拔中的“公开、公平、公正”性要求，关键要落在公信度上。整个的选拔任用过程及其结果要让人民群众心理认同与社会赞同，就必须标准公开、过程公开、结果公开、方法公开与所有信息公开。自觉接受社会公众的监督与检查，经得起社会与历史的考验与检验。但是另一方面，公开本身不是目的。选拔任用领导干部的最终目的，是为一定的政治战略目标实现服务的，是为提高执政能力服务的，为提高行政效率与巩固政权服务的。因此具有一定的政治安全性要求。为了保证政治安全性，有些岗位就不敢拿出来进行公开选拔，有些信息就不敢在社会上公开透明。因此，人们认为公选制的公信度还有待提高。

可以采取的改进策略之一，是严把资格审查关，增加履历分析，保证进入公开选拔任用活动人选的资格与质量，让所有进入面试与笔试的人基本合格可用。笔试与面试设计的目的主要集中在竞争选优上；策略之二，是笔试主观题实行双人背靠背阅卷评分制度，当分歧较大时，采取第三方阅卷评分。当场统计面试分数，公布评价结果，提高笔试、面试考官认同度；策略之三，是基于职位要求选拔任用，对事不对人。并且对于选拔任用过程与结果进行全程监督与公认度等级评价；策略之四，是对于选拔任用后的领导干部进行试用期的跟踪辅导与指导，帮助他们尽快适应岗位工作，发挥内在素质与作用。

尽管公选制目前还存在一定问题，但是，从目前情况来看，它是相对适合我国实际情况的一种选择。对于公选制，我们的态度是既要坚持又要改革；要在具体的实施过程中，根据实际情况进行具体分析；要针对性与公平性相结合、综合性与成本性相结合、民主性与安全性相结合，以保证我国领导干部的选拔任用制度的先进性，保持公选制与国家民主政治制度、国家整体的发展战略以及世界发展趋势的高度一致性。

（作者：北京大学政府管理学院教授）

（选自《北京大学学报·哲学社会科学版》2011 年第 6 期）

延伸阅读

公开选拔党政领导干部制度研究综述

李木洲

公开选拔党政领导干部制度（简称“公选制度”）作为我国干部人事制度的重要组成部分，自20世纪80年代创立以来，总体上历经了“试验探索”、“发展改进”、“试点推广”与“正式推行”四个阶段，目前，业已成为我国党政领导干部选拔任用的基础制度之一。近年来，为适应我国经济、政治、社会、文化等方面发展的需要，随着政治体制，特别是干部人事制度改革的不断深化，以及政府职能转型的现实诉求，公选制度的发展取得了空前的成果，人们对它的研究也逐渐成为热点。

一、狭义的公选制度研究

所谓狭义的公选制度是指“党委（党组）及其组织（人事）部门面向社会采取公开报名，考试与考察相结合的办法，选拔党政领导干部”的一种干部人事制度。其主要特点是以“考试（笔、面试）”作为制度设计的主要环节。长期以来，受国家政策导向的影响，大多学者都将“公开选拔党政领导干部制度”等同于“公开选拔党政领导干部考试制度”加以研究。综观众多研究成果，大体可划分为以下几个方面。

1. 变迁研究

制度变迁是指制度的产生、发展及完善等一系列演进过程，并通常表现为诱致性变迁阶段和强制性变迁阶段。以公选制度的演进变迁历程来看，较具代表性的有王旸的“三分法”和吴瀚飞的“四分法”两种。“三分法”以全国性公开选拔领导干部工作的进展为标准，认为公选工作大体经历了探索阶段（1984—1992年）、推广阶段（1992—1998）和深化阶段（1999至今）；“四分法”则以公选制度形式的创建过程为标准，认为公选制度划分为试验探索阶段（1985—1987年）、发展改进阶段（1988—1992年）、经验推广阶段（1992—1998年）和正式推行阶段（1999年至今）。“显然公选工作的开展与公选制度形式的创建过程具有内在的必然联系，所以两种划分方法起止时间几乎一致。由于公选考试制度是公选制度的标志和关键，而且公选制度的阶段划分基本上是以公选考试制度的标志性事件为依据的，”因此，认为公选考试制度孕育、产生于20世纪80年代初期，正式推行于90年代末期，先后历经了“试验探索”、“发展改进”、“经验推广”和“正式推行”四个阶段的四分法较为合理。汪继红在其博士学位论文《中国公开选拔领导干部考试制度研究》一文中继承并采用了“四分法”。

2. 本体研究

所谓公选制度的本体研究就是以探寻公选

制度的概念、内涵、原理、产生原因、内外在关系及制度结构、功能、运行规律等制度基础理论研究。

吴瀚飞较系统地分析了我国干部选拔任用制度的哲学基础及其在中国特色社会主义政治中的地位和作用，构建了公选领导干部制度的结构体系、结构功能、技术支持条件、运行原理、运行机制和创新途径，并探讨了推行公选领导干部制度的制约因素，同时也提出了相应的对策建议。兰喜阳则“以马克思的历史唯物主义和唯物辩证法及‘三个代表’重要思想为指导，以党政领导干部选用制度的理论、历史、现实、技术和趋势为基本内容，以我国党政领导干部选用工作实践与整个人类社会官员选用历史形态、现实形态和技术形态演进为依据，围绕‘如何建立完善的党政领导干部选用制度’这个主题，展开对我国党政领导干部选用制度的研究，认为党政领导干部选拔任用制度改革已经成为我国干部制度改革的重点，是政治体制改革的核心内容之一，也是我国整个社会改革攻坚阶段的关键环节。”

汪继红从国家治理和制度安排的视角，对公选考试制度的本体及其实践性、合法性和科学性三个维度进行了深入的研究，即沿着“何谓公选考试制度——公选考试制度现实样式如何——人们何以会遵从公选考试制度——怎样有效运用公选考试制度”这一逻辑链条进行演绎和论证。特别是对公选考试制度的基本理论，诸如公选考试制度的概念内涵、结构体系以及本质属性等基础性问题的研究具有独到的见解。艾理生认为公开选拔领导干部笔试科学性是与笔试相关各方面科学性的综合反映，要增强其科学性必须遵循一定依据。其中，《党政领导干部公开选拔和竞争上岗考试大纲》是增强公开选拔领导干部笔试科学性的基本依据；试卷和试题的信度、效度、难度和区分度是增强笔试科学性的内在依据；领导岗位的职位分析是增强笔试科学性的主要依据；公开选拔领导干部制度的科学性是增强笔试科学性的制度依据；加强党的执政能力建设的要求是增强笔试科学性的现实依据；考生的心理特征是增强笔试科学性的重要依据。

但是，总体来看，目前关于公选制度的本体研究还存在研究成果较少以及研究不够系统深入的问题，即缺乏专著或专论，研究范围尚停留在表面、宏观抽象的层面，缺少具体微观研究。

3. 技术研究

领导干部的选拔是一项实践性很强的社会活动，在国家大政方针政策的指导下，必须依靠一定的人才测评技术才能实现理想的效果。国内目前关于公选领导干部制度的技术研究文献资料较多，但集中体现在笔试面试的试题命制技术、防作弊技术、考务管理技术等几个方面。

王文成认为，笔试功能的有效发挥，不仅取决于其设计的科学性和实施的规范性，还在很大程度上取决于对评分误差的有效控制。导致笔试主观性试题评分误差的主要因素有笔试主观性试题自身因素、评分人员因素和条件因素。控制笔试主观性试题评分误差必须严格遵循控制原理、差异原理和责任原理。而优化笔试主观性试题评分误差控制的途径与方法是健全评分制度、优化三支队伍，完善评分规则、创新运行机制，革新控制技术、实现三段控制，整合相关资源、综合治理评分环境。该研究成果对完善公选制度中的考试实施环节具有一定的启发和借鉴意义。吴涤宇从公选和公选心理测评的起源入手，提出了公选心理测评所应有的理论依据，分析了公选心理测评的现状，提出公选心理测评存在着认识不到位、设计欠科学、测评队伍整体素质不高、技术支持较少等具体问题，还认为大众对心理学的隔膜、心理测评管理的缺位、合格测评人员的缺乏是制约公选心理测评发展应用的根本原因，并针对这些问题和原因提出优化公选心理测评必须程序规范化、量表中国化、手段现代化、测评资格化等对策和建议。韩强认为构建党政领导干部考核评价指标体系应以制度化、规范化、程序化为方向，以德、能、勤、绩、廉和群众公认为基本内涵的指标评价体系。

刘远我考察了面试前有关被试的测验信息对考官面试评价的影响，认为这种影响是客观存在的，“特别是消极的测验信息对面试评价的影响更大，同时测验信息对面试新手评价的影响比对有经验的人事工作者来说更大，而不同种类的测验信息对面试评价的影响不同，能力测验的信息对面试评价的影响比个性测验大，同时能力测验信息并不是只对与其相关的能力维度的面试评价有影响，而是对各个维度的面试评价产生广泛的影响。”吴安定认为，笔试命题的科学性是关系公开选拔质量的关键所在，目前公选笔试命题的内容普遍存在知识肤浅、内容繁杂、职位针对性不强和层次不分明等问题，并提出在笔试题型上也应减少填空、选择、判断乃至简述题的数量，而增加理论分析和综述题的分量，同时，不同层次的领导岗位、正职与副职岗位，对知识面、理论水平和思维深度的要求也都应有所差别，考试试题必须针对不同层次岗位的要求来设定其标准，难度和深度要把握适度。汪继红认为，完整科学的公共科目考试结构体系应由“二层六类”目标结构、“三层两类”内容结构、“两类四种”题型结构、“两段”参考时限结构、能力要素分数结构及三级难度结构有机组合而成。

4. 问题研究

凡事有利必有弊，公选制度作为20世纪80年代才开创的一种新的人才选拔任用制度，它对激活和丰富我国干部人事制度具有强大的推动力，然而，目前它还不够完善，还存在众多亟待解决的问题。

张美琴认为，当前领导干部选拔任用过程中，其民主推荐环节存在民主推荐机会不均等、民主推荐分量不均衡和民主推荐结果难以被尊重的问题；其考察评价环节存在考察主体的确定不规范、干部考察的深度和广度不够、评价标准定性多而定量少的问题；其讨论决定环节存在民主不足，集中有余，上级领导、上级领导机关的推荐意见及主要领导的意图左右选拔任用结果的问题；其监督处置环节存在不敢监督、不会监督、无法介入监督以及选用标准不够明确、监督内容难以把握和责任主体不明确等问题。冯志峰认为，现行公选考试在实际运行过程中存在笔试面试设计不科学、考试的鉴别功能有待强化、试题质量不高及评分误差较大的问题。陈凤鸣和羊淑蓉指出，公选领导职位中存在法律冲突的问题，认为在公开选拔领导干部的职位定位上，凡是法律、法规规定适用选举制的领导职位，应该以“候选人资格”确定，以便与法律、法规保持协调一致。同时，还认为在组织考察环节存在民意测评与个别谈话失真失实及考察事项不公开等问题。王江红也指出，当前领导干部选拔中存在程序和办法不够规范，考试内容和方式方法不够科学，对干部德、绩的考察力度不够以及选拔成本过高，限制了公开选拔方式的推广等问题。

众所周知，公选制度本身是一个巨大而复杂的系统工程，任何一个方面或环节出现问题都会影响领导干部选拔任用的效能，因此，必须加强公选制度的问题研究，从根本上弥补公选制度的制度设计漏洞。

5. 应试研究

在我们这样一个注重考试的国度，古有研究应对科举考试之“科举学”和“策学”，今有研究高考、公务员考试、各种资格考试等的专门培训机构和人员，而研究公选领导干部选拔考试的亦不乏其人，可以说，“考与被考”之间就是一场“魔高一尺，道高一丈”的相互制约与促进的关系。

李民昌结合实际案例，不断提出了单一案例分析试题的“三步解题法”，即第一步，针对考察认识问题的能力对问题定性；第二步，针对考察分析问题的能力，对该问题产生的原因和解决该问题的依据进行深入分析；第三步，针对考察解决问题的能力，回答案例后面的问题，阐述自己的看法或做法。还提出正确认识公选案例是正确备考公选案例的前提，即“公选考生应该正确了解公选考试案例的目的和要求，弄清公选考试案例和教学培训案例的区别，抓住公选考试案例题的特点，避开某些公选辅导书籍对公选案例的误导。”此外，他还结合结构化面试的特性，提出了应对结构化面试的具体技巧，一要弄清结构化面试的测评要素和题型之间的对应关系，二要把握公选面试测评中关键的能力要素，三要重视模拟演练。

陈光针对公选考试的各种题型，即简答题、辨析题、判断分析题、论述题、案例分析题、综合思考题、阅读理解题、情景模拟题、写作题、职业能力测验题等的特点与分值，分别做了较全面地介绍和分析，并提出了各种题型的解题思路与方法。王鹏润则详细探讨了公选面试中有关“职业目标”、“跳槽”、“怎样看待别人”、“事业和利益选择”、“家庭背景”、“特长表述”、“动机”、“自我评价”及“棘手”问题的应答思路与技巧。李晓跃认为，在公选面试中的言语表述应有条不紊、真诚坦率和新颖独到。另外，还应采取“化虚为实、先抑后扬、随机应变的三个策略”。此外，刊载于《决策探索》杂志2009年第3期的《全国公开选拔领导干部笔试技巧》一文，在分析阅卷者的心理基础上，提出答案简明扼要、做题先易后难、作答要准确以及尽量复查一遍等具体应对公选笔试的作答技巧。戴维新则针对公选面试中无领导小组这一新型题型的特征，提出了应对的九大技巧，即了解流程、熟知评分标准、理解试题、精彩发言、专心倾听、巧于应变、把握时机、善于协调和注意形象等。

这些专家学者针对公选考试笔面试的各种特点，所提出的应试技巧对公选应试者提供了良好的应试技巧和经验，为他们成功应对考试不无启示与借鉴意义。然而，从另一方面来看，这也对公选制度，特别是对主试者在组织和实施考试、考核环节提出了更高的挑战与要求，需要不断提高笔面试的命制、阅卷、考评等方面的技术，不断改进、加强和完善公选考试理论研究才能实现公选的效度，否则，公选考试将沦为“专职应试者”寻求领导职位的捷径，而那些有真才实学却疏于应试技巧的人才将被拒之门外。从长远看，这对公选制度的发展极为不利，应以“科举被废”为前车之鉴。

6. 比较研究

有比较才有鉴别，将公选制度与其他人才选拔制度进行比较，有利于更加全面而深刻地认识其规律、优劣及需要改进和完善的地方。由赵洪俊先生主编，中共中央组织部领导干部考试与测评中心组织编写的《公开选拔党政领导干部考试与古代科举考试比较研究》一书，是较早对公选领导干部制度进行比较研究的专著，该书将公选考试与古代科举考试从人才观、考试观，产生成因、政治属性及时代价值，本质目的、报考条件及实测程序，成绩评定及公平与效率等方面做了较为全面的比较分析。尽管它们之间在上述各个方面都存在较大或本质差别，但同时，又认为公选领导干部考试制度是对古代科举制度合理继承与创新的结果。该研究对完善我国干部人事制度具有重大的启示和推动意义。

廖平胜通过比较研究也认为，现行领导干部考试是对科举考试符合规律的发展和创新，但存在性质、目的之本质差异，两者各有特定的产生原因和时代价值。科举考试根源于推行文官政治、建立国家共同政治信仰的社会发展需求，文教科技发展需求，历代官吏考选实践经验教训使然。科举考试的重要时代价值表现为：创立了以考试为人才甄选的模式；促进了封建王国共同政治信仰的建立、集权官僚政治的巩固和民族的融合；推动了文教事业繁荣发展；有效防止了“上下无才”之国患。领导干部公选考试产生的根本原因在于：发展中国特色社会主义事业、创新领导干部甄选机制和提高治国行政效能的客观需求；促进民主统一，维护政局稳定，革新领导干部配置、竞争、鉴别、监督机制；拓宽领导干部甄选渠道；促进高素质领导干部队伍建设。汪继红则对公选考试与科举考试的报考条件及施测程序进行了比较分析，认为科举考试与公选考试同属中国不同历史时期的官员选拔任用考试，两种考试的“设考目的”迥然有别，报考条件和施测程序也大相径庭。但是，“两种考试均反映和满足了各自时代的特点及要求，其报考条件和施测程序都在服务考试目的、行使基本职能的同时，高扬了公平与竞争的主旋律”。此外，孙建强从管理体制、原则与性质、标准与内容、程序与方法等四个方面将公选领导干部选拔制度与西方现代文官选拔任用制度进行了比较研究。

二、广义的公选制度研究

从广义上讲，凡是具有一定公开性质的选拔领导干部的活动都属于公选制度的范畴，因为“人类社会一切测度和甄别人的身心各个方面之群体或个体差异的活动都属于考试的范畴”，因此，现行的选任制、考任制、聘任制、公示制等都属于公选制度的子制度。它区别于狭义公选制度的差别在于其公开的程度和范围、适应的对象、选拔的方式、选拔的程序及决策的主体不同。

吴翰飞的博士论文《中国公开选拔领导干部制度研究》，被称为“研究中国公开选拔领导干部制度的开创力作”。尽管该文的研究视角以公选领导干部考试制度（即狭义的公选制度）为主，但其对隶属于广义公选制度的选任制、考任制、聘任制及公示制作了较为详细的比较研究，特别是他们之间的共同点和不同之处做了全面而精准的区分，对我们从广义的角度对公选领导干部制度进行研究具有启示意义。孙建强也从选拔目的、任用主体、任用标准、适用对象、选拔范围、决策主体、程序方式、公开程度、资格条件、考试内容等方面将公选制度与选任制、考任制、竞争上岗制、聘任制及委任制等进行了较为全面的分析。李木洲则以“两维一体”的制度分析框架，即从横向、纵向及整体效益三个方面全景式地分析了公选制度近年来的创新成果，认为公选制度的横向创新包括三大分支的创新，分别是隶属于考任制、选任制和“考选结合制”的三大分支创新。其中，隶属于考任制的主要有“一推双考”、“公推公选”、“双推双考”、“两推一考”和“三推三考”等；隶属选任制的主要有“公推直选”、“两推一选”、“三推一选”和“三推两选”等；隶属于“考选结合制”的主要有“三推三考两票决”和“三推两考一选”等。公选制度的纵向创新主要是指公选制度各子制度的选拔任用流程的创新，其集中表现为“资格确定与审查制度”、“考试制度”、“考核制度”、“推荐制度”、“选举制度”、“监督制度”及“任用制度”等的创新。公选制度的制度体系创新效益则突出表现在四个方面，即拓展了人才选拔机制、促进了民主政治发展、推动了政府职能转变和加强了制度文明建设。此外，他还从公选制度的内部和外部两大系统分析了其创新所面临的主要困境，认为来自内部系统的主要困境有职位分析的缺位、考试方式的局限、选举方式的局限、公选范围的局限以及推荐方式的局限；来自外部系统的主要困境有选拔成本偏高、明文法规缺失、功利主义作祟、并行制度泛滥以及跟踪评核滞后等。但就目前所能观察的文献资料来看，从广义的角度对公选领导干部制度进行的研究实为不多，还有待进一步发掘。

综上所述，目前关于公选制度研究的文献具有以下三个特点：一是狭义公选制度研究的多，广义公选制度研究的少；二是技术和应试研究的多，而对公选制度本体、比较和问题等研究的少；三是研究视域较为狭窄，研究方法较为单一。然而，由于近年来国家不断推进干部人事制度的改革创新，公选制度的发展又表现出许多新的形式与特点。因此，对公选制度的研究还有很广阔的空间，在注重研究以“考试”为主要环节的狭义公选制度的同时，还应加强研究以“选举”为主要环节的广义公选制度，只有多视角、多层面、全方位的进行研究，方能进一步认识公选制度在我国政治制度、干部人事制度、考试制度等中的地位与作用，方能进一步规范和深化、改进和完善公选制度，使其在我国社会主义现代化建设中充分发挥其应有的功能。

（作者单位：厦门大学教育研究院）

（选自《理论月刊》2011 年第 2 期）

第五部分

理论·文化建设

文化强国与文化自觉

杨金海

十七届六中全会提出：当今世界正处在大发展大变革大调整时期，文化在综合国力竞争中的地位和作用更加凸显，维护国家文化安全任务更加艰巨，增强国家文化软实力、中华文化国际影响力要求更加紧迫。我们可以从以下几个方面来理解党的十七届六中全会的重大意义。

文化强国需要先进政党的推动

文化大发展大繁荣，需要全民族的文化自觉，不能纯粹靠文化的自发发展，尤其是在现代社会，需要有识之士的推动，特别是需要先进政党的推动。

建设社会主义文化强国是中华民族复兴的重要组成部分，是中华民族全面复兴的标志。一个国家、一个民族若只有经济的发展而没有文化的发展，是不全面的。只有精神文化和经济、政治、社会等各方面同步发展，才能真正实现繁荣昌盛。从理论上讲，马克思主义认为，任何一个社会都是由政治、经济、文化形成的一个系统。既要有经济发展，又要有政治发展，也要有文化发展，这三者是不可分离的。但同时它们又不是完全同步的，一个国家可以拥有高速发展的经济，却未必有高度的文化发展水平。当然，我们在发展经济的同时，推动文化的发展；同时，文化的发展也能够反过来进一步推动经济的发展。

毋庸置疑，我们的经济繁荣很重要，军事实力增强也很重要，制度建设也很重要，但是最后中华民族能不能复兴，最根本的标志是中华文化的复兴，也就是形成自己一套独特的思想体系、价值体系、生活方式、社会科学、大众文化等等。只有当我们的整个文化体系具有现代性，具有领先性，能够吸引全世界的人民来学习，只有到了那个时候，中国的现代化才可以说是真正的实现了，中华文化才可以说真正复兴了，整个中华民族才可以说真正复兴了。

应该指出的是，中华文化复兴与古代的文化复兴以及近代西方人文主义的文艺复兴是不一样的。我们现在所处的是全球化时代，实现中华文化乃至中华民族的全面复兴，需要以全球为参照系。也就是说，只有当我们的经济、政治和文化的发展达到全球的领先水平，特别是在文化上要能够创造一套领先世界，并能够为世界人民所广泛认同的话语体系、价值理念、思维方式、人文科学、生活方式的时候，才能够说我们真正实现了中华民族的伟大复兴。

我党对文化建设的认识达到了新高度

我们党在新形势下召开这样一次会议，标

志着我们党对文化建设的认识达到了一个新高度，标志着中华民族的文化自觉和文化自信站在了一个新的历史起点上。

我们党历来重视文化建设。在党的领导下，经过 90 年的努力，中国文化已经基本实现了现代化，中国文化从传统形态逐步转变为现代形态，取得了巨大的成就。

在建党之初，也就是“五四”新文化运动时期，我党就特别注重马克思主义文化的引入和建设。实际上，正是有了马克思主义思想文化的引入，才有了中国共产党，才有了中国革命的新面貌。在新民主主义革命、社会主义建设和改革开放的各个历史时期，我党都特别重视思想文化建设。在新民主主义革命时期，毛泽东曾经提出新民主主义文化，这就是无产阶级领导的人民大众的反帝反封建的文化，民族的科学的大众的文化。在建国前夕，毛泽东提出，新中国的建立，不仅将迎来一个经济建设的高潮,而且将迎来一个文化建设的高潮。所以，在建国之后，我们党领导人民在大力推动经济建设的同时，大力推动文化建设，特别是大力推进马克思主义理论建设，使得马克思主义文化在中国大地上蔚然成风，不断成长起来。改革开放之后，以邓小平为代表的中国共产党人，进一步推动中国特色社会主义文化,提出“四有”新人、“三个面向”，以及社会主义精神文明建设等思想。上世纪 90 年代，江泽民同志提出要建设社会主义先进文化。进入新世纪以来，以胡锦涛同志为代表的党中央又提出了和谐文化建设等一系列文化建设思想。这表明，我们党对中国现代文化建设的本质、规律、形式、内容等认识越来越深刻。

然而，面临新形势，我们的文化建设应该怎样深入开展,还面临着一系列新问题、新挑战。

就国内来讲，我们的经济、社会和政治建设都获得了长足的进展，受到世界人民的广泛关注。但是，我们的思想文化建设在国际上的影响力还很小。我们对经济发展模式、政治发展模式以及社会发展模式的研究还不够，还没有提升到思想文化的高度来认识。当前，世界各国都在关注我们、研究我们，而我们在这方面的研究却显得比较落后。这就需要我们认真加以研究，把中国道路、中国经验总结好，提升到思想文化的高度，包括中国现代的经济思想、政治思想、社会思想、文化思想等，使之理论化、系统化。此外，人民群众在物质生活条件不断改善的同时，精神文化生活的要求越来越高，这就要求我们必须大力加强文化建设，以满足人们的精神文化需求。

从国际方面来讲，也非常有必要来深入研究文化问题、推进文化建设。近代以来，西方文化在世界上一直占主导地位，对中国的影响很深，虽然给我们带来了一些发展的机遇，但也给我们的民族带来了很多灾难，特别是近 170 年来，在中西文化交往、碰撞中，我们有很多教训和经验，需要好好总结。同时，随着中国经济社会的快速发展，世界人民对我们寄予厚望，我们也需要研究总结自己的经验，使我们的思想文化走出去，以推动现代人类文明的发展进步。

在看到我们文化大发展的同时，更要看到我们文化建设中面临的种种挑战。比如，社会思想的多元性、多变性、开放性等，在带来思想文化繁荣的同时，也带来一定的思想混乱，这就需要我们制定科学的文化发展战略和政策措施去引导文化的发展，消除国内外的一些杂音、噪音，这样才能保证我们建设中国特色社会主义事业沿着正确的方向前进，共同推动和谐社会建设，同时为推动和谐世界建设作出贡献。

新一轮思想文化建设高潮将产生质的飞跃

从中国近代 170 年的历史来看，党的十七届六中全会带来的思想文化建设高潮，将会产生质的飞跃，带来重大变化。

在中华文化五千年的历史上，有过多次思想文化发展的高潮。但是党的十七届六中全会带来的思想文化建设高潮，将是空前的，不仅会超越古代的中国文化复兴，对世界的影响也将会更加巨大。中华文化曾经几度领先于世界，但到了近代，逐渐落伍。鸦片战争之后，我们中华文化一直处于弱势状态，处于一种封闭保守的、被动引进的状态。新中国成立以来，特别是改革开放以来，我们的文化正在发生一个质的变化，开始从封闭走向开放，从被动走向主动，从表面的学习走向深层的学习，从引进文化到输出文化，一句话，就是慢慢地从弱势走向强势，从世界文化舞台的边缘走向中心。这种质的飞跃，将触动并深刻改变我们传统的文化理念和思维模式。

我们过去一直在争论“中体西用”、“西体中用”，以及综合创新等等，这表明，中国人对待外来文化的思想在不断升华，但也要看到，这里有很多历史的局限和误区。实际上，这些争论背后都隐含着一种共同的思维方式，就是一种弱势文化心理，就是以西方文化为背景，总是绕不开西方文化，要么是学习西方文化的表面现象，要么就是彻底摈弃西方文化，要么就是将西方文化全盘拿来。这些年在讨论中西文化的过程中，仍然存在这种弱势文化心理，或防御心理。比如说，有的议论表面上很强势，批判资产阶级文化的时候，表面上好像很强势，甚至还有火药味，实际上骨子里是一种防御心理，还是一种弱势文化心理。

这种文化弱势心理、文化封闭心理需要不断克服。认真领会十七届六中全会的精神，必将带来我们的民族、我们的人民，特别是我们的知识分子的进一步的文化觉醒和文化自信，更全面地总结中国特色社会主义建设特别是改革开放的经验，更全面地看待世界文化发展的潮流和趋势，更主动地参与文化全球化。

（作者：中央编译局秘书长）

（选自2011年10月24日《中国青年报》）

先进文化建设的特点和规律

夏建国　徐　霞

胡锦涛在中共中央政治局第二十二次集体学习时，明确提出了“文化发展的特点和规律”、“社会主义精神文明建设的特点和规律”的科学命题。深入研究先进文化或中国特色社会主义文化建设的特点和规律，对于深入推进文化体制改革、提高推动文化科学发展能力，对于繁荣社会主义文化、不断增强我国文化软实力和国际竞争力，都是大有裨益的。

先进文化建设的主要特点

先进文化建设的先进性。先进文化重在建设。顾名思义，先进文化建设首先要体现先进性。这就是说，先进文化建设在内容上，必须及时反映当今中国和世界的实践主题和时代精神，坚持社会主义先进文化前进方向，不断创新先进文化建设的内容。因此，先进文化建设必须与经济建设、政治建设和社会建设协调发展，必须讴歌中国特色社会主义的伟大实践，反映科学技术发展的前沿成果，必须发展民族的科学的大众的社会主义文化，弘扬和培育民族精神，为实践提供精神动力，为人民提供精神食粮。先进文化建设的先进性要求，使得先进文化建设要面向现代化、面向世界、面向未来，给社会以走向未来的前行方向和精神动力。先进文化建设还必须具有世界眼光，反映世界文化发展的前沿，积极抢占文化发展的制高点，增强先进文化的国际影响力。

先进文化建设的科学性。先进文化的先进性是由其科学性决定的。先进文化建设还应体现科学性。科学性即真理性。这即是说，先进文化是揭示自然、社会和思维发展普遍本质和一般规律的文化，是科学的世界观和方法论；是反映中国特色社会主义实践的科学理论。在文化内容上，先进文化建设必须揭示人与自然、人与社会、人与自我等复杂关系，形成系统而完备的规范人与自然、人与社会、人与自我等复杂关系的理论体系。

先进文化建设的实践性。先进文化的科学性来自于实践性。社会生活在本质上是实践的。中国特色社会主义实践，是先进文化建设的源头活水，是检验先进文化的唯一标准，是推进先进文化建设的根本动力。正是中国特色社会主义实践的丰富内容，推动着先进文化与时俱进地丰富和发展。

先进文化建设的人民性。先进文化的实践性植根于人民性。先进文化是与先进生产力与人民群众的根本利益相联系的。贴近实际、贴近生活、贴近人民，讴歌人民群众的伟大创造，表达人民群众的内在心声，塑造新时代的人民英雄，满足人民群众不断增长的精神文化需求，始终是先进文化建设的主旨和依据。彰显先进文化建设的人民性，是先进文化赢得民众、产生现实社会影响力的根本途径。

先进文化建设必须遵循的基本规律

“二为方向”和“双百方针”相统一规律。建设先进文化，必须始终坚守和遵循“为人民服务、为社会主义服务”方向和“百花齐放、百家争鸣”方针相统一的规律。“二为方向”是先进文化建设在价值取向上的必然要求，是判断文化先进性的根本标准。“双百方针”是实现先进文化科学发展的重要保障，其目的是促进先进文化的繁荣发展。

思想性、艺术性与观赏性相统一规律。要通过推进文化内容创新，不断创造出更多反映时代、反映生活、反映人民主体地位、群众喜闻乐见的优秀精神文化作品和产品，创造出经得起时间检验的优秀经典名作、精神食粮，给人以审美享受、精神大餐和思想盛宴。在形式上，要善于运用现代科技成果和群众喜闻乐见的形式，增强文化的吸引力、感召力和表现力。

牢牢把握先进文化建设主动权规律。正是由于先进文化的先进性和科学性，因而先进文化建设不可能自发进行，必须自觉建设。自觉建设的关键是把握先进文化建设的主动权。把握先进文化建设的主动权，首要的是要按照科学发展观建设先进文化。科学发展观体现了文化建设的价值性。科学发展观消除了现实生活中经济发展与文化发展相脱离甚至相对立的困境，把文化发展与经济社会发展、与人的自身发展紧密联系起来。因此，发展的内容是多样的。在经济领域以经济建设为中心；在政治领域则应以执政党建设为中心；在文化领域要以社会主义核心价值体系建设为中心；在社会领域要以加强社会建设为中心。所有这些，都要以人和社会的全面发展为中心。把握先进文化建设主动权，还必须用先进文化引领社会文化建设，并特别注重用先进文化引领网络文化建设。

体制机制改革主导规律。文化体制机制的改革是先进文化建设的主导力量，必须先行一步。胡锦涛指出，当前和今后一个时期，要重点抓好的工作之一，是要加快文化体制机制改革创新，按照创新体制、转换机制、面向市场、增强活力的要求，加快经营性文化单位转企改制，稳步推进公益性文化事业单位改革，构建统一开放竞争有序的现代文化市场体系，加快推进文化管理体制改革。这一思想为文化体制机制的创新提出了明确的要求，即深化文化体制改革，完善扶持公益性文化事业、发展文化产业、鼓励文化创新的政策，营造有利于出精品、出人才、出效益的环境。文化体制创新的关键是要区分文化事业与文化产业。要坚持把发展公益性文化事业作为保障人民基本文化权益的主要途径。

社会效益优先规律。始终把社会效益放在首位，做到经济效益与社会效益相统一。在社会主义市场经济条件下，文化作品和产品都有其意识形态属性和商品属性，这就决定了发展各类文化事业和文化产业都必须坚持科学思想和正确导向，把社会效益放在首位，坚持经济效益与社会效益的统一；服从和服务于文化建设的目的，把文化发展的着力点放在培养“四有”公民和满足人民群众精神文化需求、促进人民的全面发展上。

（作者：武汉大学政治与公共管理学院教授）

（选自 2011 年 3 月 3 日《湖北日报》）

构建社会主义文化强国的指标体系

魏鹏举

党的十七届六中全会明确了我国文化建设的基本路径和发展目标，这标志着我国的文化改革与发展进入到了沿着中国特色社会主义文化发展道路、以社会主义核心价值体系为内涵的社会主义文化强国的全面建设时期。路径明确，目标清晰，关键就是如何更好更快地贯彻和实施社会主义文化强国的战略任务，让建设社会主义文化的热情转变为实实在在的行动，使社会主义文化建设的宏伟蓝图体现为一步步的扎实工作。研究并构建社会主义文化强国建设与发展的指标体系与测评机制是当前贯彻落实十七届六中全会精神的紧迫需要和重要着力点。

深入把握社会主义文化强国的核心价值与本质要求

认识和把握建设社会主义文化强国的核心价值与本质要求，这是建构合理有效的指标体系与测评机制的前提和基础，这也是度量是否符合社会主义文化强国目标的中心红线。

首先，坚持正确导向的原则。广义地说，文化是指人类创造的一切物质文明与精神文明的总和，具体来看，无论是历史的维度还是现实的考量，文化都具有复杂多样的时空属性。无论是从时间意义还是从空间意义来说，文化之为文化，都有一套价值体系作为特定的基石，这套价值体系是人类特定群体长期积淀形成的，大家自然地认同它们，个人的身份归属、群体的生活方式、国家社会的制度规则等等，只有建立在这套价值体系之上才会是稳定和谐的。

广义的文化不存在好坏之分，但文化价值应该有是非判别。文化发展所秉承的价值，应该有历史的传承和现实的生命力，应该是以人为尺度、以最大多数人的幸福为目标的价值。中国特色的社会主义文化价值体系就是这样的文化价值的体现，是我们建设文化强国必须坚持的正确方向。只有以这样的文化价值为导向，文化强国的建设才会让最大多数人更加富裕和幸福，才会让最大多数人热爱自己的文化及其共同体，才会得到全世界最大多数人的认可、欣赏和尊重。

其二，体现以人为本的原则。文化就是人化，文化是人类文明的结晶，文化也会随着人类的不断创造而发展；文化的作用是化人，先贤所谓“观乎人文以化成天下”，发展文化就是要以人的尺度为尺度，推动全体人类和谐进步。

社会主义文化的核心价值根本上是人的自由与共同发展，正如马克思、恩格斯所指出的那样，在共产主义社会，“每个人的自由发展是一切人的自由发展的条件”。十七届六中全会的决定强调：社会主义文化发展要以人为本，坚持文化发展为了人民、文化发展依靠人民、文化发展成果由人民共享，促进人的全面发展，提升全体公民素质。只有以人为本，我们才能真正实现文化强国，也只有以人为本，我们建设社会主义文化强国才真正有意义。

其三，鼓励传承创新的原则。传统是文化建设的根系，创新是文化发展的活力。不善于保护和继承传统的民族，其文化不可能走向强盛；不善于创新丰富自己传统的民族，其文化也不可能发展壮大。建设社会主义文化强国，必须尊重并继承发扬中华文化优秀传统，必须根据时代变化与世界潮流不断创新发展中国特色的社会主义新文化。

中华文化是我们民族的血脉与灵魂，悠久深厚的传统造就了中华文化的博大精深，仁爱和合的文化价值传统，使得中华文化几千年来屹立于世界民族之林，创造了举世瞩目的辉煌文明，曾一度是欧洲人衷心盛赞并向往的富强祥和帝国。但近代以来，由于我们的文化趋于保守封闭，而欧洲文化迈向开放创新，富庶的东方帝国逐渐沦为新生列强之刀下鱼肉。从新民主主义革命到社会主义新气象，再到改革开放大发展，一切历史经验都证明，中华的辉煌与民族的强盛是我们奋斗的前提和目标，而思想解放和文化创新是我们日渐强大的动力和活力。中华文化的传承与创新，中华民族的伟大复兴，这是社会主义文化强国建设的题中要义。

推动文化改革发展需要克服诸多现实瓶颈

当前我国的整体发展环境、宏观文化体制、基本文化发展机制等等，都还不能很好地适应和满足建设文化强国的要求。要实实在在地推进文化改革发展，我们还需要克服诸多现实瓶颈。

文化建设长期以来是一个软任务软要求的领域，对于各级政府部门的约束性不强，对于高效率切实推进文化发展的重要性和急迫性一时还很难认识到位。从“十一五”时期开始，我国就逐步展开了文化建设发展的规划工作，各层次的文化建设规划，往往规范性的描述较多，科学性系统性的措施还比较欠缺，规划实施的量化指标与约束机制大多没有建立。尽管十七届六中全会提出了要求，要把文化建设纳入到经济社会发展的总体规划，要把文化改革发展成效纳入到科学发展考核评价体系，但各级政府对于科学规划文化发展、有效推动文化建设的思想观念还很难快速到位。

文化管理条块分割，政出多门，文化体制不利于文化强国这样一个宏大系统工程的建设。世界上绝大多数国家的文化管理口径是大文化的甚至是超文化的。由于历史的原因，我国的文化管理条块分割，文化领域政出多门，既不适应社会主义市场经济的发展实践，也不符合文化建设发展的国际潮流，不利于解放和发展文化生产力，也不利于文化走出去提升文化软实力，更不利于整合各种文化资源、调动多种文化力量最终实现社会主义文化强国的宏伟目标。

长期以来，在各级政府部门中形成了以经济建设为中心的工作机制与以经济效益为导向的业绩考核机制，这会深刻影响并制约文化改革发展任务的开展。实践证明，我们按照经济体制改革的思路来推进文化体制改革是不合适的，文化领域有经济属性，但也有显著的超经济特性，完全依从商业逻辑去评价文化产品和服务显然也是不可取的。经济体制改革的经验对于文化体制改革有参考价值，但切不可照搬；文化评价需要合理的经济绩效考核，但切不可简单滥用。按照中国特色社会主义文化建设的规律，切实有效推进社会主义文化强国目标的实施并实现，这对各级政府部门的工作智慧和创新精神都提出了新的考验和要求。

需要在实践中建设完善

建构和完善社会主义文化强国的指标体系与测评机制，是推进落实六中全会决定的紧迫任务，需要通过加大和深化文化体制改革不断克服相关困难，边探索边实践，建立蓝图框架，分步实施、有序推进指标体系逐步完善，使之尽早发挥积极导向作用。

第一，研究和确定社会主义文化强国的基本内涵，细化文化建设的任务与目标。十七届六中全会决定确立了建设社会主义文化强国的战略目标，纲领性地提出了我国文化体制改革与文化大发展大繁荣的战略任务。要加快推动和落实上述战略目标与任务，必须进行深入的学习和研究。更加清晰地理解和认识社会主义文化强国的本质内核，这是建构合理的指标系统的基础工作。在此基础上，合理细化战略目标与任务，从逻辑和实践两个层面完善和充实社会主义文化强国的指标体系与测评机制。

第二，调整和完善文化及相关产业的统计工作，加快建立适应社会主义文化强国建设的统计体系。从操作层面来看，统计体系是指标体系与测评机制能够顺利实施并发挥有效作用的重要支持条件。当前我们需要结合国家《文化产业振兴规划》、十七届五中全会决议、六中全会决定等一系列文化发展的战略性文件，对现有的文化及相关产业统计指标进行必要的调整，以便适应推进和落实文化强国战略目标的紧迫需要。

第三，根据实际情况，尽快展开关于社会主义文化强国建设的指标体系的研究制定工作。具体来看，需要按照分步实施、阶段推进的原则，优先研究制定关系到社会主义文化强国建设的一些关键任务的指标体系，比如社会主义核心价值体系建设指标体系、文化产品评价指标体系、公共文化服务指数、文化人才指数等重点分指标体系。

第四，部署并有效执行文化强国的统计与监测体系，完善中国特色社会主义文化建设的长效管理体制。实施社会主义文化强国战略，创造性地建立适应改革开放的文化发展繁荣机制，要大力推进并积极执行系统性的文化强国的统计与检测体系，努力实现我国整体文化建设管理的规范化、长效化和科学化。

最后，加强并硬化文化改革发展绩效评测的约束机制，提升国家文化发展繁荣的宏观调控能力。文化价值是软实力，但文化改革是硬任务，文化发展是硬约束。必须从民族复兴的战略高度认识文化改革发展的重大意义，必须以科学发展的态度对待文化强国目标的推进和落实，从机制上保障文化建设与经济、政治、社会以及生态文明建设共同发展、协调发展。

（作者：中央财经大学文化创意研究院执行院长）

（选自2011年11月8日《人民日报》）

关于当代文化建设的几个问题

周建明　曹锦清

中国正处于一个历史性发展阶段的转换之中，社会内部既充满着活力，也充满着矛盾的张力。这个阶段，文化建设因为经济建设、社会建设、政治建设的发展提供方向和为人生提供意义而特别重要，因而有必要对文化建设的目标以及与经济建设、政治建设、社会建设的关系予以讨论。

一、文化建设的重要性

在不同的历史阶段，文化建设都具有极为重要的意义。新民主主义革命时期，人民大众的、反帝反封建的新民主主义文化是动员和鼓舞广大人民群众战胜帝国主义和反动派的有力武器。新中国的社会主义意识形态和价值体系，形成了特有的文化，在物质条件非常艰苦的条件下，支持中国人民实现了民族独立，完成了三大改造，通过独立自主、奋发图强、自力更生、艰苦奋斗初步实现了社会主义工业化。改革开放以来，以引入市场经济和允许多种经济成分发展的经济和社会转型，不仅经济体制发生了巨大变化，也导致了传统的社会主义意识形态与人们日常的经济生活不断产生着冲突，新自由主义、历史修正主义（历史虚无主义）、盲目崇拜西方意识形态和政治制度的思想在社会上广为传播，对于“13亿中国人和中华民族应往哪里去”存在着不同的主张。由此，文化建设就特别重要。它的任务是要在搞清楚中国从哪里来的基础上，回答中国往哪里去；要为中国的经济、政治、社会的发展设定目标，提供意义；要为中华民族确立民族自信，要为中国所走的道路在世界上争得正当性。从这个意义上来说，没有自觉的文化建设，便无法搞好经济、政治、社会的建设和完成中华民族伟大复兴的使命。

二、文化建设的目标

文化建设的核心目标是要在价值多元的基础上建设社会主义社会的共同价值体系。它在肯定发展市场经济是必需的、由此所带来的挑战也是无法回避的基础上，要回答两个问题：一是中国为什么必须坚持社会主义的发展方向，二是作为社会主义社会，必须要有什么样的共同价值观。走社会主义道路，是20世纪中华民族从救亡图存到追求现代化过程中，在比较了资本主义与社会主义不同道路之后，根据中国自己的国情所作的选择，这也是拥有13亿人口、资源有限、具有独特的历史传承的中国，在当今现实的国际时代背景下，要实现民主、富强、文明、和谐目标的唯一选择。

既然选择了社会主义道路，那么共同的价值目标就只能指向一个超一切社会成员的价值实体：民族与人民。民族是指人民的文化历史存在。在现代国际关系和全球化的背景下以“中国”为载体而存在。人民是指具有共同历史命运与文化传承的现实载体，既作为历史的创造者，又以社会成员的整体利益为表现而存在。

在中国共产党的领导下，人民在新民主主义革命和社会主义时期追求现代化的过程中，成为历史的主人。在社会主义中国，民族和人民等于不朽的道德实体，应成为衡量一切经济、政治、社会活动和个人行为的最高价值准则，也是共同信仰的来源。其他信仰和价值，如宗教信仰、宗族崇拜、群体和个体对利益的追求等，都必须在服从于这个价值准则的前提下得到尊重。构建社会主义和谐社会的目标，既以这个价值为核心，也为在现代化过程中处理不同信仰和价值的关系提供了方向。

共同价值的另一个功能，是为人与自身、人与人、人与自然的和谐相处提供价值指导。作为人生观，这个价值为个人提供生命和生活的意义。市场经济中，对物质利益的追求构成了经济发展的动力。但是，如果只有物质欲望的追求，人的生命和生活就失去了社会的和人文的意义。价值观起着指导个人正确地对待欲望和寻找生活意义的功能。这在13亿中国人的现代化过程中具有特别现实的意义。市场经济中的基本关系是建立在追求个人欲望的利己基础上的竞争。欲望的满足并不等于生活意义的获得。在社会中，有意义的生活必然来自于超越市场经济中以物欲为基础的、个人利益最大化的价值观。

人类的经济活动是与自然界进行物质交换。如何对待自然，决定了人类的经济活动是否具有可持续性。市场经济中的个人主义、利己主义必然导致对自然界的掠夺。要能够从社会整体的和长远的角度来对待自然，同样需要有超越市场经济的价值观。

三、文化建设与经济建设、政治建设、社会建设的关系

（一）文化建设为经济活动赋予文化上的意义

第一，重新定义经济活动与人的关系。经济活动是人类的基本活动，是人发展的手段。在中国，“以经济建设为中心”是执政党对所有工作排序分类的结果，并不等于把经济建设作为社会主义的核心价值。对社会主义来说，经济建设和发展生产力是重要的，但都是手段而不是目的。目的只能是马克思所指出的人的自由发展和邓小平所提出的共同富裕目标。“以人为本”是在新的条件下对社会主义宗旨的重新认识和概括，是经济建设的指导思想。

第二，重新定义公有资源应有的目的与功能。在传统的社会主义理论中，建立生产资料的公有制是为了消除剥削，消除生产力无限扩张与有限的有支付能力的需求之间的矛盾，为了有助于生产力的发展、有助于就业。新中国成立后，对生产资料的社会主义改造、建立公有制是推进社会主义工业化的基本条件。在改革过程中，坚持以公有制为主体对坚持社会主义方向同样具有重要意义。历史事实证明，土地的集体所有制为抑制农村的贫富分化、维护社会稳定作出了贡献，使工业化和城市化能以低成本的方式快速实现。在现实生活中，国有企业在营利之外，也需要承担维护经济稳定、提供社会红利的社会责任，要形成与雇佣劳动相对立的和谐生产关系，成为构建和谐社会的经济基础。

第三，规定经济活动主体的社会责任与生态责任。在市场经济中，经济活动主体虽以利益最大化为目的，但不得以损害社会利益和破坏生态来赚取不当利益。

第四，弘扬职业道德，促进伦理建设。任何职业一旦失去职业道德和伦理建设，将严重损害其他群体的利益和社会的公共利益，损害

社会的公平和正义。

必须看到，市场本身不只是单纯的资源配置的有效手段，也是一个由利益驱动的价值运作体系，具有摆脱社会、政治、文化的监控而独立，影响甚至摧毁社会主义价值观的强烈倾向。马克思所分析的资本主义内在矛盾，完全可以从市场经济中的“经济人”的行为中推导出来。文化建设的一大重任，是将市场经济中的“经济人”,转化为负有社会责任的“社会人”与具有社会主义价值观的“文化人”，超越利益算计，形成人与人之间的共同命运。

（二）文化建设为政治建设赋予文化上的含义

第一，文化建设对政治建设提出要求。

政治，是各种利益的集中体现。文化建设对政治建设提出的任务之一是对从政者提供从政宗旨和行政要求。“立党为公，执政为民”、“一切为了群众，一切依靠群众；从群众中来，到群众中去”，就是在中国条件下中国共产党所必须具有的执政文化。政治建设中与执政者相对应的是人民群众。他们是国家与社会的主人，执政者服务的对象，也是政治生活的主体，他们的意志和利益应成为执政者的行动指南。文化建设的根本任务之一是确立人民的主人翁地位，为广大人民群众有序参与公共政治生活开辟道路。

第二，文化建设为正确认识和处理社会矛盾提供指导。

20 世纪 50 年代，毛泽东认识到在社会主义建设时期执政党所面临的主要任务和社会矛盾与革命时期完全不同，力图在认识新的矛盾的基础上，形成社会主义建设时期的辩证法。他提出了过渡时期“公私兼顾、劳资两利、城乡互助、内外交流”的指导方针，对社会主义时期的社会矛盾作了分析，分别发表了《论十大关系》和《关于正确处理人民内部矛盾的问题》，提出社会主义社会中的绝大多数矛盾是人民内部矛盾，是可以经过社会主义制度本身不断得到解决的非对抗性矛盾。毛泽东的这个思想对我们理解和处理今天的社会矛盾仍具有极大的指导意义。

邓小平确立了建设社会主义的基本路线。他在推动改革开放和提倡让一部分人先富起来的同时，明确提出要反对两极分化，必须以实现共同富裕为目标。他指出，如果出现两极分化，那么，区域矛盾、民族矛盾、阶级矛盾、中央与地方的矛盾都会发展起来，中国就要出乱子。实践表明，这几类矛盾的尖锐化都有不同程度的发展，有的已经很严重。

党的十六大以来，以胡锦涛为总书记的党中央提出了科学发展观和构建社会主义和谐社会的历史任务。科学发展观所指的五大关系的协调，即当前所突出的五大矛盾：城乡矛盾、区域矛盾、经济与社会的矛盾、国内发展与对外开放的矛盾、人与自然的矛盾。而提出构建社会主义和谐社会，则为以非对抗性的方式处理这些矛盾指明了方向。这是中国在新的发展阶段如何处理社会矛盾的重要指导思想。除了这五个矛盾外，在文化建设中还应高度关注这样一些社会矛盾：执政者与人民群众的矛盾、劳动者与资本集团的矛盾、中央与地方的矛盾、民族矛盾。

第三，文化建设为制度建设提供保障。

社会主义和谐社会的基本制度建立，依赖于文化建设。国家行政体制、社会保障制度和公共服务体系的建立必须要以“以人为本”的价值为导向。要实现公共服务的均等化，前提是要在全国的范围内进行以公共服务均等化为目标的国民收入再分配，它必须依赖于“13 亿人命运共同体”理念的建立。要理顺中央与地方的关系，必须建立“全国一盘棋”的观念。而要解决好官民关系，则必须重新确立“为人民服务”的信念，树立群众观点。

（三）文化建设与社会建设的关系

当代中国社会建设，在文化的含义上就是要在人员高度流动、社会快速转型、社会阶层不断分化、社会收入差距不断扩大的条件下，规范社会行为，解决社会问题，化解社会矛盾，促进社会公正，维护社会稳定，加强各阶层之间的团结，加强整个社会的认同。其中，规范社会行为，促进社会公正，建立市场中相互竞争的个体与企业、阶层与阶级的社会共同体意识，是构建社会主义和谐社会的难点与重点。19世纪以来资本主义工业化的经验表明，市场经济的发展必然经历一个社会失范的阶段，导致以个体为单位的市场竞争和群体（阶级、阶层）之间利益的冲突。在货币、土地、劳动力都成为商品的条件下，市场经济必然导致市场社会，即人的命运被市场经济摆布，结果导致市场社会的崩溃。20世纪中叶，欧洲资本主义国家之所以能够避免崩溃的命运，是在市场经济的基础上重建了社会共同体的意识，使社会重新凌驾于市场经济之上。英国"和平的社会革命"、德国所建立的"社会市场经济"和"社会的民主的国家"都明确地反映了这个过程。这些国家的经验表明，在资本主义生产方式的基础上，要使在市场经济中所形成的企业内的劳动关系超越雇佣关系，在社会分化为雇佣工人与资本两大集团的条件下形成阶级之间的和解与合作，才可能重新建立社会共同体意识，实现社会团结。我国在发展市场经济的同时，在文化建设中需要着力提倡社会团结与社会合作，着力构建社会共同体意识，使之成为构建社会主义和谐社会的基础。

基于中国国土辽阔、国情多样、社会不断分化的现状，在社会转型和社会重构的过程中，要使个人超越个人的视野而具有"公共"的意识，在全社会的范围内，特别需要强化不同的利益群体、不同地区、不同的民族同属命运共同体的观念，建立信任，强化社会认同，强调社会团结与社会和谐的意义。

四、文化建设的资源

文化建设的内容和需要，来自于我们民族当下与未来的总体精神需要，但必须与传统文化经验相衔接。只有具有现实需要，一切传统文化精神才能在重新解释中发扬光大，一切值得借鉴的外国经验也才能被吸收。文化建设需要特别重视两大传统资源：

新传统文化，即毛泽东思想。毛泽东是20世纪中华民族的一个最为重要的精神现象。他领导中国共产党把分散的中国人民组织起来，实现了民族独立和初步的社会主义工业化，为解决13亿人的温饱和走上现代化道路打下了牢固的基础。对于中国在20世纪翻天覆地的变革，毛泽东提供了重要的指导思想，主要表现在三个方面：第一，以"老三篇"为代表的人生观和价值观：为人民服务、独立自主、自力更生。第二，以《实践论》、《矛盾论》为代表的认识论和辩证法，为认识革命、建设和发展的规律提供了指导思想，《论十大关系》、《关于正确处理人民内部矛盾的问题》为社会主义社会建设时期的辩证法提供了重要的启示。第三，毛泽东思想中的活的灵魂：实事求是、群众路线、独立自主，为中国共产党人领导中国人民进行解放运动和社会主义建设，提供了基本的思想方法、工作路线和原则、民族自立自强的价值，也成为科学发展观的核心内涵。毛泽东领导下的中国共产党的理论联系实际、密切联系群众、批评与自我批评的优良作风，是中国共产党保持自己作为民族的和无产阶级先锋队的重要保证。这些在新民主主义革命和社会主义革命与建设中所形成的优良传统是当今进行文化建设极为珍贵的资源。

以儒家为核心的旧文化传统。近代洋务运动以来的中国现代化进程并没有离开中华文明的本源。按照沟口雄三的说法，从礼制的角度来看，中国在现代化过程中具有这样的特点：在革命的过程中，第一，产生了依靠先觉、贤人对民众的教导，不是靠法治而是靠礼制和人治的共通观念；第二，产生了对有过失的感化、教育的方法；第三，产生了无产阶级精神，以集体主义反对个人主义，有组织性纪律性，坚韧顽强，以及公而忘私、不惜牺牲自我等；第四，产生了新政权下的各种社会保障体系。

德国前总理施密特也提出了类似的观点。他曾对邓小平说："儒家观念在中国人相互交往中起的作用要比公开承认的大得多。家庭和睦，尊重老人，教育后代，勤俭节约，乃至当权者对人民负有义务和责任，所有这些都是中国从千百年前传承下来的价值观念。""在我看来，中国由于从未有过一个统一的宗教，现代的儒教很可能作为一种世界观，填补当今意识形态的真空。"从这样的角度来看中国的现代化过程，无非就是说中国是在自己传统文明的基础上进行现代化的。这个初始条件决定了中国与西方国家现代化过程的不同。在当下这个发展阶段，尤其需要注意吸取中国传统文化中关于和谐社会的学说与处理社会矛盾、个人修养的思想，特别是儒家关于处理社会矛盾的哲学思想——中庸之道。

当然，在中国文化、国情基础上的社会主义现代化进程中，也必须广泛吸收西方优秀的文化，为我所用。

五、文化建设与历史观的完善

历史观是人们确立人生观、世界观的根据。在思想理论界，各种利益的代表对中国现实不同的需要和对未来不同的期待都试图通过重新解读历史而寻找根据。

中国发生新民主主义革命和走上社会主义道路不仅是由于外来列强的压迫和内部社会矛盾的激化，更是由于"十月革命一声炮响，给中国送来了马克思主义"。马克思主义与中国革命相结合的一个重要标志，就是中国形成了新的历史发展观。按照马克思的历史唯物主义，中国共产党人建立起"原始社会——奴隶社会——封建社会——资本主义社会——社会主义社会——共产主义社会"这样的人类历史发展脉络，得出了中国目前处于半殖民地半封建社会阶段的判断，得出了需要通过新民主主义革命进入新民主主义社会，再进入社会主义社会，最后进入共产主义社会的结论。这个历史观为中国共产党人的奋斗提供了历史坐标。按照这个历史观，中国共产党人确立起共产主义的信仰，鼓舞着成千上万的共产党人前仆后继地为民族独立和人民解放去抛头颅、洒热血。新中国成立以后，也鼓舞着新中国的建设者们无私地奉献出自己的青春和生命。

随着考古学、历史学的发展，人们对人类发展历史的多样化有了更多的了解。二战以后，当代西方资本主义世界发生了深刻的变化，马克思、恩格斯、列宁、斯大林关于资本主义的学说都遇到了新的挑战。我国的实践表明，中国特色社会主义并不是建立在高度发展的资本主义基础之上，而是在前资本主义发展阶段通过建立社会主义制度来实现工业化和现代化的。改革开放以来，中国共产党对中国的社会主义发展提出了还处于社会主义初级阶段的定位。建立社会主义市场经济的现实和将长期处在社会主义初级阶段的现实，对人们过去按照线性的模式对人类历史发展的理解和以此为基础产生的社会主义信仰提出了挑战。因此，需要在新的条件下更科学、更完整地认识人类历史，认识世界，认识社会主义的运动史，认识中国的社会主义发展史，并在此基础上发展和完善马克思主义的历史观。

改革开放以来，国内出现了把西方作为现代化的标准范式，对历史进行重新解读的叙事。这种历史观把西方资本主义的发展作为"文明一般"，有意无意地掩盖了其中的偶然性与野蛮性，为资本主义、帝国主义辩护，为中国的封建制度翻案，以否定中国所经历的新民主主义革命和社会主义革命，否定毛泽东领导下的中国共产党，否定社会主义道路。这股思潮或明或暗地宣扬中国应该按照西方的道路，彻底的市场化、私有化、民主化、公民社会化，或放弃社会主义道路走社会民主主义道路。在对这些思潮保持警惕的同时，我们必须通过马克思主义历史观的建设，坚定走中国特色社会主义道路的信念。

整个20世纪是中国在受到外来西方文明的冲击和压迫下作出反应、反省自身缺陷、反抗外来强权、自立自强的过程。经过百年奋斗，中国已经从历史的谷底走向民族中兴。以胡锦涛为总书记的党中央所提出的科学发展观、构建社会主义和谐社会的目标表明，中华民族正在努力实现全面小康和进一步走向伟大复兴。科学发展观反映了中国社会主义现代化进入新的阶段所需要的理论表达。建立社会主义和谐社会提出了中国现代化的目标，要使这个目标成为13亿人民共同的信念，需要按照“传统—现代化”和“中国国情—社会主义”的叙事方式来完善历史观。历史观的问题是意识形态中的一个重大问题，需要在文化建设中加以解决。

六、文化建设与文化产业

所谓文化产业，是指在市场经营中取得赢利的文化活动，包括出版、传媒、文艺、娱乐、广告、教育等。消费者的需要、消费欲望、社会心理宣泄或表达，表现为文化的市场需求。而文化产业力图通过满足和引导这种市场需求取得盈利。文化产业本身也是市场经济的一个组成部分。它在现实生活中起着复杂的、有时是相互矛盾的功能。一方面，文化产业提供了许多能适应建设全面小康社会和构建社会主义和谐社会需要的文化产品，满足了人民群众日益多样化的文化需要。在传统媒体和开放的网络上，民众的意见得到表达，情绪得到宣泄，社会心理得以平顺。另一方面，作为经济全球化条件下市场经济的一部分，产业化的文化很容易被资本所渗透，它们用资本营销的方式来制造需求，控制市场，最终广泛地影响着人们的思想道德与精神生活。其中突出的是来自于国外的低俗动漫、电子游戏等，对年轻一代起着腐蚀和教化的作用，而且其营销方式很容易使年轻一代上瘾，成为精神上的俘虏。在文化产业化的过程中，在西方世界，获奖成为一些文化人的目标，追求利润最大化成为发展文化产业的强大动机。因受市场机制的引导和制约，媒体不可避免地出现在利益的强大诱导下向媚俗的方向发展，用低俗冲击高尚，以满足感官刺激而代替理性思考、审美情趣和对信仰的追求。在追求收视率和发行率的背后，广告成为支配媒体的魔杖。广告不仅制造消费，也制造超出必要的消费，渲染着特定的人生观和价值观。现实表明，文化产业既可以在文化建设中起积极的作用，又会给文化建设带来新的问题。低估资本主义在文化产业中通过市场宣扬腐朽、低俗的力量，将使文化建设功亏一篑。如何对待文化产业是文化建设中一个需要全面、认真地予以研究的问题。

改革开放以来，经济建设的快速发展和文化建设相对滞后的矛盾已显现出来。文化建设的短板，也必然制约政治建设和社会建设的发展。在学习实践科学发展观的过程中，进一步加强对文化建设的意义、作用的认识，特别是文化建设与经济建设、政治建设、社会建设之间相互关系的认识，进一步加强对文化建设的自觉，是为了实现到2020年建设全面小康社会，为我们民族实现伟大复兴的重要保障，也是思想界、理论界的一项重大任务。

（作者：上海社会科学院社会学研究所研究员）

（选自《毛泽东邓小平理论研究》2011年第3期）

延伸阅读

近十年文化建设的回顾与思考

郭建宁

在当代社会，文化的重要性越来越凸显。为了在新的起点上更好地推进当代中国文化建设，认真回顾与审视21世纪第一个十年的文化建设，就是一个十分必要和很有意义的课题。本文的论述试图从战略层面、学术层面、社会层面这三个维度展开。

一、十年文化建设的战略构想

20世纪第一个十年中国文化建设的战略构想，主要有三大节点：

一是发展社会主义先进文化。先进文化是健康的、科学的、向上的，是代表未来发展方向，推动社会前进的文化，是人类文明进步的结晶，它影响人的精神和灵魂，渗透于社会生活各个方面。是否拥有先进文化，是否代表先进文化的前进方向，决定一个政党、国家和民族的素质、能力和兴衰。在当代中国，发展先进文化，就是发展面向世界、面向未来、面向现代化的，民族的科学的大众的社会主义文化，以不断丰富人们的精神世界，增强人们的精神力量。

二是建设和谐文化。"和"是中国文化的内在精神和显著特征，"和谐"是中国文化的价值目标和最高追求。

中国传统文化中包含着许多关于融合、和谐、和睦、平和的思想和观念，内容十分丰富，其思想要点主要是：天人合一的宇宙观，合实生物的辩证法，和而不同的价值观，以和为贵的处世哲学。多少年来，中华文化的和谐精神对人们的日常生活和社会心理产生了持续而深远的影响。中国传统文化中的和谐思想，为我们今天构建社会主义和谐社会提供了丰富的思想文化资源，使我们和谐社会的构建具有深远的历史文化背景和深厚的历史文化底蕴。

三是推动社会主义文化大发展大繁荣。在新的历史起点上，加强当代中国的文化建设，就要建构社会主义核心价值体系，发挥其引导性和主导性作用；就要提升国家文化软实力，发挥其竞争性和凝聚性作用；就要弘扬中华文化，发挥中华民族共有精神家园的基础性和资源性作用；就要促进社会主义文化大发展大繁荣，发挥创造性，增强整合性，使中华文化更加具有吸引力、感召力，更加多姿多彩。

二、十年文化建设的学术探讨

新世纪十年文化建设的学术探讨涉及方方面面，内容十分广泛，但主要问题是以下三个：即从民族与世界的角度看是如何理解经济全球化与文化多样性；从传统与现代的角度看是如何评估儒学、国学的当代作用与价值；从马克思主义与中国传统文化的关系的角度看是如何把马克思主义中国化与建设中华民族共有精神家园结合起来。这也可以看做是西、中、马三个向度的考量。

1. 如何理解经济全球化与文化多样性

经济全球化表现为世界经济的一体化、世界市场的一体化、国际金融的一体化等等。随着经济全球化的发展，民族和地域文化会受到不同程度的冲击，但不同民族和地域的文化特点和差异依然会存在。文化的差异是最根本的差异，正是文化多样性和差异性的存在，构成了人类丰富多彩的文化生态。经济越是全球化，就越需要尊重文化的多样性和差异性，越需要不同文化间的互相交流和平等对话。经济全球化不应导致世界文化走向单一，应当提倡不同文化和文明间的共处而不是冲突，对话而不是对抗，交流而不是封闭，兼容而不是排斥，和谐共生，共同繁荣。

在当今世界，很明显的事实是：经济越来越全球化、一体化，政治则是多极化、多元化。而文化则最复杂，既似乎介于两者之间，又似乎两种特点都有。一方面，随着高科技特别是传媒与网络的迅速发展，文化的认同性日益取代了意识形态的差异性。由"全球化""世界性""国际化"带来的不同国家和民族生活方式、文化习俗、道德观念的接近不仅是可能的，而且是现实的。另一方面，由于文化习惯、宗教传统、价值观念上的鸿沟难以弥合，不同文化与文明之间的差异所造成的裂痕亦有扩大的可能。一方面是全球价值趋同，另一方面是回归民族传统，复兴民族文化，实现民族自我认同。一方面是文化的多样性和差异性被同质化，另一方面是文化的交流、综合与新的多样性的出现。所有这些相反的历史进程使经济全球化与文化多样性的问题更加突出，未来世界的发展将取决于两者的互动关系。如何处理好全球普遍价值认同与民族角色的自我认同，对于发展中国家的文化选择来说，具有决定性的意义。

2. 如何看待当前的国学热

近年来，国学、儒学的影响力呈现出一种明显提升的态势，比如办国学院，拍电影《孔子》等。特别是2011年1月11日，孔子像出现在天安门东侧，国家博物馆北门，一时间议论纷纷。4月20日，孔子像撤至国家博物馆内摆放。

2011年1月11日是一个精心挑选的日子，在国家博物馆前、天安门广场上这个具有特殊政治意义的地点悄然树立起一尊总高9.5米具有特殊象征九五至尊意义的孔子像。针对这一文化事件所透露出的文化信息、文化密码和文化意义，引起了国内外各界的广泛关注和热烈争论。尽管众说纷纭，但大致归结起来不外乎有两种：一种是好得很；一种是糟得很。持前一种观点的人认为孔子是中国文化最好的名片、象征和符号，树立他的形象是我国文化多元包容、兼容并包的体现。持后一种观点的人认为孔子是中国落后、封建、保守文化的代表，而不是中国先进文化的代表，在处于社会主义制度下的今日中国树立他的形象是意识形态混乱、病急乱投医的反映。对于这两种截然不同的态度和观点，笔者认为主要有两个原因：一是中国历来对孔子及其所代表的儒学就存在着"尊"和"批"两种态度和观点。持"尊"观点的一派把孔子尊为至圣先师，持"批"观点的一派称孔子为丧家之犬；二是中国社会转型太快。借用毛泽东《重上井冈山》一句诗词："三十八年过去，弹指一挥间"。三十八年前，也就是1973年，正是"批林批孔"如火如荼，而三十八年后的今天，则在天安门广场上树立起了孔子像，这就像运行中的火车，转弯太快太急，容易出现脱轨的现象。

如果说孔子像的竖立有些出乎意外，那么孔子像的撤走更是让人始料未及。它把当代中国的核心价值问题凸显出来。今年头几个月是议论孔子像、传统文化。中间是中国共产党成立九十周年，唱红歌，红色文化。晚些时候是辛亥革命一百周年，讨论孙中山与国民党，三民主义文化。毛泽东说过，从孔夫子到孙中山都应当给以总结，本来这三人是可能在天安门聚首的。21世纪的第二个十年会分别相继迎来辛亥革命、新文化运动、俄国十月革命以及“五四”运动的100周年。自新文化运动时期开始的自由主义、保守主义以及激进主义的碰撞与交锋仍然是当今中国思想界和文化界探讨的主要问题。“当今中国的核心价值到底是什么”是一个值得深入探讨的问题。文化保守主义注重传统文化强调文化主体性；自由主义则反对讲文化主体性，认为这是对普世价值和西方文化的消解；马克思主义作为社会主义核心价值的指导思想，一方面注重文化传统和精神家园的塑造，另一方面又不赞成把儒学当做主流意识形态。一方面讲改革开放，积极融入世界，另一方面又不赞同完全追随西方，把西方的价值当做普世价值。这三种思潮既有交叉和交融，又有抵触和冲突，大体影响着和规范着我国未来文化的发展走向。面对摆在我们面前的三种价值，何去何从成为我们思考的重中之重。但总的来说，现在找到了一个结合点，那就是这三种思潮都重视传统文化，都讲传统文化的重要性。由此，可以得出“通三统”的最大公约数就是中国传统文化。

3. 如何把握马克思主义中国化与建设共有精神家园

马克思主义中国化这一过程实际上包括两个方面：即一是和中国实践相结合，二是和中国文化相结合。也就是说，马克思主义中国化不仅包括实践诠释，而且包括文化解读。马克思主义中国化的本质内容要在中国社会实践和中国文化传统两个维度上展开，并由此揭示马克思主义中国化的实践意义和文化意蕴。

马克思主义中国化与中国传统文化的关系，这是21世纪文化建设最重大的课题、最艰巨的任务。现在高校里有两个学院增加得比较快，一是马克思主义学院，一是国学院，这个“两院”现象耐人寻味，令人思考。两者如何交流，如何对话，如何结合，怎样结合，尤为令人关注。其实质说到底就是如何认识和把握马克思主义与中国传统文化的关系，以及如何看待“回到马克思”与“回到孔子”，如何看待当前的儒学热和国学热，如何看待儒学在当代社会的地位和作用，等等。我们应当坚持以马克思主义为指导，高扬社会主义先进文化的旗帜，在中国特色社会主义的伟大实践中进行文化创造，在弘扬中华优秀传统文化的基础上创造出中华文化新的辉煌。

三、十年文化建设的发展态势

近十年的文化建设取得了巨大成就，中央提出推动社会主义文化大发展大繁荣，许多省市提出文化强省、文化强市，有的城市还提出要建设世界文化名城，等等。可以说从中央到地方，从学界的民间，从来没有像今天这样重视文化建设，文化的重要性从来没有像今天这样突出，文化软实力和精神家园的概念从来没有像今天这样广泛使用和空前普及，文化产业、文化体制改革从来没有像今天这样引人关注，文化建设呈现出良好的发展态势。当然，文化建设也面临一些突出的问题，这也不应回避。总的情况是：

第一，社会主义核心价值体系的研究与宣传取得很大成绩，但是在如何进一步凝练、概括社会主义核心价值方面还没有形成共识。如何凝练、概括社会主义核心价值是当前十分重要又颇有难度的工作。当然总的要求已经明确，这就是要体现时代性、突出大众性、富有创造性、具有民族性。但是具体的表述却并不一致。目前看主要是两个思路，一是两个字的表述，其中使用最多的词是：自由、民主、公正、和谐（有人使用或补充富强、进取、创新、仁爱等），这种表述的问题是和西方的价值观区别不大，而且没有怎么体现当代中国马克思主义的新成果。因此有学者主张另一种即四个字的表述，这就是以人为本，民主法治，公平正义，共同富裕。这种表述从内涵的概括和表现方式的简练性都还有待进一步斟酌。总的看，短时间内提炼和形成具有广泛共识、各方面都满意的核心价值难度不小。我个人的意见，两个字的表述是：科学、民主、创新、和谐。四个字的表述是：实事求是，以人为本，民主法治，公正和谐。

第二，形成与我国国际地位相对称的文化软实力，提高中华文化国际影响力，已成共识，并取得显著进展。但是在文化软实力问题上要注意是“走出去”，而不仅仅是“送出去”。所谓“送出去”就是以“送”为目的，而不大顾及别人的接受方式和文化习惯，往往是政府买单，组织华人和留学生观看，而对国外主流社会没有什么影响。

第三，大家都很赞同也非常重视弘扬中华文化，建设中华民族共有精神家园，但是在如何处理马克思主义与中国传统文化的关系，如何看待儒学、国学、孔子的当代作用方面还十分纠结。天安门东侧孔子像的一竖一撤及其引发的轩然大波，就是最典型的例证。

第四，在中国特色社会主义伟大实践中进行文化创造，推进文化创新，是摆在我们面前的共同任务。虽然取得了一些成绩，但还难以令人满意。文化创新既要出一流的作品，也要出一流的人物，从作品来看，我们历史上有楚辞、汉赋、唐诗、宋词、元曲、明清小说、民国杂文。反映今天文化的不能只是小品和段子，这是远远不够的。从人物来看，我们历史上有孔子、老子、李白、杜甫、曹雪芹，现代有鲁郭茅（鲁迅、郭沫若、茅盾）巴老曹（巴金、老舍、曹禺），代表今天的不能只是赵小李（赵本山、小沈阳、李宇春），这也是远远不够的。急需提升文化品位和文化境界，产生具有世界影响的、无愧时代的、一流的伟大作品和伟大人物。

第五，推动社会主义文化大发展大繁荣，必须建设主流价值文化。近年来许多模范人物的事迹确实感动中国，可歌可泣。但是主流价值边缘化，道德底线下滑，社会公信力下降，也令人触目惊心、痛心疾首，值得好好反思。在谈到中国模式时，大家都注意到腐败与分配不公是严峻的挑战，其实对中国发展模式构成挑战的还有价值观的混乱和公信力的下降，对此我们必须高度警觉，决不能掉以轻心。

上述事实表明，当代中国的文化建设，面临前所未有的机遇与挑战。改革开放以来，中国已经创造了经济奇迹，中国的经济崛起已经是不争的事实。今天，我们要在经济奇迹、经济崛起的同时，实现文化复兴。因为大国崛起，不仅是经济现象，而且是文化现象；不仅是经济增长，而且是文化增长；不仅是经济发展，而且是文化发展；不仅是经济繁荣，而且是文化繁荣；不仅是经济复兴，而且是文化复兴。今天，我们要在努力实现经济全面、协调、可持续发展的同时，不断提升文化软实力，向世人展示中华民族良好的精神风貌和文化形象。当中国不仅是以经济大国，而且是以文化大国，不仅是以经济强国，而且是以文化强国屹立在世界东方时，中华民族的伟大复兴才能真正实现。这是我们伟大的历史使命，我们应当为之而不懈努力。

（作者：北京大学马克思主义学院院长、教授）

（选自《北京大学学报·哲学社会科学版》2011年11月号）

“文化自觉”与社会主义核心价值体系建设

陈宗章　颜素珍

“文化自觉”一词是费孝通先生最早于1997年在北京大学举办的第二次社会学人类学高级研讨班上提出的一个重要概念。他说：文化自觉是指“生活在一定文化中的人对其文化有‘自知之明’，明白它的来历，形成过程，所具的特色和它发展的趋向，不带任何‘文化回归’的意思，不是要‘复旧’，同时也不主张‘全盘西化’或‘全盘他化’。自知之明是为了加强对文化转型的自主能力，取得决定适应新环境、新时代文化选择的自主地位。”可见，文化自觉是人们在文化建构、文化评价和文化选择过程中呈现出来的一种主体精神，反映了人类对自身文化命运和发展前途的理性认知与把握。因此，它实质上是一种理性的文化认知状态，是对盲目的、情绪化的、片面的乃至脱离社会实践的非理性文化认知状态的积极否定，从而支撑社会整体文化系统的健康发展。

文化是人类改造世界的对象性活动的产物，作为社会文化现象的社会主义核心价值体系是社会主义革命和建设实践的自觉呈现。由此，以文化自觉的精神认知和把握社会主义核心价值体系建设，是其重要的思想基础，内在地体现了社会主义核心价值体系的文化底蕴和文化追求。总之，把文化自觉的精神融入社会主义核心价值体系建设，要求我们立足于社会文化转型的境域，既要把社会主义核心价值体系理解为文化自省、文化整合的结果，又要以文化自觉的精神继续深化和充实它的内容体系与实践路径，从而在根本上满足人民群众不断增长的实际文化需求和维护国家稳定与安全的文化战略需要，推进实现中华民族的文化复兴。

一、“文化自省”与社会主义核心价值体系建设的理性认知

从历史进程的维度来看，社会转型是文化转型的基础和前提，社会结构、社会关系的根本变迁和利益格局的整体调整最终导致了社会文化的变迁。总体上，中国文化的近现代转型是从鸦片战争开始的，展开的是一个“西学东渐”的漫长过程。20世纪初期马克思主义传入中国，为我国文化的深层次转型提供了崭新的契机。中国共产党成立以来，通过新民主主义和社会主义革命运动，在马克思主义科学理论的实际运用和传播过程中，中国传统文化与马克思主义不断融合，大大推进了文化的进步与发展。建国以来，尤其是改革开放和社会主义市场经济的深入发展，进一步推动了中国文化的根本转型，从而创造出富有中国特色的社会主义先进文化。而社会主义核心价值体系正是

中国特色社会主义先进文化的核心部分，是中国共产党在思想文化建设上的重大理论创新，不仅体现出文化的一般属性，还具有鲜明的民族特色和时代风格。

总之，社会主义核心价值体系的形成和发展是文化自省的结果，其内容的提出和建设的过程都是文化自觉的反映。(1)坚持马克思主义的指导作为社会主义核心价值体系的灵魂，反映了党和人民坚定的理想信念与价值追求。从太平天国运动、洋务运动、维新运动到辛亥革命，面对民族、社会危机，中国人民进行了深刻的反省与不懈的探索，但没有从根本上解决中国的前途与命运问题。正是中国共产党领导全国人民，以马克思主义为根本指导思想，最终把中国从民族危亡中解救出来。可见，马克思主义作为人们认识和改造世界的强大武器，是历史和人民的正确选择。(2)坚持中国特色社会主义共同理想作为社会主义核心价值体系的主题，反映了党和人民对寻求自身发展道路的深刻反思和理性把握。近代以来中国的救亡图存之路，展开的是旧式农民战争、改良主义、资产阶级民主革命等诸多方案，但终究没有完全承担起民族复兴的大任。历史的实践充分证明只有社会主义才能救中国，只有社会主义才能发展中国。即使面对东欧剧变、苏联解体的严重挫折，中国共产党人也没有动摇和放弃对社会主义的坚定信念，而是在反省中汲取深刻的历史教训，走出了中国特色的社会主义道路，取得了举世瞩目的成就。(3)坚持民族精神和时代精神作为社会主义核心价值体系的精髓，反映了党和人民在文化自省过程中的居安思危、奋发图强的精神品质。“民族精神是民族文化最本质、最集中的体现”，千百年来，中华民族在开拓历史的过程中沉淀出厚重的中国文化传统。中国共产党秉持“剔除其封建性的糟粕，吸收其民主性的精华”的原则，继承和发扬优秀的中国传统文化，并使之与中国优良的革命传统相融合，从而熔炼出伟大的中华民族精神；而以改革创新为核心的时代精神，是在社会主义改革和发展的实践中孕育出的伟大成果，体现了马克思主义与时俱进的理论品格和中国人民的积极进取精神，它们共同统一于中华民族的精神品格之中。(4)坚持社会主义荣辱观作为社会主义核心价值体系的基础，反映了当代中国社会最基本的价值取向和行为准则。荣辱观是中国传统道德文化中的重要组成部分，既有形而上的理论建构，也有具体的道德规范和评价标准，形成了具有中国文化特色的以“耻感”为核心的道德价值模式。中国共产党在批判继承中国传统文化的基础上，使之与共产主义道德观相结合，形成了承接中华传统美德、适应社会主义经济基础、符合法治社会要求、反映新形势发展需要的以“八荣八耻”为主要内容的社会主义荣辱观。

从现实发展的维度来看，“文化自省”精神是社会主义核心价值体系的内在品质，需要把这一精神继续贯彻到社会主义核心价值体系的建设过程中去。因为，具有自我反思能力的文化，才能获取自身发展的内在驱动力，这是文化主体意识和精神的体现；在文化自省中才能发掘自身独特的价值、经验、思想，从而促使自身不断适应变化的周围世界，建构适应生活世界的普遍性意义框架；一种文化也只有在不断的自省和反思中，才能形成新的认识和观念，面向新的世界图景，把握人类自身前行的命运。一方面，要在文化自省中努力把握文化变迁和发展的内在规律及其本质，理性认知、理解和诠释社会主义核心价值体系建设的目标、价值及建设途径，自觉把握自身的文化特色、优势及不足，把握其发展的根本方向和趋势。这即是所谓的关于文化的“自知之明”。总体来说，社会主义核心价值体系建设要体现中国特色社会主义文化的三种文化形态，一是体现先进文化的要求，从根本上符合先进生产力的发展要求和人类社会的发展方向，代表人民群众的根本利益；二是体现和谐文化的精神，切实反映和谐社会建设的内在要求，努力成为社会稳定进步的精神纽带与人民团结合作的精神支撑；三是体现中华文化的品格，突出中华民族的优秀品质和价值追求，使之成为中华民族生生不息、团结奋进的不竭动力。

另一方面，在现阶段，新旧价值观念的交替仍然处于发育过程之中，并没有完全实现文化的现代转型。社会主义核心价值体系建设虽然基本完成了自身的理论建构，但仍面临诸多现实挑战。首先，全球化时代背景下，文化的多元化发展稀释了主流意识形态的主导性作用，弱化了价值共同体的向心力。伴随社会转型的加速和社会结构的整体性转换，全球化、市场化和信息化会直接反映到意识形态领域中来。由于利益主体的多元化导致了人们从主体经验和经常性利益为原点作出“自由判断”，进而使得主流意识形态逐渐被社会中多元复杂的影响力所解构，被世俗性的价值观念所消融。其次，由于西方文化的渗透和文化霸权主义的推行，马克思主义意识形态面临边缘化的残酷现实。即马克思主义意识形态与现实生活之间的张力不仅受到个体判断力的考验，还受到西方强势文化的威胁，以致于整套观念体系在剧烈的社会转型中被日益“碎片化”，使得理性的反思和批判力量在“自由意志”面前十分窘迫，严重危及国家文化安全。另外，在文化心理上依然存在文化自卑或文化自满的不良心理状态，妨碍人们对于社会主义核心价值体系的理性认知。同时，社会主义核心价值体系的内容还有待进一步拓展和充实，并借助全方位的教育传播，使之获取更加普遍性的认同和接受。面对这些困境和挑战，需要我们时刻保持“文化自省”的意识，大力推进社会主义核心价值建设。

二、“文化整合”与社会主义核心价值体系建设的自主建构

费孝通先生指出，文化自觉是一个艰巨的过程，不仅要理性认知自己的文化，还要理解所接触到的多种文化，从而在一个多元的文化世界里明确自己的位置，并与其他文化一起，共同建构一套各种文化和平共处、联手发展的共处守则，实现“各美其美，美人之美，美美与共，天下大同”的基本文化秩序。事实上，文化的发展有其内在的规律性，是一个不断融合创新的过程。面对多元化的文化生态，社会主义核心价值体系建设应摒弃见异思斗、非己必伐的思维定势，积极发挥其文化整合的功能，实现各种文化元素的交流融合，形成适应现代社会发展的充满活力的文化共同体。

*传统文化与现代文化的融合。*由于文化自身的相对独立性和稳定性会使得文化在总体变迁中产生一定的“文化滞后”或“文化堕距”，并以传统与现代的矛盾对立集中表现出来。加之不能辩证地把握传统文化与现代文化之间的内在关系，导致二者在一定程度上的断裂，打破了应然性的文化融合状态。有学者指出，自20世纪80年代，中国的文化问题就突出表现为“中国人的传统意识、传统心理、传统知识形态、传统行为方式，与现代化社会必然要求于中国人的现代意识、现代心理、现代知识形态、现代行为方式之间的全方位遭遇和总体性冲突”，而处于传统和现代夹缝之中的中国民众不断经历着文化价值观念的剧烈冲突，中国社会也不可避免地经历着一场深刻的价值重建和文化转型。

可见，如何融合传统文化与现代文化是社会主义核心价值体系建设的题中之义。文化是具体的、可感的，它切实反映了一定的政治经济制度、生产力发展现状以及风俗习惯、地理环境等因素，从而体现出自身的独特性内涵。由此，作为文化现象的社会主义核心价值体系建设：(1)要打破传统与现代二元对立的思维模式。由于受“左”的思想的影响，有人基于对社会背景和条件的根本性转换的考察，以断裂式的思维对待传统与现代之间的关系，无视文化自身发展的连续性，从而全盘否定传统文化的价值；又有人过分夸大传统文化价值的普世性，无视社会意识产生的特殊历史条件，抹煞其阶级性和历史的局限性，从而全盘肯定传统文化的价值。这些思维方式实质上都是对传统与现代关系的僵化、片面认识。增强社会主义核心价值体系建设的“自主意识”，首先必须破除这种形而上学的思维方式。(2)要积极弘扬优秀的中国传统文化。文化不仅是对现实的简单摹写，而且是观念层面的深度建构。判断一种文化理论是否先进，不在于时代和地域，而在于其本身是否反映了事物的本质和规律。在这种意义上，“传统恰恰具有一种开放性，不是向虚无之深渊敞开的开放性，而是一种建基于本真的、虽然也许是偶然的历史之根源上的开放性。传统永远是一部尚未完结的历史，永远是一项未完成的事业。”由此，社会主义核心价值体系建设要继续深入地自觉继承和创新中华民族的优秀传统文化。(3)要实现传统文化与现代文化的融合。价值是一个动态系统，传统文化到底以何种状态呈现于现代社会，还存在一个“转化”的复杂过程。在一般意义上，传统文化中所蕴含的经过实践检验的基本的理念、方法和精神实质，不仅不会随着历史的变迁而消亡，反而会通过重构被时代赋予新的形式和内涵，体现出某种普世性的意义。对传统文化的重构绝不是要回归到纯粹的传统中去，也不是简单的比附现代文化，而是在推进传统文化现代转型和理论创新的基础上，实现传统与现代的深度融合，既增强传统文化的时代性和应用性，又促使现代文化从传统文化中获取历史和文化的根基。

民族文化与西方文化的融合。中国的近代史是一段惨痛的屈辱史，历史的挫败感促使人们不懈探索中华民族的自强之路，而对于中西文化关系的探讨始终是一个关节性话题。从睁眼看世界的萌动，“师夷长技以制夷”的设计，到对西方物质文化、制度文化的渐进式接触、学习和实践，展开的是中华民族不断自我反省和了解世界的历史进程。这一进程催生出了处理民族文化和西方文化之关系的不同思想，如“中体西用”、“西体中用”、“全盘西化”和“拿来主义”等观点之间的碰撞与冲突。而在当代社会，伴随全球化浪潮的来临，对于民族文化和西方文化关系的认识，再次摆在国人面前，并带来诸多方面的现实挑战。一方面，西方发达国家借助强大的经济实力、先进的科技手段和发达的传播媒介，试图以西方文化占领世界文化市场，积极向其他国家尤其是广大发展中国家实施文化渗透与扩张，强劲推行西方的价值观念、生活方式和制度模式，从而以强势姿态占据了文化“交流”的话语权；另一方面，由于对民族历史和文化的片面性反思，加之受全盘西化思潮的影响，不少人开始怀疑和否定自己的民族文化，在价值观上带来一定程度的迷惑与混乱，产生了民族文化上的认同危机。针对于此，许多人又基于对民族文化的誓死捍卫而对历史虚无主义的看法表达出强烈的愤慨和谴责，但由于情绪化过重也不免滑入狭隘的民族中心主义的窠臼。

面对如此驳杂的文化图景和现实挑战，如何积极应对也是社会主义核心价值体系建设的题中之义。(1)要在理论上对历史虚无主义、狭隘的民族中心主义等片面思想进行彻底的清算。实质上，关于民族文化与西方文化关系的探讨说到底就是对于全球化与本土化关系的探讨，而全球化的丰富性恰是源于本土文化的差异性和独特性。换言之，中国文化与西方文化各有各的光荣历史，各有各的困惑和迷茫，是不同类型的文明表达。试图以全球化否定民族化，以时代精神否定民族精神，以西方的所谓普世价值否定中国特色社会主义，其实质就是否定中国历史与现实。一言以蔽之，简单否定自己的历史文化传统，是缺乏文化自觉的体现，不可能建构体现民族性、时代性和科学性的社会主义核心价值体系。同时，还要充分认识民族文化中的不足乃至糟粕，积极学习和借鉴西方文化中关于科学、理性、自由、公正等的核心理念，打破狭隘的民族中心主义。(2)要通过中西文化之间的积极对话，牢固树立社会主义核心价值体系建设的文化根基。杜维明指出，世界的不同文明应该展开积极的对话，通过对话进行自我反思、了解对方，这是一个互相参照、互相学习的过程，以致达成真正的文化上的平等互惠。对于社会主义核心价值体系的建设来说，这种对话机制，一是要求以文化自觉的精神不断创新民族文化。文化自觉根本上是一种价值认同，即实现人们对于社会主义核心价值体系所展现的马克思主义信仰、社会主义理想、社会主义道德规范等的共有和分享，从而形成一个联系紧密的精神共同体，由此形成社会凝聚力和向心力的前提与基础；二是要求把中国文化视为世界文化的一部分，本着“尊重差异、包容多样”的精神，展开相互间的对话与沟通，把对于西方文化的学习和借鉴建立在对中西核心价值体系深刻理解的基础上，建立在对中国社会主义实践充分认知的基础上。

大众文化与精英文化的融合。精英文化作为一种自觉文化，是人文精神和社会文化理想的重要载体，承担着社会教化和文化创新的使命，发挥着重要的价值范型功能，是“正统”和“经典”的解释者与传播者。但是，伴随工业化、市场化和世俗化运动，精英文化逐渐远离了社会话语的中心地位，乃至部分地陷入了商品化运作的模式之中。同时，精英文化为了保证自身的连续性和稳定性，防止因自身的断裂而危及政治秩序的稳定，面对社会思潮的剧烈变迁，往往又谨慎地保持自身的“平衡”发展。这一特点使得它经常与社会现实产生距离感，最终使得精英文化对于大众的价值引领逐渐让位于大众文化对大众的极力迎合。由此，精英文化的衰落与大众文化的崛起成为一个不争的事实。而大众文化根本上是一种消费性文化，作为现代人普遍性的文化生活方式渗透在社会生活的各个方面，在满足大众精神文化需求的同时，深刻影响着大众的价值理念和价值选择，成为现代社会中不可阻挡的文化潮流。一方面，大众文化的崛起打破了精英文化的文化特权，一定程度上促进了人性的复苏、感性的解放和心理的变革，由此带来一场深刻的生存革命；另一方面，大众文化的商业化、通俗化、平面化等特征，促使人们盲目追求本能欲望的满足，这种文化精神的失落，价值尺度的消解，文化活动中表面功利性的活跃和上升，加之深层意义探索的冷寂与沉沦，都在逐渐的侵蚀着中国文化的发展机制，对社会主义核心价值体系建设也构成了巨大的冲击。

面对大众文化与精英文化的内在紧张关系，加强社会主义核心价值体系建设，首先要构建二者之间共生共存的关系，使得它们在不同的空间和层次上满足人们的不同精神文化需要。换言之，社会主义核心价值体系建设既需要精英文化的支撑，也需要大众文化的认同。因为精英文化更具有人文和理性精神，体现出自身的严肃性和自觉性，可以克服大众文化庸俗化、肤浅化的缺陷。同时，社会主义核心价值体系建设也只有贴近生活、贴近实际、贴近群众，才能增强自己的吸引力。由此，大众文化应借助精英文化的引导提高自己的文化品位，精英文化也应借助大众文化形式，寻求在现代文化背景下传播的广阔空间。其次，要积极发挥社会主义核心价值体系对大众文化的引导功能。一方面，社会主义核心价值体系建设要扎根于人民大众之中，把理论的抽象性和概括性与日常生活实践结合起来，转变为人民群众的内在情感、意志和信念。要通过经济、行政和法律等手段，借助网络传播、学校教育和政治宣讲等多种渠道，把理性与科学等精神融入大众文化之中，提升其思想内涵、人文品位和精神价值；另一方面，还要积极利用大众文化的形式传播社会主义先进文化，从而体现出社会主义文化发展中的自觉意识，发挥社会主义核心价值体系对多种社会思潮的引领作用，建构起人们所共享的一种普遍性文化意识和价值参照系统。

三、“文化需要”与社会主义核心价值体系建设的主体满足

根据马斯洛的需要层次理论，人的需要体现了从低层次的生存需要向高层次的精神需要的逐级满足，而最高层次的精神需要即是自我的实现。马凌诺斯基的文化功能理论也认为文化根本上是一种“手段性的现实”，为满足人类需要而存在。由此，提高社会主义核心价值体系的吸引力和凝聚力，必须使得人民群众感受到它对于满足自身文化需求的作用。同时，“理论在一个国家实现的程度，总是决定于理论满足这个国家的需要的程度。”因此，社会主义核心价值体系建设还应当积极满足社会主义文化大发展、大繁荣的需要，推进国家文化软实力建设。

社会主义核心价值体系建设应满足人民群众的文化需要。“一切价值都是以一定人的主体尺度为根据的现象。价值并不是任何对象的存在及其属性本身，而是事物同一定主体发生关系时所产生的作用、效果的特定质态；区别这种质态（正负、好坏及其量的等级）的标准和标志并不在于客体，而在于具体的主体。”事实上，价值主体的价值选择既是一种理想性选择，又是一种现实性选择。它不仅要体现社会主流的价值理念和原则，还要关涉个体现实的实际利益。而在这一坐标系中，理想性选择始终立足于现实性选择的基础之上。由此，社会主义核心价值体系建设：(1)要满足个体社会化的需要。个体价值的呈现需要奠基于一定的文化系统，它并非是抽象的存在，而是与人自身的发展和完善紧密联系在一起。在某种程度上，遵从社会主流意识形态，是个人确立其社会生存的基础和前提。即个体生长的过程需要不断接受、认同社会所要求的主流道德规范和价值理念，并以之为标准不断调整自身的社会行为，在实践中不断获取存在方式，完成从“生物人”向“社会人”的转变；(2)要丰富群众的精神生活。社会主义核心价值体系代表了人民群众的根本利益和共同要求，凝聚了中华民族的优良品格，展现了中国人民的精神面貌，是具有普遍指导意义的道德规范要求和价值导向，它展现了“以人为本”的价值理念，根本指向就是要丰富和提升人民群众的精神生活，使得人既是文化的创造者，也是文化的传承者和享有者；(3)要促进人的自由全面发展。实现人的自由全面发展是马克思主义的终极性价值追求，它体现出人自身发展的内在规律性。而社会主义核心价值体系建设所展现的文化价值，促使我们对于物的关注回归至对人自身的关注，并积极投入到社会实践的变革之中。换言之，社会主义核心价值体系的文化价值以“人”为切入口展开自身的全部视野，努力把人从动物性存在提升为人性的存在，促使人走向更高级、更文明的状态。

社会主义核心价值体系建设应满足提升国家文化软实力的需要。“软实力”是美国哈佛大学教授约瑟夫·奈首先提出的概念，作为其子概念，“文化软实力”多指“一个国家知识理论、意识形态、价值体系、制度规范、文化传统、外交政策等所形成的引领力、凝聚力、同化力、传导力、影响力和竞争力。”在全球化时代，文化软实力已成为国家综合国力的重要组成部分，文化领域也日益成为意识形态斗争的主战场。胡锦涛在2006年中国文联第八次全国代表大会和中国作协第七次全国代表大会上指出：“如何找准我国文化发展的方位，创造民族文化的新辉煌，增强我国文化的国际竞争力，提升国家软实力，是摆在我们面前的一个重大现实课题。”2007年党的十七大报告进一步强调“要坚持社会主义先进文化前进方向，兴起社会主义文化建设新高潮，激发全民族文化创造活力，提高国家文化软实力。”而社会主义核心价值体系在本质上体现了社会主义意识形态的地位和作用，加强社会主义核心价值体系建设，发展社会主义先进文化，通过价值观念、思维方式的变革实现人的现代化，增强文化的辐射力和影响力，是国家文化软实力建设的核心，是我国目前的重要战略任务。

具体说来，一是通过社会主义核心价值体系建设，统一国家意志，增强民族凝聚力和向心力。作为整合社会的软实力，社会主义核心价值体系既服务于党和国家的中心任务，又承担起解放思想、组织动员（政治动员）的使命，具有重要的社会价值。实现这一价值需要通过广泛的社会参与，使社会主义核心价值体系的主导性与社会生活的丰富性结合起来，从而在观念层面上形成社会整体对社会主义核心价值体系的普遍性认同，在实践层面上依靠各种社会力量的联动推进社会主义核心价值体系建设。由此把社会主义核心价值体系融入到文化建设和社会建设的各个方面，使之成为把握社会主义先进文化的本质性力量，服务于国家文化软实力建设；二是通过社会主义核心价值体系建设，巩固马克思主义意识形态的主导地位，维护国家文化安全。美国学者德里克指出：“全球化也具有意识形态性，因为它试图根据一种比任何一种都更有效地服务于一些利益的全球想象来重新建构世界。”文化安全是国家安全的深层次要求，面对资本主义意识形态在全球范围内的输出、渗透和扩张，我们必须强化马克思主义意识形态的主导地位，通过有效的社会管理，应对非主流意识形态、反主流意识形态对马克思主义意识形态的解构作用，主动从社会的角度反思我国意识形态发展的现状，明确自我的社会定位，掌握发展与实践的主动权，从而确保社会主义发展的根本方向，维护社会的基本稳定。

（作者单位：河海大学马克思主义学院）

（选自《天府新论》2011年第5期）

核心价值观：中国文化大发展的关键

曾建平

文化的生命力在于其价值观。能否形成与中国发展、中国模式相适应的“中国核心价值观”，是中国文化能否大发展的关键所在，是中国能否成为强国的主要标志。

一

近些年来，人们又深刻地认识到，从文化人类学意义上来说，人类的一切经济活动都是文化活动，都具有文化意义，同时，文化从一开始就内蕴着经济的因子，而经济也内蕴着文化的因子。也就是说，经济即文化，文化即经济。说它是“经济的”，因为它以直接的物质形态的改变来满足人类为自身生命存在的物质需要，而任何对于这一过程结果的储存，都是可以形成财富的；说它是“文化的”，因为它承载着人类对于生命对象的理解和思考，记载着思想、意识甚或情感的过程，是精神对于物质所曾经达到的一种理解和把握的文明高度的象征。文化的这种经济功能在现代社会发展中的价值越来越突出并逐渐被剥离出来形成文化产业，文化产业与文化事业的切割使得文化的经济价值功能获得质的提升。文化产业已经成为中国提升经济、产业和产品的文化内涵、促进国民经济增长的重要引擎；已经成为促进经济发展方式转变、优化经济结构和产业结构、扩大就业和创业的重要产业；已经成为提升国家和区域文化品格、增加吸引力、扩大影响力、提高竞争力的重要动力。

然而，文化与经济之间并非线性的平衡发展关系，很难说，经济的发展必定促进文化的进步，文化的跨越必定带来经济的辉煌。世界历史显示，一些国家出现过经济快速增长而文化却不曾繁荣，甚至出现文化衰败或畸形发展的状态。那种“经济与文化的均衡发展论”出自约翰·斯图亚特·穆勒和亚当·斯密等关于物质生产能够直接引出文化生产、物质生产水平的高低也直接决定文化生产水平的观点。对此，马克思予以了批判，他在《1857—1858年经济学手稿》中提出“物质生产的发展例如同艺术发展的不平衡关系”，即物质生产和文化生产发展的非均衡规律。这个规律表明，经济发展与文化进步并非完全同步，经济并不是影响文化发展的唯一因素，在经济高速发展时期必须重视文化的协调发展。

当前，在文化—经济之间，我们存在两个重要缺陷：一方面，文化的经济功能未被合理放大和充分利用，中国文化产业对国民经济贡献份额偏少，仅占GDP比重的2.8%左右，而经济发达国家占到8%—10%；另一方面，文化的功利性、工具性价值被过度强化，而其导向性价值却严重萎缩，甚至被消解。为了其经济效益，人们已经淡忘了文化的根本使命乃在于“文以载道”——文化所具有的道义价值。庸俗、低俗、媚俗之风大行其道，为迎合大众而迷失了主流价值观塑造，误导人们特别是青少年的道德判断和价值选择。长此以往，将会导致社会出现严重的政治厌倦甚至是政治虚无的情绪，精神懈怠甚至是精神空虚的状况。为此，我们需要大力发展文化经济，使之上升到国家战略层面，但必须在把文化产业作为国民经济新的重要增长点时突出其显性的和隐性的价值引导，因为文化产业具有强烈的意识形态性，隐含着强大的道德观和价值观。2009年9月26日我国出台了指导文化产业发展的首部纲领性文件《文化产业振兴规划》，其基本原则第一条特别强调“坚持把社会效益放在首位，努力实现社会效益和经济效益的统一”。这说明，在推进文化产业发展时，必须坚持“以文化人”、“以文育人”的价值导向。

二

文化是人的第二自然或人的第二本性。无论是就人的第一自然还是就人的第二自然来说，文化都是人成为人的普遍需要，是人的内在诉求。一方面，人虽然脱胎于动物，但人永远不可能脱离自然而生存，这是人从一诞生就注定了的宿命。人是未完成性动物，其最直接的含义在于人如何摆脱动物性，不断达致完满的人性。恩格斯正确地指出：“人来源于动物界这一事实已经决定人永远不可能完全摆脱兽性，所以问题永远只能在于摆脱得多些或少些，在于兽性或人性的程度上的差异。”恩格斯的话表明，人性中仍然可能沉淀着兽性，如果没有适当的文化教育和精神引导，这种兽性仍然会在一定境遇中表现出来。为此，文化的一个重要功能在于教化，在于“以文化人”、“以文育人”，使人超越这些自然性、本能性、动物性、劣根性。另一方面，文化是人的本质需求，人的未完成性的根本含义是指人在精神上追求的无限性，人对自己的目的性、可能性和潜在力的认识永远是渐进的，只有在文化中，人才能获得自由。恩格斯说：“最初的、从动物界分离出来的人，在一切本质方面是和动物本身一样不自由的；但是文化上的每一进步，都是迈向自由的一步。”人与动物的最大不同，就是人能获得属于自己的符号——文化。人对物质的猎取，不可能获得充足的幸福感和惬意的满足感；正是文化才能使人发现自我的本质力量和精神归宿。“文化之于人类，应当是一种精神上的内在需求、普遍需求，也是终生相伴的需求”，“人们需要通过文化来启蒙心智、认识社会、获得思想上的教益，也需要通过文化愉悦身心、陶冶性情、获得精神上的满足和依归。如果没有精神文化上的充实和丰盈，就不能说有真正幸福的生活和美好的人生”。文化之所以能够给人这种目的性需要，是因为文化的精神内容不仅包括知、情、意等一般心理活动的各个方面，而且更为重要的是包含着人的价值理念、价值诉求、价值取向等高级需要。就此而言，能够塑造人、引导人、教化人的文化必定拥有一套合理的价值体系。

当前，我国正面临着经济体制深刻改革、社会关系深刻变动、利益结构深刻调整、思想观念深刻变化的新形势，面临着世界范围内不同思想文化体系的价值观念更加猛烈地相互激荡，我国人民的社会生活方式多样化和社会成员价值取向多元化对主流文化提出了挑战。在金钱主义、消费主义、享乐主义的影响下，不少人追猎物欲的满足，寻求感官的刺激，沉溺于声色犬马，陶醉于权钱交易，浪荡于昼夜荒淫，从根本上说，这是他们的文化世界荒芜、精神家园失落、价值脊梁坍塌所导致的结果。远离文化必然远离人的本质。为此，“人文关怀、心理疏导、精神抚慰的任务更加繁重。必须在坚持‘以文化人’、‘以文育人’的同时，更好地用文化温润心灵、舒缓压力、涵养人生，更好地丰富人们精神世界”。文化是使人提升价值追求，回归精神世界的主要方式。文化应该以其科学的价值判断和先进的价值指向，促进人和社会的全面发展，应该以其对先进思想的涵育、崇高道德的褒扬对人的发展方向和理想追求产生巨大的社会效能。卡西尔在《人论》中充分揭明，人是符号的动物，是文化的动物，人的真正本质是文化；人只有在创造文化的活动中才能成为真正意义上的人，也只有在文化活动中，人才能获得自我解放。他说：“作为一个整体的人类文化，可以被称之为人不断自我解放的历程。”

三

从文化的结构来看，“文化事实上是由两个基本方面构成的：一方面是主观文化——文化的心理特征，它包括观念、价值及思维方式；另一方面为客观文化——某一文化的社会制度及人工制品，例如其经济体系、社会习俗、政治结构以及加工工艺、艺术、技艺和文学。客观文化可以被看成是主观文化的外在体现”。具体地说，客观文化是人类把握世界方面的成果，如知识、科学、技艺、文学等，没有民族、阶级、社会之分，不是决定文化多样性的根基。决定文化多样性根基的是主观文化，是文化所负载的价值观念，因而价值是文化的核心，也是民族凝聚力与进取精神的源泉。

无疑，文化总是必须、必然地阐释和表达一定的价值理念和价值追求，而核心价值是其中最本质的部分。它决定着文化的性质和方向，是判断孰是孰非、孰重孰轻的标准体系，也是文化的最高境界。有什么样的价值观，就有什么样的文化立场、文化取向、文化选择。文化的生命力是其宣扬的核心价值观，唯有在核心价值观的引导下，文化才能真正发挥引导社会、教育人民和推动发展的作用。

历史或现实中的各种不同文化系统之差别，本质上是价值观念体系的差别。从根本上说，文化的竞争本质上是价值的比拼，是核心价值的较量。文化人类学家博厄斯出于反对“欧洲中心主义”、“白人优越论”而提出“文化价值相对论”，主张各民族有自己的世界观、价值观，不能用“我们的”价值标准去要求每个民族，这是具有重要意义的文化人类学观点；但是文化相对主义采取道德评判先行的做法，难免产生一些弊端——如果一种文化取消掉其价值体系、是非标准，无论它处于什么水平，它都将不复存在。因此，我们一方面要警惕一些西方国家那种自我标榜为世界中心的价值主张，另一方面又要对中华民族文化的核心价值充满自觉、自信。

事实上，西方一些国家一直以来就具有输出文化即输出价值的自觉。18—19世纪，英、法、德依仗经典的希腊、罗马文化成为世界的文化引领者，英语也成为了世界语言，欧洲所倡导的自我价值观也随之播撒到全世界。这种具有竞争力的价值观就是约瑟夫·奈所说的软实力，它是通过吸引力而非强制手段，让他人自愿追求你所需的能力，“美国应对全球信息时代新威胁的成功与否不仅取决于自身的军事和经济实力，还取决于其文化和价值观所代表的软实力，也取决于美国的政策是否让其他国家感到自己的意见受到了尊重、自己的利益得到了关注”。由此可见，所谓软实力，从根本上讲就是文化所具有的核心价值观的生命力、凝聚力。

中华文化如参天大树，而道德价值就是她的根，这是中华文化安身立命的根本，也是在世界文化图景中找到自身定位、赢得诚恳尊重的基本点。民族的复兴始于文化的自觉自信，文化的自觉就是传统优秀道德的复苏和传承，文化的自信就是中华核心价值的涵养和充沛。在对待中华传统文化上，自觉就是“把传承民族优秀文化作为义不容辞的责任，更好地用民族优秀文化滋养民族生命力、激发民族创造力、铸造民族凝聚力，建设好中华民族的共有精神家园”。自信就是礼敬自豪地对待中华优秀传统文化，始终不渝地坚持马克思主义指导思想，倍加珍惜党领导人民创造的革命文化。十七届六中全会《决定》指出:“没有文化的积极引领，没有人民精神世界的极大丰富，没有全民族精神力量的充分发挥，一个国家、一个民族不可能屹立于世界民族之林。”文化创新既要继承和弘扬中华民族传统美德，又要与时俱进、创造新颖的核心价值。历史和现实反复表明，如果没有这个最核心的东西，一种文化就立不起来、强不起来，一个民族就没有赖以维系的精神纽带，一个国家就没有统一的意志和共同的行动。

因此，文化大发展首先必须在核心价值观上作出新的概括、新的提炼、新的创造。这对于进入现代化体系之中的中国而言尤其具有重大意义。中华民族若要对世界有所贡献不仅应该体现在现代化的水平和程度上，更应该体现在知识总量的贡献、核心价值的开掘之上。文化要自强，关键在于凝结民族文化的灵魂——形成中华文化的核心价值和共同理想，培养民族文化的个性。正是在这个意义上，有人说，当代中国文化之逆差，归根结底是价值观的逆差，是灵魂的逆差，建立一套适合中国发展并具有广泛感召力的社会主义核心价值观，不仅对于加强社会团结和睦、增强国家的竞争能力至关重要，对于扭转文化逆差更为重要。

“塑造社会主义核心价值观，重要的是体现时代感、突出大众化、富有独创性。”时代感，就是把握时代主题、反映时代精神、引领时代潮流；大众化，就是关注大众诉求，融入大众生活，具有强大的道义力量和广泛的社会认同；独创性，就是要有特点、有特色，能够为人类文明发展有所贡献。它必须在这三个维度上进行创新和开掘：一是社会生活维度，任何社会的核心价值必须具有生活基础，能够反映这个社会的时代风貌和人们的生活共性，体现社会成员的共同感受、共同追求，缺少生活基础的价值观必然缺少其认同的现实性和实践的可能性；二是历史发展维度，任何社会的核心价值必须具有历史前提，是这个社会的传统文化精粹的集中表达，缺少历史前提的价值观必然缺少其存在的延续性和持久性；三是全球共享维度，任何社会的核心价值必须具有思维共性，既能反映这个社会发展所需要的共同理想，又能体现同时代多元社会里为大家所共同奉行的价值思维，缺少思维共性必然缺少其体认的广延性和普遍性。因此，形成原创性强、普遍意义大、经得起历史的检验和实践的淬炼的核心价值观是中国文化大发展大繁荣的关键问题。

（作者：井冈山大学井冈山研究中心教授、博士生导师）

（选自《道德与文明》2011年第6期）

正确认识社会主义核心价值观与先进文化建设的关系

郑海祥　王永贵

在当代中国，推进先进文化建设和促进文化的大发展大繁荣，必须以社会主义核心价值观来引领。社会主义核心价值观是社会主义意识形态的本质体现，是社会主义社会的灵魂和支柱，是全党全国人民团结奋斗的共同思想基础。正确认识社会主义核心价值观与先进文化建设的关系，进而以社会主义核心价值观指导先进文化建设，对于加强和巩固马克思主义在意识形态领域的指导地位，不断开拓中国特色社会主义事业具有重大而深远的意义。

一

社会主义核心价值观就是"反映社会主义基本的、长期稳定的社会关系及价值追求的价值观，是在社会主义革命、建设和改革历程中逐步形成和发展起来并指导社会主义健康发展的价值目标和价值观念"。从社会主义核心价值观的内涵可以看出，它是在长期的历史过程中形成的稳定而又影响深远的价值观；它反映了社会主义的本质和建设规律，是人们对社会主义认识由制度层面向价值层面转化的集中反映；它是人们对未来社会主义社会价值追求的基本看法和总体要求，将从深层次上指导中国特色社会主义建设实践。

对于社会主义核心价值观具体内容的研究，不同学者有不同的见解。尤其是近期《光明日报》连续发表有关社会主义核心价值观的论述，引起社会各界的高度关注。参考学界的研究成果，结合自己对该问题的认识和研究，笔者认为，社会主义核心价值观既要反映世界社会主义运动的价值追求，又要体现中国文化的优良传统和人类文明的进步成果，同时还要反映当代中国发展的时代性，最大限度地表达社会主体对重大问题的价值共识。从这个意义上讲，社会主义核心价值观的内容应该包括"以人为本、公平正义、文明和谐、民主法治"，涵盖社会主义社会政治、经济、文化、社会等各方面的核心价值观。其中，"以人为本"遵循了马克思主义关于社会主义价值追求的基本思想，反映了整个世界社会主义运动的终极价值追求，而且这一价值观也体现了我们党立党为公、执政为民的执政理念和全心全意为人民服务的根本宗旨。"文明和谐"的价值观是中国文化的优良传统，是中华民族对人类社会的伟大贡献，积淀着中华民族最深层的价值追求和价值准则，体现了社会主义核心价值观的民族性。"民主法治"的价值观是世界各文化大都崇尚的价值，是人类文明的优秀成果，反映着时代和人类发展进步的要求。“公平正义”的价值观是当代中国在经济转型的矛盾凸显期，化解矛盾纠纷，实现社会稳定的前提条件，又是创新社会管理、推进改革发展、构建社会主义和谐社会的内在要求，更是巩固党的执政地位和社会主义制度的根本要求。当然，社会主义核心价值观是一个具体的历史的范畴，是随着历史的发展不断丰富和深化的，需要我们随着社会实践的发展进一步凝练、概括。

社会主义核心价值观与先进文化建设之间在一定意义上是一种内容和形式的关系。社会主义核心价值观从价值理念的层面体现了社会主义的本质，是社会主义社会的灵魂和支柱，影响着社会个体或群体的思想观念与价值取向，是社会主义先进文化区别于另一种文化的基本价值观念。当代中国先进文化实质上就是中国特色社会主义文化，发展先进文化就是建设中国特色社会主义文化。先进文化是当代中国的新文化，它以全新的面貌向世人展示中华文明的新形象。这种新就在于它内含着社会主义核心价值观的基本内容，并以文化事业、文化产业等多种形式实现着人们在社会主义核心价值观指导下追求的思想观念和价值理念，展现着人们在追求理想信念过程中积极向上的精神面貌。从这个意义上说，社会主义核心价值观是先进文化建设的根本内容，先进文化建设以各种形式实践社会主义核心价值观内含着的各种先进价值理念。概括来讲，社会主义核心价值观从根本上决定着先进文化发展的基本形式，先进文化通过文化理念的不断革新并以文化事业、文化产业等各种形式实践着社会主义核心价值观的精髓。因此，社会主义核心价值观与先进文化建设的内在联系决定了：在现阶段，建设先进文化的关键就是在社会主义核心价值观的指导下，推动文化价值观念创新，实现先进文化发展质的飞跃，推动中国特色社会主义文化的大众化，促进社会主义文化大发展大繁荣。

二

全球化时代是文化竞争的时代，文化在综合国力竞争中的地位日益重要。在全球化深入发展的今天，以社会主义核心价值观指导先进文化建设，推动文化创新，实现先进文化质的飞跃，是适应全球化时代文化竞争的战略选择。

1. 软实力的竞争使文化创新成为制胜之道

随着时代的发展，软实力在国际竞争中的作用越来越突出。软实力的内容包括：“国域（民族）文化的吸引力和感染力、意识形态和政治价值观的吸引力、外交政策的道义和正当性、处理国家关系时的亲和力、发展道路和制度模式的吸引力和国际规范、国际标准、国际机制的导向制定的控制能力以及国际舆论对一国国际形象的赞赏和认可程度。”其中，文化是软实力的核心内容。文化从不同的维度对人类社会的发展发挥着重要的作用。

软实力的竞争在当今世界综合国力竞争中的地位越来越重要，而提升我国文化软实力的关键就是在社会主义核心价值观的指导下，通过文化创新来推动文化发展的质的飞跃。文化价值观是文化的核心内容，文化价值观的创新是提升软实力的根本。中国文化正是在不断的创新中前进的，中国的软实力也是在文化创新中逐渐提升的。近代历史上，中国文化有两次大的转向，第一次转向是由发生在上个世纪初的新文化运动引起的。新文化运动中，许多先进的知识分子开始以“重新估定一切价值”的眼光对许多问题进行讨论，在民主与科学的旗帜下对中国传统文化进行新的认识，在当时社会掀起了巨大的波澜，促进了全社会的思想解放，使中国文化真正与世界接轨，融入了世界文化发展的潮流，促成了中国文化由传统向现代的转向。当前，在全球化的背景下，中国文化正面临着第二次重要转向，面临着由盲目崇拜西方到中国文化本位的转向，由文化精神性到文化产业性的转向，由精英文化到大众文化的转向。因此，我们依然要坚持“文化创新是提升文化软实力的根本”的观念，在保持原有文化基本价值观和文化传统的基础上，不断进行文化价值观的创新，最终成功实现中国文化的第二次转向，提高中国文化的软实力。所以，面对日益激烈的国际竞争，要提升我国的文化软实力，就必须以社会主义核心价值观为指导，进行文化创新，从根本上激发中国文化的竞争活力。

2. 文明的共生要求增强我国先进文化的吸引力、凝聚力和感召力

随着我国融入经济全球化程度的不断加深和改革开放步伐的加快，文化多样化在给我国先进文化发展带来机遇的同时，也造成了巨大冲击。文化的多样性有利于不同文化形态之间的交流，有利于各种文化在交流中充分显示自己独有的价值和魅力。我们在多元文化交流中学习和吸收了各国的优秀文化，发展了自己的文化，同时向外宣传和推广了自己的文化。但是多种文化之间的相互碰撞和影响，也给我国的文化建设带来了冲击。尤其是以美国为代表的宣扬普世价值的西方文化的渗透，使人们误以为他们的价值观和文化很优越，从而因中国一时的落后产生民族自卑感，进而演化为民族虚无主义，完全否定本民族的文化，丧失对本民族文化的认同，最终走向盲目崇拜西方价值观和文化的歧路。这样的一种事实不利于我国先进文化的建设与发展，更不利于民族凝聚力、吸引力和感召力的增强。

置身多种文明共同发展的环境，面对西方文化强势冲击的挑战，我们应该以社会主义核心价值观为指导，在变革文化理念的基础上努力发展社会主义先进文化，推动先进文化被社会广泛认可和接受，形成文化认同，增强我国先进文化的凝聚力、吸引力和感召力。社会主义先进文化具有科学性、开放性、发展性的特质与根植于民族文化并为人民大众所认可和接受的属性。“它具有强烈的吸引力和感召力，能够最大程度地凝聚中国各民族、各阶层的力量，共同致力于现代化建设和中华民族的伟大复兴的实现”。文化价值观的创新是增强先进文化凝聚力、吸引力和感召力的关键。世界上每一种文明的深处都包含着价值观的内核，人们在这种精神内核的基础上，形成了判断真伪、善恶、美丑、正当与否等的价值观念，并指引着自身行为活动的方向，成为个人进步和社会发展的精神支柱。因此，要增强社会主义先进文化的凝聚力、吸引力和感召力，就要在社会主义核心价值观的指导下，适应时代发展，不断进行中国特色社会主义文化领域价值观的创新。

3. 文明的跨界交流使维护国家文化主权成为迫切任务

全球化的时代，各民族文化之间跨界交流的过程中，存在着文化全球性与民族性的矛盾和冲突，给一些国家的文化安全造成了巨大的危害。中国作为一个发展中的社会主义大国，正面临着西方强势文化对国家文化安全形成的威胁。西方国家在对我国进行文化渗透和扩张的过程中，一些人在其影响下尊崇拜金主义、享乐主义、极端个人主义的思想，人生观、道德观、世界观开始扭曲变形，国家观念、民族意识变得淡薄，否定历史的民族虚无主义抬头。这将对我国的文化安全形成巨大的冲击，导致民族文化陷于混乱、民族精神支柱坍塌和社会主义理想信念淡化。因此，在全球化背景下，在各国文化跨界交流的过程中，中国始终面临

着西方文化霸权的巨大压力，面临着维护自身文化安全的艰巨任务。

全球化背景下，要维护我国的文化安全，关键是要在社会主义核心价值观的指导下进行文化创新。“文化生存是民族生存的前提和条件。文化的生存状态不仅积淀着一个民族和国家过去的全部智慧和文明成果，而且还蕴含着它走向未来的一切可持续发展的文化基因，是其存在和发展的全部价值与合理性之所在。”而文化创新是应对文化安全危机，保障国家文化安全的核心。因此，在全球化时代，在各民族文化跨界交流的过程中，以社会主义核心价值观为指导，推动文化创新，已成为维护我国文化安全的核心和迫切任务。

三

随着改革开放的深入发展、社会主义市场经济的深入推进和我国参与全球化进程的加快，我国的社会主义建设事业既有前所未有的机遇，也面临着严峻的考验和巨大的挑战，这些都对我国先进文化建设提出了新的要求。面对世界形势的新发展，面对国家发展和人民生活改善对文化发展的新要求，我们必须以社会主义核心价值观为指导，推动文化创新，实现先进文化发展质的飞跃，这是坚持中国特色社会主义道路的现实需要。

1. 加强我国主流意识形态建设的现实需要

“我国的主流意识形态建设工作关系到国家安全和社会稳定，关系到党和人民的事业的兴衰成败。”全球化浪潮迅速发展的今天，多元文化冲突为我国主流意识形态建设带来前所未有的威胁。如自由主义思潮的泛滥、西方民主化浪潮的冲击和意识形态终结论的影响，都在很大程度上淡化了我国主流意识形态的社会认同。另外，在我国社会转型的关键时期，改革的共识在一定程度上被削弱，其作为意识形态话语的魅力也相对淡化。在严峻的国际国内形势下，为深化改革凝聚新的共识，巩固社会主义意识形态的主导地位，成为当前我国主流意识形态建设面临的重大课题。

在社会主义核心价值观的指导下，推动文化价值观的创新，是巩固意识形态主导地位的关键。文化是意识形态产生的前提和基础，它一定程度上表现为民族认同，其内核是价值观；在特定的社会形态中，意识形态是文化价值观中专属于特定阶级、阶层和集团并在社会生活中占统治地位的价值观念体系，它包含于特定社会的文化价值观之中，是文化价值观的核心部分。在社会主义社会，文化与意识形态高度统一于其享有的主体——中国最广大的人民群众。因此，面对全球化背景下多元文化冲突和社会转型对我国主流意识形态建设形成的挑战，巩固社会主义主流意识形态的主导地位，维护国家意识形态安全，增强社会主义主流意识形态的吸引力和凝聚力，必须在社会主义核心价值观的指导下，创新先进文化的价值观念。

2. 引导社会转型健康发展的保证

先进文化作为人类文明进步的结晶，在实现社会主义现代化过程中具有重大的指导作用。社会主义现代化是一个以经济市场化推进传统社会向现代社会转型的剧烈的社会变革过程。这个时期包含着观念的转化，即价值观念、思维方式、文化关怀等方面的变迁。中国社会转型伴随着经济、政治、文化、社会之间的同质整合关系遭到破坏和社会处于变动无序与多元重组的状态。旧格局被打破，新的秩序没有确立的过程中，社会组织的离散和价值迷失造成了认同、参与、信仰、整合等方面的危机。要解决好这些问题，使社会从无序状态恢复到有序状态，就需要能够使人们认识社会发展方向，焕发创造潜能，整合各种社会矛盾的文化的出现。先进文化是人类文明进步的结晶，确立了未来社会的价值方向，能够为人类社会文明进步提供强有力的思想保证、精神动力和智力支持，具备解决社会转型过程中产生的问题的功效。

先进文化虽然在社会转型的过程中发挥着巨大的指导作用，但它不能超越具体时代条件的限制，必须随着社会转型的继续进行和各种新问题的出现，不断调整自身的标准和功能。要保证先进文化能够顺应时代发展的要求，及时解决社会转型过程中出现的新问题，就必须推动文化创新。只有推动先进文化价值观的创新，才能顺应时代的发展，为人们的价值迷失找到新的方向，才能为中国未来的发展提供航向。只有不断推动文化价值观创新，才能从人们的意识层面保证社会价值规范继续发挥作用，才能在国内格局变换和秩序重建的过程中保证中国社会的平稳进步。现代化建设是在中国特定的国情条件下进行的，因此，以社会主义核心价值观为指导，不断推进文化价值观的创新，明确未来社会前进的方向，是保证我国现代化建设健康发展的保证。

3. 构建社会主义和谐社会的内在要求

构建社会主义和谐社会，提高社会发展的质量，我们需要转变观念，从文化的深层探寻和谐社会发展的内源动力。现代化是与全球化相伴随而出现的社会变革。西方国家以工业化为依托的现代化是早发内源的，它的出现有一定的历史前提，即各国国内商品经济的发展、市民社会的出现、国内统一市场的形成、启蒙思想的大众化等。这一系列的前提条件中，尤其重要的是启蒙思想的发展，它为西方国家实现从传统农业社会向现代工业社会的转变提供了强大的内源动力。西方国家的这种转变正是在自由民主、公平竞争以及平等交易的思想启蒙下得以实现的。中国的现代化是后发外源的，它是在外在的压力刺激下发生的。受内源驱动的西方国家实现现代化以后，将自身的发展作为一种外源动力作用于落后的中国，迫使中国有了现代化的过程。我国在实现现代化过程中出现的各种矛盾，成为和谐社会提出的现实背景。可以说，文化力量作为内源动力推动的现代化进程中存在的价值矛盾与冲突是和谐社会理想提出的现实背景。因此，适应时代发展，体现现代化要求的文化价值是构建社会主义和谐社会的内在动力。

在全面建设和谐社会的过程中文化对社会的发展起着深层的作用，文化创新是实现和谐社会的核心内容。社会的改革和建设，需要以文化的改革和创新为精神支撑。文化作为一种内在的推动力，对经济发展的作用将越来越大。经济活动以特定国民心理积淀、价值观念以及文化传统、风俗习惯等为文化背景，通过改变经济活动主体的精神状态、思维习惯、行为方式来影响经济活动的效率。从这个意义上讲，文化创新是巩固和发展安定和谐的政治局面，为全面建设和谐社会提供优美的生态环境和社会环境，促进整个社会文明进步的内在保障。因此，我们要以社会主义核心价值观为指导，创新文化价值观念，培育适应时代发展要求的先进文化，为建设社会主义和谐社会提供内源动力和心理保障。

总之，正确认识社会主义核心价值观与先进文化建设的关系，坚持在实践中以社会主义核心价值观为指导推动文化创新，有助于提高我国的文化软实力，有助于提高我国适应全球化背景下文化竞争的能力，有助于坚定全国各族人民的社会主义信念，有助于巩固党和人民团结奋斗的共同思想基础，从而为坚持中国特色社会主义道路提供理论指导和精神支柱。

（作者单位：中国人民大学国际关系学院）

（选自《思想理论教育》2011 年第 12 期上）

社会主义核心价值体系的本质规定

涂成林

党的十七届六中全会提出，社会主义核心价值体系是“兴国之魂”、“文化精髓”，对建设中国特色社会主义具有“决定作用”，其出现次数之多前所未有，表述语气之强也前所未有，立论定位之高更前所未有，可以说是自2006年党的文件首次出现这一词汇以来对社会主义核心价值体系所作的最系统、最全面、最精炼的表述。具体说来有以下几个基本特点。

从构成内容看，社会主义核心价值体系表现为主流意识形态和社会伦理规范的统一，体现出内容的系统性和层次性

社会主义核心价值体系包括了四个层面五大内容，即坚持马克思主义指导地位，坚定中国特色社会主义共同理想，弘扬以爱国主义为核心的民族精神和以改革创新为核心的时代精神，树立和践行社会主义荣辱观。这个表述既体现出系统性也表现为层次性，它表明核心价值体系是一个庞大的思想和价值系统，其中最高层次是马克思主义指导地位，最低层次是社会主义荣辱观。

具体来说，处于第一、二层面的马克思主义指导地位和中国特色社会主义共同理想，实际上是执政党的主流意识形态诉求，解决的是执政党的政治信仰和价值追求问题；处于第三、四层面的以爱国主义为核心的民族精神、以改革创新为核心的时代精神以及社会主义荣辱观，则是人们在继承历史传统、参与社会实践和经历具体人生中所习得、需遵守的思想观念和基本价值，解决的是普罗大众的基本人生追求问题。

可见，社会主义核心价值体系作为国家和政党主流意识形态的集中体现，既是我国当今复杂的社会意识形态的主体和灵魂，也是中华五千年文明史中形成的优秀文化传统与时代发展的先进文化的结晶。它的特色在于：初步确立了政党理念、国家体制、文化传统、时代精神和基本规范等在观念价值层面的统一，不仅凸显了当今社会主流意识形态特征，而且也容纳了历史文化传统、鲜明时代精神和社会底线伦理，因而表现出逻辑上的完善性、内容上的包容性和实践上的可操作性，也使社会主义核心价值体系具备了规范社会实践行为、进入大众精神生活的现实意义。

从传播路径看，社会主义核心价值体系表现为政党推动、普及教育、社会实践和文化传播等多种途径的统一，体现出传播的多样性和实践性

首先，在核心价值体系前面加上“社会主

义”就是一种旗帜鲜明的定性，表明了核心价值体系的社会主义本质，也标示了这种核心价值体系与其他社会制度下所建构的价值体系的不同，这说明核心价值体系不是空洞的普世臆想，而是立足于中国的特殊国情。

其次，将社会主义核心价值体系融入到国民教育、精神文明建设和党的建设的全过程，贯穿到改革开放和社会主义现代化建设的各领域，体现到精神文化产品创作生产传播各方面，实际上是从教育路径、社会实践以及文化创造等多个方面确立了核心价值体系的实践性传播路径。从纵的方面看，国民教育是确保社会主义核心价值体系代际相传、进入中华民族精神血液的根本途径；精神文明建设和党的建设是我们社会制度的基本属性，必须承载起传播核心价值体系的重要载体。从横的方面看，改革开放和社会主义现代化建设的所有实践领域、精神文化生产的所有创新方向，都要体现和昭示社会主义核心价值体系的存在和功能。这就表明，社会主义核心价值体系不只是理论和口号的泛泛空谈，不是人们精神生活的自我娱乐，而是要进入火热的社会实践、社会生活的全部领域，通过锤炼、打磨最终成为全社会遵循的价值标准。

最后，还要牢记广大人民群众是社会主义核心价值体系的传播者和实践者，执政党和社会精英只能发挥引领和导向作用，但引领不是代替，导向也不是包办，社会主义核心价值体系能否真正发挥作用，离不开广大人民群众的共同参与，因此，既要从思想上、也要从实践上突出广大人民群众的主体地位，使人民群众主动参与、自觉参与，这样才能汇集全民的智慧力量，使社会主义核心价值体系真正融入人们的思想观念，成为行为规范，发挥实际作用。

从现实功能看，社会主义核心价值体系表现为国家意志、政党目标、社会思潮到基本规范的全方位覆盖，体现出功能的全面性和差异性

核心价值体系的作用在于引领社会思潮，目的是在全党、全社会形成统一的指导思想、共同的理想信念、强大的精神力量和基本的道德规范，这四个功能的概括基本涵盖了从国家政党理念到个人精神准则等各个方面，可谓“修齐治平”，达到“独善其身”和“兼济天下”的自为境界。

目前，我国正处于重要的发展战略机遇期和社会矛盾凸显期。随着社会主义市场经济的深入发展，社会结构发生深刻变动，利益格局出现深刻调整，带来了社会思潮的空前活跃，价值取向的复杂多样，没有指导思想、理想信念、精神支柱和道德规范的统一与共识，便不足以构建中华民族的共有精神家园，不足以巩固全国人民团结奋斗的共同思想基础，更不足以凝聚现代化建设和民族复兴的强大力量。另一方面，我国还处在社会主义初级阶段，社会成员结构层次和文化水平差距很大，这就决定了社会主义核心价值体系在功能实现上的层次性和差异性，也就决定了我们推进社会主义核心价值体系建设，不能搞一种标准、一个模式，更不能搞“一刀切”、“一言堂”，要坚持软硬两手和奖惩结合。有的需要用政策、制度和法律来规范，有的则需要灌输、普及的方式来引导、疏导。

换言之，要在制度规范和约定俗成的两个层面，明确需要弘扬的、必须要求的，厘清可以允许的、必须抑制的和取缔的，从制度建构、乡规民约、利益分配、荣誉奖惩等方面来实现社会主义核心价值体系的多重功能。

从建构方式看，社会主义核心价值体系需要打通主流意识形态与民间伦理规范的现实通路，表现出建构路径的通识性和包容性

目前，社会各方面对核心价值体系的认知，还停留在一个方向性的框架内，对于社会主义核心价值观究竟是什么？核心价值观到底包括什么内容？仍然众说纷纭，未成定见，尚有进一步探讨之必要。笔者认为，当下的切入点是探讨核心价值和核心价值观的凝练路径，除了强化教育引导、创新方式方法、健全制度保障之外，还需要通过建立社会共识来确立核心价值观的具体内容。换言之，社会与学界要共同努力，找寻主流意识形态向下沉淀和民间伦理规范向上提升的现实通路，通过上下互动，凝练提升，交流共识，形成核心价值观的基本内容建构。

就一般意义来说，社会主义核心价值体系可分为基本价值与核心价值两个层次。社会大众需要确立知荣辱守信用等底线伦理的基本价值，而从国家层面特别是执政党层面，更需要对核心价值观的提炼。如何既吸取人类共性价值观中所包含的民主自由理念，也从中华五千年传统文化中寻找“和而不同”“中庸”“自强不息”等优秀的文化价值积淀，都是值得我们去认真思考的。此外，我们还需寻求主流意识形态和民间伦理规范相互融合、形成共识的路径。我们过去在传播主流意识形态方面曾采取过政策推广、政治运动、培训学习、典型示范等多种形式，近几年逐渐兴起的“国学热”、“孔子学院”和“村治转型”“乡规民约”等，可以视为从传统和民间吸取价值精华的尝试，但在当前形势下还需要积极探索新的、有助于形成核心价值共识的路径与方法。

当下肇始于新闻界并逐渐扩展到社会各界的“走、转、改”活动，可以视为主流意识形态向下沉淀和吸收民间伦理规范精华以形成核心价值体系的一种新形式，当然，这个提炼提升的路径和真正社会共识的形成，其过程将是长期的、也可能是曲折的，还需要全社会在多个方面做出共同努力。

（作者：广州大学广州发展研究院院长）

（选自2011年12月13日《光明日报》）

牢牢把握文化改革发展的指导思想

王晓晖

党的十七届六中全会通过的《中共中央关于深化文化体制改革、推动社会主义文化大发展大繁荣若干重大问题的决定》（以下简称《决定》），立足世情国情党情的深刻变化，从全面建设小康社会、加快推进社会主义现代化全局出发，进一步明确了新形势下文化改革发展的指导思想。这就是：必须全面贯彻党的十七大精神，高举中国特色社会主义伟大旗帜，以马克思列宁主义、毛泽东思想、邓小平理论和“三个代表”重要思想为指导，深入贯彻落实科学发展观，坚持社会主义先进文化前进方向，以科学发展为主题，以建设社会主义核心价值体系为根本任务，以满足人民精神文化需求为出发点和落脚点，以改革创新为动力，发展面向现代化、面向世界、面向未来的，民族的科学的大众的社会主义文化，培养高度的文化自觉和文化自信，提高全民族文明素质，增强国家文化软实力，弘扬中华文化，努力建设社会主义文化强国。准确领会、全面贯彻这一指导思想，对于牢牢把握社会主义先进文化前进方向，在全面建设小康社会进程中、在科学发展道路上奋力开创社会主义文化建设新局面，具有重大而深远的意义。

准确领会、全面贯彻文化改革发展的指导思想，必须坚持以马克思主义为指导，牢牢把握社会主义先进文化前进方向。倡导什么样的文化、弘扬什么样的价值，是文化建设的首要问题，体现着政党的性质，决定着国家的方向。社会主义先进文化之所以先进，是因为她以科学理论为指导，这一科学理论就是马克思主义。马克思主义深刻揭示了人类社会发展规律，坚定维护和发展最广大人民根本利益，是指引人民推动社会进步、创造美好生活的科学理论。我们党从一诞生就举起了马克思主义这面旗帜，并在同中国实际相结合的过程中不断推进马克思主义中国化时代化大众化，形成了毛泽东思想和包括邓小平理论、“三个代表”重要思想以及科学发展观等重大战略思想在内的中国特色社会主义理论体系这两大理论成果，成为指引中国文化前进的根本指针。正是有了马克思主义，中华文化注入了先进的思想内涵，中国人民获得了科学的、锐利的思想武器，在思想上精神上得到极大的解放。正如毛泽东同志所说，“自从中国人学会了马克思列宁主义以后，中国人在精神上就由被动转入主动。”

现在，我国文化领域正在发生广泛而深刻的变革，社会思想更加多样，社会价值更加多元，社会思潮更加多变，人们思想活动的独立性、选择性、多变性、差异性明显增强，坚持社会主义先进文化前进方向的重要性更加凸显，以一元统领多元、以主旋律引领多样化的要求更为迫切。我们必须始终不渝坚持马克思主义在意识形态领域的指导地位，坚定不移用中国特色社会主义理论体系统领文化建设，确保文化建设始终沿着正确方向健康发展。要坚持运用马克思主义立场观点方法研究和解决文化改革发展中面临的矛盾和问题，努力在纷繁复杂的社会意识和社会文化生态中辨析主流与支流、区分先进与落后、划清积极与消极，有效引领社会思潮、抵御腐朽文化。要紧密结合文化改革发展实际，妥善处理弘扬主旋律和提倡多样化的关系、教育人民和满足人民多样化精神文化需求的关系、社会效益和经济效益的关系，不断巩固和壮大社会主义主流思想文化。要坚持解放思想、实事求是、与时俱进，在实践中总结和把握新形势下文化改革发展的特点和要求，不断深化对文化建设的规律性认识，不断完善文化建设的理论和方针政策，不断为文化改革发展提供有力理论指导。

*准确领会、全面贯彻文化改革发展的指导思想，必须立足中国特色社会主义伟大实践，大力弘扬中华文化，坚定不移走中国特色社会主义文化发展道路。*我国是一个有着五千多年文明历史的国家，创造了源远流长、博大精深的中华文化。新中国成立以来，在中国共产党领导下，我们确立了社会主义基本制度，开辟了中国特色社会主义道路。深厚的文化传统和现实的政治基础，决定了我国的文化建设必须走中国特色发展道路，而不能照搬西方发展模式。改革开放以来，我们党在实践中积极探索、开拓创新，走出了中国特色社会主义文化发展道路。这条文化发展道路符合我国国情、顺应时代要求，是发展社会主义先进文化、实现中华文化繁荣兴盛的唯一正确道路。坚持中国特色社会主义文化发展道路，必须弘扬中华优秀文化传统。任何一个国家的文化都有其既有的传统、固有的根本。优秀传统文化凝聚着中华民族自强不息的精神追求和历久弥新的精神财富，是发展社会主义先进文化的深厚基础。必须以对民族、对历史、对后人高度负责的精神，把传承民族优秀文化作为义不容辞的历史责任，按照取其精华、去其糟粕，古为今用、推陈出新的要求，深入挖掘和提炼祖国传统文化中有益的思想价值，努力发展具有中国特色、中国风格、中国气派的优秀文化，建设中华民族共有精神家园。坚持中国特色社会主义文化发展道路，必须立足中国特色社会主义伟大实践。中国特色社会主义道路，是一条使中国经济快速健康发展、人民生活不断改善、社会充满生机活力的道路，也是一条不断孕育新的思想文化的道路。现在，中国特色社会主义伟大实践正在波澜壮阔地推进，我们取得的每一个重大成果，经历的每一次重大考验，实现的每一次重大突破，都孕育着新的思想、新的观念、新的意识。必须认真总结实践中积累的新鲜经验，坚持在人民群众的伟大创造中进行文化的创造，在历史的进步中实现文化的进步。坚持中国特色社会主义文化发展道路，必须积极吸收各国优秀文明成果。世界文化丰富多彩、各有优长，每一种文化都是全人类的共同财富。必须以更加开阔的视野、更加博大的胸怀对待外来文化，积极参与世界文明交流对话，大胆吸收借鉴一切有利于我国文化发展的有益经验和优秀成果，大胆学习运用一切最新文化理念和科技成就，为把中华民族共有精神家园打造得更加美好不断汲取丰富营养。

准确领会、全面贯彻文化改革发展的指导思想，必须以科学发展为主题，努力实现文化又好又快发展。科学发展观是马克思主义关于发展的世界观和方法论的集中体现，不仅反映了我们党对当今世界发展趋势和中国特色社会主义事业发展方位的科学把握，也反映了我们党对当今文化发展趋势和我国文化建设规律的科学把握。科学发展是党和国家工作的鲜明主题，也是社会主义文化建设的鲜明主题。必须紧密结合文化改革发展实际，自觉用科学发展观指导文化建设，把科学发展的理念贯穿到文化改革发展的各个方面。要坚持把发展作为第一要务，用发展的办法解决文化建设中的问题，始终坚持以人为本，坚持统筹兼顾，着力解决影响文化科学发展的突出问题，协调好文化建设的各个领域、各个方面，正确认识和妥善处理涉及文化改革发展中的各种重大关系，不断提高文化建设的科学化水平。要坚持一手抓文化事业、一手抓文化产业，科学定位政府和市场在文化建设中的职责和功能，进一步明确相关政策措施，推进文化事业全面繁荣和文化产业快速发展。要把转变文化发展方式作为一件大事来抓，针对文化布局、文化结构、文化资源配置方面亟待解决的问题，加强宏观调控，完善政策措施，推动文化资源向农村、基层倾斜，向革命老区、民族地区、边疆地区、贫困地区倾斜，大力实施重大文化产业项目带动战略，着力培育和发展新兴文化业态，不断优化布局、优化结构、优化配置，不断增强文化发展的后劲、提高文化发展的效益。

准确领会、全面贯彻文化改革发展的指导思想，必须以建设社会主义核心价值体系为根本任务，巩固全党全国各族人民团结奋斗的共同思想道德基础。历史和现实表明，任何一种文化要立起来强起来，必须有凝结和贯穿其中的最深层内核，就是核心价值体系。社会主义核心价值体系是根源于民族优秀历史文化和社会主义先进文化沃土之中，并在现代化建设实践中不断吸收人类文明成果发展起来的，是社会主义文化建设的引领和主导。推进文化繁荣发展，必须抓住社会主义核心价值体系建设这个根本，强化教育引导，增进社会共识，健全制度保障，把社会主义核心价值体系融入国民教育、精神文明建设和党的建设全过程，贯穿改革开放和社会主义现代化建设各领域，体现到精神文化产品创作生产传播各方面，坚持用社会主义核心价值体系引领社会思潮，在全党全社会形成统一指导思想、共同理想信念、强大精神力量、基本道德规范。要坚持把用中国特色社会主义理论体系武装全党、教育人民作为首要任务，大力推进马克思主义中国化时代化大众化，用发展着的马克思主义指导新的实践。要坚持以理想信念教育为重点，深入开展形势政策教育、国情教育、革命传统教育、改革开放教育、国防教育，引导干部群众在重大思想理论问题上划清是非界限、澄清模糊认识，不断增强坚持中国特色社会主义旗帜、道路、理论体系和制度的自觉性坚定性。要广泛开展民族精神和时代精神教育，开展社会主义荣辱观宣传教育，开展群众性精神文明创建和志愿服务活动，加强社会公德、职业道德、家庭美德、个人品德教育，加强青少年思想道德教育工作，建设和谐文化，培育文明风尚。要抓紧制定和颁布社会主义核心价值体系建设实施纲要，在全党深入开展社会主义核心价值体系学习教育，使广大党员、干部成为实践社会主义核心价值体系的模范，成为共产主义远大理想和中国特色社会主义共同理想的坚定信仰者。

准确领会、全面贯彻文化改革发展的指导思想，必须以满足人民精神文化需求为出发点和落脚点，切实保障人民群众基本文化权益。“为了谁”、“依靠谁”是文化建设的根本问题，决定着社会主义文化的性质和方向。中国特色社会主义文化，本质上是人民大众的文化，是人民共建共享的文化。坚持人民群众的主体地位，始终与人民在一起，是社会主义制度的本质要求，也是我们党立党为公、执政为民理念的重要体现。我们党要在中国掌好权、执好政，不仅有责任实现和发展好人民的经济权益、政治权益，也有责任保障好人民的文化权益。随着人民生活水平从温饱达到总体小康，文化消费进入快速增长期，人民对实现自身文化权益的要求和丰富精神文化生活的期待越来越高。推动社会主义文化大发展大繁荣，必须坚持以人为本，以服务人民为根本宗旨，以满足人民精神文化需求、促进人的全面发展为根本目的，不断提高全民族的思想道德素质和科学文化素质，培育有理想、有道德、有文化、有纪律的社会主义公民。要坚持以人民为中心的创作导向，在人民的生产生活中挖掘素材，在人民的伟大创造中汲取营养，向人民学习、拜人民为师，把人民群众满意作为最高标准，关心人民命运、体察人民愿望、反映人民心声，创作生产出思想性艺术性观赏性相统一、人民喜闻乐见的优秀文艺作品，让人民在文化沐浴中生活得更加幸福。要坚持面向基层、服务群众，充分考虑普通群众的文化消费能力，切实维护低收入群体和特殊群体的文化权益，降低文化消费门槛，鼓励生产提供更多质优价廉、群众喜欢看买得起用得上的文化产品，真正让文化发展成果惠及全体人民。要广泛开展群众乐于参与、便于参与的文化活动，鼓励群众建设各种形式的文化活动阵地，支持群众依法兴办各种门类的文化创作演出团体，引导群众在文化建设中自我表现、自我教育、自我服务，依靠人民的智慧和力量推动文化繁荣发展。

*准确领会、全面贯彻文化改革发展的指导思想，必须以改革创新为动力，不断为文化建设注入新的生机活力。*改革创新是坚持和发展中国特色社会主义的强大动力，也是推动文化繁荣发展的强大动力。只有把改革创新精神贯穿文化建设全过程，不断深化文化体制改革，创新文化内容和形式，才能进一步解放和发展文化生产力，更好地推动社会主义文化大发展大繁荣。这些年来，文化体制改革由点到面、由浅入深，步伐不断加快、力度不断加大，在一些重点领域和关键环节取得了重要突破，效果逐步显现。现在，文化体制改革已进入攻坚克难的关键阶段，越是向广度深度推进，越会触及深层次矛盾和问题。要坚持以改革促发展、促繁荣，坚定不移地按照中央确定的方向目标，加大力度、突出重点、全面推进，深化公益性文化单位改革，加快国有经营性文化单位转企改制步伐，加快政府职能转变，创新文化“走出去”模式，加强文化法制建设，着力破除制约文化发展的体制性障碍，着力构建充满活力、富有效率、更加开放、有利于文化科学发展的体制机制。文化是最需要创新的领域，创新是文化的本质特征。一部人类文化发展史，实际上就是一部文化创新史。在当代中国，无论是适应建设创新型国家的战略需要，还是更好地满足人民群众多样化多层次多方面的精神文化需求；无论是在激烈的国际文化竞争中赢得主动，还是为人类文明进步作出新的贡献，都需要大力推进文化创新。必须把创新精神贯穿文化创作生产全过程，大力发扬学术民主、艺术民主，大力营造鼓励创新的社会环境，鼓励不同观点和流派平等讨论，使一切创新举措得到支持、一切创新才能得到发挥、一切创新成果得到肯定，使创新成为文化领域的主旋律、最强音。要适应人民群众文化需求的新特点和审美情趣的新变化，推动文化创作生产与现代科学技术结合，推动不同艺术门类和文化活动相互融合，积极运用声、光、电等手段提高文化表现力，努力实现题材、体裁、形式、手段充分发展，推动观念、内容、风格、流派积极创新。

准确领会、全面贯彻文化改革发展的指导思想，必须培养高度的文化自觉和文化自信，努力建设社会主义文化强国。我国是文明古国和文化资源大国，但还算不上文化强国。提出建设社会主义文化强国的战略目标，与我国深厚文化底蕴和丰富文化资源相匹配，与中国特色社会主义事业总体布局相适应，与建设富强民主文明和谐的社会主义现代化国家的目标相承接，顺应时代潮流，体现人民愿望，有利于凝聚各方面力量推动社会主义文化大发展大繁荣。实现这一目标，必须在全党全社会培养高度的文化自觉和文化自信，这是建设社会主义文化强国的思想基础和先决条件。历史和现实表明，一个民族的觉醒，首先是文化上的觉醒，一个民族的自信，首先是对自己文化的自信。可以说，是否具有高度的文化自觉和文化自信，不仅关系到文化自身的振兴和繁荣，而且决定着一个民族、一个政党的前途命运。当今世界正处在大发展大变革大调整时期，当代中国正在新的历史起点上向新的目标迈进。文化在综合国力竞争中的地位和作用更加凸显，对经济社会发展的作用不断提高，其影响比以往任何时候都更加广泛而深刻，新的形势、新的任务迫切需要我们进一步增强文化自觉和文化自信。必须充分认识文化在民族振兴发展中的重要作用，深刻把握文化改革发展规律，更加自觉地承担起用先进文化引领社会进步的责任，更加自觉地承担起传承优秀传统文化的责任，更加自觉地承担起满足人民精神文化需求、保障人民基本文化权益的责任，更加自觉地承担起提高国家文化软实力、维护国家文化安全的责任。要高扬文化理想，以理性、科学的态度进行文化的反思、比较、展望，充分认识中国文化的独特优势和光明前景，不断增强对中国文化发展道路和文化发展目标的坚定信念，始终坚信只要我们坚持中国特色社会主义文化发展道路，就一定能够创造出无愧于历史、无愧于时代、无愧于人民的灿烂文化。

（作者：中央人民广播电台副台长）

（选自《求是》2011年第22期）

我国文化体制改革的实践与探索

中宣部文化体制改革和发展办公室

党的十六大以来，宣传文化系统深入贯彻落实中央关于深化文化体制改革、加快文化事业和文化产业发展的决策部署，紧紧围绕制约文化科学发展的重点领域和关键环节，解放思想、积极探索，着力破解改革难题，转变发展方式，增强发展活力，努力推动社会主义文化大发展大繁荣。

一、文化体制改革的提出和主要历程

改革开放后，宣传文化领域适应社会主义市场经济发展要求，进行了一系列有益的改革探索。但总的看，这些改革探索还只是局部的、具体的、单项的，还停留在具体政策调整和内部机制层面，制约文化发展的体制障碍还没有突破。党的十六大把文化区分为文化事业和文化产业，确定了文化体制改革的方向、方针，推动形成了“两手抓、两加强”的文化发展格局，在文化建设方面实现了一个里程碑式的飞跃。党的十七大从增强国家文化软实力、兴起社会主义文化建设新高潮、推动社会主义文化大发展大繁荣的战略高度，对文化体制改革和文化建设提出了新的目标任务和更高的工作要求。

党中央高度重视文化建设，就文化建设和文化体制改革作出一系列重要论述和部署。2010年7月，中央政治局专门就深化我国文化体制改革专题进行了第二十二次集体学习，胡锦涛总书记发表重要讲话，进一步明确了推进文化改革发展的指导思想和重点任务，强调要加快文化体制机制改革创新、加快构建公共文化服务体系、加快发展文化产业、加强对文化产品创作生产的引导。党的十七届五中全会从夺取全面建设小康社会新胜利、推进中国特色社会主义伟大事业的高度，把文化建设作为一个单独部分列入国家经济和社会发展规划建议，提出未来五年我国文化建设的目标方向和政策措施，明确基本建成公共文化服务体系、推动文化产业成为国民经济支柱性产业的目标任务。胡锦涛总书记在庆祝中国共产党成立90周年大会上的讲话中，提出社会主义先进文化是马克思主义政党思想精神上的旗帜的重要论断，要求以高度的文化自觉和文化自信，着眼于提高民族素质和塑造高尚人格，以更大力度推进文化改革发展，在中国特色社会主义文化伟大实践中进行文化创造，让人民共享文化发展成果。我们党这一系列新概括和新论述，丰富和发展了马克思主义文化观，为深化文化体制改革、繁荣发展社会主义先进文化，指明了方向，明确了思路。

根据中央的部署，2003年正式开展文化体制改革试点。几年的改革工作大体可以划分为以下三个阶段。

第一阶段——开展试点、积极探索（2003年6月至2005年12月）。确定了北京、上海、重庆、广东、浙江、深圳、沈阳、西安、丽江等9个综合性试点地区和35个宣传文化试点单位，明确了为什么改、改什么、怎么改，即明确了改革的"路线图"。

第二阶段——扩大试点、由点到面（2005年12月至2009年8月）。在明确改革路线图的同时，提出了改革的"时间表"。北京等9个原有综合性试点地区要率先将改革全面推开；除新疆、西藏以外的其他省区市，都要确定本地的改革试点地区和单位，新确定了共108个试点地区，各地在试点的基础上逐步将改革推开。

第三阶段——加快推进、全面展开（2009年8月以来）。进一步明确了文化体制改革的"路线图"、"时间表"，并明确了改革的"任务书"，即进一步明确了改革的目标任务、时间进度，要求在已有工作基础上，加大力度、加快进度，基本完成出版、发行、电影、文化市场管理等领域改革，积极推进文艺院团、新闻媒体等领域改革，将文化体制改革全面推开。

二、文化体制改革的进展和成效

近年来，围绕中央确定的改革发展任务，经过积极探索与实践，文化体制改革取得重大实质性进展，文化事业文化产业发展实现新的跨越，初步探索走出一条中国特色社会主义文化发展新路，开创了文化建设新局面。

一是大力推进文化体制机制创新，文化体制改革取得决定性进展，有利于文化科学发展的体制机制初步形成。

国有经营性文化单位转企改制取得实质性成果，国有文化企业发展活力和市场竞争力明显提升，市场主导作用不断增强。截至2011年第一季度，中央各部门各单位出版社体制改革任务全面完成，出版发行、电影电视剧制作等领域基本完成全行业转制，国有文艺院团完成转制584家，人民网等10家重点新闻网站转制任务基本完成，22个省区市实现省区市内所有地市（含直辖市的区县）广电传输网络整合，全国已注销经营性文化事业单位4千多家，核销事业编制18万名以上。公益性文化事业单位内部改革不断深化，管理水平和服务效率显著提高，责任明确、行为规范、富有效率、服务优良的运行机制逐步形成。文化市场综合执法改革取得重大进展，14个省市全面完成文化市场综合执法改革任务，约85%的副省级城市和地级市组建了综合执法机构，有效改变了"多头执法"的局面。政府职能转变加快，新闻出版系统和广电系统行政管理部门实现了"局社分开"、"局台分开"，文化行政管理部门正在由办文化向管文化转变，由主要管理直属单位向社会管理转变，由行政管理为主向行政、法规、经济等综合管理转变，文化宏观管理体制进一步完善。

二是加强重点文化惠民工程建设，创新公共文化服务运行机制，覆盖城乡的公共文化服务体系框架基本建立。

坚持以政府为主导，按照体现"公益性、基本性、均等性、便利性"的要求，大力发展公益性文化事业，努力构建覆盖城乡的公共文化服务体系，保障人民群众基本文化权益。"十一五"期间，各级财政对文化的投入大幅增加，年均增长22.2%；国家发展改革委累计安排公共文化设施建设资金用于基层文化设施建设的总额是"十五"时期的8倍。五大重点文化惠民工程如期或提前完成"十一五"建设预定目标，广播电视"村村通"工程提前完成，覆盖全部已通电行政村和20户以上自然村；全国文化信息资源共享工程于"十五"期间提出并着手建设，已建成各级服务点83万个，覆盖90%的行政村；乡镇综合文化站建设基本实现乡乡有综合文化站；农村电影放映工程在“十一五”期间实现了数字化，累计组建农村数字院线240条，放映队4万多支，年放映达800万场，基本实现一村一月放映一场电影的公益服务目标；农家书屋工程“十一五”期间从无到有，建成39万家，覆盖50%的行政村，广大群众看书难、看电影难、收听收看广播电视难的问题得到明显改善。2008年到2010年，中央财政累计安排免费开放专项资金52亿元，全国各级文化文物部门归口管理的公共博物馆、纪念馆已有1743家向社会免费开放。部分基层公共文化设施实现共建共享，城市广场文化、农村特色文化等文化活动丰富多样，公共文化服务渠道和方式进一步拓展。

三是推动文化产业结构战略性调整，培育现代文化市场体系，文化产业整体规模和实力快速提升。

制定和实施文化产业振兴规划，加大金融支持文化产业力度，推动我国文化产业蓬勃发展，在应对国际金融危机冲击中逆势上扬，逐步成为经济发展新的增长点。2004年至2008年，我国文化产业增加值年平均现价增长速度达22%，高于同期GDP年平均现价增长速度3.6个百分点。北京、上海、广东等省市2010年文化产业增加值占国民经济比重已超过或接近5%，成为当地经济发展支柱性产业。上市文化企业融资规模不断扩大，以上市企业为龙头的兼并重组和资源整合步伐加快，涌现出一批总资产和总收入超过或接近百亿元的大型骨干文化企业。目前，上市文化企业已有26家，总市值2000多亿元，2010年8家上市公司融资额达104亿元，文化板块已成为A股市场的一股新兴力量。资本、产权、人才、信息、技术等文化要素市场加快发展，现代文化市场体系初步建立，条块分割、城乡分离的市场格局逐步打破。文化与科技、旅游、金融等行业加快融合，文化创意、文化博览、动漫、数字出版、数字传输、新型文化装备制造等新兴产业快速发展。

四是扎实推进文化精品工程，活跃文化产品创作生产，越来越多的优秀文化产品实现社会效益与经济效益有机统一。

精神文明建设“五个一”等文化精品工程扎实推进，文化产品的品种、样式、数量极大丰富。加大对主旋律作品创作生产的扶持力度，加强文艺评论，改进各级各类文艺新闻出版评奖活动，对文化产品创作生产的引导更加有力有效，代表国家水准、体现民族特色的优秀文化作品大量出现。“十一五”时期，我国长篇小说创作生产量每年都达到上千部，新创作并首演的剧目每年也达上千种，电影产量由2003年的100部以下上升到2010年的526部，成为世界第三大电影生产国，票房增速连续6年保持30%以上，票房过亿的国产电影达到43部，改变了进口大片主导我国电影市场的格局。影视动画产量从2005年的4.2万分钟增加到2010年的22万分钟，增长了4倍以上，扭转了进口片占主导的局面。新闻出版业总资产、总产出、总销售比“十五”时期翻了一番，印刷业翻了两番。坚持一手抓繁荣、一手抓管理，坚持不懈地开展“扫黄打非”，强化文化市场日常监管，开展整治互联网低俗之风专项行动，文化市场环境得到有效净化。

五是大力推动文化出口，中华文化“走出去”步伐明显加快，国际竞争力和影响力明显增强。

在推进政府主导文化交流的同时，积极探索市场化、产业化运作方式，对外文化交流的范围、领域和渠道不断拓宽，以企业为主体的文化贸易不断扩大，全方位、多层次、宽领域的文化“走出去”格局正在形成。加大对文化出口重点企业和项目的扶持力度，推动越来越多的文化企业进入国际市场，文化产品和服务进出口逆差逐步减少。图书版权进出口比例由2003年的9∶1下降为2010年的3∶1。2011年第七届中国（深圳）国际文化产业博览交易会总成交额突破1200亿元，其中出口交易额超过120亿元，比2006年增长了近4倍。制定实施我国重点媒体国际传播能力建设总体规划和实施方案，主流媒体的国际传播能力不断提升。

三、文化体制改革的主要体会

通过近年来的改革实践，我们进一步加深了对社会主义市场经济条件下文化体制改革和文化发展规律的认识，积累了一些经验和体会。概括起来，有以下几点：

一是必须坚持以科学发展观指导文化体制改革。

科学发展观不仅是我国经济社会发展的战略指导思想，也是我国文化体制改革和文化建设的重要指导方针。近年来，我们坚持以科学发展观指导文化体制改革，牢固树立新的文化发展理念，在实践中不断深化对文化发展方向、目的、动力、思路、格局、战略的认识。深化文化体制改革，必须始终坚持以科学发展观为指导，着力转变不适应、不符合科学发展观的思想观念，解决影响和制约文化科学发展的突出问题，努力构建有利于文化科学发展的体制机制。

二是必须坚持正确处理文化体制改革中的重大关系。

改革实践中，我们坚持社会主义先进文化的前进方向，充分体现文化的意识形态属性和商品属性，始终把社会效益放在首位，实现社会效益和经济效益的有机统一；坚持一手抓公益性文化事业，切实保障人民群众的基本文化权益，一手抓经营性文化产业，大力繁荣社会主义文化市场，努力做到“两手抓、两加强”；坚持以深化改革和科技进步为动力，全面推进体制机制创新，促进文化与科技结合，最大限度地激发全社会的文化创造活力，不断解放和发展文化生产力；坚持统筹国际国内两个市场、两种资源，立足国内、放眼世界，充分发挥文化资源优势，积极开拓国际文化市场，更好地推动中华文化走向世界；坚持改革发展与加强和改进管理相统一，切实提高管理水平，一刻也不放松管理，确保改革健康有序推进。

三是必须坚持区别对待、分类指导、循序渐进、逐步推开。

文化体制改革是文化领域一场广泛而深刻的变革，情况复杂，涉及面广，政治性、政策性强。在推进改革的过程中，我们坚持试点先行，分步实施，充分考虑不同地区经济社会发展的不平衡性，推动条件较好的地区先行探索，在不断总结试点地区成功经验的基础上，将改革逐步向面上推开；坚持分类指导，充分考虑文化领域不同行业、不同单位的性质和特点，科学分类，区别对待，明确不同的改革任务和进度要求；坚持典型引路，培育了一大批改革先进典型，发挥了示范带动作用。深化文化体制改革，必须坚持从实际出发，有计划有组织、分阶段分步骤，确保改革积极稳妥推进。

四是必须坚持以人为本、充分尊重文化工作者的主体地位和首创精神。

在改革中，坚持走群众路线，紧紧依靠群众，充分听取广大文化工作者意见，科学制定改革方案，妥善解决人员身份转换及安置、社会保障等切身利益问题，切实维护职工的合法权益，使改革得到了广大群众的拥护和支持。深化文化体制改革，必须始终坚持以人为本，充分尊重群众的主体地位和首创精神，调动广大文化工作者支持参与改革、投身文化建设的积极性和主动性。

五是必须坚持用政策为改革提供支持。

改革能否顺利推进取决于政策的配套程度和执行力度。这些年来，中央和有关部门制定了加强公共文化服务体系和农村文化建设、推进经营性文化单位转企改制、扶持文化企业发展、加强国有文化资产管理、推进文化市场综合执法改革、鼓励文化产品和服务出口等20多个政策性文件，初步形成了推进改革发展的政策框架。由中宣部、国家发展改革委牵头，会同有关部门在广泛调研基础上编制了《国家“十二五”时期文化改革发展规划纲要》。深化文化体制改革，必须不断完善配套政策，用政策保障改革的深化。

2011年是“十二五”时期的开局之年，也是深化文化体制改革的关键一年。下一阶段文化体制改革工作要深入贯彻落实科学发展观，认真贯彻落实党的十七届五中全会精神，根据国家“十二五”时期关于文化改革发展的总体部署要求，紧紧围绕胡锦涛总书记提出的“三加快、一加强”重点任务，按照“加大力度、加快进度、巩固提高、重点突破、全面推进”的总要求，进一步巩固出版、发行、电影制作发行等领域改革成果，积极稳妥推进党报党刊发行体制改革、以电视剧制作等为主要内容的广电制播分离改革，加快重点新闻网站转企改制，努力在文艺院团和非时政类报刊两大重点领域取得突破性进展，力争在2012年基本完成中央确定的文化体制改革各项任务，为实现社会主义文化大发展大繁荣奠定坚实的体制机制基础。

（选自《中国机构改革与管理》2011年第4期）

维护文化安全 建设文化强国

白庚胜

胡锦涛总书记2003年首次提出“确保国家的文化安全”要求，党的十六届四中、六中全会把文化安全列为与政治安全、经济安全、信息安全相并列的国家四大安全。党的十七届六中全会指出，在当今世界正处大发展大变革大调整、世界多极化与经济全球化深入发展、科学技术日新月异、各种思想文化交流交锋更加频繁、文化在综合国力竞争中的地位和作用更加凸显、增强国家文化软实力与中华文化国际影响力要求更加紧迫的背景下，维护国家文化安全的任务更加艰巨。显然，维护国家文化安全，关系到建设文化强国的重要目标是否能够实现。

什么是国家文化安全呢？我认为，它是保障文化存在发展的概念，包含国家层级与一般层级、各领域、各门类文化安全内容。它以文化为主体，以安全为本体，关乎国家的存在性、安好性、稳定性、完整性、发展性。国家文化安全居文化安全最高次级，统领各层级、各领域、各门类文化之安全。现在，我国的国家文化安全形势怎样？我的判断是：基本安全，但需要提升与进一步强化。这是因为我们的社会制度是稳固安全的，同时我们的社会是变化着的、发展着的。没有社会制度的稳固安全，就没有文化安全可言。没有文化安全，也就难以保障社会制度的安全及政治、经济、社会秩序的正常运转。同时，不能与时俱进，就不能进一步发展壮大。60多年来，我们国家的社会主义制度以及社会主义文化不断生长、发育、壮大。尤其是改革开放以来，中华民族及其文化正在不断实现新的崛起和发展。当今的中国，正在面对全球化的冲击，进一步融入世界、不断走向世界，同时也全方位裸露在世界面前，世界上各种思想、文化都在全方位、直接或间接地与我们的思想、文化发生交流、交融、交锋，影响国家文化安全的新因素不断增加。随着新的文化业态的出现、新的文化技术的问世，传统的国家文化安全需要有新的观念、政策、技术补充提升，需要我们居安思危，有忧患意识，与时俱进地谋求国家文化更加安全。

按照一般原理，国家文化安全建筑在国家的政治、经济、制度安全基础之上。因为文化的存在和发展都受到社会物质生产及社会活动的制约，同时反过来对政治、经济发展发生或积极、或消极、或正面或负面的作用。维护国家文化安全，必须坚守中华文化的主体性，并坚持社会主义制度，发展社会主义政治、经济、文化，以强化文化安全的基础。如果社会主义社会秩序、制度受到破坏、否定、削弱，我们的文化就没有安全可言。其次，建设社会主义文化、维护国家文化安全，只能在马列主义、毛泽东思想、中国特色社会主义理论指导下进行。必须用历史唯物主义的观点历史地、客观地认识文化、发展文化，引领时尚、和谐社会。芜杂的文化观、模糊的文化观、为文化而文化的文化观，只能干扰和影响文化的健康发展。第三，要树立科学的国家文化安全观，坚持没有发展就没有安全的理念。这既指没有社会的发展就没有文化的发展，更指文化自身也必须从形式、内容、作用、功能等方面作创新发展。否则，不但没有国家文化安全可言，它还将萎缩、衰亡。只有树立科学的国家文化发展观，在整个国家事业的发展中发展文化，在整个社会的创新中不断创新文化，才能实现中华文化尤其是我国社会主义文化的存在、发展、繁荣、和谐、安全。闭关自守、抱残守缺、消极被动的文化保守主义，决不可能带来国家文化安全。惟有发展才是硬道理，惟有发展才有真安全。

目前，我们需要关注的国家文化安全有以下几个领域。

第一，文化价值观安全。文化价值观被区分为一般文化价值观和核心文化价值观。一般文化价值观维系一个民族的基本文化存在。尤其是核心文化价值观体现统治阶级的意志、利益，决定现实国家文化制度、主流文化意识、文化存在的性质与发展方向。所以，在国家文化安全工作中，核心是维护文化价值观、特别是核心价值观的安全。即：坚持马克思列宁主义、毛泽东思想、邓小平理论、“三个代表”重要思想作指导；用中国特色社会主义共同理想凝聚全民族的力量；弘扬以爱国主义为核心的民族精神及以改革创新为核心的时代精神；以社会主义荣辱观引领风尚。

在当今世界，不仅我们重视价值观尤其是核心价值观的安全，西方社会也把坚守、推行其价值观看成维护自身文化安全、进行文化侵略、实行文化沙文主义的重要武器。他们最懂得价值观是“不战而屈人之兵”的关键因素。因此，他们才一直分层次、有针对性地破坏我国的社会主义价值观。如，利用民运分子贩卖他们的核心价值观，进行思想文化渗透；利用反动宗教势力，妄图改变我国的政治、文化版图；对中国输出低俗、色情、凶杀为内容的文化产品，以改变年轻人的价值观；试图用流行文化等手段将中国纳入他们的文化秩序，并按照他们的文化游戏规则改造之，从而瓦解我们的意志、颠覆我们的社会制度，确保他们的政治霸权、经济垄断、文化主导地位。我们必须高度重视决定我们党、我们制度、我们民族命运的文化价值观安全，尤其是社会主义核心价值观的安全。

第二，文化体系安全。文化不是散漫地存在，它既依附于社会组织，又自成体系地存在发展，是文化本体的制度体现。一般讲，每个国家在建立国家制度时都有对文化的制度设计与体制安排。60多年以来，我们国家为了发展与巩固社会主义制度建立了中国特色的社会主义文化体制。它们关乎文化生产、文化管理、文化教育、文化消费、文化传播与交流、文化法制等各方面的国家政策、体制、机制问题，是社会主义国家制度的有机组成部分。一旦文化体系受到破坏，文化的运转以及对它的监控能力就会减弱，使核心价值观的影响力、辐射力、引领力减弱、淡化、虚无化。所以，在建设文化强国的工作中，我们一定要保证社会主义文化体系的安全、稳定、完备。在进行文化产业建设、文化体制改革过程中，既大胆又审慎，有继承又有发展，以更好地适应国际文化交流需求，在全球化、多元化的文化背景下使之更合理科学、更适于应对挑战，更好地实现文化生产关系和文化生产力的相互协调。

第三，文化资源安全。文化是巨大的政治资源、社会资源，也是丰富的文化资源、学术资源、产业资源、教育资源。过多地从意识形态角度谈文化，容易导致全民族、全社会对文化关注单一、认识片面、利用有限。现在，我们越来越清晰地认识到五千年中华文明是支撑我们今天发展和明天繁荣的潜在力量。这一资源，尽可供我们作物质、精神等多方面的享用，创造巨大的社会效益与经济效益，造福于当今的社会主义精神文明建设及文化事业、文化产业繁荣。反之，文化资源安全一旦受到破坏，就会造成文化资源的流失，造成不可弥补的政治、经济、文化、艺术、产业利益受损，并使民族自尊心、自信力、自豪感严重受创。

第四，文化基因安全。中华民族之所以成为中华民族是由它的文化基因所决定的。它所生存的地理环境、所经历过的历史等，共同提升和积淀成了最基本的民族文化性格。文化基因决定一个民族的文化性状、文化品格、文化特点、甚至文化精神。如果我们只追求文化表象而丧失了它的基因，我们就将有其形神而失其根脉，直至形神俱销。如果我们不保护它、不认识它，一味地把它视为负担，就会损害它的稳定传承，危害中华文化机体及生命力。对于文化基因，我们应该像重视生物基因一样重视之，确保中华民族的民族性与文化生机。能够让我们实现民族认同、让我们按照文化传统组织思想、语言和行动的这些精华都需要珍惜、保护，确保它的安全。须知，文化基因变异就会导致文化变异，文化基因重组也会产生文化重组，文化基因衰亡则文化衰亡。

第五，文化技艺安全。中华文化中有很多文化创造、文化传播、文化交流、文化传承之特殊技艺。文化技艺指文化创造、传播、保存的技能、技法、工艺。对于它们，我们应确保安全，既要加强世界性的交流、共享，又要加强专利保护、技术保密，建立相关安全评估机制，开发相关技术，采取相关安全保护手段，建设相关安全防火墙，严防自然消亡、人为泄密与被变卖、被盗取。日本的花道、剑道、茶道都不过是中国花艺、剑术、茶艺等的改造加工。趁着我们封闭、战争、动乱、醒悟晚，日本打着东方文化的招牌在国际上赚足了钱、享够了利。中华民族民间有很多秘传特殊工艺和艺术的传统，它们都需要保护自己的知识产权、实现利益最大化。可以预想，随着对外交流越来越频繁、对外开放规模越来越大，几千年来积累起来的特殊工艺、技术、技能的安全问题将越来越突出，需要我们采取切实的政策、法律、技术措施维护其安全，使之优先造福于中华民族。

第六，文化人才安全。文化是由人创造、供人享用的。人是文化的主人，文化是由一般民众和具有特殊才能的文化精英共同创造的。文化人才包括文化理论工作者、文化教育工作者、文化创意人、文化演艺者、作家、文化传媒人、文化经纪人、文化营销商、文化鉴赏家、文化传承人等。在国与国之间的文化竞争不断加剧的今天，竞争的本质是文化人才之间的竞争。为了在竞争中处于有利地位，有些国家早就开始从中国引进文化人才、乃至传统工艺人才。他们流失，也就意味着有关艺脉在本土断根，意味着他们所拥有的工艺技术在中国失传。对杰出文化人才我们要提高他们的地位，尊重他们的劳动，温暖他们的心灵，改善他们的待遇，激活他们的创造热情，不断培养、造就一代又一代大家、大师，把我们的创造力、竞争力、审美力、凝聚力大加激活。只有源源不断地培养造就各类精英及高素质的文艺人才队伍，我们国家和民族的文化创造才会永葆源泉，决不能见物不见人、见艺不见人、重文本不重人本，而是要文本和人本并重、人艺并重，既重视作品与技艺，同时还注重创造、传承作品技艺的文化本身。否则，人亡艺绝、人亡歌息将不可避免。

第七，文化品牌安全。文化品牌指最具集聚性、最享知名度、最有含金量、最富魅力的文化王牌、名牌。它们经过漫长的创造、加工、传承过程，并历经历史、人民、实践的长期锤炼，成为足以代表一个民族、一个时代、一个时期、一个方面、一个种类文化的标志与精品，具有较强的象征性、指标性。我们在文化建设中不仅要打造新的品牌，而且要确保它们与既有品牌的安全，使之在文化事业繁荣与文化产业发展中增强竞争力、形成影响力、扩散辐射力，创造巨大的社会效益与经济效益。这些年，我们已有不少文化品牌不断被欧美国家所抢占注册，改头换面成为日本与韩国文化品牌者也不胜枚举，不仅造成对我国知识产权的严重侵犯，不能使这些品牌的创造者确保其所有权、享受权、继承权、发展权，而且还伤害了国家文化尊严，并使传统文化资源严重流失。

第八，文化市场安全。文化市场有传统文化产品市场、影视市场、会展市场、演艺市场、图书市场、拍卖市场、资本市场、动漫游戏市场、交易市场、知识产权市场、投融资市场等，并分为国内外两大类。文化的生产和消费通过市场连结，没有文化市场就不能实现文化生产的目的。市场是它们之间的媒介。近来，我们国家的国内文化市场异常活跃，国际文化市场亦得到充分拓展。我们不但从国外引进作品、艺术家、版权、著作权，也源源不断地把自己的作品、艺术家、版权、著作权通过市场推向国际文化市场，从而使文化市场安全变得日益重要。一旦国际文化市场发生混乱，有关文化流通将受到很大干扰，文化生产和消费就会断裂，文化的社会效益和经济效益的有机统一将难以为继。对于这一全新的文化安全领域，我们应给予足够的重视，尤其要重视国内外两大市场互动对国内文化市场安全带来的正负两种影响，强化著作权及版权保护、文化市场综合统一执法管理工作。

总之，只有综合地对文化价值观及其体系、文化体系、文化基因、文化资源、文化技艺、文化人才、文化品牌、文化市场安全作统筹协调，才能确保国家的文化整体安全。

文化影响人的精神和灵魂，渗透于社会生活的各个方面，对国家和社会的影响十分长远深刻。国家文化安全是一个民族得以传承、一个国家得以维系的保障，是国家治权、社会制度得以建立和支撑的重要基础。不言而喻，加强国家文化安全防范意识，建立完善的国家文化安全新体制，采取有效的国家文化安全措施，开发国家文化安全新技术，同时发展社会主义文化“软实力”，乃是建设文化强国的题中应有之义。

（作者：中国作家协会书记处书记）

（选自2011年12月21日《文艺报》）

十七大以来我国文化体制改革研究综述

胡国胜

文化是一种软实力、一种竞争力、一种生产力、一种创造力。文化是一个民族的灵魂，是推动经济发展的重要支撑，是综合国力的重要因素，它代表着一个国家和民族的文明程度和发展水平。把文化培育好、建设好、发展好，是历史和时代赋予我们的重要使命。党的十七大以来，伴随着文化体制改革实践的全面推进，学术界关于我国文化体制改革的研究成果主要集中在文化体制改革的发展历程、存在问题、基本经验以及发展趋势等方面。本文拟就这些方面对十七大以来有关我国文化体制改革的研究成果进行梳理，为我国文化体制改革的学术研究提供参考。

一、关于我国文化体制改革发展历程的研究

十七大以来关于我国文化体制改革发展历程的研究，学术界有着不同看法，但在整个发展阶段上则没有本质上的差异。大家一致认同我国文化体制改革是伴随着改革开放经济体制改革的开始而开始的。所不同的是在文化体制改革发展中存在的具体阶段上的差异，因而就有了两个阶段、三个阶段、四个阶段等不同阶段划分。这也是由各个发展阶段的划分标准或依据不同而定的。

在两个阶段划分上，有学者认为，改革开放以来我国文化体制改革可分为两个大阶段：一为应对型体制变革历程（1978—2002年），即市场需求拉动式发展和挑战；另一为推广型体制改革历程（2002年至今），即综合创新带动式发展和试点。这种划分主要依据党的十六大提出："根据社会主义精神文明建设的特点和规律，适应社会主义市场经济发展的要求，推进文化体制改革。"这是党通过全国代表大会正式提出文化体制改革目标的开始，由此拉开了深入推进文化体制改革的序幕。此后经过了2003年文化体制改革的试点，到2005年12月，中共中央、国务院出台《关于深化文化体制改革的若干意见》，明确了深化文化体制改革的指导思想、方针原则、总体目标和主要任务。因而，党的十六大成为文化体制改革的一个重要转折点。有学者倾向于将1978年以来的我国文化体制改革过程也分为两个阶段：1978—2004年为"体制内"的目标和路径探索阶段，2004年以后为全面性的深化和拓展改革阶段。所不同的是它们是以2004年作为分界点，以文化体制改革的体制内进行转向全面深化拓展的开始。这种划分更深入的则是文化体制改革的被动阶段和主动阶段。如有学者认为，新时期30年文

化体制改革大致上可以分成20年“从动式”文化体制改革和新世纪“主动式”文化体制改革两个阶段。“从动式”改革是跟随经济改革而被动进行的，目的是减轻财政负担；“主动式”改革是对知识经济和文化安全问题有了崭新认识之后，为发展和繁荣文化而提出的。在三个阶段划分上，有学者认为，20世纪70年代末以来，我国文化体制改革经历了三个阶段，即1978—1991年的酝酿和初步展开阶段，1992—2001年的稳步推进阶段以及2002年以来的重大突破阶段。关于这个阶段划分，有学者完全认同。主要是把党的十四大和十六大作为划分依据，党的十四大是建立社会主义市场经济体制的开始，也是文化体制改革市场化的开始，因而也算是文化体制改革的一个重要转向。而在四个阶段划分上也与此类似，有学者认为，改革开放以来文化体制改革经历了1978—1983年的萌芽阶段、1984—2001年的曲折探索阶段、2002—2007年的全面开展阶段以及党的十七大以来的跨越发展阶段。这种划分与三个阶段划分相差不大，主要是在1978—2001年这个时间段上多了1984年这个分水岭，划分的依据主要是资产阶级自由化思潮的影响使得文化体制改革面临停滞。

从上述内容可以看出，我国文化体制改革发展历程的阶段划分，主要依据于文化体制改革所处时代背景的变化以及党的重大文化体制改革决策的出台，使得文化体制改革出现了不同阶段的划分。纵观我国文化体制改革的整个发展历程，有三个关键点是绕不开的，那就是文化体制改革开始的十一届三中全会、文化体制改革深入探索的十六大以及文化体制改革全面推进的十七届六中全会，基本上决定着文化体制改革的起点、转折点和立足点，也即文化体制改革的起步阶段、突破阶段再到整体推进三个发展阶段。在党的十六大、十七大精神指引下，文化体制改革逐步深入，已从最初的“开展试点、积极探索”，经过“扩大试点、由点到面”，再到“加快推进、全面展开”的发展阶段，这也是文化体制改革的攻坚阶段。而党的十七届六中全会则成为文化体制改革整体推进和全面展开的开始。

二、关于我国文化体制改革中存在问题的研究

随着文化体制改革的不断深入推进，以及不同时期所关注的问题和侧重点的不同，关于我国文化体制改革中存在问题的研究，学术界存在着不同的观点。

有学者认为，目前我国文化体制存在着明显的弊端，如：管理权力过于集中；所有制和生产经营方式过于单一；文化机构的行政化、业务干部的官员化、人事制度的僵化；机构臃肿、效率低下、缺乏活力和创造力；党委、政府主管部门与文化社团关系的缺位和越位；政府文化管理部门职责不清、政出多门、各行其是；文化法律法规的制定严重滞后，等等。有学者认为，文化体制改革的问题主要表现在三个方面：一是从现有文化体制特性审视改革困境，聚焦于分层次中的辖地管理和政策中的差异性。二是从现有文化体制改革预期目标的偏差映射改革困境，主要是存在认识偏差和改革原则落差等。三是从现有文化体制改革分类溯源改革难点，即在产业层面，制度不足与制度偏差共存，在事业层面，发展观念偏差与投入的有效不足并存。也有学者认为，文化体制改革主要解决文化发展过程中面临的两个问题：市场化问题和国家化问题，中国文化产业起步10年（1998—2008年）重点解决市场化问题，下一个10年（2010—2020年）主要解决国际化问题。

这些问题主要集中在文化体制改革的三个方面，即政府、市场和企业层面的问题。文化的市场化问题、公益性文化单位的转型问题、经营性文化企业的改制问题以及政府的文化管理体制问题，是目前我国文化体制改革中必须要解决的最主要问题。最根本的问题在于处理好文化事业、文化产业以及文化创新的问题。党的十七大指出："深化文化体制改革，完善扶持公益性文化事业、发展文化产业、鼓励文化创新的政策，营造有利于出精品、出人才、出效益的环境。"文化既有精神属性也有商品属性，应将文化区分为文化事业和文化产业，从而实现两者统筹发展、协调发展，从根本上促进文化的大发展大繁荣的局面。正如有学者认为的那样，文化体制改革表面上是调整政府与市场的关系，而实际上追求的是公平与效率法则，即通过发展文化事业追求公平的文化权益、通过发展文化产业追求效率的经济收益。

三、关于我国文化体制改革基本经验的研究

改革开放以来我国文化体制改革经历了起步跟进、探索突破、整体推进等发展历程，积累了许多丰富实践经验。总结改革开放以来我国文化体制改革的实践经验，为以后文化体制改革的深入发展提供参考，是学界关注的热点话题。

有学者认为，改革开放以来文化体制改革的经验是：坚持马克思主义在意识形态领域中的主导地位，正确理解多元文化诉求与核心价值导向的关系；坚持改革的社会主义市场经济取向，建立和完善与社会主义市场经济体制相适应的文化体制；坚持积极发展文化事业和文化产业的方针，实现社会效益与经济效益的统一；坚持文化体制改革与政治体制改革、经济体制改革相互衔接、整体推进。从四个方面提出了文化体制改革要坚持正确的指导思想、社会主义市场经济取向、文化发展的经济效益和社会效益的统一以及文化体制改革与经济、政治体制改革的协调发展的基本经验。有学者认为，深化文化体制改革就是要解放思想，树立新的文化发展观念；转变政府职能，建立文化领域的宏观管理体制；培育现代文化市场体系；完善文化体制改革的保障体系。从文化体制改革的指导思想、管理体制和保障机制等方面总结了我国文化体制改革的主要发展经验。

在这些相关的经验总结中，文化部政策法规司的观点则比较全面，基本涵盖了文化体制改革中的成功经验，认为我国文化体制改革的主要经验为"六个处理好"：要处理好解放思想与深化改革的关系，坚持以思想的新解放推动改革取得新突破；要处理好创新体制与转换机制的关系，坚持以体制为根本；要处理好深化改革与群众路线的关系，坚持以人为本、充分尊重群众的主体地位和首创精神；要处理好改革与发展的关系，坚持以改革促发展、用发展的成功检验改革的成效；要处理好深化改革与完善政策、加强组织领导的关系，坚持以完善政策、加强组织领导作为深化改革的重要保障；要处理好社会效益与经济效益的关系，坚持把社会效益放在首位。

以上学术界从不同层面分析改革开放以来文化体制改革的基本经验，各有侧重点，具有较高参考价值。为进一步全面总结文化体制改革的基本经验提供了较为客观的分析视角。

四、关于我国文化体制改革发展趋势的研究

关于文化体制改革发展趋势的研究是学术研究的一个落脚点，既有理论设想，又有现实思考；既有全面阐述，又有单方面突破。学术界关于我国文化体制改革发展趋势的研究，观点各异，归结起来就是文化体制改革的市场化、制度化和科学化的发展方向。

有学者认为，我国文化体制改革要在重要领域和关键环节中实现突破就必须处理"二个三"的问题，即在政府、市场、文化单位三种

力量调理中，要着力促进政府调控、市场调节、单位自主运作的动态协调；在权力、利益、价值三个向度调理中，要着力促进主流价值导向、利益合理调整、权力科学配置的互动协和。我国文化体制改革要走制度化的管理、市场化的运作、科学化的发展之路。

文化体制改革的市场化方面。有学者提出文化体制改革的基本思路是分离与融合相结合，先分后合。把文化产业从政治体制中分离出来，把经营性资产与非经营性资产分离出来，以建立现代企业制度为目标，以市场和政府为推动力，以优化资源配置和改制重组为手段，培育发展国有大型企业集团。有学者认为，深化文化体制改革的出路在于社会效益和经济效益协调统一，加强文化监管；政府和市场合理分工，文化事业和文化产业并重；创新资产管理模式，实现文化资产增值；构建和谐的文化市场体系和法制体系。强调文化体制改革的方向就是文化要面向市场，在市场中对文化事业和文化产业作出区分，培育良好的市场环境是繁荣文化事业和发展文化产业的前提。

文化体制改革的制度化方面。有学者认为，深入推进文化体制改革，必须着眼于文化制度的重构：一方面，在正式制度上必须努力提高制度建设的科学化水平，确立一套全方位的以人为本的制度安排；另一方面，在非正式制度上要下大力气改善制度环境，其关键在于努力清除人治传统，大力培植法治精神。当前文化体制改革必须加强制度建设，并营造制度建设的思想文化环境，为文化体制改革提供观念与思想基础。有学者认为，在社会主义文化大发展大繁荣的国家战略框架下，进一步完善国家公共文化政策体系仍然是深化文化体制改革的基本路径，强调公共文化政策是文化体制改革的主要方向。

文化体制改革的科学化方面。有学者认为，深入推进文化体制改革，必须坚持马克思主义在意识形态领域的指导地位，善于运用马克思主义立场、观点和方法，研究和解决文化领域的新情况、新问题；必须坚持以文化发展为主题，坚持以人为本的宗旨，以满足人民群众精神文化需求为出发点和落脚点；必须坚持全面协调可持续的原则，坚持统筹兼顾的方法，着力构建有利于文化事业和文化产业又好又快发展的体制机制。强调以科学发展观来统领文化体制改革，走文化的科学发展之路。

党的十七大以来，我国文化体制改革经历了从单项突破到整体推进的发展历程，解决了文化体制改革过程中存在的许多问题，积累了丰富的实践经验，为我国文化体制改革的市场化、制度化和科学化的发展提供了重要参考。党的十七届六中全会提出了要“深化文化体制改革，推动社会主义文化大发展大繁荣”的目标要求，充分体现了中国共产党推动文化建设的信心和决心。总之，我国文化体制改革市场化、制度化和科学化的发展方向最终的目标就是要实现文化建设与经济建设、政治建设、社会建设的协调发展。正如胡锦涛总书记所说，“深入推进文化体制改革，推动文化建设和经济建设、政治建设、社会建设协调发展，已成为实现科学发展的必然要求。”

（作者单位：华南师范大学政治与行政学院）

（选自《江南社会学院学报》2011年第4期）

文化软实力的特征和外在形态

李宏宇

一、文化软实力的含义和特征

根据马克思主义的原理，推动人类社会发展的力量从最终的意义上说只有两种：一是物质的力量，二是精神的力量。物质类型的实力被称为硬实力，精神文化因素及与精神文化因素、价值观念因素相关的实力被称为软实力，硬实力和软实力共同构成国家实力的两大体系。文化力是国家三种软实力体系中的一种（其他两种软实力是政治制度力和外交力）。因此，这里所探讨的文化实力不是物质文化的实力，也不是制度文化的实力，而是微观的精神文化的实力。文化软实力是指精神文化对本国人民的凝聚力、动员力和对其他国家的人民、国际社会的吸引力和影响力的合称。

文化实力具有与物质实力、制度实力等其他实力不同的特征。一是无形的特征。文化力是无形的，以精神的、观念的形态存在，且无法计量，不像自然资源实力、经济实力、国防实力等硬实力那样以物质的形态存在，而且可以计量。文化实力在释放能量、发挥作用时，以思想、信仰、道德、价值观念等观念性的无形的力量去影响或改变人的思想、信仰、道德观念、价值观念和行为，或者通过人的思维活动、精神活动、价值创造活动，创造出新的价值体系、学说、文艺作品等精神形态的成果，然后再以这些成果去影响人的思想、观念和行为。文化因子的作用及其作用的大小很难通过可测的、量化的数据得到。文化的效力犹如物理学中的场效应，改变着人、改变着社会、改变着世界。

二是非强制性的、人性化的特征，这一特征是从文化发挥作用的方式角度说的。文化即人化之物，它的主要功能是化人、塑造人，塑造人的个性和行为。教化人、塑造人不能采用强制的、暴力的方式，这样的方式往往使人口服心不服，甚至产生抵制和反抗行为，达不到教化人、塑造人的目的。文化化人、塑造人只能采用人性化的、和风细雨的、循循善诱的、潜移默化的方式使人慢慢地、不知不觉地接受社会共同体的文化或某种思想体系，从而改变人的思想、心理和行为。即通过文化的教化和认同、内化和外化的社会化过程达到教化人、塑造人的目的。人性化的教化、传输文化，会使社会个体逐渐地接近、接受、认同社会共同体、政治共同体文化的思想、信仰、价值体系，使自己的态度、行为模式与社会共同体、政治共同体的信仰、价值观念保持基本一致。社会个体对社会共同体、政治共同体的信仰、价值体系的认同还仅仅是理解、赞同，还没有融进自己的价值体系和态度体系。内化是深层次的社会化，是社会个体在认同社会共同体、政治共同体文化的基础上，经由个体的各种认知手段和一系列的心理机制的加工作用，融进个体的价值体系和人格结构之中，实现个性化的过程。外化即将在内化中形成的个性化的价值体系通过扮演社会角色，外现为社会行为模式的过程。内化和外化是统一的，内化了什么样的思想、价值观念、道德观念，就会外化出什么样的外在行为模式。

三是作用时间的持久性特征。任何物质工具的使用时间、发挥作用的时间都是短暂的，即使是技术非常精良的工具，其使用的时间最长也不过几十年。而作为精神形态的文化延续的时间最长、生命力最强，其作用持久、恒长。一个民族的优秀文化、民族精神、文化特质是世代之间、不同时代保持连续性和同一性的密码，也是一个民族国家文化创新的基因。历史上的侵略战争、暴力征服，在短时间内可以灭掉一个国家，改变其经济政治模式，但却难以改变一个民族的文化。因为蕴藏在民族心理中的深层文化是打不烂、割不断、烧不掉的，它仍会顽强地支配民族的思维和行为，甚至潜移默化地从文化上征服征服者，同化征服民族的文化。文化之所以具有持久性的作用，是因为文化具有传承的机制，即社会群体和社会组织、政治组织通过社会化的机制把文化传输给社会个体，使社会个体变成社会人及政治人，一代一代的社会新人被培养出来、塑造出来，民族的文化、一个国家的主流文化也就一代一代地被传承下去。

四是具有渗透性的特征。文化力如同水和油一样具有渗透性、穿透性的功能。水能渗透到木头、土壤和地层里边去发挥作用，影响植物的生长和土壤结构的变化。文化力则把它的文化因子渗透到构成社会大系统的经济、政治、文化、社会子系统中与经济、政治、文化、社会融合起来，影响经济、政治、文明、社会的建设和发展。文化渗透到经济，或者促进经济的发展，或者阻碍经济的发展。文化的先进与落后是一个民族、一个国家发展、发达与落后的主要原因。中国的改革开放、社会发展、经济起飞的起点也是文化，是思想解放、是真理标准的讨论，是从价值观念的变化开始的。没有真理标准的讨论、没有思想上的解放，就不可能有改革开放和经济上的大发展。在当代社会，知识文化与经济相结合，使经济发展到知识经济的时代，商品的知识含量和文化附加值越来越成为经济的强大竞争力。文化对政治的渗透自古有之。在历代社会，统治阶级的思想都是占统治地位的思想。统治阶级的思想、信仰、价值观念、道德观念是制定政治统治和管理的制度、法律和基本政策的思想基础和理论根据。政治运行的起点是某种政治文化观念的启动，政治运行的过程是某种政治文化的展现，政治运行的终点则是某种政治文化成果的产出。文化与社会结构（狭义的社会）的关系主要表现在文化与阶级结构、文化与地域结构、文化与宗族和种族的关系等几个方面。一方面，每一个阶级都会产生或形成本阶级的文化，占社会主导地位阶级的文化往往也会成为社会的主流文化；特殊的地域形成特殊的地域文化；一个宗族、民族形成自己的宗族文化、民族文化。另一方面，这些主流文化、地域文化、宗族和民族文化一旦形成又会影响阶级结构、地域社会、城乡社会、家庭结构、宗族社会、民族结构的稳定和变迁。文化力对文化本身的渗透或影响，主要表现在文化对精神文明的形成和建设的影响上。精神文化和精神文明是两个有密切联系又有区别的概念，它们都是对社会存在的反映，同属于精神世界的产物，但文明只包含了文化中进步的、积极的成果；而“文化是精神文明形成的前提、存在的基础、进步的途径”和手段。

二、文化软实力的外在形态

文化软实力的外在形态，即文化软实力所显示出来、表现出来的人们能够看得到或感觉到的外在形式和存在形态。

（一）文化的凝聚力和整合力。文化软实力的外在形态，首先表现为一个国家、一个民族文化的凝聚力和整合力。凝聚力又称聚集力、内聚力，即一个国家、一个民族的文化具有把他的人民、社会群体或民族的成员聚集到一起、团结到一起，为国家或民族共同的理想、目标、任务共同奋斗的精神力量。

民族文化、民族精神之所以具有凝聚力、向心力，是因为文化具有群体性的特性，文化是“历史积淀下来的被群体所共同遵循或认可的共同的行为模式。”文化总是为一群人所共同享有。正因为文化是群体的、共同的，它就对群体的个体具有约束性以至强制性，个体则对群体的共同文化产生认同感和归属感。

所谓文化的整合力或整合功能，是指社会在出现各种激烈的严重的矛盾和冲突时，或一些社会群体及个体出现心理失衡或产生地方主义的倾向时，政治统治者或在民众中的社会精英就会运用一般民众和政治统治者、精英都认同的价值观念、价值体系去求同存异、分清是非、化解矛盾，使矛盾冲突的各方在共同的价值观的前提条件下承担各自的责任和义务，达到消弭裂痕，使矛盾冲突的各方重新团结起来，整合起来。这种形成于特定的生产方式和民族的具有同一性的价值观念，既是人们所共同认同的价值观念又是政治统治者推动的价值目标。因此，它派生出权利与义务的关系，每一个价值主体既有信仰价值观念的权利，又有维护价值观念的义务。政治统治者、社会精英和一般民众都共同认同的价值观念、价值体系还构成合法性的价值基础，所以具有社会整合、政治整合的功能。

（二）国家的形象力。文化虽然是无形的，但它又自觉不自觉地塑造出人们能感知得到生动的人的形象。国家的形象是本国公民、新闻媒体尤其是外国公民、新闻媒体对一个国家方方面面的“感知、看法和评价的总和”。一个国家的形象是由该国家的文化尤其是由它的核心价值观念所塑造出来的，它主要由四个层次的形象所组成。

一是政府形象。政府是国家的第一构成要素，是国家的实际主体。政府形象是国家形象的核心。一个良好的政府形象应是清正廉洁、为人民服务的意识强、效能高、公正，人民由衷地信任的政府、公信度很高的政府。

二是公民形象。人口是国家的构成要素之一，公民形象是国家形象的基本元素。公民形象是指一个一个的公民的知识素质、价值观念、道德修养、精神状态、生活习惯及外在的行为给人们的一种印象、看法。

三是企业形象。企业形象是人们对企业的产品质量、劳资关系、企业理念、管理水平和对社会的责任等形成的看法和印象。其中企业产品的质量是构成企业形象的实质性要素。产品出口企业的产品质量、外贸企业的理念和行为是影响国家形象的主要因素之一。

四是现代国家形象。现代国家是指对现代社会共同价值观念的接受和制度化的国家。在现代社会，自由、平等、民主、人权、正义、法治等价值观念或原则已成为现代国家的共同价值观念。国家制度对上述价值观念体现得越彻底、越准确，反映上述价值观念的制度本身越完善、越具有操作性，越具有本国特色，国家的现代化程度就越高，国家的形象也就越好。

（三）精神文化的对外影响力。文化的对外影响力即一个国家、一个民族的文化对其他国家的人民、对其他民族、对国际社会的游戏规则和国际文化秩序的影响。

一是非意识形态、非信仰性的文化知识的影响。科学知识（例如相对论、微电子学说等）、认知知识（例如系统论、信息论、控制论等）是认识世界、改造世界的精神武器，是非意识形态的、不带阶级性的，是任何国家、任何民族在发展过程中都需要的知识财富。凡文化都具有传播性，一个国家的文化可以通过各种渠道传播到其他国家去，影响其他国家的人民和民族的思维和认识。科学知识、认知知识落后的国家要想发展和自强，也会主动去学习、吸纳其他国家先进的科学知识、认知知识。因此，首先发明、创造某种科学知识、认知知识的国家、民族对其他国家和民族的影响是最大的。

二是价值文化即一个国家文化中的价值观念、价值原则对国际组织游戏规则的制定和国际文化秩序形成的影响。任何国际组织的活动规则、游戏规则都蕴含着某些重要的价值观念和原则。这些观念和原则是所有缔约国和组织的成员都认同的，不认同这些观念和原则就不能加入这些国际组织。但这些原则不是所有的组织成员共同提出的，而是组织建立的发起者首先提出的，它体现的是发起国尤其是主要的发起国的价值文化，后来的参加者一般来说，只有认同的义务、执行的义务，而没有否定的权利、修改的权利。国际组织游戏规则的运行形成一定的国际社会秩序，其中包括形成国际社会的某种文化秩序。

三是文化的渗透和影响。由于文化具有传播的特性，它可以通过文艺作品、电影、电视、书籍、报刊、人员交流等载体传播到其他国家去，影响其他国家人民的思想和行为。例如，我国汉唐时期的儒家文化对东亚国家的影响就很大，并在特定时期形成了东亚价值观。在当今世界，美国企图通过“文化渗透”把自己的政治理论、价值观念和生活方式传遍世界，改变各国人民的思想、价值观念和行为。在当代中国，文化变革的主要任务是发掘中国传统文化的精华，吸纳世界文化的有益部分，创造和发展社会主义的新文化，增强中国文化的对外影响力，抵御西方文化的渗透，保障中国文化的独立性。

（四）文化产业的竞争力。文化产业及其竞争力是近年来文化学者和经济学者共同研究的课题之一，并在研究中提出了文化力、文化生产力、文化经济的概念。一般认为，文化经济是对知识经济内涵的扩大和深入，“文化经济内在包含了知识经济，并在经济系统中充满了文化因素。文化生产力内容的构成不仅有科学、技术等智力因素，还有理想信念、价值观念、文化艺术、娱乐休闲等精神，不仅包含科学精神，又体现人文精神，是科学精神和人文精神的统一。尤其突出了人文精神、观念文化作为生产力要素的价值。”文化产业是文化经济的主要表现形式。在当代世界，文化是综合国力的重要标志，文化产业的竞争已成为综合国力竞争的重要领域和内容。

文化的四种软实力是相互联系、相互影响、相互作用的体系。民族文化、民族精神的凝聚力、整合力是文化实力的基础，影响着国家形象、民族形象的形成，影响着文化产业的竞争力和文化的国际竞争力；国家形象、民族形象是一个国家、一个民族核心价值观念的外现，良好的国家形象、民族形象的形成又增强着国家的凝聚力和整合力，提升着民族文化的影响力和国际竞争力；文化的国际影响力的形成和提高，增强着本民族、本国人民的自信力、向心力和使命感，也提升本国文化产业的国际竞争力；文化产业竞争力的增强和提高，不但提升本国的经济实力、经济竞争力，也提升本国的文化竞争力和文化实力。

（作者：宁波大学商学院副教授）

（选自《学习与探索》2011年第2期）

文化软实力的构成及测评公式

贯海涛

“文化软实力”概念和理论是与“综合国力”、“文化力”和“软实力”等概念及理论联系在一起的，而不是孤立或独立形成的。这几个概念相互之间的关系大致为：“综合国力”为最大的概念，“文化力”、“软实力”和“文化软实力”是隶属于“综合国力”的同等的概念；“文化软实力”是在“文化力”和“软实力”两个概念基础之上形成的，应该几乎相当于后面两个概念内涵和理论的相加或叠加。我们主张将“文化软实力”概念与“文化力”和“软实力”概念与理论纳入一个系统，摆脱西方“软实力”理论的束缚，以实现理论体系的嬗变和升级，彻底实现“中国化”。同时，“文化力”源于“大文化”，“文化软实力”概念的内涵就相当于“大文化”体系所产生的力量。

一、关于“文化软实力”定义的争议

北京师范大学王一川教授曾经指出：“事实上，对文化软实力概念的界说和阐释，迄今为止已经多种多样，可谓众说纷纭、莫衷一是。”但他又认为关于“文化软实力”的定义或内涵界定“没必要求得公认一致的唯一正确结论”。如果中国学界连“文化软实力”这个基本概念都没法达成起码的共识或基本的共识，而是众说纷纭、任意定义，那怎么还会有相关的学术的对话和理论的发展呢？尤其是当它已经成了新时期党和政府的重要执政理念的时候，我们更有必要统一认识，达成共识，而不是采取放任自流、任人自主的态度。如果对“文化软实力”内涵理解得不对，或者说压根就没有认准什么是“文化软实力”，那么谈“文化软实力”的“发展战略”可能就是一句空话，在此基础上制定的政策或方案可能就不会解决问题。

关于“文化软实力”的定义，学界的观点大致分为四类：一是认为“文化软实力”等同于约瑟夫·奈的“软实力”；二是将其视为“软实力”的一部分或“国家软实力”的一部分，即约瑟夫·奈所强调的“软实力”来源之一的文化所创造出来的“软实力”，简称“文化软实力”；第三种思路主张“文化软实力”基本上等于“文化力”；第四种思路主张“文化软实力”基本上等于“文化力”与“软实力”内涵的简单相加。

在上述四类思路或观点中，第一种观点既没有理论深度，又缺乏基本的逻辑推理，属于没有学术性的简单误会。这种误会一直存在，从“文化力”概念产生之日就已经有了。有相当一批人想当然地将“文化力”看作“软实力”。这批人可以说既没搞懂什么是“文化力”，也没有搞懂什么是“软实力”。这种研究既没有遵从任何学术规则，也没有一个起码的学术方法。现在有了“文化软实力”概念，他们又如法炮制，试图对“文化软实力”进行类似的定义或解读。于是，“文化软实力”又被看作“软实力”的相似物或中国式的（中文）表达了。

第二种观点目前是最具代表性的观点之一，近来逐渐成为一种主导性的观点。这里之所以说它已成为一种主导观点、甚至具有一定的权威性，是因为这类观点明确关注“文化软实力”的定义问题，而不像其他三类观点那样回避或模糊处理“文化软实力”的内涵或定义问题。但主张者缺乏对“文化软实力”概念本身所依托的理论体系的完整考察，自以为是地对这一概念进行了不切实际的界定，有望文生义的味道，因而从另一方面又暴露出了不专业或外行的特征来。他们的“文化软实力”定义显示出其研究视角和方法的狭窄，同时也没有很好地把握党的十七大报告的指导思想。

第三种观点也是较为流行的观点之一。这一思路尽管使用的基本概念是“文化软实力”，但其讨论的“文化软实力”的内容或内涵与所谓“文化力”的内容或内涵并无二致。从某种程度上来说，这种观点也支持了我们所提倡的将“文化力”与“文化软实力”理论看作一个体系、“文化软实力”概念和理论是对“文化力”概念和理论的继承和发展的观点。但在实际运用过程中，这种思路也有不明确的地方。关于“文化力”与“文化软实力”的联系与区别也没有得到认真、系统的探讨。如此，“文化软实力”与“文化力”就显得只有概念或提法上的差别，在内涵或内容上就几乎完全等同了。

第四种思路也有一定的市场。这是最大容量的“文化软实力”概念了。但是，简单相加不同于复合或叠加；“文化力”与“软实力”怎样相加、能否相加的问题仍未解决。“文化软实力”如果说是“文化力”与“软实力”的复合或叠加，也应该是二者的有机结合，而非简单而生硬的相加。那种简单的相加实际上是难以实现的，而且会在体系和概念上产生冲突或难以相容。实际上，很多关于“文化软实力”的讨论只是打着新概念的招牌或旗号，而只有老概念之实或内容。也就是说，一些关于“文化软实力”的研究实质上是在说“软实力”或“文化力”，既无“文化软实力”的特性，也无“文化力”与“软实力”的结合。

本文基本上倾向于上述第三与第四种思路的结合；或者说对第三、第四种思路进行修正、发展和完善，以建立一个新的分析框架或研究方法。不过，这里首先要做的是讨论别人的定义、思路和理论框架，并指出其不足以及解决问题的方向或思路。

二、“文化软实力”与“文化力”和“软实力”的关系

关于“文化软实力”的内涵或定义，很多学者是不关注的，在其研究中也不下定义。他们往往在其论著中一开头就大谈如何发展“文化软实力”或是“文化软实力”的发展战略应该为何之类；至于他们所说的“文化软实力”是什么，则是不清楚的。只有极少一部分学者注意对“文化软实力”概念进行界定，指出他们所说的“文化软实力”的内涵是什么，与“软实力”或“文化力”有什么区别或联系。在上面所说的四种思路中，只有第二种思路有定义或对“文化软实力”概念进行界定，其余的几乎没有明确的定义或概念的界定。目前，国内只有一部题为《文化软实力》的书，是以“文化软实力”的定义、理论体系为探讨对象的专著。其他所谓专著，正如前面所言，则是撇开基本概念的界定和理论体系的探讨，大谈什么“文化软实力的发展战略”、各个地区或领域的所谓“软实力”或“文化软实力”的各种表现及其应

用的不着边际的话题。这本《文化软实力》只有几万字，只能算是一个小册子。该书的作者认为："国家文化软实力是'软实力'的一个方面，而'软实力'和'硬实力'都属于'实力'的范畴。""所谓'文化软实力'，就是以文化为基础的国家软实力。""即使是谈论主权国家内部某个地区的'软实力'，也应该放到这个地区的所在国家与外部世界的关系之中。"意思是说"软实力"或"文化软实力"都应该从国际关系的角度去理解。但是我们知道，如果从国际关系的角度来看，只能存在国家整体的"软实力"或"文化软实力"，而不存在某个国家的具体地区或城市的"软实力"或"文化软实力"，更不会有某个行业或部门的"软实力"或"文化软实力"的提法，比如打造或提升"上海的文化软实力或软实力"、"广东的文化软实力或软实力"、"邮政行业的文化软实力发展战略"、"交通行业的文化软实力发展战略"之类。

《文化软实力》一书的观点是颇有代表性的，很多学者与其思路是相同的或相似的，属于我们在前面总结的四种思路中的典型的第二种思路。然而，也有不少定义空有第二种思路之名，而无第二种思路之实。很多学者只是在定义上模仿了第二种思路，但在讨论中走的却是第一种或第三种思路，或是第一种思路或第三种思路的混合，即第四种思路。很多人只是给出一个几乎是抄袭来的别人的定义，然后在分析"文化软实力"的内涵或表现时却自由发挥。2009年5月中旬在武汉大学召开的"2009文化哲学论坛：国家文化软实力建设学术研讨会"上，很多学者对"文化软实力"概念的界定和提出的分析框架也基本如此。

王一川教授在其主持的国家社科基金重大课题"我国文化软实力发展战略研究"的前期成果《理解中国国家文化软实力》一文中，试图对"文化软实力"理论进行历史的考察或溯源。他主张西方的韦伯、葛兰西和中国的老子都是"文化软实力"理论的先驱。他的所谓"溯源"或历史考察并没有认识到问题的关键，没能把握住这一理论演变发展的真正历史脉络，很多观点都是想当然的，一些提法不着边际。他根本不知道"文化软实力"及"文化力"和"软实力"概念与西方的权力和国力理论的关系，也没有系统地进行学术发展史的梳理或分析。他关于"文化软实力"概念起源的考察最后还是落脚到了约瑟夫·奈的"软实力"概念上。这样做并无不妥，但问题是他并没有对"文化软实力"概念与"软实力"概念进行区分，也没有对"文化软实力"概念进行界定，好像二者就是一回事似的。他认为："文化软实力理论的较为直接的理论生长点"来自塞缪尔·亨廷顿的"文明冲突论"。他的这种说法也不是太准确。事实上，约瑟夫·奈的"软实力"或"软权力"理论真正直接应对的是保罗·肯尼迪的"美国的衰落"的提法，而不是受亨廷顿的"文明冲突论"的刺激而产生的。不过，最后他终于切入正题。他说："真正明确的'软实力'(soft power)理论概念是曾任美国助理国防部长的哈佛大学教授约瑟夫·奈（Joseph S.Nye, Jr.，1937—）首先提出来的。"他还补充说："这一软实力概念可以说是当今世界各国学者理解和运用软实力理论的一个共同的理论源头，尽管实际上人们由此引申出的结论会各不相同、乃至大相径庭。"不过，他的这一评价是不准确的。国际学术界尽管对约瑟夫·奈的"软实力"或"软权力"概念的态度不同，但对于他对这一概念的定义还是有一个较为统一的认识的。真正有不同理解或定义的是中国学者。因为中国学者将其改造或定义成了一种"实力"而非"权力"。然而，王一川将"软实力"概念的学术问题完全转到了"文化软实力"头上，也认为"文化软实力"是富于争议和难以给出一个统一的定义的概念。可以看出，他几乎将“文化软实力”与“软实力”当作一回事，以讨论“文化软实力”为题,却说着“软实力”的事情。最后，他干脆抛开“软实力”而直接讨论“文化”了。他似乎是说,“文化软实力”没有定论,“软实力”也不好界定，但“文化”却是可以界定的。于是，在他那里，“软实力”或“文化软实力”的讨论完全成了“文化”的讨论了。他说:“这样，要理解‘文化软实力’,就需要对其中的‘文化’一词做出理解。”

王一川教授侧重于从文化的角度解读“软实力”和“文化软实力”是对的，但从中却体现不出一种学术的自觉。因为他并没有将“文化软实力”、“软实力”和“文化”的内涵和相互之间的关系说清楚。这是不应该的，因为做到这一点并不难。还有，如果你在讨论“文化软实力”时干脆说的是“软实力”或“文化”，那么我们还创造“文化软实力”这个概念干吗呢？“软实力”概念和“文化力”概念已经够用了。既然有了新词汇或新概念，就应该有新的内容或新的内涵，也得构建新的理论体系，而不能简单地重复过去，或是“新瓶装旧酒”。一些关于“文化软实力”的研究并没有将它与其他相关概念的关系理顺，也没有找到它的理论源头和概念的前身是什么。

很多名义上讨论“文化软实力”的论著，实际上用的完全是“软实力”的定义。而一些学者似乎是以不变应万变,不管你提“文化力”、“软实力”，还是“文化软实力”，他们统统应以“文化”，将这些新概念完全看作是文化的发展或传统文化的现代开发。总之，就是一个思路：“软实力”也好,“文化力”也好,“文化软实力”也好，都是文化产生的。按照这种思路，“文化力”、“软实力”和“文化软实力”几乎没有什么质的区别,干脆都是一回事。这批学者在“文化力”和“文化软实力”研究的学者群体中占据多数；将“文化力”研究、“软实力”研究和“文化软实力”研究完全看作一回事也堪称学界的主流观点。

可以看出，在我们前面总结过的关于“文化软实力”的定义和分析框架的四种思路中，对“文化软实力”给出最明确定义的是第二种，其他三种定义明显不是很清晰，或不是很确定。但即便是第二种显得比较“清晰”的思路，有些学者一方面似乎很明确地给出了一个“文化软实力”的定义，但另一方面却在其随后展开的讨论中脱离自己的定义，使自己的定义显得外延与内涵不符，或者说干脆又给出了一个与前面不同的另一个新的定义。前面我们提到过的王一川等人的方法就是如此。这说明这些学者对“文化软实力”概念的内涵或定义并无真正的研究，他们自己提出的定义实际上只是在抄袭别人，后面文中的与前文中定义不一致的随意发挥才是属于他们自己的东西。总之，很多文章中关于“文化软实力”的定义呈现出自相矛盾或逻辑混乱是毫不奇怪的，都是对“文化软实力”基本理论缺乏研究和缺乏认识所致。事实上,大部分相关文章所讨论的“文化软实力”就是“文化力”或“软实力”本身,或者是“文化力”与“软实力”内涵的混合使用或简单相加。

下面就让我们看看党的十七大报告中关于“文化软实力”的内容,从中找到“文化软实力”概念或定义的最权威的答案。胡锦涛总书记在党的十七大报告第七部分的开端指出：“当今时代，文化越来越成为民族凝聚力和创造力的重要源泉、越来越成为综合国力竞争的重要因素，丰富精神文化生活越来越成为我国人民的热切愿望。要坚持社会主义先进文化前进方向，兴起社会主义文化建设新高潮，激发全民族文化创造活力，提高国家文化软实力，使人民基本文化权益得到更好保障，使社会文化生活更加丰富多彩，使人民精神风貌更加昂扬向上。”可以看出，“文化软实力”概念的提出与发展文化是联系在一起的，与国家的发展战略和文化发展战略是目的与过程的关系。可以说二者是一并提出的。我们认为“文化软实力”概念与中国固有的“文化力”和文化发展战略是密切相关的，而与西方的“软权力”或“软实力”理论没有直接的继承关系或联系。胡锦涛总书记在这一部分主要谈的仍是文化和文化发展，而不是“文化软实力”的概念或问题，也不是“文化软实力”的发展战略。

党的十七大报告的这一部分主要从四个方面展开对文化或文化发展战略的讨论：(1) 建设社会主义核心价值体系，增强社会主义意识形态的吸引力和凝聚力；(2) 建设和谐文化，培育文明风尚；(3) 弘扬中华文化，建设中华民族共有精神家园；(4) 推进文化创新，增强文化发展活力。然而，有的学者对此作了另一种解读，认为这就是对“文化软实力”内涵的界定和关于“文化软实力”发展战略的方针。实际上，党的十七大报告中“文化软实力”一词只出现一次，远远低于或少于“文化”一词。“文化”才是这一部分的主旋律、主题词或关键词。可以认为，党的十七大报告中“文化软实力”只是发展中国文化和当前社会主义建设事业的目标之一，也是文化发展和社会发展战略的目标之一。更大的、更宏观的目标应该是中华文化的繁荣昌盛和中华民族的全面复兴。正如党的十七大报告第七部分结尾处所指出的：“中华民族伟大复兴必然伴随着中华文化繁荣兴盛。要充分发挥人民在文化建设中的主体作用，调动广大文化工作者的积极性，更加自觉、更加主动地推动文化大发展大繁荣，在中国特色社会主义的伟大实践中进行文化创造，让人民共享文化发展成果。”

党的十七大报告出现的“文化软实力”的提法与以前的“文化力”的执政理念和理论并不矛盾。甚至可以认为，这一概念仍然属于以前的“文化力”的理论体系。我们通过仔细阅读党的十七大报告可以发现，胡锦涛总书记强调的仍是“文化”和文化建设。但有人偏离主题，将“文化软实力”定义为这一部分的中心概念，随后的宣传教育和理论研读也受此误导，变成了以“文化软实力”为核心概念构建新的理论体系了。于是，一种“文化软实力”研究的热潮随之出现。不过，既然“文化软实力”研究的热潮已经出现，我们就应该很好地发展它，将其建成一个丰富而完善的理论体系。这里，理顺它与“文化力”、“软实力”和文化的关系尤为重要。借此机会，以“文化软实力”概念为中心，将“文化力”概念和“软实力”概念有机地结合起来，将原来各自独立的“软实力”或“软权力”理论与“文化力”理论融为一体，构建出一个吸纳、兼顾“文化力”理论和“软实力”（或软权力）理论的“文化软实力”理论体系。

三、“文化软实力”之源及其测评公式

本文所建立的“大文化”分析框架从某种程度上就是对“文化力”和“软实力”分析框架的复合与叠加。但这又不等同于简单的相加。所谓“大文化”概念就是将社会制度、科技力量、教育和人才资源、知识与信息体系和相关产业、价值观与意识形态的感召力或影响力、军队的士气和国民凝聚力以及各类人才储备等因素视为一个系统——大文化系统。这基本上就是将狭义的“文化力”与“软实力”两类因素相结合而形成的，也囊括了军事力和经济力中所包含的文化力和“软实力”因素。经济因素中的发明专利、技术人才、生产力水平和对资源的开发利用和环境保护，军事因素中的核武能力、装备水平和指挥能力等，几乎每个环节都离不开文化知识的因素。可以说，经济与文化本身都渗透到所谓国力的各个方面和各个角落。而

处在信息和知识经济时代的今天，文化的因素更是无孔不入。但这要从广义的角度来界定文化。这个广义的文化或“大文化”至少包括知识体系、价值体系、意识形态和以信息与观念为核心形成的一切活动，包括政治、经济、文化和体育的组织形式、权力及其活动，政治、经济制度和道德体系，以及以文化、艺术、体育、知识和信息为基础形成的产业。这里所说的“文化力”产生于一种“大文化”，而非某种精神资源或意识形态。这种广义的“文化力”是国家强盛或崛起的根本保证，中国应将提升广义的“文化力”作为发展综合国力的根本。我们所说的“文化软实力”就应该与这一“大文化力”或广义的“文化力”相同。

以往人们对“文化力”或“文化软实力”的理解往往囿于某种学科的界限，相对比较单一、片面。我们这里企图建立一种跨学科的分析框架，所说的文化也是一种大文化概念。文化乃强国之本，生产力水平的提高取决于文化的进步。“文化软实力”这里被定义为一个国家的文化和智慧的集中体现；知识体系、价值体系、战略决策、外交手段、教育体系的资源、能力和创造都属于“文化软实力”。“文化力”不仅是所谓“软实力”，而且是综合国力的源泉和发展动力，是将综合国力所有因素有机地结合在一起并使之充分体现的关键；制度的优劣和效率、科技与教育的发展、人才战略、文化产业、文化与价值的传播、国民素质与道德水准、战略决策、外交智慧等因素都应归结到这一范畴。“文化软实力”或“文化力”的资源不只是传统文化或文艺产品，而是一种能够改变社会和世界的制度和知识、价值的创造力与影响力，是赢得社会和世界支持和认可的魅力，也是一种赢得拥护和认同的凝聚力。

到目前为止，在国外学术界，只有关于国力（综合国力）、军事力量、经济实力、国际竞争力等方面的测评或分析模式，而几乎没有成熟、定型的关于“文化软实力”的量化、分析模式，更没有什么测评公式。约瑟夫·奈建立了一个模糊的“软实力”的分析框架，但没有建立测评公式。其他学者也无意在这方面作深入的尝试。在中国，除了门洪华之外，也几乎没有学者对“文化软实力”提出过量化理论并建立过相关的测评公式。

对所谓“文化软实力”或“软实力”的准确测评几乎是不可能的，然而，量化测评的需要或诱惑也是存在的。目前，无论是学术界还是决策部门，都需要我们建立一个合理的关于“文化软实力”构成的分析模型，最好有一个测量公式。实际上，综合国力的公式或方程得出的数据也只能在某种特定的条件下具有参考价值，“文化软实力”或“软实力”的测评也应如此。如果是这样，对“文化软实力”进行量化或测评不仅有必要、有意义，也是可行的。如果建立一个合理的测评公式，它至少可以较为准确地反映出一个国家在“文化软实力”资源和“文化软实力”的开发、表现方面的大致情况，显现出不同国家“文化软实力”构成的大致情况和强弱分布；其得出的数据能够为世界各大国“文化软实力”的排行榜提供较为准确的参考。

“文化软实力”是一个系统中各种因素的整体体现，取决于政治制度和价值体系、科技与教育的实力、文化遗产和文化产品、国民素质与道德水准，也包括知识、体制的创造力和决策、外交等方面的智慧与实践等因素。这是我们分析“文化软实力”各构成要素的理论框架。那么它们之间构成怎样的关系呢？这种逻辑和数量的关系如果用公式表达就更直接，也更能清楚地说明问题。我们主张的“文化软实力”的测评公式为：

文化软实力＝政治制度的效率与国内外认同程度［外交艺术（价值观的影响度＋国际

形象与国际威望+对外宣传能力与效果+体育水平与国际比赛的成绩)+(文化的创新能力+战略决策水平+政策效能)(科技实力+教育水平+人才储备或人力资本+文化产品与文化遗产的国际影响力+国民道德水准)]。将上面各项用英文字母代替，我们可将这一公式简化为：

$$P_c=S_p[D(V+I+P+S)+(C_c+S_i+P_y)(T+E+H_c+C_i+M)]。$$

靠上面公式可得出中国与各大国或国家集团文化软实力的数据及排名顺序，但这里没法公布这一结果，因为统计、计算工作并没有展开。这将是一项庞大的工作。实际上，公式中所有的指数或指标都需要另外一批公式或计算方式来统计。不过，通过粗略的比较和对各项指标大致的衡量,可以认为中国的“文化软实力”应该排在美国和欧盟的后面，与俄国和印度属于一个集团，而在日本和巴西的前面。美国和欧盟属于第一集团。在第二集团中,中国的“文化软实力”可能会略高于俄国和印度，也就是说在全球排名榜中可能列第三位。而印度的综合国力尽管不一定强于日本,但其“文化软实力”却可能高于日本，属于第二集团。通过这一统计与横向的比较,我们可以对中国“文化软实力”的优劣和存在的问题有一个更深入、清楚的认识。这为中国“文化软实力”发展战略的制定奠定了基础。

“大文化”战略首先是一个以教育、科研、人才培养和知识创新为基础和核心的综合性国家发展战略或系统的发展战略，进而促进制度与价值体系的完善与能量或效率的充分发挥。“大文化”系统及其发展战略也包括“软实力”,因而指的就是“文化软实力”的系统及其发展战略。在国际竞争中，“文化软实力”的发展目标应该是将文化和价值观的魅力(影响力)充分发挥，佐以外交和决策的智慧，实现自己的战略目标或发展目的，赢得世界的认可、认同和拥护。这一战略新思维非常适合于中国未来的发展模式,以实现和谐社会、和谐世界的对内、对外的国家战略目标。

目前，从国家发展的角度来看，中国的“文化力”或“文化软实力”不够强，发挥或表现不够理想。这首先表现为制度和价值体系的效能、效率及国际竞争力不太理想，价值观与文化的国际影响力不大；知识的创新能力较弱，有价值的文化产出和输出有限；科技、教育的能力也没能充分体现。其关键是社会的公平竞争机制不够健全，科研、教育等知识、文化和价值的创新机制、应用与传播体系不够完善，功能发挥不够理想。这影响了我们的经济发展和社会变革，也影响了社会的和谐和内部的凝聚与团结，更影响到了综合国力的增长和国家的发展战略。从对外的角度，中国文化和价值观的影响力和魅力也没能充分体现。这妨碍了国际社会对中国文化和中国本身的接受和拥护程度，不利于中国的国际经济环境和外交环境的拓展,更不利于中国走向世界,实现民族复兴。

中国“文化软实力”的发展战略应该从内部发展和对外拓展两部分来理解。无论对内还是对外，我们都要以提高自身的文化创造力和魅力(吸引力或影响力)为目标。当然，我们在“文化软实力”方面也具有丰富的资源，现有的力量也相对不算弱。如果很好地开发、利用,制定出可行的增强发展“文化软实力”的战略决策，我国的“文化软实力”就能够得到较大的发展、壮大。传统文化在这里不被看作“文化软实力”的主要源泉(资源),“文化软实力”的推广也不以推广、开发传统文化为主要目标。当下的制度、价值体系和文化知识体系的创造能力是关注的重点。沈丁立指出：“很多大国衰落是制度原因造成的。落后的制度导致生产力与生产关系的发展不协调。苏联的衰落就从多个侧面反映了这个问题。”

关于“文化软实力”的发展，制度或体制因素是非常关键的，价值体系也是一个非常重要的话题。不过，制度和价值观是文化发展总体的体现，是方方面面历史的积累，并非一蹴而就的；纯粹的价值观与制度或体制的问题从某种程度上也超越了“文化软实力”的讨论范围。我们仍是从“文化软实力”发展的制度环境和价值观的全球影响力的角度来考察这两个方面的内容，由此将所有相关的“文化软实力”因素纳入一个系统。我们所构想的中国“文化软实力”发展战略首先围绕着前面提到的大文化发展战略展开，以“文化软实力”的发展环境和教育与知识的创新为突破口、为主要目标，尤其是从“文化软实力”系统的角度强调高等教育和现代学术的作用或功能。邱立本说过：“学术界是社会发展的先锋。美国学术界在过去大半个世纪里，由于非凡的创意，扭转了美国的命运。”他还指出，中国要崛起，就必须依仗“学术力”的崛起。高等教育应该是国家战略和文化发展的核心，因为它是知识创新、学术进步和价值更新的关键，科技发展战略、人才培养战略与人力资源开发都隶属于它，所有文化的创造、价值观的推广与普及都以它为基础。原来我们对它的认识不足，定位不够准确。

从对外的角度，中国国际形象的宣传、价值观影响力的扩大尤为重要，这要从对外宣传、国家形象包装和文化外交方面入手。但简单、生硬的宣传方式可能会遇到抵触，而文化产品的推广、学术的交流、教育的输出、文化外交是较好的选择。在发展中国“文化软实力”的宏观战略的框架下，我们还要特别重视科技与人才战略。另外，还要重视中国文化的国际传播、中国国际形象的改善与对外宣传、文化教育产业的发展壮大与海外市场的开拓。

（作者：暨南大学社科部、中印比较研究所教授）

（选自《学术研究》2011 年第 3 期）

提升我国文化软实力的战略思考

张国祚

20世纪90年代以来，越来越多的国家认识到提升软实力对于国际竞争的重要意义，并试图从软实力的角度思考国家战略。党的十七大以来，我国学者从中国的国情出发，在软实力理论的基础上进一步提出了文化软实力的概念。认为文化是贯穿软实力的经纬，是维系软实力的灵魂。软实力之所以关乎民族兴衰、国家强弱、人民贫富，主要取决于其中的文化因素。对我国文化软实力的现状进行冷静分析，发掘其优势，认识其问题与不足，是进一步提升中国文化软实力的理论前提。综合研究我国文化软实力发展取得的成绩与面临的挑战，可以引发一些对策性思考。

一、我国文化软实力建设所取得的主要成绩

我国文化软实力建设所取得的成绩，主要表现在宣传思想文化教育、哲学社会科学研究、文化体制改革、文化产业发展、区域文化软实力发展以及对外文化传播等方面的加强与改进。

1．宣传思想文化教育不断加强改进，强化了文化软实力的核心与灵魂

自1992年党的十四大以来，宣传思想文化教育坚持“高举旗帜、围绕中心、服从大局、服务人民”的总体纲领，以科学理论武装全党、教育人民。思路不断拓宽，方法不断改进，目标日益明确具体，效果日益显现。各级党委中心组学习已形成制度、机制和规范。理论宣讲活动声势大、影响大。马克思主义理论进教材、进课堂、进学生头脑，已成各高校思想政治工作的重要目标。社会主义核心价值体系的宣传普及和当代军人价值观的宣传力度在加大。理论宣传越来越重视贴近实际、贴近生活、贴近群众；注重马克思主义大众化。以正确舆论引导人，越来越注重主动介入、公开透明、先声夺人，正确处理舆论引导和舆论监督的辩证关系，对凝聚人心、稳定社会发挥了积极作用。以高尚的精神塑造人，推出一系列热爱祖国、热爱人民、忠诚于党、忠于职守、勇于改革、锐意创新的先进楷模，引领全社会的思想道德建设；推出一系列思想性和艺术性俱佳的影视、文学、戏剧艺术作品，启迪人生、鼓舞士气、振奋精神。所有上述举措，对于增强国家文化软实力都具有重要的战略意义。

2．哲学社会科学研究不断深化拓展，创新和加固了文化软实力的经纬

自改革开放后邓小平指出“社会科学也是科学”以来，学界、政界、商界，乃至社会各界越来越重视哲学社会科学研究。特别是2004

年中共中央《关于繁荣发展哲学社会科学的若干意见》下发后，人们日益认同哲学社会科学的功能：认识世界，传承文明，创新理论，资政育人，服务社会。人们日益认清哲学社会科学的重要意义：在认识和改造世界的进程中，哲学社会科学与自然科学同样重要，培养高水平的哲学社会科学家与培养高水平的自然科学家同样重要，提高全民族的哲学社会科学素质与提高自然科学素质同样重要，任用好哲学社会科学人才与任用好自然科学人才同样重要。为支持哲学社会科学研究，全国哲学社会科学领导小组设立了国家社科基金项目，教育部设立了人文社会科学基金项目，国家新闻出版总署设立了人文哲学社会科学出版基金项目。各级政府对哲学社会科学的经费投入力度越来越大。上世纪80年代中期，国家社科基金刚刚设立时，只有500万元人民币。到2003年只有1.2亿元，2008年增加到3.9亿元，2010年猛增到6亿元。自2004年以来，仅国家社科基金就资助了上万个研究项目。各类社科基金推出了一系列关系党和国家事业发展全局的对策研究项目，取得了具有重要理论价值和实践意义的高质量研究成果。

3. 文化体制改革思路越来越清晰，为文化软实力增强自身造血功能提供了政策保证

中央高度重视文化体制的改革，出台了一系列政策法规文件，提出具体的指导意见和办法措施。改革开放之初，我国确立了有步骤地改革文化事业体制的思路。上世纪90年代初，邓小平南方谈话和党的十四大确立了我国建设社会主义市场经济的发展道路，使文化体制改革步入了新的阶段。2003年，中共中央、国务院在北京、上海、重庆等9个省市选定35个宣传文化单位进行改革试点。2005年《国务院关于鼓励、支持和引导个体、私营等非公有制经济发展的若干意见》、《国务院关于非公有资本进入文化产业的若干决定》，2006年中共中央、国务院《关于深化文化体制改革的若干意见》等政策陆续出台。2007年中宣部《我国文化体制改革状况年度报告》课题组发布《我国文化体制改革状况报告（2007)》，提出“要尽快制定向先行改革地区和单位在政策和资源上倾斜的切实措施，确保早改革、早主动、早受益，不让改革者吃亏。”2008年中宣部会同中组部、中编办等有关部门和单位拟订的《文化体制改革中经营性文化事业单位转制为企业的规定》和《文化体制改革中支持文化企业发展的规定》获国务院批准。2009年，国务院常务会议审议通过《文化产业振兴规划》，首次将文化体制改革和大力发展文化产业上升到国家战略。2010年中央又出台了一系列关于文化产业方面政策的文件，其中《新闻出版总署关于进一步推动新闻出版产业发展的指导意见》涉及文化体制改革，主要是新闻出版改制。

4. 文化产业发展迅速，拓展了文化软实力发展的平台和载体

我国的文化产业虽然起步较晚，但近年来取得了长足发展。统计数据表明，2008年全国文化事业费达248.04亿元，比2007年增加49.08亿元，同比增长24.67%。2008年，中国电影票房连续2年保持26%以上增速，增幅居全球之首。国内电影票房总收入（不含农村市场）预计42.15亿元，首次进入了全球市场前十。同时，一大批极具中国特色的文艺表演不仅在国内得到了广大观众的赞誉，在国外也获得了巨大的成功，如聋人舞蹈《千手观音》、中华武术、杂技艺术等。2009年堪称是中国文化产业发展的“转型之年”。在宏观经济复苏的大背景下，文化产业在多数领域实现了超常增长，成为国民经济发展中最为亮眼的领域，文化产业已经登上了国家战略性产业的位置。2009年中国城乡居民家庭文化娱乐用品及服务

支出总额约6076亿元，政府公共财政文化消费支出1095.74亿元，文化产品和服务出口约700亿元人民币左右。上述三项相加，2009年中国文化产业国内外市场规模大约为8000亿元人民币。

5．区域文化软实力发展不断出现新亮点

没有局部，就没有总体；没有区域和行业的文化软实力提升，就没有国家总体文化软实力的提升。因此，区域文化软实力的发展是我国文化软实力发展的基础。近年来，在各级政府的支持下，各地文化软实力发展非常迅速。以城市为例，我国第一个将城市软实力纳入官方决策的是浙江省台州市。2005年3月台州正式提出实施"软实力战略"，以加快提升区域综合竞争力。近年来，无锡、南昌、九江、青岛、邯郸、蚌埠、淮安、钦州、湛江、重庆、深圳、武汉等几十家大中城市，相继提出增强自身软实力的思路或决策，还有一批城市如北京、上海、杭州、南京、长沙等，制订了各自的城市文化发展规划。

6．孔子学院的设立和汉语国际传播活动的开展，扩大了中国文化软实力的世界影响

孔子是世界历史文化名人，其对中国和世界的影响超越时空，孔子的学说是中国传统文化的主要代表。为发展中国与世界各国的友好关系，增进世界各国人民对中国语言文化的理解，为各国汉语学习者提供方便、优良的学习条件，中国国家对外汉语教学领导小组办公室已在世界上有需求、有条件的若干国家建设以开展汉语教学为主要活动内容的"孔子学院"。中国北京"孔子学院总部"于2007年4月9日正式挂牌。此后中国在海外设立的"孔子学院"和"孔子课堂"雨后春笋般地大批涌现。自2004年11月全球首家孔子学院在韩国成立以来，孔子学院遍布全球近百个国家和地区（美国及欧洲最多），成为推广汉语教学、传播中国文化及国学的全球品牌和平台。截至2010年10月，全球已建立322所孔子学院和369个孔子课堂，分布在96个国家（地区），成为推广汉语教学、传播中国文化的重要品牌和平台。

二、我国文化软实力发展所面临的挑战

1．西方敌对势力加紧实施软实力战略，强化对华"西化、分化"图谋

从上世纪50年代杜勒斯提出要"和平演变"中国，到美国中央情报局"十条诫令"的制定，到上世纪90年代约瑟夫·奈主张利用美国的软实力维护美国在世界的霸权，到美国智库兰德公司建议美国开展网络空间战提出的5项政策建议，再到最近美国现任国务卿希拉里·克林顿在乔治·华盛顿大学关于"互联网自由"的演讲，美国贯穿始终的对华战略，就是要用美国的"自由、民主、人权"价值观对中国进行意识形态渗透，以期颠覆我国的社会主义制度。希拉里在乔治·华盛顿大学的演讲，更是明白无误直指中国。她强调，美国国务院的核心使命就是冲破中国互联网防火墙，用网络手段推翻更多的独裁国家。2011年美国国务院为此将投入2500万美元。与此同时，美国务院已开设阿拉伯语推特，不久将开设中文推特。美国驻华使馆已经在新浪开设了中文微博。从某种意义上说，美国对华软实力战略不能不说是咄咄逼人。

2．我国文化软实力建设领域存在不少薄弱环节

理论武装在普遍推进的同时，也存在重形式轻内容、重声势轻实效的形式主义问题，真学、真懂、真信、真用的问题在相当多干部群众和知识分子中还没有真正解决好。社会主义核心价值体系如何才能在凝聚人心、引导社会方面发挥更有效的作用，还有大量的工作要做。思想理论界盲目追捧西方观点的倾向、噪音和杂音仍然有不少市场。从新闻媒体的角度看，虽

然我国整体实力得到很大增强，但尚未出现能在国际范围内产生重大影响的媒体或媒体集团，“西强我弱”的国际舆论格局还没有根本改变。如新闻报道与信息传播的设备、技术以及手段、方式与国际一流媒体相比尚存在差距，新闻报道的原创率、首发率、落地率还有待进一步提高，我国新闻媒体对国际舆论的影响力仍然较弱。从占领国际话语权制高点的角度看，如何既能维护中国的国家利益，又能树立中国负责任的大国形象而赢得国际舆论的认同；如何既能维护中国尊严，又能树立中国的和平友好形象，如何充分利用民间资源、广交世界各国朋友，还有很多经验教训可总结。

3．我国哲学社会科学评价机制存在隐忧

不具备一定数量的科研成果很难说明哲学社会科学工作者的研究能力，但是，研究成果多，也未必意味着研究水平就一定高。目前我国高校和专门的社科研究部门，在哲学社会科学研究职称评定、考核晋级的标准方面存在重数量、轻质量的问题、盲从国内名刊和国外刊物的问题。哲学社会科学研究是创造性的劳动，需要付出心血、时间和艰辛。特别是高校教师，本身还有繁重的教学任务，很难在一年之内出很多真正有创见的研究成果。但是，为了评定职称、晋级获奖，就必须千方百计地发表文章著作；没有新思想，就只好自己抄自己、自己抄别人，低水平重复。学者要发表文章著作，而报刊的版面却很有限，于是就出现了花钱“买版面”的现象，新闻出版和学术界由此加剧了学术腐败之风，而且是恶性循环、愈演愈烈。像这样靠花钱买来的成果发表，能够代表学术质量吗？于是，所谓的名刊，所谓的“核心期刊”，未必发表的就是高质量成果；国外人文社科刊物、特别是西方人文社科刊物，本来就受意识形态倾向局限、有其政治偏见，更不可能成为中国社科成果的检验标准。结果，真正的高质量成果没出多少，教书育人的职责却被弱化了，于是出现了“双低一躁”现象：科研成果水平降低，教书育人水平降低，学术风气日益浮躁。一些人搞科研不是基于职责、使命、兴趣，仅仅是为了完成纯功利性的任务，为了职称、评奖、晋级；很多精力不是用来搞科研，而是用来拉关系、找熟人、跑项目，行贿受贿司空见惯。长此以往，怎么能保证科研成果的质量？怎么能培养出真正的社科大家和大师呢？当成果发表和科研立项变成了一种钱权交易时，学术质量的评价必然有失客观公正性，中国社科思想创造性必然萎缩，必然有损中国文化软实力的增强。

4．我国文化产业的发展相对滞后，导致我国软实力与硬实力相比落差较大

改革开放30多年以来，我们国家的硬实力发展很快，2010年国内生产总值跃居世界第二位，外汇储备位居世界第一，军队武器装备的现代化水平和指挥人员、作战人员的整体实力，使任何敌人都不敢轻举妄动。但是，我国的文化软实力与我国的硬实力相比，两者之间的落差还比较大，这种落差突出反映在文化产业领域。我国文化产业在国内生产总值中所占的比例不足4%，西方发达国家已经平均达到10%以上，美国则达到25%。美国的文化产业在世界文化市场当中占43%，欧盟占34%，而整个亚太地区只占19%，我国所占世界文化产业市场的份额低于3%。我国文化产业集约化程度低、文化出口能力弱，文化贸易逆差严重，以图书出版为例，累计逆差竟达6倍之多。另外，我国文化发展很不平衡、东部地区和中西部地区文化发展不平衡、民族地区与其他地区文化发展不平衡。其中最突出的是城乡文化发展不平衡。在文化支出方面，2009年，城市居民人均教育文化娱乐服务支出为1733.6元，农村居民人均文化教育娱乐消费支出仅为378元。在公

共文化服务投入和设施方面，城乡二元机制使我国公共文化投入长期向城市倾斜，优质教育资源、公共图书馆、公共博物馆、体育设施集中在城市，广大乡村地区公共文化服务设施严重稀缺，文化、教育发展水平远远落后于城市。没有占全国总人口70%的农村人口文化水准的大幅提升，就没有中国文化软实力的大幅提升。

三、我国文化软实力发展的宏观对策建议

1. 牢固确立和有效引导全民族树立社会主义核心价值观

文化软实力具有鲜明的意识形态属性，其价值观体系决定着文化软实力的性质和发展方向。社会主义核心价值体系是我国意识形态的本质反映，是社会主义制度的生命之魂和内在精神，要提升我国的文化软实力就必须把社会主义核心价值体系当作建设国家文化软实力的根本和核心。建设社会主义核心价值体系主要应该从两个方面着手。一是坚持以马克思主义为指导，牢固树立中国特色社会主义理想信念，采取切实可行的办法，重点解决好党员干部和思想理论界对中国化马克思主义真学、真懂、真信、真用的问题。二是弘扬以爱国主义为核心的民族精神和以改革创新为核心的时代精神，树立以“八荣八耻”为主要内容的社会主义荣辱观。新闻媒体和影视戏剧文学艺术作品都要结合中国近现代史教育和党风廉政建设，切实引导和鼓励广大人民群众，包括知识分子和青年学生，特别是党员干部力戒空话，自觉践行民族精神、时代精神和社会主义荣辱观。

2. 真正以质量为导向改革哲学社会科学研究评价机制

一是要强化问题意识，无论是基础研究，还是应用研究，都必须着眼于解决问题。对于那些能够发现问题、提出问题、回答问题、解决问题的社科研究成果，经过专家论证和后期实践检验得到认可的，要给予适当奖励并作为提职晋级的考评依据；反之，不管在什么刊物上发表或转载，不管发表了多少篇，也不能作为提职晋级的依据。二是学术理论刊物，特别是被认为有一定权威性的学术理论刊物，必须坚持质量标准，维护学术的科学性和严肃性。除商业广告外，绝不应该收取文章的版面费，更不允许搞钱版交易。三是不能盲目抬高国外人文社科学术期刊的评价等级。有关中国问题的研究，权威应该是在中国，而不是在国外。中国哲学社会科学成果的评价未必一定要得到外国刊物的认可；外国所推崇的研究成果其政治倾向和价值观很多情况下同我国的核心利益相背离，诺贝尔和平奖和文学奖的评选很能说明这个道理。四是要减轻和放宽高校人文社科研究成果的数量要求。没有高质量的研究成果，就难有高质量的教学效果，但是，高校教师必须以教学为主，把教书育人放在第一位。

3. 大力弘扬中华民族优秀的传统文化并不断推动文化创新

文化是民族的灵魂和血脉，是中华民族的精神之根、智慧之源。马克思主义中国化，离不开马克思主义和中国优秀传统文化的结合；中国特色社会主义离不开社会主义和中国优秀传统文化的结合；当代中国文化软实力不可能不借重中国传统文化之精华。儒学中的“中和”、“诚信”、“爱仁”、“民本”、“忠孝节义”、“礼义廉耻”、“养性、修身、齐家、治国、平天下”、“公生廉、廉生威”、法家主张的“明赏罚”、《孙子兵法》，以及传统文化中的爱国主义、英雄主义等思想、信念、品格、情操、智慧、精神，从哲学、伦理学、政治学、军事学等多个方面给现代中国社会发展以宝贵的启迪。毋庸讳言，任何民族的文化都难免有糟粕，面对中华民族上下五千年形成的博大精深的传统文化，只要我们取其精华、弃其糟粕，并赋予时代精神，

坚持古为今用，推陈出新，就必然能为中国文化软实力增添品位和魅力。

4. 以科学发展观来统领文化产业的发展

由于文化产业既具有商品属性，更具有意识形态属性；既涉及经济总量的增减，也事关国家主流意识形态的安危；既能增强文化软实力建设的造血功能，也能扩大中国文化的传播渠道和平台。因此，在发展文化产业的进程中，必须始终坚持正确的政治方向，坚持以人为本，始终着眼于代表中国最大多数人的根本利益，决不能有损于国家的稳定与安全。要符合全面协调可持续、统筹兼顾的基本要求和根本方法。不能仅就产业谈产业，必须同政治、文化、社会、生态建设相联系；不能只考虑发展东南沿海和城市的文化产业，必须同时发展中西部地区和广大农村的文化产业；不能只考虑本地区本部门文化产业的发展，必须综合考虑全国“一盘棋”；不仅要考虑文化产业的现实发展，还必须充分考虑文化产业长远的可持续发展。这样才有利于中国文化产业全面协调地发展，持续不断地做大做强。

5. 以文化树立良好的国家形象

国家形象不仅直接关乎国家的尊严，而且关乎国家的影响力、吸引力、感召力、公信力、主权捍卫能力和国际话语权的掌控能力。国家形象的高低好坏，主要取决于以下因素：国家制度、国民素质、社会环境、文化特质、政策主张、军队状态和领导能力。因此，为了树立中国良好的国家形象，要实事求是、恰到好处地做好中国特色社会主义制度优越性的对外宣传工作；要加强国民素质全员教育和终生教育，各行各业、各个民族、各个年龄段的中国人都要逐步养成礼貌、诚恳、友好、善良、勇敢、正直、爱国的品格；要努力营造和构建民主法治、公平正义、诚信友爱、充满活力、安定有序、人与自然和谐的社会环境；要弘扬尊师重教、尊重人才、尊重知识、尊重差异、包容多样、鼓励创新的文化特质；要以实事求是、公正合理、高度负责、言而有信的态度来制定和推行内外政策；军队要装备精良、训练有素、忠诚爱民、勇敢无畏，团结顽强、威武文明、战斗力强。执政党领导集体要努力落实科学理论武装、具备世界眼光、善于把握规律、富于创新精神、真挚为民着想、民主睿智坚强。一旦树立起上述国家形象，中国文化软实力必然能外化为加速中华民族伟大复兴的硬道理。

（作者：中国文化软实力研究中心主任）

（选自《红旗文稿》2011 年第 8 期）

文化软实力中的文化创新向度

洪晓楠　王爱玲

一、文化创新的三重权力价值认同

文化创新的目的是实现全球化文化交流中的文明共生和不同文化间的“双赢”，同时在文化共生的力量博弈中获得尽可能多的集体认同，其核心是文化中的价值认同。价值认同在一定程度上即解决自我的身份以及身份正当性的问题，通过自我文化发展的活力和扩散，把“我”变成“我们”，确认“我们”的共同身份；同时，又通过自我的文化价值体系，把“我们”同“他们”相区别。因此，文化创新是文化软实力的实现路径，争取不同文化交错中的文化价值认同是文化软实力的终极目的。这决定了不管什么形式、什么内容、什么制度的文化创新，都必须要有权力的价值认同维度。

1. 文化的主权价值认同　文化主权就是指“现代民族国家将本民族文化的习惯、信仰和价值观念上升为国家意志，对本民族文化所拥有的最高和独立的权利和权威。它是指与政治权利和权威相联系的那一部分价值和信仰观念。文化主权认同的文化观念来自于本民族的传统，它并不排斥外来文明，而是主张对外来文化观念的吸收要基于本民族国家的诠释并有利于本民族文化的发展”。文化是一个民族的灵魂；一个民族只有保持文化上的独立性，才能被清晰地加以确认和尊重，并为在国际间寻求平等自由的交流提供前提和基础。

文化主权在文化全球化过程中凸显出更迫切的需要。国家在全球化进程中的层次各不相同，必然产生文化发展的不平衡，甚至出现文化入侵和文化殖民主义现象。据统计，从发达国家流入发展中国家的信息流量，超过从发展中国家流入发达国家的信息流量的100倍。因为信息总在一定程度上负载着文化，美国的信息资源垄断实际上也就是美国文化的垄断。文化垄断带来的不仅是强势文化的渗透，西方发达国家也成为其他国家的文化注解者。20世纪90年代，西方媒介尽可能掩盖掉一个快速发展、极具活力的中国形象，其关注更多的是中国的腐败、对封建的迷信和民众的愚昧无知；“妖魔化”中国所演绎的是媒介资源垄断背后的绝对政治话语操控权。随着经济全球化和文化信息的全球化，中国开始自主展现发展的活力和开阔的前景。面对中国经济的崛起，“中国威胁论”又成为近年来欧洲所演绎的另一种妖魔化中国的方式。中国威胁论的“一个基本逻辑就是实力的增长必然意味着扩张。因而中国的崛起，必然会对世界构成威胁”。

因此，面对国际文化权的巨大落差，中国文化除了以积极包容的心态接纳外域文化之外，最关键的是应该通过文化创新，以独特而又具备认同力量的文化内容争取自主的文化话语权，充分发挥自己文化在“全球的”和“本地的”文化张力；通过文化创新，不断突破民族本土文化的地域界限和发展理念的局限性，而走向在世界多元文化价值观的评判和取舍中获得文化上的认同，不断地将民族本土文化区域的资源转变为人类共同享用的资源，从而实现国家文化身份和实力的确认。

2．文化的人权价值认同　文化中的人权是人作为一个文化人的表征。人与人之间的平等不仅包括政治、经济上的平等，也包括文化上的平等。这种平等并非霍布斯、洛克、卢梭等人所言的抽离现实社会基础的形而上学的平权神话，而是立足于现实社会中人与人之间身份、地位的不同，实现对每个个体的文化尊重以及个体的全面自由发展，依次培养国民个人对自己所在集体或国家的价值认同。在未来现代化条件下，国家与国家的生存竞争很大程度上要取决于国民个人的价值认同，即所谓“人民满意不满意”。其中既有共同利益的实现，也有个性化要求的满足。人民的满意越全面，国家的软实力就越强。“以人为本”本身就是一种软实力。

“以人为本”即努力提高人作为自身的主体性的价值。这种主体性价值具体包括相互联系的以下几方面内容：一是能否体现和促进个人自身的主体性；二是能否满足、在多大程度上满足别人和社会增强其主体性的需要；三是能否体现和促进社会自身的主体性；四是社会能否满足、在多大程度上满足个人增强其主体性的需要。这就是说，“以人为本”重视人与自身、人与人、人与社会的和谐相处，体现人文精神，尊重挖掘人的潜能和激发人的创造性。

3．文化的民权价值认同　这里的“民”表达的是“群”的概念，即普通社会大众作为一个集体的文化话语权。先进的文化不仅能够维护国家的尊严、个人的主体性发展，更能反映整个社会大众的集体文化利益，从而获得最大多数人的文化价值认同。

建构开放、理性、健康、及时的文化互动平台，是取得群体文化价值认同的关键。改革开放以来，随着市场主体的多元和文化产业的成型，中国文化民权越来越受到重视。因为文化民权不仅有利于整合个体的文化差异，更重要的是，文化民权因为群体参与的影响力蕴含着经济工业的赢利效能。这种改变直接导致民众的文化话语权生存方式的改变，即文化逐渐从稀缺神圣的“人文理性”走向批量化生产的“技术理性”，文化生产采取工业化的生产及销售方式。这使得人类历史上首次得以有大量人口参与文化活动，从而消解了文化的阶级性、阶层性和垄断性。大众文化所具有的通俗性、浅显性、娱乐性、游戏性、流行性、时尚性、复制性、拼凑性、伪饰性、狂热性，使得文化面临全新的解构和重构，即解构以精英文化为主导的一元世界，同时建构更自由、更通俗的多元文化世界。

大众文化在建构文化民权的同时，又在一定程度上销蚀民权的主导权。“商业逻辑一旦支配了大众文化，就会把人的情感包括人的本能都当作商业资源开发，这会形成严重的文化物化现象。”大工业文化生产将固定化了的、标准化了的思想和情感模式灌输给受众，带来的是个人灵性和想象力的丢弃。对此，阿多诺认为：“对于大众文化来说，问题在于它并不真是大众的，与其说它是由人民创造的，不如说它被用来欺骗人民，它服务于统治者的利益并潜在地服务于极权主义。”因此，要获得真正意义上的健康先进的大众文化，必须创新文化工业的规约机制和社会责任体系。

二、文化创新与传播的错位

中国文化经过数千年的流变，是一个融合多种成分且具核心价值的系统。其核心的抽象价值即儒家学说的哲学特性，亦为中华文化的特质，不易为西方物质文化所完全替代。因此，中国的文化创新应立足于民族文化和历史传统，按照世界先进文化价值体系进行改造和重构，从而实现民族文化特殊性的普遍化，这是获得如上所述的文化的主权、人权和民权之价值认同的最根本路径。中国近几年对民族文化的复兴和创新非常重视，文化发展取得了积极的传播效应，越来越多的国家开始重新对中华文化产生兴趣。但是，文化创新的传播机制依然存在一定程度上的错位现象，其表现主要如下：

1. 对内文化的阐释焦虑 就中国文化的形象而言，中国文化面临着一种自身的“阐释焦虑”和“自卑镜像”，即中国文化在西方文化境遇中有一种文化失败主义情绪。“文化失败主义的逻辑在于：中国的思想文化注定是失败的文化，根本无法和西方相比，先秦比不过古希腊，近代比不过文艺复兴，当代比不过后现代主义。于是中国总显得慢半拍，总是落在西方后面。”

从学术方面看，目前我们的学术前沿大多是学习和传播西方的学术思想，自 20 世纪 90 年代以来的文艺思潮，被称为创新的部分，几乎全是对西方现代主义及后现代主义各种形式、手法的袭用——中国最好的批评家也只是复述西方的话语而已。与之形成反差的是，迄今为止没有任何一个西方研究生把中国 20 世纪哲学家作为学位论文题目，几乎没有人研究中国的哲学家和思想家，他们认为单独的中国学者个体不值得研究，一群人或思潮还勉强值得研究。

中国经济的腾飞已经引起世界的普遍关注，但中国在积极传播外域文化的同时，却将自身的民族文化作为一种低势位文化给予无意识的压制和排斥。牟宗三先生曾指出：“了解一民族的文化，不能从其过去没有后来所需要的，便作全盘否定。后来之需要无穷，没有一个民族的文化能在一时全具备了。了解一民族的文化，只能从其生命发展之方向与形态来了解，来疏导，以引出未来继续发展或更丰富更多样的发展。”对有创造力的民族来说，历史传统是永恒的财富。文化创新首先应该注重的是对民族文化的开掘和创新性传播，并应有效结合上述文化创新的三重权力向度，以取得文化创新在民族内外的价值认同。

2. 对外文化形象的模糊 中国文化在开放的交流平台中积极寻找走出去的传播路径，通过各种形式的对外文化交流活动，向世界各国人民展示了中华民族博大精深的文化艺术。在文化产业方面，中国这几年也积极向世界文化市场拓展，京剧、昆曲、古琴已被联合国列入“人类非物质文化遗产”名录，还有一系列的文化产品角逐各种国际奖项。但在走出去的同时，中国文化传播中的形象定位依然存在一定程度上的偏差。西方大部分人对中国并不了解，中国大多数情况下和世界的沟通往往让人想起它的过去，而不是蓬勃发展的现在。中国通过在世界建立孔子学院传达中国优秀文化传统，但如果过多教授旧时的圣贤思想，而忽略了它在新的文化境遇下的应用价值，世界知道的依然是一个古老的中国。不仅如此，中国的文化在走向国际文化平台时往往只依赖西方的审美情趣而限于被动仿造。这也是影响中国文化真正走向世界的原因之一。

借助大众媒介所建构的国内外传播渠道与信息话语体系，一方面有效拓展了中国文化的传播力和影响力，另一方面也导致了和外域文化交融、创新中的错位现象。其最根本原因在于中国文化面对西方文化时对文化主权、文化民权“中心”地位的被动遗弃。当然，这种遗弃有其客观的历史缘由：

1. 西方国家的殖民文化战略　在政治权力的争夺中，西方国家往往利用自己的政治、经济优势地位实行相应的文化霸权，并利用现代文化的开放与互通格局精心设计对其他各国的文化殖民战略。比如，美国中央情报局除了是一个政治军事机构外，也是一个强有力的文化宣传部。1996年后，美国中央情报局加紧了对第三世界文化价值观念的渗透，从国库拿出巨资唆使一些人游说第三世界，全面进行洗脑宣传，推行全盘美国化，甚至让一批人专门对付第三世界本土有良知、坚持文化自主创新的知识分子。桑德斯通过梳理美国政府的解密文件、私人档案材料和对当事人的采访记录，详尽地揭露了令人目瞪口呆的事实：中央情报局主要依靠第三世界知识分子，他们从内部的进攻有利于掩盖美国的黑手，制造出一切源于本地的假象。在中国问题上，他们经常打着"人权"的旗号,以"丑的艺术"加快中国雅文化的消亡。中国文化在一个世纪以来被西方中心主义所边缘化。

2. 对外文化的过度依附　中国在打开国门和世界经济、文化进行交流的过程中，长时期处于学习和模仿的势位上，西方相对发达的经济环境、多元而充满活力的文化氛围在一定程度上成为中国在摸索中向前发展的一个航标。在经济、文化还处于发展中阶段时，全面开放的社会环境强行将中国拖入前现代——现代——后现代的时间序列，盲目而无助地追赶西方现代性和后现代性的步伐。

在学习、模仿的过程中，中国也开始不自觉地传播甚至推崇西方的文化价值观，大众流行文化在西方消费主义文化理念的推动下更加大张旗鼓地进入中国市场。这一过程在很大程度上也成为了放弃中国民族文化的一个危险过程。在整个大众流行文化的制造中，西方拥有最强大的话语发言权。如美国出口的电视片是第二大出口国的七倍，并拥有唯一的全球电影发行网络。尽管美国电影只占全球影片生产的6%—7%，但其放映时长却占全球的50%。西方文化的主导权直接导致中国文化创新中的价值错位。

中国打开国门，向西方学习先进的东西，沿袭发达国家的路径与轨迹，这是正常的，无可厚非。然而今天的中国已经步入快速发展的国家之列，故应当由学习、模仿阶段转入确立主体意识、进而扩大自己的影响力和软实力的阶段。

3. 相对薄弱的传播渠道资源　约瑟夫·奈在谈到美国软权力时认为，大众文化不乏浅薄和追求时髦的因素，但一个支配着大众交往渠道的国家有更多机会传递自己的信息、影响其他国家的倾向是不争的事实。以美国为代表的西方国家，占据着全球传播资源的绝大部分，它们完全可以借助自身优势，通过美联社、合众国际社、路透社、CNN、BBC等国际性的大媒体，将所要传递的信息在很短的时间内传播出去，同时"迫使"其他国家以转载、转播的方式进行"二次传播"，并通过"二次传播"将本国的信息和声音扩散到更广大的地区和更多的角落，从而在全球范围内无障碍地进行国家形象的塑造与传播。

发展中国家大都缺乏国际性大媒体，而单纯依靠国内媒体的力量，又难以将自己的声音传遍全球，这在很大程度上影响着发展中国家的形象塑造与传播。我国就面临着这样的情形。虽然与从前相比，我国媒体无论就规模还是技术水平都上了一个台阶，也有一些媒体走出国门，开始向更大的市场拓展，但是从整体上看，我国媒体的国际影响力(特别是对当地主流社会的影响)还远远不够。

由于相对薄弱的传播渠道资源，使得中国在整个国际文化体系中失去了自己的传播话语权，而要获得信息向外界更开阔的延伸，在一定程度上必须依赖西方的主流传播渠道资源。这使得我国文化的话语编码和意义结构在一定程度上还必须按照西方媒介心目中的文化印象去传播，长期下来可能导致中国对外文化的自卑和焦虑镜像。

4. 中国信息传播的简单化 文化创新要取得最大程度的价值认同，除了争取获得文化传播主权以及对本民族文化的信心外，也需要运用更合理的传播策略以迎合文化传播中“受者”切身的信息需求和利益价值。在这方面，随着我国文化产业化的逐步推进和文化渠道的日益多元化，中国的文化传播机构也开始细分目标受众群并进行有针对、更贴切的文化传播。

但在对外文化传播中，中国长期一个声音说话的传播格局并没有太多改变，信息内容单一，消息来源单一，不能根据国际受众的具体信息需求制定更有针对性的信息传播体系。这在一定程度上导致国外受众对中国缺乏充分了解并难以发生充分兴趣。同时，中国对外的大众媒介宣传色彩太重，面对重大国际事件时往往不能及时公正地进行报道，这使得外国人特别是西方人对中国的新闻传播常常怀有戒备心理，认为中国媒介的信息内容常常是与党派集团的私利和偏见联系起来的，是不透明、不公开的。这在一定程度上造成了外国人对中国的一种刻板认识。

因此，中国的文化软实力需要科学的文化创新和文化传播策略。要破解西方人对中国文明的长期误解和遗忘，中国文化必须自主地进行自我发现、自我表述和自我价值实现，尽可能在尊重人权和民权的基础上，获得文化主权的价值认同和民族自信。

三、文化创新主体的“为”与“不为”

1. 政府的“为”与“不为” 形成创新文化，促进创新体系的完善，政府是一个核心角色。政府在文化创新机制管理中，应依据不同文化属性既有所“为”，又有所“不为”，即对公益性文化事业强化直接管理和扶持，对文化产业则改善一贯的行政条块管理，作宏观的价值引导。

在文化事业管理机制上，增强政府的导向作用，落实对体现民族特色和国家水准的重大文化项目、对重要文化遗产和优秀民间艺术的保护政策，以及对老少边穷地区文化发展的扶持政策。公益性文化事业以政府投资为主，部分吸收社会资金参与。

在文化产业方面，政府既要改革产业运营体制中的不合理环节，又要导入、建立和完善新的市场机制。要逐步理顺和明晰产权关系，建立起“两个层次”的产权关系，即国有文化资产监管运营机构与各集团之间的产权委托经营关系，各集团及其所属成员单位之间的投资经营与资产使用关系，从而形成“三级管理”的新机制，即国有文化资产监管机构—资产运营机构—实体企业经营“三级管理”机制；实现管理的“三大转变”，即政府对国有文化资产管理从以实物形态管理为主向以价值形态管理为主转变，从静态凝固的管理向动态流动的管理转变，从行政权和所有权合一的条条管理向分层次的专司管理转变，以增强国有资本对社会资本的调控能力。

同时，需健全对外文化交流机制，包括制定有关政策，完善激励机制，重点扶持大型国有文化企业及有创新实力和竞争力的文化事业单位，做大做强对外文化交流的文化品牌，积极参与国际文化竞争；坚持以我为主、于我有利，扩大与管理规范、技术先进、对我友好的国外知名文化集团的合作。

2. 市场的“为”与“不为” 文化产业化激活了文化的竞争活力和内容开发潜力，但文化产业不同于一般的商品业；作为内容产业，文化产业具有意识形态和产业的双重属性。目前，西方强势文化正将其自身的价值观念超国界地向全球渗透，因此，中国的文化产业须增强应对的紧迫感，强化自身的意识形态信念，依托延续了数千年的博大精深的中华文化，凝聚民族的、科学的、大众的思想智慧，并以充分现代化的形态，超常规地将自身做大、做强，来迎接中西文化的碰撞，而不应一味复制西方的文化产业运作体系。

同时，文化产品应具有社会共享性。文化产品的社会共享性即公共性，决定了文化产业的运营及发展必须以大众的信息需求为中心，通过服务受众、监视环境、正确引导舆论等方式充分发挥文化的社会效益。在社会效益和经济效益面前，中国的文化产业应尽可能兼顾双方，协调二者功能的发挥。但当经济效益和社会效益发生冲突时，文化产品必须首先服从社会效益。

在文化产业运营方面，应确立品牌理念，有效整合民间文化资源和资本，以内容为主强化文化信息和受众之间的有效沟通，树立良好的品牌形象。同时，要打破产业化运作的单一收入结构模式，完善文化产业价值链条的延伸和增值，在文化产业运作理念不断成熟的过程中，逐步建立起“相关产业化”的商业运营模式。“所谓相关产业化的一个基本思路，就是往哪些行业渗透，往哪些行业作价值链条的延伸，要依据我们媒介行业自身的某种固有优势，这样的优势就是品牌优势。”我国的文化产业在产业化过程中要尽快形成良性循环的产业价值链，必须紧紧围绕经济展开文化产业的内容建设，并进行相关行业的产品开发及市场运营，以便在资源共享、理念统一的基础上成功完成品牌延伸，为文化产业寻找并促生新的价值增长点。

3. 知识分子的“为”与“不为” 这里的“知识分子”，是指那些把自己与大众结合在一起，用能够反映社会先进文化的价值体系来引导大众的哲学（常识）的知识分子。知识分子要发挥文化传播的先导作用，必须遵循文化创新中的权力价值认同，正如葛兰西所认为的：“只有知识分子已经有机的是大众的知识分子，已经解决并把大众在其实践活动中提出的原则与问题连贯成一体，并因而建构出一个文化与社会的集团，才能拥有文化上的稳定与思想的有机性质。”在葛兰西看来，知识分子如果没有对于大众的理解和热情，其与大众的关系就成为那种纯粹官僚式的和形式的关系，知识分子就变成了一种特权阶级或一种教士。可见，大众需要先进文化传播者的引导只是问题的一个方面。另一方面是这些文化传播者需要融入大众，尽可能贴近不同社会群体的不同信息需求及信息编码特点，在文化创新中建立核心文化价值观和主流意识形态并取得集体的认同力量。同时，这些先进文化传播者需要摆脱说教和讲道理的单面灌输形象，解构并重构文化的“指令体系”。单面的传输并不具有意识形态的对抗性，因为人们的质询往往带来的不是接受，而是拒绝相信。我们都在讲马克思主义意识形态，但在大多数人心目中，它对自身的工作、生活、精神信念并不直接起引导作用。这不是马克思主义的错，也不是普通大众的错，而是错在在价值的传输中并非从贴近性角度进行更具体深刻的文化解读。因此，先进文化传播者在文化创新方面必须实在化：对农民和知识结构相对单一的人群，可以作宣传和鼓舞；对普通知识分子的价值引导，则更需要理性、平等、互动的交流平台；而对年轻一代，只靠讲道理已经不能获得其价值认同，要设身处地想一想他们追求快餐化的时尚文化的道理所在，毕竟我们不能代替他们走进未来。

（作者：大连理工大学人文社会科学学院院长、教授、博士生导师）

（选自《哲学研究》2011 年第 12 期）

政府公共文化服务主体地位的构成要素研究

赵萍萍

中国特色社会主义的根本性质和发展道路，决定了我国各级政府在公共文化服务中的主体地位和主要职能：必须坚持社会主义先进文化前进方向，将社会主义核心价值体系建设融入公共文化服务全领域全过程，为建设中华民族共有精神家园，增强国家文化软实力，提高全民族思想道德水平和综合文化素质，发挥好政策方向的主导作用、文化服务的主力作用、产品提供的主要作用和基础建设的主动作用。在建设公共文化服务体系中，政府责无旁贷，义不容辞，应以高度的文化自觉、坚定的文化自信和不屈的文化自强，在“十二五”期间乃至今后相当长的时期，切实推进我国公共文化服务体系全面持续的发展。

所谓主体，是相对客体而言，指对客体有认识和实践能力的人。所谓主体地位，是指人或团体在社会关系中所处的主导、支配、决定地位。所谓政府主体地位，是指享有国家行政权力，实施行政活动，可以自己的名义行使行政权，制定方针政策，强化行政职能，以区别于其他国家机关、社会组织的职责。政府公共文化服务主体地位是相对公民被接受、被施加、被影响的客体地位而言的，在整个公共文化服务过程中，政府发挥主导性、支配性、决定性作用。而相对政府主体而言，作为公共文化服务对象的公民对政府提供的公共文化服务具有享有权、选择权、批评权、监督权、建议权甚至拒绝权，从而具有主体性。也即是说，人民群众是公共文化服务享有者的主体，他们对政府公共文化服务的思想内容、服务方式、满意程度等具有主动评判的主体地位。从这个角度看，政府相对于公民，又成了客体。可以说，政府是权力的主体，公民则是权利的主体；政府是行政管理的主体，公民则是服务对象的主体。这两种主体既对立又统一，在矛盾运动中不断推进社会公共事务发展。这种主客体的双向同构，深刻地警示我们：政府主体地位的确立，并非一厢情愿地将公共文化服务施加于公众，而是针对人民群众的精神文化需求，以保障人民群众基本文化权益为唯一标准。

一、政府公共文化服务主体地位的基本性质

政府公共文化服务主体地位的基本性质与政府其他行政职责本质区别在于，公共文化服务具有国家意识形态特性，是对民族精神和国民素质的建设，承担着为公民提供公共文化产品的重要职责。但由于我国现阶段公共文化服务的发展不均衡，主要体现在城乡之间、区域

之间发展不平衡上。要实现普遍均等化，必须从政府层面支持不发达地区和广大农村基层公共文化建设。因此，政府公共文化服务主体地位的基本性质就体现在主导方向、主力推进、主要提供、主动建设等四个方面。

（一）主导方向

作为公共文化服务的主导方向者，政府是公共文化服务的“掌舵人”。时刻关注和引导公共文化服务内容的价值取向，牢牢把握社会主义先进文化前进方向，弘扬爱国主义的民族精神和改革开放的时代精神，鼓舞教育人民群众，为培育一代又一代有理想、有道德、有文化、有纪律的社会主义建设者，担当历史赋予的文化责任和使命。

（二）主力推进

作为公共文化服务的主力推进者，政府是公共文化服务的“火车头”。通过总揽全局、制定政策、增大投资、加强协调，促进政事分开、管办分离，在不断满足人民群众基本文化需求方面，强化政府职能，以政府为主，充分发挥政府组织管理、资源整合、调控干预等作用，成为发展公共文化服务的主力军。

（三）主要提供

作为公共文化服务的主要提供者，政府是公共文化服务的“集散地”。政府采取直接提供、第三方机构提供、鼓励社会提供、购买社会资源提供等方式，增强公共文化服务的公益性、均等性、基本性、便民性，从而构建覆盖城乡的公共文化服务体系，形成以政府提供满足群众基本文化需求为主体、以市场提供多样化文化需求为补充的发展格局。

（四）主动建设

作为公共文化服务的主动建设者，政府是公共文化服务的“大本营”。通过制定发展规划、发布指导意见、加大财政投入、加强试点推进、建设基础设施、搭建信息平台、提供技术支撑、建设人才队伍、加强管理执法等，从宏观到微观、从硬件到软件，全面推进公共文化服务体系建设。

以上四个方面相互依存，各有侧重，辩证统一，是政府公共文化服务主体地位的基本内涵和本质特征。

二、政府公共文化服务主体地位的基本职能

政府职能，也称行政职能，是国家行政机关依法对国家和公共事务进行管理时应承担的职责和所具有的功能。政府文化职能，是指政府为满足人民群众日益增长的文化生活需求，依法对公共文化服务所实施的管理。政府通过制定各种方针、政策、法规等，引导各种文化事业健康繁荣发展。它是加强社会主义文化建设，促进经济与社会协调发展的重要保证。

根据建设公共文化服务体系的新形势新任务，政府公共文化服务的基本职能大致可分为指导引导、制度供给、管理协调、服务提供、资源整合、人才培养、战略研究、评价考核等八个方面。

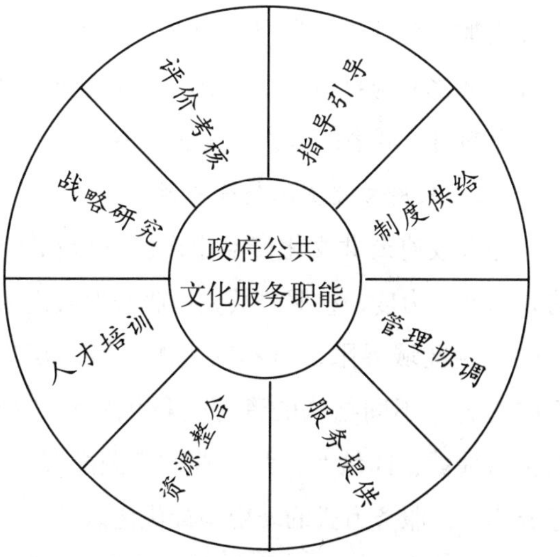

图 1　政府公共文化服务职能结构示意图

（一）政府文化指导引导职能

政府把公共文化服务体系建设纳入国家发展战略，从方针政策上加以宏观指导，从思想

政治上加以有效引导，确保公共文化服务的内容健康、方向正确。

（二）政府文化制度供给职能

政府通过调查研究，制定具有指导性、规范性、操作性的政策制度。同时，根据公共文化服务的发展变化，不断完善调整政策制度，以确保我国公共文化服务健康、有序、持续发展。

以上两种职能，深刻体现了政府主导方向的主体地位。

（三）政府文化管理协调职能

从发展公共文化服务全局出发，建构协调有序、充满生机活力的组织保障和管理体制，明确各级政府的主要职责，加强与社会各方协作，统筹文化主管部门与其他政府职能部门之间的关系，统筹城乡之间、区域之间的协调发展，创新科学合理的公共文化服务体制机制。

以上职能，真切体现了政府主力推进的主体地位。

（四）政府文化服务提供职能

按照不断满足人民群众基本文化需求和切实维护公民基本文化权益的要求，政府通过多种方式加大公共文化服务产品生产和提供，丰富公共文化服务活动形式和内容，构建充满生机活力的覆盖城乡的公共文化服务体系。

（五）政府文化资源整合职能

加大政府公共文化产品生产、供给和管理的改革创新力度，按照公共文化服务发展需求，打破行政区域界限，对不同来源、不同层次、不同内容、不同结构的资源进行识别和选择，实施跨地域、跨城乡、跨行业的资源配置，促进公共文化服务方式的转变与最优化。

以上两种职能，切实体现了政府主要提供的主体地位。

（六）政府文化人才培养职能

政府通过制定文化人才培养、引进、使用、奖励等政策，通过组织师资、编写教材、财政专项资金支持等措施，促进公共文化服务人才专业化、职业化建设，构建一支宏大的公共文化服务人才队伍。

（七）政府文化战略研究职能

中央及省市政府把握世界各国文化交流合作趋势，把握信息时代区域文化发展特点，加强公共文化服务的决策研究、政策研究、管理研究、实践研究等，为公共文化服务提供科学的理论指导和明确的实践引导。

（八）政府文化评价考核职能

研究制定公共文化服务建设的绩效考核、评价指标、反馈机制、考核办法、奖励条例等，把公共文化服务建设纳入政府年度目标考核范围。

以上几种职能，充分体现了政府主动建设的主体地位。

三、政府（基层组织）公共文化服务的各级责任主体

在发展公共文化服务中，由于各级政府权力级别和管辖范围的不同，所发挥的职能作用也有所不同。因此，明确中央、省、市、县、乡五级政府和村（社区）基层组织各有侧重的主体职责，有利于更加有效地进行上下协调发展，共同推进全国公共文化服务体系的全覆盖建设。

在公共文化服务体系建设中，中央人民政府承担着对全国公共文化服务方针政策、发展战略、法律制度等的制定，负责全国性的重大公共文化设施建设及文化活动的财政投入，从国家文化发展战略层面宏观把握公共文化服务发展方向，推进社会主义文化大发展大繁荣。

省（市区）级政府是政策主体，以指导为主。制定适合本省（市区）公共文化服务的政策措施，指导本省（市区）公共文化服务发展。

市（州）级政府是规划主体，以统筹为主。着眼本市（州）公共文化服务事业发展的长远目标，科学布局，合理规划，统筹解决城乡之间、区域之间公共文化服务发展不平衡、不均等问题。

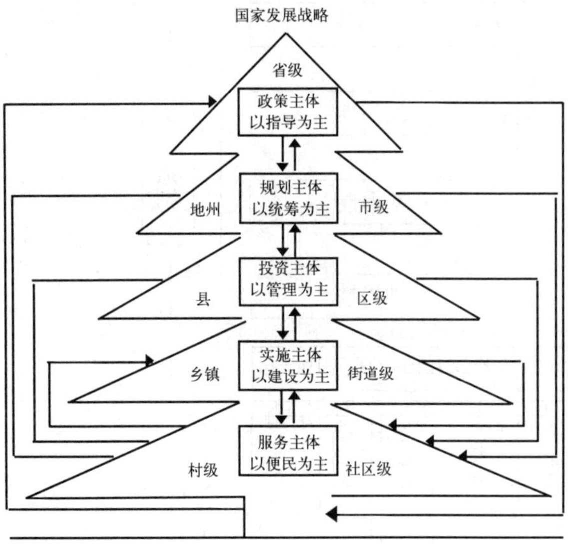

图 2　政府公共文化服务主体权责分级侧重示意图

区（市）县级政府是投资主体，以管理为主。区（市）县级政府按照上级方针政策和发展规划，制定明确可行的投资管理计划。区（市）县级政府对所属项目的投资安排、项目管理、资金使用、实施效果负总责。文化部门作为牵头单位，在当地政府的领导下，与当地发改、财政等相关部门沟通协调，加强对项目建设的监督、检查和管理，完成立项、选址、设计，严格按计划组织实施，尽快开工建设，保证工程质量。

乡镇（街道）级政府是实施主体，以建设为主。乡镇（街道）级政府根据上级部署，严格按照计划，认真开展公共文化服务建设工作。统筹乡镇文化建设，不断满足广大基层人民群众的基本文化需求。

社区（村）虽不是一级政府，但也是公共文化的服务主体，以便民为主。而体现便民性，就是要网点化，做到在一定空间范围内有公共文化活动场所，方便群众就近参与。社区（村）是公共文化服务的最活跃的细胞，只有日常性的基层文化活动开展得好，全国公共文化服务才能蓬勃兴旺、充满活力。因此，抓好社区（村）的基层文化阵地建设，为广大基层人民群众提供便利、健康、丰富的文化服务，才能切实推动我国公共文化服务体系的创新与发展。

以上六个方面环环相扣，缺一不可。中央人民政府从宏观层面上明确方针政策，省级政府制定政策措施，地、市、州级政府根据方针政策进行整体规划统筹，落实到区（市）县级政府实施投资管理，进而由乡镇（街道）级政府履行实施主体责任，最后经社区（村）基层组织真正实现公共文化服务和“文化惠民”。在此过程中，下级基层组织和政府也不断地将公共文化建设情况反馈给上一级政府，以便上级政府根据实际情况及时调整政策和计划，不断实现公共文化服务发展规划所确定的各项目标。

四、政府公共文化服务体系建设的基本框架

确定和加强政府公共文化服务主体地位，必须科学把握公共文化服务体系建设的基本框架和主要内容。我国公共文化服务体系的基本框架是“以政府为主导，以公共财政为支撑，以公益性文化事业单位为骨干，以全民为服务对象，以基层特别是农村为重点”这五大要素为体系，以“公益性、均等性、基本性、便民性”为四大原则，以实施“五大惠民工程”，免费开放公共文化场馆等为重点而构成的。

根据公共文化服务体系的基本框架内容，我们将公共文化服务体系分为十二个子体系：

政策法规体系，是指国家和省级政府加强公共文化服务立法建设，加强制度保障；

财政支持体系，是指政府把公共文化服务纳入常年财政支持范围，不断创新财政对文化的投入方式和扶持机制；

基础设施体系，是指以大中城市公共文化设施为骨干，以县、乡（镇）和社区基层文化设施为基础，统筹规划，合理布局，加强公共文化设施建设，优化乡村和社区公共文化资源配置，形成覆盖城乡、结构合理、功能健全、实用高效的公共文化设施网络，加快构建覆盖全社会的公共文化服务体系；

网络信息体系，是指搭建公共文化服务的

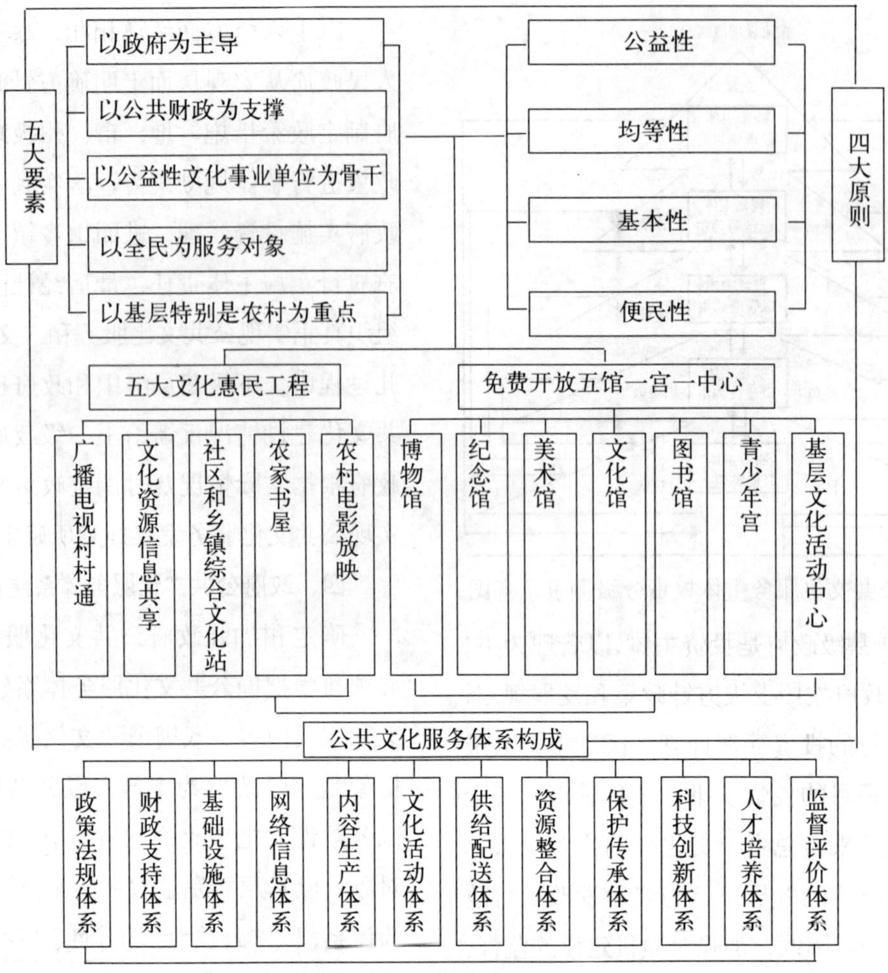

图 3　公共文化服务体系建设示意图

网络信息平台，发布公共文化服务信息，建立人才库、信息库、项目库，实现文化资源共享；

内容生产体系，是指调动和激发人民群众尤其是专业创作人才和社会力量的创新能力，生产和丰富公共文化服务内容；

文化活动体系，是指依托各地文化资源实际，因地制宜、因势利导，促进公共文化服务活动制度常态化、长期化；

供给配送体系，是指通过政府采购、财政转移支付等方式，为城乡群众配送供给优秀的文化剧目、图书、展览、鉴赏、讲座等文化产品；

资源整合体系，是指构建起跨地区、跨领域、跨城乡、跨行业之间的资源优化共享机制；

保护传承体系，是指通过政府对文化遗产、文化遗址、非物质文化遗产项目、文化传习所、文化传承人等的保护和合理利用，促进非遗走进社区、走进校园、走进百姓生活，使中华民族优秀民族文化和文化遗产得以发扬光大、代代相传；

科技创新体系，是指政府提供公共文化产品和服务的手段、形式、方式与高新技术、数字技术相结合，尽快缩短公共文化服务的数字鸿沟，形成广大人民群众喜闻乐见的文化产品生产和服务体系；

人才培养体系，是指建构专业人才、拔尖人才、管理骨干等优秀人才的引进、培养和奖励激励机制；

监督评价体系，是指加强政府的宏观调控，完善群众监督机制和市场的监督与评价。

（作者单位：四川省社会科学院新闻传播研究所）

（选自《中华文化论坛》2011 年第 6 期）

ZHONGGUO SIXIANG LILUN NIANJIAN

中国思想理论年鉴

2011(总第五卷)

《中国思想理论年鉴》编辑部 编

主编：陈高桐

中共中央党校出版社

大力促进农村与城市之间基本公共文化服务均等化

蔡正平　李春火

2010年7月23日，胡锦涛总书记在中共中央政治局第二十二次集体学习时的重要讲话中提出了一个当前中国特色社会主义文化建设的重要任务，即促进基本公共文化服务均等化。从“均等化”所涉及的总体范围上来看，促进基本公共文化服务均等化指的是促进全国基本公共文化服务的均等化。这显然也表明，“均等化”必然要求实现农村与城市之间基本公共文化服务的均等化。而目前的现状是，我国农村与城市之间基本公共文化服务不均等的问题非常严重，农村的基本公共文化服务远远落后于城市的基本公共文化服务。因此，从现实情况来看，大力加强农村的基本公共文化服务建设，促进农村与城市之间基本公共文化服务的均等化，成为繁荣发展社会主义文化、构建和谐社会的迫切要求。

一、我国农村与城市之间基本公共文化服务不均等的现状

我国农村与城市之间基本公共文化服务不均等主要表现在以下两个方面：

一方面，与城市相比，农村基本公共文化服务的经费严重短缺。新中国成立以后，农村与城市二元结构的机制使我国公共文化的经费投入长期向城市倾斜。进入新世纪以来，中央和地方文化事业投入不断增加，但农村文化经费投入严重不足的状况并没有根本性改变。2003年我国农村人均文化事业费仅为2元。在文化资金偏少的情况下，农村文化所占比例则更低，在2003年的文化事业费中，城市占72%，而农村文化只占28%。2005年，我国共有乡镇级文化站34593个，占全国群众艺术馆、文化馆（站）总数的83%，但获得财政拨款和上级补助仅占全部群众艺术馆、文化馆（站）财政拨款和上级补助的34%。

另一方面，与城市相比，农村基本公共文化服务的文化设施和文化资源严重匮乏。据媒体报道，最近几年，中国年出版图书17万到19万种，其中有关“三农”的图书还不到4000种；城市发行网点在过去十几年间增逾3倍，而农村却减少了40%；在西部地区，农村文化设施非常匮乏和稀缺，诸如看书难、看戏难、看电影难这样的问题普遍存在，即便在东部最发达地区，农村与城市文化强弱差距也十分明显，例如，在浙江省，占人口60%以上的农民享有的文化资源还不足30%。另据有关机构分别对全国8个农村地区的问卷调查发现，农村地区文化娱乐设施和场所严重匮乏，很大程度上限制了农村居民对文化娱乐活动的需求。目前我国农村文化基础设施投入不足，缺少改善和提高农民思想文化素质所需的硬件设施，在一定程度上阻碍了农民思想文化素质的提高，制约了社会主义新农村的建设。据调查统计，在被调查的地区中，认为图书馆、电影院、剧院（音乐厅）、体育馆（健身场馆）、公园、科技馆等六大场所“根本找不到”的受访者依次占 76.3%、77.7%、82%、83.9%、75.1% 和 89.5%，都超过了 2/3 或更多。据新华社北京 2010 年 2 月 1 日电，文化部 2010 年 2 月 1 日公布第四次全国县以上公共图书馆评估定级结果，评估结果表明，公共图书馆事业发展不平衡，农村与城市之间差距越来越大。现在全国是 5.5 亿册藏书，人均 0.41 册，但县级图书馆总藏量仅为 2.2 亿册。

总之，在公共文化服务的设施和资源方面，我国一流的文化设施和资源以及文化人才和文化活动基本上都集中在城市里，由此导致我国农村与城市之间基本公共文化服务不均等的问题非常严重，广大农村地区的公共文化服务水平远远落后于城市地区。

二、促进农村与城市之间基本公共文化服务均等化的意义

文化是民族凝聚力和创造力的重要源泉，是综合国力竞争的重要因素，是经济社会发展的重要支撑。促进农村与城市之间基本公共文化服务的均等化是我国繁荣发展社会主义文化、构建和谐社会的迫切要求，意义重大：

其一，促进农村与城市之间基本公共文化服务的均等化有利于建设和谐文化，构建和谐社会，实现社会公平。胡锦涛总书记在十七大报告中提出了建设和谐文化，培育文明风尚的要求，并指出，和谐文化是全体人民团结进步的重要精神支撑，要重视农村与城市、区域文化协调发展，着力丰富农村、偏远地区、进城务工人员的精神文化生活。（新华社 2007 年 10 月 24 日）重视农村与城市之间文化协调发展，显然要求促进农村与城市之间基本公共文化服务的均等化，如此，可以不断缩小农村与城市之间文化差别，促进农村与城市之间文化公平。因为，衡量一个社会是否公平、和谐，人民是否幸福，除了经济、政治、社会指标外，还有文化指标，即看农村与城市居民能否像享受社会文明进步的其他成果一样享受同样的文化成果。这符合中国特色社会主义伟大事业经济建设、政治建设、文化建设和社会建设“四位一体”的总体布局的要求。

其二，促进农村与城市之间基本公共文化服务的均等化有利于推动社会主义新农村建设。文化能够为推动社会主义新农村建设提供持久的精神动力和智力支持。通过促进农村与城市之间基本公共文化服务的均等化，可以更好地保障农民群众的文化权益，满足他们日益增长的文化需求，提高农民群众的文化素质，逐步掌握各种新的文化知识，新的科学技术，使他们更加有能力、更加积极地投身于社会主义新农村建设，进而推动社会主义新农村经济建设、公共环境卫生建设，大力提高农村的生产力水平和改善农民的生活水平。

其三，促进农村与城市之间基本公共文化服务的均等化有利于改善民生，促进农村乡风文明。通过这种方式，可以使农民群众逐步有条件、有能力提升自身的文化生活品位，像城市人那样享受丰富多彩的文化产品和服务，而不是像目前那样基本把看电视、听广播和阅读少量的书刊作为仅有的几种文化消遣。通过这种方式，可以使更多农民树立健康向上的生活方式，而不再把打扑克、打麻将赌博当做主要的消遣方式，从而不断破除农村的各种陋习。

其四，促进农村与城市之间基本公共文化服务的均等化有利于拉动我国文化产业发展。促进农村与城市之间基本公共文化服务的均等化，需要在农村进行更多更优的文化基础设施建设，需要为农民群众提供更多更好公共文化产品和服务。如此，就必然会活跃农村文化消费市场，激发农民的文化消费需求，从而拉动我国文化产业发展，为我国文化产业大发展、大繁荣服务。

三、促进农村与城市之间基本公共文化服务均等化的途径

如何促进农村与城市之间基本公共文化服务均等化？我们认为，总的根本途径是完善农村公共文化服务体系的建设。结合各地已有的成功实践经验，我们认为，完善农村公共文化服务体系的建设，可从以下方面着手：

其一，要增加对农村公共文化服务的经费投入。这方面需要社会各界的共同努力，特别是政府的公共财政扶持。如政府既可以通过财政拨款直接扶持农村公共文化服务建设，也可以奖励或者补贴支持文艺院团送文化到农村等间接方式实行。

其二，要加大农村基本公共文化服务的文化设施的投入和建设。这需要社会各界包括政府和农民群众自己，要想方设法在农村争取做到多建文化活动中心，如文化站、文化活动室、图书室、文化小广场、农村戏台、农民书屋、文化信息资源共建共享点等。要在农村的文化活动中心配备好必要的设备和器材。

其三，要加强对农村文化人才队伍的培训和扶持。加强农村文化站和文化员队伍建设，加大对农村文化单位从业人员的继续教育。选送农村文化骨干到专门机构学习锻炼，提高他们的文化素养和专业技能水平。

其四，要促进城市对农村的文化扶持和帮助。城市要凭借自身的文化优势，在文化信息资源共享等方面给予农村更多的文化扶持和帮助，如城市文艺团体可通过“三下乡”活动经常去农村慰问演出。

近年来，通过各地促进农村与城市之间基本公共文化服务的均等化的成功实践，各地农村发生了可喜的变化。比如，据《苏州日报》2010年4月25日报道，江苏省张家港市永联村近年来在加快建设社会主义新农村过程中，注重经济发展与文化事业的协调并进，不断加大对公共文化设施的投入力度，先后拿出7000多万元，建成了全国村级最大的社区服务中心和文化活动中心，并先后邀请了中国残疾人艺术团、朝鲜国立杂技团、上海越剧团、中国曲艺家协会艺术团、南京军区前线歌舞团等国内外著名文艺团体前来演出80余场次，免费组织全村村民轮流观看，极大地丰富了村民的业余文化生活，缩小了农村与城市之间文化享受的差距。又如，据《河北日报》2010年3月27日报道，河北省廊坊市全市已建成农民书屋208个，全市383个村街全部建起了文化站、文化活动室。为了满足农民随时随处看书的需求，文安县将各镇、村图书室的2万多册图书分别发放到商店、诊所、超市、理发店等群众经常出入的场所。

总之，促进农村与城市之间基本公共文化服务的均等化，是繁荣发展社会主义文化、构建和谐社会的迫切要求，我们必须努力促进农村与城市之间基本公共文化服务的均等化。虽然各地已经在这方面取得了一定的成绩，但从全国范围总体来看，仍然是任重道远，需要我们继续努力，建立促进农村与城市之间基本公共文化服务均等化的长效机制，以便能够统筹推进农村与城市文化发展，实现农村与城市文化的共同繁荣。

（作者：蔡正平，南京信息工程大学公共管理学院副教授）

（选自《湖南行政学院学报》2011年第4期）

基于服务科学的国家公共文化服务体系创新模式研究

高福安　任锦鸾　张　鑫

胡锦涛总书记在党的十七大报告中指出："当今时代，文化越来越成为民族凝聚力和创造力的重要源泉，越来越成为综合国力竞争的重要因素，要坚持社会主义先进文化的前进方向，推动社会主义文化大发展大繁荣。"2010年3月温家宝总理在《政府工作报告》中指出："文化是一个民族的精神和灵魂，是一个民族真正有力量的决定性因素，可以深刻影响一个国家发展的进程，改变一个民族的命运。"

国家公共文化服务体系建设是落实党的十七大关于文化大发展大繁荣的要求，实践科学发展观，构建和谐社会的一项有力举措。只有公益性文化的普及，才能使广大人民群众得到应有的基本文化权益保障。国家公共文化服务体系建设对于提高公民的思想道德意识和科学文化水平，促进人的全面发展，推动社会进步具有重要作用。

为了推进国家公共文化服务体系的建设，我国政府开展了一系列有力举措。2002年以来，文化部、财政部联合推行了"全国文化信息资源共享工程"，通过国家中心、省分中心和市、县支中心以及各类基层文化服务点四级组织，推进文化信息资源的全民覆盖。文化部于2009年开始实施国家文化创新工程，为营造文化创新氛围，完善文化创新体系，加强民族自主创新能力，提升国家的文化软实力助力。到2009年底，全国已有2850个公共图书馆，3223个文化馆，38740个文化站。在不同城市，越来越多的综合性文化服务体系正在建设中，它们既让人们接受了世界优秀文化艺术的熏陶，也成为城市和国家的文化标志。2011年3月1日，国家公共文化服务体系建设专家委员会在京成立，为公共文化服务体系的建设献言献策。

在这些活动的推动下，我国公共文化体系建设工作取得了很大进展。但目前我国公共文化服务体系建设中还存在着一系列的问题，例如：还没有形成政府领导下的各级机构相协调的管理体系；各类文化资源在东部和西部、城市和农村分布不均衡；以政府投入为主，还没有形成社会各界的多方资金投入保障体系；硬件建设取得了较大进展，而软件服务系统还亟需提高；服务提供主体和服务享受主体之间还没有建立起紧密的对接机制；优质的文化产品匮乏；未形成推进各相关机构持续创新的动力机制和科学模式等等。

一、我国公共文化服务体系研究现状分析

近年来，国家公共文化服务体系建设的研究正成为热点，相关学者从公共文化服务体系

的构成、管理机制、实施的对策等方面进行多视角研究。

2005年，国内第一本探讨公共文化服务的论文集《中国公共文化服务体系建设论丛》出版问世，它集中了国内一批学者对构建公共文化服务体系最初的理论探索及实践经验总结，其中《公共文化服务体系研究》较系统地探讨了公共文化服务的理论体系和建设的政策建议。任珺从基本概念探讨、财政及投入方式、管理运作机制创新、绩效管理与评估以及农村（及弱势群体）公共文化服务体系建设等七个方面详细分析了公共文化服务体系研究的现状。顾金喜等基于区域化的视角指出我国区域间基本公共文化服务非均等化特征明显，并提出了相应的改进对策。雷鸣强归纳提炼出美国公共文化服务体系的主要特点：列众事之首，聚众人之财，尽众人之力，服众人之务，供公众人之需，为合众之国。Ian Miles分析了公共服务创新的特点、面临的挑战和采取的对策。

梳理研究文献，可以发现当前关于公共文化服务体系建设的研究主要存在以下问题：

1. 公共文化服务体系理论研究不断推进，但还没有提出创新的模式和具有可操作性的方案

公共文化服务体系是政府主导、社会参与形成的普及文化知识、传播先进文化、提供精神食粮、满足人民群众文化需求、保障人民群众文化权益的各种公益性文化机构和服务的总和。这些工作的完成需要包括公共文化产品生产服务供给体系，公共文化服务设施网络覆盖体系，公共文化人才、资金和技术保障体系，公共文化服务组织支撑体系，公共文化服务评估体系等方面的协调和配合。同时，由于我国幅员辽阔，地区差异性大，又无法照搬国外的文化服务模式。目前，还缺乏有可实施性的公共文化服务体系运行机制和创新模式研究。

2. 公共文化传播与服务渠道已基本具备，但还缺乏各类资源之间优化配置、协同使用的对策

我国已逐渐建立起各种文化服务渠道，在各个社区、城乡等建立文化站、公共图书馆等公众文化服务平台。但就目前的传播与服务效果来说，并未达到理想状态。首先，我国的文化服务覆盖面不足，当前仍有许多地区（尤其是乡镇居民区）没有建立起独立的文化服务平台；其次，在覆盖到的区域未必切实奏效，尤其在一些边远乡镇，虽然响应号召建立起相应的服务平台，但设施陈旧落后、设备奇缺，难以满足规模性的文化需求，形式化的公共服务并不能引起人民群众对文化发展的重视和支持。相关学者指出“文字媒介传播环境欠佳、电视媒体信息传播量小、公信度差、无线广播传播受众面小、网络传播可及性差、未考虑群众的个性化需求”等问题，但还没有提出一套根据群众需求设计文化服务产品和根据实际条件传播公共文化服务的模式。

3. 公共文化服务体系自身的特点决定了其创新面临一系列挑战

公共文化服务是非市场化的服务，决定了其生产和提供不能按照市场规律进行。公共文化服务具有公平均等性、公益性、多样性、便利性、普及性等特征。在提供公共文化服务的过程中，政策推动、公众的关注和媒体的评论对其有重要的影响。因此在公共文化服务的提供过程中，面临一系列挑战：如何兼顾效率和公平，如何协调政府与志愿部门的关系，如何监管服务的实施，如何协调提供者和用户之间的关系，如何将传统的文化服务内容与现代的IT技术和网络相结合，等等。

二、基于服务科学的国家公共文化服务创新模型设计

为了针对以上问题的解决提供建议，本文

试图将服务科学的基本理念和服务创新的基础理论引入到公共文化服务体系创新的模式中来。

1. 服务科学基础理论的兴起

"服务科学"是以现代服务业为背景而兴起的一门跨管理科学、计算机科学、系统工程学、经济学和人文科学的多学科交叉融合的新兴学科。

2002年，IBM公司Almaden研究中心与美国加州大学伯克利分校(UC Berkeley)组成的联合专家小组，在一次讨论会上首次提出了"服务科学"的概念。2004年12月，IBM公司首席执行官Samuel J.Palmisano在一份题名为《创新美国》的报告中正式提出了服务科学的概念，并且认为，服务科学是一种通过整合不同学科的知识来提供创新服务。服务科学作为21世纪美国国家创新战略之一被首次纳入国家创新计划。2005年7月，IBM公司结合服务科学研究的内容和方法，把"服务科学"正式更名为"服务科学管理与工程"(Services Sciences Management and Engineering，SSME)，认为SSME是服务科学(Service Science)、服务管理(Service Management)和服务工程(Service Engineering)三者的结合。服务科学偏重于建立适当的服务模型来对服务行为、能力、过程、咨询人员和客户进行正式的描述，特别是对他们之间关系的描述，据此我们构建了公共文化服务体系创新模型。服务管理侧重于为客户设计合适的服务方案，指导提供商提供受欢迎的服务等，依据服务管理理论，我们提供了具体的管理策略建议。而服务工程则是通过相应的方法论、技术平台和基础设施来支持服务生命周期中的分析、设计、建模、实施和运行管理等过程，实现技术支撑体系。也就是说，在服务提供的过程中既要有基础理论的指导，又要有科学高效的管理制度和管理措施，此外还需要切实可行的技术体系作支撑。这一理论为公共文化服务体系的建设提供了新的视角和思路。服务创新也是服务科学研究的核心，也是公共文化服务体系不断发展的动力，因此本文将公共文化服务体系创新作为研究的切入点。

2. 公共文化服务体系创新模型

包国宪等指出服务系统构成的要素包括人员、技术、信息和系统的集成，所构建的服务系统模型将服务创新确认为服务系统的核心部分。Den Hertog P. 指出服务创新不仅仅限于服务产品自身的变化，经常包括产品配送的新模式、客户互动、质量控制和售后服务等等。

为理清公共文化服务体系包含诸多主体的关系，我们将涉及到的主体分为三类：公共文化服务提供者、服务传递者和消费者。

第一，公共文化服务提供者。在这一模型中，公共文化服务提供者包括各级政府部门，在我国由国家级、省级和市、县级以及农村乡镇五级服务部门组成。国家政府的文化服务主管部门主要是指文化部、新闻出版总署、广电总局等三大单位，在地方则包括由文化部归口管理的文化事业单位、文物保护机构，如公共图书馆、文化站（馆）、博物馆、美术馆，国家广播电影电视总局归口管理的广播电台和电视台，新闻出版总署归口管理的具有独立法人资格的出版事业单位等。

提供公共文化产品和服务主要是政府的职责，是政府的核心职能之一。发展文化事业，建设公共文化服务体系，满足人民群众多层次、多样化、整体性的公共利益，这种广泛的公共权利只有政府才能够最大程度地、有组织地提供公共资源来实现。但政府并不是提供公共文化产品和服务的唯一机构，提供公共文化产品和服务的公共机构应是一个以政府为主导的多元化体制。各公共服务机构管理者应根据各层次群众的实际需求和享受服务的方便程度来提供不同形式的公共文化服务。鉴于公共文化服务的公益性，创新的动力更多地来源于政府的推动，而不是市场的拉动。

第二，公共文化服务传递者。现代技术在公共文化服务的传递中发挥着越来越重要的作用，传递方式的创新也是服务创新的重要内容。目前主要的传递方式包括：网站下载、卫星转播、硬盘拷贝、光盘复制、虚拟专用网（VPN）。在服务传递的过程中，各类资源的匹配，成本的降低是需要考虑的重要环节。

第三，公共文化服务消费者。公共文化服务消费者是公共文化服务的受益者，在这里主要指的是各类基层群众。同时，他们也是服务设计和服务配送模式需求的提出者，是重要的创新来源。在对消费者的研究中，除了要对消费者自身以及相互之间的沟通习惯和需求进行研究，还要注重对消费者与服务提供和供应者之间的沟通方式。

政府是公共文化服务体系的责任／建设主体，群众是公共文化服务体系的参与／服务主体，各类技术手段是公共文化服务的传播载体。公共文化是全社会的文化，基层公共文化建设不能由政府包办，只有在政府的支持下，利用各类先进的技术和管理手段，才能让基层群众自己动起来，让农村、企业、社区从服务提供者到服务消费者都活跃起来，公共文化建设才能根深叶茂。

3. 公共文化服务创新管理模式

基于公共文化服务体系创新模型，可以提出以下几种服务创新的管理模式：

第一，公共文化服务产品创新。公共文化服务产品的创新，一方面要调查消费者的需求，根据实际情况提供有价值的产品，另一方面要基于最新的技术手段提供不同类型的服务。例如，贴近生活、强调群众参与的各类文艺演出服务，实用有效、数量充足的图书、报刊借阅和电子信息服务，城乡同步、广泛覆盖的广播和电视、电影放映服务，形式多样、紧跟时代的宣传教育和科普培训服务，便于参与、环境良好的休闲娱乐和体育健身服务等。

第二，公共文化服务传递方式创新。结合最新的信息技术构建立体化的公共文化服务网络体系，以社区和乡镇基层文化设施为基础，加快建立覆盖城乡的公共文化设施网络；建立文化短信服务系统，提供便捷的信息共享平台，聚集文化创意精英，加强服务提供者和服务受众的信息交流与资源共享；通过举办各类文化沙龙活动，加强服务的责任主体之间的互动化交流。

第三，公共文化服务集成创新。引入服务生命周期的概念，将服务集成的过程设计为服务需求分析，服务设计、服务实施和服务控制四个部分。服务需求分析阶段，运用人口统计、客户价值等方法对客户进行细分；服务设计阶段，利用结合分析法设定最优的服务方案和组合；服务实施阶段，进行文化产品的推广和文化服务的落实；服务控制阶段，建立以用户为核心的服务质量评价机制；通过管理模式和技术平台实现移动信息服务参与者的集成，业务系统和服务系统集成，用户需求和技术的集成。

4. 公共文化服务创新支撑体系

实现公共文化服务创新，激励全民的文化自觉，需要一套完整的体系做支撑，主要包括以下方面：

第一，政策支持。要真正地将公共文化服务落到实处，必须有强大的政策指导做后盾。要建立健全党委和政府统一领导，财政、文化、广电、新闻出版等部门分工负责，工会、共青团、妇联、文联、作协等人民团体积极参与，形成推动公共文化服务体系建设的合力，要出台政策性文件和建设性行动纲领，把国家公共文化服务体系建设纳入各地区经济发展规划中，作为评价地区发展水平、发展质量和领导干部工作实绩的主要内容。对公共文化服务体系建设在经费投入、公共服务硬件设施建设、队伍建设、文化活动、文艺创作等方面提出具有可操作性的要求，明确其相应职责，为国家公共文化服务在宏观上进行正确地引导。

第二，技术支持。随着大众对服务的需求多元化、复杂化、综合化、高效化，国家公共文化服务体系亟需以高新技术为载体，拓展其新媒体服务功能、信息化数字功能、网络虚拟服务功能、自动化集成系统等等，利用通信技术改变传统的接受模式，打造智能化公共文化设施和服务平台，有助于实现真正意义上的便利化，缩小区域之间、社会群体之间的差异，保证公共文化资源的公益性和共享性，对公众文化需求的满足和文化权利的实现起着举足轻重的作用。

第三，资金支持。公共文化服务体系要有资金的支持。除了服务设施的硬件建设费用和维护费用、服务过程中的资源共享与活动经费、运营经费，非盈利性服务组织的发展基金外，一些处于历史文化地域的省市区县仍需要筹集资金进行文化保护。此外，服务体系中的人才招募、培训经费与薪酬的提供，同样需要确保资金的到位。

第四，人才支持。服务的主体最终还是要归于人。要落实公共文化服务，需要有一批高素质人才的支持，包括政策研究和制定人员、管理人员、宣传人员、技术专业人才、文化艺术专业人才、服务人员以及各类服务的培训人员等等。调动社会力量积极参与到服务建设中来，才能保证文化服务机体的正常运行，从整体上提高公共文化服务的质量和效率，为公共文化服务平台的可持续发展提供保障。

三、公共文化服务创新策略

1．提高整体认识，将公共文化服务体系建设作为重点工作部署

公共文化服务体系建设在政府和民众的各项事务中处于很重要的位置，提供公共文化服务是各级政府事务的基本和主要任务。可以说公共文化服务体系的建设既是政府的一项惠民工程，也是政府的一项形象工程。党和政府要把公共文化服务体系建设放在全局工作的重要位置：从繁荣先进文化、构建和谐社会、保障人民文化权益、提高全民素质的高度来加深认识；从纳入立法、规划、会议议题、财政预算、设施建设、干部考核的重点等途径来落实地位。

2．多元化经营，公益化和市场化相结合拓展资金来源

在经济发展到一定程度后，群众对文化的需求越来越迫切，但政府不可能包揽所有文化活动，如何能让财政不承受过度的负担又能不断满足群众的文化需求？要想最大程度地满足公民的文化权利诉求，应该在不削弱政府财政支持力度的同时，综合运用各种投融资手段和财税优惠政策，广泛吸收社会资本和产业资本投入公共文化服务领域，选择公益化和市场化有机结合的路径，创新公共文化服务机制。一方面，政府应增加对公共文化服务机构经费的拨款，还要依靠社会捐赠和会员交费以及文化服务机构经营收入作为补充；另一方面，通过鼓励民间力量合力营造文化服务氛围，委托专门的公共文化服务机构管理文化、体育场馆等，分担政府的服务工作，确保有足够的人力物力、时间空间来为群众提供文化盛宴。

3．针对消费者需求，创新公共文化服务内容

公共文化服务体系的内容，不仅要有明显的国家性和民族性特征，还应该考虑各地民众的独特需求，贴近生活；强调群众的参与性，进行体验式的文艺演出服务；将固定服务与流动服务相结合，提供实用有效、数量充足的图书、报刊借阅和电子信息服务；城乡同步、广泛覆盖的广播和电视、电影放映服务；进行形

式多样、紧跟时代的宣传教育和各类培训服务；提供环境良好的休闲娱乐和体育健身服务等。

公共文化服务在社会效益上起着思想主导作用，具有极大的传播效应，因此还应加强科学普及教育、优秀传统文化教育、革命传统文化教育、世界优秀文化教育、优秀民族民间文化教育等等，以寓教于乐、互动探究、潜移默化的宣传方式来丰富人们的文化生活，提高全民的文化素养。

4. 搭建立体化网络，创新公共文化服务传递方式

实现公共文化服务传递方式的创新，要加快应用高新科技，将现代信息技术与创新型的多样化服务模式相结合，提高公共文化服务的信息化、网络化水平。在文化传播信息载体上，探索传统文化与网络信息技术的融合；在功能效应上，探索资源集成与分众推送的融合，实现对所有服务网点的运营流程和数据的统一管理，拓展基层站点的设备配置和服务功能，通过技术过滤提供健康、安全、绿色的互联网内容服务，进行终端建设和基层服务模式和多媒体资源分发技术的创新，如采取 CDN 网络智能分发、CDN+P2P 网络视听平台、分布式镜像、用户就近访问的策略，形成多点分发、分布存储、负载均衡的资源传输服务系统，有效扩大文化共享工程的覆盖面、服务面和影响力，完善传播结构，为创新公共文化服务提供平台保障。

5. 加强人员培训，提高公共文化服务提供者和使用者素质

公共文化服务人才的素质决定了公共文化服务的质量。当前基层专职文化服务人才缺乏，力量单薄，普遍存在年龄、学历、知识结构不合理等问题。构建科学的服务系统，通过灵活有效的机制，依靠和调动大众的力量来拓展服务，必须提供高素质的服务专职人才以及技术保障人才，提供一支专业或兼职的咨询队伍，辅以志愿者来提供公共文化服务的力量。文化消费者的培训对于提高文化服务的效率、强化文化服务的效果也非常重要，因此要加强对文化消费者在使用新的文化服务工具、感受新的服务方式、培养新的使用习惯方面加强培训和激励。

公共文化服务体系的建设是一项系统工程，不仅需要政府和各公共文化服务机构进行服务模式上的创新，还需要全民的大力配合和支持。在服务科学理论研究的基础上，对公共文化服务模型进行创新，有助于推进基础文化服务平台建设，做好社会的文化导引和渗透，提高人民的文化素质，对社会主义和谐社会的文化建设作出应有的贡献。

（作者：中国传媒大学副校长、教授）

（选自《现代传播》2011 年第 10 期）

公共文化服务体系研究述评

夏国锋　吴理财

中共十七届五中全会公报再次重申和强调了加强公共文化服务体系建设的重要性。这也是继续延伸了十六大以来，党和国家对公共文化服务体系建设的关注和重视。2005年十六届五中全会通过的《中共中央关于制定国民经济和社会发展第十一个五年规划的建议》提出："逐步形成覆盖全社会的比较完备的公共文化服务体系"。2006年出台的《国家"十一五"时期文化发展规划纲要》也是专辟章节明确了加强公共文化服务建设的指导意见和具体规划。2007年《中共中央办公厅国务院办公厅关于加强公共文化服务体系建设的若干意见》中也曾指出："加快公共文化服务体系建设，是繁荣发展社会主义先进文化、建设和谐文化、构建社会主义和谐社会的必然要求。"在此背景下，我们再来重新审视和梳理国内学术界在公共文化服务体系方面的研究状况也是具有理论意义与现实关怀。

从现有的研究来看，国内关于公共文化服务体系的研究主要集中于公共文化服务体系的相关概念内涵、建设意义、建构主体、基础设施建设或物态载体、经验或模式、管理体制或运行机制、绩效评估、农村公共文化服务体系建设等诸多面项。从整体来看，这些研究多集中于经济学、管理学学科视域；宏观整体论述多、微观个案研究少；定性研究多，量化研究少；意义分析肯定多、内容细化研究少；对策建议研究多，学理把握研究少；主观推理研究多、客观调查研究少；浅层描述研究多、深入展开研究少；同时相应缺乏对公共文化服务体系的系统研究。下面笔者将选择代表性研究成果对既有研究诸面向进行简要述评。

一、公共文化服务体系的意义和内涵

（一）公共文化服务体系建设的意义分析

关于公共文化服务体系建设意义的讨论主要从以下几个角度或方面展开：一是从与社会主义和谐文化建设的关系角度讨论公共文化服务体系建设的重要性；二是从政治意识形态的建构角度来论述公共文化服务体系建设的政治价值与战略意义；三是从公民文化权利的角度，论述公共文化服务体系建设是社会大众（尤其是农村居民或弱势群体）基本文化权利保障和实现的重要途径；四是从文化建设和体制改革的角度论述公共文化服务体系建设提出的历史背景和时代价值；五是从文化"软实力"的角度论述公共文化服务体系建设对提升中国的国际形象与影响力的意义。

（二）公共文化服务体系的内涵或概念争辩

目前学术界对公共文化服务体系内涵的争论聚焦在“公共文化服务”的界定上，其中最主要的概念争辩围绕公共文化服务之“公共性”而展开。从既有讨论来看，主要有两种代表性的界定：

一种是经济学式定义，即把公共文化服务区别于以一般市场方式提供的文化商品（产品及服务）的文化类公共产品及其相关活动。如陈威认为，公共文化服务就是由公共部门或准公共部门共同生产或提供的，以满足社会成员的基本文化需求为目的，着眼于提高全体公众的文化素质和文化生活水平。周晓丽、毛寿龙把公共文化服务界定为基于社会效益、不以营利为目的、为社会提供非竞争性、非排他性的公共文化产品的资源配置活动。这种运用经济学或制度经济学的相关概念，讨论公共文化服务的公共属性，把之归类于公共物品，把公共文化服务直接与具有经营性的非公共物品对应，从而进一步总结出公共文化服务具有的文化性、公益性、社会性、非营利性等特点。对公共文化服务的这种经济学式认识往往造成误解，把公共文化服务简单理解为由政府或文化事业单位等公共部门或机构向社会公众提供免费享受的文化产品或服务。

另一种是管理学式的定义，把公共文化服务理解为除公共文化产品或文化服务提供外,还包括文化政策服务（包括文化相关法律、法规、政策等）和文化市场监管服务。后者的界定较前者在理解上突破了公共文化服务单纯具化为物态层面的含义，认识到了公益文化事业与经营性文化产业的分类，以及政府或文化行政管理部门对文化市场或文化产业发展的管理，并从中可以延伸对公共文化服务的政府公共财政投入、文化发展政策制订、体制改革与机制创新等内容。如闫平认为公共文化服务并非简单地直接提供公共文化产品和服务，而是要求政府承担好文化建设与发展的管理职能。也有人认为，公共文化服务建设的内涵，除了政府负责投资公益事业外，还包括服务水平、产品创新、机制和体制，加快机制和体制改革是推动公共文化服务的主要内涵。但这种界定却也存在把政府确定为公共文化服务的唯一主体之嫌，同样缩小了公共文化服务的内涵和外延。

在对公共文化服务之“公共性”讨论和界定的基础上，学者们提出公共文化服务体系的内涵。有人认为公共文化服务体系就是为满足社会的公共文化需求，向公众提供公共文化产品和服务行为及其相关制度与系统的总称，是公共服务体系的有机组成部分。也有人认为，公共文化服务是现代政府公共服务体系的重要组成部分，包括“公民基本文化权利”以及由此产生的“公共文化需求”和满足公共文化需求的“公共文化产品和服务”。深圳文化局“公共文化服务体系研究”课题组则把公共文化服务体系理解为包括公共文化设施体系、公共文化网络体系、公益性文化服务体系和公共文化管理体系。申维辰则认为，公共文化服务体系主要包括先进文化理论研究服务体系、文艺精品创作体系、文化知识传授服务体系，文化传播服务体系、文化娱乐服务体系、文化传承服务体系、农村文化服务体系等。

从既有研究来看，对公共文化服务体系的内容，实务工作者与理论工作者有不同认识，不同学者更是存在认识差异，而且对它的理解也是角度各异。有的可能是从内容上，有的可能从管理体制上，或者有的是综合各项因素，众说纷纭。总之，对公共文化服务及其公共文化服务体系的内涵界定或概念争辩，内容广杂且认识不一，所以不难理解很多人在公共文化服务界定中狭义认定政府作为唯一主体，而在公共文化服务体系概念提出中却把服务体系的主体扩展至政府、文化事业单位、企业、非营利组织等，在建构体系时，公共文化服务体系忽然变成了内容无所不包的庞杂体。

二、公共文化服务体系的内容与问题

（一）公共文化服务体系建设主体之争和路径选择

无论是基于国外的经验借鉴，还是基于国内公共文化服务发展的历史局限，或者源于国内先进典型的示范，还是依据公共产品供给的经济学理论推导，对于我国公共文化服务体系中公共文化服务供给的主体之争，在既有研究中颇多讨论。

基于公共文化服务“公共性”属性，或者经济学上的市场失灵理论，有学者认为政府（或公益性文化事业单位或机构）应该当然成为我国公共文化服务体系建设的主体。这一观点为大多数学者所坚持。另一种观点认为，在公共文化服务供给上，大包大揽的政府作为具有垄断性质或效率低下问题，政府在提供公共服务时，无法应对差异化的需求，造成一部分人无法享受到公共物品，造成政府失灵；因此提出公共文化产品供给可由市场化来运作，尤其是文化企业承担文化产品的供给主体。基于政府与市场双重失灵理论，有学者提出，第三部门或非营利组织在公共文化服务供给中可以发挥补充作用，这就为第三部门或非营利组织或民间组织的公共文化服务供给主体定位和生长提供了相应的理论空间。

基于对公共文化服务供给主体的争论，引发了学者对公共文化服务体系建设的不同路径选择研究：一种观点认为，公共文化服务具有鲜明的公益性和社会教育功能，公共文化建设完全是政府的职责，不能采取市场化、商业化的经营管理方式，所有经费全部由政府来承担。这种观点可称之为国家化路径。

另一种观点，认为公共文化服务体系建设不能脱离社会主义市场经济体制，应当完全走市场化的道路，把公共文化事业单位推向市场，缩减公共财政支出，提高公共文化建设效率，充分满足多层次的文化需求。这种观点可称之为市场化路径。这两种观点各偏执一方，各有合理一面但也各有局限性。因此，有部分学者基于两种建设路径可能出现的政府失灵和市场失灵问题，提出第三种较为综合的观点，即国家与市场相结合，走公共机制与市场机制相结合的建设路径。

在关于公共文化服务体系建设主体的众多争论之后，我们应该看到，政府、企业、非营利组织或第三部门、个人都是应该成为其中不可或缺的一部分。而问题的关键在于，各个主体在建设公共文化服务体系中的职责或角色扮演的定位应该如何科学合理的界定，即如何划定或定位各自在建设公共文化服务体系中作用边界，而不是一味陷入谁才应该成为我国公共文化服务体系建设的主体的争论中，应该关注于这些主体各自应该在何种边界范围内应该做些什么、怎么做。另一方面，对公民个体在公共文化服务体系建设中应该如何发挥作用的讨论缺失。在众多讨论中，公民一直是被视为文化权益的被动享受者身份出现，却忽略了其作为公共文化或文化建设主体的自主性价值。公共文化服务体系其最根本的核心目标之一在于社会大众文化需求的满足和文化权益的获取，但公共文化服务体系的建设并不仅仅是政府单纯给予或提供什么的问题，更主要的是社会大众需求什么及作为需求主体如何参与公共文化创造的问题。因而在公共文化服务体系建设的主体讨论中脱离了社会大众的参与，很显然是不够的。

（二）公共文化服务基础设施建设及服务方式创新研究

公共文化设施是提供公共文化产品和服务的载体，是公共文化服务体系的基础。党和国家各级部门也把图书馆、文化馆等的建设作为构建我国公共文化服务体系中的重要要素。当人们在讨论公共文化服务体系的建设中，部分学者把目光关注于公共文化服务的基础设施建设及服务方式运作与创新研究，如对图书馆、文化馆或广播电视等在公共文化服务体系建设中的作用及其管理与运作方式的改革研究。

如李俊玲讨论了在公共文化服务体系中，城市公共图书馆应该建设多元化的模式，如运作机制的多元化、服务方式的多元化及社区图书馆（室）建设的多元化等方面发挥重要作用。在对图书馆在构建公共文化服务体系中的重要作用及其形式变革的讨论中，李茁则在网络技术广泛应用的社会背景下提出“家庭虚拟图书馆”建设这么一个很有意思且大胆的尝试性建议。与李茁在关注网络技术对农村公共文化服务体系建设中可能发挥的作用一样，蔡璐、伍艺也提出了一种以网络为基础，以机制为保障、以人才为关键，以资源为核心，以服务为目标的公共文化信息服务网络平台的建议。吴爱云、孙秀萍则从吉林省积极探索的公共图书馆与高校图书馆的共建共享模式，从图书馆如何服务社会大众的视角提出了全方位、立体式地构建公共文化服务体系的创新理念。另外，石长顺、周莉则关注到了电视作为现代文化传播的重要介体，在公共文化服务建设中可能发挥着的最有力的推动因素。谭可可则从构建公共文化服务体系在意义结构层面的逻辑关系认为传媒教育应是公共文化服务体系中公共文化的一项重要内容。

诚如以上学者都关注到了公共文化服务体系建设中，公共文化服务设施的重要性、意义及其作用的如何发挥，但对于如何进一步完善我国的公共文化服务设施网络体系建设及其运作，对公共文化服务设施的长效管理机制和服务方式，以及目前公共文化服务设施的效用评估等较少论述。

（三）农村公共文化服务体系研究

关于农村公共文化服务体系的研究中，学者们关注和论述较多的是农村公共文化服务体系建设中存在的公共文化服务供给不足及结构失衡和非均等化问题和矛盾，提出增强农村公共文化服务供给力度、促进农村公共文化服务均等化的建议和愿景。主要观点具体主要集中在：农村公共文化服务体系建设与经济社会发展水平的不平衡性矛盾；从而无法满足农民大众在经济生活水平日益提高的前提下对多元的精神文化需求，造成农民文化生活的匮乏，尤其是农村公共文化生活的衰败；城市与农村在公共文化服务体系建设中非均等的结构性矛盾，造成农村文化建设投入不够，农村文化事业的发展滞后，农村文化基础设施落后，农村优秀民间文化和人才流失等问题，从而成为了城乡统筹、一体化发展过程的障碍；农村区域经济社会发展的不平衡而导致的农村公共文化服务供给的差异化特征；从而导致了广大农村的居民因生活地域的差别而形成了文化权利享受的非平等性；落后的农村文化管理体制与缺乏灵活的供给机制之间的矛盾，从而造成农村文化建设的主体缺失（或缺位），农村文化服务的匮乏与供需错位，农村文化服务体系不健全等诸多问题层面。

大部分学者在研究农村公共文化服务体系建设中，都强调了政府在其中的重要作用。刘淑兰认为，政府创新是构建农村公共文化服务体系的关键。李燕则根据国内外的实践经验和我国当前农村文化建设的实际，认为政府对农民的公共文化服务可以采取政府免费直接提供、政府全额出资购买、政府给予适当奖励的三种服务方式。何兰萍认为当前农村公共文化服务体系建设主要是针对农村文化基础设施的匮乏而开展的，忽略了农村文化建设中的对民间文化的忽视、成人社会衰落、组织缺乏等内容，提出应该从政府和民间的合作中寻找农村文化建设之道。

而新农村公共文化服务体系的构建，不仅在于政府作为重要的建设主体对基层文化服务的经费投入和财力供给，文化管理体制和服务机制的改革和创新，还应在于作为农村公共文化服务体系受益主体之农民所内在需求的农村文化、尤其是农村公共文化的建设、创造和发展。因此许多学者开始强调农民在新农村文化建设中的主体性作用。例如，郑风田、刘璐琳指出，当前农村文化发展受多种因素制约，特别是农村文化发展中农民主体地位缺失、供需失衡的矛盾比较突出。坚持以农民实际需求为导向、以传统文化为平台、以合作社文化为重要抓手，促进农村文化与现代文化的融合，并加快农村文化的发展与创新，是当前积极推进新农村建设的重要内容和紧迫任务。在新农村文化建设和农村公共文化服务体系建设中，朱正刚提出，要充分尊重农民的意愿，正确处理好政府的主导作用和农民的“话语权”的关系，以利于调动广大农民参与的积极性，形成可持续的农村文化建设动力。潘泽泉等也提出了农村公共文化建设中要以农民为导向，发挥农民的主体作用。潘泽泉结合山东省西南部某县的文化建设阐述了在农村社区公共文化建设中要注意培养农民的主体性“嵌入”意识和新集体主义观念，协调农村私性文化与公共文化的和谐发展。陈波则认识到乡间艺人群体在农村公共文化服务体系中的作用，但由于这个群体长期被排除在公共文化政策范畴之外，加上农村文化消费市场的制约，其文艺作品的创作面临强烈的机会损失，这种机会损失的存在严重削弱了乡间艺人文化创作的积极性，进而不利于农村公共文化服务体系建设。因此，对于这种机会损失，他提出政府应给予补贴或补偿，并将乡间艺人纳入农村公共文化建设范畴。

关于农村公共文化服务现状、问题及建设的调查研究，绝大多数是以定性论述为主，很少有量化分析。在较为少见的定量研究中，吴理财运用问卷调查数据对农村文化建设现状进行了描述，还从体制、结构和变迁的角度分析了当代中国农村文化的特点及其发展基本态势。通过对历史上我国农村文化服务财政支出状况的考察以及对当前农村文化服务现状的问卷调查，用一系列实证数据说明了我国农村文化服务主要存在服务水平的低度化、发展水平的非均衡化、文化服务和农民需求脱节、文化服务体制落后等缺陷，并提出促进农村文化服务均等化的对策及建议。

从对既有关于公共文化服务体系建设的研究内容来看，根据我们所掌握的材料看，对公共文化服务体系建设所亟需解决且十分重要的人才服务体系建设的研究还很欠缺；对农村进城务工人员等弱势群体的文化生活关注及其文化服务体系研究也相对不多。

三、公共文化服务体系建设的国内经验与模式

国内关于公共文化服务或体系建设的模

式研究主要基于两大类，一类是部分学者基于理论推演形成的理论模式；一类是学者或实务部门针对部分地区的实践操作而总结出的经验典型。

前者如周晓丽、毛寿龙等基于我国现在公共文化服务供给的制度弊端和供给原则思考，认为政府公共部门在公共文化服务供给方面可有如下模式分类：权威型供给，即政府在政策和资金方面须处于核心主体；商业型供给，即在公共文化服务供给中，政府与市场应以公共利益为核心建立合作伙伴关系，具体细化为公共生产、市场提供，非公共生产、政府提供，非公共生产、混合提供的三种商业型供给模式；志愿型供给，即非营利组织或第三部门在公共文化服务供给中发挥力量。再如顾金孚把农村公共文化产品供给分为公共产品的私人供给、俱乐部供给、公共产品的私人产品化三种农村公共文化服务供给市场化的模式。同样是针对农村公共文化服务供给，李少惠则分析了政府主导型、合作型和社会化主体主导型三种农村公共文化服务供给社会化模式。

后者主要是学者、实务工作者基于地区的公共文化服务经验总结出的实际典例。随着我国区域公共文化实践的开展，各地依据自身实际，也逐渐探索出一些公共文化服务体系建设可借鉴的模式。如陈波、胡小红依据深圳福田区、江苏省、浙江省嘉兴市等地区的公共文化服务实践，总结出软件平台推动型、文化设施助推型、文化服务创新型三种具典型示范意义和价值的区域公共文化服务体系建设实践模式。牛华也依据国内一些地区公共文化服务的资金来源、实施主体、组织运作方式、价值和目标取向、创新及影响程度等要素，将近几年的公共文化服务实践分为内生型、外包型和合作型的公共文化服务类型。吴理财长期进行农村公共文化服务的研究，曾针对各地农村文化服务的实际和改革实践总结出了部门供给模式、“以钱养事”模式、“以县为主”模式三种类型。毛少莹结合深圳的公共文化服务实践，进一步论述了以政府为主要供给者的“权威”+“多中心型”供给模式；政府与民间伙伴关系型的公共文化支出模式；兼顾公平与效率的公共文化服务消费模式；以及在特定的历史阶段根据国家和地区发展需要有所偏重的公共文化服务增长模式。这种模式在服务内容、社会参与方式、服务对象等选取上，为其他经济发达地区的公共文化服务操作提供了参考价值，但在制度层面的创新空间不是很大。

在公共文化服务体系建设实践中，一些地区政府部门和机构也进行了多元化的建设试验。如浙江省宁波则通过市场开放来解决群众的文化需求问题，在公共文化服务体系建设中，采取政府财政投入、补贴等方式支撑基本文化需求；以市场化运作福利性文化需求，如高雅艺术的供给体系。青岛市则率先创建完成了城市文化事业和文化产业两大统计体系，同时吸引社会力量广泛参与文化建设，并形成了规范的公共文化服务建设工作机制，建立起宣传部、文化、发改委、财政、规划、国资、人事等部门共同参与的联席会议制度，定期召开会议，解决公共文化服务建设中涉及的问题，进一步强化了政府的责任主体意识，并形成政府多部门的合作机制。陕西省则在基础设施和人才队伍管理上下工夫，出台了两馆管理办法，制定了公共图书馆管理办法，同时在队伍建设方面实行了上岗证书制度。

对于国内关于公共文化服务体系建设模式的理论思考和经验总结，前者可供指导，后者可资供鉴。既有学者的理论思考，也有建设主体的实践经验总结。但总体来看，这些既有的理论模式研究或经验典例，都在某种程度上对我国未来公共文化服务体系建设提供了可贵的借鉴对象。但从研究者的视角来看，对既有模式的研究还不够，如缺少理论与经验的揉合，或反刍；另外，由于公共文化服务千头万绪，内容庞杂，对之进行分层分类研究，已形成基本共识，但在分层分类研究的指导思路下，分别对其中的各个层级、类别进行典型个案研究，在经验深描基础上，深度挖掘具有类型普适性的理论和知识构建还很缺乏。但这种研究的深入能够符合我国区域差别、城乡差别、文化差别等客观存在的现实。对类型进行深度个案研究基础上，提供某类型的公共文化服务体系建设可借鉴意义的理论或建设是很有价值的。而这恰恰是当下研究所缺少的。

四、公共文化服务体系建设的体制与机制

公共文化服务体系建设是我国文化建设的重要内容，其建立和运行所需的制度或体制环境必然受到我国（总体）文化体制改革和发展的宏观背景影响。陈立旭梳理了浙江改革开放以来的文化体制改革和发展实践，总结了浙江省的公共文化服务建设经验。他认为，浙江经历了由政府“大包大揽”的文化事业发展模式，到不加区分地将所有文化部门推向市场、在市场化的压力下被动地开展“生产自救”，再到把公益性文化事业和经营性文化产业区分开来实行分类指导、分类发展的原则，进而实现了从传统“文化事业”到新型“公共文化服务体系”的转变。他以浙江省的公共文化发展实践为个案，无疑为我们提供了一幅文化体制改革与发展的脉络图，同时浙江经验的总结也可为其他地区的文化体制改革提供借鉴。巫志南则提出现代服务型公共文化体制创新的逻辑起点是“从人民群众基本文化权益出发”，体制创新的内容应该包括公共文化服务体系中的生产供给、设施建设管理、流通和投融资四个方面。政府职能转变与文化体制创新之间存在高度关联性，作为推动文化体制改革的“两个轮子”，政府的推力作用非常重要，如果没有政府的推动和引导，文化体制就不可能冲破长期形成的计划体制的藩篱和现有的利益格局。沿循这一思路，蒋晓丽等认为，政府主导的公共文化服务领域与社会广泛参与的公共文化事业建设渠道，共同构成了社会主义市场经济环境下的公共文化服务保障体系的两翼。为此提出在公共财政资助补偿机制方面，对文化事业的资助由“养人或养单位”为主转向“兴项目”为主；在文化管理机制方面，政府职能实现从“办文化”向“管理文化”、从“中文化”向“大文化”、从以行政手段直接管理向以经济法律手段间接管理的转变；在引导社会参与方面，要放宽公益文化事业准入条件，鼓励企业、个人、非政府组织的参与。魏鹏举认为宏观的文化体制改革改变了中国单一的事业型文化部门类型，呈现出社会化、市场化、公共化、多元化的文化发展格局，在这种背景下提出建立新型公共文化资金管理模式，但这种管理模式具体如何运作，他认为随着文化体制改革深入还需要进一步探索。张波、宋林霖从优化成本的角度，认为引入市场竞争机制，通过公共文化服务的私营化来解决政府提供公共文化服务存在的高成本、低效率问题。她认为引入公共文化服务的市场化体制、改革公共文化投融资体制等能够成为政府公共文化服务成本优化的主要制度保证。马海涛、龙军也专门研究了公共文化服务体系建设中的财政瓶颈制约问题，建议财政投入应优先保证基本文化服务供给，同时改善财政投入结构，加大中西部及农村的投入比例；同时建设政府利用税收激励政策吸引企业；通过财政补贴、贴息贷款、财政担保、税费减免等间接手段鼓励非营利组织参与公共文化服务体系建设。江光华专门对北京市公共文化服务的财政投入机制及效益进行研究，提出公共文化政府间转移支付的文化财政投入新机制，但这种制度的完善需要再进一步明确各级政府间的文化事权、规范各级政府间的文化服务责任，具体为市级政府负责制定文化政策，配置财政资源，提供间接公共文化服务；区县政府执行文化政策，管理区县的公共文化事务，受托的文化服务机构提供直接性的公共文化服务；街道（乡镇）政府负责执行区县政府的批示提供社区（行政村）的公共文化服务的三级政府网络的责任分担与事权划分体制。张云峰、郭翔宇针对财政投入问题也提出要改革、调整目前的财政分权体制建议。

由上述看出，不少学者认识到改革公共文化服务的投融资体制和管理体制问题，因为建立规范的公共文化服务财政、资金投入体制是建设和运行公共文化服务体系的基础内容和重要前提。普遍的共识和建议是：一是规范、改革作为传统主体——政府的公共财政投入体制，在此基础上学者们建议在加大公共财政投入的同时，引入绩效考评机制，试图通过建立一系列的量化评估指标，对公共文化服务投入的财政资金运用的经济社会效益进行考察和评价来促进公共财政的有效使用，保证基本公共文化服务的实现和均等化。二是拓展公共文化服务资金的筹资渠道，引入市场化机制，积极引导社会资金投入，建立投资主体多元化格局。对于前者的研究，更多表达了学者们的呼吁和愿景，尤其是对绩效评估机制的引入建议，较多地论述了这种机制引入带来的可能性作用和效果，尤其是对现有公共文化事业单位服务状况的改善所可能带来的积极影响，但较少进一步深化细化研究评估指标体系的详细内容。对于后者的建议研究，同样也多是提出宏观建议，缺少更深入的研究，尤其是可操作性的方案设计研究。

总体而言，当前关于公共文化服务体系建设的体制或机制研究存在以下几点不足：(1) 基础性研究与应用型研究都比较薄弱；(2) 既有研究成果侧重于方向性的研究，还不够深入；(3) 侧重于宏观管理体制改革研究，微观管理体制和服务机制改革研究还很薄弱。

五、结语

综观目前国内对公共文化服务体系建设的诸多面向和内容进行的既有研究成果，引发我们对在构建我国公共文化服务体系过程中的价值本位或主位立场的思考。作为国家、政府主导的公共文化服务体系，自然不可脱离国家意识形态建设的价值立场，诚如王列生所言，社会主义的公共文化服务体系建设，需要意识形态前置的处置方案。因此，公共文化服务体系的建设不仅仅是对政府职能转变本身的要求，更是国家意识形态建设方式的思维转换。文化本身就内含有意识形态属性，国家提出公共文化服务体系建设，向社会公众提供公共文化服务，满足社会公众的文化需求，保证公民享受文化的平均权利本身就内含社会主义国家的意识形态。所以，在构建国家公共文化服务体系中，国家本位不可缺失。但同时，在公共文化服务建设和研究过程中，公众主位同样重要，换句话说，在公共文化服务体系建设中如何构建一个包括自下而上的社会公众文化需求反馈机制也是服务体系建构中的核心内容。这需要改变政府供给主导的自上而下的单向度文化“灌输服务”格局，引入公众、社会评价和需求决定的自下而上的“以需定供”的公共文化服务模式。

因此，公共文化服务体系的构建关键之一在于如何设计一个能够达致国家、公众、社会多方意愿良性沟通协调的渠道或运作机制。然而，既有研究中仍然有不少研究依旧是传统思维支配下的国家本位，或者说政府本位，或者偏执另一方的完全市场化立场。公众主位研究意识的缺失，导致现在的研究关注公众的公共文化需求的不多。尽管在运行机制或体制完善的研究中，较多人认识到公共文化服务供给以公众为主体的绩效评估体制和政府行为约束机制的引入问题，但缺少公共文化服务供给前的需求信息、采集、分析与分类分级确定的机制。如果脱离了这一点，任何建构起来的宏观的公共文化服务体系都是缺少根基的，或者说很有可能造成政府供给与公众需求的脱节，最终影响公民基本文化权益的快速实现和公共文化服务的社会效用最大化。因此，我们认为，一个科学合理的公共文化服务体系，应该能够完成自上而下的任务主导机制和自下而上的利益反馈机制的良性对接。

（作者单位：华中师范大学襄樊学院经济与政法学院）

（选自《学术综述与动态》2011年第1期）

将文化产业培育成支柱性产业的政策体系研究

迟树功

进入“十二五”时期，将文化产业培育成我国重要的支柱产业，成为推进经济又好又快发展的重要支撑点，就需要通过创新与完善文化产业政策体系加以推进。文化产业政策关系着一个国家文化产业的定位和发展方向。应以制定促进文化产业企业做大做强的政策为核心，以形成文化产业科技政策为支撑，以确立促进文化产业发展的人才政策为关键。以制定文化产业投资政策、融资政策、支持文化产业发展的财政政策、引导文化产业发展的税收政策、培育我国文化产业品牌的政策、培育与规范文化市场的政策、推进我国文化产业企业“走出去”的政策为保障，发挥文化产业政策体系的综合作用，以推动我国文化产业的全面快速发展。文化产业政策的制度与实施需要文化产业政策理论的支撑，本文将围绕文化产业政策体系作些探讨。

一、促进我国文化产业企业做强的政策

文化产业成长为国民经济的支柱性产业，需要依靠做强文化产业企业，而做强文化产业企业又需要制定相关的政策给予引导和扶持。政策作用的取向应是解决我国文化企业存在的结构雷同、分散化、规模小、缺少竞争优势等问题。因此，政策应能有效推进文化产业企业的快速成长，重点推动企业组织结构的创新，以集团化建设为重点和突破口，在文化产业形成以大型企业集团为支撑的市场竞争主体结构，在全国形成具有导向性、规模化、主业突出、拥有自主知识产权、核心竞争力明显的文化企业集团群。为此，政策上要放宽企业集团设立条件，并鼓励企业打破地区、部门分割，通过联合、兼并、重组等形式，形成一批跨地区、跨部门、跨所有制乃至跨国经营的大型文化企业集团，尤其支持和鼓励大型国有文化企业和企业集团实行跨地区、跨行业、跨所有制兼并重组。支持文化产业企业开展连锁经营，实现规模扩张；鼓励放开经营，凡是国家法律法规没有禁止的领域，都应允许各类所有制企业进入经营，才有利于在竞争中重组、融合、创新，提升核心竞争力，也才有利于充分发挥市场机制对资源配置应起的基础性作用；支持企业用活企业资本，如支持企业以公司股权进行投资，引导和支持文化产业企业组建股份有限公司上市融资，以提供资金支持，并改善股权结构、实现有效的组织治理；支持投资人以知识产权等评估作价出资组建文化产业企业，无形资产出资比例可占较大部分，发挥出对人才、技术、产权等要素的吸引力，引导社会资源向文化产业企业聚集，从而推动文化产业企业不断做强。

二、促进我国文化产业做大做强的人才政策

文化产业的发展离不开人才的支撑，可以

说人才在文化产业发展中发挥着关键性的作用。因而能否有效吸引和培养文化产业人才，不断满足文化产业对人才的需求，就成为文化产业政策推进的重要突破口。要通过政策的推动加快形成我国的文化产业人才优势。文化产业人才政策应包括吸引、培养人才政策和利用人才政策。

（一）需要制定与完善吸引人才的政策。要确立制定吸引人才政策的理念，即有利于人才潜能的充分发挥，实现自我价值，应得利益能得到最大限度的满足。政策应鼓励引进文化产业管理人才、文化资本运营人才、文化经纪人才和科技创新人才等各类急需人才，尤其是引进高层次的经营管理、科技创新领军人物，并不断加大吸引和聘用海外高级人才的力度，实现引得进、留得住、用得活，发挥出人才的最大潜能。

（二）鼓励社会、政府和企业共同培养文化产业人才的政策。包括鼓励高等院校加大培养文化产业急需的人才，引导其学科建设和课程设置更有利于文化产业人才的培养，以及引导和支持其设立文化产业研究中心或研究基地，整合教育资源建立我国文化产业大学；拓展与完善我国文化产业职业技能培训，扶持大学、职业院校与文化企业共建人才培养、教育培训、经营策划、项目研究、研发等基地，培养出多层次的人才，为文化产业可持续发展积累人力资本。我国设立的文化产业研究项目应向校企联建的研究基地倾斜。政府应有计划地选派公务员、文化产业企业经营管理者、文化产业科技人员到文化产业发达国家和地区进行学习深造，以掌握先进的经营管理理念、知识、手段、方法，尤其是提高能力。引导文化产业企业形成自身的培训体系，加大人才培训投入的力度。

（三）强化我国文化产业人才库的建设，以掌握我国现有文化产业各类人才的数量、构成，人才供需状况，人才需求趋势；并为政府、企业和社会组织掌握国内外文化产业人才状况提供支持。鼓励文化产业企业建立本行业人才库，为吸引人才和加强合作提供必要的信息支撑。

（四）形成对文化产业人才的选拔与激励政策。拓宽人才选拔途径，创造优秀人才脱颖而出的环境。实行我国文化产业企业高级管理人员的年薪制和试行股权期权制，以充分调动起企业管理层人员的积极性和主动性；设立我国文化产业领军人物奖，以增强我国对文化产业高层人才的吸引力、凝聚力；设立我国文化产业突出贡献奖，表彰和奖励对发展我国文化产业做出突出贡献的组织和个人。

三、推动我国文化产业科技创新的政策

由于文化产业是知识技术高度密集的产业，因而扶持文化产业科技创新极为重要，所制定的政策应体现为通过财政扶持、税收减免优惠、引导组织创新等政策推动文化产业的科技创新。

（一）制定必要的导向性政策。如引导开拓动漫游戏、移动电视、手机报刊和手机图书等新兴市场产品的政策；鼓励扶持民族原创的、健康向上的网络文化产品的创作和研发政策；鼓励高新技术与文化产品研发、产业化及拉长产业链的融合发展；制定明确的相关知识产权保护政策等。

（二）不断完善财政政策。政府应出资设立文化产业科技创新发展基金，对其创新项目、成果及其转化给予支持和奖励，引导和扶持文化产业的不断创新。

（三）建立税收减免优惠政策。在依靠技术支撑的文化产业，依据相关规定认定的高新技术企业，应以较低的税率征收企业所得税；文化产业企业开发新技术、新产品、新工艺发生的研究开发费用，允许按税法在计算应纳税所得额时予以扣除，以激励企业不断向技术创新增加投入。

（四）积极引导组织创新的政策。为推进我国文化产业科技创新与发展，就必须建立以企业为主体、市场为导向、产学研用相结合的文化产业科技创新体系。同时应出资支持设立我国文化产业专业研究机构，以加强对文化产业发展的系统研究，促进文化产业的大发展大繁荣。

四、建立我国文化产业的投融资政策

我国文化产业投资政策的目标取向，应能够吸引更多的社会经济资源配置到文化产业，通过不断增加投入做强文化产业。积极鼓励社会资本在文化产业兴办企业的政策，主要包括：(1) 对投资兴办文化企业的，应最大限度地减少行政审批环节和简化审批手续，并实行便利的审批方式。放宽文化市场准入领域，鼓励、引导和支持非公有制经济投资文化产业，对法律法规限制以外的文化产业领域都应允许各类非公有资本进入，并允许其独资或控股经营。对兴办的民营文化产业企业，应享受同国有文化产业企业同等待遇。降低企业准入门槛，如降低注册资本限制，对一般文化公司注册资本应降到最低限度，而且新开办的文化产业企业可实行注册资本的分期到位等规定。应鼓励社会团体、企业和个人依法设立各类文化投资公司。(2) 吸引外资投资文化产业的政策。今后吸引外资投向文化产业，各地要根据国务院制定的有关规定，结合各自的实际制定实施细则，使吸引外资投资文化产业的具体政策更具吸引力，要通过吸引外资投资文化产业推动文化产业提升竞争力。(3) 鼓励与引导设立文化产业投资基金的政策。

我国文化企业在发展中面临许多融资问题，因而融资政策应有利于解决文化企业普遍存在的信用等级低、难以获得贷款，核心产品或资产的价值难评估、难以获得股权投资和担保贷款，融资服务体系缺位、企业难以上市直接融资，融资需求规模小、融资成本高等突出问题。为此，应制定相应的支持文化产业发展的融资政策，要鼓励文化企业与金融资本直接对接融合，由金融机构设立专项贷款，由银行建立快速审批机制，优先给予信贷支持；建立与完善文化产业无形资产评价体系，实现无形资产的有效质押，开展有利于文化产业发展的质押式贷款；鼓励建立健全信用担保体系，鼓励设立文化产业投资担保公司，同时政府应出资设立服务于文化产业企业的再担保公司。

五、支持我国文化产业成长的财政政策

目前文化产业组织比较弱小，需要在财政上予以扶持。特别是文化产业组织人多数是由事业单位转制而来，因而转型过程中更离不开财政的支持。要通过完善财政政策，为民族文化产业创造良好的外部环境。

（一）要运用财政政策引导资金的投向，调整文化产业布局，促进先进文化产业的发展，尤其是推动一批重要的文化机构和重点文化项目得到较快的发展。如预算投资、国债贷款、国债转贷、国债贴息、国债投资等资金，应优先用于支持重点文化产业企业、重点项目和文化产业基础设施建设。

（二）在试行文化体制改革的单位应通过设立文化体制改革专项资金给予支持，并制定相应的使用和管理办法。要鼓励各级政府设立文化体制改革专项资金和文化产业发展专项资金，数额应占各自年度地区生产总值的一定比例；文化产业统计工作所需的支出费用应纳入财政预算。要采取贴息、补助和奖励等形式对文化体制改革单位给予支持；对新兴办的小型文化企业应在数年内给予一定数额的补贴；对一些重要文化产品也可实行直接补贴形式，从而扶持文化产业企业由小变大，由弱变强。

（三）积极鼓励社会力量进行公益性捐赠，进一步拓宽文化产业的筹集渠道，为文化产业的发展创造必要的环境条件。

六、引导与扶持我国文化产业发展的税收政策

目前应在企业所得税、增值税、营业税、土地使用税、房产税、进口关税减免等方面实行优惠政策，并对各类可以享受税收优惠政策的文化产业企业进行界定，充分发挥税收对文化产业发展的引导与扶持作用。

（一）制定兴办文化产业企业的税收政策。为促进新兴办文化产业企业的成长，对其上缴的所得税、增值税、营业税等属地方财政留成部分，可考虑在一定年限内予以返还。对生产重点文化产品的实行税收支持政策，如可对生产重点文化产品而进口国内不能生产的自用必需设备和配套件等免征进口关税。

（二）不断完善文化产业企业经营中发生费用的税收政策，如文化产业企业发生的广告费用，应按税法规定给予税前扣除；对文化产业企业发生的职工教育经费支出，不超过工资薪金总额一定比例的部分，准予税前扣除，而超过部分允许以后纳税年度结转扣除；文化产业企业以股权、期权等形式给予其管理者的奖励，可按现行税收政策规定在计征个人所得税时给予优惠。

（三）对从事文化产业的单位实行税收扶持政策。文化产业单位的营业税，可以实际取得的报酬为营业额计算缴纳营业税。

（四）扶持文化事业单位转制的税收政策。根据国家已出台的相关政策，经营性文化事业单位转制为企业，自转制注册之日起可免征企业所得税；由财政部门拨付事业经费的文化单位转制为企业，自转制注册之日起对其自用房产免征房产税；党报、党刊将其发行、印刷业务及相应的经营性资产剥离组建的文化产业企业，自注册之日起所取得的收入和印刷收入免征增值税；对经营性文化事业单位转制中资产评估增值涉及的企业所得税，以及资产划转或转让涉及的增值税、营业税、城建税等给予适当优惠政策。同时，对已转制的文化产业企业实行税收优惠政策。如规定从事电影制片、发行、放映的电影集团公司、电影制片厂及其他电影企业取得的销售电影拷贝收入、转让电影版权收入、电影发行收入以及在农村取得的电影放映收入可减免增值税和营业税。

（五）支持非公有制文化产业企业的税收政策。应制定鼓励、支持和引导个体私营等非公有制文化产业企业发展的税收政策。

（六）积极鼓励社会捐赠支持文化事业和文化产业的税收政策。纳税人发生的对文化产业的公益性捐赠支出，不超过年度利润总额一定比例的部分，允许在税前扣除。

七、积极培育我国文化产业品牌的政策

当今世界文化产业的竞争已凸显为品牌的竞争。文化产业品牌已成为文化强国的重要标志。因此，必须重视制定培育文化产业品牌的政策。

（一）为有效培育文化产业品牌，我国各级财政都应对成长性强、产业关联度高的重点文化产业品牌加大扶持力度，设立的文化产业发展专项资金、文化产业投资基金都应向重点文化产业品牌倾斜；必要时应增设专款，进行专项重点扶持。

（二）积极吸引外资参与文化品牌培育的政策。要引导外资参与我国文化产业品牌的培育，通过外资的引入解决文化产业发展中的重大技术难题、管理创新和营运等问题，重点打造在国内外有影响的文化产业品牌。

（三）重视对社会关注文化产业品牌培育的环境创建，尤其要鼓励创建公平竞争的环境，鼓励媒体对品牌的宣传，形成培育品牌的良好社会氛围。

（四）制定与完善品牌保护的政策。推动文化产品质量、标准和计量体系的不断完善，严防及严厉打击侵犯知识产权和盗冒品牌的行为。

（五）应设立我国文化产业品牌奖，激励文化产业企业自觉推行品牌战略，尽快打造出我国文化产业品牌群。

八、培育与规范我国文化市场的政策

文化市场实现正常运行与健康发展，才有利于促进文化产业的快速健康发展。关键是培育文化市场体系，形成统一、开放、竞争、有序的现代文化市场体系。我国文化市场体系仍不完善，存在着零散分割、流通渠道不畅、市场网络不统一、竞争秩序不规范的状况，严重影响着文化产业的发展，因而需要进行政策调控。培育与规范我国文化市场的政策，应主要体现在促进文化产品市场和要素市场建设、完善现代流通体制、建立健全市场中介机构和行业组织、形成公平竞争的市场环境等方面。

（一）应建立完善的文化产品市场政策。如重点培育与规范电子音像制品、图书报刊、影视剧、演出娱乐等文化产品和服务市场，尤其重视培育和规范以网络为载体的新兴文化产品市场。

（二）应制定推进资本、产权、技术、人才、信息等文化生产要素市场建设的政策，推进文化生产要素在顺畅流通中得到优化高效配置。

（三）建立健全市场中介机构和行业组织，并引导其规范运作的政策。

（四）推进建立现代流通体制的政策。要制定鼓励和引导文化消费、建立辐射范围广的区域文化产品物流中心、发展现代文化产品连锁经营、积极发展文化电子商务等方面的政策，并鼓励建立图书报刊、音像制品、影视产品、电子出版物、艺术品、演出剧目的现代市场营销系统等。

（五）尽快清除阻碍建立统一的文化市场的各种壁垒的政策规定，放宽文化市场准入范围，允许在更大范围开展中外合作经营，尤其是向民营资本开放，通过多种经济成分间的竞争提升我国文化产业的竞争力。

九、推进我国文化产业企业“走出去”的政策

鼓励文化产业企业“走出去”应作为我国拓展更大的国际发展空间的重要战略，以充分利用两个市场、两种资源发展开放型的文化产业，促进优秀的、具有民族特色的文化产品的出口，增强在国际市场的竞争优势。

（一）要积极推动我国开展国家级文化产业产品出口示范基地认定工作，并出台我国《文化产业产品和服务出口指导目录》，形成文化产业正确的出口导向。

（二）不断完善培育外向型骨干文化产业企业和实施“走出去”重大工程项目的政策，推进做大做强对外文化贸易品牌，重点发挥国有文化产业企业在对外文化贸易方面的主导作用；支持动漫游戏、电子出版物等新兴文化产业产品进入国际市场；扶持具有民族特色的电影、电视剧、动画片、出版物、文化艺术、演出展览、杂技和民族音乐舞蹈等产品和服务的出口。

（三）应以税收优惠扶持文化产品和服务的输出。如实行出口图书、期刊、报纸、电子出版物、音像制品、电影和电视完成片按规定享受增值税出口退税政策；文化产业企业在境外演出取得的收入免征营业税。

总之，文化产业政策对推动文化产业的发展将发挥关键性作用，做强文化产业更需政策支持体系做保证，对此需要进行深入的研究，为建立与完善文化产业的政策支持体系提供理论依据。

（作者：中共山东省委党校马克思主义研究所所长、教授）

（选自《理论学刊》2011年第1期）

试论以“文化自觉”意识推动文化产业发展

范　周　储钰琦

在全球一体化迅速发展的今天，几乎所有国家和民族都将面临一个新的挑战，那就是竭尽全力地使自己的国民经济加入到全球经济的高速发展进程中；同时，使自己的本土文化融入到世界文化的进步发展潮流中。然而，随着全球文化产业的兴起和发展，各个国家似乎找到了实现经济与文化双重升级的聚合点，文化产业作为一种新的经济形态开始出现，这既是当今世界对文化特殊性的消费需求，也是所谓“全球本土化”战略的新的路径选择。

在文化产业化、商业化的发展背景下，我们似乎也听到了一些唤起本土民族文化和情感的疾呼，尽管这股力量的表现形式各有不同，但从本质上来说，它们都代表了一种寻找文化归属的渴望。这从另一侧面也凸显了世界文化发展的不平衡和不和谐，而产业的强大力量使得文化价值的渗透更加隐蔽，又将加速这种文化的不平衡和不和谐，使原有的文化生态被破坏。一方面，西方文化霸权主义的渗透和扩张对一些发展中国家或落后国家的民族文化发展构成了威胁；另一方面，一些发展中国家或落后国家的民族传统文化也面临着如何适应现代社会发展的问题。这两个问题归根结底是每个国家和民族都将面临一个“文化自觉”的问题，也就是如何认识、发展和传播本民族自身的文化，以及如何认识和处理本民族文化与其他文化之间的关系。

面对如此形势，我们在大力发展文化产业的同时，必须以一种开放的胸怀和平等的姿态参与到与其他文化的对话沟通中去，要以“文化自觉”意识发展文化产业，这是一种更高层次的文化产业发展观，同时也是文化产业未来发展的必然选择。

一、文化自觉：超越“文化回归”和“全盘西化”

我国著名的社会学家费孝通先生认为：“文化自觉是指生活在一定社会中的人对其文化有‘自知之明’，明白它的来历、形成过程，所具有的特色和它发展的趋向，不带任何‘文化回归’的意思，不是要‘复归’，同时，也不主张‘全盘西化’或‘全盘他化’，自知之明是为了加强文化转型的自主能力”。“各美其美，美人之美，美美与共，天下大同”这十六个字，是费孝通对于“文化自觉”理念的高度概括。

当今世界的文化格局是以西方文化为中心，这是毋庸置疑的事实，如今中国人的价值观念已经逐渐地西化也是不争的事实。以美国为例，美国文化实质上是一种外向型开放和内敛型吸收相结合的文化，也就是说美国往往把自己带有鲜明民族标志的文化元素输出和推广给其他国家，同时又将各民族优秀文化精髓经过美国式的咀嚼和改造后重新纳入美国文化的范畴。作为美国文化产业典型代表的好莱坞电影工业就是一个很好的载体，现在几乎全世界都变成了美国电影的市场。好莱坞电影工业一方面在票房收入上获得了巨大的成功，同时不断地吞噬着其他国家的本土电影工业，另一方面通过美国式的意识形态和文化价值观的传播深刻地影响着其他国家的文化认同和民族情感，这对于我们维护本国的传统民族文化，保持世界文化多样性提出了严峻的挑战。

随着科学技术的快速发展以及文化产品的大规模流通，强势文化的渗透已经越来越难于被察觉，这就急切需要我们建立起本民族的“文化自觉”。“文化自觉是一个艰巨的过程，只有在认识自己的文化，理解并接触到多种文化的基础上，才有条件在这个正在形成的多元文化的世界里确立自己的位置，然后经过自主的适应，和其他文化一起，取长补短，共同建立一个有共同认可的基本秩序和一套多种文化都能和平共处、各抒所长、联手发展的共处原则。”无可否认，现代西方文化体系之所以具有世界影响力和渗透力，原因在于它们不断地把“他者”包容进来，不断地让“他者”来挑战自己，从而在同“异”和“变”的缠斗中不断地把“同”和“不变”阐释或生产出来。这其实也就是不断地从差异当中寻求一种普遍的价值观念和准则。

因此，文化自觉首先要解决的是要准确认识自己本民族的文化。我们不可能绕过当代，躲过现代，更不可能摒弃传统。只有在与时代的正面碰撞中，我们才能更清楚地认识我们的文化传统，进而认同自己的文化，才有足够的自信和能力传播我们的民族文化，真正做到文化自觉。即使在全球化的客观进程中，我们也要通过具有本民族独特个性的文化产品，经过工业化生产的大规模复制，使我们的民族文化能以独特的身份融入到多元化的世界文化之中。

二、文化自觉在发展文化产业中的重要角色

文化自觉既是一种文化意识，又是一种文化价值观，更是一种文化实践论。从文化实践角度出发，文化自觉对于文化产业发展具有重要的理论价值和实践意义。

（一）反省和创造：文化自觉是一种主观意识，能够促进文化创新力的挖掘和培育

文化自觉是一个民族在文化上的觉悟和觉醒，它作为一种意识，强调主观能动性，它本身就具备极强的创造性和开拓性，包括对文化在历史发展中地位作用的深刻认识，对文化发展规律的正确把握，对发展文化历史责任的主动担当，对文化未来发展趋向的主观开拓。同时，文化自觉是一种内在的精神力量，是对文明进步的强烈向往和不懈追求，是推动文化繁荣发展的思想基础和先决条件。

每个国家和民族都有自己独特的文化，如果我们能进行文化自觉和自我反省，熟谙本土民族文化的历史、现状，了解其他民族文化的精华和糟粕，并分析出自身文化的优劣强弱所在，这样就能够理性把握自身文化未来的发展趋向。发展文化产业的核心之一是创造力，也就是将“无形”的民族文化进行创意化表现和展示。文化自觉所激发的创造力，催促着文化发展不断地开拓和更新，从而提高文化产品的附加值，促进文化产业发展理念、文化产业政策、文化产业体系的创新，便成为势所必然的事情。如果没有文化自觉，则文化创新就无从谈起，无从落实。

（二）借智和借力：文化自觉是一种理性思维，能够实现文化发展力的突破和跨越

文化自觉不是盲目的，它是一种理性的思考路径。文化的选择和建构必须建立在理性基础之上。在当代社会发展理想目标的确立和文

化建设中，人们如何正确地发挥自己的自由创造能力，选择创造一个更加美好、富裕、文明、人与人之间有更多的真诚与和谐的文化世界，有赖于各个民族的人们充分发扬自己的理性，正确合理地对待自己和认识自己，正确合理地看待世界和一切外来文化的成功经验，正确合理地处理自身与周围世界的关系。因而，我们应以开放的胸襟、兼容的态度和科学的精神对待外国文化，汲取人类创造的一切优秀文明成果。

发达国家文化产业的发展起步较早，积累了诸多的经验和教训。纵然各个国家的文化特性和发展路径存在差异，但我们要用理性的思维来看待。在发展文化产业的过程中，我们可以在一定程度和范围内借助外脑和外力，实施文化“引进来”战略，积极整合外部的有利资源，利用外力，借鸡下蛋、借船出海，如引进外资、嫁接新兴科学技术，吸引境外优秀人才等，助推我国文化产业的跨越式发展。

（三）参与和对话：文化自觉是一种互动交流，能够拓展文化传播力的深度和广度

我们应该清醒地认识到，在经济全球化的背景下，我们必须维护我国的文化传统、文化利益和文化安全，使博大精深的中华文化不在经济全球化中被“化”掉，保持民族文化的独立性，进而保持民族的独立性。为此，不能总是防御别人的文化渗透，中华文化应该满怀信心地“走出去”。具有全球意识的文化自觉，强调要重视不同国家或民族文化之间的交流、沟通和对话，反对文化霸权主义，主张多元文化的良性互动，这正是文化自觉在全球文化交往中的体现。只有实现民族文化与世界文化接轨，才能最终实现完全意义上的文化自觉。

近年来，为了与世界文化接轨，中国自觉参与经济全球化的进程，关注文化全球化的趋向。以前我国文化的对外交流往往只停留在政府层面的交流，而随着我国改革开放步伐的加快和社会主义市场经济体制的建立，特别是随着整个世界形势发生变化，我国文化“走出去”不能仅仅依靠政府层面的文化交流，它需要更多地利用市场化、产业化的运作，依托文化产品的大规模流通来推行。因而，我国文化“走出去”要坚持文化的交流和文化的贸易两个渠道并重的战略，实现文化产品的有效输出，借助文化产业的大发展，从更深层次，更大范围地传播中华文化。

（四）传承和弘扬：文化自觉是一种双重责任，能够保持文化凝聚力的持续和延伸

文化自觉肩负着对本土文化的传承和弘扬的双重责任。它不仅能够促进各个民族自觉反思和审视自身的文化，能够发现自身文化的优越性，从而能够对本民族的传统文化进行自觉的加以保护和传承。

当前，我国正处在经济转轨、社会转型的加速期，必须在坚持“以文化人”、“以文育人”的同时，更好地用文化丰富人们的精神世界，满足人们多层次的文化需求，营造良好的文化消费市场环境，增强民族文化凝聚力。这就需要我们充分挖掘中华传统文化的优秀资源，注重对民族文化的开发与挖掘，在保护和发扬基础上，创新性地提升中华传统文化的资源价值，增加文化产品的高附加值，尤其要注意加强对民族文化产品的知识产权的保护力度，增强人们对本民族文化产品的认同感，从而推动我国文化产业的发展。

三、以文化自觉推进文化产业发展的路径选择

党的十七大报告中曾指出：“中华民族伟大复兴必然伴随着中华文化繁荣兴盛。要充分发挥人民在文化建设中的主体作用，调动广大文化工作者的积极性，更加自觉、更加主动地推动文化大发展大繁荣，在中国特色社会主义的伟大实践中进行文化创造，让人民共享文化发

展成果。”从这一报告中可以看出，确立“文化自觉”意识是推动文化产业大发展的关键性所在。文化生产、文化产品和文化传播是文化产业发展的三个主要环节，要将“文化自觉”意识贯穿于这三个环节中。

（一）文化生产：挖掘传统文化的普世价值观

文化生产是文化产业的首要环节。如何清晰认识自身的文化资源、如何选择民族文化中的优势资源、如何挖掘具有生产价值的文化资源是这一环节需要考虑的三大问题。

每个民族或国家都拥有自身独特的文化特质，我们在理清、认识和盘活民族传统文化资源的同时，要特别考虑到传播民族文化的到达度和接受度。从历史经验和教训来看，往往具有普世价值观的文化资源更易于传播、流通以及被大众所接纳。顾名思义，普世价值必然是“普适”的，必须得到大多数人的广泛认同，才能因其共同利益一致或抽象理想的相似而达成共识。比如在国际人权公约、科技伦理规范、环境保护职责、反对战争契约、人类文化遗产保护、自然生态保持、真善美价值追求等等方面。

在全球经济一体化、政治国际化、世界文化多元化的趋势愈演愈烈的时代，各国各民族都试图从自身的文化体系中挖掘出能够纳入普世价值系统中的文化观念，以此传播和扩大本国本民族的文化影响力。西方国家也试图在寻找能够在世界范围内得到普遍认可的普世价值观念，如人权、平等、自由、博爱，这些观念虽是在西方文化系统中孕育，但却是人类的共同价值追求，它与东方文化系统中所宣扬的和谐、大同、中庸、仁爱等有共通之处。这种共同价值观是多元文化进行有效传播和广泛传达的根基，对文化生态平衡有重要意义。

毋庸置疑，任何一种文化的存在，总有普适性的成分。对于我国而言，中华民族几千年繁衍积累的文化复合体是以儒家文化为主导，是以和谐思想为核心的“和而不同”，宣扬和崇尚“和合”的世界观、人生观和宇宙观。在如今复杂的国际竞争形势下，“和谐”的文化价值理念能够发挥独特的协调、平衡和包容作用，能够唤起人们内心渴望世界和平与稳定的共鸣，而且对于不同国家文化之间的和谐发展将起到重要作用。从某种意义上来说，中华文化是一种普世的价值理念，走向世界也是一种自觉的走向。

全球化时代，文化产业日益占据重要战略地位，互联网技术使得文化冲破地域界限，文化市场日趋国际化，文化交流空前深入。借助产业力量，扩大文化传播力和影响力是各国各民族实施文化战略的必然选择。

因而，在文化生产这一关键环节，我们要努力挖掘传统文化的普世价值观，以一种更加开放和自信的心态，发挥以“和谐”为主要价值取向的传统文化的比较优势，发掘其中的普世价值，将这种价值观深植于文化内容和形式中，而内容的民族化与国际化是双向互动的，只有同时保持二者的张力，用现代意识来处理传统文化资源，才能增强中华文化对于世界文化的影响力和贡献力。

（二）文化产品：依托文化载体的创意化表达

文化产品是文化生产的最终呈现载体，文化产品的质量是文化产业的生命线。在具备一定的文化资源和文化内容的基础上，我们要用创造性的思维或方式去表达和表现。只有强调文化产品内容和形式的质量，才能真正提高我国民族文化在国际上的影响。

当前我国文化市场中，出现了一些低端或劣质的文化产品，他们只强调经济效益而忽略了社会效益，这对文化产业的发展将产生不利因素，对中华文化的准确传播将起到阻碍作用。具有比较优势的文化价值若没有富有创意的文化载体去表达，文化产品本身的文化附加值将难以凸显和传达。

然而，文化载体的创意化表达不是随意或即兴的一般创意，而在遵照一定产业规律和商业模式范式下的创造力的发挥，大致可包含三个方面的内容：一是创意化表达必定是一个创意集成的整体，除了文化产品本身内容与形式的创意，同时也包括其包装、宣传、营销等环节的创意，以及如何将这些环节进行无缝隙联结的方法；二是把创意转变为创意产品，将各个不同的创意整合集成为创意的产品，注重创意产品中的创意表达；三是实现创意以及创意产品的可持续性。文化创意产品的好坏，取决于其是否具有可持续性开发的潜力。要通过创意手段，发挥文化产品的品牌效应，打造其多元的文化产业链条，实现其可持续的产业开发。

因而，在对文化产品进行创意开发的同时，要时刻保持“自觉”、“主动”意识。文化自觉不仅是指挖掘文化本体内涵和外延的自觉意识，更是指开发文化产品的自觉行为。而随着现代科技手段的不断发展，文化与科技高度融合，这极大地增强了文化产品的原创力，为文化产品的创意化表达提供了技术支撑。以“文化为核心、创意为灵魂、科技为依托”，创建新型文化产业链条的发展模式，从根本上打破科技与文化壁垒，加大技术创新力度，抢占与文化紧密结合的技术制高点，扩大相关的文化内容和形式的生产，推动科技与文化产业相融合，努力培植开发新兴文化产业，生产出更多、更好的高附加值的文化产品。建立立体多元化的产业网络，创造中国文化产业向世界进军的新思路。

（三）文化传播：建立文化营销的国际化模式

文化传播是文化产业链条上的终端。任何优秀的文化产品如果不能利用现代传播手段和策略进行传达，我们的文化同样会失去竞争力。

我国是文化资源大国，如何成为国际文化强国尚有待时日。这其中亟须解决的一个重要问题就是如何形成我国文化产业发展的国际化语言。在大力发展文化产业的同时，文化产品与服务的国际贸易是实现中国文化走出去，破除或削弱“中国文化威胁”的论调，全方位展示真实的中国，让世界认识、接纳中国文化的关键性环节。

新的历史时期，在机遇与挑战并存的大背景下，我们更应清醒地分析文化产业发展的国内和国际形势，权衡利弊，助推中国文化产业进入国际化时代。一是要有全球化的市场理念。要善于运用国际惯例，借鉴国际化的文化营销模式，全力打造一批带有鲜明“中国烙印”的品牌文化产品，兼顾国内和国际两个文化消费市场，努力开拓文化产品和文化服务的出口渠道，主动参与国际竞争。二是采取国际化的文化产品传播方式，要形成长期有效的对外传播机制，加强文化产品的交流和传播，使国际社会更好地了解中国，使它的价值观念为更多的人所认同，从而营造对我国有利的国际舆论环境。三是利用大众传媒的传播手段，主动进行文化输出，以多种形式推广、介绍中华民族悠久的文化，展现优美、和谐的文化大国形象，让世界逐步了解和认同。对于占有一定市场的中国文化产业品牌，要借助品牌的延伸和法律保护，打造中国文化符号，进一步开拓国际市场，增强中华文化的话语权。

以“文化自觉”意识发展文化产业，加强文化自主能力，才能在世界文化的大舞台上掌控文化交流的话语权，保持我国民族的文化定力，从文化自觉到文化自信，真正实现我国文化产业的大发展大繁荣。

（作者：中国传媒大学文化产业研究院院长、教授）

（选自《福建论坛·人文社会科学版》2011年第4期）

我国文化产业的生存状态和成长潜力

段升森　张玉明

一、对文化产业理论的简要回顾与评论

法兰克福学派开创了文化产业研究的先河，而在其内部一开始便已经有了“文化产业可行性”之争。霍克海姆和阿多诺认为文化工业丧失了艺术本质，消解了人的个性，限制了文化的批判精神，成为国家进行意识形态控制的工具；不同的声音来自于同样归属于法兰克福学派的本雅明，他对文化工业持肯定态度，认为复制技术使“艺术品从少数人垄断和欣赏中解放出来，为大多数人所共享，给文化带来了新的发展空间”。伯明翰学派则更加辩证地看待文化产业，倾向于支持发展文化产业。布迪厄在20世纪末提出文化资本理论，认为文化资本以显性和隐性两种方式向经济资本和社会资本转变，戴维·思罗斯比将文化资本视为与物质资本、人力资本和自然资本并列的第四种资本。可见，由法兰克福学派对大众文化的激烈批判，到伯明翰学派的宽容，再到后来对文化产业的理解和认同，态度日趋温和，但质疑的声音却从未停止过。

时至今日，理论界“文化产业可行性”之争仍未停止，但从发展实践来看，20世纪90年代以来，资本的全球化和高科技的发展为文化产业提供了资本运营和技术基础，文化产业获得了迅猛发展，其社会功能和经济功能日益凸显，已经成为当今世界衡量一个国家软实力的重要指标之一。不争的事实使得文化产业理论的批判主义者们搁置了争议，将研究的重心转移到了文化产品的研发、生产、销售、管理、与宏观经济的关系和文化产业发展战略等方面。然而，在这些研究当中，一个值得关注的议题悄然出现并逐渐成为现代文化产业理论关注的焦点：文化产品承载的历史责任应该是什么？围绕这一问题而进行的争论本文将其称为“文化产品定位之争”。多数研究接纳文化产品的经济价值，认为文化资本是决定长期经济增长与衰退的关键性因素和经济增长的最终解释变量之一，一方面体现了人类行为的本质特征和决定人类选择的基本依据，另一方面又潜在地制约和影响着制度安排、技术进步及物质利用。另一部分学者的研究关注文化产品的文化价值，认为文化产品首先是一种符号或者信息，其次才是商品的属性，而文化产品基本的经济价值来源于其文化价值，文化产品应该是民族文化精神的载体和传承者。更为综合和主流的观点认为发展文化产业的主要诉求是更好

地满足人们不断增长的文化需要，更好地塑造国家文化形象，不断提高民族国家在国际竞争中的文化软实力，简单地说，就是文化事业和文化产业共同发展共同进步。然而与良好愿景相悖，由于文化不断被物化，使文化由“上层建筑”下沉为“物质基础”，始于20世纪60年代西方青年运动中的“反文化性”趋向死灰复燃。柏定国指出我国文化产业具有“反文化”特征，文化传播日益明显的产业化和商业化趋向让社会文化逐渐失去应有的公共精神，文化因为或垃圾化、或快餐化、或低俗化走向“反文化性”一面。

综上所述，尽管关于文化产业的理论演进和实践发展仍然存在着“文化产业可行性”和“文化产品定位”等争论，但文化产业的发展能够促进经济增长、提高国家的软实力和综合国力却是不争的事实。努力培育和发展文化产业具有重要的现实意义，尤其对我国而言，大力发展文化产业是实现产业结构升级、实现跨越式发展和提高经济实力的重要途径，事关经济发展、民族文化的弘扬以及在国际社会的地位，已成为当务之急。另一方面，文化产业的理论演进和实践发展中的上述争论也并非相互对立、不可调和。由否定和批判到肯定和包容是东西方文化产业理论的研究趋势，也是文化产业理论演进和实践发展相统一的表现。正如我国学者王广振和曹晋章所指出，“文化性”的目的在于满足个人和社会的文化需求，“产业化”关注的是生产效率、成本控制、市场竞争以及攫取利润等等，表面上二者毫不相干、甚至互相冲突。实质上，文化性是文化产业的目的和本质，产业化是文化产业的手段和工具，二者处于文化产业的不同层面，所以不会产生根本矛盾和冲突，而且在实践中文化性与产业化二者是可以相互促进的，文化性的改善可以吸引更多的消费者、扩大市场规模，从而促进产业化目的的实现；基于现代市场体系、高度专业分工和快速技术革新的产业化是一种高效的手段，可以极大地提高文化产品的生产和传播效率。

二、我国文化产业的生存状态和发展潜力评价

改革开放以来，我国文化产业步入快速发展期，成为推动经济结构调整、转变经济发展方式的重要着力点和推动文化大繁荣的引擎。这种快速发展的局面，首先得益于一系列相关法律法规的出台，文化产业政策体系日益完善，发展文化产业的外部环境越来越好，为文化产业的发展奠定了良好的法制环境。其次在于我国文化产业发展本身具有的比较优势，对比世界各国文化产业的生存状态，我国文化产业的发展有着得天独厚的优势和条件，有丰富的文化资源、悠久的文化传统和庞大的文化消费市场。但我国的文化产业起步较晚，发展水平还不高，活力还不强，知名品牌还不多，尚有许多可供发掘的业态空间期待人们去拓展。要使我国文化产业发展与人民日益增长的精神文化需求相适应，与日趋完善的社会主义市场经济体制相适应，与我国对外开放不断扩大的新形势相适应，让文化产业在调整结构、扩大内需、增加就业、推动发展中作出更大的贡献，就需要总体把握我国文化产业的生存状态和成长潜力，从而科学合理地设计政策和优化发展环境，解决文化产业发展过程中存在的问题。鉴于此，本文基于上市公司行业数据，从行业比较的视角对我国文化产业的生存状态和成长潜力进行了评价，评价结果如表1所示。

表 1 我国文化产业生存状态与成长潜力的行业比较

所属行业	生存质量	生存年限	成长阶段	生存状态	销售增长率	总资产增长率	技术水平	行业类型	成长潜力
文化产业	30.40	76.19	40.80	52.43	23.02	17.14	31.20	55.38	34.05
制造业	27.59	75.37	41.30	51.49	17.53	11.27	34.73	50.32	33.94
农林牧渔	27.5	75.71	43.21	52.53	22.74	13.85	38.57	47.14	36.34
水电煤气	29.02	80.00	45.00	54.45	22.84	13.11	30.00	46.67	31.11
建筑业	32.05	80.00	41.15	52.82	23.31	15.85	30.00	47.69	31.64
批发零售	31.57	80.00	41.88	52.99	23.27	14.93	30.00	43.75	30.72
房地产业	26.99	80.00	41.43	53.34	32.04	13.97	30.00	40.00	30.73
社会服务	28.36	80.00	39.32	52.04	25.38	17.29	30.00	50.00	32.47

由于文化产业下细分行业的名称并不统一，它所包含的各细分行业都分散在各个相应的产业部类中，本文直接采用中国证券监督管理委员会于 2001 年颁布的《上市公司行业分类指引》作为行业分类的标准。为便于比较分析，除制造业外，在类别的细化程度上均仅取到门类；限于行业内上市公司样本数量，没有考虑金融保险行业；在其中选择能够被明确划分到文化产业的文化传播、电子和信息技术行业归为一类。经过上述处理，共得到 11 个行业（限于篇幅，表 1 中并未全部列出所有行业的评价结果）。本文设定的时间窗口是 2008 到 2010 年，因此有意义的样本应在 2008 年之前上市。经过统计，共有 810 家上市公司进入本文的应用范围，其中文化产业上市公司共 248 家（剔除 ST、*ST 上市公司），包括传播文化行业 19 家，电子行业 101 家，信息技术行业 128 家；非文化产业上市公司共 562 家。在评价指标的选取和度量方面，生存年限用来衡量文化产业成长过程中所处的位置和基本状态。在具体测量时，首先，用是否发生过亏损作为衡量标准，若净利润在三年内任一年出现负值，则认为发生过亏损，赋值 0.2；若净利润未出现过负值，则赋值为 0.8。其次，依据产业生命周期理论，处于不同成长阶段的产业具有不同的成长性，表现出不同的生存特征，从而也将成长阶段作为测度文化产业生存状态的一个重要指标。采用近三年投资活动产生现金流量净额之和与近三年筹资产生现金流量净额之和来测量，如果投资为正，筹资为负，为成熟期，赋值 0.35；投资为负，筹资为正，为成长期，赋值 0.65。此外，本文还选择了费用净利比衡量生存质量作为第三个评价文化产业生存状态的指标，一定的费用支出是为了更多的经营效益，同时也能反映环境的支付成本，如果一段时期内的费用支出超过了收益，则在一定程度上可以说明生存状态较差，反之则可能生存状态较好，由于是逆向指标，在具体衡量时将其进行了正向处理。对文化产业成长潜力的衡量采用了销售收入增长率、总资产增长率、技术水平、行业特征等四个指标。销售收入增长率用来反映公司的市场占有能力以及市场拓展能力；总资产增长率用来反映公司当期的发展状况，一般发展良好的公司资产是稳步增长的；技术水平用来反映公司所具备的在未来开发先进技术、先进产品等的能力；行业类型主要是反映公司所属行业的整体状况和发展前景。上述任意指标隶属的行业数据是由行业内上市公司对应数据的平均值。

从表 1 中可以看出：第一，我国文化产

业的生存状态并不优越。一方面文化产业上市公司成长年限较短，生命周期仍处于早期成长阶段，另一方面我国文化产业内部存在结构性差异，由于具有较高的生存质量和所在成长阶段的独特优越性，信息技术行业的生存状态最好，而传播文化行业由于处于弱势成长阶段，导致行业内企业生存年限低下，死亡率高，电子行业各指标均处于中间位置。第二，我国文化产业具有较高的成长潜力和发展空间。三个细分行业当中，信息技术行业和电子行业属于高新技术产业，受到国家政策支持和倾斜；文化传播和信息技术行业总资产增长率排在各行业的前列，文化传播行业的销售增长率也较高；就技术水平而言，信息技术和电子行业处于中间位置，但文化传播行业技术创新能力较低，故整体而言，我国文化产业的技术创新能力有待提高。

三、我国文化产业发展的主要影响因素

我国文化产业在取得巨大发展的同时，也面临着严峻挑战。影响我国文化产业发展的因素是多方面的，既有人才资源和技术创新能力等我国多数行业发展的普遍面对的影响因素，又有观念传统、法律环境等因行业不同而产生的特殊影响因素。然而，上述影响因素虽然被学者们反复提及，但鲜有研究对其进行实证检验。为揭示我国文化产业发展的症结所在，从而有针对性地提出可行且操作性强的文化产业发展建议，以下将对影响我国文化产业的主要因素进行实证检验。限于数据的可得性，本文只研究人才资源、技术创新能力和融资能力三个对行业发展而言影响较大的因素，检验其是否对我国文化产业的发展产生显著影响。

鉴于文化产业的细分行业较多，既有信息技术和电子等涉及制造、设计等员工的行业，又有以同类型员工为主的传播文化行业，本文在此遵循广义的人才概念，用各行业的员工规模 (PeopSize) 来表示人才资源的大小。高新技术贯穿了文化产业的整个价值链条，同时为文化资源的充分开发利用和产业链条的延伸带来了更大的空间，科技创新是促进文化产业链升级的关键因素。一方面信息知识和科技创新的不断扩散以及应用速度和强度的不断增加，使科技增长周期不断缩短，进而使文化产业更新周期相应缩短，提高了生产效率；另一方面，科技的高速发展和数字技术的不断升级，使文化产业向高技术、高集约化演化，促进文化产业结构的升级换代，延伸了文化产业链，使文化产业向新业态、高层次发展，不断创造出新的增长极。此外文化产业与周边环境、制度环境相互协同，形成了科技创新与文化产业发展的良性循环，成为文化产业链升级和科技创新的动力。本文用 R&D 资金投入总额 (R&D)、技术人员比重 (TechRatio) 和专利数量 (Patent) 三个指标衡量技术创新能力。资金是企业的“血液”，资本资源是一种稀缺性资源，企业能否分享这一稀缺资源及分享多少取决于企业的融资能力。文化产业的发展需要资本运作的支撑；文化产业引入资本元素可以确保长远投入、融聚产业资源、推动产业升级与融合、形成人才优势。本文用投入资本回报率 (ROC)、银行借款比例 (BankRatio) 来衡量融资能力的大小。此外，为了便于比较分析，本文设定了行业类型控制变量，文化产业 (Culture) 作为主体类别，制造业 (Manufacturing) 和其他行业 (Others) 作为对比变量。本文选用多元线性回归模型来分析以上变量对我国文化产业生存状态 (State) 和成长潜力 (Potential) 的影响，使用的仍然是评价我国文化产业生存状态和成长潜力的行业上市公司数据，上述所用变量的取值均是 2008—2010 近三年上市公司数据的行业均值。回归结果如表 2 所示。

表 2　我国文化产业发展的影响因素模型

	生存状态			成长潜力		
	M1	M2	M3	M1	M2	M3
Constant	0.124 ***	0.214 ***	0.212 ***	0.221 ***	0.249 ***	0.341 ***
人才资源变量						
PeopSize	0.049 **	0.066 **	0.051 **	0.073 **	0.070 **	0.068 **
技术创新能力变量						
R&D	0.039 **	0.043 **	0.045 **	0.128 ***	0.132 ***	-0.003
TechRatio	0.006	0.061 **	0.005	0.088 **	0.114 ***	0.067 **
Patent	0.116 ***	0.096 **	0.035 **	0.003	0.010 *	0.011 *
融资能力变量						
ROC	0.121 ***	0.043 **	0.050 **	0.099 **	0.102 ***	0.074 **
BankRatio	0.015 **	0.007 *	0.008 **	0.139 ***	0.170 ***	0.148 ***
行业控制变量						
Culture	已控制			已控制		
Manufacturing		已控制			已控制	
Others			已控制			已控制
R^2	0.569	0.694	0.697	0.665	0.684	0.619
F	43.682 ***	34.604 ***	26.301 ***	42.489 ***	39.033 ***	30.123 ***

注：$State/Potential=C+a_1PeopSize+a_2R\&D+a_3TechRatio+a_4Patent+a_5ROC+a_6BankRatio+a_7Culture+e(M1)$；$State/Potential=C+a_1PeopSize+a_2R\&D+a_3TechRatio+a_4Patent+a_5ROC+a_6BankRatio+a_7Manufacturing+e(M2)$；$State/Poten-tial=C+a_1\ PeopSize+a_2R\&D+a_3TechRatio+a_4Patent+a_5ROC+a_6BankRatio+a_7Others+e(M3)$。代表 $P<0.05$；代表 $P<0.01$；代表 $P<0.001$。表中数据为标准回归系数。

从表 2 可以看出，各模型的拟合优度 R^2 均在 0.5 以上，且 F 统计量的检验值在 25 以上，表明各回归模型蕴含的线性相关关系均成立。从模型 M1 可以看出：除技术人员比重对生存状态的回归系数未通过显著性检验外，其他变量的回归系数大于 0 且均小于 0.05，表明人才资源、融资能力和技术创新能力的 R&D 资金投入总额和专利数量维度与文化产业的生存状态之间存在显著的正相关系数，且从标准回归系数的大小来看，投入资本回报率、专利数量和员工规模对我国文化产业生存状态的影响力较大；除专利数量对成长潜力的回归系数未通过显著性检验外，其他变量的回归系数均大于 0 且小于 0.05，表明人才资源、融资能力和技术创新能力的 R&D 资金投入总额和技术人员比重与文化产业的成长潜力之间存在显著的正相关系数，且从标准回归系数的大小来看，银行借款比例、R&D 资金投入总额和投入资本回报率对我国文化产业成长潜力的影响力较大。从模型 M2 和 M3 来看：除技术人员比重对文化产业和制造业以外的其他行业的生存状态的回归系数不显著外，其余自变量均对生存状态因变量的回归系数的显著性水平均小于 0.05，这表明人才资源、技术创新能力和融资能力与制造业和其他行业的生存状态之间也存在显著的正相关关系；除 R&D 资金投入总额对文化产业和制造业以外的其他行业的成长潜力的回归系数不显著外，其余自变量均对成长潜力状态因变量的回归系数的显著性水平均小于 0.05，这表明人才资源、技术创新能力和融资能力与制造业和其他行业的成长潜力之间也存在显著的正相关关系。从模型 M1 与模型 M2 和 M3 的比较来看：员工规模与文化产业、制造业以及其他行业的生存状态和成长潜力均显著正相关，且与制造业和其他行业相比，员工规模对文化产业生存状态的影响相对较小，而对文化产业成长潜力的影响相对较大；R&D资金投入总额对文化产业和制造业的生存状态与成长潜力均存在显著影响，且这种影响在两行业之间并不存在显著差异；技术人员比重对文化产业和其他行业的生存状态不具有显著影响，但对各行业的成长潜力均具有显著影响，其中对制造业成长潜力的影响最大；与制造业和其他行业相比，专利数量和银行借款比例对文化产业生存状态的影响较大，但对文化产业的成长潜力不具有显著影响；与制造业和其他行业相比，投入资本回报率对文化产业的成长状态影响较大，但对制造业的成长潜力影响最大。

四、结论与建议

在梳理文化产业发展理论和揭示我国文化产业发展状况的基础上，本文基于2008年到2010年上市公司行业数据，从行业的视角对比分析了我国文化产业的生存状态和发展潜力，并运用多元回归模型实证检验了我国文化产业发展的主要影响因素。所得的结论主要包括：第一，文化产业内部各行业的生存状态差异较大。由于具有较高的生存质量和所在成长阶段的独特优越性，信息技术行业的生存状态最好；而传播文化行业由于行业处于弱势成长阶段，导致行业内企业生存年限低下，死亡率极高，生存状态较差；电子行业的生存状态处于中间位置。第二，文化产业内部各行业成长潜力相近且排名较为靠前，表明我国文化产业具有良好的成长潜力和发展空间，但整体而言我国文化产业的技术创新能力有待提高。第三，本文的实证研究结果验证了前人的定性结论，人才资源、技术创新能力和融资能力是影响我国文化产业发展的主要因素，但行业比较得出许多新的结论。

本文的研究结论具有直接的政策含义。我国文化产业具有良好的成长潜力，但内部各行业的生存状态差异较大，这就需要相关政府部门制定区别性的政策和法规来优化文化产业发展的外部环境，降低文化企业的死亡率，从而整体上提升我国文化产业的发展实力。首先，要拓宽文化市场投资融资渠道，提升文化产业的融资能力，拓宽文化市场投融资渠道，建立多方投融资机制，是文化产业快速发展的基础，要及时制定适应当前文化产业发展的政策，为民营资本、外资等社会其他资本进入文化产业领域扫清障碍，逐步形成适应市场经济要求的筹资机制和多途径、多形式的投入机制。其次，要加大对文化产业技术创新的支持力度，增加R&D投入，促进新专利新产品的问世，使丰富的资源得以充分利用。转变、创新观念，树立全新的文化产业意识，是发展文化产业、提高文化竞争力的前提。我国文化产业要想在起步落后的状况下，与发达国家在同一个平台上竞争，必须以超常规、跳跃式的发展思路向世界展示"中国创造"的无限魅力。第三，要健全人才培养机制，提高文化产业创意人才的专业素质。强有力的人才队伍是发展文化产业必要的前提。随着文化产业越来越成为高新技术与高知识含量密切关联的领域，对专门人才的知识与能力结构要求越来越高。当然，限于数据获取的难度和篇幅所限，本文并未对法律环境、区域资源等其他影响我国文化产业发展的因素进行实证检验，这将是本文以后的研究选择之一，但毋庸置疑的是，完善文化产业政策法规体系，发挥区域文化资源优势，培育特色文化产业等举措对我国文化产业的发展具有重要意义。

（作者单位：山东大学管理学院）

（选自《东岳论丛》2011年第9期）

文化产业法律制度的困惑与思考

张 军

一、直击现实：文化产业政策与制度的考察

在传统的法律分类中，文化法并不是一个独立的法律部门，我们所说的文化法是以宪法为核心，横跨行政法、民法、经济法等多部门多层次调整文化关系法律规范的总称。改革开放以来，我国的文化产业政策大致可分为以下两个重要发展阶段。

（一）文化产业的起步与自觉发展阶段

改革开放初期，文化还没有赋予“产业”地位，国家政策基调还基本以管制为主。直到1982年，国务院颁布了《广告管理暂行条例》，以法规的形式开始对文化相关的行业进行管理。1985年，国务院转发国家统计局《关于建立第三产业统计的报告》，把文化艺术作为第三产业的一个组成部分列入国民生产统计的项目中，正式确认了文化艺术可能具有的产业性质。1988年，文化部、国家工商局联合发布了《关于加强文化市场管理工作的通知》，不仅在政府文件中首次出现了文化市场的字眼，而且对众说纷纭的文化市场的范围和任务等做了界定，从而结束了文化市场管理无法可循的局面。在此之后，1991年，国务院批转《文化部关于文化事业若干经济政策意见的报告》，又正式提出了文化经济的概念。这一系列政策的出台，促使了在党的十四大报告中明确提出要完善文化经济政策的建议。同年，《中共中央国务院关于加快发展第三产业的决定》把“文化卫生事业”当作了加快第三产业发展的重点的决策。同年出版的国务院办公厅综合司编著的《重大战略决策——加快发展第三产业》一书，明确起用了“文化产业”的说法，这是我国政府第一次使用“文化产业”这个名词。随着国务院《关于进一步完善文化经济政策的若干规定》的发布，一整套全面的文化经济政策被提出。以国有大型文化单位改革为标志的文化产业化趋势席卷了整个文化领域，不仅一批国有大型文化单位进行了改革和转型，而且非公有经济也纷纷进入了文化领域。1998年文化部文化产业司的设立更是标志着我国政府正式将文化产业纳入政府工作体系。2000年国务院又颁布了《关于支持文化事业发展若干经济政策的通知》，比较系统地制定了鼓励我国文化产业发展的财政、税收和金融政策。

（二）文化产业的政策全面发展阶段

我国正式加入世贸组织之后，国际文化竞争日益加剧，文化产业的战略地位随之得以真正确立。尤其是党的十六大的召开，标志着我

国文化产业进入全面启动、快速发展阶段。国家集中出台了加快文化体制改革和鼓励各种经济成分共同发展文化产业的政策。在这一阶段，根据新的社会实际，新政策的提出主要集中在四个方面，一是规范新兴文化产业；二是完善了旨在鼓励非公有制资本参与文化产业发展的产业准入政策；三是管理文化产品和服务进出口；四是支持文化单位改制，为文化单位改制提供了政策支持。十六大报告明确了文化产业发展方向，明确提出了“积极发展文化事业和文化产业”，“完善文化产业政策，支持文化产业发展，增强我国文化产业的整体实力和竞争力”的正确决策，把文化产业发展定性为“繁荣社会主义文化、满足人民群众精神文化需求的重要途径”。这是我党在文化产业上的重大理论突破和重大理论创新，不仅区分了“文化产业”与“文化事业”，而且将发展文化产业作为党和政府的重要任务，并被确立为一项重要国策。十六届三中全会通过了《中共中央关于完善社会主义市场经济体制若干问题的决定》进一步确认了文化产业的战略地位，国家开始将文化产业列入国民经济的重要产业，纳入国民经济发展总体规划。党的十七大又提出了重大文化产业项目带动战略，加快文化产业基地和区域性特色文化产业群建设等建议。

二、抚心自问：我国文化产业立法的反思

我国文化产业的法律与制度的建设与文化产业的发展不相适应，主要问题体现在以下几个方面。

（一）法律体系不健全，许多法律法规缺乏可操作性

我国的文化产业立法还处于初级阶段，目前多是通过行政法规、规章及政策来调整，缺少高层次的立法。关于这方面的法律尚未成为一个独立的法律部门，更没有像《刑法》、《民法通则》这统一的法典作为发展文化产业的基本法，对于这方面的规定大多零散分布于各个不同的部门法或行政法规中，相互之间显得相对独立，难以相互补充，相互支持形成一个统一的法律体系。而且在发展文化产业中必不可少的法律还处于空白，如《新闻出版法》、《文艺演出法》、《广播电影电视法》、《网络法》以及专门的《文化产业法》、《文化市场管理法》等有待建立。对文化产业的管理还习惯于传统的计划管理，造成有些法律法规已明显与现实脱节，有些法律带有过渡性，无法应对文化产业迅速发展出现的新问题。一些法律法规定义不明确，规定过于概括，操作起来灵活性太强。

（二）法律法规缺少系统性、同一性

由于没有统一的法典对有关文化产业的问题进行统一规定，很多不同的法律、法规都可以对同一个问题进行规定。由于不同法律、法规的制定者所考虑的侧重点，所维护的利益或立法能力等因素的不同，导致不同的规定对同一个问题的规定会有所不同，甚至不少地方法规和国家法律相矛盾，各规定之间缺少系统性和同一性，不能相互衔接和配合。加之我国文化产业管制部门众多，实行多头管理，在管理职责分工又不够明确、清晰。导致各个主管部门对某些问题各自有不同的规定，相互之间纠缠不清，而对于某些问题又相互推托，相互之间踢皮球，不愿管理，造成无人管理的混乱状况。这都使得文化产业方面的制度变得更加的混乱和复杂。给执法或司法都带来了一定程度上的混乱或困难。

（三）投资、税收、文化市场管理体系不完善

目前我国投资法律保障机制不完善，文化产业投资单一，渠道不畅通，投资方式也不尽合理，民间资本和外来资本所关注的法律地位、权益保护、退出机制等核心问题都还没有得到

很好的解决。虽然整体上对文化产业实行了优惠税率，但是文化产业中各行业的税负依然比较重，高税赋严重阻碍了投资者对文化行业投资的积极性。文化产业的各种管理关系尚未制度化和规范化，执法上一些运动式的临时突击做法亟待改变，文化市场管理体系的混乱，一方面导致了已颁布的法律和制度难以得到真正的贯彻执行，造成法律和制度被架空，不能运用到解决实际问题上；另一方面，也不利于旧法律和制度的更新和完善，新法律和制度的制定。由此形成一个恶性循环，阻碍文化产业进一步的发展。

三、他山之石：外国文化产业法律制度的借鉴

（一）美国：法律，媒体，企业三位一体的自由主义文化政策

美国的自由主义文化政策，即让文化产业在自由的市场经济下发展，不设立文化管理机构，不对文化进行特殊的规划和保护，而是在市场竞争的机制下，依靠商业运作，让最好的文化产品流行于市场，为媒体等社会潮流的引领者认知和接受，继而影响大多数民众。当然，政府对这种市场竞争模式也要加以必要的限制和约束。例如，要求文化观念的自由表述不能侵害种族、宗教等社会结构，或引发社会动乱。政府在文化产业的管理方面主要是宏观的通过法律和政策来进行，而更多的对文化产业的监控则由美国媒体来完成，近年来，一直是美国媒体而不是政府，在有效地监督、制衡一些大企业不顾社会责任而过度追求利润的行为。而对于美国媒体，美国社会主要靠各类法律法规对其进行监督和管理。在主张自由主义文化政策的同时，美国政府也十分重视文化立法，尤其是知识产权方面的法律法规的建设，美国是世界上较早实行知识产权保护制度的国家之一。1790 年美国就颁布实施了第一部《版权法》。在不断发展和进步的科学技术背景下，文化产业中围绕版权方面也不断地出现新的法律空白，为了适应时代发展的需要，美国先后出台了一系列重要的法律、法规，作为版权法的补充，形成了全球保护范围最广、规定最为详细的法律系统。

（二）日本：官民结合，突出中介组织的管理作用

日本文化产业发展的一个重要特征便是官民结合、互相协作。日本文化产业的发展不是单方面依靠政府，而是在政府的指导和民间的协调下发展起来的。例如，在动画片产业方面，日本政府把动画片当作一项重要的出口产品，同时更把它作为一种独立的文化形式来培养。2002 年 5 月，由经济产业省作为后援，自发组织“日本动画制作者联盟”获得法人资格，后又更名为“日本动画协会”，有 27 家公司加盟。日本动画协会有助于从整体上把握统计信息，了解动画产业的概况，成为推动日本动画文化发展的重要力量。多年的经营已经使日本动画文化深入人心，动画俱乐部随处可见。不仅如此，在法律法规制定的过程中，日本的一些经济组织和社会团体，如经团联、日本动画协会等也会根据各业界的意见对文化产业政策提出建议。日本文化行业协会很多，几乎每个行当都有自律性的组织或机构。这些行业协会都是社团法人，负责制定行业规则，维护会员的合法权益，同时进行行业统计。日本文化行业协会的作用十分突出，被看作是政府职能的延伸。日本文化产品的审查，通常不是由政府直接负责，而是由行业协会把关。通过行业协会内部章程和规则对文化产业进行调控和把关，不仅节省了政府的开支还提高了效率和企业自身的自律性和责任感。

（三）加拿大：分级管理，强调立法

在文化管理方面，加拿大实行分级管理

制。具体来说，其文化产业管理大致可分为四级：第一级为联邦内阁和议会，第二级为联邦政府机构（包括遗产部、外交部）和各省政府内设的文化部，第三级为由遗产部协调的一系列分管各文化领域的联邦政策文化机构，第四级是各类文化艺术事业的基本经营单位。加拿大文化管理的分权制主要表现在以下几个方面：各省政府对联邦政府相对独立，对文化事务的管理拥有自主权，主管文化艺术及文化市场的遗产部对各省文化部，既无业务领导关系，也无行政领导关系，只在其内部设“联邦和省政府关系局”，负责与各省就文化事务进行联络、协调和沟通；各联邦政府文化机构，名义上归遗产部协调，实际上具有相当的独立性。这种层层分权、依靠政策调节的管理方式，能充分调动各级管理部门的积极性，促进多元文化的发展，有利于文化市场的繁荣。加拿大尤其强调法律的建设和调控作用。在文化领域不同的方面，政府均制定有相关的法律。如《国家图书馆法》（1953年）、《国家艺术中心法》（1966年）、《电影发展公司法》（1967年）、《加拿大多元文化法》（1985年）等。这些法规自颁布至今并无大的变更。有些则随着社会的发展在不断地完善，如《版权法》最初实施于1924年，直至1993年才进行修改。加拿大文化产业方面的法律依照所调整领域的不同，分门别类，十分的细致和具体，为各级政府和主管部门管理文化产业提供了切实可行的法律依据。

（四）韩国：政府主导与产业政策相互促进

韩国是世界上最早制定文化产业促进法的国家。早在1998年，韩国就正式提出了“文化立国”方针。第二年便制定了有关文化产业的综合性法规《文化产业振兴基本法》，明确了文化产业的定义，提出振兴文化产业的基本方针政策。“此后，韩国先后制定《文化产业发展5年计划》、《文化产业前景21条》和《文化产业发展推进计划》，明确文化产业的发展战略和中长期发展计划。与此同时，韩国有关部门陆续对《影像振兴基本法》、《著作权法》、《电影振兴法》、《演出法》、《广播法》等做了部分或全面修订，为文化产业的发展提供了法律法规保障。”此外，在改革原有文化产业相关部门建设的同时，又新建了一些机构组织，1994年文化观光部首次设立的“文化产业局”作为主管文化产业的政府职能部门，其重要职能主要有主导国家有关文化产业相关法律法规与宏观调控政策的制定、跨部门协调等。在此之后，先后成立了文化产业振兴院，广播影像振兴院等5个部门。2002年，又将这5个部门联合组建为“文化产业支援机构协议会”将原来分散组织的活动“大型化”、“集中化”、提高了工作的整体效果。除了法律的保障和机构组织的指导外，韩国还设立了“文化产业基金”，为新创办的文化企业提供贷款。近年来，韩国文化事业的财政预算还在不断增加，并且积极鼓励社会各界向文化产业进行投资和融资，为韩国文化产业的进一步扩大和发展提供了资金的保障。为了保障文化产业健康快速的发展，政府在各个方面都制定了大量促进产业发展的文化法规和政策，如注重培养文化产业复合型人才的人才培养机制，通过加强艺术科学的实用性教育，扩大文化产业与纯艺术人员之间的交流合作，构建“文化艺术和文化产业双赢”的人才培养机制，为文化产业的良性循环发展提供源源不断的专业人才和智力的支持。除此之外，有效的奖励机制也是促进韩国文化产业大发展的推动力量之一，韩国在文化产业的相关领域基本上都建立了一套奖励措施，大张旗鼓的对优秀产品和生产制作单位予以重奖，刺激了韩国民众进行文化产业生产的积极性，促进了韩国相关产业的提升。

四、展望未来：我国文化产业制度建设和立法的构建

（一）制定文化产业发展的基本法，加快文化产业立法体系的构建

作为文化产业发展的法律基础和依据的基本法是文化产业良好发展的必备条件之一。从世界各国文化产业发展的过程和经验来看，基本法无一例外都起到了很重要的指导作用，使各国调控文化产业的手段逐渐完善，文化市场体系更加完备和成熟。如韩国1998年正式提出“文化立国”战略后颁布的《国民政府的新文化政策》、《文化产业推进计划》。日本《振兴文化艺术基本法》和《有关振兴文化艺术的基本方针》。这些法律的出台，不仅明确了该国文化产业发展的基本方向和策略，更重要的是规定了管理，调控文化产业发展的基本手段和方法，为该国文化产业的发展起到了巨大的推动作用。除此之外，我们要明确，文化产业立法体系的组成绝不仅是基本法就可以构成的。因此，在颁布基本法的基础上，我们也要注重其他法律，法规和制度的建设。从法律内容上，应包括文化市场主体法、文化市场行为法和文化市场管理法。

（二）现阶段注重梳理相关法律法规，使其系统化和统一化

针对现阶段我国有关文化产业的法律法规和制度繁多，相互间缺少协调性，部分地方法规甚至和国家法律相违背的情况。在基本法尚未出台，文化产业立法体系尚未建立的情况下，现阶段在加快基本法制定的同时，也要对现有的相关法律法规和制度进行系统的梳理，对相互矛盾、条款不明确、缺乏操作性、违背有关国际规则的法律法规，应采用“立、改、废”的措施，使之系统化和统一化。

（三）进一步完善投资、税收政策，促进文化产业发展

在投资方面，政府应加大投资力度，并实现投资主体的多元性。如，美国文化艺术团体得到的社会资助主要来自于公司基金会和个人捐助等，其数额远远高于各级政府的资助。各文化产业集团已形成比较完善的融资体制，文化产业集团与金融集团间互相参股控股，二者间建立了稳定的伙伴关系。在税收方面，有些国家对经济领域和文化领域采取差异甚大的税率，如，法国的企业要交18.6%的增值税，而对报纸、期刊、图书分别只征收2%、4%、5.5%，以扶持书报刊的出版发行；有些国家在文化领域实行差别税率，如，英国给予一些大学出版社以“慈善机构”的地位，牛津大学出版社和剑桥大学出版社等就全部免税，这一措施旨在资助学术著作的出版。上述措施均把政策寓于税收之中，使税收较好地发挥了调控文化发展的杠杆作用。与此同时，加强对文化产业投资制度的立法保障，通过立法对文化产业予以税收优惠，使投资者能通过对文化产业的投资尽可能降低投资成本与风险，创造尽可能多的投资效益。由此调动整个社会对文化产业投资的信心和积极性，促进文化产业的发展。根据我国的现实情况，国家对文化产业的宏观调控可以从以下几个方面展开。一方面，完善国家文化产业投资经营法规，调整国家投资经营文化产业过程发生的各种社会关系。主要包括：制定完善的法律对于国家文化遗产予以保护，制定相关法规规范国家文化部门举办的如送科技下乡、募捐义演等临时性活动，以确定经营性质、资金来源和收益流向。另一方面，国家主要对文化产业经营进行宏观调控，包括制定文化产业融资法规、财政税收法规等，积极鼓励和引导多种所有制经济形态投资经营文化产业，参与文化产业领域的公平竞争。

（四）建立较完善的文化市场管理体制

纵观整个世界各个国家的文化产业的发展，一些国家已形成较完备的文化市场组织

制度，各种管理都已经达到制度化和规范化。如，加拿大、德国、瑞士等国家将国家拥有的文化领域内的一部分权力下放到各联邦共和国自治省以及其他相应的组织，各级地方文化机关实行自治，通过社会协议和经济立法的制约作用来解决文化产业问题。也有例如美国政府，其一般不直接参与文化产业管理，而是通过财税政策、市场立法以及民间文化机构来实行对文化产业的间接管理。对盈利性文化产业实行“商业决定”的放任政策，而对非盈利性文化产业采取资助和优惠的扶持政策。结合我国文化产业发展的实际情况和社会特点，要建立较完善的文化市场管理体制，要注意以下几个问题。首先，制定合理的文化市场的准入法规，规范文化产业的经营主体。其次，制定文化市场管理法规，规制经营主体的市场行为。第三，重视消费者合法权益，完善消费者权益保护法规。文化产业最终的服务对象是广大的公民，发展文化产业的目的是满足公民的文化生活和学习知识的需要，文化消费是公民应有的权利。当文化市场上的违法行为侵犯公民的合法权益时（如盗版书刊、虚假广告、强迫交易），如果国家的法律规范不能保护消费者的合法权利，那么文化产业的社会功能就难以发挥，文化产业就难以实现可持续性发展。

（五）提高文化产业领域的执法能力

针对目前对文化产业方面的执法比较混乱，执法人员素质不高，手段过于简单，导致很多法律法规和制度不能真正得到贯彻执行的问题，要有针对性的逐步提高文化产业领域法律执行的能力和水平。具体可以从以下三方面入手：其一，进一步提高执法队伍的综合素质。在高度重视法律建设的今天，一些地区的文化部门仍存在着以言代法、以权压法、执法不公的现象，在群众中造成极坏影响。法是“平、正、直”的代表，是保护公民权益的最后屏障，如果执法者的行为得不到法律的约束，那些弱小群体的权益将无法得到保障，人民对我们的法治就会失去信心。其二，进一步实现司法过程的公正性。法治经济是以“法律至上”为原则的经济形态。“法律至上”必然要求司法的公平公正，主要体现为司法的独立性、司法的公平性、司法的客观性以及司法程序的合法性等方面。文化产业作为市场经济的重要组成部分，必须坚持“法律至上”的准绳，在执法过程中凸现司法的公平、公正、公开。因此，规范司法过程是文化产业法规建设中实现执法必严的重要内容。其三，进一步加强执法过程的监督机制建设。加大法治宣传和普法教育工作力度，使社会各界和广大公民了解国家法治建设的目的和宗旨是限制政府行为、保障公民的合法权益。在法治建设背景下，充分利用公民和舆论双重监督机制，对文化市场经营主体及其管理主体进行积极有效的监督，这是违法必究的重要保证。

五、结语

文化产业的发展是个需要社会各个方面的配合和协调的过程。法律和制度作为确保文化产业良好发展的保证，更需要不断的完善和修改。法律和制度的建设从来不是一蹴而就的，时代不停发展，社会实际也在不断变化。我们的法律和制度只有根据新的实际不断发展，针对不断出现的新问题不断完善才能真正做到有法可依。文化产业法律的制度建设要针对我国文化产业发展的实际进行，将我国现实和外国发展的先进经验相结合。我们有理由相信，在不远的将来，我国文化产业一定会有更好的发展前景。

（作者：华南师范大学南海学院法政系副教授）

（选自《探索与争鸣》2011年第12期）

中国文化产业近十年发展之路回眸

韩永进

2000年10月，中国共产党第十五届五中全会通过的《中共中央关于制定国民经济和社会发展第十个五年计划的建议》中，第一次在中央正式文件中提出了“文化产业”这一概念，要求“完善文化产业政策，加强文化市场建设和管理，推动有关文化产业发展”。“引导文化娱乐、教育培训、体育健身、卫生保健等产业发展，满足服务性消费需求”。这标志着我国正式确立“文化产业”的地位和作用。十年过去了，我国文化产业有了飞速发展，据统计，2004年以来，我国文化产业年均增长速度在15%以上，比同期GDP增速高6个百分点。特别是尽管面对2008年国际金融危机的冲击，但中国文化产业的发展仍然势头强劲，其促进消费、拉动内需、污染低、消耗少、附加值高等优势进一步显现。如果以十年为一个节点，回顾一下中国文化产业的发展之路具有重要理论意义。

一、理论创新——文化产业地位作用显著提升

2002年11月，中国共产党第十六次全国代表大会报告提出：“当今世界，文化与经济和政治相互交融，在综合国力竞争中的地位和作用越来越突出。文化的力量，深深熔铸在民族的生命力、创造力和凝聚力之中。全党同志要深刻认识文化建设的战略意义，推动社会主义文化的发展繁荣”。2007年10月，中国共产党第十七次全国代表大会报告提出：“当今时代，文化越来越成为民族凝聚力和创造力的重要源泉、越来越成为综合国力竞争的重要因素，丰富精神文化生活越来越成为我国人民的热切愿望。要坚持社会主义先进文化的前进方向，兴起社会主义文化建设新高潮，激发全民族文化创造活力，提高国家文化软实力，使人民基本文化权益得到更好保障，使社会文化生活更加丰富多彩，使人民精神风貌更加昂扬向上”。2010年3月，温家宝总理在《政府工作报告》中提出：“国家发展、民族振兴，不仅需要强大的经济力量，更需要强大的文化力量。文化是一个民族的精神和灵魂，是一个民族真正有力量的决定性因素，可以深刻影响一个国家发展的进程，改变一个民族的命运。没有先进文化的发展，没有全民族文化素质的提高，就不可能真正实现现代化”。2010年7月，胡锦涛总书记在中央政治局第22次集体学习时强调，文化建设是我国社会主义现代化建设的重要组成部分，我们一定要从战略高度深刻认识文化的重要地位和作用。深入推进文化体制改革，促进文化事业全面繁荣和文化产业快速发展，关系全面建设小康社会奋斗目标的实现，关系中国特色社会主义事业总体布局，关系中华民族伟大复兴。文化是民族凝聚力和创造力的重要源泉，是综合国力竞争的重要因素，是经济社会发展的重要支撑，其中文化是“经济社会发展的重要支撑”，是我们党对文化地位作用作出的新判断新认识。

与我们党对文化地位作用的认识相伴随，作为文化的一个重要方面的文化产业的作用日益凸显，地位日益重要。首先，“文化产业”概念的提出，决不是偶然的，而是具有历史发展的必然性和非常重要的意义。一方面它是社会主义市场经济体制的必然要求。建立社会主义市场经济体制，涉及到我国经济基础和上层建筑的许多领域，需要有一系列相应的体制改革和政策调整。我们的文化发展也必须与经济体制改革相适应，实现由计划体制下的发展模式向社会主义市场经济体制下的发展模式转变。另一方面，人们对社会主义文化特性的认识也逐步深入，认识到文化作为一种上层建筑和意识形态，必须遵循其自身发展规律，同时也必须遵循社会主义市场经济规律，努力适应市场经济要求。在社会主义市场经济的环境中，部分文化产品具有了商品的特性，有的本身已经成为了商品，其生产、分配、交换和消费等各个环节都融入到市场经济的大循环中。文化生产也要尊重市场经济的一般法则，要注重成本核算，提高经济效益。文化与经济相互渗透，经济的发展中有文化的作用，如企业文化、社区文化、劳动者素质的提高等，文化反过来推动经济的发展。对于文化与经济的关系，有学者进行过形象的概括：“经济是船，文化是浮力，浮力越大，船的载重力越大，文化的较量是最终定输赢的。”因而无论是从我国经济体制改革的发展需求来看，还是就文化与经济的关联本身而言，文化产业作为我国经济的一部分，它的充分发展可以优化国家产业结构，有利于繁荣经济，扩大就业，提高人民生活质量，有利于全面实现社会进步。因此，“文化产业”这一概念在我国的出现是历史的必然产物。

其次，文化产业在我国经济战略布局中的地位也日益突出。2002年11月，党的十六大报告第一次在党的全国代表大会报告中使用了“文化产业”的概念，而且详尽论述了发展文化产业的意义，强调“发展文化产业是市场经济条件下繁荣社会主义文化、满足人民群众精神文化需求的重要途径。完善文化产业政策，支持文化产业发展，增强我国文化产业的整体实力和竞争力”。2006年颁布的《国家十一五时期文化发展规划纲要》提出，“十一五”时期文化发展的重点之一，就是抓好文化产业体系建设，重塑市场主体，优化产业结构，确定重点发展的产业门类，培育文化产品市场和要素市场，发展现代流通组织和流通形式，形成以公有制为主体、多种所有制共同发展的文化产业格局。2007年10月，党的十七大报告明确将“文化产业占国民经济比重明显提高、国际竞争力显著增强，适应人民需要的文化产品更加丰富”作为全面建设小康社会的奋斗目标之一，要求“大力发展文化产业，实施重大文化产业项目带动战略，加快文化产业基地和区域性特色文化产业群建设，培育文化产业骨干企业和战略投资者，繁荣文化市场，增强国际竞争力”。2009年下半年国务院正式颁布了《文化产业振兴规划》，强调文化产业是市场经济条件下繁荣发展社会主义文化的重要载体，是满足人民群众多样化、多层次、多方面精神文化需求的重要途径，也是推动经济结构调整、转变经济发展方式的重要着力点，文化产业正在成为推动社会主义文化大发展大繁荣的重要引擎和经济发展新的增长点。进一步确定了新形势下文化产业发展的指导思想、基本原则、目标任务、重点项目和扶持政策。《文化产业振兴规划》是新中国成立60年来第一次对文化产业发展作出的规划，是指导我国文化产业发展的纲领性文件，是我国应对国际金融危机继钢铁、汽车、纺织等十大产业振兴规划后出台的又一个极具分量的产业振兴规划，标志着文化产业已经上升为国家的战略产业。2010年7月，胡锦涛总书记在中央政治局第22次集体学习的讲话中强调，当今世界文化产业日益成为经济发展新的增长点，日益成为国民经济的支柱产业。发展文化产业是社会主义市场经济条件下满足人民群众多样化、多层次、多方面精神文化需求的必然选择，也是加快经济发展方式转变的重要抓手。讲话突出强调了文化产业是“支柱产业”和“重要抓手”，反映了我们对文化产业发展的最新认识。

需要指出的是，我们对于文化地位作用特别是文化产业地位作用的提升，是根据当今国际国内形势发展作出的正确抉择。从国际上看，当今世界正处于大变革大调整之中，和平与发展仍然是时代主题，求和平、谋发展、促合作已经成为不可阻挡的时代潮流。世界多极化不可逆转，经济全球化深入发展，科技革命加速推进，围绕综合国力的全方位竞争更趋激烈，世界范围内各种思想文化交流交融交锋更加明显，国际思想文化领域斗争尖锐复杂，维护国家文化安全任务十分紧迫。从国内看，进入新世纪新阶段以来，我国发展呈现了一系列新的阶段性特征，在文化上，社会主义文化更加繁荣，同时人民精神文化需求日趋旺盛，人们思想活动的独立性、选择性、多变性、差异性明显增强，对发展社会主义先进文化提出了更高要求。我们的文化发展与人民群众日益增长的精神文化需求相比，还不完全适应；与快速发展的现代传播手段相比，还不完全适应；与不断扩大的对外开放相比，还不完全适应；与推动我国经济社会又好又快发展的新形势相比，还不完全适应。因此，我们面对国际国内形势，要实现科学发展，就必须尽快提升文化特别是文化产业的地位作用，推动文化建设和经济建设、政治建设、社会建设协调发展。

二、两翼齐飞——文化事业和文化产业协调发展

与西方国家的文化产业发展不同，我国文化产业十年发展之路，是一条文化事业和文化产业比翼双飞之路，这是最具有“中国特色”的文化发展道路。因为在社会主义市场经济体制下，我们的文化具有双重属性，一方面具有意识形态属性，另一方面具有产业属性，文化建设既是社会主义精神文明建设的重要组成部分，又是经济建设的重要组成部分。社会主义文化建设必须要坚持社会主义先进文化的前进方向，遵循社会主义精神文明建设的特点和规律，适应社会主义市场经济发展的要求。我们党在理论上的一大创新就是根据社会主义文化的双重属性将文化区分为文化事业与文化产业两个方面，坚持文化事业和文化产业协调发展，坚持文化事业和文化产业双轮驱动、两翼齐飞。

2002年11月，党的十六大明确提出“积极发展文化事业和文化产业。发展各类文化事业和文化产业都要贯彻发展先进文化的要求，始终把社会效益放在首位”。在强调文化产业的地位作用和目标任务的同时，强调“国家支持和保障文化公益事业，并鼓励它们增强自身发展活力。坚持和完善支持文化公益事业发展的政策措施，扶持党和国家重要的新闻媒体和社会科学研究机构，扶持体现民族特色和国家水准的重大文化项目和艺术院团，扶持对重要文化遗产和优秀民间艺术的保护工作，扶持老少边穷地区和中西部地区的文化发展。加强文化基础设施建设，发展各类群众文化”。2005年末发布的《中共中央、国务院关于深化文化体制改革的若干意见》强调，“坚持文化事业和文化产业协调发展。根据文化事业和文化产业的不同特点，提出不同要求，制定不同政策。发展公益性文化事业要以政府为主导，增加投入、转换机制、增强活力、改善服务，实现和保障广大人民群众的基本文化权益。发展经营性文化产业要创新体制、转换机制、面向市场、壮大实力，满足人民群众多方面、多层次、多样性的精神文化需求”。“坚持把社会效益放在首位，努力实现社会效益和经济效益的统一。高度重视文化的意识形态属性，充分考虑文化的产业属性，把两者统一到文化体制改革的全过程。坚持一手抓繁荣、一手抓管理，努力为全社会提供丰富多彩的文化产品和服务，最大限度地发挥文化引导社会、教育人民、推动经济发展的功能”。2007年6月16日，中共中央政治局召开会议，研究加强公共文化服务体系建设。会议认为，加强公共文化服务体系建设，是繁荣发展社会主义先进文化、构建社会主义和谐社会的必然要求，是实现好、维护好、发展好人民群众基本文化权益的主要途径，对于促进人的全面发展、提高全民族的思想道德和科学文化素质、建设富强民主文明和谐的社会主义现代化国家，具有重大意义。会后下发的《中共中央办公厅、国务院办公厅关于加强公共文化服务体系建设的若干意见》强调，“随着社会主义市场经济不断发展，人民群众的文化需求日益增长，文化消费方式发生了深刻变化。这为文化发展注入了新的活力，有力地促进了文化产业的发展和文化市场的繁荣，同时对公共文化产品、基础设施、服务网络、资源配置等提出了新的要求”。2007年10月，党的十七大既要求“坚持把发展公益性文化事业作为保障人民基本文化权益的主要途径，加大投入力度，加强社区和乡村文化设施建设”，又要求“大力发展文化产业，实施重大文化产业项目带动战略，加快文化产业基地和区域性特色文化产业群建设，培育文化产业骨干企业和战略投资者，繁荣文化市场，增强国际竞争力”。2009年下半年国务院正式颁布的《文化产业振兴规划》虽然是一个产业规划，但在讲到规划制定的目的时强调，党的十七大明确提出，要积极发展公益性文化事业，大力发展文化产业，激发全民族文化创造活力，更加自觉、更加主动地推动文化大发展大繁荣，为贯彻落实中央精神，在重视发展公益性文化事业的同时，加快振兴文化产业，充分发挥文化产业在调整结构、扩大内需、增加就业、推动经济发展中的作用。这实际上就是进一步明确文化事业与文化产业要两轮驱动、两翼齐飞。2010年7月23日，胡锦涛总书记在讲话中强调，“坚持文化事业和文化产业协调发展，”特别强调“协调发展”。讲话在部署深入推进文化体制改革的重点工作时，一方面要求加快构建公共文化服务体系，另一方面又要求加快发展文化产业。要求遵循社会主义精神文明建设的特点和规律，适应社会主义市场经济发展的要求，坚持先进文化前进方向，自觉践行社会主义核心价值体系，始终把社会效益放在首位，坚持抵制庸俗、低俗、媚俗之风，努力实现社会效益和经济效益的有机统一。

从这一纵向的政策梳理，可以清楚地发现，经过多年实践的探索，我国文化产业十年发展之路的基本路径就是一手抓公益性文化事业、一手抓经营性文化产业；一手努力构建覆盖城乡惠及全民的公共文化服务体系，一手壮大文化产业繁荣文化市场；一手抓繁荣，一手抓管理，强调的是文化事业与文化产业的协调发展。

三、制度创新——深化改革、促进发展

我们要发展的是中国特色社会主义文化产业，既与当今国际文化产业发展有共性，又有自己的独特个性；既要符合世界文化产业发展普遍之路，又要走自己独特的发展道路。在深化改革中发展，在发展中深化改革就是我们文化产业发展之路的另一个特点。

首先是解放思想、转变观念、与时俱进。

观念决定思路，思路决定出路。十年来，我们适应文化的发展，以文化实践特别是文化产业实践发展来检验，自觉地把思想认识从不符合文化科学发展的思想观念中解放出来，从不符合文化科学发展的做法中解放出来，从传统的计划经济体制束缚中解放出来。在实践中我们逐步形成了新的文化发展理念：在文化地位和作用上，明确文化建设是中国特色社会主义事业总体布局的重要组成部分，文化越来越成为民族凝聚力和创造力的重要源泉、越来越成为综合国力竞争的重要因素、越来越成为经济社会发展的重要支撑，丰富精神文化生活越来越成为我国人民的热切愿望。在文化发展方向上，明确要牢牢把握社会主义先进文化前进方向，建设社会主义核心价值体系，发展面向现代化、面向世界、面向未来的，民族的科学的大众的社会主义文化。大力发展先进文化，支持健康有益文化，努力改造落后文化，坚决抵制腐朽文化。在文化发展的目的上，明确要坚持以人为本，满足人民群众日益增长的精神文化需求，保障人民基本文化权益，丰富人民精神文化生活。在文化发展动力上，明确要坚持改革创新和科技进步，破除制约文化发展的体制性障碍，不断解放和发展文化生产力。在文化发展思路上，明确要推动文化事业与文化产业全面协调发展。在文化发展格局上，明确要积极吸引民营资本、海外资本参与文化建设，形成以公有制为主体、多种所有制共同发展的文化产业格局，以民族文化为主体、吸收外来有益文化的文化对外开放格局。在文化发展战略上，明确要提升国家文化软实力，提高全民族的思想道德素质和科学文化素质，促进人的全面发展，实施文化"走出去"战略，增强中华文化国际影响力。在文化发展领导力量和依靠力量上，明确要始终坚持党对文化工作的领导，充分发挥人民群众在文化建设中的主体作用，最大限度地发挥广大文化工作者的积极性、主动性和创造性。

其次是不断改革创新，通过理论创新推动制度创新。2002年11月，党的十六大报告强调"创新是一个民族进步的灵魂，是一个国家兴旺发达的不竭动力，也是一个政党永葆生机的源泉"。2005年末发布的《中共中央、国务院关于深化文化体制改革的若干意见》强调，"加快发展是改革的目的，必须着眼于发展制定改革的政策措施，以发展的成果检验改革的成效，通过改革调动广大文化工作者的积极性"。"坚持勇于实践、大胆创新，树立新的文化发展观。妨碍文化发展的思想观念都要坚决冲破，束缚文化发展的做法和规定都要坚决改变，制约文化发展的体制弊端都要坚决革除。尊重基层和群众的首创精神，激发全社会的创造活力，鼓励多种形式的探索和试验"。2006年11月，胡锦涛总书记在中国文联第八次全国代表大会、中国作协第七次全国代表大会上的讲话中指出："我们生活的新时代，人民群众对生活的新追求，对文艺创新提出了更高要求。只有坚持解放思想、实事求是、与时俱进，大力推进文艺观念、内容、风格、流派的积极创新，大力推进文艺体裁、题材、形式、手段的充分发展，才能创作出更多具有中国特色、中国风格、中国气派的优秀作品，不断增强文艺的时代感和吸引力"。2007年10月，党的十七大报告强调"推进文化创新，增强文化发展活力。在时代的高起点上推动文化内容形式、体制机制、传播手段创新，解放和发展文化生产力，是繁荣文化的必由之路"。2009年下半年国务院正式颁布的《文化产业振兴规划》在规划目标中强调，文化创新能力进一步提升，文化体制机制创新取得实质性进展，文化产业发展活力明显增强，以企业为主体、市场为导向、产学研相结合的文化创新体系初步形成，文化原创能力进一步提高，数字化、网络化技术广泛运用，文化企业装备水平和科技含量显著提高。2010年7月23日，胡锦涛同志在重要讲话中进一步强调，加快文化体制改革创新，按照创新体制、转换机制、面向市场、增强活力的要求，推动文化体制改革在重点领域取得进展。

若再对照十年来文化产业的实践，可以发现改革创新贯穿了我国文化产业发展的始终。一是体制创新，包括转变政府职能、构建公共文化服务体系、增强微观活力、扩大融资渠道等。政府职能转变重点是实现三个转变：由管文化办文化向以管为主转变，由主要管理直属单位向管理系统和社会转变，由主要以行政手段为主向综合运用法律、经济、行政等管理手段转变。构建公共文化服务体系是我国文化体制创新的重要组成部分，十六大以来，我国正在逐步形成覆盖全社会的公共服务体系。如"广播电视村村通工程"、"农村电影2131工程"、"国家舞台艺术精品工程"、"全国信息资源共享工程"、"农家书屋"等，就是公共服务体系日益建立的具体体现。增强微观活力是体制创新和机制创新的主要内容，这个微观既包括经营性文化企业，也包括公益性文化事业，如转企改制、事业单位内部改革、实施文化改革试点等。扩大融资渠道则是改变长期以来我国文化投融资过分依赖政府、投资主体单一的局面，通过出台政策措施，降低市场准入资格，取消限制，鼓励民营企业、民间资本投资到文化领域。二是科技创新。文化艺术的发展，往往是与科技发展结伴而行。科技进步是推动文化发展的重要因素，文化科技创新是文化创新的技术基础和重要内容。文化科技创新既包括推动科技特别是高新技术广泛应用于文化建设，如数字技术、网络技术、新型文化传播技术等在文化领域的应用与实践；也包括用科技成果改造提升传统文化行业，增加科技含量，展示文化魅力，如声光电等科技成果在舞台剧院的应用，虚拟技术、远程支持系统与博物馆、图书馆的结合等；以及文化科技单位自身体制的改革创新，将市场机制引入文化科研机构中，以生产带科研，以科研促生产，理顺科研与生产的关系。因而就实践层面而言，中国文化产业发展的十年也是改革创新的十年。

四、"两手"协同——市场机制作用和政府宏观调控有机结合

综观中国文化产业十年的发展，是市场机制作用和政府宏观调控逐渐磨合的十年。我们可以看到一方面充分发挥了市场机制的作用，另一方面政府又充分发挥了政府的职能，充分发挥"看得见"与"看不见"的两只"手"的功能，结合文化市场发展进程适时进行国家宏观管理，推动了我国文化产业的发展。

首先，明确党和政府对文化建设的领导责任。2006年11月，胡锦涛总书记在中国文联第八次全国代表大会、中国作协第七次全国代表大会上的讲话中提出："各级党委要高度重视文艺事业，把加强和改善党对文艺工作的领导作为提高党的执政能力的重要内容，热心服务，大力支持，不断提高领导文艺工作的能力和水平。要全面贯彻党的文艺方针政策，充分发扬艺术民主和学术民主，坚持社会责任和创作自由的统一、弘扬主旋律和提倡多样化的统一，加强调查研究，不断认识和掌握文艺规律，尊重文艺工作者的创造性劳动，以符合文艺规律的方式领导文艺工作"。2005年末发布的《中共中央、国务院关于深化文化体制改革的若干意见》强调，"加强和改进文化领域宏观管理。建立党委领导、政府管理、行业自律、企事业单位依法运营的文化管理体制，建立职责明确、反应灵敏、运转有序、统一高效的宏观调控体系，完善预报、引导、奖惩、调节、责任、监督、保障、应对等机制"。"加快转变政府职能。明确文化行政管理部门职责，理顺文化行政管理部门与所属文化企事业单位的关系，推进政企分开、政资分开、政事分开、政府与市场中介组织分开，强化政策调节、市场监管、社会管理和公共服务职能，实现由办文化为主向管文化为主转变”。

其次，明确党和政府具体从哪些方面进行工作。根据这十年来的实践经验，形成了以下几个方面的共识。一是提高认识，摆正位置。提高对文化建设特别是文化产业的认识，真正摆正党委和政府工作的重要位置。二是纳入规划。要把文化建设纳入经济社会发展的总体规划，与经济建设、社会建设等统一规划，统一安排，统一部署。三是建立健全领导体制和工作机制。四是制定政策，进一步完善扶持公益性文化事业的政策，进一步完善发展文化产业的政策，进一步完善鼓励文化创新的政策。五是创造良好的外部环境和氛围，营造有利于出精品、出人才、出效益的良好环境。六是深入研究问题，要深入研究人民群众对文化建设的新要求新期待，深入研究文化发展特别是文化产业发展的特点和规律，努力提高推动文化科学发展的能力。七是要将文化发展纳入科学发展的考核评价体系。八是政府要更好地履行发展公益性文化事业的责任，保障人民群众的基本文化需求和权益。九是加强文化战线领导班子建设，加强文化事业和文化产业人才培养，为文化大发展大繁荣提供有力的组织保证和人才保障。

再次，自2000年以后，我国政府开始有意识地运用“产业政策”来推动文化产业发展，在这十年间，政府相关部门先后制定了一系列的管理和推动文化产业发展的政策法规，初步构建起一个相对完善的文化产业的外部政策支持体系。这些政策和法规包括2003年的《关于支持和促进文化产业发展的若干意见》、2004年《关于鼓励、支持和引导非公有制经济发展文化产业的意见》、2006年《国家“十一五”时期文化发展规划纲要》、2009年《文化产业振兴规划》以及广电、出版、网络、动漫、旅游等具体文化产业领域相关的政策、法律、法规等。有学者就认为，经过十年的不懈努力，目前我国基本形成了比较完整的文化产业政策体系，在文化产业诸领域基本上做到“有法可依”、“有政策可依”，而我国众多的文化产业政策与法规，对文化产业的发展产生了积极作用。

最后，市场机制在文化产业发展中的作用得到了正视与运用。我国进行文化体制改革的一个重要方向就是转企改制，将经营性文化产业与公益性文化事业分割开来，可以由市场决定、调节的经营性文化产业部分坚决将之推上市场，从而重新激发其活力与创新力。如图书出版机构的整体转制、文艺剧团的体制改革、影视集团的企业经营等等，无一不是充分调动市场的调节机制，推动文化产业的快速发展。也正是在这十年间，伴随着市场机制在文化产业领域中调节、推动作用的显现，推动了一批民营文化企业的成长。这些民营文化企业不仅活跃了我国的文化产业，而且有些成为各自行业的领头羊。

总之，2000—2010年对于我国文化产业发展而言，是一个关键的十年。在这十年间，我国文化产业完成了“合法性”身份的转变，进入“合理性”快速增长时期。2000年“文化产业”在中央正式文件的第一次出现拉开了我国文化产业全面建设的序幕，到2009年《文化产业振兴规划》的颁布标志着文化产业已经上升为国家的战略性产业，我国文化产业建设进入新的历史时期。未来十年，我国文化产业的发展将会越来越成为影响中国文化发展模式和推进中国经济结构转型的重要力量。

（作者：文化部政策法规司司长）

（选自《华中师范大学学报·人文社会科学版》2011年1月号）

发展健康向上的网络文化
正确发挥网络舆论引导

王　晨

党的十七届六中全会通过的《中共中央关于深化文化体制改革推动社会主义文化大发展大繁荣若干重大问题的决定》(以下简称《决定》)对加强网络文化建设和管理作了专门部署，强调指出："加强网上思想文化阵地建设，是社会主义文化建设的迫切任务。"这充分体现了我们党高度的文化自觉和对信息化条件下文化发展趋势的准确把握。我们要深入学习领会《决定》精神，认真贯彻积极利用、科学发展、依法管理、确保安全的方针，大力发展健康向上的网络文化，推动互联网在传播社会主义先进文化、满足人民精神文化需求、促进社会和谐稳定方面发挥更大作用。

一、深刻认识新形势下发展健康向上网络文化的重要性和紧迫性

党中央高度重视互联网建设和网络文化发展。党的十六大以来，以胡锦涛同志为总书记的党中央高瞻远瞩，准确把握互联网发展带来的新机遇，作出一系列重要指示和重大部署。在党中央坚强领导下，经过这些年努力，我们在网络文化建设和管理方面积累了成功经验，初步形成了一套有效的管理体制，管理水平不断提高。同时要看到，网络技术正处于迅猛发展之中，网络文化作为一种全新的文化形态，其巨大社会影响力正日益显现，带来的挑战也日益艰巨复杂。我们要切实增强责任感紧迫感，以更加有力有效的举措加强网络文化建设和管理，推动网络文化健康有序发展。

发展健康向上的网络文化是发展社会主义先进文化、满足人民精神文化需求的迫切需要。互联网日益成为人们精神生活新空间、信息传播新渠道、文化创作新平台。截至2011年上半年，我国网民人数已达4.85亿，越来越多的人把网络作为了解信息、浏览新闻、学习知识、休闲娱乐的主要渠道，越来越多的人借助博客、微博客等进行文化创造、参与文化建设。如果不注重引导这个庞大群体的文化价值取向，社会主义核心价值体系就难以成为社会共识；如果不注重满足他们的精神文化需求，社会主义文化建设的目的就不能完全达到；如果不能发挥和引导好他们的积极性创造性，我们就会失去一支非常宝贵的建设力量。目前，我国网上优秀文化产品供给不足、公共文化信息服务不到位的矛盾还较突出，与社会主义先进文化的发展要求不相适应，与人民群众日益增长的精神文化需求还有较大差距，繁荣发展丰富多彩、积极健康网络文化的任务繁重而紧迫。

发展健康向上的网络文化是适应互联网快

速发展、增强国家文化软实力的迫切需要。文化发展与科技进步紧密相连。近年来，随着互联网技术快速发展演变，我国互联网也在加快发展转型：信息传播形式由文字为主向音频、视频、图片等多媒体形态延伸，应用领域由信息传播和娱乐消费为主向商务服务领域延伸，服务模式由提供信息服务向提供平台服务延伸，传播手段由传统互联网向移动互联网延伸。这些变化必将深刻影响我国网络文化发展进程。现在，世界各国都把互联网作为提高文化生产传播能力、提升国家文化软实力的重要手段和载体，采取各种措施谋求优势地位。我们要密切跟踪网络发展趋势，积极推进技术创新、业务创新、商业模式创新，抢占网络传播制高点，提升网络文化传播力，不断增强国家文化软实力，为改革开放和现代化建设营造良好国际舆论环境。

发展健康向上的网络文化是净化网络文化环境、保护青少年身心健康的迫切需要。我国网民中青少年占大多数，如何使他们具有良好的思想倾向、文化情趣、综合素养，关系到能否培养出合格的社会主义建设者和接班人。近年来，根据中央要求，我们大力开展文明办网、文明上网活动，持续开展淫秽色情信息专项治理行动，取得了积极成效。但由于多方面复杂原因，网络淫秽色情和低俗之风极易反弹，网络谣言、网络暴力等不文明现象时有反复，网络赌博、网络诈骗等违法犯罪活动不断改头换面，严重扰乱社会秩序、败坏社会风气、危害青少年身心健康，广大群众反映十分强烈。我们必须本着对党负责、对人民负责、对子孙后代负责的精神，坚持把发展健康向上的网络文化作为一项民心工程切实抓紧抓好，为青少年健康、快乐成长创造良好网络文化环境。

发展健康向上的网络文化是维护社会和谐稳定、确保国家信息安全的迫切需要。互联网在促进社会文化创新发展的同时，加剧了世界范围内思想文化的相互激荡，使我国思想文化领域多元多样多变的特点更加凸显。随着网络新技术新业务快速发展，网上信息源头和传播渠道急剧增多，网络舆论规模与影响越来越大，互联网日益成为各种社会思潮、各种利益诉求汇聚的平台。一些不愿看到中国发展壮大的势力也利用互联网歪曲事实、恶意炒作，影响社会和谐稳定。互联网已经成为正确思想与错误思想交锋的平台，成为健康文化与腐朽文化较量的场所，成为意识形态领域渗透与反渗透的战场。我们必须坚持统筹国内国际两个大局，加大网络建设和管理力度，用先进文化占领网络阵地，确保国家信息安全。

总之，加强网络文化建设和管理，事关文化改革发展大局，事关中国特色社会主义事业全局。我们要认真落实《决定》部署，通过不懈努力，真正把互联网建设成为社会主义先进文化新阵地、公共文化服务新平台、人们精神文化生活新空间。

二、坚持社会主义先进文化前进方向，大力推进网络文化繁荣发展

网络文化是中国特色社会主义文化的重要组成部分，是体现先进生产力发展要求、服务人民群众的文化。推进网络文化建设，应始终坚持为人民服务、为社会主义服务的方向，坚持重在建设，立足加快发展，积极开发利用，最大限度地满足人民群众精神文化需求，促进社会和谐。

（一）提高网络文化产品和服务供给能力

创造丰富多彩的网络文化产品，提供优质便捷的网络文化服务，是促进网络文化繁荣兴盛、满足人民精神文化需求的重要途径。实施网络内容建设工程，发挥全国文化信息资源共享、中国数字图书馆、国家知识资源数据库等重点项目示范性带动作用，推动网上图书馆、网上博物馆、网上展览馆等的建设，推动优秀传统文化瑰宝和当代文化精品网络传播。发挥公共文化服务机构作用，利用城乡基层文化设施，加快互联网公共信息服务点建设，构建面向广大群众的网络公共文化服务平台。实施网络文化精品战略，增强网络文化原创能力，鼓励制作适合互联网和手机等新兴媒体传播的精品佳作，打造一批具有中国气派、中国风格的网络文化品牌，使积极健康的网络文化产品占据网上主导地位。加快传统文化产业与网络文化产业的融合，培育扶持一批国有或国有控股、实力雄厚的网络文化企业和企业集群，不断提高网络文化创作生产的规模化专业化水平。

（二）唱响网上思想文化主旋律

网络已成为影响广泛、最具潜力的大众传媒，必须把坚持正确导向摆在突出位置，坚持贴近实际、贴近生活、贴近群众，唱响网上思想文化主旋律。要始终坚持团结稳定鼓劲、正面宣传为主的方针，牢牢把握正确舆论导向，精心组织网上正面宣传，高扬主流舆论，唱响奋进凯歌，为推动科学发展、促进社会和谐提供强大舆论支持。针对网上各种思想理论观点、各种社会热点、各种文化现象相互交织相互影响的特点，积极主动加以引导，形成正面舆论强势。加强对网上各种思潮和模糊认识的引导，深入宣传党的理论创新成果，加大深层次理论和现实问题的阐释力度，化解思想困惑，辨明前进方向。加强对网上社会热点问题的引导，运用翔实数据和生动事例，阐明政策措施，反映党和政府所做工作，把公众情绪引导到健康理性的轨道上来。加强对突发事件的网上引导，完善快速反应机制，第一时间发布权威信息，推动网下处置和网上引导相结合，用尊重民意的实际行动赢得民心，用改进工作的实际成效凝聚民心。深入研究网络传播的特点和规律，准确把握舆论引导的时机、节奏、力度和重点，善于利用各种网络传播手段，善于运用“网言网语”，在加强信息服务中开展思想教育，在同网民交流互动中传递主流价值，不断增强网上舆论引导的亲和力、感染力。

（三）巩固壮大网络文化阵地

网站是重要的思想文化阵地，在网络文化建设中发挥着至关重要的作用。发展健康向上的网络文化，必须把加强阵地建设作为一项战略任务来抓，努力形成以重点新闻网站为骨干、知名商业网站相配合、各类网站积极参与，共同推进网络文化建设的生动局面。支持重点新闻网站加快发展，按照中央文化体制改革总体部署，积极推进重点新闻网站转企改制，创新体制机制，增强内在活力，为做大做强做优奠定体制基础；推动重点新闻网站加快技术创新步伐，充分运用技术创新成果，以新技术新业务吸引网民、服务网民、赢得网民，打造一批在国内外有较强影响力的综合性网站和特色网站。注重发挥知名商业网站积极作用，引导他们健全管理制度，依法诚信经营，多提供健康向上的网络文化产品，在繁荣发展网络文化中发挥建设性作用。着眼满足不同网民群体精神文化需求，着力培育一批网络内容生产和服务骨干企业，使之成为网络文化建设不可或缺的力量。进一步提升互联网行业原始创新、集成创新和引进消化吸收再创新能力，抢占网络传播制高点，形成业务先发优势，培育新兴业态和新的市场需求，延伸拓展产业链，不断增强我国互联网行业的整体实力和核心竞争力。

（四）形成共建共享的网上精神家园

网络文化是面向最广大人民群众的文化，共建共享是其本质特征。广大网民既是网络文化的享用者，又是网络文化的创造者，网民中蕴藏着巨大的文化创造活力。论坛、博客、播客、微博客等网络应用，为网民施展才华提供了广阔空间。要充分发挥网民参与网络文化建设的积极性创造性，激发他们的文化创造潜能，鼓励他们创作格调健康的网络文化作品。需要指出的是，网络恶搞、网络暴力、网络水军等行为，损害网络和谐，侵犯他人权益，危害公共利益，应加以引导和制止。要继续深化文明办网、文明上网活动，广泛开展社会主义荣辱观教育，大力推进网络文明建设，积极倡导诚信守法经营、办文明网站，积极倡导文明上网、做文明网民，积极倡导网络道德法制、树文明新风，积极倡导群策群力、创文明环境。各类互联网运营服务企业都要认真落实社会责任，正确处理社会效益与经济效益的关系，始终把社会效益放在首位，加强自我管理、自我约束，切实把网络文明建设的要求落到实处。要充分发挥网民在网络文明建设中的主体作用，大力提倡理性思考、文明创作，大力倡导积极健康有益的网络表达和文明互动，共同抵御网上低俗之风，共同建设文明诚信、安全有序的网络空间，使互联网真正成为共建共享的精神家园。

三、坚持科学管理、依法管理、有效管理，不断提高网络文化管理效能

一手抓繁荣、一手抓管理，是我们发展网络文化的一条宝贵经验。管理的目的，是为了形成良好的网络秩序，更好地促进繁荣发展。大力发展健康向上的网络文化，就必须继续探索符合我国国情的网络文化管理路子，加强网络法制建设，坚持科学管理、依法管理、有效管理，加快形成法律规范、行政监管、行业自律、技术保障、公众监督、社会教育相结合的互联网管理体系，不断提高网络文化管理效能。

第一，积极推进互联网法制建设。由于互联网站投资主体和网上信息发布主体日益多元化，迫切需要完善互联网法律法规，实行依法管网、依法办网、依法上网。这些年来，我国制定颁布了一系列互联网法律法规和部门规章，确立了我国网络管理的基础性制度，在实践中发挥了重要作用。但我国现有互联网法律法规还存在层级较低、操作性不强、对网络行为主体权责规定不明确等问题，与网络管理执法工作实际需要不相适应。要加快互联网立法进程，组织有关力量，区分轻重缓急，抓紧制定和完善最急需最迫切的法律法规，加强对现有法律法规适用网络管理的延伸和司法解释工作。同时，加大执法力度，壮大执法队伍，健全执法体系，落实执法责任，真正做到有法必依、执法必严、违法必究。

第二，突出抓好重点环节管理。网络文化管理头绪多任务重，必须突出重点、抓住要害。加强网站登记备案、接入服务等基础资源管理，严格规范域名和IP地址管理，确保网站登记备案信息真实准确完整。坚持对涉及公共利益的网络文化服务实行行政许可制度，完善网络文化服务市场准入和退出机制，对严重违法违规者实行行业禁入。严格规范网络信息传播秩序，严肃查处传播虚假信息、进行非法网络公关等违法违规行为。高度重视对社交网络和即时通信工具等的引导和管理，坚持积极利用和加强管理并重，切实做到趋利避害、可管可控。深入推进整治网络淫秽色情和低俗信息专项行动，坚决切断违法有害信息传播利益链，依法严厉惩治传播淫秽色情信息的不法分子。把加强日常监管和提供服务保障结合起来，加强网站从业人员培训，落实重点岗位持证上岗制度，完善网站绩效考核评价体系，不断提高网络文化服务整体水平。

第三，切实维护网络安全。互联网已经成为国家重要的基础设施，网上信息是国家重要的战略资源。切实维护网络安全，是保障国家信息安全、促进文化繁荣发展、维护社会和谐稳定的根本要求。要广泛开展网络安全教育，提高公众网络安全意识，增强自我防护能力。推动网站完善信息制作发布流程，健全有害信息预警、发现、处置机制，发挥技术手段防范作用，确保网上信息真实准确、安全有序传播。加大网上个人信息保护力度，建立网络安全评估机制，切实维护公共利益和国家信息安全。加大网络安全技术攻关力度，加快互联网核心装备技术国产化，构建新一代网络文化平台。充分利用我国市场潜力巨大的优势，推动相关自主知识产权技术成为国际标准，扩大我技术话语权。加强网络安全国际合作，建立多层次、多渠道合作机制，形成各国共同参与、普遍受益的网络安全体系。

第四，构建网络文化管理新格局。世界各国都在积极探索对互联网的有效管理。从国外做法和我国实践看，加强互联网管理，必须依靠政府、业界、公众三方共同努力，形成政府监管、行业自律与公众监督相结合的管理格局。要进一步理顺互联网管理体制，网上信息内容管理、互联网行业管理、打击网络违法犯罪等部门要认真履行职责，落实好分级管理、属地管理责任，做到谁主管谁负责，形成工作合力。进一步发挥互联网行业组织作用，推动互联网业界加强行业自律，督促网络运营服务企业履行法律义务和社会责任，不为有害信息提供传播渠道，切实增强企业的公信力。紧紧依靠人民群众的力量规范网络文化发展，强化舆论监督、群众监督、社会监督。广泛开展文明网站创建，深入开展网络法制道德教育，着力培育网上理性声音、健康声音、建设性声音，培育文明理性的网络环境，以网络文化的健康繁荣推动社会主义文化大发展大繁荣。

（作者：中共中央宣传部副部长）

（选自 2011 年 12 月 2 日《人民日报》）

试论网络文化产业发展观

李文明　吕福玉

长期以来，我国存在着“重传统产业，轻新兴产业”、“重传统媒体，轻网络媒体”和“重信息产业、轻网络文化产业”的观念。世界金融危机的教训和“十二五”规划的前景告诉我们，只有切实转变观念，才能在科学发展观的引领下，制定出有效的网络文化产业发展对策，推动经济社会又好又快发展，从而构建和谐社会的坚实基础。

一、秉持包容性增长理念

2010年9月16日，国家主席胡锦涛在出席第五届亚太经合组织人力资源开发部长级会议开幕式致辞中，提到了“包容性增长”一词。这是一个包含“让更多的人享受全球化成果、让弱势群体得到保护、在经济增长过程中保持平衡”等深意的新概念。

包容性增长，最早由世界银行增长与发展委员会于2008年5月提出。其定义为，建立在机会平等基础上的经济增长。也就是说，包容性增长需要保证人人都能公平地参与增长过程，并从中受惠。具体指一国在经济发展和社会发展的过程中，针对可能或者已经存在的发展失衡、分配结构不合理、分配不公、社会差距因发展而持续扩大、弱势群体利益不能得到很好保护等有违可持续发展宗旨的各种情形，通过政策和法律介入、宏观调控、管理监督、司法救济等多种手段，矫正失衡，使经济增长、社会进步和人民生活改善并重，并使发展普惠社会各群体。从本质上看，包容性增长同科学发展观中的“以人为本”理念一脉相承，它反映出发展的目的，指导发展的方向。因此，包容性增长，可以界定为倡导机会平等的增长。包容性增长最基本的含义，即公平合理地分享经济增长成果，是中国应对经济社会发展中新的矛盾与挑战所需要的新理念，也是对中国未来发展明确的方向性描述。对包容性增长的内涵，可以分几个层面来理解：在价值层面，人民利益至上，是包容性增长的核心；在方法层面，法律和政策调节，是实现包容性增长的关键；在技术层面，则要更多地照顾民营企业等各类草根利益主体。

网络文化产业作为文化创意产业的一部分，是最需要秉持包容性增长理念的。从网络文化产业的构成要素来分析，无论“网络”、“文化”还是“产业”，这三大要素无不具有包容性。

第一，网络及其传播具有包容性。以互联网为代表的网络，其基本精神，是作为终极追求的自由表达与信息共享的精神和在这一过程中所表现出来的探索与创新精神。正是这样的互联网精神，不仅使网络得以包容海量信息，网络传播体现出显著的包容性，而且形成了新兴的传媒信息市场，即社会传播领域包括传统大众媒介尤其是新闻传媒和以互联网为代表的、能包容不同层次传播活动的新兴复合型媒介在内的、传播媒体所面对的信息资源和信息消费市场。按照信息存取方式的不同，有学者把网络传播分为四种类型：(1) 个人对个人的异步传播，如电子邮件；(2) 多人对多人的异步传播，如新闻组、电子公告栏等；(3) 多人对个人、个人对个人、个人对多人的异步传播，主要指万维网和远程登录等；(4) 个人对个人、个人对多人的同步传播，如在线聊天、多用户游戏等。网络传播包容了同步传播和异步传播的各种形态，其结果就是保证了网络传播的良好交互性。

网络是跨地域、跨疆界进行传播的全球性新媒体，还是能包容各种不同层次和类别传播活动的泛媒介传播平台。无论是自我传播、人际传播、群体传播、组织传播还是大众传播，都可以兼收并蓄。此外，网络中还出现了话语平权倾向，即特殊弱势群体经由网络平台得以扩大影响、彰显平等话语权利的倾向。这在很大程度上反映了当代社会的包容性和人们对客观存在的社会现象的理解和宽容，无疑带有社会进步的积极意义。当然，网络传播的包容性特点在促成人们以前所未有的程度超越时空交流时，也带来一些隐忧。网络无所不包的容纳力，也在为黄、赌、毒和其他网络犯罪提供藏污纳垢的场所。另外，正由于网络是包容各种不同层次和类别传播活动的泛媒介传播平台，网络社会管理比单一地用于大众传播且基本上属于全国性或地域性传播系统的传统传媒业的管理复杂得多，因而网络传播的立法难度相当大。

第二，文化，尤其是网络文化，其包容性特点非常显著。网络文化使人群与人群之间的差异性、独立性、创新性、宽容性得到认同；同时，网络文化又使不同文化完全冲破了地域限制和时间限制，不同文化之间得以相互了解和沟通。“网络文化具有多元并存的文化结构，这是指网络文化存在着不同的亚文化，以及相应的意识形态和价值观。比如，主流文化、大众文化和精英文化在网络中就完全共存。”网络文化求同存异，具有很强的包容性和宽容度。网络突破了传统文化的各种限制，为每一个上网的用户提供了一个广阔的自由对话的领域。网络文化不仅增强了不同地域文化和传统文化之间的接触与交流，而且扩大了不同文化背景下的个体之间的接触，为个体的异地远程联系提供了方便。人们在网上可以进行任意主题、任意时间、多媒体形态的联络。这种文化联系的自由度，是前所未有的。

从表象和微观层次看，网络文化是一种集不同群体、不同民族，跨越时空的，具有巨大包容力的多元文化，有利于社会主义民主和公共政策的科学化，但多元文化也造成了对权威和秩序的冲击。网络快捷、开放、多维等特点，方便人们网上浏览和接受远程教育等，但“泛娱乐化”和“低俗化”，也正在腐蚀着青少年的心灵。虚拟世界为快节奏的现代人提供了心理减压和消极情绪宣泄的出口，但过于自由的网络文化，又催生出“两面人”：一些人在现实世界中循规蹈矩，而在虚拟世界里却失去了自我约束，甚至把人性“恶”的一面发挥到极致。一旦社会出现大量的具有双重人格的“两面人”，不但会损害国民的心理健康，同时也会损害和谐社会的微观基础。因此，对于网络文化的疏导，必须源流并重。要把网上引导同网下解决根源性实际问题结合起来。对涉及民生利益的热点问题，主动展开舆论引导；对公共突发事件的舆论引导，力求做到“尽早讲”、“准确讲”、“持续讲”，保持信息发布渠道畅通；对思想文化领域的引导，则要坚持尊重差异、包容多样的态度，冷静观察、辩证分析、区别对待、审时度势、正确把握、妥善应对。

网络文化的包容性，还促使文学作品的内容与艺术形式转型。传统文学创作内容，源于社会现实生活，具有客观实在性。网络文学的创作内容，既涵盖客观的社会现实生活，又包容网络虚拟空间的生活感受，还包括现实生活世界与网络虚拟世界之间的对立、渗透与转换。

当今世界，文化包容性十分突出，需要有各种文化来丰富人们的生活，提高人们的生活品质。中国传统文化要变成有生命力的文化，必须在包容的基础上学会开放，不断吸收世界先进文化，快速提升和发展自身素质，才能在这场网络文化革命中占据领先的地位。网络以其分散性，扩大了文化传播的地域限制。传统文化通过网络技术飞速交流，可以在精神上融合发展。中国传统文化拥有深厚的底蕴，具有强烈的包容能力，加之中华民族具有世界上入网用户数量最为庞大的群体，中国传统文化的整合，必将通过网络文化得以实现，从而建立起中国传统文化与现代精神文明相结合的、以网络文化为载体的现代传统文化。

网络文化的包容性表明，正是因为网络文化是开放的、平等的，所以它能容纳不同的传统文化。不同的文化在网络中的地位是相同的。对差异的区分和尊重，成为网络时代的一种文明表达。正是在这种包容性的发展中，网络文化成为一种全球性的文化。其最后导致的结果，将是一种新的意义上的世界公民人格的形成，成为全球化过程中一个重要的步骤。

第三，网络文化产业，更加具有包容性。从现有文献上看，国内外学者对于文化创意产业的探索颇具启发性。较早研究创意经济的美国著名区域经济学家理查德·弗罗里达认为，创意经济的成长，建立在人才、科技和社会包容三个维度之上，即著名的“3T”指标。其中，包容性指数是根据综合多样化指数，并参照同性恋指数、波西米亚指数和人口混杂指数而得出的。理查德·弗罗里达还同艾琳·泰内格莉合作，将“3T”评价体系运用于欧洲，提出欧洲创意指数。其中，欧洲包容性指数包括：态度指数，即主动或被动宽容的人数占总人数的比例；价值指数，即一个国家将传统视为反现代的或世俗价值观的程度，这类指数是通过一系列问卷调查得出的，涉及对宗教、民族、家庭、妇女地位等的态度；自我体现指数，即代表一个民族对待个人权利和自我体现的重视程度。该指数通过问卷调查得出涉及对自我体现、生活质量、民主、科技等的态度。由此可见，社会包容，也是网络文化产业不可或缺的三个维度之一。

网络文化属于大众文化的范畴，面向广大平民，具有极大的开放性、包容性、自由性。这就为网络文化产业的发展，提供了无限的拓展空间。近年来，虽然网络文化产业发展迅猛，但仍然有巨大的增长空间。就目前人们上网消费网络文化产品的情况来看，休闲、娱乐类占多数。由于受网络内容真实性、网上交易安全性以及网速等一系列因素的影响，在付费信息、在线学习等方面，还比较低迷。通过经营者以及社会多方面的努力，网络文化产业在这些方面将会有更深入的发展，在推动其他文化产业发展的同时，不断扩大自己的阵地，最终利用先进的传播手段，超越其他文化产业。

因此，发展网络文化产业，必须秉持包容性增长理念，不仅为主流群体提供所需的网络文化服务，而且兼顾非主流群体的网络文化需求；不仅反映强势群体的文化诉求，而且保障弱势群体的基本文化权利；不仅逐步实现精英文化的数字化与产业化，而且重视草根文化的数字化与产业化；不仅促进国有媒体的传统文化上网和网上文化传播，而且关注民营企业的网络文化产业如何做大做强。就网络文化产业发展而言，在更多地照顾民营企业等各类草根利益主体方面，大有用武之地。

二、践行市场搜寻理论

2010年，彼得·A．戴蒙德、戴尔·T．莫滕森和克里斯托弗·皮萨里季斯三人，以“分析存在查寻摩擦的市场”理论荣获诺贝尔经济学奖。市场查寻摩擦，指市场买卖双方相互寻找、匹配时面临的困难。因此，这一理论又被称为“市场搜寻理论”。评审委员会在提供给媒体的新闻稿中说，不少类型的市场中，买方和卖方并不能立刻与对方取得联系。而对劳工市场而言，雇主和劳动力经常需要时间和资源找到对方，满足各自需求。这就引发失业和职位空缺同时存在的状况。这一理论，不光适用于劳工市场，也适用于包括网络文化市场在内的其他类型的市场。发展网络文化产业，就离不开践行市场搜寻理论。

在互联网时代，是否可以让买卖双方更容易寻找、匹配？目前，搜索引擎基于页面的搜索模式，属于单向信息传递，还不能很好地解决这个问题。可以考虑的解决方案是，让买卖双方能够有更多的机会在直接需求与供应的基础上进行信息交互，让信息围绕用户服务，面向用户进行搜索，有问题或信息需求，能够直接找到对应的用户或被对应的用户找到。就像我们日常生活中有问题一般会建议去问某人一样，只不过互联网为我们提供了远在天边、近在眼前却无缘相识的人可被询问。如何让互联网中星罗棋布的用户互相快速找到所需，也许是解决问题的关键。

在网络文化产业中践行市场搜寻理论，从宏观上说，就是要遵循经济规律，科学发展网络文化产业。按照经济学原理，经济运行的规律是需求创造供给，满足即期需求、挖掘潜在需求、创造崭新需求，是普通商品生产和流通的着眼点与立足点。换言之，以需求为出发点组织经济运行、组织商品交易和交换，才可能使经济运行更为有效。包括网络文化产品在内的文化产品生产的规律则正好相反，是供给创造需求，有供给才可能有需求。也就是说，当文化积淀、文化创意成为可听、可视、可读、可体验的产品后，才会有需求。因此，我们要认识网络文化产业大发展、大繁荣的独特规律，从创造优质供给入手，推动网络文化产业的发展。这就要求创造更多的网络文化精品，使之能为人民群众所喜闻乐见的东西，满足人民群众不断增长的精神文化需求。文化消费与物质消费的最大不同在于：物质消费的终结，即物质使用价值的终结；而文化消费的过程和终结，正是文化积累和积淀的开始。“发展网络文化产业的关键，在于必须在坚持基本准则的前提下，充分利用市场，以市场为导向来生产和提供网络文化产品和服务，从而使网络文化产业真正成为新的经济增长点，积极引导消费，拓展文化市场。”不能用搞运动的方式，更不能像发展制造业一样发展网络文化产业、生产网络文化产品。

就微观而言，则需要解决网络文化产品与服务供求信息不对称的问题：一方面，要让网络文化企业和可以提供网络文化产品或服务的个人，能够迅速而精确地搜寻到需要自己所提供的网络文化产品或服务的网民；另一方面，则要让网民可以方便而快捷地搜寻到自己所需要的网络文化产品和服务。网络文化发展的重要对策之一，就是逐步丰富网络文化产品，提升网络文化服务质量，培育当地的网络文化市场，为网民提供真正使其喜闻乐见的网络文化产品和愿意为之付费的网络文化服务。与此同时，还要引导网民逐步转变消费观念，破除在网上只享受“免费大餐”的思维定式和心理惯性，逐渐接受各类有偿服务，以拉动内需，拓展网络文化消费，促进文化繁荣，真正建成文化大国，并早日实现由文化大国向文化强国的转变。

从社会视角看，我国网民消遣功能与实用功能并重的观念，有待提高。在互联网普及过程中，不少网民的认识，还停留在仅把互联网视作一种消遣工具的层面，对网络所承载的实用功能的认识和应用，还比较单一。例如，浙江宁波的调查显示，在日常上网行为中，除浏览新闻、获取生活信息和收发电子邮件外，排在前10位的，基本上都是网络游戏、网络影视收看及下载、网络音乐收听及下载等娱乐休闲和网上论坛、即时通讯等互动交流行为，平均超过日常上网行为的40%，而网上销售、网上求职、网上教育、网上预订以及网络电话、电子政务等网络实用功能的使用人群，仅占日常上网行为的10%左右。网民重消遣、轻实用的观念，对网络文化产业的健康发展，产生了一定的不利影响。因此，要促进网络文化产业发展，必须积极引导网络文化消费，充分发挥网络文化消费对扩大生产的导向作用。

首先，要根据网络消费者的需要及其消费特点，开发新的网络文化产品。网络消费的特殊性在于：网络消费者之间具有广泛的联系，相互之间的影响非常明显。因而，网络文化产品的消费对生产具有更强的导向作用。因此，应有意识地推动健康的网络文化产品的消费，培养和扩大在网络消费中能够发挥良好带动作用的网络消费者群体，以此促进网络文化产业的健康发展和健康网络文化产品的生产。

其次，要营造良好的网络消费氛围，科学地引导网络消费。网络文化产品的消费品种很多，因而网络消费有个是否科学、健康和适度的问题。一方面，对于任何问题的学习和研究，网络几乎都可以搜索到有参考价值的答案，网络文化产品消费可以使消费者及时了解到各种信息和知识；另一方面，网络消费中也存在着部分网络文化产品内容不良和部分网络消费者消费方式不良等问题。对此，相关部门必须进行相应的引导和控制。如思想和意识形态主管部门及网络传播管理部门，应该研究内容不良产品的界定问题，并建立科学和客观的评判标准及处理规则；而对于沉迷网络游戏等不良网络消费方式的少数青少年，学校和家长须对其进行正确消费方式的教育及引导，各类网吧也要建立和维护良好的营运秩序，并不断完善管理制度等。

（作者：浙江大学宁波理工学院教授）

（选自《电视研究》2011年第4期）

国内网络青年亚文化研究现状及反思

马中红

上世纪90年代以降，随着互联网的快速普及，中国青年文化开始呈现撕裂状态。一方面，认同和追随主流意识形态的青年文化依然在传统媒体和校园盛行，另一方面，更多新的亚文化现象在网络媒体的助推下恣意生长，从而使青年亚文化成为中国本土网络世界最活跃、最具生命力的文化景观。但纵观十多年来网络青年亚文化的研究，我们不无惊诧地发现，与网络世界方兴未艾的青年亚文化现象相比，学术研究的落后十分明显，现有的一些研究不同程度地染上了"狂躁虚无"的时代病，满足于浮光掠影式的轻浅叙述，而鲜见发人深思之作。可以说，网络青年亚文化已经盛装开演，而与之对应的研究还只是撩开了帷幕，许多有价值的问题亟需得到学术界的关注和探讨。

一、网络青年亚文化现象及研究概览

我们以期刊网为研究对象，以"青年亚文化"为关键词进行第一次搜索，以"网络"为第二关键词在结果中再次搜索，又以"网络文化"为关键词做更大范围的搜索，并从中筛选与"网络青年亚文化"相关的文章，有近百篇。由搜索结果得知，国内网络青年亚文化研究始于1997年，标志性的事件有二：其一，按月出版的《网上生活》杂志，作为互联网杂志在全国率先出版，但当时因为没有刊号，只作为《中国计算机用户》的刊中刊发行，直至2000年易名《数字世界》才正式出版发行。《网上生活》杂志象征性地开启了中国互联网生活方式之门。其二，是年，一些早期研究成果陆续发表和出版。既有从事互联网技术开发和服务的技术精英们撰文介绍西方互联网中的一些文化现象，譬如黑客亚文化、网络技术新语言等，也有学者开始对国内网络与青年问题展开研究，例如卜卫对1995年开通的"瀛海威时空"网络用户进行实证调查，其研究成果《百姓、青年与网络》一文1997年发表于《青年研究》期刊，这是国内较早通过调查表明青少年是网络用户的主体，具有实验性质。同年，由中国人民大学出版社组织一批青年编撰的、一套八本的《互联网络文化丛书》出版，其中，既有介绍互联网技术的《网络创世纪——从阿帕网到互联网》和《21世纪网络生存术》，也有对网络黑客现象介绍的《黑客：电脑时代的牛仔》，对网络时代人类精神生活方式变化进行描述的《生活在网络中》，以及对媒介传播在网络冲击下的前景进行展望的《孤独的狂欢——数字时代的交流》，等等。

这些研究共同的特征是从宏观层面、从全球视野介绍网络快速发展将对人类的生存方式和总体文化结构产生的革命性变革，尤其对青年群体的影响的无远弗届。研究成果中，特别关注的青年亚文化现象是“黑客”和网络新语言，这与研究者队伍中技术精英参与，全球网络技术创新，以及黑客高频活动有着密切的关系。

1998年之后，在“政府、企业上网年”活动的推动下，网络使用高速发展，网络事件层出不穷，御宅族、辣奢族、视觉系、拇指族等网络青年亚文化类型如火如荼，蔚然成风，但是，网络亚文化研究却没有及时跟上，仅有的几篇文章虽然关注了网络暴力、网上黑帮、追星、网络写作以及DV自拍等，但研究者的价值倾向却惊人一致地指向网络文化对青少年群体的负面影响，以及网络传播中的信息垃圾、暴力、色情甚至反动内容将对青少年健康成长构成的威胁。《网络传播对青少年的负面影响》一文认为垃圾信息弱化青少年的道德意识，网络的形象化妨碍青少年整体素质的提高，网络上瘾、网络孤独症、网络诈骗威胁青少年的身心健康，由此，青少年人生观、价值观因网络跨文化传播而失范。《网络对我国青年的影响评价》一文也特别强调，青少年将面临西方意识形态文化的渗透和潜在影响，将受网络色情影响而患上“网络性心理障碍”，高科技犯罪的危险程度在增大，而且信息泛滥，还可能使一些青少年成为“数字化人”。《网络暴力与少年暴力：从涵化理论说起》一文更是认为网络环境将成为现实生活中青少年暴力行为滋生的土壤和温床。网络的反文化现象在引起研究者高度关注的同时，互联网络本身也不同程度地被“妖魔化”，初露端倪的本土青年亚文化也被不加区分地盖上了“道德恐慌”的印章。

2005年，是网络青年亚文化及其研究的又一个重要年份。是年，中国网民突破一个亿，500万网民网上开博，MSN和QQ成为白领上班族最爱，网游无孔不入……网络爆炸性的发展不仅催生了一系列对青少年影响广泛的网络亚文化事件，同时也使青年亚文化本身成为中国本土网络世界最活跃、最具生命力的文化景观。在网络青年亚文化裹挟着喧嚣和浮尘高高扬起之时，研究工作开始摆脱此前碎片化的形式和主流意识形态的俯视角度，试图以更客观更冷静的视角趋近青年亚文化群体以及他们创造的文化。在此值得一提的是葛涛的博士论文《互联网上的“作家迷”虚拟社区研究》，文章突破性地使用了网络民族志研究、内容分析、言词分析等与网络文化行为更贴近的研究方法，对互联网络上既存的“鲁迅迷”、“张爱玲迷”、“金庸迷”、“王小波迷”四个虚拟社区分别进行较为深入的个案研究，尽管所用理论囿于大众文化研究的藩篱，对网络迷文化的亚文化特性概括也仅仅停留在“抵抗”的单一层面，但是，毫无疑问，其对青年亚文化不带偏见的正视以及客观细致的研究方式是具有积极意义的。

随着网络青年亚文化现象的席卷而来，2006年以降，在此方面的研究工作全面进入。网络同居亚文化、同性恋亚文化、恶搞亚文化、搜索亚文化、御宅族亚文化、语言亚文化、播客亚文化、粉丝亚文化、耽美亚文化以及青春写作亚文化等成为网络青年亚文化研究的主要对象。一些研究成果结集出版，主要有蒋原伦主编的《新媒体丛书》共四本，重点描述和研究了诸如在线聊天工具、网络动画、电脑游戏、短信等网络产品所带来的文化转型，虽然作者们并没有意识到这些媒介产品其实是总体文化遭遇新媒体后裂变而来的亚文化现象，但其从文化研究视角所做的探讨无疑促进了网络文化的研究。王铮的《同人的世界——对一种网络小众文化的研究》聚焦国内“同人”群体——一群爱好者基于原作和原型所进行的再创作活动，对其源流、发展现状以及活动方式做了全方位的介绍和评述，对此类鲜为人知的青年亚文化进行深描，从而揭开了深藏在网络虚拟空间中的一个庞大的族群。

二、网络青年亚文化的精神内涵

何为"网络青年亚文化"或"网络亚文化"？这是网络青年亚文化研究的起点，但大多数研究者都公认这是一个很难定义的概念。在绝大多数远离网络的人看来，网络文化的出现本身就是边缘文化对主流文化的冲击，其开放性、去中心化、互动性的特点具有浓重的亚文化色彩，因此，在这样的传播平台上形成的以青年人为主体的文化类型都可以视为网络亚文化。

这一似是而非的看法，在以网络亚文化现象和个案为阐释对象的文章中得到集中体现。"美眉是网络亚文化中的亚文化，但全世界的美眉网站恐怕数以万计也不止。""数字化的技术浪潮和视觉文化的日益普及，为DV影像的个人化写作插上了起飞的翅膀，青年学会利用手中的DV来创造青年亚文化。""网络同居是一种以网络为媒介，以性吸引为基础的青少年亚文化现象"，研究者们将网络美眉现象、网络同居、QQ聊天、DV拍摄等流行的网络现象直接等同于网络青年亚文化，仿佛这是天经地义似的，根本不去追问为什么这些网络现象就是网络青年亚文化。

换言之，在现行的研究中，何为"网络青年亚文化"还缺乏严格意义上的界定，其内涵不明确，外延也模糊不清。经常被缠绕在一起的概念有"网络文化"、"大众文化"、"亚文化"和"反文化"等。

由于网络兴盛的历史仅十多年，依托此形成的文化形态在界定时也众口不一，如"网络文化就是网络时代的人类文化"，如此宽泛的定义，抹杀了网络文化的特定性。又如"网络文化是指互联网络中以文字、声音、图像等形态表现出的文化成果，主要包括网络新闻、动漫、网络视频和音乐、网络文学、论坛等"，显然它又过于狭隘地理解了网络文化的广博性。彭兰指出，网络文化包含了五个基本方面：网络文化行为、网络文化产品、网络文化事件、网络文化现象、网络文化精神，其中，文化行为和文化精神更趋于宏观理解，而文化产品、文化事件、文化现象则偏向于具体考察。在笔者看来，上述概念的混乱就是由狭义、具体的层面引发的，大多数不加深究的研究，常常将网民的原创文化产品，诸如文章、图片、视频等随意地归称为"亚文化"、"大众文化"或"媒介文化"。

较早试图对"网络亚文化"进行定义的李梁曾将"网络亚文化群体"与"网络媒介文化"相提并论，他认为"前者指按不同年龄、个性、职业、思想观念、兴趣爱好聚集在一起的群体，后者则指传统大众媒介在网络上进行大规模信息传播活动而形成的文化现象。"在他看来，网络媒介文化是大众文化在网络空间的延伸和替代，是网络空间里最大的文化群体，具有"主流"和"支配性"地位，与此相反，"那些网上参与人数较少，影响也相对较小的文化群体我们把它称为亚文化群体"。人数的多寡、影响力的大小，成为网络亚文化群体与网络媒介文化的区别指标，很显然，这样的划分标准具有形而上的偏差。而杨聪认为，文化创造的手段是甄别亚文化的关键，"在大众传媒的时代，年轻人是用传统的手段为自己营造亚文化的圈子和进行身份的确认，那么，在网络的时代，他们则是用'比特'符号创造一种新的、专属于青年自己的亚文化。"然而，手段并不完全等同于本质，将"比特符号"视为青年亚文化的内涵，犹如将吉他或打击乐乐器直接视作摇滚乐一样不准确。更有一些研究者直接将网络亚文化与反文化画等号，比如"网络亚文化群体自始至终都陷于摧毁行为本身。"因此，在该文作者看来，网络论坛、聊天室里充斥着的个体的粗鲁、暴戾、黄色的用语以及带有侮辱性、挑衅性的言语行为就是网络亚文化。

那么，网络亚文化现象是否就等同于网络亚文化呢？或者用“比特符号”创造的文化类型是否就是网络青年亚文化呢？甚至凡网络上出现的青年原创作品是否就是网络青年亚文化呢？对此，笔者认为，虽然试图为网络青年亚文化下一个严密而准确的定义不太可能，但其内涵和外延所必涉的关键词还是可以明确地加以提炼的。

关键词一为“青年群体”。亚文化具有社团的特性，因此，个体的、偶发的文化现象如果不能诱发一连串的具有相对稳定性的文化行为时，并不能称之为“亚文化”，比如，无字贴“贾君鹏，你妈妈喊你回家吃饭”，尽管跟贴量超几十万，也引发了无数相似句式的口号产生，但无论如何这只是一个网络事件。只有将其纳入更具有群体性或社团性的文化类型时，比如网络恶搞亚文化、网络游戏亚文化等，“贾君鹏”才是某类青年亚文化的典型个案。

关键词二为“观点或主张”。亚文化青年不是散兵游勇，各自为战，他们被建构或主动构建成为具有天生的反抗性质、追求与主流成人社团相异的社会团体和组织，通过特定的风格或方式，告知自己的存在和传达自己的主张，获得彼此间的认同。无论是网络黑客亚文化，抑或网络恶搞亚文化，青年亚文化均有着鲜明的价值主张和文化理想，并通过极易识别的风格化方式加以表达。

关键词三为“新媒体”特征。这是网络亚文化与前互联网时代亚文化最为明显的不同。由于青年亚文化群体均为非官方社团和组织，在传统大众媒体时代，一般无法通过正常渠道表达自己，而以互联网为载体的新媒体无疑将青年的媒体话语权从主流文化手中部分地交还给青年人自己。在新媒体中，那些为青年人所熟知的新的技术呈现和表达方式，比如，媒介由语言文字符号、声音符号和影像符号向综合的数字符号转变，致使文化的表达突破了对单一媒介的依赖，实现了青年亚文化表征符号的“脱胎换骨”。网络青年亚文化表达类型也迅疾由单一向全面转向，不再拘泥于某一种表达方式，而是杂糅了文字、图像、影像、声音等多媒体手段，游刃有余地建构起具有独特性质的亚文化类型。在此，媒介不仅仅是青年亚文化传达的工具，而且还内化成为驱动力，乃至精神本质。

三、网络青年亚文化的研究言路和价值判断

网络时代的青年亚文化比任何一个时代的亚文化都显得纷繁复杂。各种类型的亚文化现象、青年族群、亚文化社区有着天然的联系，但也有着迥然的差异，然而，在现有的研究成果中，研究的基本言路却有着惊人的相似，大体呈现如下：

首先，充满对网络青年亚文化的同情、理解和宽容，而不再是简单的排斥或批判。研究成果显示，研究者们对网络青年亚文化的价值判断随着互联网络的普及以及网络青年亚文化形态的多样化经历了从同情、理解到宽容的变化过程。比如，对网络火星文的评价，杨文虎认为，“电脑网民的用语，作为青年亚文化的表现，实际上体现的是一种新的时代特征。”欧阳友权等人则进一步认为“这种新颖而富有创意的语言形式，有别于日常的语言规范，正契合了青少年张扬自我，突出个性的表意追求。”尽管如此，仍然有不少的研究者对网络青年亚文化持慎重的态度，采取不偏不倚的两分法原则，在充分肯定网络青年亚文化积极意义和价值的同时，指出其是一柄锋利的双刃剑，对青年个体、社会、总体文化都产生了负面影响。比如，为数不少的研究者担心网络火星文的使用极有可能养成不规范运用语言文字的坏习惯，从而使正规语言文字的运用能力下降，不利于现代汉语的健康发展。网络恶搞亚文化的研究者在充分肯定这种亚文化类型的解构权威、颠覆传统及其创造性的同时，也认为“有些恶搞提供给我们的不是悲剧，也不是喜剧，而是闹剧，它们失去了对时代的深切体验以及社会责任，缺乏世界观性质的深度和力度。”这种两分法的表述方式，折射的是研究者与青年亚文化的空间距离和心理距离，以及研究者个人的主流文化立场。直至如今，这依然是网络青年亚文化研究中最主要的研究言路和价值判断。

其次，普遍认为，青年亚文化一般不会对主导文化的现存秩序、规则构成威胁，更不会取而代之，因为网络青年亚文化是一种边缘的文化，与主导文化之间的关系不是“反抗”，而仅仅是“对抗”，乃至是“补充”。董长弟在分析网络火星文时认为，“从它诞生的那一天，就注定只能是一种处于边缘化的网络次文化用语，永远也不可能在汉语或其他语种中占据主导话语权的地位。”易蓉在分析具有典型先锋性的摇滚亚文化时也认为“它既不单纯地是一种让青少年丧失责任感、使命感的游戏形式，也无法形成一股对既有意识形态具有实质性威胁的颠覆力量。”正因为如此，多种多样的网络青年亚文化构成了社会总体文化的多样性和丰富性，从而常常获得主导文化“睁一只眼闭一只眼”的许可。不过，也有个别研究者在分析网络恶搞文化时指出，“网络恶搞文化必定与主流文化发生冲击甚至冲突。”但是邱宝林则通过对DV影像网络传播现状的分析证明了亚文化与主导文化之间并不一定是“你主我辅”的平衡，“对抗”有时可能趋向“反叛”，但“反叛”的最终结果，同样不是“取而代之”，反而是亚文化自身的消泯。可以说，对于亚文化的命运，研究者们的看法高度一致，都认为处于边缘和次地位的亚文化，一旦突破政治边线，对主导文化形成压力和构成颠覆时，亚文化的命运便岌岌可危，“Q版文化一旦与主流文化发生冲突，势必会受到主流文化的抵制。”“作为亚文化的恶搞一旦触动了政治意识形态的雷区，那么它必将遭遇主流文化的整肃。”

再次，强调风格表征和形构方式是网络青年亚文化的特征。青年亚文化区别于主导文化以及其他文化类型的因缘之一是它有着风格鲜明、意蕴丰富的符号系统。一方面，这种特有的符号系统是青年群体自己的话语方式，是他们为自己编织的语言代码，以此证明他们自身有别于成人世界、父辈社会的存在方式。另一方面，亚文化群体刻意建构的符号系统是群体成员之间的约定俗成或共同创造，符号的使用和风格的形成，强化了他们之间的情感联系和价值认同，特定群体也通过符号系统与其他亚文化群体构成区隔。与此同时，符号系统还是一种隐喻，通过特殊的生产手法制造出来，以承载特定亚文化群体的关于世界、社会、文化的集体想象。肖伟胜分析了网络语言生产的两种手法：拼贴和同构，从而发现语言生产本身便是青年亚文化群体的一种策略性抵抗，“亚文化的拥护者在一定意义上‘偏离了’主导文化，处于一种亚性状态，是社会中的‘异端’。这种‘偏离性’和‘异端色彩’往往通过仪式化（符号性）的抵抗彰显出来。”王少磊通过对“西祠胡同”网络社区的跟踪研究发现，胡同“黑话”和“江湖”规矩，个性头版和编辑方针等元素和规则构成了“西祠胡同”一眼即可辨识的符号系统。“西祠胡同”借此独特的游戏规则和圈内语言，张扬自身典型的不同于精英文化的“小市民风格”。

第四，对网络青年亚文化的未来走向高度关注，不过，所持的观点大同小异。研究者们预测的“出路”大致有两种，一是政治打压或温和些的政治收编，一是商业收编。蔡骐在他的文章中断言，作为网络时代激情反叛的表征，恶搞文化所代表的不过只是一种狂欢的仪式，它既可能消失在主流意识形态的打压下，更可能淹没在商业利益的收编中。章曦元认为，DV的最终命运，可能是受主流文化青睐而被收编，可能是继续保持民间和个人化的状态，但是，令他不无担忧的是当DV影像被收编之风吹起时，DV影像"是否还能保持它的原创的纯粹个人化的色彩，是否会失去它之所以存在，之所以被人拿来探讨的理由？"在蔡琪等研究者们看来，粉丝亚文化所刻意经营出来的所谓"风格"和"个性"，既是反叛，更是以反叛的名义生产出来的时尚，是消费主义狂欢的一种噱头。至此，青年亚文化的反抗性、独立性被完全消融，不复存在。

四、网络青年亚文化研究的再思考

互联网络的迅猛发展催生了青年亚文化的井喷，而长期以来，主导文化对青年亚文化的压制以及理论研究导向的忽视，导致青年亚文化研究的严重匮乏，既表现出研究数量的不足，更体现在研究理论的单调。可以这么说，前互联网时代亚文化研究的主要理论工具是国外社会学中有关"代际"、"偏离"和"越轨"的理论，在此理论观照下，亚文化被视作异类文化加以研究，研究者的立足点和视角是正统文化、主导文化和成人文化，亚文化则是需要宽容、引导、吸纳的小众文化和另类文化形态。新世纪以来，随着国外亚文化理论尤其是英国伯明翰学派青年亚文化理论的陆续译介，国内青年亚文化研究由社会学朝文化研究转向，伯明翰学派理论的术语和关键词，诸如"阶级结构"、"仪式抵抗"、"风格"、"符号化"、"政治收编"、"商业收编"等等便大行其道，甚至成为国内研究青年亚文化的单一理论话语。

理论话语的单向性意味着青年亚文化研究的窄化和僵化，这需要我们高度警惕。事实上，伯明翰学派青年亚文化理论形成的时代背景、社会文化语境与今天非同日而语，其青年亚文化理论体系能否有效地用来分析网络新媒体时代的青年亚文化，在国外已经引起了热烈的讨论。比如，20世纪80年代之后，由于伯明翰亚文化研究过于激烈的意识形态色彩，以及它们赖于建构理论体系的"阶级"正从我们眼前活生生地消失，加之西方后现代理论话语在文化研究领域的迅速扩散，新一代的亚文化研究者们对此展开质疑，并试图发展新的亚文化概念和理论取而代之。值得我们关注的是，后亚文化研究理论认为，亚文化的研究需要从社会结构模式中脱离出来，更加注重亚文化的实践意义，包括亚文化个体和群体的商品消费行为，以及通过消费释放和建构起来的更具有创新意义的文化行为，甚至，我们还需要关注亚文化群体通过虚拟网络世界突破本土化的局限寻求全球商品消费中的个人力量。总之，因为我们所处的世界已经发生了变化，地域化被全球化取代，一元文化被多元文化取代，青年群体也不再反抗任何单一的主流阶级、政治体系或成年文化，因此，上世纪60年代产生的以"阶级"为理论基石的伯明翰学派的学说已经不能完美地用来解释今天网络世界的青年亚文化了，我们需要发展多样的、丰富的理论话语。

在后亚文化时代，媒介技术的力量和意义显得寻乎异常地突出，卡曼纽尔·斯特说："我们个人和集体存在的所有过程都直接受到新技术媒介的塑造。"（Manuel Castells，2006）以新媒介为主要载体的青年亚文化与传统媒介时代相比较，结构性转化已经显现。然而，现有的研究，仅仅看到了网络作为传播工具的价值，认为其开放性、去中心化和互动性的特征使青年人获得了部分话语权，从被动接受者跃升为主动参与者，但是，很少有研究者进一步去考察媒介之于青年亚文化的真正价值。事实上，以互联网为主体的新媒介对青年亚文化发展的影响力比此前几乎所有的媒体都要广泛、深刻和迅捷得多——这不仅包括影响到青年亚文化的多样性和传播方式，也包括它所提供的亚文化文本的存在形式和功能模式，还有亚文化生存成长的整个生态环境和文化语境。毋庸讳言，网络新媒介的无深度感、暂时性、分裂性和全球化特征促使在其基础上生成和传播的青年亚文化不再坚持抵抗任何单一的政治体系、主流阶级和成年文化，他们甚至不同程度地弱化了某些“抵抗”的特质，也不再囿于某种风格鲜明而固化的文化类型，相反，诸如身体、性别、种族、民族、时尚、图像等却不断进入当代中国青年亚文化的内核和意义场域，许多特征明显不同的青年亚文化类型共时性地陆续呈现，甚至此起彼伏，随着时间的流逝，它们不断出现、繁盛，直到消失，终而复始，生生不息。在新媒介建构的虚拟世界中，青年人也不再仅仅将自己执著地归属于某一种亚文化类型，他们经常从一种亚文化类型转向另一种亚文化类型，或者同时属于几种亚文化类型。这完全不同于此前伯明翰学派所关注的青年亚文化，也不同于国内前互联网时代的青年亚文化，那时候看起来似乎就只有两种文化类型——主流的和反叛的。事实上，不同阶层、教育、社会环境中的青年人总是分属于各种明显不同的群体，他们在观念、价值观和意识形态上都有着极大的差异性、多样性和异质性，需要分别加以研究。

有关青年亚文化与主导文化、大众文化或商业文化的关系，在网络新媒介语境中也迫切需要重新审视。在笔者看来，无论是用政治“打压”，还是政治或商业的“收编”来描述青年亚文化发展的归宿都是一种简单乃至粗暴的处理方式。首先，何为“打压”？何为“收编”？在研究者的话语表述中，政治的“打压”和“收编”是指主导文化对异己文化的整肃和招安，前者意味着强权、暴力施压之后的宰制，后者则是温柔分裂、拆解之后的吸纳，两者的目的均是为了替异己文化画上句号。与政治强权相比，商业利益是一种典型的操纵型权力，往往以一种蓄意的、他人并未感觉到的方式施加影响。对青年亚文化而言，一旦形成鲜明的风格，商业之手就会随之而来。问题是，“打压”和“收编”是否就一定意味着赫伯迪克所说的青年亚文化的“死亡”呢？受到宰制的亚文化是否可能换一种语境，换成另外一种呈现方式而复燃呢？商业利益吸纳之后的亚文化有没有可能在商品生产和消费中获得更大的生存空间呢？在亚文化群体有所选择的消费行为和生产性收视行为中，是否有可能颠覆、改写商品原初的意义，从而重新定义、定型并且改变商品生产者的本意呢？

在新媒体传播语境下，主导文化、商业利益与青年亚文化之间的关系模式已呈现出前所未有的复杂情形，或者说，主导文化对亚文化的招安，商业利益对亚文化征用方式已经发生了深刻的变化，主导文化在分众化、参与性新媒介和多样化文化形态的前提下，更多的是通过主流媒介的融入来影响和操纵亚文化的走向，商品消费的“触角”也超越了对亚文化既成“风格”，诸如新潮流、新款式、新音乐的利用和改造而延伸至亚文化产生的源头，商品成为亚文化现象的催生和形塑者。在此，网络青年亚文化与主导文化、与商业利益不再泾渭分明，他们彼此互为对象，互为存在。如果无视这一变化，如果不能做进一步的深究，我们就无法逃脱伯明翰学派“收编”与“被收编”的樊篱，将很难深入而准确地把握当今网络青年亚文化的本质。

（作者：苏州大学凤凰传媒学院教授）

（选自《青年探索》2011年第4期）

中国网络文化研究综述

申玲玲　李　炜

互联网的发展速度和社会影响力逐步凸显，当下，互联网领域的应用创新和移动互联网等层面的技术创新，使得互联网在今后对我国经济、政治、文化、社会等方面的影响也越来越深入，鉴于此，对于网络文化的研究也显得愈发重要。纵观最近十多年，网络文化的研究也在不断拓展、深化，现有的网络文化研究主要涉及以下领域：

1．网络文化概念研究　网络文化研究的前提是厘清文化这一概念。1982年联合国教科文组织成员国给文化下的定义认为，文化在今天应被视为一个社会和社会集团的精神和物质、知识和情感的所有与众不同显著特色的集合总体，除了艺术和文学，它还包括生活方式、人权、价值体系、传统以及信仰。据统计，对于文化这一概念有400多个定义，其中比较经典的有以下三种类型：第一种定义认为文化和文明是紧密联系的，如人类学家博阿斯的定义：文化是文明了的人类进行的一切活动；第二种具有鲜明的文献意味，认为文化仅仅是表现人类知性和思想的作品的集合；第三种理解认为文化是一种特殊的生活方式的描述，而作为一种生活方式的文化概念，可以分为四层：行为文化层、制度文化层、物态文化层和心态文化层。从本质上说，文化就是"人化"。

关于网络文化的概念，目前并没有统一的界定，根据对网络文化所包含内容范围的理解不同，学术界对其含义大致进行了三个层面的划分：

(1) 侧重于网络这一载体。网络文化，是"人们在互联网这个特殊的世界中，进行工作、交往、学习、沟通、休闲、娱乐等所形成的活动方式及其所反映的价值观念和社会心态等方面的总称"。是"指以计算机技术和通信技术融合为物质基础，以发送和接收信息为核心的一种崭新文化"。尹韵公认为网络文化是"以人类最新科技成果的互联网和手机为载体，依托发达而迅捷的信息传输系统，运用一定的语言符号、声响符号和视觉符号等，传播思想、文化、风俗民情，表达看法观点，宣泄情绪意识等等，以此进行相互之间的交流、沟通、联系和友谊，共同垒筑起一种崭新的思想与文化的表达方式"。

(2) 从构成要素的角度来界定。程正彪认为，网络文化既包括资源系统、信息技术等物质层面的内容，又包括网络活动的道德准则、社会规范、法律制度层面的内容，以及网络活动的价值取向、审美情趣、道德观念、社会心理等精神层面的内容。彭兰则把网络文化分成如下五个层面——网络文化行为、网络文化产品、网络文化事件、网络文化现象、网络文化精神。不同层面的网络文化交织在一起，构成了复杂的网络文化景观。

(3) 从社会学的角度来描述。郭玉锦和王欢认为网络文化的内涵可以从4个方面来理解：一是语言符号系统；二是网络运作及其上网者的网络行为产品；三是行为规范；四是网络价值观念和基本假设方面。

2. 网络文化的特征与变迁动力的研究　匡文波教授认为网络文化是以电子为介质的高科技、高时效性文化、具有开放性、交互性、虚拟性。江潜认为网络文化代表着一种新的生存方式，具有大众化、全球化、多元化、虚拟化、个性化的特征。尹韵公认为网络文化是全球同步、全民参与的文化、是个性十足的“客”文化、是集大成文化、是强势文化、也是新人类文化。同时也体现出后现代的文化特性：自由平等性、游戏性、不确定性和商品化。史安斌认为在网络文化中，技术因素的影响力甚至超过了文化因素，成为主导力量，娄成武和李冬认为网络文化发展的最根本动力是消费者、用户的需求。彭兰教授则认为网络文化的形成是基于以下几种主要的动力要素的组合结构及其运动方式：个人诉求——网络文化发展的原动力；网民互动——网络文化的助推力；主流文化——网络文化的初始标靶；技术、经济、政治——网络文化的外部力学系统。

3. 网民研究　据CNNIC的数据，我国网民整体呈现“三低”：年龄偏低(10—39岁的网民占到了80%以上)，学历低(高中及其以下学历的网民占75.8%)，收入低(收入在2000元以下的占69.6%)，这些底层用户网络组成了中国虚拟空间中大多数变动的创新来源，网络在促进网民关注和参与社会活动、人际拓展、网络拓展方面发挥着越来越重要的作用。彭兰教授认为中国大陆网民在现阶段的典型特点主要是：需求方面是环境认知需求凸显，自由表达与社会参与需求强烈,边缘性需求增加；行为方面是“解构性”行为容易产生轰动效应，暴力行为易被激发，群体感染性强；思维方面是质疑成为一些网民思维的基调，一些网民易被简单化思维主导；价值取向方面是道德上的双重性，文化上的叛逆性，政治上的激进性。张金凤认为中国网民的发展历经如下几个阶段：1994—1995年，网民群体的萌芽阶段。这个阶段，网民是信息的“收受者”，其行为是不确定的，缺乏主动性的；1996—1999年,网民群体的形成阶段；2000—2003年，网民是“舆论监督者”；2004年至今，网民群体的膨胀阶段。网民主动性也越来越强，成为了网络传播的最重要的“传受主体”。随着网络的社会影响力日益增强，网民素养问题也开始进入研究者的视野。例如，彭兰认为网络赋予普通公众更大的权利，而这意味着更重的责任和更高的履行责任的能力要求，所以应该注意培养和提升网民素养，具体包括网络基本应用素养、网络信息消费素养，网络信息生产素养、网络交往素养、社会协作素养和社会参与素养。

4. 网络文化的管理研究　互联网是十分重要的资源，在任何一个国家，政府都是互联网管理背后的推动力和主导者。从管理方式而言，世界各国对互联网的管理大多数采取国家立法管制和民间机构配合治理的模式、加强业内自律并落实业务规范，开发和运用防范网络问题的新技术，让公众自发地监督和举报互联网的不法行为是互联网民间管理的杀手锏。除此之外，每个国家都会根据自己的国情制定出相应的管理措施。就整体而言，我国网络立法仍然不够完善。虽然在国家级层面，我国已先后制定了27部法律、法规和规章，但是我国当前互联网管理依然存在五个不平衡：网络规模和基础资源不平衡；安全管理和行业管理不平衡；多头管理和部门联动不平衡；发展实践和法制建设不平衡；互联网企业的商业性和公益性不平衡。

5. 网络文化产业研究　陆地等人编著的《中国网络文化产业发展报告》指出，网络文化产业是文化产业的新领域和重要组成部分，在西方主要发达国家甚至已经成为国民经济发展的支柱性产业，在我国也已经成为国家文化产业发展战略的重要一环。宋奇慧认为“网络文化产业”是一个外延比较广泛的概念，是网络产业与文化产业、信息产业与内容产业的跨越和融合发展的产物……可以包括网络出版、网络新闻、网络广告、网络教育、网络旅游等诸多网络与文化结合的行业，但是当今中国产业化程度较高的依然是网络游戏产业。赵普光和李凌汉认为产业结构单一、创意性文化内容开发不足、消费者对网络文化认知深度不够、网络文化经营和管理市场不规范等问题制约了我国网络文化产业的健康发展，应采取有力措施加以改进。

6. 网络文化的影响研究　国内对于网络文化的功能认知从一开始就显得较为系统和全面。匡文波教授认为网络文化具有三种功能：传递知识、信息的功能；商业功能；娱乐服务功能。秦州则从网络文化的价值取向角度入手，认为网络文化能促进人的全球性普遍交流与交往、激发人的创造性思维、推进人类经济快速发展，还能为现代社会注入文明、鲜活与时尚的内容。

(1) 网络文化对人的影响研究。国内学者基于网络技术与互动形式的分析，在适当考虑网络负面性的同时却也大体褒扬了网络对于人类的积极影响、文化属性和社会价值。博玫认为网络传播的匿名性，使人们在一定程度上可以重新整合其完整的人格结构，使人的精神系统保持一个动态的平衡状态，从而使其心理保持相对健康。李超元认为网络缩短了人社会化进程的时间，扩大了社会化的受化范围，并且对个人角色具有重塑作用。黄健认为，在网络中，人可能因沉湎于符号所构成的虚拟世界而远离真实世界……产生某种狂热心理、迷恋心理和迷惘心理，从而使人们在高科技的工具理性世界里，失去对价值世界的向往与追求。在主观性膨胀、多元化价值之下，主体批判性缺失，导致网络人格的双重性和人格分裂。

(2) 网络文化对社会的影响研究。这主要包括四个方面的内容。第一，网络文化与社会政治。网络时代的政治将打破以往金字塔型的政治结构，网络民主有效地克服了单向式、自上而下的集权控制的信息处理、创制和传播方式的诸多局限，使直接民主有了现实的可能性，网络文化中的平等性和开放性还销蚀着金字塔式的等级集权制的权力结构，促进了政治的分权化。美国学者 Tiziana　Terranova 认为，西方社会将随着网络的日益普及步入一个“网络面前人人平等”的新天地。网络是一个无中心的、充分民主和平等的虚拟社会。有利于打破信息控制、解构政治话语权、实现电子政务，使政府的施政方式产生变化。第二，网络文化与社会经济。关于互联网对经济的影响，这一角度的研究主要有两种思路，即网络对文化产业、社会经济的影响。网络文化形成的文化产业经济构成了现代社会经济中的一支方兴未艾的新经济力量，最终将对国家现代社会经济的发展发挥战略性的影响作用。网络经济的价值并不在于它本身能立即给全社会带来多少有形的财富和利润，而在于它可以营造一个新的社会环境。为全体社会成员提高经济创造力提供一个平台，使整个社会能实现财富的迅速聚集和飞跃发展。它具有强大的支撑、渗透和带动效应。第三，网络文化与社会文化。欧阳友权认为网络文化使既有文化发生了转向，即文化发展方向出现了异于既有文化逻辑预设道路的新的文化理念和实践：从现代性走向后现代；从理性走向感性；从精英走向大众。李超元指出随着互联网的进一步发展，全球文化之间的交融与冲突也达到前所未有的水平，文化的趋同与对峙给人的社会化带来的影响引人关注。史安斌认为网络文化应该是由各民族文化共同构筑的有机体，而不应该也不可能是美国文化的代名词。但是由既有的政治、经济、技术等方面发展的巨大差异所带来的网络文化则对本民族文化形成了一定的冲击，众多处在第三世界区域的文化逐渐地被分化和边缘化。鲍宗豪认为，对于正处于现代化进程中的文化来说，现在的关键不在于要不要转变传统文化的问题，而是如何转变的问题。第四，网络文化对社会伦理的影响。欧阳友权认为互联网对当代伦理建设具有一定的积极意义：它孕育了许多新的价值观念和伦理精神，刷新和激活了自由与共享、自主与平权、互助与风险、开放与兼容等现代伦理意识，极大地拓展了社会伦理文化的空间……但网络传播也会导致网络社会乃至现实社会在一定范围内、一定时段内、一定程度上发生失范和道德紊乱。如：传播方式的超地域性加剧了道德冲突、网络的虚拟性正在制造感情的“网络飘逸症”、网络世界的信息不平等性对传统文化过程威胁、网络隐私权受到挑战、网络对知识产权的侵犯。

7. 总结　围绕网络文化这一崭新的内容，中外学者从多角度、多层面进行了几十年的研究，取得了较为丰硕的成果，为今后对网络文化更为科学的研究奠定了良好的学术基础。主要成果具有以下几个特点：一是研究内容较广。既涉及网络文化自身的特质，又关注了网络文化对人、对社会、对传统文化、民族文化等带来的影响，既有的研究成果厘清了今后相关研究的大致轮廓，罗列了大致的研究思路。既体现了对原有文化的继承，又表现出对新文化的创新；既充分估计了其积极作用，又清醒地看到其消极作用；既对其现实表征进行剖析，又对其未来趋势进行预测，体现出一种学术的宽容性和开放性。二是从研究的学科和方法看，体现出综合性和交叉性的特点。社会学、文化学、传播学、伦理学、经济学、心理学等学科的研究者，从自身的专业角度对网络文化进行“解剖式”的理论性研究和应用性研究。

网络文化毕竟产生的历史较短，其发展还处于初始阶段，而网络技术又处于快速发展的过程中，其本质、形态、特征、规律和趋势有待于人们进一步研究和把握。应该承认，从现实来看，网络文化的研究还处在起始阶段，存在着一定缺陷与不足：一是对于网络文化和网络文化产业等的概念界定不明晰，致使数量众多的研究成果难以形成体系，不同的研究者在自己理解的基础上进行相关研究，从长远来看，并不利于后续研究的进一步拓展和推进。二是对网络文化中体现其技术特征的工具性分析较深入，揭示其影响社会关系的价值性分析不多，侧重于“网络”，而忽视了“文化”。三是从研究方法来看，存在着不足。主要表现在对网络文化只进行宏大的、一般性的叙述和研究，缺少网络文化具体行为的调查和分析；过于重视对网络文化行为的基本分析，忽视对网络文化行为主体内在心理和价值倾向、以及网络文化精神和制度等层面的分析；重视对某一阶段的网络行为进行分析，缺乏一种整体的视野、联系的观点，未能从网络文化的产生、发展过程中捕捉网络文化的本质、特征及其发展趋势，理论研究的水平落后于网络文化的发展现实。

总体而言，国内关于网络文化的研究框架清晰，内容广泛，但是深度和精度略有不足。国内的网络文化研究突出表现为“应对性强，而主动性弱”，从所关注的内容、研究的方式和提出的措施等方面看，多数学者处于一种对网络文化的“应对”心态，对于网络文化的长远发展缺少思考。

（作者单位：西北政法大学新闻传播学院）

（选自《社会科学战线》2011 年第 7 期）

第六部分

理论·社会建设

社会建设就是建设社会现代化

陆学艺

党的十六届四中全会有两个理论贡献：一是提出了构建社会主义和谐社会，二是提出了社会建设。前者提出了适合中国国情民意的战略奋斗目标，像当年提出“小康社会”一样，一经提出，就受到全国群众的普遍欢迎，反映了群众对和谐社会的渴求。后者则是为实现社会主义和谐社会服务的，和谐社会要通过社会建设等一系列建设才能实现。

在党中央领导下，全国开展了关于构建社会主义和谐社会与社会建设的实践探索和理论研讨。2007年，党的十七大通过的党章（修正案）中，把社会建设列入中国特色社会主义建设事业总体布局，从原来的三位一体扩展为经济建设、政治建设、文化建设、社会建设四位一体的总体布局。体现了我们党对社会发展规律、社会主义现代化事业建设规律认识的深化，标志着我国进入了以社会建设为重点的新阶段。

党的十七届五中全会通过的“十二五”规划建议中，特别强调把“加强社会建设”作为加快实现经济发展方式转变的根本出发点和落脚点。今年初，党中央召开了省部级主要领导干部关于创新社会管理的专题研讨班，再次重申了加强社会建设和创新社会管理的重要性和紧迫性。目前，加强社会建设、创新社会管理正在全国蓬勃展开。在这样一个新阶段开局的时候，对于什么是社会建设，社会建设的主要内涵和主要任务是什么，怎样进行社会建设等问题，很有厘清的必要。

一、社会建设就是建设社会现代化

新中国成立以来，尤其是改革开放以来，我们坚持以经济建设为中心奋斗了30年，干成了一件大事，即基本实现了经济现代化。2010年我国的GDP达到了39.8万亿元，总量排位世界第二，制造业总量已经位列世界第一，外贸进出口总量、国家外汇储备均居世界第一。2010年的经济结构中，第一产业占10.2%，第二产业占46.8%，第三产业占43%。我们国家的发展已处于工业社会中期阶段，北京、上海等地已经进入工业社会的后期阶段。

与此同时，我国的社会建设也取得了很大的成就，社会结构发生了深刻变化。相比较而言，由于多方面的原因，我们的社会建设还相对滞后，社会结构还相对落后。例如社会结构中的就业结构，1978年的总就业人口中，一产占70.5%，二产占17.3%，三产占12.2%；2009年变化为一产占38.1%，二产占27.8%，三产占34.1%。1978年我国二、三产业职工人数只有11835万人，2009年发展为48287万人，31

年增加36452万人，平均每年增加1176万人。二、三产业职工占总就业人口的61.9%，已经是工业社会的就业结构，但农业劳动力仍占38.1%。

从社会结构中的城乡结构看，1978年我国的城镇人口只有17245万人，城市化率为17.9%。2009年，城镇人口达到62186万人，31年共增加44941万人，平均每年增加1450万人，城市化率达到46.6%；其中有很多是在城镇居住半年以上的农业人口，如按2000年前的统计标准，城市化率只有34%左右。

社会结构的核心结构是社会阶层结构。1978年时“两个阶级一个阶层”（工人阶级、农民阶级和知识分子阶层）的结构，现在已转变为由国家与社会管理者、经理人员、私营企业主、科技专业人员、办事人员、个体工商户、商业服务人员、产业工人、农业劳动者和失业半失业人员等十个社会阶层，其中中产阶层约占25%左右，离工业化中期阶段应有的水平还比较远。

随着我国经济的高速发展，在经济结构变化的推动下，我国的社会结构也发生了深刻的变动，已经是一个工业社会的社会结构。但是，如果按照国际学术界关于工业社会中期阶段的指标衡量，我国现在的就业结构、城乡结构和社会阶层结构还只是工业社会初期阶段的社会结构。与前述我国已经是工业社会的中期阶段的经济结构很不平衡、很不协调。

经济结构和社会结构是一个国家（或地区）最基本、最重要的社会结构，两者互为基础、相互支撑。一般说来，经济结构变动在先，带动影响社会结构的变化；而社会结构调整了，也会促进经济结构的完善和持续变化，所以社会结构与经济结构必须协调，相辅相成。经济结构不能孤军独进，社会结构可以稍后于经济结构，但这种滞后有一个合理的限度，超过了这个限度就会阻碍经济结构的持续有序的变化，阻碍经济社会的协调发展。

现阶段的经济结构已经是工业社会的中期阶段水平，但社会结构还是工业社会的初期阶段水平，两者存在严重的结构性矛盾。从理论上分析，社会结构严重滞后于经济结构，这两个结构不平衡、不协调、不整合，是中国目前很多经济社会矛盾的主要根源。好比一幢大楼，地基很好，已经是钢筋水泥的，四梁八柱也是钢筋水泥的，但房顶和上层建筑还是木板和塑料的，一有刮风下雨，就会进风漏雨，如遇狂风暴雨就不可设想了。

很多现代化国家的实践表明，现代化社会是一个完整的系统，不仅要实现经济现代化，而且还必须实现社会现代化、政治现代化和文化现代化。在这四大建设中，经济建设是最重要的，是基础性的，是决定性的，是第一位的。建国62年来，特别是改革开放30多年来，在共产党的领导下，全国各族人民团结奋斗，几经曲折，千辛万苦，终于基本实现了经济现代化、经济结构的现代化，才有了今天的繁荣昌盛，欣欣向荣，这是空前未有的伟大成就，是实现中华民族复兴的希望所在，是建设富强、民主、文明、和谐社会主义现代化国家的基础，这个成就怎么估计都不过分。但是要实现四位一体的社会主义现代化事业，仅是建设经济现代化还远远不够。

经济建设取得一定成绩之后，就应该适时地重点加强社会建设，使经济社会协调发展。因为各种原因，我们在进行社会建设方面是晚了一些，形成了经济这条腿长、社会这条腿短的尴尬局面，引发了诸多社会矛盾和社会问题。在当前，我们应该抓紧补课，加快社会建设的步伐，推进经济社会协调发展。

重点加强社会建设，这既是“适应国内外形势新变化，顺应各族人民过上更好生活新期待”的需要，也是加快转变经济发展方式，促进经济长期平稳较快发展的需要，是一举托两头的大事。

从长远发展和国际国内的实践观察，**社会建设就是要建设社会现代化。**社会建设同建设经济现代化一样，将是一个复杂、艰难的长期历史任务，显然不是5年、10年能够完成的。建设社会现代化，就必须实现民生事业现代化、社会事业现代化（例如教育现代化、科技现代化、医疗卫生现代化等等）、社会体制现代化、社会管理现代化、社会组织现代化、社会生活现代化、社会结构现代化，等等。可见，建设社会现代化，是一个宏大复杂的系统工程。在我们这样一个自然条件、社会历史条件都很不平衡的国家，要建设社会现代化，既要统筹协调好同经济建设、政治建设、文化建设等系统外的各种关系，也要统筹协调好系统内各子系统的关系，使之能够全面、平衡、协调、可持续地发展。这是一项非常复杂、艰巨的任务，对此，我们要有足够的认识。

二、社会建设的主要内涵和主要任务

2004年，党中央提出构建社会主义和谐社会与社会建设这两个新概念、新思想以后，特别是十七大把社会建设列入四位一体的社会主义事业总体布局之后，全国各地开展了社会建设、社会管理的实践和探索，各种新的做法、新的试点、新的经验大量涌现。学术、理论界也深入实际，调查研究，总结新经验，发现新问题，展开了各种研讨，报刊、媒体也发表了各种文章和信息，议论很多。怎样在现阶段中国国情条件下进行社会建设，创新社会管理，自2010年春节以后，成为大家关心的热点、重点问题。各地社会学者，以座谈会、论坛等形式，就现阶段中国的社会建设的内涵和主要任务等问题进行了多次研讨，汇集会上各方面的意见，关于社会建设的内涵和主要任务归纳起来，有以下四种主张和观点。

第一种观点，认为社会建设应以保障改善民生为重点。大力推进就业、住房、保障和科技、教育、文化、卫生等各项民生事业和社会事业。建立健全公共服务体系，推进基本公共服务均等化。加快收入分配制度的改革，增加城乡居民收入，调整收入分配关系，完善再分配调节机制，加快扭转城乡、区域、行业和社会成员之间收入差距扩大的趋势并逐步缩小到合理的水平。统筹、兼顾、协调城乡各社会阶层的利益关系，使改革和发展惠及全体人民，走共同富裕的道路。

第二种观点，认为社会建设当前要加强和创新社会管理。应以解决影响社会和谐稳定的突出问题为突破口，提高社会管理科学水平。完善党委领导、政府负责、社会协同、公众参与的社会管理格局，逐步建立健全中国特色社会主义管理体系。通过政府主导、多方参与，规范社会行为、协调社会关系、促进社会认同，秉持社会公正、解决社会问题、化解社会矛盾、维护社会治安，应对社会风险，为经济社会发展创造既有活力又有秩序的基础条件和社会环境，促进社会和谐。

第三种观点，认为所以要进行社会建设，是因为随着改革开放和经济的发展，我国已经实现了由农业社会向工业社会转型，由计划经济体制向社会主义市场经济体制转轨，人们的生产方式、生活方式、人际关系发生了很大的变化，人们的思想意识、道德观念、价值取向也发生了很大的变化，并由此产生了许多社会矛盾和社会问题，需要加快社会建设，建立新的社会秩序，促进社会进步。同时要进行社会体制改革，创新社会政策，调整和优化社会结构，建立与社会主义市场经济相适应、与经济结构相协调的社会结构。认为社会建设的核心任务就是要构建一个合理的社会结构。

第四种观点，认为社会建设的根本目标

是要建立一个能够驾驭市场、制约权力、遏制社会失序的社会主体。在工业社会条件下，不仅要有市场、有政府，还要有发育良好的社会（社会组织）。健全的社会是市场经济的基础。从工业化社会几百年历史看，市场经济并不是万能的，市场本身有失灵的时候，例如周期性地爆发经济危机。所以，必须有政府适时地加以调控。工业化社会的历史也表明，政府也并不是万能的，也总有失误的时候，所以要有发育良好的、多种形式的、健全的社会组织，也就是要有组织起来的社会，形成市场、政府、社会三足鼎立的格局。在工业化、信息化、社会化大生产的条件下，必须要有发育良好的社会环境，整个经济社会才能健康有序地可持续发展。

上述四种主要观点，代表了现阶段实际工作部门和学术界的主要看法，当然，还有很多不同的主张和看法。例如有人认为社会建设当前应该重视发育社会组织，调动广大群众的积极性，协助政府做好公共服务和社会服务，等等。随着社会建设、社会管理在全国各地蓬勃开展，一定会创造出许多适合国情、各地地情的社会建设、社会管理的经验和模式来，走出一条中国特色社会建设之路。实践出真知，关于社会建设的主要内涵和主要任务的认识，随着实践的深入，也一定会更加具体，更加丰富，创造出中国特色社会主义社会建设的理论篇章。

三、社会建设的三个阶段

从社会发展规律的视角看，社会建设作为社会主义事业总体布局四位一体中的一大建设，要实现的历史任务，宏大而又艰巨，既要进行保障改善民生的各项社会事业建设，又要进行包括社会事业体制在内的社会体制改革的创新；既要加强社会管理、社会安全体制的建设，又要进行社会理念、社会规范的建设；既要加快收入分配关系的调整，有效调节过高收入，扭转四种差距扩大的趋势，促进社会公平正义，又要积极培育中产阶层的发展壮大，加快优化社会结构的步伐，使之形成与经济结构相平衡、协调的社会结构。所以，社会建设将是一个长期的历史过程。

在党中央的领导下，现在全国各地的社会建设、社会管理正在蓬勃展开，未来的发展将会是怎样的状况？前面讲到的四种关于社会建设主要内涵和主要任务的不同观点——有主张搞社会事业建设的，有主张抓社会管理的，有主张搞社会结构的，有主张抓建设社会主体的，等等，虽然各自意见不同，但都是为了要搞好社会建设，都讲到了要实现社会建设的某一个方面，都有可取之处。静态地看，这些意见是四种不同的主张；如果动态地看，分析这四种意见所反映的实质内涵，却可以从现代社会发展脉络及其社会结构的视角，看到今后中国社会建设可能经历的三个历史阶段，其主张分别是这三个阶段要实现的不同的重点任务。

鉴此，我认为，从国内外进行现代化建设的经验和教训看，结合中国目前的基本国情，中国的社会建设未来的发展将经历以下三个阶段。

第一阶段，也就是我们目前正在做的，即先从人民群众最关心、最现实、最紧迫要求解决的保障和改善民生事业、社会事业建设做起，着力解决好就业难、上学难、看病难、社保难、住房难、养老难等基本民生问题；并从加强和创新社会管理入手，解决影响社会和谐稳定的突出问题，化解社会矛盾，解决社会问题，加强源头治理，标本兼治，最大限度地防止和减少社会矛盾的产生，最大限度地增加社会和谐因素，促进社会公平正义。这两个方面的工作，党的十六届四中全会以来，特别是十七大以来，正在大力推进，例如教育和卫生、社会保障等民生、社会事业，都受到高度重视，加大了人力、物力、财力的投入，情况正在好转。政法系统开展了化解社会矛盾、创新社会管理、公正廉洁执法三项重点工作，做出了很大的成绩。近几年，这些工作有序推进，很有成效，是顺民意、得民心的。这两方面的工作，实际也就是上述第一种、第二种主张要解决的问题。“十二五”期间，我们能把保障改善民生事业、社会事业和创新社会管理这两件大事做好了，我们的社会建设就奠定了一个良好基础，就上了一个台阶，经济社会协调发展就前进了一大步，就可以顺势转到社会建设的第二阶段。

第二阶段，要着力推进社会体制改革，创新社会政策，完善社会管理。推进新型的城镇化，破解城乡二元结构，逐步实现城乡一体化。拓宽社会流动渠道，培育和壮大中产阶层，构建一个合理、开放、包容的社会结构，使之与经济结构相协调。

构建一个合理开放的工业社会中期阶段的社会结构，这是社会建设最重要、最核心的任务。我们常说的现在处于改革发展的关键时期。关键时期要做好的关键工作就是要通过社会建设，特别是社会体制改革构建好一个合理的社会结构。要过好社会建设这一关，也可以说是要迈过这样一个大坎。一些发展中国家过不了这个坎，就危机四起，进入不了现代化国家的行列。

中国现行的包括社会事业在内的社会体制，还是在计划经济体制时期形成的。要推进社会建设，就要像20世纪80年代以来抓经济建设、先进行经济体制改革一样，一定要进行社会体制改革，包括户籍体制、城乡体制、就业体制、社会保障体制和各项社会事业体制都要逐步进行改革，形成一个与社会主义市场经济体制相适应、相配套的社会体制。如果不进行或延缓社会体制改革，目前这些诸多的社会矛盾、社会问题就解决不好，也解决不了；社会结构也调整不了，更优化不了。例如，户籍体制再不改革，城乡二元结构就破解不了，“三农”问题、农民工问题就解决不了，城市中的二元结构问题就会越来越严重，也就谈不上城乡一体化。社会主义市场经济能长久建立在城乡二元结构的基础上吗？这种在计划经济时期形成的、为计划经济体制服务的户籍体制，如果不改革，不仅社会结构调整优化不了，社会主义市场经济体制也完善不好。

从改革发展的历史过程来观察，中国社会建设的第二阶段也可以看作是社会体制改革的攻坚阶段，决定性的阶段，时间约在“十三五”前后。从现在起，“十二五”期间所进行的社会建设的第一阶段，就要为这个第二个改革阶段的成功做好准备。

第三阶段，社会建设的目标就是实现社会现代化，实现“民主法治、公平正义、诚信友爱、充满活力、安定有序，人与人和谐相处的社会主义和谐社会”。随着社会主义市场经济体制不断完善，经济建设持续健康较快发展，到本世纪中叶，经济达到中等发达国家水平，形成现代型的经济结构。社会建设经过社会体制改革，将加速发展，使社会体制逐步完善，社会管理体系更加健全，社会流动渠道更加畅通，中产阶层更加壮大，社会组织广为发展，社会结构更为优化，形成一个与社会主义市场经济体制相适应、与现代经济结构相协调的现代社会结构，形成一个橄榄型的社会结构，为全面、协调、可持续科学发展提供一个良好的社会环境。

当然，这三个阶段并没有一个截然分开的界限，将会是互有交叉地进行，只是某一阶段凸显某一方面工作的重点。在不同的阶段，不同的地区，针对实际状况将有不同的做法。从2010年党的十七届五中全会以后，各地都在积极推进社会建设和社会管理的工作，创造了很多新的做法、新的经验和新的实践模式。经过一段实践之后，经过各种经验、多种模式的比较和交流，一定会涌现出一批适合中国国情、有中国特色的社会建设的实践模式和相应的中国社会建设的理论体系来。

可以预见，通过这三个阶段，到2040年前后，我国将会达到中等发达国家水平，进入现代化国家行列。现在看来，经济建设方面的趋势很好，国内国外的预测都比较乐观，虽然还有一些难题，但我们已经走上了社会主义市场经济这条道路，具有了解决这些难题的基础。关键是能不能搞好社会建设，能不能过好社会建设这一关，这是我们今后5年、10年、20年工作的重中之重。搞好社会建设，建设社会现代化，是一个新领域，也是一项新任务，我们还不熟悉，还没有经验，还需要“摸着石头过河”，需要我们一边学习一边做，一边做一边总结。社会建设这项历史任务一定会在我们民族的勤奋实践中，成为中国特色的社会主义现代化的一个重要组成部分。

（作者：中国社会科学院荣誉学部委员、社会学研究所研究员、北京工业大学人文社会科学学院院长）

（选自《社会学研究》2011年第4期）

加强和创新社会管理的几个问题

魏礼群

一、充分认识加强和创新社会管理的重大意义

党中央把社会管理放在现代化建设更加重要的战略位置，是我们党对人类社会发展规律、社会主义建设规律、共产党执政规律认识的新升华，是深入分析我国发展新的阶段性特征作出的重大战略，也是人民群众对党和政府的新期待。

（一）新的阶段性特征的客观要求

当前，我国既处于发展的重要战略机遇期，又处于社会矛盾凸显期，社会管理领域问题不少，有些问题还相当突出，有些问题也将在较长时期内存在。

第一，人民内部矛盾多样多发。一是矛盾主要集中在农村土地征用、城镇房屋拆迁、国有企业改制、涉法涉诉等领域。二是矛盾涉及多阶层。既有农民、城镇居民、离退休人员、个体工商业者、出租车司机、学生，也有军队退役人员、原民办教师、退休教师等特定人群。三是触点增多、燃点降低。有些一般性矛盾纠纷因处理不及时、不妥当，容易演化为大规模群体性事件。四是关联性增强，历史遗留问题和改革发展中的问题、经济领域问题和社会领域问题、合理诉求和不合法方式、多数人合理诉求和少数人无理要求、群众自发行为和敌对势力插手利用相互交织，特别是“无直接利益冲突”事件增多。

第二，流动人口和特殊人群问题增多。一是流动人口大量增加，给社会管理带来了巨大压力。据统计，我国大约有2.3亿农民工，其中约有1.5亿人在异地“打工”。农村劳动力大范围流动，不仅造成数以千万计的农村留守儿童、留守妇女、留守老人，而且导致城市的违法犯罪行为增多。二是老龄人口快速增长，目前全国60岁以上人口已近1.7亿人，到2015年将达到2.1亿人，而相应社会服务明显不适应。三是孤残流浪儿童和有不良行为的青少年增多。据有关部门不完全统计，目前全国有闲散青少年2820万人。闲散青少年违法犯罪呈增加趋势。四是境外来华人员快速增多，近年来每年出入境外国人达5000万人次，目前在我国常住的外国人有近50万人。境外来华人员增多促进了我国经济社会发展，同时也使非法入境、非法居留、非法就业的问题突出起来，给社会管理带来新的课题。

第三，公共安全事故频繁发生。一是安全生产事故增多，2010年全国发生安全生产事故36.3万起、造成7.96万人死亡，其中重大安全生产事故74起，特别重大安全生产事故11起；涉及人员伤亡的道路交通事故21.95万起，发生火灾事故13.17万起，给人民群众生命财产造成重大损失。二是食品药品安全问题突出，毒大米、假酒、假药等事件时有出现，严重影响人民群众的生命和健康安全。三是自然灾害

频发，地震、泥石流、台风、洪涝、干旱、低温雨雪冰冻恶劣天气等自然灾害严重危害人民生命财产安全。

第四，非公有制经济组织和社会组织的管理和服务问题突出。目前，在国内生产总值的所有制构成中，非公有制经济已超过60%，从业人员达70%以上，但相关管理服务工作没有相应跟上。一是非公有制经济组织中的党组织和工青妇组织不健全、作用发挥不充分；一些非公有制经济组织片面追求经济效益，没有承担起管理和服务员工的社会责任，导致停工、聚集、上访事件时有发生。二是各类社会组织迅速增多。截至2009年底，全国依法登记的社会组织43.1万个，专职工作人员540万人，兼职工作人员500多万人；还有上百万个没有登记就开展活动的社会组织。大多数社会组织在各个领域发挥着积极作用，但发展培育不足、规范引导不够、结构和分布不合理问题也很突出。

第五，信息网络建设管理面临严峻挑战。目前，我国有4.57亿网民、8.59亿手机用户，博客用户超过2.94亿人，互联网普及率达34.3%，是世界上使用互联网人口最多的国家。这既为传播先进文化搭建了平台，为文化繁荣开辟了新空间。同时，也给社会管理带来了不少新情况、新问题。一是现实社会违法犯罪向虚拟社会蔓延，利用互联网和手机等新兴媒体传播淫秽色情信息和进行赌博诈骗等违法犯罪活动猖獗。二是虚拟社会对现实社会的影响日益增强，一些影响较大的公共事件网上网下遥相呼应，导致各种社会矛盾和热点敏感问题快速扩散放大，造成严重后果，影响社会稳定。三是国家信息安全和网络运行安全面临较大风险，网上窃密泄密事件频发，危害国家安全和利益。

第六，境外非政府组织非法活动加剧。据不完全统计，目前在我国境内活动的境外非政府组织有3000多个，正式登记的只占极少数；其中，有的背景复杂，在我国司法、行政管理、“维权”、民族、宗教、高校等领域运用多种方式进行违法活动，对我国国家安全危害加大。

社会管理领域存在的问题，原因是多方面的，既有现阶段经济社会发展水平限制带来的问题，也有工作不到位带来的问题；既有长期历史遗留的问题，也有社会深刻变革带来的现实问题；既有思想观念上的问题，也有体制机制上的问题。因此，必须通过加强和创新社会管理，妥善处理各种社会问题，应对各种社会风险，以推动经济社会持续健康发展。

（二）深入贯彻落实科学发展观的必然要求

社会管理是维系社会正常秩序、促进和谐社会建设、营造经济社会发展环境的活动。贯彻落实科学发展观，必须搞好社会管理；惟有加强社会管理，才能促进科学发展。这是因为，只有坚持以人为本，用统筹兼顾的方法，加强和创新社会管理，协调各社会阶层、群体、成员间的利益关系，加强对流动人口的服务和管理，促进各类社会组织和基层社区健康发展，才能实现经济社会全面协调可持续发展。

（三）发展中国特色社会主义事业的内在要求

党的十六大以来，中国特色社会主义事业总体布局扩展为经济建设、政治建设、文化建设、社会建设以及生态建设。因此，在推动经济建设的同时，应更加注重社会建设，着力保障和改善民生，深化社会体制改革，扩大公共服务，促进社会公平正义，推动和谐社会建设。社会建设包括发展教育医疗卫生事业、扩大就业、调整收入分配、健全社会保障体系、完善社会管理等多个方面。社会建设和社会管理是中国特色社会主义事业的重要方面。但是，由于种种原因，人们对社会管理的了解和熟悉程度，远远不如对经济管理的了解和熟悉程度。这就要求，必须对我国新形势下的社会矛盾状况进行深入分析，研究和把握社会管理特点和规律，完善适合我国国情的社会管理体制机制，提高社会管理的能力和水平。

（四）如期实现全面建成小康社会的迫切要求

党的十六大提出了全面建设小康社会的奋斗目标，党的十七大提出到2020年全面建成小康社会的目标要求，丰富了全面小康社会的内涵，强调要增强发展协调性、扩大社会主义民主、加强文化建设、加快发展社会事业、建设生态文明等。而加强和创新社会管理，对于全面建成小康社会具有重大的作用。构建与社会主义市场经济发展相适应、与社会主义和谐社会建设相适应的中国特色社会主义社会管理模式，具有很大的紧迫性。

（五）吸取一些国家和地区经验教训的鉴戒要求

一些国家和地区的发展历程表明，国民收入从中等收入向高收入提升的时期，往往是经济关系容易失调、社会秩序容易失常、人们心理容易失衡的时期。拉美和东南亚一些国家之所以陷入所谓的“中等收入陷阱”，除了经济发展模式转型迟滞，一个重要原因是大批农民进入城市以后基本享受不到社会保障和公共服务，在农村又失去土地，成为城市的边缘人群，从而形成影响社会稳定的贫民窟问题；由于收入两极分化、贫富悬殊，不能为经济社会发展提供持续的动力，从而使经济社会停滞不前甚至倒退，进而导致社会矛盾加剧、政局持续动荡。我国现在正从中等收入向高收入国家迈进，如何防止落入“中等收入陷阱”，也同样面临着重大挑战。最近，西亚、北非一些国家相继发生骚乱，造成社会剧烈动荡，有的甚至导致政权更迭，就是现实的重要教训。这些国家之所以会爆发严重的社会问题，固然有多方面原因，包括国内高通胀率、高失业率和政治腐败等，其中很重要的原因在于，未能实施行之有效的社会管理，包括对互联网和手机疏于管理，一些国家的骚乱就是由少数人在网络和微博中所传播的信息煽动下，短期内搞起来的街头抗议活动，一发不可收拾。网络和手机普及后，信息在民众中传播有了新形式，容易在短期内迅速将民众动员起来，甚至触发社会动乱。当前，我国既要继续发展经济，又要确保社会和谐稳定，必须充分汲取国外的经验教训，切实加强和创新社会管理，谨防一切不可预测的社会风险。

二、社会管理既要加强也要创新

（一）要加强社会管理

加强社会管理的关键，是要从思想上、工作布局上进一步重视社会管理，真正把加强社会建设和社会管理放在更加突出重要的位置，采取切实有力的措施，坚决改变那种经济建设和管理与社会建设和管理“一手硬”、“一手软”的现象，一定要按照中央关于“加强社会管理法律、体制、能力建设”的要求，多管齐下，全面提高社会管理和服务水平。为此，一要加强社会管理法律法规和政策体系建设。二要加强公共安全体系建设。三要加强社会管理能力建设。四要加强社会管理人才队伍建设。

（二）要创新社会管理

首先，创新社会管理理念。要树立与社会主义初级阶段基本国情相适应，与社会主义市场经济体制和我国社会政治制度相适应，与开放、动态、信息化社会环境相适应的社会管理理念，确保社会管理更好地体现时代性、把握规律性、富于创造性。具体包括：树立以人为本、服务为先的理念，树立多方参与、共同治理的理念，树立关口前移、源头治理的理念，树立统筹兼顾、协商协调的理念，树立依法管理，综合施策的理念。同时，要综合运用经济调节、行政管理、道德约束、心理疏导、舆论引导等手段，规范社会行为，调节利益关系，减少社会问题，化解社会矛盾。

其次，创新社会管理主体。要从单纯重视政府作用向社会共同治理转变，既发挥党委、政府的领导和主导作用，又要鼓励和支持社会各方面，包括各类社会组织、社会团体、企事业单位和公民参与社会管理，发挥多元主体的作用，加快由传统社会管理向现代社会治理转变。

第三，创新社会管理方式。要从偏重管制控制向更加重视服务、重视协商协调转变，坚持更多地运用群众路线的方式、民主的方式、服务的方式，教育、协商、疏导的方式，化解社会矛盾，解决社会问题。

第四，创新社会管理环节。要从偏重事后处置向更加重视源头治理转变，把工作重心从治标转向治本、从事后救急转向源头治理，使社会管理关口前移。

第五，创新社会管理手段。要从偏重行政手段向多种手段综合运用转变，在运用行政手段进行社会管理的同时，更多地运用法制规范、经济调节、道德约束、心理疏导、舆论引导等手段，并加强道德建设和思想政治工作。

第六，创新管理体制。要加强源头治理体系建设、动态协调机制建设、应急管理制度建设，构建相互联系、相互支持的制度体系。

三、加强和创新社会管理需要着力抓好的重点任务

（一）完善社会管理工作格局

党中央明确提出，要“按照健全党委领导、政府负责、社会协同、公众参与的社会管理格局的要求”，加强和创新社会管理。这是建设中国特色社会主义社会管理体系的基本框架。党委领导是根本，政府负责是关键，社会协同是依托，公众参与是基础，四位一体，有机联系，不可分割。这是对我国多年来社会管理实践的科学总结，符合现阶段社会管理的客观要求，具有中国特色，体现时代特征。在新的形势下，加强和创新社会管理必须切实加以遵循。

（二）加强动态调节和化解机制建设

一要建立和完善诉求表达机制。这是及时解决社会问题和社会矛盾、提高社会动态平衡能力的重要条件。要充分尊重和保护人民群众表达诉求的权利，积极引导群众依法合理地表达诉求与维护权益，对群众合理要求一定要妥善处理。要建立方式多样、规范有序、畅通高效的诉求表达渠道。要完善政务公开制度、民主决策制度，提高公众参与程度。要加强和改进信访制度，落实领导干部接访、下访、回访、联系群众制度。二要建立和完善矛盾预警和排查机制。这是有效预防社会问题、社会矛盾积累和激化、促进社会运行动态优化的重要措施。要针对社会管理中的热点、重点和难点问题，进行经常性的分析和排查，按照“见微知著、抢得先机、争取主动、防止激化”的要求，及时发现各种苗头性、倾向性、潜在性问题，千方百计把矛盾消除在萌芽状态。三要建立和完善社会矛盾调解机制。社会矛盾调解是当前有序解决社会难题的主要方式。要构建和完善人民调解、行政调解、司法调解相互衔接的大调解工作机制。建立健全由各级政府负总责、政府法制部门牵头、各职能部门为主体的行政调解工作新机制。建立全程、全员、全面的立体司法调节格局。要充分挖掘民间资源，充分利用乡规民约，调动各种社会力量参与化解矛盾纠纷。

（三）加大流动人口和特殊人群管理与服务

一要建立覆盖全国人口的国家人口基本信息库。在加快完善居民身份证制度的基础上，融合人口和计划生育、人力资源和社会保障、住房和城乡建设、民政、教育、交通、工商、税务、统计等部门和金融系统相关信息资源，建立一套能够覆盖全部实有人口的动态管理体系，提高对流动人口的管理服务水平。例如，美国以高度电子化和网络化方式管理公民资料，记录公民资料的证件主要是驾驶执照和社会保障卡，几乎所有适龄公民都有驾驶执照，其作用基本上等同于身份证。社会保障卡设有相对应的社会安全号，该号码终生难忘、终身使用，公民的所有银行账号、税号、信用卡号、社会医疗保障号等都与之挂钩。这些值得研究借鉴。二要积极稳妥地推进户籍管理制度改革。放宽中小城市、小城镇特别是县城和中心镇落户条件，建立城乡统一的户口登记管理制度，积极探索流动人口管理新办法，逐步剥离附着在户籍上的福利和待遇，实现公共服务覆盖人群由户籍人口向常住人口转变。三要对特殊人群实行特殊关爱。按照以人为本、服务为先的要求，真正把由于种种因素造成困难的群体作为最需要帮助的人群来对待，关注民生重点领域的措施向他们倾斜，努力使他们感受到党和政府的温暖，感受到社会的关怀，和谐地融入社会。四要加强社会心理服务工作。在全社会开展个人心理健康知识的宣传，普及相关知识。建立健全个人心理医疗服务体系，积极开展个人心理调节疏导工作，耐心帮助那些因生活和工作等受到挫折而失去信心、法治观念淡薄、对生活失望的人重振生活信心，避免他们走向极端。

(四) 提高基层社会管理和服务水平

一要加强基层组织建设。加快街道、办事处的职能转变，强化街道、办事处履行社会管理和公共服务的职能、职责，为人民群众提供更加便捷的公共服务。二要完善基层群众团体和自治组织职能。加强农村村民委员会和城市居民委员会建设，强化城乡社区区域性社会管理职能，发挥好社区内物业管理、业主委员会、专业合作组织、驻社区的各类机构在社会管理中的积极作用。三要整合基层社会管理资源。整合政法、信访、司法、民政以及与群众关系密切的部门职能、职责，实行一个窗口服务群众、一个平台受理反馈、一个流程调解到底，一个机制监督落实，实现社会治安联防、矛盾纠纷联调、重点工作联动、突出问题联治，基层平台联创、工作实绩联考。

(五) 健全公共安全体系

随着我国工业化、城镇化进程的不断加快和受极端气候变化影响，社会管理领域面临的突发性公共安全事件，包括自然灾害、事故灾难、公共卫生事件和社会安全事件不断增多，维护社会秩序、保障社会健康运行的公共安全体系受到挑战，需要不断提高预知、预警、预防、应急处理能力，多管齐下加以应对：一要加强食品药品安全监管。二要加强安全生产管理。三要完善社会治安防控体系。四要推进应急管理体制建设。

(六) 健全非公有制经济组织、社会组织的管理

随着我国经济社会的快速发展，非公有制经济组织和社会组织逐步成为社会管理的重要力量，并将在社会管理和服务中发挥更加重要的作用。要认真研究非公有制经济组织、社会组织进行管理和服务的特点和规律，把社会管理和公共服务职能延伸到非公有制经济组织、社会组织中。这是加强和创新社会管理面临的一个新课题。要明确非公有制经济组织承担社会管理和公共服务的社会责任，推动社会组织健康有序发展，建立健全境外非政府组织在华活动管理机制，既保护其正当交往和合作，又坚决防范其渗透破坏活动。

(七) 改进和完善虚拟社会管理

一要改善信息网络综合管理格局。以促进互联网健康发展为目的，建立党委统一领导、政府严格管理、企业依法运营、行业加强自律、全社会共同监督的综合管理机制，形成法律规范、行政监管、行业自律、技术保障、公众监督、社会教育相结合的互联网管理体系，提高对虚拟社会的管理水平。二要健全网上舆情引导处

置机制。坚持及时准确、公开透明、有序开放、有效管理、正确引导的原则，建立舆情监测体系，跟踪舆情动态、研判舆情走势、评估舆情影响，积极主动地引导网上舆论。三要健全网上网下结合的综合防控体系。把虚拟社会与现实社会作为一个整体来考虑，建立网上动态管理机制，加强对网络的实时动态管控，提升网络攻防技术能力和对网上煽动策划指挥、网下串联行动事件的处置能力。四要完善互联网法律法规，依法加强社会管理和服务，依法加强互联网发展和监管。韩国实行网络和手机实名制，提高公众意识，法律明确规定：日访问量度 10 万人以上的网站实行“强制实名制”，违规网站被处罚；手机实行号码一体，个人购号入网需提交身份证，机关、企业购买手机，需提交营业执照或相应代码，从而较好地监管了网络内容。

（八）着力提高全民族文明素质

充满活力与和谐包容的社会秩序，只有成为全体社会成员高度认同、自觉遵守、共同维护的价值规范，才能牢固稳定。必须把提高全民族文明素质作为加强和创新社会管理的基础性工作。要持之以恒地加强社会主义精神文明建设，特别要加强思想道德建设。为此，要加强社会主义核心价值体系建设，加强道德文化建设，加强诚信文化建设和诚信制度管理，增强全社会法制意识，要加强公民意识教育。

（九）加快推进以保障和改善民生为重点的社会建设

更加注重保障和改善民生，是解决社会突出矛盾的根本之策和基本任务。要把保障和改善民生为重点的社会建设作为加快转变经济发展方式的根本出发点和落脚点，加快发展教育、卫生、体育等各项社会事业，完善保障和改善民生的制度安排，使改革发展成果惠及全体人民。把就业作为民生之本，最大限度地使有劳动能力的人能够实现就业。坚持优先发展教育，更加重视教育公平，满足群众多样化的教育需求。坚持公共医疗卫生的公益性质，努力健全覆盖全国城乡的基本医疗卫生制度，逐步实现人人享有基本医疗卫生服务的目标。加大保障性住房建设和农村危房改造力度，努力解决城乡低收入家庭和各类棚户区家庭的住房问题。加快完善社会保险制度，进一步完善城镇居民养老、医疗、失业、工伤、生育保险制度，健全农村社会保险的各项制度，扩大社会保险覆盖面，提高社会保障水平。建立健全社会救助体系，充分发挥慈善机构在社会管理中的作用。更加注重促进社会公平正义。要完善公共财政体系，加大基本公共服务的投入，重点向农村和中西部地区倾斜、向弱势群体倾斜。要合理调整收入分配关系，初次分配和再分配都要处理好效率与公平的关系，再分配更加注重公平，提高居民收入在国民收入分配中的比重，提高劳动报酬在初次分配中的比重，着力提高低收入者的收入，逐步提高最低工资标准，保障职工工资正常增长和支付，规范收入分配秩序，努力缩小城乡、区域、行业和社会成员间收入差距。近年来，党和政府对改善民生和社会建设越来越重视，采取了很多措施，取得了很大成绩，还需要进一步加大解决问题的力度，以社会建设的加强和民生的改善更好地推进社会管理。同时，要针对困难群众权益易受侵害的实际情况，建立平等保护与特殊保护相结合的制度，保障他们的平等参与。要通过行政体制、司法体制、教育体制、卫生体制、社会保障体制等方面改革，保障行政、执法公正廉洁和促进基本公共服务均等化。

（十）继承和创新群众工作

社会管理，主要是对人的服务和管理，说到底就是要开展好群众工作，这是我们党的传家宝，是我们党最大的政治优势。随着改革开放和现代化建设的推进，群众工作的对象、内容、组织网络、大的环境呈现新情况和新特征，要求我们深入研究新形势下对群众工作提出的新要求，积极探索加强和改进群众工作的新途径新办法，把加强和创新社会管理建立在坚实的群众工作基础之上。为此，要继承和发扬群众工作的优良传统，积极探索群众工作的新思路、新方式，加强基层工作，加强干部作风建设。

四、宏观调控部门在加强和创新社会管理中的重要作用

（一）促进科学发展

要切实贯彻科学发展观，更加注重以人为本，更加注重全面协调可持续发展，更加注重统筹兼顾，更加注重保障和改善民生，促进社会公平正义。特别要大力推进经济发展方式转变，正确处理经济社会发展中的一系列重大关系，包括内需与外需的关系、投资和消费的关系，一、二、三产业的关系，经济增长速度与结构、质量、效益的关系，经济发展与人口、资源、环境的关系，经济建设与社会建设的关系，以及改革、发展、稳定的关系。只有处理好这些重大关系，才能提高发展的稳定性、全面性、协调性和可持续性，从而减少社会矛盾，增强解决社会问题的物质基础和条件。

（二）加强和改善宏观调控

宏观调控是保持经济平稳、健康发展和促进和谐社会建设的重要手段。宏观经济的非正常波动不仅会增加经济增长的风险，影响经济增长的质量和可持续性，而且会对社会各界带来不良后果，增加社会摩擦和社会不稳定。历史上每一次宏观经济的巨大波动都伴随着社会矛盾和社会风险的加剧。因而，必须加强和改善宏观经济调控。在新的历史条件下，宏观调控还要综合运用计划、投资、分配、财政、金融政策，加强社会建设和社会管理。同时，要加强社会经济运行监测。不仅加强经济运行情况的监测评价，还要加强社会运行情况的监测评价。要构建宏观层面的社会运行监测评价机制，及时掌握和反映重大民生政策落实和重大改革推进情况，对重大宏观决策、重大改革举措、重大工程项目等可能引发的社会影响进行综合研判和预测预警。建立信息公开披露制度，对于已经影响社会稳定的信息及时披露和公开。

（三）加大社会建设和管理投入

进一步优化公共投资结构，加大固定资产投资向民生领域和社会建设的倾斜力度，逐步提高政府投资用于改善民生和社会建设的比重，切实保障重大民生和社会建设政策的实施。加快推进城乡公共服务体系建设，逐步完善基本公共服务体系，积极促进城乡基本公共服务均等化。要引导和鼓励社会、企业投资进一步向民生和教育等社会事业、农业农村、科技创新、生态环保、资源节约等领域倾斜；特别要高度重视和大力支持社会工作人才的培养、培训工作。

（四）全面推进体制改革创新

既要统筹推进经济体制改革，又要深入推进收入分配、户籍管理、事业单位、教育、医药卫生、文化、城乡基本公共服务等社会领域的改革，创造有利于社会管理改革创新的制度环境。充分发挥综合部门的职能优势，从全局和长远出发，加强改革的顶层设计、系统规划和整体推进；推动行政体制改革，转变政府职能，完善机构运行机制，提高公共服务供给绩效。创新公共服务供给方式，推动发展多元化、多形式的公共服务。

（五）加强政策咨询研究

要充分发挥宏观调控职能作用，就必须加强政策咨询研究，更好地成为党中央、国务院的重要智库。要主动围绕发展改革中的重大问题、战略问题和长远问题进行超前研究，紧紧围绕经济社会发展和改革开放中的热点、难点、重点问题深入研究和跟踪研究，特别要更加重视社会政策研究。

（作者：国家行政学院常务副院长）

（选自《宏观经济管理》2011年第7期）

关于社会管理的理论思考

赵雪峰

在党和政府明确提出“加强和创新社会管理”这一战略任务的背景下，有关社会管理的研究引起了理论界和学术界的广泛关注。在强调社会管理创新的同时，有必要对社会管理的内涵和外延、社会管理的构成要素、社会管理的模式和类型以及社会管理的战略意义等基本问题进行深入的理论思考，为加强和创新中国特色社会主义社会管理提供理论基础。

一、社会管理的内涵和外延

社会有广义和狭义之分，相应地，社会管理也有广义和狭义之分。广义的社会管理是对包括经济、政治、文化、社会和生态等在内的整个社会系统的管理；狭义的社会管理是指对社会子系统的管理，我们这里所讲的是狭义上的社会管理。

社会管理是对社会生活领域的相关事务进行规划、组织、协调、引导和控制的活动和过程。社会管理的对象是一切与社会领域相关的社会事务，包括社会事业、社会工作、社会秩序、社会保障、社会组织等等；社会管理的主体可以是社会也可以是政府或者既包括社会也包括政府甚至企业的多元主体；社会管理的目的在于通过对社会事务的处理和规范，消除或减少社会问题的发生，维持整个社会系统的秩序和有序运行，推动各项社会建设事业的发展，促进社会公平和正义，不断增进人民福祉。“我们加强和创新社会管理，根本目的是维护社会秩序、促进社会和谐、保障人民安居乐业，为党和国家事业发展营造良好社会环境。”可见，社会管理是相对于第一部门（政府）中的行政管理和第二部门（市场）中的工商管理而言的，第三部门（狭义的社会）中的管理活动，是加强社会建设、推动社会发展和进步的一项必不可少的活动。

社会管理是随着中国特色社会主义建设事业由“三位一体”发展到“四位一体”，社会建设领域的独立化而逐渐突显出来的，但社会管理并不等同于社会建设，二者的侧重点不同。社会建设的重点在于“建设”，主要是动员各种力量和资源来增加社会服务设施，改善社会生活环境，促进社会领域各项事业的发展，满足全体社会成员的多样化生活需要，使所有人都能创造和过上幸福生活，最终实现人的全面发展。社会管理的重点在于“管理”，主要对社会系统的各组成部分、社会生活的各领域以及社会发展的各环节进行组织、协调、服务、监督和控制，达到优化配置社会资源、增强社会合力，引导各种力量的相互配合和协调一致，实现共同目标。社会建设更多强调的是发展，而社会管理更多强调的是现实状况的优化。当然，“社会建设”和“社会管理”的区别不是绝对的，二者是密不可分，相互促进的。社会建设的实践推动着社会管理的理念、体制和方式等方面的不断优化；同时，优质、高效的社会管理为社会建设创造有利的环境和条件，保证社会建设的顺利进行。

社会管理是一种独立的管理活动，其与行政管理和工商管理的主要区别在于：行政管理是与国家权力相联系，以国家权力为基础的，行政管理也涉及社会生活领域的社会事务，但其主要追求的一种政治利益，即维护统治阶级统治的合法性。工商管理则主要是与企业经营相联系，追求的是企业或国家的经济利益，企业也可以参与社会管理，例如支持社会事业，提供社会服务等，但其主要是出于追求利润和承担社会责任的需要。社会管理则是主要关注社会生活领域，其追求的是社会利益的最大化，即实现社会公平正义。可见，行政管理、工商管理和社会管理的主要区别在于关注的领域和追求的利益不同，而由于政府、市场和社会本身都是不自足的，因而体现在管理活动中，管理主体都可以是多元的，确切地说是一元主导下三方共同参与的治理活动和过程。

社会管理也不等同于公共管理，二者既有交叉又有区别。公共管理和社会管理都涉及社会公共事务的管理，其主体都包括政府和社会组织；但公共管理主要追求的是公共利益，其提供的是非竞争、非排他性的公共产品和服务，追求政治、经济、文化、国防等各领域的公益。而社会管理提供的是公益性和互益性的产品和服务，追求特殊的社会利益。公共管理关注的是全体社会成员共同关注的利益，具有普惠性，结果是所有成员都受益；社会管理关注的则不一定是全体社会成员都关注的，而主要是从整个社会的公平正义的角度出发，更多关注的是部分成员的特殊利益，尤其是社会中处于弱势的群体的利益，其结果不一定是所有成员都受益，而是追求全体成员之间的平等。

社会管理涉及社会生活领域的方方面面，其外延可大体包括以下几个方面：

一是维护社会稳定。具体包括处理社会事务，落实社会治安综合治理；管理宗教事务，反对和制止利用宗教、宗族势力干预公共事务；取缔邪教组织，打击黑恶势力；加强食品、药品的监督、管理保证食品、药品安全；强化安全生产监管和特殊生产行业的安全监察；加强防洪、气象、地震等防灾减灾工作；处置社会突发事件等。通过对各种可能影响社会良性运行的事件的处理，排除社会风险，保证社会系统的稳定和良性运行。

二是实现社会公平。主要是对社会事业、社会保障和社会工作等专业社会事务的组织、协调和监督管理。具体包括科学、教育、文化、卫生、体育、就业、劳动和社会福利等社会事业的管理。这些涉及社会生活各领域的具体的产品和服务的提供是社会建设的主要内容不是社会管理的任务，社会管理的重点在于对具体领域的事务进行计划和组织；对各方面提供主体进行综合协调，避免资源的浪费，实现社会效益最大化；同时对各类社会事务中的政策执行情况、资金使用情况、社会效果等进行监督和评估。

三是促进社会参与。主要是对基层组织和社会组织的监督和管理。包括积极支持和鼓励村委会和社区等城乡基层自治组织的发展，增强自治能力，促进农村和城市社区的自我管理；鼓励和支持社会中介组织、志愿组织和公益组织等社会组织的发展，鼓励他们参与社会事务的管理和公共服务的提供，同时加强对社会组织的监督和管理，以促进其健康发展，更好地为社会建设服务；加强基层党组织党建、社会组织党建和新经济组织党建等社会领域党组织建设工作，充分发挥党在社会建设和管理中的领导作用。

可见，社会管理不同于社会建设，是一种具体的管理类型。社会管理也有别于行政管理、工商管理和公共管理，有其自身的管理领域和对象，是一种独立的管理类型。

二、社会管理的构成要素

社会管理作为一种社会生活领域的实践活动，不仅包含管什么的问题，还包含由谁管、怎么管等问题。具体而言，我们认为社会管理是包含社会管理理念、社会管理格局、社会管理方式和社会管理体制的有机整体。

社会管理理念主要是解决社会管理的指导思想问题。理念是任何一种活动必不可少的，理念是实践运行的基础，是一种价值观的指导，理念的确立会直接影响行为的方式和结果。政党有执政理念，政府有发展理念，企业有经营理念，同样，社会管理主体也应该有社会管理的理念。社会管理理念不同决定着社会管理的目的、手段、结果等具体方面的差异。由于社会管理是一个多主体的管理活动，因而对于社会管理理念而言，首先涉及对社会和政府关系的认识问题，进而确立社会生活领域的管理主体和定位问题以及社会管理所追求的价值目标。

所谓社会管理格局主要是解决由谁管理的问题，是对社会管理的参与主体及其在社会管理中所发挥作用的定位。“格局”主要是指一种结构和格式，是某物各部分或组织在一起的方式。将其延伸到社会管理中，“社会管理格局”就是指社会管理的一种工作局面、一种结构态势、一种运行方式，是社会管理中的各种力量的分工和协作，侧重于描绘社会管理活动中，各种社会管理主体在社会管理中的地位作用、相互关系及运行方式所做的安排。管理格局属于结构性要素，其合理程度会直接影响到在管理实践过程中，各主体之间能否合理分工并有效合作，进而影响社会管理力量和社会资源能否得到有效利用，并发挥最大的效率，实现管理效益的最大化。

社会管理方式是解决怎样管理的问题，指社会管理活动中运用的具体方法和手段，是实现管理活动的途径。“管理是一种社会的功能。在其实践中，管理是一种真正的‘自由艺术’(liberal art)”。管理方式是管理活动的重要组成要素，方式的运用是否得当同样会影响到管理效果。随着社会整体的进步、科学技术手段的不断发展以及社会管理对象的日益复杂化，管理方式也应不断发展和创新。要改变以经验、感性、直觉为主的简单、粗暴的落后管理方式，充分认识到管理有其自身的运行规律，要善于利用管理科学研究的最新成果和先进的科技手段来提高管理的效率。

社会管理体制解决的是社会管理的保障问题，通过各种法律、法规、规章制度等将社会管理的理念、格局、方式制度化，可以为管理活动提供具体的指导，保证管理过程的顺利进行，保证各项管理活动的效果，实现社会管理的目的。体制可以是成文的法律、法规和规章制度，也可以包括不成文的固定化或习惯性的做法。社会管理体制，一方面是社会管理理念和理论的落实，另一方面是社会管理的实践经验的提升，是管理规律的制度化体现。在社会建设和管理过程中，“要深入研究社会管理规律，更新社会管理观念，推进社会建设和管理的改革创新，尽快形成适应我国社会发展要求和人民群众愿望、更加有效的社会管理体制。”管理体制一经形成就具有一定的稳定性，但这种稳定是相对的，社会管理实践的发展是无止境的，社会管理体制也应随着实践的发展不断改革，敢于创新，尤其是在我国目前社会建设还处于起步阶段，要改革许多不适应社会建设需要的体制和机制。

总之，社会管理理念、社会管理格局、社会管理方式和社会管理体制是对社会管理的指导思想、管理主体、管理方法和制度保障各要素的概括，而这几方面要素是一个不可分割的有机整体，彼此相互依赖、相互渗透。一定的管理理念决定了具体的管理格局、管理方式和管理体制，并通过这些具体要素得以体现，同时社会管理各要素的具体实践也可以促进社会管理理念的创新。

三、社会管理的模式和类型

在不同社会管理理念的指导下，形成的社会管理格局、方式、程序和体制等的固定化就构成了不同的社会管理模式。政府和社会的关系问题是社会管理的核心问题，对于这一问题的不同处理，也就形成了不同的社会管理模式。

实践中有两种极端情况：一种是完全由政府承担社会管理职能，所有社会事务都由政府包揽和统管，前苏联和我国高度集权的社会主义计划经济时代就是这种管理方式；还有一种情况是完全脱离政府由社会实行自我组织、自我约束、自我监督和控制的高度自治的社会管理模式，未来社会就应该是这种国家逐渐走向消亡，社会自我管理的模式。目前存在的社会管理模式大多是介于这两种极端情形之间的，由政府和社会共同进行管理的社会管理模式。其中，根据政府和社会在社会管理中所处地位的不同又可分为政府主导的社会管理模式、政府、市场和社会三方共治的社会管理和社会主导的社会管理模式三种类型。

政府主导的社会管理模式坚持“政府本位”的理念，认为社会本身是不自足的，承担不了社会管理的职能，必须由政府参与并主要由政府来承担管理社会的职能；政府在社会管理中处于主导地位，主要由政府对社会领域中的各项社会事务进行组织、规范和协调，各种社会产品和服务也主要由政府提供，社会力量处于协同配合的地位；社会管理的方式主要是行政手段和法律手段，是一种外在的他治强于内在自治的管理模式，日本、新加坡主要采取的是政府主导型的社会管理模式。

政府、市场和社会共治的社会管理模式是“善治”理念指导下的管理模式，认为在社会管理职能上，政府、社会都有自身的缺陷和不足，需要引入市场，形成社会三大部门相互补充、相互制约的管理格局。在这种管理模式中，政府、市场和社会三者没有主次之分，是平等合作关系，三者分工协作共同实施社会管理活动；社会管理方式既有行政、法律的手段、也有市场调节和志愿服务等方式，这种管理模式以我国香港特别行政区为代表。

社会主导的社会管理模式则坚持“社会本位”的理念，坚持社会第三部门应独立于政府部门，主张社会和政府完全分离，强调社会领域应当具有高度的独立性、自主性和自治性；在社会管理中，应由社会力量主导，政府只是处于协助地位，被动地承担社会无法自我解决的问题；主要的管理方式应当是民主的最大化和坚持志愿原则和道德约束等自治手段，这是一种以美国为代表的政社分离的社会管理模式。

政府主导的社会管理模式由政府统管社会事务，比较适合于社会领域发展不充分的国家和地区，但这是一种高成本型的社会管理模式，需要强大的政府财政支持；许多西方发达国家采用的社会主导的社会管理模式主要依靠社会力量来管理社会，是一种低成本型的社会管理模式，但这种模式要求与之相应的高度发达和自治的公民社会；政府、市场和社会共治的社会管理模式则是一种适度行政成本型的社会管理模式。我们国家提出“要健全党委领导、政府负责、社会协同、公众参与的社会管理格局”，就属于一种共治的管理模式，但由于我国目前社会领域的发展还不充分，因而我们同时要强调政府的主导作用，是一种共同参与、差别责任的共治模式。

总之，社会管理是由一定的管理理念、管理格局和管理方式以及管理体制等因素构成的整体，这几方面因素不是单独存在的，而是相互影响。不同的社会管理理念指导下，会出现不同的社会管理格局，采用不同的社会管理方式，形成不同的社会管理体制，从而构建出不同的社会管理模式。

四、社会管理的战略意义

社会管理是社会建设不可或缺的一个环节。如果没有社会管理，社会建设乃至整个社会的运行都将受到影响。“管理是所有各种组织的独特器官。所有各种组织都需要管理，不论它们是否使用这一术语”。加强社会管理不仅能推动社会建设顺利、高效进行，同时也有利于整体社会的发展和进步，促进和谐社会的构建。

社会管理有助于推动社会建设的有序推进。社会建设是一个由各种因素构成的整体，其具体内容包括化解社会矛盾、协调社会利益、整合社会关系、完善社会保障、发展社会事业、调动社会力量、开展社会工作、维护社会稳定、实现社会富裕等等社会生活领域的方方面面，其中每一方面都是社会建设中的重要一环，具有相对的独立性，但各方面又相互联系和影响。与此同时，社会建设又是一个多主体的事业，既需要政府的主导、也离不开市场和社会的参与和协同。如何在社会建设的具体内容和建设主体之间进行合理调配，做到“人人有事干、事事有人干”，避免不同主体之间无谓的竞争或相互推诿，要保证各项事业落实到位，既有合理分工又相互配合，就需要进行有效协调。社会管理活动通过综合和协调社会建设各领域、各部门的力量，可以更好地促进社会建设的顺利进行，提高社会建设的成效。

社会管理有利于提高社会建设各领域的效率。社会建设的各项具体领域也是一个整体，涉及社会事业不同部门的工作，也需要进行综合协调。单就发展社会事业一项而言，就涉及到了科学、技术、教育、文化、卫生、体育等等多方面的工作和部门，这既需要公共财政资金和社会资金在各项具体事业方面的调配，又需要对各领域的资金使用情况进行监督管理，对社会事业的成效进行评估等等。可见，社会建设的各个具体领域也是一个整体，其工作在横向上会涉及各个方面、部门的工作，纵向上又由不同的环节构成，需要进行综合协调，这就需要发挥社会管理的职能。“科学管理，不仅包括国家事务和经济、社会、文化事业的管理，也包括各行各业各个部门的管理。”当然，我们说的社会管理不是要代替具体的专业管理，不是对科技管理、文教管理、社区管理或宗教管理等具体的业务管理，社会管理是对专业管理的管理，是对各门类的管理进行综合，保证它们之间的协调、配合。总之，社会管理既要分别管理好各项社会事务，又要协调好各项事务之间的关系，保证社会建设的各项事业能有序、规范运行，同时通过整体的、系统的协调，整合社会建设资源并实现效用最大化，提高社会建设的效益。

社会管理不仅是狭义社会建设的重要一环，同时还能为广义的社会发展提供良好的环境，对促进和谐社会的构建具有重要意义。

社会管理有助于维护社会稳定。通过社会管理工作保证社会建设各项工作和各个环节规范进行，促进社会政策的落实，可以解决弱势群体的基本生活和发展需要，满足全体社会成员的合理利益诉求，起到平衡利益关系，协调社会关系的作用，从源头上减少了社会问题和社会矛盾的发生，避免引发社会动荡和冲突。

另外，通过引导社会成员利益的有序表达、科学有效地处理突发事件、对群体性事件的合理处置以及对社会组织和基层组织的常规控制等都可以起到减少失序根源和将失序行为和活动限制在可控制的范围之内的作用，以减少对社会运行秩序的破坏，保持社会秩序的稳定。

社会管理有利于增进社会团结。通过收入分配制度的改革和就业结构的调整，对资源和机会分配进行协调，可以调节城乡之间、区域之间和行业之间发展的不平衡，培育中间阶层，逐步构建“中间大两头小”的橄榄形社会结构，避免财富和贫困的两极积累引发社会结构的二元化趋向。通过各种转移支付的手段，合理调节社会利益的流向，促进资源和机会在社会成员中的均衡配置，促进各地区、各行业和各成员间的经济利益和社会利益等各方面利益的均衡化，有利于维护社会的公平正义，平衡社会成员的心理，培养对社会主流价值观和意识形态的认同，增强社会凝聚力，促进社会团结和稳定，为经济、政治、文化和生态等发展创造有利的环境，推动社会的全面发展和整体进步。

社会管理有利于促进人的发展。社会的发展与人的发展是统一的，社会发展的最终目的也是为了人的发展，实现人的自由而全面发展是我们的最高理想。而人的素质和能力的提高是实现人的全面发展的前提条件。“个人的全面发展，只有到了外部世界对个人才能的实际发展所起的推动作用为个人本身所驾驭的时候，才不再是理想、职责等等，这也正是共产主义者所向往的。”社会管理通过保障各种基本社会公共服务的供给，可以满足各种困难群体的基本生存和发展需要，消除了部分社会成员生存和发展所面临的各种社会排斥、社会歧视等障碍，为满足全体社会成员的生存和发展需要，也为个体的全面发展提供了条件。“一个人的发展取决于和他直接或间接进行交往的其他一切人的发展。”社会成员作为能动的主体，不仅是社会管理的对象也是社会管理的主体，社会成员通过参与社会管理的各项活动和过程，尤其是城乡基层组织和各种社会组织中的自治过程，可以推动社会民主进程的发展，也有利于培养社会成员自我管理、自我发展的能力，提高了社会成员的整体素质，为促进人的全面发展创造了条件和机会。

可见，社会管理的作用在于协调社会建设各领域、各主体和各环节作用，保证社会建设的有序进行。科学有效的社会管理还可以将社会建设各领域整合为一个整体，通过系统协调发挥大于各领域简单相加的作用。同时，社会管理还具有调节社会关系，促进社会公正，维护社会稳定，增进社会团结，实现社会和谐的重要战略意义。

总之，社会管理是一种独立的管理形态，有自身丰富的内涵和独特的运行规律。我们要大力开展社会管理的理论研究，推动社会管理实践的不断加强和创新，为维护最广大人民群众的根本利益、实现党和国家的长治久安，推动社会主义和谐社会建设和中国特色社会主义社会的全面发展、全面进步提供重要保障和不竭动力。

（作者：中国人民大学马克思主义学院博士生）

（选自《兰州学刊》2011年第9期）

社会公平价值观的缺失及其重建

关信平

对于社会转型期存在的一些问题，往往可以从其背后发现一些宏观的、体制性的和带有根本性的原因。若深入思考，就会从表面的客观因素背后发现其中存在的一些主观偏误，即我们过去的发展理念和政策原则中某些重要价值观的缺失，而其中最基本的就是社会公平价值观的缺失。因此，要研究和解决当前复杂的社会矛盾和社会问题，还需要从最基本的社会公平价值观谈起。

通过30多年的改革开放，我国基本上成功地实现了从过去计划经济向市场经济的转型，并在此过程中实现经济高速增长，人均财富大大增加，但同时也出现了越来越多的贫富差距拉大、社会矛盾增多、社会诚信下滑、社会伦理混乱、腐败流行等严重的社会问题。中国人在思考，为什么我们国家的经济发展了，但反而出现越来越多的社会问题？为什么人们的收入提高了，但幸福感并没有随之而上去，反而是在生活中越来越缺乏安全感，遇到越来越多的烦恼？对我们遇到的每一个具体的问题，都会找到具体的原因，但当人们将这些问题汇总在一起去思考，就会发现这背后会有一些宏观的、体制性的和带有根本性的原因。

许多人往往爱用客观原因去解释这些问题，似乎这些问题都是注定要伴随着市场经济而来的，或者是随着经济发展达到一定程度而注定要出现的。但是，负责任的政治家和研究者则应该更进一步地从执政党、政府和社会各个方面去寻找导致这些问题的主观原因：我们经济与社会发展的指导思想中是否仍存在一些问题？我们各项公共政策制定的基本原则是否有不合理之处？我们面向公众的宣传和教育中是否存在着误导？或者从更宏观的层次看，我们国家的发展方向是否完全满足民众当前的需要并符合民众的长远利益？是否还存在一些偏误和不足？当我们进行这些深入思考的时候，自然就会从表面的客观因素背后发现我们指导思想和基本原则中存在的一些主观偏误，即我们过去的发展理念和政策原则中某些重要价值观的缺失，而其中最基本的就是社会公平价值观的缺失。因此，要研究和解决当前复杂的社会矛盾和社会问题，还需要从最基本的社会公平价值观谈起。

当前讨论社会公平价值观重要性

所谓价值观，是对好坏、善恶、是非、对错的基本价值评判标准。价值观体现的是对各种事物的价值判断，本身没有纯客观的标准。每个人从其自身的群体属性、社会地位、个人利益和其他特点出发，可能会产生与他人不同的价值观。不同的价值观会使人们产生不同的思想观念和行为倾向，并且对各种社会事务人们会产生不同的价值评判，这些都是正常的。但是，任何一个社会要维持其正常的运行和发展，就必须要有一套所有人都认可或接受的社会价值规范，去作为国家制订各种法规、政府制订和实施各项公共政策，以及在经济、社会和文化生活中制定各种规范的价值准则。这套社会价值观虽然可能不能完全满足每个人的个人价值立场，但却是所有社会成员价值立场的综合，是全社会个人价值观的“最大公约数”。这种社会价值观就是社会公平的价值观。简单说，公平价值观是指在对国家的法规、政府的公共政策，以及在对各类组织、群体和个人行为的评判中坚持社会公平的价值理念和标准。而所谓社会公平，就是所有组织、群体和个人行为的目标、过程和后果要尽可能地符合全体人民的利益，得到绝大多数社会成员的拥护或接受，并且对社会的良性运行和长远发展具有积极的作用。

任何一个社会都有一些为大家共同接受的价值目标，例如经济发展、社会稳定、社会平等、合理分配财富等。而社会公平的价值观正是反映了这些普适性的价值目标，因而为世界各国的民众所接受和推崇。可以说，迄今为止，整个人类社会的历史不仅是不断提高生产力水平的历史，而且也是不断追求社会公平的历史。到了当代市场经济时代，社会公平就更为重要。在各个不同的历史时期、不同的国家和特定经济与社会条件下，社会公平的具体内容和表现方式会有所不同。在我国，过去计划经济时期比较重视平等，甚至走向了平均主义，而相对比较忽略经济发展，其结果导致经济发展缓慢。改革开放以后，我们更加强调效率和发展，并通过转向社会主义市场经济来实现这一目标。因此，我们必须确定在社会主义市场经济条件下的社会公平观。从总体上看，在社会主义市场经济条件下社会公平价值观的基本内涵和要求应该是：以平等为基础的行为规范原则（主要是权利平等、机会平等和规则平等）、以权利和责任对等为基础的社会关系原则、以贡献为基础的市场分配原则以及以社会共享和社会保护为基础的再分配原则（社会福利、社会补偿和社会关照）。

目前，我们在建立和完善社会主义市场经济。市场经济必须要以社会公平为基础，因为只有在公平的条件下，市场才能健康运行，才能鼓励人们勤劳贡献，充分发挥每个人的潜能，从而促进经济与社会发展。否则，在经济和社会活动中将充满欺诈、投机、造假、歧视、排斥、巧夺（甚至是强夺）等，从而不仅损害大多数人的权利和利益，而且会损害人们勤劳贡献的动机，最终使市场机制严重扭曲，甚至使市场机制崩溃，严重阻碍经济发展。从社会和公共行动的层面上看，也只有以公平为基础，才能减少社会矛盾，保护社会中的弱者，营造良好社会生活环境，并促进全社会的和谐共赢，提高每个人的安全感和幸福感。否则，个人权利和公共利益都会受到损害，不仅弱者的生活会更加艰难，即使是“强者”也将生活在充满危险、紧张、冲突的环境中，实际生活质量大打折扣。

我国社会公平价值观的缺失及其原因

很遗憾的是，在过去30多年的市场经济转型过程中，我国社会公平的价值观出现了缺失。一方面，我国市场经济与公共领域中对社会公平的重视程度明显不够；另一方面，我国社会对什么是“公平”出现了价值紊乱。其表现有：在市场经济中许多人信奉“有钱即为成功”，而不问这些“成功者”财富的来源是否正当；不创造任何价值而获取大量利益的投机行为被视为正常的甚至是“聪明”的行为，因而导致人们不再愿意将自己的人力和财力资本投入到辛苦创业的行动中。在分配领域，一些掌握着财富和权力的人可以名正言顺地获取比别人高出几百倍，甚至上千倍的收入，而没有人去问这些人是否做出了同等价值的贡献。在公共事务领域，许多中低收入家庭的生活长期得不到同步的改善，甚至不少家庭病人得不到治疗，孩子无法上学；并且眼睁睁地看着巨大的公共资金和公共服务严重不均衡地分配给本来已经比较富裕和强势的群体，而真正困难的群体却只能得到很少的份额。

尽管从短期看，忽略公平可能会给某些群体带来一些眼前的利益，但从长期看，社会公平价值观的缺失会带来严重的社会后果。它会导致人们社会责任的弱化、社会诚信的丧失、社会合作的降低、集体主义和社会契约精神的丧失或弱化，以及个人主义、实用主义、投机钻营的上升。所有这一切最终会导致社会矛盾加深、经济与社会生活环境恶化、社会发展受到阻碍。我们社会中目前受其困扰的贫富差距拉大、社会矛盾激化、劳资冲突、征地强拆冲突、上访冲突、暴力犯罪，以及毒奶粉、瘦肉精、假药、污染、企业作假、商家欺诈、行业不正之风；官员腐败和学术腐败，政府失信，官员政治道德沦丧等问题无不与此有关。如不及时治理，最终会使全社会全输，全体人民都受害。

要扭转这一局面，首先要分析我国的公平价值观是如何被破坏的。首先来源于在经济领域中对市场经济规则的误解，一些人把市场经济解释为是一种强者为王的“经济丛林”；来源于对“白猫黑猫论”的误读，将这一本来是对“实践是检验真理的唯一标准”原理的通俗表达语曲解成为了获利可以不择手段；来源于对“社会主义市场经济”的畸形理解，只重视“市场经济”，却有意无意地忽略了“社会主义”的基本要求。其次，社会公平观的缺失来源于对公共领域的轻视和公共资源的不合理分配。一些人过分相信新自由主义对公共领域的批评，认为强调公平就必然影响效率，从而影响了通过国家力量去对市场纠偏的能力；而在后来公共资源增大的情况下，又对公共资源的公平分配重视不够，导致少部分人占用了大部分的公共资源，而其他大部分人则只占有小部分的公共资源。

我国过去一段时间里社会公平价值观的缺失确有其客观的原因。一方面，作为一个经济落后的大国，我国过去受帝国主义欺负的历史和在当代目睹的强权政治，使我们很多人都相信“落后就要挨打”，“拳头硬才是硬道理”，唯有国家实力强大才能立足于世界，而GDP及以其为基础的硬实力才是强国之本，为此我们不惜在一定时期内牺牲国内的公平。并且，在国际关系中也“韬光养晦”。另一方面，我们生活在一个全球化的时代，激烈的国际经济竞争迫使我们不得不为了获得竞争优势而牺牲部分民众的福利，并默许了不少不公平的制度和行为。再有，随着市场经济的发展，经济与社会生活日趋复杂，社会中的各种利益矛盾逐渐增多，经济发展到“矛盾多发阶段”，这在客观上使政府公平地处理各种公共事务更加困难。

尽管这些客观原因确实存在，但它们绝不是导致我国公平缺失的全部原因。除了客观原因以外，我们还应该认真反思各种主观原因，从政府和社会身上去分析导致公平缺失的原因。首先，在过去较长时间里我们在经济与社会发展的指导原则中对公平的价值观都重视不足。在党和政府的重要文件中提出了“效率优先、兼顾公平”的口号，公开地将公平置于效率之后，这对各级政府和公众的社会公平价值观所产生的危害是难以估量的。其次，许多部门在政策制定中都实行实用主义原则，更多考虑眼前增长和稳定，而对公平分配和长期持续发展的社会环境重视不够。再有，在政府行为中存在着公平的缺位和错位，对市场行为中存在的不公平现象没有及时纠正。最后，我们在宣传教育中有意无意地忽略了社会公平。过去很长一段时间里我们的宣传中少有提到公平，即使提到，也是摆在次要位置。目前党和政府的重要文件中明确提出了"公平正义"的口号，这是一个很大的进步。但相对于对经济发展和社会稳定而言，对社会公平的强调仍是很薄弱的。我们高喊过"发展才是硬道理"、"稳定压倒一切"的响亮口号，但迄今为止我们还没有听到"公平也是硬道理"、"公平压倒一切"的口号。

除了政府及其官员应该反思以外，我们社会各界也都应该反思自己在导致社会公平价值观缺失中的责任。尤其是我们的企业家、学术界、新闻媒体、社会名人和社区领袖等对此应该负有更多责任的人，都应该更多地反思一下在行为和言论等方面对社会公平观的"缺位和错位"。

重建社会公平价值观的基本要求

*首先，应该从政府反思做起，从国家行为做起。*执政党、政府和全社会都应该从观念上树立全面公平的观念，而不只是部分公平、基本公平或底线公平。所谓全面公平，是指在参与市场经济、社会分配和处理各项公共事务中都要将公平放到首要的位置，在各个领域中的规则制定和机会分配中，以及在所有的财富分配和公共资源分配中都应该确立公平的原则，而不是将公平原则只放到某些领域中或某个层次上。

*其次，要将社会公平的原则落实到实处，落实到具体的法律法规、市场交易规则、企业内部规范、政府公共政策的制定与实施、公共资金的分配和使用等各方面具体的规则和行动中。*政府、企业和社会各界做任何面向公众的事情时都应该拷问其规则和行动是否公平。例如，在市场经济运行中是否存在着机会不公平、规则不公平的现象，如果有，应该如何去及时解决；在公共服务资源分配中是否有不公平的现象，应该如何克服这些不公平的分配。

*再有，要更加重视平等地分配机会和资源，包括市场机会的平等分配和公共资源的平等分配。*中国有13亿人，不愁总量上占据国际前列，也不愁在各个方面都出几个世界一流尖子，但最难的是如何使我们各个方面的平均水平都快速上去。例如，我们要用"举国之力"去堆出几个世界一流大学也许不是什么难事，但要使全民的科学文化素质大幅度提高则要困难得多，而这后一方面对我国的发展也应该是更加重要的事情。在此方面，十七大文件中已经确立了"基本公共服务均等化"的原则，但要全面落实还需要下大力气，并且"基本公共服务均等化"也还需要与时俱进。更为理想的原则应该是所有的公共服务都均等化，而不仅仅是"基本"的公共服务才应该均等化。公共服务是以公共资源支持的，而公共资源应该是属于全民的，因此从理论上讲公共服务理应力求全部均等化分配。并且从实践上看公共服务全面均等化并不会影响到效率和发展，而只是需要在目前公共服务分配中的既得利益群体在短期内让渡一定的相对利益而已。

*再有，应该从理论上正确理解公平与效率、公平与发展的关系。*过去的一些理论观点将公平与效率和发展对立起来，认为强调社会公平就一定会影响效率和发展，这在理论上是不正确的，在实践上也是有害的。过去曾有研究者依据一定范围的经验事实揭示平等（主要是结果的平等）与效率有此消彼长的关系，但也并没有证明这是普遍的规律。而从来没有一个科学的理论分析证明过社会公平必然会与效率和发展形成矛盾。事实上，许多经验事实都证明，坚持社会公平的价值观是可以与提高效率和促进发展共存和双赢的，关键是要找到实现这种

双赢的制度和政策途径。尽管世界各国探索这一途径的各种努力并不总是成功的，但我们不应该放弃这种探索。我们应该将探索公平与效率和发展的共赢途径作为建设中国特色社会主义的基本目标和重要任务之一。如果能获得成功，我们对全球化时代人类发展的贡献就将更加伟大，中国的制度和文化也就会使全世界更加信服。

最后，应该努力全面恢复民众对社会公平的信心，提升全民的社会公平意识。没有全民的共同努力，一个公平的社会是建立不起来的。而我国民众对社会公平的信心在过去受到了较大的伤害，许多人至今仍不相信社会公平，在观念、态度和行为上都是个人利益优先于社会公平，并且习惯了如何去适应而不是去改变不公平的制度。尽管近年来我们可以发现在市场经济和公共领域中越来越多人的公平意识在增强，但总体上看民众的社会公平价值观仍还很淡漠。并且好多人在涉及公平问题时是对别人严格要求，对自己放得很松。因此现在应该通过法制行动、公共政策、宣传教育和社会运动等各种方式使民众重新恢复这种信心，使社会公平的价值观重新在全体民众的观念和行为中占据核心位置。在此过程中，我们的党员、政府官员、企业家、学术界、媒体工作者、教育者、社区领袖和各类社会组织应该承担更多的责任。只要大家一起努力，我们就会有一个既有公平又有效率、既有快速经济发展又有高度社会稳定、既有活力又有幸福感的中国。

（作者：南开大学社会工作与社会政策系教授、博士生导师）

（选自《人民论坛》2011 年 7 月中旬刊）

延伸阅读

我国社会建设社会管理的参照系及其启示

——一种中西比较的视角

郑杭生

在中西关系的学术层面上，理论自觉或正确的学术立场主要是两个方面。第一，必须学习和借鉴国外，为什么？因为不学习和借鉴西方，就会脱离人类文明大道，就不可能高质量地完成中国的现代化历程。第二，又必须跳出西方的理论框架，跳出以西方为中心的话语体系。这两者缺一不可。这也就是我概括的“借鉴国外，跳出国外”的主要含义。

各国社会生活既有共同的方面，又有不同的方面，社会管理也不例外。西方发达国家在社会管理的现代性转型中，建立了与他们国情相适应的社会管理体制机制和社会政策体系，在这方面积累了丰富的社会管理经验，值得我们认真借鉴。今年初，有关的课题组把国外社会管理的基本经验，概括为如下八个方面：一是重视制度建设，改善社会治理；二是强调人文关怀，突出公民参与；三是提倡政府与民间的合作互动；四是法律与道德并重；五是致力于效率与公平的平衡；六是强调政府投入和社会参与的结合；七是重视管理的专业化和精细化；八是重视应用现代科技手段。这些经验与中国社会管理的做法有许多共同之处。例如，在重视制度建设、改善社会治理方面，中西方国家都重视源头治理，即通过确立社会规范、提高社会诚信、建立社会保障，从这些源头上来进行治理。但另一方面，中西方国家有不同的特点，因此又不能对西方的经验照抄照搬而要正确借鉴。由于本文题名的性质，本文更强调中西方社会建设社会管理的特殊性。只有理解了各自的特点，才能更好借鉴。

一、美国的自由主义模式

在美国，自由主义或多元主义，是占据主导地位的意识形态。在它们看来，社会与国家应该是分立的、保持距离的、甚至对立的。很多美国学者表达了这种观点，其中最激烈的是布洛维。布洛维把社会与市场、国家截然对立起来，提出“公共社会学拒绝与市场和国家的共谋”。这种主张，通俗地说，就是让国家（政府）走开，也让市场走开，剩下作用被极度夸大的“社会”,即他的“公民社会”、“能动社会”。按照这种理论，行动的选择只能是：要么为市场化张目、为国家立言、对社会侵夺，要么成为创立社会、保卫社会、解放社会的斗士。这样，一个独立于国家并具有抗争和制衡力量的社会，完全能够自主、自治、能动的社会，是解决现代社会一切问题的一剂良药。这种观点通常也被称为“社会中心论”。这种主张很激进，但是根本做不到的。“社会”无时无刻不是在处理与政府、与市场的关系中实际运行着。近年来，上述观点在中国社会学界产生了一定影响。在我们看来，这种观点根本不适合中国的社会建设和社区建设，是一种无根的观点，既没有中国学术传统的“根”，也没有中国现实社会的“根”。

美国的自由主义模式，在社会领域，可以说集中表现为“公民社会”模式，而这种模式的主要内容则涉及三个概念：“公民社会”本身、个人自由、公民参与。

关于“公民社会”(civil society)。事实表明，公民社会是一个本身模糊且饱受争议的概念。翻译就有两种：马克思、恩格斯著作中，一般译为“市民社会”；当代政治学的文献中大多译为“公民社会”。“公民”的概念，本身就是政治生活的概念，它是与国家和政府不可分割地联系在一起的，是与一系列公民的权利和义务紧密相关的。没有国家、政府，哪有公民？反之也一样。而黑格尔、马克思等所用的“市民社会”中的“市民”，则主要是与社会生活联系在一起的，没有“公民”那样强的政治色彩。因此，说“公民国家”和“市民社会”是更为确切的。“公民国家”和“市民社会”的提法是青年学者张康之提出来的。不过这里，我们暂且随俗，还用“公民社会”。

一段时间以来，一些人把西方公民社会描述得非常完美、美妙。这不符合事实。以至于一位在美国学习、生活、工作多年的学者王绍光，写文章提出要对“公民社会”祛魅。他在调查研究的基础上指出：公民社会可以是国家、家庭以及市场组织以外的任何组织，其中很小很小一部分是近年来人们熟知的所谓“非政府组织”(如环保团体、人权团体等具有倡导性功能的组织)；更大的一部分是“非营利组织”(如非营利的学校、医院、养老院等社会服务组织，医师协会、律师协会、工程师协会之类的专业团体)；还有更大一块是“草根组织”(如读书会、足球俱乐部、气功协会、观鸟协会、集邮协会、钓鱼协会等休闲群体)。这些正式或非正式的组织在家庭、国家、市场以外占据的空间就是“公民社会”。从这个定义，我们可以发现近年来被一些人吹得神乎其神的“公民社会”实际上是个无所不包的大杂烩。他还指出了公民社会与自由主义的关系，对公民社会理论的批评集中在两个方面：第一，它把公民社会当成一个整体，好像完全不存在阶级差别，各种社团是在完全平等的基础上竞争，这当然是虚妄的假设。第二，它把公民社会看作一块净土，与污泥浊水的国家相对立，似乎好事都是公民社会干的，坏事都是国家干的，这当然也是虚妄的假设。仅仅从这两个假设就可以清楚地看出，公民社会理论的意识形态基因是“自由主义”。此外，他还从公民社会组织是否有完全的自主性、独立性，从公民社会组织的内部效应和外部效应的关系、从公民社会与民主的关系等方面，破除了一些流行的有关“公民社会”的神话。

在我看来，使用“民间社会”这样的术语，来表达狭义社会和中义社会是更加确切的。根据社会与其各子系统的关系，我们对“社会”的外延作了新的提炼。整体社会系统与各子系统的关系，可以有多种表述，最常见的是四分框架或四分法、三分框架或三分法、二分框架或二分法。所谓“四分法”，即是社会与它的政治、经济、文化和社会生活各子系统的关系；所谓“三分法”，指社会及其三大部门（政府组织、企业组织和社会组织）的基本划分；所谓“二分法”，指国家与社会的关系。正是从这些关系中，引申出了范围不同、大小有异的“社会”：即“小社会”或“狭义社会”、“中社会”或“中义社会”(狭义社会加市场)、“大社会”或“广义社会”或整体社会。

说“民间社会”更加确切，是因为国家和

社会的关系主要就是“官民关系”。这里，国家和政府，属于“官”的范畴；狭义社会（第三部门）和中义社会（第二部门和第三部门，或者说，狭义社会加市场）则属于“民”的范畴。对“民间社会”的异议，主要是两个方面，一是“带有封建遗毒”，一是“学术含量不高”。在我看来，这都是似是而非的，都是这些年来受西方的影响太深。不错，在中国封建社会，在民为本和官为本的关系上，事实上是以官为本，“官贵民贱”是通例。尽管这种现象当今还这样那样地存在着，但是整个社会的主导观念正在逐步从传统向现代转变，即官民平等观念，更进一步，官是民的公仆的观念，正在逐步普及。这些年来，在西方政治学大力宣扬公民社会的情况下，也逐渐形成一种思维定式，似乎只有公民社会是学术术语，有学术含量，而“民间社会”、“民间组织”则是本土的土话，似乎没有学术含量。其实可以仔细思考一下，“民间社会”为什么不能成为学术语言，他在哪点上比“公民社会”差。

“民间社会”主要由各种“民间组织”构成。“民间组织”一词，已经在中国社会生活中流行。无论日常语言，无论正式文件语言，还有部分学术语言，都有使用“民间组织”的。特别是，社会组织的管理机关，迄今为止叫“民政部民间组织管理局”，它的职责功能是四个方面：第一，拟订社会团体、基金会、民办非企业单位登记管理办法，并按照管辖权限进行登记管理和执法监察；第二，承担境外非政府组织在华机构的登记管理和执法监察工作；第三，承担民间组织信息管理工作；第四，指导和监督地方对社会团体、基金会、民办非企业单位的登记管理工作。我认为，“民间组织管理局”这个名称并无什么不妥。而且“民间组织”既能包括“新社会组织”，也能包括“新经济组织”，在包容性、与时俱进性方面也并无问题。

关于“个人自由”。在美国，个人自由和个人成功被无条件地肯定。起初，自由意味着政府不干预。这种自由被称为“消极的自由”，好像摆脱政府就是自由（freedom from government）。后来人们认识到，自由是在法律的范围内活动，这就意味着，自由也是离不开政府和国家的。美国的“个人自由”是美国作为移民国家特殊条件下形成的，是我们不能照搬的。因为，既然个人自由和个人成功被无条件地肯定，于是，一切妨害个人自由的事或人就都是敌对方，甚至所有与美国不同的社会和文化都被看作是对自由的潜在威胁。这种意识形态，体现在经济上，就是利用美元的世界货币地位，剥削剥夺全世界，尤其是发展中国家；体现在政治上、军事上、文化上，则形成政治霸权、军事霸权、文化霸权等，成为世界不太平的根源。中国的价值观，体现在经济上、政治上、军事上、文化上，表现出中国对和平发展、双赢共赢的追求。现在，美国巨额债务在身，包括“9·11”事件和金融危机等历史过程表明，美国是一个处在衰落过程中的大国，美国模式现在面临着是否可持续的危机。

关于公民参与。这是我们可以借鉴的。在我们的社会管理格局中，也强调了“公众参与”。美国的公民参与有较长的历史，他们在参与意识的培养、参与方式的更新、参与条件的创造等方面，都有我们可以借鉴的地方。

关键是，在当代中国，美国式的公民社会，能不能成为中国社会建设、社区建设的目标。对这个至关重要的问题，由于这些年来受自由主义宣传的影响，不少人，包括我们的一些学者和干部也不是都清楚的。在我看来，答案是明确的。这就是美国式的公民社会，绝不能成为中国社会建设、社区建设的目标。也就是说，不能把我国三个层次对社会建设、社会管理的探索创新，纳入西方“公民社会”理论框架，不能在西方的理论框架中，特别是美国的理论框架中跳舞。因为，美国的公民社会理论和实践，在中国的情况下，是要在“公民社会”名义下培育发展一个与政府抗争的对立的社会，特别是要把作为执政党的领导驱逐出社区，把执政党对社会、社区的领导称之为“一党独裁”、“一党专制”。这是最大的陷阱。一定要警惕和看清这一逻辑。

现在，根据中国的实际情况，在社区等自治组织的治理和自我管理中，表现出一种新的转变，这就是：政府退一步，党委进一步。所谓政府退一步，是指过去社区承担了许多政府职能，现在，社区要依法自治，政府要依法行政，那些不该社区承担的政府职能将由社区工作站或社区服务中心来承担，这表现为“政府退一步”。所谓“党委进一步”，是指执政党的基层组织和党员进一步深入社区，更好发挥核心作用、领导作用、服务群众的作用。这本来是执政党的应有之义，也是我国的最佳选择。西方的公民社会理论，恰恰是反其道而行，把党委领导驱逐出社区，如果把美国式、西方式“公民社会”作为我们社会建设、社区建设的目标，应该说正是上了他们那一套理论的当。我们绝不能把自己的优势当做弱势来抛弃。

这里还涉及对“社区自治”的理解。笔者曾多次强调：自治不是有些人理解的“让政府走开”。自治是一种关系、一种分工、一个过程。就像“自由”不是可以为所欲为，而是在法律的范围内活动，超出法律范围，就要失去自由。

我们在各地基层的实地调查中得到的资料表明，中国基层社会绝不是按照美国式的公民社会那一套在运行。例如，杭州上城区把社区党建与居民参与结合起来。一方面，在加强党委领导上，上城区区委、区政府将和谐社区建设纳入重要议事日程，成立由区委书记任主任的社区建设指导委员会，切实加强对和谐社区建设工作的领导和指导；区人大、区政协充分发挥监督、智囊作用，为和谐社区建设出谋划策。建立区领导、部门与社区的挂钩联系制度，切实做到重心下移、服务下沉。各街道成立相应的领导机构，形成了主要领导负总责、分管领导具体抓、相关领导配合抓的工作合力。而在发挥基层党员的作用上，他们健全党员会客厅、功能性党小组等党建工作模式；另一方面，他们同时搭建社区居民参与的平台，提高自助互助服务水平。通过以网上论坛、网上事务听证、民情恳谈、楼道自治等为主要形式的民主决策实践，拓宽民主渠道，保障居民的知情权和监督权。通过推广“邻里值班室”、“湖滨晴雨”、“和事佬协会”等民主自治复合主体实践经验，推进了“社区主导、多元参与、功能融合、四界互动、共建共享”的社区自治复合主体建设。这是他们自己在创新探索。

这就是说，我们的社会建设、社会管理的探索创新，以我为主，有我们自己的理念、思路，该干什么就干什么，只是不在西方的理论框架中跳舞。识破西方“公民社会的陷阱”，跳出西方理论框架，是为了更好进行社会建设、社会管理，而不是要放慢社会建设的步伐，该发展社会组织还是要发展，该购买服务还是要积极购买，政府该依法行政还是要依法行政，基层党组织、党员个人的作用该加强的还是要加强。

二、欧洲的福利主义模式

总体来说，欧洲的历史状况，特别是工业革命中无产阶级和资产阶级的尖锐矛盾和斗争及其后果，使资产阶级代表人物采取两条主要措施，对内采取普遍福利，安抚工人，对外加强对过去的殖民地、现在的发展中国家的掠夺，把负担转嫁给他们。这就形成了欧洲的福利主义模式。这种模式起源于老牌的德英法这些国家，后来在斯堪的纳维亚国家表现得最为典型。

这一模式包含三大政策体系：普遍福利、

混合经济和阶级合作。这些政策体系反映出，在欧洲，国家和社会的关系由于政策的调整，经历了从紧张到相对缓和的过程。这种相对缓和趋势，与美国公民社会那种国家与社会分离的趋势，形成一定程度的对比。

但是，相对缓和，并不是国家与社会的关系就不紧张了。最近挪威发生的恐怖杀人事件、英国发生的大规模群体事件，均为他们本国的中产阶级成员带头所为。这引起我们对中产阶级社会作用以往观点的反思。同时，相对缓和，也不妨碍在理论上，不少欧洲学者还是或多或少体现了国家与社会的紧张关系。例如，哈贝马斯对生活世界与系统世界的分析，福柯把社会比做大监狱等。这不奇怪，因为在欧洲，在西方的文化和社会语境中，"国家—社会"的紧张关系既是一种历史的常态也是一个现实的困境。

正如美国模式现在面临着是否可持续的危机一样，欧洲福利主义模式也面临着难以持续的困境。

福利国家一度曾经功勋卓著：这项具有创新性的制度设置在不平等的雇佣结构中添加了调和剂，使社会阶级阶层的紧张关系得到了极大的缓冲，从而稳定了西方资本主义世界的经济和政治体制。与此同时，福利国家在控制社会张力、稳定社会秩序的同时，保证了生产活力和市场繁荣的持续。

然而，第二次世界大战后的西方在经济发展、科技创新、社会结构等方面出现了许多新变化。特别是20世纪中期以后，经济衰退、贫富分化、社会风险化等等趋势，福利国家曾经有过的盛景已然不在。针对这种情况，吉登斯等人提出了第三条道路，认为必须超越左派与右派——既不能像前者"认国家为答案"，也不能像后者"把国家当敌人"，调整国家与社会的关系。

更重要的是，欧洲福利主义模式本身包含着许多不可避免的内在矛盾也日益暴露。其中一个矛盾就是"所享与所得"的矛盾，也就是"福利的普惠承诺和国家的有限能力"的矛盾。尽管欧洲(尤其是北欧诸国)的福利制度受到赞许，有时被称为"全民福利"、"人民福利"，在现实中，几乎无限的普救式共享福利并未真正实现过。因为，即便是在经济繁荣的状况下，社会福利支出受到的制约也是刚性的，国家的实际能力总是使福利的真正变现不得不大打折扣，"所享"与"所得"的实际距离难以抹去，这使得"全民福利"、"人民福利"相当程度上还是一个期待。相关研究指出，在任何国家包括英国和北欧国家，全民福利模式也没有完全实现。英国的"全民低保"从来就没有真正地实现过，其相当的非缴费型给付都是针对一定的目标群体进行的。即使在北欧三国，许多非缴费型补贴也是家计调查式的。由此可见，在福利政策的实施过程中，有关目标的定位、对象的遴选、福利的给付底线等，不外是必须的程序。这也折射出了福利体制总会伴随着某种理想性特征：期待的"所享"与现实的"所得"总是有区别的，而且，即使是"所得"也并非是均等化的。事实上，如果对福利国家的改革进行简化地概括，那么，筛选福利目标群体，收缩福利支出，降低财政压力，进而缓解福利国家的危机，是这一过程脱离不了的题中之义。因此，"权利是有的，但救济却经常跟不上"，也是一种提醒——"所享"的承诺基于形式化的社会权利，是不可剥夺的；"所得"作为实质性的变现，其有限性也是难以超越的。

不能不提到的是，现在欧洲的高福利制度已难以回头，并与他们的选举民主形成恶性循环，更加剧了上述"福利的普惠承诺和国家的有限能力"的矛盾，进而发展成政治问题，造成治理危机。有学者指出："对于政治家来说，由于其政治生命基本上来自选民的投票，所以在选举年，一般都会迎合选民的短期需要，许诺给公民更多的福利，更少的税收。结果民情偏左的国家，一般都很容易导致财政赤字”。例如，希腊这个国家，55岁就可以退休并享受很好的退休金。于是，希腊的政治家提出了节约计划，推迟退休年龄，但却遭遇各方面的抵制。法国和英国也是如此。法国实施节约计划，遭遇了罢工。英国实施节约计划，最近遭遇了骚乱。2011年11月底，英国又发生了有200万人参加的大罢工。

欧洲福利主义模式难以持续的再一个原因是新经济体发展中国家兴起。这使得欧洲福利主义模式不能像过去那样掠夺发展中国家，把负担转嫁给它们。

谈论欧洲的福利制度的可持续性，不能不提到欧洲的社会质量运动。这个运动1997年兴起，主要背景是两个方面：一是针对欧洲福利制度本身的缺陷的；二是针对美国新自由主义在欧洲的影响的。这个运动提出了“社会的欧洲”“可持续的福利社会”口号；提出了四个原则：社会经济保障、社会凝聚、社会包容、社会赋权。但是，欧洲的社会质量运动难以挽回福利国家不可持续的命运，因为这个运动并没有消除福利社会的基本矛盾。欧债危机的爆发，引起治理危机，造成多国首相下台，是最近的例证。

欧洲福利主义模式的可持续性问题给了我们哪些启示呢？

启示一：对福利制度一定要有全面的认识和把握。我国现阶段在建设有中国特色的社会福利制度过程中，既要改变补缺型社会福利的“小福利”现状，又要吸取福利国家的教训，谨防走福利国家普遍高福利的老路。根据我们的研究，对福利制度一定要有全面的认识和把握。用得好，它是解决社会问题的办法，但如果用得不好，它也会变成引起社会问题的根源。福利制度是一柄双刃剑，使用要慎之又慎。

启示二：对福利制度一定要不断追问是否可以持续。对已经实施、将要实施的福利制度都要这样。富裕引起的矛盾，并不比贫穷引起的矛盾来得少。我们在广东佛山南海的调查，证实了这一点。

启示三：对“所得”和“所享”要不断进行平衡。不能把社会对福利的期待和胃口吊得太高。我国现在正在从补缺型福利模式向适度普惠型转变。适度普惠型社会福利是由政府和社会基于本国的经济和社会状况，向全体国民提供的、涵盖其基本生活主要方面的社会福利。适度普惠型福利模式是现阶段推进我国社会福利事业发展的必然选择。从非普惠的补缺型福利模式到适度普惠型福利模式，表示了这一领域现代性、合理性、公平性的不断增加、增强的过程。

启示四：对福利制度的可持续性的原则和机理要不断进行探索。从欧洲经验教训中，我们体会到，福利制度的可持续性的原则和机理可以概括为：适度的永恒性与普惠的适度性。

总之，所有这些启示，对我们建立有中国特色福利制度是有重要参考价值的。

民生保障和福利关系到社会矛盾的源头治理，是创新社会管理的根本所在。我国政府非常注意各地的做法并吸收在高端的制度和政策设计之中。我们在各地基层的实地调查中得到的资料也表明，他们都在以不同的方式积极探索适合本地实际情况的做法。杭州上城区的做法便是其中一例。2011年，上城区相关部门和单位再次加大了对民生保障和福利的投入。一是上城区民政局提出了“居家养老服务全覆盖工程”，他们以社会化为导向，信息化为支撑，整合社会养老服务资源，搭建居家养老对象全覆盖平台，为60岁以上老人提供个性化、规范化的居家养老上门服务。通过该项目，实现服务对象、服务内容、服务时间、服务途径全覆盖，满足老人个性化的居家养老需求。二是区民政局还实施了“‘333 + X’社区大服务体系建设”项目，整合政府、社区、社会三方力量，依托社区公共服务工作站、居民活动和生活服务设施三类载体，健全公共服务、自助互助服务、便民利民服务三个体系，创新社区服务方式，构建社区大服务格局。三是上城区劳动和社会保障局则以“‘居家就业’工程”为重点，加快居家就业工作的规范化、规模化建设，以实现深化促进就业工作，促进就业政策与产业发展政策的统筹协调，大力扶持网络运营、手工编制、维修、电子商务、文化创意和家庭服务等民生产业，提升居民生活品质，营造与建设“具有国际水准的高品质中心城区”相适应的就业创业环境。他们在这样做时，都注意到了福利的适度普惠性。在有13亿人口的中国，不注意这一点，是不行的。

应当指出，在美国的自由主义模式中也并非没有福利主义的成分，如美国多年来在财政上给购房行为免税，在金融上给没有还贷能力的人购买住房提供政府担保，并通过金融工具把风险转移到金融市场，结果引起了次贷危机，就非常典型。同样，欧洲的福利主义模式也并非没有公民社会的背景。只是，在美国模式中，自由主义、公民社会更突出，更能代表美国的特点；而在欧洲模式中，福利主义、调和主义更突出，更能代表欧洲的特点。因此，不能把这两种模式看作是完全不同的。

这两种模式，对中国都有影响，当然，美国模式的影响要大得多。明确了这两种模式的历史作用和根本缺陷，我们才能对正在形成的中国特色道路更有信心。

（作者：中国人民大学教授、博士生导师）

（选自《国家行政学院学报》2011年第6期）

解决结构性失业问题的现实途径：发展现代服务业

都莉莉　张晓明　耿殿贺

一、引言

随着经济的发展，失业问题已经成为中国经济运行过程中存在的普遍现象，不仅为政府所重视，更为整个社会所关注。改革开放以来，由于历史遗留的人口包袱以及改革以前所沉淀的大量隐性失业人员，再加上经济快速增长过程中出现的产业结构调整导致的结构性失业，使得中国的失业问题日益严峻，不但影响到了中国经济正常的可持续发展，也难以实现社会稳定和谐的基本要求。

服务业由于自身较高的吸纳就业能力以及良好的发展前景成为解决就业问题的一个有效途径。目前国内外研究仅仅从服务业整体出发考虑服务业对就业的促进作用，没有具体探讨不同服务业对不同劳动力类型就业的促进作用。本文尝试从产业链角度出发，研究现代服务业发展需要的劳动力类型，并根据服务业的就业关联效应提出对解决目前存在的结构性失业问题可资借鉴的参考。

二、结构性失业的形成机理

（一）结构性失业的内涵

一般而言，结构性失业被看作摩擦性失业的一种特殊形式，是经济结构调整中出现的固有现象，表现为产业结构与劳动力供给结构失去平衡，从而导致部分行业出现失业的现象。结构性失业的主要表现是工作岗位的空缺与失业并存的情况。长期以来，结构性失业在现代宏观经济中被认为充分就业情况下的自然性失业，游离于经济调控目标之外。同时，劳动力市场的自发调节跟不上产业结构演变的步伐，从而出现不同程度的结构性失业问题。

（二）结构性失业的形成机理

结构性失业的主要表现是失业与就业岗位并存。以两个经济部门为例，当一个市场存在失业，另一个市场存在就业岗位空缺时，而劳动者由于岗位要求的劳动技能、教育程度等差别在两个市场中难以转移，此时就会出现结构性失业。

假设一个由 A 和 B 两个部门构成的经济系统，劳动力总供给不变，工资具有完全刚性。假设两个部门对劳动力所需的初始条件和教育培训费用相同，则两个部门的就业在供给等于需求的情况下实现了相互均衡且整个经济系统实现了完全就业。假设两个部门的劳动力就业之后，由于部门的技能培训不同，劳动力就业后在两个部门之间短时间内很难自由流动。如图 1 所示，A 部门对劳动力的需求为 D_A，B 部门对劳动力的需求为 D_B。均衡时两个部门的

劳动力供给分别为 S_A 和 S_B，均衡时的工资为 Wo。

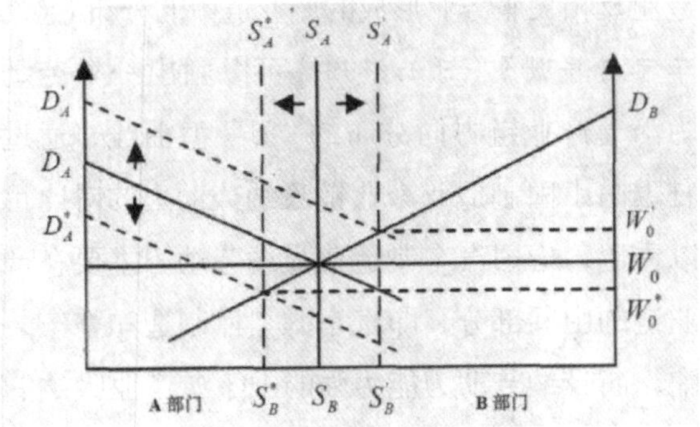

图 1　两个部门结构性失业的形成模型

随着经济不断发展，产业经济系统随着消费结构升级不断演化，导致两个部门出现不均衡发展，一个部门相对于另一个部门扩张，从而对劳动的需求对另一个相对增加。即两种情况：

1.A 部门相对 B 部门扩张，对劳动力的需求增加。这种情况下，劳动力需求曲线 D_A 向上移动到 D'_A，A 部门的工资水平将会从 Wo 提高到 W'o。此时，如果劳动力可以在两个部门里自由流动，劳动力供给曲线将会随之改变，由 S_A 移动到 S'_A，B 部门的劳动力由 S_B 减少到 S'_B。但是根据前面的假设，劳动力不能自由流动，所以就会出现结构性失业，即 A 部门有较高的工资水平但却出现岗位空缺的情况，B 部门的劳动力由于高工资的吸引，会自发地学习 A 部门的技能和知识，导致 B 部门出现短暂的失业，从而出现了结构性失业。

2.A 部门相对 B 部门萎缩，对劳动力的需求减少。这种情况下，劳动力需求曲线 D_A 向下移动到 D^*_A，A 部门的工资水平从 Wo 降低到 W*'o。此时，会出现 A 部门出现短暂的失业，B 部门会出现在高工资水平上相对的岗位空缺，也是结构性失业的表现。

从结构性失业的形成机理看，结构性失业的根本原因在于劳动力的技术结构、地区结构、产业结构、年龄结构和性别结构等方面在短时间内难以迅速改变，从而劳动力供求结构的变动不能迅速适应产业结构调整的步调。结构性失业将会导致不同劳动力市场工资水平差距变得明显，整个经济系统的劳动力资源配置缺乏效率。

三、中国面临的结构性失业现状

目前，中国结构性失业的总体特征是劳动密集型劳动力与知识密集型劳动力过剩，而技术密集型劳动力出现空缺的情况并存。

1. 大量农村剩余劳动力需要转移导致劳动密集型劳动力就业难。中国农村人口数量多、增长速度快，而且农村人均占有土地及其资源数量严重不足。农村大量剩余劳动力的存在给经济和社会发展带来很多负面影响。一方面，农村剩余劳动力的存在造成了人力资源的浪费，使得丰富的人力资源不能转化为经济发展的优势因素。另一方面，农村剩余劳动力是造成农村社会不稳定的主要原因。只有解决农村剩余劳动力的问题，才能实现中国经济健康快速的发展。

2. 人才结构失衡，高校毕业生就业困难。根据《2009 年中国大学生就业状况调查报告》统计，近 40% 的大学毕业生找不到工作，毕业就意味着失业，其本质就是社会人才结构失衡的体现。我国人才结构失衡的问题，不仅仅表现在大学生就业困难的现状上，还表现在目前存在的人才高消费现象中。很多原本仅需要中等人才就可以胜任的工作，现在都要求本科或以上学历。从企业的角度看，由于高质量劳动力的成本收益率通常要高于低质量劳动力的成本收益率，因此，企业会采取人才高消费战略，选择雇用高质量劳动力。另一方面，尽管中专高职人才就业受到企业人才高消费的影响，被大学毕业生抢占了部分工作岗位，但是目前其就业形势仍然大大强于大学生，这也从另一个侧面说明了我国人才结构失衡的严重性。

3. 技术密集型行业的劳动力愈发紧缺。加入 WTO 以后，中国经济活动与国际接触越发密切，技术密集型产业发展比较迅速，对高级技术人才的需求不断加大。根据劳动和社会保障部发布的 2008 年第二季度全国 99 个城市劳动力市场供求情况，我国高级技能人才呈现供不应求的状态。其中，高级工程师、高级技师和技师的求人倍率最高，达到了 1.99、2.38 和 2.2，供求比例失衡的情况普遍存在。从用人需求对技术等级要求看，对技术等级有明确要求的占总需求人数的 56.7%，主要集中在初级技能人员、中级技能人员和技术员、工程师，其所占比重合计为 48.8%。从求职人员的技术等级构成来看，51.5% 的求职者都具有某种技术资格等级，主要集中在初级技能、中级技能和技术员、工程师，其所占比重合计为 46.7%。求职人员的技术等级构成与用人需求的技术等级结构基本一致。从供求状况的对比看，各技术等级的劳动力需求均大于供给，其中高级技师、技师和高级工程师的需求相对于供给更大。总体上看，中国的技术密集行业的劳动力需求总体上大于劳动力的供给。

四、产业链视角下现代服务业促进就业的机理研究

一般而言，在生产模块化和提供服务比较便利的协作经济时代，制造业上游产业和下游产业很多都是由服务业构成，这些服务业不仅为制造业提供必须的服务，还为其提供某种程度的技术和智力支撑。由于各个产业对劳动力需求的不同，劳动力在产业链中分布同样不可能均匀的实现。吸纳劳动力能力比较强的部分是分布产业链两端的服务业而不是居于产业链的核心的制造业。因此，系统的分析劳动力资源在产业链中的构成和作用，及如何合理的实现劳动力在产业链中分配成为一个重要问题。

以汽车制造业及相关服务业形成的产业链为例，根据日本 1980—1989 年劳动力在汽车制造业及相关服务业形成的产业链中的分布（《汽车参考手册》（日），1991）可以画出一个劳动力沿着产业链方向分布的“U”型曲线。通过日本与中国制造业产业链吸纳劳动力的对比可以看出，中国汽车制造业吸纳劳动力主要在产业链的中间部分，即汽车的零件制造和整车装配，而吸纳劳动力能力强的上下游产业吸纳的劳动力与正常水平相比很低。同样，这种情况不仅仅出现在汽车制造业产业链中，同样出现在其他产业链中。

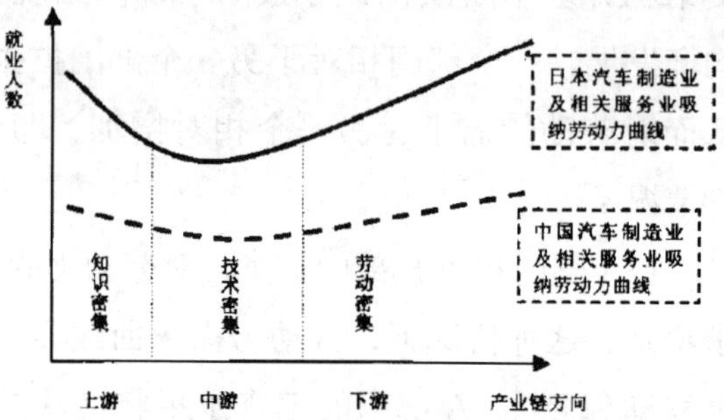

图 2　劳动力在产业链中的分布曲线

从图 2 中可以看出，产业链中吸纳劳动力能力最强的环节是出于上下游的设计、研发、原材料供应、维修、运输、仓储、保险等服务业，而不是处于产业链核心部分的制造业。其中上游的研发、设计等部门需要的多数是知识密集型人才和少量的劳动密集型人才，而下游服务业需要的更多的是劳动密集型人才，在一些知识密集型服务业中需要少量的知识密集型人才。制造业需要更多的是技术密集型人才，这些工作岗位要求劳动者具有较强的生产技术和劳动技能。同时，贯穿产业链始终的还有消费服务业，为产业链中的各种类型的劳动者提供消费服务，这部分劳动力大多数以劳动密集型人才为主。根据上述分析，针对目前中国的结构性失业的特征，可以采取以下两种途径扩大产业链中的劳动力需求：

1. 发展产业链两端的现代生产性服务业，促进知识密集型人才和劳动密集型人才就业，促使产业链吸纳就业能力的“U”型曲线的两端上移。根据图2中的劳动力分布曲线，中国的产业链上下游的吸纳劳动力能力没有充分发挥，这些行业在中国的发展空间大、发展基础好，对劳动力的需求较大。从行业需求看，66.3%的企业用人需求集中在制造业、批发和零售业、住宿和餐饮业、居民服务业和其他服务业，以上四个行业，其用人需求比重分别为24.2%、17.5%、12.0%和12.6%。因此，要解决劳动密集型和知识密集型劳动力就业，就要充分发展这些服务行业。

2. 发展贯穿产业链始终的消费服务业，促进劳动密集型人才的就业，使得产业链吸纳就业的“U”型曲线整体上移。现代服务业的高就业增长效应不仅表现在现代服务业的就业比重比较大，还表现在现代服务业的发展能够带动国民经济其他行业劳动力就业的增加。现代服务业的这种就业关联效应是由于现代服务业自身的增长，导致整个国民经济系统产出规模的扩大，从而带动整个国民经济系统劳动力的增加。

五、结论及建议

本文分析了结构性失业的形成机理，指出部门之间的相对扩张或萎缩以及劳动力短时间不能在部门之间自由流动是造成结构性失业的根本原因。从产业链视角出发，产业链的上下游是吸收劳动力密集型和知识密集型劳动力就业多的行业，而居于产业链中间的生产制造等行业属于技术密集型行业。如果解决结构性失业问题，应该从两种角度出发：一是促进产业链上下游行业，由于我国属于产业链上下游的现代服务业发展滞后，因此，加快上下游现代服务业的发展可以有效促进劳动密集型和知识密集型劳动力就业；二是促进消费服务业的发展，消费服务业贯穿整个产业链的始终，为产业链的上中下游提供服务支持，因此，加快消费服务业的发展可以促进整体的劳动力就业。

本文建议从以下两个方面解决结构性失业问题：(1) 大力发展产业链上下游的知识密集型和劳动密集型服务业，使得产业链中的劳动力分布曲线向两端延伸，从而扩大知识密集型劳动力和劳动密集型劳动力的就业。发展产业链上游的知识密集型服务业，如设计、研发、金融、租赁和商务服务业等行业，可以解决部分大学生就业的问题。大力发展产业链下游的劳动力密集型服务业，如维修、仓储、保险等服务行业，可以解决农村剩余劳动力转移带来的就业压力。(2) 重点发展就业关联性强、产出乘数大的消费服务业。批发和零售贸易餐饮业、社会服务业、交通运输、仓储及邮电通信业、餐饮业等行业对知识和技术的要求比较低，适合农村剩余劳动力的就业。而且这些行业的发展还将带动其他行业的发展从而进一步促进劳动力就业。

（作者：都莉莉，大连理工大学博士研究生）

（选自《大连大学学报》2011年第1期）

我国失业保险制度的重大发展与实施挑战

杨思斌

2010年10月28日，十一届全国人大常委会第十七次会议表决通过了《社会保险法》，自2011年7月1日起实施。《社会保险法》是中国特色社会主义法律体系中起支架作用的重要法律，它的颁布实施，是我国社会保障法制建设中的一个里程碑。《社会保险法》将我国多年来被实践证明行之有效的失业保险制度通过立法程序以法律的形式固定下来，上升为国家意志，增强了失业保险的强制性、规范性和稳定性。《社会保险法》进一步完善了失业保险制度，对于实现失业保险制度的法制化，预防失业风险，保障失业人员的权利以及促进就业将发挥积极的作用。同时，《社会保险法》的实施也使我国的失业保险制度面临挑战。

失业保险是国家通过立法强制实行的，由社会集中建立失业保险基金，对因中断就业而暂时失去生活来源的劳动者提供一定时期的基本生活保障和与再就业有关服务的一项社会保险制度。它与养老、医疗、工伤、生育保险构成了我国社会保险体系。作为社会保险体系的一项基本制度，失业保险具有和其他社会保险制度相同的特征：(1)强制性。失业保险是国家通过立法强制实施的，在失业保险制度覆盖范围内的单位及其职工都应该参加这一制度并履行缴费义务。(2)互济性。失业保险基金主要面向社会筹集，由单位和职工等共同负担。筹集起来的资金，全部并入失业保险基金，在统筹地区范围内统一调剂使用，充分发挥社会互济作用。(3)普遍性。失业保险是为了保障有工资收入的职工失业后的基本生活而建立的，职工不分用工形式，不论是城镇职工还是进城务工人员，所有参加失业保险的人员，在终止或解除劳动合同后，只要符合条件均有享受失业保险待遇的权利。失业保险还具有不同于其他社会保险制度的特点：(1)对象的特殊性。失业保险的保障对象是有劳动能力和劳动意愿但无工作岗位的劳动者，而其他社会保险的保障对象多是丧失或暂时丧失劳动能力的劳动者。(2)待遇的短期性。享受失业保险待遇有一定的期限，相对于其他社会保险，失业保险属于短期给付的险种。(3)运行的周期性。失业保险的运行往往随着经济运行的变化呈周期性变动，经济运行良好时失业率会下降，缴费的人数会增加，领取失业保险金的人减少，失业保险基金收大于支，反之亦然。失业保险是社会保险体系的重要组成部分，也是建立统一的劳动力市场，实现人力资源优化配置的重要制度安排。

一、我国失业保险制度的发展历程

我国的失业保险制度始建于1986年，它在实践中是作为深化国有企业改革、建立现代企业制度的配套措施发展和完善起来的。1986年7月12日，国务院颁布了改革劳动合同的四项规定，即《国营企业实行劳动合同制暂行规定》、《国营企业招用工人暂行规定》、《国营企业辞退违纪职工暂行规定》和《国营企业职工待业保险暂行规定》。其中的《国营企业职工待业保险暂行规定》是实现劳动合同制度的一项重要配套措施，因为劳动合同制度打破了过去长期实行的终身就业体制，劳动合同到期以后职工可能面临着失业问题。同时，《国营企业职工待业保险暂行规定》也是为了配合随后不久出台的《企业破产法（试行）》而采取的重要措施，因为《企业破产法（试行）》的实施必然产生破产企业职工的失业问题。为了保障劳动者在失业期间的基本生活，需要建立相应的保障制度。《国营企业职工待业保险暂行规定》标志着我国开始建立了待业保险制度。

1993年4月12日，国务院正式颁布《国有企业职工待业保险规定》，该规定针对《国营企业职工待业保险暂行规定》实施范围窄、保障水平低、基金承受能力弱等方面的问题进行了调整，标志着我国失业保险制度初步确定，预示着我国失业保险制度的目标重心开始向促进就业转移，但该《规定》依然局限于国有企业并沿用待业保险的名称，从一个侧面说明了制度的不完善性，也注定了其作为过渡政策的必然性。

1994年，在已经明确建立社会主义市场经济体制的背景下，我国开始以“失业保险”取代待业保险。

1999年1月22日，国务院发布了《失业保险条例》，该条例吸收了以往待业保险制度实践中好的做法，借鉴了国外失业保险制度的先进经验，在很多方面进行了调整。一是扩大了失业保险的适用范围，不再局限于国有企业及其职工，而是扩展到所有城镇企业事业单位及其职工；二是调整了失业保险基金的筹集方式，失业保险费不再由用人单位单方负担，而是由用人单位和职工双方负担，用人单位负担2%，职工个人负担1%；三是规范了失业保险待遇制度。《失业保险条例》完善了我国失业保险制度，体现了我国失业保险保障失业人员基本生活的制度目标。《失业保险条例》的颁布与实施，标志着我国失业保险制度已经从国有企业的配套措施走向相对独立的市场经济框架下的社会保障体系的重要组成部分。“《失业保险条例》强调个人责任，以缴费作为享受失业保险待遇的前提条件，使得失业者权利与义务相对称，使城镇的失业保险制度逐渐完成由‘单位保障’向‘社会互济’的变迁，实现了由救助模式向保险模式的转变，与国际上的改革趋势相一致。”我国失业保险制度在保障失业人员的基本生活，维护转型期的社会稳定，支持经济体制改革和促进失业人员再就业方面发挥了积极的作用。同年，国务院还颁布《社会保险费征缴暂行条例》，以暂行法规的形式进一步明确了失业保险的覆盖范围，强化了缴费义务，建立了失业保险登记制度和缴费申报制度，规范了失业保险金的征收程序。

2000年10月26日，劳动和社会保障部颁布了《失业保险金申领发放办法》，明确规范了失业保险金申领条件、发放标准、领取期限和失业保险关系转迁等问题，进一步完善了失业保险制度。然而，我国失业保险法制建设仍存在诸多问题：第一，《失业保险条例》仅仅是行政法规，立法层次较低，缺乏较高的法律效力；同时，《失业保险条例》欠缺相应的法律责任的规定，导致失业保险制度实施机制的薄弱。第二，失业保险制度的覆盖面偏低。美国、英国、德国失业保险覆盖率分别达到全部劳动力的74%、86%和68%。按照国际劳工组织《社会保障最低标准公约》的规定，失业保险覆盖范围在全体雇员中不低于50%。2009年底，我国失业保险参保人数为1.27亿人，仅约为城镇就业人员3.13亿人的40%；参保的农民工人数为1643万人，仅约占2.3亿农民工的7%。这意味着我国城镇仍有很大比例的从业人员在遇到失业风险时得不到失业保险制度的保护和帮助。第三，失业保险在稳定就业、预防失业方面的功能并没有充分发挥。“自1999年实施《失业保险条例》以来，其受益人数量曲线呈抛物线状，从2004年最高点持续下降，包括金融危机期间的2007和2008年仍连年走低，到2009年出人意料地创下2002年以来最低点。而同期城镇登记失业率曲线则略微上扬，形成一个‘剪刀口’，并具有逐年扩大的趋向。”这种现象，与失业保险制度运行的周期性规律相悖，也说明失业保险的制度功能没有得到充分发挥。此外，失业保险在待遇水平、费率设计、基金使用等方面，也显现出越来越大的局限性。

二、《社会保险法》对我国失业保险制度的重大发展

《社会保险法》在总结我国失业保险实践经验的基础上，以专章的形式对失业保险的覆盖范围、资金来源、待遇项目和享受条件等作了明确规定，进一步完善失业保险制度，为失业保险制度的实施提供了法律依据。《社会保险法》对失业保险制度的重大突破和发展主要体现为以下几个方面。

（一）规定了职工应当参加失业保险，为失业保险适用范围的扩大提供了法律依据

我国失业保险对象的适用范围，随着社会经济的发展和国家对于劳动者保障水平的提高而呈逐步扩大的趋势。《失业保险条例》第2条规定：“城镇企业事业单位、城镇企业事业单位职工依照本条例的规定，缴纳失业保险费。城镇企业事业单位失业人员依照本条例的规定，享受失业保险待遇。本条所称城镇企业，是指国有企业、城镇集体企业、外商投资企业、城镇私营企业以及其他城镇企业。”同时，《失业保险条例》授权省级政府可以将统一的失业保险制度扩大到社会团体及其专职人员、民办非企业单位及其职工和城镇有雇工的个体工商户及其雇工。1999年8月30日，劳动和社会保障部颁布了《关于事业单位参加失业保险有关问题的通知》，要求事业单位在单位所在地进行社会保险登记、按时申报并足额缴纳失业保险费。这样，我国失业保险的范围包括城镇企业、事业单位、民办非企业单位和有雇工的个体工商户及其雇工。但是，部分主体如非全日制劳动者等灵活就业人员、乡镇企业及其职工等，仍未纳入适用范围；进城务工人员虽然纳入了失业保险的覆盖范围，但其无需自己缴纳保费，且失业保险待遇采取一次性给付，这与失业保险的社会性和保险性相违背。

失业保险是社会保险体系的重要组成部分，又是建立统一的劳动力市场、形成市场就业机制的重要条件。“扩大社会保险覆盖范围有利于劳动力在市场机制下实现流动。”《社会保险法》为失业保险覆盖范围的扩大提供了法律依据，《社会保险法》第2条规定：“国家建立基本养老保险、基本医疗保险、工伤保险、失业保险、生育保险等社会保险制度，保障公民在年老、疾病、工伤、失业、生育等情况下依法从国家和社会获得物质帮助的权利。”第44条规定：“职工应当参加失业保险，由用人单位和职工按照国家规定共同缴纳失业保险费。”这里的“职工”是劳动法意义上的劳动者，是与用人单位相对应的概念，而用人单位的范围，我国《劳动合同法》和《劳动合同法实施条例》有明确的规定。因此，

规定职工应当参加失业保险，实际上是要求所有的用人单位包括企事业单位、民办非企业单位、有雇工的个体工商户、合伙组织、基金会、律师事务所和会计事务所等用人单位，都必须参加失业保险制度，这就为进一步扩大失业保险的适用范围提供了法律依据。《社会保险法》第97条规定："外国人在中国境内就业的，参照本法规定参加社会保险。"外国人在中国境内就业的，可以参照本法规定参加包括失业保险在内的社会保险的规定，体现了社会保障国际合作的国民待遇的原则，保障了在华工作的外国人的合法权益，也有利于吸引和留住外籍优秀人才。随着《社会保险法》的实施，将会有越来越多的用人单位参加包括失业保险在内的社会保险，劳动者的社会保险权将得到更好的保障。

（二）取消了失业保险金的最高标准限制，为失业保险金待遇的调整预留了空间

关于失业保险金的标准，理论上有"最低生活费说"和"地位说"两种观点。"最低生活费说"认为，为了防止自愿性失业，促使失业者尽快就业，失业补偿应以维持失业者的最低生活水平为原则。"地位说"认为，为了维持失业者的地位，使其以相同的条件寻求工作，同时也为了维护失业者家庭的正常生活水平，使其家庭不因失业遭受变化，失业补偿应与失业前工资相同。

我国《失业保险条例》第18条规定："失业保险金的标准，按照低于当地最低工资标准、高于城市居民最低生活保障标准的水平，由省、自治区、直辖市人民政府确定。"其中的"高于城市居民最低生活保障标准的水平"体现了失业保险的保障失业人员的基本生活的生存保障功能，"低于当地最低工资标准"规定体现了失业保险的抑制失业者依赖失业保障和促使失业者尽快返回劳动力市场的失业保险制度的功能。"失业保险金的发放标准应不高于提供了正常劳动的劳动者所得工资的标准，即最低工资标准，如果超过了这个标准，容易形成养懒汉的制度，不利于失业人员积极寻找工作，实现再就业。"对失业保险金的最低标准和最高标准的规定，体现了失业保险妥善协调保障和激励的功能。但是，我国各地的最低工资标准偏低，低于最低工资标准的失业保险金无法实现失业保险金保障失业者基本生活水平的生存保障的目的。同时，失业保险具有"救急不救穷"的特点，能够使失业者在一段时间内基本维持一个和原来大体相同的有尊严的生活水平是现代失业保险制度的发展趋势。因此，《社会保险法》第47条规定："失业保险金的标准，由省、自治区、直辖市人民政府确定，不得低于城市居民最低生活保障标准。"与《失业保险条例》相对照，《社会保险法》取消了失业保险金低于当地最低工资标准的规定。失业保险金的最高标准的取消，彰显了失业保险金的生存保障功能，给失业保险待遇的调整留下了空间。

（三）明确了失业人员参加基本医疗保险，解决了失业人员的医疗保障问题

我国的基本医疗保险采用的是社会医疗保险模式，即通过社会互济方式化解社会风险，形成稳定的资金筹集机制、费用分担机制和第三方付费的医疗服务制约机制。

根据1998年国务院颁布的《关于建立城镇职工医疗保险制度的决定》规定，职工医疗保险费由用人单位和职工共同缴纳。为保障失业人员在失业期间的基本医疗需求，《失业保险条例》第19条规定："失业人员在领取失业保险期间患病就医的，可以按照规定向社会保险经办机构申请领取医疗补助金。医疗补助金的标准由省、自治区、直辖市人民政府规定。"医疗补助金数额较低且和医疗费用没有关联，因

此，很难解决失业人员在失业期间的患病的医疗保障，与我国全民医疗保险制度的发展方向也不相适应。2009年3月，中共中央、国务院印发《关于深化卫生体制改革的意见》，提出了基本医疗保障制度全面覆盖城乡居民，明确了全民医保的目标。在此背景下，规定失业人员领取医疗补助金的医疗保障措施已经不合时宜，这不仅是因为，失业人员从失业保险基金中领取的医疗补助金标准低，保障能力弱，不足以保障大病和重病，而且劳动者也不应因为失业而丧失享受医疗保险待遇的权利。将劳动者失业期间患病的医疗问题并入医疗保险待遇的给付范畴，符合失业保险和医疗保险各自的功能：失业保险的功能在于保障失业人员的生存保障和就业促进；而医疗保险则是为了预防疾病风险。

《社会保险法》第48条规定："失业人员在领取失业保险金期间，参加职工基本医疗保险，享受基本医疗保险待遇。失业人员应当缴纳的基本医疗保险费从失业保险基金中支付，个人不缴纳基本医疗保险费。"这就把失业人员纳入了职工基本医疗保险体系，保障了失业人员在领取失业保险金期间的基本医疗需求，维护职工基本医疗保险制度的统一性。考虑到失业人员既已失业就没有用人单位为其承担雇主缴费义务，同时，失业人员失去主要经济收入来源，其领取的失业保险金具有生存保障性质，在性质上不属于劳动收入，不应用来缴纳基本医疗保险费。

所以，《社会保险法》规定失业人员应当缴纳的基本医疗保险费从失业保险基金中支付，个人不缴纳基本医疗保险费。失业人员在领取失业保险金期间享受基本医疗保险待遇的规定，不仅能够预防失业人员失业期间的疾病风险，而且能够保证失业人员享受医疗保险的持续性。

（四）规定了失业保险基金逐步实现省级统筹，为统筹层次的提高提供了法律依据

社会保险基金的统筹层次关系到在多大范围内调剂使用社会保险基金，统筹层次越高，那么，参加社会保险的人数越多，保障效率越高，分散基金风险的能力越强。统筹层次的提高有利于发挥社会保险的互济和调剂功能，有利于促进劳动力市场的统一和劳动力的合理流动，有利于提高公民社会保险权的公平性。《失业保险条例》第17条规定："失业保险基金在直辖市和设区的市实行全市统筹；其他地区的统筹层次由省、自治区人民政府规定。"目前，我国失业保险基金已经提高到直辖市和地市级。根据社会保险的"大数法则"，失业保险的统筹范围越大，失业保险的互助互济和基金承受能力就越强。提高统筹层次有利于基金的调剂使用，能够有效增强抵御失业风险的能力。从理论上讲，失业保险基金的统筹层次应尽可能提高。然而，我国失业保险实行现收现付制，相对于基本养老保险，统筹层次要求可以低一些。因此，《社会保险法》第64条规定："基本养老保险基金逐步实行全国统筹，其他社会保险基金逐步实行省级统筹，具体时间、步骤由国务院规定。"这就明确了失业保险的法定统筹层次是省级统筹，为失业保险基金统筹层次的提高提供了法律依据，对失业保险基金进一步提高统筹层次提出了明确的要求。

（五）减少了停止领取失业保险金待遇的情形，加大了对失业人员权利的保护

我国《失业保险条例》第15条规定了失业人员停止领取失业保险金，并同时停止享受其他失业保险待遇的7种情形：(1)重新就业的；(2)应征服兵役的；(3)移居境外的；(4)享受基本养老保险待遇的；(5)被判刑收监执行或者被劳动教养的；(6)无正当理由，拒不接受当地人民政府指定的部门或者机构介绍的适当

的工作或者提供的培训的；(7) 有法律、行政法规规定的其他情形的。《社会保险法》第51条只规定了停止享受失业保险待遇的5种情形，取消了失业人员停止领取享受失业保险待遇的两种情形，即“被判刑收监执行或者被劳动教养的”和“有法律、行政法规规定的其他情形的”。这种修改，体现了新的立法理念。“被判刑收监执行或者被劳动教养的”的取消，意味着依法参加了失业保险的被判刑收监执行或者被劳动教养的仍有权享受失业保险待遇，失业保险待遇不因其自身的过错而受到影响，这就厘清了不同的法律关系，把失业人员的社会保险权益与其因违法犯罪行为应承担法律责任区别开来，保护了有过错的参加了失业保险制度的当事人的合法权益。“有法律、行政法规规定的其他情形的”取消，意味着失业人员停止享受失业保险待遇的情形是一个列举方式的封闭性的规定，只能由《社会保险法》规定，不能由其他法律、法规规定。

（六）增强了失业保险制度的强制性和可诉性，体现了失业保险制度的法律元素

失业保险作为社会保险的一个险种，具有社会保险制度的强制性特点。但是，我国的《失业保险条例》对用人单位应当参加失业保险而未参加的，并没有规定法律责任，强制性明显不足，无法确保失业保险制度的正常运行。在实践中，用人单位未依法按时足额缴纳包括失业保险在内的社会保险费的情况仍比较突出，社会保险征收机构除了申请法院强制征收外，缺乏有效法律手段和措施。为强化社会保险费的征收，《社会保险法》第63条规定：“用人单位未按时足额缴纳社会保险费的，由社会保险费征收机构责令其限期缴纳或者补足。用人单位逾期仍未缴纳或者补足社会保险费的，社会保险费征收机构可以向银行和其他金融机构查询其存款账户；并可以申请县级以上有关行政部门做出划拨社会保险费的决定，书面通知其开户银行或者其他金融机构划拨社会保险费。用人单位账户余额少于应当缴纳的社会保险费的，社会保险费征收机构可以要求该用人单位提供担保，签订延期缴费协议。用人单位未足额缴纳社会保险费且未提供担保的，社会保险费征收机构可以申请人民法院扣押、查封、拍卖其价值相当于应当缴纳社会保险费的财产，以拍卖所得抵缴社会保险费。”第86条规定：“用人单位未按时足额缴纳社会保险费的，由社会保险费征收机构责令限期缴纳或者补足，并自欠缴之日起，按日加收万分之五的滞纳金；逾期仍不缴纳的，由有关行政部门处欠缴数额一倍以上三倍以下的罚款。”这些规定强化了社会保险征收机构的征收手段，加大了对不参加社会保险的用人单位的处罚力度。社会保险强制性的增强使失业保险进一步回归到了其作为社会保险的制度理性，使失业保险制度成为真正法律意义上的社会保障制度。

《失业保险条例》中没有关于失业保险争议解决机制的规定，理论上一般认为，失业保险争议属于社会保险争议，职工与用人单位发生失业保险方面的争议，按照劳动争议的有关规定进行处理。但是关于社会保险争议和劳动争议的关系，人们有不同的认识。在司法实践中，有的法院认为用人单位不给劳动者缴纳包括失业保险费等社会保险费用，违反的是行政法律规范，应当由劳动行政部门处理，不属于劳动争议，法院不予受理，结果导致了劳动者的失业保险权利得不到司法的救济。《社会保险法》第83条明确规定：“个人与所在用人单位发生社会保险争议的，可以依法申请调解、仲裁，提起诉讼。用人单位侵害个人社会保险权益的，个人也可以要求社会保险行政部门或者社会保险费征收机构依法处理。”这就明确了个人与用人单位发生的包括失业保险在内的社会

保险争议属于劳动争议的一种，可以通过调解、仲裁、诉讼等方式处理，劳动者因与用人单位的失业保险争议向法院提起诉讼的，法院应当受理。社会保险争议解决方式的明确，增强了失业保险法律制度的可诉性，使得失业人员的社会保险权益能够得到法律的有效救济，失业保险法律制度能够实现从“纸面上的法”到“生活中的法”的转变。

三、失业保险法律制度实施的挑战

《社会保险法》对各项社会保险作出了全面的规定，规范了社会保险关系，规定了用人单位和劳动者的权利与义务，强化了政府责任，明确了社会保险行政部门和社会保险经办机构的职责，确定了社会保险相关各方的法律责任。《社会保险法》关于失业保险制度有重大突破和发展，2011 年 7 月 1 日，《社会保险法》开始实施。《社会保险法》实施后，失业保险制度的贯彻落实将面临新的挑战，主要有以下几个方面。

（一）失业保险制度的适用范围问题

失业保险的适用范围的逐步扩大是失业保险制度的发展方向。社会保险法实施后，失业保险制度在其适用范围方面将面临两个挑战，一是关于公务员和参照公务员管理的工作人员是否要纳入失业保险体系。一种观点认为，社会保险法只规定了职工应该参加失业保险，并未将公务员和参照公务员管理的工作人员纳入失业保险体系，这符合公务员职业稳定的特点。另一种观点认为，公务员也可能因失去工作机会而面临收入中断的风险且公务员和劳动者存在身份转化问题，应该把公务员纳入到统一的失业保险制度。是否把公务员和参照公务员管理的工作人员纳入失业保险体系，建立全国统一的失业保险制度是社会保险法实施后需要明确的问题。另一个问题是，农民工参加失业保险问题，《失业保险条例》第 21 条规定，单位招用的农民合同制工人连续工作满 1 年，本单位并已缴纳失业保险费，劳动合同期满未续订或者提前解除劳动合同的，由社会保险经办机构根据其工作时间长短，对其支付一次性生活补助。补助的办法和标准由省、自治区、直辖市人民政府规定。《社会保险法》并没有对农民工的失业保险作专门规定，但在第 95 条规定：“进城务工的农村居民按照本法规定参加社会保险”。依据《社会保险法》关于“职工应当参加失业保险，由用人单位和职工按照国家规定共同缴纳失业保险费”的规定，职工包括进城务工的农村居民（农民工）都应当参加失业保险，按照国家规定履行失业保险缴费义务。因此，《社会保险法》实施以后，农民合同制工人本人不缴纳失业保险费的制度应该面临调整。

（二）失业保险金的支付标准问题

我国《失业保险条例》第 18 条规定，失业保险金的标准，按照低于当地最低工资标准、高于城市居民最低生活保障标准的水平，由省、自治区、直辖市人民政府确定。目前，各省人民政府大多采用以当地最低工资标准的百分比来确定失业保险金的具体数额。如北京市规定，失业保险金的发放标准为本市最低工资的 70%—90%；湖南省规定，失业人员每个月领取失业保险金的标准为当地最低工资标准的 80%；黑龙江省规定，失业保险金的标准为当地最低工资标准 70%。《社会保险法》规定：“失业保险金的标准，由省、自治区、直辖市人民政府确定，不得低于城市居民最低生活保障标准。”这个法律条文的背后体现了新的立法理念，即失业保险金应该能够使失业者在一段时间内基本维持一个和原来大体相同的有尊严的生活水平，这对目前一些省份采用的以当地最低工资标准的百分比来确定失业保险金的做法提出了挑战。目前，多数国家如英国的失业保险金的标准是按失业者在失业前工资收入的一定比例来确定的，有的国家如法国是按照绝对额加上原工资收入的一定比例来确定的。失业保险金的支付标准一般能达到工资收入的40%—60%。如何依据我国的社会经济发展水平和生活水平依法确定失业保险金的支付标准是《社会保险法》实施后失业保险工作面临的一个重要问题。

（三）失业人员基本医疗保险待遇的享受问题

《社会保险法》实施前，职工在失业期间不能享受医疗保险待遇，仅能申领医疗补助金。为了保障失业人员失业期间能够享受基本医疗保险待遇，《社会保险法》规定："失业人员在领取失业保险金期间，参加职工基本医疗保险，享受基本医疗保险待遇。失业人员应当缴纳的基本医疗保险费从失业保险基金中支付，个人不缴纳基本医疗保险费"。这实际上对现行的做法进行了改变，将申领医疗补助金改为享受基本医疗保险待遇，提高了失业人员的医疗保障水平，符合我国全民医疗保险的发展方向。《社会保险法》实施以后，失业人员在领取失业保险金期间将被纳入职工基本医疗保险体系，其失业期间患病的医疗保障问题通过医疗保险来解决。失业人员参加职工医疗保险是强制性的而非自愿性的，即失业人员在领取失业保险金期间应当与其他从业人员一样参加城镇职工基本医疗保险，失业人员不需要缴纳基本医疗保险费，失业保险基金所支付的基本医疗保险费应该包括个人应当缴纳的部分和用人单位应当缴纳的部分，统筹地区需要对缴纳标准等作出规定。失业人员参加城镇职工基本医疗保险后，其医疗保险的个人账户主要支付门诊费用、住院费用中个人自付部分以及在定点药店购药费用；统筹基金用于支付符合规定的住院医疗和部分门诊大病医疗费用。因此，社会保险经办机构需要未雨绸缪，积极应对，以防止未从失业保险基金中为失业者缴纳医疗保险费而导致失业者无法享受基本医疗保险待遇而引起的纠纷。

（四）失业保险基金统筹层次的提高问题

《社会保险法》明确规定了省级统筹是失业保险基金的法定统筹层次，这对失业保险基金提高统筹层次提出了明确的要求。依据《失业保险条例》的规定，我国失业保险基金除直辖市和设区的市实行全市统筹外，其他地区的统筹层次由省、自治区人民政府规定。从实际情况看，现阶段，我国大多数地区实行的仍是市（地）、县级统筹。失业保险基金的较低的统筹层次降低了基金分散风险的功能，削弱了基金的保障能力，也加大了制度运行的成本。提高统筹层次，可以在较大范围内调剂使用基金，抵御更大规模的失业风险。因此，应该按照《社会保险法》确定的目标，尽快在全国范围实现失业保险基金的省级统筹。

（作者：中国劳动关系学院副教授）

（选自《前沿》2011年第11期）

缩小收入差距的影响因素及优化路径

赵振华

收入差距问题近年来日益成为全社会关注的热点。那么缩小收入差距的重大意义是什么，我国的收入差距究竟有多大，收入差距扩大的原因是什么，怎么解决这个问题？在此，对这些问题进行探讨。

一、缩小收入差距的重大意义

缩小收入差距的意义，主要体现在以下几个方面：

（一）缩小收入差距可以巩固党的执政基础

中国共产党是马克思主义政党，马克思主义政党的一个鲜明特征就是代表最广大人民群众的根本利益，特别是保护市场经济中弱者的利益。在从计划经济体制向社会主义市场经济体制转型的过程中，广大的农民和产业工人从整体上看虽然也是受益者，但与其他社会群体相比，收入不仅增加较为缓慢，而且差距越来越大。而广大的农民和产业工人恰恰是我们党执政的基础。革命年代，依靠广大的工人和农民，我们取得了革命的胜利；在和平年代，也只有依靠广大的工人和农民，才能实现社会主义现代化，才能实现强国的梦想。农民和产业工人作为一个理性的人，也有自己的物质利益追求，当他们的这种物质利益追求长期得不到满足、生活水平长期得不到改善时，就可能会对党的执政理念和执政能力产生怀疑，进而对党的路线、方针、政策采取不支持甚至抵触的态度。从世界范围来看，一些大党、老党之所以会失去政权，在很大程度上就是因为在执政期间，中低收入者特别是低收入者的生活水平长期得不到改善，对党失去信心的结果。

因此，只有不断改善中低收入者的生活水平，缩小其与高收入者的差距，才会赢得广大人民群众的信任和理解，党的执政基础才会更加巩固。党的十六届四中全会通过的《中共中央关于加强党的执政能力建设的决定》告诫我们广大党员：“无产阶级政党夺取政权不容易，执掌好政权尤其是长期执掌好政权更不容易。党的执政地位不是与生俱来的，也不是一劳永逸的。”要“坚持权为民所用、情为民所系、利为民所谋，实现好、维护好、发展好最广大人民的根本利益，保证人民群众共享改革发展的成果”。

（二）缩小收入差距，有助于构建社会主义和谐社会

党的十六届六中全会通过的《中共中央关于构建社会主义和谐社会的决定》（以下简称《决定》）指出，和谐社会是社会主义社会

的本质属性。同时，《决定》提出了到2020年构建社会主义和谐社会的宏伟目标，其中一个重要目标就是："城乡、区域发展差距扩大的趋势逐步扭转，合理有序的收入分配格局基本形成，家庭财产普遍增加，人民过上更加富足的生活。"要实现这一目标，就需要正视并采取有效措施解决目前影响构建和谐社会的突出矛盾和问题，特别是解决好收入差距过大的问题。因为收入差距的过大已经成为引起社会矛盾的主要因素之一。

实证研究表明，一个国家的收入差距与社会稳定存在直接的相关关系，收入差距越大，则社会越不稳定。西方发达国家之所以在18—19世纪社会冲突频繁发生，一个重要的原因就是收入差距出现了两极分化：一方面出现了以资本家为代表的高收入群体，另一方面产生了大量的依靠出卖劳动力为生的以工人为代表的低收入群体。由于低收入群体没有社会保障制度，每当经济危机来临时，其基本生活得不到保障直接威胁到生命，从而直接促使工人与资本家的对立和冲突，进而形成工人与政府的冲突。进入20世纪以后，特别是第二次世界大战以后，西方发达国家进入了一个相对稳定和繁荣时期，也呈现出和谐景象，一个很重要的原因就是政府通过政策措施缩小了收入差距，并把收入差距控制在一个合理区间，特别是通过社会保障制度保障了市场经济中弱者的利益。

改革开放以来，我国国民经济和社会发展都取得了长足进步，这是有目共睹的事实，但社会不稳定的因素也在不断增加，其中很重要的原因就是收入差距不断呈现扩大的趋势。因此，要构建社会主义和谐社会，化解矛盾，首先就要化解因收入差距而产生的矛盾，把收入差距控制在一个合理区间。

（三）缩小收入差距，既是社会主义社会的本质要求，也有助于社会主义优越性的充分发挥

邓小平在南方谈话中指出："社会主义的本质，是解放生产力，发展生产力，消灭剥削，消除两极分化，最终达到共同富裕。"从邓小平关于社会主义本质的论述来看，前两句话解决的是生产力问题，后三句话解决的是生产关系问题，在生产关系中最为重要的是分配关系，在分配关系中核心是共同富裕。没有共同富裕，社会主义的本质就无从体现，就与资本主义没有区别。"共同致富，我们从改革一开始就讲，将来总有一天要成为中心课题。社会主义不是少数人富起来、大多数人穷，不是那个样子。社会主义最大的优越性就是共同富裕，这是体现社会主义本质的一个东西。""如果富的愈来愈富，穷的愈来愈穷，两极分化就会产生，而社会主义制度就应该而且能够避免两极分化。"

从人类发展历史来看，原始社会生产力水平极其低下，只能是平均主义分配，共同贫穷。自有阶级以来，从奴隶社会到资本主义社会，虽然生产力不断发展，但从分配关系来看，都是两极分化的社会，当代一些发达的资本主义国家虽然收入差距缩小了，但这是被迫调整的结果，此前的几百年间也出现过两极分化。只有社会主义社会，一方面可以解放和发展生产力，取得比资本主义社会更高的劳动生产率；另一方面，可以避免两极分化，实现共同富裕。相反，如果不能实现共同富裕，社会主义就没有优越性，社会主义的本质就发生了变化，改革的方向也就错了。邓小平曾说："如果导致两极分化，改革就算失败了。"

（四）缩小收入差距，有助于促进国民经济平稳增长

主要表现在以下几点：第一，从生产力和

生产关系的辩证关系来看，收入分配属于生产关系的范畴，经济增长属于生产力的范畴。缩小收入差距就意味着把目前过大的收入差距缩小到一个合理区间，使分配关系适应于生产力的要求，促进生产力发展（当然不能将收入差距等同于分配关系），保持国民经济的平稳增长。

第二，从微观角度而言，可以调动城乡居民的积极性和创造性。我国目前收入格局的中低收入者居多，缩小收入差距就是要在不断提高他们收入的基础上，将收入差距控制在合理区间，这样才能充分调动他们的积极性，把他们的精力用于推进我国的经济增长，而不是成为阻碍力量。

第三，从消费需求的角度而言，缩小收入差距可以促进消费需求的提高。长期以来，制约我国经济增长的一个主要因素就是消费需求不足，而消费需求不足的主要原因是收入差距过大，特别是中低收入者虽然平均消费倾向和边际消费倾向都很高，但由于收入水平比较低，直接决定消费需求量比较低，要扩大消费需求，就需要提高中低收入者的收入。中低收入者收入提高了，有助于缩小收入差距。

第四，缩小收入差距，有助于为下一步的改革营造良好的环境，赢得广大人民群众的支持。自从党的十一届三中全会之后，我国进入了改革开放新阶段，30多年的改革之所以能够取得成功，关键是改革给广大人民群众带来了实惠，赢得了他们的支持。同时必须清醒地认识到，我国的改革的道路依然十分漫长，改革的任务更为艰巨，进入了攻坚阶段。能不能赢得改革的最后成功，起决定性的因素是能不能继续赢得广大人民群众的支持，而要赢得广大人民群众的支持就需要在继续完善市场经济体制的同时，通过有效的宏观调控，进一步理顺收入分配体制，逐步缩小过大的收入差距，把收入差距控制在合理区间，让广大人民群众充分分享改革和发展的成果。

二、收入差距扩大的表现

改革开放以来，我国居民收入差距明显扩大而且有进一步扩大的趋势。主要表现在以下几个方面：

（一）居民的总体收入差距扩大

衡量居民收入总体差距扩大的指标主要有基尼系数、库茨涅兹指数（以最富有的20%人口的收入份额来表示，这一数值的最低值是0.2，指数越高，收入差别越大）、阿鲁瓦利亚指数（以最贫穷40%人口的收入份额来表示，最高值为0.4，指数越低，差距越大）、实际收入状况、金融资产状况，等等。从我国基尼系数来看，据国家统计局的测算，改革开放之初的1978年我国农村居民的基尼系数大致为0.21—0.24，城市居民的基尼系数大致为0.16—0.18，说明当时我国居民的收入分配基本上呈现一种平均主义的趋向。目前我国城乡居民的综合基尼系数为0.45左右，而且从居民收入差距的变动曲线来看，仍将呈现继续扩大的趋势。从实际收入来看，居民的实际收入是直接衡量收入差距的重要指标。一方面，仍有相当多的农村贫困人口，到2010年底，我国仍然有2688万农村人口处于年人均纯收入1274元以下的贫困行列，依靠各种救济生活的城市居民大约有2311万人。这就表明，我国城乡绝对贫困人口有5000多万。另一方面，改革开放之后，一部分地区和一部分人在党的富民政策引导下，走上了富裕的道路。我国已经涌现出相当多的百万富翁和千万富翁，亿万富翁也已经出现。从居民金融资产来看，也出现了扩大的趋势。

（二）城乡居民收入差距扩大

改革开放之后，我国城乡居民可统计收入差距经历了缩小、扩大、再缩小、再扩大四个阶段。1997年之后，城乡居民的收入差距进入改革开放之后的第二轮扩张期。2003年，我国城乡居民可统计的收入差距进一步扩大到3.23倍，达到改革开放以来的最高点，2004年虽然有所下降，但仍然维持在3.20倍，2005年恢复到3.22倍，2009年达到3.33倍的高位上，2010年虽然有所降低，但依然处于3.2倍以上的高位。如果加上城市居民享受到的各种补贴和福利，城乡居民的实际收入差距要更大。

（三）区域之间居民收入差距扩大

改革开放之后，我国各地区居民的收入都有了较大幅度的增长，但东部地区居民收入增长最快，中部地区次之，西部地区最慢。到2010年底，我国上海城镇居民家庭每人全年可支配收入达到31838元，是全国最高的省份；而最低的甘肃城镇居民家庭人均全年可支配收入只有13189元，前者是后者的2.41倍。2010年上海农民家庭平均每人纯收入为13978元，是甘肃农民家庭人均纯收入3425元的4.08倍。

（四）行业之间的收入差距扩大

1978年我国最高行业和最低行业的工资比是1.38 ：1，2008年全国97个行业中，职工平均工资最高行业和最低行业的工资比达到15.93 ：1，如果加上各种隐性福利，这一比例会更高。

三、收入差距扩大的原因

收入差距扩大的因素是多方面的，既有体制方面的原因，也有自然和地理方面的原因，还有劳动者自身的原因。归纳起来主要有以下几个方面：

（一）体制因素

党的十一届三中全会之后，我国进入了一个经济体制转型时期，市场经济体制逐步取代了计划经济体制，目前这一转型仍然没有完成，体制的变迁直接影响到城乡居民的收入变动并产生了收入差距。体制因素主要包括市场化因素、非市场化因素两个方面。

1. 市场化因素

尽管在党的十四大报告中正式确立了我国经济体制改革的目标模式，但从我国经济体制改革的轨迹不难看出，党的十一届三中全会以后，我国的改革就是市场趋向的改革，市场经济规律发挥着越来越大的作用，包括价格规律、竞争规律、供求规律等，在这一系列规律的作用下，必然会产生收入差距的扩大乃至于两极分化。市场经济体制对收入差距的影响主要表现在：

一是通过市场经济规律直接作用于不同劳动者并产生收入差距。从不同的劳动者来看，在传统的计划经济体制下，收入完全由国家或集体规定，几乎没有个人差异，即使能力强、贡献大，收入也大体均等。而走向市场经济体制以后，国家和集体对收入的控制逐渐放松，个人的劳动成果与收入直接挂钩。由于每个人的能力不同，有的人较早进入市场并适应市场竞争而逐步成为高收入者；有的人进入市场较晚或不适应市场竞争，收入水平就较低。从不同企业来看，有的企业管理水平高、产品质量好，这些企业的经济效益越来越好，在经济效益好的企业就业的职工收入水平也比较高；相反，有的企业管理水平比较低，产品质量比较差，在激烈的市场竞争中处于劣势地位，甚至被淘汰，在这些企业就业的职工收入水平自然就比较低，甚至没有收入。不同经营水平的企业间接作用于个人而产生了收入差距。从不同地区来看，有的地区市场发育比较早，给更多的人提供了进入市场的机会，有的地区进入市场比较晚，相当多的人没有机会进入市场；有的地区经济发达，有的地区经济相对落后，这样不同地区之间的城乡居民也产生了收入差距。不同地区的发展程度不同也间接地影响人们的收入。

二是在市场化改革推进的过程中，伴随着

所有制改革，与所有制改革相联系，居民的收入也发生了巨大变化，并因此产生了收入差距。所有制改革从三个方面产生了收入差距：第一，国内非公有制的产生和快速发展。在改革开放以前，我国实行的是完全的公有制，国有经济和集体经济占99%以上，全社会只剩下规模很小的个体经济。党的十一届三中全会以后，我国的非公有制经济如雨后春笋般地发展起来。非公有制经济的发展改变了居民收入的来源结构，对于业主来说，原来依靠从公有制单位获得收入的格局转变为直接依赖市场获得收入；对于员工来说，也从公有制单位转变为依赖个人的贡献和企业经营状况，收入水平与劳动成果直接挂钩。市场成为非公有制企业业主收入的决定因素并影响着员工收入。第二，国有企业自身在改革中不断分化和裂变也影响着职工收入。30多年来，我国国有企业经历了一场巨大的制度变革，从完全的政府附属物转变为能够自主经营、自负盈亏、自我约束和自我发展的市场主体。在改革的过程中，也经历了从全国范围来看的战略重组，其中，一部分中小国有企业实现了转制，成为民营企业；一部分国有企业继续发展壮大；一部分国有企业破产倒闭。企业的不同命运直接影响到职工收入，有的职工成为民营企业的业主，有的职工下岗失业成为社会救济对象，有的职工因为国有企业的不断壮大经济效益大幅度增加而收入大幅度提高。可见，国有企业改革的过程也是一个企业职工收入分化的过程。第三，外资企业的大量涌入，也起到了收入分化的作用。外资企业从一开始就直接进入市场，其大量涌入一方面弥补了我国资本不足的矛盾，扩大了就业，对于居民生活水平的提高发挥了巨大作用，另一方面，外资企业在进入我国以后，依据市场化原则，对不同的人才采取不同的收入分配标准，既出高薪聘请一些高级管理或技术人才，也对普通员工给予了比较低的报酬，因此，外资企业的进入助推收入差距的进一步拉大。

2. 非市场化因素

由于我国处于体制转型的特殊时期，除了市场化因素促使收入差距拉大以外，非市场化因素在一定意义上也拉大了收入差距。非市场化因素具体表现在以下几个方面：

一是垄断。格里高利·曼昆曾经给垄断下了一个经典的定义，他提出："如果一个企业是其产品唯一的卖者，而且其产品并没有相近的替代品，这个企业就是垄断。垄断的基本原因是进入壁垒：垄断者能在其市场上保持唯一卖者的地位，是因为其他企业不能进入市场并与之竞争。进入壁垒又有三个主要来源：关键资源由一家企业拥有；政府给予一个企业排他性地生产某种产品或劳务的权利；生产成本使一个生产者比大量生产者更有效率。"之所以能够形成垄断，是自由竞争或政府限制其他企业生产某种产品。从我国的情况来看，到目前为止，还没有通过自由竞争而产生的垄断企业，但却存在大量的因政府赋予其特别或唯一的经营权而形成的垄断，也称之为行政性垄断。行政性垄断的存在使这些企业凭借政府赋予的经营权获得高额垄断利润，这些利润应该归政府所有，但长期以来一直归企业自身所拥有，从而为企业进行超额分配提供了物质基础。而这些企业由于没有建立现代企业制度，缺乏一整套完善的员工分配机制，因此不免将因政府赋权获得的利润划为员工的薪酬。垄断企业的员工因此获得高额工资。从我国高收入行业来看，除了极个别具有竞争性以外，大多数带有行政垄断性质。从不同行业收入与竞争性关系来看，基本上呈现垄断性越强收入越高、竞争性越强收入越低的规律，这就导致垄断性行业与非垄断性行业之间出现了明显的收入差距。

二是生产要素市场不完善。在从计划经济

体制向市场经济体制转型的过程中，由于我国的生产要素市场发育滞后，导致生产要素价格被扭曲，并形成收入差距。如20世纪80年代的价格双轨制，一部分人从中获得巨额灰色收入，一夜之间暴富起来；90年代汇率计划价与市场价并存使一部分人获得巨额收入，在短时期内成为暴发户；90年代后期，特别是进入新世纪之后，伴随工业化进程的加快，房地产市场日益火爆，在下游产品即楼市走向市场化的同时，上游土地的供给长期以来却由政府以批租的方式供给，土地价格不是市场价，而是政府定价，其结果是相当多的土地开发商因此而获得巨额利益；还有一些公共工程没有经过市场招标直接承包给建筑商，建筑商获得了巨额的利润，其他如国有企业产权在转让过程中由于缺乏完善的产权市场也导致部分国有资产流失，少数人因此而获得益处。总之，由于生产要素市场不完善，一部分人获得了不当高额收入，成为推动收入差距扩大的重要因素。

（二）多重二元经济结构及其二元经济政策

刘易斯最早研究了传统的单一农业落后经济由于工业化的推进发展到二元结构的发展中经济，并随着工业部门的逐渐壮大，二元经济结构逐渐过渡到稳定增长的工业化发达经济。简而言之，他把传统的、占优势地位的农业部门和现代的、发达的工业部门并存的经济称之为二元经济。

从我国的实际情况来看，不仅存在工业和农业的二元经济结构，而且是多重的二元经济结构，并产生了不同群体的收入差距。

1. 传统农业部门与工业部门并存的二元经济结构及其二元经济政策

传统的农业部门集中在农村，现代部门集中在城市。在刘易斯模型中现代工业与传统农业并存的二元结构转化为我国城市与农村的严重对立和分离。由于传统农业部门的劳动生产率低于现代发达部门的劳动生产率，另一方面由于农业部门的劳动力供给大于需求甚至处于无限供给状态，其结果是农业部门劳动力的工资水平低于工业部门的工资水平。当农业部门的工资低于工业部门的工资时，农业部门的劳动力会追求工业部门的高收入并从农业部门转向工业部门。工业部门的劳动力因此而出现供大于求的状况，其结果是工业部门的工资增长速度下降甚至与农业部门持平（暂且不考虑生活成本因素）。但是由于长期以来我国实行二元经济政策，在传统的计划经济体制下，我国实行城乡隔离政策，严格控制农业劳动力转移到城市，因为工业部门集中在城市，从而使城乡收入差距凝固化。改革开放之后，逐步允许农业劳动力转移到城市，但没有享受到城市居民的待遇，如社会保障、同工同酬、子女就学等，导致了农业部门与工业部门劳动力收入差距日益扩大，结果使流动到城市的农村富余劳动力只能维持劳动力的简单再生产，即满足自己的基本生存，无法在城市养育子女和自己进行必要的教育训练。目前大量农村留守儿童和城市农民工子弟学校的存在就充分地说明了这一点。在各种二元经济结构中，城乡二元经济结构和二元经济政策表现最为明显和突出。

2. 农村内部的二元经济结构

我国的二元经济结构不仅表现在城市与农村之间，在农村内部也存在二元经济结构，主要表现在以下几个方面：

一是农村农业内部的二元结构。改革开放之后，一方面我国农村农业技术进步有了巨大发展，一批现代农业包括现代种植业、养殖业、现代加工业、现代农产品运输业等应运而生，全国各个地区都涌现出现代农业的典型，它们运用了先进的农业种子技术、耕作技术、收获技术、包装技术、加工及运输技术等，这些地区的农民已经成为现代农民，其收入有了巨大提高。另一方面，其他广大农村地区的农民从事着传统农业，依靠传统技术进行生产和加工，传统的二牛一人犁耕法仍然在一些地方存在，主要依靠人力畜力耕作；其他如传统的耕作技术、灌溉技术、种子技术、加工技术等依然是主导的生产方式。依靠传统生产方式生产的农民其收入水平要低得多。

二是农村农业和农村工业、服务业并存的二元经济结构。改革开放之后，我国农村工业和服务业迅速发展起来，主要是个体私营经济和乡镇企业。农村工业和服务业主要是农产品加工业和服务业。这样就在农村并存着农业与农村工业或服务业。这些农村工业与服务业劳动生产率一般而言要高于农业，但总体而言又低于城市。从收入来看，纯粹从事农业的农民收入要低于从事农村第二和第三产业农民工的收入，而经营者的收入又大大地高于雇佣劳动者的收入。

3. 城市内部的二元经济结构

从全国来看，传统部门集中在农村，现代部门集中在城市。但从城市来看，并不是所有的产业都是现代产业，在城市内部同样存在二元经济结构，一方面有传统的部门和产业，主要以传统技术从事生产和经营活动，如传统的加工业、制造业以及传统的小规模服务业等。另一方面，存在着大量的高新技术产业和现代服务业。不同的技术和服务水平决定着不同的劳动生产率，在不同的劳动生产率条件下必然产生不同的收入。

4. 不同区域之间的二元经济结构

从全国来看，现代部门主要集中在东部沿海地区，传统部门主要集中在中西部地区，当然，这里并不否认个别中西部地区也有部分现代部门。这样在区域之间不仅仅是地理位置的差别，更重要的是产业技术水平的差别，是传统部门集中地区和现代部门集中地区的差别，从而产生了以现代部门为主的东部地区与以传统部门为主的中西部地区之间的巨大的劳动生产率的差别，并因此而产生了收入差距。

多元二元经济结构的存在，产生了农村内部、城市内部、城乡之间、区域之间等多个层面的收入差距。

（三）历史因素、自然和地理因素

收入差距的扩大特别是区域之间收入差距的扩大有历史原因、自然和地理原因。

1. 历史因素

我国不同地区之间收入差距的扩大，有着深刻的历史因素，也就是说，收入差距的扩大并不是改革开放之后才产生的，改革开放之前，不同地区之间、城乡之间以及同一地区内部也存在收入差距。表1反映了改革开放之前我国居民收入差距的总体情况。

表1　改革开放之前我国相关年份的基尼系数

年份	基尼系数	年份	基尼系数
1952	0.255	1968	0.310
1958	0.377	1969	0.307
1959	0.368	1970	0.311
1960	0.368	1971	0.308
1961	0.314	1972	0.325
1962	0.321	1973	0.312
1963	0.338	1974	0.317
1964	0.328	1975	0.329
1965	0.318	1976	0.335
1966	0.323	1977	0.333
1967	0.315	1978	0.317

资料来源：阿尔德曼、桑丁：《中国的经济政策和收入分配》，载雷朴实、吴敬琏：《论中国经济体制改革的进程》，经济科学出版社，1988年。

从表1可以看出，尽管改革开放之前我国的收入差距比较小，但不是绝对的平均主义，仍然存在一定的收入差距，有些年份还比较大。

2. 自然和地理因素

不同区域之间收入差距的扩大，在一定意

义上是由于自然和地理原因产生的。自然和地理因素对不同区域之间收入差距的影响主要是通过以下几个方面发生作用的：

一是自然和地理因素对农作物生产的影响。我国国土面积广大，气候条件迥异，从热带、温带到寒带覆盖整个国土面积，不同的气候条件一方面影响农业生产，热带地区在自然条件下可以做到一年三熟，而东北和西北地区只能做到一年一熟，不同的气候条件而形成的农业产量的差异并形成收入差异。我国国土面积广大，各地地理条件迥异，从平原、丘陵到高原，各种地形地貌几乎在中国都存在，不同的地形对农业生产会产生较大的影响，平原地区农作物产量相对较高，而高山地区几乎不形成具有经济意义的农作物或产量极低。不同地区土壤的肥沃程度差异极大，有的地区土壤肥沃，有的地区土壤贫瘠，不同的土壤肥沃程度对农业生产也会产生巨大影响。这三大因素并不是孤立地而是综合地发挥作用，东部地区往往是地势平坦、土壤肥沃、气候适宜农作物生长的地区，而西部地区则相反，更多是高寒山区，干旱少雨，土壤贫瘠。

自然和地理因素对农作物产量的影响除了直接影响以农业为主要产业的农民的收入以外，还影响资本积累进而影响工业化进程并从更深的程度上影响不同地区居民的收入。从传统农业社会转向工业社会需要资本积累，这一原始的工业化所需要的资本从国际社会的历史发展来看，主要有三个来源：依靠农业剩余、依靠建立殖民地、依靠外部资本的进入。我国改革开放初期，各个地区的工业化水平基本差不多，而经过30年之后，各个地区的工业化水平之所以产生了巨大差异，第一，因为当今的发达地区农业发展水平都相对比较高，为工业化积累了部分资本。第二，因为这些地区具有明显的区位优势，吸纳了外来资本。不同的工业化水平决定了有不同的劳动生产率，不同的劳动生产率必然产生不同的收入水平。

二是自然和地理因素对产品成本的影响。产品成本的一个重要方面是运输成本，产地距离市场越近，则运输成本越低；产地距离市场越远，则运输成本越高。从国内市场来看，我国东部地区人口密度比较大，城市分布比较密集，自然地缩短了产地与市场的距离；而西部地区人口密度比较大，城市分布比较稀疏，自然拉大了产地与市场的距离。从国外市场来看，我国出口产品除了西部周边国家和地区以外，绝大多数商品要出口到日本、美国、欧盟等发达国家，东部地区出口就比较便捷，而西部地区就比较困难。这样就导致西部地区的运输成本要远远高于东部地区。长此以往，作为企业来说，更倾向于建在东部地区而不是西部地区。特别是由于自然和地理因素，东部地区交通发达，西部地区交通困难，更增加了西部地区企业的运输成本。

三是自然和地理位置对人们思想观念的影响。自然和地理位置本身与思想观念之间并没有必然的联系，但与其他因素如交通、通信等一起考虑，就发现它成为制约人们思想和观念的重要因素。我国东部地区或发达地区往往都是交通便利的地区，城乡居民可以更快地接受来自外界的信息。在现代市场经济条件下，信息也是重要的财富。而西部欠发达地区，往往都是交通不便、信息闭塞的地区，特别是有的居民长期生活在深山地区，从外界获得的信息量极少。

四是自然和地理因素对资本吸纳量和资本聚集的影响。资本是推动经济增长的一个重要因素，特别是在我国工业化、城市化进程中，资本不足的矛盾十分突出。经济发展对资本的依赖性非常强，一方面依赖于资本总量，资本总量来自于内部积累和外部引进，而外部引进即招商引资的首选之地必然是自然和地理条件好的东部地区而非西部地区，所以在资本总量上，西部地区远少于东部地区；另一方面，一个地区的经济发展还需要资本聚集，而资本聚集是有条件的，其中一个重要条件就是地理位置和地形地貌。东部地区显然具备这些基本的自然条件，而西部地势崎岖地区则不具备这些条件。

（四）教育因素

人们接受的教育程度与其收入水平总体上呈现正相关关系。人们接受的教育时间越长，就意味着人力资本投资越多，未来的收入也越高。舒尔茨在《论人力资本投资》中比较了美国1959年各种职业的平均收入、相对收入比率与接受教育程度之间的关系，如表2所示。

表2　美国1959年各种职业的平均收入、相对收入比率与教育程度（男性）

职业	平均收入（美元／年）	相对收入比率	教育程度（年）
高级专业人员	9890	3.00	15.7
政府和企业高级行政人员	7831	2.37	12.7
低级专业人员	6628	2.01	13.0
政府和企业辅助工作人员	6935	2.10	11.6
文职办事员	4902	1.49	11.6
体力劳动技术工人	4627	1.40	9.5
体力劳动非技术工人	3301	1.00	8.2

资料来源：（美）西奥多·W. 舒尔茨：《论人力资本投资》，北京经济学院出版社，1990年，第122页。

从表2可以看出，接受的教育程度越高，收入水平也越高；接受的教育程度越低，收入水平也越低。之所以教育程度与收入水平呈现正相关关系，就在于接受的教育程度越高，越能够承担更为复杂的劳动，创造的价值也就愈多；反之，接受的教育程度愈低，只能从事较为简单的劳动，创造的价值也愈低。从我国居民接受教育程度与收入之间的关系来看，也呈现正相关关系。接受教育程度不同，决定了可以从事劳动的复杂程度不同，从而创造的价值也不同，可用于分配的收入也不同。马克思在《资本论》中曾经精辟地分析了复杂劳动创造的价值是倍加的或自乘的简单劳动创造的价值。“比较复杂的劳动只是自乘的或不如说多倍的简单劳动，因此少量的复杂劳动等于多量的简单劳动。”固然，价值的创造与价值的分配是两回事，但作为两种都创造价值的不同劳动，创造价值少的必然分配也少，否则就不能体现多劳多得的原则。

四、缩小收入差距、实现共同富裕的战略选择

缩小收入差距、实现共同富裕，应从以下方面着手：

（一）坚持发展生产力不放松

一个国家居民收入的高低是由生产力水平决定的。只有生产力发展了，居民的总体收入水平才能提高。除非出现战争等状态，我们都必须坚持生产力的标准，牢牢地把握世界经济一体化、科学技术突飞猛进、和平与发展仍然是当今世界两大主题等带来的重要战略机遇期，使我国的生产力水平每隔几年就能够跨上一个新台阶，居民的收入水平也随之提高到一个新的水平。只有生产力发展了，国家才会有更多的物力和财力通过转移支付的方法解决贫困地区和贫困人口问题。只有生产力发展了，才会提供更多的创造财富和提高收入的机会，贫困

人口就会越来越少，更多的低收入者就会进入更高收入水平的中等收入者的行列。

（二）增强低收入者增加收入的能力

中等收入者的主要来源是低收入者，因此要扩大中等收入者的比重就必须大力提高低收入者的收入。而要提高低收入者的收入，一方面，需要提供良好的创造收入的外部条件，包括帮助低收入者自我创业的政策，为他们提供更多的就业岗位，搞好贫困地区道路、通信、电力等基础设施建设。另一方面，需要增强低收入者的自我创业和自我致富的能力。这一能力就表现为人口受教育程度的提高和科技水平的提高。研究资料表明，在市场经济体制下，一个人接受的教育水平与其收入水平呈现正相关关系。接受教育时间越长，预期收益也越高；接受教育时间越短，预期收益也越低。从我国贫困地区和贫困人口的实证资料分析中，也可以看出，贫困人口接受教育的时间相对而言都比较短，贫困地区也基本上属于教育落后的地区。可见，提高低收入者的收入，治本之策在于提高他们的教育、科技和文化水平。

（三）调节过高收入

即使是合理又合法的收入，但如果收入水平过高，超过了大多数居民的收入水平，也必须通过一定的手段进行调节。调节的方式主要是通过制定适当的税种和税率。从税种来看，发达国家一般是通过征收个人所得税、利息税、遗产税等方式，控制高收入者收入的过快增长。我国目前已经开征个人所得税和利息税，但还需要进一步完善，如要强化个人所得税，把纳税的重点集中到真正的高收入者。同时，还要尽快开征遗产税。从税率来看，一般要通过累进税率代替平均税率，即收入越高，税率也越高，从而加大税率对不同收入群体的调节力度。通过个人所得税、利息税和遗产税等三条防线和适当的税率，基本上可以把过高收入降低下来。其结果，一方面使一部分调节前的高收入者经过调节之后，进入中等收入者的行列；另一方面缩小绝对差距。从发达国家的实践来看，也是通过完善的税收手段缩小收入差距，并保证中等收入者绝对优势的比重。

（四）坚决打击非法收入

对于各种制假贩假、制毒贩毒、走私贩私、制黄贩黄、拐卖人口、贪污受贿、偷税漏税等非法活动要给予严厉的打击和制裁。只有打击非法收入，才能依法保护合法的劳动和非劳动收入。

（作者：中共中央党校经济学部教授）

（选自《重庆社会科学》2011 年第 7 期）

建立全国性普遍性及可转移的社会保障体系

樊　纲

用城市居民数量占人口百分比来衡量，目前中国的城市化率按官方数据显示大约是48%。考虑到30年前城市居民只占总人口的18%，这着实是一个了不起的进步。

进步虽大，但仍不能让人满意。因为绝大多数国家在与中国处于类似发展阶段的时候，城市化速度都快于工业化。中国的城市化却落后于工业化，用收入主要来自非农业活动的劳动力百分比来衡量，中国的工业化程度目前约为70%。

中国与其他发展中国家相比还有一个显著差别：中国城市不论大小，都看不到任何重大城市贫困人口或贫民窟的迹象。人们往往把这归因于中国的户口制度。中国人一出生就被户口制度区分为城市特权和农村贫困两类。这一制度虽然让农村人口享受不到一些城市福利和公共服务，比如公共教育、医疗服务和失业保险等，但却从不阻止农村劳动力涌向城市。

事实上，政府一直在鼓励农村劳动力进入城市寻找更好的工作。这就是为何在过去30年，超过40%的中国劳动力，即约3亿人脱离农业进入日渐向城市集中的工业和服务领域。结果，在中国城市中持农村户口的农民工总数量已经超过了持城市户口的工人。

如果防止贫民窟在中国城市出现的原因不是户口制度，那又是什么呢？我认为，防止严重城市贫困的最重要因素，是中国农村地区的独特土地制度。

农村地区的土地所有权虽然仍归“集体”所有，但家庭可以获得土地产出的所有“剩余价值”，这就给了农民有效利用土地的诱因。如果家庭成员在城市找到更好的工作，他们还可以把土地转包给别的农民。

家庭可以在承包期内保留转包的权利，但他们并不拥有土地权。如果农民工出现财务困境，他们可以更努力地寻找新工作或向政府求助，但土地却绝不能被出售或抵押，土地的用途也不能在没有政府许可的情况下转作其他商业用途。

这一特殊制度的一个重要作用是：如果农民工失去了城市的工作，他们还可以从地租中获得一些收入，也可以回到农村重新靠承包土地生活。在家庭承包制度下，农村家庭获配的一小片土地虽然不能致富，却可以发挥作为最后社会安全网的作用。土地制度造成城市化滞后且不稳定。

这就有力地解释了中国城市化滞后的原

因：独一无二的土地所有制将工业化和城市化的劳动力储备留在农村，而不是留在城市贫民窟。

这种安排虽然让城市化得以较平稳推进，但终究只是一个过渡性而非永久性制度。农民工仍然感到无法真正融入城市，因为他们的社会安全网还是由其农村户口决定。事实上，由土地制度所造成的分隔，是扩大而不是缩小了社会差距。

这样的情况，再加上中国人口的高度流动性，让中国的城市化极度不稳定。要实现"永久城市化"，中国必须引入新的社会安全网。宣布废除户口制度或许并非难事，但若没有可以缓冲农民工在城市所面对风险的制度，这样做却是没有什么意义的。

让农民工也能享有公共服务，如教育和正式的社会安全网，这才是城市化进程成功的关键，即使囿于资源只能维持在较低的水平。能够做到这一点，农民工就会争相变成城市居民。从获得公共服务的角度来看，中国社会也会变得更平等。

城市化的主要挑战并非基础结构和城市设施，不管它们有多重要。成功的关键，是让农村移民在城市里成为平等的公民，享有同等的机会和公共服务。这个目标需逐步实现。

从2011年开始实施的"十二五"规划，或许将较有效地着手处理这一问题，为建立全国性、普遍性及可转移的社会保障体系而努力。"十二五"规划也可能规定城市政府增加提供给不持户口的长住居民的公共服务，包括教育、医疗和最低工资保护。

（作者：北京大学、中国社会科学院研究生院教授）

（选自《今日中国论坛》2011年第7期）

社情人情与福利模式

——对中国大陆社会福利模式探索历程的反思

景天魁

基本社情与人情

一个福利模式，要想顺利建立起来，并且能够健康地、持续地运行，发挥预想的作用，就必须考虑社情人情的基本特点。过去我们在探索社会福利模式时，重视经济条件和社会福利的关系，这固然是基本的方面，但不是唯一重要的方面。没有一定的经济条件当然难以建立现代福利制度，但并非经济条件越好，福利模式就一定越好。福利是为了人，它既要满足人的物质需要，也要符合人的主观感受，一个好的福利模式应该是最适合它所面对的人的特点的模式。

60多年来，海峡两岸在社会福利模式上各自进行了艰辛的探索。台湾学者较早发出了"建立本土社会福利体系的呼声"，为此，就要从"国情"（大陆称之）包括政治、经济、社会、文化、生态诸因素出发。詹火生教授把它们归纳为情境因素（情境的偶发因素）、结构因素（政治结构、经济结构、社会人口结构等）、文化因素（政治文化和一般文化）、环境因素（社会的外在因素）。笔者以为，如果既能从经济角度，又能从人文角度总结两岸社会福利基本经验，我们就可能在西方人为人类贡献了虽然各具特点但有明显共性的福利模式之后，也创造出最适合中国人特点和需要的福利模式。

（一）基本社情三大特点

1. 经济总量大，人均收入低——民间福利需求大，而自供能力弱，需求与供给错位，"社会福利"成为"财政福利"

中国大陆刚刚制订了2011—2015年的经济社会发展规划（"十二五"规划），强调民生优先。只有从片面追求GDP转变到重视民生问题，才能真正实现高质量的可持续的发展。然而，解决民生问题，远比发展经济复杂。经济体制改革，任务固然艰巨，但从国际上说，搞市场经济已经有了比较成熟的经验。而解决民生问题需要一些基础性条件，需要探索民生建设的基本规律，才能把改善民生这一美好愿望建立在科学的、理性的基础之上。

现在很多人讲，我们的国民生产总值已经跃居世界第二位，完全有能力解决民生问题了，福利模式要从补缺型转变为"适度普惠型"。的确，我国的财政能力已经今非昔比，应该且能够在新的发展阶段，满足人民群众提高生活品质的新期待。但是，这种认识并不全面，特别是忽略了民生问题的特殊性。民生问题与经济问题有一个重要区别，就是后者更依赖经济总量。发展经济，只要经济总量大，就可以集中力量办大事：修高速铁路、研制大飞机，上重大项目。民生问题却是更依赖人均收入水平，生活需要是就个人而言的，吃饭、看病、上学，别人都代替不了。而大陆基本经社情况的最大特点，恰恰是经济总量大、人均收入低，大到总量占世界第二，低到人均大约排世界第一百名。经济总量大，固然是一大优势，例如中央财政有较强的转移支付能力，可以解决最低生活保障问题，因为处于最低生活保障线以下的人口毕竟所占比例不太高，虽然低保金要完全由财政负担，中西部地区甚至完全由中央财政负担，但在经济总量增大的情况下是可以承受的。那么，是否生活保障和社会福利的所有问题都可以靠经济总量大得到解决呢？答案是否定的。

福利需求有特殊与普遍之分，现代意义上的福利是人人都需要的，清新的空气，清洁的水，顺畅的交通，起码的居住空间，都是福利。所以，我们主张从小福利迈向大福利。许多福利问题的确是可以靠经济总量大来解决的。但是，养老、医疗等需求是无限的，既有政府的责任，也有家庭和个人的责任。纳入“大福利”框架内的各项社会保险，人均收入水平低，个人缴费能力弱，容易形成对财政的依赖，相应的债务危机的风险就大。比如，自2002年试点以来，在广大农村普遍实行的新型农村合作医疗制度，各级财政和农民个人的出资比例是4 ：1(2011年筹资水平是每人每年150元，其中，财政出120元，个人出30元)，基本不具备可积累性，起不到调节收入分配的作用，制度自生能力弱，可持续性堪忧。从2010年开始，在农村推行养老保险制度，基础养老金完全由财政负担，现在仅为每人每年660元的标准，财政尚可承受，以后如果持续提高，财政如何负担？基本国情的这一特点，给我们提出了一个严峻的问题：人均收入居世界一百位左右的国家，能否照搬人均收入居世界前十位的国家的社会保障和社会福利制度？显然不能。经济总量大、人均收入水平低这个特点，严重制约了我们对福利模式的选择。但我们毕竟经济总量大了，应该担负起解决民生问题的责任。那么，如何在经济总量较大而人均收入水平较低的国情条件下，走出中国特色的民生之路？世界上没有这种现成的经验，需要我们去探索、去创新。

2. 城市化落后于工业化，福利需求主要集中在农村，而供给能力主要集中在城市，需求与供给脱节，导致“一国两策”

虽然我们已经进入工业化中后期，吸纳劳动力能力较强的制造业产值居世界第一，但农村人口仍占大多数，在13亿人口中还有7亿多是农民，这也会严重制约福利模式的选择。工业化使人口迅速集中到城市，原来的家庭和社会的某些联系被割断，但是工业化、城市化也创造了一种条件，即工资性收入，而且这种收入一般是连续的，只要有工作，这种收入就是可预期的。工资形式恰恰使社会保险制度的诞生成为可能，可以按周、月领工资，就可以定期、定额缴费，费用的征缴和发放就是可计算的；工资形式还使运作成本大大降低，参保人数越多，制度运行的平均成本就越低。而农民的特点却是收入不稳定，而且不连续；到年终才能得到货币收入，不像工资那样形式化，而且收入先入个人腰包，要征缴，就有了讨价还价的余地，征缴多少，也很难计算，无法预期，如此一来，制度运行的成本就很高；更何况广大农村民生需求极大，而地方财力特别是农民个人的缴费能力很低。现在的新型农村合作医疗制度就遇到这个困难，一年缴一次，可以自愿，根本不能形成积累。

发达国家的福利制度，是在工业化、城

市化程度较高的情况下才普遍推行的。美国在1920年城市人口就超过农村人口，但到30年后的1950年，即《社会保险法》颁布15年后，才将农业工人和家庭佣工纳入养老保险覆盖范围。人口中的大多数是城市人口，有比较稳定的缴费能力，这是社会保险制度得以建立和运行的重要条件。发达国家有缴费能力人口与无缴费能力人口之比值远远大于中国。这就给我们提出了又一个难题：我们在有缴费能力人口远远少于无缴费能力和只有较弱缴费能力人口，并且前者主要集中在城市、后者主要集中在农村，城乡分割、一国两策的国情条件下，如何建立起让13亿中国人都能过上有尊严的生活的现代社会福利制度？

3.地区差距、城乡差距、居民收入差距很大，制度分设，资源分割，碎片化严重

发达国家城乡差距较小，一项制度，几乎没有只能在城市实行，不能在农村实行的问题，也鲜有不同地区存在着不同利益诉求的问题。而我国的城乡差距在世界上是较大的，仅城乡居民收入差距就达到3.3∶1，加上广大农村地区交通和水电等条件较差，文化教育水平偏低，卫生医疗条件欠缺，城乡之间的实际差距一般被认为可能达到5∶1或6∶1。这就造成了一个严峻的问题，同样是养老和医疗，城市与农村制度分设，农民工的社会保险关系难以接续，养老关系难以转移，长久积累下来，就形成所谓“碎片化”的情形。

制度碎片化的形成，基础原因是三大差距。拿养老来说，公务员、事业单位、企业职工各有一套制度，城镇职工和城镇居民又有不同制度。再拿医疗来说，看起来是三大制度各司其职——城镇职工医疗保险、城镇居民医疗保险和“新农合”，但细致比较，也是五花八门，各县不同，各市不同，甚至不同人群也不同（如企业内部，国有企业一套，集体企业一套，私营企业、个体企业各不相同），而且标准千差万别（如北京市城市职工医疗保险人均筹资水平为2200多元，新农合今年刚提到150元，相差十几倍），制度之间不能兼容，没法协调，更没法统一。

（二）目标性问题

以上三大特点的存在，是短期内无法回避、难以解决的问题。尽管这些基本特点会逐渐改变，人均收入会明显增长，城市化率会逐年提升，社会差距会趋于缩小，但要发生根本性的转变还要经过一个相当长的时间，也许是20年、30年甚至更长。我们既不能无视这些基本特点的存在，去设计理想的福利制度，也不能等这些基本特点消除了，再去着手建设社会福利体系；而必须踏踏实实地从这些基本特点出发，不但要建立起好的福利制度，还要通过福利制度的建立，促进人均收入的提高，推动城市化进程，缩小社会差距，这就有极大的难度。我们不能简单地以为只要增加了福利支出，就一定有助于那些特点的消除，如果制度设计考虑不周，就有可能事与愿违。例如，新型农村合作医疗，在大病住院报销比例低于50%的情况下，贫苦农民依然不能就医，也就不可能在“新农合”中得到财政的医疗补助。结果，财政补助反被较富裕的农民得到了，因为他们交得起住院预付款。这就形成了富者愈富、贫者愈贫的情况。这难道是实行新型农村合作医疗的初衷吗？可见，在存在着较大社会差距的情况下，福利制度的设计初衷在实践中会发生扭曲和偏离。

这样，我们就需要提出一个总的目标性问题：在经济总量大、人均收入低、城市化滞后于工业化、存在着较为严重的三大差距的基本国情下，如何让中国人过上能够满足基本生活需要的有尊严的生活？有没有可能以及如何在中国建立起适合自己社情人情的福利社会？

通往福利社会的途径问题

（一）西方福利模式三大警示

能不能以及如何设计适合中国的福利模式，首先需要研究现代福利模式已有的经验。我们姑且不考虑各个福利国家具体的差别，不论它们是民主主义的、保守主义的、自由主义的，它们的共同优点至少有两条。第一，降低了发生社会冲突的几率，缓解了社会矛盾，延续了资本主义的生命。19 世纪以来，欧美国家经常发生大罢工、大游行，社会冲突不断。二战以后，欧美国家普遍实行了较高水平的福利制度，游行示威之类的社会冲突大大减少。这种变化不一定完全是实行福利制度的结果，但是人们有饭吃，即使失业了，也有较高的生活保障和福利待遇，社会矛盾就不至于太激烈。第二，社会结构逐渐向着有助于稳定的定型结构演变。实行较高的福利制度，会使绝对贫困人口大大减少，中等收入阶层也就不容易降为贫困者；城乡差别、工农差别在实行较高福利的国家也容易缩小。

但是，从 20 世纪 70 年代以来，福利国家制度越来越暴露出一些难以克服的缺点或称福利危机。

第一个问题是失业率居高不下。许多人想方设法请病假、休假，不上班，长期依赖失业保险金，不愿意再就业，2002—2009 年，OECD 国家失业率一般在 7%—10%，较低的荷兰、日本等国家，失业率也在 5%—6%。这成了福利国家的一个顽疾。更为严重的是，发达国家的失业有长期化的趋势，12 个月以上的长期失业率，德国占失业人口的一半，其他国家都达到 20%—40%。

第二个问题是公共债务。2008 年以来的国际金融危机，暴露出发达国家政府金融负债率太高。美国政府、公司和私人累计欠债总额高达 200 万亿美元左右，如果按照美国现有人口 3.05 亿来计算，人均欠债约为 70 万美元，每个家庭（按每户 3.1 人）欠债约为 217 万美元。欧盟各成员国政府债务占 GDP 的比例在 2010 年提高到 79.6%，预计 2011 年将提高到 83.8%。而欧元区十六国中，至 2011 年，有 12 个国家政府债务占 GDP 的比例将超过《稳定与增长公约》规定的 60% 的红线以上，其中希腊、意大利和比利时高居 100% 以上。截至 2010 年 12 月底，日本的国家债务余额已高达 919 万亿日元，日本国民的人均债务负担已增至 721 万日元，超过日本 GDP 比重的 100%。债务危机形成的原因很多，各国情况不同，但福利制度总是一个或多或少的原因。日本经济在走下坡路的时期，福利却在上升，这样持续一二十年，债务就迅速升至目前世界最高。

第三个问题是贫富分化的全球化。发达国家国内收入差距缩小，是以国际贫富差距拉大为代价的，靠的是国际垄断资本的作用。沃勒斯坦的现代世界体系理论揭露了财富向核心国家集聚，贫穷向边缘国家发散的趋势。据联合国《2005 年人类发展报告》数据，现在世界上最富有的 500 人的收入总和大于 4.16 亿最贫穷人口的收入总和。2007 年 9 月 12 日英国《卫报》报道：现在世界上最富有的 225 人的收入与最贫穷的 27 亿人的收入相等，相当于世界所有人口收入的 40%。2007 年，美国最富有的 1% 的家庭占有了全美家庭 43% 的金融财富，20% 的家庭所拥有的金融财富占美国家庭金融财富总额的 93%。比尔·盖茨、巴菲特、保罗·艾伦三人总资产比世界上最不发达的 43 个国家 GDP 的总量还多。

福利国家的高福利到底有多大比例是国际垄断资本带来的，各国情况不同，难以一概而论。但少数国家内部高福利与全球范围贫富分化加剧同时存在，却是国际经济格局的整体性现象。从全球视角观察少数国家实行的福利模式，可知西方福利模式是现有世界体系的一个组成部分，一定程度上是依赖现有不合理的、不公平的世界体系的，它是特殊历史过程的产物，是需要高昂代价和特殊条件的。而中国过去和将来都不会有那样的特殊条件，即使有，也决不是我们可以选择的道路。

同样，即使我们无法准确计算出西方福利模式在失业率高企、债台高筑中所起的作用，它也足以警示我们：对于我们这样一个人力资源大国来说，主要优势不是资本，不是技术，尽管它们在未来的经济发展中的贡献率会稳步提升。我们长期的优势在于劳动贡献率，不论出于多么美好的愿望，任何导致福利依赖、造成失业率升高的政策，都将把我们的最大优势转变为最大劣势。

遗憾的是，这种危险在中国是非常容易发生的。我们远没有实行多高的福利，仅搞了一个最低生活保障制度，就出现了“吃低保”的问题。在一些城市，只要低保金水平达到或接近最低工资标准的1/3，按一家三口计，低保金总额再加上附着在低保户资格上的种种福利优待，就可能高于就业拿到的工资。于是，一些低保金水平偏高的城市，失业率也偏高。对于我们这个人口大国，不要说10%的失业率，就是失业率每增加1个百分点，把农村劳动力也统计在内的话，失业人口就将达到800万人(2010年末大陆城乡就业人员接近7.9亿人，据估算，劳动年龄人口在2014年将达到最高峰9.97亿人)，再加上其所抚养的家庭人口，新增的需要救济的人口就将超过台湾总人口(2300万人)。如果失业率再增加1—2个百分点，再大的经济总量也将消耗殆尽。

中国经济活力的主要源泉，一是廉价劳动力，并且劳动参与率高；二是政府负债率低，投资能力强。劳动力廉价，不能也不应长期保持，但较高的劳动参与率却必须长期保持；政府投资比例大，不应长期保持，但政府负债率低，从东亚一些国家的经验看，无疑是一大长处。例如，韩国、新加坡在2008年以来金融危机中的表现，与欧美明显不同——它们的公共债务水平较低，政府投资能力强，经济回升速度快。这与它们福利支出占GDP的比例只有6%左右不无关系。此外，这些国家的公众对福利的依赖程度较低，自立能力较强，就业率高于欧美，也是一个重要原因。当然，由此不能得出结论，福利支出占GDP的比例低，经济就一定有活力。世界上这一比例低的国家还有很多，它们的经济未必就发展得快。

选择好的福利模式，选择恰当的路径，攸关中国的前途。在目标问题上，韩国和新加坡的经验优于日本的地方告诉我们，不要以为只能设定与西方福利模式相同的目标，目标模式本身就可以有区别，要想办法避开或者解决西方福利模式难以避开或解决的问题。在途径问题上，西方模式的三大教训，正是中国的三大优势最容易转化为三大劣势的关键。如果照搬西方模式，不但走不通，还会使优势丧失。

（二）途径性问题

依据已有福利模式的经验和教训，我们可以把前面提出的总的目标性问题继续分解为四个途径性问题：

第一，福利模式的适度性问题：怎样找到经济发展与社会福利的均衡点？经济发展和社会福利如何处于一种动态的均衡状态？

第二，怎样明确政府和市场的界限，避开两个极端（政府干预主义和市场放任主义）？例如，计划经济时期统统是福利分房，完全没有市场作用；住房商品化以后，政府管得太少，不论穷富，统统去买商品房。这两种倾向说明，在福利政策上明确政府和市场的界限，也像在经济政策上一样，是一个关键问题。

第三，怎样确定政府、社会和个人的责任？

自20世纪80年代中期以来，我们在教育问题上吃的亏就说明这个问题的重要性。本来基础教育主要是政府管，包括“文化大革命”期间，都没有听说哪个小孩因为家庭困难连小学都上不了。1985年以后，财政陆续就不管了，义务教育让乡、村两级管。在农村实行家庭联产承包责任制以后，集体经济解体了，义务教育就只能靠父母出钱了，那还能叫义务教育吗？

第四，什么是在福利问题上应该抱持的公平观？以往的福利理论认为，越平等越好，否认差别，认为有差别就是不公平。基于我们的国情，各种差距较大，短期内难以消除，绝对拉平那是“大锅饭”，历史证明是行不通的。因此要找到一种新的公平标准，既不是效率主义，也不是平等主义，实行有差别的公平，这就是我一直强调的“底线公平”，藉此希冀解决四个途径性的问题。

现实途径就在脚下

古允文教授曾形象地称西方福利发展是“走在钢丝上”。相比较而言，发达国家人均收入高，城乡差别小，经济社会发展比较平衡，它们的福利制度还在空中走钢丝；而我们的经济社会发展存在着上述特点，归结起来就是不平衡，根本不能在空中走钢丝，否则极容易摔下来。我们必须脚踏实地，这个“地”，就是中国社会和人文的基础——基本的社会结构、家庭结构、生活方式、人伦人情以及人文精神。

60多年来，两岸各自独立地探索通向现代福利之路，并且由于历史、意识形态、政党政治的原因，从主导思想上尽可能表现出区别。但是，在刻意追求区别的情势下，一些中国根深蒂固的基础性的东西，还是想变而变不了的。这就是中国的“根”，是中国福利制度的基础，是适合中国人的福利模式的精髓。中国人历来讲究中庸，中庸不一定是“中间”，也是兼顾、包容、协调。基于中国的文化基础和三大国情特点，我们设定现实可行的福利目标模式和路径选择的思路，即：不追求最大化或最小化这两个极端，而追求“适合”（适度、适应、适用、适当）。

（一）福利模式的适度性

一般认为，所谓福利模式的适度性，主要是指福利水平要与经济发展水平和状况相协调。在体制上，主要指标是福利支出占GDP的比重。对于发展中国家来说，还要重视福利支出增长率与GDP增长率的相对均衡性。均衡的标准是什么？经济增长7%、福利也增长7%，就是均衡吗？两者不能完全划等号。均衡的标准应该是两条：一是经济能支撑和持续，福利增长没有超出经济的支撑能力。也许有一段时间，福利增长速度可能超过经济增长速度，只要经济能够承受就可以。比如，在经济增长下滑的时候，为了解决失业等生活问题，要求更多的福利支出。二是福利增长不仅不是经济增长的负担，反而能够成为刺激经济增长的动力。当经济增长迫切需要提高消费需求的时候，适时提高福利支出，企业能够生存，生产能够发展，对经济增长就有正效应；但如果消费已经过度，超出了经济的支撑能力，再去继续提高福利，增加消费，那就只能阻碍经济发展。

进一步说，所谓“适度”，不仅仅是经济问题，也是社会人文问题。人类已经制造出了福利危机，也制造了“福利泡沫”。适度与否，不能只看福利水平是否与经济发展水平相适应，还要看福利需求本身是否适度；不能认为只要经济承受得了就是适度的，适度性还要有社会的、人文的标准。“度”就是界限，相对于人来说，既有外在的界限，也有内在的界限。相对于福利制度来说，经济条件是外在约束，制度本身是内在约束。“底线公平”理论就是想在经济发展和社会福利之间找到均衡点。所谓底线，是社会成员在基本需求面前权利的一致性，是处理以上几个关系的平台，不是一个福利水平高低的问题。所谓底线的标志，是几个容易把握、能够明确以上关系的界限。

一是最低生活保障线。并不是说只要搞最低生活保障就可以了，因为低保完全是政府的责任，以此划线比较明确。二是公共卫生和基本医疗，这也是政府的责任。基本医疗，例如新型农村合作医疗中政府出资的部分，像艾滋病、白血病、肾透析，这些会给一般家庭带来难以承受的负担，政府和社会要提供保障。三是义务教育。教育是人人需要的基本的发展需求。吃得上饭，看得起病，上得起学，这是政府不可推卸的责任。

也许有人会问，为什么不用养老作为划线的标志呢？养老问题很重要，但也很复杂，它是多样化的需求，既有豪华型的养老，也有维持基本生活的养老，不都是政府的责任，在很大程度上是个人和家庭、社区和社会的责任。这样划线和联合国的人文发展指数也是相近的——人均收入、平均受教育年限、人均预期寿命，从而便于测量人文发展水平。用“底线公平”的办法确定福利模式的适度性，尽管是间接的，但在实践上是有用的。

第一，它有助于在社会福利制度的建立过程中，明确重点。由于存在巨大的社会差距，福利制度的重点必须面向中低收入群体，这是人口的绝大多数。不能重点保富人，更不能越富越保。前几年社会保障扩面为什么推不动？每年讲扩面，就是扩不大，养老保险、医疗保险，每年只新增1000万人左右，以这样的速度，要覆盖全民就得100年。原因就在于七八亿农民收入水平低，缴费能力弱，几亿非职工的城市居民也缺乏缴费能力。近几年突破僵局的关键是改变思路，把重点放在中低收入群体，中央财政出大头，个人出小头，新型农村合作医疗、农民养老保险、城镇非职工居民的医疗和养老保险，都是以财政资金支持和补贴个人缴费带动社会资金。须强调，重点一定要明确，绝不能80%的医疗资金投给城市，其中80%又投给大城市，再其中80%又投给大医院。资源分配如果严重不公平，那就根本谈不上适度与否的问题。

第二，我们的基本国情要求社会保障和社会福利发展只能循序渐进，而在有序推进的过程中，底线公平有助于明确次序。福利国家的社会福利“从摇篮到坟墓”，无所不包，名目繁多。我们搞不起，一定要根据自己的发展阶段、老百姓最迫切的需求，分出轻重缓急，有步骤地推进。我们搞得最成功的是，从1999年开始，以中央财政为主建立的城市最低生活保障制度。当时每年只花了几十、一百来亿，在几年时间里，迅速建立起城市低保制度，使得在发生几千万国有企业职工下岗失业的严峻情况下，没有出现社会动荡。这表明，正确的次序是先解决吃饭、就业等基本生活保障问题。在农民看病问题最迫切的时候，以中央财政出资为主建立了新型农村合作医疗，这也因应了人民群众在发展过程中的迫切需要。去年，国家颁布了2010—2020年教育发展纲要，继基本生活保障和医疗保障之后，“发展教育，把人才资源大国变成人才强国”，成为“十二五”乃至“十三五”期间的重中之重。“低保、公共卫生和基本医疗、义务教育（吃饭、看病、上学）一定要优先保障，而且要用财政的力量确保。”“底线公平”从理论上解释了在实践上为什么要保基本、有重点、讲次序；其他方面的福利需求，可以在保基本的前提下，采取多种方式、有步骤地加以解决。当然，我们应该从中进一步找到它们之间的一些内在关联，也许可以更直接地对福利模式的适度与否做出刻画。

（二）福利模式的适应性

中国大陆发生了从计划经济向市场经济的

转轨，同时也在发生从农业社会向工业社会的转型，不论是社会结构变动的深刻性、身份转变的剧烈性，还是人口流动的规模和职业变动的速度，都是史无前例的。在这种大转变的时代，就连本以为确定的西方福利模式都进入了“不确定的年代”，我们要建立相对稳定的福利制度谈何容易。因此关键是要增强它的适应性，适应市场化所带来的社会结构和职业的变化，适应城市化所带来的大规模的人口流动和身份转变。为此，首先要解决的就是所谓制度刚性问题。

发达国家福利制度之所以发生支付危机，主要是由于制度刚性。而制度刚性主要来自“越界”：一是保基本和非基本的界限，二是政府与市场的界限。哈耶克曾批评社会主义是“致命的自负”，现在看来，至少在福利问题上，福利国家也是致命的自负：在经济快速发展的时候，高估了财政支付能力，越过了贝弗里奇划定的保基本的红线；为了意识形态斗争的需要与苏联东欧社会主义在搞军备竞赛的同时，大搞“福利竞赛”。

汲取已有的经验教训，我们在福利制度改革基础上建立的各项制度，都应明确划分为基础部分和非基础部分，财政保基本。例如，农村养老保险，财政给每一个60岁以上的老人每月55元，一年660元，这显然只能保障基本生活。高于基本生活保障的养老需求，应该依靠个人积累的养老保险金、一生劳动的积蓄、家庭和儿女尽孝来满足。这里有基本的部分，也有非基本的部分。二者之间的界限就是底线，底线只是明确了各方的责任，并不是限制福利的水平，从而便于实现合理的福利需求。概言之，在制度设计上，应刚性与柔性相结合；在参保、缴费问题上，应自愿与强制相结合；在运作机制上，应政府与市场相结合。

在农村医疗问题上，我们走过了曲折道路。20世纪80年代，由于人民公社的解体和集体经济的式微，农村合作医疗失去了经济的支撑，除了山东招远、广东高要、江苏苏州等地的少数农村一直坚持合作医疗制度之外，其在广大农村都无法实行了。90年代初，中央政府曾试图恢复农村合作医疗，但财政无力支持，乡、村两级没有能力，只好无果而终。到20世纪初，七八亿农民的医疗卫生需求累积成巨大的负担，“看病难、看病贵”成为社会舆论的焦点。不仅农民收入低看不起病，农村医疗体系在不少地方也已基本瘫痪，村里没有卫生室，乡镇卫生院有的转制、有的解体，多数难以支撑，部分农民即使有钱也得跑到城里去看病，这就从一个侧面进一步扩大了城乡差距。面对这种局面，政府必须担起责任，财政必须出手。2002年经过试点，2003年开始实行农村新型合作医疗制度，主要特点是财政出大头、农民出小头。最初人均筹资水平仅为30元，中央财政出10元，地方财政出10元，农民个人出10元。随后，筹资水平逐步提高，财政投入所占比例也由2∶1提高到4∶1。虽然筹资水平仍不算高，但财政出资比例已经很高；虽然住院报销比例只达到40%左右，但广大农民看病难、看病贵状况已有明显缓解；虽然这项制度在很多方面还需要进一步健全和完善，但到目前为止没有人能发明出比它更可行、更管用、更得到农民认可的制度。在这个意义上说，新型农村合作医疗，就是目前最能体现“经济总量大、人均收入低、城乡差距大、农民缴费能力弱”基本社情人情特点的制度。

为了扩大社会保障覆盖面，重点要解决人口流动、非正规就业、非职工居民的参保问题。社会保险的一套硬性制度设计，必须软性化，增加灵活性，增强包容度。缴费和给付要分档次，既可固定缴费，也可一次、随时或集中缴费。为了适应人口流动，应该既可以带走个人账户部分，也可以带走基础统筹部分，这样对于促进人员从高收入地区向低收入地区流动，缩小城乡之间、地区之间的差距是有益的。

（三）福利模式的适用性

社会福利是面向人们的切身需要的，适用与否的主要影响因素是生活方式和文化习惯。按照“大福利”概念，除养老和医疗之外，还包括就业、教育、住房、安全等。各国统计口径不一样，难以用数据比较。但不论哪种福利模式，养老和医疗都是大项，我们就以这两大项来讨论适用性问题。

2009年底，中国大陆65岁以上老年人口1.67亿人，其中80岁及以上的高龄老人1900万人，失能老人1000多万人，半失能老人2100多万人，按国际平均每千名老人占有床位50张计算，约需床位900万张，如都进入养老机构，需要护理人员2000万人，而目前大陆养老机构仅有22万护理人员。据北京市调查，90%的老人希望居家养老，愿意在社区养老的占7%，愿意到机构养老的只占3%。当年，英国最初搞养老福利时，也曾实行集中养老，很快发现不仅财政难以支撑，老人们也不习惯。考虑到老人们对养老方式的选择意愿，北京市提的方针是：以居家养老为基础，以社区养老为依托，以机构养老为补充。首先，为居家养老创造条件，每年春节，几亿在城市工作的子女回农村老家看望父母，规模之大，旅途之难，成为世界一大奇观。因此，应考虑允许高龄农村老人（70或75岁以上）随子女迁移进城，享受城市老人的老年津贴，在积极推动城乡居民养老和医疗制度整合的基础上，这是可以办到的。对于那些不愿进城的老人，村里应该发扬乡情亲情，鼓励和支持邻里互助、开展社区照护服务。大力发展城乡社区公共服务，既可以解除上班职工特别是外出打工者的后顾之忧，又可以解决上亿低技能人员的就业问题。城乡都要大力发展公益性社会服务组织，开展服务技能的专业化培训，提高社区福利服务能力。

中国大陆现有7亿多农民，农村人口最多时达到9亿，卫生医疗需求之巨大，令世界上任何一个政府都望而生畏。20世纪六七十年代，湖北、山东、广东等地农民自己创造的合作医疗和赤脚医生制度，靠一根银针、一把把草药，开辟了农民通往健康之路，虽然水平不高却很方便管用。这一经验在全国大力推广后，创造了被世界卫生组织称道的一大奇迹。当然，限于当时经济条件，合作医疗对于缓解农民医疗需求的作用是有限的。但它却让广大农民第一次感受到了通过合作途径，依靠社会福利解决看病问题的曙光，也让政府领悟到依靠本乡本土资源解决单靠政府难以解决的社会问题的希望。合作医疗还有一个启示，就是国民健康不仅是一个医疗体制问题，还是一个就医文化、医疗模式问题。我们现在讲中西医结合，回避了体用之争。从就医文化和医疗模式而言，中医的“治未病”思想、整体观念、辨证施治原则，更具有“体”的资格，而西医的价值则主要在于“用”（方法技术）。如果搞颠倒了，就会使得技术统治体制，医疗服务被医学科技绑架，成为新药试验场。如此下去，再高的医疗投入，再庞大的医疗体系都将无济于事。看看那些长寿乡，基本上靠人与自然的和谐共处，山好水好，生活方式好，心态平和，百病不生。即使现代人难以回到那种天人合一的状态，也应努力遵循天人合一的道理。

台湾地区在福利提供适用性方面有一条值得重视的经验，就是大力发展福利服务。适用不适用，不是单看资金投入多少，更主要是看有效性，福利对于民众的可及性、可得性。这就有个福利提供方式的问题。在台湾，几乎所有的景点、公共活动，都靠志愿者提供服务，公益性服务组织、慈善组织比较发达，成为福利服务的主力军。同时，政府购买服务，

1994—2002年，在台湾的福利支出总量中，福利服务仅次于社会保险支出，占到第二位，这一比例比许多发达国家都要高。

（四）福利模式的适当性

所谓“适当性”，主要是从权利和道德的层面说的。不论哪种福利模式，防范道德风险都是很棘手的事情。我国自古就有自强不息的君子之风，但直到现在，许多人面对福利还是存有“不要白不要”的心态，即便已经脱贫，还是不愿摘掉贫困户、贫困县的帽子。这里主要涉及两个问题，一是权利，二是责任。

当前，城市居民中推行养老保险和医疗保险制度，社会保险在“福利国家之父”贝弗里奇那里非常明确，“所有处于工作年龄段的公民都需要根据自己的保障需求缴纳相应的费用，已婚的妇女则由其丈夫替其缴纳”。“社会保险待遇应当是缴费的回报，而不是政府提供的免费午餐。”这体现了权利与义务一致的原则。可是，我们在实践中，为了扩大覆盖面，吸引居民参保，基础养老金、医疗保险金的主要部分，是财政出资，实际上相当于养老和医疗的福利津贴。那么，对于那些有劳动能力而不就业的人要不要给予这种福利待遇呢？如果按照普遍人权原则，要给。在英国，不但只要是人就享有福利权，哪怕他天天躺在公园里晒太阳，连他的狗也有福利。在一些欧洲国家老年社会支出占到GDP的10%甚至更多，而在韩国，这一比例只占1.5%左右。韩国（东亚其他一些国家和地区在一定程度上也有类似性）与欧洲一些高福利国家在福利制度上差异很明显，背后的文化差异也很明显。韩国的原则是“生产第一，福利第二”，强调“不劳动者不得食”（对有劳动能力者而言），强调福利接受者的自强自立。为此，它的主要福利支出并不在养老方面，而在教育方面，1970—1993年韩国预算支出中，教育费占12.7%—18%，而社会保障及福利费只占4.3%—9.3%。政府对大众教育的关注极大地提高了韩国的人口素质。

我们在计划经济时期，有平均主义“大锅饭”，但要吃上“大锅饭”，必须劳动（挣工分或工资）。现在，如果既有平均主义的福利，又可以不劳而获（对有劳动能力者而言），那就会极大地助长福利依赖。目前虽然低保水平不高，在一些大城市已经出现了甘愿吃低保、不愿就业的情况。福利模式的可持续性不完全在于福利支出占GDP的比重，如果机制不对，内在活力降低，即使福利支出占比不高，也可能难以持续，甚至会出现财务危机。

由于工业化、城市化的快速推进，家庭的结构和功能发生了深刻变化，任何福利模式选择都必须正视这一客观趋势；一代代人发展下来，传统文化受到极大冲击，人们的价值观念已经多元化了。因此，我们要加快社会福利制度建设，积极应对各种风险。

此外，还有个问题值得思考：社会福利建设怎么适应工业化、城市化？是主动帮助工业化、城市化力量瓦解基础社会结构、割断天然社会联系，还是努力维护它们，使之转型，增强它们的适应能力，同时尽可能发挥它们在新形势下的作用？毕竟我们不能低估中国基础性社会结构和文化基础的坚固性和适应能力，2008年国际金融危机中惊现的一幕就是证明。当时我国有2000多万农民工失业，但社会安然无恙，他们哪里去了？他们回到了农村，他们多数在农村还有土地，可依靠家庭维持基本生活，积蓄发展能量，家庭仍是他们最可靠的避风港。

工业化和城市化在瓦解家庭、消弱家庭功能，社会保障和社会福利制度就要维护家庭、增强家庭功能，这样，社会才能取得平衡。一些富裕起来的农村，用农民的传统智慧给我们做了示范。比如，北京市草桥镇花香村年终分红，年龄越大奖金越高，90岁老太太一年得4万元奖金，儿子劳动一年得2万元奖金，孙子就更少了，老太太自然是众星捧月，儿孙争相孝顺。又如，“华夏第一村”江阴市华西村，谁家有90岁以上的老人，年终给每个子女奖励1万元，有一个老人有23个子女，就得到了23万元奖金。这样的激励导向，自然起到了安定社会的作用。再强大的福利制度也要强调家庭和个人的责任，何况我们这样一个有着自强自立的文化传统的国家，更要强调权利与责任的结合，发挥优势资源的作用。把养老责任完全推给社会，就相当于要求别人的孩子替你的孩子尽孝。诚然，一些人可以自愿这样做，社会也可以动员这样做，但这不完全是社会的责任。个人要承担没有教育好自己孩子的责任，孩子要承担赡养父母的责任，这是道德责任，也是法律责任，即使国家财力充足，也不应该包办、替代这种责任，因为这会引起社会固有的深层结构的最终解体。

在我国三大基本国情下，我们主张选择补缺型与普惠型相结合、刚性与柔性相结合、强制与自愿相结合、政府与市场相结合、差别与一致相结合、权利与责任相结合、整体协调与多方共担相结合的福利模式。这样一种综合的、包容的、多元的、协调的福利模式，既符合中国兼容的融通性思维方式，也符合中国国情、社情、人情，也许还能符合世界上广大后发展国家的情况和需要。

依据中国历史文化、中国固有的家庭结构、社会结构和人文精神，依靠经济持续繁荣和政治民主昌明，就可能创造出中国人需要的、世界人民希望的福利模式。这种模式是能够化解老龄化危机的养老保障和福利制度，是能够化解医疗卫生支出危机的健康模式，是能够激励人们积极就业、努力创新、讲求贡献、不多索取的幸福模式；而不是消费越多越好、消耗越大越好、人类难以满足、地球不堪重负的福利模式。

（作者：中国社会科学院学部委员、社会学研究所研究员、博士生导师）

（选自《探索与争鸣》2011年第6期）

新生代农民工社会保障问题及其出路

严新明　杨海芬

改革开放以来，农村富余劳动力进城务工经商，形成了民工流动大潮。城市用工制度在对农民工实现吸纳和包容的同时，社会保障制度对农民工的吸纳和包容却明显滞后，这就使得农民工的社会保障成为一个很大的社会问题。新一代农民工因其年龄、学习和工作经历与其父辈有诸多不同特点，其就业和社会保障引起政府和学术界的集中关注，并称该群体为“新生代农民工”。

本文通过对南京地区调查问卷数据的分析，对应研究国家法律法规对农民工社会保障权利的相关规定，分析了新生代农民工社会保障的现状和问题，进而从国家政策制定和落实的角度来探讨维护新生代农民工社会保障权益的对策。

一、本次调查的情况简介

新生代农民工一般是指出生于20世纪80年代的农民工群体。他们不同于第一代农民工之处在于：受教育程度比较高，职业期望值较高，在物质和精神方面有更高的追求。新生代农民工渴望融入城市生活并成为其中的一员，这对城乡二元体制下的社会保障制度建设提出更大的挑战。

2010年5月—6月间，共青团南京市委和南京大学政府管理学院“新生代农民工社会权利状况”课题组联合开展了相关的问卷调查。由团市委干部、南京大学政府管理学院研究生以及区县团委干部，在南京江宁、鼓楼、玄武、雨花、建邺、白下六个区，分别选择新生代农民工聚集的厂区、街道等进行问卷调查，一共发放问卷476份，收回有效问卷462份。在调查样本的选择过程中，以研究目的和内容为标准，在对象选择中尽量保证调查结果能够较为全面地揭示研究问题的各个方面。

据本次调查，南京市新生代农民工第一次进城务工的年龄在18岁—20岁之间，该年龄群体占到了样本总体的67.1%，其中接受过高中或中等技校及以上教育的新生代农民工占到了总体的61.8%。目前新生代农民工工种中，餐饮服务业占31.1%，建筑施工业占21.4%，电子电器业占5.7%，大多属于劳动密集型产业；关于工作更换频率，对进城务工3年的群体进行调查后发现，30.5%的人变动了2次，34.5%的人甚至变动了3次。当然相对于第一代农民工，新生代农民工工作相对正规得多，有较明显的社会保障需求和参保意愿。据调查，41.2%的新生代农民工认为迫切需要参加医疗保险，20.7%的人认为需要参加工伤保险，

16.9%的人认为养老保险迫在眉睫，11.4%的人认为需要失业保险。但是，他们对国家法律法规的了解还不是很全面，只有53.9%的新生代农民工知道《劳动法》，更谈不上对其他法规政策的了解。虽然新生代农民工渴望在城市中扎根发展，但是他们当中81.8%的人，没有在工作之余参加任何形式的培训。总体来看，新生代农民工个人素质有所提高，对权益的认识有待加强，就业的稳定性较差、收入还不够高，培训亟待加强，社会权益需要保护。

二、新生代农民工社会保障问题

改革开放以来，长期城乡二元体制所带来的经济上和社会政策方面的不平等待遇虽然有所减轻，但是市场因素却造成了新的不平等：农民工的职业身份已经不是农民而是工人，他们在市场经济之下同城市工人一样面临生老病死等工业风险；远离了农村传统的社会保障，却又无法享有与市民同等的劳动社会保障权利。虽然农民工已经出现了代际间的变化，流动机制和社会特征已经大不同，但是新生代农民工较之其父辈社会保障待遇并没有得到大的改进。

（一）失业保险缺乏和生活无保障现象严重

在调查中，新生代农民工中38.7%的人表示最担心失业后找不到工作，生活无着落。而参加了失业保险的人只占到了样本总体的22.6%，55.9%的人明确表示没有参加失业保险，还有20.5%的人根本不清楚用人单位是否为其提供了失业保险。失业后，多数是靠自己过去的积蓄生活，或向亲友、老乡求助，很少得到社会保障制度的保护。过半数新生代农民工没有从事过农业劳动，他们从学校毕业后就开始了务工生涯。这些以工资性收入为主要生活来源的新生代农民工即使失业也不愿也不易回到父辈那种“在土里刨食”的生活状态了。

（二）亟需医疗保险和工伤保险

新生代农民工生病后往往不及时就医，看病也基本是自费，从用人单位那里几乎得不到什么帮助。41.2%新生代农民工认为目前最迫切需要参加的保险是医疗保险。还有很多接受调查的新生代农民工认为工伤事件频发，但用工单位很少提供足够的医疗帮助。

（三）住房情况不容乐观

本次调查数据表明，有48.2%的新生代农民工是租用私房，这些房子几乎都在城郊偏僻的地方，居住条件很差。28.6%的新生代农民工住在用人单位的集体宿舍，有的甚至是住在工地工棚或利用废旧材料搭建的简易住所。新生代农民工大多正当恋爱结婚的黄金时期，而收入的低下和保障的缺乏使他们根本无法在城市里实现安居乐业的梦想。

（四）收入亟需提高

虽然新生代农民工的收入水平较之他们的父辈大有提高，每个月收入在1000元以上的占72.3%，但是劳动时间长、劳动强度大，往往每天工作都要超过八小时。尤其在服务行业，加班加点现象更为普遍，即使在国家法定节假日也不例外，法律规定的加班时限及报酬亦形同虚设。24.1%的新生代农民工认为工作太辛苦了。

（五）养老保险制度存在问题

现行养老保险的缴费率偏高，有的企业选择性参保；而且养老保险实行地区性统筹，农民工在地区间转移养老保险关系受阻，使工作流动性强的农民工难以连续参保并最终享受养老保险待遇。对于年轻的新生代农民工来说，想到养老的事还觉得很遥远，而且要连续交15年的养老保险费，这严重影响了他们参保的积极性。

三、国家关于农民工社会保障的法规政策

关于农民工社会保障的法律法规可以说是与农民工现象相伴随的，如1984年国务院颁布的《矿山企业实行农民工轮换工制度试行条例》

中，就国有企业农民工招收、劳动待遇和社会保险等方面作了具体规定。总体来看，我国有关农民工的立法共695部，其中涉及农民工权益保护等综合性的有56部；涉及农民工工资的有219部；涉及取消不合理收费，改善农民工就业环境的有77部；涉及农民工社会保险的有64部；涉及农民工计划生育、医疗保健的有121部；涉及农民工法律援助、司法服务、法制宣传及维权制度建设等的有50部；涉及农民工教育培训的有31部；涉及农民工子女受教育的有16部；涉及农民工社会管理的有9部；涉及农民工安全生产的有7部；涉及农民工文化生活的有5部。

在党和国家构建和谐社会、坚持城乡统筹发展等政策指引下，近些年政策法规出台的密度及执行的力度明显加强了。从2003年《国务院办公厅关于做好农民进城务工就业管理和服务工作的通知》，到2004年《国务院办公厅关于进一步做好改善农民进城就业环境工作的通知》、2005年国家发改委等9部委联合发布《关于进一步清理和取消针对农民跨地区就业和进城务工歧视性规定和不合理收费的通知》、2006年《国务院关于解决农民工问题的若干意见》，通过立法取消了农民工就业中的审批制度、行业及工种的限制，为农民工享有平等就业权利提供了法律上的保障。2010年中央一号文件《关于加大统筹城乡发展力度进一步夯实农业农村发展基础的若干意见》中首次明确提出，要"采取有针对性的措施，着力解决新生代农民工问题"。

在上述原则性文件出台的同时，关于农民工养老、医疗、工伤保险的具体法规政策也纷纷出台：涉及到农民工工伤保险的《劳动法》、《工伤保险条例》、《职业病防治法》、《关于非全日制用工若干问题的意见》；涉及农民工医疗保险的《国务院关于建立城镇职工基本医疗保险制度的决定》、《关于非全日制用工若干问题的意见》、《关于城镇灵活就业人员参加基本医疗保险的指导意见》；涉及农民工养老保险的《关于完善企业职工基本养老保险制度的决定》、《关于非全日制用工若干问题的意见》等一系列法律政策也纷纷出台，对农民工工伤、医疗、住房等方面的权益保障具有重要意义。

2003年10月，在温家宝视察三峡工程途中替民工讨薪个案的示范作用下，全国范围内掀起了一场清偿农民工工资的"风暴"。2004年出台的《建设部关于进一步解决拖欠农民工工资问题的紧急通知》、《建设领域农民工工资支付管理暂行办法》、《劳动保障监察条例》等就是专门为解决农民工工资问题而制定的。同时，2004年出台的《劳动和社会保障部办公厅关于开展维护农民工劳动保障权益普法宣传活动的通知》、《司法部、建设部关于为解决建设领域拖欠工程款和农民工工资问题提供法律服务和法律援助的通知》，一方面希望能督促用人单位遵守法律，另一方面也为农民工权益受到侵害时提供司法救济。正如杨海坤在《宪法基本权利新论》中提出的，根据弱势群体的特点赋予特别的权利（如各种权益保护法），是当代保护弱势群体的主要方式之一。

多年来，南京市在积极贯彻实施国家和省的各种法律法规政策的同时，还创造性地为辖区农民工提供各种帮助。2009年10月22日，南京首批外地务工人员服务中心——"新南京人服务中心"正式运转，整合了基层政府的主要公共服务资源，承担就业服务、职业培训、社保经办、政策咨询、法律援助、文化娱乐等十项工作。取消所有对农民工进城就业的歧视性政策和不合理限制，适度提高农民工职介、培训补贴标准，努力扩大农民工就业岗位。

四、农民工的社会保障现状与国家政策之间的差距

尽管各种法律、政策都对农民工的社会保障做出了明确规定，但在现行的城乡二元社会结构下，农民工在城市里的就业、住房、医疗等社会保障权利并没有完全得到真正的落实，农民工和城市居民相比，只是实现了法律上社会保障形式的平等，而要实现从形式上的平等到实质上的平等还有很长的路要走。

第一，我国《宪法》明确规定：中华人民共和国公民在年老、疾病或者丧失劳动能力的情况下，有从国家和社会获得物质帮助的权利。因此，全体公民都平等享有社会保障的权利。虽然农民工在法律上与城镇居民同样享有社会保障的权利，但是实际上却并没有得到平等的待遇。国家还没有专门针对农民工的社会保障方面出台相应综合的法律法规和政策规定，但是许多省市都已经出台了一些规定，农民工已经开始被纳入城镇社会保险体系。一方面，这些法规政策不太适应农民工的特点，制度门槛过高，实际能进入城镇社会保障体系的农民工数量很少，他们的权益仍然得不到有效保护；另一方面，有些专门针对农民工立法的地方法律法规，都是各个地区根据本地区的实际情况规定的，所以，各地方立法难免相互矛盾：险种设置、缴费主体、缴费比例及享受方式标准都不同，因而无法满足农民工在各地自由流动又能实现社会保障连续性的现实需要。

第二，全国性的各种法律法规只是笼统地将农民工纳入其适用的范围。比如《劳动法》、《国务院关于建立统一的企业职工基本养老保险制度的决定》、《失业保险条例》、《企业职工工伤保险暂行条例》等全国性劳动立法中，对农民工社会保障权益的规定并没有条分缕析地清晰说明，且这些社会保障立法主要是行政法规和部门规章，不仅法律效力低，权威性也不够，可操作性差，大多是口号式的套话，所以对农民工的社会保障权益的实现没有多大帮助。

第三，"有法不依，执法不严，监督不力"的现象大量存在。我国有许多法律法规，但自其制定出来就被束之高阁，而非严格执行。即使被执行，执法中也会常出现"有法不依，执法不严"的情况。劳动监察部门执法能力远远不能适应社会需求，人员不足、经费不够、手段落后、人员素质不高等问题显得十分突出；加之其本身所涉及方面很多，对农民工问题执法常常显得力不从心。本次调查数据显示，虽然新生代农民工的教育程度大为提高，但是他们主要从事的仍是一些技术含量不高的劳动密集型行业，企业主认为，按照城镇企业社会保险办法为农民工缴纳社会保险费，企业负担过重。而地方政府因就业的压力和地方财政收入的限制，就放任用人单位的低工资和无保障，甚至有的地方政府和招商引资部门会纵容企业不为农民工参加社会保险，甚至把不参加社会保险作为吸引投资的优惠政策。

最后，以户籍制度为标志的城乡二元结构是最根本的症结所在。传统户籍制度使农民工很难取得城镇居民身份，许多面向城镇居民的优惠政策农民工无法享受到。农民工无论在城市居留多久都无法改变他们的城市流动人口的地位。现实制度的藩篱总是很难逾越，使他们获得相对稳定的就业和社会保障依然路漫漫其修远兮。

五、推进、完善农民工社会保障的建议

新生代农民工的社会保障问题不仅是其自身的问题，而且关系到其迁入城市的社会经济发展，甚至整个中国的发展，意义重大，不容忽视。

在现行的城乡二元户籍管理制度之下，新生代农民工虽然改变了生活方式，却难以摆脱农民的身份标签，更不要说平等地享受城市福利待遇。与他们的父辈不同，新生代农民工社会保障问题完全可以在一个全新的起点上开始，因此，政府和社会应协调一致，使新生代农民工进入城市以后，能够迅速地在这个城市里面找到借以发展的政策起点。落实新生代农民工的身份和权利，不仅需要政府搭建的权益保障平台，还要进一步破除旧有的体制和观念，只有这样才能确保他们的社会保障权益。然而，我国现有的相关法律制度还不足以真正保护农民工的社会保障权益。所以，政府应当尽快改革和完善相应的法律及其政策，消除那些歧视性法规政策，解决他们工作和生活的保障问题；尽快建立起统一的农民工社会保障及其转续体制，消除城乡二元的户籍管理体制，从根本上解决新生代农民工的社会保障问题。

（一）从制度上保障新生代农民工社会保障体制健康发展

2010年10月28日通过的《中华人民共和国社会保险法》规定：进城务工的农村居民依照本法规定参加社会保险。明确了农民工与城镇职工在医疗、养老等方面同样享有各种社会保险权利等，并据此将其权利保障纳入法制化轨道。社会保险的权利获得一般以就业为前提，因此，要加大对用工单位和农民工之间劳动合同签订履行的查处力度，使农民工的社会保障等得到法律的保护。为了平等地对待所有人，提供真正同等的机会，必须更多地注意那些出生于较不利的社会地位的人们，所以有必要针对农民工的利益受损方面制定倾斜保护政策，比如目前迫切需要加强的农民工工伤、医疗保险等，以实现实质上的平等。同时，政府劳动和司法部门，应举行劳动法等方面的法律讲座，深入到农民工群体中进行普法宣传和法律咨询，促进和帮助农民工通过法律来保障自己的合法权益。还要加强农民工群体尤其是知识水平更高的新生代农民工与政府部门的互动沟通，让他们参与到关系自己切身利益的法律法规和相关政策的制定中去，通过制度化渠道来表达自己的社会保障要求。

（二）完善社会保障的技术环节

为方便新生代农民工的自由流动，减少退保现象，应该在国家对农民工社会保障形成全国统一的制度安排前提下，在全国范围内为每一位新生代农民工建立起一个个人社会保障账户，并用于储存该农民工从一开始参加工作以来的社会保险的投保情况和其他社会保障的享受信息。可以借鉴欧盟的做法，在不同地区流动时，在统一公式下，根据迁入地和迁出地的不同经济社会情况进行缴费费率、基数等的换算，以实现社会保障的转续。诸如现行的养老保障制度下，养老保险只能提取个人账户中的余额，使得保险关系不能转移。一方面，可转移、可持续的农民工社会保障制度才能适应农民工的流动，随其务工地点的变动而灵活转移；另一方面，可转移、可持续的农民工社会保障制度还可以让新生代农民工“用脚投票”，选择最适合自己生活和发展的城市，减少不稳定性。

（三）打破户籍限制，创建权利平等的社会环境

农民工来到城市以后，一方面像城市居民一样会遭遇工伤、疾病、失业等风险，另一方面又因地方政府制定的种种政策障碍而被置于边缘化的境地。城乡分割的二元户籍制度使绝大多数农民工，不论是在过去还是在当下，在法律上不能得到城市永久居住权；在就业政策、社会保障和公共服务方面常受到歧视性对待；遭遇到各种风险后只能靠自己化解。大多歧视性政策都是依据户口登记地而针对不同人群实施的，例如，南京市2008年出台的《南京市廉租住房保障实施细则》规定，申请租赁住房补贴须“具有本市市区城镇常住户口满5年”的条件，显然，流动性较大的新生代农民工则得

不到这些待遇。虽然偏向城市居民的政策大多都已经或正在进行改革，但只要户籍制度存在，就存在着政策反复的可能性。所以，城乡二元的户籍管理制度必须取消，以实现农民工和市民的真正公平。

总之，新生代农民工依然面对着以户籍制度为表征的，以区别性的就业、社会福利为内容的城乡二元社会结构的制约，他们的社会保障权利诉求比他们的父辈更为强烈，但在国家法律法规规定越来越明晰的大环境下，现实情况是：新生代农民工的社会保障权益并没有得到很大改善。我们认为，第一代农民工社会保障问题可能需要政府承认并负担补偿责任（此问题另撰文探讨），而新生代农民工参加工作时间都较短，以后的就业时间还很长，因此，国家完全可以通过《劳动法》、《劳动合同法》、《社会保险法》等法律法规，搭建一个新生代农民工社会保障的政策起点，厘清政府、用人单位和劳动者的社会保障权利、义务和责任，赋予新生代农民工平等的社会权利，同时也未雨绸缪地解决好与之相关的社会问题。

（作者：严新明，南京大学政府管理学院副教授）

（选自《阅江学刊》2011年第1期）

社会保障风险管理国际比较分析

邓大松　薛惠元

风险管理是一门新兴的管理科学。风险管理最早起源于1929至1933年大危机时期的美国,20世纪50年代风险管理发展成为一门学科。20世纪70年代以后逐渐掀起了全球性的风险管理运动。中国对于风险管理的研究开始于20世纪80年代，但对社会保障风险管理的研究也就是近几年的事情。因此，通过比较分析国际社会保障风险管理情况，总结国际社会保障风险管理的经验和教训，对我国社会保障风险管理的发展无疑具有重要的现实意义。

一、社会保障风险管理概述

所谓风险是指未来事件发生及事件发生造成的损失的不确定性。风险不是孤立地存在，它是偏离某一目标结果的可能性，它与达到某一目标的可能性一起，构成了事物对立统一的两个方面。风险与经济概念联系在一起，便形成了经济风险的概念；风险与经济中某一领域的结合，还可以引申出许多种类，如财务风险、投资风险、金融风险、财政风险等等。由此，风险与社会保障制度结合，可引申出社会保障风险概念。社会保障风险是指未来社会保障事件发生及事件发生造成损失的不确定性。

依据不同的标准可将社会保障风险进行不同的分类，如从社会保障基金运作过程来看，可分为筹资风险、投资风险、管理风险、给付风险；从金融角度来看，可分为市场风险、信用风险、流动性风险、营运风险、政治风险等；从内因和外因的角度来看，可分为内部风险和外部风险；从风险属性的角度来看，可分为自然风险和人为风险等。这里我们借鉴英国政府精算部克里斯托弗·德肯精算师的观点，同时结合自己的观点，将社会保障风险分为：制度设计风险，营运风险，资产流动风险，投资风险，偿付能力风险，财政风险，经济风险，灾难风险，政治风险九大类（如表1）。

所谓风险管理是指通过有关制度和程序对风险进行界定、评估、控制和最小化，并把风险控制在与该机构吸收、控制风险或承受风险损失的能力相适应的水平。本文对社会保障风险管理的讨论主要针对制度设计风险、营运风险、偿付能力风险、财政风险、投资风险以及经济风险展开。

二、发达国家的社会保障风险管理

（一）美国社会保障的风险管理

在西方发达国家中，美国社会保障体系虽然起步较晚，但却是世界上最早实行系统的社会保障法制的国家。其社会保障制度包括三大部分：社会保险、社会福利和收入补贴。其中

表1 社会保障风险的分类

风险类别	具体解释
制度设计风险	是指由于社会保障制度设计缺陷而造成的风险。由于实际情况的复杂性，事先的设计并不一定能够保证完全正确。
营运风险	是指由于各种潜在的管理失败引发的风险，包括由于制度不适应、管理中出现的错误、无效的控制机制以及欺诈、资产挪用或其他人为错误所导致的风险。
资产流动风险	是指由于缺乏市场容量，不能找到买主或不能根据短期通知进行销售，致使不能按现行市场价格完成交易而引发的风险。
投资风险	是指由于系统性市场不景气、不良的投资战略或者对某项投资的选择不当，使投资没有产生预期回报所带来的风险。包括信用风险、缺乏足够的投资多样化所导致的风险，资产及其预期支付债务之间的不匹配引发的风险、由于行政干预将基金投向没有经济回报或有大量风险的资产而产生的风险等。
偿付能力风险	又称为债务风险或给付风险。对于养老保险而言，偿付能力风险包括：长寿风险、通货膨胀风险、残疾或疾病退休风险、年金风险、费用开支风险、立法或监管风险。对于医疗保险而言，包括：人口老龄化风险、医疗费用上涨风险、设施陈旧风险、传染病风险、疾病流行风险、道德风险等。
财政风险	作为社会保障制度的直接或间接参与人，国家财政部门也会存在风险，一般解决养老保险转制成本、社会保障水平过高、社会保障收支失衡、经济衰退带来失业率增加，大的灾害带来社会救助支出增加等问题都会造成财政风险。
经济风险	包括经济周期变化对收入水平和就业带来的冲击，以及通货膨胀造成的影响等，经济形势也有可能对计划的债务责任带来巨大影响，当经济滑坡时，失业保险待遇的申领都会呈现上升趋势。
灾难风险	如地震、火山爆发、暴风雨和洪水、泥石流、干旱等重大风险，灾难性事件可能在赔偿责任方面对计划造成重大冲击，包括导致大量的疾病、残疾待遇申领和对卫生保健需求的大量增加，以及引发大量的遗属待遇支付等。
政治风险	社会保障体系会由于某些政治举措而产生经常性的变化，通常情况下这些政治举措的用意是好的，但却往往导致计划营运的中断，某些情况下甚至会导致一些不良后果或使整个社会保障系统过于复杂化。

社会保险包括OASDI、失业保险、工伤保险和健康保险。美国的养老保险由公共养老保险、企业年金和个人储蓄三部分组成。美国社会保障风险管理的内容有：

1. 公共养老金偿付能力风险管理

美国现行的公共养老金制度是以现收现付制为基础的。随着人口老龄化的加剧，养老基金将会收不抵支。据专家预计，如果不进行改革，2018年前后，美国养老基金年支出将会超过年收入，而到2042年前后，美国养老基金将无力支付养老金。针对该问题，20世纪80年代初，里根总统指定成立了“蓝带工作组”，也称“格林斯潘委员会”，专门研究美国公共养老金的财务问题并提出法律修正议案。1983年颁布的《社会保障法》修正案，对公共养老金制度做出了重大修订，主要涉及社会保障税，所有联邦雇员必须参加公共养老金，自21世纪起延长退休年龄等。1983年修正案颁布的结果是，公共养老金财务计划由现收现付制逐步向部分积累制转变。

2. 医疗费用过快上涨带来的财政风险管理

人口老龄化趋势、药品价格的垄断、医生收入上涨过快以及医疗保险范围的扩大等原因导致医疗保险支出增长了60%。医疗费用的暴涨导致了医疗保险费的高速膨胀，导致财政不堪重负，已经成为阻碍美国经济增长的重要因素。为遏制医疗费用过快上涨，1992年美国推出了“管理式医疗”的改革方案。所谓“管理式医疗”，就是把经营管理的思想与方法注入医疗保险的整个过程，不论健康医疗的价格、健康品质，以及得到的医疗途径，统统加以经营式的管理。于是，不必要的昂贵的治疗或手术就会被严格控制并且减少，而消费者的医疗保险费也就会随之降低。

3. 社会保障基金投资风险管理

1985年开始，美国联邦社会保险基金逐渐进行积累。目前老年及遗属保险信托基金方面已有较大盈余，约5000亿美元。由于社会保险基金主要以社会保险税的形式筹集和支付，所以基金积累部分全部由财政部运营，社会保险基金投资只限于购买联邦政府发行的债券，不允许进入资本市场。

美国现行的企业年金制度，主要架构为1974年由福特总统签署的《雇员退休收入保障法》(ERISA)，其后，1978年的《税收法》、1984年的《退休公平法》、1986年的《税制改革法》等都进一步对企业年金的具体做法和规则进行了修改、说明和规定。美国企业年金基金的风险管理状况为：(1)采取审慎性监管模式；(2) 建立了年金待遇保证公司，当待遇确定型年金计划出现财务问题时，由该公司支付年金待遇；(3) 要求受托人对基金进行多元化投资，对企业年金基金受托人在基金的投资工具和每种投资工具的比例限额方面没有强制的规定；(4) 设定最低收益率要求。即要求受托人就基金的投资必须要达到和投资市场收益率相符合的投资收益；(5) 信息披露要求，即企业年金计划管理人必须将计划的有关情况和信息向计划参加者和政府进行披露和报告。

4. 经济风险管理

2008年由美国次贷危机引发的金融危机席卷全球。由于美国联邦社保信托基金（即联邦老年、遗属和伤残人信托保险基金）在投资领域非常保守，坚持远离资本市场，因此避免了这次金融危机的巨大冲击。金融危机对美国企业年金计划造成巨大冲击：(1) 从全球股票市场糟糕的表现估算，美国企业年金在这次金融危机中的投资损失大约在1万亿美元以上，投资收益率应为负20%左右；(2) 美国企业年金资产市值持续大幅缩水，而企业年金计划所承诺的预期退休金负债一直处于高位攀升的趋势，企业年金基金缺口持续扩大，从2008年1月的20亿美元扩大到了2009年1月的3100亿美元，一年经历了156倍的放大，这是基金的财务状况无法承受的；(3) 由于资产市值的缩水以及年金计划负债现值的增加，企业年金基金的基金化率由2008年1月的99.8%下降为2000年1月的74.9%，企业年金计划的偿付能力下降明显，已经无法满足当前的偿付要求。美国雇主和民众对金融危机的反应为：(1) 从DB计划来看，42%的雇主改变了资产配置，并重新考虑是否为雇员提供退休金计划；(2) 从DC计划来看，雇主改变了提供给雇员的投资产品结构，并对雇主匹配的比例进行了调整；(3) 雇员的供款总量在减少，向DC计划的困难提款和贷款也在增加。从美国私营养老金体系在金融危机中的表现我们可以得到一些重要的启示：(1) 多元化的养老金体系既能帮助雇员从多项养老金计划中受益，也能在面临危机时分散风险，提高保障水平；(2) 美国养老金体系所具有的弹性减轻了危机的冲击程度，最明显的是弹性退休年龄和灵活的养老金支付方式，它帮助临近退休者在面临巨额资产损失时能够采取主动措施——延迟退休或分期领取养老金来减轻进一步的损失；多元化投资与适时改变投资风险结构相结合，即随着退休年龄的临近，适时调整退休金资产的整体风险结构。

(二) 瑞典社会保障的风险管理

瑞典是世界公认的社会保障体系比较完善的福利国家的典型，在西方素有“福利国家的橱窗”、“第三条道路的楷模”之誉。瑞典社会保障体系主要包括社会保险、社会福利和医疗保健三大部分。瑞典社会保障制度具有覆盖面宽，内容广，保障水平高；公平优先，兼顾效率；以福利水平为基础的保障；主要采取现收现付制；雇主是社会保障基金支付的主体；政府是社会保障的支配主体等特点。瑞典社会保障风险管理的内容有：

1. 社会保障财政风险管理

瑞典在二战后作为“全民福利国家”，一度成绩骄人，声名显赫。但瑞典实施的高福利是以高税收、高公共开支为代价的。20 世纪 70 年代中期以后，瑞典国库入不敷出，财政赤字迅速扩大。1950 年瑞典的财政赤字是 3.1 亿克朗，1981 年增加到了 662.7 亿克朗，30 年增长了 210 多倍，即使扣除物价上涨因素，增加速度也是十分惊人的。为弥补财政赤字，降低财政风险，瑞典社会保障制度进行了改革：(1) 紧缩社会保障开支。包括降低健康保险津贴；将退休年龄提高到 65—66 岁；降低失业保险津贴的标准，并延长领取失业保险的等待期；降低父母保险津贴的标准等。(2) 实施社会保障制度地方化改革。1983 年颁布实施的《瑞典保健法》规定，瑞典各郡政府应该承担起规划所有保健服务的主要责任；1990 年瑞典政府提出法案，规定地方政府必须承担起各种有关老年和残疾人长期性健康关怀和社会服务的责任。这一改革划清了中央政府与地方政府的责任。(3) 实施社会保障竞争机制与私营化改革。

2. 养老基金投资风险管理

瑞典的养老金制度包括公共养老金、职业养老金和私人养老金三部分。其中公共养老金包括为中低收入的退休者提供基本保障的国家保证养老金和收入关联养老金。其中收入关联养老金包括名义账户确定缴费型养老金（NDC）和强制性的个人账户确定缴费型养老金（FDC）。职工的名义个人账户上是没钱的，因为他们所缴的税款都按现收现付的形式支付给退休人员了，所以才冠以“名义个人账户”之名。也就是说，瑞典的名义账户养老基金不能直接用于投资，能直接投资的是强制性个人账户养老基金。瑞典强制性个人账户养老基金吸收了智利、澳大利亚和英国的强制性个人账户的优缺点，其特点为：(1) 成立了专门的个人账户养老金管理局（Prem ium Pension Authority，简称 PPA），在投资阶段发挥结算中心的功能，在保险阶段，它成为年金唯一的提供者；(2) 个人账户养老金分积累投资期和保险期，在积累期进行养老金缴费和投资，在保险期内进行养老金给付或领取；(3) 个人账户的养老金投资体现出投资者的投资意愿；(4) 为降低投资管理方面的交易费用，设立了清算所；(5) 无最低投资收益保证制度的规定。

(三) 日本社会保障的风险管理

1. 养老保险偿付能力风险管理

20 世纪 70 年代末，日本老龄化速度进一步加快。1950 年，65 岁以上老年人口的比重只有 5%，到 1990 年就增加了 2 倍，到 2025 年将达到25%。与此同时，20～59岁的劳动人口将从1990年的56%下降到2025年的48%。从未来趋势看，劳动人口的负担将会进一步加重，每一个劳动人口将要负担一个或一个以上的养老金领取者。而在公共养老金计划中，一个人缴费40年后领取的全额养老金大约相当于劳动人口工资的70%，两相对照，给付超过缴费，日本养老保险制度面临的财务危机可以想象。为此，自20世纪80年代开始，日本养老保险制度便开始了改革，其改革的主要措施为：推迟享受养老金的年龄；控制养老金的给付额；奖金部分纳入养老保险费缴纳的基数之中；设立青年学生保险费补缴制度等。

2. 社会保障财政风险管理

首先，经济低迷加剧了社会保障的压力，增加了财政负担。20世纪90年代“泡沫经济”崩溃后，日本经济形势空前低迷，财政收入恶化，难以承受巨额的社会保障支出。日本参加养老保险的被保险人有7000多万人，而退休后领取养老金的约有1800万人；到2012年，日本的养老金体系可能出现519万亿日元的缺口。其次，伴随人口老龄化速度加快、程度提高，达到法定年龄领取年金者的数目日趋庞大，领取养老保险金、医疗保险金的数额急剧增加，从而造成了日本政府日趋严重的财政负担。为解决财政薄弱的年金部门负担过重的问题，除采取国库重点帮助和调整各年金体系间的财政加以解决外，政府还谋求实现年金制度的一体化。此外，在考虑国民承受能力的前提下，逐步提高保险金缴费率，引进“受益者负担”的原则，实行费用征收多元化。

3. 养老基金投资风险管理

日本的养老保险制度主要由“国民养老金”、“厚生养老金”和“公务员共济养老金”等组成，厚生劳动省下属特殊法人“养老资金运用基金”对由这三种养老金构成的公共养老金统一进行管理和投资运作，投资方式主要是购买日本政府和外国政府发行的国债，以及委托一些信托银行等投资机构在股市进行投资，所获利润用来支付养老金。日本2002年财政年度养老基金的收益率为−8.46%，已连续三年出现赤字；截至2003年3月，养老基金亏损总额已高达60617亿日元。投资连续出现巨额亏损已经开始影响养老保险金的正常支付。因此，日本政府从2002年开始制定了一项“物价联动型养老金支付办法”，即根据物价跌幅减少养老金的支付额。

4. 社会保障营运风险管理

2007年6月初，日本厚生省社会保险厅爆出丑闻，在由日本社会保险厅负责管理的年金中，超过5000万份的养老金保险记录存在信息缺失，媒体称之为“不着边际的缴款”。这意味着许多已经缴纳保险费的日本国民可能无法按期领取养老保险金。同时又发现早在1987年日本就有1430万例年金缴纳没有输入到电脑中去。日本公众对此义愤填膺。2007年7月29日举行的日本国会参议院选举中，执政的日本自民党遭到惨败，而最大的在野党民主党则取得了胜利，接着安倍晋三于9月12日宣布辞职与此不无关联。

这次出现问题主要是制度和管理上的原因。1996年前，日本国民一个人可能拥有多个养老金账号，在工作调动或者结婚时，养老金账号可能发生变更，管理非常复杂且效率极差。为此，日本于1997年1月开始实施基础年金账号制度，统一了各种养老金账号，实行每人一个账号，由社会保险厅统一管理。统一账号的原则是把按姓名、出生日期、性别和住所一致的多种养老金账号归并。如果这些信息对应不上，则相关的各类养老金账号就无法合成一个账号，且无从查证。一方面，由于日本人的姓名中使用的汉字有多种读音，在录入记录的过程中，缴费者姓名很容易出现错误；另一方面由于录入记录的工作量大，仅靠社会保险厅的工作人员忙不过来，于是就聘用了许多临时工。因此，纰漏就出现在这一环节上。那些当时对应不上的年金账号至今也未合成一个账号，而相关部门实际上在10年中故意掩盖了这种情况。

日本采取的应对措施有：(1) 政府向公众道歉；(2) 交罚款。日本官房长官盐崎恭久表示，已经要求社会保险厅的所有职员交出2007年夏季的一部分奖金，作为对年金记录糊涂账的罚款；(3) 捐奖金。对年金记录问题负责，日本内阁官员决定把夏季奖金中法律上可以归还的部分，全额退回国库；(4) 采取紧急措施。首先紧急制定两项法案。其一是《年金时效停止特别措施法案》，主要内容是就无法查证的5000多万份年金保险遗漏记录，在当事人要求领取年金保险的差额部分时，废除超过5年就无法要求领取的时效规定。其二是《社会保险厅改革关联法案》，主要内容是准备解散目前丑闻缠身的社会保险厅，新成立一个由公务员组成的“日本养老金机构”进行管理。其次抓紧核实年金数据。

(四) 澳大利亚超级年金的风险管理

澳大利亚的超级年金(superannuation)由信托机构管理。在监管模式上，属于审慎监管，并由审慎监管局 (Australian Prudential Regulation Authority, APRA) 承担主要的监管职责。澳大利亚超级年金监管机制的最大特点是风险管理贯穿整个监管活动，并围绕受托人展开。

第一，有关法律要求受托人必须像“谨慎人”所具有的诚实、谨慎、技能和勤勉来运作超级年金，并确保一切为了受益人的最大利益。

第二，在投资选择上，监管机构对超级年金并没有施加具体的限制。只是一般地要求受托人在制定投资战略时应考虑其风险与收益，以及投资组合的分散化和流动性。这种宽松的投资政策，有利于受托人充分实行分散化的资产组合策略，减少超级年金投资的资产组合风险。

当然，也有几项原则性的规定以防止基金被违规使用的风险。如禁止受托人或投资管理人将基金借给超级年金计划的成员或借给雇主的贷款超出规定的限额；所有投资都必须遵守隔离原则 (arm's length terms)。如果受托人将投资委托给投资管理人，则需要知道投资及其绩效的具体信息。

第三，对机构风险的控制主要从以下几个方面进行：(1) 执照与注册制度。所有的受托人都必须获得澳大利亚审慎监管局颁发的执照，而所有由获得执照的受托人管理的超级年金计划都必须注册。实行执照和注册制，有利于审慎监管局识别那些存在问题的受托人，并将其排除在外。

(2) 合规性标准。受托人在获得执照之前，必须满足合规性标准 (fitness and propriety standard) 的要求。包括受托人必须具备基本的投资能力，熟悉主要的管制规定，制定合规性规章，懂得如何处理利益冲突。

(3) 风险管理标准。获得执照的受托人必须制定识别、度量、监督和管理风险的措施与程序（基于规范的方法，且以书面的形式清楚地陈述)，并在获得审慎监管局通过后，才能获得执照。受托人必须至少每年进行检查一次，报告任何变化和违规情况。同时，外部审计师必须每年都审计受托人的风险管理战略和计划，并向审慎监管局报告风险管理战略是否被执行，以及是否有效。

(4) 外包标准。受托人可能将业务外包给账户管理人、投资管理人和托管人，由此带来很多风险。此时，受托人必须与这些服务商签订规范的、可执行的合同，且制定一套选择、监督它们的程序。其中的“终止与违约条款”，可以允许取消合同而不损害受益人的权益。

(5) 受托人的资源标准。该标准要求受托人必须具有充足的资源来谨慎地管理超级年金基金。当受托人的成本由管理费或投资收益来弥补时，就必须做好经营预算以符合足够的偿付能力和流动性。当成本由雇主承担时，就必须确保雇主偿付的持续性。如果服务外包，还要确保外包机构具有足够的资源。

(6) 真实的净资本标准。被颁发公共执照的受托人必须具有至少 500 万澳大利亚元的真实净资本或者担保。这个资本要求可以实现四个目的：其一，作为操作风险的缓冲；其二，受托人管理年金业务的承诺表示；其三，受托人很好地管理业务的激励；其四，当赔偿保险不够偿付时，来补偿受托人的负债。

(7) 审计。外部审计师必须每年都审计受托人向审慎监管局提交的统计报表、机构的风险管理战略与计划及其执行情况，报告机构的缺陷与违规行为。当审计师发现受托人有违规行为或财务状态不稳定时，必须提醒机构，并向审慎监管局报告。

除了通过上述规定来事先预防和控制风险之外，澳大利亚审慎监管局还积极地通过非现场分析与现场审查这两种方式来监管超级年金，包括风险识别、监管行动和基金反应三个环节的循环过程。

某一超级年金基金的风险被定义为：

总风险 = 内部风险—管理与控制而减少的风险—资本准备金

审慎监管局首先通过风险概率与影响评级系统 (Probability and Impact Rating System, PAIRS) 来评估基金的风险。基金内部风险包括：参与方的违约风险、资产负债与市场风险、保险风险、操作风险、流动性风险、违规风险、战略风险、关联方风险。

可以被用来减少部分风险的管理与控制措施包括：受托人或管委会的质量、高管层的质量、操作管理的有效性、基金的信息系统与财务状况、风险管理系统、基金的合规文化与程序、独立检查的充分性等。

在冲抵了部分内部风险之后，PAIRS 再来评估一个基金的风险概率及其影响指数。首先计算风险概率指数与风险影响指数的几何平均数，得到一个监管关注指数。然后根据监管关注指数的得分来确定“监管行动与反应系统 (Supervisory Oversight and Response System, SOARS)”的四种监管态度和行动计划，包括：正常、照管、强制改进、重组。

澳大利亚审慎监管局对超级年金基金风险的整个监管程序如下图所示：

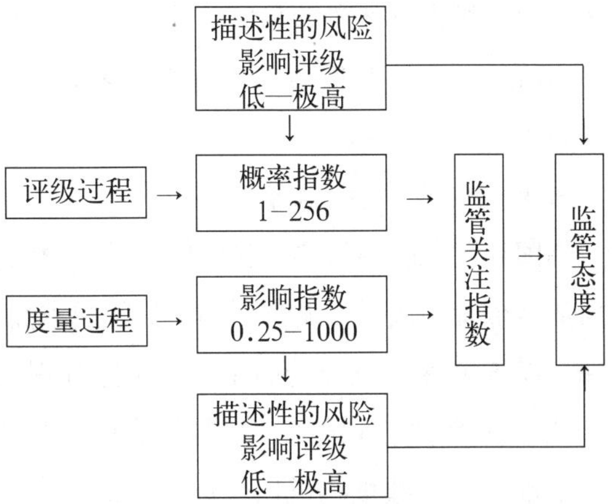

图 1　澳大利亚超级年金的风险概率 / 影响评级的运营框架

三、发展中国家的社会保障风险管理

(一) 韩国社会保障的风险管理

到目前为止，韩国已建立起了包括医疗、就业、养老、贫困救济等在内的较完善的社会保障体系。虽然韩国现行的社会保障制度及其收入水平同市场经济发达国家相比还有很大差距，但其社会保障风险管理的经验也值得我们借鉴。

1. 养老保险制度设计风险管理

据《商业周刊》报道，由于制度设计上的

缺陷，韩国养老金体系已经开始发出危险信号。按1988年正式启用的养老基金规定，职员与雇主只需按月存入工资的1.5%（这个比例后来上升至3%，目前为4.5%），当他们在60岁退休时每月便可领到退休前工资的70%。养老基金之所以如此慷慨，是因为在制度设计时，假定的经济增长率为两位数。然而，近年来由于经济增长速度放缓，失业率上升，养老基金吸收到的资金远低于预期。政府有关部门预计，养老体系自2034年将开始出现亏损，到2048年资金将耗尽。

为保证养老金财务的长期稳定运行，韩国的应对策略为：（1）降低养老金的工资替代率。从1999年开始对投保40年的受益人的平均工资替代率从原来的70%下调到60%；（2）延长退休年龄。规定退休年龄从原来的60岁提高到2013年的61岁，然后每5年提高1岁，2033年提高到65岁。

2. 社会保障营运风险管理

韩国社会保障项目多，管理体制过于分散，各项基金统筹层次低，调剂面小，管理成本高。例如，仅养老保险就分为四个部分；医疗保险只搞地区统筹或企业统筹，统筹层次低，基金调剂余地小，一些机构已出现赤字，而另一些机构还有结余。为降低社会保障营运风险，近年来韩国的改革措施为：加强各项社会保障制度之间的衔接与协调，以避免因参与不同制度、不同项目而产生不公平想象；改革国民养老金管理体制，提高养老金的管理效率，逐步实现商业公司的私营化运作等。

3. 国民年金基金投资风险管理

韩国自1986年开始建立国民年金制度，在2000年前实现了“全民养老金”。韩国国民年金基金是年金计划现收现付收支余额形成的积累基金，是一支“缴费型”的国家主权养老基金。国民年金基金投资的特点为：

（1）从性质上分析，韩国的国民年金基金是由负责国民年金征缴和待遇发放的社保经办机构直接管理运营。“国民年金管理公团”（National Pension Service，简称NPS）是基金的管理主体，它是卫生福利部下属的一个非赢利性独立法人机构，其职责是负责国民年金的征缴和待遇支付工作，进行国民年金基金的投资运营。从总体上看韩国国民年金基金采取的是政府行政控制下的市场化投资策略，政府对于社保基金的控制和直接参与成分较多。

（2）韩国曾采取多元化“社会投资”方式。韩国国民年金基金在成立之初的10年内，投资于社会公共部门和福利设施的做法，在很大程度上是效仿了日本的“年金积立金”的投资模式。1998年韩国国民年金基金投向社会公共部门和福利部门的资金曾高达70%。尽管国民年金法规定，这些投资的一个原则是不能影响到国民年金财政的可持续性，但从历史回报率上可以看出，公共部门和福利设施投资效率是低于金融市场投资的。

（3）进入21世纪后，韩国转向资本市场投资。在世界范围内，现收现付制下的“缴费型”社保基金采取市场化投资策略的国家并不多，而韩国则是一个采取市场化“积极”投资策略的典型例子。从社保基金的资产配置上看，股票投资和境外证券投资的份额越来越高，社保基金涉足风险类投资，这说明韩国社保基金的投资风格在逐步向趋利性和风险性转变。韩国是从国民年金制度建立伊始就开始追求基金的赢利性目标。社保基金投资资本市场是对传统现收现付制社保基金投资理念的一种挑战，从韩国的实践历程看，其初步效果已得到一定的体现，但要下定论还为时尚早。

（4）从投资表现来看，韩国国民年金基金的投资回报率是相对较高的。在1988—2005年的18年期间，基金平均回报率为10.5%。

（二）智利养老基金的风险管理

在治理结构上，智利属于私有私营的管理模式。在监管上，政府设立养老基金管理公司监管局（ASFP），实施严格监管。

1．对养老金管理公司的市场准入进行严格限制。

智利养老基金管理公司监管局对养老金基金的风险防范首先从对养老金管理公司的市场准入开始，包括对基金管理公司设立的核准，最低资本金和法定准备金的要求等。

2．对养老金基金的投资进行了比较严格的限制。

（1）合格的投资工具。养老金基金只能投资于被法律或智利中央银行明确批准的投资工具。这样做是为了确保养老金基金投资于安全、稳定的投资工具。

（2）风险评级。智利资本市场上由私人机构发行的债券、股票必须经政府认可的风险评估公司进行风险分类后，才能成为养老基金管理公司的投资对象，而且养老金的具体投资项目还要经过政府养老金投资风险委员会的最终审定。其目的有二：一是对投资工具进行筛选；二是根据各个工具的风险评级，对养老金基金的投资组合构成设置相应的限制。

（3）投资限制。a．单一投资工具的限制。其目的是为了养老金基金投资组合的分散化，减少集中度风险。b．单一发行人的限制。包括两个方面：其一，投资额不能超过基金资产的某一比例。其二，投资额不能超过发行人资产或净资产的某一比例。这样做是为了防止基金过分影响发行人的决策。c．某一组投资工具的限制。其目的是为了限制养老金基金投资于某一组投资工具的最大比例。d．对发行人与基金管理人之间关联的限制。如果发行人与基金管理人有关联，则上述b中对发行人的限制还要大大增强。

（4）投资市场限制。养老金基金投资的金融工具的交易必须在规定的市场上进行，并且要符合最低要求，即买卖双方价格面议、信息公开、具备完善的基础设施和内部规章等。这样做主要是为了确保交易的公平与透明。

（5）投资证券的安全保管。如果证券投资超过了养老金基金资产的90%，则这些证券必须被保管于智利中央银行、由智利中央银行授权的外资机构或私人的证券保管公司。

（6）最低收益保证。每个月，养老金管理公司都要保证在过去的36个月里，其管理的养老金基金的实际年回报率不得低于以下两者之中的最低者：a．如果基金属于A、B类，则是同期同类基金实际的平均年回报率减去4个百分点；如果基金属于C、D、E类，则是同期同类基金实际的平均年回报率减去2个百分点。b．同期同类基金实际的平均年回报率，减去该回报率的50%。

为了确保养老金基金投资的最低收益，养老金基金公司需要设立收益波动准备金和法定准备金。如果养老基金管理公司的投资收益率低于最低收益标准，可用收益波动准备金和法定准备金予以弥补。

3．智利养老金制度对风险的控制、对参保人利益的保护还体现在政府提供了最后的担保职能。

（1）担保最低养老金的给付。退休员工养老金过低，政府将为其提供最低限额的养老金。

（2）担保最低投资收益率，承担最终风险。如果养老基金管理公司投资收益较差，收益波动准备金和法定准备金均不能保证最低收益率，且没有其他额外的财产来源时，政府财政予以补贴。

（3）在养老基金管理公司和保险公司收不抵支时，政府补足差额。同时保证承担所有额外的保险费用，如平衡残疾保险金及意外事故保险金的收支，或在保险公司破产后保证支付投保人的养老金。

四、国外社会保障风险管理对中国的启示

（一）适时延长退休年龄，实行弹性退休制度

为应对人口老龄化风险，很多国家采取延长退休年龄的办法，如美国、瑞典、日本、韩国等。我国“男年满60周岁，女工人年满50周岁，女干部年满55周岁”的退休年龄规定，可以追溯到上个世纪50年代。中国退休年龄几十年来未有变化，这与中国当前人口寿命及老龄化的形势相比明显偏低。2010年9月10日，人力资源和社会保障部副部长王晓初在出席《中国的人力资源状况》白皮书新闻发布会时表示，我国延长劳动者退休年龄的问题还在研究中。这也从侧面表明，从长期来看，延长退休年龄是必然的事情。为了我国养老保险制度的可持续发展，同时考虑到延长退休年龄对劳动力市场的巨大冲击，建议实行弹性退休制度。根据国际惯例做法，弹性退休制度必须设置三档“退休年龄”：法定最早退休年龄、法定正常退休年龄、法定最迟退休年龄。至于这三档“退休年龄”如何确定，需要综合考虑中国人口结构变化情况、就业情况，进一步研究才能确定。

（二）尽快做实养老保险个人账户，实现基金积累

为应对人口老龄化带来的偿付能力风险，很多国家的养老金制度纷纷由现收现付制转向部分积累制或完全积累制，建立个人账户，如美国、瑞典等。我国企业职工基本养老保险制度采取统账相结合的部分积累制，并建立了养老保险个人账户。但由于历史债务、社会统筹基金与个人账户基金混账管理等原因，养老保险个人账户空账运行，因此，从表面上看来，我国的企业基本养老保险制度实行的是部分积累制，但实质上还是现收现付制。截至2009年末，只有辽宁、吉林、黑龙江、天津、山西、上海、江苏、浙江、山东、河南、湖北、湖南、新疆等13个省份做实了企业职工基本养老保险个人账户。为了真正实现基金积累，建议尽快做实养老保险个人账户。

（三）养老保险个人账户基金适时进入资本市场

目前，我国的全国社会保障基金和企业年金基金已经进入资本市场，进行市场化投资运营，而企业职工基本养老保险基金“除预留相当于2个月的支付费用外，全部购买国家债券和存入专户，严格禁止投入其他金融和经营性事业”。在我国的养老保险个人账户做实之后，将会形成一笔庞大的资金。据人保部《2009年度人力资源和社会保障事业发展统计公报》的数据，2010年末13个做实企业职工基本养老保险个人账户的试点省份共积累基本养老保险个人账户基金1569亿元。为避免通货膨胀风险（贬值风险），借鉴瑞典、韩国的经验，可以考虑养老保险个人账户基金进入资本市场，进行市场化运营。其进入资本市场的方式，可以由省级社会保险经办机构作为委托人，实行委托投资的方式来实现。

（四）采取多种方式防范投资风险

不论是全国社会保障基金、企业年金基金，还是企业职工基本养老保险个人账户基金，在进行市场化运营时，要坚持安全性、收益性、流动性的原则，采取多种方式防范投资风险。

1. 加强社保基金市场化运营的监管

在审慎监管和严格监管这两种监管模式中，目前我国社保基金市场化运营的监管适宜采取严格监管模式。监管内容可以考虑从下述几个方面展开：(1) 严格执行市场准入与退出机制。将不合资质的管理机构排除在外，减少机构风险等。(2) 严格执行基金投资管理的限制性条款。限制社保基金的投资范围、投资比

例等。(3) 完善信息披露制度。社保经办机构、托管机构和投资管理机构应当按照规定向有关监管部门报告个人账户基金管理情况，并对所披露信息内容的真实性、完整性负责。

2. 建立投资管理机构的内部控制机制

内部控制制度是一种基础性的风险管理制度。它的有效运行可以在很大程度上发现和化解管理机构本身遇到的外部风险，阻断风险传递链条，从而降低基金运营的整体风险。投资管理机构必须具备完善的内部稽核监控制度和风险控制制度，有效防范和控制投资风险，确保基金安全。

3. 设立最低投资收益率和风险准备金制度

借鉴智利经验，按照行业平均投资收益的一定比例（通常 50%—70%）设立最低投资收益保障条款，投资管理机构要按照管理资产的一定比例（通常 1%—2%）提取风险准备金。这样既有利于对基金管理机构形成一定的约束，促使其提高运营效率，又可以防范社保基金的投资收益波动过大带来的风险。

4. 设置最低担保养老金

我国的个人账户养老金属于基本养老保险制度的组成部分，是整个养老金体系的第一层次。并且，个人账户养老金基金由政府机构代行投资选择权。从维护参保者的利益出发，非常有必要建立相应的担保机制，由政府向受益人提供最低养老金等保证。从国际经验来看，实行严格监管的国家或地区，如智利，政府一般都承担了最后的担保责任，为防范风险提供最后一道屏障。我国企业职工基本养老保险个人账户基金市场化运营的政府担保机制，可以考虑两个方面：(1) 政府担保的最低养老金。如果退休职工的养老金过低，政府将差额补足其个人账户提供的养老金与最低养老金的缺口。(2) 对长寿退休职工的养老金担保。如果退休职工的余命超过了根据城镇职工平均预期寿命计算的计发月数，政府应继续为其提供养老金，直至其去世。

（五）做大做强全国社会保障基金，为重大风险储备好基金

全国社会保障基金是中央政府集中的社会保障战略储备，主要用于弥补今后人口老龄化高峰时期的社会保障需要和其他社会保障需要。也就是说，这部分资金不仅可以用来应对社会保障偿付能力风险，还可以应对灾难风险。例如，在“5·12”大地震爆发后，针对四川省工伤保险基金因灾出现的收支缺口，为了保证因灾参保工伤职工及家属待遇的及时支付，国务院决定，在地方尽快实行市级或省级统筹、动用历年结余、加大基金调剂力度进行解决的基础上，仍有不足的，可动用部分全国社会保障基金。据此，2009 年 1 月，财政部会同人力资源和社会保障部从全国社会保障基金中调回资金 6.8 亿元下达四川省，用于弥补德阳、绵阳、广义、阿坝等四个重灾市州工伤保险基金缺口。因此，笔者建议继续做大做强全国社会保障基金，为重大风险储备好基金。

（六）建立社会保险经办机构内控机制，降低营运风险

日本养老金保险记录信息缺失一案为我国社会保险经办管理敲响了警钟。到目前为止，我国社会保险经办机构仍然没有建立起一套规范有效的内控体系：一缺内控制度体系；二缺内控组织保证；三缺内控专业队伍。正因为内控体系不完善，所以在社会保险系统也曾发生过许多违规案件。为此，笔者建议建立社会保险经办机构内控机制，以降低营运风险。社保经办机构具体实施内控管理，首先必须抓好内控制度建设这项基础性工作；其次，要提升内控管理水平，还必须下力气狠抓专业队伍建设工作；再次，内控建设在实际开展内控管理中，还要建立起三种有机联系的工作机制，即常规

防控与专项防控相结合、事前防控与事后防控相结合、专业防控与全员防控相结合。

（七）建立社会保障风险预警系统

社会保障是以经济手段来解决社会问题，社会保障风险一旦发生，必然波及整个社会。因而建立一个科学灵敏的社会保障风险预警系统是防范社会保障风险的重要措施。科学、灵敏的社会保障预警系统包括：设置合理的社会保障预警指标，建立迅捷的信息资料收集与传导机制，开展人口老龄化、失业规模、社会保障支出的中、长期趋势预测，定期发布社会保障运行情况的有关信息等。社会保障风险预警指标应该主要包括人口老龄化指标、失业率指标、基尼系数、社会保障基金增值率、社会保障基金收支比、养老保险替代率、社会保障水平等预警指标。社会保障预警系统可以设计成：资料收集→总结分析→预警反馈→国家调控→正常运行。对社会保障运行中的非正常现象，通过社会保障预警指标及时反映出来，国家应采取积极措施进行调控，使风险得到消除。

（作者：邓大松，武汉大学社会保障研究中心主任、教授、博士生导师）

（选自《学习与实践》2011 年第 2 期）

论当代中国教育的双重转型

冯建军

随着中国现代化发展的需要，20 世纪 90 年代以来，“社会转型”成为一个重要概念流行并得以探讨，取得了不少理论成果。但作为社会转型重要构成的“教育转型”，至今没有得以明确的提出，更谈不上系统的研究。本文试图就中国教育转型的历史定位、发展方向、特殊性等问题，尝试加以探讨。

一、教育转型及其分析框架

“教育转型”是作为社会转型的重要构成部分而提出的。社会转型实质上是一种社会突变，是一种社会结构、社会形态向另一种社会结构、社会形态的转换。这种转换是一种根本性的变革，是社会历史发展过程中一种质的飞跃，造就了一个完全有别于传统的新的社会形态。从“社会转型”的一般意义来理解“教育转型”，它是指教育结构及其存在方式的整体变化，它导致教育从一种形态转变为另一种形态。虽然前后两种形态，都称为“教育”，但教育系统要素的整体性，包括教育的理念、教育目的、教育功能、教育价值、课程、教育方式、方法等都发生了全面而深刻的变革，是两种不同性质、不同形态的教育。

“教育转型”在国内还没有引起足够的重视，因此关于“教育转型”的专门议论较少。叶澜在《实现转型：新世纪初中国学校变革的走向》一文中提出由“近代型学校”向“现代型学校”的转型。现代型学校表现在价值提升、重心下移、结构开放、过程互动、动力内化等诸多方面。陈云恺根据中国社会转型最突出最明显的由计划经济向社会主义市场经济转型的特征，提出了从适应计划经济的“传统教育”向适应社会主义市场经济的“现代教育”的转型。也有学者罗列了教育转型的具体体现，包括由外向式教育向以人为核心的内向式教育转型；由被动接受式教育向主动创造式教育转型；由封闭式教育向开放式教育转型；由个性化和共性化相对分离的教育向二者辩证统一的教育转型；由教育与生产劳动松散结合教育向有机结合的教育转型。这些表现大致也可以看作是从传统教育向现代教育的转型。也有学者从教育现代化看教育转型。顾明远认为，教育现代化是一个教育发展的历史过程，是指传统教育向现代教育转化的过程。谈松华认为，从时间尺度讲，教育现代化是指从与传统封闭的农业社会相适应的教育向与现代开放的工业社会以及信息社会相适应的教育转化过程。从价值尺度讲，教育现代化是指传统教育向现代教育转变过程中通过分化整合所获得的新的时代精神和特征。还有学者指出，教育现代化是教育现代性不断增长的历史过程，教育现代性的增长才是教育现代化的根本特征。所以，我们可以将教育现代化看作一个过程，这个过程是从传统教育向现代教育转型的过程，并在教育思想、观念、功能、制度、技术、手段等层面发展出现代性特征。在这个意义上，教育现代化与教育转型同义。

教育转型是一种整体性的转型，应立足于整体考察教育的内在机构及其存在样态的全方位的变化。教育观念转型、教育制度转型、教育结构转型、课程教学转型、培养模式转型等，都是作为教育转型的部分而存在。对整体的考察，一是从教育与社会的关系入手，考察特定社会转型背景下的教育转型；二是从教育与人类发展的关系入手，考察当代人类发展背景下的教育转型。教育作为培养人的社会实践活动，其转型与社会、人的转型具有一致性。

因此，我们对于中国教育转型的研究，不能局限于当前某一具体事件、具体实践，而应该以历史的、世界的视野确定当代中国教育特定的发展方向和规定性。教育转型的概念应以整体的教育形态的转换来确定。以下我们试图在教育的时空、形态、性质三个维度，对当代中国教育转型加以历史考察，并做出当代的定位。

二、当代中国教育时空的“双重转型”

阿尔温·托夫勒对人类文明的进程作了一个形象的描绘：历时数千年的农业革命是人类文明的第一次浪潮，至今不过三百年的工业文明引发了第二次浪潮，而第三次浪潮正在被今天的人们所缔造。这就是自20世纪中叶开始的信息社会。从农业社会到工业社会，以及正在形成中的信息社会，与此适应的教育，也经历着从农业社会的教育到工业社会的教育的转型，当前正在向信息社会教育发展。

与农业社会的生产力发展水平和生产方式相适应，农业社会教育主要是为统治阶级培养政治人才，受教育是统治阶级的特权，具有等级性，奴隶和劳动人民子女难以接受学校教育，学校教育的内容脱离生产劳动，教育方式是一种与个体劳动相适应的个别教学。

工业革命的发生，使农业社会进入到工业社会。工业社会大机器的生产方式，为教育的发展提供了新的条件，它使教育从统治阶级的特权转变为全体劳动者的需要，教育也从培养政治精英转向培养懂技术的专门劳动者，教育内容与生产劳动紧密结合，教育方式是一种与社会大生产相适应的集体教学，标准化、模式化、协作化，是其显著的特征。

伴随着工业革命的到来，教育转型是从农业社会教育到工业社会的教育的转变，这是近代西方教育转型的主要历程。

西方教育的转型是历时态的，即从农业社会教育到工业社会教育，20世纪后半期，开始从工业社会教育到信息社会教育转型。中国作为“后发”实现现代化的国家，工业化依然是现代化的重点，但面对信息化的冲击，又不能错失实现信息化、网络化的良机。以雅克·德洛尔为主席的联合国教科文组织国际21世纪教育委员会对信息技术为发展中国家开辟的前景持乐观的态度，并认为，如果发展中国家不能抓住信息技术向其提供的旨在缩小其与发达国家差距的机会的话，那对他们将是十分有害的。因此，中国的教育转型若采用西方传统的从农业社会教育向工业社会教育的单一转型，就落后于时代的要求了。面对信息化带来的社会变化，中国的教育转型不仅要实现从农业社会的教育向工业社会教育的转型，还必须实现从工业社会教育向信息社会教育的过渡。这是作为“后发”现代化的发展中国家“赶超型”的“双重转型”，是对发达国家历时态教育转型的共时态压缩。

所以，中国教育转型在时空中具有双重转型的内涵，既要完成农业社会到工业社会转型的任务，又要迎接网络化、信息化的挑战，消解工业社会教育的消极因素，将信息社会教育融入到教育改革之中，实现双重的转型。

三、当代中国教育形态的“双重转型”

教育之所以是教育，当以人的培育为核心。人的生存状态，决定着教育的存在状态。故此，我们对教育形态的考察，追溯的不应是教育的社会形态，而是人的发展形态。

从主体的角度考察人类的发展，马克思把人类的发展划分为三个阶段，归结为三种存在形态：人的依赖关系的最初形态、以物的依赖性为基础的人的独立性的第二大形态、以个人全面发展和自由个性为基础的最高形态。人类社会的三大形态，反映了不同社会人的发展状态，分别是群体主体下的依附性人格、个人主体的独立人格、类主体的自由人格。与社会发展过程中人的三种发展状态相对应的是三种形态的教育：群体主体的依附性教育、个人主体教育和类主体教育。

人的依附关系，在原始初民中主要表现为人对自然的依附，为了征服自然，获得更多的生活资料，人不得不以血缘和地缘结成群体关系。到了古代阶级社会，人身的依附关系代替了血缘、地缘形成的自然依附关系。无论哪种依附关系，个人都属于群体，没有自身的独立性。教育也因此成为人身依附关系的训练，被动地适应社会的需要。这一教育形态主要表现在渔猎社会和农业社会之中。

从农业社会到工业社会，工业革命的到来，生产力的发展，商品经济取代自然经济，人的独立性开始增强，依靠商品经济形成的自由、自愿、平等交换关系开始出现。这些都打破了“人对人的依赖关系”，促进了个体独立人格的形成。所以，教育在科学技术的推动下，致力于发展人的技术理性，培养人征服改造自然的能力和独立自我的人格。这种形态的教育主要发生在工业社会之中。

从农业社会无个人主体的依附性教育到工业社会人的主体教育，这是教育形态的第一次转型，这一转型极大地解放了人，促进了人的自由和发展。但以物的依赖性为基础的个人主体性，孕育着人的发展的不完善性。在当代社会，其表现越来越明显：拜金主义、享乐主义的盛行；技术理性张狂，价值理性的迷失；单子式的自我存在对他人存在的漠视，人与人之间的残酷斗争与竞争；国家主义、民族主义、霸权主义导致人类战争频繁发生，和平的丧失；人类中心主义导致日益严重的生态、环境问题，人类的生存家园得以破坏；等等。这一切问题在根源上就源于个人主体性的发达。所以，有学者指出，从农业社会向工业社会的转型，人的生存状态经历了从“人的依赖关系”到“物的依附性”的历史转型，其结果具有双刃剑的性质，它既使人获得了独立性，又使人陷入了“自我异化”之中，致使社会出现“人的困境”。

走出个人主体性的困境，不是要否定个人主体性，而是要完善个人主体性。这种完善不仅是拯救危机的需要，也是当代社会发展的要求。“人类活动范围的世界化走向”、“信息传播的全球化”、“全球相互依赖的多种表现形式”，标志着“历史走向世界历史”的真正形成，“狭隘地域性的个人为世界历史性的、真正普遍的个人所代替”，“各个个人的世界历史性的存在意味着他们的存在是与世界直接联系的”，是世界历史性的、类的存在。单子式的个人主体性也因此转变为主体间性，理性与价值、个人与他人、社会和自然的分裂状态将转变为个体的全面发展和自由个性的存在状态。

全球化时代的到来，呼唤人类走出自我的局限，而成为世界的公民、类的主体，这就使人类的教育形态从个人主体到类主体，发生第二次转型。这是发达国家教育转型的走向，也是历史发展的必然。但对中国教育而言，情况不尽如此。

分析中国现代化的发展，其工业化的历程还没有完成，在现实社会中还存在大量的封建社会残留下来的“人的依赖—人情网络关系”、“行政权力支配一切”、“官本位”等现象，我们现在发展商品经济，培育理性的市场主体，就是要铲除这种封建等级关系，建立一种自由、民主、平等的关系。因此，中国教育的转型在现阶段的当务之急就是由依附关系的教育转为个人主体的教育，启蒙个人主体性，培养工业社会、市场经济需要的理性的、自由的主体。但在我们培育市场经济的个人主体时，又要看到发达国家市场经济所导致的“物支配人”、“人为物役”的状况，看到发达国家面对全球化的到来，对市场经济个人主体的拯救。这就是由个人主体走向世界历史性的个人、类的主体，由个人主体性走向主体间性。

所以，当代中国教育形态的转型具有双重性，既要从个人依附性的教育转为个人主体教育，启蒙个人的主体性，培养人的理性主体意识；又要避免个人主体性过分发达所出现的问题，用类的意识、主体间性引导个人主体性的健康发展，因此又要从个人主体教育向类主体教育过渡。这后一个转型不仅是克服个人主体困境的需要，也是全球化社会的必然要求。

四、当代中国教育性质的“双重转型”

前面论及的中国教育时空的“双重转型”与教育形态的“双重转型”的两条线路是平行的，即“渔猎社会、农业社会的教育——工业社会的教育——信息社会的教育”；对应于“人的依附性教育——以物的依赖为基础的个人主体教育——以全面发展和自由个性为基础的类主体教育”。

就教育的性质而言，渔猎社会、农业社会所对应的人的依附关系的教育，属于古代的教育；工业社会所发展的个人主体的教育，属于现代教育。古代社会与现代社会的不同在于生产工具的不同，前者是手工工具，后者是机器。其实，机器的发展也经历着不同的阶段，工业社会的机器是体力的替代物，是人的体力的延伸，是一种机械的机器；信息社会的机器是脑力的替代物，是人的脑力的延伸，是一种智能的机器。虽同属于机器，但其性质已发生了转换。所以，我们不能把信息社会的教育归属于现代教育，而应该归入当代教育。当代教育是一种正在发生或即将发生的教育，它代表教育转型的一个方向。就当代社会而言，这种当代教育是发生在信息社会中、已经萌芽的类主体教育。

所以，中国教育性质的转型也是一种“双重转型”，既要实现从古代教育到现代教育的转型，又要发起由现代教育到当代教育的转型。这种转型应该是以当代教育为先导，以打造现代教育为根本，致力于对古代教育性质的改造。

叶澜教授提出中国学校的整体应由“近代型学校”向“现代型学校”转型。其近代型学校是个历史的概念，在中国指初建于清末民初、源于西方工业社会形成的学校。近代型学校在性质上指向现代教育。叶澜教授联系中国社会的实际，指出中国加入经济全球化的格局、社会信息化过程的加速、以及“以人为本”的社会发展战略的实施，使“近代型学校”开始转向“现代型学校”。“现代型学校”在性质上指向当代教育。

也有学者吸收社会转型中“从传统社会到现代社会转型”的提法，认为教育转型是“从传统教育到现代教育的转型”。但鉴于传统教育和现代教育的界定模糊、指代不明，有时指的是一种时间概念，有时指的又是一种教育性质，有时甚至把传统视为糟粕、落后，现代视为先进、精华。所以，从传统教育到现代教育的提法过于笼统、泛化，随意性太强。因此，不宜使用这种提法。

五、当代中国教育转型的特殊性

中国作为“后发”的现代化国家，它不能再按“早发”国家现代化的模式来定位自己。当代中国的教育转型表现为“双重转型”，这种双重转型决定着中国教育转型的特征。

（一）中国教育转型具有赶超性

作为一种“后发”的教育转型，中国教育转型既要面对自身存在的矛盾，又要适应世界教育转型的潮流。在教育时空上，完成从农业社会教育向工业社会教育的改造，启蒙人的主体精神和理性认识，但也要融入到信息化教育变革之中，积极应对信息化、知识化的挑战，与“先发”国家一起经历从工业社会教育向信息社会教育的过渡。中国的教育转型必须走跨越发展之路，如果我们不能从世界教育转型的大趋势来认识和把握中国的教育转型，局限于自己的问题，只能再次失去一次发展的机会，重新陷入落后、狭隘的行列。中国教育若不能与世界同步，中国教育培养的人就难以成为当代社会的创造者，必然导致中国社会的落后，重蹈近代中国落后、挨打的覆辙。所以，当代中国的教育转型必须定位于一种赶超性转型。从时空上来说，就是以信息社会教育为先导，以发展工业社会的教育为主体，致力于对传统农业社会教育的改造；从形态上说，就是以类主体教育为先导，以个人主体的培育为核心，致力于对依附性教育的改造。在性质上，以发展教育的现代性为核心，同时又要以当代教育引导教育现代性的发展，避免或减少现代性教育的危机。

（二）中国教育转型面临着更复杂、更深刻的矛盾和冲突

“先发”现代化国家的教育转型是一种历时态的单一转型，他们已经完成了从农业社会到工业社会教育的转变，正在由工业社会向信息社会的教育发展；他们已经完成了古代依附性教育向个人主体教育的转型，其个人主体性的过分膨胀所导致的问题，使他们在当代开始反思个人主体性，寻求后个体主义、主体间性的教育。但对于中国来说，漫长的农业社会所孕育的封建宗法制、等级制传统，以及新中国成立以后僵化的计划经济体制，严重地束缚了个人的主体性，也导致了社会的发展缓慢。从农业社会到工业社会、从计划经济到市场经济的当代转型，要求我们发展工业社会需要的技术理性，市场经济需要的自由、平等的个人主体，这是当务之急。但我们在培育工业文明所需要的个人主体时，又和西方发达国家一起吞噬着占有性个人主体性和工具理性所酿就的人类文明的灾难和苦果，使我们不得不做消解占有性个人主体性和纯粹技术理性弊端的努力。“先发”国家的教育转型，面临的矛盾是一重的，但中国教育的“双重转型”面临的矛盾是双重的，既要发展个人的主体性，又要消解个人主体性的弊端。

教育转型中所蕴含的文化精神、价值观也是如此。双重转型的社会中，农业社会传统保守的文化价值观念、工业社会的理性文明精神、后现代的信息社会“去中心”“反理性”的文化价值观念，在当代教育中共同体现出来，使人们的文化价值观念产生冲突与裂变，出现了新旧交织、传统、现代与后现代混杂的格局，甚至出现价值观念的混乱。学校教育主导的价值观念受到冲击，甚至出现消解。

（三）中国教育的转型是一种外推性的转型

有学者指出，对于社会转型起步较晚的“后

发”国家来说，其社会转型的动力来自于外部，社会转型的过程往往表现为由外到内、由表及里、由名到实的生成和发展过程。“后发”国家的社会转型不同于“先发”国家，先发国家的社会转型是一种社会形态出现危机之后的自然转型，如同库恩所说的学科危机之后，通过范式的革命，转换成新的学科，这是一种来自事物内部的变化。但对中国教育双重转型来说，并非是一种教育形态完全处于危机之时的教育变革，而是在农业社会教育转向工业社会的教育，在工业社会教育并没有得到充分发育之时，针对工业社会教育暴露出的问题，以信息社会的教育及时纠正和引导。农业社会到工业社会教育的转型，是自然的结果；但工业社会到信息社会教育的转型，则是外力推动的，是为了避免工业社会教育的弊端，追赶发达国家教育而自觉推动的转型。

中国教育转型的外推性还表现在教育转型的推动力，不是来自于教育内部的需要，而是来自社会政治、经济的需要。教育改革通常被看作社会改革的一部分，具有社会性和政治性。有学者回顾改革开放30年中国教育改革的经验，指出“教育改革的根本动因不在于教育自身，而在于社会经济和科技进步提出的客观要求”。历次发动和推行的教育改革，不是教育家，更不是来自教育一线的教师和学生，而是政治家、政府官员，他们把教育作为发展政治、经济的需要，社会变革的工具，把人作为“政治人”、“人力资本”培养，较少考虑人自身的全面和谐发展。现在的教育深受经济因素的影响，认同经济主义的现代统治，经济对生活各方面包括教育殖民化。教育遭受政治经济的结构性暴力，使得教育在政治经济的漩涡中“被转型”。教育成为社会政治经济的被动工具，忽视了教育自身的逻辑，也忘记了教育对社会的引导、超越功能。

（四）中国教育转型是一种“自上而下”的自觉改革

“先发”国家的教育转型是一种原发性的转型，带有一定的探索性质，其转型有一个从自发到自觉的过程。但对于“后发”现代化国家来说，其转型的目的性明确，又有可资借鉴的经验和教训，因此，其转型不仅避免了盲目性，而且是一个赶超型的转型，这种转型是目的方向明确的自觉转型。

由于中国教育转型是一种外力性的转型，转型是依靠政治的力量推动的，国家和政府作为有组织的社会力量在推动变革中起支配的作用，因此，这种转型是一种“自上而下”的自觉强制的定向转型。这种转型通常借助于社会改革而发起（把教育改革视为社会改革的一部分），做起来可能轰轰烈烈，但由于启动者并非教育内部的当事人，其改革的路径也不完全符合教育的规律和需要，因此，看起来轰轰烈烈的教育改革，不一定真正能够促进教育的转型。新中国成立后的教育改革不少，使教育从“为无产阶级政治服务”到“为社会主义现代化建设服务”，从“阶级斗争的工具”到“服务于经济发展的人力资本”，教育依然没有脱离“社会工具”的窠臼，这与教育自身转型还有一定的距离。所以，外力性的教育转型，难以涉入教育的根基，使其转型带有表面性。只有深入教育内部、触及人的发展、符合教育自身的逻辑、符合学生的发展的需要、由教育者自身发动的改革，才真正地能够促进教育的转型。

（作者：南京师范大学教授、博士生导师）

（选自《南京师大学报·社会科学版》2011年第3期）

建设惠及全民的公平教育

教育部中国特色社会主义理论体系研究中心

一、为什么把促进公平作为国家基本教育政策

（一）教育公平是人生的起点公平。新中国的全体公民依法享有平等的政治、经济、文化和社会权利，但是由于个人无法选择自己出生的家庭和地域，既有的社会阶层、社会差距和生存环境的差异仍然存在并将长期存在的现实，必然造成人们在许多方面先天上的差距。教育是促进人的社会化的最有效手段，是实现个人发展的主要途径；接受公平、有质量的教育，对于每个社会成员的生存和发展都是必不可少的。教育上的差距会进一步加剧人们先天的差距，教育不公会严重影响个体的发展及其竞争力。公平的教育则是缩小、消除甚至超越这种先天性差距的最有效手段，因而是人生的起点公平。

（二）教育公平是社会公平的重要基础，是建设社会主义和谐社会的基本要求。教育是民族振兴、社会进步的基石，是国家社会发展的重要基础。教育的公平正义是现代社会公平正义的重要组成部分，对社会分配和再分配具有决定性作用。没有教育公平，社会公平就难以真正实现。因而，教育公平是社会公平的基础。社会主义和谐社会建设是解决我国当前社会差距日益扩大的战略举措。和谐社会的构建要通过实现社会的公平正义来实现，因而建设和谐社会必须首先建设和谐教育。和谐教育就是公平的教育，就是均衡发展的教育，就是要使全体人民共享优质教育资源，共享教育改革和发展的成果。

（三）教育的不公平影响民生发展与社会稳定。目前我国教育改革与发展中还存在着较严重的不公平现象，如优质教育资源在区域之间、学段之间、人群之间的配置不均衡，处境不利人群难以接受公平的教育、难以得到合理的补偿与优先扶持等。市场经济的发展在一定程度上加剧了社会与教育的不公，因为资本的逐利性使教育资源更多地流向那些给教育服务提供者带来最大化利润的地区、群体和个人。某些教育部门和学校追求绩效、升学率、学校排名等因素，往往导致弱势学校和弱势学生处于不利地位。在现代社会中，教育具有社会分配与社会分层的功能，接受教育成为人们获得教育利益和政治、经济、文化与社会利益的手段。现实教育的不公平必然导致社会成员之间教育利益分配的不公平，使一部分社会成员尤其是处境不利的社会成员享有教育权益时受到不公正的对待，从而对他们社会流动、社会分工、

社会分层产生实质性的不利影响。

因此，教育公平是一个影响个人发展、社会稳定和民生发展的基本问题，我们要把促进公平作为国家基本教育政策，作为政府和人民共同的奋斗目标。

二、如何全面科学地理解教育公平

政策与法律，在本质上就是对社会利益进行权威的分配。从这个意义上说，教育公平的基本内容就是实现教育利益分配的公平，就是在现实社会条件下实现最大多数人的最大可能的教育平等，就是全体人民平等共享教育改革与发展的成果。全面、科学地理解教育公平，应该确立以下两个观念。

*首先，教育公平是现实性和理想性的辩证统一。*教育公平必然与其社会历史条件相一致。从当下来看，解决教育公平问题必须从现实的社会条件出发，不能提出不切实际的发展目标。从历史发展趋势来看，教育公平又是对社会现实的超越，人类社会对教育公平水平的追求是不断提高、永无止境的。

*其次，教育公平是绝对性与相对性的辩证统一。*教育公平的绝对性，是指教育公平是教育利益分配和教育资源配置的首要原则，也是公民的法定权利，任何教育政策如果违背了这个原则，都将是不正义的。受教育权利属于每个公民以及机会面前人人平等的原则是绝对的，不能因为社会成员的身份不同而区别对待。同时，公平又是一个因时、因地不同的问题。我们不能把教育公平理解为人人都接受一样的教育，也不能脱离具体的社会制度和教育现实水平来谈教育机会均等。

教育公平具有多层次的丰富内涵。一是全体公民的政治权利平等与法定教育权利平等、人格平等是教育公平的基础。二是教育公平包括起点公平、过程公平、结果公平三个基本的方面。教育起点的公平主要是公民入学机会的公平，就是要保障所有的公民都享有平等的接受义务教育的机会和平等参与非义务教育选拔的机会。教育过程的公平是教育活动中发展条件与发展机会的平等，就是要保障公民在受教育过程中具有平等的发展机会和条件，不因个人天赋、家庭出身、贫富、性别、种族和残疾与否等原因而受到不公正的待遇。教育结果公平主要是指每一个受教育者都能接受与其天赋和能力相适应的教育，每一个受教育者都能接受达到基本质量标准的教育，每一个社会阶层或群体在各级各类教育中的受教育人数与该阶层或群体在社会人口总数中所占的比例大致相当，每一个受教育的个体的潜能都得到发展。三是教育公平可区分为同质公平与差异公平。同质公平是指无差别的公平，就是入学、资源配置和评价等方面用同一个标准无差别地要求所有的人。差异公平就是根据受教育者的天赋和兴趣对他们实施不同内容与特点的教育，以及在不损害他人教育利益的前提下尊重人们自由选择教育的权利。四是对处境不利群体的教育补偿与优先扶持是教育公平的基本要求，也是不能超越的一个原则。五是教育公平既可理解为数量公平，也可理解为质量公平。数量公平主要是指不同的受教育者在受教育年限和资源配置数量等方面的平等，质量公平则是指所有受教育者都能接受有质量的教育。教育结果的公平、差异公平、有质量的教育公平是高水平的教育公平。

从人类历史发展趋势看，伴随着经济、社会、文化和教育发展水平的提高，教育公平不断向更高的水平发展：从等级制度发展到政治权利与法定教育权利平等，从保障起点公平逐步到追求过程公平与结果公平，从重视同质公平到追求差异公平，从强调全体社会成员共同享有的普遍意义上的公平到重视对处境不利人群的补偿与优先扶持，从满足数量公平到追求质量公平。

三、促进教育公平的政策选择

对任何一个国家和社会来说，教育公平的发展都是一个客观的历史进程。要解决当前我国面临的教育公平问题，必须全面理解教育公平的基本涵义，尊重教育公平发展的特点与规律，循序渐进、重点突破，不断提高我国教育公平的水平。

（一）保障公民的法定受教育权利全面转化为现实权利。新中国成立以来特别是改革开放以来，我国在实现公民法定受教育权利方面取得了举世瞩目的成就，但同时还在一定程度上和一定范围内存在公民法定受教育权利不能顺利转化为现实受教育权利的现象，还存在公民法定受教育权利受到侵犯而不能及时得到纠正的现象。《教育规划纲要》指出，教育公平的“基本要求是保障公民依法享有受教育的权利”。保障公民现有的法定受教育权利全面转化为现实的受教育权利，是保障教育机会公平的基本要求。当前，要特别着力解决由于贫富差距带来的教育机会不公平问题。

（二）保障受教育机会公平基础上积极追求有质量的公平。《教育规划纲要》指出“教育公平的关键是机会公平”，明确提出了我国现阶段经济、社会、文化和教育发展水平基础上教育公平的基本目标。保障公民都享有平等的接受义务教育的机会和平等参与非义务教育选拔的机会，保障公民在受教育过程中具有平等的发展机会和条件，是现阶段我国教育公平首先需要实现的基本目标。在保障机会公平的同时，教育政策又要高瞻远瞩，积极追求教育的质量公平，不断把我国的教育公平推向更高的发展水平。

（三）推进义务教育均衡发展。《教育规划纲要》指出，教育公平的“重点是促进义务教育均衡发展”。要把义务教育均衡发展作为战略任务，合理配置教育资源，加快缩小校际、城乡和区域教育差距，着力解决择校问题。要建立健全义务教育均衡发展保障机制，大力推进义务教育学校标准化建设。

（四）扶持困难群体。《教育规划纲要》指出，教育公平的“重点是扶持困难群体”。为了实现教育公平，教育政策必须坚持对教育弱势群体进行教育补偿和优先扶持。切实解决进城务工人员随迁子女平等接受义务教育和在输入地接受高中阶段教育的问题，重视新生代农民工职业教育和社会融入问题。切实保障残疾人的受教育权利，加大对处境不利群体的扶持力度，使教育补偿和优先扶持的政策制度化、法制化。

（五）全面落实政府的教育公平责任。《教育规划纲要》指出：“教育公平的主要责任在政府”。在现代社会，政府是促进教育公平的主要力量和主导力量，供给“公平”教育的政策是政府的基本教育责任。全面落实政府的基本教育责任，就要明确界定各级政府的教育公平职责，落实各级政府财政性教育投入、发展农村教育、规范和监管教育领域市场行为、建设覆盖城乡的基本公共教育服务体系等方面的责任。要把能否促进教育公平和教育均衡发展作为评价各级政府工作的一项基本指标，建立政府主导下的社会各方面力量充分参与的教育公共治理结构，推动全社会共同促进教育公平。

（选自《求是杂志》2011年第19期）

城乡教育一体化及其制度保障

林存银　褚宏启

随着我国城市化进程的深入推进，城乡经济、社会一体化建设步伐的加快，城乡教育一体化研究受到越来越多学者的关注，围绕“城乡教育一体化”概念展开的学术研究和社会实践促进了我国教育理论的创新。从当前的研究状况来看，城乡教育一体化研究主要是在城市化、城乡统筹、城乡一体化和城乡教育均衡发展等几个有关的理论框架下展开的，目前得出的研究成果多是初步的、总括性的，尚缺乏对这一概念的深层次剖析，缺乏深入的理论依据的挖掘，对城乡教育一体化制度设计与制度安排的研究尚嫌不足。本文结合我国城乡教育统筹的政策与改革实践，以厘清城乡教育一体化概念的缘起、内涵和理论背景为目的，解决对上述问题认识上的困惑。

一、城乡教育一体化战略的提出背景

城乡教育一体化是城乡一体化在教育领域的要求和目标，是随着城乡一体化建设的演进与发展逐步清晰、明确的。2007 年，党的十七大报告提出“建立以工促农、以城带乡长效机制，形成城乡经济社会发展一体化新格局”，报告首次使用了“城乡经济社会发展一体化”这一概念；2008 年，十七届三中全会通过《中共中央关于推进农村改革发展若干重大问题的决定》，首次提出要建立促进城乡经济社会发展一体化的制度，以从根本上破解城乡二元结构：“我国进入着力破除城乡二元结构、形成城乡经济社会发展一体化新格局的重要时期，要建立促进城乡经济社会发展一体化制度”；2010 年，《国家中长期教育改革和发展规划纲要（2010—2020 年）》将“建立覆盖城乡的基本公共教育服务体系，逐步实现公共教育服务均等化，缩小区域差距”作为教育发展的一项战略目标，并提出“要加快缩小城乡差距，建立城乡一体化义务教育发展机制”的发展任务。至此，“城乡教育一体化”这一提法在国家政策领域得到清晰体现，并成为我国教育尤其是基础教育和职业教育下一步发展的指导方针和战略任务。

与国家政策相对应，在统筹发展城乡教育、建设城乡教育一体化的改革实践中，我国许多省市和地区已初步形成了颇具特色而又卓有成效的成功模式，其中成都市和重庆市的城乡教育一体化改革尤为引人注目。

成都市的统筹城乡教育改革始于 2003 年，主要是从优化城乡教育布局结构、扩大优质教育资源、推进学校标准化建设、促进城乡教育现代化等方面加以推进。2007 年 6 月，成都市作为国家城乡统筹综合配套改革试验区，提出

“农村教育城市化、城市教育现代化、城乡教育均衡化”的城乡教育一体化建设目标。2009年5月，成都市被教育部批准为统筹城乡教育综合改革试验区，涉及优化城乡教育布局结构、推进义务教育高水平均衡发展、完善职业教育城乡联动机制、探索城乡统筹的教师管理体制等内容。

2008年7月，重庆市启动建设国家统筹城乡教育综合改革试验区，主要采取了以下措施健全统筹城乡教育发展的体制机制：一是提出城乡学校建设标准化、城乡教育管理规范化、城乡公共教育服务均等化等目标；二是统一城乡学校建设标准、城乡学校师资培训标准、城乡学校学籍管理标准、城乡学校生均公用经费标准、城乡学校质量评估标准；三是从经费投入、骨干教师流动、职称评定、福利待遇等方面向农村教育倾斜。

从以上统筹城乡教育发展的政策和教育改革实践可以看出，为了改变我国教育领域的城乡二元体制，缩小城乡教育差距，我国以科学发展观为指导，选择了城乡教育一体化这一适合中国国情的、渐进式的城乡教育发展战略。

从现有文献来看，“城乡教育一体化”概念是20世纪90年代中期提出的，当时社会主义市场经济体系刚刚确立，城乡市场趋向统一，教育的城乡联合开始出现，教育产业化、市场化改革开始勃兴，在此背景下提出“城乡教育一体化”是有其积极意义的：一是有利于改变当时不合理的教育结构，促进教育公平；二是有利于增加农村教育投入，提高农村教育质量，促进教育的现代化进程。但从教育投入的角度看，这一概念的提出具有一定的超前性。1995年我国财政性教育经费占国内生产总值（GDP）比例为2.41%（我国1995年GDP为58478.1亿元），而世界平均水平为5.2%，发展中国家平均水平为4.2%；2000年国家教育财政支出占GDP比例世界平均水平为4.6%，发展中国家为4.2%，而我国为3.30%。数据表明，我国财政性教育经费占国内生产总值的比重偏低，尚无力支撑城乡教育一体化的改革与建设。此外，针对这一概念，理论上的准备稍显不足，相关国家政策尚未出台；直到我国城市化进程全面铺开，统筹城乡教育的社会实践取得一定成果后，与城市化进程密切相关的城乡一体化思想得到学界普遍关注，城乡教育一体化研究才逐渐成为学界热点。

一般而言，城乡一体化是指城市与乡村两种不同文化形态、经济形态和社会形态的人类生活空间，在一个相互依存的区域范围内融合发展、协调共生的城乡关系。这与过去城乡分割、城乡有别的二元思维是截然不同的。综观我国改革开放以来的城市化进程，城市化的最初阶段完全是农民和农村发展的自发需要，是市场规律运作、促成的结果。当城市化已经成为不可遏制的发展趋势，而这一经济与社会的进程又恰恰因应了国家改革与发展的需要时，城市化受到了政府有意识的引导，并纳入政府工作的范畴，各种与城市化有关的政策相继出台，城市化由市场导向转变为政府导向。这一转变使城市化进程合法化，结束了单一由市场主导的城市化状态，并为城市化进程提供了持久的动力。但政府主导的城市化仍忽略了这样一些重要问题：一是城市化进程所需要的制度环境未能发生根本改变：城市制度没能作出及时调整以便解决农民市民化的问题，丧失了成本最小的农民市民化的最佳时机，也直接导致了此后流动儿童、留守儿童教育问题；二是政府没能充分意识到城市化进程对城乡发展的双向促进意义，而是简单地把城市化进程中农民进城行为当成了城市的负担，或认为城市化是城市单方面向农村输出资源、技术和财富的过程。这是一种极为片面的城市中心思维，既缺乏人文情怀的关照，更缺乏对现实发展因素的全面把握。从事实来看，城市化不仅仅是农村发展的机遇，也是城市获取良性发展的机遇。诚然，农村可以通过城市化获取信息、资金和财富，城市同样可以从农村获取发展所需要的劳动力、土地和资源。城乡的对立、分割、分治，不论是对城市还是对乡村，都是一种损害，都会危及社会的稳定与和谐，都不利于社会资源的有效配置，都不利于人的全面发展。之所以提出城乡一体化，正是为了克服上述城乡对立的、以牺牲农村为代价换取国家工业化和现代化的发展模式。

在城乡一体化的认识逻辑和政策框架下，农村不再是被剥夺的对象，也不再仅仅是被城市反哺、照顾、带动的被动的、消极的弱者，而是具有自身优势、不可替代的发展主体，城市和农村成为支撑中国发展的两个支点，具有同等的社会地位和市场地位。正是基于这样一种“城乡等值”认识下的城乡一体化思维，推动城乡教育一体化建设才有意义。作为城乡一体化的有机组成部分，城乡教育一体化正是为了消除教育领域中广泛存在的城乡二元结构，促进教育结构的优化调整，提升城乡整体意义上的教育质量和教育效率，推动教育公平。

二、城乡教育一体化的内涵

研究中国的任何重大宏观教育问题都不能避开中国城乡教育发展不均衡这一现实。这一现实是如何造成的？有学者认为，教育的城乡二元体制是导致我国教育不公的制度性因素，突出表现在教育资源和教育机会的配置上严重的城市偏向。教育的城乡二元结构既有教育内部的制度根源，如城乡分治的教育管理体制、城乡失衡的教育投入体制、城乡显失公平的教育人事制度等，还有教育外部的制度根源，如城乡分割的户籍制度、就业制度、社会保障制度等等。为此，有学者指出，缩小城乡教育差距的关键在于，政府制定、采取大众取向而非精英取向的教育政策，实行城乡教育统筹发展，构建城乡教育一体化的动态均衡结构和双向沟通、良性互动的网络体系模式，推动城乡教育相互支持、相互促进、协调发展。这一思路对解决城乡教育发展不均衡问题是具有积极意义的，但城乡教育发展不均衡不只是表现在城市与农村在空间维度上的教育差异，还突出表现在城市空间内对市民子女和外来务工人员随迁子女教育的区别对待上。有学者将城乡二元体制在城市内部的表现称为“双重二元结构”或“三元”社会结构，即农民工是农民与市民之间独立存在的社会群体，是城乡之外的第三元，即，在城市与乡村二元之外，城市人口也是由市民和农民两种群体组成。在目前的教育管理体制和投入体制下，这种独特的社会结构投射在教育上，形成了我国的流动儿童教育问题，造成了城市内部的城乡二元教育结构，并连带出现了留守儿童教育问题。这种城乡之间、城市内部的教育二元结构与我国教育均衡、教育公平的发展目标是相悖的，其所造成的社会问题已不仅仅局限于教育内部，还关系到社会的稳定与和谐。为此，空间意义上的城乡教育一体化思路已不能完全解决我国当前所面临的教育问题，我们需要一个广义的城乡教育一体化。城乡教育一体化中的“城乡”不仅指“城市”和“乡村”两个空间概念，也指共同生活在城市地区的“城市人口”和“乡村人口”两个人口概念。广义的城乡教育一体化不仅要求统筹当地城乡教育发展，缩小城市与乡村的教育差距，也要求统筹城市居民和农民工及其子女的教育问题，缩小城市内部“城里人”与“乡下人”的教育差距。

那么，什么是城乡教育一体化？王克勤最先指出，城乡教育一体化是指在教育发展中把城乡教育置于由城乡所构成的同一个大系统之中，以系统思维方式推动城乡教育协调发展。郭彩琴以马克思、恩格斯“城乡融合”思想为理论依据，对城乡教育一体化概念的几个组成部分作了概括，认为城乡教育一体化发展战略是由城乡学校空间布局的城乡一体化战略、办学条件城乡一体化战略、公用经费城乡一体化使用战略、师资配置城乡一体化战略、教育管理城乡一体化战略等教育内外部各子系统发展战略所组成的战略体系。邵泽斌认为，城乡教育一体化具有教育目标的城乡共生、教育资源的城乡互动、教育对象的城乡交融等三个方面的政策意蕴。褚宏启从实现途径、发展任务、实现目标、发展愿景等几个方面对城乡教育一体化概念作如下表述：城乡教育一体化是指统筹城乡教育发展，整合城乡教育资源，打破城乡二元经济结构和社会结构的束缚，构建动态均衡、双向沟通、良性互动的教育体系和机制，促进城乡教育资源共享、优势互补，推动城乡教育相互支持、相互促进，缩小城乡之间的教育差距，有效消除地域、经济等原因导致的教育不公平，改变农村地区教育的落后状况，使均衡化的公共教育服务覆盖城乡全体居民，实现城乡教育均衡发展、协调发展、共同发展。

虽然学者们对城乡教育一体化的内涵界定略有不同，但均直接或间接表达了这样几层意思：一是城乡教育一体化是针对城乡教育的二元结构提出的解决路径；二是城乡教育一体化是对城乡教育均衡思想的发展与超越，其最终目标是消除教育不平等，实现教育公平，是教育发展目标与教育发展手段的统一；三是城乡教育一体化是一个系统工程，需要全社会共同推动，其核心是进行制度建设。

在理解城乡教育一体化概念的内涵时，需要注意以下几点：一是城乡教育一体化不是以城市教育取代乡村教育，不是城乡教育一样化，而是城乡教育优势互补、资源共享、共同发展；二是城乡教育一体化不是削峰填谷，不是以削弱城市教育为代价促进农村教育，而是通过优化教育资源配置、打通城乡教育交流，促进教育公平，促进我国教育整体现代化；三是城乡教育一体化不是精英教育取向，而是大众教育取向，其目的是培养人格健全的社会主义公民；四是城乡教育一体化既包括城市与乡村教育的一体化，也包括城市内部城市人口与流动人口教育的一体化。

三、城乡教育一体化的制度保障

如前文所述，城乡教育一体化是一项系统工程，其核心是进行制度建设，因此，要实现城乡教育一体化，必须从制度上保障其推进与实施。有学者指出，教育的制度安排是社会精英和社会成员为实现某些价值目标所共同选择（或认同）的一套组织教育活动的规则，教育制度安排要达到均衡应满足以下条件：制度安排必须服务于主流价值目标的实现；应符合主流教育观念中的思想理论；在协调社会成员的行动时所产生的交易费用应达到最小化。笔者认为，城乡教育一体化实质上是一种在社会正义原则规范下的教育利益的城乡分配制度，是在科学发展观指导下的教育发展战略,应该把“尊重基本人权，促进城乡共同发展”作为建构城乡教育一体化制度安排的基本定位，以使制度建构过程中的交易成本最小化。

因此，推进城乡教育一体化制度保障体系的总体思路是，在科学发展观指导下，坚持一体化方向，整体推动，分类别、分阶段、分地区循序渐进，逐步根除城乡割裂的教育体制，最终建立城乡互补、资源共享的城乡教育一体化格局。这里所谓一体化方向，即城乡教育一体化制度安排将最终消除城市偏向和城市中心的二元教育制度，促进城乡之间各类要素的自由流动和城乡之间的良性互动；之所以要整体推动，是因为城乡教育一体化只是城乡一体化进程中的一个子系统，教育体制的改革必然涉及城乡户籍制度、就业制度、社会保障制度，教育改革必须与社会其他各项制度改革协调配合、整体推进；之所以要分类别、分地区、分阶段循序渐进，是因为中国的经济与社会发展状况存在城乡、东中西、沿海与内地等的差别，城乡之间、区域之间发展极不平衡，在“以县为主”的教育管理体制下，省、市、县、城市内部乃至不同学校之间教育发展极度不均衡，教育改革的推进难以做到整齐划一，更不可能一蹴而就，必须分类别、分地区、分阶段逐步推进。

在具体操作过程中，城乡教育一体化的制度安排应该包括哪些要素？周小山等认为，城乡教育一体化发展模式必须具备四大要素才能实现可持续发展：一是以人为本的城乡教育一体化的理念体系；二是良性互动的城乡教育一体化的结构体系；三是面向市场的城乡教育一体化的体制体系；四是三位一体的城乡教育一体化的保障体系。许林认为，真正的教育一体化应包括以下四个目标：城乡学龄儿童平等的受教育权；培养目标的一体化；教师工资福利制度和社会保障制度的一体化；教育公共资源配置一体化。邵泽斌则从教育政策的角度分析了城乡教育一体化的政策内涵和政策意蕴：教育目标的城乡共生——服务农村的城市教育与发展城市的农村教育；教育资源的城乡互动——反哺农村的城市教育与支持城市的农村教育；教育对象的城乡交融——城市中的农村教育和农村中的城市教育。

笔者认为，对城乡教育一体化的制度安排应从两个方面去理解：一是形而上的层面，即教育理念、教育思想、教育目标。城乡教育一体化秉承公共教育理念和教育公平的教育思想，其培养目标超越了受教育者工具性培养定位（如农村教育培养目标的“离农”、“为农”之争），而从教育公平、终身学习、人的全面发展的思想出发，从保障、完善人的基本权利出发，将城乡教育的目标定位为培养合格的社会主义国家公民，是为了人、发展人、成就人的教育。二是形而下的层面，即具体的制度安排，下文将对此作详细说明。

城乡教育一体化是手段性表述与目标性表述的统一，即“用城乡教育一体化的手段实现城乡教育一体化的目标”，一体化既是手段又是目标。一体化作为手段强调的是城乡教育双向沟通、资源共享、优势互补、互动互助；一体化作为目标强调的是缩小城乡教育差距，实现城乡教育公平。城乡教育一体化是在一种结构性的框架下思考两种教育的发展和责任，在一种动态性的框架下思考两种教育的互动与互惠。目标又分为中间目标和最终目标。与城乡教育一体化的最终目标、中间目标和过程性手段相对应，本文把所需改革的教育制度划分为核心制度、外围制度和保障制度三种类别。

城乡教育一体化的目标是实现城乡教育公平。教育公平可以大致分为教育条件公平、教育起点公平、教育过程公平和教育结果公平四个方面。教育条件公平指城乡教育投入、办学物质条件、师资条件的公平；教育起点公平指城乡之间和城市内部受教育者的机会公平；教育过程公平指城乡学校在教育教学过程中课程设置、先进教学方法使用等的公平；教育结果公平指城乡教育质量的公平。

四种公平的重要性是不同的，城乡教育差距在本质上是质量差距，破解城乡教育二元结构、实现城乡教育一体化的“最终目标”是质量公平或者说结果公平，因此，在制度重要性排序上，与教育质量公平直接相关的学生培养制度和教育质量评价制度被置于中心地位，可以称作核心制度。《国家中长期教育改革和发展规划纲要（2010—2020年）》也把与教育质量直接相关的制度作为核心制度，明确提出："深化教育体制改革，关键是更新教育观念，核心是改革人才培养体制，目的是提高人才培养质量。"《规划纲要》所讲的人才培养体制包括人才培养模式、教学管理制度、教育质量评价制度等内容，与本文所说的学生培养制度和教育质量评价制度的外延是一致的。

教育投入、办学条件、教育机会等方面的公平尽管也都是城乡教育一体化追求的重要目标，但却是为实现教育质量公平服务的，属于"中间目标"，与此相对应的教育投入制度、教育人事制度、入学招生制度可被称为外围制度。

除上述与各种教育公平相关的制度外，还应该把教育管理制度和办学制度（体制）纳入到促进城乡一体化的教育制度的清单之中。城乡教育二元结构的外在表现就是城乡分割、分离、分治，要实现城乡教育的一体化，首先在教育管理制度上必须统筹管理城乡教育，一体规划，终止分治。同时在办学制度上必须打破城乡壁垒，促进城乡教育的双向沟通和良性互动，探索城乡学校交流合作的新模式，探索城市教育支持农村教育发展的新机制。

学生培养制度、教育质量评价制度、教育投入制度、教育人事制度、入学招生制度都与某种教育公平有直接关联，而教育管理制度和办学制度相对而言更属于手段性的和保障性的制度，因为城乡教育一体化要求"用城乡教育一体化的手段实现城乡教育一体化的目标"（如同用民主的方式实现民主的目标一样），而这句话又可以被部分地诠释为"用统筹规划、终止分治的管理制度，用双向沟通、良性互动的办学制度，促进城乡教育公平"，因此，教育管理制度和办学制度相对于其他制度，可以被归类为保障制度。

由此，促进城乡教育一体化的教育制度体系应包括三个层次七种制度，分别是：核心制度，包括学生培养制度和教育质量评价制度；外围制度，包括教育投入制度、教育人事制度和入学招生制度；保障制度，包括教育管理制度和办学制度。

对于上述每一种制度，我们都需要运用多种研究方法进行深度研究，同时还要根据区域差异，探索怎样的制度组合最能促进不同区域的城乡教育一体化进程。

（作者：林存银，北京师范大学教育学部博士生）

（选自《教育科学研究》2011 年第 5 期）

全民免费医疗还是全民医疗保险

——基于健康权保障的制度安排

顾　昕

人人都希望自己健康。在现代社会，把健康视为公民的一种权利，成为一种非常流行的理念，基本医疗卫生服务的提供被广泛视为一种公共服务，运作良好的医疗体制则是保障民众健康权的最重要社会因素之一。

新医改之前，中国的医疗体制经历了20年的改革，发生了翻天覆地的变化，但也导致诸多弊端，其集中体现，就是民众所抱怨的“看病贵、看病难”，也就是在基本医疗服务的可及性上存在着极大的社会不公。针对这种情况，中国自2007年开始启动新一轮医疗体制改革，即所谓“新医改”，其目的之一就是保障民众的健康权。

但是，在现实世界中，医疗体制多种多样。如果以健康权能否得到切实的保障来衡量，有几种体制各有千秋。中国新医改究竟选择何种改革路径，取决于对健康权的理论认知以及保障这一权利的公共选择。值得注意的是，很多人认为，全民免费医疗（或称“全民公费医疗”）体制，是保障民众健康权的唯一路径。

这一思路并非缺乏事实根据。在世界上的许多地方，医疗服务的确主要由公立医疗机构来提供，所有居民均能大体上免费享受基本的医疗服务。但问题在于，不少人有意无意地主张恢复计划经济时代的部分做法，还有不少论者时常表达对毛泽东时代中国医疗卫生体制（尤其是农村合作医疗）的欣赏和留恋之情。与此同时，无论在学术界，还是在公共领域，抨击市场化的浪潮风起云涌，很多抨击极具民粹主义色彩。另外，还有不少人并不排斥在医疗卫生领域引入市场机制，但是他们认定市场只能提高效率；为了维护公平，则需要依赖政府，政府就是社会公正的化身。

然而，事情并非如此简单。姑且不论一个以官僚体系实行全方位命令和控制的苏联式医疗体制能否带来社会公正，能够确保民众健康权的制度安排实际上是多种多样的。除了英国的全民免费医疗模式之外，社会医疗保险是另外一种选择。中国新医改没有选择走向命令与控制型模式的变革路径，而是选择建立全民医疗保险。在全民医疗保险的新制度下，医保机构代表参保者的利益向医疗机构购买医药服务，并通过供方付费模式的改革，促使后者为参保者提供性价比高的医药服务，而医疗机构则在政府的监管下展开市场竞争。

本文首先探究健康权这一概念的含义，并

基于理论分析的结果，从落实健康权保障的角度，对中国医疗体制改革中走向全民医疗保险的制度选择，进行初步分析。

一、“健康权”的理念

“健康权”这一理念的流行，主要是近半个世纪以来的事情。经济学家和哲学家阿玛蒂亚·森(Amartya Sen)对此现象给出了一个哲学性的解释。在他看来，对于每一人来说，最为重要的就是一种非常基本的自由，即拥有生活的可行能力。毫无疑问，健康是人们拥有这种可行能力的最基本要素，因而也就成为一种基本的权利。拥有健康，人们才有能力完成其他“功能性活动”(Functionings)，从而实现人的有价值的生活。亚·森把健康视为人类基本自由的一个内在组成部分，凸显了“健康权”的重要性。

然而，在另一些人看来，“健康权”这一概念有失空泛，因为如果好的健康状态不能得到制度性的保障,那么就很难谈论所谓“健康权”。这实际上是在说，我们很难在积极的意义上来谈论“健康权”。很显然，每一个人的健康都能得到同等良好的保障，这在任何社会制度中都无法实现。但是，这却不意味着我们不能谈论消极意义上的“健康权”，即健康权只不过意味着人人都有追求健康的权利，而某人有这样的权利并不能保障其健康。

人的健康水平高低，受到多种因素的制约和影响。医疗服务对于健康维护的重要性不言而喻，毕竟威胁人类健康的重大因素之一就是疾病。疾病是每一个人都会面临的风险，而看病治病必将带来财务风险。在健全的医疗体制中，这一财务风险可以得到有效的分散，病人不必在生病期间被迫自行筹措高额的医疗费用。因此，一个健全的医疗体系乃是一种“社会性基础设施”(Social Infrastructure)，就像道路、通讯等“物质性基础设施”(Physical Infrastructure)一样，对于一个国家经济社会的协调发展是不可或缺的。

基于这样一种理念，有人认为讨论“医疗权”要比讨论“健康权”更加重要。一个公正的医疗体制，意味着医疗领域中的一些焦点性变量能够得到平等分配。关键在于如何衡量平等。

新自由主义者强调人人享有平等的医疗权利，但这里的权利还是消极意义上的权利。平等的医疗权利只不过意味着人们寻求医疗服务的程序公正得到保证。只要在自由权利得到保障以及市场游戏规则得到捍卫的制度框架中，民营医疗机构和自愿性民营医疗保险的存在已经足以保障任何人的医疗权。

可是，人人都应该有病能看病就医，同人人都应该有饭吃一样，乃是众所接受的社会公正准则，为所有的文明社会所接受。因此，健全的医疗体制必须达到一旦有所需要，人人均能接受基本的医疗服务。在收入分配的公正性尚未得到有效保障的社会经济体制中，发展一个公正的医疗体制可以成为社会政策的一个优先目标。自20世纪60年代以来，基于维护健康的需要，人人都能享有医疗卫生保健，已经成为衡量一个医疗体制是否公正亦即是否保障健康权的国际标准。确保人人(无论其收入高低)均可获得基本的医疗服务，关键性的制度安排在于建立一个运转良好的医疗保障体系。

二、新医改之前中国的医疗保障体系

在新医改推进之前，中国大多数居民没有任何医疗保障。根据最具有权威性的第三次国家卫生服务调查的结果，到2003年底，64.5%的城乡居民在寻求医疗服务时必须完全仰赖自费。其他的大部分民众，其医药费用即使从某些公立医疗保险项目中获得报销，自付的比重也很高。

同世界上的很多国家一样，中国的医疗费

用增长迅速，其增长幅度远远超过了城乡民众收入增长的幅度。1990—2005年，全国公立综合医院的平均门诊费用上涨了大约12倍，平均住院费用上涨了约10倍，而同期城乡民众的平均收入仅仅上涨了大约7倍和5倍。尤为重要的是，平时看起来不起眼的门诊费用，其上涨幅度最高，这在很大程度上造成了基本卫生保健（或称“初级卫生保健”）可及性的下降，相当一部分低收入民众因为没有钱而有病不看门诊。由于门诊费用的快速增长，基本卫生保健可及性的公平已经受到损害，民众的健康权由于医疗体制弊端而难以保障。

“小病扛”的后果往往就是小病拖成大病，而最终因病致贫。世界卫生组织曾经在1977年提出了2000年人人享有初级卫生保健的目标，中国也承诺实现这一目标。过去妨碍这一目标实现的主要障碍在农村，因此，当时政府的施政重点在于改善农村地区初级卫生保健服务体系。但是，30多年过去了，中国的经济有了突飞猛进的发展，但是人人享有初级卫生保健的目标不但没有实现，情形反而有恶化之势。不仅农村没有改善，而且在医疗卫生服务条件较好的城市，也有越来越多的民众因为无钱而无力寻求门诊服务。

无论如何，中国医疗体系中出现了严重的社会不公正现象。2000年，世界卫生组织发布的《世界卫生报告》中，对191个会员国卫生体系的绩效进行了评估，结果中国在“医疗卫生筹资的公平性”这一指标上名列全球倒数第四名。因此，为了保障民众的健康权，推进全民医疗保障势在必行，这成为2006年新医疗体制改革路径争论中各方取得的少有的共识之一。

三、健全医疗保障体系的制度安排：走向全民免费医疗

无论从理论上探讨，还是从人类历史的实践经验中观察，建立医疗保障体系有多种制度选择。那么，中国的“全民医保”的主干性制度安排，究竟是全民免费医疗或全民公费医疗，还是全民医疗保险？在有关新医改的大争论中，对这一关键性问题并没有达成共识。

在世界上，凡是实现全民医保的国家，其制度要么是全民公费医疗制，要么是社会医疗保险制。值得一提的是，很多国家和地区并不是采用单一的制度来建立全民医保，而是以某一种制度作为主干，以其他制度作为补充。

究竟是公费医疗制好，还是社会保险制好？理论上没有一个明确的说法，世界各国的实践没有给出明确的答案。实际上是各有利弊，优劣难分。在某种意义上，全民公费医疗和全民医疗保险的差别也不大。全民公费医疗的筹资来源是一般税收；而全民医疗保险是专门的医保缴费，在不少国家，全民医疗保险的参保费也是通过税收系统征收的。对于老百姓来说，纳税和缴费实际上是一回事。因此，全民公费医疗和全民医疗保险制度的差异主要体现在医药费用的筹资来源和渠道。两种医疗保障制度在医保付费以及在如何推动医疗机构提供性价比高的医药服务上面临许多共同的挑战。

众所周知，在中国实行的公费医疗，只覆盖了少数人，显然有欠公平性；同时，由于制度安排上的缺陷导致的浪费，以及特权阶层的滥用，现行公费医疗体制在受益面非常狭窄的情形下却占用了相当大比例的公共卫生经费。因此，公费医疗成为舆论批评的对象，也在公共政策上成为改革的对象，但其改革却由于既得利益群体的抵制而步履蹒跚。因此，在中国，很多人有意回避“公费医疗”这个字眼，全民公费医疗通常被称为“全民免费医疗”。

其实，从理论上说，全民公费医疗未尝不能成为中国建立全民医保的一项制度选择。如果这一制度能覆盖全体国民，其好处，尤其是公平性，自不待言。但是，选择这一制度模式必将面临两大挑战：其一是医疗筹资必须主要来自政府的一般税收，对公共财政的压力较大，最终会转嫁到民众身上；其二是全民公费医疗如何在制度上强化对医疗服务供需双方的约束，防范来自双方的道德风险，从而确保其可持续性发展。当然，如果选择覆盖全民的社会医疗保险制度，也就是全民医疗保险制度，第一个挑战的强度或许会大大降低，但第二个挑战依然存在，而且强度不减。

实际上，在有关新医改走向何方的争论中，的确有一种声音倾向于全民公费医疗制度。有不少人坚信，中国医疗保障改革的方向应该是模仿“英国模式”，建立全民公费医疗制度。很多人还喜欢举出印度实行“全民公费医疗”的例子，并发出诸如“印度能，为什么中国不能”的议论，但殊不知，由于政府在公立医疗机构中的投入太少，全民公费医疗在印度实际上只是一个花瓶。事实上，根据世界卫生组织的统计数据，在2006年，印度卫生费用中公共筹资的比重仅为25.0%，而当年中国的这一比重已经高达40.7%了。这说明，即使印度建立了“全民免费医疗”制度，但是其民众看病治病时还要自己从口袋里支付大约70%的医药费用。2009年5月，陕西省神木县建立政府补贴水平很高的全民医疗保险制度，但却将这一基本医疗保障体系命名为“全民免费医疗”，一时间激起舆论轰动。在“神木模式”横空出世之后，关于在全国建立“全民免费医疗”体制的呼吁应运而生。例如，2009年10月20日，《公益时报》报道，时任民政部社会福利与慈善事业促进司司长王振耀在听取了神木县试行半年多的情况后认为，神木医改是中国福利建设史上的一个圣典，是一场社会政治大变革，促进了和谐社会的建设。同时他还认为免费医疗是印度都能办到的事，不是乌托邦，神木人均330元，中国13亿人，要在全国推广免费医疗，财政补贴4300亿元即可。很多人认为，“神木模式”之所以不能成为“神州模式”，根子在于地方政府的执政理念有问题。

的确，世界上有很多国家和地区，以全民公费医疗作为全民医保的制度主干，运作绩效尽管不完美但也不能很差，足可以为中国的新医改所借鉴。但是，中国能不能走上全民公费医疗之路，不仅是执政理念的问题，也不仅是国际经验的参考性问题，而是一个政府财政能力的问题。对此完全可以进行科学的测算和理性的辩论。这绝不是一个公说公有理、婆说婆有理的事情。

要建立一个能够正常运转的全民公费医疗制度，意味着全体民众在公立医疗机构中看病治病的医药费用主要由国家财政通过一般税收来支付，个人支付的比重基本上不能超过20%。

若要建立全民公费医疗体制，意味着公立医疗机构业务收入必须至少维持在现有水平之上，否则其医护人员的待遇必然会下降，全民公费医疗将变成全民必须看公立医疗机构医护人员黑脸的情形，这显然不是这一思路提出者的初衷。这还意味着这些公立医疗机构80%的业务收入必须来自于政府财政投入。问题在于，公立医疗机构中现有的政府财政投入水平较低，实行全民公费医疗制度，就必须大幅度加大政府财政在公立医疗机构中的投入，其所需的新增投入至少要在政府财政卫生投入的现有水平上翻一番还不够。依照2009年的基数来测算，建立全民免费医疗制度，政府必须新增5535.1亿元。即便我们再缩一下水，假定政府投入占公立医疗机构业务收入的比重是70%，亦即民众必须自费30%，依照2009年的基数来测算，政府也必须新增投入4713.1亿元，这是当年政府在公立医疗机构中投入的100.6%。总之，可以肯定的是，要建立一个全民免费医疗体制，政府财政必须新增支出

4700—5500 亿元，而且必须全部投入到公立医疗机构之中。

显然，在现行公共财政体制基本架构不发生大的改变的前提下，要求中国政府在原有财政卫生投入的基础上新增 1.5 倍的公立医疗机构预算开支，是相当不现实的。实际上，政府财政中所谓“卫生投入”类别不限于对医疗服务的投入，而且还包括对公共卫生、药品监管、医学科研、计划生育、医疗保障补助等方面的投入，可以说医疗卫生领域的方方面面都需要政府增加投入。如果仅在医疗服务上一下子新增原卫生投入的 1.5 倍，那么政府在其他卫生领域的新增投入必然会受到挤压。因此，从财政可承受性的角度来看，全民公费医疗不可行应该是毫无疑问的。

四、中国应走向全民医疗保险

中国公共政策学者自 2005 年下半年开始，就新医改的路径展开了一场争论，这一争论至今依然影响着中国医疗体制改革的公共选择。由于种种因素，尤其是财政因素和社会医疗保险制度的路径依赖性，新医改的国家政策最终选择了以渐进方式走向全民医疗保险的改革路径。具体而言，就是巩固与完善现有三大公立医疗保险，即城镇职工基本医疗保险（以下简称“城镇职工医保”)、城镇居民基本医疗保险（以下简称“城镇居民医保”)、新型农村合作医疗（以下简称“新农合”)，再加上城乡医疗救助制度，共同组成基本医疗保障体系，分别覆盖城镇就业人口、城镇非就业人口、农村人口和城乡困难人群。2009 年 4 月 6 日，《中共中央、国务院关于深化医药卫生体制改革的意见》（以下简称“新医改方案”）公布，正式拉开了新医改的序幕。

在三大公立医疗保险中，城镇职工医保面向就业人群（或称“工作人群”)，由雇主（工作单位）和雇员双方联合缴费。没有工作单位的就业者，例如个体户和灵活就业人员，也可以自愿参加城镇职工医保，只不过是按照各地政府制定的固定费率单方缴费而已。

城镇居民医保和农村新型合作医疗都是自愿性的公立医疗保险，由参保者和政府联合缴费，而政府缴费部分一般被称为“政府补贴”。国际劳工组织的研究显示，世界上很多国家和地区的政府通过各种税务优惠的方式为自愿性补充医疗保险和养老保险提供财政支持，从而有利于收入较高的人群。但是，中国自愿性公立医疗保险的实践则是政府为民众参加基本医疗保险提供普惠型财政补贴，体现了社会政策中受益资格认定的普遍主义原则。普遍主义(Universalism) 认定，人人都将面临一定的社会风险，因而社会政策应该面向社会中所有的人。医疗恰恰就是这样一种社会风险防范，因为人人都会生病，因而都需要医疗。

从理论上说，全民医保意味着每一个国人至少应该参加一种医疗保险。“新医改方案”已经明确，到 2012 年，基本医疗保障制度全面覆盖城乡居民，具体而言，就是在 2012 年之前使城镇职工医保、城镇居民医保和新农合的参保率都提高到目标人群的 90% 以上。中国还有覆盖公务员的公费医疗体系，还有少数人参加了各种商业医疗保险。因此，只要基本医疗保障体系的人口覆盖率达到 90%，全民医疗保险的目标就可以实现。根据官方的统计数据，这一目标已经提前实现了。到 2009 年底，12.3 亿民众至少参加了一个公立医疗保险，因此，基本医疗保障体系的覆盖率达到了 92.4%。

然而，中国的医疗保障体系还不健全。即便就扩大覆盖面而言，城镇职工医保和城镇居民医保都必将面临越来越困难的局面。全民医保所面临的另一项重大挑战，在于提高各项公立医疗保险的筹资水平和保障水平。基本医疗保障体系在过去若干年内的筹资水平及其占卫生总费用的比重都有了显著的提高。尽管如此，到 2009 年，基本医疗保障体系的筹资总额还不到卫生总费用的三成。基本医疗保障体系在卫生筹资体系中的作用还有待加强。

由于筹资水平较低，基本医疗保障体系的支付水平自然较低。在过去的几年内，基本医疗保障体系基金支出总额逐年增加。尽管如此，基本医疗保障基金支付占医疗机构业务收入的比重依然不高，到 2009 年也不足四成。因此，公立医疗保险对于医疗服务提供方而言购买力有限，即无法分摊民众医药费用的风险，也无法有效地形成第三方购买机制(Third – Party Purchase)，从而不能约束医疗机构为参保者提供合理的医疗和用药服务。

中国的全民医疗保险所面临的最为深刻的挑战，是医疗保险机构如何对医疗服务提供方施加有效的约束和控制，促使后者为参保者提供性价比高的医疗服务。这其中的关键，在于如何改革供方付费模式，即以多元付费方式的组合代替按项目付费的主导，促使医疗服务提供者展开良性的市场竞争。当然，这一问题实际上并不仅仅是中国的问题，而是一个全球性的难题。

结　论

自改革开放以来，中国的医疗体制发生了深刻的变化。由于政府责任的弱化，尤其是公共财政在医疗卫生筹资中的功能弱化，中国的医疗体制遭遇了严重的问题，引发民众的不满，一度成为头号社会问题。在这样的背景下，中国政府自2006年底开始酝酿新一轮医疗卫生体制改革，即所谓“新医改”。经过多次内部的征求意见以及一次公开的征求意见，“新医改方案”于2009年4月正式发布。中国新医改的内容繁多，但其核心可以归结为两点：(1)医疗保障体系走向全民覆盖，亦即走向全民医保，其中政府在医疗保障筹资中扮演积极而有效的角色；(2)医疗服务递送体系走向“有管理的市场化”，其中政府以购买者(通过公立医保机构)、监管者和推动者的角色参与到医疗服务的市场之中。

就在“新医改方案”酝酿的进程中，中国的医疗体制已经悄悄地发生了渐进的变革。这种变革，用世界卫生组织的话来说，就是从“国家退出”(Withdrawal of the State)转变为“国家的再介入”(Re – Engagement of the State)。国家强化了公共财政在卫生筹资中的责任和功能，推进了基本医疗保障体系覆盖面的拓展和筹资水平的提高，其直接的效果就是大大降低了患者的自付水平，从而有效地提高了医药卫生费用负担的公平性。总体来说，中国的新医改正在重构政府与市场在医疗领域中的作用，在一定程度上推进民众健康权保障的制度化。

（作者：北京大学政府管理学院教授、博士生导师）

（选自《学习与探索》2011 年第 2 期）

中国社会稳定评估体系的构建论纲

姚成林　刘尚华

改革开放30年来，我国经济建设和社会事业取得了举世瞩目的巨大成就，人民群众生活水平显著提高，与此同时，新的社会问题大量滋生，影响社会稳定的因素不断增多，各种形式的人民内部矛盾普遍存在，群体性事件呈现增长趋势，对社会持久安定构成了威胁。如何对影响社会稳定的各种因素进行综合分析，如何对社会稳定的状态进行描述、评价，是研究当今社会稳定问题的关键所在。为此，我国应顺应时代发展的要求，着眼于社会稳定的现实问题，创新社会稳定的理论体系，完善社会稳定的评估机制，为促进社会全面、协调、可持续的发展，维护和谐、民主的社会稳定环境，构建起客观、实用、动态、有针对性、操作性强的社会稳定评估体系。

一、社会稳定评估体系的涵义与特征

社会稳定是指一种相对稳固安定的社会状态，包括政治稳定、经济稳定和社会秩序稳定等。在中国，政治稳定主要是指坚强的领导核心，优越的社会制度，安定团结的政治局面；经济稳定主要是指保持经济的持续、健康、协调发展；社会秩序稳定主要是指人民群众安居乐业，思想文化稳定和社会治安秩序良好。政治稳定是社会稳定的保障，经济稳定是社会稳定的基础，社会秩序稳定是社会稳定的直接体现。社会稳定评估就是以社会稳定现状为基础，对影响社会稳定的各种因素进行综合分析和归纳，实现对社会稳定的现实状态客观描述和评价的一项重要活动。社会稳定评估是一项复杂的工作，是由与社会稳定相关的一系列环节构成的，对各个环节有步骤有层次的梳理和研究，最终形成完整的社会稳定评估体系。社会稳定评估体系是指通过深入分析影响社会稳定的核心因素，缜密剖析各核心因素之间的相互作用以及诸因素对社会稳定的影响力度和规律，进而实现对社会环境运行状态的综合评价，由此形成一个内部协调、相互联系的统一整体。它是以社会稳定的客观状态为研究对象，其研究结果就是对政治稳定、经济稳定和社会秩序稳定的综合反映。

社会稳定评估体系具有五个方面的特征：一是客观性。社会稳定评估体系必须以社会稳定的真实情况为研究对象，以社会环境状态的客观现实为事实依据。社会稳定评估体系的构建和研究既不能主观臆断，更不能脱离实践，应当遵循“镜像规则”，努力做到客观真实地反映社会稳定的实际状态。二是实用性。社会稳定评估体系是评估理论在社会稳定客观实践中的实际运用，具有很强的可操作性和科学性，通过对影响社会稳定核心因素的采集、汇总、分析、评价，并与其他影响社会稳定的关联因素进行综合衡量，运用定性和定量的分析方法，切实反映出社会稳定的现实状态。三是针对性。因为社会稳定问题错综复杂，影响社会稳定的因素又复杂多样，研究评价社会稳定状况时，很难做到将影响社会稳定的全部因素收集穷尽，更难于实现逐一分析影响社会稳定全部因素的完美愿望，所以，社会稳定评估体系应具有明确的针对性。首先论证、提取、分析影响社会稳定的主要因素，并注重主要因素与其他因素的关系，最后得出对社会稳定现状的综合结论。四是开放性。社会稳定评估体系是对社会稳定客观状态的概括和总结，随着社会稳定状态的变化而不断地发展，因此，社会稳定评估体系要求用发展的而不是静止的观点看待社会稳定问题，这就注定了它不是一个封闭的体系，而是一个与时俱进的、开放的体系。五是宏观性。社会稳定评估体系是从宏观层面去观察、分析社会稳定问题，评价的是社会稳定综合环境的现实状态，关注的是社会整体的安定程度以及可能发生不稳定问题的动因，反映的是社会利益分化的程度以及形成群体意识的条件基础。因此，它是研究影响社会稳定的一般规律，并不是从微观层面对社会稳定问题的专项评估，也不是研究社会稳定的突发事件或局部问题，更不是研究影响社会稳定的特殊规律。近年来，有些地方建立的社会稳定风险评估机制，是党和政府为了维护社会稳定，在执行重大决策、重大事项以及其他关系民生的行政行为前，对该事项可能造成的社会影响进行的评估工作。在一定意义上，社会稳定风险评估机制是在微观层面上，从影响社会稳定的特殊问题或局部问题出发，对重大行政决策行为的一种专项审查，或者说是为了避免发生突发群体性事件而采取的行政措施。总之，社会稳定风险评估机制研究的是社会稳定的特殊规律，社会稳定评估体系研究的是社会稳定的一般规律，这是社会稳定评估体系与社会稳定风险评估机制的根本区别。

二、社会稳定评估体系的构建原则

社会稳定评估体系的理论来源于建国以来我国社会的发展实践和理论积累，来源于对马列主义、毛泽东思想、邓小平理论、“三个代表”重要思想的继承，来源于科学发展观的根本指导。根据上述理论来源，社会稳定评估体系的构建应当遵循以人为本、利于发展、客观公正三大基本原则。

（一）坚持以人为本的原则，把维护广大人民群众根本利益作为构建社会稳定评估体系的出发点

以人为本，就是以实现人的全面发展为目标，从人民群众的根本利益出发谋发展、促发展，不断满足人民群众日益增长的物质文化需要，切实保障人民群众的经济、政治和文化权益，让发展的成果惠及全体人民。这一论断，深刻阐明了科学发展观的本质特征，是对马克思主义理论的继承、丰富和发展。随着社会生产力的不断向前发展，影响社会稳定的问题日益突出，如城乡差距、地区差距、人民生活水平及收入差距的拉大，其深层动因就是人与人的利益分配关系。所以，社会稳定评估体系始终贯彻以人为本的精神，围绕人的发展问题，着力客观评价收入分配、阶层差距、贫富分化等社会矛盾。社会稳定评估体系的基本使命就是衡量个体需求的现状和水平；衡量人民根本利益的状况和程度；

衡量社会公平的状态和层次。社会稳定评估体系以评价影响社会稳定的人民群众意识因素为基础，以评价影响社会稳定的人民群众利益因素为实质，以评价人民群众的贫富差距为焦点，主要以此焦点测算的数据作为社会稳定的评价标准。总之，社会稳定评估体系的“以人为本”观，实质是测算人民群众在利益和意识上的分化程度，依此来评判社会稳定的真实状况。

社会稳定评估体系中的以人为本，是以研究人为主体和基础，实质上就是研究人心的稳定问题。人心稳定是影响和制约政治稳定、经济稳定和社会秩序稳定的关键元素，而人心需要用社会意识形态来表述，而社会意识形态的状况直接表现在支持政权的人数比重上，所以一般说来，可以从支持政权的人数比重上来研究中国社会人心稳定的问题。从我国的现状看，尽管支持政权的民众占绝大多数，但是，绝不可忽视影响稳定的消极力量，如果消极力量不断增强，人心稳定状况就会发生变化，因此，“民心向背”体现出中国从古至今影响社会稳定的最根本原因。研究社会稳定、处理社会稳定问题，构建社会稳定评估体系，不能离开人的因素，不能忘记以人为本，所以说，坚持以人为本是社会稳定评估体系的基本原则。

（二）坚持利于发展的原则，把推进社会和谐发展作为构建社会稳定评估体系的重要目标

社会稳定评估体系更多关注的是：在我国社会物质文明、政治文明、精神文明共同发展的基础上，社会整体的、动态的稳定状况。从某种意义上说，没有对社会发展的关注，忽视社会发展的作用，社会稳定评估体系就不会真正建立。因为发展是我党执政兴国的第一要务，是解决我国所有问题的基础和关键。把握发展规律、创新发展理念、转变发展方式、破解发展难题、提高发展绩效是建设我国和谐稳定社会的基础条件。社会稳定评估体系关注的首要基点就是发展，发展生产力是一切历史的基本条件。构建社会稳定评估体系为社会的稳定和发展呈现了客观实情，提出了重要思路，对我国社会和谐稳定，进而对社会发展和进步起到了积极地推动作用。因此，构建社会稳定评估体系必须始终将评价社会稳定状态作为永恒主题，将社会发展作为终极目标，求真求实求稳定、一心一意谋发展是社会稳定评估体系自身固有的准则。所以说，社会稳定评估体系是一个开放的体系，是一个发展的体系，坚持利于发展的原则是社会稳定评估体系的基本原则。

（三）坚持客观公正的原则，把反映社会客观实际和公正现状作为构建社会稳定评估体系的根本保证

客观公正原则实质上是客观性原则和公正性原则的结合，因而具有两个方面的基本内容。社会稳定评估体系的客观性原则是以实际存在的事实为依据，做到尊重事实，资料可靠，真实、全面、准确的反映社会稳定状况。马克思把客观性概括为“根据事实来描述事实”，恩格斯认为是“完全立足于事实，只引用事实和直接以事实为根据的判断——由这样的判断进一步得出的结论本身仍然是明显的事实”。社会稳定评估体系的公正性原则是在社会稳定评估过程中，分析影响因素和采集指标数据时，始终将公平正义作为构建社会稳定评估体系的价值标准。社会稳定评估体系的客观公正原则，是指对社会稳定的评估必须严格按照评估标准，实事求是、公平合理地得出最终的评估结论，所以说，客观公正原则是社会稳定评估体系的基本原则。

三、社会稳定评估体系的基本框架

社会稳定评估体系的基本框架是整个社

会稳定评估工作的规律和机理，以实现社会稳定的科学评估为目标，运用多种社会稳定评估方法，分析影响社会稳定的因素及其相互关系，指导社会稳定评估的数据选取、模型构建等实际操作的基本原理。

社会稳定评估体系的基本框架可以表述为："一大目标、两类因素、四种动因"。社会稳定评估体系的"一大目标"是指科学评估社会稳定综合环境；"两类因素"是指影响社会稳定的意识因素和利益因素，社会稳定的状态是由影响社会稳定的意识因素来反映的，并且是由影响社会稳定的利益因素来导向的；"四种动因"是指意识因素的主要动因——群体意识现实状态、社会成员满意程度，利益因素的主要动因——贫富差距现实状态、社会成员生活水平；社会稳定的状态最终是由影响社会稳定的意识因素和利益因素相互结合共同作用所决定的，由此构建起完整、全面、合理、科学的社会稳定评估体系。

（一）社会稳定评估体系的目标是评估社会稳定综合环境

社会环境是指人类生存及活动范围内的社会物质、精神条件的总和，包括整个社会经济文化体系，如生产力、生产关系、社会制度、社会意识和社会文化等，而社会稳定只是指社会环境当中各种物质条件、精神条件安定秩序的状态，所以社会稳定是社会环境的一种外在表现形式。由此，评价社会稳定状态其实就是评价社会环境中影响社会稳定的诸因素的状态，而影响社会稳定的诸因素的总和，就是社会稳定综合环境。社会稳定的状态直接表现为社会稳定综合环境的现实情况，社会稳定综合环境的现实状况综合反映了社会稳定诸多问题，评价社会稳定的状态就是评价社会稳定综合环境的状况，二者具有直接同一性。

社会稳定综合环境是指社会生活范围内影响社会稳定的物质条件、精神条件的总和，它是社会环境的一部分，主要是指社会环境中对社会稳定具有影响力的那一部分。因此，社会稳定评估体系的目标就是评价社会稳定状态，评价社会稳定状态就是评价社会稳定综合环境。社会稳定评估体系就是把社会稳定综合环境中的主要因素予以选取、分析、评价，最终实现评价社会稳定状态的目标。所以说，社会稳定评估体系的目标就是评估社会稳定综合环境。社会稳定综合环境的构成因素众多而复杂，以影响社会稳定的程度为标准，从社会生活基本领域的角度考虑，主要有四个因素：政治因素、经济因素、社会秩序因素、思想文化因素，但从影响社会稳定的动因属性角度思考，主要有两大因素：一是影响社会稳定的意识因素，其主要动因包括群体意识现实状态和社会成员满意程度；二是影响社会稳定的利益因素，其主要动因包括贫富差距现实状态和社会成员生活水平。影响社会稳定的意识和利益这两大因素是社会稳定评估体系分析评估具体社会稳定问题的着力点和切入点，社会稳定评估体系的目标就是评估社会稳定综合环境所包含的两类因素的结合状态。

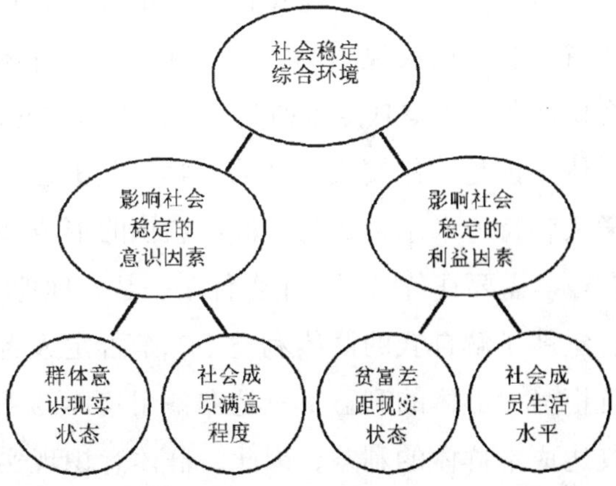

（二）社会稳定的状态是由影响社会稳定的意识因素来反映的

随着改革开放的深入和社会主义市场经济的发展，社会经济成分、组织形式、就业形式、利益关系和分配方式日益多样化，导致了影响社会稳定综合环境的一系列深层次问题的产生。贫富差距、城乡差距、地区差距不断拉大，致使各种思想文化相互激荡，人们的思想和行为的选择性、差异性明显增加，逐渐形成了具有不同意识的社会阶层或群体。这些不同群体的意识也必然会反映出社会稳定综合环境的现实状态；同时，不同群体的意识呈现出多层次、多维度的特征，也会成为影响社会稳定的重要因素，这些意识因素在一定条件下，甚至对社会稳定的状态起到决定性作用。所谓意识是指客观存在于人脑中的反映，它是物质世界发展到一定阶段的产物。意识不仅能够正确反映事物的外部现象，而且能够正确反映事物的本质和规律；意识的能动作用还突出表现在，意识能够反作用于客观事物。所谓影响社会稳定的意识因素，是指能够反映或者影响社会稳定综合环境的意识层面的原因和条件，是构成社会稳定综合环境意识层面的主要要素和成分。影响社会稳定的意识因素的主要动因有群体意识现实状态和社会成员满意程度等。

其中，群体意识现实状态是指群体成员共有的意识所表现出的客观实际形态。群体意识是在群体信息传播和互动过程中形成的，群体意识是群体实践活动的产物，美国社会学家赖特·米尔斯认为，群体意识的形成和存在，需要具备以下三个条件：一是合理地、自觉地了解自我的群体利益；二是否定或者抗拒另一群体的利益；三是准备用集体的手段达成本群体的利益。因此，群体意识现实状态不仅是意识的表达，而且是利益驱动的意识表达，尤其是贫富差距现实状态或者社会成员生活水平引起的不同利益群体的意识表达。在研究社会稳定问题的层面上，群体意识应该包括两种类型，一种是与主流意识形态相符的群体意识，另一种是与主流意识形态不相符的群体意识。

群体意识现实状态由社会意识形式的状况来表达，社会意识形式分为意识形态和非意识形态，意识形态一般是指在一定的社会经济基础上形成的系统的思想观念，代表了某一阶级或社会集团（包括国家和国家集团）的利益，又反过来指导这一阶级或集团的行动。依据这个定义，可以说意识形态就是一种思想观念，但不是一般的思想观念，它有三个特征：第一是群体性，即不是个别人的思想观念，而是已经被某个群体（阶级或社会集团）所接受的思想观念，代表这个群体的利益并指导其行动；第二是系统性，即不是支离破碎的想法和观念，而是形成了体系；第三是历史性，即在一定的社会经济基础上形成的。非意识形态是指不反映一定社会集团的利益和要求的意识形式，在阶级社会中不具有阶级性，如自然科学、语言学、形式逻辑等。这些非意识形态也是社会观念结构中的重要组成部分。在社会稳定评估体系中，意识形态的状况对社会稳定的影响是巨大的，而非意识形态不具有阶级性，不反映群体的利益要求，对社会稳定的影响较低。所以，群体意识现实状态主要是通过观察意识形态的状况来评价的。

意识形态分为主流意识形态和非主流意识形态。一定时期内一个社会占主导地位的意识形态叫做这个社会的主流意识形态，包括占统治地位的艺术思想、道德观念、政治法律思想、宗教观点和哲学观点等。任何类型的社会意识形态，都是一定经济基础的社会反映，上层建筑服务于经济基础，因此，一个社会中的主流意识形态往往是占统治地位的统治阶层的意识形态，一般具有高度的融合力、较强大的传播力和广泛的认同感。但是，随着时代的进步，文化的变迁，经济基础的变化提升，主流意识形态会发生相应的变动甚至质变。在研究社会稳定问题的层面上，拥护中国共产党的领导，坚持社会主义制度，遵守国家法律法规，与马列主义、毛泽东思想、邓小平理论、“三个代表”重要思想、科学发展观等政治思想理论相一致的意识形态是构成主流意识形态的基本条件。反之，则为非主流意识形态。

对社会稳定综合环境影响较大的一般是具有非主流意识形态的群体性事件，群体性事件是指由某些社会矛盾引发，特定群体或不特定多数人聚合临时形成的偶合群体，以人民内部矛盾的形式，通过没有合法依据的规模性聚集、对社会造成负面影响的群体活动、发生多数人语言行为或肢体行为上的冲突等群体行为的方式，或表达诉求和主张，或直接争取和维护自身利益，或发泄不满、制造影响，因而对社会秩序和社会稳定造成重大负面影响的各种事件。在研究社会稳定问题的层面上，群体性事件的危险程度取决于该事件是否具有非主流意识形态的属性，非主流意识形态的群体性事件反映了群体意识现实状态，同时，在一定意义上，反映了社会意识的分化程度或者社会群体的影响力度。

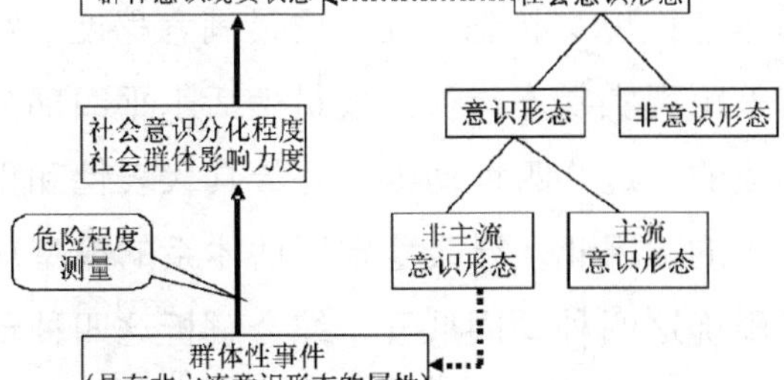

所谓社会成员满意程度，是指社会成员对自身在社会生活中的客观状况表示心理满意状态的数字衡量，这种数字衡量通过对社会成员调查结果的加权计算，得出测量满意程度的一种指数概念。社会成员满意程度在一定意义上代表着人民群众对政权的认可和支持状态。人民群众对政权的高度认同，为社会稳定提供了可靠的保障，人民群众精神生活就具有了强烈的归属感，有效地保证了社会生活和行为方式的有序化和合理化，直接对社会的和谐稳定起着积极的作用，即社会稳定的本质可以说是“民心向背”的问题。“民心向背”或社会成员满意程度，主要取决于社会利益分配的现实状态，尤其是取决于社会成员生活水平。

基于此，社会稳定评估体系所反映的社会稳定状态是直接受到意识因素的深刻影响，群体意识现实状态和社会成员满意程度必定反映社会稳定状况，社会稳定评估体系自然会体现意识因素的本质需求。构建社会稳定评估体系的初衷不仅是评定社会稳定状况，更重要的意义在于体现影响社会稳定意识因素的趋向和需求情况，这正是社会稳定评估体系的价值所在。社会稳定评估体系透过评定群体意识现实状态和社会成员满意程度的本质需求，进而完成对社会稳定综合环境的评价。

（三）社会稳定的状态是由影响社会稳定的利益因素来导向的

最广大人民群众的根本利益是通过解决民生问题具体实现的，这是构建社会稳定评估体系的出发点和归宿，可以说社会稳定评估体系本质上就是评价人民群众现实利益状态。人民群众现实利益状态就是人民群众根本利益之所在，它引领并决定着社会稳定的发展趋势，也代表着社会公平正义的现实状态，所以说，构建社会稳定评估体系的主要任务就是评价人民群众现实利益状态。人民群众现实利益状态体现着影响社会稳定的重要因素，这些利益因素在一定条件下，引导着社会稳定综合环境的现实状态。所谓利益就是对人们未来有好处的事物。在研究社会稳定问题的层面上，所指的利益主要是指物质利益或经济利益，它是人们借助于生产来满足的物质需要。社会利益分配状态决定了社会稳定现实状态，是社会稳定评估的基本内容，并代表着社会公平正义程度，是一项重要的影响社会稳定的利益因素。所谓影响社会稳定的利益因素，是指能够引导或者决定社会稳定综合环境的物质需求层面的原因和条件，是构成社会稳定综合环境经济利益层面的要素和成分。影响社会稳定的利益因素的主要动因有贫富差距现实状态和社会成员生活水平等。

其中，贫富差距现实状态是指由于各个社会成员所处的具体社会政治、经济和文化方面的地位和环境不同，而形成的实际占有社会物质财富的差距所表现出的客观实际形态，主要属于经济层面的问题。贫富差距现实状态引导或者决定着群体意识现实状态和社会成员满意程度，在一定意义上，群体意识现实状态和社会成员满意程度反映或者影响贫富差距现实状态，这是“物质决定意识，意识反映物质”的基本哲学原理。所谓社会成员生活水平是指在社会生活中，社会成员用以满足物质生活需要的社会产品的消费程度，又称生活程度。有关利益因素的内容包括：居民的实际收入水平、消费水平和消费结构、劳动的社会条件和生产条件、社会服务的发达程度等。确定社会成员生活水平包括三个标准：一是以群体为标准，如家庭、社会阶层等；二是以实际的消费状况为标准，即直接衡量占用的社会产品的多少；三是以平均的消费数量为标准。生活水平与生活费用、生活标准不同，生活费用指维持特定生活水平的货币支出；生活标准则指期望达到的生活状况。社会成员满意程度一定意义上就是社会成员生活水平与社会生活标准之比，所以社会成员生活水平决定着社会成员满意程度，同时社会成员生活水平的不同也导致不同社会群体的形成，因此，社会成员生活水平引导并影响着群体意识现实状态。

基于此，社会稳定评估体系所反映的社会稳定状态是直接受到利益因素引导和决定的，贫富差距现实状态和社会成员生活水平是影响社会稳定状况的主要动因，社会稳定评估体系自然会体现利益因素的本质需求。在影响社会稳定的利益因素中，贫富差距现实状态和社会成员生活水平共同引导和决定着社会稳定综合环境状态的发展趋势，所以，社会稳定的状态是由影响社会稳定的利益因素来导向的。

四、社会稳定评估体系的应用模型

社会稳定评估体系的应用模型是以评价社会稳定综合环境为最终目标的具体评估方案。社会稳定评估体系的应用模型，主要是分析评估影响社会稳定的意识因素和利益因素相互结合、相互作用的状态。影响社会稳定的因素复杂多样，欲穷尽分析影响社会稳定的所有因素，是不现实的，也是不可能的。社会稳定评估体系的模型也只能选取影响社会稳定诸多因素中最具代表性、最具标志性的意识因素和利益因素。而在这两类因素的众多动因中，影响社会稳定的主要动因是由群体意识现实状态、社会成员满意程度、贫富差距现实状态、社会成员生活水平四部分构成的。这“四种动因”是最具代表性和根本性的，因此，社会稳定评估体系的模型应当围绕这四种动因展开，综合解析这四种动因的相互关系以及相互作用，进而明确四种动因是如何对社会稳定产生影响的，最终测定出社会稳定综合环境的现实状态。就像中医诊脉一样，以简单实用的方式来判断全身的健康状态，社会稳定评估体系的应用模型即是以“四种动因”为诊脉方式，通过对“两类因素”和“四种动因”的解析论证、组合测算，从而形成一组数学矩阵，最终评价出社会稳定综合环境的现实状态，以体现社会稳定的健康程度。由此，构建起一个与时俱进、开放发展、不断完善的科学、实用、可操作性强的社会稳定评估体系应用模型。

(一)社会稳定评估体系应用模型的核心是贫富差距现实状态

贫富差距现实状态对社会稳定构成复杂而深刻的多重影响，主要包括贫富差距问题不但影响社会心理，诱发社会不满情绪，容易生成社会不稳定的心理温床，而且影响社会秩序，诱发犯罪活动，危害社会治安；不但影响社会结构，容易生成不均衡甚至畸形的社会结构，而且影响社会制度，有损社会公正和政治权威，严重时甚至会危及国家安全和统一。因此，贫富差距现实状态代表着社会公平正义的程度，是社会稳定的根基和支柱，是影响社会稳定的核心问题。

社会稳定评估模型所选取的“四种动因”中，贫富差距现实状态不但事关社会的持续稳定，尤其关乎国家的长治久安，居于核心地位。从战略全局的高度，贫富差距不仅是一个普通的经济问题，而且是一个突出的社会问题，社会稳定评估模型应当以贫富差距现实状态为核心，综合社会成员生活水平、群体意识现实状态和社会成员满意程度三种动因，来共同反映社会稳定综合环境的客观状态。

(二)社会成员满意程度影响着贫富差距对社会稳定的作用力度

社会成员满意程度代表着人民群众对政权的认可和支持状态，人民群众对政权的高度认同，为社会稳定提供了可靠的保障，人民群众精神生活就具有了强烈的归属感，有效地保证了社会生活和行为方式的有序化和合理化，直接对社会的和谐稳定起着积极的作用。社会成员满意程度反映了社会利益分配的现实状态，尤其是反映了社会成员生活水平。社会成员满意程度高，说明社会成员生活水平在比较合理的状态，社会成员对现实生活状态比较满意，这时即使贫富差距较大，但对社会稳定的作用力度也比较小；社会成员满意程度低，说明社会成员生活水平在不合理的状态，社会成员对现实生活状态不满意，在社会秩序运行过程中，积压了较多的“民怨”，易产生突发群体性事件，在这种情况下，贫富差距如果较大，那么对社会稳定的作用力度就会加大，对社会稳定直接造成影响，所以，社会成员满意程度在一定意义上影响着贫富差距对社会稳定的作用力度。

社会成员满意程度主要是指社会成员对生活水平的满意程度，而生活水平又是以社会成员收入情况来决定的。收入高，生活水平就相对高，社会地位也会相应提高；收入低，生活水平就自然低，社会地位也会相应降低。所以，在研究社会稳定问题的层面上，对社会成员收入满意程度的测算很大程度上就是对社会成员满意程度的测算，社会成员收入满意程度就反映着社会成员满意程度。社会成员满意程度的测算通过对社会成员收入满意程度的测算来实现，测算取样须按照社会成员的不同层次，按照人口的所占比例，来取样统计测评。对社会成员满意程度的测算，通过对社会各阶层收入满意程度的统计调查，反映了社会经济资源分配机制的现实状态，反映了社会财富占有的现实状态，反映了社会公平正义的现实状态。因此，社会成员满意程度对影响社会稳定有着极其重要的作用，社会成员满意程度较高时，整个社会的综合环境相对稳定，即使贫富差距较大，也不会引起社会动荡，不会导致社会的不稳定，所以说，社会成员满意程度是对贫富差距影响社会稳定的一个重要“晴雨表”，能够正确反映出贫富差距对社会稳定的真实影响力度。

（三）群体意识现实状态决定着贫富差距对社会稳定的危害程度

在研究社会稳定问题的层面上，群体意识应该包括两种类型，一种是与主流意识形态相符的群体意识，即是良性群体意识；另一种是与主流意识形态不相符的群体意识，即是非良性群体意识，在非良性群体意识中，具备系统性、组织性、目标性等属性元素的群体意识，可用非主流意识形态来概括，非主流意识形态的规模状态是影响社会稳定的关键要素。非良性群体意识往往是因为社会利益的矛盾和分化而产生的，非主流意识形态是社会利益矛盾和分化达到一定的程度而产生固化的，其表现状态，主要是以群体性事件的性质来反映的。群体性事件一般是因为社会利益的矛盾和分化而引发的，在分析群体性事件中，分析群体性事件中的群体意识，是分析群体性事件危害程度的重要要素。根据群体性事件所具备的群体意识状况，可将群体性事件分为具有非主流意识形态的群体性事件和一般群体性事件。在研究社会稳定问题的层面上，具有非主流意识形态的群体性事件是指与主流意识形态不相符的，具有系统性、组织性、目标性等属性元素的群体意识主导下的群体性事件。一般群体性事件因为与主流意识形态并未形成对立，所以对社会稳定的影响不大；但是，具有非主流意识形态的群体性事件已经与主流意识形态形成某种程度的对立，因此，它对社会稳定的影响是至关重要的。

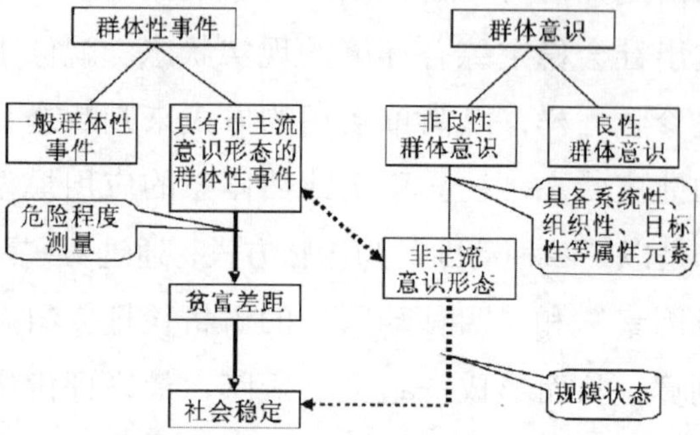

具有非主流意识形态的群体性事件的状态代表着群体意识现实状态的恶化程度，对群体意识现实状态的测算可通过对具有非主流意识形态的群体性事件的状态的测算来实现。具有非主流意识形态的群体性事件的状态的测算就是指群体性事件的危险程度，所以说，群体意识现实状态是以群体性事件危险程度来表示，群体性事件危险程度主要是以具有非主流意识形态的群体性事件在所有群体性事件中所占的比重来表示的，即群体性事件危险程度等于具有非主流意识形态的群体性事件数与群体性事件总数之比。群体性事件危险程度反映了群体意识的现实状态，反映了社会群体的分化程度，也反映了社会群体的聚集程度。在社会稳定评估模型里，如果群体性事件危险程度低，即使贫富差距较大时，对社会稳定的危害程度也较低；如果群体性事件危险程度较高，贫富差距较大时，对社会稳定的危害程度较高。因此，在社会稳定评估模型里，群体意识现实状态决定着贫富差距对社会稳定的危害程度。

（四）社会稳定评估体系应用模型运行的机理是“四种动因”的相互作用，客观反映了社会稳定综合环境

贫富差距现实状态是社会稳定综合环境的一个重要动因，它并不能完全反映出社会稳定综合环境所有状况，但是，贫富差距代表着社会财富的分配占有状态，代表着社会

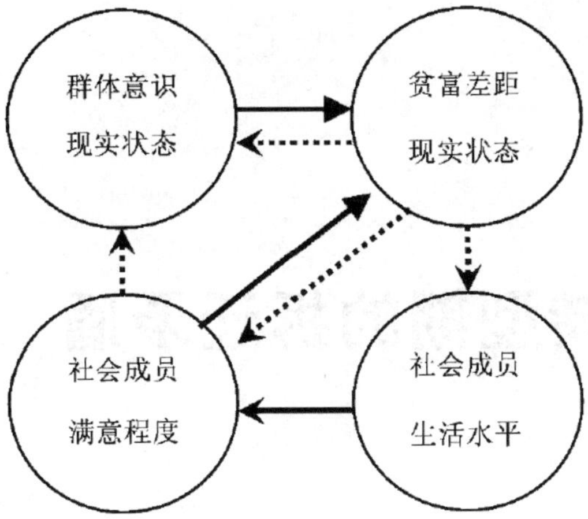

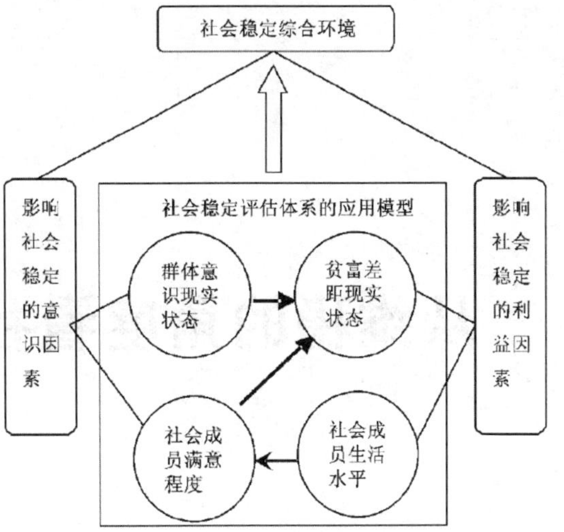

公平正义状态，在社会稳定综合环境中，是其他影响社会稳定的因素的基础。贫富差距现实状态并不能直接准确反映出社会稳定的实际状况，不能真实反映出人民群众对社会财富分配占有状态的满意程度，其实也不能直接决定社会稳定。贫富差距现实状态是社会稳定评估模型的核心，但是贫富差距在影响社会稳定的过程中，同时受到社会成员满意程度和群体意识现实状态的双重作用。通过测算社会成员满意程度，来真实反映人民群众对社会财富分配占有状态的意愿，影响着贫富差距对社会稳定的作用力度；通过测算群体意识现实状态，来真实反映人民群众对主流意识形态的认可程度，决定着贫富差距对社会稳定的危害程度。

在社会稳定评估体系应用模型中，“四种动因”中的社会成员生活水平是社会成员满意程度的决定性因素，社会成员满意程度影响着贫富差距现实状态对社会稳定的作用力度，群体意识现实状态决定着贫富差距现实状态对社会稳定的危害程度。社会稳定评估模型能够客观真实地反映出社会稳定综合环境的实际情况，对于构建起完整、全面、合理、科学的社会稳定评估体系的组织结构，最终形成结构完整、层次分明、逻辑严密、客观实证的社会稳定评估体系，具有重要的实践意义和应用价值。

（作者：姚成林，山东省人大常委会委员、内司委副主任委员）

（选自《法学论坛》2011 年第 4 期）

从维稳的角度看社会转型期的拆迁矛盾

于建嵘

一、社会转型期的拆迁问题对维稳形势的影响

社会稳定是发展的基本前提。从2010年的维稳形势来看，维稳仍面临许多让人担忧的问题。目前的群体性事件有两个显著特点，一是因征地、拆迁引发的矛盾增多；二是群体性事件仍然可控，但地方政府的维稳意识和所承受的压力在增加。

就拆迁问题而言，2010年的拆迁主要是开始拆村，由拆村引发的矛盾和纠纷在增加。拆村引发的矛盾和纠纷主要是在执行中央的有关政策时出现偏差导致，比如中央提出“增减挂钩”，有些地方为了获得建设性指标开始拆农民的房子，这类事件在增加。

我们通过研究发现，在所有群体性事件中，农民问题占30%—40%，而在农民问题中土地问题又是主要问题，其中，涉及征地和拆迁的约占60%—69%。目前，农村土地纠纷已取代税费争议成为农民维权抗争活动的焦点，成为影响农村社会稳定和发展的首要问题。由于土地是农民的生存保障，而且土地问题往往涉及巨额经济利益，因此，也就决定了土地争议更具有对抗性和持久性。

征地拆迁问题虽然占的比率很大，但不能简单地说拆迁问题就非常难。不顾或滥用法律政策与民争利是造成拆迁矛盾突出的最大问题。突破底线对民众掠夺式地强制拆迁问题若不解决，拆迁矛盾会愈演愈烈，对社会稳定产生巨大负面影响。

二、社会转型期拆迁问题产生的根源

1. 为了所谓“公共利益”无端侵犯私人利益。现在社会上流传着这样一种观点，认为中国的城市化是靠暴力拆迁推动的，没有强拆，很多重大的工程、项目就无法进行，甚至影响到中国的城市化进程。对此，我们应深刻思考一个问题——我们究竟要什么样的城市化？是民众利益被剥夺的城市化，还是民众利益不被侵犯的和谐发展的城市化？如果选择，当然大家会选择后者。因为若城市化依靠暴力拆迁推动，那么，由拆迁引发的矛盾和冲突将会形成破坏力摧毁城市化的苦果，不仅延缓城市化进程，还会影响社会安定。即使一些发展项目是为了公众利益，也不能使用暴力无端侵犯个人利益，更何况许多地方许多时候对公共利益未能正确界定。

2. 缺乏公平公正的权威的司法。公共利益由谁来判断？由公平公正的司法判断。因为一个真正的公共利益是需要交换的，而且只能通

过协商交换。达不成协议就要依赖于司法解决。

暴力拆迁和强制拆迁是有区别的。暴力拆迁肯定不合法，但强制拆迁如果是在法律框架内进行，且确实是为了公共利益，则可行。法院的强拆令必须公平公正合法。所以说强制拆迁不是问题，最重要的问题是要防止拆迁过程中权利被滥用。正因为司法不公问题的存在，司法权力地方化，才导致司法缺乏权威。只有解决了司法制衡，约束基层政府，才能解决今天的刚性稳定，以及随之而来的一系列社会问题。

3. 不尊重民众意愿，不维护民众尊严。在拆迁冲突中，近年来民众以死抗争的事件很多。为何有些人可以得到500万甚至更多却还要去死？这说明拆迁不仅仅是个简单的财产权问题，对民众来说，有些拆迁问题已经涉及他们的生存底线，关系到他们的人格尊严，并非是要刻意与政府斗什么。侵害民众的基本权益，忽略民众的尊严，往往会让问题复杂化。

4. 没有一个完备的机制进行约束。当然，拆迁过程中的漫天要价现象也客观存在。为什么漫天要价？是由于没有一个完备的机制限制这种行为。这个问题要追究制度性的问题，而不要简单认为只是民众的个人素质问题。

三、解决转型期征地与拆迁问题应遵循的规则

总的来看，解决社会转型期的征地与拆迁问题，首先要解决利益均衡和利益表达问题。同时，一个社会的稳定是靠制度来实现的，必须遵循现代社会的一系列规则：

1. 要有明确的产权。明确的产权是对个人利益的保护。有个人权利才能有真正的公权，只有个人利益真正得到保护才能有真正的公共利益。

2. 要有权威的司法制度。现代社会发生纠纷不可怕，重要的是要有一个公平公正的司法制度。如果社会有完善的利益表达机制和仲裁机制，那么人们就会相信会通过诉讼获得公正的裁决。这促使人们对公正司法抱有更高的期待。

3. 要有真正的代议机构。在现行的政治框架和政治环境下，完善基层人民代表大会制度，特别是实现人大代表职业化，是比较稳妥的现实选择。

4. 要有开放的媒体。媒体的相对开放，不仅便于群众反映问题，也便于群众监督政府执政行为，是公民参政议政的好方式。对于政府而言，也可通过开放的媒体了解民情、民风，对于一些社会问题进行解释，从而将矛盾稀释到最低点。

社会转型期不仅是机遇凸显期，也是矛盾高发期。当今中国主要的社会冲突是利益冲突，解决利益冲突是实现社会和谐的基础。利益冲突的解决，首先就是要形成和建立切实保护个人基本合法权益的观念和制度。解决利益冲突问题，还要有各种利益的表达机制和组织，要能够让工人和农民等弱势群体表达自己的利益诉求。解决拆迁问题，这些规则同样适用。

（作者：中国社会科学院农村发展研究所社会问题研究中心主任、教授）

（选自《中国党政干部论坛》2011年第1期）

冲突的社会功能与群体性冲突事件的制度化治理

胡联合　胡鞍钢

当前，我国正处于改革的攻坚期、改革触及利益关系调整的深水区，这使我国也正处于社会冲突的"凸显期"。能否正确处理社会冲突特别是群体性冲突事件，事关国家改革发展稳定的大局、事关国家富强和谐。正确认识冲突的社会功能，对冲突进行制度化治理，不但具有重大的理论意义，而且具有重大的实践意义。

一、正确认识冲突的社会功能

面对社会冲突的多发和凸显，不少人思想上产生不理解甚至消极抵触情绪，不少人往往不能正确看待冲突，思想上害怕冲突，实践中回避冲突，遇到冲突不是去客观面对和正确处理，而是想千方百计地掩盖和压制，甚至为了掩盖一个冲突而制造出新的更多的冲突。这就只能把事情搞得更糟，致使小事拖大、大事拖炸，问题越来越严重。

实际上，应该正确认识冲突的社会功能。毛泽东同志明确指出："事物矛盾的法则，即对立统一的法则，是自然和社会的根本法则，因而也是思维的根本法则。""矛盾存在于一切客观事物和主观思维的过程中，矛盾贯穿于一切过程的始终，这是矛盾的普遍性和绝对性。矛盾着的事物依一定的条件有同一性，因此能够共居于一个统一体中，又能够互相转化到相反的方面去，这是矛盾的特殊性和相对性。""许多人不敢公开承认我国人民内部还存在着矛盾，正是这些矛盾推动着我们的社会向前发展。许多人不承认社会主义社会还有矛盾，因而使得他们在社会矛盾面前缩手缩脚，处于被动地位；不懂得在不断地正确处理和解决矛盾的过程中，将会使社会主义社会内部的统一和团结日益巩固。""在我们这样大的国家里，有少数人闹事，并不值得大惊小怪，倒是足以帮助我们克服官僚主义。""在我们的社会中，群众闹事是坏事，是我们不赞成的。但是这种事件发生以后，又可以促使我们接受教训，克服官僚主义，教育干部和群众。从这一点上说来，坏事也可以变成好事。乱子具有二重性。我们可以用这个观点去看待一切乱子。"刘少奇同志指出："应该允许群众提意见、提要求，派代表交涉、开会，向北京告状，出墙报，向《人民日报》写信。要允许这些事，要听闲话，就是要允许小民主。不允许小民主，势必要来个大民主。"邓小平同志指出："群众有气就要出，我们的办法就是使群众有出气的地方，有说话的地方，有申诉的地方。群众的意见，不外是几种情况。有合理的，合理的就接受，就去做，不做不对，不做就是官僚主义。有一部分是基本合理的，合理的部分就做，办不到的就解释。有一部分是不合理的，要去做工作，进行说明。总之，要让群众能经常表达自己的意见，在人民代表大会上、政协会议上、职工代表大会上、学生代表大会上，或者在各种场合，使他们有意见就能提，有气就能出。有小民主就不会来大民主。群众把气出了，问题尽可能解决了，怎么还会有大民主呢？怎么还会有罢工罢课呢？”“但是，严重的官僚主义者总是会有的，所以有时闹事也是不可避免的。这也不要紧，遇到这种情况要沉住气，要善于面对群众，依靠群众，耐心地去做工作，这样问题就可以解决。”江泽民同志指出：“工人、农民、知识分子在工作生活中都不可避免地遇到若干矛盾，或者产生若干问题。从自然科学的原理看，这些矛盾和问题积聚起来，往往会形成一定的能量。如果这种能量积聚越来越大，不能及时化解，最后一下子释放出来，就可能起破坏作用。这就需要有民主的渠道来反映这种矛盾和问题，来宣泄这种能量。”胡锦涛同志强调：“关键是我们要正视矛盾，找到化解矛盾的正确途径和有效方法，形成妥善处理矛盾的体制机制，而不能让矛盾积累和发展起来、以致影响国家改革发展稳定的大局。”

现代社会学理论也认为，冲突既是客观存在的，并且确实有消极危害，但是它客观上也具有一定的积极功能。不管什么时候，只要对现存条件不满的人们，如果是希望政府来帮助他们解决问题、主持公道的，那么冲突就会大量地以较为温和的形式出现，并且客观上有利于引起社会的重视，促使社会去解决这些冲突，从而有利于社会运行状态的改善。“冲突是这样一种机制，通过它，社会能在面对新环境时进行调整。一个灵活的社会通过冲突受益，因为这种冲突行为通过规范的改进和改造，保证它们在变化的条件下延续下去。换句话说，一个僵化的社会制度，不允许冲突发生，它会极力阻止必要的调整（也消除了一个有用的警报），而把灾难性的崩溃的危险增大到极限。”“在富有弹性的社会结构里，大量的冲突相互交叉进行，因此阻止了沿一个轴心发生的根本分裂。”“通过对冲突的宽容和制度化，这些社会系统为自己找到了一个重要的稳定机制。”“通过公开地在社会上表现潜在的不同意和敌视，反抗激起了冲突，但它有助于消除这些冲突的根源。”反之，“由于缺乏表达公众意见的适当渠道，就连温和的反对者也成为政权的敌人，迫使他们在可以进行改革的条件下，提出推翻政权的主张。”实际上，精明的政治家都懂得，允许人们批评政府“是一种防止造反的疫苗”，“抗议是一个安全阀，它让蒸气溢出，因为如果蒸气受到限制，就有可能把锅炉炸毁。”只有科学认识现实社会客观存在的各种冲突，以动态的眼光、辩证理性的方法来看待和处理人们的不满情绪和冲突，把冲突纳入制度化、法制化的常态化范畴来处理，我们才能够真正有效地维护社会的可持续稳定和国家的长治久安。

二、群体性冲突事件的制度化治理

群体性冲突事件是当前我国社会面临的最为突出的一种社会冲突。如何妥善处理群体性冲突事件是摆在我们面前的一项紧迫任务。我们在借鉴国际上关于群体性冲突事件的资源动员理论、政治过程理论、社会建构理论等理论流派的基础上，提出了一种对群体性冲突事件进行制度化治理的挫折重组理论（见图 1）。

挫折重组理论的核心思想是，群体性冲突事件是以人们遭受的挫折为起点，组织动员各种资源，对挫折加以阐释利用，激发人们组织起来，以改变受挫境遇的集体行动（集群行为）。其基本观点如下：

(1) 社会变迁影响人们的利益关系，利益关系的变化会使一些人的利益遭受挫折，绝对剥夺感和相对剥夺感都可能随之滋生。

(2) 挫折感因人们的归因不同而不同。当人们归因于外时，他们可能进行意义建构、建立组织，开始谋划发起群体性冲突事件；当人们归因于内（自身）时，他们就不会发起群体性冲突事件。

(3) 对挫折进行解释，赋予挫折以意义，建立起社会不公正的框架，培养人们的集体身份认同，对于组织起群体性冲突事件十分重要。这种意义建构不但影响群体性冲突事件组织的建立和巩固，而且影响资源动员、政治机会、认知解放和社会控制等诸多因素。

(4) 建立组织非常重要。它不但直接影响意义建构，而且直接影响资源动员；不但间接影响对政治机会的把握，而且影响人们的认知解放和社会控制机制。

(5) 动员必要的精英、人员、时间、金钱、物资、空间（场所）、第三方力量、传媒等各种资源，对组织群体性冲突事件具有关键作用。缺乏相应的资源，是群体性冲突事件难以组织起来的重要原因。

(6) 发现政治机会，并且善于运用政治机会，直接影响着群体性冲突事件能否取得突破甚至成功。一个社会政治管道的开放性、政治力量组合的变动性、第三方势力的力量大小、尤其是精英的团结程度，决定着一个社会的政治机会的多少、重要不重要、关键不关键。特别是如果国家高层统治精英发生分裂，群体性冲突事件很可能乘机取得成功，甚至在第三方势力的支持下，使现存政权和社会根本制度被推翻。

(7) 认知解放的作用重大。认知解放是一个非常重要的变量，通过认知解放，在人们自己看来，原来部分或全部合法的东西现在变成了非法的（如政府的合法性下降了，甚至消失了），原来有权威的东西现在变得没有权威了，原来认为合理的东西现在变得不合理了，原来认为公平的东西现在变得不公平了，原来认为不可企及的目标现在变得似乎捶手可得了，人们对于群体性冲突事件取得成功信心高涨。

(8) 社会控制机器作为控制群体性冲突事件的最后一道防线，作用极为重要。如果一个国家的社会控制机器强大有力，尤其是国家暴力机器及法律的硬控制力强大，道德的软控制力也很强大，那么它不但可以直接阻止群体性冲突事件的发生，而且可以通过影响政治机会（结构）、认知解放、意义建构、资源动员等过程间接阻止群体性冲突事件的发生。相反，如果一个国家的社会控制机器软弱无力，那么经过意义建构、资源动员、政治机会发现以及认知解放等过程的酝酿准备，群体性冲突事件就会爆发。

(9) 在群体性冲突事件的形成发展过程中，实际上既有成本—收益计算的理性因素（如资源动员）在起作用，又有身份认同、信念力量等方面的感性因素（如意义建构、认知解放）在起作用。两者同等重要，缺一不可。

(10) 人们参与群体性冲突事件不是永久的，在得不偿失（预期成本大于收益）、信念弱化（如对事件成功缺乏信心）或反映的问题已经得到解决的情况下，人们会退出行动（群体性冲突事件）。

挫折重组理论启示人们，群体性冲突事件的生成发展是一个复杂的社会过程。一个社会并不是因为人们遭受了挫折就会发生群体性冲突事件；人们的挫折仅仅是群体性冲突事件生成的最基础原因，挫折能否转化为人们的集体行动，取决于人们对挫折如何归因、如何解释、如何赋予社会制度以不公正的意义、如何建立群体身份认同、如何建立组织、如何动员资源、如何捕捉和创造政治机会、如何实现认知解放

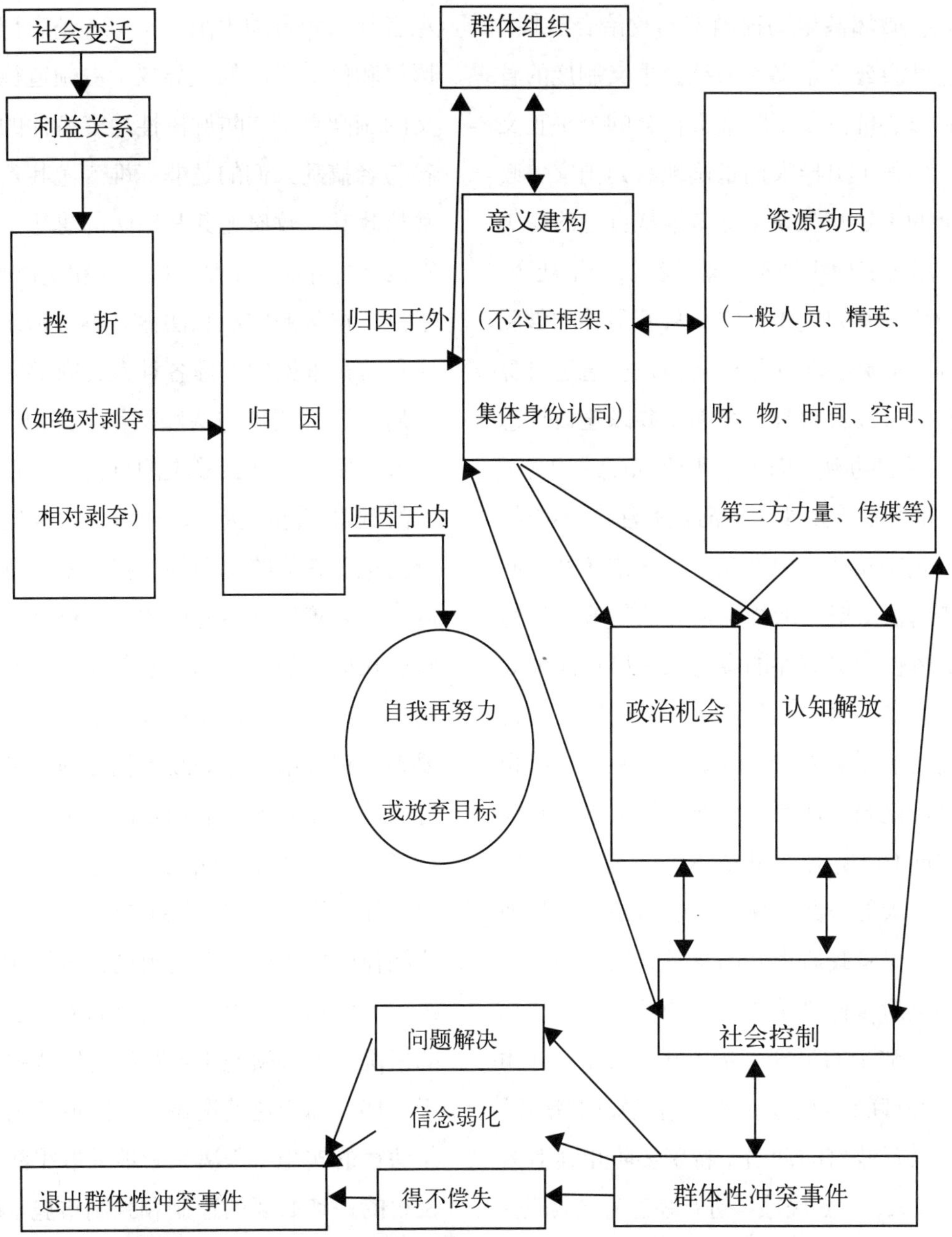

图 1　挫折重组理论的群体性冲突事件的发生机理

以及如何运用社会控制力量。因此，要防止和处置对社会不利的群体性冲突事件，就要坚持贯彻以人为本的战略思想，切实保障公民的一切合法权益，包括依法进行利益表达、表达不满的权利；正确处理改革的力度、发展的速度与社会可承受的程度的关系，把改善人民生活作为正确处理这三者关系的基本结合点，坚持从源头上尽可能地减少人们的挫折感和不满情绪，减少由于生产力不发达、制度建设尚不健全等各种原因造成的绝对剥夺感和相对剥夺感；正确引导社会舆论和社会心理，树立科学的比较观，指导人们正确看待自己、他人、社会、政府和国家，科学分析人们不满情绪和社会不公平现象的主客观原因，尤其要注意使国家的政治合法性与政府的政治合法性保持适当的距离，引导人们牢固树立国家利益高于一切的思想，不因政府一时的绩效不如人意而削弱对国家的认同、破坏甚至动摇国家的政治合法性，在坚持把社会公平正义作为社会主义制度的首要价值和核心价值、不断推进社会的公平正义的同时，要善于引导人们正确地看到国家、政府和社会的不足与欠缺，更多地从自己的身上找原因，尽可能地少把利益矛盾都归因于社会、归因于政府甚至归因于国家，从而引导和鼓励人们在现行的宪法和法律框架内积极通过自身的不懈努力来改善自身的境遇，并以建设性态度、改革渐进的办法（而不是所谓"革命"的、"另起炉灶"的彻底推倒重来的激进办法），不断推进国家、政府和社会中客观存在的诸多社会问题的逐步解决；坚决取缔任何非法的群体性组织，使群体性冲突事件的参与人员尽可能地处于非封闭和"非匿名化"状态（可通过对公共场所、突发事件现场安装摄像头来解决），阻止其进行资源动员，切断其资金来源，不给其提供活动空间（场所），尤其是不允许其在规模宏大、影响宏大的公共场所进行非法活动；加强舆论引导，保障政府声音的及时和权威性，防止大众传媒对事件给予不必要的关注；依法加强对第三方势力的管理，防止其与集群（群体性）组织建立联盟；防止少数政治或知识"精英"进行反社会反政府的动员，特别要防止其对大学生、年轻人、少数民族等进行蛊惑宣传煽动；要始终保持高层在处理事件时的意见一致，严防高层分裂，决不给人以任何可乘之机；保持国家的强大形象，保持国家专政机器的强大威慑力，提高国家专政机器使用非致命性武器（如催泪瓦斯、橡皮子弹）控制事发现场的能力，必要时坚决果断地使用国家专政机器镇压颠覆政府、危害国家安全的行为，提高人们参与群体性冲突事件的成本预期、减少其收益预期，尽可能地减少其成员数量，并防止徘徊者、旁观者加入到行动中来；牢牢占领意识形态的话语权和价值标准的主导权，占领道德和公平正义的制高点，严防群体性冲突事件的组织者和参与者搞乱人们的是非标准，尤其是严防其搞乱执政党、政府尤其是军队的思想，在我党政军内部打开缺口；要坚持宪法和法律高于一切，坚决严格依照宪法和法律办事，始终坚持在宪法和法律框架内处理各种人民内部矛盾和敌我矛盾，严防超越宪法和法律"开口子"；增强对国家制度和社会稳定的自信心，正确看待人们的利益表达行为，即使对于挑战现行制度的行为也要在战略上藐视，在战术上重视，从容应对和妥善处理各种群体性冲突事件甚至挑战政府权威的集群行为，避免反应过度，善于把损失和消极影响控制在最低限度以内，特别是要善于把政治问题非政治化处理；尽可能使对群体性冲突事件的处置既依法办事、于法有据，得到宪法和法律的法理支持，又是非分明、合情合理，得到社会舆论和道德标准的情感支持，使法律的实施同社会的舆论、道德相协调、相统一；但如果发生道德舆论同宪法法律相冲突的情况，则必须毫不迟疑始终坚持宪法法律高于一切、高于道德舆论，不以道德舆论干扰宪法法律的实施，坚决果断地采取宪法和法律所授权的一切必要的控制和强制措施，以确保对群体性冲突事件的控制力，严防事件失控，坚决维护宪法的最高权威，坚决维护法律的尊严，坚决维护人民的生命财产安全，保证社会基本秩序不被破坏、少受干扰，确保国家社会政治大局的持续稳定。

（作者：胡联合，清华大学国情研究中心、清华大学公共管理学院法学博士、特约研究员）

（选自《探索》2011年第4期）

中国现阶段贫富矛盾问题的特征分析

吴忠民

本来，由于社会成员的能力、禀赋以及社会贡献诸有差别，因而在平等竞争的环境中，遵循按照贡献进行分配的原则，人们对于财富的占有状况必然会有所差别。只要这个差别是基于公正原则的行为而不是基于不公正的行为所形成的，而且不超过一定的限度，应当说是合理的。客观上讲，社会成员在财富占有方面的合理差距能够有效地激发社会活力。但是，中国现阶段的贫富差距已经明显超出了合理的限度。这是一个公认的事实。

中国现阶段的贫富矛盾问题是在社会急剧转型这样一个大的背景下发生的。受种种因素的影响，中国现阶段的贫富矛盾问题呈现一些明显的特征。

一、贫富矛盾的核心在于社会结构层面上的矛盾问题

贫富矛盾问题由于其自身的直观性和重要性，因而容易引起人们的普遍关注。但是需要注意的是，贫富矛盾、收入差距一类的问题只是外观表象的事情，其本质在于社会结构层面上的矛盾问题。显然，在分析贫富矛盾问题时，不能就事论事，而是应当深入到社会结构的层面。

贫富差距与社会结构两者具有确定的关系，相比之下，社会结构更为重要，属于本质核心的问题，亦即属于“本”的问题。社会结构反映了社会阶层和社会群体利益分配、交往互动的基本状况。而贫富差距属于“末”的问题，是社会结构正常、合理、健康与否的具体表现。虽然社会结构的形成受到发展导向以及制度等多种因素的影响，但反过来讲，社会结构对于社会的方方面面包括贫富差距问题必然会产生重要的影响。比如，中国改革开放以前30年间的贫富差距虽然较小、不明显，直到改革开放之初的1984年，全国总体基尼系数只有0.26，这显然属于不正常的现象，体现了当时制度化平均主义的导向，体现了一部分社会群体人为打压另一部分社会群体，并且人为限制社会流动的不正常的社会结构。而现阶段较为严重的贫富差距矛盾，则意味着社会结构的不合理，意味着社会力量配置结构的不公正，即：一部分社会群体压抑、侵占甚至是限制了另一部分社会群体的合理利益和利益增长空间。

中国现阶段贫富矛盾问题之所以比较严重，反映出社会结构层面上出现了令人担忧的矛盾问题。这主要表现在以下几个方面：

第一，社会群体各自的位置、影响力和话语权明显不对等。在中国现阶段，一方面，政治精英群体和经济精英群体的社会位置急剧上升，处在强势的状态。客观上看，这两个群体已经拥有了无可争辩的社会影响力和话语权，能够按照自己的意志来制定主要的公共政策，并形成主要的潜规则。在各种表意、立法机构当中，这两个群体的人数居于压倒性优势。在所制定的与处于优势位置的社会群体相关的各种政策当中，一般来说是以有利于自己的内容居多，如在国有企业转制过程中，对于经营者往往给予过于优惠的政策；在不少地方招商引资活动中对于投资方也往往给予十分优惠的政策，等等。

另一方面，人数居多的社会主要群体如工人群体、农民群体，其社会位置明显下降，处在某种弱势的状态，社会话语权明显匮乏。大多数劳动者群体有着一种比较深切的相对剥夺意识，比如，工人阶层在经济收入和社会地位方面相对剥夺感的程度比较高；劳动者劳动权利的维护处在十分弱化的状态之中，工人的劳动权利容易受到侵犯；工人和农民的劳动技能总体水准在下降，生存竞争能力和职业发展能力已明显削弱；社会主要群体逐步边缘化，工人和农民对于社会事务的参与程度大为降低，其表意渠道十分有限、声音越来越弱，对于政策的影响力，对于社会的影响力越来越小。

第二，政治精英群体部分成员和经济精英群体部分成员出现了某种利益结盟的迹象。在中国现阶段，政治精英群体和经济精英群体不仅社会经济位置迅速上升，而且两者当中的部分成员开始进行利益结盟，形成了具有利益排他性的利益共同体。政治精英群体和经济精英群体当中的部分成员通过各自的职业优势，越过种种职业限制，实现了财富与权力的直接结盟，“强强联手”，共同超常扩张自身的经济利益。由于精英群体拥有着雄厚的社会经济资源，拥有着无可争辩的控盘能力，所以，对于精英群体来说，类似的利益结盟现象，不但可以从中得到由掌握再分配权力所带来的好处，而且还可以直接得到一块由市场经济所创造的财富，从而形成某种“权钱一体化”、“赢者通吃”的局面。有学者认为，2008年全国在超过9万亿的隐性收入中，“灰色收入”部分有5.4万亿，10%的最高收入家庭拿走了其中63%的财富。这种情形一旦持续不断地发展下去，就有可能产生一个危害巨大的“既得利益群体”。有学者开始提醒社会：“权贵资本主义”或“官僚资本主义”已经成为一种现实的危险。

第三，民众许多切身的实际利益被直接侵占。处在相对弱势一方的民众，其许多切身的实际利益被侵占。有数字显示，劳动者劳动报酬在初次分配当中的比重持续下降：“劳动者报酬、资本收入和间接税在GDP中的比重，在20世纪90年代中期以前基本保持稳定，其中劳动者报酬占比约为50%。从1995年开始，劳动者报酬占比开始下降，而资本收入占比和间接税占比分别上升。在1995—2007年间，劳动者报酬占比从51.4%下降到39.7%，共计11.7个百分点。”大部分职工收入的比重也在不断萎缩，“占职工8%的国企高管及垄断行业职工收入占全国职工工资总额的五成五，其余九成二职工收入只占四成五。”民众不仅每年收入相对比重在减小，而且，一部分社会成员已有的家庭财富积累也受到损害。这特别表现在征地拆迁方面。比如，在耕地非农化过程中，土地收益的主要成分是给予农民的征地补偿费，按规定应该占到土地收益总额68.6%，但“根据‘九三’学社2003年一项调查所作的计算，被征土地收益分配格局大致是：地方政府占20%至30%，企业占40%至50%，村级组织占25%至30%，农民仅占5%至10%。”大批失地农民丧失了原来拥有土地所带来的生活收入、就业保障、土地继承权、资产增值功效、直接收益功效，其基本生活往往陷入困境。

综上所述，既然社会结构层面上出现了比较严重的问题，既然社会群体之间在社会经济位置、影响力以及话语权等方面明显不对等，既然处在强势位置上的社会群体中的一部分人进行利益结盟，既然民众的许多切身利益受到了侵占，那么，贫富之间的纠纷、矛盾和冲突必然会出现而且会呈现出一种加重的趋势。由此还可以发现，在中国现阶段，解决和缓解贫富矛盾的关键在于解决和缓解社会结构层面上的矛盾问题。否则，如果只是将注意力放在贫富差距本身，那只能是“头痛医头，脚痛医脚”，只能取得暂时效果，无法持久，不可能从根本上解决较为严重的贫富矛盾问题。

二、政府没能有效履行公共服务的职责

在现代社会和市场经济条件下，政府的定位应当是公共服务型政府，其主要职能应当是维护社会公正，改善民生，确保社会经济的安全运行和健康发展。胡锦涛同志指出：“维护和实现社会公平和正义，涉及最广大人民的根本利益，是我们党坚持立党为公、执政为民的必然要求，也是我国社会主义制度的本质要求。”具体到贫富差距问题，在很大程度上讲，一个国家的政府如果能够有效履行自身的公共服务职责，那么这个国家的贫富差距问题就不会很严重，相反，便会加重贫富差距问题。尤其是对于像中国这样一个政府推动型现代化模式的国家来说，政府能否有效履职同贫富差距问题严重与否两者之间更是有着直接的关联。

不能否认，在为时很长的一个历史时期，我国政府的职责定位问题一直没有解决好。在改革开放以前的30年，我们在尽力扮演一个“全能型政府”的角色，试图事无巨细地统领经济、社会、政治、文化等各个方面的事情；而在改革开放以后很长的一段时间，我们又在试图扮演一个“经济型政府”的角色，其结果是，“政府工作与人民的期望还有较大差距。职能转变不到位，对微观经济干预过多，社会管理和公共服务比较薄弱”。

政府职能的缺位和错位，表现在多个方面，特别集中表现在公共投入优先顺序的严重颠倒方面。公共投入的优先顺序如何进行安排才是合理公正的？我们根据三条几乎不会有任何争议的常识性道理，就可以得出一个十分重要的结论。第一条常识是，公共投入的主要目的是要满足民众的需要。第二条常识是，民众的需要是分为不同层面的：有基础层面的需要，有一般层面的需要，还有高层面的需要。第三条常识是，公共投入对于民众不同层面需求的满足应当是由低到高梯度性地进行，即：先满足民众基础层面的需要，当基础层面的需要满足得差不多的情况下，再开始考虑满足民众一般层面的需要，当民众一般的需要被满足得差不多的情况下，再进一步开始考虑满足民众高层面的需要。根据这样三条常识性的道理，我们就可以得出一条十分重要的结论：就公共投入的优先顺序而言，应当以民众的基本需求为着眼点，应当以民生问题为优先。

由是反观中国改革开放以来一个较长的历史时期，我们可以发现，由于目标取向的片面，由于政府对自身的定位有误，由于公共政策的重大决策过程往往缺乏科学化、民主化和透明化，缺乏必要的监督，由于干部考核指标不够全面等原因，因而，就中国公共投入的优先顺序而言，呈现出一种明显颠倒的状况，很不正常。同别的国家和地区相比，这是明显的不同之处。

公共投入优先顺序的严重颠倒主要表现在两个方面。一方面，国家在基本民生方面公共投入的比例很小。比如，在医疗卫生支出总数占GDP的百分比和公共支出占总支出的百分比指标中，中国仅高于印度，而落后于其他国家，远低于低收入和中等收入国家的平均水平。另有专家指出，1985年政府预算卫生支出占卫生总费用的比例为38.58%，1995年为17.97%，2000年以后只剩下15%左右。中国的医药卫生总体水平被世界卫生组织排在第144位，而卫生公平性竟被排在第188位，全世界倒数第4位。另一方面则是不合理、比重过大的公共投入。中国在高昂行政成本、豪华性城市建设以及豪华工程、豪华建筑物建设等方面公共投入的比例高居世界第一。比如，大规模的城市建设原本属于正常的事情，问题在于，不少地方脱离甚至是远远脱离实际的经济支撑力和民众的实际需要，轻视基本的民生问题，而一味追求豪华性的城市建设。在中国现阶段，一个县级市城市建设每年投入5亿元以上的资金，一个地级市每年投入50亿元以上的资金，一个省会城市每年投入200亿元以上的资金，特大城市每年投入1000亿元以上的资金，都是常见的现象。而这些城市建设投入的数字加起来，则是一个极为庞大的数字。扣除正常的支出，每年被浪费掉的公共投入资金究竟有多大的数额，确实难以予以准确的统计。按照十分保守的估计，以2005年为例，只能说不低于20000亿元。20000亿元是个什么概念？2005年国家财政用于文教、科学、卫生的支出为6104亿元，用于抚恤和社会福利救济费的支出为716亿元，用于国防的支出为2475亿元。这样看来，每年被浪费掉的公共投入资金，是国家每年用于文教、科学、卫生的支出加上用于抚恤和社会福利救济费的支出，再加上用于国防的支出总和的两倍，比这三项财政支出的总和要多出一倍。另外，中国在不少远离民生基本需要的基础性公共设施方面也投入巨大。比如，近年来开始的高铁、地铁大规模建设耗费巨大。高铁每年投资7000亿元，根据较新的统计，预计全国城市轨道交通年均投资达2700亿元，高铁地铁两者相加，每年需要1万亿元。

既然公共投入的优先顺序被严重颠倒，既然用于民生的公共资金居于世界各国最后的位置，那么，基本民生问题就不可能得到应有的改善，相应地，中国社会贫富差距的迅速拉大也就成为一件必然的事情。

三、中国民众更加在意贫富差距问题

如果说，绝大部分国家和地区的民众都十分在意贫富差距问题的话，那么，中国现阶段的民众就更加在意贫富差距问题。

从传统及历史的角度看，平均主义是中国民众一种重要的、难以彻底消失的集体记忆。中国传统社会是建立在小农自然经济基础之上的。在传统社会，人们只是看重简单的生产和再生产，只是看重生产方式和生活方式的相似性，排斥差异性和多样性，因而平均主义便成为民众的重要行为取向，并延续了数千年。《论语·季氏》第十六篇曰："不患寡而患不均，不患贫而患不安。盖均无贫，和无寡，安无倾。"在改革开放之前的30年间，同计划经济体制相适应，中国社会一直实行着一种平均主义式的分配方式。平均主义成为当时整个社会的分配原则，成为当时社会成员日常生活行为的指南。这种分配方式就总体而言只是强调分配结果的均等，主张社会成员之间在财富拥有方面的一致性和相似性。这种"大锅饭"式的分配方式，其症结在于不承认个人的合理利益，不承认社会成员在能力方面的差异，不承认社会成员在具体贡献方面的不同，反对将人们的能力和具体贡献作为分配的依据。这种分配方式不符合公正的原则，因而严重挫伤、压抑了社会成员劳动的积极性，致使中国社会长期缺乏应有的效率，缺乏应有的活力。时至今日，不能否认，作为一种民族的集体记忆，平均主义仍然没有完全消失，仍然在一定范围内起作用，因而会使民众对于贫富差距问题比较敏感。

从社会转型时期民众心理角度看，中国民

众明显呈现出一种对富裕生活的渴望。在计划经济时代，由于供给的严重不足，使得中国民众许多正常生活消费品只能以票证的方式来获得，而禁欲主义观念的导向，使得人们原本正常的物质生活方式倒具有了一种“原罪”的色彩。这些，致使民众的日常生活陷入一种十分艰难、困苦的状态。比如，全国职工平均工资的指数以 1952 年为 100，到 1978 年，实际工资指数只有 110.3。1978 年，全国城镇人均储蓄存款余额只有 89.8 元，农村人均储蓄存款余额仅有 7 元；全国人均储蓄存款余额为 22 元。1978 年，城镇居民家庭平均每人的恩格尔系数为 57.5%；农村居民家庭平均每人的恩格尔系数高达 67.7%。以“票证”为重要特色的艰辛生活，使得一部分社会成员直到现在仍或多或少地心有余悸，这就从一个重要的历史源头加重了如今人们追求富裕生活的渴求。改革开放以来，随着市场经济和现代化进程的推进，随着以人为本理念的逐渐形成，追求富裕的生活成为一件正当的、符合人本性的事情。特别是随着 2004 年“公民的合法的私有财产不受侵犯”的条款被正式列入宪法，社会成员可以合法地、以多样化的所有制方式，并且是在国家提供的法律保护的条件下来追求和积累自己的财富。总之，这一时期中国民众对于富裕的生活，表现出极大的渴望；同时，对于经过了以往长期贫困的、禁欲主义式的生活的中国民众来说，其物质基础普遍比较薄弱，因而更容易表现出一种经济饥渴症。凡此种种，使得中国民众普遍地表现出一种前所未有的、过于强烈的经济利益冲动。另外，值得注意的是，由于人们对发展结果的适应程度要远高于生产能力更新的速度，由于外国物质生活对国人产生的种种示范效应，所以，民众对于物质生活往往容易抱有相对较高的期望值，而且这种期望值有时呈高指数增长态势。在这样的情形下，一旦一部分人先富裕起来，那么，尚处于较低生活水准的社会成员就往往过于敏感，往往会以先富群体为参照，而对自己的处境产生一些抱怨，进一步则会使贫富群体之间产生程度不同的隔阂。

从现实客观的角度看，中国民众的基本生存缺少一个“兜底”性的底线保障。社会成员的基本生存底线能否得到保障，属于基础性的民生问题，涉及社会成员生存和发展是否具有最为基本的前提和平台的问题。对于中国大量的低收入者来说极为重要，它属于“兜底”性的社会保护，可以确保其基本生存状态不至于恶化到难以生存的地步。况且，中国过大的贫富差距现象是在很短时间之内形成的，这样快的速度恐怕是世界各个国家当中独一无二的。这就难免给人更大的心理压力，觉得难以适应，也就更需要一个“兜底”的底线保障。同许多国家和地区相比，我国恰恰缺少这样一个“兜底”性的社会保护。以俄罗斯为例，俄罗斯从前苏联时期开始，就建立了比较完备的社会保障体系。正因为如此，所以，尽管俄罗斯在急剧转型时期出现了大量的贫困者，但是，这些贫困者在基本生活资料、义务教育、公共卫生方面能够得到基本的保证，其基本的生存问题不至于恶化到难以为继的地步，从而也保证了这些贫困者不至于变成激烈的反社会力量。中国现阶段只有一部分社会成员享受到靠得住的公共卫生保障；大部分的社会成员缺少起码的最低生活保障或者享受不到足额的、政策所规定的最低生活保障；作为中国最大社会群体的农民从总体上来说没有社会保障。正是由于社会对贫困者和低收入者缺少一个“兜底”性的社会保护，所以，对于大批的贫困者和低收入者来说，其基本生存状况恶化到什么地步，向下变化的空间有多大，难以预期。显然，应对风险能力的缺乏，使得中国现阶段一部分社会成员的生存条件十分脆弱。进一步看，这就使得中国现阶段民众对于贫富差距问题格外敏感和看重。

四、贫富矛盾问题的负面影响广泛而深远

比较严重的贫富矛盾问题，对于中国社会有着几乎是全方位的负面影响。

贫富矛盾问题对于社会安全的危害十分直接和明显。这一点最容易引起人们的关注。虽然还不能说贫富差距过小的社会就一定是一个稳定的社会，但是可以肯定地说，一个贫富差距过大的社会必定是一个不稳定的社会。社会是社会成员的共同体，这个共同体的存在有赖于社会各个群体的团结合作。在现代社会和市场经济条件下，社会各个群体的团结合作更加重要。而社会公正是社会各个群体实现团结合作的基石。只有遵循社会公正的规则，社会各个群体才能实现各尽所能，各得其所，和谐相处的局面。一旦社会出现不公正的情形，社会各个群体之间就难免会产生一种隔阂、不信任和不合作，甚至产生抵触，社会的团结合作必然会受到影响，社会必然会由此而出现不稳定的局面。“所有这些内讧，都常常以‘不平等’为发难的原因。”“内讧总是由要求‘平等’的愿望这一根苗生长起来的。”进一步看，当社会不公程度达到一定地步时，社会甚至会出现动荡的局面。“如果财产的不平等大得使比较有进取心和胆量的富人敢于公开暴虐，那末您会看到，穷人不是由于不能忍受压迫，就是因为愤恨新的不公正行为，而举行起义来保护人权。因此，产生了许多使共和国分裂，并导致它的灭亡的不和、倾轧、内战和革命。”如果我们观察一下大多数发展中国家的贫富差距状况，就会发现，凡是基尼系数过高的发展中国家往往都存在着社会不稳定甚至是社会动荡的情况。比如，拉美的一些国家之所以会出现社会动荡，在很大程度上讲，就是源于过大的贫富差距。2011年初，北非一些国家之所以会动荡不安，原因虽然有很多，但一个重要的原因也是在于这些国家的贫富差距过大。在中国现阶段，各种社会纠纷、矛盾和冲突大量出现，群体性事件频发，不能否认，比较严重的贫富矛盾是其中的一个重要原因。正如有学者所指出的那样，“遏制分配不公的势头现在已不仅仅是个社会伦理问题，而且是危及国家政权稳定的重大政治问题。”

比较严重的贫富矛盾问题对于政治建设会产生一种延缓或扭曲的作用。对此，大致可作如是理解。其一，造成许多成员的政治冷漠症。对于贫困及低收入群体一部分成员来说，就一般情形而言，他们难以有效地介入政治建设。从其基本的需求来看，他们看重的是其基本生存条件的满足，看重的是基础性民生的改善，而很难产生主动参与政治事务的意愿和冲动(特殊条件下的社会动员和集群行为除外)，主动参与政治事务对他们来说是一种奢望，很有可能表现出一种对政治事务的冷漠。其二，使得政治建设的共识难以形成。贫富差距过大，使得社会群体之间隔阂增大，影响着社会共识的形成，进而造成各个主要群体政治基本取向差异过大，致使政治建设的目标呈现出一种分离或是扭曲和敌对的状态。其三，影响政治建设进程的顺利推进。由于缺少基本安全意识，由于为免除饥饿、为获得生活尊严而抗争，贫困及低收入群体一部分成员有可能会成为比较激烈或比较极端的民粹主义和平均主义牢固的社会基础。

过大的贫富差距对于经济健康而持续的发展必定会产生极为不利的影响。其一，严重影响了经济的内需拉动力。就中国的具体情形看，在主要的经济拉动力即出口拉动力、投资拉动力和消费内需拉动力三者当中，消费内需拉动力的作用要远远高于前两者。就高收入群体、低收入群体和中等收入人群比较而言，高收入群体的购买能力最强，但其边际消费倾向却是最低的；低收入群体的情况则恰好相反，其边际消费倾向最强，要高于高收入群体，但其购买能力却是最低的；中等收入人群的边际消费倾向和购买能力均比较强。而较为严重的贫富差距问题，意味着中国现阶段的贫困及中低收入者所占的比例过高，这就直接压抑了消费内需拉动。受此影响，一个时期以来，我国的最终消费率持续走低，2009 年我国的最终消费率降到了改革开放以来的最低点 48.0%（1979 年为 64.4%），而资本形成率（投资率）却达到了改革开放以后 30 年间的最高点 47.7%。这是一种十分不健康的现象。其二，严重影响了产业结构的导向。国民经济的基础是制造业。中国经济能否健康持续的发展在很大程度上取决于制造业能否健康持续的发展。但是，由于中国现阶段富裕群体当中的有些人并不是凭借正常的市场竞争而迅速崛起的，往往是依靠垄断行业以及违规现象严重的行业如房地产业而迅速暴富的，中国社会科学院 2011 年的《住房绿皮书》显示，2010 年房产业毛利率高达 55%。相反，在制造业当中辛苦打拼的企业却往往只能获得微利甚至是走向破产。目前中国制造业行业总体利润率过低。比如，2010 年冶金行业销售利润率仅为 3.68%，低于全国工业行业平均利润率 2.5 个百分点。如是情形，必然会使许多企业家不愿在制造业领域努力，而将资金抽出投入别的领域如房地产和股市。长此以往，中国的产业很有可能会出现某种程度的空心化的现象。

五、贫富矛盾的演化到了重要的临界点

中国目前贫富矛盾的演化，正处在一个关键的临界点，具有较大的可塑性。换言之，中国现阶段的贫富矛盾问题同时具有截然不同、两种可能的演化趋向：一种可能的演化趋向是趋于缓解，另一种可能的演化趋向是趋于加重。

贫富矛盾问题第一种可能的演化趋向是贫富矛盾问题趋于缓解，其迅速演化的势头被有效阻止。应当看到，在中国现阶段，有助于缓解贫富矛盾问题的因素在明显地持续增加。2003 年末和 2004 年初，中国政府提出了和谐社会、以人为本以及和谐社会的理念和理论，强调共享社会经济发展成果，强调公平正义，并将之作为基本行为和基本政策的导向。经过数年的实践，这一系列的理念和政策取向渐渐开始取代了以往 GDP 至上的理念和政策导向。更重要的是，与前述理念和理论相配套的一系列具体政策开始推出并陆续得以落实，先是推出免除农民的农业税、统筹城乡发展等政策；继之又围绕着保障和改善民生问题推出一系列政策，如减免中小学生的学杂费和书本费，增大社会保障和公共卫生保障的政策力度，等等；现在又开始重视收入分配的改革，等等。应当看到，这些改善民生的政策，其力度是空前的。比如，社会保障支出，从 2006 年的 2010.02 亿元到 2010 年预算安排 3185.08 亿元，中央财政投入力度连年递增；教育支出，从 2006 年的 536 亿元到 2010 年预算安排 2159.9 亿元，一年一个新台阶；医疗卫生支出，从 2006 年的 138 亿元到 2010 年预算安排 1389.18 亿元，连年实现跳跃式增长。这一切，无疑有助于贫富矛盾问题的缓解。如果这一系列政策的力度再进一步加大并持续一段时间，同时，配之以一些相关的政策措施，如确立以民生为优先的公共投入的优先顺序，并开始有效解决社会结构层面上的问题，那么，贫富矛盾迅速演化的势头有可能被有效阻止。

贫富矛盾问题第二种可能的演化趋向是贫富矛盾问题趋于加重。在中国现阶段，至少有三种因素的存在，使得贫富矛盾问题呈惯性演化趋势，而且其势能在积累。其一，居民财产性收入的增加。在未来，居民的理财意识将会普遍增强，理财方式也将趋于多样化和常态化，

再加上社会不同群体现在用于理财的资金数量以及不动产规模已经有较大的差别，所以，伴随着中国资本市场的历史性发展，社会不同群体在股票、基金、房屋租赁等财产性收入方面的差别将会以较快的速度增大，从而拉大了整个社会的贫富差距。其二，公共投入的重心还没有从根本上扭转过来。尽管如今政府开始重视民生问题，将之放到一个十分重要的位置，但由于以往积累的问题过多，积重难返，民生的根本性的好转还需要假以时日。不能否认，现在一些官员和地方政府出于惯性思维和习惯心理，出于地方的利益驱动（如土地财政的驱动），仍然热衷于形象工程、大干快上。且不说高铁地铁一类耗资巨大的工程在紧锣密鼓地安排当中，更为重要的是，新一轮的城市大拆迁、大建设、大跃进的活动正在迅速启动和高速推进当中。比如，目前200多个地级市中有183个正在规划建设“国际大都市”，创世界之最。这些巨型的豪华工程、面子工程、形象工程如果不停下来，所耗费的公共资金数量巨大，国家财力无法支撑。受此影响，民生问题不可能得到根本性改善。如是，不少社会成员仍然会像以往那样，其基本生活底线问题得不到保障和改善，进一步看，过大的贫富差距问题仍然得不到有效的解决。其三，社会结构层面上的问题解决难度较大。同其他问题相比，社会结构层面矛盾问题解决的难度相对比较大。这一类问题的解决需要多个大领域如社会建设、政治建设推进到一定地步，而且需要一段比较长的时间，才能从根本上得以解决。这样看来，在社会结构层面矛盾问题短时间难以根本解决的情形下，中国率先富裕起来的社会群体由于已经拥有了优厚的资本、广泛的人脉网络、丰富的致富经验以及越来越宽泛的财富增值渠道，因而仍然能够在经济快速发展过程中分享到更多份额的财富；相比之下，社会主要群体的生存和发展空间越来越受到挤压。在这样的背景下，贫富矛盾问题的势能很有可能会越来越强，惯性可能会越来越大，越来越会按照自我演化的逻辑加速演化。

贫富矛盾问题趋于缓解和趋于加重这样两种可能的趋势，目前正处在胶着状态当中。至于哪一种趋势能够占据优势，取决于哪一方的增量因素能够快速增加而压倒对方。

由上述贫富矛盾问题特征的分析可以看到，中国现阶段贫富矛盾问题是比较严重的，涉及社会的方方面面，尤其是牵涉到社会结构深层的矛盾问题，其负面影响广泛而深远，因而必须引起人们的高度重视。

至于如何缓解和解决贫富矛盾问题，涉及标本兼治多个方面，这里只提及几点。其一，必须进行收入分配的改革，从初次分配和再分配两个方面入手，但不能仅限于此。其二，必须真正从理念和行为等方面确立起以民生为优先的公共投入的顺序。只有做到这一点，才能从底线的层面阻止贫富矛盾问题的进一步加重。其三，从根本上看，必须大幅度推进社会建设和政治建设。只有当社会建设和政治建设推进到一定地步，才能解决中国社会结构层面上的主要问题，才能进而从根本上解决贫富矛盾问题。其四，从推进节奏上看，必须保证有助于缓解和解决贫富矛盾问题的增量因素的增长幅度明显大于加重贫富矛盾问题的增量因素的增长，以此打破目前贫富矛盾问题趋于缓解和趋于加重这样两种可能趋势的胶着状态，顺利渡过贫富矛盾问题演化的临界点，进而助推社会建设进程。

（作者：中共中央党校教授）

（选自《教学与研究》2011年第8期）

“十二五”社会结构的安全危机及对策探讨

罗波阳　邓子纲

引言

社会结构和经济结构是一个国家和地区的两个最基本的结构。经济结构是一个国家和地区的基本经济形态，是观察认识这个国家或地区经济状况和发展水平的重要维度；社会结构则是一个国家或地区的基本社会形态，是观察分析这个国家或地区社会状况、社会发展水平的重要维度。对一个国家或者地区而言，在某一个特定的历史阶段，有什么样的经济结构，就应该有什么样的社会结构与之相对应，否则，就会对经济社会的可持续发展造成不利的影响。长期以来，出于加快发展，集中精力办大事的战略需要，我们在强调以经济建设为中心的同时，忽视了对社会事业的同等重视，导致目前我国的经济发展水平和经济结构已经处于工业化中期往工业化后期发展的阶段，而社会事业和社会结构却停留在工业化初期的水平。社会结构的滞后，成为经济进一步发展的桎梏，也成为我国层出不穷的社会矛盾的结构性根源。

据学者研究认为，目前我国的经济结构已经处于工业化中期到后期的水平，但是我们的社会结构还停留在工业化初期的水平，我国的社会结构滞后于经济结构至少15年。“十二五”期间是我国经济社会协调发展的关键时期，也是社会矛盾的凸显期和集中解决矛盾的攻坚期，社会结构存在的各种问题开始显现，而价值观的多元化，更从客观上增加了社会控制的难度，并给社会的稳定与发展带来了严峻的挑战，需要引起我们的高度重视。

1.“十二五”社会结构的安全危机

所谓公共安全，是指公共领域的基本价值、基本规范、基本利益等未受到威胁、从而能够沿着公共生活的固有逻辑或者人们的预期正常前进的状态。当前，我国正处在社会转型时期，各种矛盾交织呈现，沿海和内陆地区不断增长的收入差距，出现的暴发户群体等问题混合在一起。“十二五”期间，社会结构的安全危机主要表现在：

1.1 家庭和社会组织功能的分化重组，给社会管理带来新的难题

家庭和社会组织是社会两大整合方式。家庭结构是社会结构初级单位，家庭结构的变化主要体现在：

(1)现在家庭规模趋于小型，各种类型的家庭，如丁克家庭、空巢家庭、单身家庭等都开始出现。

(2)家庭功能开始改变，经济功能日益强化，传统家庭承担的社会功能逐渐被剥离转移给社

会和国家。

在城市，目前形成了“4-2-1”的家庭结构，一对夫妇要供养4个老人，不论是目前的家庭收入，还是夫妇能够用于赡养的精力和时间，都难以满足老年人的养老需求。在农村以“4-2-2”的家庭结构为主。持续下降的生育率，使家庭规模进一步减少，趋向小型化、核心化。家庭结构的脆弱，使负担老人的能力大大降低，难以承受人口老龄化和老年人口高龄化的冲击，容易造成社会结构的不安全，引发社会动荡。

就社会组织结构而言，已经从“国家—单位”的单一结构模式演变为“国家—企业事业实体—社会组织”复合模式。国家的职能已经发生变化，从很多领域退出；企事业单位逐渐从单位办社会的包袱中摆脱出来，专心于企事业单位本身的业务；社会组织在总数上已经取得巨大发展，截至2010年第二季度，登记注册的社会组织总量42.9万个，其中社会团体23.8万个，民办非企业单位19.1万个，基金会1791个。但是有的还带有官方性质，没有从行政部门中分离出来，履行着行政职能，有的功能还不完善，有的虽然在发挥社会组织的作用，但是还没有名正言顺地得到官方的认可。社会组织在促进经济发展、繁荣社会事业、参与公共管理、开展公益活动和扩大对外交往等方面都将显示出越来越重要的作用。总体上看，社会组织发展势头良好，但需要进行体制机制的改革，才能确保社会组织的健康发展并发挥社会调节的积极作用。

1.2 城乡二元、区域梯度发展格局，给人口管理和治安带来巨大困难

随着改革开放以后各种政策的松动，特别是上世纪90年代开始的大批农民工进城务工，我国劳动力开始向城市和东部发达地区转移，近年来，一些地方在户籍政策方面的放松，使城市化率逐年提高。到2009年，我国的城镇人口按统计口径算，已经达到了6.22亿人，城镇化率提高到46.6%。但是受到目前户籍政策的限制，一部分居住在城市的农民工没有享受到城市居民同等的权利。城乡差距越来越大，构成了明显的城乡二元经济结构与二元社会结构。生活在城市的农民工，遭受着政治、经济、文化和社会各方面的排斥，他们没有真正融入到自己工作的城市，造成“人在城市、心在农村”。

就区域来看，东中西部发展差距较大，形成了发展差距东、中、西部的梯度递减格局。2008年，东部地区以占全国9.5%的土地面积和占全国40%的人口，创造了占全国58.4%的地方生产总值，中西部内陆地区则以占全国90.5%的土地面积和占全国60%的人口，仅创造了占全国41.6%的地方生产总值。尽管在“十一五”期间，国家出台了一系列的政策措施，统筹城乡和区域发展，但是城乡差距和区域发展差距依然在扩大。这种差距极易形成人口大规模流动，给人口管理和治安带来巨大困难，不可避免出现某些社会犯罪现象。

1.3 就业、分配存在的结构性矛盾，使不同社会阶层和群体之间的矛盾和冲突激化

就业和分配自改革开放以来，打破了计划体制的单一格局，市场机制逐渐发挥着主导作用。1978年，全国4亿就业人口在三次产业分布的结构仍然为70.5∶17.3∶12.2。改革开放以来，就业结构逐渐发生变化，到2008年，全部就业人口的三次产业分布格局演变为39.6∶27.2∶33.2，非农就业人口占60.4%。1978—2008年，第二、三产业从业人员平均每年增加1166.4万人。总体来看，中国就业结构已经不再是农业国家的就业结构，达到了工业化国家的就业结构标准，但是就业结构和产业结构存在较大偏差，2007年，占40.8%的农业劳动力只创造了GDP的11.7%。“十二五”期间，一方面我们就业压力越来越大，另一方面就业

存在着结构调整的艰难任务。

分配制度的实现是在一定社会经济关系中进行的，归根到底取决于生产力水平和生产关系性质，“一定的分配关系只是历史规定的生产关系的表现”，在分配领域，初次分配和二次分配的关系依然没有处理好，存在着城乡之间、行业之间、阶层之间收入差距的扩大。目前我国收入分配差距主要体现在两个方面：

(1) 政府积累财富的比重越来越大而个人收入占比越来越小。央行公布的统计数据显示，“政府存款”项目下的资金额从1999年的1785亿元一路上升到2008年的16963.84亿元，猛增了9.5倍。20年来在劳动报酬和居民储蓄所占份额越来越萎缩的同时，政府储蓄率却在节节攀升，政府预算内财政收入占GDP的比重从10.95%升至20.57%，若加上预算外收入、政府土地出让收入及中央和地方国企每年的未分配利润，政府的大预算收入几乎占到了国民收入的30%。

(2) 财富越来越向少数人集中而工农大众收入偏低。全国总工会2010年4月发布的一个调研显示，我国的国民收入分配格局中劳动者报酬占GDP的比重不断下降，而资本所有者和政府占比却大幅提高。从1997—2007年，劳动者报酬占GDP的比重从53.4%下降到39.74%；企业盈余占GDP比重从21.23%上升到31.29%，而在发达国家，劳动者报酬占GDP的比重大多在50%以上。我国城乡人均收入差距之比已从改革开放初期的1.8 ∶ 1扩大到2007年的3.33 ∶ 1。国际上通常认为，基尼系数0.4是警戒线，一旦基尼系数超过0.4，表明财富已过度集中于少数人，该国社会处于可能发生动乱的“危险”状态。我国基尼系数已从改革开放初的0.28上升到2007年的0.48，近两年不断上升，实际已超过了0.5，这是十分严重的信号。“收入差距”成为影响我国人民社会态度和行为的深层次因素，特别是权钱交易、贪污腐败、各种非法致富行为对收入分配的影响，使人民群众产生了强烈的社会不公平感，导致社会积怨加深，它的迅速积累可能演化为社会动荡的导火索，或者当出现突发性事件时，这种积怨会成为“燎原之势”，极大地危害社会安全。

1.4 社会阶层分化不合理，给社会的稳定与和谐带来隐患

中国社会科学院的课题研究小组提出了以职业分类为基础，以组织资源、经济资源和文化资源的占有状况为标准，把社会成员基本划分为十大阶层：国家与社会管理者阶层、经理人员阶层、私营企业主阶层、专业技术人员阶层、办事人员阶层、个体工商户阶层、商业服务业员工阶层、产业工人阶层、农业劳动者阶层和城乡无业失业半失业者阶层等等，体现出社会成分多样化程度。在这十大阶层中，按照学术界一致的观点，目前中国的社会阶层结构还很不完善，表现社会中产阶级成员所占比例太小，中下层所占比重太大，呈现为一种金字塔形状。而比较理想的社会阶层结构的分布应该是橄榄型的结构。想方设法壮大中等收入阶层的数量，对于社会结构的安全显得越来越重要。

(1) 作为中产阶级后备军的高校毕业生就业不稳定，社会保障差，劳动法律法规没有真正落实，现在的高校毕业生的就业优势和社会声望优势已经不存在，不少人毕业就失业，这样的群体很庞大。

(2) 庞大的农民工群体收入增加面临很多问题，农民增收难度越来越大，而农民始终是最大就业群体。

(3) 垄断行业的收入没有得到很好的规制，所得税制度利于富人而不利于中下收入群体。

(4) 对于工薪阶层，没有形成工资（劳动收入）随国民收入增加而增加的机制。

总体来看，虽然社会阶层分化加快了，整个阶层结构也有向现代社会的理想结构——橄榄型趋势发展，但是这种趋势还很脆弱。而这种阶层分化的不合理，使个人的挫折不幸或消极情绪被看作与他人无关的事情，不可能指望得到群体的理解和援助，这使得那些被社会边缘化的人很容易形成心理偏差，产生强烈的被孤立、被抛弃的感觉，逐渐形成对社会的仇视和敌对，走上极端，很容易诉诸于自杀或反社会行为，从而成为社会安全的最大隐患。

2.“十二五”社会结构安全防范措施探讨

(1)“十二五”期间要确保社会结构的安全，就要以解决人民群众最关心、最直接、最现实的利益问题为重点，改革分配方式，建立橄榄型社会阶层结构；

(2)着力发展社会事业；

(3)促进社会公平正义、完善社会管理、增强社会创造活力；

(4)把以人为本、关注和改善民生为重点的社会事业不断引向深入，让人民群众共享发展成果；

(5)推进体制改革和探索长效机制不断引向深入。

2.1 改革分配方式，建立橄榄型社会阶层结构

在确定“十二五”社会发展战略时，必须坚持以人为本，在实现经济跨越式发展的同时，更加注重对民生改善的新要求，更加注重保障人民群众的根本利益。在继续坚持富民强国的战略目标下，更加突出“富民”的战略地位。近年来政府、企业和居民三者之间分配关系呈现较为明显的失衡状况，城乡之间、地区之间、行业之间的收入差距都有扩大的趋势。调整国民收入分配格局具有全局性、根本性和基础性意义，因为城乡二元经济社会结构、居民收入差距拉大和贫困人口较多、消费需求不足和投资过热并存等问题的存在和长期得不到解决，都与国民收入分配格局不合理有直接关系。越来越多的利益冲突表明，必须尽快通过社会统筹和二次分配，通盘考虑全体社会成员利益，建立社会各阶层分担社会转型成本、分享改革与发展成果的机制。应该改变当前国民收入分配格局，提高居民收入特别是劳动者报酬，让社会财富分配更加公平合理。

要在坚持基本分配制度的前提下，切实保护公民合法收入和私有财产，同时尽快扭转城乡、地区和不同行业之间的收入差距过大趋势，逐步形成中等收入占多数的“橄榄型”分配格局，从而逐渐打造橄榄型的社会阶层结构。所谓橄榄型社会结构，顾名思义如同橄榄——“两头小，中间大”的似球状体，它所表明的是社会阶层结构中极富极穷的两极很小而中间阶层相当庞大。从全球视域来看，世界上许多的现代化发达国家都是这种结构，当然也正是这种结构铸就了许多国家今日的发达和辉煌。因为，庞大的中产阶级(middle class)具有对社会贫富分化较强调节功能和对社会利益冲突较强的缓冲功能。

2.2 加大财政“民生支出”，改善生存状态和权益保护状况，建立城乡一体化的社会保障体系

发展的最终目的要“以人为本”，使老百姓受益，才能使社会更加和谐安定，这是经过实践证明的规律。

“十二五”期间我国的经济将保持高速增长，要把民生工程的财政支出进一步的加大，要从偏重经济增长转向更加重视扩大城乡就业，更加注重完善城乡社会保障体系。调整支出结构，建立规范的社会保障预算制度，进一步提高社会保障支出的比重。努力扩大社会保障体系的覆盖面。适应人口老龄化、就业方式多样化、城镇化加快的特点，完善现有的保障制度，有

计划地把应该纳入而未纳入的人切实纳入进来，真正实现“应保尽保”，探索新的制度建设，针对不同群体增加新的保障项目。要进一步做好城镇职工基本养老、医疗、生育、工伤、失业保险，推进各类社会保险的扩面征缴工作，力争各项社会保险费收缴率达到100%。全面构建“农村基本养老保险、农村大病统筹、城乡最低生活保障”三道保障线，真正实现“老有所养、病有所医、贫有所济”，并积极探索城乡各项保险的并轨。高度关注社会弱势群体，健全城乡最低生活保障制度，努力形成随经济发展、消费水平、物价指数变化而适时调整的运作机制。建立社会救助体系，实施医疗救助、爱心救助和法律援助，对困难群体实施分类救助。整合资源，集中财力，积极发展自收自支的乡镇敬老院，扩大社会救济能力。动员全社会力量，开展扶贫帮困，发展慈善事业。以非公有制企业为重点，扩大住房公积金覆盖面，不断增加中低价商品住宅供应量，做好低保家庭住房保障工作。严格执行企业职工最低工资标准，督促企业按时足额发放职工工资。

2.3 以制度创新弥合“城乡鸿沟”，消除“阶层鸿沟”、“身份鸿沟”，推动积极就业，促进社会公平正义

统筹城乡和区域公共服务、义务教育、社会保障等社会事业的发展，以公共产品一体化、均等化为基础，打破城乡、区域的二元分布格局，在公平的体制环境中实现城乡居民全面发展。通过政府统一规划、统筹供给城乡基础性公共产品，注重社会事业在城乡和区域之间的均衡分布。建立适应科学发展要求的体制机制，建成城乡规划体系，农村地区逐步开始与城市（地区）共享城市基础设施、公共服务。必须终止对“农民工”、“外来务工人员”等歧视性称呼，并为服务这些新市民出台包括子女入学、看病就医、法律援助、社会保障等在内的一揽子优惠政策。积极实施促进就业增长的长期战略和政策，坚持劳动者自主择业、市场调节就业和政府促进就业的方针，逐步形成经济增长与扩大就业协调发展的良性互动机制。建设覆盖城乡、统一规范的劳动力市场，积极创造条件搞好市场场地建设，实行城乡劳动力平等竞争。大力开发新的就业岗位，扩大就业容量，鼓励和支持多形式就业，帮助就业困难人员实现就业。通过社会政治改革，改写不合理的社会规则，给民众提供平等的发展机会，实现各个阶层之间的良性社会流动。

2.4 准确把握社会情绪，构建多渠道民众利益表达机制，建设全新的社会管理格局

社会矛盾纠纷主体即是社会矛盾纠纷的参与者与涉及者。当前，我国社会矛盾纠纷主体已由一元化向多元化转变。在社会结构调整和社会体制改革过程中，社会大转型引发了众多的社会问题，如信访问题、“三无”农民、房屋拆迁、土地征用、城市地摊、环境污染、医疗纠纷、物业纠纷等等。原来的解决机制已经难以有效解决这些新的社会问题，需要新的解决办法，特别是一些群体性的社会冲突，更应该引起重视。

应该反思我们目前的纠纷解决机制，妥善处理好政策和法律的关系，改革信访制度，妥善化解社会矛盾，维护社会稳定。要增强把握社会情绪的能力，善于倾听来自底层的声音，广泛动员和组织人民群众依法参与管理社会事务、管理经济和文化事业。从社会发展角度看，社会组织化程度越高，公民参与社会公共事务的程度越高；公民参与社会公众事务的程度越高，社会集团之间对话成本越低，妥协的可能性越大，社会矛盾就越少，社会越稳定。我国公民社会还过于依赖政府和利益集团，缺乏独立性。Alfred L.Chan 和 Paul Nesbitt-Larking 把中国公民社会界定为“批判性的公

民身份”(critical citizenship)也是基于它过分依赖于国家等权威而得出的结论。因此，加强社会组织建设，培育公民社会，在社会管理中发挥社会组织作用，是化解社会结构安全危机的重要内容。

要进一步改革和完善社会政策的决策体制，建立公众参与制度，特别是健全决策协商和协调机制、咨询论证、公示、听证等制度，通过多种渠道和形式广泛集中民智、反映民情，扩大人民群众的参与度，逐步做到保证社会成员都能够平等地参与市场竞争、参与社会生活，都能够依靠法律和制度来维护自己的正当权益。

3.结论

(1)我国过去在发展社会事业方面欠账较多，社会事业总体功能效率低，供求结构不合理。上学难、看病难、住房难、饮水难、行路难、养老难等问题在不同地方都普遍存在。“十二五”如果继续坚持“经济一腿长、社会一腿短”，必然导致经济发展与社会发展的失衡，必然导致经济发展迟早陷于停滞，最终必然导致社会不安定。

(2)“十二五”经济社会利益格局的调整给人们的价值观念、思想方法和行为规范带来强大的冲击和影响，必然会触动部分社会成员的切身利益并导致心态失衡，极易引发社会冲突。社会保障制度的不完善和合理的分配调节机制的不健全成为引发社会冲突的重要原因。

(3)现阶段凸显的各种矛盾，很多是社会结构性矛盾的体现。世界上任何国家都一样，在社会转型阶段，出现各种类型的矛盾很正常。当前的社会矛盾与社会转型密切相关，转型既是解决旧矛盾的过程，又是产生新矛盾的过程。“十二五”期间，这些社会矛盾的化解需要从城乡结构、收入分配结构、司法体制等方面进行改革，逐步消除可能产生各种类型社会矛盾的体制和结构性根源。

(作者：罗波阳，湖南省社会科学院副院长、研究员、博士生导师)

(选自《中国公共安全·学术版》2011年第1期)

构建公共安全的三个层面

姜涌　　李光

当前，公共安全问题一再受到关注。从食品安全到偶发的“群体性”事件，这些问题在对社会正常秩序造成一定伤害的同时，也考验着当地政府的执政能力和执政水平。如果处理不当，它会加深民众与政府公共权力机关之间的误会和矛盾，导致民众对政府的不信任，进而造成更大的公共安全危机。整体来看，当今的公共安全问题具有以下两个明显的特点：偶发性与必发性并存；维权性和泄愤性共在。针对这两个特性，要着重从三个层面入手，构建公共安全体系。

一、政府公信力是构建公共安全的关键

以2010年末的钱云会事件为例，事发当时就造成了警民对峙的局面，随后舆论、媒体和传言也风起云涌，都把怀疑的矛头对准了执法机关，给当地执法者造成了极大的压力。为什么在真相尚未明朗的时候有这么多质疑呢？这绝非偶然，其中的原因就是民众对政府的不信任。政府公信力的缺失是一个极其危险的信号，公信力作为权力机关的基本特性是公民契约意志的体现，是权力机关得以成立并富有效力的前提和保障。如果一个政府失去了民众对它的信任，它也就会随之丧失了当初的契约意志，它的合法性和权威性将遭到质疑。民众对当地执法机关的不信任是事出有因的，从前几年的瓮安事件、石首事件、邓玉娇案，到去年的“我爸是李刚”、“河南某驻京办买假茅台”、“局长女儿第一名”等一系列的事件中，民众对权力机关的不信任逐步累积，其中有权力机关处理突发事件能力上的不足，更有深层次的社会不公正的因素。

加强政府公信力，让民众增强对政府的信心和依赖，需要做好以下工作：

首先，政府部门要摆正心态，不卑不亢，明确使命，踏踏实实为人民服务。从性质上分析，瓮安事件和石首事件可以定性为群体性的泄愤事件。它们的发生具有一定的偶然性，主要是在事件处理过程中由于处理不当造成了群体冲突使事件升级。当地政府在处理这类事件的时候，往往由于害怕事态扩大“捅娄子”而采取无为式的息事宁人或粗暴打压的手段，甚至滥用警力，动辄就公安、武警出动，一副进入紧急状态大战在即的架势，这就犯了常识性的错误。政府首先应该在事件中充当倾听者，然后再站在人民群众的立场以服务者的态度去尽快协调并修复受损的公共利益。其实这类事件最初只是民众表达利益受损的维权行为，也就是“人民币”矛盾，属于人民内部的正常矛盾。遗憾的是，当地政府并没有准确地认识到这一点，加之迫于上级维稳的压力，便做出了一系列心虚又惊恐的举动。

公民意识的觉醒是改革开放30多年来中国所取得的伟大成绩，也是全社会需要共同面对的现实，更是民主法治建设的珍贵果实。中国传统社会几千年的官本位思想的影响遭遇公民意识的觉醒，是目前中国社会官民之间最大的矛盾。此外，政府还要调整结构，努力向服务、建议、协调型政府转型。只有切实为人民群众服务，才会取信于民。

其次，政务公开，收支明晰，向社会晒账本。设立重大决策市民听证制度，调动民众监督积极性。去年发生的河南某驻京办花费66万元购买假茅台酒上诉事件，便极具讽刺意味。如果他们不抢先“维权”，恐怕纳税人至今还不知道自己的钱花在了什么地方。政府预算是应该在各级人大审议之后再进行分配使用的，这个过程就是人民参政议政、行使监督权的过程。地方政府不公开的政务信息加上故作神秘的办事风格，使党群关系渐行渐远，严重削弱了政府的公信力。

第三，最重要的是维护社会公平。“我爸是李刚”、“局长女儿第一名”等事件可以定性为“惯性”泄愤事件。这些事件在发生后被迅速传播，并带有明显的夸张和讽刺意味，随后便是舆论的一边倒，直指事件背后潜隐的社会不公正的现实。由于公愤积累的缘故，便具备了舆论惯性。机会是否公平、司法裁判是否公正、分配结果是否正义，是目前民众最为关注的三种不公平问题。尤其是机会不公，这是从规则之外和游戏之先就已经种下的不公平的“潜规则”。民众对官员的不信任、对腐化现象的仇恨，成为惯性泄愤事件的诱因。

二、制度建设是构建公共安全的支柱

制度以法律、法规的形式表现出具有稳定性和强制性，它是政府执政能力和公共安全的重要支柱。公共安全犹如行车安全，正义完善的制度体系恰如汽车的高强度车身设计和安全气囊装置，为行车提供了可靠的被动安全保护。

首先，构建正义的制度。罗尔斯认为：“正义是社会制度的首要价值，正像真理是思想体系的首要价值一样。一种理论，无论它多么精致和简洁，只要它不真实，就必须加以拒绝或修正；同样，某些法律和制度，不管它们如何有效率和有条理，只要它们不正义，就必须加以改造或废除。每个人都拥有一种基于正义的不可侵犯性，这种不可侵犯性即使以社会整体利益之名也不能逾越。因此，正义否认为了一些人分享更大利益而剥夺另一些人的自由是正当的，不承认许多人享受的较大利益能绰绰有余地补偿强加于少数人的牺牲。所以，在一个正义的社会里，平等的公民自由是确定不移的，由正义所保障的权利决不受制于政治的交易或社会利益的权衡。允许我们默认一种有错误的理论的唯一前提是尚无一种好的理论。同样，使我们忍受一种不正义只能是在需要用它来避免另一种更大的不正义的情况下才有可能。作为人类活动的首要价值，真理和正义是决不妥协的。”

在我们的社会生活中，实际的正义是一个比较性的范畴，必须有一个参照作为标准，并随着历史的因素而变化着。刚改革开放的时候，“解放生产力，发展生产力，消灭剥削，消除两极分化，最终达到共同富裕”、“让一部分人先富起来”——这就是那个时候的实际正义。但随着市场经济的发展，贫富分化日益严重，城乡差距拉大，社会不平等现象加剧……当前，个人所得税征收起点的提高、房产的限购等政策，都是在调节分配上向富裕阶层索要的现实正义。可以这么说，正义的制度一方面为公共安全事件的发生提供了预警可能，另一方面又为公共安全事件的后果提供了解决方案。

其次，构建完善的制度。制度在具有稳定性和强制性的同时，还具有框架性和刚硬性。社会是变化发展的，而制度一经确立便生成了既定的框架和边界，在相对的意义上制度建设的状态应是永无尽头。制度的微观领域尤为重要，它是制度化进程中容易被忽视的一环，如果处理不好这些细微环节，它往往能够给全局带来灾难性的后果。食品安全问题频发与监管不力有直接的关系，监管为什么会不力呢？政府一再强调食品安全的重要性，为何“地沟油”、“瘦肉精”、“皮革奶”会层出不穷呢？除了伦理道德的因素外，更有微观制度缺失的因素。对于监管部门来讲，问题不出现他们就会稳稳当当，没有激励也没有风险。特别是基层行政组织的人员没有实权，既然不能“政治承包”获得激励，自然也就会甘于稳定，丧失热情。可一旦出现问题，他们又会受到严酷的惩罚，很多时候来不及走程序就已经成为了“替罪羊”。同样司法维护的不经常，也是奖惩机制滞后的恶果。此外，制度化建设还需要提高民众的参与度，特别是信访制度、仲裁制度等。政府在普通维权和利益申诉方面，可以放开不必要的限制，在冲突临界点架设缓冲区，以此来消解制度的刚硬性缺陷。所谓“宜疏不宜堵”正是处理人民内部矛盾的正确方法。实际上，政府执政能力的自信也是制度化发展的一个标志。

三、道德伦理是构建公共安全的基石

如果说制度建设是为公共安全提供支柱般的被动安全保护的话，那么道德伦理（“道德”和“伦理”原为两个不完全相同的概念，在此仅当做近义词合称，不再另作探讨）就是提供预防隐患发生的主动安全装置。它在社会发展进程中的作用是决定性的，甚至是解决一切冲突和问题的根本所在。

道德伦理具有主动性、柔韧性和恒久性。马克思在《评普鲁士最近的书报检查令》中说过“道德的基础是人类精神的自律”。自律的首要特征就是主动性。孔子曰：“为仁由己，而由人乎哉。”关于美好的德行就是自我的觉醒和救赎，要完全依靠主体自身的努力，出发点和旨归点都永远交合为自身。道德伦理的柔韧性表现在它可以被违背。这就从反面凸显了道德伦理的庄严和伟岸。“因为这种可违反性的存在，才映现出遵循者的可贵。正是他们的抉择，赋予道德选择以崇高和尊严。就像帕斯卡尔所说的‘思想的芦苇’。”（何中华：《哲学：走向本体澄明之境》，山东人民出版社，2002，第10页）它的柔韧又恰如老子的“水”和赫拉克利特的“火”，以婉转曲回和生生不息产生了伟大的力量。因为可违背，便不至于遭到强力的抵制和掘尽心思的投机破坏。对于遵循者和违背者来讲，道德伦理都有让他们得到满足的理由。道德伦理的恒久性表现在它具有“克里斯玛特质”（克里斯玛〔Charisma〕最早出现在《新约·哥林多后书》中，原指因蒙受神恩而被赋予的天赋。马克斯·韦伯则全面扩展了它的涵义，既用来指具有神圣感召力的领袖人物的非凡本领或神授能力，也用来指与日常世俗中的事物相对立的超自然的神圣特质。后来，爱德华·希尔斯在《论传统》中进一步宽泛了克里斯玛的涵义，他把克里斯玛特质注入到社会生活的方方面面，由于人们相信一切皆与“终极的”超凡力量相联系，所以同样具有克里斯玛特质。希尔斯通过这种说明意在阐释，当传统已经渗透到社会生活的各个角落的时候，要想用现代化的精神来取代是不可能的）。由于习惯积累的厚重加上和周围环境的幽隐统一，道德伦理与生俱来就具有一种先天的免疫力，这种免疫力促使人们在不断物欲化的世界中寻找自身的归属和重量。学理上的道德伦理再好也需要被赋予实践的品格才具有现实的意义，在面对当今公共安全问题的时候，切实可行，行之有效才是关键。

首先，从管理入手，培养示范机制。据2010年公布的《中国伦理和谐状况报告》显示，政府公务员是公认的道德伦理方面最不被满意的群体，以74.8%的比例高居各群体之首(樊浩：《当代我国诸社会群体伦理道德的价值共识与文化冲突——中国伦理和谐状况报告》，《哲学研究》2010年第1期)。《后汉书》中说："治乱之要，其本在吏。"公共安全隐患要首先从体制内消除，秩序才可能向体制外扩散。严格按照法制程序惩治官员腐化，不姑息迁就走过场。尽快完善绩效激励机制，让制度性腐化消亡在制度化的进程中。此外，还应培养示范机制。在儒家传统中，任何事物必须经由伟大人物和伟大人格的熏染、化育之后才具有了绝对的权威。受其影响的国民性格因为同样具有克里斯玛特质而具有一定的期望惯性。他们就期待会有一些尧舜般的人物来作为道德的楷模，给世人做好表率和榜样。"为政以德，譬如北辰居其所，而众星共之。"只要执政者有良好的德行，人民就会拥护他，只要拥有良好德行的统治者以身示范，良好的社会秩序和道德氛围就会确立。

其次，加强教育，培植广义的公民意识。如果说制度是成文的契约的话，道德伦理就是不成文的契约，它的形成是全体社会共同学习的结果。无论家庭、学校、组织、社团、公共场所等一切单元都应是道德教育单元。道德伦理行为具有明显的心理暗示特点，它出现的频率只要达到一定程度，就会迎合从众心理，产生共鸣。公交车上让座的越多，这辆车上就不再有不让座的了。要时时刻刻注重良好道德环境的营建，培植广义的公民意识。所谓广义的公民意识也就是除了具备自由、民主、权利和义务等意识之外，还应该包含奉献、诚信、互助、廉洁等职业道德意识。构建公共安全，根本上还是要赋予道德伦理以实践的品格才具有现实意义。

总之，政府公信力、制度和道德伦理建设是构建公共安全的三个层面。三个层面彼此相互制约、相互影响、共同作用而不可或缺。

（作者：姜涌，山东大学哲学与社会发展学院教授）

（选自《领导之友》2011年第5期）

论突发公共安全事件应对中的政府职责

刘　玲

近年来，随着突发公共安全事件的不断发生，人们对其越来越关注，如何应对突发公共安全事件已经成为政府的一大课题。

一、突发公共安全事件应对中政府的地位

突发公共安全事件的“公共性”注定了与其匹配的应对机制必然表现出强烈的公共性。在现代国家管理体系中，“政府作为公共服务的提供者、公共政策的制定者、公共事务的管理者以及公共权力的行使者，具有在突发事件中承担主要责任的义务。”政府作为公共事务的管理者，其管理活动是以追求公共利益为目的的，其管理事务本身具有广泛性、突发性等特点，其管理手段具有强制性与单方性，其管理目标是快速、高效地解决问题，维护社会秩序。正是由于政府在公共事务管理方面具有的上述特征，相对于其他国家机关与社会组织，政府更适于承担应对突发公共安全事件这一职责。

根据我国《宪法》和《地方各级人大和地方人民政府组织法》的规定，各级政府及其下属部门承担着保障人民生命财产安全、维护社会秩序的法定职责，应对突发公共安全事件是其中必不可少的一项基本内容。《中华人民共和国突发事件应对法》(以下简称《突发事件应对法》)规定，国务院和县级以上地方各级人民政府是突发事件应对工作的行政领导机关，《国家突发公共事件总体应急预案》也规定，国务院和地方各级人民政府是突发公共事件应对与应急管理工作的行政领导机构。

由于突发公共安全事件的发生往往涉及到不特定多数人的人身及财产安全，为了及时有效地处置突发事件，控制、减轻和消除突发事件引起的严重社会危害，需要充分发挥政府的领导作用，由政府组织、动员各种资源加以应对。因此，政府在突发公共安全事件应对中占有举足轻重的主导地位，扮演着至关重要的角色，其履行职责的效果很大程度上决定着突发公共安全事件应对工作的成败。

二、政府应对突发公共安全事件的管理体制

突发公共安全事件往往是不可预料、突然发生的，可能造成重大人员伤亡、财产损失，因此需要有一个能迅速有效地调动各种力量进行应对的应急管理体制。《突发事件应对法》第4条规定，在突发事件应对工作中，“国家建立统一领导、综合协调、分类管理、分级负责、属地管理为主的应急管理体制。”

1．纵向关系：属地管理、分级负责

纵向上，突发公共安全事件行政应对体制

涉及上下级尤其是中央政府与地方政府的集权和分权关系。在突发事件应对中实行"属地管理、分级负责"是世界多数国家的普遍做法。如日本的应急管理体制是以内阁首相为最高指挥官，由内阁官房来负责总体协调、联络，并通过内阁会议等决策机构制定危机对策，由各省厅、部门根据具体情况予以配合的组织体系。英国突发事件应急处置工作主要是地方政府起主导作用，中央政府往往起政策制定和协调作用。

在我国，根据《突发事件应对法》的规定，国务院是突发公共事件应对工作的最高行政领导机关，国务院在总理领导下研究、决定和部署特别重大突发公共事件的应对工作；国务院可以根据实际需要，设立国家突发事件应急指挥机构，负责突发事件应对工作。县级以上地方各级人民政府是突发事件应对工作的行政领导机关，对本行政区域内突发事件的应对工作负责；设立由本级人民政府主要负责人、相关部门负责人、驻当地中国人民解放军和中国人民武装警察部队有关负责人组成的突发事件应急指挥机构，统一领导、协调本级人民政府各有关部门和下级人民政府开展突发事件应对工作；根据实际需要，设立相关类别突发事件的应急指挥机构，组织、协调、指挥突发事件应对工作。上级人民政府主管部门应当在各自职责范围内，指导、协助下级人民政府及其相应部门做好有关突发事件的应对工作。

2. 横向关系：分类管理、综合协调

横向上，政府内部的突发公共安全事件应对体制主要涉及各个政府职能部门之间的分类管理、分工合作与综合协调问题。政府各部门之间的职责分工、协调合作是多数国家应急实践的通例。如在日本突发事件应急管理机制中，消防（急救）、警察（治安和法律）、医师会、医疗机构协会、电话、铁道、市政服务公司以及有关政府机构都按照各自的危机管理实施要领和与特定类型突发公共事件相关牵头部门的平时约定进行相互配合。澳大利亚在国家危机管理协调中心(NEMCC)设危机管理联络官(EMM)作为政府各部门的联络员，专门负责协调危机管理局下达的跨部门任务。

我国现行的应急体制是分部门、分灾种的管理模式。如《中华人民共和国防洪法》第8条、《中华人民共和国防汛条例》第7条规定：国务院水行政主管部门、县级以上地方人民政府建设行政主管部门和其他有关部门在本级人民政府的领导下，按照各自的职责负责有关防洪工作。各级人民政府的水行政主管部门、城市市区的城建主管部门设立防汛指挥部，负责管理所辖范围的防汛日常工作。《突发公共卫生事件应急条例》第3条规定：国务院卫生行政主管部门和其他有关部门在各自的职责范围内做好突发事件应急处理的有关工作。《中华人民共和国防震减灾法》第7条规定：在国务院的领导下，国务院地震行政主管部门、经济综合主管部门、建设行政主管部门、民政部门以及其他有关部门，按照职责分工各负其责、密切配合，共同做好本行政区域内的防震减灾工作。《国家突发公共事件总体应急预案》规定：国务院是突发公共事件应急管理工作的最高行政领导机构。国务院办公厅设国务院应急管理办公室，履行值守应急、信息汇总和综合协调职责，发挥运转枢纽作用。需要多个国务院相关部门共同参与处置的突发公共事件，由该类突发公共事件的业务主管部门牵头，其他部门予以协助。这种管理机制专业性比较强，有利于发挥专业救灾的优势。但是应当看到，我国现有的突发事件应对组织体系几乎涉及政府所有的行政职能部门，缺少单一的应急指挥组织机构。这种现状导致政府各部门之间沟通少、协调性差、权责不明。建议在中央和县级以上的地方政府设立应急办公室，由政府及其所有职能部门的负责人组成，具体负责组织、指挥与协调突发公共安全事件的应对管理工作。

三、突发公共安全事件应对中政府的主要职权

突发公共安全事件应对中处于主导地位的政府，在应对处置突发事件时应被赋予相应的权力，以保证其有效地应对突发事件。我国《突发事件应对法》对政府在突发公共安全事件应对过程中作出明确授权，授予政府预防和应急准备权、监测和预警权、社会动员权、应急处置权和信息公开权。这些权力主要可以概括为应急行政立法权与应急行政执法权两类，在应急行政执法权中，应急处置权是其核心。

1. 应急行政立法权

行政立法权来源于立法机关的授权，政府在行使立法权时要遵守法律保留原则和法律优先原则。根据我国《宪法》和《立法法》的规定，行政立法主体有国务院，国务院各部委及直属机构，省、自治区、直辖市和较大市的人民政府。那么，这些行政立法主体是否都有应急立法权？应急立法是否受法律保留原则的限制？这要视应急行政立法的具体情形来确定。

应急行政立法包括常态下的应急立法和紧急状态下的应急立法。常态下的应急立法是指为了更好地预防、控制和减轻将来可能发生的公共安全事件造成的损害而进行的立法。《突发事件应对法》第16、17条规定，国务院制定国家突发事件总体应急预案，国务院有关部门根据各自的职责和国务院相关应急预案，制定国家突发事件部门应急预案。县级以上人民政府可以作出应对突发事件的决定、命令。由此可见，具有行政立法权的主体都具有常态下的应急立法权。常态下的应急立法是常规的行政立法，仍应遵循常规的立法体制、立法权限和立法程序，当然也应遵守《立法法》第9条规定的法律保留原则。

紧急状态下的应急立法是指在已经发生或面临发生突发事件时，为了防止、控制和减轻突发事件的危害而进行的必要立法。紧急状态下的应急立法通常以发生特别严重的突发公共安全事件或紧急状态为前提，虽然说立法具有预见性，但是常态下的应急立法只是对可能的紧急处置措施作了预测规定，而现实是千变万化的，立法者不可能对未来可能发生的一切情况作出详尽无遗的预见和判断，不可避免地会有各种疏漏和欠缺之处，此时紧急立法便可以填补已有法律规范的疏漏，弥补其不足。从国外的立法实践来看，紧急行政立法主体通常集中于中央行政机关或行政元首。在紧急行政立法的权限上，则突破了一般行政立法的范围。如法国总统本来根据宪法享有很大的自主立法权力，但紧急情况下，根据宪法第16条，总统有权制定的紧急情况条例不受条例事项范围的限制，可以规定属于法律范围内的事项。1976年美国国会通过的《全国紧急状态法》，是影响最大的应对突发公共事件的法律，对紧急状态的宣布程序、实施过程、终止方式、紧急状态期限以及紧急状态期间的权力作出了详细规定。根据《全国紧急状态法》，总统有权宣布全国进入紧急状态，在紧急状态期间，总统可以为行使特别权力颁布一些法规。在我国，《宪法》第99条仅规定了国务院依照法律规定决定省、自治区、直辖市范围内的部分地区进入紧急状态，对紧急立法并没有规定。鉴于紧急立法在突发公共安全事件紧急处置中的重要作用，有待于今后在修宪或在制定《紧急状态法》时明确紧急行政立法的相关事项，并对立法的主体、权限、程序等进行具体规定。

2. 应急处置权

应急处置权是指发生突发事件时，政府部门针对具体事件、具体的人和具体的财物等采取紧急措施进行处理的权力。在突发公共事件

应对中，应急处置的优先性、强制性、效率性等权能主要是通过行政强制措施和行政征用得以实现的。

(1) 行政强制措施。行政强制措施是指政府部门在突发公共安全事件发生后，为避免或减小危害发生、控制危险扩大、制止违法行为等，依法对公民人身自由实施暂时性限制，或者对公民、法人或其他组织的财产、场所等实施暂时性控制的行为。行政强制措施是突发事件应对中最为经常采取的方式和手段。目前，散见于我国应急法律、法规中的强制措施比较多，基本都赋予行政机关行政紧急强制权。根据采取强制措施的对象不同，可以把行政强制措施分为3种：一是对人的强制措施，如《传染病防治法》中规定的隔离治疗、强制隔离。二是对财物的强制措施，如《食品卫生法》中规定的封存食品，《突发事件应对法》中规定的封锁有关场所、道路，控制有关建筑物、交通工具、设备、设施等。三是对行为的强制措施，如《突发事件应对法》中规定的交通管制、限制经营活动、限制公共场所内的活动等。

行政强制措施是一种强制性的权力，其实施会对公民的人身、财产产生直接影响，对公民权利自由的干预力度较大，因此，政府部门实施行政强制措施不仅要有具体的法律依据，而且要有明确的强制方式、内容与程序。目前，在突发事件应对的相关法律文件中，对行政强制措施的规定都比较笼统，缺少程序性的规定，对被强制人的权利是否能够得到救济鲜有规定。

(2) 行政征用。行政征用是指政府部门在突发公共安全事件发生后，为了某些公共利益的需要，对公民、法人或者其他组织的财产权利有偿地予以剥夺或限制。保护社会成员的私有财产权是一项宪法原则。行政征用作为各国普遍采用的一项以强制方式取得私人财产的重要法律手段，必须有宪法上的依据。如法国1789年颁布的第一个宪法性文件即《人权宣言》中规定："私有财产是神圣不可侵犯的权利。除非由于合法认定的公共需要的明显要求，并且在事先公平补偿的条件下，任何人的财产不能被剥夺。"我国《宪法》第13条规定："公民的合法的私有财产不受侵犯。国家为了公共利益的需要，可以依照法律规定对公民的私有财产实行征收或者征用并给予补偿。"该条款是我国政府行政征用的权力基础，是征用行为立法的根据。我国政府在突发公共安全事件处置过程中，享有法定的行政征用权。如《突发事件应对法》第52条规定，组织处置突发事件的人民政府，必要时可以向单位和个人征用应急救援所需的设备、设施、场地、交通工具和其他物资。《防震减灾法》第32条规定，国务院或者地震灾区的省、自治区、直辖市人民政府，可以临时征用房屋、运输工具和通信设备等。

目前，我国行政征用的最大问题在于征用补偿。在行政征用中，被征用人的财产权利若受到强制性侵犯，国家必须给予补偿，"无补偿即无征用"。当代世界上其他国家都有关于行政征用补偿标准的规定，如德国1949年《基本法》规定，征收之法律必须同时规定补偿的种类及额度，补偿之标准乃以公平地衡量公共及参与人的利益后所作之决定。日本战后宪法第29条第3款规定，私有财产在正当补偿下得收为公用。我国宪法中有关行政征用的条款并没有规定补偿标准，《突发事件应对法》第12条也只是规定了财产被征用或者征用后毁损、灭失的，应当给予补偿，至于补偿的标准及其程序则没有规定。为确实保障被征用人的合法权益，今后在修改《宪法》或制定《行政征用与补偿法》时，应确立适合我国国情的补偿标准，明确补偿的范围、补偿的程序、补偿的救济等内容。

四、政府行使应急处置权的原则

政府在突发公共安全事件管理中需要运用

应急处置权力，采取一系列紧急措施，必要时可以暂停或限制公民的部分权利，因而具有极大的紧急性、强制性和权威性，也具有恣意和滥用的特殊条件和极大可能，必须对其加以必要的限制和规范。对政府行使应急处置权进行法律规制的有效手段就是使其遵循特定的法律原则。

1. 法治原则

在突发公共安全事件应急状态下，政府部门及其工作人员必须尊重法律的权威，对突发事件的处置必须有法律授权，并依据法律进行。法治原则的基本要求包括：

(1) 应急处置权来源于法律规定并被依法授予。政府的应急管理行为以应急行政职权为基础，无职权便无管理。应急处置权必须合法产生，政府的应急处置权或由法律、法规、规章设定，或被依法授予，否则，其权力来源就没有法律根据，相应的管理行为即构成违法，原则上应当被撤销或被确认为违法。

(2) 在法定职权范围内依法进行应急管理。政府享有的应急处置权必须行使而不能放弃或者任意转让，它有义务去行使法定职权，且不得超越法定的权限范围，否则，就会导致“越权无效”的后果。如果政府不依法及时行使职权，则构成违反法定职责，必须承担相应的法律责任。

(3) 应急处置权的行使遵守法定程序。行政程序是规范和控制行政权的一种重要手段，科学、合理的行政程序有利于政府迅速有效地行使职权，减少行政懈怠的不良现象，提高行政效率。政府部门及其工作人员在应急处置过程中应遵守有关法律中规定的步骤、阶段、形式及时限等程序性要求，减少错误的发生，提高应急管理的效率。

2. 比例原则

比例原则是针对应急处置自由裁量权而言的。该原则要求政府部门在行使应急处置权时，应平衡和兼顾应急管理目标的实现和保护公民的权益，如果政府为实现应急管理目标而采取的处置措施可能对公民的权益造成不利影响，则政府应选择对公民侵害最小的方式进行，使得这种不利影响被限制在尽可能小的范围和限度内。如《突发事件应对法》第 11 条规定，有关人民政府及其部门采取的应对突发事件的措施，应当与突发事件可能造成的社会危害的性质、程度和范围相适应；有多种措施可供选择的，应当选择有利于最大程度地保护公民、法人和其他组织权益的措施。该规定体现了比例原则。

比例原则的具体要求有以下 3 个方面：一是政府部门在作出处置决定时，面对多种可能选择的措施，必须择取确实能达到应急管理目的之措施，如在处置群体性突发事件时，必须采取有效措施防止事态的进一步蔓延和恶化。二是政府部门所采取的措施不能超越实现目的之必要程度，也就是说，政府应在众多能同样达成应急管理目的之手段中选择对公民权益损害最小的手段。三是政府部门所采取的措施对于公民权益造成的损害应轻于突发事件所造成的损害，即要求政府在应急管理的目的与手段之间保持合理比例，避免为了实现应急管理目的而造成对公民权益的过度损害。

3. 公开原则

公开原则，是指政府部门在突发公共安全事件发生时，应主动公开突发公共安全事件的信息以及整个应急处理过程的信息。在突发事件发生时，公众特别想要了解事情的来龙去脉，而现实是他们往往无法了解全面客观的情况，从而导致传言、谣言四起，进而造成心理恐慌和社会秩序混乱。对于不了解真实情况的公众，政府所采取的一系列强制措施又会进一步加剧其恐慌心理。因此，在突发公共事件处理中，政府的信息公开十分重要。为此，政府应当在第一时间公开突发事件的真实情况，让公众尽早地从权威的渠道得到客观真实的信息，及时进行辟谣，然后不断增加补充新的信息，遏制谣言的传播，消除公众的恐慌心理，平稳其情绪。在公开信息的同时，要表明政府对突发事件的态度、公布政府采取了哪些处置措施以及采取这些措施的依据和必要性、政府还将开展哪些应对工作等，从而使公众相信政府是负责任的、有能力应对突发事件的，从而对政府的紧急处置行为产生认同感，积极配合政府的行为，提高政府应对突发事件的效率，迅速地稳定社会秩序。

五、突发公共安全事件应对中政府的法律责任

政府在突发公共安全事件应对中所享有的职权是与职责相统一的，职权同时也意味着责任。在应对突发公共安全事件过程中，政府部门及其官员对不行使法定职权或者不当行使职权的行为应当承担相应的法律责任。根据责任主体，法律责任分为政府部门的法律责任与政府官员的法律责任。根据责任范围，法律责任分为内部法律责任与外部法律责任。

1. 政府部门的法律责任

政府部门的法律责任主要是外部法律责任，具体形式有以下几种：(1) 撤销违法行为。对于政府部门在突发公共安全事件应对过程中的违法行为，其自身有义务撤销，公民有权要求撤销，上级行政机关、人民法院有权依法撤销。(2) 变更行为。即对应急不当行为予以矫正的责任。(3) 履行职责。这种责任是政府部门在发生突发公共安全事件后，无正当理由不作为时应承担的责任。(4) 返还权益。撤销或变更应对行为时，应返还公民、法人或者其他组织被非法或不当剥夺的权益。(5) 行政赔偿。政府部门在突发公共安全事件的应急处置过程中违法行使职权，给公民、法人或者其他组织的合法权益造成损失，依法应承担赔偿责任。目前，我国突发公共安全事件应对行政赔偿的法律依据仅限于《国家赔偿法》，在突发事件应对的专门法律法规中则鲜有行政赔偿的规定，而《国家赔偿法》在归责原则、赔偿范围、赔偿标准等方面存在着诸多问题。希望尽快修改《国家赔偿法》，完善有关突发事件应对的法律法规中关于行政赔偿的规定，充分保障公民、法人和其他组织的合法权益。

2. 政府官员的法律责任

政府官员的法律责任主要是内部责任，法律责任的形式为行政处分。行政处分是指政府部门在突发公共安全事件的应急处置过程中有违反法律规定的行为，由上级行政机关或者监察机关根据情节对直接负责的主管人员和其他责任人员依法给予的处分。我国《突发事件应对法》规定了在突发事件中政府部门和官员承担法律责任的情况，《突发公共卫生事件应急条例》不仅规定了在突发事件中政府部门和官员的种种法律责任，而且在具体制度上规定了公民举报的权利和程序，在政府官员问责制方面迈出了新的一步。但同时还应当看到，这些规定还比较笼统，可操作性差，而且缺少责任追究启动机制，因而，还需要从立法上和实践中不断完善行政问责制。此外，在突发公共安全事件应对过程中，政府部门的主要负责人、负有责任的主管人员和其他责任人员的行为构成犯罪的，应依法追究刑事责任。

（作者：沈阳工业大学文法学院副教授）

（选自《沈阳工业大学学报·社会科学版》2011 年第 4 期）

公共安全信息公开制度及其机制构建

简敏　袁强

信息公开、透明是民主法治社会最基本的要求。当今人类社会已经进入一个以生产、分配风险为核心的社会。转型时期的中国，面临诸多不稳定因素，各种公共安全事件频发。公共安全信息公开在公共安全管理中起着至关重要的作用。由于缺乏相应的制度机制，我国公共安全信息公开步履蹒跚，构建完善的公共安全信息公开机制迫在眉睫。

一、公共安全信息公开的类型与价值冲突

（一）公共安全信息的类型划分

公共安全信息是指政府在公共安全管理过程中掌握和获取的有关公共安全事件的一切信息。依据不同的角度，可将公共安全信息做如下分类：

1. 正面信息与负面信息。正面信息包括：公共安全事件本身的信息、政府应对公共安全事件的政策、措施、结果和与公共安全事件相关的解释性和预测性知识等。负面信息首先表现为政府对公共安全事件的否认、掩饰、漠视、转移而产生的信息；其次是对公共安全事件本身信息的曲解而产生的信息。

2. 识别信息与应对信息。识别信息指人们借以识别公共安全事件性质和公共安全事件现实状况的信息。如地震发生的时间、地点、震级、震中、波及范围等。应对信息指人们借以采取适当行动应对公共安全事件从而减少或避免损失的信息，包括应对公共安全事件的措施、方案等。

3. 可公开的信息与不可公开的信息。并非所有政府在公共安全管理过程中获取的信息都能对外公开。可公开的信息不能涉及个人隐私、商业秘密和国家机密，不能有违公共道德和公共利益。学界对公共安全事件中遇难者的名单是否应该对外公布存在争论，有人认为公布名单会对遇难者及其亲属的隐私造成损害，并带来难以预料的后果。笔者认为，公共安全事件中，公布名单是对生命和公众知情权的尊重，不会带来所谓的后果。公开名单有助于验证相关信息的准确性，有助于揭露事件背后的真相，有助于公众掌握实情和追究责任。

（二）公共安全信息公开的价值冲突

自法国政治思想家博丹提出主权理论以来，国家主权的基本范畴就处于不断的充实之中。如今，主权的范围已从领土、领海和领空，扩展到虚拟的信息领域。从政治学的角度来看，信息主权是一个国家允许或禁止信息在其管辖的领域内自由流动的最高权威。人的生存离不开各种信息，信息是维持生存的必要条件，因

而，信息自由权是一项基本人权，是公民自由接受和传递信息的权利。以赛亚·柏林“两种自由”的分类来看，信息自由不但是“免于他人干涉或强制的”也是“要积极获得”的。网络上的信息泥沙俱下，良莠不齐，各种有害信息充斥其中，依法对互联网上的信息进行监管是一个国家信息主权的体现。特别是在某些敏感时期（如发生重大公共安全事件），依法加强信息监管尤为重要。然而，这种正常合理的行为在某些西方国家看来却是在侵犯人权。近年来，以美国为首的西方国家热衷于鼓吹“网络信息自由”，以“开放互联网”，“信息自由”为口实对他国的网络信息监管措施横加指责。就其实质来看这与其叫嚣多年的所谓“人权高于主权”的强权逻辑如出一辙。不得不承认，信息时代为某些国家推行霸权主义和强权政治提供了有利条件。利用在信息领域和网络技术上的优势对他国实施政治和思想渗透，使这些国家的政治制度、意识形态、价值观念、思想文化和生活方式受到严重冲击，威胁着这些国家的政治和文化主权，这种威胁比殖民时代的军事入侵更具渗透力，更具支配力。他们以信息自由权为幌子，随意指责别国侵犯了公民获取、发布、传递信息的自由权，干涉别国内政，践踏别国主权。事实上，维护国家信息主权与保护公民信息自由权不存在冲突。自由是有限度和有条件的。行使信息自由权以不对信息主权造成损害为前提，国家应在确保信息主权的前提下赋予公民尽可能广泛的信息自由权。但需注意的是，政府虽然可以对信息进行管制，但并不意味着就可以隐瞒信息、秘密行政，信息管制也应当是有限度和有条件的。

（三）公共安全信息公开的主体

随着新媒体的不断发展，越来越多有关公共安全事件的信息最先并非来源于政府的权威发布，而是来源于以网络、手机为代表的新媒体。政府信息发布的“迟缓”在让许多人感到不满的同时，也让一些人对政府的公共安全信息公开主体地位产生了质疑。政府在公共安全信息公开上的“迟缓”，有自身的原因，也有技术上的原因。随着通讯技术、网络技术和移动互联网技术的发展，任何一个人都是潜伏着的“新闻播报员”，都可以是信息的发布者。在这种情况下，有关公共安全事件的信息最先不来源于政府，而来源于新媒体也就合情合理了。此外，信息公开观念不强、官员媒介素养低、公开渠道不健全等也是导致“迟缓”的重要原因。笔者以为，尽管存在上述问题，但并不能否定政府作为公共安全信息公开主体的地位。公共安全信息公开不仅要做到迅速、实时，还要做到全面、准确和统一，并在此基础上实现对舆论的引导、谣言的阻断和公众的教育。公共安全信息公开是一个信息发布——传递——接收——反馈——再发布的过程，只有政府拥有足够的信息和资源来维持这一过程。

二、新媒体环境下的公共安全信息公开

科技的进步给媒体发展注入了新鲜活力。新媒体是基于数字技术，互联网技术和移动通讯技术而形成的媒体形态。如数字电视、手机报纸、手机短信、移动电视、IPTV、博客、微博等。目前，新媒体已超越传统媒体成为信息传播最重要的载体。

喻国明教授认为：“新媒体的迅速发展不仅弱化了政府对社会信息的控制力，而且使国家内政与外交的透明度越来越高，受到的牵制和约束也随之增大。新媒体打破了传统媒体的垄断性，信息传递和交流是完全自由和在相当程度上不受政府管理和控制的，同时也可以自由选择和吸纳，这使个人和非政府组织的影响力越来越大，政府对信息的控制力下降。”

（一）新媒体让公共安全信息传播更加迅速

新媒体条件下，公共安全事件中的当事人

或目击者可以运用新媒体技术实现最快、最及时的信息传递。2009年2月9日20点27分，中央电视台新址在建附属文化中心大楼发生火灾。在附近围观的人群中，很多人拿出手机、相机，甚至摄像机对失火的大楼不停拍摄，不少人通过手机对家人和朋友进行"现场直播"，并不停地发送短信和彩信。火灾发生仅仅37分钟后，网络上就已经出现了大量有关火灾的图片和信息。

（二）新媒体已成为社会舆论最重要的策源地

近年来，许多公共安全事件的发生都与网络上高强度、高密度的舆论密不可分。一些在以前原本不可能转化为危及公共安全的事件借助网络、手机等新媒体在极短的时间内就能发酵成为引起全国，乃至世界关注的公共安全事件。当前，新媒体影响社会舆论主要有四种形式，一是网络跟帖；二是网络论坛；三是微博、博客等个人空间；四是即时通讯群。

（三）新媒体提高了公众的信息传播能力，推动了民间话语权的形成

进入新媒体时代，新媒体模糊了个人传播和大众传播的界限，突破了长久以来政府与公众之间信息不对称的状态，它"重构了既有的权力格局并营造出了新型的社会权力结构"，借助新媒体，任何人都能自由表达观点，形成属于自己的话语空间，为民间话语和官方话语的博弈提供了场域与条件。

但新媒体是一把双刃剑，它在使主流、权威信息得到迅速传播的同时，一些"杂音"也通过新媒体得到广泛传播。尤其是在公共安全事件中，这些"杂音"不仅带来了社会的动荡与恐慌，而且严重妨碍着政府的危机应对行为。新媒体的低门槛性、开放性与隐蔽性也给一些别有所图的人提供了社会动员的机会和场域，借助由各种"杂音"引发的社会舆论，一些组织和个人获得了全新的社会动员条件和机会。2011年8月，发生在英国的骚乱事件就是其中的典型。如今，如何对新媒体进行监管已成为世界各国面临的共同问题。

三、公共安全信息公开机制的构建路径

（一）树立正确的政府行政理念，善待、善用、善管媒体

1. 树立以民为本的理念。当公共安全事件发生时，政府官员应学会由保自己的"乌纱帽"转变为保百姓的福祉，将人民群众的根本利益放在第一位。

2. 形成正确的政绩观与稳定观。应认识到公共安全事件是社会发展过程中的常态，公共安全事件并不可怕，可怕的是采取掩耳盗铃、自欺欺人的应对方式。公共安全事件的发生既是考验，也是机遇，处理的好何尝不是政绩？

3. 树立坚定的法治观念，坚决依法办事，绝不能违背法律甚至凌驾法律。

在国外，媒体被视为"政府应对公共安全事件最好的朋友"，是政府的"黄金搭档"。媒体不只是宣传的工具，也不是官员的部下，更不是政府的敌人。要善待、善用媒体，与媒体保持积极接触，通过媒体及时回应社会关切。要善于同媒体打交道，不能见了记者就跑，见了镜头就躲。除此之外，还要善管媒体。要创新媒体监管方式，掌握管理的策略和技巧，当前，重中之重是要关注对互联网的管理。

（二）完善相关法律法规，实现公共安全信息公开法制化

1. 尽快出台"政府信息公开法"。《政府信息公开条例》只是构建政府信息公开制度的过渡性规定，应早日出台"政府信息公开法"，将信息公开是政府的法定义务以法律的形式明确规定，协调与其他法律的关系，减少法律适用中的矛盾。

2. 制定统一的"紧急状态法"。宪法没有

关于紧急状态制度的规定，有关紧急状态的立法非常零散，且对某些紧急状态重复立法，而对其他一些紧急状态却没有涉及。需制定统一的“紧急状态法”，对紧急状态的确认、宣布、应对措施、公民的义务和法律责任做出明确规定，规范政府在紧急状态下的信息公开行为。

3. 尽快制定“新闻法”。将新闻媒体的监督权、审稿权、批评权、采访权、报道程序、方法以及侵权责任等予以明确。特别需要立法完善和保护新闻舆论的监督权和审稿权，以保障公众对政府信息的知情权和对行政机关及其公职人员的监督。将媒体的行为纳入法制化、规范化轨道。

4. 完善相关配套法律制度。应在制定“政府信息公开法”的同时，完善有关个人隐私、商业秘密和国家秘密保护的立法，解决法律实践中的冲突与矛盾。此外，要进一步完善《气象条例》、《防汛条例》、《传染病防治法》、《防震减灾法》等应急法律法规中有关公共安全信息公开的规定，增强可操作性。

（三）构建信息共享平台，提高信息共享程度

根本上解决公共安全信息共享程度低的问题与彻底厘清条块关系密切相关。在现有体制下，短时间内解决这个问题难度较大。为改变上述状况，在技术条件上多下功夫是较为可取的选择。应建立一个上至国务院，下至地方各级政府的信息共享平台，政府及其各组成部门可以通过这个一体化信息平台来检索、查阅、借阅诸如规章制度、发展规范、行业状况等有关资料，提供统计分析、对比分析、回归分析等有关的数据，为专家提供丰富的科学依据。同时，建立信息共享的协商机制，开展定期的信息共享讨论、协商，扩大信息共享面，加快信息共享速度，达到提高信息利用价值的目的。

（四）完善权利救济与责任追究机制

“有权利必有救济”，一项真实的权利必须要有完善的救济手段作依托。《政府信息公开条例》虽赋予了公众知情权，但缺少对救济程序的规定。2011 年 7 月 29 日，最高人民法院下发了《关于审理政府信息公开行政案件若干问题的规定》，对可提起政府信息公开之诉的情形做了具体规定，为实现公众知情权提供了重要保障。当前，公共安全信息公开进展迟缓，问责不力是非常重要的原因。对不认真执行公共安全信息公开相关规定或在公共安全信息公开过程中弄虚作假、迟报、瞒报、漏报公共安全信息的人员，要严厉追究法律责任。

（五）整合信息载体，完善公开渠道

首先，进一步完善新闻发言人制度。一是要允许新闻发言人参与政府决策，使其掌握较为全面的信息，为充分履行职责创造条件；二是加强对新闻发言人的培训，提高新闻发言人的综合素质和与媒体沟通能力。其次，完善政府网站建设。一是要注重信息更新的频率，提高时效性。二是确保有充足的资源用于公共危机信息公开事务。三是整合相关信息，提升便民性。最后，合理运用政务微博。将政务微博作为在第一时间发布信息的首选；要有包容心，坦诚面对各种声音；在与公众互动时要保持真诚，有亲和力，注重互动的技巧和说话的方式、语气和用词，不说官话、套话，更不要使用外交辞令。

（作者：简敏，西南政法大学政治学教授）

（选自《重庆行政（公共论坛）》2011 年 12 月号）

第七部分

理论·生态文明建设

从“工业社会”到“生态社会”：生态现代化研究进展

包庆德

生态现代化是人类现代化进程中的现代生态革命，是生态学原理和方法在经济、政治、社会、文化等领域的渗透和辐射而引发的现代化模式的生态化转型。其核心是“超工业化”，从而实现“经济的生态化”和“生态的经济化”。生态现代化自觉促使经济增长和环境保护成为和谐互动的有机系统，积极推动经济社会的科学发展、自然资源的保护增值和生态系统的修复改善三者之间的有效结合，从而开启人类发展进程从“工业社会”到“生态社会”之绿色资本与生态文明之路的有序转换。因此，对其提出背景、形成原因、主要内涵和基本观点等进行逻辑梳理，并为中国科学发展观的贯彻和生态文明的建设提供必要的理论借鉴，具有理论和现实的双重价值。

一、生态现代化的提出及其成因

现代化是一个综合的社会历史范畴，是人类社会由农业文明向工业文明以至更高级的社会发展阶段转换的世界性运动。罗荣渠先生在其著作《现代化新论》中运用唯物史观阐释了现代化概念，并指出：“广义而言，现代化作为一个世界性的历史过程，是指人类社会从工业革命以来所经历的一场急剧变革，这一变革以工业化为推动力，导致传统的农业社会向现代工业社会的全球性的大转变过程，它使工业主义渗透到经济、政治、文化、思想各个领域，引起深刻的相应变化；狭义而言，现代化又不是一个自然的社会演变过程，它是落后国家采取高效率的途径(其中包括可利用的传统因素)，通过有计划地经济技术改造和学习世界先进，带动广泛的社会改革，以迅速赶上先进工业国和适应世界环境的发展过程。”这对于理解现代化理论虽具有重要价值，但问题在于，目前我国关于现代化的研究由于缺乏生态哲学的理论维度和生态思维的有效规范，遮蔽了现代化得以有效运作的生态系统前提和自然承载基础。因此，人类社会的现代化进程面临来自自然资源体系和生态环境系统的严峻挑战。

自工业革命兴起，特别是20世纪以来，人类社会的生产力在得到空前发展的同时，生态环境也遭到前所未有的破坏。20世纪80年代初，生态现代化理论出现在一些西方发达国家的政策制定领域中，这反映出这些国家在社会经济体制、经济发展政策和思想意识形态等方面的生态化转向；也表明人们尝试将环境与发展之间的关系重新定义。生态现代化正在成为一种社会科学主导理论。在20世纪六七十年代，环境与发展是一对不可调和的矛盾，甚至环境保护都被视为是工业和政府的一项沉重负担，政策制定者必须在环境与发展二者中选其一。但随着经济的不断增长和人类认识的不断发展，一些在国际上有影响力的工业家和政策制定者从20世纪八九十年代开始有意识调和环境与经济发展这对矛盾，重新规范环境和经济发展的关系，认为二者协调发展是可行的。在协调过程中，应采用一种新的方法，使得工业现代化在面临环境挑战的时候沿着生态路线发展，这样就为一种新的经济增长方式创造了一个机遇，建立了一个起步平台，这就是所谓的生态现代化。生态现代化为整个世界提供了一条绿色资本与生态文明之路，从而使经济增长和环境保护成为相互促进而不是相互制约的两方面。可见生态现代化的提出顺应历史发展潮流和经济发展生态化趋势，并为人类进行生态环境改革提供强有力的理论指导。

1962年，美国学者R．卡逊的《寂静的春天》一书出版，引起全球范围内对人类生存环境的极大关注；1972年，罗马俱乐部发表梅多斯等人的《增长的极限》的报告，引发人们对人类生存发展前景的深度讨论，同年联合国环境会议的召开，也引发了人类对环境问题的深切忧虑，并导致了20世纪六七十年代声势浩大的环境政治运动。但这些努力并没有达到环境保护的预期效果，特别是这一时期政府在环境管理层面出现的“失灵”现象，导致环境污染和生态恶化持续加剧，自然资源和能源状况依然紧张。生态现代化理论正是在这一时代背景下形成并发展起来的。对此，我们可以从以下两个层面来把握：

首先，关于生态现代化的理论审视。德国学者海克尔1866年首次提出“生态学”是研究生物有机体与无机环境相互关系的科学；英国学者坦斯利1935年提出由生物群落和环境共同组成的自然整体是个“生态系统”；1942年美国青年学者R.L．林德曼揭示生态系统能量在各营养级之间流动的定量关系，提出生态金字塔转换1/10定律，该定律的提出为人类生态保护提供了重要的生态科学依据；1965年联合国教科文组织提出，研究生命的环境系统及其基本过程与揭示和控制环境系统是国际生物界的重要任务，并于1970年制定“人与生物圈的研究计划”；生态现代化作为一个理论概念首先是由德国著名学者马丁·耶内克提出，或者更准确地说是在柏林自由大学环境政策研究中心（FFU）诞生的。耶内克早在1982年1月26日的柏林州议会辩论中使用了“生态现代化”这一概念，它随后出现在1983年第4/5期德文版的《自然》杂志中，并于1985年在国际环境与社会研究所（IIUG，隶属于柏林科学研究中心〈WZB〉）出版的题为《作为生态现代化与结构政策的预防性环境政策》的论文中，将其译为明确的英语术语。最初，这一概念只是在一个被称为“柏林学派”的学术团体中被接受和使用。耶内克在重温最初提出“生态现代化”这一概念的思维框架时指出：“一般来说，对于环境污染和生态破坏的负面效果，我们有修复补偿、末端治理、生态现代化和结构性改革四种可能的应对思路……相比之下，生态现代化理念有自己的优越性：我们可以通过政策推动的技术革新和现有的成熟的市场机制，减少原材料投入和能源消耗，从而达到改善环境的目的，也就是说，一种前瞻性的环境友好政策可以通过市场机制和技术创新促进工业生产率的提高和经济结构的升级，并取得经济发展和环境改善的双赢结果。因此，技术革新、市场机制、环境政策和预防性原则是生态现代化的四个核心性要素。而环境政策的制定与执行能力是其中的关键。”

其次，关于“生态现代化”形成原因的逻辑梳理。生态现代化理论受到越来越多人的关注并在全球范围广泛传播，受到各国政府欢迎。它能产生如此大的影响是由多方面因素促成的：一是环境人口因素。一方面，“酸雨和臭氧层空洞问题虽然未被阐述为如核灾难一般可怕，但其影响的广泛性却可以视为环境运动可能产生更深一层社会影响的基础。在这一背景下，生态现代化作为一种替代性环境理论形成并发展起来”。另一方面，人口不断增加，环境问题不断加剧，严重的生态危机制约了各国经济的发展。为此急切需要寻求有效方法来协调环境与发展的矛盾，探索环境与经济的和谐发展已成为人类面临的共同挑战，生态现代化理论在这样危机的情况下应运而生。二是经济科技因素。科学技术日新月异，全球经济发展水平不断提升，为新理论的提出奠定了坚实的物质基础。此外，经济全球化的态势，跨国公司的涌现，不仅强化了全球化的发展趋势，而且还全面提升了全球化发展的竞争格局。在严峻的竞争压力下，各国争先运用新理论来指导实践以解决生态环境问题，这就为“生态现代化”的迅速传播奠定了现实基础。三是政治策略因素。20世纪70年代，各国政府对于环境问题大多采取“先污染后治理”等政策，目的就是为了实现当前经济利益最大化。但各国政府最终发现此路不通，他们急需寻求一种新的政策来解决日趋严重的环境问题，并必须保证经济的平稳发展，于是主张“预防性”策略的生态现代化理论吸引了政府的注意力，“生态现代化之所以能够吸引政府的注意力，是因为生态现代化所讲的环境观点并没有引起对基础设施的大量需求”。“生态现代化思想的宗旨，是使技术的生态负作用最小化的同时，使技术的正作用得以最大化发挥，变‘后期补救’为积极的预防，确保经济增长与环境保护同步进行，这恰恰满足了政府的需求”。四是公众认知因素。原始社会人类崇拜自然，农业社会人类顺应自然，工业社会人类征服自然。“随着科技发展，人类社会正在由工业社会走向知识社会，实现第二次现代化——守护自然，互利共生。”由于人类认知水平的不断提高，人类的环境意识不断增强，这也为生态现代化理论的广泛传播奠定了公众基础。这些因素表明，生态现代化思想的形成和理论的传播有其特定的时代背景，这一背景对生态现代化理论的形成和发展起到强大的牵引和承接作用。可见，生态现代化理论是通向未来生态文明新纪元的必然产物。

二、生态现代化的历程及其内涵

20世纪80年代初，生态现代化理论在西欧一些发达国家如德国、荷兰、英国等最先发展起来的，随后这一理论的经验研究拓展到芬兰、丹麦乃至整个欧洲、美国、加拿大以及东南亚等地。为此作出重要贡献的有德国学者耶内克（M.Janicke）、约瑟夫·胡伯（JosephHuber）、凡·普里特威茨（von. Prittwitz）、乌多·西蒙尼斯（Udo.Simonis）、克劳斯·齐默曼（K.Zimmermann），荷兰学者格特·斯伯加伦（G.Spaargaren）、马腾·哈杰（MaartenHajer）、阿瑟·摩尔（ArthurP.J.Mol），英国学者阿尔伯特·威尔（AlbertWeale）、莫里斯·科亨（MauriceCohen）、约瑟夫·墨菲（J.Murphy），美国学者弗雷德里克·巴特尔（FrederickH.Buttel）、戴维·索纳菲尔德（DavidA.Sonnefield）和妲娜·菲舍尔（DanaR.Fisher）等。

生态现代化理论的发展可以分为三个阶段。第一阶段（20世纪80年代早期），主要内容有：强调技术创新在环境改革中的作用，特别是工业生产的技术创新；对官僚机构和低效率持批评态度；支持环境改革的市场作用和市场动力；关于社会机构和社会冲突的系统观；国家层次的分析。第二阶段（20世纪80年代后期至90年代中期），主要内容有：比较淡化技术创新的关键作用；更多强调政府和市场作用的平衡；更加强调制度和文化的作用，社会机构在环境诱导的社会转型中的作用；集中研究OECD国家工业生产的国家比较。第三阶段(20世纪90年代中期以来)，主要内容有：扩展研究的理论和地理范围，包括消费转型、非OECD国家研究、全球生态现代化过程；环境问题给社会、技术和经济改革带来的挑战；现代性核心社会制度转型，包括科技、生产和消费、政治和治理、市场制度等，在地方、国家和全球多个层次上的转型；定位于科学领域，明确区别于反生产力、反工业化、后现代主义、强社会结构主义和许多新激进主义。这一阶段主要致力于生态现代化的复杂性研究，也取得一些重大的成就：非欧洲国家生态现代化（Buttel,Mol）；生态现代化与风险社会理论研究（Maurie J Cohen）及环境创新与传播研究（Martin Janicke)，(Gouldson,Murphy)；政治生态现代化和地区经济与全球一体化进程(Gouldson,Murphy)，(David Gibbst)；非政府组织与社会环境运动对环境转型和政府决策的角色作用（Maurie J Cohen,Mol)；分析中小企业工业生态重建和对市场—政府灵活管理(smart regulation）及结构性解决措施的探讨(Andren Revell,Martin Janicke)。

关于生态现代化的内涵，学界认为生态现代化是现代化与自然环境的一种互利耦合作用，也是世界现代化的一种生态转型，即向符合生态学原理发展模式转变。生态现代化要求采用预防和创新原则，推动经济增长与环境退化脱钩，实现经济与环境的双赢。何传启认为，首先，生态现代化是现代化的一次生态革命，包括从物质经济向生态经济、物质社会向生态社会、物质文明向生态文明的转变，自然环境和生态系统的改善，生态效率和生活质量的持续提高，生态结构、生态制度和生态观念的深刻变化，以及国际竞争和国际地位的明显变化等。其次，生态现代化是一个长期的、有阶段的历史过程，从20世纪70年代到21世纪末，生态现代化大致经历相对非物化和绿色化（经济与污染相对脱钩)、高度非物化和生态化（经济与环境退化绝对脱钩)、经济与环境双赢、人类与自然互利共生等四个阶段。其三，生态现代化是一场持续100多年的国际竞争，包括不同国家追赶、达到和保持世界先进水平的国际竞争，以及国内生态效率、生态结构、生态制度和生态观念的变化。其四，生态现代化具有绝对和相对两个视角。如果说生态现代化的国内进程是绝对生态现代化，那么生态现代化的国际地位变化过程就是相对生态现代化。生态现代化既是国内现代化与自然环境的良性耦合，又是现代化与自然环境相互作用领域的国际竞争。

在笔者看来，这里的“从物质经济向生态经济、物质社会向生态社会、物质文明向生态文明的转变”应该具体分析。比如“物质经济”与“生态经济”、“物质社会”与“生态社会”在逻辑对应上似乎有问题。因为“生态经济”、“生态社会”也需要物质形态的东西，也就是说，生态经济、生态社会也有物质载体。由此，在逻辑上“生态经济”与“工业经济”、“生态社会”与“工业社会”相对应更准确而恰当。而“物质文明”与“生态文明”也有类似问题，生态文明并不遮蔽物质文明，只是生态文明更需要物质文明的生态化转向。

西方学界对新兴的生态现代化理论提出不同观点，并有不同的代表人物：

一是早期“预防性”策略论。这一观点的主要代表人物是马丁·耶内克。他认为，生态现代化是使“环境问题的解决措施从补救性策略向预防性策略转化的过程”。其中“补救性”策略包括：对环境破坏性产品和生产过程造成的环境损失给予修复或补偿；通过对环境破坏性产品与生产过程采取清洁过滤措施来消除污染，如在燃煤发电站内应用流体除硫设备以防止酸雨生成。“预防性”策略包括：生态现代化通过技术创新使生产过程与产品更加适应环境的良性发展；通过社会结构性变革或经济结构生态化促使引发环境问题的生产过程被新的生产和消费形式所替代。可以看出，耶内克对生态现代化思想内涵的论述过于表面化，只是将最浅层的东西描述了出来，但是他对促成该思想的形成具有很大贡献。

二是社会变革和生态转型论。这一观点的主要代表人物是阿瑟·摩尔。摩尔认为，第一，生态现代化实现的前提是“科学技术发展的轨道要改变方向”，换言之，实现生态现代化，就是要开发更加先进的生态环境技术来替代20世纪70年代实行的末端治理技术。第二，通过有效摒除经济增长、资源消耗和废弃物排放三者之间的必然因果联系，促使经济发展的环保性质、生态含量、综合速度和空间分布发生生态化优化。第三，通过实行环境质量认证和环境稽查，刺激私有经营者在环境行为方面展开竞争，从而创建生态市场，并以此防止政府成为环境极权主义的化身。第四，随着环境问题在政府、市场和科学技术发展中的系统化，环境运动的角色慢慢从社会发展之外的批评者转向社会内部，并逐渐涉及生态转型的独立参与者。

三是综合性新政策论，代表人物是哈杰。哈杰指出：“过去科学的主要任务是为环境的破坏性后果提供证据，而今却日益成为政策决策过程的中心。其中，生态科学尤其是系统生态学开始发挥越来越重要的作用。”哈杰认为，在生态现代化理论中，“环境保护只会增加成本”这一传统思想让位于“防止污染有回报”这一理念。因为“如果一个企业不能对环境有所贡献，那么它也无资格从中获益”。环境作为一种公共物品，如果将其视为一种免费商品，那么对其任意使用必然增加社会经济成本。生态现代化有效的策略就是让这些对于商家的外在的经济成本内在化。他还提出，生态现代化是消除政府与环境运动之间存在的激烈的敌对性争论，从而避免引发根本性的社会冲突的有效途径。他认为，生态现代化反对一些批判性社会运动学说中的“反现代”情绪。他认为，生态现代化是基于对现代技术与社会规划有能力解决所存在问题的信任的一种政策论说。

四是弱生态现代化和强生态现代化，代表人物是克里斯托弗。他认为，所谓弱生态现代化是一种单纯技术论观点，并没考虑人类与生态系统间的相互作用，只强调用技术手段解决环境问题；采用科学界、经济界与政界精英相互合作参与政策制定并垄断决策权的“技术统治—组合主义”模式；只限于对发达国家的分析；试图为发达国家的政治经济发展模式套上单一、封闭的框架。所谓强生态现代化则是一种社会结构优化论观点，它超越了资本主义社会，主张将环境关注扩展到全球范围，是现代化理论中的一个比较突出的贡献。社会机构组织与经济体制在广阔范围内变动，这有益于促进社会各界对生态环境进行关注并迅速做出反应；采取开放、民主的政策决策模式，增加公民参与的机会；对环境与发展问题给予全球性关注；对政治—经济—生态发展界定出一个更加广泛而不固定的概念。可以看出，克里斯托弗所划分的弱生态现代化和强生态现代化实际上可以分别与哈杰所定义的技术—组合主义和“反省式”生态现代化相对应。可以说克里斯托弗恰好对哈杰的工作做了必要而有意义的补充。

三、生态现代化的价值及其启示

生态现代化理论是西方国家寻求解决现代性缺陷问题的必然选择，并在理解和阐释现代工业社会如何应对环境问题层面，逐渐成为社会科学的一种主导理论。对中国而言这一理论同样具有重要的借鉴价值。笔者较早自觉注意到生态哲学与现代化内在深层关联问题，并指出现代化应该而且必须高度重视经济社会效益和生态环境效益的统一，并以此来有效抑制生态环境紧张局势的出现。

生态现代化应该且必须成为我国社会发展不可缺少的内容，缺少生态目标的现代化是病态的。改革开放以来，我国从原有经济体制束缚中解放出来的生产力迸发出空前活力，使经济步入一个较快发展的阶段。同时，我国自然资源相对匮乏，生态环境脆弱与经济快速增长之间的矛盾不断加剧，使我国环境问题面临着严峻的挑战。“我国生态现代化水平与发达国家相差这么大，和中国处于工业化的发展期有关……作为发展中国家，工业现代化的环境压力、生态现代化的环保需要，已经成为中国现代化的双重挑战。”2007 年 1 月 27 日中国科学院发布的一份报告中称：“在全球 118 个国家参加评价的 2004 年生态现代化指数排名中，中国以低于世界平均值 17 分的 42 分排在第 100 名。”这样的世界排名令我们担忧。生态现代化水平的高低实际上是发展观念、环境意识、科技水平以及经济增长方式等方面差距的真实反映。在当今这个以环境保护和生态平衡为关键任务的社会里，中国环保成绩的落后必定会影响中国未来的发展，国家实力的提升将会受阻减速。因此，吸收西方生态现代化的先进思想，结合我国实际制定符合我国发展的中国生态现代化战略成为我们的当务之急，也就是说，在我国的现代化进程中，导入生态现代化理念和评价指标相当重要。基于对西方生态现代化理论的深入研究，并结合我国实际国情，我们从中可得到多方面的启示：

一是现代化时代进程的启示。生态现代化最初发生在欧洲等发达工业化国家，后来传播到世界的许多国家和地区。生态现代化是一个全球化的过程，也是一个很难逆转的世界趋势。在此背景下，学界通过对西方生态现代化的系统研究提出，我国发展生态现代化理论至少存在两个难题：在理论层面上，它还没有也未必能够被普遍接受为一种主导性的环境政治思维范式；在实践层面上，生态现代化理论面临着来自国内外的双重挑战。因此，我们应当走出有中国特色的生态现代化之路。我国学者提出广义生态现代化理论，并指出广义生态现代化不是简单地从污染治理入手，而是从改变人的行为模式出发，通过改变经济和社会发展模式，通过环境友好的技术创新、制度创新和结构生态化，降低人类活动的环境压力，达到环境保护和经济发展双赢的目的。结构生态化包括生产、消费、制度和观念结构的绿色化和生态化等……广义生态现代化的基本要求是：非物化、绿色化、生态化、经济与环境退化脱钩。

二是现代化发展战略的启示。通过对西方生态现代化深入研究、理性分析和积极借鉴，并结合中国自身发展特点自觉构建中国生态现代化的理论战略。从 2001 年第 1 份《中国现代化报告》发布之日起，每年的《中国现代化报告》都以其高度的前瞻性、权威性引起社会各界广泛关注，特别是 2007 年 1 月 27 日（正值德国学者马丁·耶内克提出“生态现代化”这一概念 25 周年之际）以“生态现代化研究”为主题的《中国现代化报告 2007》的发布更为中国生态现代化战略提供了具体而有力的理论指导。作为中国现代化战略研究课题组组长的何传启指出，《中国现代化报告 2007》，以生态现代化为主题，通过对世界现代化的生态效应和生态转型的 300 年历史分析以及对 131 个国家 34 年定量评价，归纳出生态现代化的 36 个事实和 6 个启示，提出广义生态现代化的原理和方法。报告结论和建议是：实施生态现代化战略，实现经济和环境的双赢，也就是说，生态现代化会带来完全不同以往的经济社会的发展，即经济社会的发展应该而且必须在更强有力的环境保护和生态增值框架内运作，并与环境保护和生态增值发展战略密切结合。生态现代化特别强调中国企业以及相关管理方式包括经营策略应采取长期绿色和生态化的发展战略，同时有效地实施新的内部系统结构与功能的绿色管理策略，其目标是建立一个更加有利于生态环境的发展方式来引领并规范其经济增长。

三是现代化现实操作的启示。从西方生态现代化理论的广泛传播和推广中，我们也结合当前我国形势，进一步规范我国发展生态现代化应走的适时道路。根据生态现代化的时代要求，结合我国生态文明建设的现实要求，应该积极培育并不断推进符合节约能源和保护生态环境的产业结构、发展方式和消费模式。我国产业发展面临着自然资源短缺与环境污染严重、产业结构不合理等诸多问题。积极探索产业结构的生态化更新和转换，成为我国现代化建设，特别是生态文明建设的重要课题。随着人们对发展问题认识的自觉和深入，对发展方式的研究已深入到从世界观和方法论维度审视经济社会发展与生态环境因素内在深层逻辑关系的新阶段。同时，消费模式的生态化转型是生态文明建设的重要路径之一。消费模式的生态化转型是建立在“人—自然—社会”和谐统一的基础上的一种更高层次、更符合生态文明要求的现代消费模式。它对人类消费方式提出的基本限度是：对自然资源和生态环境系统的利用及其消费应该而且必须约束在其有序运作和自我恢复、有机清除和自我净化与有效承载和自我循环所允许的阈值内，从而体现人们良好的生态文明素质和较高层次的精神文化内涵。

目前我国生态现代化的理论正趋于成熟，但笔者认为，单纯有理论建设是远远不够的，最关键的应该是提升全体国民的现代生态意识。没有现代生态意识，就没有生态现代化。提高国民生态意识是实现生态现代化的关键。我国有学者提出了五条提升国民生态意识的建议：建立关键岗位环境责任制，奠定生态意识的法律基础；建立关键项目环境风险评价制度，奠定生态意识的管理基础；继续控制人口规模，奠定生态意识的科学基础；加大生态和环保教育投入，从小学开始普及生态知识；建立环境信息公开制度，促进环保活动和非政府环保组织的健康发展。同时，生态现代化需要政府、企业、各类非政府组织及学者们的积极参与，以共同寻求经济社会发展与生态环境问题的最佳解决之道。

总之，西方生态现代化思想已成为西方社会第三次环境浪潮中诞生的一股颇具影响力的思潮，虽然客观上还存在一定不足，但它所包含的积极因素和思想资源能为我国经济社会的持续发展和生态环境的有序改善提供许多借鉴。如何利用生态现代化理论来解决中国的实际问题是一个尝试性的工作，这就需要我们不断地吸收新思想、新观念，也需要我们不断总结自身发展状况，从而制定真正符合中国特色发展的生态现代化之路。

（作者：内蒙古大学哲学学院教授）

（选自《内蒙古大学学报·哲学社会科学版》2011年第3期）

生态文明与经济伦理

龚天平　何为芳

人类当代文明正在由工业文明向生态文明转型，建设和发展生态文明成为当今时代的标志。生态文明与经济伦理是紧密联系在一起的。因为生态文明也需要一种与之相适应的经济形态，即可以与生态相融合的生态经济。而生态经济显然也需要一种与之相适应的经济伦理，即生态文明时代的经济伦理。所谓经济伦理，是指一种经济形态下的经济活动——生产、交换、分配、消费——的伦理，是经济主体在经济交往中的伦理意识、伦理关系、伦理规范、道德实践的总称。简单地说，经济伦理就是指导经济主体行为的伦理价值观，或者说是调节经济主体与主体关系的伦理价值观念。它既是经济主体内在本性的构成，也是社会对经济主体的普遍约束。生态文明时代的经济伦理将指导无数的经济主体积极参与生态文明建设。因此，生态文明是经济伦理的目的价值或实质理性，经济伦理则是生态文明的工具价值或形式理性。

一、生态文明的经济形态

所谓“生态文明”是指“文明生态”，即整个文明的和谐圆融、良性持存、全面发展的状态，就是“人和自然界之间、人和人之间的矛盾的真正解决，是存在和本质、对象化和自我确证、自由和必然、个体和类之间的斗争的真正解决”的文明。作为人类文明从渔猎文明到农业文明再发展到工业文明后出现的一种新的文明样式，生态文明建立在一种与其他文明形态不同的新经济形态的基础上。渔猎文明和农业文明赖以建立的经济形态是自然经济，工业文明赖以建立的经济形态是市场经济，而生态文明所依凭的经济形态则是生态经济。

所谓生态经济，也可称绿色经济，经济学界一般将其界定为，在生态系统承载能力范围内，运用生态学原理和系统工程方法改变生产和消费方式，挖掘一切可以利用的资源潜力，发展一些经济发达、生态高效的产业，建设体制合理、社会和谐的文化以及生态健康、景观适宜的环境，以实现经济腾飞与环境保护、物质文明与精神文明、自然生态与人类生态的高度统一和可持续发展的现代经济体系。我国著名科技哲学学者张华夏教授认为，生态经济是指“为了整个人类与我们的行星的共同利益而伦理地、理智地和生态地对精神财富和物质财富做出可持续的创造和公平合理的分配”的经济。他将生态经济的基本观点概括为如下几点。

第一，发展就是提高自然资源的生产力。自然资源生产力的概念在古典经济学、政治经济学和新古典经济学中都是不存在的，这些经济学说要么强调劳动生产力，要么强调资本生产力，而生态经济则强调自然资源生产力，并且把它当做第一概念。自然资源生产力是指单位自然资源能生产多少有用产品的数量的比率，它实际上是指“自然资源效率”。强调自然资源生产力，就是要在经济发展中计算自然资源的消耗，把这种消耗计入成本。像以前那种以自然资源的高投入、高消耗来获得高产出的经济，并不是一种高效率的经济，也不是对人的生活质量有贡献的经济，更不能算是生态意义上的经济发展。生态意义上的经济发展则是既能节约资源、节约资本，也能提高与改善人的生活质量的经济发展。

第二，循环的生产和仿生态的技术。工业文明时代的经济是线性经济，其模式是“原料—产品—废料”，构成一个非循环的封闭系统。这种经济模式以挖掘、消耗自然资源开始，而以浪费资源、污染环境以致造成全球性的环境恶化、生态危机而结束。因此，要使生态环境得到改善，解决生态危机，就必须转换经济发展模式。这种经济模式必须是仿生学的和仿生态过程的，即它必须是“将经济系统看做是生态系统的一个组成部分，从而必须依循生态系统物质与能量循环的原理而进行经济活动”的经济。这就是生态经济模式。生态经济是非线性经济，其模式是“原料—产品—剩余物—产品……”，构成一个循环的开放系统。这种经济模式也要消耗和利用自然资源，但在其流程中是没有废物排放的，因而不会构成对环境的破坏。余谋昌教授称其为“生态工艺”，即“在这样的生产过程中，输入生产系统的物质，在第一次使用生产第一种产品以后，其剩余物是第二次使用，生产第二种产品的原料；如果仍有剩余物是生产第三种产品的原料，直到全部用完或循环使用；最后不可避免的剩余物，以对生物和环境无毒无害的形式排放，能为环境中的生物吸收利用”。这就是循环的生产和仿生态的技术，建立在这种生产流程和技术基础上的经济才是与生态相融合的经济。

第三，大幅度降低人口数量，大幅度扩展各种野生动植物自然保护区。控制和降低人口数量，是生态伦理学和生态经济学的基本要求。生态伦理学和生态经济学认为，当前的生态危机是由于人类的不合理的生产方式和消费方式造成的，而生产方式和消费方式不合理的深层原因则是由于人口数量的增长，因此，要改变不合理的生产方式和消费方式就必须控制和降低人口数量，使人口、资源、环境等保持在一个合理的限度和规模内，如此，经济也才能可持续发展。过去在控制和降低人口的方式上，主要是战争、饥荒和瘟疫等自然的自动控制机制，但现在这些机制已不起作用了，必须转换为利用自律机制。只有利用自律机制，才能使人口数量保持一个适度规模，各种野生动植物的自然保护区才能扩展到使这些物种不仅能生存，而且能够不受人类干扰地在生物圈中进化。

第四，提高生活质量，改变生活方式。从生产方式来说，工业文明的市场经济是“生产主义”的。生产的目的本来是为了满足人类和生态系统的需要而进行的，但是这一目的在工业社会特别是工业资本主义社会异化了，商品—货币—商品的公式演变为货币—商品—增殖的货币，生产的目的变成了无止境地追求利润。生产本是一种满足需要的手段，可是现在却异化成为目的。这就必然造成对自然资源的过度开采和生态环境的严重污染。但是自然资源是有限的，生态系统的承受能力也是有限的。因此，生产主义的利润目的无限性与自然资源和生态系统承受能力的有限性直接相冲突。长此以往，必然导致整个生态系统的崩溃。

从生活方式来说，工业文明的市场经济是

"消费主义"的。所谓消费主义，就是一种追求物质资料的占有、享受和过度消费的理念。在消费主义的支配下，工业文明的市场经济为了将产品推销出去，衍生了一种高浪费和越多越好、越新越好的消费观念和方式。人们消费不是为了满足自己的正常需要，而是为了显身份、讲排场，赢得一种心理虚荣，从而形成了一种远远超过实际需要的过度消费。这种消费主义观念的流行，使人们精神空虚了，生活质量降低了，从而破坏了人的身心生态。

生态经济的重要目的就是要改变这种生产主义和消费主义观念，提高人的生活质量，改变生活方式。为此，生态经济学提出如下原则：一是不妨碍生态系统的完整性和多样性的原则。这是指人类要遵循这一原则，不应该过分享受和奢侈消费，只应该从自然界里索取满足生存的基本需要的东西即可，其他的需求也要以此为规。二是"生活质量"区别于"生活标准（每人每月的实际收入）"的原则。"生活质量"不仅指生活标准的提高，还包括休闲、安全、文化资源的丰富、社交活动、精神健康、环境质量和自我实现等多层次、特别是高层次需要的满足。三是"发展"在质上不同于"增长"的原则。"增长"只是GDP在数量上的增加，是物的增殖；而"发展"则是人的全面发展和自由发展，是个人自由的增多和实现，是"一个人选择有理由珍视的生活的实质自由——即可行能力"的提高。

第五，逐步以服务经济代替产品经济。所谓服务经济是指"进行生产的工厂并不向消费者提供产品或商品货物，而通过租与借的形式向消费者提供服务"的经济。这是生态经济学所主张的一种消费关系形式，其主要特点在于：一是"产品不是目的，而只是服务的手段"；二是消费方式的"循环性"及与"环境的相融性"。这种消费方式可以激励生产者和消费者真正做到"物尽其用"，显然优越于大生产、大浪费的旧的消费方式。

显然，生态文明同样要建立在一定的经济基础上，但这种经济基础绝不是那种已经造成了生态危机的经济形式，特别是市场经济形式。生态文明是整个人类文明的根本转型，这种转型包括社会的政治、文化、世界观、价值观、思维方式等多方面的转变，但其首要的基本的条件则是经济的转型，经济应该从工业文明的市场经济向生态文明的生态经济转变。发展生态经济才是解决当代社会所遭遇的"生产的现代化与地球环境不能支持这种现代化的矛盾"的根本途径，才能够解决生态危机，才能走向生态社会。生态经济才真正是人与自然的生态关系和谐，从而求得人与人的社会关系和谐的经济。

二、生态文明也需要经济伦理

任何一种形态的经济都有与之相适应的经济伦理。R·T·诺兰说："经济体制是一个价值实体，它包含着一整套关于人的本性及其人与人之间的相互关系的价值观。""每一种经济体制都有自己的道德基础，或至少有自己的道德含义。"作为一种经济形式，生态经济的发展也是需要经济伦理为其保驾护航的。

第一，经济伦理可以作为一种精神力量，为生态经济的经济主体提供伦理动力。自然经济之所以能在整个农业文明时期存续，经过史前社会、奴隶社会和封建社会这多种社会形态，除了社会生产力水平很低、社会分工很不发达这一根本原因外，伦理文化上的维系也是其重要原因。市场经济同样也得到了经济伦理的辩护。这种经济伦理主要有三种：其一，"新教伦理"。它认为世俗中的人勤奋工作、诚实守信、积累财富是对上帝的遵从，是每个人的天职，否则，就要受到上帝的惩罚而不能进入天堂。这样，为了获得上帝赐予的幸福这种终极利益，

"在现代经济制度下能挣钱，只要挣得合法，就是长于、精于某种天职的结果和表现"。以合理合法的手段挣钱、谋求最大化利益成了一种神圣的美德，成了一种至善和人生的终极目的。其二，"自由意志伦理"。在需要获取成就和对个人的世俗努力应给予报酬的前提下，政治制度必须有助于实现个人自由，于是，以洛克为代表的，为个人自由、私有财产和用它来追求幸福的权利提供政治、法律制度设计的"自由意志伦理"应运而生。"它支持放任主义的经济，鼓励追求个人的报酬，保证拥有财产的权力，保护契约并且为人民提供了一个公正的制度。"其三，"市场伦理"。谋利行为在获得了意识环境、政治环境后，还必须获得经济环境。亚当·斯密提出的"看不见的手"、自由竞争和劳动专业化等思想就顺应了这种需要，而人的谋利行为也从中获得了有力的文化佐证。人们"在市场伦理中找到了在经济上对发挥个人主动性的支持……找到了竞争而不是保护，找到了创新而不是经济停滞，而作为激励的力量找到的是自我利益而不是国家利益。市场伦理是为工业制度繁荣发展而创造了文化环境的三种力量中的一个因素"。市场经济就是在这些经济伦理精神的推动下发展起来的。这些精神表现为经济主体所追求的、具有实现可能性和合乎自己愿望的伦理价值目标，即伦理精神气质。这种伦理精神气质表现为两方面：一是经济主体依赖经济必然性而对利润的追求精神；二是"为企业而企业"的主体精神——企业精神和企业家精神。马克斯·韦伯在分析清教徒从事谋利活动时，认为他们就是在听从上帝的"自我克制"、"忠于职守"、"为上帝勤劳致富"、"诚实守信"等教导，这种教导构成他们的一种精神气质，促使他们禁欲，不把积蓄挥霍掉，而是用于企业的发展，即"为企业而企业"的经济伦理精神。

与自然经济、市场经济一样，生态经济也是一种经济形式。虽然它们各自持有的价值观不同，但在伦理方面，也是需要经济伦理为其提供伦理动力的。推动生态经济发展的经济伦理精神的基本内容就是要坚持使经济活动与生态相融合。这是生态经济发展所昭示和催生的，是生态经济发展的精神支撑和实践精神。生态经济的目标是经济目标、生态目标与社会目标的完整统一，也即经济效益、生态效益和社会效益的统一。经济目标是生产或经济的发展，生态目标是环境质量的改善，社会目标是社会的公平和进步。显然，这些目标都是要依靠无数的经济主体在这种经济伦理精神的推动下，自觉地、积极地开展经济活动，参与生态经济建设才能实现的。

第二，经济伦理可以作为一种社会共识，为生态经济的发展提供社会氛围的滋养与呵护。社会共识是"在一定的时代生活在一定的地理环境中的人们共有的一系列信念、价值观念和规范准则"，它往往是通过思想文化运动的推动、传播、宣示而形成的。经济伦理曾经是作为一种思想文化运动来影响人们的。作为一个概念，它本是马克斯·韦伯在《新教伦理与资本主义精神》中最先提出，但到了20世纪70年代，它则作为一种思想文化运动在美国勃兴，特别是自90年代以来，经济伦理运动以多种多样的形式在全球广泛开展，企业伦理管理运动、企业社会责任运动、企业公民运动等此伏彼起。它让人们达成了一种广泛的社会共识：经济活动决不能无视道德，必须把道德与经济发展有机结合起来。

生态经济是一种全新的经济发展形式，它需要人们的广泛认同、接纳并切实践行，而这就需要通过经济伦理运动来深深地影响人们、影响经济主体。现代经济伦理价值体系中有一个基本信念，这就是世界著名经济伦理学家R·爱德华·弗里曼等人提出的，在今天的世界中，任何经济观念都要经过环境保护主义的审视，任何经济主体都必须把经济发展方式、经济运行体制、人类兴旺、伦理规范与环境所有的思想整合在一起，环保意识深藏于基于价值的商务观念中，“它反映着人们最深层次的关爱，增益着我们的自然人性。它既是利润和员工效率的驱动者，更是一种新商务逻辑和价值观念的源泉”。“今天的企业家们面临的挑战是：以正道赚钱，同时保护环境。”而这恰好是发展生态经济所需要的。

第三，经济伦理可以作为一种价值标准，帮助政府主导生态经济的发展。现代世界的经济运行体制基本上是混合经济体制，既带有市场成分也带有指令成分的经济体制。市场成分主要体现为市场、竞争和利润，指令成分主要体现为政府的宏观调控。但政府的宏观调控取决于政府的价值标准。政府持什么样的价值标准，就有什么样的宏观调控。如果政府崇尚自由主义，那么就会有自由放任的经济；如果政府崇尚管制主义，那么就会有政府管制经济；如果政府崇尚公正公平，那么就会有公正平等经济；如果政府容忍贪污、腐败，那么就会有贫富两极分化严重的经济。所以，政府对经济的宏观调控是必要的，但宏观调控的价值标准更是必要的、根本的。

发展生态经济同样需要政府的宏观调控。因为生态经济不能依靠市场经济去自发地形成和建设，按照市场经济的逻辑根本就无法开掘出承认自然资源的价值、把自然资源计入成本、保护环境、节约资源等结论来。只有政府出面引导、提倡，并通过法律进行干预，生态经济才能蔚然成风。现代经济伦理是尊重自然价值、崇尚环境友好、资源节约的经济伦理。如果政府以这种经济伦理作为价值标准来对经济进行宏观调控，那么这种经济就是符合生态文明要求的经济。

三、经济伦理的生态主义性质

自然经济的经济伦理是自然经济伦理，市场经济的经济伦理是市场经济伦理，而生态经济的经济伦理则是生态经济伦理。但这种经济伦理既不同于自然经济伦理，更不同于市场经济伦理，而是生态主义的经济伦理。所谓生态主义，是坚持生态系统完整、和谐、美丽，并不受破坏的思想、理论和观点的总称，它包括提倡生态技术、发展生态经济、构建生态政治、培育生态文化、建设生态社会等多方面的内容。但正如英国政治学者布赖恩·巴克斯特所言，从根本上说，“生态主义主要是一种道德学说”。这种道德学说同样构成生态文明的经济伦理的精神内核。

第一，生态文明时代产生并流行生态主义，决定了经济伦理的生态主义性质。作为一种道德学说，生态主义是反映人与自然的生态关系的道德意识、道德规范和道德实践的总和。所以，我们又可称它为生态伦理。它要求人的道德思维的触角要从人与人的社会关系领域延伸、扩展到人与自然的生态关系。施韦泽说：“实际上，伦理与人对所有存在于他的范围之内的生命的行为有关。”生态主义的基本前提是“自然价值学说”，由此，它有如下一系列相互联系的基本观点：

其一，自然是有价值的。“不仅人有价值，生命和自然界也有价值，包括它的外在价值和内在价值。生命和自然界的外在价值是，在文化的层次，它对人具有商品性和非商品性价值，即作为人的工具为人利用的价值；内在价值是，在生命和自然界的层次，它本身在地球上的生存，这种生存是合理的有意义的。”

其二，自然是有权利的。正因为生命和自然界有价值，所以生命和自然界就有相应的权利，这种权利就是生命和自然界“在一种自然状态中持续存在的权利”。

其三，有价值和权利的自然理应受到尊重，人类要对自然环境负责。

因此，生态主义非常关注人与自然的生态关系的和谐共生，要求人与自然的生态关系不是像工业文明时期那种人对自然的征服、占有、掠夺、宰割、支配的敌对性关系；要求人道德化地对待自然，承认自然的内在价值，尊重和敬畏自然。在生态主义的价值思维中，人并不是自然的主人，自然并不是人的奴仆；自然是人的生存基础，人是自然的管理者和道德代理人；自然是人之母，人是自然之子。

而生态主义在自然经济和市场经济时代都是没有的。特别是市场经济时代只有经济主义(生产主义和消费主义)，而经济主义只思考了人与人的社会关系，只调节了人与人的利益关系，它没有把人与自然的生态关系纳入考虑的范围。在经济主义的价值思维中，自然环境只是被当做一种经济上可带来利润的资源，自然资源是为人服务的。其主要观点是："(1) 自然资源无限，取之不尽用之不竭；(2) 自然资源无价，可以无偿使用；(3) 自然资源无主，可以谁采谁有。"人与自然的生态关系被转化成了人与人的社会关系，或者说被人与人的社会关系遮蔽了。虽然在市场经济时代的经济主义指导下，人类获得了物质文明的空前繁华，但这是建立在对自然资源的大量占有、利用和高消耗的基础上的。自然成了人的奴仆。由于没有把人与自然的生态关系纳入考虑的范围，因此市场经济时代没有产生生态主义的基本条件和土壤。

第二，生态文明时代大力发展生态生产，决定了经济伦理的生态主义性质。建设生态文明有赖于人类生产方式的根本转变，必须将过去那种以市场力量为导向的生产方式转变为一种以生态法则为导向的生产方式，即生态生产。必须让生态生产成为一种主流的生产方式，否则，如果继续以往生产方式，那么人类将会自取灭亡。生态生产是一种可以使经济—社会—自然可持续发展的生产，是与生态系统相适应的生产。也就是说，人类在进行生产活动时，必须以生态主义价值观为指导，主动将经济系统视为生态系统的一部分，尊重生态系统的客观规律，将生产活动限制在资源和环境的可承载能力范围之内，使整个生产做到眼前利益与长远利益、整体利益与局部利益、自然利益与社会利益的协调和统一，以形成既能保证生产发展，又能保证生活幸福、生态良好的生态文明社会。

生态生产也追求效益，但这种效益是经济效益、社会效益、生态效益相统一的综合效益。效益是生产的重要目标。在伦理学中，它是指功利。生态生产毕竟也是人的一种生产行为，而生产的目标肯定是效益的获得，它必须不断地为主体及其他受这种行为影响的利益相关方创造价值，否则它就是值得怀疑的。效益是生产的一个历史性的和结构性的预先规定，是任何生产者都不可抗拒的，生产者的任何举动都必须服从于它。虽然我们反对那种"只有在经济上可以量化并产生利润的东西才是值得考虑的"经济化思维方式，但是也不可把效益完全拒斥。然而，生态生产的效益并不仅指经济效益，否则，它就与市场经济下的生产没有实质性的区别。它的效益观是经济效益、社会效益与生态效益相统一的综合效益观。

第三，生态文明时代大力提倡包括自然价值在内的公平分配，决定了经济伦理的生态主义性质。分配是经济活动的一个发生在生产活动之后的重要环节。生态经济作为一种经济形式，同样也有这个环节。分配的标准是公平，公平说到底是指分配的公平。按照亚里士多德的说法，公平就是依据量的比例各取所值。他说："根据各取所值的原则这是无可争议的，所有的人都同意应该按照各自的所值分配才是公正。”即同等的人得到相同的份额，不同等的人得到不同的份额。或者说，公平是相同情况相同分配，不同情况不同分配。经济伦理中的分配公平包括权利平等即起点公平、规则公正即过程公平、结果均衡即结果公平。市场经济下的公平分配主要是指劳动成果的公平分配。而生态经济下的公平分配不仅包括劳动成果的公平分配，还包括自然价值的公平分配。正因为自然资源是有限的，所以就不能无偿使用，就要做到公平分配。所以，自然价值的公平分配是生态经济的经济伦理与市场经济的经济伦理相区别的重要标志。

生态经济下的公平分配首先是权利平等。权利平等是指人们拥有平等地获得社会财富和自然资源的权利，它主要通过人们对生产资料和生产对象的公平占有，即所有权的平等来实现；同时，它也指人们获得自然资源和收入、财富、经济成就等的机会平等。其次是规则公正。这是指生态经济的经济制度与规范应该保障人们在劳动和自然资源上的投入与收益的对称性、一致性，等量投入能够获得等量回报。这种规则应该对每一个人一视同仁，使每个人同等的劳动和自然资源的有效投入能够获得同等的回报。其三是结果均衡。这是指社会在劳动和自然价值的最终分配上应该使人们获得大致相当的收益，应该使社会分配的差别保持在一个合理的限度内。也就是要通过协调人们之间收入分配，最终达到社会和谐和生态和谐的目的。这三者是生态经济下的公平分配的构成要件。权利平等是分配的前提或起点，制约着规则公平和结果均衡；规则公正是分配的过程公平，是权利平等的保障也是结果均衡的条件；结果均衡是分配的结果公平，是权利平等和规则公正的实现，也是公平分配的目的。

第四，生态文明时代大力提倡包括自然价值在内的平等交换，决定了经济伦理的生态主义性质。交换是经济活动的发生在分配之后的又一个重要环节。生态经济同样也有这个环节。交换的标准是平等，平等说到底是指交换的平等。亚里士多德曾在《尼各马科伦理学》中深入地论述过交换平等问题。他认为，经济活动中人们相互之间必须发生交换，必须与他人交换劳动产品。但这种交换必须是公正的。如果产品交换公正，在转移自己的劳动产品后，获得相应价值的他人的劳动产品，则双方需要得到满足。否则，人们的多样化需要就得不到满足。但交换公正不同于公平分配。交换的公正是自愿的、平等的、互惠的公正。因此，平等交换是一种重要的经济伦理。经济伦理的平等交换包括交换主体平等、互利互惠、公平交易等内容。

生态经济的平等交换首先是交换主体平等。交换主体平等是指交换双方在自然价值和劳动价值的拥有和地位上都是平等的，没有任何可以加诸对方的特权，都可以平等地参与交换。其次是互利互惠。这是指交换发生后双方都各自获得自己所需要的自然价值和劳动价值。其三是公平交易。这是指双方在自然价值和劳动价值的交换上是公平的，主要是指交易价格的公平。市场经济下由于没有确立自然价值概念，所以自然价值没有计入成本，没有进入交易。市场经济的平等交换主要是劳动价值的平等交换。而生态经济的平等交换不仅包括劳动价值的平等交换，还包括自然价值的平等交换。自然价值的平等交换是生态经济的经济伦理与市场经济的经济伦理相区别的重要标志。

第五，生态文明时代大力提倡生态消费，决定了经济伦理的生态主义性质。消费是消费主体在一定消费观念的支配下，有目的地消耗、享用产品（包括物质产品、精神产品）的活动，是满足人的需要的经济活动的最后一个环节。人类一刻也不能离开消费。消费往往表现为个人的生活方式。但消费并不是纯粹个人的行为，而是一种依赖于许多社会因素并内含着人与自然、人与社会的关系的行为。市场经济下的消费是一种过度的、“用后即弃”的消费方式，这种消费方式消耗了大量的自然资源、产生了大量的生活废弃物、污染了环境，不仅造成了人与自然的生态关系的紧张，也造成了人与人的社会关系的紧张。生态经济要求人们必须改变这种浪费型的消费方式，转变为一种与环境的承载力和资源的有限性相适应的生态消费方式。生态消费就是绿色消费，就是适度消费、健康消费、环保消费。它要求减少对自然资源的消耗，减少废物排放；要求对环境友好的消费；要求消费耐用的并可循环使用的物品。生态消费是生态经济的经济伦理与市场经济的经济伦理在消费方面相区别的重要标志，是生态文明时代的经济伦理的内在要求，也是人类消费价值观念的重大转变和消费方式的应有走向。

（作者：龚天平为中南财经政法大学哲学院教授）

（选自《北京大学学报·哲学社会科学版》2011 年第 4 期）

低碳社会之科学困境

邢冬梅

“低碳社会”的起因源于全球正在加速变暖的这一事实。从1997年的《京都议定书》到2009年的哥本哈根气候变化大会，再到2010年的坎昆气候变化会议，人类的目标都是要建设一个低碳社会。虽然世界各国在建设低碳社会的各种问题上达到了某些共识，采取了一些有益措施，但要实现“巴厘路线图”中发达国家至2020年要在1990年基础上减排25%—40%的目标，看来是困难重重，举步维艰，原因涉及社会、政治、经济、文化等多方面，但其中的科学基础——IPCC的科学报告的困境特别值得关注。本文拟从STS（Science and Technology Studies）的视角出发，对相关的科学困境进行分析。STS主要研究社会、政治与文化如何影响科学的研究与技术的发明，反过来，科学与技术又如何影响与塑造社会与文化。STS的研究者关注科学发现、技术发明与社会之间的关系，科学与技术的发展方向与风险等问题。

一、IPCC及其作用

为了应对气候变化所带来的各种威胁，1988年，世界气象组织（WMO）和联合国环境规划署（UNEP）建立了政府间气候变化专门委员会（Intergovernmental Panel on Climate Change，简称IPCC）。该小组目前拥有2500名世界一流的各学科科学家和专家，有气象学家、地质学家、物理学家、化学家、社会学家、WMO和UNEP的所有成员等。它的作用是在全面、客观、公开和透明的科学基础上，对世界上有关全球气候变化的最好的现有科学、技术和社会经济信息进行评估。这些评估吸收了世界上所有地区的数百位专家的工作成果。IPCC的报告力求确保平衡地反映现有各种观点，并具有政策相关性，但不具有政策指导性。IPCC已编写了一系列出版物，这些出版物现已成为建立低碳社会相关决策的最重要的依据。IPCC评估报告成为世界历次气候谈判会议的重要科学基础。IPCC所设计的报告要求达到最大化透明度与可说明性，严格地排除政治的角色，如IPCC前三份报告的负责人，英国剑桥大学大气物理学家霍顿（John Houghton）在其著名的论全球变暖的普及性读物《全球变暖：完整的概况》的前言指出，虽然他“相信科学应该被表达到更为广泛的人类价值的语境中”，但他“更偏爱于某些客观的与无偏见的科学”。2007年IPCC发布了第四次评估报告，报告中首次明确指出：“全球气候变暖90%以上是由于人类消费能源的过程中所排放的温室气体造成的。由于引起大气变化主要是温室效应，因此过去50年发生的气候变化，有90%

以上的可能是人类活动造成的。”也就是说，人类过度排放二氧化碳的做法是气候变化的主要原因。因此，该报告为当前世界各国的碳减排目标之争提供了最权威的科学依据。IPCC无疑享有相当高的声誉与地位，这源于当代社会赋予科学力量以最高的文化地位，占统治地位的科学形象通常彰显为科学能够超越社会性的力量，能够为认识自然提供一种真理性视角，而科学家拥有的较高的社会认可又源于对社会科学的客观性与价值中立性的认可，因此，气候科学理应具有真理性、客观性、普遍性。基于客观性与价值中立性的科学相对于政治的独立性，为这种一般性的社会认可提供了合法性的保证。

然而，伴随着“气候门”等一系列负面事件的出现，人们有更多的理由去质疑IPCC研究报告的客观公正性。就在哥本哈根会议召开的前夕，多位西方国家的顶级气候学家的邮件和文件被黑客公开，这些邮件和文件显示，一些科学家在操纵数据，以支持气候变暖结论，这一事件被西方媒体称为“气候门”，而主角正是IPCC的几位成员。今年年初，IPCC又正式承认，其2007年发表的气候变化第四次评估报告中存在重大“失误”，喜马拉雅冰川将在2035年消失的结论严重违背事实。实际上，从“曲棍球门”、“气候门”、“冰川门”到如今的“亚马逊门”，隐含在这些争议背后的是，IPCC报告正在成为国际气候谈判中各取所需的“政治修辞术”。以东英吉利大学的几位研究者为例，在解读相关的科学证据时，他们倾向于认为：其结论越是惊人，其研究越是有希望引起广泛的关注，对他们的学术名声、学术前途也越是有利。当下的气候科学对实证主义的科学自主论提出了巨大的挑战。另据美国《华尔街日报》的一篇报道的分析指出，“气候门”所涉及的英国东英吉利大学气候研究中心、美国宾夕法尼亚大学环境中心等多家研究机构，在近10年中获得的研究经费迅速增长，有的甚至增长了近10倍，而这些研究经费多来自发达国家的政府与企业的资助，为此，一些人开始质疑性地指出气候变暖不过是发达国家为了自身利益策划的一场骗局。同样的政治诱惑也极大地导引着许多科学家的相反的研究方向：几年前气候科学界曝光了另一个丑闻：一些美国的知名大学和研究机构被发现接受美孚等美国石油公司的经费，故意否认科学证据，他们的研究结果成为当时的布什政府在气候问题上不作为的借口。一时间，气候到底变冷还是变暖扑朔迷离，气候科学背后的政治博弈纷繁复杂，使IPCC落入艰难微妙的政治陷阱。

二、IPCC的科学困境——“曲棍球门”事件

IPCC报告的科学性一直备受争议，争议的起因包含报告本身在科学意义上的不确定性，别有用心的政治干涉（如美国政府）、无法消除的社会、经济与文化因素等。

首先，气候科学模型是各取所需的建构。气候变化是一个巨大的复杂系统，对其未来走向的预测带有很强的猜测性。在不了解未来走向所发生的变化的情况下，科学家有责任去评估系统行为的未来，这种评估往往是根据气候科学模型，但气候科学不是完全的受控科学，气候科学模型只能基于不完备的知识构造起来。美国科学社会学家拉森曾研究过各种气候模型（如众所周知的大气环流模型或一般环流模型）的可信性是如何获得的。拉森指出：这些模型不能够借助于未来得到检验，因为未来是开放而不确定的，我们无法跳跃到未来从而决定今天的模型是否正确；这些气候模型也不能依据过去的气候科学的数据来得到检验，因为这些数据是依据过去的信息而被较准确地建构，其准确性最多针对过去，而无法针对现在。

因而，这些模型具有相当程度的猜测性。这种特性在研究气候模型的科学共同体中得到了普遍认可。如大气科学家凯文·特伦伯思（Kevin Trenberth）说："所有的模型当然是错误的，因为它们是被设计的，它们表现出系统被建模时的简化观点"（转引自 Steven Yearley，2009，391）。因此，检验气候模型的途径往往就是对不同的模型进行相互比较，不断调整模型与真实世界之间的差异；其次，气候变化的计算机模拟也有实际的限制，它相当耗时并花费昂贵："尽管在计算机能力上有巨大增长，今天，总循环模式的充分模拟仍然需要数以百计小时的巨型计算机工作，这是因为模型制造者在模型中增加的复杂性的速度远比计算机速度的提高快得多。"再次，研究气候变化科学的不同学术共同体具有不同的学术传统。沙克雷（Shackley）曾研究过这些不同气候模型的科学共同体的不同的"认知生活风格"（epistemic life-styles）。气候模型可以被视为一种对自然的"建构"，在建构全球气候变化的模型过程中，不同学术传统的科学家会选择完全不同的理论前提，反过来，这些选择会以不同的方式影响其模拟的结果。如某些科学家热心于建构最广泛的模型，认为这是进行有意义的气候预测的一种必要的途径，而另一些科学家关注建构能够描述一般长期趋势的模型，从而使这些模型尽快介入制定政策的过程。总之，出于不同的理论背景，不同的学术传统，不同的国家与组织的利益，不同学术团体的科学家会建造出不同的气候科学模型。结果是：气候模型无法消除的不确定性、计算机模拟的局限性与不同学术传统的差异，所有这些使自发性的或者是目的性的气候科学模型带有较强的建构性。

1998 年，美国宾夕法尼亚州立大学气象学家曼（Mann）与两位合作者在《自然》杂志上发表了一篇文章，随后又在一系列后继的出版物中对相关结果进行修正性扩展，最终绘出一条引人注目的曲线图。这条曲线图像一组"曲棍球棒"（"hockey stick"），随后引发学术界称谓的"曲棍球门事件"。该曲线图汇集了北半球气候在过去近千年以来的波动变化的最可利用的数据，表明在过去 50 年内所观察到的气候变化主要来源于人为的因素，这一曲线后来成为 IPCC 的第三份报告的政治决策基础。完全不同于对一个温度计的简单解读，这条曲线在整体上评估了北半球年平均温度的变化，是一种科学上的重构。在这一曲线图背后是数百名科学家的集体劳动，包括科学家汇集、操作与修订各式各样难以处理的树木的年轮、古代的冰蕊、层压湖、海洋沉积物、海洋珊瑚等资料。通过认真测量与复杂的统计技术，科学家把这些材料的各种数量特征相互联系在一起，并把它们与其他区域的温度和降雨量联系起来考虑，重组了各种年平均温度的分散记录。通过对这些不同区域中具有代表性的记录进行统计处理，使所有的分散记录变成一种空间上同质化（把北半球视为一个整体）的年度时间数列，随后又对照仪器与其他记录的进行调整，以确保最后的曲线能代表把北半球作为一个整体的过去的年平均温度。在这一过程中的每一步都考虑了如何处理相互矛盾的古代气候变化的数据与理论。

在当前美国有关气候变暖的论战中，这条曲线图处于争论的中心。第一次众所周知的"地震"，来自"气候监测网"的创始人斯蒂芬·麦金太尔（Stephen McIntyre），一位被 IPCC 科学家们斥为"根本不具备科学家资质"的美国人。2001 年，在 IPCC 第三次评估报告完成之后，麦金太尔质疑了这份报告，因为它引用的来自曼等人有关北半球年平均温度升温的曲线，而这条描述 1000—1900 年间近似直线变化的温度曲线，在 2006 年被证实确实存在数据误差。

这条曲线与其领头的作者曼（Michael Mann）因此就成为激烈攻击的对象。虽然麦金太尔的文章在学术界引起了极大的争议，但它随后通过大众传播媒体（如《华尔街日报》的一篇文章以及后继的评论）而被放大。这就是著名的“曲棍球门”事件。之后，两位著名的气候怀疑论者，同样也选择性地利用了这一曲线中出现的某些具有代表性的古代气候数据，用它们来反驳了曼等人所得出的结论——当前全球变暖的速度是前所未有的。随后政治家开始介入，利用手中的权力展开攻势，2003 年 7 月，音霍夫（James Inhofe）主导的美国参议院环境与公共建设工程委员会传唤曼与他的几位批评者参加美国参议院召开的听证会。音霍夫声称曼代表的是右翼思想库，而不是气候研究共同体。他把这一曲线解读为“由 IPCC 与美国国家评估委员会表现出来的具有偏见的记录”。里盖兹（David Legates），一位美国特拉华大学的地理学家，曼的一位批评家，指责“曼等人利用仪器记录取代了 20 世纪头 10 年的真实数据，产生出一个错误的印象，仪器记录与代表性数据高度一致……我们不同意曼博士与他的同事的工作，他们建构了北半球平均时间数列，并由此断言 20 世纪 90 年代是过去 1000 年中最热的十年，继而认为人类的影响看来是在全球平均气温上升的唯一因素。曼等人歪曲了分散的真实数据的可靠性，这种可靠性正是我们将要进行深入研究的统计学问题的出发点。我们之间看法上的真正分歧主要集中在曼等人的曲线上，我们已经看出他们曲解了个别真实的数据。在诉诸真实性这个意义上，科学家必须在曼等人的所谓真实性曲线面前指出这一问题”。

2005 年 6 月，美国德克萨斯州共和党议员，美国能源与商业委员会主席巴顿（Joe Barton）以个人的名义写信给曼，这封信列举出了两页的问题，要求他们直接解释在其气候曲线背后的资源、方法与分析判断、所有研究的细节、他们所接受的其他基金来源、与先前的联邦政府的所有合约以及他们在 IPCC 中所占据的准确地位。这封信起因是一篇由麦克里克（Ross McKitrick），一位前采矿工程师与经济学家，所发表的文章，他谴责曼等人所采用的统计技术，认为它歪曲了古代气候学的记录，制造了反常的“曲棍球棒”曲线。

当然，这种政治化的科学不仅反映在 IPCC 的报告中，而且还反映在 IPCC 的批评者——“气候怀疑论者”的报告中。与 IPCC 关于全球变暖的科学共识相反，少数的“气候怀疑论者”一直在否认人为因素是造成气候变化风险的最重要的原因的结论。沙克雷（Shackley）等的一系列论文提供了相关的例证。他们考察了模型知识如何为政治与经济利益提供有效性保证，反过来又如何由此获得了信任。他们研究了一系列气候科学模型，发现在气候敏感性问题上，这些模型与相关的政治利益有着惊人的一致性。他们的困惑是：尽管气候科学获得了巨大的进步，但对于摄氏 1.5° 到摄氏 4.5° CO_2 增加一倍后，气候敏感性的评估波动在二十多年中仍然保持相当的稳定。对此他们的解释是：塑造建构这些模型的科学共同体的某些社会因素，使他们的工作被限制在政策所要求的结论之中，这绝对不是科学的进步。这些来自于“气候怀疑论者”的研究在美国具有很大的市场，因为它们反映出投资于石油行业的跨国集团的利益，后者是温室气体最大的人为消费者。这些特殊利益集团要求公众对联合国政府间气候变化专门委员会（IPCC）投不信任票，因为 IPCC 报告的结论是“有证据表明人类应对全球变暖负有主要责任”。通过报纸与广告宣传去改变科学的同行评议过程，众多保守的思想库与财团基金会所支持的政治组织已经花费了数百万美元来传播相反的主张：全球变暖是一个不可信任的笑话。在美国前总统布什（George W. Bush）的干预下，美国撤回了1997年的《京都议定书》。美国俄克拉荷马州参议员，参议院环境与公共建设工程委员会共和党主席音霍夫称："所有这些都是歇斯底里的喧嚣，所有这些恐惧，所有这些欺骗人的科学，所有人类原因造成了全球变暖的说法，难道不是呈现在美国人民心中的最大的恶作剧吗？如果我们允许从自由主义的好莱坞精英们到那些以此实现赚钱目的的人，对所有那些使美国成为伟大国家的人进行诋毁的话……那么我们就不配在以上帝名义下的这一世界中生存"。

更具有讽刺意味的是，怀疑论者的这些结论，按照音霍夫的说法，恰恰是基于价值中立的客观性科学基础之上的。应该说，作为一种哲学思潮，这种逻辑经验论的科学观在学术界已经失去了其学术影响，但它在当下的社会与政治领域中依旧占据着极大的市场，很重要的原因在于其具有极强的修辞上的伪装性。在各种党派的利益影响下，美国文化一直把科学理想化为一种在决策上高度专业化，由客观性与无私利性所引导的研究。在谈到气候变暖的论调是一种恶作剧时，音霍夫自以为是地声称："我们将不会基于政治议程，而是基于完善的科学来进行决策……对于人们所听到的'我想要的不过是完善的科学的说法'，这是相当正常的。为什么我们不需要完善的科学呢？为什么在某些事情上的预测决策上不与完善的科学联系在一起呢？左派的环境科学共同体所坚持某些科学是不道德的。对于他们来说，赞同环境政策只能意味着从上而下的命令式的控制，这是由官僚主义者所发出的指令，与科学无关。相反，对我们说，政治与权力是有道德的公共政策的推动力量。……当前许多环境政策是由不负责任的修辞，而不是基于客观科学的事实所驱使而塑造"。

本文并非要在IPCC的科学报告与其批评者的研究之间做出一个孰是孰非、孰真孰假的判断，只是想表明由于气候科学模型本身存在的无法消除的不确定性、计算机模拟的局限性与不同的学术传统的差异，在政治与经济利益的强权干预下，这些局限性被极度放大，使气候科学模型成为了"政治化科学"。

三、IPCC科学困境的根源——传统学术标准的失效

作为联合国的机构，IPCC每年的经费只有区区680万美元，远不够支撑其科学研究所需的费用，所以它在一定程度上要依赖于成员国资助。据《华盛顿邮报》透露，2500名科学家组成的IPCC中，有很大一部分科学家的研究经费都来自欧盟成员国。这样IPCC所建构的模型不得不依赖于其合法性得以产生和维护的机构，不得不反映出支持这些组织与机构得以运行的国家、组织与跨国公司的利益与声音。各国政府、非政府组织，利益集团以及各学术流派不可避免地会基于各自利益和价值取向，要求修正、增加或删除有关观点和内容。虽然参加编写报告的科学家来自世界各国，但目前发布的IPCC评估报告，在很大程度上反映了欧盟的政治立场和观点，报告所选用的科学文献和科学观点也大部分都源自欧盟国家。结果是，IPCC的科学报告并非是由科学家共同体单独完成，而是在不同科学家群体，不同国家、不同国际组织之间的外交谈判和博弈中产生，它远远超越了默顿式的科学中的学术规范模式所倡导和维护的普遍主义、公有主义、利他主义以及理性主义蕴含的客观性与价值无涉，事实上已经成为超越科学共同体之上的社会建构。IPCC的每一报告都带有针对相关决策者的概括，需要得到相关国家或组织的代表的认可，因此"它是政府间谈判的文本，正像其前言已经清楚地表明那样"。这种政治化的科学使默顿

式的传统学术标准失去范型约束力量。

“曲棍球门”事件，就像目前针对 IPCC 报告的其他质疑一样，问题几乎都出在各种“灰色文献”上。灰色文献指那些未公开发表的会议文集、论文、报告、档案等文献。IPCC 鼓励作者参考和引用“灰色文献”和非英语文献。第一次众所周知的“地震”来自“气候监测网”的创始人斯蒂芬·麦金太尔引发的“曲棍球门”事件。继“曲棍球门”事件后，又出现了“冰川门”事件，英国媒体《星期日电讯报》披露：在 IPCC 第四次报告中所指出的“气候变化将威胁到 40%的亚马逊雨林”，此结论再次援引了世界自然基金会（WWF）的报告，原报告作者声称他们的依据来自《自然》杂志。但很快人们发现，原文指出这一威胁来自砍伐，并非来自气候变暖。去年 12 月初，哥本哈根气候变化大会召开前又爆发了“气候门”事件——黑客进入英国东吉利大学气候研究部门（CRU）网络获取大量的邮件，从中发现了修改气候数据的丑闻——可谓“曲棍球门”事件之后的又一个反 IPCC 的高潮。

IPCC 报告还引发同行评议问题的困境。IPCC 的批评者已经指出 IPCC 科学共同体的既定利益：它依靠其所发出的潜在的危险的严重性而获取相关的资助，这会使它不可避免地出于凸显诱惑的考虑去夸大这些危害。这是 IPCC 的显著特征之一。在当今的科学研究世界，尽管还有其他的大规模的科学研究（如人类基因组研究项目等），但 IPCC 的更为不同寻常之处在于，比起其他研究项目来说，它所处理的科学问题更具争议性和复杂性。例如，人类基因组计划，针对有关答案会是什么，在生物学专业共同体内有着高度的共识，相应的，很少会有人去组织游说团体，到美国国会去否认这一研究的基本前提的合法性。相反，IPCC 研究的利益导向性相当明显，是在考虑相关重要的利益的基础之上达成的国际共识，专业学科共同体的影响力式微。因此，很多科学政策的顾问，包括一些受到尊敬的科学家认为它的报告是垃圾不是科学。这意味着 IPCC 违反了同行评议的公正性原则，因为 IPCC 报告的评论专家几乎无一例外地处在其自身的工作圈内。常规的同行评议依赖于工作圈外的专家，IPCC 改变了这一标准。在 2001 年第三份评估报告中，仅仅一章的内容就有 IPCC 圈内 10 个主要的作者和 140 多位合作者。当面临质疑和挑战时，IPCC 通常诉求于政策科学的经典脚本，即 IPCC 是依据其成员自身所认可的科学客观性和公正性来实现自身的合法化。对此，某些批评者指出 IPCC 的这种“正统科学性”是基于这样一种事实，即 IPCC 和相关政策制定者通常主要选择 IPCC 中合格专家俱乐部中的成员，结果使其报告的评议不可避免地带有利益趋向的“自我辩护”的特征。“这是一个带有既得利益的，想使自己的主张永恒合法化的共同体，它不断地寻求解释现象重要性的‘证据’，以约束其成员的研究活动”。这种“既是运动员，又是裁判员”的做法使传统的同行评议的学术标准失效。

从知识社会学的角度来看，“曲棍球棒曲线”问题上的争论放大性地彰显了柯林斯所称的“实验者回归”（“the experimenter's regress”）的科学困境。柯林斯在《改变秩序》中指出任何实验者都会面临的一种困境：好的实验仪器只有通过其获得的正确结果来定义，而正确的结果只有用好的仪器才能获得。柯林斯认为这种不正常的循环总是要困扰任何的实验者，这就是所谓的“实验者回归”。在实验室中，这种循环表现为一种回归，柯林斯说：“问题是，因为实验是一种技巧性的实验，它就决不能够保证第二次实验是否能够充分地检验第一次实验的结果。某些更进一步的检验被要求来检验第二次实验……对克服这一困难而进行的‘检验的检验’证明需要更进一步的‘检验的检验的检验’”。这种所谓的实验者回归结果证明了“像技巧性类的知识的传递是不可靠的。按照柯林斯的观点，这种回归是通过科学家之间的谈判来解决的，并且这种谈判通常并不依赖于任何认识论的标准，而是靠解释学的力量来解决，特别是由参与这场争论的科学家盟友与其敌人所组成的“核心群”的磋商过程来解决。“核心群”成员（在气候科学的例子中，“核心群”成员不包括政治家）的活动，是运用“磋商策略”来打破实验者回归困境，其结果是形成各方都感到满意的“适当的科学知识”。正是“核心群赋予社会偶然性以方法论的正当性。”这就不仅对实验证据的确定性，而且对其合理性也产生了怀疑。因此，即便是在一般意义上具有实验可控性的实验科学而言，实验也并不能为科学知识提供任何合法性的绝对性的基础，对于不具严格可控性的气候科学研究，则更凸显出其科学基础的不确定性和操纵与协商的特性，政治与经济力量的介入更使这种凸显格外放大。

四、结语与启示

通过对IPCC的政治化科学的分析，我们在此并不是想否认科学的真理性与客观性，而是想表明传统逻辑经验论科学观已经不适合当代“大科学”的现实背景。从逻辑经验论来看，科学是寻求真理的一种独特性活动，是客观的、公正的和可检验的，这是区分科学与非科学、科学与政治及社会的关键性划界标准。科学越接近真理，就越能够摆脱政治与社会的干预与控制。从默顿社会学的视角来看，科学是一个能够自我管理并拥有独特规范秩序的自治组织和社会建制，它具有一组特殊的制度性规范，而这些规范制约着科学共同体的研究活动，并反过来帮助科学有效地摆脱政治与社会的约束与控制，并避免政治、商业与经济的污染。科学家有能力为政治与社会设定一个廉洁、公正、共识的标准，使政治决策更加科学，更加合理。然而，当前科学已经进入了“大科学”时代，其主要特征是科学技术与社会的一体化。气候科学研究本身的极强的不确定性，以及与政治经济一体化的“大科学”背景，使得传统的逻辑经验论的科学观在气候科学中很难以贯彻执行。相反从IPCC的遭遇中，我们发现了这种所谓客观自主性的科学成为某些发达国家的“政治修辞术”的合法性基础，成为未来发达国家用来强加其政治霸权，维护其经济利益的学术修辞工具。气候科学研究并非独立于政治与社会之外，而是一种负载政治、经济、文化价值的技术科学（Technoscience），其真理性与客观性的含义不是逻辑经验论的机械反映论，而是社会实践基础上的生成论，这也是当代科学哲学的实践转向所关注的中心问题。在“大科学”的背景下，人们更应该关注的是，在科学、技术、自然、社会、经济、军事、文化等各种异质性力量相互作用的网络中，创造出“好科学”，防止“坏科学”，从而使这网络中的各种因素和谐相处，共同进化，从而推动着人类文明的发展进程。IPCC的气候政治学给予我们一个很好的启示，即中国应该加强相对独立自主的气候科研，在未来的IPCC第五份科学评估报告及相关的国际气候谈判舞台上，争取更多的气候科学的“话语权”，努力赢得国际气候与环境外交的主动权，使有关应对气候变化的各种活动朝着真正有助于遏制全球气候变暖、使人类社会走向一个真正的低碳社会的方向演进。

（作者：苏州大学哲学系教授、博士生导师）

（选自《苏州大学学报·哲学社会科学版》2011年第3期）

努力实现人与自然和谐发展

——关于生态文明建设的研究综述

张巨成

党的十七大报告提出了建设生态文明的重大战略思想和重大战略任务。建设生态文明，是深入贯彻落实科学发展观、推动经济社会又好又快发展的必然要求和重要内容。建设生态文明的基本内涵是什么？建设生态文明应坚持哪些重要原则、把握哪些着力点？围绕这些问题，学术理论界近年来从不同角度进行了研究和探索，取得了不少富有建设性的成果。目前，生态文明的概念已被越来越多的人认识和了解，建设生态文明正在成为社会各界的共识和行动。

建设生态文明的基本内涵

建设生态文明，首先需要明确什么是生态文明。有专家认为，生态文明就是人类在改造自然的过程中，为实现人与自然之间的和谐所做的努力及其所取得的成果，它标志着人与自然关系的一种进步状态。也有专家认为，生态文明是人类在利用自然界的同时主动保护自然界、积极改善和优化人与自然关系而取得的物质成果、精神成果、制度成果的总和。还有学者认为，生态文明是指人类遵循人、自然、社会和谐发展这一规律而取得的成果的总和，是以人与人、人与自然、人与社会和谐共生、良性循环、全面发展为基本宗旨的文化伦理形态；生态文明既包括人类对传统文明形态特别是工业文明进行深刻反思和探索的认识成果，又包括人类在建设物质文明过程中保护和改善生态环境的实践成果，表现为人与自然和谐程度的提高和人们生态观念的增强。

综合而言，学者们认为，生态文明是人类在适应自然、认识自然、利用自然、改造自然、保护自然的过程中所取得的全部成果的总和。从工业文明的发展进程来看，生态文明是对造成生态环境危机的工业文明的超越，是人类文明形态和文明发展理念、道路、模式的重大进步。从发展观的角度来看，生态文明是对传统的盲目发展生产力、片面追求经济增长速度的发展观的纠正。以我国发展为例，改革开放以来，我国经济社会发展取得了巨大成就，综合国力和人民生活水平大幅提升。但长期形成的粗放的经济增长方式并没有根本改变，一些地区不惜以牺牲生态环境和长远利益为代价，片面追求GDP的高速增长，造成了严重的环境污染和生态破坏，发达国家在几百年工业化过程中逐步出现的生态环境问题在我国已经集中出现。建设生态文明，就是要从根本上改变这种高消耗、高污染的粗放型经济增长方式，建设资源节约型、环境友好型社会，实现好、维护好、发展好广大人民群众的生态权益。从这个意义上说，建设生态文明是解决当前我国日益严重的生态环境问题的迫切需要，是实现科学发展、和谐发展的必然选择，也是关系中华民族前途命运的根本大计。

建设生态文明应坚持的重要原则

坚持马克思主义关于生态文明的基本理论和观点。有学者指出，马克思主义经典作家虽然没有对生态文明作出过直接论述，但在他们的著作中有大量关于人与自然、人与人关系的论述，比如对资本主义制度及其生产方式的分析和批判、对劳动异化与自然异化及其相互关系的研究和分析、对如何建立人与自然的可持续性关系的思考和阐述等等。这些重要论述，为我们正确认识和处理人与自然之间的关系、科学分析和应对当代生态环境问题提供了理论依据和思想武器。当前，我们应进一步加强对马克思主义关于生态文明的基本理论和观点的研究，并用以剖析当今世界和当代中国所面临的生态环境问题，进而探索建设生态文明的有效思路。

坚持党的领导。党的十七大以来，中央对推进生态文明建设作出了全面部署，提出了许多要求，采取了许多举措，如走中国特色新型工业化道路、中国特色自主创新道路、中国特色农业现代化道路、中国特色城镇化道路，走生产发展、生活富裕、生态良好的文明发展道路，推进节约发展、清洁发展、安全发展，建设资源节约型、环境友好型社会等等。学者们认为，所有这些都充分体现了我们党对生态文明建设的高度重视和长远谋划。建设生态文明是一项长期的战略任务、复杂的系统工程，涉及人、自然、社会等方方面面，关系不同阶层、群体、个人的切身利益，需要解决的矛盾和问题很多，面对的困难和挑战很多。这就要求我们始终坚持党的领导，充分发挥党在推动生态文明建设中总揽全局、协调各方的领导核心作用。

坚持以人为本。科学发展观的核心是以人为本，强调发展的根本目的是不断满足人民群众日益增长的物质文化需求，不断提高人们的生活质量和水平。学者们认为，不论建设物质文明、政治文明、精神文明，还是建设生态文明，归根结底都是为了人，为了促进人的全面发展。在建设生态文明的过程中，必须始终坚持以人为本，不仅注重满足人们的物质需求，而且注重满足人们的文化需求、精神需求、生态需求；切实维护城乡之间和区域之间、当代人之间、当代人与后代人之间的生态公正与公平，决不能为了一部分人的利益而牺牲大多数人的利益，为了当代人的利益而牺牲后代人的利益；尊重人民群众的主体地位，调动社会各方面参与生态文明建设的积极性、主动性、创造性。

建设生态文明应把握的着力点

建设生态文明具有长期性、复杂性、艰巨性，必须科学规划、精心实施。学者们普遍认为，建设生态文明，必须加快转变经济发展方式，努力形成节约能源资源和保护生态环境的产业结构、增长方式、消费模式；大力发展循环经济、绿色经济；加大生态环境保护力度，强化资源保护与管理；积极应对全球气候变化，发展低碳经济和低碳产业；建立健全有利于生态环境保护的体制机制；等等。其中，特别要把握以下几个着力点。

把建设生态文明与建设物质文明、政治文明、精神文明统一起来。有学者指出，建设生态文明不是孤立的，而应与建设物质文明、政治文明、精神文明等统一起来，做到整体推进、协调发展。建设物质文明是建设生态文明的物质基础。在物质文明建设中，应着力体现生态文明的内容，保证生态环境不因发展经济而遭到破坏，保证发展经济不超越生态环境的承载能力，推动经济持续健康发展。建设政治文明是建设生态文明的重要保证。政治文明建设要为生态文明建设提供法律、制度、体制、机制、政策等各方面的保障。维护生态公正与公平是政治文明建设的重要内容，应把维护人的生态权利与维护公平正义统一起来，协调和处理好社会各阶层、不同利益群体、代际群体在生态方面的权益和矛盾。建设精神文明是建设生态文明的强大动力。应注重在精神文明建设中培养和提高人们的生态道德素质，引导人们树立生态文明观念，把生态文明观念融进民族精神和时代精神中，融进党风政风和民风民俗中，努力在全社会形成积极建设生态文明的良好氛围，为建设生态文明提供理论支撑、精神动力、文化条件和智力支持。

引导广大干部特别是领导干部树立符合生态文明理念的政绩观。广大干部特别是领导干部是党和国家方针政策的具体执行者，他们的思想观念和实际行动对于建设生态文明有着直接影响。学者们认为，应教育引导广大干部特别是领导干部充分认识建设生态文明的重要性和紧迫性，坚决摒弃那种片面追求 GDP 增长的错误观念，正确处理经济建设与人口增长、资源利用、环境保护等的关系；用好干部考核评价这个“指挥棒”，把推进生态文明建设作为干部考核和任用的重要依据，注重提拔任用那些推进生态文明建设有实绩的干部，坚决惩处那些以严重破坏生态环境为代价换取经济增长政绩的干部。

进一步建立和完善有利于生态文明建设的体制机制。许多学者强调，应加快立法步伐，建立健全生态环境保护的法律体系，加大对违法行为的处罚力度，重点整治违法排污企业；不断完善和认真落实环评制度，严格环境准入，严格执法监督，持续开展环评专项行动；建立健全和认真落实严格的环境保护目标责任制以及科学、民主的环境决策机制和依法从严的环境治理机制；积极开发和推广节约、替代、循环利用资源和治理污染的先进适用技术，大力发展清洁能源和可再生能源，切实保护土地和水资源；建立健全科学合理的能源资源利用体系，不断提高能源资源利用效率；加快建立生态补偿机制，积极推进资源性产品价格改革和环保收费改革，改革和完善资源税，健全和完善绿色税收、绿色证券、绿色采购、绿色贸易等方面的制度和政策；等等。

（作者：云南大学教授）

（选自《人民日报》2011 年 2 月 9 日）

马克思主义生态观及其现实意义

李崇富

党的十七大提出了"生态文明"的科学概念，同时，在新世纪新阶段全面建设小康社会中，规定了"建设生态文明"和"建设资源节约型、环境友好型社会"的战略任务。2010年10月15日至18日召开党的十七届五中全会，以及全会通过的关于我国"十二五规划"的建议，都高度重视"两型社会"建设，强调要"坚持把建设资源节约型、环境友好型社会作为加快转变经济发展方式的重要着力点"。因此，我们在推进改革开放、建设中国特色社会主义事业中，应当结合当代实际，深入地研究马克思恩格斯的生态思想，构建马克思主义生态观。这对于贯彻落实科学发展观，指导生态文明和两型社会建设，毫无疑问，既具有重要的理论意义，更具有重大和不可代替的现实意义。

一、马克思恩格斯的生态思想是科学生态观的理论基础

马克思恩格斯在创立马克思主义之时，是"在批判旧世界中发现新世界"的。因此，尽管他们没有专门和系统地阐述过生态观，但由于理论的内在逻辑，所以当他们在阐述自然观和实践观，以及对资本主义生产方式和社会进行批判性考察中，就包含着关于生态问题的大量论述，即有丰富的生态思想。故此可以说，只要我们结合当代实际，深入地学习和挖掘、系统地梳理和阐发马克思恩格斯的生态思想，就可以为构建马克思主义生态观，提供科学而坚实的理论基础。

首先，在马克思恩格斯的自然观中就包含有丰富的生态思想。马克思恩格斯的自然观即自然辩证法，作为他们创立的辩证唯物主义、历史唯物主义世界观的一个重要组成部分，所研究和阐明的是自然界变化发展的普遍规律。其中，就包括关于人类如何产生、人在自然界的位置、人与自然界之间关系的哲学思考和普遍本质的阐明。

马克思恩格斯在综合当时各门科学成果的基础上，认为人类是自然界长期发展和演进的最高产物。恩格斯在《自然辩证法》中指出，同整个生物界的历史进化一样，"人也是由分化而产生的。不仅从个体方面来说是如此——从一个单独的卵细胞分化为自然界所产生的最复杂的有机体，而且从历史方面来说也是如此。经过多少万年的努力，手脚的分化，直立行走，最后终于确定下来，于是人和猿区别开来，于是奠定了分音节的语言的发展和人脑的巨大发展的基础，这种发展使人和猿之间的鸿沟从此不可逾越了"。而造成这种巨大飞跃的关键是劳动。因为“手的专业化意味着工具的出现，而工具意味着人所特有的活动，意味着人对自然界进行的反作用，意味着生产。”恩格斯在《劳动在从猿到人的转变中的作用》的著名论文中，不仅科学地分析了从生物界的类人猿中进化出人类的历史过程和内在机理，而且得出了一个人类产生与其劳动关系的重大的哲学结论。他指出：“劳动是整个人类生活的第一个基本条件，而且达到这样的程度，以至于我们在某种意义上不得不说：劳动创造了人类本身。”

马克思主义自然观认为，类人猿通过自己由生物活动到劳动的进化，并随着劳动的产生而产生原始人以后，才开始形成了人在自然界的位置，以及人与自然关系等根本问题。对此马克思说，“人是类存在物”，“无论是在人那里还是动物那里，类生活从肉体方面来说就在于人（和动物一样）靠无机界生活，而人和动物相比越有普遍性，人赖以生活的无机界的范围就越广阔”。而这种普遍性，则是由人的劳动实践造成的。“在实践上，人的普遍性正是表现为这样的普遍性，他把整个自然界——首先作为人的直接的生活资料，其次作为人的生命活动的对象（材料）和工具——变成人的无机的身体”。这就是说：“当现实的、肉体的、站在坚实的圆形的地球上呼出和吸入一切自然力的人通过自己的外化把自己现实的、对象性的本质力量设定为异己的对象时，设定并不是主体；它是对象性的本质力量的主体性，因此这些本质力量的活动也必定是对象性的活动。”

因此，人类从自然界分化出来以后，在以自己的本质力量即生产劳动改造和利用自然界的时候，就在对自然界的关系上具有了二重性，即能动性和受动性的统一。对此，马克思说，“人直接地是自然存在物。人作为自然存在物，而且作为有生命的自然存在物，一方面具有自然力、生命力、是能动的自然存在物；……另一方面，人作为自然的、肉体的、感性的、对象性的存在物，同动植物一样，是受动的、受制约的存在物，就是说，它的欲望的对象是作为不依赖他的对象而存在于他之外的”。人类对自然界的能动性，体现了人类在生产劳动中能够认识、改造和利用外界物的本质力量，正是在这一点上，把人同其他生命体区别开来；而人的受动性则表明，人类在自然界面前，也不能为所欲为，必然时刻依赖，并受到自然界的物质环境和物质条件、生态环境和生态条件，即自然环境和自然规律的限定、支撑和制约。自然界、自然条件、自然生态和自然规律，是人类和人类社会存在、发展和进步的大背景、大前提和大舞台。马克思主义自然观及其生态思想，是为现代人类正确而自觉地认识、利用自然界和对待人与自然关系的重要的哲学基础。

其次，在马克思恩格斯的实践观中也包含有丰富的生态思想。马克思恩格斯认为，人同自然界具有三个方面的关系，即“实践关系”和以实践为基础的、并与之相辅相成的“理论关系”，以及蕴含于其中的“价值”关系。人类认识和改造自然界的实践，有一个从低级向高级发展的历史过程。人类处在一定实践水平上，既表明人类对自然规律已经有了一定的认识和利用能力，同时也往往带有一定的历史局限性和功利上的盲目性。恩格斯就是在研究自然辩证法之时，论述了人类历史上若干实践活动，由于当事人仅仅注重眼前和暂时的功利，往往无意识地违背了自然规律，由于实践的盲目性，而曾经有过受到自然界报复、惩罚的惨痛教训，从而表达了深刻的生态思想。恩格斯指出，人类在实践中“使自然界为自己的目的服务，来支配自然界”的时候，“我们不要过分陶醉于我们人类对自然界的胜利。对于每一次这样的胜利，自然界都对我们进行报复。每一次胜利，起初确实取得了我们预期的结果，但是往后和再往后却发生了完全不同的、出乎预料的影响，常把最初的结果又消除了。”恩格斯对此举出了几个造成生态灾难的典型事例：

1. 古代“美索不达米亚、希腊、小亚细亚以及其他各地的居民，为了得到耕地，毁灭了森林，但是他们做梦也没有想到，这些地方今天竟因此成为不毛之地，因为他们使这些地方失去了森林，也就失去了水分的积聚中心和储藏库”。

2. 当年“阿尔卑斯山的意大利人，当他们在山南坡把那些在山北坡得到精心保护的枞树林砍光用尽时，没有预料到，这样一来，他们就把本地区的高山畜牧业的根基毁掉了；他们更没有预料到，他们这样做，竟使山泉在一年中的大部分时间内枯竭了，同时在雨季又使更加凶猛的洪水倾泻到平原上”。

3. 当年“西班牙的种植场主曾在古巴焚烧山坡上的森林，以为木灰作为肥料足够最能赢利的咖啡树利用一个世代之久，至于后来热带的倾盆大雨竟冲毁毫无保护的沃土，而只留下赤裸裸的岩石”。

据此，马克思恩格斯得出三点重要的有生态学意义的看法：其一，在自然界面前，“我们每走一步都要记住：我们决不能像征服者统治异族人那样支配自然界，决不像站在自然界之外的人似的去支配自然界……我们对自然界的整个支配作用，就在于我们比其他一切生物强，能够认识和正确运用自然规律”；其二，只有在实践发展的基础上，人类才能够“一天天地学会更正确地理解自然规律，学会认识我们对自然界习常过程的干预所造成的较近或较远的后果”；其三，人类“耕作——如果自发进行，而不是有意识地加以控制……会导致土地荒芜，像波斯、美索不达米亚等地以及希腊那样”。马克思恩格斯的这些生态思想，至今仍有现实的指导和启发意义。

复次，在马克思恩格斯的社会形态观中还包含有更为丰富的生态思想。历史唯物主义认为，人类社会生存和发展是以其生产力的发展作为根本基础的，但同时也要受到社会经济形态，即一定生产方式所固有的基本生产关系的客观制约。马克思恩格斯在考察资本主义生产方式，特别是资本主义经济制度之时，既充分肯定了资本主义生产方式造就了社会化的生产力、工业文明、城市化和发达的市场经济，从而给予人类社会带来了空前和巨大的社会进步，同时又揭示了资本主义制度所实行的残酷的经济剥削、野蛮的殖民掠夺，以及它所固有的反生态性质。“生产剩余价值或赚钱，是这个生产方式的绝对规律”；资本主义积累和殖民掠夺的历史，就“是用血和火的文字载入人类编年史”。而正是由于生产剩余价值最大化的“这个绝对规律”的驱使，使得资本家们根本无意顾及生态环境问题。资本主义生产方式自始至终都在给人类带来种种生态灾难。

马克思恩格斯在考察资本主义剩余价值生产时，也就是在考察工人阶级生产生活状况之时，虽是无意地、但也是符合逻辑地揭示了资本主义制度及其生产方式的反生态性质。早在1844年9月至1845年3月，恩格斯就在所著的《英国工人阶级状况》一书中，通过自己的亲身经历和实地调查，以大量翔实和确切的事例，揭露和论述了资本主义工业生产所带来的骇人听闻的生态问题。在该书中，恩格斯在高度肯定从18世纪到19世纪的英国工业革命和城市化，“推动了整个市民社会的变革”，因而具有“世界历史意义”的同时，详细而具体地描述了伦敦、都柏林、爱丁堡、北明翰、格拉斯哥、曼彻斯特等工业城市，以及西约克郡和南郎卡郡的其他工业区，都毫无例外地存在广大工人群众的过劳、贫穷、饥饿、拥挤、疾病和生态问题。恩格斯在谈到约克郡西部位于艾尔河边一个名叫"里子"的工业城市时，写道："就这样一个大城市来说，是相当清洁的，但是位于该河及其支流（becks）沿岸那些地势较低的地区却是肮脏、拥挤的……这些地方的街道大多数既没有砌过，也没有污水沟，房屋盖得杂乱无章，有许多大杂院和死胡同，甚至连起码的保持清洁的设备也没有。所有这一切就完全足以说明这些不幸的、肮脏和贫穷的渊薮中的过高的死亡率。在艾尔河泛滥的时候（顺便说一说，这条河流像一切流经工业城市的河流一样，流入城市的时候是清澈见底的，而在城市的另一端流出的时候却又黑又臭，被各色各样的脏东西弄得污浊不堪了），住房和地下室常常积满了水，不得不把它舀到街道上去；在这种时候，甚至有排水沟的地方，水都会从这些水沟里涌上来流入地下室，形成瘴气一样的饱和硫化氢的水蒸气，并留下非常有害的令人作呕的沉淀物。在1839年春汛的时候，由于排水沟的外溢竟产生了非常有害的后果：根据出生死亡登记员的报告，本城该区本季度的出生和死亡之比是二比三"。这一段比较长的引文（原出自当时当地的一个名为《机工》的杂志上的材料，括号内"顺便说一说"那一段，是恩格斯的原话），真实而具体地描述了英国工业城市的严重生态问题。

马克思在《资本论》等著作中，也深刻地揭示了资产阶级力图从尽量降低成本、最大化地增加利润的动机出发，从而造成了种种生态问题、劳动条件问题，造成了对工人的健康和生命损害。他在引述1848年10月31日一份工厂视察员的报告中说："在这些敦厚善良的父母们的子女做工的麻纺厂里，空气中充满着原料的尘埃和纤维碎屑，即使只在纺纱车间呆上10分钟，也会感到非常难受，因为眼睛、耳朵、鼻孔、嘴巴里会立刻塞满亚麻的碎屑，根本无法躲避，这不能不使你感到极度的痛苦。"马克思恩格斯引证了大量原始材料，说明是极为恶劣的劳动和生活条件，造成了大量工人的过早死亡。而这正是资本家为了"节约"成本，而造成的对工人正常生产和生活条件掠夺的必然结果。马克思指出："这种节约在资本手中却同时变成了对工人在劳动时的生活条件系统的掠夺，也就是对空间、空气、阳光以及对保护工人在生产过程中人生安全和健康的设备系统的掠夺"。而资本主义生产方式对社会所造成的生态灾难，只不过是工厂生产条件"节约"的延伸，以及在这种生产过程中人为放任的一种消极结果。

其实，在马克思看来，正是资本的这种"节约"和无限扩张，造成了对自然资源的最大浪费。资本主义生产方式的一个基本特点是："为生产而生产，即不顾任何事先决定和事先被决定的需要界限来发展人类劳动的生产力。"即"它是一种没有预先决定和预先被决定的需要界限所束缚的生产"。但是，"它的对立性质包含着生产的界限，而它总是力图越出这个界限。因而就发生危机、生产过剩等等"。在这里，马克思揭示出该社会的一个难以克服的基本矛盾，就是资本增殖和扩张的无限性，同自然资源和社会需求的有限性之间的矛盾，势必通过鼓动社会过火的、迅速更替的消费时尚，甚至通过周期性的经济危机，来使矛盾得到暂时缓解。但是，由此造成了过度的生产、生活消费对于自然资源，特别是对于不可再生资源的大量破坏和浪费，致使整个世界的可持续发展难以为继。

马克思恩格斯认为，只有当人类成为自己社会结合的主人的时候，他们才能够真正成为自然界的主人。恩格斯在《社会主义从空想到科学的发展》中指出："一旦社会占有了生产资料……个体的生存斗争停止了。于是，人在一定意义上才最终脱离了动物界，才使动物的生存条件进入真正人的生存条件。人们周围的、至今统治着人们的生活条件，现在受人们的支配和控制，人们第一次成为自然界的自觉的和真正的主人，因为他们已经成为自身社会结合的主人了。”只有当人们真正认识、掌握和善于运用自然规律和社会规律的时候，人类才有了真正的自由，才能够实现“从必然王国进入自由王国的飞跃。”

二、马克思主义生态观的基本问题和建构的逻辑思路

我国在新世纪新阶段“建设生态文明”，迫切地需要马克思主义生态观的指导。而我们所要构建的马克思主义生态观，也可以称为“生态文明观”。这种生态观，必须以马克思恩格斯的生态思想作为理论基础或出发点，同时借鉴吸收国外生态学和西方“生态马克思主义”的有益成果，立足于当代实际，总结现实的实践经验和科学成果，形成比较系统和科学的生态观。这种生态观，首先要正视、思考和解决的，至少包括以下三大矛盾或三大问题：

其一是，自然界生态系统本身的关系、矛盾和问题。这是马克思主义生态观的一个基础性问题。自然界走着自己的路。自然生态系统有自己的变化、发展和进化规律。自从几十亿年前，在地球上进化出了生命机体，就在漫长地质史上逐步发展、分化和演进出各种生物物种、各种生态系统和生态群落。生物界既同无机界的以水的三态循环、氧循环、碳循环、氮循环等为基础，以四季气候变化、日夜交替为背景，而与外界进行物质、能量和信息交换，使其个体生长发育、新陈代谢，又与其他生物物种和个体之间进行生存竞争，从而产生相互制约和相互依存的关系，并且达到一种动态的平衡、循环、繁衍和进化。例如，生物界有三大生物群落，就是植物、动物和微生物。植物吸收阳光和二氧化碳，进行光合作用，生产有机物、储存生物能量和放出（多于自己需要的）氧气；而动物大多是食草类，一般依靠植物及其果实为食，少数食肉动物则以其他相对弱小的动物为食，吸进氧气，在新陈代谢中放出二氧化碳；至于微生物，在自然界生态链的平衡和循环中，也是不可或缺的，因为它们除了帮助动物消化以外，还能够把动植物死亡的机体，加以腐烂和分解，从而成为无机界、有机界的物质循环和平衡一个重要环节。至于各种生物物种，生态系统和生态群落之间相互斗争、相互制约、相互依存的关系，以及生态平衡和循环的具体矛盾、具体机理和具体规律，那是自然科学研究的对象，我们是知者甚少，是讲不清楚的。

从建构马克思主义生态观的意义上说，人类实践活动必须尊重、顺应、利用和维护自然生态系统的动态平衡和良性循环，而不能只顾眼前和局部的功利，违背自然生态规律，去过度地干预、开发、利用和破坏它们。

其二是，人类与自然界之间的关系、矛盾和问题。这是马克思主义生态观的一个中心问题。人类作为自然界和生物界进化的最高产物，是从自然界分化出来的、又同自然界相对立。此前，西方学者提出的“人择原理”和“人类中心论”，都有一定的道理，但是也有其局限性，应该根据理论和实践的逻辑，而加以新的审视和符合历史发展的科学总结。

我们知道，在近代工业革命以前的原始社会和封建农业社会，人类与自然界之间，在总体上保持着一种自发的、低水平的、被迫的自然顺应和原始和谐。只是，随着近现代大工业和自然科学的产生，极大地提升了人类开发、利用、改造和征服自然界的能力，从而在带来工业文明的同时，也逐步激化了人与自然界之间的矛盾。有一个时期，人类普遍有一种错觉，似乎人是自然界的上帝，无所不能，可以为所欲为地征服和利用自然界。这就是“人类中心论”

意识。但是，正如恩格斯所说，我们决不能违背自然辩证法的规律，“像征服者统治异族人那样支配自然界，决不能像站在自然界之外的人似的去支配自然界”。因为，“我们连同我们的肉体、血和头脑都是属于自然界和存在自然界之中的”，我们同样要受到自然规律和生态规律的支配；人类个体是来自自然界，也要回归自然界。实际上，当我们蔑视自然辩证法、蔑视自然生态规律的时候，“是不能不受惩罚的”、是不能不为由此造成的全球性、全国性的环境污染、生态失衡，而付出惨重代价的。目前已经出现全球性突出的生态问题，至少有：

1. 温室气体和温室效应问题。由于近代以来矿物燃料的日益大量应用，在近地空间所积累的大量的温室气体及其温室效应，会使地球气温升高，而造成气候异常、冰川退缩，特别是南北极冰雪的大量融化，会使海平面升高。有学者估计，如果未来100年中，地球温度平均上升2℃—4℃，就会使海平面上升10米左右。目前有6.34亿人口生活在海平面10米以下地区，将会使180多个国家受害。

2. 臭氧层正在被破坏问题。某些化学物质的使用会破坏臭氧层。臭氧层位于地面上20—30公里的平流层，能够吸收和挡住大部分紫外辐射，对地球上一切生物起保护作用。据科学报告，1994年发现南极臭氧空洞面积达到2400平方公里。经过20亿年形成的臭氧层，在过去一个世纪的破坏就达60%。目前，北半球的欧洲、北美上空的臭氧层减少了10%—15%；西伯利亚减少了35%。而如果没有臭氧层保护，地球上的一切生命，在太阳紫外线辐射下，就难以生存和繁衍下去。

3. 地球上森林被过量砍伐，正造成严重的气候异常等生态问题。地球上曾有76亿公顷森林，到20世纪初只有55亿公顷，到1976年剩下28亿公顷。据统计，全世界每年约有1200万公顷的森林在消失。亚马逊热带雨林的破坏极为严重。到20世纪90年代，亚马逊热带雨林已减少11%，达70万平方公里。地球上森林的大量和日益加快的消失，其后果是不堪设想的。

4. 物种正在大量灭绝，生物多样性受威胁问题。在地质史上，生物物种有过五次大灭绝。最近一次是发生在6500万年前的白垩纪第三纪，以恐龙灭绝为标志，其流行解释，是小行星“撞地”说，是纯粹自然的原因。现在有不少生态学家预测：目前地球上的生物物种，正在和将要面临第六次大灭绝。而这一次，主要是人为的原因，特别是工、农业过度和不当开发引起的后果。地球上的生物物种，大约有500万到1000万种。到2000年，已有10%—20%的物种，即50—100万种已经消失了。现在，每年有几千个动植物物种在灭绝，而且灭绝的越来越快。如果不采取措施的话，可能今后一年将有一万多个动植物物种会灭绝。在今年10月12日召开的第23届国际保护生物学大会上，有位生物学家估计，21世纪可能有2/3的物种将要在地球上消失。国外，另有研究报告估计和预测：现在“地球上超过一半的动植物生活在热带雨林之中。……目前所知生活在热带雨林中的动植物，到2100年，只有18%（少于1/5）到45%（少于一半）还会继续生活在这些地区。”这是多么可怕的情形啊！

而更可怕的是，据说连人类本身的生存和繁衍，也正面临着严峻的问题：有关学者综合分析发现，由于多种原因，现在不妊不育的夫妇的比例占到10%—15%，还有一定比例的新生儿有生理缺陷。如果人类生存环境不改善，再过50年，很多人将不能生育。美国有一位化学教授预言，到2040年，美国将有一半的男人没有生育能力，而这可能与第六次生物物种大灭绝有关。

此外，全球性的比较严峻生态问题还有很多。例如，全球性气候异常，空气、水体（海洋、江河、湖泊）、耕地等环境被严重污染，土地荒漠化加剧，淡水资源短缺，等等。所以，人类正确处理自己同自然界之间的矛盾和关系，是人类社会可持续发展中的一个必须加紧解决的基本问题。

其三，是社会与自然界之间的关系、矛盾和问题。这是马克思主义生态观的一个关键问题。社会源于自然界而高于自然界，社会以扬弃的形式包含着自然界。人类的社会实践，创造了一个“人化的自然界”。但是，“外部自然界的优先地位仍然会保持着”。所以，在人类社会存在着同时起支配作用的有两个系列的规律，即自然规律体系和社会规律体系。因此，人类与自然界的关系，在很大程度上，是社会形态与生物生态、是社会制度与自然生态的关系、矛盾和问题。按照马克思主义观点，全球性生态问题的根本解决的社会制度前提，是消灭剥削、消灭生产资料私有制，实现共产主义社会。只有这样，才能够使人类从全世界的长远利益出发，而有计划和合乎规律地开发、利用自然资源，保护生态环境，为全体社会成员谋福利，使人类“第一次成为自然界的自觉的和真正的主人”。

在当代和今后一个时期的世界，仍将是由资本主义特别是垄断资本主义制度，在总体上占主导地位的世界。因此，我们只能够局部地、有限地获得生态问题的共识，并局部地、有限地缓解生态环境问题。自从近代西欧资本主义发达国家推行殖民统治以来，他们用暴力屠杀、种族灭绝和强制移民，霸占了北美洲、南美洲和大洋洲大陆，以及非洲一部分富饶土地，掌控着世界的主要的能源和自然资源、市场和政治经济秩序。相对于广大发展中国家而言，现在资本主义发达国家的局部生态环境，已经不再是当年马克思恩格斯描写的那个样子。他们在比较注意本国生态保护的同时，却采取损人利己的做法，对外输出生态污染，转嫁生态灾难，包括向外国（发展中国家）转移污染严重、能耗和资源消耗多、附加值低的产业，还在大量输出生态垃圾和生态赤字，并逃避自己在解决自从近代工业化以来所造成的世界性生态问题的责任，甚至继续在推行生态殖民主义和生态霸权主义。例如，在温室气体排放、环境技术转让、海洋资源保护和利用、生物资源和基因资源的掌控，还有正在酝酿的所谓征收“碳关税”等问题上，都在采取蛮不讲理、推卸责任、歪曲事实、转移视线、反咬一口的手法，企图用以遏制中国等发展中国家兴起和进步。

所以，我们应力求在现有的世界经济政治秩序下，在努力解决本国的生态问题的前提下，要尽量在生态问题上争取获得若干国际性的共识和合作；同时，在全球性生态问题上，在事关本国和其他发展中国家的生态主权问题上，我们也要主持正义，并同各国人民一起，对生态霸权主义等错误主张，进行有理、有利、有节的斗争，以尽量缓解一些紧迫的全球性生态问题。

我认为，马克思主义生态观，之所以要研究、阐述和解决以上三个方面的基本问题的思路，是为了增进以下几个层次的自觉认识：

第一，我们要增进对生态规律的认识、把握和理论综合。应当明确，各种生态规律，是有关自然科学、环境科学的研究任务。而马克思主义生态观，则是要关注其进展，要从认识论和社会历史观的高度，及时进行学习、研究和理论综合，以便有助于自觉地建立和保持人与自然之间的和谐关系，从而不断提高认识、利用、保护自然生态，而不做违背生态规律，损害生态平衡的蠢事。例如，我国应加强基因工程研究，包括要抓紧转基因动植物的实验研究，但是对转基因农作物的商业种植、特别是作食品（尤其是主粮）的商业推广与食用，就应当着眼长远，为人民群众负责、为子孙后代负责、为中华民族负责，必须采取极为严肃谨慎的态度，必须依法严格管理，而不能采取急功近利、目光短视的做法，更不能被外人所左右。因为转基因动植物，对生态系统、对人类究竟会产生何种影响，必须作封闭性试验，作长期考察，才能够逐步掌握其利弊和规律。

第二，我们要增进对生态价值和生态效益的认识、把握和理论阐明。过去，我们在社会实践中，往往仅根据其经济价值和社会价值，而强调经济效益和社会效益。马克思主义生态观还要求我们，应该在重视实践活动的社会价值和社会效益、经济价值和经济效益统一的同时，必须加强对实践活动及相关生态系统的生态价值、生态效益的认识、评估、尊重和维护。实际上，“生态价值”和“生态效益”，应是马克思主义生态观的重要概念，应当对其加强研究和阐发。

第三，我们要增进对生态公益和生态伦理的认识、把握和理论阐明。生态问题，是事关我国人民和整个人类世代生存、延续和可持续发展的自然物质基础和最基本的环境条件，应具有一视同仁的公益性。因此，珍视、保护和合理利用大大小小的生态系统，是我们全社会和全体公民的社会责任与历史责任。由生态的公益性，就势必会引出研究和践行生态伦理的因果性、必然性和重要性。我认为，生态伦理的主体是人，而生态伦理的践行对象，首先是人类本身，同时也包括其他有利于生态平衡和良性循环的一切生命机体。依法尊重一切人的生命，尊重无害（包括利大于害）于人类的一切生命，形成人与自然的和谐关系，是人们的一项伦理义务和社会责任。生态伦理应是马克思主义生态观的重要内容。

总之，马克思主义生态观，是以马克思主义世界观、社会历史观为理论基础的关于生态研究的一种系统理论，也是基于当代实践而在一个重要领域对马克思主义的继承、发展和创新。其基本的体系结构和具体内容，还需要众多的马克思主义理论工作者，加紧研究和系统阐明。

三、马克思主义生态观对建设两型社会的现实意义

科学的生态观即马克思主义生态观，是当代世界的、特别是我国生态文明、两型社会建设的最直接的基础理论，是坚持和贯彻党的以人为本、全面协调可持续发展的科学发展观的重要理论支撑。目前，我们全党全国各族人民在坚持科学发展，全面建设小康社会，推进中国特色社会主义事业中，所面临的人口资源环境约束在强化，问题相当严峻。因此，我们必须借助于马克思主义生态观，支持科学发展，加快转变经济发展方式，才能够加以缓解和破解。

1. 目前我国的生态环境问题相当严峻。我国是一个现代化的后发大国。尽管具有社会主义制度的优越性，但由于人口多、底子薄，现在和将来一个时期，我国的多数行业和企业，被迫处在国际分工的产业链低端。所以，我国在大规模工业化起步和初期阶段，产生一定的生态环境问题，具有难以完全避免的一面。然而，近20多年以来，由于市场经济的逐利性和监管不力，我国所付出的生态代价、所造成的生态环境问题，是相当大、相当严峻的。据报道：我国是全球污染最严重的国家之一，世界银行列出的全球污染最严重的20个城市，我国就有16个。由环保部监测的440个城市中，几乎半数出现了酸雨；有70%的河流、湖泊受到严重污染，包括长江、黄河等重要河流，以及全国第三、第五大湖的太湖、巢湖等。目前，我国只有49.3%的水源可以饮用，26.4%的水源完全不适合饮用，只能作为工业用水。

到2008年，我国城市污水处理仅为66%；城市的汽车尾气、噪声、电磁、垃圾和室内有害化学物质污染，也很严重。此外，还存在森林被非法大量砍伐，水土大量流失，耕地肥力下降，北方、西北和西南地区的不少草原退化，山地石漠化，土地荒漠化、半荒漠化等环境问题，还在蔓延。虽然，国家为缓解这些问题，已经作了不少努力，已取得一些局部实效，但是很多生态问题，存在利益博弈，以至积重难返，难以遏制。

由于环境污染严重，不仅妨碍经济社会发展，同时也影响人民的生活质量和体质健康，影响到大面积的自然生态恶化。据世界卫生组织估计，中国每年有10万人因直接与受污染水源有关的疾病而死亡，至于各种其他环境因素产生的疾病，就更难以估计了。同时，环境污染和过度开发对我国生物多样性、物种灭绝的影响，也不容忽视。尽管我国生物物种很丰富，拥有1/8的真核生物，并在保持生物多样性上，已采取不少措施，但仍难以遏制、缓解生物多样性被破坏、物种在加快灭绝的势头，其速度不亚于其他国家和地区。我国濒危物种占总量的15%—20%，高于世界10%—15%的平均水平。我国十大灭绝和濒危动物有：华南虎、白鳍豚、褐马鸟、扬子鳄、黑颈鹤、四不像、大熊猫、金丝猴、藏羚羊。十分可惜的是，由于长江污染和其他生态条件的恶化，作为全世界两个唯一淡水亚种的白鳍豚和长江白豚，前者已于2008年8月8日被宣布绝种，而后者在1993年约有2700头，15年后减少一半，估计仅有1400—1200头，离灭种已经不远了。对于我国近20多年出现或加剧的生态环境问题，已经到了相当严重的地步，必须采取坚决而有效的措施，加以遏制和逐步缓解。这是我国建设生态文明和两型社会，实现可持续发展的一个不可或缺的基础性条件。

2. 我国经济社会发展面临的资源环境约束在强化。我国地大物博、物产丰富，是国家建设和发展的有利条件。但如果以13亿多人口作分母，我国的人均资源却又相对不足，大多低于世界平均水平。现在，我国只有约100亿亩土地资源可供利用，人均8亩左右，不到世界平均水平的1/6。其中耕地更少。目前，我国有耕地18.2亿亩，人均1.4亩，不到世界人均水平的1/4；森林有19.7亿亩，人均1.5亩，约为世界人均水平的1/7；淡水资源2.8万亿立方米，人均2200立方米，不到世界人均水平的1/4，而且分布不均，常常是南涝北旱；全国668个城市，有400个缺水，100多个严重缺水。就矿产资源而言，在世界已知的170多种矿藏中，我国已发现168种，有储量的151种；按45种主要矿产资源的潜在价值计算，我国仅次于前苏联和美国，居世界第3位，但人均仅为世界的第53位。其中，有2/3的主要矿产资源，近几年来出现短缺，有的处于严重短缺状况，如金、银、铜、铬、铁、钾、石油等主要矿产资源，日益供不应求，有的可能短缺1/2以上，特别是一些关系国民经济命脉、需求量大的矿产资源，多数矿体贫矿多、富矿少、选矿难，后备储量不足。我国资源型城市有118座（典型的60座）在多年开采至今，已有2/3的矿山进入中老年期、1/4的面临资源枯竭。国家发改委于2007年和2008年3月，根据国务院有关文件，分两批确定44个资源枯竭城市，需要经济转型。我国一些重要的矿产资源短缺严重，供需矛盾突出，目前只能通过大量进口来弥补。2009年，我国进口铁矿石6.28亿吨，原油2.04亿吨，对外依存度都在50%以上。

与此同时，我国许多生产行业科技水平不高，创新能力不强，资源利用效率低，存在严重浪费的情况。目前，我国单位产值的能耗，是美国的4.3倍、德国的7.7倍、日本的11.5倍，是世界平均水平的2倍多。其中，我国石化、电力、钢铁、有色金属、建材、化工、纺织等8个行业的主要产品单位能耗，平均比国际水平高出40%左右。而矿产资源的综合利用效率，也低于世界平均水平，更是大大低于国际先进水平。按本世纪初的情况估算，我国单位资源产出水平，只相当于美国的1/10、日本的1/20、德国的1/6；而每立方米淡水的产出率，世界平均水平是37美元，日本是55美元，英国是93美元，而我国是2美元。尽管这里存在一定程度的汇率扭曲，但我国资源利益效率普遍较低，却是一个客观的事实。

我国近些年经济高速增长，在很大程度上是由过多、过度的资源消耗来支撑的。2009年，我国GDP（按当时的汇率计）占世界总量的6%左右。但是，我国当年钢产量5.56亿吨、水泥16.3亿吨、电解铝1285万吨、精炼铜4133万吨、煤30.5亿吨、化肥6600万吨、棉纱2393万吨、玻璃5.8亿箱，分别占同年世界产量的46.6%、50%、60%、25%、45%、35%、46%、50%。这样大量地靠生产、消费、出口资源性和低附加值的产品，来维持我国经济的高增长，就进一步加剧了资源环境约束与国民经济发展之间的矛盾，不利于可持续发展。

3．“两型社会”建设是一项重大的战略应对。进入新世纪以来，党中央提出建设资源节约型、环境友好型社会，是为了缓解和破解我国经济社会发展中的资源环境约束的一项重大而正确的战略应对。现在，党的十七届五中全会及其所通过的关于我国“十二五规划”的建议中，指出：“坚持把建设资源节约型、环境友好型社会作为加快转变经济发展方式的重要着力点。深入贯彻节约资源和保护环境基本国策，节约能源，降低温室气体排放强度，发展循环经济，推广低碳技术，积极应对气候变化，促进经济社会发展与人口资源环境相协调，走可持续发展之路。”这样就从战略全局高度，为我国两型社会建设指明了方向。在这里，党中央把两型社会建设，作为我国“加快转变经济发展方式的重要着力点”，就意味着“资源节约”与“环境友好”具有深刻的内在联系，意味着两型社会建设是实现我国经济社会科学发展、可持续发展的一个关键性的、事关战略全局的大问题。对此，我们必须高度重视，严肃对待，抓紧落实。

我认为，我国建设“资源节约型、环境友好型社会”的基本国策，是针对全世界的、特别是我国资源和环境对经济社会发展约束强化的严峻情况，而作出的一项战略决策。而从其实现必要保障来看，当然要依靠在党和国家领导下所制定的长远的规划，科技的进步，完备的立法，周密的制度，有力的举措，严格的管理等社会条件的综合作用。但其中一个首要前提则是，全党全国人民必须统一认识、协调行动，必须认识到生态环境破坏和恶化、自然资源紧缺和浪费的严峻性与不可逆性，必须正确对待和兼顾局部利益与全局利益、眼前利益与长远利益、当代利益与子孙后代利益的关系，才能提高建设生态文明和两型社会的自觉性和积极性，才能有真正的科学发展、可持续发展。而统一和提高这种认识的一种重要理论基础和理论支撑，就是要努力建构、宣传和普及马克思主义生态观。

（作者：李崇富，中国社会科学院学部委员，中国社会科学院马克思主义研究院教授、博士生导师，中国历史唯物主义学会会长）

（选自《湖南社会科学》2011年第1期）

论马克思的社会建设思想及其当代意义

——一种生态文明建设的分析视角

许斗斗

在社会主义和谐社会的建设中，如何加强“社会建设”始终是问题的核心。而社会建设的前提之一是深刻理解“社会”的内涵，把握社会理论中人与自然界的内在统一性。马克思的社会理论对于我们理解社会本质，从而开展关于社会建设的思考、特别是生态文明建设的思考，具有根本性的指导意义。

一、马克思社会理论的生成性基础

马克思的社会理论必然涉及人和自然界的关系问题，包括人的本质与自然界的意义问题。

首先，马克思认为，社会与人的本质相关联，换句话说，社会的生成与人的本质的形成是同一个过程。他指出："因为人的本质是人的真正的社会联系，所以人在积极实现自己本质的过程中创造、生产人的社会联系、社会本质，而社会本质不是一种同单个人相对立的抽象的一般的力量，而是每一个单个人的本质，是他自己的活动，他自己的生活，他自己的享受，他自己的财富。"在此，马克思把人的本质与社会本质、社会联系相勾连，其核心思想是：(1) 社会的本质是人的本质的体现，是人的社会关系，人在积极实现自己本质的过程中创造出社会的本质。(2) 社会也是人的本质生成与展现的一个场域，人自己的活动、生活、享受和财富只能在自己创造和生成的社会中实现。(3) 社会的本质是与每个人的活动相联系的，而这里的每个人是现实的生活中的个人，也就是说，社会的本质是每个人本质的展现，是每个人实现其本质的地方。社会也因成为人的本质、人的社会关系的展现而摆脱了抽象，成为一种现实或实在。在马克思的思想中，社会与人的本质是相互生成的，"正像社会本身生产作为人的人一样，社会也是由人生产的。"

其次，马克思认为，社会是与自然相关联的。马克思认为，自然界是人类生存与发展的前提和基础，人是自然界的一部分，自然界也是人类无机的身体；但人与自然界的相互关系必须在社会中实践，并在社会中实现，这就是说，个体之人无法与自然界相对应，这样的自然界不属于人的本质属性。"只有在社会中，人的自然的存在对他来说才是自己的人的存在，并且自然界对他来说才成为人。因此，社会是人同自然界的完成了的本质的统一，是自然界的真正复活，是人的实现了的自然主义和自然界的实现了的人道主义。"社会是个人的集合体，是个人从生物人转为社会人的场所。自然界也是在社会中成为人的无机身体，并在社会中得到复活。“在人类历史中即在人类社会的形成过程中生成的自然界，是人的现实的自然界。”换言之，自然界的“现实性”就是在它与人的相互关系中产生的，它被纳入到人的生存和人类历史之中，其中的相互关系首先就是生产关系，正如马克思后来指出的：“生产关系总和起来就构成所谓社会关系，构成所谓社会，并且是构成一个处于一定历史发展阶段上的社会，具有独特的特征的社会。”在马克思的社会理论中，社会的本质与自然界的意义处于相互生成之中。

可见，马克思的社会理论与人的生存发展相联系，与自然界的意义生成相关联。马克思的这一社会理论包含着当今意义上的生态思想，对此海德格尔给予了高度赞同。他说：“马克思主张要认识并承认‘合人性的人’。他在‘社会’中发现了合人性的人。在马克思看来，‘社会的’人就是‘自然的’人。在‘社会’里，人的‘自然本性’，这就是说‘自然需要’（食、衣、繁殖、经济生活）的整体都同样地得到保证。”但海德格尔却把马克思的“社会”理论误认为与尼采的“权力意志”同命运的形而上学之一种：“绝对的形而上学连同它的由马克思与尼采所作的倒转一起都归属于存在的真理的历史之中。”在此，海德格尔一方面误解了马克思的社会理论，另一方面也过高地估计了他所谓的“存在的真理”。其实，马克思的社会理论蕴含着其唯物史观思想的精髓。马克思指出：“在人类历史中即在人类社会的形成过程中生成的自然界，是人的现实的自然界。”由此可见，社会的生成就是人类的历史，也就是自然界的生成，是自然界意义的真正的复活。社会不单是现存的既成样态，它更是动态的发展和完善过程，它需要建设；社会也不纯粹是一个空间概念，不是一个空洞的场所，它是与人的活动以及把自然界纳入人类生活之改造实践密不可分的关系域。这种社会的动态性和历史性特征，表明海德格尔把马克思的社会理论视为形而上学是一种误解。马克思的社会就是社会关系，就是人的活动和实践关系，其中主要是生产关系。由人在社会中的活动所构成的历史就是人类历史，就是人类社会的发展史：“整个所谓世界历史不外是人通过人的劳动而诞生的过程，是自然界对人来说的生成过程”。历史与人的本质生成、与自然界的意义生成的这种直接关系，这才是真正意义上的“历史唯物主义”的理论旨趣所在。据此笔者认为，历史唯物主义在根本上是社会（发展）理论，其实质之一就是展示如何正确处理人、社会、自然界三者在历史视野和现实生存的生产生活中的关系；其中，在社会中如何正确处理人的本质的展现与自然界的复活问题，是马克思社会理论和社会建设的核心问题。

马克思的“人的本质的诞生”和“自然界对人来说的生成过程”这一思想的当代意义，突出地表现在“生态文明建设”活动中；换句话说，它包含着如何对待生态文明与科技发展这两个现实问题。

二、生态文明建设是社会建设的核心

生态文明被认为是自农业文明、工业文明之后的一种新的文明形态，是在反思工业文明给人类带来的危害后，人类共同自发地提出并力图建构的一种新文明。对工业文明的反思，其核心是反思人与自然的关系，人类自觉地意识到人与自然的关系业已破坏。然而，何为“自然”？何为“生态”？自然是一个解决生态问题后的复归状态、一个标准，还是使生态问题成为人类必须面对和解决之“问题”的原因所在？

在古希腊文献中，自然一词主要指本质、本源、本性，具有使事物按其内在本性存在的含义。海德格尔对“自然”一词有着专门的考察，他认为，自然“指称着历史性的西方人与存在者的本质性关联，即西方人与他所不是的和他本身所是的那个存在者的本质性关联”。它不是任何火、水、土、光等自然物“元素”。其实，自然的内涵应该是“自然物集合”与“自然物是其所是”这两层含义的综合，即自然物依其所是地本质地生长。

上述关于“自然”的双重含义，使我们对生态形成了一种新认识：生态问题即关于人、生物与环境的关系问题，它是人以自然（Physis）为基础，依据自然（Nature）规律，处理人、生物与环境的内在关系问题。因此，可以认为，当我们普遍地使用“自然”概念，并使之与“生态”相关联时，“自然”其实是一个相当模糊的概念。作为Physis，自然是一个我们产生生态文明建设的出发点，没有对它的破坏和过度开发，生态文明不会成为“问题”而产生；作为Nature，自然又是我们生态文明建设力图“复归”的标准和目标，生态文明建设的目的就是复归Nature，按Nature的内在规定性去实现人类夙愿。因此，贝克指出：“自然本身并非自然：它是一个概念，一项标准，一种记忆，一个乌托邦，一项供选择的计划。”于是，生态文明建设的可能性在于：它不是一种“自然物的集合”的翻版或重现，不是人类对自然界的纯粹“看护”或主客对峙上的“静观”，而是人类在自然之本质规律（Nature）的基础上实现人与自然界之统一的实践活动。这个实践活动是人类在社会中依据自己的时代性“文明”，而对自然界进行“改造”、“建设”和“构造”的活动。这个时代性“文明”意指不同时代对文明的不同理解，而文明的时代性也预示着文明具有历史的不确定性风险。

生态文明建设就是马克思意义上的“自然界的真正复活”，“是自然界对人来说的生成过程”。当马克思把生态文明建设这种自然界的复活和生成过程置于“社会”活动的视野中时，生态文明建设就应该是社会建设之一种，应该是人类社会文明进程的直接体现。在当前，人类在反思工业文明所体现出的环境危机、资源危机、人口危机等种种现代性危机时，生态文明建设就成为关乎人类生存与发展的当今社会建设之核心要义。

那么，如何实现社会建设？如何实现人与自然的统一？在实践的基础上，马克思关于人与自然的统一问题就是一个人的实践活动问题。而价值实践成为回答该问题的关键。生态文明“建设”本质上是这一价值实践的具体表现。马克思的实践概念经常与劳动、生产概念相联系，彼此交替使用，相互意指，因此当劳动是人的本质体现时，往往也体现了实践是人的存在本质的含义。在古代的亚里士多德和当代的汉娜·阿伦特那里，实践与制作都是有明显区别的，即实践的目的在于自身，制作的目的在于外界的产品（制作品）。甚至在阿伦特那里，这种制作活动具有对自然材料的破坏和暴力，“这种破坏与暴力因素存在于所有制作活动之中，作为人类技能的创造者，技艺者同样也总是大自然的毁坏者。”阿伦特对制作的批判其实是对工业社会中人类的存在方式的批判。但是，马克思的实践观在包容了制作、生产和劳动的内涵之后，摆脱了其中漫无目的的特性，成为人的一种根本的生存（存在）方式。在马克思那里，由于工业社会的历史背景，实践必然具有生产性的历史内涵，只有这种生产性实践才能“生产作为人的人”，“这种生产是人的能动的类生活。通过这种生产，自然界才表现为他的作品和他的现实”。可见，马克思的生产实践一方面从人的生存论意义上展开，强调了生产是维系人之生存的首要和必需，这是人类生存与发展的基础；另一方面也体现了马克思的艺术气质与自由追求，说明自然界不仅是人类的生存依靠，而且是人类发展自身、艺术地生存的“作品”，人类艺术地生存就是自由地发展，就是按“美的规律”来构造世界，也是人类的解放过程。生态文明的“建设”作为一种马克思意义上的生产性实践，应该是包含直接的生存性目的和在该目的之上的自由生存和解放这两个方面的意义，即是说，生态文明建设首先是对人类当下生存危机的反思和对基本生存之需要的建设，同时也包含更高意义上的审美的和自由的实践追求。

当然，这种打上人的“美的规律”烙印的自然界已经不是纯粹的自然界了，而是我们说的“生态”，它是人的对象性存在，是人的价值实践的成果。“美的规律”本身包含着不同时期人类的文明精神和文明实践的诉求。可见，马克思把人与自然的统一建立在实践活动的基础上，确切地说是建立在实践得以展开的社会建设的基础上，这种统一在当今的现实表现就是生态文明建设的本质内涵。

三、生态文明建设的科技反思

马克思主义认为，在工业社会背景下，自然科学是以工业的方式进入人类的实践和生活的。因此，自然科学成为自然界复活和生态文明建设的主要方式，科学技术成为实现“美的规律”等价值创造的主要实践方式。正如美国学者弗里德里克·费雷所说：“由于现代科学的影响，在过去的两个世纪中，欧洲的技术发生了根本性的变化。这种变化了的技术转而又使我们世界的大部分发生了翻天覆地的变化，有时我们将之称为现代科学文明。”无论统称为“现代科学文明”是否合理，它所要体现的是科学技术在现代社会中的关键角色。在现代社会中，科技既是当代“文明”的象征，也是当今生态文明“建设”的主要方式。

生态与人类活动相关联，是依据人类历史地理解“文明”而展开的“改造”、“构造”和“建设”等实践活动；生态文明建设的宗旨是体现马克思意义上的自然科学与人的科学之统一，是力图体现人类“美的规律”，这也是生态之“文明”的实质。至于文明，这是一个被广泛使用却难以界定的概念，人类在不同时期对文明的具体理解和把握是不同的，即便是同一时期对文明的理解也很难达成一致。但是，无论思想家们对文明持批判还是褒扬态度，我们都可以肯定，近代以来的文明是伴随并借助于科技而发展的。在绝大多数人的眼里，文明是一个动态的概念，文明的进程与人的自由发展程度相一致，是人的解放的过程，而这是与科技发展相关联的。

但是，科学技术的进步是否真的意味着文明的发展？科技是否是推动文明进程的唯一动力？科技的社会功能是直接的，但也是双面的，因此，对于借助科技来推动的社会发展的文明特征，是需要辩证看待的。马克思和恩格斯从人类生存的社会环境和自然环境双方全面地考察了科技与文明的关系。恩格斯曾指出：“在马克思看来，科学是一种在历史上起推动作用的、革命的力量。任何一门理论科学中的每一个新发现——它的实际应用也许还根本无法预见——都使马克思感到衷心喜悦，而当他看到那种对工业、对一般历史发展立即产生革命性影响的发现的时候，他的喜悦就非同寻常了。”显然，马克思和恩格斯是十分关注科技的社会推动力作用的。当然，在科技的正面而积极的作用普遍被认可的今天，我们也应该看到它的负面作用和消极影响。在马克思的科技思想中，同样具有对科技的辩证批判态度和警惕倾向。在对资本主义社会的批判中，马克思指出，工人成为机器大工业的附庸：“变得空虚了的单个机器工人的局部技巧，在科学面前，在巨大的自然力面前，在社会的群众性劳动面前，作为微不足道的附属品而消失了；科学、巨大的自然力、社会的群众性劳动都体现在机器体系中，并同机器体系一道构成‘主人’的权力。”

在此，马克思说明了科学技术及其表现（机器）在资本主义的社会制度下，在资本主义的生产方式下，蜕变成一种统治和剥削的方式；原本用以解放工人、实现人之自由价值的科学技术，同样可以成为促使工人异化地存在的一种方式，甚至促使工人的异化走向极端。以马尔库塞为代表的法兰克福学派，延续着马克思的社会批判精神和异化理论的批判路径而展开对科学技术的深刻反思。马尔库塞认为，在极权主义笼罩着的后期工业文明，技术被纳入统治者的社会控制之中，"文明不得不抵御自由世界的幽灵。如果社会不能用它日益提高的生产来减少压抑，那么生产就必然会与个体相对抗；它本身成了一种普遍的控制工具。"这说明，如果社会出现异化，则人与自然的生产关系就会使生产成为控制人的工具，从而造成科技与人相对抗的局面。因此，科技进步并非文明的直接发展，并非人的自由度的自然扩大；科技能够推动生产力的发展，能够推动经济的增长，但其本身不等于社会的发展；社会的发展需要社会的变革和革命。

除了在理论上对科技与文明之关系的批判和反思外，我们也可以从现实的实例中进一步探讨这一关系。在上个世纪60年代，印度从洛克菲勒基金会设在墨西哥和菲律宾的研究机构引进了美国农学家培育出的"高产"小麦和水稻，以及与之配套的化肥、农药、机械化灌溉技术等新的农业形态，粮食产量大幅度提高，不仅迅速实现了粮食自足，甚至成为粮食出口国，这就是所谓的"绿色革命"。在墨西哥培育出高产小麦的美国植物学家诺曼·布劳格（Norman Borlaug）还获得了1970年的诺贝尔和平奖。然而30年后，严重的后果出现了：土地板结，河流污染，地下水水位下降，农作物物种日趋单一，农田周边的生物多样性退化，传统农作物与本地环境构成的生态系统（昆虫、鸟、蚯蚓以及微生物等）遭到致命的破坏。此案例表明，曾被标识为先进农业技术的"绿色革命"并因此而获得诺贝尔奖的科技事件，就科技进程而言确实是进步的，表现为粮食产量的增长，局部解决了印度、墨西哥等第三世界国家的人类生存问题，一时成为人类文明与进步的象征；但随着土地和环境问题的暴露，30年后它却成了反文明的例证。在科技史中，这样的事例不胜枚举。这说明：科技是人类文明的推动力量，但也是不文明的制造者。文明在根本上是一种世界观和价值观，是一种对世界的根本理解和对人在世界中之存在方式的根本看法。

生态文明重在建设，其建设的重要手段是科技实践和科技创新。科技创新是有风险的，因为它面对着未知领域，在创造着不确定性。马克思所说的按照"美的规律"来"构造世界"的活动，其本质特性就是价值活动和价值创造，是去构造一个新的价值领地。这种面对未知领域的活动就是一种探索和创新。科技的风险性是以贝克、吉登斯为代表的当今风险社会理论家所关注的焦点，他们的核心概念之一"技术风险"说明，当今风险的主要原因来自于我们自己创造的技术，即它是人为的风险。克隆技术、转基因技术，我们可以为之贴上"绿色"等种种标签，带上"高新技术"等种种花冠，但包括科学家在内的大多数人却始终无法消除心中对不确定性的焦虑。因此，我们必然面对这样的问题：如何保证当今正在建设的生态文明不至于事与愿违地导致另一种不文明，陷入与生态危机相似或不同的另一种形式的危机？我们的技术建构和技术创新是否在制造着新的技术风险，或者，在技术地解决生态危机时是否带来了新型风险的技术升级？恩格斯早在19世纪就发出警告："我们不要过分陶醉于我们人类对自然界的胜利。对于每一次这样的胜利，自然界都对我们进行报复。每一次胜利，起初确实取得了我们预期的结果，但是往后和再往后却发生完全不同的、出乎预料的影响，常常把最初的结果又消除了。”这句话具有双层含义：其表层是说，人类利用技术手段来无度地征服自然环境是要受到自然界的报复和惩罚的；其深层则是说，初次胜利并非真正的胜利，每一次胜利都可能被后来的胜利所消除。因此，我们应该对技术发展的责任问题进行重新探讨，其核心是科学家的社会责任问题。

四、生态文明建设的实践责任

人类在拥有科技之时，就拥有了与自然界抗争的权力，就是在扩展自身的自由度。但是，权力和自由的实践过程是与责任相联系的，是履行实践责任的过程。谁拥有权力，谁就拥有责任。责任是一个伦理学概念，但也是一个社会学概念。它与职责不同：“职责完全可能存在于一个行为本身之内，而责任指向行为之外，有一个外部关联。”换句话说，科学家探索真理、发现真理，这是他的职责；而将该真理运用于社会时，考虑其在社会中会产生怎样的影响和后果，这是他的责任。因此，科学家掌握了发现真理的权力，就应该对人类负有不可推卸的社会责任。然则，人类拥有技术的权力有多大？人类的发展在一定程度上是利用技术来改造自然而前行的，这种“改造”我们有时满怀信心地称之为“创新”。但即便我们善意地发展技术，也难免产生技术的风险，造成“恶”的后果，因此，技术改造的权力大小的问题，就成为我们对自然的改造程度有多大、自然规律和自然秩序能够容忍人类多大程度的改造的问题。这同样是生态文明的建设“度”问题。正如约纳斯所言：“技术时代的一个特征就是纯粹的范围本身。”这指的是技术的涉猎范围和权力的活动范围。人类需要永久地栖居在这块大地上，人类是这块大地的看护者——这就是人类树立责任感和道德实践的根据。但是，人类的这种责任感和道德实践必须建立在这样一个前提之上，即它必须对技术的后果和自然改造的程度有所意识和警觉，对其风险的可能性保持一种高度的审视和慎重的评价，因为人类在根本上是受制于自然规律的。在技术时代，人类已经不必担心还有什么不能被制造，还有哪些自然领域不能被涉猎而原始地独自存在；人类应该共同考虑的是，在技术权力的推动下，“在可制造的东西的范围内，究竟什么是该被制造的？”这是问题的关键。它说明，人类应该知道自己制造的东西的界限，应该明白自己的技术权限。这是人类道德实践的一种自我约束，更是人类道德实践的自我意识和人类责任感的提升。

由于技术进步的专业化和微观化趋势日益显著，当今生态文明建设的责任考究的关键对象是科学共同体，因为他们是技术社会的引领者，是技术研发的实践者，同时还是技术进步的鉴定者和评估者。因此，文明建设和规避社会风险的社会责任就集中在科学共同体身上，人类的道德意识和责任意识的重建，首先应该聚焦于科学共同体的实践道德体系的重构。

总之，社会建设已成为时代的发展主题，是当今经济社会转型之际所必须思考的核心问题。而就人类的总体性生存而言，哲学意义上的社会建设必须关注人类的生态文明建设，关注这一建设所依赖的科学技术。技术时代的生态文明建设固然可以尽其所能地展示人类的自由意志，但也必须警惕“文明”导引下的不确定性风险。技术时代是科学家成为引路人的时代，他们的社会责任必然关乎全人类的生存，也必将成为全社会共同关注的焦点。

（作者：华侨大学哲学与社会发展学院教授）

（选自《哲学研究》2011 年第 8 期）

论生态学马克思主义与社会主义生态文明

王雨辰

如何理解社会主义生态文明的内涵与本质，如何建设社会主义生态文明，是当前我国生态文明理论研究和实践亟待解决的重大问题。生态学马克思主义对上述问题展开了有益的探索。批判地反思其理论探索和理论成果，对于我们更好地解决上述理论问题具有重要的借鉴价值。

一

生态学马克思主义理论家明确提出了“资本主义制度在本质上是反生态的”命题，实际上也断言了在资本主义制度和生产方式下建设生态文明的不可能性。因此，他们反复强调“生态学需要社会主义”，在不破除资本主义制度和全球权力关系，建立生态社会主义社会的前提下，仅靠地方生态自治、个人生活方式和生态价值观的变革，虽然可以在一定程度上缓解生态危机，但却不可能从根本上解决问题，更不可能建设真正意义上的生态文明。

生态学马克思主义强调在资本主义制度和生产方式下建设生态文明的不可能性，主要基于三方面的理由。第一，资本主义生产的出发点和生态之间的内在矛盾，最终必然会破坏资本主义的生产条件，生态危机的出现具有必然性。在他们看来，资本主义生产的目的不是为了给人们提供使用价值，而是服务于资本追逐利润，这就决定了资本主义制度下不可能摆脱以资本为基础的“增长第一”的意识形态。“这种把经济增长和利润放在首要关注位置的目光短浅的行为，其后果当然是严重的，因为这将使整个世界的生存都成了问题。一个无法避免的事实是，人类和环境关系的根本变化使人类历史走到了重大转折点。”因此，虽然资本主义的生产需要以“自然”为基础和前提，但是“自然”的发展方向却始终要服从和服务于资本追逐利润的方向，并由此导致对自然资源的非理性使用。同时，资本还通过其空间生产拓展世界市场，向发展中国家转移和转嫁生态危机，不仅造成了全球性的生态问题，最终也必然会破坏资本主义的生产条件。因此，生态学马克思主义理论家强调，当代世界生态问题产生的根源既应该从资本主义工业文明发展的历史中去找寻，也应该到资本的全球化进程中去找寻。资本主义制度和生态文明在本性上是格格不入的。第二，资本的本性和资本主义生产方式的运行逻辑同生态文明是相互矛盾的。资本追求利润的本性一方面决定了资本主义生产体系具有不断扩张的趋势，另一方面也必然加剧企业之间的竞争，资本主义生产呈现出不断集中和不断走向大规模生产的趋势，这和地球生态环境的有限性及其自我恢复的周期之间存在着矛盾冲突。同时，资本为了规避风险，总是倾向于短期的投资以求得最快的回报，这和环境保护需要长时段规划之间又存在着矛盾冲突，资本主义制度和生产方式不可能真正建设生态文明。第三，资本基于生产和消费之间的辩证关系，总是要在全社会宣扬消费主义的生存方式，让人们把对幸福和自由的体验寄托于消费活动中，使人们把占有和消费商品看作是满足的唯一方式，导致整个社会生活的物欲化和高生产、高消费的生存方式，从而加大对自然资源的耗费。资本所承载的这种“越多越好”的消费价值观不仅把人的社会本质归结为“不满足的欲望，意味着征服自然也没有一定的目标，也没有内在的终点。”人们的兴奋点在于通过不断改进控制自然的手段来满足自身的物质需求，而忽视了自然所能承受的限度，最终必然引发人和自然之间的矛盾冲突，体现为生态危机。

既然在资本主义制度和生产方式下不可能建设生态文明，那么，又如何看待当代资本主义中的一些企业也重视环境保护呢？对此，生态学马克思主义理论家指出，这主要是因为在当前环境问题日益严重的情况下企业难以维系其生产，资本基于追求利润的本性使它不得不重视生态治理问题，但资本增加对生态治理的投入并不是以遵循生态学原则和保护生态环境为目的的，其本质是服务于对利润的追求，这意味着它只可能向消费者或发展中国家转嫁生态危机，而不可能真正从根本上达到治理生态危机的目的。

生态学马克思主义之所以指认在资本主义制度和生产方式下，不可能展开生态文明建设的另一个原因，在于他们对生态文明本质的理解。当代西方绿色思潮对于生态文明的本质，存在着激进的环保主义、自由主义的环境主义和生态主义三种理解。激进的环境主义对资本主义工业文明持批判的立场，在他们看来，正是资本主义工业文明以及科学技术的大规模使用造成了当代的生态危机。这原本对强化人类的生态意识具有积极作用，但是他们把保护生态与维护人类生存的权利对立起来，把生态文明与科学技术的发展和运用对立起来，把保护“荒野”的价值凌驾于人类生存的权利之上。实际上他们眼中的生态文明不仅不是一种超越工业文明之上的更高的文明形态，相反是一种使人类回归到拒斥科学技术的状态。自由主义的环境主义则是把生态文明等同于资本主义工业文明下的环境保护，因为一方面他们并不认为资本主义工业文明与生态文明之间存在矛盾冲突，强调可以在现有资本主义制度框架和价值观下建设生态文明，另一方面认为可以通过自然资源的市场化、控制人口增长和技术革新与运用，就可以使得生态危机得到根本性的解决。因此，环境主义虽然也强调应当保护环境，但是他们保护环境的目的不过是在于维系资本追求利润和资本主义经济的可持续发展。这意味着他们所理解的生态文明不过是为了维护资本主义生产条件的一种环境保护。生态主义则主要把生态文明理解为人类生态价值观的变革，即从人类中心主义价值观变革为生态中心主义价值观，并且把经济增长、科学技术与生态文明对立起来，其突出特点是“缺乏对现代大规模技术、技术与官僚精英的信任，而且，他们憎恨中央集权和物质主义。”这种对生态文明本质的理解根源于他们把生态危机的本质归结为人类生态价值观的危机。

生态学马克思主义对生态文明本质的理解同当代西方绿色思潮存在着本质的区别。

第一，生态文明标识的是人类和自然之间

的关系，不能脱离人类实践、社会制度和生产方式来探讨生态文明的本质。基于这一认识，生态学马克思主义批评激进的环境主义把生态文明中的“自然”理解为“一种未被污染的、未被人类之手接触过的、远离都市的东西。”认为这在本质上表达的不过是一种反抗启蒙理性的浪漫主义情感。对于自由主义的环境主义主张在现有制度和价值观基础上，通过自然资源的市场化来建构生态文明的主张，生态学马克思主义强调，不仅部分自然资源无法实现市场化，如空气质量、风景等，而且还会进一步强化资本主义工业文明把人类和自然的关系归结为占有关系和商品关系的利己主义世界观和价值观，人类将走向更加危险的困局。生态学马克思主义批评生态主义单纯拘泥于价值观的维度谈论生态文明，忽视了对以人类劳动实践为中介的社会和自然之间的物质交往关系的分析，看不到一定社会制度和生产方式从根本上制约着人类和自然的关系，因而也看不到生态文明的制度维度。生态学马克思主义认为，探讨生态文明的本质不能脱离对社会制度和生产方式性质的分析，生态文明中的“自然”不是人类实践活动之外的“荒野”，“自然”总是人类历史中的“自然”，人们对自然的看法总是伴随着人类社会历史的发展而不断变化的。因此，生态文明的落脚点不应当在“自然”和“社会”的关系上各执一端，而应该从二者辩证统一的角度把握生态文明的制度维度和价值维度。第二，生态学马克思主义反对把生态文明同经济增长、技术革新与运用对立起来，在他们看来，应该反对的是以资本利益为基础的经济增长和技术运用，在超越资本主义工业文明之后的生态社会主义社会里，由于经济增长和技术运用的基础不再是资本的利益，也不是为了满足个人贪欲，而是建立在集体长期的利益和满足人的基本需求之上，因此，生态文明和经济增长、技术运用并不必然矛盾。第三，生态学马克思主义强调,生态文明并不是要人们回归到“荒野”和自然状态中，而是一种超越了资本主义工业文明的新型文明形态。在他们看来，生态文明并不是要抛弃资本主义工业文明的已有成就，更不是要人们回归前工业文明社会，它所抛弃的是资本主义工业文明所宣扬的高生产、高消费的所谓理想生活方式，反对把对商品的疯狂占有和消费看作人们实现满足和幸福的唯一方式，主张应当利用工业文明的积极成果和科学技术，为人们自由选择适合自己的生活方式提供理想的生活环境，在创造性的劳动而不是在商品消费中寻求满足。

基于以上认识，生态学马克思主义强调，在资本主义制度和生产方式之下，是不可能真正建设生态文明的，资本主义社会所说的环境保护不过是为了维持资本追求利润的生产条件。只有变革资本主义制度，在社会主义社会里才有真正意义上的生态文明。

二

生态学马克思主义把历史唯物主义作为社会主义生态文明的理论基础，把如何实现“环境正义”作为社会主义生态文明的核心,把“以人为本”和树立动物多样性伦理作为社会主义生态文明的价值观，提出了完整的社会主义生态文明观。

生态学马克思主义反对西方绿色思潮把历史唯物主义同生态学对立起来的观点，并从不同视角肯定历史唯物主义对于解决当代生态危机的重大意义。在他们看来，历史唯物主义比西方绿色思潮的最大优势在于它坚持历史观和自然观的辩证统一。正是这一优势使历史唯物主义既没有像生态主义那样抽象地谈论人和自然的关系，忽视社会制度、社会组织的变革对于解决生态问题的重要性，而是坚持历史地分析生态危机产生的根源及其解决途径；也没有把生态文明与经济增长、技术运用对立起来，而是强调“直到人们在物质上提供充分保障时，人们才会创造一个生态健康的社会。”由于历史唯物主义始终坚持历史分析法和阶级分析法，生态学马克思主义把它运用于分析生态危机产生的根源问题上，指出资本主义制度及其全球权力关系是生态危机产生的根本原因，启蒙运动以来的现代性价值体系与资本相结合，进一步强化了生态危机。在他们看来，资本主义制度和生产方式不仅存在马克思所说的生产力和生产关系、经济基础和上层建筑的第一重矛盾，而且还存在着资本主义生产和生产条件之间的第二重矛盾，资本追求利润的本性、资本主义生产的目的、生产方式运行的特点，决定了资本主义制度不可能克服其内在矛盾，最终会破坏资本主义生产所必需的自然条件，造成人类社会和自然界之间物质和能量交换关系的裂缝和中断，并最终通过生态危机的方式表现出来。为了摆脱生态危机，资本利用其全球权力关系，通过资本的空间生产和资本的全球化运动，通过国际分工以所谓联合发展的方式将资源密集型和污染产业转移到发展中国家，一方面掠夺性地使用发展中国家的自然资源，另一方面向发展中国家转嫁生态问题。因此，生态学马克思主义反复强调，思考当代生态危机的根源及其解决途径必须具有“全球性视野”，因为地方性的生态问题本质上“都是全球范围内的社会劳动分工的碎片，……地方性不仅是相互联系在一起的，而且它也是同国际经济的总体性联系在一起的。”因此，建设生态文明的首要前提就是必须打碎资本的全球权力关系。

不仅如此，生态学马克思主义还指认启蒙运动以来的现代性价值体系同资本相结合，进一步强化了生态危机。启蒙运动以来的现代性价值体系的核心是从根本上确认了人的主体地位，并把人类同自然的关系简化为控制和被控制、利用和被利用的工具性关系，科学技术则是人类控制自然的中介。以此为基础，现代性价值体系宣扬一种将科学技术进步等同于社会进步的进步观。这在本质上是一种人类中心主义价值观。生态学马克思主义并不反对一般意义上的人类中心主义价值观，更不认为人类中心主义价值观及其建立其上的科学技术是生态危机产生的根源，但是他们认为人类中心主义价值观、科学技术同资本相结合，其必然结局则是技术异化为资本控制自然获取利润和控制人的工具。基于以上认识，生态学马克思主义指出，生态的破坏和生态危机“应当责备的不仅仅是个性‘贪婪’的垄断者或消费者，而且是这种生产方式本身；处在生产力金字塔之上的构成资本主义的生产关系。”通过阐发资本主义制度和生产方式同生态危机的内在联系之后，生态学马克思主义进一步分析了为什么只有社会主义社会才有真正意义上的生态文明建设，以及社会主义生态文明的内涵。

在他们看来，社会主义社会同资本主义社会相比，有两个根本性的区别。一是生产目的不同。资本主义社会的生产目的不是为了生产商品的使用价值，满足人们的基本需求，而是生产商品的交换价值，为资本获取利润，因此，资本主义生产目的本身是“非正义”的。社会主义社会的生产目的则是生产商品的使用价值，以满足人们的基本需求，实现了“生产性正义”。前者将导致对商品占有和消费的无限追求，因为在资本主义社会里，消费已经成为证明人们是否成功的标志。后者“强调能够使消极外化物最少化、使积极外化物最大化的劳动过程和劳动产品（具体劳动和使用价值），例如，如果某个公司致力于社区建设、工作中自我发展的可能性、对有毒废弃物的拒斥等，那么生产性正义就对其持赞成态度。”正是这种区别使社会主义社会能够与生态之间和谐共同发展。二是资本主义社会的经济增长是与资本相联系的物欲至上的价值观联系在一起的，其发展方向是服从资本追求利润需要的，其结局必然是非理性的，和生态是相互矛盾的。但社会主义社会的增长“是一个理性的、为了每个人的平等利益的有计划发展。因而它是有益于生态的。”

如果说实现“环境正义”是社会主义生态文明的核心的话，那么，“以人为本”和建立动物多样性伦理则是社会主义生态文明的生态价值观。这里所讲的“以人为本”具有两个层面的内涵。其一，生态学马克思主义反对生态中心主义价值观，明确主张人类中心主义价值观。在他们看来，马克思主义从来是立足于社会关系来看待自然，并且除了人类的需要之外，它不认为存在着所谓自然的需要。因此，当人类和自然发生利益冲突的时候，马克思主义总是强调人类的需要优于自然的需要。但是生态学马克思主义所主张的人类中心主义具有特殊的内涵，因为它主张的是“一种长期的集体的人类中心主义，而不是新古典经济学的短期的个人主义的人类中心主义。”这种人类中心主义追求的是人类的普遍福利，致力于实现可持续发展。其二，社会主义生态文明的“以人为本”是指社会主义的生产目的不是建立在满足资本追逐利润需求的基础上，而是为了满足人的基本需要，特别是满足穷人的基本需要为目的，它遵循的是与生态和谐发展的生态理性。因此，社会主义生态文明并不主张排斥技术和经济增长，更不是要人们重新回到穷乡僻壤的生活状态和早期人类的原始状态，而是要求改变资本主义社会把商品占有和疯狂消费当作人的唯一满足方式，主张应当利用工业化的积极成果和技术，为人们实现自由选择适合于自己的生活方式提供更加丰富多彩的生活环境，从而到创造性的生产活动中寻求满足和体验幸福，进而实现人类和自然的和谐发展。

生态学马克思主义强调，社会主义生态文明不仅坚持“以人为本”的人类中心主义价值立场，而且要求以此为基础突破以资本为基础的狭隘人类中心主义价值观，正确处理人类和生物圈之间的关系，其关键就在于确立“动物多样性伦理”。在他们看来，地球生物圈的自我平衡是包括人类在内的任何一个物种和生物圈之间相互作用和相互适应的结果，在以资本为基础的狭隘人类中心主义价值观的支配下，人类虽然利用技术在控制自然和满足人的需要方面取得了巨大成就，但是由于资本在追求自身利益的过程中无法正确处理人类和生物圈之间的关系，不断超越生物圈所能承受的极限，其结果加剧了人类的生态风险。确立动物多样性伦理的目的，就在于正确处理人类和生物圈之间的关系，核心就是要求在人类技术革新和技术运用过程中，超越狭隘的人类中心主义价值观，以开明的人类利益为基础，认识人类同生物圈之间的有机联系，尊重自然的本性，保持对自然的敬畏，实现人类和非人类的自然界的共同发展。

三

生态学马克思主义对社会主义生态文明本质和内涵的论述具有重要的价值。

首先，如何认识当前我国现代化进程中生态问题产生的根源和实质，是推进我国生态文明理论研究和生态文明建设实践的前提。生态学马克思主义理论给予我们的启示是，必须从全球和地方两个视角展开分析。所谓全球视角，就是指分析当前我国生态问题产生的根源，必须联系资本主义工业化及其资本所控制的全球权力关系。资本主义工业化的发展过程始终和资本主义国家的殖民掠夺紧密联系在一起，通过对落后国家的殖民掠夺，获得了资本主义工业化所必需的自然资源和市场，形成了自然资源的不公平占有、分配和使用，破坏了落后国家的生态环境。当前资本的全球化本质上是资本所支配的权力关系的全球化，资本利用其制定的不公正国际政治经济关系和国际分工，进一步掠夺发展中国家的自然资源，并通过国际分工将污染产业转移到发展中国家，转嫁生态问题。因此，探讨包括中国在内的发展中国家生态问题形成的根源不能脱离资本及其全球权力关系这一全球视角。所谓地方视角，就是指分析当前我国生态问题产生的根源，必须反思我们在发展价值观、发展方式上存在的问题。从发展价值观的角度看，生态问题产生的原因主要在于对“发展”内涵理解的误区，即把经济增长等同于发展。从经济发展方式上看，主要在于秉承了通过大量投入人力和物力的外延发展方式和赶超型发展模式。只有把全球视角和地方视角有机地结合起来，才能真正理解当前我国生态问题的实质。

其次，生态学马克思主义理论启示我们应当严格区分生态文明与环境保护之间的区别，真正把握生态文明的特质。生态学马克思主义把生态文明看作是一种超越资本主义工业文明的新型文明形态，它与资本主义工业文明下的环境保护之间具有本质的区别。资本主义工业文明也存在着环境保护，但这种环境保护具有两个方面的特点。其一，这种环境保护是建立在具有反生态性质的资本主义生产方式之上的，因此只能在一定程度上缓解生态危机，无法从根本上解决生态危机，其目的在于维系资本主义生产所必需的自然条件。其二，资本主义工业文明下的环境保护具有阶级性，它致力于保护的是资本主义国家的自然环境，但却又通过资本的全球权力关系及其国际分工，向发展中国家转嫁生态问题。因此，在资本主义制度和生产方式之下，无所谓生态文明建设。生态文明作为一种新型的文明形态，其前提则是要破除与生态相对立的资本主义制度和生产方式，在此基础上把生产建立在满足人的基本需要的基础上，把实现环境正义作为其核心和归宿。它既不是一种回归前工业文明的自然状态，也不是把人的发展权利与生态保护对立起来的后现代伦理价值观，而是利用工业文明的已有成就，使人们从盲目的占有和异化消费中摆脱出来，恢复对自然的尊重和敬畏，实现生态和谐基础上的人类发展。

最后，生态学马克思主义理论启示我们应当正确认识社会主义生态文明建设与经济发展的关系。对于这一问题，当前存在着两种认识上的误区。一是把生态文明建设与经济发展对立起来，把当前我国存在的生态问题归结为经济发展，特别是 GDP 的增长，进而出现了对 GDP 崇拜的批判。二是把生态问题的产生看作是经济发展过程中的代价问题，实质上主张的是经济发展的优先性。上述两种观点的产生根源于不理解生态文明的特质，当然也就无法正确认识社会主义生态文明建设与经济发展的关系。具体说，第一种观点实际上是没有看到生态文明是一种超越工业文明的新型文明形态，它势必具有比工业文明更高的生产力和更加丰盛的社会物质财富。从生态文明的特质看，它并不反对经济增长和技术发展，只是它所追求的经济发展方式和目的有别于工业文明，它和经济发展之间不存在根本性矛盾。从生态文明建设的现实条件看，如果经济发展无法满足人们的基本需要，人们就只能以破坏环境的方式维系生存，生态文明建设必然最终会落空。因此，问题不在于要不要经济发展和 GDP 崇拜，而在于我们需要与生态和谐一致的经济发展和 GDP 崇拜。第二种观点本质上秉承的是工业文明先污染、后治理的经济发展价值观。这种发展价值观秉承的是与生态文明相对立的“增长第一”的意识形态，在这种视域中至多只有环境保护，而不可能真正建设生态文明。从生态学马克思主义理论看，他们既没有把生态文明归结为对人的自然状态的回归，也反对西方绿色思潮的经济零增长的发展模式，反对把生态文明与经济发展看作是对立的矛盾关系，相反他们强调建设生态文明离不开经济发展和技术进步，问题的关键只在于发展的目的何在以及采取何种发展方式。从经济发展的目的看，生态文明反对那种为满足人们欲望的经济发展，而是要求发展应该建立在满足人的基本需要的基础上，即发展要“以人为本”；从经济发展的方式看，他们反对的是建立在对不可再生资源大规模耗费和对自然环境具有较大破坏基础上的发展，主张发展主要应建立在可再生资源的基础上，采取与生态和谐一致的可持续发展。因此，不能把社会主义生态文明建设与经济发展对立起来，而应该把它们看作是相互促进的关系。

（作者：中南财经政法大学哲学院教授）

（选自《高校理论战线》2011年第8期）

延伸阅读

国外学者对《资本论》生态思想的研究

莫放春

面对生态危机全球化的趋势，很多学者们纷纷到马克思著作中寻求良策，力图从中找到问题的解决途径。施密特、奥康纳、福斯特和岩佐茂等国外学者在《资本论》的研究中，对其理论蕴涵中的生态学思想进行了不懈的探索。

一、人与自然的和解，乌托邦？

施密特在他的博士论文《马克思的自然概念》一书中，以马克思的著作特别是成熟时期的经济学著作《资本论》为参照，紧紧围绕着"人与自然"这一显示西方马克思主义特色的"创新主题"，进行了深入的研究。他认为，马克思在《资本论》中使用了"自然被人化，人被自然化"为内容的"物质变换"概念，给人与自然的关系引进了全新的理解。但他又认为即使是这种"全新的理解"，也达不到人与自然的完全和解，出现毁灭性灾难的后果仍然是可以看得到的，这样恐怕马克思就会成为哲学史上最大的乌托邦主义者。

施密特在他这本书的"序言"中谈到，马克思很关注自然概念，但在马克思的著作中又极少讲到自然"自体"。这并不等于说在马克思的理论体系中，自然所占的位置并不重要。问题恰恰相反，这也正是马克思的独到之处。马克思在《资本论》中从分析作为资产阶级社会的"细胞"商品开始，因为商品本身首先是一个"外界的对象"，一个靠自己的属性来满足人的某种需要的物。在它自身里面反映着"自然和历史过程"的关系，它包含着作为"自在存在"以及"为他存在"的自然。马克思把商品的自然形式称之为商品的使用价值，这种使用价值"有一种不借人力而天然存在的物质基质"。它是交换价值的"物质基质"和承担者。商品的交换价值体现的是抽象的、一般的而且相等的劳动，它完全不包含任何自然物质在内，因而是资产阶级生产形态中典型的"超自然属性"。商品的这种自然属性和社会属性，正表明了马克思在《哥达纲领批判》中的观点：绝不能把劳动看成是物质财富的唯一源泉。正如劳动是形式的"价值创造者"，自然物质是实质的"价值创造者"。构成社会劳动的基本形式的，是作为具体的、特殊的东西的"劳动的自然形式"，而不是作为抽象的、一般的而且相等的东西的劳动。马克思对支配流通领域的生产过程的分析本身，就说明了人的劳动绝不是物质财富的唯一"创造者"。抽象的一般劳动的存在形式，总是以具体的特殊的劳动，以不能还原为人的社会规定性的"自然基质"为前提。

施密特认为，把人当作一个"自然物"，"这是马克思追随费尔巴哈而贯穿他的全部发展阶段的观点”。在马克思看来，费尔巴哈比之“纯粹唯物主义者”具有这样的长处：把人看成是经验的自然存在，一种“感性的对象”，他具有其他各种自然的一切性质。马克思在《资本论》中把“这个论题”又重新提出来了，并把它当作“哲学的唯物主义为经济学分析所设的前提”。“人本身单纯作为劳动力的存在来看，也是自然对象，是物，不过是活的有意识的物，而劳动本身则是这种力在物上的表现。”“人自身作为一种自然力与自然物质相对立。为了在对自身生活有用的形式上占有自然物质，人就使他身上的自然力——臂和腿、头和手运动起来。当他通过这种运动作用于他身外的自然并改变自然时，也就同时改变他自身的自然。他使自身的自然中蕴藏着的潜力发挥出来，并且使这种力的活动受他自己控制。”劳动不过是劳动力本身、纯粹自然力的表现，总的表明它们是劳动中所不能消灭的基质。马克思在《资本论》中再次系统论述了这个“自然基质”。马克思在《1844年经济学—哲学手稿》中也曾系统地论述了人是有形体的、赋有自然力、有生命力的、现实的感性的“自然存在物”，人靠自然界来生活，自然界是“人的无机身体”的观点。

施密特进一步认为，马克思在《资本论》中不仅把人当作一个“自然物”，而且把“社会经济形态的发展”也当作一种“自然历史过程”，构成了自然史与人类史有差别的统一。“在马克思看来，社会显然是和自然关系完全相同的……人所把握、支配了的生活过程，依然是一种自然关系。”当马克思依此来研究社会时，被他的批判者指责为过分采用“自然主义”的方法，“是不恰当的变态的自然科学方法”，因而他的理论不能算是一门人文科学。施密特引用了马克思在《1844年经济学—哲学手稿》、《德意志意识形态》，一直到《资本论》都追随费尔巴哈的一个思想：“一切科学都必须以自然为基础，一门科学在它不能找到自己的自然基础之前，只不过是一种假说”。马克思在《手稿》中期待着自然科学与人文科学将合为一体：“属人的自然科学或关于人的自然科学”，都将成为同一门科学。马克思在《德意志意识形态》中指出：“我们仅仅知道一门唯一的科学，即历史科学。历史可以从两方面来考察，可以把它划分为自然史和人类史。但这两方面是不可分割的；只要有人存在，自然史和人类史就彼此相互制约。”当然，我们也不应忽视自然历史过程和社会历史过程之间存在着“种的差异”，“如维科所说的那样，人类史同自然史的区别在于，人类史是我们自己创造的，而自然史不是我们自己创造的。”

在施密特看来，马克思有时喜欢用一些大胆的方式，以其固有的自然思辨的特点，把自然关系作为模式，来说明社会过程的必然性，其最好的例证就是对“物质变换”概念的使用。在对待自然概念方面，马克思比费尔巴哈及自培根以来在这点上有所发展的启蒙主义前进了一步，把自然和一切关于自然的意识都同社会的生活过程联系起来，把自然看成从最初起就是和人的活动相关联的。马克思有关自然的一切言论，都以社会的实践为前提的。在马克思看来，根本上存在着“一边是人及其劳动，另一边是自然及其物质”，并试图根据人的劳动状况的客观逻辑来理解“人对自然的能动关系”。施密特认为，马克思在“巴黎手稿”中，把劳动看成是“自然的人化”这一进步过程，而这个过程同“人的自然化”过程是一致的，用一个等式表示就是：自然主义 = 人本主义。马克思在《资本论》中似乎找到了对这一等式最好的表示方式，那就是使用了非思辨的“物质变换”的概念，给人与自然的关系引进了全新的理解。在劳动作为使用价值的创造者出场时，在马克思看来，劳动就是“不以一切社会形式为转移的人类生存条件，是人和自然之间的物质变换即人类生活得以实现的永恒的自然必然性。”把劳动过程称之为人与自然之间的物质变换这种表述，完成了马克思由狭隘的自然主义的唯物主义向历史唯物主义的转变。真正立于“物质变换”概念后面的东西，是马克思揭露了整个资产阶级社会的阶级性。在雇佣劳动与资本的关系中，劳动和它的自然条件产生了根本分离，这种分离严重破坏了人和土地之间的物质变换，也就是使人以衣食形式消费掉的土地的组成部分不能回到土地，从而破坏土地持久肥力的永恒的自然条件。

作为人与自然关系更高形式的物质变换理论，究竟在怎样的程度上“重新解放出冻结了的自然的创造力”，通过“自然的人化”和“人的自然化”实现“自然的复活”？这在马克思那里简直就是“千福年说”和“末世说”，不可能达到人与自然的完全和解，因此“可以把马克思的关于人自身的自然以及人对外界自然的关系的理论叫做乌托邦”。施密特认为，这种乌托邦理论最初出现在恩格斯那里，他讲了作为“人类同自然的和解以及人类本身的和解”的社会主义。马克思在“巴黎手稿”中说共产主义“是人和自然界之间，人和人之间矛盾的真正解决。”马克思在他的主要经济著作中对于乌托邦问题来说是最重要的地方，这样说：“这个领域内的自由只能是：社会化的人，联合起来的生产者，将合理地调节他们和自然之间的物质交换，把它置于他们的共同控制之下，而不让它作为一种盲目的力量来统治自己；靠消耗最小的力量，在最无愧于和最适合于他们的人类本性的条件下来进行这种物质变换。”这里提出了这样的问题：更合乎人性的社会究竟在怎样的程度是同超脱人类的外部自然界进入一种新的关系呢？这个社会能否停止“掠夺式利用自然”呢？即使将来也不能中止对自然的榨取，但人对自然的干涉能否控制在合理的范围内，借此逐步消除掉自然对于人的每一次胜利采取报复的可能性呢？马克思以社会整体来支配自然为目标，虽然他也为迄今自然受到亵渎和掠夺而叹息，但这毕竟不是关心自然本身，而是考虑到经济的合目的性。经济关系不应受到赞美，相反，应该使经济关系在人类生活中的作用衰退。马克思几乎过分重复地主张：不论人类在怎样的历史条件下生活，都同样必须依靠同自然的物质变换来生活。因此，在“联合体”内仍然存在着把自然作为应予征服的对象的问题，马克思所期望的人与自然的和解就成为乌托邦式的梦想了。

二、马克思是“自然资源保护论者”，但又不是“生态学家”

奥康纳在他的《自然的理由——生态学马克思主义研究》一书中认为，马克思在《资本论》中注意到了“资本主义的生产、分配、交换和消费过程导致了资源的消耗与枯竭、大量的废弃物以及严重的污染”，认知到了资本主义的反生态本质， 所以马克思被认为是“自然资源保护论者”，具备了“一种潜在的生态学社会主义的理论视阈”。针对一些批评者对马克思在生态学问题上的猛烈攻击，奥康纳认为是“欠公平的”。“事实上，马克思关于社会的观点中包含有人类不再异化于自然界，人类对自然界的利用不再建立在资本积累逻辑的基础上，而是一方面以个人和社会的需要，另一方面，以我们今天所谓的生态学的理性生产为直接基础的思想……有人说马克思的思想中缺乏对自然界之相联性、差异性和相互依存性的关注，这种指控也只是对了一半。一方面，马克思十分关注把总体上的劳动力生产过程和具体的商品生产过程统一起来的、用我们今天的话来说就是‘生态规则性’的过程；另一方面，他对当时的一些重要的生态问题，如农业中土地的质量和数量问题的讨论也十分感兴趣。当然，这里也必须承认，马克思感兴趣的主要是生态理性农业的条件，比如说，怎样增加土地的肥力，以恢复和增加农业生产力以面对由不断加快的都市化进程而带来的对食品和工业原材料的急剧扩大的需求”。但他又认为马克思不可能是“生物种类的保护主义者或生态学家”。因为马克思所留下的只是生态经济学或政治经济学的朴素遗产，并没有对生态系统作出理论上的分析。

奥康纳认为，马克思在《资本论》中对以资本主义的机制所建构起来的造林业中所包含的矛盾进行了准确的界定。“漫长的周转期间，使造林不适合私人经营，因而也不适合资本主义经营。资本主义经营本质上就是私人经营，即使由联合的资本家代替单个资本家，也是如此。文明和产业的整个发展，对森林的破坏从来就起很大的作用，对比之下，它所起的相反的作用，即对森林的护养和生产所起的作用则微乎其微。”不仅造林业与资本主义有矛盾，“理性的农业”与资本主义也是不相容的。资本主义农业无论从身体的角度还是从生物学的角度都是有害的。从工人身体的角度来看，在现代农业中，像在城市工业中一样，劳动生产力的提高和劳动量的增大是以劳动力本身的破坏和衰退为代价的。都市化和农业的商业化联合成了一种力量，逐渐破坏着财富的原始资源，即土地和劳动者。从生物学的角度，资本主义农业毁坏了土壤的质量。它破坏了人和土地之间的物质变换，也就是使人以衣食形式消费掉的土地的组成部分不能回归土地，从而破坏土地持久肥力的永恒的自然条件。资本降低了自然的价值，导致了农业的歉收，必然会以经济危机的形式表现出来。但奥康纳又认为马克思从来没有考虑到对生态具有破坏作用的那些农业耕作方式又会预示着一种独特类型的经济危机，即资本的生产不足的危机的来临。所以马克思始终没有发展出如下的观念：资本主义的矛盾有可能会导致一种在危机及社会转型问题上的生态学理论。

奥康纳还提到了马克思在《资本论》第3卷中对资本主义所导致的一些废弃物排放和污染问题所作的研究。“生产排泄物和消费排泄物的利用，随着资本主义生产方式的发展而扩大”，因为“原料的日益昂贵，自然成为废物利用的刺激。”当马克思持有这种观点的时候，他实际上已经发展出了资本主义回收再利用理论的萌芽思想。马克思思想中还包含着可持续发展的理论。马克思说：“甚至整个社会，一个民族，以至一切同时存在的社会加在一起，都不是土地的所有者。他们只是土地的占有者，土地的受益者，并且他们应当作为好家长把经过改良的土地传给后代。”现在不管是右翼的还是左翼的生态学，在很大程度上都是从这些异在于马克思主义的思想传统中发展起来的。但奥康纳又认为，马克思的这些观点只是有关自然资源保护方面的伦理主张，强调的是人类控制自然界的能力。因此可以说，最彻底的人类中心主义观点就是最彻底的自然资源的保护主义观点。尽管马克思在《资本论》中对资本主义的生态破坏进行了批判和揭露，但他还是没有把生态破坏问题视为资本主义的积累与社会经济转型理论中的中心问题，低估了作为一种生产方式的资本主义的历史发展所带来的资源枯竭以及自然界的退化的厉害程度。

奥康纳认为马克思在《资本论》中虽然认识到资本主义的反生态本质，但它并不包含一种自然和生态学理论。关于自然，马克思非常清楚认识到自然界（与人类劳动结合在一起）是物质财富之源，注意到了各种自然过程在谷物、酒类、木材、陶器加工业以及其他工业中的重要意义；在不同的工业活动中，自然过程在资本周转中的作用也是不同的；资本的再生产在总体上是与根据其自然属性或者说根据其使用价值来定位的价值构成（不变资本与可变资本）的相对比例紧密联系在一起的。总之，自然的因素在使用价值中占有重要的分量。这样看来马克思只是把自然界（与劳动一起）作为使用价值的财富的来源，并没有把自然界作为交换价值的财富的生产力来看待，导致了他没能对资本主义生产力作出“系统性的质询”。在马克思的眼里，资本主义生产力是人类从自然界的束缚中解放出来的潜在力量，是人类控制自然界的能力。他把人类放在了一个太主动和重要的位置上，而把自然界放在了一个太消极和被动的位置上。他的理论所凸显的是自然界的人化问题，却没有强调人类历史的自然化方式以及自然界的自我转型问题。资本主义的运行周期以及对劳动的剥削问题被置放在了一个远远高于有机体的生命周期、能源的使用周期和自然界的开发方式的位置上。“丰富的生态感受性”在马克思那里已经消失了，“自然界之本真的自主运作性”也在其理论中越来越被遗忘或者被置于边缘的地位。

奥康纳关于马克思的《资本论》中不包含自然和生态学理论另外一个很重要的理由，就是马克思生活的那个时代还没有文化或环境这种类型的重大运动，所以马克思的资本、阶级斗争以及革命理论对于这种运动也没有任何实际内容的评论。马克思生活和工作在资本主义发展的一个早期阶段，《资本论》中对于发生在英国，然后扩散到了世界上其他国家和地区的政治革命非常了解，对于像资本、雇佣劳动、技术、合股公司、世界市场等等经济革命也非常了解，但对于发生在马克思去世之后才形成的“资本主义社会和文化”就不可能谈得上有什么了解了，因为当时根本还没有特殊的资本主义文化和自然可以成为其理论对象。所以说那种以政治和经济的历史为基础的马克思理论，是不可能建立在社会的、文化的以及环境的历史基础上的。马克思的《资本论》就当然不包含自然和生态学理论了。

三、《资本论》中预示着许多当今的生态学思想

马克思有没有生态思想，是不是一个生态学家，福斯特认为，经过数十年的争论，许多对马克思即使是最苛刻的批评者最近都不得不承认，马克思的著作中包含着大量值得注意的生态思想。但质疑声又随之而来：马克思著作中的生态观点与其著作的主体内容没有系统性的联系，意思就是说马克思的生态观点在其思想中是居于次要地位的；马克思的生态思想被认为是来源于其早期对异化现象的批判，而后期著作则较少涉及。福斯特说，在他的早期思想中，也是持有同样的观点。把生态问题作为马克思的主要思想来解释马克思，他说是 20 世纪 80 年代的事。他研究了马克思的唯物主义，特别是《资本论》中的唯物主义。因为《资本论》是马克思“整个一生科学研究的成果”。如果《资本论》也贯穿了生态思想，自然而然生态思想在马克思的整个思想中的地位就不是次要地位了。他在研究中发现，在《资本论》中一种唯物主义的历史观和一种唯物主义的自然观以及自然历史的所有力量是完整地结合在一起的。唯物主义与生态学是紧密相连的，唯物主义和科学的发展使生态学思维方式得以产生。“我最终得出结论：马克思的世界观是一种深刻的、真正系统的生态世界观，而且这种生态观是来源于他的唯物主义的。”“马克思对生态的见解通常都是相当深刻的，这些见解并不只是一位天才瞬间闪烁的火花。相反，他在这方面的深刻见解来源于他对 17 世纪的科学革命和 19 世纪的环境所进行的系统研究，而这种系统研究又是通过他对唯物主义自然观的一种深刻的哲学理解而进行的。”

马克思有没有生态思想的问题简化为《资本论》中有没有生态思想，《资本论》中有没有生态思想又要追溯到《资本论》中存在不存在一种唯物主义的自然观？一种广为人知的对马克思的批判认为：马克思涉嫌否认自然界在财富创造中的作用，原因是马克思构建了劳动价值论，而劳动价值论则把所有来源于自然界的价值，以及把自然都看作资本的“免费馈赠”。其实，这种批判是建立在对马克思经济学的根本误解的基础之上的。马克思是同意古典自由政治经济学关于土地没有价值的观点，但这仅仅是指非常狭隘的、缺乏创意的财富观念，这种观念与资本主义商品关系和围绕交换价值而建立的制度相关联。马克思认为，真正的财富由使用价值构成，使用价值是产品的一般特征，超越了特定的资本主义形式。正如马克思在《资本论》的开头所说：“劳动并不是它所生产的使用价值即物质财富的唯一源泉。正像威廉·配第所说，劳动是财富之父，土地是财富之母。”即使到了共产主义社会，马克思仍然认为，财富在更普遍的方面应当包括构成人类创造力全面发展基础的那些物质的使用价值，这样既扩展了与自然界相关联的财富，又反映了人与自然之间复杂而不断变化的物质变换关系。自然对使用价值的产生有所贡献，正像劳动一样都是财富的源泉，即使它对财富的贡献被这个制度所忽视，就是劳动也可以归于这种自然财产。马克思在《资本论》中写道：“卢克莱修说，‘无中不能生有’，这是不言而喻的。‘价值创造’是使劳动力转变为劳动。而劳动力首先又是已转变为人的机体的自然物质。”马克思也一直把他的唯物主义定义为属于“自然历史过程”中的一种唯物主义。正是在《资本论》中，马克思的唯物主义自然观和他的唯物主义历史观完整地结合在一起的。如果不了解马克思的唯物主义自然观及唯物主义历史观之间的关系，就不可能全面理解马克思的著作。换句话说，马克思的社会思想是与生态学世界观不可分割地联系在一起的。

从伊壁鸠鲁的“守恒原则”，到安德森的“土壤肥力”，再到李比希的“归还原则”，马克思在《资本论》中提出了一个“物质变换”的概念。伊壁鸠鲁的自然哲学有两个基本假设：“任何东西都不可由来自虚无的神力所创造”和“自然……决不会将任何东西归于无”。这两个假设构成了现在我们所知的“守恒定理”。这个“守恒原则”就具有现代生态世界观的倾向。广为人知的现代生态学四条“非正式规则”在伊壁鸠鲁那里都可以找到，卢克莱修在《物性论》第1卷中就强调过这几条原则。苏格兰的政治经济学家安德森的“土壤肥力”理论使马克思更加全面地了解土壤状况，在《资本论》中展开对资本主义农业的生态学批判。安德森认为，土壤肥力的总体性退化，就是由于资本家租地农场主和土地所有者之间的阶级对立使得无法对土壤改良进行投资；或者是由于肥料循环无法进行（因为日益增长的城乡分离）而造成土壤养分的实际性枯竭。马克思早在1851年就研究了安德森的著作，指出安德森的核心贡献就在于他赋予了土壤肥力这个问题以历史意义。“安德森决不认为不同的肥沃程度仅仅是自然的产物”，相反，“地主得到的级差地租，一部分是租地农场主人工地赋予土地肥力的结果”。马克思在《资本论》中提到安德森时，称他合理地耕种土地，“不像以前美国奴隶主那样对土地进行野蛮的掠夺——会改良土地”。福斯特特别提到19世纪德国著名的农业化学家李比希对马克思在写作《资本论》时的影响。“马克思为什么声称，对于理解资本主义农业的发展来说，李比希比所有政治经济学家之总和还重要？”马克思在《资本论》第1卷中的确提到了李比希："李比希的不朽功绩之一，是从自然科学的观点出发阐明了现代农业的消极方面。"李比希在第七版《有机化学在农业和生理学中的作用》一书的序言中，揭露了建立在化肥基础上的英国集约农业一个"掠夺系统"，是违反理性农业原则的。与资本主义农业相伴而生的土壤养分的中断所造成天然肥力的下降，因为任何基于掠夺土地的耕种制度都会导致土地的贫瘠。在李比希看来，理性农业，与掠夺性农业制度不同,是建立在归还原则的基础之上的。所谓"归还原则"就是从土地里拿走的矿物质还得归还给土地；农民从他的田地里拿走多少，最终还得归还多少。

福斯特认为，马克思的这个物质变换概念很重要，把马克思对资产阶级政治经济学的三个重点内容的批判结合在一起：对直接生产者的剩余产品的剥削，相关的资本主义地租理论，以及马尔萨斯的人口理论。马克思把物质变换概念作为他"整个分析系统的中心"，把对劳动过程的理解根植于这一概念之中。"劳动首先是人和自然之间的过程，是人以自身的活动来中介、调整和控制人和自然之间的物质变换的过程。""是人和自然之间的物质变换的一般条件，是人类生活的永恒的自然条件"。福斯特还回顾了马克思使用物质变换这一概念的发展过程。早期的马克思对人类和自然之间物质变换关系试图更加直接地从哲学上解释人类和自然之间复杂的相互依赖关系。更为重要的是，物质变换概念为马克思提供了一个表述自然异化概念的具体方式。稍后马克思在为《资本论》准备的几本手稿材料中就不断地使用物质变换的概念了。马克思在《政治经济学批判手稿（1857—1858）》中写道：在一般的商品生产中"才形成普遍的社会物质变换，全面的关系，多方面的需求以及全面的能力的体系"。马克思在比《资本论》稍前几年写作的《1861—1863年经济学手稿》中指出："实际劳动就是为了满足人的需要而占有自然因素，是促成人和自然间的物质变换的活动"。马克思紧接着说，实际的劳动活动从来都不是独立于自然自身创造财富的潜力之外，"因为物质财富，使用价值世界只是由自然物质构成的，这些自然物质通过劳动改变了形态"。马克思就是在他最后的经济学著作《关于阿·瓦格纳的笔记》中，仍然强调物质变换概念在他对政治经济学进行全面批判中的中心地位。"在说明生产的'自然'过程时我也使用了这个名称，指人与自然之间的物质变换"。"那里在分析G—W—G［商品—货币—商品］时，第一次出现了物质变换，而以后形式变换的中断，也是作为物质变换的中断来说明的。"作为马克思理论中的中心概念，出现在关于未来社会的设想中就不足奇怪了。作为未来的共产主义社会，将合理地调节人和自然之间的物质变换，靠消耗最小的力量，在最无愧于和最适合于他们的人类本性的条件下来进行这种物质变换。

综上所述，马克思在两个意义上使用物质变换这个概念，"一是指自然和社会之间通过劳动而进行的实际的新陈代谢相互作用；二是在广义上使用这个词汇，用来描述一系列已经形成的但是在资本主义条件下总是被异化地再生产出来的复杂的、动态的、相互依赖的需求和关系，以及由此而引起的人类自由问题——所有这一切都可以被看做与人类和自然之间的新陈代谢相联系，而这种新陈代谢是通过人类具体的劳动组织形式而表现出来。这样，新陈代谢概念既有特定的生态意义，也有广泛的社会意义。"

马克思在物质变换理论的基础上提出了对资本主义的生态批判。在19世纪，土壤肥力的枯竭是整个欧洲和北美的资本主义社会所主要关注的环境问题，这足以与关注城市不断增长的污染、整个大陆的森林砍伐以及马尔萨斯对人口过剩的恐惧相匹敌。提出土壤肥力危机问题的中心人物是李比希，但对其更广泛的社会含义剖析得最为深刻的是马克思。他说：资本主义生产“破坏着人和土地之间的物质变换，也就是使人以衣食形式消费掉的土地的组成部分不能回归土地，从而破坏土地持久肥力的永恒的自然条件……资本主义农业的任何进步，都不仅是掠夺劳动者的技巧的进步，而且是掠夺土地的技巧的进步，在一定时期内提高土地肥力的任何进步，同时也是破坏土地肥力持久源泉的进步。”资本主义在“物质变换的联系中造成一个无法弥补的裂缝，于是就造成了地力的浪费”，“大工业和按工业方式经营的大农业共同发生作用。如果说它们原来的区别在于，前者更多地滥用和破坏劳动力，即人类的自然力，而后者更直接地滥用和破坏土地的自然力，那么，在以后的发展进程中，二者会携手并进，因为产业制度在农村也使劳动者精力衰竭，而工业和商业则为农业提供使土地贫瘠的各种手段。”物质变换过程中的“裂缝”，就使得以食物和纤维的形式从土壤中移走的养料无法返还于土壤，其对应物就是城市的污染和现代排污系统的不合理。“在利用这种排泄物方面，资本主义经济浪费很大；例如，在伦敦，450万人的粪便，就没有什么好的处理方法，只好花很多钱用来污染泰晤士河。”所以马克思坚持认为，人的自然的新陈代谢所产生的排泄物，以及工业生产和消费的废弃物，作为完整的新陈代谢循环的一部分，需要返还于土壤。

马克思对资本主义农业以及物质变换的裂缝的观点，使他得出了较为宽泛的生态可持续概念。他认为这种观点对资本主义社会来说具有非常有限的实用性，因为资本主义和供应人类世世代代不断需要的全部生活条件的农业有矛盾，或者说，合理的农业同资本主义制度不相容，合理的农业所需要的，要么是自食其力的小农的手，要么是联合起来的生产者的控制。马克思提出要“对土地这个人类世世代代共同的永久的财产，即他们不能出让的生存条件和再生产条件所进行的自觉的合理的经营。”甚至整个社会，一个民族，以至一切同时存在的社会加在一起，都不是土地的所有者。他们只是土地的占有者，土地的受益者，并且他们应当作为好家长把经过改良的土地传给后代。福斯特最后认为，马克思的这些理论构成了人类生产和生存的自然条件，并且是对资本主义与一般生产条件异化的最一般表述。反对资本主义的革命不仅需要推翻它对劳动进行剥削的特定关系，而且要以合理的方式调整人与自然之间的物质变换，靠消耗最小的力量，在最无愧于和最适合于他们的人类本性的条件下来进行这种物质变换。只有这样，马克思经常号召的“废除雇佣劳动”才有意义。

四、《资本论》中的环境保护观点

日本学者岩佐茂先是把“马克思本人的思想”和“以马克思的思想为起点而展开形成的马克思主义”区别开来，认为马克思以后的马克思主义缺少环境观点，而马克思本人的思想是存在着环境保护的观点的。马克思主义认为资本主义是环境破坏的罪魁祸首，并从理论和实践两个方面对资本主义进行了批判。但是他们却很少去对马克思理论中包含环境思想的必然性，以及社会主义作为生态社会主义包含环境保护逻辑的必然性进行论证，而只是幼稚地认为社会主义不可能存在环境问题。当社会主义国家也存在着严重的环境问题成为一个无可争辩的事实时，他们先是根本不愿承认，后又狡辩说那是偏离了社会主义的后果。所以马克思主义有必要回到马克思的环境思想上去，回到马克思成熟时期的著作《资本论》中的环境保护思想上去。

岩佐茂认为，青年马克思在《1844年经济学哲学手稿》中提出的“自然主义和人道主义的统一”的观点，与成熟时期马克思在《资本论》中提出的“物质变换”理论是一致的，并得到了更为具体的解释。马克思的物质变换在《资本论》中有“自然的物质变换”、“人与自然之间的物质变换”、“社会的物质变换”三个层次的概念。自然的物质变换是指自然界的物质循环；人和自然之间的物质变换首先是指吸收和消化食物、水、氧气等外部物质然后又将废物排到体外的同化和异化的生命活动，这一变换是以劳动为中介，通过生产、消费和废弃来进行的；社会的物质变换是指以货币为中介的产品交换。具体来说，《资本论》中环境思想有以下三个方面的重要内容。

第一，“马克思重视自然界的物质循环，把人作为自然之子为维持生命而进行的物质变换看做是自然界物质循环的一个环节。”因为人是自然界的一部分，是“自然存在物”，人是拥有身体、拥有自然的各种力量的人的自然，同时又受到独立于人而存在的外部自然的限制。人与自然之间的物质变换虽然要以劳动为中介，采取生产、消费和废弃的形式来进行，但是这一过程不能搅乱自然界的物质循环。马克思在《资本论》中不仅指出了人与自然之间的物质变换包含了“自然物作为人的使用价值或产品被人占有”以及“人以食物和衣物的形式消费掉的土壤成分回归大地”的废弃过程，而且还指出了废弃物被作为资源重新利用即循环经济的可能性。

第二，“马克思指出了资本主义的生产活动引起了环境污染，扰乱了人与自然之间的物质变换，危害了人的健康和生命。”资本主义生产由于把人口聚集到城市、由于消费废弃物的产生，“扰乱”了“人与自然之间的物质变换”。这种“扰乱”既是对“土地持久肥力的永恒自然条件”即对自然的“扰乱”和“破坏”，也是对劳动者的“身体健康”、“精神生活”的“扰乱”和“破坏”。大量废弃物，特别是自然难以净化的人造物的出现，是近代资本主义产业化的结果。近代产业化只是服从资本的逻辑（把追求利润、积累资本当作最重要的目标，是使资本主义社会得以成立的逻辑）单纯追求经济效益。服从资本逻辑的产业化，以地球资源是无限的、大气和水可以无偿使用为前提，无视废弃物问题，进行了导致大量消费——大量废弃的大量生产。因为，大量生产能带来利润这一点恰好符合了资本的逻辑。大量的废弃物造成了自然环境的破坏。自然环境的破坏有两层意思：一是指人的环境破坏，二是指自然的破坏。“人的环境破坏”，并不是指自然本身对人的环境破坏，比如说火山爆发，而是指人自身的活动制造出不适合人类生活的环境。这种不适合人类生活的环境，就会损害人的健康。如果大气和水受到污染，或者食物受到污染，那么人的健康将不可避免地受到损害，甚至会危及生命。所谓自然的破坏，并不是自然本身变迁中发生的生态系破坏，而是由人的活动所引起的地球生态系破坏。

第三，“马克思主张要对人与自然的关系进行控制”。马克思对这一点的阐述集中在下面的命题中：“劳动首先是人和自然之间的过程，是人以自身的活动来中介、调整和控制人和自然之间的物质变换的过程”。这里论述的不是人对自然的支配，而是对人与自然之间的物质变换进行“合理地调节”，“把它置于他们的共同控制之下”，并且要在“最无愧于和最适合于他们的人类本性的条件下来进行这种物质变换”。“人对自然的支配”和“对人与自然关系的控制”是有区别的。前者指人依靠科学技术支配自然或控制自然，但这仅是一种幻想，无论科学技术发展到何种程度，人都无法支配自然。人充其量只能控制自然的极小的一部分，甚至连由人利用自然而产生的人化自然也无法做到彻底控制。后者则是指对作为关系项的人的控制和对自然的控制。既然人对自然的控制能力有限，那么要想控制人与自然的关系，就只能对人本身进行控制。不论什么年代，人类为了生存都始终设法控制与自然的关系。在近代以前，人在努力控制自然的强大力量的同时，更主要的是采取一边约束自己一边去顺应自然的方式去控制自然和人的关系。而到了近代工业化以后，随着人类改变自然的能力不断提高，形成了人类能够支配自然的观念。但是，这只是重视了人与自然关系的一极——自然，忽视了自我控制的另一极，结果导致了自然环境的破坏，人与自然的正常关系也不能维持。为了控制人与自然的正常关系，控制人类的力量和基于这种力量之上的活动就变得极其重要了。

岩佐茂还特别强调了马克思把“人与自然的物质变换”作为自然界的形态变化来把握的意义。在马克思看来，宇宙的一切现象，不论是由人手创造的，还是由自然的一般规律引起的，都只是物质的形态变化。“人在生产中只能像自然本身那样发挥作用，就是说，只能改变物质的形式。”他认为，马克思的这个思想有理论和实践上的双重意义。从承认了自然对人的先在性的唯物论立场出发，认为人的劳动只是引起了“自然物发生形式变化”。劳动是把自然的质料换成对人有用的使用价值的价值形成活动，在这个意义上它是“物质财富之父”，但不能形成新的质料。劳动所带来的只是“自然物发生形式变化”，使这种变化成为可能的则是作为“物质财富之母”的“土地”（自然）。从环境保护的观点上来看，这意味着把“人与自然之间的物质变换”作为自然循环的一环来把握。劳动生产出了大量自然界不存在的东西，但这也仅是“自然物发生形式变化”而已。正如“机器不在劳动过程中服务就没有用。不仅如此，它还会受到自然的物质变换的破坏力的影响。铁会生锈，木会腐朽。”所以在劳动过程中产生的废弃物和消费过程中产生的废弃物，也要和“铁会生锈，木会腐朽”一样，要还原到自然界，都属于自然循环中的一环。任何自然循环的中断，都是对生态环境的破坏。

上述学者对《资本论》研究的成果，对推动我国理论界加大对《资本论》的文本研究和我国正在进行的生态文明建设，有着重要的理论意义和实践意义。作为马克思倾注毕生心血的《资本论》，在对资产阶级政治经济学批判中“预示着许多当今的生态学思想”。这些生态学的理论成果，就是我们今天建设生态文明的理论渊源。

（作者：广西民族大学政治学与国际关系学院副教授）

（选自《马克思主义研究》2011 年第 1 期）

国家综合防灾减灾的战略选择与基本思路

郑功成

日本“3·11”特大地震及其引发的海啸与核事故灾害，给日本造成了巨大的灾难性后果，也带给中国很大的冲击。我们看到了日本国民在遭遇重大灾难时始终保持着高度冷静与严格自律，即使是在免费供应的超市，也不见惊恐、无序与贪婪，反而到处可见镇定、秩序与礼让。能够达到如此冷静地应对重大灾难的水准，是日本将防灾减灾上升到国家战略并采取相关行动的结果。因此，尽管中国作为多灾之国具有应对灾害的丰富经验，特别是救灾方面具有自己独特的优势，但就整个防灾减灾而言，还必须从战略高度上重视防灾减灾，并在立足全局、着眼长远的基础上，统筹考虑综合的防灾减灾行动方案。

一、灾情已经成为十分重要的国情

古今中外的历史昭示我们：各种灾害都是危及人民生计与社会安定的重要原因，也是检验统治者执政能力与管治能力的重要标尺。中国历史上的农民起义，无论其范围大小或时间久暂，无一不以灾荒为背景，这是中国历史的公例。在新中国，社会主义制度的优越和政府对救灾工作的重视，使灾害不致酿成大的社会动乱，但也付出了沉重的代价，它对整个社会经济的发展产生了不可低估的影响。从近30年来的灾情发展变化来看，中国的灾害问题在总体上处于不断恶化之中，其表现在于：

1. 自然灾害的危害面积在蔓延扩大，这是中国灾情的重要发展趋势。由于受全球环境、气候变化的影响，加之一些地区水利设施废弛，干旱近20年来在南方接连大面积出现，即使是水资源丰富的两湖地区也多次遭受旱灾的严重袭击，今年的南方大旱更揭示了这种趋势的严峻性。作为主要灾种的水灾，虽然近年因三峡工程等一系列的水利设施发挥了作用而有所减轻，但水灾的危害面积依然在上升。以农作物为例，根据《中国统计年鉴》等资料，在1970—1978年间年均受灾面积为2720万公顷，1979—1987年间年均上升到3287万公顷，1988—1992年间年均达4247万公顷，1993—2000年间年均达5061.6万公顷，2001—2009年间年均达4523万公顷。其他气象灾害与地震、泥石流等地质灾害也在许多地方频繁发生。由此可见，中国自然灾害的危害面积还在不断蔓延和扩大。

2. 自然灾害的发生周期愈来愈短。新中国成立60多年来，尤其是“大跃进”、“文化大革命”时期，毁林开荒、围湖造田及无约束的“三废”排泄等，对生态环境的破坏十分严重，使大自然失去了自行调节的机能，各种自然灾害正在呈现出次数愈来愈多、间隔愈来愈短的趋势。在旱灾方面，中国历史上是三年一旱，20世纪60—80年代是三年两旱，现在变成了无年不旱、一年多旱（春旱、夏旱、秋旱）；在水灾方面，历史上年均1—2次，现在年均达50多次，每年洪涝面积就达几十万平方公里；南方罕见的冷害、病虫害近几年也常有发生，2008年南方冰雪灾害就是一个显著的例证。自然灾害发生周期的缩短，正迫使我们为自身不当的活动付出高昂的代价。

3. 自然灾害的危害后果日益严重。据民政部公布的统计资料，进入本世纪以来，中国因自然灾害导致的人口死亡总计达11.8万人，年均近1.1万人；直接经济损失总计达35739亿元，年均3249亿元。上述数据还不包括各种人为事故灾害与环境灾害等造成的严重损害后果。特别是一些巨灾的发生，往往波及全国或者带来全国性的重大影响。如，1998年夏季中国的长江、松花江、珠江、闽江等主要河流流域都发生了严重的洪灾，波及29个省、自治区、直辖市，受灾最重的是江西、湖南、湖北、黑龙江、内蒙古、吉林等省，农田受灾面积达2229万公顷，成灾面积1378万公顷，死亡4150人，直接经济损失达2551亿元。2008年继损失巨大的南方冰雪灾害后，发生在四川汶川的“5•12”大地震，更是给中华民族带来了一场大劫难，死亡及失踪人数高达87150人，直接经济损失8523亿元。干旱、洪涝、地震、台风、滑坡、泥石流、冰雹、霜冻、风沙等各种自然灾害在近几年不断地造成严重的损害后果，不仅直接影响着受灾地区的发展，而且对国家发展全局产生重大影响。

4. 人为型自然灾害剧增。人口的增长，生产的发展，乡村工业化或低级工业化的快速推进，必然导致对大自然的过度索取和损害，尤其是新中国成立后推崇“人定胜天”的理论，不讲科学和盲目开发的事例不胜枚举，近30年来一些地方以牺牲环境为代价追求经济增长，其直接后果就是各种人为型自然灾害急剧增加。以环境灾害为例，工业粉尘和废气排放所致的大气污染早在20世纪后期就使中国正在成为世界第三大酸雨区，在秦岭、淮河一线以南的广大地区造成日益严重的危害。沿海工业城市的污染，不仅导致了赤潮的泛滥成灾，更重要的还在于毁灭了大量鱼类资源，“黄金海岸”已变得难见渔汛。城市化、工业化的发展对江河湖库及地下水资源的污染更为触目惊心，据有关部门调查报告，中国有80%以上的河流已遭污染，80%的城市居民喝不上合格的生活用水。疾病在增加、河流在发臭、耕地在退化，水污染造成的损失每年数以百亿元计，只不过因这些灾害损失不像地震、洪水灾害那样显现而未出现在官方公布的灾情统计中罢了。此外，由于环境的破坏，病虫草鼠害亦在不断加剧。我们正在为发展经济和某些不负责任的行为付出沉重的代价。

5. 各种人为灾害均在上升，尤其是交通事故、火灾以及与生产相关的人为灾害，危害后果日趋严重。如公路交通事故，随着机动车辆的增加，新中国成立后一直呈上升趋势。20世纪50年代全国每年死于交通事故者约4000人左右，70年代为1—2万人，80年代在5万人以上，90年代初期已接近6万人；进入本世纪后，年均因交通事故死亡人数在7万人以上。2010年全国共接报道路交通事故3906164起，同比上升35.9%，其中涉及人员伤亡的道路交通事故219521起，造成65225人死亡、254075人受伤。近30年来，随着工业化进程的加快，工业灾害也在大幅度上升。如工业粉尘的剧增，导致了职业病患者大量出现。卫生部公布的统计资料显示，1989年全国尘肺病患者累计为35万人，1993年上升到近50万人；2000年全国尘肺病例数为558624例，累计死亡133226例，病死率为23.85%；截至2009年底，全国累计报告职业病722730例，其中尘肺病65.3万例，这意味着中国尘肺病病例每年以超过10000例人数在持续增加。各地还有大量潜在的农民工职业病患者，中国已经进入了职业病高发期。

综上可见，中国的自然灾害在不断恶化，重大自然灾害频繁发生，人为型自然灾害剧增，同时伴随而来的还有工业灾害全面爆发，环境灾害已经成为危及人的安全与持续发展的重大因素，公共卫生事件及各种人为事故亦让我们防不胜防。从政治角度看，各种灾害特别是重大灾害的发生与发展，是对执政党执政能力和各级政府管治能力的考验；从经济角度看，各种灾害导致的直接与间接经济损失，以及各项防灾减灾、抗灾救灾的投入，是对国民经济正常发展与微观经济正常运行的重大打击，也是对国家财政及相关经济制度或政策的冲击；从社会角度看，各种灾害必然损害正常的社会秩序并产生难以预料的心理打击，往往容易导致秩序混乱与社会失控。可见，灾害不仅会给城乡居民的生活带来巨大而深刻的影响，而且对整个国家的政治、经济、社会乃至思想文化、伦理道德等多个方面均产生重大影响，成为一切政治、经济、社会活动的重要组成部分。不了解中国的灾情，便不可能全面把握中国的国情；不解决好中国的灾害问题，国家或地区的发展进程将始终充满着风险与不确定性。因此，应当将灾情纳入中国国情范畴，并对这一国情构成要素的发展变化保持高度警惕，让公众了解国家和所在地区的灾情，让政府了解国情、省情、市情、县情中的灾情，把防灾减灾纳入到国民经济和社会发展的总体规划及每个国民的自觉行动中去。

二、应当将综合防灾减灾上升为国家战略

前事不忘，后事之师；他山之石，可以攻玉。在日益严重的灾情面前，强调将综合防灾减灾上升为国家战略，是基于以下五个方面的理由：

1. 灾害损害后果的日益严重，迫切需要引起更高程度的重视。今年以来发生的日本“3·11”地震、美国龙卷风灾、智利火山爆发、中国南方旱涝灾害交替，等等，揭示出全球灾害问题不仅未因社会经济发展与科技进步而减缓，反而因气候变化等而进入灾害多发期。在本文的第一部分，已述及中国灾害问题在不断恶化，重大灾害频发，损害后果特别严重。在如此严重的灾害面前，如果不能从国家战略的高度来重视并切实推进综合防灾减灾工作，一旦中国也爆发类似于2004年印度洋海啸、2011年日本“3·11”地震或其他重大灾难，所形成的冲击将无法估量。

2. 灾害致因日益复杂化，急切需要综合治理。毋庸讳言，当代中国灾害问题的恶化，与自然界物质运动、工业化、经济全球化等密切相关，也与数十年间未能注意环境保护和重视人类安全有着密切关系。乱砍滥伐、毁林开荒、围湖造田、过度放牧等掠夺自然的现象，曾经在全国各地上演，直接造成水土流失加剧、水旱风沙等灾情加重的恶果；在不适宜居住的地方兴建居民区或城镇，在地质灾害频发的地带搞建设，“人定胜天”、“战台风”等不讲科学的抗灾理念，亦曾指导过效果不良的抗灾行为，并为此付出了巨大代价。近30年来，一些地方急于发展、急于求富，走的是一条以牺牲环境为代价的经济增长之路，污染遍及城乡，蓝天白云、清新空气、洁净的水已经成为生活奢侈品；等等。可见，中国灾害问题的恶化，既有自然方面的原因，也有决策失误和管理失职、失范的原因，还有经济增长方式落后、不讲科学发展、盲目蛮干等原因。日本“3·11”特大

地震发生后引发中国抢购食盐的现象，还揭示出灾害的损害后果不再完全取决于灾害的大小，而是加入了更多的人为因素在内。在灾害致因日益复杂化的条件下，尽管对灾害问题进行局部治理是必须的举措，但仅有局部的治理显然是非常不够的，当代社会更需要对灾害问题进行综合治理。

3. 现行防灾减灾体制存在着相互分割、投入失衡的重大缺陷。应当承认，新中国成立以来，党和政府对防灾减灾工作一直是非常重视的，从20世纪60—70年代的大规模农田水利基本建设到世界瞩目的长江三峡工程，从遍布城镇的消防体系建设到雄峙北国的“三北”防护林营造等，各种防灾减灾工程措施确实取得了巨大的成效。然而，因传统思维的束缚与行政体制的僵化，事实上又长期缺乏针对灾害问题的统筹考虑和系统的减灾政策设计，它在减灾实践中的具体表现就是存在着相互分割与投入失衡等内在缺陷。

第一，不同灾种的研究与治理长期分割。众所周知，自然灾害与人为事故存在着成因机理与治理对策方面的差异，但其后果都是导致人民生命财产损失，并且日益与人为或社会原因密切关联。因此，我们需要的首先应当是完整的灾害与风险意识，是统一的防灾减灾行动，以及从工程措施到非工程措施的综合治理，其次才是有针对性的具体防灾减灾措施。但在长期的灾害研究中，自然灾害与人为灾害一直是相互分割的，防灾减灾通常被视为自然科学领域的任务，社会科学工作者绝少介入或者无法介入；即使是自然灾害领域，也存在不同灾种研究相互分割的现象，这与当代社会各种灾害发生与发展过程中的相互关联性及其前因、后果的相通性无疑是脱节的。在灾害管理中，往往强调分灾种而治，分环节而治，忽略将灾害问题视为一个整体进行综合治理。这种灾害分割或者灾种分割分治的现状，非常不利于形成共同的灾害意识，也不利于建立综合防灾减灾体系。

第二，防灾减灾体制分割。在当前的行政架构下，自然灾害与人为事故（甚至是按照不同的灾害种类）被不同部门分管，如水旱灾害、地震地质灾害、台风、海洋灾害、病虫害、传染病、火灾、爆炸、交通事故等分别由水利部门、气象部门、地震部门、国土部门、海洋部门、农业部门、卫生部门、公安部门、安全监督部门以及住建部门、环保部门、交通运输部门等主管，这种体制有其分工的合理性，但因缺乏综合管理机制和部门之间的有效协调，其后果必然是相关政策相互分割、缺漏与交叉并存，进而直接影响着防灾减灾资源的合理配置，有时甚至相互之间产生抵消作用，综合防灾减灾效果可能是负数。

第三，防灾减灾投入失衡。主要表现在：一是减灾投入主体失衡，政府投入大，而企业投入少，市场机制作用有限，家庭或个人的责任重大；二是减灾投入环节失衡，重灾后救济与重建，轻灾前防范与减灾；三是工程措施与非工程措施投入失衡，重工程措施投入，轻非工程措施投入；四是投入与产出失衡，即各地往往对上防灾减灾项目重视，而对项目能否发挥有效作用往往并不重视，一些防灾减灾工程质量低劣或者长期不能发挥作用，个别防灾减灾工程甚至成为恶化灾情的致因，类似现象说明缺乏防灾减灾综合效果评估即对防灾减灾产出的评估，即使投入再多也可能是低效率、低效果的。

4. 重微观轻宏观，重技术方案轻先进理念与制度。长期以来，我们关注的多是具体的灾种应对之策，重视的是各种技术方案与手段，缺乏的则是先进的防灾减灾理念与健全的防灾减灾制度，以及宏观的、系统的筹划与对各种灾害问题的综合治理，这是造成国民灾害意识薄弱和灾害或风险管理机制不尽合理的根本原因。例如，我们不重视防灾减灾教育，缺乏科学防灾减灾的理念，轻视非工程防灾减灾措施等，这些恰恰是处于宏观层面的防灾减灾战略的重要内容；在防灾方面，国家还缺乏全国统筹考虑与长远规划，近30年来，就在一些地区出现了农田水利建设基本废弛的现象，许多地方基础设施的防灾标准长期偏低或者年久失修，实际上都存在着严重的安全隐患；在抗灾方面，还主要依靠政治动员与人海战术来抵抗重大灾害，现代科技和合理分散灾害风险的措施仍然采取得很不够；在救灾方面，长期以来依靠国家救济且主要是中央政府救灾，地方政府责任迄今未能明确落实，市场机制与社会机制的作用未能得到有效发挥；等等。缺乏先进的防灾减灾理念，就不会有合理的防灾减灾制度设计，缺乏宏观考虑、综合设计的防灾、抗灾与救灾措施，必然在缓解灾害的危害方面受到局限。一个典型的例证是，各种灾害事故导致人员伤亡的后果在许多国家都大幅度下降，而在中国依然还很严重。

5. 公众的灾害或风险意识依然淡薄，而对安全的期望却在持续上升。中国的大多数城市是不设防城市，大多数家庭除了防盗基本上不考虑如何防范自然灾害与事故灾害，灾害或风险意识淡薄仍然是全国城乡居民中的普遍现象。从1978年唐山"7·28"大地震后数亿人惊恐不安地露宿街头，到2011年日本"3·11"大地震后听信谣言抢购食盐，反映了公众对灾害的恐慌心理与对安全的期望。特别是在财富持续增长、生命日益珍贵的条件下，安全问题已经成为十分重要的民生诉求。如果不能从战略高度正视公众灾害或风险意识淡薄的现实及其不良后果，不能从战略高度重视公众日益提升的安全诉求，灾害问题的恶化就可能成为国家发展进程中的重大隐患，重大灾难的发生就可能导致公众集体的心理危机，进而演变成为重大的社会混乱与失控，危及国家发展全局与长远利益。

中国的灾害问题非常严重，各种大灾、大事故年年不断、月月不断，有时甚至一天之中不同地方发生多起大灾，人人都感觉到中国灾害问题的严重性，影响灾害的因素也日益复杂化，公众对安全的诉求在持续升级，这就是我们面临的真实的现实。因此，在将灾情视为重要的国情构成要素的基础上，急切需要将综合防灾减灾提升到国家战略的层面，同时矫治传统的、落后的发展理念，从战略高度来系统研究、统筹思考综合防灾减灾对策并采取相关行动，最终才能造就一个适合我们生存与发展的安全宜居世界，避免因重大灾害发生而带来的严重挫折。

三、国家综合防灾减灾战略的理念、原则与目标

考察整个人类的发展史，可以发现，灾害的历史与人类的历史一样悠久，有史便有灾，无地能避害，人类社会是在经受各种灾难的磨砺中不断进化与发展起来的。从与灾害抗争的历史来说，中华民族可能是世界上最能经受考验并能够从灾难中走出来的伟大民族，因为数千年来中华文化一脉相承，从未中断，即是有力的证据。新中国成立60年来的抗灾经历，揭示的道理亦是人不可能胜天，但也不只是听天由命。面对日益严重的自然灾害与人为灾害，我们需要的是在立足全局、着眼长远的基础上，尽快确立国家综合防灾减灾战略，并在减灾过程中实现经济社会发展目标。

第一，确立安全第一、天人合一的防灾减灾理念。一方面，以人为本，安全第一，一切防灾减灾措施都是为了人类自身的安全，防灾减灾应当以安全作为出发点与落脚点。安全第

一的理念背后实际上是生命至上，它包括三层含义：一是对所有人的生命与健康都应当倍加珍惜，因为人的生命毕竟只有一次，人的健康事关人的一生；二是以维护人的生命安全与健康作为防灾减灾的基本出发点，应当采取一切有效措施来避免与减少各种灾害事故对人的威胁；三是灾害发生后应当救人优先，这是人类对自身安全需求的真切反映。如果能够将安全第一的理念落实到灾害管理的全过程，各种灾害中的生命代价一定大为减少。这方面，日本在无法避震条件下的防震意识及防震措施、德国作为制造业大国长期不懈追求的零工伤目标，等等，都创造了在同样灾害或者风险面前的最小的生命代价的示范，非常值得我们学习与仿效。

另一方面，天人合一实质上是指人与自然和谐相处、万世不竭。中国自古以来就有“天人合一”的思想，钱穆甚至称“中国文化中，‘天人合一’观是整个中国传统文化思想之归宿处”，并评价“天人合一”是中国古代文化中最古老、最有贡献的一种主张。儒家认为“天地生万物”，人与万物都是自然的产儿，主张“仁民爱物”，由己及人、由人及物，把“仁爱”精神扩展至宇宙万物；道家把自然规律看成是宇宙万物和人类世界的最高法则，认为人与自然的和谐比人与人的和谐还要崇高快乐；佛家认为万物都是“佛性”不同的体现，所以众生平等，万物皆有生存的权利；可见，儒、佛、道在人与自然和谐的观点上完全一致。强调要树立天人合一、人与自然和谐相处的防灾减灾理念，不仅是因为中国的灾害史与抗灾史已经告诉我们，各种自然灾害的发展变化其实都与我们自己的生产活动与生活方式直接相关，影响最为重大的水、旱灾害日益严重化更是人与自然的关系紧张表现；而且是对一直以极端人类中心主义导向的传统工业文明的矫正，也击中了中国现阶段已经出现的以牺牲环境、耗费资源为代价的经济增长方式的要害。如果能够从人与自然之间事实上的对立转向和谐相处，各种自然灾害与环境灾害（特别是水、旱灾害）持续恶化的趋势将从根本上得到扭转。

第二，遵循六大防灾减灾基本原则。

①发展与减灾紧密结合原则。发展与减灾应当是一种正相关关系，但现实中往往表现为负相关关系，因此，经济发展要考虑如何减少灾害发生、减轻灾害损害后果并提升防灾减灾能力，社会进步要能够提升全民灾害、风险意识与灾害、风险管理水平。

②防灾优先与抗救结合原则。最高明的战术是不战而屈人之兵，最高效的减灾是避免与防止灾害的发生，在这方面，除了通过工程措施与技术方案来防范各种灾害风险外，我们的祖先逐水草而居、适季节而迁徙的做法其实也可以给我们以启示，这就是尊重自然、适应自然而回避灾害，以追求安全为目标，如不要在行洪河道上生活，不要在地震带上建筑，不要以血肉之躯抗台风，等等；同时，灾害的不可绝对避免与可以减轻的客观规律，决定了重视防灾的同时还需要有完善的抗灾策略与救灾措施，如开展农田水利建设以抗旱，提高房屋建筑物标准以抗震，等等。

③责任共担与风险分摊原则。安全世界是人类共同的追求，防灾减灾是政府、企业、社会组织、家庭与个人共同的使命，因此，应当确立责任共担与风险分摊的原则，按照分工明确、各显其长、各尽其责、有机结合的思路，划分主体各方的防灾减灾责任，并通过政府、市场主体（如保险公司等）、社会组织（如慈善公益团体）构建起能够尽可能恢复受灾体损失的风险分摊机制。

④工程措施与非工程措施相结合原则。中国以往一直重视防灾减灾工程措施而国民灾

害意识依然淡薄、损害后果依然严重的事实，证明了仅仅依靠工程措施是不可能达到防灾减灾的预期效果的，而在日本“3·11”地震中，可以看到包括灾害意识培育、防灾减灾训练等非工程措施的效果；当然，若只有非工程措施而忽略工程措施，也不可能取得良好的防灾减灾效果。因此，对工程措施与非工程措施不可偏废，而是宜置于同等重要的地位，双管齐下地加以推进，才能真正实现防灾减灾的预期目标。

⑤综合治理与重点应对相结合。由于应对灾害问题是一项涉及全社会的协调行动，既包括监测、预报、防灾、抗灾、救灾、援建等减灾措施的实施，也包括人口、资源、环境、社会经济发展等方面的协调，如果没有统筹考虑与综合治理，实践中必定顾此失彼，甚至出现相互抵触的现象；同时，在各种灾害中，水灾、旱灾、地震、台风等构成了中国的主要灾种，它需要举国之力来应对，但不同地区的灾种结构是有差异的，从而还需要重点应对本地区的主要灾种。因此，在防灾减灾实践中，综合治理是基石，重点应对是关键。前者重在普遍性的防灾减灾理念、意识、技巧及有机协调的灾害管理体制、机制，包括统筹考虑发展与减灾、自然灾害与人为灾害、工程措施与非工程措施、不同制度之间的衔接与互补等；后者重在有针对性的具体防灾减灾措施与技术方案。如对江河的治理、人工降雨抗旱、防震标准的规范、规避台风的措施，等等。

⑥重视应急管理与构建长效机制相结合。经过2003年“非典”的促进，中国的灾害应急体系建设取得了巨大成效，但防灾减灾的长效机制建设却未能够引起同样的重视，以致多灾之国的国民普遍缺乏灾害意识，城市与乡村多处于不设防状态，城乡居民大多对灾害心存侥幸，企业很少有防灾减灾投入，保险公司甚至取消了保险业的防灾防损功能，等等。所有这些，表明构建应对灾害问题的长效机制已经迫在眉睫。只有做到应急管理与长效机制有机结合，才能实现防灾减灾的常态化与高效化。

第三，明确国家综合防灾减灾的战略目标体系。基于中国的现实灾情及其发展趋势，结合中国的综合国力与财力增长、民生改善与诉求升级等因素，借鉴国外经验，国家综合防灾减灾战略的总目标可以确定为：尽快扭转灾害问题不断恶化的趋势，逐步减少灾害发生频率、减轻灾害造成的损害后果，使人民的安全感明显上升，后顾之忧基本得到解除。为此，应当建立相应的防灾减灾考核指标体系，主要包括：

①防灾减灾投入指标。可以设定全社会防灾减灾投入占GDP之比、防灾减灾公共投入占国家财政支出之比、企业防灾减灾投入占企业生产经营成本之比、家庭防灾减灾投入占家庭消费支出之比等细化指标，确保防灾减灾公共投入随着经济社会发展而持续增长，促使企业成为防灾减灾投入的重要来源，由此检测防灾减灾投入的结构与优化状态。

②灾害发生频率与次数指标。可以设定灾害发生频率与次数、重大灾害事故发生频率与次数，灾害危害范围与危害对象等指标，由此检测灾害减少的效果。

③灾害经济损失指标。可以设定灾害直接经济损失相当于GDP之比、灾害间接经济损失相当于GDP之比等指标，由此检测灾害导致的财产损失后果是否减轻。

④灾害人员伤亡指标。可以设定灾害事故造成的死亡人数、致残人数、受伤人数指标，以及抚恤、救治费用支出数额等指标，以此检测灾害导致的人员伤亡后果是否减轻。

⑤其他指标。如全民防灾减灾素质测量指标、房屋建筑物抗震指标、水利设施调节旱涝功能指标、灾害损失补偿及其结构指标等，均

应当纳入国家防灾减灾指标体系，在此基础上，再设定到2020年、2030年、2040年防灾减灾的具体追求目标。

第四，优化防灾减灾投入。在其他条件既定的情形下，防灾减灾投入与防灾减灾效果存在着直接的关系，结构优化的防灾减灾投入可以收到综合效能最高的效果，而结构不良的防灾减灾投入却可能处于低效甚至无效状态。例如，在投入主体方面，如果一切都由政府包办，则企业、社会组织与居民个人便不可能真正形成灾害意识和自觉采取防灾减灾的行动；在投入环节方面，如果只强调灾后救援与灾后重建，则灾前预防便会疏忽，结果必然是陷入灾情越来越重的怪圈。因此，国家综合防灾减灾战略的实施必须将优化投入置于重要位置，并采取切实措施优化投入主体结构（政府、企业、家庭或个人）、优化投入环节结构（防灾、抗灾、救灾及灾后重建）和优化公共投入结构（如地区投入、灾种投入等），务求取得最佳的防灾减灾综合效益。

四、实施国家综合防灾减灾战略的宏观措施

在澄清理念、确立原则与明确战略目标的条件下，国家综合防灾减灾战略目标的实现，取决于国家能否积极有效地采取以下宏观措施：

第一，举国动员防灾减灾，不断提升国民的防灾减灾素质。日本国民在“3·11”地震后，之所以能够在灾难面前有冷静、自律的良好表现，与其应对灾害的全民教育、普遍具有的灾害意识、对生命的真正敬重、定时进行的防灾演练、临灾应变的自救技巧、清晰的逃生路线标识等是密不可分的。针对我国国民普遍缺乏灾害意识、心存侥幸的现状，应当将举国救灾体制扩展为举国防灾减灾体制，将不断提升国民的防灾减灾素质摆在实施国家综合防灾减灾战略的优先地位，尽快将防灾减灾纳入国民教育与职业教育并学而时习之，开展全民防灾技能培训并定时进行演练，在社区、学校、企业及一切公共场所广泛开展防灾减灾、临灾自救科普宣传，通过各种媒体营造全民防灾减灾的氛围，塑造科学的防灾减灾文化。如果抓好了这些基础性的工作，则全民灾害意识必然得到强化，进而为全民防灾减灾奠定牢靠的思想基础。

第二，实现四个强化，构建合理、高效的防灾减灾管理体制。构建合理、高效的防灾减灾管理体制是实施国家综合防灾减灾战略的至关重要的条件。因此，应当进一步明确政府各职能部门在灾害管理中的职责分工，让各职能部门在各司其职的基础上分担防灾减灾管理责任，并依照法律规范与职能分工切实推行问责制。与此同时，还需要尽快实现四个强化：①强化高效率的协调机制。针对部门分割、资源分散的传统灾害管理体制，如果缺乏统筹与协调，不仅无法有效避防灾害，而且还可能直接放大灾害后果，造成资源浪费，因此，有必要让国家减灾委在国家综合防灾减灾中扮演强有力的协调角色，为此，应当将国家减灾委办公室实体化（目前实际上是与民政部救灾司合二为一），并赋予其独立的职责与相应的权力，确保其能够在平时有效协调各相关职能部门共同做好综合防灾减灾工作。②强化权威的中枢执行机构。作为多灾之国和幅员辽阔、人口众多的大国，没有一个强有力的中枢执行机构是难以有序应对重大灾难的，以往重大灾害发生时往往需要党和政府最高领导人亲自出面指挥的现象，表明我国还缺乏真正权威的中枢执行机构，建议借鉴美国做法，在中央政府下设一个独立的紧急状态管理局，直属国务院总理指挥，赋予其临机决断的充分权力，由其承担确定重大灾害事件并指定救灾参与部门，协调应变全面工作，负责地方支援和实施救灾与重建计划等。在设置这样的集权机构的同时，还可以借鉴日本经验和2008年汶川地震时采取的重视专家作用的做法，设置防灾顾问机制，以便集中各方面专家及技术官员的经验与智慧，无灾时提供避防各种灾害的咨询建议，灾时提供救灾与灾后重建的咨询建议。在中央层级解决了统一管理机构与咨询机构的条件下，地方也可以照此设置。③强化科技、信息资源共享。在职责法定、统一指挥的条件下，还需要有灾害科技与信息资源共享的平台和便捷沟通的途径。特别是在重大灾害面前，往往会造成原有的通信渠道中断，对灾区灾情的信息搜集与及时发布就显得异常重要；遭灾地区与遭灾单位乃至个人对灾后救援的需求信息是否准确与及时，往往直接影响着救援的效果，因此，必须改变相互分割、信息阻塞的现状，强化防灾减灾科技、信息资源的共享。④强化分级负责制。中国是一个幅员辽阔、人口众多的大国，各地灾种结构不一，致灾因素复杂，不可能总是由中央政府扮演直接出面的灾害管理者，更不能总是由中央领导人担当救灾抢险的总指挥，应当明确中央与地方在灾害管理中的职责划分，选择分级负责制并由地方政府担当起防灾减灾的主要责任，无疑是理性的选择。因为地方政府更全面了解本地区的实际情况及灾害发生规律，从而更应当承担起防灾减灾的主要责任。因此，在推进国家综合防灾减灾战略中，应当确立并强化中央与地方的分级负责制，切实贯彻强化基层、强化企业、强化地方政府管理职责的原则。

第三，加强灾情监测、预报与灾害信息传导。防灾减灾最重要的条件是了解灾情的时空分布，掌握灾害发生、发展的客观规律，并能够对灾害问题进行及时有效的处置。在中国以往发生的一些重大灾害中，由于灾情监测与信息传递的不及时，往往酿成不良的后果，有时是直接放大灾害的损害后果，这就要求必须加强灾情的监测、预测与灾害信息传导工作。在这方面，有必要在统筹规划的条件下，尽快完善灾情监测网络的合理布局与资源共享，尽快覆盖到全国范围；同时，努力提高对气象灾害、地质灾害、海洋灾害等的预报水平，为减少灾害损害后果赢得时机。还需要采取最先进的科技来装备灾害信息系统，如遥感技术在灾害监测中的应用就具有广阔前景。

第四，完善防灾减灾法制，制定各种相关技术标准，为防灾减灾提供具体的实践依据。从我国防灾减灾法制建设的现实出发，在进一步修订完善《防震减灾法》、《防洪法》、《安全生产法》、多部《污染防治法》等与灾害直接相关的法律，以及《建筑法》、《水利法》、《城乡规划法》、《教育法》等与人的生命安全与健康相关法律的同时，还应当抓紧制定《紧急状态法》、《救灾法》、《住宅法》等新的法律，通过法律明确规范各机构与组织乃至领导干部的灾害管理职责、任务，同时将灾时应急问责制真正转变为常态化的制度问责制。例如，如果能够在《建筑法》中明确学校、医院为公民避难场所，则其建筑标准必定要高于一般建筑物；如果通过制定《住宅法》并明确住宅建筑中的防灾与消防设施，则灾害及其损害后果必定能够获得有效的控制。同时，还需要制定、完善各类防灾减灾的技术标准，如房屋建筑物的抗震标准、水利设施的防洪标准、公共场所的消防标准等等，这些技术标准应当作为约束性条件加以贯彻实施。

第五，确立相应的利益引导机制并树立新型防灾减灾公德。一方面，国家可以通过财政税收及相关利益机制的建立，引导人们自觉地将防灾减灾纳入到生产与生活之中。让安全生产者有利可图，让制造或者放大灾害者加倍受损，并切实奉行谁污染谁负责、谁损害谁赔偿的原则。只有这样，才能促使生产者改变传统的、落后的生产方式及其传导机制，才能更多地考虑兼顾公共利益与长远利益，才能真正将减轻各种灾害事故作为自觉承担的责任。如果合理的利益引导机制得到确立，灾害的发展势头必定会得到有效遏制。另一方面，确立新的防灾减灾公共道德，这就是在经济全球化背景下需要提高企业与个人的公共道德标准，将不转移灾害、不放大灾害作为经济合作的公共道德准则，将减轻灾害或者减轻致灾因素作为自由贸易普遍考虑的优先因素，并掀起企业的社会责任运动，倡导环境保护主义、反对奢侈浪费等。如果能够形成新的防灾减灾公共道德，并在这种公共道德的牵引下形成优良的减灾氛围，必然有利于推进防灾减灾事业，进而取得有效的减灾成果。

第六，加强全球合作减灾，特别是东亚地区的合作减灾。日本"3·11"地震及其引发的核事故，再次揭示了加强防灾减灾领域的国际合作十分必要。在全球合作减灾方面，特别需要形成构建和谐世界、让人类变得更加安全的全球共识。换言之，不仅需要构建和谐社会还需要将主权国的和谐社会延伸至整个世界，这种共识将能够减少乃至消除战争及其他一些类似战争的行为，同时会引导新兴工业化道路成为全球经济发展的共同取向，而跨国公司也不能再简单地将低级或者传统工业向发展中国家转移，而是在走向全球的同时加入新型工业化和减灾的内涵，彻底避免产业转移变成灾害链条转移。同时，构建相应的协商机制与文明对话机制，通过双边、多边协商机制，达到减少甚至消除经济掠夺、灾害扩散，谋求全球共同发展。此外，还需要赋予全球减灾合作新内容、新途径、新方式，其中，全球减灾合作的内容应当包括传统灾害与非传统灾害，在继续重视政府合作的同时，高度重视国际组织尤其是非政府组织之间的合作，因为非政府组织正在成为资源丰厚、技术先进的重要减灾力量；全球减灾合作的方式应当由经济领域扩展到政治、军事、外交，多层次的立体型的全球合作无疑应当成为全球减灾合作的必然取向。还需要指出的是，在全球减灾合作中，发达国家应当承担更直接的、更大的责任。因为尽管灾害问题是全球性问题，人类安全是世界各国的共同责任，但发达国家因其对世界环境的影响重大和具有强大的国力与先进技术，无疑应当且可以承担更大的责任。如果各国能够达成减轻灾害与追求安全世界的高度共识，并采取步调协调的统一行动，当代世界必然会走向安全世界。对中国而言，强化东亚地区的减灾合作已经具有紧迫性。

（作者单位：中国人民大学中国社会保障研究中心）

（选自《华中师范大学学报·人文社会科学版》2011年第5期）

中国的能源发展与应对气候变化

何建坤

自1992年联合国环境发展大会倡导可持续发展20年来，我国在理论和实践方面都积极探索中国特色的可持续发展之路，促进人与自然协调发展，并已取得了显著成效。但由于中国底子薄、资源禀赋差、生态环境脆弱，又处于工业化和城市化快速发展阶段，实现经济社会与资源环境的协调和可持续发展面临严峻的挑战和艰巨的任务。另一方面，在当前全球应对气候变化形势下，我国也面临节约能源、优化能源结构、减缓碳排放的压力和挑战。因此，我国需要把国内可持续发展与全球应对气候变化密切结合，走出中国特色的以绿色、低碳为重要特征的可持续发展道路。

1. 中国能源发展与应对气候变化面临的形势与挑战

1.1 中国节能和减缓 CO_2 排放的形势与挑战

我国坚持节约资源、保护环境的基本国策，努力建设资源节约型、环境友好型社会，把节能放在能源战略中的首位，并取得了显著成效。从1990—2010年，我国GDP年均增长率为10.45%，能源消费年均增长率为6.14%，以0.59的能源消费弹性，支撑了经济社会的持续快速发展。在这20年期间内，单位GDP的 CO_2 强度下降了57%，同期发达国家下降幅度平均不到30%，世界平均也只有15%左右，我国在节能和减缓 CO_2 排放方面所取得的成效世界瞩目。

但是，我国基本国情和发展阶段的特征，使我国在应对气候变化领域面临比发达国家更严峻的挑战。我国处于工业化、城市化快速发展阶段，由于GDP较快增长，能源消费和 CO_2 排放呈现总量大、增长快的趋势。1990—2010年，GDP增长7.3倍，CO_2 排放总量也增长3.1倍，成为世界第一排放大国。能源消费量由1990年9.87亿tce增加到2010年32.5亿tce，增长3.3倍。人均 CO_2 排放量1990年约为世界平均水平的一半，目前已经超过世界平均水平，每年 CO_2 排放增长量占世界增长量的一半以上。控制能源需求和 CO_2 排放总量较快上升的趋势仍是艰巨任务。

我国能源领域技术进步显著，能效快速提高，主要高耗能产品能源单耗每年以1.5%—2.5%的速度下降，供电煤耗近10年下降50 gce/kWh，2010年平均供电煤耗已下降到335 gce/kWh，超过美国的平均水平进入世界先进行列。但近年来重化工业和高能耗产业的快速发展，抵消或减缓了技术进步导致的GDP能耗强度下降的趋势。这也是“十五”期间GDP能源强度上升的主要原因。“十一五”期间，我国加大了节能降耗的工作力度，2006—2010 年淘汰落后炼铁产能 1.1 亿 t，炼钢产能 6800 万 t，水泥产能 3.3 亿 t，淘汰小火电机组 7200 多万 kW。同时努力调整产业结构，促进产业升级，扭转了“十五”期间 GDP 能源强度上升趋势，并取得了下降 19.1% 的显著成效。

我国可再生能源、核能发展迅速，比重持续增加，但相当长时间内仍不能满足新增能源需求，煤炭等化石能源消费量仍会持续增长。从 2005—2010 年，新能源和可再生能源供应量增长 60%，占一次能源比重由 6.8% 上升到 8.3%，可再生能源年均增长速度和增长量均居世界前列。但同期煤炭消费量仍增长了 8.9 亿 t，增幅达 38%，导致 CO_2 排放总量的增长。今后相当长时期内，煤炭等化石能源的消费量仍会持续有所上升。我国以煤炭为主的一次能源构成短期内不会有根本性转变。我国特有的资源禀赋，使单位能源消费的 CO_2 排放比发达国家高出 1/4 左右，优化能源结构仍是一项长期的战略任务。

1.2 全球应对气候变化目标和形势对中国的影响与挑战

自 1992 年通过《联合国气候变化框架公约》以来，世界开始了应对气候变化的进程。尽管气候变化在科学上仍有某些争议，在应对气候变化责任和义务的分担上发达国家和发展中国家也存在尖锐的矛盾和斗争，但全球合作减缓温室气体排放，保护全球气候也已成为广泛共识，包括发展中大国在内世界主要国家也都开展了实质性的减缓行动。

2009 年底哥本哈根气候大会就未来控制全球温升不超过 2℃达成共识，这意味着未来将极大压缩全球的温室气体排放空间。欧盟等发达国家进一步提出，到 2050 年全球温室气体排放比 1990 年至少减少 50%，其中发达国家减排 80% 的长期减排目标。当前发达国家和发展中国家的温室气体排放量大体相当，而发达国家的人口仅占全球的 20%。到 2050 年即使发达国家减排 80%，实现全球减排 50% 的目标，发展中国家总体上也要减排 20%。减缓温室气体排放主要是减缓化石能源消费的 CO_2 排放，发展中国家未来现代化进程中能源消费的 CO_2 排放到 2050 年的需求将达到 1990 年的 3—4 倍，未来全球长期减排目标与发展中国家的发展需求将形成尖锐的矛盾，从而将严重制约发展中国家未来的发展空间。

1990 年全球与能源相关的 CO_2 排放量为 210 亿 t，如 2050 年至少减半，届时全球允许排放量只有 100 亿 t，而届时世界人口将达 90—100 亿人，人均年排放量只有 1t 多，照此测算我国届时需比目前减排 2/3 以上。我国 2010 年 CO_2 总排放量已超过 70 亿 t，人均超过 5t，到 2020 年或将达到 100 亿 t 左右，其后仍将有缓慢上升。即使 2030 年后排放达到峰值，到 2050 年实际排放需求仍将远高于全球减排目标下的人均排放水平。因此碳排放空间的短缺会成为我国未来经济社会持续发展最主要的制约因素之一。因此，我国向低碳发展转型将面临长期艰巨的任务。

1.3 全球应对气候变化进程对经济、贸易等领域的影响与挑战

应对气候变化进程中将引发新的经济和贸易的竞争和争端，对我国经济发展和进出口贸易将带来新的挑战。碳关税将成为发达国家向发展中国家施加减排压力的单边贸易措施，法国、意大利等欧盟国家正在积极推动对于环保立法不如欧盟严格的国家征收碳关税。碳关税将对我国出口贸易产生较大影响，据测算，如对我国出口欧美的产品征收 35—60 美元 /t CO_2 的关税，则相应关税总水平将提高 2.5—4.4 个百分点。这对我国低增加值、高能耗的制造业产品的出口将造成重要影响，但也可能成为

我国改变出口产品结构，提升出口产品的价值链的动力和机遇。

欧盟已通过指令立法程序，决定自2012年1月1日起正式将在欧盟境内起降的所有国家航班的排放都纳入欧盟的碳交易系统(EU-ETS)，规定2012年和2013年的总排放额度要比2004—2006年排放平均水平分别减少3%和5%，其中82%为免费发放额度，15%为拍卖额度，3%为预留给发展快或新进入的公司。对各相关航空公司的分配配额则以2010基准年运输量水平作为依据，不足部分需在欧盟碳市场上购买。欧盟的做法显然违背了《气候变化框架公约》中“共同但有区别的责任”原则，其实施对我国快速发展的国际航空业务带来经济上的影响和损失可能会大于规模基本稳定的发达国家。

发达国家通过征收“碳关税”、设置“绿色贸易壁垒”等单边措施，以及强行推进国际航空、航海等部门的减排，在向发展中国家施加减排压力的同时，也存在以此打压新兴发展中大国在国际贸易中日益上升的竞争力，锁定或扩大与发展中国家差距的战略意图。而对其在《公约》下向发展中国家应对气候变化提供资金、转让技术，帮助进行能力建设的义务，尽管在《哥本哈根协议》中有所承诺，但至今仍无实质性进展，即使向发展中国家商业性的高技术出口也存在诸多管制和障碍。

1.4 全球低碳发展潮流对我国国际竞争力的影响与挑战

实现全球控制温升不超过2℃的目标，世界各国都将面临排放空间不足的挑战。经济发展不断增长的能源需求与减少CO_2排放形成尖锐矛盾，发展低碳经济成为全球在可持续发展框架下应对气候变化的必然选择。低碳经济的概念由英国政府在2003年的能源白皮书中首次提出，并很快被世界各国所认同。低碳经济的内涵是以低自然资源消耗、低排放、低污染，实现高的碳生产率，从而达到高的经济社会发展水平以及高的生活水平和生活质量的一种经济发展模式。其核心内容是：发展低碳能源技术，提高能源效率，改善能源结构，转变经济增长方式，建立低碳经济发展模式和低碳社会消费模式，长远实现温室气体近零排放，实现经济社会与资源环境的协调和可持续发展。低碳经济的发展模式被认为是人类社会由工业文明向生态文明过渡的根本性战略选择，是协调物质文明和生态文明的关键结合点，低碳将成为生态文明的重要标志。

在可持续发展框架下应对气候变化，发展低碳经济，关键在于提高碳生产率，即提高单位碳排放所产出的经济效益。碳生产率被定义为GDP与碳排放量的比值。在未来全球碳排放空间严重制约的情况下，碳排放空间将成为比劳动力、资本、土地等自然资源更为紧缺的生产要素。协调发展和减排矛盾的出路在于大幅度提高碳生产率，也就是大幅度降低GDP的碳强度（碳生产率与GDP的碳强度互为倒数）。到2050年，全球GDP将达目前的4—5倍，如按欧盟等发达国家倡导的碳排放减半目标测算，届时的碳生产率要比目前提高8—10倍，也就是GDP的碳强度要下降90%左右，这将大大超过工业革命以来劳动生产率提高的速度。我国未来保持经济社会持续、稳定、较快发展，到2050年我国的GDP将达目前的10倍左右，而CO_2排放则需减少2/3，碳生产率需提高30倍，这对我国而言更是巨大的挑战。

全球低碳经济的发展趋势将引发世界范围内经济社会发展方式的重大变革，从而影响国际经济技术竞争格局的变动。低碳将成为一个国家核心竞争力的体现。夺取低碳技术的竞争优势和制高点，也是大国参与气候变化领域博弈的重要动因和战略目标。发达国家也旨在凭借自身在能效和新能源领域的技术优势，向发展中国家扩展市场，扩充新的经济增长点，增强其经济活力。因此，我国要加强技术创新，发展低碳战略性新兴产业，打造低碳核心竞争能力，实现跨越式发展。

总之，我国当前面临对外争取发展空间，对内实现低碳发展的双重艰巨任务，需要统筹国际国内两个大局。对外坚持《气候变化框架公约》的原则，努力争取合理的排放空间和公平发展的权利。人均累积 CO_2 排放体现了一个国家的历史责任，也反映了一个国家利用全球有限大气空间为自身现代化建设和社会财富积累所做的累积贡献；从1860—2005年，中国人均累积 CO_2 排放不及发达国家平均水平的1/10，不及美国的1/20。我国坚持人均累积排放所体现的公平理念，在国际谈判中维护我国及广大发展中国家的合理权益。同时，我国也努力推进全球合作行动的进程，发挥积极的、建设性的作用，展现负责任大国形象。在国内要努力转变经济发展方式和社会消费方式，实现低碳发展，促进保护全球气候与国内可持续发展的双赢。

2. 中国节能和减缓CO_2排放、实现低碳发展的目标和途径

2.1 中国中近期减缓 CO_2 排放的目标

在哥本哈根大会前夕，我国提出了到2020年单位GDP的 CO_2 排放比2005年下降40%—45%的自主减排目标，这是我国统筹国内节能减排、促进可持续发展与全球应对气候变化、减缓碳排放国内国际两个大局的战略选择，也是我国当前应对气候变化，实现低碳发展的重要目标和着力点。

我国在提出单位GDP的 CO_2 强度下降目标的同时，还提出到2020年非化石能源在一次能源构成中的比重由2005年的6.8%上升到15%的目标。实现上述目标，2020年单位能源消费的 CO_2 排放因子可比2005年降低10%以上。在此条件下，GDP能源强度只要下降约40%，即可使GDP的碳强度下降45%。

“十一五”期间，我国提出单位GDP的能源强度下降20%左右的目标，这是实现2020年自主减排目标的第一个阶段性目标。到2010年底，单位GDP的能源强度比2005年已下降19.1%，非化石能源比重由6.8%上升到8.3%，相应GDP的 CO_2 强度下降约21%。“十二五”期间，我国又提出单位GDP的能源强度下降16%，单位GDP的 CO_2 强度下降17%的目标。在“十二五”末实现上述目标后，“十三五”期间只要GDP的 CO_2 强度再下降15%—16%，即可实现2020年单位GDP的 CO_2 强度比2005年下降45%，达到我国自主减排目标的上限。

我国“十二五”期间GDP能源强度下降16%的目标，虽然低于“十一五”期间所实现的19.1%的下降幅度，但其实现的难度将大于“十一五”期间。一方面，由于GDP的快速增长，总量增大，实现GDP能源强度每下降一个百分点所需要的节能量增大。“十二五”期间，GDP能源强度下降16%，所需形成的节能能力要达7—8亿tce，大于“十一五”期间GDP能源强度下降19.1%所形成的6.3亿tce的节能能力。另一方面，随着淘汰落后产能，推广先进节能技术的进展，技术节能难度加大，形成单位节能能力的资金和技术投入都将大于“十一五”期间。据麦肯锡测算，“十二五”期间的节能技术推广，依靠项目本身收益不能收回投资的资金投入也要由“十一五”期间的20%上升到“十二五”期间的40%。发达国家的发展历程都表明，在其工业化阶段GDP的能源强度都呈上升趋势，即使完成工业化阶段较晚的日本和韩国也都呈现了相同规律。日本1960—1974年GDP的能源强度上升23%，韩国1971—1998年上升45%。我国在工业化阶段大幅度降低

GDP 的能源强度和碳强度，体现了我国转变经济发展方式，实现低碳发展的决心和成效。

2.2 降低 GDP 能源强度和碳强度，实现自主减排目标的主要途径

与发达国家相比，我国 GDP 能源强度和碳强度都比较高。2010 年我国 GDP 数量约占全球的 9.5%，一次能源总消费量则约占全球的 19%，单位 GDP 的能源强度约为世界平均水平的 2 倍。2010 年我国 GDP 总量与日本相当，但能源消费量则为日本的 4.5 倍；该年我国能源消费总量与美国相当，但 GDP 总量却约为美国的 40%。由于我国能源结构中煤炭的比重大，所以 GDP 的 CO_2 强度与发达国家的差距比能源强度更大。我国 GDP 能源强度高，除能源转换和利用效率仍低于发达国家的技术因素外，我国当前发展阶段特有的第二产业特别是高耗能产业比重高、制造业产品价值链低等结构性因素所起的作用更为主要，这一方面说明我国在提高能源利用及相应碳排放的经济产出效益方面具有较大潜力，但也表明我国的 GDP 能源强度与 CO_2 强度要赶上发达国家的水平也需要在相当长的历史时期内不懈努力。这与我国缩小同发达国家发展水平差距一样，是一项长期而艰巨的任务。

促进 GDP 的 CO_2 强度下降的因素包括节能所导致的 GDP 能源强度下降和能源结构优化导致能源构成中含碳率下降两方面的因素。其中节能又可分为导致能源效率提高的技术节能和由于产业结构调整和升级以及消费结构变化所引起的结构节能。核心是努力建立以低碳排放为特征的产业体系和消费方式，当前应进一步加强的主要措施有：

(1) 努力进行产业结构的战略性调整，促进结构节能。据测算，在 GDP 构成中，第二产业比重每下降一个百分点，相应第三产业比重增加一个百分点，引起 GDP 能源强度的下降可超过一个百分点。因此，要下大力度调整产业结构，优先发展高新技术产业和现代服务业，发展战略性新兴产业，限制高耗能产品产能的扩张，限制“两高一资”型产品的出口，降低高耗能产业在国民经济中的比重。同时进行传统产业的技术升级，促使产品向价值链高端发展，提高产品的增加值率，实现传统产业的低碳化发展。我国当前第二产业比重已达到或超过发达国家工业化阶段的上限峰值，钢铁和水泥产量也分别约占全球的 45% 和 55%，冰箱、彩电、空调等家用电器的产量也超过世界总产量的一半以上，存在调整产业结构的潜力和条件。在“十二五”及其以后，结构节能要逐渐发挥越来越大的作用。

(2) 继续大力推进技术节能，提高能源转换和利用效率。我国实施节能优先战略，近年来通过上大压小，推广先进节能技术，使高耗能产品的能源单耗持续下降，例如 2010 年与 2005 年相比，火电供电煤耗由 370 gce/kWh 下降到 335gce/kWh，降低 9.5%，炼钢综合能耗下降 12.8%，水泥综合能耗下降 24.6%，我国能源转换和利用效率与发达国家的差距正在显著缩小。要继续加大力度，争取“十二五”以后，新增主要耗能设备能效指标达到国际先进水平，部分通用设备如汽车、电动机、家用电器等达到国际领先水平，继续发挥以提高能效为核心的技术节能的主导性作用。

(3) 大力发展新能源和可再生能源，优化能源结构。提高核能、水电、风电、太阳能等新能源和可再生能源在一次能源构成中的比重，可在保障能源供应的同时，减少 CO_2 排放。实现到 2020 年非化石能源比重达 15% 的目标，需要有比较完善的新能源产业体系作为支撑。届时新能源和可再生能源供应量将达约 7 亿 tce，约为 2005 年的 4—5 倍，年均增长率需 10% 以上。届时核电装机需超过 7000 万

Kw，水电3亿Kw，风电1.5亿Kw，太阳能发电和生物质燃料都需要较大发展。我国在“十一五”期间已采取了强有力的扶植和激励可再生能源发展的政策和措施，例如对风电装机和太阳能发电装机分别给予600元/kW和20元/Wp的补贴，实行上网电价优惠等。同时及时修改“可再生能源法”，为新能源企业的发展提供了良好的制度环境、政策环境和市场环境。日本福岛核事故近期对世界核电发展会产生一定影响，但更重要的是会促使各国吸取教训，提高核安全标准，健全核安全监管和应急机制，加快研发第四代先进堆型，促进核电产业更加安全的健康发展。1990—2005年对促使单位GDP的CO_2强度下降的因素中，能源结构优化的贡献率约6%，而从2005—2020年期间，能源结构优化对实现GDP的CO_2强度下降40%—45%目标的贡献率将达20%左右。以可再生能源和核能逐渐替代煤炭等化石能源，是我国减缓CO_2排放的长期战略选择。

(4)引导公众消费行为，建立低碳社会消费方式。公众消费理念和消费方式是对企业生产行为的导向，也是实现向低碳发展方式转变的社会基础。因此，要把低碳型消费作为一种社会公德，引导、规范和制约社会公众的消费行为。倡导健康文明和适度的消费方式，提倡企、事业单位和个人积极参与，自觉行动。与低碳产业体系一样，低碳消费方式也将是未来构建低碳社会的重要组成部分。

建设以低碳排放为特征的产业体系和消费方式，是一项十分迫切而又需要长期坚持的艰巨任务，需要以观念创新、制度创新和技术创新为支撑，从而促进我国发展方式的根本性转变。

3. 中国应对气候变化低碳发展路径下的长期能源战略选择

我国当前能源发展既受到国内资源供应能力和环境容量越来越强化的制约，也受到全球应对气候变化越来越严峻的挑战。碳排放空间的不足将成为我国长期现代化进程中的刚性约束。因此我国能源战略的中近期重点在于突破资源环境的瓶颈性制约，实现能源、环境与经济社会的协调和可持续发展，长期则必须发展并逐步形成以新能源和可再生能源为主体的可持续能源体系，使CO_2排放达峰值并逐渐绝对减排，到本世纪末达到近零排放，以适应全球应对气候变化长期减排目标下世界低碳发展的趋势和潮流。为此我国长期能源战略需要突出如下几个方面。

3.1 强化节能优先，引导需求，合理控制能源消费总量

在全球应对气候变化大背景下，中国已不可能再沿袭发达国家达到以高能源消费为支撑的现代化道路，必须走出以科技创新为支撑的资源节约型的工业化和现代化道路。因此，中国实现现代化的人均能源消费，应该也必须显著低于当前发达国家的水平。所以长期能源战略的指导思想，要从传统的单纯保障能源供给的思路，转变到同时调控需求，要以能源消费总量控制的目标促进发展方式的转变，促进能效技术和新能源技术的创新。中国工程院在《中国能源中长期发展战略研究》重大咨询项目报告中，提出了中国未来基于科学产能和用能的能源需求总量的控制目标，2020、2030和2050年分别约为40亿tce、45亿tce和55亿tce，这就意味着从2010—2020年，2020—2030年，2030—2050年的能源消费平均增长速度分别约为2.1%，1.2%和1.0%。到2050年的人均能源消费将控制在约3.8 tce，远低于2010年OECD国家平均约6.7 tce，日本约5.6 tce，美国约10.7 tce的水平。当然，该目标不是预测未来可能的能源需求量，而是在考虑国内能源科学产能的潜力、合理的能源进口规模、以

及全球应对气候变化等因素下提出的一种低碳发展的情景构想，是提出了一个非常艰巨而又很有意义的战略目标。实现这一目标即意味着未来能源消费对GDP的弹性要长期持续远小于0.5，才能支撑国民经济社会持续较快和健康的发展。从当前发展趋势看，我国2015年能源消费量即将突破40亿tce，2020年即有可能达到50亿tce，2030年就有可能突破60亿tce，这将不仅使国内资源环境制约日趋强化，而且在全球应对气候变化国际合作行动中也将受到越来越大的压力，这更突显了加快转变经济发展方式、引导和调节能源需求、控制能源消费总量的重大意义。

3.2 加快能源结构的低碳化，逐步建立并形成以新能源和可再生能源为主体的可持续能源体系

到本世纪末全球实现近零排放，除要努力形成资源节约型的发展方式外，核心是要建立以新能源和可再生能源为主体的能源结构，实现能源结构的低碳化。我国2020年新能源和可再生能源的比重可达15%，其年供应量将达7亿tce左右，超过英国和德国并相当于日本2010年能源消费总量，成为有效抵消化石能源增长的替代能源。到2030年，可再生能源和核能的比重将达20%—25%，年供应量将超过10亿tce，将成为与煤炭、石油和天然气等化石能源相并列的在役主力能源，并可望使煤炭消费达到峰值，峰值需求量争取控制在35—40亿t之内，使其生产量控制与资源环境相协调在科学产能的范围内。到2050年，新能源和可再生能源的比重争取达到1/3左右，煤炭的比重下降到40%以下，单位能源消费的CO_2排放因子可比2005年下降1/3以上，为本世纪下半叶建成以新能源和可再生能源为主体的可持续能源体系奠定坚实的基础。

未来非化石能源比重增加的快慢，也与能源需求总量增长的快慢密切相关，如果未来能源需求总量得到有效控制，在新能源和可再生能源快速发展的形势下，化石能源增长速度就会相对缓慢，能源结构就能够得到迅速优化。所以，控制能源需求总量也可同时起到促进能源结构优化的效果。

3.3 确立CO_2排放峰值目标，强化CO_2减排

去年底联合国气候大会通过的《坎昆协议》，明确提出将在今年底南非德班气候大会上讨论全球长期减排目标和全球及国别的排放峰值问题，欧盟等发达国家以及小岛屿国家都在倡导全球排放2015—2025年达到峰值，2050年碳排放比1990年减少50%—80%。中国作为最大发展中国家，2010年能源消费的CO_2排放约占全球的23%，而当前每年新增的CO_2排放也占全球增量的一半以上。中国碳排放达到峰值的时间将对全球碳排放的峰值年份有决定性的影响。

我国当前制定2020年的CO_2自主减排目标，密切结合国内可持续发展的内在需求，以国内节能减排目标为主要出发点。从长远看，需要从全球长期减排目标的约束出发，制定积极的长期能源战略，强化减缓CO_2排放的战略目标。到2020年以后，随着我国工业化的基本实现，经济趋于内涵式增长，GDP增速将明显放缓，能源转换效率和利用效率以及技术水平总体上可达当时国际先进水平，能源消费的年增长速度可望下降到与目前发达国家相当，约2%—3%左右。届时可再生能源、核能等低碳能源技术已有较完整的工业基础和产业规模，争取尽快实现新增能源需求主要依靠发展可再生能源和核能满足，相应CO_2排放趋于稳定。因此，2020年前后，我国在实施降低GDP的CO_2强度目标的同时，可考虑实行CO_2排放总量控制目标，争取2030年前后CO_2排放达到峰值，峰值年份的CO_2排放

总量争取控制在100亿t上下，人均约7 t左右，远低于发达国家2005年人均11t的水平。2030年之后进一步优化能源结构，进一步应用煤炭利用的低碳清洁化技术，包括CO_2捕集和封存技术(CCS)，可使CO_2排放逐渐呈下降趋势，争取2050年的排放量比峰值年有显著下降，实现经济增长与CO_2排放脱钩。当然，未来CO_2排放的增长速度及到达峰值的时间和峰值排放量在很大程度上将取决于我国的战略目标和即将采取的政策和措施。如果参照发达国家的现代化过程的规律，按照我国经济社会发展的基准情景分析，到2050年也难以达到峰值。但如果确立一个紧迫的减排目标，加大经济转型和先进技术发展的力度，可使未来的发展轨迹尽快与基准情景相偏离，长期坚持会使其结果截然不同。国内相关研究也表明，我国2030—2035年实现CO_2排放达峰值的目标在技术支撑上是有可能的，关键需要克服先进技术实施推广过程中体制、政策、资金、市场、人才等方面的障碍。

3.4 加强先进能源技术的研发和产业化，抢占技术制高点，打造低碳竞争能力

实现低碳发展，需要先进能源技术创新作为支撑。先进能源技术的发展和产业化的周期长，投资大，往往需要几十年时间才能形成完备的工业体系，技术成熟且成本上具有竞争力。而且能源基础设施建成后，其寿命长达30—50年，具有“技术锁定”效应。在当前和今后能源需求较快增长的情景下，当前加强先进低碳能源技术研发力度和产业化步伐，可避免传统高碳技术的无节制的扩张和高排放的特征的长期存在。因此，需要制定支撑低碳发展的长期能源技术创新战略，以前瞻性眼光进行超前部署。IPCC于今年5月发布《可再生能源与减缓气候变化特别报告》，提出全球具有支持可再生能源发展规模不受限制的技术潜力，并在不断降低其供应成本。世界自然基金会(WWF)近期也发布报告称，到2050年可再生能源可以满足世界100%能源需求，而且经济上是可行的。未来在应对气候变化日益紧迫的进程中，可再生能源发展速度和规模或许会大大超出当前的判断和想象，因此更需要关注世界新能源技术创新的趋势。先进能源技术越来越成为国际先进技术发展的前沿和技术竞争的热点领域，掌握先进低碳技术是国家核心竞争力的体现。在低碳技术领域夺取竞争优势，也是我国在世界范围内和平崛起，由经济大国转变为经济强国的重要机遇。

能效技术和新能源技术的发展可以有效地节约能源，改善能源结构，促进CO_2减排。但从目前趋势看，仅靠这两种技术的发展还不能完全支撑全球CO_2长期减排目标的实现。因此，与煤炭等化石能源利用相结合的CO_2捕集与埋存技术(CCS)已成为大国研发的重点领域。这种技术目前由于成本高、能源利用效率低而尚处于研发和示范阶段。我国如争取到2030年前后实现CO_2排放达到峰值并开始下降，也必须考虑引进CCS技术。我国即使施行强化的节能和能源替代的政策和措施，到2050年煤炭在一次能源中比重仍难以低于1/3，如适应全球控制温升2℃目标的要求，CCS技术将成为进一步大幅减排CO_2的重要备选方案。届时有条件的燃煤电站和重要的煤化工生产基本上都需要使用CCS技术，需要捕集和埋存的CO_2年规模有可能达到20亿t上下，安装CCS技术的燃煤电站可能达到约5亿Kw，这样才有可能使届时的CO_2排放量能显著回落并低于2005年的排放水平。所以，我国当前必须重视CCS技术的研发，同时由于燃烧前捕集CO_2的IGCC发电技术具有CO_2捕集成本低、能效高的优势，所以也要加强IGCC及多联产等清洁高效煤发电技术的研发和产业化。当前我国在

CCS技术的研发方面与发达国家同步开展，总体上处于世界先进水平，该技术对我国打造未来低碳竞争力具有重要影响，要争取形成具有自主知识产权的核心技术和产业，在未来全球范围内大规模应用中占据技术优势。

总之，在全球应对气候变化背景下，我国长期能源战略必须考虑全球应对气候变化长期减排目标的制约，必须适应全球低碳发展的趋势和潮流，以全球的视野和前瞻性的布局，实现以可持续的能源发展支撑经济社会的可持续发展与保护全球气候目标的实现。

4. “十二五”期间低碳发展主要任务和措施

本世纪第一个十年，我国抓住和平发展和经济全球化的机遇期，经济发展取得了显著成效。2000—2010年，GDP年均增长率为10.5%,GDP总量也由世界第6位跃升为第2位，占世界GDP的比例由3.8%上升到9.5%左右。以当年现价美元计算的人均GDP，由于经济的快速增长，人民币增值以及物价指数等原因，由2000年946美元上升到4380美元，由中低收入国家向中高收入国家过渡。但另一方面，在经济快速发展的同时，也付出了较大的资源和环境的代价。能源消费同期增长120%，而全球增长只有约20%，能源消费的CO_2排放占全球比例相应由12.9%提高到约23%。当前我国能源消费量的快速增长，对国内资源保障、环境容量和能源安全也带来越来越大的压力。2010年我国石油的对外依存度已超过55%，煤炭也成为净进口国，原煤产量达32.4亿t，已超出煤炭行业科学产能的供应能力，进一步扩大产能将对生态环境和生产安全带来严峻的挑战。当前这种资源依赖型、粗放的发展方式已难以为继。“十二五”期间除继续延续“十一五”期间促进节能减排的政策措施外，将进一步在几个方面采取重大举措。

4.1 努力改变投资依赖型和出口导向型的经济增长方式，促进产业结构的战略性调整

“十二五”规划的指导思想中明确指出，要以科学发展为主题，以加快转变经济发展方式为主线，并把经济结构的战略性调整作为加快转变经济发展方式的主攻方向，把建设资源节约型、环境友好型社会作为加快转变经济发展方式的重要着力点。发展方式的转变要改变当前经济增长过多地依赖于投资和出口的驱动，扩大最终消费对经济增长的驱动作用。据世界银行报告，2008年我国资本形成占GDP比重为43%，而世界平均水平仅为22%，即使投资率较高的中等收入国家水平也只有30%。而家庭最终消费占GDP的比重，我国只有37%，而世界平均水平为61%，中等收入国家也达50%。投资的比重大、增长快，刺激了基础设施的建设和产能的扩张，从而加大了对钢铁、水泥等高耗能投资品的需求，使高耗能产业在GDP中的比重快速上升或居高不下，不利于产业结构的调整。我国出口占GDP的比重，2000年为20.1%，2008年上升到32%，为生产出口产品在国内消费的能源约占全国总能耗的1/4，我国出口产品主要是制造业的中低端产品，能耗高、增加值低，出口额的高速增长，也是促使制造业在GDP中比例增加和居高不下的重要因素。

改变以投资和出口为主要驱动力的经济增长方式，提高最终消费对经济增长的拉动作用，有利于降低对钢铁、水泥等高耗能投资品需求的增长，促进产业结构的调整和GDP能源强度的下降。利用投入产出模型计算的结果表明，投资占GDP中的比重下降一个百分点，相应消费增加一个百分点，GDP能源强度可下降约0.45个百分点。“十二五”期间，我国将努力使居民收入增长与经济发展同步，劳动报酬增长与劳动生产率提高同步，建立扩大消费需

求的长效机制，并通过深化收入分配制度改革、健全社会保障体系，扩大就业，提高中低收入居民的消费能力。这也将有助于提升最终消费对GDP增长的拉动作用，促进产业结构的调整和经济发展方式的转变。

4.2 合理控制能源消费总量，限制能源消费与CO_2排放的过快增长

“十二五”规划中，除继续坚持制定GDP能源强度下降目标外，还首次制定了单位GDP的CO_2强度下降17%的约束性目标，同时还提出合理控制能源消费总量的设想，这是比实施GDP能源强度下降目标更为强有力的措施。“十二五”末的能源需求总量的数值，一个方面将取决于GDP能源强度下降的幅度，另一个方面也取决于GDP的年均增速。实施能源消费总量控制的目标，就需要把两者统筹协调，在实现较大幅度GDP能源强度下降目标的同时，合理控制GDP年均增速，把盲目追求GDP增长的数量转变到更加注重经济增长的质量和效益上来，从而抑制能源消费总量的过快增长。

“十二五”规划中，中央把GDP年均增长的预期定在7%这一适度较快的水平上，比“十一五”期间实际增速下调了4个百分点，体现了“十二五”期间努力转变发展方式，注重经济社会与资源环境相协调的决心和部署。如果“十二五”期间GDP年均增速控制在8%以下，在实现GDP能源强度下降16%目标的情况下，2015年能源消费总量可控制在40亿tce以内，经过能源供应部门的努力，尚可实现较好的供需平衡。但从各省市“十二五”规划来看，GDP年均增速的预期几乎无一省市定在8%以下，按各省市预期增速加权平均后全国将达到约10%。按GDP年均10%的增速测算，即使实现GDP能源强度下降16%的目标，到2015年能源需求总量即将达到43.7亿tce，这将使能源供应和环境保护的制约更加的强化，同时也给实现“十二五”规划中新能源和可再生能源等非化石能源的比重由8.3%提高到11.4%的约束性目标带来更大困难。即使实现非化石能源比例的既定目标，届时化石能源消费量也将有更大增长，相应的CO_2排放量也将超过90亿t，在应对气候变化、减缓碳排放领域也将面临更大的压力。

从全国而言，“十二五”期间在实现GDP能源强度下降16%目标的前提下，GDP年均增速预期每提高一个百分点，期末能源需求总量将增加近2亿t标准煤。适当调低GDP增速预期，将其控制在7%—8%合理不太高的水平上，不仅有利于控制能源需求总量的过快增长，而且也有利于降低投资的增长规模，降低对高耗能投资品需求的增长，更有效地促进产业结构调整，从而更为有助于实现GDP能源强度下降的目标。所以“十二五”期间，合理控制能源消费总量，将是促进发展方式转变更为强力的措施和抓手。

4.3 建立碳排放统计、核算和考核体系，加强应对气候变化的能力建设

“十二五”期间国家发改委在5省8市开展了低碳建设的试点，试点省市已制定了低碳发展的行动方案，明确了应对气候变化、向低碳经济转型的目标、措施、重点领域和主要任务，试点工作将对全国的低碳发展起到积极的引领和示范作用。

发展低碳经济，需要克服现行体制和观念的障碍，需要有良好的政策环境和支撑条件，需要政府的引导和全社会的积极参与。因此，要加强建立和健全法律、法规和政策保障体系，建立激励机制。“十二五”期间，要通过开展低碳城市建设试点工作，建立碳排放统计、核算和考核体系，改善减排信息的披露方式，做到公开透明。以当前节能减排的政策体系为基础，完善促进低碳发展的财税金融等政策体系，完

善能源产品价格形成机制和资源、环境税费制度，建立地方和行业低碳发展的评估指标体系。“十二五”期间要把GDP的CO_2强度下降目标分解到各省市和行业，并进行严格的考核和问责。积极推进发展低碳经济、应对气候变化的立法，为我国实现低碳发展的长期目标提供法律保障。

4.4 发挥市场机制作用，积极推进碳交易市场的建设

碳交易市场是促进温室气体减排，降低全社会减排成本的重要机制和手段。碳排放交易市场的价格信号，将企业CO_2排放的社会成本内部化，有利于激励企业进行技术创新，发展先进低碳技术，并将引导投资对行业和项目的选择，促进低碳新兴产业的发展。

碳市场的建立需要以地区和企业碳排放的统计、监测和核算体系为基础，碳市场的建立则会极大地促进该体系的形成和完善。这是在全球应对气候变化形势下参与国际经济、金融、贸易和技术竞争的能力建设，也是我国实施绿色、低碳发展战略的重要的制度建设。因此，在“十二五”期间，要在部分省（市）和行业积极推进建立碳交易市场的试点，并在国家层面给予积极的指导，使之逐渐成熟和健康发展。

本世纪第二个十年，仍是我国和平发展的黄金机遇期，要在相对宽松的国际环境下，自主实现发展方式的根本性转变。由当前资源依赖型、粗放扩张的经济增长方式转变到技术创新型，内涵提高的增长方式上来；由盲目追求经济增长的数量转变到更加注重经济发展的质量和效益上来，由当前模仿式、追赶型的高碳发展路径转变到自主创新型的绿色、低碳发展路径上来。经济发展方式的转变意味着产业的转型和升级，也意味着技术创新能力的提升和经济技术竞争力的提升，也是我国由经济大国转变为经济强国的必由之路和根本途径。我国要争取10年左右时间内基本实现发展方式的转型，基本走上绿色、低碳发展轨道，以适应全球应对气候变化日益紧迫的进程和形势。

（作者：原清华大学常务副校长、教授、博士生导师）

（选自《中国人口·资源与环境》2011年第10期）

为什么要建立生态补偿机制

黄　褰

生态环境是人类生存之本、发展之基。没有良好的生态环境，人类社会的发展就会失去基本的依托。自进入工业社会以来，随着工业生产发展和人口数量的增加，人类对自然界的索取急剧增加，生态环境破坏这一全球性问题日益凸显。当前，我国经济社会发展也面临日趋强化的环境约束。着眼于建设生态文明、实现可持续发展，“十二五”规划纲要就建立生态补偿机制进行了专节论述，强调要按照谁开发谁保护、谁受益谁补偿的原则，加快建立生态补偿机制。我们应深刻认识建立生态补偿机制的重要意义和基本途径，在实践中更好地保护生态环境。

之所以要建立生态补偿机制，是因为一个区域生态环境的保护、修复与重建等需要大量资金投入；同时，一个区域为了保护生态环境，可能会丧失许多发展机会、付出机会成本。而生态环境又是一种公共品，一个区域生态环境的积极变化会给相邻区域带来生态利益。在这种情况下，必须建立有效的生态补偿机制，合理体现生态环境这一公共品的价值，统筹区域协调发展。从我国实际情况看，生态环境较好的区域往往是经济欠发达地区，如长江、黄河的上游地区，西南的山林地区，西北的农牧交错地区。但必须看到，这些区域的生态环境也已非常脆弱，具有生态脆弱与经济落后重叠交织的特征。没有合理的生态补偿机制，这些区域必然没有足够的资金和积极性进行生态环境的保护、修复与重建。而一旦这些区域为发展经济、摆脱贫困而大力开发自然资源，又必将破坏生态环境。此外，即使在发达地区，一些地方为支持大城市发展，在涵养水源、保持水土、防风固沙等方面付出大量生态保护成本，导致经济社会发展较慢，也需要通过生态补偿机制来推进区域协调发展。

近年来，我国对生态环境问题高度重视，并将建立生态补偿机制作为应对生态环境问题的重要措施。建立生态补偿机制，就是要以保护生态环境为根本出发点，根据生态功能价值、生态保护成本、发展机会成本等多种因素进行核算，综合运用行政和市场手段，按照谁开发谁保护、谁受益谁补偿的原则，调整各区域相关各方的利益关系。当前，我国建立生态补偿机制可从以下几个方面着力。

加大财政投入力度。生态环境的公共品属性决定了政府的财政投入是生态补偿的主要渠道。中央财政应依照全国主体功能区规划，重点对提供大量生态产品的限制开发区域和禁止开发区域，特别是对中西部国家级重点生态功能区进行均衡性转移支付。省级财政则应对省级的生态功能区进行补偿支持。

建立区域间横向生态补偿机制。这是在平等的区域主体之间进行的补偿，包括下游地区对上游地区、开发地区对保护地区、生态受益地区对生态保护地区的生态补偿。

探索市场化生态补偿机制。建立健全考虑资源稀缺程度、环境损害成本的资源环境价格形成机制，是在市场经济条件下加强生态环境保护的重要措施。这包括进一步完善矿山地质环境治理恢复保证金、森林植被恢复费、草原植被恢复费等现有相关政策，同时积极试点和推行资源使用权交易、排污权交易、碳排放权交易等市场补偿模式，形成层次分明、统一开放、竞争有序的现代资源环境市场体系。

（作者：成都理工大学教授）

（选自《人民日报》2011 年 8 月 22 日）

坚持以科学发展观统领生态文明建设

罗文东

作为马克思主义关于发展的世界观和方法论的集中体现，作为新世纪新阶段指导我们党和国家事业发展的科学理论，科学发展观是统领我国经济社会发展全局的战略思想，当然也是统领生态文明建设的指导方针。2007年12月，胡锦涛同志在新进中央委员会的委员、候补委员学习贯彻党的十七大精神研讨班上的讲话中指出：深入贯彻落实科学发展观，“必须坚持生产发展、生活富裕、生态良好的文明发展道路，建设资源节约型、环境友好型社会，实现速度和结构质量效益相统一、经济发展与人口资源环境相协调，使人民在良好生态环境中生产生活，实现经济社会永续发展”。“建设生态文明，实质上就是要建设以资源环境承载力为基础、以自然规律为准则、以可持续发展为目标的资源节约型、环境友好型社会。”只有站在树立和落实科学发展观的高度，确立生态文明建设的目的、原则、方法和途径，才能增强生态文明建设的自觉性、主动性和坚定性。以科学发展观统领生态文明建设，就要将科学发展观贯彻落实到生态文明建设的各方面、各环节和全过程，并且用推动科学发展来衡量和检验生态文明建设的成效。

生态文明理念，体现了科学发展的思想，是人们对待人与自然关系的文明程度的标志。人们不仅认识到社会发展与人口环境之间的矛盾，而且在反思日益增多的天灾人祸——酸雨、赤潮、温室效应等——对人类生产生活的影响。生态文明理念就在这种涅槃的痛苦中破茧而出，它将作为人们行动和社会发展的指南。这种思想不同于西方工业文明中的人类中心主义、自我中心主义，它更加关注人本身，关注自然，关注人与自然的和谐。江泽民提出：把经济发展和环境保护作为现代化建设的重大关系问题来抓，“要使广大干部群众在思想上真正明确破坏资源环境就是破坏生产力，保护资源环境就是保护生产力，改善资源环境就是改善生产力”。党的十七大报告提出的要让生态文明观念在全社会牢固树立的思想，赋予了社会主义精神文明新的时代内容。从某种意义上说，生态文明观念及其实践状况，是社会主义文明体系中基础性的组成部分，是当前和今后必须着力抓好的一项根本任务。

西方的工业化生产模式，使生产力获得了巨大的发展，但对资源能源不合理的开发利用，却使经济发展付出了沉重的代价。能源的衰竭，废气、废水、废渣的排放，不可回收垃圾的增多，白色污染及农药残留等，都对人类的生存和发展产生了巨大的压力。我国作为一个有13亿多人口的发展中大国，在资源、能源、环境、人口等方面，都遇到了前所未有的挑战。自1993年以来，我国开始成为石油净进口国。2001年以来，我国能源短缺程度不断加大。国家环保部网站资料显示，2006年，全国废水、二氧化硫、固体废物的排放量，各比上年增长了2.3%、1.0%、12.7%。当前，我国化学需氧量、二氧化硫、汞、消耗臭氧层物质排放量都居世界第一，二氧化碳排放量居世界第二，"中国环境威胁论"在国际上甚嚣尘上。现实的基本国情和复杂的国际环境，都不允许我们走传统的"先污染、后治理"的路子，而必须吸取世界各国工业化的经验教训，充分发挥比较优势和后发优势，促进信息化和工业化相结合，走新型工业化道路。这条路可称之为生态工业化发展道路。马克思早就说过："要从一切方面去探索地球，以便发现新的有用物和原有物体的新的使用属性……要把自然科学发展到它的顶点。""生产排泄物，即所谓的生产废料再转化为同一个产业部门或另一个产业部门的新的生产要素；这是这样一个过程，通过这个过程，这种所谓的排泄物就再回到生产从而消费（生产消费或个人消费）的循环中。"只有加快转变经济发展方式，由主要依靠增加物质资源消耗向主要依靠科技进步、劳动者素质提高、管理创新转变，才能促进国民经济又好又快发展。

建设生态文明，实现可持续发展，不仅要从生产这个源头上着手解决，还要从消费这个最终结果上寻找出路。战后，西方发达国家已经从"生存型"消费转向"奢侈型"消费，通过广告的"狂轰滥炸"、商品的花样翻新等手段，来刺激和满足人们的虚假的、超前的需求，从而加剧了资源的浪费和环境的破坏。例如，美国作为当今世界唯一的超级大国，其人口只占世界总人口的6%，而消耗的自然资源却占世界总消耗量的55%。这种西方马克思主义代表人物哈贝马斯指出的"过度消费"和"异化消费"，不仅远远超过了人类正当的、合理的需求的界限，而且大大超出了自然界能够承受的界限，必然造成对人自身的异化和对自然环境的破坏。我国虽然是一个发展中国家，但随着经济规模的扩大，居民消费结构的升级，社会生活中也出现了跟风式、攀比式、炫耀式消费和追求奢华、讲究排场等不良风气。更加值得注意的是，我国人口众多、经济落后、人均资源稀少，绝不能重复西方发达国家那种以资源的高消耗、环境的重污染为代价，来换取高消费的生活方式。党的十七届五中全会通过的"十二五"规划建议指出："面对日趋强化的资源环境约束，必须增强危机意识，树立绿色、低碳发展理念，以节能减排为重点，健全激励和约束机制，加快构建资源节约、环境友好的生产方式和消费方式，增强可持续发展能力。"我们只有根据当今中国的具体国情和人民群众的现实需要，倡导和实行一套低能耗的生产体系和适度消费的生活方式，才能顺利完成由温饱型社会向小康型社会过渡，并最终实现共同富裕和每个人自由而全面发展的理想目标。

（作者：中国社会科学院马研院马克思主义发展研究部主任、研究员、博士生导师）

（选自《重庆邮电大学学报·社会科学版》2011年第1期）

坎昆协议是气候变化谈判的积极进展

解振华

气候变化问题关系人类生存和各国发展。国际社会携手应对气候变化是大势所趋。在各方共同努力下，去年底的联合国气候变化坎昆会议最终达成了《坎昆协议》，这对于进一步扩大共识，继续推动谈判进程具有重要意义。

一、坎昆会议是气候变化谈判向前迈出的重要一步

《坎昆协议》是关于加强《联合国气候变化框架公约》(简称《公约》)和《京都议定书》(简称《议定书》)实施的一系列决定的总称，是在《公约》和《议定书》双轨谈判中取得的平衡结果，主要包括两部分内容：

一是根据“巴厘行动计划”，就加强《公约》实施作出框架性安排。在共同愿景问题上，确定了将全球气温上升幅度控制在2摄氏度以内的全球长期目标，并要求在今年的南非德班会议上审议2050年长期减排目标及全球排放达到峰值的时间框架。在减缓问题上，要求发达国家承担全经济范围的绝对减排指标，发展中国家在可持续发展框架下采取国内适当减缓行动。决定启动提高发达国家减排指标可比性的国际进程，对发展中国家自主减缓行动进行国内“三可”，并以非侵入性、非惩罚性和尊重国家主权的方式对有关信息进行“国际磋商和分析”。在适应问题上，决定建立“坎昆适应框架”，设立具有明确职能的适应委员会，帮助最不发达国家制定和实施国家适应计划。在资金问题上，决定建立“绿色气候基金”，要求发达国家落实快速启动资金，并承诺到2020年每年动员1000亿美元支持发展中国家应对气候变化。在技术转让问题上，决定建立技术开发与转让机制，明确该机制由技术执行委员会和技术中心网络组成。二是按照《议定书》工作组相关授权作出的决定。要求《议定书》工作组尽快完成谈判，以确保在《议定书》第一和第二承诺期之间没有空当，并敦促发达国家按照政府间气候变化专门委员会提出的25%—40%整体中期减排幅度进一步提高减排承诺水平。

在坎昆会议成果中，有一系列值得称道的亮点，一是首次在缔约方会议决定中明确写入了发达国家的历史责任，要求发达国家必须率先减排并进一步提高减排承诺。二是《议定书》的谈判取得积极进展，明确要求确保议定书第一和第二承诺期之间没有空当，反映了国际社会延续议定书的主流意见。三是发展中国家关心的适应、资金、技术等问题的机制安排取得了重要进展。四是进一步重申了经济社会发展是发展中国家首要和压倒一切的优先任务，并强调各方公平获得可持续发展空间的权利。五是在会前被视为难点的“三可”和“国际磋商和分析”问题上达成了原则共识，为会议取得平衡的成果扫除了障碍。

国际社会普遍积极评价坎昆会议，认为会议取得了务实成果，符合各方预期，令国际社会重拾信心。应该看到，《坎昆协议》是目前情况下各方能够达成的最大程度的妥协，具有重要意义，一是坚持了“共同但有区别的责任”原则，维护了《公约》和《议定书》的基本框架和双轨谈判机制，在《哥本哈根协议》政治共识基础上把谈判整体向前推进了一大步。二是增强了各国之间的政治互信，坚定了各方合作应对气候变化的信心和决心，使谈判重回健康轨道。

与此同时，我们也清醒地看到，《坎昆协议》作为各方妥协的结果，尽管确立了“巴厘路线图”谈判最终成果的基本框架，但并未完成“巴厘路线图”授权的谈判，各方在很多实质问题上的分歧并未消除；会议未能就《议定书》第二承诺期作出明确安排，在适应、资金、技术转让等问题上的进展也远低于发展中国家的期望和“巴厘行动计划”的要求。今年的谈判仍将面临巨大挑战。

二、中国为达成坎昆协议做出了重要贡献

哥本哈根会议曾引发了一些缔约方对联合国多边进程有效性的质疑。在此情况下，中国与广大发展中国家一道，旗帜鲜明地支持联合国多边谈判机制，要求2010年增加工作组谈判会议，为坎昆会议取得务实成果、谈判重回正轨做出了积极贡献。

我们就重大问题从各个层面与各方坦诚、深入交换看法，增进相互理解，推动弥合分歧，凝聚政治推动力。广做各方工作，利用“基础四国”、“77国集团＋中国”等机制加强与广大发展中国家的团结协作，利用各种渠道加强与发达国家的对话，为开好坎昆会议做了有效铺垫。中方还与会议东道国密切沟通，为墨西哥当好东道主、办好坎昆会议提供了有益建议和全面支持。我国还于2010年10月在天津承办了坎昆会议前的最后一次谈判会议，形成了推动坎昆会议“在两轨之间和两轨内各要素之间达成一系列平衡成果”的主流共识，为坎昆会议取得成功奠定了基础。我们还采取切实行动，推动“十一五”节能减排目标的完成，基本实现了单位GDP能耗比2005年降低20%左右的目标，相当于减少CO_2排放15亿吨以上，为全球应对气候变化作出了实质性贡献；我们还通过制定“十二五”规划，将应对气候变化和绿色低碳发展放到更为重要的战略位置，增强了各方共同应对气候变化的信心。国际社会高度肯定我国积极应对气候变化的政策和行动。

坎昆会议期间，中国代表团全面参与谈判磋商，坚持维护谈判进程的公开透明、广泛参与和协商一致，就各个谈判议题提出建设性方案。特别是在关于全球长期目标、京都议定书第二承诺期、发展中国家减缓行动的“国际磋商与分析”和发达国家减排承诺等分歧较大的问题的谈判中，积极与各方沟通协调，开展了大量艰苦细致的工作，并显示了足够的灵活性，推动形成了最终为各方接受的妥协方案。墨西哥和卡尔德龙总统多次对中方表示肯定和感谢，国际社会也对中方的努力和贡献给予积极评价。

三、气候变化谈判仍然任重道远

今年年底，《公约》第十七次缔约方会议和《议定书》第七次缔约方会议将在南非德班举行，谈判任务依然艰巨。要化挑战为机遇，巩固已有成果，凝聚新的共识，将政治意愿转化为德班会议的进展，还有许多工作要做。德班会议应严格遵循“巴厘路线图”授权，落实《坎昆协议》成果，就加强《公约》和《议定书》的实施达成广泛、均衡的成果，完成以下四项主

要任务。

一要谈判确定发达国家在《议定书》第二承诺期的大幅绝对量化减排指标。《议定书》是双轨谈判机制中的一轨，其第一承诺期将于2012年底结束。为落实《坎昆协议》关于确保《议定书》第一、第二承诺期不出现空当的要求，应尽快谈判确定签署《议定书》的发达国家在第二承诺期的减排指标，这是德班会议最为紧迫的任务。《议定书》第二承诺期是发展中国家坚定不移的诉求，关系到现有法律框架的延续，关系到发达国家与发展中国家之间的政治互信。同时，发达国家应根据《坎昆协议》的要求，进一步提高其减排承诺水平。只有发达国家进行中期大幅度减排，才有可能实现《坎昆协议》所确立的全球气温上升幅度不超过2摄氏度的长期目标。也只有明确了《议定书》发达国家在第二承诺期的减排指标，才能为非《议定书》发达国家确定可比的减排指标。

二要明确非《议定书》发达国家在《公约》下承担与其他发达国家可比的减排承诺，确定发展中国家的自主减缓行动。根据“巴厘路线图”的要求，《议定书》发达国家在《议定书》下承担减排指标，非《议定书》发达国家（主要是美国）也要在《公约》下承担与之可比的减排努力，这种可比性包括了减排的性质、范围、指标和遵约机制。发展中国家也应在可持续发展框架下，在发达国家资金和技术支持下开展积极的减缓行动。很多发展中国家已经提出了到2020年的自主减缓行动目标，在发达国家承担有国际法律约束力的中期减排指标的情况下，可按照“共同但有区别的责任”原则，以适当法律形式明确发展中国家的减缓行动，认可发展中国家的减排努力。

三要切实落实有关资金和技术转让方面的安排。目前大部分发展中国家都采取了应对气候变化的积极行动，但国际社会仍缺乏对发展中国家国内行动的有效支持。只有建立有效机制，并为发展中国家提供足够的资金和技术支持，发展中国家才能有效开展减缓行动，从而为实现全球温升控制在2摄氏度以内的长期目标作出积极贡献。

四要细化《坎昆协议》中有关“三可”和透明度问题的具体安排。《坎昆协议》明确了有关“三可”和透明度的原则，我们支持德班会议就发达国家减排承诺及其对发展中国家资金、技术支持的“三可”，以及发展中国家自主减缓行动的“国际磋商和分析”作出细化具体安排。同时要保证这种安排充分体现发达国家和发展中国家之间“共同但有区别的责任”原则。

气候变化国际谈判是一项长期、艰巨的任务。坎昆会议表明，经历20年谈判形成的联合国多边机制及其所确定的《公约》和《议定书》，具有强大的生命力和不可替代的作用。只要各国从维护全人类利益的大局出发，拿出切实的合作意愿，本着妥协的精神，坚持《公约》、《议定书》的基本框架及其所确定的原则，就能把国际合作应对气候变化的进程不断推向前进。中国过去、现在和将来都是积极推动气候变化国际谈判进程的建设性力量。我们将继续与各方一道做出积极努力，争取推动德班会议取得积极成果。

（作者：国家发展和改革委员会副主任）

（选自《人民日报》2011年3月1日）

气候变化及其背后的利益博弈

丁仲礼

气候变暖号称是全球当今的第一问题，这个议题的重要性可能超乎了大家的想象。气候变暖已经不单单是科学问题，实际上它已经延伸到了政治、经济、外交等领域，哥本哈根就是一个典型的例子。大家可能还会问这样一个问题，它会不会延伸到宗教这个领域？让我们接下来看有没有这种可能。

围绕气候变化及有关问题的故事很长很长，我现在只能是把框架性的东西讲给大家听。我可能会说一些和别人不一样的话，说错的话，你们可以对我进行批评，我非常喜欢别人对我的批评。

二氧化碳不是污染物

二氧化碳不是污染物，假如没有二氧化碳，地球上的生物是不大可能存在的。为什么一些国家一些人要宣布二氧化碳是一种污染物呢？为了推动减排。

我先简单地介绍一下背景。气候变化是由二氧化碳来的，那么二氧化碳是大气当中一种微量成分，它是以 ppm 为指标存在的。目前的二氧化碳的浓度是 387ppm，工业革命之前是 280ppm。同时二氧化碳是一种非常重要的温室气体，假如没有二氧化碳，我们目前地球上的平均温度只有零下 16℃，我们现在的平均温度是零上 15℃，也就是温室效应提高了 31℃。假如没有二氧化碳，地球上的生物是不大可能存在的。没有二氧化碳，也就是没有光合作用；没有光合作用，也就没有了生命的存在。所以说二氧化碳对于地球来说，是必须要有的一种气体。

在地球的历史上，二氧化碳的浓度是一直在变化的。我想说的一个重要观点就是，二氧化碳不是一种污染物。二氧化碳对于人体是没有任何直接伤害的，不像二氧化硫，以及排放出的重金属、大气中的粉尘，这些是对健康有伤害的。但是现在很多人把二氧化碳当作是一种污染物，尤其是美国，奥巴马上台以后就宣布二氧化碳是一种污染物，为什么呢？根本的一个原因就是美国政府所有的减排行动都需要国会的批准，奥巴马为了推动减排，就把二氧化碳当作是一种污染物。之后众议院新上任的参议长说，把二氧化碳作为污染物是近乎可笑的一个决定。如果让我来说，这是一个非常荒唐的决定。

还有几个常见的名词：第一是 IPCC——大家常会听到，它是指不同国家政府间的气候变化委员会，它定期会对气候变化进行评估，其结果作为外交谈判的一个依据。所以 IPCC 尽管是由不同国家的科学家组成的，但是它实际上还是以发达国家、尤其是欧洲国家科学家为主导的，也是有倾向性的。

第二是联合国的气候变化框架公约。这个公约从1990年开始进行气候变化谈判，在1992年正式签署的。这个公约是保护发展中国家利益的，所以我们中国现在特别强调要坚持公约。

第三是京都议定书，是1997年在日本签署的。特别重要的一点是当时克林顿政府其实是签署了京都议定书的，后来国会没有批准，美国政府又退出了这个议定书。所以美国政府不是京都议定书的签约国。美国外交上很多行动，都要绕过或者是打掉京都议定书。京都议定书里有很重要的一条，就是“共同但有区别的责任”,这句话大家经常听到。所谓“共同的责任”，就是共同应对气候变化。那么“有区别”的责任是什么？那就是谁排放得多，谁的责任大；谁排放得少，谁的责任小。所以发达国家应该拿出技术、资金支援发展中国家应对气候变化，这是对发展中国家有利的。

第四是2007年的巴厘岛路线图。巴厘岛路线图，是对接下来的气候变化怎么谈判的一些原则性的路线，是从程序上规定的。美国政府是在最后一刻签署的，这一点很关键。当时美国政府谈判代表坚决不愿意签，但是有几个发展中的小国指责说，假如不愿签署，那么就请不要在这里谈判了。所以美国政府在最后一刻迫于压力签了。但是美国政府也是想要把巴厘岛路线图打掉的，这是他们的一个目标。

第五是哥本哈根会议。2009年开的，实际上没有任何成果。

气候变化是怎么回事

气温上升的趋势跟二氧化碳浓度升高是有关系的，不过不是简单的线性关系，所谓的“敏感性”研究很复杂。气候变化的好与不好没办法说清楚，气候变化有好也有不好的地方，要从正反两个方面去评价。

接下来进入正题。我们先看看科学问题，因为政治、经济、外交都首先要从科学开始。气候变化到底是怎么一回事，我想简单地和大家讲一讲。

IPCC提出的关于气候变化的理论有三本书，很庞大，总共几千页，我相信没有一个人从头到尾全部都看过。我对这个理论有个总结，其实很简单，就是四点。

第一点：人类过去的百年变暖，是二氧化碳造成的。如果二氧化碳继续增加一倍，也就是从280ppm到560ppm，那么全球就会增加3℃。这个是IPCC的逻辑起点，所有的工作都是从这个逻辑起点展开的。

第二点：增温将带来灾难性后果。包括海平面的上升，粮食资源的紧缺，水资源的匮乏，物种的灭绝，传染病从南到北的扩展，冲突和战争等等，这是他们的预测。

第三点：要将增温控制在2℃以内，二氧化碳浓度不超过450ppm。二氧化碳是一种温室气体，但是还有其他的温室气体，比如甲烷、氧化亚氮等。不同的温室气体有不同的增温潜力，把它转化成二氧化碳，这就是CO_2-e，所以这个450ppm指的不是二氧化碳，而是CO_2-e的浓度，那么二氧化碳的浓度就必须更低。这是他们的判断，可以说是价值判断。

第四点：要大幅度减少温室气体的排放，拯救地球，这是他们的路径归属。

整个理论都是围绕这四个大的方面，所谓的政治、经济、外交的斗争主要集中在第四点，其实就是减排，而减排则是为了拯救地球。

争论的点在哪里

首先，增温是一个事实，二氧化碳浓度增加是一个事实，增温和二氧化碳有关也是事实。因为有温室气体必定有温室效应。争论的焦点在于“敏感性”，其实就是表明温度变化同二氧化碳浓度的关系。对于“敏感性”，科学家的定义是，假如二氧化碳浓度从280ppm增加到560ppm以后，温度会增加多少。对这个问题的研究主要从两个角度入手：第一个是模型，把物理模型拿到计算机上去算；第二是从记录上进行研究。这两条路子都有不少研究，但是结果是不一样的，并且差别很大。

我个人认为气温上升的趋势跟二氧化碳浓度升高是有关系的，不过不是简单的线性关系，所谓的“敏感性”研究很复杂。我认为IPCC的“敏感性”是很不确定的，气候变化这个科学研究还很年轻。

第二点，增温会带来什么后果？是不是像他们说的那么可怕？这要先问几个问题：一是工业革命前、人类没有排放二氧化碳的时候，气候是怎么变的？二是以前老说变暖不好，那么我们要问，变冷好不好？如果都不好，那么是不是地球现在的气候就是最好的？另外，针对认为变暖会产生灾难性后果的观点，这100年气候已经在变暖了，是不是已经产生了灾难性后果？

首先来看历史上的温度是怎么变的。历史上大多数时期温度比现在都高很多，二氧化碳浓度也高很多。这是地质研究做的，二氧化碳浓度最高时候是几千ppm，温度有冰期、间冰期变化。现在是属于历史上最冷的时期，也是二氧化碳浓度最低的时期。

短一点时间看，从5500万年以来，变冷是大趋势。南极冰盖形成之前，大概是3600万年前，那里是有植被的；而北极，加拿大出土了6000万年前亚热带条件下才有的化石。由此可见那时地球是一个温暖的大环境。

距今260万年以前就是冰期、间冰期的波动。我们现在是处在间冰期当中相对冷的时期。总之近260万年以来地球气候是处在冰期、间冰期波动的。冷的时候是什么样的呢？可以看一张图，北半球的高纬度地区，两万年之前，整个加拿大覆盖在3000米厚的冰盖下，先民是生活在十分艰苦的环境下的。既然有这么大的冰盖，而地球上的水由于总量是固定的，所以液体的水转化成固体的水，海平面肯定是下降的，全球的海平面比现在低120米。渤海当时是一片陆地，当时台湾只不过也是与大陆相连的一个小小高原而已，没有海峡阻隔。

距现在一万年的情况，最暖是在6000年前，到距今4000年左右开始变冷，但是也有波动。汉唐的时候温度都比现在要温暖，从马家窑的彩陶可以看出。那个时候从山东连到甘肃、青海这一片地区属于亚热带，温度比现在大约高两度。再看《史记》中记载，“山西”有竹子，那里现在是没有办法长竹子的。魏晋时期的竹林七贤，这个“竹林”便是在今天的河南焦作一带。唐朝杜牧的“无人知是荔枝来”，有人写散文说荔枝是从岭南来的，其实不是，杨贵妃吃的荔枝是从唐朝的成都平原过去的。历史的很多记载都表明，汉唐雄风时期是比现在温暖的。

气候变化的好与不好没办法说清楚。简言之，气候变化有好也有不好的地方，要从正反两个方面去评价。海平面上升肯定是不好的，会淹掉陆地。但实际上海平面上升的幅度是很慢的，17厘米其实是很小的幅度，因为海平面是受两极的冰盖控制的。冰盖有一条平衡线，长年累月大部分时间都在零度以下，大部分时间是不融化的。温度增加会使平衡线往北移，但这个过程其实也是很慢的。

托马斯预言说，如果升温两度以后，27%的物种都会灭绝。其实他忽略了，气温是慢慢变化的，这个过程中物种都是会移动的。变了以后又会出现一种新的生态系统，什么样的条件下都会出现它对应的生态系统。还有就是大家经常听到的“极端气候要增加”的观点，但从地质学的研究角度说从来没有出现过。凡是暖的时候，极端天气特别少，大气结构都比较稳定。至于传染病会不会北上，最近有一篇文章调查了几十年以来疟疾发病的范围，最后的结论是疟疾在五十年中减少了，并没有随着变暖而增加。总而言之，变化是绝对的，不变是相对的，我的观点是变暖比变冷好。

减排背后的利益博弈

那些交通已经健全的发达国家，仅交通排放一项就是每人1吨碳。而当今我们国家人均排放量是1.4吨碳，这个数据囊括了大量的制造业、交通等所有的排放量，我们这些都是属于基础设施的建设需要。他们是奢侈排放，我们是生存排放。

刚才我是从科学研究的角度谈了我对于气候变化问题的理解。接下来我想说说，为什么气候变化会从科学问题延伸到经济问题、政治问题、外交问题，甚至宗教问题？我想对此做一点解析。

首先是经济问题，实质就是一个能源问题、发展问题。能源是关系到人民福祉、社会繁荣的标志。美国不愿签京都议定书就是要保证能源安全。所以充足而相对廉价的能源持续供应，是国家发展的基石。没有一个国家其发展不是通过大量的耗能，到现在为止没有过，以后也不会有。所以经济问题，真的就是能源问题。排放，是能源使用中化石能源产生的。

我收集了很多数据，就是要说明减排是不太现实的。每个国家每年都会有二氧化碳人均排放数据，我收集了从1990到2005年的人均排放数据，把每年的人均排放合在一起就叫做人均累计排放，把它和15年的人均GDP放在一起就是很不错的一个统计关系。现有的经济水平是与历史的累计排放密切相关的。再看世界上的几个发达国家，人均GDP高的，人均累计排放都相对较高。美国的工业化差不多是从19世纪60年代开始的，从那时开始，工业排放迅速增加，此后只有在经济危机的时候有所下降，还有就是近几年把高能耗的企业转移向其他国家。1900年，美国人均的碳排放量是2.4吨，我国现在才1.4吨。中国的总排放量只有美国的四分之一，人均累计排放量只有美国的二十分之一。

那么排放是由什么因素决定的？我想把复杂问题简单化思考，个人认为就是三个：人口、人均能源消费、能源结构。先看人口，现在世界人口是65亿，2050年联合国预计是要达到90亿。再看人均能源消费量，社会的发展最主要的任务，不管是政府也好，还是我们科学工作者也好，就是要为普通人民提供享受现代文明的机会，大家都要过好日子，那么能源的人均消费量以后肯定是要增加的。要解决的主要就是能源结构，这是可以调整的，但需要时间。当下的困境在于新能源是不能零排放的，比如太阳能，生产太阳能的电池板，生产过程中的高耗能，生产完了要用二十年才能把生产过程中的耗能补回来。但是这个电池板能不能用二十年还是个问题。

低碳发展现在说得很多，低碳过去没有过，以后一段时间也不会有，这是我的预测。欧洲的排放是我们的两倍，他们也并没有低碳。我们要发展也不可能真正低碳的。我们的减排是要减缓二氧化碳的排放的增长。道理是什么呢？就是我们的基本建设与发达国家的差距还很大，我们现在面对一个问题就是：能源结构有没有可以调配的部分？能源结构可以调整，只是速度很慢。首先是它的周期性很长；其次，新能源的探索工作并不是那样的简单。现在中国大量地使用煤，其实煤是一种无奈的选择。

现在中国正处于产业结构调整阶段，我们要关注的一是创新能力，二是社会需求。中国人最需求的就是基本设施，大家要解决住房、交通等基本问题，而这些都需要大量的能源，肯定需要排放量。那些交通已经健全的发达国家，仅交通排放一项就是每人1吨碳。而当今我们国家人均排放量是1.4吨碳，这个数据囊括了大量的制造业、交通等所有的排放量，我们这些都是属于基础设施的建设需要。他们是奢侈排放，我们是生存排放。其实，中国不是一个能源浪费国家。

那可不可以做到能源的零排放呢？长远来说，是可以实现的，当能源能做到取之不尽用之不竭的时候，就能够做到了。所以二氧化碳问题正和环境问题一样，环境问题来自于能源的利用强度在提高。环境问题什么时候能够解决？其实它也是当能源取之不尽用之不竭的时候，这样所有的问题都能处理了，我相信这个会被科学解决。

那政治问题是什么呢？发起人不在美国，也不在中国，而是在欧盟。欧盟希望借助气候变化作为一个平台，重新构建世界的政治经济新秩序，固化现在世界上国家之间的贫富差异，这是他们的目的。我个人认为是，欧盟希望一手压美国，一手压中国。这是由欧盟长期以来形成的政治理论所决定的。在他们的政治理论中，单极世界是最危险的。欧盟经常强调多元世界。同时，压制中国也是他们的一个政治理论：凡是崛起中的大国，都将对现有的政治经济秩序作出重大的调整。从一开始的葡萄牙、西班牙到后来的英国、法国，到现在的美国，这些冒出来的大国都挑战了世界的政治经济秩序，中国是属于崛起中的大国。欧盟这样做的另一个原因就是增强他们的认同感，在统一的过程中，要让成员国认同自己是欧盟成员，就需要寻找一套共同的价值，并有利于自己的发展。气候环境恰好成为了他们共同的价值，并将这种价值当作有别于他国的一种导向。另外，欧盟可以集中各国的技术优势，同时消除别国的经济优势。

所以现有的减排方案，我们称之为“G8方案”，是2009年6月份时，由8个经济发达的国家共同提出的方案，方案表达了“到2050年之前，全球减排50%”和“我们先减80%”两个想法。其实分析该方案，我们发现这就像是切蛋糕，最先减排的就最先占据排放额度，余下来的才属于其他国家。最后发达国家和发展中国家将构成3.8倍的局面，那么对于中国来说，只有10年的排放空间。所以，中国在哥本哈根会议上不能签署这个方案。

外交方面其实就是关于排放权，核心的问题是未来排放权的大小之分。减排分两类：发达国家要减排，发展中国家要减缓。第二，发达国家应该拿出一部分的技术和资金帮助发展中国家，但现在一分钱也没到位。第三，就是透明度，美国提出减排要实现“三可”：可测量、可报告、可检查，其目的是为了转变谈判的焦点，把矛头引向中国。所以说，外交关系十分复杂，每个国家都有自己的利益计划。那么现在的核心关键问题就在于，只有把谈判焦点从“减排”转移到“未来排放权的分配”，中国才能真正取胜。

现在气候变化问题被一些人放在神坛上，受一些人顶礼膜拜。我相信，科学精神最重要的武器就是客观主义和怀疑主义。我非常希望国内众多的支持者用自己的知识和智慧去解决这些问题，也希望在座的各位，不要人云亦云，应该秉承求是创新精神。

最后要说的一个问题，就是应对气候变化从本质上来说，国际国内是不一样的。对国内来说，是如何统筹绿色发展的问题；对国际上来说，则是一场斗争。我们要积极应对气候变化、要适应它。

（作者：中国科学院副院长，中国科学院院士、研究员）

（选自《解放日报》2011年4月10日）

全球气候治理政策工具的比较分析

——基于国别间关系的考察角度

刘培林

一、全球气候治理亟须选取有效的政策工具

气候变化已经成为当前全球治理的最重大课题之一。目前全球气候治理的主要途径是在《联合国气候变化框架公约》确立的"共同但有区别责任"的原则之下开展国际谈判。虽然该原则的基本主张是合理的，但在操作上有几个内在缺陷，主要表现为：第一，虽然在发达国家和发展中国家之间存有原则性规定，但是这些规定并不明晰，可操作性不强。第二，在发达国家内部各国之间也没有明晰的规定。《京都议定书》附件Ⅰ国家在第一承诺期承诺的减排义务，并不是按照一个事先规定的客观标准制定出来的，而是在各国讨价还价之后做出的承诺。第三，在发展中国家内部，其情况更是如此，许多国家都以各种各样的理由要求别国多承担义务，而减少自身义务。第四，目前这种谈判实际上已经走入"囚徒困境"的状态，显然不是稳定、长期和有效的解决之道。具体表现为：在缺乏有效政策工具的前提之下，如果别国不减排，本国不减排是最优行动；但是，即使别国都减排或者部分国家减排，本国仍不减排，也是符合自身利益的最优行动。这样，如果不能建立起有效的政策框架，用一个"硬规则"开展全球气候治理，那么在这个博弈当中，各方不减排行为就是"占优战略"行为。由此形成的纳什均衡结果就是各国都不减排，这是典型的"囚徒困境"。要打破这种格局，寻求公平、有效率和长期可持续的解决之道，就必须对各种全球气候治理政策工具进行理论特点和可操作性方面的比较分析，进而选择合适的政策工具，以便以"硬而明确的规则"开展全球气候治理。

二、可供选择的全球气候治理政策工具

综合全球气候治理实践进展以及理论研究所提出的各种主张，可供选择的全球气候治理政策工具主要有以下三类。

（一）行业技术／绩效标准

目前，"已有不少旨在推动全球某行业减排的项目和实践正在国际组织或国际行业协会的倡议下进行。最有影响力的要属世界可持续发展商会（WBCSD）提出的水泥制造可持续发展倡议（WBCSD—CSI）、世界钢铁协会（WSA）和国际铝业协会（IAI）提出的行业减排倡议以及亚太清洁发展与气候新伙伴计划（APP）下设立的制铝、水泥、钢铁、发电和输电等共八个

工作组的工作。”这些做法的特点是，要求业内企业单位产出产生的排放达到某种行业标准。这种做法虽然不是直接在主权国家层面上开展气候治理，但实际上可以间接地经由行业的环节对各国实施气候治理。

（二）全球排放税

不少文献提出了全球排放税的主张。如约瑟夫·斯蒂格利茨（Joseph Stiglitz）、理查德·库珀（Richard Cooper）等。库珀比较系统地阐述了全球排放税的设计，其主要内容如下：第一，对所有种类的温室气体排放按照同样税率从量征税，且原则上覆盖全球各国。各国在这个框架建议的全球排放税付诸实施后，原本已实施的排放税（补贴）不能用来冲抵新设的全球排放税，除非原本的排放税是为了落实《京都议定书》而实施的。第二，从征税的便捷性考虑，排放税应该在产业链的上游环节征收。第三，由于国际货币基金组织（IMF）掌握绝大部分国家的财政信息，因此，建议由 IMF 根据掌握的信息来评估各国排放税的实施情况。第四，为了抵消排放税在税收收入、通货膨胀方面的效应，需要减免其他方面的税收，并实施适当的货币政策，来配合全球排放税政策。

斯蒂格利茨设计的全球排放税与库珀的主张这两者之间最大的不同在于：前者认为各国征收排放税之后，最理想的格局是用排放税支持全球性公共物品（如健康、研发）等，但斯蒂格利茨同时指出，这种愿望太过理想化，无法实现；比较可行的选择是，各国征收排放税之后，相应减少对资本和劳动的税收。也就是说，对“坏”的污染活动征税，而减少对“好”的投资和劳动行为的征税。

（三）国别间可交易的排放许可

目前，越来越多的机构主张通过国别间可交易排放许可的办法实施气候治理。如英国的气候变化委员会（Committee on Climate Change）提出的碳减排目标，德国全球气候变化咨询委员会（WBGU）提出的相关方案。美国国家研究委员会（National Research Council）也发表了减排报告，提出在 2012—2050 年期间美国的累积排放额度；丁仲礼、樊纲、潘家华等中国学者以及国务院发展研究中心等机构也都提出了国别排放限额或者减排责任界定的方案。这些方案具体来讲有四个要点：第一，确定全球的总排放许可。第二，按照某种尺度和标准，把全球总的排放限额在各国之间进行分配，而不同的主张在划分尺度和标准上存在着显著差距。第三，各国排放许可在国内一级市场上只向本国主体开放，而在二级市场上可全球联通。第四，确定了各国排放许可限额之后，各国的实际排放需求与排放许可限额之间的余缺可以通过国别间交易市场进行调剂，但前提是保障所有国家在一定时期内通过交易之后的排放许可之和不超过全球总的排放许可限额。

三、全球气候治理政策工具的比选标准

大量文献从主权国家内部气候治理的角度提出了政策工具的比选标准。还有一些文献研究了各种条件下价格工具和数量工具的优劣性。考虑到主权国家气候治理和全球气候治理的共同特点及其差别，笔者借鉴了上述文献，通过筛选分析，从国别间关系角度出发，提出了用于全球气候治理政策工具比选的四条主要标准：

第一，全球排放目标保障性：即政策工具能否有效地保障全球总排放目标实现，或者说政策工具能否有效克服碳泄漏问题，能否诱导生产和消费活动的充分变化，进而保障全球减排目标实现。

第二，公平性：即政策工具能否体现国别之间的公平性。国别公平是建立在人际公平基础之上的。各国人民均有权利过上和今天发达国家人民同样幸福的生活。发达国家今天的优越生活是建立在其历史上大量温室气体排放的

基础之上的，而今天发展中国家的生活水平之所以较低，是因为这些发展中国家的工业化、城市化进程还没有完成，因而温室气体累积排放量较低。所以，国别间公平必须赋予各国人民过上同样高水平幸福生活的可能性，而不能先验地剥夺一部分国家人民过上幸福生活的可能性，这是发达国家学者也认可的观点。

第三，排放配置的静态效率：即政策工具能否使得有限的排放限额，配置到排放的边际生产率最高的地区、行业和部门中。如果能，则给定的全球总排放限额的实际配置格局就会带来最大的全球总产出。笔者认为，理想的格局是，全球各个微观主体排放的边际产出均相等，这个标准是比选政策工具的重要内容。

第四，促进技术进步的动态效率：即政策工具能否最大限度地促进技术进步和技术扩散。从长远来看，应对气候变化的根本出路是通过持续的技术进步不断提高单位排放的生产率，从而可以用越来越少的排放生产越来越多的产品和劳务。所以，促进技术进步的效果是比选政策工具的重要标准。

这里需要特别指出的是，大量文献认为，在比较减排政策工具时，不同工具之下排放的“价格”是否稳定，这也是一条评判标准。比如，在排放税政策之下，因为排放税是事先规定的，所以微观主体面临的“价格”是确定的，而在可交易的排放许可政策之下，经由交易而产生的排放价格却是变动不居的，所以微观主体将面对价格不确定性问题。所以，这些文献认为，排放税政策在“价格”方面的稳定性构成其相对于可交易排放许可的一个优越性因素。笔者却不这样看，企业之所以存在，其很重要的职能之一就是应对未来的不确定性，特别是价格的不确定性。可以说，如果没有了价格的不确定性，竞争性的企业制度也就没有必要存在。因此，本文认为，不同政策工具之下“价格”的稳定程度差别不构成一个评判标准。

四、对三类全球气候治理政策工具的初步比较

基于上述提出的四条比选标准，笔者在这里对前面提到的三类政策工具进行了比较，得出的评价大致如下：

（一）行业技术／绩效标准类政策工具：综合优势不突出

具体来说，表现在以下几个方面：

第一，从理论上讲，如果这种办法可以覆盖所有国家，从国别间关系角度看，该政策工具也应该可以克服碳泄漏问题。不过，这种政策工具虽然能够保证个体排放达标，却难以控制单个企业的排放总量；更难以控制行业进入，进而难以控制产生排放的个体的数量，也就难以控制整个行业的排放总量。如此一来，它也就无法控制整个社会的总排放量。我们虽然可以根据排放主体数量的增加而相应提高排放的技术标准，但这种办法在保障全球总排放目标实现方面存在很大的不确定性。此外，这种政策工具实施效果本身也可以造假。我们可以设想，一国某个排放量很大的企业实际上可以通过高报其产量而降低排放强度，进而造成达到行业国际标准的假象。所以，对排放量之外的指标也需要进行核查。而对这些指标的核查，即使主权国家积极配合，也比较繁难，容易造假，其核查成本也比较高。

第二，这种政策工具难以保证国别间的公平。发达国家在历史上累积的排放量很大，但它们经过当时没有限制的排放阶段掌握了各行各业的先进技术，而发展中国家则正好相反。如果按照产业门类确定全球性排放标准，那么发达国家的产业可以承受的技术标准，对发展中国家而言几乎是无法达到的。

此外，在当今世界产业链分工格局之下，发达国家大都处在产业链的上游，排放强度相对低；而发展中国家则处在产业链的中下游，排放强度相对高。许多发展中国家生产的排放密集度高的产品出口到发达国家，实际上是发达国家向发展中国家转移低端产业链的一种表现形式。可以说，发达国家的高端产业链是建立在发展中国家高排放的基础之上的。在这种情况下，仅仅通过实施产业技术标准的办法实现全球减排对发展中国家而言也是不公平的。事实上，正如蔡闻佳等学者指出的那样，一些国际组织力倡的行业减排安排是对“共同但有区别的责任”原则的根本背离。

第三，这种政策工具难以保障静态的配置效率最优。按照经济学分析，各企业采用同样的技术标准，本身就不能保证排放在产业内各企业之间的配置格局最优。此外，对各个产业分别设定主观的排放标准，也无法保障排放许可在产业门类之间的跨行业配置效率最优。

第四，这个政策工具虽能在一定程度上促进技术进步，但其效果不理想，且由此推动的技术进步对社会福利总水平的影响也未见得有利，其主要原因在于：其一，管制方和被管制方之间的策略性行为会影响企业研发新技术的积极性。具体而言，达标的先进企业没有激励进一步研发更环保技术的动力，因为企业如果研发出更环保的技术，管制当局会在下一个周期设定更加严格的排放标准，研发更先进技术的企业得不到太多好处。所以，掌握先进技术的企业从行为激励的角度上看，只要它们能够达到设定的标准，就没有积极性研发出更加环保的技术。其二，虽然直观地看，管制方可以在减排潜力最大或排放量最大的行业设定最为苛刻的排放标准以促进这些行业进行减排技术研发，但从全社会的福利角度来看，这些行业由于技术进步而导致的减排收益可能未必是最优的，因为这些目标行业为减排而投入的技术研发费用与成本可能大于其对全社会的收益。

（二）碳排放税政策工具：作用优劣互现

具体来说，这一政策工具的优劣表现如下：

第一，从国别间关系角度来看，这种政策工具在理论上可以克服碳泄漏问题，但这种政策工具并不能完全保障全球减排目标实现，究其原因有两点：其一，排放税税率和排放量之间固然呈现反向关系，但两者之间的确切关系无法在事先被测算出来。虽然在实际执行过程中可以不断积累经验，根据实际减排量与减排目标之间的差距对排放税进行微调，但总是存在滞后效应，加之国际排放税的调整本身又涉及大量的国际谈判，实施起来异常艰难。其二，即使由各主权国家按照规定税率来执行，也很难消除主权国家通过减免其他税收的手段来抵消排放税影响的做法。主权国家甚至可以把征收的排放税用隐蔽的形式返回给纳税方，影响实际的减排效果。由于排放税政策的实施和监督成本非常高，故不能确保全球减排目标的实现。

第二，难以体现公平原则。从目前西方学者提出的全球性碳排放税的大致安排来看，主张各国适用同样税率的观点是其基本共识。这意味着各国排放的“价格”是相同的。这种主张看起来貌似公平，实则不然，因为这种逻辑用效率概念替代了公平的概念。发达国家学者主张的所谓“公平”，其目的是要让全球各国的企业面对同样的排放“价格”；否则，他们认为这就是“不公平”的。比如，斯蒂格利茨、保罗·克鲁格曼（Paul R. Krugman）的碳排放关税或碳排放边境调节措施，实际上就是基于这样的认识而提出来的。

笔者对此则持不同的看法：(1) 各国产业结构不同，发展阶段不同。发达国家在大量历史排放基础上建立起高技术产业，这些产业排放强度低，对排放税的承受能力较强；而发展中国家由于历史累积排放较少而没有完成工业化，当前处于价值链低端，对排放税的承受能力较弱。所以，全球各国适用统一排放税率的做法显然有违公平原则。(2)退一步，在排放税政策工具之下，虽然可以通过给各国规定不同的排放税率而体现公平原则(比如给发达国家规定较高的税率，给发展中国家规定较低的税率)，但是，一旦不同国家适用不同税率，那么各国税率讨价还价过程的难度比目前的减排谈判难度会更大。

第三，从理论原则上讲，排放税政策工具也能够保证静态效率目标。其基本的机制是：在该政策之下，各微观主体面对的排放的价格是统一的。这意味着各微观主体的排放量决策，会遵循排放的边际产出等于排放税的原则而进行。这就保证了排放的配置效率最优。但是，从现实角度看，由于只能规定各国排放税的税率，而不能对其他税种的税率做出国际上统一的规定，所以，各国可以通过减免其他税收的方式来抵消排放税对各自成本和竞争力所带来的不利影响。而对这种行为很难予以监督，这样一来也就难以保障排放许可配置的静态效率。

第四，新近的文献认为，排放税政策工具在促进技术进步的动态效率方面的效果不及可交易的排放许可政策工具产生的效果。笔者在这里特别指出的是，从全球气候治理的角度看，如果国别间规定同样的排放税，则最有能力研发新技术的发达国家将缺乏研发技术的积极性。因为相对发展中国家而言，它们对排放税的负担能力更强，无须研发新技术就能够承担排放税带来的影响。

(三)国别间可交易排放许可：其综合优势取决于能否公平划分排放许可

按照前面的评价标准，国别间可交易排放许可的政策工具的特点如下：

第一，这种政策工具能确保实现全球减排目标。只要核定的各国排放许可限额之和不超过全球总的排放许可限额，国别间可交易排放许可就能够保证实现全球减排目标。在这种政策工具之下，国际社会可以克服国别间的碳泄漏问题，即一个国家在考虑是否发展、在多大规模上发展碳密集产业时，都必须考虑其排放许可的预算额度。

第二，目前许多国家的研究机构和国际组织提出了多种多样的界定国别排放许可的方法，有的符合公平的原则，有的则不符合。这意味着只要界定国别排放许可的办法能够“择善而从”，选择能够公平界定排放许可的办法，那么该政策工具就能够体现公平原则，否则反之。

第三，这种政策工具能够保证静态效率目标的实现，这是该政策的突出优点之一。其机制是：在该政策工具之下，各国可以开展交易，故排放的边际生产率较高的主体会买入更多的排放许可，直到其排放的边际生产率等于排放的价格；而排放边际生产率较低的主体则会卖出排放许可，直到其排放的边际生产率等于排放的价格。这样，各个主体排放的边际生产率趋于均等化，从而最终保证给定的总排放许可实现最大的产出。需要特别说明的是，在该政策工具之下，静态效率赖以实现的渠道在于各微观主体排放的边际产出相等。这完全不同于人均排放量、单位产出排放强度相等。如果要求人均排放量或者排放强度在国别间趋同，就无法保证排放许可的静态配置效率达到最优。

第四，该政策工具在动态效率方面也具有突出优势，主要表现为：其一，由于节约的排放许可能用来出售，所以企业具有持续的技术研发的积极性，以便能节约排放许可。其二，新近文献表明，该政策工具促进技术研发的效果较排放税政策更好。其三，从现实情况看，如果没有在国别间界定排放许可，那么国际社会在减排责任方面就不甚清楚，在这种情况下，发达国家减排压力不大，故它们即使不研发新技术或者研发少量技术，也能够在国际谈判中顺利过关。而正是因为发达国家占用了本应该属于发展中国家的大量排放空间，使得它们成为研发能力最强的国家，理应承担更大的减排任务。所以，要激发发达国家研发和转移新技术的积极性，唯一的途径就是在各国之间合理界定排放许可。在界定排放许可后，发达国家就可以通过向发展中国家转移新技术而抵消其占用的发展中国家的排放空间。这样，新技术的研发和推广就有了良好的长效机制。

五、如何在各国间公平分配排放许可

通过上面的初步比较分析可见，不同于另外两种政策工具，可交易排放许可的政策工具能否很好地体现公平性，不能一概而论，而是取决于能否在各国间公平地划分排放许可。如果能够公平划分，则该政策工具就体现了公平性，否则反之。如何公平地在各国之间分配排放许可，不仅是可交易排放许可政策工具设计的核心问题，实际上也是全球气候治理的争执焦点所在。由于国别间排放划分排放许可涉及大量问题，这个部分将具体分析如何公平地在国别间划分排放限额。

（一）将历史排放纳入全球总排放许可，在国别间重新公平分配

国内外学者相继提出了不少关于排放许可划分或减排责任划分的建议，笔者将这些建议按照两个维度进行了分类：一个维度是：确定减排量目标还是确定总的排放许可限额？从理论上讲，两个办法实质上是等价的，即明确了一定基准上的减排量也就相应明确了在一定时期内总共的排放许可限额；反过来也一样，明确了在一定时期内总共的排放许可限额也就相应明确了一定基准上的减排量。另一个分类维度是：划分国别排放许可限额所考虑的时期是从当前或者比较晚近的时点（如 2005 年或 1990 年）开始，还是从工业革命发生时就开始？按照两个维度进行交叉分类，可以形成多种组合，具体参见表 1。

表 1　划分国别排放许可的各种办法

	在某个基准上减排	直接确定一定周期的排放限额
不完全周期（从现在开始至 2050 年）	类型 I：各国 2020 和 2050 年相比某年（如 1990 或 2005 年）减排量	类型 II：各国 1990 年（或 2005 年）至 2050 年排放限额
全周期（从工业革命开始至 2050 年）		类型 III：各国 1750 年（或 1850 年）至 2050 年的排放限额

表中三种类型的排放许可划分办法都可以找到现实对照。类型 I 是目前国际谈判的主要模式，无论是《京都议定书》提出的减排责任体系，还是哥本哈根会议上有关国家的承诺，它们基本上都属于该类型。英国的气候变化委员会也曾经提出过类似的碳减排目标。该报告（《建设低碳经济——英国对应对气候变化的贡献》）提出，《京都议定书》涉及的温室气体的全球排放量，到 2050 年应该减少到 20Gt—24Gt，约在目前水平的基础上减少 50%—60%。而英国“应该”承担的减排义务是，在自身 1990 年排放量的基础上至少减少 80%，或者在 2005 年基础上减少 77%。

类型 II 是一些研究机构新近提出的，如德国全球气候变化咨询委员会提出的方案。该研究提出了 2010—2050 年主要排放国的排放许

可限额。也有一些发达国家的机构给出了本国的排放额度目标，如美国国家研究委员会发表的报告就提出了2012—2050年期间美国的累积排放额度。该报告认为，“由于在确定全球温室气体排放的安全水平方面存在科学上的不确定性，并且，确定美国在全球排放中的合适份额也涉及政治/伦理判断”。所以，该报告没有给出确切的预算。只是基于模型分析结果给出了一个“有代表性的”国内排放额度，“即在2012—2050年期间，美国国家二氧化碳(CO_2)的排放当量为170Gt—200Gt，这大致相当于在1990年的水平上削减80%—50%的二氧化碳排放。”

丁仲礼等人还对政府间气候变化专门委员会(IPCC)、联合国开发计划署(UNDP)和经济合作与发展组织(OECD)等国际组织以及其他科学研究组织或研究人员提出的7个减排方案进行了分析。这些方案基本上属于上述类型Ⅰ或类型Ⅱ。上述类型Ⅰ和类型Ⅱ的主张当中，虽然有的是确定减排量，有的是确定可排量，但在本质上是类似的，即忽视历史责任。正如丁仲礼等人指出的那样，所有这些方案的共同特点是：均忽视了历史上(1900—2005年)发达国家的人均累计排放量已是发展中国家7.54倍的事实，而且还为发达国家设计了比发展中国家大2.3—6.7倍的人均未来排放许可。

发展中国家的机构的主张则基本上属于类型Ⅲ。该类型和上面类型Ⅰ与类型Ⅱ的根本区别就在于，它们强调必须充分考虑历史排放责任。例如，巴西政府在提交给《联合国气候变化框架公约》(UNFCCC)的巴西案文中，提出了“累计排放”概念，旨在强调不能抹杀发达国家历史上的排放责任。再如，中国国务院发展研究中心课题组提出了界定国别温室气体排放许可的思路，即把全周期(工业革命至2050年)的全球总排放限额按照各国目前(如2007年)的人口规模公平分配，核定各国的排放许可。各国实际发生的累积排放超过或者低于排放许可限额的，可以通过交易调剂余缺，实现排放许可的优化配置。

丁仲礼等人把1900—2050年期间全球燃用化石燃料排放二氧化碳(CO_2)的总量，按照各国人口比重在国别间进行划分。在此基础上，他们根据各国1900—2005年期间实际排放与其排放许可限额的对比情况划分了四种类型的国家：“已形成排放赤字国家”、“排放总量需降低国家或地区”、“排放增速需降低国家”和“可保持目前排放增速国家”。中国和印度分别属于后两类，而大部分发达国家则属于“已形成排放赤字国家”。潘家华也提出，“将有限的全球碳预算总额以人均方式初始分配到每个地球村民，满足基本需求，可以确保碳预算方案的公平性。根据历史排放和未来需求进行碳预算转移支付，设计相应的资金机制，使碳预算方案具有效率配置特征。”

发达国家和发展中国家在划分排放许可的主张方面存在巨大差异，其根本的争议焦点是：发达国家主张从晚近的时间(如1990年或某个最近的年份)开始划分全球排放许可，而之前的历史排放则遵循“祖父原则”默认为排放国的当然排放许可；而发展中国家则主张，要把工业革命以来的温室气体历史排放量，纳入全球总排放许可范畴，重新在国别间分配。

笔者认为，应把工业革命以来的温室气体历史排放量纳入全球总排放许可范畴，重新在国别间分配，主要基于如下几个方面的考虑：

第一，最新的气候科学研究进展发现，“碳循环模型试验表明：每单位CO_2排放的温升效应不依赖既有的CO_2浓度；温度对于CO_2排放的响应在几十年乃至几个世纪的时间尺度上，是大体稳定的。”这意味着：(1)历史排放对当前乃至未来的温升都发挥着作用，任何国家的历史排放都会在未来长达几百年的时期内产生温升效应，进而对其他国家、对后代人造成不利影响。也就是说，如果沿用“先到先得”的办法划分国别间排放许可,就没有充分考虑“先到者”的历史排放对其他国家带来的大量负外部性。所以，不能沿用“祖父原则”来划分国别间排放许可，更不能因为对气候变化的理论认识只是晚近的事情，就把历史排放视为排放者的当然排放许可，而应该把从工业革命至今的累积排放量全部纳入全球排放许可，在所有国家之间予以重新分配。发达国家所主张的从1900年、1950年或者1990年等开始核算和划分全球排放许可的做法都没有科学依据。(2)各国历史排放无论是作为一个部分计入全球排放预算范畴时，还是作为各国对其排放许可的消耗进行核算时，都应按照实际的量足额计算，而不能按照碳循环或CO_2衰减的经验公式进行折扣。

第二，排放与生产活动之间是高度相关的。也就是说，排放许可的额度就是发展条件，就是“发展权”。没有任何先验的理由剥夺发展中国家的人民享有和发达国家一样丰裕的物质文化生活的权力。当今发达国家的人民今天在享受其“祖父们”遗留下来的物质文化遗产时，也必须承担其遗留下来的历史排放对别国的负外部性责任。而当今发展中国家人民在未来追求丰裕的物质文化生活时，也应该赋予其对等的排放许可。如果划分国别间排放许可时，把历史排放视为实际排放国的当然排放许可，实际上就等价于让发达国家挤占了发展中国家赖以追求幸福生活的排放许可空间。事实上，发达国家的学者也认为，不能因为一个国家过去排放多就赋予其更多的未来排放空间，相反，过去排放多，应该在未来多减排。基于上述两点分析，笔者认为应综合考虑这些因素，把历史排放纳入全球总排放的许可范围内，在国别间重新公平分配。

（二）划分国别排放许可时如何处理贸易中涉及的转移排放

这里想特别说明的是，虽然有大量文献强调贸易中内涵的转移排放因素，认为净出口中内涵的转移排放应该从净出口国的排放量剔除；对称地，把这些转移排放视为对净进口国的排放许可的消耗。针对这些观点，笔者认为，只要按照一定原则在国别间清晰而公平地划分排放许可限额，就不必根据贸易中内涵转移排放再进一步核增或核减各国排放许可。这是因为在划分排放许可之后，就相当于界定清楚了各国排放的产权，排放许可就成为了私人产权性质的生产要素，其价值势必会体现在最终商品价格中。这样，贸易品的价格内就包含了排放这一要素的机会成本。这种条件下，一个国家可以在两种情形中权衡取舍：或消耗自身的排放许可，生产某产品并出口，以获得货币收益；或不生产也不出口该产品而节约排放许可，并直接出售这些排放许可以获得货币收益。如果一个国家选择了出口高排放密集度的产品，那就意味着这个国家认为这样做更合算。也就是说，在界定了各国排放许可的前提下，就无须再对贸易中内涵的转移排放单独进行考虑。

当然，历史上发生的贸易内涵的转移排放实际上是在排放许可没有清晰界定、排放作为公共物品没有定价的情况下发生的。这意味着在国际贸易的历史中，各国没有把排放许可作为有价的稀缺要素予以充分考虑。也就是说，应该把排放许可没有清晰界定之前发生的贸易所内含的排放，在国别间核算清楚。不过，这并不意味着应该把某国历史上所有出口中的内涵排放都从该国实际排放中扣减。比较严谨而合理的做法是，通过一般均衡模型，估计出排放的影子价格和其他产品的影子价格，进而估计出该影子价格体系下的影子贸易格局。以该影子贸易格局作为比照基准，把超过该基准的出口中内涵的排放从出口国实际排放中扣除，同时也对进口国进行对称的处理。

六、公平分配后实施碳边境调节措施有违WTO的基本原则

有一些学者主张，承担减排义务的国家可以对从未承担减排义务国家进口的碳密集产品实施碳边境调节措施。世界贸易组织（WTO）和联合国环境规划署的联合报告《贸易和气候变化》也正式提出并深入分析了这一问题。按照这些文献的观点，不管承担减排义务的国家是用碳排放税，还是用排放许可制度，它们都适用碳边境调节措施。提出该主张所援引的理论依据是，国别间承担的减排义务不同会影响到各国产业竞争力，并且会导致碳泄漏。

不过，正如上述WTO和UNEP的报告所指出的那样，实施碳边境调节措施将面临许多具体操作难题，并且这种边境调节措施与WTO/GATT中的例外原则和一般原则能否相容，都值得再进一步深入分析。理论模型的模拟分析也表明，边境调节措施对相关国家的产业竞争力以及碳泄漏问题所起到的影响都非常有限。

笔者想指出的是，一旦将国别间的可交易排放许可作为全球气候治理的政策工具，明晰地界定了各国初始排放许可额度，那么各国的排放权就成为一种类似于土地、资金、石油一样的产权明晰的生产要素禀赋，各国也就没有任何理由实施碳关税或其他各种形式的边境调节措施了，其主要原因在于：

第一，在国别间界定排放权的情况下，各国的碳价格（或碳税税率）虽然会有差异，虽然会对各国产业的成本水平带来不同的影响，但这是由各国碳禀赋的相对丰裕程度所决定的，而不是政府补贴或者政策差异造成的。正如前文指出的那样，在界定初始排放许可之后，每个国家既可以直接出售排放许可，也可以自用排放许可并出售最终产品，该国在权衡两者之后，它会分析出哪种途径带来的经济利益会更大，就会采用哪个。在全球排放许可二级市场价格统一的前提下，如果某个国家生产并出口某种产品，那就表明该国经过权衡后认为，这样做比直接出售排放许可能取得更大利益。如果本国的某些排放密集度较高的产品无法承受排放许可的国际价格而缺乏竞争力，那么该国企业完全可以停止生产这种产品，而把节余出来的排放许可用于出售而获益，或者用于生产排放密集程度较低的其他产品。在世界贸易组织（WTO）的基本原则之下，资源禀赋结构的差异不能成为征税或边境调节措施的依据，因为禀赋差异不是政府政策造成的。例如，不能以中东国家石油禀赋多为理由，对中东国家的石化产品征收关税。也如同美国不能一边组织劳动密集的纺织业生产，一边对来自发展中国家的纺织品征收进口关税一样。

第二，在国别间界定排放权的情况下，所谓“碳泄漏”也不成其为问题，因为任何国家的排放许可都是有限的，无论高排放产业在全球之间如何转移，各国总排放均不得超过自身的许可额度。一个国家想承接高排放产业转入本国，必须以不超过自身排放许可为前提。这样，也就保证了全球总的排放不会超过规定额度。

七、结论

目前的国际气候谈判属于典型的“囚徒困境”博弈，在这个博弈中，各方的不减排策略是“占优战略”，由此形成的纳什均衡结果就是都不减排。为此，国际社会必须寻找有效的全球气候治理的政策工具。

从理论研究和实践操作的角度看，有三大类可用的政策工具，分别是行业技术标准、全球排放税和交易排放许可。为了对这些政策工具进行比较分析，笔者对文献中提出的环境政

策工具比较标准进行了筛选和丰富，选择了四条标准（即“能否保障全球减排目标实现”、“是否具有公平性”、“排放的静态配置效率如何”和“促进减排技术进步的动态效率”）对上述三类政策工具进行了比较分析。结果表明，行业技术标准类政策工具在四个评价标准方面均不如其他另外两类工具；全球排放税的政策工具在排放的静态配置效率方面比行业技术标准类政策工具有优势，而在其他三个方面的优势却不突出。

较之上述两种政策工具，笔者认为，综合优势最突出的气候治理政策工具是可交易排放许可，不过这一工具的实施需要具备几个基本要点：第一，全球工业革命以来至今的所有历史排放，要和未来全球的排放许可一起纳入全球总排放的许可范畴，在所有国家之间进行公平分配。第二，将所有国家都纳入该工具适用范围内。第三，到目标年份时，各国排放账户实现平衡。具有这些要点的国别间可进行交易，排放许可政策工具既能充分体现国别间公平性，也能有效克服国别间的碳泄漏问题，保障全球减排目标实现；另外，它还能通过各国之间的排放余缺交易实现排放的静态配置效率最优，并有效促进减排技术进步。

本文另外两条重要结论是：第一，只要按照一定原则在国别间清晰而公平地划分排放许可限额，就不必根据贸易内涵的转移排放，核增或核减各国排放许可。而对排放许可没有清晰界定之前发生的贸易所内含的排放，虽然应该在国别间核算清楚，但并不意味着应该把某国历史上所有出口中的内涵排放都从该国实际排放中扣减。严谨而合理的做法是，通过一般均衡模型估计出排放的影子价格和其他产品的影子价格以及该影子价格体系下的影子贸易格局。之后，以该影子贸易格局作为比照基准，把超过该基准的出口中内涵的排放从出口国实际排放中扣除。对进口国则进行对称处理。第二，在可交易排放许可框架下，征收排放关税或实施其他边境调节措施有违 WTO 原则。在国别间界定排放权的情况下，各国的碳价格（或碳税税率）虽然会有差异，但这是各国碳禀赋的相对丰裕程度所决定的，而不是政府补贴或者政策差异造成的。在国别间界定排放权之后，所谓的碳泄漏也迎刃而解，因为任何国家的排放许可都是有限的，一个国家想承接高排放产业转入本国，必须以不超过自身排放许可为前提。如此一来，可交易排放许可政策工具也就能为全球总排放不超过规定额度提供了保障。

（作者：国务院发展研究中心发展战略和区域经济研究部研究员）

（选自《世界经济与政治》2011 年第 5 期）

全球气候变暖背景下俄罗斯加强低碳经济发展的路径选择

戚文海　矫　萍

近年来，全球气候变暖，生物多样性锐减，气候灾害频发。这与人类过度地消耗化石能源存在密切的因果关系。虽然能源给当代人的生活带来了一定的舒适和便利，但是全球能源消耗量持续增加的趋势不仅使世界能源供应面临严峻的挑战，而且给全球减少温室气体排放带来巨大的压力。越来越多的国家在制定本国能源战略和政策时，已将环境因素放在优先考虑的地位。不少国家的能源战略强调，以发展新能源替代化石能源，实现《京都议定书》中规定的温室气体控制目标。

俄罗斯科学院经济研究所风险与危机分析中心主任波尔菲利耶夫教授指出："受气候波动的影响，世界各地将发生根本性的变化，进而引起经济条件的改变，甚至在不久的将来形成新的世界经济。新的技术构成将决定国家的面貌，其中生物和超微技术以及低碳经济等都将起到决定性作用。"在《京都议定书》建立的减、限排温室气体总量机制下，大气中温室气体排放空间凸显为一种稀缺的经济资源，拥有这种资源就等于拥有温室气体排放权和经济发展空间。《京都议定书》规定，多余的二氧化碳排放配额可以出售。美国为了国内集团利益拒绝批准《京都议定书》。俄罗斯于2004年11月批准了《京都议定书》。俄罗斯之所以能够完成《京都议定书》规定的减排量，是因为这一指标是以1990年的温室气体排放量为标准设定的。苏联解体后，俄罗斯的经济水平急剧下降，温室气体排放量也随之大幅减少。在未来几年中，即使在大力发展经济、污染上升的情况下，俄罗斯仍然可以达到《京都议定书》的要求。

一、全球气候变暖背景下俄罗斯节能减排面临的严峻形势

世界银行2010年3月发布的一份报告指出，尽管拥有潜在的资源，但因东欧和中亚地区一次性能源和电力需求增长过快，而能源领域内的投资又相对滞后，尤其是在能源资产维护和升级换代方面资金严重不足，该地区将面临整体能源紧张问题，能源供应前景堪忧，未来20年需要超过3万亿美元的投资。世界银行在这份关于东欧和原苏联地区能源前景的报告中说，到2030年，东欧和中亚地区的一次性能源需求预计将增长50%，电力需求将增长90%。要想维持或提高能源产量以满足能源需求，需要大量的投资。报告估计，2010—2030年，要确保油气和煤炭的供应，一次性能源的开发资金约需1.3万亿美元。另外，该地区的电力基础设施急需升级改造。从20世纪90年代初

以来，该地区的发电能力几乎没有增加，发电厂破旧不堪。在未来的20—25年，电力行业基础设施投资约需1.5万亿美元，城区供热设施投资约需5000亿美元。

作为世界能源大国，俄罗斯拥有世界天然气储量的35%，石油储量的12%。油气出口是俄罗斯预算收入的重要来源。因此，自经济转轨以来，俄罗斯政府把发展能源工业视为保障财政稳定、促进经济增长的关键性因素。俄罗斯可再生能源资源规模超过46亿吨标准燃料。但是，由于科研投入不足，可再生能源利用率很低。目前，全俄发电总量为1.01487万亿千瓦时，利用可再生能源的发电装置与电站的总装机容量不到2200兆瓦，每年利用可再生能源发电量不到85亿千瓦时，占全俄发电总量的近1%。

此外，俄罗斯能源浪费现象也很严重。据俄有关专家预测，无须增加能耗，只通过经济结构调整，就可以实现俄罗斯近50%的经济增长量，通过采取节能工艺又可以取得20%的增长量。非低碳能源及低效技术的肆意使用，使俄罗斯在气候变暖方面付出了代价。据专家估计，俄罗斯的气候变暖程度将超过世界平均指标：2001—2027年，全球平均气温将提高0.4摄氏度；而2001—2015年，俄罗斯平均气温就将提高0.6摄氏度。俄前总理祖布科夫指出，低效利用能源有1/3来自建筑业和工业，1/4来自住房公用事业，1/10来自交通运输业和农业。过时的电网和照明系统使俄电力损耗率达到60%。目前，俄罗斯国内生产总值（GDP）的能耗水平是世界平均水平的两倍，约有1/3的燃料能源被浪费或者没有有效利用。祖布科夫强调，降低俄GDP中的能耗要依靠发展低能耗生产、推广新技术和使用替代能源，并合理使用现有资源（包括燃料、电力和天然气）。除了气候恶劣等自然因素外，能源价格被低估、节能意识淡薄、能源工业管理不善、市政基础设施严重滞后、工业生产布局与结构不合理等造成俄罗斯GDP单位能耗高企（是工业发达国家的3倍以上）。世界银行报告指出，2005年俄罗斯是世界第三大二氧化碳（CO_2）排放国，仅次于美国和中国。根据国际能源署数据，2003年俄罗斯GDP单位能耗是丹麦、日本、瑞士、挪威和英国的16倍以上。目前，俄罗斯在能效方面远远落后于其他国家：俄罗斯GDP的单位能耗率比世界平均水平高1.5倍，超过发达国家2.5倍。俄罗斯供热效率比德国和法国低约17%，比斯堪的纳维亚国家低2/3。根据专家的估计，俄罗斯供热系统的流失量达产热总量的50%，而芬兰仅为6%。

为此，俄总理普京在2008年6月的俄罗斯电力部门发展会议上指出，必须在2020年前将俄罗斯经济的能源效率提高40%。到2020年，俄罗斯的电力需求将增长70%。但这只是专家的估计。实际上，如果俄经济继续按照目前的情况增长的话，电力需求的增长还会更大。为了满足这一需求，必须积极地发展俄罗斯国家电力综合体。目前，除了水电，俄罗斯其他可再生能源利用率很低：风电总装机容量不足1万千瓦；仅有的4座地热电厂总装机容量为8万千瓦；太阳能和生物能尚无供电能力；每年利用可再生能源（不含装机容量25兆瓦以上的水电站）发电量不到85亿千瓦时，占全国发电总量不到1%。而在石油、天然气等能源部门，存在一些结构性问题。例如，石油勘探投资严重不足，开采条件日益恶化，闲置油井大量增加，以及采油设备老化导致的采油率下降等问题大量存在；天然气产地过于集中，难采气田增加，探明储量增长乏力；油气运输管道设备老化和超期服役造成浪费严重，管道投资匮乏，且运力不足。这些必将从根本上推动俄罗斯走低碳经济发展之路。

二、俄罗斯应对全球气候变暖发展低碳经济的特殊意义

上面已经提到，只通过经济结构调整，就可以实现俄罗斯近50%的经济增长量，而通过采取节能工艺又可以获得20%的增长量。也就是说，只有约1/3的增长量需要靠增加能源获得。根据俄方评估，俄罗斯工业企业推广节能技术，每年潜在的经济效益可达242亿美元，每年的节能潜力为3.6亿—4.3亿吨标准煤，占每年能源需求的35%—40%。其中，燃料能源企业占1/3，工业和建筑业占1/3，市政管道占1/4，交通运输业占6%—7%，农业占3%。俄总统梅德韦杰夫表示，到2020年俄罗斯准备将本国的温室气体排放量减少25%。

低碳经济提出的大背景是，全球气候变暖对人类生存和发展提出了严峻的挑战。随着全球人口和经济规模的不断增长，能源使用带来的环境问题，如光化学烟雾、酸雨以及大气中二氧化碳（CO_2）浓度升高带来的全球气候变化已成为不争的事实。在此背景下，“碳足迹”、“低碳经济”、“低碳技术”、“低碳发展”、“低碳生活方式”、“低碳社会”、“低碳城市”以及“低碳世界”等一系列新概念和新政策应运而生。而能源利用与经济发展及其价值观实行大变革的结果，可能将为人类逐步迈向生态文明开辟一条新路，即摒弃20世纪传统的经济增长模式，应用创新技术和创新机制，通过低碳经济模式和低碳生活方式，实现社会可持续发展。

所谓低碳经济，是指在可持续发展理念指导下，通过技术创新、制度创新、产业转型和新能源开发等多种手段，尽可能地减少煤炭、石油等高碳能源消耗，减少温室气体排放，达到经济社会发展与生态环境保护双赢的一种经济发展形态。发展低碳经济，一方面是积极承担环境保护责任，完成国家节能降耗指标的要求；另一方面是调整经济结构，提高能源利用率，发展新兴工业，建设生态文明。这是摒弃以往先污染后治理、先低端后高端和先粗放后集约的发展模式的现实途径，是实现经济发展与资源环境保护双赢的必然选择。作为资源大国的俄罗斯，发展低碳经济也是其客观必然的选择。低碳经济是低碳发展、低碳产业、低碳技术以及低碳生活等一系列经济形态的总称。低碳经济以低能耗、低排放和低污染为基本特征，以应对碳基能源对气候变暖的影响为基本要求，以实现经济社会的可持续发展为基本目的。发展低碳经济的实质之一在于实现能源的高效利用，是经济从高碳能源时代向低碳能源时代演化的一种发展模式。

低碳经济作为一种新的经济发展模式，具有以下三方面的内涵。

首先，低碳经济是相对于基于无约束的碳密集能源生产方式和能源消费方式的高碳经济而言。因此，发展低碳经济的关键在于降低单位能源的碳排放量（即碳强度），通过碳捕捉、碳封存和碳蓄积降低能源消费的碳强度，控制二氧化碳（CO_2）排放量的增长速度。

其次，低碳经济是相对于基于化石能源的经济发展模式而言。因此，发展低碳经济的关键在于促进经济增长与由能源消费引发的碳排放“脱钩”，实现经济与碳排放错位增长（碳排放低增长、零增长乃至负增长），通过能源替代、发展低碳能源和无碳能源控制经济体的碳排放弹性，并最终实现经济增长的碳脱钩。

最后，低碳经济是相对于人为碳通量而言的，是一种为解决人为碳通量增加引发的地球生态圈碳失衡而实施的人类自救行为。因此，发展低碳经济的关键在于改变人们的高碳消费倾向和碳偏好，减少化石能源的消费量，减缓碳足迹，实现低碳生存。

可以认为，低碳经济是一种由高碳能源向低碳能源过渡的经济发展模式，是一种旨在修复地球生态圈碳失衡的人类自救行为。

低碳经济发展模式下的新兴产业革命本质上是要解决产业生产力与生态生产力相互融合的问题（从根本上说依然是一个技术与生产力革新的问题）。单纯希望从“低碳消费方式变革”的角度入手实现低碳经济发展并催生相应的新兴产业革命是不现实的，因为这种思路只顾及了消费角度而忽略了从生产角度去思考问题。因此，从技术变革和生产力进步的角度看，低碳经济发展模式及其所蕴含的新兴产业革命本质上要解决的核心问题是如何使这种发展模式下的产业生产力与生态生产力相互融合而不是相互抵消。

（一）结构节能

能源消费水平与国民经济结构密切相关。由于不同产业的能源强度相差悬殊，调整、优化国民经济的产出结构也就成为节能行动的第一选择。其要点有三：一是产业高度化。在三次产业上由第二产业占优势逐渐向第三产业占优势演进，在产业组织上由能源资源密集型产业占优势逐渐向技术密集型、资本密集型和劳动密集型产业占优势演进，在产业产品上由初级产品占优势逐渐向中间产品、终端产品占优势演进。二是产业优化。优化产业内部各行业的能源消费结构，淘汰落后产能，重点是工业、交通运输业和建筑业。三是节能绩效传递。产业高度化和产业优化意味着节能绩效可以在不同国家间进行传递，由于各国能源赋存和经济发展阶段的差异，节能绩效传递为结构节能的全球性优化配置提供了可能。

（二）技术节能

技术进步从供给和需求两方面推进节能。一方面，新产品、新技术、新设备、新材料和新工艺的广泛使用提高了石油的采收率和煤炭的回采率，提高了能源资源的利用率，进而从供给方放松能源的“存量约束”；另一方面，持续的技术进步将有效改善能源的使用效率，降低等量能源服务的能源消费量和单位 GDP 的能源消耗量，进而从需求方放松能源的“流量约束”。从现状看，宏观经济学主要从三方面探寻技术进步与节能的内在联系：一是能源价格上升引发的“诱致性技术创新”。很多研究认为，能源价格上升将激发和诱导技术创新，进而提高能源效率。这种想法最初来自英国经济学家约翰·布克斯。他认为，生产要素相对价格的变动会刺激创新，使技术向着更经济地利用生产要素的方向发展。二是能源价格上升引发的“诱致性消费倾向”。随着能源价格上升，人们会倾向于使用能源效率更高的产品（如低油耗汽车、高能效空调）。从长期看，这一消费倾向将影响技术变革的方向。三是技术引进与节能的制度安排。由于发达国家拥有更为先进的节能技术，理论上它们应该为广大发展中国家无偿提供相关的节能技术，但这常常受各种条件的制约。

（三）能源替代

本质上，结构节能和技术节能是建立在能源消费基础上的。能源替代则另辟蹊径，以不消费能源（或不消费常规能源）实现节能。宏观经济学从三方面探寻能源替代的具体途径：一是劳动力与能源的替代关系。探究劳动力与能源在多大程度上可以替代或互补，在什么范围、什么程度上的替代是合理的。二是资本与能源的替代关系。随着能源价格的提高，节能技术大量使用，节能资本的投入使得能源消耗下降，两者表现为替代关系。资本和能源之间的替代关系说明了节能投资的必要性，并引申出能源金融需求。三是新能源与常规能源的替代关系。这方面需要研究新能源替代常规能源的“能源替换周期”规律，包括商品能源性的最优内部结构、非商品能源的合理比重、电能与一次性能源的合理比例以及新能源与可再生能源的地位和发展前景等。

三、俄罗斯应对全球气候变暖发展低碳经济的路径选择

（一）对提高能源资源利用率做出总体的战略性安排

俄罗斯能源发展战略的制定经历了较长时间。能源发展战略目标明确，所涉及对象明确。俄能源区域发展具有地域资源特点，相应的能源政策针对性强，对每一种能源，如石油、天然气、煤、电能（包括核能和热能）以及能源输送等的发展都提出了经济体制改革问题以及为实现改革所应创造的必要条件。同时，指明了能源工业与其他工业部门的相互关系，能源工业科技和创新的重要意义，并且明确了能源战略实施系统。它包括：联邦政府行动计划，实施国家能源政策的指标体系，原有相关规划的修订以及利用国家信息资源建立的能源战略实施监控系统。俄罗斯政府颁布的《2020年前俄罗斯能源发展战略》明确要求降低单位生产能耗，采用激励措施尽量减少能源开发对环境的影响，并将与此相关的技术列入能源战略的优先发展方向。在能源工业科技和创新政策方面，要充分利用世界基础科学和应用科学在能源领域的研究成果，完善国家在能源领域科技和创新活动的调控机制，制定科技和创新活动规划，实施国家科技政策在能源领域的优先发展项目。

为了加速能源工业的发展并保障国民经济对能源的需求，俄罗斯政府于2009年8月27日通过《2030年前俄罗斯能源战略》，取代目前实行的《2020年前俄罗斯能源发展战略》。该文件旨在最大限度地提高自然资源利用率，以确保经济稳定发展、提高居民生活质量和巩固俄罗斯的国际地位。俄总理普京在政府会议上指出，必须通过落实能源战略来确保国家未来的能源需求，巩固俄在全球市场的地位。他还表示，必须增加核能、水电和其他可再生能源在能源结构中所占的比重。新能源战略分三个阶段实施：2012—2015年为第一阶段，主要任务是克服能源危机，为后危机时期加速能源发展、实现能源综合体现代化创造条件；2020—2022年为第二阶段，主要任务是实施燃料能源行业创新发展计划，提高经济领域的能源利用率；2030年之前的一段时间为第三阶段，主要任务是大力提高传统能源的利用效率，并为向新能源过渡创造条件。到2030年，使非燃料能源的比重从目前的10%增至14%。

新能源战略对俄罗斯今后的能源发展提出三大任务：一是确保国家未来的能源需求，并提高俄罗斯在全球能源市场上的地位。俄总理普京指出，通过实施新的能源战略，首先应当保障国民经济对能源的全部需求，并提高俄在世界能源市场上的地位。他认为，最重要的是消除对能源基础设施发展的限制，特别是对电力基础设施的限制。二是保障能源资源储备快速增长。要采取措施增加石油、天然气、煤和铀的探明储量，以保障每年探明的资源储量超过每年的开采量。为此将加大对远东和东西伯利亚以及大陆架能源资源的开发力度。三是大力发展非燃料能源。一方面，在增加油气产量的同时加大深加工力度，大力发展石油化学和天然气化学工业。同时，大力发展非传统替代能源。要加大水电和核电建设，还要发展太阳能和风能。新能源战略规定，2030年俄罗斯石油产量达到5.3亿—5.35亿吨，天然气产量达到8800亿—9400亿立方米，发电量达到1.8万亿—2.2万亿千瓦时；石油出口达到3.29亿吨，天然气出口达到3490亿—3680亿立方米。新能源战略还提出，到2030年国民经济中的能源消耗比重将降低50%。为实现上述任务，俄罗斯计划耗资60万亿卢布（约合2万亿美元，其中90%来自私人投资）用于发展能源工业。

2009年11月26日，俄罗斯能源战略评估中心发布信息，2009—2030年俄罗斯将分三阶段向石油领域投资6090亿—6250亿美元。第一阶段为2013—2015年，预计向石油综合体投资1620亿—1650亿美元，其中1110亿美元用于石油开采和勘探，开采量可达4.86亿—4.95亿吨；第二阶段为2020—2022年，将投入1340亿—1390亿美元，开采量达到5.05亿—5.25亿吨；第三阶段为2030年之前的一段时间，将投入3130亿—3210亿美元，开采量将比现在增长10%，增至5.3亿—5.33亿吨。石油综合体的战略任务之一是最大限度地回收和利用石油伴生气，提高资源综合利用能力。到第一阶段末期，即2015年，石油伴生气的利用率将达到95%。

2009年12月14日，俄总统梅德韦杰夫签署俄罗斯气候政策的根本性文件——《俄罗斯气候学说》。《俄罗斯气候学说》由俄总统及联邦政府委托自然资源部制定。该文件由四部分组成，是俄罗斯政府在气候政策上的总纲，反映了政府在气候变化问题上的根本看法，提出了俄罗斯气候政策的目标、内容和实施方式。其中包括在气候变暖的情况下政府应采取的措施。《俄罗斯气候学说》将促使俄罗斯经济适应当前和今后的气候变化。俄联邦自然资源部将根据该文件制定一系列措施，以降低自然灾害等紧急情况所造成的损失，确保各经济领域更加稳定地发展。俄政府及联邦安全会议将监督《俄罗斯气候学说》的实施。

（二）*在节能方面的法律法规及措施*

为提高能源利用效率，将在能源开发、能源运输方式和设备利用各个环节进行技术改造，充分利用信息网络提高能源系统管理水平和能源运输效率；利用生物工程技术实现替代能源，减缓紧缺能源的危机程度；利用化学技术发展洁净煤工程；利用计算机控制理论提高能源设备的利用效率；发展新型材料，建设节能型建筑物。

在节能方面，俄罗斯于1996年颁布了《俄罗斯联邦节能法》，2003年4月进行了修订。该法旨在调节节能过程中出现的各种关系，包括在能源开采、生产、加工、运输、存贮和使用过程中国家对节能活动的监督，研发和推广节能技术及设备，保障能源领域计量的准确、可靠和统一。目的是为有效地利用能源创造良好的环境。该法对其适用范围、具体调节关系、国家节能政策所遵循的原则、节能标准化、计量及认证、节能检验、节能经济与财政机制、节能监督、节能宣传与培训以及节能信息保障都做了规定。

1998年6月俄罗斯政府出台《关于在俄罗斯境内鼓励节能的补充措施》，采用经济机制鼓励节能，要求各部门（包括下属单位）制定节能计划，将燃料能源消费量纳入预算，并责成俄罗斯教育部开展节能教育和宣传计划；严格能耗标准，提高排放费用，改革市政公用服务支付方式，出台地方节能法规和措施等。

2008年年底和2009年年初通过的第889号俄罗斯联邦总统令，提出了提高电力能效的政策目标、可再生能源利用的宗旨和原则及相关落实措施。上述文件为俄节能领域打下了必要的法律基础。同时，俄把适应中长期发展的一系列措施列入规范文件或以规范文件的形式固定下来。2009年7月2日，俄总统梅德韦杰夫在提高能源利用效率与发展经济的会议上指出，考虑到俄罗斯在经济发展中存在能源效能不高的问题，将在国内全面推进照明节能工作。他还指出，由于过时的电网和照明系统，俄电力损耗率达到60%。俄罗斯联邦经济发展部负责人指出，从2011年1月1日开始，俄罗斯将在全国推广节能灯，并逐步取消白炽灯的生产和销售。2009年11月12日，梅德韦杰夫总统在其第二份国情咨文中强调："俄罗斯的节能计划将第一次在国家层面上开始实施。我号召俄罗斯各地方政府积极参与这一计划的实施。我们将在城市交通和日常生活中进一步提高能效。只有每个人都以节能为己任，我们才能实现全国节能的目标。"为此，梅德韦杰夫签署俄罗斯节能法命令，并于2009年11月11日在国家杜马三读通过。2009年11月18日，俄罗斯联邦议会通过《俄罗斯联邦关于节约能源和提高能源利用效率法》（新节能法）。该法旨在通过法律、经济和组织措施促进节能和提高能源利用效率，并就日常照明设定了一个"节能时间表"：从2011年1月1日起，禁止生产和销售100瓦以上的白炽灯；从2013年1月1日起，禁止生产和销售75瓦以上的白炽灯；从2014年起，禁止生产和销售25瓦以上的白炽灯。该法还规定，自2011年1月1日起，各政府机构的办公楼内必须切实采取水、电、气、热的节能措施。自2012年1月1日起，所有私人住宅必须逐步安装特殊节能设施，以进一步提高能效。此外，今后在俄罗斯市场上出售的所有耗电商品，无论是电熨斗还是电脑，都应该有"能耗护照"，并标明节能等级。

俄罗斯联邦经济发展部部长纳比乌林娜指出，从白炽灯过渡到节能灯，俄罗斯约需投资1000亿卢布。目前，俄本国生产的白炽灯单价为10—15卢布，而节能灯却高达150—300卢布；白炽灯的年生产能力为7亿—8亿只，而节能灯仅为500万只，其余全靠进口。俄罗斯联邦经济发展部目前正在积极争取于2012年前在俄境内建立节能灯生产企业，使国产节能灯的年产量达到2亿只。用节能灯取代白炽灯，只是梅德韦杰夫这场"绿色革命"整体节能计划的一部分。目前，俄罗斯在电能使用和集中供暖等方面的能耗也很大，俄制产品最终成本的能耗所占比重超过60%。根据最新节能目标，俄罗斯应在2020年前将GDP单位能耗在2007年的基础上降低40%。2009年9月底，梅德韦杰夫在政府工作会议上呼吁切实提高能源效率、在全国加强节能宣传，并要求总统办公厅、国家杜马和联邦政府在这方面做出表率。

2009年12月1日，俄总理普京签署政府令，批准了由副总理谢尔盖·伊万诺夫提交的《俄罗斯联邦提高能源效率规划》。该规划共91条，主要内容包括：根据用户登记的实物设备规定相关（节能）措施，鼓励用户使用节能技术；把提高能源效率用在商品、工作和服务上；规定了居民提高能源效率的措施；所有新建房屋在节热、节水、节能和其他参数方面应实行新标准；规定各部委在未来的几个月内制定详细的节能规划，并将其提交俄罗斯联邦经济发展部；把节能应用在个别经济部门中，其中包括交通、冶金领域；规定了提高能源效率的信息保障措施。

（三）在节能领域建构国家与地方相结合的节能计划体系

节能被视为保障经济增长的有效途径之一。为此，俄罗斯政府先后出台了一系列节能计划。

1.《1998—2005年俄罗斯节能联邦专项计划》（1998年1月24日出台）

该计划旨在采用市场机制和国家调节措施推广环保、高效和节能的技术与设备，使俄经济走上节能发展道路。目标是在1998—2005年间节约3.65亿—4.35亿吨标准煤，2005年GDP单位能耗降低13.4%。计划分两阶段实施：1998—2000年和2001—2005年。

2.《2002—2010年高能效经济联邦专项计划》（2001年11月通过）

其目的和宗旨是通过全面使用节能技术和设备使俄罗斯经济走上节能发展道路，为经济提供可靠的能源保障，降低能源产业生产成本（包括运输、加工和消费）及其对环境的不良影响，保持并扩大燃料能源企业出口能力。计划分两阶段完成：2002—2005年和2006—2010年。计划资金7.00466万亿卢布，其中502.6亿卢布由联邦预算保证。

3．《2007—2010年及至2015年高能效经济联邦专项计划》

这是俄罗斯节能领域最新的联邦专项计划，2006年由俄罗斯工业和能源部公布，目前还只是草案。该计划规定在2007—2015年节约1亿吨标准煤，其中2007—2010年节约3500万吨标准煤。与《2002—2010年高能效经济联邦专项计划》相比，这个计划主要立足于节约财政资金，限制能源使用。

除联邦专项计划外，各部门和地方也纷纷出台自己的节能计划。截至2004年年底，俄罗斯有26个联邦级部和机关制定了自己的节能计划，有78个联邦主体出台并实施了650多项节能计划。其中，地区计划45项，各经济门类计划69项，地方和城市计划537项。

（四）加强以核能为代表的新能源开发工作，并确定新能源的优先发展方向

早在国际金融危机前，俄罗斯的新能源战略就已经启动。在巩固及提高传统能源效率的基础上，俄罗斯加强了对新能源的开发工作。2007年8月，俄罗斯批准了2015年前发展热核能的能源战略。该战略投资近5150亿卢布。时任俄罗斯第一副总理的伊万诺夫在评估这项投资时表示："发展热核能值得投资这么多。"在随后发表的声明中，他又表示："发展热核能的战略使俄罗斯向开辟新能源时代前进了一大步。"根据《2020年前俄罗斯能源发展战略》，俄罗斯将热核能、氢能、快速核反应堆、潮汐发电、太阳能和化学发电作为新能源的优先发展方向，其中的重点仍是具有传统优势的核能领域。俄罗斯发展核能的另一个目的是减少国内对天然气的需求，扩大出口。2005年，俄罗斯核能发电量取代了3500亿立方米天然气，而这些天然气出口给俄罗斯带来了巨大收益，可谓一举两得。梅德韦杰夫总统在参加俄经济现代化及工艺技术发展委员会全俄科学物理实验会议上指出，世界上希望提高核能利用份额以平衡国家能源战略的国家越来越多，因此，核能高新技术产品和服务市场也会随之扩大。俄罗斯应当占据与本国核能潜力相应的市场份额。为此，俄罗斯提出核能研究和实用领域的三大目标：在最近两三年内利用现代化工业和大量科学工艺，使水—水式反应堆性能达到最优化；在中期规划中，要在利用封闭燃料循环动力的中子快速反应堆基础上建成新的核能技术工艺平台；在长期规划中，必须实际掌握可控热核合成技术工艺，并达到实用化，以作为未来能源的基础。

目前，俄共有10座核电站，包括31个核电机组。俄罗斯能源部部长赫里斯坚科指出，希望在13年内将俄罗斯核能发电总量的比重从目前的16%增至23%—24%。俄罗斯联邦能源部制定了一个规划，从2007年开始每年建设两个核电站发电机组，2011—2012年在俄境内每年将有两个新的核电站发电机组投入使用。自2016年起，每年新建3个核电机组，在2018年或2020年后，这一数量可能增至每年4个。2015年前俄政府将从联邦预算中拨款6740亿卢布（1美元兑换26.04卢布）用于发展核工业。之后，俄核工业有望依靠自身的资金建设新的核电机组。与此同时，俄政府还加大了在该领域的投资力度，2007年拨款541亿卢布（1美元约合27卢布）发展核电。目前，俄罗斯正在加紧研制更安全的第四代核反应堆。2010年2月俄政府批准《2010—2015年及2020年新一代核能技术》。俄总理普京表

示，俄罗斯将在研发新一代核能技术的基础上，建设更为高效、洁净的核电站。即建设使用MOX燃料的快中子反应堆，它用1公斤铀产生的能量是日前热中子反应堆的100倍。MOX燃料又称铀钚混合氧化物燃料，使用MOX燃料的快速反应堆可以极大地减少核废料的产生。核电站发电使用后的燃料叫乏燃料，乏燃料中含有未被用尽的铀及其所产生的钚。MOX燃料就是把乏燃料中含有的铀和钚经处理做成的。这种做法可以大大提高天然铀资源的利用率，从而提高核电站的经济效益。生产MOX燃料的工厂将于2014年投产，到2019年将建成使用MOX燃料的反应堆样机。这是一种未来技术，15—20年后，俄罗斯将在国内外积极建设此类核电站。俄罗斯政府为该计划批准的预算为1283亿卢布（约合43.1亿美元），其中1104亿卢布来自政府预算。最终的拨款额还需经过俄罗斯财政部的同意。但俄罗斯战略和技术研究中心专家安德烈·弗罗洛夫认为，1283亿卢布的投资未必能完成包括建设样机在内的所有工作。现阶段，俄罗斯正在国内外着手设计并建造15个核电机组，将其在全球核电站建设和运营市场中所占的份额由目前的16%提高至25%。俄罗斯将大批建设核电站作为自己的能源优先项目之一。2020年前计划建造26个核能发电机组。

（五）明确利用可再生能源提高电力效率的国家政策重点与方向

在可再生能源利用方面，俄总理普京于2009年1月20日批准《2020年前利用可再生能源提高电力效率国家政策重点方向》（以下简称《政策重点》）。《政策重点》确立了可再生能源利用的宗旨和原则，规定了可再生能源发电、用电规模指标及相关落实措施。2020年前俄罗斯利用可再生能源发电、用电（不含装机容量超过25兆瓦的水电站）的指标为：2010年占发电、用电总量的1.5%，2015年占2.5%，2020年占4.5%。俄政府责成能源部、工业和贸易部协调实施《政策重点》，针对每一种可再生能源分别提出相应指标，进一步细化包括装机容量、电力生产在内的其他指标，监督可再生能源电力发展，采取相应措施达到上述目标。俄专家估计，俄罗斯可再生能源资源规模超过46亿吨标准燃料。但由于科研投入不足，俄罗斯可再生能源利用率很低。然而，伴随着化石能源的进一步消耗，有预测认为，至2020年俄罗斯对可再生能源的需求将占能源总需求的30%，政府制定的上述目标远不能满足未来的能源需求。与其他国家相比，该目标同样显得过低。欧盟计划在2010年前可再生能源满足其能源总需求的11.5%，到2020年达到20%，2030年达到30%；在加拿大和美国，虽然各地方政府发展可再生能源的目标不同，美国的同期目标最高达30%，加拿大略低，为15%，均远超俄罗斯。即便是综合国力同俄罗斯不可同日而语的印度，预计2020年前也能让可再生能源占到其能耗总量的10%。

水电是俄罗斯新能源的旗帜，在原苏联时期便得到重视并发展至今。目前，俄水电装机容量为2500万千瓦，由政府参股的俄罗斯水电公司负责运营。为了节约水电，2003年，俄罗斯通过《电力法》。电力改革随之启动。2008年7月，历时5年的电力改革结束，但电力市场开放有3年的过渡期。换句话说，从2011年起，俄罗斯将按照市场规律，以自由价格出售电力。在电力改革的推动下，曾经垄断俄罗斯电力行业的统一电力公司淡出历史舞台。目前，俄全国有2/3的地区已经脱离了由政府控制的能源供应网络，涉及人口达2000万，约占全国人口总数的1/7。这些地区也因此成为新能源的“试点区域”。纵观改革成果，虽远称不上丰硕，但考虑到诸多发展阻力，也算是有了一个良好的开端。

在风电领域，俄目前的风电站分布于三个地区：西部的加里宁格勒州、东北部的楚科奇自治区和西南部的巴什科尔托斯坦共和国。三地的装机容量分别为5100千瓦、2500千瓦和2200千瓦。目前，包括列宁格勒州在内的7个联邦主体正在修建新的风电站，建成后预计可新增装机容量27.6万千瓦。

在太阳能领域，俄罗斯有很多地区拥有充沛的光照资源，尤以西伯利亚和远东地区为佳。此外，黑海和里海之间地区也是发展太阳能的理想区域。目前，俄罗斯国有纳米技术集团已经在西伯利亚的伊尔库茨克市开展多晶硅研发工作。

在地热领域，位于俄东北部的勘察加州拥有4座地热电厂，装机总容量8万千瓦。俄政府还在制定新的地热电厂建设计划。在生物能领域，专家预计，俄罗斯深厚的农业基础可生产出8.5亿升生物燃料，但尚未得到充分应用。目前，俄罗斯和乌克兰两国合资在西伯利亚的鄂木斯克市建有一座乙醇燃料工厂。

可燃冰是一种天然气水合物，被称为21世纪的替代能源，开发利用潜力巨大。俄罗斯总理普京在考察贝加尔湖时，曾潜入深约1400米处的湖底，探查水底的可燃冰。专家估计，贝加尔湖底蕴藏着大量可燃冰，含量超过相当于1万亿立方米的天然气。未来的贝加尔湖也许会成为俄罗斯新的能源开发基地。此外，为了探索新能源，俄罗斯已将目光投向外星能源领域。据一项估算显示，1吨氦-3的价值约为100亿美元，用飞船从月球运回1吨氦-3的总费用为2000万—4000万美元，开发月球氦-3有利可图。根据计划，俄罗斯将于2015年前在月球表面建成一个考察和开发氦-3的基地。如条件允许，俄将在2020年后对月球氦-3进行工业开发。

（六）将节能技术确立为俄罗斯关键技术

低碳技术是发展低碳经济的重要支撑。它包括对现有能源技术的改造；在可再生能源、新能源和煤的清洁高效利用，油气资源和煤层气的勘探、开发以及二氧化碳捕获和埋存等领域开发的有效控制温室气体排放的新技术；能源效率技术等。2002年3月俄罗斯出台的《2010年前和未来俄罗斯科技发展基本政策》确定了包括节能技术在内的九大科技优先发展领域。以此为基础确定了50项关键技术，最终形成《俄罗斯联邦关键技术清单》。能源领域包括发展生态洁净的传统可再生能源、能源转换技术、蓄能新技术和节能技术。《2020年前俄罗斯能源发展战略》强调，能源领域科技创新主要指俄罗斯燃料能源企业的科研、科技和创新活动。它是俄罗斯能源企业提高能效的基础，立足于俄罗斯本国和国际能源领域基础科学和应用科学的最新成就。《2007—2011年发展国家技术基础联邦专项计划》是《2002—2006年发展国家技术基础联邦专项计划》的延续。主要目的是以研发和推广节能、环保技术为基础，保障俄罗斯工业技术的发展，生产具有竞争力的高科技产品。节能及改善生态环境则体现在《为新一代交通装备研发能够满足长期国际环保、节能和安全标准要求的先进汽车技术子计划》中。2007年,政府为该项子计划拨款82亿卢布，2008年拨款111亿卢布。

能源领域的前景与核能源发展密不可分。在《2020年前俄罗斯核能发展战略》中，核反应堆的数量有所增加。核电在国家电力供应中的比重将从现在的16%提高到21%—23%。俄罗斯正在进行第四代核电站的研究论证工作。第四代核电技术的目标之一就是部分取代煤电，极大地减少电力工业的温室气体排放。美国和法国也在进行第四代核电站的研究论证工作。目前，核电在发达国家电力供应中的比重较高：

法国为77.6%，德国为28.1%，日本为25%，英国为23.7%，美国为20%。上述发达国家已经发展并拥有第三代核电技术。

此外，俄罗斯对氢能的研究起步较早。在原苏联时期，“暴风雪”号航天飞机上就使用了以氢为燃料的电池；俄新乌拉尔电化工厂还建立了容量接近100千瓦的以磷酸燃料电池为基础的电站。目前，原苏联从事氢能基础研究的设施、基本元件和技术仍保留着，俄罗斯科学院有20多个研究所在氢能技术领域从事基础研究和应用开发。在氢能技术的研究中，俄罗斯科学院乌拉尔分院电物理研究所处于世界领先地位。研究人员已研制出大小为0.01微米的颗粒，用1000层这样的颗粒覆盖的薄膜就成为厚度为10微米的质子交换膜。同样，可以用这样的颗粒制成电极。它具有很高的活性，燃料电池的成本将再次降低。

四、结论与启示

第一，21世纪是世界大转型的世纪。这种转型囊括了从经济到政治、从观念到器物、从国际秩序到治理模式等各个层面。其中，最重要的就是世界经济增长模式向新的低碳模式转型。转轨国家也必须顺应这一大趋势，从实际出发发展低碳经济。自20世纪90年代中期以来，以汽车、石化、重型装备等为代表的重化工业在许多国家呈倾斜式发展，转轨国家经济呈现越来越重的趋势。这种偏重的经济结构带来众多的负面影响，并没有实现科学发展。所以，发展低碳经济是转轨国家客观的、历史的必然选择，对于俄罗斯这样的资源大国也不例外。

第二，低碳型产业发展模式就是按照低碳经济的发展理念，对现有产业结构进行改造，加速产业结构优化与升级，实现产业结构优化式低碳发展的模式。根据产业结构的宏观构成，按照不同产业结构与能源的消耗和碳排放的关系进行低碳化。一般而言，按照经济发展和增长的逻辑，产业结构经过从“一二三”到“三二一”的转换过程，由于第三产业是服务型产业，能源消耗、碳排放比第二产业低很多，所以，第三产业所占比重越多，低碳经济就发展得越好。

第三，非低碳能源及低效技术的肆意使用，让俄罗斯在气候变暖方面付出了代价。据专家估计，俄罗斯气候变暖程度将超过世界平均指标。这是制约俄罗斯经济发展方式转变的重要因素。对于俄罗斯而言，发展低碳经济的关键在于调整产业结构、发展节能技术及开发替代能源。从世界范围看，作为资源大国的俄罗斯在应对全球气候变暖过程中走发展低碳经济之路具有普遍性。

（作者：戚文海为黑龙江大学东北亚研究中心研究员）

（选自《俄罗斯中亚东欧市场》2011年第1期）

第八部分

理论·党的建设

党的建设伟大工程的历史内涵及相关问题

陆仁权

党的建设伟大工程在毛泽东建党学说中占有光辉的独特的理论地位。古田会议决议提出了“使党员的思想和党内的生活都政治化，科学化”的要求，毛泽东1942年3月曾说“党性是一种科学”。党的十七届四中全会《决定》提出“提高党的建设科学水平”新命题。科学认识毛泽东党的建设的伟大工程一系列光辉思想，这既是一个严肃认真的党史问题，又是提高党的建设科学水平的问题，对当前正在推进的党的建设新的伟大工程也有重要的现实意义。本文仅就毛泽东创建的党的建设伟大工程历史内涵及相关问题谈些认识，以期引起理论界的共鸣，进而形成全党共识。

一、党的建设伟大的工程的历史内涵

“伟大的工程”概念及其历史内涵是毛泽东在1939年10月《〈共产党人〉发刊词》（以下简称《发刊词》）中首次提出的。《共产党人》是延安时期中共中央主办的以党的建设为主要内容的党内刊物。在谈到创办《共产党人》的原因时，《发刊词》指出：“它的任务就是：帮助建设一个全国范围的、广大群众性的、思想上政治上组织上完全巩固的布尔什维克化的中国共产党。为了中国革命的胜利，迫切地需要建设这样一个党，建设这样一个党的主观客观条件也已经大体具备，这件伟大的工程也正在进行之中。帮助进行这件伟大的工程，不是一般党报所能胜任的，必须有专门的党报，这就是《共产党人》出版的原因。”这174个字，是论述党的建设的伟大工程最经典最核心的部分。它除了提出或规定《共产党人》杂志的主要使命是帮助党中央指导党的建设之外，还有四层意思。第一，概括、升华和确定了瓦窑堡会议以来中央在不同阶段不同场合提出的党的建设的任务和目标：“建设一个全国范围的、广大群众性的、思想上政治上组织上完全巩固的布尔什维克化的中国共产党”。这41个字党的建设纲领在《发刊词》中先后使用了4次。第二，这41个字的党的建设的任务、目标、纲领，毛泽东豪迈地把它誉为“伟大的工程”。这个任务、目标，不是单项的党建工作，而是把党组织在全国地域的分布覆盖，与党员的数量大发展和质量大提高紧密结合，把思想建设、政治建设、组织建设紧密结合，是有着多方面内容的综合性党的建设的纲领；在党的建设史上是史无前例的，“是一个光荣而又严重的任务，”是具有鲜明历史特色的党的建设。因此，毛泽东独具匠心地称它为“伟大的工程”，以示和其他阶段的党建工作相区别。第三，明确提出“进行这件伟大的工程”不是无条件的、随时随地都可进行的,而是党的主观客观条件“已经大体具备”后才能实施的。第四，指出“这件伟大的工程也正在进行之中”。言外之意,“这件伟大的工程”启动时间不是在《共产党人》出版之际，而是早已进行了。

根据《发刊词》174个字论述中蕴涵的丰富思想,我们至少可以得出两个结论：一是“伟大的工程”的历史内涵是鲜活的，具有强烈的历史特点，基本上是抗日战争时期党的建设的任务、目标、纲领，即“建设一个全国范围的、广大群众性的、思想上政治上组织上完全巩固的布尔什维克化的中国共产党。”这个历史内涵符合《发刊词》著作的原意。中共中央文献研究室编著的《毛泽东著作专题摘编》关于党的建设的一组论述，其中立的一个标题是：“建设一个思想上政治上组织上完全巩固的马克思主义政党是伟大的工程。”《摘编》没有采用现今一些文件、教材、媒体通常使用的“党的建设是一项伟大的工程”的提法，可以断定这是缜密思考推敲后才确定的一个科学定位。第二,“伟大的工程”是党的建设一定历史阶段“光荣而严肃的任务”。它不是党的某个部门或某级组织能独立完成的党的建设的某项经常性工作，可以无条件一蹴而就即可完成的，也不是党的建设的终身任务和使命，而是党经历了大革命和土地革命战争两次失败，党中央走上布尔什维克化道路后，实施的综合性、整体性、系统化的党的建设的目标任务，是具有特殊使命的党的建设，因而是件“伟大的工程”。

二、创建党的建设伟大工程的主观客观条件

一切以时间、地点、条件为转移是唯物辩证法的一条基本原理。

《发刊词》中毛泽东提出进行党的建设的伟大工程的“主观客观条件”已经“大体具备”了。那么主观客观条件是什么呢？

客观条件是多方面的，最主要的是在组织上政治上有一个布尔什维克化的党中央。《发刊词》中说：“只在到了遵义会议（一九三五年一月在贵州遵义召开的中央政治局会议）以后，党才彻底地走上了布尔什维克化的道路。”党的历史上，如大革命时期，党员群众和干部革命积极性非常高，但对中国的历史状况和社会状况、中国革命的特点和中国革命的规律都懂得不多的党，对于马克思列宁主义的理论和中国革命的实践还没有完整的、统一的了解的党,“因此，党的领导机关中占统治地位的成分，在这一阶段的末期，在这一阶段的紧要关头中，没有能够领导全党巩固革命的胜利”。如在土地革命战争时期，“党和革命在一个时期遭受过李立三同志‘左’倾机会主义的危害，而在另一个时期，又遭受过革命战争中的‘左’倾机会主义和白区工作中的‘左’倾机会主义的危害”。显然这时的党中央领导机构和主要负责同志不是布尔什维克化的，是不成熟的。因此不具备领导全党进行“伟大的工程”资格。遵义会议在与共产国际中断联系条件下，党中央独立自主地解决了党所面临的组织问题、军事问题，确立了毛泽东在中共中央和红军的领导地位。其后共产国际又确认了遵义会议的重要决定，指示中共中央在领导机关中要在毛泽东为首的领导下解决。邓小平曾指出：“作为中央领导，可以说在一九三五年一月遵义会议确立了以毛泽东同志为核心的中央领导时，就成熟了。”历史表明长征胜利后的党中央才有资格有条件领导全党实施党的建设伟大的工程。

主观条件也是多方面的，最主要的是党中央确立了实事求是的思想路线，马克思主义的政治路线和军事路线。《发刊词》运用党的思想路线，运用马克思列宁主义的理论和中国革命的实践相结合的基本观点，分析了党成立以来三个历史阶段对中国的历史状况和社会状况、中国革命的特点、中国革命的规律掌握的程度和取得的革命成效，指出抗日战争以来，“凭借着党在全国人民中间的很高的政治信仰，凭借着党对于马克思列宁主义的理论和中国革命的实践之更加深入的更加统一的理解，就不但建立了抗日民族统一战线，而且进行了伟大的抗日战争”。《发刊词》论述了党的政治路线和军事路线与党的建设的关系。对于政治路线和党的建设的关系，指出：不了解中国资产阶级的二重性，就不能了解中国共产党的政治路线和党的建设。“中国共产党的政治路线的重要一部分，就是同资产阶级联合又同它斗争的政治路线。中国共产党的党的建设的重要一部分，就是在同资产阶级联合又同它斗争的中间发展起来和锻炼出来的。”对于军事路线与党的建设的关系，毛泽东指出：我们党的政治路线和党的建设，是密切地联系于这一斗争形式的。离开了武装斗争，离开了游击战争，就不能了解我们的政治路线，也就不能了解我们党的建设。我们的政治路线的重要一部分就是武装斗争。在中国，离开了武装斗争，就没有无产阶级的地位，就没有人民的地位，就没有共产党的地位，就没有革命的胜利。“我们党的发展、巩固和布尔什维克化，是在革命战争中进行的，没有武装斗争，就不会有今天的共产党。这个拿血换来的经验，全党同志都不要忘记。”毛泽东这里所论述的思想路线、政治路线、军事路线都是拿血换来的经验，党中央在长征之后对历史经验的总结，从思想上、理论上认识到了，无疑这是开展党的建设伟大工程最基本、最主要的主观条件，用它来对全党干部党员进行教育，一定会促进全党布尔什维克化。

三、党的建设伟大工程的核心工程是党布尔什维克化，即马克思主义中国化

布尔什维克化一词在《发刊词》中是重复使用最多的一个概念，有 18 次之多。在党的七大之前的党的建设史上，布尔什维克化的基本涵义是与时俱进的。

布尔什维克，是俄文“多数”一词的音译。1903 年俄国社会民主工党第二次代表大会制定党纲党章时，拥护列宁的人获得多数，称为布尔什维克。此后，马克思列宁主义者曾被称为布尔什维克，马克思列宁主义曾被称为布尔什维克主义。第二国际背叛革命后，布尔什维克主义在国际上得到国内革命派的支持。列宁 1918 年提出：“布尔什维克主义已经成为世界的布尔什维克主义（这决不是由于俄国布尔什维克的功劳，而是由于世界各地群众对真正革命的策略表示最深切的同情），它提供了在具体内容、实际内容上有别于社会沙文主义和社会和平主义的思想、理论、纲领和策略。”刘少奇就曾明确指出：“中国党的建设，一开始在主观上就是按照列宁的原则和道路进行的，布尔什维克党的一些组织原则，在我们多数的党员中就能背诵出来。”

1926 年 7 月召开的党的四届二次扩大会议上，第一次提出使党“布尔什维克化”的党的建设的口号。这个口号从理论层面讲，就是要学习马克思列宁主义，即像俄国共产党一样，以马克思主义作为党的指导思想；从经验层面讲，就是要学习俄国共产党的经验，来不断增强党的力量。这是党在幼年时期布尔什维克化的内涵。

遵义会议后的党中央开始走向成熟，布尔什维克化的内涵有了新的发展和深化。在《发刊词》中，赋予布尔什维克化有三项要求。一项是党的整体的布尔什维克化问题，如四次提到的“布尔什维克化的中国共产党”；再一项是党的各级组织和党员的布尔什维克化问题，如大批新党员、新的组织还不是布尔什维克化的；第三项是党的建设过程布尔什维克化问题，这主要指党的建设与政治路线、军事路线关系而言，正确掌握运用政治路线、军事路线，党就发展、巩固，布尔什维克化的过程就“前进一步”，否则就“后退一步”。这三项要求是相互关联的不可分割和或缺的。

毛泽东赋予布尔什维克化的根本内涵的新义，一是达到马克思主义中国化、马克思主义具体化。党的六届六中全会时，毛泽东指出：马克思列宁主义的伟大力量，就在于它是和各个国家具体的革命实践相联系的。对于中国共产党说来，就是要学会把马克思列宁主义的理论应用于中国的具体的环境。“使马克思主义在中国具体化，使之在其每一表现中带着必须有的中国的特性，即是说，按照中国的特点去应用它，成为全党亟待了解并亟须解决的问题。”二是达到理论上“在中国创造出一些新的东西”。在《如何研究中共党史》中，毛泽东曾谈到：我们研究中国就要拿中国做中心，要坐在中国的身上研究世界的东西。我们读过《联共（布）党史简明教程》，它告诉我们，布尔什维克主义以马克思主义作为理论和方法，创造了苏联这个社会主义国家。这个布尔什维克主义，这个社会主义国家，从前没有过，这是列宁所领导的党在俄国创造的。列宁把马克思主义的立场、方法与俄国革命的具体实践结合起来，创造了一个布尔什维克主义，用这个理论和策略搞了二月革命、十月革命。“我们要按照同样的精神去做。我们要把马、恩、列、斯的方法用到中国来，在中国创造出一些新的东西。”“把理论用到实际上去，用马克思主义的立场、方法来解决中国问题，创造些新的东西，这样就用得了。”简言之，布尔什维克化的任务，一要马克思主义中国化、具体化，二要理论上“创造一些新东西”。《发刊词》结束语鲜明地指出：“根据马克思列宁主义的理论和中国革命的实践之统一的理解，集中十八年的经验和当前的新鲜经验传达到全党，使党铁一样地巩固起来，而避免历史上曾经犯过的错误——这就是我们的任务。”此段的核心思想是中国共产党人要创立中国化的马克思主义，并用它来武装中国共产党，这是“布尔什维克化的中国共产党”的要义。显然布尔什维克化是伟大工程中的核心工程，关键工程。这是一项党性和科学性极强的理论创新工程，是党的思想政治建设的重要工程。

四、党的建设伟大工程实际上启动于瓦窑堡会议

《共产党人》出刊之际，毛泽东就指出：“这件伟大的工程也正在进行之中。”那么党的建设伟大的工程何时启动呢？根据41字纲领中提出“建设一个全国范围的、群众性的”党的要求，我们认为它应启动于长征后的瓦窑堡会议。

中国共产党创建之时，党的成员大多数是具有初步共产主义思想的知识分子，工人党员很少。1923年党的三大时只有420名党员，而且处于秘密状态。因此，党的三大提出把党建成一个群众性政党的任务。党的三大《关于国民运动及国民党问题的议决案》强调：“我们加入国民党，但仍旧保存我们的组织，并须努力从各工人团体中，从国民党左派中，吸收真有阶级觉悟的革命分子，渐渐扩大我们的组织，谨严我们的纪律，以立强大的群众共产党之基础。”这里的“群众共产党”是党在组织建设方面的一个重大决策。1925年1月党的四大时，党员有994人，1925年10月党员达到3000人。1926年是党的大发展时期。1926年10月，陈独秀曾致信各党部，指出：在革命迅速发展的形势下，“党员数量上的增加，乃是第一个重要问题”，“不急谋党员数量上的增加，便是对党怠工，便是一种反动行为”。因此，1927年4月党的五大召开时，党员发展到57967人。大革命时期，党注意发展党员，但党的工作以与孙中山领导的国民党进行国共合作为主题，因此党的自身建设只处于起步阶段，党对党员教育和培养方面、党的基层组织建设方面，不适应革命形势发展，还存在一些缺点和失误。

土地革命战争时期，毛泽东在红军中创立的思想上建设党的原则，在根据地有很大影响，使党和红军有巨大发展，但“左”倾机会主义路线遭致第五次反“围剿”失利，使党中央和中央红军被迫实行战略转移。1935年10月，中央红军长征结束后，经历了两次挫折的中国共产党，是只有3万多名党员、在狭小的圈子中活动的党。

1935年12月底，中央召开政治局会议即瓦窑堡会议，在党的建设史上有着重要地位。会议通过的《决议》及毛泽东在会后所作的《论反对日本帝国主义的策略》的报告，在党的建设事业发展史上具有里程碑意义，会议对党的建设有三项历史性贡献。其一，制定和确立了抗日民族统一战线的政治路线。会议批评了党内长期存在的右倾关门主义倾向，认为关门主义是当前党内的主要危险。毛泽东报告列举了关门主义的表现，分析了它的危害，指出关门主义是“孤家寡人的策略”，“在实际上是日本帝国主义和汉奸卖国贼的忠顺的奴仆”，因此，“我们一定不要关门主义，我们要的是制日本帝国主义和汉奸卖国贼的死命的民族革命统一战线”。其二，对党的性质提出了两个先锋队的新表述。会议决议指出：中国共产党是中国无产阶级的先锋队。他应该大量吸收先进的工人雇农入党，造成党内的工人骨干。同时中国共产党又是全民族的先锋队。因此一切愿意为着共产党的主张而奋斗的人，不问他们的阶级出身如何，都可以加入共产党。一切在民族革命与土地革命中的英勇战士，都应该吸收入党，担负党在各方面的工作。其三，对发展新党员提出了新标准。决议明确提出：能否为党所提出的主张而坚强奋斗，是党吸收新党员的主要标准。社会成分是应该注意到的，但不是主要的标准。应该使党变为一个共产主义的熔炉，把许多愿意为共产党主张而奋斗的新党员锻炼成为有最高阶级觉悟的布尔什维克的战士。党不惧怕某些投机分子的侵入，党用布尔什维克的政治路线与铁的纪律，去保证党的组织的巩固。党不惧怕非无产阶级党员政治水平的不一致，党用共产主义教育去保证提高他们到先锋队。瓦窑堡会议确立的关于党的抗日民族统一战线的新政治路线、关于党的性质新表述、关于发展新党员的标准，是以毛泽东为代表的中国共产党人对古田会议创建的毛泽东建党思想的一个发展，是中国共产党党的建设史上的一个新的历史起点。之后，党不断提出了党的发展壮大的新理论、新原则、新政策，迈出了建设全国范围的、群众性大党的步伐，实际上标志着党的建设历史的新开端，标志着党的建设伟大工程的正式启动。

1937年10月，毛泽东在一次报告中要求：“建立全中国的强固的共产党”政治目标，使党“从苏区与红军的党走向建立全中国的党”。具体任务是“争取党在全国的公开地位，利用一切活动的可能‘下山’”，“发展党与巩固党，建立各地的领导机关”。1938年3月，中央政治局鉴于全党只有9万党员的状况，颁布了《中央关于大量发展党员的决议》。1938年9月，党的六届六中全会召开前，党员人数从长征后的3万多人发展到50余万，党的组织已初步从狭小的圈子走了出来，成为一个初步的具有广泛群众基础的大党。

五、刘少奇在党的七大向全党昭告党的建设伟大工程圆满完成

毛泽东从秋收起义后，逐步形成了一条思想上建党的建党原则和路线，把革命队伍中那些有不少非无产阶级思想的人，先大量地从组织上吸收到党内来，在党的熔炉中，实施无产阶级的思想教育，使他们从思想上入党，在革命实践中，将他们锤炼成无产阶级的英勇战士。毛泽东的这一中国特色的思想上建党原则和路线在遵义会议后才居于全党的指导地位。这一思想上的建党原则和路线在党的建设伟大工程历史进程中得到全面实施和贯彻，并发挥了巨大的指导作用。

1945 年 5 月，刘少奇在修改党章的报告中，对党的建设伟大工程的历史成就，作了全面总结。他指出："现在我们党的情况，同它在历史上任何时期比较，都有了极大的特点。我们党现在已经是这样一个党。"报告对"党现在已经是这样一个党"一连用了五个"已经是"，作了详尽的展开和说明：已经是一个全国范围的、广大群众性的党，它已有一百二十一万党员，它的组织与党员遍布全国各地；已经是一个在长期革命战争中锻炼过来，并已完全熟练了领导革命战争艺术的党；已经是一个领导着敌后九千五百万人民建立了强大革命根据地的党；已经是一个克服各种错误思想，经过整风，使全党在思想上、政治上、组织上空前团结和统一的党；已经是一个有了自己伟大领袖的党，就是我们党和现代中国革命的组织者与领导者——毛泽东同志。这里的五个"已经是"，实际上全面回答了毛泽东在《发刊词》中提出的"这件伟大的工程"关于要"建设一个全国范围的、广大群众性的、思想上政治上组织上完全巩固的布尔什维克化的中国共产党"的历史任务和目标的完成和实现。从《发刊词》的"建设一个……"到刘少奇党的七大修改党章报告的五个"已经是"，这表明经过九年多的党的建设伟大工程目标已经达到，任务已经圆满完成。"这件伟大的工程"是有"工期"的,不是无"工期"工程。

刘少奇的报告还对党章确立的党的指导思想——毛泽东思想作了深刻阐发：毛泽东思想，就是马克思列宁主义的理论与中国革命的实践之统一的思想，就是中国的共产主义，中国的马克思主义。又说：毛泽东思想，从他的宇宙观以至他的工作作风，乃是发展着与完善着的中国化的马克思主义，它表现在毛泽东同志的各种著作以及党的许多文献上。报告列举了毛泽东思想的九个方面内容后，强调这些理论与政策，完全是马克思主义的，又完全是中国的。这是中国民族智慧的最高表现和理论上的最高概括。把毛泽东思想确立为党的指导思想，这是党的建设伟大工程的最根本的成果，也是伟大工程圆满完成的最根本的标志。

邓小平后来对党的七大的成果作了科学评价。他说：从我们党的历史看，我们全党成熟的标志，是第七次全国代表大会。所谓全党成熟，首先是在思想上，我们党有了把马克思列宁主义同中国革命的具体实践相结合的毛泽东思想，广大干部和党员掌握了这个思想。在政治上，从遵义会议以后，党内虽然有过错误的路线，但是毛泽东同志总是用正确的路线去克服错误的路线，因此，从那以后党的方针和政策都是正确的。体现了正确路线的方针和政策，变成了群众的行动，得到了群众的拥护，经过抗日战争时期，党员从三万人发展到一百二十多万人。"在组织上，形成了一个健全的马克思列宁主义的党，树立了一个正确的党风。"邓小平的这段评价，从一个侧面表明党的建设伟大的工程在 1945 年 5 月党的七大"竣工"了。当然，实施九年的党的建设伟大工程结束了，领导人民夺取政权的党中央成熟了。其后，党中央将领导全党自身的建设，进一步自我完善、自我更新、自我发展，适应新的环境，迎接新的挑战。

六、毛泽东七大期间关于党建的一些重要思想观点是党的建设伟大工程的理论成果

在党的七大修改党章的报告中，刘少奇曾

谈到毛泽东“在三次大革命时期中”“丰富起来的建党学说”，认为毛泽东的正确的建党路线“首先着重思想上、政治上进行建设，同时也在组织上进行建设。”这是刘少奇从宏观上概括的毛泽东的建党学说。实际上在党的七大期间，毛泽东在《论联合政府》等报告、讲话中，提出了一系列建党学说的重要思想。

（一）党的奋斗目标、任务、纲领及党的宗旨的思想：(1) 关于共产主义是无限美妙的，只有经过民主主义，才能到达社会主义的思想；(2) 关于新民主主义是总纲的思想；(3) 关于党要建立独立、自由、民主、统一、富强的新中国的思想；(4) 关于要解决中国人民的民主、民生问题的思想；(5) 关于中国工人阶级的任务是为着中国的工业化和农业近代化而斗争的思想；(6) 关于最高纲领和最低纲领相统一的思想；(7) 关于一般纲领和具体纲领相统一的思想；(8) 关于全心全意地为人民服务是党和军队唯一宗旨的思想。

（二）党的思想理论建设的思想：(9) 关于我们党的理论水平是很低的思想；(10) 关于马列主义理论就是以马克思主义为基础的有系统的知识的思想；(11) 关于我们所要的是香的、活的马克思主义，不是臭的、死的马克思主义的思想；(12) 关于读马列主义书，学习理论提高党的理论水平的思想；(13) 关于全党要提倡想问题的思想；(14) 关于党要广开言路，打开窗户的思想；(15) 关于掌握思想教育是团结全党进行伟大政治斗争的中心环节的思想。

（三）党的作风建设的思想：(16) 关于党内团结和睦、亲切得像家庭一样的思想；(17) 关于理论和实践相结合的作风；(18) 关于和人民群众紧密地联系在一起的作风；(19) 关于自我批评的作风；(20) 关于共产党人要讲真话、不偷、不装、不吹的思想；(21) 关于要谦虚谨慎、不骄不躁的思想；(22) 关于党在同一切违反真理的教条主义和经验主义作坚决斗争的过程中发展和进步起来的思想；(23) 关于惩前毖后、治病救人开展党内斗争的思想。

（四）党员党性、个性的思想：(24) 关于党员是人民中优秀分子结合的思想；(25) 关于党员有人格、独立性、自由及党性、个性相统一的思想；(26) 关于认识山头照顾山头最后消灭山头的思想。

（五）党的领导能力和讲学习的思想：(27) 关于党的领导要体现于政策、工作、行动上的思想；(28) 关于党的领导班子从集体中求完全、从现实学习中求完全的思想；(29) 关于党要有应付大事变的精神准备的思想；(30) 关于领导就是预见的思想；(31) 关于党要有准备应对非常困难、非常不利情况的思想；(32) 关于系统地分析和系统地解决问题才叫作科学，不是系统的而是零碎的，就是正确的也不是科学的思想；(33) 关于我们进城市后要善于学习，我们没有学会的东西多得很的思想；(34) 关于事情总是不完全的，我们的任务是向比较完全前进，向相对真理前进，我们要无穷尽无止境地努力的思想。

（六）检验党的政策标准的思想：(35) 关于中国一切政党的政策及其实践在中国人民中所表现的作用的好坏、大小，归根到底，看它对于中国人民的生产力的发展是否有帮助及其帮助之大小，看它是束缚生产力的，还是解放生产力的思想；(36) 关于人民只相信经验的思想等。

这些思想观点是对毛泽东建党学说的重要补充和发展，是党的建设伟大工程的理论成果。

邓小平曾高度评价过“毛泽东思想里面的党的学说问题”。他说：党的学说，马克思、恩格斯讲得不多，列宁有个完整的建党的学说。把列宁的建党学说发展得最完备的是毛泽东同志。红军创建时期，毛泽东的建党思想就很明确。邓小平还说过：关于党风问题，马克思和恩格斯由于当时的条件很难有什么建树，列宁有发展，毛主席继承列宁，加以总结、创造，把党风大为发展。这些论述，从一个侧面表明党的建设伟大工程丰富和完善了毛泽东的建党学说。

七、两点感悟

（一）现在理论界通行的“党的建设是一项伟大的工程”提法不科学。“党的建设是一项伟大的工程”已在中共党史和高校的一些权威教材中出现。党的建设内涵丰富，外延广阔，涉及党的建设方方面面，贯穿于党的生命全过程，是一个长期的、变化的、动态的过程。党的建设又可分为理论和实践两个方面。作为理论方面的党的建设理论，是毛泽东党的学说的重要组成部分。作为实践方面的党的建设是一项恒久事业，是马克思主义政党为自身的巩固、发展和永葆生机活力、先进性而进行的工作。党在不同时期，因世情、国情、党情不同，党的建设工作的性质、目标任务是有变化的，因而党的建设事业的长过程就呈现出阶段性来。党的建设的理论或学说通常先于或早于党的建设事业的发展，完善、成熟发展于党的建设事业过程中。

毛泽东创建的党的建设伟大工程，是特定党情环境下为达到特定目标任务的党建工作，是党的建设事业的重要组成部分，有9年的历史时光（瓦窑堡会议至党的七大期间）。它不能没有时间表。它不与毛泽东在延安的13年时光并存，不与党的新民主主义革命28年历史共存，更不贯穿新民主主义革命和社会主义革命的两个历史过程。党的建设的事业与党的建设的伟大工程不是同义反复，“伟大的工程”不是党的建设事业艰巨性、重要性的形象表述。现在理论界通行的“党的建设是一项伟大的工程”提法不科学，它混淆了事物过程与阶段的区别，混淆了事物普遍性与特殊性的区别，没有依据马克思主义的具体问题具体分析的原则办事，这是一个理论的缺憾。

（二）期望党的建设新的伟大工程在建党100周年时呈现出主体性标志性成果。如果“党的建设是一项伟大的工程”提法成立，那么党的建设的伟大工程就成了愚公移山式的工程，需数代人（一代20年）为之奋斗，“工期”太长了！没有时间表的党的建设新的伟大工程，将使党的各级组织和广大党员失去信心和决心，失去完成工程任务、目标的紧迫感和责任感。以毛泽东为代表的中国共产党人曾以9年多的时间完成了党的建设史上的第一次伟大工程。在迎接中国共产党诞生90周年的日子里，希望中央有关部门，举行一定范围的学术研讨，依据党的十七大规定的党的建设新的伟大工程的总目标，以十七届四中全会《决定》提出的“党的建设科学化”思想为指导，回顾和研究党的建设新的伟大的工程开展以来的一些提法，以得出经得起推敲的科学结论，成为全党的共识。

我们设想：以江泽民同志1994年党的十四届四中全会提出的党的建设新的伟大工程为起点，不超过两代人，即30—40年的时光，完成党的建设史上的第二次伟大工程；在建党100周年时，第二次伟大工程的主体性标志性成果能呈现，创建出中国特色社会主义理论体系的执政党建设学说；然后再用一段时间来巩固它、完善它。这样才能提增全党信心和决心，像邓小平所要求的“聚精会神地抓党的建设”，使人们对第二次党的建设伟大的工程有个结束的预期。全党应该有这个雄心壮志！

（作者：河北省社会科学院教授）

（选自《毛泽东思想研究》2011年第1期）

执政风险的世界现象与中国共产党抵御执政风险战略

王　真

执政风险是当今世界政坛面临的共性问题。政党只要处于执政地位，就不可避免地遇到执政风险，其已经成为一个世界性话语。中国共产党高度重视执政风险问题，把加强和改进党的建设作为党抵御执政风险的基本战略。胡锦涛指出："我们党要团结带领全国各族人民继续抓住和用好我国发展的重要战略机遇期，战胜在政治、经济、文化、社会领域和自然界出现的困难和风险，全面做好改革发展稳定各项工作，关键在于加强和改善党的领导，全面推进党的建设新的伟大工程。"这就要坚持以科学发展观统筹抵御风险的工作，不断增强党抵御执政风险的意识，全面提高党抵御执政风险能力，建立健全党防范执政风险的机制，在不断化解执政风险中推进中国特色社会主义伟大事业。

一、执政风险在当代成为一种世界现象

"风险"概念从其起源看，就带有世界性含义。据考证，风险一词早在中世纪的欧洲就被频繁使用，当时是把它放在早期的近代海上贸易和保险的语境中来理解的。现代意义上的风险一词最早以印刷形式出现在16世纪的德国，于17世纪通过法语和意大利语进入英语世界。它与早期的含义不同，主要指"毁灭或丧失的危险和可能性"，而不仅仅是一种可怕的力量。此时"风险"的含义还没有与执政党联系起来，但到了当代，"风险"则已成为描述执政党的一个高频词汇，衍生出"执政风险"的概念，因为执政风险在当代已经成为一种世界性现象。

20世纪80年代以来，世界上一些长期执政的大党老党纷纷失去执政地位，有的甚至完全瓦解，演绎了世界政坛的一幕幕"悲剧"。这种现象遍及欧、亚、拉美，涉及不同国家、不同性质的政党。这些国家执政党下野的具体原因虽有所不同，但其共同点是未能有效抵御执政风险。这主要有三种情况：

第一种是政治发展中的风险。这类风险主要出现在苏联和东欧国家。苏联是世界上第一个社会主义国家，列宁亲手缔造了这一无产阶级阶级专政的国家政权，它曾书写了世界社会主义发展史上的辉煌。斯大林作为列宁的继承人，无疑是一位伟大的马克思主义者。他坚持社会主义道路，使苏联从自然经济占优势的国家变成强大的工业国家；他领导苏联卫国战争取得胜利，为世界反法西斯战争做出了重大贡献。但斯大林执政期间犯有严重错误，如长期实行高度集中的政治经济体制，把阶级斗争越来越尖锐作为社会主义过渡时期阶级斗争的规律等，这些都影响到经济发展、社会稳定和人民生活的改善，在一定程度上已经潜伏着苏共执政中的某些风险。赫鲁晓夫执政后，从反对个人崇拜、恢复党的集体领导入手，对斯大林模式进行了一些改革，但成效不明显。严重的问题在于，赫鲁晓夫对斯大林的错误缺乏科学分析，采取全盘否定的态度，使相当一些苏联的党员和人民在认知和心理上都难以接受，并造成国际共产主义运动内部在思想上的混乱，也加剧了苏共高层领导间的矛盾，苏共执政的风险因素被进一步放大。勃列日涅夫执政期间，忙于美苏争霸，严重消耗国力，经济持续下滑，民生每况愈下，而且官僚主义和腐败现象严重。戈尔巴乔夫任总书记后，曾一度试图进行经济体制改革，但因积重难返而无力推进，便转而进行政治体制改革，正是在这个问题上他犯下致命的错误，从根本上背离了社会主义的方向。他提倡“民主的人道的社会主义”，否定无产阶级专政的社会主义制度，不顾苏联国情，试图全面移植西方国家的政治体制；他实施所谓民主化、公开性，鼓吹“政治解冻”，导致党内外各种反对势力猛然崛起，政治处于失控状态。1991 年以前，苏联境内的“非正式”组织达 6 万多个，全国性政党约 20 个，共和国一级政党 500 多个，甚至十月革命后被取缔的“立宪民主党”和“社会革命党”等也先后复活。反苏反共组织策划了一系列游行集会向苏共施压，逼苏共下台。苏共自身分裂,分成所谓“主流派”、“稳健派”、“激进派”，下野已势不可免。在这一紧要关头，戈尔巴乔夫又把军队国家化和非政治化作为改革战略的一部分。1988 年 6 月，他提出“放弃党的政治垄断、党接受民主监督并服从国家法律”等主张，提议取消军队政治机关，允许其他政党按“平等竞争”原则在军队中进行活动。由此而来，造成军队内部混乱。在“八一九”事件中，苏联军队发生分裂，空军司令、空降兵司令、海军司令和战略火箭司令都表示不支持由亚纳耶夫等苏共传统派领导人组成的紧急状态委员会。莫斯科军区参谋长认为军队进入莫斯科是犯罪行为，该军区塔曼摩托化师的部分部队掉转枪口，用坦克和装甲车保卫反对派盘踞的白宫。远东军区中支持和反对政变的军官各占一半，真正坚决执行紧急状态委员会命令的部队却为数不多。结果，传统派攻占白宫的计划流产，整个形势急转直下，形成对反对派有利的局面，使苏共处于不利态势，并最终被迫下野。当然，苏共下野还有其自身产生既得利益集团而脱离人民群众等原因，但戈尔巴乔夫搞政治多元化的政治体制改革酿成政治发展中巨大风险，无疑是其中一个主要原因。俄罗斯科学院院士季塔连科说：“把苏联送入停尸间不是别人，是我们苏联人自己。”这是切中要害的结论。

东欧国家共产党下野一个主要原因也是政治发展中的问题。东欧国家是在二次大战中被苏联红军解放的，自然纳入以苏联为首的社会主义阵营，因此在发展道路上也照搬苏联模式，包括在政治上实行高集权化的领导。长期照搬苏联模式影响了东欧国家的发展，引起日益严重的反苏情绪。从 20 世纪 80 年代末至 90 年代初，东欧国家兴起所谓“民主化”改革浪潮，各国共产党都纷纷改旗易帜，实现了共产党的“社会民主党化”。东欧国家共产党改名换姓后，在指导思想上，放弃和否定马列主义作为党的指导思想，在党章中只字不提马列主义，只提民主社会主义，或者鼓吹指导思想“多元化”。在党的性质上，改变了工人阶级先锋队性质，在纲领中明确宣布自己“不是阶级的党，而是一支社会力量”,完全放弃了“先锋队”的提法。在组织原则上，放弃了民主集中制，在党内允许存在不同的思潮和派别，不干涉党员的信仰、言论和行动自由。在入党标准上，提出对入党者可以“不管其世界观如何”，允许其“不一定具备定型的世界观”，党内可以“实行信仰自由和世界观的宽容”等。这样，东欧国家政党的性质、宗旨、使命发生了根本性改变，政党改革发展走了一条资产阶级自由化和民主化的道路。匈牙利社会主义工人党前总书记格罗斯·卡罗伊在回顾这一历史时说：“匈党不是从外部，而是从内部被攻破的。”东欧其他国家共产党又何尝不是如此，都是自酿苦酒、自毁家门。

第二种是经济社会发展中的风险。一些国家执政党在经济社会发展中没有处理好发展与利益分配的关系，造成社会矛盾激化，最终被迫下野。这方面较为典型的是奥地利社会党。该党从20世纪70年代开始至2000年执政，30年间奥地利经济获得长足发展，1974年便超过了欧洲共同体水平，1999年人均国内生产值为23884美元，仅次于丹麦、卢森堡和瑞典，在欧盟国家居第四位。然而，在经济持续发展的同时，奥地利社会党却在一些重大政策上却出现严重失误。在国有企业改革中，社会党忽视了大批下岗人员的利益，在提高经济效益与保障工人既得利益的两难选择中牺牲了工人的利益。同时，基层党组织又没有做好群众工作，企业大量裁减工人没有得到群众的理解和支持。在社会福利政策上，社会党执政后又实行得过于优越，使国家背上了沉重的负担。据统计，用于社会保险和社会福利的开支占国民收入的28.2%，在西欧国家占第二位。过度的社会保险和社会福利不利于企业发展，也滋长了就业者的懒惰。一些外籍移民钻社会救济制度的空子，一方面报失业，按规定领取占工资总额70%的救济金，另一方面拿着失业金、退休金又去找另一份工作。更有甚者，领着失业金去度假、旅游。社会党这些政策失误引发党与群众的矛盾，加之社会党长期执政官僚化倾向严重，反对党自由党乘机争取民心，这就造成2000年大选中社会党下野的结局。

第三种是自身腐败酿成的风险。腐败对于执政党是致命的硬伤，是最具威胁性的风险。在下野的执政党中，有不少都因为腐败所致。苏联解体前，早就形成了这种既得利益集团。1990年6月，即苏联解体前一年多，《西伯利亚报》曾进行过一次民意调查。当人们被问及“苏共代表谁的利益”时，回答代表苏共党员的占被调查人数的11%，回答代表全体人民的只占7%，回答代表工人的只占4%，而回答代表党的机关工作人员的竟占到了85%。这说明此时的苏共已经不是代表苏联最广大人民利益的党，而是严重官僚化了，而这种官僚化的背后就是特权阶层亦即既得利益集团的形成和泛滥。叶利钦后来描述了苏联的特权阶层是如何享受特权的。据他说，在全莫斯科享受各类特供商品的人约有4万，而又有等级之分，“一切都取决于官级高低”。一个州委第一书记的权力会“巨大无边”。而这样做的结果是，“几十人过上了共产主义生活，而广大的人民群众却在贫困中苦苦挣扎”。美国一位研究俄罗斯的学者说：“(苏联)共产党是惟一一个在他们自己的葬礼上致富的党。”既得利益集团把社会主义的苏联送进坟墓，而他们自己却成为资本主义的新贵，最遭殃的则是广大人民群众。在2000年大选中下台的墨西哥革命制度党，也为我们提供了这样的例证。该党是一种“职团主义结构”，包括工人、农民、民众和军人四个非地域性的职业部门。党组织的这种结构，曾有效地把社会各方面的力量凝聚到一起，创造了该党执政史上的辉煌。但该党长期执政，官僚化倾向日益严重，腐败现象逐渐滋生。据墨西哥有关报刊揭露，墨西哥有相当一部分的犯罪组织的头目都是高级警官、革命制度党党员或高级检察官。革命制度党的一些党员指出：“腐败成为革命制度党司空见惯、习以为常的现象，是腐败导致的党的失败。”从20世纪60年代起，就有约3.5万名不满的农民脱离农民部，成立了“独立农民联合会”，这实际上就是党的执政基础的一次分化。到80年代，又有3个职团部门成员发生严重离心倾向，进一步削弱了党的执政基础。在2000年总统大选中，墨西哥革命制度党的得票率仅为37%，被反对党一举击败，从而结束了长达71年之久的执政历史。

世界政坛发生的一幕幕“悲剧”向我们发出一个信号：当代世界已经进入执政风险高发期，需要处于执政地位的政党高度警醒。中国处在世界政坛风云多变的环境中，执政的中国共产党在领导中国特色社会主义事业凯歌行进之时，也不可避免地要经受执政风险的严峻考验。事实上，从20世纪90年代以来，我国的执政风险几率也在明显上升，涉及政治、经济、文化、社会、涉外、自然界等领域，需要引起高度关注。胡锦涛同志在十七大报告中共有8处提到风险，指出可以预见和难以预见的风险增多，要求全党认清要奋斗就会有困难有风险，一定要居安思危、增强忧患意识。在纪念党的十一届三中全会召开30周年大会的讲话中，胡锦涛12次提到风险，指明我们在推进改革开放和现代化建设中所肩负任务的艰巨性和复杂性世所罕见，我们在改革发展稳定中所面临的矛盾和问题的规模和复杂性世所罕见，我们在前进中所面对的困难和风险也世所罕见，要妥善解决这些矛盾和问题、战胜这些困难和风险，不断提高驾驭复杂局面、解决复杂问题能力。在2010年4月全党学习实践科学发展观活动总结大会上，胡锦涛明确提出党要能够战胜在政治、经济、文化、社会领域和自然界出现的困难和风险，这是从最高决策层明确把执政风险进行领域性划分，提醒全党充分认识现阶段执政风险的广泛性和严峻性，我们应当清醒地认识这种形势，进一步居安思危，增强风险意识。

二、现阶段执政风险形势及其发展趋势判断

现阶段党的执政安全状况总体良好。一是党的意识形态安全。这集中表现为马克思主义指导地位牢固确立，中国特色社会主义理论体系、社会主义核心价值体系成为当代中国主流意识形态，社会主义先进文化代表了当代中国文化前进方向，开创了文化发展繁荣的新局面。二是党的执政基础巩固。现阶段党的阶级基础没有变，仍然是工人阶级。一大批有知识、懂技术、会管理的新生代工人队伍正在形成，农民工逐步成为产业工人的主力，有利于增强工人阶级的阶级基础。党的群众基础是包括新老社会阶层在内的广大人民群众。新兴社会阶层中的绝大多数人是拥护和支持共产党执政的，并为中国特色社会主义建设作出了重要贡献。三是党的执政业绩辉煌。中国经济实力和综合国力极大增强。中国经济总量占世界经济总量的比重从1978年的1.8%，提高到2009年的近7%，成为世界第三大经济体，对外贸易总额跃居世界第二，出口总额居世界第一。人民生活水平得到极大提高。1978年至2009年，我国城镇居民年人均可支配收入从343.4元增加到17175元，农民年人均纯收入从133.6元增加到5153元，实现了从温饱到小康的历史性跨越，并正向更高水平的小康迈进。

现阶段党执政安全状况虽然总体良好，但面临的执政风险不可低估。一是国际形势复杂多变，我们党面临诸多挑战和风险。和平与发展是当今时代的主题，但进入新世纪，国际形势更加复杂多变，影响和平与发展的不确定因素增多。经济全球化趋势在推动世界经济发展的同时，给包括中国在内的发展中国家带来巨大的挑战和风险。以军事安全威胁为主要内容的传统安全威胁继续存在，而各种非传统安全威胁又日益凸显，使我国的安全形势趋于复杂化，其实质则是使党的执政环境趋于复杂化。二是我国改革发展正处于关键时期，面临的矛盾和问题明显增多。其中，在社会发展方面面临的一个突出矛盾和问题是缩小发展差距和促进经济社会协调发展。中国收入差距持续拉大已是不争的事实，如果这种势头不能有效遏止，将会引发社会动荡。三是党风廉政建设和反腐败斗争成效明显，但形势仍然严峻。党的十六大以来，党的建设进一步改进和加强，特别是党风廉政建设和反腐败斗争不断深入，查处了一批大案要案，当前反腐倡廉总的形势是好的，人民群众在相当程度上是认可的。同时也应看到，消极腐败现象仍然比较严重，反腐倡廉形势仍然严峻。比如，腐败活动向一些关键领域渗透、向一些社会领域扩散，征地拆迁、工程承包、企业重组改制、金融等领域腐败案件依然易发多发，教育、社保、医疗、环保等领域也成为腐败现象多发领域；高中级干部违纪违法现象严重，一些领导干部缺乏事业心和责任感，形式主义、官僚主义严重，奢靡之风滋长，有的甚至沉溺于灯红酒绿、声色犬马；腐败问题引发的群体性事件和重大责任事故上升，不少事件和事故背后隐藏着官商勾结、权钱交易的腐败问题等。

根据对现阶段执政风险形势分析，以及今后一个时期国内外情况发展变化的推断，执政风险发展趋势将具有以下特点：

（一）执政风险将进一步呈现综合性

现阶段党面临的执政风险已具有综合性特点，即内外部风险共生，各个领域风险交织，今后一个时期这种特点会更加明显。一方面，因为对现阶段综合性的执政风险的化解虽然取得一定成效，但没有也并不可能彻底消除，风险的综合性态势会持续存在下去；另一方面，我国改革和建设将在更加复杂多变的内外环境中进行，这必然使执政安全问题复杂化。世界多极化、经济全球化进程中既然有许多不确定性因素，这就不可避免地潜藏着各种风险。尤其是在全球化背景下，人员、物资、信息和知识流动，环境的依存程度，制度的联系程度和相似程度等都进一步加深，这会提出一列新的挑战而要求我们面对，应对不利就会产生风险。有论者指出：“在全球化和社会经济转轨同步进行的背景下，中国面临的风险是多样而混杂的。”此外，综合性风险的各个因素是相互联系、相互影响的，某方面因素没有得以化解，反过来就会影响其他方面因素。比如，权力运行的内源性风险是与开放的外部环境有关的。我国开放程度不断提高，开放领域不断扩大，诱发腐败的外部因素无疑要大大增加，而如果权力运行中的风险因素加大，又会引起一系列连锁反应，反过来影响各个领域的执政安全。未来风险的综合性趋势要求进一步加强防范意识，全面提高防范和抵御执政风险的能力。

（二）经济社会发展中的风险会更加突出

我国经济社会发展正处于一个关键时期，面临发展中的诸多矛盾和问题。这正如胡锦涛指出：“随着我国社会主义市场经济不断发展，随着我国公有制为主体、多种所有制经济共同发展的基本经济制度和按劳分配为主体、多种分配方式并存的分配制度不断完善，随着我国工业化、城镇化和经济结构调整加速，随着我国社会组织形式、就业结构、社会结构的变革加快，我们正面临着并将长期面对一些亟待解决的突出矛盾和问题。”如缩小发展差距和收入差距问题，统筹兼顾各方面利益关系问题，社会就业问题，解决起来都有较大的难度。我国的经济结构、社会结构和阶层结构已经发生根本转型，由此产生的一些结构性矛盾不是在短时间内能够解决的。我们把社会主义市场经济作为经济体制改革的目标，而社会主义市场经济与其他市场经济一样都是要实现利润最大化的，都是允许资本要素参与分配的，这就必然要造成收入差距拉大，如果政策调控不力，就会加剧拉大的趋势。发展不平衡和收入差距拉大还与东西部之间、城乡之间历史起点不同有关，这也不是在短时间内能够解决的问题。产业结构的调整和企业改革步伐的加快必然造成结构性失业，造成社会就业压力明显增大。社会阶层结构多元，阶层之间的矛盾就不可避免，利益关系的兼顾就是一个需要长期解决的问题。经济社会发展中的问题本身就是一种的风险，而解决这些问题的制度和政策缺位或力度不足又会形成风险。这些风险都是领导经济社会发展的执政党必须面对的，而且要长期面对并要应对好。

（三）金融安全面临的风险形势将仍然严峻

金融是现代经济的核心，是党执政安全的重要物质基础。随着我国加入 WTO 后金融市场的逐步开放，国际资本与金融机构纷纷进入中国，这一方面有助于中国金融体制与国际接轨，通过竞争提高资源配置效率，另一方面外资银行的大规模进入加速了中国金融市场的国际化进程，金融风险也有逐步加大的趋势。现在国际金融市场一天的流动量是 6 万亿美元，上百亿元的资金转瞬间就在世界转一圈，这其中不乏大量的“热钱”，来得快走得也快，具有很强的投机性，是形成金融风险的重要因素，1997 年的亚洲金融危机就与此直接有关。这种现象今后很有可能再次甚至多次出现，对我国金融安全会造成严重冲击。因美国次贷危机引发的全球金融风暴，从本质上说也是由这种贪婪性、投机性造成的。为化解金融风险，我国货币政策由“从紧”转为“适度宽松”，2009 年新增信贷近 10 万亿，这一方面起到刺激经济的作用，另一方面也存在隐含风险因素。国外有经济学家认为，由于 2008 年后半年起允许银行大量放款，至 2009 年新增放贷额已达到历史新高的 9.59 万亿人民币，这种过度信贷会引发泡沫，形成隐形债务。这些债务主要用于地方政府建设项目，而如果债务超过其偿还能力，就会引发金融风险。据测算，目前我国地方现资平台负债已高达 6 万亿元，其中 60% 是通过银行信贷获得的资金。这些具体统计数字虽有差别，但有一点很明确，就是经济全球化使金融市场联系密切，外部金融动荡对我国金融业冲击的可能性将会大大增加，金融安全问题将始终是我们面临的一个重大风险。

（四）文化安全问题将会更加趋于复杂化

从意识形态角度审视，文化安全问题就是意识形态安全问题。我国的主流意识形态是以马克思主义为灵魂的社会主义核心价值体系，其构建本来就不是一帆风顺的，而现在面临的挑战则比较严峻。我国现正处于社会转型时期，经济体制深刻变革，社会结构深刻变动，利益格局深度调整，思想观念深刻变化，人们思想活动的独立性、选择性、多变性、差异性明显增强；我国改革开放又是在世界多极化和经济全球化的大背景下进行的，世界上内容庞杂的社会文化思潮会通过各种途径传播和渗透进来，对国人的思想观念产生复杂而深刻的影响，这种现状和趋势将会长期存在下去，形成对社会主义核心价值体系的影响和冲击。由于互联网时代的到来，意识形态问题更为突出。互联网给人类社会带来了巨大而深远的影响，深刻地改变着社会的生产方式以及人们的生活方式和思维方式，而受其影响尤为显著的一个领域就是意识形态。随着 21 世纪网络化进程的加快，预计意识形态会在更大的范围和更深的程度上受其影响，意识形态领域将是社会主义和资本主义交锋的一个非同寻常的热点领域。意识形态本身还具有物质化思想观念的特点，它是以物质技术为支撑的观念文化形态。从技术上看，网络化是以知识经济为基础的高技术化，科学技术对意识形态斗争的影响将日益重要，美国现在掌管着互联网的监管权。因此，就物质技术基础和实力而言，西方发达国家明显占据优势，这使我们在意识形态冲突中处于相对不利的态势，从而加大了文化安全中的风险程度。文化安全是执政安全的重要组成部分，并会影响到执政党在其他领域的安全。因此，文化安全趋于复杂化的问题要尤为关注。

（五）腐败造成的内源性风险将会长期存在

腐败是执政安全最具威胁的内源性风险。在腐败的气候和土壤存在的条件下，腐败现象将会长期存在。这因为：一是当一个国家处于经济转型和快速发展时期，腐败现象往往会呈高发态势。18 世纪的英国、19 世纪的美国、20 世纪 50 年代的新加坡，腐败现象都很严重。我国腐败现象目前也呈现这一特点，而这种特点在短期内不会消失。二是社会主义市场经济体制的完善需要一个长期过程，这使腐败现象有隙可乘。我国自 20 世纪 90 年代实行社会主义市场经济改革以来，体制机制不断完善，但仍存在某些缺陷和漏洞。比如，相当一段时间房地产商拿地制度就不规范，缺少拿地后开发建设的时间限定，拿地幕后也容易隐藏官商勾结，致使一些房地产商低价拿地、囤地待估、赚取暴利，这成为房价一路走高的重要因素。三是我国历史文化中的负面因素，对一些官员产生潜移默化的深刻影响。我国有 2000 多年封建社会历史，官本位的思想观念根深蒂固，这很容易腐蚀一些党员干部的灵魂，滋生跑官要官、当官发财等官场腐败行为。由于意识形态的滞后性特点，这些封建没落的思想观念将会持续较长时期。四是我国将长期对外开放，资本主义腐朽思想文化的渗透和影响难以避免。抵御这种渗透和影响不能简单地靠封堵，主要靠牢筑制度防线，而这种防线是否筑得牢固，又主要不取决于个人。邓小平早就说过，腐败问题“不可能在一夜之间解决，也不可能靠几个人讲几句话就见效”。十七大报告指出，全党同志一定要充分认识反腐败斗争的长期性、复杂性、艰巨性，把反腐倡廉建设放在更加突出的位置，旗帜鲜明地反对腐败。2010 年 1 月，十七届中纪委五次全会提出要加强以保持党同人民群众血肉联系为重点的作风建设，加强以完善惩治和预防腐败体系为重点的反腐倡廉建设，抓紧解决反腐倡廉建设中人民群众反映强烈的突出问题。2011 年 1 月，十七届中纪委六次全会强调进一步提高反腐倡廉建设科学化水平，以更加坚定的决心和更加有力的举措坚决惩治腐败、有效预防腐败。总之，当前反腐倡廉建成效明显与问题突出并存，防治力度加大与腐败现象易发多发并存，群众对反腐败期望值不断上升与腐败现象短期内难以根治并存，反腐败斗争形势依然严峻、任务依然艰巨。解决反腐倡廉建设存在的问题，还需要我们继续进行艰苦努力。腐败现象的长期存在，决定了党将长期面临执政的内源性风险，党解决执政安全问题任重道远。

三、现阶段党抵御执政风险的基本战略

执政党最大的风险源于执政党自身。加强和改进新形势下党的建设，强基固本、练好内功，是党抵御执政风险的基本战略，这就要坚持以科学发展观为指导，增强防范和抵御执政风险意识，提高抵御执政风险能力，建立健全防范执政风险机制。

（一）以科学发展观统筹抵御执政风险工作

科学发展观是中国特色社会主义理论体系的重要创新成果，是我们党关于科学发展的世界观和方法论，是对经济社会发展一般规律认识的深化。它揭示了社会发展是一个全面协调可持续的发展过程，强调实现社会主义经济建设、政治建设、文化建设和社会建设四位一体

的全面协调发展，而不能把发展仅仅归结为生产力的发展和经济的增长，同时要高度重视社会系统中其他部分和环节对生产力发展和经济增长的作用。科学发展观阐发的这些具有规律性的重要思想，为党在加快发展中防范执政风险提供了科学指导。我们知道，风险是具有人为因素的。按照德国社会学家乌尔里希·贝克的解释，风险“可以看作是人为不确定因素中的控制与失控”。所谓控制与失控，当然取决于多种因素，而关键则是对自然界和社会规律的认知和把握问题。能够认知和把握客观规律，就能够有效防范风险或降低风险损失，反之就会出现风险失控现象。科学发展观揭示了经济社会发展的一般规律，使作为社会主体的人认知和把握规律的自觉性和能动性大大加强，从而把对风险的防范和抵御建立在对客观规律的自觉遵循上。

（二）增强党防范和抵御执政风险意识

执政风险意识是党对执政风险一种自觉的理性认识，它包括对风险的清醒估计，以及防范和抵御风险的科学认知。防范和抵御执政风险，首要的任务就是要增强这种意识。执政风险意识主要表现为一种居安思危的忧患意识。古人讲的居安思危，忧劳可以兴国、逸豫可以亡身，生于忧患、死于安乐，无敌国外患者国恒亡等，都是忧患意识的名言警训。毛泽东提出的“两个务必”，邓小平指明的中国要出问题还是出在共产党内部，江泽民所说的“忧党”，胡锦涛告诫的“三个清醒”，即必须清醒地看到激烈的国际竞争给我们带来的严峻挑战、清醒地看到我们肩负的任务的艰巨性和复杂性、清醒地看到我们工作中存在的困难和风险，都反映了这种强烈的忧患意识。有了这种忧患意识，我们才能增强执政风险意识，进而自觉防范和抵御执政风险。

由于我们党长期执政，长期处于和平环境中，现在一些党员干部缺乏忧患意识和风险意识，不善于从一些政党丧失执政地位的教训中得到警醒，这是非常危险的。要看到，我们党现在才执政60余年，虽然是一个执政时间较长的党，但从历史的长河看，这并不算长，只是西汉王朝（公元前206年—公元8年）214年的1/4多一些，是唐朝（公元618年—907年）289年、明朝（公元1368年—1644年）276年、清朝（公元1644年—1911年）267年的1/5多一些。这些朝代曾有过它们的盛世辉煌，然而最终走向衰亡。从本质上讲，这无疑是由封建王朝自身阶级局限性所致。共产党政权不是封建王朝，与包括封建王朝在内的一切剥削阶级政权有着本质的区别，但它同样面临历史周期律的严峻考验，苏联共产党执政74年下野已留下深刻的教训。胡锦涛指出，党长期执政的状况容易使一些人产生脱离群众的倾向；他还指出，在国际和国内、历史和现实、经济和社会、党内和党外等因素综合作用下，领导干部身上滋长不正之风的现实危险性也增加。这就要求全党增强执政风险意识，大力加强党的先进性建设和执政能力建设，做到居安思危，保持“三个清醒”，最大限度地防患于未然。

（三）全面提高党抵御执政风险的能力

现阶段党面临的执政风险是全方位、多领域的，这就要求党抵御执政风险的能力必须是全面的、系统的。按照执政风险领域划分，这些能力主要有：

提高党防范和抵御政治领域风险的能力。政治领域党面临的执政风险主要是权力运行的失范和脱轨，由此而带来的就是腐败现象的滋生和蔓延。这将严重削弱党执政的合法性，瓦解党的执政基础。提高党防范和抵御政治领域风险的能力，最根本的就是规范权力运行，防止权力腐败，保证人民赋予执政党的权力用来为人民谋福利。

提高党防范和抵御经济领域风险的能力。经济领域党面临的执政风险主要是经济发展中的不健康因素引起的风险，如投资过热问题，金融风险问题，能源、资源、环境的承载力增大问题，国民收入分配格局不尽合理问题等。提高党防范和抵御经济风险的能力，最根本的是全面落实科学发展观，加快转变经济发展方式，努力实现速度、质量、效益相协调，消费、投资、出口相协调，人口、资源、环境相协调，保持经济平稳较快发展。

提高党防范和抵御文化领域风险的能力。文化领域党面临的执政风险主要是主流意识形态的地位日益受到严峻挑战，封建文化中腐朽思想沉渣泛起，西方文化的猛烈冲击和深刻影响等。提高党防范和抵御文化领域风险的能力，就要高度重视意识形态工作，加强社会主义核心价值体系建设，坚持以社会主义先进文化引领社会思潮，既尊重差异、包容多样，又有力抵制各种错误思想观念的影响，使社会始终高扬主旋律。

提高党防范和抵御社会领域风险的能力。社会领域党面临的执政风险主要是社会事业发展相对滞后和社会管理不完善而酿成的社会矛盾，尤其是医疗卫生、教育、收入差距等问题已成为群众反映强烈的热点问题。这些矛盾的实质是群众的利益问题，如果处置不当就会损害群众利益，甚至引发群体性事件，不利于巩固党执政的社会基础。提高党防范和抵御社会领域执政风险的能力，就要贯彻落实好十七大、十七届四中全会、十七届五中全会精神，大力加强以民生为重点的社会建设，促进社会公平正义，使人民群众共享改革发展成果。

提高党防范和抵御涉外领域风险的能力。涉外领域党面临的执政风险主要是影响和平与发展的不确定因素问题，霸权主义和强权政治对执政安全的威胁问题，具有国际性的非传统安全因素问题，境外敌对势力支持下民族分裂势力和宗教极端势力对执政安全的影响问题。提高党防范和抵御涉外领域执政风险的能力，就要提高科学判断国际形势和进行战略思维的水平，坚持独立自主的和平外交政策，完善国家安全战略，构建国家安全机制，坚决维护国家安全。

提高党防范和抵御自然界领域风险的能力。自然界领域党面临的执政风险主要是我国自然灾害易发多发，严重损耗国家实力，损害党执政的物质基础；自然灾害具有明显的连动效应，如引起次生灾害、灾民安置、市场供应等问题，一有不慎即会引发社会问题，影响社会的稳定与和谐。因此，自然界风险绝不是自然界领域本身的问题，而是具有其社会性，是党的执政风险的重要范畴。提高党防范和抵御自然界领域执政风险的能力，就要不断壮大抵御自然界风险物质实力，提高各级党组织的组织动员能力和应急施救能力，加强对减灾防灾立法工作的领导，进一步推动抗击自然灾害步入法制化轨道。

（四）建立健全党防范执政风险的机制

执政风险防范是一项长期任务，需要把它纳入制度建设轨道。这里最重要的，就是建立健全防范和抵御风险的机制。这主要是：建立健全防范和抵御风险预测机制。凡事预则立，不预则废。防范和抵御执政风险，加强风险预测是关键。风险预测机制包括对预测目标的确定，风险信息的收集和整理，风险预测结果的分析，风险预警的发布等。风险预测要采取科学的方法，尤其是要重视智囊团的作用，以提高风险预测水平。

建立健全防范和抵御风险决策机制。抵御和防范风险决策机制，是为了达到最优化的决策目标而确立的决策系统要素之间有机联系和相互作用的方式。决策系统的要素主要包括对决策目标的选择和确立，对风险应对方案的拟定，对风险应对方案的评估和优选，风险应对方案的实施等。防范和抵御风险决策系统必须按程序运行，即从确定决策目标到拟定方案，再到方案评估直至实施。党作为决策主体，必须注重提高自身决策水平，不断完善决策的规则和程序，以保证决策机制高效运行。

建立健全防范和抵御风险协调机制。在防范和抵御执政风险中，党担负着统一领导、协调各方的职责，这就要求建立健全防范和抵御风险协调机制。它包括力量协调，即协调政府、社会组织和公众有序参与防范和抵御风险工作；资源协调，即防范和抵御风险过程中协调各方关系，整合各种资源，使之形成合力；利益协调，即协调因风险引起的群众利益矛盾，引导群众以合法形式表达利益诉求，自觉维护安全与稳定。

建立健全防范和抵御风险处理机制。风险处理包括三个层面的含义：一是风险控制；二是风险转化为现实危险后的应对；三是风险应对后的处理。与此相对应，风险处理机制主要有风险控制机制，其作用在于尽可能地化解风险或减少风险损失；风险应对机制，其作用在于把现实中的风险应对处理好，做到化险为夷；善后处理机制，其作用在于对风险过后问题的处理，包括对灾难的善后处理。

建立健全防范和抵御风险保障机制。这种保障机制主要包括：政策保障机制，即制定和完善防范和抵御风险的相关政策，以提供有力的政策支持；法制保障机制，即积极推动立法、保证执法，把防范和抵御风险纳入法制化轨道；环境保障机制，即大力营造有利于防范和抵御风险的环境，尤其是和谐的社会环境，以保障社会稳定，最大限度地减少社会风险因素。

抵御和防范执政风险是中国共产党长期而重大的战略任务。党始终面临着各种严峻风险的考验，党也正是在经受各种风险考验中锤炼得更加坚强。抵御和防范执政风险是一项系统工程，要解决的具体问题很多，关键则是要有一个科学的指导思想，而这正是我们党的优势所在。我们只要始终坚持以马克思主义作为科学指导思想，坚持以中国特色社会主义理论体系这一马克思主义中国化最新成果武装头脑，深入贯彻落实科学发展观，进一步增强忧患意识和风险意识，逐步建立和完善科学系统的制度和机制，防范和抵御执政风险就有了可靠保证。

（作者：海军大连舰艇学院政治系教授）

（选自《中共党史研究》2011年第2期）

党的建设与国家竞争力

——党的建设在国家发展中作用的宏观思考

郭亚丁

在全球"一体化"发展的大背景下，国与国之间的竞争日趋激烈。国与国之间的竞争是各种要素及其综合实力之间的竞争。"十二五"规划"中明确强调要增强国家综合国力和创造国际竞争的新优势。毫无疑问，在中国特色社会主义事业大的框架下，党的建设是其独特优势之一。从某种意义上讲，而国力的增强离不开政治力这个重要条件。中国的国情表明，党的建设已经不在仅仅是党的自身主体问题，而是关系到提升国家综合国力和增强国家竞争力的重大问题。

一、政党、政治力与综合国力

当今世界，综合国力的强弱关系到国家在国际上的地位和作用，对参与国际竞争、谋求生存和发展以及国家间的交往等都有着重大的影响。而政治力则是综合国力中的重要方面。宏观看，综合国力是一个国家生存和发展拥有的全部实力及其影响力的"合力"。从构成的要素上看，综合国力主要有政治力、经济力、科技力、文化力、人才力、国防力、资源力等要素构成。从形态上看，既存在有形的物质要素，也存在无形的精神要素。前者主要包括自然资源、经济实力、人口、地理条件、科学技术等；后者主要包括政治制度、政党行为、政府效能、民族传统、民族精神、战略倾向、对外关系等。从以上看，综合国力涉及诸多要素和众多条件，但这些要素和条件中，哪些发挥着独特的作用或更为重要？这是需要认真研究的。

从系统论角度看，一个国家就是一个巨大的复杂系统，客观存在的政治力、经济力、文化力、科技力、人才力等"力"，都具有不同的功能，这些功能也是国家存在发展具有的基本功能。但要看到，构成这个系统的诸要素之间存在相互联系和相互制约，这使得系统中的不同要素功能存在着深层联系。此外，还要看到系统中要素所具有的功能也不能简单的替代，如经济力的强大，并不等于政治力、文化力的强大。因此，系统中的要素就需要有机的耦合，这样才能充分体现综合国力的整体性。可见，综合国力是国家这个系统各种功能的"综合"，是系统的整体反映，而系统的整体功能是构成系统的各个要素有机结合产生的，因而，构成综合国力的要素实际上包括国家具有的一切有形和无形的要素。从这个角度讲，综合国力的增强，其本质层面就是将国家诸要素具有的各种功能进行有效的"综合"。所以，在客观上国家需要一个强有力的“综合力量”存在并发挥作用。

而在中国国家综合国力的诸要素中，这种有效的能动性、主导性“力量”主要来自于政治力。政治力涉及国家的政治制度、政党制度、政治文化、政治观念、政治团体、对外关系等要素。总的看，政治力的表现是以经济为基础，取决于经济发展的水平；以文化为条件，也受综合人文因素的支配和影响。但是，当政治力形成之后，就必然表现为一种独立存在的“力”，这个“力”就会对其他“力”产生巨大影响。从某种角度讲，政治力的性质、特征、大小、趋向、程度等，又取决于政治活动的性质、内容以及方式，以此又影响政治力的强弱。

其实，在综合国力中，政治力是举足轻重的“力”，这是因为，政治力具有能动性、主导性，对其他“力”存在巨大的影响作用。如国家的政治制度和领导体制会直接影响国家的经济发展，社会的政治思想观念会影响人民的精神和行为表现，不同政治主体会影响国家的社会结构和存在状态，等等。理查德·维尔特在《国家竞争力》中认为：“世界各国相互竞争，以求发展。……在这种你追我赶的环境中，公司所能取得的独特的竞争优势，总是有各国政府提供的。”但在政府的行为中，政党却扮演着重要角色。这是因为，政党与国家政权相联系，政党是影响国家制度的建立和发展、政治观念的形成和变化以及政治团体的表现方式等的重要政治要素。特别是执政党，所制定的政策、做出的决策，对国家的经济社会发展有着直接影响。此种影响在中国尤为明显。胡锦涛同志在十七届四中全会中指出，党的建设是党领导的伟大事业不断取得胜利的重要法宝。显然，党的建设为中国特色社会主义发展提供了重要保证。许多海外学者认为，“中国模式”的核心问题是中国共产党，中国社会的持续快速发展直接与中国共产党自身的作为相联系。

从以上看，政党是国家政治力的重要力量，特别是执政党的力量更加明显。由此可见，中国共产党的建设不仅仅是党的自身建设问题，与政治力的增强、综合国力的提升有直接关联。因此，应该把党的建设放在国家整体战略发展中认识、谋划、设计、实施，摆在国际大环境下的国与国之间竞争中考量党的建设，进一步明确党的建设给国家“提供”什么、“产生”什么作用？其作为的效应如何？毫无疑问，从宏观层面看，党的建设是一种“特殊”的国家管理方式，在中国特色社会主义发展进程中，能够增强国家竞争力，促进国家综合国力的提升。

二、党的建设:国家竞争力之考量

党的建设是国家竞争力的一大要素，从党的建设角度看，这是由以下几个条件决定的。

1. 国家政治制度和政党制度的条件

人民代表大会是中国的根本政治制度，也是国家的政权形式。这项政治制度的根本原则是坚持党的领导。中国的政党制度是中国共产党领导的多党合作制，这项制度也规定了党的核心作用。由此可见，在国家制度层面上，中国共产党是国家权力体系的“核心”，在国家中处于核心地位。这是发挥党的作用的重要制度条件。

现代政治的原理告诉我们，国家、社会、政党三者之间的相互联系和连接，构成了政治体制的基本框架。这种“联系和连接”必须通过制度来确立和规范。政党本身不是国家，不能通过取代国家来实现这种“联系和连接”，因此，必须借助国家制度。而制度是一个国家的重要竞争力保障条件。同时，制度也决定了政党这个竞争力关键要素作用的发挥。在不同的制度体系里，政党这个竞争力要素的作用迥然不同。此外，制度又具有强烈的导向作用，关系政党这个政治力要素作用发挥的持续性和有效性。对中国共产党而言，党的建设根本在于制度建设，通过制度建设更好地规范党的行为，努力使党的行为表现达到社会价值最大化。同时，也给其他竞争力要素的有序存在和有机联系提供保证。

2. 党的组织体系和成员构成条件

中国共产党具有完整和系统的组织体系，这是世界上许多国家的政党所不具有的。党从创建开始就非常重视组织的建设。现在，党的组织呈现由上而下又逐级向外围延伸、并是上下分层和纵横交叉的网络式结构。这种结构对社会是整体性的“覆盖”、“交叉”。而且党的组织体系又与其他经济、文化、政治、社会等组织体系存在整体性“重合”，因此，党的组织体系具有较强的扩展性和包容性。这个组织结构的特点就有利于对其他要素实现有效的统筹和聚合，也有利于较大程度地释放党组织的政治能量，增强党对社会的组织力。

中国共产党的党员是“各阶层的优秀分子”，这个定位和定性也使得党员的分布在中国社会极为广泛。现在，党员分布在各个行业、领域、区域、阶层、群体等之中。截止2009年底，全国党员总数为7799.5万名。从党员的职业看，工人693.7万名，农牧渔民2402万名，党政机关工作人员659.6万名，企事业单位管理人员、专业技术人员1772.5万名，学生226.9万名，离退休人员1452.5万名，其他职业人员592.3万名。中国共产党建有基层组织379.2万个，其中基层党委18.3万个，总支部23.5万个，支部337.4万个。全国6629个城市街道、34224个乡镇、8万个社区（居委会）、59.8万个建制村建立了党组织。1.2万个社会团体建立了党组织，占具备建立党组织条件的社会团体总数的91.1%。全国街道、乡镇、社区、建制村党组织基本实现了全覆盖，国有企业、事业单位党组织覆盖面达98%左右，社会组织中党组织覆盖面继续扩大。显然，党的组织和党员构成的特点具有广泛性和多层次性。如此的构成特点，有利于对人才资源的聚集。截止2009年底，具有大专以上学历的党员2787.3万名，占党员总数的35.7%。显然，由“人才型”的优秀分子组成的政党，对社会就会产生巨大的影响力。而这个条件与建设“人才型大国”则有着内在联系。国与国之间竞争的事实表明，人才是真正的核心竞争力。

3. 党的领导体制和方式条件

党是中国特色社会主义事业的领导核心。这个领导核心是有党的领导体制保证的。党的领导体制，坚持的是民主集中制的原则，实行的是党委集体领导下的个人分工负责制。在这个领导体制下，经济社会发展的重大决策是由各级党的组织做出的，党的组织具有决定性的主导作用。因此，在中国社会，经济、文化以及社会等发展战略，都与党的发展战略相联系。因为，其他战略是由党统一制定的，也是由党统一实施的。党的自身发展战略直接影响到其他战略的实现。可见，党的建设是一个更高层次、更广阔的发展战略问题，是其他战略发展的根本保证。在这个体制下，各种资源聚集的程度和规模以及资源价值的体现都与党的行为有关。党处于这个体制的“中心”，党对资源的流动和配置有着极大的支配、制约和影响作用。而且，主要的经济、政治、文化资源的联系、协调都离不开党的行为。因此，在国与国竞争中，中国通过党的建设发挥着自身独特优势。

4. 党的理论纲领和优良传统条件

党是按照马克思主义建党原则建立和发展起来的。马克思主义是自然科学和社会科学的结晶，是先进文化的集中体现。中国共产党正是善于运用这一“先进文化”的理论指导来确立党的行为表现，才使党不断取得成功。科学的理论给党提供了一个正确的世界观和方法论，这是党存在和发展的一大优势。党不仅坚持这一科学的理论，而且还不断创新和发展这一理论——发展的中国化马克思主义，即毛泽东思想和中国特色社会主义理论体系。党以这个理论为指导，确立了符合中国社会发展要求的政治路线，保证了中国社会发展的正确方向。此外，由于党历史悠久、实践丰富和斗争严峻，党形成了一系列内容十分丰富的优良传统，如“三大作风”等。党的优良传统是党的宝贵政治财富和政治资源，是党发挥核心政治力要素的重要条件。党的优良传统奠定了党作为领导核心的政治基础，也是党的政治优势，其蕴涵的政治能量十分巨大、政治资源十分丰富。

从以上看，党具有十分有利的条件和优势，这些条件的利用和优势的发挥，有利于增强国家综合国力，增强在国际上的竞争力。其实，党的组织本身就是国家竞争力的重要政治资源，而且是对其他政治资源有着重要影响的政治资源，所以，党的建设是要进一步释放这种政治资源的巨大能量。总之，要利用党建自身具有的优势和条件，实现有效的转化，以增强国家的整体竞争力，为国家综合国力的提升提供动力和保证。

三、党的建设与综合国力的增强

党的建设在中国国家发展中发挥着独特作用，这些作用主要表现在以下几个方面：

1. 制定和执行正确的政治纲领，确立国家发展导向

执政党的影响作用在于对社会发展的导向性。政党通过掌握的国家权力可以有力地影响社会发展。

30多年来，中国现代化事业之所以能加快发展，从宏观上看，关键在于党的社会导向作用发挥较好。党深刻揭示和阐发了改革开放的必要性、目标及发展前景，确定了正确的大政方针，把握好了社会发展的方向、进程和力度。所以，中国社会表现出了社会良性运行所要求的有序而蓬勃的发展态势。党的社会导向作用还表现在，重视经济与社会协调发展，从单纯追求经济增长转到追求社会的科学发展，求得经济、政治、文化、社会的共同和协调发展，这是党所导向的中国特色社会主义重要特征。党之所以发挥好了正确导向作用，根本在于逐步确立了正确的理论纲领，并由此规范全党全社会的思想和行动，有效统筹并保证社会各个系统和各个层次之间功能耦合及有机协调，从而汇聚成合力，进而推动整个社会的良性运行和协调发展，确保了中国社会发展的正确方向。中国共产党在中国社会的有效导向力是许多国家所不具有的。

2. 发挥党的组织构架优势，提升国家的组织力

现代化的过程是组织、动员社会诸要素共同参与、融合、释放的过程。现在世界上，有的国家政党对立，有的国家政党“貌合神离”，无法实现政治有效统合，减少了社会发展需要的组织力量。理查德·维尔特在研究许多国家发展中认为“要是没有足以执行战略的组织结构，光有战略是没有用的。”而对中国而言则不同。中国有效的组织力量是建设现代化不可缺少的重要条件。我国是一个发展中国家，要把分散的社会力量调动起来，要把有利于社会发展的各种条件、诸要素利用和综合起来，要把方方面面的积极性、创造性发挥起来，必须有一个具有强大组织力的“力量”存在——这个“力量”就是中国共产党。

党之所以具有较强的“组织”作用，其主要因素：一是体系特殊。党的组织体系呈由上而下、逐级向外围延伸的组织结构。其结构具有覆盖面广、内在联结紧、社会基础牢、组织体系严的特点，易表现出“整体性”。二是执行有效。党的组织与国家政权部门的关系比较密

切。各级党组织对国家政权机关实行领导，并对国家政权机构负有监督和保证职责。国家重大决策、方针政策出台是由党组织与政府联合行动制定和贯彻。这种党政关系的一致性和共同组织、管理国家政治、经济、文化、社会生活的政体特征，使党的意志可以通过法律的形式变为国家意志。三是代表广泛。党的成员来自社会各阶层中的优秀分子，并分布于社会各个群体之中。所以，党对社会的组织力就远远比其他社会组织要强大得多。因此，党的建设就是要使这种组织力得到增强。

3. 实现党对社会的有效政治整合，保持国家和社会的稳定

政治整合能力和整合程度，是国家综合国力强弱的重要特征。政党的政治整合职能在于使社会成员认同某种基本价值观念和国家基本结构，在于找到共同利益，在于协调关系、缓解矛盾、消除隔阂，以期达到统一。能否解决好党的自身和社会整合问题，关系到社会一切力量的调动和发挥，关系到社会一切条件的利用和综合，更关系到社会的稳定发展。政治稳定首先需要建构一个能凝聚各种政治主体的宏大结构，使各政治主体遵循统一的政治规范，其关系处于一种有序、稳定的态势。事实表明，政治结构中必须蕴含向心力强的凝聚机制，如此政治结构才不会出现离散倾向。

“一个现代化中政治体系的安定，取决于其政党的力量。”当代中国政治发展进程是由于党对政治、文化、经济等资源的驾驭和支配，政治稳定的态势才得以保证。建立具有统摄性的政治结构，既能为日益发达的社会提供有力的政治保障，又能驾驭频繁而复杂的社会变动，使整个社会保持有序发展态势。当代中国政治体系的重要性就是要建立涵盖多元政治主体的政治结构，使各种政治主体能够在统一的结构体系中沿着合法、有序的轨道发挥其功能作用。为此，党的建设要着眼体制的健全和机制的优化，力争把不同的政治主体吸纳到体制中来，努力使不同政治主体都能在政治结构中找到各自的准确定位，提供有效的利益表达渠道，以实现有效的政治整合，为增强国家竞争力提供条件。

4. 通过思想动员，有效实现政治社会化

社会成员政治上的一致认同，就会形成强大的政治力量。政党作为一个政治组织，内聚力来自认同度，但政党内部的认同必须要外化社会的认同，这有利于形成国家意识形态，也是政党实现目标的必备条件。“意识形态的吸引力是国家软实力的重要组成部分，也是衡量一个国家软实力强弱的重要指标。”因为，意识形态是一种世界观、价值观，也是政治认同和价值观整合的重要手段。英国剑桥大学的查尔斯·汉普登特纳认为：“国家文化的来源则是该社会深层的信念结构，这些信念结构是规范一个社会经济活动的根本力量。”中国特色社会主义理论体系就是一种“文化和信念”的具体体现，其成果被党内外所接受，就会产生巨大的力量。

党是“先锋队”性质的政党，党要保持先进性，党就必须不断对党员进行思想教育。但党掌握了先进的科学理论，并不是仅仅武装自己，还要“武装”民众。早在20世纪初，列宁就特别强调无产阶级政党要有领导、有组织地对民众进行科学理论和正确思想的教育。共产党作为一个掌握科学理论的政党，仅仅自己掌握科学理论是不够的，尚不能产生巨大的社会影响。党要使“科学理论”转化为巨大的精神力量，就必须使“科学理论”得以普及。党作为执政党，其行为表现直接影响一个国家社会的发展。但党毕竟是由少部分人组成的政治组织，要更大范围影响社会，仅凭自身力量不够。党只有有效地把社会民众动员起来并参与到党

所确定和组织的事业中，党的奋斗目标才能最终实现。党要实现中国特色社会主义事业发展的各项目标，显然，离不开思想教育作用的发挥。只有通过广泛而又深入的教育和宣传，使广大民众接受和认可党的价值观，才能形成巨大的“社会力量”。这个“社会力量”就是国家竞争的“软实力”。

5. 有效实现对社会诸要素之间关系的协调

政党客观上存在于各种力量交织的关系中。政党能否处理好各种关系，是政党能力强弱的表现。对执政党来说，妥善处理各种关系是执政的能力之一。党的领导核心地位规定了党具有的协调资格。党的领导制度和体制在客观上对党也提出了协调的要求。协调是党这个领导主体为了更好实现领导目标而采取不同的方法和手段，是各方力量相互配合、理顺关系、消除矛盾、达成统一、形成合力的过程。

在国家发展中，党的建设起什么作用呢？主要表现在：一是引导作用。必须善于把党的意图贯彻到社会的各个层次之中，让社会各界真实了解党的意图，在整体上与党的领导意图相协调，以产生一种导向作用。二是统一作用。当今社会分工越来越细，实现党的领导仅靠党本身力量不能及，这就需要党作为领导者进行有效的协调。善于协调方方面面的关系，使上下、左右关系协调一致，以达到目标和行动的统一。三是掌控作用。领导主体只有依靠有效的控制才能维系所领导的整个社会系统，才能把握整个领导过程直至取得领导成功。通过有效协调，使离散的力量得以聚合，使被领导者行为走向不偏离领导“轴心”。四是放大作用。党的协调，就是综合各个要素，聚集各种力量，理顺各种关系，缓解各种矛盾，达到认识上的统一和行动上的磨合。因此，如果协调有序，党的整体工作效能就会大大提高。一个整体和谐有序的社会，就会最大程度地减少影响社会发展的消极因素，就会增强国家竞争力，扩大国家综合国力竞争的新优势。

（作者：中共浙江省委党校教授）

（选自《中共浙江省委党校学报》2011 年第 4 期）

关于“精神懈怠”及其防治的理论思考

郑又贤

在纪念中国共产党成立90周年的讲话（以下简称“七一”讲话）中，胡锦涛同志尖锐指出：“精神懈怠的危险，能力不足的危险，脱离群众的危险，消极腐败的危险，更加尖锐地摆在全党面前，落实党要管党、从严治党的任务比以往任何时候都更为繁重、更为紧迫。”这是向全党同志敲响了警钟。他首次提出“精神懈怠”的危险，并把它摆在“四大危险”之首，意蕴深刻。现在人们大多是从经验层面来解读这一观点，其实它远不只是实践的警醒，而且是思想乃至理论的升华。本文拟此开展理论思考，但愿能引起理论界的共鸣。

一、精神懈怠的可能分析

在党的重要文献中，甚至包括在党的建设史上，直接强调“精神懈怠的危险”已经“更加尖锐地摆在全党面前”，尚属首次。其重要意义不仅局限于实践方面，而且体现在理论方面，是对党的建设理论提出了一个新的课题，亟待人们通过深入的探讨来加以解决。

所谓“懈怠”，有的解释为“松弛”，有的解释为松懈、懒惰或松懈、懒散。胡锦涛同志“七一”讲话中所说的“精神懈怠”之“懈怠”，比较接近于后者，即有松懈、懒散之意。关于党的建设中的“精神懈怠”，理论界往往仅局限于从党员个人来说明，严格说来是不全面的。依笔者之见，这起码应该包括两个层面的涵义：一是就党的组织来说的，是指组织涣散、疲软，即弱化了科学、统一的思想理论指导，缺乏远大的理想、目标，少有工作的主动性或创造性，形不成鼓舞斗志、催人奋发的坚强领导。二是就党员个人来说，是指党员信仰缺失、理想淡漠、斗志松懈、精神空虚，不思进取，得过且过。

党组织的精神懈怠和党员个人的精神懈怠，既是相互区别，又是相互联系的。从其区别来说，前者的主体是党的各级组织，其精神懈怠是侧重于共性的存在，是对党组织精神状态的反映，所造成的危害不是个别性的，而往往是全局性的；后者的主体是党员个人，其精神懈怠是侧重于个性的存在，是对党员个人精神状态的反映，所造成的危害一般不是全局性的，而是个别性的。从其联系来说，二者又是相互制约、相互渗透、相互转化的。党组织的精神懈怠是通过党员个人的精神存在表现出来的，反映和体现着后者的普遍性和共同性，同时又对党员个人的精神造成一定的消极导向或“传染性”影响；党员个人的精神懈怠往往是以特定的党组织的精神状态为形成背景的，既可以对其他个人的精神造成负面的影响，又能够随其扩散或蔓延而转化为党组织的精神懈怠。

对于中国共产党及其全体成员来说，出现精神懈怠并非主观随意性的假设，而是具有客观的可能性。这主要有以下两个方面的原因：一是由于中国共产党执政的90年，如胡锦涛同志所说，是"团结带领人民在中国这片古老的土地上，书写了人类发展史上惊天地、泣鬼神的壮丽史诗"的90年，其组织或成员几乎每时每刻都在积累着艰苦奋斗的"疲劳"，容易滋生"松口气"、"歇一歇"的思想或念头，从而导致精神懈怠现象；二是由于通过90年的执政、领导或工作，积累了许多成功的经验，容易使今天的党组织和党员不再是靠昔日的奋发进取、努力创造来履行自己的职责，而是借助业已形成的实践惯性和思维定势去执政、领导或工作，这难免会给精神懈怠以可乘之机。正是从上述意义上说，精神懈怠的危险会"更加尖锐地摆在全党面前"。

二、精神懈怠的现实表现

精神懈怠不但具有客观的可能性，而且是直接现实的危险。它在现实中的表现是复杂多样的，甚至会因具体组织或个人的特点而异。党组织的精神懈怠，比较常见的表现形式主要可归纳为如下五种：

1．在理想、信念方面，不敢理直气壮地宣传党的共产主义远大理想、马克思主义的科学性和社会主义战胜资本主义的必然性，甚至对中国特色社会主义都缺乏应有的坚定信念。有的基层党组织认为，这些是理论和实践的难题，虽然知道是应该做的，但由于没有把握说清楚，从而也不去宣传，当然也无法在党组织内部对这些重大问题形成共识。这是造成党员理想、信念淡漠的重要原因。

2．在精神风气方面，不能在党组织内部造成奋发向上、积极健康的精神和思想导向，正气难以伸张，歪风得不到制止。有的基层党组织，在思想、理论和行为上不够重视分清是非对错，不够注意用积极、健康的社会主义先进文化宣传、武装广大党员，从而程度不同地让那些消极的甚至颓废的思想或文化占领了党内的精神或观念阵地。正因为如此，正确的东西得不到应有的肯定，向上的风气得不到应有的褒扬；而错误的言行也得不到应有的纠正，不良的习气得不到及时的制止。这样一来，正气必然受到极大的压抑，而歪风却任凭自由泛滥，党组织的精神风貌也会大大受损。

3．在履职创新方面，开展工作按部就班，满足"上传下达"，缺乏主动创造，缺少优势特色。受精神懈怠的影响，有的党组织不愿积极探索，特别是按照党的建设规律创造性地履行职责。他们热衷于"上传下达"，因为这既轻松，又不容易出差错；即使错了，上有领导"扛着"，下有群众"撑着"，自己可以不受伤害或少负责任。没有创新或创造，当然也就不会去深入研究自己的实际情况及其特点，了解自己的已有优势；更不能根据自己已有的特色和优势，去培育和创造与众不同的新的优势和特色。也许他们的工作不会出现重大的失误，但却令党组织的作用大大削弱，致使工作平平淡淡，难有起色。严格说来，这是在玩忽职守，是一种渎职行为，应该引以为戒。

4．在战胜困难方面，畏难情绪突出，凡事趋易避难，使现实的难题得不到及时的解决。毛泽东同志说得好："什么叫工作？工作就是斗争。哪些地方有困难、有问题，需要我们去解决。我们是为着解决困难去工作、去斗争的。越是困难的地方越是要去，这才是好同志。"有的党组织缺乏这种精神，遇到问题绕道走，极力回避困难，由于害怕同困难"短兵相接"，当然也就不会有困难的真正解决。有的组织甚至包括一些领导同志，喜欢挑容易的事情去做，而把困难留给下一届党组织或领导；也有的组织或领导同志，看到这是上一届留下来的，干脆把它“冻结”起来，到时再“击鼓传花”式地传给下一届。这样一来，不但使老问题届届相传，而且层出不穷的新问题又得不到及时的破解，难题必然越压越多，到头来难免会来一次总的爆发，令工作不可收拾。

5．在指挥实效方面，缺乏应有的号召力、凝聚力和战斗力，党组织的领导核心作用明显削弱。一方面，有的党组织由于没有在理想、信念、指导思想、根本任务和基本价值取向上形成共识，甚至存在严重的分歧，这必然影响到党内的步调一致，使心难以往一处想、劲难以往一处使，虽有令而难行；另一方面，由于党组织指挥失灵，无法带领大家朝着伟大的理想、目标而努力奋斗，党的领导核心和战斗堡垒作用也难免丧失殆尽。

党员个人的精神懈怠，常常通过处理现实生活中的各种矛盾表现出来。这主要包括如下五种情况：

1．在面对理想和现实的矛盾时，表现为淡化理想、信念，而热衷于眼前实惠。不再把共产主义看成是人类社会发展的理想目标，对社会主义乃至中国特色社会主义建设的前途缺乏应有的信心，怀疑或动摇了关于马克思主义、毛泽东思想和中国特色社会主义理论体系的科学性及其指导意义的认识。

2．在面对精神和物质的矛盾时，表现为淡化精神修养，而热衷于物质追求。理想趋于功利化、物质化，推崇所谓的“理想理想，有利就想；前途前途，有钱就图”和“不管什么主义，能赚钱就是好主义”、“只要钱到手，哪管美与丑”。正因为如此，当经济利益和社会效益发生矛盾时，只讲经济利益的满足，而忽视了社会效益的进步与否。

3．在面对是与非、对与错的矛盾时，表现为淡化是非、对错的明辨和斗争，而热衷于无原则的一团和气。缺乏共产党员所应有的明辨是非和勇于坚持真理、修正错误的优秀品质，不敢开展批评和自我批评，不敢同错误的思想和行为作斗争。有的人甚至迷信伪科学，传播封建鬼神思想，推崇歪理邪说。

4．在面对改革和继承的矛盾时，表现为淡化改革创新精神，而热衷于固步自封、因循守旧。受其影响，在工作中不求上进，贪图安逸，满足于“当一天和尚撞一天钟”，缺乏共产党员所必须永久保持的先进性，把自己混同于普通群众，甚至沦为扯群众后腿的“尾巴”。

5．在面对社会价值和自我价值的矛盾时，淡化“奉献”意识，热衷于“索取”和个人的满足。开展工作，首先关心的是个人报酬和得失，甚至按酬付劳，不讲无私奉献。在思想和行为上推崇自私自利的个人主义，只求个人利益，漠视他人利益，甚至罔顾整体利益乃至国家利益。

三、精神懈怠的首位影响

胡锦涛同志在“七一”讲话中，把精神懈怠摆在能力不足、脱离群众和消极腐败这三大危险的前面，居“四大危险”之首，这包含着特殊的、深刻的意蕴。

（一）从宏观上考察，“精神”对人的特殊意义决定了精神懈怠当属首位性的危险

精神或意识体现着人的特殊本质，是人之成为人的重要根据。马克思在《1844年经济学哲学手稿》中指出：人“是有意识的存在物”、“人的类特性恰恰就是自由的有意识的活动”。在他看来，正是有意识的生命活动把人同动物的生命活动直接区别开来。人通过实践创造对象世界，改造无机界，来证明自己是有意识的类存在物。马克思曾经把“人的精神的类能力”，看成是“人的类本质”的重要方面；认为资本主义的异化劳动，恰恰是使人的“精神本质”“同人相异化”。

人有精神、有意识，这是人的本质力量的体现。毛泽东同志在中共八届二中全会的讲话中，强调“艰苦奋斗是我们的政治本色”，不赞成1949年有人以资本家吃饭五个碗、解放军吃饭只是盐水加一点酸菜而主张军队要增加薪水，表扬我们的战士在盛产苹果的锦州一个都不去拿老百姓家里的苹果，认为这是“很高尚”的。正是基于这一意义，他进而深刻指出：“人是要有一点精神的。”不但无产阶级的革命精神是由此而产生的，人之为人也是由于有了这种精神而得以同动物区分开来。

精神懈怠即松懈、懒散，丢失的不仅是一种信仰、信念、意志、毅力，而且是体现人的类本质的特性、力量。可想而知，任何党组织或党员出现精神懈怠，已经这样或那样地失去了人的本质特性或人的本质力量，还如何去实现党的远大理想和宏伟目标呢？所以对中国共产党的执政来说，精神懈怠是当今面临的首要危险。

（二）从中观上考察，“精神”是我们党成功领导中国革命和建设的首要保障

关于精神或理论的重要作用，列宁曾经有过许多精辟的论述。在《怎么办？》中，他从理论和实践的辩证关系出发，特别强调了理论的重要指导意义，指出：“没有革命的理论，就不会有革命的运动。”他引用《德国农民战争》的序言说：“如果不是先有德国哲学，特别是黑格尔哲学，那么德国科学社会主义，即过去从来没有过的唯一的科学社会主义，就决不能创立。如果工人没有理论感，那么这个科学社会主义就决不可能象现在这样深入他们的血肉。”在他看来，只有以先进理论为指南的党，才能实现先进战士的作用。当时运动的力量在于群众（主要是工业无产阶级）的觉醒，而其弱点却在于身为领导者的革命家们缺乏自觉性和首创精神。

我们党领导中国革命和建设取得成功，同样离不开人类进步文化或精神成果的武装和鞭策。马克思主义是人类精神的精华，是先进的社会文化。它是指导无产阶级革命和社会主义建设获得成功的精神和文化保障。中国共产党就是在马克思列宁主义同中国工人运动相结合的进程中，才得以应运而生，并在建党之始，就已经确立起了马克思列宁主义的指导地位。而且，正是因为有了马克思列宁主义的指导，党才能团结带领人民完成了新民主主义革命，实现了民族独立、人民解放；完成了社会主义革命，确立了社会主义基本制度；进行了改革开放新的伟大革命，开创、坚持、发展了中国特色社会主义。所以，江泽民同志在中共十四届六中全会上深刻指出：我们党之所以能够不断发展壮大，领导人民取得中国革命和建设的胜利，靠的是找到了马克思主义，使中国人民在精神上从被动转为主动；靠的是把马克思列宁主义基本原理同中国具体实际相结合，认识和掌握中国社会历史发展的客观规律，形成了正确的理论和路线方针政策；靠的是用革命的理想和精神教育和武装广大工人、农民、知识分子，团结和鼓舞他们为实现自己的根本利益而奋斗。

正是从上述意义上说，精神是我们党成功领导中国革命和建设的首要保障。毛泽东同志在1957年就曾提出：“我们要保持过去革命战争时期的那么一股劲，那么一股革命精神，那么一股拚命精神，把革命工作做到底。”邓小平同志在1980年底还把党在长期革命斗争中形成的精神，概括为革命和拼命精神，严守纪律和自我牺牲精神，大公无私和先人后己精神，压倒一切敌人、压倒一切困难的精神，坚持革命乐观主义、排除万难去争取胜利的精神，并强调说：搞社会主义建设同样要大大发扬这些精神。“如果一个共产党员没有这些精神，就决不

能算一个合格的共产党员”。而精神懈怠，恰恰是要丢掉这些精神，丢掉马克思列宁主义，就等于丢掉了我们党最根本的精神支柱和精神力量，也是丧失了中国共产党员最基本的品质和能力，还如何团结广大人民群众去夺取中国特色社会主义事业的伟大胜利呢？

（三）从微观上考察，精神懈怠往往是导致其他三种懈怠的前提乃至首要原因

1．从精神懈怠同能力不足的关系来分析。党的各级组织乃至每一个共产党员，面对新的历史条件都可能出现能力不足的危险，不但在驾驭社会主义市场经济、发展社会主义民主政治、建设社会主义先进文化、构建社会主义和谐社会、应对国际局势和处理国际事务等方面的能力上，而且在“提出和运用正确的理论、路线、方针、政策和策略，领导制定和实施宪法和法律，采取科学的领导制度和领导方式，动员和组织人民依法管理国家和社会事务、经济和文化事业，有效治党治国治军，建设社会主义现代化国家的本领”等方面，都可能出现能力不足的问题。这虽然有许多客观原因，但也往往同人的精神有着密切的联系。因为广义的能力不足，本身就包含着精神的思想或理论能力的不足；而且，精神状态会以首要的因素影响着能力的形成、提升和施展。有了精神懈怠，人们就不会努力去把握客观形势对能力的新要求，没能根据情况的新变化去学习知识、技术和本领，从而难免出现毛泽东同志所说的那种“本领恐慌”；即使发现了自己实际工作能力的不足，也可能由于怕苦怕累或缺乏毅力，而无法真正解决能力不足的问题；即便已经掌握了可以胜任本职工作的能力或本领，还可能由于思想觉悟和道德素质的影响，而无法发挥其应有的作用。固然能力不足不等于精神懈怠，但精神懈怠一定会造成能力不足。

2．从精神懈怠同脱离群众的关系来分析。我们党在任何时候都需要成功地和老百姓、人民群众打交道，密切联系群众是党的优良传统和作风。这是由党的根本宗旨决定的，是党性的要求。“90年来党的发展历程告诉我们，来自人民、植根人民、服务人民，是我们党永远立于不败之地的根本。”但由于我们党经历了长期执政，也由于党自身建设和发展的不足，党的各级组织或共产党员的确存在着脱离群众的危险，甚至已经出现脱离群众的状况。例如，有的党组织不注意坚持党的群众路线，更不讲问政于民、问需于民、问计于民，真诚倾听群众呼声，真实反映群众愿望，真情关心群众疾苦，依法保障人民群众经济、政治、文化、社会等各项权益；有的党员、特别是领导干部，已经不再是人民的“公仆”或“勤务员”，而是高高在上甚至盛气凌人的“主人”或“官老爷”。我们党要避免诸如此类的脱离群众的现象，除了要健全相应的制度或纪律，确保各级党组织和共产党员不会、不能也不敢脱离人民群众之外，更为重要的是加强学习、宣传和教育，注重从精神上提高他们忠于人民、扎根人民、奉献人民的自觉性，真正把群众当亲人，并放在心中的最高位置。一旦出现精神懈怠，上述这种精神追求就可能丧失，脱离群众的危险就难免从可能而转化为直接现实。所以，要避免脱离群众，首先就要防止精神懈怠。

3．从精神懈怠同消极腐败的关系来看。尽管消极腐败的出现有很复杂的原因，但精神懈怠同样是其中首要因素。腐败行为绝大多数是同人们的理想、信念、人生观、价值观等出现偏差有关系，而且往往是在腐朽的思想或观念的支配下发生的。例如，官本位思想使有的人把“做官”看成是人生的最高价值追求，从而导致跑官、要官、买官、卖官等腐败行为；贪图享乐思想和拜金主义，使有的人拼命追求物质享受和不劳而获，从而引发了贪污、受贿和

腐化堕落等腐败现象……甚至一些心理性的因素，也会给腐败行为以可乘之机。例如，看到别人当官捞了不少“好处”，心理上会产生某种不平衡，在谋求得到相应的“补偿”中可能使自己落入腐败陷阱；看到别人都在按某些非正当的“潜规则”办事，受从众心理的驱使，可能使自己也绕进了腐败的怪圈之中……这种腐败行为的发生，大多首先发自于精神懈怠。当然，避免消极腐败非常重要的是应该加强反腐倡廉制度建设，并提高制度的执行力。但无论是建立健全各项制度，还是实施、维护乃至进一步完善惩治和预防腐败制度，都离不开人的精神或观念的作用。它必须从人们主动惩治和预防腐败的思想或动机出发，坚持改革创新制度的理念，正确把握制度的精神实质和行为要求，自觉自愿地坚持和实施既成的制度，并随时为其放弃已有的利益，以至付出更大的牺牲，使制度不受任何干扰、符合其本意地发挥作用。这绝不是光靠制度就能做到的，更重要的是靠人的精神，特别是人的理想和信念。

精神懈怠虽然居“四大危险”之首，但并非说其他危险都不重要，或者可以由其取代。其实，这“四大危险”都是客观存在的，而且是相互作用的。我们不能只抓精神懈怠的问题，而应该同时防止其他三个“危险”的加剧和影响，并在它们之间形成良性的互动局面，真正把“四大危险”及其消极作用控制在“最小化”状态。

四、精神懈怠的防治对策

对于我们党来说，精神懈怠已经不仅是可能的危险，而且是直接现实的存在。这里既有一个预防的问题，又有一个“治疗”的问题。防治精神懈怠是党的建设的重要任务，也是一个刻不容缓的、亟待解决的问题。

1．要认真学习和实践马克思主义思想方法，充分发挥主观能动性，在强化人的本质力量中消解精神懈怠。在现实生活中，无论是思想理论还是实践方面，出现差错或失误，绝大多数同思想方法不对头紧密相联系。出现精神懈怠也是如此，一方面是由于不学习从而也不了解马克思主义思想方法，不知道精神或意识是人所具有的区别于动物的特殊能动性；另一方面是由于自己思想方法的偏差，不能正确看待现实中所出现的问题，尤其在自己的既得利益受到冲击时，滋生了精神上消极抵触情绪。所以每到关键时刻，我们党的领导人都十分强调学习马克思主义的世界观、方法论，特别是针对现实中所存在的各种片面性或错误的思想倾向要求人们端正思想方法。早在1948年邓小平同志就曾指出：“我们有些共产党员，马列主义的思想方法太少，看见自己头上有一小块云，就认为天下都是云，凭直觉来看问题，凭自己脑袋上面有没有乌云来判断革命胜利或失败，这样，遇到困难就不会看到光明和胜利，就没有不悲观失望的。”江泽民同志在1989年也曾强调要以“正确的思想方法分析形势”，并指出：“前几年，由于没有注意继续提倡艰苦奋斗的作风，对改革又作了过于乐观的估计，所以当改革遇到一些困难和挫折时，有些人灰心丧气、悲观失望……从而怀疑起改革的必要性和正确性来了。出现这样的情况，一个重要原因就是缺乏马克思主义的思维方式，缺乏辩证唯物主义的思想方法，不善于用马克思主义的立场、观点、方法来分析当前的社会问题。”所以，纠正精神懈怠，首先应该从端正思想方法入手，引导人们以马克思主义世界观、方法论正确看待人的本质特征及其所具有的特殊力量，振作精神，充分发挥体现人的类本质的主观能动性。

2．要加强中华民族、特别是中国共产党的优良传统教育，以史为鉴，防治精神懈怠。无论是中华民族还是中国共产党发展的历史，都留给现代人很多宝贵的遗产。在文化遗产中既有今天我们所需要的各种科学文化知识，更有值得世代相传的、能够不断激励人们奋发进取的不畏艰险、顽强拼搏和勇于牺牲的精神。正如胡锦涛同志所说：1840年鸦片战争以来，我们伟大的民族进行了感天动地的奋斗，我们伟大的人民创造了彪炳史册的伟业；而90年来，一代一代的中国共产党人始终同广大人民群众一道顽强拼搏、接续奋斗，从而做成了“三件大事”，创造了“三大成就”。在这里，精神发挥了物质条件所无法取代的作用。所以胡锦涛同志在讲到我们党保持和发展马克思主义政党先进性的根本点时，首先强调“坚持解放思想、实事求是、与时俱进，以科学态度对待马克思主义，用发展着的马克思主义指导新的实践，坚持真理、修正错误，坚定不移走自己的路，始终保持党开拓前进的精神动力”。这是中华民族、特别是中国共产党的优良传统和伟大精神。我们要在全党进行优良传统教育，启发人们牢记历史，以史为鉴，把这种优良的传统和伟大的精神发扬光大。

3．要健全人民群众的民主监督机制，让警钟长鸣，预防精神懈怠乘虚而入。早在1945年，毛泽东同志曾经对黄炎培先生谈到了如何预防精神懈怠并跳出历史发展的“周期率”问题。黄炎培先生在其回忆录《延安归来》中，不无感慨地说：他在60多年的耳闻目睹中体味到了“其兴也勃焉”、“其亡也忽焉”的道理。大凡初时聚精会神，没有一事不用心，没有一人不卖力，也许那时艰难困苦，只有从万死中觅取一生，既而环境渐渐好转了，精神也渐渐放下了。有的因为历时长久，自然地惰性发作，由少数演为多数，到风气养成，虽有大力，无法扭转，并且无法补救。一部历史，“政怠宦成”的也有，“人亡政息”的也有，“求荣取辱”的也有，没能跳出这个周期率。他在延安看到了“意见箱”，看到了人们对毛泽东大多直呼其名，看到了延安没有一寸土地丢荒、没有一人游手好闲、没有一人面带烟容颓唐……认为中共诸君正是希望能找出一条跳出这条周期率支配的新路。当时，毛泽东同志给他一个非常响亮的回答：我们已经找到新路，我们能跳出这周期率。这条新路，就是民主。只有让人民来监督政府，政治才不敢松懈，只有人人起来负责，才不会人亡政息。今天预防和根治精神懈怠，仍然要坚持这条民主新路，并不断健全人民群众实行民主监督的机制、体制，让群众的提醒或批评不绝于耳，使松懈、惰性难以萌生，也无地藏身。

4．要增强共产党员、特别是领导干部的党性修养，激发其责任意识，以党员的先进性克服精神懈怠。精神懈怠同中国共产党的党性要求是格格不入的。党章规定：中国共产党是中国工人阶级的先锋队，同时是中国人民和中华民族的先锋队。党的这种先进性，要求全体党员以自己实际行动代表中国先进生产力的发展要求，代表中国先进文化的前进方向，永远站在历史和时代发展的最前列，对工人阶级乃至全国人民、中华民族发挥着先锋模范作用。在这里，不容许有一丝半点的松懈、惰性或懒散。精神懈怠者往往淡忘了党的这种先进性要求，把自己混同于普通群众，甚至当了群众的“尾巴”。所以，我们要采取各种有效措施，特别要始终把学习党章、遵守党章、贯彻党章、维护党章作为全党的一项重大任务抓紧抓好，不断加强共产党员、尤其是领导干部的党性修养，激发他们引领全国人民实现伟大理想和目标的历史责任感。我们虽然完全有理由为党和人民取得的一切成就而自豪，但却没有丝毫理由因此而自满，决不能也决不应该躺在过去的功劳簿上。全党同志都要坚持党的先进性要求，牢记历史的使命和责任，永远保持谦虚、谨慎、不骄、不躁的作风，永远保持艰苦奋斗的作风，勇于变革、勇于创新，永不僵化、永不停滞，不动摇、不懈怠、不折腾，不为任何风险所惧，不被任何干扰所惑，坚定不移沿着中国共产党的远大理想和宏伟目标奋勇前进！

5．完善各类权益分配和调节机制，创造公平、公正的生存和发展环境，力求从制度安排上解决精神懈怠问题。正如邓小平同志所说：制度好可以使坏人无法任意横行，制度不好可以使好人无法充分做好事，甚至走向反面。胡锦涛同志认为，90年来党的发展历程告诉我们，建设好、管理好一个有几千万党员的大党，制度更带有根本性、全局性、稳定性、长期性。防治精神懈怠，同样要抓好制度建设。除了要通过健全学习制度和加强社会主义先进文化建设制度，鼓励和鞭策全体党员培育和弘扬积极向上的精神之外，在这里特别强调一下关于进一步完善各类权益的分配和调节机制问题。精神懈怠经常产生于社会的不公平、不公正。当前，我们的制度安排一定要努力消除三个方面的不公平、不公正，以预防精神懈怠的出现：一是在利益分配上，包括经济利益、政治利益、文化利益，总体上要体现社会主义分配原则，多劳多得，多奉献多回报，反对特权和不劳而获；二是在发展机会上，应该给所有主体提供无差别的、同等的发展可能性，并鼓励他们以自己的努力去把这种可能转化为直接现实；三是在承担义务上，不但要明确每一个人都必须承担的共同义务，而且要根据人们在社会上所担任角色和所具备条件的不同而规定其不一样的相应的社会义务，同时在制度实施中不允许有“例外”。

6．不断调适社会心态，积极面向伴随改革开放所形成的不平衡、不协调等问题，避免因心态偏差而滋生精神懈怠。国家“十二五”规划纲要首次写入“社会心态”问题，要求弘扬科学精神，加强人文关怀，注重心理辅导，培育奋发进取、理性平和、开放包容的社会心态。在改革开放深化发展的今天，我国发展中所出现的不平衡、不协调、不可持续问题依然突出。如果没有养成正确的、健康的心态，就容易因此而产生不平衡的心理，并进而导致各种各样的精神懈怠。当前，特别要注意从如下四个方面加强心态调适：一是坦然面对别人的更快发展和更快富裕，不“眼红”或怨天尤人，而是奋发努力，迎头赶上。当自己发展比较快时，则应该热情面对别人的后进或较慢发展，既不鄙视，又不只顾自己跑得快，要尽量创造条件拉“后进”一把，让他们尽快地赶上趟。二是淡然面对改革所造成的新的利益分配格局，不因为得到好处而忘乎所以，应当以更大的努力、更高质量的服务回报社会；也不因为失去某种既得的利益而抵触或反对，应该针对自己的不足而改进或提高。三是冷静面对社会所出现的各种各样的问题甚至是腐败现象，不要惊惶失措，也不能懊恼沮丧，应该在分清是非对错的基础上，群策群力地将之逐一解决。四是积极面对中国的相对落后现状，不要崇洋媚外，也不要对中国的发展悲观失望，更不要干有辱国格人格的事情，以更加昂扬的斗志强我祖国，振兴中华。

（作者：福建师范大学教授、博士生导师）

（选自《集美大学学报》2011年第4期）

以科学方法推进党的建设

欧阳淞

科学方法对于党的建设科学化具有“桥”和“船”的作用，直接关系到党的建设的成效。

一、科学方法是提高党的建设科学化水平的重要基础

方法在人们认识和改造世界过程中具有重要意义和作用。没有或缺少科学的思想方法和工作方法，就不能正确地认识世界和有效地改造世界。有无方法，方法科学与否，直接影响活动的成败或效益的质量与数量。要做好工作，就不能不重视方法的研究。

对于一个政党而言，方法是否正确往往决定事业的兴衰成败。毛泽东同志指出：“领导工作不仅要决定方针政策还要制定正确的工作方法。有了正确的方针政策，如果在工作方法上疏忽了，还是要发生问题。”党领导的事业如此，党的自身建设亦然。党的建设是内容与方法的有机统一体，方法正确，则事半功倍，方法不正确，则事倍功半甚至一事无成。注重运用科学方法推进党的建设，是不断提高党的建设科学化水平的必由之路。

我们党历来高度重视正确方法在党的自身建设中的运用。毛泽东同志指出，“我们的任务是过河，但是没有桥或船就不能过。不解决桥或船的问题，过河就是一句空话。不解决方法问题，任务也只是瞎说一顿。”邓小平同志强调，党在领导社会主义事业中，“要有一套科学的方法”。江泽民同志强调，“搞社会主义现代化建设，我们的思想方法和思维方式也必须符合现代化建设的要求，本身也应现代化。”胡锦涛同志强调指出：“加强和改进新形势下的党的建设，既要有信心和决心，也要有科学的方法。”党中央关于在党的建设中改进方法的要求为党的建设方法的科学化指明了方向。党的建设取得的每一次重大进展，都伴随着思想方法、工作方法的重大创新。着眼于思想上建设党，我们党形成了用党的基本理论、基本路线、基本纲领、基本经验武装全党的系列方法，最具代表性的是集中教育与经常性教育相结合的方法；着眼于组织上巩固党，形成了抓基层打基础的系列方法，最具代表性的是运用和发展“支部建在连上”的方法；着眼于提高党的执政能力，形成了科学执政、民主执政、依法执政的系列方法，最具代表性的是群众路线的方法；着眼于为团结带领全党全国各族人民实现党和国家各项任务提供精神动力，形成了思想政治工作系列方法，最具代表性的有说服教育、榜样示范等方法；着眼于增强党的团结统一和生机活力，形成了解决党自身矛盾和

问题的系列方法，最具代表性的是批评和自我批评的方法，等等。这些好传统好方法，在党的建设史上，有着重要的地位；在党的建设的关键时期，发挥了重要的推动作用。

当今世界正处在大发展大变革大调整时期，我国工业化、信息化、城镇化、市场化、国际化的深入发展，既给我们带来难得的发展机遇，也提出了严峻挑战。党在推进改革开放和社会主义现代化建设中肩负任务的艰巨性、复杂性、繁重性世所罕见，落实党要管党、从严治党的任务比过去任何时候都更为繁重和紧迫。党要适应这样的新形势，统筹国内国际两个大局，更好带领全国各族人民聚精会神搞建设、一心一意谋发展，必须进一步加强和改进自身建设。而要解决新问题，迎接新挑战，既需要以科学理论指导、科学制度保障，也迫切需要从改进和创新方法入手，不断推进党的建设新的伟大工程。

二、努力探索党的建设的有效方法

探索党的建设的有效方法，必须立足于党的建设实践，努力把握党的建设规律，既创造性运用马克思主义哲学的基本方法，又善于运用有效解决实际问题的具体方法；既继承发展传统方法，又学习借鉴现代管理方法，逐步形成内容丰富、结构完整、相互协调、务实管用的科学方法体系。

（一）坚持以科学的方法论为指导探索党的建设的有效方法

马克思主义认为，方法论是研究人从事认识世界、改造世界、评价世界等活动的方法的本质、来源、种类、作用、运用等的一般理论。探索党的建设科学方法，要自觉坚持以马克思主义的科学方法论为指导。

毛泽东同志指出："辩证法唯物论是无产阶级的宇宙观，同时又是无产阶级认识周围世界的方法和革命行动的方法。它是宇宙观和方法论的一致体。"马克思主义方法论从最一般的意义上说，包括辩证唯物论、唯物辩证法、辩证唯物的认识论和历史唯物论等方面。坚持辩证唯物论，就要坚持世界的物质性和发展性，从而坚持一切从实际出发，探索和遵循事物发展的内在客观规律；坚持唯物辩证法，就要坚持联系和发展的观点，坚持矛盾分析方法，坚持统筹兼顾，推动全面协调可持续发展；坚持辩证唯物的认识论，就要坚持实践是检验真理的唯一标准，坚持实事求是的思想路线；坚持历史唯物论，就要坚持以人为本，践行为人民服务的宗旨，坚定共产主义理想信念，坚持党的群众观点和群众路线。党的建设中行之有效的方法，都是在科学方法论的指导下形成的。坚持科学方法论，是探索党的建设有效方法的根本前提。

（二）坚持从基层和群众生动活泼的创造中总结党的建设的有效方法

人民群众是社会实践的主体，蕴藏着巨大的智慧和力量。尊重和支持基层群众的首创精神，是我们党的一条重要原则，也是探索党的建设科学方法的一条主要渠道。党的十六大以来，中央充分尊重基层的创新实践，先后总结推广了山西、河南等地农村的"三级联创"活动、陕西延安的"党员承诺制"、河北张家口加强村党支部书记队伍建设的"一定三有"制度、河南邓州农村基层民主建设的"四议两公开"工作法、浙江宁波等地社区工作的"三有一化"经验，使抽象的理论或原则变成了可以操作的制度，使一个地方的成功之举变为全国的普遍做法，取得了很好的效果。这从一个方面说明，只要坚持实践第一、群众第一的观点，充分尊重党员主体地位，只要解放思想、鼓励探索、支持创新、宽容失误，从基层和群众中是完全可以总结出党的建设的好方法来的。

（三）坚持开阔视野，多方借鉴吸收党的建设的有效方法

胡锦涛同志指出："要继承和发展党在长期实践中形成的成功方法，又要不断创新和丰富党的建设有效管用的新方法，积极探索运用现代科学方法，创造性地研究和解决时代发展、社会变革对党的建设提出的新课题。"

贯彻胡锦涛同志的这一指示精神，必须自觉吸收现代社会的一切文明成果，把现代管理学、组织学、心理学、社会学、行为学等现代科学方法自觉运用到党的建设工作中去。要善于借鉴和运用现代社会发展成果和先进科技手段，在党的建设中注入新的科学技术元素。要学习运用网络信息技术，采取有效措施扩大党组织在网络的话语权，抢占信息化条件下党建工作的制高点；要推广运用数理统计分析的技术和方法，建立和完善党的建设工作普查、典型调查、重点调查、抽样调查等制度和方法，收集掌握和有效运用党的建设信息；要吸收运用心理学知识和心理测评技术，加强党员干部的人文关怀和心理疏导，努力形成既严格要求、严格管理，又科学任用、关心爱护干部的良好环境。同时，还要善于借鉴和运用先进的科学管理原理和方法，提高党的建设水平。要吸收借鉴团队管理理论加强领导班子建设和基层党组织建设；吸收借鉴绩效管理理论完善干部考评机制；吸收借鉴人力资源管理理论加强党员和干部队伍建设，等等。另外，中国共产党也需要适当借鉴其他国家执政党的经验，对其应对现代社会最新发展变化的新方法加以对比和分析。比如，有的执政党重视激活基层组织的活力，提高党员对党组织活动参与热情的做法；有的执政党重视利用网络等新媒体，扩大党的影响，增强党的凝聚力的做法；有的执政党整合不同社会群体利益，以承担推动社会发展和维持社会稳定的责任的做法，等等，就都值得重视。

总之，增强党的建设方法的科学性，既要继承和发展实践中积累的成功做法，又要适应时代需要、把握时代脉搏、回应时代挑战，不断推进方法创新，为党的建设搭建新平台、提供新手段、打开新视野、开辟新空间。

三、坚持以科学方法推进党的建设科学化

把科学方法运用于党的建设实践，是推进党的建设科学化的应有之义。要按照在实践中总结、在实践中运用、在实践中完善的要求，不断提高党的建设方法的科学化水平，以科学方法推进党的建设不断取得新的成效。

（一）以科学方法加强党的建设总体谋划

总体谋划是新形势下加强党的建设，提高党的建设科学化水平的关键环节。改革开放以来，除党的全国代表大会外，每次党的全国代表大会届内都安排一次中央全会讨论党的建设问题，实质上都是对一定时期党的建设进行总体谋划。1983 年党的十二届二中全会审议通过《关于整党的决定》；1990 年党的十三届六中全会审议通过《关于加强党同人民群众联系的决定》；1994 年党的十四届四中全会审议通过《关于加强党的建设几个重大问题的决定》；2001 年党的十五届六中全会审议通过《关于加强和改进党的作风建设的决定》；2004 年党的十六届四中全会审议通过《关于加强党的执政能力建设的决定》；2009 年党的十七届四中全会审议通过《关于加强和改进新形势下党的建设若干重大问题的决定》。六次中央全会对党的建设问题的总体谋划，都运用了一些共同的方法。一是站在时代的高度进行谋划，正确分析世情、国情、党情的变化，及时回答时代变化对党的建设提出的新课题，体现时代发展的新要求；二是坚持以马克思主义中国化的最新成果指导党的建设的谋划，坚持把对党的建设的最新理论认识运用到党的建设布局中来；三

是围绕党的中心任务进行谋划，紧紧围绕改革开放和社会主义现代化建设，从领导改革开放和发展社会主义市场经济的要求上部署党的建设；四是针对突出问题进行谋划，既着眼党的建设全局，又针对一段时期内党认为需要加强的问题进行重点讨论。六次中央全会在讨论党的建设时，都坚持立足现实与着眼未来的统一，总体部署与分类指导的统一、继承传统与推进创新的统一，充分体现了马克思主义方法论的要求。“凡事预则立，不预则废”。改革开放以来，党的建设新的伟大工程在实践中不断推进，不断取得丰硕成果，六次党的全国代表大会和六次中央全会的总体谋划，发挥了十分重要的作用。

（二）以科学方法推进党的建设各项工作落实

党的十七大和十七届四中全会部署了当前及今后一个时期党的建设的重点任务。抓好这些任务的组织实施，既要统筹推进，又要运用科学方法抓好落实。在实际工作中，除了坚持和运用传统的好方法和现代管理的新方法外，还可注重采取以下推进工作落实的方法。一是目标管理的方法。着眼于落实党的建设的重大部署，按照目标设定、议事决策、执行督促、评估评价、结果运用等流程和环节，从具体措施、进度安排、质量要求等方面抓好督促检查，推行目标管理、流程管理和“精细化”管理，提高党的建设的工作质量和效率。二是分类指导的方法。在坚持统一的指导思想和工作原则的前提下，着眼于增强党建工作针对性，从不同领域、不同工作对象的特点出发，提出不同的工作要求，把握不同的工作着力点，允许采取不同的工作方式和组织方式，给予不同的工作条件，等等，以提高党的建设的成效。三是典型推动的方法。着眼于发挥先进的示范引领作用，在各领域和各层次树立、推广和宣传一批先进典型，形成有普遍指导意义的样板，使基层党组织和党员学有榜样、赶有目标。在推开那些涉及面广、实施难度大的工作前，要选择一些具有典型性、代表性的单位进行试点，以点上经验推动面上工作。四是建立工作责任制的方法。着眼于全面落实党建工作责任制，健全完善党的建设工作综合评价体系，改进考核程序和方法，切实把各级领导班子及领导干部抓党建工作的情况考实、考准，推动党的建设各项工作不断登上新台阶。

（三）以科学方法检验党的建设成效

要始终坚持实践检验和群众检验的重要原则和科学方法。实践是检验真理的唯一标准，实践也是检验党的建设成效的根本标准。党的建设成效如何，归根到底要看它促进党的中心任务完成，促进改革、发展、稳定的成效如何。人民群众是实践的主体，评价党的建设搞得怎么样，还要看人民群众“拥护不拥护”、“赞成不赞成”、“高兴不高兴”、“答应不答应”。要进一步创新检验方法，明确评议内容、规范评议程序、注重结果运用，使党的建设各项工作让全党满意、让人民满意。近些年来，党中央陆续推出的许多党的建设举措，就充分注重科学方法的运用。例如，制定体现科学发展观和正确政绩观要求的干部考核方法，提出领导干部和地方党委的工作实绩考核，要既重统计数据又重群众评价，既重增长速度又重发展质量，既重当前成果又重主观努力和客观条件，既重纵向比较又适当进行横向比较，确保考核结果客观、真实、准确、全面，这不仅对于引导各级领导干部树立正确政绩观，做出经得起实践、人民、历史检验的实绩，起到了十分重要的推动作用，而且对于以科学方法检验党的建设成效，有着十分重要的借鉴意义。

（作者：中共中央党史研究室主任）

（选自《党建》2011年第2期）

论提高党的制度建设科学化水平

全国党建研究会科研院所专委会

党的制度建设是党的建设的重要组成部分，提高党的制度建设科学化水平是党的建设科学化的根本保障，对于提高党的执政能力，保持和发展党的先进性，全面推进党的建设新的伟大工程，具有重要的现实意义和历史意义。

一、提高党的制度建设科学化水平的重要意义

提高党的制度建设科学化水平是世情、国情、党情发展变化的必然要求。当今世界正处在大发展大变革大调整时期，世界多极化、经济全球化深入发展。我国正处在进一步发展的重要战略机遇期，党肩负的任务的艰巨性、复杂性、繁重性世所罕见，党内存在不少不适应新形势新任务要求的问题。世情、国情、党情的发展变化，要求我们党必须根据自身历史方位和中心任务的变化，自觉认识和运用党的建设规律，不断提高党的制度建设的科学化水平。

提高党的制度建设科学化水平是党的制度建设经验教训的历史总结。党的制度建设的经验教训告诉我们，只强调制度化并不意味着科学化。只有适应社会发展的要求，不断探寻新的有效的活动方式，把党的理论创新、实践创新成果转化为制度成果，才能抓住党建科学化的根本，提高党建科学化的水平。

提高党的制度建设科学化水平是党的建设科学化的重要保障。党的制度具有规范性、权威性和稳定性，这就要求党建科学化必须以党的制度建设为保障，党的制度建设既是促进党建科学化的重要任务，也是衡量党建科学化水平的重要尺度。党的制度建设制约着思想建设、组织建设、作风建设、反腐倡廉建设的科学化进程，其他四个建设要真正取得实效，都要依托于制度建设才能实现。

二、新时期党的制度建设的基本经验

改革开放以来，我们党逐步把制度建设作为一项基础性建设贯穿于党的建设的各个方面和全过程，既用制度建设促进党的思想建设、组织建设、作风建设和反腐倡廉建设的深入发展，又用制度建设巩固党的建设取得的成就，在提高党的制度建设科学化水平上积累了宝贵的经验。

坚持把制度建设放在极为重要的位置，强调制度问题更带有根本性、全局性、稳定性和长期性。把制度建设作为党的建设的重要组成部分，始终摆在党的建设的重要位置，是党的自身建设经验教训的深刻总结。实践证明，只有健全和完善党的规章制度，才能确保党的路线、方针、政策的正确制定和执行，才能确保

党的自身建设的顺利推进。加强党的制度建设，必须不断深化对党的制度建设的认识，始终把党的制度建设摆在党的建设的重要位置。

坚持把马克思主义作为党的制度建设的指导思想，强调中国特色社会主义理论体系在党的制度建设中的指导地位。党的历史实践证明，我们要顺利推进党的制度建设的理论发展和实践创新，就必须始终坚持党在指导思想上的与时俱进，用马克思主义中国化最新成果指导实践。只有这样，才能保证党的制度建设的正确方向，才能保证党的制度建设的顺利推进。

坚持党章是党的根本“大法”，强调党章的修改和完善是党的制度建设的最重要内容。党章是党的根本规章，是党的全部活动的基础和依据。在党的制度体系中，党内其他规章制度都必须服从于党章，保障党章的贯彻执行。扎实推进党的制度建设，必须坚持党章在党的制度体系中的统领地位，努力构建以党章为核心的党内规章制度体系，不断提高制度建设的质量和水平。

坚持民主集中制是党的根本组织原则，强调民主集中制是党的制度建设的核心。民主集中制是党的根本组织原则和领导制度。我们党自身建设的历史和实践反复证明，民主集中制是科学的合理的有效率的制度，什么时候民主集中制坚持得好，我们党就发展壮大；反之，党就会受到挫折和损失。

坚持党的领导与依法治国相统一，强调党规党法与国家法律相协调。党的执政地位决定了党的制度建设必须与国家的法律法规相协调。党的制度既包括党自身的各种制度，也包括党对国家和社会实施领导的各种制度。加强党的制度建设，必须坚持在国家法律的整体框架下进行，以遵守国家法律为前提和原则，并善于把成熟的党内法规通过立法机关转化为国家法律法规。

坚持与时俱进，强调创新完善党内规章制度体系。建国以来，特别是改革开放以来，党的制度建设在继承、借鉴的基础上，始终积极稳妥、有计划有步骤地进行。加强党的制度建设，必须要坚持立足现实与着眼长远相统一，做到理论与实践相结合，努力促进党的制度体系不断完善。

三、提高党的制度建设科学化水平的总体目标

提高党的制度建设科学化水平，要以马克思主义特别是中国特色社会主义理论体系为指导，努力构建内容完备、结构合理、功能健全、科学管用的党内制度体系。

内容完备。党的制度设计应涵盖思想理论建设、民主集中制建设、领导班子建设、干部队伍建设、基层组织建设、党员队伍建设、党风廉政建设等各个方面，对党的制度建设各领域要科学规划，加强研究，要把握制度建设的规律，统筹推进。

结构合理。制度是实体性制度和程序性制度的总和，二者同等重要，缺一不可。提高党的制度建设科学化水平，必须强化程序性制度建设，坚持实体性与程序性的高度统一。从结构方面看，制度的科学化首先表现为权力配置合理，运转有效。只有科学的党内权力配置，其他具体制度的刚性才能体现出来，才能减少执行中的随意性，确保制度得到执行。

功能健全。党的制度是诸多要素遵循一定规律有机连接形成的系统体系。有机连接是制度的灵魂，只有各项制度内部衔接相互协调，单项制度才能科学运转、发挥作用。要坚持系统思维，强化党内制度的相互衔接，强化党的制度与法律法规的相互协调，提高制度体系的综合功能发挥。

科学管用。科学的制度是党的建设科学化的应有之义。制度建设科学化，很重要的一点在于党的建设需要遵循政党发展的规律、执政的规律。因此，要继承被实践证明是科学的党建理论、制度和方法，在此基础上不断推进党的制度建设改革创新。要提高制度的可操作性和执行力，使制度彰显实效。

四、提高党的制度建设科学化水平的途径

提高党的制度建设科学化水平既是一个理论课题，更是一个实践过程。当前，要坚持党的制度建设的基本经验，围绕党的制度建设的目标任务，着力在方法途径上下功夫，采取有效措施强力推进。

加强组织领导。制度建设既是党的建设的重要内容，又是党的建设的重要保证。提高党的制度建设科学化水平，必须着力提高各级各部门对党的制度建设重要性的认识，切实加强对党的制度建设工作的组织领导。一是各级党委要承担起主要领导责任，从全局、长远的角度做好制度建设的总体规划设计，加强对党内制度的审核把关。要把制度建设摆在突出位置，纳入党建工作责任制，作为任期目标和年度考核的重要内容，以责任制形式推进。二是各职能部门要切实承担起制度建设的重要职责，不仅要抓好本部门职责范围内有关制度的规划、制定、清理工作，还要按照“谁制定谁负责”的原则，认真监督相关制度的执行。三是加强党的制度建设各主体之间的沟通协调，努力使党的制度建设在党中央的统一领导下，形成各级各部门齐抓共管、各负其责、整体推进的格局。

树立科学理念。任何制度都是以组织结构和规则条文为载体，体现一定的理念精神，并以组织结构和规则的实行来保障制度实现。提高党的制度建设科学化水平，制度建设的各主体必须树立科学的制度建设理念。一是要树立党员主体理念。党员是党的主体，党的制度必须以保障党员主体地位和维护党员权利为重要价值取向。二是要树立制度体系理念。严密完善的制度体系是党的制度建设的目标。提高党的制度建设科学化水平，必须坚持系统思维，强化制度之间的相互衔接，党的制度与国家法律法规之间的相互协调，保证党的制度高度协调、互为补充、科学运行。三是要树立与时俱进理念。要坚持以改革创新精神推进制度建设，坚持继承与发展相统一，鼓励各级党组织积极探索创新，善于把在实践中创造的新经验、好做法及时上升到制度层面。

注重规划设计。制度是长期经验的积累，是历史和实践的产物，但也离不开制度建设主体主观能动性的发挥。提高党的制度建设科学化水平，必须围绕制度建设的总体目标，做好总体规划设计，有步骤有计划地推进。首先要坚持实事求是原则，科学分析把握世情国情党情的变化，使党的制度建设体现时代特征和时代要求，符合党的建设实践需要，增强党的制度的针对性。其次要不断加强对党的制度的战略性研究，积极探索党的制度建设的规律性，把握新形势下党的制度建设的发展趋势，努力增强党的制度前瞻性。其三要在深入调研基础上，对党的制度建设进行科学规划，明确党的制度建设的总体目标和结构体系，既突出重点、又全面推进。

严格制定程序。建章立制是一个复杂的工程。提高党的制度建设科学化水平，必须严格制度制定出台程序，把每一个环节的工作都做到位。一是在制定规划环节，要通过问卷调查等形式，对制定制度的必要性和可行性进行分析论证，明确制定制度所要解决的主要问题、依据的方针政策和拟确立的主要措施。二是在调研起草环节，要邀请有关专家、组织机构参与。起草制度，要深入调查研究，提出切实可行的举措和办法，准确把握党的建设和制度发展趋势，使制度具有前瞻性。三是在征询意见环节，要通过书面征求意见、座谈会、论证会、听证会等形式，广泛听取有关机关、组织和党员群众的意见。四是在审定试行环节，要明确对党内法规制度合宪性、合法性、规范性提起审查的主体、受理审查的主体以及纠错的程序，做到制度本身要素齐备、严密规范，下位法规制度不与上位法规制度冲突，同一层级的法规制度冲突能够及时解决。五是在反馈修订环节，要建立党内法规制度运行情况的评估和信息反馈系统，使党内法规制度的制定主体能够有效评估法规制度的成效，及时了解掌握法规制度运行中的问题和制度本身的缺陷，为进一步修订完善制度提供第一手资料。

抓好制度执行。提高党的制度建设科学化水平，必须着力增强制度执行力，确保党的制度贯彻执行。这既是制度建设的基本要求，也是检验制度建设成效的重要标准。抓好制度的执行，一要突出领导干部的表率作用。树立法律面前人人平等、制度面前没有特权、制度约束没有例外的意识，教育引导领导干部带头学习制度、自觉维护制度、严格执行制度。二要加强对党的制度的学习宣传。组织广大党员认真学习党的各项规章制度，准确掌握各项制度的基本内容，深刻理解各项制度的科学内涵，自觉把党的制度规范内化为行为准则，树立牢固的制度意识，努力在全党形成依靠制度管党治党的浓厚氛围。三要严格制度执行情况的监督检查。要明确党的制度执行监督的主体和责任，把制度执行情况的监督检查纳入党的建设整体工作部署。要严格责任追究，从严查处，坚决维护制度的权威性和严肃性。

（选自《党建研究》2011 年第 4 期）

全球化信息化时代学习型政党建设的战略选择问题研究

——兼论知识创新建党

费利群

2011年是中国共产党成立90周年、执政62周年、实施改革开放国策33周年，中国和平崛起处于重要的战略机遇期。

党的十六大以来，以胡锦涛同志为总书记的党中央基于对党的建设的深邃思考和时代脉搏的准确把握，科学吸收借鉴国外学习型组织和学习型社会的理论，明确提出了建设马克思主义学习型政党的重大战略任务。“马克思主义学习型政党”是建立在新的学习理念基础上的一种政党发展的新思想、新模式。在全球化信息化时代，建设马克思主义学习型政党的过程，在一定意义上也就是知识创新建党的过程，是抓住时代机遇、应对其挑战，践行中国特色马克思主义建党思想、贯彻落实科学发展观的智慧选择，是提高党的思想政治水平和科学执政能力的必然要求。把这一思考置于当代视域下进一步考量则更显现其意义和价值。

一、全球化信息化时代学习型政党建设面临的挑战

同任何事物都具有两面性一样，全球化信息化在给中国经济社会和政党建设带来发展机遇的同时，也面临其严峻的挑战。如今，我们面对的形势极为复杂，世情、国情、党情正在发生深刻变化，各种积极变化和不利影响此长彼消，短期问题和长期矛盾相互交织，国内因素和国际因素相互影响，经济社会发展中“两难”问题增多，其相互影响、相互渗透、相互交织、相互作用的特点异常突出。

（一）世界的新变化带来的挑战

当今世界正处在大发展大变革大调整时期。尽管和平与发展仍是当今时代主题，但国际战略竞争和矛盾也在发展，国际上综合国力竞争更趋激烈，世界仍很不安宁。世界经济有望恢复性增长，国际金融市场渐趋稳定，经济全球化深入发展的大趋势没有改变，世界经济格局大变革、大调整孕育着新的发展机遇。在这个大背景下，世界各国已经开始着手为“后金融危机时代”谋篇布局，积极争夺四大战略制高权：以金融体系为突破口的国际秩序变革制高权，以无核世界为标志的国际安全战略变革制高权，以气候变化和绿色经济为标志的经济发展制高权和以发展模式多样化为趋势的全球发展模式制高权。

（二）国际金融危机带来的挑战

由美国引发的国际金融危机使现行国际金

融体系、世界经济治理结构、西方价值观念和发展模式受到严重冲击，各国加强合作、共同应对全球性问题的愿望增强。同时，世界经济复苏的基础仍然脆弱，金融领域风险没有完全消除，各国刺激政策退出抉择艰难，国际大宗商品价格和主要货币汇率加剧波动，贸易保护主义明显抬头，气候变化、粮食安全、能源资源等全球性问题错综复杂，外部环境不稳定、不确定因素依然很多。

（三）世界上一些执政党衰败的教训带来的挑战

在世纪之交，世界上有些长期执政的大党、老党丧失政权，如：1989年东欧八国共产党垮台；1991年苏联共产党垮台、苏联解体；1993年日本自民党丧失一党独大的地位；1996年印度国大党在选举中败北；2000年墨西哥革命制度党结束连续执政71年的历史。这其中，苏联共产党垮台的教训最为深刻和沉重。这些执政党丧失执政地位的直接原因就是党的执政能力不强，执政成效不明显，丧失执政资格；而深层次的原因则是党的理论学习欠缺、理论思维僵化，执政理论本身存在致命性的缺陷，导致执政活动的严重偏差。

（四）中国的新发展面临的挑战

我国仍处在重要战略机遇期。经济回升向好的基础进一步巩固，市场信心增强，扩大内需和改善民生的政策效应继续显现，企业适应市场变化的能力和竞争力不断提高。但是，经济社会发展中仍然存在一些突出矛盾和问题。经济增长内生动力不足，自主创新能力不强，部分行业产能过剩矛盾突出，结构调整难度加大；就业压力总体上持续增加和结构性用工短缺的矛盾并存；农业稳定发展和农民持续增收的基础不稳固；财政金融领域潜在风险增加；医疗、教育、住房、收入分配、社会管理等方面的突出问题亟待解决。

（五）信息化带来的挑战

在当今信息技术突飞猛进和全球思想文化交流交融交锋极其明显的背景下，西方国家的各种思潮，马克思主义与非马克思主义、反马克思主义意识形态“短兵相接”，各种各样的主张几乎同步传到国内并立即发酵，载体就是互联网。据中国互联网络信息中心（CNNIC）发布的《第27次中国互联网络发展状况统计报告》显示，截至2010年12月底，我国网民规模达到4.57亿，互联网普及率攀升至34.3%，超过30%的世界平均普及率。我国手机网民规模达3.03亿，较2009年底增加6930万人。中国互联网安全问题也日益突出，特别是网络传播淫秽色情等有害信息严重危害未成年人的身心健康，网络黑客袭击、网络病毒等严重威胁着网络运行的安全，网络欺诈、网络盗窃、网络洗钱等违法犯罪活动直接危害着公共财产安全。2008年6月胡锦涛总书记和2009年2月温家宝总理通过互联网与网民进行互动交流，表明中央高层领导已越来越重视网络舆论，这是对提高网络问政能力、建立网络问政有效机制及其公信力的积极探索和实践。目前，网络正在改变传统的政治生态环境。网络问责、网络问政、网络监督以前所未有的力度进入中国公众视野。因此，信息化条件下能否有效提高网络问政能力，建立网络问政长效机制，是一个不容回避的大问题。

（六）中国共产党自身建设的问题带来的挑战

当前，党的领导水平和执政水平、党的建设状况、党员队伍素质总体上同党肩负的历史使命是适应的。同时，党内也存在不少不适应新形势新任务要求、不符合党的性质和宗旨的问题：一些党员、干部忽视理论学习、学用脱节，理想信念动摇，对马克思主义信仰不坚定，对中国特色社会主义缺乏信心；一些党组织贯彻民主集中制不力，有的对中央决策部署执行不认真，有的对党员民主权利保障落实不到位，一些党员干部法治意识、纪律观念淡薄；一些领导班子整体作用发挥不够，推动科学发展、处理复杂问题能力不够，一些地方和部门选人用人公信度不高，跑官要官、买官卖官等问题屡禁不止；一些基层党组织战斗堡垒作用不强，有的软弱涣散，有的领域党组织覆盖面不广，部分党员党员意识淡化、先锋模范作用不明显；有些领导干部宗旨意识淡薄，脱离群众、脱离实际，不讲原则、不负责任，言行不一、弄虚作假，铺张浪费、奢靡享乐，个人主义突出，形式主义、官僚主义严重；一些领导干部特别是高级干部中发生的腐败案件影响恶劣，一些领域腐败现象易发多发。这些问题严重削弱党的创造力、凝聚力、战斗力，严重损害党同人民群众的血肉联系，严重影响党的执政地位巩固和执政使命实现，必须引起全党警醒，抓紧加以解决。

二、知识创新建党是应对挑战和加强学习型政党建设的战略选择

创新，是人类发展的永恒主题。人类的历史，是一部创新的历史，是一部知识创新和知识应用的历史。

那么，如何运用创新性思维，抓住全球化信息化的机遇并应对其挑战呢？“随着知识经济的兴起，知识已成为国家、产业和企业竞争力的重要决定因素，知识的生产、消费和流通方式的进步，知识的创新根本性地决定了人类社会进步的速度和方式。尽管知识不会因消费而折旧，但是随着知识创新，知识本身会陈旧、老化，一个国家的知识创新系统（包括法律、机构和人才）就是这个国家智力资源不竭的基本保证”。当下，“知识经济全球化使国家间的竞争从有形资本转变为无形资本，从土地、资金和劳动人口的竞争，转化为人力资本、资金、思想、信息和知识的竞争”。中国共产党作为执政党，从这个意义上讲，以上挑战也可以归结为对执政党执政能力的挑战，对执政党领导艺术的挑战。因此，应对挑战之关键在于必须建设马克思主义学习型政党，建设创新型国家。而学习型政党建设的关键之一，就是知识创新建党。从这个意义上讲，知识创新建党是应对挑战和加强学习型政党建设的战略选择。

所谓知识创新建党，就是以知识创新为核心理念，以马克思主义为指导，以马克思主义学习型政党建设为载体，遵循知识发展规律、科学学习规律和政治调控规律，用马克思主义创新的理论和知识武装党、建设党、发展党，实现党的建设知识化、科学化的过程。因此，知识创新建党即从根本上讲用创新的马克思主义理论建党，是马克思主义学习型政党建设的题中应有之义，其根本旨归就是通过更新学习理念，把握科学学习规律、知识演进规律、知能转换规律，从而“提高全党思想政治水平，增强全党理论思维能力、认识规律能力和创新发展能力，使中国共产党真正成为用科学理论武装、具有世界眼光、善于把握规律、富有创新精神的马克思主义执政党”。

如何以知识创新为核心理念，把握学习型政党建设中的学习的丰富内涵呢？在当代人的心目中，人们往往最关注的学习内容，无疑是科学知识。科学是系统化、实证性的知识，同时也是人类惟一真正积累性、进步性的活动。培根的一句话“知识就是力量”可谓道出了知识最本质的东西，这就是“知识是推动人类进步和社会发展的根本力量”。学界也有人认为，“知识就是力量”是培根400年前提出的，知识是可以学习、传递、复制、模仿的；而智慧在本质上是现在进行时态的活劳动，“智慧才是真正的力量”。这种观点和培根的名言“知识就是力量”一道，构成了当代知识观视野下的知识价值观、知识智慧观、科学学习观的分析框架和行动路线。当代知识观强调人文知识、叙述知识、价值知识等知识类别的多样性。简言之，知识创新使人智慧，学习创新让人聪颖。因此，“集大成、得智慧、促创新”从一定意义上也可看做是以创新为根本宗旨的“知识创新”的丰富内涵。所以，知识创新建党也是科学建党，智慧建党。知识创新建党不仅体现理论和实践的有机统一，而且也是实现目标与方法路径的高度融合。知识创新建党是学习型政党建设理论和实践最有力的结合点。理念因知识创新而坚定，信心因能力而充足。当代视域下的知识创新建党和学习型政党建设是涉及多学科的重大命题，也凸显了多学科交叉研究的重要性，应从总体上整合知识经济、知识政治、知识社会、知识文化、知识管理、知识权力、知识能力、知识智慧、政治智慧、权力智慧等相关理论，构建既富有知识经济全球化的时代意蕴，又彰显中国特色的以执政党学习能力建设为研究对象的科学的“执政学”和“学习学”。

（一）知识创新建党进一步凝聚和凸显政党价值观念

在政治学理论视野中，政治价值是政治行为的动机。政党价值观是政党的旗帜和灵魂，是政党形成和发展的基础。在知识经济全球化价值多元冲突的背景下，政党价值观通过党章、党纲、宣言与党内规则等形式表达和凝结，是深化马克思主义学习型政党研究的一个新视角，也是知识创新规律的要求的时代体现。

马克思对未来理想社会、对人的自由全面发展的目标的价值构想成为引导人类前进的灯塔。马克思告诉我们，人本有无比丰富的属性和需要，波兰著名的马克思主义者沙夫就明确将马克思主义作为他的价值目标。在他看来，当今世界马克思主义的现实意义主要表现于马克思主义哲学的现实意义，而马克思主义哲学的现实生命力则又充分展示在马克思主义关于人的全面发展观点对当代人实践的导向作用上。马克思主义关于人的全面发展的观点，既是一种观念，更是一种观察分析人与社会的方法。党的十七大提出，科学发展观，第一要义是发展，核心是以人为本，基本要求是全面协调可持续，根本方法是统筹兼顾。科学发展观精妙地回答了中国共产党在新时期新阶段的党的价值理念，就其本质上讲，建设学习型政党充分体现了科学发展观的发展主题，是中国共产党在新的历史时期价值观的新提升，而将科学发展观的内在精神有机融入政治发展之中，更是对马克思主义理论尤其是政党理论整体上、本质上的继承、丰富、创新和升华。因此，知识创新建设学习型政党极大彰显了科学发展观的核心理念和价值追求。

1. 新学习凝聚政党的核心价值

社会主义核心价值体系是社会主义意识形态的本质体现，其基本内容包括马克思主义指导思想、中国特色社会主义共同理想、以爱国主义为核心的民族精神和以改革创新为核心的时代精神、以“八荣八耻”为主要内容的社会主义荣辱观。这四个方面相互联系、相互贯通，共同构成辩证统一的有机整体。马克思主义在核心价值体系中处于统领地位，是核心价值体系的灵魂，是我们党和国家的根本指导思想。政党价值观首先表现为一个政党吸引公众参与和获取公众支持的精神资本。“立党为公、执政为民”，把握规律性，是马克思主义政党的核心价值观，体现了党的核心价值观与社会主义核心价值体系的有机统一。知识经济展现丰富多彩的价值世界。价值化的知识观认为，所有的知识都是渗透有价值的，反映着价值和追求价值。马克思主义产生发展本身就是追求知识价值、知识积累、知识创新的结果。马克思主义学习型政党同样是追求知识价值、追求知识创新的政党，学习型政党建设的过程也是追求知识价值的过程、追求知识创新的过程。当代知识观、科学学习观和知识价值观一道，具有凝聚、强化、服务政党核心价值的属性和功能。学习型政党强调的“新学习”，已经不是一般地强调学习的必要性、重要性，而是要形成全党学习、终身学习的机制；不是为学而学，而是着眼提高组织个人智商和解决实际问题的能力，最终实现政党的核心价值。“新学习”不是一般地倡导某种学习方法，而是创造出一整套适合信息时代、知识经济发展要求，符合系统论、控制论、信息论和先进教育、管理理论优秀成果的学习理论、技术与方法，从而使各级党组织和广大党员不仅认识到为什么要学，必须学，学什么，而且要明白怎样学，怎样才能提高学习效果，怎样将知识智慧创造性地运用于实践，转化为执政党的政治智慧和执政能力，从而为凝聚政党核心价值提供知识储备、价值支持和文化条件。

2. 创新实践彰显政党的时代价值

实践出真知，真知推实践，智慧和能力才能互动。政党的时代价值既包括内容的时代化、形式的时代化，也包括话语体系的时代化。学习型政党建设为提升党的执政能力和先进性建设创设了新道路。学习型政党直面知识经济全球化、信息化对我国学习型政党提出的时代课题，培养和塑造善于治国理政的高素质干部队伍是推进“以提高执政能力为重点，全面推进党的建设新的伟大工程”的实践举措，能够有效增强马克思主义学习型政党的时代价值，促进“权力本位”向“能力本位”的转变。

3. 创新知识体系催生政党的先进价值

党的先进性蕴涵着真理尺度，系真理尺度与价值尺度的统一。把握规律性，是马克思主义政党先进性的核心所在。马克思主义学习型政党的先进价值，是以“新知识、新思想、新理念、新经验”即“创新知识体系”为内涵的。知识的价值在于流动。“知识的流动是创新的关键”。“创新是邓小平真理认识方法论的核心”。“创新知识体系”着眼学什么，为什么学，怎样学、谁来学等，旨在源源不断地为政党提供新的知识或知识增量，包括提出新问题、发现新情况、形成新方法、得出新结论、创建新理论等。中国共产党以马克思主义政党先进性思想、先进性理论知识为指导，结合国内外党建新环境的理论诉求提出的建设马克思主义学习型政党的创新思想。这一思想的形成和发展，就是吸收人类文明、政党政治、政党文化的先进理念、吸取其衰败的教训，实现了马克思主义现代学习型政党对传统型政党的超越，为马克思主义建党学说注入了新的理论元素和生命力。《建设马克思主义学习型党组织不可不知的60部经典》、马克思主义理论研究和建设的伟大工程等都是对当代知识经济全球化视野下知识创新建党的有力诠释，既是学习型政党对于“知识创新”核心理念的深刻透视，不断催生和彰显政党的先进价值的过程，又是以学习型党组织为载体，实现理论与实践有机统一，不断推进马克思主义政党先进性建设系统工程的过程。通过“创新知识”的学习和实践，一定能够不断刷新先进性，始终成为中国工人阶级先锋队、同时成为中国人民和中华民族的先锋队，始终代表中国先进生产力的发展要求、中国先进文化的前进方向、中国最广大人民的根本利益，始终走在时代前列引领中国发展进步，生生不息地活跃于世界政坛，为全面实现小康目标、构建和谐社会、维护世界和平贡献伟大的力量！

（二）知识创新建党是实现政党文化创新的体现和有力抓手

“政党文化是政党政治理论体系的重要内容，是政党组织的核心元素与关键变量，其基本功能在于培育政党精神、陶冶政党情操、黏合政党组织、彰显政党德性、感召社会力量、传承政党文明”。而知识创新建党正是知识经济时代实现政党文化创新的核心体现和有力抓手。

当代知识观认为，能力是被激活的知识，知识管理本质上嵌涵了组织的发展过程，知识管理的目的是通过知识挖掘和知识重组，实现知识共享和知识创新，提高组织的创新能力。当今世界，科技进步一日千里，知识总量呈几何级数增长。这一背景蕴涵着马克思主义学习型政党建设特定的知识语境和时代特色。

1. 政党的世界眼光靠知识信息来聚焦

高度决定视野，眼光来自知识。党的十七大再次重申了世界眼光的重要性：“统筹国内国际两个大局，树立世界眼光，加强战略思维，善于从国际形势发展变化中把握发展机遇、应对风险挑战，营造良好国际环境”。马克思主义学习型政党的“世界眼光”，站在世界历史和国际社会高端，对世界文明演化中整合、借鉴、传承、创造、再生等节点的透视把握，是视野、知识、智慧、心态和行为的持续创新和系统锤炼。主要表现为：一是世界历史的视角。（注：这里所说的世界历史是马克思、恩格斯在《德意志意识形态》中阐释的“世界历史”概念）从世界历史的角度看，全球化实际上是人类发展的一个新阶段，是我们这一时代的最重要特征。全球化为中国特色现代化建设提供了全球背景。从一定意义上说，经济全球化是世界现代化的表现形式。科学发展观具有全球化意蕴，同时也体现了知识经济时代的经济全球化的特征，即“以高新技术为动力，以知识传播为主导，以生态建设为主体，以科学发展为形式的全球化经济。”展现了其富于知识创新的内涵特点：即高新技术、生态建设、和谐发展、科学发展——归结为“人本发展”（创新发展），并向我们预展了知识经济时代的全球化走向。也就是说，从知识创新角度看，将科学发展观嵌入全球知识价值链，置于中国特色在社会主义全面发展的实践中，是建设自主创新型国家和学习型政党，在知识经济全球化中赢得主动自觉的必然理性抉择。二是宏观发展的视角。现代社会主义是全球化的产物，社会主义具有世界选择。资本主义的全球扩张虽然给社会主义的发展造成一定的困难，但也为社会主义、共产主义取代资本主义创造了条件。经济全球化为开放的中国利用西方现代文明的公共资源和成熟成果提供了机遇。我们应当做的是怎样利用全球化机制、规避全球化带来的风险，以最小的代价尽可能充分地分享全球现代化文明成果并将其转化为发展自己的有效资源，规避“全球化知识陷阱”。科学发展观是应对经济全球化时代知识经济挑战的必然选择。中国可持续健康发展本身在对人类做出巨大贡献的同时日益彰显中国自主创新型国家发展模式的世界价值。中国的发展不仅在为创造世界经济的制度形式作出贡献，同时也是对马克思主义的全球化观、现代化观、现代知识创新观的继承、丰富和发展。三是信息化的视角。全球化的载体是信息。信息科技将进一步成为推动经济增长和知识传播应用进程的重要引擎。我们要高度重视信息化带来的机遇和挑战，牢牢掌握虚拟世界的主导权，正视网络时代对执政党提出的新考验，包括信仰考验、信任考验、能力考验、管理考验、引导考验、安全考验；牢固树立阵地意识，占领信息的至高点，及时准确地发布信息，在提高舆论引导能力和国际传播能力、掌握话语权、赢得主动权上迈出新步伐。四是学习借鉴的视角。马克思主义学习型政党的境界是，知责思为，知责图进，把人类社会创造的一切文明成果纳入视野，学过来，运用好，大胆吸收借鉴当今世界各国包括资本主义发达国家一切反映现代社会化生产规律的先进经营方式和管理方法，使马克思主义在海纳百川、博采众长中不断焕发新的生机和活力。

2. 政党的政治智慧靠知识政治来统摄

“与古代的信仰政治相比，现代政治是一种知识政治，其核心特征是知识与权力互构、真理与正义交织、事实与价值互动，体现出十分复杂的动态特征与不确定性”。知识创新建党在一定意义上同时也是知识政治建党，旨在把科学发展观内化于中国政治发展，按照人民民主在中国政治发展中的“价值之维、制度之维、动力之维和治理之维四个维度”将学习成果转化为提高执政科学化水平和推动科学发展的能力。首先，搞好国内治理。中国有五千年的文明传统，其中包含非常丰富的政治智慧和政治资源。提高全党思想政治水平，就要提升中国政治家的政治素养，包括政治方向、政治立场、政治观点、政治纪律、政治鉴别力、政治敏锐性等，使其在当今世界政治舞台和中国政治生活中具备立其大者、得其细节、预见未来的政治智慧和“善治”能力。这种“善治”还包括：从国际国内形势的相互联系中把握发展方向，从国际国内条件的相互转化中用好发展机遇，从国际国内资源的优势互补中创造发展条件，从国际国内因素的综合作用中掌握发展全局。其次，积极参与全球治理。全球化一定意义上也意味着风险的全球化。云诡波谲，风潇水寒。根据世界上以恐怖主义为代表的非传统安全威胁日益突出的现状，我党强调建立在政治智慧基础上的新安全观。1996 年 7 月，江泽民同志在第三届东盟地区论坛会议上提出摒弃冷战思维，顺应时代潮流，共同培育和推广新的合作安全观。2001 年上海合作组织成立时，中国与各成员国共同倡导了“互信、互利、平等、协作”的新安全观。2009 年，胡锦涛同志在第 64 届联大的一般性辩论中发表题为《同舟共济共创未来》的讲话，强调“我们应该坚持互信、互利、平等、协作的新安全观，既维护本国安全，又尊重别国安全关切，促进人类共同安全。”这就是当今中国主张的新安全观。新安全观主张通过各种多边安全机制、多边安全论坛、双边安全磋商以及非官方安全对话等渠道，以对话增进互信，以协商化解矛盾，以合作谋求安全，实现全面、协调、可持续发展，通过发展求安全。国际政治领域以实现世界永久和平与生态和谐为主旨，中国新安全观的形成和发展，不仅是科学发展观融入国际政治的体现，而且廓清了科学发展观的世界价值维度，这是中国政治智慧的核心理念和科学表达，也是当代知识创新观使然。

3. 政党的现代发展靠知识创新来推动

政党现代化是政治现代化的重要组成部分，是社会现代化的必然政治结果。中央政治局组织的集体学习几次都是专门研究现代化的课题，建立新形势下相互渗透，互为支撑，互为动力的知识创新体系，旨在探索知识创新与党建创新互促互动的理论、机制和体制：一是党建理论创新。要通过学习型政党建设，追求新发现、探索新规律、创立新学说、创造新方法，推动马克思主义中国化、时代化、大众化，体现马克思主义真理维度与价值维度的有机融合和创新性统一。二是党建结构创新。学习型政党要承担双重现代化的使命：一方面是领导和推动整个社会的现代化，另一方面是不断推进政党自身的现代化。党要在引领创新型国家建设的进程中实现其自身建设的现代化。三是党建管理创新。学习型政党建设是系统工程，集“问题域、组织化、互动式、开放式、共享型、研讨型、网络化”于一体；知识创新围绕“问题点、症结点、未来点、创新点、突破点、操作点”来“破题”；学习型政党的“学习型”则表现为“知识、智慧、反思、类型、模式、体制、机制”的集合。

（三）知识创新建党为学习型政党建设“遵循历史线索，透析当今流变，把握未来走向”提供科学的知识理论基础

学习型政党的历史、现实、未来等多维视角研究是牵引创新型政党建设的战略航标。从一定意义上讲，智慧内在于知识、是知识的结晶但又高于知识，知识创新乃“集大成、得智慧、促创新”于一体，遵循历史线索，透析当今流变，把握未来走向，是实现我国执政党向创新型政党迈进的成功路径。“发展”、“学习”、“创新”之间互动互促进，循环往复，层层递进，呈现交叉、融合的演变关系。以政党发展引领创新型国家和社会发展，以知识创新为核心理念，以组织学习创新促发展，始终是贯穿于马克思主义学习型政党建设的一条主线，而内蕴其中的政党智慧、政党价值，是沿着历史、现实、未来三个时空维度梯次发展和演进的。

1. 以“学习、借鉴、传承”为己任，透视历史维度

中国有着尚学、劝学、好学的历史传统。中国共产党是在学习马克思主义过程中诞生和发展的。重视学习、善于学习是我们党的优良传统和基本经验。在这方面，党的历代领导集体都作出了表率。从党的十六大到2010年7月，新一代中央领导集体在胡锦涛总书记的主持下，已经连续举办66次中央政治局集体学习，把党中央建成了学习型党中央。

从共产主义学习小组到政治局集体学习，再到建设学习型政党，中国共产党成立90年的历史就是一部学习史、创新史。党的这一历史方位表明，拥有370多万个基层组织、7500多万党员的特大型执政党已走向成熟，并具有两个最鲜明的特质：一是中国共产党是以中国特色社会主义理论体系为指导的拥有善于学习和创新能力、机制的政治组织；二是中国共产党注重学习与实践的联动、理论与实践的统一、传承与创新的融合，注重在实践中发现真理、检验真理、发展真理，持续推动着马克思主义学习型政党从学习到创造、从借鉴到赶超、从跟跑到领跑的跨越。

2. 以解决当前的“问题域”为中心，正视现实维度

在一定意义上讲，我们的今天是由昨天决定的，我们的未来在现在。把握知识创新建党的现实方位，就要站在实践、时代和科学的前沿，以我们正在做的事情为中心，着眼于马克思主义理论的运用，着眼于对实际问题的理论思考，着眼于新实践新发展，用马克思主义的历史观、价值观和方法论，遵循“提出问题—分析问题—解决问题”的思路，去分析和破解当代重大的现实“问题域”。从国内来讲，要积极探索建设学习型政党与科学发展观、构建和谐社会、党的执政能力建设等重大战略思想之间的辩证关系，围绕解决中国面临的“五大挑战”、“五大矛盾”和“五大问题”，解决好人民群众关注的就业、收入分配、社会保障、医疗、子女上学、生态环境保护、安全生产、社会治安等热点问题。要继续推进党的建设新的伟大工程，加强党的思想建设、组织建设、作风建设、制度建设和反腐倡廉建设等。从国际来看，应当在国际社会认可的框架下，力所能及地参与全球治理，并解决好金融危机问题、环境污染问题、生态失衡问题、资源短缺问题、粮食匮乏问题、恐怖主义问题、公共卫生问题等。

3. 以把握“方向、规律、趋势”为旨归，驾驭未来维度

十七大对我国国情用了“两个没有变”来表述即我国仍处于并将长期处于社会主义初级阶段的基本国情没有变；人民日益增长的物质文化需要同落后的社会生产之间的矛盾没有变，仍然是我国社会的主要矛盾。

实践中的新问题、发展中的新矛盾、理论

上的新热点往往预展着政党建设的发展走向和政治生态环境。建设马克思主义学习型政党也要"面向世界、面向现代化、面向未来"。结合中国共产党在未来社会发展中所肩负的历史使命和任务，以未来的眼光，确立新的发展方位和学习诉求，继续解放思想，遵循历史规律，顺应历史时代潮流，始终把学习作为适应变化、调整战略、把握发展大势的基本途径，重构其与时代相适应的执政能力体系，不断把建设中国特色社会主义事业向着未来推进。

三、全球化信息化时代学习型政党建设的战略路径

建设马克思主义学习型政党，是党的十七届四中全会从全面推进中国特色社会主义伟大事业和党的建设新的伟大工程的全局出发，提出的一项重大战略任务。把各级党组织建设成为学习型党组织，是建设马克思主义学习型政党的基础工程，是全球化信息化时代马克思主义学习型政党建设或曰知识创新建党的战略选择。2010年2月中共中央办公厅印发的《关于推进学习型党组织建设的意见》（以下简称《意见》），对落实这一基础工程作了全面部署。《意见》提出"一个总体要求"，"四条主要原则"，"五个方面的学习内容"，"在三个方面下功夫"，推进"四个方面的创新"，为推进学习型党组织建设，进一步推进知识创新系统工程，提供了基本遵循和战略路径。在《意见》精神指导下，从宏观、中观、微观三个层面顺利推进、落实生效。

（一）宏观层面，要统筹国内国际两个大局，牢牢把握方向目标，坚持用中国化的马克思主义武装全党

1．推进马克思主义中国化、时代化、大众化

坚持解放思想、实事求是、与时俱进，用发展着的马克思主义指导新的实践。深入贯彻党的思想路线，准确把握当今世界发展大势，准确把握社会主义初级阶段基本国情，准确把握改革发展实际，深入研究回答重大理论和实际问题，在全面推进社会主义经济建设、政治建设、文化建设、社会建设以及生态文明建设和党的建设过程中不断作出新的理论概括。要坚持在实践中检验真理、发展真理，用发展着的马克思主义指导新的实践，使党的理论和实践始终体现时代性、把握规律性、富于创造性。

2．坚持用中国特色社会主义理论体系武装头脑，促进中国特色社会主义的全面发展

深入学习马克思列宁主义、毛泽东思想，中国特色社会主义理论，全面系统、完整准确地掌握中国特色社会主义理论体系的重大意义、时代背景、实践基础、科学内涵和历史地位，深刻领会贯穿其中的马克思主义立场、观点、方法。科学认识和正确对待马列主义和中国化马克思主义的关系，不能以学中国化马克思主义代替学马列，建设学习型政党要认真研读经典著作，从理论和实践、历史和逻辑的统一上加深理解，不断增强学习贯彻中国特色社会主义理论体系的自觉性和坚定性。充分运用马克思主义理论研究和建设工程成果，大力推动中国特色社会主义理论体系宣传普及活动，切实推进党的理论创新成果进教材、进课堂、进头脑。

深入学习实践科学发展观。科学发展观及其进一步发展是中国特色社会主义理论体系的最新成果，是我国经济社会发展的重要指导方针。要统筹国内国际两个大局，将学习实践科学发展观落到实处，促进中国特色在社会主义理论和实践的全面发展。

3．学习践行社会主义核心价值体系

广泛开展社会主义核心价值体系学习教育，努力把社会主义核心价值体系体现到党员干部教育管理全过程，融入到党员干部日常工作学习生活中，以党员干部的模范带头作用推

动全社会学习践行社会主义核心价值体系的深化。引导广大党员干部增强政治敏锐性和政治鉴别力，自觉划清马克思主义同反马克思主义的界限，社会主义公有制为主体、多种所有制经济共同发展的基本经济制度同私有化和单一公有制的界限，中国特色社会主义民主同西方资本主义民主的界限，社会主义思想文化同封建主义，资本主义腐朽思想文化的界限，始终保持立场坚定、头脑清醒。

4. 建设学习型党组织

党组织是党全部工作顺利推进、落实生效的坚实基础。建设学习型政党必须把建设学习型党组织作为基础工程和组织保障抓实抓好。积极推动党员干部学习宪法和党章，学习现代化建设所需要的经济、政治、文化、科技、社会和国际等各方面知识，学习反映当代世界发展趋势的现代市场经济、现代国际关系、现代社会管理和现代信息技术等方面知识。党员领导干部要深刻把握学习型政党、学习型党组织、学习型党员、学习型社会等四个层面的相互关系，既要向书本学习，又要向实践学习、向群众学习。

（二）中观层面，要完善体系，加强管理，不断提升马克思主义学习型政党建设的成效

1. 要在推动本地区本部门本单位的工作上下功夫

建设学习型党组织，要同研究解决本地区本部门本单位改革发展稳定的突出矛盾和问题结合起来，提出化解矛盾、解决问题的有效措施和办法。要同研究解决人民最关心最直接最现实的利益问题结合起来。贯彻发展是硬道理、稳定是硬任务的战略思想，不断提高各级领导班子和领导干部谋划发展、统筹发展、优化发展、推动发展的本领和做好群众工作、公共服务、社会管理、维护稳定的本领，增强新形势下依法办事能力和应急管理、舆论引导、新兴媒体运用、做好民族宗教工作等方面能力。

2. 要在推动本地区本部门本单位党的建设上下功夫

要使各级党组织真正成为深入贯彻落实科学发展观的组织者、推动者和实践者，使广大党员真正成为深入学习实践科学发展观的模范。建设学习型党组织，要同研究解决反腐倡廉建设方面存在的突出问题结合起来，在坚决惩治腐败的同时加大教育、监督、改革、制度创新力度，不断以反腐倡廉的新成效取信于民。

3. 要在提高党员干部思想政治素养上下功夫

要着重加强理想信念教育，引导广大党员干部坚持高举中国特色社会主义伟大旗帜不动摇、坚持中国特色社会主义道路不动摇、坚持中国特色社会主义理论体系不动摇、坚持改革开放不动摇，把学习成效转化为坚持共产主义远大理想和中国特色社会主义共同理想的坚定信念，转化为与人民群众同呼吸、共命运、心连心的真挚情感，增强贯彻党的理论路线方针政策的自觉性和坚定性，增强走中国特色社会主义道路、为党和人民事业不懈奋斗的自觉性和坚定性。

（三）微观层面，要更加注重“建设”，夯实基础，把党中央提出的要求和措施落到实处

一是思想建设。牢固确立党组织全员学习、党员终身学习、学以立德、学以增智、学以创业的理念。党员领导干部要增强责任意识、忧患意识、风险意识，做到“安而不忘危、治而不忘乱、存而不忘亡”。

二是组织建设。要以学习为组织建设的重要特征，以学习为组织活动的重要内容，以学习为提高组织战斗力的重要途径，切实把建设学习型党组织的任务落实到基层。企业、农村、

机关、学校、部队、社区的基层党组织，要积极开展各种形式的创建学习型党组织活动，努力使建设学习型党组织的任务覆盖到每个基层党组织、每个党员。

三是阵地建设。充分发挥党校、行政学院、干部学院在教育培训中的主渠道、主阵地作用，发挥高等学校、社科研究机构以及部门和行业培训机构的作用。建立网络问政、网络监督常态化机制。积极运用信息网络技术手段，加强党员干部远程教育、电化教育等学习教育网络建设，加强网络学习教育平台建设，推进文化信息资源共享工程建设，不断提高党员干部学习教育的信息化水平。

四是学风建设。对马克思主义要真学、真信、真懂、真用，做到恒以求学，思以治学，行以践学，学有所成，研有所得，学以致用。领导干部要爱读书读好书善读书，遵循学习规律，即精于阅读；勇于实践，把知识变为能力；善于总结，把经验变为智慧。要把实践中零散的东西系统化，感性的东西理性化，历史的东西现实化，外面的东西本土化，外国的东西中国化，从中发现带规律性的东西，用以指导新的实践。

五是制度建设。进一步健全学习的组织管理制度，严格执行集体学习、个人自学、调查研究、岗位培训、主题教育、学习考核和成果转化等各项规定。进一步健全学习考核评价制度、学习型党组织建设工作的领导协调制度，做到用制度管学习、促学习。

（作者：山东大学马克思主义学院教授、博士生导师）

（选自《东岳论丛》2011 年第 4 期）

建党 90 年：推进党的建设科学化的历程

王　鑫

今年是中国共产党成立90周年。从贫穷落后、满目疮痍的旧中国到蒸蒸日上、阔步走向繁荣富强的新中国——在中国共产党的领导下，近代中国的面貌发生了翻天覆地的历史性变化。今天，一个面向现代化、面向世界、面向未来的社会主义中国巍然屹立在世界东方。

回顾中国共产党90年的奋斗历程，正是因为中国共产党的性质、纲领、宗旨和理论等顺应了科学社会主义所揭示的人类历史发展规律，符合中国工人阶级和中国最广大人民的根本利益，主导着党的全部实践并取得了辉煌的成就，党才得到了历史的认可和选择，得到了人民的拥护和支持。这是历史和人民之所以选择我们党的根本依据，也是我们党始终经得起历史和人民选择的根本原因。

党的建设科学化水平不断提高

党的建设科学化，既是马克思主义政党建设的必然要求，也是中国共产党的一贯追求。无论是在新民主主义革命时期、社会主义现代化建设时期，还是在改革开放的伟大实践中，我们党都能坚持从世情、国情、党情实际出发，正确认识、把握、运用执政党建设的规律，认真实践并不断推进党的建设科学化。可以说，我们党90年的建设历史，就是把马克思主义党建原理与中国共产党自身建设的实际相结合，坚持不懈地探索科学建党的历史。

民主革命时期，我们党坚持把马克思主义党建原理同中国共产党自身建设的实际结合起来，积极探索和认真把握党的建设客观规律，在党的建设科学化上进行了积极探索。在以毛泽东同志为核心的党的第一代中央领导集体的领导下，我们党坚持从中国国情和党所处的环境出发建设党，形成了具有我们党自身特点的比较系统的建党理论，即毛泽东建党思想。我们党注重从思想上建党，把思想建设放在首位，使党保持了思想上的先进性；按照民主集中制原则，运用“支部建在连上”的科学方法，建立健全了严密的党的组织体系，使党保持了组织上的先进性；把党的建设伟大工程与中国革命的伟大事业结合起来，紧紧围绕中国革命的中心任务确立建党目标，创造性地提出了党的建设必须密切联系党的政治路线进行的指导方针，全面加强党的思想建设、组织建设和作风建设；沿着农村包围城市这条正确的革命道路，开展与武装斗争和根据地建设相适应的党的建设，有力地推动了中国革命向前发展。我们党坚持实事求是原则，密切联系党自身的实际情况建设党，通过延安整风，创造了以整风形式进行马克思主义思想教育、以批评与自我批评的方式推进党内生活政治化科学化、以党的优良传统作风密切党同人民群众的血肉联系等一系列科学方法。党的七届二中全会强调，革命胜利后全党务必保持谦虚谨慎、不骄不躁的作风和艰苦奋斗的作风。正是因为党的建设科学化水平的不断提高，我们党始终保持了马克思主义政党的纯洁性和先进性。

新中国成立以来特别是改革开放以来，我们党已经从一个领导人民为夺取全国政权而奋斗的党，转变为一个领导人民掌握全国政权并长期执政的党；已经从一个受到外部封锁和实行计划经济条件下领导国家建设的党，转变为一个在对外开放和发展社会主义市场经济条件下领导国家建设的党。在改革开放的新时期，邓小平在推进党的建设科学化方面提出了巩固党的阶级基础以奠基党的建设科学化。邓小平把知识分子纳入工人阶级的范畴、作为工人阶级的一部分来看待，这既是邓小平巩固党的阶级基础的重要思想，也是推进党的建设科学化的重要组织基础；强调制度建党以保障党的建设科学化。

党的十一届三中全会后，邓小平高度重视党和国家的组织制度和领导制度建设，形成了制度建党的核心思想。改革开放以来，邓小平在坚持实事求是思想路线的基础上，进一步倡导解放思想，这就为党的建设科学化解除精神枷锁、扫除精神障碍。

党的十三届四中全会以来，以江泽民为主要代表的中国共产党人形成了“三个代表”重要思想，构筑起推进党的建设科学化的一系列新思想。提出了党的建设新的伟大工程的科学目标，为在改革开放、发展社会主义市场经济新条件下推进党的建设科学化明确了基本方向；提出了“与时俱进”的思想，充实和发展了党的思想路线；提出了“八个坚持、八个反对”的科学原则，形成了党在执政条件下的作风建设体系；提出了“党内民主是党的生命”的全新命题，使推进党的建设科学化获得持久的发展动力。

党的十六大以来，以胡锦涛为主要代表的中国共产党人以实现好、维护好、发展好最广大人民根本利益为目标，以加强党的执政能力建设和先进性建设为主线，以改革创新精神全面推进党的思想建设、组织建设、作风建设、制度建设和反腐倡廉建设，提出党要以科学的思想、科学的制度、科学的方法领导中国特色社会主义事业；坚持科学执政、民主执政、依法执政；坚持科学决策、科学运筹、科学管理，推进决策科学化、民主化，大力提高科学管理能力，提高改革决策的科学性，增强改革措施的协调性；提出要把树立和落实科学发展观与掌握科学的思想方法紧密结合起来，以科学态度抓好发展；推进党的建设科学化、提高党的建设科学化水平；坚持科学发展、和谐发展、和平发展。党的几代领导集体科学判断和全面把握所处的历史方位与肩负的历史使命，正确认识和妥善处理党在改革开放与发展社会主义市场经济条件下执政遇到的新情况新问题，以改革创新精神加强和改进党的建设，不断提高党的执政水平和领导水平，增强拒腐防变和抵御风险能力，始终保持和发展党的先进性，开创了党的建设新的伟大工程。

实践证明，中国共产党90年自身建设的历史，实际上就是一个不断推进党的建设科学化的历史。随着我们党对马克思主义政党自身建设规律特别是共产党执政规律认识的逐步深化，党的建设科学化水平也逐步提高。在提高党的建设科学化水平过程中，我们党坚持科学的理论，健全科学的制度，探索科学的方法，发扬与时俱进和改革创新精神，在继承吸收已有行之有效的党的建设的理论、制度和方法的基础上，根据时代发展变化的要求，不断变革和完善不适应新形势要求的具体的思想、制度和方法，不断拓展科学化的外延，丰富科学化的内涵，提升科学化的层次，在科学化的轨道上把党的建设不断推向前进。

总结经验回答新时代所提出的新问题

我们党在长期执政实践中，围绕建设什么样的党、怎样建设党这个重大课题，以科学的理论、科学的制度、科学的方法、执政党的建设规律不断推进党的建设科学化，探索形成了作为马克思主义执政党加强自身建设、推进党的建设科学化的基本经验。

一是始终坚持以科学理论为指导，不断推进党的建设科学化。以科学理论为指导是推进党的建设科学化的前提和基础。科学理论、科学制度和科学方法三者不是完全并列的而是有层次之分的，其中科学理论是起统帅作用的。科学制度之所以称为“科学”，就在于它是建立在科学理论基础之上，是符合实际需要的。至于科学方法，也只能来自科学理论。理论正确，方法才会科学，理论出现偏颇，方法必然失当。科学理论是对客观规律的集中概括。其核心内容就是马克思主义的建党学说。

我们党是马克思主义执政党，其突出特点是极其注重科学理论武装、科学理论指导，并善于推进理论创新。党的十七大将邓小平理论、“三个代表”重要思想和科学发展观纳入中国特色社会主义理论体系之中，提出中国特色社会主义理论体系是不断发展的开放的理论体系，在当代中国，坚持中国特色社会主义理论体系，就是真正坚持马克思主义。

当前，党的建设的根本任务就在于及时破解和回答时代变迁所提出的新问题。世界的大发展、大变革、大调整，全球思想文化和价值观念的交流交融与交锋碰撞，国内经济社会发展的阶段性特征所体现出的多元化格局，公民社会的发育，新兴媒体力量的崛起，党员干部队伍结构的深刻变化，使党的建设各项工作面临很多错综复杂、相互交织的新情况和新问题。这就要求我们坚持从实际出发，以科学的精神、科学的态度、科学的思维分析新情况，提出新办法，解决新问题，推进理论创新，实现理论指导与实践检验的良性互动。

二是始终坚持以科学制度为保障，不断推进党的建设科学化。党的制度就是党在组织和运作的过程中所依据和建立起来的一系列的原则、规范、体制、模式、规则、程序、机制的总称。

制度的体系性和严密性，是制度建设科学化水平的重要标准。科学的制度体系，是一个由各种制度要素相互衔接、相互配合、共同作用的有机体。任何一项制度的功能，都要在设计严密的制度体系中才能得以充分发挥；制度体系中的任何一个要素、环节的缺失，都可能成为制约体系运作的“瓶颈”。

现实中，一些制度从个体角度看可能是合理的，但由于缺乏相关制度的配套支持，它就无法发挥应有作用。这说明，一项制度是否科学、合理，要放在整个制度体系中去衡量。同时，程序正义是制度正义的保证。离开了严密、公开的程序运作，制度的目标就可能因执行者的个人利益取舍或主观偏好而丧失或扭曲，甚至沦为某些人牟取私利的工具。

以往，在党内制度的制订中，有相当一部分制度侧重于规定应该怎么办或禁止做什么，而缺乏明确的违反规定的惩处性措施，使好的制度规定缺乏应有的威慑力，制度执行情况往往因一个单位主要领导者素质的高低而定，带有很大的随意性，时间久了，就会使制度丧失公信力，降低整个制度体系的成效。提高制度的科学化水平，就要实现规范性功能与惩戒性功能的结合，既要明确规定应该怎么办，又要明确违反规定又该怎么办，完善制度执行的监督、考核与责任追究机制，使党的建设各项制度得到普遍服从和执行。

从一定意义上讲，制度执行比制度制定更为费力，更为重要，也更为紧迫。如果执行总是打折扣，再健全再完善的制度也只能成为摆设。在制度建设中，要尽量减少一些笼统模糊的表述，少赋予一些“灵活处置权”，减少执行者的自由裁量空间。这是提高制度的科学化水平的重要环节。

三是始终坚持以科学方法为抓手，不断推进党的建设科学化。科学方法就是在解放思想、实事求是、与时俱进的基础上经过广大人民群众和实践反复归纳、反复锤炼、反复检验而证明有效管用的工具、手段、方式与运行机制的总和。

在实际生活中党的领导活动和党内生活中出现的很多问题，往往不是方向性、理论性、制度性和政策性的，而是一些党员干部仍然习惯于用老办法解决新问题而导致的，存在着方法简单化倾向。因此，要把握新形势下党的建设规律和特点，积极应对社会组织结构和活动方式的深刻变化，继承和发扬过去的好方法，借助运用现代科技的新成果来探索党的建设的各种科学方法和手段，借鉴管理科学、行政学、心理学等现代科学成果，不断增强党建工作方法的科学性。

四是始终按照执政党建设规律办事，不断推进党的建设科学化。掌握和运用马克思主义执政党建设规律的程度，决定着党的建设科学化水平的高度，党的建设科学化集中表现为党的思想建设、组织建设、作风建设、制度建设、反腐倡廉建设等领域的建设，都同马克思主义执政党建设规律相符合，都建立在客观规律基础之上。

党的十七届四中全会从建党近 90 年的时空高度，提出了“六个坚持”：即，坚持把思想理论建设放在首位，提高全党马克思主义水平；坚持把推进党的建设伟大工程同推进党领导的伟大事业紧密结合起来；坚持以执政能力建设和先进性建设为主线，保证党始终走在时代前列；坚持立党为公、执政为民、保持党同人民群众的血肉联系；坚持改革创新，增强党的生机活力；坚持党要管党、从严治党，提高管党治党水平。

这些概括在深刻认识和把握当代世界政党建设发展大势的基础上，全面认识和自觉运用马克思主义执政党建设规律，把我们党的建设实践更好地建立在遵循规律的基础之上。正确把握和运用这些规律，就能使党的建设这一复杂的系统工程有条不紊地展开和运行，就能对数量众多、成分多样的党员实施科学管理，就能保证各级党组织和广大党员经受得住各种严峻考验，就能不断提升自身建设的科学化水平，以党的执政能力和先进性的增强正确引领伟大的历史性变革。

总之，推进党的建设科学化是个崭新的命题，也是执政党建设的永恒课题。中国共产党已经走过了足以使我们自豪的 90 年的光辉历程。今天，摆在我们面前的是更加宏伟、更加艰巨的历史使命。我们决不能辜负先驱者的期望，必须坚毅地沿着前人开辟的道路，在不断提高党的建设科学化水平中继续奋勇前进夺取更大的胜利。

（作者：深圳市委党校党史党建部教授）

（选自《深圳特区报》2011 年 3 月 8 日）

发展党内民主视角下的党内程序民主制度建设

张扣林　刘　诚

邓小平在总结"文化大革命"的经验教训时提出"制度建党"的思想。他说："我们过去发生的各种错误，固然与某些领导人的思想、作风有关，但是组织制度、工作制度方面的问题更重要。这些方面的制度好可以使坏人无法任意横行，制度不好可以使好人无法充分做好事，甚至会走向反面……领导制度、组织制度问题更带有根本性、全局性、稳定性和长期性。这种制度问题，关系到党和国家是否改变颜色，必须引起全党的高度重视。"党的十一届三中全会以来，特别是党的十六大以来，在邓小平"制度建党"思想指导下，着力加强党内民主制度建设，极大地促进了党内民主的健康发展。然而，目前在党内生活中还存在着许多亟待解决的问题，例如，"制度棚架"、党员权利"虚置"、权力腐败、"民主名义下的人治"等。究其原因，从制度层面上看，是因为在党内民主制度建设过程中存在重党内实体民主制度建设，轻党内程序民主制度建设的倾向。为了进一步促进党内民主的健康发展，除了加强党内实体民主制度建设外，必须进一步加强党内程序民主制度建设。

一、进一步建立和健全党内程序民主制度是发展党内民主更为根本的前提

目前，在党内生活中存在着党员民主权利"虚置"现象。之所以出现党员民主权利"虚置"现象，从制度层面上看，是因为党员行使民主权利缺乏程序民主制度的保障，党员难以或无法行使民主权利。为了进一步促进党内民主的发展，克服党内生活中存在的党员民主权利"虚置"现象，除了进一步建立和健全党内实体民主制度外，必须进一步建立和健全党内程序民主制度，并使党内实体民主制度和党内程序民主制度在结构上相互配套、相互衔接，在功能上相互配合、相互支持，着力提高党内民主制度的整体性、系统性、配套性和完备性。

其一，与党内实体民主制度一样，党内程序民主制度是党内民主制度不可或缺的重要组成部分。党内民主制度是一个制度体系，在这个制度体系中，党内实体民主制度和党内程序民主制度是两个组成部分。党内实体民主制度倾向于从国体的角度阐释党内民主，主要解决的是什么能做、什么不能做的问题，侧重强调党内民主的价值目标，旨在确立党员当家作主的地位。具体地讲，党内实体民主通过明确党

员享有哪些权利和应承担哪些义务来确立党员在党内生活中当家作主的价值目标。党内程序民主制度倾向于从政体的意义上阐释党内民主，主要解决怎么做，即做的方法和步骤的问题，侧重强调党内民主实现的先后顺序、步骤等，旨在保证党员当家作主地位的实现。具体地讲，党内程序民主制度是党的各级组织在处理党内政治生活时所必须遵循的方式和步骤，即用什么方法和形式去处理党内的政治生活，以及处理党内政治生活必须遵循的先后顺序原则方法和步骤。健全的党内民主制度，不仅包括党员享有哪些民主权利和应当履行哪些民主义务的党内实体民主制度，而且包括党的各级组织在处理党内政治生活时所必须遵循的方式和步骤，即用什么方法和形式去处理党内政治生活，以及处理党内政治生活必须遵循的先后顺序、原则方法和步骤的党内程序民主制度。毫无疑问，党内程序民主制度是党内民主制度的一个不可或缺的重要组成部分。缺乏党内程序民主制度的党内民主制度，不是党内民主制度；如果党内程序民主制度与党内实体民主制度在结构上失衡或不均衡，那么也不是党内民主制度，至少不是完整或健全的党内民主制度。

其二，与党内实体民主制度相比，党内程序民主制度在党内民主制度功能的发挥中起着极其重大的决定作用。党内民主制度的功能取决于党内实体民主制度与党内程序民主制度的内在结构。党内实体民主制度与党内程序民主制度是党内民主制度的一体两面，一方面党内实体民主制度是党内程序民主制度的价值取向。虽然党内程序民主制度本身也承载着党内民主诸多普遍性价值规范，但就党内程序民主制度与党内实体民主制度的关系而言，党内程序民主制度设置的目的是为了实现党内实体民主制度所追求的价值目标。党内实体民主制度通过确立党员的基本权利、党内民主的原则、党内民主贯彻实施的基本要求，从而为党内程序民主制度的制定和运行提供根本价值目标和价值取向。如果离开了党内实体民主制度的根本价值目标和价值取向，那么，党内程序民主制度只能变成徒具形式而无实质意义的东西。比如，有的地方在党内选举中设置所谓“同意的不动笔，不同意的就动笔”的选举程序，煞费苦心地限制党员自主行使选举权，以保证实现所谓的领导意图。因此，离开党内实体民主制度作为价值目标的党内程序民主制度是没有灵魂的、无的放矢的党内程序民主制度。另一方面党内程序民主制度是党内实体民主制度实现的必要条件和根本保障。虽然好的党内实体民主制度不必然引出好的党内程序民主制度，好的党内程序民主制度不必然导向党内实体民主制度所规定的好的价值目标，但好的党内程序民主制度是获得党内实体民主制度所规定的好的价值目标的必要条件和根本保障。如果离开了党内程序民主制度，或党内程序民主制度之间相互冲突，那么，党内实体民主制度所追求的党员当家作主的价值目标只能成为空中楼阁，只能停留在名义上、文本意义上。如果党内实体民主制度与党内程序民主制度在结构上不合理、不完备，那么，必然造成党内民主制度在运行过程中发生相互抵消和虚置，甚至相互掣肘和背反的现象。因此，我们在构建党内民主制度的过程中，必须从党内程序民主是党内民主生命的高度，加强党内程序民主制度建设，为党员民主权利的实现提供制度保障。

二、严格遵守和执行党内程序民主制度是发展党内民主更为根本的要求

目前，在党内生活中存在着“民主名义下的人治”现象。之所以出现“民主名义下的人治”现象，从制度层面上看，是因为在遵守和执行党内民主制度过程中一些党员特别是一些党员干部在思想认识中存在着党内实体民主制度是一种“刚性”制度，必须遵守和执行，而党内程序民主制度是一种“软性”制度，可以遵守和执行也可以不遵守和不执行的错误认识。为了解决这个问题，必须进一步确立党内程序民主制度的权威性、至上性和不可僭越性，加大对遵守和执行党内程序民主制度的监督和查处力度。

其一，与党内实体民主制度一样，党内程序民主制度具有防止和消除党内人治现象的一般功能。人治的根本特征是人高于法律（制度）、权大于法律（制度），法律（制度）屈从于个人的权威之下。法治的根本特征是法律（制度）高于人、法律（制度）大于权、人服从于法律（制度），法律（制度）的最高权威得到确认。法治是民主的规范和保障。要防止和消除党内生活中的人治现象，不仅要实现党内民主的制度化、规范化、程序化，而且要确立党内民主制度在党内生活中的权威性、至上性和不可僭越性。《关于建国以来党的若干历史问题的决议》认为，由于“我们没有能把党内民主和国家政治社会生活的民主加以制度化、法律化，或者虽然制定了法律，但却没有应有的权威。这就提供了一种条件，使党的权力过分集中于个人，党内个人专断和个人崇拜现象滋长起来，也就使党和国家难于防止和制止‘文化大革命’的发动和发展”。因此，我们对党内民主制度的理解不能仅限于对条文的理解，必须强化党内民主制度的遵守和执行，不仅要严格遵守和执行党内实体民主制度，而且要严格遵守和执行党内程序民主制度。在发展党内民主的过程中，要防止和消除党内生活中的人治现象，必须进一步强化全党特别是党员领导干部对党内程序民主制度的权威性、至上性和不可僭越性的认识，严格遵守和执行党内程序民主制度，特别要加大查处无视、简化或违反党内程序民主制度行为的力度，努力营造无视、简化或违反党内程序民主制度的行为都是违法或非法行为，任何无视、简化或违反党内程序民主制度的结果都是违法或非法结果的法治氛围，才能从根本上防止和消除党内生活中“因领导人的改变而改变”，“因领导人的看法和注意力的改变而改变”的人治现象。

其二，与党内实体民主制度相比，党内程序民主制度更具有防止和消除党内人治现象的特殊功能。由于实体民主具有宏观性、原则性和抽象性，决定了实施实体民主的空间极为宽广，从而给实体民主的执行者以自由裁量权，这种自由裁量权可能导致民主制度执行的偏差，即有利的就执行，不利的就变形，最终否定民主制度。那么，怎样才能最大限度地防止民主制度在理解和执行过程中的不确定性甚至随意性呢？唯有民主程序化，并严格按程序办事。程序是民主运行的规则。民主活动必须在程序规范的范围内运行。如果民主活动越出了一定的程序轨道或流程，就很难不受各种非理性因素的影响，就难以避免不产生个人在民主名义下的恣意妄为，并由此使民主行为陷入无序的状态。因此，民主只有程序化，并严格按程序办事，才能防止执行民主制度的过程中因与某些领导人利益发生冲突或给他们带来不方便的时候和场合而被搁置不用，成为一种受偶然因素摆布的软性规则，才能限制少数人（当权者）的任意裁量权，使权力的行使在程序民主制度限定的范围内行使，防止权力的滥用，减少和避免管理和决策过程的随意性，提高民主的实现程度，充分体现公平正义的民主价值观。非程序化的民主不是法治民主，而是“人治民主”，“人治民主”不是制度化民主和法律化民主，而是“人治加民主调味剂”。因此，按程序办事是民主的根本特征和魅力所在。一方面，多数人的意志要通过程序才能表现和承认；另一方面，如果多数人的决策和选择出现错误，也只能通过一定的程序加以改正。在遵守和执行民主制度的过程中，必须确保遵守和执行程序民主制度的优先地位。也就是说，在遵守和执行党内民主制度的过程中，当实体民主和程序民主发生冲突时，我们应当选择程序民主的合法性，而不是选择实体上的合法性。

我们在遵守和执行党内民主制度的过程中，当党内实体民主制度与党内程序民主制度发生冲突时，我们必须选择严格遵守和执行党内程序民主制度的民主结果，哪怕是不合理的结果，而不是选择严格遵守和执行党内程序民主制度的结果，哪怕是合理的结果。例如，在党内选举中，必须确立只有符合选举程序的选举才是合法有效的选举，否则都是非法的、无效的选举的认识。在党内决策中，必须确立凡是按民主集中制程序作出的决策才是有效的，凡是违反民主集中制程序规范作出的决策则是无效决策的认识等。只有这样才能有效地防止和消除党内生活中“民主名义下”的人治现象。

三、科学构建和设计党内程序民主制度是发展党内民主更为根本的路径选择

目前，在党内生活中存在着“制度棚架”现象，表现为党内民主制度成为实际执行中的“墙壁制度”、“文件制度”、“橡皮制度”。之所以出现“制度棚架”现象，从制度层面看，是因为现有党内民主制度从总体上来看比较原则、笼统，不易操作，不仅缺少详细、完备的方法和形式，而且缺乏有具体惩戒措施的监督性、保障性规定。为了进一步促进党内民主的发展，克服党内生活中存在的“制度棚架”现象，除了进一步科学构建和设计党内实体民主制度外，必须进一步科学构建和设计党内程序民主制度，努力提高党内民主制度的可操作性和实效性。

其一，党内程序民主制度是党内实体民主制度由“死”的制度变成“活”的制度“软件”。人类民主发展的历史告诉我们，程序民主的重要性一点都不亚于实体民主。程序不仅是民主运行的枢纽，而且是实现民主目标的根本保障。好比一台电脑，如果没有作为计算机程序的“软件”，那么，这台电脑就无法运行，将丧失它的功能。党内实体民主制度是关于党内民主的目标、内容、主体与价值等制度性规定，旨在确立党员当家作主的地位。党内程序民主制度是关于实现党内民主过程的先后顺序及其相关制度性规定，旨在保证党员当家作主地位的实现。如果说党内实体民主制度是发展党内民主的“硬件”的话，那么，党内程序民主制度就是发展党内民主的“软件”。党内程序民主制度起着使党内实体民主制度由“死”的制度变成“活”的制度的驱动作用。如果没有富有操作性的党内程序民主制度的安排及其保障，那么党内实体民主制度关于党员当家作主地位的规定，只能被虚化成为一种名义上、文本意义上的规定，不仅会使党内实体性民主制度成为空中楼阁，而且会使党内民主制度失去它应有的功能。比如：党内民主选举制度。从实体民主制度看，是关于党员是党的主人，具有不可剥夺的选举权利的制度性规范。但如果没有关于党员怎样行使选举权的具体操作性运行程序规范，那么，关于党员享有选举权利的实体性民主制度对党员来说只能成为一种名义上、文本意义上的制度，实际上剥夺了党员的选举权利。

其二，党内程序民主制度还是把党内实体民主制度各种要素有机有效地连接起来的“传送带”。没有程序保证的实体民主往往容易流于形式，而设计严密的程序民主，却可以在运行中自动弥补实体民主设计的不足，甚至可以纠正实体民主的偏差，最大限度地达到民主的目标。从这种意义上说，程序民主相对于实体民主具有独立发挥作用的价值。长期以来，我们很少从程序的角度去探索发展党内民主的机制，而党章对党内民主的规定又比较概括和原则，虽然有个别的程序规定，但是从总体上来看，这些程序的规范既缺少详细、完备的方法和形式，又缺少严密科学的顺序排列，不仅使许多习惯于搞家长制作风的领导，很容易找到各种对策来应付抽象的民主原则，而且使党内民主制度难以真正的落实，造成党内民主制度在执行中的缺憾。因此，在构建与设计党内程序民主制度的过程中，仅仅制定一些"死"的行为规范(法律和制度)是不够的，必须着眼于"活"的机制的建设。当然，"活"的机制依赖于"死"的规范，正如一个活的生命体离不开一个个身体器官这些"零部件"一样。但规范毕竟不等于机制。规范要转化为机制，最根本的一条是通过程序把众多的规范有序地创制出来、组织起来，使程序规范形成一个有机的活的整体。例如，在党内，党员的实体权利义务关系必须通过一环扣一环的程序行为链连接起来，并逐步得以实现。从党内民主的纵向实现过程来看，它需要经由选举、协商、讨论、决策、监督、罢免等一般性程序；从党内民主的横向实现过程来看，每个具体环节也要有严格的程序，如选举程序、决策程序、表决程序等。如果离开了党内程序民主机制的构建，再好的党内民主制度也不可能得到体现。因此，只有加强党内程序民主制度建设，才能把党的组织和活动的诸要素如党员、党的各级组织、党的干部、各种规定和要求等有机地连接起来，加以组合、协调，使组织能够像活的机体一样运作，才能调动广大党员的主动性积极性创造性，不断增强党的凝聚力战斗力创造力。

(作者：扬州大学社会发展学院教授)

(选自《毛泽东思想研究》2011 年第 2 期)

党内民主：逻辑形式·价值意蕴·现实问题

刘子平

党内民主是马克思主义政党的根本特征与本质属性。中国共产党自成立以来一直重视党内民主建设，新中国成立后特别是改革开放以来，党不断加深对党内民主的认识与探索，实现了党内民主的整体发展、科学发展。党内民主建设对作为执政党的中国共产党来说意义重大，事关党的事业的兴衰成败。如何积极推进党内民主建设并使党内民主的价值发挥最大功效，是我们必须思考与解决的一个重要问题。解决这一问题的前提，需要对党内民主的内涵与逻辑形式、党内民主的价值以及在党内民主建设过程中所面临的现实问题有一个清晰的认识与把握。

一、党内民主的逻辑形式

"民主"是个外来词，最先起源于希腊δημos demos(人民)和κρατειν kratein(统治)，代表着由人民统治，即多数人的统治。它最早见于古希腊历史学家希罗多德的《历史》一书中。随着时代的推移，民主一词不断被赋予了新的内涵，有了新的定义。民主往往被作为一种多数的原则、方法或制度。如美国著名政治经济学家约瑟夫·熊彼特（Joseph Alois Schumpeter）认为民主是一种方法，"民主方法就是那种为作出政治决定而实行的制度安排，在这种制度安排中，某些人通过争取人民选票取得作决定的权力。"马克思主义经典作家对民主的定义虽与西方学者有着根本的分歧与本质的区别，但他们都一致认为民主是"多数人的统治"。当然，由于现实情况的复杂与多样，马克思、恩格斯、列宁等在不同层面使用了民主的概念，赋予民主新的内涵。比如，在国家政治制度的层面上，马克思主义经典作家把民主理解为国家制度、国家形式。在权利层面，民主被理解为人民的民主权利；在思想层面，民主被理解为一种民主观念、民主意识；在行为方式层面，民主被理解为一种民主作风、民主方法。尽管马克思主义经典作家从不同角度对民主进行了解读与探讨，但他们更多的还是把民主理解为一种国家制度，一种保证多数人权力得到实现的制度，其核心原则是多数原则。

马克思、恩格斯在把民主制原则积极引入到无产阶级政党的创立与建设过程中，形成了他们的党内民主思想，并提出了一系列党内民主原则，初步建构了党内民主的制度框架。马克思在给共产主义同盟起草的章程中规定："全体盟员是党的主体，所有盟员一律平等，都有相同的参与党内事务的权利，盟内的一切事务都由盟员或通过代表来处理；支部、区部委员会和中央委员会的委员都通过选举产生，盟员有选举权和撤换权”。恩格斯在谈到共产主义者同盟时指出，“组织本身是完全民主的，它的各委员会由选举产生并随时可以罢免”，党内生活的“一切都按这样的民主制度进行”。马克思恩格斯还认为党的代表大会是党的最高权力机关、立法机关，应定期召开来集体决定党的重大问题。列宁继承并进一步发展了马克思恩格斯的党内民主思想。列宁认为党内民主的主体应是无产阶级政党的全体党员，平等原则是党内民主的前提与基本原则之一，直接民主与间接民主的结合是实现党内民主的基本途径。他明确指出：“现在整个党组织是按民主原则建立的。这就是说，全体党员选举负责人即委员会的委员等等，全体党员讨论和决定无产阶级政治运动的问题，全体党员确定党组织的策略方针。”毛泽东创造性地揭示了党内民主的价值，指出，“中国革命是全党全国人民的共同事业。中国革命的胜利离不开全党和全国人民积极性的调动和发挥。而这积极性的发挥，有赖于党内生活的民主化。”在此基础上，毛泽东丰富与发展了党内民主的根本原则——民主集中制，揭示了民主集中制中民主与集中的关系，即“民主是在集中指导下的民主，集中是在民主基础上的集中”。邓小平、江泽民、胡锦涛对党内民主的重视主要从两个方面来体现，一是重视党内民主制度的设计与建设，二是重视党员民主权利的保障。邓小平指出：“必须使民主制度化、法律化”。江泽民指出：“要进一步发扬党内民主，加强制度建设，切实保障各级党组织和党员的民主权利。”胡锦涛指出：“尊重党员主体地位，保障党员民主权利，推行党务公开，营造党内民主讨论环境。”

马克思主义经典作家从党内民主的主体、原则、制度以及实现途径等方面阐述了各自的党内民主思想，总体上他们的党内民主思想是一致的，但对于什么是党内民主，并没有给出一个确定的定义或概念。目前学术界对党内民主的含义从不同的角度给予了不同的界定。有的学者认为党内民主是一种制度，一种机制；有的学者认为党内民主是一种原则；有的学者认为党内民主是一种作风或方法等等。笔者认为党内民主是一个综合系统，是在民主的政党文化氛围中由党内民主意识、党内民主制度、党内民主作风三个子系统组成的。党内民主意识是党内民主的心理层面，是在一定社会条件下，党内民主的主体（党员、党的领导人）对党内民主、党内民主现象的认识、评价及情感体验等各种意识现象的总称，是政治意识的一种特殊形式。党内民主意识既包括一般党员的民主权利与责任意识，也包括领导干部的民主思想与理念。党内民主意识的强弱决定着党内民主的发展质量与水平。党内民主制度是党内民主的规范层面，是由党员权利保障制度、集体领导制度、党内选举制度与党内监督制度等一系列制度组成的党内民主子系统。它是党内民主原则与党员的民主权利得以实现的前提与保障。党内民主作风是运作层面的党内民主，是党内民主意识的外化，主要体现为党内民主主体的民主行为，是由党内民主意识引发和党内民主制度保障的。它由一系列的党内民主原则，如平等、公开、选举、多数决定、集体领导、监督等原则组成。在由三个子系统组成的党内民主中，党内民主意识是核心，是党内民主发展的心理动因与前提；党内民主制度是根本，是党内民主意识与党内民主作风联结的中介，是党内民主原则与民主作风得以实现和落实的保障；党内民主作风是关键，是党内民主建设的出发点与落脚点。可以说缺少党内民主整体系统中的任何一个方面，都不是完整的党内民主。

二、党内民主的价值意蕴

从“党内民主是政治体制改革与政治文明建设的重要内容”到“党内民主是党的生命”，再到“以党内和谐促进社会和谐”，这是中国共产党对党内民主战略意义与价值认识逐渐深化的结果。在当前中国独特的政治体系与政治过程中，中国共产党处于核心位置并发挥着关键作用，是中国政治体系的“中枢”，因此党内民主的价值不会仅局限在政党内部，而是多重的。

1. 就政党建设而言，党内民主建设可以极大地增强党的创新活力。

一个政党是否具有生机与创新活力，是其能否兴旺发达的前提与根本。在信息技术革命所引起的社会结构和产业结构大变革的背景下，世界各国政党都在不断加强自我调整与自我更新，以此来增强自身的活力与创新能力，以适应时代发展的要求。而能否保持党的生机和活力，则取决于党内民主的发展状况。党内民主是广大党员干部发挥积极性、主动性与创造性的前提与基础。只有积极推进党内民主建设，充分发挥党内民主，才能最大限度地调动广大党员干部的积极性、主动性与创造性，在党内形成解放思想、认真学习、民主讨论、生动活泼、开拓创新的风气，才能使广大党员干部畅所欲言、讲实话、讲真话，从而充分表达新观点与新思想。广大党员干部的创新意识与能力是党的创新活力得以不断发展的基础与保障。

2. 就政治建设而言，党内民主建设可以有力地促进并带动人民民主。

没有民主就没有社会主义，执政党的党内民主是社会主义民主的核心和前提。中国共产党的性质、地位与宗旨决定了党内民主的推进与发展不仅对政党自身具有重要的作用，对推进中国特色民主政治的建设与发展也具有极为重要的价值。党内民主与人民民主都是中国特色社会主义民主政治的重要组成部分，二者之间存在着一定的逻辑关系。首先，党内民主是人民民主的前提与首要推动力，居于主导地位。党内民主影响与制约着国家与社会的民主，因此，积极推进党内民主建设，充分发扬党内民主，可以使作为执政党的中国共产党更好地执政，更好地领导全国各族人民实现对国家的良好治理。党内民主对人民民主具有重要的示范和带动作用，党内民主决定着人民民主的发展方向，党内民主的发展状况与水平决定和影响着人民民主的发展进程与水平。因此，党内民主必须走在时代的前列，走在社会的前列，通过积极发展党内民主，实现民主执政，从而引领与带动人民民主的发展。其次，人民民主与党内民主具有互动性，二者在互动发展中实现共进。人民民主并不是被动地接受党内民主的示范和带动，人民民主也为党内民主的发展提供必需的民主土壤、民主氛围和新鲜经验，从而促进党内民主的发展。而党内民主的发展则推动着人民民主空间的扩大，二者在互动发展中实现了共进。

3. 就社会建设而言，党内民主建设是构建和谐社会的重要途径。

实现社会和谐，建设美好社会，始终是人类孜孜以求的理想，是包括中国共产党在内的马克思主义政党的不懈追求，也是社会主义社会建设的重要内容和目标。党内民主建设与和谐社会构建之间存在着一个基本的逻辑关系：党内民主促进党内和谐，以党内和谐促进社会和谐。党内民主建设与和谐社会构建之间存在间接的互动关系。这意味着和谐社会的实现首先要求党内民主的充分发展和党内和谐的实现与增进。党内民主的充分发展可以建立起有效的党员利益整合与协调机制，有效解决党内矛盾，促进党内和谐的最终实现。和谐社会的构建要求我们必须建立有效的社会利益整合与协调机制。在实现党内和谐过程中的党内利益整合与协调机制，为社会建设中的社会利益整合与协调机制提供了良好的示范与借鉴。通过充分民主方式建立起的利益整合与协调机制虽然不能满足所有人的需求，但可以使各种诉求表达出来并得到认真对待，从而可以达成最低限度的共识。这样党员对党的认同度、公民对国家的认同度就会不断提高，这也必然会促进和谐社会的构建。因此，党内民主建设是构建和谐社会的重要途径。

三、党内民主的现实问题

在新的历史时期，积极稳妥、扎实有效地推进党内民主建设是进一步推进党的建设新的伟大工程和社会主义民主政治的需要。党内民主建设是一个渐进的过程。在这一过程中，既要坚持无产阶级政党民主建设的基本原则，不断积累新经验、新成果，更要正确认识与面对党内民主建设过程中存在的一些现实问题。

1. 加强党内民主建设，必须重视基层党内民主与上层党内民主的互动发展

党内民主要实现真正的发展，其路径应是基层民主与上层民主的上下齐动、相互配合、互动发展。当前，大多数党员干部由于资源、能力及信息等方面的不足难以有效参与党内上层民主，党内基层民主的发展可以有效保障广大党员干部直接行使民主权利，发挥他们的积极性、主动性与创造性。可以说，加强党内基层民主是实现党内民主最直接、最广泛、最有效的途径。党内基层民主发展的经验积累，可以对党内上层民主的发展予以很好的借鉴与促进。在重视和推进党内基层民主建设的基础上，更要重视上层民主的推进与发展。如果说党内基层民主在党内民主中起基础性作用，那么党内上层民主则起着定向和关键作用。通过党内基层民主与上层民主的上下齐动、互动发展，可以实现民主价值的一致认同，推动党内民主的全面发展，实现民主的循序渐进和由浅入深，避免大众多元化民主对党和国家的冲击，有利于社会的稳定与发展。

2. 加强党内民主建设，必须实现党内实体民主与党内程序民主的有机统一

党内民主作为一种制度安排，决定了党内民主不仅是一种实体民主，而且也是一种程序民主。所以，推进党内民主建设既要加强党内实体民主建设，也要加强党内程序民主的建设，实现二者的有机统一。党内实体民主与党内程序民主是党内民主的重要组成部分。党内实体民主是党内民主在制度上的设计，而党内程序民主则是实现党内实体民主所应遵循的方式、顺序或步骤。程序民主可以最大限度地限制任意裁量权，减少决策的随意性，从而保证制度设计的贯彻与实施。党内程序民主为党内实体民主的实现提供了程序保证，避免了党内实体民主流于形式的可能。因为“当人们的制度预期与实践效果形成较大反差的时候，有理由怀疑制度建党的科学性。”解决这一问题，关键就在于在加强与完善党内实体民主制度建设的同时，也要加强党内程序民主的建设与发展，实现二者的有机统一。

3. 加强党内民主建设，必须把党内选举民主与党内协商民主有机结合起来

对一个政党而言，其干部和领导人是否通过自下而上的民主选举产生，是判断这个政党内部是否民主的重要指标。改变过去干部的任命制为选任制，实现党员干部对上负责与对下负责的有机结合，是党内民主建设中极为重要的环节。所以，推进党内民主的发展，必须不断改革与完善党内民主选举制度，真正使广大党员的选举权得到落实和保障。当今的民主政治是通过投票民主来实现的，投票不是万能的，其自身也具有无法克服的局限性，如少数人的权利得不到保证等。将协商民主理论引入到党

内民主运作过程中，就产生了党内协商民主。所谓党内协商民主就是“在党内政治生活中党员之间就共同关注或关系共同利益的问题进行的自由平等的协商，以期达成共识，形成党员共同接受的决策、管理意见或方案的过程。”由此可见，党内协商民主具有平等、理性、公开、沟通等特征，可以很好地克服投票民主的不足与弊端。所以，在党内民主进程中必须实现党内选举民主与党内协商民主的有机结合，实现二者的一致性与共同发展，真正做到选举中有协商、协商中有民主。

4. 加强党内民主建设，必须坚持党内民主制度原则化与精细化的结合，真正实现党内民主的有效实施

综观建党90年来党内民主的发展历程可以发现，通过制度建设与创新，中国共产党的党内民主建设实现了重大进展，马克思主义的党内民主原则得到很好的贯彻。从目前党内民主建设的现实情况来看，党内民主制度已经普遍建立，但党内民主制度的精细化做得还不够，很多民主制度太原则化，比较宏观与抽象，缺乏必要的程序和细节等操作性的规范，在实际应用中容易被虚化，制约了党内民主制度的真正实施。因此，在做好党内民主制度建设的同时，更要加强党内民主制度的组成部分、执行程序与执行过程的精细化建设，从而实现党内民主制度原则化与精细化的紧密结合，真正实现党内民主制度的有效实施。

（作者：聊城大学世界共运研究所副教授）

（选自《长白学刊》2011年第5期）

中国共产党党内民主制度创新实践及启示

吕　楠

中国共产党在90年的历程中，一直没有停止对党内民主的探索。充分发扬党内民主是中国共产党在长期的革命和建设实践中形成的优良传统，是巩固和发展党的必要步骤，是党的各项事业兴旺发达的重要保证。

一、新民主主义革命时期中国共产党对党内民主制度的探索

在新民主主义革命时期，以毛泽东为主要代表的中国共产党人创造性地坚持和发展马列主义建党学说，从中国实际出发开创了党的建设伟大工程，在发展党内民主方面进行了艰辛的探索和实践。

（一）发展民主集中制

1921年7月，中共一大通过的《中国共产党纲领》规定了必须实行少数服从多数的原则。1927年，党的五大通过的《中国共产党第三次修正章程》，正式提出了"党部的指导原则为民主集中制"，强调党的执行机关必须通过选举产生，地方党组织对于地方部分问题有自行解决的权利等。1928年，党的六大制定的党章首次提出了党的民主集中制的三条根本原则：(1)下级党部与高级党部由党员代表会议及全国大会选举之；(2)各级党部对选举自己的党员应作定期的报告；(3)下级党部一定要承认上级党部的决议，严守党纪，迅速且恰当地执行共产国际执行委员会和党的指导机关之决议。党的七大详细阐述了民主与集中的内涵，"民主集中制是民主的，又是集中的，就是说，在民主基础上的集中，在集中指导下的民主"。

（二）开展民主教育

1938年10月召开的中共六届六中全会提出："必须在党内施行有关民主生活的教育，使党员懂得什么是民主生活，什么是民主制和集中制的关系，并如何实行民主集中制。这样才能做到：一方面，确实扩大党内的民主生活；又一方面，不至于走到极端民主化，走到破坏纪律的自由放任主义。"从1942年到1945年七大召开，中共大规模地进行了以提高广大党员的马克思主义理论水平，肃清"左"、右倾错误思想，增强党员民主意识的整风运动，使全体党员的党性修养和党内民主意识大大提高。加强对党员的民主思想教育，解决了在农民、小资产阶级成分的党员占多数的马克思主义政党内，如何增强党员的民主意识，保持和发展党内民主的首要问题，为马克思主义政党民主建设作出了创造性贡献。

（三）完善党的代表大会及会议制度

1948年9月，《中共中央关于召开党的各级代表大会和代表会议的决议》规定：(1)必须遵照党章的规定，按时定期召开党的各级代表大会及代表会议，不得用普通的干部会议去代替；(2)对各级党的代表大会和代表会议，必须赋予党章所规定的一切权力，不许侵犯，但代表行使权力时，也必须严格遵守党章的规定；(3)党的下级组织的代表大会、委员会及代表会议的重要会议，必须呈报党的上级组织批准以后，方准执行；(4)各级党的领导机关，必须将代表大会，或委员、或代表会议上的不同意见争论及时地、真实地向上级报告，其中重要的争论必须报告中央，以便上级和中央及时地明了党内的思想动态，给以指示；(6)健全党委制是良好地实现全党民主集中制的重要环节。

在中国共产党党内民主实践中，党的章程、党的代表会议和党的代表大会构成了党内民主生活的基本框架，形成了以党章为基础、党的代表大会和党的代表会议为核心、党委会为关键的党内民主生活的基本框架，党内民主实践得到健康向上的发展。

二、社会主义革命和建设时期党内民主制度的发展与曲折

社会主义建设时期党内民主的发展经历了一个曲折的发展过程。中国共产党在原有的比较成熟的党内民主的基础上，创造了一些执政党党内民主的新理论、新内容。

（一）新中国建立至1956年

这一时期的党内民主建设紧紧围绕着国家政权建设、党的组织建设和党风建设来展开，取得了不小的成绩。

首先，党内民主建设和国家政权建设联系在一起，把党内民主延伸到国家政治生活之中。新中国成立后，中国共产党实行党领导的多党合作和政治协商制度，建立联合政府，较大比例地吸收党外人士进入政府，并通过中央人民政府委员会会议和最高国务会议来协商重大问题，进行民主决策。

其次，党内民主建设和党的组织建设联系在一起。一是建立纪律检查委员会。1949年11月，中共中央发出《关于成立中央及各级党的纪律检查委员会的决定》，强化了纪律对党员和党员干部的约束作用，为新时期党内民主发展提供了重要的组织保障。二是全面加强组织建设。1951年，在中共中央第一次全国组织工作会议上，刘少奇对党的组织建设工作作了全面分析和部署，强调提高党的统一性和纪律性，扩大和落实党内民主。

第三，党内民主建设和整党整风建设联系在一起。1950年，中央发出在全党全军开展整风运动的指示。紧接着，又开始了从1951年至1954年的整党运动。不论整风还是整党，党的自我整顿都与现实的国家政权建设密切结合。在这种结合中，确定了发展党内民主是保持党的优良传统、改善党的作风、提高党的领导力的重要途径的思想理念。当然，整党整风出现的过激现象在客观上对党内民主也有一定影响和冲击。

这一时期，党内民主建设的突出成果还体现在党的八大上。一是决定采取一项“根本的改革”，即决定对党的全国、省一级和县一级的代表大会实行年会制和常任制。二是明确提出反对个人崇拜。三是制定了执政后的第一部党章，明确指出“党必须采取有效的办法发扬党内民主，鼓励一切党员、党的基层组织和地方组织的积极性和创造性，加强上下级之间的生动活泼的联系”，并强调“按照党的民主集中制，任何党的组织都必须严格遵守集体领导和个人负责相结合的原则，任何党员和党的组织都必须受到党的自上而下和自下而上的监督”，把“严格地遵守党章和国家的法律”、“实行批评和自我批评”作为党员的法定义务予以确认。四是扩大了党员的权利，增加了党员的保留意见权、申诉和控告权以及当党组织对党员作出处分或鉴定时的知情权。

（二）1957年至“文革”结束

从1957年反右扩大化开始到“文革”结束这20年，是党内民主遭受严重曲折的时期。虽然这期间党内民主建设也取得了一些进展，但总体来看，这一时期的党内民主生活是不正常的。正如邓小平所指出的：“从一九五八年批评反冒进、一九五九年‘反右倾’以来，党和国家的民主生活逐渐不正常，一言堂、个人决定重大问题、个人崇拜、个人凌驾于组织之上一类家长制现象，不断滋长。”“党内讨论重大问题，不少时候发扬民主、充分酝酿不够，由个人或少数人匆忙做出决定，很少按照少数服从多数的原则实行投票表决。”

1959年庐山会议后期，毛泽东错误地发动了对彭德怀等人的批判，把党内正常的意见分歧等同于阶级斗争，把党员正常行使权利的行为看作是对党的攻击和挑衅，从而把阶级斗争引入党内乃至党的高层，造成了严重的后果。庐山会议后，全党范围内开展了一场声势浩大的“反右倾”斗争，一大批干部、党员受到了错误批评，我们党和国家的政治生活更加不正常了。

由于“左”倾思想长期得不到根本的纠正，而且愈演愈烈，终于导致了“文化大革命”的发生。1966年开始的“文化大革命”历时十年之久，对党内民主造成了严重破坏，广大党员一度被迫停止组织生活。九大党章取消了七大、八大党章关于党员权利的规定，使党员行使权利的行为失去了党法上的依据和保护，这不但破坏了党内民主和党的团结统一，也破坏了党对国家政权的正常领导，教训非常深刻。

三、改革开放以来的党内民主制度建设进展

（一）党的第二代领导集体对党内民主的恢复

十年“文化大革命”使党的民主集中制原则遭到极大破坏。粉碎“四人帮”后，以邓小平为核心的党的第二代领导集体总结了中国革命以及建国以来党内民主问题上的经验教训，并结合中国通过改革开放建设有中国特色社会主义的伟大设想和实践，赋予了党内民主新的内容。

首先，恢复民主集中制。民主集中制是社会主义制度不可缺少的组成部分，是党的民主生活的基本准则，必须首先得到恢复和完善。邓小平认为，坚持民主集中制必须做到：第一，重大问题集体决策制。“要明确哪些问题应当由集体讨论，哪些问题应当由个人负责。重大问题一定要由集体讨论和决定。”第二，表决制。集体决定重大问题时，“严格实行少数服从多数，一人一票，每个书记只有一票的权利，不能由第一书记说了算”。第三，集体领导与个人分工负责相结合制。“要真正实行集体领导和个人分工负责相结合的制度。……集体决定了的事情，就要分头去办，各负其责，决不能互相推诿。”第四，集体领导要有核心。“集体领导也要有个头，各级党委第一书记，对日常工作负责第一位的责任。”这四条制度使民主集中制成为一个更具有操作性的制度。

其次，完善干部的选拔任用制度，废除领导干部终身制，实行任期制。邓小平明确指出，“干部缺少正常的录用，奖惩退休、退职、淘汰办法，反正好坏都是铁饭碗，能进不能出，能上不能下”，这种现象必须改变。“任何领导干部的任职都不能是无限期的”，邓小平主张用领导职务的退休制和任期制来解决党的接班人问题及党的领导职务的新老交替问题。这一

主张随后被写进了1982年的中华人民共和国宪法。他本人也身体力行，作出表率，在中共十三大上实现了半退，在十三届五中全会上实现了全退。

再次，健全监督制。党内民主建设离不开民主党派及人民群众的党外监督。邓小平指出："要有群众监督制度，让群众和党员监督干部，特别是领导干部"。"在今后的建设中，我们党还要同所有的爱国民主党派和爱国民主人士长期合作"，"需要听取来自各个方面包括各民主党派的不同意见，需要接受各个方面的批评和监督"。党的十二大报告明确提出了"长期共存、互相监督、肝胆相照、荣辱与共"的基本方针。

（二）党的第三代领导集体对党内民主的推进

党的十三届四中全会后，以江泽民为核心的中国共产党第三代领导集体借鉴了国际共运中的经验教训，立足中国国情、党情，继往开来，与时俱进，对党内民主进行了新的科学定位，指明了我们党在新时期发展党内民主的极端重要性。"党内民主是党的生命"，"发展党内民主，充分发挥广大党员和各级党组织的积极性、主动性、创造性，是党的事业兴旺发达的重要保证"等重要论断是第三代领导集体在总结民主建设的经验教训基础上得出的。

第一，健全民主集中制，完善党内民主决策机制。第三代领导集体创造性地提出了逐步建立领导、专家和群众有机结合的决策机制的主张，强调要在决策前坚持走群众路线，深入基层调查研究，以形成正确的意见；在决策中必须进行充分的民主讨论，允许党员发表不同的意见，包括反对的意见；在决策执行的过程中要及时补充和完善原有的决策，纠正各种偏差。"上级党组织应充分听取党员和下级党组织的意见，集思广益，不断推进决策的科学化、民主化。按照集体领导、民主集中、个别酝酿、会议决定的原则，进一步完善党委内部的议事和决策机制，发挥好党的委员会全体会议的作用，健全党委常务会的决策程序。"

第二，明确了我们党在当前和今后一个时期发展党内民主的具体思路，即要以保障党员民主权利为基础，以完善党的代表大会制度和党的委员会制度为重点，从改革体制机制入手，建立健全充分反映党员和党组织意愿的党内民主制度。

（三）十六大以来的党内民主新实践

党的十六大以来，以胡锦涛为总书记的党中央根据新形势、新任务，把推进党内民主建设作为保持和发展党的先进性的一项根本性建设，以改革创新精神，在理论和实践上对党内民主建设作出了新的贡献。

1．以党内和谐促进社会和谐

党的十六届六中全会通过的《中共中央关于构建社会主义和谐社会若干重大问题的决定》指出："坚持和完善民主集中制，扩大党内民主，推进党务公开，严格党内生活，严肃党的纪律，增进党的团结统一，以党内和谐促进社会和谐。"党的十七大进一步指出："党内民主是增强党的创新活力、巩固党的团结统一的重要保证。要以扩大党内民主带动人民民主，以增进党内和谐促进社会和谐。"这就深刻阐明了党内民主与党内和谐、社会和谐之间内在的本质联系，科学阐明了发展党内民主对于构建和谐社会的重大作用。

2．围绕党员民主权利推进党内民主制度建设

2004年10月颁布的《中国共产党党员权利保障条例》指出，党的任何一级组织和任何党员都无权剥夺党章规定的党员享有的各项权利，在党的纪律面前人人平等，不允许任何党员享有特权。党的十六届四中全会明确规

定："要认真贯彻党员权利保障条例，建立和完善党内情况通报制度、情况反映制度、重大决策征求意见制度，逐步推进党务公开，增强党的组织工作的透明度，使党员更好地了解和参与党内事务。"党的十七大提出了"尊重党员主体地位，保障党员民主权利，推行党务公开，营造党内民主讨论环境"的重要思想。党的十七届四中全会进一步提出"以落实党员知情权、参与权、选举权、监督权为重点，进一步提高党员对党内事务的参与度，充分发挥党员在党内生活中的主体作用。"

3．完善干部选拔任用的民主化、制度化体系

十六大以来，党在选拔和任用干部的民主性方面显著提高，民主推荐、民主测评、差额考察、任前公示、公开选拔、竞争上岗、全委会投票表决、党政领导干部辞职等制度进一步完善。

首先，将改革成果及实践经验以制度加以巩固，初步形成干部人事工作制度体系。2002年，中央颁布《党政领导干部选拔任用工作条例》。2004年，中央集中颁布了《公开选拔党政领导干部暂行规定》等文件。2005年，中央印发了诫勉谈话和函询、述职述廉两个法规文件，全国人大常委会审议通过了公务员法。2006年，中央印发了《干部教育培训工作条例（试行）》及职务任期、交流、回避等法规文件。2007年，中组部、人事部联合下发《公务员考核规定（试行）》。公务员法配套法规的相继问世，对于全面贯彻落实科学发展观，不断深化干部人事制度改革，完善公务员制度有重要意义。

其次，引进竞争机制。从2003年到2006年底，全国共公开选拔党政领导干部1．5万余人，其中厅局级390余人，县处级3800余人。有的地方探索厅处级联考、分类选拔的方式改进和完善公开选拔工作，即省（区、市）、市（地）联合公选厅、处级领导干部，统一发布信息、组织报名、考试阅卷、公布结果。这一系列措施拓宽了选人渠道，规范了操作程序。

再次，健全干部退出机制，严格控制选任制领导干部任期内的职务变动。在地方领导班子换届工作中，各地按照任期制的相关规定，对任期届满的干部不再提名，民主推荐得票不过半数或在全委会述职中，获赞成票不过半数的领导干部也不再继续提名。

4．改进党内选举制度

十六大以来，党内选举制度方面的工作力度不断加大。坚持和完善差额选举制度，适当扩大差额推荐和差额选举的范围和比例，逐步扩大基层党组织领导班子成员直接选举的范围，各级党代表和领导人的选举都可以不断扩大差额选举的范围和差额的比例，并由预选差额逐步向正式选举差额过渡。逐步改革和完善候选人提名制度，各级领导机关和领导人除它们的派出机构和非党组织中的党组外，一律由选举产生，不得以任命或变相任命取而代之。进一步完善党的代表大会制度，扩大在市、县实行党代会常任制的试点。

党的十七大代表的选举工作不仅扩大了差额选举比例和提高了生产、工作一线代表的比例，而且在代表产生程序的各个环节都注重充分发扬党内民主，切实保障党员的民主权利。党的十七届四中全会更是将加强党内基层民主建设为基础的渐进式改革作为发展党内民主的突破口。

5．健全党内监督制度和党务公开制度

十六大以后，党内监督的力度进一步加大。2004年2月17日，中央颁布了《中国共产党党内监督条例（试行）》和《中国共产党纪律处分条例》。前者首次以党内法规的形式确立党内监督的重要对象是党的各级领导机关和领导干

部，特别是各级领导班子主要负责人，标志着党内监督工作从此进入规范化、制度化的新阶段。后者不仅对违纪处分作出了详尽的规定，而且始终强调在对党员干部进行处分时，需要坚持党纪面前人人平等及民主集中制两项原则。

十六届四中全会通过的《中共中央关于加强党的执政能力建设的决定》第一次提出推行党务公开的要求。2005 年 1 月，中央颁布《建立健全教育、制度、监督并重的惩治和预防腐败体系实施纲要》，要求“建立和完善党内情况通报、情况反映、重大决策征求意见等制度，逐步推进党务公开”。党的十七届四中全会指出，要“推进党务公开，健全党内情况通报制度，及时公布党内信息，畅通党内信息上下互通渠道。建立党委新闻发言人制度，办好党报党刊和党建网站，拓宽党员意见表达渠道，建立健全党内事务听证咨询、党员定期评议基层党组织领导班子成员等制度”。

四、几点启示

纵观中国共产党党内民主制度实践的发展历程，可以得到以下启示：

（一）发展党内民主对党的事业和社会主义建设事业具有重要意义

第一，发展党内民主是党自身生存和发展的需要。党内民主对于党的事业的极端重要性是由党内民主的性质和功能决定的。从本质上讲，党内民主就是全体党员在党内当家作主的政治权利和政治制度。发展党内民主的“基本出发点和落脚点，在于充分调动党的各级组织和全体党员的积极性和创造精神”，从而在党内形成解放思想、畅所欲言、生动活泼、开拓创新、团结奋进的局面；才能使广大党员以主人翁的姿态积极参与到党的工作和党内事务中来，正确行使党员的民主权利，及时发现和纠正党内出现的各种问题和失误，以保证党内各种机制的有效运行；才能凝聚全党的意志和力量，使党永远站在时代前列，并真正成为中国工人阶级的先锋队、中国人民和中华民族的先锋队。

第二，发展党内民主是发展社会主义民主政治的需要。首先，发展党内民主是坚持党的解放思想、实事求是思想路线的重要条件，是改善党的组织领导的重要保证，是实现党的政治领导的必要前提。其次，发展党内民主对人民民主具有重要的示范和带动作用。发展党内民主的目的是改善党的领导，党的领导的实质是支持和保障人民当家作主。再次，发展党内民主是实现依法治国的重要保证。民主是法治的前提和基础，没有民主或没有充分的民主，绝不可能实现法治。

第三，发展党内民主是构建社会主义和谐社会的需要。民主是和谐社会的本质要求，没有民主就没有和谐社会。我们党作为构建和谐社会的领导核心，应当成为团结和谐的示范者和实践者。要加强党内和谐，最重要的就是要发展党内民主，积极营造党内民主与和谐的氛围。

（二）发展党内民主必须从中国国情出发，从中国共产党的具体实际出发，循序渐进，积极稳妥地推进

党内民主建设是一个随着历史条件的变化而逐步发展完善的过程，发展党内民主必须充分认识所处的时代特征。新时期党内民主的发展，不仅要反映现阶段社会主义物质文明、精神文明、政治文明的发展和社会进步的要求，而且要受经济发展水平、思想文化程度和人的素质状况等因素制约。如果忽视我国社会主义初级阶段经济、政治、文化和社会建设的复杂性及发展的不平衡性，无视全党上下不同层级的情况和党员素质上存在的差距，单凭良好的主观愿望，误以为只要一声令下，大刀阔斧干几年，就可以使党内民主建设一蹴而就，这是

不切实际的。

党内民主建设必须循序渐进、逐步稳妥地推进。首先，党内民主要坚持已有的基础，包括基本制度和改革成果；其次，要在既有的基础上不断扩大民主，不断发展创新，即“增量民主”。再次，必须准确把握试点的范围和推广时机。鼓励一些地方和基层组织率先进行试验，以此获取经验、发现问题，在此基础上决定是否推广。

（三）党内民主建设应以制度的建设和落实为重点

制度是根本，解决的是带有长远性、根本性、全局性的问题。不断实现党内民主的制度化、程序化、规范化，是中国共产党永葆生命力的机制保障。然而，如果不能很好地落实已经制定出来的制度，那么有再多、再好的制度也是无用的。

首先，今后的党内民主制度建设，应从制度的“从无到有”阶段转为制度的“精细建设”阶段。目前存在的问题是，已建立的民主制度多是比较宏观、抽象的，缺乏必要的程序、细节等操作性的规范。若使这些制度真正能够得到贯彻落实，就需要进行详细的细则规定。其次，在继续完善党内民主制度的同时，应以制度的贯彻落实为重点。现在突出的问题是，党内民主制度往往得不到有效的执行。其后果是，毁坏了党的制度的权威性，破坏了党内法规的秩序，久而久之就可能使制度流于空泛，形同虚设。因此，必须建立和完善制度执行工作的责任制并监督制度执行的情况，对不执行制度的有关组织和领导人要追究责任，从而真正树立制度的严肃性和权威性。

（作者：中央编译局马克思主义研究部副编审）

（选自《井冈山干部学院学报》2011年第6期）

改革开放以来党内民主问题研究述评

康　晨

十一届三中全会以来，随着经济体制改革取得成功，政治体制改革也取得了一定的成就，推进党内民主一直是中国共产党党内政治生活的一项重要原则和实践活动。它的状况直接影响到广大党员乃至人民群众的切身民主权利。进而对整个国家政治生活的民主化状况产生影响。改革开放以来尤其是党的十六大以后，学术界掀起了研究党内民主的热潮（以期刊网检索：1979至2002年23年间共有理论文章203篇，十六大之后至2010年6月8年间共有研究文章2121篇，增长10倍多）。笔者试图对国内学界关于改革开放以来党内民主问题的研究进行回顾和反思，旨在使研究深入。

一、研究现状：主要内容与理论观点

国内学者对改革开放以来党内民主问题的研究主要围绕以下几个问题展开，并提出了相应的理论观点。

（一）党内民主概念的界定

党内民主的含义是学术界普遍关注的问题，学者从不同角度出发阐释党内民主的内涵。大多数学者根据党内民主的本质含义界定认为，“党内民主基本内涵是每个党员和党组织都有按党章的规定，参与、决定和管理党内事务的权利和义务。所有党员作为中国工人阶级有共产主义觉悟的先锋战士，在党章面前一律平等，在党内政治生活中一律平等。”一部分学者从党员主体地位的角度出发，“所谓党内民主，就是指全体党员有权平等地直接或间接地决定和处理党内一切事物，也可以说，党员是党组织的主人或主体，党内事务归根到底由党员当家作主。”“党内民主首先就是一种党员当家作主的政治权利。”强调保证党员民主权利的实现，突出党员的主体地位。也有学者从执政党的角度来看，“全体党员在党内政治生活中平等地直接或间接决定党内事务和涉及国家发展的大政方针，以实现全社会共同利益的制度规定。”有学者从党内民主的性质角度阐释“党内民主是一种制度，党内民主的本质含义，就是党内生活中，党员一律平等地直接或间接地决定和处理党内事务的根本制度”。“党内民主首先是一个政治原则，这是其作为工人阶级民主或社会主义民主范畴内的概念。”有学者从阶级角度看“党内民主是无产阶级民主原则在无产阶级政党内部生活中的应用，是无产阶级民主的最高表现形式。”另有学者综合不同的观点认为：“党内民主是一个宽泛的概念，党内民主是党内的民主制度、民主方法、民主程序、民主气氛以及党员的民主权利、民主意识、民主习惯的综合统一”。

林尚立从党内民主与一般民主的区别出发认为，“党内民主是党基于自身的性质、任务和宗旨，依据民主集中制的基本原则，对党的组织、体制和过程作出的民主制度规定以及由此所形成的党内政治生活”。有学者从党内民主与民主集中制的关系进行界定认为，“原则和制度意义上的党内民主是党的民主集中制的组成部分，即党内集中的基础。”“作为制度的党内民主就是民主集中制。”

（二）研究党内民主的不同视角

从实践历程对中共党内民主进行考察。有学者认为，“将中国共产党党内民主分为新民主主义时期、社会主义时期、改革开放以来三个时期。”也有认为，“党内民主发展经历了四个阶段：幼年阶段、发展阶段、严重曲折阶段、恢复和进一步发展阶段。”林尚立认为，党内民主的发展从党所领导的革命和建设事业发展与党自身发展的历史进程两个阶段。

对领导人的党内民主思想考察，大多研究者认为，第一代领导人毛泽东首次提出了“党内民主”，对党的民主建设做了富有开创性的思考和探索。邓小平对历史上党内民主问题的实践探索，进行深刻的理论反思，创造性地提出了围绕制度建设，加强思想政治教育，实事求是，正确处理党内民主和党内集中的关系，积极发展党内民主的有效途径。陈云对于今天发展党内民主，提高党的执政能力建设具有极其重要的理论与现实价值。江泽民继承和发扬毛泽东和邓小平的党内民主思想观点，并提出“党内民主是党的生命”的重要论断。

对中共党史中重大事件进行研究。学者认为，“研究主要集中在大革命失败前后的党内斗争、‘遵义会议’、党的‘八大’、‘七千人大会’以及党的十一届三中全会等重大历史事件。学者们对这些重大事件的研究，深刻揭示了党内民主在中国共产党发展史中的重要作用，说明了只有充分发挥党内民主才能化解党史中的重大危机，同时又促进了党内民主的健康发展。”

（三）党内民主发展的路径

对于如何发展党内民主，研究者们提出了不同的战略和举措。

从宏观战略而言：基层民主说以俞可平为代表，“从基层民主到更高层的民主，从党内民主走向社会和整个国家的民主，从较少的竞争到更多的竞争。”高层民主说，“中共党内民主实验转向高层。即中国共产党试图以低风险的‘民主推荐’模式来试行真正的民主选举，反映出在党内外民主呼声渐高的背景下，由党员自下而上选举高层领导人的大趋势正在形成，党内民主选举实验已经从基层触及到高层”。多层民主说，“从高层民主示范、基层民主试点到中层民主带动，是我们党‘渐进式发展党内民主’的可行之路。高层的民主示范对党内民主的发展具有决定性的推进和带动作用；基层民主是我们党发展党内民主的基础，对党的整体民主化具有根本性意义；党的中层组织起着承上启下的关键作用，中层党内民主既可以促进高层民主又可以带动基层民主的发展。”

从微观举措而言：许耀桐认为，《中共中央关于加强和改进新形势下党的建设若干重大问题的决定》，形成了推进党内民主发展的七条新路。欧阳淞指出必须以改革创新精神加强党内民主建设。也有学者提出，完善党内民主程序规则。制造可控的外部压力，鼓励探索党内民主的不同实现形式。以改革创新精神实现党内民主建设的路径转换。对于如何加强党内民主建设，社会各界都提出了各自的思考，无论是遵循的原则，还是具体的措施，都做了有意义的探索，取得了相关成果。

（四）党内民主建设存在的障碍

学界研究认为有以下几个因素是制约党内

民主发展的障碍。

主观方面，一是党内存在一种认识，“担心发展民主会影响社会稳定、影响效率、影响党委的核心领导作用等，这是制约党内民主发展的重要原因。”“而党内民主意识和民主习惯的匮乏则是中国共产党在探索和实践党内民主过程中遇到的最大阻力。”二是对民主集中制存在理论认识上的偏差。有学者认为，“民主与集中在组织和个人层面上的侧重点是不同的，发扬民主的关键应当在于个人层面，而集中的关键应当在于组织层面，长期以来党内民主之所以发扬得不够，就是因为实际情况经常相反，在党的领导集体成员间的个人关系上，‘集中’占据了主导地位，把组织上的集中转化为个人的集中，党的领导往往因此而变成了个人领导。”三是“党内民主理论研究相对滞后，党内民主的理论体系建设还没有完成，在许多关键问题上还没有达成共识，从而影响和制约着党内民主的建设进程。”

客观方面，研究认为：一是“民主是经济发展到一定水平的产物，经济发展水平在很大程度上决定着民主的有无和程度的高低。中国目前的经济发展水平决定了政治民主化程度还不会很高。”二是“制度不健全。”第一，“党员权利保障制度不健全，党章规定的党员民主权利不能完全得到保障，就是由于没有在制度上做出刚性的安排和规定造成的结果。”第二，“党内选举制度不完善，现有的党内选举制度在完整性、可行性、规范性等方面与现代民主政治的发展要求还存在着较大的差距。”第三，“学界一致认为党内的民主监督制度不完备，党章规定的党内监督体制存在着重大缺陷，导致同级纪委难以对同级党委及其领导成员进行有效地监督制约。”第四，“党的代表大会制度不完善，党的代表大会长期实行非常任制，大大限制了代表大会职能和作用的发挥。”三是“党内权利倒置现象仍存在，从而导致了个人集权现象也仍然存在。”

（五）党内民主建设应处理的几个关系研究

党的民主与党内民主的关系。“党的民主”可能会出现四个方面的外延，因此，“党内民主”与“党的民主”不是等同关系，两者之间存在交叉关系，或是“党的民主”包含“党内民主”。“十七届四中全会也正是一方面强调党内民主示范和带动人民民主，另一方面又强调二者要同步进行，说明其中的困难和风险已经被注意到了。党的民主要求的是建设一个民主的党。而民主的党，其内部是充满民主与和谐的，其外部功能的履行也必须是按照民主政治的要求民主执政，建设和保护国家的民主，大力发展人民民主。这样，党的民主和人民民主的过程才既是同步的，又是有效的。”

人民民主与党内民主的关系。众多学者基本上持同样的观点，认为：“二者是协调一致的。这‘两个生命’实际上是互动的，它们之间是一种辩证的关系：党内民主建设的精神可以转化为人民民主发展的一些精神力量；人民民主建设的法制化可以促进党内民主的制度建设；党内民主和人民民主在制度上是互动的。”

党员主体地位与党内民主的关系。有研究认为，“尊重党员主体地位是实现党内民主的根本保障。”同时，“尊重党员主体地位是党的建设工作重心下沉的标志，把党的建设新的伟大工程建立在更巩固的党内基础、群众基础和社会基础上，将使党走向更加团结和统一。”“党内民主就是最大限度地发挥全体党员参与政党管理的民主。因此，保障党员民主权利是党内民主建设的最基本内容；保障党员民主权利，最根本的是要认真落实党章及党员权利保障条例。”

民主集中制与党内民主的关系。王贵秀认为，党内民主与民主集中制不是一个层面的东西，也没有相互的隶属性。但它们之间有密切的关系。“一方面，发展党内民主应当科学地认识和理解民主集中制。党内民主的实现形式是民主集中制。只有在党内政治生活中坚定不移地坚持和完善民主集中制，党内民主才能得到保证。另一方面，发展党内民主必须完善民主集中制的具体制度。”

党内基层民主与党内民主的关系。“党内基层民主是党内民主的基本内容与重要基础。党内民主主要就包括党内民主选举、党内民主决策、党务公开等。发展党内基层民主是完善党内民主选举制度的基础，发展党内基层民主是完善党内民主决策制度的保障。党务公开首先应该从党的基层事务公开开始。”

党内直接民主与间接民主的关系。林尚立认为，直接民主与间接民主都是党内民主得以实现的有效形式。从当前党内民主的发展趋势来看，党内民主发展在形式上呈现出直接民主与间接民主齐头并进的态势。

党内实质民主与程序民主的关系。张书林认为，党内民主不能单纯地被看作实质民主或程序民主，而应当是二者的有机统一。首先，党内实质民主是程序民主的前提和基础。其次，党内程序民主是对实质民主实施的有力保障。

二、研究评价：学术贡献与不足

国内学者对党内民主问题的研究是在十一届三中全会以后，建设社会主义市场经济、依法治国与建设社会主义和谐社会的大背景下，意在加强党内民主的基础上引导人民民主国家建设，构建社会主义和谐社会，最终巩固党的执政基础，大量的已有研究成果为学术发展和政治实践作出了一定贡献。

（一）深化了理论界对党内民主问题的研究

从现有的研究成果来看，关于党内民主的研究，大部分是作为民主集中制研究的一个部分来研究，真正意义上，把党内民主作为直接对象是从党的十五大以后逐渐掀起研究热潮的。而关于党内民主建设怎样提高党员的主体地位，学者们从加强理论与制度创新、提升党员的主体意识和民主素质、从制度上保障党员各项权利的落实以及构建保障党员主体地位的合力机制等方面作了探索，可以说这些措施无疑都是值得肯定的。这些措施中，也应该包括党内领导人与普通党员的双向互动，因为，之所以出现对党员主体地位的模糊，关键就在于两者认识上的错位，换句话说许多领导人产生了习惯性的认识错误。学界对研究对象的范围缩小，研究内容更加具体，理论更具有针对性，举措更具有操作性，进一步深化了党内民主问题的研究。

（二）拓宽了党建学科关于党内民主问题的研究空间

十六大以来，党内民主问题引起国内诸多学科的关注，在这些研究中，政治学界的党内民主研究成果相对较丰。已有的研究成果主要集中在以下几个方面：一是村民自治与党内民主；二是党内民主的制度研究；三是基层党内民主的实证研究；四是党的建设研究；五是党员主体权利与党内民主；六是领导人党内民主思想，《邓小平党内民主思想研究》（任水才）。党建学科研究侧重的是建党治党的问题，采用的是政党学理论的研究方法与视角，这无疑是抓住了党的建设的主要方面，有助于促进党的健康发展。另一方面，纯理论性的研究以及就党建说、党建对于工作在一线的党员与非党员的感受缺少正面探讨。从理论上讲，党内民主的真正受体是每一位党员，尤其是工作在基层一线的党员，党内民主实现与否，很大程度上是由基层党组织的民主状况决定的。因此，党内民主的研究在研究政党问题的同时，有必要关注每一位基层党员的权利状况。学界对党员权利、基层党内民主的关注正是适应了这一需求，拓宽了党内民主的研究空间。

（三）丰富了党建学科的研究视角与研究方法

研究党内民主问题的主要是党建学科的专家学者，但是由于党内民主问题属于政治民主范畴，其形成与变化有一定时代背景，并且与社会状况、国家制度等因素有关，对党内民主问题的研究需要从多学科的角度来解读。单纯从党的建设很难对这一问题深入研究。已有的研究成果虽然并不多，但是却是从多个学科的视角来分析。这是很值得肯定的。具体研究方法上，学者们对党内民主问题研究在坚持规范研究与实证研究并用，并且越来越多的研究成果都在建立在大量的市政调研基础上。在国内政治学界对规范研究方法的运用远远多于实证研究方法，有学者调查得知，“经验研究多限于文献研究方式，而实地调查方式、统计调查方式相对薄弱。”“经验研究的文章仅占1/3弱”“规范研究远远多于经验性的实证研究”。在政治学研究的这种形势下，党内民主问题研究方法是值得肯定的，这种将学理分析建立在大量的实证调研的基础上。并不是仅仅围绕党内民主的含义、概念、价值等命题，而是更关注党员权利的运用、党内选举的过程等事实命题。运用问卷调查、深度访谈、随机抽样、统计等技术手段，丰富了党建学科的研究视角与研究方法。

（四）有助于加强党的建设和构建社会主义和谐社会

回顾中国共产党90年的奋斗历史，就是一部积极推进党内民主建设，不断提高党内民主建设质量和水平的历史。改革开放以来，随着社会主义市场经济深入发展，政治体制改革也日趋深入，政治发展的一个显著特征就是基层民主得到很大发展，党内民主受到学界的关注，因为党内民主是中国特色社会主义民主政治的重要内容，对其具有推动与示范效应。学者们的研究体现出强烈的时代责任感，不但强调党内民主的重要作用，而且在一定程度上体现了当前我党的政治面貌，探讨党内民主的问题与路径，为党的建设与国家的政治稳定提供了一定的理论参考，客观上有助于推动民主观念深入人心，巩固党的执政基础与促进社会和谐。

在充分肯定已有成绩的同时，我们也看到，关于党内民主问题的研究尚有不足之处，主要表现在：

1．缺少全面、系统的研究。把党内民主作为直接对象是从党的十五大以后逐渐掀起研究热潮的。而关于党内民主的研究，起初是作为民主集中制的一个部分来研究的。以“党内民主”为篇名来搜索中国期刊网，1979年至1989年共有35篇研究论文，而且有三分之一的文章研究俄（共）的党内民主，其他文章也大多以党内民主的理论概述为主。1990年至2000年共有64篇相关论文，大部分文章开始研究党内民主存在的问题，俄（共）党内民主问题的历史考察。2000年至2010年共有2235篇。从2002年开始，逐渐增多，到2008年掀起了研究高潮，研究角度呈现多样化趋势，研究方法也不仅仅限于规范研究，也有学者从微观个案入手的调查研究。仅有的几本专著都是近两年出版，而且因党内民主内容广，已有研究都是仅就一个方面进行了探讨，实证研究的本身很少，而且样本的选取受地理范围、研究对象、历史时期等因素的限制，也很难代表党内民主的整体状况，研究成果很难全面、系统。例如，学者对十七大报告的重复性阐释，仅仅停留在理性思辨上，讲重要性、必要性多，很少从“怎么做”、“做错了怎么办”这个角度去研究。对程序性的规定、保障性的规定研究不够。事实上民主恰恰存在于细节之中。从所涉及问题的深度来看，一些深层次的问题尚未深入研究，例如，当前党员的生活、文化水平要远远高于解放前，为什么党员的民主权利状况却远远低于这个时期？

2．研究方法尚需进一步完善。已有的研究成果中，已有学者进行实证研究，但从方法论的角度看，还不是很规范，调查的力度也不够。当然，党内民主在调研时具有很多局限性，因为党员材料、会议都不是随便可以翻阅的。定量研究的材料易失真。出于党纪的考虑，很多党员在公开的问卷调查时，不会表达真实意图。因此，个人认为，定性研究比较能够得到一手资料，但是又有量的缺陷和调查者本人理论素质的影响等。

3．研究理论高度不够。已有对党内民主的研究，虽然2008年以后很热，研究成果量呈直线上升，但是就其内容而言，还没上升到一定的高度，如何从一定的理论制高点来看党内民主，需要学者的共同努力。本人粗浅地认为，应该把党内民主的问题视为人民民主的一部分来研究，从政治科学的角度来看，民主是一种保障主权在民的政治制度，它只是人类众多制度中的一种，主要规范人们的政治生活。要使民主制度进入政治系统，它不是一个机械的输入过程，而是一个长期的政治社会化的过程。即民主观念成为一国主流政治文化，因此，首先应该考虑的是如何使民主的观念深入民心，从而成为一种政治文化。只有每一位公民具有民主的意识，那么，党内民主才有成长的土壤。因此，应把党内民主放在公民政治文化培养的进程中加以考察。

（作者单位：陕西大学政治经济学院）

（选自《陕西行政学院学报》2011年第2期）

以改革创新精神推进党的基层组织建设

李景治

2009年9月，党的十七届四中全会通过的《中共中央关于加强和改进新形势下党的建设若干重大问题的决定》强调要进一步加强党的基层组织建设。2010年6月，中央政治局就加强党的基层组织建设问题进行第21次集体学习。胡锦涛明确要求："要进一步健全党的基层组织体系，全面推进各领域党的基层组织建设，形成科学严密的组织架构，实现党组织和党的工作全社会覆盖，把人民群众紧密团结在党组织周围。"这是党中央针对目前党的基层组织建设状况，提出的最新的、也是极为重要的要求。要实现这一要求，至少有以下三个薄弱环节需要加强。

一

改革开放以来，在中央统一领导和部署下，党的基层组织建设不断加强，党组织的规模不断壮大，党员总数已接近8000万人，但党员的发展和基层组织建设仍然不够平衡，存在一些薄弱环节。党的基层组织和党员的发展主要集中在机关、企事业单位、村民和居民自治组织等传统领域，而在一些新的领域、新的社会群体中，基层党组织和党员的发展却相对薄弱，甚至存在一些空白点。要形成党的基层组织科学严密的组织架构，要实现党组织和党的工作全社会覆盖，就必须加强基层党组织建设的薄弱环节，使党组织建设的盲区和空白点逐步减少以至消失。

改革开放以来，各类非公有制经济，包括私营企业、中外合资企业、外商独资企业、各类股份制企业迅猛发展。这不仅是中国经济发展的新增长点和强大推动力，而且相关的企业已成为吸纳就业人口最多的领域。其就业总数已接近乃至超过国有企业。然而，这类企业建立基层党组织的还是比较少的，工人中的党员比例也很低。我们党是工人阶级的先锋队，也是中华民族的先锋队，这么多企业和工人游离于党组织之外，这无疑会影响到党的组织基础和执政基础的巩固，绝不是一个小问题。其原因在于：

第一，观念和思想认识的模糊。对到底要不要在这些企业中建立党的基层组织，如何去建立，建立后如何活动，怎样处理他们同企业领导的关系，这些基层党组织接受哪个系统、哪一级党组织的领导，以及建立党组织之后会产生什么样的后果和消极影响等问题，至今都缺乏明确而统一的思想认识。尤其是一些地方的党政领导担心在这类企业中大规模建立基层党组织会引起企业主和外商的疑虑，乃至影响招商引资，吓跑外来投资者。

第二，相关的法律和政策滞后。国家法律赋予了公民自由结社的权利，而中国共产党又是国家的执政党，因此，不能说在这类企业中发展党组织无法可依。但一方面，企业的工人、管理人员和地方党组织很少会依据这样的法律去争取建立党组织的权利；另一方面，具体的法律条文，例如《企业法》和党的相关具体方针政策又缺少具有可操作性的制度安排和程序措施。

第三，这些企业自身的特点制约了党的基层组织的建立和发展。这些企业的产权和管理权往往集中在私营企业家和大股东手里，就其职业特点和主观愿望来说，愿意在企业中发展党组织的恐怕不多。建立和发展党组织的工作必然会阻力重重。而且，相对来说这些企业不是十分稳定，根据市场的变化、企业自身产权的变动和发展战略的调整，经常出现减产、裁员、搬迁乃至停产倒闭的现象，这就给党组织的建立和发展造成很大的困难。金融危机爆发后，中国东部地区不少企业停产、倒闭，也有相当一部分企业迁往中西部生产成本较低的地区。这样，党的组织就难以继续存在，而党员也很容易同原有组织失去联系。

由此可见，在这类企业中建立和发展党的组织，不是一件很容易的事情，它需要通过改革创新加以解决。尽管相关的研究还需要进一步深化，相关的政策还需要在充分调查研究和不断总结经验教训的基础上进一步完善，但以下几点是值得关注的。

其一，明确在非公有制企业中建立和发展党组织的目的。其根本目的应是满足广大工人和管理人员要求政治进步，希望为中国特色社会主义事业和共产主义事业而奋斗的愿望和理想。在共产党执政的社会主义国家，绝不应该出现广大工人和管理人员要求入党而“无门”的现象。事实上，经过多年的教育、培养，他们中的先进分子，即使在私营企业中打工，也始终具有要求加入党组织的强烈愿望。同时，这也是共产党自身发展和执政的需要。随着改革开放和社会主义建设事业的发展，党的组织基础需要不断巩固和扩大。作为执政党，其执政基础也需要不断巩固和扩大。因此，在如此众多的私营企业、如此大量的工人和管理人员中，逐步建立、发展党的组织，是一项重要的政治任务。这些基层组织可以广泛宣传党的方针政策，发挥战斗堡垒作用和党员的模范带头作用，团结广大工人群众，为党的事业努力奋斗，从而使全国各领域、各部门的基层党组织均衡、健康、有序的发展。这是党的建设的百年大计。

其二，建立并不断完善基层党组织同企业所有者、管理者的新型关系。私营企业其所有者是个人或者股东，其管理者是企业家本人或董事会招聘、任命的厂长、经理。不管这些相关人员中有无党员，党的基层组织都不能简单照搬国有企业党企关系的模式，来构建私营企业中基层党组织同企业所有者和管理者的关系。二者究竟是一种什么样的关系，基层党组织处于怎样的地位，发挥怎样的作用和功能，是值得研究的。这要从两方面来看，一方面，基层党组织不是企业的领导者和管理者，不能直接干预企业的经营管理。另一方面，基层党组织依照相关的法律和政策进行公开的、合法的活动，包括宣传党和国家的方针政策，发展党员、壮大组织。企业的所有者和管理者不得进行限制和干扰，应当在力所能及的条件下，为党组织的建立和活动提供必要的条件。这两方面都需要通过一定的法律程序加以明确。企业的具体情况不同，处理的方式也应有所差别，允许不同的模式进行探索，不断总结经验，逐步完善，避免一种模式到处推广。

其三，正确处理企业生存发展和维护职工合法权益的关系。私营企业的基层党组织要积极支持企业合法经营、健康有序的发展，同时，也要努力捍卫职工的合法权益。党组织无疑要替工人说话，维护工人的合法权益，但要正确处理局部利益和全局利益、眼前利益和长远利益的关系，努力保障和促进企业的健康发展，积极维护社会的稳定与和谐。

其四，要积极稳妥推进私营企业基层党组织的建立和发展。这项工作牵扯面广，影响巨大，要循序渐进，逐步建立，绝不能急于求成。不要搞“一刀切”和齐头并进，主客观条件成熟一个，建立一个，成熟一批，建立一批。要严格遵循自愿的原则，不要硬性规定指标，强力进行推进。也要考虑企业所有者和管理者的接受程度，通过协商，达成相互谅解和共识。要解除他们的思想顾虑，防止出现抵触乃至敌对的情绪，以及由此而引发的撤资关厂现象。

私营企业基层党组织的建立和发展，在初始阶段可以借助三个平台。第一个是工会。根据中国的相关法律，私营企业和外资企业都要建立工会组织。但由于上述相似的原因，这些企业有不少都没有建立工会。由于工会的缺位，工人在企业中的合法权益得不到强有力的保障，在工资、福利等方面处于完全被动和弱势地位，几乎全由厂方说了算。由于工作压力太大，工资和福利待遇过低，导致劳资矛盾突出，双方严重对立，乃至演变为直接的冲突和工人自杀等恶性事件。有些事情当地政府可以出面干预，有些则不便干预。例如，当地政府可以出台最低工资标准，但在此标准之上，工资的高低，则只能由企业的劳资双方协商解决。这就需要工人发挥集体的力量，建立工会，代表工人同资方进行协商谈判，依法捍卫自己的合法权益。因而，推动私营企业工会的建立，就成为一项重要的工作。2010 年 8 月，中华全国总工会主要负责人在全国工会基层组织建设会议上表示，到 2012 年，中国企业法人单位的工会建会率要达到 90% 以上，职工入会率达到 92% 以上，基本上实现企业依法普遍建立工会组织的目标。不言而喻，非公企业工会建会工作的大力推进，为私营企业基层党组织的建立提供了难得的机遇。我们应该抓住机遇，以工会为平台，建立和发展党的基层组织。应该在工会骨干和积极分子中发现、培育和发展党员，等党员达到一定的数量就可以依托工会建立党的基层组织。基层党组织的有些活动也可以通过工会来进行，同时，基层党组织应该成为工会的领导核心，发挥战斗堡垒作用。当然，党的基层组织通过工会来建立和活动，并不意味着本身等同于工会。党组织应当按照党章的要求，独立自主地开展活动，在一些重大的问题上应该站得更高，看得更远，处理问题更加稳妥。例如，党组织除了通过工会维护工人的合法权益，还要及时化解劳资矛盾，促进企业健康发展，注意维护改革开放和社会和谐稳定的大局。

第二个是企业所在的地方党组织。根据党的组织原则和组织体系，国有企业的党组织一般由地方党委领导，同时也接受业务主管部门党组的指导，即所谓的“双重领导”。那么，私企的基层党组织由哪一级党组织负责组建和进行实际领导工作呢？这是一个新的问题，可以参照国企党组织的领导体系，根据企业的注册、纳税地点和企业规模的大小，由相应的地方党组织具体负责企业基层党组织的建立和领导工作。尤其是企业由于各种原因而破产或外迁的时候，地方党组织应负责企业中党员的组织安排，或组织留下的党员建立临时支部，或安排他们临时挂靠在相关的基层组织中。这些基层党组织的党员除了自身争取再就业，还要协助当地政府组织失业工人的培训和再就业工作。

第三个是行业协会等专业团体。前几年，在党员发展和党的组织建设方面，曾经有一个重要的突破，就是发展符合党员条件的私人企业家入党。如果企业中还没有建立党组织的话，那么，由谁来吸收和发展他们入党呢？情况尽管不完全相同，但其中一个选择是行业协会中的党组织。他们入党后，也参加行业协会中的党组织活动。私企基层组织的建立，也可以参照这一模式，通过行业协会党组织这个平台来推进。一些企业专业性强，所在地方又比较偏僻，或在远离城市的农村，就可以采取这种方式建立和发展党的基层组织。以上三个平台的选择，要因地制宜、因企业的具体状况而定。

二

基层党组织建设的另外一个薄弱环节是社会流动人口。社会流动人口主要涉及农民工、处于待业状态的青年人、暂时未就业的外地大学毕业生，以及其他没有城市正式户籍的从业人员。据粗略的估算，全国的农民工有1亿多人，再加上其他城市流动人口，其总数已超过2亿人。从表面上看，他们只占中国人口总数的约七分之一，但实际上，他们在具有劳动能力、社会参与能力和政治行为能力的年轻人中，所占的比重要高得多。而在这样一个庞大的社会群体中，基层党组织建设还是相当薄弱的，甚至有不少盲点、空白点。

农民工中的基层党组织建设基本上是一个空白点，即使是一些农民工相对集中的行业、地区，企业也没有建立党的基层组织，甚至连起码的工会组织都没有建立起来。从党的组织建设的角度看，存在着两个明显的问题：一是农民工中原有的党员“找不到组织”，游离于党组织之外。一些农村党员远离家乡到城市打工，甚至几次变更打工的地点，他们既无法参加原籍党组织的活动，又不可能在打工地点重新加入党组织，从而游离于党组织之外。如何根据他们的具体工作和生活环境创造条件，使之能够参加党的组织活动，并为党的事业尽一份力，做一份贡献，这是农民工中基层党组织建设的首要任务。二是在农民工中发展新党员比较困难。一些农民工相对集中的地方，不同程度上存在着“入党无门”的现象。而党组织要想在农民工中发展党员，由于基层组织不健全，也困难重重。

上述现象已延续多年，其严重后果和消极影响不容忽视：一是农民工中党员的合法权利得不到切实保障，也难以正常履行自己的应尽义务。实际上，农民工中的党员一旦离开家乡，外出打工，其党员的身份和活动就处于休眠状态。二是极大地挫伤了农民工的政治积极性。在一些人眼里，农民工一天到晚就是干活、吃饭、攒钱、养家，似乎被社会政治生活所遗忘。作为公民，他们很少有机会参与打工地区的政治和社会生活。作为要求进步的当代青年，党的各级组织似乎就在身边，但又好像相当遥远。他们难以感受到党的关心、爱护、教育、培养，难以向其他领域的进步青年一样，通过正常的程序加入党组织，这对他们的政治积极性是极大的挫伤。三是党的组织基础和执政基础受到削弱。农民工是中国经济建设中一支强大的生力军，为中国的经济发展、社会进步和民生的改善作出了巨大贡献。其生产、生活状况如何，直接关系着中国经济的发展、社会的稳定；其政治状况如何，也直接关系到党的执政基础是否稳定；他们中的党组织是否健康有序地建立和发展，也直接关系到党的组织基础的巩固。

在非公有制企业就业的农民工中，如何建立和发展党的组织，可结合私营企业中党组织的建立和发展同步进行。在公有制企业就业的农民工中建立和发展党的组织可以探索以下几种形式。

第一，离乡不离根。农民工的主要劳动地点在城市，但其根子还是在农村。他们的流动性很大，经常变动打工地点，难以完全固定，这给基层党组织的建立和发展带来了很大困难。但无论如何，他们的根子仍然在农村，他们的家庭、老人、配偶、孩子都依然留在农村，有相当一部分农民工在农忙时还要返乡从事农业劳动，他们的政治与社会关注点也仍然在农村。因此，可以采取离乡不离根的办法，把他们组织起来，开展活动。即党员的组织关系仍然保留在原籍，由原籍的党组织通过各种形式同他们保持相对稳定的联系，创造条件让他们以较为灵活的方式参与党组织的各项活动，保证他们享有知情权、参与权、选举权和监督权。同时，由原籍党组织主持，把打工地点相对固定和集中的党员组成临时党小组，并由临时党小组负责组织党员开展活动。而党小组要定期或不定期地向原籍的基层党组织汇报工作，加强联系。党小组也可以在同乡中发现和培养入党的积极分子，并通过一定的组织形式和组织手续发展新党员。这样，既巩固和壮大了农民工中的基层党组织，也满足了农民工中积极分子的入党要求。

第二，依托打工单位建立和发展党的基层组织。以农民工相对集中的建筑业为例，国有建筑公司的党组织有责任把本部门中的农民工党员组织起来，建立相对固定的基层组织或者临时性的党支部、党小组。这些基层组织直接从属于建筑公司党组织的领导，从而使处于流动状态的农民工党员“找到”了组织，过正常的组织生活，也使农民工中的入党积极分子通过这些基层组织实现自己的入党愿望。关于党员组织关系的归属，可以通过改革创新，采取较为灵活的方式处理。对于相对比较稳定地在本企业就业的农民工党员，可以将其组织关系转到企业党组织中来。其组织关系也可以随着打工地点的变动而迁移。如新的打工地点具有健全的基层党组织，那么其党组织关系就可以随之转入，而打工地点尚未建立党的基层组织，其组织关系可以放在地方党组织所指定的接收部门。企业党组织也可以吸收组织关系在原籍的农民工党员参加企业党组织的各项活动。中国共产党的组织是全国统一的，只要其党员身份得以确认，并通过一定的程序，在任何地方都应可以参加党组织的活动。只有如此，我们党的基层组织建设才能适应经济发展和社会转型中出现的千变万化的局面。

三

在流动人口中，除了农民工之外还有其他社会群体，其中包括在城市中有相对稳定的工作和住房、仅仅没有当地户籍的从业人员，暂时处于待业状态的青年人和尚未就业的外地大学毕业生以及一部分在城市中相对稳定下来的农民工等等。他们同传统农民工所不同的是，已经长期在城市就业、居住，或者准备在城市长期就业和生活，已经脱离农村和原籍的社会和政治生活。这部分人实际上可以称为“城市新移民”。

相对来说，这一社会群体的文化层次比较高，对社会以及政治问题的关注度、灵敏度也比较高。他们从事的工作与传统的农民工不同，主要从事技术工作和各种管理工作，其涉及的领域包括新兴科技产业、信息服务、金融证券、文化教育、法律事务以及各种咨询、策划、广告中介等。多数人在各类企业中打工，但也有一部分人开办公司，进行创业经营。其中，少数人经过打拼，已成为大大小小的企业家和各行各业的成功者，但多数人还处于创业的初始阶段。他们充满朝气，充满对未来生活的憧憬和拼搏精神。同时，离开学校后的失落感、创业失败或处于失业状态的挫折感以及对社会腐败行为的不满情绪又时时困扰着这个群体。他们的收入相对比较低，而城市的生活成本又比较高，因此他们买不起房，又租不起条件比较好的公寓，乃至成为“蚁族”，居住在城乡结合部的村庄里。但这一群体的社会活动能量强，社会影响巨大，其基本状况如何，直接或间接地影响着社会的稳定与和谐。这一群体中的基层党组织建设无疑也是一个薄弱环节。原有的党员特别是原来的学生党员游离于党组织之外，处于无组织状态，建立新的基层党组织，发展新党员更加困难。然而，当代中国政治发展和党的建设，都需要通过积极探索和各种灵活的方式，促进这一群体中基层党组织的建立和发展。

第一，通过规模较大的公有制企业和非公有制企业来组织城市新移民中的党员。只要他们愿意，其组织关系也可以转入该党组织，有入党愿望的也可以通过这些组织来吸纳入党。而那些不成规模的小企业、小公司以及各种类型的个体户，其工作地点分散，又经常变动，很难通过工作单位来组织他们，然而，这些人员的居住地却相对稳定，可以通过其暂住地的居委会（村委会）、社区和街道来建立和发展基层党组织。当然，这一个群体是最难以组织起来的，我们要有足够的热情和耐心推进这方面的工作。

第二，通过专业协会或跨行业的联合支部建立和发展基层党组织。一般来说，各个行业都有自己的行业协会，相关的从业人员都可以加入行业协会，而行业协会有相对健全的组织机构、相对稳定的活动方式，成员之间的联系也较为密切。那么，其中的党员可以在相关地方党组织的指导下建立和发展基层党组织。同时，地方党组织或主管单位的党组织可以把辖区内分散的党员组织起来，建立跨行业的联合党支部或联合党小组，开展党的各项活动。例如，北京中关村科技园区就通过这种方式在400多家私人企业中建立了党的组织。

第三，通过一些符合条件的社会团体和服务中介机构建立和发展基层党组织。大学生毕业后暂时没有找到工作，按规定其人事档案和党组织关系可以在学校保留一段时间。此后如果再找不到单位，其人事档案和党组织关系将要转入生源所在地。但实际上，这些人并没有返回原生源地工作，仍然“漂移”在外。据了解，北京的一些高校都积压了不少学生的党组织关系，有的长达数年之久。这些学生的具体去向学校也不完全掌握，因此，尚未将这些学生的组织关系转至生源地，这样，这些学生党员就游离出党组织之外。值得注意的是，按党章规定，这些人将以自动退党处理，那么无论是对其个人，还是对党组织，都是一个麻烦的问题。因此，除了上述两种形式，还可以通过符合条件的人才交流和服务中心，把他们组织起来。对于海外归来的留学生中一时没有就业的党员，也可以通过留学生服务中心把他们组织起来。

第四，进一步完善全国党员信息网络。全国党员的基本信息都应该进入该信息网络中心。同时，可以考虑恢复“党证”制度，使每个党员都拥有一个全国统一编号的“党证”。全国各地任何一个组织都可以利用党员的“党证”，通过信息网络查到该党员的主要信息，以确认其党员身份。这样，流动人口中的党员就可以凭借“党证”，通过一定的程序参加就业地点党组织的活动，而当地党组织也可以通过相关的信息把本地流动人口中的党员组织起来。

（作者：中国人民大学国际关系学院教授、博士生导师）

（选自《学习与探索》2011年第1期）

创先争优：有机统一的党建强基工程

田芝健

在党的基层组织和党员中深入开展创建先进基层党组织、争当优秀共产党员活动，是实现党的性质、作用、形象有机统一的党建强基工程。创先争优活动对于推进党的建设新的伟大工程具有重大的价值，它是党的基层组织和全体党员保持和发展党的先进性的修炼活化之举，是促进党的基层组织和党员作用有效发挥的方法创新之举，是整体改善党民关系和干群关系的形象优化之举，是提高基层党建科学化水平、深化对基层党建规律认识的有效实践。

一、创先争优是保持和发展先进性的修炼活化之举

基层党组织先进不先进，共产党员优秀不优秀，贵在能不能保持和发展党的先进性。先进性是马克思主义执政党的根本属性。中国共产党是中国工人阶级的先锋队，是中国人民和中华民族的先锋队，这种先锋队性质是党的先进性的重要内容。党的先进性体现在哪里？体现在党的基本理论、基本路线、基本纲领里，体现在党的各级组织和全体党员的言论和行动上。党的先进性不是与生俱来的，也不是一劳永逸的。党的先进性要靠党的各级组织和全体党员不断保持和发展，要靠党组织和党员的持续修炼。创先争优的过程，就是党的基层组织和党员进行先进性修炼、活化党的性质的过程。

创先争优是促进基层党建均衡发展的激励优化之举。加强和改进基层党建工作，必须正视党建实践存在的不平衡现象。中国共产党有近400万个基层组织，地区之间、行业之间、城乡之间、部门之间、单位之间的党建工作客观上不平衡，这种不平衡虽有诸多客观原因，但具体的党组织所表现出的承载和体现党的先进性的不平衡值得高度重视。开展创先争优活动，是正视多样性的基层党组织所具有的不平衡性，按照保持和发展党的先进性的要求，促进基层党建均衡发展的有效举措。开展创先争优活动，在基层党组织之间形成有效激励，激发广大基层党组织创建先进基层党组织的热情，对照创建先进基层党组织的要求和先进典型，自觉缩小与先进基层党组织的差距，同时以基层党组织和党员的创先争优活动带动工会、共青团、妇联等群众组织开展创建先进集体、争当先进个人活动。

创先争优是推动基层党建优质发展的转型升级之举。加强和改进基层党建工作，必须正视基层党建转型升级的机遇和挑战。随着基层党建工作的不断加强，党在农村、社区和非公经济等领域的组织覆盖面进一步扩大，基层党建正面临着转型，即由注重抓组建、抓组织覆盖进入到在抓组建、抓组织覆盖的同时着力抓质量、抓功能建设的新阶段，要统筹兼顾组织覆盖与功能建设，强化基层党组织的熔炉功能。党是一个大熔炉，基层党组织是一个个具体的熔炉，每一个党员从加入党组织的那一天起，就必须在党组织这个熔炉里经受锻炼和考验，创先争优正是党的基层组织和党员经受党的先进性锤炼淬火过程，经过创先争优的锤炼淬火，可以防止党的基层组织产生惰性，避免基层党组织陷于软弱涣散的状况；可以防止有的人在入党以后放松要求而产生意志衰退、先进性退化的现象；可以与时俱进地提升先进性的内涵，激励先进更先进。

创先争优是提升基层党组织核心竞争力的强化修炼之举。根据中央关于在党的基层组织和党员中深入开展创先争优活动的要求，基层党组织要对照先进基层党组织的基本要求，努力在建设学习型党组织上出成效，在出色完成党章规定的基本任务上下功夫，按照“五个好”的要求，加强领导班子保持和发展党的先进性的集体修炼。每一个领导班子成员都自觉进行党性修炼，努力建设一个能深入学习实践科学发展观、创造性地贯彻党的路线方针政策、团结协作进取、求真务实创新、勤政廉政优政、有凝聚力和战斗力的领导班子；组织每一位党员对照“五带头”的要求进行先进性修炼，努力建设一支素质优良、有较强党员意识、能够充分发挥先锋模范作用的党员队伍；以健全工作机制和完善的规章制度，保证管理措施到位和工作运行顺畅有序；以党的先进性修炼推动本单位各项工作争创显著成绩，在围绕中心、服务大局上涌现突出事迹；通过党的基层组织和党员对保持和发展党的先进性的持续修炼，不断提高基层党组织在群众中的威信，不断保持党员在群众中的良好形象，不断密切党群干群关系。

党是一个有机体，党的先进性必须在党的组织和党员身上得到体现。创先争优活动的开展，尊重基层党组织和党员的主动性和创造性，构建起一个动态、活性、持续保持和发展党的先进性的长效机制。创先争优活动的开展把保持和发展党组织的先进性同党员的先进性有机结合起来，通过创建先进基层党组织，促进争当优秀共产党员，通过争当优秀共产党员促进创建先进基层党组织，实现二者之间的相辅相成。

二、创先争优是注重基层党组织和党员作用发挥的功能强化之举

基层党组织先进不先进，共产党员优秀不优秀，重在能不能充分发挥基层党组织的战斗堡垒作用和党员的先锋模范作用。党的先进性不是写在纸上的，也不是挂在嘴上的。党的基层组织和党员进行党的先进性修炼的成效必须体现到作用发挥上，党的基层组织发挥战斗堡垒作用，党员发挥先锋模范作用，是党的先进性的生动实践，是党的功能的有效实现。

创先争优是促进基层党组织发挥战斗堡垒作用的功能强化之举。党的十七届四中全会通过的关于加强和改进新形势下党的建设若干重大问题的决定指出，党的基层组织是党全部工作和战斗力的基础，是落实党的路线方针政策和各项工作任务的战斗堡垒。必须坚持围绕中心、服务大局、拓宽领域、强化功能，进一步巩固和加强党的基层组织。新时期基层党组织的战斗堡垒作用主要体现在推动发展、服务群众、凝聚人心、促进和谐上，也体现在加强基层组织自身建设上。按照《中央组织部中央宣传部关于在党的基层组织和党员中深入开展创先争优活动的意见》要求，基层党组织要认真履行职责，切实贯彻落实党的路线方针政策以及本单位科学发展规划、思路、举措；及时了解群众思想动态，有针对性地做好引导工作；积极践行社会主义核心价值体系，推动形成良好社会风气；主动排查矛盾纠纷，做好化解工作；在重大突发事件面前，立场坚定、旗帜鲜明，坚决捍卫国家和人民利益；充分尊重群众，紧紧依靠群众，认真倾听群众呼声，及时反映群众意愿，主动关心群众疾苦，帮助群众解决生产生活中遇到的实际困难；优化组织设置，扩大组织覆盖，创新活动方式，积极推进学习型党组织建设，增强党员队伍的生机活力，造就高素质的基层党组织带头人队伍，充分发挥基层党组织的战斗堡垒作用；通过基层党组织建设，带动其他各类基层组织建设。判断一个基层党组织先进不先进，关键得看其战斗堡垒作用发挥得好不好。

创先争优是促进广大党员发挥先锋模范作用的功能强化之举。党员是党的细胞，党员能不能充分发挥先锋模范作用是检验党的先进性实现程度的重要尺度。共产党员是具有共产主义觉悟的先锋战士，先锋战士优秀不优秀，关键得比先锋模范作用发挥得充分不充分。列宁指出，“我们的任务就是要维护我们党的坚定性、彻底性和纯洁性。我们应当努力把党员的称号和作用提高，提高，再提高”。党员要对照优秀共产党员的基本要求，模范履行党章规定的义务，努力做到“五带头”。党员要发挥好先锋模范作用，就必须带头学习提高。党员只有认真学习实践科学发展观，自觉坚定理想信念，认真学习科学文化知识，成为本职工作的行家里手，才能走在群众的前列。党员要发挥好先锋模范作用，就必须带头争创佳绩。党员只有具有强烈的事业心和责任感，埋头苦干、开拓创新、无私奉献，在本职岗位上做出显著成绩，才能彰显党员先进性。党员只有带头服务群众，积极帮助群众解决实际困难，自觉维护群众正当权益，只有带头遵纪守法，自觉遵守党的纪律，模范遵守国家法律法规，只有带头弘扬正气，发扬社会主义新风尚，敢于同不良风气、违纪违法行为作斗争，才能赢得群众信任和支持，才有资格成为优秀党员，才能真正实现党员价值。

中国共产党是一个负有崇高执政使命的组织，党的执政宗旨的落实要靠基层组织和党员发挥作用去实现。创先争优是促进基层党组织和党员作用发挥的创新之举，在党内生活中运用竞争激励机制，激发党内活力和创先争优动力，把基层党组织发挥战斗堡垒作用同党员发挥先锋模范作用有机结合起来，通过发挥基层党组织战斗堡垒作用，促进党员发挥先锋模范作用，通过党员发挥先锋模范作用促进基层党组织发挥战斗堡垒作用，实现二者之间的互动共进。

三、创先争优是整体改善党民关系和干群关系的形象优化之举

创建先进基层党组织，争当优秀共产党员，事关党在人民群众中的良好形象。党的形象是党面向人民群众所客观展示的与人民群众对党所作评价的有机统一。党的形象不是自封自诩的、也不是一成不变的。基层党组织的形象和党员的形象是党的形象的重要组成部分。党的形象要靠各级组织和全体党员来共同塑造、共同维护、共同优化。创先争优的过程，是党的基层组织和党员通过作用发挥将先进性修炼的成效不断外显的过程，也是党组织和党员形象塑造、维护和优化的过程。

创先争优活动突出党的基层组织和党员的服务性。中国共产党的先进性集中体现在党执政为民的服务性上。建设马克思主义服务型政党，是党建和执政理论与实践的重大课题。党的基层组织处于服务群众的第一线，党员生活在群众中间，离群众最近，可以说，党的基层组织和党员就是党的形象大使，是党服务群众的使者。党的组织和党员是人民群众的服务者，只有充分尊重群众，紧紧依靠群众，认真倾听群众呼声，及时反映群众意愿，主动关心群众疾苦，帮助群众解决生产生活中遇到的实际困难，才能保持与人民群众的密切联系，不断从群众中汲取智慧和力量，赢得群众的拥护和支持；真正的党员同“那些一心想从执政党党员的地位‘捞到’好处而不愿肩负为共产主义忘我工作的重担的人”是格格不入的，党员只有岗位创佳绩，只有积极参加党员志愿服务活动，多为群众办实事办好事，才能获得群众的好口碑。党的基层组织和党员通过创先争优凸显服务性，有利于壮大和延伸服务型政党的根须，有利于夯实马克思主义执政党的执政基础，有利于密切党民关系、提高党在群众中的美誉度。

创先争优活动注重评价主体的群众性和形象的公认度。根据规定，基层党组织和党员面向人民群众作出公开承诺，人民群众评判党组织和党员就有了个性化的具体依据。基层党组织制定开展创先争优活动实施方案，党员提出参加活动的具体打算，并采取适当方式向群众公布，做出承诺，接受群众监督。上级党组织负责人适时对基层党组织和党员开展创先争优活动情况进行点评，实事求是肯定取得的成绩，指出存在的问题和努力方向；适时组织党员、群众进行评议；在考核基础上，适时评选表彰创先争优活动中涌现出的先进基层党组织和优秀共产党员。评选表彰坚持注重工作实绩和社会公认度，广泛听取党员和群众意见。这种评价方式有利于促进基层党组织和党员把对上负责与对群众负责统一起来，有利于密切干群关系，使创先争优活动具有深厚的群众基础，也能使在活动中产生和评选出的先进基层党组织和优秀共产党员更加具有亲和力、公信力和示范力，使得党组织有可能通过创先争优活动从基层工作第一线和普通党员中间“发掘新人才”。

党的好形象是党在人民群众心目中获得的正面评价，获得这种正面评价的前提是党的性质得到充分体现、作用得到充分发挥。开展创先争优活动是把党组织执政为民形象同党员密切联系和切实服务群众形象有机结合的有效路径，党的基层组织和党员只有积极参与创先争优活动，自觉维护党的形象，珍惜党的形象资源，才能为党的形象增光添彩。

创先争优活动具有多方面的政治价值、社会价值和文化价值，对保持和发展党的先进性、发挥党的基层组织的战斗堡垒作用和党员先锋模范作用、优化党的形象必将产生深远的影响。创先争优活动是把党的性质、作用、形象有机统一的有效载体。中国共产党建党90年和执政60多年来的实践证明，只有不断实现党的性质、作用、形象的有机统一，才能有效推进党的建设；只有不断用创先争优的实绩取信于民，才能建设人民满意的马克思主义政党，才能领导中国革命、建设和改革事业不断取得胜利。

（作者：苏州大学政治与公共管理学院教授、博士生导师）

（选自《中共福建省委党校学报》2011年第3期）

学习型农村基层党组织机制研究

王政堂

把农村基层党组织建设成为学习型党组织，不仅是建设马克思主义学习型政党基础工程的重要内容，而且是新形势下加强农村基层党的建设、增强农村基层党组织的凝聚力、号召力、战斗力的重大举措，对于更好地发挥农村基层党组织的领导核心作用，团结带领广大农民群众扎实推进农村改革发展，加快社会主义新农村建设步伐，具有十分重要的意义。

一、建设学习型农村基层党组织要突出体现“三农”特色

农村基层党组织处于“ 三农”工作的第一线，无论是在职能作用、所处环境还是党员构成等方面，都与机关、企业等基层党组织有着明显区别。这些因素决定了它在遵循学习型党组织建设一般规律与共同特征的同时，关键要突出体现“农业、农村、农民”这一特色。因此，所谓学习型农村基层党组织，应当是适应全面推进社会主义新农村建设新形势而建立的，具有符合时代要求的学习理念和科学的学习机制，真正面向农业、立足农村、服务农民，以学习为主要特征的农村基层党组织新模式。应当体现以下特色：

1. 具有广泛的群众基础。学习型党组织建设的主体是党员干部，但对农村来说，由于党员所占比例相对较低，而且除乡镇一级党组织外其构成基本都是农民党员，可以说，没有农民群众的参与和支持，是建设不成学习型党组织的。因此，群众性、开放性、社会性应当是学习型农村基层党组织的重要特征，农民群众的实践是党员干部学习的重要载体与平台，农民群众的创造是党员干部学习的重要内容。只有让群众参与到学习型党组织建设的全过程中来，虚心听取群众的意见和建议，凝聚群众的智慧和力量，主动接受群众的监督，学习型党组织建设才会始终充满生机与活力，也才会形成党员带动群众学、群众促进党员学的良好局面。

2. 具有以人为本的学习空间。农村基层党员大都是自主生产和经营的农民，不比机关、企事业单位党员有相对一致的作息时间和工作性质。在调查中我们了解到，当前农村一些地方存在党员学习“难组织、难集中”的问题，甚至个别地方还存在组织党员学习要发放“误工补贴”的情况，一个重要原因就在于没有很好地把握这些特点，结果是在学习安排上原则性有余而灵活性不足，甚至搞“一刀切”。因此，学习型党组织提供的应当是以人为本的、个性化的学习空间，倡导的是个体学习与团体学习相结合的理念，是学习工作化、工作学习化的理念，真正使党员干部能够根据不同需要得到“菜单式”的学习服务，在学习内容、方式、时间等各方面有更多的选择。

3. 具有明确的目标指向。农民群众最注重实际，最看重实效。对于建设学习型农村基层党组织来说同样如此。它虽然是一项长期艰巨的任务，但也必须有明确、具体的目标指向，既要提出着眼长远、鼓舞人心的宏伟目标，又要提出立足眼前、切实可行的近期规划，让党员干部能够把握学习的重点、明确努力的方向，使农民群众能够感受到实实在在的成效和变化。有了这样的目标指向，才能够坚定党员干部的信心，激发他们的自身潜能，不断提高学习能力和创新能力；农民群众也能够从具体困难、问题的解决中进一步加深对党组织长远目标的认识，增强对党组织的信任。

4. 具有较强的示范带动作用。村看村、户看户、群众看党员、党员看支部。也就是说农村党员干部对于农民群众具有标杆性、示范性的作用，学习型农村基层党组织建设工作做好了，不但能够使党员队伍素质提高，而且能够在农民群众中产生较大的示范效应，通过学习型党组织建设带出一支学习型的党员队伍，带出一批学习型的农民群众，形成一个学习型的农村社会。因此，学习型农村基层党组织建设必须要有较强的社会引领功能，起到示范带动作用。党组织能够通过学习理清发展的思路，找到带领群众致富奔小康的路子，使学习成为转变工作方式、破解发展难题的重要手段；能够通过学习增强党组织的生机与活力，带动形成积极向上的农村文化生活；能够通过学习增强党员民主意识，促进农村民主政治的健康发展。

二、建设学习型农村基层党组织要有科学的机制保障

一个党组织是不是学习型党组织，很重要的一条标准，就是看有没有科学完备、行之有效的制度机制作保障。建设学习型农村基层党组织，应当重点加强以下几个方面的机制创新。

（一）建立健全学习型党组织的目标引导机制

1. 把长远目标与阶段性目标结合起来。建设学习型农村基层党组织的目标，就是要进一步提高自身凝聚力、号召力和战斗力，为新农村建设提供坚强的政治和组织保障。要围绕这一总体目标要求，统筹规划，有序推进，把长远目标与阶段性目标结合起来，特别是通过制定切合实际、可望又可及的阶段性目标，使人们感到有奔头、有信心，始终处于一种“从胜利走向新的胜利”的喜悦和强烈愿望之中。比如在学习的任务要求上，把每年读一本书、学习推广一项农业科技等作为年度目标，使党员干部既感到切实可行又能够有所收获。比如推进新农村建设，从解决修路通水、就医上学等农民群众最关心、最直接、最现实的利益问题入手，量化目标，细化责任，做到月月有计划，年年有目标。只有这样，党员群众才能真正认识到学习型党组织既不虚无缥缈又不遥不可及，在日常生活工作坚持一点一点做起、一步一步推进，是完全能够实现的，从而增强他们的成就感、自豪感和责任感，激发他们努力学习的内在需求和愿望，源源不断地获得自身发展壮大的动力。

2. 在推进组织目标实现过程中保护党员个人正当权益。重点是切实尊重党员的主体地位，以落实知情权、参与权、选择权和监督权为重点，建立起保障党员“四权”落实的制度平台和实践平台；建立健全党内帮扶、关爱机制，突破对党员奉献要求多、利益关心少的传统做法，把政治上关心、组织上关怀、生活上照顾有机地结合起来，特别是使年老体弱和身体病残的党员以及由于特殊原因造成生活困难的党员，能够通过党组织和党员的救助而不致陷入生活绝境；正确把握党员带头致富与群众共同致富的关系，大胆鼓励那些有能力、有头脑的党员带头致富、敢于致富，以此影响、带动农民群众共同致富。

3. 围绕总体目标任务科学安排学习内容。毫无疑问，农村党员干部对于实用性、技术性内容的学习尤为迫切、尤为渴望，这也是党员能够发挥先锋模范作用的重要物质基础与保障。这就需要围绕新农村建设这一目标任务科学设置学习内容，把政治理论学习与业务知识学习有机结合起来。建设学习型党组织，必须把理论武装摆在突出位置，特别是要用中国特色社会主义理论体系武装头脑，不断提高党员的马克思主义理论水平。但学习政治理论必须与实际工作有机结合起来，避免就理论学理论、空对空的现象。农民群众最反感的就是个别党员干部不是通过学习来“用新理论武装头脑”，而是“用新语言武装嘴皮”，最听不惯的就个别基层干部满口都是“正确的费话”。因此，要密切联系农村经济社会发展的实际和党员群众的需求，增强学习的针对性和有效性，通过政治理论的学习提高业务知识学习的自觉性，通过业务知识的学习进一步加深对政治理论的认识。

（二）建立健全学习型党组织的载体创新机制

根据农村社会环境、生活方式、党组织及党员状况的新变化，在充分利用基层党校等主阵地及农村党员活动室、社区活动中心、乡镇文化站等传统载体的基础上，坚持继承与创新相结合，通过制定标准、配套政策，鼓励开展灵活多样的载体创建活动。

1. 发挥“能人”效应建立学习型党组织。首先是发挥好那些领导能力、学习能力强的领导干部特别是党组织带头人的表率作用。作为“一把手”，不仅担负着组织领导责任，还要发挥表率作用。农村党支部书记的优秀代表吴仁宝、王乐义等的事迹说明，只要“一把手”主动学、带头学，就能带出一个学习型的领导班子，带出一支学习型的党员队伍。发挥“一把手”示范带动作用，要从拓宽选拔渠道入手，真正把那些思想解放、观念超前、善于学习、爱好学习的学习型干部选拔到农村基层党组织带头人岗位上来，同时加大对先进典型的宣传力度，推广先进经验，形成浓厚氛围。其次是发挥那些创业能力、致富能力强的农民群众的示范作用。改革开放以来，农村涌现出了一批有头脑、有能力、懂经营、善管理的优秀创业者，他们在农民群众中有较大的影响力和感召力，是建设学习型党组织的宝贵资源和财富。要发挥好这些“能人”的示范带动效应，通过聘请为辅导员、特邀农民专家等形式，增强他们的荣誉感、责任感，鼓励他们相互学习、分享经验、共同提高。同时，对那些政治素质好、年轻有为的优秀创业者，加大培养力度，加快培养步伐，及早吸纳到党组织中来，特别优秀的要培养成为党组织带头人。

2. 结合农业产业协会建立学习型党组织。农业产业协会是改革开放以来农村出现的一种以行业代表、行业服务、行业维权为主要职能的非营利性的合作组织形式。为促进产业协会的规范健康发展，很多地方探索实行了“支部加协会”的基层党建工作模式。目前应当进一步发挥产业协会能人聚集多、组织网络全、群众信任度高的优势，把“学习型组织”的要求结合进去、融入其中，探索实行“学习型党组织加学习型协会加学习型农户”的新模式，把产业协会拥有的信息、技术、专业人才等经营管理优势与学习型党组织具有的机制、政治优势有机结合起来，最大限度地发挥同一产业链上党员的资源优势，为产业协会的发展注入新的生机与活力，提升产业协会的整体水平。

3.依托农业科技示范基地建立学习型党组织。农业科技示范基地是推广农业科技、培养农业技术人才的重要基地。学习型农村基层党组织建设要充分利用好这一载体与平台，发挥农业科技示范基地辐射带动作用强、科技含量高的优势，在人才、资金、组织管理、科技服务等方面加大政策配套力度，进一步完善技术培训与技术服务网络体系，把学习阵地建在产业链上、示范园里，送知识到田间地头，使每一个产业园区、每一个示范基地都成为全天候的大学堂，使党员群众能够随时获取所需要的知识和技术，提高致富能力。

4.借助现代信息技术建立学习型党组织。主要是充分利用农村党员干部现代远程教育资源，最大限度地发挥它生动直观、收看方便、常看常新的优势，克服重建设、轻管理、轻学用的倾向，围绕“有人看、喜欢看、必须看”的目标，建立健全学习组织、督促检查、信息反馈分类培训、效果考评等制度，把它打造成为党员群众学习的重要平台。适应农村年轻党员流动性强、观念超前、较易接受新事物的特点，把电脑、手机、QQ、博客等现代科技、时尚元素引入“学习”，使网络成为学习的新载体。

5.通过“ 支部联合”建立学习型党组织。主要是以推进城乡党的建设一体化及加快农村城市化进程为契机，打破城乡党组织建设相对独立、相互分割的二元化思维与模式，树立大党建、开放式党建的观念，充分发挥党政机关、企事业单位、街道社区及乡村在学习型党组织建设中的人才、信息、设施等方面的学习资源优势，通过“城乡联建”、村企联建、村村联建、村居联建等模式，以强扶弱、以大带小，实现人才、信息、技术、设施等资源共享，推进城乡学习型党组织统筹发展。

（三）建立健全学习型党组织的考核激励机制

正如改革开放之初在农村推行家庭联产承包责任制，有效解决了农民群众“干与不干一个样、干多干少一个样、干好干坏一个样”的难题，极大调动了生产积极性一样，解决党员干部学习中存在的“学与不学一个样、学多学少一个样、学好学坏一个样”的问题，也需要从完善考核激励机制入手，形成长久有效的动力源，激发党员干部学习热情。

1.健全考核机制促动力。考核的指标体系是否科学，直接影响到考核的结果。衡量一个党组织是不是学习型党组织、一个党员干部是不是学习型党员干部，不能只看活动是否开展、制度是否上墙，不能只看学习笔记的多少，关键要看是否树立了正确的学习理念，是否通过学习提升了能力、促进了工作。因此，建立科学合理的学习考核体系，要把党组织的内部考核与农民群众的评价结合起来，引入社会评价机制，通过制定客观合理、适用的标准及严格执行标准的配套规定，坚持定性与定量相统一，动态与静态相统一，动机与效果相统一，使考核结果能够科学、合理，既能看到取得的成效，又能看到存在的问题与不足，以更大程度地调动学习积极性。

2.健全激励机制促动力。党的十七届四中全会《决定》明确指出：要“把理论素养、学习能力作为选拔任用领导干部的重要依据”。应当结合深化干部人事制度改革，尽快制定相应措施，把学习考核结果运用到干部考核体系之中，把学习能力作为考察干部、发现干部的重要渠道和评价干部的重要依据，使那些真学、真懂、真信、真用的农村基层党员干部得到更多的选拔机会，形成注重学习的用人导向。对农村一般党员干部，要大胆鼓励他们率先通过学习致富，对那些不但自身增强了发展致富能力、而且能够带动群众共同致富的党员，既要通过精神奖励激发他们的荣誉感与自豪感，也要为他们更好地发展提供支持与帮助，真正让党员群众认识到学习既是一种责任，也是一种生活需要，从而形成人人想学习、要学习的良好氛围。

3. 健全舆论机制促动力。围绕营造党员干部人人学习、发奋学习、持续学习的良好氛围，通过报纸、电台、电视台、网络等新闻媒体和渠道，深入宣传学习型党组织建设的重要意义，让每位党员都能感受到学习的气息，从而使学习变为自觉的行动；在各级组织中评选学习型先进党支部和党员干部，树立典型，大力推广宣传他们的好经验好做法，形成正确的舆论导向，在全社会形成一个认真读书光荣、勤奋学习可敬，碌碌无为可悲、浑浑噩噩可耻的良好氛围，推动学习型党组织建设既生动活泼又扎扎实实地开展。

（四）建立健全学习型党组织的领导保障机制

建设学习型党组织是一项全新的工作，特别是农村基层党组织与机关、城市社区等党组织相比面临的困难多、任务重，如果没有各级党委的高度重视，就很容易流于形式。因此，必须加强领导、齐抓共管、形成合力。在组织保障上，区县（市）委是农村基层党组织建设的关键，也是学习型党组织建设的关键。应当成立专门领导组织机构，建立和完善责任机制，切实负起“组织、指导、保障、督促”等方面的责任，形成党委统一领导、职能部门牵头协调、有关部门分工负责、各级党组织积极参与的领导体制和工作机制。在培训保障上，主要是为广大农村党员创造更多的接受较高层次学习培训的平台和机会。调查中我们了解到，农村基层党员干部除各级党组织主要负责人能够有机会参加较高层次的学习培训外，一般党员干部很少有机会走出去接受教育培训，这也是当前制约基层党员干部素质能力提升的一个重要瓶颈。要制定针对农村基层党员干部教育培训的总体规划，一方面，发挥好“大学生村官”在知识理论方面的优势，利用好这一宝贵人才资源；选拔一批有水平、有经验、真正受基层党员干部欢迎的专家学者，组成农村党员学习“讲师队伍”，定期到农村基层授课宣讲，帮助农村基层党组织和党员干部开展有效的学习活动。另一方面，充分利用市、县两级党校等培训平台，对农村党员干部进行集中轮训，提高他们的政治理论水平和工作能力，为学习型党组织建设奠定坚实的基础。

（五）建立健全学习型党组织的协调推进机制

建设学习型农村基层党组织不能孤立地进行，必须从全面推进农村基层党的建设的总体部署的高度认识和把握，特别是与当前正在进行的创先争优活动等加强基层党的建设的一系列重大举措结合起来。

1. 与创先争优活动结合起来。一方面，要通过学习型党组织建设不断为创先争优活动注入新的生机与活力。创先争优的过程就是一个不断学习、不断提高的过程，离开学习，创先争优就失去了基础和保障，失去了方向和动力。应当按照建设学习型党组织的要求，丰富学习内容，提高学习效果，在提升理论水平、加强党性修养、增强工作本领上取得新成效，从而实现组织先进、党员优秀的目标。另一方面，要在创先争优活动中不断深化学习型党组织建设，及时总结推广先进基层党组织和优秀共产党员的事迹，特别是总结提炼他们在成为“学习型”党组织和党员干部中的经验做法，不断在理念、机制、方法上深化认识、把握规律，提高学习型党组织建设的整体水平。

2. 与构建城乡统筹的基层党建新格局结合起来。建设学习型党组织为我们提供了统筹城乡党建工作的有效载体和途径，是城乡党建优势互补、共同提高的结合点。从城市情况看，机关、社区、企业等在建设学习型党组织中具有人才资源、学习资源等方面的优势，能够给予农村基层党组织以帮助和指导，同时又需要拓宽深入农村、深入基层向群众学习、向实践学习的渠道。从农村情况看，学习型农村基层党组织建设所急需的也正是人才资源、学习资源等方面的支持与帮助，需要把实践中的探索创新提炼升华为成熟的经验理念。为此，应当把城乡学习型党组织建设作为一个整体来思考和谋划，打破城乡分割、自成一体的思维定势和工作模式，探索学习型党组织建设以工促农、以城带乡的有效途径，逐步形成城乡学习型基层党组织资源共享、功能互补、双向受益、共同提高的工作局面。

3. 与提高基层党的建设科学化水平结合起来。提出建设学习型党组织，是我们党对自身建设规律的深刻认识与把握，是党的建设科学化的重要创新成果。同时，党的建设科学化水平又要在学习型党组织建设的实践中不断提高，因为党的建设规律只有通过不断的学习、研究、总结，才能去发现、把握和运用。因此，在建设学习型党组织过程中，要紧密结合农村基层党组织的新特点，结合农村改革发展的新形势，总结经验，把握规律，力争在以科学理论指导农村党的建设、以科学制度保障农村党的建设、以科学方法推进农村党的建设上有所突破，有所创新。

4. 与健全完善保持党员先进性长效机制结合起来。学习型党组织理论在学习的理念、内容、方法等方面都提出了新的要求，学习不再是个人的事情、一时的要求，不再是单纯地学习知识、接受教育，而是团队的学习、终身的学习，是通过向书本学习、向群众学习、向实践学习，以转变思维模式、提升素质能力，等等。这些新要求新变化赋予了保持党员先进性长效机制以新的内涵，要顺应这些新要求新变化，在推进学习型党组织制度建设过程中，不断发展完善保持党员先进性的长效机制，使其能够与时俱进，符合时代要求。

（作者单位：中共青岛市委党校）

（选自《党政论坛》2011 年第 8 期）

军队基层党的组织生活制度沿革及其经验

周 华　殷庆光

党的组织生活是党的生活的重要内容，是党组织对党员进行教育、管理、监督的重要形式。主要依托党支部、党小组进行。主要形式有党员大会、支部委员会、党小组会、民主生活会以及党课、民主评议党员、评选优秀党员和先进党组织等。党的组织生活的内容一般包括：对党员进行党的知识教育，学习马克思主义基本理论和党的路线方针政策及有关业务知识，传达中央和上级党组织的文件、指示，开展批评与自我批评，发展党员，处理违纪党员和不合格党员，开展适合党员特点的各种形式的活动。党的组织生活的形式应当富有生气，丰富多彩，以起到对党员进行有效教育管理和凝聚感召的作用。

军队基层党的组织生活制度有七项，即会议制度、党日制度、党课制度、报告工作制度、民主生活制度、党员汇报制度、民主评议党员制度。回顾和考察军队基层党的组织生活制度的历史沿革，总结其经验做法，对于基层党组织坚持和落实好组织生活制度，贯彻党要管党、从严治党方针，增强党内生活的原则性和实效性，强化教育、管理和监督党员的组织功能，解决基层党的建设中存在的问题，确保党对军队的绝对领导落实到基层，具有十分重要的意义。

一、会议制度

会议制度，是基层党组织讨论和决定重要问题，实施集体领导和开展党内民主生活，加强党内监督的基本途径和保证。

我们党在初创时期就建立了会议制度。早在1922年7月，党的第一部章程就明确规定，各组每星期由组长召集会议一次，各干（支）部每月召集全体党员或组长会议一次。1923年6月至1927年6月，三次修正党的章程，都相应对会议制度作出修订。1927年12月21日，中共中央在给朱德并转军中全体同志的信中指出，“一切党的政策均需拿到支部会议或小组会议中讨论，使每个党员都能表示意见。”1929年12月古田会议通过的《中国共产党红军第四军第九次代表大会决议案》提出，“会议上要使到会人尽量发表意见，明了对有争论的问题，要把是非弄明白，不调和敷衍下去”，“支委会及支委以上各级党部，应该有计划地规定支部会及小组会讨论，讨论的材料，并规定会期，严密地督促开会”，并分析党员到会缺少兴趣的原因，提出了会议政治化实际化、负责人事先准备议事日程等纠正方法。1930年10月中共中央颁布的《中国工农红军政治工作暂行条例草案》规定，连支部大会每月至少两次。1932年9月21日，总政治部在《关于红军中党的工作的训令》中规定："一个月内，支部和小组应各开会两次，即一星期开会一次。……以在行军休息时开会为适当；小组会议以在早到宿营地时开会为最好，因为不会妨碍到疲劳的恢复。支部和小组会议要实行时间的合理化，取消一切形式的议程……时间不得过长……会议内容要充实，不脱离支部的实际工作与战斗任务，支书和小组长事前须有充分的准备。"1935年5月2日总政治部《关于支部工作的训令》中要求："支部要经常讨论连队的纪律、部队的巩固、军事政治教育状况，及连队的各种日常生活与实际问题，讨论这些问题时并可找党员连长指导员作报告"，"支部必须将党中央的文件，及总政治部及军团政治部的重要训令与文件，在党员中进行详细与深入的讨论。"1948年10月华东军区试行的《关于支部工作条例草案》规定："小组会每月四次(机关两次)，支委会每月二次，支部大会每月一次（如需增减可依需要临时变通之)。"1949年12月的《中国人民解放军连队支部工作条例（草案)》规定："支部委员会，每周一次，支部大会，每月一次，小组会每周一次，支部扩大会，可按需要临时召集。"1987年7月18日颁布的《新时期连队党支部建设纲要》规定："按期召开支部党员大会、支部委员会和党小组会。支部党员大会和党小组会一般每月一次，支部委员会根据需要召开。"1991年1月1日颁布的《中国人民解放军政治工作条例》规定："支部党员大会每月一次；支部委员会根据需要召开；党小组会每月一次，会议应做记录。"2005年12月1日颁布的《中国共产党军队支部工作条例》对会议制度作出新的规定："支部党员大会，连队、科室党支部每季度不少于1次，机关、预备役连队和离退休干部党支部每半年不少于1次。支部委员会，根据需要召开。党小组会，连队党支部每月安排1次，科室、机关党支部每2个月安排不少于1次，预备役连队、离退休干部党支部每季度安排不少于1次。"会议应当作记录，记录必须真实准确、详细完整，不得漏记、补记和作假。

之所以把会议制度作为党支部七项组织生活制度之首，是因为它在各项组织生活制度中带有综合性、根本性和决定性的特征。其他各项组织生活制度的内容和形式，最终都要融合到会议之中。落实好会议制度，发挥会议制度对党员的管理和监督功能，其主要经验有：一是注重理顺相互关系。主要是理顺支委会与支部党员大会、少数与多数、个人与组织的关系。改变当前一些基层党组织中存在的支委会领导支部党员大会，向支部党员大会布置任务的现象；牢固确立支部党员大会是党支部的领导机关，支部委员会必须对它负责并接受其领导和监督的意识，积极维护支部党员大会的权威。纠正一些党支部存在的个人或少数人说了算，听不进多数党员或支部委员的意见，不执行或随意修改否定多数人所通过的决议现象；充分发扬党内民主，坚持集体领导，坚决服从并执行多数人的意志。克服一些党员领导干部中存在把行政职务带到党内，个人凌驾于组织之上，不参加党的组织生活或在支部委员会、党小组会上"作指示"等现象；摆正个人与组织的关系，以普通党员身份自觉接受组织的管理和监督。二是坚持突出监督重点。由于支部党员大会、支部委员会、党小组会的地位、职能和作用不同，其监督的重点也不同。支部党员大会作为支部范围内的最高权力机关，对全体党员实施监督，但重点是监督支部委员会。在决策前，坚持审查讨论支部委员会提交的报告、议题、议案；决策中，注重对支部委员会的建议充分发表意见，按少数服从多数的原则进行表决，行使批准权或否决权；决策后，突出检查督促"一班人”贯彻执行支部党员大会决议，纠正其偏差。支部委员会是“一班人”的相互监督，重点是支部正副书记。坚持监督他们切实履行自己的职责，组织好支部党员大会或支部委员会集体决议的实施。党小组会的监督对象是所有党员，坚持监督党员认真履行党员义务，充分行使党员权利，模范执行党支部决议等。

二、党日制度

党日制度是基层党组织开展工作、党员参加党的活动的重要保证。党日主要用于召开党的会议、进行党的教育、开展组织生活、处理党务工作。

党日制度源于抗日战争时期。1936年9月，中国工农红军第十五军团政治部在《关于党支部工作的总结》中首次要求，每个星期日及星期三的党日上党课、召开党的会议，从此红军部队开始实行党日制度。1940年总政治部的《政治工作总结》指出，各部队“一般都建立了党日（每星期一次），在党日进行教育及会议”。1948年10月华东军区试行的《关于支部工作的条例草案》规定：“党日制度仍须保持，以每星期六之一天（或半天）进行之。”1949年12月颁布的《中国人民解放军连队支部工作条例（草案）》明确，党日“一般以星期六为适宜，战时可根据情况决定，在党日进行党的教育及各种党的活动”。1961年11月颁布的《中国共产党连队支部工作条例》规定：“党日一定要进行党的活动，召开党的会议，或者进行党的教育，向非党群众进行党的宣传工作。”1987年7月18日颁布的《新时期连队党支部建设纲要》要求，坚持每周半天用于党的活动，如遇特殊情况被占用，事后必须补上。1991年1月1日颁布的《中国人民解放军政治工作条例》规定党日每周半天，2003年12月5日修订的条例规定，每周用半天时间进行党的活动，必要时可相对集中使用，但每月不得少于两次。2005年12月1日颁布的《中国共产党军队支部工作条例》，对不同类型党支部的党日作出具体规定。2008年6月30日总政治部印发《关于严格落实党日制度的意见》，根据形势任务变化，对落实党日制度作出全面规定。要从确保党对军队绝对领导、保持党员队伍先进性的高度统一思想认识，自觉把坚持党日制度作为加强党的基层组织建设的一项经常性、基础性工作，作为加强党性锻炼、强化党员意识、提高党员素质的有效途径，作为发扬党内民主、发挥党员主体作用的重要渠道，以强烈的政治责任感和改革创新精神，切实抓好落实、抓出成效。

党日是党的组织生活在时间上的依托。坚持党日制度，对于健全党内民主生活，加强对党员的教育、管理和监督具有重要作用；同时，党日制度又是基层党组织生活其他各项制度落实的基本条件和前提。党的活动和组织生活的许多内容都要通过党日来安排和进行。落实好党日制度，提高党日活动的质量效益是长期实践得出的经验，其主要精神体现在：一是体现党的生活特点。党日活动必须突出党性，坚持政治性、思想性、原则性，认真开展批评与自我批评，防止行政化、庸俗化、娱乐化。二是注重解决问题。注重党日活动的实效，着力解决与科学发展观要求不适应、不符合的突出问题，保持和发展基层党组织和党员队伍的先进性。领导干部党员应自觉参加双重组织生活，主动剖析和解决自身存在的问题。三是紧贴中心任务。着眼全面履行新世纪新阶段军队历史使命，围绕提高应对多种安全威胁、完成多样化军事任务能力的生动实践，坚持从本单位实际出发，精心确定党日活动的内容和形式，激励广大党员带头高举中国特色社会主义伟大旗帜，深入贯彻落实科学发展观，发扬我军听党指挥、服务人民、英勇善战优良传统，全面提高素质能力，把先进性要求落实到做好本职工作上。四是改进方式方法。党日作为管理和监督党员的重要制度，无疑是很严肃的。然而这种严肃性应主要体现在对党员的严格教育、严格要求和严格管理上。这种内容上的严肃并不排斥形式上的生动活泼。注意克服那种把党日活动的严肃性同生动性对立起来的偏见，克服党日活动内容单调、方法呆板、流于形式等现象，活跃党的生活。坚持发扬传统与创新形式相统一，积极探索新形势下开展党日活动的有效途径，增强时代性和感染力。充分运用网络、电视等现代传媒，广泛利用丰富的信息资源，组织党课教育和党员培训。针对党员知识需求日益增长的特点，开办党史知识、党建理论、现代科技等专题讲座。根据部队建设发展的需要，适时组织开展特色鲜明的主题实践活动。适应部队执行任务的实际，坚持“动”中过党日。注意运用驻地的教育资源开展党的活动，组织党员在丰富的社会大课堂中接受教育熏陶。五是发挥党员主体作用。尊重党员民主权利，营造浓厚的党内民主氛围。坚持自我教育，注重运用讨论式、互动式的教育形式，运用身边人身边事教育党员，激励党员相互启发、相互学习、相互促进、共同提高。

三、党课制度

党课主要是对党员进行党的基本理论、党的路线方针政策、党的基本知识和党性党风党纪教育。党课制度是保持和发展党员队伍先进性的重要途径。

党课制度可追溯到古田会议。1929年12月古田会议通过的《中国共产党红军第四军第九次代表大会决议案》，总结创建红军和农村革命根据地以来的经验教训，着重强调加强思想建设的重要性，要求用无产阶级思想来进行党和军队的建设，指出“红军党内最迫切的问题，要算是教育的问题，为了红军的健全与扩大，为了斗争任务之能够负荷，都要从党内教育做起。……有计划地进行党内的教育，纠正过去无计划的听其自然的状态，是党的重要任务之一”，并规定了党内教育的材料和方法。1936年9月中国工农红军第十五军团政治部在《关于党支部工作的总结》中指出，党的教育有了进步，每星期三的党日大多能按期上党课。1939年9月28日，《八路军野战政治部关于巩固部队中党的指令》指出，“巩固党的中心一环是党的教育，党员的教育成为经常的工作，除保证全体党员必须经过半个月的训练以外，并须保证今后党课的经常进行，及由营级以上干部自己授课。”同年12月《八路军第一二九师新部队党政工作经验》，把“每月对新党员进行一周的训练，每周上一至二次党课，开办支委轮训班”，作为新部队建立党的组织的一个重要方法。1951年10月15日，总政治部《关于整党工作的指示》要求，“训练整党骨干和党课教员的工作，……要求受训后能领会整党的精神原则和方针办法，并会讲党课。……一般的，以连为单位上课，可能时尽量以营集中，因而，必须是受过训练的和有足够知识与经验的干部担任党课教员。”1987年7月18日颁布的《新时期连队党支部建设纲要》规定，一般每月用两个党日进行党课教育，并把会讲党课作为党支部书记应努力达到的“六会”之一。1991年1月1日颁布的《中国人民解放军政治工作条例》规定，每月进行一至两次党课教育。1996年11月18日，总政治部印发《关于在全军深入进行做合格党员教育的意见》，要求严格落实领导干部讲党课制度。2003年12月5日颁布的《中国人民解放军政治工作条例》，将党课教育调整为每月1次。2005年12月1日颁布的《中国共产党军队支部工作条例》明确，连队党支部每月1次，科室、机关和离退休干部党支部每年不少于2次；预备役连队党支部在连队集中活动期间一般应当安排党课；并且对不同类型党支部的党课要求作了具体规定。2006年8月1日，总政治部《关于军队保持共产党员先进性长效机制的意见》规定，师旅团级单位政治领导干部每年在所属单位讲党课不少于2次，军区和军级单位政治领导干部及团级以上单位司政后装机关主要领导干部，每年在所属单位至少讲1次党课。2007年，总政治部首次组织开展全军优质党课评比活动并通报表彰，其中有12课汇编成教材、录制成光盘，发全军部队。

党课教育是一种特殊的政治教育，与一般政治教育在对象、内容、要求上有诸多的不同。从对象上讲，政治教育是对全体人员进行的，党课教育则只是对党员进行的一种特殊的教育；从内容上看，对党员不仅要进行一般的政治教育，而且还必须进行学习党章和党建法规制度、党性党风党纪、保持和发展先进性、党的优良传统等党的基本知识和做合格党员的一系列教育；从要求上说，共产党员是中国工人阶级的具有共产主义觉悟的先锋战士，同时是中国人民和中华民族的先锋战士，对党员的要求比一般群众要更高一些，更严一些。基层党组织在对部队进行政治教育时，还应对党员进行专门教育，突出党课的特点，按照党员的标准，使他们学得更多一点，理解得更深一点，贯彻执行得更好一点。所以，不能因为有了政治教育就可以放松党课教育，更不能用一般的政治教育代替党课教育。因此，各基层党支部注重把握党课教育自身的特点规律，始终强化和突出先锋队教育的特殊性。一是突出党课教育的高层次性。从教育对象来看，党课教育只是对党员进行的，是党章对党员的要求，当然不能要求非党员群众做到。一般政治教育只能着眼于群众普遍的觉悟水平，不宜提出过高的要求，党员除了要接受一般政治教育外，还必须接受先锋队中的特殊教育。这种教育有其特定的目的、特定的功能和特定的内容，是其他一般政治教育所无法替代的。这就客观上决定了落实党课教育目标、内容要求的高层次性。二是突出党课教育方式的民主性。党课教育中，教育者与被教育者没有明显的界限，每个党员既是教育者又是被教育者。在党课教育中享有一律平等的权利，承担同样的义务，每个党员都应以主人翁的态度，积极参加党课教育。在教育方法上，它主要表现为党内平等的讨论、同志式的批评、说服教育，此外也允许不同认识、不同见解的争论，党员的各项权利在党课教育中同样受到尊重和保障。坚持新世纪新阶段党课教育的民主性，提高全体党员在党课教育中的主体作用，从根本上增强教育的活力。三是突出党课教育过程的实践性。党课教育不是孤立的教育活动，而是与党的组织生活、与管理和监督党员的各项制度融为一体的，它们相互影响、相互促进，共同作用于党员的党性修养和锻炼，在实践中很难把它们分开。党课教育不是空洞的说教，与党内的批评和自我批评密切相关，与党员的现实思想紧密联系。坚持接触党员的思想，增强党员的党性，贯穿积极的思想斗争，注重强调联系党员的思想实际，开展积极的批评和自我批评的党课教育。

四、报告工作制度

报告工作制度，是贯彻党的民主集中制原则的具体体现，是支部委员会接受支部党员大会监督的重要形式。坚持报告工作制度，对于发展党内民主，调动全体党员的积极性，充分发挥支部党员大会的领导、监督职能，保证支部建设的正确方向，促进各项任务的完成，具有十分重要的意义。

报告工作制度建立于第一次大革命时期。1927年6月1日中央政治局通过的《中国共产党第三次修正章程决案》规定，支部干事会议每两星期中至少召集一次支部党员大会，报告支部干事会的工作。1928年制定的《红军第四军党代表工作大纲》规定，党代表的一切工作，应随时报告。1932年1月19日，总政治部给红军中各级政治委员、政治部、党的支部委员会的指示信中明确："每月月终，支委应向支部大会作工作报告，要全体同志参加讨论，详细检阅支委的工作，这样可以提高党员对党的工作的积极性，又可给支委工作以极大的帮助。"1935年5月2日，总政治部《关于支部工作的训令》指出，"支部大会及小组会要根本转变只报告而不讨论的方式；而须采取各种方法吸收党员积极发表意见。"1949年12月的《中国人民解放军连队支部工作条例（草案）》规定："支部委员会，须定期向全体党员与上级党委报告工作，至少一月一次，支部委员会向上级的报告，应经全体党员大会通过。"1954年4月15日颁布的《中国共产党连队支部工作条例》规定，支部书记要总结支部工作，并按时向支部大会和上级党委员会报告工作。1987年7月18日颁布的《新时期连队党支部建设纲要》规定："支部委员会每季度必须向支部党员大会作一次自身建设和工作情况的报告。"1991年1月1日颁布的《中国人民解放军政治工作条例》规定，支部委员会按季度或工作阶段，向支部党员大会作工作报告和自身建设情况的报告；2003年12月5日修订的条例规定，支部委员会每半年或按工作阶段，向支部党员大会作工作报告和自身建设情况的报告。2005年12月1日颁布的《中国共产党军队支部工作条例》对此进一步作了规范。要求报告工作，通常由书记或者副书记代表支部委员会，向支部党员大会报告履行职责、自身建设情况和其他重要事项。连队、科室党支部委员会每半年报告1次或者按工作阶段报告，机关党支部委员会每半年、预备役连队和离退休干部党支部委员会每年报告1次。

落实报告工作制度是我党我军的优良传统，在长期的实践中积累了许多经验。一是报告工作应当定期实施。这是党的民主集中制的基本要求之一。支部党员大会是支部的领导机关，在其闭会期间，支部委员会行使支部党员大会的职权，受支部党员大会的委托并在其检查和监督下进行工作。因此，支部委员会必须对支部党员大会负责，定期向支部党员大会报告工作。二是坚持报告工作应遵循一定的程序规范。实施报告工作前，坚持听取党员和群众对支部委员会工作的意见、建议；在各委员述职和汇报情况的基础上，支部委员会应分析研究支委会工作和自身建设形势，起草、拟定、讨论支委会的工作报告。要及时召开支部党员大会报告工作，由书记或副书记代表支部委员会向全体党员报告工作和自身建设情况。应当组织讨论审议，在支部党员大会上组织全体党员讨论、审议支委会的工作报告，对支委会工作和自身建设状况发表意见，作出评价，提出批评和建议，并根据大家的意见对报告做进一步的修改。在讨论、审议的基础上，全体党员表决通过支委会工作报告，形成支部党员大会决议。会议结束后，支部书记应及时将报告工作情况及党员大会审议结果形成书面材料报上级党组织。三是落实报告工作制度应防止"四种倾向"。即防止只讲评不报告、只讲工作任务不谈自身建设、有报告无审议、用行政工作报告代替党的工作报告的倾向。坚持把党支部报告工作与军人大会报告工作、单位工作总结和领导干部述职区别开来，明确党支部报告工作是报告支委会行使支部党员大会职权的情况，弄清其他三种报告是报告行政领导履行职责、开展工作和单位全面工作或单项工作情况，不搞党政不分、混为一谈。各基层党支部在报告工作中，坚持实事求是、重点突出、言之有物，坚持把工作成绩讲到、把存在问题找准、把改进措施定实，注重起到推动党支部建设的作用。

五、民主生活制度

民主生活制度，是支部班子成员或党员进行交心通气、开展批评与自我批评，以统一思想认识、调整内部关系、总结经验教训、增强团结和谐，解决党支部班子自身矛盾和问题的一项重要制度。

民主生活制度可追溯至古田会议。1929 年 12 月古田会议通过的《中国共产党红军第四军第九次代表大会决议案》指出："在组织上厉行集中指导下的民主生活"、"使党员的思想和党内的生活都政治化，科学化"、"党内批评要肃清唯心的和技术的作风，说话要有证据，讨论工作要注意他的政治意义。" 1932 年 1 月 19 日，总政治部给红军中各级政治委员、政治部、党的支部委员会的指示信中指出："要发展自我批评，改造党的思想斗争和工作，但要消灭过去把吃饭睡觉等等无关重要的问题都拿到支部大会及小组会上去互相争辩和斗嘴。" 1938 年 8 月的全军政治工作会议总结强调："依据党的民主集中制原则和估计军队环境特点，正确建立党内的民主生活。目前，首先应纠正完全以行政的工作方式代替党的工作方式，或者借口军队环境，完全取消了党内任何民主生活的倾向。……在思想斗争中应抓紧原则性。" 同年 10 月 14 日，毛泽东在中央六届六中全会上指出："军队中的党组织，也须增加必要的民主生活，以便提高党员的积极性，增强军队的战斗力。但是军队党组织的民主应少于地方党组织的民主。" 延安整风时期，毛泽东提出"惩前毖后，治病救人"、"团结—批评—团结"的方针。1962 年 8 月 24 日，总政治部发出《关于开好党委交心通气会的通知》，全军团以上党委建立交心通气会制度，要求通过同志式的交心、谈心和批评，解决党委内部存在的主要问题。这为基层党组织班子开展民主生活提供了借鉴。1987 年 7 月，总政治部颁布的《新时期连队党支部建设纲要》首次规定支委会民主生活制度，明确"支部委员会每季度至少召开一次民主生活会，就执行党的方针政策、上级命令指示和支部决议等重要问题，以及支委会成员思想、作风和工作上的问题，互相交换意见，开展批评和自我批评，统一思想，增强团结，改进工作"。1991 年 1 月 1 日颁布的《中国人民解放军政治工作条例》把支委会民主生活制度更名为支部民主生活制度；1995 年 5 月 10 日修订的条例把支部民主生活制度更名为民主生活制度，规定每半年召开一次支部委员会或支部党员大会进行交心通气，开展批评和自我批评，增强团结，改进工作。2005 年 12 月 1 日颁布的《中国共产党军队支部工作条例》对此作了进一步规范。连队、科室党支部每半年，机关、预备役连队和离退休干部党支部每年召开 1 次支部委员会，进行交心通气，开展批评和自我批评。党支部也可以召开支部党员大会落实民主生活制度。会前，应向上级党组织报告，征求党员和群众对支部委员会及其成员的意见并将意见和有关建议如实反馈给党支部成员，组织学习有关文件，支部委员会成员之间开展谈心活动；会上，支部委员会成员逐个对照检查，开展思想互助，书记对支部委员会成员进行讲评；会后，抓好整改措施的落实，并接受党员和群众的监督。2010 年 12 月 3 日，中央军委颁布《军队党组织实施党内监督的规定(试行)》，对党委(党支部）召开民主生活会有关问题作出新的规定。

实践证明，通过定期召开民主生活会，共同检查支部在执行党的路线、方针、政策方面的情况，总结经验教训，可以促使支部"一班人"进一步端正思想路线，提高在思想上政治上同党中央保持一致的自觉性，从而加强和改善基层党组织的思想政治领导。通过党支部班子成员彼此交换意见，开展批评和自我批评，可以及时沟通思想，消除隔阂，增强"一班人”的团结，健全支部的集体领导。通过检查班子成员在思想、作风方面存在的问题，开展积极的思想斗争，制定严格的改进措施，可以使“一班人”受到党内民主生活的实际锻炼，增强党性，严守党纪，端正党风，提高党组织的创造力凝聚力和战斗力。各基层党组织在落实民主生活制度中坚持做到：一是注重把握正确的指导思想，突出民主生活会的特点。民主生活会是组织和制度对个人监督，领导集体内部相互监督的主要形式之一，其指导思想是通过交流意见，达到统一思想，增进团结，改进工作的目的。从这一指导思想出发，注意突出民主生活会的特点，增强民主生活会的效果。从一些党支部的情况看，注意处理好民主生活会与支部工作会议的关系，改变以研究工作代替民主生活会的状况，开展积极的思想斗争，体现民主生活会的政治性、思想性和原则性；处理好民主生活会与支委会日常学习的关系，改变以理论政策学习代替党内民主监督的状况，强化民主生活会对支部委员会的监督职能和组织制度的约束力；处理好民主生活会与支部领导成员参加党小组生活的关系，实现领导干部在同等水平，同一层次上的互相监督，侧重在重要问题上统一思想。二是注重提高批评与自我批评的质量，依靠集体力量解决自身问题。特别是要解决民主生活会中“批评难”的问题。为此，选准需要解决的主要问题，为有针对性地开展批评做好准备。一次民主生活会应集中解决一两个主要问题。正副书记要从支委会自身的实际出发，统一思想，明确生活会的主题，并让各委员提前做好思想准备。坚持积极引导，努力创造成勇于批评，乐于接受批评的气氛。正副书记要严于责己，自觉接受大家的批评，并注意正确地加以引导，使大家敞开思想，畅所欲言，不回避矛盾，不隐瞒自己的观点，敢于思想交锋，讲真理，不讲面子，防止出现“闷葫芦”或“离题万里”的局面。既坚持原则又讲究方法，保证批评取得良好效果，注意紧紧围绕思想作风、工作作风和生活作风上存在的主要问题来进行，不纠缠细微小节，在一些非原则问题上做文章，防止把批评庸俗化。

六、党员汇报制度

党员汇报制度，是党员在党支部和党小组生活会上，或与党组织负责人个别交谈时，向党组织汇报自己的思想、工作、学习等情况，以求得组织的了解和帮助的一种党内生活制度，是增强党员党性观念和组织观念的重要措施。

党员汇报制度源于土地革命战争时期。1934 年 8 月 20 日《红星报》刊印的《红十三团九连的支部工作》经验中指出，“各组长对支部书记每天或隔天一次汇报，党团员对小组长每天都有汇报。在汇报时组长并分配党团员以新的工作。汇报不一定全体集合，有暇时即进行个别汇报。”1941 年总政治部《关于军队中党的工作的决定（草案）》规定：“汇报制度的运用应求灵活，应把汇报制度作为联系与通报问题的方式，举凡下情之反映，党员与小组间工作之检查及分配，某些简单问题之通知和传达，均可用汇报方式进行，不应拘束于狭小的范围，不应采用固定的形式，应当个别询问的即个别询问，应当集体传达的则采取集体传达。”1948 年 10 月华东军区试行的《关于支部工作的条例草案》规定，党小组长要“经常与党员个别谈话，接受汇报，耐心教育，并向支委反映党员意见”。1949 年 12 月的《中国人民解放军连队支部工作条例（草案）》首次明确，建立定期与不定期的汇报制度。1961 年 11 月颁布的《中国共产党连队支部工作条例》规定，党支部必须坚持汇报制度，“党员要积极参加党的会议，主动向党的组织汇报。”1983 年 12 月

12 日颁布的《中国人民解放军政治工作条例(试行本)》明确:“党员要主动向党的组织汇报思想和工作情况。”1987 年 7 月 18 日颁布的《新时期连队党支部建设纲要》规定:“党员每月至少向党组织汇报一次思想、工作和完成支部分配的任务的情况;党员本人或发现别人思想、工作上的重要情况和问题,应随时向党组织汇报。党员外出时间较长的,应采取书面或其他形式向党组织汇报思想和工作情况。”1991 年 1 月 1 日颁布的《中国人民解放军政治工作条例》规定:“党员向党组织汇报思想、工作和完成支部分配任务的情况,每月至少一次,遇有重要问题应当及时汇报;外出时间较长时,应当作书面汇报。”2003 年 12 月 5 日修订的条例将党员汇报的次数由每月一次调整为每两个月一次。2005 年 12 月 1 日颁布的《中国共产党军队支部工作条例》,对不同类型党支部的党员汇报作出了具体规定。要求党员应当定期向党支部或者党小组汇报思想和工作情况。连队党支部,党员汇报每两个月至少 1 次;科室、机关、预备役连队和离退休干部党支部,党员汇报每季度至少 1 次。遇有重要情况和问题,党员应当随时汇报。党员汇报采取口头或者书面形式。外出时间 3 个月以上的党员,应当采取书面形式汇报。

认真落实党员汇报制度,有利于党组织及时掌握党员贯彻执行党的路线方针政策和上级的决议、命令、指示情况,准确把握党员的思想脉搏,有针对性地进行思想教育和具体帮助;有利于及时沟通支部与党员、群众的联系,了解掌握群众的意见和要求,发现单位建设和工作中的问题,搞好信息反馈,改进支部工作;有利于加强党员的教育、管理和监督工作,督促党员加强党性修养和作风养成,增强组织纪律观念,自觉按党员标准进行自我检查、自我教育、自我管理,在工作任务中充分发挥先锋模范作用。

各基层党组织坚持党员汇报制度应注意把握:一是建立在自觉的基础之上。为此,基层党组织认真做好思想引导工作,启发党员向党讲真话,讲心里话。党员主动自觉地向组织汇报,襟怀坦荡,实事求是,不隐瞒自己的观点。二是坚持领导带头。党员领导干部,不分职务高低,党龄长短,都积极主动向党组织汇报,不当“特殊党员”,树立高度的党的观念,自觉接受党组织的管理和监督,为普通党员做出榜样。三是以认真的态度听取党员汇报。党支部对党员汇报的思想情况认真分析,不把某些思想活动当做问题来抓,防止和克服搞得党员无所适从、不敢吐真言。对党员的批评建议,合理的积极采纳;对党员反映的问题,提出解决的办法;对党员存在的缺点和不足,及时热情地指点帮助。

七、民主评议党员制度

民主评议党员,是按照党章规定的党员条件,通过党员教育和党内外群众的评议,以及党组织的考核,对每个党员在工作中的表现和作用作出客观的评议,并通过组织措施,达到激励党员、纯洁组织、整顿队伍的目的。认真落实民主评议制度,对于强化党内民主监督和群众监督,密切党群干群关系,激励鞭策党员实践先进性要求,充分发挥先锋模范作用,具有十分重要的意义。

民主评议党员制度是改革开放以来建立的一项重要组织生活制度。1987年7月颁布的《新时期连队党支部建设纲要》首次对此作出规定:“党支部每半年组织一次对党员特别是干部党员的思想、工作、作风和模范作用的评议,党员要听取群众的意见,虚心接受批评和监督,并进行自我总结。党支部要对每个党员进行讲评,肯定成绩,指出缺点,提出要求。”1989 年 1 月中央批转中组部《关于建立民主评议党员制度的意见》，强调建立民主评议党员制度是从严治党、提高党员素质的重要措施。同年9月中组部发出的《关于民主评议党员和党员登记中形成的材料归档问题的通知》规定，支委会对党内外评议意见的分析、综合所形成的组织意见，优秀党员的主要事迹材料和组织审批材料，不合格党员被劝退或除名的主要事实依据材料和组织审批材料，党支部对党员不予登记的决议及主要事实依据材料、上级党委审批材料，均应经党组织审查盖章后归入本人档案。1991年1月1日颁布的《中国人民解放军政治工作条例》规定："每年对党员特别是干部党员的思想、工作、作风和模范作用进行一次评议。"同年10月中组部召开全国民主评议党员工作座谈会，总结了3年来各级党组织评议党员工作的主要经验：(1) 把对党员的教育、管理和监督融为一体，着力于提高党员的政治素质；(2) 正确运用批评与自我批评的武器，依靠自身力量解决党员队伍中存在的问题；(3) 把表彰先进、发扬党内积极因素同处置不合格党员、克服消极因素结合起来，使党组织保持生机与活力；(4) 把民主评议党员同民主评议支部结合起来，全面加强党的基层组织建设。1995年5月10日颁布的《中国人民解放军政治工作条例》，把民主评议党员制度的内容修订为："对党员特别是干部党员的思想、工作、作风和模范作用，采取党内与党外相结合的方法进行评议，每年至少一次"；2003年12月5日修订的条例规定："对党员特别是干部党员的模范作用，采取党内与党外相结合的方法进行评议，每年至少一次。"2005年12月1日颁布的《中国共产党军队支部工作条例》，对不同类型党支部民主评议党员作出具体规定。

民主评议党员，是保证从严治党，提高党员质量的一项重要制度，也是对党员进行经常性教育、管理和监督的有效方法。民主评议党员工作，要在党委的领导下，以支部为单位有步骤地进行。坚持民主评议党员，严肃认真地开展批评与自我批评，以分清是非，提高觉悟，增强党性。民主评议党员既是对党员进行教育、管理和监督的重要措施，也是调动党内的积极因素，克服消极因素，清除腐败分子和妥善处置不合格党员的一种有效办法。各级党委要加强调查研究，作出具体布置，进行督促检查，及时指导，防止形式主义。基层党组织应注重事先了解党员的情况，做到心中有数，并做好必要的准备工作，避免仓促从事。通过进行民主评议党员工作，把党员教育、管理、监督等一系列组织制度和工作制度建立健全起来，使这一工作纳入经常化和制度化轨道。坚持评议党员制度，基层党组织注重把握三个环节：一是评议前讲清评议目的，消除思想顾虑。目前，一些同志对评议党员存有思想顾虑，党员干部"怕砸锅"、战士党员"怕挨整"、群众"怕报复"，针对这"三怕"，基层党组织深入进行思想动员，接触党员、群众的思想顾虑，为评议活动打下坚实的思想基础。引导党员特别是党员干部正确对待自己，正确对待群众批评，自觉接受群众监督，在民主评议中提高党性觉悟。同时，注意引导群众用对党的事业、对党支部建设高度负责的精神对待评议，把提意见看成是维护党的形象、关心党的建设、帮助同志进步的实际行动，勇敢地掌握批评的武器。二是评议中坚持实事求是，注重实际效果。评议党员活动始终坚持实事求是的原则，注意做到：不定调子。党支部不事先划框框，定调子，让群众充分发表意见，鼓励群众讲心里话，对照评议标准开展评议。对于个别言辞过激、批评不实的意见，则事先教育党员本着"言者无罪，闻者足戒"的冷静态度，认真听取，不得以任何形式打击报复。不打棍子。贯彻"团结批评团结”的方针，对个别问题较多的党员，从团结的愿望出发，有问题不迁就，有成绩不埋没，做到讲问题不否定成绩，不无限上纲。不捂盖子。评议中必然会暴露出党支部工作中的一些问题。因此，党支部不能只报喜，不报忧，而要敢于正视问题，解决矛盾。不图形式。为了保证评议党员活动不走过场，党组织将这一活动与考察干部、配备骨干、评功评奖等结合起来，与广泛开展谈心活动结合起来，与改进工作结合起来，真正使评议活动反映实情，符合实际，取得实效。三是评议后做好思想工作，调动积极因素。对于个别问题较多、评议中群众意见较大的党员，耐心地进行帮助，教育他们正确对待问题，正确对待群众，把批评变为动力，放下包袱，振奋精神。对于评议中与事实有出入的意见或群众提出的一时不能解决的问题，不能采纳的建议，耐心做好解释工作，使群众的意见有着落、有回音。

党员参加党的组织生活，可以接受党组织的教育，取得党员之间的相互帮助，得到锻炼，增强组织观念，提高思想觉悟和政治水平；可以发表对党的政策的意见，对党的工作提出建议和倡议，发挥党员的积极作用；可以在党组织和党内外群众的监督下，发扬优点，克服缺点，纠正错误，不断提高。但是，我们有些党员，借口工作忙等理由，随意不参加组织生活。有些担任领导职务的党员，自以为高人一等，把自己凌驾于组织之上随意不参加组织生活。这些都是不对的。当年，毛泽东、周恩来、刘少奇等老一辈无产阶级革命家，他们日理万机，却毫不特殊，仍然以普通党员的身份自觉参加党的组织生活，为全党树立了光辉榜样。所以党章明确规定：“每个党员，不论职务高低，都必须编入党的一个支部、小组或其他特定组织，参加党的组织生活，接受党内外群众的监督。党员领导干部还必须参加党委、党组的民主生活会。不允许有任何不参加党的组织生活、不接受党内外群众监督的特殊党员。”严格遵守这一规定，使每个党员都在党的一组织中过组织生活，是加强对党员的教育、管理和监督，促进党员发挥先锋模范作用的一项组织保证，也是加强党的建设的重要内容。每个共产党员，特别是党员领导干部都必须按照这个规定，自觉地参加党的组织生活，接受党组织的教育和监督，增强党的观念，不断加强党性修养和锻炼，使自己成为一名名副其实的共产党员。

（作者：周华，南京政治学院教授）

（选自《军事历史研究》2011 年第 3 期）

中国共产党90年反腐败的基本经验

邵景均

中国共产党自成立之日起，就把“保持廉洁、反对腐败”庄严地写在了自己的旗帜上。中国共产党90年的历史，是一部革命、建设和改革开放的历史，也是一部反腐倡廉的历史。认真回顾和总结90年来中国共产党反腐败的基本实践和基本经验，不论是对深入开展党风廉政建设和反腐败斗争，还是实现党的长期执政、国家的长治久安，都具有重要意义。

一、90年来，中国共产党始终高度重视反腐败斗争，从来没有丧失对腐败危险的警惕

中国共产党是马克思主义武装起来的中国工人阶级先锋队，在本质上与腐败水火不容。党通过总结历史经验和对现实环境的分析，清醒地认识到，党的任何腐败行为都可能导致生存危机。因此，党始终要对腐败现象保持高度警惕，把保持廉洁放在党的建设和政权建设的突出地位。

党在1921年起领导的安源工人运动中，针对革命队伍中出现的经济方面的实际问题，积极组织开展反腐倡廉工作，取得了显著成效。这是我党有史可查的最早的反腐倡廉实践。

第一次国内革命战争时期，党员队伍得到迅速扩大，一些品质不好的人混入党内，发生“吞款、揩油的情弊”。针对这个情况，中共中央扩大会议于1926年8月4日向全党发出了关于《坚决清洗贪污腐化分子》的通告，这是中国共产党发布的第一个反腐败文件，明确地表达了党与腐败的根本对立，敲响了反腐败的第一声洪亮钟声。

第二次国内革命战争时期，党有了自己领导的根据地和政权，更加重视对腐败的斗争。1932年7月，中华苏维埃政府中央执行委员会发出第14号训令，指出对苏维埃中的贪污腐化分子，各级政府一经查出，必须给以严厉的纪律上的制裁，谁要隐瞒、庇护和放松对这种分子的检查与揭发，谁也要同样受到革命的斥责。曾当过江西瑞金叶坪村苏维埃政府主席的谢步升，利用职权贪污打土豪所得财物。在时任中共瑞金县委书记邓小平的支持下，案件调查员向毛泽东主席汇报了情况。毛泽东当场表态，与贪污腐化作斗争，是我们共产党人的天职，谁也阻挡不了！就这样，谢步升成为中国共产党成立后被党枪决的第一个腐败分子，时间是1932年5月9日。

在之后的抗日战争和解放战争时期，党在同帝国主义和腐败的国民党反动政权斗争的同时，始终毫不留情地同自身的腐败现象进行顽强的斗争，使党和党领导的军队、根据地政府形成了前所未有的清廉风气。1949年，时任美国驻华大使的司徒雷登说，共产党战胜国民党，建立新中国政权，靠的不是飞机大炮，而是廉洁，以及廉洁换得的民心。

中国共产党夺取全国政权以后，面临着反腐败斗争新的考验。在七届二中全会上，毛泽东告诫全党，资产阶级“糖衣炮弹的攻击”将成为党执政后的主要危险，有些共产党人“在糖弹面前要打败仗”。为了有效应对这个主要危险，党中央决定加强对全党同志特别是领导干部的教育，务必使同志们继续地保持谦虚、谨慎、不骄、不躁的作风，务必使同志们继续地保持艰苦奋斗的作风。新中国成立不久，党中央就针对腐败现象迅速蔓延的实际情况，及时开展以反腐败为主要内容的“三反”运动，以后又进行了多次大规模的群众运动反腐败。毛泽东指出，腐败现象是社会主义社会的一个基本乱源，轻则引起群众的反对和不满，重则会引起“第二次革命”，造成党和国家改变颜色的局面。实践证明，毛泽东主政时期，在扫除旧社会的污泥浊水、保持党和国家机关清正廉洁方面，取得了举世公认的成就。

党的十一届三中全会以后，我国进入改革开放和社会主义现代化建设新的历史阶段，反腐败斗争展现出了与以往不同的新形势、新特点。邓小平及时提出，反腐败必须旗帜鲜明、坚定不移，要“一手抓改革开放，一手抓惩治腐败”。党中央改变了以往靠群众运动的做法，坚持依靠教育和制度反腐败，反对和纠正领导干部特殊化，打击经济领域的各种犯罪行为，遏制了腐败现象蔓延的势头。

20世纪80年代末90年代初，中国经济逐步由计划经济体制向社会主义市场经济体制转轨，腐败现象空前易发多发。党中央指出，腐败现象是侵入我们党和国家机关健康肌体的病毒。如果我们掉以轻心，任其泛滥，就会葬送我们的党，葬送我们的人民政权，葬送我们的社会主义现代化大业。党中央提出“反腐败三项工作格局”——坚持不懈地抓好领导干部廉洁自律、查办违纪违法案件、纠正损害群众利益的不正之风，加大了从源头上治理腐败的力度。

进入新世纪，以胡锦涛同志为总书记的党中央对党风廉政建设和反腐败斗争高度重视。党的十七大把反腐倡廉建设与党的思想建设、组织建设、作风建设和制度建设一起，确定为党的建设的基本任务，党风廉政建设和反腐败工作在继承中发展，在改革中创新，特别是在查办大案要案、深挖腐败分子、加强制度建设、强化对领导干部的监督、治理商业贿赂、纠正损害群众利益的不正之风等方面取得重要进展。

90年来的实践充分证明，不论中国共产党面临什么样的环境、承担什么样的任务，不论党的自身结构发生了什么样的变化、思想理论有了什么样的发展，都始终不渝地高度重视反腐败斗争，须臾没有放松对腐败危险的警惕，并取得了反腐败斗争的一系列成果和经验，有效保证了党的事业一步步发展壮大。

二、90年来，中国共产党不断加强和改善对反腐败斗争的领导，从来没有放弃或松懈自己的职责

领导问题，是决定反腐败斗争成败的首要问题。中国共产党从登上历史舞台之日起，就自觉承担起领导反腐败的职责。中国共产党对反腐倡廉建设的领导是全面的，体现在政治领导、思想领导、组织领导各个方面。

在政治领导方面，党始终坚持自己的政治纲领和政治原则，制定和实施反腐倡廉的重大决策，正确处理反腐倡廉建设与党的中心工作、全局工作的关系。新中国成立以后，党制定决策发动多次政治运动，打击各种腐败现象。十一届三中全会以后，党坚持把发展作为执政兴国的第一要务，坚持党风廉政建设和反腐败的任务提出、政策制定、工作部署，都以服从、服务于科学发展为出发点和落脚点，与经济建设统筹谋划，将防治腐败寓于改革开放和经济建设重要决策和措施之中；反腐倡廉工作重点的确定、各项措施的实施，都放在改革开放和经济建设的进程中来把握，与改革发展的实践相适应，与改革发展的重要步骤相一致，与改革发展的重大举措相配套；针对妨碍改革、发展、稳定的突出问题，及时从党风廉政建设和反腐败角度研究和制定政策；坚持按照科学发展观的要求，及时发现和解决在党风、政风方面的突出问题，既旗帜鲜明地保护广大党员干部改革创新的积极性，又严肃查处干扰破坏改革开放、经济建设的违纪违法行为，有力保证党的基本路线的贯彻执行和社会主义现代化事业顺利发展。

在思想领导方面，始终坚持以发展着的马克思主义指导反腐倡廉新的实践。新中国成立前后，党坚持用毛泽东思想指导反腐败斗争，教育广大干部廉洁从政。改革开放以来，党坚持运用中国特色社会主义理论，科学判断形势，深刻总结经验，准确把握规律，制定正确的反腐倡廉方针政策和决策部署；加强对全局性、战略性问题的研究，用发展的思路和改革的办法，注重从源头上解决腐败问题；坚持一切从实际出发，适应国内外形势的发展变化，进一步解放思想，开拓创新，努力做到思想观念和思想方法、工作思路和工作方法、人员素质和工作作风的与时俱进。

在组织领导方面，党始终坚持党委对反腐败斗争的统一领导。不论在战争年代还是在和平时期，中国共产党始终实行集中统一领导，包括对反腐败斗争。进入改革开放新时期后，党在领导反腐倡廉建设的实践中，逐步形成了党委统一领导、党政齐抓共管、纪委组织协调、部门各负其责、依靠群众支持和参与的反腐败领导体制和工作机制。各级党委坚持“两手抓，两手都要硬”的方针，把反腐倡廉作为关系党和国家生死存亡的大事来抓，把党风廉政建设和反腐败工作纳入党委工作的整体格局，通盘考虑，统一部署。各级纪委发挥党委的参谋助手作用，针对党风廉政建设全局性、倾向性问题，深入研究、通盘谋划，提出对策和建议，并协助党委抓好反腐倡廉各项工作的落实。在党委统一领导下，按照党风廉政建设责任制的要求，党政职能部门各司其职，各负其责，对职责范围内的党风廉政建设切实负起责任。坚持把党风廉政建设和反腐败工作与物质文明建设、政治文明建设、精神文明建设和其他业务建设紧密结合，一起部署、一起落实、一起检查、一起考核。严格实施责任追究，对党风廉政建设方面的失职行为，依据有关规定坚决追究责任。通过这一套领导体制和工作机制，进一步保证了党对反腐倡廉建设的统一领导，巩固和发展了全党动手反对和防止腐败的良好局面。

三、90年来，中国共产党始终坚持依靠人民，形成反腐败斗争的强大力量，从来不脱离群众

反腐败必须解决好“依靠谁”的问题。中国共产党人是彻底的唯物论者，历来相信人民群众是世界历史的创造者，是战胜腐败的强大力量。早在80年前成立中华苏维埃共和国临时中央政府的时候，党就确立了工农兵代表大会制度，规定工农兵是国家权力的主人。人民群众不仅有权选派代表掌管政权，而且有权批评、监督、检查和罢免政府官员。在工作实践中，苏维埃政府工农检查机构设立了控告局，发动群众举报不廉洁的干部；组织临时检察委员会，检举、监察政府工作人员，清除腐化分子；建立突击队，组织轻骑队，设置巡视员、通讯员，加大检查工作力度。

新中国成立后，党依靠群众，多次开展各种形式的群众运动，有效地遏制了腐败现象的滋生和蔓延。

改革开放以来，党鉴于“文化大革命”的历史教训，决定不再搞“群众运动”，而是把发展民主，加强对行使公共权力的监督，作为依靠群众有序参与反腐倡廉建设的基本途径。监督的主要形式包括：(1) 人大监督；(2) 政府专门机关监督；(3) 司法监督；(4) 政协民主监督；(5) 一般群众监督；(6) 新闻舆论监督。实践证明，只有坚持以人为本，紧紧依靠人民，才能使反腐败工作更好地维护人民群众的根本利益，也才能更充分地调动最广大人民参与反腐败斗争的积极性，形成强大的反腐败斗争力量。

四、90年来，中国共产党始终坚持标本兼治反腐败，着重提高人的觉悟、加强法制建设，从来不舍本逐末

标本兼治是中国人的政治智慧，也是中国共产党人反腐败的基本方法。对于反腐败来说，所谓治本，最重要的是两条，一是人心向廉，二是制度保廉。

以毛泽东为代表的中国共产党人十分重视思想教育，强调思想建党，努力从人的内心深处解决好反腐败问题。1929年毛泽东主持的古田会议提出，在党内和红军内部，重点是克服各种非无产阶级思想的影响，主要是个人主义、主观主义、流寇主义、绝对平均主义、享乐主义、极端民主化和军阀思想等。为纠正党内、军内的消极、腐败现象，必须加强正面教育，从思想上肃清各种错误观点，并开展党内正确的批评和自我批评，使党内生活政治化、科学化。抗日战争时期，党加强对各级干部的“长工”教育即公仆教育。主要是教育干部摆正自己与人民群众的公仆与主人的关系，安于公仆的地位和身份，忠实地履行公仆职责。通过教育，广大干部过着清贫的生活，有的还不如普通的工人农民。勤俭节约、廉洁奉公，成为他们本能的行为。正因为如此，边区人民和来自国统区的考察者，都说在边区“只见公仆不见官”。新中国成立后，党更加注重对干部的廉洁教育，增强其抵制腐败的自觉性。

推行廉洁政治必须依靠法制。1933年12月15日，中华苏维埃共和国主席毛泽东颁发《中华苏维埃共和国中央执行委员会训令，第26号——关于惩治贪污浪费行为》，是这一时期最有代表性的廉政法制文献。为了堵塞漏洞，防止有人贪污浪费，苏区还建立了比较完善的财政制度。1938年8月15日颁布了《陕甘宁边区惩治贪污条例》(草案)，为惩治新贪官污吏和新劣绅提供了法律依据。新中国成立以后，特别是改革开放以来，惩治和预防腐败的法律制度体系日臻完善。实践证明，只有积极推进惩治和预防腐败制度体系建设，才能突出重点，抓住关键，增强反腐倡廉建设的整体性、协调性、系统性、实效性。

五、90年来，中国共产党始终坚持从实际出发，灵活制定反腐败方针政策、确立反腐败体制机制，从来不僵化、教条

反腐败不仅需要选择正确的路径，而且在具体实践中需要实行正确的战略策略。90年来，党坚持从实际出发，灵活地制定反腐败具体方针政策和确立体制机制，不断取得反腐败斗争新成效。

在新中国成立后第一次大规模的反腐败斗争的“三反”运动中，毛泽东根据实际情况提出的方针政策是：应把反贪污、反浪费、反官僚主义的斗争看做如同镇压反革命的斗争一样的重要，一样的发动广大群众包括民主党派及社会各界人士去进行，一样的大张旗鼓去进行，一样的首长负责，亲自动手号召坦白和检举，轻者批评教育，重者撤职，惩办，判处徒刑（劳动改造），直至枪毙一大批最严重的贪污犯。这一方针政策确保"三反"运动达到了预期效果。

进入改革开放新时期后，党坚持根据实际情况确定反腐倡廉工作格局。20世纪80年代后半期，党中央提出纪委履行"保护、监督、惩处、教育"四项职能。90年代初，确立了领导干部廉洁自律、查办违纪违法案件、纠正部门和行业不正之风的反腐败工作三项格局，对于遏制腐败现象滋生蔓延的势头起到了重要作用。十五大以后，在坚持三项工作格局的基础上，强调从改革体制、机制、制度着手，加大从源头上治理腐败的工作力度。进入新世纪，惩治和预防腐败体系实施纲要提出，教育、制度、监督、改革、惩处、纠风各项工作整体推进，从而使反腐倡廉工作格局进一步丰富和完善。与此同时，还坚持战略上整体规划、战术上分阶段实施；坚持以人为本，做到宽严相济，注重综合效果等。实践证明，只有适应世情、国情、党情的发展变化，坚持解放思想、实事求是、与时俱进和改革创新，才能使党风廉政建设和反腐败工作不断体现时代性、把握规律性、富于创造性。

六、90年来，中国共产党始终坚持边实践边总结，注重以发展的科学理论指导反腐败斗争实践，从来不轻视理论

中国共产党是非常重视理论指导的党。90年来，党之所以能够根据实际需要及时制定出正确的方针政策，不断取得领导反腐倡廉工作成效，首先得益于理论指导的正确和反腐倡廉建设理论的不断发展。

毛泽东为党的反腐倡廉建设奠定了重要的理论基础和策略基础。在为什么反腐败方面，毛泽东认为，政治思想上的蜕化变质，经济上的贪污受贿，生活上的挥霍享受，均属于腐败的范畴；腐败是反党反社会主义行为，腐败分子是钻到我们队伍里面的坏分子，蜕化变质分子，这些人，骑在人民的头上拉屎拉尿，穷凶极恶，严重地违法乱纪；坚持反腐败，才能保证党不变修、国不变色。在依靠谁反腐败方面，毛泽东认为，必须坚定不移地依靠中国共产党的领导，依靠最广大的人民群众。在怎样反腐败方面，毛泽东的主要方法是教育、惩治、监督三者密切结合，同时注意反腐败斗争与中心工作的有机配合。正是在毛泽东反腐败思想的指引下，中国共产党人才创造了新中国成立初期那种廉洁从政的光荣岁月。

党的十一届三中全会以后，邓小平科学地揭示了新的历史条件下为什么反腐倡廉和怎样反腐倡廉这两个根本性问题，形成了邓小平反腐倡廉理论。其要点是：(1) 执政党的党风和廉政问题，关系党和国家的生死存亡。(2) 在整个改革开放过程中都要坚持反腐败，两手抓，两手都要硬。(3) 反腐败不搞群众运动但必须紧紧依靠群众。(4) 坚持不懈地纠正各种不正之风，坚决制止和取缔严重危害社会风气的腐败现象。(5) 党风廉政建设和反腐败要以领导干部为重点，领导干部尤其是高级领导干部要做全党的表率。(6) 反腐败要靠教育，更要靠法制。(7) 坚持从严治党，严肃纪律，在法律和纪律面前人人平等。(8) 坚持和发扬党的优良作风，保持艰苦奋斗的传统才能抗得住腐败。(9) 党要接受监督，要加强党内监督，要有专门机构进行铁面无私监督检查。(10) 只有社会主义才能消除腐败，我们党和国家有能力逐步克服并最终消除腐败。

十三届四中全会以后，以江泽民为核心的第三代中央领导集体，对党风廉政建设和反腐败斗争提出了一系列新论断、新举措。其理论要点是：(1) 坚持共产党领导，紧紧围绕发展这个党执政兴国的第一要务。(2)坚持党要管党、从严治党的方针，首先要治理好领导班子和领导干部。(3) 坚持领导干部廉洁自律、查处大案要案、纠正不正之风为主要内容的反腐败工作格局;构筑思想道德和党纪国法两道防线。(4)坚持标本兼治、综合治理，逐步加大治本力度；教育是基础，法制是保证，监督是关键，通过深化改革，不断铲除腐败现象滋生蔓延的土壤。(5) 坚持对人的处理持慎重态度，做到实事求是，区别对待。(6) 坚持党的群众路线，发展社会主义民主，从决策和执行上加强对权力的制约和监督。(7) 坚持加强廉政立法、遵纪守法教育和执法检查工作，使党风廉政建设和反腐败斗争纳入法制化轨道。(8)坚持全党一起抓，严格实行责任制，形成党风廉政建设和反腐败斗争的合力。

十六大以来，针对反腐倡廉工作面临的新形势，以胡锦涛同志为总书记的党中央进一步加大防治腐败工作力度。一是确立了标本兼治、综合治理、惩防并举、注重预防的反腐倡廉方针，惩治腐败与预防腐败关系更加明确；二是提出建立健全惩治和预防腐败体系的目标，反腐倡廉工作更加系统化；三是提出要拓展从源头上防治腐败工作领域，防治腐败的实现途径更加多样化。在理论上提出了一系列重要观点：(1) 党越是长期执政，反腐倡廉的任务越艰巨，越要坚定不移地反对腐败；越是改革开放，越是发展社会主义市场经济，越要从严治党。执政基础最容易因腐败而削弱，执政能力最容易因腐败而降低，执政地位最容易因腐败而动摇；要充分认识反腐败斗争的长期性、复杂性、艰巨性。(2) 坚定不移地贯彻标本兼治、综合治理、惩防并举、注重预防的战略方针，抓紧完善惩治和预防腐败体系，把反腐倡廉工作融入经济建设、政治建设、文化建设、社会建设和党的建设之中，拓展从源头上防治腐败工作领域。(3) 坚决惩治腐败是我们党执政能力的重要体现，有效预防腐败更是我们党执政能力的重要标志；在坚决惩治腐败的同时，更加注重治本，更加注重预防，更加注重制度建设。(4)防治腐败，教育是基础。(5) 良好的作风是抵御消极腐败现象和保持清正廉洁的重要保障。(6) 依靠制度惩治和预防腐败，是做好反腐倡廉工作的根本途径。(7) 党内民主是党的生命，是保持党的生机和活力的关键，也是搞好党风廉政建设和反腐败工作的根本途径。(8) 加强对权力运行的监督制约，保证把人民赋予的权力用来为人民服务。(9) 大力推进党的执政能力建设和先进性建设，做到为民、务实、清廉，等等。(10) 反腐倡廉建设必须坚持以人为本、执政为民。这些重要思想，有效地推进了反腐倡廉建设。

(作者：中共中央纪律检查委员会研究员)

(选自《中共中央党校学报》2011 年第 3 期)

加快推进惩治和预防腐败体系建设的思考

王学俭　张　智

坚决惩治和有效预防腐败，关系人心向背和党的生死存亡。90年来，我们党始终高度重视反腐败斗争。党的十七届四中全会通过的《中共中央关于加强和改进新形势下党的建设若干重大问题的决定》把“加快推进惩治和预防腐败体系建设，深入开展反腐败斗争”作为当前和今后一个时期党的建设新的伟大工程需要突出抓好的六个方面重点问题之一，这是我们党深刻总结反腐倡廉的实践经验、准确把握我国现阶段反腐倡廉的形势，站在新形势下党的建设的战略高度作出的新部署，提出的新要求。面对依然严峻和艰巨的反腐败斗争形势和任务，我们党需要“以更加坚定的信心、更加坚决的态度、更加有力的举措推进惩治和预防腐败体系建设，坚定不移把反腐败斗争进行到底”，全面推进党的建设新的伟大工程，不断提高党的建设科学化水平。

一、加快推进惩治和预防腐败体系建设的重要性和紧迫性

1. 加快推进惩治和预防腐败体系建设是深入贯彻落实科学发展观的战略要求。科学发展观是我国经济社会发展的重要指导方针，也是指导党风廉政建设和反腐败斗争的强大思想武器。惩治和预防腐败体系建设是一个系统工程，需要建立综合战略，讲究手段的综合性、过程的渐进性、思路的开放性和工作的层次性。推进惩治和预防腐败体系建设，必须以科学发展观为统领，必须坚持科学发展的观点、必须坚持以人为本的原则、必须坚持全面、协调、可持续发展。深入贯彻落实科学发展观，要求我们不断改进党的作风建设和反腐倡廉建设，增强运用科学的方法和手段推进反腐倡廉建设的能力，按照发展这个党执政兴国的第一要务和全面协调可持续的基本要求，紧紧围绕科学发展谋划和推进反腐倡廉建设。推进惩治和预防腐败体系建设，切实解决党员干部思想作风和工作能力等方面不符合科学发展观要求的突出问题，解决损害人民群众利益问题，保障党员干部的合法权益，能够把以人为本的理念贯穿到反腐倡廉工作的各个环节、各个方面；把反腐倡廉战略性目标与阶段性任务相结合，整体推进教育、制度、监督、改革、纠风、惩治等方面工作，增强反腐倡廉工作的系统性和实效性，形成内外衔接、上下配套、结构合理、运作科学的反腐倡廉工作机制的过程，并通过不断扎实的工作，服务、保障和促进科学发展观的贯彻落实。

2. 加快推进惩治和预防腐败体系建设是全

面推进党的建设新的伟大工程的战略部署。加快推进惩治和预防腐败体系建设是加强党的执政能力建设，全面推进党的建设新的伟大工程的战略部署。一方面，加快推进惩治和预防腐败体系建设，是由全面推进党的建设新的伟大工程的历史任务决定的；另一方面，推进惩治与预防腐败体系，就抓住了新形势下全面推进党的建设一个十分重要的环节，抓住了提高党的领导水平和执政水平、提高拒腐防变和抵御风险能力的一个十分重要的切入点。坚决惩治和有效预防腐败，关系党的生死存亡和人心向背，关系党的执政基础和群众基础，是党必须始终抓好的重大政治任务。加快推进惩治和预防腐败体系建设，有利于提高党员干部的党性修养和思想道德水平增强拒腐防变和抵御风险的能力；有利于加强制度建设，不断提高反腐倡廉的法制化水平；有利于发展党内民主，强化监督，保证各级领导干部正确行使人民赋予的权力；有利于加强和改进党的作风建设，保持党同人民群众的血肉联系，使我们党经受住执政考验、改革开放考验、市场经济考验和外部环境考验。加快推进惩治和预防腐败体系建设是我们党站在新形势下党的建设新的伟大工程的战略高度作出的新部署，提出的新要求，必须坚持不懈、旗帜鲜明地抓紧贯彻落实。

3. 加快推进惩治和预防腐败体系建设是新形势下加强和改进反腐倡廉建设的战略任务。当今世界正处在大发展大变革大调整时期。世情变化带来的新机遇和新挑战，要求我们党进一步加强和改进党的反腐倡廉建设。近年来，反腐倡廉建设取得明显成效，特别是惩治和预防腐败体系建设成效显著，全党动手抓反腐倡廉的局面进一步形成。但是腐败行为并未有所收敛，腐败的高发态势依旧，腐败与反腐败此消彼长，腐败行为总体呈现高位频发、缓慢增长的趋势。腐败现象在一些部门和领域易发多发的状况仍未根本改变。有的地方和单位思想上重视不够，没有真正突出惩治和预防腐败体系建设的重要性；工作指导不够及时有力，特别是一些重点领域、热点部位和关键环节的腐败问题还没有得到很好处置；有些举措针对性和实效性不强、制度落实不得力的问题还不同程度地存在；消极腐败问题的关联性、群体性突出，窝案串案增多；滋生腐败的土壤和条件依然存在，反腐败斗争的形势仍很严峻。惩治和预防腐败体系建设体现了反腐倡廉方针的基本要求，提供了有效遏制腐败现象滋生的重要途径和方法，在反腐倡廉建设中居于全局性和战略性地位，既涉及党的建设和政权建设，又涉及社会管理的诸多方面，涵盖了党风廉政建设和反腐败斗争的主要任务。加快推进惩治和预防腐败体系建设，是党风廉政建设和反腐败斗争的关键，能有效推动党风廉政建设和反腐败斗争各项任务的落实，把党的建设提高到一个新的科学化水平。

二、加快推进惩治和预防腐败体系的路径选择

1. 以提高党的执政能力和先进性为出发点。以惩治和预防腐败体系建设为重点的反腐倡廉建设是党的建设的重要组成部分，是提高党的执政能力建设和先进性建设的重要内容。加强党的执政能力建设和先进性建设，关系中国社会主义事业兴衰成败、关系党的生死存亡和国家长治久安的重大战略课题。我们党在六十余年的实践中锻炼得更加成熟、更加坚强，党的执政能力同党肩负的重任和使命总体上是适应的。但是，面对新形势新任务，党的领导方式和执政方式、领导体制和工作机制还不完善，反腐败形势还很严峻，腐败还处在易发、多发、高发的态势上，表现出腐败官阶越来越高，腐败黑金额度越来越大，腐败幅面越来越宽等特点。惩治和预防腐败体系坚持标本兼治、综合治理、惩防并举、注重预防的方针，在坚决惩治腐败的同时，更加注重治本、更加注重预防、更加注重制度建设，拓展从源头上惩治腐败的工作领域，最大限度地减少腐败问题的发生，既包括了从严治标的措施，又包含了着力治本的内容，提供了有效遏制腐败现象滋生的重要途径和方法。坚持以提高党的执政能力和先进性为出发点，把坚决惩治腐败和有效预防腐败相结合，使党的执政方略更加完善、执政体制更加健全、执政方式更加科学、执政基础更加巩固，使党成为永远保持先进性、经得住各种考验的马克思主义执政党。

2. 以查处违法违纪案件为切入点。查办案件是惩治腐败、加强监督最有力的手段，也是反腐倡廉取信于民的重要体现。发挥查办违法违纪案件的治本功能是近年来查办案件工作的新特点、新发展，体现了在坚决惩治腐败的同时，更加注重治本、更加注重预防、更加注重制度建设的精神。通过查处违法违纪案件、惩处腐败分子、严肃党的纪律，使广大党员干部受到教育，同时针对案件中暴露出来的苗头性问题和薄弱环节，及时制定规范、堵塞漏洞，发挥查办案件的惩戒功能和治本功能。当前，以查处违法违纪案件为切入点推进惩治与预防腐败体系建设，一是要完善重大案件的剖析制度，对重大案件进行深入剖析，总结教训，发现倾向性、普遍性和规律性的问题，健全制度，改善体制机制，探索从源头上加以解决的途径和办法。二是要完善重大案件的通报制度，完善反腐倡廉新闻发布制度，加强网络舆情的监控和引导，注重反腐倡廉的对外宣传。三是要抓住苗头性、倾向性问题，开展专项治理，及时提出防范和治理措施，有助于深刻认识和正确把握反腐倡廉工作规律，使党风廉政建设和反腐各项工作更加符合实际，不断取得实效。四是要选取典型案例，进行警示教育，力求收到查办一案、治理一片、教育一群的效果，推动警示教育经常化、规范化，努力做到警钟长鸣、防微杜渐。

3. 以健全权力运行机制和监督机制为着力点。健全权力运行机制和监督机制是有效预防腐败的关键环节，是推进惩治和预防腐败体系建设的重要内容。监督机制不完善，监督不到位，是腐败现象易发多发的重要原因。权力的双重性决定了它既可以为公众服务，又可以为个人和集团谋取私利，现实中存在的大量腐败现象，都与缺乏监督或对权力运行的制约和监督机制不完善有关。当前，对掌权者的监督存在的死角和缺陷主要有：一是有些权力过于集中，有些权力又过于分散；二是权力运行不规范，有的权力运作缺乏法定程序，有的权力权责不明，自由裁量权过大；三是长官意志干扰权力的运作；四是对权力的制约和监督乏力，监督机构没有形成合力，监督体制不完善，群众监督渠道不畅不广；五是监督上面的法制建设落后，舆论监督，特别是网络舆论监督尚需从法律上加以规范；六是权力脱节。以健全权力运行机制和监督机制为着力点加快推进惩治和预防腐败体系建设必须建立结构合理、配置科学、程序严密、制约有效的权力运行机制和监督机制，加强对权力的授予过程、行使过程和运行结果的制约和监督，推进权力运行程序化和公开透明，推行党政领导干部问责制、廉政承诺制、行政执法责任制，健全巡视工作领导机制，健全对驻在部门领导班子及其成员监督的制度，完善党政主要领导干部和国有企业领导人员经济责任审计，加强对财政资金和重大投资项目审计，坚持党内监督与党外监督、专门机关监督与群众监督相结合，发挥好舆论监督作用，增强监督合力。

4. 以改革重要领域和关键环节反腐倡廉制度为创新点。反腐倡廉制度，是在反腐倡廉实践中鉴别是非的标准，是对问题恰如其分处置的衡量尺度，是处理违法违纪人员能够罚当其过、宽不失当遵守的规则，是警戒违法者规范今后行为的准绳，也是激励人们放手做好事的依据，具有指引、评价支持、保护、强制、惩罚和规范的多重作用。新形势下推进反腐倡廉建设，必须同时加大教育、监督、改革、制度创新的力度，但关键在于通过制度创新，减少体制障碍和制度漏洞，提高反腐倡廉的制度化、法制化水平。推进反腐倡廉制度创新，是经济社会又好又快发展的重要保证，是从源头上防止腐败的根本途径，是惩治和预防腐败体系建设的中心环节。当前推进反腐倡廉制度创新，应着力深化行政管理体制、司法体制和工作机制、预算管理制度改革，完善和规范财政转移支付制度，健全金融市场机制，完善政府重大投资项目公示制和责任追究制，建立健全防止利益冲突制度，完善公共资源配置、公共资产交易、公共产品生产领域市场运行机制，完善国有企业权力运行制衡机制、薪酬激励和约束机制，加强反腐倡廉制度执行情况监督检查，提高制度执行力，维护制度权威性。改革重要领域和关键环节反腐倡廉制度，既有深化改革的内容，也要注重建设的要求，加快推进惩治和预防腐败体系建设，必须加大反腐倡廉制度创新力度，进一步发挥制度在防止腐败方面的保证作用。

5. 以教育、解脱、挽救、保护领导干部为落脚点。教育、解脱、挽救、保护领导干部，是我们在反腐倡廉工作中一贯坚持的指导思想和基本原则。推进惩治与预防腐败体系建设的真正用意在于：通过领导干部自我反思、自我改造、自我约束、自我控制、自我监督、自我防范，及时调整和纠正自己的思想和行为，防微杜渐，不犯或少犯错误；即使出现一些问题，也可以通过廉洁自律的形式得以自我纠正，避免走上腐败之途。各级党员领导干部是建设中国特色社会主义伟大事业的中坚力量，立足教育，着眼防范，使领导干部少犯或不犯错误，是推进惩治与预防腐败体系建设的落脚点。应该说，大部分堕入腐败泥潭的干部，当初都是在党和人民的教育和培养下成长起来的，有的确实还为人民做过很多有益的工作。他们中的大多数，对自己长期为之奋斗的事业还是有感情的，他们的致命弱点，就是在市场经济大潮的冲击下抵不住诱惑，没有经受住权力、金钱、美色这“三关”的考验。从某种意义上讲，反腐败的成绩不仅在于发现和查处了多少腐败分子，还表现在教育和挽救了多少干部上。以对党员领导干部的教育、解脱、挽救和保护出发，加快推进惩治和预防腐败体系，有助于从源头上遏制腐败，也有利于把加强对干部的监督同信任干部、教育干部、保护干部、激励干部统一起来，充分调动广大干部的积极性、主动性、创造性。

三、提高惩治和预防腐败体系建设实效性的思考

1. 加强教育，深入学习，筑牢拒腐防变的思想防线。加强思想教育是拒腐防变的基础性工作。人的行为是在一定的思想观念支配下发生的，一切腐败行为都是腐朽的思想观念支配下发生的。近年来大量的腐败案例与事实证明，一些党员干部腐败堕落的一个重要原因就是不求新知，不思进取，理想信念动摇，宗旨意识淡薄，道德观念沦丧，放松了世界观和人生观的改造。因此，从源头上预防腐败，很重要的一个方面就是下工夫祛除党员干部思想上的病毒，疗救其道德上的缺失，使之筑牢思想道德防线。加快推进惩治和预防腐败体系建设必须不断增强思想理论教育的力度和效率。坚决贯彻为民、务实、清廉的要求，把坚定理想信念、增强宗旨意识作为思想教育的核心内容，坚持

用马克思主义及其中国化的最新成果特别是科学发展观武装全党，不断提高全党同志运用科学理论改造主观世界和客观世界的能力，不断充实教育内容，改进教育方式，创新教育载体，教育广大党员干部确立共产主义的理想信念和道德观念，树立正确的权力观、地位观、利益观和政绩观，从根本上增强政治免疫力，自觉抵御拜金主义、享乐主义、极端个人主义等错误思想的侵袭，坚决克服以权谋私、徇私舞弊的错误行为的发生，真正做到立党为公，执政为民。

2. 健全制度，创新机制，完善防治腐败的制度体系。依靠制度惩治和预防腐败是反腐倡廉工作的基本路径。创新惩治和预防腐败的制度、机制和体制，对于遏制和解决腐败问题具有基础性、根本性、长期性的重大意义。从近几年查办的重大违纪违法案件来看，大多案件都涉及权、钱、人等重要领域和关键环节，在监督、管理和制度建设中存在严重问题，腐败的成因和表征也愈见复杂，牵涉到体制、机制和法制等不同的层面。面对如此复杂多端的腐败现状，这就要求我们必须把惩治和预防腐败同深化改革紧密结合，做到改革发展进行到哪里，防治腐败的工作就要跟进到哪里，铲除腐败滋生蔓延的土壤和条件的制度创新就要推进到哪里，用制度、机制和法制保证党和国家事业的顺利进行。通过制度从源头上防治腐败，既要加强经济、政治、文化和社会等领域的制度建设和创新，又要加强党内制度建设和创新，不断完善各方面的体制机制，形成用制度管权、管事、管人的有效机制。完善防治腐败的体制机制，在宏观上要合理设计和安排制度框架，制定具有宏观性、整体性、前瞻性和系统性的制度体系。在中观上要构建具有整体性、实用性、连续性、适用性和关联性的“制度网络”，防治制度的漏洞和矛盾。在微观上要提高制度执行力，维护制度的权威性，使各项制度和机制落到实处。

3. 加强监督，制约权力，形成权力运行的监控机制。反腐败斗争的实践表明，权力如果失去有效的监督制约，阶级的代表就有可能转化为阶级的特权者，社会的公仆就有可能转化为社会的主人，人民的权力就有可能转化为压迫人民的工具。从近年来查处的大案要案看，涉案单位都存在监督缺位或监督流于形式的问题。加强对改革发展中的重要领域、热点部位、关键环节和领导干部的监督，形成层层监管、环环监管、横向监管、纵向监管的立体式监控体系，是当前有效推进惩治和预防腐败体系建设的重要课题。充分发挥各监督主体的作用，形成权力运行的监控机制，一要强化监督权力的意识，通过采取学习、宣传、讨论等形式，加深对落实监督权力重要性的理解，自觉履行监督职权，增强监控责任感。二要营造良好的监督氛围，如设立专门奖励措施，对真实、合法、有效的监督，要给予监督者适当的奖励，鼓励公众大胆行使监督权力。三要畅通监督渠道，关注社情民意，公开举报电话，设置举报信箱，增强监督合力。四要维护监督者的合法权益，制定相关法律制度，保证监督者利益不受侵害，不得随意剥夺监督者的权力。五要适时公布监督结果，利用各种媒体，适时、恰当、准确地向公众公布监督举报的调查处理结果，推进权力运行程序化和公开透明。

4. 借鉴经验，净化风气，营造廉荣腐耻的社会氛围。建立健全惩治和预防腐败体系的提出，是我们党总结长期以来的反腐倡廉实践经验，同时也是借鉴世界上一些执政的大党、老党丧失政权的惨痛教训而得出的重要结论。世界上许许多多国家在反腐倡廉方面的许多有益做法都值得我们借鉴。芬兰、瑞典、新加坡等被国际透明组织誉为“最廉洁的国家”。从思想道德建设、高薪养廉、健全法律体系并强化监督机制、从严惩治腐败等方面反腐倡廉的做法对我国反腐倡廉建设具有重大的启示意义。如新加坡就大力开展反腐倡廉教育，形成了良好的社会道德风尚、社会价值观和良好的教育环境。因为权力腐败的根源就是信仰动摇，道德滑坡，世界观扭曲。针对当前中国市场经济利益主体多元化、人们思想日益活跃的新情况，通过多种形式，树立典型，扶持正气，加强廉政宣传教育，扩大宣传教育的覆盖面，增强宣传教育的实效性，着力培养廉政主体的良知良德良能，遏制腐败动机，营造一种“廉荣腐耻”的社会氛围，形成一种廉洁公正的社会文化。同时也要加强对青少年的廉政教育，培养青少年廉洁奉公的理念。形成党风廉政教育的整体合力，使党风廉政教育工作得到党政领导的重视、各部门的积极配合和社会的热情支持，形成全社会抓党风廉政教育的大气候。

（作者：兰州大学马克思主义学院教授、博士生导师）

（选自《理论探讨》2011年第5期）

我党如何跳出反腐困境

——基于建党90年我党反腐历程的思考

李永忠

制度反腐难以破局，反腐倡廉陷入困境

中国共产党建党90年的历程中，无论区域性执掌政权，还是执掌全国政权，反腐败不仅是党与人民群众保持血肉联系的重要举措，而且是党长期执政的重要政治任务。这90年间，先后经历过战争反腐（主要以血与火的战争为反腐败的载体，时间划分：中国共产党建党后——1949年新中国成立）、运动反腐（主要以广泛发动群众开展运动为反腐败载体，时间划分：1949年新中国成立——1978年十一届三中全会）、权力反腐（主要以领导者的认识、决心、关注度和手中的权力为载体，时间划分：1978年十一届三中全会——2004年《中国共产党党内监督条例（试行）》颁发）。

划分战争反腐、运动反腐、权力反腐三个阶段，是根据反腐败所依托的主要载体而定。思想教育是上述三个反腐阶段共有的形式和内容，但思想教育不是反腐的载体。思想教育确有先导之功，但载体是皮，它只是毛。思想教育的效果，只能通过不同的反腐载体来体现并实现。战争反腐阶段，其中也包括运动反腐、权力反腐的因素，但反腐败的主要载体是战争。运动反腐阶段，其中不排除权力反腐的因素，但反腐败的主要载体是运动。目前，随着依法治国的推进、党务公开的推行、党内民主的发展、党内监督条例的颁发、党代会常任制试点的扩大等单项或综合性改革的深化，反腐败正由权力反腐阶段，逐渐向制度反腐阶段过渡。

改革开放30多年来，由于旧的载体——战争已经远去，群众运动不再采用；而新载体——制度，却因改革严重滞后而未能成为有效载体。因此，从反腐蚀到反腐败斗争，“形势仍然严峻”、“任务仍然繁重”已成为历次中纪委全会报告以及向历届党的全国代表大会报告的惯用词组。

一个不争的事实是：经济建设这一手，搞得很有成效，并得到国内外的一致认可。与此同时，卷进腐败的金额之巨，人员之多，职权之重，级别之高，以及占据的时间之长、空间之大的历史之最纪录，也不断地被刷新着……

面对易发多发、不断滋生蔓延的反腐败斗争形势，尽管从中央到地方的各级纪检监察机关，力图通过推进体制改革去打赢这场反腐败之战。但是，在缺乏全党形成统一的共识，缺乏顶层制度的战略设计，缺乏建立政改特区的体制改革试点支撑的情况下，为不辱使命，一方面通过力所能及的探索，去公开规范削减政府行政审批权力；通过党委会票决制等形式，加强对“三重一大”（重大决策、重要干部任免、重要项目安排和大额度资金的使用）等事权的集体决定和监督分量，尽可能减少个人或少数人专断。另一方面通过自身的努力工作，不断加大斗争强度、惩处烈度、打击力度，以尽可能保持对腐败的相对高压态势。于是，费用不断追加，机构不断扩编，级别不断提升，人员不断增加，专门从事纪检监察的干部，从上世纪80年代初的几万人，扩充到目前的几十万人……

但是，由于制度反腐尚未通过改革有实质性的推进，期望的结果既没有发生质的变化，也没有出现量的向好。一个不争的事实是：这么多年来，尽管地方各级“一把手”越来越成为腐败的高危岗位，尽管地方各级“一把手”中越来越频发严重腐败案件，但是，几乎没有一起是由同级纪检监察机关检举揭发出来的。于是，30年来反腐败形势的总体结论和评价还是四个字：仍然严峻！或许，“仍然严峻”并陷入困境的反腐败形势，是体制制度仍未有实质性改革的一个难以回避的沉重注解。

陷入困境的主要原因在于，缺乏反腐败战略的顶层设计，无法实现宏观层面的体制、制度突破，只好抓中观层面的机制突破，以便通过巡视、派驻使同体监督有所改观。中观层面不便深入，就不断把工作向微观操作层面铺开。结果就是，纪委查办的案件越来越多，教育的面越来越宽，纠风的事越来越细，而监督的缺位、虚位和不到位改进不大，也越来越疲于奔命。在目标锁定存在不合理的情况下，这种靠投入更多财力物力人力的高成本反腐方式，有如扬汤止沸，难以持续发展。反腐败不能再采用高投入高成本的方式了，不能只用加法，必须加减乘除并用。

预防腐败知易行难，关键在于党内分权

2003年，中纪委第一次公开报道了13名省部级腐败高官落马；2010年全年共有11名省部级腐败高官被处以重刑。2003年，13名腐败高官人均受贿贪污金额419万元；2010年，11名腐败高官人均受贿贪污金额983万元，是前者的2.35倍。这说明腐败高官的犯罪金额的增幅，远高于并快于经济的增长速度。2003年13人中，判处死缓以上3人（含死刑1人），占23%；2010年11人中，判处死缓7人，占63.6%。这说明死刑已经难以震慑腐败高官。

对于火灾、疾病、事故等等，人人知道必须预防为主。而对于反腐败的预防，直到十六届中央纪委几经努力，在不断统一思想的过程中，才第一次在反腐败的战略方针中提出“注重预防”（尚未形成预防为主的共识）。30年改革开放中的反腐败，从只重治标，到标本兼治；从重视办案，到源头治理；从惩防并举，到注重预防；从一个注重，到三个注重（注重预防、治本、制度建设）。但是，预防腐败的工作怎么搞，始终还是未能破解的难题。各地各单位多着眼于教育和技术层面的预防。即使不少具体工作走在前面的上海，在预防腐败方面所能开出的，也不过是“制度＋科技”的处方，而其所称的制度，大多是制度的浅层次含义（多为说在嘴上、写在纸上、贴在墙上的条条款款），与改革制度的实质，即改革权力结构，还有相当距离。全国各地，由于缺乏体制预防，特别是制度预防（即通过改革权力结构来预防腐败）的试验田，因此无法根据试验田的收成及时提出“预防为主”的战略方针。

30多年来，我们在政治体制改革上，没有“特区深圳”，在纪检体制改革上，也缺乏类似的“小岗村”。没有特区的试点和比较成功的样板间，“注重预防”大多只能写在纸上，说在嘴上，贴在墙上，而很难落实在行动上。在反腐领域，还形成不了一个以“预防为主”的共识，实质性的工作也难以推进。最关键的原因就在于，我们只有经改特区的“样板”，而严重缺乏政改这方面的体制、制度改革试点（政改特区）的有力支撑。没有政改特区作为孵化器，综合性、复杂性、艰巨性远远大于经济体制改革的政治体制改革，则很难推进，并更难巩固。

30年前改革开放的总设计师邓小平，不仅一针见血指出，我们各种错误的“总病根”是“权力过分集中”，而且明确强调，“制度问题不解决，思想作风问题也解决不了”。十一届三中全会开了改革开放从党内分权起步的先河，我们应当沿着这条路坚定不移地走下去。建立结构合理、配置科学的党内权力结构，实现党内决策权、执行权、监督权既相互制衡又相互协调，党内民主就能有存在的空间，党内民主就能有发展的时间，党内民主就能真正成为党的生命。健全的党内民主，就能真正并有效地推动人民民主的发展，民主也就能真正由党的生命成为社会主义的生命。

努力探索“减法”之路，科学分解党内权力

解决腐败问题，我们应当打破思维定势，走一条“减法”之路，也就是科学分解党内权力。

一说分权，几十年的习惯性思维是怕弱化权威，习惯性的做法是头痛医头分事权。既然“一把手”权力过分集中，一些地方和部门就想出了“一把手”不直接分管人、财、物的奇招。殊不知，“一把手”凭借过分集中的权力，让更依附于他的人掌管人、财、物，效果远胜于他自己直接分管。

建党90年执政60多年，已到了必须认真研究并实践党内机构分权的时候了。由于权威高度与权威管辖面积成正比，因此发展党内民主必须循序渐进，必须坚决维护中央的权威。在保持中央和省委现有领导体制格局不变的前提下，可通过在市、县委搞试点来探索经验，寻求从办案的思维转向监督的思维，从峻法转向预防，从同体监督转向异体监督，从治标为主转向治本为主，从事后转向事前。当然，这种从扬汤止沸到釜底抽薪的转型是个痛苦的过程。但不走这步不行，想走这步，却不想改革体制、制度也不行。

现在实践中面临的最大难题是，党委实行的是“议行合一”领导体制。马克思在140年前对72天巴黎公社“议行合一”领导体制的赞扬，成了各执政的共产党权力结构的经典模式，也成了前苏联解体东欧剧变的必然宿命，还成了改革中力图绕着走的雷区、禁区。

其实，巴黎公社的“议行合一”，是在战争压力下采用的权力结构，是其情可原、其时很短的权宜之计，并没有保证公社的成功。前苏联照搬“议行合一”权力结构，并由此而形成“苏联模式”。党内“权力过分集中”的“总病根”，也是导致苏联解体、东欧剧变的重要原因。

无论是加强党的作风建设，还是严格党的组织纪律，现在党委成为同级纪委难以监督的对象。之所以难以监督，是因为地方各级党委是将党内决策权、执行权、监督权集中于一体，而在这一体之中，又往往集中于被称为“一把手”的一个人。

尽管在中央正式文件中还没出现“一把手”这个称谓，但如果不引起高层的足够重视，“一把手”会凭借其越来越大的张力，最终挤进中央的正式文件。于是，常委会的召集人，演变成不再是一名普通成员的“班长”，进而再进化为凌驾于班子内所有成员的“一把手”。为了使这种凌驾能合理合法，个别地区的“一把手”通常还要加挂上级党委常委或副书记的头衔。

诚然，个别地区的“一把手”加挂上级党委常委或副书记的头衔，在某种特定时期和特定地区有其合理性。但是，这种非常态的现象，一旦常态化并固定下来，弊大于利则是必然。对个人而言，权力肯定会成为监督的死角禁区；对组织而言，党内民主肯定会受到削弱和重创。杜世成是如此，陈良宇也是这样。另外，从历史和战略的高度，加挂的利弊得失也值得研究并权衡。唐代统治者曾为这个小小的加挂头衔，付出过分裂为“五代十国”的惨痛代价。

在这一权力过分集中的体制下，执政时间越长，党委“一把手”权力集中的程度就越高；在计划经济向市场经济转型的过程越长，权力的含金量就越重；不仅会加大腐败的几率，而且会引发分裂的可能。其根源无不出自“权力过分集中”的“总病根”。

事实证明，没有科学的权力结构，必然经常滋生缺点；没有合理的权力分解，必然经常发生错误；没有及时的监督，必然延误错误的发现；没有有效的监督，必然难以挽救失败。

如果权力过分集中的“总病根”不能得到根治，民主就难以生存，监督就难以有效，体制就难以健全。失去监督的权力，不仅容易腐败，而且也容易逃脱惩处。腐败一旦在较长时间、较大范围保持一种“出生率”大于“死亡率”的态势，就会在局部出现人心思贪的现象，就会在一些人中间为没有机会腐败而喟叹，就会在部分人中出现笑廉不笑贪的心态。权力所内含的独占性、扩张性、排他性，在这“总病根”的催化下，对内形成强烈的封建式的人身依附关系，对外先滋生跑官要官，再蔓延成买官卖官，最后发展成骗官杀官。欲治其症，欲求其解，党内的决策、执行两权必须分开。

党内分权监督制衡，县级党委先行试点

由于长期执政，党内又缺乏分权制衡，地方各级“一把手”已经渐成高危岗位。2006年以来，河南省先后有22名曾担任过县委书记“一把手”的成为腐败分子。广东省茂名市原市委书记罗荫国因涉嫌职务犯罪被刑拘后，竟作如此狂言：“我要是真进去了，茂名官场没有一个好人了，不腐败不是官，像我这样级别的，谁不能供出来百十个人？我是腐败分子，我的上任不是吗？敢肯定，我的下任绝对还是。不就是腐败分子提拔腐败分子，腐败分子反腐败吗？”

对于党内分权，半个世纪前的党的八大有过尝试。设立了党内最高权力机关中央委员会，毛泽东为主席；设立了党内最高执行机关中央书记处，邓小平为总书记；设立了党内最高监督机关中央监察委员会，董必武为书记。甚至从中央到地方还推行了党代会常任制。然而由于国际形势的突变，毛泽东关于设立“党内国会”的构想及其党代会常任制的推行，也很快就戛然而止。

党内分权可向现代企业借鉴。因为现代企业制度常常走在整个经济社会的前面。现代企业法人治理结构通常由决策机关（董事会或股东大会）、执行机关（总经理及各级经理人员）、监督机关（监事会）等三大部分组成，分工明确，制衡有效。借鉴现代企业的权力结构，可从县级党内的分权入手。

在县级党委进行改革党内权力结构的试点，既符合党的十六大、十七大提出的扩大在市县开展党代会常任制试点的要求，也遵循了分权制衡的原则，还能有效推进党代会常任制的试点工作。通过党内科学分权，逐步实现党政合理分工，再到完成党政分开。这分权、分工、分开的过程，既是有效并充分发展党内民主的过程，也是切实恢复党员主体地位的过程，还是从战略层面上真正实现预防和遏制腐败滋生蔓延的过程。

首先，由县党代会选举产生党内的三个委员会（党内原有的县处级职数可不必增加）。一是县委会（党内决策机关），由15—21人组成，实行委员会制，县委书记是会议的召集人，也是县委会成员中唯一的县处级干部，但他的一票与其他委员的一票无异。因此，这时的县委书记，也就真正具备了兼任县人大主任的基本条件。二是执委会（党内执行机关），由5—7人组成，实行首长负责制，由现任的县委专职副书记担任执委会书记，成员包括组织部长、宣传部长、统战部长、县委办公室主任。三是监委会（党内监督机关），由5—7人组成，实行委员会制，县纪委书记改称监委会书记。其次，党代会闭会期间，由县委会代行其职权，县执委会和县监委会向县委会报告工作，并接受其监督。最后，县监委可以对党内专门的执行机关——县执委进行到位并有效的监督，同样县执委也可对党内专门的监督机关——县监委进行到位并有效的制衡。

诚然，反腐败在任何时候都不能放松查办案件。但是中国反腐战略的取胜之道在查办案件之外。为此，要跳出反腐困境，最需要的是反腐战略思维的创新，是反腐体制的创新，是“党和国家领导制度的改革”和创新。

（作者：中国纪检监察学院副院长、国家行政学院兼职教授）

（选自《人民论坛》2011年第8期（中））

全面把握反腐倡廉的阶段性特征

许云昭

在新世纪新阶段，我国社会主义经济、政治、文化、社会建设以及生态文明建设和党的建设取得新的重大成就，呈现一系列新的阶段性特征的同时，也决定着反腐倡廉呈现阶段性特征。坚持反腐倡廉战略方针，遵循反腐倡廉工作规律，不断提高反腐倡廉建设科学化水平，为中国特色社会主义事业发展提供强有力保证，就必须全面把握反腐倡廉的阶段性特征。

一、必须把握和坚持“两个基本判断”

从全球视野和国内形势发展的宏观背景看，从我们党建党90年以来的发展历史纵深看，对当前我国反腐倡廉的阶段性特征分析，其中重要的结论是“两个基本判断”。第一个基本判断是，我们走出了一条中国特色反腐倡廉道路。我们党从建党开始就一直高度重视反腐倡廉，始终捍卫党的纯洁性。改革开放特别是进入新世纪以来，党和政府始终以更坚决的态度、更坚定的决心、更有力的措施反对腐败，加强廉政建设。以党的十七大为标志，把反腐倡廉建设纳入党的思想、组织、作风、制度建设等“五大建设”之中，摆在更加突出的位置；以中国特色社会主义理论体系形成为标志，使反腐倡廉的指导思想更加明确，保证了党风廉政建设和反腐败斗争的正确方向；以确立反腐倡廉方针为标志，在坚决惩治腐败的同时，更加注重治本，更加注重预防，更加注重制度建设；以从立党为公、执政为民到以人为本、执政为民为标志，在反腐倡廉工作中更加强化了我们党一贯的政治主张和执政理念，始终切实维护人民群众的根本利益，始终保持党同人民群众的血肉联系；以保持惩治腐败的强劲势头为标志，坚持党要管党、从严治党，坚决查处腐败案件，严厉惩处腐败分子，等等。我们党走出了一条适合中国国情、具有中国特色的反腐倡廉道路，并成为中国特色社会主义道路的重要组成部分。第二个基本判断是，反腐败斗争具有长期性、复杂性、艰巨性，形势依然严峻、任务依然艰巨。人类社会历史发展总是伴随着腐败与反腐败的激烈较量，古今中外概莫能外。党风廉政建设和反腐败斗争是在全方位对外开放与发展社会主义市场经济条件和错综复杂的国际环境下展开的。从市场经济体制转换进程看，在深层次矛盾和问题的解决过程中，因利益主体多元化和利益关系多样化，容易产生不当竞争，以致出现一些新的腐败问题；从对外开放程度加深看，在拓宽视野、全面提升竞争能力的同时，资本主义腐朽思想文化影响也乘机而入；从党员干部队伍的现状看，我们党处于长期执政地位，党员干部队伍建设的难度不断加大，始终保持党的先进性和干部队伍的纯洁性成为必须常抓不懈的艰巨任务；从社会建设和管理角度看，社会阶层和社会关系发生重大变化，人们的思想活动的独立性、选择性、多变性、差异性明显增强，需要不断加强和创新社会管理，维护社会公平正义，应对社会风险；从工业化、信息化、城镇化、市场化、国际化的发展趋势看，我们用几十年的时间走完发达国家上百年甚至几百年走过的历程，各种社会矛盾和问题容易在短期内集中出现，使可以预见和难以预见的风险增多。因此，必须增强对反腐败斗争长期性、复杂性、艰巨性的认识。

二、必须把握和理解“三个并存”

十七届中央纪委六次全会深入分析了当前反腐倡廉的新特点，并概括为“三个并存”，即成效明显和问题突出并存、防治力度加大和腐败现象易发多发并存、群众对反腐败期望值不断上升和腐败现象短期内难以根治并存。“三个并存”辩证地揭示了当前反腐倡廉的重要特征，也完全符合客观实际，是我们谋划和思考、推动反腐倡廉建设的基本立足点和重要遵循。一要正确理解反腐倡廉成效明显与问题突出并存。改革开放特别是党的十六大以来，我们党不断深化对反腐倡廉建设规律的认识，反腐倡廉方向更加明确，思路更加清晰，措施更加有力，成效更加明显，有力维护了改革发展稳定大局，维护了人民群众切身利益，维护了社会公平正义，维护了党的先进性和纯洁性，密切了党同人民群众的血肉联系，巩固了党的执政地位和执政基础，得到了人民群众的认可和国际社会的积极评价。但是，我们决不能因为肯定这些成绩而忽视存在的问题，应清醒地看到，当前消极腐败现象仍然比较严重，一些重要领域和关键环节腐败案件增多，损害群众利益的突出问题仍然较为严重，等等。这些突出问题，仍然需要我们采取更有力有效的措施加以解决。二要正确理解防治力度加大和腐败现象易发多发并存。实践证明，近些年来，我们在加大查办案件工作力度的同时，不断加大预防腐败力度，努力做到既始终保持惩治腐败的强劲势头，又积极推进预防腐败工作，加快构建惩治和预防腐败体系。但是，有些反腐倡廉制度和举措的制定落实需要一个过程，只有通过不断集成积累才能发挥作用。而当前我国正处于发展的重要机遇期，同时也是社会矛盾凸显期，在这个时期会出现防治力度加大和腐败现象易发多发并存的局面。针对这一新特点，我们要不断拓展从源头上防治腐败工作领域，更有效地遏制腐败现象易发多发势头。三要正确理解群众对反腐败期望值不断上升和腐败现象短期内难以根治并存。随着社会主义民主政治建设的推进，群众参与反腐倡廉工作的积极性不断提高，同时对反腐败期望值也在不断上升。他们期望在实现好、维护好、发展好自己根本利益的同时，保障自己的知情权、参与权、表达权、监督权；期望在切实解决损害自己利益突出问题的同时，维护好社会公平正义；期望在关注自己所思、所忧、所盼的同时，健全诉求表达机制，完善惠民政策落实保障机制；期望在参与反腐倡廉建设的同时，党和政府继续加大惩治腐败力度，营造风清气正的社会环境。这是广大群众对反腐倡廉的新期待，我们必须积极回应。因此，我们要加倍努力，不断探索和完善反腐倡廉的新思路新途径新办法，逐步铲除滋生腐败现象的土壤和条件，把教育的说服力、制度的约束力、监督的制衡力、改革的推动力、纠风的矫正力、惩治的威慑力有机结合起来，同步发挥作用，提升反腐倡廉建设的综合效能。

三、必须把握和应对“四大挑战”

新世纪新阶段反腐倡廉建设已经站在一个新的起点上。随着对外开放程度的不断加深，市场经济体制的转型，科学技术的进步，党和国家工作大局的发展，反腐倡廉建设面临着新的机遇和新的挑战。概括起来有以下“四大挑战”：一是面临执政资源不断扩大与切实维护执政资源安全的新挑战。我们党从建党开始就高度重视发展执政资源，历经了革命、建设和改革，已经从领导人民为夺取全国政权而奋斗的党，成为领导人民掌握全国政权并长期执政的党。与革命时期和改革开放初期比，我们党拥有的执政资源包括直接支配资源和间接支配资源有了很大发展。这些执政资源有历史资源、政治资源、经济资源、组织资源、群众资源、人才资源、制度资源、意识形态资源，等等。从现实情况看，随着党的执政资源的不断扩充，维护执政资源安全的难度也随之增大。我们必须针对这些新情况新问题，加大反腐倡廉力度，有效防止执政资源流失，维护执政资源安全。二是面临改革攻坚，实现反腐倡廉体制机制制度突破的新挑战。随着反腐败斗争的纵深发展，惩治和预防腐败体系建设深入推进，在反腐倡廉建设中将触碰到越来越多体制机制制度方面的深层次问题。比如，在推进政治体制改革进程中，如何加强社会主义民主政治建设；在加强对权力运行监督中，如何有效整合监督资源，协调各监督主体，发挥整体合力；在推进重点领域和关键环节防治腐败工作中，如何着力创新防治公共资源交易领域腐败的思路和办法；在构建反腐倡廉制度体系中，如何把一些已经基本成熟的制度上升到法律层面，增强制度的约束力和执行力，等等。这些体制机制制度性问题突破了，反腐倡廉建设就能取得更大实效。三是面临科学技术快速发展与发挥网络反腐倡廉积极作用的新挑战。当今时代，科学技术日新月异，互联网已飞速发展和广泛普及。反腐倡廉离不开新技术的运用，离不开网络新兴媒体。如何充分利用新技术和网络媒体推进反腐倡廉建设，提高惩治和预防腐败的能力，给纪检监察机关和其他反腐败机构提出了新的挑战。四是面临加强和创新社会管理，优化社会廉洁环境的新挑战。改革开放以来，我们聚精会神搞建设，经济发展取得巨大成功。但是，一些地方和部门对经济建设“一手硬”、对社会管理“一手软”的问题也比较突出。因此，加强和创新社会管理是一项紧迫的任务。反腐倡廉建设必须自觉地融入到社会建设和管理中去，通过服务社会建设，着力解决涉及反腐倡廉的社会突出问题，努力营造以廉为荣、以贪为耻的社会风尚和良好环境。

四、必须把握和发挥“五个优势”

我们党是一个长期执政的大党，在反对腐败，推进党风廉政建设方面具有以下“五个优势”。一是有党的领导这一领导体制优势。党风廉政建设和反腐败斗争是在党的统一领导下开展的。我们党的根本宗旨就是全心全意为人民服务，决定了党同各种消极腐败现象是水火不相容的。全党把坚决惩治和有效预防腐败作为必须始终抓好的重大政治任务，各级党委建立健全了反腐败领导体制和工作机制，形成了全党动手抓党风廉政建设和反腐败工作的格局。二是有社会主义制度这一独特政治优势。社会主义是比资本主义更高的社会形态，是有别于历史上一切剥削制度的崭新社会制度。社会主义制度的本质就是要解放和发展生产力，逐步实现共同富裕，实现人的全面发展，使全体人民共享改革发展成果，享有广泛而充分的民主自由。这就为从根本上消除腐败奠定了制度基础，为反腐倡廉提供了坚实的物质基础和法制保障。三是有值得信赖和依靠的党员干部队伍这一组织优势。我们党是一个拥有 7800 万党员的大党，数量和整体素质都是举世无双的。从整体上看，党员干部队伍的主流是好的，是党和人民完全可以信赖的，也是廉洁自律、拒腐防变，与消极腐败行为作坚决斗争的中坚力量。四是有人民群众支持和参与这一执政资源优势。人民群众的拥护是最大的执政资源，也是最大的执政优势。人民群众的拥护和支持，是我们克服各种阻力、抵御各种风险的最大保障和动力。党风廉政建设和反腐败斗争一直得到了广大人民群众的大力支持和积极参与。五是有我们党与时俱进这一实践和理论创新优势。我们党具有与时俱进的马克思主义品质。我们党不断探索中国特色反腐倡廉道路，形成了符合我国国情的反腐倡廉指导思想、基本原则、工作方针、工作格局、领导体制和工作机制，构建了一套反腐倡廉法规制度，积累了许多宝贵经验，并开展了多方面的理论创新研究，不断丰富反腐倡廉理论，为反腐倡廉建设新的实践奠定了基础。

（作者：湖南省委常委、省纪委书记）

（选自《中国纪检监察报》2011年6月6日）

第九部分

中国思想理论大事记

中国思想理论大事记

（2011）

深入贯彻落实党的十七届五中全会精神 不断开创中国特色社会主义事业新局面 1月1日出版的新年第1期《求是》杂志，发表了胡锦涛的重要文章：《深入贯彻落实党的十七届五中全会精神不断开创中国特色社会主义事业新局面》。这是胡锦涛总书记在党的十七届五中全会第二次全体会议上讲话的一部分。

胡锦涛强调，十七届五中全会通过的"十二五"规划建议，以邓小平理论和"三个代表"重要思想为指导，深入贯彻落实科学发展观，根据党的十七大提出的实现全面建设小康社会奋斗目标的新要求，结合当前国际国内新形势，确定了"十二五"时期我国经济社会发展的指导思想、总体思路、目标任务、重大举措，对推动"十二五"时期我国经济社会发展作出全面部署，是今后5年我国经济社会发展的重要指导性文件。全党同志要认真学习、深刻领会、切实贯彻全会精神，把思想和行动统一到中央决策部署上来，努力夺取全面建设小康社会新胜利、开创中国特色社会主义事业新局面。全会制定的文件，经过党内外广泛讨论，凝聚了全党全国集体智慧，体现了全党全国共同意愿，现在的关键是抓好落实。第一，准确把握"十二五"时期发展的主题，确保科学发展取得新的显著进步；第二，准确把握"十二五"时期发展的主线，确保转变经济发展方式取得实质性进展；第三，准确把握"十二五"时期发展的目标任务，确保做好改革发展稳定各项工作；第四，准确把握"十二五"时期发展的重大举措，确保落实到位

宣传思想文化战线要高举旗帜、围绕大局、服务人民、改革创新 1月4日—5日，全国宣传部长会议在北京举行。李长春出席会议并讲话，他强调，宣传思想文化战线要按照高举旗帜、围绕大局、服务人民、改革创新的总要求，坚持贴近实际、贴近生活、贴近群众，紧紧围绕科学发展这个主题和加快转变经济发展方式这条主线，着力营造推动科学发展、促进社会和谐的浓厚氛围，着力营造庆祝中国共产党成立90周年的浓厚氛围，加快文化体制机制改革创新，加快构建公共文化服务体系，加快发展文化产业，加强对文化产品创作生产的引导，推动社会主义文化大发展大繁荣，为"十二五"时期发展开好局、起好步提供强大思想保证、精神动力、舆论支持和文化条件。

李长春强调，今年是我国文化改革发展加速推进的关键一年，要以胡锦涛总书记在中央政治局

第二十二次集体学习时的重要讲话为强大思想武器，进一步增强改革创新的自觉性和主动性，紧紧围绕加快文化体制机制改革创新、加快构建公共文化服务体系、加快发展文化产业、加强对文化产品创作生产引导的重点任务，按照“十二五”时期文化改革发展的总体部署，加大力度、加快进度、巩固提高、重点突破、全面推进，着力破解文化发展难题，着力转变文化发展方式，在深化文化体制改革上迈出新步伐，促进我国文化又好又快发展。

着眼长远，立足当前，为“十二五”文化建设开好局起好步　1月4日—6日，2011年全国文化厅局长会议在北京召开。会议主题是：深入学习领会和全面贯彻落实党的十七届五中全会精神和党中央关于文化建设的一系列重要战略决策和部署，坚持以科学发展观为指导，以推动文化大发展大繁荣为目标，回顾过去一年文化领域各项建设取得的成绩，总结“十一五”时期文化建设经验，明确“十二五”时期文化建设的总体思路，部署和推进2011年各项文化工作。

文化部党组书记、部长蔡武作了工作报告。蔡武指出，我们要着眼长远、立足当前，坚持面向基层、服务群众，转变工作作风，围绕科学发展这一主题和加快经济发展方式转变这一主线，加快文化体制机制改革创新，加快构建公共文化服务体系，加快发展文化产业，加强对文化产品创作生产的引导，着力营造推动科学发展、促进社会和谐的浓厚氛围，着力营造隆重庆祝中国共产党成立90周年的浓厚氛围，为实现“十二五”时期经济社会发展目标、夺取全面建设小康社会新胜利提供强大的思想保证、精神动力和文化条件。

“马克思主义中国化论坛”网站正式开通　1月5日，中国社会科学院马克思主义研究院马克思主义中国化研究部举办“马克思主义中国化论坛”网站开坛仪式暨“中国特色社会主义与科学社会主义”学术研讨会，实现了网上网下两个论坛的有效互动。

与会者指出，我们党在领导革命、建设、改革的过程中，把马克思主义基本原理同中国具体实际和时代特征相结合，不断推进实践基础上的理论创新，不断推进马克思主义中国化、时代化、大众化，实现了两次历史性飞跃，创立了两大理论体系，提出了一系列重大战略思想，开辟了马克思主义发展的新境界，指引我国革命、建设、改革不断取得胜利。今年是中国共产党成立90周年，也是“十二五”时期的开局之年。我们应以此为契机，全面总结马克思主义中国化的基本经验，深入探索马克思主义中国化的内在规律。

与会者强调，当今世界正处于大发展大变革大调整时期，这既给我国发展带来了新机遇新挑战，也给马克思主义中国化、时代化、大众化提出了新课题新要求。广大马克思主义理论工作者应进一步认清形势、找准定位、发挥优势，深入研究和回答当今世界和当代中国经济、政治、文化、社会等领域的重大理论和实际问题，为推进改革开放和社会主义现代化事业提供强大的理论支持和精神动力。

领导干部要不断提高新形势下群众工作水平　1月5日，习近平同中央党校第48期省部级干部进修班学员座谈时强调，领导干部要深刻认识新形势下群众工作的重要性和紧迫性，坚持马克思主义群众观点和党的群众路线，以高度的政治责任感扎实做好联系群众、宣传群众、组织群众、服务群众、团结群众的工作，不断提高群众工作水平。

习近平指出，干部教育培训工作是全面提高干部队伍素质的重要手段。各级党校、行政学院、干部学院要认真贯彻执行《2010—2020年干部教育培训改革纲要》，按照中央关于新一轮大规模培训干部的要求和部署，大力推进教育培训改革，不断完善培训班次、丰富培训内容、创新教学方式、改进教学方法，不断提高教育培训科学化水平，在推进干部队伍建设、领导班子建设和学习型党组织建设中充分发挥作用。

习近平强调，群众工作是我们党的优良传统和政治优势。群众工作的本质是密切党群关系，核心是正确处理人民内部矛盾。做群众工作，要始终站在人民群众的立场上，真心为群众着想，全力为群众造福，办好顺民意、解民忧、惠民生的实事，维护好、实现好、发展好最广大人民的根本利益。正确的方式方法是做好群众工作的保障。要认真贯彻执行已有的行之有效的群众工作制度，大力弘扬深入群众、深入基层、深入调查研究的优良传统，拿出更多的时间和精力到基层去、到一线去、到条件较差和情况复杂的地方去，察实情、办实事、求实效，做到谋划发展思路向人民群众问计，查找发展中的问题听人民群众意见，改进发展措施向人民群众请教，落实发展任务靠人民群众努力，衡量发展成效由人民群众评判。面对新形势新任务，要善于研究和把握群众工作的特点和规律，创新工作方法，把群众工作做深做细做实，增强群众工作的亲和力和感染力，提高群众工作的针对性和实效性。

第八届中国文化产业新年论坛在北京召开　1月8日—9日，2011第八届中国文化产业新年论坛在北京大学召开。论坛以“面向2020：中国文化产业新十年”为主题，从宏观层面探讨未来十年我国文化产业发展的战略意义。中国文化产业历经过去十余年发展，由萌芽渐至成熟。未来十年，是中国文化产业迅速壮大成为国家战略性产业的十年，是中国文化产业依托“十二五”规划蓝图实现自身发展的十年，是为到2020年实现全面建设小康社会的伟大目标而奋斗的重要十年。大力加强文化建设，提高全民族文明素质，建设社会主义核心价值体系，是全面实现小康社会精神动力和智力支持。

北京大学校长周其凤院士在致辞中表示，我们必须着眼于2020国家宏观层面一系列战略目标的确定要求，以2020年的中国为战略前瞻参考点，全面准确认识文化产业发展的国际、国内环境，继续积极进行文化产业资源整合和结构调整，不断增强文化产业整体实力和国际竞争力。

北京大学文化产业院院长叶朗教授在致辞中表示，中国文化走出去，应该特别重视向国际社会介绍我国当代的文化经典和艺术经典。这应该成为我们十二五、十三五文化发展、文化建设的重要目标。

十一届全国人大常委会副委员长严隽琪发表主题演讲“基于时间的未来10年，中国文化走出去”。提出五点建议：第一，正确处理文化走出去战略与国内文化建设的关系。第二，加强国家与地方的联动。第三，进一步完善配套文化出口、扶持政策。第四，加大对文化出口企业的服务力度。第五，加快文化走出去复合型人才的培养。

第三届建设创新型国家大会在北京举行　1月8日—9日，由国家广电总局、中国城市经济学会、中国信息产业商会、中国社会经济文化交流协会、中国产业报协会等机构联合主办的第三届建设创新型国家大会在北京举行。会议主题为“转型、创新、包容”，大会就如何以科技创新引领中国经济增长、新时代及创新环境、制度创新、文化创新、科技及企业如何树立全球经营意识等问题展开研讨。全国人大常委会副委员长、民建中央主席陈昌智出席开幕式并讲话。

陈昌智强调，“十二五”建设的蓝图已经展开，建设创新型国家的步伐也迈入了第二个五年。为形成“十二五”期间以创新驱动的经济发展格局，一是要大力培育和发展战略性新兴产业，加强产品开发、重要技术体系和产业体系建设；二是要运用高新技术加快改造提升传统产业；三是要加大人才培养的力度；四是要扶持企业自主创新的主体地位；五是要加强科学技术普及，提高全民科学素质。

开幕式上发布了《建设创新型国家五周年报告》白皮书。

“中国企业科学发展论坛”在北京举行 1月8日，由中国合作贸易企业协会、中国企业改革与发展研究会、中国社会经济文化交流协会、中国产业报协会、中国低碳经济推进中心等主办的“中国企业科学发展论坛”在北京举行，论坛的主题为“责任与使命”。论坛对最新国内宏观经济政策进行了解析，并围绕“‘十二五’期间的经济形势分析与展望”、“诚信与企业核心竞争力”、“中国企业在转变经济发展时期的责任与使命”、“低碳时代：发展的机遇”等主题进行了探讨，并对国内最新宏观经济政策进行了解析。论坛成立了“中国企业信用联盟”，发布了《中国企业信用全球宣言》。

陈昌智在论坛致辞，表示党的十七届五中全会提出了深入贯彻落实科学发展观的重大决策，强调科学发展观是我们党从新形势、新阶段党和国家事业发展全局出发提出的重要指导思想，要以科学发展观统领经济社会发展全局，并切实贯穿于经济社会发展的各个方面。在企业的发展中，科学发展观发挥了统一思想和引领发展的重要作用，推动企业实现又好又快发展。

“国际视野中的民族冲突与管理”学术研讨会召开 1月8日，由中央党校国际战略研究所、中央党校亚太研究中心和中国马克思主义研究基金会联合举办的“国际视野中的民族冲突与管理”学术研讨会在中央党校召开。

有学者强调，要用世界的宽广眼光认识民族问题的普遍性、长期性和复杂性，及时总结和借鉴世界各国处理民族问题的成功经验，兼收并蓄，博采众长，同时要立足历史和现实国情，真正用战略眼光统筹国内国际两个大局，从全局的角度和长期的发展高度重视民族问题。

有学者指出民族和解问题不仅涉及民族之间的矛盾和冲突，而且也决定着国家的走向，还决定了世界上一些国家的产生过程。从国际法的角度看，实现民族和解除了要运用法律手段外，更需强调公正的理念，这是与国内法最大的不同之处。

深入贯彻落实以人为本执政为民理念，扎实开展党风廉政建设和反腐败斗争 1月9日—11日，中国共产党第十七届中央纪律检查委员会第六次全体会议在北京举行。会议全面贯彻党的十七大和十七届三中、四中、五中全会精神，高举中国特色社会主义伟大旗帜，以邓小平理论和“三个代表”重要思想为指导，深入贯彻落实科学发展观，回顾总结了2010年党风廉政建设和反腐败工作，研究部署了2011年任务。全会审议通过了贺国强同志代表中央纪委常委会所作的《坚持改革创新，狠抓工作落实，努力取得党风廉政建设和反腐败斗争新成效》的工作报告。胡锦涛出席全会第二次大会并发表了重要讲话。

胡锦涛强调，党风廉政建设和反腐败斗争贯彻以人为本、执政为民，要以邓小平理论和“三个代表”重要思想为指导，深入贯彻落实科学发展观，把实现好、维护好、发展好最广大人民根本利益作为一切工作的出发点和落脚点，认真解决损害群众利益的突出问题和反腐倡廉建设中群众反映强烈的突出问题，切实维护社会公平正义；大力加强干部队伍作风建设，保持党同人民群众的血肉联系；紧紧依靠人民群众支持和参与，充分发挥人民群众在党风廉政建设和反腐败斗争中的积极作用；坚决反对腐败、严厉惩治腐败分子，以党风廉政建设和反腐败斗争的实际成效取信于民。

胡锦涛强调，当前要重点抓好以下工作。第一，加强对中央重大决策部署执行情况的监督检查，按照党的十七届五中全会的部署和要求，促进全会提出的任务和措施落到实处。要严明党的政治纪律，坚决维护党的集中统一，坚定不移走中国特色社会主义道路。第二，加强惩治和预防腐败体系建设，在统筹推进教育、制度、监督、改革、纠风、惩治等各项工作的基础上，突出重点、突破难点，努力推进重点领域和关键环节改革，不断提高预防腐败能力和水平。第三，加强领导干部廉洁自律工作，继续抓好领导干部廉洁自律各项规定贯彻落实。第四，加大查办违纪违法案件工作力度，始终保持查办案件强劲势头，严肃查处重点领域和关键岗位发生的腐败案件，坚决遏制腐败现象易发多发势头。第五，加强对群众反映强烈的突出问题的治理，深化专项治理工作，加强基层党风廉政建设，着力解决发生在群众身边的腐败问题。第六，加强对地方换届工作的纪律保障，加强对干部选拔任用全过程的监督，防止和纠正选人用人上的不正之风。

胡锦涛强调，党风廉政建设和反腐败斗争贯彻落实以人为本、执政为民，一是要着力加强以人为本、执政为民教育，加强党的性质和宗旨教育，引导党员干部牢固树立群众观点、坚持党的群众路线，自觉站在人民群众的立场上，坚持思想上尊重群众、感情上贴近群众、工作上依靠群众，始终与人民群众同呼吸、共命运、心连心。二是要着力建立健全体现以人为本、执政为民要求的决策机制，作决策、定政策必须充分考虑群众利益、充分尊重群众意愿，统筹协调各方面利益关系，坚持问政于民、问需于民、问计于民，坚持科学决策、民主决策、依法决策。三是要着力按照法律法规和政策开展工作，大力增强法治观念和依法办事意识，大力推行依法行使权力，大力提高依法办事能力，大力实施各项公开制度，保证权力在阳光下运行。四是要着力维护人民群众权益，保障人民群众的经济、政治、文化、社会等各项权益，切实把改善人民生活作为正确处理改革发展稳定关系的结合点，切实解决损害群众利益的突出问题，切实健全党和政府主导的维护群众权益机制，完善中央惠民政策落实保障机制。五是要着力查处损害群众切身利益的案件，维护群众利益。六是要着力加强基层干部队伍作风建设，教育引导基层干部加强党性修养，继承和发扬党的优良传统和作风，帮助基层干部掌握新知识、新技能、新本领。

认真组织学习宣传《中国共产党历史》第二卷　1月11日，由中共中央党史研究室编写的《中国共产党历史》第二卷（1949–1978）正式出版发行，《中国共产党历史》第一卷（1921–1949）校订重印。为做好《中国共产党历史》第二卷的学习和宣传工作，中共中央组织部、中共中央宣传部、中共中

央党史研究室联合下发《关于认真组织学习宣传〈中国共产党历史〉第二卷的通知》

《通知》要求，各地区、各部门要把学习《中国共产党历史》第二卷纳入建设学习型党组织和开展创先争优活动的有关安排之中，组织广大党员、干部认真进行学习。要把该书作为县（处）级以上党员领导干部学习党史的基本教材，纳入各级党委中心组学习计划，作为领导干部培训的重要内容。

《通知》强调，各地区、各部门组织学习《中国共产党历史》第二卷，要同学习《中国共产党历史》第一卷和党的十一届三中全会以来30多年的历史衔接起来，与纪念中国共产党成立90周年的有关活动结合起来，引导广大党员干部把这29年历史放在当时的历史背景下来分析，放在党的90年历史中来认识，准确把握党的历史发展的主题和主线、本质和主流，深刻理解中国共产党在中国的领导地位和核心作用形成的历史必然性，深刻理解中国人民走上社会主义道路的历史必然性，深刻理解通过改革开放和社会主义现代化建设实现中华民族伟大复兴的历史必然性，进一步加深对党的认识，坚定走中国特色社会主义道路的信心。

把以人为本执政为民贯彻落实到党风廉政建设和反腐败斗争之中 1月11日，中央纪委发出通知，要求各级纪检监察机关认真学习、深刻领会、坚决贯彻胡锦涛在中国共产党第十七届中央纪律检查委员会第六次全体会议上的重要讲话，切实把以人为本、执政为民贯彻落实到党风廉政建设和反腐败斗争之中，以党风廉政建设和反腐败斗争的实际成效取信于民。

通知要求，要坚持把以人为本、执政为民切实贯彻落实到党风廉政建设和反腐败斗争各项工作中。各级纪检监察机关要全面履行党章和行政监察法赋予的职责，整体推进党风廉政建设和反腐败斗争各项长期性、基础性工作，集中力量解决反腐倡廉建设中人民群众反映强烈的突出问题。要抓住工作重点，加大工作力度，采取有力措施，加强对中央重大决策部署执行情况的监督检查，加强惩治和预防腐败体系建设，加强领导干部廉洁自律工作，加大查办违纪违法案件工作力度，加强对群众反映强烈的突出问题的治理，加强对地方换届工作的纪律保障，切实让人民群众感受到党风廉政建设方面实实在在的变化。要在各级党委领导下，切实把以人为本、执政为民贯彻落实到党风廉政建设和反腐败斗争之中，着力加强以人为本、执政为民教育，促使党员干部牢固树立和自觉实践以人为本、执政为民的理念；着力建立健全体现以人为本、执政为民要求的决策机制，最大限度防止因决策不当带来损害群众利益问题；着力按照法律法规和政策开展工作，保证法律法规和政策得到正确实施；着力维护人民群众权益，促进社会和谐；着力查处损害群众切身利益的案件，重点查处严重损害群众经济利益、政治权益、人身权利的案件，加大对损害群众利益行为的问责力度；着力加强基层干部队伍作风建设，教育引导基层干部加强党性修养，提高正确执行政策和依法办事能力，提高做好群众工作、解决实际问题能力，提高化解矛盾纠纷、维护社会稳定能力。

各级纪检监察机关要根据全会要求和部署，紧密结合自身实际，认真研究和安排好今年的党风廉政建设和反腐败工作，进一步细化工作方案、制定工作措施、落实工作责任，切实做到事事有安排、件件有人抓。要认真落实党风廉政建设责任制，积极协助党委、政府搞好责任分解和检查考核，形成推进工作的整体合力；求真务实、真抓实干，优质、高效、按期完成工作任务；解放思想、勇于探索、大胆实践，认真研究解决反腐倡廉面临的新情况新问题，及时总结推广好做法好经验，不断推进反腐倡廉理论创新、实践创新和制度创新，不断提高反腐倡廉建设科学化水平。

我国新闻出版体制改革产业发展进入新阶段　1月11日，全国新闻出版工作会议在北京召开。李长春作出重要批示。李长春希望新闻出版系统坚持以科学发展为主题，以转变发展方式为主线，开好头、起好步，在深化改革方面继续走在文化体制改革的前列，在加快发展方面继续当好文化产业的主力军，坚持一手抓繁荣、一手抓管理，为把我国建设成为新闻出版强国而不懈奋斗。

会议期间，新闻出版总署党组书记、署长，国家版权局局长柳斌杰出席会议并作了题为《抓住战略机遇，把握主题主线，精心谋划实施新闻出版"十二五"规划》的主题报告，全面总结了"十一五"时期新闻出版工作取得的成就和经验，并对如何做好"十二五"时期新闻出版工作进行了部署动员。强调在工作中要把握重点和方向，着力增强"六大能力"：一是增强内容创新能力。二是增强消费拉动能力。三是增强产品传播能力。四是增强国际竞争能力。五是增强行政管理能力。六是增强持续发展能力。

围绕大局推动精神文明建设，为"十二五"凝聚强大精神力量　1月13日，中央精神文明建设指导委员会召开全体会议，研究部署精神文明建设工作。李长春主持会议并讲话。他强调，精神文明建设要坚持以邓小平理论和"三个代表"重要思想为指导，深入贯彻落实科学发展观，紧紧围绕科学发展这个主题和加快转变经济发展方式这条主线，紧紧围绕社会主义核心价值体系建设这个根本，着力加强形势政策教育，着力营造庆祝中国共产党成立90周年的浓厚氛围，着力抓好第三届全国道德模范和第三批全国文明城市、文明村镇、文明单位评选表彰活动，着力推动社会主义文化大发展大繁荣，着力培育良好社会风尚，进一步统一思想、凝聚力量，不断提高公民思想道德素质和社会现代文明程度，为"十二五"时期发展开好局、起好步提供强大思想保证、精神动力、舆论支持和文化条件。

李长春强调，精神文明建设是党和国家工作的重要组成部分，关系人民群众切身利益，是各级党委政府的重要职责。要坚持两手抓、两手都要硬，把精神文明建设工作摆上更加突出的位置，纳入重要议事日程，纳入经济社会发展总体规划，纳入科学发展考核体系。要把群众拥护不拥护、赞成不赞成、高兴不高兴、答应不答应作为检验工作成效的根本标准，着力在服务群众、务求实效上下功夫，把解决思想问题与解决实际问题结合起来，把教育群众与服务群众结合起来，把深化群众性精神文明创建与推动改善民生结合起来，多办顺民意、解民忧、惠民生的好事实事，不断开创精神文明建设工作新局面。

《中国共产党历史》第二卷出版座谈会召开　1月14日，中共中央党史研究室、国家新闻出版总署在人民大会堂召开《中国共产党历史》第二卷出版座谈会。

有专家认为，《中国共产党历史》第二卷有三个特点：第一，坚持党性和科学性的统一，站在党和人民的立场，全面地实事求是地反映了29年的历史真实，紧紧把握这段历史的主题和主线，也如实反映这一时期党所犯的错误及其后果；第二，做到了材料和观点的统一，在叙述历史过程中有所分析和评论，事情的来龙去脉交待得很清楚，分析意见说得比较中肯、深入而恰当；第三，达到了历史和逻辑的统一，全书的编、章、节的划分和编排设计精心而周密，整体结构合理，条理分明，思路清晰，逻辑性强。

有专家强调，从新中国成立到十一届三中全会召开这29年的党史，蕴含着我们党治党治国理政的丰富经验，《中国共产党历史》第二卷对这些丰富经验进行了全面客观的总结，为我们今天的社会主义现代化建设提供了宝贵的经验和启示，是一部具有重要历史价值和现实意义的权威性党史基本著作，是一部融思想性、知识性、资料性、可读性为一体的党员干部学习党史的好教材。学习这部著作，可以帮助我们不断提高党性修养，增强政治鉴别力、政治敏锐性，坚定走中国特色社会主义道路的信念，有利于进一步继承和发扬党的光荣传统和优良作风，不断提高执政能力和领导水平。

形成社会管理和服务的合力 1月15日，由中国社会学会、中央党校科学社会主义教研部和社会发展研究所、北京市委党校联合主办的"社会矛盾与社会安全"学术研讨会暨京津冀社会学团拜会在北京召开。会议主题是"当代中国的社会矛盾与社会安全"。

与会者认为，当前我国发展既处于重要战略机遇期，又处于矛盾凸现期，迫切要求采取服务与管理相结合的方式加强社会管理。就业、收入分配、社会保障等民生问题，既涉及广大人民群众能否共享社会发展成果，也涉及社会资源和机会能否更加公平合理配置。对这类带有基础性、根本性的社会问题应给予高度重视，努力形成社会管理和社会服务的合力。要加大社会管理薄弱环节的整治力度，力争把各种不稳定因素化解在基层、解决在萌芽状态。

与会者指出，我国具有许多有效应对社会矛盾的优势，特别是国家经济实力不断增强，为解决社会矛盾提供了坚实的物质基础；我国的政治制度、社会制度，为化解人民内部各种各样的具体利益矛盾提供了体制机制保障。另外，我国文化中也有求和思安的传统。我们应充分利用好这些优势，把社会管理工作摆在更加突出的位置，积极化解社会矛盾、维护社会秩序、促进社会和谐，为经济社会发展、人民安居乐业提供良好的社会环境。

党的对外工作要继往开来再创辉煌 1月17日，纪念党的对外工作90年暨中联部建部60年大会在北京举行。习近平出席大会并讲话。他强调，面对国内外形势深刻复杂的变化，党的对外工作作为国家总体外交的重要组成部分，任务重、责任大，一定要继往开来、开拓进取、再创辉煌，努力成为促进我国对外关系发展的重要途径，成为展示党的良好国际形象的重要窗口，成为党员领导干部观察和研究世界的重要平台，成为借鉴国外经验、为中央决策服务的重要渠道。

习近平指出，党的对外工作90年的经验告诉我们，党的对外工作必须坚持以马克思列宁主义、毛泽东思想、邓小平理论和"三个代表"重要思想为指导，深入贯彻落实科学发展观，坚持解放思想、实事求是、与时俱进；必须密切关注和把握世界格局的变化及其特点，正确估计在世界现实格局下国内的工作和发展可以利用的机遇及可能遇到的风险，切实增强战略谋划和运筹；必须在围绕党的中心任务、服务国家总体外交中找准切入点和着力点，不断拓展工作的广度和深度，不断增强工作的特色和优势；必须遵循独立自主、完全平等、互相尊重、互不干涉内部事务的党际关系四项原则，诚心诚意同各国政党发展有利于促进国家关系和人民友谊的党际关系，推动同各国友好关系的发展。

习近平强调，我们要全面建设小康社会，实现把我国建设成为富强民主文明和谐的社会主义现代化国家的宏伟目标，在对外领域面临的首要任务就是维护和用好我国发展的重要战略机遇期，为我国改革开放和社会主义现代化建设创造和平的国际环境和有利的外部条件。

习近平对进一步做好党的对外工作提出明确要求。第一，紧密结合深入贯彻落实科学发展观的要求推进党的对外工作，注重科学谋划、宏观布局、统筹兼顾，增强党的对外工作的协调性、科学性和实效性。第二，紧密结合统筹国内国际两个大局的要求推进党的对外工作，自觉把党的对外工作放到党和国家工作大局中来认识，放到中国与世界关系的发展变化中来把握，放到国家总体外交的战略部署中来谋划，处理好内政和外交的辩证关系。第三，紧密结合加强和改进新形势下党的建设要求推进党的对外工作，加强对外国政党治党治国经验的比较研究，冷静观察、深入思考世界政党兴衰成败的经验教训，深化对共产党执政规律的认识。第四，紧密结合提升党的国际形象的要求推进党的对外工作，广泛介绍我们党以人为本的执政理念，展示我们党的执政成就，表明我们党维护世界和平、促进共同发展的真诚愿望，增进国际社会对我们党的了解、尊重和认同。第五，紧密结合深入开展创先争优活动的要求加强党的对外工作队伍建设，不断提高干部队伍的理论素质、党性修养和工作能力，以党组织建设和党员队伍建设不断取得的成效推动党的对外工作发展。

全国党校校长会议在北京召开　1月18—19日，全国党校校长会议在中央党校召开，会议的主要任务是：以党的十七大和十七届四中、五中全会精神为指导，认真学习贯彻习近平同志2010年9月27日在中国浦东干部学院、12月14日在国家行政学院、12月29日在听取中央党校校委工作汇报时的重要讲话精神，认真贯彻落实《中国共产党党校工作条例》和《2010—2020年干部教育培训改革纲要》，研究新形势下进一步加强干部教育培训和党校工作的思路和办法，继续推进党校事业的发展和进步。

中央党校常务副校长李景田在工作报告中全面系统地总结了全国党校系统2010年工作所取得的新成绩和新进展，实事求是地指出了存在的差距和不足，提出了2011年党校需要做好的工作。李景田指出，党校办学取得了巨大的成绩和进步，为党校事业发展奠定了良好的基础；中央领导同志以及各级党委和政府的高度重视，为党校事业发展提供了根本保障；“十二五”时期经济社会发展新任务对党校干部教育培训工作和科研工作提出了新要求，为党校事业发展提供了广阔空间。“十二五”时期，我国发展处于可以大有作为的重要战略机遇期，党校发展同样也面临着重要战略机遇期。各级党校要充分认识到这一重要战略机遇期，牢牢抓住机遇，乘势而上，只争朝夕，积极推进党校事业更好更快发展。

健全和完善中国特色公务员制度，建设以人为本执政为民的公务员队伍　1月19日，中组部、人力资源社会保障部在北京召开公务员法实施五周年座谈会。李源潮在座谈会上指出，要建立健全从村（居）党支部书记、大学生村官和工人、农民等基层一线人员中考录公务员制度，完善党政机关和企事业单位干部交流制度，畅通各类优秀人才进入公务员队伍的渠道。各级党政机关要按照胡锦涛总书记和温家宝总理指示精神，以推动科学发展、促进社会和谐、服务人民群众为主题，带头开展创先争优活动，兢兢业业做好本职工作，以模范行动，起表率作用，争做人民满意的公务员。要坚持从严管理与关心爱护相结合，不断加强基层公务员队伍建设。

新修订的军队党委工作条例发布 1月20日，经胡锦涛批准，中央军委发布新修订的《中国共产党军队委员会工作条例》。条例是规范军队党委工作的基本法规，是军队各级党委开展工作的基本依据。新修订的《党委工作条例》，高举中国特色社会主义伟大旗帜，以邓小平理论和“三个代表”重要思想为指导，深入贯彻落实科学发展观，认真贯彻胡主席关于新形势下国防和军队建设重要论述，总结吸收部队党委工作的新经验新成果，针对党委工作面临的新情况新问题，对新形势下军队各级党委工作的指导思想和原则要求、党委的职责和议事决策程序、党委的领导作风和制度以及监督与责任追究等，作了进一步充实完善。条例的发布施行，将进一步规范军队各级党委的工作，促进军队各级党委的建设，提高党委科学决策、民主决策、依法决策水平，增强党委的创造力、凝聚力、战斗力，更好地发挥党委在推动部队建设科学发展和带领部队完成各项任务中的领导核心作用。

温家宝主持召开五次座谈会，征求对政府工作报告及“十二五”规划意见 1月20日—27日，温家宝在中南海主持召开五次座谈会，征求对《政府工作报告（征求意见稿）》和《中华人民共和国国民经济和社会发展第十二个五年规划纲要（草案）（征求意见稿）》的意见。

与会者认为，“十二五”时期结构调整的关键是提高创新发展能力，要继续改造提升传统制造业，重视中小企业在创新发展中不可替代的作用，利用我国新的比较优势抢占产业发展制高点。

与会者建议，继续重视扩大内需特别是居民消费需求；继续实施结构性减税，财政支出更多向民生、“三农”和促进结构调整的领域倾斜；进一步推进人民币汇率形成机制改革，促进国际收支平衡；理顺投入要素与粮食价格关系，加大和整合支农投入，重点加强农产品流通体系建设，让农民和消费者得到更多实惠；要从初次分配、再分配多个环节入手，加大再分配调节力度，逐步扭转收入分配差距扩大趋势。

与会者提出，坚持走内涵式发展道路，继续落实优胜劣汰、节能减排等政策措施；要大力推动科技创新，大力提升装备制造业水平，实现从制造大国向制造强国的跨越；要大力支持自主创新、自主品牌汽车发展，促进汽车业健康可持续发展；加快保障性住房建设，打击投机炒房，盘活土地存量，增加小户型住房供应，巩固房地产调控成果；要进一步深化金融企业改革，更好发挥利率等要素价格在市场配置资源中的作用；要强化企业“走出去”支持政策的配套性、系统性；培育发展战略性新兴产业是一项有利于长远发展和提高国家竞争力的战略决策，建议进一步支持基础材料工业发展，加大自主创新先进材料的推广应用。

与会者建议，继续大力发展职业教育，培养更多劳动技能人才；农村教育仍然是薄弱环节，要完善统筹城乡教育发展的长效机制，创新农村教育发展模式，着力提高农村教育质量，加大对农村特别是老少边穷地区教育发展的支持；要大力推进以企业为主体的技术创新体系建设，加大前瞻性、前沿性技术研究和基础科学研究，优先发展战略性新兴产业特别是基础核心产业，改革科研经费管理方式；加强文化建设，要加大投入、深化改革，支持和鼓励创新，延伸文化产业链，推出更多反映时代深刻变革和深厚中华文化底蕴的精品力作；进一步倡导全民阅读，促进文化企业做大做强，加强城乡基层体育设施建设，提高运动员生存发展能力。

温家宝在这五次座谈会上讲了话。他说，坚持依法科学民主决策，是做好政府工作的重要前提。要健全重大事项决策的规则和程序，进一步完善群众参与、专家咨询和政府决策相结合的决策机制。国务院在作出重大决策前，需要通过多种形式，直接听取民主党派、社会团体、专家学者、基层群众等方面的意见和建议。归根到底，我们的政府是人民的政府，我们的权力是人民赋予的，我们做出的每一项决策，最高检验标准就是群众满意不满意，群众高兴不高兴，群众答应不答应。只有认真听取群众的意见和呼声，切实按照人民的意愿办事，我们的政府才能真正做到全心全意为人民服务。

紧紧围绕"十二五"主题主线，深入推进大规模干部教育培训　1月21日，第十二次全国干部教育联席会议在北京召开。李源潮在会上指出，要按照胡锦涛总书记要求，紧紧围绕"十二五"发展主题主线，继续抓好大规模培训干部工作，提高领导干部素质，深入落实干部教育培训改革纲要，更好地为科学发展和干部健康成长服务。干部教育培训要围绕中心、服务大局。今年要在继续加强中国特色社会主义理论体系教育基础上，把十七届五中全会精神和"十二五"规划作为干部教育培训的重要内容，帮助干部深刻理解中央关于"十二五"发展的思路、目标和任务。要加强现代科技、新兴产业、现代服务业、城市规划、社会管理和舆情应对等方面培训，提高干部推动科学发展、促进社会和谐能力。要以纪念建党90周年为契机，加强党性党史党风教育，增强干部宗旨意识、党性观念和群众工作本领。要加强抓落实能力的培训，提高干部执行力。

中华传统文化在当代的继承和弘扬　1月23日，由尼山世界文明论坛组委会主办的"中华传统文化在当代的继承和弘扬"高层专家座谈会在北京举行。座谈会围绕在马克思主义指导下如何继承和弘扬中华优秀文化，深入探讨了中国化的马克思主义与中华文化的关系，中华文化走出去与中国文化国际话语权的关系。

与会者认为，在新形势下应该大力推进社会主义核心价值体系建设，确保其传播社会主义先进文化，不断推动马克思主义中国化、时代化、大众化，着力提高对外宣传水平和国际传播能力，进一步加快"走出去"步伐，扩大我国在国际上的话语权和中华文化的影响力。在当今世界研究马克思主义哲学，特别是与儒学关系的研究，要放眼世界，要跟多种文化进行对话交流，儒学所提倡的内敛自省包含了丰富深厚的中华民族智慧，也符合我们民族的性格，研究的最终目的就是促使国人逐步而又深刻地走进属于中华民族自己的精神家园。

与会者认为，中国的马克思主义者是中华优秀文化的继承者，在不同的历史时期，善于创造性地把马克思主义普遍真理与中国具体实际相结合，形成具有浓郁的中国气派、民族风格的中国化的马克思主义，中华优秀文化成为马克思主义在中国传播扎根、创新发展的深厚土壤和智慧源泉。应深入开掘五千年来中华优秀文化包括儒家文化对于中华民族的团结凝聚、对于国家的建设发展的巨大价值，以孔子学院、尼山论坛等为平台，以孔子文化为切入点，推动中华文化走出去，不断增强中华文化的国际影响力。

六部门联合发出通知，开展中共党史学习教育　1月25日，为纪念中国共产党成立90周年，进一步贯彻落实党的十七大和十七届四中全会精神、贯彻落实《中共中央关于加强和改进新形势下党史工作的意见》和全国党史工作会议精神，经中央同意，中组部、中宣部、中共中央文献研究室、中共中央党史研究室、教育部、共青团中央联合发出《关于在党员、干部、群众和青少年中开展中共党史学习教育的通知》，决定2011年在党员、干部、群众和青少年中开展中共党史的学习教育。

《通知》指出，要充分认识开展中共党史学习教育的重要意义。开展党史学习教育，是加强党的思想理论建设、推进社会主义核心价值体系建设的重要任务，是提高党员、干部、群众和青少年思想政治素质的重要方式，是巩固马克思主义在意识形态领域的指导地位、巩固全党全国各族人民团结奋斗的共同思想基础的重要途径。把这项工作抓出成效，对于广大党员、干部加深对党的认识，坚定共产主义理想和中国特色社会主义信念，认真践行全心全意为人民服务宗旨；对于各级领导干部增强继往开来的历史使命感，学习和运用党的历史经验提高治国理政本领，不断推动科学发展、促进社会和谐；对于广大群众尤其是青少年正确认识党的历史，牢固树立坚持中国共产党的领导、坚持中国特色社会主义道路的信心，继承和发扬党的光荣传统和优良作风，都具有十分重要的意义。

《通知》要求，要全面准确地把握中共党史学习教育的基本内容。开展党史学习教育，要认真学习以毛泽东同志、邓小平同志、江泽民同志为核心的党的三代中央领导集体和以胡锦涛同志为总书记的党中央关于中共党史以及中国近现代史、中国革命史的重要论述。在此基础上，把《中国共产党历史》第一卷和第二卷、《中国共产党简史》、《中国共产党新时期简史》等党史著作，作为广大党员、干部、群众的基本学习教材；把《青少年学习中共党史丛书》等作为广大青少年的基本读物。要引导党员、干部、群众全面了解和正确认识党的光辉历史、伟大成就、宝贵经验、光荣传统和优良作风。

形成中国特色社会主义法律体系座谈会举行　1月24日，由全国人大常委会召开的形成中国特色社会主义法律体系座谈会在北京人民大会堂举行。吴邦国出席座谈会，并发表题为《形成中国特色社会主义法律体系的重大意义和基本经验》的讲话。他指出，新中国成立以来特别是改革开放30多年来，在中国共产党的正确领导下，经过各方面坚持不懈的共同努力，我国立法工作取得了举世瞩目的巨大成就。一个立足中国国情和实际、适应改革开放和社会主义现代化建设需要、集中体现党和人民意志的，以宪法为统帅，以宪法相关法、民法商法等多个法律部门的法律为主干，由法律、行政法规、地方性法规等多个层次的法律规范构成的中国特色社会主义法律体系已经形成，国家经济建设、政治建设、文化建设、社会建设以及生态文明建设的各个方面实现有法可依。这是我国社会主义民主法制建设史上的重要里程碑，具有重大的现实意义和深远的历史意义。

吴邦国强调，法律的生命力在于实施。中国特色社会主义法律体系的形成，总体上解决了有法可依的问题，在这种情况下，有法必依、执法必严、违法必究的问题就显得更为突出、更加紧迫，这也是广大人民群众普遍关注、各方面反映墙烈的问题。我们要在继续加强立法工作的同时，采取积极有效措施，切实保障宪法和法律的有效实施，维护宪法和法律的权威和尊严，坚持依法行政和公正司法，增强全社会的法律意识和法治观念，确保各国家机关把人民赋予的权力真正用来为人民谋利益。

《中国共产党90年学习读本》出版发行 2月1日，《中国共产党90年学习读本》由人民出版社出版，全国新华书店公开发行。

该书记述了中国共产党领导中国人民，进行新民主主义革命以及社会主义革命和建设的90年的伟大奋斗历程。在这90年里，中国共产党从成立到不断发展壮大，经历了太不平凡的历程。书稿分为三篇：第一篇新民主主义革命时期。中国共产党将马列主义与中国革命的具体实践相结合，形成了毛泽东思想，带领人民彻底推翻了压在中国人民身上的三座大山，使中国人民站立起来。第二篇社会主义革命和建设时期。新中国成立后，中国共产党领导人民进行社会主义改造，建立社会主义制度，继而进行社会主义建设并艰辛探索的历程。第三篇改革开放和社会主义现代化建设新时期。党的十一届三中全会的胜利召开，成功开启改革开放的强国之门，形成了邓小平理论，开辟了中国特色社会主义道路，使中国人民逐步富裕起来。新世纪前后，中国共产党继续带领人民奋勇前进，开拓创新，形成了“三个代表”重要思想。科学发展观以及和谐社会理论的提出和构建，丰富和发展了中国特色社会主义理论体系，中国特色社会主义道路越走越宽广。

切实抓好生态文明建设的若干重大工程 2月16日出版的第4期《求是》杂志发表贾庆林的文章《切实抓好生态文明建设的若干重大工程》。文章指出，生态文明作为一种新的文明理念，摒弃了人类破坏自然、征服自然、主宰自然的理念和行为，倡导在经济社会发展中尊重自然、保护自然、合理利用自然，实现人与自然的和谐。建设生态文明，是推进中国特色社会主义事业的重大战略任务之一，是深入贯彻落实科学发展观的内在要求，是积极应对气候变化、共同呵护人类赖以生存的地球家园的必然选择。

文章认为，推进生态文明建设在当前和今后一个时期要切实抓好以下几项重大工程。一是加强森林资源保护，加大植树造林力度。二是保护和发展草原、湿地。三是合理开发和利用海洋资源，切实加强海洋生态文明建设。四是以节能减排为重点，积极发展低碳技术和循环经济。

文章强调，建设生态文明，需要全社会的共同参与和行动。要在全社会牢固树立生态文明理念，倡导生态伦理道德，推行健康文明的生产方式和生活方式，努力使节约资源和保护环境成为十三亿中国人民的共同价值观和自觉行动。我们要按照党的十七大要求的那样，通过坚韧不拔的努力，到2020年全面建设小康社会目标实现之时，在建设生态文明方面基本形成节约能源资源和保护生态环境的产业结构、增长方式和消费模式，生态文明观念在全社会牢固树立，并为人类文明作出应有的贡献。

第二届中国文化软实力研究高层论坛举行 2月18日，由光明日报理论部与中国文化软实力研究中心、人民日报理论部、中国社会科学报、中国社会科学网、湖南省委宣传部、重庆市委宣传部联合主办的“第二届中国文化软实力研究高层论坛暨首部《中国文化软实力研究蓝皮书》发布会”在北京举行。论坛围绕做大做强中国文化软实力，总结了我国文化软实力发展的成就和面临的挑战，探讨了不同行业和区域加强文化软实力建设的路径和方向，并发布了2010年《文化软实力蓝皮书》。

会议指出，文化软实力是综合国力的重要组成部分。文化软实力竞争在当今国际较量中已经无所不在。把握正确导向，全方位提升我们国家的文化软实力是实现中华民族伟大复兴的必然选择。在建设中国特色社会主义、实现中华民族伟大复兴的历史进程中，在大力增强中国硬实力的同时，必须不断增强中国文化软实力。

与会专家强调，我国文化软实力建设出现的一些问题，是由于文化体制和国民素质等深层次原因造成的，这些原因是我国文化软实力发展的瓶颈。发展中国的文化软实力，必须确立社会主义核心价值体系，建设和谐社会，以及在此基础上弘扬和发掘优秀的传统文化，推动文化创新，大力发展文化产业。一是要培育中国文化魅力；二是要创造中国文化价值；三是要提高中国文化的国际贡献度。此外，还要加大文化传播力度，努力掌握国际话语权。

省部级主要领导干部社会管理及其创新专题研讨班在中央党校举行　2月19日—23日，省部级主要领导干部齐聚中央党校，专题研讨社会管理及其创新。胡锦涛在开班式上发表重要讲话。他强调，加强和创新社会管理，要高举中国特色社会主义伟大旗帜，全面贯彻党的十七大和十七届三中、四中、五中全会精神，以邓小平理论和“三个代表”重要思想为指导，深入贯彻落实科学发展观，紧紧围绕全面建设小康社会的总目标，牢牢把握最大限度激发社会活力、最大限度增加和谐因素、最大限度减少不和谐因素的总要求，以解决影响社会和谐稳定突出问题为突破口，提高社会管理科学化水平，完善党委领导、政府负责、社会协同、公众参与的社会管理格局，加强社会管理法律、体制、能力建设，维护人民群众权益，促进社会公平正义，保持社会良好秩序，建设中国特色社会主义社会管理体系，确保社会既充满活力又和谐稳定。

胡锦涛就当前要重点抓好的工作提出8点意见。第一，进一步加强和完善社会管理格局，切实加强党的领导，强化政府社会管理职能，强化各类企事业单位社会管理和服务职责，引导各类社会组织加强自身建设、增强服务社会能力，支持人民团体参与社会管理和公共服务，发挥群众参与社会管理的基础作用。第二，进一步加强和完善党和政府主导的维护群众权益机制，形成科学有效的利益协调机制、诉求表达机制、矛盾调处机制、权益保障机制，统筹协调各方面利益关系，加强社会矛盾源头治理，妥善处理人民内部矛盾，坚决纠正损害群众利益的不正之风，切实维护群众合法权益。第三，进一步加强和完善流动人口和特殊人群管理和服务，建立覆盖全国人口的国家人口基础信息库，建立健全实有人口动态管理机制，完善特殊人群管理和服务政策。第四，进一步加强和完善基层社会管理和服务体系，把人力、财力、物力更多投到基层，努力夯实基层组织、壮大基层力量、整合基层资源、强化基础工作，强化城乡社区自治和服务功能，健全新型社区管理和服务体制。第五，进一步加强和完善公共安全体系，健全食品药品安全监管机制，建立健全安全生产监管体制，完善社会治安防控体系，完善应急管理体制。第六，进一步加强和完善非公有制经济组织、社会组织管理，明确非公有制经济组织管理和服务员工的社会责任，推动社会组织健康有序发展。第七，进一步加强和完善信息网络管理，提高对虚拟社会的管理水平，健全网上舆论引导机制。第八，进一步加强和完善思想道德建设，持之以恒加强社会主义精神文明建设，加强社会主义核心价值体系建设，增强全社会的法制意识，深入开展精神文明创建活动，增强社会诚信。

周永康在研讨班上发表《适应经济社会发展新形势　加强和创新社会管理》讲话。他强调，要认真学习贯彻胡锦涛总书记重要讲话，适应经济社会发展新形势，加强和创新社会管理，建设中国特色社会主义社会管理体系，巩固党的执政地位，维护人民根本利益，保证国家长治久安。各地各部门要深入贯彻落实科学发展观，加快转变经济发展方式，更加注重改善民生，更加注重社会公正，更加注重宣传教育，为从源头上根本上基础上加强和创新社会管理创造条件，努力走出一条与中国特色社会主义市场经济、民主政治、先进文化相适应的社会管理之路。

习近平在结业式上作总结讲话。他强调群众工作是社会管理基础性经常性根本性工作。加强和创新社会管理，要同做好群众工作紧密结合起来，深入研究形势和任务的发展变化对群众工作提出的新要求，积极探索加强和改进群众工作的新途径新办法，把群众工作贯穿到社会管理各个方面、各个环节，从源头上化解社会矛盾、维护社会稳定、促进社会和谐。习近平强调，党和国家事业的发展进步，离不开人民的创造力量；党的全部执政活动，离不开强有力的群众工作。做好群众工作是领导干部的重要职责。是否重视做群众工作，是否善于做群众工作，是衡量领导干部政治上是否合格、工作上是否称职、领导能力强不强的一个基本标准。各级领导干部要以身作则，从树立群众观点、坚定群众立场、坚持群众路线、增进同群众的感情和创新群众工作方式方法等方面加强修养和锻炼，以正确的世界观立身，以正确的权力观用权，以正确的事业观做事，在做好群众工作中充分发挥示范引领作用。

全面落实国家教育改革和发展规划纲要，努力开创我国教育事业科学发展新局面　2月21日，中共中央政治局就优先发展教育、建设人力资源强国问题进行第二十六次集体学习。胡锦涛在主持学习时强调，面向未来，我们一定要增强紧迫感和责任感，坚持把优先发展教育作为贯彻落实科学发展观的基本要求，推动教育事业科学发展，办好人民满意的教育，实现教育和经济社会协调发展，充分发挥教育在党和国家事业中的基础性、先导性、全局性地位和作用。

胡锦涛强调，全国教育工作会议召开和《国家中长期教育改革和发展规划纲要》颁布以来，贯彻落实工作取得了初步成效。下一步，我们要以邓小平理论和“三个代表”重要思想为指导，深入贯彻落实科学发展观，大力实施科教兴国战略和人才强国战略，认真落实优先发展、育人为本、改革创新、促进公平、提高质量的工作方针，切实把教育规划纲要全面落实好。

胡锦涛就做好当前教育改革和发展工作提出四点意见。第一，着力提高人才培养水平，全面贯彻党的教育方针，坚持育人为本、德育为先，把促进学生健康成长作为学校一切工作的出发点和落脚点，坚持文化知识学习和思想品德修养的统一、理论学习和社会实践的统一、全面发展和个性发展的统一，强化能力培养，创新人才培养模式，注重培育学生的主动精神和创造性思维。第二，着力深化教育体制改革，加快形成与社会主义市场经济体制和全面建设小康社会目标相适应的教育体制机制。第三，着力推进教育内涵式发展，坚持走以促进公平和提高质量为重点的内涵式发展道路，建立健全覆盖城乡的基本公共教育服务体系，坚持公共教育资源向农村、中西部地区、贫困地区、边疆地区、民族地区倾斜，促进城乡、区域教育协调发展，满足人民群众多层次、多样化的教育需求。第四，着力建设高素质教师队伍，增强广大教师教书育人的责任感和使命感，加强教师职业理想和职业道德教育，提高教师综合素质和业务水平，在全社会倡导和形成尊师重教良好氛围。

全国党委新闻发言人首次培训班在京举行 2月21日—23日，由中共中央对外宣传办公室主办的全国党委新闻发言人首次培训班在北京举行。中央外宣办主任王晨在培训班讲话时说，建立党委新闻发言人制度对于加强和改进新形势下党的自身建设，发展党内民主，为党的建设和国家发展营造良好舆论环境，具有重大的现实意义和深远的历史意义。今年是党委新闻发言人制度全面建立的第一年，要加强党委新闻发布工作制度化、规范化建设，推进党委新闻发布工作高质量、高水平展开，要为新闻发言人提供有力支持和必要条件。要积极开展党委新闻发言人培训工作，不断提高党委新闻发言人和各级领导干部的新闻素养和新闻舆论意识。

李长春在会见全国党委新闻发言人首次培训班学员时强调，着力营造推动科学发展促进社会和谐的浓厚氛围，为实现“十二五”良好开局提供有力舆论支持。当前，我国发展既面临难得机遇，也面临严峻挑战，党委新闻发言人任务艰巨、职责光荣。要以高度的责任感使命感，扎实做好新闻发布和舆论引导工作，着力营造庆祝中国共产党成立90周年的浓厚氛围，着力营造推动科学发展、促进社会和谐的浓厚氛围，着力营造紧紧抓住和用好战略机遇期、推动经济社会又好又快发展的浓厚氛围，着力营造为群众办实事、推动社会公正、做好群众工作的浓厚氛围，着力营造在国际上树立我国和平发展良好形象的浓厚氛围，引导广大干部群众把思想和行动统一到中央精神上来，把智慧和力量凝聚到实现“十二五”良好开局上来，为夺取全面建设小康社会新胜利、开创中国特色社会主义事业新局面而努力奋斗。

全国党史研究室主任会议召开 2月24日—25日，全国党史研究室主任会议在北京召开。会议总结了2010年的全国党史工作，深入贯彻落实中央10号文件和全国党史工作会议精神，研究提高党史工作科学化水平问题，讨论《中央党史研究室2011—2015年工作规划》，部署2011年的党史工作。中央党史研究室主任欧阳淞在工作报告中总结了2010年党史工作基本情况，要求2011年主要做好六个方面的工作：一是继续深入学习贯彻中央10号文件和全国党史工作会议精神；二是全力以赴做好纪念建党90周年的有关工作；三是大力开展党史学习教育，继续做好服务工作；四是深化党史研究，全面做好各项党史工作；五是做好党史部门2011—2015年工作规划的报批和贯彻落实工作；六是大力加强机关建设和干部队伍建设，为全面完成各项任务提供保障。

25日，习近平在北京人民大会堂会见出席全国党史研究室主任会议和中国中共党史学会第七次会员代表大会的代表。他强调，今年是中国共产党成立90周年，各级党史部门和广大党史工作者要以此为契机切实搞好党史宣传教育，引导广大党员干部加深对我们党光辉历史的认识，增强为中国特色社会主义伟大事业不懈奋斗的使命感和自豪感。习近平指出，党史工作是党和国家工作全局中一项十分重要的工作。党中央对党史工作高度重视，2010年党中央第一次以中央名义制定颁发了党史工作文件，召开了全国党史工作会议，对加强和改进新形势下党史工作作出全面部署。随后，中央又批准出版了《中国共产党历史》第二卷、修订重印了第一卷。所有这些，都为进一步做好党史工作增添了强大动力，提供了有利条件。当前和今后一个时期，党史工作的中心任务就是认真贯彻全国党史工作会议精神，把各项任务落实好，充分发挥党史以史鉴今、资政育人的作用。

理性关注科技时代人类未来 2月26日，由中国自然辩证法研究会主办的“2011未来哲学与发展战略学术研讨会”在北京师范大学召开。会议围绕未来研究与现代科技及风险观念、未来研究与思维方法的变革、未来研究与社会经济、政治和生态变化、未来研究的观念、方法与中国传统文化的发展等相关议题展开了研讨。

围绕“未来研究与现代科技及风险观念”问题，有学者认为，未来研究唤起了当代社会的危机意识，对于改进当代社会的发展观念和发展模式具有重要意义。有学者从未来学的视角分析了当代生物技术带来的风险，认为随着生物技术的日益强大，人类在当代面临着社会、安全、健康等全方位的风险。生物技术带来的严峻风险要求我们深化责任意识，使企业、政府、媒体各尽其责。

围绕“未来研究与哲学观念及思维方法的变革”问题，有学者认为，从哲学层面研究未来，就是研究“关于未来”的哲学问题。应立足价值哲学的视角，揭示人类未来发展所面临的诸多发人深思的问题，如资本的逻辑所导致的欲望对意义的僭越，秩序的丧失导致的有价值无意义的后果，利益需要的平面化所导致的个体与社会、个体与个体的紧张状态等。有学者认为，哲学层面的“未来”概念作为价值观念，意味着人们对美善生活的诠释和向往，其真实意义生发于人们的生存境况之中。在由自然等级、伦理等级和精神信仰等级交感而成的生存境况之中，“未来”概念超越了时间意义的“未来”幻像，获致了真实的“美善”意蕴。

从未来哲学的角度探讨当前我国经济社会发展中的热点问题是本次研讨会的一个亮点。有学者通过分析近代以来社会分工的脉络和高等教育的主题转换，从未来学的视角探析了人类经济活动的趋势和教育事业的重大变革。认为面向未来高等教育要从重点解决人类经济增长的问题转为解决21世纪人类面临的两个主要矛盾，即现代技术造成的人与自然的矛盾，物质欲望的过度膨胀造成的人与人、人与社会的对立。

围绕“未来研究的观念、方法与中国传统文化的发展”问题，有学者认为，未来研究的核心是研究人们生存状态的变化及其价值问题，未来研究作为一种综合研究分为理论和应用两个领域、哲学与科学两个视角，未来研究的特点是预测与不确定的二重性，未来研究的方法趋势是复杂性方法、人文方法日益增强。

中国社会保障改革与发展战略研讨会举行 2月28日—3月1日，以“中国社会保障改革与发展战略研讨会”为主题的中国社会保障30人论坛2011年年会在中国人民大学举行，会议旨在全面展示中国社会保障改革与发展战略研究成果，并进行理论学术界与政策层面的直接交流。

与会者一致认为，开展中国社会保障战略研究是时代发展与社会保障制度从长期试验性状态走向定型、稳定、可持续发展阶段的紧迫要求。对郑功成教授主持的中国社会保障改革与发展战略研究这一立足于国家层面的重大战略项目及所取得的丰硕成果给予充分肯定与极高评价，认为这一理论成果具有重大的理论价值与实践指导意义，是我国社会保障制度及相关政策决策的重要参考依据。

领导干部要狠抓落实善抓落实 3月1日，中央党校举行春季学期开学典礼，习近平出席并讲话。他强调，抓落实是领导工作中一个极为重要的环节，是党的思想路线和群众路线的根本要求。各级领导干部要深入贯彻落实科学发展观，牢固树立宗旨意识和正确政绩观，狠抓落实、善抓落实，用百折不挠的意志争创一流业绩，不断开创各项工作新局面。

习近平强调，反对空谈、强调实干、注重落实，是我们党一个优良传统。我们党建立90年、新中国成立60多年，有今天的巨大成就和在全国各族人民中的崇高威望，靠的是把马克思主义基本原理同中国具体实际结合起来形成的正确的理论和路线方针政策，靠的是共产党人团结带领人民群众一步一个脚印把党的路线方针政策变成认识世界、改造世界的巨大精神力量和物质力量。党的十七届五中全会审议通过了关于制定国民经济和社会发展第十二个五年规划的建议，中央和地方相继出台一系列推进改革发展的好思路、好政策、好措施，现在的关键就在于落实。

习近平指出，全心全意为人民服务是我们党的根本宗旨。各级领导干部要把以人为本、执政为民贯穿到抓落实之中，切实做到权为民所用、情为民所系、利为民所谋。把握住这一点，就把握住了抓落实的根本，就会把党和人民的托付看得比泰山还重，盯着排头找差距，对照先进学经验，做到为官一任、造福一方。习近平强调，在抓落实过程中，不同的政绩观会有不同的抓法、不同的结果。领导干部要牢固树立正确政绩观，把抓落实的出发点放到为党尽责、为民造福上，把抓落实的落脚点放到办实事、求实效上，把抓落实的重点放到立足现实、着眼长远、打好基础上，不断创造经得起实践、人民、历史检验的业绩。

习近平指出，抓落实的过程必然会遇到许多矛盾和问题。领导干部应该具有的根本态度是，不要怕遇到矛盾和问题，而要敢于正视矛盾和问题；不要绕开矛盾和问题走，而要同群众一道千方百计地去求得矛盾和问题的及时正确解决。抓落实，还要增强预见性，及时发现、尽早处置矛盾和问题，努力使简单矛盾不演化成复杂矛盾，小问题不延误成大问题。要多到矛盾突出的基层去，多到困难较多的一线去，多到难点焦点问题聚集的现场去，在克服困难、化解矛盾、解决问题中抓落实、促发展、出实绩。习近平强调，抓落实一定要防止虎头蛇尾。目标确定了，任务明确了，就要咬定青山不放松，不达目的不罢休。

习近平指出，抓落实必须发扬求真务实、真抓实干的优良作风，防止和克服形式主义。基层是一切工作的落脚点。抓落实的重心要放在基层一线，解决落实不到位问题的思路和办法要到基层和群众中去寻找。领导干部要坚持眼睛向下看、身子往下沉，深入基层、深入群众开展调查研究，及时了解在上面难以听到、不易看到和意想不到的新情况新问题，掌握第一手资料，向群众问计问策，不断推进和深化各项工作的落实。

习近平强调，抓落实的工作实践检验着领导干部的思想品质、工作作风和实际能力，也是考察和选用干部的重要依据。要完善领导干部考核评价机制，褒奖埋头苦干、狠抓落实的干部，教育和调整只尚空谈、不干实事的干部，问责和惩处弄虚作假、失职渎职造成重大损失和严重后果的干部，努力营造崇尚实干、恪尽职守、勇于奉献的良好氛围。抓落实的作风是一级一级带出来的，要注重发挥一把手的表率作用和督促作用，带出抓落实的班子、抓落实的团队。

习近平同志的讲话全文以《关键在于落实》为题，于3月16日在《求是》杂志发表。

坚定信心　居安思危　3月1日，中国社会科学院世界社会主义研究中心、社会科学文献出版社在北京联合举办“《居安思危——苏共亡党二十年的思考》、《2010–2011世界社会主义黄皮书》

发布暨世界格局的演进与世界思潮的变化学术研讨会”。与会者围绕借鉴苏联解体教训、进一步加强党的先进性建设和执政能力建设这一主题进行了研讨。

专家们一致强调，要居安思危，认真汲取苏联解体和苏共亡党的经验教训，坚持和发展马克思主义，奋力推进中国特色社会主义。

与会者提出，党的先进性和执政地位不是一劳永逸、一成不变的。随着时代变化和实践发展，我们党面临的执政考验、改革开放考验、市场经济考验、外部环境考验更加复杂严峻。在新形势下，必须把党的先进性建设和执政能力建设摆在突出位置，不断加强党的思想建设、组织建设、作风建设、制度建设、反腐倡廉建设，增强党的创造力、凝聚力和战斗力，使党始终成为推动经济社会科学发展的坚强领导核心。

与会者指出，此次国际金融危机不仅证明了马克思当年对资本主义生产方式的批判是正确的，而且证明了马克思当年对资本主义生活方式的批判也是正确的。在后国际金融危机时期，我国发展既面临难得的机遇，又面对前所未有的挑战。只要我们坚持以当代中国马克思主义为指导，坚定不移地走中国特色社会主义道路，不为任何风险所惧，不被任何干扰所惑，就一定能够引领当代中国不断发展进步。

会议指出，20 年前，苏联这个大国、强国，在没有外敌入侵和特大自然变故的情况下，顷刻解体覆亡，使世界震惊。对此，我们要认真汲取教训，永葆党的先进性。专家们提出建议：一要坚持高度重视党的思想理论建设，反对各种教条主义和经验主义。二要高度重视培养无产阶级革命事业接班人。三要坚持民主集中制，加强党内监督。四要坚持党的群众路线，一切为了群众。五要坚持改革开放的正确方向。六要警惕国内外敌对势力的西化、分化阴谋。

建设创新型国家，在国际竞争中赢得发展主动权，根本靠科技，基础在教育，关键是人才

3 月 4 日，胡锦涛参加全国政协十一届四次会议农工党、九三学社界委员联组会时指出，推动科学发展，加快转变经济发展方式，建设创新型国家，在日趋激烈的国际竞争中赢得发展主动权，根本靠科技，基础在教育，关键是人才。要大力增强科技创新能力，把增强自主创新能力作为战略基点，把科技进步与产业结构优化升级、改善民生紧密结合起来，着力提升原始创新能力，增强集成创新和引进消化吸收再创新能力，构建完整的创新体系，加快科技成果向现实生产力转化。要大力推动教育内涵式发展，按照优先发展、育人为本、改革创新、促进公平、提高质量的工作方针，统筹教育规模、结构、质量、效益，注意解决好广大群众普遍关注的教育公平问题，把提高质量作为教育改革和发展的核心任务，满足人民群众多层次、多样化的教育需求。要大力营造人才发展良好环境，为多样化、个性化、创新型人才成长提供良好环境和机制，着力培养我国现代化建设需要的各方面人才，使各类人才都能各得其所、各展其长、建功立业。胡锦涛强调，要大力发展医疗卫生事业，在保基本、强基层、建机制上狠下功夫，推动医药卫生体制改革不断取得实质性进展，努力解决群众反映强烈的看病难、看病贵问题。要大力发展粮食生产，把支持粮食生产的政策措施向主产区倾斜，充分调动农民种粮、地方抓粮的积极性，努力提高粮食综合生产能力和生产水平。要大力推进生态文明建设，坚持把建设资源节约型、环境友好型社会作为加快转变经济发展方式的重要着力点，加强生态文明理念宣传、法制建设和科技研发，不断提高生态文明水平。

十一届全国人大四次会议举行　3月5日—14日，十一届全国人大四次会议在北京举行。3月5日，会议举行了开幕式。温家宝代表国务院向大会作政府工作报告。报告共分三个部分：一、"十一五"时期国民经济和社会发展的回顾；二、"十二五"时期的主要目标和任务；三、2011年的工作。温家宝在回顾"十一五"时期国民经济和社会发展时说，"十一五"时期是我国发展进程中极不平凡的五年。面对国内外复杂形势和一系列重大风险挑战，中国共产党团结带领全国各族人民，全面推进改革开放和现代化建设，国家面貌发生了历史性变化。五年来，主要做了以下工作：加强和改善宏观调控，促进经济平稳较快发展；毫不放松地做好"三农"工作，巩固和加强农业基础；大力推进经济结构调整，提高经济增长质量和效益；坚定不移深化改革开放，增强经济社会发展内在活力；加快发展社会事业，切实保障和改善民生。五年的成绩来之不易。这是以胡锦涛同志为总书记的党中央总揽全局、正确领导的结果，是全党全国各族人民共同努力奋斗的结果。温家宝还报告了"十一五"时期政府工作的认识和体会：一是必须坚持科学发展；二是必须坚持政府调控与市场机制有机统一；三是必须坚持统筹国内国际两个大局；四是必须坚持把改革开放作为经济社会发展的根本动力。

温家宝在报告2011年工作总体部署时说，今年国民经济和社会发展的主要预期目标是：国内生产总值增长8%左右；经济结构进一步优化；居民消费价格总水平涨幅控制在4%左右；城镇新增就业900万人以上，城镇登记失业率控制在4.6%以内；国际收支状况继续改善。

温家宝报告了"十二五"时期的主要目标和任务：推动经济发展再上新台阶，今后五年我国经济增长预期目标是在明显提高质量和效益的基础上年均增长7%，按2010年价格计算，2015年国内生产总值将超过55万亿元；加快转变经济发展方式和调整经济结构；大力发展社会事业；扎实推进资源节约和环境保护；全面改善人民生活；全面深化改革开放；不断加强政府自身改革建设。

温家宝指出，要保持宏观经济政策的连续性、稳定性，提高针对性、灵活性、有效性，处理好保持经济平稳较快发展、调整经济结构、管理通胀预期的关系，更加注重稳定物价总水平，防止经济出现大的波动。今年要重点做好十个方面的工作：保持物价总水平基本稳定；进一步扩大内需特别是居民消费需求；巩固和加强农业基础地位；加快推进经济结构战略性调整；大力实施科教兴国战略和人才强国战略；加强社会建设和保障改善民生；大力加强文化建设；深入推进重点领域改革；进一步提高对外开放水平；加强廉政建设和反腐败工作。温家宝还就民族、宗教和侨务工作，国防和军队建设，香港、澳门发展和两岸关系，以及我国的外交政策作了阐述。

走有中国特色、西藏特点的发展路子，推进西藏跨越式发展和长治久安　3月6日，胡锦涛参加十一届全国人大四次会议西藏代表团审议时作了发言，胡锦涛强调，西藏要坚持中央关于西藏工作的指导思想，走有中国特色、西藏特点的发展路子，切实做好改革发展稳定各项工作，推进西藏跨越式发展和长治久安，在全面建设小康社会进程中迈出更大步伐。要扎扎实实推进跨越式发展，着力培育特色优势产业、发展现代特色农牧业、加强基础设施建设、保护生态环境，夯实建设社会主义新西藏的物质基础；要扎扎实实保障和改善民生，把更多财力投放到公共服务领域、落实到重大公益性项目，把政策资金更多向广大农牧区和边远地区倾斜，让各族群众共享改革发展成果；要扎扎实实维护社会和谐稳定。

中国特色社会主义法律体系已经形成 3月10日，吴邦国向十一届全国人大四次会议作全国人大常委会工作报告时指出，新中国成立以来特别是改革开放30多年来，在中国共产党的正确领导下，经过各方面坚持不懈的共同努力，我国立法工作取得了举世瞩目的巨大成就。吴邦国庄重宣布，一个立足中国国情和实际、适应改革开放和社会主义现代化建设需要、集中体现党和人民意志的，以宪法为统帅，以宪法相关法、民法商法等多个法律部门的法律为主干，由法律、行政法规、地方性法规等多个层次的法律规范构成的中国特色社会主义法律体系已经形成，国家经济建设、政治建设、文化建设、社会建设以及生态文明建设的各个方面实现有法可依。

吴邦国强调，中国特色社会主义法律体系的形成，是我国社会主义民主法制建设史上的重要里程碑，具有重大的现实意义和深远的历史意义。第一，中国特色社会主义法律体系是中国特色社会主义永葆本色的法制根基，从制度上、法律上确保中国共产党始终成为中国特色社会主义事业的领导核心，确保国家一切权力牢牢掌握在人民手中，确保民族独立、国家主权和领土完整，确保国家统一、社会安定和各民族大团结，确保坚持独立自主的和平外交政策、走和平发展道路，确保国家永远沿着中国特色社会主义的正确方向奋勇前进。第二，中国特色社会主义法律体系是中国特色社会主义创新实践的法制体现，从制度上、法律上保障国家始终坚持改革开放的正确方向，着力构建充满活力、富有效率、更加开放、有利于科学发展的体制机制，推动我国社会主义制度不断自我完善和发展。第三，中国特色社会主义法律体系是中国特色社会主义兴旺发达的法制保障，从制度上、法律上解决了国家发展中带有根本性、全局性、稳定性和长期性的问题，为社会主义市场经济体制的不断完善、社会主义民主政治的深入发展、社会主义先进文化的日益繁荣、社会主义和谐社会的积极构建，确定了明确的价值取向、发展方向和根本路径，为建设富强民主文明和谐的社会主义现代化国家、实现中华民族伟大复兴奠定坚实的法制基础。

吴邦国从五个方面总结了形成中国特色社会主义法律体系的基本经验：一是坚持党的领导；二是坚持以中国特色社会主义理论体系为指导；三是坚持从中国国情和实际出发；四是坚持以人为本、立法为民；五是坚持社会主义法制统一。

进一步提高马克思主义学科建设和研究水平 3月16日，中国社科院在北京举行“马克思主义理论学科建设与理论研究2011年度工作会议”。会议提出构建中国社科院马克思主义理论学科群。全国政协副主席、中国社科院院长陈奎元出席会议并讲话。陈奎元强调，加强中国社科院马克思主义理论学科群建设，就是要做好三件事：一是信仰马克思主义；二是学习马克思主义；三是坚持马克思主义。

与会者认为，开展马克思主义理论学科建设与理论研究工作意义重大。马克思主义是我们党的思想理论基础，在我国意识形态领域处于指导地位；同时，它又是一门科学，是理论研究的重要对象。在推进中国特色社会主义事业、实现中华民族伟大复兴的过程中，我们应当把坚持马克思主义指导地位同加强马克思主义理论研究有机统一起来。实施马克思主义理论学科建设与理论研究工程应抓好以下几项工作：一是进一步提高认识，积极构建马克思主义理论研究的学科群；二是充实队伍、提高水平，不断推进马克思主义理论类别研究室建设；三是抓好马克思主义经典著作专题摘编和基础理论专题研究的结项出版工作；四是抓好马克思主义理论编辑队伍和学术期刊马克思主义研究专栏建设以及马克思主义基本理论培训和后备人才建设；五是编辑出版马克思主义专题研究文丛和文集。

推动经济转型，创新发展模式，着力调整结构，努力改善民生 3月19日—21日，由国务院发展研究中心主办的第十二届中国发展高层论坛召开。论坛主题是“经济发展方式转变中的中国”。会议围绕“十二五”规划、宏观经济政策、财政改革、收入分配与社会保障建设、新时期对外开放战略、战略性新兴产业等议题展开多视角、深层次讨论。李克强出席开幕式并致辞。他指出，中国将按照加快转变经济发展方式的要求，推动经济转型，创新发展模式，把各方面发展的积极性引导到保障和改善民生、调整经济结构、加强节能环保、深化改革开放上来，促进经济社会又好又快发展。

李克强指出，保持经济长期平稳较快发展既是转变经济发展方式的目标，也是其前提。面对复杂的国际国内环境，中国把稳定物价总水平作为宏观调控的首要任务，通过实施宏观经济政策，优化公共支出结构、投资结构和信贷结构，防止经济出现大的波动。同时，充分发挥市场在资源配置中的基础性作用，激发经济的内在活力。

领导干部要正确对待进退留转 3月20日，中国浦东、井冈山、延安干部学院举行春季开学典礼。李源潮出席并讲话。他指出，今年是省市县乡四级党委换届之年，各级领导干部要按照胡锦涛总书记要求，以党和人民事业为重，加强党性修养，正确对待个人进退留转，做到“进”者奋发有为，“退”者心情愉快，“留”者意志不衰，“转”者迎接挑战。

李源潮指出，领导干部对工作要有进取心，对升迁要有平常心，坦然接受党组织和干部群众的选择。进，要更加感谢党和人民的信任，更加谦虚地努力学习，更加负责地对待责任，更加严格地要求自己；不进，也要心态自如，自觉服从组织安排，不失工作的动力，保持学习的上进心，坚守清正廉洁的底线。

李源潮说，干部的“退”，是党的事业薪火相传的需要。领导干部退岗只是政治生命中的转乘站。要向杨善洲同志学习，退位不褪色，一辈子坚守共产党人的精神家园。干部留任，是保持领导班子稳定和工作连续性的需要，留要以更高标准要求自己，加倍努力做好工作。干部交流转岗，是优化干部资源配置、培养锻炼干部的需要。领导干部要把转岗交流作为干事创业的新机遇，勇于接受新的挑战，虚心向新单位的干部群众学习，扑下身子干实事，在新岗位上创造新业绩。

党员领导干部廉政准则实施办法发布 3月22日，为保证《中国共产党党员领导干部廉洁从政若干准则》（以下简称《廉政准则》）的正确贯彻和顺利实施，增强《廉政准则》的操作性，切实提高《廉政准则》的执行力，中共中央纪委发布《〈中国共产党党员领导干部廉洁从政若干准则〉实施办法》。

《实施办法》对《廉政准则》中的相关概念进行了解释；对违反《廉政准则》规定的8个方面52项禁止性规定如何适用《中国共产党纪律处分条例》予以明确；对于需要采取组织处理等措施

的违纪行为，规定了相应的处理方式。《实施办法》进一步细化和明确了《廉政准则》的相关要求，内容更加全面，要求更加具体，责任更加明确，监督更加有力，既彰显了党中央依靠制度预防和惩治腐败的坚强决心，也体现了我国反腐倡廉制度建设的与时俱进。《实施办法》的颁布实施，是反腐倡廉制度建设取得的又一重大成果，为《廉政准则》的顺利实施提供了重要保障，为进一步加强对党员领导干部廉洁从政行为的规范和监督提供了重要制度依据，对于完善惩治和预防腐败体系、深入推进反腐倡廉建设，规范党员领导干部的从政行为，加强干部队伍建设，保持党的纯洁性和先进性，具有十分重要的意义。

要科学严谨地对待社会主义理论创新　3月24日，中央党校科社教研部在中央党校召开“中国共产党对社会主义理论的创新”学术研讨会，会议集中探讨了理论创新的内涵及中国共产党对社会主义理论创新的具体内容。提出要科学严谨地对待社会主义理论创新问题。

与会者认为应严谨对待社会主义理论创新。在社会主义理论和实践发展中，中国共产党在马克思主义基本原理指导下，结合中国革命和建设的具体实践，在新民主主义革命、社会主义革命和建设中，在理论和实践方面都有很多独创性的理论建树和实践探索，不但推动了中国革命和建设中社会主义理论和实践的发展，而且丰富和发展了世界社会主义理论和实践。但是，研究者不能把所有这些提法和做法都叫做理论创新，能够被界定为理论创新的应当是那些基础性、开创性和具有重大实践指导意义的思想和理论。

与会者认为应科学对待社会主义理论创新。目前在学术界有关社会主义理论创新的研究较多，但是存在以下值得商榷的方面：一是大多数研究者都是把前人没有提到的一些看法和提法归结为理论创新，从理论创新的基础性和开创性角度看并不科学；二是有些研究的视野只围绕某一代（位）领导人对某些问题的看法或做法；比较注重“人”，而对理论本身的历史定位等问题关注较少；三是研究的范围局限于国内，缺少世界性的宏观视野研究，如关于中国共产党对社会主义理论的探索在世界社会主义发展史上的理论定位问题，较少人提及。

与会者认为应重视对于社会主义理论创新问题的研究。关于社会主义理论创新问题的研究具有理论和实践意义。作为资本主义制度替代物的社会主义制度，它的理论建树对世界社会主义运动具有指导意义；中国共产党的社会主义理论和实践经历了90年的发展历程，它的发展和完善凝聚了中国共产党和中国人民的理论创造和实践智慧，尤其是毛泽东思想和中国特色社会主义理论体系中的创新值得进行深入研究。

认真治理领导干部以权谋私和渎职侵权问题，切实加强领导干部廉洁自律　3月25日，国务院召开第四次廉政工作会议，温家宝在会上发表讲话。他强调，要全面贯彻落实中央关于反腐倡廉建设的决策和部署，认真治理领导干部以权谋私和渎职侵权问题，切实加强领导干部廉洁自律，坚决遏制奢侈浪费和形式主义，务求取得廉政建设和反腐败工作新成效。

温家宝指出，各级政府和领导干部一定要从政治和全局的高度，充分认识做好反腐倡廉工作的重要性和紧迫性。今年要重点抓好三方面工作。一、认真治理领导干部以权谋私和渎职侵权问题。一要着力解决招投标方面的突出问题；二要依法治理土地和房屋征收征用中侵害群众权益问题；三要深化行政体制改革，推进政府职能转变和管理创新。二、切实加强领导干部廉洁自律。一是认真落实领导干部个人事项报告制度；二是坚决整治收送礼金问题；三是加强国有企业负责人廉洁自律。三、坚决遏制奢侈浪费和形式主义。一是继续严格控制和压缩行政经费；二是进一步减少会议和文件；三是继续深化行政经费管理改革；四是大力推进财政预算决算公开。

温家宝强调，要认真落实党风廉政建设责任制，对反腐倡廉各项工作部署要细化分工，落实责任，明确进度，切实做到有部署、有督查、有验收。要集中力量查办大案要案，不论什么人，不论职务高低，只要违纪违法，就要一查到底、严惩不贷，绝不姑息迁就。

全面推进依法行政、弘扬社会主义法治精神，充分发挥法律促进经济社会发展作用 3月28日，中共中央政治局就推进依法行政和弘扬社会主义法治精神进行第二十七次集体学习。胡锦涛在主持学习时强调，全面推进依法行政、弘扬社会主义法治精神，是坚持立党为公、执政为民的必然要求，是推动科学发展、促进社会和谐的必然要求。我们必须增强全面推进依法行政、弘扬社会主义法治精神的自觉性和主动性，加快建设社会主义法治国家。

胡锦涛强调，全面推进依法行政，要以邓小平理论和“三个代表”重要思想为指导，深入贯彻落实科学发展观，坚持党的领导、人民当家作主、依法治国有机统一，认真落实依法治国基本方略，以建设法治政府为目标，以事关依法行政全局的体制机制创新为突破口，以增强领导干部依法行政意识和能力、提高制度建设质量、规范行政权力运行、保证法律法规严格执行为着力点，为保障经济又好又快发展和社会和谐稳定发挥更大作用。要更加注重制度建设，在中国特色社会主义法律体系已经形成的有利基础上，继续通过完善立法加强和改进制度建设，坚持科学立法、民主立法，着力抓好促进科学发展、深化改革开放、保护资源环境、保障和改善民生、维护社会和谐稳定、加强政府建设等方面所急需法律法规的制定或修改工作，力求体现规律要求、适应时代需要、符合人民意愿、解决实际问题。要更加注重行政执法，严格依照法定权限和程序行使权力、履行职责，推进政府管理方式创新，加强行政决策程序建设，切实把政府职能转变到经济调节、市场监管、社会管理、公共服务上来，着力保障和改善民生。要更加注重行政监督和问责，完善监督体制机制，全面推进政务公开，切实为人民掌好权、用好权。要更加注重依法化解社会矛盾纠纷，完善行政调解制度，提高行政调解效能，完善行政复议制度，完善信访制度。

胡锦涛指出，在全社会大力弘扬社会主义法治精神，对全面贯彻落实依法治国基本方略、建设社会主义法治国家具有基础性作用，必须把加强宪法和法律实施作为弘扬社会主义法治精神的基本实践，不断推进科学立法、严格执法、公正司法、全民守法进程。各级党委要按照科学执政、民主执政、依法执政的要求，带头维护社会主义法制的统一、尊严、权威，坚持依法办事，各级政府要认真履行宪法和法律赋予的职责，广大党员、干部特别是领导干部要带头遵守和执行宪法和法律。要加强对全体人民的普法宣传教育，深入开展社会主义法治理念教育，特别是要加强与人民群众生产生活密切相关的法律法规宣传，加快在全社会形成学法尊法守法用法的良好法治环境。

胡锦涛强调，推进依法行政，关键在领导，重点在落实。各级党委和政府要把依法行政作为保证“十二五”时期经济社会发展各项目标任务顺利实现的重大举措，加强领导，抓好落实，深入研究解决依法行政面临的突出问题，善于运用法律手段深化改革、推动发展、维护稳定，为全面建设小康社会提供有力法治保障和良好法治环境。

建设国家品牌 提升文化软实力 3月29日，由光明日报社主办的“国家品牌战略高峰论坛”在北京举行。与会者围绕国家品牌的建设与文化软实力的提升进行了多角度的深入研讨。

与会专家指出，打造国家品牌与自主创新能力的建设密不可分。纵观世界知名的品牌，往往都是以先进的科技实力作为支撑，并不断推出技术领先的产品，从而获得持久的品牌生命力。在国家品牌的建设过程中，必须依靠自主创新，不断推动创新产品的出现，才能真正实现基于自主创新能力的品牌建设，这样的国家品牌在国际市场中才更有竞争力。

与会专家指出，当一个国家的人均收入水平达到2500美元时，该国便进入品牌消费时代，目前我国已经进入品牌消费时代。对品牌的消费意味着财富的转移，当一个国家的消费水平进入品牌消费时代，却没有足够的本国品牌可供消费，只能消费国外品牌时，财富就会向国外转移。未来五年是我国加快转变经济发展方式的关键五年，扩大内需对经济的拉动作用将日益明显。在这一过程中，塑造有国际影响力和竞争力的国家品牌，也将有利于实现内需的强劲增长。

与会专家一致认为，没有强大的国家品牌作为依托，不可能诞生具有全球竞争力的企业品牌。没有优秀的企业品牌作为支撑，国家品牌就无法让全世界产生直观的认同。如何打造中国的国家品牌，已成为当前我国企业界、学术界和政府部门共同关注的课题。

认真总结20年探索实践积累的宝贵经验，推动社会治安综合治理在继承中创新发展 3月29日，纪念加强社会治安综合治理两个《决定》颁布20周年座谈会在北京人民大会堂举行。周永康出席会议并讲话，强调要认真总结20年探索实践积累的宝贵经验，推动社会治安综合治理工作在继承中创新发展，确保社会既充满活力又安定有序，确保“十二五”规划顺利实施。

周永康强调，经过20年探索实践，我们进一步深化了对社会治安综合治理规律性的认识，积累了十分宝贵的经验。一是要坚持围绕中心、服务大局，统筹抓好硬道理和硬任务，最大限度地增加和谐因素，最大限度地减少不和谐因素，为经济社会发展创造良好治安环境；二是要坚持以人为本、服务为先，把确保群众生命财产安全作为根本目的，把解决群众反映的突出治安问题作为着力点，强化服务意识，寓管理于服务之中，不断增强群众安全感和满意度；三是要坚持统一领导、协调联动，建立健全党委领导、政府负责、社会协同、公众参与的工作格局，落实领导责任制和目标责任体系，健全矛盾联调、问题联治、平安联创的工作机制，形成齐抓共管合力；四是要坚持专群结合、依靠群众，既充分发挥政法机关的骨干作用，不断提高预防和打击违法犯罪的专业化水平，又广泛动员组织群众积极参与，筑牢社会治安综合治理的人民防线；五是要坚持打防结合、预防为主，用好宽严相济刑事政策，保持对严重刑事犯罪活动的高压态势，构建社会治安立体化防控体系，提高驾驭社会治安局势的能力；六是要坚持标本兼治、重在治本，既着力解决突出的犯罪和治安问题，又大力推进以保障和改善民生为重点的社会建设，加强和创新社会管理，从源头上预防和减少社会治安问题；七是要坚持重心下移、固本强基，加强基层基础建设，建立健全人往基层走、劲往基层使、钱往基层用的体制机制，提高基层干部做好群众工作、化解矛盾纠纷、维护社会稳定的本领；八是要坚持与时俱进、改革创新，积极适应新形势，不断提高社会治安综合治理工作的社会化、信息化、法制化水平。

认清形势，明确任务，坚定信心，扎实工作，深入推进党风廉政建设和反腐败斗争 4月1日，贺国强在中央党校作反腐倡廉专题报告时强调，要认清形势、明确任务，坚定信心、扎实工作，深入推进党风廉政建设和反腐败斗争，为党和国家事业顺利发展提供有力保证。

贺国强全面介绍了当前的反腐倡廉形势。他指出，坚决反对腐败、建设廉洁政治，是我们党始终不渝的奋斗目标之一。我们既要看到反腐倡廉建设取得的成绩，又要看到所存在问题的严峻性，更要坚定做好这项工作的信心和决心。只要我们坚定不移地走中国特色反腐倡廉道路，坚持不懈地推进党风廉政建设和反腐败斗争，就一定能够坚决惩治腐败、有效预防腐败，不断开创党风廉政建设和反腐败工作新局面。

贺国强深刻阐述了深入推进党风廉政建设和反腐败斗争需要着重把握的几个问题。一是坚持围绕中心、服务大局，严明政治纪律，加强对中央重大决策部署贯彻落实情况的监督检查；二是坚持以保持党同人民群众的血肉联系为重点，加强和改进党的作风建设；三是坚持以完善惩治和预防腐败体系为重点，整体推进反腐倡廉建设；四是坚持以人为本、执政为民，着力解决反腐倡廉建设中人民群众反映强烈的突出问题；五是坚持以改革创新精神推进反腐倡廉建设，不断提高反腐倡廉建设科学化水平；六是坚持不断完善反腐败领导体制和工作格局，切实形成推进反腐倡廉建设的强大合力；七是坚持严格要求、严格教育、严格管理、严格监督，大力加强纪检监察机关自身建设。

中国共产党建党90年与马克思主义中国化理论研讨会召开 4月2日，中国人民大学哲学院与中国高等教育学会马克思主义研究会在中国人民大学联合举办“中国共产党90年与马克思主义中国化理论研讨会”。

围绕“马克思主义中国化的内涵、科学依据和价值诉求”问题学者们进行了研讨，认为马克思主义中国化是当代中国思想理论领域的主流话语或思想理论运动的主旋律，马克思主义中国化就是马克思主义普遍真理和中国革命与建设具体实践相结合，与时俱进地发展马克思主义。马克思主义与中国实际相结合的过程，也就是马克思主义中国化的过程。毛泽东思想、邓小平理论、“三个代表”重要思想和科学发展观是马克思主义中国化的理论结晶。关于马克思主义中国化的科学依据和价值诉求，有学者认为：马克思主义理论科学性在于它本质上是反映社会发展规律和时代发展趋势的科学理论，其吸引力、生命力和影响力来自它与中国社会发展客观规律相符合、与人民群众切身利益相契合，来自于对先进思想文化成果的吸纳和自身理论的创新。马克思主义中国化蕴含着两方面价值向度：从理论自身看，马克思主义理论要同满足我国广大人民群众的物质与精神需要相结合，彰显人文精神，贴近群众生活；从马克思主义中国化的承担者看，马克思主义理论工作者要自觉把自身研究和宣传同服务改革开放、民富国强结合起来，善于用正确的理论引导生活。

围绕“如何树立正确的中国化的马克思主义观”问题，学者们从三个方面进行了探讨：首先，树立正确的中国化的马克思主义观必须反对教条主义。从教条出发还是从中国的实际出发是解决马克思主义中国化所有问题的关键所在，事实证明，离开了马克思主义的本真精神，离开了中国实践的对待马克思主义的教条化态度不仅不能推动马克思主义中国化进程，而且对于马克思主义中国化的理论与实践都是有害的。我们要在反对教条主义中推进马克思主义中国化，必须树立现实问题意识，回答中国社会发展中的各种问题，为社会和实践发展提供大智慧和战略思维。其次，树立正确理解中国化的马克思主义观应该从“重读经典”和面对现实问题两方面加强马克思主义的理论研究和教学。要把体现辩证唯物主义和历史唯物主义的马克思主义经典文本用人民群众喜闻乐见的形式加以宣传和推广，并使中国化的马克思主义真正在贴近生活、贴近群众、贴近实践中焕发生机和活力。脱离广大民众和现实问题，马克思主义中国化就不可能走向深化。再次，正确理解中国化的马克思主义要同种种假马克思主义划清界限。必须认清在各个领域内存在的假马克思主义的真面目，进而与之划清界限，才能在高校思想政治理论教育中对大学生进行正确而有效的马克思主义理论教育。

围绕“加强党史研究在深化马克思主义中国化理论研究中的意义”问题，学者们普遍肯定了中国共产党90年历程对马克思主义中国化的重要意义，中国共产党的90年对马克思主义的影响是举足轻重的，占世界近五分之一人口的中国马克思主义兴旺、繁荣本身就是对马克思主义中国化的最好确证。学者指出：中国共产党90年奋斗、探索的历史是在马克思列宁主义的引领下展开的，取得了巨大的成就；同时，马克思主义在这90年中也得到了极大的丰富和发展。我们不能离开中国的传统单独理解马克思主义中国化的内涵，亦不能离开马克思主义谈论中国的传统，二者舍其一都不能在当今正确理解90年来马克思主义中国化的历程，更不能理解马克思主义中国化的真正内涵。

中国模式与马克思主义中国化学术论坛在京召开　4月10日，“中国模式与马克思主义中国化”学术论坛在北京召开。

与会专家学者围绕中国模式的内涵和特征、优势与挑战，以及中国模式的重要性及未来的趋向等问题展开了讨论。中国社科院马克思主义研究院院长程恩富教授强调，倘若要完全廓清和科学诠释中国模式的特征和内涵，可能还要作多层面和多视角的界定和抽象。以中国经济模式为例，一是要区分中国经济发展模式与中国经济体制模式。经济发展模式还要分领域和部门来概括，如新型工业化模式、新农村发展模式、出口创汇导向型发展模式等。经济体制模式也要分领域和部门来概括。二是要区分经济发展目标模式与经济发展过程模式、经济体制目标模式与经济体制改革过程模式。如建立社会主义市场经济体制是经济体制目标模式，具体还可以细化为建立公有制为主体和多种所有制共同发展的混合所有制模式、建立按劳分配为主体和多种分配方式并存的分配模式等；而稳定优先、渐进改革、顺序差异等，则属于经济体制改革过程模式。

绝大多数与会者认可“中国模式”这个概念，主张中国模式这一概念与社会主义密切相联，要运用马克思主义的立场、观点、方法辨别有关“中国模式”的诸多问题，同时坚持创造性，适应国内外新形势、顺应人民新期待，使中国模式不断完善。

“党建信息化工作研讨会”在重庆召开　4月13日，由人民网·中国共产党新闻网、中共重庆市委组织部、中共大渡口区委主办的“党建信息化工作研讨会”在重庆召开，与会专家围绕党建信息化发展进行了深入研讨。与会者普遍认为，党建信息化将是提高党建科学化水平的必由之路，而基于“云计算”等技术支撑的党建信息化工作，将使党组织对广大党员的服务管理更及时有效，更丰富生动。

与会者指出，党建信息化是提高党建科学化的必由之路。互联网提供了信息公开、扁平式、快捷传递的信息交流平台，依靠互联网搞党建信息化，意义就在于适应了现代社会信息化快速发展的需要，解决了信息化条件下党建工作面临的一些难题，使党具有了在信息化条件下的新的生命力和战斗力。党的力量来自于党的先进性、组织性和群众性。运用网络平台将分散的党员组织起来，并且使党和群众联系在一起，我们的党会更有活力、更有力量。

与会者就云计算在党建信息化中的作用作了详细阐释。认为云计算改变了资源的配置，让更多的信息放到了网上，实现了信息服务的社会化、专业化、集约化。云计算最大的特点是分享、互动和群体智能。要让技术更好地为网络时代的党务工作服务，为广大党员服务。

博鳌亚洲论坛2011年年会在海南举行 4月14—16日，博鳌亚洲论坛2011年年会在海南博鳌举行。年会主题是"包容性发展：共同议程与全新挑战"。旨在通过政府、企业、学术界和媒体之间的广泛对话，进一步探讨包容性发展的内涵，为亚洲经济的适时转型提供前瞻性的思路和引导。年会设立"包容性发展——健康、有序的增长"、"新一轮增长的需求引擎"、"'中等收入陷阱'的亚洲式规避"、"人民币走出去：挑战与机遇"等23个议题，进一步探讨了包容性发展的具体策略。胡锦涛在开幕式上发表题为《推动共同发展 共建和谐亚洲》的主旨演讲。胡锦涛强调，中国将坚定不移走和平发展道路，坚定不移奉行互利共赢的开放战略，始终把亚洲放在对外政策的首要位置，坚持与邻为善、以邻为伴的周边外交方针，积极发展同亚洲各国的睦邻友好和互利合作，不断增进相互理解和信任，永远做亚洲各国的好邻居、好朋友、好伙伴。俄罗斯总统梅德韦杰夫、巴西总统罗塞夫、南非总统祖马、韩国总理金滉植、西班牙首相萨帕特罗、乌克兰总理阿扎罗夫也发表了演讲。2000余名各国政要、工商界领袖、专家学者和媒体人士出席了年会。

大规模实施保障性安居工程 逐步完善住房政策和供应体系 4月16日出版的第8期《求是》杂志，发表了李克强同志的文章，题目是《大规模实施保障性安居工程 逐步完善住房政策和供应体系》。

文章重点论述了三个问题：一、大规模实施保障性安居工程意义重大；二、完善保障性安居工程体系是健全住房制度的重要内容；三、推进保障性安居工程建设的基本思路。

文章指出，保障性安居工程是"十二五"时期保障和改善民生的标志性工程，也是当前经济工作的硬任务。未来五年，要建设保障性住房、棚户区改造住房3600万套，其中2011年开工建设1000万套。这是推动科学发展、加快转变经济发展方式的具体实践，具有重大的现实意义和深远的历史影响。

文章强调，要把满足群众基本居住需求放在突出位置，把政府保障和市场供应结合起来，健全住房供应体系；按照保障基本需求、引导合理消费、加大政策支持、确保分配公平、实现持续运转、加强机制建设的思路，以发展公共租赁住房为重点，实施好保障性安居工程，使真正需要帮助的中低收入住房困难家庭受益。

全国"马克思主义与中国共产党成立九十年"学术研讨会在杭州举行 4月16日—17日，由中国社会科学院马克思主义研究院和杭州师范大学联合主办的全国“马克思主义与中国共产党成立九十年”学术研讨会在杭州召开。中国社会科学院学部委员、马克思主义研究院院长程恩富教授作了题为《“两会精神”·“中国模式”与苏联解体 20 年评析》的主题报告。程恩富指出，中国特色社会主义法律体系始终为特色社会主义事业保持本色提供法制根基，最重要的是坚持正确的政治方向，在涉及国家根本制度的重大原则问题上不动摇。关于“中国模式”，程恩富认为，目前学术界的认识仍然十分模糊。应该从中国经济、政治、文化、社会等多方面做出体制目标模式和体制改革过程模式的分析，这样才能使学术论著逻辑清晰，使广大研究者更易理解把握，并在群众中达成共识。程恩富对苏联解体、苏东剧变原因进行了深入分析。赫鲁晓夫过分反对斯大林及西方和平演变所引发的思想混乱是苏联解体的思想原因；思想混乱导致苏共任用和提拔了大批非共产党员干部，组织系统出现问题。这是苏联解体的组织原因；苏共领导集团背叛马克思主义和社会主义是苏联解体的关键原因。三个原因相互联系，相互作用。

与会学者分别作了《马克思主义中国化的历史进程及其主题转换》的专题演讲、《“变”与“不变”：探析党的教育方针的发展逻辑》报告。与会学者还就当代社会思潮问题作了讲演，畅谈了马克思主义理论学科建设的问题与思路。

转变经济发展方式难点及对策论坛在北京举办 4 月 18 日，中共中央党校举行《中国经济观察》论坛：转变经济发展方式难点及对策，会议由中央党校经济学部主办。

与会者指出，转变经济发展方式是我国经济社会领域的一场深刻变革，其主要内涵包括：从突出速度向更加注重质量和效益转变；从外需带动型向内需拉动型转变；从生产能力提高型向经济结构优化升级型转变；从技术引进依赖型向自主创新支撑型转变；从资源高耗型向资源节约型转变；政府从直接承担发展职能向为发展提供全面服务转变。

与会者认为，在当前形势下，实现经济发展方式转变还面临一些困难。一是转变观念难。二是转变体制难。三是转变产业难。解决这些难点问题，加快转变经济发展方式，必须深入贯彻落实科学发展观，采取综合性措施。应进一步深化改革，着力转变经济增长机制；大力提高自主创新能力，加快经济结构调整和产业升级，依靠技术创新推动节能环保产业和低碳经济发展；完善要素价格形成机制，在市场规律作用下促使有限资源流向效率高的行业；深化财税体制改革，建立和完善公共财政体制，逐步实现基本公共服务均等化。特别要通过改进政绩考评体系和加强监督机制建设，引导各级政府创新发展理念和管理理念，切实转变职能，提高社会管理和公共服务水平。

妥善处理保增长与调结构的关系 4 月 18 日，由中国社会科学院经济学部、中国社会科学院科研局、中国社会科学出版社和《经济研究》编辑部联合主办的“《中国经济学年鉴 2010》出版发布会暨 2011 年中国经济发展的机遇与挑战研讨会”在北京举行。会上，发布了由中国社会科学院经济学部组织编写的经济学和管理学学术年刊的《中国经济学年鉴 2010》，专家学者着重就妥善处理保持经济增长速度与调整经济结构的关系进行了研讨。

与会者指出，抑制通货膨胀是当前宏观调控的首要任务。去年下半年通货膨胀初步显露，今年通胀压力进一步增强。造成通胀压力的因素是长期积累的结果，抑制和治理通胀也需要较长的时间，不能一蹴而就。造成通胀压力增大的原因很多：一是流动性过剩；二是经济增长速度偏快；三是农业的基础不稳固，农产品价格上涨；四是成本上升；五是输入性价格上涨。有效抑制通货膨胀，根本在于避免经济过热。同时，对待不同的通胀因素应采取不同的应对措施。在控制通货膨胀的过程中，还应注意保持经济适度较快增长，避免矫枉过正。

与会者认为，当前须妥善处理保持经济增长速度与调整经济结构的关系。经济结构调整的内容很丰富，既包括收入分配结构的调整，也包括投资和消费结构的调整；既包括一、二、三产业结构的调整，也包括产业内部结构和产业组织结构的调整。保持经济增长速度与经济结构调整既存在共同点，又存在一些矛盾。两者目标一致，即实现国民经济较快发展，促进经济发展方式转变。但如果经济增长速度过快，各方面需求旺盛，就不利于落后产能的淘汰。因此，宏观经济政策和实际工作部署绝不能为了保年度的高增长而忽视经济结构调整，而应为经济结构调整创造良好条件。

全国哲学社会科学规划领导小组会议召开　4月23日，全国哲学社会科学规划领导小组召开会议审议《国家哲学社会科学研究“十二五”规划》，刘云山出席会议并讲话。他强调，要紧密结合“十二五”时期我国经济社会发展的新形势新任务，认真贯彻中央关于推进哲学社会科学创新体系建设、实施哲学社会科学创新工程的精神，组织实施好《国家哲学社会科学研究“十二五”规划》，进一步推动哲学社会科学繁荣发展，充分发挥哲学社会科学认识世界、传承文明、创新理论、咨政育人、服务社会的重要作用，为全面建设小康社会、加快推进社会主义现代化建设作出新的贡献。

刘云山强调，“十二五”时期哲学社会科学研究工作要坚持以邓小平理论和“三个代表”重要思想为指导，深入贯彻落实科学发展观，大力推动理论创新，推动建立具有中国特色的哲学社会科学学科体系，为实现“十二五”经济社会发展目标提供强有力的理论支撑。要继续深化马克思主义特别是中国特色社会主义理论体系研究，进一步推进马克思主义中国化、时代化、大众化；深化推动科学发展、加快转变经济发展方式研究，着力促进经济又好又快发展；深化中国发展道路和发展战略研究，充分展示中国特色社会主义的制度优势；深化文化体制改革和文化建设研究，推动社会主义文化大发展大繁荣；深化社会建设和社会管理与创新研究，努力促进社会和谐稳定；深化加强和改进新形势下党的建设研究，积极推动党的建设理论创新和实践创新。

历史证明了马克思主义的科学性　4月23日，由中国社会科学院主办的“中国社会科学论坛——苏联解体20周年国际学术研讨会”在北京举行。来自俄罗斯、越南、乌克兰、美国、德国、保加利亚、加拿大、澳大利亚、墨西哥、日本等国家和国内50多个科研单位、高等院校的200多位专家学者参加了研讨会。

与会者指出，苏联解体是20世纪发生的重大历史事件，对世界历史进程产生了重大影响。世界社会主义出现严重曲折，社会主义事业的发展面临巨大困难和压力。原先世界两极对立体制掩盖下的民族、领土、宗教等问题逐渐显现。与此同时，非传统安全问题如恐怖主义、毒品走私、环境恶化等日益突出。近年来，发端于美国的国际金融危机表明，自由主义经济模式陷入困境。当年马克思主义经典作家关于资本主义基本矛盾的论述，今天仍然是我们分析和认识资本主义经济危机的有力思想武器。

与会者指出，在和平与发展成为时代主题的条件下，怎样在经济文化落后的国家建设社会主义成为世界社会主义发展最为迫切和重要的课题。苏联解体后20年的历史进程表明，马克思主义并没有过时。当前，马克思主义在全球重新得到重视，越来越多的人希望通过马克思主义认识资本主义经济危机产生的原因，寻找消除资本主义现实困境的途径和办法。与此同时，多种形式的国家发展模式出现，走符合本国国情的发展道路成为世界各国尤其是发展中国家的选择。

与会者认为，尽管苏联剧变有种种原因，但起决定性作用的因素是苏共本身的蜕化变质。如果现行社会主义国家能够吸取苏联解体的教训，并把马克思主义与本国的具体实践相结合，为人们提供一种在经济和政治上超越现行资本主义制度的可行性方案，相信在可预见的将来，社会主义就可以逐步实现伟大复兴。

庆祝清华大学建校100周年大会在北京举行　4月24日，庆祝清华大学建校100周年大会在北京人民大会堂举行。胡锦涛出席大会并发表讲话。

胡锦涛指出，建设若干所世界一流大学和一批高水平大学，是我们建设人才强国和创新型国家的重大战略举措。要以重点学科建设为基础，以体制机制改革为重点，以创新能力提高为突破，加大支持力度，健全长效机制，鼓励重点建设高校成为知识创新的策源地、深化教育改革的试验田、扩大开放的桥头堡。

胡锦涛强调，推动经济社会又好又快发展，实现中华民族伟大复兴，科技是关键，人才是核心，教育是基础。不断提高质量，是高等教育的生命线，必须始终贯穿高等学校人才培养、科学研究、社会服务、文化传承创新各项工作之中。全面提高高等教育质量，必须大力提升人才培养水平，坚持把促进学生健康成长作为学校一切工作的出发点和落脚点，全面贯彻党的教育方针，努力培养德智体美全面发展的社会主义建设者和接班人；必须大力增强科学研究能力，积极适应经济社会发展重大需求，积极提升原始创新、集成创新和引进消化吸收再创新能力，努力为建设创新型国家作出积极贡献；必须大力服务经济社会发展，自觉参与推动战略性新兴产业加快发展，自觉参与推动区域协调发展，自觉参与推动学习型社会建设，为社会提供形式多样的教育服务；必须大力推进文化传承创新，积极发挥文化育人作用，加强社会主义核心价值体系建设，积极开展对外文化交流。

胡锦涛在讲话中给清华大学的同学们和全国青年学生提出3点希望。一是要把文化知识学习和思想品德修养紧密结合起来；二是要把创新思维和社会实践紧密结合起来；三是要把全面发展和个性发展紧密结合起来。

“全球秩序重建与国际思想创新”国际学术研讨会暨“中国社会科学论坛：国际马克思主义分论坛”在京举办　4月24—25日，由中国社会科学院主办的“全球秩序重建与国际思想创新”国际学术研讨会暨“中国社会科学论坛：国际马克思主义分论坛”在中国社会科学院召开。研讨会围绕中国模式及其对世界和平发展的影响、全球化与新帝国主义、21世纪的资本主义与社会主义等主题，展开了深入的讨论和交流。

各国与会者普遍指出，20多年过去了，世界并没有因为美国“一超”主导而变得更加稳定、繁荣地向前发展。经济上，美国推行的新自由主义政策带来了世界贫富的地区差距、国家差距和阶层差距变得更大。政治上，美国以“反恐”为旗号，以“民主”、“自由”为诱饵，支持所谓的“反对派”和“持不同政见者”，直接在他国策动“颜色革命”或以推翻“独裁”为借口，动用军事手段，暴力干预他国内政，世界在美国主导下并不太平。在文化上，美国以“普世价值”为旗号推行西方的价值观，以西方价值作为普世价值来重塑世界，无视民主的人民性、民主表达的多样性和世界文化的差异性，推行西方资产阶级的多党轮流坐庄的“多党制”，“三权分立”和“竞争性选举”，让各国富有的资产阶级玩弄以金钱为后盾的权利游戏，而普通民众的生活却没有改善。与会学者认为，美国主导的世界秩序危机四伏，同时这种动荡的世界秩序必将蕴育世界历史的转折和世界秩序的重生。

与会者围绕全球化与新帝国主义、美国霸权与世界多极化、马克思《资本论》与21世纪的资本主义危机、社会主义与资本主义在21世纪的较量、社会主义中国的和平发展对世界格局和发展的影响，以及21世纪的社会主义、社会主义全球化等议题展开研讨和交流，以便为超越现存不公正的世界格局、重建一种稳定繁荣有序的世界秩序，提供创新的思想理论和政策思路。

中央纪委、中组部、中宣部联合发出通知，要求认真组织学习《论党的群众工作——重要论述摘编》 4月24日，中央纪委、中组部、中宣部联合发出通知，要求认真组织学习《论党的群众工作——重要论述摘编》。

由中宣部理论局组织选编出版的《论党的群众工作——重要论述摘编》（以下简称《摘编》），选编了毛泽东、邓小平、江泽民和胡锦涛同志关于党的群众工作的一系列重要论述，集中反映了我们党关于群众工作的思想内涵和基本精神。

通知指出，《摘编》是深入学习贯彻中央关于做好新形势下群众工作的部署和要求、推进新形势下群众工作的重要学习材料。要充分发挥《摘编》在加强以人为本、执政为民教育中的作用，组织广大党员干部认真学习我们党关于群众工作的重要文献，学习党中央关于群众工作的一系列重要观点、一系列重要部署，学习胡锦涛同志在党的十七届五中全会、十七届中央纪委六次全会和省部级主要领导干部社会管理及其创新专题研讨班上的重要讲话精神，引导党员干部进一步增强做好新形势下群众工作的自觉性。

通知要求，各级党组织要把学习《摘编》作为深入推进创先争优活动、学习型党组织建设的重要内容，作为加强党性党风、反腐倡廉教育的重点任务。各级党委（党组）中心组要把《摘编》纳入专题学习计划，各级党校、行政学院和干部学院要把《摘编》纳入培训学习材料，各高校要把《摘编》作为对师生进行思想政治理论教育的重要材料。要结合庆祝中国共产党成立90周年，组织好《摘编》的学习宣传和使用。各级党委讲师团要围绕《摘编》的内容，组织好对党员干部和基层群众的宣讲活动。

加强任务落实不断开创人口工作新局面，为经济社会发展创造更加有利的人口环境 4月26日，中共中央政治局就世界人口发展和全面做好新形势下我国人口工作进行第二十八次集体学习。胡锦涛在主持学习时强调，要充分认识我国人口问题的长期性、复杂性、艰巨性，不断增强做好人口工作的自觉性和主动性，加强战略研究，加强政策统筹，加强工作协调，加强任务落实，不断开创人口工作新局面，为“十二五”时期经济社会发展创造更加有利的人口环境。

胡锦涛指出，人口是影响经济社会发展的关键因素，关系改革开放和社会主义现代化建设的成功，关系中华民族的未来。要以邓小平理论和“三个代表”重要思想为指导，深入贯彻落实科学发展观，深入总结和准确把握人口发展规律，坚持计划生育基本国策，以人的全面发展统筹解决好人口问题，稳定低生育水平，提高人口素质，优化人口结构，引导人口合理分布，保障人口安全，促进人口与经济、社会、资源、环境协调可持续发展。

胡锦涛要求抓好以下重点工作的落实。第一，坚持和完善现行生育政策，切实稳定低生育水平，创新人口和计划生育工作体制机制和手段方法，全面加强基层基础工作，完善人口和计划生育利益导向政策体系。第二，着力提高人口素质，切实加快建设人力资源强国，完善人口发展政策体系，重视婴幼儿早期发展，加强青少年健康人格教育，加强人力资源开发，促进人的全面发展。第三，综合治理出生人口性别比问题，切实促进社会性别平等，深入开展“关爱女孩行动”，广泛宣传男女平等、少生优生等文明婚育观念，保障妇女合法权益，加强未成年人保护，制定有利于女孩健康成长和妇女发展的经济社会政策，推动妇女儿童事业全面发展。第四，引导人口有序迁移和合理分布，切实加强流动人口管理和服务，制定引导人口合理流动、有序迁移的政策，积极稳妥推进城镇化，统筹协调好人口分布和经济布局、国土利用的关系，把流动人口管理和服务纳入流入地经济社会发展总体规划之中，为人口流动迁移创造良好政策和制度环境。第五，完善社会保障和养老服务体系，切实应对人口老龄化，制定实施应对人口老龄化战略和政策体系，培育壮大老龄事业和产业，加强公益性养老服务设施建设，发扬敬老、养老、助老的良好社会风尚。第六，建立健全家庭发展政策，切实促进家庭和谐幸福，加大对孤儿监护人家庭、老年人家庭、残疾人家庭、留守人口家庭、流动人口家庭、受灾家庭以及其他特殊困难家庭的扶助力度。

中共中央政治局召开会议审议《中国农村扶贫开发纲要（2011—2020年）》 4月26日，中共中央政治局召开会议，研究当前扶贫开发工作面临的形势和任务，审议《中国农村扶贫开发纲要（2011—2020年）》。胡锦涛主持会议。

会议强调，我国扶贫开发已经从解决温饱为主要任务的阶段转入巩固温饱成果、提高发展能力、加快脱贫致富、缩小发展差距的新阶段。要高举中国特色社会主义伟大旗帜，以邓小平理论和“三个代表”重要思想为指导，深入贯彻落实科学发展观，提高扶贫标准，加大投入力度，把连片特困地区作为主战场，把稳定解决扶贫对象温饱、尽快实现脱贫致富作为首要任务。到2020年，稳定实现扶贫对象不愁吃、不愁穿，保障义务教育、基本医疗和住房；贫困地区农民人均纯收入增长幅度高于全国平均水平，基本公共服务主要领域指标接近全国平均水平，扭转发展差距扩大趋势。

会议要求，要坚持开发式扶贫方针，创新体制机制，完善政策体系，大力推进专项扶贫、行业扶贫、社会扶贫，不断提高贫困地区和扶贫对象自我发展能力，积极开展国际合作。各级党委和政府要进一步提高思想认识，切实加强组织领导，强化扶贫开发责任，加强扶贫机构队伍建设，加强扶贫法制化建设，努力实现到2020年扶贫开发目标任务。

“2011’经济全球化与工会”国际论坛召开 4月27日—28日，“2011’经济全球化与工会”

国际论坛在北京召开。王兆国在开幕式上讲话时强调，各国工会组织应当进一步加强交往、增进了解，分享发展机遇，共同应对挑战，不断推进维护劳动者权益的崇高事业。“经济全球化与工会”国际论坛已经成为各国工会加强交流、增进了解的重要平台。劳动者是推动可持续发展的根本力量，工会组织应当大力保护广大劳动者参与推动可持续发展的积极性，应当坚持保障和发展劳动者权益，推动增加就业机会、劳动收入，公平享有社会保障权益，让劳动者更多地分享经济社会发展成果；应当大力倡导发展和谐劳动关系，积极营造合作、和谐的社会氛围，推动实现“规范有序、公正合理、互利共赢、和谐稳定”的劳动关系；应当着力激发劳动者主动学习、不断学习的积极性，普遍开展对劳动者的技能培训，保障和发展劳动者接受教育培训的权利，不断促进劳动者素质提升。

“2011’经济全球化与工会”国际论坛围绕“转变经济发展方式与提升劳动者素质”和“体面劳动与社会保障”的主题，与会代表就大力提升劳动者素质、促进和保障劳动者共享经济社会发展成果、实现体面劳动等坦诚交流、热烈讨论，并通过了《2011’经济全球化与工会国际论坛共识》，进一步奠定了今后交流、合作与团结的基础。

李大钊与马克思主义中国化　4月28日，“李大钊与中国共产党创建——第二届‘马克思主义哲学中国化’北大论坛”在北京大学举办。与会者围绕李大钊在中国传播马克思主义的过程、李大钊思想的实质及其历史地位等问题进行了研讨。

与会者指出，李大钊是中国共产主义运动的先驱，是中国最早的马克思主义传播者之一。他明确指出十月革命是一个新时代的开始，并把中国革命和这个新时代联系起来，为中国社会进步指出了最初的马克思主义方向。他组织的马克思学说研究会积极译介马克思的重要著作，为中国共产党的成立做了思想上的准备。他在基础理论研究的过程中十分注重紧密联系中国实际，主张将马克思主义的共性与各国发展的个性相结合，实际上对马克思主义中国化进行了初步探索，开启了马克思主义中国化的源头。

与会者认为，李大钊对中国革命与中国社会改造等问题进行了深入思考，提出了许多富有创建性的思想。他初步分析了中国革命的力量，指出中国革命的一个重要力量是农民，因为中国的大多数人是农民；同时，应善于联合各阶层力量。他提出了无产阶级的领导权问题，主张知识分子应该走与工农相结合的道路。他认为中国社会的改造只有通过“根本解决”的途径才能实现。以李大钊为代表的中国先进知识分子选择了马克思主义，促成了中国共产党的诞生。

不断拓展中国特色社会主义文化发展新路　4月30日—5月1日，全国文化体制改革工作会议在合肥举行。李长春对会议作出重要批示，强调要深入贯彻胡锦涛总书记在中央政治局第二十二次集体学习时的重要讲话精神和党的十七届五中全会精神，按照国家“十二五”经济社会发展总体部署，牢牢把握科学发展主题和加快转变经济发展方式主线，着力破除制约文化发展的体制机制障碍，转变文化发展方式，为“十二五”文化改革发展开好局、起好步。

李长春强调，今年是“十二五”开局之年，也是文化改革发展加速推进的关键一年。要紧紧围绕“三加快一加强”重点任务，按照加大力度、加快进度、巩固提高、重点突破、全面推进的要求，加快文化体制机制改革创新，进一步解放和发展文化生产力；按照思想性、知识性、艺术性、观赏性相统一的要求，加强对文化产品创作生产的引导，更好地发挥文化引导社会、教育人民、推动发展的功能；按照体现公益性、基本性、均等性、便利性的要求，加快构建公共文化服务体系，更好地保障人民群众基本文化权益；按照规模化、集约化、专业化发展的要求，加快发展文化产业，不断提升我国文化的整体实力和竞争力。各级党委政府要从全局和战略高度充分认识文化的重要地位和作用，把文化改革发展纳入经济社会发展总体规划，纳入科学发展考核评价体系，一手抓繁荣、一手抓管理，牢牢把握文化改革发展的主动权，努力为促进社会主义文化大发展大繁荣作出新的贡献。

加强和创新社会管理，建立健全中国特色社会主义社会管理体系　5月1日出版的第9期《求是》杂志发表周永康同志的文章,《加强和创新社会管理 建立健全中国特色社会主义社会管理体系》。文章指出，要顺应经济社会发展的新形势新要求，树立以人为本、服务为先，多方参与、共同治理，关口前移、源头治理，统筹兼顾、协商协调，依法管理、综合施策的社会管理理念。要坚持从我国实际出发，在总结我国社会管理经验、借鉴国外有益成果的基础上，牢牢把握最大限度激发社会活力、最大限度增加和谐因素、最大限度减少不和谐因素的总要求，积极推进社会管理体制机制制度创新，完善党委领导、政府负责、社会协同、公众参与的社会管理格局，不断提高社会管理科学化水平，进一步形成与中国特色社会主义市场经济、民主政治、先进文化相适应的社会管理体系，确保社会既充满活力又和谐稳定。

认真学习马克思主义经典著作，不断推进中国特色社会主义事业　5月13日，中央党校举行春季学期第二批入学学员开学典礼。习近平校长出席典礼并讲话。

习近平围绕领导干部要重视学习马克思主义经典著作进行了阐述。他指出，马克思主义理论素养是领导干部的必备素质，是保持政治上坚定的思想基础。领导干部要提高自己的理论素养，必须坚持学习马克思主义理论，重点是学习包括邓小平理论、“三个代表”重要思想以及科学发展观等重大战略思想在内的中国特色社会主义理论体系。马克思主义经典著作蕴含和集中体现着马克思主义基本原理，是马克思主义理论的本源和基础。只有认真学习马克思主义经典著作，系统掌握马克思主义基本原理，才能完整准确地理解中国特色社会主义理论体系，才能创造性地运用马克思主义立场观点方法去分析和解决我们面临的实际问题，不断把中国特色社会主义事业推向前进。

习近平指出，马克思主义经典著作包含着经典作家所汲取的人类探索真理的丰富思想成果，体现着经典作家攀登科学理论高峰的不懈追求和艰辛历程。阅读经典著作，本身就是增长知识、开阔眼界、增加思想深度和训练思维方式的过程，就是培养高瞻远瞩的战略洞察力和脚踏实地的工作作风的过程，会使我们在潜移默化中受到他们崇高风范和人格力量的熏陶，从而实现自己思想境界和道德情操的升华。

习近平指出，马克思主义经典著作卷帙浩繁，领导干部都集中较长一段时间进行脱产学习是有困难的，主要是靠自己挤时间学习，因此要突出重点，精选精学。10卷本《马克思恩格斯文集》和5卷本《列宁专题文集》已经出版发行，这两部文集是学习马克思主义经典著作的权威性教材，领导干部可以精读其中的代表性篇目。毛泽东思想是马克思列宁主义基本原理同中国具体实际相结合的产物，是中国特色社会主义理论体系的重要思想来源，学习马克思主义经典著作要认真学习毛泽东同志的重要著作。

习近平强调，领导干部学习马克思主义经典著作，尤其要注意学习马克思主义哲学。哲学是人类的智慧之学。在马克思主义三个组成部分中，哲学是基础。掌握马克思主义哲学，是掌握马克思主义完整科学体系的重要前提。我们的领导干部要正确判断形势，在错综复杂的形势变化面前保持头脑清醒，坚定理想信念，科学分析我国发展面临的机遇和挑战，全面看待前进道路上的主流和支流、出现的矛盾和问题，都离不开马克思主义哲学的指导，离不开辩证唯物主义和历史唯物主义的思想方法。学好马克思主义哲学，把思想方法搞正确，增强工作中的科学性和全面性，才能不断开创各项工作的新局面。

《十七大以来重要文献选编》中册出版发行　5月18日，经中共中央批准，中共中央文献研究室编辑的《十七大以来重要文献选编》中册，已由中央文献出版社出版，即日起在全国各地发行。《十七大以来重要文献选编》中册，收入自2009年3月十一届全国人大二次会议后至2010年10月党的十七届五中全会这段时间的重要文献，共80篇，约64万字。其中，中共中央、全国人大、国务院作出的决议、决定等33篇，中央领导同志的报告、讲话和文稿等47篇。有23篇重要文献是第一次公开发表。

这部重要文献选编，真实记录了以胡锦涛同志为总书记的党中央，面对国际金融危机带来的严重影响和国际国内环境的深刻变化，全面贯彻党的十七大和十七届三中、四中、五中全会精神，以邓小平理论和“三个代表”重要思想为指导，深入贯彻落实科学发展观，团结带领全党全国各族人民，在全面建设小康社会道路上攻坚克难，奋力推进社会主义经济建设、政治建设、文化建设、社会建设以及生态文明建设和党的建设的历史进程，集中反映了这一时期党中央在巩固和扩大应对国际金融危机冲击成果，加快转变经济发展方式，保持经济平稳较快发展，保障和改善民生，加强和改进新形势下党的建设，制定国民经济和社会发展第十二个五年规划等方面作出的重要决策、取得的显著成就和新鲜经验。这部重要文献选编的出版发行，对于全党学习掌握我们党理论创新的最新成果，进一步统一思想，振奋精神，努力开创中国特色社会主义事业新局面有着重要意义。

中共中央办公厅、国务院办公厅印发《农村基层干部廉洁履行职责若干规定(试行)》　5月23日，中共中央办公厅、国务院办公厅印发了《农村基层干部廉洁履行职责若干规定（试行）》，并发出通知，要求各地区各部门认真贯彻执行。通知指出，《规定》的颁布实施，是加强反腐倡廉法规制度建设、完善农村基层干部行为规范、促进农村基层干部廉洁履行职责的重要举措。通知要求，各级党委和政府要从提高党的执政能力、巩固党的执政基础的高度，充分认识贯彻实施《规定》的重要性，深入学习宣传，认真查找和解决本地区、本部门、本系统农村基层干部廉洁履行职责方面存在的突出问题，加强对《规定》贯彻执行情况的监督检查，及时纠正并严肃处理违反《规定》的行为，确保把《规定》落到实处。要坚持从严要求和关心爱护相结合，切实为农村基层干部廉洁履行职责创造条件。广大农村基层干部要认真执行《规定》，自觉接受监督，坚决杜绝违反《规定》行为的发生。

中国科协第八次全国代表大会在北京开幕　5月27日，中国科学技术协会第八次全国代表大会在人民大会堂开幕。党和国家领导人胡锦涛、温家宝、贾庆林、李长春、习近平、李克强、贺国强、周永康等到会祝贺。习近平代表党中央，作了题为《科技工作者要为加快建设创新型国家多作贡献》的祝词。习近平在祝词中对广大科技工作者的积极贡献给予高度评价。他说，中国科协七大以来的五年，是我国发展史上极不平凡的五年，也是我国科技事业实现历史性跨越的五年。五年来，全国广大科技工作者不辱使命、不负重托，勇于实践、敢于超越，取得一大批关系经济社会发展全局、具有重大国际影响的科学技术成果，增强了科技对经济社会发展的支撑能力，在应对国际金融危机冲击、促进经济平稳较快发展、保障和改善民生中发挥了重要作用，为全面建设小康社会和加快建设创新型国家作出了积极贡献。

习近平指出，“十二五”时期是全面建设小康社会关键时期，是深化改革开放、加快转变经济发展方式攻坚时期。加快转变经济发展方式，最根本的是要依靠科技的力量，最关键的是要大幅度提高自主创新能力。世界新一轮科技革命和产业革命的新形势，推动我国走上科学发展、创新驱动、内生增长轨道的新任务，既对科技工作提出新的更高要求，也为科技工作者施展才华、勇攀高峰提供了广阔舞台。他希望广大科技工作者认清肩负的重大责任和光荣使命，更加自觉、更加积极地提高自主创新能力，在实现经济又好又快发展和民生不断改善方面，在弘扬创新文化、激发全民族创新热情和创造活力方面，在培养和举荐青年科技人才、加快建设人才强国方面，在加强品格修养、促进科学道德建设和学风建设方面更加奋发有为。

习近平对新形势下科协组织围绕党和国家工作大局更好地履行工作职能，提出四条要求。一是致力于促进科学技术繁荣和发展，更好地为经济社会发展服务；二是致力于促进科学技术普及和推广，更好地为提高全民科学素质服务；三是致力于促进科技人才成长和提高，更好地为科技工作者服务；四是着眼于建设科技工作者之家、当好科技工作者之友，更好地加强自身建设，努力开创科协工作新局面。

科技工作者要承担起推动经济社会发展的历史使命　5月28日，中国科学技术协会第八次全国代表大会举行全体会议，温家宝应邀作关于科技发展问题的报告。他强调，我们国家要真正强大起来，屹立于世界民族之林，必须要有强大的科技，有众多高水平人才，这是国家发展的力量所在、后劲所在。没有科技的发展，就没有中国的发展；科技发展的未来，决定着中国的未来。

温家宝指出，加快科技发展是全面参与国际竞争并赢得主动的迫切要求，是抢抓新科技革命和产业革命机遇，实现经济科技跨越式发展的战略任务，是实施“十二五”规划和全面建设小康社会的重要内容。解决制约我国发展的瓶颈和事关全局的重大问题，从根本上讲，一要靠改革开放，二要靠科技进步。这是推动我国经济社会发展的两大根本动力。

温家宝强调，要依靠科技创新加快转变经济发展方式。科技工作要紧紧围绕科学发展这个主题和加快转变经济发展方式这条主线，为全面完成“十二五”的目标任务提供有力支撑，引领中国未来发展。要加快实施国家重大科技专项，把握世界科技发展新趋势和我国经济社会发展新要求，着眼于抢占科技和产业发展新的制高点，进一步凝练主攻方向，集中力量，重点突破。要加快培育和发展战略性新兴产业。要理清思路，明确方向，合理布局，加强政策引导，增加政府投入，动员全社会力量，形成合力，尽快把战略性新兴产业发展抓出成效。

温家宝强调，作为一个大国，我们必须有自己的基础研究和前沿研究。没有基础和前沿领域的原始创新，科技创新就没有根基。原始创新是我国科技发展的灵魂，是民族发展的不竭动力，是支持国家崛起的筋骨。要进一步重视和加强基础研究和前沿研究。坚持从国情国力出发，坚持有所为、有所不为。着眼于科学前沿和国家战略需求，把握可能发生革命性变革的重要研究方向，选择具有一定基础和优势、对国家发展具有全局和长远影响的关键领域，有效组织力量开展攻关，力争在科学上取得原创性突破。要加大对基础和前沿研究的支持力度，提高基础和前沿研究投入占科技投入的比重。国家财政要为基础和前沿研究提供长期稳定支持，保障研究的连续性、稳定性。要依托高水平国家科研机构和研究型大学，建设一批多学科综合交叉的科学研究中心，稳定支持和培养造就一批创新能力强、潜心研究的优秀人才队伍。

温家宝指出，加快科技发展必须继续深化科技体制改革。要紧紧抓住促进科技与经济紧密结合这个核心问题，对我国科技管理体制、决策体制、评价体系以及科技系统组织结构、科技人事管理制度等，有步骤地系统推进改革，建立与社会主义市场经济体制相适应、符合科技发展规律的现代科技体制；充分发挥市场配置科技资源的基础作用，提高科技资源利用效率，最大限度调动和激发广大科技工作者和全社会的创新活力，解放和发展科技生产力。

温家宝强调，解放思想、实事求是、崇尚理性、勇于探索、追求真理，这是科学技术与生俱来的禀性，也是科学精神的实质。科技不仅是知识和技能，更是一种文化、一种精神。一个具有科学精神的民族，才是真正有生机、有希望的民族。要努力提高全民族科学素质。在科技领域，大力营造敢为人先、敢于创造、敢冒风险、敢于怀疑批判和宽容失败的环境，鼓励自由探索，发扬学术民主，提倡学术争鸣。在全社会形成尊重知识、尊重人才、尊重劳动、尊重创造的氛围。要坚定不移地实施知识产权战略，加大知识产权保护力度，激发全社会的创新活力。要大力加强科学普及工作，传播科学思想，弘扬科学精神，提高全民族科学素质。他希望广大科技工作者要抓住机遇，顽强拼搏，为我国科技发展和现代化建设做出更大贡献。

深入总结中国共产党90年的光辉历程——“2011年中国人文社科论坛” 5月28日，中国人民大学主办的“2011年中国人文社科论坛”在北京举行。此次论坛的主题是“革命·建设·改革：中国共产党90年”。与会者围绕中国共产党成立90年来发展的基本脉络、基本特征和基本经验等问题进行了研讨。

与会者认为，中国共产党90年的历程可以归纳为六个字：革命、建设、改革。从时间顺序上讲，大体可以分为前后相继的三个三十年。第一个是革命的三十年，是中国共产党领导全国人民进行革命斗争、推翻“三座大山”、争取民族独立和人民解放的三十年；第二个是进行社会主义革命和社会主义建设的三十年；第三个是改革开放的三十年，这个过程至今仍在继续。在这三个三十年中，中国共产党进行了三种探索：第一个三十年，就是探索中国革命的道路，即探索如何在一个农民占人口绝大多数的大国通过农村包围城市的道路夺取政权；第二个三十年，就是探索如何在中国这样一个经济文化比较落后的大国进行社会主义革命和社会主义建设；第三个三十年，就是探索社会主义如何自我完善，即如何通过改革开放建设中国特色社会主义。三个三十年是前后相继、不可分割的，每个三十年都实现了一次跨越。

与会者指出，当今世界正在发生深刻变化，当代中国正在发生深刻变革。广大理论工作者应紧密结合庆祝中国共产党成立90周年，深入总结中国共产党90年的光辉历程、伟大成就和宝贵经验，教育引导广大党员干部和人民群众不断增强对党的信任；把学习研究马克思主义经典著作与把握中国国情和时代特征紧密结合起来，把总结历史经验与总结新鲜经验结合起来，认真研究探索经济社会发展中的重大理论和实际问题，回应大众关切、解答大众困惑、满足大众需求，不断推进马克思主义中国化、时代化、大众化，为推进中国特色社会主义事业提供有力的理论支持和思想保证。

紧紧抓住历史机遇切实加大工作力度，推动战略性新兴产业快速健康发展　5月30日，中共中央政治局就培育发展战略性新兴产业研究进行第二十九次集体学习。清华大学公共管理学院薛澜教授、国务院发展研究中心产业经济研究部冯飞研究员就这个问题进行讲解，并谈了他们的意见和建议。中共中央政治局全体成员听取了他们的讲解，并就有关问题进行了讨论。

胡锦涛在主持学习时强调，加快培育发展战略性新兴产业，对实现经济社会全面协调可持续发展，对全面建设小康社会、加快推进社会主义现代化具有重要战略意义。要深入贯彻落实科学发展观，面向经济社会发展重大需求，处理好市场基础性作用和政府引导推动的关系、整体推进和重点突破的关系、立足当前和着眼长远的关系，发挥企业主体作用，加大政策扶持力度，深化体制机制改革，着力营造良好环境，强化科技成果产业化，推动战略性新兴产业快速健康发展。

胡锦涛指出，加快培育发展战略性新兴产业是加快转变经济发展方式的必然要求，是努力掌握国际经济竞争主动的必然要求，是加快建设创新型国家的必然要求，关系经济社会发展全局。加快培育发展战略性新兴产业，有利于我们充分发挥科技引领作用、在更高起点上形成新的经济增长点、提高经济增长质量和效益，有利于我们抓住国际产业调整转移和生产要素优化重组的时机、加快形成参与国际经济合作和竞争新优势，有利于我们有效吸引、集聚、整合创新资源，加强经济社会发展创新驱动。

胡锦涛要求抓好以下重点工作的落实。第一，着力实现重点领域突破，综合考虑我国国情和科技、产业基础，根据战略性新兴产业发展阶段和特点，在统筹规划、系统布局、协调推进的同时，选择最有基础和条件的领域进行重点突破，加快形成竞争优势。第二，着力增强自主创新能力，完善以企业为主体、市场为导向、产学研相结合的技术创新体系，发挥国家科技重大专项核心引领作用，结合实施产业发展规划，强化企业技术创新能力建设，建设产业创新支撑体系，加快培养造就高素质人才，集中力量突破一批支撑战略性新兴产业发展的关键共性技术。第三，着力培育市场需求，组织实施惠及民生的重大应用示范工程，支持市场拓展和商业模式创新，鼓励先进低碳技术应用，完善标准体系和市场准入制度，加快建立有利于战略性新兴产业发展的行业标准和重要产品技术标准体系，为企业开拓市场创造必要条件。第四，着力深化国际合作，坚持“引进来”和“走出去”相结合，以更加有效的措施推进更加广泛和深入的国际科技交流合作，更好利用全球科技成果和智力资源，支持我国战略性新兴产业领域的重点产品、技术、服务开拓国际市场，支持我国企业培育国际化品牌，引导外资投向战略性新兴产业，推动形成合作发展新格局。第五，着力强化政策扶持，发挥我国社会主义制度能够集中力量办大事的政治优势，借鉴发达国家经验，紧紧围绕加快培育发展战略性新兴产业的目标和任务，建立健全科学、合理、有效的政策保障体系，调动各方面积极性，集聚创新资源，形成发展合力。

胡锦涛强调，加快培育发展战略性新兴产业是我国经济社会发展的重大战略任务。各级党委和政府要切实负起责任，把这项工作摆上重要议事日程，把国家总体部署同本地区本部门实际紧密结合起来，加强组织领导和统筹协调，加大政策支持力度，加强规划编制、政策落实等工作协调指导，加快推进相关领域改革，遵循规律，因地制宜，努力完成加快培育发展战略性新兴产业各项目标任务。

中央军委印发《军队党员领导干部廉洁从政若干规定》 新华社北京5月31日电，经中央军委主席胡锦涛批准，中央军委印发了《军队党员领导干部廉洁从政若干规定》，并发出通知要求全军和武警部队认真贯彻执行。中共中央2010年1月印发了《中国共产党党员领导干部廉洁从政若干准则》。结合军队实际制定《军队党员领导干部廉洁从政若干规定》，对于加强和改进军队思想作风建设，进一步规范军队党员领导干部廉洁从政行为，推进军队党风廉政建设深入发展，具有重要意义。

《军队党员领导干部廉洁从政若干规定》明确了军队党员领导干部廉洁从政的指导思想和基本要求，从11个方面对党员领导干部廉洁从政行为作出了70个“不准”的禁止性规定，同时对党委、纪委、党委书记和副书记、机关部门的责任作了规范，规定了考评及结果运用、责任追究办法，为进一步促进军队党员领导干部廉洁从政提供了重要遵循，是新形势下加强军队反腐倡廉建设的重要法规。

纪念中国日报创刊30周年座谈会举行 5月31日，纪念中国日报创刊30周年座谈会在人民大会堂举行。李长春致信祝贺，刘云山出席大会并讲话。

李长春在贺信中指出，30年来，中国日报作为我国国际传播事业的重要力量，始终坚持正确舆论导向，积极对外宣传和介绍中国，深入阐释我国党和政府在重大问题上的立场主张，生动展示中国人民热爱和平、建设美好家园的精神风貌，及时报道国际重大事件，已经成为中国感知世界、世界了解中国的重要窗口，成为我国对外宣传的重要阵地，为树立我良好国家形象、营造良好国际舆论氛围作出了积极贡献。当前，全党全国各族人民正在实施国民经济和社会发展第十二个五年规划，为夺取全面建设小康社会新胜利而共同奋斗。希望中国日报高举中国特色社会主义伟大旗帜，以邓小平理论和“三个代表”重要思想为指导，深入贯彻落实科学发展观，牢牢把握正确舆论导向，积极推进国际传播能力建设，大力宣传我坚持走和平发展道路，推动建设持久和平、共同繁荣的和谐世界的主张，宣传我国经济社会发展取得的巨大成就，生动展示中国人民在全面推进中国特色社会主义伟大事业中的良好精神风貌，在重大国际问题上及时发出中国声音，不断增强国际传播力、竞争力和影响力，努力为我国改革开放和社会主义现代化建设营造更加有利的国际舆论环境，为夺取全面建设小康社会新胜利、实现中华民族伟大复兴作出新的更大贡献。

刘云山在讲话中对中国日报30年的发展历程和重要贡献给予了充分肯定。他指出，作为我国对外传播重点媒体，中国日报社秉持“让世界了解中国、让中国走向世界”的办报宗旨，紧跟时代潮流，运用新的传播技术，改善采编手段、丰富内容形态、扩大网络覆盖，为增进同各国人民的相互了解和友谊作出了重要贡献。新的形势新的任务为我国对外传播事业提供了难得机遇，也赋予了重要历史责任。要坚持解放思想、与时俱进，着力在加强内容建设上取得新成效、在拓宽传播渠道上取得新进展、在发展新媒体新业务上取得新突破，推动我国对外传播能力有一个跨越式发展。要把展示我国民主进步文明开放的国家形象作为第一位任务，更好地向世界介绍中国、展示中国，架起中国人民同各国人民沟通交流的桥梁。要把增强吸引力感染力作为不懈追求，尊重传播规律、讲究传播艺术、不断改进创新，尽可能多地满足海外受众的信息需求。要把拓展渠道载体作为重要支撑，统筹国内传播与国际传播，统筹传统媒体与新兴媒体，统筹软件建设与硬件建设，加快构建覆盖广泛、技术先进的现代传播体系。

党史界纪念中国共产党成立90周年　5月31日，中央党史研究室、中国中共党史学会和中国中共党史人物研究会在北京联合举行全国党史界纪念中国共产党成立90周年学术研讨会。来自全国党史系统、党校系统、军队系统、社科院系统、高校系统的160多位专家学者参加会议。与会专家围绕“中国共产党领导革命、建设和改革的成功实践、基本理论和宝贵经验”的主题进行深入研讨，进一步深化了对党的历史发展的主题和主线、主流和本质的认识与研究，深化了对共产党执政规律、社会主义建设规律、人类社会发展规律的认识与研究。

中央党史研究室主任、中国中共党史学会会长、中国中共党史人物研究会会长欧阳淞作了题为《肩负着人民的希望——纪念中国共产党成立９０周年》的主题报告。欧阳淞在主题报告中指出，中国共产党90年的历史，是党为实现民族独立、人民解放和国家繁荣富强、人民共同富裕而不懈奋斗的历史；是党坚持把马克思主义基本原理同中国实际相结合、不断推进马克思主义中国化的历史；是党加强和改进自身建设、始终保持和不断发展党的先进性的历史。党的不懈奋斗史、理论探索史和自身建设史，构成了党的历史发展的主流，体现了党的历史发展的本质，反映了作为历史创造者的人民的呼唤和要求。总结过去、审视现在，我们有足够的自信和力量迎接未来。

《建党以来重要文献选编（一九二一—一九四九）》出版发行　6月1日，为庆祝中国共产党成立90周年，经中共中央批准，中共中央文献研究室、中央档案馆编辑的《建党以来重要文献选编（一九二一——一九四九）》，由中央文献出版社出版。该书收入了中国共产党成立以后至新中国成立以前各个历史时期形成的重要文献，包括中国共产党全国代表大会、中央全会等重要会议的文件，中共中央的重要决议、决定、宣言、通知、通告、指示，中央领导人的重要报告、讲话、文章、电报、书信等。全书共26册，约1350万字，收入各类文献3600多篇，其中300余篇为第一次公开发表。这部重要文献选编，比较全面地反映了我们党领导人民进行新民主主义革命、创建中华人民共和国，推进马克思主义中国化、形成和发展毛泽东思想的历史进程及基本经验。

中共中央文献研究室编辑的《建国以来重要文献选编（一九四九——一九六五）》和《三中全会以来重要文献选编》等改革开放新时期党的文献选编也同时再版发行。这三部文献选编合在一起，形成了我们党的重要文献选编系列，全面系统地反映了中国共产党成立以来，领导人民在革命、建设和改革的伟大进程中创造的辉煌历史、形成的思想理论和积累的宝贵经验。完成这项重要的文献编辑工程，对于总结党的历史经验，发挥党史以史鉴今、资政育人作用，加强党的思想理论建设，推进中国特色社会主义事业，具有十分重要的意义。

中央党校举办首届"中国社会发展问题高端论坛·2011" 6月4日，中央党校科学社会主义教研部、中央党校社会发展研究所在中央党校举办了首届"中国社会发展问题高端论坛"，来自中央党校、中央纪委、国家发改委、教育部、财政部、人力资源与社会保障部、国家行政学院、中国社会科学院、新华社、北京大学、清华大学、中国人民大学等单位的80余位专家学者到会。论坛的主题是：中国社会发展中的贫富差距拉大问题及解决的对策。

与会专家认为，当前我国社会发展中的贫富差距过大，已经严重影响到社会的健康发展，必须引起党和政府的高度重视，必须从"源头治理"。要认真落实党和政府有关构建和谐社会的一系列方针政策，完善税收制度，加强宏观调控，规范资源配置和财富收益，加强和改善民生，将社会管理创新与政治体制改革结合起来。

"中国共产党的建设"国际研讨会在京举行 6月6日—7日，由当代世界研究中心和美国乔治·华盛顿大学联合举办的"中国共产党的建设"国际研讨会在北京举行。中联部部长、当代世界研究中心名誉理事长王家瑞在开幕式作了主旨演讲。来自美国、欧洲、新加坡等学术界的知名学者以及相关中方学者出席研讨会。研讨会期间，与会代表围绕"中国共产党建党90年来的理论和实践"、"中国共产党的思想建设"、"中国共产党的组织建设"等议题进行了深入坦诚的交流和探讨。双方一致认为，研讨会为促进中国与世界的相互了解与共同发展更好地搭建了平台和桥梁。外方专家表示，通过此次研讨会，进一步加深了对中国共产党的了解，增强了对中国在中国共产党领导下发展成就和道路的认识。

胡锦涛总书记为全国干部培训科学发展主题案例教材作序 6月7日，胡锦涛为全国干部培训科学发展主题案例教材作序。他在序言中强调，要坚持用邓小平理论、"三个代表"重要思想和科学发展观教育和武装干部，加快建设马克思主义学习型政党，培养造就善于推动科学发展、促进社会和谐的高素质干部队伍。

胡锦涛指出，干部教育培训是建设高素质干部队伍的基础性工作，必须紧扣科学发展这个主题和加快转变经济发展方式这条主线，联系实际创新路，加强培训求实效。各级领导干部要不断加深对推动科学发展重要性和必要性的认识，自觉转变不适应不符合科学发展的思想观念，切实增强把握发展规律、创新发展理念、转变发展方式、破解发展难题、提高发展质量的能力，切实把科学发展观贯彻落实到经济社会发展各个方面，努力实现经济社会又好又快发展，为全面建成小康社会、加快推进社会主义现代化贡献力量。

科学发展主题案例教材由全国干部培训教材编审指导委员会组织编写，中央纪委、中央组织部、中央宣传部等36个部门和单位参与编写。教材以案例集撰为主要形式，包括《自主创新》、《城乡规划与管理》、《社会主义新农村建设》、《生态文明建设与可持续发展》、《金融发展与风险防范》、《民生保障与公共服务》、《社会服务与管理》、《基层民主建设》、《突发事件应急管理》、《公共事件中媒体运用和舆论应对》等10种，已被列入第三批全国干部学习培训教材，由人民出版社、党建读物出版社出版。

纪念中国共产党成立 90 周年党建理论与实践研讨会召开 6 月 7 日—8 日，由中共中央党校、全国党建研究会和中共重庆市委共同主办的“纪念中国共产党成立 90 周年党建理论与实践重庆研讨会”在重庆召开。来自中央和国家有关部委、全国 28 个省区市相关部门及重庆市的领导和专家学者共 500 余人参加了研讨会。与会者围绕党建理论创新的基本经验和启示、做好新形势下的群众工作、创新干部考核机制等问题进行了研讨。

与会者指出，中国共产党是一个高度重视理论指导并富于理论创新精神的党。90 年来，党在领导革命、建设、改革的伟大实践中不断推进理论创新，实现了马克思主义中国化的两次飞跃，形成了马克思主义中国化的两大理论成果——毛泽东思想和中国特色社会主义理论体系，同时积累了推进理论创新的宝贵经验：一是要正确对待马克思主义，科学发展马克思主义；二是要坚持从实际出发，紧紧围绕党和国家发展面临的时代课题推进理论创新；三是要充分尊重群众的创新实践，注意从中汲取思想智慧；四是要将始终坚持把全心全意为人民服务的根本宗旨贯穿于理论创新全过程。

中办国办印发《意见》要求，深化政务公开加强政务服务 6 月 8 日，中共中央办公厅、国务院办公厅印发了《关于深化政务公开加强政务服务的意见》，并发出通知，要求各地区各部门结合实际认真贯彻执行。

《意见》包括，深化政务公开、加强政务服务的重要性和总体要求；以改革创新精神深化政务公开工作；统筹推进政务服务体系建设；强化监督保障措施等四个方面。

《意见》强调，深化政务公开、加强政务服务，对于推进行政体制改革、加强对行政权力监督制约、从源头上防治腐败和提供高效便民服务，都具有重要意义。党的十六大以来，政务公开不断深化，政府信息公开、行政权力公开透明运行、公共企事业单位办事公开全方位推进，政务（行政）服务中心发展迅速，服务群众功能不断完善。但是，工作中也还存在一些问题，主要是：政务公开方面，有的存在重形式轻内容现象，有的公开内容不全面、程序不规范，政府信息共享机制不够健全；政务服务方面，服务体系建设不够完善，服务中心运行缺乏明确规范，公开办理的行政审批和服务事项不能满足群众需求等。

《意见》提出，要以邓小平理论和“三个代表”重要思想为指导，深入贯彻落实科学发展观，坚持以人为本、执政为民，坚持围绕中心、服务大局，按照深化行政体制改革的要求，转变政府职能，推进行政权力运行程序化和公开透明；按照公开为原则、不公开为例外的要求，及时、准确、全面公开群众普遍关心、涉及群众切身利益的政府信息；按照便民利民的要求，提高行政效能，推进政务服务体系建设，为人民群众提供优质便捷高效服务。

“马克思主义中国化论坛·2011”在北京举行 6 月 8 日，庆祝中国共产党成立 90 周年——“马克思主义中国化论坛·2011”在中国人民大学举行，首都理论界专家学者围绕“中国共产党 90 年与马克思主义中国化”这一主题，深入研讨了中国共产党在革命、建设、改革过程中努力实现马克思主义中国化的基本历程和积累的主要经验。

专家们回顾了中国共产党成立 90 年来带领中国人民完成的三次历史性巨变，总结了中国共产党在革命、建设、改革中取得的辉煌成就，论述了中国共产党在90年中积累的宝贵经验，并结合世情、国情、党情的新变化提出了继续推进马克思主义中国化、时代化、大众化必须深入研究的主要理论和现实问题。

专家们提出，中国共产党的发展壮大与不断推进马克思主义中国化的进程紧密相联，任何时候照搬书本都会因脱离中国的实践而使革命和建设的道路出现曲折。认真研究、总结马克思主义中国化的历史经验，必须特别注重正确处理理论与实践的辩证关系，始终坚持一切从实际出发；正确处理继承与发展的辩证关系，始终坚持与时俱进的开拓精神；正确处理解放思想与实事求是的辩证关系，始终坚持求真务实的科学态度；正确处理立足国情与把握世情的辩证关系，始终坚持走在时代潮流的前面。

专家们认为，马克思主义中国化的文化现象同样值得关注。五四运动、新文化运动等文化上的革命从根本上动摇了封建文化和殖民文化的基础，推动了马克思主义在中国的传播，为中国共产党的成立奠定了理论和文化基础。而对古今中外一切文化遗产的批判继承，则是马克思主义中国化进程中的重要一环，马克思主义也在不断中国化的进程中逐渐成为了中国的主流意识形态。

会议强调，中国共产党成立以来的90年，是不断加强党的自身建设、提高党的凝聚力、战斗力和执政能力的90年，也是不断推进马克思主义中国化并取得重大理论成就的90年。学习和研究党的历史，特别是学习和研究马克思主义中国化的历史、党的理论创新史，对于不断深化对社会主义建设规律、党的建设规律、共产党执政规律和党的理论创新规律的认识具有重要意义。我们不仅要善于学习和研究党的历史，总结党理论创新的历史经验，更重要的是要立足现实，面向未来，继续推进马克思主义的中国化、时代化和大众化，不断开创马克思主义中国化的新境界。

中国共产党历史网在北京开通　6月8日，中国共产党历史网在北京开通。该网站由中共中央党史研究室主办，人民网、中国共产党新闻网承办并提供技术支持。该网站是一个把工作网站与学术网站结合起来的综合性网站。它有四大板块，分别是综合信息、党史工作、党史研究和党史知识。中国共产党历史网的开通，是进一步发挥党史资政育人作用的重要举措，是利用现代科学技术创新党史研究、党史工作的手段和方法，实现党史工作电子化、信息化的重要步骤。

纪念建党90周年党史党建理论研讨会在遵义召开　6月9—10日，为纪念建党90周年，遵义党史党建理论研讨会在遵义召开。来自全国党建研究会、中央党校、中央文献研究室、中央党史研究室、中国社会科学院、中国军事博物馆以及国内其它社会科学研究单位的部分知名学者，以及贵州省直部门、遵义市的党史党建专家等共100余人参加了研讨会。

"实事求是、独立自主、民主团结、坚定信念、务求必胜"的遵义会议精神蕴涵着党的思想建设、组织建设和政治建设等方面的内容，对于当前新形势下党的政治建设、思想建设、组织建设和作风建设具有极其重要的指导作用。与会专家学者从历史与现实、理论与实践的角度，对党在遵义市发展壮大的历史、红军长征在遵义的光辉历程进行深入研讨。特别在现有研究成果的基础上，对遵义会议精神的内涵进行了科学的总结和提炼，使党的这一宝贵的财富得到更好的继承和弘扬。

马克思主义哲学与中国共产党90年理论研讨会举行　6月11日，中国辩证唯物主义研究会、中央党校哲学教研部、国防大学中国特色社会主义理论体系研究中心联合主办的“马克思主义哲学与中国共产党90年理论研讨会”在北京举行。近90名专家学者认真总结了90年来马克思主义哲学中国化、时代化、大众化的基本历程、基本成就、基本经验，分析了当前我国马克思主义哲学研究的重大理论和前沿问题，探讨了在新形势下推进马克思主义哲学创新的一系列问题。

研讨会深入探讨了马克思主义哲学的重要地位、功能作用问题，探讨了中国马克思主义哲学面对的各种挑战和问题，探讨了当代中国经济社会发展面对的各种挑战和问题。指出要在应对挑战、解决问题的过程中促进马克思主义哲学发展、推动中国特色社会主义事业前进的路径，要重塑工具理性，直面现实问题；重塑价值理性，建设社会诚信；重塑人文情怀，坚持以人为本。

《马克思主义关于人的学说》出版暨以人为本理论座谈会召开　6月11日，中央党校马克思主义理论教研部、中国马克思主义研究基金会和人民出版社共同主办的“《马克思主义关于人的学说》出版暨以人为本理论座谈会”在北京召开。来自中央党校、中国社会科学院、中央编译局、北京大学等单位和媒体的专家学者共60余人与会，围绕马克思主义关于人的学说与以人为本思想等问题进行了研讨。

《马克思主义关于人的学说》是由中央党校马克思主义理论教研部组织国内理论界知名专家就这一主题进行研究的成果汇集，作为《当代中国马克思主义论丛》的第一辑由人民出版社出版发行。该书主要包括四方面内容：一是马克思著述中的人的学说研究；二是马克思主义关于人的学说的发展历程研究；三是中国改革开放和现代化进程中的人的问题研究；四是改革开放以来我国理论界对人的问题和人的理论的人学研究。

与会者认为，《马克思主义关于人的学说》一书，是我国理论界在马克思主义研究领域取得的一项最新成果，是对马克思主义中国化、时代化、大众化的理论贡献。该书以科学的态度对待马克思主义，准确而深刻地阐述了马克思主义关于人的学说的基本观点，并把对马克思主义的研究与对中国特色社会主义理论体系的研究紧密结合起来，着力从思想来源上说明我们党以人为本执政理念的理论根据。

与会者认为，人的解放和自由全面发展是马克思主义学说的主题，也是马克思主义追求的最高价值目标。马克思主义关于人的学说，是以人为本思想的马克思主义理论源头、理论基础。我们应从这个源头和基础出发，更加深刻地理解以人为本思想，进一步深化对马克思主义理论特别是中国特色社会主义理论体系的研究，从而不断推进中国特色社会主义事业。

《建党以来重要文献选编（一九二一——一九四九）》出版座谈会在北京举行　6月16日，《建党以来重要文献选编（一九二一——一九四九）》出版座谈会在北京人民大会堂举行。习近平出席座谈会并讲话。

习近平指出，注重从党的历史经验中汲取智慧和力量以推动党的事业不断开拓前进，是我们党的一个优良传统和政治优势。中国共产党成立的时候力量弱小，但有着为共产主义奋斗的崇高理想，肩负着民族复兴的历史使命，在艰苦卓绝的伟大斗争中成为领导中国革命的核心力量。这个历史进程本身，成为中国人民必然选择马克思主义、选择中国共产党、选择社会主义的最好教科书。要通过学习这部文献选编，了解党的奋斗历史，坚定中国特色社会主义信念。

习近平强调，我们党在不断总结经验中从幼年走向成熟，在不断总结经验中开辟中国革命正确道路，也在不断总结经验中推进马克思主义中国化。历史上的重要经验值得深入了解和研究。在我们推进改革开放和社会主义现代化建设的过程中，新情况新问题层出不穷，前进道路上还有许多这样那样的困难和挑战。要通过学习这部文献选编，了解和把握我们党在复杂环境下克服各种艰难险阻的重要经验，使有益经验得到运用和发展、从失误和挫折中汲取教训，不断提高领导工作水平和促进经济社会又好又快发展的能力。

习近平指出，我们党在长期革命斗争中形成了理论联系实际、密切联系群众、批评和自我批评等优良作风。要认真学习这部文献选编，继承党的一切优良传统、优良作风并结合新的实践不断发扬光大，始终保持革命战争年代那么一股劲、那么一股气、那么一种革命精神，始终保持党同人民群众的血肉联系。有了这一条，我们党就能够永远立于不败之地。

“全国党校系统纪念中国共产党成立90周年理论研讨会”在大连召开 6月16日—17日，“全国党校系统纪念中国共产党成立90周年理论研讨会”在大连召开。来自中央党校和全国省级党校、副省级党校的专家学者共240多人参加了研讨会。与会的专家学者围绕中国共产党成立90年取得的伟大成就、成功经验和历史启示进行了深入的研讨。

中央党校常务副校长李景田在会上作了《中国特色社会主义的旗帜上鲜明地写着发展与公正》的主旨报告。他认为，中国共产党在探索中国特色社会主义道路的过程中，始终把发展和公正作为两大追求。他指出，中国共产党从诞生之日起就以追求和实现发展与公正为己任。新民主主义革命胜利后，建立起社会主义基本制度，为解决发展与公正问题奠定了制度基础，提供了现实可能。党的十一届三中全会以来，我们党围绕着解决发展与公正两大问题，走上了中国特色社会主义道路，形成了中国特色社会主义理论体系。改革开放30多年来，我国的经济发展和社会进步取得了举世瞩目的成就。他强调，在新的形势下推进发展与公正，最根本的途径仍然是改革开放。因此，要继续深化经济体制改革，进一步完善社会主义市场经济体制，充分发挥市场配置资源的基础性作用，为经济发展注入活力，为实现社会公正奠定坚实的物质基础；积极稳妥地推进政治体制改革，发展社会主义民主政治，为发展和公正提供更加坚实的政治保障；深化改革，大力推进以改善民生为重点的社会建设；必须进一步扩大对外开放。

中国社会科学院常务副院长、中国马克思主义研究基金会理事长王伟光在研讨会上致词。他提出，以科学的态度对待马克思主义，将坚持和发展统一起来，把马克思主义基本原理同中国具体实际相结合，实现马克思主义中国化，这是中国共产党90年来最重要的历史经验。他强调，正确理解党的这一历史经验，就要做到：一是应该认真学习、深刻领会和掌握马克思主义。二是以发展的眼光对待马克思主义。三是发扬理论联系实际的学风。四是不断推进马克思主义中国化、时代化、大众化。

进一步增强责任感和使命感，深入推进学习型政协组织建设 6月17日，贾庆林在北京看望了十一届全国政协第七期委员学习研讨班学员并发表重要讲话。他强调，要进一步增强责任感和使命感，深入推进学习型政协组织建设，不断完善学习制度、创新学习方法、增强学习实效，切实提高人民政协工作的科学化水平，为实现全面建设小康社会的宏伟目标作出更大贡献。

贾庆林指出，学习是事业发展之需、国家兴盛之要。中共十七届四中全会第一次明确提出了建设马克思主义学习型政党的重大战略任务，这是我们党在深刻总结历史经验、清醒把握时代发展脉搏基础上作出的战略决策。加强人民政协学习工作，建设学习型政协组织，是坚持和完善中国共产党领导的多党合作和政治协商制度的必然要求，是服务党和国家工作大局的必然要求，是推进人民政协事业发展的必然要求。

贾庆林就建设学习型政协组织提出四点要求。第一，加强理论武装，确保学习型政协组织建设的方向。第二，坚持学以致用，提高学习型政协组织建设的成效。第三，强化委员学习，打牢学习型政协组织建设的基础。第四，加强组织领导，推动学习型政协组织建设的落实。

“中国共产党90年与马克思主义哲学创新”理论研讨会举行　6月17日—20日，由马克思主义哲学史学会、人民出版社“中国共产党思想理论资源数据库”网站、复旦大学哲学学院、嘉兴学院、嘉兴南湖红船精神研究会联合主办的“中国共产党90年与马克思主义哲学创新”理论研讨会暨中国马克思主义哲学史学会2011年会在浙江嘉兴举行。来自中共中央党校、中国社会科学院、中央编译局、北京大学、中国人民大学、复旦大学、武汉大学等单位的130多位专家参加了本次研讨。

与会专家围绕“中国共产党90周年与马克思主义哲学创新”、“马克思主义哲学和马克思主义中国化的进程、经验与规律”、“90年来中国的马克思主义哲学史研究”、“新历史起点上中国马克思主义哲学发展”等4个议题进行深入研讨。与会同志认为，中国共产党90年的发展历史与马克思主义哲学的创新史紧密相连，中国共产党作为重要的创新主体推动了马克思主义哲学的发展繁荣。中国共产党的发展史就是马克思主义中国化、马克思主义哲学中国化的历史。

不断推进马克思主义中国化　坚持中国特色社会主义道路　6月20日，中共中央组织部、全国党建研究会在北京召开纪念中国共产党成立90周年党建研讨会。习近平出席会议并讲话。他强调，中国共产党90年来所以能够不断发展壮大，所以能够带领人民创造举世瞩目的伟业，一个根本原因，就在于始终坚持科学理论的指导，坚持把马克思主义基本原理同中国革命、建设、改革的具体实际相结合，不断推进马克思主义中国化，实现了党的指导思想和基本理论的与时俱进。

习近平指出，中国共产党90年来坚持马克思主义基本原理同中国具体实际相结合，推进马克思主义中国化产生了两大理论成果，这就是毛泽东思想和包括邓小平理论、“三个代表”重要思想以及科学发展观等重大战略思想在内的中国特色社会主义理论体系。这两大理论成果，是我们党最宝贵的政治和精神财富，是全党全国各族人民团结奋斗的共同思想基础，是指引党和国家事业不断从胜利走向胜利的行动指南。

习近平强调，党的指导思想和基本理论与时俱进的历史进程启示我们，推进马克思主义中国化，一定要以科学态度对待马克思主义，正确处理坚持和发展、一脉相承和与时俱进的辩证统一关系；一定要胸怀共产主义远大理想，坚持以我们正在做的事情为中心，充分尊重人民群众的伟大实践和创造；一定要以宽广的眼光密切观察世界局势的发展变化，积极借鉴吸收人类文明一切优秀成果；一定要坚持不懈地用党的理论创新成果武装党员干部头脑，不断提高全党的思想理论水平。

全国农村精神文明建设工作经验交流会举行 6月21日—22日，全国农村精神文明建设工作经验交流会在内蒙古自治区呼伦贝尔市举行。李长春对会议作出重要批示，强调要进一步增强责任感、使命感，认真贯彻落实中办、国办《关于进一步加强新形势下农村精神文明建设工作的意见》，大力加强社会主义核心价值体系建设，大力开展文明户、文明村镇、文明集市等群众性精神文明创建活动，大力繁荣发展农村文化，推动农村精神文明建设迈上新台阶。

李长春强调，农村精神文明建设是社会主义精神文明建设的重要组成部分，是社会主义新农村建设的重要内容和重要抓手，是党和政府农村工作中一项十分重要的战略任务。进一步加强农村精神文明建设，对于深化农村改革发展、做好农村群众工作、维护农村社会和谐稳定、满足农民群众日益增长的精神文化需求，实现全面建设小康社会的奋斗目标，具有十分重要的意义。要高度重视、切实做好新形势下农村精神文明建设工作，充分发挥各地区各部门和社会各方面作用，充分尊重亿万农民群众的主体地位和首创精神，形成全党全社会共同关心支持农村精神文明建设的新局面。

刘云山在讲话中指出，深入推进农村精神文明建设，要以社会主义核心价值体系建设为根本，深入开展党的理论创新成果的宣传普及，切实加强经常性形势政策宣传教育，扎实推进农村公民道德建设，凝聚起建设社会主义新农村的强大精神力量。要以推进改善民生、优化农村环境为突破口，深入开展文明户、文明村、文明集市、文明县城、文明小城镇等群众性创建活动，着力推动解决农民群众普遍关心的实际问题，着力形成以城带乡、城乡共创的长效机制，不断提高农民文明素质和农村社会文明程度。要以满足农民群众日益增长的精神文化需求为目标，大力繁荣发展农村文化，不断巩固拓展农村思想文化阵地，提高优秀文化产品和服务的供给能力，培育和发展农村特色文化，保障农民群众的基本文化权益。各地各部门要把农村精神文明建设摆上突出位置，加大组织动员力度、政策支持力度、财政投入力度，进一步强化农村精神文明建设的保障条件，进一步健全完善党委统一领导、党政群齐抓共管、文明委组织协调、有关部门各负其责、全社会积极参与的领导体制和工作机制，努力开创农村精神文明建设新局面。

中国共产党党员总数超8000万 6月24日，国务院新闻办举行新闻发布会，中组部向中外记者介绍了中国共产党组织建设的有关情况，重点从党员队伍、党组织情况及其发展趋势和特点等方面对2010年中国共产党组织建设的有关数据进行了解读。截至2010年底，中国共产党党员总数为8026.9万名；党的基层组织总数为389.2万个，其中基层党委18.7万个，总支部24.2万个，支部346.3万个。党员队伍中共有女党员1803万名，占党员总数的22.5%。少数民族党员533.8万名，占党员总数的6.6%。具有大专以上学历的党员2977.5万名，占党员总数的37.1%。党员年龄分布较均匀，其中以46岁至59岁的党员居多，共计2327.9万名，占党员总数的29%。党员遍布各行各业：工人698.9万名，农牧渔民2442.7万名，党政机关工作人员681.2万名，企事业单位管理人员、专业技术人员1841.3万名，学生253.9万名，离退休人员1485.2万名，其他职业人员623.6万名。

在党组织建设方面，全国共有党的各级地方委员会3222个，其中省（区、市）党委31个，市（地、州）党委396个，县（市、区）党委2795个。全国已有6869个城市、3.4万个乡镇、8.2万个社区（居委会）、59.4万个建制村建立了党组织。在具备建立党组织的企业、机关、事业单位、社会团体、民办非企业单位中，党组织覆盖面均已超过96%，有些甚至达到了99.9%。

党员队伍和党的基层组织发展呈现出如下趋势和特点：一是党员队伍不断壮大。2010年党内统计数据显示，全国发展党员307.5万名，党员总数比上年净增227.4万名，增长2.9%。其中基层一线党员数量明显增长、高学历和大学生党员、青年党员数量稳步增长、非公有制经济组织、社会组织中党员数量持续增长，女党员和少数民族党员数量不断增加，同时申请入党人数日益增加，入党积极分子队伍发展壮大。二是党的基层组织体系不断健全。农村、社区党组织，公有制企业、机关、事业单位等领域党组织基本实现全覆盖，其中高等学校党组织覆盖面达到99.9%，非公有制经济组织、社会组织中党组织和党的工作覆盖面不断扩大。三是党员教育管理进一步完善。2010年，全国共开展农村党组织书记培训135.4万人次，平均每名农村党组织书记参加了2次培训；党员创业就业技能培训1426.7万人次；新党员培训405.2万人次。

总结历史经验坚持改革创新，进一步提高反腐倡廉建设科学化水平　6月26日，全国纪检监察系统纪念中国共产党成立90周年表彰大会暨反腐倡廉建设理论研讨会在北京召开。贺国强出席会议并讲话。他强调，要坚持和运用90年来特别是改革开放以来反腐倡廉建设积累的宝贵经验，认清形势、明确任务，科学谋划、狠抓落实，以改革创新精神推进反腐倡廉建设，进一步提高反腐倡廉建设科学化水平，为全面建设小康社会、加快推进社会主义现代化提供有力保证。

贺国强指出，90年来特别是改革开放以来，我们党逐步探索形成了符合中国国情的反腐倡廉指导思想、基本原则、工作方针、工作格局、领导体制和工作机制以及法规制度体系，走出了一条中国特色反腐倡廉道路，积累了宝贵经验。主要是：坚持以发展着的马克思主义为指导，保证反腐倡廉建设的正确方向；坚持党的基本路线，把反腐倡廉建设放在党和国家工作全局中来开展；坚持解放思想、实事求是、与时俱进，不断完善和发展反腐倡廉战略方针和工作部署；坚持党要管党、从严治党，把反腐倡廉建设放在更加突出的位置来抓；坚持党的根本宗旨，把实现好、维护好、发展好最广大人民的根本利益作为反腐倡廉建设的出发点和落脚点；坚持重视和加强法规制度建设，保证党风廉政建设和反腐败斗争依纪依法有序开展；坚持党的领导、发挥社会主义制度的优越性，形成推进反腐倡廉建设的强大合力。

贺国强强调，改革创新是社会发展进步的时代潮流，科学发展是事业兴旺发达的根本途径。我们要深入贯彻落实科学发展观，总结历史经验，坚持改革创新，进一步提高反腐倡廉建设科学化水平。一是要科学分析和准确把握反腐倡廉形势，既要充分认识反腐倡廉建设取得的显著成效，又要清醒认识当前消极腐败现象的严重性，还要看到有效防治腐败已经具备了许多有利条件，进一步坚定抓好党风廉政建设和反腐败斗争的信心和决心。二是要以科学发展的理念和思路谋划反腐倡廉建设，坚持围绕中心、服务大局，以人为本、执政为民，标本兼治、惩防并举，与时俱进、改革创新，统筹兼顾、注重建设，更加科学有效地防治腐败。三是要科学安排、整体推进党风廉政建设和反腐败各项工作，加强对中央重大决策部署贯彻落实情况的监督检查，加强以保持党同人民群众血肉联系为重点的作风建设，加强以完善惩治和预防腐败体系为重点的反腐倡廉建设，着力解决反腐倡廉建设中人民群众反映强烈的突出问题，着力加强纪检监察机关自身建设。

贺国强指出，反对消极腐败、建设廉洁政治，是马克思主义政党同一切剥削阶级政党的本质区别之一，也是我们共产党人孜孜以求的奋斗目标。我们要坚持以毛泽东思想和中国特色社会主义理论体系为指导，坚持党的领导、人民当家作主和依法治国的有机统一，把廉洁政治放到社会主义政治建设的大局中去谋划，放到经济社会发展的全局中去体现，放到党风廉政建设和反腐败斗争的实践中去落实，努力做到干部清廉、政府廉洁、政治清明，把反腐倡廉建设进一步推向深入，为开创中国特色社会主义事业新局面作出新的更大贡献。

全国高校纪念中国共产党成立 90 周年理论研讨会召开　6 月 26 日，教育部主办的“全国高校纪念中国共产党成立 90 周年理论研讨会”在北京召开。与会专家学者围绕我们党成立 90 年来领导教育事业发展取得的巨大成就、如何进一步推动新时期教育事业改革发展等进行了研讨和交流。

与会者认为，我们党在长期的革命、建设和改革历程中始终高度重视教育事业，创建和发展了新民主主义教育，探索和实践了社会主义教育，开辟了中国特色社会主义教育发展道路，建成了世界上最大规模的教育体系，保障了亿万人民群众受教育的权利，极大地提高了全民族的素质，为我国经济社会发展作出了重大贡献。

与会者强调，当前我国正站在从教育大国向教育强国、从人力资源大国向人力资源强国迈进的历史新起点上。进一步推动新时期教育事业改革发展，必须坚定不移走中国特色社会主义教育发展道路。广大教育工作者应始终坚持党对教育的领导，大力加强各级各类学校党组织建设和党的工作；大力推进中国特色社会主义理论体系进教材、进课堂、进头脑，推进马克思主义理论研究和建设工程，加强社会主义核心价值体系建设，加强和改进思想政治教育工作；坚持德育为先，坚持能力为重，坚持全面发展，加强和改进德育、智育、体育、美育，提高学生综合素质；以体制机制创新为重点，加快重要领域和关键环节改革步伐，加快形成与社会主义市场经济体制和全面建设小康社会相适应的教育体制机制；加强国际交流合作，提高我国教育的国际竞争力。

“全国基层党建理论创新与实践研讨会”在中央党校举办　6 月 26 日—27 日，为庆祝中国共产党成立 90 周年，由中央党校理论网与新华网共同主办、北京方圆伟业文化传媒有限公司承办的“全国基层党建理论创新与实践研讨会”在中央党校举行。中央组织部、中直机关工委、中央党校、新华社、中央党史研究室、求是杂志社、中国社科院、全国党建研究会等中央和国家有关部委的领导和专家学者以及来自全国各省市机关、社区、企业、院校等党的基层党务工作者 300 余人参加会议。

与会专家、学者和基层党务工作者紧扣基层党建理论与实践创新这一主题，围绕新形势下加强党的建设的一系列重大理论课题和现实问题，分别从加强和改进基层党的思想建设、组织建设、作风建设、制度建设、反腐倡廉和新形势下如何利用互联网新媒体加强和改进党的建设等方面进行了深入研讨，并就有关热点问题提出了有价值的对策和建议。

深刻认识和充分运用党的建设历史经验，不断推进新形势下党的先进性建设　6 月 28 日，中共中央政治局就中国共产党保持和发展党的先进性研究进行第三十次集体学习。中央党史研究室曲青山教授、中国人民大学马克思主义学院杨凤城教授就这个问题进行讲解，并谈了他们的意见和建议。中共中央政治局各位同志认真听取了他们的讲解，并就有关问题进行了讨论。

胡锦涛在主持学习时发表了讲话。他强调，90 年来，我们党在加强和改进自身建设实践中积累的历史经验，对推进党的先进性建设具有长期指导作用，必须十分珍惜并发扬光大。加强党的先进性建设，是加强和改进党的建设的长期任务和永恒课题。我们要充分运用党的建设历史经验，及时总结党的建设新鲜经验，深化对加强和改进新形势下党的建设的规律性认识，继续以改革创新精神全面加强和改进党的建设，不断推进党的先进性建设。

胡锦涛指出，先进性是马克思主义政党的本质属性，是马克思主义政党的生命所系、力量所在。90 年来，我们党之所以能够从小到大、由弱变强，团结带领全国各族人民战胜各种艰难险阻，不断夺取革命、建设、改革的伟大成就，关键在于我们党坚持马克思主义科学理论指导，始终把党的先进性建设摆在突出位置来抓，不断保持和发展党的先进性。面对深刻变化的国际国内形势，面对改革发展稳定的繁重任务，面对各族人民过上更好生活的新期待，面对党员队伍和党的建设遇到的新情况新问题，我们党肩负着新的历史责任，面临着新的重大考验。执政时间越久，改革开放和社会主义市场经济发展越深入，国内外环境变化越深刻，越要高度重视保持和发展党的先进性，越要把党的先进性建设作为一项重大战略任务切实推进，使党始终成为思想上政治上组织上完全巩固、站在时代前列带领人民团结奋斗、开拓进取的坚强领导核心。

胡锦涛指出，新形势下推进党的先进性建设，必须深刻认识和充分运用坚持马克思主义基本原理同中国具体实际相结合、坚持科学理论指导、坚定不移走自己的路的历史经验，始终把马克思主义作为自己的指导思想，坚持解放思想、实事求是、与时俱进，坚持用马克思主义立场观点方法观察当今世界、观察当代中国，准确把握时代脉搏，不断推进马克思主义中国化时代化大众化，使党的理论和实践始终体现时代性、把握规律性、富于创造性，使党的路线方针政策不断与时俱进，保证党始终站在时代发展的前列和中国社会发展进步的潮头。必须深刻认识和充分运用自觉加强和改进党的建设、不断增强党的创造力凝聚力战斗力、永葆党的生机活力的历史经验，坚持党要管党、从严治党，紧紧围绕党的中心任务，以改革创新精神全面推进党的思想建设、组织建设、作风建设、制度建设和反腐倡廉建设，着力加强党的执政能力建设和先进性建设，不断解决好提高党的领导水平和执政水平、提高拒腐防变和抵御风险能力这两大历史课题，不断提高党的建设科学化水平。

胡锦涛强调，各级党委要按照中央部署，全面落实党建工作责任制，确保党的建设各项任务落到基层、落到实处。要把推进党的先进性建设同继续解放思想、坚持改革开放、推动科学发展、促进社会和谐的实践紧密结合起来，同全面建设小康社会的实践紧密结合起来，同加强和改进党的建设的实践紧密结合起来，着力把党的先进性建设成果转化为推进改革发展稳定各项工作的实际成效，不断夺取中国特色社会主义伟大事业和党的建设新的伟大工程新胜利。

《中国共产党 90 年主要成就与经验》和《忠诚与背叛——告诉你一个真实的红岩》出版 新华社 6 月 29 日电，中宣部、新闻出版总署庆祝建党 90 周年重点出版物《中国共产党 90 年主要成就与经验》和《忠诚与背叛——告诉你一个真实的红岩》两书已分别由党建读物出版社和重庆出版社出版。

由中共中央组织部党建研究所编著的《中国共产党90年主要成就与经验》由1个总论、3个分专题和17个子专题组成，以准确的历史事实为依据，既着眼于党的创立、发展的几大历史阶段，又抓住重大历史节点；既体现历史发展的脉络，又把握党的建设总体布局；既有对党领导的经济建设、政治建设、文化建设、社会建设和生态文明建设主要成就与基本经验的概括和提炼，又有对党的思想建设、组织建设、作风建设、制度建设和反腐倡廉建设以及军队党的建设主要成就与经验的系统总结和科学评价，体现和深化了对共产党执政规律、社会主义建设规律和人类社会发展规律的认识。

《忠诚与背叛——告诉你一个真实的红岩》一书通过采访大屠杀中幸存的革命者及其后代，查阅大量解密的历史档案，以数十幅珍贵历史照片，图文并茂地还原了真实的历史细节，再现了革命者为迎接解放、挫败敌人的垂死挣扎而进行的斗争。

深入开展社会主义核心价值体系学习教育，不断提高大学生思想政治教育工作水平 6月30日，李长春来到清华大学，与师生们共同庆祝党的生日。他强调，要认真学习贯彻胡锦涛总书记在庆祝清华大学建校100周年大会上的讲话精神，坚持正确的办学方向，全面提高教育质量，不断加强和改进大学生思想政治教育工作，加快建设世界一流大学步伐，努力培养德智体美全面发展的社会主义建设者和接班人，为夺取全面建设小康社会新胜利、实现中华民族伟大复兴作出新的更大贡献。

李长春指出，胡锦涛总书记对清华大学加快建设世界一流大学提出了新的更高要求。他希望清华大学以全面提高教育质量为根本，以重点学科建设为基础，以增强创新能力为突破，以加强人才队伍建设为保障，加快建设世界一流大学。要牢牢把握社会主义办学方向，坚持走"中国特色、世界一流"的发展道路。要始终把提高教学质量作为生命线，坚持育人为本、德育为先、能力为重、全面发展，大力提升人才培养水平，增强科学研究能力，服务经济社会发展，推进文化传承创新。要紧紧抓住汇聚名师这个关键，切实加强教师队伍建设，推动广大教师自觉肩负起立德树人、教书育人的光荣职责，弘扬优良教风、学风，提倡做学问、做人、做事相一致，努力提高学识魅力和人格魅力。

李长春强调，中国共产党已经成立90年、在全国执政62年、领导改革开放33年，推动中国发生了人类历史上少有的深刻变革和经济社会的快速发展，开辟了中国特色社会主义道路。这是中国共产党领导中国人民在借鉴人类文明成果的基础上，从本国国情出发，依靠自己力量开辟的创新之路，是人类文明史上的伟大创举，是中国对世界的历史性贡献，是开展社会主义核心价值体系教育最重要、最鲜活、最有力的教材。要以庆祝中国共产党成立90周年为契机，抓住社会主义核心价值体系建设这个灵魂和根本，在大学生中深入开展中国近现代史和中国共产党领导全国各族人民书写的奋斗史、创业史、改革开放史教育，引导他们深刻认识历史和人民是怎样选择了马克思主义、选择了中国共产党、选择了社会主义道路、选择了改革开放，进一步坚定在中国共产党领导下、走中国特色社会主义道路、实现中华民族伟大复兴的共同理想信念。

庆祝中国共产党成立90周年大会在北京隆重举行 7月1日，庆祝中国共产党成立90周年大会在北京人民大会堂隆重举行。胡锦涛在会上发表重要讲话，回顾中国共产党90年的光辉历程和取得的伟大成就，总结党和人民创造的宝贵经验，提出新的历史条件下提高党的建设科学化水平的目标任务，阐述了在新的历史起点上把中国特色社会主义伟大事业全面推向前进的大政方针。

中共中央办公厅发出通知，要求认真学习贯彻胡锦涛同志在庆祝中国共产党成立90周年大会上的重要讲话精神 7月1日，中共中央办公厅发出通知，要求各地区各部门各单位认真学习贯彻胡锦涛同志在庆祝中国共产党成立90周年大会上的重要讲话精神。

通知指出，胡锦涛同志在庆祝中国共产党成立90周年大会上的重要讲话，以马克思列宁主义、毛泽东思想、邓小平理论和“三个代表”重要思想为指导，深入贯彻落实科学发展观，坚持解放思想、实事求是、与时俱进，回顾了我们党90年的光辉历程和取得的伟大成就，总结了党和人民创造的宝贵经验，提出了新的历史条件下提高党的建设科学化水平的目标任务，阐述了在新的历史起点上把中国特色社会主义伟大事业全面推向前进的大政方针，是一篇马克思主义的纲领性文献。这一讲话全面分析国内外形势新变化，深入阐释党和国家事业发展新要求，思想深刻，内容丰富，对我们做好党和国家各项工作、推进中国特色社会主义伟大事业和党的建设新的伟大工程具有重大而深远的指导意义。

通知要求，各地区各部门各单位要集中一定时间，组织集体学习，领会讲话精神实质，理解讲话提出的重大理论观点，全面把握讲话提出的各项工作要求。各级党委（党组）中心组要把讲话作为近期学习的重要内容，系统学习并组织一些专题研讨。学习要突出重点，着重学习、领会、把握党领导人民进行革命、建设、改革的宝贵经验，加深对坚持中国特色社会主义道路、中国特色社会主义理论体系、中国特色社会主义制度的认识，加深对提高党的建设科学化水平目标任务的认识，加深对中国特色社会主义事业发展要求的认识，为推进改革发展稳定各项工作打下更加坚实的思想认识基础。

通知强调，学习胡锦涛同志的重要讲话，要坚持理论联系实际，紧密结合实现“十二五”时期经济社会发展目标任务，紧密结合坚持科学发展这个主题和加快转变经济发展方式这条主线，紧密结合本地区本部门本单位工作实际，注重解决好工作中存在的突出问题和群众生产生活中遇到的突出困难，把学习效果转化为加强和改进工作的实际成效。创先争优活动要把学习贯彻讲话精神作为重要内容。

纪念中国共产党成立90周年理论研讨会举行 7月1日—2日，中央组织部、中央宣传部、中央党校、中央文献研究室、中央党史研究室、教育部、中国社会科学院、解放军总政治部在京联合召开纪念中国共产党成立90周年理论研讨会。

这次理论研讨会是中央确定的庆祝中国共产党成立90周年活动的一项重要内容，是新形势下加强理论建设的一次集中动员。李长春出席研讨会并作重要讲话。他强调，胡锦涛总书记在庆祝中国共产党成立90周年大会上的重要讲话，全面回顾了我们党90年紧紧依靠人民完成和推进“三件大事”的奋斗历程，高度评价了90年来我们党团结带领全国人民创造的举世瞩目的辉煌成就，系统总结了90年来党领导革命、建设和改革的历史经验，明确提出了新的历史条件下提高党的建设科学化水平的目标任务，深刻阐述了在新的历史起点上把中国特色社会主义伟大事业全面推向前进的大政方针，讲话通篇闪耀着马克思主义真理的光辉，是继续推进中国特色社会主义伟大事业的纲领性文献。

李长春在讲话中指出，90 年来我们党始终高度重视理论建设，重视发挥科学理论对事业发展的强有力指导作用。我们党的 90 年，是在风云激荡中高举马克思主义伟大旗帜，在风险考验中坚定马克思主义政治信仰，始终坚持和不断巩固马克思主义指导地位的 90 年；是把马克思主义基本原理与中国实际相结合，创造性地解决中国革命、建设和改革的一系列重大问题，推动党和国家事业不断胜利前进的 90 年；是坚持用科学理论武装全党，以思想建设引领推动党的建设，始终保持和发展党的先进性的 90 年；是尊重人民首创精神，在人民的历史创造中进行理论创造，不断赋予马克思主义以勃勃生机和活力的 90 年；是高度重视理论人才队伍建设，团结凝聚一大批理论工作者，不断发展壮大马克思主义理论队伍的 90 年。90 年来，党的理论工作积累了很多成功经验，要很好地坚持，并结合新的实践不断发扬光大。

李长春强调，当今世界正处于大发展大变革大调整时期，世情国情党情的发展变化，对理论工作提出新的更高要求。广大理论工作者要进一步增强责任感使命感，始终围绕党和国家工作大局，着力推进马克思主义中国化时代化大众化，在新的历史起点上开创党的理论建设新局面。牢牢把握理论武装这个首要任务，坚持不懈地抓好中国特色社会主义理论体系的学习教育，用当代中国马克思主义凝聚起团结奋斗的强大力量。牢牢把握党和国家事业发展的主题，进一步发挥思想库和智囊团的作用，为推动科学发展提供有力理论支撑。牢牢把握服务人民这个宗旨，深入回答广大群众普遍关注的热点问题，用党的理论创新成果引导和动员群众。牢牢把握坚持改革创新的要求，立足中国特色社会主义伟大实践进行新的理论创造，深化对中国特色社会主义道路的研究和阐释，努力形成具有中国特色、中国风格、中国气派的学术话语体系，不断增强当代中国马克思主义的说服力、吸引力和凝聚力。牢牢把握人才培养这个根本，大力推进理论人才队伍建设，着力造就一支宏大的、高素质的马克思主义理论队伍。

始终保持党同人民群众的血肉联系　7 月 2 日出版的第 13 期《求是》杂志发表署名秋石的文章，题目是《始终保持党同人民群众的血肉联系》。

文章指出，我们党能够有效担当历史使命，能够在跌宕起伏的历史进程中保持长盛不衰，奥秘就在于始终保持与人民群众的血肉联系。

文章说，党的性质和它坚持的马克思主义指导思想决定了中国共产党登上历史舞台的那一天起，就代表中国最广大人民群众的根本利益，并为之进行了最忠勇、最热忱、最坚韧的斗争。正因为我们党始终坚持为人民服务的根本宗旨，并且创造性地贯彻于革命、建设和改革的历史进程中，贯彻于我们党的全部工作、全部活动中，我们党才真正代表了中国社会的前进方向，得到了中国最广大人民群众的真诚拥护。90 年的历史告诉我们，要保持党同人民群众的血肉联系，就必须不断强化全党的宗旨意识，不断夯实立党为公、执政为民的思想基础。

文章认为，党的群众路线是党的根本工作路线，是保持党同人民群众血肉联系的法宝，是中国共产党最重要的政治优势。新形势下，有必要在党内普遍深入地进行马克思主义群众观点和党的群众路线的再教育，引导党员干部自觉地尊重人民群众、相信人民群众、依靠人民群众。

文章指出，群众工作是我们党赖以联系群众的必不可少的渠道和桥梁，是实现党的任务的中心环节，是社会管理的基础性根本性经常性的工作。新形势下党同人民群众的关系面临着许多新情况，人民内部矛盾也呈现出许多新特点，我们的群众工作面临许多新挑战。这就要求我们必须深入研究形势和任务的发展变化对群众工作提出的新要求，积极探索加强和改进群众工作的新途径新办法新机制，把群众工作贯穿到社会管理各个方面、各个环节。

文章说，党的优良作风是党联系群众的强力粘合剂，是凝聚党心民心的巨大力量。在长期执政的条件下，在改革开放和发展社会主义市场经济条件下，保持党同人民群众血肉联系的关键，是一靠教育、二靠制度，切实解决好党的思想作风、学风、工作作风、领导作风和干部生活作风方面的突出问题。要从各级领导干部和领导机关做起，反对官僚主义、形式主义，反对奢侈腐化、铺张浪费，倡导勤俭节约、勤俭办一切事业。努力做到在感情上贴近群众，思想上尊重群众，行动上深入群众。

文章强调，90年的历史使我们更深刻地感悟到一条真理：党的根基在人民、血脉在人民、力量在人民。在新的征途上，只要我们紧紧地和人民在一起，始终保持和发展党同人民群众的血肉联系，就一定能够战胜各种困难和风险，在中国特色社会主义道路上实现中华民族的伟大复兴！

温家宝主持召开经济形势座谈会　7月4日—11日，国务院总理温家宝先后主持召开四次经济形势座谈会，分别听取部分省政府负责人、企业界负责人和经济专家意见和建议。

温家宝强调，要继续把稳定物价总水平作为宏观调控的首要任务，坚持宏观调控的基本取向不变，同时根据形势变化，提高政策的针对性、灵活性、前瞻性，切实把握好宏观调控的力度、节奏和重点，处理好保持经济平稳较快发展、调整经济结构、管理通胀预期三者关系，既要把物价涨幅降下来，又不使经济增速出现大的波动。要坚持实施稳健的货币政策，保持社会融资总量合理增长。要健全宏观审慎政策框架，合理运用多种货币政策工具，提高政策的针对性。要认真实施积极的财政政策，强化增收节支，优化支出结构。加强对地方政府性债务监管，继续规范地方政府融资平台公司，严格控制增量，逐步消化存量，有效化解债务风险。按照分类管理、区别对待的原则，妥善处理债务偿还和在建项目后续融资问题。

温家宝要求统筹做好关系全局的几项重点工作。一是保持物价总水平基本稳定。管住货币总量外，抓好农产品生产、特别是食品供应，促进供求平衡；切实降低过高的流通成本，规范发展住房租赁市场，合理把握政府管理价格的调整时机和力度；加强价格监管，稳定通胀预期。二是坚定不移地把房地产市场调控政策落到实处。继续抑制不合理的住房需求，重点抓好保障性住房和普通商品房建设，落实好1000万套保障性住房开工建设计划，加强金融支持，推动制度建设。三是毫不放松地抓好农业和粮食生产。继续落实“米袋子”省长负责制和“菜篮子”市长负责制。实行扶持生猪产业持续健康发展的政策措施，增加市场供应，促进市场稳定。四是抓好结构调整和节能减排相关工作。五是努力保持对外贸易稳定增长，促进对外贸易基本平衡。

组工战线要带头学习贯彻好“七一”讲话，各级领导干部要学得更深一些更好一些　7月5日，全国组织部长学习胡锦涛总书记“七一”重要讲话精神研讨班在全国组织干部学院开班。习近平出席开班式并讲话。他强调，胡锦涛同志“七一”讲话是总结过去、开创未来的马克思主义纲领性文献，对党的建设和组织工作具有十分重要的指导作用。组织工作战线的同志要带头深入学习，在工作中切实贯彻，各级领导干部要努力学得更深一些、更好一些，以自己的模范行动促进和带动组织工作战线学习贯彻的深入。

习近平指出，胡锦涛同志“七一”讲话高屋建瓴、统揽全局，思想深刻、内涵丰富。学习“七一”讲话，要紧密联系“十二五”时期的目标任务和本职工作，牢牢把握、深刻理解讲话的精神实质，解放思想、实事求是、与时俱进、开拓创新，为夺取全面建设小康社会新胜利、开创中国特色社会主义事业新局面而奋斗。

习近平强调，胡锦涛同志“七一”讲话，深刻论述了党和国家一系列重大理论和实践问题，对我们适应新形势新任务、进一步做好党和国家各项工作具有重大而深远的指导意义。组织工作战线的同志要全面、准确地把握讲话精神，深刻认识我们党90年来紧紧依靠人民完成和推进的“三件大事”，始终坚定对坚持党的领导、坚持马克思主义、坚持社会主义、坚持改革开放的信心；深刻认识我们党带领人民不断推进革命、建设、改革取得的伟大成就和奋斗成果，高举中国特色社会主义伟大旗帜，更加坚定自觉地坚持中国特色社会主义道路、坚持中国特色社会主义理论体系、坚持中国特色社会主义制度；深刻认识我们党坚持和发展马克思主义政党先进性“四个坚持”的根本要求，始终保持党开拓前进的精神动力，始终保持党同人民群众的血肉联系，始终保持党的蓬勃活力，始终保持党的肌体健康；深刻认识新形势下我们党面临的重大考验，居安思危、坚定信心，加强党性锻炼，加强作风养成，经受住“四个考验”，防止“四个危险”；深刻认识在新的历史条件下提高党的建设科学化水平“五个必须”的基本要求，倍加珍惜和充分运用党的建设历史经验，以奋发有为的精神状态做好党的建设和组织工作；深刻认识在新的历史条件下全面推进中国特色社会主义事业“五个坚定不移”的大政方针，积极为全面建设小康社会、实现中华民族伟大复兴做贡献。

习近平指出，在新的形势下继续推进中国特色社会主义伟大事业和党的建设新的伟大工程，组织工作战线责任重大。贯彻落实“七一”讲话关于继续推进改革开放和经济社会发展的目标任务，需要党的建设和组织工作提供保证；贯彻落实“七一”讲话关于党的建设和组织工作的各项任务，更是组织工作战线的分内之责。组织工作战线的同志要通过学习“七一”讲话，牢固树立围绕中心、服务大局的指导思想，坚持把党的建设和组织工作同加快转变经济发展方式、调整优化经济结构的实践结合起来，同加强和创新社会管理、做好保障和改善民生的各项工作结合起来，以党的建设和组织工作新成绩推动经济社会发展取得新成效。

全国首家哲学高等研究院在京成立　7月6日，全国首家哲学高等研究院——中国社会科学杂志社哲学高等研究院在北京召开了成立大会。该院的建立，将在中国哲学的未来发展中发挥积极作用。

中国社会科学杂志社哲学高等研究院是由中国社会科学杂志社发起，联合北京大学哲学系、清华大学哲学系、中国人民大学哲学院、复旦大学哲学学院、中山大学哲学系、华东师范大学哲学系、北京师范大学价值与文化研究中心、吉林大学哲学基础理论研究中心、浙江大学语言与认知研究中心、山西大学科学技术哲学研究中心和山东大学犹太教与跨宗教研究中心等11家高校哲学院系和重点研究基地共同建立的哲学一级学科高等级学术组织协调机构。作为引领当代哲学发展的高端平台，哲学高等研究院将依托以《中国社会科学》和《中国社会科学报》为代表的“一报六刊”，凝聚、协调和整合国内一流的哲学研究力量，推进哲学学科体系建设和研究方法创新，推出学术精品，培养优秀人才，推动中国哲学走向世界。

大型文献纪录片《旗帜》研讨会举行 7月8日，中央电视台在京举行大型文献纪录片《旗帜》研讨会，深入研究和解读《旗帜》的历史价值、文献价值和现实意义。

《旗帜》由中共中央宣传部、中央文献研究室、中央党史研究室、国家发改委、国家广电总局和中央电视台共同摄制，全面记述了中国共产党90年走过的风雨历程，展现了几代中国共产党人团结带领全国各族人民取得革命、建设、改革伟大胜利的壮美画卷。《旗帜》在史料的取舍运用方面，注重从实际出发，从具体事例出发，既旁征博引，又注意个案；既有宏观方面的史料、数据和信息，又精选了微观典型事例；既有对历史的清晰审视，又有对现实的厚重思考。与会专家、学者围绕《旗帜》的影像再现与史学价值、话语表达与国际视野、视觉创新与艺术突破等议题进行了深入研讨。他们认为《旗帜》对于弘扬党的优良传统、加强社会主义核心价值体系建设等具有重要的教育意义。

发挥软法在依法治国中的重要作用 7月9日，北京大学法学院软法研究中心、北京大学宪法与行政法研究中心和中国公法研究基金共同主办的“软法的理论与实践国际研讨会”在北京大学召开。与会者围绕软法的理论与方法、国际治理与区域治理视野下的软法、国内软法的表现形态与实践等问题进行了研讨。

与会者认为，软法是现代法的一种基本表现形式。社会转型和社会建设都离不开法治保障，而法治既包括硬法之治也包括软法之治。软法之治扎根于社会，具有深刻的理论内涵和深厚的实践根基，对于促进社会治理和实现法治目标具有重大意义。在建设社会主义法治国家的进程中，我们应当转变“法即硬法”的传统观念，将软法视作现代法的重要组成部分，全面倡导法治精神，全面普及法治原则，全面确立法治化机制，全面实现法制化目标。

与会者指出，目前我国系统的软法研究刚刚起步，深化软法理论研究与实践任重而道远。广大软法理论研究者和实际工作者应积极承担起自身肩负的历史使命，不断加强基础理论研究和应用性研究，科学借鉴国外同行的研究成果，积极探索和发挥软法在建设社会主义法治国家、法治政府和法治社会中的重要作用。

深入学习贯彻胡锦涛总书记“七一”重要讲话精神，是当前全党全国的一项重大政治任务 7月14日—17日，李长春在甘肃调研时强调，深入学习贯彻胡锦涛总书记在庆祝中国共产党成立90周年大会上的重要讲话精神，是当前全党全国的一项重大政治任务。宣传思想战线要带头深入学习、大力宣传贯彻，着力在武装头脑、凝聚共识上下功夫，在指导实践、推动工作上下功夫，推动全社会兴起学习宣传贯彻“七一”重要讲话精神的热潮，为在新的历史起点上把中国特色社会主义伟大事业全面推向前进提供强大精神动力。

李长春强调，深入学习贯彻胡锦涛总书记重要讲话精神，必须联系实际、注重实效。要把学习贯彻讲话精神与开展爱党爱国爱社会主义教育结合起来，进一步唱响共产党好、社会主义好、改革开放好、伟大祖国好、各族人民好的时代主旋律；与开展社会主义核心价值体系教育结合起来，进一步增强广大干部群众坚持高举中国特色社会主义伟大旗帜、坚持中国特色社会主义道路、坚持中国特色社会主义理论体系、坚持中国特色社会主义制度不动摇的自觉性和坚定性；与推动科学发展、加快转变经济发展方式结合起来，为实现"十二五"时期发展良好开局提供强大支撑；与开展民族团结进步教育结合起来，引导各族群众牢固树立"三个离不开"的思想，进一步促进各民族共同团结奋斗共同繁荣发展和社会和谐稳定。

西藏和平解放六十周年庆祝大会隆重举行　7月19日，西藏各族各界干部群众2万多人欢聚在布达拉宫广场，热烈庆祝西藏和平解放60周年。中共中央、全国人大常委会、国务院、全国政协、中央军委致电祝贺，胡锦涛题写"祝贺西藏和平解放六十周年"贺匾，中央代表团团长习近平出席庆祝大会并发表重要讲话。

习近平指出，西藏和平解放是西藏历史上具有划时代意义的转折点，也是中国人民解放事业和祖国统一事业的一件大事。它不仅粉碎了外部势力妄想把西藏从中国分裂出去的图谋，捍卫了国家主权和领土完整，维护了祖国统一和民族团结，而且开辟了百万农奴翻身解放的道路，开启了西藏走向繁荣进步的光明前程。

习近平强调，西藏和平解放60年来，社会制度实现历史性跨越，经济社会实现全面发展，人民生活水平大幅提高，各民族团结不断巩固，这片古老而神奇的土地发生了翻天覆地的伟大变化。西藏60年不平凡的发展历程揭示了一个颠扑不破的真理：没有中国共产党就没有新中国，也就没有新西藏。只要我们坚持中国共产党领导、坚持社会主义制度、坚持民族区域自治制度，坚持走有中国特色、西藏特点的发展路子，西藏必将迎来更加繁荣、更加进步、更加美好的明天。

习近平强调，中央殷切希望西藏各族干部群众认真学习贯彻胡锦涛同志"七一"重要讲话精神，全面落实中央第五次西藏工作座谈会精神，坚持中央关于西藏工作的指导思想，抓住历史机遇，用好全国支援，继续艰苦奋斗，围绕建设团结、民主、富裕、文明、和谐的社会主义新西藏这个宏伟目标，加快经济发展，着力保障和改善民生，大力弘扬社会主义先进文化，切实维护社会稳定，推进西藏实现跨越式发展和长治久安，努力完成到2020年全面建设小康社会的任务，创造西藏各族人民更加幸福美好的新生活。

《中国共产党历史大事记（1921年7月—2011年6月）》单行本出版发行　新华社7月26日电，由中共中央党史研究室编写的《中国共产党历史大事记（1921年7月—2011年6月）》单行本已由人民出版社出版。本书翔实记录了90年来中国共产党团结带领全国各族人民战胜各种艰难险阻，谱写中华民族自强不息壮丽凯歌的光辉历程，充分展示了中国共产党在革命、建设、改革中，为国家、为民族建立的丰功伟绩，激励全国人民在以胡锦涛为总书记的党中央领导下，坚定不移沿着中国特色社会主义道路奋勇前进，为夺取全面建设小康社会新胜利和实现中华民族伟大复兴而不懈奋斗。

文献纪录片《思想的历程》座谈会在北京举行　8月5日，由中共中央编译局、光明日报社、中共黑龙江省委宣传部和黑龙江电视台联合主办的"大型电视文献纪录片《思想的历程》座谈会"在北京举行，中宣部、中央文献研究室、中央党史研究室、北京大学、中国人民大学等单位的20

余名宣传思想文化界人士应邀出席座谈会。

《思想的历程》对马克思主义在中国传播的百年历程进行了回顾，将一代又一代马克思主义翻译工作者心向真理、不怕牺牲、寂寞耕耘、默默奉献的生动形象展现给读者和观众。《思想的历程》这一文献纪录片，展示了马克思主义经典著作编译工作对马克思主义中国化所起的关键作用，将从事马克思主义经典著作编译工作的这个优秀群体介绍给大众，使人们更加直观地感受到马克思主义编译工作的光荣与神圣，更加深刻地认识了马克思主义中国化、时代化、大众化的意义与作用。《思想的历程》系统梳理了马克思主义中国化的历史进程，深刻揭示了马克思主义在中国传播的基本规律，从文化的角度反映了马克思主义对中华民族精神的提升和对中华民族核心价值体系建设的引领。马克思主义在中国的传播同一批又一批献身于编译工作的中国先进知识分子的辛勤耕作是分不开的。《思想的历程》真实反映了马克思主义经典著作翻译家群体一辈子默默无闻、心无旁骛专注于经典著作编译事业，直至献出毕生心血甚至生命的感人事迹。加强对这部片子的宣传，大力弘扬这种甘当人梯、不求回报的“铺路石”精神，对于扎实推进马克思主义中国化的历史进程具有十分重要的理论和现实意义。

中国特色社会主义政治发展道路具有巨大优势　8月6日，中国政治学会主办、黑龙江省社会科学院和齐齐哈尔大学承办的“中国共产党与中国政治发展学术研讨会”在黑龙江省齐齐哈尔市召开。

与会者强调，中国特色社会主义政治发展道路的开辟和形成离不开党的领导。中国共产党坚持把马克思主义基本原理同中国具体实际和时代特征相结合，在发展社会主义民主政治、建设社会主义政治文明的实践中走出了一条符合我国国情的中国特色社会主义政治发展道路。中国共产党作为执政党，承担着中国现代化建设和民主政治建设领导者、组织者和推动者的历史重任，任何对当代中国民主政治发展的追求都要在党的领导下进行。

与会者认为，中国特色社会主义政治发展道路具有鲜明特点和巨大优势。中国特色社会主义政治发展道路，坚持党的领导、人民当家作主、依法治国有机统一。这条道路，无论价值取向、制度设计还是政策选择、操作实施，都充分体现着民主与集中的紧密结合。同时，中国特色社会主义政治发展道路始终坚持以实现人民当家作主作为根本出发点和归宿，通过坚持和完善社会主义政治制度，切实保障人民当家作主的权利，最大限度地集中社会资源，实现高效发展。

总结历史经验坚持改革创新 进一步提高反腐倡廉建设科学化水平　8月16日出版的第16期《求是》杂志发表贺国强同志的文章，标题为《总结历史经验，坚持改革创新，进一步提高反腐倡廉建设科学化水平》。文章指出，在波澜壮阔的革命、建设和改革伟大实践中，我们党始终高度重视党的自身建设，坚持不懈地开展党风廉政建设和反腐败斗争，保持和发展了党的先进性和纯洁性，增强了党的创造力、凝聚力和战斗力，为完成党和国家不同历史时期的各项任务提供了坚强的政治保证。

文章强调，改革创新是社会发展进步的时代潮流，科学发展是事业兴旺发达的根本途径。我们要认真贯彻落实中央关于反腐倡廉的决策部署，坚持和运用建党90年来特别是改革开放以来反腐倡廉建设积累的宝贵经验，认清形势、明确任务，科学谋划、狠抓落实，以改革创新精神推进反腐倡廉建设，进一步提高反腐倡廉建设科学化水平，为夺取全面建设小康社会新胜利、开创中国特色社会主义事业新局面作出更大贡献。

十分珍惜和合理利用每一寸土地 促进经济社会发展与土地利用相协调 8月23日，中共中央政治局就完善我国土地管理制度问题研究进行第31次集体学习。国务院发展研究中心农村经济研究部刘守英研究员、北京大学城市与环境学院林坚副教授就这个问题进行讲解，并谈了他们的意见和建议。中共中央政治局各位同志认真听取了他们的讲解，并就有关问题进行了讨论。

胡锦涛在主持学习时强调，要落实节约优先战略，进一步完善符合我国国情的最严格的土地管理制度，坚持各类建设少占地、不占或少占耕地，以较少的土地资源消耗支撑更大规模的经济增长；坚持经济效益、社会效益、生态效益协调统一，不断提高土地利用效率；坚持统一规划、合理布局，促进区域、城乡、产业用地结构优化；坚持当前与长远相结合，提高土地对经济社会发展的保障能力，努力建设资源节约型、环境友好型社会。 胡锦涛指出，土地是人类生存发展的重要物质基础。我国是一个人多地少、耕地资源稀缺的发展中大国。改革开放以来，我国土地管理事业快速发展，初步建立起符合国情、适应社会主义市场经济体制要求的土地管理制度基本框架，为经济社会发展提供了有力支撑。同时，我国土地管理仍面临着不少新情况新问题。我们的发展，既要考虑满足当代人的需要，更要为子孙后代留下生存发展空间。建立和完善最严格的土地管理制度，坚持节约集约用地，是贯彻落实科学发展观的题中之义，是确保国家粮食安全的战略举措，是造福子孙后代、实现中华民族伟大复兴和永续发展的长远大计。我们一定要以对国家和人民高度负责、对子孙后代高度负责的精神，紧紧围绕以科学发展为主题、以加快转变经济发展方式为主线，加强土地资源节约和管理工作，十分珍惜和合理利用每一寸土地，促进经济社会发展与土地资源利用相协调。

胡锦涛强调，当前和今后一个时期，要重点抓好以下4方面工作。第一，切实坚持和完善最严格的耕地保护制度，把划定永久基本农田作为确保国家粮食安全的基础，强化耕地保护责任制度，健全耕地保护补偿机制，从严控制各类建设占用耕地，完善耕地占补平衡制度，加快农村土地整理复垦，大规模建设旱涝保收高标准农田。第二，切实实行最严格的节约用地制度，强化土地利用总体规划的整体管控作用，合理确定新增建设用地规模、结构、时序，降低经济增长对土地资源的过度消耗，走集约式城镇化道路，确保保障性安居工程用地供应，严格执行土地用途管制制度，完善土地使用标准。第三，切实维护群众土地合法权益，严格界定公益性和经营性用地，完善征地补偿机制，规范征地拆迁管理，加大土地督察和执法力度，维护被征地农民合法权益。第四，切实推进土地管理制度改革，健全严格规范的农村土地管理制度，加快征地制度改革，深化国有土地有偿使用制度改革，加强土地行政管理能力建设。

胡锦涛强调，各级党委和政府要把土地管理工作纳入重要议事日程，建立健全党委领导、政府负责、部门协同、公众参与、上下联动的工作格局，建立健全耕地保护责任考核体系，严格土地管理责任追究制。国土资源管理部门要积极主动服务，不断提高土地管理工作水平，各有关部门要密切配合，加强统筹协调，形成工作合力。要严格遵守土地管理法律法规和法定程序，依法管地用地。要深入进行土地资源国情和土地法律法规宣传教育，普及保护耕地和节约用地基本知识，使全社会都深刻认识我国国情和保护耕地的重大意义，使保护耕地、节约用地观念深入人心，广泛形成保护耕地、节约用地的良好社会氛围。

人权专家学者研讨中国人权理论与实践的发展创新 8月25日—26日，由中国人权研究会主办的“中国人权理论与实践的发展和创新”理论研讨会在北京召开。出席本次研讨会的人权专家学者共70余人。研讨会回顾和总结了在中国共产党领导下我国人权理论和实践取得的重大成就和历史经验，就新形势下如何进一步推动我国人权理论与实践的发展和创新进行深入探讨。在中国共产党领导下，中国的人权事业取得了历史性的进步和举世瞩目的成就。尤其是改革开放以来，我国逐渐走出了一条中国特色人权发展道路，逐渐形成了中国特色人权理论，逐渐建立了一系列中国人权保障制度。中国共产党领导中国人民进行革命、建设和改革发展的历史，就是一部党领导中国人民争取人权和不断发展人权的历史。在国际形势错综复杂，国内改革发展稳定任务艰巨繁重的关键期，面对党和国家事业发展的新要求，人权理论界要进一步增强机遇意识，立足中国特色社会主义伟大实践推进人权理论发展；增强责任意识，为推动科学发展提供有力的理论支撑；增强创新意识，努力构建中国人权话语体系。

《马克思主义哲学创新研究》出版座谈会举行 8月26日，由北京市社科联、教育部社科研究中心、人民出版社、北京大学哲学系联合主办的《马克思主义哲学创新研究》出版座谈会，在北京大学举行。教育部、中央编译局、新闻出版总署、教育部社科研究中心、人民出版社、北京大学、等数十位专家学者出席会议。

人民出版社出版的《马克思主义哲学创新》为黄枬森教授主持的国家社科基金重点课题成果。黄枬森认为，从事马克思主义哲学学科建设，不应该完全抛弃原有体系、另立门户，而应该采取分析的态度，保留其科学的基础，修正其不科学之处，补充其缺失，使之更加真实、更加严密。要从时代的变化发展中，从自然科学和社会科学的进展中，从西方哲学、东方哲学和中国哲学的研究和创新中去取得新的借鉴、启迪、素材、因素、观点、方法，借以构建更加科学的思想体系。

《马克思主义创新研究》由四部书组成。第一部《马克思主义哲学体系的当代构建》认为，马克思主义哲学的创新必须落实到一个新的哲学体系的构建上，构建要以明确的对象、适当的组成部分、真实的内容和严密的结构四项要求来分析传统的辩证唯物主义和历史唯物主义体系的是非得失，舍弃其失误或过时之处，保留其科学成分，并结合时代精神的发展，包括国内外经济、政治形势的新发展、科学技术研究的新成果和哲学研究的新成就，构建一个符合上述四项要求的新的哲学体系。第二部《时代精神与马克思主义哲学创新》立足全球视野与中国实践，提出了马克思主义哲学创新的新思路。“从哲学高度看时代”、“从时代高度看哲学”是本书的主题，危机创新时代观与综合创新哲学观是本书两大焦点问题与核心理念。第三部《现代科学技术与马克思主义哲学创新》从坚持、丰富和发展马克思主义的立场，概括了一幅现代科学技术与马克思主义哲学创新的总图景：现代科学技术扩展了人的视野，革新了宇宙观和世界观；科学技术成为第一生产力，推动人类社会走向知识社会；人与自然关系走向全新阶段，走向生态文明和生态自然观；科学技术与人文社会科学融合，对人的素质提出了新要求。第四部《中西哲学的当代研究与马克思主义哲学创新》从中国哲学和西方哲学当代研究的视角出发，探讨了马克思主义哲学创新的基本内容和实现路径。

座谈会上，与会专家学者认为，《马克思主义哲学创新》是一部带有重大理论突破价值的学术著作，融汇了对马克思主义哲学体系的坚持、发展与创新的统一。

加强廉政风险防控，切实规范权力运行，着力从源头上预防和治理腐败 8月30日，贺国强在北京市观摩开展廉政风险防控工作情况，出席“全国加强廉政风险防控、规范权力运行现场会”并讲话。他强调，要深入贯彻落实中央精神，总结实践经验，坚持改革创新，扎实推进加强廉政风险防控、规范权力运行工作，不断取得从源头上预防和治理腐败新成效。

贺国强指出，加强廉政风险防控、规范权力运行，是完善制约和监督机制、促进社会主义民主政治建设的必然要求，是完善惩治和预防腐败体系、从源头上防治腐败的重大举措，是加强领导班子和干部队伍作风建设、推动经济社会又好又快发展的重要保证。我们要进一步提高对加强廉政风险防控、规范权力运行重要意义的认识，切实增强推进这项工作的责任感和紧迫感。

贺国强强调，加强廉政风险防控、规范权力运行既是一项重要而紧迫的机制建设，也是一项长期而艰巨的工作任务。各地区各部门各单位要在总结实践经验的基础上，周密部署、精心组织，确保这项工作有力有序向前推进。一是要把握工作原则。要坚持以中国特色社会主义理论体系为指导、以规范权力运行为核心、以加强制度建设为重点、以现代信息技术为支撑，把长远目标与阶段性任务结合起来，围绕中心、系统治理、改革创新、因地制宜，着力构建前期预防、中期监控、后期处置的廉政风险防控机制，不断提高预防腐败工作科学化、制度化和规范化水平。二是要抓住关键环节。要摸清权力底数，科学编制职权目录和权力运行流程图；找准权力运行风险点，实行风险等级管理；有针对性地分类制定风险防控措施，确保权力正确行使；推进权力公开透明运行，自觉接受社会监督。三是要突出防控重点。要突出重点对象，着力规范领导干部特别是掌握人事权、执法权、司法权、审批权、监管权等权力的领导干部的用权行为；要突出重点领域，着力抓好工程建设、土地出让、产权交易等腐败现象易发多发领域以及征地拆迁、教育医疗、社会保障、食品药品安全、环境保护、安全生产等涉及民生领域的廉政风险防控工作；要突出重点环节，着力科学分解和配置权力，加强权力运行的制约和监督；要突出重点任务，着力抓好权力行使前、权力行使中、权力行使后的各项监督任务，增强工作针对性和实效性。四是要运用科技手段。要大力推进电子政务建设，建立完善权力网上公开运行和电子监察系统；积极推进科技平台和资源整合，构建权力运行综合监控网络平台；加快预防腐败信息分析和预警系统研发，准确判断和妥善处置廉政风险。五是要健全长效机制。要继续深化重点领域和关键环节改革，努力消除导致腐败行为发生的体制机制因素；要加快完善规范权力运行的制度体系，切实做到用制度管权管事管人；要加快完善廉政风险防控工作机制，确保廉政风险防控措施落到实处。六是要加强组织领导。各级党委、政府和纪检监察机关要切实把加强廉政风险防控工作作为一项重要任务，强化领导责任、加强统筹协调、搞好宣传教育、深入调查研究、精心制定方案、认真组织实施，确保取得应有实效。

辩证全面地看，科学求实地办，推进理论大众化　8月30日，刘云山在《从怎么看到怎么办》编写出版工作座谈会上强调，要推进理论大众化。

刘云山指出，推进理论大众化，是贯彻落实胡锦涛总书记“七一”讲话精神的重要内容，是用党的理论创新成果武装全党、教育人民的战略举措，也是党的思想理论工作深入贯彻群众路线的根本要求。当前，我国正处于改革发展的关键阶段，经历着空前深刻的社会变革，在增强社会活力、加快发展进步的过程中，也遇到不少前进中的问题。在这样的背景下，社会热点难点增多势所必然，人们思想困惑增多也在所难免。这迫切需要加强思想舆论引导，加强党的理论创新成果的宣传普及，加强党的路线方针政策的宣传阐释，大力推进当代中国马克思主义大众化，架起理论与群众、政策与百姓之间的桥梁，帮助人们正确认识热点难点，动员各方面力量共同化解热点难点。

近年来，根据中央要求和部署，宣传思想文化战线加大理论大众化工作力度，积极探索理论走向大众的有效形式和载体，编写出版一大批通俗理论读物。今年推出的《从怎么看到怎么办》，聚焦人们普遍关注的八个热点难点，在以往重点阐述怎么看的基础上，进一步回答怎么办，突出了解决问题的思路方向、政策措施、途径办法，增强了思想引导的针对性实效性和说服力感召力，赢得读者广泛欢迎。根据该书摄制的同名电视专题片播出后，也产生热烈社会反响。总结近几年编写出版通俗理论读物特别是《从怎么看到怎么办》的实践，最深刻的体会就是，推进理论大众化，必须坚持马克思主义立场观点方法，坚持人民至上的价值追求，紧紧围绕事关党和国家发展、干部群众普遍关注的重要问题，辩证全面地分析“怎么看”，科学求实地阐明“怎么办”，切实做到理论与实践相结合、认识世界与改造世界相统一，充分发挥科学理论武装头脑、指导实践、推动工作的作用。

推进理论大众化，必须树立全局视野、增强大局意识，牢牢把握正确方向；必须站稳群众立场、贴近群众需求，积极回应百姓关切；必须坚持直面问题、不回避矛盾，科学回答实践中的问题；必须既讲怎么看、又讲怎么办，更好地推动实际问题的解决；必须运用生动的形式、鲜活的语言，架起沟通交流的桥梁。

《求是》杂志发表温家宝总理重要文章　论述当前宏观经济形势和经济工作　9月1日，《求是》杂志发表中共中央政治局常委、国务院总理温家宝的文章：《关于当前的宏观经济形势和经济工作》。文章分三个部分：一、全面准确把握当前的经济形势；二、坚持宏观调控的取向不变，把握好宏观经济政策的方向、力度和节奏；三、统筹做好关系全局的几项重要工作。

文章指出，今年以来，我国经济增长由政策刺激向自主增长有序转变，继续朝着宏观调控的预期方向发展。总的看，我国经济运行的情况是好的，经济增长的速度与质量、结构和效益的关系趋于改善，经济与社会发展趋于协调，一些突出矛盾正在逐步缓解。经济增速略为放缓，在很大程度上是主动调控的结果，处在合理水平，没有超出预期。我们更加注重缓解物价过快上涨这一主要矛盾，更加注重应对各类经济、非经济因素对经济运行的冲击，更加注重解决涉及人民群众利益的突出问题，巩固和扩大了应对国际金融危机冲击的成果。同时要看到，当前我国经济发展面临的国内外环境仍然十分复杂，不稳定、不确定因素还不少。我们一定要保持清醒头脑，增强忧患意识，充分估计面临形势的复杂性和严峻性，冷静观察，沉着应对，把工作做得更扎实一些，巩固经济社会发展的好势头。

文章强调，要准确判断经济形势，针对经济运行中的主要矛盾，把握好宏观调控的方向、力度和节奏。综合各方面情况看，稳定物价总水平仍然是宏观调控的首要任务，宏观调控的取向不能变。同时，必须根据形势变化，提高宏观经济政策的针对性、灵活性、前瞻性，切实处理好保持经济平稳较快发展、调整经济结构、管理通胀预期三者关系，既要把物价涨幅降下来，又不使经济增速出现大的波动。

文章强调，要按照年初的部署，全面抓好今年的各项工作，突出以下重点：保持物价总水平基本稳定，坚定不移地把房地产市场调控政策落到实处、确保见到实效，毫不放松农业和粮食生产，推进结构调整和节能减排，着力深化改革开放，大力保障和改善民生。我们要在以胡锦涛同志为总书记的党中央领导下，坚定信心，扎实工作，努力实现今年经济社会发展目标，确保“十二五”良好开局。

领导干部要读点历史　9月1日，习近平出席中央党校2011年秋季学期开学典礼并讲话。他强调，学习和总结历史文化，借鉴和运用历史经验，是我们党一贯重视并倡导的做好领导工作一个重要的思想和方法。领导干部不管处在哪个层次和岗位，都应该读点历史，从中汲取有益于加强修养、做好工作的智慧和营养，不断提高认识能力和精神境界，不断提升领导工作水平。

习近平指出，历史是一个民族、一个国家形成、发展及其盛衰兴亡的真实记录，是前人各种知识、经验和智慧的总汇。重视对历史的学习和对历史经验的总结与运用，善于从不断认识和把握历史规律中找到前进的正确方向和道路，这是我们党90年来之所以能够领导中国革命、建设、改革不断取得胜利的一个重要原因。

习近平指出，领导干部学习历史，要学习中国历史，了解和懂得自古以来中国人民创造的灿烂历史文化，继承中华民族在漫长历史发展进程中形成的优良传统，从中汲取思想精华，结合新的实践不断发扬光大。中国历史是中国人民、中华民族坚持不懈的创业史和发展史，蕴涵着十分丰富的治国理政的历史经验和宝贵的思想文化遗产，其中包含着许多涉及对国家、社会、民族及个人的成与败、兴与衰、安与危、正与邪、荣与辱、义与利、廉与贪等等方面的经验与教训。要善于借鉴历史上治理国家和社会的各种有益经验，学习中华民族优秀的传统文化和高尚的精神追求，从中获得精神鼓舞，升华思想境界，陶冶道德情操，完善优良品格，培养浩然正气，做到自重、自省、自警、自励，认真践行全心全意为人民服务的根本宗旨，经受住“四个考验”，防止“四个危险”，为党和人民事业不断做出自己的贡献。

习近平强调，领导干部学习历史，要注重学习鸦片战争以来的中国近现代历史，深入了解我们伟大祖国经历的刻骨铭心磨难、我们伟大民族进行的感天动地奋斗、我们伟大人民创造的彪炳史册伟业，深刻认识近现代中国国情和中国社会发展规律，深刻认识历史和人民选择中国共产党、选择马克思主义、选择社会主义道路、选择改革开放的历史必然性，增强励精图治、奋发图强的历史使命感和责任感，更好地继承和发扬近代以来中国人民的爱国主义精神，继承和发扬前辈共产党人建树的优良革命传统，为实现社会主义现代化和中华民族伟大复兴持续奋斗。

习近平指出，中国共产党的历史是中国近现代以来历史最为可歌可泣的篇章，学习中国近现代史要特别注意学习中国共产党的历史。中国共产党９０年的历史，是党带领人民不断把中国革命、建设、改革事业推向前进的历史，所取得的成就与进步伟大辉煌，所经历的困难与风险也世所罕见。认识党的光荣伟大，不仅要充分认识我们党带领人民取得了光荣伟大的业绩，而且要充分认识我们党带领人民在应对各种困难和风险的考验中披荆斩棘、不断开辟胜利道路所展示出来的巨大勇气、巨大智慧和巨大力量，进一步增强建设中国特色社会主义事业的信心。

人民出版社在京纪念创建90周年　9月1日，人民出版社在北京人民大会堂纪念创建90周年。李长春指出，人民出版社是我们党创办的第一个出版机构，创建以来特别是新中国成立以来，人民出版社出版了大量马克思主义著作和代表国家水平的哲学社会科学著作，已经成为党和国家重要的宣传思想文化阵地、马克思主义理论读物出版中心和哲学社会科学著作重要出版基地，为传播马克思主义，宣传党的路线方针政策，丰富人民群众精神文化生活，繁荣哲学社会科学作出了重要贡献。李长春希望人民出版社深入学习贯彻胡锦涛总书记“七一”重要讲话精神，坚持高举旗帜、围绕大局、服务人民、改革创新，坚持以巩固马克思主义在意识形态领域的指导地位、巩固全党全国各族人民团结奋斗的共同思想基础为中心，牢牢把握正确出版导向，努力完成好国家重大政治性、理论性、公益性出版任务，在推进马克思主义中国化最新成果深入人心方面取得新进展。要以内部体制机制创新为重点，在探索公益性出版事业单位增强活力、改善服务方面取得新突破。要高度重视现代科学技术对出版事业发展的重要作用，在推进传播手段现代化方面实现新跨越，创优质、创品牌、创一流，不断提高影响力和竞争力。要进一步加强人才队伍建设，为实现可持续发展提供新支撑。

刘云山在讲话中指出，党和国家事业发展为出版业的繁荣发展提供了新的机遇、新的空间，也提出了新的任务、新的使命，希望人民出版社和出版界深入学习贯彻胡锦涛总书记“七一”重要讲话精神，继承优良传统，牢记光荣使命，发挥好文化引导社会、教育人民、推动发展的功能。要始终坚持先进文化的前进方向，高扬自己的文化旗帜，坚定正确的理想信念，切实肩负起弘扬社会主义核心价值体系的重要责任。始终坚持服务大局的基本要求，在认清国情、认清大局的基础上进一步明确出版工作定位，把服务大局的要求贯穿到出版工作的导向、基调和内容上，切实肩负起宣传党和国家方针政策的重要责任。始终坚持高水准高品位的出版理念，不忘本来、吸收外来、面向未来，及时反映各领域、各学科的最新成果，切实肩负起传承中华文明、促进学术繁荣的重要责任。始终坚持人民至上的价值追求，深入贯彻党的群众路线，积极实施面向普通百姓的出版项目，切实肩负起满足人民群众精神文化需求的重要责任。始终坚持改革创新的时代精神，继续深化出版领域的改革，积极推进体制机制创新，用先进技术建设和传播先进文化，切实肩负起推动文化大发展大繁荣的重要责任。

深化内陆开放开发，促进亚欧合作发展　9月1日，首届中国—亚欧经济发展合作论坛在新疆国际会展中心隆重召开。李克强发表题为“深化内陆开放开发，促进亚欧合作发展”的致辞。

李克强说，中国与亚欧各国地处同一大陆，在人类文明进步中发挥了重要作用。亚欧大陆腹地历来是东西方之间的陆上通道，也曾是世界经济版图中最活跃的地区之一。古老的丝绸之路，见证了这里历史上的繁荣与辉煌。他指出，新形势下，经济全球化不断深入，科技革命迅猛发展，现代交通运输体系逐步加强，亚欧大陆腹地承东启西、资源丰富、市场广阔，迎来了开放发展的新机遇。

李克强强调，西部大开发在中国区域发展总体战略中处于优先位置，向西开放是中国全方位对外开放的重大举措。我们将深入实施西部大开发战略，在全面提升沿海开放、向东开放水平的同时，进一步扩大内陆开放、沿边开放、向西开放。他说，新疆是西部大开发的重点地区，是向西开放的桥头堡。中国政府已经制定并正在实施支持新疆发展的一系列优惠政策，加快新疆开放开发步伐，增强新疆自我发展能力，促进新疆跨越式发展和长治久安。

李克强表示，当前世界大调整、大变革的步伐继续加快，近期国际金融市场动荡，世界经济复苏的不确定性、不稳定性增加。亚洲和欧洲是世界经济的重要力量，深化亚欧各国和地区务实合作，不仅是彼此的需要，也是世界发展的需要。我们应当以更加长远的眼光、更加开放的胸怀，开拓思路、创新机制，携手推动亚欧合作发展实现新跨越。为此，他提出三方面重点建议：

第一，深化贸易和投资等务实合作。贸易和投资是经济增长的发动机。有关各国应进一步扩大市场开放，增加政策透明度，完善法律保障，加强有关技术标准的衔接，改善通关条件，创造更加稳定、透明和可预期的市场环境，反对各种形式的保护主义。同时，完善区域、次区域合作机制，加快区域经济一体化进程。

第二，促进基础设施互联互通。亚欧许多国家深处内陆，改善基础设施对扩大经济合作至关重要。有关国家应加强规划协调，推进重大基础设施网络化，重点加强区域性公路、铁路、民航、管道、通讯网络等合作建设。中方愿与有关方面一道，充分挖掘新欧亚大陆桥的运输潜能，积极推动跨国通道建设，签署上海合作组织国际道路运输便利化协定。

第三，提高产业和企业互利合作水平。亚欧国家经济互补性强，产业和企业合作前景广阔。各国政府应加强政策支持，努力打造安全稳定的发展环境，充分发挥企业的能动作用，深化能源资源开发合作，积极拓展农牧、旅游、制造、环保、金融等合作领域。

亚洲政党专题会议在南宁开幕　9月4日，亚洲政党专题会议在广西南宁开幕。此次会议的主题是“发展与社会共享：让发展成果惠及民众”。习近平向会议发来贺信，周永康出席开幕式并发表主旨讲话。

习近平在贺信指出，今天的亚洲经济更加繁荣、社会更加进步、人民信心更加坚定、发展前景更加广阔。如何紧跟世界发展新趋势，着力转变经济发展方式，促进全面协调可持续发展；如何更好地兼顾速度和质量、效率和公平，把发展经济与改善民生紧密结合起来，让发展成果惠及全体人民，依然是摆在亚洲各国政党、政府和人民面前的重大课题。

习近平强调，今年是中国共产党成立90周年，站在新的历史起点上，我们将继续牢牢扭住经济建设这个中心不动摇，坚持以科学发展为主题，以加快转变经济发展方式为主线，大力发展各项社会事业，积极推进基本公共服务均等化，努力使全体人民学有所教、劳有所得、病有所医、老有所养、住有所居，做到发展为了人民、发展依靠人民、发展成果由人民共享。我们愿在本次会议期间同亚洲各国政党分享治国理政经验，互学互鉴，共同进步。

周永康在主旨讲话中指出，亚洲作为世界上人口最多、面积最大的洲，在世界经济、政治格局中有着举足轻重的地位，是推动人类文明多元发展的重要力量。近年来，亚洲经济持续快速发展，人民生活得到明显改善，国际地位和影响力不断提高，成为全球最具活力和潜力的地区之一，正在为世界的发展和进步作出越来越大的贡献。同时，许多亚洲国家仍面临着发展不充分、发展水平不高的主要矛盾，存在着发展不平衡、不协调、不可持续的突出问题，肩负着提高发展质量、缩小贫富差距、改善人民生活、促进公平公正的艰巨任务。

周永康介绍了中国共产党成立90年的光辉历程和历史经验。他说，回顾这90年，我们有以下体会：一要坚持符合国情的社会制度和发展道路。中国人民经过长期的艰辛探索、反复比较，选择了中国共产党的领导，选择了中国特色社会主义道路，选择了中国特色社会主义制度，必须长期坚持、不断发展，否则，中国就没有欣欣向荣的今天，也不会有更加美好的明天。二要坚持科学发展的战略思想。把发展作为党执政兴国的第一要务，按照全面协调可持续发展的基本要求，推动经济又好又快发展，为不断提高人民生活水平提供坚实的物质基础。三要坚持民生优先的执政理念。把实现好、维护好、发展好最广大人民根本利益作为党和国家一切工作的出发点和落脚点，坚定不移地走共同富裕道路，努力使改革发展成果惠及全体人民。四要坚持正确处理改革发展稳定的关系。把改革力度、发展速度和社会可承受程度结合起来，在确保社会大局稳定中推进改革发展。五要坚持睦邻友好的外交政策。高举和平、发展、合作的旗帜，坚持独立自主的和平外交政策，特别是与邻为善、以邻为伴的周边外交方针，深化同亚洲和世界各国的睦邻友好、互利合作，促进亚洲和世界各国共同发展、和谐发展。

周永康强调，政党是国家的重要政治力量。中国共产党一贯重视同亚洲政党的友好合作。亚洲政党国际会议成立以来，中方一直积极参与，并多次承办有关会议。为进一步深化亚洲政党间的交流合作，周永康提出四点建议：一要坚持平等相待，促进政党友好。二要把握时代大势，维护共同利益。三要分享发展经验，推动共同发展。四要拓展交流层次，丰富合作内涵。

立足时代推动文化创新　9月3日，北京大学中国文化发展研究中心主办的“新世纪十年来中国文化发展的回顾与展望”学术研讨会在北京大学召开，提出立足时代推动文化创新。

与会者指出，在保持自己民族文化特色的同时，还应提倡不同文化相互交流、和谐发展。为此，应挖掘传统文化的当代价值，重视儒学、国学在当代社会中的作用。对于中国传统文化，要进行扬弃，汲取精华、抛弃糟粕，为促进社会主义文化大发展大繁荣提供营养。要处理好马克思主义与传统文化两者的关系，加强马克思主义中国化、时代化、大众化研究。应立足改革开放中的实践问题，开展对中国传统文化的研究，在历史与现实的结合中推进文化传承、文化借鉴与文化创新。

敬老崇文　存史资政　9月6日，中央文史研究馆成立60周年座谈会在人民大会堂举行。温家宝出席座谈会并讲话。他指出，国家发展和民族振兴，不仅需要强大的经济力量，更需要强大的文化和道德的力量。没有先进文化的发展，没有全民族素质的提高，就不可能实现真正的现代化。

温家宝指出，文化是一个民族的灵魂。文化对一个国家发展进程的影响，比经济和政治的影响更深刻、更久远。如果说，经济发展改变的是一个国家的面貌，那么文化繁荣则可以化育一个民族的风骨。中华民族拥有五千年文明史，在漫长的历史长河中，无论兴衰成败，历史文化的根脉始终生生不息、绵延不绝。深厚的历史文化底蕴，成为我们民族赖以生存和繁衍发展的精神沃土；丰富的历史文化遗产，成为我们民族取之不尽的宝贵精神财富。中国的优秀文化传统，对今天中国人的价值观念、生活方式和中国的发展道路都具有深刻的影响。文化建设的滞后，必然对经济发展、社会进步、生态保护乃至政治文明形成一定制约。只有当全世界都公认中华文化真正繁荣起来、在世界上具有重要影响力的时候，才是我们真正强大的时候。

温家宝强调，文史研究的主要任务，就是总结提炼民族文化历史的精华，古为今用，增强民族自信心和凝聚力。一个民族如果忘记自己的历史文化传统，就不可能深刻地了解现在和正确地走向未来。只有加强文史研究、保存历史记忆、洞悉历史规律，才能鉴古知今、熔古铸今，开辟新的未来。文史研究必须坚持“百花齐放，百家争鸣”的方针，解放思想，鼓励创新，尊重规律，兼容并包。要鼓励文化工作者深入实际，体验生活，创作更多的精神产品，为建设社会主义精神文明做贡献。

温家宝强调，中央文史研究馆要继承和发扬“敬老崇文、存史资政”的优良传统。敬老崇文就是要弘扬人伦礼义、提倡尊贤尚德，发挥老者的智慧和经验，特别是在文化传承中不可替代的作用。存史资政是中华民族治国安邦的一条重要经验。回顾历史，总结经验，是为了加深对客观事物规律性的认识，是为了更好地指导现实，是为了开辟未来。

温家宝充分肯定了中央文史研究馆和各地文史研究馆所取得的成绩。他说，60 年来，文史研究馆大力支持和鼓励各位馆员积极开展文史研究和艺术创作，取得了丰硕成果。新时期我们应进一步办好文史研究馆，更好地发挥馆员的作用。他对文史研究馆工作提出四点要求：一是进一步提高国是咨询、建言献策的质量和水平。二是在推进国家文化建设中发挥独特作用。三是自觉承担起博采众长、弘扬中华文化的责任。四是继续为祖国统一和中华民族的复兴贡献力量。

加强军事科学研究 创新发展军事理论 9 月 9 日，郭伯雄在第七次全军军事科学研究工作会议上强调，要高举中国特色社会主义伟大旗帜，以邓小平理论和“三个代表”重要思想为指导，深入贯彻落实科学发展观，着眼有效履行新世纪新阶段我军历史使命，以推动国防和军队建设科学发展为主题，以加快转变战斗力生成模式为主线，大力加强军事科学研究，创新发展军事理论，努力构建具有我军特色、体现时代特征、充满发展活力的军事科学体系，为军队革命化现代化正规化建设和军事斗争准备提供有力的理论支撑。

郭伯雄强调，要牢牢把握军事科学研究的正确方向，坚持以马克思列宁主义、毛泽东思想和中国特色社会主义理论体系为指导，认真学习贯彻毛泽东军事思想、邓小平新时期军队建设思想、江泽民国防和军队建设思想、胡主席关于新形势下国防和军队建设重要论述，切实掌握做好军事科研工作的思想武器。要坚持以服务军事实践为宗旨，不断提高军事理论成果的科学性、针对性和实效性。要坚持一切从国情军情出发，努力使军事科学研究保持我军特色。要坚持突出重点、统筹兼顾，正确处理继承和创新、基础和应用、当前和长远的关系，集中力量和资源重点学习研究党的军事理论，加强基础理论研究和重大现实问题研究。要积极推动军事科学研究自主创新，紧跟世界军事发展潮流和时代发展步伐。要高度重视高素质军事科研人才培养，既要发挥专门研究机构和专家、学者的作用，也要充分调动全军广大官兵的积极性创造性。要加强组织领导，大力培育优良的科研作风，健全完善制度机制，为军事科研繁荣发展创造良好条件。

构建产业安全指标体系　9月18日，教育部高等学校社会科学发展研究中心、对外经济贸易大学金融学院和中国人民大学中国经济改革与发展研究院主办的“中国经济安全论坛（2011）”在北京举行。论坛的主题为“关注产业安全，加快经济发展方式转变”。与会者提出，维护我国产业安全的首要任务是构建产业安全指标体系。

与会者认为，提高我国产业安全水平的根本途径是优化产业结构，合理配置资源，提高我国产业竞争力，增强民族产业持续发展能力，推动我国企业积极参与国际分工，实现科学发展。在建立、完善产业安全指标体系的基础上，构建产业安全评估和预警体系、与国际法律接轨的产业安全法律体系、维护产业安全的管理体系等，为维护我国产业安全和经济主权筑牢基础，保证我国经济社会全面协调可持续发展。

有学者提出，粮食安全、金融安全和能源安全是中国经济三大安全问题，其中粮食安全目前最为脆弱。我国在未来应努力提高粮食单产，提高粮食转化效率，适当增加粮食进口，重视粮食安全在国民经济发展中的重要性，才能有效应对粮食的安全危机。我国应加强在维护产业安全方面的战略安排。主要是：在引进外资过程中吸引高素质人才；完善外资并购的法律法规，引导和规范外资并购行为；加强自主创新体系建设，创造更多的自主知识产权与核心技术；组建能与世界大型跨国公司相抗衡的旗舰型企业集团和行业战略联盟；建立外资并购风险防范法律体系，确保国家经济安全。

壮大主流舆论　凝聚思想共识　更好地服务改革发展稳定大局　9月21日—22日，全国宣传部长座谈会在北京召开，刘云山出席会议并讲话。他强调，宣传思想文化战线要深入学习贯彻胡锦涛总书记“七一”重要讲话精神，把握好主题主线，把握好导向基调，多做统一思想、凝聚力量的工作，多做团结鼓劲、振奋精神的工作，壮大主流舆论、增进思想共识，为改革发展稳定提供有力的思想舆论支持。

刘云山指出，推动经济社会又好又快发展、促进社会和谐稳定是广大人民的根本利益所在，也是宣传思想文化工作的根本职责所在。要坚持围绕中心、服务大局，着眼推动科学发展、加快转变经济发展方式，引导人们聚精会神搞建设、一心一意谋发展。要加强经济形势宣传教育，准确反映我国经济运行的基本面，深入阐释中央关于当前经济工作的总体要求，阐释加强和改善宏观调控的政策取向，阐释稳物价、调结构、保民生、促和谐的具体措施，引导人们认清我国经济发展的趋势，把握有利条件和积极因素，增强对我国经济发展的信心。要积极宣传各级党委政府保障和改善民生的政策措施，及时报道各地各部门解决关系群众切身利益问题的进展成效，把工作的思路办法讲清楚，把对群众的利益安排讲明白，让人们看到解决问题的希望和前景。要坚持团结稳定鼓劲、正面宣传为主，牢牢把握正确导向，以对党和人民高度负责的精神，积极有效地做好热点难点问题的引导，做好突发事件舆论引导，不断发展壮大积极健康向上的主流思想舆论。

刘云山强调，党的十七届六中全会将研究深化文化体制改革、推动社会主义文化大发展大繁荣问题，我国文化建设正面临难得的历史机遇。要精心组织迎接十七届六中全会的宣传，深入阐释中央关于文化建设的重大战略思想、决策部署，积极宣传各地各部门重视、支持文化建设的实际举措，全面反映社会各界关心、参与文化建设的巨大热情，充分展示文化建设的丰硕成果。要进一步增强文化自觉和文化自信，树立机遇意识、责任意识，着力解决文化改革发展的重点问题，加大文化体制改革推进力度，加快文化事业文化产业发展步伐，推出更多优秀精神文化产品，更好地满足人民群众精神文化需求。

努力为创先争优活动提供理论支持　9月26日，为进一步推动创先争优活动深入开展，为创先争优活动提供理论支持，中央党校、中央创先争优活动领导小组办公室、光明日报社在北京联合召开了“创先争优理论研讨交流会”。来自中央党校、中国社会科学院、国家行政学院、北京大学等单位的100多位专家学者参加了会议。与会者紧密结合学习贯彻胡锦涛同志“七一”重要讲话精神，就创先争优活动展开了深入研讨和交流，提出了不少有价值的观点和建议。

与会者认为，开展创先争优活动既是推动学习实践科学发展观活动向深度和广度发展的一个重要抓手，也是新形势下提高党的基层组织建设科学化水平的有效途径和重要创新。在创先争优活动取得积极成效的情况下，对创先争优活动进行总结和研讨，深刻理解创先争优的科学内涵和创新价值，对于创先争优活动具有重要推动作用。

一些学者指出，创先争优活动的目的就是在基层党组织和党员中保持和发展党的先进性；创先争优是针对新形势下基层党的建设和党员队伍建设面临的考验和危险而开展的；创先争优的着力点是促进党的先进性建设具体化、实践化、制度化；创先争优的基本要求是通过提高党的基层组织建设科学化水平加强党的先进性建设。一些学者认为，应把创先争优作为推动科学发展的动力和保证，通过创先争优把科学发展观的要求转化为推动科学发展的坚强意志、谋划科学发展的正确思路、领导科学发展的实际能力、促进科学发展的政策措施，使创先争优与科学发展相互促进。一些学者认为，创先争优是促进社会和谐的现实需要，促进社会和谐又有助于为创先争优创造一个良好的社会环境。这是因为，创先争优有助于推动科学发展，为构建和谐社会奠定更为坚实的物质基础；有助于改进工作，形成比学赶帮的生动局面，共同为构建和谐社会而奋斗；有助于更好地保障和改善民生，促进社会和谐；有助于加强和创新社会管理，化解社会矛盾。一些学者强调，应从服务人民群众的高度深入理解创先争优的内在动因，通过创先争优进一步提升基层党组织和党员服务人民群众的能力素质，使其在思想认识、价值取向和服务本领上不断得到提高。为此，必须更加注重抓基层打基础，夯实党执政的组织基础。特别是针对社会组织形式多样化、流动人口大量增加和信息网络技术广泛运用等方面提出的新挑战，努力研究新情况、解决新问题，既继承优良传统，又坚持改革创新，不断提高基层党建工作科学化水平。

不断提高社会管理水平，促进经济社会协调发展　9月28日，周永康在北京出席全国加强和创新社会管理工作电视电话会议并讲话。他强调，各地各部门要认真贯彻胡锦涛总书记“七一”重要讲话和党中央、国务院关于加强和创新社会管理的意见，不断提高社会管理能力和科学化水平，促进经济社会协调发展。

周永康指出，加强和创新社会管理，是以胡锦涛同志为总书记的党中央正确把握国内外形势新变化新特点，从党和国家事业发展全局出发确定的一项重大战略任务。各地各部门要要清醒看到，面对世情、国情、党情的深刻变化，我国社会管理工作面临许多新情况新问题、存在许多不适应，必须进一步增强责任感、紧迫感，下大决心、花大力气加强和创新社会管理，全面提高社会管理科学化水平。要按照最大限度激发社会活力、最大限度增加和谐因素、最大限度减少不和谐因素的总要求，发挥我们的政治优势、制度优势和群众工作优势，完善党委领导、政府负责、社会协同、公众参与的社会管理格局，进一步形成与中国特色社会主义市场经济、民主政治、先进文化相适应的社会管理体系，进一步做好协调社会关系、规范社会行为、化解社会矛盾、促进社会公正、调适社会心态、应对社会风险、维护社会秩序的工作，为顺利实现我们党确定的本世纪上半叶两大宏伟目标创造良好社会环境。

周永康强调，要加大从源头上预防和减少社会矛盾的力度，紧紧围绕推动科学发展来加强和创新社会管理，坚持民生优先，统筹考虑好群众的现实利益和长远利益，让发展成果更多惠及广大群众；要加强社会管理基层基础工作，把社会管理服务的触角延伸到社会的末梢，把更多的人力物力财力投向基层，不断提高基层社会管理服务能力；要抓紧完善社会管理方面的法律法规和制度安排，深入开展法制宣传教育，不断提高社会管理法治化、规范化水平；要立足国情和实际推进社会管理创新，坚持党的领导，坚定不移地走中国特色社会主义道路，坚持一切从实际出发，不搞一刀切；要充分发挥人民群众的主体作用和首创精神，调动各方面积极性，及时总结推广基层经验，推动中国特色社会主义社会管理之路越走越宽广。

深入推进惩治和预防腐败体系建设　9月28日，贺国强出席全国惩治和预防腐败体系建设工作会议并讲话。他强调，要深入贯彻中央精神，认真总结经验，狠抓工作落实，坚持超前谋划，积极创新提高，以不断完善惩治和预防腐败体系、深入推进党风廉政建设和反腐败斗争的新成效，为推动党和国家事业发展作出应有贡献。

贺国强指出，建立健全惩治和预防腐败体系，是党中央从全局和战略高度作出的一项重大决策，是新形势下反腐倡廉建设的重点任务。《建立健全惩治和预防腐败体系2008—2012年工作规划》，是推进惩治和预防腐败体系建设的基本遵循和重要抓手。当前正处于贯彻落实《工作规划》的关键时期，各地区各部门各单位要加大工作力度、加快工作进度，确保《工作规划》提出的各项目标任务圆满完成。一是要抓工作推进。二是要抓制度完善。三是要抓检查考核。四是要抓经验总结。

贺国强强调，党风廉政建设和反腐败斗争是一项伴随着改革开放和社会主义现代化建设全过程的长期任务，惩治和预防腐败体系建设也是一个动态开放、与时俱进的系统工程。要坚持立足当前、着眼长远，超前谋划、统筹安排，认真做好下一个5年工作规划的调研起草工作。一是要搞好顶层设计，坚持科学理论指导，紧紧围绕工作大局，全面贯彻反腐倡廉战略方针，坚持标本兼治、惩防并举、堵疏结合，加强总体规划，进一步明确惩治和预防腐败体系建设的总体思路、目标方向、重点任务、关键环节、重大举措、工作要求等，为今后的惩治和预防腐败体系建设提供科学指导。二是要突出工作重点，对严明党的政治纪律、加强和改进党的作风建设、解决反腐倡廉建设中人民群众反映强烈的突出问题和发生在群众身边的腐败问题、整体推进反腐倡廉建设提出新任务新要求，以重点工作的成效和关键环节的突破带动全局工作的发展。三是要坚持改革创新，加强对反腐倡廉建设重大理论和现实问题的研究，及时总结推广基层和群众在实践中创造的有益做法和新鲜经验，重视科学技术成果运用。四是要建立长效机制，加快形成有利于党员干部坚定理想信念、弘扬优良作风、增强廉洁意识的拒腐防变教育长效机制，建立健全决策权、执行权、监督权既相互制约又相互协调的权力结构和运行机制，建立健全腐败案件及时揭露、发现、查处机制，健全党和政府主导的维护群众权益机制，逐步形成内容科学、程序严密、配套完备、有效管用的反腐倡廉法规制度体系，深入推进重点领域和关键环节改革，最大限度减少腐败现象滋生的体制机制制度漏洞。五是要强化组织领导，落实和完善党风廉政建设责任制，有效整合各方面的力量和资源，增强推进反腐倡廉建设的整体合力。

为社会发展提供前瞻性指导　10月8日，中国社会科学院社会发展研究所等单位主办的“智库在社会发展中的作用”国际研讨会在北京召开，提出为社会发展提供前瞻性指导。

与会学者指出，在中国的社会发展中，一个合格的智库必须能够创新性地发现问题、提出问题，对社会发展提供前瞻性的指导；必须能够为决策层提供建议，发挥政策咨询作用；必须能给社会大众提供正确、高质量的信息；必须能够汇集多学科高层次的人才，为社会的持续发展提供丰富的人力资源储备。中国社会科学院立足于中国改革开放和现代化建设的伟大实践，以党和国家关注的重大理论和现实问题为主攻方向，选取对党和国家决策有重大意义的问题，进行深入扎实的调查研究，形成了许多有重要价值的研究成果

首都各界隆重纪念辛亥革命100周年　胡锦涛发表重要讲话　10月9日，纪念辛亥革命100周年大会在北京人民大会堂隆重举行。胡锦涛出席大会并发表重要讲话。胡锦涛指出，中国共产党人是孙中山先生开创的革命事业最坚定的支持者、最亲密的合作者、最忠实的继承者，不断实现和发展了孙中山先生和辛亥革命先驱的伟大抱负。经过20多年艰苦卓绝的斗争，中国人民终于夺取了新民主主义革命的胜利，建立了人民当家作主的中华人民共和国。新中国成立后，中国共产党继承和发展孙中山先生关于建设人民享有民主权利和幸福生活的现代化国家的理想，团结带领全国各族人民自力更生、艰苦奋斗，取得了举世瞩目的巨大成就，谱写了中国发展的辉煌篇章。孙中山先生振兴中华的深切夙愿，辛亥革命先驱的美好憧憬，今天已经或正在成为现实，中华民族伟大复兴展现出前所未有的光明前景。

胡锦涛指出，实现中华民族伟大复兴，必须坚定不移高举中国特色社会主义伟大旗帜，牢牢坚持中国共产党的领导，坚持和拓展中国特色社会主义道路，坚持和丰富中国特色社会主义理论体系，

坚持和完善中国特色社会主义制度，坚持发展为了人民、发展依靠人民、发展成果由人民共享，不断为实现中华民族伟大复兴打下坚实基础。实现中华民族伟大复兴，必须坚定不移高举爱国主义伟大旗帜，巩固和加强全国各族人民的大团结，巩固和加强海内外中华儿女的大团结，广泛凝聚中华民族一切智慧和力量，万众一心为实现中华民族伟大复兴而奋斗。实现中华民族伟大复兴，必须坚定不移高举和平、发展、合作旗帜，坚持独立自主的和平外交政策，坚持走和平发展道路，同各国人民一道推动建设持久和平、共同繁荣的和谐世界，努力为人类作出新的更大的贡献。

加强调查研究　搞好制度创新　不断提高实有人口服务管理和社会治安综合治理水平　10月11日，周永康在北京主持召开中央社会管理综合治理委员会专题会议，研究部署推进实有人口服务管理和社会治安综合治理工作。他强调，要认真贯彻落实中央关于加强和创新社会管理的意见，主动适应经济社会发展的新变化和人民群众的新期待，加强调查研究，搞好制度创新，努力在提高实有人口服务管理和社会治安综合治理水平上取得新突破。

周永康指出，加强和创新实有人口服务管理，重点和难点是搞好对2亿多流动人口特别是1亿多农民工的服务管理，目标是要逐步使大多数流动人口稳定下来，在城镇和农村各得其所。要深入贯彻落实科学发展观，加快转变经济发展方式，调整产业、区域经济结构，缩小城乡差距、地区差距。要贯彻落实国务院关于积极稳妥地推进户籍管理制度改革的意见，让符合一定条件、本人愿意的流动人口特别是农民工有序融入城镇，平等享有城镇的基本公共服务。要总结各地的探索实践，抓紧全面建立和实施居住证制度，融居住登记与就业、社保、住房、教育、计划生育等服务管理功能于一体，从制度上解决好暂不具备落户条件的流动人口工作生活中面临的突出问题。要加快建设以公民身份号码为唯一代码、统一共享的国家人口基础信息库。这是社会管理十分重要的基础性工作，要完善建设方案，抓紧立项实施，确保如期实现各地区、各部门之间人口基础信息的互联互通、共建共享。

周永康强调，推进实有人口服务管理和社会治安综合治理工作，涉及面广，系统性、政策性强，要着眼于维护人民根本利益、实现国家长治久安、巩固党的执政地位，从国家层面加强顶层设计，统筹研究制定有关政策和制度。要以改革的思路、创新的办法研究新情况、解决新问题，勇于破除不适应的思想观念、体制机制、方法手段，善于学习借鉴古今中外的有益成果，善于发现推广基层的创造性探索，善于发挥广大群众的智慧力量，努力把实有人口服务管理和社会治安综合治理工作提升到新水平。对各项重点工作，都要定目标、定责任、定进度，都要讲大局、讲协作、讲实效，一项一项地推进落实，切实让人民群众看到变化、见到实效、得到实惠。

中共十七届六中全会研究深化文化体制改革、推动社会主义文化大发展大繁荣若干重大问题　10月15日—18日，中国共产党第十七届中央委员会第六次全体会议在北京举行。会议听取和讨论了胡锦涛受中央政治局委托作的工作报告，审议通过《中共中央关于深化文化体制改革、推动社会主义文化大发展大繁荣若干重大问题的决定》。李长春就《决定（讨论稿）》向全会作了说明。

2011中欧社会管理论坛在京举行　10月24日，2011中欧社会管理论坛在北京举行。马凯出席并致辞，他强调，立足我国国情，借鉴其他国家经验教训，不断根据新形势、新情况、新问题，加强和创新社会管理。

马凯指出，中国政府历来高度重视社会管理，为形成和发展适合国情的社会管理制度进行了不懈探索和实践，建立了社会管理工作领导体系，构建了社会管理组织网络，制定了社会管理基本法律法规，初步形成了党委领导、政府负责、社会协同、公众参与的社会管理格局。实践证明，中国社会管理工作富有成效，与中国国情和社会主义制度总体适应。当前，中国和世界各国一样，社会管理正面临新的挑战和机遇，加强和创新社会管理的任务十分繁重艰巨。

马凯强调，加强和创新社会管理，要贯彻落实科学发展观，牢固树立以人为本、服务为先的理念，特别要正确把握和处理好以下几个问题：一是要努力实现维系社会秩序与激发社会活力的统一。二是要正确处理政府主导和发挥社会参与的关系。三是既要及时有效化解社会矛盾更要注重源头治理。四是要统筹现实社会管理和虚拟社会管理。

结合新形势深化《资本论》研究　10月26日，中央编译局主办的"《资本论》座谈会暨《解读〈资本论〉（第一卷）》新书发布会"在北京举行。

与会者认为，《资本论》是马克思和马克思主义发展史上最重要的理论著作之一。这部巨著以唯物史观为指导，深刻分析了劳动、资本、剩余价值、经济周期等资本主义生产方式的基本范畴，揭示了资本主义社会基本矛盾运动的一般规律，阐明了资本主义必然为社会主义所取代的历史发展趋势，为无产阶级革命和社会主义运动指明了正确方向。在世界经济政治形势深刻变化、国际金融危机影响仍在显现的今天，《资本论》所揭示的基本原理具有很强的现实意义。我们应当结合新形势，深化《资本论》研究和宣传普及。

《解读〈资本论〉》（第一卷）一书由日本学者宫川彰撰著，中央编译出版社出版。该书结合当代日本和世界资本主义发展实际，运用人们所熟知的社会生活事例，按照原书结构和顺序，逐章逐节地解说了《资本论》的各种概念、范畴和基本原理。该书语言朴实、通俗易懂，形式新颖、图文并茂，为进一步深化对《资本论》的研究和宣传普及提供了重要参考。

《中国特色社会主义法律体系》白皮书公布　10月27日，国务院新闻办公室公布《中国特色社会主义法律体系》白皮书。新中国成立以来特别是改革开放30多年来，经过全国人大及其常委会、国务院、地方人大及其常委会以及社会各方面坚持不懈的努力，截至2011年8月底，中国已制定现行宪法和有效法律共240部、行政法规706部、地方性法规8600多部，中国特色社会主义法律体系已经形成，这是中国社会主义民主法制建设的一个重要里程碑，是中国特色社会主义制度逐步走向成熟的重要标志。

白皮书展现中国社会主义民主法制建设成就，全面系统介绍中国特色社会主义法律体系构建历程和法律制度，全文约2万字，正文部分分为四章：一、中国特色社会主义法律体系的形成。中国特色社会主义法律体系是适应中国改革开放和社会主义现代化建设需要而逐步形成的。二、中国特色社会主义法律体系的构成。中国特色社会主义法律体系是以宪法为统帅，以法律为主干，以行政法规、地方性法规为重要组成部分，由宪法相关法、民法商法、行政法、经济法、社会法、刑法、诉讼与非诉讼程序法等多个法律部门组成的有机统一整体。三、中国特色社会主义法律体系的特征。中国特色社会主义法律体系体现了中国特色社会主义的本质要求，体现了改革开放和社会主义现代化建设的时代要求，体现了结构内在统一而又多层次的国情要求，体现了继承中国法制文化优秀传统和借鉴人类法制文明成果的文化要求，体现了动态、开放、与时俱进的发展要求。四、中国特色社会主义法律体系的完善。当前和今后一个时期，中国将根据经济社会发展的客观需要，紧紧围绕实现科学发展、加快转变经济发展方式、着力保障和改善民生、推动和谐社会建设，继续加强经济领域立法，积极加强发展社会主义民主政治的立法，突出加强社会领域立法，更加注重文化科技领域立法，高度重视生态文明领域立法，并深入推进科学立法、民主立法，着力提高立法质量。

白皮书最后指出，中国特色社会主义法律体系的形成，总体上解决了有法可依的问题，对有法必依、执法必严、违法必究提出了更为突出、更加紧迫的要求。中国将积极采取有效措施，切实保障宪法和法律的有效实施，加快推进依法治国、建设社会主义法治国家的进程。

加强不同文明之间的对话　10月28日—29日，中国社会科学杂志社等单位主办的“中国社会科学论坛（2011）——首届中美学术高层论坛”在北京举行。论坛的主题是“传统”。

与会者指出，传统是一个文明国家的文化积淀和历史遗产。一部人类社会史，就是不断继承传统精华、融合时代内容、开启新的发展道路的历史。在人类社会发展进步的历史进程中，各个国家在创造物质文明的同时也创造了各自的精神文明，为人类文明史增添了丰富的内容。作为文明进步的印记，传统依然活在世界的发展进程中。继承传统文化的精华，并不是要回到过去，而是要开辟未来。人类不同文明之间需要相互学习和对话，最后达到各种文明共同发展的目的。

从传统文化中汲取营养　加强领导干部官德修养　10月29日，中共中央党校哲学部中外哲学教研室在北京举办了“国学与官德修养研讨会”。来自中央党校、北京大学、清华大学、北京师范大学等高校的 20多位知名专家学者，以及部分在中央党校培训的学员，围绕挖掘传统文化中的执政智慧、加强官德修养这一主题进行了研讨。

与会者指出，重视为官者的道德修养是中国传统文化的重要内容。传统文化中对官德的积极见解可以为今天领导干部加强修养提供有益借鉴。一是忠诚。领导干部要忠于党、忠于祖国、忠于人民，如果没有对祖国和人民的感情，就很难真正做到为人民服务。二是正直。领导干部要在道德方面起表率作用，为人诚实守信、言行一致、表里如一。三是廉洁。廉洁是官德中最为重要的方面，清正廉洁是对为官者最基本的要求。领导干部要自觉做到秉公用权、不以权谋私，依法用权、不徇私枉法，廉洁用权、不贪污腐败。四是务实。作为领导干部，一定要思想务实、生活朴实、作风扎实，脚踏实地为百姓做实事、做好事。

与会者指出，官德的好坏关系国家的安危、百姓的祸福，关系执政党的地位。官德纯则民风正，官德毁则民风降。领导干部要不断加强自身修养、提升精神境界，切实做到全心全意为人民服务；对党和人民忠心耿耿、对工作尽职尽责、对群众满怀真情、对成绩谦虚谨慎；以强烈的事业心和高度的责任感，想干事、肯干事、能干事、干成事，为党和人民的事业鞠躬尽瘁。

以改革创新精神开创文化建设新局面　11月2日，李长春在中央党校作学习贯彻党的十七届六中全会精神的报告。他强调，在新的历史起点上深化文化体制改革、推动社会主义文化大发展大繁荣，关系实现全面建设小康社会奋斗目标，关系坚持和发展中国特色社会主义，关系实现中华民族伟大复兴。我们必须抓住和用好我国发展的重要战略机遇期，在坚持以经济建设为中心的同时，自觉把文化繁荣发展作为坚持发展是硬道理、发展是党执政兴国第一要务的重要内容，作为深入贯彻落实科学发展观的一个基本要求，进一步增强责任感和紧迫感，解放思想，转变观念，抓住机遇，乘势而上，在全面建设小康社会进程中、在科学发展道路上奋力开创社会主义文化建设新局面。

李长春指出，党的十七届六中全会专题研究文化改革发展问题并作出决定，是新世纪新阶段我们党不断推进各领域改革作出的又一重大决策部署，鲜明地昭示我们党坚持改革开放不动摇的坚定决心；是我们党不断推进理论创新和实践创新的又一重要成果，标志着我们党在文化建设理论和实践上更加成熟、更加自信。全会在深刻总结近年来文化改革发展实践探索和成功经验的基础上，提出了深化文化体制改革、推动社会主义文化大发展大繁荣的指导思想、重要方针、目标任务、重大举措，深入回答了我国文化改革发展中一系列带有方向性、根本性、战略性的重大问题，为兴起社会主义文化建设新高潮、推动社会主义文化大发展大繁荣提供了强大思想保证、科学行动指南和坚强政策保障。以这次全会为标志，我国文化改革发展必将进入新的阶段。

李长春强调，学习领会党的十七届六中全会精神，要在全面深入、突出重点、掌握实质上下功夫。要牢牢把握坚持中国特色社会主义文化发展道路、建设社会主义文化强国这一主线，牢牢把握建设社会主义核心价值体系这一根本任务，牢牢把握创作生产更好更多精神文化产品这一中心环节，牢牢把握文化事业文化产业“两手抓”这一基本思路，牢牢把握改革创新这一根本动力，牢牢把握人才队伍建设这一基础性工程，牢牢把握加强和改进党的领导这一根本保证，不断加深对全会提出的新思想新观点新论断新举措的理解，切实把思想和行动统一到全会决策部署上来。

李长春强调，学习贯彻落实党的十七届六中全会精神，是当前全党全国的一项重大政治任务。要把学习全会精神列入党委全会重要议程，列入中心组学习计划，与加强学习型党组织建设结合起来，切实组织好宣讲活动，引导学习宣传热潮向广度和深度拓展。各级党委政府要把文化建设纳入经济社会发展总体规划，纳入科学发展考核评价体系，加强组织领导，切实把全会决策部署落到实处，推动文化改革发展迈出新步伐。

深化马克思主义哲学“三化”研究　11月2日—5日，中国社会科学院哲学研究所、安徽省社会科学院联合主办的“第二十二届中国社会科学系统哲学大会”在安徽省合肥市召开。与会者围绕“马克思主义哲学在中国90年的回顾与展望”这一主题，研讨了马克思主义哲学中国化时代化大众化等问题。

与会者认为，马克思主义中国化时代化大众化是贯穿中国共产党90年理论建设的主线，也是马克思主义哲学在中国发展的主线。坚持党的思想路线，理论联系实际，用马克思主义的立场、观点、方法研究和解决中国的实际问题，是马克思主义哲学中国化的实质性内容，中国语言、中国风格、中国气派是马克思主义哲学中国化的外在表现。马克思主义哲学大众化不仅是用群众语言和群众喜闻乐见的形式向群众宣传马克思主义哲学，而且是从群众的需求出发，向群众送去易懂、管用的理论，再从群众的实践中总结、提炼新鲜经验，丰富马克思主义哲学的内容，从而使马克思主义哲学成为群众自己的哲学。

坚持中国特色社会主义文化发展道路　在新的起点上开创文化改革发展新局面　11 月 3 日，刘云山在省部级领导干部文化体制改革和文化建设专题研讨班上强调，党的十七届六中全会承前启后、继往开来，深刻阐明了中国特色社会主义文化发展道路，确立了建设社会主义文化强国的宏伟目标，体现了我们党的远见卓识和责任担当。要把握难得历史机遇，凝聚各方智慧力量，以高度的文化自觉和文化自信贯彻落实全会的战略部署，在新的起点上开创文化改革发展新局面。

刘云山指出，坚持中国特色社会主义文化发展道路，是全会立足中国特色社会主义事业发展全局提出的重大战略思想，丰富和发展了中国特色社会主义文化建设理论。这一发展道路集中体现了党的性质宗旨和我国发展的根本方向，体现了对中华民族优秀传统文化的坚持继承和创新发展，体现了文化发展规律和人民群众根本意愿。这一发展道路深刻回答了我国文化建设“以什么为指导、沿着什么方向、按照什么要求、围绕什么任务、达到什么目标”等一系列重大战略问题，为我们推进文化改革发展、建设社会主义文化强国指明了正确方向和路径。

刘云山指出，中国特色社会主义文化发展道路是建设先进文化之路、科学发展之路、强基固本之路、以人为本之路、改革创新之路，必须高扬自己的文化理想，坚持以马克思主义为指导，不忘本来、吸收外来、着眼将来，在推动历史进步中实现文化进步；必须深入贯彻落实科学发展观，以科学发展为主题，把科学发展的理念观念和基本要求贯穿到文化工作的各个方面、各个环节；必须把建设社会主义核心价值体系作为根本任务，融入国民教育、精神文明建设和党的建设全过程，贯穿改革开放和社会主义现代化建设各领域，体现到精神文化产品创作生产传播各方面；必须坚持人民至上的价值追求，牢固树立群众观点，自觉贯彻党的群众路线，做到文化发展为了人民、文化发展依靠人民、文化发展成果由人民共享；必须坚持解放思想、实事求是、与时俱进，继续深化文化体制改革，大力推进文化创新，使我们的文化在改革创新中增创发展新优势、引领发展新潮流。

刘云山强调，坚持中国特色社会主义文化发展道路，实现党的十七届六中全会描绘的宏伟蓝图，既需要有思想的统一，更需要有行动的自觉。要以时不我待、奋发有为的精神，以狠抓落实、务求实效的作风，担当起推动文化大发展大繁荣的历史责任。要紧密结合实际，抓住那些基础性战略性工作，抓住那些重大部署和重大项目，集中力量和资源全力以赴地加以推进，力争在重点领域和关键环节取得新的突破。要注意强化基层，把更多的资源投向基层，把更多的项目放在基层，把更多的服务延伸到基层。要加强队伍建设，加快人才培养，造就一支德才兼备、锐意创新、结构合理、规模宏大的高素质文化人才队伍。要健全领导体制，完善政策措施，加大投入扶持力度，充分调动各方面参与文化建设的积极性，形成推动文化繁荣发展的强大合力。

纪念中央革命根据地创建暨中华苏维埃共和国成立80周年座谈会在京举行　11月4日，纪念中央革命根据地创建暨中华苏维埃共和国成立80周年座谈会在北京举行。习近平出席会议并讲话。他强调，纪念中央革命根据地创建暨中华苏维埃共和国成立80周年，回顾我们党领导人民为实现新民主主义革命任务而艰苦创业的伟大历程，缅怀革命先烈的不朽业绩，就是要结合今天正在进行的社会主义现代化建设实际，大力弘扬党的光荣传统和优良作风，承前启后、继往开来，把老一辈无产阶级革命家开创的、一代一代共产党人和全国各族人民接续奋斗的伟大事业不断推向前进。

习近平指出，在党创建的各个革命根据地中，中央革命根据地是最大最重要的一个，最具有代表性。在我们党领导的革命根据地蓬勃发展的形势下，中华苏维埃第一次全国代表大会1931年11月7日至20日在中央革命根据地的瑞金召开，选举产生了以毛泽东同志为主席的中华苏维埃共和国临时中央政府。这是中国历史上第一个全国性的工农民主政权，是我们党在局部地区执政的重要尝试，为我们党在抗日战争和解放战争时期的根据地建设以及新中国的政权建设，提供了宝贵的历史经验，培养了一大批领导骨干和组织、管理人才。

习近平强调，从中央革命根据地创建和中华苏维埃共和国成立到现在，我们党已经从领导人民为夺取全国政权而奋斗的党成为领导人民掌握全国政权并长期执政的党，正在为实现社会主义现代化而奋斗。回顾走过的历程，波澜壮阔、非同寻常；展望未来的征途，前景光明、任重道远。我们要深入学习贯彻胡锦涛同志“七一”重要讲话精神，结合新的实际认真学习和运用当年革命根据地建设和政权建设的历史经验，始终坚持把马克思主义基本原理同中国具体实际相结合，不断推进马克思主义中国化时代化大众化；始终教育共产党员坚定中国特色社会主义信念和共产主义信仰，满怀信心地为全面建设小康社会、加快推进社会主义现代化而不懈奋斗；始终坚持以人为本、执政为民，把实现好、维护好、发展好最广大人民根本利益作为一切工作的出发点和落脚点；始终加强文化建设，满足人民群众不断增长的精神文化需求，推动实现社会主义文化大发展大繁荣；始终大力弘扬苏区精神，推动创先争优，不断开创各项工作新局面。

增强文化自觉，把握科学规律，把建设文化强国战略部署落到实处　11月7日，刘延东在省部级领导干部文化体制改革和文化建设专题研讨班结业式上强调，要从战略和全局的高度提高认识，统一思想，以高度的文化自觉和文化自信贯彻落实十七届六中全会精神，提升文化建设的科学化水平，切实担当起建设社会主义文化强国的历史重任。

刘延东指出，推进文化改革发展是发展中国特色社会主义事业的内在要求，是提高党的领导水平和执政能力的战略举措，是提升国家软实力、实现中华民族伟大复兴的时代要求。党的中央全会专题研究和部署文化建设问题，体现了我们党对国内外形势的科学判断和文化承载使命的深刻把握。

刘延东指出，文化建设是一项长期任务和复杂的系统工程。必须遵循科学规律，掌握科学方法，改革创新文化体制机制，在科学发展中提升文化建设整体水平，把全会确定的各项任务落到实处。要坚持将社会主义核心价值体系贯穿文化建设始终，使之融入国民教育、精神文明建设和党的建设全过程，体现到精神文化产品创作生产传播各方面，形成既有共同价值取向又百花齐放、百家争鸣的生动局面。坚持文化事业与文化产业协调发展，发挥政府在发展公益性文化事业中的主导作用，构建覆盖城乡的公共文化服务体系，维护和保障人民群众基本文化权益，推动文化产业成为国民经济支柱性产业。坚持文化发展数量与质量同步提升、硬件与软件建设有机统一，为人民提供更好更多的精神食粮。坚持文化与科技、文化与教育、文化与旅游深度融合，使文化的力量融入各项事业，拓宽文化建设的思路和途径。坚持文化传承、学习借鉴与文化创造相互支撑，积极传承优秀传统文化，借鉴人类文明成果，以开拓创新的勇气进行文化创造，使中国特色社会主义文化发展道路越走越宽广。

实现要素驱动向创新驱动转变　11月8日，北京市社会科学界联合会主办的“2011首都论坛”在北京举行。来自首都高校、科研单位以及相关职能部门的专家学者围绕论坛主题“创新驱动与首都‘十二五’发展”进行了研讨。

加快转变经济发展方式，关键是要实现要素驱动向创新驱动转变。与会者认为，“十二五”时期是我国全面建设小康社会的关键时期，是深化改革开放、加快转变经济发展方式的攻坚时期。现在，我国经济规模已位居世界前列，但经济发展的瓶颈制约明显加大，传统的增长模式难以为继，特别是经济增长的内生动力不足，制约科学发展的体制机制障碍依然存在。这就需要我们坚持科学发展，加快转变经济发展方式。加快转变经济发展方式，必须依靠和发挥科技的力量。应始终坚持自主创新、重点跨越、支撑发展、引领未来的方针，加快构建以企业为主体、市场为导向、产学研相结合的技术创新体系，提升核心技术自主创新能力，实现经济发展从要素驱动向创新驱动转变。

实施科技创新与文化创新双轮驱动战略，率先形成创新驱动的发展格局。与会者指出，北京既是我国经济基础好、发展水平高的中心城市，又是我国科技进步和创新资源丰富的区域，应在加快转变经济发展方式、推动要素驱动向创新驱动转变中当好火炬手，走在全国前列。实施科技创新与文化创新双轮驱动战略，率先形成创新驱动的发展格局，是北京在新的历史条件下面临的重要战略任务。必须以增强自主创新能力为核心，全面推进科技创新、文化创新、城市管理创新、社会管理创新，使创新驱动贯穿于首都经济社会发展的各个领域。

深入推进高校反腐倡廉建设　为高校改革发展提供有力保证　11月10日，贺国强在对部分高校进行调研后，在北京大学出席部分高校反腐倡廉建设座谈会并讲话。他强调，要认真贯彻落实党的十七届六中全会、胡锦涛总书记在庆祝清华大学建校100周年大会上的重要讲话精神和《国家中长期教育改革和发展规划纲要（2010—2020年）》，进一步提高高校改革发展水平；要总结实践经验，把握工作规律，深入推进高校反腐倡廉建设，为高校改革发展提供有力保证。

贺国强指出，党的十六大以来，各级教育部门、纪检监察机关和各高校认真贯彻中央要求和部署，以改革创新精神推进高校反腐倡廉建设，取得了显著成绩。高校是教书育人的神圣殿堂，理应成为传播精神文明的一方净土。高校发生的消极腐败现象和违纪违法问题，不仅直接影响高校的改革发展，而且严重损害教育的社会道德教化功能及引领作用，影响青年学生的健康成长。我们一定要充分认识加强高校反腐倡廉建设的重要性和紧迫性，切实把高校反腐倡廉建设摆上重要位置，认真贯彻中央反腐倡廉决策部署，坚持标本兼治、综合治理、惩防并举、注重预防的方针，围绕中心、服务大局，突出重点、统筹推进，不断以反腐倡廉建设新成效为高校改革发展提供有力保证。要抓住反腐倡廉教育这个基础，加强对高校教职员工特别是党员领导干部的廉洁教育，加强对大学生的廉洁教育，切实筑牢高校师生拒腐防变的思想道德防线；要抓住监督管理这个关键，切实加强对招生录取、基建项目、物资采购、财务管理、科研经费、校办企业、学术诚信等重点领域和关键环节的监管；要抓住执行纪律这个重要手段，严肃查办违反政治纪律的案件，领导干部以权谋私、贪污贿赂、失职渎职案件，重点领域和关键环节中的违纪违法案件，损害群众利益的案件，切实遏制腐败现象易发多发的势头；要抓住完善制度这个重要保障，健全领导班子科学民主决策机制，完善高校民主管理制度，健全廉政风险防控机制，切实从源头上防治腐败；要抓住党风廉政建设责任制这个龙头，各级纪检监察机关、教育部门以及各高校党委、行政领导班子要切实担负起加强高校反腐倡廉建设的政治责任，形成推进高校反腐倡廉建设的整体合力。贺国强还希望高校进一步加强廉政理论研究，充分发挥在反腐倡廉建设中的智囊团和思想库作用。

高校哲学社会科学创新体系二〇二〇年基本建成 11月13日，中共中央办公厅、国务院办公厅转发了《教育部关于深入推进高等学校哲学社会科学繁荣发展的意见》(以下简称《意见》)。

《意见》强调，繁荣发展高等学校哲学社会科学，对坚持和巩固马克思主义在意识形态领域的指导地位、培养德智体美全面发展的社会主义建设者和接班人、提高全民族思想道德素质和科学文化素质、推动社会主义文化大发展大繁荣具有十分重要的意义。

《意见》指出，深入推进高等学校哲学社会科学繁荣发展，必须高举中国特色社会主义伟大旗帜，以邓小平理论和“三个代表”重要思想为指导，深入贯彻落实科学发展观，解放思想、实事求是、与时俱进，以建设具有中国特色、中国风格、中国气派的哲学社会科学为根本任务，大力推进社会主义核心价值体系建设，全面提升人才培养、科学研究、社会服务、文化传承创新的能力和水平，为坚持和拓展中国特色社会主义道路，坚持和丰富中国特色社会主义理论体系，坚持和完善中国特色社会主义制度作出更大贡献。

《意见》提出，深入推进高等学校哲学社会科学繁荣发展的目标是：到2020年，基本建成高等学校哲学社会科学创新体系，为国家哲学社会科学创新体系建设提供有力支撑，为全面建设小康社会、加快推进社会主义现代化、实现中华民族伟大复兴作出新贡献。

《意见》指出，深入推进高等学校哲学社会科学繁荣发展主要有5项任务：一是在积极推进马克思主义理论研究和建设工程中发挥重要作用，深入开展中国特色社会主义道路、理论体系、制度的研究宣传，大力推动实践基础上的理论创新，加强哲学社会科学学科体系和教材体系建设；二是全面提高高等学校哲学社会科学教育教学质量，强化哲学社会科学育人功能，深化哲学社会科学教育教学改革，完善思想政治理论课教学体系；三是提升高等学校哲学社会科学科研创新能力和社会服务水平，加强哲学社会科学基础研究，强化哲学社会科学综合研究，推进哲学社会科学成果的转化应用，提高哲学社会科学信息化水平，实施哲学社会科学走出去战略；四是创新高等学校哲学社会科学科研体制机制，深化科研管理体制改革，创新科研组织形式，完善以创新和质量为导向的科研评价机制，完善科研经费投入和使用机制；五是大力加强高等学校哲学社会科学队伍建设，加大哲学社会科学队伍建设力度，完善哲学社会科学人才培养培训机制，加强学术自律，推进学风制度建设。

不断深化医改　推动建立符合国情惠及全民的医药卫生体制　11月16日出版的2011年第22期《求是》杂志，发表了李克强同志的重要文章：《不断深化医改　推动建立符合国情惠及全民的医药卫生体制》。

文章指出，医改是一个世界性难题。我国深化医药卫生体制改革，是深入贯彻落实科学发展观的重大实践行动，是维护十几亿人民健康福祉的重大民生工程，也是协调推进经济社会建设、扩大内需的重大发展工程。医改实施两年多来，探索了路子，积累了经验，取得了明显进展和初步成效，为下一步改革打下了好的基础。我们要进一步把思想和行动统一到中央的决策部署上来，把改革不断推向深入，着力建设覆盖城乡居民的基本医疗卫生制度，继续探索医改这一世界性难题的符合中国国情的解决办法。

文章强调，推进医改，要坚持把基本医疗卫生制度作为公共产品向全民提供的基本理念，做到“广覆盖、可持续”；坚持保基本、强基层、建机制的基本原则，保障广大人民群众的基本医疗卫生需求，并充分发挥市场机制的作用，促进非基本医疗服务的发展，适应群众多层次、多样化的就医需求；坚持统筹安排、突出重点、循序渐进的基本路径，保证医改积极稳妥地向前推进。当前，要以推进全民基本医保为目标，使人民群众得到更多实惠；以实施基本药物制度为抓手，建立基层医疗卫生机构运行新机制；以改革试点为突破口，探索公立医院改革的新模式，并积极鼓励多元办医。要抓紧制定和实施“十二五”期间深化医药卫生体制改革规划，继续攻坚克难，巩固和扩大医改成效，向实现2020年深化医改的总体目标持续迈进。

文章分三部分：一、统一思想，深刻认识医改的重要性和紧迫性；二、凝聚共识，科学把握医改的主要思路；三、突出重点，把医改不断推向深入。

加强改革发展的实验研究　11月16日，中国经济增长与周期研究中心、中国社会科学院经济研究所、首都经济贸易大学主办的“中国经济实验研究院成立大会暨宏观经济形势研讨会”在北京召开，首都经济学界的几十位专家学者参加了会议。

与会者认为，经过改革开放30多年的快速发展，我国已成为世界第二大经济体，人均国民收入达到中等收入国家水平；同时我国改革已进入“深水区”，面临的矛盾更为深刻复杂。在新阶段推动改革发展，需要从摸索前进的“实践试错”向利用现代手段进行政策模拟和评估的“实验试错”转变。从学科发展的角度看，经济学研究正在向协同研究和交叉学科研究的方向发展，客观上要求我国高等院校、研究机构打破学科界限、单位界限，整合资源，开拓创新，更好发挥改革发展参谋和智囊的作用。因此，首都经济贸易大学与中国社会科学院经济研究所合作成立“中国经济实验研究院”是非常必要和及时的。

与会者还就我国宏观经济形势进行了研讨。大多数专家学者认为，目前我国通货膨胀势头已得到遏制，经济增速呈现高位回落、逐步趋稳的走势。物价涨幅回落的主要原因在于：从供给方面看，粮食、蔬菜丰收，供应充裕，同时国际大宗商品价格回落，缓解了输入性通胀压力；从需求方面看，回收货币流动性、减少贸易顺差和外汇盈余取得了明显成效。经济增速回落的主要原因在于：为控制通货膨胀收紧信贷抑制了经济增长，同时欧洲债务危机恶化、世界经济复苏缓慢影响了出口。随着通货膨胀得到遏制和宏观经济政策的微调，我国经济增长将趋于稳定。展望2012年，我国消费需求将稳定增长，商品房投资下滑由于保障房建设规模扩大而得以弥补，投资需求将继续扩大，加之通货膨胀得到遏制，即使世界经济难以好转，我国经济也将保持较好发展势头。

全国高等学校哲学社会科学工作会议召开　11月17日，全国高等学校哲学社会科学工作会议在北京召开。李长春作出批示，刘延东出席会议并讲话。

李长春在批示中强调，高校哲学社会科学要坚持以重大现实问题为主攻方向，立足中国特色社会主义伟大实践进行新的理论创造，深刻阐释中国特色社会主义道路是中国共产党领导中国人民立足中国国情、借鉴人类文明优秀成果走出的创新之路，是人类文明史上的伟大创举，是中国对世界的历史性贡献。要大力推进哲学社会科学创新体系建设，建立具有鲜明时代特征的学科理论体系和体现中国特色社会主义伟大创新实践的学术话语体系，着力推出更多代表国家水准、具有世界影响、经得起实践和历史检验的优秀成果，努力建设具有中国特色、中国风格、中国气派的哲学社会科学，在全面建设小康社会、加快推进社会主义现代化的历史进程中作出新的更大贡献。

刘延东指出，高校作为我国哲学社会科学事业的主力军，长期以来在人才培养、学科建设和学术创新等方面取得显著成绩，为繁荣发展我国哲学社会科学发挥了重要作用。要深入学习贯彻十七届六中全会精神，认真落实中办、国办转发的《教育部关于深入推进高等学校哲学社会科学繁荣发展的意见》，坚持马克思主义指导地位，坚持中国特色社会主义道路、理论和制度，坚持"二为"方向和"双百"方针，大力推动社会主义核心价值体系建设，促进哲学社会科学创新体系建设，研究重大理论实践问题，增强中国哲学社会科学国际话语权，更好地发挥哲学社会科学认识世界、传承文明、创新理论、咨政育人、服务社会的重要功能。

扎实推进社会主义核心价值体系建设　11月18日，中共中央党校哲学教研部、社会发展研究中心和中国马克思主义研究基金会共同主办的"哲学与社会发展论坛（2011）"在北京召开。与会者围绕论坛主题"社会主义核心价值体系与当代中国社会发展"进行了研讨。

与会者认为，发展社会主义先进文化，最重要、最根本的任务就是建设社会主义核心价值体系。社会主义核心价值体系是兴国之魂，是社会主义先进文化的精髓，决定着中国特色社会主义发展方向。历史和现实反复证明，没有核心价值体系，一种文化就立不起来、强不起来，一个民族就没有赖以维系的精神纽带，一个国家就没有统一意志和共同行动。建设社会主义核心价值体系，对于巩固全党全国各族人民团结奋斗的共同思想道德基础、全面推进中国特色社会主义伟大事业具有重大现实意义和深远历史意义。

与会者强调，建设社会主义核心价值体系是思想文化建设的一项重大战略任务，是全党全社会的共同责任。要把建设社会主义核心价值体系作为巩固党执政地位的战略举措、作为关系国家长治久安的战略任务，扎扎实实加以推进。把社会主义核心价值体系融入进国民教育、精神文明建设和党的建设全过程，贯穿于改革开放和社会主义现代化建设各领域，体现到精神文化产品创作生产传播各方面，坚持用社会主义核心价值体系引领社会思潮，在全党全社会形成统一指导思想、共同理想信念、强大精神力量、基本道德规范。

"身入"基层更要"心到"基层　11 月 21 日出版的《学习时报》刊登了习近平题为《谈谈调查研究》的文章，这是习近平 11 月 16 日在中央党校秋季学期第二批入学学员开学典礼上的讲话。习近平指出，调查研究的过程，是领导干部提高认识能力、判断能力和工作能力的过程。

习近平指出，经常走出领导机关，深入实际、深入基层、深入群众，进行各种形式和类型的调查研究，非常有益于促进领导干部正确认识客观世界、改造主观世界、转变工作作风、增进同人民群众的感情，有益于深切了解群众的需求、愿望和创造精神、实践经验。

习近平指出，当前在领导干部中，不重视调查研究、不善于调查研究的问题还是存在的。有的走不出"文山会海"；有的满足于看材料、听汇报、上网络，坐在办公室关起门来作决策；有的调研走过场，满足于听听、转转、看看，浅尝辄止。凡此种种，严重影响决策的科学性，妨碍党的路线方针政策的贯彻执行，也损害领导机关、领导干部的形象。

习近平强调，现在的交通通信手段越来越发达，获取信息的渠道越来越多，但都不能代替领导干部亲力亲为的调查研究。因为直接与基层干部群众接触，面对面地了解情况和商讨问题，对领导干部在认识上和感受上所起的作用和间接听汇报、看材料是不同的。

第九次全国文代会第八次全国作代会开幕　胡锦涛发表重要讲话　11 月 22 日，中国文学艺术界联合会第九次全国代表大会、中国作家协会第八次全国代表大会在人民大会堂开幕，胡锦涛发表重要讲话。他强调，广大文艺工作者要认清时代和人民赋予的神圣使命，坚持为人民服务、为社会主义服务，坚持百花齐放、百家争鸣，坚持贴近实际、贴近生活、贴近群众，高擎民族精神火炬，吹响时代前进号角，创作生产更多无愧于历史、无愧于时代、无愧于人民的优秀作品，奋力开创文艺发展新局面，为推动社会主义文化大发展大繁荣、建设社会主义文化强国贡献智慧和力量。

胡锦涛指出，文艺是民族精神的火炬，文艺事业是中国特色社会主义事业的重要组成部分，是社会主义文化建设的重要内容，文艺工作在党和国家工作全局中具有十分重要的地位。在改革开放和社会主义现代化建设进程中，我国文艺事业生机勃勃、硕果累累。广大文艺工作者坚持与时代同进步、与人民共命运，为人民奉献了大量思想内涵丰富、艺术品质上乘的精神食粮，进一步巩固了大团结大繁荣大发展的生动局面。我国社会主义文艺以昂扬的精神、奔放的激情吸引和感染着亿万人民，对满足人民精神需求、丰富人民精神世界、增强人民精神力量、促进人的全面发展发挥着不可替代的作用。我国广大文艺工作者对祖国和人民有真情挚爱，对国家和民族有担当奉献，对艺术和事业有坚守追求，是一支党和人民完全可以信赖的队伍。

胡锦涛指出，文化是民族的血脉，是人民的精神家园。实现中华民族伟大复兴，离不开中华文化繁荣兴盛。建设社会主义文化强国，是时代和人民的呼唤，是广大文艺工作者的心愿。我们要认真学习贯彻党的十七届六中全会精神，始终高举中国特色社会主义伟大旗帜，坚持以马克思列宁主义、毛泽东思想、邓小平理论和“三个代表”重要思想为指导，深入贯彻落实科学发展观，坚持社会主义先进文化前进方向，以科学发展为主题，以建设社会主义核心价值体系为根本任务，以满足人民精神文化需求为出发点和落脚点，以改革创新为动力，努力建设社会主义文化强国。

胡锦涛指出，一切优秀的文化创造，一切传世的精品力作，都是时代的产物。当今世界正处在大发展大变革大调整时期，当代中国正处在中国特色社会主义事业蓬勃发展阶段，我国文艺事业发展面临着难得的历史机遇。他希望广大文艺工作者始终坚持正确方向，更加自觉、更加主动地承担起用社会主义先进文化引领社会进步的历史责任；始终坚持以人为本，更加自觉、更加主动地承担起为人民抒写、为人民放歌的历史责任；始终坚持锐意创新，更加自觉、更加主动地承担起推进文化创造的历史责任；始终坚持德艺双馨，更加自觉、更加主动地承担起弘扬文明道德风尚的历史责任。

胡锦涛强调，各级党委和政府要充分认识新形势下文艺的重要地位和作用，把加强和改善党对文艺工作的领导作为党的执政能力建设的重要内容，深入研究事关文艺工作的重大问题，不断提高领导文艺工作能力和水平。

坚持中国特色社会主义文化发展道路，为建设社会主义文化强国而努力奋斗 11月25日，中国文联第九届全国委员会、中国作协第八届全国委员会全体会议在北京举行，李长春出席会议并讲话。他强调，要深入学习贯彻党的十七届六中全会精神和胡锦涛总书记在这次文联作协代表大会开幕式上的重要讲话精神，认清时代和人民赋予的神圣使命，解放思想，转变观念，抓住机遇，乘势而上，在坚持和发展中国特色社会主义的伟大实践中进行文化创造，在坚持中国特色社会主义文化发展道路、建设社会主义文化强国的进程中建功立业，更加自觉、更加主动地推动社会主义文化大发展大繁荣，为全面建设小康社会、实现中华民族伟大复兴作出新的更大贡献。

李长春指出，坚持中国特色社会主义文化发展道路、建设社会主义文化强国，是党的十七届六中全会提出的重大战略任务，也是当前和今后一个时期推动社会主义文艺繁荣发展的主题，文艺战线要紧紧围绕这个主题，奋力开创文艺事业繁荣发展新局面。要牢牢把握社会主义核心价值体系这个兴国之魂，始终坚持社会主义先进文化前进方向，自觉把社会主义核心价值体系体现到精神文化产品创作生产传播各方面，赋予文艺作品更加丰富、更加深刻的思想内涵，唱响在中国共产党领导下、走中国特色社会主义道路、实现中华民族伟大复兴的时代最强音。要全面贯彻“二为”方向和“双百”方针，坚持以人民为中心的创作导向，为人民提供更好更多的精神食粮。要坚持贴近实际、贴近生活、贴近群众，把人民群众作为文艺创作的表现主体和服务对象，积极投身讴歌时代和人民的文艺创造之中，进一步增强社会主义文艺的吸引力和感染力。要坚持以改革创新为强大动力，大力推进思想观念创新、体制机制创新、内容形式创新、传播手段创新、业态创新、科技创新，提倡不同观点和学派充分讨论，提倡各种体裁、题材、形式、手段充分发展，最大限度地焕发广大文艺工作者的创造激情。要积极开展多渠道多形式多层次对外文化交流，努力构建以政府为主导、企业为主体、市场化运作为主要方式的文化走出去新格局，形成与我国国际地位相适应的文化软实力。要尊重劳动、尊重知识、尊重人才、尊重创造，加快培养造就德才兼备、锐意创新、结构合理、规模宏大的文化人才队伍，为文艺事业繁荣发展提供有力人才支撑。

李长春强调，精品力作是一个时代文艺繁荣发展的根本标志，是中华民族伟大复兴征程上最耀眼的文化印记。在当今这个文化建设的春天里，人民呼唤精品力作、呼唤名家大师。广大文艺工作者要紧跟时代步伐，顺应人民期待，主动到改革开放的生动实践和人民群众的火热生活中挖掘素材、提炼主题，推出更多具有民族特色、体现时代特征、富有中国气派的文艺精品。要发扬十年磨一剑的精神，努力创作生产更多思想性艺术性观赏性相统一，无愧于历史、无愧于时代、无愧于人民的传世佳作。要自觉把德艺双馨作为毕生追求，加强职业道德、职业精神和作风建设，履行社会责任，树立良好形象，努力成为既富有崇高精神境界又具有高超艺术才华的文艺家，成为深受人民群众喜爱的名家大师。

用马克思主义理论阐释现实问题　11 月 29—30 日，中共中央编译局、光明日报社、北京大学联合主办的“第八届全国马克思主义论坛”在北京举行。论坛主题为“马克思主义中国化与中国共产党 90 年”。与会专家学者围绕马克思主义在中国的传播、马克思主义中国化的基本经验、马克思主义与当代世界和当代中国等问题进行了研讨。

与会者认为，90 年来，中国共产党坚持把马克思主义基本原理同中国具体实际和时代特征相结合，不断推进马克思主义中国化时代化大众化，在实践上不断有新创造，在理论上不断取得新成果，开辟了中国特色社会主义道路，形成了中国特色社会主义理论体系，确立了中国特色社会主义制度，取得了革命、建设、改革的伟大胜利，从根本上改变了中国人民的前途命运，在世界历史进程中产生了广泛而深远的影响。

与会者强调，大力推进实践基础上的理论创新，坚持在实践中检验和发展真理，用发展着的马克思主义指导新的实践，使党的理论体现时代性、把握规律性、富于创造性，是我们党始终走在时代前列、引领中国发展进步的根本保证。广大理论工作者应刻苦钻研、锐意创新，更好地用马克思主义理论阐释现实问题，深入研究当今世界发展大势，深入研究我国发展的阶段性特征，及时总结党领导人民创造的新鲜经验，围绕什么是马克思主义、怎样对待马克思主义，什么是社会主义、怎样建设社会主义，建设什么样的党、怎样建设党，实现什么样的发展、怎样发展等重大问题不断作出新的理论概括，不断增强理论的说服力和感染力，为推动党和国家事业发展提供有力的理论支持。

进一步增强文化自觉文化自信，更好地肩负起时代赋予的崇高使命和历史责任　12 月 2 日，刘云山与参加第五期“四个一批”人才研修班的学员座谈并讲话。他强调，中国特色社会主义文化发展道路为文化的繁荣发展打开了广阔空间，广大文化工作者要深入学习领会党的十七届六中全会精神和胡锦涛总书记在第九次全国文代会第八次全国作代会上的重要讲话，进一步增强文化自觉文化自信，更好地肩负起时代赋予的崇高使命和历史责任，为推动社会主义文化大发展大繁荣贡献智慧和力量。

刘云山指出，党的十七届六中全会绘就了文化改革发展的蓝图，建设社会主义文化强国的任务历史地落在了当代文化工作者肩上。“四个一批”人才作为宣传文化领域的优秀代表，更应担当重任、走在前列、作出示范。要秉持崇高文化追求，在弘扬先进文化、践行社会主义核心价值体系上发挥引领表率作用，做真善美的追求者和传播者，用优秀作品塑造兴国之魂、传承文化精髓、礼赞高尚情操。要树立人民至上理念，在贴近群众、服务群众上发挥引领表率作用，始终把人民放在心中最高位置，多宣传人民群众的生产生活，多表现平凡人物的精神世界，多为群众办实事办好事，更好地为人民立言、为人民放歌、为人民谋利。要保持与时俱进品格，在投身改革实践、推动文化创新上发挥引领表率作用，树立新的文化理念，增强改革创新意识，以敢为人先的胆识、超越前人的勇气进行新的文化创造。要强化精品意识，在创作生产高质量、高品位的精神文化产品上发挥引领表率作用，勤于汲取、善于积累，潜心创作、精益求精，以更多思想性艺术性观赏性相统一的精品力作留下当代文化工作者的光辉印记。要坚持崇德敬业，在恪守良好职业精神、职业道德上发挥引领表率作用，加强自身修养、锤炼思想品质，对国家和民族勇于担当奉献，对艺术和事业始终执着坚守，树立文化工作者的良好形象。

刘云山强调，各级宣传思想文化部门要牢固树立人才是第一资源思想，用开阔视野和战略思维培养人才、凝聚人才、吸引人才，加快形成与文化发展相适应的人才队伍保障。要深入推进“四个一批”人才培养工程，抓紧实施文化名家工程，加大政策扶持力度，拓宽人才培养渠道，创新人才培养方式，着力造就更多年轻人才、高层次人才、复合型人才，培养更多有影响的文化名家和领军人物。要尊重劳动、尊重知识、尊重人才、尊重创造，遵循文化发展规律和人才成长规律，多提供创业平台，多创造发展机会，多解决实际问题，营造有利于优秀人才健康成长、脱颖而出的良好环境，形成人尽其才、才尽其用的生动局面。

中央经济工作会议在北京举行　12月12日—14日，中央经济工作会议在北京举行。胡锦涛在会上发表重要讲话，全面分析当前国际国内经济形势，深刻阐述明年和今后一个时期经济工作必须把握好的重大问题，明确提出明年经济工作的总体要求、大政方针、主要任务。温家宝在讲话中全面总结今年经济工作，对明年经济工作的主要目标、任务和有关重大问题作出具体部署。

会议认为，今年以来，世界经济增长放缓，国际贸易增速回落，国际金融市场剧烈动荡，各类风险明显增多。展望明年，世界经济形势总体上仍将十分严峻复杂，世界经济复苏的不稳定性不确定性上升。我们要更加注重统筹国内国际两个大局，增强机遇意识、忧患意识，充分认识国际金融危机给我国发展带来的机遇和风险，从我国改革开放和社会主义现代化建设全局高度，加强战略谋划，增强应对能力，扬长避短，趋利避害，不断提高我国的综合国力和国际竞争力。

会议指出，面对复杂多变的国际政治经济环境和国内经济运行新情况新变化，必须继续抓住科学发展这个主题和加快转变经济发展方式这条主线，牢牢把握扩大内需这一战略基点，把扩大内需的重点更多放在保障和改善民生、加快发展服务业、提高中等收入者比重上来；牢牢把握发展实体经济这一坚实基础，努力营造鼓励脚踏实地、勤劳创业、实业致富的社会氛围；牢牢把握加快改革创新这一强大动力，抓住时机尽快在一些重点领域和关键环节取得突破，着力提高原始创新能力，不断增强集成创新、引进消化吸收再创新能力；牢牢把握保障和改善民生这一根本目的，加大财政投入力度，切实办好涉及民生的大事要事，注重提高发展的包容性。

会议提出，明年经济工作的总体要求是：全面贯彻党的十七大和十七届三中、四中、五中、六中全会精神，以邓小平理论和“三个代表”重要思想为指导，深入贯彻落实科学发展观，继续实施积极的财政政策和稳健的货币政策，保持宏观经济政策的连续性和稳定性，增强调控的针对性、灵活性、前瞻性，继续处理好保持经济平稳较快发展、调整经济结构、管理通胀预期的关系，加快推进经济发展方式转变和经济结构调整，着力扩大国内需求，着力加强自主创新和节能减排，着力深化改革开放，着力保障和改善民生，保持经济平稳较快发展和物价总水平基本稳定，保持社会和谐稳定，以经济社会发展的优异成绩迎接党的十八大胜利召开。

会议认为，推动明年经济社会发展，要突出把握好稳中求进的工作总基调。稳，就是要保持宏观经济政策基本稳定，保持经济平稳较快发展，保持物价总水平基本稳定，保持社会大局稳定。进，就是要继续抓住和用好我国发展的重要战略机遇期，在转变经济发展方式上取得新进展，在深化改革开放上取得新突破，在改善民生上取得新成效。

会议提出了明年经济工作的主要任务是：继续加强和改善宏观调控，促进经济平稳较快发展；坚持不懈抓好“三农”工作，增强农产品供给保障能力；加快经济结构调整，促进经济自主协调发展；深化重点领域和关键环节改革，提高对外开放水平；大力保障和改善民生，加强和创新社会管理。

会议指出，做好明年的经济工作，要坚持统筹兼顾，切实把握好各项目标、任务之间的平衡，稳中求进。要把稳增长、控物价、调结构、惠民生、抓改革、促和谐更好地结合起来。稳增长，就是坚持扩大内需、稳定外需，努力克服国内外各种不稳定、不确定因素的影响，及时解决苗头性、倾向性问题，保持经济平稳运行。控物价，就是继续采取综合措施，保持物价总水平基本稳定，防止价格走势出现反弹。调结构，就是突出主题，贯穿主线，有扶有控，提高经济增长质量和效益，增强发展的协调性和可持续性。惠民生，就是把保障改善民生放在更加突出的位置，集中解决紧迫性问题，切实办成一些让人民群众看得见、得实惠的好事实事。抓改革，就是以更大的决心和气力推进改革开放，着力解决影响经济长期健康发展的体制性、结构性矛盾，在一些重点领域和关键环节取得新的突破，以开放促改革、促发展、促创新。促和谐，就是正确处理改革发展稳定关系，积极有效化解各种矛盾和风险隐患，促进社会和谐稳定。

会议指出，做好明年经济工作，必须加强和改进党对经济工作的领导，着力提高推动科学发展、维护社会和谐稳定能力和水平。要增强大局意识，把思想和行动统一到中央对国际国内形势的判断上来，统一到中央对明年经济工作的总体要求和决策部署上来，正确把握本地区本部门工作同全国经济发展的关系，自觉服从和服务于全党全国工作大局。要坚持统筹兼顾，处理好各方面重大关系，推动经济建设、政治建设、文化建设、社会建设以及生态文明建设协调发展。要做好换届工作，切实选好干部、配强班子，保持本地区发展规划稳定性，做好工作有机衔接。要坚持求真务实，厉行勤俭节约，把有限资源和财力用在发展经济、改善民生上。要深入开展党风廉政建设和反腐败斗争，加强对权力运行的制约和监督，坚决查处各种违纪违法案件，坚决纠正损害群众利益的不正之风。

牢牢把握大团结大联合主题，开创统一战线工作新局面　12月15日，全国统战部长会议在北京举行。贾庆林在会上强调，要全面贯彻党的十七大和十七届三中、四中、五中、六中全会精神，以邓小平理论和“三个代表”重要思想为指导，深入贯彻落实科学发展观，牢牢把握大团结大联合主题，着眼大局、谋划发展，创新思路、破解难题，加强培训、增强素质，打造品牌、彰显价值，不断提高统战工作科学化水平，全方位服务社会主义经济建设、政治建设、文化建设、社会建设以及生态文明建设，开创统一战线工作新局面。

贾庆林强调，为党的十八大召开营造良好环境，是统一战线的重大政治责任。要准确把握统一战线面临的形势任务，切实增强做好统战工作的责任感。要充分认识中国特色社会主义制度的巨大优势，引导统一战线广大成员坚定不移地走中国特色社会主义道路；要正确看待我国改革发展中出现的矛盾和问题，共同致力推动科学发展、促进社会和谐；要充分认识一致性基础上多样性的新发展，努力巩固发展具有空前广泛性和巨大包容性的爱国统一战线。

贾庆林指出，为全面建成小康社会打下具有决定性意义的基础，是“十二五”时期我国发展的重要目标，也是统一战线的职责使命。要紧扣党和国家中心工作，更加注重思路创新、突出全方位立体化，更加注重以人为本、突出民生改善，更加注重聚合效应，突出统战特色，为实现全面建设小康社会宏伟目标提供强大力量支持。要紧紧围绕主题主线，推动经济平稳较快发展；服务文化改革发展，促进社会主义文化大发展大繁荣；积极参与协调社会关系，切实维护社会和谐稳定。

贾庆林强调，党外代表人士队伍建设是统一战线的基础性、战略性工程，党中央历来高度重视。从今年下半年到明年年底，各民主党派省级组织和民主党派中央、省级工商联和全国工商联陆续进行换届，其他统战团体也将进行换届。顺利完成换届工作，直接关系到政治交接的全面实现，关系到统一战线和多党合作事业的持续发展。要坚持搞好政治交接，确保政治信念薪火相传、优良传统发扬光大，努力把政治素质好、具有较强代表性和参政议政能力的党外代表人士选拔出来。要加大选拔使用力度，切实把党外干部培养选拔纳入人才和干部队伍建设总体规划，加大党外干部安排使用力度，并为他们发挥作用创造条件。要有计划地开展教育培训，努力帮助党外干部提高政治把握能力、参政议政能力、组织协调能力、合作共事能力。

贾庆林指出，要着力研究把握规律，深入研究统一战线各领域重大理论实践问题，努力以统战理论研究新成果为党的理论创新作出新贡献。要紧密联系我们党提出建立统一战线90年、新中国成立以来统一战线发展60多年、改革开放以来统一战线发展30多年的伟大历程，紧密联系党的十六大以来以胡锦涛同志为总书记的党中央关于统一战线的新思想、新观点、新论述，紧密联系我们党和国家发生的历史性变化，努力回答对统一战线发展带有全局性、战略性的重大问题，为推进统一战线事业提供理论支持。要充分认识统一战线是夺取中国特色社会主义事业胜利的重要法宝，中国特色社会主义统一战线理论是做好新时期统战工作的根本指针，服务科学发展和实现自身科学发展是新形势下统一战线的重大任务，坚持照顾利益与教育引导相结合是巩固党与党外人士联盟的重要原则，建设高素质党外代表人士队伍和统战干部队伍是统一战线事业持续发展的重要基础。各级党委要从党和国家事业发展的高度，切实加强和改善对统一战线工作的领导，健全统战工作领导体制和工作机制，及时研究解决重大问题，为统一战线工作创造良好条件。各级统战部门要加强自身建设，改进工作作风，完善体制机制，进一步提高履职尽责的能力。

深入实施国家人才发展规划，努力提高人才工作科学化水平 12月18日，全国人才工作座谈会在北京召开，李源潮出席会议并讲话。他指出，要深入落实国家人才发展规划，大力宣传和普及科学人才观，推进人才政策创新和人才工程实施，培养造就高层次创新型科技人才和青年英才，加大引进海外高层次人才力度，提高人才工作科学化水平，以服务科学发展的优异成绩迎接党的十八大召开。

李源潮说，科学人才观是科学发展观在人才工作中的集中体现和具体运用。要大力宣传和普及人才是最活跃的先进生产力，人才是科学发展第一资源，人才工作要为经济社会发展中心任务服务，人才优先发展是科学发展的有效路径，树立人人皆可成才的社会理念，以用为本是人才发展的重要方针，人才投资是效益最大的投资，高端引领是人才队伍建设的战略重点，遵循系统培养的人才开发规律，坚持把改革创新作为人才发展的根本动力等科学理念，为加快建设人才强国提供思想动力和保证。

李源潮指出，要进一步落实国家人才发展规划重点任务，为科学发展提供有力人才支撑。要引导更多人才投身经济建设主战场特别是实体经济，推动提高自主创新能力、加快转变经济发展方式。要积极创新和落实人才政策，完善有利于人才成长和创新创业的体制机制。精心组织实施国家重大人才工程，统筹抓好各类人才队伍建设。深入实施“千人计划”，进一步吸引和用好海外高层次人才。着力抓好高层次创新型科技人才培养使用工作，充分激发国内科技人才创新创业积极性。完善党管人才工作领导体制和运行机制，加强人才工作研究和宣传，营造尊重劳动、尊重知识、尊重人才、尊重创造的良好氛围。

推进哲学社会科学创新体系建设 12月21日，中国社会科学院主办的《中国哲学社会科学学科发展报告》首批丛书出版座谈会在北京召开。与会专家学者围绕如何推进哲学社会科学创新体系建设等问题进行了研讨。

与会者强调，大力推进哲学社会科学创新体系建设，是我国哲学社会科学繁荣发展的必由之路。党的十七届六中全会提出，要“推进学科体系、学术观点、科研方法创新”。实施哲学社会科学创新工程，是构建哲学社会科学创新体系的重要载体和平台。应遵循哲学社会科学学科发展规律，完善学科建设机制，优化学科结构，形成具有中国特色、结构合理、优势突出、适应国家需要的学科布局。这套丛书是中国社会科学院实施哲学社会科学创新工程的学术出版资助项目之一，旨在梳理当代中国学术的发展道路，把握学科发展前沿，引领学科发展方向，推进学科建设和创新。

《中国哲学社会科学学科发展报告》丛书，涉及哲学、经济学、法学、史学、文艺学、教育学等不同学科和研究领域，内容丰富，比较全面地反映了当代中国哲学社会科学领域的研究状况。此次由中国社会科学出版社出版的首批丛书，包括《当代中国哲学研究（1949—

2009)》、《当代中国经济学理论研究（1949—2009)》、《当代中国法学研究（1949—2009)》等12种图书。此外，为反映当代中国哲学社会科学学科发展趋势，丛书还将推出两个子系列：《年度综述》和《前沿报告》。《年度综述》按一级学科分类，每年度发布；《前沿报告》反映学科发展动态，每三年发布。

探索新型智库的管理模式　12月29日，中国社会科学院财经战略研究院、亚太与全球战略研究院、社会发展战略研究院成立大会在北京举行。新成立的三个研究院分别是在中国社会科学院财政与贸易经济研究所、亚洲与太平洋研究所和社会发展研究所的基础上组建而成，是该院实施哲学社会科学创新工程后成立的首批综合性、创新型学术思想库和科研机构。

与会者认为，成立三大战略研究院，是中国社会科学院贯彻落实党的十七届六中全会精神以及国家“十二五”规划纲要有关建设哲学社会科学创新体系的重大战略部署、加快推进哲学社会科学创新工程而做出的重大决策。当前，全球经济持续震荡，带来了一系列深刻而复杂的新问题。我国正处于全面建设小康社会的关键时期和深化改革开放、加快转变经济发展方式的攻坚时期，坚持和发展中国特色社会主义，开创中国特色社会主义事业新局面，迫切需要哲学社会科学提供更强大的精神动力和更深厚的智力支撑。为更好地应对国内国际形势的变化，需要积极探索具有中国特色的新型智库的组织和管理模式。